湖北省学术著作出版专项资金资助项目

中国科举文化通志　主编　陈文新

四书大全校注（下）

【明】胡广　杨荣　金幼孜　等　纂修

周群　王玉琴　校注

武汉大学出版社
WUHAN UNIVERSITY PRESS

图书在版编目(CIP)数据

四书大全校注.下/(明)胡广等纂修;周群,王玉琴校注.—武汉:武汉大学出版社,2015.11
中国科举文化通志/陈文新主编
ISBN 978-7-307-17083-4

Ⅰ.四… Ⅱ.①胡… ②周… ③王… Ⅲ.①四书 ②《四书大全》—注释 Ⅳ.B222.1

中国版本图书馆 CIP 数据核字(2015)第 256979 号

责任编辑:朱凌云　　责任校对:黄添生　　版式设计:马　佳

出版发行:**武汉大学出版社**　(430072　武昌　珞珈山)
(电子邮件:cbs22@whu.edu.cn　网址:www.wdp.com.cn)
印刷:武汉中远印务有限公司
开本:787×1092　1/16　印张:42.25　字数:925 千字　插页:4
版次:2015 年 11 月第 1 版　2015 年 11 月第 1 次印刷
ISBN 978-7-307-17083-4　定价:610.00 元(全二册)

目　　录

下

附编：四书人物考校注

孟子集注序说

《史记·列传》去声。曰："孟轲，赵氏曰："孟子，鲁公族孟孙之后①。"《汉书》注云【校记：弘治本、四库本作"《汉书》云"。误，兹据三鱼堂本改】："字子车。"一说："字子舆。"赵氏，名岐，字邠卿，东汉京兆人。驺人也，驺亦作邹，本邾国也②。受业子思之门人。子思，孔子之孙，名伋音急。《索隐》云："王劭以'人'为衍字。"而赵氏《注》及《孔丛子》等书亦皆云孟子亲受业于子思。未知是否？庆源辅氏曰："子思之门人，无显名于后者，而孟子真得子思之传，则疑亲受业于子思者为是，而《集注》两存其说，盖自古圣贤，固有闻而知之者，不必待耳传面命而后得也，又以《中庸》一书观之，所以传授心法，开示蕴奥，如此其至，则当时门弟子，岂无见而知之者？孟子从而受之，愈益光明，亦宜有之也。"西山真氏曰："七篇之书，其出乎《中庸》者非一。其曰'四端'云者，则未发之中，中节之和也。盖仁义礼知，性也，所谓'大本'也；恻隐、羞恶、辞让、是非，情也，所谓'达道'也。其曰'禹稷颜回同道'，孔子仕止久速者，则'君子而时中'也；其曰'乡原乱德'者，则'小人而无忌惮'也；其曰'子莫执中'者，时中之反也；其曰曾子、北宫黝之勇者，南北方之强也；其曰'仁之实事亲，义之实从兄，礼之实节文斯二者'，则'仁者人也，亲亲为大。义者宜也，尊贤为大。亲亲之杀，尊贤之等，礼所生也'。其曰'尧舜性之，汤武反之'，则'自诚明之谓性，自明诚之谓教'也。其曰'天下国家之本在身'，则'为天下国家有九经'也。至于'诚者天之道思诚者，人之道'一章之义，悉本于《中庸》，尤足以见渊源之所自。"【通考】吴氏程曰："按孟子自魏惠王三十五年游梁，至哀公七年而燕人畔齐，距孔子盖一百六十七年，是为周赧王之三年，而孟子著书之成，固犹在其后也。况孔子梦奠时，伯鱼之没已六载，子思固长，不然，亦非幼矣。子思享年六十有二，去孔子四五十年而卒，而孟子始生，其不得亲受业可见。故孟子但曰私淑诸人，而《集注》以为子思之徒，于《论语·序说》止称门人。"道既通，赵氏曰："孟子通五经，尤长于《诗》、《书》。"程子曰："孟子曰：'可

---

① 孟孙：人名，即孟懿子(前531—前481年)，孔子弟子，姓仲孙，名何忌，"懿"是谥号，春秋末鲁国人，鲁大夫孟僖子之子。

② 邾国：古国名。春秋诸侯国，古地在今山东省邹县境。

以仕则仕，可以止则止，可以久则久，可以速则速①。’‘孔子圣之时者也。’故知《易》者莫如孟子。又曰：‘王者之迹熄而《诗》亡，《诗》亡然后《春秋》作。’又曰：‘《春秋》无义战。’又曰：‘《春秋》，天子之事’，故知《春秋》者莫如孟子。”尹氏曰：“以此而言，则赵氏谓孟子长于《诗》、《书》而已，岂知孟子者哉?”游齐事宣王【校记：四库本、弘治本作“游事齐宣王”，兹据三鱼堂本改。】，宣王不能用。适梁，梁惠王不果所言②，则见以为迂远而阔于事情。按《史记》：“梁惠王之三十五年乙酉，孟子始至梁。其后二十三年，当齐湣王之十年丁未，齐人伐燕，而孟子在齐。”故古史谓“孟子先事齐宣王，后乃见梁惠王、襄王、齐湣王。”独《孟子》以伐燕为宣王时事，与《史记》、《荀子》等书皆不合。而《通鉴》以伐燕之岁，为宣王十九年，则是孟子先游梁而后至齐见宣王矣。然考异亦无他据，又未知孰是也。新安陈氏曰：“谨按《通鉴纲目》，周显王三十三年乙酉，孟轲至魏。慎靓王二年壬寅，魏君罃卒，孟轲去魏，适齐。五年乙巳，燕君哙以国让其相子之。赧王元年丁未，齐伐燕，取之，分注但云齐王，其下即书孟轲去齐。赧王二年戊申，即齐闵王地元年，闵即愍字。伐燕一事，《史记》以为齐愍王十年丁未，盖以显王四十六年戊戌为齐闵王元年，《通鉴》以为宣王十九年丁未，盖以显王三十七年己丑为宣王元年。《史记》、《通鉴》之不同盖如此。证以《通鉴纲目》，丁未，宣王卒，闵王立，戊申方改元，则丁未乃宣王末年，闵王继位之年，盖未能的知伐燕之为先君事与嗣君事也。以淳齿事证之，闵王为是，《孟子》谓为宣王，恐传写之讹耳。无所折衷，姑以《纲目》为据云。”【通考】仁山金氏曰：“齐宣王伐燕，孟子所见也，谓为愍王者，荀卿所闻也。《史记》又所传闻者也，安得以后世所传闻之辞，而反疑孟子所见之辞乎?文公尊孟子者，《序说》及《集注》，反取《荀子》、《史记》，而疑孟子为差，虽曰‘疑以传疑’，而后人将以为实。”又曰：“伐燕事，《孟子》最详，其次《战国策》。苏秦在燕，与其相子之婚，而苏代与子之交，秦死，齐宣王复用代，代为齐使燕。燕王问宣王何如？对曰：‘必不霸，不信其臣。’以激燕王而厚子之也。于是燕王以国让子之。三年大乱，储子谓齐宣王，因而伐之。王令章子伐燕，士卒不战，城门不闭。燕王哙死，齐大胜，子之亡。此《通鉴》所据以系之宣王也。但《年表》以齐威王立三十六年，宣王立十九年，愍王立四十年，《通鉴》则下灭愍王之十年，上益威王之十年，移下宣王之十年，以合伐燕之事。《语录》疑考他据，故履祥以为伐燕，虽微《战国策》，亦当一以《孟子》为是，况又有《战国策》之可据乎?”当是之时，秦用商鞅倚两反。楚、魏用吴起，齐用孙子、田忌。天下方务于合从连衡，从，子容反。衡与“横”同。新安陈氏曰：“苏秦主合从之说，欲合六国为一以抗秦，张仪主连衡之说，则离六国之交以事秦。六国，谓楚、燕、齐、韩、赵、魏也。”以攻伐为贤。而孟轲乃述唐、虞、三代之德③，是以所如

---

① 可以速则速：应该辞职就迅速离开。

② 梁惠王：即战国魏惠王(前400—前319年)，魏武侯子，名罃，“惠”是谥号。周显王七年自安邑迁都大梁(今河南开封)故称梁惠王。

③ 唐：朝代名。传说尧所建。即陶唐。虞：朝代名。帝舜有天下之号。三代：指夏、商、周。《论语·卫灵公》：“斯民也，三代之所以直道而行也。”邢昺疏：“三代，夏、殷、周也。”

者不合。退而与万章之徒序《诗》、《书》，述仲尼之意，作《孟子》七篇。”赵氏曰：“凡二百六十一章，三万四千六百八十五字。”韩子曰：韩子，名愈，字退之，谥文公，唐邓州人。“孟轲之书，非轲自著。轲既没，其徒万章、公孙丑相与记轲所言焉耳。”愚按：二说不同，《史记》近是。问：“《序说》谓《史记》近是，而《集注》于《滕文公篇》首章云‘门人不能尽记其辞’，又第四章云‘记者之误’，如何?”朱子曰：“前说是，后两处失之。熟读七篇，观其笔势，如熔铸而成，非缀缉可就也。《论语》便是记录缀缉所为，非一笔文字矣。”新安陈氏曰：“愚闻或疑《易·系辞》有‘子曰’字，以为非孔子作。”朱子曰：“安知非后人所加，如周子自著《通书》，五峰刊之，每章加‘周子曰’字。今读《孟子》，亦当会此意。”

韩子曰：“尧以是传之舜，舜以是传之禹，禹以是传之汤，汤以是传之文、武、周公，文、武、周公传之孔子，孔子传之孟轲，轲之死，不得其传焉。荀与杨也，择焉而不精，语焉而不详。”程子曰：“韩子此语，非是蹈袭前人，又非凿空撰得出，必有所见。若无所见，不知言所传者何事。”荀子，名况，战国时赵人。扬子，名雄，汉蜀郡人。朱子曰：“此非深知所传者何事，则未易言也。尧舜之所以为尧舜，以其尽此心之体而已。禹、汤、文、武、周公、孔子，传之以至于孟子，其间相望有或数百年者，非得口传耳授，密相付属也。特此心之体，隐乎百姓日用之间，贤者识其大，不贤者识其小，而体其全且尽者，则为得其传耳。”〇又曰：“孟氏醇乎醇者也。荀与杨，大醇而小疵①。”程子曰：“韩子论孟子，甚善。非见得孟子意，亦道不到。其论荀、扬则非也。荀子极偏驳，只一句‘性恶’，大本已失。扬子虽少过②，然亦不识性，更说甚道?”荀子《性恶篇》：“人之性恶，其善者伪也，今人之性，生而有好利焉，有疾恶去声。焉，有耳目之欲，好声色焉。然则从人之性，顺人之情，必出于争夺，合于犯分乱理而归于暴，故必将有师法之化，礼义之道，音导。然后出于辞让，合于文理而归于治。然则人之性恶明矣，其善者伪也。”扬子《修身篇》：“人之性也，善恶混。修其善，则为善人；修其恶，则为恶人。气也者，所适善恶之马也欤?”朱子曰：“韩子谓荀杨大醇小疵，非是。由田骈、慎到、申不害、韩非之徒观之，则荀扬为大醇耳。程子说荀扬等语，是就分金秤上说下来。”〇又曰：“孔子之道大而能博，门弟子不能遍观而尽识也，故学焉而皆得其性之所近。其后离散，分处上声。诸侯之国，又各以其所能授弟子，源远而末益分。惟孟轲师子思，而子思之学出于曾子。自孔子没，独孟轲氏之传得其宗。故求观圣人之道者，必自《孟子》始。”程子曰：“孔子言参也鲁。然颜子没后，终得圣人之道者，曾子也。观其启手足时之言，可以见矣。所传者子思、孟子，皆其学也。”问：“大，是就浑沦处说，博，是就该贯处说否?”朱子曰：“韩子亦未必有此意，但如此看亦自好。”问：“学焉而皆得其性之所近?”曰：“政事者，就政事上学得；文学者，就文学上学得；德行、言语者，就德行、言语上学得。”庆源辅氏曰：“韩子但言孔门诸子，惟曾子之学

① 语见韩愈《读荀》。
② 扬子：扬雄。

独传，而有子思、孟轲，然不言其所以独传之故。故程子又从而发明之，以为曾子只缘资质鲁钝，故用功于内者，深笃确实，观其启手足之言，所谓一息尚存，此志不容少懈者，此圣道之所以终传，而有子思、孟子之学也。"〇又曰："扬子云曰①：'古者杨墨塞先则反。路，孟子辞而辟之，廓苦郭反。如也。'夫音扶。杨、墨行，正道废。孟子虽贤圣，不得位。空言无施，虽切何补。然赖其言，而今之学者尚知宗孔氏，崇仁义，贵王贱霸而已。其大经大法，皆亡灭而不救，坏烂而不收。所谓存十一于千百，安在其能廓如也？然向无孟氏，则皆服左衽而言侏音朱。离矣②。张存中曰："《后汉·南蛮传》云：'衣裳班阑，语言侏离。'侏离，蛮夷语言不分朗之声也。"故愈尝推尊孟氏，以为功不在禹下者，为去声。此也。"新安陈氏曰："自'夫杨墨行'至'安在其能廓如也'，皆是难辞，扬中之抑。只着'向无孟氏'二句斡转而断之，以孟氏功不在禹下，尽之矣。孟子辟杨墨，功不在禹治洪水下者，洪水溺人之身，异端陷溺人心，心溺之祸甚于身溺故也。"

或问于程子曰："孟子还可谓圣人否？"程子曰："未敢便道他是圣人，然学已到至处。"愚按："至"字，恐当作"圣"字。朱子曰："若以孟子比孔子时说得高，然孟子道性善，言必称尧舜，又见孟子说得实。"庆源辅氏曰："未敢便道他是圣人，以其行处言；学已到圣处，以其知处言也。孟子论大而化之之谓圣，圣而不可知之之谓神，与夫圣智巧力之譬，精密切当，非想像臆度之所能及，是其学已到圣处也。然其英气未化，有露圭角处，故未敢便道他是圣人，此其权度审矣。"〇程子又曰："孟子有功于圣门，不可胜平声。言。仲尼只说一个'仁'字，孟子开口便说'仁义'。仲尼只说一个'志'，孟子便说许多'养气'出来。只此二字，其功甚多。"〇又曰："孟子有大功于世，以其言性善也。"〇又曰："孟子'性善'、'养气'之论，皆前圣所未发。"庆源辅氏曰："言性善，使资质美者闻之，必求复其本然而充其善；资质不美者闻之，亦知所自警而不流于恶。言养气，使气质刚柔不齐者勇猛奋发于道义，而无巽懦柔弱之弊。皆发夫子所未发，其功多盖在此。此所以有大功于世也。"〇又曰："学者全要识时。若不识时，不足以言学。颜子陋巷自乐，音洛。以有孔子在焉。若孟子之时，世既无人，安可不以道自任。"〇又曰："孟子有些英气。才有英气，便有圭角③，英气甚害事。新安陈氏曰："英气甚害事，盖责贤者备之辞。"如颜子便浑厚不同，颜子去圣人只毫发间。孟子大贤，亚圣之次也。"【校记：三鱼堂本作"亚圣之流"，此据四库本、弘治本。】或曰："英气见形甸反。于甚处？"曰："但以孔子之言比之，便可见。如字。且如冰与水，精非不光，比之玉，自是有温润含蓄气象，无许多光耀也。"觉轩蔡氏曰："闻之程子又曰：'仲尼，气也；颜子，春生也；孟子，并秋杀尽见。仲尼无所不包；颜子示不违如愚之

① 扬子云：汉代扬雄，字子云。"古者杨墨塞路……"见于《法言·吾子》。

② 左衽：衣襟。指上衣前交领部分。《礼记·丧大记》："小敛、大敛，祭服不倒，皆左衽。"

③ 圭角：圭的棱角，泛指棱角，比喻锋芒。《礼记·儒行》："毁方而瓦合。"汉郑玄注："去己之大圭角，下与众人小合也。"

学于后世，有自然之和气，不言而化者也；孟子则露其材，盖亦时然而已。仲尼，天地也；颜子，和风庆云；孟子，泰山岩岩之气象也。观其言，皆可见之矣。仲尼无迹，颜子微有迹，孟子其迹著。’孔子尽是明快人，颜子尽岂弟，孟子尽雄辨。”庆源辅氏曰：“英气是刚明秀发之气，此自是好底气质，若消化未尽，极有圭角，则有时而发。学要变化气质，须浑然纯是义理，如张子所谓德胜于气，性命于德，方始是成就处。”又曰：“言，心声也，德之符也，有德者必有言。若就言上看得分明，则其德无余蕴矣。玉有温润含蓄气象，所以为宝，人有温润含蓄气象，所以为圣也。其理一也。”

杨氏曰①：“《孟子》一书，只是要正人心，教人存心养性，收其放心。至论仁、义、礼、智，则以恻隐、羞恶、辞让、是非之心为之端。论邪说之害，则曰：‘生于其心，害于其政。’论事君，则曰‘格君心之非’，‘一正君而国定’。千变万化，只说从心上来。人能正心，则事无足为者矣。《大学》之修身、齐家、治国、平天下，其本只是正心、诚意而已。心得其正，然后知性之善。故孟子遇人便道‘性善’。朱子曰：“‘心得其正，然后知性之善’，语若有病。盖知性之善，然后能正其心。心得其正，然后有以真知性之为善而不疑耳。”庆源辅氏曰：“人能正心，则事无足为者，其语亦失之太快【校记：“太快”，四库本、三鱼堂本作“大快”。此据宋赵顺孙《四书纂疏》、弘治本改。】，观《大学》正心之后，于修身齐家治国平天下，更有工夫在。”欧阳永叔名修，庐陵人。却言‘圣人之教人，性非所先’，可谓误矣。人性上不可添一物，尧舜所以为万世法，亦是率性而已。所谓率性，循天理是也。外边用计用数，假饶立得功业，只是人欲之私。与圣贤作处，天地悬隔。”庆源辅氏曰：“此数句，判断二帝三王及汉唐以后为治之道所以不同，明白详尽。”

① 杨氏：杨时。

孟子集注大全

孟子集注大全卷一

梁惠王章句上

凡七章。【通考】勿轩熊氏曰："一章义利之辨，兼言孟子之学；二章言与民同乐；三、四、五、六章皆言仁政；七章兼言王霸之辨。"

孟子见梁惠王。

梁惠王，魏侯罃于耕反。也。都大梁①，赵氏曰："按魏初都安邑，在汉河东郡安邑县，至惠王徙大梁，在汉陈留郡浚仪县。"僭称王，溢曰惠②。【通考】赵氏德曰："魏之先，毕公高之后，晋献公以魏封毕万为大夫，后从其国名为魏氏，至罃立为王，谥法'爱人好与曰惠'。《汲冢纪年》：'梁惠成王九年四月甲寅，徙都大梁。'"东阳许氏曰："孟子至梁时，魏尚为侯，此章称之为王，乃著书之时追书耳。盖始各王于其国，至徐州之会，则王之号通于天下矣。"《史记》："惠王三十五年，新安倪氏曰："按《纲目》，周显王三十三年乙酉，为惠王三十五年。"卑礼厚币以招贤者，而孟轲至梁。"问："孟子不见诸侯，其见惠王，何也？"朱子曰："不见诸侯，不先往见也；见惠王，答其礼也。先王之礼，未仕不得见诸侯，时士鲜自重，而孟子犹守此礼。故所居之国，未仕，必君先就见，然后往见。异国君不得越竟，必以礼先焉，然后往答，其礼耳。《史记》得其事之实矣。"

王曰："叟不远千里而来，亦将有以利吾国乎？"

叟，长上声。老之称。【通考】吴氏程曰："叟非绝句，当连下文。"王所谓利，盖富国强兵之类。西山真氏曰："当时王道不明，人心陷溺，惟知有利而已，故惠王利国之

---

① 大梁：古地名，战国魏都。在今河南省开封市西北。隋唐以后，通称今开封市为大梁。

② 溢：即谥。《周书·谥法解》云："谥者，行之迹也。号者，功之表也。仁义所在曰王，柔质慈民曰惠，爱民好与曰惠。"

问，发于见贤之初。”

孟子对曰：“王何必曰利？亦有仁义而已矣。

仁者，心之德、爱之理。义者，心之制、事之宜也。朱子曰：“仁者心之德，见得可包四者，义者心之制，只是说义。”“心之德，是混沦说，爱之理，方说到亲切处。心之制，是说义之体，程子所谓‘处物为义’是也。事之宜，是就千条万绪，各有所宜处说。扬雄言‘义以宜之’，韩愈言‘行而宜之之谓义’，若只以义为宜，则义有在外意思。须如程子所言，则处物者在心，而非外也。事之宜，虽若在外，然所以制其宜，则在心也。”“心之制，如利斧，事来劈将去，可底从这一边去，不可底从那一边去。”“仁兼义言者，是言体，专言者，是兼体用而言。”“仁对义为体用，仁又自有仁之体用，义又自有义之体用。”“所谓事之宜，方是指那事物当然之理，未说到处置合宜处也。”问：“人所以为性者五，独举‘仁义’，何也？”曰：“天地所以生物，不过阴阳五行，而五行实一阴阳也。人性虽有五，然曰‘仁义’，则大端已举矣。以阴阳五行言，则木火皆阳，金水皆阴，而土无不在。以性言，则礼者仁之余，智者义之归，而信亦无不在也。”又曰：“礼者仁之著，智者义之藏。”又曰：“仁存诸心，性之所以为体也，义制夫事，性之所以为用也。然以性言之，则皆体也；以情言之，则皆用也；以阴阳言之，则义体而仁用也；以存心制事言之，则仁体而义用也。错综交罗，惟其所当，而各有条理焉。”叠山谢氏曰①：“夫子罕言仁，不过于随事发见处言，孟子仁人心一语，直说仁之本体，此朱子于《论》注先言爱，而《孟》注先言心，直得孔孟之要旨。”诸葛氏曰：“《语》之为仁，犹曰行仁，以仁之用言，故《集注》先言爱之理。《孟子》此章以仁之体言，故《集注》先言心之德。”云峰胡氏曰：“心之德是体，爱之理是用，心之制是体，事之宜是用，孟子所言仁义，是包体用而言。《论语》所谓为仁，是以仁之用言。”【通考】吴氏程曰：“有子为仁，是因用明体，就偏言处说仁；孟子仁义，是先体后用，就专言处说仁。故《集注》释之互异。”东阳许氏曰：“心有专言、偏言。心之德，是专言之仁，固全说体；爱之理，是偏言之仁，其中又含体用。爱为用，其理则体也。《或问》又推以阴阳言，而义体而仁用。盖天地间物静体而动用，阴静阳动。而仁阳也，义阴也，故其体用如此。”此二句乃一章之大指，下文乃详言之。后多放与“仿”同。此。

王曰‘何以利吾国？’大夫曰‘何以利吾家？’士庶人曰‘何以利吾身？’上下交征利而国危矣。万乘之国弑其君者，必千乘之家；② 千乘之国弑其君者，必百乘之家。万取千焉，千取百焉，不为不多矣。苟为后义而先利，不夺不餍。乘，去声。餍，于艳反。

此言求利之害，以明上文何必曰利之意也。征，取也。上取乎下，下取乎上，故曰

① 叠山谢氏：谢枋得（1226—1289年）。宋末信州弋阳人。字君直，号叠山。宝祐四年进士，曾为考官，后以讪谤贾似道谪兴国军。德祐初，元兵东下，枋得知信州，力战兵败，变姓名入建宁山中。元统一后，隐居闽中。荐者不绝，至元二十六年，福建行省强之北行，至京不食死。著有《文章轨范》、《叠山集》。《宋史》有传。

② 《周礼·地官·载师》：“以家邑之田任稍地。”注云：“家邑，大夫之采地。”《夏官·大司马》：“家以号名。”注云：“家，谓食采地者之臣也。”

孟子书至梁惠王问何以利吾国，未尝不废书而叹也。曰嗟乎！利诚乱之始也。夫子罕言利，常防其源也。故曰'放上声。于利而行，多怨'。自天子以至于庶人，好去声。利之弊，何以异哉?"问："太史公之叹，其果知孟子之学耶?"朱子曰："未必知也，以其言之偶得其要，是以谨而著之耳。"程子曰："君子未尝不欲利，但专以利为心则有害。惟仁义则不求利而未尝不利也。庆源辅氏曰："利者，民生所不可无者也。故乾之四德曰利，《书》之三事曰利，此所谓'君子未尝不欲利'。但专欲求利，则不顾义理，专欲利己，而必害于人，惟能循仁义而行，则体顺有常而自无不利。"当是之时，天下之人惟利是求，而不复扶又反。知有仁义。故孟子言仁义而不言利，所以拔本塞先则反。源而救其弊，此圣贤之心也。"龟山杨氏曰："君子以义为利，不以利为利。使其民不后其君亲，则国治矣，利孰大焉？故曰'亦有仁义而已，何必曰利?'"朱子曰："凡事不可先有个利心，才说着利，必害于义，圣人做处，只向义边做。然义未尝不利，但不可先说道利，不可先有求利之心。盖缘本来道理，只有一个仁义，更无别物事。义是事事要合宜，以利心为仁义，即非仁义之正，不待有不利，然后仁义阻也。"云峰胡氏曰："孟子之得于子思者，曰'仁义所以利之也'。及告梁王，则言仁义而不言利。盖子思所言者，利物之利；梁王所问者，利己之利也。程子以为拔本塞源者，所以救当时流弊之极；朱子以为造端托始者，所以谨夫学者心术之初。"新安陈氏曰："《孟子》一书，以遏人欲、存天理为主，'何必曰利'，遏人欲也；'亦有仁义'，存天理也。自此以后，鲜有不可以此六字该贯章旨者。"东阳许氏曰："君子利己之心不可有，利物之心不可无。孟子不言利，是专攻人利己之心，绝利己之心，然后可行利物之事。然利物乃所以利己也，至于不遗亲后君，则己亦无不利矣，但不可假仁义以求利耳。"

〇孟子见梁惠王，王立于沼上，顾鸿雁麋鹿，曰："贤者亦乐此乎?"乐，音洛。篇内同。

沼，池也。鸿，雁之大者。麋，鹿之大者。

孟子对曰："贤者而后乐此，不贤者虽有此，不乐也。

此一章之大指。新安陈氏曰："揭大指于前，而分开照应于后，此《孟子》诸章例也。首章及此章皆如此，此后当以此法观之，不一一提掇。"南轩张氏曰："孟子若答云'贤者何乐乎此'，则非惟告人之道不当尔，而于理亦有未完也。今云然则辞气不迫而理完矣。"又曰："王所谓乐，人欲之私，以自逸为乐也。孟子所谓贤者乐此，天理之公，与民同乐者也。"双峰饶氏曰："王意谓贤者未必乐此，自家有惭，孟子说惟是贤者乐此，出王之意外。"

《诗》云：'经始灵台，经之营之，庶民攻之，不日成之。经始勿亟，庶民子来。王在灵囿①，麀鹿攸伏，麀鹿濯濯，白鸟鹤鹤。王在灵沼②，於牣鱼跃。'文王以民力为台

---

① 《毛诗传》云："囿，所以域养禽兽也。天子百里，诸侯四十里。灵囿，言灵道行于囿也。"

② 《毛诗传》云："灵沼，言灵道行于沼也。"笺云："灵沼之水，鱼盈满其中皆跳跃，亦言各得其所。"

为沼。而民欢乐之，谓其台曰灵台①，谓其沼曰灵沼，乐其有麋鹿鱼鳖。古之人与民偕乐，故能乐也。亟，音棘。麀，音忧。鹤，《诗》作“翯”，户角反。於，音乌。牣音刃。

此引《诗》而释之，以明贤者而后乐此之意。《诗·大雅·灵台》之篇。经，量度待洛反。也。灵台，文王台名也。《诗传》②：国之有台，所以望氛祲，察灾祥，时观游，节劳佚也。谓之灵者，言其倏然而成，如神灵所为也。【通考】东阳许氏曰：“《灵台》之作，所以候日景，占星象，望云雾也。其下有囿，囿中有沼，并以游观耳。七十里之囿，所以供四时之田，讲武事于其中，且与民之刍荛雉兔者共之，不容不广，此在郊外者也。灵台之囿，必近城郭，地不可容，且无所用其大。文王继体即位，本都岐，在位四十六年迁郢，又三年迁丰，作灵台，其时九十有六，明年即薨。田猎之囿，非作灵台之意也。七十里之囿，在岐山旧都，故有与民同刍荛雉兔者之常制。”营，谋为也。攻，治也。不日，不终日也。亟，速也，言文王戒以勿亟也。子来，如子来趋父事也。灵囿、灵沼，台下有囿，囿所以域养禽兽。囿中有沼也。麀，牝婢忍反。鹿也。伏，安其所，不惊动也。濯濯，肥泽貌。鹤鹤，洁白貌。於，叹美辞。牣，满也。孟子言文王虽用民力，而民反欢乐之，既加以美名，而又乐其所有。盖由文王能爱其民，故民乐其乐，而文王亦得以享其乐也。双峰饶氏曰：“自乐便不是仁，同乐便是仁。如文王未尝无灵台灵沼，然与民同乐，便是天理。文王毕竟自朝至于日中昃，不遑暇食，用咸和万民，人必得所，然后有此乐。此所谓‘后天下之乐而乐’。”【通考】东阳许氏曰：“麋鹿鱼鸟，各得其所，咸遂其性，可见文王之德被万物。观两‘在’字，而下文‘鱼鹿’云，尤见文王仁及物而物感动处。物且如是，而人可知。”

《汤誓》③曰：‘时日害丧？予及女偕亡。’民欲与之偕亡，虽有台池鸟兽，岂能独乐哉？”害，音曷。丧，去声。女，音汝。

此引《书》而释之，以明不贤者虽有此不乐之意也。《汤誓》，《商书》篇名。时，是也。日，指夏桀。害，何也。桀尝自言，吾有天下，如天之有日，日亡吾乃亡耳。赵氏曰：“所引桀语，出《尚书大传》。”民怨其虐，故因其自言而目之曰“此日何时亡乎？若亡则我宁与之俱亡”，盖欲其亡之甚也。孟子引此，以明君独乐而不恤其民，则民怨之而不能保其乐也。龟山杨氏曰：“梁王顾鸿雁麋鹿，以问孟子，孟子因以谓‘贤者而后乐此’，至其论文王夏桀之所以异，则独乐不可也。世之君子，其贤者乎，则必语王以忧民，而勿为台沼苑囿之观，是拂其欲也；其佞者乎，则必语王以自乐，而广其侈心，是纵其欲也。二者皆非能引君以当道，唯孟子之言，常于毫发之间，剖析利善之所在，使人君化焉而不自知。夫如是，其在朝则可以格君心之非，而其君易行矣。”南轩张氏

---

① 《毛传》云：“神之精明曰灵，四方而高曰台。经，度之也。攻，作也。”《笺》云：“文王应天命，度始灵台之基趾，营表其位。众民则筑作，不设期日而成之。观台而曰灵者，文王化行，以神之精明，故以名焉。”

② 《诗传》：即《诗集传》。

③ 《汤誓》，《尚书》篇名也。《书序》云：“伊尹相汤伐桀，升而陑，遂与桀战于鸣条之野，作《汤誓》。

曰："民一也，得其心，则子来而乐君之乐；失其心，则害丧而欲君之亡。究其本，则由夫顺理与徇欲之分而已。人君常怀不敢自乐之心，则足以遏人欲矣；常怀与民偕乐之心，则足以扩天理矣。"双峰饶氏曰："《孟子》之书，句句是事实。说仁义，便说未有仁而遗其亲，未有义而后其君，为仁义事实。说贤者乐此，不贤者虽有此不乐，便说文王灵台灵沼，《汤誓》'时日曷丧'，为同乐独乐事实。"新安陈氏曰："南轩'遏人欲扩天理'六字，可断尽《孟子》七篇，谨提出以示学者。夫同一台池、苑囿、鸟兽、鱼鳖耳，贤者循天理之公，爱民而与之同乐，则民乐君之乐，而君得享其乐。不贤者徇人欲之私，不恤民而自乐，则民欲君之亡，君安得有此乐？天理人欲，同行异情，详见后章。"【通考】东阳许氏曰："此章关键，全在'偕乐''独乐'上。文王与民同乐，夏桀结怨奉已，兴、亡乃其效也。"

○梁惠王曰："寡人之于国也，尽心焉耳矣。河内凶，则移其民于河东，移其粟于河内。河东凶亦然。察邻国之政，无如寡人之用心者。邻国之民不加少，寡人之民不加多，何也？"

寡人，诸侯自称，言寡德之人也。① 河内河东皆魏地。② 凶，岁不熟也。移民以就食，移粟以给其老稚之不能移者。移粟，民自移其粟耳。

孟子对曰："王好战，请以战喻。填然鼓之，兵刃既接，弃甲曳兵而走。或百步而后止，或五十步而后止。以五十步笑百步，则何如？"曰："不可，直不百步耳，是亦走也。"曰："王如知此，则无望民之多于邻国也。好，去声。填，音田。

填，鼓音也。兵以鼓进，以金退。【通考】东阳许氏曰："《集注》'兵以鼓进，以金退'，亦大约言之，《周礼·大司马》'辨鼓铎镯铙之用'，大抵镯进铙退，铎兼进退也，后世战阵盖专以金声退。铎，大铃也。镯，钲也，形如小钟，以为鼓节。铙如铃，执而鸣之。"直，犹但也。如《诗》"匪直也人"之直。言此以譬邻国不恤其民，惠王能行小惠，然皆不能行王道以养其民，不可以此而笑彼也。杨氏曰："移民移粟，荒政之所不废也。然不能行先王之道，而徒以是为尽心焉，则末矣。"庆源辅氏曰："《周礼》，司徒'以荒政十有二聚万民'，虽无所谓移粟之事，然大荒大札，则令邦国移民以辟灾就贱。"

不违农时，谷不可胜食也；数罟不入洿池，鱼鳖不可胜食也；斧斤以时入山林，材木不可胜用也。谷与鱼鳖不可胜食，材木不可胜用，是使民养生丧死无憾也。养生丧死无憾，王道之始也。胜，音升。数，音促。罟，音古。洿，音乌。

农时，谓春耕夏耘秋收之时。凡有兴作，不违此时，至冬乃役之也。不可胜食，言

---

① 《礼记·曲礼下》云："庶方小侯，入天子之国曰某人，于外曰子，自称曰孤。"又云："诸侯与民言，自称曰寡人。"注云："谦也。于臣亦然。"

② 《汉书·地理志》："河东郡安邑，魏绛自魏徙此，至惠王徙大梁也。"魏旧在河东。又云："河内本殷之旧都，周既灭殷，分其畿内为三国，《诗·风》邶、庸、卫是也。周公诛之，尽以其地封地康叔。至十六世，懿公亡道，为狄所灭。齐桓公帅诸侯伐狄，而更封卫于河南曹楚丘。而河内殷墟，更属于晋。魏分晋，则河内为魏得，故云后为强国，兼得河内。"

多也。数，密也。罟，网也。洿，窊乌瓜反。下之地，水所聚也。古者网罟必用四寸之目，鱼不满尺，市不得粥，余六反①。人不得食。山林川泽，与民共之，而有厉禁②。《周礼·地官司徒》："山虞，掌山林之政令，物为之厉而为之守禁。仲冬斩阳木，仲夏斩阴木。或谓阳木生山南者，阴木生山北者。凡服耜斩季材，以时入之。服，牝服，车之材也。季，犹穉也，服与耜宜用穉材，尚柔韧也。令万民时斩材，有期日。""泽虞，掌国泽之政令，为之厉禁，使其地之人守其材物，以时入之于王府，颁其余于万民。"云峰胡氏曰："文王治岐，泽梁无禁，此所谓'山林川泽，与民共之'，即是泽梁无禁。无禁者，王者爱民之仁也。虽无禁而有厉禁，又王者爱物之仁也。《周礼》'山虞，掌山林之政令，物为之厉而为之守禁'，注：物为之厉，每物有藩界也。为之守禁，为守者设禁令也。守者，谓其地之民占伐林木者也，郑司农云：'厉，遮列守之也。'以是观之，泽梁无禁者，不禁民之取，而有厉禁者，禁民之不以时取也。"草木零落，然后斧斤入焉。《礼记·王制》："獭祭鱼，然后渔人入泽梁；豺祭兽，然后田猎；鸠化为鹰，然后设罻罗；草木零落，然后入山林。"此皆为治去声。之初，法制未备，且因天地自然之利，而撙祖本反。节爱养之事也③。然饮食宫室所以养生，祭祀棺椁所以送死，皆民所急而不可无者【校记："皆民所急"，三鱼堂本作"皆民所亟"，此据四库本、弘治本。】。今皆有以资之，则人无所恨矣。王道以得民心为本，故以此为王道之始。庆源辅氏曰："养生送死，乃人世之始终，于是二者皆有以济之，则人世之始终，一无所憾，而民心得矣。此其所以为王道之始也。"新安陈氏曰："'法制未备'，谓圣人未行井田法以前；'天地自然之利'，谓谷鱼材木之类；'撙节爱养'，谓不违农时、不用数罟、斧斤时入之类。'王道之始'，谓王制未备，王道未成，不过初焉事。下一节《集注》云'是王道之成也'，正与此'王道之始'相对。"

五亩之宅，树之以桑，五十者可以衣帛矣；鸡豚狗彘之畜，无失其时，七十者可以食肉矣；百亩之田，勿夺其时，数口之家可以无饥矣；谨庠序之教，申之以孝悌之义，颁白者不负戴于道路矣。七十者衣帛食肉，黎民不饥不寒，然而不王者，未之有也。衣，去声。畜，敕六反。数，去声。王，去声。凡有天下者人称之曰王，则平声；据其身临天下而言曰王，则去声。后皆仿此。

五亩之宅，一夫所受，二亩半在田，二亩半在邑。田中不得有木，恐妨五谷，故于墙下植桑以供蚕事。赵氏曰："古者一夫一妇，受私田百亩，公田十亩，八家是为八百八十亩，余公田二十亩，八家分之得二亩半以为庐舍。城邑之居，亦各得二亩半，春令民毕出在野，冬则毕入于邑，在野曰庐，在邑曰里，庐各在其田中，而里聚居也。"五十始衰，非帛不暖，未五十者不得衣也。畜，养也。时，谓孕字之时，如孟春牺牲毋用

---

① 粥：同"鬻"，卖。《礼记·曲礼下》："君子虽贫，不粥祭器；虽寒，不衣祭服。"

② 厉禁：遮挡，禁止。谓设卫警戒，限制出人。《周礼·秋官·司隶》："执其邦之兵，守王宫与野舍之厉禁。"郑玄注："厉，遮例也。"

③ 撙节：抑制；节制。《礼记·曲礼上》："是以君子恭敬、撙节、退让以明礼。"孙希旦《集解》："有所抑而不敢肆谓之撙，有所制而不敢过谓之节。"

牝之类也。《礼记·月令》：孟春之月，“命乐正入学习舞；乃修祭典，命祀山林川泽；牺牲毋用牝，禁止伐木，毋覆巢，毋杀孩虫、胎夭、飞鸟。”夭，乌老反。胎，怀孕者。夭，始生者。七十非肉不饱，未七十者不得食也。问：“既曰‘鱼鳖不可胜食矣’，又言‘老者始可食肉’，何也?”朱子曰：“鱼鳖自生之物，养其小而食其大，老幼之所同也。至于刍豢之畜，人力所为，则非七十之老，不得以食之矣。”南轩张氏曰：“衣帛食肉，必曰五十七十者，民之欲无穷，而桑蚕畜养之利有限，不为之制，则争逐其欲，而老者或不得衣之食之矣。又使知老者之当养，其老幼之有别，教亦行乎其中矣。日用饮食，无非教也，不待庠序而后教也。”【通考】东阳许氏曰：“《王制》：‘五十始衰，六十非肉不饱，七十非帛不暖。’与此不同。或殷或周之制异，大抵年高者，衣帛食肉也。”百亩之田，亦一夫所受。至此则经界正，井地均，无不受田之家矣。赵氏曰：“古以百步为亩，今以二百四十步为亩。古百亩，当今之四十一亩也。经界，谓治地分田，经画其沟涂封植之界也。”【通考】仁山金氏曰：“古者六尺为步，步百为亩。一夫一妇受田百亩，又受田庐之地二亩半，邑居二亩半。田以九百亩为一井，八面皆百亩为私田，八家受之，内一百亩为公田。又有公田之内，除二十亩为庐舍，八家则每家得二亩半，邑屋所受亦如之。古所谓亩即今田畴，其广六尺，其长六百尺，是为一亩。若以今大步计之，则古百步当今四十一亩，古者一亩半当今一亩十步。”庠序，皆学名也。申，重直用反。也，丁宁反复之意。善事父母为孝，善事兄长上声。下同。为悌。颁，与斑同，老人头半白黑者也。负，任在背。戴，任在首。夫音扶。民衣食不足，则不暇治礼义；而饱暖无教，则又近于禽兽。故既富而教以孝悌，则人知爱亲敬长而代其劳，不使之负戴于道路矣。【通考】东阳许氏曰：“庠序之教，教以人伦，于其常教之中，又以孝悌二者重明之，而笃之尤力也。”衣帛食肉但言七十，不言五十。举重以见形甸反。轻也。黎，黑也。黎民，黑发之人，犹秦言黔其廉反。首也。《史记·秦纪》：始皇三十四年，丞相李斯上书，有曰“惑乱黔首”。黔首，黑头也。少去声。壮之人，虽不得衣帛食肉，然亦不至于饥寒也。此言尽法制品节之详，双峰饶氏曰：“五亩宅，百亩田，是法制。五十衣帛，七十食肉，是品节。有法制无品节，则泛而不足用，有品节无法制，则于何处取用。”极财【校记：“极财”三鱼堂本作“极裁”。此据四库本、弘治本。】成辅相去声。之道，以左右民，《易·泰卦·象》曰：“天地交泰，后以裁成天地之道，辅相天地之宜，以左右民。”左右并去声，如左右手之右，本音有。是王道之成也。庆源辅氏曰：“注云‘尽法制品节之详，极财成辅相之道’，则民情之变故已备见，圣人之制作已大成，‘以左右民’，则不惟制民之产，使之有以养其生，而又为之学校之教，使之得以全其性，如帝尧所谓‘匡之直之，辅之翼之，使自得之’，是为王道之大成也。”新安陈氏曰：“极财成辅相，总言田桑畜养之事。以左右民，就富教斯民说。乃王道之终事，应上文‘王道之始也’一句。”

狗彘食人食而不知检，涂有饿莩而不知发；人死，则曰：‘非我也，岁也。’是何异于刺人而杀之，曰：‘非我也，兵也。’王无罪岁，斯天下之民至焉。”莩，平表反。刺，七亦反。

检，制也。莩，饿死人也。发，发仓廪以赈音震，通作振，起也，救也。贷他代反。也。岁，谓岁之丰凶也。惠王不能制民之产，又使狗彘得以食人之食，则与先王制度品节之意异矣。至于民饥而死，犹不知发，则其所移特民间之粟而已。乃以民不加多，归罪于岁凶，是知刃之杀人，而不知操七刀反。刃者之杀人也。不罪岁，则必能自反而益修其政。即上文所言王道。天下之民至焉，则不但多于邻国而已。○程子曰："孟子之论王道，不过如此，可谓实矣。"新安陈氏曰："王道不出农桑教养等实事，岂求之高远难行者哉?"又曰："孔子之时，周室虽微，天下犹知尊周之为义，故春秋以尊周为本。至孟子时，七国争雄，天下不复扶又反。知有周，而生民之涂炭已极。当是时，诸侯能行王道，则可以王去声。矣。此孟子所以劝齐梁之君也。盖王者，天下之义主也。圣贤亦何心哉？视天命之改与未改耳。"朱子曰："孔子尊周，孟子不尊周，如冬裘夏葛，饥食渴饮，时措之宜异尔。此齐桓不得不尊周，亦迫于大义不得不然。夫子笔之于经，明君臣之义于万世，非专为美桓公也。孔孟易地则皆然。得时措之宜，则并行而不相悖矣。"云峰胡氏曰："不有孔子之论，则在下者不知有尊王之义，而民可以无君矣。不有孟子之论，则在上者不知天命之改不改在民心之向背，而君可以无民矣。"新安陈氏曰："天命之改未改，验之人心而已。人心犹知尊周，可验天命未改，则当守天下之经，文王、孔子之事是也。人心不知有周，可验天命已改，不得不达天下之权，武王、孟子之事是也。司马温公、李泰伯尚不达此而非孟子，固哉！读者不可不勘破此义。"

○梁惠王曰："寡人愿安承教。"

承上章，言愿安意以受教。

孟子对曰："杀人以梃与刃，有以异乎?"曰："无以异也。"梃，徒顶反。

梃，杖也。①

"以刃与政，有以异乎?"曰："无以异也。"

孟子又问而王答也。新安陈氏曰："政，谓虐政。梃刃政杀人，承上章岁兵之意而敷演之。"

曰："庖有肥肉，厩有肥马，民有饥色，野有饿莩，此率兽而食人也。

厚敛力验反。于人以养禽兽，而使民饥以死，则无异于驱兽以食人矣。新安陈氏曰："此因前章'狗彘食人食'、'涂有饿莩'之意，而究言之，即以虐政杀人也。"

兽相食，且人恶之。为民父母，行政不免于率兽而食人。恶在其为民父母也？"恶之"之"恶"，去声。"恶在"之"恶"，平声。

君者，民之父母也。恶在，犹言何在也。

仲尼曰：'始作俑者，其无后乎！'为其象人而用之也。如之何其使斯民饥而死也?"俑，音勇。为，去声。

俑，从去声。下同。葬木偶人也。古之葬者，束草为人以为从卫，谓之刍灵，略似

---

① 《吕氏春秋·简选篇》云："锄櫌白梃，可以胜人之长铫利兵。"高诱注云："梃，杖也。"

人形而已。中古易之以俑，则有面目机发，而大似人矣。赵氏曰：“木人设机而能踊跳，故名曰俑。”故孔子恶去声。下同。其不仁，而言其必无后也。新安陈氏曰：“作俑者，杀人殉葬之渐，孔子恶之者以此。《礼记·檀弓下》：‘孔子谓为明器者【校记：“明器”三鱼堂本作“名器”，此据四库本、弘治本改。】，知丧道矣，备物而不可用也。哀哉！死者而用生者之器也，不殆于用殉乎哉！其曰明器，神明之也，涂车、刍灵，自古有之，明器之道也。孔子谓为刍灵者善，谓为俑者不仁，不殆于用人乎哉！’”孟子言此作俑者，但用象人以葬，孔子犹恶之，况实使民饥而死乎？【通考】东阳许氏曰：“孔子据已见之祸而深恶其始，谓为不仁者，事始虽小，末流必大，不可以不谨，孟子因此以戒惠王，不可轻视其民。”李氏曰①：“为人君者，固未尝有率兽食人之心。然殉一己之欲，而不恤其民，则其流必至于此。故以为民父母告之。夫音扶。父母之于子，为去声。之就利避害，未尝顷刻而忘于怀，何至视之不如犬马乎？”叠山谢氏曰：“此章以人对兽，极言人君不行仁政，视人犹兽也。天地间难得者人，象人而用之，犹不免于无后，岂可率兽食人，不行王政，一至于此乎！”新安陈氏曰：“为人君者，有作民父母之责，固未尝有率兽食人之心。惟徇欲而不恤民，则其流至此而不自觉。故以率兽食人箴其昏迷之锢习，而以为民父母触其恻隐之本心。孟子之言，深切著明如此，而王不悟，亦末如之何也已。右二章，戒梁王厉民自养，率兽食人，遏人欲也；勉其行王道，以为民父母为心，扩天理也。”

○梁惠王曰：“晋国，天下莫强焉，叟之所知也。及寡人之身，东败于齐，长子死焉；西丧地于秦七百里；南辱于楚。寡人耻之，愿比死者一洒之，如之何则可？”长，上声。丧，去声。比，必二反。“洒”与“洗”同。

魏本晋大夫魏斯，与韩氏赵氏共分晋地，号曰三晋。故惠王犹自谓晋国。惠王，斯之孙也。惠王三十年，齐击魏，破其军，虏太子申。《史记·魏世家》：惠王三十年，魏伐赵，赵告急齐。齐宣王用孙子计，救赵击魏。魏遂大兴师，使庞涓将，而令太子申为上将军，与齐人战，败于马陵。齐虏魏太子申，杀将军涓，军遂大破。十七年，秦取魏少去声。梁，《史记·魏世家》：惠王十七年，魏与秦战元里，秦取我少梁。元里、少梁，皆魏地邑名。后魏又数音朔。献地于秦。《史记·商君传》：秦孝公使卫鞅将兵伐魏，魏使公子卬将而击之。军既相距，卫鞅遗魏将公子卬书曰：“吾始与公子欢，今俱为两国将，不忍相攻，可与公子面相见，盟，乐饮而罢兵，以安秦魏。”魏公子卬以为然。会盟已，饮，而卫鞅伏甲士袭虏公子卬。因攻其军，尽破之以归秦。魏惠王恐，使使割河西之地献于秦以和。而魏遂去安邑，徙都大梁。又与楚将去声。昭阳战败，亡其七邑。《史记·楚世家》：怀王六年，楚使柱国昭阳将兵而攻魏，破之于襄陵，得邑八。张存中曰：“按《史记》‘魏襄王十二年，楚败我襄陵’，不言邑数。‘楚怀王六年得邑

---

① 李氏：即李郁(1086—1150年)，字光祖，邵武人。曾师从杨时，潜心十八年，涣然有得。后被召入对，除删定官。秦桧用事，归隐西山，学者称为西山先生。卒于绍兴二十年，年六十五，有《易传》、《参同契》、《论孟遗稿》、《诗文集》。

八'，与《集注》'七邑'不合。未知孰是。"比，犹为去声。也。言欲为死者雪其耻也。庆源辅氏曰："惠王之志，疑若刚勇而有为者，然细考之史，则其败于三国，皆非义举也。徒以争城争地，不失之贪，则失之缪。事既如此，犹不知所以自反，乃于见贤之际，历叙其丧败，而欲为死者一洗之，此正如匹夫贱人，势出无聊，不胜其忿，而求一快者所为耳。岂有君人之度，而知所谓大勇之理哉！"

孟子对曰："地方百里而可以王。

百里，小国也。然能行仁政，则天下之民归之矣。

王如施仁政于民，省刑罚，薄税敛，深耕易耨。壮者以暇日修其孝悌忠信，入以事其父兄，出以事其长上，可使制梃以挞秦楚之坚甲利兵矣。省，所梗反。敛、易皆去声。耨，奴豆反。长，上声。

省刑罚，薄税敛，此二者仁政之大目也。新安陈氏曰："省刑则不伐民生，薄赋则民得养生，所以为仁政之大目。"易，治也。耨，耘也。尽己之谓忠，以实之谓信。君行仁政，则民得尽力于农亩，而又有暇日以修礼义，是以尊君亲上而乐音洛。下同。于效死也。朱子曰："魏地迫近于秦，无时不受兵，割地求成无虚日。孟子之言，似若容易，盖当时之人，焦熬已甚，率欢欣鼓舞之民而征之，自是见效速，后来公子无忌率五国师，直捣至函谷关，可见。"庆源辅氏曰："仁政在于养民而已，省刑罚，则民不至无所措其手足，而得以安其生；薄税敛，则民不至有所阙于衣食，而得以保其生，故孟子言仁政，首及此二者，下面数句，则又其效验也。深耕易耨，则薄税敛之所致也。重税厚敛，则民不聊生，民不聊生，则其于农事亦苟且卤莽而已。壮者以暇日修其孝悌忠信，入以事父兄，出以事长上，则省刑罚之所致也。严刑峻罚，则民不乐生，民不乐生，则其于人道亦何暇修为之哉！"

彼夺其民时，使不得耕耨以养其父母，父母冻饿，兄弟妻子离散。养，去声。

彼，谓敌国也。

彼陷溺其民，王往而征之，夫谁与王敌？夫，音扶。

陷，陷于阱。通作穽，疾郢、才性二反，穿地陷兽也。溺，溺于水。暴虐之意。征，正也。以彼暴虐其民，而率吾尊君亲上之民往正其罪。彼民方怨其上而乐归于我，则谁与我为敌哉？

故曰：'仁者无敌。'王请勿疑！"

"仁者无敌"，盖古语也。以'故曰'二字知之。百里可王，以此而已。恐王疑其迂阔，故勉使勿疑也。〇孔氏曰①：孔氏，名文仲，字经父，临江人。"惠王之志在于报怨，孟子之论在于救民。所谓惟天吏则可以伐之，盖孟子之本意。"南轩张氏曰："惠王

---

① 孔氏：孔文仲(1038—1088年)，字经父，临江新喻人。少刻苦博洽，举进士，考官吕夏卿称其词赋赡丽，策论深博，文势似荀卿、扬雄，擢为第一。熙宁初，以制举对策，力论王安石理财训兵之法为非，遂罢官。哲宗时，累起居舍人，擢左谏议大夫。又论青苗、免役诸法，改中书舍人，同知贡举。因劳卒，士大夫哭之皆失声。苏轼祔其柩曰："世方嘉软熟而恶峥嵘，求劲直如吾经父者，今无有矣！"文仲著有文集五十卷。

愤其军师之败，欲一洒之，是乃不胜其忿欲之私耳。孟子所以告之者，乃为国之常道，其所施为，皆有实事。夫王政之所以不行者，以时君谋利计功之念深，每每致疑而莫肯力行故也，使其以先王之治为必可法，以圣贤之言为必可信，而力行之，则孰御焉？”庆源辅氏曰：“注引孔氏之言，盖怨有当报者，有不当报者，若惠王之事，则所谓不当报者也。不当报而报，则是忿懥者之所为耳。忿懥者之所为，则其心熏灼焚烧，愈扑愈炽，不至于大败极坏而不已。若所谓志于救民，则至诚恻怛，成己以成物，一日有一日之功。其曰‘唯天吏则可以伐之’，其所以自治者严矣。”勿轩熊氏曰：“当时七雄，皆大国也，孟子独惓惓于齐梁者，欲得志行乎中国也。若秦楚，则蛮夷戎狄之裔。七篇之书，深鄙外之，盖其得志，必非天下生民之福。自周之衰，天下大势不入于楚，必入于秦，圣贤已逆知其所趋矣。当时孟子止言深耕、易耨、孝悌、忠信，则可以制梃而挞秦楚，自一等富强而言，岂不大迂阔而不切于事情？然后来秦亡，不过起于揭竿斩木之匹夫。坚甲利兵，果可恃乎！孟子之言，不我诬也。”新安陈氏曰：“逞忿报怨，私欲也；行仁救民，公理也。行仁则自无敌，不得已而用兵，亦正之之征也。不行仁而惟报私怨，忿争而已矣。岂惟怨不可报，败亡常必由之。此章亦所以遏人欲、扩天理也。”

○孟子见梁襄王。

襄王，惠王子，名赫。新安倪氏曰：“按《通鉴》，慎靓王二年壬寅，惠王卒，孟子去魏适齐。是一见襄王后即去也。”

出，语人曰：“望之不似人君，就之而不见所畏焉。卒然问曰：‘天下恶乎定？’吾对曰：‘定于一。’语，去声。卒，七没反。恶，平声。

语，告也。不似人君，不见所畏，言其无威仪也。新安倪氏曰：“《左氏传》云：‘有威而可畏，谓之威。有仪而可象，谓之仪’。‘不似人君’，无可象之仪也，‘不见所畏’，无可畏之威也。”卒然，急遽之貌。盖容貌辞气，乃德之符。新安陈氏曰：“德存于中，容貌辞气乃德之符验可见于外者。”其外如此，则其中之所存者可知。王问列国分争，天下当何所定。孟子对以必合于一，然后定也。问：“孟子以梁襄王不似人君，不见所畏而讥之，然则必以势位自高，而厉威严以待物邪？”朱子曰：“不然也。夫有诸中者，必形诸外，有人君之德，则必有人君之容；有人君之容，则不必作威而自有可畏之威矣。”曰：“言之急遽亦何讥邪？”曰：“艮之六五，以中正而言有序；而吕氏亦曰‘志定者，其言重以舒。不定者，其言轻以疾’。然则言貌固皆内德之符，不惟可以观人，学者虽以自省可也。”曰：“孔子居是邦，不非其大夫，而孟子诵言其君之失如此，何邪？”曰：“圣贤之分，固不同矣。且孔子仕于诸侯，而孟子为之宾师，其地有不同也。抑七篇之中，无复与襄王言者，岂孟子自是而不复久于梁邪！”

‘孰能一之？’

王问也。

对曰：‘不嗜杀人者能一之。’

嗜，时利反。甘也。觉轩蔡氏曰：“好生不嗜杀，天地生物之心也，必得天地此心，然后可为天之子，为民之父母。此言万世人牧之龟鉴也。”

‘孰能与之?’

王复扶又反。问也。与，犹归也。

对曰：‘天下莫不与也。王知夫苗乎？七八月之间旱，则苗槁矣。天油然作云，沛然下雨，则苗浡然兴之矣。其如是，孰能御之？今夫天下之人牧，未有不嗜杀人者也，如有不嗜杀人者，则天下之民皆引领而望之矣。诚如是也，民归之，由水之就下，沛然谁能御之?’”夫，音扶。浡，音勃。由当作犹，古字借用。后多仿此。

周七八月，夏五六月也。《孟子》内并以周月言，与《春秋》、《左传》同。油然，云盛貌。沛然，雨盛貌。浡然，兴起貌。御，禁止也。人牧，谓牧民之君也。领，颈也。盖好去声。下同。生恶去声。死，人心所同。故人君不嗜杀人，则天下悦而归之。○苏氏曰①：“孟子之言，非苟为大而已。然不深原其意而详究其实，未有不以为迂者矣。予观孟子以来，自汉高祖及光武及唐太宗及我太祖皇帝，能一天下者四君，皆以不嗜杀人致之。其余杀人愈多而天下愈乱。秦晋及隋，力能合之，而好杀不已，故或合而复扶又反。分，晋武合之，刘石乱而分王江东。或遂以亡国。孟子之言，岂偶然而已哉?”庆源辅氏曰：“不嗜杀之对，以见理势之当然，非有为而为之者也。盖人君之心，诚能不嗜杀人，则举天下皆在我仁爱之中，又孰有涣散乖戾而不一归于我哉？固非以不嗜杀人为一天下之具也。”新安陈氏曰：“嗜杀，人欲之残虐也；不嗜杀，天理之恻隐也。此亦遏人欲存天理也。”

○齐宣王问曰：“齐桓、晋文之事可得闻乎?”

齐宣王，姓田氏，名辟音璧。疆，渠良反。赵氏曰：“田氏本陈公子完之后，初以陈为氏，后改姓田氏，至田和始篡齐而有之。辟疆，和之曾孙，是为宣王。”【通考】赵氏德曰：“周显王二十七年，齐桓卒，子辟疆立，是为宣王，在位十九年卒。谥法，善问周达曰‘宣’。”东阳许氏曰：“《集注》‘辟疆’，作‘开辟疆土’说，则上音辟，下音强；作‘辟除强暴’说，则上必益反，下巨良反。”诸侯僭称王也。齐桓公、名小白。晋文公、名重耳。皆霸诸侯者。

孟子对曰：“仲尼之徒无道桓、文之事者，是以后世无传焉。臣未之闻也。无以，则王乎?”

道，言也。董子曰：“仲尼之门，五尺童子羞称五伯，“霸”同。为去声。其先诈力而后仁义也。”亦此意也。新安倪氏曰：“董子，名仲舒，西汉广川人。此语见《汉书》本传。对江都易王问‘粤有三仁’，而曰：‘仁人者，正其谊不谋其利，明其道不计其功。是以仲尼之门，五尺童子，羞称五伯。为其先诈力而后仁义也。’”西山真氏曰：“孟子后能深辟五伯者，惟仲舒为然。”以、已通用。无已，必欲言之而不止也。王，去声。谓王天下之道。程子曰：“得天下之正，极人伦之至者，尧舜之道也；用其私心，依仁

---

① 苏氏：苏辙（1039—1112年），字子由，眉州眉山（今属四川）人，晚年自号颍滨遗老。苏轼之弟，人称“小苏”，著有《孟子解》。苏辙是散文家，为文以策论见长，著有《乐城集》。与其父苏洵、兄苏轼合称“三苏”，同为“唐宋八大家”之列。

义之偏者，霸者之事也。王道如砥，本乎人情，出乎礼义，若履大路而行，无复回曲；霸者崎岖反侧于曲径之中，而卒不可与入尧舜之道。故诚心而王则王矣，假之而霸则霸矣。二者其道不同，在审其初而已。”龟山杨氏曰：“齐宣王见孟子于雪宫，曰：‘贤者亦有此乐乎？’而孟子答以晏子之言，则霸者之事非无传也。孟子务引其君以当道，则桓文之事特诡遇而已。大匠不为拙工改废绳墨，故曰：‘无已则王乎。’”范氏曰：“按《论语》，孔子曰：‘桓公九合诸侯，不以兵车，管仲之力也。微管仲，吾其被发左衽矣。’孔子美齐桓管仲之功如此，孟子言‘仲尼之门无道桓文之事者’。圣人于人苟有一善，无所不取。齐桓、管仲有功于天下，故孔子称之。若其道，则圣人之所不取也。”朱子曰：“‘无道桓文之事’。事者，营霸之事，儒者未尝讲求。如桓公霸诸侯，匡天下，则谁不知。至于经营霸业之事，儒者未尝言也。”【通考】王氏若虚曰①：“春秋之时，五伯迭兴，而桓文为盛。有功者莫大于桓文，有罪者亦莫大于桓文。周之东迁，政教号令不行于天下，诸侯不知有周矣。有人于此勃然而兴，更为明主，支一干木于大厦将倾之际，屹砥柱于颓波溃决之余，内合诸侯，外攘夷狄，使前日之不知有周者，咸知尊周，而君臣之义至于今不堕，谓非桓文功不可也，故圣人略其罪而笔之于《春秋》。然其诈力是先，仁义为后，如救邢封卫，养乱为功，如伐卫取楚，阴谋取胜，挟天子而令诸侯，搂诸侯以伐诸侯，如是等类，非其罪欤？故圣人之徒卑其功而无道之者。然圣人《春秋》之作为万世扶纲常，有如尊周之举而不记之，则无以劝来者，其指微矣！乃若其徒所以不道之者，是又不欲率天下之人而祸仁义，亦《春秋》诛意之法也。故桓文者功之首、罪之魁，而圣贤待之仁之至义之尽也。”

曰：“德何如，则可以王矣？”曰：“保民而王，莫之能御也。”

保，爱护也。庆源辅氏曰：“保，‘如保赤子’之保。”新安陈氏曰：“王道甚大，其要只在保民，‘保民而王’一句，为此章之纲领。”

曰：“若寡人者，可以保民乎哉？”曰：“可。”曰：“何由知吾可也？”曰：“臣闻之胡龁曰，王坐于堂上，有牵牛而过堂下者，王见之，曰：‘牛何之？’对曰：‘将以衅钟。’王曰：‘舍之！吾不忍其觳觫，若无罪而就死地。’对曰：‘然则废衅②钟与？’曰：‘何可废也？以羊易之！’不识有诸？”龁，音核。衅，许刃反。舍，上声。觳，音斛。觫，音速。与，平声。

胡龁，下没反，《集注》音核，“核”字有二音，宜审。齐臣也。衅钟，新铸钟成，而杀牲取血以涂其衅郄乞逆反。也。觳觫，恐惧貌。孟子述所闻胡龁之语而问王，不知果有此事否？

曰：“有之。”曰：“是心足以王矣。百姓皆以王为爱也，臣固知王之不忍也。”

---

① 王氏若虚：王若虚，字从之。金槀城人。承安二年经义进士，累官直学士。著有《尚书义粹》、《论语辨惑》、《孟子辨惑》、《五经辨惑》、《四书辨惑》、《经史辨惑》、《慵夫集》、《滹南遗老集》等。《金史》有传。

② 《汉书·高帝纪》：“衅鼓”，注：“应劭云：‘衅，祭也。杀牲以血涂鼓衅，呼为衅。’”

王见牛之觳觫而不忍杀，即所谓恻隐之心，仁之端也。扩而充之，则可以保四海矣。故孟子指而言之，欲王察识于此而扩充之也。爱，犹吝也。云峰胡氏曰："《孟子》一书，言心学甚详，此是第一个'心'字。是心何心也？人之本心也。即此本心而推之，所谓'先王有不忍人之心，斯有不忍人之政'者也。须看《集注》'察识、扩充'四字。察识属知，扩充属行。"新安陈氏曰："'是心足以王矣'一句最紧切。观王有此爱物之心，即可知王有仁民之心，而可以保民矣。所以指言王之此心，即是足以王天下之本。"真氏云："王道不外乎保民，而保民又不外乎此心是也。"

王曰："然。诚有百姓者。齐国虽褊小，吾何爱一牛？即不忍其觳觫，若无罪而就死地，故以羊易之也。"

言以羊易牛，其迹似吝，实有如百姓所讥者。然我之心不如是也。双峰饶氏曰："《论语》'小不忍'，朱子兼妇人之仁、匹夫之勇说，妇人不能忍其爱，匹夫不能忍其忿，这个又是要忍得了。"云峰胡氏曰："饶氏发明两'不忍'字，甚好。孟子所谓不忍者，如齐宣王见牛之觳觫将死，一念之发，非有所勉强，自然而然者也，君子谓之仁。《论语》所谓'小不忍'者，如妇人匹夫一念之发，不能有所禁止而一听其自然者也，君子不谓之义。"新安倪氏曰："《论语》之'小不忍'云者，不忍之念发于私小，常人之所不能禁止者也。孟子之'不忍'云者，不忍之念出乎正大，君子之所当扩充者也。"

曰："王无异于百姓之以王为爱也。以小易大，彼恶知之？王若隐其无罪而就死地，则牛羊何择焉？"王笑曰："是诚何心哉？我非爱其财而易之以羊也，宜乎百姓之谓我爱也。"恶，平声。

异，怪也。隐，痛也。择，犹分也。言牛羊皆无罪而死，何所分别彼列反。而以羊易牛乎？孟子故设此难，去声。欲王反求而得其本心。王不能然，故卒无以自解于百姓之言也。庆源辅氏曰："宣王既无讲学之功，不知反求之理，而徒自辩解于百姓之言，故孟子又设此以问难之。盖欲王反求而得其本心不忍之实，而王犹不能然也。"东阳许氏曰："上言臣固知王之不忍，下言彼恶知之，盖宣王见牛不忍之心虽发，而不自知其为仁之端，故以知与恶知相对说，以为常人虽为利欲所昏，而本然之善终未尝泯，但时或发而不自觉，而不能充之尔。故孟子以为惟君子为能知之，众人不能知也。是启王之心，使凡遇善心发时，便须识得。即就此推充，自小以及大，自近以及远，即其二端推之至其极，则仁不可胜用矣。"

曰："无伤也，是乃仁术也，见牛未见羊也。君子之于禽兽也，见其生，不忍见其死；闻其声，不忍食其肉。是以君子远庖厨也。①"远，去声。

无伤，言虽有百姓之言，不为害也。术，谓法之巧者。盖杀牛既所不忍，衅钟又不可废。于此无以处上声。之，则此心虽发而终不得施矣。然见牛则此心已发而不可遏，未见羊则其理未形而无所妨。朱子曰："'见牛未见羊也'，'未'字有意味，盖言其体则无限量，言其用则无终穷，充扩得去，有甚尽时。"故以羊易牛，则二者得以两全而无

① 《孟子正义》："'君子远庖厨'，本《礼记·玉藻》文，孟子述之，故加有'是以'二字。"

害，此所以为仁之术也。朱子曰："齐王见牛觳觫，而不忍之心萌，故以羊易之，孟子所谓无伤，盖乃护得齐王仁心发见处。术，犹方便也。""'术'字本非不好底字，只缘后来把做变诈看了，便道是不好，却不知天下事有难处，须看有个巧的道理始得。当齐王见牛之时，恻隐之心已发乎中。又见衅钟事大，似住不得，只得以所不见者而易之。既周旋得那事，又不抑遏了这不忍之心，此心乃得流行。若当时无个措置，便抑遏了。这不忍之心，遂不得而流行矣。此乃所谓术也。"声，谓将死而哀鸣也。盖人之于禽兽，同生而异类。故用之以礼，而不忍之心施于见闻之所及。其所以必远庖厨者，亦以预养是心，而广为仁之术也。朱子曰："君子于物，爱之而已。食以时，用以礼，不身翦，不暴殄，既足以尽吾心矣。其爱之者仁也，其杀之者义也。齐王之不忍，施于见闻之所及，正合爱物浅深之宜。若仁民之心，则岂为其不见之故，而忍以无罪杀之哉？"庆源辅氏曰："唯其不忍之心，止施于见闻之所及，故古之君子，知学问者必远其庖厨，乃所以预养是不忍之心，不使之见其生，闻其声，以推广其为仁之术，不必屑屑然以其所不见而易其所见也。孟子言此，以见宣王之初心本无不善，以羊易牛，然后仁义之心得以两全而无害也。"云峰胡氏曰："一本心也，已发在于扩充，未发在于预养。"【通考】东阳许氏曰："既见牛而不忍，此心欲行，则便不可杀此牛，而衅钟又不可废。或杀牛或废钟，皆是人心行不彻，故用未见其形未闻其声之羊以代之，此正用术之圆机，此即是权。行仁者当仿此意而行，故谓之术。"

王说曰："《诗》云：'他人有心，予忖度之。'夫子之谓也。夫我乃行之，反而求之，不得吾心。夫子言之，于我心有戚戚焉。此心之所以合于王者，何也？"说，音悦。忖，七本反。度，待洛反。"夫我"之"夫"，音扶。

《诗·小雅·巧言》之篇。戚戚，心动貌。王因孟子之言，而前日之心复扶又反。萌，乃知此心不从外得，然犹未知所以反其本而推之也。南轩张氏曰："宣王闻孟子之言，有得于心而说，谓己虽行之，及反而求之，则有不能以自得者。及孟子抽其端绪以告，则戚然有动于中，当时不忍之意，宛然而形。"庆源辅氏曰："戚戚，心动而有所惨伤也。孟子所言，曲尽其理，故宣王前日之心，复动于中，而委蛇曲折之意，莫不尽见，而亦莫非吾心本然之善，非从外而得也。向非孟子据理之极，知言之要，深得夫开导诱掖之术，则亦何能使宣王前日不忍之心复萌也哉！宣王此心虽发动，而其端尚微，其体未充，而又未知所以用力推广之方。故孟子此下，复以用力、用明、用恩之说以晓切之。"云峰胡氏曰："齐王于其本心略能察识。自此以下，孟子皆教之以扩充。"新安陈氏曰："此心之所以合于王者，何也？王此句亦问得紧切，与孟子'是心足以王矣'一句相照应。"

曰："有复于王者曰：'吾力足以举百钧'，而不足以举一羽；'明足以察秋毫之末'，而不见舆薪，则王许之乎？"曰："否。""今恩足以及禽兽，而功不至于百姓者，独何与？然则一羽之不举，为不用力焉；舆薪之不见，为不用明焉；百姓之不见保，为不用恩焉。故王之不王，不为也，非不能也。"与，平声。"为不"之"为"，去声。

复，白也。钧，三十斤。百钧，至重难举也。羽，鸟羽。一羽，至轻易去声。下同。举也。秋毫之末，毛至秋而末锐，小而难见也。舆薪，以车载薪，大而易见也。许，犹可也。“今恩”以下，又孟子之言也。盖天地之性，人为贵。故人之与人，又为同类而相亲。是以恻隐之发，则于民切而于物缓；推广仁术，则仁民易而爱物难。双峰饶氏曰：“《集注》‘恻隐之发’，是就心上说；‘推广仁术，则仁民易而爱物难’，是就术上说。人性灵，所以仁民易，物无知，如何感得他动？所以爱物难。”今王此心能及物矣，则其保民而王，非不能也，但自不肯为耳。南轩张氏曰：“亲亲而仁民，仁民而爱物，此天理之大。同由一本，而其施有序也，岂有于一牛则能不忍，而不能保民者？盖方见牛而不忍者无以蔽之，而其爱物之端发见也。其不能加恩于民者，有以蔽之，而仁民之理不著也。然即夫爱物之端，可以知夫仁民之理素具，能反而循其不忍之实，则其所谓仁民者固可得也。”庆源辅氏曰：“天地之性人为贵，而人之与人，又为同类而相亲，故恻隐之发，于民切，于物缓，皆自然而然。虽至愚之人，亦莫不然。学者须是临事体察，看教分晓，不可模糊率略，听其自然，事过便休。若夫推广仁术，则仁民易而爱物难。所以难所以易者，且以凡人言之；推广此心，爱及同类者，其势便，其事易；至于物则有不得已而资以为用者，使之皆被吾之爱而无伤，则其势远，其事难。自君人者言之；发政施仁，使民得以遂其生者，其势便，其事易；极辅相裁成之道，使庶类繁殖，鸟兽鱼鳖咸若者，其势远，其事难。今王此心既发于见牛之际，而又有以处之，而使是心得以流行矣，则是于其势远而事难者，既能有以及之，则以是心而施于势近而事易，与之同类而相亲，所谓保民而王者，则岂有不能者哉！但自不肯为耳。”新安陈氏曰：“‘今恩足以及禽兽，而功不至于百姓者，独何与？’此二句难得最紧切，乃是一大章文意警策处，下文又以此二句再难以结之。王能其缓且难者，而失之于切且易者，何也？使王能自其不忍之形于爱物者，充广之以仁民，特举而措之耳。”

曰：“不为者与不能者之形何以异？”曰：“挟太山以超北海①，语人曰‘我不能’，是诚不能也。为长者折枝，语人曰‘我不能’，是不为也，非不能也。故王之不王，非挟太山以超北海之类也；王之不王，是折枝之类也。语，去声。“为长”之“为”，去声。长，上声。折，之舌反。

形，状也。挟，以腋持物也。超，跃而过也。为长者折枝，以长者之命，折草木之枝，言不难也。是心固有，不待外求，扩而充之，在我而已。何难之有？

老吾老，以及人之老；幼吾幼，以及人之幼。天下可运于掌。《诗》云：‘刑于寡妻，至于兄弟，以御于家邦。’言举斯心加诸彼而已。故推恩足以保四海，不推恩无以保妻子。古之人所以大过人者无他焉，善推其所为而已矣。今恩足以及禽兽，而功不至于百姓者，独何与？与，平声。

老，以老事之也。吾老，谓我之父兄。人之老，谓人之父兄。幼，以幼畜许六反。之也。吾幼，谓我之子弟。人之幼，谓人之子弟。运于掌，言易去声。下同。也。

---

① 《孟子正义》：“《墨子·兼爱篇》云：‘挈太山以超江河，生民以来，未尝有也。’盖当时有此语，《墨子》之书，《孟子》未必引之。”

《诗·大雅·思齐》庄皆反。之篇。刑，法也。寡妻，寡德之妻，谦辞也。御，治也。不能推恩，则众叛亲离，故无以保妻子。盖骨肉之亲，本同一气，又非但若人之同类而已。故古人必由亲亲推之，然后及于仁民；又推其余，然后及于爱物，皆由近以及远，自易以及难。今王反之，则必有故矣。故复推本而再问之。新安陈氏曰："末二句，再问难以结之，十分精神。文法亦有照应收拾。"和靖尹氏曰："善推其所为，学者最要推也，因一事则推之，大有所益，言举斯心加诸彼是也。"南轩张氏曰："孟子非使之以其爱物者及人，盖使之因爱物以循其不忍之实，而反其所谓一本者，以亲亲而仁民，仁民而爱物，此所谓王道也。"庆源辅氏曰："人之骨肉，本同一气而生，又非但若人之同类而已。故于心为至亲至切，而行仁必自孝弟始，然后可以推而及民与物也。势有近远，当由近以及远；事有难易，当自易以及难。老吾老、幼吾幼以及人之老幼，刑寡妻至兄弟，以御于家邦，此皆自然之序，而人所不自已者。若或反此，则必有其故矣。是不可不致其克复之功，使之循序而进，不然则倒行而逆施之，如无源之水、无根之木，不旋踵而干涸枯瘁矣。"双峰饶氏曰："因爱牛之心说到此，欲其因爱物之心反而见得仁民，因爱人之心反而见得亲亲；又因亲亲推而至于仁民，由仁民推而至于爱物。运于掌，言其近而易。天下虽大，只由一家老老幼幼推去，又何难且远之有？'运于掌'与'视诸掌'不同，运属行，视属知。那个是易知，这个是易行。"西山真氏曰："由亲以及民，由民以及物，此古人之善推也。能及物而不能及民，此宣王之不善推也。"鲁斋王氏曰："'善推其所为'一句，是孟子平生功夫受用只在此。"云峰胡氏曰："须要看《集注》三节议论贯穿处，始言爱物，则曰'人之于禽兽，同生而异类'；继言仁民，则曰'天地之性人为贵，故人之与人，又为同类而相亲'；此言老老幼幼，则曰'骨肉之亲，本同一气，又非但若人之同类而已'。曰'同生'，曰'同类'，曰'同气'，是为理一而分殊；虽推之有序，然皆不过自吾本心而推之，是为分殊而理一也。大抵此章，凡千余言，大要只二句，欲其察识此心于方发之初，故曰'是心足以王矣'；欲其扩充此心于已发之后，故曰'善推其所为而已矣'。"

权，然后知轻重；度，然后知长短。物皆然，心为甚。王请度之！"度之"之"度"，待洛反。

权，称去声。下同。锤直垂反。也。度，丈尺也。度之，谓称量之也。言物之轻重长短，人所难齐，必以权度度上如字。下待洛反，下文"不度"音同。之而后可见。若心之应物，则其轻重长短之难齐，而不可不度以本然之权度，又有甚于物者。今王恩及禽兽，而功不至于百姓。是其爱物之心重且长，而仁民之心轻且短，失其当然之序而不自知也。故上文既发其端，新安陈氏曰："指'恩足以及禽兽，而功不至于百姓'二句。"而于此请王度之也。朱子曰："物易见，心无形，度物之轻重长短易，度心之轻重长短难，度物差了只是一事，心差了时万事差，所以心为甚。"又曰："爱物宜轻，仁民宜重，此是权度，以此去度。""本然之权度，亦只是此心。此心本然万理皆具，应物之时，须是子细看合如何，便是本然之权度也。如齐王见牛而不忍之心见，此是合权度处；及至兴甲兵、危士臣、结怨于诸侯，又却忍为之，便是不合权度，失其本心。"庆源辅氏曰："此指宣王之心偏颇处言之也。必先见得其轻重长短如此分明了，然后究其所以然之故，则吾心之蔽始可去，而本然之理始可复。此孟子所以引物资权度之说，而使王自称量其心也。"

抑王兴甲兵，危士臣，构怨于诸侯，然后快于心与？"与，平声。

抑，发语辞。士，战士也。构，结也。孟子以王爱民之心所以轻且短者，必其以是三者为快也。然三事实非人心之所快，有甚于杀觳觫之牛者。故指以问王，欲其以此而度之也。庆源辅氏曰："孟子恐王不知所以称量之要，故举兴甲兵、危士臣、构怨于诸侯三事，使王度之，盖宣王爱民之心所以轻且短者，实以是三者之为快蔽之也。夫此三事，乃人心之所不忍有甚于杀觳觫之牛者，王若以是为快，则宜乎爱民之心轻且短也。"云峰胡氏曰："上一节一'心'字，亦指本心而言，盖谓本心之中，有自然之权度，非自外来也。此节一'心'字与后数个'欲'字，便非本心矣。本心难于扩充，而欲心易于蔽锢，此王道所以不行也。"

王曰："否。吾何快于是？将以求吾所大欲也。"

不快于此者，心之正也；而必为此者，欲诱之也。欲之所诱者独在于是，是以其心尚明于他而独暗于此。此其爱民之心所以轻短，而功不至于百姓也。庆源辅氏曰："辟土地，朝秦楚，莅中国，抚四夷，是其本志也。兴甲兵，危士臣，构怨于诸侯，则末流之祸耳。有是志则有是祸矣，指其末流之祸，则以为不快于此者，心之明也；而卒溺于初志之失而不知反者，欲诱之也。'其心尚明于他'者，谓不忍一牛之觳觫也；'而独暗于此'者，谓功不至于百姓也。"新安陈氏曰："所大欲者，人欲之横流，所以不能仁民而扩天理之公也。"

曰："王之所大欲，可得闻与？"王笑而不言。曰："为肥甘不足于口与？轻暖不足于体与？抑为采色不足视于目与？声音不足听于耳与？便嬖不足使令于前与？王之诸臣皆足以供之，而王岂为是哉？"曰："否。吾不为是也。"曰："然则王之所大欲可知已。欲辟土地，朝秦楚，莅中国而抚四夷也。以若所为求若所欲，犹缘木而求鱼也。"与，平声。"为肥"、"抑为"、"岂为"、"不为"之"为"，皆去声。便、令，皆平声。辟，与"辟"同。朝，音潮。

便嬖，近习嬖幸之人也。已，语助辞。辟，开广也。朝，致其来朝也。秦楚，皆大国。莅，临也。新安陈氏曰："所大欲在此，所以初发问，便欲闻桓文霸图事。"若，如此也。所为，指兴兵结怨之事。缘木求鱼，言必不可得。

王曰："若是其甚与？"曰："殆有甚焉。缘木求鱼，虽不得鱼，无后灾。以若所为，求若所欲，尽心力而为之，后必有灾。"曰："可得闻与？"曰："邹人与楚人战，则王以为孰胜？"曰："楚人胜。"曰："然则小固不可以敌大，寡固不可以敌众，弱固不可以敌强。海内之地方千里者九，齐集有其一。以一服八，何以异于邹敌楚哉？盖亦反其本矣。"甚与"、"闻与"之"与"，平声。

殆、盖，皆发语辞。邹，小国。楚，大国。齐集有其一，言集合齐地，其方千里，是有天下九分扶问反。之一也。新安陈氏曰："千里者九，齐、楚、燕、秦、赵、魏、韩、宋、中山也。"【通考】吴氏程曰："王制：四海之内方三千里，为九州方千里，盖以田计之，山川城池不在数内。"以一服八，必不能胜，即有败亡之祸。所谓后灾也。反本，说见形甸反。下文。

今王发政施仁，使天下仕者皆欲立于王之朝，耕者皆欲耕于王之野，商贾皆欲藏于王之市，行旅皆欲出于王之涂，天下之欲疾其君者皆欲赴愬于王。其若是，孰能御之？"朝，音潮。贾，音古。愬，与"诉"同。

行货曰商，居货曰贾。发政施仁，所以王去声。天下之本也。近者悦，远者来，则大小强弱非所论矣。盖力求所欲，则所欲者反不可得；能反其本，则所欲者不求而至。与首章意同。南轩张氏曰："行王政者，心非欲倾他国以自利也，惟以民困为己任，为吾所当为，而天下自归心焉。夫欲朝秦楚、莅中国，自世俗言则以为有志；自圣贤观之，苟不本乎公理，特出于忮求、矜伐之私耳。齐王惟汲汲于济其私，非惟不克济，而祸患随之，蹈私欲，固危道也。由孟子所言以发政施仁，则公理之所存，可大之业自可驯致。此天理人欲之分也。"庆源辅氏曰："力求所欲，则徇欲也，有为而为之也，计获求得，用力虽劳，而所欲者反不如所期；能反其本，则循理者也，无所为而为之也，先难后获，先事后得，而可大之业自尔循至。此天理人欲之分也。"

王曰："吾惛，不能进于是矣。愿夫子辅吾志，明以教我。我虽不敏，请尝试之。"惛，与"昏"同。**曰："无恒产而有恒心者，惟士为能。若民，则无恒产，因无恒心。苟无恒心，放辟，邪侈，无不为已。及陷于罪，然后从而刑之，是罔民也。焉有仁人在位，罔民而可为也？**恒，胡登反。辟，与"僻"同。焉，于虔反。

恒，常也。产，生业也。恒产，可常生之业也。恒心，人所常有之善心也。士尝学问，知义理，故虽无常产而有常心。民则不能然矣。罔，犹罗网，欺其不见而取之也。庆源辅氏曰："恒产，常生之业，则下文所言五亩之宅、百亩之田是也；恒心，常有之善心，则下文所言善与礼义是也。善又礼义之总名，缘民无常产，所以无常心，故不知礼义而陷于放辟邪侈也。若遂从而刑之，是诚无异于以罗网罔民，欺其不见而取之也。"云峰胡氏曰："此'心'字亦指本心而言，但指其在士民者言之。"

是故明君制民之产，必使仰足以事父母，俯足以畜妻子，乐岁终身饱，凶年免于死亡。然后驱而之善，故民之从之也轻。畜，许六反。下同。

轻，犹易去声。也。此言民有常产而有常心也。

今也制民之产，仰不足以事父母，俯不足以畜妻子，乐岁终身苦，凶年不免于死亡。此惟救死而恐不赡，奚暇治礼义哉？治，平声。凡"治"字为理物之义者，平声；为已理之义者，去声。后皆放此。

赡，时念反。足也。此所谓无常产而无常心者也。

王欲行之，则盍反其本矣。

盍，何不也。使民有常产者，又发政施仁之本也。新安陈氏曰："'则盍反其本矣'，与前'盖亦反其本矣'，当对观。发政施仁，是所以王天下之本；使民有常产，又是发政施仁之本也。"说见形甸反。下文。

五亩之宅，树之以桑，五十者可以衣帛矣；鸡豚狗彘之畜，无失其时，七十者可以食肉矣；百亩之田，勿夺其时，八口之家可以无饥矣；谨庠序之教，申之以孝悌之义，颁白者不负戴于道路矣。老者衣帛食肉，黎民不饥不寒，然而不王者，未之有也。”音见前篇。

此言制民之产之法也。赵氏曰：赵氏，名岐。详见序说中注。“八口之家，次上农夫也。此王政之本，常生之道，故孟子为去声。齐梁之君各陈之也。”杨氏曰：“为天下者，举斯心加诸彼而已。然虽有仁心仁闻，去声。而民不被其泽者，不行先王之道故也。故以制民之产告之。”○此章言人君当黜霸功，行王道。而王道之要，不过推其不忍之心，以行不忍之政而已。齐王非无此心，而夺于功利之私，不能扩充以行仁政，虽以孟子反复晓告，精切如此，而蔽固已深，终不能悟，是可叹也。南轩张氏曰：“孟子如对鸿鴈之问，及对好乐好色好货，皆徐引之当道，何其辞气不迫也。至于利国之问，则应以‘何必曰利’；桓文之问，则对以‘无道无传’；论管晏，则曰‘管仲曾西之所不为’；言交兵之不利，则曰‘号则不可’：又何其严也，自后世观之，后数说比之前数者，宜若未至甚害，而攻之反甚切，何欤？盖前数者，一病为一事耳。故抽绎其性之端以示之，使之晓然知反躬之要，则天理可明而人欲可遏矣。至于霸者功利之说，易以惑人，人或趋之，则大体一差，虽有嘉言善道，亦何由入。战国诸侯，其失正在乎此，故辟之不可不严也。”云峰胡氏曰：“此章甚详，《集注》断之甚约。盖欲黜霸功则心之所向者正，能行王道则心之所充者大。先王有不忍人之心，斯有不忍人之政；今虽有不忍之心，而不能推之以行不忍之政，无他，夺于功利之私也。‘功利’二字，依旧是向霸功上去，入于彼必出于此，世安有不能黜霸功而能行王道者哉！此孟子所以断然以为仲尼之徒所不道也。”

孟子集注大全卷二

梁惠王章句下

凡十六章。【通考】勿轩熊氏曰：“告齐君十一章，邹一章，滕三章，鲁一章。一二章皆言当与民同乐，三章言交邻之道，四五章言仁政，七章论亲贤之道，八章言汤武征伐，九章事君当行我之道，不可循君之欲，十章告齐王，皆汤武吊民伐罪之意，十二章交邻之道，十六章言孟子出处。”

庄暴见孟子，曰：“暴见于王，王语暴以好乐，暴未有以对也。”曰：“好乐何如？”孟子曰：“王之好乐甚，则齐国其庶几乎！”“暴见于”之“见”，音现。下“见于”同。语，去声。下同。好，去声，篇内并同。

庄暴，齐臣也。庶几，近辞也。言近于治。去声。

他日，见于王曰：“王尝语庄子以好乐，有诸？”王变乎色，曰：“寡人非能好先王之乐也，直好世俗之乐耳。”

变色者，惭其好之不正也。东阳许氏曰：“‘王语暴以好乐’，盖论及所好之俗乐；‘暴未有以对’，盖庄暴亦知俗乐之不足好，欲谏而未得其辞，故以告孟子。”“王变色，是愧前与暴论者，不可闻于孟子，故其下直言之。”

曰：“王之好乐甚，则齐其庶几乎！今之乐犹古之乐也。”

今乐，世俗之乐。古乐，先王之乐。

曰：“可得闻与?”曰：“独乐乐，与人乐乐，孰乐?”曰：“不若与人。”曰：“与少乐乐，与众乐乐，孰乐?”曰：“不若与众。”“闻与”之“与”，平声。乐乐，下字音洛。孰乐，亦音洛。【通考】仁山金氏曰：“下‘乐’音洛，朱子从古注，然以文意推之，则下‘乐’如字，上‘乐’字音洛为是。”

独乐音洛。下同。不若与人，与少乐不若与众，亦人之常情也。

“臣请为王言乐：为，去声。

此以下，皆孟子之言也。

今王鼓乐于此，百姓闻王钟鼓之声，管籥之音，举疾首蹙頞而相告曰：‘吾王之好鼓乐，夫何使我至于此极也？父子不相见，兄弟妻子离散。’今王田猎于此，百姓闻王车马之音，见羽旄之美，举疾首蹙頞而相告曰：‘吾王之好田猎，夫何使我至于此极也？父子不相见，兄弟妻子离散。’此无他，不与民同乐也。蹙，子六反。頞，音遏。夫，音扶。“同乐”之“乐”，音洛。

钟鼓管籥，皆乐器也。新安陈氏曰：“管，笙也。籥，如笛而六孔，或曰箫也。”【通考】赵氏德曰：“乐以鼓为节，《周礼》‘鼓人掌教六鼓，以节音乐’。籥音乐。”举，皆也。疾首，头痛也。蹙，聚也。頞，额也。人忧戚则蹙其额。极，穷也。羽旄，旌属。赵氏曰：“《春秋传》：‘范宣子假羽旄于齐，晋人假羽旄于郑。’注：‘析羽为旌，王者游车所建也。’按《周礼·司常》‘九旗’之数，有全羽、析羽。释云：‘全羽、析羽，直有羽而无帛。’”不与民同乐，谓独乐其身而不恤其民，使之穷困也。新安陈氏曰：“因好乐而及田猎，以王亦好田猎故也。”

今王鼓乐于此，百姓闻王钟鼓之声，管籥之音，举欣欣然有喜色而相告曰：‘吾王庶几无疾病与？何以能鼓乐也?’今王田猎于此，百姓闻王车马之音，见羽旄之美，举欣欣然有喜色而相告曰‘吾王庶几无疾病与？何以能田猎也?’此无他，与民同乐也。“病与”之“与”，平声。“同乐”之“乐”，音洛。

与民同乐者，推好乐之心以行仁政，使民各得其所也。双峰饶氏曰：“‘庶几无疾病’，民唯恐君不安乐，有爱之欲其生之意；若‘时日害丧’，则恶之欲其死矣。田猎虽非乐，推类而言之也。”

今王与百姓同乐，则王矣。”

好乐而能与百姓同之，则天下之民归之矣，所谓齐其庶几者如此。○范氏曰①：

① 范氏：范祖禹(1041—1098年)，字淳甫，一字萝得，成都华阳人，北宋时期著名的史学家，著《范太史集》五十五卷。

"战国之时，民穷财尽，人君独以南面之乐音洛。下"同乐"同。自奉其身。孟子切于救民，故因齐王之好乐，开导其善心，深劝其与民同乐，而谓今乐犹古乐。其实今乐古乐，何可同也？但与民同乐之意，则无古今之异耳。南轩张氏曰："与民同乐者，固乐之本也。好世俗之乐者，私欲也；与民同乐者，公理也。孟子不遽诋其所好，而独扩之以公理，可谓善启君者。"若必欲以礼乐治天下，当如孔子之言，必用《韶》舞，必放郑声。盖孔子之言，为邦之正道；孟子之言，救时之急务，所以不同。"○杨氏曰："乐以和为主，使人闻钟鼓管弦之音而疾首蹙頞，则虽奏以《咸》、《英》、《韶》、《濩》，胡故反。无补于治去声。也。《前汉·礼乐志》："昔黄帝作《咸池》，颛顼作《六茎》，帝喾作《五英》，尧作《大章》，舜作《招》，读作韶。禹作《夏》，汤作《濩》，武王作《武》，周公作《勺》。读作酌。以上并乐名。《勺》，言能勺先祖之道也；《武》，言以功定天下也；《濩》，言救民也；《夏》，大承二帝也；《招》，继尧也；《大章》，章之也；《五英》，英华茂也；《六茎》，及根茎也；《咸池》，备矣。"【通考】赵氏德曰："《周礼·大司乐》注云：'《大咸》尧乐，《大磬》舜乐，《大濩》汤乐。《咸池》，言德无不施也；《英》，华茂也；《招》，绍也，继尧也；《濩》，言救民也。'"故孟子告齐王以此，姑正其本而已。"朱子曰："孟子开导时君，故曰'今之乐犹古之乐'，至于言百姓闻乐音欣欣然有喜色处，则关闭得甚密。如'好色好货'，亦此类也。"庆源辅氏曰："范氏辨孔子孟子之说，可谓平正明白，无余蕴矣。而杨氏论乐以和为主，及与民同乐为乐之本，又可以足范氏之说。"新安陈氏曰："不恤民，而自好世俗之乐以纵其荒乐，人欲之纵肆也；因贤者之问，而自惭所好之不正，天理之萌动也【校记："天理之萌动"三鱼堂本作"天理之流动"，此据四库本、弘治本改。】。齐王惭之，孟子不诋而开导之，戒其纵独乐之私，而勉其充同乐之公，遏人欲而扩天理也。王道在遏人欲扩天理而已。"

○齐宣王问曰："文王之囿方七十里，有诸？"孟子对曰："于《传》有之。"囿，音又。传，直恋反。

囿者，蕃音烦。育鸟兽之所。古者四时之田，皆于农隙乞逆反。以讲武事，《左传·隐公五年》："春，公将如棠观鱼者，臧僖伯谏曰：'凡物不足以讲大事。大事，谓祀与戎，戎兵也。其材不足以备器用，则君不举焉。君将纳民于轨物者也，故讲事以度轨量，谓之轨。取材以章物采，谓之物。不轨不物，谓之乱。政乱政亟行，所以败也。故春蒐、夏苗、秋狝、冬狩四者，皆田猎之名。蒐，索择取不孕者。苗，为除害也。狝，杀也，以杀为名，顺秋气也。狩，围守也。冬物毕成，获则取之，无所择也。皆于农隙以讲事也。'"然不欲驰骛音务。于稼穑场圃之中，故度待洛反。闲旷之地以为囿。然文王七十里之囿，其亦三分天下有其二之后也与？音余。南轩张氏曰："意齐王欲广其囿，谀佞之徒，必有假文王事以逢之者，文王岂崇囿如此，盖其蒐田所及，民以为王之囿耳，以刍雉得往，知其然也。"《传》，谓古书。庆源辅氏曰："孟子时有之，今不复存，孟子所谓'于传有之'，亦言据古书有此说耳，然未必其然否也。"

曰："若是其大乎？"曰："民犹以为小也。"曰："寡人之囿方四十里，民犹以为大，何也？"曰："文王之囿方七十里，刍荛者往焉，雉兔者往焉，与民同之。民以为小，不

亦宜乎?"刍，音初。荛，音饶。

刍，草也。荛，薪也。

臣始至于境，问国之大禁，然后敢入。臣闻郊关之内有囿方四十里，杀其麋鹿者如杀人之罪。则是方四十里，为阱于国中。民以为大，不亦宜乎?"阱，才性反。

礼，入国而问禁。《礼记·曲礼》："入境而问禁，入国而问俗，入门而问讳。"国外百里为郊，郊外有关。阱，坎地以陷兽者，言陷民于死也。新安陈氏曰："前篇罔民，与此为阱，皆是借纲取禽，阱取兽，以讽切时君之禽兽其民。苑、囿，一也。设禁阱民者，人欲之私；与民同利者，天理之公。无非欲遏人欲、扩天理而已。"

○齐宣王问曰："交邻国有道乎?"孟子对曰："有。惟仁者为能以大事小，是故汤事葛，文王事昆夷；惟智者为能以小事大，故大王事獯鬻，句践事吴。獯，音熏。鬻，音育。句，音钩。

仁人之心，宽洪恻怛，当葛反。庆源辅氏曰："宽洪，仁者之量；恻怛，仁者之意。"而无较计大小强弱之私。故小国虽或不恭，而吾所以字之之心，自不能已。程子曰："凡人有所计较者，皆私意也。仁者欲人之善而矜人之恶，不计较小大强弱而事之，故能保天下。犯而不较，亦乐天顺理者也。"新安陈氏曰："惟仁者能忘己之大，而事邻国之小，实只字之，若事之耳。"智者明义理，识时势。故大国虽见侵陵，而吾所以事之之礼尤不敢废。新安陈氏曰："惟智者为能安己之小，而事邻国之大。"朱子云："智者不特是见得利害明，道理自合恁地，小之事大，弱之事强，皆是道理合恁地。"汤事见形甸反。下同。后篇。文王事见《诗·大雅》。大王事见后章。所谓狄人，即獯鬻也。《诗·绵》八章："肆不殄厥愠，亦不陨厥问。柞子洛反。棫音域。拔蒲具反。矣！行道兑吐外反。矣。混音昆。夷駾徒对反。矣，维其喙吁贵反。矣。"駾，突也。喙，息也。言大王虽不能殄绝混夷之愠怒，亦不陨坠己之声闻，盖虽圣贤不能必人之不怒己，但不废其自修之实耳。然大王始至此岐下之时，林木深阻，人物鲜少。至于其后，生齿渐繁，归附日众，则木拔道通，昆夷畏之，而奔突窜伏，维其喙息而已，言德盛而昆夷自服也。盖已为文王之时矣。【通考】赵氏德曰："《绵》诗二章，言古公亶父来朝走马之事，八章言'肆不殄厥陨，亦不陨厥问'。朱子《传》云'言大王虽不殄绝昆夷之愠怒，亦不陨坠己之声闻'，是皆指大王而言。《集注》引《诗》似不合。九章曰'虞芮质厥成，文王蹶厥生'，则言昆夷既服，而虞芮来质其讼之成，又非事昆夷之谓也。故注疏以八章为文王事，盖孟子亦云'肆不殄厥愠，亦不陨厥问，文王也'。如此，则《集注》所引方合文王事昆夷之言。"又曰："唐虞以上，有猃狁獯戎，居于北边。夏道衰，公刘变于西戎，邑于西戎，邑于豳，其后二百余戎狄攻大王，大王走于岐山，后至六国，遂为匈奴。"句践，越王名。事见《国语》、《史记》。《国语·吴语》、《史记·越王勾践世家》同云：越王勾践，芊姓。兴兵伐吴。吴王夫差，姬姓。闻之，悉发精兵击越，败之夫音扶。椒，今大湖中椒山是也。越王乃以余兵五千人，保栖于会古外反。稽，山名，在山阴南七里。吴王追而围之。【校记："吴王追而围之"三鱼堂本作"吴王退而围之。"据四库本、弘治本改。】越王乃令大夫种行成于吴，成者，平也，求平于吴也。膝行顿首曰："君王亡臣勾践，使臣种敢告于执事；勾践请为臣，妻为妾。"

吴王将许之。子胥言于吴王曰："天以越赐吴，勿许也。"种还，以报勾践。欲杀其妻子，燔宝器，触战而死。种止勾践曰："夫吴太宰嚭贪，可诱以利，请间行犹微行。言之。于是勾践乃以美女宝器，令种间以献吴太宰嚭。嚭受，乃见大夫种于吴王。种顿首言曰："愿大王赦勾践之罪，尽入其宝器。不幸不赦，勾践将尽杀其妻子，燔其宝器，五千人触战，必有当也。"嚭因说吴王曰："越以服为臣，若将赦之，此国之利也。"卒赦越，罢兵归。朱子曰："仁者自然合理，智者知理之当然而敬以循之，其大概是如此。若细分之，则大王勾践意思自不同也。"潜室陈氏曰："仁者无计较之私，忘其孰大而孰小；智者有度量之明，自知小不能敌大。"云峰胡氏曰："本文'大事小'，'小事大'，《集注》则曰'大字小'，'小事大'。一'字'字，尤见仁人之心。然大之字小，犹未足以见其仁，必小国虽或不恭，而字之之心，自不能已，乃见大者之仁；小之事大，犹未足以见其智，必大国虽见侵陵，而事之之礼，尤不敢废，乃足以见小者之智。"【通考】赵氏德曰："《国语图谱》：'吴自泰伯至寿梦十六世，始见《春秋》。越之先，夏少康之庶子，封会稽以奉禹祀，至勾践始见《春秋》。鲁哀公元年，大夫种行成于吴。哀公五年，越王归国，与范蠡谋吴。鲁哀公二十年冬十一月伐吴，居军三年，吴使大夫王孙雄行成，王弗忍，将许之，范蠡谏不可，遂灭吴。'"

以大事小者，乐天者也；以小事大者，畏天者也。乐天者保天下，畏天者保其国。乐，音洛。

天者，理而已矣。大之字小【校记："大之字小"三鱼堂本作"大之事小"。据四库本、弘治本改。】，小之事大，皆理之当然也。自然合理，故曰乐天。不敢违理，故曰畏天。包含遍覆，敷救反。无不周遍，保天下之气象也。制节谨度，不敢纵逸，保一国之规模也。问："乐天畏天不同。以仁者而居小国，固不免为智者之事；使智者而居大国，则未必能为仁者之举。何者？智者分别曲直，未必能容忍而不与之较，如仁者之为也。"朱子曰："得之。""仁者与天为一，智者听天所命。与天为一者，嘉人之善，矜人之恶，无所择于利害，故能以大事小。听天所命者，循理而行，顺时而动，不敢用其私心，故能以小事大。"何叔京曰①："仁者以天下为度，一视而同仁，惟欲人各得其所，不复计彼此强弱之势，故以大事小而不以为难。如葛与昆夷之无道，汤文殷勤而厚恤之，及终不可化而祸及于人，然后不得已而征伐之，仁之至也。智者达于事变，而知理之当然，故以小事大而不敢忽，然而必自强于政治，期于有以自立。如獯鬻与吴之方强，太王勾践外卑躬而事之，内则治其国家，和其民人，终焉或兴王业，或刷其耻，此智之明也。使汤文保养夷葛，恶极而不能去，是不仁而纵乱也；大王勾践惟敌之畏，而终不能自强，是无耻而苟安也。又何取于仁智哉？"庆源辅氏曰："天者，理而已矣。即程子所谓夫天，尊言之即道也。以道理言，则大者自当字小，此天之所以覆地也；小者自当事大，此坤之所以承乾也。"又曰："保天下，保其国，言仁智者之气象规模有此效

① 何叔京：何镐，字叔京，邵武人，任潭州善化令。学者称台溪先生，所著有《易论语说》，且录朱熹乙未以前问答。

也，非谓仁者智者之心欲其如此也。”云峰胡氏曰：“字之之心，自不能已，即是自然合理；事之之礼，尤不敢废，即是不敢违理。包含遍覆，无不周遍，即其字之之心，而其气象愈充拓，愈恢宏；制节谨度，不敢纵逸，即其事之之礼，而其规模愈收敛，愈严谨。《集注》措辞之精微如此。”

《诗》云：“‘畏天之威，于时保之。’”

《周颂·我将》之篇。时，是也。新安陈氏曰：“引《诗》不及乐天一边，亦偶然耳。”朱子曰：“此智者畏天而保其国之事。”双峰饶氏曰：“天理当然，违之则有祸，此便是天威了。”

王曰：“大哉言矣！寡人有疾，寡人好勇。”

言以好勇，故不能事大而恤小也。新安陈氏曰：“大之事小，善待之而已，非小事之也。《集注》于大事小，必曰‘字小’，又曰‘恤小’，而于事大不易‘事’字，盖欲发明孟子意，不可不略易此字也。”

对曰：“王请无好小勇。夫抚剑疾视曰，‘彼恶敢当我哉！’此匹夫之勇，敌一人①者也。王请大之！夫抚之夫，音扶。恶，平声。

疾视，怒目而视也。小勇，血气所为；大勇，义理所发。赵氏曰：“血气所为之勇，如沟浍之水，暴集随涸，故谓之小。义理所发之勇，天开地辟，自不能已，故谓之大。”

《诗》云：‘王赫斯怒，爰整其旅，以遏徂莒，以笃周祜，以对于天下。’此文王之勇也。文王一怒而安天下之民。

《诗·大雅·皇矣篇》。赫赫然，怒貌。爰，于也。旅，众也。【通考】赵氏德曰：“莒，当读作旅。”遏，《诗》作“按”，止也。徂，往也。莒，《诗》作旅。徂旅，谓密人侵阮徂共音恭。之众也②。笃，厚也。祜，福也。对，答也，以答天下仰望之心也。《诗·皇矣》：“帝谓文王，无然畔援，无然歆羡，诞先登于岸。密人不恭，敢距大邦，侵阮徂共。王赫斯怒，爰整其旅，以按音遏。徂旅，以笃周祜，以对于天下。密，密须氏，姞姓之国，在今宁州。阮，国名，在今泾州。共，阮国之地名，今泾州共池是也。此言文王征伐之始也。无所畔然援歆羡，文能先适道之极。因密人不恭，是以如此。”此文王之大勇也。新安陈氏曰：“怒者勇之发也。因‘王赫斯怒’一‘怒’字，发出‘一怒安民’之说，盖自赫怒举兵以对于天下而生出此意。”

《书》曰：‘天降下民，作之君，作之师。惟曰其助上帝，宠之四方。有罪无罪，惟我在，天下曷敢有越厥志?’一人衡行于天下，武王耻之。此武王之勇也。而武王亦一怒而安天下之民。衡，与“横”同。

---

① 《孟子正义》：“《史记·项羽本纪》云：‘剑一人敌。’故孟子云‘敌一人’，赵氏以当一人解之。”

② 密：古国名，即密须，商时姞姓之国，周文王灭之，以封姬姓。后又为周共王所灭。在今甘肃省灵台县西。阮：商代诸侯国名，偃姓。地在今甘肃省泾川县境。《诗·大雅·皇矣》：“密人不恭，敢距大邦，侵阮、徂、共。”郑玄笺：“阮也、徂也、共也，三国犯周而文王伐之。”

《书·周书·泰誓》之篇也。然所引与今《书》文小异，双峰饶氏曰："《书》言'宠绥四方'，指君而言，孟子言'宠之四方'，指天而言。《书》之'有罪无罪'，指纣而言，孟子之'有罪无罪'，指诸侯而言。《书》之'越厥志'，指君而言，孟子之'越厥志'，指民而言。二者大段不同，想古人之书与今多不同，多是人记得，人家不常有此本。"【通考】赵氏德曰："《孟子》言《书》凡二十九，援《诗》凡三十五。"今且依此解之。宠之四方，宠异之于四方也。有罪者我得而诛之，无罪者我得而安之。我既在此，则天下何敢有过越其心志而作乱者乎？衡行，谓作乱也。孟子释《书》意如此，而言武王亦大勇也。庆源辅氏曰："宠异，谓天宠异武王于天下也。亶聪明，是以天德宠异之也。作元后，是以天位宠异之也。心志，谓天下之心志也。人之作乱，皆过越其心志之故耳。若守其心志，无所过越，则何至有作乱之事乎！此武王以天下之重自任也。"

今王亦一怒而安天下之民，民惟恐王之不好勇也。"

王若能如文武之为，则天下之民望其一怒以除暴乱，而拯音整。己于水火之中，惟恐王之不好勇耳。〇此章言人君能惩小忿，则能恤小事大，以交邻国；能养大勇，则能除暴救民，以安天下。庆源辅氏曰："君人者，必能惩小忿，然后能养大勇，所谓人能有所不为，然后可以有为也。"新安陈氏曰："章旨'能惩小忿'四字，实自'寡人好勇'一句发出，齐王所好之勇，小忿也。孟子所言之勇，大勇也。"张敬夫曰："小勇者，血气之怒也。大勇者，理义之怒也。血气之怒不可有，理义之怒不可无。知此，则可以见性情之正，而识天理人欲之分矣。"龟山杨氏曰："人君固不可无勇，而齐王以是为有疾，故孟子告以文武之事，使廓而大之，则安天下无足为者矣。"双峰饶氏曰："怒得是，便是天理。怒得不是，便是人欲。孟子之论，大概要分别天理、人欲于毫厘之间，如同乐独乐之类。"云峰胡氏曰："夫子尝以智仁勇三者并言，此'勇'字，亦当连前'仁智'字并言。仁智中之勇；是谓大勇，小勇者，不仁不智者也。不仁者徒逞血气，而于义理之勇必无之；不智者不明义理，而于血气之勇必有之。"

〇齐宣王见孟子于雪宫。王曰："贤者亦有此乐乎?"孟子对曰："有。人不得，则非其上矣。乐，音洛。下同。

雪宫，离宫名。言人君能与民同乐，则人皆有此乐；不然，则下之不得此乐者，必有非其君上之心。明人君当与民同乐，不可使人有不得者，非但当与贤者共之而已也。庆源辅氏曰："离，犹别也。别在其所居宫室之外，故曰离宫。'君能与民同乐，则人皆有此乐'，此释'有'之一字。'下不得此乐者，必有非君上之心'，此释'人不得则非其上矣'一句。"云峰胡氏曰："观《集注》'非但当与贤者共之'一句，便见得梁惠王问'贤者亦乐'与齐宣王问'贤者亦有此乐'，两'贤'字似同而实有不同。孟子答以'贤者而后乐此，不贤者虽有此不乐'，所谓贤者，皆指君而言。此则答以'有'之一字者，谓贤者有此乐也，然非特贤者有此乐，凡人皆欲有此乐，人有不得其乐，则必有非其上之心矣。是知此乐，当与凡人共之，不但当与贤者共之也。如此则两处'贤'字不同。又按，饶氏谓朱子云'贤者亦乐此，其辞逊。贤者亦有此乐，其辞骄'。以此观之，《语录》谓'沼上之对，其辞逊，雪宫之对，其辞夸'，传录之误明矣。盖谓之'骄'者，当以

‘问’字言，不当以‘对’字言也。”

不得而非其上者，非也；为民上而不与民同乐者，亦非也。

下不安分，扶问反。上不恤民，皆非理也。庆源辅氏曰：“下不得而非其上者，不知命也，故谓之不安分。为民上而不与民同乐者，不知义也，故谓之不恤民。”

乐民之乐者，民亦乐其乐；忧民之忧者，民亦忧其忧。乐以天下，忧以天下，然而不王者，未之有也。

乐民之乐而民乐其乐，则乐以天下矣；忧民之忧而民忧其忧，则忧以天下矣。南轩张氏曰：“忧乐不以己而以天下，天理之公也。于是举景公事，盖道其国故典以告之。”庆源辅氏曰：“君以民之乐为乐，则民亦以君之乐为乐。如是，则君以民为体，民以君为心，天下虽大，兆民虽多，其欢忻愉怡，痒痾疾痛，举切于吾之身矣。君能体仁如此，则天下之民其将何往，虽欲无王不可得也。”

昔者齐景公问于晏子曰：‘吾欲观于转附、朝儛，遵海而南，放于琅邪。吾何修而可以比于先王观也？’朝，音潮。放，上声。

晏子，齐臣，名婴。转附、朝儛，皆山名也。【通考】赵氏德曰：“转附作转鲋，属莱州。”吴氏程曰：“转当如字，上声，后章及《公孙下》、《滕文上》‘转沟壑’并同。”遵，循也。放，至也。琅邪，余遮反。齐东南境上邑名。① 观，游也。

晏子对曰：‘善哉问也！天子适诸侯曰巡狩，巡狩者巡所守也；诸侯朝于天子曰述职，述职者述所职也。无非事者。春省耕而补不足，秋省敛而助不给。夏谚曰：“吾王不游，吾何以休？吾王不豫，吾何以助？一游一豫，为诸侯度。”狩，舒救反。省，悉井反。

述，陈也。省，视也。敛，收获也。给，亦足也。夏谚，夏时之俗语也。豫，乐音洛。也。巡所守，巡行诸侯所守之土也。述所职，陈其所受之职也。赵氏曰：“巡所守者，自上察下也。述所职者，自下达上也。王十二年一巡狩，诸侯六年一朝。”皆无有无事而空行者，而又春秋循行去声。郊野，察民之所不足而补助之。故夏谚以为王者一游一豫，皆有恩惠以及民，而诸侯皆取法焉，不敢无事慢游以病其民也。新安陈氏曰：“以上晏子言先王之法，此下言当时之弊。”

今也不然：师行而粮食，饥者弗食，劳者弗息。睊睊胥谗，民乃作慝。方命虐民，饮食若流。流连荒亡，为诸侯忧。睊，古县反。

今，谓晏子时也。师，众也。二千五百人为师。《春秋传》曰：“君行师从。”《左传·定公四年》：刘文公合诸侯于召陵，谋伐楚。卫侯令祝鮀从辞曰：“君以军行，祓社衅鼓，师出，先有事祓祷于社，【校记：“先有事祓祷于社”《左传》作“先事祓祷于社”。】谓之宜社。于是杀牲，以血涂鼓鼙，谓之衅鼓。祝奉以从，奉，社主也。于是乎出竟。若嘉好之事，谓朝会。君行师从，卿行旅从，五百人为旅。臣无事焉。”粮，谓糗去久反，熬米麦

① 阎氏若璩《释地》云：“赵注：‘琅邪，齐东南境上邑。’汉《郊祀志》作“在齐东北”，非也。今诸城县东南一百五十里有琅琊山，山下有城，即其处。”

也。又丘救反。糒音备。之属。睊睊，侧目貌。胥，相也。谗，谤也。慝，【通考】吴氏程曰："吐得反。"怨恶乌路反。也，言民不胜平声。其劳而起谤怨也。方，逆也。命，王命也。若流，如水之流，无穷极也。流连荒亡，解见形甸反。下文。诸侯，谓附庸之国、县邑之长。上声。庆源辅氏曰："晏子主言齐事，而云为诸侯忧，故知为附庸之国、县邑之长也。王者之命诸侯，岂固欲其如此哉！不过使之爱养斯民而已，逆王命，则虐必及其民矣。"双峰饶氏曰："'师行而粮食'，君之行也以师，其食也以粮，一'而'字在中间，见得是两事。方命之命，是好底命。天子之命，必是教他抚一国之民，今也如此，则是逆王命了。"又曰："'为诸侯度'，指先王言；'为诸侯忧'，指时君言。"

从流下而忘反谓之流，从流上而忘反谓之连，从兽无厌谓之荒，乐酒无厌谓之亡。厌，平声。

此释上文之义也。从流下，谓放舟随水而下。从流上，时掌反。谓挽舟逆水而上。从兽，田猎也。荒，废也。乐酒，以饮酒为乐也。亡，犹失也，言废时失事也。双峰饶氏曰："荒，是废时；亡，是失事。"

先王无流连之乐，荒亡之行，惟君所行也。'"之行"之"行"，去声。

言先王之法，今时之弊，二者惟在君所行耳。

景公说，大戒于国，出舍于郊。于是始兴发补不足。召大师曰：'为我作君臣相说之乐！'盖《徵招》、《角招》是也。其诗曰：'畜君何尤？'畜君者，好君也。"说，音悦。为，去声。乐，如字。徵，陟里反。招，与"韶"同。畜，敕六反。

戒，告命也。出舍，自责以省悉井反。民也。兴发，发仓廪也。大师，乐官也。① 君臣，己与晏子也。乐有五声，三曰角为民，四曰徵为事。《礼记·乐记》："宫为君，商为臣，角为民，徵为事，羽为物。"注：宫弦最大，用八十一丝，声重而尊，故为君。商属金，金为决断，臣事也，弦用七十二丝。次宫，如臣次君者也。角，触也，物触地而出，戴芒角也，弦用六十四丝，声居宫羽之中，属木，以其清浊中，民之象也。徵属夏，夏时正长万物，皆成形体，事亦有体，故配事，弦用五十四丝。羽为水，聚清物之象，故为物，弦用四十八丝。【通考】赵氏德曰："宫，土音，弦用八十一丝；商，金音，三分徵益一以生，弦用七十二丝；角，木音，三分羽益一以生，弦用六十四丝；徵，火音，三分宫去一生，弦用五十四丝；羽，用水音，三分商去一以生，弦用四十八丝。景公所作角、徵乐。以其为民为事也。"《招》，舜乐也。② 其诗，《徵招》、《角招》之诗也。尤，过也。言晏子能畜止其君之欲，宜为君之所尤，然其心则何过哉？孟子释之，以为臣能畜止其君之欲，乃是爱其君者也。新安陈氏曰："上文引援景公晏子事实，只末一句是孟子说。"西山真氏曰："《易》之大、小畜，皆以止为义。凡止君之欲者，乃所以为爱君也；纵君之欲者，其得为爱君乎！忠

---

① 焦循《孟子正义》云："大师，乐工之长，非乐官之长。"

② 焦循《孟子正义》云："古人以声名调，若孟子《征招》、《角招》，师旷言《清商》、《清征》、《清角》，皆是调名。"

臣之心，惟恐其君之有欲；奸臣之心，惟恐其君之无欲。”〇尹氏①曰：“君之与民，贵贱虽不同，然其心未始有异也。孟子之言，可谓深切矣。齐王不能推而用之，惜哉！”南轩张氏曰：“孟子羞称管晏，今乃引晏子之言，何也？盖羞称者，其大法也。言与事有可取，亦不可没也，亦见与人为善、至公至平之心也。”云峰胡氏曰：“齐景能听晏子之言，而齐宣不能受孟子之说，是可惜也。”新安陈氏曰：“此章与沼上之对略相似，大意主于不自乐而与民同乐耳。乐民之乐、忧民之忧，虽平说，然忧乐相反而实相关。忧民之忧者，必不暇乐己之乐；乐己之乐者，必不知忧民之忧。惟先忧以天下而后能乐以天下也。前一截已尽之后，不过引一段故实耳。不与民同乐，人欲也；忧乐以天下，天理也。游豫为诸侯度，天理也；流连为诸侯忧，人欲也。无非遏人欲、扩天理也。又舜之《韶》，遗音必有在齐者，孔子在齐闻《韶》，景公乐亦名《招》，可见。”

〇齐宣王问曰：“人皆谓我毁明堂。毁诸？已乎？”

赵氏曰：“明堂，泰山明堂。周天子东巡守去声。朝音潮。诸侯之处，汉时遗址音止。尚在。人欲毁之者，盖以天子不复扶又反。巡守，诸侯又不当居之也。王问当毁之乎？且止乎？”庆源辅氏曰：“《汉书·郊祀志》：‘武帝元封元年，封泰山。’泰山东北址，古有明堂处，云欲毁明堂。正与子贡欲去告朔饩羊之意同，以其无用，故欲去之也。”

孟子对曰：“夫明堂者，王者之堂也。王欲行王政，则勿毁之矣。”夫，音扶。

明堂，王者所居，以出政令之所也。能行王政，则亦可以王去声。矣。何必毁哉？朱子《明堂说》曰：“论明堂制者非一，窃意当有九室。如井田之制，东之中为青阳太庙，东之南为青阳右个，东之北为青阳左个；南之中为明堂太庙，南之东即东之南为明堂左个，南之西即西之南为明堂右个；西之中为总章太庙，西之南即南之西为总章左个，西之北即北之西为总章右个；北之中为玄堂太庙，北之东即东之北为玄堂右个，北之西即西之北为玄堂左个；中为太庙太室。凡四方之太庙异方所，其左个右个，则青阳之左个，乃玄堂之右个；明堂之右个，乃总章之左个也；总章之右个，乃玄堂之左个；明堂之左个，乃青阳之右个也。但随其时之方位开门耳，太庙太室，则每季十八日，天子居焉。古人制事，多用井田遗意，此恐然也。”新安倪氏曰：“此朱子按《礼记·月令》为说。”

王曰：“王政可得闻与？”对曰：“昔者文王之治岐也，耕者九一，仕者世禄，关市讥而不征，泽梁无禁，罪人不孥。老而无妻曰鳏。老而无夫曰寡。老而无子曰独。幼而无父曰孤。此四者，天下之穷民而无告者。文王发政施仁，必先斯四者。《诗》云：‘哿矣富人，哀此茕独。’”与，平声。孥，音奴。鳏，姑顽反。哿，工可反。茕，音琼。

岐，周之旧国也。赵氏曰：“按岐山在汉右扶风美阳县西北，唐属岐州岐山县，山

---

① 尹氏：尹焞（1061—1132 年），字彦明，一字德充，洛（今河南洛阳）人。靖康（1126—1127 年）初召至京师，不欲留，赐号和靖处士。工书，尝手书欧阳修所作三志，足以传世。著有《论语解》等。

之南有周原，盖周之旧国。”九一者，井田之制也。方一里为一井，其田九百亩。中画井字，界为九区。一区之中，为田百亩。中百亩为公田，外八百亩为私田。八家各受私田百亩，而同养去声。公田，是九分扶问反。而税其一也。世禄者，先王之世，仕者之子孙皆教之，教之而成材则官之。如不足用，亦使之不失其禄。盖其先世尝有功德于民，故报之如此，忠厚之至也。关，谓道路之关。市，谓都邑之市。讥，察也。征，税也。关市之吏，察异服异言之人，而不征商贾音古。之税也。泽，谓潴水①。梁，谓鱼梁。② 与民同利，不设禁也。问："文王治岐，关市不征，泽梁无禁，成周门关市廛，皆有限守，山林川泽，悉有厉禁，何也？"潜室陈氏曰："文王因民所利而利之，乃王道之始；成周经制大备，乃王道之成。"孥，妻子也。恶恶止其身，不及妻子也。新安陈氏曰："世禄，善善长也，不孥，恶恶短也。"先王养民之政：导其妻子，使之养其老而恤其幼。不幸而有鳏寡孤独之人，无父母妻子之养，则尤宜怜恤，故必以为先也。《诗·小雅·正月》之篇。哿，可也。茕，困悴秦醉反。貌。新安陈氏曰："《正月》末章之意云，乱至于此，富人犹或可胜，茕独甚矣，其可哀也。"双峰饶氏曰："都鄙用助法，乡遂用贡法，此周所以兼二代之法。井田之法，坦平处可行，江南想从古行贡法。关，是道路樽节处。市，是市井。泽，是水所都处。梁，是水所通处。耕者九一，仕者世禄，是士农工商皆有所养，惟鳏寡孤独无所告，故发政施仁，必先斯四者。"【通考】孟子以鳏寡孤独为序者，轻重之序也。《王制》以孤独矜寡为序，《礼运》以矜寡孤独为序，岂非所养之常？饩有寡多，有二等，故先言孤独，以重者先之。《礼运》先矜寡，以轻者先之，就二等之中则矜于寡为重，独于孤为轻。盖孟子言幼而无父则孤为重，鳏愁悒而不能寐，目常鳏鳏然，其字从鱼，鱼目恒不闭。寡，寡果也，果然单独也。孤，顾也，顾望无所瞻见也。独，独鹿也，鹿鹿无所依也。

王曰："善哉言乎！"曰："王如善之，则何为不行？"王曰："寡人有疾，寡人好货。"对曰："昔者公刘好货，《诗》云：'乃积乃仓，乃裹糇粮，于橐于囊。思戢用光。弓矢斯张，干戈戚扬，爰方启行。'故居者有积仓，行者有裹粮也，然后可以爰方启行。王如好货，与百姓同之，于王何有？"糇，音侯。橐，音托。戢，《诗》作"辑"，音集。

王自以为好货，故取民无制，而不能行此王政。公刘，后稷之曾孙也。《诗·大雅·公刘》之篇。积，露积也。【通考】仁山金氏曰："积当作子赐反，谷堆也。"糇，干音干。粮也。无底曰橐，有底曰囊。皆所以盛音成。糇粮也。戢，安集也。言思安集其民人，以光大其国家也。戚，斧也。扬，钺音越。也。爰，于也。启行，言往迁于豳悲巾反。也。何有，言不难也。孟子言公刘之民富足如此，是公刘好货，而能推己之心以及民也。今王好货，亦能如此，则其于王天下也，何难之有？西山真氏曰："人君岂不事储峙之富，惟能推此心，使斯民亦有餱粮之积可也。"

王曰："寡人有疾，寡人好色。"对曰："昔者大王好色，爱厥妃。《诗》云：'古公

---

① 潴：zhū，水停聚处。

② 《礼记·王制》："渔人入泽梁。"郑注云："梁，绝水取鱼者。"

亶甫，来朝走马，率西水浒，至于岐下。①**爰及姜女，聿来胥宇。'当是时也，内无怨女，外无旷夫。王如好色，与百姓同之，于王何有？"**大，音泰。

王又言此者，好色则心志蛊惑，用度奢侈，而不能行王政也。大王，公刘九世孙。《诗·大雅·绵》之篇也。古公，大王之本号，后乃追尊为大王也。亶甫，音甫。大王名也。来朝走马，避狄人之难去声。也。新安陈氏曰："来朝，其来以朝也。古人纪事，盖有此例，如《书》曰'王朝步自周，周公朝至于洛'。"率，循也。浒，呼五反。水涯也。岐下，岐山之下也。姜女，大王之妃也。② 胥，相也。宇，居也。旷，空也。无怨旷者，是大王好色，而能推己之心以及民也。南轩张氏曰："齐王好货好色，孟子以公刘、大王对，但谓公刘好货，大王好色，而不知实未尝好也。二君处心平和，无一毫物我之私，如曰'居者有积仓，行者有裹粮'，岂惟欲其国富，而亦欲其民富也。如曰'内无怨女，外无旷夫'，不惟君有室家，而民亦欲其有室家也。'好'字虽同，而所以为好则异，故孟子曰'王如好货好色，与百姓同之，于王何有？'二君之好，天理也。齐王之好，人欲也。"新安陈氏曰："孟子之言，有因其近似，而发挥之以足己意者。如公刘好货，本无事实，只乃积乃仓一句；大王好色，亦无事实，只爰及姜女一句而已。然欲开导时君，意正辞辩。"○杨氏曰："孟子与人君言，皆所以扩充其善心扩天理。而格其非心，遏人欲。不止就事论事。若使为人臣者，论事每如此，岂不能尧舜其君乎？"愚谓此篇自首章至此，大意皆同。盖钟鼓、苑囿、游观之乐，音洛。与夫音扶。好勇、好货、好色之心，皆天理之所有，而人情之所不能无者。然天理人欲，同行异情。循理而公于天下者，圣贤之所以尽其性也；纵欲而私于一己者，众人之所以灭其天也。二者之间，不能以发，而其是非得失之归，相去远矣。故孟子因时君之问，而剖析于几平声。微之际，皆所以遏人欲而存天理。其法似疏平声。而实密，其事似易去声。而实难。庆源辅氏曰："法似疏而实密，事似易而实难，盖不直禁其好勇好色，则似若疏且易矣。然必使为公刘、太王之事，推己之心以及民，循理而不纵欲，公天下而不私一己，则其实又甚密而且难矣。法，指孟子之说；事，指公刘、太王之事。非孟子据理之极，知言之要，何能辨析其精微如此哉！"学者以身体之，则有以识其非曲学阿世之言，而知所以克己复礼之端矣。新安陈氏曰："克己复礼之端，即谓天理人欲二者之间，几微之际也。"问："孟子答梁惠王问利，直扫除之，此处却如此引导之，何也？"朱子曰："此处亦自分义利，特人自不察耳。"庆源辅氏曰："钟鼓、苑囿、游观之乐，与夫好勇、好货、好色之心，固天理人情之所不能无者，但有理与欲、公与私之异耳。故《集注》举胡氏天理人欲，同行异情之说而辨析之。夫圣贤之与众人，其于好货好色，其行虽同，而其情则异。循理而公天下者，圣贤之所以尽其性，此即公刘、太王与民共欲之事也。纵欲而私于一己者，众人之所以灭其天理，此即齐王自以为疾之事也。二者同异不过毫发之间，而其终之是非得失，则其相去遂有尽性灭天、兴王绝世之相反。《集注》

---

① 《史记·周本纪》云："遂去豳，渡漆、沮，逾梁山，止于岐下。"

② 太姜与太任、太姒为周室三母，详见《列女传》。

言此，不但赞其理之密，正欲使学者因其言以反诸身至诚，体察于所谓毫发之际，然后力求所以循夫理而克其欲耳。”云峰胡氏曰：“天理人欲，同行异情，出五峰胡氏之言，朱子平日深取之。今引以释此章者，如齐王好色，太王亦好色，是同行也；齐王是行从人欲上去，太王是行归天理上来，是异情也。同行，则天理人欲之几，若不能以发；异情，则天理人欲之判，不啻霄壤矣。凡曲学阿世者，非逢君之恶，则长君之恶。孟子之言，无非止君之恶而诱君于善，无非遏人欲而存天理也。”

○孟子谓齐宣王曰：“王之臣有托其妻子于其友，而之楚游者。比其反也，则冻馁其妻子，则如之何？”王曰：“弃之。”比，必二反。

托，寄也。比，及也。弃，绝也。

曰：“士师不能治士，则如之何？”王曰：“已之。”

士师，狱官也。其属有乡士遂士之官，士师皆当治之。已，罢去上声。也。《周礼·秋官·司寇》：刑官之属，士师、乡士、遂士、县士。《注》：乡士，掌六乡之狱。遂士，掌六遂之狱。县士，掌县狱。

曰：“四境之内不治，则如之何？”王顾左右而言他。治，去声。

孟子将问此而先设上二事以发之，及此而王不能答也。其惮于自责，耻于下问如此，不足与有为可知矣。庆源辅氏曰：“顾左右以释其愧，言他事以乱其辞，有护疾忌医之心，无责己求言之意。”双峰饶氏曰：“自责、下问，《集注》自为他开两条路。当言‘此则寡人之罪也’，这便是自责；又当言‘如何可以治人’，这便是下问。齐王亦无服善之心，故顾左右而言他。后来因孔距心之辞，则不惮于自责矣，然亦耻于下问。”○赵氏曰：“言君臣上下并王与士师言。各勤其任，无堕许规反。其职，乃安其身。”

○孟子见齐宣王曰：“所谓故国者，非谓有乔木之谓也，有世臣之谓也。王无亲臣矣，昔者所进，今日不知其亡也。”

世臣，累鲁水反。世勋旧之臣，与国同休戚者也。亲臣，君所亲信之臣，与君同休戚者也。此言乔木世臣，皆故国所宜有。然所以为故国者，则在此而不在彼也。此谓世臣，彼谓乔木。昨日所进用之人，今日有亡去而不知者，则无亲臣矣。况世臣乎？

王曰：“吾何以识其不才而舍之？”舍，上声。

王意以为此亡去者，皆不才之人。我初不知而误用之，故今不以其去为意耳。因问何以先识其不才而舍之邪？

曰：“国君进贤，如不得已，将使卑逾尊，疏逾戚，可不慎与？与，平声。

如不得已，言谨之至也。盖尊尊亲亲，用世臣而尊其尊，亲其亲。礼之常也。然或尊者亲者未必贤，则必进疏远之贤而用之。是使卑者逾尊，非尊尊之常。疏者逾戚，非亲亲之常。非礼之常，故不可不谨也。朱子曰：“孟子言‘昔者所进，今日不知其亡’，故王问‘何以识其不才而舍之’，而孟子告以‘进贤’，‘如不得已’，盖于进退之间，无所不审，非但使之致察于去人杀人也。”庆源辅氏曰：“先儒皆以‘如不得已’一句连下文说，言不得已则将使卑逾尊，疏逾戚，故不可不谨，虽若可通，然如此，则是国君用人，惟不得已之际，方致其谨，非孟子意也。故《集注》直以‘如不得已’一句连上文说，言如不能得已，是至谨之意，人君于进贤之际，皆不可不谨。故于下段结之云'所谓进贤如不得已者如此'。至于尊者亲者未必贤，则又将进其疏远之贤者而用之，至使卑者逾尊，疏者逾戚，则又非礼之常，尤不可不谨也。"

左右皆曰贤，未可也；诸大夫皆曰贤，未可也；国人皆曰贤，然后察之；见贤焉，然后用之。左右皆曰不可，勿听；诸大夫皆曰不可，勿听；国人皆曰不可，然后察之；见不可焉，然后去之。去，上声。

左右近臣，其言固未可信。诸大夫之言，宜可信矣，然犹恐其蔽于私也。至于国人，则其论公矣，然犹必察之者，盖人有同俗而为众所悦者，新安陈氏曰："若孟子所论乡原，一乡皆称原人是也。"亦有特立而为俗所憎者。新安陈氏曰："若韩子所论伯夷特立独行，而举世非之是也。"故必自察之，而亲见其贤否之实，然后从而用舍上声。之；则于贤者知之深，任之重，而不才者不得以幸进矣。所谓进贤如不得已者如此。庆源辅氏曰："所谓察之，则必因言以察其心，考迹以察其用，如孔子之视所以、观所由、察所安，然后能亲见其贤否之实，从而用舍之。则于贤者非徒知之，知之必深而无所疑；非徒任之，任之必重而不可易。至于不才亦不容于幸进矣。"新安陈氏曰："如此方见进贤谨之之至，如必不得已而然者，要之用舍之道，参之于众而察之于独，不贤者固去之勿疑矣，贤者必任之勿贰，是即君所亲信之臣也。此非亲信之以己之私，而实亲信之以国人之公，所谓'民之所好好之'也。今日为王之亲臣，他日托孤寄命，即为国家之世臣矣。"

左右皆曰可杀，勿听；诸大夫皆曰可杀，勿听；国人皆曰可杀，然后察之；见可杀焉，然后杀之。故曰，国人杀之也。

此言非独以此进退人才，至于用刑，亦以此道。盖所谓天命结上文进人才。天讨，结此一节。皆非人君之所得私也。南轩张氏曰："既言进退人才之道，复及于可杀者，盖如舜之于四凶，孔之于少正卯，天讨之施有不可已者也。曰'国人杀之'，言非己杀之，因国人之公心耳。然则其用是人，去是人，亦非吾用之、去之，国人用之、去之也。盖天聪明自我民聪明，国人之公心，即天理之所存，一毫私意加于其间，则非天之理矣。"新安陈氏曰："因用舍而及刑杀，亦是孟子敷演以明其意，不才者舍之，有罪而甚焉者杀之也。"【通考】朱氏公迁曰："此明折狱政刑之道，曾子之言，恤刑也；孟子之言，慎刑也。哀矜勿喜者，好生之德洽于民心之意也；国人杀之者，刑人于市，与众弃之之谓也。若子路无宿诺，片言可以折狱者，即所谓上好信则民莫敢不用情者乎？君子之于狱于刑也，忠信以孚之，审慎以行之，恻隐以施之，有子路之德而用曾子、孟子之言，则于天讨之义，庶几无愧乎？"

如此，然后可以为民父母。"

传去声。曰：《大学》传文。"民之所好好之，民之所恶恶之，此之谓民之父母。"新安陈氏曰："总结上文'用之'、'去之'、'杀之'三节意。"

○**齐宣王问曰："汤放桀，武王伐纣，有诸？"孟子对曰："于传有之。"**传，直恋反。

放，置也。《书》曰："成汤放桀于南巢①。"

曰："臣弑其君，可乎？"

桀纣，天子；汤武，诸侯。

曰："贼仁者谓之贼，贼义者谓之残，残贼之人谓之一夫。闻诛一夫纣矣，未闻弑君也。"

贼，害也。残，伤也。害仁者，凶暴淫虐，灭绝天理，故谓之贼。害义者，颠倒错乱，伤败彝伦，故谓之残。一夫，言众叛亲离，不复扶又反。以为君也。《书》曰："独夫纣②。"盖四海归之，则为天子；天下叛之，则为独夫。所以深警齐王，垂戒后世也。新安陈氏曰："纣罪浮于桀，故下文单说纣。"朱子曰："伤败彝伦，只是小小伤败常理，如不以礼食、不亲迎之类，若是纱兄臂、逾东家墙，③ 便是绝灭天理。《周书》'怠胜敬者灭'，即贼仁谓贼之意，'欲胜义者凶'，即贼义谓残之意。贼义是就一事上说，贼仁是就心上说，其实贼义便是贼那仁底，但分而言之则如此。""贼仁，是将三纲五常天秩之礼，一齐坏了。义随事制宜，贼义，只是于此一事，不是更有他事在。""贼仁者，无爱心而残忍之谓也；贼义者，无羞恶之心之谓也。"问："贼仁，是害心之理，贼义，是见于所行处伤其理？"曰："以义为见于所行，便是告子义外矣。义在内不在外，义所以度事，亦是心度之。然此果何以别？盖贼之罪重，残之罪轻。仁义皆是心，仁是天理根本处。贼仁，则大伦大法亏灭了，便是杀人底人一般。义，是就一节一事上言，一事上不合宜，便是伤义，似手足上损伤一般，所伤者小，尚可以补。"庆源辅氏曰："贼之为害深，残之为害浅。凶暴淫虐，指发于中者言；颠倒错缪，指见于事者言。然发于中者必见于外，见于事者实生于心。绝灭天理，则是殄阏其本根；伤败彝伦，则是损害其枝叶。众叛亲离，不复君之，此贼仁贼义、众恶皆备之证验也。此事自君言之，则理所当然。自臣下言之，则不得已之大变。故《集注》下文举王勉之语，所以著万世为臣者之大戒。"新安陈氏曰："贼仁贼义，细分之，有绝本根、伤枝叶之残。然仁义皆根于心，未有贼仁而不贼义者，所以下文只以残贼之人，总言其恶耳。孟子此言，虽意在警齐王，然亦见英气太露处。"〇王勉建安人。曰④："斯言也，惟在下者有汤武之仁，而在上者有桀纣之暴则可。不然，是未免于篡弑之罪也。"云峰胡氏曰："无孟子之说，无以警后世之为人君者；无王氏之说，无以警后世之为人臣者。然孟子曰：有伊尹之志则可，无伊尹之志则篡。王氏之说，未尝不自孟子中来。"

〇孟子见齐宣王曰："为巨室，则必使工师求大木。工师得大木，则王喜，以为能胜其任也。匠人斫而小之，则王怒，以为不胜其任矣。夫人幼而学之，壮而欲行之。王曰'姑舍女所学而从我'，则何如？ 胜，平声。夫，音扶。舍，上声。女，音汝。下同。

---

① 南巢：古地名。在今安徽巢县西南，因位于古代华夏族活动地区的南方，故名。

② 独夫：《书·泰誓》："独夫纣，洪惟作威，乃汝世仇。"孔传："言独夫，失君道也。"

③ 若是纱兄臂，逾东家墙：见《孟子·告子下》。

④ 王勉：宋代学者，事迹不详。钱穆《朱子新学案·朱子之四书学章》，考王勉为建安人。

巨室，大宫也。工师，匠人之长。上声。匠人，众工人也。姑，且也。言贤人所学者大，而王欲小之也。

今有璞玉于此，虽万镒，必使玉人雕琢之。至于治国家，则曰‘姑舍女所学而从我’，则何以异于教玉人雕琢玉哉?”镒，音溢。

璞，玉之在石中者。镒，二十两也。赵氏曰：“《国语》云‘二十四两为镒’。赵岐误注，《集注》因之。”东阳许氏曰：“万镒，谓璞玉之价，直万镒之金也。”玉人，玉工也。不敢自治而付之能者，爱之甚也。治国家则殉私欲而不任贤，是爱国家不如爱玉也。双峰饶氏曰：“两个譬喻是两意，前譬是说任贤不如任匠，后譬是说爱国不如爱玉。”〇范氏曰：“古之贤者，常患人君不能行其所学；而世之庸君，亦常患贤者不能从其所好。去声。是以君臣相遇，自古以为难。孔孟终身而不遇，盖以此耳。”新安陈氏曰：“前譬王欲小用贤者。后譬王不专用贤者。所以不能用贤，皆己之私欲害之。庸君必不能用贤者之所学，贤者必不肯从庸君之所好，此遇合所以难也。”

〇齐人伐燕，胜之。

按《史记》，燕平声。王哙音快。让国于其相去声。子之，而国大乱。齐因伐之。燕士卒不战，城门不闭，遂大胜燕。《史记·燕世家》：燕王哙用其相子之，苏代为齐使于燕，以事激燕王以尊子之，于是燕王大信子之。鹿毛寿谓燕王：“不如以国让相子之。人之谓尧贤者，以其让天下于许由，许由不受，有让天下之名而实不失天下。今王以国让于子之，子之必不敢受，是王与尧同行也。”燕王因属国于子之，子之南面行王事，而哙老，不听政，顾为臣，国事皆决于子之。三年，国大乱，百姓恫恐。将军市被与太子平谋，将攻子之。诸将谓齐愍王曰：“因而赴之，破燕必矣。”齐王令人告燕太子，太子因与市被围公宫，攻子之，不克。将军市被及百姓反攻太子平，市被死以徇。因构难数月，死者数万，众人恫恐，百姓离怨。孟轲谓齐王曰：“今伐燕，此文、武之时，不可失也。”王因令章子将五都之兵，因北地之众以伐燕，士卒不战，城门不闭，燕王哙死，齐大胜。燕子之亡二年，而燕人共立太子平，是为燕昭王。

宣王问曰：“或谓寡人勿取，或谓寡人取之。以万乘之国伐万乘之国，五旬而举之，人力不至于此。不取，必有天殃。取之，何如?”乘，去声。下同。

以伐燕为宣王事，与《史记》诸书不同，已见形甸反。序说。何氏曰：“万乘之国，非诸侯之制也。今燕齐互相侵夺而皆有之，故以万乘之齐，伐万乘之燕，势均力敌。但以五旬而即举之，若以人力论之。不能至于如此之易，意者其天乎？不取必有天殃。齐王本有利燕之心，特托天而遂其私耳。孟子之对，则不归之天而归之人。”

孟子对曰：“取之而燕民悦，则取之。古之人有行之者，武王是也。取之而燕民不悦，则勿取。古之人有行之者，文王是也。

商纣之世，文王三分天下有其二，以服事商。至武王十三年，乃伐纣而有天下。张子曰①：“此事间不容发。一日之间，天命未绝，则是君臣。当日命绝，则为独夫。然

---

① 张子：张载(1020—1077年)，字子厚，宋陕西凤翔郿县(今陕西眉县)横渠镇人。进士。曾任祁州司法参军、丹州云岩县令、渭州判官公事、崇文院校书。后辞职回乡讲学，学者称横渠先生。有《张子全书》，著《正蒙》等。

命之绝否，何以知之？人情而已。诸侯不期而会者八百，武王安得而止之哉?”朱子曰：“此亦是齐王欲取燕，故引之于文武之道。非谓文王欲取商，以商人不悦而止，武王见商人悦己遂取之也，直是论其理如此耳。”庆源辅氏曰：“文王、武王，岂有一毫利天下之心哉！亦顺天命而不敢违焉耳。而张子之说为尤严，所谓间不容发之际，非理明义精，德至圣人者，孰能处之而无愧哉！才有一毫利心，则失之矣。然其命之绝否，则亦不过察于人情，又与孟子之言实相表里也。”

以万乘之国伐万乘之国，箪食壶浆，以迎王师。岂有他哉？避水火也。如水益深，如火益热，亦运而已矣。“箪，音丹。食，音嗣。

箪，竹器。食，饭也。运，转也。言齐若更为暴虐，则民将转而望救于他人矣。【通考】赵氏德曰：“腹方口圆曰壶。篚，以竹为之，长二尺，广一尺，深六寸，足高二寸，上有盖。”〇赵氏曰：“征伐之道，当顺民心。民心悦，则天意得矣。”新安陈氏曰：“齐王言天命，孟子欲其以人心观天命。欲知天命，当观人心，欲得人心，当施仁政。燕之可取不可取，决之以此，足矣。惟仁可以易暴，燕人避燕之虐，望齐之仁而归之。齐苟不施仁而益暴，得非以暴易暴而益甚之乎！盖警之也。”

〇齐人伐燕，取之。诸侯将谋救燕。宣王曰：“诸侯多谋伐寡人者，何以待之?”孟子对曰：“臣闻七十里为政于天下者，汤是也。未闻以千里畏人者也。

千里畏人，指齐王也。新安陈氏曰：“七十里为政，千里畏人，立两句为柱，下文分两节应之。”

《书》曰：‘汤一征，自葛始①。’天下信之。‘东面而征，西夷怨；南面而征，北狄怨。曰，奚为后我？’民望之，若大旱之望云霓也。归市者不止，耕者不变。诛其君而吊其民，若时雨降，民大悦。《书》曰：‘徯我后，后来其苏。’霓，五稽反。徯，胡礼反。

两引《书》，皆《商书·仲虺》许伟反。之诰文也。与今《书》文亦小异。一征，初征也。天下信之，信其志在救民，不为暴也。奚为后我，言汤何为不先来征我之国也。霓，虹也。云合则雨，虹见形甸反。则止。【通考】赵氏德曰：“《尔雅》：‘云，出天之正气。霓，出地之正气。雄谓之虹，雌谓之霓，则云阳物也，阴阳和而既雨，则云散而霓见矣。’”变，动也。徯，待也。后，君也。苏，复生也。他国之民，皆以汤为我君，而待其来，使己得苏息也。此言汤之所以七十里而为政于天下也。

今燕虐其民，王往而征之。民以为将拯己于水火之中也，箪食壶浆，以迎王师。若杀其父兄，系累其子弟，毁其宗庙，迁其重器，如之何其可也？天下固畏齐之强也。今又倍地而不行仁政，是动天下之兵也。累，力追反。

拯，救也。系累，絷缚也。重器，宝器也。畏，忌也。倍地，并去声。燕而增一倍之地也。齐之取燕，若能如汤之征葛，则燕人悦之，而齐可为政于天下矣。今乃不行仁

① 葛：古国名。在今河南睢县北，一说在今河南郾城北。《书·仲虺之诰》：“葛伯仇饷，初征自葛。”

政而肆为残虐，则无以慰燕民之望而服诸侯之心，是以不免乎以千里而畏人也。

王速出令，反其旄倪，止其重器，谋于燕众，置君而后去之，则犹可及止也。”旄与“耄”同。倪，五稽反。

反，还也。旄，老人也。倪，小儿也。谓所虏略之老小也。犹，尚也。及止，及其未发而止之也。双峰饶氏曰：“当时只是子哙、子之为乱，燕民自无罪，齐王只当诛子哙、子之，别立君而去，不当取他国。这时只当定乱，定乱者，取其乱者而诛之，如汤十一征，不是全灭其国。取之，则是蹊田而夺之牛。齐王杀其父兄，系累其子弟，毁其宗庙，迁其重器，是灭其国了。”新安陈氏曰：“此是为齐画一策，如此区处，略无所利于燕，庶几汤诛君吊民，非富天下之为，则可逆止诸侯之兵矣。”〇范氏曰：“孟子事齐梁之君，论道德则必称尧舜，论征伐则必称汤武。盖治民不法尧舜，则是为暴；行师不法汤武，则是为乱。岂可谓吾君不能，而舍上声。所学以徇之哉？”庆源辅氏曰：“范氏发明孟子此意甚好。盖莫非道也，而尧舜之道，则正道也；莫非师也，而汤武之师，则天讨也。《集注》又益以‘岂可谓吾君不能，而舍所学以徇之哉’一句，尤为有功于学者，此万世臣子事君之大法也。”

〇邹与鲁閧。穆公问曰：“吾有司死者三十三人，而民莫之死也。诛之，则不可胜诛；不诛，则疾视其长上之死而不救，如之何则可也？”閧，胡弄反。胜，平声。长，上声。下同。

閧，斗声也。穆公，邹君也。不可胜诛，言人众不可尽诛也。长上，谓有司也。民怨其上，故疾视其死而不救也。

孟子对曰：“凶年饥岁，君之民老弱转乎沟壑，壮者散而之四方者，几千人矣；而君之仓廪实，府库充，有司莫以告，是上慢而残下也。曾子曰：‘戒之戒之！出乎尔者，反乎尔者也。’夫民今而后得反之也。君无尤焉。几，上声。夫，音扶。

转，饥饿辗音展。转而死也。充，满也。上，谓君及有司也。尤，过也。

君行仁政，斯民亲其上、死其长矣。”

君不仁而求富，是以有司知重敛力验反。而不知恤民。故君行仁政，则有司皆爱其民，而民亦爱之矣。新安陈氏曰：“有司所以然者，皆君不行仁政之故，孟子对邹君言，故略有司而专勉君，正本之论也。”〇范氏曰：“《书》曰：‘民惟邦本，本固邦宁。’《夏书·五子之歌篇》。有仓廪府库，所以为去声。民也。丰年则敛之，凶年则散之，恤其饥寒，救其疾苦。是以民亲爱其上，有危难去声。则赴救之，如子弟之卫父兄，手足之捍音汗。头目也。穆公不能反己，犹欲归罪于民，岂不误哉？”南轩张氏曰：“有司视民之死而不救，故民视有司之死而亦莫之救，所以为得反之也。君行仁政而以民为心，民亦将以君为心而亲其上死其长矣，此感应之理也。曾子‘戒之戒之’之语，非特为人上者不可须臾忘，检身者亦当深体之。”新安陈氏曰：“上之爱民如父母之于子，则民之卫上如子弟之卫父兄。邹君知罪民而不知反己，孟子惟以行仁政勉之，而诛不诛忘言焉。‘得反之’之意，凛然可畏，真深切之论。死其长，如‘回何敢死’之死，谓忘身救上，死且不避也。平时亲其上，当危难则死其长。”

○滕文公问曰："滕，小国也，间于齐楚。事齐乎？事楚乎？"间，去声。

滕，国名。①

孟子对曰："是谋非吾所能及也。无已，则有一焉：凿斯池也，筑斯城也，与民守之，效死而民弗去，则是可为也。"

无已，见形甸反。前篇。一，谓一说也。效，犹致也。国君死社稷，《礼记·曲礼》："国君死社稷，大夫死众，士死制。"众，谓师众。大夫率师，败则死之。制，谓命令。士受命，或迫以死，宁死而不可弃君命也。故致死以守国。至于民亦为之死守而不去，则非有以深得其心者不能也。○此章言有国者当守义而爱民，不可侥幸而苟免。南轩张氏曰："与其望二国矜己以求安，不若思所以自强而立国。凿池筑城，与民效死以守之，是在我所当为之事，为吾所当为而已。然固国以得民为本，民心不附，虽有金城汤池，谁与守之？使民效死而不忍去，非得之有素，不能然也。"庆源辅氏曰："筑城凿池，致死以守者，守义也；使民亦为之死守而不去，则非爱民者不能也。若夫间于二国，而徒欲择强者而事之，以觊一日之安，则是侥幸苟免而已。"云峰胡氏曰："不守义，不能效死而不去；不爱民，不能使民亦效死而不去。"新安陈氏曰："守义，守死，社稷之义，以倡其民也，爱民当在平时。""城池，地利也，民弗去，人和也，复致死而守义以倡之，此守国之正法也。"

○滕文公问曰："齐人将筑薛，吾甚恐。如之何则可？"

薛，国名，近滕。②【通考】仁山金氏曰："薛，任姓之国，奚仲、仲虺之后。"齐取其地而城之，故文公以其偪笔力反，与"逼"同。己而恐也。

孟子对曰："昔者大王居邠，狄人侵之，去之岐山之下居焉。非择而取之，不得已也。邠，与"豳"同。

邠，地名。言大王非以岐下为善，择取而居之也。说见形甸反。下章。【通考】赵氏德曰："周自后稷生于邰，邰姜嫄之国，后稷母家。夏后氏衰，失其官而奔戎狄。公刘，后稷曾孙也，复迁豳。《诗·笃公刘》，即迁豳之事。又九世而太王去邠迁岐，《绵诗》所言是也。沮漆在豳地，二水东流亦过周岐山，东入渭。邠在岐山之北，则自邠逾梁山至岐下，当率岐水之涯耳。盖《公刘》'皇涧'及'芮'，言都邑之水也。《绵》之'自土沮漆'，举境内之水也。以此观之，则不得以'率西水浒'为漆沮也，明矣皇矣。《诗》云：'度其鲜原。居岐之阳。'太王已迁在岐山，而文王又迁在岐山之南，后又迁丰邑，在丰水之西。武王又迁镐，在丰水南。故自后稷居邰，不窋奔戎狄，公刘居豳，大王邑岐，文王邑郢又迁丰，武王居镐，故群书百考，有自稷至武七迁之国。"

苟为善，后世子孙必有王者矣。君子创业垂统，为可继也。若夫成功，则天也。君

---

① 滕，西周初所封之诸侯国，地在今山东滕县西南，始封君主为文王之子错叔秀(一说为周懿王子)。前414年为越所灭，不久复国，后又为宋所灭。

② 薛，地在今山东滕县东南。杜预《春秋释例·世族谱》云："薛国任姓，黄帝之苗裔奚仲封为薛侯，今鲁国薛县是也。奚仲迁于邳，仲虺居薛，以为汤左相。武王复以其胄为薛侯，齐桓霸诸侯，黜为伯，献公始与鲁同盟。小国无纪，世不可知，亦不知为谁所灭。"

如彼何哉？强为善而已矣。”夫，音扶。强，上声。

创，造也。统，绪也。言能为善，则如大王虽失其地，而其后世遂有天下，乃天理也。然君子造基业于前，而垂统绪于后①，但能不失其正，令平声。后世可继续而行耳。若夫成功，则岂可必乎？彼，齐也。君之力既无如之何，则但强于为善，使其可继而俟命于天耳。○此章言人君但当竭力于其所当为，不可徼幸与"侥幸"同。于其所难必。朱子曰："孟子言'若夫成功则天也，君如彼何哉！强为善而已矣，初无望报之心也。苟为善，后世子孙必有王者矣'，乃为大王避狄而言。《易·大传》曰：'积善之家，必有余庆。'《书》曰：'作善降之百祥。'亦岂望报乎！"南轩张氏曰："所谓为善，循天理而不为己私也。为善者初不期后世之有，王，而必有王者，理则然也。开久大之基，为其可继者而已，而不必其成功也。若有期于成功之意，则欲速而见利，私意一生，无复可继之实矣。"云峰胡氏曰："《集注》两章皆言不可侥幸，大凡侥幸者，不为夫理之所当为，而徒觊夫意外之得者也。前章是守义爱民，当尽其在我者，而不可侥幸其在人者；此章是勉强为善，当尽其在我者，而不可侥幸其在天者。"

○滕文公问曰："滕，小国也。竭力以事大国，则不得免焉。如之何则可？"孟子对曰："昔者大王居邠，狄人侵之。事之以皮币，不得免焉；事之以犬马，不得免焉；事之以珠玉，不得免焉。乃属其耆老而告之曰：'狄人之所欲者，吾土地也。吾闻之也：君子不以其所以养人者害人。二三子何患乎无君？我将去之。'去邠，逾梁山，邑于岐山之下居焉。邠人曰：'仁人也，不可失也。'从之者如归市。属，音烛。

皮，谓虎、豹、麋、鹿之皮也。币，帛也。属，会集也。土地本生物以养人，今争地而杀人，是以其所以养人者害人也。邑，作邑也。归市，人众而争先也。南轩张氏曰："太王之言，忠厚不迫，其迁本以全民，不敢必民之归而强之徙也。曰'二三子何患乎无君'，此天地之心，真保民之主也。民心自不容释乎太王，戴其仁有素矣。然太王之事，非德盛而达权不足以与此。"东阳许氏曰："太王自邠迁岐，民从之如归市，史所谓居三月成城郭，一年成邑，三年成都，而民五倍其初，盖非独邠民，近于岐周之民皆归之也。当时西方地近戎狄，皆间隙之地，非封国之疆界，故太王得优游迁徙。若滕在中国，又介大国之间，无可迁之地，民虽或从之，亦无所往。孟子特举太王之得民以警文公尔，故下文言效死乃其正也。"

或曰：'世守也，非身之所能为也。效死勿去。'

又言或谓土地乃先人所受而世守之者，非己所能专。但当致死守之，不可舍上声。去。此国君死社稷之常法。传去声。所谓国灭君死之，正也，正谓此也。《公羊传·襄公六年》：十有二月，齐侯灭莱。曷为不言莱君出奔？国灭君死之，正也。不书杀莱君者，与灭国为重。【通考】赵氏德曰："襄二十五年，崔子弑齐君。晏子曰：君民者，社稷是主；臣君者，社稷是养。故君为社稷死，则死之；为社稷亡，则亡之？"

君请择于斯二者。"

---

① 统绪：指皇室世系。

能如大王则避之，不能则谨守常法。盖迁国以图存者，权也；守正而俟死者，义也。《记·礼运》："故国有患，君死社稷，谓之义。大夫死宗庙，谓之变。"问："《集注》'义'字当改作'经'字？"朱子曰："思之诚是，盖义便近权，或可如此，或可如彼，皆义也。经则一定而不易，既对'权'字，须著用'经'字。"审己量力，择而处上声。之可也。庆源辅氏曰："迁国以图存者，太王是也；守正而俟死者，国君死社稷是也。在文公唯有此二法，故并举以告之。然权非大贤以上不能为，经则人皆当勉也，故使文公审己量力，择而取其一焉。夫太王之事，非文公所能为，然则孟子之意，固欲文公勉守其常法耳。"○杨氏曰："孟子之于文公，始告之以效死而已，礼之正也。至其甚恐，则以大王之事告之，非得已也。然无大王之德而去，则民或不从而遂至于亡，则又不若效死之为愈。故又请择于斯二者。"又曰："孟子所论，自世俗观之，则可谓无谋矣。然理之可为者，不过如此。舍上声。此则必为仪秦张仪、苏秦。之为矣。凡事求可，功求成，取必于智谋之末而不循天理之正者，非圣贤之道也。"问："孟子对滕文公二段，皆是无可奈何，只得勉之为善之辞，想见滕国至弱，都主张不起，故如此。"朱子曰："滕是必亡无可疑者，况王政不是一日行得底事，他又界在齐楚之间，二国视之，如太山之压鸡卵耳，若教他粗成次第，此二国亦必不见容也。若汤文之兴，皆在空闲之地，无人来觑他，故日渐盛大，若滕则实是难保也。"

○鲁平公将出。嬖人臧仓者请曰："他日君出，则必命有司所之。今乘舆已驾矣，有司未知所之。敢请。"公曰："将见孟子。"曰："何哉？君所为轻身以先于匹夫者，以为贤乎？礼义由贤者出，而孟子之后丧逾前丧。君无见焉！"公曰："诺。"乘，去声。

乘舆，君车也。驾，驾马也。孟子前丧父，后丧母。逾，过也，言其厚母薄父也。诺，应辞也。新安陈氏曰："平公将见孟子，必得之于乐克，所以阻于臧仓，后克入见，审问不见之故。"

乐正子入见，曰："君奚为不见孟轲也？"曰："或告寡人曰，'孟子之后丧逾前丧'，是以不往见也。"曰："何哉君所谓逾者？前以士，后以大夫；前以三鼎，而后以五鼎与？"曰："否。谓棺椁衣衾之美也。"曰："非所谓逾也，贫富不同也。"入见之"见"，音现。与，平声。

乐正子，孟子弟子也，双峰饶氏曰："乐正，是乐官之长，恐其先世曾作乐官来，子孙遂以为姓。乐正裘亦是一人，以此见乐正是姓，如司马，亦是因官以为姓。"仕于鲁。三鼎，士祭礼。五鼎，大夫祭礼。① 双峰饶氏曰："五鼎，是大夫之礼，羊豕鱼腊肤。三鼎，是士之礼，特豕鱼腊。"【通考】东阳许氏曰："《仪礼·特牲馈食礼》：士祭礼，特用豕，陈鼎三。豕，右肩、臂、臑、膊、骼、正脊、横脊、长胁短胁九体。肤三、离肺一、刌肺三，为一鼎。鱼十有五，为一鼎。腊兽之干者用兔，为一鼎。《少牢馈食礼》：大夫祭礼，牲用少牢，陈鼎五。羊：右肩、臂、臑、膊骼、正脊、脡脊、横脊、短胁、正胁、代胁，十一体。肠三，胃三，举肺一，祭肺三，实于一鼎。豕：十一

① 《公羊传·桓公二年》何休注："礼祭，天子九鼎，诸侯七，卿大夫五，元士三也。"

体，如羊。举肺一，祭肺三，实于一鼎。肤九，实于一鼎。鱼用鲋，十有五而鼎，腊用麋一纯而鼎。肩，臂，臑者，股骨也；膊、胳，股骨也。正脊，脊之前也。脡脊，次正脊。横脊，在后者。肤，革肉也。离肺者，离之不绝中央少许。刌肺者，切肺也。举肺，尸食所先举也。祭肺者，尸主人主妇用以祭也。举肺即离肺，祭肺即刌肺也。凡牲用者右胖，腊合升立右胖，故曰腊一纯。纯犹全也。然此诸侯之大夫若士，天子之大夫用索牛，士用少牢。”

乐正子见孟子，曰：“克告于君，君为来见也。嬖人有臧仓者沮君，君是以不果来也。”曰：“行或使之，止或尼之。行止，非人所能也。吾之不遇鲁侯，天也。臧氏之子焉能使予不遇哉？”为，去声。沮，慈吕反。尼，女乙反。焉，于虔反。

克，乐正子名。沮、尼，皆止之之意也。言人之行，必有人使之者。其止，必有人尼之者。然其所以行所以止，则固有天命，而非此人所能使，亦非此人所能尼也。然则我之不遇，岂臧仓之所能为哉？〇此章言圣贤之出处，上声。关时运之盛衰。乃天命之所为，非人力之可及。龟山杨氏曰：“孟子之遇不遇，治乱兴衰之所系，天实为之，非人所能也，夫何怨尤之有。”范氏曰：“在孟子可以言天，在鲁侯不可以言天。贤者在己者有义，在天者有命，修其在己而听其在天。至于人君，则当尊用贤德，奉行天命，不当诿之天也。”庆源辅氏曰：“章旨之说，深得圣贤出处之道。乐正子亦未免以世俗之心窥孟子，故孟子以此发之。”双峰饶氏曰：“孔子有两说，‘道之将行也与，命也。道之将废也与，命也’。与孟子此章一同，皆取必于天。‘天之将丧斯文也，后死者不得与于斯文也’，‘天之未丧斯文也，匡人其如予何’，这是取必于己。言天既欲丧斯文，必不使我得与于斯文；天既使我得与于斯文，则是天必不丧斯文。一说是我之命系乎天，是以天为主；一说是天命系乎我，是以我为主。二者相为宾主，那个是圣人之言，这个是贤人之言。孔子告子服景伯，是与常人说话，又低得一等。”【通考】朱氏公迁曰：“此章论出处，而以天命决之。圣贤盖以天命晓人，封人则以天意观圣人者也。此一类专以穷达言。真氏以伯寮之愬，臧仓之沮，夫子‘莫我知’之叹，孟子‘何为不豫’之语，皆为安义命之事。天以分定言，此亦在天之天，虽以理言而实兼乎气者也，故与命以气言者相贯。余凡所谓不怨天与此类同。”

孟子集注大全卷三

公孙丑章句上

凡九章。【通考】勿轩熊氏曰：“一章言养气集义，六章言仁政，二章言古圣贤。三章言答问之辞，余皆孟子自言。”

公孙丑问曰：“夫子当路于齐，管仲、晏子之功，可复许乎？”复，扶又反。

公孙丑，孟子弟子，齐人也。当路，居要地也。管仲，齐大夫，名夷吾，相去声。桓公，霸诸侯。许，犹期也。孟子未尝得政，丑盖设辞以问也。庆源辅氏曰："此必丑初见孟子时事，观其语意，恐孟子不敢以管晏自许，是全未知孟子也。"西山真氏曰："齐宣既慕桓文，丑复慕管晏，盖霸者功利之说，深入人心已久，故不惟时君慕之，而学者亦慕之也。"

孟子曰："子诚齐人也，知管仲、晏子而已矣。

齐人但知其国有二子而已，不复扶又反。知有圣贤之事。庆源辅氏曰："世衰道微，圣学不明，人不知有学问，则亦不复知有圣贤之事业。虽有英才美质，不觉溺于时俗之见闻而已，此齐人之所以但知其国之有二子也。"

或问乎曾西曰；'吾子与子路孰贤?'曾西蹵然曰：'吾先子之所畏也。'曰：'然则吾子与管仲孰贤?'曾西艴然不悦，曰：'尔何曾比予于管仲？管仲得君，如彼其专也；行乎国政，如彼其久也；功烈，如彼其卑也。尔何曾比予于是?'"蹵，子六反。艴，音拂，又音勃。曾，并音增。【通考】吴氏程曰："唐韵虽有二音，而于'勃'音注怒色，'拂'音注浅色，故孙氏单音勃。"

孟子引曾西与或人问答如此。曾西，曾子之孙。蹵，不安貌。先子，曾子也。艴，怒色也。曾之言，则也。烈，犹光也。桓公独任管仲四十余年，是专且久也。管仲不知王道而行霸术，故言功烈之卑也。杨氏曰："孔子言子路之才，曰：'千乘之国，可使治其赋也。'使其见形甸反。于施为，如是而已。其于九合诸侯，一匡天下，固有所不逮也。然则曾西推尊子路如此，而羞比管仲者何哉？譬之御者，子路则范我驰驱而不获者也；管仲之功，诡遇而获禽耳。曾西，仲尼之徒也，故不道管仲之事。"问："圣人分明是大管仲之功，而孟子硬以为卑，如何?"朱子曰："孟子是不肯做他底，是见他做得那规模来低。"庆源辅氏曰："杨氏断置得极分明，子路之才视管仲诚为不及，然子路之所学，则圣人之道，其于管仲之事，盖有所不屑为者。或曰：杨氏本说，但云子路譬之御者，则范我驰驱者，若管仲盖诡遇耳。此则是以御而譬其所为，未说到功效上，今《集注》增益之曰：'子路则范我驰驱而不获者也。管仲之功，诡遇而获禽耳。'则是并与功都说了，然按孟子范我驰驱是一人，不获又是一人，诡遇是一人，获禽又是一人，今若作一人看，则似以子路为御之善，而射未善，然射御又非一人所能兼者，恐不若只从其本说之为得也。"曰："非是之谓也。《集注》之意，盖谓子路是范我驰驱而不遇王者，故不获；管仲则诡遇以逢桓公之为，故得禽多耳。"双峰饶氏曰："使王良得善射者而御之，则范我驰驱正所以获禽，即《诗》所谓'不失其驰，舍矢如破'，傥以孔孟之道而遇明主，则治国平天下皆余事耳。"

曰："管仲，曾西之所不为也，而子为我愿之乎?""子为"之"为"，去声。

曰，孟子言也。愿，望也。【通考】董氏彝曰："公孙丑问管晏，孟子以曾皙之言推尊圣门高弟。淳于髡问柳子思，孟子以百里奚之功答之。盖尊王贱霸者，圣贤之本心；贤才进退者，兴亡之大事。一则责霸者之臣，不能致君于王道；一则美霸国之君，能用贤者以兴邦。"

曰：“管仲以其君霸，晏子以其君显。管仲、晏子犹不足为与?”与，平声。

显，显名也。

曰：“以齐王，由反手也。”王，去声。由、犹通。

反手，言易去声。也。

曰：“若是，则弟子之惑滋甚。且以文王之德，百年而后崩，犹未洽①于天下；武王、周公继之，然后大行。今言王若易然，则文王不足法与?”易，去声。下同。与，平声。

滋，益也。文王九十七而崩，言百年，举成数也。《礼记·文王世子》：“文王九十七而终。”文王三分天下，才有其二；武王克商，乃有天下。周公相去声。成王，制礼作乐，然后教化大行。东阳许氏曰：“武王、周公继之，然后大行，此言周公制礼作乐之后，虽殷之顽民莫不率化趋善之时也。”

曰：“文王何可当也？由汤至于武丁，贤圣之君六七作。天下归殷久矣，久则难变也。武丁朝诸侯有天下，犹运之掌也。纣之去武丁未久也，② 其故家遗俗，流风善政，犹有存者；又有微子、微仲、王子比干、箕子、胶鬲③皆贤人也，相与辅相之，故久而后失之也。尺地莫非其有也，一民莫非其臣也，然而文王犹方百里起，是以难也。朝，音潮。鬲，音隔，又音历。“辅相”之“相”，去声。“犹方”之“犹”，与由通。

当，犹敌也。商自成汤至于武丁，中间大甲、大戊、祖乙、盘庚皆贤圣之君。作，起也。自武丁至纣凡九世。故家，旧臣之家也。双峰饶氏曰：“故家旧臣，遗俗旧民，是说在下的；流风之化，善政之事，是说在上底。”

齐人有言曰：‘虽有智慧，不如乘势；虽有镃基，不如待时。’今时则易然也。知，音智。镃，音兹。

镃基，田器也。时，谓耕种之时。

夏后、殷、周之盛，地未有过千里者也，而齐有其地矣；鸡鸣狗吠相闻，而达乎四境，而齐有其民矣。地不改辟矣，民不改聚矣，行仁政而王，莫之能御也。辟，与“闢”同。

此言其势之易去声。也。三代盛时，王畿音祈。不过千里。【通考】詹氏道传曰：“《王制》：‘四海之内为九州，州方千里’，而王畿居其一，是亦井田之制。”今齐已有之，异于文王之百里。又鸡犬之声相闻，自国都以至于四境，言民居稠密也。双峰饶氏曰：“势是指事力而言。有地则有财，有民则有兵。地广则财富，民众则兵强。既富且强，所以举事易。文王百里，地狭民少，所以难。”

且王者之不作，未有疏于此时者也；民之憔悴于虐政，未有甚于此时者也。饥者易

---

① 《书·大禹谟》：“好生之德，洽于民心。”孔疏云：“洽为沾濡优渥。洽于民心，言润泽多也。”

② 《尚书·无逸篇》载，自武丁子祖甲至殷亡，在位之君，“或十年，或七八年，或五六年，或三四年”，故有“未久”之说。

③ 胶鬲：《国语·晋语一》韦昭注云：“殷贤臣也，自殷适周，佐武王以亡殷也。”

为食，渴者易为饮。

此言其时之易也。自文武至此七百余年，异于商之贤圣继作；民苦虐政之甚，异于纣之犹有善政。易为饮食，言饥渴之甚，不待甘美也。

孔子曰：‘德之流行，速于置邮而传命。’邮，音尤。

置，驿也。邮，驲音日。也。新安陈氏曰：“如汉五里一置。《左传》‘楚子乘驲会师’。”东阳许氏曰：“字书马递曰置，步递曰邮。《汉西域传》‘因骑置以闻’，师古曰：‘即今驿马也。’《黄霸传》‘邮亭’，师古曰：‘书舍，谓传送文书所止处，如今驿馆。’”所以传命也。孟子引孔子之言如此。双峰饶氏曰：“德之流行，即是应前面‘文王之德’底‘德’字，盖德是本，全靠时势不得。有智慧而后可以乘势，有镃基而后可以待时，若无德，虽有时势，何以行之？”

当今之时，万乘之国行仁政，民之悦之，犹解倒悬也。故事半古之人，功必倍之，惟此时为然。”乘，去声。

倒悬，喻困苦也。所施之事，半于古人，而功倍于古人，由时势易而德行速也。问：“孟子既卑管仲，使孟子当管仲之时，则如之何？”双峰饶氏曰：“亦只是合诸侯以尊周室，但孟子则真能使王室尊安，而诸侯各循王度。管仲不过假尊周之名，以盖其搂诸侯之实，其所为实文武之罪人也。王霸之分，只在诚伪，孔子作《春秋》亦不过欲诸侯尊周室循周制而已。”新安陈氏曰：“丑并论管晏，孟子只及管仲而不及晏，盖晏之事功又在管之下，不必言也。晏事景公，政在陈氏，晏未尝当齐政也。晏才不及管而其人稍正于管，其人无可讥，其事无可言，此孟子所以置晏不言而专及管欤？”

○公孙丑问曰：“夫子加齐之卿相，得行道焉，虽由此霸王不异矣。如此，则动心否乎？”孟子曰：“否。我四十不动心。”相，去声。【通考】吴氏程曰：“‘虽由至异矣’作一句，只‘王’字微读。”

此承上章，又设问孟子，若得位而行道，则虽由此而成霸王之业，亦不足怪。任大责重如此，亦有所恐惧疑惑而动其心乎？双峰饶氏曰：“《集注》‘恐惧疑惑’四字，虽是说心之所以动，然‘恐惧’字，是为下文养气张本；‘疑惑’字，是为下文知言张本。要之，不疑惑然后能不恐惧，故《集注》论心之动，则以恐惧居先，论心之所以不动，则又以无所疑惑居先。”四十强仕①，君子道明德立之时。孔子四十而不惑，亦不动心之谓。朱子曰：“尽心知性，无所疑惑，动皆合义，无所畏怯。虽当盛位，行大道，亦沛然行其所无事而已，何心动之有？《易》所谓‘不疑其所行’者盖如此。而孔子之不惑，亦其事也。公孙丑非谓孟子以卿相富贵动其心，谓霸王事大，恐孟子担当不过，有所疑惧而动其心耳，不知霸王当甚事。”双峰饶氏曰：“道明属知言，德立属养气。”陵阳李氏曰②：“明则不疑，立则不惧，然未有不明而能立者，故知言、养气虽二事并进，而其序必以知言为先。孔子不惑则自不动矣。”云峰胡氏曰：“孔子四十而不惑，在三十而立

---

① 《礼记·曲礼上》：“四十曰强而仕。”

② 陵阳李氏：即李道传。

之后，德立而道明，诚而明者也。孟子所以四十不动心者，先知言而后养气，道明而后德立，明而诚者也。”东阳许氏曰：“疑惧即是动心处，《集注》却言有所恐惧疑惑而动其心，似疑惧又在动心之外者。盖心本虚灵静一，能明天下之理者此也，足以应天下之事亦此也。今理有所不能明而疑，事有所不能应而惧，然则疑、惧乃动心之目，心因疑、惧而动，而疑、惧非心之所动也。”【附纂】黄氏洵饶曰：“孔子道明，自然德立；孟子道明，然后德立。无所疑是道明，无所惧是德立。”【通考】东阳许氏曰：“此章当作五节看，‘疑惧’二字包一章大意，而‘直’字贯乎其中。”

曰：“若是，则夫子过孟贲远矣。”曰：“是不难，告子先我不动心。”贲，音奔。

孟贲，勇士。贲，齐人，能生拔牛角。秦武好多力士，贲往归之。告子，名不害。孟贲血气之勇，丑盖借之以赞孟子不动心之难。孟子言告子未为知道，乃能先我不动心，则此亦未足为难也。朱子曰：“孟子是义精理明，天下之物不足以动其心。告子之不动心，是硬把定，是粗法强制而能不动，非若孟子酬酢万变而不动也。”南轩张氏曰：“孟子以集义为本，告子则以义为外。故在孟子则心体周流，人欲不萌而物各止其所者也；在告子则心制其欲，专固凝滞而能不动者也。”庆源辅氏曰：“告子外义，未为知道，然未四十时已能不动心，其不动心又先于孟子。以此观之，则不动心未足为难可知也。”新安陈氏曰：“告子强制其心而能不动，孟子有定见，有定力，而自然心不动，此处孟子亦姑借告子以浅说耳。”

曰：“不动心有道乎？”曰：“有。

程子曰：“心有主，则能不动矣。”新安陈氏曰：“‘有主’二字包得阔，下文黝舍曾孟皆是有主，但有精粗之分。”【附纂】北宫黝之不动心以必胜为主，孟施舍之不动心以无惧为主，孟子之不动心以守约为主。

北宫黝之养勇也，不肤挠，不目逃，思以一豪挫于人，若挞之于市朝。不受于褐宽博，亦不受于万乘之君。视刺万乘之君，若刺褐夫。无严诸侯。恶声至，必反之。黝，伊纠反。挠，奴效反。朝，音潮。乘，去声。

北宫姓，黝名。肤挠，肌肤被刺而挠屈也。目逃，目被刺而转睛逃避也。挫，犹辱也。褐，毛布。以毳织布。宽博，宽大之衣，贱者之服也。不受者，不受其挫也。刺，杀也。严，畏惮也。言无可畏惮之诸侯也。黝盖刺客之流，以必胜为主，而不动心者也。庆源辅氏曰：“《集注》云‘黝盖刺客之流’，以其言所谓视刺万乘之君，若刺褐夫而知之也。‘以必胜为主’，亦以其言而知之。惟其心以必胜人为主，故无有尊贵，视之一如匹夫，不受其挫，必反报之。”双峰饶氏曰：“恶声必反，不专谓诸侯，于褐宽博、万乘皆然。”东阳许氏曰：“一毫挫于人，谓所辱者至小也。不受者，必报之也，不惟必报于贱者，虽贵者亦必报之。恶声至必反之，谓不惟辱来必报，虽言小不善亦必报也。”

孟施舍之所养勇也，曰：‘视不胜犹胜也。量敌而后进，虑胜而后会，是畏三军者也。舍岂能为必胜哉？能无惧而已矣。’舍，去声。下同。

孟，姓。施，发语声。舍，名也。会，合战也。舍自言其战虽不胜，亦无所惧。若量敌虑胜而后进战，则是无勇而畏三军矣。舍盖力战之士，以无惧为主，而不动心者也。朱子曰：“量力虑胜，是畏三军者，此舍讥别人，舍自云我则能无惧而已。”问“施发语声。”曰：“此古注说，后面只称舍可见。”问：“有何例可按?”曰：“如孟之反、舟之侨、尹公之他之类。”庆源辅氏曰：“注云‘舍盖力战之士’，亦以其言而知之也。唯其心以无惧为主，故不问其徒之众寡，我之胜否，遇敌则战也。”新安陈氏曰：“黝、舍皆以心有主而能不动，一则主于必胜，一则主于无惧，盖是粗猛之不动心，孟子此处且敷演粗说。”东阳许氏曰：“黝、舍不动心，本又在告子之下，公孙丑又以孟贲比孟子，故孟子亦以勇士之类言之。”

孟施舍似曾子，北宫黝似子夏。夫二子之勇，未知其孰贤，然而孟施舍守约也。夫，音扶。

黝务敌人，舍专守己。庆源辅氏曰：“黝务敌人，谓专以必胜于人为主也。舍专守己，谓专以我无所惧为主也。”子夏笃信圣人，曾子反求诸己。问：“子夏笃信圣人?”朱子曰：“这个虽无事实，但看他言语，如‘日知其所亡，月无忘其所能，博学而笃志，切问而近思’。看他此处，孟子又把北宫黝来比，便见他笃信圣人处。”双峰饶氏曰：“曾子反求诸己，便是圣人与他说话，他也未敢便以为然，必要求诸己，以审其理而后信。子夏笃信圣人，则以圣人之言为必可信，不问说得是与未是便信了。”故二子之与曾子、子夏，虽非等伦，然论其气象，则各有所似。贤，犹胜也。约，要也。言论二子之勇，则未知谁胜；论其所守，则舍比于黝，为得其要也。问：“如何是孟施舍守约处?”朱子曰：“北宫黝便胜人，孟施舍却只是能无惧而已矣。如曰‘视不胜犹胜也’，此是孟施舍自言其勇如此。孟子言比二子之勇未知其孰胜，但孟施舍所守得其要也。盖不论其勇之孰胜，但论其守之孰约，且二子之似曾子、子夏，直以其守气养勇之分量浅深为有所似耳，岂以其德哉!”双峰饶氏曰：“孟施舍取必于己，其气象似曾子之反求诸己；北宫黝取必于人，其气象似子夏之笃信圣人。此是论二子之勇有所似，非论其是非等级也。然将二子所守来比量，则孟施舍守其在我者，为得其所守之要耳。”“凡言守约，不是守这约。约，要也，言所守者得其要也。守得其约，则‘守’字活；言守定这约，则‘守’字死了。”

昔者曾子谓子襄曰：‘子好勇乎？吾尝闻大勇于夫子矣：自反而不缩，虽褐宽博，吾不惴焉；自反而缩，虽千万人，吾往矣。’好，去声。惴，之瑞反。

此言曾子之勇也。子襄，曾子弟子也。夫子，孔子也。缩，直也。《檀弓》曰：“古者冠缩缝，今也衡缝。”又曰：“棺束缩二衡三。”衡与“横”同，引二说证缩为直。惴，恐惧之也。【附纂】黄氏洵饶曰：“恐惧之，‘之’字指人。”往，往而敌之也。朱子曰：“《仪礼》、《礼记》多有‘缩’字，每与‘衡’字作对。下文直养之说，盖本于此，乃一章大指所系，不可失也。”“自反缩与不缩，所以不动，只在方寸之间。若仰不愧俯不怍，看如何大利害皆不足以易之，若有一毫不直，则此心便索然。黝、舍是不畏死而不动心，告子是不认义理而不动心，曾子是自反而缩而不动心。”双峰饶氏曰：“缩不缩指理言，不惴、吾往指气言。理者气之主，理直则气壮，理曲则气馁。吾之理不直，虽一夫之贱，亦为之屈；吾之理直，虽千万人之众，在所必伸。孟子因丑有过孟贲之语，所以先说黝、舍，然后说归曾子来。”鲁斋王氏曰：“朱子云孟子养气之论，孔子已道了，曰‘内省不疚，夫何忧何惧’，愚谓与此正相表里。自反则内省也，直则不疚矣，虽千万人吾往，不忧不惧也。”新安陈氏曰：“此曾子之大勇，以义理之直为主而不动心者也。孟子之论，至此始精细，下文‘至大至刚、以直养而无害’之说，盖自此‘自反而缩’发之也。”

孟施舍之守气，又不如曾子之守约也。”

言孟施舍虽似曾子，然其所守乃一身之气，又不如曾子之反身循理，所守尤得其要也。孟子之不动心，其原盖出于此，下文详之。朱子曰：“孟子说曾子谓子襄一段已自尽了，只为公孙丑问得无了期，故后面有许多说话。此一段为被他转换问，所以答得亦周匝，然就前段看语脉气象，虽无后截，亦自可见。前一截已自具得后面许多意思足。”“守约，只是所守之约，言北宫黝之守气不似孟施舍守气之约，孟施舍之守气又不如曾子所守之约也。孟施舍就气上做工夫，曾子就理上做工夫。”庆源辅氏曰：“论舍之气象，虽大略有似于曾子，然舍之所守，不过是一身之血气，固未尝反之于心以自顾其直与不直也。其视曾子之自反以缩不缩为勇怯，则其所守之要，非舍之所能知所可比也。反身谓自反，循理谓直。”双峰饶氏曰：“或问孟子之不动心，如何原于曾子？曰：浩然之气，便是大勇；以直养，便是自反而缩；行有不慊于心则馁，便是自反而不缩。”【通考】东阳许氏曰：“章首至‘守约’为第一节。”

曰：“敢问夫子之不动心，与告子之不动心，可得闻与？”“告子曰：‘不得于言，勿求于心；不得于心，勿求于气。’不得于心，勿求于气，可；不得于言，勿求于心，不可。夫志，气之帅也；气，体之充也。夫志至焉，气次焉。故曰：‘持其志，无暴其气。’”“闻与”之“与”，平声。“夫志”之“夫”，音扶。

此一节，公孙丑之问。孟子诵告子之言，又断丁乱反。下同。以己意而告之也。告子谓于言有所不达，则当舍上声。置其言，而不必反求其理于心；于心有所不安，则当力制其心，而不必更求其助于气，此所以固守其心而不动之速也。速，谓年未四十。朱子曰：“告子之意，以为言语之失，当直求之于言，而不足以动吾之心；念虑之失，当直求之于心，而不必更求之于气。盖其天资刚劲，有过人者，力能坚忍固执，以守其一偏之见，所以学虽不正，而能先孟子不动心也。观其论性数章，理屈词穷，则屡变其说以取胜，终不能从容反复、审思明辨，因其所言之失而反之于心，以求至当之归，此其不得于言而不求诸心之验也。”“告子只去守个心得定，都不管外面，是亦得，不是亦得。孟子之意，谓是心有所失则见于言，如肝病见于目相似。”孟子既诵其言而断之曰，彼谓不得于心而勿求诸气者，急于本而缓其末，犹之可也；庆源辅氏曰：“不得于心勿求于气可，气固有时而能动其心，然心之不正，则未必皆气使之。大抵心是本，气是末。故程子亦曰：‘人必有仁义之心，然后有仁义之气睟然达于外。’此不得于心，勿求诸气，所以为急于本而缓其末。犹之可也，犹言尚为可也。”谓不得于言而不求诸心，则既失于外，而遂遗其内，其不可也必矣。朱子曰：“以下文观之，气亦能反动其心，则‘勿求于气’之说，亦未为尽善，但心动气之时多，气动心之时少，故孟子取其彼善于此而已。至于言，则虽发于口而实出于心，内有蔽陷离穷之病，则外有诐淫邪遁之失，不得于言而每求诸心，则其察理日益精矣。孟子所以知言养气以为不动心之本者，用此道也。而告子反之，是徒见言之发于外而不知其出于中，不知言便不知义，所以外义也，其害理深矣，故断然以为不可。于此可见告子之不动心所以异于孟子，而亦岂能终不动哉！”然凡曰可者，亦仅可而有所未尽之辞耳。若论其极，则志固心之所之，而为气之将去声。帅；然气亦人之所以充满于身，而为志之卒徒者也。庆源辅氏曰：“心有知而气无知，虽云气一则能动志，然大抵是气随心动，故以志为气之将帅，气从志所使，犹卒徒之听命于将帅也。不言心而言志者，志者，心之动而有所之处也。但志则就其动处言，故尤切耳。下文又言‘是气也而反动其心’，亦可见矣。心无形而气有质，虽云心为本，气为末，然人之所以充满其身而不至馁乏者，实赖气为志之卒徒也。志而无气则志无所使，亦由将帅而无卒徒，则亦虚名而已。”新安陈氏曰：“吕与叔《克己铭》云‘志以为帅，气为卒徒’，此盖就‘帅’字上生出‘卒徒’字。”【附纂】若论其极，以理之极。故志固为至极，而气即次之。人固当敬守其志，然亦不可不致养其气。盖其内外本末，交相培养。此则孟子之心所以未尝必其不动，而自然不动之大略也。潜室陈氏曰：“《集注》谓‘致养其气’即无暴，气发得暴，失养故也。必言致者，见养气之难，须以集义为本，又无正、忘、助长之弊，方为能致养也。”云峰胡氏曰：“《集注》于‘持志’谓‘守其志’可也，必曰‘敬守其志’，添入一‘敬’字最有意。盖孟子养气之功在集义，而所以集义者在敬。敬义夹持，方为成德之事。或疑两‘言’字不同，告子不得于言，己之言也；孟子知言，天下之言也。愚尝应之曰：理一而已，告子于己之言，且不能反求其理，如何能于天下之言而求其理？孟子于天下之言能究极其理，则于己之言可知也。”新安陈氏曰：“下文知言养气，其根已安于此。告子不得于言，即不求其理于心，是不知言也；不得于心，即不求其助于气，是不养气也。孟子、告子其不动心之名虽同，而其所以不动心之本，则相反而全不同者在此。”【通考】仁山金氏曰：“孟子不动心，本是心上用工，知言是其要，养气是其助。”【附纂】黄氏洵饶曰：“告子勿求于心，与孟子持其志相反；告子勿求于气，与孟子无暴其气相反；此告子不动心之速，与孟子自然不动者相反。故曰持其志，持志养气不可分先后，持志便要养气。”

“既曰‘志至焉，气次焉’，又曰‘持其志无暴其气’者，何也?”曰：“志壹则动气，气壹则动志也。今夫蹶者趋者，是气也，而反动其心。”夫，音扶。

公孙丑见孟子言志至而气次，故问如此，则专持其志可矣，又言无暴其气何也？壹，专一也。蹶，姑卫反，又音厥。颠踬音至。也。趋，走也。孟子言志之所向专一，则气固从之；然气之所在专一，则志亦反为之动。庆源辅氏曰：“志者，心之所之，故可言‘向’；气则做出来底，便是不可以‘向’言，只得下‘在’字，下文‘云气专在是’，两‘在’字相照应，察理精矣。”如人颠踬趋走，则气专在是而反动其心焉。所以既持其志，而又必无暴其气也。程子曰：“志动气者什九，气动志者什一。”程子曰：“告子不得于言，勿求于心，盖不知义在内也，志帅气也。持定其志，无暴乱其气，两事也。志专一则动气，气专一则动志，然志动气为多。且若志专在淫辟，岂不动气；气专在喜怒，岂不动志。故蹶者趋者反动其心。”朱子曰：“为告子将气说得太低了，故说志最紧要气，亦不可缓，故曰志至气次。持其志无暴其气，是两边做工夫。志即是心之所向，而今欲做一件事，这便是志。持其志便是养心，不是持志外别有个养心。如喜怒，若当喜也须喜，当怒也须怒，这便是持志。若喜得过分一向喜，怒得过分一向怒，则气便暴了，志却反为所动。蹶趋是气也，他心本不曾动，只忽然吃一跌，气打一暴，则其心便动了。”问：“蹶趋反动其心，若是志养得坚定，莫须蹶趋亦不能动得否？”曰：“人之奔走，如何心不动？”曰：“蹶趋多遇于卒然不虞之际，所以易得动心。”曰：“是。”问：“在车闻鸾和，行鸣佩玉，皆所以无暴其气。今既无此，不知如何而为无暴？”曰：“凡人多动作，多语笑，做力所不及底事，且如只行得五十里，却硬要行百里，皆是暴其气。学者须事事节约，莫教过当，此便是养气之道。志动气，是源头浊者，故下流亦浊也；气动志者，却是下流壅而不泄，反浊了上面也。”问：“《程氏遗书》云：‘志一动则动气，气一动则动志’，《外书》云‘志专一则动气，气专一则动志’，二说孰是？”曰：“此必一日之语，学者同听之，而所记各有浅深，类多如此。‘志一动则动气，气一动则动志’，此言未说动气动志，而先言志动气动，反添一‘动’字了，固不若后一说所记得其本旨。盖曰志专一固可动气，而气专一亦可以动其志也。”问：“持志养气之为交养，何也？”曰：“持志所以直其内，无暴所以防于外，两者各致其功而无所偏废，则志正而气自完，气完而志益正，其于存养之功，且将无一息之不存矣。”问：“养气次第功夫，内外是交尽，不可靠自己自守其志，便谓无事。气才不得其平，志亦不得其安，故孟子以蹶趋形容之。告子所谓不得于心，勿求于气，是未为全论。程子所以言气动志者什一，正谓是尔。”曰：“然。两者相夹著，方始德不孤。”双峰饶氏曰：“志帅也，气卒徒也，如周亚夫军中夜惊，亚夫坚卧不起，不起固是帅之定处，然设或被他惊不已，自家如何睡得安？于此见持其志，又不可不养其气。”“君子所以足容重，手容恭，声容静，气容肃，行中鸾和，步中采齐，皆是要无暴其气。”新安陈氏曰：“前言心与气，忽又变心言志者，盖心以全体言，志以心之动而有所向处言。欲致持之之功，则就其动而有所向处用力，若心则不可言持矣，故‘志’字尤切。后云‘气壹即动志’，即以‘是气也而反动其心’证之，可见动其心即是动志矣。程子什九什一之说，盖言志动气之时多，十中常有九，所以志为至；气动志之时少，十中亦有一，所以气亦次焉也。”【通考】东阳许氏曰：“‘敢问夫子之不动心’，至‘反动其心’为第二节。孟子但曰‘我善养我浩然之气’，是专言养气而不言志，所以养之之方与养之之节度，一一详备，专是气上工夫。孟子之自得至于大而将进于化，正在于此。”黄氏绍曰：“持志工夫简而易知，养气工夫密而难明，故孟子因公孙丑之问独详于养气，而不复更言持志。道者事之理，义者理之宜，合乎道者容有不适其宜，合乎其宜者未有不中天道。此孟子所以言气配义与道，而其下文详言集义而不及道也。”

“敢问夫子恶乎长？”曰：“我知言，我善养吾浩然之气。”恶，平声。

公孙丑复扶又反。问孟子之不动心所以异于告子如此者，有何所长而能然，而孟子又详告之以其故也。知言者，尽心知性，于凡天下之言，无不有以究极其理，而识其是非得失之所以然也。朱子曰：“知言便是穷理，不先穷理，见得是非，如何养得气。须是道义一一审处得是，其气方充大。”“孟子论浩然之气一段，紧要全在知言上。所以《大学》许多工夫，全在格物致知，格物则能知言，诚意则能养气。”“知言养气虽是两事，其实相关，正如致知格物正心诚意之类。若知言，便见得是非邪正，义理昭然，此浩然之气自生。”“知是知得此理，告子便不理会，故以义为外。”云峰胡氏曰：“《论语》亦曰‘不知言，无以知人’，但《论语》为初学而言，故《集注》但曰‘言之得失，可以知人之邪正’。孟子则自言也，故《集注》释之，比《论语》尤详且重。《论语》之知言，为知人之端，入德之事；孟子之知言，为养气之本，成德之事。”浩然，盛大流行之貌。气，即所谓体之充者。本自浩然，失养故馁，惟孟子为善养之以复其初也。朱子曰：“浩然之气，乃指其本来体段而言。”“酬酢应接，举皆合义，则俯仰并无愧怍，故其气自然盛大流行。”庆源辅氏曰：“盛大言其体，流行言其用。才怯小，则便非气之本体。才郁塞，则便非气之本用。气即天地之气，而人之所以充满其身者，其本然之体用，自是浩然，由失其养，故馁乏而不充乎体。”双峰饶氏曰：“孟子之言善养气，是以成德言，非是说做工夫。下文‘必有事焉而勿正’以下，却是说养气做工夫处。”云峰胡氏曰：“《集注》《章句》言‘复其初’者凡三。《论语》谓人之性，其初本善，学者当明善以复其初。《大学》谓人之心其初本自光明，学者当明之以复其初。此言人之气，其初本自盛大流行，惟孟子能善养之以复其初。然非学以复此心此性之初者，未必能复此气之初也，故孟子养气先之以知言。”【附纂】黄氏洵饶曰：“‘尽心’是知至，‘知性’是物格。‘盛大’是体，‘流行’是用，‘体之充者’泛言之。‘复其初’，行之事。”盖惟知言，则有以明夫音扶。下同。道义，而于天下之事无所疑；养气，则有以配夫道义，而于天下之事无所惧，此其所以当大任而不动心也。庆源辅氏曰：“《集注》‘疑惧’二字，以应此章第一节注文‘疑惑恐惧’四字也。道，体也。义，用也。言道义以该体用也。知言，则于道义究极无余，一事来则以一理应之，夫复何疑之有？养气，则于道义衬贴得起，勇猛果决而不留行，夫复何惧之有?”双峰饶氏曰：“浩然之气，即达德中之勇；不动心，即是勇者不惧。添一个知言，即是知者不惑。”云峰胡氏曰：“章首公孙丑问动心，《集注》以为有所恐惧疑惑，先惧而后疑者，惧者心之动，疑者心之所由以动也。‘恐惧’二字，于‘动’字最切，而‘疑惑’二字，已蕴知言之意。此则释知言养气二句，故先疑而后惧。”东阳许氏曰：“知言，则尽心知性，万理洞然，何所疑惑？养气，则动皆合义，遇事即行，何有畏怯？二者既全，何能动心?”【附纂】黄氏洵饶曰：“无所疑即道明，无所惧即德立。”告子之学，与此正相反。其不动心，殆亦冥然无觉，悍然不顾而已尔。问知言养气之说。朱子曰：“孟子之不动心，知言以开其前，故无所疑；养气以培其后，故无所慑。如智勇之将，胜败之形、得失之算判然于胸中，而熊虎、貔貅百万之众，又皆望其旌旄，听其金鼓，为之赴汤蹈火，有死无二，是以千里转战，所向无前。其视告子之不动心，正犹勇夫悍卒，初无制胜料敌之谋，又无蚍蜉蚁子之援，徒恃其勇而挺身以赴敌也，其不为人所擒者，特幸而已。告子之学，他虽无所考证，然以孟子此章之言反复求之，亦晓然可见矣。先引告子之言以张本于前，后言己之所长以著明于后。今以其同者而比之，则告子所不得之言，即孟子所知之言；告子所勿求之气，即孟子所养之气也。以其异者而反之，则告子之所以失，即孟子之所以得；孟子之所以得，即告子之所以失也。是其彼此之相形，前后之相应，固有不待安排而不可移易者。”庆源辅氏曰：“孟子能知人言之是非，告子乃自以其言为外而不复考；孟子善养其气，而告子乃以气为末而不知求：此所谓正相反也。其不动心者，不过是硬把定其心，冥冥然都无知觉，于一切事皆漠然与之扞格而不顾耳，亦岂能终不动哉！然其所以能不动者，亦幸而已。”新安陈氏曰：“冥然无觉，则不能无疑；悍然不顾，非真能无惧也。”【附纂】黄氏洵饶曰：“冥然无觉，不能知言；悍然不顾，不能养气。冥然无觉，不得于言，勿求于心，不能知言是也；悍然不顾，不得于心，勿求于气，不能养气是也。”

“敢问何谓浩然之气?”曰：“难言也。

孟子先言知言，而丑先问气者，承上文方论志气而言也。难言者，盖其心所独得，而无形声之验，有未易去声。以言语形容者。故程子曰：“观此一言，则孟子之实有是气可知矣。问：“浩然之气与血气如何?”朱子曰：“只是一气，义理附于其中，则为浩然之气；不由义理而发，则只为血气。然人所禀气，亦自不同。有禀得盛者，则为人强壮，随分亦有立作，使之做事，亦随分做得出。若禀得衰者，则委靡巽懦，都不解有所立作。唯是养成浩然之气，则却与天地为一，更无限量。”“孟子先说知言后说养气，而公孙丑先问气者，向来只为他承上文先论志气而言也。今看来不然，乃是公孙丑会问处。留得知言在后而问者，盖知言是末后合尖上事，如《大学》说正心诚意，只合杀在‘致知在格物’一句，盖是用功夫起头处。”

其为气也，至大至刚，以直养而无害，则塞于天地之间。

至大初无限量，去声。至刚不可屈挠。女巧、女教二反。盖天地之正气，而人得以生者，其体段本如是也。庆源辅氏曰：“初无限量，便是盛大，不可屈挠，便是流行，即所谓浩然之气也。不言用者，举体则足以该之矣。”惟其自反而缩，新安陈氏曰：“照应本章上文，释之‘以直’之‘直’字即是上文‘缩’字意。”则得其所养；而又无所作为以害之，则其本体不亏而充塞无间去声。矣。新安陈氏曰：“充塞弥满乎天地之间，而无有间断之者矣。”程子曰：“浩然之气难识，须要识得当行不歉于心之时，自然有此气象。”问：“伊川于‘至大至刚’以‘直’点句，先生却于‘刚’字点句。”朱子曰：“若于‘直’字点句，则‘养’字全无骨力。”“至大至刚，气之本体以直养而无害，是用功处；塞于天地之间，乃是效也。”问：“他书不说养气，只孟子言之，何故?”曰：“这源流便在那个‘心广体胖’，‘内省不疚，夫何忧何惧’处来。大抵只是一气，又不是别将个甚底去养他。但集义便是养气，知言便是知得这义，人能仰不愧、俯不怍时，看这气自是浩然塞乎天地之间。”“才说浩然便有刚果意思，如长江大河，浩浩然而来也。富贵贫贱威武不能淫移屈之类皆低，不可以语此。丑本意只是设问孟子能担当得此样大事否，故孟子所答只说许多刚勇，故说出浩然之气，只就问答本文看之便见子细。”鲁斋王氏曰：“此所谓其为气也，气之体。下文所谓其为气也，气之用。”【附纂】黄氏洵饶曰：“天理有无不善，而正气中正浩然，但其流行参差不齐，故人所禀有清浊之异，能去其昏浊，则本然者自浩然矣。”程子曰：“天人一也，更不分别。必列切。浩然之气，乃吾气也。养而无害，则塞乎天地；一为私意所蔽，则欿音坎。然而馁，却甚小也。”【附纂】黄氏洵饶曰：“欿然，不足之意。”谢氏曰①：“浩然之气，须于心得其正时识取。”又曰：“浩然是无亏欠时。”朱子曰：“天地之气，无处不到，无处不透，是他气刚，虽金石也透过去。人便是禀得这个气无欠阙，所以程子：‘曰天人一也，更不分别。浩然之气，乃吾气也。’”问：“浩然之气是禀得底否?”曰：“只是这个气，若不曾养得，刚底便粗暴，弱底便衰怯。”问：“孟子说浩然之气，却不分禀赋清浊说。”曰：“此章孟子之意，不是说气禀，只因说不动心滚说到这处，似今人说气魄相似，有这气魄便做得这事，无气魄便做不得。”庆源辅氏曰：“浩然之气，本是天地之正气，然天人一理，故孟子更不分别，直以为己之气也。养而无害，则全其本体而塞乎天地，若不务集义，而所为一有私意遮隔了，则便不流行，而欿然馁乏，不足以充乎身，而失其正大之体也。”双峰饶氏曰：“人得天地之气以生，天地之气，如此刚大，人之气亦合如此刚大。其所以不能如此者，不善养之故也。程子曰：人与天地一气也，人特自小耳。且如文武一怒而安天下之民，也只是这气做出来，他底却与天地一般样至大至刚，只是善养故耳。”云峰胡氏曰：“此气是天地之正气，心得其正，便是不失其所得于天地之正者。”东阳许氏曰：“此气本得于天，故至大至刚。刚大，天之体段也。圣人生知安行，无非直道，不假乎养。众人知不明，自害其刚大，故须直以养之，直即义也。塞天地，言其效也。”【通考】东阳许氏曰：“塞天地，只是应物皆合道义，而物莫不从，至于郊则格，庙则享，鸟兽鱼鳖咸若，而人伦日用，不言可知。”

其为气也，配义与道；无是，馁也。馁，奴罪反。

配者，合而有助之意。庆源辅氏曰：“此意本于李先生，② 曰‘配是衬贴起来’，朱子谓‘衬贴二字，说配字极亲切。盖道义是虚底物，本自孤单，得这气衬贴起来，便张大无所不达。今人做事，亦有合于道义者，若无此气，则只是一个衰飒底人’。李先生又曰‘气与道义一滚出来’，朱子谓‘一滚出来，说得道理好，孟子分明说配义与道，不是两物相补贴，只是一滚发出来’。故朱子用此意而就‘配’字说出此句，盖已极于精切矣。”双峰饶氏曰：“合而有助，譬如妻之配夫，以此合彼而有助于彼者也。盖理气不相离，气以理为主，理以气为辅，大凡人不能为善，为是无那气来衬贴，有那气来衬贴起，做得定是有力。”云峰胡氏曰：“所谓合，即延平所谓‘一滚出来’之意。所谓助，即延平所谓‘衬贴起来’之意也。”义者，人心之裁制。道者，天理之自然。馁，饥乏而气不充体也。言人能养成此气，则其气合乎道义而为之助，使其行之勇决，无所疑惮；若

① 谢氏：谢良佐(1050—1103年)，字显道，宋蔡州上蔡(今河南上蔡)人，人称上蔡先生，元丰进士。徽宗时，因召对忤旨，废为民。受学于二程，与游酢、杨时、吕大临并称“程门四先生”。程颐尝问其所进，答曰：“但去得一矜字尔。”强调“穷理”、“居敬”为人“圣德”之门，著有《论语说》、《上蔡语录》等。

② 李先生：指朱子之师李侗。

无此气，则其一时所为虽未必不出于道义，然其体有所不充，则亦不免于疑惧，而不足以有为矣。新安陈氏曰："'疑惮疑惧'四字，仍应前注文'疑惑恐惧'字意，惮即恐惧也。"程子曰："浩然之气，天地之正气，大则无所不在，刚则无所屈。以直道顺理，养而无害，则塞乎天地之间。有少私意，即是气亏。无不义，便是集义。有私意，便是馁。""率气在志，养气在直，内有私意则馁，无不义则浩然。"朱子曰："道义、别而言，则道是物我公共自然之理，义即吾心之能断制者，所用以处此理者也。""道是举体统而言，义是就此一事所处而言。如父当慈、子当孝，君当仁、臣当敬，此义也；所以孝慈，所以仁敬，则道也。故后面只说集义。""道、义是公共无形影底物事，气是自家身上底。自家若无这气，则道义自道义，气自气，如何助得他?""两个'其为气也'，至大至刚，是说此气之体段；配义与道，是说此气可将如此用，是说气之功用。"或问："何以言气之配义与道也?"曰："道，体也。义，用也。二者皆理也，形而上者也。气也者，器也，形而下者也。以本体言之，则有是理而后有是气，而理之所以行，又因气以为质也。以人言之，则必明道集义，然后能生浩然之气，而义与道又因是气而后得以行焉。盖三者虽有上下体用之殊，然其浑合而无间也乃如此。苟不知所以养而有以害之，则理自理，气自气，其浩然而充者，且将为慊然之馁矣。或略知道义之为贵，而欲恃之而有为，亦且散漫萧索而不能以自振矣。"双峰饶氏曰："浩然之气，全靠道、义在里面做骨子，无这道、义，气便软弱。盖缘有是理而后有是气，理是气之主，如天地二五之精气，以有太极在里面作主，所以他底常恁地浩然。"【通考】涂氏潜生曰①："仁包四者，故一言而有余；义非一端，故累言而不足。以仁配义，以义配理，所重在仁与理，体用之谓也；以义配道，以义配德，以义配命，以义配礼，所重在义，裁制之谓也。"

是集义所生者，非义袭而取之也。行有不慊于心，则馁矣。我故曰，告子未尝知义，以其外之也。慊，口簟反，又口劫反。

集义，犹言积善，盖欲事事皆合于义也。袭，掩取也，如齐侯袭莒音举。之袭。《春秋·襄公二十三年》："秋，齐侯伐晋。""冬，齐侯袭莒。注：轻行掩其不备曰袭，因伐晋还袭莒。轻，遣政反。"【通考】赵氏德曰："凡师有钟鼓曰伐，无钟鼓曰袭。齐襄公二十三年，齐庄公伐晋，遂袭莒，即华周、杞梁死命之时。"言气虽可以配乎道义，而其养之之始，乃由事皆合义，自反常直，是以无所愧怍，而此气自然发生于中。非由只行一事偶合于义，便可掩袭于外而得之也。朱子曰："直，只是无私曲。集义，只是事事上皆直，仰不愧于天，俯不怍于人，便是浩然之气。而今只将自家心体，验到那无私曲处，自然有此气象。""以直养，是自反而缩。集义，是以直养。然此工夫须积渐，集义自然生此浩然之气，不是行一二件合义底事，能搏取浩然之气也。集义是岁月积久之功，袭取是一朝一夕之事，从而掩取，终非己有也。""此上三句本是说气，下两句'是'字与'非'字应，'袭'字与'生'字对，其意盖曰此气乃集义而自生于中，非行义而袭取之于外云尔。""'生'字正与'取'字对，生，是自里面生出；取，是自外面取来。""义

① 涂氏潜生：生平不详。

袭，是于一事之义，勇而为之，以壮吾气，然无生底道理，只是些客气耳，不久则消矣。"慊，快也，足也。言所行一有不合于义，而自反不直，则不足于心而其体有所不充矣。然则义岂在外哉？朱子曰："孟子许多论气，只在'集义所生'一句上，只是件件合宜，无一事不求个是，自然积得多，则胸中仰不愧、俯不怍。才有些子不合道理，心下便不足。"新安陈氏曰："集义，则浩然之气生，行有不合义而心不慊，则此气馁，可见义在内，非由外矣。"告子不知此理，乃曰仁内义外，而不复扶又反。以义为事，则必不能集义以生浩然之气矣。上文不得于言勿求于心，即外义之意，详见形甸反。《告子上篇》。问："配义与道，是气助道义而行，又曰集义所生，是气又自集义而生?"朱子曰："初下工夫时集义，然后生浩然之气。气已养成，又却助他道义而行。""告子之病，盖不知心之慊处即是义之所安，其不慊处即是不合于义，故直以义为外而不求。""告子直是将义屏除去，只就心上理会。因举陆子静云'读书讲求义理，正是告子义外工夫'，某曰不然。如子静不读书，不求义理，只静坐澄心，却是告子外义。"①双峰饶氏曰："先说气配义与道，后说集义而不及道者，盖道是体，义是用，浩然之气，有体有用，其体配道，其用配义，故曰配义与道，其体用一也。言用则体在其中，体上无做工夫处，故只说集义。""二'馁'字之分，无是馁也，是无气则道义馁；行有不慊则馁，是无道义则气馁。所指不同。盖二者相资，论其用则道义非气无以行，论其体则气非道义无以生。"新安陈氏曰："二'是'字亦不同，无是馁也，此'是'字指浩然之气言；'是集义所生'，此'是'字正与下句'非'字相呼唤，犹言是如此非如彼耳。"云峰胡氏曰："集义，即是以直养；义袭而取之，即是有所作为以害之。《集注》训'慊'字，与《大学》音义同。自慊则心广体胖，不慊则馁，'馁'字正与'广'字'胖'字相反。《集注》训'以直养'则曰'自反而缩'，此则言'自反常直'、'自反不直'，见得孟子养气之论，正自夫子所谓'自反而缩'来也。"【附纂】黄氏洵饶曰："知言一，集义二，养气三，配道义四，浩然之气五。此一段说直养。"

必有事焉而勿正，心勿忘，勿助长也。无若宋人然：宋人有闵其苗之不长而揠之者，芒芒然归。谓其人曰：'今日病矣，予助苗长矣。'其子趋而往视之，苗则槁矣。天下之不助苗长者寡矣。以为无益而舍之者，不耘苗者也；助之长者，揠苗者也。非徒无益，而又害之。"长，上声。揠，乌八反。舍，上声。

必有事焉而勿正，赵氏、程子以七字为句。极是。近世或并下文"心"字读之者，亦通。必有事焉，有所事也，如"有事于颛臾"之"有事"。问："'必有事焉'当用敬否?"程子曰："敬只是涵养一事，必有事焉，须当集义。只知用敬，不知集义，却是都无事也。"又问："义莫是中理否?"曰："中理在事，义在心内。苟不主义，浩然之气从何而生?"朱子曰："集义，是养气之丹头；必有事，是集义之火法。必有事焉，言养气者必以集义为事，须要把做事去做，如主敬也须把做事去主，如求放心也须把做事去

① 此条非直接引文，与《朱子语类》稍异：《语类》"因举"为"因说"；"某曰不然"为"某以为不然"；"却是告子外义"为"却似告子外义。"

求。”正，预期也。《春秋传》曰“战不正胜”是也。《公羊传·僖公二十六年》：“夏，齐人伐我北鄙，公子遂如楚乞师。乞者何？卑辞也。曷为以外内同若辞？重师也。曷为重师？师出不正反，战不正胜也。”不正者，不期也。反，复也。胜，捷也。如作“正心”，义亦同。此与《大学》之所谓正心者，语意自不同也。此言养气者，必以集义为事，而勿预期其效。其或未充，则但当勿忘其所有事，而不可作为以助其长，乃集义养气之节度也。闵，忧也。揠，拔也。芒芒，无知之貌。其人，家人也。病，疲倦也。舍之不耘者，忘其所有事。揠而助之长者，正之不得，而妄有作为者也。然不耘则失养而已，揠则反以害之。无是二者，则气得其养而无所害矣。朱子曰：“勿正，勿待也。勿忘，勿忘以集义为事也。助长，待之不至，而拔之使长也。正者，等待期望之意，如一边集义，一边在此等待那气生。等来等去，却便去助长，气未至于浩然，便作起令张旺谓己刚毅，【校记：“张旺”四库本、弘治本作“张王”，三鱼堂本作“张主”，此据《朱子语类》改。】无所屈挠，便要发挥去作事，便是助长。必有事焉勿忘，是论集义工夫。勿正勿助长，是论气之本体。上添一件物事不得，不要等待，不要催促。”“论集义所生，则义为主。论配义与道，则气为主，一向都欲以义为主，故失之。”“人能集义以养其浩然之气，故事物之理，自有以应之，不可萌一期待之心。少间待之不得，则必出于私意，有所作为，而逆其天理矣，是助之长也。今人之于物，苟施种植之功，至于日至之时，则自然成熟。若方种而待其必长，不长，则从而拔之，其逆天害物也甚矣。”“《养气》一章在不动心，不动心在勇，勇在气，气在集义，勿忘勿助长，又是那集义底节度。若告子，则更不理会言之得失，事之是非，气之有平有不平，只是硬制压那心使不动，恰如说打硬修行一般。”问：“此气是禀得天地底来，是集义方生？”曰：“本自浩然，被人自少时坏了，今当集义方能生。”曰：“有人不知集义，合下便恁地刚勇，是如何？”曰：“此只是粗气，便是黝、舍之勇，亦终有馁时。此章须从头节节看来看去，首尾贯通，见得活方是，不可只略涉猎说得去便了。”南轩张氏曰：“勿助长者，待其自充，不可强使之充也，此为循天理之当然而不以人为加之。然欲不忘则近于助长，欲不助长则或忘之，二者之间，守之为难。学者多知忘之为害，不知助长之为害尤甚，故引揠苗为喻。闵苗之不长，犹忧气之未充也；揠以助长，犹作其气而使之充也。”或曰：“二程多以‘必有事焉’为有事乎敬，而孟子则主于集义，有异乎？”曰：“无以异也。孟子所谓持志，即敬之道也，非持其志，其能以集义乎？敬义盖相须而成者也。”双峰饶氏曰：“有事勿忘，是说以直养；勿正勿助，是说养而无害。必有事焉而勿忘勿助长，是集义工夫。正而助长，是要义袭而取。‘集义’、‘义袭’两句，乃是一段骨子。以集义为无益而忘之者，不耘苗者也；以义袭为心，预期其效而助长者，揠苗者也。惟其是集义所生者，故当必有事焉心勿忘；惟其非义袭而取之，故当勿正勿助长。以直养而无害，是养之之正道；集义所生，是养之之成功；有事勿忘，是做工夫处。”“前说持志无暴气，是两事；后说养气，不及持志，言集义则持志在其中。今日集义，明日又集义，则此志全在义上。有事勿忘，念念在集义上，忘便是不能持其志，助长便是暴其气。”问：“‘天下之不助苗长者寡矣’，其意何谓？”曰：“此是说天下之人，平时不能养其气者，皆是临时助长以暴其气也。似浩然，却不是自家集义所生底，故乍长乍消易盈易缩，适足以戕贼其气而已。不特养气不可助长，凡事皆不可助长。如看书未通，不能潜心玩索，而强探力索之类，皆是助长。”云峰胡氏曰：“必有事焉，是念念必合乎义而无一念之不义也，事事必合乎义而无一事之不义也。谓之有事，是集义之外无他事；谓之必有事，是此事之外无他念也。但必于此者，每有所期于彼，必而勿正，则先事后得，集义之心，始无间断；期之不得者，又易忘其所有事，勿正而不忘，则集义之心，愈无间断。‘正’、‘忘’、‘助’三字相因，皆是为害，‘助’之害愈甚。大抵‘必有’事，是‘集义’，是‘以直养’；‘正忘助’，是‘义袭’，是‘害’。所以孟子始曰‘无害’，终曰‘害之’。孟子论养气工夫，是一正一反。《集注》亦是一正一反：论以直养，正说曰‘自反常直’，反说曰‘自反不直’；论害之，正说曰‘不可作为以助其长’，又反说曰‘正之不得而妄有作为’。前后相应，学者当字字体认。”如告子不能集义，而欲强上声。制其心，则必不能免于正助之病。其于所谓浩然者，盖不惟不善养，而又反害之矣。庆源辅氏曰：“集义而不忘其所事，则气得其义，勿正而不妄作为，则气无所害。如此，则日引月长，而充塞天地之体，沛然流行之用，将不期然而然矣。”又曰：“所谓揠而反害之者，正指告子而言。”【通考】东阳许氏曰：“揠苗一段八十五字，专言私意害气之大。”黄氏四如曰：“孟子工夫全在养气上。以集义为主，勿忘是工夫不可缓，勿助长是又不可急。如炼丹有文武火，火冷则灰死，火猛则丹走，惟慢火常在炉中，可使二三十年伏火，然后养得成丹。孟子下功夫有节有度如此。”

“何谓知言?”曰：“诐辞知其所蔽，淫辞知其所陷，邪辞知其所离，遁辞知其所穷。生于其心，害于其政；发于其政，害于其事。圣人复起，必从吾言矣。”诐，彼寄反。复，扶又反。

此公孙丑复扶又反。问而孟子答之也。诐，偏陂卑义反。也。淫，放荡也。邪，邪僻也。遁，逃避也。四者相因，言之病也。蔽，遮隔也。陷，沈俗作“沉”，非。溺也。离，叛去也。穷，困屈也。四者亦相因，则心之失也。人之有言，皆出于心。其心明乎正理而无蔽，然后其言平正通达而无病；苟为不然，则必有是四者之病矣。朱子曰：“诐淫邪遁，蔽陷离穷，四者相因。心有所蔽，只见一边，不见一边。如杨氏为我、墨氏兼爱，各只见一边，故其辞诐。诐是偏陂，此理本平正，他只说得一边。字凡从皮，皆是一边意，如跛是脚一长一短，坡是山一边斜。蔽则陷。陷，深入之义也，是身陷在那里，如陷溺于水，只见水不见岸了。故其辞放荡而过，说得周遮浩瀚。才恁地陷入深了。于是一向背却正路，开去愈远，遂与正路相离了，故其辞邪。既离去了正路，他那物事不成物事，毕竟用不得，遂至于穷。穷是说不去了，故其辞遁。遁是既离后走脚底话，如杨子本是不拔一毛以利天下，却说天下非一毛所能利；夷子本说爱无差等，却说施由亲始；佛氏本无父母，却说父母经：皆是遁辞。”问：“杨墨似诐，庄列似淫，仪秦似邪，佛似遁。”曰：“不必如此分别，有则四者俱有，其序自如此。”“此一章专以知言为主，若不知言，则自以为义而未必是义，自以为直而未必是直，是非且莫辨矣。然说知言又只说知诐淫邪遁四者，盖天下事只有一个是与不是而已，若辨得那不是底，则便识得那是底了。然非见得道理十分分明，则不能辨得亲切。且如集义皆是见得道理分明，则动静去处，皆循道理，无非集义也。”蔡氏曰：“知言，则善恶邪正，皆当知之。此之所知，独诐淫邪遁之辞，何也？盖孟子之时，杨墨之言盈天下，正人心、息邪说，莫此为急，故曰‘杨墨之道不息，孔子之道不著’，此其意也。”庆源辅氏曰：“言形于外，故以‘病’言；心存于中，故以‘失’言。”双峰饶氏曰：“诐淫邪遁，虽是四件，却只是两件，诐淫属阳邪，遁属阴。盖诐尚有一边是道理，邪则并这一边亦离了。淫是诐之深，遁是邪之极。如杨墨初以为我、兼爱为仁义，虽非仁义之全体，犹自见得仁义之一偏，其终也至于无父无君，则其离仁义也远矣。天下道理好底四件，不好底亦四件。元亨利贞，仁义礼智，是好底；诐淫邪遁，意必固我，是不好底。好底相因，不好底亦相因。元亨利贞起于元，仁义礼智起于仁；意必固我起于意，诐淫邪遁起于诐。当看四个‘所’字，如看病相似，诐淫邪遁是病证，蔽陷离穷是病源，所蔽所陷所离所穷是病源之所在。墨氏之蔽，在于见仁而不见义，杨氏之蔽，在于见义而不见仁，其蔽虽同，而所以蔽则异。孟子知言如明医然，才见病证，便说病源在何处。欲治蔽陷离穷之病，在先去其蔽，无所蔽，便无下面三件。蔽之源不一，有为气禀所蔽，有为物欲所蔽，有为学术所蔽，有为习俗所蔽。”问：“去蔽之道当如何？”曰：“孔子尝谓六言六蔽，皆基于不好学，欲去蔽者，当自好圣贤之学始。”云峰胡氏曰：“《集注》释‘我知言’，曰‘识其是非得失之所以然’。此所谓‘言之病’者其然也；所谓‘心之失’者，即所以然也。特上文泛指天下之言，故兼是非得失而知之；此则似指告子之言，故专于其失者而知之也。”新安倪氏曰：“《集注》既释蔽陷离穷四者，而下文则曰‘其心明乎正理而无蔽，然后其言平正通达而无病’。又提出‘蔽’之一字者，盖四者之失心起于蔽。饶氏谓无所蔽便无下面三件，亦其深得《集注》之意者欤？”即其言之病，而知其心之失，又知其害于政事之决然而不可易者如此。非心通于道，而无疑于天下之理，其孰能之？问：“孟子知言处，说生于其心，害于其政，先政而后事；辟杨墨处，说作于其心，害于其事，先事而后政。”朱子曰：“先事而后政，是自微而至著；先政而后事，是自大纲而至节目。”庆源辅氏曰：“孟子之所以能知言也，因其言之病而知其心之失，是即其用而知其体也。又知其害于政事之决然而不可易者如此，是据其始而知其终也。非心与理一，其于天下之事，如烛照数计，略无所疑者，何能如是哉？不然，则知其用者或不知其体，见其始者或不见其终者有矣。”双峰饶氏曰：“政者，事之大体。事者，政之条目。心才不正，到处有害，政、事皆心之所发，于大体既有害，则小者可知，故曰：‘发于其政，害于其事。’后篇说作于其事，害于其政，是条目上既有害，则大者亦可知。”云峰胡氏曰：“所谓害者，皆指异端之害而言。诐淫邪遁之言，即异端之言也。其害或先政而后事，或先事而后政，但言无大无小，无不有害，不必拘先后也。”彼告子者，不得于言而不肯求之于心；至为义外之说，则自不免于四者之病，其何以知天下之言而无所疑哉？新安陈氏曰：“《集注》于养气知言两节，皆解上告子身上，以终前‘不得于言’至‘勿求于心不可’之说。”程子曰：“心通乎道，然后能辨是非，如持权衡以较音教。轻重，孟子所谓‘知言’是也。”又曰：“孟子知言，正如人在堂上，方能辨堂下人曲直。新安陈氏曰："此言必有超于众人之见，然后能知众人之言也。"若犹未免杂于堂下众人之中，则不能辨决矣。"问："程子之说，莫直是喻心通于道者否?"朱子曰："此只是言见识高似他，方能辨他是非得失；若见识与他一般，如何解辨得他。"双峰饶氏曰："知言当如何用功，程子心通乎道之说，便是发明知言之要，亦须格物上做来。道便是个权衡，以道观人，如持权衡以较轻重，无有能逃之者。知言便是知道，孟子不欲以知道自谓，所以只说知言。告子以义为外，所以只取必于口，全不反求诸心。如杞柳之说，孟子辟之，则又移为湍水之说。第一说用不得，又换第二说，是之谓遁辞。"新安陈氏曰："此章甚长，头绪颇多，其要旨未易究也。知言养气下，《集注》标出纲领，而未及所以能知言养气之本。朱子与郭冲卿帖云：'孟子之学，盖以穷理集义为始，不动心为效。盖惟穷理为能知言，惟集义为能养气，理明而无所疑，气充而无所惧，故能当大任而不动心。考于本章次第可见矣。'此章要指，惟此帖尽之而无余蕴。集义故能养气，孟子所已言；穷理故能知言，孟子所未言；心通乎道而无疑于天下之理，程子固言之。而提纲挈领以示后学，未有如朱子此帖之明的周备者也。明理以知言，知之之事，集义以养气，行之之事，不出乎知行二者而已。此章虽未终于此，而正意止于此。"【通考】东阳许氏曰："'敢问夫子恶乎长'至'必从吾言'为三节。"

"宰我、子贡善为说辞，冉牛、闵子、颜渊善言德行。孔子兼之，曰：'我于辞命则不能也。'然则夫子既圣矣乎?"行，去声。

此一节，林氏以为皆公孙丑之问，是也①。林氏，名之奇，字少颖，三山人。说辞，言语也。说，如字，或读如"税"者，非。德行，得于心而见形甸反。于行事者也。三子善言德行者，身有之，故言之亲切而有味也。公孙丑言数子各有所长，而孔子兼之，然犹自谓不能于辞命。今孟子乃自谓我能知言，又善养气，则是兼言语德行而有之，然则岂不既圣矣乎？此夫子，指孟子也。问："善为说辞，则于德行或有所未至；善言德行，则所言皆其自己分上事也。"朱子曰："得之。"庆源辅氏曰："知言，则在我在人一也，知其如此，则于言语辞命何患不能？养气自集义生，岂非德行乎！"〇程子曰："孔子自谓不能于辞命者，欲使学者务本而已。"云峰胡氏曰："此以后，因公孙丑提出一'圣'字为问，故专发明一'圣'字。"【附纂】黄氏洵饶曰："'欲使学者务本'，务本，就德行上做工夫。"

曰："恶！是何言也？昔者子贡问于孔子曰：'夫子圣矣乎?'孔子曰：'圣则吾不能，我学不厌而教不倦也。'子贡曰：'学不厌，智也；教不倦，仁也。仁且智，夫子既圣矣！'夫圣，孔子不居，是何言也?"恶，平声。夫圣之夫，音扶。

恶，惊叹辞也。"昔者"以下，孟子不敢当丑之言，而引孔子、子贡问答之辞以告

---

① 林氏：林之奇(1112—1176年)，字少颖，号拙斋，福州侯官人，从吕本中学，绍兴二十一年(1151年)及进士第。改长汀尉，召为秘书省校书郎。朝廷欲令学者参用王安石三经义说，之奇以为邪说异端，不可训。因患痹疾，乞祠家居。吕祖谦曾受学于他。卒，谥文昭。有《拙斋文集》二十卷，又有《尚书集解》、《春秋、周礼讲义》、《论语注》、《孟子讲义》、《扬子讲义》、《道山纪闻》等并行于世。

之也。此夫子，指孔子也。学不厌者，智之所以自明；教不倦者，仁之所以及物。再言“是何言也”，以深拒之。朱子曰：“《中庸》成己仁也，是体；成物，智也，是用。此学不厌，智也，是体；教不倦，仁也，是用。”潜室陈氏曰：“仁智互为体用，义精仁熟之后，道理纵看横看皆可。智为体则仁为用，仁为体则智为用。”双峰饶氏曰：“不厌不倦，须粘上‘圣’字说，言学圣人之道而不厌，又以圣人之道教人而不倦。”“子贡此言，与《中庸》不同。详见《中庸》第二十五章《章句》、《或问》、《辑释》论之。”【附纂】黄氏洵饶曰：“子思之言主于行，子贡之言主于知。此乃入德之事，以进学而言；彼乃成德之事，以行道而言。”

“昔者窃闻之：子夏、子游、子张皆有圣人之一体，冉牛、闵子、颜渊则具体而微。敢问所安。”

此一节，林氏亦以为皆公孙丑之问，是也。一体，犹一肢也。具体而微，谓有其全体，但未广大耳。安，处上声。下同。也。公孙丑复扶又反。问孟子既不敢比孔子，则于此数子欲何所处也。朱子曰：“圣人道大而能博，如游夏得其文学，子张得其威仪，皆一体也。惟颜渊、冉闵气质不偏，理义完具，独能具有圣人之全体，但未若圣人之大而化之、无限量之可言，故以为具体而微耳。”

曰：“姑舍是。”舍，上声。

孟子言且置是者，不欲以数子所至者自处也。陵阳李氏曰：“问如《集注》之说，则孟子犹有不足于颜子欤?”天台潘氏曰①：“孟子之志，愿学孔子，是诚有不足于颜子者。盖非不足于颜子，以颜子不幸短命而未至于圣人之域。前辈云‘才逊第一等，事与别人做，便是自弃’，古人之志大率如此，然立志之后，须要力行以酬其志，不可徒有此志也。”

曰：“伯夷、伊尹何如?”曰：“不同道。非其君不事，非其民不使，治则进，乱则退，伯夷也。何事非君，何使非民，治亦进，乱亦进，伊尹也。可以仕则仕，可以止则止，可以久则久，可以速则速，孔子也。皆古圣人也，吾未能有行焉；乃所愿，则学孔子也。”治，去声。

伯夷，孤竹君之长上声。子。兄弟逊国，避纣隐居，闻文王之德而归之。及武王伐纣，去而饿死。伊尹，有莘之处上声。士。汤聘而用之，使之就桀。桀不能用，复归于汤。如是者五，乃相去声。汤而伐桀也。三圣人事，详见形甸反。此篇之末及《万章下篇》。鲁斋王氏曰：“‘乃所愿则学孔子’，后四段尽在此句。”云峰胡氏曰：“孟子以颜子具圣人之体而未极其大，故欲学其大者；以伯夷伊尹有圣人之德而未极其全，故欲学其全者。故此以下则专言夫子之圣。”【通考】东阳许氏曰：“‘宰我、子贡’到‘所愿学孔子’为四节，‘愿学孔子’是答知言以后之意。”

“伯夷、伊尹于孔子，若是班乎?”曰：“否。自有生民以来，未有孔子也。”

---

① 天台潘氏：潘时举，字子善，台州天台人。嘉定中为国子正录。从朱熹游，有闻必记，其辨析六经疑义及问学大多为师门称许。嘉定十五年以上舍释褐，终无为军教授。

班，齐等之貌。公孙丑问，而孟子答之以不同也。

曰："然则有同与？"曰："有。得百里之地而君之，皆能以朝诸侯有天下。行一不义、杀一不辜而得天下，皆不为也。是则同。"与，平声。朝，音潮。

有，言有同也。以百里而王去声。天下，德之盛也。行一不义、杀一不辜而得天下有所不为，心之正也。问："伯夷伊尹之'行一不义、杀一不辜而得天下有所不为'，何以言之也？"朱子曰："以其逊国而逃、谏伐而饿，非道义一介不取与观之，则可见矣。"鲁斋王氏曰："此亦是自反而不缩，所以不为也。"圣人之所以为圣人，其本根节目之大者，惟在于此。于此不同，则亦不足以为圣人矣。新安陈氏曰："上文德之盛，根本之大也；心之正，节目之大也。大根本节目同，而小处不同，皆可以言圣人，若大处不同，则大本已非，吾何以观之哉！"

曰："敢问其所以异？"曰："宰我、子贡、有若智足以知圣人。污，不至阿其所好。污，音蛙。好，去声。

污，下也。三子智足以知夫子之道。假使污下，必不阿私所好而空誉平声。之，明其言之可信也。朱子曰："污，是污下不平处，或是当时方言，当属下句读。"庆源辅氏曰："智足以知圣人，则其智识高明矣；阿私所好而空誉之，则其识趣污下矣。高明与污下正相反，高明则必不至污下矣。反复极言之，以明三子之言必可信耳。"

宰我曰：'以予观于夫子，贤于尧舜远矣。'

程子曰："语圣则不异，事功则有异。夫子贤于尧舜，语事功也。盖尧舜治天下，夫子又推其道以垂教万世。尧舜之道，非得孔子，则后世亦何所据哉？"问："夫子贤于尧舜，有论宰我此言之失者。"南轩张氏曰："殊不思孟子引宰我此言为甚？"曰："《遗书》谓'语圣则不异，事功则有异'。"曰："便是这个意思，五峰云'成一时之勋业有限，开万世之道学无穷'，亦是此意。"庆源辅氏曰："'语圣则不异'，以其德言也；'事功则有异'，就其所为事与成功而言也。'尧舜治天下，夫子又推其道以垂教万世'，此言事功久远之不同也；'尧舜之道，非得孔子，则后世亦何所据哉'，此言事功始终成就之不同也。"新安陈氏曰："后世圣贤之君不作，异端渐炽，苟非得孔子祖述尧舜以诏后世，则无所据依以入尧舜之道矣。辅氏有言，当时若无孔子，今人连尧舜也不识。由此言之，则孔子为天地立心，为生民立命，为往圣继绝学，为万世开太平，其功业岂不贤于尧舜远哉！宰予此言，可谓深知孔子，其得在言语之科宜矣。此孟子所以表而出之于子贡、有若之言之先也欤？"

子贡曰：'见其礼而知其政，闻其乐而知其德。由百世之后，等百世之王，莫之能违也。自生民以来，未有夫子也。'

言大凡见人之礼，则可以知其政；闻人之乐，则可以知其德。是以我从百世之后，差楚宜反。等百世之王，无有能遁其情者，新安陈氏曰："差等，犹言品第。情，实也。以见礼知政、闻乐知德二句鉴之，皆不能逃于洞察之下。"而见其皆莫若夫子之盛也。问："见其礼而知其政，闻其乐而知其德，是谓夫子，是谓他人？"朱子曰："只是大概如此说。子贡之意，盖言见人之礼，便可知其政，闻人之乐，便可知其德。所谓由百世之后，等百世之王，莫有能违我之见者，所以断然谓自生民以来，未有孔子。此子贡以其所见而知夫子之圣如此也。一说夫子见人之礼而知其政，闻人之乐而知其德，由百世之后，等百世之王，莫有能逃夫子之见者，此子贡所以知其为生民以来未有也。然不如前说之顺。"

有若曰：'岂惟民哉？麒麟之于走兽，凤凰之于飞鸟，泰山之于丘垤，河海之于行潦，类也。圣人之于民，亦类也。出于其类，拔乎其萃，自生民以来，未有盛于孔子也。'"垤，大结反。潦，音老①。

麒麟，毛虫之长。上声。下同②。凤凰，羽虫之长。垤，蚁封也。行潦，道上无源之水也。出，高出也。拔，特起也。特，挺然孤特也。萃，聚也。众所聚之中。言自古圣人，固皆异于众人，新安陈氏曰："此'圣人'字，是泛说从古以来之圣人。"然未有如孔子之尤盛者也。○程子曰："孟子此章，扩前圣所未发，指养气与知言而言也。学者所宜潜心而玩索色柏反。也。"双峰饶氏曰："孟子要学圣人，故于子游子夏子张冉牛闵子颜渊，皆曰'姑舍是'。伯夷伊尹，虽是古圣人，然伯夷偏于清，伊尹偏于任，不若孔子之时中，故曰'乃所愿则学孔子'。解《孟子》与解《论语》不同，《论语》章句短，《孟子》章句长，须要识他全章大指所在，又须看教前后血脉贯通而后可。"云峰胡氏曰："公孙丑疑孟子动心，孟子遂极言养气知言之功；公孙丑疑其知言养气之既圣，孟子遂极言夫子之圣之盛。要之，夫子之圣，不假乎养气知言；孟子之养气知言，乃学而至圣者也。前则深斥告子，辟异端也；后则推尊孔子，承圣道也。前后之言若不相贯，而实相贯，学者味之。"【通考】东阳许氏曰："'伯夷伊尹于孔子'至章终，为第五节。"涂氏潜生曰："孟子养气之论，虽曰扩前圣所未发，然溯而求之，子思之致中和、天地位、万物育，是即所谓塞乎天地之间者也。"

○孟子曰："以力假仁者霸，霸必有大国；以德行仁者王。王不待大。汤以七十里，文王以百里。③

力，谓土地甲兵之力。假仁者，本无是心，而借其事以为功者也。霸，若齐桓晋文是也。以德行仁，则自吾之得于心者推之，无适而非仁也。朱子曰："以德行仁，德非止谓有救民于水火之诚心，这'德'字说得来阔，是自己身上事都做得来，是无一不备了，所以行出来都是仁。且如汤不迩声色，不殖货利，至彰信兆民，是先有前面底，方能彰信兆民，救民水火之中。若无前面底，虽欲救民，不可得也。武王亶聪明，作元后，是亶聪明方能作元后，救民水火之中。若无这亶聪明，虽欲救民，其道何由。""行仁，便自仁中行出，皆仁之德。若假仁，便是恃其甲兵之强，财赋之多，须有如是资力方可服人。是假仁之名以欺其众，非有仁之实也。""以力假仁，仁与力是两个；以德行

---

① 潦：雨水大貌。亦指雨后的大水。《礼记·曲礼上》："水潦降，不献雨鳖。"

② 毛虫：指兽类。《大戴礼记·曾子天圆》："毛虫之精者曰麟，羽虫之精者曰凤。"古代将动物分为五类：毛虫、羽虫、鳞虫、蠕虫、裸虫(包括人)。

③ 焦循《孟子正义》曰："顾氏炎武《日知录》云：'汤以七十里，文王以百里，孟子为此言，以证王之不待大尔。其实文王之国，不止百里。'"

仁，仁便是德，德便是仁。”双峰饶氏曰：“或引包茅不入、昭王不复，是假仁。”曰：“此是假义，不是假仁。”“请问假仁？”曰：“救民，仁也；尊君，义也。汤放桀，武伐纣，以救民为主，其事属仁；齐问罪于楚，以尊周为主，其事属义。孟子不说假义，却说假仁。盖仁包五常，言仁则义在其中，如伐原示信，大蒐示礼，皆是假仁处。”【通考】杨氏奂曰①：“三代之前，功为德之辅；三代之后，功为德之贼。求速效者必入于霸，霸者始强而终弱也。”

以力服人者，非心服也，力不赡也；以德服人者，中心悦而诚服也，如七十子之服孔子也。《诗》云：‘自西自东，自南自北，无思不服。’此之谓也。”

赡，时验反。足也。《诗·大雅·文王有声》之篇。王霸之心，诚伪不同。故人所以应之者，其不同亦如此。庆源辅氏曰：“以力假仁者，伪也。假而行之，终非己有，非伪而何？以德行仁者，诚也。所谓诚者，成己成物者也。己以伪感，人以伪应；己以诚感，人以诚应：如形声影响之相随，盖不容于有异也。”○邹氏曰②：邹氏，名浩，字志完，毗陵人。“以力服人者，有意于服人，而人不敢不服；以德服人者，无意于服人，而人不能不服。从古以来，论王霸者多矣，未有若此章之深切而著明者也。”问王霸之别。朱子曰：“以力假仁者，不知仁之在己而假之也。以德行仁，则其仁在我而惟所行矣。以执辕涛涂、侵曹伐卫之事，而视夫东征西怨、虞芮质成者，则人心之服与不服可见，若七十子之从孔子，至于流离饥饿而不去，此又非有名位势力以驱之也。孟子真可谓长于譬喻也。”庆源辅氏曰：“邹氏以有意、无意，释‘力’与‘德’字，最为简要。然其所谓无意者，非如木石之无意者，无期必之私意耳。若夫正心修身之道，则自有不可已者。至论自古论王霸，未有如是之深切著明者，亦为得之，其视董子美玉碔砆之喻，荀子降礼尊贤、重法爱民与夫曰粹曰驳诸说，皆为优矣。”新安陈氏曰：“王道纯乎天理，霸之假，杂以人欲。崇王道，黜霸功，亦扩天理、遏人欲也。”【附纂】黄氏洵饶曰：“‘以善服人’、‘以善养人’，重在‘服’‘养’二字。此章重在‘力’、‘德’二字。”

○孟子曰：“仁则荣，不仁则辱。今恶辱而居不仁，是犹恶湿而居下也。恶，去声。下同。

好去声。荣恶辱，人之常情。然徒恶之而不去上声。其得之之道，不能免也。朱子曰：“此亦只是为下等人言，若是上等人，他岂以荣辱之故，而后行仁哉！”蔡氏曰：“程子《易·比卦·彖传》曰‘且得他畏危亡之祸，而求所以比辅其民，犹胜于全不顾者’，此章近之。”

如恶之，莫如贵德而尊士，贤者在位，能者在职。国家闲暇，及是时明其政刑。虽

---

① 杨氏奂：杨奂，字焕然，乾州奉天人。金末举进士不中，归而设教乡里。学者称为紫阳先生。著有《还山集》六十卷，《天兴近鉴》三卷，《正统书》六十卷。

② 邹氏：邹浩(1060—1111 年)，字志完，常州晋陵人。元丰进士，调扬州颖昌府教授。吕公著、范纯仁为郡守，皆礼遇之。哲宗朝累上疏言事。章惇独相用事，浩露章数其不忠，因削官，羁管新州。徽宗立，复为右正言，累迁兵部侍郎两谪岭表，复直龙图阁。卒，学者称道乡先生。著有《孟子解》、《育道乡集》四十卷。

大国，必畏之矣。闲，音闲。

此因其恶辱之情，而进之以强上声。仁之事也。新安倪氏曰：“《礼记·表记》云‘畏罪者强仁’，谓勉强行仁也。‘贵德’以下，皆强仁之事目。”贵德，犹尚德也。士，则指其人而言之。贤，有德者，使之在位，则足以正君而善俗。能，有才者，使之在职，则足以修政而立事。国家闲暇，可以有为之时也。详味“及”字，则惟日不足之意可见矣。或谓：“‘贤者在位，能者在职’，谓贤者有德，但使之在位而不任事，能者有才，所以使之在职而任事。”双峰饶氏曰：“如此说则贤者是个无能底人，盖凡是贤者，皆当使之在位。然贤者所能却不同，就其间使能敷教者，在敷教之位，能治狱者，在治狱之位。既有其位，便有其职，天下岂有无职之位？岂有无能之贤？”新安陈氏曰：“《春秋传》云‘及，犹汲汲也’。‘及是时而明政刑’，即《书》所谓‘吉人为善，惟日不足’之意。此一节应‘仁则荣’也。”

《诗》云：‘迨天之未阴雨，彻彼桑土，绸缪牖户。今此下民，或敢侮予？’孔子曰：‘为此《诗》者，其知道乎！能治其国家，谁敢侮之？’彻，直列反。土，音杜。绸，音稠。缪，武彪反。

《诗·豳风·鸱处脂反。鸮》吁骄反。之篇，周公之所作也。迨，及也。彻，取也。桑土，桑根之皮也。绸缪，音矛。缠绵补葺七入反。也。牖户，巢之通气出入处也。予，鸟自谓也。言我之备患详密如此，今此在下之人，或敢有侮予者乎？周公以鸟之为巢如此，比君之为国，亦当思患而预防之。孔子读而赞之，以为知道也。云峰胡氏曰：“‘为此《诗》者，其知道乎？’孟子凡两引之，彼则为《诗》者，知率性之道；此则为《诗》者，知治国平天下之道也。”

今国家闲暇，及是时般乐怠敖，是自求祸也。般，音盘。乐，音洛。敖，音傲。

言其纵欲偷安，亦惟日不足也。双峰饶氏曰：“般乐，则不暇明其政刑；怠傲，则不暇贵德尊士。”新安陈氏曰：“及是时而纵欲偷安，亦《书》所谓‘凶人为不善，惟日不足’之意。此一节应‘不仁则辱’也。”

祸福无不自己求之者。

结上文之意。新安陈氏曰：“仁荣，福也，不仁之辱，祸也，皆自己求之。”

《诗》云：‘永言配命，自求多福。’《太甲》曰：‘天作孽，犹可违；自作孽，不可活。’此之谓也。”孽，鱼列反。

《诗·大雅·文王》之篇。永，长也。言，犹念也。配，合也。命，天命也。此言福之自己求者。《太甲》，《商书》篇名。① 孽，祸也。违，避也。活，生也，《书》作逭。音换。逭，犹缓也。此言祸之自己求者。蔡氏曰：“及时明政刑，自求福也，仁荣者如此；及时而乐敖，自作孽也，不仁之辱如此。”新安陈氏曰：“《记》云‘仁者安仁，知者利仁，畏罪者强仁’。此因战国诸侯，恶辱而勉以行仁，正畏罪强仁之事，勉之存天理而享仁之荣，戒之徇人欲以远不仁之辱，亦遏人欲扩天理也。”

---

① 《太甲》：相传为商初伊尹告诫商王太甲之训词，今本《尚书》中的《太甲》系后人伪造。

○**孟子曰：“尊贤使能，俊杰在位，则天下之士皆悦而愿立于其朝矣。**朝，音潮。

俊杰，才德之异于众者。双峰饶氏曰：“俊杰谓人中之俊杰者，即指贤能而言。尊贤使能，便是俊杰在位。尊非礼貌之虚文，与之共天位，治天职，以至去谗远色，贱货贵德，皆尊贤之道。”

市，廛而不征，法而不廛①，则天下之商皆悦而愿藏于其市矣。

廛，市宅也。张子曰：“或赋其市地之廛，而不征其货；《礼记·王制》：“古者公田籍而不税，市廛而不税，关讥而不征。”【通考】赵氏德曰：“廛市者，货财诸物、邸舍之税，所谓列肆之之税。《王制》疏：‘市内空地曰廛，城内空地曰肆’。”或治之以市官之法，而不赋其廛。《周礼·地官·司徒》：“司市，市官。掌市之治教政刑、量度禁令，以次序分地而经市，以陈肆辨物而平市，以政令禁物靡而均市，以商贾音古。阜货而行市，以量度教贾‘价’同。而徵僨，音育。以质剂即随反。结信而止讼。《尔雅》：“剂，齐也。”质剂谓两书一札而别之也，若今手书，言保物要还矣。以贾音古。民禁伪而除诈，以刑罚禁虣皮告反。而去盗，以泉府同货而敛赊。大市日□昃同。而市，百族为主；朝市朝时而市，商贾为主；夕市夕时而市，贩夫贩妇为主。”盖逐末者多则廛以抑之，少则不必廛也。”朱子曰：“市廛而不征，谓使居市之廛者，各出廛赋若干，如今人赁铺面相似，更不征税其所货之物。法而不廛，则但治之以市官之法而已，虽廛赋亦不取之也。”问：“古之为市者，以其所有易其所无者，有司者治之耳。此是周礼市官之法否?”曰：“然。如汉之狱市之类，皆是古之遗制。”问：“市廛，此市在何处?”曰：“此都邑之市，国都如井田样，画为九区，面朝背市，左祖右社，中一区，君之宫室，宫室前一区，为外朝。朝会藏库之属皆在焉。后一区为市，市四面有门，每日市门开，则商贾百物皆入，惟民得入，公卿大夫士皆不得入，入则有罚。市官之法，如《周礼》‘司市平物价、治争讼，讥察异服异言’之类，左右各三区，皆民所居，外朝一区，左则宗庙，右则社稷，此国君都邑规模之大概也。”

关，讥而不征，则天下之旅皆悦而愿出于其路矣。

解见形甸反。前篇。双峰饶氏曰：“关讥之制，凡众途所会之地，则立关以限之，行旅有节传，方可度关，以此稽考其来历，以防奸宄。节是使者所持之节，传如今脚引及州县移文。或用节，或用传，《周礼》所谓‘以节传出纳之者’是也。”

耕者助而不税，则天下之农皆悦而愿耕于其野矣。

但使出力以助耕公田，而不税其私田也。

廛，无夫里之布，则天下之民皆悦而愿为之氓矣。氓，音盲。

《周礼》：“宅不毛者有里布，民无职事者，出夫家之征。”郑氏谓：“宅不种桑麻者，罚之使出一里二十五家之布；民无常业者，罚之使出一夫百亩之税，一家力役之征也。”《周礼·地官司徒·载师职》：“凡宅不毛者有里布，田不耕者出屋粟，民无职事者

---

① 法而不廛：《周礼·廛人》注云：“其有货物久滞于廛而不售者，官以法为居取之，故曰‘法而不廛’。”赵注不取此说，云：“法而不廛者，当以什一之法征其地耳，不当征其廛宅也。”

出夫家之征。郑司农云："宅不毛者，谓不树桑麻也。里布者，布参印书，广二寸，长二尺。以为币，贸易物。《诗》云'抱布贸丝'，贸此布也。或曰：布，泉。"郑玄曰："宅不毛者，罚以一里二十五家之布，空田者罚以三家之税粟，以共吉凶二服及丧器也。民虽有闲无职事者，犹出夫税、家税也。夫税者，百亩之税。家税者，出士徒车辇，给繇役。"【通考】赵氏德曰："廛者，一夫所受之宅；里者，一廛所居之地。"今战国时，一切取之。市宅之民，已赋其廛，又令平声。出此夫里之布，非先王之法也。氓，民也。问，一里二十五家之布。朱子曰："亦不可考。"问："民无常产者，罚之如何恁地重？"曰："后世之法，与此正相反，农民赋税丁钱却重，而游手浮浪之民，泰然都不管他。"庆源辅氏曰："先王之政，宅不种桑麻，与民无职事者，上之人皆有法以抑之，此所以当其盛时，民皆著业，而无游手与贫困者。所谓穷民，不过鳏寡孤独者而已。战国时，如夫里之布一切取之，皆末流之害，乐人欲，灭天理者也。"双峰饶氏曰："家征，是力役之征，如今庶役。夫征是粟米之征，即百亩之税，如今输租。里布是布缕之征，即五亩之税，如今纳绢。"

信能行此五者，则邻国之民仰之若父母矣。率其子弟，攻其父母，自生民以来，未有能济者也。如此，则无敌于天下。无敌于天下者，天吏也。然而不王者，未之有也。"

吕氏曰："奉行天命，谓之天吏。废兴存亡，惟天所命，不敢不从，若汤武是也。"双峰饶氏曰："吏，君所命。天吏，天所命。君所命者，可以刑人杀人，凡有罪者，得而刑杀之。天所命者，可以征人伐人，凡暴乱之国，皆得而征伐之。"〇此章言能行王政，则寇戎为父子；不行王政，则赤子为仇雠。双峰饶氏曰："'无敌于天下'一句，乃是此章之大旨。盖能行王者之政，则可以兴王者之治。当时诸侯不得民心，惟务侵人土地，故孟子教之但行王政以恤其民，使吾国之民仰之若父母，则天下之民亦仰之若父母矣。如此，则东征西伐，何向不服？不然，吾国之民亦仇敌也，况邻国乎？"新安陈氏曰："欲除后世过取以奉其私之弊，而一行之以先王之法，皆所以遏人欲扩天理也。"

〇孟子曰："人皆有不忍人之心。

天地以生物为心，而所生之物因各得夫音扶。天地生物之心以为心，所以人皆有不忍人之心也。朱子曰："无天地生物之心，则没这身；才有这血气之身，便具天地生物之心矣。""天地以生物为心，天包著地，别无所作为，只是生物而已。譬如饭甑蒸饭，从里面蒸上，到上面又下来，只管在里面滚，便蒸得熟。天地即是包得许多气在这里无出处，滚一番便生一番物，所谓为心者，岂切切然做，【校记：《朱子语类》作"岂切切然去做。"】似磨子相似，只会磨出这物事。"双峰饶氏曰："人心慈爱恻怛，才见人便发将出来，更忍不住，所以谓之不忍人。仁之为德，在天地则为生物之心，在人则为不忍人之心。天地能生物，人不能生物，但是爱人之心，即是生物之心。程子云：'恻隐之心，人之生道也。'正此之谓。"西山真氏曰："天地造化无他作为，惟以生物为事。观夫春夏秋冬，往古来今，生意周流，何尝一息间断，天地之心于此可见。万物从天地生意中出，故物物皆具此理，何况人为最灵，宜乎皆有不忍人之心也。"新安陈氏曰："不忍即是仁，忍则非仁。性中有此仁，发出来便是不忍人之心，所以后面提起'所以谓人皆有不忍人之心者'，便指出恻隐之心以当之。见孺子将入井而恻隐者何也？盖不忍见此子之如此也。若见此而不动心，则顽忍非人矣。天地之大德曰生，人得天地之德曰好生，好生之德，即所谓得天地生物之心以为心也。"

先王有不忍人之心，斯有不忍人之政矣。以不忍人之心，行不忍人之政，治天下可运之掌上。

言众人虽有不忍人之心，然物欲害之，存焉者寡，故不能察识而推之政事之间；惟圣人全体此心，仁之体。随感而应，仁之用。故其所行无非不忍人之政也。双峰饶氏曰："斯，犹即也。圣人之心，无物欲之蔽，才有不忍人之心，即有不忍人之政，不待充广而后能也。若众人，则须待充广。"西山真氏曰："人有是心而私欲间断之，故不能达之于用。惟圣人全体此心，私欲不杂，故有此仁心，便有此仁政，自然流出，更无壅遏，天下虽大，运以此心而有余矣。"

所以谓人皆有不忍人之心者，今人乍见孺子将入于井，皆有怵惕恻隐之心。非所以内交于孺子之父母也，非所以要誉于乡党朋友也，非恶其声而然也。怵，音黜。内，读为纳。要，平声。恶，去声。下同。

乍，犹忽也。怵惕，惊动貌。恻，伤之切也。隐，痛之深也。此即所谓不忍人之心也。庆源辅氏曰："怵惕，心惊惧而起念之意，缘卒乍而见，故心惊惧而动也。恻隐，由伤深而痛深。自浅而深，皆所以名状不忍人之心，可谓善形容矣。"内，结。要，求。声，名也。言乍见之时，便有此心，随见而发，非由此三者而然也。程子曰："满腔苦江反。子是恻隐之心。"朱子曰："腔子，犹言躯壳耳。满腔子，只是言充塞周遍，本来如此，是就人身上指出理充塞处，最为亲切。若于此见得，则万物一体，更无内外之别。若见不得，却去腔子外寻，则莽莽荡荡，无交涉矣。"又曰："腔子，身里也。言满身里皆恻隐之心在腔子里，亦只云心在身里。""满这个躯壳，都是恻隐之心。才触着，便是这个物事出来，大感则大应，小感则小应。"勉斋黄氏曰："陵阳李氏谓腔子指人身，言天地间充塞上下，浑然生物之意，无有空处，人得此以为心，则亦四体百骸，充塞遍满，无非此恻隐之心，触处即是，无有欠缺也。此说极是。"【通考】朱子曰："满腔子是恻隐之心，不特是恻隐之心。满腔子是羞恶之心，满腔子是辞逊之心，满腔子是是非之心，都无空缺处。"谢氏曰："人须是识其真心。方乍见孺子入井之时，其心怵惕，乃真心也。非思而得，非勉而中，去声。天理之自然也。内交、要誉、恶其声而然，即人欲之私矣。"朱子曰："方乍见孺子时，也著手脚不得，纵有许多私意，也未暇思量到。"问："心所发处不一，便说恻隐如何？"曰："恻隐之心，浑身皆是，无处不发见。如见赤子，有恻隐之心，见一蚁，亦岂无此心？""如孺子入井，如何不推得其他底出来？只推得恻隐之心出来，盖理各有路，如做得穿窬底事，如何令人不羞恶？偶遇一人衣冠而揖我，我便亦揖他，如何不恭敬？事有是非，必辨别其是非，试看是甚么去感得他何处一般出来。""恶其声，是恶被不救人之名。"西山真氏曰："孺子未有所知而将入于井，乍见之者，无问贤愚，皆有伤痛之心。方此心骤发之时，非欲以此内交，非欲以此干誉，非欲以此避不仁之名也。仓卒之间，无安排矫饰，而天机自动，此所谓真心也。”云峰胡氏曰：“《集注》与谢氏皆看得‘乍见’二字紧，盖惟仓卒忽然而见之时，此心便随所见而发，正本心发见处。若既见之后，稍涉安排商略，便非本心矣。”

由是观之，无恻隐之心，非人也；无羞恶之心，非人也；无辞让之心，非人也；无是非之心，非人也。恶，去声。下同。

羞，耻己之不善也。恶，憎人之不善也。辞，解使去己也。让，推吐雷反。以与人也。是，知其善而以为是也。非，知其恶而以为非也。人之所以为心，不外乎是四者，故因论恻隐而悉数上声。之。言人若无此，则不得谓之人，所以明其必有也。问：“上蔡见明道先生，举史文成诵，明道谓其玩物丧志，上蔡汗流浃背，面发赤色。明道云‘此便是恻隐之心’，公且道上蔡闻得过失，恁地惭惶，自是羞恶之心，如何却说道见得恻隐之心？”久之，朱子曰：“惟是有恻隐之心，方会动，若无恻隐之心，却不会动。惟是先动，方始有羞恶，方始有恭敬，有是非，动处便是恻隐。若不会动，却不成人。若不从动处发出，所谓羞恶者非羞恶，所谓恭敬者非恭敬，是非者非是非。天地生生之理，这些动意未尝止息，看如何梏亡，亦未尝尽消灭，自是有时而动，学者只怕间断了。”“羞恶辞让是非，虽与恻隐并说，但此三者，皆是自恻隐中发说来，因有恻隐后，方有此三者，恻隐比三者又较大。”或问：“孟子专论不忍人之心，而后乃及乎四端，何也？”曰：“不忍之心，即恻隐之谓也。性之德为仁义礼知，而一以包三者，仁也；情之发为四端，而一以贯三者，恻隐也。然则其言之安得无先后之别耶？”庆源辅氏曰：“人之所以为心，虽不外是四者，然仁则又贯乎三者之中，故此因论恻隐而悉数之也。至于言人若无此心，则非人也者，所以明其必有，而使人知反求之于己也。”西山真氏曰：“孟子始言恻隐之心，至此则兼羞恶辞让是非而言者。盖仁为众善之长，有恻隐，则三者从之矣。恻隐不存，三者亦何有哉！然赋形为人，孰无此心；苟无此心，则非人矣。所谓无者，岂其固然哉？私欲闭塞而失其本真耳。”莆田黄氏曰：“‘由是观之’，‘是’字指孺子入井一事说。论恻隐，便引个羞恶辞让是非之心出来。”

恻隐之心，仁之端也；羞恶之心，义之端也；辞让之心，礼之端也；是非之心，智之端也。

恻隐、羞恶、辞让、是非，情也。仁、义、礼、智，性也。心，统性情者也。朱子曰：“性者心之理，情者心之用，心者性情之主。”“性是静，情是动。心兼动静而言，统如统兵之统，心有以主宰之也。动静皆主宰，非是静时无所主，及至动时方有主宰也。”新安陈氏曰：“‘性’、‘情’字皆从心，心涵养此性，心统性也；心节制此情，心统情也。性如在营之军，情如临阵之军，皆将实统之。心统性情，当以是观焉。又曰：此六字横渠语。”端，绪音序。也。潜室陈氏曰：“端者，端倪也，物之绪也。譬之茧丝，外有一条绪，便知得内有一团丝。若其无丝在内，则绪何由而见于外。”莆田黄氏曰：“《注》谓：端，首也。《疏》谓：端，本也。《集注》以为绪也，如缫丝然，先寻其绪，则千丝万丝续续而上。”因其情之发，而性之本然可得而见，犹有物在中而绪见形甸反。于外也。问：“四端之端，《集注》以为端绪，向见蔡季通说端乃是尾，如何？”朱子曰：“以体用言之，有体而后有用，故端亦可谓之尾。若以始终言之，则四端是始发处，故亦可以端绪言之。二者各有所指，自不相碍也。”问：“孟子说仁义礼智，义在第二，《太极图》以义配利，则在第三。”曰：“仁义礼智，犹言东西南北；元亨利贞，犹言东南西北。一个是对说，一个是从一边说起。”问：“元亨利贞自有次第，仁义礼智因感而发，则无次第？”曰：“发时无次第，生时自有次第。”“四端八个字，每字是一意，恻是方恻然有此念起，隐是恻然后隐痛，比恻为深，羞者羞己之恶，恶者恶人之恶，辞者辞己之物，让者推与他人，是非自是两样分明，但仁是总名。若说仁义便如阴阳，若说四端便如四时，若分四端八字，便如八节。”“恻隐自是情，仁自是性，性即是这道理。仁本难说，中间却是爱之理，发出来方有恻隐；义却是羞恶之理，发出来方有羞恶；礼却是辞逊之理，发出来方有辞逊；智却是是非之理，发出来方有是非。仁义礼智是未发底道理，恻隐羞恶辞逊是非是已发底端倪。如桃仁杏仁是仁，到得萌芽却是恻隐。”又曰：“仁义礼智本体自无形影，要捉摸不著，只得将他发动处看，却自见得。程子云‘以其恻隐，知其有仁’，此八字说得最亲切分明，也不道恻隐便是仁，又不道掉了恻隐，别取一个物事说仁。”“恻隐羞恶多是因逆其理而见，惟有所可伤，这里恻隐之端便动；惟有所可恶，这里羞恶之端便动。若是事亲从兄，又是自然顺处见之。”“一心之中，仁义礼智，各有界限；而其性情体用，又各自有分别。须是见得分明，然后就此四者之中，又自见得‘仁义’两字，是个大界限。如天地造化，四序流行，而其实不过于一阴一阳而已。‘仁’字是个生底意思，通贯周流于四者之中。仁固仁之本体，义则仁之断制，礼则仁之节文，智则仁之分别也。正如春之生气，贯彻四时，春则生之生也，夏则生之长也，秋则生之收也，冬则生之藏也。”北溪陈氏曰：“四端之说，是说外面可见底，以验其中之所有。惟是有四者之体，故四者端绪自然发见于外。”潜室陈氏曰：“性是太极浑然之全体，本不可以各自言。孟子时，异端蜂起，往往以性为不善，孟子苟但曰浑然本体，则恐为无星之秤、无寸之尺，而终不足以晓天下。于是别而言之，界为四破，而四端之说，于是乎立。盖四端之未发也，性虽寂然不动，而其中自有条理，自有间架，不是笼统都是一物。所以外边才动，其中便应。如赤子之事感，则仁之理便应，而恻隐之心形；如蹴尔呼尔之事感，则义之理便应，而羞恶之心形；如过朝廷过宗庙之事感，则礼之理便应，而恭敬之心形；如妍丑美恶之事感，则智之理便应，而是非之心形。盖由其中间，众理浑然，各各分明，故外边所遇，随感随应，析而四之以示学者，使知浑然全体之中，粲然有条如此，则性之善可知矣。然四端之未发也，浑然全体之理，无声臭之可言，无形象之可见，何以知其粲然有条如此？盖是理之可验，乃依然就他发处验得。凡物必有本根而后有枝叶，见其枝叶，则知其本根。性之理虽无形，而端绪之发则可验。”双峰饶氏曰：“孟子论性，惟是这一章说得最分晓。”【通考】朱子曰：“性是静，情是动，心则兼动静而言。统犹兼也，性情皆出于心，故心能统之。统如统兵之统，言有以主之也。仁义礼知，是心统性；恻隐、羞恶、辞逊、是非，是心统性情。”陈氏惧斋曰：“情者，性之动也，实有此性，不能不发动。其发者，性之实也，是为情，即孟子四端恻隐、羞恶、辞让、是非之心是也。故‘情’字当训‘实’字。”

人之有是四端也，犹其有四体也。有是四端而自谓不能者，自贼者也；谓其君不能

者，贼其君者也。

四体，四肢，人之所必有者也。自谓不能者，物欲蔽之耳。

凡有四端于我者，知皆扩而充之矣，若火之始然，泉之始达。苟能充之，足以保四海；苟不充之，不足以事父母。”扩，音廓。

扩，推广之意。充，满也。四端在我，随处发见，形甸反。知皆即此推广，而充满其本然之量，去声。则其日新又新，将有不能自已者矣。能由此而遂充之，则四海虽远，亦吾度内，无难保者；不能充之，则虽事之至近而不能矣。朱子曰：“人之一心，在外者要收入来，如《求放心章》是也；在内者又要推出去，此章是也。《孟子》一部书，皆是此意。大抵一收一放，一阖一辟，道理森然。”问“推”与“充”字。曰：“推是从这里推将去，如老吾老以及人之老，幼吾幼以及人之幼。到得充，则填得来满了。如注水相似，推是注水下去，充则注得器满了。盖仁义之性，本自可以充塞天地，若自不能充广，则无缘得这壳子满，只是空壳子。”问：“‘知’字是重字，还是轻字?”曰：“不能扩充者，正为不知，都只是冷过了。若能知而扩充，其势甚顺，如乘快马放下水船相似。”问：“两说‘充’字未晓。”曰：“上只说知皆扩而充之，只说知得了，要推广，以充满此心之量。下云‘苟能充之，足以保四海’，是能充满此心之量。上带‘知皆扩’字说，下就能充满说。惟扩而后能充，能充则不必说扩矣。”“此心之量，本足以包括天地，兼利万物，只是人自不能充满其量，所以推不去，或能推之于一家而不能推之于一国，或能推之于一国而不足以及天下，此皆是未足以尽其本然之量，须是充满其量，自然足以保四海。”双峰饶氏曰：“《集注》‘即此推广’，是释‘扩’字；‘满其本然之量’，是释‘充’字。自亲亲而仁民而爱物，推至于无一民一物之不爱，是充仁之量；自一事之得宜，推至于无一事之不得宜，是充义之量。礼智皆然。人能充广，则四端之流行发达，常如火始然，泉始达，其势方张而不可遏，便由此而可以燎原赴海。若不能充广，则如火始然而即灭，泉始达而即壅，便只恁地休了，所以《集注》云‘日新又新’，‘新’字正是发明二‘始’字之意。”问：“四端众人皆有，若扩充似非众人所能。”曰：“知皆扩而充之，其紧要在‘知’字、‘皆’字。众人之中，若有能知所以扩而充之，又于四者皆能扩而充之，则便是人中之君子。但患人不知不为耳。”张氏彭老曰①：“朱子云：‘若以始终言之，则四端是始发处。’端训‘始’字尤切，如发端、履端、开端之类，皆始也。孟子既言之，凡有四端，若火始然，泉始达。始然便是火之端，始达便是泉之端。恻隐羞恶，便是仁义之端。此心始动，乃是情可为善处，是心也，人皆有之，然不能无智愚之异，由充与不能充而已。如乍见孺子将入井，看是何等人，皆有恻隐之心，此所谓仁之端。苟能因此广而充之，其仁将不可胜用，不能充广，天理才动，人欲便萌，于是纳交等心生，循是而人欲日长，天理日消，而仁之端斩然矣。此自谓不能者也，始于充与不能充之分，终乃天壤隔焉。”云峰胡氏曰：“《集注》于‘尽心’曰‘尽其心之量’，此则曰‘充满其本然之量’，须看朱子如何下一‘量’字。盖体无所不具，用无所不周，此心之

---

① 张氏彭老：张彭老，曾任唐赵州刺史(见《旧唐书》卷一百四十二)。余皆不详。

量，本如是其大也。知性，则有以尽此心本然之量，知此性之发而扩充之，则有以满此心本然之量。”〇此章所论人之性情，心之体用，本然全具，而各有条理如此。学者于此，反求默识而扩充之，则天之所以与我者，可以无不尽矣。庆源辅氏曰：“《集注》‘反求默识’者，格物致知穷理之事也；‘扩充之’者，诚意正心力行之事也。既能穷理，又能力行，则天之所以与我仁义礼智之性，可以各各充满其量而无遗憾矣。前言‘日新又新，将有不能自已’，所以言其推广之意于其始也；此言‘天之所以与我者，可以无不尽矣’，所以言充满于其后之意也。”〇程子曰：“人皆有是心，惟君子为能扩而充之。不能然者，皆自弃也。然其充与不充，亦在我而已矣。”云峰胡氏曰：“性者，心之体，其未发也，本然至具。情者，心之用，其初发也，各有条理。反求默识，知之事；扩充，行之事。至于天之与我者无不尽，即是尽心而知之无不尽，尽性而行之无不尽也。”又曰：“四端不言信者，既有诚心为四端，则信在其中矣。”愚按：四端之信，犹五行之土。无定位，无成名，无专气。而水、火、金、木，无不待是以生者。故土于四行无不在，于四时则寄去声。王焉，其理亦犹是也。朱子曰：“四端不言信，如实是恻隐，实是羞恶，信便在其中。”“土于四时各寄王十八日，或谓王于戊已。然季夏乃土之本宫，故尤王于夏末，《月令》载‘中央土’者，以此。”潜室陈氏曰：“五行无土位，位在四象之中；五常无信位，位在四端之中。”云峰胡氏曰：“按饶氏云，以四方论之，土无定位，无成名，无专气；以五方论之，亦未尝无定位、成名、专气，不可执一看。愚见朱子之说，是就五方看方见得。试以《河图》看之，五土居中，似有定位，然三八木位乎东，不可以西，一六水位乎北，不可以南。如中间五点，则自具五方，而于东西南北无所不该，似有定位而实无定位也。一二三四，各因五而后成七八九六，故于四季各寄王十八日。木火金水，各专生长收藏之一气，而各成生长收藏之一名，然无土皆不可。是则土无专气，而气无所不贯；土无成名，而名无所不成。就四方看如此，就五方看亦如此，似不必分也。分看，则论土于四行之外，是犹论信于四端之外；合看，则土实在四行之中，而信在四端之中也。”新安陈氏曰：“此章始专以不忍人之仁言，继因体验恻隐之心，而悉及羞恶辞让是非之心，贯四者一仁也。惟圣人能以是心行是政，安而行之者也；惟君子能知其本，有是心而扩充之，勉而行之者也；若众人则不能察识，不能扩充，此心虽发，随发随泯，真自弃也。又按，人皆有不忍人之心，同此天理也，物欲害之，则天理之存焉者寡矣。见孺子而恻隐，天理也；内交之类，即人欲矣。四端能充不能充之，分判于扩天理与徇人欲而已。此章亦在于遏人欲扩天理也。”【通考】东阳许氏曰：“此章七节，第一节言人心皆有仁；二节言先王全此仁，以实人之皆有是心；三节就人易晓处指出，使人体认此心；四节并言义礼智各有所发，皆是本然之性；六节言四者人所共得不可自弃；七节言因发处察识而推充之。工夫全在此后一节。”

〇孟子曰：“矢人岂不仁于函人①哉？矢人唯恐不伤人，函人唯恐伤人。巫匠亦然，故术不可不慎也。

---

① 函人：造甲之工匠，《考工记》：“函人为甲。”

函，甲也。恻隐之心人皆有之，是矢人之心，本非不如函人之仁也。巫者为去声。人祈祝，利人之生。匠者作为棺椁，利人之死。新安陈氏曰："此只借以术之当择说起，引上人当择仁而处之。"

孔子曰：'里仁为美。择不处仁，焉得智？'夫仁，天之尊爵也，人之安宅也。莫之御而不仁，是不智也。焉，于虔反。夫，音扶。

里有仁厚之俗者，犹以为美。人择所以自处而不于仁，安得为智乎？此孔子之言也。新安陈氏曰："孔子之意，本言择里，孟子引之以证择术，微有不同。《集注》于此，只以孟子之意释孔子之言，故与《语》注小异。"仁、义、礼、智，皆天所与之良贵。而仁者天地生物之心，得之最先，而兼统四者，所谓元者善之长上声。也，故曰尊爵。问："'仁，天之尊爵'，先生解曰'仁者，天地生物之心，得之最先'，如何是得之最先？"朱子曰："人得那生底道理，所谓心生道也。有是心斯有是形以生也。"新安陈氏曰："元者，善之长也，此句出《易·乾卦·文言》，引以为证。元者生意之始，为亨利贞之长。"在人则为本心全体之德，有天理自然之安，无人欲陷溺之危。人当常在其中，而不可须臾离去声。者也，故曰安宅。此又孟子释孔子之意，以为仁道之大如此，而自不为之，岂非不智之甚乎？庆源辅氏曰："五性皆人心之德，而仁则周贯乎四者之中，故为本心全体之德。天理有则而不流，故有自然之安；人欲横流而无止，故有陷溺之危。克尽人欲，纯是天理，方始是仁，此所以有安而无危也。人当常处其中而不可须臾离，即所谓'依于仁'，'造次必于是，颠沛必于是'之意。此圣门学者，必以求仁为先务也。"西山真氏曰："仁乃我所自有，苟欲为之，谁能止者？乃甘心于不仁，岂非不智乎！故仁智二者常相须焉，不仁斯不智矣。下文言之，不智斯不仁矣，此是也。"【通考】东阳许氏曰："《集注》本心全体之德，以人之体言；人当常在其中而不可须臾离，兼体用而言。"

不仁、不智、无礼、无义，人役也。人役而耻为役，由弓人而耻为弓，矢人而耻为矢也。由，与犹通。

以不仁故不智，不智故不知礼义之所在。庆源辅氏曰："不仁则顽然不觉，故不智，不智则懵然无知，故不知礼义所在。"

如耻之，莫如为仁。

此亦因人愧耻之心而引之，使志于仁也。不言智、礼、义者，仁该全体。能为仁，则三者在其中矣。

仁者如射，射者正己而后发。发而不中，不怨胜己者，反求诸己而已矣。"中，去声。

为仁由己，而由人乎哉？双峰饶氏曰："此上三四章，皆是为当时君大夫言之，此章与《仁则荣》二章之意同，皆是教时君因耻辱而勉于仁。言不能行仁，则既无尊爵之可贵，又无安宅之可居。安富尊荣皆无之而为人役，不免焉，则不当归怨于人，但当反求诸己。己能为仁，大国安能役之？此'役'字，即'小国役大国'；'楚六千里为雠人役'之役。"新安陈氏曰："此章以尊爵安宅论仁，其理甚精微；勉人为仁，其意甚切至。

既言莫之御而不仁，又言反求诸已，皆言为仁由己，其机在我不在人也。仁固包义礼智，然人所以不为仁者，由于是非之心不明与羞恶之心不正耳。故孟子先言‘是不智也’，欲人以是非之智，而择为仁之术；继言‘如耻之’，欲人以羞恶之义，而决为仁之机也。”

○孟子曰：“子路，人告之以有过则喜。

喜其得闻而改之，其勇于自修如此。周子曰：“仲由喜闻过，令名无穷焉。今人有过，不喜人规，如讳疾而忌医，宁灭其身而无悟也。噫!”程子曰：“子路，人告之以有过则喜，亦可谓百世之师矣。”南轩张氏曰：“闻过则喜，非能克其骄吝者不能。骄则自以为善，而恶人议已；吝则安其故常，而不能从人。子路用力于克己，其功深矣。”庆源辅氏曰：“人受天地之中以生，本自无过，所以有过者，非出于气禀之偏，则由乎物欲之诱。人能知而改之，则可以复于本然之善。不知，则其过愈深，将陷溺焉，而失其所以为人矣，是岂可不惧哉！人有告我以过，我因得而改之以复于善，则又岂可不以为喜乎！然非子路之勇于自修，则亦不能然也。”新安陈氏曰：“程子深赞子路，欲学者师之以修身补过也。”

禹闻善言则拜。

《书》曰：“禹拜昌言①。”盖不待有过，而能屈已以受天下之善也。庆源辅氏曰：“子路贤者也，故不能无过，但勇于自修，是以喜于得闻而改之。禹则圣人也，其心纯是天理本然之善，故不待其有过，但一闻善言则至诚屈己，拜而受之。”

大舜有大焉，善与人同。舍己从人，乐取于人以为善。舍，上声。乐，音洛。

言舜之所为，又有大于禹与子路者。善与人同，公天下之善而不为私也。己未善，则无所系吝解“舍”字。而舍以从人；人有善，则不待勉强上声。解“乐”字。而取之于己，此善与人同之目也。程子曰：“乐取于人为善，便是与人为善。与人为善，乃公也。”问“善与人同”。朱子曰：“善者天下之公理，本无在己在人之别，但人有身不能无私于己者，故有物我之分焉。惟舜之心，无一毫有我之私，是以能公天下之善以为善，而不知其孰为在己，孰为在人，所谓善与人同也。舍己从人，言其不先立己，而虚心以听乎天下之公，盖不知善之在己也；乐取于人以为善，言其见人之善，则至诚乐取而行之于身，盖不知善之在人也。此二者，善与人同之目也。然此二者本一事，特交互言之，以见圣人之心表里无间如此耳。”“大舜乐取诸人以为善，是成己之善，是与人为善也，是著人之善。”庆源辅氏曰：“禹闻善言则拜，闻之者禹也，言之者人也，以我之闻，闻彼之善，拜以受之，犹有人己之分也。至于舜则善与人同耳。善与人同者，盖善乃天下之公，非人己所得而私者，故曰公天下之善而不为私也。”双峰饶氏曰：“舜之称尧，方以舍己从人，为‘惟帝时克’②。圣人虽生知，而不自以为生知，常虚心以受人之善。己之所为，偶有未尽，而人之所见有善于己，即舍而从之，无一毫执吝之意，乃

① 禹拜昌言：语出《尚书·皋陶谟》，意思是大禹拜谢这番美言。昌言：美言，善言。

② “惟帝时克”：语出《尚书·大禹谟》。

所以见圣人之无我，而非人所及也。”

自耕、稼、陶、渔以至为帝，无非取于人者。

舜之侧微，耕于历山，陶于河滨，渔于雷泽。《史记·五帝纪》：舜耕历山，历山之人皆让畔；渔雷泽，雷泽之人皆让居；陶河滨，河滨器皆不苦窳。病也。一年所居成聚，二年成邑，三年成都。历山，在河东。雷泽，夏兖州，今属济阴。河滨，济阴，定陶西南。

取诸人以为善，是与人为善者也。故君子莫大乎与人为善。”

与，犹许也，助也。取彼之善而为之于我，则彼益劝于为善矣，是我助其为善也。能使天下之人皆劝于为善，君子之善，孰大于此。庆源辅氏曰：“舜之取人以为善，初未尝有助人为善之意也，孟子推说其事，故以为取诸人以为善，是乃助人之为善也。因吾取人之善以为善，而使天下之人皆劝于为善，则是圣人成己成物之事，故曰‘君子之善，孰大于此’。”〇此章言圣贤乐善之诚，初无彼此之间，去声。故其在人者有以裕于己，在己者有以及于人。朱子曰：“禹闻善言则拜，犹著意做。舜与人同，是自然气象。圣人之拜，固出于诚意，然拜是容貌间，未见得行不行，若舜则真见于行事处。己未善，则舍己之未善而从人之善；人有善，则取人之善而为己之善。人乐于见取，便是许助他为善也。”庆源辅氏曰：“《集注》所谓圣贤，兼子路禹舜言之，三人虽浅深大小不同，其乐善之诚，皆无彼此之间。末二句却单说舜。”新安陈氏曰：“舜事优于禹，禹事优于子路，然学者之希贤希圣，未有无其序者。常人徇欲背理，讳过饰非，视子路之心，已相背驰，何敢言舜禹事？必先忘私克己，然后能至公而自然无私，故必如子路之克己私，始渐能如圣人之与人为公耳。”新安倪氏曰：“《语录》云：三者本意只是取人，但有浅深，而与人为善，乃是孟子再叠一意以发明之。即此条以证《集注》之说，则是三人皆有乐善之诚。子路乐于闻人告之以有过，禹乐于闻人之善言而拜，舜乐取人以为善，虽有浅深，是皆在人者有以裕于己也。末一句，所谓在己者有以及于人，乃是申明孟子再叠之意耳。辅氏谓末二句皆单说舜，窃恐未然。”

〇孟子曰：“伯夷，非其君不事，非其友不友。不立于恶人之朝，不与恶人言。立于恶人之朝，与恶人言，如以朝衣朝冠坐于涂炭。推恶恶之心，思与乡人立，其冠不正，望望然去之，若将浼焉。是故诸侯虽有善其辞命而至者，不受也。不受也者，是亦不屑就已。朝，音潮。恶恶，上去声，下如字。浼，莫罪反。

涂，泥也。乡人，乡里之常人也。望望，去而不顾之貌。浼，污去声。也。屑，赵氏曰：“洁也。”《说文》曰①：“动作切切也。”不屑就，言不以就之为洁，而切切于是也。合赵氏、《说文》二说以解一“屑”字。已，语助辞。朱子曰：“世之所谓清者，不就恶人耳，若善辞令而来者，固有时而就之。惟伯夷不然，此其所以为圣之清也。柳下惠不屑之意亦然。”新安陈氏曰：“此言伯夷之清，严于恶恶，而不轻与人群也。”

柳下惠，不羞污君，不卑小官。进不隐贤，必以其道。遗佚而不怨，阨穷而不悯。故曰：‘尔为尔，我为我，虽袒裼裸裎于我侧，尔焉能浼我哉？’故由由然与之偕而不自

① 说文：即《说文解字》。作者汉人许慎。

失焉，援而止之而止。援而止之而止者，是亦不屑去已。”佚，音逸。袒，音但。裼，音锡。裸，鲁果反。裎，音程。“焉能”之“焉”，于虔反。

柳下惠，鲁大夫展禽，居柳下而谥惠也。【通考】赵氏德曰：“《春秋传》注‘柳下惠氏展，名获，字禽。柳下，是所养之邑名，谥曰惠。展无骇之后’。”不隐贤，不枉道也。遗佚，放弃也。阨，困也。悯，忧也。尔为尔至焉能浼我哉，惠之言也。袒裼，露臂也。裸裎，露身也。由由，自得之貌。偕，并处上声。也。不自失，不失其正也。援音爰。而止之而止者，言欲去而可留也。朱子曰：“进不隐贤，便是必以其道。人有所见，不肯发出，尚有所藏，便是枉道。”问：“《集注》谓‘不隐贤，不枉道也’，疑与下文‘必以其道’意相重。”曰：“两句相承，只作一句读，文势然也。”“所以不解作不蔽贤，谓其下文云‘必以其道’，若作蔽贤说，则下文不同矣。”“不隐贤，谓不隐避其贤，如己当廉却以利自污，己当勇却以怯自处之类，乃是隐贤，是枉道也。”双峰饶氏曰：“他人不羞污君，不卑小官，必至于苟进，而柳下惠则不隐贤；他人见袒裼裸裎而与之偕，则必至于流，而柳下惠则不自失。此其所以为圣人之和，而异乎常人之和也。”新安陈氏曰：“此言惠之和，宽以处众，而不轻与人绝也。”

孟子曰：“伯夷隘，柳下惠不恭。隘与不恭，君子不由也。”

隘，狭窄侧格反。也。不恭，简慢也。夷、惠之行，去声。固皆造七到反。乎至极之地。然既有所偏，则不能无弊，故不可由也。朱子曰：“伯夷既清，必有隘处，柳下惠既和，必有不恭处，道理自是如此。孟子恐后人以隘为清，以不恭为和，故曰‘隘与不恭，君子不由也’。”问：“如伯夷之清，而不念旧恶，柳下惠之和，而不以三公易其介，此其所以为圣之清、圣之和也，但其流弊，则有隘与不恭之失。”曰：“这也是诸先生恐伤触二子，所以说流弊，今以圣人观二子，则二子多有欠阙处。才有欠阙处，便有弊。所以孟子直说他隘与不恭，不曾说末流如此。如不念旧恶，不以三公易其介，固是清和好处，然十分只救得一分，救不得那九分，清和之偏处了。”问“不恭，是处己是待人?”曰：“是待人如此，其心玩世，视人如无也。”“清和皆是一偏，学之便有隘不恭处，使懦夫学和愈不恭，鄙夫学清愈隘矣。可为百世师，谓能使薄者宽，鄙者敦，顽者廉，懦者立；‘君子不由’，不由其隘与不恭也。”“夷隘惠不恭，不必言效之而不至者，其弊如此，只二子所为已有弊矣。”云峰胡氏曰：“道惟中则无弊，夷惠不合乎中庸之道，故君子所不由。夫子之道，大中至正之准，故孟子所愿学。”新安陈氏曰：“《孟子》一书，言夷惠者不一，以百世之师称之，以圣之清和许之，此章则谓其隘与不恭，似若相反。盖孟子实欲人法夷惠之得，又恐人不知戒夷惠之失，其忧学者至矣。”吕伯恭曰①：“学伯夷者，未必得其清，而先得其隘；学惠者，未必得其和，而先得其不恭。大抵清之

① 吕伯恭：吕祖谦(1137—1181年)，宋金华人，字伯恭，吕好问孙，人称东莱先生。官至直阁著作郎，国史院编修。其学以关洛为宗。初与朱熹同编《近思录》，后以争论《毛诗》不合，遂互相排斥。一生著述颇多，主要有《书说》三十五卷，《家塾读诗记》三十二卷，《春秋集解》三十卷，《左氏博议》二十卷，《皇朝文鉴》一百五十卷，《吕祖谦集》别集、外集、附录二十九卷。《宋史》有传。《宋元学案》卷五一有《东莱学案》。

极，易至于隘；和之极，易至于不恭。学之者，当法其清和之得，而戒其隘不恭之失可也。”【通考】程氏复心曰：“动作切切，只是不汲汲于就、不汲汲于去。‘屑’字却是重。如此解‘屑’字，方尽其义。以圣人观二子，多有欠处，便有弊，所以孟子直说隘与不恭耳。”

孟子集注大全卷四

公孙丑章句下

凡十四章。自第二章以下，记孟子出处上声。行实为详。【通考】勿轩熊氏曰：“首章为国之本，不在富强，以得民心为本，即首篇告齐梁之意。二章至篇终，皆孟子居齐之事。”

孟子曰：“天时不如地利，地利不如人和。

天时，谓时日、支干、孤虚、王相并去声。之属也。蔡氏曰：“时，四时也。日，日辰也。《史记》注：‘六甲孤虚法，甲子旬戌亥为孤，辰巳为虚，后五甲仿此。’如今人以甲子旬无戌亥，为空亡，是以空亡为孤也。辰巳与戌亥对，辰巳为虚。王相，如东方木，旺相，于卯之类。”庆源辅氏曰：“时，十二时。日，十日。支，十二支。干，十干也。”双峰饶氏曰：“此大概以五行衰旺言之，五行有孤虚时，有旺相时。春属木，甲乙木，生丙丁火，便是木旺而火相。‘旺’字，即是‘王’字，相王之次也。金到这里衰，所以孤。孤者，无辅助之意。如今说四废，然水为母，木为子，子实则母虚，水到此所以虚。”或问：“此说时日，或是方所？”曰：“二者一般。一个是横，一个是直，所以天德月德日，亦有天德月德方。大意如此，其间又自有细密处。”【通考】仁山金氏曰：“此兵家日用时方位法也。支即十二枝，干即十干。十甲如木之有干，十二辰如木之有枝。唐李靖用兵精风角。孤虚，空亡也，虚空亡对宫。岁孤虚，太岁后二辰为孤，前四辰为虚。月孤虚，正月以子丑为孤，午未为虚。旬孤虚，如甲子旬则戌亥为孤，午未为虚。余仿此。王相，占算家所谓吉凶臧否，平王相休囚死。又五行十二宫，生旺八卦，冬至坎，王震相；立春震，王巽相之类，皆是总言，以之属二字，其用非一。兵家八门遁甲，逐时分开休生伤闭景死惊。方立太乙局，逐日分主客胜负，又出城布阵，逐时占斗柄天角所指之方，又如六壬遁甲以支加支义，蠡以占岁占兵，此皆其属也。”赵氏德曰：“孙奭疏干支所以配时日而用之，金王在巳午未申酉戌亥子，火旺在寅卯辰巳午，土王在申酉戌亥。孤虚者，其法以一画为孤，无画为虚，二实为实，以六十甲子日定东西南北方向，然后占其孤虚实而向背之，即知吉凶，如周武王犯岁星以伐商，魏太祖以甲子破慕容之类是也。又曰战阵之法，背孤击虚则吉。《史记·律书》以十干十二支配五音十二律，而序云‘六律为万事根本，其于兵械尤所重，故云望敌知吉凶，闻声效胜负’，此虽以律言，而不外乎十干十二支，是皆兵书所尚也。《集注》谓‘孤虚、王相之属’，又当触类而推之。”地利，险阻、城池之固也。人和，得民心之和也。立两句为柱，下文分两边自解之。

三里之城，七里之郭，环而攻之而不胜。夫环而攻之，必有得天时者矣；然而不胜者，是天时不如地利也。夫，音扶。

三里七里，城郭之小者。郭，外城。环，围也。言四面攻围，旷日持久，必有值天时之善者。

城非不高也，池非不深也，兵革非不坚利也，米粟非不多也；委而去之，是地利不如人和也。

革，甲也。粟，谷也。委，弃也。言不得民心，民不为去声。守也。赵氏曰：“古甲以革为之，故函人为攻皮之工。后世始用金，曰铠。”双峰饶氏曰：“非谓可以全无天时地利，但不如人和尔。用兵也要天时地利，但人和是本，人心不和，虽有天时地利，亦不可取胜。况时不时属天，利不利属地，人心和不和则在我而已，在天地者难必，在我者可恃。”【通考】仁山金氏曰：“黄牛皮者为革甲，青牛皮者为兕甲，即今水牛也。有壳曰粟，无壳曰米，粟即谷也。古人米与谷兼积，米切用而易腐，谷气全而可久，缓急兼储，后世军储独以米，故久即不可食。”

故曰：域民不以封疆之界，固国不以山溪之险，威天下不以兵革之利。得道者多助，失道者寡助。寡助之至，亲戚①畔之；多助之至，天下顺之。

域，界限也。南轩张氏曰：“得道者，顺乎理而已。举措顺理，则人心悦服矣，先王之所以致人和者在此。而极夫多助之效，至于天下顺之，其王也孰御？一失道，则违拂人心。心之所睽，虽亲亦疏也，不亦孤且殆哉！虽有高城深池，谁与为守?”双峰饶氏曰：“紧要在‘得道’二字上。”新安陈氏曰：“封疆山溪兵革，皆末也。不以，不全以此也，其本在得道而已。”

以天下之所顺，攻亲戚之所畔；故君子有不战，战必胜矣。”

言不战则已，战则必胜。○尹氏曰：“言得天下者，凡以得民心而已。”新安陈氏曰：“此章言用兵在得人心，得人心在得道。得道以得人心，则地利之险，人为之守，天时之善，人为之乘。先王之守国家、制天下，本末具举如此，固以得道得人心为本，而亦不废天时地利之末。孟子见当时用兵者，惟以天时地利为务，而不知以得道得人心为本，故发此论。”

○孟子将朝王，王使人来曰：“寡人如②就见者也，有寒疾，不可以风。朝③，将视朝，不识可使寡人得见乎?”对曰：“不幸而有疾，不能造朝。”章内朝，并音潮，惟

---

① 亲戚：指内外亲属，《礼记·曲礼》孔疏云：“亲指族内，戚指族外。”

② 如：赵注训为“若”，杨树达《词诠》训为“当”，当从杨说。

③ 赵注谓此指孟子“傥可来朝”，焦循《孟子正义》云：“齐王以孟子来朝，方视朝，不然仍以疾罢，语颇婉切。”

"朝将"之"朝"，如字。造，七到反。下同。

王，齐王也。孟子本将朝王，王不知而托疾以召孟子，故孟子亦以疾辞也。问："莫是齐王不合托疾否?"朱子曰："未论托疾，孟子之意，只是说他不合来召。为其宾师，有事则王自来见，或自往见，若王召之，则有自尊之意，故不往见。在他国时，诸侯无越境之理，只得以币来聘，故贤者受其币而往见之。答陈代'如不待其招而往何哉'，此以在他国而言；答万章'天子不召师，而况诸侯乎'，此以在其国而言。""孟子于此，处宾师之位，未尝受禄，非齐王所得臣也。王不能见而乃召之，既失礼矣，其托疾又不诚，若何而可往哉!"新安陈氏曰："王托疾以召，孟子亦托疾以辞，欲其称也。与孔子'亦瞰阳货之亡'同意。"

明日，出吊于东郭氏。公孙丑曰："昔者辞以病，今日吊，或者不可乎?"曰："昔者疾，今日愈，如之何不吊?"

东郭氏，齐大夫家也。昔者，昨日也。或者，疑辞。辞疾而出吊，与孔子不见孺悲取瑟而歌同意。庆源辅氏曰："孔子以疾辞孺悲而不见，然又取瑟而歌，使之知其非疾，所以警教孺悲也。孟子以疾辞齐王而不往朝，然又出吊东郭，而使之知其非疾者，所以警教齐王也。此皆圣贤至诚应物，而得乎时中之义也。"

王使人问疾，医来。孟仲子对曰："昔者有王命，有采薪之忧，不能造朝。今病小愈，趋造于朝，我不识能至否乎?"使数人要于路，曰："请必无归，而造于朝!"要，平声。

孟仲子，赵氏以为孟子之从去声。昆弟，学于孟子者也。采薪之忧，言病不能采薪，谦辞也。① 仲子权辞以对，又使人要孟子令平声。勿归而造朝，以实己言。新安陈氏曰："王先托疾以召，意本不诚，今问疾医来，虚文美观，意亦非诚也。仲子遂权对促朝。"

不得已而之景丑氏宿焉。景子曰："内则父子，外则君臣，人之大伦也。父子主恩，君臣主敬。丑见王之敬子也，未见所以敬王也。"曰："恶！是何言也！齐人无以仁义与王言者，岂以仁义为不美也？其心曰'是何足与言仁义也'云尔，则不敬莫大乎是。我非尧舜之道，不敢以陈于王前，故齐人莫如我敬王也。"恶，平声。下同。

景丑氏，齐大夫家也。景子，景丑也。恶，叹辞也。景丑所言，敬之小者也；孟子所言，敬之大者也。庆源辅氏曰："丑之说，擎跽曲拳，奔走承顺之敬，敬君以貌，世俗之所知，故曰敬之小；孟子所言，陈善闭邪，致君尧舜之敬，敬君以心，圣贤之所行，故曰敬之大。"西山真氏曰："景子但知闻命奔走为敬其君，不知以尧舜之道告其君。仆隶之臣，唯唯承命，外若敬其君，然心实薄之，曰'是何足与言仁义'，此不敬之大者也。"

---

① 采薪之忧：亦作"负薪之忧"，《礼记·曲礼》云："君使士射，不能，则辞以疾，言曰：'某有负薪之忧。'"

景子曰："否，非此之谓也。《礼》曰：'父召，无诺；君命召，不俟驾。'①固将朝也，闻王命而遂不果，宜与夫礼，若不相似然。"夫，音扶。下同。

《礼》曰："父命呼，唯以水反。而不诺。"②又曰："君命召，在官不俟屦，官谓朝内。在外不俟车。"并出《礼记·玉藻篇》。言孟子本欲朝王，而闻命中止，似与此礼之意不同也。

曰："岂谓是与？曾子曰：'晋楚之富，不可及也。彼以其富，我以吾仁；彼以其爵，我以吾义，吾何慊乎哉？'夫岂不义而曾子言之？是或一道也。天下有达尊三：爵一，齿一，德一。朝廷莫如爵，乡党莫如齿，辅世长民莫如德。恶得有其一，以慢其二哉？与，平声。慊，口簟反。长，上声。

慊，恨也，少也。或作嗛，字书以为口衔物也。然则慊亦但为心有所衔之义，其为快、为足、为恨、为少，则因其事而所衔有不同耳。孟子言我之意，非如景子之所言者。因引曾子之言，而云夫此岂是不义，而曾子肯以为言，是或别有一种上声。道理也。达，通也。盖通天下之所尊，有此三者。曾子之说，盖以德言之也。今齐王但有爵耳，安得以此慢于齿德乎？朱子曰："达尊之说。达，通也。三者不相值，则各伸其尊而无所屈，一或相值，则通视其重之所在而致隆焉。故朝廷之上，以伊周之忠圣耆老，而祗奉嗣王左右孺子，不敢以其齿德加焉。至论辅世长民之任，则太甲成王，固拜手稽首于伊周之前矣。其迭为屈伸以致崇极之义，不异于孟子之言也。故曰'通视其重之所在而致隆焉'，惟可与权者知之。爵也，齿也，盖有偶然而得之者，是以其尊施于朝廷者，则不及于乡党；施于乡党者，则不及于朝廷。而人之敬之也，亦或以貌而不以心。惟德得于心，充于身，刑于家，推于乡党，而达于朝廷者也。曾子曰'彼以其富其爵，我以吾义吾仁'，子思曰'事之云乎？岂曰友之云乎？'孟子曰'恶得有其一以慢其二哉！'师弟子间，意见之相合固如此。"双峰饶氏曰："景子之言，是人臣事君之常；孟子之言，是人君尊贤之道。"东阳许氏曰："仁者循理乐天，安贫守分，故不知彼之富；义者审度事宜，进退有制，故不羡彼之爵。富只在彼，爵可加我，故用'仁义'字不同。"

故将大有为之君，必有所不召之臣。欲有谋焉，则就之。其尊德乐道，不如是不足与有为也。乐，音洛。

大有为之君，大有作为，非常之君也。程子曰："古之人所以必待人君致敬尽礼而后往者，非欲自为尊大也，为去声。是故耳。"双峰饶氏曰："不如是，指谋焉则就之。"

故汤之于伊尹，学焉而后臣之，故不劳而王；桓公之于管仲，学焉而后臣之，故不劳而霸。

先从受学，师之也。后以为臣，任之也。双峰饶氏曰："何处见得学而后臣？盖

---

① 《论语·乡党》云："君命召，不俟驾行矣。"《荀子·大略》云："诸侯召其臣，臣不俟驾，颠倒衣裳而走，礼也。"

② 《礼记·曲礼》云："父召无诺，先生召无诺，唯而起。"郑注云："应辞'唯'恭于'诺'。"

学，师之。臣，相之也。观尹之辞，无所逊于汤，桓之于管，一则曰仲父，二则曰仲父，亦可见师之之意。"

今天下地丑德齐，莫能相尚。无他，好臣其所教，而不好臣其所受教。好，去声。

丑，类也。① 尚，过也。所教，谓听从于己，可役使者也。所受教，谓己之所从学者也。

汤之于伊尹，桓公之于管仲，则不敢召。管仲且犹不可召，而况不为管仲者乎?"

不为管仲，孟子自谓也。庆源辅氏曰："不为管仲，孟子到此不得已而直言之，不如是，则公孙丑之徒终不足以知此义也。"范氏曰："孟子之于齐，处上声。宾师之位②，非当仕有官职者，故其言如此。"问："宾师如何?"朱子曰："当时有所谓客卿是也，大概尊礼之，而不居职任事，但召之则不往。"新安陈氏曰："若当仕有官职，乃可以其官召之耳。"○此章见宾师不以趋走承顺为恭，而以责难陈善为敬；新安陈氏曰："恭，见于外貌者，故于趋走承顺言之；敬，存于中心者，故于责难陈善言之。"人君不以崇高富贵为重，而以贵德尊士为贤，则上下交而德业成矣。南轩张氏曰："孔子燔肉不至而去鲁，不知者以为为肉，知者以为为无礼，皆非知孔子者。孟子不朝而出吊，不知者或以为要君，知者则以为太甚矣。公孙仲子以门人近属犹不克知，何怪于景丑乎?将朝，礼也。闻王托疾之言而不往，义也。明日出吊，欲王深惟其故，取瑟意也。使仲子知孟子之心，则告之曰昔者疾，今日愈而出吊矣。岂不正大，而何必为是纷纷哉！王托疾要贤，邪志也，孟子方引以当道，可徇其邪志乎? 孟子知人皆可为尧舜，故以尧舜事望王，若以仆仆共命为敬，则仆妾服役之事耳。孟子于公孙、仲子，告之不详，二子学者也，欲其深省而自识；于景子陈义著明如此，景子大夫也，庶几其有以启悟王心焉。初不可召，而后为卿于齐，何也? 王始不能如汤之于伊尹，犹望其感悟于终也。贤者伸缩变化，皆有深意存焉。"庆源辅氏曰："天地交而后万物遂，上下交而后德业成，此自然之理也。世衰道微，君不知下贤，惟知恃势以骄贤者；下不知自重，惟知自屈以谄时君。上日骄而下日谄，上下之情，扞格而不接，德之与业，涣散而无成。天下日趋于乱，而世俗犹以孟子为迂阔，亦可悲矣!"新安陈氏曰："上下之交，惟不苟合，然后可合耳。"

○陈臻问曰："前日于齐，王馈兼金一百而不受；于宋，馈七十镒而受；于薛，馈五十镒而受。前日之不受是，则今日之受非也；今日之受是，则前日之不受非也。夫子必居一于此矣。"

陈臻，孟子弟子。兼金，好金也，其价兼倍于常者。一百，百镒音逸。也。

孟子曰："皆是也。

皆适于义也。庆源辅氏曰："陈臻则就事迹校量，孟子则以义理断制。"

当在宋也，予将有远行。行者必以赆，辞曰：'馈赆。'予何为不受?赆，徐刃反。

---

① 丑：《方言》云："丑，同也，东齐曰丑。"

② 宾师：古指不居官职而受到君主尊重的人。

赆，送行者之礼也。

当在薛也，予有戒心。辞曰：‘闻戒。’故为兵馈之，予何为不受？为兵之为，去声。

时人有欲害孟子者，孟子设兵以戒备之。薛君以金馈孟子，为兵备。辞曰：“闻子之有戒心也。”有其辞，则义可受矣。

若于齐，则未有处也。无处而馈之，是货之也。焉有君子而可以货取乎？”焉，于虔反。

无远行戒心之事，是未有所处上声。也。未有所处，则无辞而义不可受矣。取，犹致也。朱子曰：“取是罗致之意，轻受之，便是被他以货贿笼络了。”问：“‘处’字是‘处物为义’之‘处’否？”曰：“是。”南轩张氏曰：“人于不当受而受，其动于物固也，当受不受，亦是为物所动。何则？以其蔽于物而见物之大也。圣贤从容不迫，惟义之安，外物何有焉？物有大小，义之所在一耳。”新安陈氏曰：“孟子辞受从容，惟义之安。陈臻欲辞则皆辞，受则皆受，而不知随事以酌其义，固哉！”〇尹氏曰：“言君子之辞受取予，通作与。惟当去声。于理而已。”庆源辅氏曰：“孟子于此无予，尹氏并予言之者，学者观此，非特可知辞与取之义，亦可知所予矣。”

〇孟子之平陆。谓其大夫曰：“子之持戟之士，一日而三失伍，则去之否乎？”曰：“不待三。”去，上声。

平陆，齐下邑也。① 大夫，邑宰也。戟，有枝兵也。【通考】赵氏德曰：“双枝曰戟，单枝曰戈。”士，战士也。伍，行音杭。列也。去之，杀之也。

“然则子之失伍也亦多矣。凶年饥岁，子之民，老羸转于沟壑，壮者散而之四方者，几千人矣。”曰：“此非距心之所得为也。”几，上声。

子之失伍，言其失职，犹士之失伍也。距心，大夫名。对言此乃王之失政使然，非我所得专为也。双峰饶氏曰：“凶年说得阔，如水旱疾疫之类。饥岁，只是五谷不熟。”

曰：“今有受人之牛羊而为之牧之者，则必为之求牧与刍矣。求牧与刍而不得，则反诸其人乎？抑亦立而视其死与？”曰：“此则距心之罪也。”为，去声。死与之与，平声。

牧之，养之也。牧，牧地也。刍，草也。孟子言若不得自专，何不致其事而去。

他日，见于王曰：“王之为都者，臣知五人焉。知其罪者，惟孔距心。为王诵之。”王曰：“此则寡人之罪也。”见，音现。“为王”之“为”，去声。

为都，治邑也。邑有先君之庙曰都。《左传·庄公二十八年》：“筑郿，非都也。凡邑有宗庙先君之主，曰都，无曰邑，邑曰筑，都曰城。”《周礼》：“四县为都，四井为邑。然宗庙所在，虽邑曰都，尊之也。”孔，大夫姓也。为王诵其语，欲以风去声。晓王也。〇陈氏曰：陈氏，名旸，字晋臣，三山人。“孟子一言而齐之君臣举知其罪，固足以兴邦矣。然而齐卒不得为善国者，岂非说音悦。而不绎，从而不改故邪？”庆源辅

① 平陆：齐边邑名，地在今山东汶上以北。

氏曰："孟子一言，而齐之君臣举知其罪者，理明辞达，长于譬喻，而能感发于人故也。然齐之君臣，虽知其罪而终不能改绎者，志小气轻。志小则易足，盖原不曾有大底规模；气轻则多率，多率则凡事说过便休，都无那自讼自责之意，如此则何缘会改？"云峰胡氏曰："齐之君臣，一时闻孟子之言，皆知其罪，天理之乍明也。终于不改，人欲锢之也。"

○孟子谓蚳蛙曰："子之辞灵丘而请士师，似也，为其可以言也。今既数月矣，未可以言与？"蚳，音迟。蛙，乌花反。为，去声。与，平声。

蚳蛙，齐大夫也。灵丘，齐下邑。① 似也，言所为近似有理。可以言，谓士师近王，得以谏刑罚之不中去声。者。【通考】赵氏德曰："《周礼》：'王以五戒先后刑罚，毋使罪丽于民，一曰誓，用之军旅；二曰诰，用之会同；三曰禁，用诸田役；四曰纠，用诸国中；五曰宪，用诸都鄙。'先后，犹左右也。"

蚳蛙谏于王而不用，致为臣而去。

致，犹还也。

齐人曰："所以为蚳蛙，则善矣；所以自为，则吾不知也。"为，去声。

讥孟子道不行而不能去也。

公都子以告。

公都子，孟子弟子也。

曰："吾闻之也：有官守者，不得其职则去；有言责者，不得其言则去。我无官守，我无言责也，则吾进退，岂不绰绰然有余裕哉②？"

官守，以官为守者。言责，以言为责者。绰绰，宽貌。裕，宽意也。孟子居宾师之位，未尝受禄。故其进退之际，宽裕如此。南轩张氏曰："孟子异乎蚳蛙，故得从容不迫，陈善闭邪，以俟王之改，可徐处乎进退之宜也。然卒致为臣而归，诚意备至，启告曲尽，而王终莫悟，则有去之而已。然三宿出昼，犹庶几王之改，终从容不迫也，岂悻悻者能识之。"庆源辅氏曰："距心有官守，蚳蛙有言责，蛙虽未自以为罪，然谏不行能去。距心虽知其罪，然如是而止，不闻其能去也，蛙贤于距心矣。"双峰饶氏曰："余裕，是宽缓不迫之意。宾师从容规讽，以渐而入，如今朋友相似，少焉不入亦当去。但宽得些子，不如那有官守言责者，恁地逼迫，不得其职，不得其言，则目下便著休。或疑孔子不脱冕而行，与孟子之说不同。曰：'正是一般。'盖孔子有去志久矣，但去得不恁地逼迫，后来膰肉不至，方不脱冕而行。且如卫灵公可谓无道，然亦以宾礼待孔子，故孔子在卫极多时。后来却因问陈，明日遂行，亦是久有去志，因此遂行耳。"尹氏曰："进退久速，当去声。于理而已。"云峰胡氏曰："《集注》前引尹氏言君子之辞受取予，唯当于理而已，此又引其言曰：'进退久速，当于理而已。'盖天理人欲之几，最不可不辨，当辞而辞，是天理，受即非矣；可久而久，是天理，速即非矣。如此则当于理，不

---

① 灵丘：在今山东高唐和茌平之间。

② 绰绰然有余裕：语本《诗·小雅·角弓》："绰绰有裕。"

如此则涉于欲，故惟圣人能审其几焉。”

○孟子为卿于齐，出吊于滕，王使盖大夫王驩为辅行①。王驩朝暮见，反齐滕之路，未尝与之言行事也。盖，古盍反。见，音现。

盖，齐下邑也。王驩，王嬖臣也。辅行，副使去声。下同。也。反，往而还也。行事，使事也。庆源辅氏曰：“使事，谓吊祭之礼、邦交之仪，凡礼文制数皆是。”

公孙丑曰：“齐卿之位，不为小矣；齐滕之路，不为近矣。反之而未尝与言行事，何也?”曰：“夫既或治之，予何言哉?”夫，音扶。

王驩盖摄卿以行，故曰齐卿。夫既或治之，言有司已治之矣。孟子之待小人，不恶而严如此。南轩张氏曰：“孟子虽为卿而实宾师也，则夫礼文制数，固可付之于有司，是王驩虽曰辅行，然齐王之意，特欲藉孟子以为重，有司之事，不敢以烦，而驩则行之也。孟子特统其大纲于上，而驩则共其事于下。若驩于事上之礼有失，邦交之仪有旷，则孟子固不免有言，以正其事之失也。彼既或治之，未见有可正之事，则亦乌用有言哉?”庆源辅氏曰：“夫既或治之，正答公孙丑未尝与之言行事一句。孟子言，使事有司既已治之而得其宜矣，自不须更与王驩言也。只此句，便见孟子之待小人不恶而严之意。使有司不能治其事，于礼仪制数有旷阙不齐整处，而孟子固不与驩言而正之，则非所谓不恶矣。今有司既已能治办其事而犹与之言，则便有徇之之意，而不可谓之严矣。然自常情观之，孟子之不与驩言，不以为恶之而不欲与之言，则以为易之而不足与之言矣。夫恶之而不欲与之言则隘，易之而不足与之言则忽。隘与忽，孟子无是心也，但言有司既已能治办其事，而不与之言，则亦是顺理之事，而其中自有不恶而严之意耳。故愚尝谓君子之待小人，有正己而无屈意，有容德而无过礼，恶恶之心虽不能无，然亦不为已甚之疾也。”新安陈氏曰：“‘君子以远小人，不恶而严。’《易·遯卦·大象传》文。孟子于王驩不欲与言，于吊公行子亦可见，今答丑不过平平说，所以不与言之意，未始及也。盖欲使丑自悟耳。治之，朱子以为有司，南轩以为驩，正是治之者。”【附纂】黄氏洵饶曰：“《孟子为卿为齐章》，小人不恶而严如此。《易》曰：‘天下有山，遯。君子以远小人，不恶而严。’程注曰：‘远小人之道者，以恶声厉色，适足以至其怨怒，惟在乎矜庄威严，使知敬畏，则自然远矣。’”

○孟子自齐葬于鲁，反于齐，止于嬴。充虞请曰：“前日不知虞之不肖，使虞敦匠事。严，虞不敢请。今愿窃有请也，木若以美然。”

孟子仕于齐，丧去声。母，归葬于鲁。② 嬴，齐南邑。今泰山嬴县。充虞，孟子弟子，尝董治作棺之事者也。严，急也。木，棺木也。以、已通。以美，太美也。

曰：“古者棺椁无度，中古棺七寸，椁称之。自天子达于庶人。非直为观美也，然后尽于人心。称，去声。

① 盖：邑名，在今山东沂水西北。

② 钱穆《先秦诸子系年考辨》卷三谓，孟子归葬母当在齐威王三十一年(前326年)后数年内。

度，厚薄尺寸也。中古，周公制礼时也。① 椁称之，与棺相称也。欲其坚厚久远，非特为人观视之美而已。直，但也。庆源辅氏曰："人子之丧亲，所以为之棺椁者，盖欲其坚厚以历久远而已，非是欲为人观视之美也。盖必如此，然后于人心为尽耳。'尽于人心'，此一句须当自体之，若后世之厚葬，却只是欲为人观美之故也。""古者棺椁无度，想只是过于厚，观《易》丧葬取之'大过'可见②。至周公制礼时，始为七寸之制也。棺七寸，则椁亦七寸也。"双峰饶氏曰："周七寸，只如今四寸许。"

不得，不可以为悦；无财，不可以为悦。得之为有财，古之人皆用之，吾何为独不然？

不得，谓法制所不当得。得之为有财，言得之而又为有财也。或曰："为当作而。"庆源辅氏曰："不得，得之，泛说葬礼。如重累之数，墙翣之饰，既有定制，则不可得以为悦，非独指棺椁而言也。"

且比化者，无使土亲肤，于人心独无恔乎？比，必二反。恔，音效。

比，犹为去声。下同。也。化者，死者也。恔，快也。言为死者不使土亲近其肌肤，于人子之心，岂不快然无所恨乎？

吾闻之也：君子不以天下俭其亲。"

送终之礼，所当得为而不自尽，是为去声。天下爱惜此物，而薄于吾亲也。问"不以天下俭其亲"。朱子曰："以，犹为也，不为天下惜棺椁之费，而俭于其亲也。王氏《中说》记太原府君之言，一布被二十年不易，曰'无为费天下也'，文意略与此同。"吕氏曰："注云'所当得为而不自尽'，则便是倒行逆施，不顺理底，于所厚者薄，则无所不薄矣。墨子之葬以薄为道者，即是此意。"新安陈氏曰："此章当味'尽于人心'，及'悦'与'恔'字。人子事亲，至葬而终，凡附于身与棺，必诚必信，勿之有悔焉。盖不如是，无以尽于吾心，不为悦，不为恔也。必悦且恔，然后于心为尽。不得为而僭为，与可为而不为，皆非尽于人心。曰不得不可以为悦，则制不得为者，决不敢过；曰得之、有财，何独不然，则力所能为者，亦何忍于不及。厚所当厚而不俭于亲，无非天理也，尽于人心尽天理而已矣。"

○沈同以其私问曰："燕可伐与？"孟子曰："可。子哙不得与人燕，子之不得受燕于子哙。有仕于此，而子悦之，不告于王而私与之吾子之禄爵；夫士也，亦无王命而私受之于子，则可乎？何以异于是？""伐与"之"与"，平声；下"伐与"、"杀与"同。夫，音扶。

沈同，齐臣。以私问，非王命也。子哙、子之，事见形甸反。下一节"解见"，音同。前篇。诸侯土地人民，受之天子，传之先君。私以与人，则与者、受者皆有罪也。

---

① 焦循《孟子正义》引孔广森《经学卮言》云："中古尚指周公以前，周公制礼则自天子至于庶人皆有等。"

② 大过：卦名。

仕，为官也。① 士，即从仕之人也。庆源辅氏曰："沈同问燕可伐否耳，固不问以齐伐燕为如何也。若是以王命来问，孟子必当详告之，不但曰'可'而已也。注云'与者受者皆有罪'，谓不由其道，妄取妄予，如子哙子之之徒者；由其道，则三圣之授受，乃先天而天弗违之事，不可以罪言也。"

齐人伐燕。或问曰："劝齐伐燕，有诸?"曰："未也。沈同问'燕可伐与'？吾应之曰'可'，彼然而伐之也。彼如曰'孰可以伐之'？则将应之曰：'为天吏，则可以伐之。'今有杀人者，或问之曰'人可杀与'？则将应之曰'可'。彼如曰'孰可以杀之'？则将应之曰：'为士师，则可以杀之。'今以燕伐燕，何为劝之哉?"

天吏，解见上篇。言齐无道，与燕无异，如以燕伐燕也。《史记》亦谓孟子劝齐伐燕，盖传闻此说之误。○杨氏曰："燕固可伐矣，故孟子曰可。使齐王能诛其君，吊其民，何不可之有？乃杀其父兄，虏其子弟，而后燕人畔之。乃以是归咎孟子之言，则误矣。"朱子曰："孟子言伐燕处有四，燕父子君臣如此，固有可伐之理，然孟子不曾教齐不伐，亦不曾教齐必伐，但曰'惟天吏则可以伐之'。或谓孟子于沈同之问，曷为不尽其辞以告之？曰：沈同固非能伐燕者，且以其私来问，又不言齐之将伐燕也，则直以可伐之理告之足矣。若遂探其情而预设辞以伐之，则是猜防险诐之私尔，岂所谓圣贤之心哉！且齐虽无道，若能拯燕之遗民于水火之中，而无杀戮系累之暴，则其伐之也，亦何为而不可哉！"双峰饶氏曰："惟士师则可以杀有罪之人，泛泛如何可以擅杀；惟天吏可以伐无道之国，诸侯如何可以擅相征伐？天吏，天所命者；士师，君所命者。天吏以其有道，故天命之征伐，如汤武是也。沈同安晓此理，但知人之可伐，而不知己之不可伐人。"

○燕人畔。王曰："吾甚惭于孟子。"

齐破燕后二年，燕人共立太子平为王。平即昭王。

陈贾曰："王无患焉。王自以为与周公，孰仁且智?"王曰："恶！是何言也?"曰："周公使管叔监殷，管叔以殷畔。知而使之，是不仁也；不知而使之，是不智也。仁智，周公未之尽也，而况于王乎？贾请见而解之。"恶、监，皆平声。

陈贾，齐大夫也。管叔，名鲜，武王弟，周公兄也。武王胜商杀纣，立纣子武庚，而使管叔与弟蔡叔、霍叔监其国。武王崩，成王幼，周公摄政。管叔与武庚畔，周公讨而诛之。

见孟子问曰："周公何人也?"曰："古圣人也。"曰："使管叔监殷，管叔以殷畔也，有诸?"曰："然。"曰："周公知其将畔而使之与?"曰："不知也。""然则圣人且有过与?"曰："周公，弟也；管叔，兄也。周公之过，不亦宜乎?

言周公乃管叔之弟，管叔乃周公之兄，然则周公不知管叔之将畔而使之，其过有所不免矣。或曰："周公之处上声。下同。管叔，不如舜之处象何也?"游氏曰②："象之

---

① 焦循《孟子正义》引《四书辨疑》云："'仕'当作'士'，传写之差也。"

② 游氏：游酢。

恶已著，而其志不过富贵而已，故舜得以是而全之；若管叔之恶则未著，而其志其才皆非象比也，周公讵忍逆探平声。其兄之恶而弃之耶？周公爱兄，宜无不尽者。管叔之事，圣人之不幸也。舜诚信而喜象，周公诚信而任管叔，此天理人伦之至，其用心一也。"程子曰："象忧亦忧，象喜亦喜，盖天理人情，于是为至。舜之于象，周公之于管叔，其用心一也。夫管叔未尝有恶也，使周公逆知其将畔，果何心哉！惟管叔之畔，非周公所能知，则其过有所不免矣。故孟子曰：'周公之过，不亦宜乎。'"问："周公诛管叔，自公义言之，其心固正大直截，自私恩言之，其情终有不自满处，所以孟子谓周公之过，不亦宜乎者以此。"朱子曰："周公岂得已为此哉！莫到恁地较好。"胡氏云："象得罪于舜，故封之；管蔡流言，将危周公，以间王室，得罪于天下，故诛之。非周公诛之，天下之所当诛，周公岂得而私之哉！舜处其常，周公处其变，此圣人所以同归于道也。"庆源辅氏曰："周公不忍料兄之恶而使之，故不免有过，是以孟子亦言'周公之过，不亦宜乎'，不说周公无过也。"云峰胡氏曰："讵忍逆探其兄之恶而弃之，此一句，最见得周公之用心。舜之心，诚信而喜象，不忍逆以其弟为诈，舜为兄之道尽矣；周公之心，诚信而任管叔，不忍逆以其兄为畔，周公为弟之道尽矣。故曰此天理人情之至。人伦即是天理，特分而言之，天理其自然者，人伦其当然者尔。"

且古之君子，过则改之；今之君子，过则顺之。古之君子，其过也，如日月之食①，民皆见之；及其更也，民皆仰之。今之君子，岂徒顺之，又从为之辞。"更，平声。

顺，犹遂也。更，改也。辞，辩也。更之则无损于明，故民仰之。顺而为之辞，则其过愈深矣。责贾不能勉其君以迁善改过，而教之以遂非文去声。过也。新安陈氏曰："孟子窥贾为君文过之心，于不言之表而责之。"○林氏曰："齐王惭于孟子，盖羞恶之心，有不能自已者。使其臣有能因是心而将顺之，则义不可胜平声。用矣。而陈贾鄙夫，方且为去声。之曲为辩说，而沮在吕反。其迁善改过之心，长上声。其饰非拒谏之恶，故孟子深责之。然此书记事，散出而无先后之次，故其说必参考而后通。若以第二篇十章、《齐人伐燕胜之章》。十一章《齐人伐燕取之章》。置于前章之后，此章之前则孟子之意，不待论说而自明矣。"南轩张氏曰："周公于管叔，亲爱之而不知其将畔，其过也宜矣。贾为君文过，过之中又生过焉。"汪氏曰："己富贵而兄弟无位，仁者弗为也；兄弟恶未萌而以恶逆之，智者弗为也。自陈贾观之，以周公为仁智未之尽；由君子观之，周公实仁且智者也。不期以畔，而卒至于畔，不免于过，乃所遭之不幸也。及其畔也，不以私恩害公义，诛之以安宗社天下，是于过为能改矣，其不得已而行权也。"

○孟子致为臣而归。

孟子久于齐而道不行，故去也。

王就见孟子，曰："前日愿见而不可得，得侍，同朝甚喜。今又弃寡人而归，不识

---

① 其过也，如日月之食："《论语·子张》："子贡曰：'吾之过也，如日月之食焉。过也人皆见，更也人皆仰之。'"

可以继此而得见乎？”对曰：“不敢请耳，固所愿也。”朝，音潮。新安陈氏曰：“谦言得侍贤者，同朝者皆甚喜。”

他日，王谓时子曰：“我欲中国而授孟子室，养弟子以万钟，使诸大夫国人皆有所矜式。子盍为我言之？”为，去声。

时子，齐臣也。中国，当国之中也。万钟，谷禄之数也。钟，量去声。名，受六斛四斗。矜，敬也。式，法也。盍，何不也。赵氏曰：“四豆为区，区受斗六升，四区为釜，釜受六斗四升，十釜为钟，受六斛四斗。”

时子因陈子而以告孟子，陈子以时子之言告孟子。

陈子，即陈臻也。

孟子曰：“然。夫时子恶知其不可也？如使予欲富，辞十万而受万①，是为欲富乎？夫，音扶。恶，平声。

孟子既以道不行而去，则其义不可以复扶又反。留；而时子不知，则又有难显言者。故但言设使我欲富，则我前日为卿，尝辞十万之禄，今乃受此万钟之馈。是我虽欲富，亦不为此也。况本非欲富乎？庆源辅氏曰：“齐王告时子，是就人欲中计较。孟子之意，道合则从，不合则去，恶用是多端为哉？注云孟子有难显言者，显言之，则讦扬齐王之失，而有戾于我固所愿之仁。”

季孙曰：‘异哉子叔疑！使己为政，不用，则亦已矣，又使其子弟为卿。人亦孰不欲富贵？而独于富贵之中，有私龙断焉。’龙，音垄。

此孟子引季孙之语也。季孙、子叔疑，不知何时人。龙断，冈垄之断而高也，义见形甸反。下文。盖子叔疑者尝不用，而使其子弟为卿。季孙讥其既不得于此，而又欲求得于彼，如下文贱丈夫登龙断者之所为也。孟子引此以明道既不行，复扶又反。受其禄，则无以异此矣。庆源辅氏曰：“举季孙所讥子叔疑之事，以见我不敢效此之意。辞禄而受馈，虽多寡之不同，毕竟是既不得于此，而又求得于彼也。”

古之为市也，以其所有易其所无者，有司者治之耳。有贱丈夫焉，必求龙断而登之，以左右望而罔市利。人皆以为贱，故从而征之。征商，自此贱丈夫始矣。

孟子释龙断之说如此。治之，谓治其争讼。左右望者，欲得此而又取彼也。罔，谓罔罗取之也。双峰饶氏曰：“左右望，是欲全得之，万一不得于此，亦可得于彼。不得于此，是譬喻辞十万；得于彼，是譬喻受万。”从而征之，谓人恶去声。其专利，故就征其税，后世缘此遂征商人也。庆源辅氏曰：“文王关讥不征，是三代之初皆如此。”新安陈氏曰：“孟子有引喻以终之，而不复说上正意者，此章之类是也。”〇程子曰：“齐王所以处上声。孟子者，未为不可，孟子亦非不肯为国人矜式者。但齐王实非欲尊孟子，乃欲以利诱之，故孟子拒而不受。”新安陈氏曰：“齐王固不得待孟子之道，尤为不知孟子之心。”

---

① 辞十万：焦循《孟子正义》引阎若璩《孟子生卒年月考》谓：“此盖孟子通计仕齐所辞之数，非一岁有也。”

○孟子去齐，宿于昼。昼，如字，或曰："当作画，音获。"下同。

昼，齐西南近邑也。

有欲为王留行者，坐而言。不应，隐几而卧。为，去声。下同。隐，于靳反。

隐，凭也。客坐而言，孟子不应而卧也。

客不悦曰："弟子齐宿而后敢言，夫子卧而不听，请勿复敢见矣。"曰："坐！我明语子。昔者鲁缪公无人乎子思之侧，则不能安子思；泄柳、申详，无人乎缪公之侧，则不能安其身。齐，侧皆反。复，扶又反。语，去声。

齐宿，齐戒越宿也。缪音穆。公尊礼子思，常使人候伺音笥。道去声。达诚意于其侧，乃能安而留之也。泄柳，鲁人。申详，子张之子也。缪公尊之不如子思，然二子义不苟容，非有贤者在其君之左右维持调护之，则亦不能安其身矣。问："泄柳申详无人乎缪公之侧，则不能安其身。二子之贤，其心固如是乎？"朱子曰："非谓二子之心，倚君侧之人也，语其势则然耳。若二子之心如此，则与世之垢面污行而事君侧便嬖之人者，何以异乎？"庆源辅氏曰："缪公好贤之切，唯恐有不当其意者，常使人道达诚意，乃能安而留之。泄柳尝闭门以避缪公，不苟合可见。申详见《礼记》，与泄柳并称，其贤可知。缪公待子思，恐子思不察己之诚也。二子非有贤者调护之，则又恐君不察己之诚也。德若子思，则自有此应。若只及得二子，则自处又当如此，下此则苟容以徇君者也。"

子为长者虑，而不及子思，子绝长者乎？长者绝子乎？"长，上声。

长者，孟子自称也。言齐王不使子来，而子自欲为去声。下"以为"同。王留我；是所以为我谋者，不及缪公留子思之事，而先绝我也。我之卧而不应，岂为先绝子乎？庆源辅氏曰："孟子之自处，不在子思之下，故意或人之为我谋，不及缪公留子思之事也。盖有欲为王留行者，虽有爱贤之意，而不知待贤者之礼，故孟子告之如此。"新安倪氏曰："孟子之于齐，齐王既不能如缪公之待子思，固无以安孟子矣，次焉而齐之群臣，又无贤者为之维持调护，孟子亦岂能安其身哉！孟子之德，无愧子思，齐王如缪公之待子思，宜也，故末又以不及子思为言。泄柳申详之事，姑引以言齐之无贤臣耳。"

○孟子去齐。尹士语人曰："不识王之不可以为汤武，则是不明也；识其不可，然且至，则是干泽也。千里而见王，不遇故去。三宿而后出昼，是何濡滞也？士则兹不悦。"

尹士，齐人也。干，求也。泽，恩泽也。濡滞，迟留也。

高子以告。

高子，亦齐人，孟子弟子也。

曰："夫尹士恶知予哉？千里而见王，是予所欲也；不遇故去，岂予所欲哉？予不得已也。夫，音扶。下同。恶，平声。

见王，欲以行道也。今道不行，故不得已而去，非本欲如此也。

予三宿而出昼，于予心犹以为速。王庶几改之。王如改诸，则必反予。

所改必指一事而言，然今不可考矣。

夫出昼而王不予追也，予然后浩然有归志。予虽然，岂舍王哉？王由足用为善。王如用予，则岂徒齐民安，天下之民举安。王庶几改之，予日望之。

浩然，如水之流不可止也。杨氏曰："齐王天资朴实，如好勇、好货、好色、好世俗之乐，皆以直告而不隐于孟子，故足以为善。若乃其心不然，而谬为大言以欺人，是人终不可与入尧舜之道矣，何善之能为？"

予岂若是小丈夫然哉？谏于其君而不受，则怒，悻悻然见于其面。去则穷日之力而后宿哉？"悻，形顶反。见，音现。

悻悻，怒意也。穷，尽也。

尹士闻之曰："士诚小人也。"

此章见圣贤行道济时，汲汲之本心；爱君泽民，惓惓音权。之余意①。庆源辅氏曰："《集注》'本心'，谓其初本欲如此也，'余意'则后来不得已之意耳。详玩此两句，便可见圣贤之心。'千里见王'，'王如用予，岂特齐民安，天下之民举安'，此其行道济时汲汲之本心；'三宿出昼'，'王庶几改之，予日望之'，此其爱君泽民惓惓之余意。"李氏曰："于此见君子忧则违之之情，而荷何可反。蒉者所以为果也。"《易·乾卦·文言》："乐则行之，忧则违之。"朱子曰："孟子与荷蒉，皆是忧则违之，但荷蒉者果于去，不若孟子之迟迟吾行。盖得时行道者，圣人之本心；不遇而去者，圣人之不得已。此与孔子去鲁之心同，盖圣贤忧世济时之诚心，非若荷蒉之果于去也。"南轩张氏曰："齐王资虽钝而不敏，然异夫饰非矫情以自欺欺人者，故孟子有望焉。以为王如用予，天下举安，盖其安天下之道，已素定于胸中，而其本则在于格君心，故拳拳望王之改之也。若夫谏而不用，去则穷日而后宿者，是私意所发，其谏也固无诚意之感，其去也又无忠厚之气，真小丈夫哉！"双峰饶氏曰："方其来也，只望齐王能行其道，及其去也，又望王能改过，此圣贤仁厚之意。盖决然去者，义也；欲去不去者，仁也。李氏所以说忧则违之之情，忧只是不乐违去也，当看'情'字。"云峰胡氏曰："孟子忧则违之，若与荷蒉同，而其忧则违之之情，与荷蒉之恝然忘情者大不同也。"新安陈氏曰："孟子所历，如滕文虽慕道，然国微弱，道必难行。其次如鲁沮于臧仓，又必不行。大国，齐梁也。梁惠不足与有行，襄尤劣矣，庶几焉者，其齐宣乎？齐有易以安天下之势，孟子又有安天下之道。王天资诚朴，若可与有行者，所以拳拳望之有不能自已焉。于此终不遇合，则孟子之道，知其不行矣。"

○孟子去齐。充虞路问曰："夫子若有不豫色然。前日虞闻诸夫子曰：'君子不怨天②，不尤人。'"

路问，于路中问也。豫，悦也。尤，过也。此二句实孔子之言，盖孟子尝称之以教人耳。

曰："彼一时，此一时也。

---

① 惓惓：忠心耿耿的样子。

② 君子不怨天：语出《论语·宪问》。

之根基。理是个公共底物事，不解会不善；人做不是，自是失了性，却不是坏了著修。”又曰：“未发之前，气不用事，所以有善而无恶。”“性善者，以理言之，称尧舜者，质其事以实之，所以互相发也。其意盖曰知性善，则知尧舜之必可为矣；知尧舜之可为，则其于性善也，信之益笃，而守之益固矣。”问：“性善之性与‘尧舜性之’之性如何?”曰：“性善之性实，性之之性虚，性之只是合下禀得，目下便将来受用。”“性善，故人皆可为尧舜，必称尧舜，所以验性善之实。”问：“人未能便至于尧舜，而孟子言必称之，何也?”曰：“道性善与称尧舜二句，正相表里，盖人之不至于尧舜者，是他力量不至，固无可奈何。然人须当以尧舜为法，人到得尧舜地位，方做得一个人，无所欠阙，然也只是本分事，这便是止于至善。”问：“孟子道性善，看来孟子言赤子将入井，有怵惕恻隐之心，此只就情上见。如言孩提之童无不爱其亲，亦只是就情上说。”曰：“未发时，憷惕恻隐，与孩提爱亲之心，皆在里面了，少间发出来，即是未发底物事。静也只是这物事，动也只是这物事。如孟子所说，正要人于发动处，见得是这物事，即是静时所养底物事。静时若存守得这物事，则日用流行，即是这物事。而今学者，且要识得动静只是一个物事。”问：“孟子道性善，盖谓性无有不善也，明道乃以为善固性也，然恶亦不可不谓之性。其义如何?”潜室陈氏曰：“才识气质之性，即善恶方各有著落，不然，则恶从何处生？以孟子说未备，故程门发此义。孟子专说义理之性，则恶无所归，是论性不论气，孟子之说为未备；专说气禀，则善为无别，是论气不论性，诸子之论所以不明夫本也。程子兼气质论性。”云峰胡氏曰：“孔子亦尝说性善，曰‘继之者善，成之者性’。但‘善’字从造化发育处说，不从人生禀受处说。子思曰‘天命之谓性，率性之谓道’，正是从源头说。性之本善，但不露出一‘善’字。性善之论，自孟子始发之。《集注》释‘性’者，人禀于天以生之理也，此一句，便辟到告子所谓‘生之谓性’。盖生不是性，生之理是性，天地间岂有不好底道理，故曰‘浑然至善，未尝有恶’。古今只是一个道理，故曰‘人与尧舜，初无少异’。孟子道性善，言其理也。称尧舜以实之，言其事也。天下无理外之事，能为尧舜所为之事，便是不失吾所得以生之理。然而人不能皆尧舜者，气质之拘、物欲之蔽也。《集注》言物欲，不言气质，盖以孟子不曾说到气质之性，故但据孟子之意言之。程子曰：‘性善二字，孟子扩前圣之所未发，而有功于圣门。’愚亦敢曰：‘性即理也’一句，程子扩前圣所未发，而有功于孟子。”新安陈氏曰：“性善，是虚说其理；称尧舜，是指能尽性之人，以实其说。如朱子著小学书，列立教明伦于前，尽是说其理。列实立教实明伦于后，并是实有是人，实有是事，以实前面之说，此之谓实之。何以验人性之善哉？观尧舜能尽其性而为大圣人，则可以知同有是性者之皆可以为圣人，而不懈于学圣人矣。所以言性善，而必称尧舜以实之欤?”【通考】张氏须曰：“孟子言性善所谓天地之性也，斯言也，实传子思天命谓性之言。子思指天所赋而人受之者为言，合理气而言也。孟子指民受天地之中者为言，专指理而言也。孔子言‘性相近’，以形体之已具者言；孟子之言‘性善’，以有形体之初者言也，皆一理也。然则气质之性，孟子所不言乎？曰‘形色天性’，曰‘动心忍性’，曰‘君子不谓性’，皆指气质之性也。”吴氏程曰：“孟子道性善，是就气质中挑出其本然之理而言。”

世子自楚反，复见孟子。孟子曰：“世子疑吾言乎？夫道一而已矣。复，扶又反。夫，音扶。

时人不知性之本善，而以圣贤为不可企及；故世子于孟子之言不能无疑，而复来求见，盖恐别有卑近易去声。行之说也。孟子知之，故但告之如此，以明古今圣愚本同一性，前言已尽，无复扶又反。下同。有他说也。朱子曰：“当战国之时，圣学不明，天下之人但知功利之可求，而不知己性之本善，圣贤之可学。闻是说者，非惟不信，往往亦不复致疑于其间，若文公，则虽未能尽信，而已能有所疑矣。是其可与进道之萌芽也，故孟子于其去而复来，迎而谓之曰：‘世子疑吾言乎？’而又告之曰：‘夫道，一而已矣。’盖古今圣愚，同此一性，则天下固不容有二道，但在笃信力行，则天下之理，虽有至难，犹必可至。况善乃人之所本有，而为之不难乎！”云峰胡氏曰：“按饶氏谓‘道一而已矣，与性一而已矣’不同，性以所禀言之，道以所由言之。《集注》此处说得‘性’字稍重，愚谓《集注》不曰‘同一道’，而曰‘同一性’者，盖推本而言，欲自上文性善说来。性之外也无所谓道，同此性即同此道，又何疑焉！”

成覸谓齐景公曰：‘彼丈夫也，我丈夫也，吾何畏彼哉？’颜渊曰：‘舜何人也？予何人也？有为者亦若是。’公明仪曰：‘文王我师也，周公岂欺我哉？’覸，古苋反。

成覸，人姓名。彼，谓圣贤也。有为者亦若是，言人能有为，则皆如舜也。公明，姓；仪，名；鲁贤人也。① 文王我师也，盖周公之言。公明仪亦以文王为必可师，故诵周公之言，而叹其不我欺也。孟子既告世子以道无二致，而复引此三言以明之，欲世子笃信力行，以师圣贤，不当复求他说也。朱子曰：“孟子引三段说话，教人如此发愤，勇猛向前，日用之间，不得存留一毫人欲之私在这里，此外更无别法。若如此，有个奋迅兴起处，方有田地可下工夫，不然，则是画脂镂冰，无真实得力处。”云峰胡氏曰：“性之本善，尧舜无异于人，行之不力，人自异于尧舜。”

今滕，绝长补短，将五十里也，犹可以为善国。《书》曰：‘若药不瞑眩，厥疾不瘳。’”瞑，莫甸反。眩，音县。

绝，犹截也。《书·商书·说音悦。命篇》。瞑眩，愦古对反。乱。言滕国虽小，犹足为治，去声。但恐安于卑近，不能自克，则不足以去上声。恶而为善也。朱子曰：“滕小不过如今一乡，孟子只说可为善国，终不成以告齐梁之君者告之。”“人要为圣贤，须是猛起，如服瞑眩之药，以除深痼之疾，直是不可悠悠。”蔡氏曰：“《方言》云：饮药而毒，海岱之间谓之瞑眩。”勉斋黄氏曰：“历引三人之言，所以释滕文之疑；终以药瞑眩，所以厉其志。”双峰饶氏曰：“前面文公再去见孟子时，是疑其资禀凡下，不可以为尧舜，故孟子以‘成覸’以下三说答之。末后孟子恐文公又自疑其土地狭小，故以瞑眩之说告之。文公后来也能问丧礼，问经界，亦足见其有为处。”〇愚按：孟子之言性善，始见形甸反。于此，而详具于《告子》之篇。然默识如字。而旁通之，则七篇之中，无

① 公明仪：《礼记·祭仪》郑玄注云：“曾子弟子。”

非此理。其所以扩前圣之未发，而有功于圣人之门，程子之言信矣。西山真氏曰："七篇之中无非此理者，如言仁义，言四端，盖其大者，至于因齐王之爱牛而劝之以行王政，亦因其性善而引之当道也。以此推之，他可识矣。"新安陈氏曰："林氏于下章言丧礼处，谓可验人性之善，亦当以此意类推之。"

○滕定公薨①。世子谓然友曰："昔者孟子尝与我言于宋，于心终不忘。今也不幸至于大故，吾欲使子问于孟子，然后行事。"

定公，文公父也。然友，世子之傅也。大故，大丧也。事，谓丧礼。

然友之邹问于孟子。孟子曰："不亦善乎！亲丧固所自尽也②。曾子曰：'生，事之以礼；死，葬之以礼，祭之以礼，可谓孝矣。'③诸侯之礼，吾未之学也；虽然，吾尝闻之矣。三年之丧，齐疏之服，饘粥之食，自天子达于庶人，三代共之。"齐，音资。疏，所居反。饘，诸延反。

当时诸侯莫能行古丧礼，而文公独能以此为问，故孟子善之。又言父母之丧，固人子之心所自尽者。盖悲哀之情，痛疾之意，非自外至，宜乎文公于此有所不能自已也。但所引曾子之言，本孔子告樊迟者，岂曾子尝诵之以告其门人欤？三年之丧者，子生三年，然后免于父母之怀。故父母之丧，必以三年也。齐，衣下缝音逢。也。不缉七入反。曰斩衰④，音催。下同。缉之曰齐衰⑤。疏，粗也，粗布也。饘，糜也。丧礼：三日始食粥。既葬，乃疏食。音嗣。《记·丧大记》：君之丧，子、大夫、公子、众士皆三日不食。子、大夫、公子食粥，士疏食水饮，夫人、世妇、诸妻皆疏食水饮。大夫之丧，主人室老子姓皆食粥，众士疏食水饮，室老，其贵臣也。众士，谓众臣。妻妾疏食水饮，士亦如之。既葬，主人疏食水饮，不食菜果，妇人亦如之：君、大夫、士一也。练而食菜果，祥而食肉。此古今贵贱通行之礼也。朱子曰："孟子说制度，皆举其纲而已，如田之十一，丧之自天子达之类。""孟子答滕文公丧礼，不说到细碎上，只说齐疏之服，饘粥之食，自天子达于庶人，这二项，便是大原大本。自尽其心，丧礼之大本也。三年，齐疏，饘粥，丧礼之大经也。孟子生战国，不得见先王全经矣，然其学得孔子之正传，而于文武之道识其大者，故其考论制度，虽若疏阔，而于大本大经之际，则有不可得而乱者。以是为主，而酌乎人情世变以文之，则礼虽先王未之有，亦可以义起矣。后世议礼者不明乎此，故常以其度数节文之小不备而不敢为，卒以就乎大不备而后已，此刘向所以深叹之也。然无孟子之学而强为之，如叔孙通、曹褒之流，是又不免乎

---

① 薨：《公羊传·隐公三年》云："天子曰崩，诸侯曰薨。"

② 自尽：竭尽自己的心力。《论语·子张》载曾子语曰："吾闻诸夫子，人未有自致者也，必也亲丧乎。"孟子即本此而言。

③ 生，事之以礼；死，葬之以礼，祭之以礼，可谓孝矣：此为孔子语，语出《论语·为政》，孟子谓是曾子所说，或另有所本。

④ 斩衰：旧时五种丧服中最重的一种。用粗麻布制成，左右和下边不缝。服制三年。子及未嫁女为父母，媳为公婆，承重孙为祖父母，妻妾为夫，均服斩衰。先秦诸侯为天子、臣为君亦服斩衰。

⑤ 齐衰：丧服名，为五服之一。服用粗麻布制成，以其缉边缝齐，故称"齐衰"。

私意之凿而已矣。"赵氏曰："自天子达于庶人，是无贵贱之别；三代共之，是无古今之异。"

然友反命，定为三年之丧。父兄百官皆不欲，曰："吾宗国鲁先君莫之行，吾先君亦莫之行也，至于子之身而反之，不可。且志曰：'丧祭从先祖。'"曰："吾有所受之也。"

父兄，同姓老臣也。滕与鲁俱文王之后，而鲁祖周公为长，上声。兄弟宗之，故滕谓鲁为宗国也。【通考】赵氏德曰："文王之子周公旦，旦子伯禽封于鲁。文王子错叔绣，武王庶弟，封于滕，侯爵。"然谓二国不行三年之丧者，乃其后世之失，非周公之法本然也。志，记也，引志之言而释其意。以为所以如此者，盖为去声。上世以来，有所传受；虽或不同，不可改也。然志所言，本谓先王之世旧俗所传，礼文小异而可以通行者耳，不谓后世失礼之甚者也。朱子曰："古宗国，如周公兄弟之为诸侯者，则皆以鲁国为宗，至战国时，滕犹称鲁为宗国也。"南轩张氏曰："考滕世子问孟子之辞，则三年之丧，其废也久矣，其在周之末世乎？故曰吾宗国鲁先君莫之行，吾先君亦莫之行也。又曰丧祭从先祖，吾有所受之也，然则其废也久矣。世之治乱，此岂非其根抵耶！"

谓然友曰："吾他日未尝学问，好驰马试剑。今也父兄百官不我足也，恐其不能尽于大事，子为我问孟子。"然友复之邹问孟子。孟子曰："然。不可以他求者也。孔子曰：'君薨，听于冢宰。①歠粥，面深墨。即位而哭，百官有司，莫敢不哀，先之也。'上有好者，下必有甚焉者矣。'君子之德，风也；小人之德，草也。草上之风必偃。'②是在世子。"好、为，皆去声。复，扶又反。歠，川悦反。

不我足，谓不以我满足其意也。然者，然其不我足之言。不可他求者，言当责之于己。冢宰，六卿之长上声。也。歠，饮也。深墨，甚黑色也。即，就也。尚，加也。《论语》作上，古字通也。偃，伏也。"必偃"以上皆孔子语。孟子言但在世子自尽其哀而已。庆源辅氏曰："当责之于己，是应前面固所自尽之说；在世子自尽其哀，是应上句不可他求之意。"双峰饶氏曰："君薨，'君'字统天子诸侯而言；听于冢宰，是国家政事皆听命于冢宰，非听政、听讼之谓。"

然友反命。世子曰："然。是诚在我。"五月居庐，未有命戒。百官族人可谓曰知。及至葬，四方来观之，颜色之戚，哭泣之哀，吊者大悦。

诸侯五月而葬，未葬，居倚庐于中门之外。居丧不言，故未有命令教戒也。《左传·隐公元年》："天子七月而葬，同轨毕至；言同轨以别四夷之国。诸侯五月，同盟至；同在方岳之盟。大夫三月，同位至；士逾月，外姻至。"此言赴吊，各以远近为差，因为葬节。《礼记·丧大记》："父母之丧，居倚庐，不涂，寝苫枕块，非丧事不言"。可谓曰知，疑有阙误。或曰："皆谓世子之知礼也。"庆源辅氏曰："可，当作皆，如作可，不成文

---

① 《论语·宪问》云："君薨，百官总己以听于冢宰三年。"

② 《论语·颜渊篇》："君子之德风，小人之德草。草上之风，必偃。"

理。”○林氏曰：“孟子之时，丧礼既坏，然三年之丧，恻隐之心，痛疾之意，出于人心之所固有者，初未尝亡也。惟其溺于流俗之弊，是以丧去声。其良心而不自知耳。文公见孟子而闻性善尧舜之说，则固有以启发其良心矣，是以至此而哀痛之诚心发焉。及其父兄百官皆不欲行，则亦反躬自责，悼其前行去声。之不足以取信，而不敢有非其父兄百官之心。虽其资质有过人者，而学问之力，亦不可诬也。及其断丁乱反。然行之，而远近见闻无不悦服，则以人心之所同然者，自我发之，而彼之心悦诚服，亦有所不期然而然者。人性之善，岂不信哉？”西山真氏曰：“三年之丧，自唐虞三代未有改者。春秋之世，此礼废坠，于是宰予欲短丧，而孔子责其不仁，子思亦谓自期以下，贵贱有殊，父母之丧，则一而已。方滕文用孟子言，欲行此礼，父兄百官，哗然争之，及违众而行，又以为知礼，何耶？盖以为不可行者，蹈常袭故之陋见，而以为知礼者，秉彝好德之良心也。世降教失，虽以东鲁文献之邦，犹不能行，何怪于滕之父兄乎！然文公一以身先之，则幡然而悟，天理之在人心者，固不可泯也。”云峰胡氏曰：“前章论性善，此章自是论三年之丧。《集注》引林氏说，首尾必举性善而言者，盖丧制，人子之心所自尽者，最可见人性之本善处。文公自悔其前日未尝学问，而一旦力行其所闻于孟子者，是孟子一开发之际，而文公之性善见矣。及其行之，而远近见闻，莫不悦服，是文公一感发之顷，而远近之人，性善皆见矣。于是益可信人性之无有不善，而尧舜之真可为也。”

○滕文公问为国。

文公以礼聘孟子，故孟子至滕，而文公问之。庆源辅氏曰：“前云使然友问，后云使毕战问，但此言滕文公问，则知是文公亲问孟子也。盖文公既即位，固不可越国往见孟子，则必是以礼聘孟子至滕，而文公问之也。”

孟子曰：“民事不可缓也。《诗》云：‘昼尔于茅，宵尔索绹①；亟其乘屋，其始播百谷②。’绹，音陶。亟，纪力反。

民事，谓农事。《诗·豳风·七月》之篇。于，往取也。绹，绞古巧反。也。亟，急也。乘，升也。播，布也。言农事至重，人君不可以为缓而忽之。故引《诗》言治屋之急如此者，盖以来春将复扶又反。始播百谷，而不暇为此也。庆源辅氏曰：“《诗》言民之趋于农功，自然如此其亟，孟子引之，以证民事不可缓之说。然熟玩之，便见得民事真不可缓之意。人君者，若能真知民事之不可缓，则于为国也思过半矣。”

民之为道也，有恒产者有恒心，无恒产者无恒心。苟无恒心，放辟邪侈，无不为已。及陷乎罪，然后从而刑之，是罔民也。焉有仁人在位，罔民而可为也？音义并见前篇。**是故贤君必恭俭礼下，取于民有制。**

恭则能以礼接下，俭则能取民以制。赵氏曰：“礼下，所以开世禄及学校之事也。

---

① 昼尔于茅，宵尔索绹：白天去割茅草，晚上回来绞绳。郑玄注：“尔，女也。女当昼日往取茅归，夜作绞索，以待时用。”

② 亟其乘屋，其始播百谷：急急忙忙的盖房屋，回头来又要种百谷。郑玄注：“乘，治也。”

取民以制，所以开制民常产及贡、助、彻之法也。”

阳虎曰：‘为富不仁矣，为仁不富矣。’

阳虎，阳货，鲁季氏家臣也。天理人欲，不容并立。虎之言此，恐为仁之害于富也；孟子引之，恐为富之害于仁也。君子小人，每相反而已矣。庆源辅氏曰：“先儒多以为孟子不以人废言，《集注》则以为言虽同而所取各异，其说尤的当。”

夏后氏五十而贡，殷人七十而助，周人百亩而彻，其实皆什一也。彻者，彻也；助者，借也。彻，敕列反。借，子夜反。

此以下，乃言制民常产，与其取之之制也。夏时一夫授田五十亩，而每夫计其五亩之入以为贡。商人始为井田之制，以六百三十亩之地，画为九区，区七十亩。中为公田，其外八家各授一区，但借其力以助耕公田，而不扶又反。复税所谓“助而不税”。其私田。周时一夫授田百亩。乡遂用贡法，十夫有沟；《周礼·夏官司徒》：“遂人，凡治野，夫间有遂，遂上有径；十夫有沟，沟上有畛；百夫有洫，洫上有涂；千夫有浍，浍上有道；万夫有川，川上有路，以达于畿。”都鄙用助法①，八家同井。《周礼·冬官·考工记》：“匠人为沟洫，九夫为井，井间广四尺，深四尺，谓之沟。方十里为成，成间广八尺，深八尺，谓之洫。方百里为同，同间广二寻，深二仞，谓之浍。”【通考】赵氏德曰：“乡遂之地在国中，遂人所职是也；都鄙之地在野外，周礼匠人所职是也。大司徒之职，令五家为比，使之相保，五比为闾，使之相受，四闾为族，使之相葬，五族为党，使之相救，五党为州，使之相赒，五州为乡，使之相宾，是一万二千五百家为乡也。遂人掌六遂，犹司徒之六乡，遂人以土地之图经田野，造县鄙形体之法。五家为邻，五邻为里，四里为酂，五酂为鄙，五鄙为县，五县为遂，朱子所谓以五起数者，亦是一万二千五百家为遂也，皆有地域沟树之，所谓乡遂也。遂人治野，夫间有遂，遂广深各二尺，凡一夫所受之田间必有遂，故曰‘夫间有遂，遂上有径’。径之广可容牛马行，亦所以通行于国都也。十夫有沟，十夫，千亩之田也。沟之深广倍于遂，沟上有畛，畛之广可容大车。百夫有洫，百夫，万亩之田也。洫之广倍于沟，洫上有涂，涂之广可容乘车一轨。千夫有浍，千夫，十万亩之田也。川所以受沟洫浍之水，川上有路，路之广可容车三轨，以达于畿。畿亦遂之境也。每百夫之田为一径界，十夫之田同一遂，百夫之遂凡十而皆有沟，沟有九而皆横。百夫之田万亩外，其洫直，千夫之田十万亩外，其浍横，此乡遂之大略也。小司徒乃经土田，而井牧其田野。九夫为井，四井为邑，四邑为丘，四丘为甸，四甸为县，四县为都。朱子所谓以四起数者，此乃造都鄙采地制，井田异于乡遂，重立国，小司徒为经之。每丘之地纵横各三沟，四丘之田为一甸，十字中为四洫。《冬官考工记》‘匠人为沟洫’，此畿内采地制，井田异于乡遂，故匠人以一井至一同言之，则以开方之法而言。遂人以一夫至万夫言之，则以车运属而言也。”奉新阴

① 都鄙：京城和边邑。助法：古代借民力助耕公田的一种劳役租赋制度，传始行于殷代。

氏炤曰①："乡遂在近郊远郊之间，平原旷野可画为万夫之井，故有沟洫涂路。都鄙谓甸稍县都，包山林陵麓在内，难用沟洫齐整分画，但逐处画为井田。"耕则通力而作，收则计亩而分，故谓之彻。朱子曰："此亦不可详知，但因洛阳议论中通彻而耕之说推之耳，或但耕则通力而耕，收则各得其亩，亦未可知也。"其实皆什一者，贡法固以十分扶问反。下同。之一为常数，惟助法乃是九一，庆源辅氏曰："此以文王治岐，耕者九一，及下文请野九一而助，知其然也。"而商制不可考。周制则公田百亩，中以二十亩为庐舍，新安陈氏曰："二十亩分为八家，家各二亩半以为治田时所居，所谓二亩半在田是也。"一夫所耕公田实计十亩。通私田百亩，为十一分而取其一，盖又轻于十一矣。《前汉·食货志》："理民之道，地著为本，地著，谓安土。故必建步立亩，正其经界。六尺为步，步百为亩，亩百为夫，夫三为屋，屋三为井，井方一里，是为九夫，八家共之。各受私田百亩，公田十亩，是为八百八十亩，余二十亩以为庐舍。出入相友，守望相助，疾病相救，民是以和睦，而教化齐同力役生产，可得而平也。民受田，上田夫百亩，中田夫二百亩，下田夫三百亩。岁耕种者为不易，上田休一岁者为一易，中田休二岁者为再易，下田三岁更耕之，自爰其处。更，互也。爰，于也。农民户人已受田，其家众男为余夫，亦以口受田如比。比，例也。士工商家受田，五口乃当农夫一人，此谓平土可以为法者也。若山林薮泽，原陵淳卤之地。淳，尽也。舄卤之田，不生五谷。各以肥硗多少为差，民年二十受田，六十归田，在野曰庐，在邑曰里。"窃料商制亦当似此，而以十四亩为庐舍，一夫实耕公田七亩，是亦不过十一也。彻，通也，均也。借，借也。朱子曰："尝疑孟子所谓夏后氏五十而贡，殷人七十而助，周人百亩而彻，恐不解如此。先王疆理天下之初，做许多畎浍沟洫之类，大段是费人力了。若是自五十而增为七十，自七十而增为百亩，则田间许多疆理，都合更改，恐无是理。孟子当时，未必亲见，只是传闻如此，恐亦难尽信也。"问："所言井地之法，以《周礼》诸说考之，亦未有悉合者，何也？"曰："吾于前章固已论之矣，大抵孟子之言，虽曰推本三代之遗制，然常举其大，而不必尽于其细也。师其意，而不泥于文也。盖其疏通简易，自成一家，乃经纶之活法，而岂拘儒曲士、牵制文义者之所能知哉！"曰："三代受田多少之不同，何也？"曰："张子尝言之矣，陈氏、徐氏亦有说焉，然皆若有可疑者，盖田制既定，则其沟涂畛域，亦有一定而不可易者。今乃易代更制，每有增加，则其劳民动众，废坏已成之业，使民不得服先畴之田亩，其烦扰亦已甚矣。不知孟子之言，其所以若此者果何耶？"陈氏云："夏时洪水方平，可耕之地少，至商而寖广，周而大备也。"徐氏云："古者民约，故田少而用足，后世弥文而用广，故授田之际，随时而加焉。"南轩张氏曰："杨氏云'彻者，彻也，兼贡助而通力也'，故孟子曰'请野九一而助，国中什一使自赋'，八家皆私百亩，其中为公田，所谓九一而助也。国中什一使自赋，则用贡法矣，此周人所以为彻也。郑氏谓周制畿内用贡法，邦国用助法，有得于此欤？"【通考】仁山

① 奉新阴氏炤：未详何人。(元)詹道传：《四书纂笺·孟子纂笺》卷五："奉新阴炤云：'乡遂在近郊远郊之间。'"

金氏曰："《集注》之说虽明，而《语录》亦自疑之。古者田制，遂径沟畛洫浍道，凡水陆封树，自禹浚畎浍距川以来，积世累代而后成。若商又变为六百三十亩之区，周又变为九百亩之井，则一时径遂改易，固不甚难。而沟畛洫涂例须改作，大费民力，久而不定。按古者以平地为田，其同沟共井者无甚疆界，但各以甸数为记。而所谓亩，又与今尖斜折方不同。古者六尺为步，步百为亩。所谓亩者，阔一步，长百步。古人重黍、稷、粱、菽，其所谓亩，即今种豆麦者作田疄也，《诗》所谓'南东其亩'，谓田间做疄，向南向东，视水上之利也。古者中土既是平田，但正以田疄为计。夏后氏之时，田未尽辟，又去古来远，遂士大夫无不躬稼穑。受田者多，故每夫受田五十疄，比周一井，则十八家受之，而自贡其什一。至殷人则田已开辟，一夫受田七十疄，比周一井，则十二家受之，而助耕公田六十疄。至周则土田尽辟，而君子小人又分，在官者食公田之禄，工商不尽受田，惟农受田，故得以一百亩为限，乡遂用贡法。十夫有沟，都鄙用助法，八家同井而一夫各授田百疄，其庐舍则拨田之外，又共拨若干疄。三代可以例推也。"傅氏寅曰①："《孟子》'夏后氏五十而贡'，《诗》'信彼南山，维禹甸之'，《春秋传》夏少康'有田一成，有众一旅'，甸五百七十六家，家一人则五百七十六人。一旅者，军也。余七十六人为军外之用。以《诗》与《春秋》观之，丘甸之法，其来尚矣。但夏贡无公田，一夫受田止五十亩，一成之地百井，甸六十井，五百七十六夫，家受五十亩为半夫，五百七十六家受田千二百八十八夫耳。所余亦如之。以九等通率家受莱之夫，则田莱俱取足于一甸之内。甸外三十六井，其三分去一之法乎？成一旅，旅五百人，二十五成计万二千五百人，为一军，七十五成则三军矣。犹余二十五成以为宅田、士田、贾田、官田、牛田、赏田、牧田、问田及余夫之田，是方百里，仅可为公侯之国，见夏之制未设都鄙明矣。甸五百七十六夫，周悉井其田，夏则田莱各半，盖夏之时未仅辟故也。殷人七十而助，为有公田。一成百井，甸六十四井，除公田为五百一十二夫，计五万一千二百亩，五家十二家各授七十亩，计三万五千八百四十亩；家授莱者三十亩，计一万五千三百六十亩。其甸外三十六井，亦三分去一之法也。一同百成为三军，二十五成为宅田、士田、贾田、官田、牛田、赏田、牧田、闲田及余夫之田。殷每一国之地为都鄙，则有遂矣。国三军，鄙亦三军，三郊三遂也。周既增地制域，宅田等亦有余地，故国中为四军，五鄙则三军耳，惟国中四军，故曰千乘之国。"

龙子曰：'治地莫善于助，莫不善于贡。贡者校数岁之中以为常。乐岁，粒米狼戾，多取之而不为虐，则寡取之；凶年，粪其田而不足，则必取盈焉。为民父母，使民盻盻然，将终岁勤动，不得以养其父母，又称贷而益之。使老稚转乎沟壑，恶在其为民父母也？' 乐，音洛。盻，五礼反，从目从兮。或音"普苋反"者，非。养，去声。恶，平声。

---

① 傅氏寅：傅寅，字同叔，号杏溪，义乌人，对天文地理明堂、封建井田、律历兵制之属，世儒不讲者，靡不穷究，订其伪谬，学者称之。著有《群书百考》。《宋元学案》卷六十有《傅杏溪先生寅》。

龙子，古贤人。狼戾，犹狼藉，言多也。粪，壅于用反。也。盈，满也。盻，《礼韵》胡计、吾计二反。谓陆音五礼反，误。恨视也。勤动，劳苦也。称，举也。贷，他代反。借也。取物于人，而出息以偿之也。益之，以足取盈之数也。稚，幼子也。问："贡法，大禹之遗制①，而其不善若此，何也？"朱子曰："苏氏、林氏尝言之矣。苏氏曰：'作法必始于粗，终于精，古之不为此，非不智也，势未及也，方其未有贡也，以贡为善矣。及其既贡，而后知其有不善也。'林氏曰：'禹贡之法，九州之赋，有错出于他等者，不以为岁之常数。又因游豫，则视其丰凶而补助之。周制乡遂用贡法，亦有司稼之官，巡野观稼，视年之上下，以出敛法，则其弊未至如龙子之言，乃当时诸侯用贡法之弊耳。'"双峰饶氏曰："称贷而益之，如常年五石纳官，凶年折了，只纳四石，而公家必取盈五石之数，则又贷他人一石，来凑纳以足其数，此所以见贡法之害。"【通考】董氏彝曰："夏后氏五十而贡，孟子与殷助周彻并言，又引龙子之说，谓莫不善于贡。禹贡之法，在当世则为善，在后世则为弊。非法之过也，人为之弊耳。后世欲赋于民者，必先之于唐虞命官之意，而后禹贡之法可行。得人而用则为良，不得人而用则为弊。"

夫世禄，滕固行之矣。夫，音扶。

孟子尝言文王治岐，耕者九一，仕者世禄，二者王政之本也。今世禄滕已行之，惟助法未行，故取于民者无制耳。盖世禄者，授之土田，使之食其公田之入，实与助法相为表里，所以使君子野人各有定业，而上下相安者也，故下文遂言助法。

《诗》云：'雨我公田，遂及我私。'惟助为有公田。由此观之，虽周亦助也。雨，于付反。

《诗·小雅·大田》之篇。雨，降雨如字。也。言愿天雨于公田，而遂及私田，先公而后私也。当时助法尽废，典籍不存，惟有此诗，可见周亦用助，故引之也。朱子曰："考之《周礼》，行助法处有公田，行贡法处无公田。孟子也不曾见《周礼》，只据《诗》里说，用诗意带将去。后面说乡田同井，出入相友，守望相助，疾病相扶持，井九百亩，其中为公田，八家皆私百亩，同养公田。说井田只说得这几句，是多少好。这也是大原大本处，却不理会细碎。"

设为庠序学校以教之：庠者，养也；校者，教也；序者，射也。夏曰校，殷曰序，周曰庠，学则三代共之，皆所以明人伦也。人伦明于上，小民亲于下。

庠以养老为义，校以教民为义，序以习射为义，皆乡学也②。学，国学也。共之，无异名也。伦，序也。父子有亲，君臣有义，夫妇有别，长幼有序，朋友有信，此人之大伦也。庠序学校，皆以明此而已。问："乡学如何？"朱子曰："皆是农隙而学。"曰："孰与教之？"曰："乡大夫有德行而致其仕者教之。"庆源辅氏曰："乡学有异名，国学无异名，然其明人伦以教之之事则同也。"双峰饶氏曰："孟子教时君行仁政，只是教与养

① 贡法，大禹之遗制：大禹制贡赋之法。《尚书·禹贡》即为禹制九州贡法。

② 乡学：古代地方学校，与"国学"相别。周代特指六乡州党的学校。

两事。井田以养之，学校以教之，告齐王滕公皆如此。‘小民亲于下’者，盖百姓不亲，五品不逊，所以教以人伦，使之君与臣自相亲，父与子自相亲，长与幼自相亲，非尊君亲上之亲。”问：“夫妇有别，如何相亲?”曰：“夫妇无别则相渎，渎便相离了。”【通考】赵氏德曰：“《王制》：‘有虞氏养国老于上庠，养庶老于下庠。夏后氏养国老于东序，养庶老于西序。’又党正‘以礼属民而饮于序’，是庠序皆可言养也。《文王世子》云：‘书在上庠。’是庠亦可言教也。孟子特因立名之义，举其重者尔。”

有王者起，必来取法，是为王者师也。

滕国褊俾浅反。小，虽行仁政，未必能兴王业；然为王者师，则虽不有天下，而其泽亦足以及天下矣。圣贤至公无我之心，于此可见。朱子曰：“孟子语滕文，只说有王者起必来取法，不曾说便可以王，是亦要大国方做得。”

《诗》云‘周虽旧邦，其命惟新’，文王之谓也。子力行之，亦以新子之国。”

《诗·大雅·文王》之篇。言周虽后稷以来，旧为诸侯，其受天命而有天下，则自文王始也。子，指文公，诸侯未逾年之称也①。《左传·僖公九年》：春，宋桓公卒未葬，而襄公会诸侯，故曰“子凡在丧，王曰小童，公侯曰子”。子者，继父之辞，《春秋》例，凡公侯卒未越一年而有王事，皆称子也。双峰饶氏曰：“新，其国小大虽不同，可以为善，便是新其国。”东阳许氏曰：“文公问为国，孟子告以教养其民，有养然后可教，故先言分田制禄，而后及学校也。自‘民事不可缓’至‘虽周亦助也’，养之事；‘设为庠序’至‘小民亲于下’，教之事。下至‘新子之国’，总言之。答文公者止此。下答毕战，却只是言分田，盖毕战惟掌井田之事也。”

使毕战问井地。孟子曰：“子之君将行仁政，选择而使子，子必勉之！夫仁政，必自经界始。经界不正，井地不钧，谷禄不平。是故暴君污吏必慢其经界。经界既正，分田制禄可坐而定也。夫，音扶。

毕战，滕臣。文公因孟子之言，而使毕战主为井地之事，故又使之来问其详也。井地，即井田也。经界，谓治地分田，经画其沟涂封植之界也。双峰饶氏曰：“沟涂封植之界，经纬错综，直者为经，横者为纬，只举‘经’字，有纬在其中。沟，沟洫之类。涂，道涂。封，土堠。植，种木为界。”此法不修，则田无定分，去声。而豪强得以兼并，去声。故井地有不均；赋无定法，而贪暴得以多取，故谷禄有不平。此欲行仁政者之所以必从此始，而暴君污吏则必欲慢而废之也。有以正之，则分田制禄，可不劳而定矣。庆源辅氏曰：“度孟子来滕不久便去，故使毕战往问。”“若有仁君欲行仁政，使彼此均平，田无多少之差，则必从经界之事做起；而暴君污吏贪得务多，只知有我不知有民，只知为己不知为人者，则必欲慢而废之也。凡事须是敬则能立，才有慢心，事日趋于弊坏也。”

夫滕壤地褊小，将为君子焉，将为野人焉。无君子莫治野人，无野人莫养君子。夫，音扶。养，去声。

---

① 又《公羊传·庄公三十二年》云：“君存称世子，君薨称子某，既葬称子，逾年称公。”

言滕地虽小，然其间亦必有为君子而仕者，亦必有为野人而耕者，是以分田制禄之法，不可偏废也。双峰饶氏曰："分田、制禄虽平说，然却相因。谷禄即井地中公田，拨其谷以为禄。分田始可制禄。"新安陈氏曰："分田以给野人，制禄以待君子。"

请野九一而助，国中什一使自赋。

此分田制禄之常法，所以治野人使养君子也。野，郊外都鄙之地也。九一而助，为公田而行助法也。国中，郊门之内，乡遂之地也。《周礼·司徒》：乡老、遂人，百里内为六乡，外为六遂万二千五百家为乡，六乡七万五千家，遂亦如之。遂人主六遂，六遂之地，自远郊以达于畿，中有公邑。家邑、小都、大都焉，遂，谓王国百里外也。【通考】赵氏德曰："公侯田方百里，为地一百成，三郊一遂。国中什一，使自赋，无公田，井九夫。国中十六成，成六十四井，以九乘之为五百七十六夫，以十六乘上数为九千二百六夫。野九一而助，有公田，井八夫。野八十四成，成六十四井，以八乘之为五百一十二夫，八十四成，以八十四乘上数为四万三千单八夫，并国中共二百万三千二百二十四夫。凡起徒役，每过家一人，则五万二千二百二十四人。除三万七千五百人为三军，是为三郊之赋；余一万四千七百二十四人，更以万二千五百人为一军，是为一遂之赋；余三千二百二十四人为军外之用。"袁氏明善曰①："野九一，轻于国中什一者，国中近城市，田地膏腴，故其赋重于郊外。"田不井授，但为沟洫，使什而自赋其一，盖用贡法也。周所谓彻法者盖如此，以此推之，当时非惟助法不行，其贡亦不止什一矣。朱子曰："国中行乡遂之法，如五家为比，五比为闾，四闾为族，五族为党，五党为州，又如五人为伍，五伍为两，四两为卒，五卒为旅，五旅为师，五师为军，皆五五相连属，所以行不得那九一之法，故只得什一使自赋。如都鄙却行井牧之法，乡遂之法次第，是一家出一人兵，且如五家为比，比有一个长了，井牧之法次第，是三十家方出得士十人，徒十人。""此等亦难卒晓，须以《周礼》为本，而参取孟子、班固、何休诸说订之，庶几可见仿佛。然恐终不能有定论，但不可不尽其异同耳。"庆源辅氏曰："都鄙用助法，则收公田所入以为君子之禄；乡遂用贡法，则使什自赋一以充国家所用。此周所谓彻法也。前云'彻，通也，均也'，所以释'彻'字之义，此则正言其法如此。""《集注》以其'请野九一而助'，则知助法之不行，又云'国中什一使自赋'，则当时之贡法，亦有强取其赋于什一之外者矣。"【通考】仁山金氏曰："孟子虽不见载籍之详，而此二句与周制乡遂用贡、都鄙用助之法合。国中自赋，民无远输之劳；野九一而助，则卿大夫食邑，无过取之失。"

卿以下必有圭田，圭田五十亩。

此世禄常制之外，又有圭田，所以厚君子也。圭，洁也，所以奉祭祀也。【通考】赵氏德曰："圭，洁白也。德行洁白，始与之田，此殷法也。赵岐注'圭，洁也。上田，故谓之圭田'，所以奉祭祀。《集注》本此。又曰'治圭田者不税，所以厚贤，此则《周礼》之士田，以在近郊之地者也'。"不言世禄者，滕已行之，但此未备耳。

---

① 袁氏明善：袁明善，字诚夫，临川人，师事吴文正，晚年教授于邵庵之门，自号楼山。所著有《征赋定考》，援引经传言井田水利之法甚备。《宋元学案》卷九十二有《袁楼山先生明善》。

余夫二十五亩。

程子曰："一夫上父母，下妻子，以五口八口为率，受田百亩。如有弟，是余夫也。年十六，别受田二十五亩，俟其壮而有室，然后更受百亩之田。"愚按：此百亩常制之外，又有余夫之田，以厚野人也。问："卿大夫之圭田必有耕之者，岂亦有耕，属可耕乎?"朱子曰："恐圭田只是给公田之在民者。大抵古者田禄，皆是助法之公田，充而八家，因为之属，如有田一成，有众一旅是也。圭田恐亦如此，故《王制》云'夫圭田无征'。"双峰饶氏曰："圭田，余夫，亦是百亩中拨与他，半分则五十亩，四分则二十五亩。"问："各受田百亩，六十岁传与其子，子养其父，但只是长子受父之田，次子便是余夫，别请二十五亩。若无子，则百亩纳之官。"曰："然。"问："人物繁庶，公家安得有许多田分授?"曰："天地间只著得许多物事，少间人物过多，便自有乘除，亦理势使之然也。"【通考】仁山金氏曰："上文'绝长补短五十里'①是除山川林麓城郭而以田计也。以五十里之田而分，君子以有公田，小人私田，君子又有圭田，小人又有余夫，似为难给。然以方田法计之，方十里者为方一里者百，则是百井九百夫矣。方五十里者，为方十里者百，则是二千五百井，二万二千五百夫矣，亦自不患于不给。以此知战国之时，诸大国若能修复井田，不为园囿宫室污池以废地，能行王政以聚民，则田野不至于不给，人众地大，不患于不可以行王政也。"

死徙无出乡，乡田同井。出入相友，守望相助，疾病相扶持，则百姓亲睦。

死，谓葬也。徙，谓徙其居也。同井者，八家也。友，犹伴也。守望，防寇盗也。

方里而井，井九百亩，其中为公田。八家皆私百亩，同养公田。公事毕，然后敢治私事，所以别野人也。养，去声。别，彼列反。

此详言井田形体之制，乃周之助法也。公田以为君子之禄，而私田野人之所受。先公后私，所以别君子野人之分去声。也。不言君子，据野人而言，省文耳。上言野及国中二法，此独详于治野者，国中贡法，当时已行，但取之过于什一尔。庆源辅氏曰："上既言助法之善，故此下遂言周之助法也。方里而井，井九百亩，其中为公田，便是井田形体之制也。"【通考】袁氏明善曰："井田始于黄帝，经界如'井'字，后世因号为井田。孟子'方里而井，井九百亩'，又曰'夏后氏五十而贡，殷人七十而助，周人百亩而彻'。贡者上送于官之名。九家同井，家授五十亩，其半为菜田。助者借也，谓借民之力以耕公田。八家同井，家授七十亩，共耕公田七十亩。其一井之中除八家所授外，余二百四十亩以为菜田，公田之外余三十亩以为菜田及庐舍。彻者通也，言其通用夏殷贡助之法也。'请野九一而助，国中什一，使自赋'，即周之所以通用三代之法而为彻者也。野谓近郊之外。九一而助者，八家同井，以其中一百亩内除二十亩为八家庐舍外，公田而借民之力共耕之。此即殷之助法也，但比殷则每家增多二十亩耳。国中谓近郊之内。什一使自赋者，九家同井，各以其十分之一上贡于官。此即夏之贡法，但比夏则每家增多五十亩耳。其菜田则皆在别井，以八等差次分授之。孟子谓方里而井，井九

① "绝长补短五十里"：即《孟子·滕文公上》首章："今滕，绝长补短，将五十里也。"

百亩，其中为公田，八家皆百亩，同养公田，公田事毕然后敢治私田事者，专指周家郊外助法而言。夏殷以上，其详已不可知。”

此其大略也。若夫润泽之，则在君与子矣。”夫，音扶。

井地之法，诸侯皆去上声。其籍，此特其大略而已。润泽，谓因时制宜，使合于人情，宜于土俗，而不失乎先王之意也。或问润泽之说。双峰饶氏曰：“前面说底，是个硬局子，到这里须是要会变通，使合人情，宜土俗可也。润泽非文饰之谓，乃是和软底意思，不全是硬局子，温润滑泽方可行得，此朱子善于形容孟子用心处。”〇吕氏曰：“子张子横渠。慨然有意三代之治，去声。下“言治”同。论治人先务，未始不以经界为急。讲求法制，粲然备具。要平声。之可以行于今，如有用我者，举而措之耳。尝曰：‘仁政必自经界始。贫富不均，教养无法；虽欲言治，皆苟而已。世之病难行者，未始不以亟夺富人之田为辞。然兹法之行，悦之者众。苟处上声。之有术，期以数年，不刑一人而可复。所病者，特上之未行耳。’乃言曰：‘纵不能行之天下，犹可验之一乡。’方与学者议古之法，买田一方，画为数井。上不失公家之赋役。退以其私，正经界，分宅里，立敛去声。法，广储蓄，兴学校，成礼俗，救灾恤患，厚本抑末。足以推先王之遗法，明当今之可行。有志未就而卒。”〇愚按：《丧礼》、《经界》两章，见孟子之学，识其大者。是以虽当礼法废坏之后，制度节文不可复扶又反。考，新安陈氏曰：“丧礼有节文，经界之法有制度，二者皆废坏，故不可详考。”而能因略以致详，推旧而为新；不屑屑于既往之迹，而能合乎先王之意，真可谓命世亚圣之才矣。南轩张氏曰：“井田王政之本，而经界又井田之本也，大要在分田制禄二事而已。田得其分，则小民安其业，禄得其制，则君子赖其养。上下相须而各宜焉，治之所由兴也。人皆知商鞅废井田，开阡陌，考孟子之言，则井田之废久矣。盖孟子时，井田之法虽废，而井田之名犹在，暴君虽去其籍，犹不敢易其名也。至鞅始荡然一泯其迹，而扫除其阡陌，并与其名亡之矣。”双峰饶氏曰：“井田之法，黄帝开端便做成了，如何改得？商人七十亩，周人如何便更百亩，至于沟洫涂畛，亦非一朝一夕所能成，朱子亦尝疑之。《王制》与《周礼》已不同，孟子多是臆度言之，井田可行于中原平旷之地，若是地势高低，如何可井？恐江南是用贡法，阡陌是田间路。古人车制，一车阔六尺有余，两傍又翼之以人，占田太多。商君欲富国，所以凿开阡陌为田，前此诸侯欲富其国，井田大纲已自废了，商君则索性坏却。”【通旨】朱氏公迁曰：“龙子之言如此，则贡法之不善甚矣，但意其初治未必然，惟行之既久，而不能无蔽耳。乡遂用贡法，周亦未尝废之，孟子亦言国中什一使自赋，盖斟酌损益，推旧为新，贡助获行，此王制之大略也。先王之法何为而不可用哉！”

〇有为神农之言者许行，自楚之滕，踵门而告文公曰：“远方之人闻君行仁政，愿受一廛而为氓。”文公与之处，其徒数十人，皆衣褐，捆屦、织席以为食。衣，去声。捆，音阃。

神农，炎帝神农氏。始为耒耜，教民稼穑者也。为其言者，《史迁》所谓“农家者流”也。《前汉·艺文志》：“农家者流，盖出于农稷之官，播百谷，劝耕桑，以足衣食。”许，姓。行，名也。踵门，足至门也。仁政，上章所言井地之法也。廛，民所居也。氓，野人之称。褐，毛布，贱者之服也。捆，扣椓竹角反。之欲其坚也。以为食，卖以供食也。程子曰：“许行所谓神农之言，乃后世称述上古之事，失其义理者耳，犹阴阳、医方称黄帝之说也。”问：“许行为神农之言，而有君臣并耕，市不二价之说，何耶？”朱子曰：“程子之言尽矣，然以《易》考之，二者皆神农之所为也。当时民淳事简，容或有如许行之说者，及乎世变风移，至于唐虞之际，则虽神农复生，亦当随时以立政，而不容固守其旧矣。况许行之妄，乃欲以是而行于战国之时乎！”庆源辅氏曰：“阴阳医方所称黄帝之说，如《素问》、《灵枢》之类是也。使真有神农黄帝之说传于世，孔孟岂得而不称述之哉！”新安陈氏曰：“后世小道，必推古圣贤为宗，以求取信于世故也。”

陈良之徒陈相与其弟辛，负耒耜而自宋之滕，曰：“闻君行圣人之政，是亦圣人也，愿为圣人氓。”

陈良，楚之儒者。耜，所以起土。耒，其柄也。

陈相见许行而大悦，尽弃其学而学焉。陈相见孟子，道许行之言曰：“滕君，则诚贤君也；虽然，未闻道也。贤者与民并耕而食，饔飧而治。今也滕有仓廪府库，则是厉民而以自养也，恶得贤？”饔，音雍。飧，音孙。恶，平声。

饔飧，熟食也。朝曰饔，夕曰飧。言当自炊爨七乱反。以为食，而兼治民事也。厉，病也。许行此言，盖欲阴坏音怪。孟子分别必列反。君子野人之法。

孟子曰：“许子必种粟而后食乎？”曰：“然。”“许子必织布而后衣乎？”曰：“否。许子衣褐。”“许子冠乎？”曰：“冠。”曰：“奚冠？”曰：“冠素。”曰：“自织之与？”曰：“否。以粟易之。”曰：“许子奚为不自织？”曰：“害于耕。”曰：“许子以釜甑爨，以铁耕乎？”曰：“然。”“自为之与？”曰：“否。以粟易之。”衣，去声。与，平声。

釜，所以煮。甑，所以炊。爨，然火也。铁，耜属也。此语八反，皆孟子问而陈相对也。

“以粟易械器者，不为厉陶冶；陶冶亦以其械器易粟者，岂为厉农夫哉？且许子何不为陶冶。舍皆取诸其宫中而用之？何为纷纷然与百工交易？何许子之不惮烦？”曰：“百工之事，固不可耕且为也。”舍，去声。

此孟子言而陈相对也。械下戒反。器，釜甑之属也。陶，为甑者。冶，为釜铁者。新安陈氏曰：“‘厉陶冶’、‘厉农夫’之说，乃是因行厉民自养之言，承其‘厉’字而明辨以辟之。”云峰胡氏曰：“樊迟欲学稼，孔子斥之曰：‘吾不如老农。’直谓其所学者小人之事，而举大人之事以答之。孟子辟许行，即此意也。但迟之志陋，不过欲自学之；许之学僻，欲以治国家，此孟子所以深辟之也。”舍，止也，或读属上句。舍，谓作陶冶之处也。

“然则治天下独可耕且为与？有大人之事，有小人之事。且一人之身，而百工之所为备。如必自为而后用之，是率天下而路也。故曰：或劳心，或劳力；劳心者治人，劳力者治于人；治于人者食人，治人者食于人：天下之通义也。与，平声。食，音嗣。

此以下皆孟子言也。新安陈氏曰:“百工之事,不可耕且为,此亦陈相对得理明处,故孟子即此二句以难之。百工之事,尚不可耕且为,而治天下国家,乃可耕且为欤?”路,谓奔走道路,无时休息也。治于人者,见治于人也。食人者,出赋税以给公上也。食于人者,见食于人也。此四句皆古语,而孟子引之也。首有“故曰”字,知其为古语。君子无小人则饥,小人无君子则乱。以此相易,正犹农夫、陶冶以粟与械器相易,乃所以相济而非所以相病也。治天下者,岂必耕且为哉?南轩张氏曰:“滕文亦可谓贤君矣,而不克终用孟子之说,寂然无闻于后,意者许行之言有以夺之也。听治于人者,出力以食其上,而治人者享其食焉,此理天实为之。万世所共由者,故曰天下之通义也。如许行之说,则昧天理之当然,务小惠以妨大德,昵私情以妨正体,卒归于不可行耳。”

当尧之时,天下犹未平,洪水横流,泛滥于天下。草木畅茂,禽兽繁殖,五谷不登,禽兽偪人。兽蹄鸟迹之道,交于中国。尧独忧之,举舜而敷治焉。舜使益掌火,益烈山泽而焚之,禽兽逃匿。禹疏九河,瀹济漯,而注诸海;决汝汉,排淮泗,而注之江,然后中国可得而食也。当是时也,禹八年于外,三过其门而不入,虽欲耕,得乎?瀹,音药。济,子礼反。漯,他合反。

天下犹未平者,洪荒之世,生民之害多矣;圣人迭兴,渐次除治,至此尚未尽平也。洪,大也。横流,不由其道而散溢妄行也。泛滥,横流之貌。畅茂,长上声。盛也。繁殖,众多也。五谷,稻、黍、稷、麦、菽也。登,成熟也。道,路也。兽蹄鸟迹交于中国,言禽兽多也。敷,布也。益,舜臣名。烈,炽也。禽兽逃匿,然后禹得施治水之功。疏,通也,分也。九河:曰徒骇,曰太史,曰马颊,曰覆釜,曰胡苏,曰简,曰洁,曰钩盘,曰鬲音隔。津。新安倪氏曰:“蔡氏《书》传云,按《尔雅》九河,一曰徒骇,二曰太史,三曰马颊,四曰覆釜,五曰胡苏,六曰简洁,七曰钩盘,八曰鬲津。其一则河之经流也,先儒不知河之经流,遂分简洁为二。此与《集注》小异。《书》传经朱子晚年订正,当以为定也。”【通考】吴氏程曰:“曰简曰洁,《集注》与《尔雅》同,而蔡氏则谓《尔雅》合简洁为一,而其一即河之经流,殊不可晓。以水道考之,九河率在河间路沧州境内,今存者尚五六处,何得言尽湮入海?南皮县明有洁河,未闻与简河合一,《集注》良是。”瀹,亦疏通之意。济漯,二水名。决、排,皆去上声。其壅塞也。汝、汉、淮、泗,亦皆水名也。据《禹贡》及今水路,惟汉水入江耳。汝泗则入淮,而淮自入海。此谓四水皆入于江,记者之误也。朱子曰:“决汝汉,排淮泗,而注之江,此但取其字数足以对偶而云尔,只是行文之失无害于义理,不必曲为之说也。”新安陈氏曰:“‘尧独忧之’,所忧者大,举舜禹益而用之,所忧在此,何暇于并耕?虽欲耕,得乎,是提掇耕事,以照应前‘独可耕且为与’句。”【通考】仁山金氏曰:“汝出今河南梁县天息山,至蔡州下入淮;汉出今汉中利路之间两县,嶓冢山东南,流二千四百二十里,至汉阳军大别山入江;淮,出唐州桐柏山,千七百里至海州入海;泗出袭庆府,泰山陪尾有泗源,南至下邳入淮。当是疏九河,瀹济,排淮,江而注之海,决汝泗而注之淮,决汉而注之江。”

后稷教民稼穑，树艺五谷，五谷熟而民人育。人之有道也，饱食、暖衣、逸居而无教，则近于禽兽。圣人有忧之，使契为司徒①，教以人伦：父子有亲，君臣有义，夫妇有别，长幼有序，朋友有信。放勋曰：‘劳之来之，匡之直之，辅之翼之，使自得之，又从而振德之。’圣人之忧民如此，而暇耕乎？契，音薛。别，彼列反。长、放，皆上声。劳、来，皆去声。

言水土平，然后得以教稼穑；衣食足，然后得以施教化。后稷，官名，弃为之②。【通考】赵氏德曰："稷乃五谷之长，故以稷为农官之称。后者，有爵土之号。后稷名弃者。其母有邰氏，出野履巨人迹而孕，及生子，以为不祥而弃之，故以弃名。《说文》种曰稼，敛曰穑。"黄氏绍曰："治水之役，势必偕行，故禹明言予乘四载，随山刊木，则暨奏庶艰食。予决九川，距四海，浚畎浍距川，则暨稷播奏，庶艰食鲜食。夫暨稷播艰食，则禹固尝躬耕矣。盖当疏导之余，相其便宜。有可播种以为民食者，稷授其方，稷与禹未始相离也。禹过门而不入，稷独得从容暇逸乎，虽谓稷亦过门不暇入可也。"然言教民，则亦非并耕矣。树，亦种也。艺，殖也。契，亦舜臣名也。司徒，官名也。人之有道，言其皆有秉彝之性也。然无教则亦放逸怠惰而失之，故圣人设官而教以人伦，亦因其固有者而道去声。之耳。《书》曰："天叙有典，敕我五典五惇哉。"此之谓也。庆源辅氏曰："《集注》举书以为证者，天叙，即所谓固有也，敕而厚之，即所谓道之也。"新安陈氏曰："典者，人道之常，天所次序本有此典也。敕，正也。我，谓君也。五典，即父子至朋友五者是也。惇，厚也。敕，正自我，即天叙之本然者而品节之，然后有典。别而为五典，而五者皆惇厚也。惇典，如言厚人伦。"放勋，本史臣赞尧之辞，孟子因以为尧号也。德，犹惠也。尧言，劳如字。者劳之，来如字。者来之，邪者正之，枉者直之，辅以立之，翼以行之，使自得其性矣，又从而提撕警觉解"振"字。以加惠焉③，不使其放逸怠惰而或失之。盖命契之辞也。问："振德是施惠否?"朱子曰："是。然不是财惠之惠，只是施之以教化，上文匡直辅翼等事是也。彼既自得之，又从而教之。"庆源辅氏曰："劳者劳之，来者来之，所以安其生也；邪者正之，枉者直之，所以正其德也；辅以立之，翼以行之，所以助其行也。自得，谓自得其性也。振，谓提撕警省也。此乃大学新民之功也。"新安陈氏曰："圣人有忧之，又言尧所忧者大，使契为司徒以教民，所忧在此，何暇于并耕。圣人之忧民如此，而暇耕乎，是再提掇耕事，以照应‘独可耕且为与’一句。"【通旨】朱氏公迁曰："此人伦以道言，指其异于禽兽者，明君子当全天命之性，以自别于禽兽也。忧其近于禽兽者，见圣人必明修道之教，以别人于禽兽也。言‘人之生也直’，则欲人因其生理而顺之；言无恻羞恶辞让是非之心，则非人，则欲人因其本心而扩充之：皆恐人之不能尽人道也。"

---

① 契：人名，传说中商的祖先，为帝喾之子。舜时佐禹治水有功，任为司徒，封于商，赐姓子氏。参见《书·舜典》、《史记·殷本纪》。

② 弃：周之先祖。相传姜嫄践天帝足迹，怀孕生子，因曾弃而不养，故名之为"弃"。虞舜命为农官，教民耕稼，称为"后稷"。

③ 提撕：拉扯，提携。

尧以不得舜为己忧，舜以不得禹、皋陶为己忧。夫以百亩之不易为己忧者，农夫也。夫，音扶。易，去声。

易，治也。尧舜之忧民，非事事而忧之也，急先务而已。所以忧民者其大如此，则不惟不暇耕，而亦不必耕矣。庆源辅氏曰："举农者之所忧，以并尧舜之忧，见其小大广狭之不伦，则不暇耕与不必耕可知矣。"新安陈氏曰："接上文三'忧'字，而又发明出三'忧'字在三句中，圣人之忧，在不得圣贤而用之，得而用之，则足以释己之忧矣。此《集注》所谓急先务也。圣人所以忧民者，其大如此，若农夫之忧，忧之小者耳。许行又欲圣人忧百亩之忧，可乎？"

分人以财谓之惠，教人以善谓之忠，为天下得人者谓之仁。是故以天下与人易，为天下得人难。为、易，并去声。

分人以财，小惠而已。教人以善，虽有爱民之实，然其所及亦有限人者，对己而言。而难久。教之者仅己耳。惟若尧之得舜，舜之得禹、皋陶，及所谓为天下得人者，而其恩惠广大，应"惠"字句。教化无穷矣，应"忠"字句。此其所以为仁也。"仁"字可包"惠"字、"忠"字。庆源辅氏曰："以己之善而教人，使人皆为善，则是有爱民之实矣。然其所及，亦止于吾力之所能，与吾身之所及而已，故有限而难久也。""尧之得舜，舜之得禹、皋陶，则能广吾力之所能，而俾其恩惠极于广大，继吾身之所存，而俾教化推于无穷矣，然后可以谓之仁。"

孔子曰：'大哉尧之为君！惟天为大，惟尧则之，荡荡乎民无能名焉！君哉舜也！巍巍乎有天下而不与焉！'尧舜之治天下，岂无所用其心哉？亦不用于耕耳。与，去声。

则，法也。荡荡，广大之貌。君哉，言尽君道也。巍巍，高大之貌。不与，犹言不相关，言其不以位为乐音洛。也。新安陈氏曰："'亦不用于耕耳'，至此三提掇耕事，以照应收结'独可耕且为与'一句，不特辩辟明白痛快，文法亦照顾得好。以上已辩倒许行之说，下文乃责陈相也。"

吾闻用夏变夷者，未闻变于夷者也。陈良，楚产也。悦周公、仲尼之道，北学于中国。北方之学者，未能或之先也。彼所谓豪杰之士也。子之兄弟事之数十年，师死而遂倍之。

此以下责陈相倍音佩。师而学许行也。夏，诸夏礼义之教也①。变夷，变化蛮夷之人也。变于夷，反见变化于蛮夷之人也。产，生也。陈良生于楚，在中国之南，故北游而学于中国也。先，过也。豪杰，才德出众之称，言其能自拔于流俗也。倍，与"背"同。言陈良用夏变夷，陈相变于夷也。庆源辅氏曰："陈良楚人而北学于中国，则是用夏变夷；陈相素学于陈良，乃为许行所变，则是变于夷也。"

昔者孔子没，三年之外，门人治任将归，入揖于子贡，相向而哭，皆失声，然后归。子贡反，筑室于场，独居三年，然后归。他日，子夏、子张、子游以有若似圣人，欲以所事孔子事之，强曾子。曾子曰：'不可。江汉以濯之，秋阳以暴之，皜皜乎不可

---

① 诸夏：周代分封的中原各个诸侯国。泛指中原地区。

尚已。'任，平声。强，上声。暴，蒲木反。皜，音杲。

三年，古者为去声。师心丧三年，若丧父而无服也。《记·檀弓》："事师无犯无隐，左右就养无方，服勤至死，心丧三年。"又云："孔子之丧，门人疑所服。子贡曰：'昔者夫子之丧颜渊，若丧子而无服，丧子路亦然，请丧夫子，若丧父而无服。'"任，担都滥反。也。场，冢上之坛场也。有若似圣人，盖其言行去声。气象有似之者，如《檀弓》所记子游谓有若之言似夫子之类是也。《记·檀弓上》："有子问于曾子曰：'问丧于夫子乎？'问，郑读为闻。丧，去声，谓仕失位去国也。曰：'闻之矣，丧欲速贫，死欲速朽。'有子曰：'是非君子之言也。'曾子曰：'参也与子游闻之。'有子曰：'然。然则夫子有为去声。言之也。'曾子以斯言告于子游，子游曰：'甚哉！有子之言似夫子也。'昔者夫子居于宋，见桓司马自为石椁，三年而不成。桓司马，宋向戌之孙，名魋。夫子曰：若是其靡也，死不如速朽之愈也！死之欲速朽，为桓司马言之也。南宫敬叔反，敬叔，孟僖子之子仲孙阅，盖尝失位去鲁而得反。必载宝而朝。夫子曰：若是其货也，丧不如速贫之愈也！丧之欲速贫，为敬叔言之也，曾子以子游之言告于有子，有子曰：'然。吾固曰非夫子之言也。'曾子曰：'子何以知之？'有子曰：'夫子制于中都，中都，鲁邑名，孔子尝为之宰，为民作制。四寸之棺，五寸之椁，以斯知不欲速朽也。昔者夫子失鲁司寇，将之荆，将应聘于楚。盖先之以子夏，又申之以冉有，以斯知不欲速贫也。'"所事孔子，所以事夫子之礼也。【通考】赵氏德曰："孔子既没，弟子思慕。有若状似孔子，相与共立为师，故《集注》谓'盖其言行气象有似之者'。筑室于场，冢上祭祀坛场。孔子葬鲁城北泗上，去城十里。冢茔百亩，冢南北广十步，东西十三步，高一丈二尺。冢前以瓴甓为祠坛，方六尺。冢茔中树以数百，皆异种，鲁人世世无能名者。弟子各持其方树来种之，茔中不生荆棘及刺人草。"江汉水多，言濯之洁也。秋日燥烈，言暴之乾音干。也。皜皜，洁白貌。尚，加也。言夫子道德明著，光辉洁白，非有若所能彷妃两反。佛音弗。也。或曰："此三语者，孟子赞美曾子之辞也。"

今也南蛮鴃舌之人，非先王之道，子倍子之师而学之，亦异于曾子矣。鴃，亦作䴗，古役反。

鴃，博劳也，恶声之鸟。南蛮之声似之，指许行也。

吾闻出于幽谷迁于乔木者，未闻下乔木而入于幽谷者。

《小雅·伐木》之诗云："伐木丁丁，中耕反。鸟鸣嘤嘤，出自幽谷，迁于乔木。"新安陈氏曰："譬陈相由高趋下，不如禽能舍下迁乔也。"

《鲁颂》曰："'戎狄是膺，荆舒是惩。'周公方且膺之，子是之学，亦为不善变矣。"

《鲁颂·閟宫》之篇也。膺，击也。荆，楚本号也。舒，国名，近楚者也。惩，艾音乂。也。按今此诗为僖公之颂，而孟子以周公言之，亦断章取义也。断，都管反，截之使断也，若自然判绝则徒管反。新安陈氏曰："不善变，谓变于夷也。"

"从许子之道，则市贾不贰，国中无伪。虽使五尺之童适市，莫之或欺。布帛长短同，则贾相若；麻缕丝絮轻重同，则贾相若；五谷多寡同，则贾相若；屦大小同，则贾相若。"贾音价。下同。

陈相又言许子之道如此。盖神农始为市井，故许行又托于神农，而有是说也。五尺之童，言幼小无知也。许行欲使市中所粥之物①，皆不论精粗美恶，但以长短轻重多寡大小为价也。庆源辅氏曰："若不以精粗美恶言之，则无由说得通，此义未有人看得出，至《集注》而义始明。"双峰饶氏曰："长短以丈尺言，轻重以权衡言，多寡以斗斛言，皆是比而同之，与共耕相似，便是《齐物》剖斗折衡而民不争之说，凡托神农、黄帝者，皆老氏之说也。"

曰："夫物之不齐，物之情也；或相倍蓰，或相什伯，或相千万。子比而同之，是乱天下也。巨屦小屦同贾，人岂为之哉？从许子之道，相率而为伪者也，恶能治国家？"夫，音扶。蓰，音师，又山绮反。比，必二反。恶，平声。

倍，一倍也。蓰，五倍也。什伯千万，皆倍数也。比，次也。孟子言物之不齐，乃其自然之理，新安陈氏曰："情，实也。自然之理，即所谓物之实理也。"其有精粗，犹其有大小也。若大屦小屦同价，则人岂肯为其大者哉？今不论精粗，使之同价，是使天下之人皆不肯为其精者，而竞为滥恶之物以相欺耳。庆源辅氏曰："物之不齐，乃物之情，而实天之理也。物各付物，止于其所，吾何容心于其间哉！若强欲齐之，私意横生，徒为胶扰，而物终不可齐也。故庄周之齐物，强欲以理齐之，犹为贼夫道，况乎许子遂欲一天下之物，而泯其一定之分，其蔽岂不甚哉！孟子应以物之不齐物之情也，斯言足以发明天理之大，不但可以辟许行，而庄周之说并可坐见其偏矣。"东阳许氏曰："此章'孟子曰'以下三大节，自许子必种粟而后食乎至不用于耕耳，辟其假托神农之言，吾闻用夏变夷至不善变矣，责其倍师从许子之道，以下陈相之遁辞，故又辟其市贾不贰之说。"

○墨者夷之，因徐辟而求见孟子。孟子曰："吾固愿见，今吾尚病，病愈，我且往见，夷子不来！"辟，音壁，又音辟。

墨者，治墨翟之道者。夷，姓；之，名。徐辟，孟子弟子。孟子称疾，疑亦托辞，以观其意之诚否。云峰胡氏曰："许行与民并耕之说，是欲以其君下同于庶民，墨子兼爱之说，是欲以其亲泛同于众人，皆非圣人之道，而自为一端，此孟子所以深辟之也。"

他日又求见孟子。孟子曰："吾今则可以见矣。不直，则道不见；我且直之。吾闻夷子墨者，墨之治丧也，以薄为其道也②。夷子思以易天下，岂以为非是而不贵也？然而夷子葬其亲厚，则是以所贱事亲也。""不见"之"见"，音现。

又求见，则其意已诚矣，故因徐辟以质之如此。直，尽言以相正也。庄子曰："墨子生不歌，死无服，桐棺三寸而无椁。"《庄子·天下篇》："古人丧礼，贵贱有仪，上下有等，天子棺椁七重，诸侯五重，大夫三重，士再重，今墨子独生不歌，死不服，桐棺三寸而无椁，以为法式。"是墨之治丧，以薄为道也。易天下，谓移易天下之风俗也。

---

① 粥：同"鬻"，卖。

② 墨之治丧也，以薄为其道也：薄葬为墨家基本主张之一，《墨子》中有《节葬》一篇专言此事。

夷子学于墨氏而不从其教，其心必有所不安者，故孟子因以诘克乙反。之。问：“夷之请见，而孟子终不见之，何也?”朱子曰：“孟子虽以辟邪说为己任，然不过讲明其说，传之当世，使闻者有以发悟于心而自得之耳，固不轻接其人，交口竞辩，以屈吾道之尊也。譬如蛮夷寇贼之害，圣人固欲去之，然岂肯被甲执兵而亲与之角哉!”庆源辅氏曰：“夷子虽师墨氏之教，至于葬亲之时，天理自然发动，有不得如其师之说者，故不用其制，而凡事从厚也。此于人情固宜有之，故孟子因举此一事以诘之，而下文又举丧葬之说以发其意，此正夷子之天理一点明处也。”

徐子以告夷子。夷子曰：“儒者之道，古之人‘若保赤子’，此言何谓也？之则以为爱无差等，施由亲始。”徐子以告孟子。孟子曰：“夫夷子，信以为人之亲其兄之子为若亲其邻之赤子乎？彼有取尔也。赤子匍匐将入井，非赤子之罪也。且天之生物也，使之一本，而夷子二本故也。夫，音扶。下同。匍，音蒲。匐，蒲北反。

“若保赤子”，《周书·康诰篇》文，此儒者之言也。夷子引之，盖欲援音爰。儒而入于墨，庆源辅氏曰：“夷子盖以儒者若保赤子，是爱他人子如爱我之赤子，有似于墨子爱无差等之说，故谓其欲引儒家入墨教中去。”以拒孟子之非己。又曰：“爱无差楚宜反。等，施由亲始。”则推吐灰反。墨而附于儒，新安陈氏曰：“之又曰墨氏兼爱之学，爱其亲与爱外人无差等之殊，但施，则自亲始耳，‘施由亲始’一句，仿佛窃取儒家立爱自亲始之意，是推墨氏而依附于儒家也。”以释己所以厚葬其亲之意，皆所谓遁辞也。新安陈氏曰：“理屈辞穷，强为此说，以自逃遁也。”孟子言人之爱其兄子与邻之子，本有差等。《书》之取譬，本为去声。小民无知而犯法，如赤子无知而入井耳。庆源辅氏曰：“‘彼有取尔也’一句，先儒说皆不明白，今断以为书之取譬，方说得通，盖非谓爱凡人之赤子，与兄弟之子一般也，言兄弟之子而不言己子者，盖兄弟之子即与己之子无异也。”且人物之生，必各本于父母而无二，乃自然之理，若天使之然也。故其爱由此立，而推以及人，自有差等。今如夷子之言，则是视其父母本无异于路人，但其施之之序，姑自此始耳。非二本而何哉？然其于先后之间，犹知所择，则又本心之明有终不得而息者，此其所以卒能受命而自觉其非也。问：“爱无差等，夷子既知此说，便当一亲疏、合贵贱方得，今却曰施由亲始，则是又将亲疏对待而言，岂非吾之爱又有差等也哉！其辞抵牾，信乎其遁而穷矣。”朱子曰：“夷之所说爱无差等，此其大病，其言施由亲始，虽若粗有差别，然亦是施此无差等之爱耳。故孟子但责其二本，而不论其下句之自相矛盾也。夷之所以卒能感动而自知其非，盖因下文极言非为人泚之心，有以切中其病耳。此是紧要处，当著眼目。”“‘施由亲始’一句，乃是夷子临时撰出来凑孟子，却不知‘爱无差等’一句，已自不是了。他所为施由亲始，便是把爱无差等之心施之，然把爱人之心推来爱亲，是甚道理？”“人之有爱，本由亲立，推而及物，自有等级，今夷子先以爱无差等，而施之则由亲始，此夷子所以二本。”“事他人之亲，如己之亲，则是两个一样重了，如一木有两根也。”“爱无差等，何止二本，盖千万本也。”问：“夷子学于墨矣，而必推其说以求合于儒，何也?”曰：“天下之理，其本有正而无邪，其始有顺而无逆，故天下之势，正而顺者常重，而无待于外；邪而逆者常轻，而不得不资诸人。此理势之必然也。胡不以近世之佛学观之，吾所以拒彼者至矣，彼未尝不求自附于吾儒，盖不如是，则尤反侧而无以自安也。其理之悖，说之穷，于此亦可概见。惜世无孟子，无能因其所明以诱之者，是以卒于漂荡而不反也。”庆源辅氏曰：“《书》曰‘立爱惟亲’，《记》曰‘立爱自亲始’，盖爱必始于爱亲，因事亲以立其爱，即所谓孝弟为仁之本也。然后推以及民及物，自有差等轻重，此仁义所以相为用也。夷子虽陷于墨教，而其天理一点之明，终有不可息灭者，此盖秉彝之心也。故其先亲后疏之际，犹知所择，而不至于逆施，故孟子之言，得因所明而入之，夷子亦得因其明而受之也。”双峰饶氏曰：“夷之引‘若保赤子’来证爱无差等，孟子谓其差认了此句意。彼有取尔也，是说《周书》别有所取譬也，下二句却解《周书》本意。”又曰：“一本便有厚薄，如木然，根干枝叶，自有大小次第；二本则天下皆是父母，无分根干枝叶了。盖亲亲而仁民，仁民而爱物，各有差等不同，夷子不识以为爱无差等。”云峰胡氏曰：“本文云‘使之一本’，而《集注》以自然之理释之，盖才谓之使，便似涉于人为。今曰天使之，则莫之为而为，故人物之生，万有不齐，无不一本而生者。若使之然，莫非自然，是之谓天，夷子二本非天矣。《集注》后节释掩之诚是也，以为苦所当然，正与此‘自然’二字相应。盖凡人事之所当然者，即本于天理之自然者也。”

盖上世尝有不葬其亲者。其亲死，则举而委之于壑。他日过之，狐狸食之，蝇蚋姑嘬之。其颡有泚，睨而不视。夫泚也，非为人泚，中心达于面目。盖归反虆梩而掩之。掩之诚是也，则孝子仁人之掩其亲，亦必有道矣。”蚋，音汭。嘬，楚怪反。泚，七礼反。睨，音诣。为，去声。虆，力追反。梩，力知反。

因夷子厚葬其亲而言此，以深明一本之意。上世，谓太古也。委，弃也。壑，山水所趋也。蚋，蚊属。姑，语助声，或曰蝼音娄。蛄音姑。也。嘬，攒徂官反。共食之也。颡，额也。泚，泚然汗出之貌。睨，邪视也。视，正视也。不能不视，而又不忍正视，哀痛迫切，不能为心之甚也。非为人泚，言非为他人见之而然也。所谓一本者，于此见之，尤为亲切。盖惟至亲，故如此，在他人，则虽有不忍之心，而其哀痛迫切，不至若此之甚矣。反，覆也。虆，土笼卢红反。也。梩，土虆音预。也。于是归而掩覆敷救反。其亲之尸，此葬埋之礼所由起也。此掩其亲者，若所当然，则孝子仁人所以掩其亲者，必有其道，而不以薄为贵矣。庆源辅氏曰：“此又孟子略其遁辞，而专以其良心之发有不容已处深明，夫惟一本，故其于亲之丧，哀痛迫切，非他人之所可得同者，而因以见先王所制葬埋之礼，必诚必信，勿之有悔者，固皆自然之理。而墨子二本薄葬之说，为杜撰妄作而不可行也。”双峰饶氏曰：“厚葬其亲，发于其心之不能自已，这便是夷子求见孟子之萌芽，孟子就举上世不葬其亲之说，亦见得发于不容已，盖上世不葬其亲，这一人于心有所不安却掩之，葬亲之事自此始，若以为掩得是，则孝子仁人之掩其亲，亦必自有个道理。以此观之，则厚葬其亲，自有不容已者。葬其亲厚，则爱无差等之说，不攻自破矣。《集注》‘若所当然’四字，说‘掩之诚是’一句佳。”

徐子以告夷子。夷子怃然为间曰：“命之矣。”怃，音武。间，如字。

怃然，茫然自失之貌。为间者，有顷之间也。命，犹教也。言孟子已教我矣。朱子曰："'之'字，夷子名，若作虚字，不成句法。"盖因其本心之明，以攻其所学之蔽，是以吾之言易去声。下同。人，而彼之惑易解也。庆源辅氏曰："孟子因夷之本心之明而入之，得《易》'纳约自牖'之义。"云峰胡氏曰："夷子之学墨，非也。而葬其亲厚，此一'厚'字，犹是夷子行得是处，爱无差等，施由亲始，夷子之所言非也。然此一'始'字，犹是夷子说得是处，所以可因其本心之明而教之也。"新安陈氏曰："验人性之本善，于此章尤可见焉。"

孟子集注大全卷六

滕文公章句下

凡十章。【通考】勿轩熊氏曰："七章言出处之道，二章言仁政，一章言异端。"

陈代曰："不见诸侯，宜若小然；今一见之，大则以王，小则以霸。且志曰：'枉尺而直寻。'宜若可为也。"王，去声。

陈代，孟子弟子也。小，谓小节也。枉，屈也。直，伸也。八尺曰寻。枉尺直寻，犹屈己一见诸侯，而可以致王霸，所屈者小，所伸者大也。南轩张氏曰："谓屈己事小，王霸为大，此自春秋以来，风俗习于霸者计较功利之说，而有是言。"新安陈氏曰："孟子平生以不见诸侯自守，故以此为问。"

孟子曰："昔齐景公田，招虞人以旌，不至，将杀之。志士不忘在沟壑，勇士不忘丧其元。孔子奚取焉？取非其招不往也，如不待其招而往，何哉？丧，去声。

田，猎也。虞人，守苑囿之吏也①。招大夫以旌，招虞人以皮冠。《左传》："景公将杀虞人，虞人辞曰：'臣不见皮冠，故不敢进。'"元，首也。志士固穷，常念死无棺椁，弃沟壑而不恨；勇士轻生，常念战斗而死，丧其首而不顾也。此二句，乃孔子叹美虞人之言。夫虞人招之不以其物，尚守死而不往，况君子岂可不待其招而自往见之邪？此以上是掌反。告之以不可往见之意。朱子曰："'不忘'二字是活句，须向这里参取。若果识得此意，辨得此心，则无入而不自得，而彼之权势威力，亦皆无所施矣。"南轩张氏曰："虞人守官，义不敢往，义有重于死故也。使一有畏死之心，应非其招，则见利忘义矣。自常情观之，必重一死，而以非其招为细事。不知义之所在，事无巨细，苟爱一身之死，而隳天命之正，则凡可以避死者无不为，而弑父与君之所由生也。充虞人之心，行一不义而得天下不为之心也，人纪之所由立也，是以夫子取之。"

且夫枉尺而直寻者，以利言也。如以利，则枉寻直尺而利，亦可为与？夫，音扶。与，平声。

此以下，正其所称枉尺直寻之非。夫所谓枉小而所伸者大则为之者，计其利耳。一

① 苑囿：古代畜养禽兽供帝王玩乐的园林。

有计利之心，则虽枉多伸少而有利，亦将为之邪？甚言其不可也。和靖尹氏曰："有枉尺而直寻之心，则亦必至于枉寻而直尺矣。"朱子曰："援天下以道，若枉己便已枉道，则是已失援天下之具矣，更说甚事，自家身既已坏了，如何直人？天下事，不可顾利害，凡人做事，多要趋利避害，不知才有利，必有害，吾虽处得十分利，有害随在背后，不如且在理上求之。"庆源辅氏曰："人一有计利之心，则惟利是务，始犹有枉小直大之辨，浸浸不已，其终并大小皆不复计，不至灭天理，坏人纪，不止也。孟子所以极其流而言之。"

昔者赵简子使王良与嬖奚乘，终日而不获一禽。嬖奚反命曰：'天下之贱工也。'或以告王良。良曰：'请复之。'强而后可，一朝而获十禽。嬖奚反命曰：'天下之良工也。'简子曰：'我使掌与女乘。'谓王良。良不可，曰：'吾为之范我驰驱，终日不获一；为之诡遇，一朝而获十。《诗》云："不失其驰，舍矢如破。"我不贯与小人乘，请辞。'乘，去声。强，上声。女，音汝。为，去声。舍，上声。

赵简子，晋大夫赵鞅于两反。也。王良，善御者也。嬖奚，简子幸臣。与之乘，为之御也。复扶又反。之，再乘也。强而后可，嬖奚不肯，强之而后肯也。一朝，自晨至食时也。掌，专主也。范，法度也。诡遇，不正而与禽遇也。言奚不善射，以法驰驱则不获，废法诡遇而后中去声。下同。也。《诗·小雅·车攻》之篇。言御者不失其驰驱之法，而射者发矢皆中而力，今嬖奚不能也。贯，习也。朱子曰："诡遇，是做人不当做底；行险，是做人不敢做底。"双峰饶氏曰："射者是驱禽兽来迎而射之，此禽当中来，则可以正射，若来得不正，则或当左或当右以射之。御者自有法度，射者不过迎而射之，则不中非关御者事，诡遇是诡道以遇禽兽，射者不能迎而射之，而御者以诡遇则得中，非射者之能，乃御者之力也。"又曰："前引虞人，明不可往见之意，后引王良，明不可枉尺直寻之意。"

御者且羞与射者比。比而得禽兽，虽若丘陵，弗为也。如枉道而从彼，何也？且子过矣，枉己者，未有能直人者也。"比，必二反。

比，阿党也。若丘陵，言多也。南轩张氏曰："事无巨细，莫不有义利之两端存焉。曰：比而得禽兽，虽若丘陵弗为也，学者要当立此志，而后可以守身。"○或曰："居今之世，出处上声。去就不必一一中去声。节，欲其一一中节，则道不得行矣。"杨氏曰："何其不自重也，枉己其能直人乎？古之人宁道之不行，而不轻其去就；是以孔孟虽在春秋战国之时，而进必以正，以至终不得行而死也。使不恤其去就而可以行道，孔孟当先为之矣。孔孟岂不欲道之行哉？"庆源辅氏曰："欲道之行，仁也。进必以正，义也。仁义并行而不悖，所以为圣贤。"新安陈氏曰："扬雄谓孔子见阳货为诎身以信道，龟山谓雄非知孔子者。道外无身，身外无道，身诎矣而可以信道，吾未之信也。当即此意以读孟子此章，窃谓陈代以不见诸侯为小节，殊不知自君子观之，守孰为大，守身为大，枉己从人，失身莫大焉，不可以为所屈者小也。枉己即是枉道，枉道决不能行道，所关之大如此，而可视为小节乎！戒枉寻直尺而徇利，遏人欲也，守义而不枉道，存天理也。不见诸侯凡三章，此章一也，此篇第七章'公孙丑曰不见诸侯何义'，二也。

《万章下篇》第七章万章曰‘敢问不见诸侯何义’，三也。宜参观之。”

○景春曰：“公孙衍、张仪岂不诚大丈夫哉？一怒而诸侯惧，安居而天下熄。”

景春，人姓名。公孙衍、张仪，皆魏人。怒则说音税。诸侯使相攻伐，故诸侯惧也。新安陈氏曰：“二人皆破六国之从以为衡者，熄，如火之熄灭，以兵犹火故也。”

孟子曰：“是焉得为大丈夫乎？子未学礼乎？丈夫之冠也，父命之；女子之嫁也，母命之，往送之门，戒之曰：‘往之女家，必敬必戒，无违夫子！’以顺为正者，妾妇之道也。焉，于虔反。冠，去声。“女家”之“女”，音汝。

加冠于首曰冠去声。女家，夫家也。妇人内夫家，以嫁为归也。夫子，夫也。女子从人，以顺为正道也。盖言二子阿谀苟容，窃取权势，乃妾妇顺从之道耳，非丈夫之事也。双峰饶氏曰：“仪衍虽使得诸侯惧，不过顺其欲耳。诸侯志在土地，二人从而投其所好，说之征伐以得土地，不过妾妇之事尔，丈夫且不可为，况大丈夫乎？”

居天下之广居，立天下之正位，行天下之大道。得志与民由之，不得志独行其道。富贵不能淫，贫贱不能移，威武不能屈。此之谓大丈夫。”

广居，仁也。正位，礼也。大道，义也。朱子曰：“此心廓然无一毫私意，直与天地同量，这便是居天下之广居，便是居仁。到得自家立身，更无些子不当于理，这便是立天下之正位，便是立于礼。及推而见于事，更无些子不合于义，此便是行天下之大道，便是由义。论上面两句，则居广居是体，立正位是用。论下面两句，则立正位是体，行大道是用。要之能居天下之广居，自然能立天下之正位，行天下之大道。”“‘居’字就心上说，‘立’字就身上说，‘行’字就施为上说。”又曰：“‘正位’就处身上说，‘大道’就处事上说，‘广居’是不狭隘，以天下为一家，中国为一人，何广如之？‘正位’、‘大道’，只是不偏曲。”云峰胡氏曰：“《集注》于三句虽平说，朱子‘广居’一句极重，仁者之心，以天地万物为一体，如广居之内，何所不容？其所立所行从可知矣。”与民由之，推其所得于人也；由，谓与民共由。此仁礼义也，所得亦即此三者。独行其道，守其所得于己也。道即仁义之道。淫，荡其心也。移，变其节也。屈，挫其志也。赵氏曰：“富贵则求得欲从，故易至荡其心贫贱则居约处困，故易至变其节，遇威武又易至陨穫震惧，故多挫慑其志气。”○何叔京名镐，昭武人。曰①：“战国之时，圣贤道否，天下不复扶又反。见其德业之盛；但见奸巧之徒，得志横行，气焰以念反。可畏，遂以为大丈夫。不知由君子观之，是乃妾妇之道耳，何足道哉？”朱子曰：“‘居广居’以下，惟集义养气，方到此地位。‘富贵不能淫，贫贱不能移，威武不能屈’，以浩然之气对著他，便能如此。”“观孟子答景春之问，直是痛快，三复令人胸次浩然，如濯江汉而暴秋阳也。”问：“大丈夫之说，其详可得闻乎？”朱子曰：“廓然大公，心不狭隘，则所居者真天下之广居矣。履绳蹈矩，身不苟安，则所立者必天下之正位矣。秉彝循理，事不

① 何叔京：何镐（1128—1175 年），字叔京，学者称台溪先生，邵武（今属福建）人，兑子。从朱熹游。以父恩授安溪主簿，汀州上杭县丞。孝宗淳熙二年调知潭州善化县，未赴而卒，年四十八。著有《论语说》，事见《晦庵集》卷九一《何叔京墓碣铭》。

苟从，则所行者皆天下之大道矣。得志与民由之，则出而推此于人也，不得志独行其道，则退而乐此于己也。如是，则富贵岂能诱而淫其心，贫贱岂能挠而移其志，威武岂能胁而屈其节哉！此其视衍仪之以睢盱侧媚得志于一时，真可谓妾妇之为，而所谓大丈夫者，其不在彼而在此也决矣。然此数言者，皆以'居广居'、'立正位'、'行大道'为主，而夫三言者，又以'广居'为主也。"南轩张氏曰："公孙衍张仪，持合从连衡之说以动诸侯，景春徒见其言足以捭阖摇撼，而遂以为大丈夫，其说固为陋矣。而孟子以衍与仪比妾妇之道者，盖事君以弼违为义，不当徇其欲也。衍与仪不知正救其心术，而徒探其意之所欲为以进其说，此何以异于妾妇之道，无违夫子以顺为正者乎？人受天地之中以生，与天地万物本无有间，惟其私意自为町畦而失其广居。失其广居，则迁夺流荡，亦无以立于正位而行其大道矣。与民由之，与共由乎此也。虽不得志，此道未尝不由于己也。不能淫，不能淫此。不能移，不能屈，不能移此、屈此也。此者，何也？'广居'、'正位'、'大道'是也，盖得乎己，而外物举不足以贰之也。所谓大丈夫者盖如此。"云峰胡氏曰："当时但见奸巧之人，气焰可畏，岂知圣贤刚大浩然之气哉！"【通考】朱氏公迁曰："中庸，故君子和而不流，至章末与此一节言节操，通以立身之道言之，亦曰平居自守之节。余如孟子论柳下惠之介，亦是此类。但君子大丈夫是学问之功，下惠之可称者，只是资质之美，未必义理之纯全也。"

○周霄问曰："古之君子仕乎？"孟子曰："仕。传曰：'孔子三月无君，则皇皇如也，出疆必载质。'公明仪曰：'古之人三月无君则吊。'"传，直恋反。"质"与"贽"同。下同。

周霄，魏人。无君，谓不得仕而事君也。皇皇，如有求而弗得之意。《记》曰："皇皇焉如有求而弗得。"出疆，谓失位而去国也。质，所执以见人者，如士则执雉也。《周礼·春官·大宗伯》："以禽作六挚以等诸侯，孤执皮帛，卿执羔，大夫执雁，士执雉，庶人执鹜，音木。工商执鸡。挚之为言，至也，所执以自致也，亦作'贽'。皮帛者，束帛而表以为之饰。皮，虎豹之皮。羔，小羊，取其群而不失其类。雁，取其候时而行。雉，取其守介而死不失其节。鹜，取其不飞迁。鸡，取其守时而动。"出疆载之者，将以见所适国之君而事之也。

"三月无君则吊，不以急乎？"

周霄问也。以、已通，太也。后章放上声。此。【通考】双峰饶氏曰："一年有四时之祭，若失位三月，便废此一祭，故可吊，吊其不得祭，非吊其不得君。"

曰："士之失位也，犹诸侯之失国家也。《礼》曰：'诸侯耕助，以供粢盛；夫人蚕缫，以为衣服。牺牲不成，粢盛不洁，衣服不备，不敢以祭。惟士无田，则亦不祭。'牲杀器皿衣服不备，不敢以祭，则不敢以宴，亦不足吊乎？"盛，音成。缫，素刀反。皿，武永反。

《礼》曰："诸侯为藉秦昔反。百亩，冕而青纮①，音宏。躬秉耒以耕，而庶人助以

① 冕而青纮：头戴冕而冕下系着红色丝带。

终亩①。收而藏之御廪②，以供宗庙之粢盛。《记·祭义》："昔者天子为籍千亩，冕而朱纮，缨也。躬秉耒。诸侯为籍百亩，冕而青纮，躬秉耒，以事天地、山川、社稷、先古，以为醴酪，粢音咨。盛于是乎取之，敬之至也。"《周礼·天官》："甸师掌帅其属，而耕耨王籍，以时入之，以共齍盛。王以孟春躬耕帝籍，天子三推，三公五推，卿、诸侯九推，庶人终于亩。籍之为言借也，王一耕之，而使庶人耘芓终之。齍盛，祭祀所用谷也。粢，稷也。谷以稷为长，在器曰盛。"《穀梁传》桓公十四年："天子亲耕以供粢盛，王后亲蚕以供祭服，甸粟而内。三宫，三宫米而藏之御廪。甸，甸师，掌田之官也。三宫，三夫人也。宗庙之礼，君亲割，夫人亲舂之。"使世妇蚕于公桑蚕室③，奉茧古典反。以示于君，遂献于夫人。夫人副袆音晖。受之，缫三盆手，遂布于三宫世妇，使缫以为黼黻音斧弗。文章，《周礼·冬官·考工记》曰："青与赤谓之文。赤与白谓之章。白与黑谓之黼，黑与青谓之黻，五采备谓之绣。"而服以祀先王先公。"《记·祭义》："古者天子诸侯，必有公桑蚕室，近川而为之。及大昕之朝，君皮弁素积，卜三宫之夫人世妇之吉者，使入蚕于蚕室。大昕，季春朔日之朝也。诸侯三宫，半王后也。奉种浴于川，桑于公桑，风戾以食之。风戾之使露气燥，乃以食蚕，蚕性恶湿。世妇卒蚕奉茧以示于君，遂献茧于夫人，夫人曰：'此所以奉为君服与？'平声。遂副袆而受之。副袆，王后之服。因少牢以礼之，及良日，夫人缫三盆手。三盆手者，三淹也。凡缫，每淹大总以手振之以出绪也。遂布于三宫夫人世妇之吉者，使缫遂朱绿之，玄黄之，以为黼黻文章。服既成，君服以祭先王先公，敬之至也。"【通考】东阳许氏曰："纮以组为之，而属两端于武，所以固冠于首也。副者，王后之首服，犹王之冕。袆者，王后之衣，犹王之滚衣，二者皆王后之服。此言诸侯之夫人者。《礼记》注谓'审二王之后与？'"吴氏程曰："副编发为之，所以覆首为饰"袆"与"翚"同。刻，缯为之形而采画之缀于衣也。"赵氏德曰："《周礼》'内司服掌王后六服，袆衣其一，其色玄，追司掌王后首服，为副，夏后氏官名，故以名冠冕之。官副遗象，若今之步摇、副袆，皆祭服。'"又曰："士有田则祭，无田则荐。"《记·王制》："大夫士宗庙之祭，有田则祭，无田则荐。庶人春荐韭，夏荐麦，秋荐黍，冬荐稻。有田者既祭又荐新，祭以首时荐以仲月。"黍稷曰粢，在器曰盛。牲杀，牲必特杀也。皿，眉永反。所以覆敷救反。器者。庆源辅氏曰："此先王之制，必如是，然后能自尽其心，至于不得奉祭祀，则神不容以自安，而人亦以为吊焉。古人之重祭祀也如此。"双峰饶氏曰："三月无君则吊，恐是为士先有位后失位者言之，毕竟子为士，则祭以士；子为大夫，则祭以大夫。寻常有祭，一旦失位而不得祭。一年有四时之祭，若失位三月，便废一祭，故可吊之，吊其不得祭，非吊其不得君也。古人重祭祀故如此，不然，则如何三月无君便吊。"

① 终亩：谓耕尽全部田亩。古代于立春日，天子行始耕之仪，公卿以下亦耕数锹，然后庶民尽耕之。

② 御廪：天子储藏亲耕所获用以飨祀的粮食的仓库。

③ 世妇：宫中女官。《周礼·天官·世妇》："世妇掌祭祀、宾客、丧纪之事。"后世宫廷，每设此官，掌管宾客祭祀事务。参阅《隋书·后妃传序》。

“出疆必载质，何也？”

周霄问也。

曰：“士之仕也，犹农夫之耕也，农夫岂为出疆舍其耒耜哉？”曰：“晋国亦仕国也，未尝闻仕如此其急。仕如此其急也，君子之难仕，何也？”曰：“丈失生而愿为之有室，女子生而愿为之有家。父母之心，人皆有之。不待父母之命、媒妁之言，钻穴隙相窥，逾墙相从，则父母国人皆贱之。古之人未尝不欲仕也，又恶不由其道。不由其道而往者，与钻穴隙之类也。”为，去声。妁，音酌。隙，去逆反。恶，去声。

晋国，解见形甸反。首篇。仕国，谓君子游宦之国。霄意以孟子不见诸侯为难仕，故先问古之君子仕否，然后言此以风去声。切之也。男以女为室，女以男为家。妁，亦媒也。言为父母者，非不愿其男女之有室家，而亦恶其不由道。盖君子虽不洁身以乱伦，而亦不殉利而忘义也。庆源辅氏曰：“周霄亦颇有策士之风，但孟子据道之极，不为其所动，直述其义理以告之而已。”“士之仕，犹男女之愿有室家者，此正理也。至于为人男女而不待父母之命、媒妁之言，钻穴隙相窥，逾墙相从，则父母国人皆贱之。为士而仕者，不循天理之正，不俟人君之招，屈己以徇利，枉道以事君，则为圣贤之学皆贱之。直与儿女子相窥相从者无异，故君子之于仕，未尝洁身以乱伦，而长往不顾，亦未尝徇利忘义，而屈道以伸身也。”云峰胡氏曰：“《集注》末二句，与《论语》解‘不仕无义处’语意同，而实有不同者，《论语》是从不仕无义处说来，故虽两句而实一意，孟子是从‘古之人未尝不欲仕也，又恶不由其道’两句说来，故两句自是两意。《论语》盖谓夫子虽责隐者之不仕，而‘义’之一字，虽仕亦有不可苟者，故《集注》谓‘君子虽不乱伦不仕，而其间亦非不义而仕’，故下一‘非’字，孟子谓‘既不可不仕，又恶不由其道’，故下一‘不’字，《集注》字字句句精审如此，学者当如此看。”

○彭更问曰：“后车数十乘，从者数百人，以传食于诸侯，不以泰乎？”孟子曰：“非其道，则一箪食不可受于人；如其道，则舜受尧之天下不以为泰，子以为泰乎？”更，平声。乘、从，皆去声。传，直恋反。箪，音丹。食，音嗣。【通考】吴氏程曰：“直恋反，合正其音更作张恋反，与‘传车’之‘传’同。内训递，殊附会。”

彭更，孟子弟子也。泰，侈也。新安陈氏曰：“孟子历聘，徒御众多，食于诸国，故更以为泰，陋矣。”

曰：“否。士无事而食，不可也。”

言不以舜为泰，但谓今之士无功而食人之食，则不可也。

曰：“子不通功易事，以羡补不足，则农有余粟，女有余布；子如通之，则梓匠轮舆皆得食于子。于此有人焉，入则孝，出则悌，守先王之道，以待后之学者，而不得食于子。子何尊梓匠轮舆而轻为仁义者哉？”羡，延面反。

通功易事，谓通人之功而交易其事。羡，余也。有余，言无所贸音茂。易，而积于无用也。梓人匠人，木工也。轮人舆人，车工也。新安陈氏曰：“传先王之道，虽未得行于当时，守先王之道，乃可以传之来世，此其继往圣，开来学，有功于吾道甚大。孟子盖自谓也。”【通考】赵氏德曰：“梓人成器械以利用，匠人营宫室以安居，输人作车输以运行，舆人作车舆以利载。”

曰：“梓匠轮舆，其志将以求食也；君子之为道也，其志亦将以求食与?”曰：“子何以其志为哉？其有功于子，可食而食之矣。且子食志乎？食功乎?”曰：“食志。”与，平声。“可食而食”、“食志”、“食功”之“食”，皆音嗣。下同。

孟子言自我而言，固不求食；自彼而言，凡有功者则当食音嗣。之。南轩张氏曰：“君子之志，固不在食，而为国者，知其有功，则当食之。夫王者之禄夫人，为有以赖其用而可禄耳，岂必以其志之欲而禄之哉！如以其志，是率天下而利也。”

曰：“有人于此，毁瓦画墁，其志将以求食也，则子食之乎?”曰：“否。”曰：“然则子非食志也，食功也。”墁，武安反。“子食”之“食”，亦音嗣。

墁，墙壁之饰也。毁瓦画墁，言无功而有害也。既曰食功，则以士为无事而食者，真尊梓匠轮舆而轻为仁义者矣。双峰饶氏曰：“当时功利之说盛，不知圣道之有用。见孟子所至之国，时君稍见尊礼，养其从者，则以为无事而食。如王子垫问‘士何事，不素餐兮’，皆是此意。毕竟当时之君，虽能养之，而不能用之，故时人有此疑。然而当时诸侯，尚知尊敬儒者，如孔子之适卫，孟子之仕齐，皆有所养，亦是先王之泽未泯。”新安陈氏曰：“此章当与《尽心上·不素餐兮章》参看，君子居是国，君用之，则安富尊荣；子弟从之，则孝弟忠信，纵未能为当世开太平，亦足以继往圣之绝学，而为后世开太平，其有功于道统者为何如，更等乃以无事而食议之，抑何其无知也。食志，为人上者不当言。食功，则功之大小轻重所当辨。志，可以观人，非所以食人专食志，则志贪饕者皆得食矣。食功而不审其大小轻重，则仅有功于器物者，得以加诸有功于吾道者矣。”

○万章问曰：“宋，小国也。今将行王政，齐楚恶而伐之，则如之何?”恶，去声。

万章，孟子弟子。宋王偃尝灭滕伐薛，败齐、楚、魏之兵，欲霸天下，疑即此时也。《史记·宋世家》：“偃立为君十一年，自立为王，东败齐，取五城，南败楚，取地三百里，西败魏军，乃与齐魏为敌国，盛血以韦囊，悬而射之，命曰射天，淫于酒妇人，群臣谏者辄射之，于是诸侯皆曰桀宋，宋其复为纣所为，不可不诛。告齐伐宋，王偃四十七年，齐愍王与魏楚伐宋，杀王偃，遂灭宋而三分其地。”

孟子曰：“汤居亳①，与葛为邻，葛伯放而不祀。汤使人问之曰：‘何为不祀?’曰：‘无以供牺牲也。’汤使遗之牛羊。葛伯食之，又不以祀。汤又使人问之曰：‘何为不祀?’曰：‘无以供粢盛也。’汤使亳众往为之耕，老弱馈食。葛伯率其民，要其有酒食黍稻者夺之，不授者杀之。有童子以黍肉饷，杀而夺之。《书》曰：‘葛伯仇饷。’此之谓也。遗，唯季反。盛，音成。“往为”之“为”，去声。“馈食”、“酒食”之“食”，音嗣。要，平声。饷，式亮反。

葛，国名。伯，爵也。放而不祀，放纵无道，不祀先祖也。亳众，汤之民。其民，葛民也。授，与也。饷，亦馈也。《书·商书·仲虺之诰》许伟反。也。仇饷，言与饷

---

① 亳：此亳在今河南商丘东南，即前人所谓之南亳。

者为仇也。朱子曰："《书》所谓'葛伯仇饷'，若非孟子之言，人孰知其曲折如此哉！"

为其杀是童子而征之，四海之内皆曰：'非富天下也，为匹夫匹妇复仇也。'为，去声。

非富天下，言汤之心，非以天下为富而欲得之也。

'汤始征，自葛载'，十一征而无敌于天下。东面而征，西夷怨；南面而征，北狄怨，曰：'奚为后我？'民之望之，若大旱之望雨也。归市者弗止，芸者不变，诛其君，吊其民，如时雨降。民大悦。《书》曰：'徯我后，后来其无罚。'

载，亦始也。十一征，所征十一国也。【通考】赵氏德曰："所征十一国，按《诗·商颂》：'韦顾既伐，昆吾夏桀。'韦，豕韦也。顾，国也。昆吾，氏也。三国党于桀恶，汤先伐韦顾，克之，昆吾夏桀则同时诛也。据此则曰'葛'，曰'韦'，曰'昆吾'，曰'夏桀'。又《尚书》云'遂伐三朡'，凡六伐，余无可考。"余已见形甸反。前篇。新安陈氏曰："此汤行王政而王之事也。"

'有攸不惟臣，东征，绥厥士女，匪厥玄黄，绍我周王见休，惟臣附于大邑周①。'其君子实玄黄于匪以迎其君子，其小人箪食壶浆以迎其小人，救民于水火之中，取其残而已矣。食，音嗣。

按《周书·武成篇》载武王之言，孟子约其文如此。然其辞时与今书文不类，今姑依此文解之。有所不为臣，谓助纣为恶，而不为周臣者。匪，与"篚"同。玄黄，币也。绍，继也，犹言事也。言其士女以匪盛音成。玄黄之币，迎武王而事之也。商人而曰"我周王"，犹《商书》所谓"我后"也。休，美也。言武王能顺天休命②，而事之者皆见休也。臣附，归服也。孟子又释其意，言商人闻周师之来，各以其类相迎者，以武王能救民于水火之中，取其残民者诛之，而不为暴虐耳。君子，谓在位之人。小人，谓细民也。

《太誓》曰：'我武惟扬，侵于之疆，则取于残，杀伐用张，于汤有光。'

《太誓》，《周书》也。今《书》文亦小异。言武王威武奋扬，侵彼纣之疆界，取其残贼，而杀伐之功因以张大，比于汤之伐桀又有光焉，引此以证上文取其残之义。新安陈氏曰："此武王行王政而王之事也。"

不行王政云尔，苟行王政，四海之内皆举首而望之，欲以为君。齐楚虽大，何畏焉？"

宋实不能行王政，后果为齐所灭，王偃走死。○尹氏曰："为国者能自治而得民心，则天下皆将归往之，恨其征伐之不早也。尚何强国之足畏哉？苟不自治，而以强弱之势言之，是可畏而已矣。"庆源辅氏曰："尹氏说尽后世为国而不自强，但以强大为畏者之病，诚能反是道而求之于己，则知仁者之果无敌，而帝王之道，是诚在我而已。"

① 大邑周：此称呼亦见于金文，犹如殷商之甲骨文自称"大邑商"、"天邑商"，乃尊大之词。
② 休命：美善的命令。多指天子或神明的旨意。《易·大有》："君子以遏恶扬善，顺天休命。"

问："赵氏注：'修德无小，暴慢无强'。"晁补之曰①："修德无小，能修德，则小可大；暴慢无强，遇修德，则强必弱。"

〇孟子谓戴不胜曰："子欲子之王之善与？我明告子。有楚大夫于此，欲其子之齐语也，则使齐人傅诸？使楚人傅诸？"曰："使齐人傅之。"曰："一齐人傅之，众楚人咻之，虽日挞而求其齐也，不可得矣；引而置之庄岳之间数年，虽日挞而求其楚，亦不可得矣。与，平声。咻，音休。

戴不胜，宋臣也。齐语，齐人语也。傅，教也。咻，讙也。齐，齐语也。庄岳，齐街里名也。楚，楚语也。此先设譬以晓之也。

子谓薛居州，善士也。使之居于王所。在于王所者，长幼卑尊，皆薛居州也，王谁与为不善？在王所者，长幼卑尊，皆非薛居州也，王谁与为善？一薛居州，独如宋王何？"长，上声。

居州，亦宋臣。言小人众而君子独，无以成正君之功。南轩张氏曰："众君子之间，置一小人，犹足以蔽主而败类，一君子而遇众小人，且不能安其身，如正君何？格君之任有孟子，而戴不胜不能知，他尚何望焉。"庆源辅氏曰："古之大臣欲正其君者，岂特取办于一人而已哉！必也兼收并蓄，旁求广取，使忠贤之士，毕集于朝，在君之左右前后者，无非正人端士，然后可以熏陶渐染，以变化其气质，成就其德性，是岂独欲趋事赴功而已哉！"云峰胡氏曰："此篇言宋事者三章，正好通看。前章谓宋不行王政，后章不能十一去关市之征，见得实不能行王政。此章言小人众而君子独，见宋之所以不能行王政也。"

〇公孙丑问曰："不见诸侯何义？"孟子曰："古者不为臣不见。不为臣，谓未仕于其国者也，此不见诸侯之义也。段干木逾垣而辟之，泄柳闭门而不内，是皆已甚。迫，斯可以见矣。辟，去声。内，与"纳"同。

段干木②，魏文侯时人。泄柳，鲁缪音目。公时人。文侯、缪公欲见此二人，而二人不肯见之，盖未为臣也。已甚，过甚也。迫，谓求见之切也。庆源辅氏曰："士固当守义而不往见国君，如二君屈己求见，意已诚切，圣贤处此，必将出见。今拒绝之如此，则过甚而非义矣。"

阳货欲见孔子③而恶无礼，大夫有赐于士，不得受于其家，则往拜其门。阳货瞰孔子之亡也，而馈孔子蒸豚；孔子亦瞰其亡也，而往拜之。当是时，阳货先，岂得不见？"欲见"之"见"，音现。恶，去声。瞰，音勘。

此又引孔子之事，以明可见之节也。欲见孔子，欲召孔子来见己也。恶无礼，畏人

---

① 晁补之(1053—1110年)：宋巨野人，字无咎。元丰二年进士，元祐初为大学正，后以礼部郎中出知河中府。绍兴中落职监处州酒，后知泗州，卒于官。补之善为文，为苏轼所称。有《鸡肋集》、《晁氏琴趣外篇》等传世。《宋史》有传。

② 段干木，名木，一说名干木，战国初魏文侯时贤者，曾师事子夏。《史记正义》引《高士传》谓之："守道不仕，魏文侯欲见，造其门，干木逾墙避之。"

③ 阳货欲见孔子：事见《论语·阳货篇》。

以己为无礼也。受于其家，对使人拜受于家也。其门，大夫之门也。瞰，窥也。阳货于鲁为大夫，孔子为士，故以此物及其不在而馈之，欲其来拜而见之也。先，谓先来加礼也。庆源辅氏曰："阳货欲见孔子而恶无礼，虽小人，秉彝不可殄。货既先来加礼于己，则己乌得而不答之，然货之意则非诚矣。故但往答其礼而不欲见其人，是亦不屑之教诲也。天地之施与万物者，岂有差忒哉！"新安陈氏曰："往答其礼，礼也不欲见其人，义也。"

曾子曰：'胁肩谄笑，病于夏畦。'子路曰：'未同而言，观其色赧赧然，非由之所知也。'由是观之，则君子之所养可知已矣。"胁，虚业反。赧，奴简反。

胁肩，竦音悚。体。谄笑，强上声。下同。笑。皆小人侧媚之态也。病，劳也。夏畦，夏月治畦之人也。言为此者，其劳过于夏畦之人也。未同而言，与人未合而强与之言也。赧赧，惭而面赤之貌。由，子路名。言非己所知，甚恶去声。之之辞也。孟子言由此二言观之，则二子之所养可知，必不肯不俟其礼之至，而辄往见之也。南轩张氏曰："若不当往见而往见，是苟贱以求合，与胁肩谄笑未同而言者何以异。"庆源辅氏曰："曾子重厚笃实，故视小人侧媚之态，如病于夏畦之人，而深怜之，子路刚勇果决，故以未同而言赧赧其色者，为非己所知，而深恶之，二子所守如此，虽各因其资质，然亦是学力所就也。"〇此章言圣人礼义之中正，过之者伤于迫切而不洪，不及者沦于污音乌。贱而可耻。汪氏廷直曰："君子所养，贵乎中而已。太刚则至于绝物，太柔则至于丧己。干木、泄柳，太刚者也；曾路所讥，太柔者也。孔子于货之馈而往拜，则与太刚者异矣，拜之必瞰其亡，则与太柔者异矣，所以无可无不可而为圣之时也。孟子前言二子之所行，以明其过；后述曾路之所言，以明其不及，中举孔子事，以明圣人之用中。然则孟子之不见诸侯，守其分义之中而已。"庆源辅氏曰："孔子之事，礼义之中正也，差以毫厘则失之矣。干木、泄柳，则过乎礼义之中正矣，故伤于迫切而不洪；曾子、子路之所言，则不及乎礼义之中正者，故沦于污贱而可耻，此君子之行己，所以战战兢兢而唯恐有过不及之失也。然与其污贱之可耻，宁失于迫切而不洪，段干、泄柳，犹为狷者也。"双峰饶氏曰："观阳货事，则不特诸侯不可见；观曾子、子路之言，则不特不可往见，虽平交之人，亦不可强与之言，盖物不可以苟合。"云峰胡氏曰："士尚志，伤于迫切者，量虽未洪，犹不失为志之高；沦于污贱者，其志甚卑，无足道矣。"

〇戴盈之曰："什一，去关市之征，今兹①未能。请轻之，以待来年，然后已，何如？"去，上声。

盈之，亦宋大夫也。什一，井田之法也。关市之征，商贾音古。之税也。已，止也。

孟子曰："今有人日攘其邻之鸡者，或告之曰：'是非君子之道。'曰：'请损之，月攘一鸡，以待来年，然后已。'攘，如羊反。

---

① 今兹：今年。《吕氏春秋·任地》高诱注："兹，年也。"

攘，物自来而取之也。损，减也。

如知其非义，斯速已矣，何待来年。”

知义理之不可而不能速改。与月攘一鸡何以异哉？南轩张氏曰：“君子之远不义也，如恶恶臭；其不敢迩也，如探汤；其不敢须臾宁也，如坐涂炭；而其徙义也，如饥渴之于饮食。盖见之之明，而决之之勇，以为不如是，则不足以自拔而自新也。士之持身，于改过迁善之际，而为盈之之说，则将终身汩没于过失之中；人臣之谋国，于革弊复古之事，而为盈之之说，则终陷于因循苟且之域。故自修身至于治国，知仁勇之三德，缺一不可也。知以知之，仁以行之，勇以决之，可不务哉！”庆源辅氏曰：“天下事只有义利两端，才出义，便以利言也，焉有两存之理？若知义理之不可，而犹有吝惜之意不肯速改，则亦终归于悠悠，必不能自拔而日新矣。”新安陈氏曰：“请轻之，如减日攘为月攘，不知其非义，不智也；知其非义而不速改，不勇也。不智之罪小，不勇之罪大。”

○公都子曰：“外人皆称夫子好辩，敢问何也？”孟子曰：“予岂好辩哉？予不得已也。天下之生久矣，一治一乱。好，去声。下同。治，去声。

生，谓生民也。一治一乱，气化盛衰，人事得失，反复相寻，理之常也。徽庵程氏曰：“气化在天者，有盛有衰，盛焉而治，衰焉而乱也。事理在人者，有得有失，得焉而治，失焉而乱也。治不生于治而生于乱，乱不生于乱而生于治，如环无端，此理之常，固无足怪。所贵乎圣贤之生斯世，亦惟以理御气，庶几反失而得，反衰而盛，反乱而归于治焉耳。”云峰胡氏曰：“古今一治一乱，只是气化人事，反复相寻于无穷，或气化有盛衰，而人事之得失于是乎生；或人事有得失，而气化之盛衰于是乎转。反复相寻，皆理之常也。”新安陈氏曰：“学者当深察孟子所以不得已之心，下文详之，章末又申言此二句以结之。岂惟孟子，凡圣贤出而任三才扶三纲，皆不得而已也。一治一乱，乃此章纲领，下文节节照应之。”

当尧之时，水逆行，泛滥于中国。蛇龙居之，民无所定。下者为巢，上者为营窟。《书》曰：‘洚水警余。’洚水者，洪水也。洚，音降，又胡贡、胡工二反。

水逆行，下流壅塞，故水倒流而旁溢也。下，下地。上，高地也。营窟，穴处①上声。也。《书》，《虞书·大禹谟》也。洚水，洚胡贡反。洞无涯之水也。警，戒也。此一乱也。庆源辅氏曰：“此一乱纯由乎气化也。”云峰胡氏曰：“自开辟至于尧之时，不知几治乱，断自尧起，有征也。洚水系乎气化而曰警余，未尝不反而求诸人事也，所以此一乱，即转而为一治也。”

使禹治之，禹掘地而注之海，驱蛇龙而放之菹。水由地中行，江、淮、河、汉是也。险阻既远，鸟兽之害人者消，然后人得平土而居之。菹，侧鱼反。

掘地，掘去上声。壅塞也。菹，泽生草者也。地中，两涯之间也。险阻，谓水之泛滥也。远，去也。消，除也。此一治也。庆源辅氏曰：“此一治，气化人事相参者也。

---

① 营窟穴处：焦循《孟子正义》云：“当是相连为窟穴。”

夫人与鸟兽，亦相为多寡，盖同禀于气故也。繁气盛则正气衰，正气多则繁气少，圣人于其间，有造化之用，亦时焉而已。”新安陈氏曰：“洪水乃治世之一乱，禹反其乱而治之，此禹之不得已于有为者也。”

尧舜既没，圣人之道衰。暴君代作，坏宫室以为污池，民无所安息；弃田以为园囿，使民不得衣食。邪说暴行又作，园囿、污池、沛泽多而禽兽至。及纣之身，天下又大乱。坏，音怪。行，去声。下同。沛，蒲内反。

暴君，谓夏太康、孔甲、履癸、商武乙之类也。宫室，民居也。沛，草木之所生也。泽，水所钟也。自尧舜没至此，治乱非一，及纣而又一大乱也。庆源辅氏曰：“此一乱，气化人事相符者也。自尧舜没，其间夏太康至商武乙等，暴君不一，难以类数。至纣而大败，极乱而无以复加矣。故直推至纣时言之，想见夏桀之时，亦未必有飞廉等恶人，与夫虎豹犀象之害也。”双峰饶氏曰：“暴行，即上面坏宫室，弃田宅也。暴行通上下而言，必有邪说糊涂了个理义，然后暴行始作。”

周公相武王，诛纣伐奄，三年讨其君，驱飞廉于海隅而戮之。灭国者五十，驱虎、豹、犀、象而远之。天下大悦。《书》曰：‘丕显哉，文王谟！丕承哉，武王烈！佑启我后人，咸以正无缺。’相，去声。奄，平声。

奄，东方之国，助纣为虐者也。邹晋昭曰：“‘奄’字书作□，古通用。衣检、衣廉二反，《说文》衣检反，注：周公所诛奄国。”飞廉，纣幸臣也。五十国，皆纣党虐民者也。《书·周书·君牙》之篇。丕，大也。显，明也。谟，谋也。承，继也。烈，光也。佑，助也。启，开也。缺，坏也。此一治也。庆源辅氏曰：“此一治，又气化人事相参者也，举书言文王武王谋谟之大，功业之光，所以佑助开迪夫后人者，莫非正大之道，周全尽美，而无一毫缺坏之失也。盖正可为也，无缺为难。无缺，谓礼乐刑政四达而不悖，三千三百之仪，与至诚无倚之道，并立而不偏，凡所以正德利用厚生之具，无一之不备，防伪禁邪正慝之法，无一之或隳，夫然后可以为无缺。至春秋时，则道坠于地，而无复有存者矣。”赵氏曰：“按奄国在淮夷之北，飞廉善走，以材力事纣。周武王伐纣，并杀之。”新安陈氏曰：“商末大乱，武王周公反其乱而治之，此武王周公之不得已于有为者也。”

世衰道微，邪说暴行有作，臣弑其君者有之，子弑其父者有之。“有作”之“有”，读为又，古字通用。

此周室东迁之后，又一乱也。庆源辅氏曰：“此一乱，又气化人事相符者也。前乎此者，虽曰世乱，然但禽兽繁殖，有以戕民之生，而犹未至贼人之性。至此以后，则遂至伤坏人伦，将使人尽为禽兽之归，其祸又惨矣。此一乱又甚于前日，是亦气化人事之使然也。”

孔子惧，作《春秋》。《春秋》，天子之事也。是故孔子曰：‘知我者其惟《春秋》乎！罪我者其惟《春秋》乎！’

胡氏曰：胡氏，名安国，字康侯，建安人。“仲尼作《春秋》以寓王法。厚典、庸礼、命德、讨罪①，其大要皆天子之事也。新安倪氏曰：“《书·皋陶谟篇》云：‘天叙有典，敕我五典五惇哉！天秩有礼，自我五礼有庸哉！同寅协恭和衷哉！天命有德，五服五章哉！天讨有罪，五刑五用哉！政事懋哉懋哉！’《书》言天子治天下之事，孔子作《春秋》，其大旨正以明此治天下之事而为后世法也。”“‘惇典’之‘惇’，《集注》避宋光宗讳而以‘厚’字代之。”知孔子者，谓此书之作，遏人欲于横流，存天理于既灭，为去声。后世虑，至深远也。罪孔子者，以谓无其位而托二百四十二年南面之权，使乱臣贼子禁其欲而不得肆，则戚矣。”【通考】吴氏程曰：“以虑后世而知圣人者，君子也，故幸其存天理、遏人欲；以托南面而罪圣人者，小人也，故戚其不得肆欲。”【通旨】朱氏公迁曰：“此以事功言，孔子继往圣、开来学，则其功贤于尧舜，拨乱世而反诸正，则其功著于《春秋》。宰我举其统体言，孟子即其一事言。”愚谓孔子作《春秋》以讨乱贼，则致治之法垂于万世，是亦一治也。问：“孔子作《春秋》，特载之空言，乱贼何缘便惧，恐未足以为一治。”朱子曰：“非说当时便一治，只是存得个治法，使道理光明灿烂，有能举而行之。为治不难，当时史书掌于史官，想人不得见，孔子取而笔削之，而其义大明，孔子亦何尝有意用某字使人知劝，用某字使人知惧，有某字有甚微词奥义，使人晓不得，足以褒贬荣辱人来？不过如今之史书，直书其事，善恶了然在目，观者知所劝惩，故乱臣贼子，有所惧而不敢犯耳。”庆源辅氏曰：“此一治，又纯乎人事者也，虽气化不应，而不使孔子得位，以拨乱而反之正。然讨乱贼，垂治法，其功又大于舜禹矣。”潜室陈氏曰：“此谓圣人以王法绳诸侯，所褒所贬，皆是奉行王法，此圣人大用，非孟子不能知，胡氏发明备矣。”云峰胡氏曰：“《集注》前言禹与周公之功，曰‘此一治也’，此当时之治也。此言孔子《春秋》之功，曰‘此亦一治也，万世之治也’。”新安陈氏曰：“孔子虽不能兴治道于当时，而能垂治法于后世。盖在当时，伦纪乱矣，孔子欲反其乱而治之，此孔子之不得已于有言者也。”【通旨】朱氏公迁曰：“‘思无邪’，‘王者之迹熄而《诗》亡’，及此节总论一经之旨，孔子之论《诗》是欲人知其要，孟子之论《春秋》，是欲人知其义。《王者迹熄》一章，是明孔子作《春秋》之法；世衰道微一节，是明孔子作《春秋》之本意。又如孟子‘春秋无义战’之云，亦总论一经之旨，是又专主征伐而言者也。”

圣王不作，诸侯放恣，处士横议，杨朱、墨翟之言盈天下。天下之言，不归杨，则归墨。杨氏为我，是无君也；墨氏兼爱，是无父也。无父无君，是禽兽也。公明仪曰：‘庖有肥肉，厩有肥马，民有饥色，野有饿莩，此率兽而食人也。’杨墨之道不息，孔子之道不著，是邪说诬民，充塞仁义也。仁义充塞，则率兽食人，人将相食。横、为，皆去声。莩，皮表反。

杨朱但知爱身，而不复扶又反。知有致身之义，故无君；墨子爱无差楚宜反。等，而视其至亲无异众人，故无父。无父无君，则人道灭绝，是亦禽兽而已。公明仪之言，

① 厚典：本作“惇典”。厚其礼敬，即整修典籍。庸礼：制定礼仪。命德：任命有德行的人。讨罪：讨伐罪人。

义见形甸反。首篇。充塞仁义，谓邪说遍满，妨于仁义也。云峰胡氏曰："不中则曰横议，不正则曰邪说。"孟子引仪之言，以明杨墨道行，则人皆无父无君，以陷于禽兽，而大乱将起，是亦率兽食人而人又相食也。此又一乱也。朱子曰："杨墨只是差些子，其末流遂至于无父无君，盖杨氏见世人营营于名利，埋没其身而不自知，故独洁其身以自高，如荷蒉接舆之徒是也。然使人皆如此洁身而自高，则天下事教谁理会，此便是无君也。墨氏见世间人自私自利，不能及人，故欲兼天下之人而尽爱之，然不知有一患难，在君亲则当先救之，在他人则后救之，若不分先后，则是待君亲犹他人也，此便是无父。此二者，之所以为禽兽也。""杨朱乃老子弟子，其学专于为己。列子云：'伯成子高，拔一毛而利天下不为。'其言曰：'一毛安能利天下。'使人人不拔一毛，不利天下，则天下自治矣。"问："墨氏兼爱何遽至于无父？"曰："人也只孝得一个父母，那爱得许多，能养其父母无缺，则已难矣。想得他之所以养父母者，粗衣粝食，必不能堪，盖他既欲兼爱，则爱父母必疏，其孝不周至，非无父而何哉！墨子尚俭恶乐，所以说里号朝歌，墨子回车，想得是个澹泊枯槁底人，其事父母也可想见。"问："率兽食人，亦深探其弊而极言之，非真有此事。"曰："不然，即他之道，便能如此，杨氏自是个退步，爱身不理会事底人。墨氏兼爱，又弄得没合杀，使天下伥伥然，必至于大乱而后已，非率兽食人而何？如东晋之清谈，此便是杨氏之学，即老庄之道，少间百事废弛，遂启夷狄乱华，其祸岂不惨于洪水猛兽之害。又如梁武帝事佛，至于社稷丘墟，亦其验也。"庆源辅氏曰："此一乱，又气化人事相符者也，圣人之道非不爱身也，然有致身事君之义，有杀身成仁之时，故不至于无君，非不爱物也，然亲亲而仁民，仁民而爱物，有自然之序，故不至于无父，无君无父，则人道灭绝，又将视弑父与君，而冥然不觉矣。是则人而反与禽兽无异也，故引公明仪之说，以言杨墨道行，则人皆无父无君，安为戕贼，以陷于禽兽，而大乱将起，是亦与公明仪所谓率兽食人，人将相食者类矣。杨墨之道不息，则邪说诬民；孔子之道不著，则充塞仁义也。此四句只是说天理人欲不并立而已。所谓邪说遍满，妨于仁义者，是解'邪说诬民'，'充塞仁义'两句也。以'遍满'字解'充'字，以'妨'字解'塞'字，但不曾解'诬民'两字耳。其实谓邪说诬罔天下之人，其势至于充盛，窒塞人心固有之仁义，使不能发也。夫仁义具于人心，而为邪说所诬而充塞之，使不能达于外，况能扩充之，以全其量乎？"西山真氏曰："杨朱自一身之外，截然不恤，故其迹似乎义，墨翟于亲疏之间，无乎不爱，故其迹似乎仁，殊不知天下之理本一而分则殊，故君子亲亲而仁民，仁民而爱物，心无不溥而其施有序。心无不溥，则非为我矣。其施有序，则非兼爱矣。杨朱专于为我，则昧乎理之一；墨翟一于兼爱，则昧乎分之殊。若是而曰仁义，乃所以贼乎仁义也。"双峰饶氏曰："墨氏无父之教，便充塞了仁；杨氏无君之教，便充塞了义。有仁义则天下治，无仁义则天下乱。今仁义既充塞，则乱将起而率兽食人，人又将相食矣。"

吾为此惧，闲先圣之道，距杨墨，放淫辞邪说者不得作。作于其心，害于其事；作于其事，害于其政。圣人复起，不易吾言矣。为，去声。复，扶又反。

闲，卫也。放，驱而远去声。之也。作，起也。事，所行。政，大体也。西山真氏曰："事者政之目，政者事之纲。"双峰饶氏曰："无父无君，乃杨墨之见于行事者，少焉充塞仁义而至于率兽食人，是害于其政了。"孟子虽不得志于时，然杨墨之害，自是灭息，而君臣父子之道，赖以不坠。是亦一治也。此乃孟子所以不得已而有言也。庆源辅氏曰："此一治，又纯乎人事也，虽气化不应，孟子亦不得志于时。然因其言而异端灭息，吾道至今得以不坠，此孟氏之功，所以不在禹下，而亚于孔子也。"云峰胡氏曰："前云此一治也，周公之功与禹同；此云是亦一治也，孟子之功与夫子同。"程子曰："杨墨之害，甚于申韩；佛氏之害，甚于杨墨。此就当时之异端言。盖杨氏为去声。下同。我疑于义，墨氏兼爱疑于仁，申韩则浅陋易去声。见。《史记》："申不害，故郑之贱臣，学本于黄老而主刑名，著书二篇号曰《申子》。""韩非者，韩之诸公子也，喜刑名、法术之学，而其归本于黄老，善著书，与李斯俱事荀卿，斯自以为不如非。"故孟子止辟杨墨，为其惑世之甚也。佛氏之言近理，又非杨墨之比，所以为害尤甚。"问："墨氏兼爱疑于仁，此易见。杨氏为我，何以疑于义？"朱子曰："杨朱看来不似义，他全是老子之学，只是个逍遥物外，仅足其身，不屑世务之人；只是他自爱其身，界限齐整，不相侵越，微似义耳，然终不似也。"又曰："杨墨只是硬恁地做佛氏，最有精微动得人处。"双峰饶氏曰："前言生于其心，害于其政；发于其政，害于其事。此言作于其心，害于其事，作于其事，害于其政，亦各有意。前言毕竟政是大体，事是小节，今既生于其心，则必害于大体。既害于大体，则少焉于那小节都坏了。"【通考】仁山金氏曰："佛氏寂灭类杨，而禅定立脱之说过之。慈悲普施类墨，而平等无生之说过之。盖兼无父无君之教，而资率兽食人之祸者，所以害尤为甚。"杨氏奂曰："晋魏出，臣道坏，佛老兴，子道绝。"又曰："异端蟠结于中国而不解者，以名士大夫主之也，故唐则萧瑀、王缙、白居易、裴休、梁肃也，宋则王安石、苏轼、黄庭坚、张商英也，故上而君相，下而闾里，信之而不疑。"愚按：二程子辟佛老之说，凡五十余条，而其要则曰：'佛有发而僧复毁形，佛有妻子舍之而僧绝其类。'其二则曰：'释氏谓既明此理，而又执持是理，故为障，此错看了理字也。天下只有一个理，既明此理，夫复何障？若以理为障，则是己与理为二。'"又曰："释氏有出家出世之说。家本不可出，却为他不父其父，不母其母，自逃去固可也。至于世则怎生出得，既道出世，除非不戴皇天，不履后土始得。然又渴饮而饥食，戴天而履地。"又问："华严第一真空绝相观，第二事理无碍观，第三事事无碍观，譬如镜灯之类，包含万象，无有穷尽，此理如何？"曰："只是释氏要周遮，一言以蔽之，曰'万理归于一理也。'凡此足以见，似是而非，与夫大乱真者矣。因并附焉。"【通旨】朱氏公迁云："禹、周公、孔子，以事功言。"

昔者禹抑洪水而天下平，周公兼夷狄驱猛兽而百姓宁，孔子成《春秋》而乱臣贼子惧。

抑，止也。兼，并去声。之也，总结上文也。西山真氏曰："三圣事虽不同，而其救天下之患，立生民之极，则一也。"

《诗》云：'戎狄是膺，荆舒是惩，则莫我敢承。'无父无君，是周公所膺也。

说见形甸反，下"解见"音同。上篇。承，当也。双峰饶氏曰："孟子所以引戎狄荆舒者，以杨墨乃夷狄之教也。”

我亦欲正人心，息邪说，距诐行，放淫辞，以承三圣者；岂好辩哉？予不得已也。行、好，皆去声。

诐、淫，解见前篇。辞者，说之详也。承，继也。三圣，禹、周公、孔子也。盖邪说横流，坏音怪。人心术，甚于洪水猛兽之灾，惨于夷狄篡弑之祸，故孟子深惧而力救之。再言岂好辩哉，予不得已也，所以深致意焉。然非知道之君子，孰能真知其所以不得已之故哉？朱子曰：“当时如纵横刑名之徒，孟子都不管他，盖他只害得个粗底。若杨墨则害了人心，须著与之辨也，故孟子于当时，只在私下恁地说：‘所谓杨墨之徒，也未怕他。’到后世却因其言，而知圣人之道为是，知异端之学为非，乃是孟子有功于后世耳。”问：“孟子欲息邪距诐，而必以正人心为先，何也？”曰：“此探本之言也。以圣道不明，人心不正，而邪说得以乘间入之也。”曰：“然则亦明圣道以正人心而已，何必为此纷纷，而涉好辩之嫌乎？”曰：“邪说既入，则人心益以不正，圣道益以不明矣。此又其末之不可不理者也，故孟子道性善，称尧舜，必使天下晓然知仁义之所在者，此所以正人心而为息邪距诐之本也。排为我、斥兼爱，必使天下晓然知邪诐之不可由者，此所以息邪距诐而为正人心之用也。盖其体用不偏，首尾相应如此，然后足以拨乱世而反之正，此所以虽得其本而不免于多言也。然岂其心之所好哉！亦畏天命悲人，穷不得已而然耳。昔汤伐桀曰：‘予畏上帝，不敢不正。’武王伐纣曰：‘予弗顺天，厥罪惟钧。’夫岂好战哉？孟子之心亦若此而已矣，岂得以好辩之小嫌而遂辍不言哉！”庆源辅氏曰：“重言岂好辩哉？予不得已也。此又深致其意者，欲人之察其心，而知邪说之真可畏也。”问：“邪说、诐行如何分？”双峰饶氏曰：“说既邪辟，其行必偏诐，其辞愈见淫荡，诐行淫辞，自邪说上来。‘放’者，放废距绝。”云峰胡氏曰：“洪水猛兽之灾由气化，夷狄篡弑之祸由人事，邪说为人心之害，则有甚于此者矣。人之本心未尝不正，为邪说所害，易沦胥于不正，故孟子之辨，拳拳欲正人心；其仕也，亦必先于正君心。”新安陈氏曰：“洪水猛兽，夷狄篡弑，皆灾祸之害人身者，惟有于一时。若邪说，乃灾祸之坏人心者，且流于无穷，而为害尤甚惨。此孟子所以不得已而深排力救之也。”【通考】双峰饶氏曰：“前言天下之生久矣，一治一乱为纲领，下面又言治了又乱，乱了又治，再三如此，反复说了，则又到此以三段总结前面，前以‘予不得已’一句起头，后以‘予不得已’一句结合，既而又缴上不得已去。”【通旨】朱氏公迁曰：“此孟子以辟异端自往。”

能言距杨墨者，圣人之徒也。”

言苟有能为此距杨墨之说者，则其所趋正矣，虽未必知道，是亦圣人之徒也。孟子既答公都子之问，而意有未尽，故复扶又反。言此。盖邪说害正，人人得而攻之，不必圣贤；如《春秋》之法，乱臣贼子，人人得而讨之，不必士师也。庆源辅氏曰：“此义自朱子发之，若朱子，则真可谓以道自任者，故言此以诏天下，使天下人人存此心，则异端之说将无所容，而圣人之道，不复有蔽蚀之者矣，岂小补哉！”“孟子意谓自今以后，不待有知道者，真能息灭杨墨之害，然后可以继圣人之事，但能为说以距，则是亦圣人之徒矣。此可见自任之重，而望人之切也。”西山真氏曰：“所以勉天下学者，皆以辟异端扶王道为心，庶几生人之类，不沦胥于禽兽也。”圣人救世立法之意，其切如此。若以此意推之，则不能攻讨，而又唱为不必攻讨之说者，其为邪诐之徒，乱贼之党可知矣。朱子曰：“出邪则入正，出正则入邪，二者之间，盖不容发，虽未知道，而‘能言距杨墨者’，已是心术向正之人，所以以圣人之徒许之，与《春秋》讨贼之意同。”“才说道要距杨墨，便是圣人之徒，如人逐贼，有人见之，若说道贼当捉当诛，这便是主人边人，若说道贼也可恕，这便唤做贼之党。”“不讨乱贼而谓人勿讨者，凶逆之党也。不距杨墨而谓人勿距者，禽兽之徒也。圣贤立法之严至于如此，可不畏哉!”新安陈氏曰：“如解攻乎异端为攻击，先圣之道为习，皆是不必攻讨之说。”〇尹氏曰：“学者于是非之原，毫厘有差，则害流于生民，祸及于后世，故孟子辨邪说如是之严，自以为承三圣之功也。当是时，方且以好辩目之，是以常人之心而度待洛反。圣贤之心也。”程子曰：“大抵儒者潜心正道，不容有差，其始甚微，其终则不可救，如师也过，商也不及，于圣人中道。师只是过于厚些，商只是不及些，然而厚则渐至于兼爱，不及则便至于为我，其过不及同出于儒者，其末遂至杨墨。至如杨墨，亦未至于无父无君，孟子推之便至于此，盖其差必至于是也。”朱子曰：“此段最好看，见诸圣贤遭时之变，各行其道，是这般时节，其所以正救之者，是这般样子，这见得圣贤是甚么样大力量，恰似天地有缺齾处①，得圣贤出来补教周全。过得稍久，又不免有缺，又得圣贤出来补，这见圣贤是甚力量，直有阖辟乾坤之功。”新安陈氏曰：“圣贤反世之乱而治之，达而在上，则见于有为；而治功见于当时，穷而在下，则不免于有言，而治法垂于后世。孔子曰：‘予欲无言。’终不能无言也，作《春秋》以为后法，犹未至于辩者。孔子之时，异端未炽，而孔子之圣，言教易孚故也。至孟子，则时益降，异端益炽，而孟子之亚圣，又不及孔子，公孙丑万章之徒，闻言犹未达，况于外人，则其辟杨墨，乌得而不言，言乌得而不辩，盖有大不得已焉者。既以不得已于辩者自致其力，尤以能言距杨墨，望凡为吾徒者之同致其力焉，非朱子深知孟子之心，孰能发其精微之蕴如此哉！此章于古今世道，圣贤事业，关涉甚大，宜精察深思之。”东阳许氏曰：“《集注》气化盛衰、人事得失，反复相寻，窃谓气化盛。人事得，则天下治。气化衰，人事失，则天下乱，是固然矣。然孟子此章答好辩之问，而孟子之辩，专为辟杨墨而发，则易乱为治，全赖人事以补天道之不足，反气化之衰而至于盛也。观尧禹之治水，则以人事而回气化。武王周公诛纣伐奄，孔子作《春秋》，则以人事而救衰失，所以孟子亦于衰失之时，辟杨墨以回气化，正人事也。此正圣贤作用，参天地赞化育之功，读此章当如此会《集注》之意。”

〇**匡章曰：“陈仲子岂不诚廉士哉？居于陵，三日不食，耳无闻，目无见也。井上有李，螬食实者过半矣，匍匐往将食之，三咽，然后耳有闻，目有见。”**于，音乌。下“于陵”同。螬，音曹。咽，音宴。

匡章、陈仲子，皆齐人也。廉，有分辨，不苟取也。于陵，地名。螬，蛴音齐。螬

① 缺齾：断缺。齾：yà，缺齿。

虫也。匍匐，言无力不能行也。咽，吞也。

孟子曰："于齐国之士，吾必以仲子为巨擘焉。虽然，仲子恶能廉？充仲子之操，则蚓而后可者也。擘，薄厄反。恶，平声。蚓，音引。

巨擘，大指也。言齐人中有仲子，如众小指中有大指也。充，推而满之也。操去声，所守也。蚓，丘蚓也。言仲子未得为廉也，必若满其所守之志，则惟丘蚓之无求于世，然后可以为廉耳。庆源辅氏曰："齐俗奢侈放纵，当战国时，士之伤廉者必多有之，此匡章所以推仲子之廉，而孟子亦以为齐人之巨擘也。"

夫蚓，上食槁壤，下饮黄泉。仲子所居之室，伯夷之所筑与？抑亦盗跖之所筑与？所食之粟，伯夷之所树与？抑亦盗跖之所树与？是未可知也。"夫，音扶。与，平声。

槁壤，乾音干。土也。黄泉，浊水也。抑，发语辞也。言蚓无求于人而自足，而仲子未免居室食粟，若所从来或有非义，则是未能如蚓之廉也。

曰："是何伤哉？彼身织屦，妻辟纑，以易之也。"辟，音壁。纑，音卢。

辟，绩也。纑，练麻也。

曰："仲子，齐之世家也。兄戴，盖禄万钟。以兄之禄为不义之禄而不食也，以兄之室为不义之室而不居也，辟兄离母，处于于陵。他日归，则有馈其兄生鹅者，己频顣曰：'恶用是鶃鶃者為哉？'他日，其母杀是鹅也，与之食之。其兄自外至，曰：'是鶃鶃之肉也。'出而哇之。盖，音合。辟，音避。频，与"颦"同。顣，与"蹙"同，子六反。恶，平声。鶃，鱼一反。哇，音蛙。

世家，世卿之家。兄名戴，食采音菜。于盖，其入万钟也。归，自于陵归也。己，仲子也。鶃鶃，鹅声也。频顣而言，以其兄受馈为不义也。哇，吐之也。

以母则不食，以妻则食之；以兄之室则弗居，以于陵则居之。是尚为能充其类也乎？若仲子者，蚓而后充其操者也。"

言仲子以母之食、兄之室，为不义而不食不居，其操去声。守如此。至于妻所易之粟，于陵所居之室，既未必伯夷之所为，则亦不义之类耳。今仲子于此则不食不居，于彼则食之居之，岂为能充满其操守之类者乎？必其无求自足，如丘蚓然，乃为能满其志而得为廉耳，然岂人之所可为哉？〇范氏曰："天之所生，地之所养，惟人为大。《记·祭义》："有人，则可参天地而为三才。无人，则天地亦不能以自立矣。"人之所以为大者，以其有人伦也。仲子避兄离母，无亲戚君臣上下，是无人伦也。岂有无人伦而可以为廉哉？"朱子曰："温公①谓口非之而身享之，一时之小嫌；狷者之不为，一身之小节。至于父子兄弟，乃人之大伦，天地之大义。一日去之，则禽兽夷狄，虽复谨小嫌守小节，亦将安所施哉！此孟子绝仲子之本意。余隐之云，仲子之兄非不友，孰使之避？仲子之母非不慈，孰使之离？愚谓政使不慈不友，亦无逃去之理，观舜之为法于天下者，则知之矣。"问："温公谓以其兄不以道事君而得禄，不以道取于人而成室，故以为不义，仲子诚非中行，亦狷者有所不为也。"曰："仲子齐世家，则禄室非其兄不义而

① 温公：司马光。

得之矣。设果以不义得之，而非有悖逆作乱之大故，则母子兄弟之间，岂可以是遂灭天性之恩哉！饰小行以妨大伦，是乃欺世乱俗之尤，先王所诛而不以听者也。所谓狷者，则亦言行之间，小过乎中而已，岂出于伦理之外，若是其甚哉！”南轩张氏曰：“仲子徒欲洁身以为清，不知废大伦之为恶，原仲子本心，亦岂不知母子之性重于妻，兄之居愈于于陵乎！惟其私见所局，乱其伦类至此极也。众人惑于其迹，以为清苦高介而取之，非矣。世之贪冒为恶者多矣，孟子于仲子独辟之深者，世之为恶者其失易见。而仲子之徒，其过难知也。惟其难知，故可以惑世俗而祸仁义，反复辟之，盖有以也夫！”庆源辅氏曰：“以仲子之孤介自守，足以高于一世之俗矣，而孟子所以力辟之者，盖世衰道微，学者大抵因其资质之偏，而固执一说，力行以取名，初不顾义理之如何，如告子、许行、陈仲子之徒，皆是也。况如匡章者，既称仲子为廉而倾向之矣。此固以道自任者之所忧也，孟子乌得不排之哉！又曰：仲子之所守，不必验之他人，只自其身而推之，则已有不能自满其志者，故孟子直以为蚓而后能充其操斥之，则仲子之行，是岂人之所能为哉！圣贤之道，充之则至于与天地同功，仲子之道，充之则至于与丘蚓同操，是岂人理也哉！”双峰饶氏曰：“不要问所从来，只当思量我当食兄之禄，与居兄之室否？若问所从来，则室与粟，岂必伯夷所筑所树，如诸侯之取人犹御。然既交以道，接以礼，则孔子受之矣。或曰：匡章亦黜妻屏子者，故喜仲子孤介之行。”新安陈氏曰：“不然，匡章以父为重，故视妻子为轻。仲子反视母兄为轻，而于妻则反食，孟子矜匡章而非仲子，有以也。此章当参看尽心上篇，仲子不义与之齐国而不受，下文云以其小者信其大者，奚可哉断尽其人！”【通考】东阳许氏曰：“此章经注三‘廉’字，当辨廉有分辨，不苟取也。此廉之正义，岂不诚廉士哉？此‘廉’字，陈仲子不中礼之廉也，仲子恶能廉？及注仲子未得为廉，岂有无人伦而可以为廉哉？此三‘廉’字，是廉之正，然后可以为廉耳。未能如蚓之廉，满其志而得为廉耳。此三‘廉’字，是仲子之‘廉’字。”

孟子集注大全卷七

离娄章句上

凡二十八章。【通考】勿轩熊氏曰：“专言仁政，凡八章，四章论为学，即《大学》之要旨。凡修身接物齐家事亲之事，与夫治国事君之道皆在焉。”黄氏震曰：“一章言为政，必因先王之道，而先王之道仁政也。二章言为君尽君道，为臣尽臣道，而在仁与不仁也。三章言三代之得天下、失天下，而其得失在仁与不仁之分也。四章言天下之本在身。五章言德教之行先巨室。六章言诸侯耻受命于大国，惟好仁则无敌于天下。七章言不仁者，乐其所以亡。八章言桀纣驱民归于仁君。九章叹自弃自暴者之可哀也。孟子此篇反复救世之说，无一不归于仁。十章言亲亲长长而天下平，发明仁之足以救世，至此而径易明白极矣。继此言诚身之道，皆受业子思之言也。又继此言，二老来归，则欲诸侯之师文王言，冉求聚敛，则痛当世率土地而食人肉，余言事亲善亲之事，一一明白，熟诵而已。"

孟子曰："离娄之明，公输子之巧，不以规矩，不能成方圆：师旷之聪，不以六律，不能正五音；尧舜之道，不以仁政，不能平治天下。

离娄①，古之明目者。公输子，名班，鲁之巧人也。规，所以为圆之器也。所运以为圆之筳也。矩，所以为方之器也。今曲尺也。师旷，字子野。晋之乐师，知音者也。六律，截竹为筩②，音同。阴阳各六，以节五音之上下。黄钟、大音泰。簇、十候反。姑洗、先上声。蕤儒追反。宾、夷则、无射，音亦。为阳；大吕、夹钟、仲吕、林钟、南吕、应钟，为阴也。《前汉③·律历志》云：十二律，黄帝之所作也。黄帝使伶伦，自大夏之西，昆仑之阴，大夏，西戎之国。昆仑，山名也。取竹之解谷生，其窍厚均者，断两节间而吹之，以为黄钟之宫。制十二筩，以听凤之鸣，其雄鸣为六，雌鸣亦六，比黄钟之宫，而皆可以生之，比，合也。是谓律本，律十有二，阳六为律，阴六为吕，律以统气类物，一曰黄钟，二曰太簇，三曰姑洗，四曰蕤宾，五曰夷则，六曰亡射，吕以旅宣阳气，一曰林钟，二曰南吕，三曰应钟，四曰大吕，五曰夹钟，六曰中吕中，读曰仲。有三统之义焉。赵氏曰："只言六律者，阳统阴也。"【通考】赵氏德曰："律，法也，言阳气与阴气为法；吕，注也，言阴气助阳宣气。总言之，阴阳皆称律，故谓之十二律。黄钟者，阳气踵黄泉而出也。钟者种也，律有形有色，莫盛于黄，故阳气钟于黄泉孳，萌万物为六气元也，位于子，十一月；大簇者，大，太也；簇，凑也，言万物随于阳气太簇而生也，位于寅，正月；姑，故也，洗，鲜也，万物去故就新，改柯易叶，莫不鲜明也，位于辰，三月；蕤宾者，言阴气幼小，故蕤萎阳不用之，故曰宾，位于午，五月；夷，伤也，则，法也，言万物始伤被刑法也，位于申，七月；射，终也，言万物随阳而终，当复随阴而起，无有终已，位戌，九月；吕，助也，谓阳气方生，阴气助其宣物，位丑，十二月；夹者，孚甲言万物孚甲种类分出也，又当阴阳相夹则，位卯，二月；仲吕，言万物尽旅而西行，又谓阳气盛长，阴助成功也，位巳，四月；林，茂也，盛也，六月物皆茂盛，积于林野，又林众也，万物成就种类众盛也，位于未；南，任也，谓时物皆秀，有怀妊之象，八月物皆含秀，怀吐之象，阴任阳功助阳成功也，位于酉；应，和也，谓岁功皆应和阳功，收而聚之也，又阳气应不用事阴杂，阳气闭塞，万物作种也，位亥，十月。"五音：宫、商、角、徵、展里反。羽也。【通考】程氏复心曰："人心亦有高下，圣人制五声以括之，又制十二律以制五声。中又各有高下，每声又分十二等，所谓律和声也。众律自黄钟至仲吕，皆属阳，自蕤宾至应钟皆属阴，此是一个大阴阳。黄钟为阳，大吕为阴，太簇为阳夹钟为阴，每一阳间一阴，又是一个小阴阳。

---

① 离娄：据《经典释文》引司马彪说云："黄帝时人，能于百步之外见秋毫之末。"
② 筩：管、竹筒。
③ 《前汉》：即《汉书》。

五音始于宫，宫数八十一，商数七十二，角数六十四，徵数五十四，羽数四十八，以数之多少为尊卑，故曰宫商角徵羽。”吴氏征曰：“五声最浊者为宫，稍浊者为商，徵浊徵清者为角，稍清者为徵，最清者为羽。十二管长者声浊，短者声清，宫商角徵羽之高下无定准，必以律管长短定之，每律之管各有角徵羽而不相乱，则长短之度不可有分厘之差，然后其声匀调，歌声匀调，施之八音皆然，而无相夺伦矣。”范氏曰：“此言治天下不可无法度，仁政者，治天下之法度也。”双峰饶氏曰：“规矩六律，当来皆是圣人做起，虽离娄公输师旷，亦不可无之，况庸匠庸工乎？不以仁政，虽圣人也不能平治天下，况后世乎？”

今有仁心仁闻而民不被其泽，不可法于后世者，不行先王之道也。闻，去声。

仁心，爱人之心也。仁闻者，有爱人之声闻于人也。先王之道，仁政是也。范氏曰：“齐宣王不忍一牛之死，以羊易之，可谓有仁心。梁武帝终日一食蔬素，宗庙以麪①为牺牲，断都玩反。死刑必为去声。之涕泣，天下知其慈仁，可谓有仁闻。《通鉴》：“梁武帝天监十六年四月，诏以宗庙用牲牢，有累冥道，宜皆以麪为之，于是朝野喧哗，以为宗庙去牲，乃是不复血食，帝竟不从。八座乃议以大脯代，一元大武，十月诏以宗庙犹用脯修，更议代之，于是以大饼代大脯，其余尽用蔬果。”“自天监中用释氏法长斋，断鱼肉，日止一食，惟菜羹粝饭而已。粝，米之不精者，即葛洛盍力制三反。身衣去声。布衣，木绵帛帐，后宫贵妃以下，衣不曳地。”“每断重罪，终日不怿，或谋反事觉，亦泣而宥之，由是王侯益横，上深知其弊，而溺于慈爱，不能禁也。”然而宣王之时，齐国不治，去声。武帝之末，江南大乱。其故何哉，有仁心仁闻而不行先王之道故也。”问：“孟子告齐宣王曰‘是心足以王矣’，则仁心者，固王政之本也，今曰‘有仁心仁闻而不行先王之道’，则是所谓仁心者，初不足恃，而所谓先王之道者，又在此心之外也？”朱子曰：“‘是心足以王’者，言有是心而能扩充之，以行先王之道，如其篇末所论‘制民之产云’者，则可以王尔，非谓专恃此心，而直可以王也。先王之道，固亦由是而推之以为法耳，但其尽心知性，而无私意小智之累，故其为法也。尽天理、合人心，虽圣人复起，有不能易者。后之人君，当因吾心而广之，以尽夫法制之善，而充吾心之固有者。非谓心外有法，而俟于他求也。后人虽有是心，而不能无私意小智之累。苟不循是而之焉，则虽有仁心仁闻，而未免于徇利妄作之失。譬之蔑弃规矩，而欲以手制方圆，其器之不至于苦窳者几希矣。”庆源辅氏曰：“齐宣王、梁武帝不能行先王之道则同，若论其所以不能行之故则异。宣王不学无术，夺于功利，而不能行先王之道者也。武帝则惑于异端，避罪要福，而不能行先王之道者也。宣王有仁心而不能保，武帝有仁闻而非其真。”云峰胡氏曰：“上文云‘尧舜之道’，下文云‘行先王之道’，道一而已。有仁心，则此道蕴于中，是为美意。有仁政，则能行此道于外，是为良法。”

故曰：徒善不足以为政，徒法不能以自行。

徒，犹空也。有其心，无其政，是谓徒善；有其政，无其心，是为徒法。程子尝

① 麪：面粉。牺牲：供祭祀用的纯色全体牲畜。

言："为政须要有纲纪文章，谨权、审量、去声。读法、平价，皆不可阙。"而又曰，"必有《关雎》、《麟趾》①之意，然后可以行《周官》②之法度"，新安陈氏曰："引程子前一说以证'徒善谓不可无法'，又引后一说以证'徒法谓不徒在于法'。"正谓此也。朱子曰："所谓'文章'者，便是文饰那谨权审，量读法平价之类耳。""须是自闺门袵席之微，积累到熏蒸洋溢，天下无一不被其化，然后可以行《周官》之法度，不然则为王莽矣。"【通考】杨氏奂曰："后世莫不有志于三代之治，而卒不能至者，谓之时世之异不可也，学之不至也。三代之前，君必学而后王，臣必学而后仕，虽匹夫匹妇之贱，靡不学也。后之世，君学而臣不学者有之矣，臣学而君不学者亦有之矣，且农有农之师，工有工之师，以一家一国，至于奄有天下之大，不资于学，虽抱尧舜孔颜之质，有能不为，物之汩没者几希矣。"又曰："法制立可与语政，德礼修可与语教，仁圣备可与语化。化之不至有教焉，教之不至有政焉，政之不立，区区尽心力于簿书狱讼期会之间者，俗吏也，以俗吏之所为，而欲与三代拟隆，非所闻也。"

《诗》云：'不愆不忘，率由旧章。'遵先王之法而过者，未之有也。

《诗·大雅·假《诗传》读作嘉。乐音洛。》之篇。愆，过也。率，循也。章，典法也。所行不过差不遗忘者，以其循用旧典故也。庆源辅氏曰："'过差'谓用意过当处；'遗忘'谓照顾不及处；'遵'用旧典，则有所循，故不过差，有所据，故不遗忘。"

圣人既竭目力焉，继之以规矩准绳，以为方圆平直，不可胜用也；既竭耳力焉，继之以六律，正五音，不可胜用也；既竭心思焉，继之以不忍人之政，而仁覆天下矣。胜，平声。【通考】张氏师曾曰："'圣人既竭目力焉，继之以规矩准绳'；'既竭耳力焉，继之以六律'，皆当句绝。覆，敷就反。"

准，所以为平。绳，所以为直。覆，敷救反。被去声。也。此言古之圣人，既竭耳目心思之力，然犹以为未足以遍天下，及后世，故制为法度以继续之，则其用不穷，而仁之所被者广矣。庆源辅氏曰："规矩准绳，为方圆平直之法度也。六律，正五音之法度也。不忍人之政，仁天下之法度也。不为之法度，则圣人之耳目心思，止于圣人之身而已，不能遍天下与后世也。故圣人制为法度以继续之，使天下之为方圆平直，正五音、仁天下者，皆取法焉。所谓不可胜用而仁覆天下也，本止言覆天下，今及后世者，举大可以该远也。能复天下，必能及后世矣。百工之事皆圣人作，故规矩律音与不忍人之政作一统说耳。目言力、心言思者，耳目之视听以力，而心之官则思也。"双峰饶氏曰："惟天下不能常有圣人，所以要'继之以不忍人之政'。'继'字最有意味，不然仁政虽自圣人而始，亦自圣人而止矣。"【通考】东阳许氏曰："两言规矩六律，前此说用法，后正言立法。"

---

① 《关雎》、《麟趾》：《诗经》篇名。

② 《周官》：《尚书》篇名。《书·周官》："成王黜殷命，灭淮夷，还归在丰，作《周官》。"篇中叙述周设官分职和用人之法。另，《周礼》一书汉世初出，亦称《周官》。因与《尚书·周官篇》相混，改称《周官经》。自刘歆后称《周礼》。此《周官》当指《尚书·周官篇》。（宋）黄震《读周礼日抄》云："窃意《周官》法度在《尚书·周官》一篇。"

故曰：为高必因丘陵，为下必因川泽。为政不因先王之道，可谓智乎？

丘陵本高，川泽本下，为高下者因之，则用力少而成功多矣。邹氏曰："自章首至此，论以仁心仁闻行先王之道。"

是以惟仁者宜在高位。不仁而在高位，是播其恶于众也。

仁者，有仁心仁闻而能扩而充之，以行先王之道者也。贯前第二节意。播恶于众，谓贻患于下也。

上无道揆也。下无法守也，朝不信道，工不信度，君子犯义，小人犯刑，国之所存者幸也。朝，音潮。

此言不仁而在高位之祸也。道，义理也。揆，度也。度，音铎。下"度量"之"度"音同。法，制度也。道揆，谓以义理度量事物而制其宜。法守，谓以法度自守。工，官也。度，即法也。君子小人，以位而言也。由上无道揆，故下无法守。无道揆，则朝不信道而君子犯义；无法守，则工不信度而小人犯刑。有此六者，其国必亡；其不亡者侥幸而已。朱子曰："上无道揆，则下无法守，虽有奉法守之官者，亦将不能用而去之矣。信道、信度，信如凭信之信，此理只要人信得及，自然依那个行，不敢逾越，惟其不信，所以妄作，如胥吏分明知得条法，只是冒法以为奸，便是不信度也。"

故曰：城郭不完①，兵甲不多，非国之灾也；田野不辟，货财不聚，非国之害也。上无礼，下无学，贼民兴，丧无日矣。辟，与"闢"同。丧，去声。

上不知礼，则无以教民；下不知学，则易去声。与为乱。新安陈氏曰："小人学道则易使，若不学则不识道理，易于犯分而为乱矣。"邹氏曰："自是以惟仁者至此，所以责其君。"朱子曰："惟上无教、下无学，所以不好之人并起。居高位者，执进退黜陟之权，尽做出不好事来，则国之丧亡无日矣。其要只在于仁者宜在高位，所谓一正君而国定。"南轩张氏曰："三纲五常，人类所赖以生，而国之所以为国也，上失其礼，下废其学，则纲常日以沦弃，国将何恃以立，民将何恃以生乎？然使礼废于上，而学犹传于下，则庶几斯道未泯，而犹觊其可行也。上既无礼，下复无学，则邪说暴行并作，而国随丧矣。"

《诗》曰：'天之方蹶，无然泄泄。'蹶，居卫反。泄，弋制反。

《诗·大雅·板》之篇。蹶，颠覆之意。泄泄，怠缓悦从之貌。言天欲颠覆周室，群臣无得泄泄然，不急救正之。

泄泄，犹沓沓也。沓，徒合反。

沓沓，即泄泄之意。盖孟子时人语如此。

事君无义，进退无礼，言则非先王之道者，犹沓沓也。

非，诋毁也。诋，典礼反。

故曰：责难于君谓之恭，陈善闭邪谓之敬，吾君不能谓之贼。"

范氏曰："人臣以难事责于君，使其君为尧舜之君者，尊君之大也；开陈善道以禁

---

① 完：坚牢。《考工记》云："轮敝，三材不失职，谓之完。"

闭君之邪心，惟恐其君或陷于有过之地者，敬君之至也；朱子曰："恭与敬，大概也一般，只是恭意思较阔大，敬意思较细密。责难之恭，是先立个大志，以帝王之道为必可信、必可行。陈善闭邪，即是做那责难底工夫。"问："所谓'陈善闭邪'者奈何？"曰："君有邪心，所当闭也。然不知所以闭之之道而逆闭之，则动有矫拂之患，其言不可得而入矣，故必为之开陈善道，使之晓然知善道之所在，则所谓邪者，亦不难乎闭之矣。孟子与时君论事多类此，其自谓敬王，岂虚语哉！"双峰饶氏曰："恭有对敬言者，有即是敬者，如中庸笃恭、书允恭之类，恭即是敬也。"谓其君不能行善道而不以告者，贼害其君之甚也。"问："人臣固当望君以尧舜，若度其君不足与为善，而不之告。或谓君为中才，可以致小康，而不足以致大治，或导之以功利，而不辅之以仁义，此皆是贼其君否？"朱子曰："然，人臣之道，但当以极等之事望其君，责以十分，只做得二三分，若只责以二三分，少间做不得一分矣。若论才质之优劣、志趣之高下，固有不同，然吾所以导之者，则不可问其才智之高下优劣，但当以尧舜之道望他，岂可谓吾君不能，而遂不以此望之哉！"邹氏曰："自《诗》云'天之方蹶'至此，所以责其臣。"〇邹氏曰："此章言为治去声。者，当有仁心仁闻以行先王之政，而君臣又当各任其责也。"南轩张氏曰："此章之意，欲人君推是心以行仁政，而其终，则欲人臣知礼义而法先王，盖言不可以不学也。人臣知学，而后人主闻大道。人主闻大道，而后王政可行焉。此孟子之意也。"庆源辅氏曰："为治者固当以仁心仁闻，而行先王之政，然非君臣同心，各任其责，则亦安能有成哉？"云峰胡氏曰："君当尽君之责，而莫先于仁，臣当尽臣之责，而莫先于敬。"

〇孟子曰："规矩，方圆之至也；圣人，人伦之至也。

至，极也。人伦说见形甸反。前篇。规矩尽所以为方圆之理，犹圣人尽所以为人之道。

欲为君尽君道，欲为臣尽臣道，二者皆法尧舜而已矣。不以舜之所以事尧事君，不敬其君者也；不以尧之所以治民治民，贼其民者也。

法尧舜以尽君臣之道，犹用规矩以尽方圆之极，此孟子所以道性善而称尧舜也。朱子曰："规矩是方圆之极，圣人是人伦之极。盖规矩便尽得方圆圣人便尽得人伦，故物之方圆有未尽处，以规矩为之便见；于人伦有未尽处，以圣人观之便见。惟圣人都尽，无一毫之不尽，故为人伦之至。""尧所以治民，舜所以事君，观二典，大概可见。是事事做得尽。""人之生也，均有是性，故均有是伦；均有是伦，故均有是道。然惟圣人能尽其性，故为人伦之至。而所由莫不尽其道焉，此尧舜之为君臣，所以各尽其道而为万世之法，犹规矩之尽夫方圆，而天下之为方圆者，莫不出乎此也。"南轩张氏曰："尧舜尽君臣之道，非有所增益也，无所亏焉耳。后之人以尧舜为不可及，是自诬其性者也，不以舜所以事尧事君，盖不以厥后为可圣，是诬其君；不以尧所以治民治民，盖不以斯民为有恒性，是诬其民也。"双峰饶氏曰："人伦不说父子夫妇、长幼朋友，而独举尧舜君臣做人伦样子者，其意在当时人君。"新安陈氏曰："君臣之伦，于人伦为尤大，所以宗主纲维彼四伦者也。孟子以尧舜尽君臣之伦，责望世之为君臣者取法之，正以人性皆善，而皆可以为尧舜故也。”

孔子曰：‘道二：仁与不仁而已矣。’

法尧舜，则尽君臣之道而仁矣；不法尧舜，则慢君贼民而不仁矣。二端之外，更无他道。解“而已矣”三字。出乎此，则入乎彼矣，可不谨哉？问：“不仁何以亦曰道?”朱子曰：“譬如说有大路、有小路，何疑之有?”庆源辅氏曰：“仁与不仁，只是一个天理与人欲而已，才出天理，便入人欲，岂复更有他道哉！此古之圣贤，所以兢兢业业，而不敢不谨也。”

暴其民甚，则身弑国亡；不甚，则身危国削。名之曰‘幽厉’，虽孝子慈孙，百世不能改也。

幽，暗。厉，虐。皆恶谥也。苟得其实，则虽有孝子慈孙，爱其祖考之甚者，亦不得废公义而改之。言不仁之祸必至于此，可惧之甚也。南轩张氏曰：“如尧舜之为，是由仁之道者也，如幽厉之为，是由不仁之道者也，人君可不审择其所由哉!”庆源辅氏曰：“不仁有浅深，而其祸有大小，以幽厉视桀纣，则幽厉虽未至于身弑国亡，然死蒙恶谥，遗臭后来，孝子慈孙，欲改不可，不仁之祸，驯至如此，岂不可惧之甚哉!”双峰饶氏曰：“改，是要改其恶谥。古人谥法最公，后世亡国之君，皆得美谥公义废矣。”

《诗》云‘殷鉴不远，在夏后之世’，此之谓也。”

《诗·大雅·荡》之篇。言商纣之所当鉴者，近在夏桀之世，而孟子引之，又欲后人以幽厉为鉴也。新安陈氏曰：“此章欲人法尧舜而仁，戒人如幽厉之不仁，遏人欲、扩天理也。”

○孟子曰：“三代之得天下也以仁，其失天下也以不仁。

三代，谓夏、商、周也。禹、汤、文、武，以仁得之；桀、纣、幽、厉，以不仁失之。

国之所以废兴存亡者亦然。

国，谓诸侯之国。兴、存以仁，废、亡以不仁。

天子不仁，不保四海；诸侯不仁，不保社稷；卿大夫不仁，不保宗庙；士庶人不仁，不保四体。

言必死亡。新安陈氏曰：“‘不保四海’以下，皆不免于死亡，非特不保四体者为然。”

今恶死亡而乐不仁，是犹恶醉而强酒。”恶，去声。乐音洛。强，上声。

此承上章之意而推言之也。庆源辅氏曰：“上章第言道二，仁与不仁，与桀纣幽厉之事而已，此章又因其意，而推及于诸侯卿大夫士庶人不仁之祸，皆必至之理也。”西山真氏曰：“此章明白峻厉，自天子至庶人，皆当佩服，然所谓不仁者非他，纵人欲以灭天理而已。人欲纵而天理灭，祸至于此，可不畏哉!”双峰饶氏曰：“社稷宗庙以祭言，四海以土言，四体以身言。”新安陈氏曰：“此承上章‘不仁则身弑国亡’，而推言之，即前篇‘恶辱而居不仁’之意，又曰‘戒人不仁’，是亦遏人欲存天理也。”

○孟子曰：“爱人，不亲，反其仁。治人，不治，反其智。礼人，不答，反其敬。

"治人"之"治"，平声。"不治"之"治"，去声。

我爱人而人不亲我，则反求诸己，恐我之仁未至也。智敬放上声。此。

行有不得者，皆反求诸己，其身正而天下归之。

不得，谓不得其所欲，如不亲、不治、不答是也。反求诸己，谓反其仁、反其智、反其敬也。如此，则自治益详，而身无不正矣。"详"字贴"皆"字，不止上文三自反而已。天下归之，极言其效也。南轩张氏曰："反身，则天理明，不能，则人欲肆。"庆源辅氏曰："自治详，则身无不正，身无不正，则天下无不归，虽极言其效，是亦必然之理也。"新安陈氏曰："是亦遏人欲，扩天理也。"

《诗》云：'永言配命，自求多福。'"

解见形甸反。前篇。〇亦承上章而言。庆源辅氏曰："为治本乎自反，多福本乎自求。"双峰饶氏曰："上面三句包括未尽，所以下面又说'皆当反诸己'，添个'皆'字，凡有行不得所欲者，必自反诸身，则我之身无不正，天下亦归之矣。'皆'字说得阔，不特说上面三者而已。'永言配命'，是常常思量要合理。永，是无间断之意，此章补前章意，前章说大纲，此章说得密。"新安陈氏曰："承上章'得天下以仁'而言，因言仁而及智与礼，仁包智礼也。"

〇孟子曰："人有恒言，皆曰'天下国家'。天下之本在国，国之本在家，家之本在身。"恒，胡登反。

恒，常也。虽常言之，而未必知其言之有序也。故推言之，而又以家本乎身也。本于身，乃恒言之所未及。此亦承上章而言之，大学所谓"自天子至于庶人，壹是皆以修身为本"，为去声。是故也。庆源辅氏曰："人之常言，虽曰有序，而但及其外，君子之论，则必究其本，而无有或遗，得其本，则末可举矣。以是而质于《大学》之言，则曾子子思孟子相传之学，不可诬矣。"双峰饶氏曰："国，王畿之内，天子所治。天下，四方诸侯之国，天下取则于国，国取则于家，家取则于身。"新安陈氏曰："此章承上章'身正而天下归'之意，孟子祖《大学》而言之，曾子以《大学》传子思，子思以传孟子可见矣。"

〇孟子曰："为政不难，不得罪于巨室。巨室之所慕，一国慕之；一国之所慕，天下慕之；故沛然德教溢乎四海。"

巨室，世臣大家也。得罪，谓身不正而取怨怒也。双峰饶氏曰："《集注》：'世臣、大家是两项。世臣，非一代之臣；大家，是贵官之家。'"潜室陈氏曰："得罪，谓非理致怨，所谓不得罪者，谓合正理而不致怨于人，非曲法以奉之也。"麦丘邑人祝齐桓公曰："愿主君无得罪于群臣百姓。"意盖如此。刘向《新序·杂事篇》："桓公田，至于麦丘，见麦丘邑人，问：'年几何?'对曰：'八十有三矣。'公曰：'美哉寿乎！子其以子寿祝寡人。'麦丘邑人祝主君：'使主君甚寿，金玉是贱，人为宝。'公曰：'善哉！至德不孤！善言必再！'吾子复之曰：'祝主君！使主君无羞学，无恶下问，贤者在傍，谏者得人。'公曰：'善哉！至德不孤，善言必三！'吾子复之曰：'祝主君！使主君无得罪于群臣百姓！'公拂然作色曰：'吾闻之子得罪于父，臣得罪于君，未闻君得罪于臣也。'麦丘邑人拜而起曰：‘子得罪于父，可以因姑姊妹叔父而解之，父能赦之；臣得罪于君，可以因便嬖左右而谢之，君能赦之。昔桀得罪于汤，纣得罪于武王，此则君之得罪于臣者也，莫为谢，至今得罪。’公曰：‘善！’扶而载之，自御以归，礼之于朝，封之以麦丘而断政焉。”慕，向也，心悦诚服之谓也。沛然，盛大流行之貌。溢，充满也。盖巨室之心，难以力服，而国人素所取信；今既悦服，则国人皆服，而吾德教之所施，可以无远而不至矣。此亦承上章而言，承上章“家之本在身”。盖君子不患人心之不服，而患吾身之不修；吾身既修，则人心之难服者先服，而无一人之不服矣。〇林氏曰：“战国之世，诸侯失德，巨室擅权，如晋六卿、鲁三桓等。为患甚矣。然或者不修其本而遽欲胜之，则未必能胜而适以取祸。故孟子推本而言，惟务修德以服其心。彼既悦服，则吾之德教无所留碍，牛代反。可以及乎天下矣。裴度①所谓韩洪本名弘，在宋避讳，以“洪”字代之。舆疾讨贼，承宗敛手削地②，非朝廷之力能制其死命，特以处上声。置得宜，能服其心故尔，正此类也。”《唐书·皇甫鎛传》：“鎛音博，为司农卿判度支，改户部侍郎。宪宗方伐蔡，急于用度，鎛裒会严亟，以办济师，帝悦，进兼御史大夫。蔡平之明年，遂拜同中书门下平章事，犹领度支。鎛以吏道进，既由聚敛句剥为宰相，至虽市道皆嗤之。崔群、裴度以闻，帝怒，不听。度乃表罢政事，极语鎛奸邪苛刻，天下怨之，将食其肉，且言：‘天下安否系朝廷，朝廷轻重在辅相。今承宗敛手削地，韩弘舆疾讨贼，非力能制之，顾朝廷处置能服其心也。若相鎛，则四方解矣。请授以浙西观察使。’其辞切至，上不听。”“王承宗，边镇王士真之子，拒命以常山叛，朝廷歇兵，布衣柏耆杖策诣淮西行营谒裴度，且言愿得天子一节驰入镇，可掉舌下之。度为言，乃以左拾遗往，既至以大谊动承宗泣下，乃与献德棣二州，以二子入质，上从之。”“韩弘，滑州人，宪宗方用兵淮西，拜淮西诸军行营都统使，扞两河，而令李光颜乌重胤击贼，弘不亲屯，遣子公武领兵二千属光颜，吴元济既平，以功加兼侍中，封许国公。入朝再拜司徒中书令，以足疾，命中人掖拜，固愿留京师，帝从之。”庆源辅氏曰：“此承上章‘家之本在身’而言也，君人者，不正其身，所为乖戾，则致人怨怒，其势必自世臣大家始。故麦丘邑人之言，亦先及群臣，而后及百姓也。”【通考】程氏复心曰：“林氏谓不修其本，亦指身而言，未必能胜，适以取祸，如鲁昭公事足也。吾之德教，无所留碍，凡君施教令于下甚易。苟其德不足以服人，则近而公卿大夫必疑议，远而群黎百姓必怨谤，则为留碍。四海极其远而言之。裴度之言亦非谓以系恋之私恩养其家也。行大公至正之道，可杀则杀，可生则生，杀之而彼自不怨，利之而彼自不庸，可也，夫然后沛然德教溢于四海。”

〇孟子曰：“天下有道，小德役大德，小贤役大贤；天下无道，小役大，弱役强。

---

① 裴度：765—839年，字中立，河东闻喜(今山西闻喜)人，唐政治家。

② 承宗敛手削地：王承宗束手让出土地。承宗：唐代成德军节度使赠司徒士真子。士真卒，嗣领节度。吴元济反，承宗上书请宥，又遣盗杀宰相武元衡，数出兵掠邻鄙。诏削官爵。吴元济诛，承宗惧，求入侍。恩许自新，复官爵。元和十五年死，赠侍中。见《新唐书·王承宗传》。

斯二者天也。顺天者存，逆天者亡。

有道之世，人皆修德，而位必称去声。其德之大小；天下无道，人不修德，则但以力相役而已。新安陈氏曰："小德小贤者，居小位。大德大贤者，居大位。位与德相称，是上之人处之各当，故小德小贤见役于大德大贤，有道之世，惟德是视也。若力之小弱，见役于力之强大，无道之世，惟力是视耳。"【通考】勿斋陈氏曰："万善之足，全体具焉，是曰大德；全体之分，片善存焉，是曰小德。"天者，理势之当然也。问："天下无道，小役大，弱役强，亦曰天，何也？"朱子曰："到那时不得不然，亦是理当如此。"庆源辅氏曰："天下有道，则以德为大小；无道，则以力为强弱。二者皆理势之所当然也，顺其理势则存，逆其理势则亡，必然之理也。"双峰饶氏曰："小德大德，小贤大贤，以理言；小大强弱以势言。盖天下有理有气，就事上说，气便是势，才到势之当然处，便非人之所能为，即势是天子。"又曰："贤兼才德，以政事言也。虽曰时势如此，然有大德者便能回天，便胜这势，如文王自小至大，由百里而三分有二，不为纣所役，此可以见德足以胜时势处。"云峰胡氏曰："《集注》尝以天为理之自然，此以天为理势之当然者，彼则纯以天理言，此则兼以人事言也。"

齐景公曰：'既不能令，又不受命，是绝物也。'涕出而女于吴。女，去声。

引此以言小役大、弱役强之事也。令，出令以使人也。受命，听命于人也。物，犹人也。女，以女如字。与人也。吴，蛮夷之国也。景公羞与为昏而畏其强，故涕泣而以女与之。庆源辅氏曰："既不能强于自治以昌其国，而出令以使人，又不能因时势之宜，屈己自下以听人之命，是与物睽绝也，绝物则绝于天矣。景公之言，宜若可取，然景公之齐，即桓公霸诸侯之齐，虽时势下衰，苟振起作新之，独不在我乎？而顾为是巽言横涕，孟子姑取其说，以证小役大弱役强之事，其萎薾自弃之罪，未暇议也。"汪氏曰："当有道而顺天为有义，当无道而顺天为有命，绝物即是逆天。齐景畏天者也，畏天犹保其国。"

今也小国师大国而耻受命焉，是犹弟子而耻受命于先师也。

言小国不修德以自强，其般音盘。乐怠敖，去声。皆若效大国之所为者，而独耻受其教命，不可得也。

如耻之，莫若师文王。师文王，大国五年，小国七年，必为政于天下矣。

此因其愧耻之心而勉以修德也。文王之政，布在方策，举而行之，所谓师文王也。五年七年，以其所乘之势不同为差。楚宜反。庆源辅氏曰："所乘之势，指国之大小而言也。"盖天下虽无道，然修德之至，则道自我行，而大国反为吾役矣。新安陈氏曰："不师大国而师文王，大国所乘之势稍易，小国所乘之势稍难，五七年之余，人心奋，气势回，而小可大，弱可强，大国反为吾役矣。"程子曰："五年七年，圣人度待洛反。其时则可矣。然凡此类，学者皆当思其作为如何，乃有益耳。"庆源辅氏曰："程子之言，所以启发学者至矣，惟圣人能知时，故曰'圣人度其时可矣'。学者烛理既明，而经历之久，思虑之深，则自然见得。"

《诗》云：'商之孙子，其丽不亿。上帝既命，侯于周服。侯服于周，天命靡常。殷

士肤敏，祼将于京。'孔子曰：'仁不可为众也。夫国君好仁，天下无敌。'祼，音灌。夫，音扶。好，去声。

《诗·大雅·文王》之篇。孟子引此诗及孔子之言，以言文王之事。丽，数也。十万曰亿。侯，维也。助语辞。商士，商孙子之臣也。肤，大也。敏，达也。祼，宗庙之祭，以郁纡勿反。鬯丑亮反。之酒灌地而降神也。新安倪氏曰："《周礼》'有秬鬯，有郁鬯'，以秬米为酒，名秬鬯。将祭，则筑郁金香草煮之，以和鬯。酒名郁鬯，灌乃用之，取其芳香，旁达以降神。鬯者，以其条鬯也。"将，助也。言高之孙子众多，其数不但十万而已。上帝既命周以天下，则凡此商之孙子，皆臣服于周矣。所以然者，以天命不常，归于有德故也。是以商士之肤大而敏达者，皆执祼献之礼，助王祭事于周之京师也。西山真氏曰："以商之孙子，而为周之诸侯，以商之美士，而奔走周庙之祭，天命何常之有哉！成汤惟其仁也，故天命归于商，纣惟其不仁，故天命转而归周。"孔子因读此诗，而言有仁者则虽有十万之众，不能当之。故国君好仁，则必无敌于天下也。不可为众，犹所谓难为兄难为弟云尔。《世说·德行篇》："后汉陈元方，名纪。子长文，名群。有英才，与季方名谌，元方之弟也。子孝先，名忠。各论父功德，争之不能决，谘于太丘，名是。尝除太丘长，乃长文孝先之祖父也。太丘曰：'元方难为兄，季方难为弟。'朱子曰：'兄贤难做他弟，弟贤难做他兄，仁者无敌，难做众去抵当他。'"

今也欲无敌于天下而不以仁，是犹执热而不以濯也。《诗》云：'谁能执热，逝不以濯？'"

耻受命于大国，是欲无敌于天下也；乃师大国而不师文王，是不以仁也。《诗·大雅·桑柔》之篇。逝，语辞也。言谁能执持热物，而不以水自濯其手乎？此章言不能自强，则听天所命；修德行仁，则天命在我。庆源辅氏曰："不能自强，则听命于天，而为强大所役使，修德行仁如文王，则与天为一，而小可大弱可强，昔之强大者，反为役于我矣。岂非天命之在我乎！"新安陈氏曰："势之强弱，亦天所命；不能自强，则听命于天。而为强大所役，如齐景是也；修德行仁，则道德足以胜势力，而天命在我，师文王而为政于天下者是也。"

○孟子曰："不仁者可与言哉？安其危而利其菑，乐其所以亡者。不仁而可与言，则何亡国败家之有？菑，与"灾"同。乐，音洛。

安其危利其灾者，不知其为危灾而反以为安利也。所以亡者，谓荒淫暴虐，所以致亡之道也。不仁之人，私欲固蔽，失其本心，故其颠倒错乱至于如此，所以不可告以忠言，而卒至于败亡也。西山真氏曰："自古危乱之世，未尝无忠言，祖伊尝谏纣矣，召穆公尝谏厉王矣，而二君不听者，盖其心既不仁，故颠倒迷缪，以危为安，以灾为利，以取亡之道为可乐也。夫人君孰不欲安存而恶危亡，而其反背若此者，私欲蔽障而失其本心故尔。"双峰饶氏曰："要在看'乐其所以亡'一句，他只爱那淫荒暴虐所以取亡底事，故虽危自以为安，虽灾自以为利，孟子此章说得利害大段甚分明。"

有孺子歌曰：'沧浪之水清兮，可以濯我缨；沧浪之水浊兮，可以濯我足。'浪，音郎。

沧浪，水名。缨，冠系也。新安倪氏曰："汉水东为沧浪之水，见《禹贡》。后魏郦道元云：'武当县北四十里，有洲曰沧浪洲，水曰沧浪水是也。'"

孔子曰：'小子听之！清斯濯缨，浊斯濯足矣，自取之也。'

言水之清浊有以自取之也。圣人声入心通，无非至理，此类可见。庆源辅氏曰："夫不仁之人，则虽忠言至论，无自而入；圣人之仁，则虽常言俗语，声入心通，是亦莫非自取之也。"新安陈氏曰："此孔子所以为耳顺也。"

夫人必自侮，然后人侮之；家必自毁，而后人毁之；国必自伐，而后人伐之。夫，音扶。

所谓自取之者。双峰饶氏曰："自侮，是不自重，适所以召人之侮。"

《太甲》曰：'天作孽，犹可违；自作孽，不可活。'此之谓也。"

解见形甸反。前篇。〇此章言心存则有以审夫音扶。得失之几，平声。不存则无以辨于存亡之著。祸福之来，皆其自取。庆源辅氏曰："人心存则仁，人心不存则不仁，得失之几，至微也。存亡之实，至著也。安利乐，得失之几也。亡国败家，存亡之实也。祸福之来，皆其自取，即所谓祸福无不自己求之者，此亦承上章而言。仁与不仁所取之不同也。"新安陈氏曰："仁者，心存则明哲，得失之几微，即能审察之，审侮毁伐之几于自取之之初是也。不仁者，心不存则昏蔽，存亡之已著，亦不能辨，安其危，利其灾，乐所以亡是也。心存者，存天理。戒心不存者，遏人欲也。"

〇孟子曰："桀纣之失天下也，失其民也；失其民者，失其心也。得天下有道：得其民，斯得天下矣；得其民有道：得其心，斯得民矣；得其心有道：所欲与之聚之，所恶勿施尔也。恶，去声。

民之所欲，皆为去声。致之，如聚敛力验反。然。民之所恶，则勿施于民。晁音潮。错①苍故反。所谓"人情莫不欲寿，三王生之而不伤；人情莫不欲富，三王厚之而不困；人情莫不欲安，三王扶之而不危；人情莫不欲逸，三王节其力而不尽"，此汉文帝时，晁错对贤良策语。此类之谓也。南轩张氏曰："所欲与聚，非惟寿富安逸之遂其志，用舍从违，无不合其公愿而后为得也。"西山真氏曰："此章之要，在'所欲与聚'，'所恶勿施'二言。"

民之归仁也，犹水之就下、兽之走圹也。走，音奏。

圹，广野也。言民之所以归乎此，以其所欲之在乎此也。新安陈氏曰："所欲与聚，所恶勿施，即所以仁民也，故民归之。"

故为渊驱鱼者，獭也；为丛驱爵者，鹯也；为汤武驱民者，桀与纣也。为，去声。驱，与"驱"同。獭，音闼。爵，与"雀"同。鹯，诸延反。

渊，深水也。獭，食鱼者也。丛，茂林也。鹯，食雀者也。言民之所以去此，以其

---

① 晁错：前200—前154年，颍川（今河南禹州）人。汉文帝时为太子家令，有辩才。汉景帝时为内史，后升迁御史大夫。主张加强中央集权、削减诸侯封地、重农贵粟。吴、楚等七国叛乱时，被景帝错杀。《汉书》有传。

所欲在彼而所畏在此也。新安陈氏曰："彼谓汤武，此谓桀纣，如鱼雀之可全生者在渊丛，而得免死于獭鹯也。"

今天下之君有好仁者，则诸侯皆为之驱矣。虽欲无王，不可得已。好、为、王，皆去声。

南轩张氏曰："非利人之为己驱也，特言其理之必然耳。循夫天理，无利天下之心，而天下归之，此三王所以王也，假是道而亦以得天下者，汉唐是也，故秦为汉驱，隋为唐驱，季世之君，肆于民上，施施然自以为安，而不知其为人驱，哀哉！"新安陈氏曰："好仁之君出，不仁者，皆为驱民以归之。"

今之欲王者，犹七年之病求三年之艾也。苟为不畜，终身不得。苟不志于仁，终身忧辱，以陷于死亡。王，去声。

艾，草名，所以灸者，乾音干。久益善。夫音扶。病已深而欲求干久之艾，固难卒仓没反。办，然自今畜敕六反。之，则犹或可及；不然，则病日益深，死日益迫，而艾终不可得矣。王氏曰："艾以久为善，不畜不足以活人之死，仁以久而熟，不积不足以极国之危。"云峰胡氏曰："三年之艾，不能畜之平日，而自今畜之犹可也，是故为仁者，平日既无积久之功，今日不可无必为之志。"

《诗》云'其何能淑，载胥及溺'，此之谓也。"

《诗·大雅·桑柔》之篇。淑，善也。载，则也。助语。胥，相也。言今之所为，其何能善，则相引以陷于乱亡而已。庆源辅氏曰："至此则虽圣人亦末如之何矣，详味引《诗》之言，则令人惕然警省，有不容自已者矣。"新安陈氏曰："此章纲领在一'仁'字，仁民之要，在所欲与聚所恶勿施。能如是，则可以谓之好仁，而不仁者皆将驱民以归之，其王天下也孰御。"

○孟子曰："自暴者，不可与有言也；自弃者，不可与有为也。言非礼义，谓之自暴也；吾身不能居仁由义，谓之自弃也。

暴，犹害也。非，犹毁也。自害其身者，不知礼义之为美而非毁之，虽与之言，必不见信也。自弃其身者，犹知仁义之为美，但溺于怠惰，自谓必不能行，与之有为必不能勉也。程子曰："人苟以善自治，则无不可移者，虽昏愚之至，皆可渐子廉反。磨而进也。惟自暴者拒之以不信，自弃者绝之以不为，虽圣人与居，不能化而入也。此所谓下愚之不移也。"朱子曰："自暴者，所言必非诋礼义，说没这道理，是之谓暴戾。我虽言，而彼必不肯听，是不足与言也。自弃者，意气卑弱，志趣凡陋，知有道理，甘心自绝以为不能，我虽言仁义之美，彼此割断了不肯做，是不足与有为也。自暴者，刚恶之所为。自弃者，柔恶之所为。""言非礼义，以礼义为非，而拒之以不信。自暴，自贼害也。吾身不能居仁由义，自谓不能而绝之以不为，自弃自弃绝也。"

仁，人之安宅也；义，人之正路也。

仁宅已见形甸反。前篇。义者，宜也，乃天理之当行，无人欲之邪曲，故曰正路。

旷安宅而弗居，舍正路而不由，哀哉！"舍，上声。

旷，空也。由，行也。○此章言道本固有而人自绝之，是可哀也。此圣贤之深戒，学者所当猛省悉井反。也。朱子曰："旷其安宅，则必放僻邪侈，而安其所不可安之居矣，舍其正路，则必行险侥幸，而由其所不可由之涂矣。安宅正路，人皆有之，而自暴自弃以至于此，是可哀也。"南轩张氏曰："仁言安宅者，谓其安而可处也，义言正路者，谓其正而可遵也，是二者性之所有也。旷之舍之以自绝其天性，不亦可哀乎！"双峰饶氏曰："前面说自暴自弃两等人，后面说不居不由又，只指自弃者言之，何也？盖非毁礼义之人，已不可教诲矣，那不能为底，只是为之不勇耳，尚知得可居可由，犹为可教，所以孟子只说此一项，自叹息那自弃之人，有安宅而不居，有正路而不由，是可哀也。"新安陈氏曰："'哀哉'二字，当令人发深省，夫自暴者非诋天理，既不可与言，故绝望之。自弃者犹知天理之为美，特甘于不能，故以本有者开示之，复哀悯以警耸之，犹致望之之意焉，此学者所以不可不猛省也。"

〇孟子曰："道在尔而求诸远，事在易而求诸难。人人亲其亲、长其长而天下平。"尔、迩，古字通用。易，去声。长，上声。

亲长在人为甚迩，亲之长之在人为甚易，而道初不外是也。舍上声。此而他求，则远且难而反失之。但人人各亲其亲、各长其长，则天下自平矣。南轩张氏曰："使人各亲其亲，各长其长，其本在人君亲其亲、长其长以倡率之而已。亲亲仁也，长长义也。仁义本之躬而达之天下，岂非道之迩者乎！天下所以平者，实系乎此，岂非事之易者乎？味此数语，尧舜三王之治，可得而推矣。"云峰胡氏曰："此'道'字是天理之自然，此'事'字是人为之当然。"

〇孟子曰："居下位而不获于上，民不可得而治也。获于上有道：不信于友，弗获于上矣；信于友有道：事亲弗悦，弗信于友矣；悦亲有道：反身不诚，不悦于亲矣；诚身有道：不明乎善，不诚其身矣。

获于上，得其上之信任也。诚，实也。反身不诚，反求诸身而其所以为善之心有不实也。不明乎善，不能即事以穷理。无以真知善之所在也。朱子曰："反身而诚，见其本，具是理，而今不曾亏欠了他底。"问"反诸身不诚"。曰："反诸身，是反求于心，不诚是不曾实有此心，如事亲以孝，须是实有这孝之心，若外面假为孝之事，里面却无孝之心，便是不诚矣。""获上信友等，皆以有道言，盖有不由其道以求之者矣。若谀悦苟容以求获乎上，便佞诡随以求信乎友，阿意曲从以求悦乎亲，冥行助长以求诚其身皆是也。所谓诚身，能实践其所明之善而有诸身之谓。"庆源辅氏曰："人孰无为善之心，然隐微之际，有一毫自欺之意，则其心便不实矣。人孰不知善之可为，然不能即夫事以穷其理，而推极吾之知识，则所知者或未必真矣。"游氏曰："欲诚其意，先致其知；不明乎善，不诚乎身矣。新安倪氏曰："引《大学》以证此章，致知即所以明善也，但诚意则以自修之始言，诚身则以自修之成言，诚意正心修身，皆该于'诚身'二字中矣。"学至于诚身，则安往而不致其极哉？以内则顺乎亲，以外则信乎友，以上则可以得君，以下则可以得民矣。"庆源辅氏曰："游氏之说，始则《大学》之次序，终则《中庸》之极功也。"

是故诚者，天之道也；思诚者，人之道也。

诚者，理之在我者皆实而无伪，天道之本然也；思诚者，欲此理之在我者皆实而无伪，人道之当然也。问："思诚莫须明善否?"朱子曰："明善自是明善，思诚自是思诚。明善是格物致知，思诚是毋自欺谨独。明善固所以思诚，而思诚上面又更有工夫在，诚者都是实理了。思诚者，恐有不实处，便思去实他。诚者天之道，天无不实，寒便是寒，暑便是暑，更不待使他恁地。圣人仁便真个是仁，义便真个是义，更无不实处。常人说仁时恐犹有不仁处，说义时恐犹有不义处，便须着思有以实之始得。"庆源辅氏曰："维天之命，於穆不已，至诚之理，天道之本然也。审思明辨，自强不息，思诚之事，人事之当然也。"【通考】勿斋程氏曰："元亨利贞，自然之理，是曰天道；人伦日用，当然之则，是曰人道。"

至诚而不动者，未之有也；不诚，未有能动者也。"

至，极也。杨氏曰："动便是验处，若获乎上、信乎友、悦于亲之类是也。"庆源辅氏曰："有感必有应，验便是应处，极其诚，则合内外，平物我。感与应，皆非自外也，此其所以无有不动也。"双峰饶氏曰："人要为君取信，必须朋友称誉荐进。然朋友所以称誉，必能修身齐家，方有可称者。若是不说于亲，则何可称之有？能说亲必出于诚心乃可，这是推原诚身效验如此。若说诚身工夫，则无间于事亲，取友、事君、治民之际，诚到至处自能动物，则以之事亲而亲悦，以之取友而友信，以之事君而君用，以之治民而民从，初无先后之分矣。"〇此章述《中庸》孔子之言，见思诚为修身之本，而明善又为思诚之本。云峰胡氏曰："此所谓'思诚'，即《中庸》所谓'诚之'，其工夫皆兼知行而言，思诚者修身之本，是修身以知行为先，明善又为思诚之本，是知行之中又当以知为先也。"乃子思所闻于曾子，而孟子所受乎子思者，觉轩蔡氏曰："子思以'诚之'言人之道，而孟子易之以'思诚'，子思言形、著、动、变，而孟子止于动者，以思出于心，于学者用功尤为有力，而动者正指上文获上信友悦亲而言也。"亦与《大学》相表里，学者宜潜心焉。《大学章句》曰："其第五章乃明善之要，第六章乃诚身之本。"庆源辅氏曰："明善者，《大学》之本。诚身者，《中庸》之要。于此可见《中庸》、《大学》之相为表里，曾子、子思、孟子之相为授受者，益不可诬矣。"

〇孟子曰："伯夷辟纣，居北海之滨，闻文王作，兴曰：'盍归乎来！吾闻西伯善养老者。'太公辟纣，居东海之滨，闻文王作，兴曰：'盍归乎来！吾闻西伯善养老者。'
辟，去声。

作、兴，皆起也。言文王起而为方伯。盍，何不也。西伯，即文王也。纣命为西方诸侯之长，上声。得专征伐，故称西伯。太公，姜姓，吕氏，名尚。《史记·齐世家》："太公望吕尚者，东海人，其先祖尝为四岳，佐禹平水土甚有功，虞夏之际封于吕，或封于申，姓姜氏。夏商之时，申吕或封支庶，子孙或为庶人，尚其后苗裔也，本姓姜氏，从其封姓，故曰吕尚。西伯出猎，遇于渭之阳，曰'自吾先君太公望子久矣'，故号之曰'太公望'。"文王发政，必先鳏寡孤独，庶人之老，皆无冻馁，故伯夷、太公来就其养，非求仕也。庆源辅氏曰："恐人见太公后来佐武王伐商，遂以其来也，为有求仕之意，故明辨之。太公之初归周，无是意也。观孟子以太公与伯夷并言，亦自可见。”

二老者，天下之大老也，而归之，是天下之父归之也。天下之父归之，其子焉往？焉，于虔反。

二老，伯夷、太公也。大老，言非常人之老者。天下之父，言齿德皆尊，如众父然。既得其心，则天下之心不能外矣。南轩张氏曰：“张良归汉，项氏以亡；孔明在蜀，炎纲几振，亦庶几为当时之老者，其所系轻重固如此。”庆源辅氏曰：“‘众父’二字出《老子》，《集注》借用之，其义则谓众人之父尔。”双峰饶氏曰：“既有齿又有德，故谓之大老，若常人则是年老而已。”萧何①所谓养民致贤以图天下者，暗与此合，《通鉴》：“汉高帝元年二月，项羽立沛公即高祖。为汉王，王巴蜀，汉中。都南郑，而分关中王秦，降将章邯等三人，以距汉路。汉王怒，欲攻项羽，周勃灌婴樊哙皆劝之，萧何谏曰：‘虽王汉中之恶，不犹愈于死乎？能诎与“屈”同。于一人之下，而信伸同。于万乘之上者，汤武是也。臣愿大王王汉中，养其民以致贤人，收用巴蜀，还定三秦，天下可图也。’”但其意则有公私之辨，学者又不可以不察也。庆源辅氏曰：“萧何之说，是欲为此以图天下，有为而为，所谓私也。文王之为此，则初无所为也，行吾义而已，所谓公也。二老之归，乃其自然之应尔。”

诸侯有行文王之政者，七年之内，必为政于天下矣。”

七年②，以小国而言也。大国五年，在其中矣。

○孟子曰：“求也为季氏宰，无能改于其德，而赋粟倍他日。孔子曰：‘求非我徒也，小子鸣鼓而攻之可也。’③

求，孔子弟子冉求。季氏，鲁卿。宰，家臣。赋，犹取也，取民之粟倍于他日也。小子，弟子也。鸣鼓而攻之，声其罪而责之也。

由此观之，君不行仁政而富之，皆弃于孔子者也。况于为之强战？争地以战，杀人盈野；争城以战，杀人盈城。此所谓率土地而食人肉，罪不容于死。为，去声。

林氏曰：“富其君者，夺民之财耳，而夫子犹恶去声。之。况为去声。土地之故而杀人，使其肝脑涂地，则是率土地而食人之肉。其罪之大，虽至于死，犹不足以容之也。”范氏曰：“天地大德曰生，圣人所以守位曰仁。孔子曰：‘断一木，杀一兽，不以其时，非孝也。草木鸟兽，杀之不以时，则逆天地之理，犹为不孝，况于人命，可不重哉！’”和靖尹氏曰：“汤武之征，以正伐不正，救民于涂炭也。战国之战，以乱益乱，残人民耳，而求富之，为之强战！是何异于助桀而富桀也？”庆源辅氏曰：“率，犹循也，由也率土地而食人肉，谓以土地之故杀人而使之肝脑涂地，则是由土地而食人之肉也，其罪之大，虽至于死犹不足以容之，言罪大而刑小，如所谓死有余辜也。”

---

① 萧何（？—前193年）：汉沛（今属江苏沛县）人。早年任秦沛县狱吏，秦末辅佐刘邦。及刘邦称王汉中，以何为丞相。汉五年，封何为酂侯。十一年拜相国。惠帝二年卒，谥曰文终侯。

② 七年：本篇第七章云：“师文王，打过五年、小国七年、必为政于天下矣。”

③ 语见《论语·先进篇》。

故善战者服上刑，连诸侯者次之，辟草莱、任土地者次之。”辟与“闢”同。

善战，如孙膑、音牝，齐威王臣。吴起卫人，为魏文侯将。之徒。连结诸侯，如苏秦、洛阳人。张仪卫人。之类。辟，开垦口本反。也。任土地，谓分土授民，使任耕稼之责，如李悝枯回反。尽地方，商鞅以两反。开阡陌之类也。《前汉·食货志》：“战国时，李悝为魏文侯作尽地力之教，以为地方百里，提封九万顷，除山泽邑居参分去一，为田六百万晦，治田勤谨则晦益三升。服虔曰：‘与之三升也。’臣瓒曰：‘当言三斗，谓治田勤则晦加三斗也。’不勤则损亦如之。地方百里之增减，辄为粟八百十万石矣。又曰：‘籴甚贵伤民。’谓士工商也甚贱，伤农。民伤则离散，农伤则国贫。故甚贵与甚贱，其伤一也。善为国者，使民无伤而农益劝。今一夫挟五口，治田百晦，岁收晦一石半，为粟百五十石，除十一之税十五石，余百三十五石。食，人月一石半，五人终岁为粟九十石，余有四十五石。石三十，为钱千三百五十，除社闾尝新春秋之祠，用钱三百，余千五十。衣，人率用钱三百，五人终岁用千五百，不足四百五十。不幸疾病死丧之费，及上赋敛，又未与此。此农夫所以常困，有不劝耕之心，而令籴至于甚贵者也。善平籴者，必谨观岁上中下熟。上熟则上籴三而舍一，中熟则籴二，下熟则籴一，使民适足，价平而止。小饥则发小熟之所藏，中饥则发中熟之所藏，上饥则发上熟之所藏。虽遇饥馑水旱，籴不贵而民不散。”《通鉴》：“周显王十九年，秦孝公十二年也。秦商鞅令民父子兄弟同室内息者为禁，并诸小乡聚集为一县，县置令丞，废井田，开阡陌，路南北曰阡，东西曰陌。平斗甬权衡丈尺。”问：“如李悝尽地力，不过亦教民而已，孟子何以谓任土地者亦次于刑。”朱子曰：“只为他是欲富国，不是欲为民，但强占地开垦将去，欲为已物耳，皆为君聚敛之徒也。”“阡陌便是井田，一横一直，如遂上有涂，这便是陌；洫上有路，这便是阡。自阡陌之外有地，则只闲在那里，先王所以如此者，乃是要正经界，恐人相侵占。今商鞅却破开了，遇可做田处便做田，更不要整齐。这‘开’字，非‘开创’之‘开’，乃‘开辟’之‘开’。”《蔡泽传》曰①：“破坏井田，决裂阡陌，观此可见。”南轩张氏曰：“自当时言之，孰不以为大功，而先王以为大戮，治世之所诛，而时君之所赏。孟子之言及此，盖正谊明道，以遏人欲之横流也。”庆源辅氏曰：“战国之时，人君之所求，与士之所以自任者，不过有此三等。故孟子因列之，而言其罪以遏其流，虽是救时之言，然士而以此三者得名，则世德之衰可知矣。”【通考】朱子闻阡陌，辨曰：“阡陌者，旧说以为田间之道，盖因田之疆畔，制其广狭，与其横纵以通人物之往来，即《周礼》‘遂上之径，沟上之畛，洫上之涂，浍上之道’也。盖陌之言百者，遂洫纵而径涂纵，则遂间百亩，洫间百夫，而径涂为陌，阡之为言千也。沟浍横而畛道亦横，则沟间千夫而畛道为阡矣。阡陌之名由此而得。至于万夫有川，而川上之路周其外，其与匠人井田之制、遂沟洫浍，亦皆四周，则阡陌之名疑亦因其纵横而命之。然遂广一尺浍二寻则丈有六尺，径容牛马，畛容大车，涂容乘车一轨，道二轨，路三轨，则则几二丈矣。此其水陆，古地不得为田者颇多，先王非虚弃之，所以正径界，止侵争，时蓄泄备

---

① 《蔡泽传》:《史记·蔡泽传》，见《史记》卷七十九。

水旱为永久之计。有不得不然者，商君以急刻之心，行苟且之政，尽开阡陌，悉除禁限，听民兼并买卖，以尽人力垦开弃地，悉为田畴而不使有尺寸之遗，以尽地利，盖一时之害虽除，而千古圣贤传后精微之意于此尽矣。”又曰：“所谓开者，乃破坏划削之意，而非开置建立之名。所谓阡陌乃三代井田之旧而非秦之所置矣。”董氏彝曰：“天子适诸侯曰巡狩，入其疆，土地辟，田野治，则有庆，庆以地善战者，服上刑辟，草莱任土地者次之。孟子论人臣功罪，不泥其迹，原其心盖治地而主于利民，则守国之功可以论；治地而主于利国，则殃民之罪不可逃。”

○孟子曰：存①乎人者，莫良于眸子。眸子不能掩其恶。胸中正，则眸子了焉；胸中不正，则眸子眊焉。眸，音牟。了，音了。眊，音耄。

良，善也。眸子，目瞳子也。了，明也。眊者，蒙蒙，目不明之貌。盖人与物接之时，其神在目，故胸中正则神精而明，不正则神散而昏。庆源辅氏曰：“心正，则安裕完固，故其神之见于目者，精聚而明白。心不正则警惕掩覆，故神之见于目者，涣散而昏暗。此其所谓不能掩者也。”“自体察之可见，神若不在，则目虽见物，犹无见也，都不能有所识别矣。”

听其言也，观其眸子，人焉廋哉？焉，于虔反。廋，音搜。

廋，匿也。言亦心之所发，故并此以观，则人之邪正不可匿矣。然言犹可以伪为，眸子则有不容伪者。南轩张氏曰：“听其言而又参之以眸子，则无所遁矣。此言与孔子‘人焉廋哉’之言同，而为说则异。夫子之言，为旋观其人说，孟子之言，一见而欲识其大纲也。若夫睟面盎背，施于四体，四体不言而喻者，则望而知其为德人，有不待考察者矣。学者读此，非独可得观人之法，又当知检身之要，私心邪气，其可顷刻而有邪？一萌诸中，而昭昭然不可掩矣，可不惧哉！”西山真氏曰：“目者，精神之所发，而言者，心术之所形，故审其言之邪正，验其目之明昧，而人之贤否不可掩焉。此观人之一法也。”勿轩熊氏曰：“孔子之观人，是观乎其内，孟子是观乎其外。二章互看，君子小人之情状不可逃矣。”新安陈氏曰：“赵氏注：‘目为神侯，精之所在，存而察之，善恶不隐。’盖以‘存察’解‘存乎人’之‘存’字，然以《易·系辞》‘存乎其人、存乎德行’之类观之，只轻轻说过，不必训为‘察’也。”

○孟子曰：“恭者不侮人，俭者不夺人。侮夺人之君，惟恐不顺焉，恶得为恭俭？恭俭岂可以声音笑貌为哉？”恶，平声。

惟恐不顺，言恐人之不顺己。声音笑貌，伪为于外也。双峰饶氏曰：“孟子就侮人夺人上说，见得非泛言恭俭，亦是为国君言之。当时国君必有名为恭俭者，但无故而加兵于他人之国，便是侮人。无故而取人之土，便是夺人。安得谓之恭俭？”云峰胡氏曰：“孟子尝言贤君必恭俭礼下，取于民有制。盖惟恭者必礼下而不侮人，俭者必取民有制而不夺人，不侮者恭之验，不夺者俭之验，否则惟恐人不顺己骄侈之欲耳。《书》曰：‘恭俭惟德，无载尔伪。’不侮不夺者，恭俭之实事；不以声音笑貌为者，恭俭之实德。

---

① 存：《尔雅·释诂》云：“存，察也。”

有是实德，则有是实事。无恭俭之实德，则声音笑貌载尔伪耳。天理人欲之分，诚实虚伪之判也，其亦扩天理而遏人欲与？"

〇淳于髡曰："男女授受不亲，礼与？"孟子曰："礼也。"曰："嫂溺则援之以手乎？"曰："嫂溺不援，是豺狼也。男女授受不亲，礼也；嫂溺援之以手者，权也。"与，平声。援，音爰。

淳于，姓；髡，名；齐之辩士。① 授，与也。受，取也。古礼，男女不亲授受，以远去声。别必列反。也。礼之经也。《礼记·内则》："男不言内，女不言外，非祭非丧，不相授器，其相授，则女授以篚，其无篚，则皆坐奠之，而后取之。"援，救之也。权，称去声。锤直垂反。也，称物轻重而往来以取中者也。此释"权"字之义。权而得中，是乃礼也。朱子曰："事有缓急，理有大小，此等处皆须以权称之。"北溪陈氏曰："'权'字乃就称锤上取义，称锤之为物，能权轻重以取平，故名曰权。权，变也。在衡有星两之不齐，权便移来移去，随物以取平，亦犹人之用权度、揆度事物以取其中相似。"又曰："知中然后能权，由权然后得中。中者，理所当然而无过不及者也。权者，所以度事理而取其当然，使无过不及者也。"庆源辅氏曰："若是经礼，更何须权，惟是那经礼有行不得处，故须用权以取中。权而得中，是乃礼也。若权而不得中，则陷乎汉儒权变权术之域矣，岂可谓之权乎？"新安陈氏曰："此乃礼之权，而不背乎经者也。"

曰："今天下溺矣，夫子之不援，何也？"

言今天下大乱，民遭陷溺，亦当从权以援之，不可守先王之正道也。

曰："天下溺，援之以道；嫂溺，援之以手。子欲手援天下乎？"

言天下溺，惟道可以捄与"救"同。之，非若嫂溺可手援也。今子欲援天下，乃欲使我枉道求合，则先失其所以援之之具矣。是欲使我以手援天下乎？〇此章言直己守道，所以济时；枉道殉人，徒为失己。朱子曰："古人所以救世，以有道也。既自放倒矣，天下岂一手可援哉！"南轩张氏曰："不授受，固礼之经，嫂溺则遭变矣，援以手者，遭变而处之之道当然也。不援，则失道而陷于禽兽，然则其权也，岂非所以为不失其经也与？髡因言孟子在今日，似当少贬其道，用权以救世；孟子谓天下之溺，当援以道，若道先枉，则将何以援之？孟子之不少贬以求济，是乃援溺之本，天下之大经也。"【通旨】朱氏公迁曰："专以处事之权言之，此于常道不可行之时，然后用权以通之，如汤武之放伐，伊尹之放废，周公之诛管叔，大舜之不告而取，是皆权之大者，异乎经而不离乎经也，不可常者也。淳于髡欲论出处，乃以嫂溺援手而为喻，是岂切当之论乎？"

〇公孙丑曰："君子之不教子，何也？"

不亲教也。

孟子曰：势不行也。教者必以正；以正不行，继之以怒；继之以怒，则反夷矣。

---

① 淳于髡：《史记·孟子荀卿列传》谓其"博闻强记，学无所主。其谏说，慕晏婴之文人也，然而承意观色为务"。

‘夫子教我以正，夫子未出于正也。’则是父子相夷也。父子相夷，则恶矣。

夷，伤也。教子者，本为去声。爱其子也，继之以怒，则反伤其子矣。父既伤其子，子之心又责其父曰：“夫子教我以正道，而夫子之身未必自行正道。”则是子又伤其父也。

古者易子而教之。

易子而教，所以全父子之恩，而亦不失其为教。朱子曰：“易子而教考之，孔子亦然。若孔子自教其子，则鲤所未学，必有以知之，又奚问焉？陈亢称君子远其子，亦可见也。”

父子之间不责善。责善则离，离则不祥莫大焉。

责善，朋友之道也。龟山杨氏曰：“父子之间，虽不责善，岂不欲其为善？然必亲教之，其势必至于责善。”南轩张氏曰：“养恩于父子之际，而以责善望之师，仁之笃而义之行也。”新安陈氏曰：“父子主恩，朋友责善，当主恩而行责善，则伤恩而易至于离矣。”王氏曰：“父有争子①，何也？所谓争者，非责善也。当不义则争之而已矣。父之于子也如何？曰，当不义，则亦戒之而已矣。”庆源辅氏曰：“王氏最得孟子之正意。责善，谓责之使必为善也。责之使必为善，则便有使之捐其所能，去其所劣之意，故必至于相伤，至其所为，或背理而害义，则岂可坐视而不管？故在子则当争，在父则亦当戒切之也。”双峰饶氏曰：“王荆公所谓争，则下气怡声，和悦以争之。所谓戒，亦训敕之而已。”新安陈氏曰：“父之于子，正身率之，以责善望师友，固也。然遇不贤之子，不得已亦当自教戒之，若惧伤恩，而全不教戒，及其不肖，徒诿曰其子之贤不肖，皆天也。此所谓慈而败子矣，盖子之言，经也。此所云，权也，权以济经，非反乎经也。”

○孟子曰：事孰为大？事亲为大；守孰为大？守身为大。不失其身而能事其亲者，吾闻之矣；失其身而能事其亲者，吾未之闻也。

守身，持守其身，使不陷于不义也。一失其身，则亏体辱亲，虽日用三牲之养，去声。亦不足以为孝矣。新安陈氏曰：“初言事君事长，皆事也。事亲为事之大，守国守官，皆守也。守身为守之大，二者分开平说。继言不失身则能事亲，二贯为一，分轻重说，不失其身，即是守身。能守其身，方能事亲。此与前章悦亲在于诚身同意。”

孰不为事？事亲，事之本也；孰不为守？守身，守之本也。

事亲孝，则忠可移于君，顺可移于长。上声。新安陈氏曰：“此事亲所以为事之本。”身正，则家齐、国治、去声。而天下平。新安陈氏曰：“此守身所以为守之本。”“‘事之本’，‘守之本’，照应章首四句。分二者平说，惟其为本，所以见其为大。”

曾子养曾皙，必有酒肉。将彻，必请所与。问有余，必曰‘有’。曾皙死，曾元养曾子，必有酒肉。将彻，不请所与。问有余，曰‘亡矣’。将以复进也。此所谓养口体者也。若曾子，则可谓养志也。养，去声。复，扶又反。

此承上文事亲言之。曾皙，名点，曾子父也。曾元，曾子子也。曾子养其父，每食

---

① 争子：诤子，能直言规劝父母的儿子。

必有酒肉。食毕将彻去，必请于父曰："此余者与谁?"或父问此物尚有余否？必曰"有"。恐亲意更欲与人也。曾元不请所与，虽有言无。其意将以复进于亲，不欲其与人也。此但能养父母之口体而已。曾子则能承顺父母之志，而不忍伤之也。南轩张氏曰："守身所以事亲也，身失其道，将何以事亲？反复言之，欲人以守身为事亲之本也。若曾子者，可谓能尽守身事亲之道者矣。故举其养志之事，以为人子之法。"庆源辅氏曰："养父母之口体者，其事浅承顺父母之心志者，其思深。夫子之于父，异体同气，至亲至密，故事之者，当先意承事，必能听于无声，视于无形，然后为至。若必待其言而后从，固已不可，况于先立其意以拂其亲之欲，唯口体是养，而不恤其心志之亏乎?"双峰饶氏曰："曾子养志，是承顺他好底意思，曾皙不私其口体之奉，常有及物之心，这便是好底意思，曾子便能承顺他，盖缘曾子意思亦是如此。曾元便不然矣。孟子举必有酒肉以为养亲之法，凡有好底意思，皆要承顺而推广之。若是不好低意思，则不当承顺。要喻之，使合于道，方谓之孝。孟子举曾子、曾元，作两个例头，是事亲者须是养志，若养口体末也。"新安陈氏曰："此章前以守身为事亲之本，所以论其理，及后实之以事，则惟举曾子之事亲，而守身不及焉。虽曾子之战兢临履，得正而毙，尤善守身，而辞未之及。《集注》于此一节，只曰'此承上文事亲言之'，然观曾子养志如此，惟恐一毫咈亲之志，欲子之不失其身，尤父之志之大者。一饮食间，尚体承亲志如此，则立身行已间。所谓身也者，亲之枝也。行父母之遗体，敢不敬乎！其能谨守此身以承亲志，不言可知矣。南轩谓'曾子能尽守身事亲之道，故举其养志之事者'，最为得之云。"

事亲若曾子者，可也。

言当如曾子之养志，不可如曾元但养口体。程子曰："子之身所能为者，皆所当为，无过分去声。之事也。故事亲若曾子可谓至矣，而孟子止曰可也，岂以曾子之孝为有余哉?"程子曰："孟子云事亲，若曾子可也，吾以为事君若周公可也。盖子之事父，臣之事君，闻有自知其不足者矣，未尝闻其以为有余也。周公之功固大矣，然臣子之分所当为也，安得独用天子之礼乎?"又曰："子之事父，其孝虽过于曾子，毕竟是以父母之身做出来，岂是分外事？若曾子者，仅可以免责耳。臣之于君，犹子之于父也。假如功业大于周公，亦是以君之人民势位做出来，而谓人臣所不能为可乎！"庆源辅氏曰："孟子只平说去，曰'事亲若曾子可也'。至程子方看得'可也'二字有深意，以此知读书不可不熟读玩味。"新安陈氏曰："此章前言守身为事亲之本，后言养志为养亲之大。"

○孟子曰："人不足与适周適也，政不足间也。惟大人为能格君心之非。君仁莫不仁，君义莫不义，君正莫不正。一正君而国定矣。"適，音谪。间，去声。

赵氏曰："适，过也。间，非也。格，正也。"徐氏名度，字孝节，睢阳人。曰："格者，物之所取正也。《书》曰：'格其非心①。'"朱子曰："格如合格之'格'，谓使之

---

① 格其非心：语出《尚书·冏命》。意思是端正其不正之心使其归正。格：正。非心：不善之心、邪恶之心。

归于正。"蔡氏曰："非心，非僻之心也。"愚谓"间"字上亦当有"与"字。言人君用人之非，不足过謫；与"谪"同。行政之失，不足非间。惟有大人之德，则能格其君心之不正以归于正，而国无不治去声。下同。矣。新安陈氏曰："仁本义用，正包仁义言之。仁义，所以正也。《集注》所以不提仁义。"大人者，大德之人，正己而物正者也。朱子曰："大人格君心之非，此是精神意气，自有感格处，然亦须有个开导底道理，不但默默而已。伊川解遇主于巷云：'至诚以感动之，尽力以扶持之，明理义以致其知，杜蔽惑以诚其意。'正此意也。"〇程子曰："天下之治乱，系乎人君之仁与不仁耳。心之非，即害于政，不待乎发之于外也。昔者孟子三见齐王而不言事，门人疑之。孟子曰：'我先攻其邪心，《荀子·大略篇》："孟子三见齐王而不言事，门人曰：'曷为三遇齐王而不言事。'孟子曰：'我先攻其邪心'。"心既正，而后天下之事可从而理也。'夫政事之失，用人之非，知去声。者能更平声。下同。之，直者能谏之。然非心存焉，则事事而更之，后复扶又反。下同。有其事，将不胜其更平声。下同。矣；人人而去上声。下同。之，后复用其人，将不胜其去矣。是以辅相去声。之职，必在乎格君心之非，然后无所不正；而欲格君心之非者，非有大人之德，则亦莫之能也。"朱子曰："孔子不能格定哀，孟子不能格齐宣，要之有此理在我，而在人者不可必。"南轩张氏曰："后世道学不明，论治者，不过及于人才政事而已，孰知其本在于君心，又孰知格君之本乃在于吾身乎？"庆源辅氏曰："《集注》解得'格'字义分晓，所谓大人者，道全德备，誉望足以弭其邪心，容色足以消其逸志。非但取办于颊舌之间，谏争之际而已也。然无大人之德，与学而有言责者，则又不可以是藉口。"双峰饶氏曰："大人，是伊周之徒，他人当不得。"

〇孟子曰："有不虞之誉，有求全之毁。"

虞，度徒洛反。也。吕氏曰："行去声。不足以致誉而偶得誉，是谓不虞之誉。求免于毁而反致毁，是谓求全之毁。言毁誉之言，未必皆实，修己者不可以是遽为忧喜。观人者不可以是轻为进退。"庆源辅氏曰："《集注》既得孟子本意，又续以此二言，于人己两有所益。"双峰饶氏曰："我去誉他人之誉，平声，得此誉于他人；去声，誉本是美人之好处。但对'毁'字说，则二者皆有不得其真之意。"云峰胡氏曰："毁誉已自是非真，况修己而遽以是为忧喜，必至于失己。观人而轻以是为进退，必至于失人。"

〇孟子曰："人之易其言也，无责耳矣。"易，去声。

人之所以轻易其言者，以其未遭失言之责故耳。盖常人之情，无所惩于前，则无所警于后。非以为君子之学，必俟有责而后不敢易其言也。然此岂亦有为去声。而言之与？音余。庆源辅氏曰："谨言语，自是君子之庸行，何待于有责而后然。"

〇孟子曰："人之患在好为人师。"好，去声。

王勉曰："学问有余，人资于己，以不得已而应之可也。若好为人师，则自足而不复扶又反。有进矣，此人之大患也。"新安陈氏曰："不得已者，不自知其有余，无意于为人师，而人自师之。好云者，自见其有余，有意于为人师，而人未必心悦诚服以师之。"云峰胡氏曰："通上章两'人'字，为泛然之众人而言也，与《大学》《正心》、《修身》两章之'人'字不异。"

○乐正子从于子敖之齐。

子敖，音遨。王驩字。

乐正子见孟子。孟子曰："子亦来见我乎？"曰："先生何为出此言也？"曰："子来几日矣？"曰："昔昔。"曰："昔昔，则我出此言也，不亦宜乎？"曰："舍馆未定。"曰："子闻之也，舍馆定，然后求见长者乎？"长，上声。

昔者，前日也。馆，客舍也。王驩，孟子所不与言者，则其人可知矣。乐正子乃从之行，其失身之罪大矣；又不早见长者，则其罪又有甚者焉。故孟子姑以此责之。新安陈氏曰："从小人为失身，一罪也。不早见长者，又一罪也。孟子且以后一罪责之。"

曰："克有罪。"

陈氏曰："乐正子固不能无罪矣，然其勇于受责如此，非好去声。善而笃信之，其能若是乎？世有强辩饰非，闻谏愈甚者，又乐正子之罪人也。"新安陈氏曰："乐正子，善人也，信人也。所以能好善而笃信之，惟好善笃信，所以勇于服义，自以为罪，亦可尚也。"

○孟子谓乐正子曰："子之从于子敖来，徒餔啜也。我不意子学古之道，而以餔啜也。"餔，博孤反。啜，昌悦反。

徒，但也。餔，食也。啜，饮也。言其不择所从，但求食耳。此乃正其罪而切责之。朱子曰："王欢齐幸臣，盖欲自托于孟子以取重，使滕王以为介。孟子未尝与言，吊公行子，又不与言，绝之深矣。乐正子不察，轻身从之，意特藉其资粮舆马以见孟子而已。故以餔啜罪之，若孟子所以去齐，其详虽不可考，疑欢以是积憾，而遂去也。"南轩张氏曰："克既馆于子敖，则未免制于子敖，故舍馆定，始得见其师。观此二章，见知君子之处己，不可以不严，而所与不可不谨也。"双峰饶氏曰："此二章只一件事，乐正子方来，孟子不欲便责之，后却正其罪，所以分作两章。乐正子初意，只欲来齐见孟子，依王欢来，省粮食之费，视为无紧要事。殊不知一失身从之，便是因失其亲，将来王欢或荐引之，则那时去就愈难处，孟子所以切责之。"赵氏曰："乐正子能勇于受责，然后孟子正其罪而切责之，所谓可与言而后与之言者也。"

○孟子曰：不孝有三，无后为大。

赵氏曰："于礼有不孝者三事：谓阿意曲从，陷亲不义，一也；家贫亲老，不为禄仕，二也；不娶无子，绝先祖祀，三也。三者之中，无后为大。"庆源辅氏曰："此必见于古传记，赵氏时，其书尚存，故引之，今则不复存矣。阿意曲从、陷亲不义者，懦也。家贫亲老、不为禄仕者，惰也。不娶无子、绝先祖祀，则因循苟且，乱常咈理，不仁之甚也。故于三者之中，最为不孝之大者。"双峰饶氏曰："此三者不是寻常不孝底事，奉顺孝也，但阿意曲从、陷亲于不义，则不可。非其道不仕，孝也。家贫亲老而不禄仕，则不可。告而后娶，孝也。但告则不得娶以至无子绝祀，则不可。赵氏以意度说，自好所以，朱子不破其说。"

舜不告而娶，为无后也，君子以为犹告也。"为无"之"为"，去声。

舜告焉则不得娶，而终于无后矣。告者礼也。不告者权也。新安陈氏曰："告者，礼之正也，经也。不告者，礼之变也，权也。"犹告，言与告同也。盖权而得中，则不离去声。于正矣。〇范氏曰："天下之道，有正有权。正者万世之常，权者一时之用。常道人皆可守，权非体道者不能用也。新安陈氏曰："体道，谓全体此道于身，与道为一者也。"盖权出于不得已者也，若父非瞽瞍，子非大舜，而欲不告而娶，则天下之罪人也。"程子曰："舜不告而娶，尧得以命瞽瞍使舜娶，舜虽不告，尧告之也，以君诏之而已。"朱子曰："以事理度之，意其未及告而受尧之命耳。其后固不容不告，而遂娶以归也。"新安倪氏曰："人之大伦，君亲为重，汤放桀，武王伐纣，而孟子谓闻诛一夫，未闻弑君，此处君臣之变而不失其正者也。舜不告而娶，而孟子谓君子以为犹告，此处父子之变而不失其正者也。然惟圣人体道之至，乃能权而得中。若未能然，而欲引以藉口，则诚得罪于天下万世矣。故《集注》于前章曰'惟在下者，有汤武之仁。在上者，有桀纣之暴，则可。不然，是未免于篡弑之罪也'。于此章曰'若父非瞽瞍，子非大舜，而欲不告而娶，则天下之罪人也'。皆所以补孟子未足之意，严万世之大戒，而扶植君臣父子之纲，《集注》之有功于世教也大矣。"

〇孟子曰："仁之实，事亲是也；义之实，从兄是也。

仁主于爱，而爱莫切于事亲；义主于敬，而敬莫先于从兄。故仁义之道，其用至广，而其实不越于事亲从兄之间。盖良心之发，最为切近而精实者。有子以孝弟为为仁之本，其意亦犹此也。朱子曰："'实'字，有对名而言者，谓名实之实。有对理而言者，谓事实之实。有对华而言者，谓华实之实。今这'实'字，正是'华实'之'实'。仁之实，本只是事亲，推广之，爱人利物，无非是仁。义之实，本只是从兄，推广之，弟长忠君，无非是义。事亲从兄，便是仁义之实，推广出去者，乃是仁义之华采。""实对华而言，凡仁义之见于日用者，惟此为本根精实之所在，必先立乎此，而后其光华枝叶，有以发见于事业之间焉，且如爱亲仁民爱物，无非仁也。但是爱亲乃是切近而真实者，乃是仁最先发处，义之实亦然。"觉轩蔡氏曰："有子以孝弟为为仁之本，孟子乃以事亲属之仁，从兄属之义，若不同矣。朱子乃以为其意亦犹此何耶？盖有子言仁，专言之仁也。孟子言仁义，偏言之仁也。事亲主乎爱而已，义则爱之宜者也。合而言之，推其事亲者以从兄，此孝弟所以为为仁之本。分而言之，则事亲而孝，从兄而弟，所以为仁义之实也。"西山真氏曰："仁义之道大矣，而其切实处，只在事亲从兄。盖二者，人之良知良能，天性之真，于焉发见。欲为仁义者，惟先体认践行于此而充广之，则其道生生而不穷，否则悠悠然、泛泛然，非可据之实地矣。"勿轩熊氏曰："此'实'字之训，当如果核之实。"新安陈氏曰："洙泗言仁，孟氏始每言仁义，言仁浑沦言之，言其理一者也。故总言孝弟以明亲亲，见亲亲为仁民爱物之本也。言仁义分别言之，言理一中之分殊者也。故以事亲为仁之实，从兄为义之实也。《集注》谓有子之意亦犹此者，盖以本立于孝弟，而仁道自此而生，与仁义之实尽于事亲从兄，而仁义之道，其华采亦皆自此而生，此意有相似者耳。"

智之实，知斯二者弗去是也；礼之实，节文斯二者是也；乐之实，乐斯二者，乐则

生矣；生则恶可已也，恶可已，则不知足之蹈之、手之舞之。”“乐斯”、“乐则”之“乐”，音洛。恶，平声。

斯二者，指事亲从兄而言。知而弗去，则见之明而守之固矣。节文，谓品节文章。乐则生矣，谓和顺从七容反。容，无所勉强，上声。事亲从兄之意油然自生，如草木之有生意也。既有生意，则其畅茂条达，自有不可遏者，所谓恶可已也。其又盛，则至于手舞足蹈而不自知矣。新安陈氏曰：“手舞足蹈，天理之真乐，形见于动容之间而不自知者也。”【通考】朱氏公迁曰：“此章及《人之所不学而能者章》，言孝弟皆以天性言，自良心所发而言，则仁义之道莫先乎事亲从兄也。自人心所同而言，则仁义之道在于亲亲敬长也。又按此章言，仁义之实为道之根本，而智礼乐在其中，故悉言之，使人于斯二者知所勉也。一章言亲亲敬长之心，出于同然，而即所以为仁义之道。故极言之，使人信之而不疑也。”○此章言事亲从兄，良心真切，天下之道，皆原于此。然必知之明而守之固，然后节之密而乐之深也。朱子曰：“此一段，紧要在五个‘实’字上，如仁是亲亲仁民爱物，义是长长贵贵尊贤，然在家时，未便到仁民爱物。未事君时，未到贵贵。未从师友时，未到尊贤，且须先从事亲从兄上做将去。这个便是仁义之实，仁民爱物，贵贵尊贤，便是仁义之英华。若理会得这个，便知得其他，那分明见得而守定不移，便是智之实。行得恰好，便是礼之实。由中而出，无所勉强，便是乐之实。大凡一段中必有紧要处，这一段便是这个‘实’字紧要。”问：“乐则生矣，生则恶可已也？”曰：“如今恁地勉强安排，如何得乐？到得常常做得熟，自然浃洽通快，周流不息，油然而生，不能自已。只是要到乐处，实是难，在若只恁地把捉安排，才忘记又断了，这如何得乐？如何得生？”“节者，等级也。文，是装裹得好，如升降揖逊之类也。”蔡氏曰：“既曰‘知斯二者’，又曰‘弗去者’，《易》曰‘贞固足以干事’①。‘贞固’二字，朱子云：‘知正之所在而固守之，所谓知而弗去是也。’体仁嘉会利物皆一意，而‘贞固’独有二字意。贞则知之贞，固则守之固，盖万物之成始而成终，所以为贞也。恻隐羞恶辞逊，皆是一面道理，而是非独有两面，则智之为二可知矣。又推之凡属北方者皆有二，如五行，水土俱旺于子。五藏，心肝脾肺皆一，而肾独二。四方，青龙朱雀白虎皆一，而玄武独二。造化之妙，莫不皆然，此贞之所以成终而作始，智之所以知之而又弗去也。但孟子此章，只以仁义为本，而又以事亲从兄为行仁义之本，盖事亲从兄，乃良心之发，最为切近而精实者也。智则吾心虚灵知觉之妙，经纬乎其中者也。终之以礼乐，又所以节之乐之，使良心之发，油然生生而不能自已者也。若智之知而弗去，与礼之节文，犹是守之也。到得乐则生而不知手舞足蹈，则化之矣。此学问之极功也。”庆源辅氏曰：“知既明，则自然弗去，如人知水火之不可蹈，则自然不蹈也。人既知亲之当爱，兄之当敬，孰肯舍其亲而不爱、舍其兄而不敬者？其有不爱不敬者，盖其智为物昏而知之不明，非智矣。事亲自有事亲之节文，从兄亦然。粗言之，如温清定省，徐行后长之类，各有品节文理，便是礼之实，不知手舞足蹈，此圣人之作乐，所以必有舞也。乐之之意

---

① 贞固足以干事：语出（三国）王弼注、（唐）孔颖达疏《周易注疏·乾传第一》。

至于充盛之极，则不假言说，心意自然形见，血脉自然动荡，手舞足蹈皆自然而然，不待心使之然，故不自知也。”“和顺从容，不待勉强。事亲从兄之意，油然而生，如草木之有生意，是乐之实。”“草木既有生意，则日长月茂，无一息之停，孰能遏而止之哉！”“事亲从兄之意，油然自生，则亦如草木之有生意，自然日日畅满茂盛，条理通达，自无一息之停，又乌得而遏之哉！事亲从兄，是良心之真切。仁与义，是斯道之统会，若便恁地说过，亦只是说话，须是以人体之方可，所谓必知之明而守之固，然后节之密而乐之深者。此正如鱼之饮水，冷暖自知，非言语之能尽也。”双峰饶氏曰：“实如果实，包得许多生意在其中，萌芽枝叶，皆由此生，初焉五者只在事亲从兄两件内，如两个果实然，少焉知得这个，节文这个，乐这个，到生而恶可已。皆此实内萌芽发甲，到枝叶蕃茂处，此章与《论语》本立而道生相似，前面事亲从兄，是为仁之本，后面智礼乐，是道生，但有子说得偏，孟子说得全。”“节是限节，文是文章，如及阶是节，揖是文，亲亲之杀，尊贤之等，此节文也。就亲亲中而言，则又有亲疏，迤逦到仁民爱物上，亦是节文。才到节文处，功用便广了。天理之节文，作静字看。节文斯二者，作动字看。此章说得皆活，亦当活看。”“礼乐合精粗本末而言，到乐处，则道理自然生。”“此章不言信者，实则信在其中。”“此章有经纬，仁义是经，礼乐智是纬。”莆田黄氏曰：“前四个‘是也’字，都是说用工处，到乐处便不说‘是也’字了。这处最要看所以乐、所以生者如何？‘生’字与‘实’字相应，实是个生生种子，这种子只在人腔壳子里，验之吾身，事亲从兄，是从源头发见处说。知弗去，是就体认操存处说，节文是就纤悉微密处说，乐是就成熟结果处说，生恶可已。如硕果不食，善端萌蘖，更无歇时，足蹈手舞，只是形容枝干畅茂、花萼敷荣、可玩可悦处。”张氏彭老曰：“孟子所谓实，即有子所谓本，本立而道生，与乐，则生矣。此两‘生’字最可观，譬之果木，有根本而后生枝叶，有核实而后生萌芽，生则恶可已也。果木之生恶可已，则不知其枝之繁叶之茂也。人心天理之生恶可已，则不知其足之蹈手之舞也。”云峰胡氏曰：“前两‘实’字，是就人本心上说；下三‘实’字，是就工夫上说。”新安陈氏曰：“味‘必’字与‘然后’字，《集注》实归重于知而弗去之智，智配贞。贞者，正而固也。果能于事亲从兄，知之既明，守之又固，然后节之密，乐之深，始可言耳。密，与文理密察之密同，礼之节文，不厌其密，乐至于生，生恶可已，舞蹈而不自知，斯可以谓之深矣。”【通考】徐氏滑生曰：“《集注》中训‘仁’曰‘心之德、爱之理’，训‘义’曰‘心之制、事之宜也’，训‘礼’曰‘天理之节文、人事之仪则’，而‘智’独无训。智者，四端之一耳，仁义礼既有以释之，岂于智而独无所训哉？盖尝以明足以烛理言，又以达于事理言，亦以见之明、守之固言，此皆所以训乎智也。”

○孟子曰：“天下大悦而将归己。视天下悦而归己，犹草芥也。惟舜为然。不得乎亲，不可以为人；不顺乎亲，不可以为子。

言舜视天下之归己如草芥，而惟欲得其亲而顺之也。得者，曲为承顺以得其心之悦而已。顺则有以谕之于道，心与之一而未始有违，尤人所难也。为人盖泛言之，为子则愈密矣。朱子曰：“‘人’字，只大纲说；‘子’字，却说得重。固有人承顺颜色，看父母做事，不问是非，一向不逆其志，这是得亲之心。然犹是浅事，惟顺乎亲，则亲之心皆顺乎理，必如此而后可以为子，此所以为尤难也。”双峰饶氏曰：“顺亲者，父母所为合乎道，子所为亦合乎道，彼此无违逆之谓，非顺从之顺也。”问：“如何可以谕之于道？”曰：“所谓先意承志谕父母于道，父母之意未发，我便做道理承顺其志，而谕之于道，为人子不特得父母之心，又能谕父母于道，方谓之孝。”

舜尽事亲之道而瞽瞍底豫，瞽瞍底豫而天下化，瞽瞍底豫而天下之为父子者定，此之谓大孝。”

瞽瞍，舜父名。底，致也。豫，悦乐音洛。也。瞽瞍至顽，尝欲杀舜，至是而底豫焉。《书》所谓“不格奸”、“亦允若”是也①。《书·舜典》：“瞽子，父顽，母嚚，象傲，克谐以孝，烝烝乂，不格奸，言舜乃瞽瞍之子，不幸遭父顽母嚚，及其异母弟名象者亦骄傲，而能和以孝，使之进进以善自治，而不至于大为奸恶也。”《大禹谟》：“祗载见瞽瞍，夔夔齐慄，瞽瞍亦允若。言舜敬其子之职事以见瞽瞍，夔夔然庄敬战慄，虽瞽瞍愚顽，亦且信而顺之也。”盖舜至此而有以顺乎亲矣。是以天下之为子者，知天下无不可事之亲，顾吾所以事之者，未若舜耳。于是莫不勉而为孝，至于其亲亦底豫焉，则天下之为父者，亦莫不慈，所谓化也。子孝父慈，各止其所，而无不安其位之意，所谓定也。新安陈氏曰：“化以心言，定以分言。”为法于天下，可传于后世，非止一身一家之孝而已，此所以为大孝也。南轩张氏曰：“事亲之道，人人具于性中，他人不能尽，而舜能尽之，亦非有所加益于其间也。尽事亲之道，而瞽瞍底豫，惟天下之至诚有以感通故耳。”又曰：“舜为法于天下，岂特天下之为父子者定，可传于后世，万世之为人父子者亦莫不定矣，嗟乎！为人子者，苟以大舜为不可跂及，而不取法于舜，是自诬其天性也。欲取法于舜如之何？亦曰反身而诚而已矣。”双峰饶氏曰：“圣人遇此人伦之变，却能回变为常，返逆为顺，所以可为法于天下，而传万世也。”李氏曰：名侗，字愿中，延平人。“舜之所以能使瞽瞍底豫者，尽事亲之道，共音恭。为子职，不见父母之非而已。昔罗仲素语此云：‘只为去声。天下无不是底父母。’了翁闻而善之曰：‘惟如此而后天下之为父子者定。彼臣弑其君、子弑其父者，常始于见其有不是处耳。’”仲素，名从彦，豫章人，后居延平。了翁，姓陈，名瓘，字莹中，延平人。庆源辅氏曰：“孝子之心与亲为一，凡亲之过，皆己之过，舜之所以负罪引慝者此也。故孝子自不见父母有不是处，罗氏之语约而尽，质而当，万世不可易，凡父母之不是，皆己之不是也，己既是，父母岂有不是者哉！陈氏则又推其极而言之，亦事理之实也。”西山真氏曰：“舜所值者，至难事之亲也，然积诚感动，不以父母为不是，而自引以为己之慝，惟见自己之不是而已。世纵有难事之亲，岂得有如瞽瞍者，故瞽瞍底豫，而天下之为人子者，皆知无不可事之亲。惟患为子者，未尽事亲之道耳。孰有不勉于为孝者哉？是故罪己而不非其亲者，仁人孝子之心也；怨亲而不反诸己者，乱臣贼子之志也。后之或遇难事之亲者，其必以舜为法。”

---

① “不格奸”、“亦允若”：分别出自《尚书·尧典》、《尚书·大禹谟》。意思是舜用德行感化父亲瞽瞍，使其不至于构成罪恶，即“不格奸”。使其能信任并听从舜，即“亦允若”。

孟子集注大全卷八

离娄章句下

凡三十三章。【通考】勿轩熊氏曰："内九章言圣贤道统传授，凡讲学修身齐家治国之道亦具焉。"勉斋黄氏曰："此篇多平居讲贯之言，而欲其自得。一章工夫次第为尤详，十九章言舜由仁义，二十章言禹汤文武周公，二十一章言孔子作《春秋》，二十二章自谓未得为孔子之徒而私淑诸人，并历举列圣相传之事，而企焉自认与承三圣意相近，特每更端而言之耳，当通为一章而诵味之也。余皆叙孟子之言行以继之。末章乞墦之喻，警士大夫求富贵，掩其苟求之迹，而敢以富贵骄人者，最为切至。"

孟子曰："舜生于诸冯，迁于负夏，卒于鸣条，东夷之人也。

诸冯、负夏、鸣条①，皆地名，在东方夷服之地②。问："舜卒于鸣条，则汤与桀战之地也，而《竹书》有'南巡不反'，《礼记》有'葬于苍梧'之说，何耶?"朱子曰："孟子之言，必有所据，二书驳杂，恐难尽信，然无他考验，阙之可也。"赵氏曰："诸冯在冀州之分。负夏，春秋时卫地。鸣条，在安邑之西。"

文王生于岐周，卒于毕郢，西夷之人也。

岐周，岐山下周旧邑，近畎夷。毕郢，近丰镐③，胡老反。新安陈氏曰："毕在镐东，非楚都之郢。"今有文王墓。

地之相去也，千有余里；世之相后也，千有余岁。得志行乎中国，若合符节。

得志行乎中国，谓舜为天子，文王为方伯④，得行其道于天下也。符节，以玉为之，篆刻文字而中分之，彼此各藏其半，有故则左右相合以为信也。若合符节，言其同也。《周礼》六节，守邦者用玉节，守都鄙者用角节。凡邦国之使节，山国用虎节，土国用人节，泽国用龙节，皆金也。门关用符节，货贿用玺节，道路用旌节。朱子曰："古人所为，恰与我相合，只此便是至善，前乎千百世之已往，后乎千百世之未来，只

---

① 诸冯：传在今山东菏泽以南。一说在山西。负夏：《史记·五帝本纪》谓舜"就时于负夏"，约在今山东滋阳以西。鸣条：其地今不详，《史记·五帝本纪》谓舜"南巡狩，崩于苍梧之野"，则其地当在南方。

② 夷服：古九服之一。王畿之外，每五百里为一区划，共有九，第七为夷服。九服：王畿以外的九等地区。《周礼·夏官·职方氏》："乃辨九服之邦国：方千里曰王畿，其外方五百里曰侯服，又其外方五百里曰甸服，又其外方五百里曰男服，又其外方五百里曰采服，又其外方五百里曰卫服，又其外方五百里曰蛮服，又其外方五百里曰夷服，又其外方五百里曰镇服，又其外方五百里曰藩服。"

③ 丰镐：周旧都。文王邑丰，在今陕西西安西南丰水以西。武王迁镐，在丰水以东。其后周公虽营洛邑，丰镐仍为当时政治文化中心。

④ 方伯：殷周时一方诸侯之长，后泛称地方长官。

是此个道理。""古人符节，多以玉为之，如牙璋以起军旅，又有竹符，又有英簜符。簜，小节竹，使者谓之簜节也。汉有铜虎符、竹使符，铜虎以起兵，竹使郡守用之。凡符节，右留君所，左以与其人。有故，则君以其右合其左，以为信也。《曲礼》曰：'献粟者执右契，右者取物之券，如征兵取物征召，皆以右取之也。'"【通考】赵氏德曰："舜至文王，一千二百岁。"

先圣后圣，其揆一也。"

揆，度音铎。下同。也。其揆一者，言度之而其道无不同也。范氏曰："言圣人之生，虽有先后远近之不同，然其道则一也。"南轩张氏曰："圣人纯乎天理，舜文父子君臣之际盖不同矣。其揆一者，所契合者，天之理也。舜与文王，易地则皆然。"庆源辅氏曰："孟子未尝说著'道'字，然曰'行乎中国'，'行'便是道。曰'其揆一'，'揆'亦是道。"云峰胡氏曰："舜于君臣处其常，而于父子处其变；文王于父子处其常，而于君臣处其变，其事不一也。而最可见其道之一。"新安陈氏曰："先后，以时言。远近，以地言。道之同，以此心此理言。"【通考】朱氏公迁曰："此以道统言，《论语》末篇之首章，《孟子》末篇之末章皆是此意，但彼则主乎道统而言，故历述其相传之绪；此则主乎圣人而言，故举其相去之最远者以为例，见其无不同也。"

○子产听郑国之政，以其乘舆济人于溱洧。乘，去声。溱，音臻。洧，荣美反。

子产，郑大夫公孙侨音乔。也。溱洧，二水名也。子产见人有徒涉此水者，以其所乘平声。之车载而渡之。

孟子曰："惠而不知为政。

惠，谓私恩小利。政，则有公平正大之体，纲纪法度之施焉。问："以《左传》考之，子产非不知为政者，孟子姑以其乘舆济人一事议之，然夫子亦目以惠人，岂子产所为终以惠胜欤？"朱子曰："东坡云'有及人之小利，无经世之远图'，亦说得好，都鄙有章等，只是行惠人底规模。"庆源辅氏曰："惟其恩之出于私，故其利之及人者小。"又曰："体以理言，本也。施以事言，用也。"

岁十一月徒杠成，十二月舆梁成，民未病涉也。杠，音江。

杠，方桥也。徒杠，可通徒行者。梁，亦桥也。舆梁，可通车舆者。周十一月，夏九月也。周十二月，夏十月也。《夏令》曰："十月成梁。"《夏令》曰："九月除道，十月成梁，营室之中，土功其始。"【通考】赵氏德曰："《夏令》，夏后氏之令，周所因也。"①盖农功已毕，可用民力，又时将寒沍②，音互。水有桥梁，则民不患于徒涉，亦王政之一事也。朱子曰："先王之政，细大具举，而无事不合民心，顺天理，故其公平正大之体，纪纲法度之施，虽纤悉之间，亦无遗恨如此。"双峰饶氏曰："民未病涉，要就'未'字上看，十月徒杠已自成了，所以民未至于病涉，若徒杠到寒时方做，则民已病于涉。"

---

① 语出《国语·周语》韦昭注。

② 寒沍：谓不得见日，极为寒冷。沍：冻结；寒冷。

君子平其政，行辟人可也。焉得人人而济之？辟，与"闢"同。焉，于虔反。

辟，辟除也，如周礼阍音昏。人为去声。之辟之辟。《周礼·天官》："阍人，掌王宫之中门之禁，凡外内命夫命妇出入，则为之辟。"阍人，主晨昏启闭。辟，关开左右行者。言能平其政，则出行之际，辟除行人，使之避己，亦不为过。况国中之水，当涉者众，岂能悉以乘舆济之哉？朱子曰："'辟除'之'辟'，乃赵氏本说。与上下文意正相发明，盖与'舍车济人'正相反也。""君子能行先王之政，使细大之务，无不毕举，则惠之所及，亦已广矣。是其出入之际，虽辟除人，使之避己，亦上下之分，固所宜然，何必曲意行私，使人知己出，然后为惠。又况人民之众，亦安得人人而济之哉！"

故为政者，每人而悦之，日亦不足矣。"

言每人皆欲致私恩以悦其意，则人多日少，亦不足于用矣。诸葛武侯尝言，"治世以大德，不以小惠"，《蜀志》："诸葛亮之相蜀也，有言公惜赦者，答曰：'治世以大德，不以小惠。'"得孟子之意矣。问："孔子以子产之惠，为君子之道，而子以私恩小利言之，何也？"朱子曰："孔子之言，通乎巨细，故不害其为君子之道，此承上文乘舆济人一事而言，则私恩小利而已。子产之事，可谓有不忍人之心矣。然先王则以不忍人之心，行不忍人之政，是以其体正大而均平，其法精密而详尽，而其利泽之及人，如天地之于万物，莫不各足其分，而莫知其功之所自。苟有是心而无是政，则不过能以煦濡姑息。苟取悦于目前，其耳目之所不及，不免有所遗矣。况天下国家之大，又安得人人而济之。昔诸葛武侯，尝言治世以大德，不以小惠。而其治蜀也，官府次舍、桥梁道路，莫不缮理，而民不告劳，是亦庶几乎先王之政矣。"曰："子产相郑，能使都鄙有章，上下有服，田有封洫，庐井有伍，则亦非不知为政者，桥梁之修，尤非难事，乃独有阙于此耶？"曰："闻之师曰：'子产之才之学，于先王之政，虽有所未尽，然其于桥梁之修，盖有余力，而其惠之及人，亦有大于乘舆之济者矣。'意者此时，偶有故而未就，又不忍乎冬涉之艰而为是尔。然暴其小惠以悦于人，人亦悦而称之，孟子虑夫后之为政者，或又悦而效之，则其流必将有废公道以市私恩，违正理而干虚誉者，故极语而深讥之以警其微，亦拔本塞源之意也。"南轩张氏曰："先王之治，为之井田，为之封建，与天下公共，使俱得其平，下至于鳏寡废疾，皆有所养，而微至于次舍桥梁刍秣之事，亦皆有经制。此岂先王强为之哉！因事而制法，其法皆循乎天理，而天下之人，无不被其泽。后世欲人人而悦，而日亦不足，公义私恩之相去盖如此。"庆源辅氏曰："此正说子产之用心错处。夫子产固贤，但以不知圣人之学，是以有时内交要誉之私萌而不可掩。孟子明辨之，所以立教也。"

○孟子告齐宣王曰："君之视臣如手足；则臣视君如腹心；君之视臣如犬马，则臣视君如国人；君之视臣如土芥，则臣视君如寇仇。"

孔氏曰："宣王之遇臣下，恩礼衰薄，至于昔者所进，今日不知其亡；则其于群臣，可谓邈莫角反。然无敬矣。故孟子告之以此。手足腹心，相待一体，恩义之至也。

如犬马则轻贱之，然犹有豢。音患。养之恩焉。国人，犹言路人，言无怨无德也。土芥，则践踏之而已矣，斩艾音义。之而已矣，其贱恶去声。之又甚矣。寇雠之报，不亦宜乎？"庆源辅氏曰："此说特为宣王发，所谓有为之言也。然臣之报君，视君之所施，常加厚一等。"潜室陈氏曰："孟子此语，是说大都报应如此。若忠臣孝子，不当以此自处，当知天下无不是底君父。"

王曰："礼，为旧君有服，何如斯可为服矣？"为，去声，下"为之"同。

《仪礼》曰："以道去君而未绝者，服齐音咨。衰音催。三月。"《仪礼·丧服篇》传曰："大夫为旧君何以服齐衰三月也？大夫去君，归其宗庙，故服齐衰三月，言与民同也。何大夫之谓乎？言其以道去君，而犹未绝也。"注谓"三谏不从，待放于郊。未绝者，言爵禄尚有列于朝，出入有诏于国，凡畿内之民，皆齐衰三月。"又子夏传云："臣为君方丧三年。"王疑孟子之言太甚，故以此礼为问。双峰饶氏曰："旧君其恩已绝，尚且为其君有服，不应见在之君，而待之如此。《集注》所以云'王疑孟子之言太甚'。"

曰："谏行言听，膏泽下于民；有故而去，则君使人导之出疆，又先于其所往；去三年不反，然后收其田里。此之谓三有礼焉。如此，则为之服矣。

导之出疆，防剽匹妙反。掠音略。也。先于其所往，称道其贤，欲其收用之也。三年而后收其田禄里居，前此犹望其归也。朱子曰："有故而去，非大义所系，不必深为之说。臣之去国，其故非一端，但昔者谏行言听，而今也有故而去。而君又加礼焉，则不得不为之服矣，乐毅之去燕近之。"庆源辅氏曰："导之出疆，所以尽防卫之道。于在我之境，先于其所往，所以为其禄仕之地。于所往之国，去三年不反，然后收其田里，所以示拳拳属望之恩义也。"双峰饶氏曰："谏，是闲邪。言，是陈善。"问："谏行言听，如何又有故而去？"曰："如夫子在其国，道非不行，只因受女乐便去，谏行言听，是平日如此，亦有偶然议论不合而去。"

今也为臣。谏则不行，言则不听；膏泽不下于民；有故而去，则君搏执之，又极之于其所往；去之日，遂收其田里。此之谓寇仇。寇仇何服之有？"

极，穷也。穷之于其所往之国，如晋锢音固。栾盈也①。《左传·哀公二十一年》："栾桓子名黡。娶于范宣子生怀子，名盈。范鞅以其亡也怨栾氏，先是十四年，栾黡强逐范鞅使奔秦。故与栾盈为公族，大夫而不相能，桓子卒，栾祁与其老州宾通，栾祁，桓子之妻，范宣子之女也。老，家臣之长。怀子患之，祁惧其讨也。愬诸宣子曰：'盈将为乱。'范鞅为之征，证其有此。宣子使城著晋邑名。而遂逐之。秋，栾盈出奔楚，冬，会于商任，锢栾氏也。禁锢之，使诸侯不得受。二十二年秋，盈自楚适齐，晏平仲言于齐侯曰：'商任之会，受命于晋，今纳栾氏，将安用之？'冬会于沙随，复锢栾氏也。晋知栾盈在齐，故复锢也。"【校记：弘治本"晋知栾盈在齐，故复锢也"误作"齐侯曰"正文，据四库本、三鱼堂本以及

---

① 晋锢栾盈：详见《左传·襄公十一年》。

《左传》改。】〇潘兴嗣豫章人。曰①："孟子告齐王之言，犹孔子对定公之意也；而其言有迹，不若孔子之浑上声。然也。盖圣贤之别必列反。如此。"新安陈氏曰："《论语集注》释孔子对定公之语，末一说谓君使臣以礼，则臣事君以忠，此章与之意似，然圣言含蓄不露，此则英气发露甚矣。孟子亦是述《记·檀弓篇》子思答鲁穆公问礼，为旧君反服之意。"杨氏曰："君臣以义合者也。故孟子为去声。齐王深言报施诗智反。之道，使知为君者不可不以礼遇其臣耳。若君子之自处，上声。下同。则岂处其薄乎？孟子曰'王庶几改之，予日望之'，君子之言盖如此。"问："君臣之义，天伦中却与父子一般，然爱君之心不如爱父，何也？"朱子曰："离畔也只是庶民，君子不如此，因举臣罪当诛兮天王圣明。"曰："退之此语，如何道是好？文王岂不知纣之无道，却如此说。盖臣子无说君父不是底道理，只得说如此，此是去不得处，便见得君臣之义。"南轩张氏曰："孟子此言，非独齐宣王所当闻。为人君者，苟知此义，念夫感应施报之可畏，而崇高之势不可恃，反己端本之不可一日忘。待臣下以礼，养臣下以恩，保臣下以忠信，则上下交通，而至治可成矣。若夫在为人臣者之分，君虽待我者有未至，而我所以事君者，不可以不自尽，玩味孟子三宿出昼之心，则庶几其得之矣。"西山真氏曰："孔孟之言，可以见圣贤气象之分。虽然，孟子为齐王言则然，而所以自处则不然，千里见王，不遇故去，而三宿出昼，未尝有悻悻之心，犹幸王一悟而追己也，曷尝以寇仇视其君哉！"

〇孟子曰："无罪而杀士，则大夫可以去；无罪而戮民，则士可以徙。"

言君子当见几平声。而作，祸已迫，则不能去矣。南轩张氏曰："非特士大夫当知见几而作之义，抑将使有国者闻之，悚然不可以失士大夫之心也。使大夫士怀去徙之心，则国之危亡无日矣。《卫·北风》上为威虐，下相携而去之。携手同行，又携手同车，则非徒贱者去，贵者亦去矣。未几卫有狄祸，可不畏哉！"庆源辅氏曰："可以者，在时宜为可也，失此几，则有欲去而不能者矣。此明夷之初所以不食而行，遁之初所以有尾厉之戒，而孔子往赵所以及河而复也，然此特言其常理耳。时与位之不同，则所以处之者亦异。若执此一说以为臣，则凡苟免自私之徒，得以藉口矣。"

〇孟子曰："君仁莫不仁，君义莫不义。"

张氏曰②："此章重平声。出。然上篇主言人臣当以正君为急，此章直戒人君，义亦小异耳。"庆源辅氏曰："上篇言人臣当以正君为急，此章言人君当以正己为先，亦《大学》'其机如此'之说也。"

〇孟子曰："非礼之礼，非义之义，大人弗为。"

---

① 潘兴嗣（约1023—1100年）：字延之，莆田人，家新建。幼承庭训，通经史，工诗文，为世所重。与王安石、曾巩相友善，仕为德化县尉。徜徉山水间，自号清逸居士，以瑞州推官召，不赴。有文集及诗话补遗。

② 张氏：张琥（？—1093年），即张璪，初名琥，字邃明，滁州全椒（今属安徽）人，嘉祐三年进士，神宗时知谏院，熙宁中，同编修中书条例，同修起居注。元丰初，入权度支副使，知制诰、知谏院。哲宗时，以资政殿学士出郑知州，徙河南、定州、大名府，拜参知政事，改中书侍郎。元祐八年卒于知扬州任，赠右银青光禄大夫，谥简翼。《宋史》卷三二八有传。

察理不精，故有二者之蔽。大人则随事而顺理，因时而处上声。宜，岂为是哉？程子曰："恭本是礼，过恭是非礼之礼也；以物与人为义，过与是非义之义也。"张子曰："非礼之礼，非义之义，但非时中者皆是也。时中之宜甚大，须精义入神始得，观其会通行其典礼，此方是真义理也。行其典礼，而不达会通，则有非时中者矣。"潜室陈氏曰："程门以为如妇人之仁，宦寺之忠，晦翁以为凡礼义不可泥陈迹，如可行于昔，而不可行于今。可行于人，而不可行于己。与夫辞之为礼，亦有不辞之为礼；受之为义，亦有不受之为义。行之人则为礼，行之我则非礼，惟义亦然。大人者，义理周遍融通，故不为非礼义之礼义。"又曰："大人则道全识周，贯万变而不胶于其迹，故无此蔽。学未到大人变通处，则必胶于陈迹。"双峰饶氏曰："此章紧要在'大人弗为'上，大人对小人而言。大人者，言不必信，行不必果，惟义所在，言必信行必果，硁硁然小人哉！正是相对说。"云峰胡氏曰："非礼之礼，非义之义，皆似是而非。大人者，随事顺理，而不为非礼之礼；因时处宜，而不为非义之义。盖不惑于其似，而深得夫时中之道者也。"

○**孟子曰："中也养不中，才也养不才，故人乐有贤父兄也。如中也弃不中，才也弃不才，则贤不肖之相去，其间不能以寸。"**乐，音洛。

无过不及之谓中，足以有为之谓才。养，谓涵育熏陶，俟其自化也。贤，谓中而才者也。庆源辅氏曰："中以德言，才以才言，德本于性，才本于气，贤则兼有才德者也。"【通考】东阳许氏曰："中以德言，才以能言。有德以其能成物也，有能以其能事也，涵育宽以容之之意，熏陶善以道之之意。"乐有贤父兄者，乐其终能成己也。为父兄者，若以子弟之不贤，遂遽绝之而不能教，则吾亦过中而不才矣。其相去之间，能几何哉？南轩张氏曰："父兄之于子弟，教之之道，莫如养之。养之云者，如天地涵养万物。其雨露之所濡，风雷之所振，和气之熏陶，宁有间断乎哉！故物以生遂焉，父兄养子弟之道，亦当如是也。宽裕以容之，义理以渐之，忠信以成之，开其明以祛其惑，引之以其方而使之。自喻，夫岂岁月之功哉！彼虽不中不才，涵养之久，岂无有萌焉？如其有萌，养道益可施矣。"庆源辅氏曰："《集注》涵育以天地之生物言，熏陶以工冶之成物言，此循其理，而彼自成其形焉无心也。盖父子、兄弟之间，皆难于责善，正其在我者，使之自化而已。"新安陈氏曰："父兄遇子弟之贤，其为教也易；不幸遇子弟之不贤，其为教也难，所以贵乎养之也。舜命契曰：'敬敷五教在宽。'宽即养之谓也，若急迫以求之，见其未化遽以为不可教而舍之，是弃之也。父兄而弃子弟，则我之贤为过，子弟之不肖为不及，过犹不及，均之为失中耳，相去能几何哉！"

○**孟子曰："人有不为也，而后可以有为。"**

程子曰："有不为，知所择也。惟能有不为，是以可以有为。无所不为者，安能有所为耶？"朱子曰："横渠先生云：'不为不仁，则可以为仁。不为不义，则可以为义。'"双峰饶氏曰："凡人既不肯为恶，则必勇于为善，上面是有守，下面是有为，先有守而后有为。"

○**孟子曰："言人之不善，当如后患何？"**

此亦有为去声。而言。问："所谓后患者，谓得罪于其人耶？抑恐其亦言己之不善耶？"朱子曰："是皆有之，然斯言必有为而发，今不可知其所指矣。"新安陈氏曰："隐恶，忠厚之道，亦远害之道也。大舜隐恶而扬善，夫子言谁毁谁誉，下文但言'如有所誉'，而不言毁可见矣。若当官而行，有奸慝当言，又不可顾后患而缄默也。"【通考】程氏复心曰："君子语默，惟其时与义而已。义所当言，是是非非，不苟默也，岂计后患哉？'如'字训'奈'。"

○**孟子曰："仲尼不为已甚者。"**

已，犹太也。杨氏曰："言圣人所为，本分去声。之外，不加毫末。非孟子真知孔子，不能以是称之。"朱子曰："所谓本分者，事理之至当，非苟然而已也，学者宜深察之。一有小差，则流而入于乡原之乱德矣。"南轩张氏曰："孟子于泄柳、段干木，谓'为已甚'，而举孔子待阳货事以为之准，此'不为已甚'之证也。夫子非不欲为已甚，自不至已甚也，何也？圣人范围天地而不过者，泛应曲当，不过其则，其不为已甚者，圣人固天则之所存也。世徒见夫子答阳货，见南子等为不为已甚，独不思灵公问陈则遂行，季桓子受女乐则不脱冕而行，为鲁司寇七日而诛少正卯，闻陈恒弑君则沐浴而请讨，此谓之已甚可乎？不深求圣人之权度，徒窃语之近似以文其奸，此贼仁义之甚者也！"【通考】程氏复心曰："本分谓须满本然之分，若事到这里极了，再过些子便是已甚。"朱氏公迁曰："此章以德行言圣人，孟子言仲尼'不为已甚'，孔子自言'君子依乎中庸'，二说互相发也。"

○**孟子曰："大人者，言不必信，行不必果，惟义所在。"**行，去声。

必，犹期也。大人言行，不先期于信果，但义之所在，则必从之，卒亦未尝不信果也。尹氏云："主于义，则信果在其中矣；主于信果，则未必合义。"王勉曰："若不合于义而不信不果，则妄人尔。"龟山杨氏曰："夫子谓言必信，行必果，硁硁然小人哉！故孟子言此以发明孔子之意。"南轩张氏曰："君子不必夫信果，独精吾义焉耳。义精，则言莫非义，而无不信之言。行莫非义，而无不果之行矣。"庆源辅氏曰："尹氏最得此章之指，而《集注》又述其意而著明之，以必为期，尤更有功，不然，则无忌惮者或得以藉口，王氏则又有不合于义而必信不果，则为妄人之说，尤尽其弊。"双峰饶氏曰："大人者，笃实而有光辉以上底人，与道为一，不著安排，随时施宜，言行何尝有心于信果耶！"云峰胡氏曰："信果自是为士者当然之事，惟至于大人，则言行惟义之在，虽不先期于信果，而自然无不信果也。"

○**孟子曰："大人者，不失其赤子之心者也。"**

大人之心，通达万变；赤子之心，则纯一无伪而已。然大人之所以为大人，正以其不为物诱，而有以全其纯一无伪之本然。是以扩而充之，则无所不知，无所不能，而极其大也。朱子曰："大人无所不知，无所不能；赤子无所知，无所能，此二句正相拗，如何？盖无所不知、无所不能，却是不失其无所知无所能底做出。赤子之心，纯一无伪，而大人之心，亦纯一无伪。但赤子是无知无能底纯一无伪，大人是有知有能底纯一无伪。""大人事事理会得，只是无许多巧伪曲折，便是赤子之心。"问："赤子之心，莫是发而未远乎中，不可作未发时看否?”曰：“赤子之心，也有未发时，也有已发时，今欲将赤子之心，专作已发看也不得。赤子之心，方其未发时，与老稚贤愚一同，但其已发时，未有私欲，故未远乎中耳。”“赤子之心，固无巧伪，但于理义未能知觉，浑然赤子之心而已。大人则有知觉扩充之功，而无巧伪安排之凿，故曰‘不失赤子之心’。著个‘不失’字，便是不同处。”“赤子无所知无所能，大人者，是不失其无所知无所能之心，若失了此心，使些子机关，计些子利害，便成个小底人了。大人心下没许多事。”双峰饶氏曰：“赤子，如饥要乳，便是欲，但饥便啼喜便笑，皆是真情，全无巧伪，大人只是守此。纯一无伪之心，而充广之，所谓蒙以养正，圣功也。”新安陈氏曰：“常人累于私欲，而失其赤子之心，大人不诱于私欲，而扩充其本然之心。孟子言此，亦是欲人遏人欲扩天理也。”

○**孟子曰：“养生者不足以当大事，惟送死可以当大事。”**养，去声。

事生固当爱敬，然亦人道之常耳；至于送死，则人道之大变。孝子之事亲，舍上声。是无以用其力矣。故尤以为大事，而必诚必信，不使少有后日之悔也。《记·檀弓》上：“子思曰：‘丧三日而殡，凡附于身者，必诚必信，勿之有悔焉耳矣。三月而葬，凡附于棺者必诚必信，勿之有悔焉耳矣。’”王德修云：“亲闻和靖说唯送死可以当大事，曰：‘亲之生也，好恶取舍，得以言焉，及其死也，好恶取舍，不能言矣。’当是时，亲之心，即子之心；子之心，即亲之心，故曰‘惟送死可以当大事’。”朱子曰：“亦说得好。”双峰饶氏曰：“养生今日不及，明日犹可补，惟送死有不到，为终身之恨，他日欲为不可得矣。”新安陈氏曰：“生事死葬，皆当以礼，其不可轻忽均也。孟子此言，非谓养生为轻，但以常变从容急遽较之，则送死比养生为尤重大耳。”赵岐注云：“致养未足以为大事，送终如礼，则为能奉大事也。按此，则以‘为’字训‘当字’，非‘担当’之‘当’。”

○**孟子曰：“君子深造之以道，欲其自得之也。自得之，则居之安；居之安，则资之深；资之深，则取之左右逢其原，故君子欲其自得之也。”**造，七到反。

造，诣也。深造之者，进而不已之意。道，则其进为之方也。资，犹藉也。朱子曰：“‘资’字，恰似资给、资助一般。”左右，身之两旁，言至近而非一处也。逢，犹值也。原，本也，水之来处也。言君子务于深造而必以其道者，欲其有所持循，以俟夫音扶。默识心通，自然而得之于己也。自得于己，则所以处上声。之者安固而不摇；处之安固，则所借者深远而无尽；所借者深，则日用之闲取之至近，无所往而不值其所资之本也。○程子曰：“学不言而自得者，乃自得也。有安排布置者，皆非自得也。新安陈氏曰：“有安排布置，便是勉强，而非自然之得。”然必潜心积虑，优游餍饫于其间①，说深造。然后可以有得。若急迫求之，则是私己而已，终不足以得之也。”程子曰：“学者须敬守此心，不可急迫，当栽培深厚，涵泳其间，然后可以自得。”朱子曰：“深造者，当知非浅迫所能致。若欲浅迫求之，便是强探力取。深造只是既下工夫，又下工

① 优游餍饫：为学之从容求索，深入体味。优游：从容，不急迫。

夫，待其真积力久，则自得之矣。”“道，是进为之方，此是赵岐之说。盖循此进进不已，便是深造之，犹言以这方法去深造之也。以道，是功夫；深造之，是做工夫。如博学、审问、慎思、明辨、笃行之次序，即是造道之方法，若人为学依次序，便是以道；不依次序，便是不以道。能以道而为之不已，造之愈深，则自然而得之，既自得之而为我有，则居之安，居之安，则资之深。资之深一句，又要人看，盖是自家既自得之，则所以资藉之者深。取之无穷，用之不竭，只管取只管有，滚滚地出来。自家资他，他又资给自家，如掘地在下，藉上面源头来注满，若源头深，则源源来不竭；若浅，则易竭矣。取之左右逢其原，盖这件事也撞著这本来底道理，那件事也撞著这本来底道理，事事物物皆撞著这道理，如资之深，那源头水只是一路来，到得左右逢原，四方八面都来。然这个只在自得上，才自得，则下面节次自如此。”问：“学是理而得之于身，不可以强探力取也，必深造之以道，然后有以默识心通，而自然得之。盖造道之不深者，用力于皮肤之外，而责效于旦暮之间，不以其道者，从事于虚无之中，而妄意于言意之表，是皆不足以致。夫默识心通而自得之，必也多致其力，而不急其功，必务其方而不躐其等，则虽不期于必得，而自然得之，将有不可御者矣。未得之，固无可居之地，得而不出于自然，则虽有所居而不安。惟自得之，则理之在我者，吾皆得以居之，如人有室庐之安，动作起居，种种便适，自眷恋而不去也。”“资助既深，看是甚事来，无不凑着这道理，不待自家将道理去应他。且如为人君，便有那仁从那边来；为人臣，便有那敬从那边来。子之孝，有那孝从那边来；父之慈，有那慈从那边来。只是那道理原头处自家靠著他，左右前后，都见是这道理。”问：“程子之说如何?”曰：“必须以道，方可潜心积虑，优游厌饫；若不以道，则潜心积虑、优游厌饫做甚底。”庆源辅氏曰：“自得如子贡悟性天之不可闻，曾子唯吾道一贯之语，此何待于言语而后见，正张子所谓‘德性之知，不萌于闻见’者也，岂容更有安排布置哉！盖其平日潜心积虑，优而游之，厌而饫之，全身在义理之中，及其真积力久，理与心融，物与性合，然后可以有得。若有一毫急迫之意，便是私己，与道便自间断，更如何得到自得田地。”潜室陈氏曰：“君子深造之以道，谓以法度而深造之，优而游之，使自得之。餍而饫之，使自趣之，欲其自得之也。‘自得’以下，皆为学之效验耳。左右逢原意最好学至于自得，则理只在左右之近，触处见本原，此岂我带来道理，亦只事事物物，元有道理，森然已具，吾人自得之余，取之而逢见之耳。”双峰饶氏曰：“这个‘道’字，便是致知力行之方。‘之’字，是指所得而言，下面居之、资之、取之，皆是指所得言也。”徽庵程氏曰：“君子之学，以自得为贵，然有自得之工夫，有自得之效验，深造之以道，自得之工夫也。居之安，资之深，取之左右逢其原，自得之效验也。有是工夫，必有是效验，效验有所未至必工夫有所未尽也。”云峰胡氏曰：“非有所造者，不能有所得，非造之深者，不能自得，然不以其道，则无深造之方法，未易到自得之地步，深造之以道，是未得之先下工夫，居安至逢原，是自得之后见功效，大要在勿忘勿助，《集注》谓有所持循是勿忘，以俟夫默识心通是勿助，所谓潜心积虑是勿忘，优游厌饫是勿助。”新安陈氏曰：“‘自得之’有二说：朱子谓自然而得之，所附程子说，证已说之出于程子也。一说谓自得之于己，如南轩云，不自得，则无以有诸己，自得而后为己物也，以其德性之知，非他人所能与。故曰自得，此近乎庄生所谓自得其得，而非得人之得之意终有弊，不如自然得之之说，有从容优游之味。"【通考】程氏复心曰："此纂集程子三说合而为一，非亲到自得之境者，安能言此以觉人也。"

○孟子曰："博学而详说之，将以反说约也。"

言所以博学于文，而详说其理者，非欲以夸多而斗靡也；欲其融会贯通，有以反而说到至约之地耳。盖承上章之意而言，学非欲其徒博，而亦不可以径约也。程子曰："'博'与'约'正相对，圣人教人，只此两字。博是博学，多识多闻多见之谓；约，只是使人知要也。"问："世间博学之人非不博，却又不知个约处者，何故?"朱子曰："他合下博得来便不是了，如何会约？他竟不穷究这道理是如何，都见不透彻，只是搜求隐僻之事，钩摘奇异之说以为博，如此岂能得约？今世博学之士，大率类此。""约自博中来，通贯处便是约，不是通贯了，又去里面寻讨个约。某尝不喜扬子云言多闻则守之以约，多闻了，又要一个约去守他。程子说格物云，但积累多后，自脱然有贯通处，积累多，便是博，脱然有贯通处，便是约。"庆源辅氏曰："《集注》所谓文，谓《诗》、《书》六艺之文，理谓《诗》、《书》六艺所载许多道理也。承上文言博学详说，则是深造之意；反说约，则是自得之事。但上章以行言，此章以知言。知与行，盖互相发也。"潜室陈氏曰："不博，则约无所施，学到约后，许多博处方有受用。"双峰饶氏曰："夸多说博学，斗靡说详说，所以博学者，非徒夸其多；所以详说者，非徒斗其靡，欲人融而会之，贯而通之而已。这物事未曾融时，一个是一个，才融了便会为一。约是要约，如思无邪毋不敬之类。"新安陈氏曰："辅氏谓上章以行言，窃谓亦兼知与行言之耳。此章孟子所谓博学，与孔子所谓'博学于文'同，所谓反说约，与孔子所谓约之以礼不同，盖约礼以行言，反说约以知言也。"东阳许氏曰："博学详说以知言，约则会其极，而于行上见。"

○孟子曰："以善服人者，未有能服人者也；以善养人，然后能服天下。天下不心服而王者，未之有也。"

服人者，欲以取胜于人；养人者，欲其同归于善。盖心之公私小异。而人之向背音佩。顿殊，新安陈氏曰："一则不能服人，人者，对己而言。一则自然能服天下，天下则尽乎人矣。非向背顿殊乎!"学者于此不可以不审也。朱子曰："以善服人者，惟恐人之进于善，如张华对武帝，恐吴人更立令主，则江南不可取之类是也。以善养人者，惟恐人不入于善，如汤于葛，遗之牛羊又使人往为之耕是也。"南轩张氏曰："先王乐与人为善，欲天下举在吾化育之中，如春风被物，物蒙其养，无不应者。未尝有意于服人，而天下之心悦诚服，有不期而然者，盖以善道与人共之耳。若霸者之所为，其善者不过欲以善服人，齐桓会首止而定王世子，晋文盟践土率诸侯以朝王是也。学者深见二者霄壤之殊，则王霸之分了然矣。"庆源辅氏曰："以力服人，以德服人，以事言也，其不同易见。以善服人，以善养人，以心言也，其不同则难见也。孟子之言，至此愈密矣，以善服人者，以善为己私也。以善养人者，以善与天下公也。"云峰胡氏曰："以德服人，盖对上文以力服人而言，谓王者之服人，异乎霸者之服人，如子禽疑夫子得闻国政，有以求之，而子贡答以夫子之求之异乎人之求之耳。”新安倪氏曰：“按《孟子》二章，皆以王霸对言，前章公私之分，在‘力’字与‘德’字，以力服人者，挟力以行私，而反乎公者也，曰德，则其理纯乎公矣。此章公私之分，在‘服’字与‘养’字。以善服人者，认善以为己私，而害乎公者也。曰养，则其心纯乎公矣。”东阳许氏曰：“以善养人谓有善于身，而教化抚字，使民同归于善也。”

〇**孟子曰：“言无实不祥。不祥之实，蔽贤者当之。”**

或曰：“天下之言无有实不祥者，惟蔽贤为不祥之实。”南轩张氏曰：“蔽贤出于媢疾之私，方其欲蔽贤也，私意横起，不祥之气，固已充溢于中矣。天生斯贤，以为人也，蔽贤之人，妨贤病国，不祥孰甚焉。”或曰：“言而无实者不祥，故蔽贤为不祥之实。”二说不同，未知孰是，疑或有阙文焉。新安陈氏曰：“前说二‘实’字归一意，然皆无深意味，不如阙之。”

〇**徐子曰①：“仲尼亟称于水，曰：‘水哉，水哉！’何取于水也？”**亟，去吏反。

亟，数音朔。也。水哉水哉，叹美之辞。徐子即徐辟。

孟子曰：“原泉混混，不舍昼夜。盈科而后进，放乎四海，有本者如是，是之取尔。舍、放，皆上声。舍一读如字，见《论语·子在川上章》。

原泉，有原之水也。混混，涌出之貌。不舍昼夜，言常出不竭也。盈，满也。科，坎也。言其进以渐也。于，至也。言水有原本，不已不舍昼夜。而渐进盈科后进。以至于海；如人有实行，去声。则亦不已而渐进以至于极也。新安陈氏曰：“水惟其有原本，所以不已而渐进以至归宿于海，有本者如是，孟子自以此句承接上意。有本者，指原泉。如是，指混混至放乎四海。是之取尔，答徐子何取于水也之问，谓孔子所以亟称于水者，此意之是取尔。本文只是说水，‘如人有实行’以下，因结语故‘声闻过情，君子耻之’二句，推出孟子借水以箴规徐子之意，而与下一节《集注》‘如人无实行，而暴得虚誉，不能长久也’相对言之。”

苟为无本，七八月之闲雨集，沟浍皆盈；其涸也，可立而待也。故声闻过情，君子耻之。”浍，古外反。涸，下各反。闻，去声。

集，聚也。浍，田闲水道也。涸，乾音干。也。如人无实行，而暴得虚誉，不能长久也。新安陈氏曰：“水无原本，人无实行之譬也，沟浍皆盈，而涸可立待，与上文混混盈科而进，以至放乎四海者相反，暴得虚誉而不能长久之譬也。”声闻，名誉也。情，实也。耻者，耻其无实而将不继也。新安陈氏曰：“《集注》所谓‘有实行，无实行，全从此情实之情字上发挥出来’。”林氏曰：“徐子之为人，必有躐等干誉之病，故孟子以是答之。”〇邹氏曰：“孔子之称水，其旨微矣。孟子独取此者，自徐子之所急者言之也。孔子尝以闻达告子张矣，达者有本之谓也。闻则无本之谓也。然则学者其可以不务

① 徐子：即《滕文公上》之孟子弟子徐辟。仲尼亟称于水，徐辟所提及的孔子言论今已不可究诘，仅《论语·子罕》中有“逝者如斯夫，不舍昼夜”之语。

本乎?”朱子曰：“所谓‘声闻过情’，这个大段务外，更就中间言之，如为善无真实恳恻之意，为学而勉强苟且徇人，皆是不实，就此反躬思量方得。”庆源辅氏曰：“此章指意，都结在后两句上，故《集注》只以虚名实，行为言，而引林氏、邹氏之说以明之。盖孟子之意，专欲救徐子躐等干誉之病耳。孔子之称水，固不专在此也。然由是观之，虽一物具一理，亦随人所取如何尔，理固无尽也。”又曰：“达者有本，谓质直好义闻者无本，谓色取仁而行违。”汪氏曰：“水之可观，其源有本。其流不息，进有渐，则以盈科为量。行有至，则以四海为归。”双峰饶氏曰：“《论》、《孟》二‘不舍昼夜’，所指不同。夫子说道体，孟子说有本，所谓微旨，川上之叹是也。孟子只就徐子身上说，取切其病而易晓。”

○孟子曰：“人之所以异于禽于兽者几希，庶民去之，君子存之。

几希，少也。庶，众也。人物之生，同得天地之理以为性，同得天地之气以为形；其不同者，独人于其间得形气之正，而能有以全其性，为少异耳。虽曰少异，然人物之所以分，实在于此。众人不知此而去之，则名虽为人，而实无以异于禽兽。君子知此而存之，是以战兢惕他历反。厉，而卒能有以全其所受之正也。朱子曰：“人物之所同者，理也。所不同者，心也。人心虚灵，无所不明，禽兽便昏了，只有一两路子明，如父子相爱，雌雄有别之类，人之虚灵，皆推得去。禽兽便更推不去，人皆以私欲蔽了这个虚灵，便是禽兽。人与禽兽只争这些子，所以谓几希。”“饥食渴饮之类，是人与禽兽同者。有亲有义之伦，此乃与禽兽异者。存是存所以异于禽兽之道理，今人自谓能存，只是存其与禽兽同者耳。”西氏真氏曰：“人与物相去亦远矣，而孟子以为几希者。盖人物均有一心，然人能存而物不能存，所不同者惟此而已。人类之中有凡民者，亦有是心而不能存，无异于禽兽矣，惟君子能存之，所以异于物也。”新安陈氏曰：“《集注》‘知’之一字，示人以存之之门，‘战兢惕厉’四字，授人以存之之法。”

舜明于庶物，察于人伦，由仁义行，非行仁义也。”

物，事物也。明，则有以识其理也。人伦，说见形甸反。前篇。察，则有以尽其理之详也。物理固非度外，而人伦尤切于身，故其知之有详略之异。在舜则皆生而知之也。由仁义行，非行仁义，则仁义已根于心，而所行皆从此出。非以仁义为美，而后勉强上声。行之，所谓安而行之也。此则圣人之事，不待存之，而无不存矣。张子曰：“明庶物，察人伦，皆穷理也。既知明理，但知顺理而行，而未尝有以为仁义。仁义之名，但人名其行耳。如天春夏秋冬，何尝有此名，亦人名之耳。”朱子曰：“‘明物’，‘察伦’，‘由仁义行’三句，以学言之则有序，犹格物致知而后意诚心正也。自圣人言之，则生知安行，不可以先后言也。”“惟舜便由仁义行，他人须穷理，知其为仁为义，从而行之。且如仁者安仁，智者利仁，既未能安仁，亦须是利仁。利仁岂是不好底，知仁之为利而行之，不然则以人欲为利矣。”南轩张氏曰：“行仁义犹与为二物，由仁义行则如目视耳听，手持足履，身与理一而非二也，若舜可谓全其所以为人者，而无亏欠矣。未至于舜，犹为未尽也，人皆可以为尧舜，其本在乎存之而已。”西山真氏曰：“存之者，犹待于用力，舜则身即理，理即身，浑然无间，而不待于用力矣。”双峰饶氏曰：

“孟子举舜做个存底样子，孟子言必称尧舜，直是要人学之。”〇尹氏曰：“存之者，君子也；存者，圣人也。君子所存，存天理也。由仁义行，存者能之。”云峰胡氏曰：“庶民不能存，无以自异于禽兽，君子知此而存之，所以自异于庶民。存之者君子，存者圣人，此又圣人所以异于君子也。”新安陈氏曰：“人所以异于禽兽，而皆可为尧舜，以得形气之正而能全其性耳。仁义，此性中天理之大者也，人伦之中，仁义行焉，仁于父子、义于君臣是也，君子存之而后存。舜大圣人，不待存之而自存，何以见其不待存之，以其知生知，其行安行见之也。君子必待存之，故不能生知，必学知焉。不能安行，必勉行焉。孟子所谓行仁义，正是存之之君子事也，而知未之言，所以《集注》补之曰‘众人不知此而去之，君子知此而存之’，不知与知意了然矣。知之而后能存，存之而后能行，知以觉于心言，存以存于心言，行以行于身言。由仁义行存者能之，即尹氏此言推之，则行仁义，岂非存之者能之欤?”

〇**孟子曰：“禹恶旨酒而好善言。**恶、好，皆去声。

《战国策》曰:”仪狄①作酒，禹饮而甘之，曰‘后世必有以酒亡其国者’，遂疏平声。仪狄而绝旨酒②。”《书》曰:”禹拜昌言。”庆源辅氏曰：“恶旨酒，则物欲不行。好善言，则天理昭著。”

汤执中，立贤无方。

执，谓守而不失。中者，无过不及之名。方，犹类也。立贤无方，惟贤则立之于位，不问其类也。朱子曰：“这‘执中’与‘子莫执中’不同，汤只事事恰好，无过不及而已。”庆源辅氏曰：“执中，则处义精审，立贤无方，则用人无间。”双峰饶氏曰：“未应事以前，未发之中，如何执得？须是事到面前，方始量度，何处是过？何处是不及？方可执而用之。是就事物上执。择善，固执，也是就事物上择而执之，若先执定这中待事物来，便是执一，是子莫执中了。”

文王视民如伤，望道而未之见。而，读为如，古字通用。

民已安矣，而视之犹若有伤；道已至矣，而望之犹若未见。圣人之爱民深，而求道切如此。不自满足，终日乾乾之心也。问：“以而为如，亦有据乎?”朱子曰：“《诗》云‘垂带而厉’，郑笺而亦如也，此以而为如也。《春秋》‘星陨如雨’，左氏曰：‘与雨偕也’，此以如为而也，则其混读而互用之久矣。”“《易·乾卦》九三爻辞云：‘君子终日乾乾。’蔡氏曰：‘乾乾，行事不息也。’”“不显亦临，无射亦保，是文王望道如未见之事。”又曰：“‘望道而未之见’，此句与上文‘视民如伤’为对，孟子之意曰：‘文王保民之至，而视之犹如伤，体道之极，而望之犹未见，其纯而不已如是。’”

武王不泄迩，不忘远。

泄，狎也。迩者人所易去声。下同。狎而不泄，远者人所易忘而不忘，德之盛，仁

---

① 仪狄：据《世本》、《吕氏春秋》、《战国策》等先秦典籍记载是夏禹时代司掌造酒的官员，相传是我国最早的酿酒人，女性。

② 旨酒：美酒。

之至也。朱子曰："泄迩忘远，此通人与事而言，'泄'字兼有亲狎忽略之意。"庆源辅氏曰："于人所易狎而不泄，则敬心常存，于人所易忘而不忘，则诚心不息。"双峰饶氏曰："德之盛，言不泄迩。仁之至，言不忘远。"

周公思兼三王，以施四事；其有不合者，仰而思之，夜以继日；幸而得之，坐以待旦。"

三王：禹也，汤也，文武也。四事，上四条之事也。时异势殊，故其事或有所不合，思而得之，则其理初不异矣。坐以待旦，急于行也。朱子曰："所举四事，此必周公曾如此说。读此一篇，使人心惕然而常存也。"南轩张氏曰："不合者，思而未得也。未得之，思之惟恐不得，既得之，行之惟恐不及也。凡井田、封建、取士、建官、礼乐、刑政，虽起于上世，而莫备于周，是皆周公心思之所经纬，本诸三王而达之者也。周公之心，此章发明至矣。"潜室陈氏曰："斟酌三王之事而损益之，犹孔子之集大成。"双峰饶氏曰："施此四者之事，事或有不可行，却当思其理，事虽不同，理却不相远，故《集注》云其事或有不合，又来照上面一个'事'字。"〇此承上章言舜，因历叙群圣以继之；而各举其一事，以见形向反。其忧勤惕厉之意。盖天理之所以常存，而人心之所以不死也。云峰胡氏曰："朱子尝曰'读此章，使人心惕然而常存'。盖圣人之所以为圣人者，只是忧勤惕厉，须臾毫忽，不敢自逸，理无定在，惟勤则常存，心本活物，惟勤则不死，常人不能忧勤惕厉，故人欲肆而天理亡，身虽存而心已死，岂不大可哀哉！辅氏以为周公皇皇汲汲不已之诚如此，学者苟能深体而默识之，则圣人之心与理昭昭，常存不死，而在吾心目之间矣。说'常存不死'四字，意与《集注》异。"程子曰："孟子所称，各因其一事而言，非谓武王不能执中立贤，汤却泄迩忘远也。人谓各举其盛，亦非也，圣人亦无不盛。"庆源辅氏曰："《集注》恐人执孟子之言，而疑圣人于道互有得失，故发明如此，圣人造道之极，凡有所为无不各极其至，岂容更以盛不盛言哉！"

〇孟子曰："王者之迹熄而《诗》亡，《诗》亡然后《春秋》作。

王者之迹熄，谓平王东迁，而政教号令不及于天下也。《诗》亡，谓《黍离》降为《国风》而《雅》亡也。《诗·王·黍离》注："申侯与犬戎攻宗周，杀幽王于戏。晋文侯、郑武公迎太子宜臼于申而立之，是为平王。以乱故徙居东都王城，于是王室之尊与诸侯无异，其《诗》不能复雅，故贬之。谓之王国之变风。"新安陈氏曰："平王以后，《诗》不入于大小《雅》，而侪为十五《国风》，其事遂始载于《春秋》，而《诗》终乎此矣。"《春秋》，鲁史记之名。孔子因而笔削之。始于鲁隐公之元年，实平王之四十九年也。问："《黍离》降为《国风》，恐是夫子删《诗》时降之。"朱子曰："亦是他当时自如此，要识此《诗》便如《周南》、《召南》，当初在丰镐之时，其《诗》为《二南》，后来在洛邑之时，其《诗》为《黍离》。只是自《二南》进而为二《雅》，自二《雅》退而为《王风》，《二南》之于二《雅》，便如登山。到得《黍离》时节，便是下坡了。""紧要在'王者之迹熄'一句上，盖王者之政存，则礼乐征伐自天子出，故《雅》之诗自作于上以教天下，王迹灭熄，则礼乐征伐不自天子出。故《雅》不复作于上，而诗降为《国风》，是以孔子作《春秋》，定天下之邪正，为百王之大法也。"潜室陈氏曰："《雅》诗多是王者朝会燕飨乐章，或是公卿大臣规谏献纳之所作。东迁以后，朝廷既无制作，公卿又无献纳，故《雅》诗遂亡。独有民俗歌谣，其体制声节，与列国之风同，故止可谓之王风，非圣人能降之也。”

晋之《乘》，楚之《梼杌》，鲁之《春秋》，一也。乘，去声。梼，音逃。杌，音兀。

《乘》义未详。赵氏以为兴于田赋乘马之事。或曰：“取记载当时行事而名之也。”《梼杌》，恶兽名，古者因以为凶人之号，取记恶垂戒之义也。《春秋》者，记事者必表年以首事。年有四时，故错举以为所记之名也。新安陈氏曰：“‘必表年’以下，出晋杜预所作《左传》序文，错杂也。杂举《春秋》二时以该四时也。”古者列国皆有史官，掌记时事。此三者皆其所记册书之名也。庆源辅氏曰：“古人以善为常，多不记载，以恶为反常，故特记之。如尧典之末，只载朱丹共鲧而已，以楚《史记》之名观之，则楚虽蛮夷，犹有古人遗意。后世之人，负大罪恶于身，而初不知愧耻，及一有小善，则沾沾自喜，以为莫己若者，亦可哀已。”

其事则齐桓、晋文，其文则史。孔子曰：‘其义则丘窃取之矣。’”

春秋之时，五霸迭兴，而桓文为盛。史，史官也。窃取者，谦辞也。《公羊传》去声。作“其辞则丘有罪焉尔”，意亦如此。盖言断丁乱反。之在己，所谓笔则笔、削则削，游夏不能赞一辞者也。《公羊传·昭公十二年》：“春秋之信史也，其序则齐桓晋文，其会则主会者为之也，其辞则丘有罪焉尔。”《史记·孔子世家》：“孔子在位，听讼文辞，有可与人共者，弗独有也。至于为《春秋》，笔则笔，削则削，子夏之徒不能赞一辞。”尹氏曰：“言孔子作《春秋》，亦以史之文载当时之事也，而其义则定天下之邪正，为百王之大法。”南轩张氏曰：“《春秋》未经圣笔，则固鲁之史耳。自其义圣人有取焉，则史外传心之要典，所以存天理、遏人欲，拨乱反正，示王者之法于将来者也。”蔡氏曰：“其义蒙上文王者而言，盖王者之义也。孔子有德无位，故自以为窃取王者之义，而定二百四十二年之邪正，所谓为百王不易之大法者也。”庆源辅氏曰：“夫子之作《春秋》，不过以史之文，载当时之事而已。而其窃取之义，则在于定天下之邪正，为百王之大法也。夫《春秋》之善善恶恶，拨乱世而反之正，上明四代之礼乐，下示百王之法程。圣人之用，备见此书，而夫子之言，则又谦抑如此，略无自居其功之意，此孟子所以因而述之以继群圣之后也。”双峰饶氏曰：“其文则史，元是鲁史之《春秋》，其义则某窃取之，方是孔子之《春秋》，以匹夫行天子赏罚，故曰‘窃取’。自咎自谦之辞。”汪氏曰：“史不止于晋楚，五霸不止于桓文，孟子唯及此者，晋楚为列国之大者，桓文为五霸之盛者也。”【通考】赵氏德曰：“齐桓公姓姜名小白。周僖王元年始霸。秦穆公姓嬴，名任好，襄王八年始霸。宋襄公姓子，名兹父，襄王十年始霸。晋文公姓姬，名重耳，襄王十七年始霸。楚庄王姓芈，名旅，定王元年始霸。号称五霸，自管仲始。”○此又承上章历叙群圣，因以孔子之事继之；而孔子之事莫大于《春秋》，故特言之。双峰饶氏曰：“此亦承上章‘思兼三王以施四事’，而言周公所行，皆王者之事。来到孔子时，王者之迹灭熄，故孔子出来作《春秋》。”新安陈氏曰：“《好辩章》，述群圣事，而继以孔子作《春秋》，此章亦以作《春秋》继群圣事，不及《易》、《诗》、《书》、《礼》、《乐》者。孔子之事，莫大于作《春秋》。五经，夫子之教。《春秋》，夫子之政也。”东阳许氏曰："以三国之史同言而曰一也，盖谓鲁之《春秋》，其所纪载，非周之典礼，善恶不明，不过记五霸之事，与晋楚之史同尔。至于孔子之《春秋》，则假其事以明义，而非尽旧史之文，故曰'其义则丘窃取之矣'。如此看，方见得中间一节不闲。"

○孟子曰："君子之泽五世而斩，小人之泽五世而斩。

泽，犹言流风余韵也。父子相继为一世，三十年亦为一世。斩，绝也。大约君子小人之泽，五世而绝也。杨氏曰："四世而缌音思，服之穷也①；五世袒音但。免音问，杀所介反。同姓也②；六世亲属竭矣。《记》疏云："上自高祖，下至己兄弟，同承高祖之后，为族兄弟，为亲兄弟期，一从兄弟大功，再从兄弟小功，三从兄弟缌麻，共四世而缌服尽也。五世则袒免而无正服，减杀同姓，六世则不复袒免，惟同姓而已。故亲属竭，袒身去饰也。袒免者，肉袒而著免，免状如冠而广一寸。冠至尊，不可居肉袒之体，故为免以代之。又'檀弓免焉'注：以布广一寸，从顶上而前交于额上，又却向后绕于髻。礼，朋友在他邦无主人乃袒免，若朋友在家，则吊服加麻。加麻者，素弁上加缌之环绖。然则袒免，亦朋友之服也。"新安陈氏曰："此《礼记大传》全文，共高祖者为三，从兄弟，相为服缌麻，服制至此穷也。共高祖之父者为五世，已无服。但不忍遽绝之，故不袭不冠为之袒裼，免冠以变其吉。同姓之恩，至此而减杀也。共高祖之祖者为六世，则亲尽矣。穷而杀，杀而竭，不变吉可也，引此以证五世而斩。"【通考】龚氏高礼曰③："袒免，袒谓不服布而常服，免谓布帻帽之状。"服穷则遗泽寖微，故五世而斩。"南轩张氏曰："五世大概约度如此，自今观之，孔子之泽，其所浸灌万世不斩也。"庆源辅氏曰："流风，以风喻之也；余韵，以声喻之也。父子五世，经历百五十年，则君子小人之余泽皆当绝也，五世则亲尽服穷，其泽亦当斩绝矣。盖亲也，服也，泽也，实相因也。"

予未得为孔子徒也，予私淑诸人也。"

私，犹窃也。淑，善也。李氏④以为方言是也。庆源辅氏曰："孟子又言私淑艾，而他无所见，故疑是方言。"人，谓子思之徒也。自孔子卒至孟子游梁时，方百四十余年，而孟子已老。然则孟子之生，去孔子未百年也。故孟子言予虽未得亲受业于孔子之门，然圣人之泽尚存，犹有能传其学者。故我得闻孔子之道于人，而私窃以善其身，盖推尊孔子而自谦之辞也。张子曰："孟子盖谓孔子犹在五世之内，虽不亲为弟子，其余泽在人，我得私取之以为善。"双峰饶氏曰："私淑艾者，私窃其善于人以自治；私淑诸人者，我私取之以善其身。今人或把作教者说，谓以此私淑他人，非矣。道者天下所公共，师下'私'字不得，只弟子私窃取之以自善自治耳。"新安陈氏曰："私窃以善其身，解诸'人'字不顺，不若云私窃其善于人，文意方顺。"○此又承上三章，历叙舜禹，至

---

① 四世而缌，服之穷也：四世穿缌麻丧服，这是丧服的终点。
② 五世袒免，杀同姓也：五世不穿丧服而只露出左臂，不戴帽子，是同姓亲属的结束。
③ 龚氏高礼：生平不详。
④ 李氏：李郁，杨时弟子。

于周孔，而以是终之。其辞虽谦，然其所以自任之重，亦有不得而辞者矣。新安陈氏曰："韩子谓尧以是传之舜，舜以是传之禹，至孔子传之孟轲，不待退之而后有此言。孟子已自言之矣。此四章相承是也，然犹分为四章，《答好辩章》，明言以已承三圣，至七篇之末章，列叙群圣道统之相传，而明言由孔子至于今百有余岁，其自任之重，尤章章焉。孟子一身，道统攸系，盖如是夫!"【通旨】朱氏公迁曰："此是孟子以道统自任，'无有乎尔'之云亦是此类，虽为自谦之辞，实则自任之意也。"

○孟子曰："可以取，可以无取，取伤廉；可以与，可以无与，与伤惠；可以死，可以无死，死伤勇。"

先言可以者，略见而自许之辞也，后言可以无者，深察而自疑之辞也。过取固害于廉，然过与亦反害其惠，过死亦反害其勇，盖过犹不及之意也。双峰饶氏曰："伤廉与伤惠、伤勇，是两般意思。朱子所以上下个'固'字，下面下两个'反'字，过取固伤廉，与本是惠，与之过，则反害其惠；死本是勇，死之过，则反害其勇。"新安陈氏曰："伤廉者失之不及伤惠，伤勇者失之太过。"【通考】东阳许氏曰："伤廉是顺辞，易；伤惠伤勇是反辞，难。先体认惠勇之本义，然后见过之者为伤。"林氏曰："公西华受五秉之粟，是伤廉也；冉子与之，是伤惠也；子路之死于卫，是伤勇也。"问"可以取可以无取"。程子曰："如朋友之馈，是可取也。然已自可足，是不可取也。才取便伤廉矣。"曰："与伤惠何害?"曰："是有害于惠也。可以与，然却可以不与。若与之时，财或不赡，却于合当与者。无可与之，此所以伤惠。"朱子曰："此段正与孔子曰'再斯可矣'相似，凡事初看尚未定，再察则已审矣。便用决断始得。"问："取者贪之属，不取者廉之属，犹与之为惠，不与之为啬，死之为勇，不死之为怯也。今以过取者为伤廉，则宜以不与为伤惠，不死为伤勇矣。而反以与为伤惠，死为伤勇，何哉?"曰："过取之伤廉，过于此而侵夺于彼者也。过与之伤惠，过死之伤勇，过于此而反病乎此者也。盖夺乎彼者，其失为易见，而病乎此者，其失为难知，故孟子举伤廉以例二者，是亦过犹不及之意耳。"问："可以取，取之伤廉，不难于择矣。若可与不可与，可死不可死之间，不幸择之不精者，与其吝啬，宁过与。与其苟生，宁就死。在学者则当平日极其穷理之功，庶于取舍死生之际，不难于精择也。"曰："此意极好，但孟子之意，却是恐人过与而轻死也。"南轩张氏曰："取与死生之义，有灼然易判者，有在可否之间者，在可否之间，非义精者莫能择也，盖其几间不容发，一或有偏，则失之矣。是以君子贵存养于平时，而复研几于审处也。"王氏曰："六'可以'字，疑辞。三'伤'字，决辞。"新安陈氏曰："此章三节，乍看似平说，审察之，伤廉，所以警中人以下之不及者。伤惠伤勇，所以警贤人之过之者也。"

○逢蒙学射于羿，尽羿之道，思天下惟羿为愈己，于是杀羿。孟子曰："是亦羿有罪焉。"公明仪曰："宜若无罪焉。"曰："薄乎云尔，恶得无罪? 逢，薄江反。恶，平声。

羿，有穷后羿也①。逢蒙，羿之家众也。羿善射，篡初忠反。夏自立，后为家众所

① 有穷：夏代国名。在今山东省德州市南。有，词头。孔传："有穷，国名；羿，诸侯名。"

杀。《左传·襄公四年》："羿将归自田，家众杀而烹之，以食其子，子不忍食，死于穷。"愈，犹胜也。薄，言其罪差楚宜反。薄耳。

郑人使子濯孺子侵卫，卫使庾公之斯追之。子濯孺子曰：'今日我疾作，不可以执弓，吾死矣夫！'问其仆曰：'追我者谁也？'其仆曰：'庾公之斯也。'曰：'吾生矣。'其仆曰：'庾公之斯，卫之善射者也，夫子曰"吾生"，何谓也？'曰：'庾公之斯学射于尹公之他，尹公之他学射于我。夫尹公之他，端人也，其取友必端矣。'庾公之斯至，曰：'夫子何为不执弓？'曰：'今日我疾作，不可以执弓。'曰：'小人学射于尹公之他，尹公之他学射于夫子。我不忍以夫子之道反害夫子。虽然，今日之事，君事也，我不敢废。'抽矢扣轮，去其金，发乘矢而后反。"他，徒何反。矣夫、夫尹之夫，并音扶。去，上声。乘，去声。

之，语助也。释二人名中之字。仆，御也。尹公他亦卫人也。端，正也。孺子以尹公正人；知其取友心正；故度音铎。庾公必不害己。小人，庾公自称也。金，镞也。扣轮出镞，作木反。令平声。不害人，乃以射也。乘矢，四矢也。孟子言使羿如子濯孺子得尹公他而教之，则必无逢蒙之祸。然夷羿篡弑之贼，蒙乃逆俦；庾斯虽全私恩，亦废公义。其事皆无足论者，孟子盖特以取友而言耳。《左传·襄公十四年》："尹公他学射于庾公差，庾公差学射于公孙丁，孙文子使二子追卫献公，公孙丁御公。庾公差曰：'射为背师，不射为戮，射为礼乎？'射两钩而还。尹公他曰：'子为师，我则远矣。'乃反之，公孙丁授公辔而射之贯臂。"程子曰："孺子事，孟子只取其不背师耳，若国之安危，在此一举，则杀之可也。舍之而无害于国，权轻重可也。何用虚发四矢哉？"南轩张氏曰："使蒙为夏廷之臣，羿篡夏氏，凡为臣子得而诛之，蒙以义讨贼，虽尝学射，亦何罪之有？蒙以私意忌而杀之，是则为杀其师耳。以此而观，轻重之权衡，可得而推矣。"云峰胡氏曰："此章虽特以取友而言，然使世之背其师者读之，亦当有泚。"东阳许氏曰："此章专为交友发，羿不能取友而杀身，孺子能择交而免祸。"

○孟子曰："西子蒙不洁，则人皆掩鼻而过之。

西子①，美妇人。蒙，犹冒也。不洁，污秽之物也。掩鼻，恶去声。其臭也。

虽有恶人，齐戒沐浴，则可以祀上帝。"齐，侧皆反。

恶人，丑貌者也。○尹氏曰："此章戒人之丧去声。善，而勉人以自新也。"南轩张氏曰："齐桓一执陈辕涛涂，而《春秋》书曰齐人，盖夷狄之也，其近于蒙不洁者欤？秦穆一有悔过之言，则进《秦誓》于《书》，以其有迁善之意也，其近于恶人齐沐者欤？一自污而丧其美，一自新而洗其恶，劝戒彰矣。"庆源辅氏曰："西子之质本美，而蒙以不洁，则自丧其美，而反致人之恶，言此所以戒人丧其本有之善，恶人之质本丑，而能齐戒沐浴。至诚自洁，则可以事上帝。言此所以勉人以改过自新。深玩尹氏之言，令人惕然而惧，耸然而作。"新安陈氏曰："此章似《诗》六义中之比。"

○孟子曰："天下之言性也，则故而已矣。故者以利为本。

---

① 西子：西施。

性者，人物所得以生之理也。故者，其已然之迹，若所谓天下之故者也。《易·系辞》：“易无思也，无为也，寂然不动，感而遂通天下之故。”利，犹顺也，语其自然之势也。言事物之理，虽若无形而难知；然其发见形甸反。之已然，则必有迹而易去声。见如字。故天下之言性者，但言其故而理自明，犹所谓善言天者必有验于人也。《荀子·性恶篇》云：“善言天者，必有征于人。”董仲舒曰：“善言天者，必有征于人，天道无形而难知，人事有迹而易见。”然其所谓故者，又必本其自然之势；如人之善、水之下，非有所矫揉人久反。造作而然者也。若人之为恶、水之在山，则非自然之故矣。朱子曰：“性自是个难言底物事，惟恻隐羞恶之类，却是已发见者，乃可得而言。此即性之故也。只看这个，便见得性，故《集注》下个‘迹’字，若四端，则无不顺利。若残忍之非仁，无耻之非义，不逊之非礼，昏惑之非智，即故之不利者也。”“利，是不假人为而自然者，如水之就下，是其性本就下，只是顺他；若激之在山，是不顺其性。而以人为之也，惟智者，是知此理不假人为，顺之而已。”南轩张氏曰：“故者，本然之理也，无是理而强为之，曰凿，凿则失其性，所以恶夫智也，盖以私智为智，而非所谓智也。”庆源辅氏曰：“性即理也，虽无形而难知，然不能不感发而形见于外，既已形见，则必有迹而易见，如人性之仁虽难知，然见孺子入井，则发见而为怵惕恻隐之迹，则仁之性自见也。”潜室陈氏曰：“善恶皆已然之迹，但顺者为本，则善者其初也，恶者非其初也，水无有不下者，水之本也。若夫抟之使过颡，激之使在山，岂其本也哉！”双峰饶氏曰：“就故说性，亦要就迹之顺者言之，如水之下便顺，就逆者言不得。孟子说性，就自然上说，知恻隐羞恶等，但看自然发见底便是利，言性便当言故，言故便当言利，如水搏之激之，便不是自然了。”

所恶于智者，为其凿也。如智者若禹之行水也，则无恶于智矣。禹之行水也，行其所无事也。如智者亦行其所无事，则智亦大矣。恶、为，皆去声。

天下之理，本皆顺利，小智之人，务为穿凿，所以失之。禹之行水，则因其自然之势而导之，未尝以私智穿凿而有所事，是以水得其润去声。下之性而不为害也。朱子曰：“凿于智者，非所谓以利为本也。”庆源辅氏曰：“人物所得之理，本皆顺理，无待于矫揉造作于其间，却缘世人不明吾性之智，而以私意为智，于是每事务为穿凿，而失其顺利之理。”云峰胡氏曰：“孟子本欲言智，而必先言性者。智，五性之一也，言智而先言性，犹言水而先言水之原也。‘凿’字与‘利’字相反。利者，天理之自然；凿者，人为之使然，言性而必本诸天理之自然者，所以言智而深恶夫人为之使然者也。”新安陈氏曰：“所恶于智者，小智也；无恶于智者，大智也。人性必善，水性必下，孟子素以水譬人性，故仍以禹行水譬之，禹之行水，顺其自然之势而导之，使水不失其本然趋下之性而已。智者，顺事物自然之理，以无事处事，使物各付物，斯为大智，而非小智矣。此一节，以治水申言‘利’字之意。”

天之高也，星辰之远也，苟求其故，千岁之日至，可坐而致也。”

天虽高，星辰虽远，然求其已然之迹，则其运有常。虽千岁之久，其日至之度，可坐而得。新安陈氏曰：“此又以天度申言‘故’字之意，首一节‘故’字，言本然之理；此一‘故’字，言本然之度也。天高星远，若因其本然之故而求之，则虽久年日南至之时刻，亦可以坐而推致以得之矣。”况于事物之近，若因其故而求之，岂有不得其理者，而何以穿凿为哉？必言日至者，造历者以上古十一月甲子朔夜半冬至为历元也。《新唐书·鲁志》：“治历之本，必推上元，日月如合璧，五星如连珠，夜半朔旦冬至，自此七曜散行，不复余分，普尽总会如初。”《五代史·司天考》：“夫天人之际，远哉微矣。而使一艺之士，布算积分，上求数千万岁之前，必得甲子朔日夜半冬至，而日月五星，皆会于子，谓之上元，以为历始。盖自汉而后，其说始详见于世，其源所自，止于如此，是果尧舜三代之法欤！皆不可得而考矣。然自是历家之术，虽世多不同，而未始不本于此。”新安陈氏曰：“夜半即甲子时，岁月日时皆甲子为历元，盖以建寅月为岁首算之，则是癸亥岁十一月，以建子月为一岁之最初算之，则甲子岁之气候已始于此矣，故云岁亦甲子也。”【通考】赵氏德曰：“以建子为正，故以夜半为朔，其至于朔同日，故云夜半朔旦。冬至若建寅为正者，则以平旦为朔。”仁山金氏曰：“周天三百六十五度，四分度之一日，日行一度，则周岁三百六十五日零三时也。五日一候，三候一气，二十四气为一岁，则为日三百六十，以天有五度四分度之一，则日有五日三时，故三候十五日为一气，率除七分积三十二分而增一日，此自可以计千岁之日至气本起于度，故曰日至之度。然日至之度，亦有岁差，故气与度，古今不同。如尧冬至日在虚，周冬至日在牵牛，宋冬至日在斗初，此岁差也。既有岁差，则冬至之度，似不可定推。然言天者，以前所差之故，而推后所差之度，则千岁之日至可坐而致也。致谓算得来也，求其故者谓推千岁以前之日至也。千岁之日至可而坐而致之，谓推已后之日至也。”程子曰：“历家之法大抵主于日日一事，正则其他皆可推，洛下闳作历言数百年后当差一日，其差理必然，何承天以其差遂立岁差法，其法以所差分数，摊在所历之年，看一岁差着几分，其差后亦不定，独邵尧夫立差法冠绝古今。却于日月交感之际，以阴阳亏盈求之遂不差，大抵阴常亏、阳常盈，故只于这里差了。”朱子曰：“尧时昏旦星中于午，月令差于未，汉晋以来又差，今比尧时似差及四分之一。古时冬至日在牵牛，今却在斗。”又云：“古之历书，亦必有一定之法，而今亡矣。三代而下，造历者纷纷莫有定议，愈精愈密而愈多差，由不得古人一定之法也。历家要当先论太虚，以见三百六十五度四分度之一，一一定位，然后论天行，以见天度加损虚度之岁分。岁分既定，然后七政乃可齐耳。”按十一经问对千岁之日至谓冬至之日也，麰麦①之日至谓夏至之日也，至极也。夏至者，日之长至此极矣。冬至者，日之短至此极矣。非至道之至，乃至极之至。故夏至一阴生而日渐短，冬至一阳生而日渐长。【通旨】朱氏公迁曰：“此言生自理言，通言事物之理，而人心之理在其中也，此专论性也。”〇程子曰：“此章专为去声。智而发。”愚谓事物之理，莫非自然。顺而循之，则为大智。若用小智而凿以自私，则害于性而反为不智。程子之言，可谓深得此章之旨矣。朱子曰：“此章其初只是性上泛说起，不是专说性，但谓天下之说性者，只说得故而已，如荀言性恶，扬言善恶混，但皆说得下面一

① 麰：大麦，也泛指麦类谷物。

截，皆不知所以谓之故者如何，不能以利为本而然也。苟卿只是横说如此，到底没这道理不得，只就性恶篇谓涂之人皆可以为禹，即此自可见'故'字，若不将已然之迹言之，则下文苟求其故之言，如何可推？历家自今日推算而上极于太古开辟之时，更无差错，只为有此已然之迹可以推测耳。天与星辰，间或躔度少有差错，久久自复其常，以利为本，亦犹天与星辰循常度而行，苟不如此，皆凿之谓也。"欧阳氏曰："天下之大智无所自为，而常因天下之理，小智不知循理，而常任一己之私。"【通考】东阳许氏曰："性是人物所得以生之理，本自难明，求其发见之故，则亦不难明也。然故则以利顺者为本求己之故，则恻隐之心发见性之仁，羞恶之心发见性之义，求人之故见父慈子孝、君仁臣忠；求物之故则鸢飞鱼跃、山峙川流皆是也，是皆所谓利也。如天与星辰之故，亦只是利而已，能知此性而以利行之，则为智之大。禹之行水不是比喻，言禹顺水之性，为智之大，以例人循性皆当以利也。智者应物，若行其所无事，则智亦如禹之大矣，智亦是大禹也。下文又以高远者证，故之易见却不适功用。"

○公行子有子之丧，右师往吊，入门，有进而与右师言者，有就右师之位而与右师言者。

公行子，齐大夫。右师，王驩也。双峰饶氏曰："'行'字当音杭。《诗》云'殊异乎公'，行是主班行之官，以官为氏。"

孟子不与右师言，右师不悦曰："诸君子皆与驩言，孟子独不与驩言，是简驩也。"

简，略也。

孟子闻之，曰："礼，朝廷不历位而相与言，不逾阶而相揖也。我欲行礼，子敖以我为简，不亦异乎？"朝，音潮。

是时齐卿大夫以君命吊，各有位次。若周礼，凡有爵者之丧礼，则职丧涖音利。其禁令，序其事，故云朝廷也。《周礼·春官·宗伯》："职丧，掌诸侯及卿大夫士。"凡有爵者之丧，以国之丧礼莅其禁令序其事，言诸侯者，谓畿内王子母弟称诸侯者。历，更平声。涉也。位，他人之位也。右师①未就位而进与之言，则右师历己之位矣；右师已就位而就与之言，则已历右师之位矣。孟子右师之位又不同阶，孟子不敢失此礼，故不与右师言也。朱子曰："孟子鄙王欢而不与言固是，然朝礼既然，则当时虽不鄙之，亦不得与之言矣。鄙王欢于出吊处已见，此章意则以朝廷之礼为重，时事不同，理各有当。""圣贤之言无所苟也，岂为愧众人为已甚，而姑以是答之哉！正所以明朝廷之礼，而警众人之失也。"问："陈司败讥孔子有党，孔子受之不辞，右师以孟子简已，孟子辨之甚力。圣贤地位，固不同也。使孟子闻右师言，曰'礼也足矣'，无已而曰'朝廷不历位'而相与言，不逾阶而相揖，则已微见圭角矣。又必尽其辞，所以锋芒发露，而不及孔子之浑然也。"南轩张氏曰："众与之言，以其嬖于君而谄之也。右师以孟子为简已者，以孟子时所尊敬，欲假其辞色以为荣也。君子之远小人不恶而严，岂有他哉！亦曰礼而已矣。"

---

① 右师：先秦时官名。

○孟子曰："君子所以异于人者，以其存心也。君子以仁存心，以礼存心。

以仁礼存心，言以是存于心而不忘也。问："我本有此仁礼，只要常存而不忘否?"朱子曰："非也，言君子所以异于小人者，以其存心不同耳，君子则以仁以礼而存之于心，小人则以不仁不礼而存之于心。这个存心，与存其心养其性不同，只是处心与人不同耳。"庆源辅氏曰："以仁存心而不忘，如造次颠沛必于是也；以礼存心而不忘，如视听言动必以礼也。"双峰饶氏曰："'以是存于心'，添'于'字，便可见孟子意，是只把仁礼来存于我心，此心常在仁礼上无顷刻或离。君子异于人，以其能以仁礼存于心，他人便不能，我之心安顿在仁上，即是居天下之广居。安顿在礼上，即是立天下之正位。"

仁者爱人，有礼者敬人。

此仁礼之施。庆源辅氏曰："由乎内以施外也。"

爱人者人恒爱之，敬人者人恒敬之。

此仁礼之验。新安陈氏曰："我感而人应，可验我之得，人不应，可验我之失。'验'字已含下文必不仁必无礼之意矣。"

有人于此，其待我以横逆，则君子必自反也：我必不仁也，必无礼也，此物奚宜至哉？横，去声。下同。

横逆，谓强暴不顺理也。物，事也。庆源辅氏曰："强暴，横也；不顺理，逆也。"双峰饶氏曰："《集注》云强暴不顺理，顺理，是顺个文理。横，是横来。逆，是倒来。皆是不顺个文理。"新安陈氏曰："横逆者，爱敬之反。"

其自反而仁矣，自反而有礼矣，其横逆由是也，君子必自反也：我必不忠。由与"犹"同。下仿此。

忠者，尽己之谓。我必不忠，恐所以爱敬人者，有所不尽其心也。庆源辅氏曰："理无穷尽，人有作辍，一息不存，一物不体，便是不尽其心。"新安陈氏曰："忠非出于仁礼之外，仁礼无一毫之不尽其心，即忠也。"

自反而忠矣，其横逆由是也，君子曰：'此亦妄人也已矣。如此则与禽兽奚择哉？于禽兽又何难焉?'难，去声。

奚择，何异也。又何难焉，言不足与之校也。校音教。南轩张氏曰："虽非所患难，然自反之功则无穷也。学者未勉乎此，遇横逆之来，则曰吾仁矣，有礼矣，且忠矣，遂断彼以为妄人，而不复勉反身之道，是则自陷于妄而已矣。"

是故君子有终身之忧，无一朝之患也。乃若所忧则有之：舜人也，我亦人也。舜为法于天下，可传于后世，我由未免为乡人也，是则可忧也。忧之如何？如舜而已矣。若夫君子所患则亡矣。非仁无为也，非礼无行也。如有一朝之患，则君子不患矣。"夫，音扶。

乡人，乡里之常人也。君子存心不苟，赵氏曰："《集注》'不苟'二字，不可浅看，心一不仁，而不自觉，不自强便是苟且也。"新安陈氏曰："存心照应前存心。不苟，即忠也。四字收拾约而尽。"故无后忧。朱子曰："古圣人多矣，独言舜为法于天下，何也？法者，人伦而已，他圣人因其常而处之不失，未足见人道之尽，惟舜极其变而不失其常。是以人道之尽，于此固可见焉，故特举舜而言之。然其所谓法舜，亦循乎天则而已。”问：“杨氏谓孟子三自反，不若颜子之不校，信乎?”曰：“自反，所以自修，学者事也。不校，不见可校，成德事也，浅深之分，信如杨氏之说矣。然自反之说，谨严精切，正学者所当用力，若自反未至，而遽以不校为高，恐其无修省之功，而陷于苟且颓堕之域矣。”新安陈氏曰：“前曰‘以仁存心’，‘以礼存心’，末曰‘非仁无为’，‘非礼无行’，存谓存之于心，为与行谓行之于身，表里一矣。存之于心者有素，而行之于身者益尽，岂惟无一朝之患者本于此，所以怀终身之忧而欲如舜者，亦不过勉于此而已，何也？舜所以为舜，亦不外此仁礼也，特舜则安而行之，欲如舜者，则在乎勉而行之耳。”

○禹、稷当平世，三过其门而不入，孔子贤之。

事见形甸反。前篇。问：“过门不入，若家有父母，岂可不入?”朱子曰：“固是，然事亦须量个缓急，若只是泛泛底水，未便倾国覆都，过家见父母亦不妨。若洪水之患甚急，有倾国覆都君父危急之灾，也只得奔君父之急，虽不过家见父母，亦不妨也。”双峰饶氏曰：“禹三过其门，稷是带说。”新安陈氏曰：“贤其用世而忧民之忧。”

颜子当乱世，居于陋巷。一箪食，一瓢饮。人不堪其忧，颜子不改其乐，孔子贤之。食，音嗣。乐，音洛。新安陈氏曰：“贤其避世而乐己之乐。”

孟子曰：“禹、稷、颜回同道。

圣贤之道，进则救民，退则修己，其心一而已矣。庆源辅氏曰：“道则以其所行言之也，心则以其所在言之也。救民者，修己之验。修己者，救民之本。有是心则有是道，有是本则有是验。”

禹思天下有溺者，由己溺之也；稷思天下有饥者，由己饥之也，是以如是其急也。由，与“犹”同。

禹稷身任其职，故以为己责而救之急也。

禹、稷、颜子易地则皆然。

圣贤之心无所偏倚，大本之“中”。随感而应，各尽其道。时中之“中”。故使禹稷居颜子之地，则亦能乐颜子之乐；使颜子居禹稷之任，新安陈氏曰：“禹稷有官守，故曰任。颜子居陋巷，故曰地。”亦能忧禹稷之忧也。庆源辅氏曰：“圣贤之心，其本然之体，无所偏、无所倚。此其所谓中者，天下之大本也，然不能不感于物，故随感而应。有可喜之事感，则喜心便应；有可怒之事感，则怒心便应。如进则便须救民，退则便须修己，皆吾大本中自然之理。无或过，无或不及，各尽其道，此其所谓和者天下之达道也。如是，故使禹稷居颜子之地，亦能乐颜子之乐。使颜子居禹稷之任，亦能忧禹稷之忧，同一大本，同一达道故也。”

今有同室之人斗者，救之，虽被发缨冠而救之，可也。

不暇束发，而结缨往救，新安陈氏曰：“遇沐不暇束发，冒冠于所被发上，结缨而往救。”言急也。以喻禹稷。

乡邻有斗者，被发缨冠而往救之，则惑也，虽闭户可也。”

喻颜子也。○此章言圣贤心无不同，事则所遭或异；然处上声。之各当其理，是乃所以为同也。尹氏曰："当其可之谓时，前圣后圣，其心一也，故所遇皆尽善。"程子曰："君子而时中，若三过其门而不入，在禹稷之时为中，如居陋巷，则非中矣。居陋巷，在颜子之时为中，如三过其门而不入，则非中矣。"南轩张氏曰："颜子未见其施为，遽比之禹稷，不已过乎！殊不知禹稷之事功何所自？德者本也，事功末也，本末一致也，故程子曰有颜子之德，则有禹稷之事功。事功在圣贤，惟其时而已。若墨之兼爱、杨之为我，皆不知天理之时中，而妄意以守一偏，故如此。盖墨氏终身缨冠以求救天下之斗，杨氏则坐视同室之斗而不顾者，其贼道岂不甚哉！是则人欲而已矣。"庆源辅氏曰："《集注》章旨，所谓圣贤之心无不同，一本也。事则所遭或异，万殊也。然处之各当其理，是乃所以为同者，所谓万殊一本，吾道一以贯之也。又曰事虽万殊，心一以贯，则凡所以语默云为，达道也，皆时中也。"

○公都子曰："匡章，通国皆称不孝焉。夫子与之游，又从而礼貌之，敢问何也？"

匡章，齐人。通国，尽一国之人也。礼貌，敬之也。

孟子曰："世俗所谓不孝者五：惰其四支，不顾父母之养，一不孝也；博弈好饮酒，不顾父母之养，二不孝也；好货财，私妻子，不顾父母之养，三不孝也；从耳目之欲，以为父母戮，四不孝也；好勇斗很，以危父母，五不孝也。章子有一于是乎？"好、养、从，皆去声。很，胡恳反。

戮，羞辱也。很，忿戾也。新安陈氏曰："五不孝之序，从轻渐说至重。"

夫章子，子父责善而不相遇也。

遇，合也。相责以善而不相合，故为父所逐也。双峰饶氏曰："章子得罪于父，与其他得罪不同，章子但不合责善于父，故出妻屏子以示不安之意，先说子父责善，是言子责父之善，下说父子是泛言。"

责善，朋友之道也；父子责善，贼恩之大者。

贼，害也。朋友当相责以善。父子行之，则害天性之恩也。《孝经》云："父子之道，天性也。"

夫章子，岂不欲有夫妻子母之属哉？为得罪于父，不得近。出妻屏子，终身不养焉。其设心以为不若是，是则罪之大者，是则章子已矣。"夫章"之"夫"，音扶。为，去声。屏，必井反。养，去声。

言章子非不欲身有夫妻之配、子有子母之属，新安陈氏曰："此属字，即'天属'、'家属'之'属'，本文总夫妻子母而言，《集注》分说，故以'配'字对'属'字。"但为身不得近于父，故不敢受妻子之养，以自责罚。其心以为不如此，则其罪益大也。○此章之旨，于众所恶去声。而必察焉，可以见圣贤至公至仁之心矣。庆源辅氏曰："至公，则无私蔽于己。至仁，则不忍苛责于人。"新安陈氏曰："不徇众见，至公也。不轻与绝，至仁也。"杨氏曰："章子之行，去声。孟子非取之也，特哀其志而不与之绝耳。"朱子曰："孟子之于匡章，盖怜之耳，非取其孝也。据章所为，因责善于父而不相遇，遂为父所逐，虽是父不是己是，然便至如此出妻屏子终身不养，则岂得为孝？故孟子言父子责善贼恩之大者，此便是责之以不孝也。但其不孝之罪，未至于可绝之地尔。然当时人则遂以为不孝而绝之，故孟子举世俗之不孝者五以晓之。若如此五者，则诚在所绝耳。后世因孟子不绝之，则又欲尽雪章之不孝而以为孝，此皆不公不正倚于一偏，必若孟子所处，然后可以见圣贤至公至仁之心矣。”南轩张氏曰：“章本心亦欲父之为善耳，乃或过于辞色，致父之怒，后又不敢安于妻子之养以深自咎责，则章亦可哀者。若章得罪而不知惧，则是终以忿戾之气行乎其间而可罪矣。”双峰饶氏曰：“章资质自好，但无学力，虽知爱父，而不知爱父之道，既得见孟子，必教他回父之意，未必止于此。章子通国称其不孝，仲子通国称其廉，孟子于此二人，所谓众恶之必察焉，众好之必察焉。”新安陈氏曰：“父子间所以不责善，而惟朋友当责善者。盖朋友以义合，责善而不从，则交可绝；父子以天合，责善而不相遇，则贼恩而将至于离故也。然责善既不可，则从父之令乎！曰：圣贤自有成规。几谏之章内则与几谏相表里之言皆是也，舜事瞽瞍能致底豫，特患不能如舜耳。若章之出妻、屏子，非徒自咎责于己，亦将以感动于父，子不安而父安焉！其执拗亦可想矣。章既失之初，使能如舜之事亲，岂不能回之于后，惜无以考其终何如也。”

○曾子居武城，有越寇。或曰：“寇至，盍去诸?”曰：“无寓人于我室，毁伤其薪木。”寇退，则曰：“修我墙屋，我将反。”寇退，曾子反。左右曰：“待先生，如此其忠且敬也。寇至则先去以为民望，寇退则反，殆于不可。”沈犹行曰：“是非汝所知也。昔沈犹有负刍之祸，从先生者七十人，未有与焉。”与，去声。

武城①，鲁邑名。盍，何不也。左右，曾子之门人也。忠敬，言武城之大夫事曾子，忠诚恭敬也。为民望，言使民望而效之。沈犹行，弟子姓名也。言曾子尝舍于沈犹氏，时有负刍者作乱，来攻沈犹氏，曾子率其弟子去之，不与其难。言师宾不与臣同。

子思居于卫，有齐寇。或曰：“寇至，盍去诸?”子思曰：“如急去，君谁与守?”

言所以不去之意如此。子思时仕于卫。

孟子曰：“曾子、子思同道。曾子，师也，父兄也；子思，臣也，微也。曾子、子思易地则皆然。”

微，犹贱也。尹氏曰：“或远去声。害，或死难，去声。庆源辅氏曰：“子思虽无死难之事，然寇至不去，有死难之理。”其事不同者，所处之地不同也。君子之心，不系于利害，惟其是而已，是者，理之当然也。故易地则皆能为之。”○孔氏曰：“古之圣贤，言行去声。不同，事业亦异，而其道未始不同也。学者知此，则因所遇而应之；若权衡之称去声。物，低昂屡变，而不害其为同也。”南轩张氏曰：“君子不避难，亦不入于难，惟当夫理而已。于不当避而避焉，固私也；于不当预而预，乃勇于就难，是亦私而已矣。夫曾子，师也，父兄也。师之尊，与父兄之义同，以师道居，则寇至而去之。寇退而反，无预其难，在师之义当然也。子思，臣也，微也，委质以服君之事，有虽而可逃之乎？与君同守而不去，则为臣之义当然也，从容乎理之所当然，曾子子思何殊哉！故曰‘易地则皆然’，以天理之时中一而已。”

---

① 武城：在今山东费城西南。

〇储子曰："王使人瞯夫子，果有以异于人乎？"孟子曰："何以异于人哉？尧舜与人同耳。"瞯，古苋反。

储子，齐人也。瞯，窃视也。圣人亦人耳，岂有异于人哉？新安陈氏曰："孟子因有以异于人乎之问，而答之曰：'我何以异于人哉，虽尧舜，亦与人同耳。'《集注》谓'圣人亦人耳，岂有异于人哉？'乃是释'尧舜与人同耳'一句，与孟子'元文何以异于人哉'所指不同矣。尧舜所以与人同者，非但形体之同，其性善本与人不异，惟圣人能尽其性，常人每汩其性，于是常人与圣人始悬绝耳。尧舜与人同之说，与人皆可以为尧舜之说，实相表里，但其意包涵而未尽。使储子再问难，孟子必倾倒尽发之矣。"

〇齐人有一妻一妾而处室者，其良人出，则必餍酒肉而后反。其妻问所与饮食者，则尽富贵也。其妻告其妾曰："良人出，则必餍酒肉而后反；问其与饮食者，尽富贵也，而未尝有显者来，吾将瞯良人之所之也。"蚤起，施从良人之所之，遍国中无与立谈者。卒之东郭墦闲，之祭者，乞其余；不足，又顾而之他，此其为餍足之道也。其妻归，告其妾曰："良人者，所仰望而终身也。今若此。"与其妾讪其良人，而相泣于中庭。而良人未之知也，施施从外来，骄其妻妾。施，音迤，又音易。墦，音燔。施施，如字。

章首当有"孟子曰"字，阙文也。【通考】吴氏程曰："因储子有瞯夫子之语，遂发瞯良人一段。言小人阴为阳掩，则可瞯，君子言行如一，何瞯之有，恐是一章，非阙文也。"良人，夫也。餍，饱也。显者，富贵人也。施，邪施而行，不使良人知也。墦，冢也。顾，望也。讪，怨詈力智反。也。施施，喜悦自得之貌。

由君子观之，则人之所以求富贵利达者，其妻妾不羞也，而不相泣者，几希矣。

孟子言自君子而观，今之求富贵者，皆若此人耳。使其妻妾见之，不羞而泣者少矣，言可羞之甚也。赵氏曰："言今之求富贵者，皆以枉曲之道，昏夜乞哀以求之，而以骄人于白日，与斯人何以异哉？"南轩张氏曰："意孟子在齐，适见此事，以为与世之求富贵者无异，故载之。骄妻妾者，徒知以得为贵，而不知所以得之者，可贱也。妻妾知其可贱而已，不知为欲所蔽故耳。"勉斋黄氏曰："此章形容苟贱之态，殊可贱恶。然流俗滔滔，务为卑谄，无所不至，摇尾乞怜，自少至老，无一念不在是。未得，则愁忧穷蹙，志气薾然，甘于不胜其小；既苟得，则志得意满，骄亲戚，傲闾里，哆然自视，不胜其大，可贱甚于乞墦而莫之觉也。学者深明义利之辨，充吾羞恶之心，而养吾刚大之气，然后知孟子此言，诚末俗之箴砭也。"

孟子集注大全卷九

万章章句上

凡九章。【通考】勿轩熊氏曰："前四章言舜尽事亲之道，次二章言唐虞三代禅继之道，后三章言圣贤出处。”

万章问曰：“舜往于田，号泣于旻天，何为其号泣也？”孟子曰：“怨慕也。”号，平声。

舜往于田，耕历山时也。仁覆敷救反。闵下，谓之旻天。号泣于旻天，呼去声。下同。天而泣也。事见形甸反。《虞书·大禹谟篇》。《书》曰：“帝初于历山，往于田，日号泣于旻天，于父母。”怨慕，怨己之不得其亲而思慕也。庆源辅氏曰：“父慈子孝，理之常也，何有于怨慕？惟遭事之变故，深思其所以不得于亲之故，而自怨咎。其在我者，有何罪戾而致然，又思慕于亲，无顷刻忘，必欲得亲之欢心而后已。此所谓怨慕也。”新安陈氏曰：“‘怨慕’二字，真得舜之心，亦包尽一章之意。怨，非怨亲，怨己之不得乎亲也。慕，则念念不忘而思其亲也，‘惟顺于父母可以解忧’以上，言怨也。‘人少，则慕父母’以下，言慕也。”

万章曰：“父母爱之，喜而不忘；父母恶之，劳而不怨。然则舜怨乎？”①曰：“长息问于公明高曰：‘舜往于田，则吾既得闻命矣；号泣于旻天，于父母，则吾不知也。’公明高曰：‘是非尔所知也。’夫公明高以孝子之心，为不若是恝，我竭力耕田，共为子职而已矣，父母之不我爱，于我何哉？恶，去声。夫，音扶。恝，苦八反。共，平声。

长息，公明高弟子。公明高，曾子弟子。于父母，亦《书》辞，言呼父母而泣也。恝，无愁之貌。新安陈氏曰：“孟子推明公明高之意，以为孝子之心既不得乎亲，必不若是之恝然无愁也。”于我何哉，自责不知己有何罪耳，非怨父母也。杨氏曰：“非孟子深知舜之心，不能为此言。盖舜惟恐不顺于父母，未尝自以为孝也；若自以为孝，则非孝矣。”

帝使其子九男二女，百官牛羊仓廪备，以事舜于畎亩之中。天下之士多就之者，帝将胥天下而迁之焉。为不顺于父母，如穷人无所归。为，去声。

帝，尧也。《史记》云：“二女②妻去声。之，以观其内；观其齐家。九男事之，以观其外。”观其治外。《史记·五帝纪》：“舜年二十以孝闻，三十而帝尧问可用者，四岳咸荐虞舜，曰：‘可。’于是尧乃以二女妻舜以观其内，使九男与处以观其外，舜居沩汭，内行弥谨，尧二女不敢以贵骄事舜亲戚，甚有妇道。尧九男皆益笃。”朱子曰：“二女，娥皇、女英也，盖夫妇之间，隐微之际，正始之道，所系尤重，故观人者于此为尤切。”双峰饶氏曰：“观者，众人之所共见，以天子二女来处顽嚚傲之间，看他如何处置？二女和，则是处置得是。九男，皆帝子，亦难处，若处之得其道亦自安。百官，只是百司，如后世典籤涓人之类。”【通考】赵氏德曰：“九男独丹朱以胤嗣闻，其余八庶无事，故不见于《尧典》。”又言：“一年所居成聚，《广雅》云：“聚，居也。音慈喻反。”《汉书音义》云：“小于乡曰聚。”二年成邑，三年成都。”【通考】赵氏德曰：“聚谓村落，

---

① 《礼记·祭义》作曾子言：“父母爱之，嘉而弗忘。父母恶之，惧而无怨。”
② 二女：尧以二女妻舜，事见《尚书·尧典》。

《周礼》郊野法云：‘九夫为井，四井为邑，四邑为丘，四丘为甸，四甸为县，四县为鄙。’”是天下之士就之也。胥，相视也。迁之，移以与之也。如穷人之无所归，言其怨慕迫切之甚也。云峰胡氏曰：“‘如穷人无所归’六字譬喻最形容得舜之情不得以自达，身不得以自安，心不得以自释，其为怨慕迫切之甚可知。”

天下之士悦之，人之所欲也，而不足以解忧；好色，人之所欲，妻帝之二女，而不足以解忧；富，人之所欲，富有天下，而不足以解忧；贵，人之所欲，贵为天子，而不足以解忧。人悦之、好色、富贵，无足以解忧者，惟顺于父母，可以解忧。

孟子推舜之心如此，以解上文之意。极天下之欲，不足以解忧；而惟顺于父母，可以解忧。孟子真知舜之心哉！庆源辅氏曰：“上文是说舜之实事，此又孟子推述舜之心以解上文之意，言舜之心事实有如此者耳。举天下之所欲不足以解忧者，所性不存焉故也。惟顺于父母可以解忧者，性之不可离，而亦不可以不尽也。”

人少，则慕父母；知好色，则慕少艾；有妻子，则慕妻子；仕则慕君，不得于君则热中。大孝终身慕父母。五十而慕者，予于大舜见之矣。”少、好，皆去声。

言常人之情，因物有迁，释“人少”至“热中”。惟圣人为能不失其本心也。释“终身慕父母”。艾，美好也。《楚辞》、《战国策》所谓“幼艾”，义与此同。《楚辞·九歌·大司命篇》：“怂长剑兮拥幼艾，荪独宜兮为民正。”怂，息拱反。《战国策·赵孝成王篇》：“公子魏牟过赵，赵王迎之，反至坐前有尺帛，且令工人以为冠，工顾见客来也，因避赵王曰：‘愿闻所以为天下。’魏牟曰：‘王能重王之国若此尺帛，则国大治矣。’赵王不悦，曰：‘寡人岂敢轻国若此。’魏牟曰：‘请为王说之，王有此尺帛，何不令前郎中以为冠。’王曰：‘郎中不知为冠。’魏牟曰：‘为冠而败之，奚亏于王之国，而王必待工而后乃使之，今为天下之工或非也。社稷为虚器，先王不血食，而王不以予工乃与幼艾。’”不得，失意也。热中，躁急心热也。言五十者，舜摄政时年五十也。五十而慕，则其终身慕可知矣。此章言舜不以得众人之所欲为己乐，音洛。而以不顺乎亲之心为己忧。非圣人之尽性，其孰能之？庆源辅氏曰：“心才有一毫物欲之累，而于其亲有一毫之不顺，则于吾固有之性便有不尽处。能尽其性，则能不失其本心，而为人伦之至也。”西山真氏曰：“五十始衰，圣人纯孝之心，则不以老而衰，惟充极其天性之至孝而无一毫之不尽，所以能如此。”双峰饶氏曰：“如孝便十分孝，弟便十分弟，忠便十分忠，皆是尽性。”新安陈氏曰：“常人变于私情，所以汩其性，圣人无私情之累，所以尽其性。孟子言此，是以遏人欲扩天理也。”

○万章问曰：“《诗》云：‘娶妻如之何？必告父母。’信斯言也，宜莫如舜。舜之不告而娶，何也？”孟子曰：“告则不得娶。男女居室，人之大伦也。如告，则废人之大伦，以怼父母，是以不告也。”怼，直类反。

《诗·齐国风·南山》之篇也。信，诚也，诚如此《诗》之言也。怼，雠怨也。舜父顽母嚚，音银。常欲害舜。告则不听其娶，是废人之大伦，以雠怨于父母也。东阳许氏曰：“怼父母，言人之常情也，为废大伦，则虽子亦不免有雠怨父母之心，舜固非怼父母者，然告则必废大伦，故不告也。此圣人善处变事处。”

万章曰："舜之不告而娶，则吾既得闻命矣；帝之妻舜而不告，何也？"曰："帝亦知告焉则不得妻也。"妻，去声。

以女为人妻如字。曰妻。去声。下同。程子曰："尧妻舜而不告者，以君治之而已，如今之官府治民之私者亦多。"庆源辅氏曰："谓以君命治之，不容瞽瞍不听也，官府治民之私，或有理法当然，而牵于私不肯然者，则官司以法治之，必使之然也。"【通考】仁山金氏曰："《集注》引程子曰：'是补孟未备之意。'"吴氏程曰："'帝亦至妻也'作一句。焉，乃助语美字。"

万章曰："父母使舜完廪，捐阶，瞽瞍焚廪。使浚井，出，从而揜之。象曰：'谟盖都君咸我绩。牛羊父母，仓廪父母，干戈朕，琴朕，弤朕，二嫂使治朕栖。'象往入舜宫，舜在床琴。象曰：'郁陶思君尔。'忸怩。舜曰：'惟兹臣庶，汝其于予治。'不识舜不知象之将杀己与？"曰："奚而不知也？象忧亦忧，象喜亦喜。"弤，都礼反。忸，女六反。怩，音尼。与，平声。

完，治也。补全之。捐，去上声。也。阶，梯也。揜，盖也。按《史记》，曰："使舜上时掌反。涂廪①，瞽瞍从下纵火焚廪，舜乃以两笠自捍音汗。而下去，得不死。后又使舜穿井，舜穿井为匿空音孔。旁出。匿空，隐匿之孔穴也。【通考】吴氏程曰："捍当音缘，浚当音峻。井句，出句。空音孔，窍也。"舜既入深，瞽瞍与象共下土实井，舜从匿空中出去。"即其事也。象，舜异母弟也。谟，谋也。盖，盖井也。舜所居三年成都，故谓之都君。咸，皆也。绩，功也。舜既入井，象不知舜已出，欲以杀舜为己功也。干，盾树尹反。也。戈，戟也。《周礼》"掌五兵五楯"，郑云："五楯，干橹之属。"《礼图》云："今之三锋戟也，内长四寸半，胡长六寸，以其与戈相类，故云戈戟也。"琴，舜所弹五弦琴也。弤，琱丁聊反。弓也。《通鉴·外纪》云："舜弹五弦之琴，歌南风之诗。"琱弓，漆赤弓，《尚书》彤弓是也。象欲以舜之牛羊仓廪与父母，而自取此物也。二嫂，尧二女也。栖，床也，象欲使为己妻也。象往舜宫，欲分取所有，见舜坐在床弹琴，盖既出即潜归其宫也。郁陶，思之甚而气不得伸也。象言己思君之甚，故来见尔。忸怩，惭色也。臣庶，谓其百官也。象素憎舜，不至其宫，故舜见其来而喜，使之治其臣庶也。孟子言舜非不知其将杀己，但见其忧则忧，见其喜则喜，兄弟之情，自有所不能已耳。万章所言，其有无不可知，然舜之心，则孟子有以知之矣，他亦不足辨也。程子曰："象忧亦忧，象喜亦喜，人情天理，于是为至。"程子曰："万章言舜完廪浚井之说，恐未必有此事，论其理而已。尧在上，而使百官事舜于畎亩之中，岂容象得以杀兄，而使二嫂治其栖乎？学孟子者，以意逆志可也。"南轩张氏曰："象之忧，疾舜而谋害之也，舜亦忧者，忧己何以使象至此也？象之喜者，彼云思君而以喜来，舜固不逆其诈，亦从而为之喜也。忧也亦忧，喜也亦喜，是其心与之为一。亲之爱之，不知其他，此仁人之于弟，天理人情之至也。象忧而舜漠然不以为忧，象喜而舜疑之不以为喜，则在我之诚先不笃矣，岂圣人之心也哉！"庆源辅氏曰："象日以杀舜为事，肆人欲

① 上涂廪：上粮仓屋顶涂泥。

以绝兄弟之情者也。象忧亦忧，象喜亦喜，顺天理以见兄弟之情者也。象之人欲虽炽，舜之天理常存，卒之象不格奸，而源源以来，则舜之天理化其人欲而消之矣。”西山真氏曰：“象欲杀舜，其迹甚明，舜岂不知？然见其忧则忧，见其喜则喜，略无一毫芥蒂于其中。后世骨肉之间，小有疑隙，则嫌猜万端，惟恐发之不早，除之不亟，至此然后知圣人之心，与天同量也。世儒疑尧在上，二女嫔虞，象无敢杀舜之理。不知孟子但论舜之心，使其有是处之不过如此，岂必真有是哉？”双峰饶氏曰：“完廪浚井，事傥无，则不告而娶，亦焉知其非无？孟子于此不辨，下章咸丘蒙之问，孟子却责之，盖下章是说舜身上事。舜为天子，不受尧与瞽瞍之朝，此决然之理，此章说象与瞽瞍之事，容或有之，是以不辨。大凡看书，且看大意，如前章重在为不顺于父母，如穷人无所归两句，此章重在‘象忧亦忧、象喜亦喜’两句。”

曰：“然则舜伪喜者与？”曰：“否。昔者有馈生鱼于郑子产，子产使校人畜之池。校人烹之，反命曰：‘始舍之圉圉焉，少则洋洋焉，攸然而逝。’子产曰‘得其所哉！得其所哉！’校人出，曰：‘孰谓子产智？予既烹而食之，曰：得其所哉？得其所哉。’故君子可欺以其方，难罔以非其道。彼以爱兄之道来，故诚信而喜之，奚伪焉？”与，平声。校，音效，又音教。畜，许六反。

校人，主池沼小吏也。圉圉，困而未纾音舒。之貌。洋洋，则稍纵矣。攸然而逝者，自得而远去也。方，亦道也。罔，蒙蔽也。欺以其方，谓诳古况反。之以理之所有；罔以非其道，谓昧之以理之所无。象以爱兄之道来，所谓欺之以其方也。舜本不知其伪，故实喜之，何伪之有？○此章又言舜遭人伦之变，而不失天理之常也。新安陈氏曰：“不失天理之常，则终可以回人伦之变矣，不格奸底豫之余，人伦岂终变也哉？”东阳许氏曰：“鱼入水，有悠然而逝之理，弟有思兄郁陶之理，故子产与舜皆信之。舜之爱弟自天性，况象又以爱兄之道来感之乎！”

○万章问曰：“象日以杀舜为事，立为天子，则放之，何也？”孟子曰：“封之也，或曰放焉。”

放，犹置也；置之于此，使不得去也。万章疑舜何不诛之，孟子言舜实封之，而或者误以为放也。

万章曰：“舜流共工于幽州，放驩兜于崇山，杀三苗于三危，殛鲧于羽山，四罪而天下咸服①，诛不仁也。象至不仁，封之有庳。有庳之人奚罪焉？仁人固如是乎？在他人则诛之，在弟则封之。”曰：“仁人之于弟也，不藏怒焉，不宿怨焉，亲爱之而已矣。亲之欲其贵也，爱之欲其富也。封之有庳，富贵之也。身为天子，弟为匹夫，可谓亲爱之乎？”庳，音鼻。

流，徙也。共音恭。工，官名。驩兜，人名。二人比毗至反。周，相与为党。三

---

① 以上语本《书·尧典》：“流共工于幽州，放驩兜于崇山，窜三苗于三危，殛鲧于羽山，四罪而天下咸服。”共工，《淮南子·本经训》：“舜之时，共工振滔洪水，以薄空桑。”旧注谓共工为“水官名”。

苗，国名，负固不服。杀，杀其君也。殛，诛也。鲧，禹父名，方命圮部鄙反。族，治水无功，新安倪氏曰："方命圮族，见《书·尧典篇》。方命者，逆上命而不行也。圮败族类，言与众不和，伤人害物也。"皆不仁之人也。幽州、崇山、三危、羽山、有庳，皆地名也。赵氏曰："幽州，北裔之地，舜分冀北为幽州。崇山，南裔之山，在今澧州慈利县。三危，西裔之地，禹贡在雍州。或以为敦煌，未详。羽山，东裔之山，在今海州朐山县。"或曰："今道州鼻亭，即有庳之地也。"未知是否？《汉书》颜师古注云："有庳在零陵，今鼻亭是也。"万章疑舜不当封象，使彼有庳之民无罪而遭象之虐，非仁人之心也。藏怒，谓藏匿其怒。宿怨，谓留蓄其怨。双峰饶氏曰："仁人之于弟，虽有怒，亦不藏之。虽有怨，亦不留之，少间便释然亲之，欲其亲近于我，贵之是也。爱之，欲其得遂所欲，富之是也。"

"敢问或曰放者，何谓也?"曰："象不得有为于其国，天子使吏治其国，而纳其贡税焉，故谓之放，岂得暴彼民哉？虽然，欲常常而见之，故源源而来。'不及贡，以政接于有庳'，此之谓也。"

孟子言象虽封为有庳之君，然不得治其国，天子使吏代之治，而纳其所收之贡税于象。有似于放，故或者以为放也。盖象至不仁，处上声。之如此，则既不失吾亲爱之心，而彼亦不得虐有庳之民也。源源，若水之相继也。来，谓来朝音潮。下同。觐也。不及贡以政接于有庳，谓不待及诸侯朝贡之期，而以政事接见有庳之君。盖古书之辞，新安陈氏曰："以'此之谓也'四字观之，知其为古书之辞。"而孟子引以证源源而来之意，见形甸反。其亲爱之无已如此也。〇吴氏曰①："言圣人不以公义废私恩，亦不以私恩害公义。舜之于象，仁之至，义之尽也。"朱子曰："封之有庳富贵之，是不以公义废私恩，所以为仁之至，使吏治其国，纳贡赋而不得肆暴，是不以私恩害公义，所以为义之尽。后世如汉文之于淮南，景帝之于梁王，始则纵之太过，不得谓之仁。后又窘治之甚，不得谓之义。皆两失之。"南轩张氏曰："舜之处象，可谓尽矣。象虽不道而吾之弟也，仁人之于弟，亲爱之而已矣。或曰：周公之于管蔡，如之何？盖管蔡挟武庚以叛，忧在庙社，孽在生民，周公为国弭乱也。象之欲杀舜，其事在舜之身耳，固不同也。舜与周公，易地则皆然，盖其存心为天理人情之至，则一也。"【通考】朱氏公迁曰："篇首及此章皆以顺处其变者言之，不得乎亲而怨慕者孝之，至弟至不仁而诚信喜之者友之，至此其不失乎常者也。封之有庳，而富贵之常道之中，虽有权而均之，不失天理之常也。吾友操公琬之言曰：'大舜之于象也，诚信喜之，则圣人自然之天，所以尽其爱之之心也。'封之有庳，则圣人虑事之法，所以全其爱之之道也。舜之处象者如此，而周公之处管蔡者不同其说，则先儒之论备矣。"

---

① 吴氏：吴棫(约1100—1154年)，字才老，宋建安(今福建建瓯)人，一曰舒州(今安徽潜山)人。政和八年进士，绍兴中为太常丞，以忤秦桧，出为泉州通判，明恕能断。棫精训释之学，有《书裨传》、《诗补音》、《论语指掌》、《考异续解》、《楚辞释音》。又作《字学韵补》，朱熹谓近代训释之学，唯才老为优，遂据以叶三百篇之韵。今传《韵补》五卷。事见《挥尘三录》卷三，清同治《福建通志》卷一八七有传。

○咸丘蒙问曰："语云：'盛德之士，君不得而臣，父不得而子。'舜南面而立，尧帅诸侯北面而朝之，瞽瞍亦北面而朝之。舜见瞽瞍，其容有蹙。孔子曰：'于斯时也，天下殆哉，岌岌乎！'不识此语诚然乎哉？"孟子曰："否。此非君子之言，齐东野人之语也。尧老而舜摄也。《尧典》曰：'二十有八载，放勋乃徂落，百姓如丧考妣，三年，四海遏密八音。'孔子曰：'天无二日，民无二王。'舜既为天子矣，又帅天下诸侯以为尧三年丧，是二天子矣。"朝，音潮。岌，鱼及反。

咸丘蒙，孟子弟子。语者，古语也。蹙，颦蹙不自安也。岌岌，不安貌也。言人伦乖乱，天下将危也。齐东，齐国之东鄙也。孟子言尧但老不治事，而舜摄天子之事耳。尧在时，舜未尝即天子位，尧何由北面而朝乎？又引《书》及孔子之言以明之。《尧典》，《虞书》篇名。今此文乃见形甸反。于《舜典》，盖古《书》二篇，或合为一耳。言舜摄位二十八年而尧死也。徂，升也。落，降也。人死则魂升而魄降，故古者谓死为徂落。遏，止也。密，静也。八音，金、石、丝、竹、匏、蒲交反。土、革、木，新安倪氏曰："金，钟也。石，磬也。丝，琴瑟也。竹，箫篪也。匏，笙竽也。土，埙也。革，鼓也。木，柷敔也。"乐器之音也。南轩张氏曰："尧老而命舜摄天子之事，是则尧犹为君，而舜则臣也。尧崩，舜率天下之臣民以为尧三年丧，是犹以尧之事行于天下也。至于尧三年之丧毕，舜避尧之子，而天下狱讼讴歌归之，不容舍焉。而后舜始践天子位，此尧舜相继之际。《书》传所载莫详焉，而不独见于孟子之书也。"双峰饶氏曰："百姓，是畿内百姓，如平章百姓，皆指畿内而言。古者天子崩，畿内百姓为之斩衰期年之服。诸侯薨，国内百姓为之斩衰皆期年也。周制百姓期年，今也百姓为之三年，至于四海虽无服，亦遏密八音不作乐。"

咸丘蒙曰："舜之不臣尧，则吾既得闻命矣。《诗》云：'普天之下，莫非王土；率土之滨，莫非王臣。'而舜既为天子矣，敢问瞽瞍之非臣，如何？"曰："是《诗》也，非是之谓也；劳于王事，而不得养父母也。曰：'此莫非王事，我独贤劳也。'故说《诗》者，不以文害辞，不以辞害志。以意逆志，是为得之。如以辞而已矣，《云汉》之诗曰：'周余黎民，靡有孑遗。'信斯言也，是周无遗民也。

不臣尧，不以尧为臣，使北面而朝也。《诗·小雅·北山》之篇也。普，遍也。率，循也。此诗今《毛氏序》云："役使不均，已劳于王事而不得养去声。其父母焉。"其诗下文亦云："大夫不均，我从事独贤。"乃作诗者自言天下皆王臣，何为独使我以贤才而劳苦乎？非谓天子可臣其父也。文，字也。辞，语也。逆，迎也。《云汉》，《大雅》篇名也。孑，独立之貌。遗，脱也。言说诗之法，不可以一字而害一句之义，不可以一句而害设辞之志，当以己意迎取作者之志，乃可得之。若但以其辞而已，则如《云汉》所言，是周之民真无遗种上声。矣。惟以意逆之。则知作诗者之志在于忧旱，而非真无遗民也。朱子曰："逆，是前去追迎之意，将自家意思去前面等候诗人之志来，如等人来相似。今日等不来，明日又等，须等得来方得，今人却是硬捉他来，便不是逆志。所谓逆者，其至否迟速不敢自必，而听于彼也。大抵读书，须虚心平气，优游玩味，徐观圣贤立言本意所向如何，然后随其远近深浅、轻重缓急而为之说，庶乎可以得之。若便以吾先入之说横于胸次，而驱牵圣贤之言，以从己意，设使义理可通，已涉私穿凿，而不免于郢书燕说之诮，况又义理窒碍，实有所不可行乎！”庆源辅氏曰：“以文害辞，是泥一字之文，而害一句之辞也；以辞害意，是泥一句之辞，而害诗人设辞之意也。意是己意，志是诗人之志，以我之意迎取诗人之志，然后可以得之。”

孝子之至，莫大乎尊亲；尊亲之至，莫大乎以天下养。为天子父，尊之至也；以天下养，养之至也。《诗》曰：‘永言孝思，孝思维则。’此之谓也。养，去声。

言瞽瞍既为天子之父，则当享天下之养，此舜之所以为尊亲养亲之至也。岂有使之北面而朝之理乎？《诗·大雅·下武》之篇。言人能长言孝思而不忘，则可以为天下法则也。庆源辅氏曰：“上既言读诗之法，以破万章之惑，此又言尊亲养亲之至，以见舜无使父朝己之理，夫舜既为天子，则瞽瞍实为天子之父，备享四海九州之奉，而舜为尊亲养亲之至矣。故引《下武》诗以咏叹之，以谓如舜者，然后可谓能长言孝思而为天下法则者矣。岂有使其父北面而朝之理乎？”双峰饶氏曰：“尊亲养亲，虽是二事，然尊与养相须，养之至乃所以尊之也。”

《书》曰：‘只载见瞽瞍，夔夔齐栗，瞽瞍亦允若。’是为父不得而子也。”见，音现。齐，侧皆反。

《书·大禹谟》篇也。只，敬也。载，事也。夔夔齐栗，敬谨恐惧之貌。允，信也。若，顺也。言舜敬事瞽瞍，往而见之，蔡氏曰：“敬其子之职事也。”敬谨如此，瞽瞍亦信而顺之也。孟子引此而言瞽瞍不能以不善及其子，而反见化于其子，则是所谓父不得而子者，而非如咸丘蒙之说也。南轩张氏曰：“古之君，有受教于臣以成德者，如太甲之于伊尹，成王之于周公，谓之君不得而臣亦可也。盖在子，知尽事父之道。在臣，知尽事君之道而已，自他人与后世观之，则见其有不得而臣不得而子者焉，故云尔也。”云峰胡氏曰：“如咸丘蒙之说，则所谓父不得而子者，以位言也。殊不知古语云：‘盛德之士，本自专以德言。祗载见瞽瞍，夔夔齐栗。’此舜之盛德处，瞽瞍亦允若，则反见化于其子盛德之中，而不得以不善及其子也。”

○万章曰：“尧以天下与舜，有诸？”孟子曰：“否。天子不能以天下与人。”

天下者，天下之天下，非一人之私有故也。

“然则舜有天下也，孰与之？”曰：“天与之。”

万章问而孟子答也。

“天与之者，谆谆然命之乎？”谆，之淳反。

万章问也。谆谆，详语之貌。

曰：“否。天不言①，以行与事示之而已矣。”行，去声。下同。

行如字。之于身谓之行，措诸天下谓之事。言但因舜之行事，而示以与之之意耳。

曰：“以行与事示之者如之何？”曰：“天子能荐人于天，不能使天与之天下；诸侯能荐人于天子，不能使天子与之诸侯；大夫能荐人于诸侯，不能使诸侯与之大夫。昔者

① 天不言：《论语·阳货》：“天何言哉？四时行焉，百物生焉，天何言哉？”

尧荐舜于天而天受之，暴之于民而民受之，故曰：天不言，以行与事示之而已矣。”暴，步卜反。下同。

暴，显也。言下能荐人于上，不能令力呈反。上必用之。舜为天人所受，是因舜之行与事，而示之以与之之意也。庆源辅氏曰：“下荐人于上，公心也。若有必上用之之心，则私意矣。孟子此言，不特说得三圣授受明白，而于人臣荐贤之道，大公至正之心亦尽，彼窃位蔽贤者，固不足责，而进一善，达一能，上必君之用，下示己之恩者，皆非也。上只言天，此又并民而言者，天民一理，天实以民为视听也，舜相尧二十八载，固天也。至于朝觐讼狱讴歌，则人耳。而亦曰天者，以天统人，以人证天，天与人一也。”

曰：“敢问荐之于天而天受之，暴之于民而民受之，如何?”曰：“使之主祭而百神享之，是天受之；使之主事而事治，百姓安之，是民受之也。天与之，人与之，故曰：天子不能以天下与人。治，去声。**舜相尧二十有八载，非人之所能为也，天也。尧崩，三年之丧毕，舜避尧之子于南河之南。天下诸侯朝觐者，不之尧之子而之舜；讼狱者，不之尧之子而之舜；讴歌者，不讴歌尧之子而讴歌舜，故曰天也。夫然后之中国①，践天子位焉。而居尧之宫，逼尧之子，是篡也，非天与也。**相，去声。朝，音潮。夫，音扶。

南河在冀州之南，新安倪氏曰：“冀州为帝都，河在其南，故谓之南河。”其南即豫州也。讼狱，谓狱不决而讼之也。

《太誓》曰：‘天视自我民视，天听自我民听’，此之谓也。”

自，从也。天无形，其视听皆从于民之视听。民之归舜如此，则天与之可知矣。南轩张氏曰：“圣人之动，无非天也，其相授受之际，岂有我之所得为哉！故曰天子不能以天下与人，天子而以天下与人，则是私意之所为，乱之道也。尧之于舜，选于天下而荐之天耳，而舜之卒有天下者，天实为之，尧岂能加毫末于此哉！舜之相尧，历年如是之久，其荐于天、暴于民者，如是其著，此乃天也。尧崩，舜率天下而服尧之丧，尧丧既除，舜避尧之子于南河之南，不敢以己为天子而听天所命也，朝觐讼狱讴歌者皆相率而归，有不容舍焉，夫然后归而践位，而从容于天人之际盖如此。然则舜亦岂能加毫末于此哉！玩此章，则圣人所谓先天而天不违，后天而奉天时者，殆可得而究矣。”新安陈氏曰：“太，《书》作泰。《皋陶谟》曰：“天聪明自我民聪明。”《泰誓》之言，盖本于此，天既无民之形体，故其视听皆从于民。民之所归，即天之所命也。”【通旨】朱氏公迁曰：“此章‘天’字以主宰言，凡自天意而言者，皆以主宰言，孔子重言‘天厌之’及‘天之德，天未丧斯文’，孟子言‘天位天职天禄，天未欲不平治天下’及引《诗》、《书》所言‘天作孽，畏天之威’，皆是此类，此与命以福祚言者相贯。”

○万章问曰：“人有言：‘至于禹而德衰，不传于贤而传于子。’有诸?”孟子曰：“否，不然也。天与贤，则与贤；天与子，则与子。昔者舜荐禹于天，十有七年，舜

---

① 中国：此指国都，《史记正义》引刘熙说云：“帝王所都为中，故曰中国。”

崩。三年之丧毕，禹避舜之子于阳城。天下之民从之，若尧崩之后，不从尧之子而从舜也。禹荐益于天，七年，禹崩。三年之丧毕，益避禹之子于箕山之阴①。朝觐讼狱者不之益而之启，曰：'吾君之子也。'讴歌者不讴歌益而讴歌启，曰：'吾君之子也。'朝，音潮。

阳城，箕山之阴，皆嵩山下深谷中可藏处。启，禹之子也。杨氏曰："此语孟子必有所受，然不可考矣。但云天与贤则与贤，天与子则与子，可以见尧、舜、禹之心，皆无一毫私意也。"南轩张氏曰："尧舜传之贤，禹传之子，而后世遂有至禹而德衰之论。此以私意观圣人也。禹荐益于天，与尧之荐舜、舜之荐禹，其心一也。益避禹之子与舜之在南河、禹之在阳城，其心一也。天而与益，则朝觐讼狱讴歌者皆归之，益践天子位矣。禹亦岂得而不与之哉，而天则与子也，禹亦岂得而与之哉？使天而与丹朱与舜之子，则舜禹固得遂其终避之意，犹益得遂其终避之志者也，故曰'其心一也'。"

丹朱之不肖，舜之子亦不肖。舜之相尧，禹之相舜也，历年多，施泽于民久。启贤，能敬承继禹之道。益之相禹也，历年少，施泽于民未久。舜、禹、益相去久远，其子之贤不肖，皆天也，非人之所能为也。莫之为而为者，天也；莫之致而至者，命也。"之相"之"相"，去声。"相去"之"相"，如字。

尧舜之子皆不肖，而舜禹之为相久，此尧舜之子所以不有天下，而舜禹有天下也。禹之子贤，而益相不久，此启所以有天下而益不有天下也。然此皆非人力所为而自为，非人力所致而自至者。盖以理言之谓之天，自人言之谓之命，其实则一而已。朱子曰："天如君，命如命令，君命人去做职事，其俸禄有厚薄，岁月有远近，无非是命。命有两样，得之不得曰有命，自是一样；天命之谓性，又自是一样。虽是两样，却只是一个命。天之命人，有命之以厚薄修短，有命之以清浊偏正，无非是命。且如舜禹益相去久远，是命之在外者；其子之贤不肖，是命之在内者。圣人穷理尽性以至于命，便能赞化育。尧之子不肖，他便不传与子而传与舜，本是个不好底意思，却被他一转转得好。"南轩张氏曰："莫之为而为者天也，莫之致而至者命也，孟子发明天人之际深矣。虽然人君为不善而天命去之，则是有所为而致也，独不可言天与命欤？孟子盖尝论之矣。曰'尽其道而死者正命也，桎梏死者非正命也'，盖知尧舜禹益之事，天理之全而命之正也。若夫为不善以及于乱亡，则是自绝乎天以遏其命，不得谓之得其正矣。"庆源辅氏曰："天则天理之本体，命则天理之命于人者。"北溪陈氏曰："天与命只一理，就其中则微有分别。为，以做事言，做事是人，对此而反之，非人所为便是天。至，以吉凶祸福地头言，有因而致是人力，对此而反之，非力所致便是命。天以全体言，命以其中妙用言，其曰以理言之谓之天，是专就天之正义言，却包命在其中。其曰自人言之谓之命，命是天命，因人形之而后见，故吉凶祸福自天来到于人然后为命，乃是于天理中截断命为一边而言，其指归一尔。若只就天一边说吉凶祸福，未有人受来，如何见得是命。"【通旨】朱氏公迁曰："此章'命'字与'莫非命也'、'非正命也'、'行法以俟命'、

① 箕山：在今河南登封东南。阴：《史记·夏本纪》作"阳"，古称山南为阳，山北为阴。

‘居易以俟命’、‘不知命’之命，皆以气言，兼言气之长短、厚薄、不齐者。”

匹夫而有天下者，德必若舜禹，而又有天子荐之者，故仲尼不有天下。

孟子因禹益之事，历举此下两条以推明之。言仲尼之德，虽无愧于舜禹，而无天子荐之者，故不有天下。

继世以有天下，天之所废，必若桀纣者也，故益、伊尹、周公不有天下。

继世而有天下者，其先世皆有大功德于民，故必有大恶如桀纣，则天乃废之。如启及大甲、成王虽不及益、伊尹、周公之贤圣，但能嗣守先业，则天亦不废之。故益、伊尹、周公，虽有舜禹之德，而亦不有天下。

伊尹相汤以王于天下。汤崩，太丁未立，外丙二年，仲壬四年。太甲颠覆汤之典刑，伊尹放之于桐①。三年，太甲悔过②，自怨自艾，于桐处仁迁义；三年，以听伊尹之训己也，复归于亳。相、王，皆去声。艾，音义。

此承上文言伊尹不有天下之事。赵氏曰："太丁，汤之太子，未立而死。外丙立二年，仲壬立四年，皆太丁弟也。太甲，太丁子也。"程子曰"古人谓岁为年。汤崩时，外丙方二岁，仲壬方四岁，惟太甲差初宜反。长，上声。故立之也。"二说未知孰是。颠覆，坏音怪。乱也。典刑，常法也。桐，汤墓所在。艾，治也；《说文》云"芟师銜反。草也"；盖斩绝自新之意。亳，商所都也。

周公之不有天下，犹益之于夏，伊尹之于殷也。

此复言周公所以不有天下之意。朱子曰："仲尼不有天下，益伊周不有天下，岂益伊周孔皆有有天下之愿，而以无天子荐之，与天意未有所废而不得乎？直论其理如此耳。"问："舜禹避位之说，或者疑之，以为舜禹之为相摄行天子之事久矣，至此而复往避之，有如天下归之而朱均不顺，则将从天下而废其君之子耶？抑将奉其君之子而违天下之心耶？是皆事之至逆，而由避有以致之也。至益不度天命而受位矣，避之而天下不从，然后不敢为，匹夫犹且耻之，而谓益为之乎！是其说也奈何？"闻之师曰："圣人未尝有取天下之心也，三年丧毕，去而避之，礼之常、事之宜耳。其避去也，其心惟恐天下之不吾释也。舜禹盖迫于天命人心而不获已者，若益则求仁而得仁耳。论者纽于利害权谋之习，而妄意圣贤之心，盖以曹操不肯释兵之心而为舜禹益谋，宜其以为不当去位而避朱均；以曹丕屡表陈逊之心而为舜禹益谋，宜其幸舜禹之得之，而以益之，不得为可耻也。"

孔子曰：'唐虞禅，夏后③、殷、周继，其义一也。'"禅，音擅。

禅，授也。【通考】汤氏登曰④："尧舜授禅之禅，本音去声，魏晋以来始有禅学，借音平声，传禅字。宜如字，不必点，发作去声，其禅静字却当点，发作平声，则文顺

① 桐：在今河南商丘以西，位处当时商国都的西南方。

② 太甲悔过：《书序》谓"太甲既立，不明，伊尹放诸桐，三年复归于亳"，古本《竹书纪年》称伊尹放太甲"七年，太甲潜出自桐，杀伊尹"，与《书序》即孟子此处所述不同。

③ 后：《尔雅·释诂》："后，君也。"

④ 汤氏登：生平不详。

理顺。”或禅或继，皆天命也。圣人岂有私意于其间哉？○尹氏曰：“孔子曰：‘唐虞禅，夏后、殷、周继，其义一也。’孟子曰：‘天与贤则与贤，天与子则与子。’知前圣之心者，无如孔子，继孔子者，孟子而已矣。”○南轩张氏曰：“一者，何也？亦曰‘奉天命而已矣’。”

○万章问曰：“人有言‘伊尹以割烹要汤’有诸？”要，平声。下同。

要，求也。按《史记》“伊尹欲行道以致君而无由，乃为有莘氏之媵以证反。臣，负鼎俎以滋味说音税。汤①，致于王道”。盖战国时有为此说者。庆源辅氏曰：“战国之时，人不知有义理之学，汲汲然志于功名事业，以求其富贵利达，虽枉己辱身，有所不顾，故设为此等议论，上以诬圣贤，下以使一己之私耳。”新安陈氏曰：“汤妃，有莘氏女也，所以有随嫁从臣，负鼎俎盖庖人之类。”

孟子曰：“否，不然。伊尹耕于有莘之野，而乐尧舜之道焉。非其义也，非其道也，禄之以天下，弗顾也；系马千驷，弗视也。非其义也，非其道也，一介不以与人，一介不以取诸人，乐，音洛。

莘，国名。赵氏曰：“今司州郃阳县。”乐尧舜之道者，诵其诗，读其书，而欣慕爱乐之也。新安陈氏曰：“诗，如《康衢》之谣，《舜皋》之歌之类。书，如二《典》三《谟》是也。必如此解，此句方实。”驷，四匹也。介与草芥之芥同。言其辞受取与，无大无细，一以道义而不苟也。龟山杨氏曰：“一介之与万钟，若论利，则有多寡，若论义，其理一也。伊尹惟能一介知所取与，故能禄之以天下弗顾，系马千驷弗视，自后世观之，则一介不以与人为太吝，一介不以取诸人为太洁，然君子之取与，适于其义而已，与之啬，取之微，虽若不足道矣。然苟害于义，又何多寡之间乎？”问：“道义一物，非其义，则非其道矣。一介不妄取与，则大者可知矣。既曰非义，又曰非道，既曰一介，又曰天下千驷，何也？”朱子曰：“道义，兼举体用而言也。一介千驷，极其多少而言也。盖人之气质不同，器识有异，或务大而忽小，或抱小而遗大，故必兼举而极言之，然后足以见其德之全耳。”双峰饶氏曰：“孟子说义必说道，如配义与道，皆是先义。亘古穷今只一个道，义是随时处事之权。要两下看，既揆以义，又揆以道，方可处事。有合一时之宜，及揆以古道，则有不合处。道是体，义是用，义以事言，道以理言，以事言则得其宜，以理言则得其正，然后为尽善故两言之。”

汤使人以币聘之，嚣嚣然曰：‘我何以汤之聘币为哉？我岂若处畎亩之中，由是以乐尧舜之道哉？’嚣，五高反，又户骄反。

嚣嚣，无欲自得之貌。庆源辅氏曰：“伊尹以尧舜之道自乐，故常无欲而自得，涵泳其言，则举天下之物，果何足以累其心哉？”

汤三使往聘之，既而翻然改曰：‘与我处畎亩之中，由是以乐尧舜之道，吾岂若使是君为尧舜之君哉？吾岂若使是民为尧舜之民哉？吾岂若于吾身亲见之哉？

幡然，变动之貌。于吾身亲见之，言于我之身亲见其道之行，不徒诵说向慕之而已

---

① 鼎俎：鼎和俎。古代祭祀、燕飨时陈置牲体或其他食物的礼器。

也。朱子曰：“或谓‘饥食渴饮，耕田凿井，便是乐尧舜之道。’此皆不实，岂若吾身亲见之哉？这个便是真尧舜，却不是泛说底，道皆尧舜之道，如论文武之道未坠于地，此亦真个指文武之道，而或者便说日用间，皆是文武之道，殊不知圣贤之言自实。”

天之生此民也，使先知觉后知，使先觉觉后觉也。予，天民之先觉者也；予将以斯道觉斯民也。非予觉之，而谁也？’

此亦伊尹之言也。知，谓识其事之所当然。觉，谓悟其理之所以然。觉后知后觉，如呼去声。寐者而使之寤也。言天使者，天理当然，若使之也。程子曰：“予天民之先觉，谓我乃天生此民中，尽得民道而先觉者也。既为先觉之民，岂可不觉其未觉者。及彼之觉，亦非分我所有以予通作与。之也。皆彼自有此理，我但能觉之而已。”朱子曰：“程子云：‘知是知此事，觉是觉此理。如事亲当孝，事兄当弟，事也。其所以当孝，所以当弟，理也。’今人知得此事，讲解得这道理，皆是知之之事，及至自悟，则又自有个见解处。”“中央两个‘觉’字，皆训唤醒，是我唤醒他。”庆源辅氏曰：“知浅而觉深，知有界限，觉无偏全。程子云：‘譬之人睡，他人未觉，而我先觉，故摇撼其未觉者，亦使之觉。及其已觉也，元无欠少，而亦未尝有增加，适一般耳。’此说说得‘觉’字，极为全备，既为先觉之民，岂可不觉其未觉者，此解‘非予觉之而谁也’一句，盖《大学》之道既明，明德则必须新民，到此地位，自然住不得，正使不得时与位，亦须着如孔孟著书立言，以觉万世始得，此皆是不容已者。”

思天下之民匹夫匹妇有不被尧舜之泽者，若己推而内之沟中。其自任以天下之重如此，故就汤而说之以伐夏救民。推，吐回反。内，音纳。说，音税。

《书》曰：“昔先正保衡作我先王，曰：‘予弗克俾厥后为尧舜，其心愧耻，若挞于市。’一夫不获，则曰‘时予之辜’。”孟子之言盖取诸此。是夏桀无道，暴虐其民，故欲使汤伐夏以救之。徐氏曰：“伊尹乐尧舜之道。尧舜揖逊，而伊尹说汤以伐夏者，时之不同，义则一也。”

吾未闻枉己而正人者也，况辱己以正天下者乎？圣人之行不同也，或远或近，或去或不去，归洁其身而已矣。行，去声。

辱己甚于枉己，正天下难于正人。若伊尹以割烹要汤，辱己甚矣，何以正天下乎？庆源辅氏曰：“辱己实由于枉己，不可以为未甚而已可枉也。正天下实自正人始，未有不能正人而能正天下者也。”远，谓隐遁与“遯”同。也。近，谓仕近君也。言圣人之行虽不必同，然其要如字。归，在洁其身而已。伊尹岂肯以割烹要汤哉？庆源辅氏曰：“或远而去，或近而不去，所遭之时不同，而在洁其身则同。洁身，不使其身污辱于不义也，身为万事之本，使尹以割烹要汤，则污其身甚矣。本既不正，事无可为，而谓尹为之乎？”

吾闻其以尧舜之道要汤，未闻以割烹也。

林氏曰：“以尧舜之道要汤者，非实以是要之也，道在此而汤之聘自来耳。犹子贡言夫子之求之，异乎人之求之也。”愚谓此语亦犹前章所论父不得而子之意。新安陈氏曰：“承其要汤之语而正之，谓伊尹所以要汤在尧舜之道。而非割烹也。其实伊尹未尝要求于汤，如夫子之求之，与父不得而子，语脉相似，故《集注》引以为证。”

《伊训》曰：‘天诛造攻自牧宫，朕载自亳。’”

《伊训》，《商书》篇名。孟子引以证伐夏救民之事也。今《书》牧宫作鸣条。牧宫，桀宫也。造、载，皆始也。伊尹言始攻桀无道，由我始其事于亳也。南轩张氏曰：“桀为不道，伊尹则相汤始于亳而往征之，然则其伐夏也，奉天讨有罪而已。”庆源辅氏曰：“此伊尹所自言，于此可见其任重之意，则其不肯枉道自污以要君必矣。事苟理明义正，圣贤初无所掩复也。”

○万章问曰：“或谓孔子于卫主痈疽，于齐主侍人瘠环，有诸乎?”孟子曰：“否，不然也。好事者为之也。痈，于容反。疽，七余反。好，去声。

主，谓舍于其家，以之为主人也。痈疽，疡音羊。医也。新安倪氏曰：“《周礼·天官》‘有疡医疡’，疮痈也。”侍人，奄与“阉”同，音掩。人也。瘠，姓。环，名。皆时君所近狎之人升君所近狎之人也。好事，谓喜造言生事之人也。

于卫主颜雠由。弥子之妻与子路之妻，兄弟也。弥子谓子路曰：‘孔子主我，卫卿可得也。’子路以告。孔子曰：‘有命。’孔子进以礼，退以义，得之不得曰‘有命’。而主痈疽与侍人瘠环，是无义无命也。雠，如字，又音犨。

颜雠由，卫之贤大夫也，《史记》作颜浊邹。弥子，卫灵公幸臣弥子瑕也。徐氏曰：“礼主于辞逊，故进以礼；义主于制断，丁乱反。故退以义。难进而易去声。退者也，在我者有礼义而已，得之不得则有命存焉。”朱子曰：“三揖而进，一辞而退。进以礼，揖让辞逊；退以义，刚决果断。”“圣人以义处命，本不待断以命也，所以曰‘有命’，对弥子瑕言之也。”南轩张氏曰：“圣人非择礼义而为进退。圣人之进退，无非礼义；礼义之所在，固命之所在也。此所谓义命之合一者也。”新安陈氏曰：“上言礼义，下只言义者，进以礼，亦义所当进，义可以该礼也。”【通考】朱氏公迁曰：“此章‘命’字与‘得之有命’、‘其如命何’、‘赐不受命’之‘命’，皆以气言，专言气之厚薄不齐者。‘赐不受命’则专自贫富而言，余三条则通自穷、通得丧而言，大同小异也。”

孔子不悦于鲁卫，遭宋桓司马将要而杀之，微服而过宋。是时孔子当阨，主司城贞子，为陈侯周臣。要，平声。

不悦，不乐音洛。居其国也。桓司马，宋大夫向式亮反。魋也。司城贞子，亦宋大夫之贤者也。双峰饶氏曰：“司马、司城，皆是宋之官，他国则无。宋是王者后，故仿天子礼有司马、司城。”新安倪氏曰：“宋以武公讳，改司空为司城。”陈侯，名周。按《史记》：“孔子为鲁司寇，齐人馈女乐以间去声。之，孔子遂行。适卫月余，去卫适宋。司马魋欲杀孔子，孔子去至陈，主于司城贞子。”新安陈氏曰：“以文势观，似是临去宋时，主于司城贞子。适陈，为陈侯周臣。”孟子言孔子虽当阨难去声，当犹择所主，况在齐卫无事之时，岂有主痈疽侍人之事乎？庆源辅氏曰：“以孔子进礼退义曰‘有命’观之，则必无主痈疽侍人之理；以当阨主司城贞子观之，则必无主痈疽侍人之事。”

吾闻观近臣，以其所为主；观远臣，以其所主。若孔子主痈疽与侍人瘠环，何以为孔子?”

近臣，在朝音潮。之臣。远臣，远方来仕者。君子小人，各从其类，故观其所为主，与其所主者，而其人可知。吕氏曰："辞受有义，得不得有命，皆理之所必然。有命有义，是有可得可受之理，故舜可受尧之天下。无命无义，是无可得可受之理，故孔子不主弥子以受卫卿。二者义命有自合之理，无从而间焉。有义无命，虽有可受之义，而无可得之命，安得而受之？是谓义合于命，故益避启而不受禹之天下。有命无义，虽有可得之命而无可受之义，亦安得而受之？是谓命合于义，故中国授室养弟子以万钟而孟子辞之也。"南轩张氏曰："此泛言观人之法，岂独为人臣者所当知。为人君者尤当明此义，则远近交见，而不蔽于耳目之私矣。"新安陈氏曰："吕氏所谓无命无义，与孟子本文是无义无命也不同，进退以礼义而得之，有命也。于圣贤未尝加益，惟合于礼义而已，命之得非所计也，进退以礼义而不得，亦命也。于圣贤未尝或损，无慊于礼义矣，不得奚伤哉！安于命而已，故曰'得之不得曰有命'。若有苟得之心，而欲因时君近狎之人以进，则是进退不以礼义，而不知有命矣。故曰'是无义无命'也。"

○万章问曰："或曰：'百里奚自鬻于秦养牲者，五羊之皮，食牛，以要秦穆公。'信乎？"孟子曰："否，不然。好事者为之也。食，音嗣。好，去声。下同。

百里奚，虞之贤臣。人言其自卖于秦养牲者之家，得五羊之皮而为去声。之食牛，因以干秦穆公也。

百里奚，虞人也。晋人以垂棘之璧与屈产之乘，假道于虞以伐虢。宫之奇谏，百里奚不谏。屈，求勿反。乘，去声。

虞虢，皆国名。垂棘之璧，垂棘之地所出之璧也。屈产之乘，屈地所生之良马也。乘，四匹也。晋欲伐虢，道经于虞，故以此物借道，其实欲并去声。取虞。宫之奇，亦虞之贤臣。谏虞公令力呈反。勿许，虞公不用，遂为晋所灭。百里奚知其不可谏，故不谏而去之秦。《左传·僖公二年》："晋荀息请屈产之乘，与垂棘之璧，假道于虞以伐虢。公曰：'是吾宾也。'对曰：'若得道于虞，犹外府也。'乃使荀息假道于虞，虞公许之。且请先伐虢。宫之奇谏，不听，遂起师，夏晋里克荀息，帅虞师伐虢，灭下阳虢邑。五年，晋侯复假道于虞以伐虢，宫之奇谏曰：'虢，虞之表也，虢亡，虞必从之，晋不可启，寇不可玩，习也。一之谓甚，其可再乎？谚所谓辅车相依，辅，颊。辅车，牙车也。唇亡齿寒者，其虞虢之谓也。'弗听，宫之奇以其族行，十二月，晋灭虢，馆于虞，遂袭虞灭之，执虞公。"赵氏曰："虞在汉河东郡大阳县，虢在汉河南郡荥阳县。

知虞公之不可谏而去，之秦，年已七十矣，曾不知以食牛干秦穆公之为污也，可谓智乎？不可谏而不谏，可谓不智乎？知虞公之将亡而先去之，不可谓不智也。时举于秦，知穆公之可与有行也而相之，可谓不智乎？相秦而显其君于天下，可传于后世，不贤而能之乎？自鬻以成其君，乡党自好者不为，而谓贤者为之乎？"相，去声。

自好，自爱其身之人也。孟子言百里奚之智如此，必知食牛以干主之为污。其贤又如此，必不肯自鬻以成其君也。新安陈氏曰："成其君，成就其君之霸业也。"然此事当孟子时，已无所据。孟子直以事理反复推之，而知其必不然耳。○范氏曰："古之圣贤未遇之时，鄙贱之事，不耻为之。如百里奚为去声。人养牛，无足怪也。惟是人君不致敬尽礼，则不可得而见。岂有先自污辱以要其君哉？庄周曰：‘百里奚爵禄不入于心，故饭扶晚反。牛而牛肥，使穆公忘其贱而与之政。’亦可谓知百里奚矣。《庄子·田子方篇》：“百里奚爵禄不入于心，故饭牛而肥，饭犹食之也。使秦穆公忘其贱而与之政也。有虞氏死生不入于心，故足以动人。”伊尹、百里奚之事，皆圣贤出处之大节，故孟子不得不辩。”尹氏曰：“当时好事者之论，大率类此。盖以其不正之心度待洛反。圣贤也。”范氏曰：“虞之将亡，宫之奇谏，百里奚不谏，二人皆是也。宫之奇不忍虞之亡，谏而不听，然后以其族行，君臣之义尽。百里奚事虞公年七十矣，而无所遇，知其不可谏，不谏而先去之，去就之理明。奇为忠臣，奚为智士，故曰皆是也。按《秦本纪》：‘晋虏虞君与百里奚，奚亡秦走宛，楚鄙人执之，穆公闻其贤，以五羖羊皮赎之，号五羖大夫。’《商鞅传》赵良曰：‘五羖大夫，荆之鄙人也，闻穆公贤，愿见行而无资，自鬻于秦，被褐饭牛，穆公举之牛口之下，加之百姓之上。’《史记》所传自相矛盾，盖得之好事者。”南轩张氏曰：“奚于虞在不必谏之地，又知其不可谏，谏必不听，故引而去之，所以为智。使在当谏之地而不谏，是不忠之臣也，可谓智乎！”蔡氏曰：“战国之时，人不知道，惟知以功利为急，甚者敢诬圣贤，欲借以行其私，如伊尹割烹要汤，孔子主痈疽侍人，百里奚自鬻。虽万章之徒，亦不知其为非，而犹不免于疑问，习俗移人之心如此，孟子安得不历数而明辨之哉？”【通考】东阳许氏曰：“后语六反、四智、二贤，皆反复明奚之事，第一总言去虞入秦之智，第二第三详言去虞之智，第四详言入秦之智，第五以事实言其贤，为下节张本，第六专以上文之贤证自鬻之言自妄。前后皆是仿佛言之，惟第五节为要。然不智则不能明去就之几，不贤则不足以见其智之正，故反复言之，读之则见其文之妙，而不知其意之精密如此。”

孟子集注大全卷十

万章章句下

凡九章。【通考】勿轩熊氏曰：“内六章因上篇言圣贤出处，多及进退受之义，内一章言封建井田，二章言取友之道。”

孟子曰：“伯夷，目不视恶色，耳不听恶声。非其君不事，非其民不使。治则进，乱则退。横政之所出，横民之所止，不忍居也。思与乡人处，如以朝衣朝冠坐于涂炭也。当纣之时，居北海之滨，以待天下之清也。故闻伯夷之风者，顽夫廉，懦夫有立志。治，去声。下同。横，去声。朝，音潮。

横，谓不循法度。顽者，无知觉。廉者，有分辨。懦，柔弱也。余并见前篇。见，形甸反。下文“余见”并同。

伊尹曰：‘何事非君？何使非民？’治亦进，乱亦进。曰：‘天之生斯民也，使先知

觉后知，使先觉觉后觉。予，天民之先觉者也；予将以此道觉此民也。'思天下之民匹夫匹妇有不与被尧舜之泽者，若己推而内之沟中，其自任以天下之重也。与，音预。

何事非君，言所事即君。何使非民，言所使即民。无不可事之君，无不可使之民也。余见前篇。

柳下惠，不羞污君，不辞小官。进不隐贤，必以其道。遗佚而不怨，阨穷而不悯。与乡人处，由由然不忍去也。'尔为尔，我为我，虽袒裼裸裎于我侧，尔焉能浼我哉?'故闻柳下惠之风者，鄙夫宽，薄夫敦。

鄙，狭陋也。敦，厚也。余见前篇。问："夷惠胜伊尹得些?"朱子曰："伊尹体用较全，夷惠高似伊尹，伊尹大如夷惠。"新安陈氏曰："凡言闻其风者，皆道不行于当时，而其流风余韵，足以耸动后世者也。伊尹道行于当时，有功业可见，不待以风言。夷惠道不行于当时，无功业可见，而其制行之高，足使后世想闻，其余风而兴起，所以以风言。夷则风之清，惠则风之和也。"或曰："孔子道亦不行于当时，而不以风言，何也?"曰："孔子如太极元气之运，风不足以言之也。司马迁谓讲业齐鲁之都，观夫子遗风，亦以风言，特于齐鲁之地观之，则所指者有界限，而所观者亦然，故亦以风言耳。"

孔子之去齐，接淅而行；去鲁，曰：'迟迟吾行也。'去父母国之道也。可以速而速，可以久而久，可以处而处，可以仕而仕，孔子也。"淅，先历反。

接，犹承也。淅，渍疾智反。米水也。渍米将炊，而欲去之速，故以手承水取米而行，不及炊也。举此一端，以见形甸反。其久、速、仕、止，各当其可也。《记》曰："当其可之谓时。"或曰："孔子去鲁，不税冕而行，岂得为迟?"杨氏曰："孔子欲去之意久矣，不欲苟去，故迟迟其行也。膰肉①不至，则得以微罪行矣，故不税与"脱"同。冕而行，非速也。"

孟子曰："伯夷，圣之清者也；伊尹，圣之任者也；柳下惠，圣之和者也；孔子，圣之时者也。

张子曰："无所杂者清之极，无所异者和之极。勉而清，非圣人之清；勉而和，非圣人之和。所谓圣者，不勉不思而至焉者也。"孔氏曰："任者，以天下为己责也。"愚谓孔子仕、止、久、速，各当其可，盖兼三子之所以圣者而时出之，非如三子之可以一德名也。或疑伊尹出处上声，合乎孔子，而不得为圣之时，何也？程子曰："终是任底意思去声。在。"朱子曰："夷惠气质有偏，比之夫子，终有不中节处，所以《易》中说'中正'，伊川谓'中重于正，正不必中也'。言中，则正已在其中，盖无中，则做正不出来。而单言正，则未必能中也。夷惠诸子，其正与夫子同，而夫子之中则非诸子所及也。""清、任、和，都是有病痛底圣人。"问："伊尹似无病痛?"曰："五就汤，五就桀，孔子必不肯恁地，只为他任得太过。所谓任，只就他治亦进乱亦进处，看其自任以天下之重如此，虽云禄之天下，系马千驷弗顾弗受，然终是任处多，如柳下惠不以三公易其

① 膰肉：古代祭祀用的熟肉。

介固是介，然终是和处多。”问：“三子之德各偏于一，亦尽其一德之中否?”曰：“三子之德，但各至于一偏之极。既云偏，则不得谓之中矣，如伯夷虽有善其辞命而至者不受也，此便是偏处。若善其辞命而吾受之亦何妨？只观孔子便不然。”问：“既云一偏，何以谓之圣?”曰：“圣只是做到极处，自然安行，不待勉强故谓之圣，非中之谓也。”“三圣是知之不至，三子不惟清不能和，和不能清，但于清处和处亦皆过，如射者皆中，而不中鹄。”问：“既是如此。何以为圣人之清和?”曰：“却是天理中流出无驳杂，虽是过当，直是无纤毫查滓，孔子集大成，无所不该，非特兼三子所长而已。但与三子比并说时，是兼其所长。”曰：“三子是资禀如此否?”曰：“然。”问：“如伯夷之清，而不念旧恶，柳下惠之和，而不以三公易其介，此其所以为圣之清、圣之和也，但其流弊则有隘与不恭之失。”曰：“这也是诸先生恐伤触二子，所以说流弊。今以圣人观二子，则二子多有欠阙处，才有欠阙处便有弊，所以孟子直说他隘与不恭，不曾说其末流如此。”问：“伊川云‘伊尹终有任底意思在’，谓他有担当作为底意思。只这些意思，便非夫子气象否?”曰：“然。然此处极难看，且放那里，久之看道理熟自见，强说不得。若谓伊尹有这些意思在，为非圣人之至，则孔孟皇皇汲汲，去齐去鲁，之梁之魏，非无意者，其所以异伊尹者，何也?”问：“夫子若处伊尹之地，也如他任，如何?”曰：“夫子自是不同，不如此著意。”南轩张氏曰：“孔子之速也、迟也，皆道之所在也。”曰：“‘可以速而速，可以久而久。’比《公孙丑篇》易一‘则’字，尤见从容不迫与时偕行之意。圣之时云者，非圣人之趋时，圣人之动固无不时也。”庆源辅氏曰：“伊尹惟其任底意思在，故未能与天为一，而不得为圣之时。若孔子则虽视天下无不可为之时，在己无不可行之道，然却无伊尹这些意思。曰‘如有用我者，期月而已可也’。‘如有用我者，吾其为东周乎?’多少含蓄意思，此其所以与天为一，而谓之圣之时也。”东阳许氏曰：“此章‘圣’字言夷惠伊尹处，是以地言与大而化之之圣不同，只是清任和到极处，故谓之圣。孔子则是大而化之之圣。其行之时中，则清任和时而出之，亦无不到极处。”

孔子之谓集大成。集大成也者，金声而玉振之也。金声也者，始条理也；玉振之也者，终条理也。始条理者，智之事也；终条理者，圣之事也。

此言孔子集三圣之事，而为一大圣之事；犹作乐者，集众音之小成，而为一大成也。成者，乐之一终，《书》所谓“《箫韶》九成”是也。《书·益稷篇》注：“箫古文作箾。《箾韶》，盖舜乐之总名也。九成者，犹周礼所谓九变也。”金，钟属。声，宣也，如声罪致讨之声。玉，磬也。振，收也，如振河海而不泄私列反。之振。始，始之也。终，终之也。条理，犹言脉络，指众音而言也。智者，知之所及；圣者，德之所就也。盖乐有八音：金、石、丝、竹、匏、土、革、木。若独奏一音，则其一音自为始终，而为一小成。犹三子之所知偏于一，而其所就亦偏于一也。八音之中，金石为重，故特为众音之纲纪。又金始震而玉终诎渠勿反。然也，《记·聘义》：“昔者君子比德于玉焉，温润而泽，仁也；缜密以栗，知也。廉而不刿，音蹶伤也。义也；垂之如队，直位反。礼也；扣之其声清越以长，其中诎然，乐也。越，犹扬也。诎然，绝止之貌。”朱子曰：“金声有洪杀，始震终细；玉声则始终如一，扣之其声诎然而止。”故并奏八音，则于其未作，而先击镈钟①以宣其声；镈，伯各反。钟名。俟其既阕苦穴反。而后击特磬②以收其韵。新安陈氏曰："特，专也。单击磬，曰特磬。"宣以始之，收以终之。二者之间，脉络通贯，无所不备，则合众小成而为一大成，犹孔子之知无不尽而德无不全也。金声玉振，始终条理，疑古乐经之言。故儿研兮反。宽云③："惟天子建中和之极，兼总条贯，金声而玉振之。"新安倪氏曰："前汉儿宽与武帝论封禅仪，而有是言，必非其自言，又不纯举孟子之言，且简约精密，故疑其为古乐书之言也。"亦此意也。程子曰："金声而玉振之，此孟子为学者，言终始之义也，始于致知，智之事也。行所知而至其极，圣之事也。《易》曰'知至至之，知终终之'是也。"问始终条理。朱子曰："如今乐之始作，先撞钟，是金声之也。乐终击磬，是玉振之也。始终如此，而中间乃大合乐六律五声八音，一齐莫不备举，孟子以此譬孔子，如伯夷圣之清、伊尹圣之任、柳下惠圣之和，都如乐器有一件相似是金声底，从头到尾只是金声。是玉声底，从头到尾只是玉声。""始条理是知，终条理是行。"问："智之事圣之事，工夫全在'智'字上。三子所以各极于一偏，缘他合下少致知工夫，看得道理有偏，故其终之成，亦只至一偏之极。孔子合下知得至到，看得道理周遍精切，无所不尽，故其德之成，亦兼该毕备，而无一德一行之或阙。"曰："然。""金声或洪、或杀，清浊万殊，玉声清越和平，首尾如一。故乐之作也，八音克谐，虽若无所先后，然奏之以金，节之以玉，其序亦有不可紊者焉。盖其奏之也，所以极其变也。其节之也，所以成其章也。变者虽殊，而所以成者未尝不一。成者虽一，而所历之变，洪纤清浊亦无所不具于至一之中。圣人之知，精粗大小无所不同；圣人之德，精粗大小无所不备，其始卒相成盖如此。此金声而玉振之，所以譬夫孔子之集大成，而非三子之所得与也。然即其全而论其偏，则纤而不能洪、清而不能浊者，是其金声之不备也。不能备乎金声，而遽以玉振之，虽其所以振之者，未尝有异，然其所振一全一阙，则其玉之为声，亦有所不能同矣。""奏之以金，节之以玉，奏之所以极其变，节之所以成其章也。"南轩张氏曰："条理云者，有伦绪而不紊之谓。始条理者，析众理于毫厘也；终条理者，备众理于一贯也。""致知，智之事，行其所知而极其至，圣之事也。据此一节，乃是言学者之事，所以学于圣人者，故因上文金声玉振而言。言学之序如此，盖圣人则圣智合一，无始卒之异，学者则必知所先后，然后有以入德也。故孟子于此一节，特分而言之，明圣人之智，学者所当先务必明尽众理，咸极其至，然后力行以造夫圣人之所以圣者，始终各有条而不可乱也。智之事，圣之事，犹言学智圣之功夫，非便以为智圣也。"勉斋黄氏曰："孔子之异于三子者，知之至而行之尽，三子之

---

① 镈钟：古乐器名。小钟和大钟，单独悬挂，与编钟不同。《隋书·音乐志下》："镈钟……即黄帝所命伶伦铸十二钟和五音者也。"

② 特磬：特悬磬。古代一种打击乐器，玉或石制。殷墟出土的有半圆形与稍作曲折形的两种，后多作曲折形。周代以来用于雅乐。

③ 儿宽（？—前106年）：又作倪宽，西汉大臣，千乘（今广饶）人。因所写奏折明晰而显露才能，为武帝召见，与语经学，擢为中大夫，迁左内史，拜为御史大夫，随武帝东封泰山。后又与司马迁等人同修订汉《太初历》。

不及孔子者，知有所蔽于始，而行有阙于终也。此孔子所以独得其全，而三子仅得其偏也。”【通考】东阳许氏曰：“此一节以乐比孔子，知之至，行之极，条理即八音。以金而声之，所以始其众乐；以玉而振之，所以终其众乐。声振始终，皆是动用字，惟其知之至；故能始万物，惟其行之极，故能终万事。是为智圣两全。”

智，譬则巧也；圣，譬则力也。由射于百步之外也，其至，尔力也；其中，非尔力也。”中，去声。

此复扶又反。以射之巧力，发明“智”、“圣”二字之义。见孔子巧力俱全，而圣智兼备，三子则力有余而巧不足，是以一节虽至于圣，而智不足以及乎时中也。张子曰：“夷惠智不明于至善，故偏入于清和，然而卒能成性，故虽圣而不智，孔子智既明于至善，故集大成如清和时任皆有之，无不曲当也。故圣且智，金声而玉振也。”龟山杨氏曰：“伯夷、伊尹、柳下惠，于清任和处已至圣人，但其他处未必皆中，其至与孔子同，而其中与孔子异，只为不能无偏故也。若隘与不恭，其所偏欤！”问：“以智比圣，智固未可以言圣，然孟子以智譬巧，以圣譬力，力既不及于巧，则是圣必由于智也明矣。而尹和靖乃曰‘始条理者，犹可以用智，终条理则智不容于其间矣’，则是以圣智浅深而言，与孟子之意似相戾。惟伊川引《易》‘知至至之，知终终之’，其意若曰‘夫子所以能集三子而大成者，由其始焉知之之深也’。盖知之至，行之必至。三子之智，始焉知之未尽，故其后行之虽各极其至，终未免各失于一偏，非终条理者未到，以其始条理者，已差之矣。不知伊川之意，是如此否?”朱子曰：“甚好。”问：“孟子既以智为始，圣为终，则智者致知之事。圣者极至之名，其终复曰‘智巧圣力’，是智反妙于圣矣?南轩以为论学，则智圣有始终之序，语道则圣之极，是智之极者也。此说似可以破前所疑否?”曰：“智是见得彻之名，圣是行得到之号，有先后而无浅深也。圣而不智，如水母之无虾，亦将何所到乎?”“以缓急论，则智居先，若把轻重论，则圣为重。”问：“其至尔力，其中非尔力，还是三子只有力无智否?”曰：“不是无智，知处偏，故至处亦偏，如孔子则箭箭中红心，三子则每人各中一边，缘他当初见得偏，故至处亦偏。”曰：“如此则三子不可谓之圣?”曰：“不可谓之圣之大成，毕竟那清是圣之清，和是圣之和，虽使圣人清和，亦不过如此。颜子则巧处工夫已至，点点皆可中，但只是力不至耳。使颜子力至，便与孔子一般。”“金玉备，巧力全者，孔子也。若颜子之博文而约以礼，竭才而不能及，则金声已备而玉有未振，巧足以中，而力有未完者欤！故以所至论之，则颜子不若三子之成；以所期言之，则三子不若颜子之大；以学之序而论之，则三子皆失其所当先。故行愈力而见愈偏，而颜子循序以进，则其所进未可量也，惜不及见其成耳。然就三子而论之，则伊尹之学，又密于夷惠矣。”东阳许氏曰：“此一节以射比四圣人，能挽强弓，射远地，此力也。能中其的，乃巧也。必先知的之所在，又知中之之法，然后因力之所至而中之，谓知之明，然后行之从容中道。三子力量虽到，而知有未至，故不及孔子。”○此章言三子之行，去声。各极其一偏；孔子之道，兼全于众理。所以偏者，由其蔽于始，是以缺于终；所以全者，由其知之至，是以行之尽。三子犹春夏秋冬之各一其时，孔子则大和元气之流行于四时也。云峰胡氏曰：“此章之旨，《集注》'偏'、'全'二字尽之。譬之乐，则一音自为始终者偏，而八音相为始终者全。譬之射，则力而不巧者偏，力而又巧者全。孟子始则皆谓之圣，各以其所行言；末则先智而后圣，统以其知与行言。惟知之偏，故行之所至者各极其偏；惟知之全，则行不期其全而自极于全。"【通考】朱氏公迁曰："此以德行造极言圣人。孔子之圣，以全体言；三子之圣，以一节言。孟子之赞孔子，自其知行兼备而言，故合智圣而为圣；子贡之赞孔子，自其体用兼备而言，故合智仁而为圣。"

○**北宫锜问曰："周室班爵禄也，如之何？"**锜，鱼绮反。

北宫，姓；锜，名；卫人。班，列也。

孟子曰："其详不可得闻也。诸侯恶其害己也，而皆去其籍。然而轲也，尝闻其略也。恶，去声。去，上声。

当时诸侯兼并去声。僭窃，故恶周制妨害己之所为也。庆源辅氏曰："兼并则其国日大，僭窃则其禄日侈。"

天子一位，公一位，侯一位，伯一位，子、男同一位，凡五等也。君一位，卿一位，大夫一位，上士一位，中士一位，下士一位，凡六等。

此班爵①之制也。五等通于天下，六等施于国中②。庆源辅氏曰："位以爵定。"【通考】赵氏德曰："疏，父天母地，而为之子者，天子也，爵位盛大；以无为德者，公也，斥堠于外；以君人为德者，侯也；足以长人者，伯也；其德足以养人者，子也；男任也，任安也，而其德足以安人者，男也；出命足以正众者，君也；知进退而其道上达者，卿也；知足以帅人者，大夫也；才足以事人者，士也。"

天子之制，地方千里，公侯皆方百里，伯七十里，子、男五十里，凡四等。不能五十里，不达于天子，附于诸侯，曰附庸。

此以下，班禄之制也。不能，犹不足也。小国之地不足五十里者，不能自达于天子，因大国以姓名通，谓之附庸，若春秋邾仪父音甫。之类是也。《春秋》："隐公元年三月，公及邾仪父盟于蔑。"庆源辅氏曰："田以禄分。"【通考】詹氏道传曰："附庸凡四等，字者方三十里，名者方二十里，人氏者方十五里。氏不若人，人不若名，名不若字。"赵氏德曰："邾，曹姓，子爵，颛帝之后。邾，附庸之国，未得列于诸侯，故书字以别之。中国附庸例书字，夷狄附庸例书名。"

天子之卿受地视侯，大夫受地视伯，元士受地视子、男。

视，比也。徐氏曰："王畿之内，亦制都鄙受地也。"元士，上士也。赵氏曰："食采邑于畿内，禄之多少，以外诸侯为差，不言中下士，视附庸也。"

大国地方百里，君十卿禄，卿禄四大夫，大夫倍上士，上士倍中士，中士倍下士，下士与庶人在官者同禄，禄足以代其耕也。

十，十倍之也。四，四倍之也。倍，加一倍也。徐氏曰："大国君田三万二千亩，

---

① 班爵：爵位，官阶。

② 国中：指王城之内。

其入可食二千八百八十人。卿田三千二百亩，可食音嗣。下“可食”并同。二百八十八人。大夫田八百亩，可食七十二人。上士田四百亩，可食三十六人。中士田二百亩，可食十八人。下士与庶人在官者田百亩，可食九人至五人。庶人在官，府史胥徒①也。”《周礼·天官》：“冢宰，大宰卿一人，小宰中大夫一人，府六人，史十有二人，胥十有二人，徒百有二十人。府，治藏。史，掌书。胥徒，民服徭役者。”【通考】詹氏道传曰：“大国，地方百里者，开方法为方十里者百，为田当九百万亩。按班固‘地方一里为井，井十为通，通十为成，成方十里，成十为终，终十为同’②开方法计之，盖地方一里为井，为田九百亩。井十为通，通计积一十里，为田九千亩。通十为成，方十里，积百里，为田九万亩。成十为终，方三十一里，大半里积千里也，为田九十万亩。终十为同，方百里，积万里，为田九十亿亩，即九百万亩，是所谓提封万井也。封者井之界，提者总提封内之大数也。万井之中，除山林陵麓沟洫城郭宫室涂邑，三分去一，计三千三百三十三井之三之一。外除三百万亩，实有田六千六百六十六井井之三之二。每井九百亩，计六百万亩整，除公田每井百亩，计六十六万井，六千六百六十六亩。此是助法。公田内每井再除二十亩为八百庐舍，该除一十三万三千三百三十四亩外，公私通收五百八十六万六千六百六十六亩，亩之三之二。私田收五百二十三万三千三百二十三亩，公田收五十三万三千三百三十三亩，亩之三之一。君禄赋田三万二千亩，大国三卿，每卿各赋三千二百亩，计九千六百亩。大国大夫五人，各赋八百亩，计四千亩。上士九人，各赋田四百亩，共计三千六百亩。中士九人，各赋田二百亩，共计一千八百亩。下士九人，各赋田一百亩，共计九百亩，已上通赋五万一千九百亩，尚余四十八万一千四百三十三亩，亩之三之一，以供国家调度丧祭宾客等费，余则以备凶荒不测之用。所以国无九年之蓄曰不足，无六年之蓄曰急，无三年之蓄曰国非国矣。”愚按：君以下所食之禄，皆助法之公田，借农夫之力以耕而收其租。士之无田，与庶人在官者，则但受禄于官，如田之人而已。朱子曰：“府史胥徒，以周礼考之，人数极多，安得许多禄给之。尝疑《周礼》一书，方是起草，未曾得行，苏子由《古史》，疑府史胥徒太多，当时却多兼官，其实府史胥徒无许多。”“古者制国，土地亦广，非如孟子百里之说。禹会涂山，执玉帛者万国，后来更相吞噬，到周初只有千八百国，是不及五分之一矣。想得并得来尽大，周封新国，若只用百里之地，介在其间，岂不为大国所吞，亦缘是诛纣伐奄，灭国者五十，得许多土地，方封得许多人。”

次国地方七十里，君十卿禄，卿禄三大夫，大夫倍上士，上士倍中士，中士倍下士，下士与庶人在官者同禄，禄足以代其耕也。

三，谓三倍之也。徐氏曰：“次国君田二万四千亩，可食二千一百六十人。卿田二千四百亩，可食二百十六人。”【通考】詹氏道传曰：“其次国地方七十里者，【校记：“其次国地方”弘治本作“民次国地方”，此据三鱼堂本改。】以开方计之，为方十里者四

---

① 府史：官吏。胥徒：本为民服徭役者，后泛指官府衙役。

② 引自班固《汉书》卷二十三《刑法志第三》。

十有九，为方一里者四千九百，为田四百四十一万亩。三分去一，计为井一千六百三十三井，井之三之一，为田计一百四十七万亩。外实有为井三千二百六十六井，井之三之二，为田计二百九十四万亩。除公田每井百亩，计三万六千六百六十六亩，亩之三之二。公田内每井再除二十亩，为八家庐舍，该除六万五千三百三十三亩，亩之三之二。公私通实收二百八十七万四千六百六十六亩【校记：“公私通实收”三鱼堂本作“公私通田计”。】，亩之三之二，私田收二百六十一万三千三百三十三亩，亩之三之一。公田收二十六万一千三百三十三亩，亩之三之二。君禄赋田二万四千亩，卿田三大夫禄者，大夫之田，人八百亩，三大夫禄则计二千四百亩。大夫倍上士者，上士田四百亩，倍之则八百亩。中士倍下士，则下士田，人百亩，倍之则二百亩。下士与庶人同禄，则其田百亩。《王制》所谓诸侯之下士，视农夫禄足以代其耕者也。《王制》云：‘次国三卿，下大夫五人，上士二十七人，古注士之数，国皆二十七人，各三分之，上九中九下九也。次国三卿，卿二千四百亩，三卿计七千二百亩。下大夫五人，人八百亩，五人计四千亩。上士田人四百亩，上士九人，则计三千六百亩。中士九人，赋田二百亩，共计一千八百亩。下士九人，人赋田百亩，九人计九百亩。已上自君田以下总赋田四万一千五百亩，尚余二十一万九千八百三十三亩，亩之三之一。’”

小国地方五十里，君十卿禄，卿禄二大夫，大夫倍上士，上士倍中士，中士倍下士，下士与庶人在官者同禄，禄足以代其耕也。

二，即倍也。徐氏曰：“小国君田一万六千亩，可食千四百四十人。卿田一千六百亩，可食百四十四人。”朱子曰：“君十卿禄者，犹今之俸禄，盖君所自得为私用者，至于贡赋宾客朝觐祭享交聘往来，又别有财储为公用，如今太守，既有料钱，至于贡赋公用，又自有钱也。”赵氏曰：“由卿而上三等之国异，由大夫而下三等之国同者。盖卿而上，其禄寖厚，苟不为之杀，则地之所出，不足以供。大夫而下，其禄寖薄，苟为之杀，则臣之所养，不能自给也。”【通考】詹氏道传曰：“小国地方五十里，开方计之，为十里者二十有五，方一里者二千五百，为田二百二十万亩，三分去一，计为八百三十三井，井之三之一。为田七十五万亩，实有为井一千六百六十二井，井之三之二，为田一百五十万亩。除公田每井百亩，计一十六万六千六百六十六亩，亩之三之二。公田内每井再除二十亩，为八家庐舍，该除三万三千三百三十三亩，亩之三之一。公私通实收一百四十六万六千六百六十六亩，亩之三之二。私田收一百三十三万三千三百三十三亩，亩之三之一，公田收一十三万三千三百三十三亩，亩之三之一。君禄赋田一万六千亩，卿禄倍大夫者，大夫人赋田八百亩，倍之则为一千六百亩。大夫倍上士者，上士人赋田四百亩，倍之则为八百亩。上士倍中士者，中士人赋田二百亩，倍之则为四百亩。中士倍下士者，下士田人赋一百亩，倍之则为二百亩。下士与庶人在官者通禄，则人赋一百亩也。《王制》云：‘小国二卿，下大夫五人，上士二十七人，各三分之，上九、中九、下九也。小国二卿，每卿田一千六百亩，二卿则赋田三千二百亩。下大夫五人，人赋八百亩，五人则赋田四千亩，上士九人，人赋田四百亩，九人则计田三千六百亩。中士九人，人赋田二百亩，九人则赋田一千八百亩。下士九人，人赋天百亩，九人则计九百亩。已上自君禄以下，总赋田二万九千五百亩，尚余一十万三千八百三十三亩，亩之三之一也。'"

耕者之所获，一夫百亩。百亩之粪，上农夫食九人，上次食八人，中食七人，中次食六人，下食五人。庶人在官者，其禄以是为差。"食，音嗣。

获，得也。一夫一妇，佃田百亩。加之以粪，粪多而力勤者为上农，其所收可供九人。其次用力不齐，故有此五等。庶人在官者，其受禄不同，亦有此五等也。○愚按：此章之说，与周礼、王制不同，盖不可考，阙之可也。《周礼·地官·司徒》："凡建邦国以土圭土其地，犹言度其地而制其域。诸公之地，封疆方五百里，其食者半。诸侯之地，封疆方四百里，其食者参之一。诸伯之地，封疆方三百里，其食者参之一。诸子之地，封疆方二百里，其食者四之一。诸男之地，封疆方百里，其食者四之一。"《记·王制》："王者之制禄爵，公、侯、伯、子、男，凡五等。诸侯之上大夫卿，下大夫、上士、中士、下士，凡五等，天子之田方千里，公侯田方百里，伯七十里，子男五十里。不能五十里者不达于天子、附于诸侯，曰附庸。天子之三公之田视公侯，天子之卿视伯，天子之大夫视子男，天子之元士视附庸，制农田百亩，百亩之分，上农夫食九人，其次食八人，其次食七人，其次食六人。下农夫食五人，庶人在官者，其禄以是为差也。诸侯之下士视上农夫，禄足以代其耕也。中士倍下士，上士倍中士，下大夫倍上士，卿四大夫禄，君十卿禄，次国之卿三大夫禄，君十卿禄，小国之卿倍大夫禄，君十卿禄。"【通考】赵氏德曰："《周礼》大司徒云：'诸公之地方五百里，诸侯之地，方四百里。'而孟子言'公侯皆方百'。《周礼》言'诸伯地方三百里，子二百里，男百里'，而孟子言'伯七十里，子男五十里'。如《小司徒》云'上地家七人'，而孟子言'上地农夫食九人，上次食八人'，《周礼》言'中地家六人'，而孟子按'中地食七人，中次食六人'，此不与《周礼》同也。《王制》言'公侯伯子男凡五等'，而孟子以天子一位，公一位，侯一位，伯一位，子男同一位为五等，《王制》言'诸侯之上大夫，卿下大夫，上士中士下士凡五等'，而孟子则自君一位至下士一位凡六等。《王制》主于分田制禄，而孟子主于制地分禄，《王制》言'天子之三公田视公侯，天子之卿视伯，大夫视子男，元士视附庸'，而孟子则言'天子之卿受地视侯，元士受地视子男'，不与《王制》同也。"程子曰："孟子之时，去先王未远，载籍未经秦火，然而班爵禄之制已不闻其详。今之礼书，皆掇拾于煨乌回反。烬徐刃反。之余①，而多出于汉儒一时之傅音附。会，奈何欲尽信而句为之解乎？然则其事固不可一一追复矣。"问："孟子与《周礼》不同？"朱子曰："此也难考，毕竟《周礼》底是，《周礼》是全书，经圣人手必不会差。孟子时典籍已散亡，想见没理会，是以诸儒之说纷然，而卒不能得其正也。"庆源辅氏曰："程子之说，足以救陋儒泥古之失，但据其所传而姑存之，使千百世之后，一遇大圣，则必能因其大体而详其节目，推其既往以为一时之制，而先代圣王之法，庶乎其可复见矣。"新安倪氏曰："《周礼》一书，刘歆以为河间献王得之李氏女子，刘歆以前世无传习之者，朱子谓《周

---

① 掇拾：采摘；拾取。煨烬：灰烬，燃烧后的残余物。

礼》底是，南轩尝谓当以孟子为正，朱子恐非定说。以《周书·武成》分土惟三证之，《周礼》之说恐不可信。若王制则汉文帝使博士诸生刺六经中而作，将以兴王者之制度，成于汉儒之手，宜其有与他书不合者。又按朱子谓尝疑《周礼》一书，方是起草，未曾得行。蔡九峰亦曰①：'《周礼》首末未备，周公未成之书也。'窃意此说为是，然则冬官之阙，盖其所未尝笔者欤?"【通考】朱氏公迁曰："孟子以贡助彻告滕文公，以班爵禄答北宫锜，亦皆制度之损益不常者，可言其略而不可言其详也。然北宫锜但欲闻其制而已，故特诵其所闻如此，文公则欲见诸施行，故即其所闻而复以意推广之。盖其答北宫锜者，即夫子文献不足之叹也。其所以告文公君臣者，即夫子告颜渊以为邦之道也。圣贤所言之意，有相类者若此。"

〇万章问曰："敢问友。"孟子曰："不挟长，不挟贵，不挟兄弟②而友。友也者，友其德也，不可以有挟也。

挟者，兼有而恃之之称。庆源辅氏曰："兼夫有与恃二者之意，方谓之挟。但有之而不恃则未谓之挟也。"新安陈氏曰："有挟，则取友之意不诚，贤者必不与之友矣。三者之中，挟贵尤常情所易犯，下文四节，皆不挟贵者，但有小大之差耳。"【通考】朱氏公迁曰："此自交友而言之。不可有挟者，交友之诚；主乎敬信者，交友之本；车马不拜者，交友之义。不可则止，所以全其交也；死于我殡，所以尽其交也。此则友道之变也。"

孟献子，百乘之家也，有友五人焉：乐正裘、牧仲，其三人，则予忘之矣。献子之与此五人者友也，无献子之家者也。此五人者，亦有献子之家，则不与之友矣。乘，去声。下同。

孟献子，鲁之贤大夫仲孙蔑莫结反。也。张子曰："献子忘其势，五人者忘人之势。不资其势而利其有，然后能忘人之势。若五人者有献子之家，则反为献子之所贱矣。"庆源辅氏曰："献子忘其势，不挟贵也。五人忘人之势，无献子之家也。孟子历举四人事，首于献子事详之。又以见上之友下，固不可有所挟。下为上所友，亦不可有所利，一有利之之意，则为人所贱，失其可贵之实，而不足友矣。"

非惟百乘之家为然也。虽小国之君亦有之。费惠公曰：'吾于子思，则师之矣；吾于颜般，则友之矣；王顺、长息则事我者也。'费，音秘。般，音班。

惠公，费邑之君也。师，所尊也。友，所敬也。事我者，所使也。

非惟小国之君为然也，虽大国之君亦有之。晋平公之于亥唐也，入云则入，坐云则坐，食云则食。虽疏食菜羹，未尝不饱，盖不敢不饱也。然终于此而已矣。弗与共天位也，弗与治天职也，弗与食天禄也，士之尊贤者也，非王公之尊贤也。"疏食"之"食"，

① 蔡九峰：蔡沈，字仲默，号九峰。宋建阳人，元定之子，朱熹门人，作《尚书传》。

② 兄弟：赵注云"兄弟有富贵者。"焦循《孟子正义》录有异说两则，其一，江永《群经补义》谓："古人以婚姻为兄弟。"其二，赵佑《温故录》谓："兄弟，等夷之称。必其人之与己等夷而后友之，则不肯于胜己处，不能不耻下问矣。"

音嗣。平公、王公下，诸本多无“之”字，疑阙文也。

亥唐，晋贤人也。平公造之，唐言入，公乃入。言坐乃坐，言食乃食也。疏食，粝音厉又音赖，又郎葛反。饭也。不敢不饱，敬贤者之命也。○范氏曰：“位曰天位，职曰天职，禄曰天禄。言天所以待贤人，使治天民，非人君所得专者也。”庆源辅氏曰：“平公之于亥唐，则知所敬矣。然不能与之共天位，治天职，食天禄，则是不能推广是心，以体天而治民以及于国也。”西山真氏曰：“天位所以处贤者，天职所以任贤者，天禄所以养贤者，三者皆天所以待贤，必使治天民者也。而晋平公之于亥唐，特虚尊之而已，未尝处之以位，命之以职，食之以禄也。此岂王公尊贤之道哉？”

舜尚见帝，帝馆甥于贰室，亦飨舜，迭为宾主，是天子而友匹夫也。

尚，上也。舜上而见于帝尧也。馆，舍也。礼，妻父曰外舅。谓我舅者，吾谓之甥。尧以女妻去声。舜，故谓之甥①。贰室，副宫也。尧舍舜于副宫，而就飨其食。

用下敬上，谓之贵贵；用上敬下，谓之尊贤。贵贵、尊贤，其义一也。”

贵贵、尊贤，皆事之宜者。然当时但知贵贵，而不知尊贤，故孟子曰“其义一也”。○此言朋友人伦之一，所以辅仁，故以天子友匹夫而不为诎，曲勿反。以匹夫友天子而不为僭。此尧舜所以为人伦之至，而孟子言必称之也。云峰胡氏曰：“中庸五达道，于君臣父子夫妇长幼不言交，独曰朋友之交。《集注》云：‘天子友匹夫而不为诎，匹夫友天子而不为僭。’此《易》之所谓‘上下交而其志同也’，即《中庸》所谓‘朋友之交也’。朋友居人伦之一，而足以辅仁，则又有裨于人伦者也。孟子言性善必称尧舜，既称其尽君臣之伦，又称其尽父子兄弟之伦，此则又称其尽朋友之伦，朋友人伦之一，非如尧之友舜，不足以为朋友人伦之至。”

○万章问曰：“敢问交际何心也？”孟子曰：“恭也。”

际，接也。交际，谓人以礼仪币帛相交接也。问：“如此者何心也？”新安陈氏曰：“所以表见其恭也。”

曰：“却之却之为不恭，何哉？”曰：“尊者赐之，曰‘其所取之者，义乎，不义乎’，而后受之，以是为不恭，故弗却也。”

却，不受而还之也。再言之，未详。衍文也。万章疑交际之间，有所却者，人便以为不恭，何哉？孟子言尊者之赐，而心窃计其所以得此物者，未知合义与否，必其合义，然后可受，不然则却之矣，所以却之为不恭也。新安陈氏曰：“若计其物之初得合义与否？而酌其辞受，受其合义者，则却之者，必以为不合义也，有此心非恭矣。”

曰：“请无以辞却之，以心却之，曰‘其取诸民之不义也’，而以他辞无受，不可乎？”曰：“其交也以道，其接也以礼，斯孔子受之矣。”

万章以为彼既得之不义，则其馈不可受。但无以言语间去声，一本作问。而却之，直以心度待洛反。其不义，而托于他辞以却之，如此可否耶？交以道，如馈赆、闻戒、周其饥饿之类。接以礼，谓辞命恭敬之节。孔子受之，如受阳货烝豚之类也。庆源辅氏

---

① 甥：即今之女婿，《尔雅·释亲》郭璞注云：“谓我舅者，吾谓之甥，然则亦宜乎呼婿为甥。”

曰："他辞却之，视贪利者固优，然亦失之过，由此而甚之，必至于为于陵仲子而后已。孔子受之者，得中道也。"

万章曰："今有御人于国门之外者，其交也以道，其馈也以礼，斯可受御与？"曰："不可。《康诰》曰：'杀越人于货，闵不畏死，凡民罔不譈。'是不待教而诛者也。殷受夏，周受殷，所不辞也。于今为烈，如之何其受之？"与，平声。譈，《书》作"憝"，徒对反。

御，止也。止人而杀之，且夺其货也。国门之外，无人之处也。万章以为苟不问其物之所从来，而但观其交接之礼，则设有御人者，用其御得之货以礼馈我，则可受之乎？《康诰》，《周书》篇名。越，颠越也。今《书》"闵"作"愍"，无"凡民"二字。譈，怨也。言杀人而颠越之，因取其货，闵然不知畏死，凡民无不怨之。孟子言此乃不待教戒而当即诛者也。如何而可受之乎？【通考】吴氏程曰："古人断狱必有教戒之词，此言欲杀之速，犹所谓不以听也。""商受"至"为烈"十四字，语意不伦。李氏以为此必有断简或阙文者近之，而愚意其直为衍字耳。然不可考，姑阙之可也。问："殷受夏、周受殷所不辞也，于今为烈，赵氏谓三代相传以此法不须辞问也。于今为烈。烈，明法。如之何受其馈也，或者谓若义在可受，则三代受人之天下而不辞，今御人者，乃为暴烈不义如此，如何而可受其馈乎？烈，如《诗序》所谓厉王之烈者，暴虐之意云尔，或又以为烈，光也。三代相受光烈至今也，是三说者，择一而从之可也，何至阙而不为之说乎？"朱子曰："本文十四字，自与上下文不相属，如赵氏之说，则'辞'、'受'二字与上下文亦不相似，或者二说亦觉费力，不若阙之之愈也。"庆源辅氏曰："孟子既以开晓之如此，万章犹不能反其意之偏，以味孟子之言，而复为此问，此正所谓诐辞，盖陷于却之之意而不觉也，故孟子又引《康诰》之说以晓之。"【通考】仁山金氏曰："旧说亦自可通，盖杀人而夺其货，人所共恶，于法皆不待教而诛者也。此法殷受之夏，周受之殷，不待辞说。今尚明烈则御夺之货，如之何其可受乎？"

曰："今之诸侯取之于民也，犹御也。苟善其礼际矣，斯君子受之，敢问何说也？"曰："子以为有王者作，将比今之诸侯而诛之乎？其教之不改而后诛之乎？夫谓非其有而取之者盗也，充类至义之尽也。孔子之仕于鲁也，鲁人猎较，孔子亦猎较。猎较犹可，而况受其赐乎？"比，去声。夫，音扶。较，音角。

比，连也。言今诸侯之取于民，固多不义，然有王者起，必不连合而尽诛之。必教之不改而后诛之，则其与御人之盗，不待教而诛者不同矣。夫音扶。御人于国门之外，与非其有而取之，二者固皆不义之类，然必御人，乃为真盗。其谓非有而取为盗者，乃推其类，至于义之至精至密之处而极言之耳，非便以为真盗也。然则今之诸侯，虽曰取非其有，而岂可遽以同于御人之盗也哉？又引孔子之事，以明世俗所尚，犹或可从，况受其赐，何为不可乎？猎较未详。赵氏以为田猎相较，夺禽兽之祭。孔子不违，所以小同于俗也。张氏以为猎而较所获之多少也。二说未知孰是。庆源辅氏曰："其教之不改而后诛之乎？于此可见孟子待人之恕。夫谓非其有而取之者盗也，充类至义之尽也，于此又可见孟子析理之精。夫执其充类尽义之说，而欲一概以绳人，几何而不流于于陵仲子之为哉?”

曰:“然则孔子之仕也,非事道与?”曰:“事道也。”“事道奚猎较也?”曰:“孔子先簿正祭器,不以四方之食供簿正。”曰:“奚不去也?”曰:“为之兆也。兆足以行矣,而不行,而后去,是以未尝有所终三年淹也。与,平声。

此因孔子事而反复辩论也。事道者,以行道为事也。事道奚猎较也,万章问也。先簿正祭器,未详。徐氏曰:“先以簿书正其祭器,使有定数,不以四方难继之物实之。夫器有常数、实有常品,则其本正矣,彼猎较者,将久而自废矣。”未知是否也。兆,犹卜之兆,盖事之端也。孔子所以不去者,亦欲小试行道之端,以示于人,使知吾道之果可行也。若其端既可行,而人不能遂行之,然后不得已而必去之。盖其去虽不轻,而亦未尝不决,是以未尝终三年留于一国也。庆源辅氏曰:“以孔子所谓‘吾岂匏瓜也哉,焉能系而不食’之说,与夫著之空言不如载之行事之说而观之,则是乃圣人之心也。”又曰:“鲁人猎较,孔子亦猎较,于以见圣人同物之仁,簿正祭器,不以四方之食供簿正,于以见圣人处事之智,未尝有所终三年之淹,于以见圣人制行之勇。”

孔子有见行可之仕,有际可之仕,有公养之仕也。于季桓子,见行可之仕也;于卫灵公,际可之仕也;于卫孝公,公养之仕也。”

见行可,见其道之可行也。际可,接遇以礼也。公养,国君养贤之礼也。季恒子,鲁卿季孙斯也。问:“孔子仕于定公而言于季桓子,何也?”朱子曰:“当时季氏执国柄,定公亦自做主不起,孔子相鲁,皆由桓子,及桓子受女乐,孔子便行矣。”问:“堕三都,季氏何以不怨?”曰:“季氏是时,自不奈那陪臣何?故假孔子之力以去之,桓子临死,谓康子曰:‘使仲尼之去,而鲁终不治者,由我故也。’孔子是时,也失了机会,不曾做得成。”庆源辅氏曰:“见行可,庶乎道之行也。际可,适其礼之宜也。公养,受其养之义也。”卫灵公,卫侯元也。孝公,《春秋》、《史记》皆无之,疑出公辄也。庆源辅氏曰:“或是字误,或是当时人呼出公为孝公,皆不可考。”因孔子仕鲁,而言其仕有此三者。故于鲁则兆足以行矣而不行然后去,而于卫之事,则又受其交际问馈而不却之一验也。新安陈氏曰:“以此释际可公养之仕,与章首本意,有照应有收拾。”【通考】朱氏公迁曰:“禹稷颜子,过门不入,颜子居陋巷,以时位之显晦言;曾子之与子思居武城居卫,孟子之规蚔蛙,以地位之尊卑言;孔子去齐去鲁,以势分之亲疏言,行可际可公、养之仕,以遇合之浅深言。此见圣贤处物之宜。”〇尹氏曰:“不闻孟子之义,则自好者为于陵仲子而已。圣贤辞受进退,惟义所在。”愚按:此章文义多不可晓,不必强上声。为之说。

〇孟子曰:“仕非为贫也,而有时乎为贫;娶妻非为养也,而有时乎为养。为、养,并去声。下同。

仕本为去声。下同。行道,而亦有家贫亲老,或道与时违,而但为禄仕者,如娶妻本为继嗣,而亦有为不能亲操仓刀反。井臼①,汲臼之事。而欲资其馈养者。新安陈氏

---

① 井臼:汲水舂米,泛指操持家务。

曰："下二句不过譬上二句，所以下文不复言此。"

为贫者，辞尊居卑，辞富居贫。

贫富，谓禄之厚薄。盖仕不为道，已非出处之正，故其所处但当如此。

辞尊居卑，辞富居贫，恶乎宜乎？抱关击柝。恶，平声。柝，音托。

柝，行夜所击木也。盖为贫者虽不主于行道，而亦不可以苟禄。新安陈氏曰："卑官虽无行道之责，薄禄亦无苟受之理。"下同。故惟抱关击柝之吏，位卑禄薄，其职易称二字并去声，为所宜居也。李氏曰："道不行矣，为贫而仕者，此其律令也。若不能然，则是贪位慕禄而已矣。"南轩张氏曰："既曰为贫，则不当处尊与富。若处尊与富，是名为为贫而其实窃位也。处尊富，则当任行道之责。"

孔子尝为委吏矣，曰'会计当而已矣'。尝为乘田矣，曰'牛羊茁壮，长而已矣'。委，乌伪反。会，工外反。当，丁浪反。乘，去声。茁，阻刮反。长，上声。

此孔子之为贫而仕者也。委吏，主委积子赐反。之吏也。乘田，主苑囿刍牧之吏也。茁，肥貌。言以孔子大圣，而尝为贱官不以为辱者，所谓为贫而仕，官卑禄薄，而职易称也。朱子曰："程先生说孔子为乘田则为乘田，为司寇则为司寇，无不可者。孟子则必得宾师之位，方能行道，此便是他能大而不能小处，惟是圣人则大小方圆无所不可也。"

位卑而言高，罪也；立乎人之本朝，而道不行，耻也。"朝，音潮。

以出位为罪，则无行道之责；以废道为耻，则非窃禄之官，此为贫者之所以必辞尊富而宁处上声。贫贱也。○尹氏曰："言为贫者不可以居尊，居尊者必欲以行道。"问："位卑而言高，罪也。以君臣之分言之，固是如此。然时可以言而言，亦岂得谓之出位？"朱子曰："前世固有草茅韦布之士献言者，然皆有所因，皆有次第，未有无故忽然犯分而言者。纵言之，亦不见听，徒取辱尔，若是明君自无壅蔽之患，有言亦见听，不然，岂可不循分而徒取失言之辱哉！如《史记》说商鞅范雎之事，彼虽小人，然言皆有序，不肯妄发。贾谊固有才，文章亦雄伟，只是言语急迫，失进言之序，看有甚事都一齐说了，宜绛灌之徒不说，而文帝谦让未遑也。《易》曰：'艮其辅，言有序，悔亡。'圣人之意可见矣。""位卑者，人责不加焉，言高则罪矣，故可以姑守其职，此为贫而仕之法也。若夫立人之本朝，则当以行道为任，道不行而窃其位，君子之所耻也。"新安陈氏曰："此章始，为为贫而仕者言，终为位高禄厚者言。居卑贫者，虽其职易称，尚必求称其职，如孔子之为委吏，乘田必求会计之当，牛羊之茁是也。岂有位高禄厚，而不求行道以称其职者。今人于位卑言高，则凛然惧其为罪而不敢犯，于立朝道不行，则冥然不以为耻而冒犯之。罪自外至，或以得罪犹可言也；耻自内生，当耻而不知耻，不可言矣。"

○万章曰："士之不托诸侯，何也？"孟子曰："不敢也。诸侯失国，而后托于诸侯，礼也；士之托于诸侯，非礼也。"

托，寄也，谓不仕而食其禄也。古者诸侯出奔他国，食其廪饩①，许既反。谓之寄

---

① 廪饩：旧指由公家供给的粮食之类的生活物资，泛指薪给。

公。《记·郊特牲》："诸侯不臣寓公，故古者寓公不继世。"寓，寄也。《丧大记》："君之丧大小敛，为寄公国宾出。"士无爵士，不得比诸侯。不仕而食禄，则非礼也。庆源辅氏曰："诸侯之视诸侯，虽其爵有五等之殊，然其实则皆国君也。且本有爵土，不幸出奔而来适我国，则其国君以廪饩之，是乃礼之所宜也。故可受而谓之寄公，若士之于诸侯，则有尊卑贵贱之不同，又本无爵土，岂可自比于诸侯？故必仕而后当赋以禄。"

万章曰："君馈之粟，则受之乎？"曰："受之。""受之何义也？"曰："君之于氓①也，固周之。"

周，救也。视其空去声。乏，则周恤之，无常数，君待民之礼也。

曰："周之则受，赐之则不受，何也？"曰："不敢也。"曰："敢问其不敢何也？"曰："抱关击柝者，皆有常职以食于上。无常职而赐于通作"与"。**上者，以为不恭也。"**

赐，谓予之禄，有常数，君所以待臣之礼也。新安陈氏曰："未仕为民，既仕乃为臣，方为民，可以受无常数之周救，未为臣，不敢受有常数之俸禄，士之自处当然也。"

曰："君馈之，则受之，不识可常继乎？"曰："缪公之于子思也，亟问，亟馈鼎肉。子思不悦。于卒也，摽使者出诸大门之外，北面稽首再拜而不受。曰：'今而后知君之犬马畜急。'盖自是台无馈也。悦贤不能举，又不能养也，可谓悦贤乎？"亟，去声。下同。摽，音杓。使，去声。

亟，数音朔。也。鼎肉，熟肉也。卒，末也。摽，麾也。数以君命来馈，当拜受之，非养贤之礼，故不悦。而于其末后复扶又反。下同。来馈时，麾使者出拜而辞之。犬马畜许六反。急，言不以人礼待己也。台，贱官，主使令平声。下同。者。《左传·昭公七年》："王臣公，公臣大夫，大夫臣士，士臣皂，皂臣舆，舆臣隶，隶臣僚，僚臣仆，仆臣台人，有十等也。"盖缪公愧悟，自此不复令台来致馈也。举，用也。能养者未必能用也，况又不能养乎？新安陈氏曰："士之自处固如上文所言，然君待士，则有养贤之礼焉，缪公馈子思，使一一拜受，馈之适以劳之，非礼也。"【通考】朱氏公迁曰："此章见圣贤交际之道，于卫见子思尽人臣之道，于鲁见子思居宾师之道，大抵子思为人，方正而严毅，上可见曾子之传，下可以见孟子之所传。"

曰："敢问国君欲养君子，如何斯可谓养矣？"曰："以君命将之，再拜稽首而受。其后廪人继粟，庖人继肉，不以君命将之。子思以为鼎肉，使己仆仆尔亟拜也，非养君子之道也。

初以君命来馈，则当拜受。其后有司各以其职继续所无，不以君命来馈，不使贤者有亟拜之劳也。仆仆，烦猥乌海反。貌。

尧之于舜也，使其子九男事之，二女女焉，百官牛羊仓廪备，以养舜于畎亩之中，后举而加诸上位。故曰：'王公之尊贤者也。'"女下字，去声。

---

① 氓：焦循《正义》云："不言'君之于民'而言'氓'者，氓是自他国至此国之民，与寄之义合。"

能养能举，悦贤之至也，惟尧舜为能尽之，而后世之所当法也。庆源辅氏曰：“尧之于舜，则尊贤之极，养贤之至，用贤之周也。”

○万章曰：“敢问不见诸侯，何义也？”孟子曰：“在国曰市井之臣，在野曰草莽之臣，皆谓庶人。庶人不传质为臣，不敢见于诸侯，礼也。”质，与“贽”同。

传，通也。质者，士执雉，庶人执鹜，音木。相见以自通者也。国内莫非君臣，但未仕者与执贽在位之臣不同，故不敢见也。新安陈氏曰：“市井草莽之臣，与诗率土莫非王臣同，未仕之臣也，传质为臣，乃已仕之臣也。”

万章曰：“庶人，召之役，则往役；君欲见之，召之，则不往见之，何也？”曰：“往役，义也；往见，不义也。

往役者，庶人之职；不往见者，士之礼。庆源辅氏曰：“庶人则当服君之贱事，为士则知学问崇礼义，不惟士之自处当如此，而人君亦以此望之也。”

且君之欲见之也，何为也哉？”曰：“为其多闻也，为其贤也。”曰：“为其多闻也，则天子不召师，而况诸侯乎？为其贤也，则吾未闻欲见贤而召之也。为并去声。缪公亟见于子思，曰：‘古千乘之国以友士，何如？’子思不悦，曰：‘古之人有言曰，事之云乎？岂曰友之云乎？’子思之不悦也，岂不曰：‘以位，则子君也，我臣也，何敢与君友也？以德，则子事我者也。奚可以与我友？’千乘之君求与之友，而不可得也，而况可召与？亟、乘，皆去声。“召与”之“与”，平声。

孟子引子思之言而释之，以明不可召之意。朱子曰：“贤与多闻细分，固当有别，亦不必深致意。”南轩张氏曰：“在我则当守庶人之分，在君则当隆事师之礼。”

齐景公田，招虞人以旌，不至，将杀之。‘志士不忘在沟壑，勇士不忘丧其元。’孔子奚取焉？取非其招不往也。”丧，息浪反。

说见形甸反。前篇。

曰：“敢问招虞人何以？”曰：“以皮冠。庶人以旃，士以旂，大夫以旌。

皮冠，田猎之冠也。事见形甸反。《春秋传》。去声。《左传·僖公二十年》：“十二月，齐侯田于沛，泽名。招虞人以弓，不进，公使执之，辞曰：‘昔我先君之田也，旌以招大夫，弓以招士，皮冠以招虞人，臣不见皮冠，故不敢进，乃舍之。’”然则皮冠者，虞人之所有事也，故以是招之。庶人，未仕之臣。通帛曰旃。新安倪氏曰：“通帛谓周大赤，从周正色无饰。”士，谓已仕者。交龙为旂，新安倪氏曰：“画二龙于其上。”析羽而注于旂干之首曰旌。新安倪氏曰：“通帛为旃，交龙为旂，析羽为旌，见《周礼·司常》。”

以大夫之招招虞人，虞人死不敢往。以士之招招庶人，庶人岂敢往哉。况乎以不贤人之招招贤人乎？

欲见而召之，是不贤人之招也。以士之招招庶人，则不敢往；以不贤人之招招贤人，则不可往矣。

欲见贤人而不以其道，犹欲其入而闭之门也。夫义，路也；礼，门也。惟君子能由是路，出入是门也。《诗》云：‘周道如底，其直如矢；君子所履，小人所视。’”夫，音扶。底，《诗》作砥，之履反。

《诗·小雅·大东》之篇。底，与"砥"同，砺音厉。石也。言其平也。矢，言其直也。视，视以为法也。引此以证上文能由是路之义。庆源辅氏曰："以周道为君子所履，证义路为贤者所由。"

万章曰："孔子，君命召，不俟驾而行。然则孔子非与?"曰："孔子当仕有官职，而以其官召之也。"与，平声。

孔子方仕而任职，君以其官名召之，故不俟驾而行。庆源辅氏曰："以敬君之命而不敢慢也。"徐氏曰："孔子、孟子，易地则皆然。"○此章言不见诸侯之义，最为详悉，更合陈代、公孙丑所问者而观之，其说乃尽。问："此章纲领，只在义路礼门?"朱子曰："固是不出此二者，然所谓义礼里面，杀有节目，如云往役义也，往见不义也。周之则受，赐之则不受之类，都是义之节目，如云廪人继粟庖人继肉，不以君命将之之类，都是礼之节目。又如齐馈金而不受，于宋薛馈而受，此等辞受都是个义。君子于细微曲折，一一都要合义，所以《易》中说'精义入神以致用'也。义至于精，则应事接物之间，无一非义。不问大事小事，千变万化，吾之所以应他，如利刀快剑，迎刃而解，件件剖作两片去。孟子平日受用，便是得这个气力。今观其所言所行，无不是这个物事。"庆源辅氏曰："观《答陈代章》，知不枉道从人之义；观《答公孙丑章》，又知不为臣不见之礼。观此章，又知贤者有不可召之义。盖君子之出处进退，一惟礼与义而已，初无适莫也。"

○孟子谓万章曰："一乡之善士，斯友一乡之善士；一国之善士，斯友一国之善士；天下之善士，斯友天下之善士。

言己之善盖于一乡，然后能尽友一乡之善士。推而至于一国天下皆然，随其高下以为广狭也。新安陈氏曰："广狭有异势，而善无异理，虽千万人同此心此理也。惟善盖一乡，始能友一乡之善士，不然，则我所取之友，必有所偏，或有所遗，不能尽得而友之矣。一国之善士，即一乡之善士，由其善不止盖一乡，而足以盖一国者也，推而至于天下皆如此。友也者，友其善也。善之所在，声应气求，自有天然不容不合者，而非可以勉强合也。"

以友天下之善士为未足，又尚论古之人。颂其诗，读其书，不知其人，可乎？是以论其世也。是尚友也。"

尚，上同。言进而上也。颂，诵通。论其世，论其当世行事之迹也。言既观其言，则不可以不知其为人之实，是以又考其行去声。也。夫音扶。能友天下之善士，其所友众矣，犹以为未足，又进而取于古人。是能进其取友之道，而非止为一世之士矣。南轩张氏曰："自友一乡之善士，至于上论古之人，每进而愈上也，所见者愈大，则所取愈广矣。"双峰饶氏曰："进善无穷已，故其取善也亦无穷已，取善无穷已，则其进善也亦无穷已。取善之地，所以愈广者，由其善之进进而不已也。取善之心，果曷有穷已乎?之人也，推其所至，殆将生乎千百世之下，而可以继往者于千百世之上。立乎千百世之上，而可以俟来者于千百世之下，奚止为一世之士而已哉?"云峰胡氏曰："人性之善，古今所同，孟子论性，必论其故。论尚友，必论其世，皆已然之迹也。论性而不论其已然之迹，性之理易涉于空虚，论古而不论其已然之迹，古之人易涉于辽邈。”

〇齐宣王问卿。孟子曰：“王何卿之问也?”王曰：“卿不同乎?”曰：“不同。有贵戚之卿，有异姓之卿。”王曰：“请问贵戚之卿。”曰：“君有大过则谏，反复之而不听，则易位。”

大过，谓足以亡其国者。易位，易君之位，更立亲戚之贤者。新安陈氏曰：“古人所谓亲戚，并指天属之亲。”盖与君有亲亲之恩，无可去之义。以宗庙为重，不忍坐视其亡，故不得已而至于此也。

王勃然变乎色。

勃然，变色貌。

曰：“王勿异也。王问臣，臣不敢不以正对。”

孟子言也。

王色定，然后请问异姓之卿。曰：“君有过则谏，反复之而不听，则去。”

君臣义合，不合则去。〇此章言大臣之义，亲疏不同，守经行权，各有其分。去声，新安陈氏曰：“亲者可以行权，疏者惟当守经。”贵戚之卿，小过非不谏也，但必大过而不听，乃可易位。异姓之卿，大过非不谏也，虽小过而不听，已可去矣。然三仁贵戚，不能行之于约；而霍光异姓，乃能行之于昌邑。此又委任权力之不同，不可以执一论也。《前汉·霍光传》：“昌邑王贺，武帝之孙。昌邑，哀王之子也，即位行淫乱，光忧懑，音满，又音闷。独以问所亲故吏大司农田延年，延年曰：‘将军为国柱石，审此人不可，何不建白太后，更选贤而立之。’光曰：‘今欲如是，于古尝有不?’延年曰：‘伊尹相殷，废太甲以安宗庙，世称其忠将军，若能行此，亦汉之伊尹也。’光乃引延年给事中，阴与车骑将军张安世图计，光与群臣俱见白太后，具陈昌邑王不可以承宗庙状，皇太后乃车幸未央承明殿，召昌邑王伏前听诏。光与群臣连名奏王，尚书令读毕，光令王起拜受诏，乃即持其手，解脱其玺组，扶王下殿，送至昌邑邸。”朱子曰：“孟子所谓易位者，言其理当如是耳。世或疑此言有以起篡夺之祸者，则孟子岂不尝曰‘有伊尹之志则可，无伊尹之志则篡’也。若三仁之事，则比干箕子，固有所不及为。若微子之去，亦或其势之不便也。然观其引身而去，以全先王之祀，则其计虑，亦岂苟然者哉?若其力之可为，则伊尹霍光固以异姓之卿而行之矣，况有骨肉之亲者乎?”南轩张氏曰：“贵戚之卿与异姓之卿有亲疏之异，故不得而同论也，贵戚之卿任宗社之责，故得更择其宗族之贤以易之，然非谓贵戚之卿，谏君反复而不从，便可以易位，盖极其理而言之，有可以易位之道也。”庆源辅氏曰：“《集注》守经行权，尤足以补孟子之说。盖行权者，非至于甚不得已则不可为，守经者则日用常行而须臾不可离者也。”西山真氏曰：“愚按贵戚易位之说，非后世所得行。君有大过，惟当反复极言，如屈平刘向之为尔。同姓之卿，虽无可去之义，若其君有大恶，而不可谏，易位之事，又不得行，宗社将危，岂容坐待，则微子去之，亦有明义存焉。其恶虽未如纣，然非可事之君，义不当食其禄，则鲁之叔肸可以为法。春秋宣十有七年，公弟叔肸卒，《穀梁传》曰：‘叔肸，贤之也，其贤之何也？宣弑而非之也，非之则胡为不去也。曰兄弟也，何去而之？与之财，则曰我足矣。织屦而食，终身不食宣公之食。’春秋贤之，因时制义，初无定法也。又孟子‘反复’二字，最宜深体。前世人臣，固有见君之过失，姑一言以塞责者，曰吾亦尝谏之云耳。谏而不从，非吾责也，此其用心既欲苟全爵位，又欲厌塞公言，张华之所以见屈于张林，而不能自免也。必反复而谏，谏而不从，则去。此人臣之正法，孟子之言，胡可易哉？”

孟子集注大全卷十一

告子章句上

凡二十章。勿轩熊氏曰：“首章至六章言性，七章至十九章言心，末章言学。”

告子曰：“性，犹杞柳也；义，犹桮棬也。以人性为仁义，犹以杞柳为桮棬。”桮，音杯。棬，丘圆反。

性者，人生所禀之天理也。杞柳，柜居旅反。柳。桮棬，屈木所为，若卮匜①音移。之属。朱子曰：“桮棬，似今棬杉台子。杞柳，恐是今做合箱底柳，北人以此为箭，谓之柳箭，即蒲柳也。”告子言人性本无仁义，必待矫揉人九反。而后成，如荀子性恶之说也。《荀子·性恶篇》：“人之性恶，其善者伪也。”朱子曰：“告子只是认气为性，见得性有不善，须拗他方善。”新安陈氏曰：“义犹桮棬也，义上脱一‘仁’字。”鲁斋王氏曰：“朱子释‘性’字，指性之全体而言，不是解告子所言之性。”

孟子曰：“子能顺杞柳之性而以为桮棬乎？将戕贼杞柳而后以为桮棬也？如将戕贼杞柳而以为桮棬，则亦将戕贼人以为仁义与？率天下之人而祸仁义者，必子之言夫！”戕，音墙。与，平声。夫，音扶。

言如此，则天下之人皆以仁义为害性而不肯为，是因子之言而为仁义之祸也。朱子曰：“杞柳必矫揉而后为桮棬，性非矫揉而为仁义。孟子辨告子数处，皆是辨倒著告子便休，不曾说尽道理。”南轩张氏曰：“人之为仁义，乃其性之本然，自亲亲而推之，至于仁不可胜用；自长长而推之，至于义不可胜用，皆顺其所素有，而非外之也。若违乎仁义，则为失其性矣，而告子乃以人性为仁义，则是性别为一物，以人为矫揉而为仁义，其失岂不甚乎？”庆源辅氏曰：“不言戕贼人之性，而言戕贼人者，人之所以为人者，性也。”西山真氏曰：“告子之说，盖谓人性本无仁义，必用力而强为，若杞柳本非

① 卮：zhī，同“巵”，古代一种酒器。匜：yí，古代盛器名。出现于西周中期，盛行于东周。青铜制，也有陶制的，多是明器。形似瓢，无盖。有些有足或圈足，并有流、鋬；有些无足，柄中有道。

桮棬，必矫揉而后就也，何其昧于理邪？夫仁义即性也。告子乃曰‘以人性为仁义’，如此则性自性，仁义自仁义也，其可乎？夫以杞柳为桮棬，必斩伐之，屈折之，乃克有成。若人之为仁义，乃性之所固有，孩提皆知爱亲，即所谓仁。及长皆知敬兄，即所谓义，何勉强矫揉之有？使告子之言行，世之人必曰仁义乃戕贼人之物，将畏惮而不肯为，是率天下而害仁义，其祸将不可胜计。此孟子所以不可不辨也。”双峰饶氏曰：“性者人所禀之天理，天理即是仁义，顺此性行之，无非自然，元无矫揉。《集注》解‘性’字，是朱子指性之本体而言，不是解告子所言之性，祸仁义，与杨墨充塞仁义相似。”

〇**告子曰：“性犹湍水也，决诸东方则东流，决诸西方则西流。人性之无分于善不善也，犹水之无分于东西也。”**湍，他端反。

湍，波流潆音萤。回之貌也。告子因前说而小变之，庆源辅氏曰：“告子本以气为性，此说亦然。故曰‘因前说’，但前说以性为恶，必矫揉而后可为善，而此说则以性为本无善恶，但可以为善，可以为恶耳，此其为小变也。”近于杨子善恶混之说。《杨子·修身篇》：“人之性也善恶混，修其善，则为善人。修其恶，则为恶人。气也者，所适善恶之马欤?”朱子曰：“告子以善恶皆性之所无，而生于习，杨子以善恶皆性之所有，而成于修，亦有小异，故曰近。”【通考】仁山金氏曰：“近于杨子，《集注》谓近于杨子之说，盖告子之说又虚于杨子也。”

孟子曰：“水信无分于东西。无分于上下乎？人性之善也，犹水之就下也。人无有不善，水无有不下。

言水诚不分东西矣，然岂不分上下乎？性即天理，未有不善者也。朱子曰：“观水之流而必下，则水之性可知，观性之发而必善，则性之韫善亦可知矣。”

今夫水，搏而跃之，可使过颡；激而行之，可使在山。是岂水之性哉？其势则然也。人之可使为不善，其性亦犹是也。”夫，音扶。搏，补各反。

搏，击也。跃，跳也。颡，额也。水之过额在山，皆不就下也。然其本性未尝不就下，但为博激所使而逆其性耳。谢氏曰：“如水之就下，搏击之非不可上，但非水之性。”〇此章言性本善，故顺之而无不善；本无恶，故反之而后为恶，新安陈氏曰：“反之，犹云逆之，与张子所谓善反之不同，彼乃复之之谓。”非本无定体，而可以无所不为也。南轩张氏曰：“伊川先生云‘荀子之言性，杞柳之论也；杨子之言性，湍水之论也。盖荀子谓人之性也，以仁义为伪，而杨子则谓人之性善恶混，修其善，则为善人，修其恶，则为恶人故也。告子不识大本，故始譬性为杞柳，谓以人性为仁义，今复譬性为湍水，谓无分于善不善，夫无分于善不善，则性果为何物耶？论真实之理，而委诸茫昧之地，其所害大矣。’善乎孟子之言曰‘人无有不善，水无有不下’，可谓深切著明矣。”西山真氏曰：“水之性未尝不就下，虽搏击之可暂违其本性，而终不能使不复其本性，人之为不善者，固有之矣。所以然者，往往为物欲所诱，利害所移，而非其本然之性也。故虽甚愚无知之人，詈之以恶逆，斥之以盗贼，鲜不变色者，至于见赤子之入井，则莫不怵惕而救之，朱子章旨数言尽之矣。”新安倪氏曰：“先师谓当看《集注》‘本性’之‘本’字，云峰谓须看《集注》‘定体’二字，水之定体无有不下，性之定体无有不善，可使过颡在山为不善。三‘使’字皆非定体，窃谓本性者，本然之性定体，即此性本然之定体也。若有使之者，则出于人力之所为，而非此性本然之定体矣。贯二先生之说而一之，于‘本’字‘定’体字皆能著眼，则朱子释孟子之深意可见矣。”东阳许氏曰：“告子谓性本无善恶，但可以为善，可以为恶，在所引者如何尔。故以水无分东西为喻，孟子亦就其水以喻之，谓性之必善，譬犹水之必下。告子所谓决之者，人为之也，非其自然之性也。若人欲拂水之性，甚至可使逆行，况东西乎？人之为善，顺其本性也；水之就下，顺其本性也。”

○告子曰：“生之谓性。”

生，指人物之所以知觉运动者而言。朱子曰：“生之为性，只是就气上说得，盖谓人也有许多知觉运动，物也有许多知觉运动，人物只一般，却不知人所以异于物者，以其得正气，故全得许多道理，如物则气昏，而理亦昏了。”“生之谓气，生之理之谓性。”问：“气出于天否？”曰：“性与气皆出于天，性只是理，气则已属于形象。性之善，固人所同，气便有不齐处。”“物也有这性，只是禀得来偏了，这性便也随气转了。”庆源辅氏曰：“人物之生，则有知觉能运动，死则无知觉，不能运动也。”双峰饶氏曰：“生，活也，其所以能知觉运动，为是个活底物事。有生之初，禀得天地之生气，所以有这活底在里面，告子是见得这气，不曾见得这理，盖精神魂魄之所以能知觉运动者属乎气，其所得于天以为仁义礼智之性者，则属乎理。告子认气为性，故云生之谓性。”问：“知觉运动何分?”曰：“总言之，都是精神。分言之，则知觉属心，运动属身。”告子论性，前后四章，语虽不同，然其大指不外乎此，问：“子以告子论性数章，皆本乎‘生之谓性’之一言，何也?”朱子曰：“告子不知性之为理，乃即人之身而指其能知觉运动者以当之，所谓生者是也，始而见其但能知觉运动，非教不成，故有杞柳之譬，既屈于孟子之言，而病其说之偏于恶也，又为湍水之喻，以见其但能知觉运动，而非有善恶之分，又以孟子未喻己之意也。遂于此章极其立论之本意而索言之，至于孟子折之，则其说又穷，而终不悟其非也。其以食色为言，盖犹生之云尔，而公都子之所引，又湍水之余论也。以是考之，凡告子之论性，不外乎‘生’之一字明矣。然则告子固指气质而言欤?”曰：“告子所谓性，固不离乎气质，然未尝知其为气质，而亦不知其有清浊贤否之分也。”与近世佛氏所谓作用是性者略相似。朱子曰：“禅家说‘如何是佛?’曰：‘见性成佛。’‘如何是性?’曰：‘作用是性。’盖谓目之视、耳之听、手之执捉、足之运奔，皆性也。只说得个形而下者，且如手能执捉，若执刀胡乱杀人，亦可为性乎?”【通考】仁山金氏曰：“佛氏之说，比告子又精神，然佛氏妙处在此，差亦在此。盖指视听言动之气为性，而不知所以视听言动之理为性也；指人心为性，而不知道心为性也。虽其主于收摄作弄精神，而颠倒错谬，终不可以入尧舜精一执中之道。”

孟子曰：“生之谓性也，犹白之谓白与?”曰：“然。”“白羽之白也，犹白雪之白；白雪之白，犹白玉之白与?”曰：“然。”与，平声。下同。

白之谓白，犹言凡物之白者，同谓之白，更无差初加，楚宜二反。别必则反。也。白羽以下，新安陈氏曰：“白羽至轻之白，与白雪不坚之白、白玉坚润之白，质本不同。”孟子再问而告子曰然，则是谓凡有生者同是一性矣。

“然则犬之性，犹牛之性；牛之性，犹人之性与？”

孟子又言若果如此，则犬牛与人皆有知觉，皆能运动，其性皆无以异矣，于是告子自知其说之非而不能对也。朱子曰：“犬牛人之形气既具，而有知觉能运动者生也，有生虽同，然形气既异，则其生而有得乎天之理亦异。盖在人则得其全，而无有不善，在物则有所蔽，而不得其全，是乃所谓性也。今告子曰生之谓性，如白之谓白，而凡白无异白焉，则是指形气之生者以为性，而谓人物之所得于天者亦无不同矣。故孟子以此诘之，而告子理屈词穷，不能复对也。”勉斋黄氏曰：“告子既不知性与气之分，而直以气为性，又不知气或不齐，性因有异，而遂指凡有生者以为同，是以孟子以此语之，而进退无所据也。”【通考】赵氏德曰：“羽性轻，雪性消，玉性坚，虽俱白而性不同。”孙奭疏：“犬之性，金畜也，故其性守；牛之性，土畜也，故其性顺。”〇愚按：性者，人之所得于天之理也；生者，人之所得于天之气也。性，形而上者也；气，形而下者也。朱子曰：“形而上者，一理浑然，无有不善；形而下者，则纷纭杂揉，善恶有所分矣。”新安陈氏曰：“《易·大传》曰‘形而上者谓之道，形而下者谓之器’。上字，上声读，有形以上，便是无形之理。性，即理也。有形以下，便是有形之器，气有形者也。”人物之生，莫不有是性，亦莫不有是气。然以气言之，则知觉运动，人与物若不异也；以理言之，则仁义礼智之？岂物之所得而全哉？此人之性所以无不善，而为万物之灵也。云峰胡氏曰：“《大学》《中庸》首章或问：‘皆以为人物之生，理同而气异，而此则以为气同而理异，何也？’朱子尝曰：‘论万物之一原，则理同而气异；观万物之异体，则气犹相近，而理绝不同。气之异者，粹驳之不齐，理之异者，偏全之或异也。’尝因是而推之，盖自大本大原上说，大化流行，赋予万物，何尝分人与物，此理之同也。但人得其气之正且通者，物得气之偏且塞者，此气之异也。人物既得此气以生，则人能知觉运动，物亦能知觉运动，此又其气之同也。然人得其气之全，故于理亦全，物得其气之偏，故于理亦偏，则人与物，又不能不异矣。理同而气异，是从人物有生之初说；气同而理异，是从人物有生之后说。朱子之说精矣。”告子不知性之为理，而以所谓气者当之，是以杞柳湍水之喻，食色无善无不善之说，纵将容反。横缪靡幼反。戾，纷纭舛尺免反。错，而此章之误乃其本根。所以然者，盖徒知知觉运动之蠢然者，人与物同；而不知仁义礼智之粹然者，人与物异也。孟子以是折之，其义精矣。朱子曰：“气相近，如知寒暖，识饥饱，好生恶死，趋利避害，人与物都一般。理不同，如蜂蚁之君臣，只是他义上有一点明，虎狼之父子，只是仁上有一点明，其他更推不去。”“论人与物性之异，固由气禀之不同，但究其所以然者，却是因其气禀之不同，而所赋之理固亦有异，所以孟子分别犬之性、牛之性、人之性有不同者，而未尝言犬之气、牛之气、人之气不同也。”“此章乃告子迷缪之本根，孟子开示之要切，盖知觉运动者，形气之所为；仁义礼智者，天命之所赋，学者于此正当审其偏正全阙，而求知所以自贵于物，不可以有生之同，反自陷于禽兽而不自知己性之大全也。”勉斋黄氏曰：“夫性者，人物所得乎天之理也，仁义礼智之属是也；生者，人物所得乎天之气也，有知觉而能运动者是也。性者，万物之一原，有生之类，各得于天，固无少异，但所禀之气，则或值其清浊美恶之不齐，故理之所赋不能无开塞、偏正之异。此人物之所以分也。然以气而言，则所禀虽殊，而其所以为知觉运动者反无甚异；以理而言，则其本虽同，而人之有是四端，所以为至灵至贵者，非庶物之可拟矣。告子之学，不足以知此，但见其蠢然之生，即以为性，而又谓凡得此者无有不同，则是不惟不知性，亦不知气。不惟观于外者，乱于人兽之别，而其反于身者，亦昧于天理人欲之几矣。"双峰饶氏曰："人说孟子论性不论气，若以此章观之，未尝不论气也。"

○告子曰："食色，性也。仁，内也，非外也；义，外也，非内也。"

告子以人之知觉运动者为性，故言人之甘食悦色者即其性。故仁爱之心生于内，而事物之宜由乎外。学者但当用力于仁，而不必求合于义也。朱子曰："告子先云'仁义犹桮棬'，其意本皆以仁义为外，皆不出于本性，既得孟子说，方略认仁为在内，亦不以仁为性之所有，但比义差在内耳。""告子以主于爱者为仁，故曰内，以其制是非者为义，故曰外。"南轩张氏曰："食色固出于性，然莫不有则焉，告子举物而遗其则，其说行，天理不行而人欲莫遏矣。"庆源辅氏曰："人之甘食者，知其食之美而甘之也；悦色者，知其色之美而悦之也。知即知觉也，甘与悦即运动也。"双峰饶氏曰："告子虽知以仁为内，而不知爱是情。仁是性，爱不便是仁，爱之理是仁。今便指爱为仁，已是不识性了。如义则是心之制、事之宜，事之宜者，虽在彼，而其所以裁制而得其宜者全自在我，若非我有个义，如何处得物，告子认以为外，可谓全无见识矣。观告子前面数章之意，则谓性中仁义都无，到这里又却有仁而无义，皆是遁辞。"云峰胡氏曰："告子所谓仁内义外者，皆自食色说来，以食色为性，言性既粗，故言仁义亦粗。甘食悦色，是自家心里爱那食色，爱便属仁，便是仁爱之心生于内。至若食色，却有可爱者，有不可爱者，则是事物之宜由乎外。"

孟子曰："何以谓仁内义外也？"曰："彼长而我长之，非有长于我也；犹彼白而我白之，从其白于外也，故谓之外也。"长，上声。下同。

我长之，我以彼为长也；我白之，我以彼为白也。朱子曰："告子不知辨别那利害处，正是本然之性，所以道彼长而我长之。盖谓我无长彼之心，由彼长故不得不长之，所以指义为外也。"

曰："异于白马之白也，无以异于白人之白也；不识长马之长也，无以异于长人之长与？且谓长者义乎？长之者义乎？"与，平声。下同。

张氏曰①："上'异于'二字疑衍。"李氏曰："或有阙文焉。"愚按：白马白人，所谓彼白而我白之也；长马长人，所谓彼长而我长之也。白马白人不异，而长马长人不同，是乃所谓义也。义不在彼之长，而在我长之之心，则义之非外明矣。朱子曰："白马白人，我道这是白马，这是白人，言之则一若长马，长人则不同，长马则是口头道个老大底马，若长人则是敬之之心发于中，从而敬之，所以谓义内也。"庆源辅氏曰："人孰以

---

① 张氏：张琥，注意与张子(张载)相区别。

长人之心长马乎？其所以然者，乃吾心之义有不同耳，义盖随事之宜而裁之也。"【通考】仁山金氏曰："按告子以彼白而我白之喻彼长而我长之，孟子谓此三字不同，不可引此以为喻，故曰异。又因谓于白马之白、白人之白，同可谓之白，若长马之长与长人之长，岂可同以为长乎？是诋其以白喻长之为异也，然后正问之曰：'长者义乎？长之者义乎？'则长之之心须在内也。王文宪曰①：'只此一句分晓。'"

曰："吾弟则爱之，秦人之弟则不爱也，是以我为悦者也，故谓之内。长楚人之长，亦长吾之长，是以长为悦者也，故谓之外也。"

言爱主于我，故仁在内；敬主于长，故义在外。

曰："耆秦人之炙，无以异于耆吾炙。夫物则亦有然者也，然则耆炙亦有外与？"耆，与"嗜"同。夫，音扶。

言长之耆之，皆出于心也。林氏曰："告子以食色为性，故因其所明者而通之。"南轩张氏曰："长则同，而待吾之，长与待楚人之长固有间矣，其分之殊，即所谓义也。观其义外之说，固为不知义矣。不知义，则其所谓仁内者，亦乌知仁之所以为仁哉！"庆源辅氏曰："炙在外，而耆之者在我。长在外，而长之者在我，初无异也。告子所明者食色，故取譬于耆炙，因其所明通其所蔽，亦'纳约自牖'之意也。"【通考】仁山金氏曰："孟子正当曰'长楚人之长'里，亦犹'长吾之长'乎？是必有差等矣。且谓'以长为悦'，则是长长则惬于吾心也，则悦岂在外欤？今乃以耆秦人之炙对长楚人之长，是盖因其食色之好，非有秦楚之分，以指其非外也，其实上文长之者义乎，已尽之矣。"东阳许氏曰："孟子就其'长'字、'白'字，明其白不可譬长而长马不可同，则所谓义内者可不言而喻，告子犹不悟，重以内外为言，于是借耆炙以为喻，谓美味虽在炙，而耆之者乃自内出，对上'长楚人之长'说。物则指炙而言，谓岂独于人为，然物亦有如此者，以耆之之心比长之之心，则可见义之在，内无疑矣。"○自篇首至此四章，告子之辩屡屈，而屡变其说以求胜，卒不闻其能自反而有所疑也。此正其所谓不得于言勿求于心者，所以卒于卤音鲁。莽莫补、莫厚、母党三反。而不得其正也。云峰胡氏曰："夫子尝曰'义以方外'，夫义所以裁制其在外者，而非在外也。告子义外之说，孟子所以深辟之。"

○孟季子问公都子曰："何以谓义内也？"

孟季子，疑孟仲子之弟也。盖闻孟子之言而未达，故私论之。

曰："行吾敬，故谓之内也。"

所敬之人虽在外，然知其当敬而行吾心之敬以敬之，则不在外也。

"乡人长于伯兄一岁，则谁敬？"曰："敬兄。""酌则谁先？"曰："先酌乡人。""所敬在此，所长在彼，果在外，非由内也。"长，上声。

伯，长也。酌，酌酒也。此皆季子问、公都子答，而季子又言，如此则敬长之心，果不由中出也。【通考】庆源辅氏曰："季子因公都子之言而复疑，教虽在内而长在外，

---

① 王文宪：即王柏，字会之，宋金华人。谥号文宪。

欲以伯兄乡人为问，而曰‘所敬在此，所长在彼’，则敬长之心果不由中出也。”

公都子不能答，以告孟子。孟子曰：“敬叔父乎？敬弟乎？彼将曰‘敬叔父’。曰：‘弟为尸，则谁敬？’彼将曰‘敬弟。’子曰：‘恶在其敬叔父也？’彼将曰：‘在位故也。’子亦曰：‘在位故也。庸敬在兄，斯须之敬在乡人。’”恶，平声。

尸，祭祀所主以象神，虽子弟为之，然敬之当如祖考也。在位，弟在尸位，乡人在宾客之位也。庸，常也。斯须，暂时也。言因时制宜，皆由中出也。赵氏曰：“因时制宜，所谓义也。兄叔父之当敬，此理之常。若弟在尸位，则祭时暂当裁以视如祖考之义而敬弟，乡人在宾位，则宴时暂当裁以尊宾之仪而敬乡人，此皆暂时之敬耳。或常或暂，因时而裁制其宜，皆本于吾心尔，故曰由中出也。”

季子闻之，曰：“敬叔父则敬，敬弟则敬，果在外，非由内也。”公都子曰：“冬日则饮汤，夏日则饮水，然则饮食亦在外也？”

此亦上章耆炙之意。云峰胡氏曰：“《集注》以为此亦耆炙之义者。炙在外，而耆之在乎心，水与汤在外，而斟酌其可饮不可饮在乎心。然则事物之宜在乎外，而所以斟酌事物之宜，则在乎心也。”〇范氏曰：“二章问答，大指略同，皆反复譬喻以晓当世，使明仁义之在内，则知人之性善，而皆可以为尧舜矣。”庆源辅氏曰：“若以义为外，则便于性之本体偏枯了，安能知人性之本善，既不知人性之本善，则岂能知人皆可以为尧舜哉！”潜室陈氏曰：“礼敬之义在外，如叔父，如弟，如乡人，皆指外而言，故告子以义为外。然敬之所施虽在外，而所以行吾敬处却在内。如当敬叔父时则敬叔父，当敬弟时则敬弟，当敬乡人则敬乡人，所以权其事宜而为之差别者，则此理之权度，未尝不在吾心，故公都子以此折之，其辞简而理胜，所谓不迫切而意已独至也。”新安陈氏曰：“《集注》于此，又提挈纲领以示人仁义性也，尧舜性与人同，但能尽其性耳。人惟性善，故皆可以为尧舜也。”【通考】朱氏公迁曰：“此即事理之中，主乎行敬而言之，以仁义礼智并言之，则敬属礼；以仁义自相对而言之，则爱属仁；而行吾敬者，属乎义也。又敬之发见，属乎礼；敬所当敬，属乎义。”

〇**公都子曰：“告子曰：‘性无善无不善也。’**

此亦“生之谓性、食色性也”之意，新安陈氏曰：“只认能知觉运动甘食悦色者即为性，而任意为之，无所谓善恶。”近世苏氏、胡氏①之说盖如此。新安陈氏曰：“苏东坡论性，谓自尧舜以来，至孔子不得已而曰中曰一，未尝分善恶言也。自孟子道性善，而一与中支矣。胡文定公论性，谓性不可以善言，才说善时便与恶对，非本然之性矣。孟子道性善，只是赞叹之辞，说好个性，如佛言善哉善哉，五峰论性云凡人之生，粹然天地之心，道义全具，无适无莫。不可以善恶辨，不可以是非分。”

或曰：‘性可以为善，可以为不善；是故文武兴，则民好善；幽厉兴，则民好暴。’好，去声。

此即湍水之说也。新安陈氏曰：“谓性可善可恶，惟上所道，如湍水可东可西，惟

---

① 苏氏、胡氏：苏轼和胡宏。

人所决也。”

或曰：‘有性善，有性不善；是故以尧为君而有象，以瞽瞍为父而有舜；以纣为兄之子且以为君，而有微子启、王子比干。’

韩子①性有三品之说盖如此。《韩子·原性篇》：“性也者，与生俱生也。情也者，接于物而生也。性之品有三，而其所以为性者五；情之品有三，而其所以为情者七。何也？曰：性之品有上中下三，上焉者，善焉而已矣；中焉者，可导而上下也；下焉者，恶焉而已矣。”朱子曰：“韩子三品之说，只说得气，不曾说得性。”“此章三者，虽同说气质之性，然两‘或曰’之说，犹知分辨善恶，惟无善无不善之说最无状，他就此无善无恶之名，浑无分别，虽为善为恶，总无妨也。与今世不择善恶，颠倒是非，而称为本性者，何以异哉！”陈氏曰：“韩子谓‘人之所以为性者五，曰仁义礼智信’，此语似看得‘性’字端的，但分为三品又差了，三品只说得气禀，然气禀不齐或相什百千万，岂但三品而已哉？”【通考】徐氏湣生曰：“性犹杞柳也，谓人性本无仁义，必待矫揉而后成，是即荀子性恶之说，故曰‘性犹湍飞’。告子以善恶皆性之所无而生于习，杨子以善恶混皆性之所有而成于修，故曰‘近’。生之谓性，指人物之所以知运动者而言，有似乎佛氏作用是性之说。然释氏之言，又遮周无畔崖，故曰‘略相似者’，言大体相类也。胡氏之言云‘凡人之性不可以善恶辨，不可以是非分’，苏氏论性，自尧舜至孔子，不得已而命之，且寄之曰‘中未尝分善恶言’，是亦告子性无善无不善也，故曰‘盖如此’。”按此文，则微子、比干皆纣之叔父，而《书》称微子为商王元子，疑此或有误字。

今曰‘性善’，然则彼皆非与？”孟子曰：“乃若其情，则可以为善矣，乃所谓善也。与，平声。

乃若，发语辞。庆源辅氏曰：“先儒皆训‘若’为‘顺’，言顺其本然之情，则无不善，恐不必如此说。盖情自善，不待顺之而善也，且此‘乃若’正与下文‘若夫’字相对，故断以为发语辞。”情者，性之动也。人之情，本但可以为善而不可以为恶，则性之本善可知矣。朱子曰：“性不可说，情却可说，所以告子问性，孟子却答他情。盖谓情可为善，则性无有不善。所谓四端者，皆情也。仁是性，恻隐是情也。恻隐是仁发出来的端芽，如一个谷种相似，谷之生是性，发为萌芽是情也。所谓性，只是那仁义礼智四者而已。”北溪陈氏曰：“在心里未发动底为性，事物触着便发动出来底是情，这动底只是就性中发出来，不是别物，情之中节，是从本性发来，便是善。其不中节，是感物欲而动，不从本性发来，便有不善。”庆源辅氏曰：“情只是性之动，因其情之善，而可以知其性之本善，若程子谓天下之理原其所自，无有不善，喜怒哀乐未发，何尝不善？发而中节亦何往而不善，此则又因其性之善，而知其情之无不善也。”新安陈氏曰：“性浑然全体在中，未发无形象可见，动而为情，方可见耳。仁义礼智之性，动而为恻隐羞恶辞让是非之情。所谓本，但可为善而不可为恶者也，因其情之善，而可知其性之本善，盖溯其流而知其源也，如水之初流出尚清，则可知其未流之先清也必矣。此乃若其情，至

---

① 韩子：韩愈。

乃所谓善也，已包下文恻隐之心，至我固有之也之意，下文乃尽发此意耳。”

若夫为不善，非才之罪也。夫，音扶。

才，犹材质，人之能也。人有是性，则有是才，性既善则才亦善。人之为不善，乃物欲陷溺而然，非其才之罪也。问：“才是以其能解作用底说，材质是合形体说否?”朱子曰：“是兼形体说，如说材料相似。”问：“‘才’与‘材’字之别?”曰：“‘才’字是就义理上说，‘材’字是就用上说，如人见其濯濯也，以为未尝有材，用木旁‘材’字，便是指适用底说，非天之降才尔殊，便是就义理上说。”“情，是这心里动出，有个络脉曲折，随物恁地去，才是能主张运动做事底，这事有人做得，有不会做得，这处可见其才。”“性如水，情如水之流，情既发，则有善有不善，在人如何耳，才则可为善者也。彼其性既善，则其才亦可以为善，今乃至于为不善，是非才如此，乃自家使得才如此，故曰‘非才之罪’。”问：“性之所以无不善，以其出于天也。才之所以有善不善，以其出于气也。要之性出于天，才亦出于天，何故便至如此?”曰：“性是形而上者，气是形而下者，形而上者全是天理，形而下者只是那渣滓。至于形，又是渣滓至浊者也。”问：“孟子言情与才皆善如何?”曰：“情本自善，其发也未有染污，何尝不善，才只是资质，亦无不善。譬物之未染，只是白也。”又曰：“性之本体，理而已，情则性之动而有为，才则性之具而能为者也。性无形象声臭之可形容也，故以二者言之，诚知二者之本善，则性之善必矣。”西山真氏曰：“善者性也，而能为善者，才也。性以体言，才以用言，才本可以为善，而不可以为恶。今乃至于为不善者，是岂才之罪也哉！陷溺使然也。”双峰饶氏曰：“孟子是指那好底才说，如仁之能爱其亲，义之能敬其兄，所谓良能是也。”

恻隐之心，人皆有之；羞恶之心，人皆有之；恭敬之心，人皆有之；是非之心，人皆有之。恻隐之心，仁也；羞恶之心，义也；恭敬之心，礼也；是非之心，智也。仁义礼智，非由外铄我也，我固有之也，弗思耳矣。故曰：‘求则得之，舍则失之。’或相倍蓰而无算者，不能尽其才者也。恶，去声。舍，上声。蓰，音师。

恭者，敬之发于外者也；敬者，恭之主于中者也。北溪陈氏曰：“恭就貌上说，敬就心上说。”【通旨】朱氏公迁曰：“前章言辞让之心，礼之端也，此章言恭敬之心，礼也。盖恭敬切于心，辞让切于事，合而言之，辞让又在恭敬之中矣。”铄，以火销金之名，自外以至内也。算，数也。言四者之心人所固有，但人自不思而求之耳，所以善恶相去之远，由不思不求而不能扩充以尽其才也。朱子曰：“恻隐羞恶，心也；能恻隐羞恶，发挥之至于仁义不可胜用者，才也。”问“不能尽其才”。曰：“才是能去恁地做底，性本好，发于情也只是好，到得动用去做也只是好，不能尽其才，是发得略好便自阻隔了，不顺他道理做去。若尽恻隐之才，则必当至于博施济众。尽羞恶之才，则必当至于一介不取予，禄之天下弗顾，千驷弗视，这是本来自合恁地滔滔做去，止缘人为私意阻隔，多是有些发动后便遏折了。天便似天子，命便似将告敕付与人，性便似人所受职事，情便似亲临这职事，才便似去动作行做许多事。”“人皆有许多才，圣人却做许多事，我不能做得些事出，故谓相倍蓰而无算者，不能尽其才者也。一性之中，万善完备，发用出来，事事做得，便是尽其才。”“其未发也，性虽寂然不动，而其中自有条理，自有间架，不是侊侗①都无一物，所以外边才感，中间便应，如赤子入井之事感，则仁之理便应，而恻隐之心于是乎形；于过庙朝之事感，则礼之理便应，而恭敬之心于是乎形。盖由其中间众理浑具，各各分明，故外边所遇随感而应，所以四端之发，各有面貌之不同，是以孟子析而为四以示学者，使知浑然全体之中，而粲然有条若此。”庆源辅氏曰：“仁义礼智，性也；恻隐至是非，性之动而为情也。皆谓之心，心统性情者也。四者之心，根于本性，非如火之销金，自外至内，但人自不思不求耳。”西山真氏曰：“物有求而弗得者，在外故也。性求其在我者，何不得之有，思而求之，则得之而全其本善。不思不求，则失之而流于恶，善恶相去之远，由一倍五倍而极于无算者，皆不思不求不能扩充以尽其才故也。本然之才初无限量，极天下之善无不可为，今乃如此，是有才而不能尽其才耳。曰思曰求，而又曰尽，皆孟子吃紧教人处。”前篇言是四者为仁义礼智之端，而此不言端者，彼欲其扩而充之，此直因用以著其本体，故言有不同耳。云峰胡氏曰：“前篇于四者言端，欲人充广；此不言端，而直因用以著其本体。欲人体认前以辞让为礼之端，辞让皆以发乎外者言。此曰恭敬，则兼以外与内而言，故不必言端。”

《诗》曰：‘天生蒸民，有物有则。民之秉夷，好是懿德。’孔子曰：‘为此诗者，其知道乎！故有物必有则，民之秉夷也，故好是懿德。’”好，去声。

《诗·大雅·烝民》之篇。蒸，《诗》作烝，众也。物，事也。则，法也。夷，《诗》作彝，常也。懿，美也。有物必有法：如有耳目，则有聪明之德；有父子，则有慈孝之心，是民所秉执之常性也，故人之情无不好此懿德者。新安陈氏曰：“于‘好’字上见得是情，《集注》此‘情’字，与上文‘乃若其情’相应。”以此观之，则人性之善可见，而公都子所问之三说，皆不辩而自明矣。蔡氏曰：“恻隐等，正是指性之初发动处，以明未发动之理。又举《烝民》诗者当然之则，无物不体，而此理之妙，实根于人性之本然。惟人之生，各秉其有常之性，所以应事接物，皆好此美德而不容已也。所谓懿德，即所谓物之则也，其曰‘好是’者，即指上文‘秉’彝而言，天命之所赋者谓之则，人性之所秉者谓之彝，存于心而有所得者谓之德，实一而已。孔子又加一‘必’字于‘有则’之上，加一‘故’字于‘好是’之上，其旨愈明矣。孟子举此者，盖谓秉彝懿德，即是常性心之所好者德，即是情之发动者不外乎性，就性初发动为情处指出以示人，方见得性之本无不善也。”〇程子曰：“性即理也，理则尧舜至于涂人一也。才禀于气，气有清浊，禀其清者为贤，禀其浊者为愚。学而知之，则气无清浊，皆可至于善而复性之本，汤武身之是也。孔子所言下愚不移者，则自暴自弃之人也。”朱子曰：“理精一故纯，气粗故杂。”“理如宝珠，气如水，有是理而后有是气，有是气则必有是理，但气禀之清者，为圣贤，如珠落在清水中，禀气之浊者为愚暗，如珠落在浊水中。”又曰：“论性不论气，不备；论气不论性，不明，二之则不是。”朱子曰：“论性不论气，则无以见其生质之异；

① 侊侗：浑然无分别，模糊而不具体。

论气不论性，则无以见义理之同。孟子之言性善者，前圣所未发也而此言者，又孟子所未发也。”“本然之性只是至善，然不以气质论之，则莫知其有昏明开塞、刚柔强弱，故有所不备。徒论气质之性，而不自本原言之，则虽知有昏明开塞、刚柔强弱之不同，而不知至善之原未尝有异，故有所不明。须是两边都说，理方明备。”北溪陈氏曰：“只论大本而不及气禀，则所论有欠阙未备，若只论气禀而不及大本，便只说得粗底，道理全然不明，千万世而下，学者只得按他说，更不可改易。”潜室陈氏曰：“孟子性善，从源头上说，及论情论才，只是说善。不论气质清浊厚薄，是不备也。诸子纷纷之说，各自把气质分别，便作天性看了，其不明之失，为害滋甚。孔门性相近、习相远，却就气质之性上论清浊，至说上智下愚，乃论得气清之十分厚者为上智，气浊之十分薄者为下愚，其间相近者，乃是中人，清浊在四六之间，总起是三等气质，此说乃是与孟子之说互相发明。要知孔子是说气质之性，孟子是说源头本然之性，诸子只是把气质便作本然之性看错了。”新安陈氏曰：“须是论性兼论气，不判而二之方是。”张子曰：“形而后有气质之性，善反之则天地之性存焉。故气质之性，君子有弗性者焉。”朱子曰：“论天地之性，则专指理而言；论气质之性，则以理与气杂而言之。天地之性，则太极本然之妙，万殊之一本也。气质之性，则二气交运而生，一本而万殊也。气质之性，即此理堕在气质之中耳，非别有一性也。”“性只是理，然无那气质则此理没安顿处，但得气之清明则不蔽固，此理顺发出来，蔽固少者。发出来天理胜，蔽固多者，则私欲胜，便见得本原之性无有不善，只被气质有昏浊则隔了，学以反之则天地之性存矣。故说性，须兼气质言之方备。”“气质之说，起于张程，极有功于圣门，有补于后学。言之使人深有感，如退之说性三品也是，但不曾分明说是气质之性耳。孟子说性善，但说得本原处，却不曾说得气质之性，所以亦费分疏，使张程之说早出，则诸子说性恶与善恶混等，自不用争论。故张、程之说立，则诸子之说泯矣。”“孟子虽不言气质之性，然于告子‘生之谓性’之辨，亦既微发其端矣。但告子辞穷无复问辨，故亦不得而尽其辞焉，至周子出，始复推明太极阴阳五行之说，以明人物之生，其性则同。而气质之所从来，其变化错揉有如此之不齐者，至程子始明性之为理，而与张子皆有气质之说。”“气质之性，便只是这个天地之性，却从那里过，好底性如水，气质之性如杀些酱与盐，便是一般滋味。”又曰：“天地之所以生物者，理也。其生物者，气与质也，人物得是气质以成形，而其理之在是者，则谓之性也。”勉斋黄氏曰：“学者知理之无不善，则当加存养之功，知气质之有善，有不善，则当施矫揉之力。”北溪陈氏曰：“气质之性，是以气禀言之。天地之性，是以大本言之。其实天地之性，亦不离乎气质之中，只是就那气质之中，分别出气质之性，不与相杂而言耳。”双峰饶氏曰：“人未生以前，不唤做性；既生以后，方唤做性。才唤做性，便滚在气质中，所以有善有不善，此气质之性也。然性之本然，惟有善而已，就气质中，指那本然者说，是则天地之性也。若不分做两个性说，则性之与气鹘突无分晓；若不合做一个性说，认做两件物事去了。故程子曰‘二之则不是’。”问：“善反之，则天地之性存焉，不知未反以前，此性亦存否？”曰：“不曾反时，此性亦未尝无且如一鄙吝人，见残疾也知怜悯，一强梁人，见好人也知恭逊，毕竟有个性在内，不知不觉忽然发见出来。但人有气质物欲之累，则此性不能常存，须于善反上做工夫，方存得性之本体。”问：“反之之工夫如何?”曰：“涵养体认克治充广，皆是反之之道，譬如水被泥沙混了，若加澄治则本然之清仍在。孟子说夜气，便是要使人涵养；说四端及扩充，便是要体验充广，独有克治一边，却不曾说。”新安陈氏曰：“论性不论气，是说孟子其论甚正而明，但不曾说破气质不周备耳；论气不论性，是说荀、扬则全舛缪，而说理不明，其害大矣。孟子性善之说正而未备，得程子性即理也之说，足以助其甚正者。又得张程气质之说，足以补其未备者，朱子拔萃提掇，尽发其秘而无余蕴，其继往开来之功大矣哉!”又曰：“文势如君子弗谓性也，君子既善变化其气质之性，而复其天地之性矣，故气质之性君子弗以为性也。”愚按：程子此说“才”字，与孟子本文小异。盖孟子专指其发于性者言之，故以为才无不善；程子兼指其禀于气者言之，则人之才固有昏明强弱之不同矣，张子所谓气质之性是也。二说虽殊，各有所当，去声。然以事理考之，程子为密。盖气质所？虽有不善，而不害性之本善；性虽本善，而不可以无省悉井反。察矫揉人九反。之功，省察属知，矫揉属行。学者所当深玩也。问孟子程子论“才”字同异。朱子曰：“才只一般能为之谓才，才之初，亦无不善，缘他气质有善恶，故其才亦有善恶。孟子自其同者言之，故以为出于性；程子则自其异者言之，故以为禀于气，大抵孟子多是专以性言，故以为性善，才亦无不善，到周程张子方说到气上，要之须是兼二者言之方备。”“《集注》中以程子为密，即见得孟子所说未免少有疏处。今但以程子为主，而推其说以阴补孟子之不足，则于理无遗矣。”云峰胡氏曰：“程子就气质上说，则情或有不善不可无省察之功，才或有不善，不可无矫揉之功。《集注》此‘矫揉’二字，与此篇首章所谓‘矫揉’不同，首章是告子之说以本然之性，必待矫揉而后可以为善，此则先儒之说以气质之性，必加矫揉而后可变其不善，二者正相反也。”【通旨】朱氏公迁曰：“孟子论性专以理言，告子之徒论性专以气言，然于告子生之谓性则折之，性犹杞柳，则责之皆引而未发之辞也。湍水之说则略加辨明，发其端矣，犹未尽其蕴也。及公都子连引三说以质其疑，然后宛言之，而向之所以语告子者益明。盖告子不求诸心，故孟子之言略，公都子笃信孟子，故孟子之言详也。食色一章，亦皆折之之语，但其意则专辨义外之非，故与此四章不同。”

○孟子曰：“富岁，子弟多赖；凶岁，子弟多暴，非天之降才尔殊也，其所以陷溺其心者然也。

富岁，丰年也。赖，籍慈夜反。也。丰年衣食饶足，故有所顾借而为善；凶年衣食不足，故有以陷溺其心而为暴。问：“程子谓‘语其才，则有下愚之不移’，与孟子之意不同?”朱子曰：“孟子只见得性善，便把才都做善，不知有气禀之不同，程子说得较密。”新安陈氏曰：“天之降才，与《书》所谓‘上帝降衷’，文意略似。言非天赋以有为之才如此殊异也，乃阻饥而陷溺其良心，贼其为善之才而然耳。”

今夫麰麦，播种而耰之，其地同，树之时又同，浡然而生，至于日至之时，皆熟矣。虽有不同，则地有肥硗，雨露之养，人事之不齐也。夫，音扶。麰，音牟。耰，音忧。硗，苦交反。

麰，大麦也。耰，覆敷救反。种上声。也。《韵会》徐氏曰①：“布种后以耰摩田，使土之开处复合曰复种。”日至之时，谓当成熟之期也。硗，瘠音夕。薄也。新安陈氏曰：“种麦三者多同，虽其间有多寡之不同者，则以地有肥瘠之分，雨露有有无之异，人事有勤惰之不齐故耳，以譬降才同，而养其心与陷溺其心有不同也。”

故凡同类者，举相似也，何独至于人而疑之？圣人与我同类者。

圣人亦人耳，其性之善，无不同也。新安陈氏曰：“凡同类谓凡物之同类者，人性善无不同，此提掇纲领处。”

故龙子曰：‘不知足而为屦，我知其不为蕢也。’屦之相似，天下之足同也。蕢，音匮。

蕢，草器也。不知人足之大小而为之屦，虽未必适中，然必似足形，不至成蕢也。

口之于味，有同耆也。易牙先得我口之所耆者也。如使口之于味也，其性与人殊，若犬马之与我不同类也，则天下何耆皆从易牙之于味也？至于味，天下期于易牙，是天下之口相似也。耆，与“嗜”同。下同。

易牙，古之知味者。言易牙所调之味，则天下皆以为美也。新安陈氏曰：“易牙，齐桓公臣，能辨淄、渑二水味，此先得我口之所耆，已为下文先得我心之所同然者张本矣。”

惟耳亦然。至于声，天下期于师旷，是天下之耳相似也。

师旷，能审音者也。言师旷所和之音，则天下皆以为美也。

惟目亦然。至于子都，天下莫不知其姣也。不知子都之姣者，无目者也。姣，古卯反。

子都②，古之美人也。姣，好也。

故曰：口之于味也，有同耆焉；耳之于声也，有同听焉；目之于色也，有同美焉。至于心，独无所同然乎？心之所同然者何也？谓理也，义也。圣人先得我心之所同然耳。故理义之悦我心，犹刍豢之悦我口。”

然，犹可也。朱子曰：“然，是然否之然，人心同以为然者，义理也。”草食曰刍，牛羊是也；谷食曰豢，音患。犬豕是也。程子曰：“在物为理，处上声。物为义，体用之谓也。孟子言人心无不悦理义者，但圣人则先知先觉乎此耳，非有以异于人也。”程子又曰：“理义之悦我心，犹刍豢之悦我口，此语亲切有味。须实体察得理义之悦心，真犹刍豢之悦口，始得。”朱子曰：“理是此物上便有此理，义是于此物上自家处置合如此便是义，扬雄言‘义以宜之’，韩愈言‘行而宜之之谓义’。若以义为宜，则义有在外意思，须如程子言处物为义，是则处物者在心而非外也。‘非处物为义’一句，则后人恐未免有义外之见，盖物之宜虽在外，而所以处之使得其宜者则在内也。”“理义人心之

---

① 徐氏：徐铉，字鼎臣，南唐扬州广陵人，吏部尚书。奉诏与句中正、葛湍、王惟恭等同校定许慎《说文》，行于世。《南唐书》、《宋史》有传。

② 子都：《诗·郑风·山有扶苏》“不见子都”毛传云：“子都，世之美好者也。”

同然，如人之为事，自家处之当于义，人莫不以为然。无有道不好者，又如人皆知君父之当事，我能尽忠尽孝，天下莫不以为当然，此心之所同也。如今处一件事，苟当于理，则此心必安，人亦以为当然。如此，则其心悦乎不悦乎，悦于心必矣。”云峰胡氏曰：“刍豢人之所同耆也耆之，斯悦之矣。理义人之所同然也。然之，斯悦之矣。”新安陈氏曰：“此章大意，以人心理义之同，而见人性之皆善也，众人与圣人同此至善之性，所以同此理义之心，本同而末莫之同者，陷溺其心故也。能以理义养其心，而不至陷溺其心，则心得所养，于理义得无味之味，如悦刍豢有味之味，其于希圣之学，自将勉勉循循，而欲罢不能矣。始与圣人同者，其终何患与圣人不同哉！”

○孟子曰：“牛山之木尝美矣，以其郊于大国也，斧斤伐之，可以为美乎？是其日夜之所息，雨露之所润，非无萌蘖之生焉，牛羊又从而牧之，是以若彼濯濯也。人见其濯濯也，以为未尝有材焉，此岂山之性也哉？蘖，五割反。

牛山，齐之东南山也。邑外谓之郊，言牛山之木，前此固尝美矣，今为大国之郊，伐之者众，故失其美耳。息，生长上声。下同。也。双峰饶氏曰：“息，本训止息，才息便生，故息又训生。”日夜之所息，谓气化流行未尝间断，故日夜之间，凡物皆有所生长也，萌，芽也。蘖，芽之旁出者也。濯濯，光洁之貌。材，材木也。言山木虽伐，犹有萌蘖，而牛羊又从而害之，是以至于光洁而无草木也。新安陈氏曰：“山以生物为性，犹曰天地以生物为心，谓为无材，‘岂山之本性哉？’此全是引起以譬喻下一节。”

虽存乎人者，岂无仁义之心哉？其所以放其良心者，亦犹斧斤之于木也，旦旦而伐之，可以为美乎？其日夜之所息，平旦之气，其好恶与人相近也者几希，则其旦昼之所为，有梏亡之矣。梏之反复，则其夜气不足以存；夜气不足以存，则其违禽兽不远矣。人见其禽兽也，而以为未尝有才焉者，是岂人之情也哉？好、恶，并去声。

良心者，本然之善心，即所谓仁义之心也。平旦之气，谓未与物接之时，清明之气也。好恶与人相近，言得人心之所同然也。几希，不多也。梏，械下戒反。也。朱子曰：“梏，如被禁械在那里，更不容他转动。亡，如将自家物失去了。”反复，展转也。朱子曰：“反复，非颠倒之谓，盖有互换更迭之意。”言人之良心虽已放失，新安陈氏曰：“物欲者，伐良心之斧斤也。”然其日夜之间，亦必有所生长。故平旦未与物接，其气清明之际，良心犹必有发见者。但其发见形甸反。下同。至微，而旦昼所为之不善，又已随而梏亡之，如山木既伐，犹有萌蘖，而牛羊又牧之也。朱子曰：“平旦之气，只是夜间息得许多时节，不与事物接，才醒来便有得这些清明之气，此心自恁地虚静。少间才与物接，依旧又汩没了。”昼之所为，既有以害其夜之所息，又不能胜其昼之所为，是以展转相害。至于夜气之生，日以寖音浸。薄①，而不足以存其仁义之良心，则平旦之气亦不能清，而所好恶遂与人远矣。程子曰：“夜气之所存者，良知也，良能也。苟广而充之，化旦昼之所梏，为夜气之所存，然后有以至于圣人也。”朱子曰：“日夜之所息底是良心，平旦之气自是气，夜气如雨露之润，良心如萌蘖之生。人之良心虽有梏

---

① 寖薄：日渐浇薄。

亡，而彼未尝不生也。”“此段首尾，只为良心设，夜气不足以存。盖以夜气至清，足以存此良心；平旦之气亦清，亦足以存此良心。故其好恶与人相近，但此心存得不多时也。梏亡之，人谓梏亡其夜气，非也，谓梏亡其良心也。”“夜气不足以存，皆是旦昼所为坏了。所谓好恶与人相近，今只要去这好恶上理会，日用间于这上见得分晓有得力处，夜气方与你存，夜气上却未有工夫，只是去旦昼理会。这里有工夫，日间添得一分道理，夜气便添得一分。日间只管进，夜间只管添，这气便盛。”“气日里也生，夜间也生，只是日间生底，为物欲梏亡，随手又耗散了。夜间生底，则聚在那里，不曾耗散，所以养得那良心。譬如一井水，终日搅动便浑了，至夜稍静，便有清水出。所谓夜气不足以存者，如搅动得太甚，则虽有止息时，此水亦不能清矣。”“人心每日梏于事物，斲丧戕贼，所余无几，唯夜气静，庶可以少存耳。至夜气之静，而犹不足以存，则人理都丧，去禽兽不远矣。前辈皆无明说，某因将孟子反复熟读，方看得出，后看程子说夜气之所存者，良知良能也，与臆见合。以此知观书须熟读深思，道理自见。”“气与理本相依，旦昼之所为，不害其理，则夜气之所养益厚，夜之所息，既有助于理，则旦昼之所为，益无不当矣。日间梏亡者寡，则夜气自然清明虚静，至平旦亦然。至旦昼应事接物时，亦莫不然。”“夜气是母，所息者是子，盖所息者本自微了，旦昼只管梏之，今日梏一分，明日梏一分，所谓梏之反复，而所息者泯。夜气亦不足以存，若能存，便是息得仁义之良心。仁义之心，人所固有，但放而不知求，则天之所以与我者始有所汩没矣。是虽如此，然其日夜之所息至于平旦，其气清明，不为利欲所昏，则本心好恶犹有与人相近处，至其旦昼之所为，又有以梏亡之。梏之反复，则虽有这些夜气，亦不足以存养其良心。反复，只是循环，夜气不足以存，则虽有人之形，其实与禽兽不远，故下文复云‘苟得其养，无物不长；苟失其养，无物不消’。良心之消长，只在得其养与失其养尔。牛山之木尝美矣，是喻人仁义之心，郊于大国，斧斤伐之，犹人之放其良心。日夜之所息，雨露之所润，非无萌蘖之生，便是平旦之气，其好恶与人相近处，旦昼之梏亡，则又所谓牛羊又从而牧之。虽芽蘖之萌，亦且戕贼无余矣。”“此章以仁义之良心为主，其存其亡，皆以心言之。下文引孔子之言，以明心之不可不操，则意益明矣。但‘日夜所息’以下，只以好恶相近为良心之萌蘖，不复更著‘心’字，故说者谓气有存亡，而欲致养于气，误矣。”赵氏曰：“仁义性也，而《集注》以心言者，统乎性也。良心，即仁义之心，即所谓性也。”云峰胡氏曰：“此章以山木喻人心分为两段，每段皆当分六节看。第一节，是说牛山之木本来自美，喻人仁义之良心本来未尝无。第二节以斧斤之伐，喻良心之放。第三节，萌蘖之生，喻好恶与人相近者几希，言既伐之后，其发至微，此心之存甚不多，如萌蘖之生甚不多也。第四节，谓萌蘖之生本自不多，而牛羊又牧之，喻夜气之所存者本自不多，而旦昼所为之不善又梏之也。第五节，谓向也犹有萌蘖之生，今则濯濯无复存矣，喻良心向也犹有与人相近者，今则去禽兽不远矣。但木与良心皆有日夜之所息，而惟于人曰夜气者，木之萌蘖，一绝于牛羊，既牧之后，无复存者。人之良心，夜之所息者，已绝于日之所为，而夜无所为，则其气犹足以存。所谓存者，谓夜气犹足以存其本然之良心也。至于梏之反复，则虽有夜气，亦不足以存矣。第六节，谓人但见其濯濯，而不见其初也，未尝不美，喻人但见其近于禽兽，而不见其存乎人者，未尝无仁义之良心也。‘材’字与‘才’字不同，朱子以为‘才’字是就义理上说，‘材’字，是就用上说。”新安陈氏曰：“前言好恶与人近，今遂去禽兽不远，则与人远矣。人见其如此，而以为未尝有能为之才者，此岂人性发而为情之本然者哉！此所谓才与情，与前章乃若其情，天之降才意同，皆发于性者也。”

故苟得其养，无物不长；苟失其养，无物不消。长，上声。

山木人心，其理一也。朱子曰：“此段紧要在‘苟得其养’四句，存是个保养护卫底意。苟得其养，无物不长。苟失其养，无物不消，见得虽梏亡之余，有以养之，则仁义之心即存，缘是此心，本不是外面取来，乃是与生俱生。下又说存养之要，举孔子之言，操则存舍则亡，见此良心其存亡只在眇忽之间，才操便在这里，才舍便失去。若能知得常操之而勿放，则良心常存。夜之所息，益有所养，夜之所养愈深，则旦昼之所为无非良心之发见矣。”庆源辅氏曰：“此总结上二段意。”新安陈氏曰：“斧斤伐，牛羊牧，山木之失养而消也，放其良心，所为梏亡，人心之失养而消也。所以养其心者，不外乎下文之操存而已，此结上二段以起下文所引孔子语之意。”

孔子曰：‘操则存，舍则亡；出入无时，莫知其乡。’惟心之谓与！”舍，音捨。与，平声。

孔子言心，操之则在此，舍之则失去，其出入无定时，亦无定处如此。北溪陈氏曰：“忽然出，忽然入，无有定时，忽在此，忽在彼，亦无定处，操之便存在此，舍之便亡失了。”孟子引之，以明心之神明不测，得失之易，去声。而保守之难，云峰胡氏曰：“得之易者，谓操则存。失之易者，谓舍则亡。保守之难者，谓出入无时莫知其乡。”不可顷刻失其养。学者当无时而不用其力，使神清气定，常如平旦之时，则此心常存，无适而非仁义矣。新安陈氏曰：“此《集注》推广孟子言外意缴上上文，收结一章之意。”程子曰：心岂有出入，亦以操舍而言耳。操之则道，敬以直内而已。朱子曰：“心岂有出入，出只指外而言，入只指内而言，只是要人操而存之耳。非是如物之散失而后收之也。”“心是个活物，须是操守不要放舍，亡不是无，只是走作逐物去了。又见得心不操则舍，不出则入，无闲处可以安顿，惟心之谓与，直指而总结之。”“孟子大意只在‘操则存，舍则亡’，常湛然安定无出入，然众人不能皆如此。若通众人论之，心却是走作底物，孟子所引夫子之言，是通众人论耳。”问：“不能操而存之，则其出而逐物于外，与其偶存于内者皆荒忽无常，莫知定处，然所谓‘入’者，亦非此心既出而复自外入也。亦曰逐物之心暂息，则此心未尝不在内耳。学者于此，苟能操而存之，则此心不放，而常为主于内矣。”“孔子此四句，只是状人之心是个难把捉底物事，而人之不可不操出入，便是上面操存舍亡。入则是在这里，出则是亡失了，此大约泛言人心如此，非指已放者而言，亦不必要于此论心之本体也。”“心体固本静然，亦不能不动，其用固本善，然亦能流而入于不善。夫其动而流于不善者，固不可谓心体之本然，然亦不可不谓之心也，但其诱于物而然耳。故先圣只说操则存，存则静，而其动也无不善矣。舍则亡，于是乎有动而流于不善者，出入无时，莫知其乡。出者亡也，入者存也。本无一定之时，亦无一定之处，特系于人之操舍如何耳。只此四句，说得心之体用始终，真妄邪正，无所不备。”新安陈氏曰：“敬以直内，本文未有此意，乃程子揭要义以补孟子之意也。”○愚闻之师延平李先生。曰①：人理义之心未尝无，唯持守之即在尔。若于旦昼之间，不至梏亡，则夜气愈清。夜气清，则平旦未与物接之时，湛然虚明气象，自可见矣。潜室陈氏曰：“此段境界，乃指示丧失良心者，欲其认取此时体段，从此养去也。”孟子发此夜气之说，于学者极有力，宜熟玩而深省悉井反。之也。双峰饶氏曰：“此章紧要在三个‘存’字。首说存乎人者，是说此心本来存；次说夜气不足以存，是说众人不能存此心；终说操则存，是教人用力以存此心。”云峰胡氏曰：“《集注》论浩气，则以为扩前圣所未发，学者所当潜心而玩索。此论夜气，则以为于学者极有力，宜熟玩而深省。盖此两‘气’字，前此未发，而孟子发之。浩气谓是气之体段，人皆得之于天地以生者，夜气则从浩气中说。夜间又清明如此，非有二气也。浩气是统说，夜气则为人之放其良心者说。圣人志气常清明无放心，故无夜气，若学者尤宜深省，不但当玩索而已。”东阳许氏曰：“《浩然章》论养气，而以心为主；此章论养心，而以气为验。曰‘志者气之帅’，故谓以心为主。曰‘平旦好恶与人相近’，故谓以气为验。集义固为养气之方，所以知夫义而集之者，乃心也。养心固戒其梏亡，验其所息而可致力者则气也。彼欲养而无暴，以充吾仁义之气，此欲因气之息以养吾仁义之心。两章之持志操心之意，未尝不同，而气则有在身在天之异，然未始不相为用也。”

○孟子曰：“无或乎王之不智也。

或，与“惑”同，疑怪也。王，疑指齐王。

虽有天下易生之物也，一日暴之，十日寒之，未有能生者也。吾见亦罕矣，吾退而寒之者至矣，吾如有萌焉何哉？易，去声。暴，步卜反。见，音现。

暴，温之也。我见王之时少，犹一日暴之也，我退则谄谀杂进之日多，是十日寒之也。虽有萌蘖之生，我亦安能如之何哉？西山真氏曰：“人主之心，养之以义理则明，蔽之以物欲则昏，犹草木然，煖之以阳则生，寒之以阴则悴。孟子于齐王引以当道，王秉彝之心，其端倪亦有时而萌动矣。而进见之时少，理义浸灌之益微，退而蔽之以私欲者何可胜既，虽有如萌芽之发，旋复摧折，虽孟子其如之何哉?”勿轩熊氏曰：“此见孟子格心之学，须就有萌上著力，善端之发，正须正人贤士辅翼而开广之。”

今夫弈之为数，小数也；不专心致志，则不得也。弈秋，通国之善弈者也。使弈秋诲二人弈，其一人专心致志，惟弈秋之为听。一人虽听之，一心以为有鸿鹄将至，思援弓缴而射之，虽与之俱学，弗若之矣。为是其智弗若与？曰：非然也。”夫，音扶。缴，音灼。射，食亦反。“为是”之“为”，去声。“若与”之“与”，平声。

弈，围棋也。数，技也。致，极也。弈秋，善弈者名秋也。缴，以绳系矢而射也。双峰饶氏曰：“心，以所主者言。志，以所向者言。专心，是心之所主专在此。致志，是极其心之所向。直到那田地。”新安陈氏曰：“此章前一譬，谓交修者不得常用其力，

① 师：指李侗。

后一譬谓自修者不肯专用其力，意孟子之于齐王，既进见时少，无以胜众邪之交蔽，而齐王之于孟子，又听信不专，有以分其心于多歧，故设两譬以言之，前言王之不智，后言智不若，固群邪寒之者之罪，亦自鸿鹄其心之罪也。”〇程子为讲官，言于上曰：“人主一日之间，接贤士大夫之时多，亲宦官宫妾之时少；则可以涵养气质，而熏陶德性。”时不能用，识者恨之。范氏曰：“人君之心，惟在所养。君子养之以善则智，小人养之以恶则愚。然贤人易去声。下同。疏，小人易亲，是以寡不能胜众，正不能胜邪。自古国家治去声。日常少，而乱日常多，盖以此也。”南轩张氏曰：“物固有生之理，然不养而害，则虽易生之物，亦不能以长，是则物未有不待养而能生者也。一日暴之，十日寒之，则养之也微而害之者深矣。则其生理，焉得而遂哉？是以古之明君，惧一暴十寒之为害也，则博求贤才置诸左右，朝夕与处而远佞人，所以养德也。岂独人君为然，一暴十寒之病，为士者其可一日而独不念乎？然其要，则在乎专心致志而已，专心致志，学之大方，居敬之道也。”庆源辅氏曰：“后世作事无本，知求治而不知正君，知攻过而不知养德，若程子范氏之说，是乃所谓正君养德之道，必如是，然后君德成而治有本，庶几三代可复。不然，虽欲言治，亦苟而已。”云峰胡氏曰：“此章首末言智，《集注》不及之，独纪范氏之言，君子养之以善，则智小人养之以恶，则愚然则人主之智与不智，在乎所养之正与不正耳。”

〇孟子曰：“鱼，我所欲也；熊掌，亦我所欲也，二者不可得兼，舍鱼而取熊掌者也。生，亦我所欲也；义，亦我所欲也，二者不可得兼，舍生而取义者也。舍，上声。

鱼与熊掌皆美味，而熊掌尤美也。【通考】赵氏德曰：“熊掌以喻义，鱼以喻生，《春秋》‘宰而胹熊蹯不熟，晋灵公怒而杀之。’注：‘蹯熊其肉难熟，以其熊蹯之味，又美于鱼，而义又胜于生也。’”

生亦我所欲，所欲有甚于生者，故不为苟得也；死亦我所恶，所恶有甚于死者，故患有所不辟也。恶、辟，皆去声。下同。

释所以舍生取义之意。得，得生也。欲生恶死者，虽众人利害之常情；而欲恶有甚于生死者，乃秉彝义理之良心，是以欲生而不为苟得，恶死而有所不避也。朱子曰：“义在于生，则舍死而取生，义在于死，则舍生而取死。问：“生人心义，道心乎？”曰：“欲生，恶死，人心也，惟义所在，道心也。权轻重，却又是义。”庆源辅氏曰：“利害之常情，私欲也。秉彝之良心，天理也。孟子只就欲恶二者中分别出天理人欲最明切。”新安陈氏曰：“人遇死生之大变，欲全生则害义，欲合义则不得生，与其不义而生，不若合义而死，是义之可欲，有甚于生之可欲，故不为苟得以偷生，不义之可恶，有甚于死之可恶，故甘死而不肯避死也。”

如使人之所欲莫甚于生，则凡可以得生者，何不用也？使人之所恶莫甚于死者，则凡可以辟患者，何不为也？

设使人无秉彝之良心，而但有利害之私情，则凡可以偷生免死者，皆将不顾礼义而为之矣。庆源辅氏曰：“偷，谓偷窃。免，谓苟免。此两字说尽私情之意象，惟其不然，则知秉彝之良心，乃吾所固有，而利害之私情，乃因物而旋生出耳。”【通考】东阳许氏曰："此节反言失其良心而不能取义焉。"

由是则生而有不用也，由是则可以辟患而有不为也。

由其必有秉彝之良心，是以其能舍生取义如此。庆源辅氏曰："'由是'之'是'，盖指秉彝之良心而言也。"

是故所欲有甚于生者，所恶有甚于死者，非独贤者有是心也，人皆有之，贤者能勿丧耳。丧，去声。

羞恶之心，人皆有之，但众人汩音骨。于利欲而忘之，惟贤者能存之而不丧耳。庆源辅氏曰："羞恶之心，即所谓秉彝之良心也。秉彝之良心，是指其全体而言。羞恶之心，则又于全体之中，指其所谓义者言之也。"【通考】东阳许氏曰："五节上三句当急读作一串，是缴第二节两句，说贤者能保此好义之良心。"

一箪食，一豆羹，得之则生，弗得则死。嘑尔而与之，行道之人弗受；蹴尔而与之，乞人不屑也。食，音嗣。嘑，呼故反。蹴，子六反。

豆，木器也。嘑，咄当没反。啐①七内反。之貌。行道之人，路中凡人也。蹴，践踏也。乞人，丐乞之人也。不屑，不以为洁也。言虽欲食之急而犹恶无礼，有宁死而不食者。是其羞恶之本心，欲恶有甚于生死者，人皆有之也。庆源辅氏曰："路人与乞丐人，至微贱者也，箪食豆羹，生死所系，利害之至急切者也。于此而犹恶无礼，宁舍之而不食，则羞恶之本心，所恶有甚于生死者，可见人无有无是心者也。言羞恶而并及夫欲者，羞恶则固为恶矣，及反之而不羞。恶焉者，则是所欲也。"

万钟则不辨礼义而受之。万钟于我何加焉？为宫室之美、妻妾之奉、所识穷乏者得我与？为，去声。与，平声。

万钟于我何加，言于我身无所增益也。新安陈氏曰："万钟对箪豆而言，彼物之微也。尚恶无礼非义不可食而不受，此物之富者，乃不辨礼义而受之。吾身受用，不假万钟之富，是万钟于吾身，其实何所加益哉！"所识穷乏者得我，谓所知识之穷乏者感我之惠也。上言人皆有羞恶之心，此言众人所以丧之。由此三者，新安陈氏曰："人之丧其良心，固不止于成宫室、供妻妾、济知识三者，姑举三者，他可类推。"盖理义之心虽曰固有，而物欲之蔽，亦人所易去声。昏也。或曰："'万钟于我何加焉？'他日或为利害所昏，当反思其初，则不为所动矣。"朱子曰："此是克之之方，然所以克之者，须是有本领后，临时方知克去得。不然，临时比并，又却只是择利处去耳。"

乡为身死而不受，今为宫室之美为之；乡为身死而不受，今为妻妾之奉为之；乡为身死而不受，今为所识穷乏者得我而为之，是亦不可以已乎？此之谓失其本心。"乡、为，并去声。"为之"之"为"，并如字。

言三者身外之物，其得失比生死为甚轻。乡为身死犹不肯受嘑蹴之食，今乃为此三者而受无礼义之万钟，是岂不可以止乎？本心，谓羞恶之心。东阳许氏曰："三'乡为身'，北山先生作一读，言乡为辱身失义之故，尚不受嘑蹴之食，以救身之死，今乃为

---

① 咄啐：呵斥。啐：谓发出唾声，表示鄙弃或愤怒。

身外之物，施惠于人，而受失义之禄乎！可谓无良心矣。"○此章言羞恶之心，人所固有。或能决死生于危迫之际，而不免计丰约于宴安之时，是以君子不可顷刻而不省悉井反。察于斯焉。朱子曰："此章孟子所论'宫室之美'，'妻妾之奉'，'穷乏得我'。三者或物欲之尤，人所易溺，或意之私，人所不能免者，自非烛理素明，涵养素定，而临事有省察之功，未有不以此而易彼也。"庆源辅氏曰："羞恶之心，虽人之所固有，但危迫之际，私欲未肆，三者之念，都未萌芽，故天理之发，其不可遏有如此者。至于宴安之时，私欲纷纭，展转不已，以至计较丰约，都忘义理之心，乃其势之使然也。人能于此而省察焉，则知所以存天理而遏人欲矣。"新安陈氏曰："此章前一截，反复发明舍生取义，是说人当托孤寄命之大节时事，中间食羹不受，是说一饮食之小节时事，然其能决一死以全义，则无分于大小也。不食非礼之食，盖是指此以证人皆有羞恶之心，以实上文人能舍生取义之意。《集注》谓'或能决死生于危迫之际'，亦并前一截舍生取义处论之。古之君子，当舍生取义时，非徒感慨杀身，实能从容就义，如张巡死于睢阳之类。所谓危迫，乃事势之危迫，非谓舍生就死者之苍黄失措也。不受非礼之食而死，如齐饿者不受嗟来之食之类。古来真有此等人，然谓其能决死生于危迫之际，而又谓有不免计丰约于宴安之时者。盖危迫之际，物欲不萌，义理之心，感发有不可遏，故往往能决死生。若宴安之时，物欲易行，私意何极，义理之心多至迷溺，故或不免至于计较丰约，亦势使然也。人能于此省察之，则知所以遏人欲而扩天理矣。又是亦不可以已乎，最唤醒人，人之不能为君子，多是不得已而为之。今此三者，岂不可以已，而乃冒为之乎？此之谓失其本心，尤断制得明白，失其本心，与前所谓贤者能勿丧耳正相反，贤者惟克去私欲，故能勿丧其良心，众人惟汩于私欲，故至于失其本心也。"【通旨】朱氏公迁曰："此章之五节，前两节以死生之大节言，后三节以口体之小节言，即事理之中，主乎羞恶之心而言之也。"东阳许氏曰："然下三节亦是蒙前第一节生义言之。"

○孟子曰："仁，人心也；义，人路也。

仁者心之德，程子所谓心如谷种，上声。仁则其生之性，是也。朱子曰："生之性，便是爱之理。"勉斋黄氏曰："心，是谷种，心之德，是谷种中生之性也。生之性便是理，谓其具此生理而未生也。若阳气发动，生出萌芽后已是情，须认得'生'字，不涉那喜怒哀乐去。"潜室陈氏曰："人心是物，谷种亦是物，只是物之有生理者尔，然便指心为仁则不可，但人心中具此生理，便以谷种为仁亦不可，但谷种中亦含此生理，谷不过是壳实结成，而谷之所以才播种而便萌蘖者，盖以其有生之性，心不过是血气做成，而心之所以有运动恻怛处，亦以其有生之性，人心之与谷种，惟其有生之性，故谓之仁。而仁则非梏于二者之形也。孟子只恐人悬空去讨仁，故即人心而言。程子又恐人以人心为仁，故即谷种而言。"新安陈氏曰："《遗书》云：'心譬如谷种，生之性便是仁，阳气发处乃情也。'"然但谓之仁，则人不知其切于己，故反而名之曰人心，则可以见其为此身酬酢①音昨。万变之主，而不可须臾失矣。此"失"字，即是下文"放"字。朱子

① 酬酢：亦作"酧酢"，主客相互敬酒，主敬客称酬，客还敬称酢。

曰："仁无形迹底物事，孟子恐人理会不得，便说道只人心便是，却不是把仁来形容人心，乃是把人心来指示人以仁也。心是通贯始终之物，仁是心体本来之妙，汩于物欲，则虽有是心，而失其本然之妙。惟用功亲切者，为能复之。孟子之言，固是浑然，然人未尝无是心，而或至于不仁，只是失其本心之妙而然耳。则'仁'字'心'字，亦须略有分别。"西山真氏曰："仁者，心之德也，而孟子直以为人心者，盖有此心，即有此仁，心而不仁，即非人矣。孔门言仁多矣，皆指其功用处而言，此则径举全体，使人知心即仁，仁即心，而不可以二视之也。"云峰胡氏曰："《中庸》言'仁者人也'，此'人'字指人之身而言，此则直指人之心而言，言身则人有此身，便自具此生理，比之他处言仁，已甚亲切。此言心，则又见生之理，具于人之身，而心如谷种，又具此生理而未生者也，视中庸又亲切矣。"义者行事之宜，谓之人路，则可以见其为出入往来必由之道，而不可须臾舍上声。矣。朱子曰："仁人心，是就心上言。义人路，是就事上言。"潜室陈氏曰："或问：'孟子谓道若大路然，又曰义人路也，道为义体，义为道用，均谓之路，何耶？'曰：'道以路言，谓事事物物各有当行之路。义亦言路者，谓处事处物各就他当行路上行，故皆以路言。然道若大路，则取其明白易知，义为人路，则取其往来必由，不知道之犹路，无目者也；不知义之犹路，无足者也。此孟子言意别处。'"云峰胡氏曰："路在外，出入往来必由乎我；事之宜在外，而所以行事而酌其宜者在乎心，于此见得'仁'字自包得'义'字，故下文求放心，但言'仁而不及义也'。"

舍其路而弗由，放其心而不知求，哀哉！舍，上声。

"哀哉"二字，最宜详味，令平声。人惕然有深省悉井反。处。云峰胡氏曰："两'其'字，即是上文两'人'字，盖曰人心人路，则禽兽无是心，亦无是路矣。人舍其为人之路而不由，放其为人之心而不知求，则不可谓之人矣。不可谓之人，则谓之何哉？此孟子所以深哀之。"新安陈氏曰："上文先仁而后义，由体而及用，此先路而后心，由用而归之体也。"【通旨】朱氏公迁曰："此警戒学者之辞言不及义，好行小慧，是不能矫轻也。饱食终日，无所用心，是不能警惰也。言不及义，则近于自暴。而不肯居仁由义，无所用心，则甘于自弃而不能求其放心。夫子两言'难矣哉'，孟子两言'哀哉'，盖深叹人之不可以学也，而其言可以互相发明如此。"

人有鸡犬放，则知求之；有放心，而不知求。

程子曰："心至重，鸡犬至轻。鸡犬放则知求之，心放而不知求，岂爱其至轻而忘其至重哉？弗思而已矣。"朱子曰："鸡犬放有未必可求者，惟是心才求则便在，未有求而不可得者，知其为放而求之，则不放矣。""存得此心便是仁，若此心放了，又更理会甚仁。今人之心，静时昏，动时扰乱，便是放了。放心，不独是走作唤做放，才昏睡去了便是放。"愚谓上兼言仁义，而此下专论求放心者，能求放心，则不违于仁而义在其中矣。庆源辅氏曰："能求其心，则心存心存，则无适而非天理之流行，而应事接物之际必能合时措之宜，故曰义在其中，盖有体必有用也。"

学问之道无他，求其放心而已矣。"

学问之事，固非一端，然其道则在于求其放心而已。盖能如是则志气清明，义理昭著，而可以上达；不然则昏昧放逸，新安陈氏曰："静时昏昧，动时放逸。"虽曰从事于学，而终不能有所发明矣。朱子曰："学问亦多端矣。而孟子直以为无他，盖身如一屋子，心如一家主，有此家主，然后能洒扫门户，整顿事务，若无主，则此屋不过一荒屋耳，实何用焉？且如《中庸》言'学问思辨'四者甚切，然使放心不收，则何者为学问思辨哉！收敛此心，不容一物，乃是用工须就心上做得主定，方验得圣贤之言有归著，自然有契。""求放心，也不是在外面求得个放心来，只是求时便在，如'我欲仁，斯仁至矣'，只是欲仁，便是仁了。""求放心非以一心求一心，只求底便是已收之心，虽放去千万里之远，只一收便在此，他本无去来也。""求放心当于未放之前看如何？已放之后看如何？复得了又看是如何？作三节看后自然习熟，此心不至于放。""孟子谓学问求放心，又谓有是四端，知皆扩而充之，说得最好，人之一心，在外者要收入来，在内者又要推出去。《孟子》一部书皆是此意。"蔡氏曰："或者但见孟子有无他而已矣之语，便立为不必读书穷理，只要存本心之说，所以卒流于异学，此指陆象山《集注》谓学问之事，固非一端，然其道则在于求放心而已，正所以发明孟子之本意，以示异学之失，学者切宜玩味。"【通考】勿斋程氏曰："警觉操存，反其昏妄，曰求放心，自能寻向上去者，下学也，然而上处者上达也，下学而上达，必求放心为本。"朱子曰："所谓存，所谓放，只是唤醒自己，学者工夫只在唤醒上，放纵只为昏昧，唤醒则自不昏昧，不昏昧则自不放纵矣。"故程子曰："圣贤千言万语，只是欲人将已放之心约之，使反复入身来，自能寻向上去，下学而上达也。"朱子曰："所谓反复入身来，不是将已纵出底依旧收拾转来，如七日来复，不是已往之阳，重新将来复生。盖旧底已自过去了，这里自然生出来，只是知求则心便在，便是反复入身来。上有'学问'二字，不只是求放心便休，看'自能寻向上去'，'下学而上达'二句，这是存得此心，方可做去，必不是块然空守得这心便了。"徽庵程氏曰："寻向上去者，下学也。能向上去者，上达也。"云峰胡氏曰："约之使反复入身来，是此心不可为流荡忘反之心，自能寻向上去，下学而上达，盖必由下学而后上达，则此心又不可为虚空无用之心也。"此乃孟子开示切要之言，程子又发明之，曲尽其指，学者宜服膺而勿失也。南轩张氏曰："学问之道以求放心为主，然心岂远人哉？知其放而求之则在是矣。所谓放者，其几间不容息，故君子造次克念，战兢自持，所以收其放而存之也。存之久，则天理寖明，是心之体将周流而无所蔽矣。以尧舜禹相授受之际，独曰'人心惟危，道心惟微'，心岂有二乎哉？放之，则人心之危无有极也，知其放而求之，则道心之微，岂外是哉？故贵于精一之而已。"双峰饶氏曰："上文说仁人心也，是把心做义理之心，不应下文'心'字又别是一意，若把求放心做收摄精神不令昏放，则只说从知觉上去，恐与仁人心也不相接了。曩尝以此质之勉斋，勉斋云：'此章首言仁人心，是言仁乃人之心，次言放其心而不知求，末言学问之道无他，求其放心而已矣。'言学问之道，非止一端，如讲习讨论，玩索涵养，持守践行，广充克治，皆是。其所以如此者，非有他也，不过求吾所失之仁而已，此乃学问之道也。三个'心'字，脉络联贯，皆是指仁而言，今读者不以仁言心非矣。"新安陈氏曰："仁者，人之本心也，不仁之人失其本心，放其心故也。本心存则为仁，放则非仁，非仁则不能居仁以立其体，必不能由义以达其用矣。求放心，即所以求仁也。学问者，求仁之方。求仁者，学问之本。此章归宿在求放心上，是归宿在求仁上也。一章有四'心'字，皆是指仁而言，文理血脉甚贯，读之可见，又按放心，人欲也。求放心，遏人欲而存天理也。"【通旨】朱氏公迁曰："《牛山之木章》'心'字与此章'心'字皆因论为学功夫，而以理义之心言之，一章言理义之心，人所固有，而众人梏之，学者当有以养之也，一章言理义之心，人所当存，而众人放之，学者当有以求之也。操存是是存养，求放心是省察。"又曰："'学问'二字，盖兼知行而言之，然此章则以求放心为本，若《大学》三纲领之中，则以'明明德'为本，《论语》首章言学，《集注》又发其蕴，而以明善复初为之本。但求放心，是先立其本，学必由此，而后进也。明德明善复其初，是务此以为本，学必至此而后成也。"

〇孟子曰："今有无名之指，屈而不信，非疾痛害事也，如有能信之者，则不远秦楚之路，为指之不若人也。信，与"伸"同。为，去声。

无名指，手之第四指也。

指不若人，则知恶之；心不若人，则不知恶，此之谓不知类也。"恶，去声。

不知类，言其不知轻重之等也。南轩张氏曰："人与圣人同类，以心之同耳。不同者，陷溺之故也。心不若人而知恶之，必求所以免于恶，盖有须臾不遑宁处者矣。"新安陈氏曰："此承上章，以鸡犬与心分轻重而言，下三章亦以类相方而加切焉。"

〇孟子曰："拱把之桐梓，人苟欲生之，皆知所以养之者。至于身，而不知所以养之者，岂爱身不若桐梓哉？弗思甚也。"

拱，两手所围也。把，一手所握也。桐梓，二木名。南轩张氏曰："爱其身，必思所以养之。古之人，理义以养其心，以至动作起居、声音笑貌之间，莫不有养之之法，所以尊德性道问学，以成其身也。于桐梓知所养，则自拱把至合抱，可以驯致。于身知所养，则自士而为贤为圣，亦循循可进矣。弗思则待其身，曾一草木之不若，滔滔皆是也。"新安陈氏曰："苟一思之，则思吾之一身，三纲五常系焉。四端万善备焉，必思所以养之。养之之道，养心以养其内，谨九容之类以养其外，使吾身为仁义礼智根心，见面盎背之身，非徒养其口体血气之身而已也。此章'身'字，内包心，外包动容周旋而言。"

〇孟子曰："人之于身也，兼所爱。兼所爱，则兼所养也。无尺寸之肤不爱焉，则无尺寸之肤不养也。所以考其善不善者，岂有他哉？于己取之而已矣。

人于一身，固当兼养，新安陈氏曰："无所不爱，曰兼爱。无所不养，曰兼养。无尺寸之肤至不养也，申兼爱兼养意。"然欲考其所养之善否者，惟在反之于身，以审其轻重而已矣。赵氏曰："人之于身无所不爱，则固当无所不养，然体有贵贱小大，养其贵且大者则善，养其贱且小者则不善，此岂待他人言之而后知哉！则亦反之于身而审其轻重于心焉，则自知矣。"新安陈氏曰："轻重，即下文所谓贵贱小大是也。"

体有贵贱，有小大。无以小害大，无以贱害贵。养其小者为小人，养其大者为大人。

贱而小者，口腹也；贵而大者，心志也。

今有场师，舍其梧檟，养其樲棘，则为贱场师焉。舍，上声。檟，音贾。樲，音贰。

场师①，治场圃者。梧，桐也；檟，梓也，皆美材也。樲棘，小枣，非美材也。

养其一指而失其肩背，而不知也，则为狼疾②人也。

狼善顾，疾则不能，故以为失肩背之喻。新安陈氏曰："一指肩背有小大之分，故借以旁证小体大体。"

饮食之人，则人贱之矣，为其养小以失大也。为，去声。

饮食之人，专养口腹者也。

饮食之人无有失也，则口腹岂适为尺寸之肤哉？"

此言若使专养口腹，而能不失其大体，专口腹之养，躯命所关，不但为尺寸之肤而已。但养小之人，无不失其大者，故口腹虽所当养，而终不可以小害大，贱害贵也。朱子曰："此章言身则心具焉，饮食之人无有失也，则口腹岂适为尺寸之肤哉！此数句说得倒了，也自难晓，意谓使饮食之人，真无所失。则口腹之养本无害，然人屑屑理会口腹，则必有所失无疑，是以当知养其大体，而口腹底他自会去讨吃，不到得饿了也。"双峰饶氏曰："以身而言，一毫一发，皆吾所当爱，皆吾所当养，但体有大小，莫专养小体，若才养目，便贪色。才养耳，便贪声。才养口，便贪味。必至害其大体，又曰无以小害大，不是教人养其大者，而不养其小者。若养其小者而不失其大者，则小者不为大者之累，便是不以小害大。"新安陈氏曰："此章言人当以养心志为重，养口体为轻，非谓养心志者，不养口体也，养心志，则道心为主，而人心听命，虽饥食渴饮与常人同，而食所当食，饮所当饮，自与常人异。若专养口体，则人心愈危，道心愈微，不至于穷口腹之欲而灭天理者鲜矣。孟子于此欲人不养小以失大，盖所以遏人欲而存天理也。"

○公都子问曰："钧是人也，或为大人，或为小人，何也？"孟子曰："从其大体为大人，从其小体为小人。"

钧，同也。从，随也。大体，心也。小体，耳目之类也。新安陈氏曰："心能为身之主，使耳目从心之令者，大人也。心不能为身之主，反听命于耳目而从其欲者，小人也。"

曰："钧是人也，或从其大体，或从其小体，何也？"曰："耳目之官不思，而蔽于物，物交物，则引之而已矣。心之官则思，思则得之，不思则不得也。此天之所与我者，先立乎其大者，则其小者弗能夺也。此为大人而已矣。"

官之为言司也。耳司听，目司视，各有所职而不能思，是以蔽于外物。既不能思而蔽于外物，则亦一物而已。又以外物交于此物，其引之而去不难矣。问："蔽是遮蔽，

---

① 场师：《周礼·地官》："场人掌国之场圃而树之果蓏珍异之物，以时敛而藏之。"

② 狼疾：同"狼藉"，焦循《孟子正义》云："狼藉犹纷乱，害而不知，此医之昏聩瞀乱者矣。"

如目之视色，从他去时便是为他所遮蔽，若能思则视其所当视，不视其所不当视，则不为他所蔽矣?”朱子曰：“然若不思则耳目亦是一物。”心则能思，而以思为职。凡事物之来，心得其职，则得其理，而物不能蔽；失其职，则不得其理，而物来蔽之。此三者，皆天之所以与我者，而心为大。三者谓耳目心。若能有以立之，则事无不思，而耳目之欲不能夺之矣，此所以为大人也。朱子曰：“‘物交物’，上‘物’字指外物，下‘物’字指耳目。耳目谓之物者，以其不能思，心能思，所以为大体。君子固当于思处用工，能不妄思，是能‘先立其大者，然后耳目之小者不能夺’，此句最有力。且看他下个‘立’字，谓之立者，是要卓然竖起此心使自立，所谓敬以直内是也。”“耳目亦物也，不能思而交于外物，只管引将去，心之官固是主于思，然须是思方得。若不思，却倒把不是做是，是底却做不是，邪思杂虑，便顺他做去，却害事。”【通考】朱氏公迁曰：“大人不失其赤子之心，功夫在‘思’字，此章功效在‘不失’字，思则得之，得之即不失之谓也。二章皆因论大人，而以理义之心言之。”然“此天”之“此”，旧本多作“比”，而赵注亦以比方释之。今本既多作“此”，而注亦作“此”，乃未详孰是。但作“比”字，于义为短，故且从今本云。○范浚①《心箴》曰：“茫茫堪舆，俯仰无垠音银。人于其间，眇然有身。是身之微，大仓稊杜兮反。米，参为三才，曰惟心耳。云峰胡氏曰：“堪舆，谓天地，言天地至大，而人处天地间，此身至小，不过如太仓一粒稊米而已。然人之所以可与天地参为三才者，惟在此心，心之体岂不甚大?”往古来今，孰无此心？心为形役，乃兽乃禽。云峰胡氏曰：“此言此心之大，往古来今，人人有之。若纯乎义理，则是从其大体；若役于形气，则是从其小体。彼禽兽之心，终日役役，不过饮食牝牡而已。人之心而为形所役，与禽兽何异？呜呼！人之心，其大也本可以参天地，而役于小者不能异乎禽兽，亦独何哉？可以反而思矣。”惟口耳目，手足动静，投间去声。抵隙，乞逆反。为厥心病。云峰胡氏曰：“此言口欲味，目欲色，耳欲声，四肢欲安佚，本心微有间隙，彼则乘之而入矣。”一心之微，众欲攻之，其与存者，呜呼几平声。希！云峰胡氏曰：“此言此心之发于义理者甚微，而役于形气者甚众，以彼之众，攻我之微，如国势方弱，而四面受敌，其不亡者罕矣。”君子存诚，克念克敬，天君泰然，百体从令。”云峰胡氏曰：“前八句是说小人之从其小体，此四句是说大人之从其大体，曰诚、曰念、曰敬。念即思之谓，而敬即存诚之方也。一诚足以消万伪，一敬足以敌千邪，所谓先立乎其大者，莫切于此。天君泰然，是先立乎其大者；百体从令，是小者弗能夺。”朱子曰：“范氏之箴，盖得其旨，未可易之也。愚故从而释之云，先师曰‘荀卿以耳目为天官，心为天君’。又曰‘心者形之君也，出令而无所受令’，即此语以看《孟子》此章甚切。‘能先立乎其大者’，则此心卓然能为耳目之君，而从其大体，所谓天君泰然，百体从令者也。不能先立乎其大者，则退然方听命于耳目；而从其小体，所谓心为形役

① 范浚(1102—1150年)：字茂名(一作茂明)，号香溪，兰溪人。绍兴中，举贤良方正。以秦桧当政，辞不赴。闭门讲学，笃志研求，学者称香溪先生。绍兴二十一年卒，年五十。著有《香溪集》二十二卷。

者也。立之如何？亦曰操而存之，使得其能思之职而已。”

〇**孟子曰：“有天爵者，有人爵者。仁义忠信，乐善不倦，此天爵也；公卿大夫，此人爵也。**乐，音洛。

天爵者，德义可尊，自然之贵也。南轩张氏曰：“仁义又言忠信，忠信只是诚实此二者。”双峰饶氏曰：“仁义，人人有之，忠信，乐善人所当勉，须忠信乐善，仁义方为我有，乃为可贵。”新安陈氏曰：“乐善即乐此仁义忠信。不倦者，乐之至也。”

古之人修其天爵，而人爵从之。

修其天爵，以为吾分去声。之所当然者耳。人爵从之，盖不待求之而自至也。南轩张氏曰：“古之人修其天爵而已，非有所为而为之，人爵从之者，言其理则然也。”

今之人修其天爵，以要人爵；既得人爵，而弃其天爵，则惑之甚者也，终亦必亡而已矣。”要，平声。

要，求也。修天爵以要人爵，其心固已惑矣；得人爵而弃天爵，则其惑又甚焉，终必并其所得之人爵而亡之也。朱子曰：“孟子时人，尚修天爵以要人爵，后世皆废天爵以要人爵。”问：“修天爵以要人爵者，虽曰修之，实已弃之久矣，何待于得人爵而后始谓之弃邪？”曰：“若是者，犹五霸之假仁，犹愈于不假不修者耳。”南轩张氏曰：“古之士，修身于下，无一毫求于其君之心，而人君求贤于上，每怀不及之意，上下皆循乎天理。是以人才众多而天下治，逮德之衰，在下者假名而要利，在上者徇名而忘实，而人才始坏矣。降及后世，则不复以仁义忠信取士，而乃求之于文艺之间，自孩提之童，则使之怀利心而习为文辞，则并与其假者而不务矣，则人才何怪其难哉？”新安陈氏曰：“无所为而为善者，诚也。故坚所守而不移，有所为而为善者，伪也。故得所求而遂已。或曰：‘修其天爵，亦有人爵，不从之者，弃其天爵，亦有人爵终不亡者，何也？’曰：‘修天爵，自有得人爵之理；弃天爵，自有亡人爵之理。其不得者，上之遗贤。其不亡者，下之侥幸。岂常理哉？’”

〇**孟子曰：“欲贵者，人之同心也。人人有贵于己者，弗思耳。**

贵于己者，谓天爵也。

人之所贵者，非良贵也。赵孟之所贵，赵孟能贱之。

人之所贵，谓人以爵位加己而后贵也。良者，本然之善也。赵孟①，晋卿也。新安倪氏曰：“晋赵氏世呼赵孟，如智氏世呼智伯，晋为盟主，赵氏世卿，故当时谓赵孟能贱贵人。”能以爵禄与人而使之贵，则亦能夺之而使之贱矣。若良贵，则人安得而贱之哉？

《诗》云：‘既醉以酒，既饱以德。’言饱乎仁义也，所以不愿人之膏粱之味也；令闻广誉施于身，所以不愿人之文绣也。”闻，去声。

《诗·大雅·既醉》之篇。饱，充足也。愿，欲也。膏，肥肉。粱，美谷。令，善也。闻，亦誉也。文绣，衣之美者也。仁义充足而闻誉彰著，皆所谓良贵也。新安陈氏

---

① 赵孟：即春秋时晋国执政大臣赵盾，孟是其字。

曰："两'不愿'字，即中庸不愿乎其外之意，充足乎仁义之良贵，则自无所慕乎人爵之贵矣。"○尹氏曰："言在我者重，则外物轻。"南轩张氏曰："人真知其贵于己者，则见外诱之不足慕矣。惟不知在己之自有至贵，是以慕外而求于人也。良贵得之于天，人何预焉？得于天者公理，而求于人者私欲也。令闻广誉，君子非有欲之之心。饱乎仁义，则闻誉自至，犹言为善有令名，理之固然者也。"云峰胡氏曰："上章一'要'字，是内轻而外重，此章两'不愿'字，是内重而外轻。"东阳许氏曰："世人但知公卿大夫之爵为贵，而不知在我之身皆有贵者，乃天所赋之善所谓天爵也。天爵人所同有，故思则得之；人爵各有命分，虽求之无益，天爵亦是天命。此则义理之命，人爵乃气数之命。【校记："天爵"至"之命"弘治本作注文。四库本为正文。此据弘治本及许谦《读孟子丛说》卷下原文改。】孟子前章尚有修天爵，而人爵自至之说。此章则于人爵下两'不愿'字，是不将这个为念矣。"

○孟子曰："仁之胜不仁也，犹水胜火。今之为仁者，犹以一杯水，救一车薪之火也；不熄，则谓之水不胜火，此又与于不仁之甚者也。

与，犹助也。仁之能胜不仁，必然之理也。但为之不力，则无以胜不仁，而人遂以为真不能胜，是我之所为有以深助于不仁者也。朱子曰："仁之胜不仁也，犹水胜火，以理言之，则正之胜邪，天理之胜人欲甚易，而邪之胜正，人欲之胜天理若甚难。以事言之，则正之胜邪，天理之胜人欲甚难；而邪之胜正，人欲之胜天理却甚易。盖才是蹉失一两件事，便被邪来胜将去，若以正胜邪，则须是做得十分工夫方胜得他，然犹自恐怕胜他未尽，正如人身正气稍不足，邪便得以干之矣。"

亦终必亡而已矣！"

言此人之心，亦且自怠于为仁，终必并与其所为而亡之。○赵氏曰："言为仁不至，而不反诸己也。"南轩张氏曰："此为有志于仁，而未力者言也。仁与不仁，特系乎操舍之间，而天理人欲分焉。天理存则人欲消，固不两立也。故以水胜火喻之，然用力于仁，贵乎久而勿舍。若一暴十寒，偶得复失则暂存之天理，岂能胜无穷之人欲？遂以为仁不可以胜不仁，而不加勉焉，则同于不仁之甚者，其沦胥以亡也必矣。学者观此可斯须而不存是心乎，天理寖明，则人欲寖消，及其至也，人欲消尽，天理纯全。以水胜火，其不然乎?"新安陈氏曰："深味亦终必亡而已矣，窃以为此章恐为战国之诸侯言之，以时暂一念一事之仁，欲胜彼之残暴甚不仁，不惟不能胜，遂使人谓仁不能胜不仁，岂非反助其虐，亦终必灭亡而已矣。如此解，则与《天爵人爵章》'终亦必亡而已矣'解为终必并所'得人爵而失亡之者'相协也。"

○孟子曰："五谷者，种之美者也；苟为不熟，不如荑稗。夫仁亦在乎熟之而已矣。"荑，音蹄。稗，蒲卖反。夫，音扶。

荑稗，草之似谷者，其实亦可食，然不能如五谷之美也。但五谷不熟，则反不如荑稗之熟；犹为仁而不熟，则反不如为他道之有成。是以为仁必贵乎熟，而不可徒恃其种之美，又不可以仁之难熟，而甘为他道之有成也。○尹氏曰："日新而不已则熟。"庆源辅氏曰："日新，日进也。不已，无间断也。必日进于一日，而又无间断，然后纯熟夫仁。”潜室陈氏曰：“他道，如百工众技，百家诸子皆是。”云峰胡氏曰：“此章与上章相因，上章言为仁之不力，无以胜不仁，此章言仁之熟，由于为之力，熟无所容力，熟之在乎用力。”新安陈氏曰：“‘而已矣’者，‘熟之’之说尽夫为仁之功，外此无他也。苟能于孔门求仁之方循而行之，日新不已，由勉而利，利而安，心与仁一，则‘熟之’功效气象可言矣。”

〇**孟子曰：“羿之教人射，必志于彀；学者亦必志于彀。**彀，古候反。

羿，善射者也。志，犹期也。彀，弓满也。满而后发，射之法也。学，谓学射。

大匠诲人，必以规矩；学者亦必以规矩。”

大匠，工师也。规矩，匠之法也。新安陈氏曰：“二节两‘学者’字，一谓学射者，一谓学匠者。”〇此章言事必有法，然后可成，师舍是则无以教，弟子舍上声。下同。是则无以学。曲艺且然，况圣人之道乎？南轩张氏曰：“学者之于道，其为有渐，其进有序，自洒扫应对，至于礼仪之三百，威仪之三千，犹木之有规矩也，亦循乎此而已。至于形而上之事，则在其人所得何如？形而上者，固不外乎洒扫应对之间也，舍是以求道，是犹舍规矩以求巧也。”庆源辅氏曰：“射者志于彀，而真积力久，则善中矣。工者守乎规矩，而真积力久，则能巧矣。教者与受教者，舍彀而言中，舍规矩而言巧，皆诬也。”双峰饶氏曰：“圣门教人定法，无如一部《大学》。”云峰胡氏曰：“此章与《离娄篇》首章相似，彼谓治天下不可无法，此谓师之教，弟子之学，皆不可无法。”

孟子集注大全卷十二

告子章句下

凡十六章。【通考】勿轩熊氏曰：“一章言食色轻而礼重，二章孝弟，三章事亲，四章义利之辨，五章辞受，六章十四章出处，七章王霸君臣，八章及下章皆言战国富强之祸，十章田制，十一章十三章为政，十二章言信，十五章处贫贱，十六章言教法。”

任人有问屋庐子曰：“礼与食孰重？”曰：“礼重。”任，平声。

任①，国名。赵氏曰：“任薛同姓之国，在齐楚之间。”屋庐子，名连，孟子弟子也。

“色与礼孰重？”

任人复扶又反。问也。

---

① 任：周初诸侯国名，其始封国君相传是太皞后裔，故地在今山东济宁县境，战国时其地入鲁。

曰："礼重。"曰："以礼食，则饥而死；不以礼食，则得食，必以礼乎？亲迎①，则不得妻；不亲迎，则得妻，必亲迎乎！"屋庐子不能对，明日之邹以告孟子。孟子曰："于答是也何有？迎，去声。于，如字。

何有，不难也。朱子曰："不亲迎则得妻，如古者国有凶荒，则杀礼而多昏。《周礼》荒政十二条中，亦有此法，盖贫穷不能备亲迎之礼，法许如此。"

不揣其本而齐其末，方寸之木可使高于岑楼。揣，初委反。

本，谓下。末，谓上。方寸之木至卑，喻食色。岑锄深反。楼，楼之高锐似山者，至高，喻礼。若不取其下之平，而升寸木于岑楼之上，则寸木反高，岑楼反卑矣。庆源辅氏曰："物之不齐，固当揣其本以齐其末，不可只据其末以定其高卑。"

金重于羽者，岂谓一钩金与一舆羽之谓哉？

钩，带钩也。金本重而带钩小，故轻，喻礼有轻于食色者；羽本轻而一舆多，故重，喻食色有重于礼者。庆源辅氏曰："物固有重而有轻，然重者少而轻者多，则轻者反重而重者反轻矣。"

取食之重者，与礼之轻者而比之，奚翅食重？取色之重者，与礼之轻者而比之，奚翅色重？翅，与"啻"同，古字通用，施智反。

礼食亲迎，礼之轻者也。饥而死以灭其性，不得妻而废人伦，食色之重者也。奚翅，犹言何但。言其相去悬绝，不但有轻重之差。楚宜反。而已。

往应之曰：'纱兄之臂而夺之食，则得食；不纱，则不得食，则将纱之乎？逾东家墙而搂其处子，则得妻；不搂，则不得妻，则将搂之乎？'"纱，音轸。搂，音娄。

纱，戾也。搂，牵也。处上声。子，处女也。此二者，礼与食色皆其重者，而以之相较，则礼为尤重也。〇此章言义理事物，其轻重固有大分，去声。然于其中，又各自有轻重之别彼列反。圣贤于此，错综子宋反。斟酌，错综，分经纬。斟酌，量浅深也。毫发不差，固不肯枉尺而直寻，亦未尝胶柱而调瑟，《史记·廉颇蔺相如传》："赵孝成王七年，秦与赵兵相距长平，时赵使廉颇将兵，固壁不战，王信秦之间言，使赵括为将代廉颇。蔺相如曰：'王以名使括，若胶柱而鼓瑟耳，括徒能读其父书传，不知合变也。'注：瑟每一弦有一柱，旋移变而取声音之和，今以胶定其柱，不使变移而鼓之，岂能声和。"所以断丁乱反。之，一视于理之当然而已矣。朱子曰："礼之大体固重于食色矣，然其间事之大小缓急不同，则亦或有反轻于食色者，惟理明义精者，为能权之而不失耳。权之不失，是乃所以全礼之重而深明食色之轻也，观于寸木岑楼之喻，孟子之意可见矣。"南轩张氏曰："食色虽出于性，而其流则以害性，苟无礼以止之，则将何所极哉？礼之重于食色，固不待较而明矣。惟夫汩于人欲而昧夫天性，于是始有礼与食色孰重之疑矣。"庆源辅氏曰："《集注》章旨之说，于圣贤处事之权度，固已得其要矣。苟或义理未精，权度未审，则于凡事胶轕难辨之际，巧者必至于枉尺而直寻，拙者必至于胶柱而调瑟，终不得夫时措之宜也。"新安陈氏曰："饮食男女，人之大欲存焉，礼则天理所以防

① 亲迎：古时婚礼仪式之一，此概指正式婚礼。

人欲者也，礼本重，食色本轻，固自有大分也。然亦不可拘拘于礼文之微者，又当随时随事而酌其中焉。圣贤固不肯枉尺直寻以逾夫礼之经，亦未尝胶柱调瑟以时时宜之权也。”东阳许氏曰：“敬兄，礼也，虽无食而将死，必不可夺兄之食而违敬兄之礼。婚娶，礼也，虽至于绝嗣，必不可搂人处子而违婚娶之礼。任人，盖异端之徒，弃蔑礼法而讥侮之者，故孟子止就其所言食色二者，使之自权其轻重而自思之，盖不屑之教诲也。”

○曹交问曰：“人皆可以为尧舜，有诸?”孟子曰：“然。”

赵氏曰：“曹交，曹君之弟也。”人皆可以为尧舜，疑古语，或孟子所尝言也。朱子曰：“孟子道‘人皆可以为尧舜’，何曾道便是尧舜，更不假修为耶。”

“交闻文王十尺，汤九尺，今交九尺四寸以长，食粟而已，如何则可?”

曹交问也。食粟而已，言无他材能也。

曰：“奚有于是？亦为之而已矣。有人于此，力不能胜一匹雏，则为无力人矣；今曰举百钧，则为有力人矣。然则举乌获之任，是亦为乌获而已矣。夫人岂以不胜为患哉？弗为耳。胜，平声。

“匹”字本作鴄，鸭也，从省作匹。《礼记》说“匹为鹜音木。”是也。《记·曲礼》：“庶人之挚匹。”注：匹读为鹜。野鸭曰凫，家鸭曰鹜，不能飞腾，如庶人之终守耕稼也。乌获，古之有力人也，能举移千钧。赵氏曰：“秦武王好以力戏，力士乌获至大官。”新安陈氏曰：“‘为之’一字，为此章之要，所谓‘弗为耳’，及下文‘所不为’也，皆与‘为之而已’一句相应，而行尧之行，与归而求之。行也，求也，皆所以为之也，举乌获之任，是亦为乌获，以譬能为尧舜之事，是亦为尧舜也。”

徐行后长者谓之弟，疾行先长者谓之不弟。夫徐行者，岂人所不能哉？所不为也。尧舜之道，孝弟而已矣。后，去声。长，上声。先，去声。夫，音扶。

陈氏曰：“孝弟者，人之良知良能，自然之性也。尧舜人伦之至，亦率是性而已。岂能加毫末于是哉?”庆源辅氏曰：“尧舜不过率是性而充其量，非有所增益于性分外也。”杨氏曰：“尧舜之道大矣，而所以为之，乃在夫音扶。行止疾徐之间，非有甚高难行之事也，百姓盖日用而不知耳。”和靖尹氏曰：“尧舜之道止于孝弟，孝弟非尧舜不能尽。”朱子曰：“尧舜之道，孝弟而已，这是对那不孝不弟底说孝弟便是尧舜之道，不孝不弟便是桀纣。”南轩张氏曰：“人性莫大于仁义，仁莫先于爱亲，义莫先于从兄，此孝弟之所由立也。尽得孝弟则仁义亦无不尽，是则尧舜之道，岂不可以一言蔽之乎？人孰无是心哉，顾体而充之何如耳。”庆源辅氏曰：“陈氏就孝弟上说，而极于尧舜之圣；杨氏是就尧舜上说，而本于孝弟之近。二说互相发明，所谓百姓盖日用而不知者，其警发于人尤为切至也。”

子服尧之服，诵尧之言，行尧之行，是尧而已矣；子服桀之服，诵桀之言，行桀之行，是桀而已矣。”之、行，并去声。

言为善为恶，皆在我而已。详曹交之问。浅陋粗仓胡反。率，庆源辅氏曰：“此指其以身之长短，与汤文较也，人皆可以为尧舜，岂谓是欤?”必其进见之时，礼貌衣冠言动之间，多不循理，故孟子告之如此两节云。觉轩蔡氏曰：“孟子以人皆可为尧舜，所以诱曹氏之进也，然亦岂谓不假修为而即可为尧舜耶？勉之以孝弟又勉之以衣服言行之间，固不以难而沮人，亦不以易而许人，惜乎曹交之不足以进此也。”新安陈氏曰：“上一节告以徐行疾行，此一节告以衣服言行，皆是就其病之切处箴教之。”

曰：“交得见于邹君，可以假馆，愿留而受业于门。”见，音现。

假馆而后受业，又可见其求道之不笃。庆源辅氏曰：“此亦是富贵者之习气，都未知那居无求安之味在。”

曰：“夫道，若大路然，岂难知哉？人病不求耳。子归而求之，有余师。”夫，音扶。

言道不难知，若归而求之事亲敬长上声。下同。之间，则性分去声。之内，万理皆备，随处发见，形甸反。无不可师，不必留此而受业也。问：“学莫难于知道，故欲修身者必以致知为先，今曰道岂难知而特患于不为，何哉？”朱子曰：“道之精微固难知也，然自始学言之，则如是而为孝，如是而为弟，如是而为不孝。如是而为不弟，其大体向背之间，岂不明而易知乎？致知云者，亦曰即其已行之知而推致之耳。”庆源辅氏曰：“道若大路，然人所共由者也。初匪难知，但患人蔽于私，役于气自暴自弃而不肯求耳，诚能即其孝亲弟长之良知良能而溯其自然之性，则一性之中万理皆备，日用之间随所感处，无不发见而察之而体之，则师不必求于外而得道，不必索于外而存矣。”〇曹交事长之礼既不至，求道之心又不笃，故孟子教之以孝弟，而不容其受业。盖孔子余力学文之意，亦不屑之教诲也。朱子曰：“曹交识致凡下，又有挟贵求安之意，故孟子拒之。然所以告之者，亦极亲切非终拒之也。”新安陈氏曰：“可为尧舜在性分，不在形体，交以形体似圣人言，陋矣。孟子所答全章之要，在为之而已。中言行尧之行，以躬行言也，末言岂难知，与病不求，归求以求知言也。求知以开其为之之端，躬行以尽其为之之实，则所谓可为尧舜者，必真能为之，安有不假修为而可安坐以至尧舜之理耶？徐行尤易能，故先只言徐行之弟，而后总以孝弟言之。有余师，非谓人师也。如先儒所谓学者当以己心为严师之意。”

〇公孙丑问曰：“高子曰：‘《小弁》，小人之诗也。’”孟子曰：“何以言之？”曰：“怨。”弁，音盘。

高子，齐人也。《小弁》，《小雅》篇名。周幽王娶申后，生太子宜臼；又得褒姒，音似。生伯服，而黜申后、废宜臼。于是宜臼之傅为去声。作此诗，以叙其哀痛迫切之情也。南轩张氏曰：“家国之念深，故其忧苦；父子之情切，故其辞哀。”

曰：“固哉，高叟之为诗也！有人于此，越人关弓而射之，则己谈笑而道之；无他，疏之也。其兄关弓而射之，则己垂涕泣而道之；无他，戚之也。《小弁》之怨，亲亲也。亲亲，仁也。固矣夫，高叟之为诗也！”关，与“弯”同。射，食亦反。夫，音扶。

固，谓执滞不通也。为，犹治也。越，蛮夷国名。道，语也。亲亲之心，仁之发也。新安陈氏曰：“小弁之事，人伦之大变，宗社倾复系焉，如之何勿怨？是其怨，乃所以见亲亲之心，盖爱亲之仁之发见者也。”

曰："《凯风》何以不怨？"

《凯风》，《邶蒲昧反。风》篇名。卫有七子之母，不能安其室，七子作此以自责也。新安陈氏曰："母生七子而寡不能安其室，七子作诗，不敢非其母，引罪自责，谓子不能慰母心，使母不安，以感动之也。"

曰："《凯风》，亲之过小者也；《小弁》，亲之过大者也。亲之过大而不怨，是愈疏也；亲之过小而怨，是不可矶也。愈疏，不孝也；不可矶，亦不孝也。

矶，水激石也。不可矶，言微激之而遽怒也。朱子曰："亲之过大，则伤天地之太和，戾父子之至爱，若此而不怨焉，则是坐视其亲之陷于大恶，恝然不少动其心，而父子之情益薄矣。此之谓愈疏，亲之过小，则特以一时之私心，而少有亏于父子之天性，若此而遽怨焉，则是水中不可容一激石，一有激石则叫号而遽怒矣，此之谓不可矶，故二者均为不孝也。"南轩张氏曰："《小弁》、《凯风》其事异，故其情其辞异。当《小弁》之事，而怨慕不形，是漠然无亲。当《凯风》之事，而怨心遽形，是归过于亲，皆失亲亲之义而贼夫仁矣。故皆以不孝断之，怨一也。由《小弁》之所存，则为天理；由高子之所见，则为人欲，不可不察也。"

孔子曰：'舜其至孝矣，五十而慕。'"

言舜犹怨慕，《小弁》之怨，不为不孝也。赵氏曰："生之膝下，一体而分。喘尺兖反。息呼吸，气通于亲。新安陈氏曰："此由子生之始而推其未生以前，深味之，爱亲之心油然生矣。"当亲而疏，怨慕号平声。天。是以《小弁》之怨，未足为愆也。"问："说《诗》者皆以《小弁》之意与舜怨慕同，窃谓'只我罪伊何'一句，与'舜于我何哉'之意同。后面君子秉心，维其忍之，君子不惠，不舒究之，分明是怨其亲，与舜怨慕之意似不同。"朱子曰："作《小弁》者，自是未到得舜地位，盖亦常人之情耳。只我罪伊何上面说何辜于天，亦似自以为无罪，未可与舜同日语也。"云峰胡氏曰："七情中有哀而无怨，怨出于哀，哀之切故怨之深，虽程子尝论小弁之怨与舜不同，然皆出于人情之至痛，而天理之至真者也。"

○宋牼①将之楚，孟子遇于石丘。牼，口茎反。

宋，姓；牼，名。石丘，地名。

曰："先生将何之？"

赵氏曰："学士年长者，故谓之先生。"

曰："吾闻秦楚构兵，我将见楚王说而罢之。楚王不悦，我将见秦王说而罢之，二王我将有所遇焉。"说，音税。

时宋牼方欲见楚王，恐其不悦，则将见秦王也。遇，合也。按《庄子》书："有宋钘刑、坚二音。者，禁攻寝兵，救世之战。上说音税。下教，强上声。聒古活反。不

① 宋牼：宋人。《荀子·非十二子篇》将其与墨子归为一类，《庄子·天下篇》则将其与尹文列为一家。《汉书·艺文志》著录其所作的《宋子》十八篇，今已佚。据今人考证，《管子》中的《内业》、《白心》、《心术》等篇为该派著作。

舍。"上声。见《庄子·天下篇》。《疏》去声。云："齐宣王时人。"以事考之，疑即此人也。构，古候反，合也。

曰："轲也请无问其详，愿闻其指。说之将何如?"曰："我将言其不利也。"曰："先生之志则大矣，先生之号则不可。

徐氏曰："能于战国扰攘之中，而以罢兵息民为说，其志可谓大矣；然以利为名，则不可也。"蔡氏曰："宋牼在当时，想亦是年德之高者，故孟子以先生呼之，而犹不免溺于利害之私，蹊不知仁义之正道，世俗从可知矣。"

先生以利说秦楚之王，秦楚之王悦于利，以罢三军之师，是三军之士乐罢而悦于利也。为人臣者怀利以事其君，为人子者怀利以事其父，为人弟者怀利以事其兄。是君臣、父子、兄弟终去仁义，怀利以相接，然而不亡者，未之有也。乐，音洛。下同。**先生以仁义说秦楚之王，秦楚之王悦于仁义，而罢三军之师，是三军之士乐罢而悦于仁义也。为人臣者怀仁义以事其君，为人子者怀仁义以事其父，为人弟者怀仁义以事其兄，是君臣、父子、兄弟去利，怀仁义以相接也。然而不王者，未之有也。何必曰利?"**王，去声。

此章言休兵息民，为事则一，然其心有义利之殊，而其效有兴亡之异，学者所当深察而明辨之也。南轩张氏曰："古之谋国者，以义理不以利害，此天理人欲之所以分，而治忽所由系也。说之以利，使其能从，亦利心耳。罢兵虽息一时之患，而徇利实伤万世之彝。"西山真氏曰："战国交兵之祸烈矣，宋牼一言而罢之，岂非生民之福而仁人之所甚愿者哉！顾利端一开，君臣、父子、兄弟大抵皆见利而动，其祸又有甚于交兵者，是以圣贤不得不严其防也。"新安陈氏曰："以利说二王而罢兵，若足为斯民幸矣。然上下皆怀利以相接，必将有灭亡之祸，是利未得而害已甚矣。以仁义说二王而罢兵，上下皆怀仁义以相接，则仁必爱亲义必急君，虽不言利而仁义之利自在其中矣。此章大意与首篇首章相似，利端一开，利心竞炽，而大伦将不暇顾，其祸有甚于交兵者，交兵不过杀人身耳。言利则必蛊害人心，孟子此章于遏人欲存天理尤严焉。"

〇孟子居邹，季任为任处守，以币交，受之而不报。处于平陆，储子为相，以币交，受之而不报。任，平声。相，去声。下同。

赵氏曰："季任，任君之弟。任君朝音潮。会于邻国，季任为去声。之居守其国也。储子，齐相也。"不报者，来见则当报之，但以币交，则不必报也。朱子曰："初不自来，但以币交，未为非礼。但孟子既受之后，便当来见，而又不来，则其诚之不至可知矣。故孟子过而不见，施报之宜也，亦不屑之教诲也。"庆源辅氏曰："来见则礼意重，币交则礼意轻也。"

他日由邹之任，见季子；由平陆之齐，不见储子。屋庐子喜曰："连得间矣。"

屋庐子连，其名也。知孟子之处此必有义理，故喜得其间隙而问之。

问曰："夫子之任见季子，之齐不见储子，为其为相与?""为其"之"为"，去声。下同。与，平声。

言储子但为齐相，不若季子摄守君位，故轻之邪？俗作"耶"。

曰："非也。《书》曰：'享多仪，仪不及物曰不享，惟不役志于享。'

《书·周书·洛诰》之篇。享，奉上也。仪，礼也。物，币也。役，用也。言虽享而礼意不及其币，则是不享矣，以其不用志于享故也。蔡氏曰："享不在币而在于礼，币有余而礼不足，亦所谓不享也。"

为其不成享也。"

孟子释《书》意如此。新安陈氏曰："币物有余而礼仪不足，是有慢上之心，谓其所贪在物，虽礼意不足无妨，乃是虽有享之名，而不成享之礼也。"屋庐子悦。或问之。屋庐子曰："季子不得之邹，储子得之平陆。"

徐氏曰："季子为去声。君居守，不得往他国以见孟子，则以币交而礼意已备。储子为齐相，可以至齐之境内而不来见，则虽以币交，而礼意不及其物也。"庆源辅氏曰："不得之邹而不来，则是制于礼者也；得之平陆而不至，则是简于礼者也。制于礼者欲为而不可，简于礼者可为而不欲，君子之所为，一视其礼意之轻重而行吾义而已。"觉轩蔡氏曰："此章见孟子于礼意之间，是否之际，权衡轻重，各称其宜如此。然皆以币交而皆受之，岂孟子当时亦有币交之礼，而季子储子皆非恶人，亦有可受之理欤？"

○淳于髡曰："先名实者，为人也；后名实者，自为也。夫子在三卿之中①，名实未加于上下而去之，仁者固如此乎？"先、后、为，皆去声。

名，声誉也。实，事功也。言以名实为先而为之者，是有志于救民也；以名实为后而不为者，是欲独善其身者也。名实未加于上下，言上未能正其君，下未能济其民也。

孟子曰："居下位，不以贤事不肖者，伯夷也；五就汤，五就桀者，伊尹也；不恶污君，不辞小官者，柳下惠也。三子者不同道，其趋一也。一者何也？曰：仁也。君子亦仁而已矣，何必同？"恶、趋，并去声。

仁者，无私心而合天理之谓。庆源辅氏曰："无私心，以存诸心而言；合天理，以行诸外而言。人固有虽无私心而行事不合天理者，唯仁则内外合、天人备矣。""《论语》于《令尹子文、陈文子章》注，引师说以为当理而无私心则仁矣。今又以为仁者无私心而合天理，其先后不同者，盖彼就二子之事而言，故以为当理而无私心。此直指夫仁而言，故曰仁者无私心而合天理。"杨氏曰："伊尹之就汤，以三聘之勤也。其就桀也，汤进之也。汤岂有伐桀之意哉？其进伊尹以事之也，欲其悔过迁善而已。伊尹既就汤，则以汤之心为心矣；及其终也，人归之，天命之，不得已而伐之耳。若汤初求伊尹，即有伐桀之心，而伊尹遂相去声。之以伐桀，是以取天下为心也。以取天下为心，岂圣人之心哉？"程子曰："五就汤、五就桀，此伊尹后来事，盖已出了则当以汤之心为心，所以五就桀不得不如此。"张子曰："伯夷伊尹柳下惠皆称圣人，出于仁之一端，莫非仁也。三子者各以是成性，故得称仁。"云峰胡氏曰："《集注》于三子之中引杨氏说，独详于伊尹者，如夷惠不屑就、不屑去，其迹甚易明，惟伊尹有去又有就，其心未易识，故详

---

① 三卿：《礼记王制》云："大国三卿，皆命于天子。"孟子曾担任官职，齐亦是大国，故说孟子"在三卿之中"。

之。"【通旨】朱氏公迁曰："仁以事言，孔子许三仁，夷齐是就其处事处许之以仁，孟子许三子是就其存心处许之以仁。孔子是因其处事而知其心之仁，孟子是因论出处而引三子之事以明仁人之仁心也。然夷齐三子迹无可疑，三仁之事则似乎反乎仁，而实得乎仁，故《集注》之说各不同。"

曰："鲁缪公之时，公仪子为政，子柳、子思为臣，鲁之削也滋甚。若是乎贤者之无益于国也！"

公仪子①，名休，为鲁相。子柳，泄柳也。削，地见侵夺也。髡讥孟子虽不去，亦未必能有为也。

曰："虞不用百里奚而亡，秦穆公用之而霸。不用贤则亡，削何可得与？"与，平声。

百里奚，事见形甸反。前篇。新安陈氏曰："亡则何止乎削？故曰'削何可得'。鲁之不亡，尚以三贤在也，否则如虞之亡，求削而不可得矣。"

曰："昔者王豹处于淇，而河西善讴；绵驹处于高唐，而齐右②善歌；华周、杞梁之妻善哭其夫，而变国俗。有诸内必形诸外。为其事而无其功者，髡未尝睹之也。是故无贤者也，有则髡必识之。"华，去声。

王豹，卫人，善讴。淇，水名。绵驹，齐人，善歌。讴，声有曲折也；歌，长言也。高唐，齐西邑。华周、杞梁，二人皆齐臣，战死于莒音举。其妻哭之哀，国俗化之皆善哭。《左传·襄公二十三年》："齐侯袭莒，杞殖华胡化反。还，音旋。载甲夜入。明日先遇莒子，莒子重赂之，使无死，曰：'请有盟。'华周对曰：'贪货弃命，亦君所恶也，昏而受命，日未中而弃之，何以事君？'莒子亲鼓而伐之，获杞梁，莒人行成，齐侯归遇杞梁之妻于郊，梁战死，妻行迎丧。使吊之。辞曰：'殖之有罪，何辱命焉，若免于罪，犹有先人之故庐在，下妾不得与郊吊。'"齐侯吊诸其室。刘向《说苑》："齐庄公攻莒，杞梁与莒战，梁遂斗杀二十七人而死，妻闻而哭，城为之阤而隅为之崩。"【通考】吴氏程曰："按《左传》、《礼记》，皆无华周妻哭之事，不过带说华周，犹前篇称禹稷过门不入耳。"髡以此讥孟子仕齐无功，未足为贤也。

曰："孔子为鲁司寇，不用，从而祭，燔肉不至，不税冕而行。不知者以为为肉也。其知者以为为无礼也。乃孔子则欲以微罪行，不欲为苟去。君子之所为，众人固不识也。"税，音脱。"为肉"、"为无"之"为"，并去声。

按《史记》："孔子为鲁司寇，摄行相去声。下同。事。齐人闻而惧，于是以女乐遗鲁君。季桓子与鲁君往观之，怠于政事。子路曰：'夫子可以行矣。'孔子曰：'鲁今且郊，如致膰音烦。于大夫，则吾犹可以止。'桓子卒受齐女乐，郊又不致膰俎于大夫，孔子遂行。"孟子言以为为肉者，固不足道；以为为无礼，则亦未为深知孔子者。盖圣

---

① 公仪子：公仪休。《史记·循吏列传》云："公仪休者，鲁博士也，以高弟为鲁相。奉法循理，无所变更，百官自正。"

② 高唐：在今山东禹城西南。齐右：高唐在齐国西部，故称西方为右，故云。

人于父母之国，不欲显其君相之失，又不欲为无故而苟去，故不以女乐去，而以膰肉行。其见平声。几明决，而用意忠厚，固非众人所能识也。然则孟子之所为，岂髡之所能识哉？○尹氏曰："淳于髡未尝知仁，亦未尝识贤也，宜乎其言若是。"南轩张氏曰："孔子之去鲁，非孟子发明于此，后世固亦未知也。"庆源辅氏曰："观孟子引孔子之事以答淳于髡，则孟子之去齐亦必有所为而不欲言之者矣。"汪氏曰："为肉为无礼，皆非知孔子。不能用圣人而耽声色，君之大罪，燔肉不至，君之微罪。若不以微罪行，而著君之罪，则为不仁。苟去，则为不义，以微罪行，仁也不为。苟去义也，君子之所为，仁义而已。"新安陈氏曰："髡本辩口滑稽之徒，始谓孟子去齐而未仁，孟子答以夷惠、伊尹或去或就皆仁也。又谓有贤则必识之，孟子答以夫子之去鲁，亦岂髡所能识哉？反复言古人事，未方以君子自拟，以众人指髡，髡虽讥孟子未立功而去，而孟子所以去齐之故终不自言，以显齐王之失，亦见几明决而用意忠厚焉。自谓所愿则学孔子，今观其进退语默，宛然孔氏家法也。"

○孟子曰：五霸者，三王之罪人也；今之诸侯，五霸之罪人也；今之大夫，今之诸侯之罪人也。

赵氏曰："五霸：齐桓、晋文、秦穆、宋襄、楚庄也。三王，夏禹、商汤、周文、武也。"丁氏曰①：丁氏，名公著，唐苏州人。"夏昆吾，商大彭、豕韦，周齐桓、晋文，谓之五霸。"赵氏曰："丁氏说本，杜预《春秋传》注。"新安陈氏曰："自王道衰，伯图盛人惟知五伯之功，岂敢议五伯之罪，惟孟子崇王贱伯，故以三王律五伯，而名其为罪人焉，五伯宜从前一说。"

天子适诸侯曰巡狩，诸侯朝于天子曰述职。春省耕而补不足，秋省敛而助不给。入其疆，土地辟，田野治，养老尊贤，俊杰在位，则有庆，庆以地。入其疆，土地荒芜，遗老失贤，掊克在位，则有让。一不朝，则贬其爵；再不朝，则削其地；三不朝，则六师移之。是故天子讨而不伐，诸侯伐而不讨。五霸者，搂诸侯以伐诸侯者也，故曰：五霸者，三王之罪人也。朝，音潮。辟，与"闢"同。治，去声。

庆，赏也，益其地以赏之也。掊克，聚敛力验反。也。让，责也。移之者，诛其人而变置之也。讨者，出命以讨其罪，而使方伯连帅帅上所类反，下所律反。诸侯以伐之也。伐者奉天子之命，声其罪而伐之也。搂，牵也。五霸牵诸侯以伐诸侯，不用天子之命也。新安陈氏曰："无王如此使居三王之世，岂非罪人。"自入其疆至则有让，言巡狩之事；自一不朝至六师移之，言述职之事。南轩张氏曰："天子入诸侯之国，首察其土田，次询其贤才，盖为国之道莫先于农桑，莫要于人才也。"

五霸，桓公为盛。葵丘之会诸侯，束牲、载书而不歃血。初命曰："诛不孝，无易

---

① 丁氏：丁公著，唐经学家，字平子，吴（今苏州）人。五经及第，授集贤校书郎，兼集贤殿校理，旋授右补阙。又迁集贤直学士，寻授水部员外郎，充皇太子及诸王侍读，因著《太子诸王训》十篇。累官礼部尚书、翰林讲学士、检校户部尚书，兼润州刺史，充浙两道观察使。著《礼志》十卷，佚。《孟子丁氏手音》一卷，今存。

树子，无以妾为妻。”再命曰：“尊贤育才，以彰有德。”三命曰：“敬老慈幼，无忘宾旅。”四命曰：“士无世官，官事无摄，取士必得，无专杀大夫。”五命曰：“无曲防，无遏籴，无有封而不告。”曰：“凡我同盟之人，既盟之后，言归于好。”今之诸侯，皆犯此五禁，故曰：今之诸侯，五霸之罪人也。歃，所洽反。籴，音狄。好，去声。

按《春秋传》去声：“僖公九年，葵丘之会，陈牲而不杀。读书加于牲上，新安陈氏曰：“威信服人，无事歃血，歃歠也。”壹明天子之禁。”树，立也。已立世子，不得擅时战反。易。初命三事，所以修身正家之要也。《穀梁传》：“僖公九年九月戊辰，诸侯盟于葵丘。桓盟不日，此何以日，日，谓记其日。美之也，为见天子之禁，故备之也。葵丘之会，陈牲而不杀，读书加于牲上，一明天子之禁。曰：毋壅泉，专水利。毋讫籴，讫止也。毋易树子，毋以妾为妻，毋以妇人与国事。与音预。”庆源辅氏曰：“一明天子之禁，但一意以明天子之禁而已。不孝是恶之大者，故居首，世子必告于天子而后立，既立则岂可擅自易之？不孝是不子，易树子，是不父，以妾为妻，则无夫妇之别。”宾，宾客也。旅，行旅也。皆当有以待之，不可忽忘也。士世禄而不世官，恐其未必贤也。官事无摄，当广求贤才以充之，不可以阙人废事也。取士必得，必得其人也。无专杀大夫，有罪则请命于天子而后杀之也。无曲防，不得曲为堤防，壅泉激水，以专小利，病邻国也。无遏籴，邻国凶荒，不得闭籴也。无有封而不告者，不得专封国邑而不告天子也。新安陈氏曰：“五命即载书之辞，才者育之，亚于尊贤，所以明贵德，言归于和好，无构怨也。”

长君之恶其罪小，逢君之恶其罪大。今之大夫，皆逢君之恶，故曰：今之大夫，今之诸侯之罪人也。长，上声。

君有过不能谏，又顺之者，长君之恶也。君之过未萌，而先意导之者，逢君之恶也。南轩张氏曰：“君有恶，承顺而长之，固为罪矣。逢君恶者，逆探君意而成之，罪尤大也。其诡秘奸谲为甚，而戕贼蠹害尤深，盖君萌不善之念，其始必有未安于心未敢遽达也。己迎而安之，则其发也必果，君以为己意未形于事而彼能先之，则其爱也必笃，故长君恶于外者，其罪易见；逢君恶于内者，其慝难知。易见者害犹浅难知者，害不可言也。自古奸臣之得君，未有不自逆探君意以成其恶，故君臣之相爱不可解，卒至于俱亡而后已。逢君之恶云者，可谓极小人之情状矣。”庆源辅氏曰：“长君之恶者，无能而巽懦，阿谀之人也。逢君之恶者，有才而倾险，阴邪之人也。”〇林氏曰：“邵子①有言：‘治《春秋》者，不先治五霸之功罪，则事无统理，而不得圣人之心。《春秋》之间，有功者未有大于五霸，有过者亦未有大于五霸。故五霸者，功之首，罪之魁也。’以上邵子之说。孟子此章之义，其若此也与？音余。然五霸得罪于三王，今之诸侯得罪于五霸，皆出于异世，故得以逃其罪。至于今之大夫，其得罪于今之诸侯，则同时矣；而诸侯非惟莫之罪也，乃反以为良臣而厚礼之。不以为罪而反以为功，何其谬靡幼反。哉！”庆源辅氏曰：“孟子虽取桓文之五命，而又以五霸为三王之罪人，得《春秋》之大

---

① 邵子：邵雍。

指矣。”

○鲁欲使慎子为将军。

慎子，鲁臣。

孟子曰：“不教民而用之，谓之殃民。殃民者，不容于尧舜之世。

教民者，教之礼义，使知入事父兄，出事长上声。上也。用之，使之战也。庆源辅氏曰：“能如是而教其民，乃可以即戎，使之敌忾御侮，临战之际，皆如手足之捍头目。子弟之卫父兄矣不然，则是陷之于死地也，故谓之殃民，在尧舜之仁政，岂容之哉？”

一战胜齐，遂有南阳①，然且不可。

是时鲁盖欲使慎子伐齐，取南阳也。故孟子言就使慎子善战有功如此，且犹不可。新安陈氏曰：“就使侥幸克敌，已骄敌怒，祸方深耳，况未必能且不免败乎？”

慎子勃然不悦曰：“此则滑厘所不识也。”滑，音骨。

滑厘，慎子名。

曰：“吾明告子。天子之地方千里；不千里，不足以待诸侯。诸侯之地方百里；不百里，不足以守宗庙之典籍。

待诸侯，谓待其朝音潮。觐聘问之礼。宗庙典籍，祭祀会同之常制也。庆源辅氏曰：“观此二句，则知先王之制、封国大小，自有意义，岂私意可得而损益之哉？”

周公之封于鲁，为方百里也；地非不足，而俭于百里。太公之封于齐也，亦为方百里也；地非不足也，而俭于百里。

二公有大勋劳于天下，而其封国不过百里。俭，止而不过之意也。问：“王制与孟子同，而周礼诸公之地，封疆方五百里，诸侯方四百里，伯三百里，子二百里，男百里。郑氏以王制为夏商制，为夏商中国方三千里，周公斥而大之，中国方七千里，所以不同。”朱子曰：“郑氏只文字上说得好看，然甚不晓事情，且如百里之国，周人欲增到五百里，须并四个百里国地，方做得一国。其所并四国，又当别裂地以封之如此，则天下诸侯东迁西移、改立宗庙，社稷皆为之骚动矣。且如此趱去，不数大国，便无地可容了。许多国，何以处之？恐其不然。窃意其初只方百里，后来吞并遂渐渐大，如禹会诸侯于涂山，执玉帛者万国，到周时只千八百国，自非吞并，如何不见了许多国？武王时诸国地已大，武王亦不奈何，只得就而封之，当时封许多功臣之国，缘当初灭国五十，得许多空地可封，不然，则周公、太公亦自无安顿处。孟子百里之说，亦只是大纲如此说，不是实考得见古制。”

今鲁方百里者五，子以为有王者作，则鲁在所损乎？在所益乎？

鲁地之大，皆并去声。吞小国而得之。有王者作，则必在所损矣。

徒取诸彼以与此，然且仁者不为，况于杀人以求之乎？

徒，空也，言不杀人而取之也。庆源辅氏曰：“不杀人而取彼与此，仁者犹且不

---

① 南阳：在泰山西南、汶水之北，是当时齐鲁争夺要地。

为，以其非所当得故也，况于殃民而求广土地者乎？”

君子之事君也，务引其君以当道，志于仁而已。”

当道，谓事合于理，志仁，谓心在于仁。华阳范氏曰：“君子之事上也，引其君于正；小人之事上也，引其君于邪。君子引其君于仁义，引其君于爱民，引其君于纳谏，引其君于恭俭，引其君于学问，此君子之所以引其君者，志于仁而已矣。小人引其君于好利，引其君于好战，引其君于用刑，引其君于拒谏，引其君于骄侈，此小人之所以引其君者，志于不仁而已矣。伊尹以尧舜之道引成汤，故成汤为尧舜之君，周公以文武之道引成王，故成王为文武之君，此引其君以当道。荣夷公以专利引周厉王，故周乱；赵高以刑法引秦二世，故秦亡。此引君以当非道也。”西山真氏曰：“道之与仁，非有二也，以事之理而言则曰道，以心之德而言则曰仁。心存于仁则其行无不合道矣。”新安陈氏曰：“事合理，必不争己所不当有之地，心存仁，必不杀人以争地。二句不特可，断此一事，实臣事君之法也。殃民者仁之反，欲慎子导君以仁，不殃民而为不仁也。”

○孟子曰：“今之事君者曰：‘我能为君辟土地，充府库。’今之所谓良臣，古之所谓民贼也。君不乡道，不志于仁，而求富之，是富桀也。为，去声。辟，与“闢”同。乡，与“向”同。下皆同。

辟，开垦口狠反。也。朱子曰：“乡道志仁，不可分为二事，《中庸》曰修道以仁，孟子言不志于仁，所以释不乡道之实也。前章务引其君以当道，志于仁而已，亦言志仁之为当道耳。”

‘我能为君约与国，战必克。’今之所谓良臣，古之所谓民贼也。君不乡道，不志于仁，而求为之强战，是辅桀也。

约，要平声。结也。与国，和好去声。相与之国也。新安陈氏曰：“前是为君富国，剥下奉上者，此是为君强兵，战胜攻取者，暴君之良臣，实治世之民贼。不能引君乡道志仁，而导以不道不仁，助桀为虐者也。”

由今之道，无变今之俗，虽与之天下，不能一朝居也。”

言必争夺而至于危亡也。南轩张氏曰：“此章大抵与前章意同。战国之臣所以辅君者，徒以能富国强兵为忠，而其君亦固以此为臣之忠于我也，而孟子以为民贼，何哉？盖君不乡道，不志于仁，而但为之富强之计，则君益以骄肆，而民益以憔悴，是上成君之恶，而下绝民之命也。当时诸侯乃以民贼为良臣，岂不痛哉！”新安陈氏曰：“自当时观之，孟子此论，若迂且激，既而六国吞，暴秦亡，此论岂不深中大验，此章与上章意实相类，其因讥切慎子而继发欤。”

○白圭曰：“吾欲二十而取一，何如？”

白圭，名丹，周人也。欲更平声。税法，二十分扶问反。下同。而取其一分。林氏曰：“按《史记》：白圭能薄饮食，忍嗜时至反。欲，与童仆同苦乐音洛。下同。乐观时变，人弃我取，人取我与，以此居积致富。其为此论，盖欲以其术施之国家也。”勿轩熊氏曰：“按《货殖列传》，白圭当魏文侯时，李克务尽地力，而白圭乐观时变，故人弃我取，人取我予，能薄饮食，忍嗜欲，与用事僮仆同苦乐，趋时若勐兽鸷鸟之发，曰：

‘吾治生犹孙吴用兵，商鞅行法，智不足以权变，勇不足以断决，仁不能以取予，强不能以有守，虽欲学吾术，皆不告也。’盖世言治生者祖白圭。”

孟子曰：“子之道，貉道也。貉，音陌。

貉，北方夷狄之国名也。

万室之国，一人陶，则可乎?”曰：“不可，器不足用也。”

孟子设喻以诘契乙反。圭，而圭亦知其不可也。

曰：“夫貉，五谷不生，惟黍生之。无城郭、宫室、宗庙、祭祀之礼，无诸侯币帛饔飧，无百官有司，故二十取一而足也。夫，音扶。

北方地寒，不生五谷，黍早熟，故生之。饔飧，以饮食馈客之礼也。

今居中国，去人伦，无君子，如之何其可也?

无君臣、祭祀、交际之礼，是去人伦；无百官有司，是无君子。

陶以寡，且不可以为国，况无君子乎?

因其辞以折之。

欲轻之于尧舜之道者，大貉小貉也；欲重之于尧舜之道者，大桀小桀也。”

什一而税，尧舜之道也。多则桀，寡则貉。今欲轻重之，则是小貉、小桀而已。庆源辅氏曰：“‘什一’，中正之制也，故以为尧舜之道，三代圣人，虽因时损益有所不同，然一本于中正，则无以异也。惟其中正，所以行之天下而安，传之万世而无弊。周衰，王制尽废，兼并之俗起，而贫富遂以不均。白圭廑身①禁欲，乐观时变，知取知予，以此居积致富，此三代盛时所无有也，其犯先王之禁大矣。顾乃私忧过计，创为轻赋之说，欲以其术施之国家，故孟子明辨其不可，观其始则取其事之易辨者以开其智，中则历陈其不可之实以破其说，末则举尧舜之道不可得而轻重者，使之有所归著，亦可谓委曲详尽矣。”云峰胡氏曰：“《易》曰：‘节以制度，必先言中正以通。’盖尧舜之道中而已，重之轻之，皆非中也。可行于夷狄，不可通行于天下；可行于一时，不可通行于万世。”新安陈氏曰：“彼真貉真桀为大者，此为小者也。”【通旨】朱氏公迁曰：“因其过而以中道矫之者，所以救时政之敝也；因其不及而以中道辟之者，所以正邪说之诬也。皆所以明先王之道，不可不行也。”

〇白圭曰：“丹之治水也，愈于禹。”

赵氏曰：“当时诸侯有小水，白圭为之筑堤，壅委恐反。而注之他国。”

孟子曰：“子过矣。禹之治水，水之道也。

顺水之性也。

是故禹以四海为壑，今吾子以邻国为壑。

壑，受水处也。

水逆行，谓之洚水。洚水者，洪水也，仁人之所恶也。吾子过矣。”恶，去声。

---

① 廑身：勤劳己身。廑：同廑，勤劳，殷勤。《汉书·扬雄传下》：“其廑至矣，而功不图。”颜师古注：“廑，古‘勤’字。”

水逆行者，下流壅塞，故水逆流，今乃壅水以害人，则与洪水之灾无异矣。勿轩熊氏曰："按，白圭自言善治生，有智仁强勇四术，然筑堤壅水，不能行所无事则不智；以邻国为壑、利己害人则不仁。所谓强勇，亦愚悍自信而已。此战国富强之术，故深抑之。"新安陈氏曰："禹除天下之害，顺水之性，而委之于海；圭除一国之害，不顺水之性，而但壑之于邻。是禹为天下除害，而圭乃为邻国之害也，不仁甚矣。"

○孟子曰："君子不亮，恶乎执？"恶，平声。

亮，信也，与"谅"同。恶乎执，言凡事苟且，无所执持也。朱子曰："考之《说文》，古无'亮'字，以为与谅通者近之，然谅有二训：止训信者，'友谅'之类是也。训必信者，'贞而不谅'是也。"南轩张氏曰："谅对贞而言，则专于谅者未必贞也，以己之私意为谅非谅之正也。孟子之言谅，谅之正也。"庆源辅氏曰："此与《论语·人而无信章》同意，此以守言，彼以行言也。"汪氏曰："执谅体常也，不谅通变也。"

○鲁欲使乐正子为政。孟子曰："吾闻之，喜而不寐。"

喜其道之得行。

公孙丑曰："乐正子强乎？"曰："否。""有知虑乎？"曰："否。""多闻识乎？"曰："否。"知，去声。

此三者，皆当世之所尚，而乐正子之所短，故丑疑而历问之。

"然则奚为喜而不寐？"

丑问也。

曰："其为人也好善。""好善足乎？"好，去声。下同。

丑问也。

曰："好善优于天下，而况鲁国乎？

优，有余裕也。言虽治天下，尚有余力也。赵氏曰："善取于己则有尽，善取于人则无穷，此其所以虽治天下，犹有余力也。"

夫苟好善，则四海之内，皆将轻千里而来告之以善。夫，音扶。下同。

轻，易也，言不以千里为难也。

夫苟不好善，则人将曰：'訑訑，予既已知之矣。'訑訑之声音颜色，距人于千里之外。士止于千里之外，则谗谄面谀之人至矣。与谗谄面谀之人居，国欲治，可得乎？"訑，音移。治，去声。

訑訑，自足其智，不嗜善言之貌。庆源辅氏曰："世间此等人亦甚多，然其所谓智者，是乃所以为愚也；然原其始，则起于予既已知之之意萌于中而已，可不畏乎！"新安陈氏曰："'距'与'拒'通，《前汉·汲黯传》：'智足以距谏。'亦用此'距'字。"君子小人，迭为消长上声。直谅多闻之士远，则谗谄面谀之人至，理势然也。○此章言为政，不在于用一己之长，而贵于有以来天下之善。南轩张氏曰："好善诚笃，非舍己私者不能，能舍己则中虚，虚则能来天下之善，于为天下何有？盖善者，天下之公也。自以为是，则专己而绝天下之公理，蔽孰甚焉。"

○陈子曰："古之君子何如则仕？"孟子曰："所就三，所去三。

其目在下。

迎之致敬以有礼，言将行其言也，则就之；礼貌未衰，言弗行也，则去之。

所谓见行可之仕，若孔子于季桓子是也。受女乐而不朝，音潮。则去之矣。

其次，虽未行其言也，迎之致敬以有礼，则就之；礼貌衰，则去之。

所谓际可之仕，若孔子于卫灵公是也。故与公游于囿，公仰视蜚与“飞”同。雁而后去之。《史记·孔子世家》：“孔子反乎卫，入主蘧伯玉家，他日灵公问兵陈，孔子曰：‘俎豆之事，则尝闻之，军旅之事，未之学也。’明日与孔子语，见蜚雁，仰视之，色不在孔子，孔子遂行，复如陈。”【通考】赵氏德曰：“《春秋年表》云：‘卫灵公即位之三十八年，孔子来禄之。’按《孔子世家》云：‘孔子适卫，卫灵公问孔子居鲁，得禄几何？对曰：养之六万。卫人亦致粟六万石。顷之或谮孔子，孔子遂去卫。’是则孔子于卫灵公有公养之仕也。如卫孝公则吾亦未能信，以其无以按据也。以时推之，则孔子于季桓子受女乐之时，时卫灵公即位之三十七年、鲁定公十一年也。定公十三年是卫灵公即位之三十八年。问陈之时，则即位之四十三年，卫灵公是年卒。后之学者宜精究之。”

其下，朝不食，夕不食，饥饿不能出门户。君闻之曰：‘吾大者不能行其道，又不能从其言也，使饥饿于我土地，吾耻之。’周之，亦可受也，免死而已矣。”

所谓公养之仕也。君之于民，固有周之之义，况此又有悔过之言，新安陈氏曰：“所谓大者，以大节论；所谓又者，以其次言也。”所以可受。然未至于饥饿不能出门户，则犹不受也。其曰免死而已，则其所受亦有节矣。朱子曰：“孟子言所就三，所去三，其上以言之行不行为去就，此仕之正也。其次以礼貌衰未衰为去就，又其次至于不得已而受其赐，则岂君子之本心哉！盖当是时，举天下莫能行吾言矣，则有能接我以礼貌而周我之穷困者，岂不善于彼哉！是以君子以为犹可就也，然孟子盖通上下言之，若君子之自处，则在所择矣。孟子于其受赐之节，又尝究言之曰：‘饥饿不能出门户，则周之亦可受也。’明未至于如是之贫，则不可受，免死而已矣。言受之有限，不求赢余，明不多受也。”庆源辅氏曰：“言将行其言也，则就之；为道而仕也，迎之致敬以有礼，则就之；为礼而仕也，道在我，礼在彼，至于周之亦可受，此君子之不得已也。《集注》恐后之。贪利苟得者，以是藉口而全不顾义，遂流于欲而不知也，故言此以防警之。然使上之赐下，止周其身，下受其赐，止以免其死，则时可知矣。”云峰胡氏曰：“本文初言去就各有三，至其目则上两节言去就，末一节独不言，盖饥饿不能出门户，是欲去而不能去者，故周之。不曰‘可就’，而曰‘亦可受’，观‘亦’之辞，见其濒死不容不受，而曰免死而已，则亦未尝过受也。君子于去就辞受之际，可谓严矣。此孟子答古之君子之问也，今之君子何如哉？”

○孟子曰：“舜发于畎亩之中，傅说举于版筑之间，胶鬲举于鱼盐之中，管夷吾举于士，孙叔敖举于海，百里奚举于市。说，音悦。

舜耕历山，三十登庸①。说筑傅岩，武丁举之。胶鬲遭乱，鬻余六反。贩方万反。

---

① 登庸：选拔任用。

鱼盐，文王举之。管仲囚于士官，桓公举以相去声。国。孙叔敖隐处上声。海滨，楚庄王举之为令尹。百里奚事见形甸反。前篇。新安陈氏曰："舜，圣人，且君也，故只曰发。傅说以下五贤，皆臣也，故皆曰举。"

故天将降大任于是人也，必先苦其心志，劳其筋骨，饿其体肤，空乏其身，行拂乱其所为，所以动心忍性，曾益其所不能。曾，与"增"同。

降大任，使之任大事也，若舜以下是也。空，去声。穷也。乏，绝也。拂，戾也，言使之所为不遂，多背音佩。戾也。动心忍性，谓竦萄勇反。动其心，坚忍其性也。然所谓性，亦指气禀食色而言耳。朱子曰："动其仁义礼智之心，忍其声色臭味之性。"庆源辅氏曰："竦动其心则心活，坚忍其性则性定，心活则不为欲所役，性定则不为气所动。"云峰胡氏曰："或谓'孟子尝曰不动心，曰养性，此曰动心忍性，何也?'曰：彼言不动心，是处富贵，而富贵不能变动其心也。此言动心，是处贫贱而贫贱有以竦动其心也。譬之水，动心是浚得源头活水滚滚出来，不动心是水之流不为沙泥所混，不为波流所汩也。养性者，养其本然天命之性，不使之有所动于外；忍性者，忍其气禀食色之性，不使之有所动于中。"新安陈氏曰："分配之，苦心志所以动心，动心则善念由此生，劳饿空乏所以忍性，忍性则物欲由此窒，拂乱所为，所以增益前所不能者而能之，则德业由此进。舜大圣人，未必尽由此，而穷苦之迹实如此，履此岂无所警省。若傅说以下，所以能当大任，实由于此也。"程子曰："若要熟，也须从这里过。"朱子曰："只是要事事经历过，似一条路，须每日从上面往来行得熟了，方认得许多险阻去处。若素不曾行，忽然一旦撞行去，少间定堕坑落堑也。"庆源辅氏曰："人不经忧患困穷顿挫摧屈，则心不平，气不易，察理不尽，处事多率，故谓人若要熟，须从这里过。"潜室陈氏曰："更尝变故多，则阅义理之会熟，熟谓义理与自家相便习，如履吾室中。"

人恒过，然后能改；困于心，衡于虑，而后作；征于色，发于声，而后喻。衡，与"横"同。

恒，胡登反。常也。犹言大率也。横，不顺也。作，奋起也。征，知盈反。验也。喻，晓也。此又言中人之性，常必有过，然后能改。新安陈氏曰："下文所谓作与喻，即是改过之事。"盖不能谨于平日，故必事势穷蹙，以至困于心，横于虑，然后能奋发而兴起；不能烛于几微，故必事理暴著，以至验于人之色，发于人之声，然后能警悟而通晓也。朱子曰："困心衡虑者，心觉有其过；征色发声者，其过形于外。"庆源辅氏曰："舜，大圣人之事。傅说而下，皆上智之事。自人恒过而下，则中人之事也。才言恒过而后能改，便见是中人之性矣。下两句只是改过之事，虽是不能谨于平日，至于事势穷蹙，困心衡虑，始能奋发而兴起，然毕竟是其才尚足以有为，虽是不能烛于几微，至于事理暴著、征色发声，始能警悟而通晓。然毕竟是其智尚足以有察，如此，故亦可以进于善，若至是而犹不之觉焉，则下愚而已。"

入则无法家拂士，出则无敌国外患者，国恒亡。拂，与"弼"同。

此言国亦然也。庆源辅氏曰："上既言上智中人之事矣，故此推言在国亦然。"法家，法度之世臣也。拂士，辅弼之贤士也。新安陈氏曰："人主为国，内有守法持正者规谏之，外有敌国外患以警惧之，则不敢纵肆而国可保，否则骄纵而国亡矣。”

然后知生于忧患而死于安乐也。”乐，音洛。

以上文观之，则知人之生全，出于忧患，而死亡由于安乐矣。新安陈氏曰：“忧患未必便生，然忧患则警戒而其虑深，有生全之理，结章首至而后喻一截。安乐未必便死，然安乐则多怠肆而其志荒，有死亡之理，结入则无法家至国恒亡一节。自困而亨，上圣且然，诸贤皆然，中人则待有过而后能然，为国者亦莫不然也。大概此章言处困苦忧患之意多，安乐即忧患之反也。”○尹氏曰：“言困穷拂郁，能坚人之志，而熟人之仁，云峰胡氏曰：“必坚忍其志，然后自至于熟。坚志，是入德路头；熟仁，是成德地步。”以安乐失之者多矣。”南轩张氏曰：“知生于忧患而死于安乐，生言生之道，死言死之道也。继体之君，公侯之裔，生处安乐，无忧患可历则如之何？必也念安乐之可畏，思天命之无常，戒谨恐惧，不敢有其安乐，是乃困心衡虑之方，生之道也。死于安乐，非安乐能死之，以溺于安乐而自绝焉耳。故在君子，则虽处安乐而生理未尝不遂，在小人则虽处忧患，而死亦恐不免，穷斯滥是也。”勉斋黄氏曰：“恐惧修省，常生于忧患，骄奢淫泆，必起于宴安。当阸穷困踬之余，其操心危，其虑患深，其刻厉奋发以进于善，有不期然者矣。”新安陈氏曰：“张子《西铭》云‘富贵福泽，将厚吾之生，贫贱忧戚，庸玉汝于成’，后二句即孟子此章之意，前二句孟子所未言也。人能知此，则处忧患者固可生，处安乐者亦不死矣。《尽心上篇·有德慧章》，意与此合，当参看。动心是充广道心，忍性是节制人心，一是扩天理，一是遏人欲。”

○孟子曰：“教亦多术矣，予不屑之教诲也者，是亦教诲之而已矣。”

多术，言非一端。屑，洁也。不以其人为洁而拒绝之，所谓不屑之教诲也。其人若能感此，退自修省，悉井反。则是亦我教诲之也。朱子曰：“赵氏注：屑，洁也。考孟子‘不屑’就与不屑不洁之言，‘屑’字皆当作‘洁’字解。‘不屑之教诲’，谓不以其人为洁而教诲之，如坐而言不应隐几而卧之类。”新安陈氏曰：“不屑教，非忍而绝之，实将激而进之，是亦多术中教诲之一术也。孔子于孺悲，孟子于滕更，皆是。”○尹氏曰：“言或抑或扬，或与或不与，各因其材而笃之，无非教也。”

孟子集注大全卷十三

尽心章句上

凡四十六章。【通考】勿轩熊氏曰：“前五章皆言性命之学，尽心知性、存心养性，即《大学》之要法也。论古圣贤凡六章，余皆讲学修身齐家治国之事。”

孟子曰：“尽其心者，知其性也。知其性，则知天矣。

心者，人之神明，所以具众理而应万事者也。新安陈氏曰：“‘心者’，神明之舍；

'具众理'，心之体也；'应万事'，心之用也。《大学章句》释'明德'，《或问》释'致知'之'知'字，此释'心'字，大概三处互相发云。"性则心之所具之理，而天又理之所从以出者也。人有是心，莫非全体，然不穷理，则有所蔽而无以尽乎此心之量去声。故能极其心之全体而无不尽者，必其能穷夫音扶。理而无不知者也。既知其理，则其所从出。亦不外是矣。朱子曰："天者，理之自然，而人之所由以生者也。性者，理之全体，人之所得以生者也。心则人之所以主于身，而具是理者也。天大无外，而性禀其全，故人之本心，其体廓然，亦无限量。惟其梏于形气之私，滞于闻见之小，是以有所蔽而不尽，人能即事即物、穷究其理，至于一日，会通贯彻而无所遗焉，则有以全其本然之体，而吾之所以为性与天之所以为天者，皆不外此而一以贯之矣。伊川云'尽心然后知性'，此不然，'尽'字大，'知'字零星。性者，吾心之实理，若不知得，却尽个甚，惟就知上积累将去，自然尽心。人能尽其心者，只为知其性。此句文义，与得其民者得其心也相似，'者'字不可不仔细看。""人之所以尽其心者，以其知其性故也，盖尽心与存心不同，存心即操存求放之事，是学者初用力处；尽心则穷理之至，廓然贯通之谓。所谓知性，即穷理之事也，须是穷理，方能知性。知性之尽，则能尽其心矣。""性以赋于我之分而言，天以公共道理而言，天便是个大底人，人便是个小底天，吾之仁义礼智，即天之元亨利贞，凡吾之所有者，皆自彼而来也。故知吾性，则自然知天矣。"问："如何是天者理之所出?"曰："天便是那太虚，但能尽心知性，则天便不外是矣。"庆源辅氏曰："知性而尽心者，譬如家主，尽识一家所有之物，然后随取随有，随用随足，方尽得家主之职。知性而知天，如家主既识得家中之物，则自然知此物是何从而来也。"陵阳李氏曰："性与心初无闻，而知与尽则有序，性与心无闻，则知性故能尽心，知与尽有序，则谓尽之为先，而知之为后，是失其先后之伦也。"以《大学》之序言之，知性则物格之谓，尽心则知至之谓也。问："尽心今既定作知至说，则知天一条，当何系属？系之知性之下，尽心之前，与知性俱为一滚事耶？抑系之尽心之下，乃知至又精熟底事邪?"朱子曰："知其性则知天矣，据此文势，只合在知性里说。"问："四十而不惑，五十而知天命。不惑，谓知事物当然之理；知天命，谓知事物之所以然，便是知天知性之说否?"曰："然。"【通考】勿斋程氏曰："至诚无息，至明无蔽，表里精粗，毫发不遗，是曰尽性；体无不统，用无不周，充极其量，毫发无疑，是曰尽心。"

存其心，养其性，所以事天也。

存，谓操平声。而不舍；上声。养，谓顺而不害。事，则奉承而不违也。朱子曰："先存心而后养性，存得父子之心尽，方养得仁之性；存得君臣之心尽，方养得义之性。存之养之即是事，心性即是天，故曰'所以事天也'。知性，是知得性中物事，既知得，须尽知得，方始是尽心，存其心养其性，方始是做工夫处。如《大学》'物格而后知至'，物格者，物理之极处无不到，知性也。知至者，吾心之所知无不尽，尽心也。至于意诚，则存其心养其性也，圣人说知必说行。""存心者气不逐物而常守其至正也。养性者，事必循理而不害其本然也。""心性皆天之所以与我者，不能存养而梏亡之，则非所以事天也。夫心具性敬以存之，则性得其养而无所害矣。此君子之所以奉顺乎天，盖能尽其心而终之之事，颜冉所以请事斯语之意，故敬者学之终始，所谓彻上彻下之道也。”问：“尽心存心，尽莫是极至地位，存莫是初存得这心否？”曰：“尽心也，未说极至，只是凡事便须理会，教十分周足，无少阙漏处，方是尽。存，也非独是初工夫，初间固是操守存在这里，到存得熟后，也只是存。这‘存’字，无始终只存这里。”庆源辅氏曰：“心是活物，须是操则存，不然便放去矣。性是实理，须当顺之而不害。害，谓违悖而戕伤之，性本不可以戕伤言，但为自家违悖了，便是戕伤之也。奉承之而不违，便只是存心养性事。”问：“尽心知性，存心养性，上是知工夫，下是行工夫，然上一节知性在先，尽心在后，下一节存心在先，养性在后，何也？”潜室陈氏曰：“知性，即穷理格物之学，是工夫最先者。尽心，即大学知至境界，存心即诚意正心之谓，养性在其中矣。非存心外，别有所谓养性工夫，故养性在存心下。”新安陈氏曰：“人能存心养性，然后能事事合理，顺事乎天，而无愧于天之所以赋予我者，此《西铭》所以曰‘存心养性为匪懈’，又曰‘存吾顺事’，存心养性，即所以顺事之本也。”

殀寿不贰，修身以俟之，所以立命也。”

殀寿，命之短长也。贰，疑也。不贰者，知天之至，修身以俟死，则事天以终身也。立命，谓全其天之所付，不以人为害之。朱子曰：“殀寿不贰，不以死生为吾心之欣戚也。不贰，是不疑，若一日未死，一日要是当百年未死，百年要是当，这便是立命。既不以殀寿贰其心，又须修身以俟，方始能立命。不以殀寿动心，一向乱做又不可，殀寿不贰，便是知性知天之力。修身以俟，便是存心养性之功。立命一句，更用通下章看，此与《西铭》都相贯穿。”“殀寿之不齐，盖气之所禀有不同者。不以悦戚二其心，而惟修身以俟之，则天之正命，自我而立，而气禀之短长，非所论矣。”庆源辅氏曰：“徇私以贼理，纵欲以伤生，皆所谓以人为害之也。”新安陈氏曰：“命之短长，此‘命’字以气言。立命，此‘命’字兼理与气言。”【通考】朱氏公迁曰：“知命以知言，俟命以行言，立命兼知行言，行法以德行言，居易以事理言。殀寿不贰即是知命，修身俟之即是俟命。合知命俟命则是立命，知命俟命则命在天，立命则命在我。”〇程子曰：“心也、性也、天也，一理也。自理而言谓之天，自禀受而言谓之性，自存诸人而言谓之心。”张子曰：“由太虚，有天之名；由气化，有道之名；合虚与气，有性之名；合性与知觉，有心之名。”朱子曰：“由太虚有天之名，由气化有道之名，此是总说。合虚与气有性之名，合性与知觉有心之名，此就人上说。四句本只是一个太虚，渐细分说得密耳。由太虚有天之名，便是四者之总体，而不杂乎四者之言，由气化有道之名。气化者，那阴阳造化金木水火土皆是，太虚，便是太极图上面一圆圈。气化，便是阴静阳动，合虚与气，有性之名，有这气便有这理随在这里。若无此气，这理在甚处安顿，合性与知觉，有心之名，知觉又是那气之虚处，聪明视听，作为运用，皆是知觉。”“有是物，则有是理与气，故有性之名，若无是物，则不见理之所寓。由太虚有天之名，只是据理而言，由气化有道之名，由气之化，各有生长消息底道理，故有道之名，既已成物，则物各有理，故曰合虚与气有性之名。”九峰蔡氏曰：“横渠四语，只是‘理气’二字，而细分，由太虚有天之名，即无极而太极之谓，以理言也；由气化有道之名，即

‘一阴一阳之谓道’之谓，以气言也；合虚与气有性之名，即继之者善，成之者性之谓，以人物禀受而言也；合性与知觉有心之名，即人心道心之谓，以心之体而言也。”赵氏曰：“《集注》并举程张二说，正欲学者于三者同处分析得异处分明，于异处体会得同处亲切耳。”新安陈氏曰：“天者，理而已，惟以理言，则几于泛；以形体谓之天，惟以形体言，则涉于浅。今曰太虚，则虚空之中有太极之理，此由太虚所以有天之名也。一阴一阳之谓道，所以一阴而又一阳、一阳而又一阴者，气之化也。化云者，所以然之妙也，此由气化所以有道之名也。合太虚之虚，与气化之气，理寓于气，而具于人。此合虚与气，所以有性之名也。性，理也。知觉，所以知觉此理也。偏言知觉，惟见气之灵耳。必合性与知觉言之，所以有心之名也。以此剖析之，其庶几乎?”【通考】吴氏程曰：“天以理言，虚则不杂以气之名也。二气迭运交错变化，见天理之流行。气根于理，而理堕于气，此即气以成形，而理亦赋焉者也；性纯乎理，而知觉则杂于气，此即人之神明，所以具众理应万事者也。”北山何文定曰：“张子所谓‘虚’字，指理而言，盖谓理形而上者，未涉形气，故为虚尔。下面合虚与气证之，见得此‘虚’字，是指自然之理。盖谓有此太虚自然之理，而因名之曰天然。自然之理初无声臭之可名也，必其阳动阴静消息盈虚，万化生生其变不穷因可得而见，故曰由气化有道之名，天以理之，自然言太虚之体也；道以理之，运行言太虚之用也。就人身看，则必气聚而成人，而理固亦聚于此，方始有五常之名，故曰合虚与气，有性之名。所谓合虚与气，谓气聚而理方聚，方可指此理为性尔，合‘字’不过如周子‘二五妙合’之意。心统性情，性者理也。情者，气指所为也，故曰合性与知觉，有心之名。”愚谓尽心知性而知天，所以造七到反。其理也；存心养性以事天，所以履其事也。不知其理，固不能履其事；然徒造其理而不履其事，则亦无以有诸已矣。庆源辅氏曰：“不知其理，则冥行妄作而已；不履其事，则必至于妄想空虚。”知天而不以殀寿贰其心，智之尽也；事天而能修身以俟死，仁之至也。智有不尽，固不知所以为仁；然智而不仁，则亦将流荡不法，而不足以为智矣。朱子曰：“尽心者，私智不萌，万理洞贯，敛之而无所不具，扩之而无所不通之谓也。学至于此，则知性之为德，无所不该，而天之为天者，不外是矣。存者，存此而已；养者，养此而已。生死不异其心，而修身以俟其正，则不拘乎气禀之偏，而天之正命，自我立矣。”“大概此章所谓尽心者，物格知至之事，曾子所以一唯，而无疑于一贯之言者是也。所谓‘事天’者，诚意正心修身之事，曾子所以临深履薄，而无日不省其身者是也。所谓‘立命’者，如是以没身焉，曾子所以启手足而知免，得正毙而无求者是也。以是推之，一章之指略可见矣。”节斋蔡氏曰：“孟子此章，与《大学》、《中庸》相表里。穷其理以知天，即《中庸》所谓智也；履其事以事天，即《中庸》所谓仁也；殀寿不贰，修身以俟，死所以立命而不渝，即《中庸》所谓勇也。与《大学》合前屡言矣。”云峰胡氏曰：“欲造其理者，用工全在知性上。知性有工夫，尽心无工夫。尽是大段见功，知是积累用功。欲履其事者，用工全在存心上。存心有工夫，养性无大工夫。存者，操之而不舍，养不过顺之而不害耳。《集注》分理与事言，又分智与仁言，何也？盖能知其理，已自是智，然必不以殀寿贰其心，方见其为智之尽。能践其事，已自是仁。然必修身以俟死，方见其为仁之至。‘流荡不法’四字，读者多以为指异端之学言，愚见‘流荡’与‘存养’字相反，‘不法’与‘修’字相反，能存养，则不至于流荡矣；能修身，则所为无不法者矣。流荡不法，则是不能全其天之所与，而以人为害之者也。”

○孟子曰：“莫非命也，顺受其正。

人物之生，吉凶祸福，皆天所命。然惟莫之致而至者，乃为正命，故君子修身以俟之，所以顺受乎此也。“此”字指正命。朱子曰：“‘莫非命也’，此一句是活络在这里，看他如何来，然在天言之，皆是正命；在人言之，便有正有不正，此‘命’字是指气言，若我无以致之，则命之寿殀皆是合当如此者，如颜子之夭伯牛之疾是也。”云峰胡氏曰：“‘莫非命也’，凡有生者之所同，顺受其正，能修身者之所独。”新安陈氏曰：“此‘命’字，气也；顺受其正，理也。立岩墙下，非理也；尽道而死，理也。桎梏死，非理也。君子必以理御气。”

是故知命者，不立乎岩墙之下。

命，谓正命。岩墙，墙之将覆者。知正命，则不处上声。危地以取覆压之祸。庆源辅氏曰：“立乎岩墙之下以致复压而死，则乃是人所自取耳，非天为之也。盖岩墙有倾复之势，自家却去下面立地，便是自取其复压也，是故君子战战兢兢，如履薄冰，非礼勿动。”云峰胡氏曰：“《集注》于此‘命’字必曰‘正命’者，盖上文有‘莫非命也’一句，故死于岩墙之下亦命也，但非正命尔。惟知正命者，则不立乎岩墙之下。”新安陈氏曰：“岩墙下，理不当立，立而压死，人所自取非正命也。”

尽其道而死者，正命也。

尽其道，则所值之吉凶，皆莫之致而至者矣。问：“人或死于干戈，死于患难，如比干之类，亦是正命乎？”朱子曰：“固是正命，又问以理论之，则谓之正命。以死生论之，则非正命，如何？”曰：“如何恁地说得尽其道而死者，正命也；当死而不死，却是失其正命。此处须当活看，古人所以杀身成仁，舍生取义，学者须是于此处见得，临利害时，便将自家斫刴了。直须是壁立万仞始得，如今小有利害，便生计较，便说道‘恁地死非正命，如何得？’”新安陈氏曰：“尽其道，即上章所谓修身是也。”

桎梏死者，非正命也。”

桎梏，所以拘罪人者。桎音质，足械也。梏，姑沃反，手械也。言犯罪而死，新安陈氏曰：“不尽其道而有罪，为犯罪，若在缧绁非其罪者，不谓之犯罪。”与立岩墙之下者同，皆人所取，非天所为也。问：“桎梏死者，虽非正命，然亦以命言，此乃自取，如何谓之命？“朱子曰：“亦是自作而天杀之，但非正命耳。使文王死于羑里，孔子死于桓魋，却是正命。”新安陈氏曰：“天之命于人，吉凶祸福，死生寿殀，虽万变而不齐，人之事乎天，必尽其道。有正无邪，则一定而不易，能尽其道而值其吉，且福且寿者，固正命也。此似有以致之，然我惟知自尽其道耳，初非有所觊觎于天而为之也。尽道而吉福寿自至焉，非天命之正而何？苟尽其道，不幸而值凶祸夭，是我于道理本无愧，不过自值乎凶祸夭耳。非我有以致之而然，是亦命之正也。必不尽其道，自取祸败丧亡，则自有以致之，始不得为正命耳。”此章与上章盖一时之言，所以发其末句未尽之意。潜室陈氏曰："凡死虽均是命，但尽道而无憾者为正，比干虽杀身，正也。盗跖虽永年，非正也。知，谓知此道理；立，谓尽此道理。不惑于死生寿夭，壹是天理排定，是谓知命，既知得了不成一向委付于命，须是尽了自家身分上道理，无少亏欠，方是立命。尽此道理了，恁时死才无憾，是谓正命。"云峰胡氏曰："前章末句言立命，是全其天之所付，而不以人为害之者也，此所谓'桎梏死'。及死于岩墙之下，是不知正命，未免流荡不法而以人为害之矣。立命是已造圣贤之域，知命是方入圣贤之阶。立在知后，知在立先。"【通考】程氏复心曰："上章止言寿殀，故《集注》又推言及吉凶祸福皆天所受，然惟人为莫与，而天所自至者则为正命，故上章所谓君子修身以俟之者，正所以顺受乎此也。"

○孟子曰："求则得之，舍则失之，是求有益于得也，求在我者也。舍，上声。

在我者，谓仁义礼智，凡性之所有者。

求之有道，得之有命，是求无益于得也，求在外者也。"

有道，言不可妄求。有命，则不可必得。在外者，谓富贵利达，凡外物皆是。"命"字以气言。○赵氏曰："言为仁由己，富贵在天，如不可求，从吾所好。"去声。朱子曰："富贵身外之物，求之惟恐不得，纵使得之，于身心无分毫之益，况不可必得乎！若义理，求则得之，能不丧其所有，可以为圣为贤，利害甚明。"南轩张氏曰："言求在我者有益于得，所以扩天理也；言求在外者无益于得，所以遏人欲也。富贵利达，众人谓已有求之之道，然不知其有命焉，固有求而得之者矣。是亦有命而非求之能有益也，盖亦有巧求而不得者多矣。以此可见其无益于得也。"新安陈氏曰："此章言仁义礼智根于性，乃所当求；富贵利达制于命，不可必求也。"

○孟子曰："万物皆备于我矣。

此言理之本然也。大则君臣父子，小则事物细微，其当然之理，无一不具于性分去声。之内也。【通考】程氏复心曰："万物之生，同乎一本，其所以生此万物者，即其所以生万物之理。故一物之中，莫不有万物之理也。所谓'万物皆备'者，亦曰有其理而已矣。"

反身而诚，乐莫大焉。乐，音洛。

诚，实也。言反诸身，而所备之理，皆如恶去声。恶臭、好去声。好色之实然，则其行之不待勉强而无不利矣，利顺也。其为乐孰大于是。朱子曰："万物不是万物之迹，只是万物之理，知君臣之义、父子之亲，这道理本备于吾身，诚是实有此理，检点自家身上果无欠缺，事君真个忠，事父真个孝，莫不各尽其当然而无一毫之不尽，则仰不愧天，俯不怍人，自然是快活。然反之于身，有些子不实，则中心愧怍，不能以自安，如何会乐？横渠谓反身而诚，则不慊于心，此说极有理。""反身而诚见得本具是理，而今亦不曾亏欠了他底，若不反身而诚，只是天下公共之理，我无与焉。""此乃躬行之至，无一理不实有于吾身，非为一时见人发也。如仁义忠孝，应接事物之理皆真有之，而非出于勉强伪为也。此是见得透、信得及处，到此地位则推己及人，不待勉强而仁在我矣。下言强恕而行者，盖言未至于此，则当强恕以去己私之蔽，而求得夫天理之公也。”潜室陈氏曰：“反诸身者，既是万理皆实，即浑身是义理流行，何处不顺裕？苟于实理无得，即触处滞碍，无往而非逆境，何乐之有？”云峰胡氏曰：“此一‘反’字，只是自检点过，不是‘汤武反之’之‘反’。”【通考】程氏复心曰：“此言尽性之事也。”

强恕而行，求仁莫近焉。”强，上声。

强，勉强也。恕，推己以及人也。反身而诚则仁矣，其有未诚，则是犹有私意之隔，而理未纯也。故当凡事勉强，推己及人，庶几心公理得而仁不远也。朱子曰：“强恕不言忠，无忠何以为恕？盖有心为恕，则忠固在其中矣，所谓‘无忠做恕不出’，两字不容去一者，正谓此也。若自己心里元自不实不尽，更将何物推以及人，以此见凡说‘恕’字，必有‘忠’字在源头了。今人皆不忠之恕，惟务苟且于一时，不复有己可推，亦无复近仁矣。”“反身而诚，则恕从这里流出，不用勉强，未到恁田地，须是勉强。”问“强恕而行”。曰：“此是元不曾恕在，故当凡事勉强，推己及人，若反而诚则无待于勉强矣。强恕而行，是要求至于诚。”云峰胡氏曰：“强恕求仁，即‘诚之’之事。”〇此章言万物之理具于吾身，体之而实，则道在我而乐音洛。有余；圣贤之事。行之以恕，则私不容而仁可得。学者之事。朱子曰：“反身而诚，自然循理所以乐。强恕而行，且恁地把捉勉强做去，万物皆备于我，下文‘反身’、‘强恕’皆蒙此句为义。强恕者，亦是他见得万物皆备于我了，只争着一个反身而诚，便是要强恕上做工夫，亦只是要去个私意而已。私意既去，则万物自无欠缺处矣。”新安陈氏曰：“乐莫大焉，必以无不慊，仰不愧、俯不怍，形容方见乐之味，《集注》虽不用此语，然曰‘如恶恶臭，好好色之实然’，则是以《大学·诚意章》‘自慊’之意言之，而此意已在其中矣。诚与仁，一理耳，实有此理则曰诚，纯乎此理而无私则曰仁。未有诚而不仁者也，亦未有仁而不诚者也。”【通考】程氏复心曰：“此言学者之事也，其阶级分明，工夫有序，由是而进圣人之道，庶乎其可至也。”朱氏公迁曰：“仁以学言，依于仁，与造次颠沛必于仁，是欲其不息之也。仁为己任，死而后已，既欲其至体之，又欲其不息之也。力行强恕，则由此而可体。夫天理之公，博学、笃志、切问、近思，则自可不失去本心之德，所以至之者虽不同，及其至焉则一也。”

〇孟子曰：“行之而不著焉，习矣而不察焉，终身由之而不知其道者，众也。”

著者，知之明；察者，识之精。庆源辅氏曰：“著则明之而已，察则又加精焉。”言方行之而不能明其所当然，既习矣而犹不识其所以然，习，谓行之积习既久。所以终身由之而不知其道者多也。庆源辅氏曰：“所当然是就事上说，所以然是就理上说，凡事皆有所当然，必有理之所以然。人能于方行之时，明其事之所当然；既习之后又识其理之所以然，则能知夫道矣。”勿轩熊氏曰：“此与上章通言有此三等人，反身而诚，上也；强恕而行，次也。此承上章而言下等人也。”新安陈氏曰：“天下事物有当然之则，必有所以然之故；行而不明当然之则，习而不察所以然之故，此为凡人言也。《易》曰‘百姓日用而不知’，终身由之而不知其道，于凡人无责也，学者则不当然矣。孟子斯言，其亦悯凡人而不无望于学者与？”

〇孟子曰：“人不可以无耻。无耻之耻，无耻矣。”

赵氏曰："人能耻己之无所耻，是能改行去声。从善之人，终身无复扶又反。有耻辱之累矣。"南轩张氏曰："耻者羞恶之心所推也，耻吾之未能进于善，则善可迁。耻吾之未能远于过，则过可消，苟惟漠然无所耻，则为无所忌惮而已矣。故人当以无所耻为耻也。"庆源辅氏曰："耻者，改过迁善之机也，人能以己之无耻为耻，则思去其耻而耻可无，否则安于其耻而耻终不可免。"

○孟子曰："耻之于人大矣。

耻者，吾所固有羞恶去声。之心也。存之则进于圣贤，失之则入于禽兽，故所系为甚大。庆源辅氏曰："存之则有所不为，故可进于圣贤；失之则无所不为，故至入于禽兽。读之使人凛凛。"

为机变①之巧者，无所用耻焉。

为机械下戒反。变诈之巧者，所为之事皆人所深耻，而彼方且自以为得计，故无所用其愧耻之心也。庆源辅氏曰："陷溺其心于机械变诈之巧，则是无所不为者也，故人虽以为深耻，而己方自以为得计，其愧耻之心虽其固有，亦自窒塞而不复发见矣。"云峰胡氏曰："'为机变之巧'，此'巧'字便与'耻'字相反，耻则守正而有所不为，巧则行险而无所不为，虽其本心未尝无耻，而彼方自矜其为之之巧，则无所用其耻矣。周夫子拙赋，正是深贬此一'巧'字。"

不耻不若人，何若人有？"

但无耻一事不如人，则事事不如人矣。或曰："不耻其不如人，则何能有如人之事。"其义亦通。新安陈氏曰："前说以不耻为无耻，不如后说之明顺，其意盖曰，耻不如人，则渐能如人；不耻其不如人，则何能如人之有。"或问："人有耻不能之心如何？"程子曰："耻其不能而为之可也，耻其不能而掩藏之不可也。"庆源辅氏曰："程子是用后说，耻不能而为之，则终必能，是以贵夫耻也。耻不能而掩藏之，则终不能矣，是不能扩充夫耻也。"【通考】朱氏公迁曰："此自其固有之心而言，'无耻'之'耻'，则无耻所以动也。不耻不若人，则不若人所以戒也。二者正相表里。"

○孟子曰："古之贤王好善而忘势，古之贤士何独不然？乐其道而忘人之势。故王公不致敬尽礼，则不得亟见之。见且由不得亟，而况得而臣之乎？"好，去声。乐，音洛。亟，去吏反。

言君当屈己以下去声，降也。贤，士不枉道而求利。二者势若相反，此'势'字，不与本文二'势'字相关。而实则相成，盖亦各尽其道而已。张子曰："不资其力而利其有，则能忘人之势，若资仰其富贵而欲有所取，则不能矣。"南轩张氏曰："在上者忘其势，而惟恐不得天下之善。在下者忘人之势，而惟义是从，此为俱得其道，使二者一旦而相合，则上下交而为泰矣。故王公不致敬尽礼于贤士，虽欲数见之且不得，况可得而臣之，盖士非以此自高也，其道固当尔也。"庆源辅氏曰："君好善，则不知势之在己，士乐道，则不知势之在人，两尽其道，则虽若相反而实相成。不然，君挟其势而骄夫

---

① 机变：《淮南子·原道训》："故机械之心藏于胸中。"高诱注："机械，巧诈也。"

士，士慑于势而徇乎君，则两失其道矣，尚何足与有为哉?”云峰胡氏曰：“使为君者有以成贤士乐道之志，而为士者肯出而成其君好善之美，则上下交而为泰矣。此《集注》所谓相成也。”新安陈氏曰：“致敬，内致敬也；尽礼，外尽礼也。王公必致敬尽礼于贤，是能好善而忘势，屈己以下贤也。贤士必待君致敬尽礼而后应之，是能乐道忘人之势，不枉道而求利也。”

〇**孟子谓宋句践曰：“子好游乎？吾语子游。**句，音钩。好、语，皆去声。

宋，姓。句践，名。游，游说音税。也。

人知之，亦嚣嚣；人不知，亦嚣嚣。”

赵氏曰：“嚣嚣，五高、许骄二反。自得无欲之貌。”庆源辅氏曰：“游说之士，大病是不识义理而惟欲其言之售，故往往以人之知不知为欣戚，是以孟子语以自得无欲之说。”新安陈氏曰：“自得于己而无所欲于人，非内重而外轻者不能也。”

曰：“何如斯可以嚣嚣矣?”曰：“尊德乐义，则可以嚣嚣矣。乐，音洛。

德，谓所得之善。尊之，则有以自重，而不慕乎人爵之荣。义，谓所守之正。乐之，则有以自安，而不殉乎外物之诱矣。庆源辅氏曰：“尊如尊德性之尊，乐如乐天知命之乐。”新安陈氏曰：“能如此，则自得无欲之气象，自然著见而不可掩矣。”

故士穷不失义，达不离道。离，力智反。

言不以贫贱而移，不以富贵而淫，此尊德乐义见形甸反。于行事之实也。新安陈氏曰：“尊德乐义，内存于心，无迹可见。必穷有定守而不失义，所谓贫贱不能移；达有实用而不离道，所谓富贵不能淫。此乃尊德乐义著，见于行事之实迹也。”

穷不失义，故士得己焉；达不离道，故民不失望焉。

得己，言不失己也。不失己，如云“不失其身”。民不失望，言人素望其兴道致治，去声。而今果如所望也。庆源辅氏曰：“穷不失义，则在我者得其所守，达不离道，则能兴道致治，以慰斯民平日之所望。”

古之人，得志，泽加于民；不得志，修身见于世。穷则独善其身，达则兼善天下。”见，音现。

见，谓名实之显著也。新安陈氏曰：“内尽修身之实，而名自著见于世，盖实之不可掩者，非君子愿乎其外而欲以是自见也。”此又言士得己、民不失望之实。新安陈氏曰：“得志兼善，此民不失望之实；不得志独善，此士得己之实也。”〇此章言内重而外轻，则无往而不善。南轩张氏曰：“句践徇名而外求者，孟子使求之吾身而已，夫士达所不离之道，即其穷所不失之义也。道言体，义言用，互相明耳。穷不失义，则无慕乎外，故有以自得于己，一违于义则失己矣。达不离道，则凡其注措设施无非道之所在，故有以副民望也。得志，泽加于民，其道得行也；不得志，修身见于世，惟义之安也。其曰‘得志’、‘不得志’云者，盖泽加于民，虽所性不存焉，而道行固亦君子本志之所欲也。”云峰胡氏曰：“内重是德义，外轻是穷达，严内外轻重之分者，既不失其本性之善，故穷亦善，达亦善，但达则能使民皆归于善，穷则此身自不失其善耳。”

〇**孟子曰：“待文王而后兴者，凡民也。若夫豪杰之士，虽无文王犹兴。”**夫，音扶。

兴者，感动奋发之意。凡民，庸常之人也。豪杰，有过人之才智者也。盖降衷秉彝，人所同得，惟上智之资无物欲之蔽，为能无待于教，而自能感发以有为也。南轩张氏曰："兴者兴起于善道也，文王风化之盛者，必待风化之盛、薰陶渐渍，而后兴起此众民耳。若夫豪杰之士，则卓然自立，无待于人，虽无文王固自兴起也。此章勉人使自立耳。"庆源辅氏曰："文武兴则民好善，此中人以下之资也，盖无特立之操，教之善则为善，否则为恶矣。唯豪杰之士，无物欲之累以蔽其秉彝之天，有过人之才以致其为善之力，虽无圣人在上以教率之，自能奋其特立之操以有为也。孟子此言，盖欲学者不以凡民自弃，而以豪杰自期耳。"

〇**孟子曰："附之以韩魏之家，如其自视欿①然，则过人远矣。"**欿，音坎。

附，益也。韩魏，晋卿富家也。欿然，不自满之意。尹氏曰："言有过人之识，则不以富贵为事。"南轩张氏曰："以外物为重轻者，不得其欲则不足，得则满矣。其满与不足，系乎外物者也。若益以韩魏之家，而自视欿然，则是不以外物为重轻，志存乎道义而已，所进又可量乎？其过人也远矣。"

〇**孟子曰："以佚道使民，虽劳不怨；以生道杀民，虽死不怨杀者。"**

程子曰："以佚道使民，谓本欲佚之也，播谷乘屋之类是也。以生道杀民，谓本欲生之也，除害去上声。恶之类是也。盖不得已而为其所当为，则虽咈符勿反。民之欲而民不怨，其不然者反是。"朱子曰："彼有恶罪当死，吾求所以生之者而不得，然后杀之，以安众而厉其余，此以生道杀之也，彼亦何怨之有？"庆源辅氏曰："播谷乘屋之类，虽不免于劳，然其本意则乃欲佚之而已，故虽劳而不怨。除害去恶之类，虽不免于杀，然其本意则乃欲生之而已，故虽死而不怨杀者。""不得已者事也，为其所当为者理也。事虽不得已，而吾但为其理之所当为，故虽劳之杀之，可谓咈民之欲矣，而民自不怨，不然则是私意妄作而已。民之怨怒，其可得而逃乎？君子其亦谨其所谓劳与杀之事哉！"新安陈氏曰："事虽不得已，而理实所当为，则虽咈民之私欲，而实契民之公心，故民虽劳且死而自不怨也。"

〇**孟子曰："霸者之民，驩虞如也；王者之民，皞皞如也。**皞，胡老反。

驩虞，与"欢娱"同。皞皞，广大自得之貌。程子曰："驩虞，有所造为而然，岂能久也？耕田凿井，帝力何有于我？《帝王通历》："帝尧之时，有老人击壤于路，曰：'吾日出而作，日入而息，凿井而饮，耕田而食，帝力于我何哉？'"《风土记》云："击壤者，以木为之，长三四寸，形如履腊节，僮少以为戏。将戏，先侧一壤于地，遥于三四十步以手中壤摘之，中者以为上。如天之自然，乃王者之政。"〇杨氏曰："所以致人驩虞，必有违道干誉之事；若王者则如天，亦不令力呈反。下同。人喜，亦不令人怒。"庆源辅氏曰："霸者，亟民之从，规模狭窄，时下虽得民之欢娱，然岂能久哉！事过意息则忘之矣。至于王者，则如天道之自然，当生则生，当杀则杀，而民自忘其喜怒

① 欿：段玉裁《说文解字》注云："孟子假'欿'为'坎'，谓视盈若虚也。"

也。”新安陈氏曰：“二‘如’字，似‘恂恂如踧踖如’之‘如’，语助辞也。霸者之民，感上之惠而欢虞如，霸功浅近，易悦故也。王者之民，忘上之德而皞皞如，王道广大深远而无迹故也。”

杀之而不怨，利之而不庸，民日迁善而不知为之者。

此所谓皞皞如也。庸，功也。《周礼》曰：“民功曰庸。”丰氏曰①：丰氏，名稷，字相之，四明人。“因民之所恶去声。而去上声。之，非有心于杀之也，何怨之有？新安陈氏曰：“即上章以生道杀民之意。”因民之所利而利之，非有心于利之也，何庸之有？辅其性之自然，使自得之，故民日迁善而不知谁之所为也。”庆源辅氏曰：“因民之性，辅其自然，使自得夫善，如尧所谓匡之直之，辅之翼之，使自得之是也。惟其如是，故民日迁于善，而不知谁之使我如此也。此即程子所谓耕田凿井，帝力何有于我之事。”

夫君子所过者化，所存者神，上下与天地同流，岂曰小补之哉？”夫，音扶。

君子，圣人之通称也。所过者化，身所经历之处，即人无不化，如舜之耕历山而田者逊畔，陶河滨而器不苦窳②音喻。也。所存者神，心所存主处便神妙不测，如孔子之立斯立、道去声。斯行、绥斯来、动斯和，莫知其所以然而然也。此句释“神”字。是其德业之盛，庆源辅氏曰：“德以其得于己者而言，业以其见于事者而言。”乃与天地之化同运并行，举一世而甄吉延反。陶之，非如霸者但小小补塞先则反。其罅虚讶反。漏而已。此则王道之所以为大，而学者所当尽心也。程子曰：“所存者神，在己也；所过者化，及物也。”朱子曰：“经历，不必为经行之地，凡其身之所临，政之所及，风声气俗之所被，皆谓经历。程子直以所过者化为及物，盖言所过者化，则凡所经历，物无不化，不必久于此而深治之，然后物从其化也。其曰在己者，盖以化者无意而及物，此则诚于此而动于彼，其感应之速，如影响形声之召，有不知其所以然者，是则所谓神尔。”问：“所经历处皆化，如此即是民化之，非‘大而化之’之‘化’？”曰：“作‘大化’之‘化’有病，只是所经历处，才沾著些便化。雷一震，而万物俱生动；霜一降，而万物皆成实，无不化者，《书》曰‘俾予从欲以治’，四方风动，亦是此意。存，是自家主意处，便神妙不测，亦是人见其如此。”“上下与天地同流，重铸一番过相似，小补，只是逐片逐些子补缀。”“自王者之民皞皞如也而下至此，皆说王者功用如此。”南轩张氏曰：“霸者之为利，小而近，目前之利，民欢乐之，王者之化，远而大。涵养斯民，富而教之，民安于其化，由于其道，而莫知其所以然也。”新安陈氏曰：“过化存神，所存主者其体也，所过者化，以其所存者神也。若此，则上下与天地同流矣，言其配化育之流行也。视霸者之区区求以利之者，不亦小乎？夫以王者功用之大，其本在于过化存神而已，而此二者，又存神为之主焉。”“孟子辨王霸屡矣，此又言王霸之民，其不同如此，首以霸与王对说，中言王而不及霸，末方以小补缴上霸者之事。”

---

① 丰稷（1033—1107年）：字相之，明州鄞（今浙江宁波）人，嘉祐四年进士。元祐二年召为工部员外郎，累官至工部尚书。谥清敏。著有《孟子注》等。

② 苦窳：粗糙质劣。苦，通“盬”。盬：不坚牢，粗劣。

○孟子曰：“仁言，不如仁声之入人深也。

程子曰：“仁言，谓以仁厚之言加于民。仁声，谓仁闻，去声。谓有仁之实而为众所称道者也。此尤见仁德之昭著，故其感人尤深也。”庆源辅氏曰：“仁言，如《书》所载训诰誓命之类是也。仁声，如邠人闻太王为仁人，伯夷太公，闻文王善养老之类是也。”

善政，不如善教之得民也。

政，谓法度禁令，所以制其外也。教，谓道去声。德齐礼，所以格其心也。庆源辅氏曰：“善政，亦非徒尚夫法度禁令也，固亦有德行乎其间，但道之以政，齐之以刑，终不若道之以德，齐之以礼者，得民之心感而诚服也。”善政民畏之，善教民爱之；善政得民财，善教得民心。得民财者，百姓足而君无不足也；得民心者，不遗其亲，不后其君也。南轩张氏曰：“善政立，而后善教可行，所谓‘富而教之’者也。孟子论得民心，必归之善教者，盖至此而后为得民之至也。”庆源辅氏曰：“百姓足而君无不足者，取之有道，用之有节，故民先自足，而君亦无不足也。不遗其亲，不后其君，使民之于君，亲之如父母，爱之如四体，尊而敬之，则得其财与无不足，又有不足道者矣。”云峰胡氏曰：“孟子之意盖谓使民畏不如使民爱，得民财不如得民心。然‘善政得民财’一句，《集注》又恐后世贪君污吏借此以藉口，训之曰‘得民财者，百姓足而君无不足也’。意谓无善政，则百姓不足，君孰与足矣？然有善政以得民财，孟子犹以为不如善教之得民心，况后世无善政而取民之财者哉！”

○孟子曰：“人之所不学而能者，其良能也；所不虑而知者，其良知也。

良者，本然之善也。程子曰：“良知良能，皆无所由；乃出于天，不系于人。”西山真氏曰：“善出于性，故有本然之能，不待学而能；本然之知，不待学而知也。”

孩提之童，无不知爱其亲者；及其长也，无不知敬其兄也。长，上声。下同。

孩提，二三岁之间，知孩笑、可提抱者也。爱亲敬长，所谓良知良能者也。庆源辅氏曰：“孩提而下，又所以指其良知良能之在人者晓之，是岂待学而后能、虑而后知哉！”新安陈氏曰：“孩提知爱亲敬兄与能爱亲敬兄，此盖指良知良能之先，见而切近者以晓人也。”

亲亲，仁也；敬长，义也。无他，达之天下也。”

言亲亲敬长，虽一人之私，然达之天下无不同者，所以为仁义也。朱子曰：“‘无他，达之天下’，只说达之天下无别道理。”问：“仁义不止于孝弟，而孟子以为达之天下，还是推孝弟之心以友爱天下，即是仁义否？”潜室陈氏曰：“此章无推此及彼之意。所谓达，乃达道达德之达，言人心所同然也。亲亲，仁之发；敬长，义之发。仁义之道无他，人心之所同然耳。”新安陈氏曰：“亲吾亲、敬吾长，虽一人之私，然推而达之天下，则人人皆亲亲敬长，无不同者，此人心天理之公也。亲亲，仁之实；敬长，义之实。仁义不待外求，不过即人之本心，可通乎天下之人心，而一义不可胜用矣。正以爱亲敬兄，出于良知良能者，凡人之性，无不同此本然之善故也。”

○孟子曰：“舜之居深山之中，与木石居，与鹿豕游，其所以异于深山之野人者几

希。及其闻一善言，见一善行，若决江河，沛然莫之能御也。”行，去声。

居深山，谓耕历山时也。盖圣人之心，至虚至明，浑去声。然之中，万理毕具。新安陈氏曰：“此由其感而应之用，而推原其未感未应之体如此。”一有感触，则其应甚速，而无所不通，新安陈氏曰：“善言善行，皆是感触我者，闻而急听之，见而急行之，若决江河，沛然莫御，乃其应之甚速，而无不通者矣。”非孟子造七到反。道之深，不能形容至此也。问：“舜闻善言，见善行，若决江河，沛然莫能御，其未有所闻见时，气象如何?”朱子曰：“湛然而已，其理充塞具备，一有所触，便沛然而不可御。”南轩张氏曰：“所谓善言善行者，岂有外于舜之性哉！惟舜之心，纯乎天理，故闻善言、见善行，不待勉强而自趋，沛然若决江河之莫御也。”新安陈氏曰：“孟子又尝曰：‘大舜有大焉，善与人同，舍己从人，乐取诸人以为善。’与此章实互相发。盖舜之心，万善之感会也，闻见天下之善，因感触吾心之善，即勇于从之，合而为一人之善，此大舜之所以为大欤！”

○**孟子曰：“无为其所不为，无欲其所不欲，如此而已矣。”**

李氏曰：“有所不为不欲，人皆有是心也。至于私意一萌，而不能以礼义制之，则为所不为、欲所不欲者多矣。能反是心，则所谓扩充其羞恶去声。之心者，而义不可胜平声。用矣，故曰如此而已矣。”华阳范氏曰：“君子所当为者义也，所不可为者不义也。所可欲者善也，所不可欲者不善也。不为不义则所为皆义，不欲不善则所欲皆善。君子之道止于如此而已矣。”朱子曰：“人心至灵，其所不当为、不当欲之事，何尝不知？但初闻自知了，到计较利害，却自以为不妨，便自冒昧为之欲之耳。今既知其所不当为、不当欲者，便要这里截断，断然不为不欲，故曰‘如此而已矣’。”勿轩熊氏曰：“此《大学·诚意章》事，‘无为其所不为’，是就躬行上克治，所谓志士厉行，守之于为也。‘无欲其所不欲’，是就心之发念处克治，所谓‘哲人知几，诚之于思’也。”云峰胡氏曰：“有所不为，有所不欲，是本来羞恶之心，无为其所不为，无欲其所不欲，是能扩充其羞恶之心。为是一身之动，欲是一念之动，不惟谨其动，而且谨其动之几，是真能扩充其羞恶之心，而义不可胜用矣。”新安陈氏曰：“李氏之说，上言礼义，下独言义者。盖以义制事，则能不为其所不当为；以礼制心，则能不欲其所不当欲，故兼以礼义言之。然义者，心之制也，施之断制，义为尤切，断然不为其所不当为，不欲其所不当欲，则在充其羞恶之心，以达夫义之用而已。”

○**孟子曰：“人之有德慧术知者，恒存乎疢疾。**知，去声。疢，丑刃反。

德慧者，德之慧。慧，聪警也。术知者，术之知。疢疾，犹灾患也。言人必有疢疾，则能动心忍性，增益其所不能也。庆源辅氏曰：“德之慧，谓慧德也，与昏正相反。术之知，谓知术也，与愚正相反。疢疾，则非真是病，故曰犹灾患也，人惟有灾患，竦动其仁义礼智之心，坚忍其食色臭味之性，故能增益其所不能，而有夫德慧术智也。”

独孤臣孽子，其操心也危，其虑患也深，故达。”

孤臣，远臣；独，惟也，不连孤字。孽子，庶子，皆不得于君亲，而常有疢疾者也。达，谓达于事理，即所谓德慧术知也。南轩张氏曰："人平居无事，漠然不省，唯疢疾加焉，则动心忍性，有所感发，故慧知由此而生，危故专一而不敢肆，深故精审而不敢忽。专精之极，故于事能通达也。处安乐者，诵斯言，可不思逸豫之溺人，而深戒惧乎！当忧患者诵斯言，可不念其为进德之地，而自勉励乎！"新安陈氏曰："此章与《舜发畎亩章》互相发，故《集注》及南轩之说，皆引'动心忍性'以释此章。人苟履忧患之境，处孤孽之势，当知天以是玉我于成，勿自沮而深自力，于以进其德，益其术，庶几操心危而卒无危，虑患深而卒免患，而至于达乎！达则德必慧、术必知，而疢疾不能为吾患矣。"

○孟子曰："有事君人者，事是君则为容悦者也。

阿殉以为容，逢迎以为悦，此鄙夫之事、妾妇之道也。庆源辅氏曰："阿徇为容，谓长君之恶以求容其身者；逢迎为悦，谓逢君之恶以求君之悦者。"

有安社稷臣者，以安社稷为悦者也。

言大臣之计安社稷，如小人之务悦其君，眷眷于此而不忘也。庆源辅氏曰："此即所谓天理人欲同行而异情也，其眷眷不忘虽同，而其情则异，一则务为容悦之私，一则务安社稷以为忠也。"

有天民者，达可行于天下而后行之者也。

民者，无位之称。以其全尽天理，乃天之民，故谓之天民。必其道可行于天下，然后行之；不然，则宁没世不见知而不悔，不肯小用其道以殉于人也。张子曰："必功覆敷救反。斯民然后出，如伊吕之徒。"云峰胡氏曰："伊尹为天民之先觉，此则曰有天民者，旨意不同。盖前所谓'天民者皆禀气于天，均之为天生之民'，此则'以其全尽天理，乃天之民也'。"新安陈氏曰："伊耕莘、吕钓渭之时，可当天民之名，使不遇汤武，则没世不出必矣。此提天民，主其不轻出而言，非以伊吕等后来出当大任而言也。"

有大人者，正己而物正者也。"

大人，德盛而上下化之，所谓"见形甸反。龙在田，天下文明"者。龟山杨氏曰："物正，物自正也。大人只是正己，而己若物之正，何可必乎！惟能正己，物自然正，此乃笃恭而天下平之意。"庆源辅氏曰："上谓君，下谓民，大人德盛，故君民无不化，大人一出而天下文明，是圣人之事也。"云峰胡氏曰："《易·乾卦》：'九二、九五皆称大人，九二见龙在田，天下文明，在下之大人也。九五飞龙在天，乃位乎天德，在上之大人也。'孟子所言四者，虽人品不同，然皆在下而为臣者也，故以乾九二当之。"○此章言人品不同，略有四等。容悦佞臣不足言。安社稷则忠矣，然犹一国之士也。天民则非一国之士矣，然犹有意也。无意无必，惟其所在而物无不化，惟圣者能之。朱子曰："天民，专指未得位者。大人，则其德已著。"南轩张氏曰："以事是君为容悦者，慕爵禄而从君者也，以安社稷为悦，则志存乎功业者也，与为容悦者固有间矣，然未及乎道义也。盖志存功业，则苟可就其功业而遂其志，则亦所屑为矣。古之人惟守道明义而已，虽有盖世之功业在前可为，而在我者有一毫未安则不敢徇也。天民者必明见夫达而其道可行于天下而后行之，盖其所主在道而非必于行也。谓之天民者，言能全夫天理者也。天之生民也，其理无不具，而人之亏欠者多矣，故程子谓天民为能践形者也，以其在下而未达，故谓之民，若伊尹之在莘野是也。正己而物正之者，正己而物自正也，若规规然有意于正物则其道狭矣。至正而天下之感无不通焉，固有不言而信、不令而从者矣。秦汉而下，其间号为贤臣者，不过极于以安社稷为悦而已。语夫天民事业，则鲜也。"庆源辅氏曰："犹有意，如程子所谓伊尹虽圣人，终是有任底意思在是也。大人，则圣人矣，如周公、孔子方能当之。周公在上，而能使天下文明者也。孔子在下，而能使万世文明者也。至公无私，进退以道，周公之无意无必也。仕止久速，无可不可，孔子之无意无必也。"新安陈氏曰："志于道德者，功名不足以累其心；志于功名者，富贵不足以累其心。事君为容悦，志于富贵者也；安社稷为悦，志于功名者也，春秋列国名卿可以当之。若天民者则志于道德矣，然犹未能纯乎道德，而无意于功名也。至于大人，则纯乎道德之自然，而功名不足以累其心矣。"

〇**孟子曰："君子有三乐，而王天下不与存焉。**乐，音洛。王、与，皆去声。下并同。南轩张氏曰："君子之乐，乐其天也。于下文三者得其乐，则视王天下之事，如太虚中浮云耳，果何与于我而况其他哉！"

父母俱存，兄弟无故，一乐也。

此人所深愿而不可必得者，今既得之，其乐可知。

仰不愧于天，俯不怍于人，二乐也。

程子曰："人能克己，则仰不愧，俯不怍，心广体胖，其乐可知，有息则馁矣。"新安陈氏曰："本文无克己之意，此程子推原所以能不愧不怍之由，而示人以其要也，人所以俯仰愧怍，累于己私耳。克去己私，则内不愧于心，所以仰不愧于天、俯不怍于人。心广体胖之乐，不期其然而然矣。"

得天下英才而教育之，三乐也。

尽得一世明睿俞例反。之才，而以所乐乎己者不愧不怍之乐。教而养之，则斯道之传得之者众，而天下后世将无不被其泽矣。圣人之心所愿欲者，莫大于此，今既得之，其乐为何如哉？庆源辅氏曰："此乐，与朋自远来之乐同，而有大焉。"新安陈氏曰："朋自远来，其言平而易遂，得天下英才，其言高而难必，孟子之门仅一乐正子，亦恐未足以当此。韩子曰'轲之死，不得其传焉'，是孟子于此一乐，亦终不能得也。"

君子有三乐，而王天下不与存焉。"

林氏曰："此三乐者，一系于天，一乐。一系于人三乐。其可以自致者，惟不愧不怍而已，学者可不勉哉？"南轩张氏曰："三乐之中，仰不愧俯不怍其本欤？盖不愧不怍，在我可得而勉者也，使吾胸中多所愧怍，则虽处父母兄弟之间，固亦不得而乐其乐也。所以教育天下之英才者，是吾之不愧不怍者也。自不能无愧怍，则虽得英才，亦何以为教而有此乐哉？"

〇**孟子曰："广土众民，君子欲之，所乐不存焉。**乐，音洛。下同。

地辟民聚，泽可远施，去声。故君子欲之，然未足以为乐也。

中天下而立，定四海之民，君子乐之，所性不存焉。

其道大行，无一夫不被其泽，故君子乐之，然其所得于天者则不在是也。朱子曰："此君子，是通圣人而言。"庆源辅氏曰："二者皆施仁之事，但有一国与天下之辨，故所欲未足以为乐，至于乐，则博施济众，圣人之事也。所欲极于所乐，固亦非性外事，但于吾性所受之全体，则初无增损也。"云峰胡氏曰："前章君子三乐，所乐在所性之中，此章君子乐之，所性在所乐之外，何也?"曰："中天下而立，达而在上者之事，君子之所性，固不以达而在上，有所加也。故君子虽乐乎此，而其所得乎天者，不在此也。"或曰："《集注》前谓'斯道传之者众，而天下后世将无不被其泽'，此谓'其道大行，无一夫不被其泽'，皆曰'道'，曰'泽'，而此则'所性不存焉'，何也?"曰："斯道传之者，众万世之泽也，其道大行，一时之泽也，况其道大行，必中天下而立者能之，是道有待于位而后行，不如是，则不能行，此君子虽乐乎此，而所性不存焉。若夫尽得一世明睿之才，而以所乐乎己者，教而育之，以己之天，觉彼之天，圣人之心，深乐乎此，而其乐即在性分之内，且孟子于三乐，则曰'王天下不与存'，于中天下而立，则曰'所性不存'，分而言之，固自大有闻哉!"【通考】朱氏公迁曰："君子之乐不同，有天伦之乐，有及人之乐，有尽己之性而自慊以为乐，是皆本乎道心之正也。孟子告时君以与民同乐者，凡三章，此又乐之出于人心者也。"

君子所性，虽大行不加焉，虽穷居不损焉，分定故也。分，去声。

分者，所得于天之全体，故不以穷达而有异。朱子曰："此是说生来承受之性。君子所性，只是这一个道理，虽达而为尧舜在上，亦不是加添些子，若穷而为孔孟在下，亦不是减少些子，盖这一个道理，合下都定了，更添减不得。""中天下而立，定四海之民，固是人所欲，与其处畎亩之中，孰若进而得行其道，使天下皆被其泽，要得出行其道者，亦是人之所欲，但其用其舍，于我性分之内，本不相关。进而大行，退而穷居，于我性分之内，无所加损。"

君子所性，仁义礼智根于心。其生色也，睟然见于面，盎于背，施于四体，四体不言而喻。"睟，音粹。见，音现。盎，乌浪反。

上言所性之分，与所欲所乐不同，此乃言其蕴委粉反，又去声。也。仁义礼智，性之四德也。四德，即性之蕴蓄者。根，本也。生，发见音现。下同。也。睟然，清和润泽之貌。盎，丰厚盈溢音逸。之意。施于四体，谓见于动作威仪之间也。喻，晓也。四体不言而喻，言四体不待吾言，而自能晓吾意也。盖气禀清明，无物欲之累，则性之四德根本于心，其积之盛，则发而著见于外者，不待言而无不顺也。新安陈氏曰："顺谓顺其则也，当玩味'根'字、'生'字，其根深，则其积盛；其积盛，则其生发，自不可遏矣。"程子曰："睟面盎背，皆积盛致然。四体不言而喻，惟有德者能之。"朱子曰："仁义礼智根于心，便见得四端，著在心上，相离不得，才有些子私意，便划断了那根，便无生意。譬如木根著在土上，方会生，其色也睟然，便从那根上发出来。且'性'字从心，见得有这心，便有许多物在其中。""君子气宇清明，无物欲之累，故合下生时，这个根便著土，所以生色，形见于外，众人则合下生时，便为气禀物欲一重隔了。这个根未著土，盖有残忍底心，便没了仁之根；有顽钝底心，便没了义之根；有忿狠底心，便没了礼之根；有黑暗底心，便没了智之根。都各有一重隔了，而今人便只要去其气禀之隔。教四者之根著土而已。”“四体不言而喻，是四体不待命令，而自如此。如手容恭，不待自家教他恭，而手容自然恭。足容重，不待自家教他重，而足容自然重。”觉轩蔡氏曰：“先师云‘看文字当看大意，又看句语中何字最切要’，‘仁义礼智根于心’，‘根’字甚有意，盖根于心者，培养得厚盛，则发于外者，自然睟面盎背，到得手足顺，便不觉其所以然。”【通旨】朱氏公迁曰：“言性自理而言，正言人心之理，而事物之理在其中也。子贡举夫子所言性与天道之大凡，则泛以人心之理言之也。孟子以性之全体言，故谓仁、义、礼、智根于心。子思即诚之体用言，故以仁知皆为性之德。谓之德性者，本其得于天而言也；谓之性之德者，自其蕴藏我而言也。尊之，则为存心之事；知之、养之，则为知行兼尽之事。知其有性而不谓之命，则为以理御气之事。”○此章言君子固欲其道之大行，然其所得于天者，则不以是而有所加损也。新安陈氏曰：“道之大行如尧舜，固所乐也，而于性分亦何加？穷居如孔孟亦非所戚也，其于性分亦何损？此君子所以惟求尽其性分之在内者，而无所慕于势分之在外者也。”

○孟子曰：“伯夷辟纣，居北海之滨，闻文王作兴，曰：‘盍归乎来！吾闻西伯善养老者。’太公辟纣，居东海之滨，闻文王作兴，曰：‘盍归乎来！吾闻西伯善养老者。’天下有善养老，则仁人以为己归矣。辟，去声。下同。大，他盖反。

己归，谓己之所归。余见形甸反。下同。前篇。新安陈氏曰：“仁人，指伯夷太公。前篇以为大老，此以为仁人，达尊三，齿德居其二，大老以齿言，仁人以德言也。”

五亩之宅，树墙下以桑，匹妇蚕之，则老者足以衣帛矣。五母鸡，二母彘，无失其时，老者足以无失肉矣。百亩之田，匹夫耕之，八口之家足以无饥矣。衣，去声。

此文王之政也。一家养母鸡五，母彘二也。余见前篇。【通考】赵氏德曰：“孟子言‘五亩之宅’者三，《梁惠王》上首尾言之，此首篇之首尾也，孟子拳拳王道，不越乎此寓意深矣。”

所谓西伯善养老者，制其田里，教之树畜，许六反。**导其妻子，使养其老。五十非帛不暖，七十非肉不饱。不暖不饱，谓之冻馁。文王之民，无冻馁之老者，此之谓也。”**

田，谓百亩之田。里，谓五亩之宅。树，谓耕桑。畜，谓鸡彘也。赵氏曰：“善养老者，教导之使可以养其老耳，非家赐而人益之也。”南轩张氏曰：“以伯夷太公之事观之，则知天下有善养老者，则仁人必归之。盖善养，则其仁心之所存，仁政之所行可知矣。仁人见其然，是以乐从之。”庆源辅氏曰：“若无孟子此说，则人将谓文王之养老，只如后世尊养三老五更之礼文而已。”

○孟子曰：“易其田畴，薄其税敛，民可使富也。易、敛，皆去声。

易，治也。畴，耕治之田也。教民务本。

食之以时，用之以礼，财不可胜用也。胜，音升。

教民节俭，则财用足也。

民非水火不生活，昏暮叩人之门户，求水火，无弗与者，至足矣。圣人治天下，使有菽粟如水火。菽粟如水火，而民焉有不仁者乎？”焉，于虔反。

水火，民之所急，宜其爱之而反不爱者，多故也。尹氏曰：“言礼义生于富足，民无常产，则无常心矣。”华阳范氏曰：“先王养天下之民，非人人衣食之也。唯不夺农时，则皆得治其田畴，恭俭节用，则可以薄其税敛。此二者，使富足之道也。”又曰：“圣人之治天下，既庶而后富之，既富而后教之，仓廪实而知礼节，衣食足而知荣辱，所谓菽粟如水火，则民无有不仁，尧舜三王之盛，皆由此道也。”新安陈氏曰：“礼义常心，即所谓仁也。使菽粟如水火之多，则民皆能推有余以济不足，必不至于悭吝不仁矣。有余，则易公其有，所以无不仁。不足，则各私其有，乌得仁。夫圣人治天下，政事亦多端矣，然其大本，在养民而已。民以食为天，使民足其食之天，不在乎他，在使民务本以丰财之源，俭约以节财之流而已。孟子言治，凿凿皆实如此。”

○孟子曰：“孔子登东山而小鲁，登太山而小天下。故观于海者难为水，游于圣人之门者难为言。

此言圣人之道大也。东山，盖鲁城东之高山，而太山则又高矣。此言所处上声。益高，则其视下益小；所见既大，则其小者不足观也。难为水，难为言，犹仁不可为众之意。庆源辅氏曰：“观于海，则天下之水，皆不足以动吾之视。游于圣人之门，则天下之言，皆不足以动吾之听，亦犹仁则天下之众，皆莫能与之敌，故亦曰难为众也。”潜室陈氏曰：“仁不可为众，言仁者难为众，看有几多人众，来到仁者面前，皆使不得。如太山之前难为山，大海之前难为水。”

观水有术，必观其澜。日月有明，容光必照焉。

此言道之有本也。澜，水之湍急处也。明者，光之体；光者，明之用也。观水之澜，则知其源之有本矣；观日月于容光之隙乞逆反。无不照，则知其明之有本矣。新安陈氏曰：“二者皆是于其用处知其本，承上文以比圣道之所以大者，以其有本也。”

流水之为物也，不盈科不行；君子之志于道也，不成章不达。”

言学当以渐，乃能至也。成章，所积者厚，而文章外见形甸反。也。朱子曰：“成章是做得成片段，有文理可观。如孝，真个是做得孝成。忠，真个是做得忠成。子贡之辩，子路之勇，都是真个做得成了，不是半上落下，今日做得明日又休了。”达者，足于此而通于彼也。庆源辅氏曰：“如自有诸己之谓信，至于大而化之之谓圣，自志学至于从心不逾矩，其间次第，皆是足于此而通于彼，须实体之方知其味，非妄想虚空者所能测识也。”新安陈氏曰：“盈科而后进，已见前篇。盈而行者，溢于此而流于彼也。”○此章言圣人之道大而有本，学之者必以其渐，乃能至也。朱子曰：“此一章，如《诗》之有比兴。比者，但比之以他物，而不说破其事，如鹤鸣于九皋之类是也。此之观水有术，至容光必照焉，似《诗》之比兴，则引物以发其意，而终说破其事，如他人有心，予忖度之之上，引毚兔柔木之类是也。此之以登山观海，兴起游圣门难为言，以流水不盈科不行，兴起为道不成章不达，似《诗》之兴也。君子之志于道，不成章不达。盖人之为学，须是务实乃能有进。若这里工夫欠了分毫，定是要透过那里不得。”庆源辅氏曰："圣道之大，固有其本矣，然自学者言之，则又岂能一蹴而遽至哉！故又以水必盈科而后行，君子之志于道，必成章而后达者晓之，以见学者当务实而有渐，不可躐等陵节，悬空妄想，而卒归于无所得。"【通考】东阳许氏曰："第一节两言登山，谓所处地位高则视下愈小；观海难为水，谓所见大则小者不足观；圣门难为言，谓既听圣人之言，则余人之言皆不足听。第二节言圣人之道有本，故用不穷。第三节学者当学圣人，以渐而进，不可躐等也。"朱氏公迁曰："此章'不成章不达'，是进道必以其序，《中庸》'行远自迩，登高自卑'，及《孟子》'身不行道，不行于妻子'，皆是行道必以其序。进道不以序，则躐等而陵节；行道不以序，或至倒行而逆施，斯所以贵乎有序也。此举其本体而以用功之道言之。"

○孟子曰："鸡鸣而起，孳孳为善者，舜之徒也。

孳孳"孳"与"孜"同，勤勉之意。言虽未至于圣人，亦是圣人之徒也。

鸡鸣而起，孳孳为利者，跖之徒也。

跖，盗跖也。"蹠"与"跖"同。

欲知舜与跖之分，无他，利与善之间也。"

程子曰："言间者，谓相去不远，所争毫末耳。善与利，公私而已矣。才出于善，便以利言也。"问："这个利，非是有心于为利，只是理不明，才差些，便入那边去。"朱子曰"然。才差向利边去，只见利之为美矣。间，是两者相并在这里，一条路做这边去，一条路做那边去，所以谓之间。"○杨氏曰："舜跖之相去远矣，而其分，乃在利善之间而已，是岂可以不谨？然讲之不熟，见之不明，未有不以利为义者，又学者所当深察也。"朱子曰："程子尝言不独财利之利，凡有利心便不可，如作一事，须寻自家稳便处，皆利心也。如此则善利之间相去毫发，苟辨之不明，其不及以利为善者鲜矣。此大学之道，所以虽以诚意正心为重，而必以格物致知为先也。"新安陈氏曰："善与利之间，察之贵乎精，而为善之力，守之贵乎一。察之精，致知之事也；守之一，力行之事也。察之不精，则认利为义，认人欲为天理者有矣。守之不一，则今日为善，明日怠焉者有矣。必精以察乎善利之间，而不杂一以守其为善之力而不移，则庶乎不流为蹠之归，而人皆可为舜者，将真可以为舜矣。此章亦所以遏人欲扩天理也。"或问："鸡鸣而起，若未接物，如何为善？"程子曰："只主于敬，便是为善。"庆源辅氏曰："程子又教人以静时工夫也，动静相涵，敬义两立，孳孳不已，则庶乎可以进于圣人之学矣。"新安陈氏曰："未接物时，敬以直内，以立其本。及接物时，义以方外，以达其用。此动静交养内外夹持之功，皆所谓为善也。必如是而后为善之功始密矣，不然，则未接物时，为无所用其为善之力乎？"

○孟子曰："杨子取为我，拔一毛而利天下，不为也。"为我"之"为"，去声。

杨子，名朱。取者，仅足之意。取为我者，仅足于为我而已，不及为人也。列子称其言曰，"伯成子高不以一毫利物"，是也。此失之不及者也。《列子·杨朱篇》："杨子曰：'伯成子高，不以一毫利物，舍国而隐，大禹不以一身自利，一体偏枯。古之人，损一毫利天下，不与也，悉天下奉一身，不取也。人人不损一毫，人人不利天下，天下治矣。'禽子问杨朱曰：'去子体之一毛，以济一世，汝为之乎?'杨朱曰：'世固非一毛之所济。'禽子曰：'假济为之乎?'杨子弗听。"朱子曰："庄子数称杨子，吾恐杨氏之学，如今道流修炼之士，其保啬神气，虽一句话不妄与人说，只是个逍遥物外，仅足其身，微似义耳，然不似也。"

墨子兼爱，摩顶放踵利天下，为之。放，上声。

墨子，名翟。兼爱，无所不爱也。摩顶，摩突其顶也。突，陀没反。触也。放，至也。此失于太过者也。南轩张氏曰："摩其顶以至踵，一身之间，凡可以利天下者，皆不惜也。"

子莫执中，执中为近之，执中无权，犹执一也。

子莫①，鲁之贤人也。知杨墨之失中也，故度待洛反。于二者之间而执其中。近，近道也。权，称去声。下同。锤直为反。也，所以称物之轻重而取中也。执中而无权，则胶于一定之中而不知变，是亦执一而已矣。程子曰："中无定体，惟达权然后能执之。"龟山杨氏曰："圣人所谓权者，犹权衡之权，量轻重而取中也。用之无铢两之差，则物得其平矣。今夫物有本重而末轻者，执其中而不知权，则物失其平，非所以用中也。"程子曰："'中'字最难识，须是默识如字。心通。且试言一厅，则中央为中；一家，则厅非中而堂为中；一国，则堂非中而国之中为中，推此类可见矣。"又曰："中不可执也，新安陈氏曰："不可如子莫之固执耳，非谓尧舜汤之执中为不可也。"识得则事事物物皆有自然之中，不待安排，安排著直略反。则不中矣。"程子曰："杨子拔一毛不为，墨子又摩顶放踵为之，此皆是不得中。至子莫执中，欲执此二者之中，不知怎么执得?"朱子曰："三圣相授'允执厥中'与'子莫执中'，文同而意异，盖精一之余无适非中，其曰'允执'则非徒然执之也，子莫之执中，其为我不敢为杨朱之深，其兼爱不敢为墨翟之过。而于二者之中，执其一节以为中耳。故由三圣以为中，则其中活，由子莫以为中，则其中死。中之活者，随时随事而无不中；中之死者，非学圣人之学，不能有以权之而常适于中也。权者，权衡之权，言其可以称物之轻重而游移前却以适其中，盖所以节量仁义之轻重而时措之者也。程子谓'子莫执中，比杨墨为近，而中则不可执也'。当知子莫之执中，与舜禹汤之执中不同，则知此说矣。盖圣人义精仁熟，非有意于执中，而自然无过不及，故有执中之名，而实未尝有所执也。以其无时不中，故又曰'时中'。若学未至、理未明，而徒欲求夫所谓中者而执之，则所谓中者，果何形状而可执也。殆见愈执而愈失矣，子莫是也。既不识中，乃慕夫时中者而欲随时以为中，吾恐其失之弥远，未必不流而为小人之无忌惮也。《中庸》但言'择善'而不言'择中'，其曰'择乎中庸'，亦必继之曰'得一善'，岂不以善端可求，而中体难识乎？夫惟明善，则中可得而识矣。"庆源辅氏曰："杨氏资质略偏于刚毅，墨氏资质略偏于宽厚，只缘不知至理所在而各流于一偏沦胥不已，遂至各极其偏，一则为我，一则兼爱。至于子莫，

① 子莫：罗根泽认为是《说苑·修文篇》中的颛孙子莫，钱穆《先秦诸子系年考辨·子莫考》赞同罗说，并谓"核其年世，疑即子张之子申详其人也"。

又自其末流观之，而知杨墨之皆失中也。乃度于兼爱为我之间而执其中，其意固善而于道亦近矣。然时有万变，事有万殊，物有万类，而中无定体，若但胶于一定之中而执之，不能如称锤之因物轻重而前却以取平，则与二子之执一者亦无异矣。若子莫者，是要安排个中来执之也。"问："《书》之'允执厥中'，与'子莫执中'之说，二者分辨如何?"潜室陈氏曰："允执厥中，乃'时中'之'中'，触处是道理，活法也。子莫乃执一以为中，死法也。霄壤之异。"新安陈氏曰："安排者，以私意揣度之而不顺其自然也。"

所恶执一者，为其贼道也，举一而废百也。"恶、为，皆去声。

贼，害也。为我害仁，兼爱害义，新安陈氏曰："为我者，惟知有己，不知有人，似义非义而有害于仁；兼爱者，爱无差等，似仁非仁，而有害于义。"执中者害于时中，皆举一而废百者也。南轩张氏曰："为我兼爱，皆道也。当为我则为我，当兼爱则兼爱，是乃道也。彼堕于一偏者，固贼夫道，而于其间取中者，是亦举其一而废其百耳。"云峰胡氏曰："吾儒亦有所谓中，所谓一，但吾儒之中也，随时以取中，异端之中也。执中而无权，吾儒之一也，一以贯万，异端之一也。一而废百。"新安陈氏曰："举一偏而废百端，百者言其多耳。"〇此章言道之所贵者中，问："中一名而涵二义，这个中，要与'喜怒哀乐未发之中'异，与'时中'之'中'同。"曰："然。"中之所贵者权。杨氏曰："禹稷三过其门而不入，苟不当其可，则与墨子无异。颜子在陋巷，不改其乐，苟不当其可，则与杨氏无异。子莫执为我兼爱之中而无权，乡邻有斗而不知闭户，同室有斗而不知救之，是亦犹执一耳，故孟子以为贼道。禹、稷、颜回，易地则皆然，以其有权也；不然，则是亦杨墨而已矣。"朱子曰："子莫见杨墨皆偏在一处，要就二者之中而执之，正是安排寻讨也。原其意思固好，只是见得不分明，依旧不是，且如三过其门而不入，在禹稷之时则可，在颜子则不可。居陋巷，在颜子之时则是中，在禹稷之时则非中矣。居陋巷，则似杨氏；三过其门而不入，则似墨氏。要之，禹稷似兼爱而非兼爱，颜子似为我而非为我。"【通旨】朱氏公迁曰："子莫执中，与圣人之中不同，圣人随事即理，而有自然之中，子莫则胶于一定以为中。所以然者，以其无权固也。若有权以称之，斯得事理自然之中矣。"

〇孟子曰："饥者甘食，渴者甘饮，是未得饮食之正也，饥渴害之也。岂惟口腹有饥渴之害？人心亦皆有害。

口腹为饥渴所害，故于饮食不暇择，而失其正味；人心为贫贱所害，故于富贵不暇择，而失其正理。朱子曰："饥渴害其知味之性，则饮食虽不甘，亦以为甘；利欲害其仁义之性，则所为虽不可，亦以为可。"

人能无以饥渴之害为心害，则不及人不为忧矣。"

人能不以贫贱之故而动其心，则过人远矣。庆源辅氏曰："人若能不以贫贱动其心，而于富贵辨其所当得而受之，其不当得则不受之，则过于常人远矣。过人之远，则不忧其不及人矣。"新安陈氏曰："富贵有当得不当得之正理，知之在心；如饮食有美恶之正味，知之在口。口腹因饥渴而失其正味，人易知之，人心因贫贱而失其正理，人多未知也。孟子因举人之易知者，以晓人之未知者。夫贫贱不与饥渴期，而饥渴必至，自非有守之君子，必不能忍饥渴，遂厌贫贱而求富贵，以害其心之正理矣。是害口腹者，饥渴也；害心者，亦饥渴也。饥渴能害口之正味，不当以害心之正理，此君子所以可饥可寒、可贫可贱，而不可与为不义也。人能不以贫贱动其心，不以饥渴之害害其心，则必不厌贫贱以脱饥渴，必不冒受富贵以图甘肥，而不患不及人矣。凡此皆孟子所以遏人欲而存天理也。”

○孟子曰：“柳下惠不以三公易其介。”

介，有分辨之意。庆源辅氏曰：“介有分辨意，则与‘界限’之‘界’同。凡事各有界限，甚分明，不可逾越。”新安陈氏曰：“介有‘刚介’、‘介特’、‘廉介’之意，惟其有分辨，所以能如此，亦如廉本训廉隅，惟其廉隅分辨，所以清廉、廉洁也。”柳下惠进不隐贤，必以其道，遗佚不怨，阨穷不悯，直道事人，至于三黜，是其介也。○此章言柳下惠和而不流，问：“柳下惠不以三公易其介，此与圣人之和互相发明邪，乃所以为和邪?”龟山杨氏曰：“观惠之和，宜若不介，故此特言之。”问：“何以知其介?”曰：“只不卑小官之意，便自可见，如柳下惠之才，以为大官，何所不可?而乐于为小官，则其刚介可知矣。”新安陈氏曰：“不以三公之贵，移夺其所守之介，和而不流故也。”与孔子论夷齐不念旧恶意正相类，皆圣贤微显阐齿浅反。幽之意也。汪氏曰：“伯夷饿于首阳，伊尹禄以天下不顾，皆能不以三公易其介，独称柳下惠何也?以惠之和嫌于不介故也。”云峰胡氏曰：“人皆知夷齐之清，而不知夷齐之清而有量；人皆知柳下惠之和，而不知惠之和而不流。孔孟之言，皆阐幽之意也。‘微显’是带过说。”新安陈氏曰：“‘微显阐幽’四字，出杜预《春秋传》序。本以言孔子作《春秋》之意，于显明者则微之，幽昧者则阐之，《集注》以为孔孟之论夷齐柳下惠，亦得此意。盖夷齐之清，惠之和，此其显而易见者；夷齐之不念旧恶，惠之介，此其幽而难见者。今则微其显而阐其幽，圣贤之至公至明如此。”

○孟子曰：“有为者辟若掘井，掘井九轫而不及泉，犹为弃井也。”辟，读作譬。轫，音刃，与“仞”同。

八尺为仞。新安倪氏曰：“《集注》于《语》‘夫子之墙数仞下’云‘七尺曰仞’，愚按《周书》‘为山九仞’，孔安国云‘八尺曰仞’，郑玄云‘七尺曰仞’，《集注》两存其说欤?蔡氏传从孔说，愚证之《周礼·匠人》‘为沟洫，广四尺，深四尺，谓之沟；广八尺，深八尺，谓之洫；广二寻，深二仞，谓之浍。’盖其为沟洫浍是加一倍之数。寻，八尺也。仞，亦八尺也。度修广则计之以寻，度高深则计之以仞，是浍之广与深，各一丈六尺也。以此观之，则孔说为是，郑说恐非。”言凿井虽深，然未及泉而止，犹为自弃其井也。○吕侍讲曰①：名希哲，字原明，河南人。“仁不如尧，孝不如舜，学不如孔子，终未入于圣人之域，终未至于天道，未免为半涂而废、自弃前功也。”庆源辅氏曰：“为

---

① 吕侍讲：吕希哲(1039—1116年)，字原明，寿州(今安徽凤台)人。公著长子，学者称荥阳先生。以荫入官，为崇政殿说书。元符末，知单州。徽宗初，召为秘书少监，改光禄少卿，以直秘阁知曹州。遭崇宁党祸，羁寓淮、泗间十余年，卒。今存《吕氏杂记》二卷。

人而未得为圣人，言治而不及于尧舜，皆为未及夫泉也。”云峰胡氏曰：“当与《论语·譬如为山》一章通看，学问垂成而不至于成者，可为戒矣。”【通旨】朱氏公迁曰：“此勉人进学之辞，为学而未至者言之，余如‘学如不及’，‘逝者如斯’，‘日知其所亡’，‘深造之以道’，及‘人一己百，人十己千’，‘知之成功’一也，凡教人以不可自画者皆此类。”

○孟子曰：“尧舜，性之也；汤武，身之也；五霸，假之也。

尧舜天性浑上声。全，不假修习。汤武修身体道，以复其性。五霸则假借仁义之名，以求济其贪欲之私耳。程子曰：“身之，是身践履之也。假之者，身不行而假借之也。”张子曰：“尧舜固无优劣，及至汤武则有别。孟子言性之反之，自古圣人如此言，惟孟子分出，遂知尧舜是生知，汤武学而能之。”龟山杨氏曰：“尧舜性之，由而行者也；汤武身之，体之者也；五霸则假之而已，非己有也。若管仲责‘包茅不入，王祭不共，昭王南征不反’，非谋伐之本意。假此为说耳。”朱子曰：“性之，是合下如此；身之，是做到那田地。”问：“‘性善’之‘善’与尧舜‘性之’之‘性’，如何?”曰：“‘性善’之‘性’字实，‘性之’之‘性’字虚。性之，只是合下禀得，合下便得来受用。”又曰：“反之，是先失著了，反之而后得；身之，是把来身上做起。”“性是自然有底，身是从身上做得来底。汤武固皆身之，但细观其书，汤‘身之’之功，恐更精密。汤有惭德，如武王恐未必有此意。”新安陈氏曰：“孟子论尧舜汤武，曰‘尧舜性者也，汤武反之也’，与此章为二而互相发明。反之，即复其性也，论五霸者不一，莫切于假之一辞，曰以力假仁者霸，与此章为二，乃是以一字断尽五霸心事，得《春秋》以一字为褒贬与诛心之法者也。”

久假而不归，恶知其非有也。”恶，平声。

归，还也。有，实有也。言窃其名以终身，而不自知其非真有。庆源辅氏曰：“其初不过以之欺人，而其终遂至以之自欺。”或曰：“盖叹世人莫觉其伪者。”亦通。旧说，赵邠卿注。久假不归，即为真有，则误矣。朱子曰：“‘恶知’二字，为五霸设，如云五霸自不知也。五霸久假而不归，安知其亦非己有也。”汪氏曰：“旧说之意，谓若能久假而不归，则固有者将自得之，是为假者谋，假者之初意，全非天理，而以人欲之私行之，合下已差矣。加以久假，则私意缠绕以终其身，虚伪益甚，胶固莫解，其得为真有之乎？是皆学术心术不正，不能辨公私理欲之几者之论，宜朱子明辨其误也。”○尹氏曰：“性之者，与道一也；身之者，履之也，及其成功则一也。五霸则假之而已，是以功烈如彼其卑也。”问：“‘假之’之事，真所谓幽沉仁义，非独为害当时，又且流毒后世。”朱子曰：“此孟子所以不道桓文而卑管晏也，且如兴灭继绝，诛残禁暴，怀诸侯而尊周室，百般好事他都做，只是无恻怛之诚心，他本欲他事之行，又恰有这题目入得，故不得不举行，此邵子所以有功之首罪之魁之论。”云峰胡氏曰：“性之者，自然而然；身之者，当然而然；假之者，似然而实不然；自然者，所性而有；当然者，能复其有；似然者，不自知其非真有。”

○公孙丑曰：“伊尹曰：‘予不狎于不顺。’放太甲于桐，民大悦。太甲贤。又反之，

民大悦。

子不狎于不顺，《太甲篇》文。狎，习见也。不顺，言太甲所为，不顺义理也。言不欲“习见”其如此。余见形甸反。前篇。

贤者之为人臣也，其君不贤，则固可放与平声**？”孟子曰：“有伊尹之志，则可；无伊尹之志，则篡也。”**

伊尹之志，公天下以为心而无一毫之私者也。南轩张氏曰：“伊尹之事，志存乎宗祀，变而得其正者也。方是时，太甲在谅阴，故徙之先王墓侧，使之动心忍性而深思焉，是伊尹以冢宰摄政，而太甲居忧于桐耳。太甲克终允德，则于练除之际，奉而归亳焉。其克终虽由其自怨艾以改过，实亦尹之至诚有以感格之。无尹之志，徒以君不贤而放之，是篡乱之所为耳。后世唯霍光放昌邑王贺而立宣，庶几乎心存宗祀者。然始也，建立之不审，而至诚敦笃又不加焉。其于尹之志，盖有愧也。是以严延年劾之，以为擅废立，无人臣礼而识者有取焉。霍光且尔，况他人本为一身利害言者乎？所谓元恶大憝，必诛而无赦者也。”庆源辅氏曰：“公天下以为心，岂一朝夕勉强所能为哉？非道全德备，其素行有以信于人，至诚有以通于天者不能也。”觉轩蔡氏曰：“孟子此两语，不惟见伊尹之心，如青天白日，而百世之下，奸臣乱贼，亦无所逃其罪矣。味‘则可’之辞，亦见处变仅可之意，而非正法也。”【通考】赵氏德曰：“孟子论伯夷之清、柳下惠之和，则皆言其有隘与不恭之弊。于伊尹之任，既三言之，而独不言其弊，盖所谓‘有伊尹之志则可，无伊尹之志则篡’者，即此任之弊也。不与夷惠之弊同论而乃于此发之也，其虑天下后世远矣。”

○公孙丑曰：“《诗》曰‘不素餐兮’，君子之不耕而食，何也？”孟子曰：“君子居是国也，其君用之，则安富尊荣；其子弟从之，则孝弟忠信。‘不素餐兮’，孰大于是？”餐，七丹反。

《诗·魏国风·伐檀》之篇。素，空也。无功而食禄，谓之素餐，此与告陈相、彭更之意同。南轩张氏曰：“《伐檀》之诗，非必欲君子稼穑而后食也。公孙丑以君子不耕而食为素餐，其为诗也亦固矣。其弊将至于为许行之徒之论矣。故孟子告之以‘不素餐’之大者，夫君子，仁义修乎身，居是国也。其君用之，则安富尊荣；如其未用，子弟从之，则亦薰陶乎孝弟忠信之习，而足以善俗，若夫饰小廉而妨大德，徇末流而忘正义，非君子之道也。”新安陈氏曰：“君子居人国，用则有功于君而功业建，不用亦有功于人子弟而风俗厚，岂为无功而食乎？丑之见何陋也。”【通旨】朱氏公迁曰：“仕不受禄与不受万钟，则义之中有见几之智。孟子之于齐宋薛，子思之于鲁穆公，则义之中见交际之礼。‘传食诸侯’一章，则言人之有功者，我当食其人，主于食人者而言也。不素餐兮一章，则言见食于人者，必有功于人，主于食人之食者而言也。是皆孟子自道之辞，所以解门人之惑者如此，皆因论辞受而见处物之义。万章问交际一章，亦兼辞受之义与交际之礼。”

○王子垫问曰：“士何事？”垫，丁念反。

垫，齐王之子也。上则公卿大夫，下则农工商贾，皆有所事；而士居其间，独无所事，故王子问之也。

孟子曰："尚志。"

尚，高尚也。志者，心之所之也。士既未得行公、卿、大夫之道，又不当为农、工、商、贾音古。之业，则高尚其志而已。朱子曰："此'志'字，与父在观其志之志同，未见于所行，方见其所存也。"

曰："何谓尚志？"曰："仁义而已矣。杀一无罪，非仁也；非其有而取之，非义也。居恶在？仁是也；路恶在？义是也。居仁由义，大人之事备矣。"恶，平声。

非仁非义之事，虽小不为；而所居所由，无不在于仁义，此士所以尚其志也。庆源辅氏曰："士虽未得位以行其道，而其志则须高尚方可。志于仁义则高尚，溺于利欲则卑污。"【通旨】朱氏公迁曰："匹夫不可夺志，孔子泛为学者言；人不可以不尚志也，孟子专为王者言。为士者但当尚志也。"大人，谓公、卿、大夫。言士虽未得大人之位，而其志如此，则大人之事体用已全。若小人之事，则固非所当为也。南轩张氏曰："杀一无罪而非仁，由是而体之，则仁之所以能爱者，可得而推矣。非其有而取之为非义，由是而体之，则其义之所以为宜者，可得而推矣。居仁由义，居则不违，由则不他。居仁则体立，由义则用行，大人之事，亦不越此而已矣。"新安陈氏曰："此章因王子问士何所事，对以士志乎仁义，已备大人之事。盖志者事之本，未为者也。事者志之用，有为者也。志之所向素高，则事之大本已立。一旦得大人之位，举而措之耳，何必待有事迹可见而后始谓之有所事哉？若农工商贾，小人之事，不特非所当为，亦不屑为，且不暇为也。"【通旨】朱氏公迁曰："仁存诸心，义形诸事，是仁为体而义为用也。然指仁义而名之，则以人心人路言；就仁义而形容之，则以安宅正路言。"

○孟子曰："仲子，不义与之齐国而弗受，人皆信之，是舍箪食豆羹之义也。人莫大焉亡亲戚、君臣、上下。以其小者信其大者，奚可哉？"舍，音舍。食，音嗣。

仲子，陈仲子也。言仲子设若非义而与之齐国，必不肯受。齐人皆信其贤，然此但小廉耳。其辟兄离母，不食君禄，无人道之大伦，罪莫大焉。岂可以小廉信其大节，而遂以为贤哉？南轩张氏曰："仲子饰小廉而废大伦，其不知义已甚矣。"庆源辅氏曰："观前篇所论仲子之事，其介然自守如此，则不义而与之，齐国必不肯受。此待名而强矫者或能之，故孟子以为是特舍箪食豆羹之义而已，盖未以为贤也。若夫安于人伦，使之各尽其道，则非尽性而乐循理者不能，故孟子言此以晓齐人，使之勿迷于小，而必察其大耳。"新安陈氏曰："孟子于陈仲子，其对匡章，既深非之，此又申言之，二章当参看。"【通旨】朱氏公迁曰："伊尹之一介不取与，亦其义之合于圣人者，故孟子称之如此。若微生之与害于直，仲子之操害于廉，则皆不合于义者也，是故夫子以微事断之，孟子以大节断之，欲人以之为戒耳。皆因论人而见处物之义。"

○桃应问曰："舜为天子，皋陶为士，瞽瞍杀人，则如之何？"

桃应，孟子弟子也。其意以为舜虽爱父，而不可以私害公；皋陶虽执法，而不可以刑天子之父。故设此问，以观圣贤用心之所极，非以为真有此事也。

孟子曰："执之而已矣。"

言皋陶之心，知有法而已，不知有天子之父也。

"然则舜不禁与?"与，平声。

桃应问也。

曰："夫舜恶得而禁之？夫有所受之也。"夫，音扶。恶，平声。

言皋陶之法，有所传受，非所敢私，虽天子之命亦不得而废之也。

"然则舜如之何?"

桃应问也。

曰："舜视弃天下，犹弃敝蹝也。窃负而逃，遵海滨而处，终身欣然，乐而忘天下。"蹝，音徙。欣，与"欣"同。乐，音洛。

蹝，《韵书》音所尔反，又所解反。草履也。遵，循也。言舜之心。知有父而已，不知有天下也。孟子尝言舜视天下犹草芥，而惟顺于父母可以解忧，与此意互相发。○此章言为士者，但知有法，而不知天子父之为尊；为子者，但知有父，而不知天下之为大。盖其所以为心者，莫非天理之极，人伦之至。云峰胡氏曰："皋但知有天子之法，天理也。君臣，人伦之至也。舜但知有父，天理也。父子，人伦之至也。"学者察此而有得焉，则不待较计论量，而天下无难处之事矣。朱子曰："某尝问李先生以此事。先生曰：'蒯聩父子，只为无此心，所以为法律所缚，都转动不得，若舜之心，则法律缚他不住，终身䜣然乐而忘天下，求仁得仁，何怨之有?'然此亦只是言圣贤之心耳。圣贤之心，合下是如此，权制有未服论，然到极不得已处，亦须变而通之。盖法者，天下公共，在皋陶亦只得执之而已。若人心不许舜弃天下而去，则便是天也。皋陶亦安能违天，法与理，便即是人心底，亦须是合下有如此底心，方能为是权制，今人于事合下无如此底心，其初便从权制去则不可。""执之而已矣，非洞见皋陶之心者不能言也。此一章之义，见圣贤所处，无所不用其极，所谓止于至善者也。"南轩张氏曰："舜之有天下，初不以天下与于己，循天理之当然而已。为瞽瞍杀人而枉其法，则失天下之公。若致辟于瞽瞍，则废父子之伦，是皆虽有天下，不可一朝居者也。舜宁去天下而存此义耳，舜非轻天下也。义所当去，视天下犹敝屣也，是故，在皋陶则使舜得以伸其窃负之义，在舜则以此而可以终身，夫何求哉？循天理而已。善发明舜之心者，其惟孟子乎？若后世以利害之见论之，则谓天下方戴舜而赖其治，舜乃去之，得无废成业而孤众望乎？此不知天命者也。圣人所以为治，奉天命而已，若汩于利害而失天理之所在，虽舜亦何以治天下哉！或者以为皋既执瞽瞍，舜乌得而窃之？盖未之思也。皋既执瞽瞍于前，而使舜得伸其窃负之义于后，是乃天理时中，全君臣父子之伦者也。微孟子孰能推之?"汪氏曰："窃负而逃，畏天故也；䜣然之乐，乐天故也。孟子之对，示后世为人臣子之道而已，以天子之父杀人，且不可舍，况其卑者乎？以天下之大且可弃，况其小者乎?"

○孟子自范之齐，望见齐王之子。喟然叹曰："居移气，养移体，大哉居乎！夫非尽人之子与?"夫，音扶。与，平声。

范①，齐邑。居，谓所处上声。下同。之位。养，奉养去声。也。言人之居处，所系甚大，王子亦人子耳，特以所居不同，故所养不同而其气体有异也。

孟子曰：

张、邹张敬夫、邹志完。皆云羡延面反。文也②。

“王子宫室、车马、衣服多与人同，而王子若彼者，其居使之然也；况居天下之广居者乎？

广居，见形甸反。下同。前篇。谓仁也。尹氏曰：“睟然见于面，盎于背，居天下之广居者然也。”新安陈氏曰：“居仁宅者之气象，必德润身而心广体胖，与王子骄贵之气习又不侔矣。”

鲁君之宋，呼于垤泽之门。守者曰：‘此非吾君也，何其声之似我君也？’此无他，居相似也。”呼，去声。

垤泽，宋城门名也。孟子又引此事为证。问：“孟子先言居移气，养移体，后却只言居？”朱子曰：“有是居则有是养。居公卿，有公卿底奉养；居贫贱，有贫贱底奉养。言居则养在其中。”南轩张氏曰：“居天下之广居，宅乎天理者也。宅之之久，则其气质变化，有不期然而然者矣。夫圣贤相去，虽有先后，而玩其气象，如出一人者，以其所居之同故也。”新安陈氏曰：“此章重在‘居广居’一句，势位之居，犹足移气，与贱者异。广居之居，其能充吾正气，而与常人异也必矣。”

○孟子曰：“食而弗爱，豕交之也；爱而不敬，兽畜之也。食，音嗣。畜，许六反。

交，接也。畜，养也。兽，谓犬马之属。

恭敬者，币之未将者也。

将，犹奉也。《诗》曰：“承筐是将。”《小雅·鹿鸣篇》。程子曰：“恭敬虽因威仪币帛而后发见，形甸反。然币之未将时，已有此恭敬之心，非因币帛而后有也。”

恭敬而无实，君子不可虚拘。”

此言当时诸侯之待贤者，特以币帛为恭敬，而无其实也。拘，留也。赵邠卿曰：“实，谓爱敬也。”庆源辅氏曰：“世衰道微，在上者，皆不知有恭敬待贤之诚，而惟恃其有币帛之聘；在下者，惟知有币帛之可慕，而不知察夫上之人所以待之之诚。上下之情，交骛于利而不知有义理焉，故孟子发此论以警之。”【通考】东阳许氏曰：“恭敬者之恭敬，以发于心者言；恭敬而无实之恭敬，以币帛言。”

○孟子曰：“形色，天性也；惟圣人，然后可以践形。”

人之有形有色，无不各有自然之理，所谓天性也。践，如践言之践。《礼记·曲礼》：“修身践言，谓之善行。”盖众人有是形，而不能尽其理，故无以践其形；惟圣人有是形，而又能尽其理，然后可以践其形而无歉苦忝反。也。【通考】程氏勿斋曰：“至

---

① 范：在今山东范县东南。

② 张、邹：张琥、邹浩。羡文：多余的文字。

诚尽性充其形色，是曰'践形'也。"〇程子曰："此言圣人尽得人道而能充其形也。盖人得天地之正气而生，与万物不同。既为人，须尽得人理，然后称去声。其名。众人有之而不知，贤人践之而未尽，能充其形，惟圣人也。"杨氏曰："'天生烝民，有物有则'。物者，形色也。则者，性也。各尽其则，则可以践形矣。"龟山杨氏曰："莫非形也，自圣人言之，目之所视，耳之所听，以至口之所言，身之所动，不待著意，莫不合则。所谓动容周旋中礼者也，未至于圣，则未免有充焉，若孔子告颜渊'非礼勿视'等语是也。故惟圣人然后可以践形。"朱子曰："形是耳目口鼻之类，色如一颦一笑，皆有至理。""形色上便有天性，视便有视之理，听便有听之理。"问："形色天性下，却云践形，而不言色，何也？"曰："有此形，便有此色。言形，则色在其中矣。""践，犹践言'践约'之'践'，言圣人所为，便踏著个形色之性耳。性，即理之谓。伊川说'充其形色'，说得好，形是形体，色如临丧则有哀色，介胄则有不可犯之色之类。天之生人，人之得于天。其具耳目口鼻者，莫不皆有此理。耳便必当无有不聪，目便必当无有不明，口便必能尽别天下之味，鼻便必能尽别天下之臭。圣人与常人都一般，惟众人有气禀之杂，物欲之累。虽同是耳也，而不足于听；同是目也，而不足于明；同是口而不足以别味；同是鼻而不足以别臭。虽有是形而不能充践此形，惟圣人耳则十分聪，目则十分明，口鼻莫不皆然，如此方可以践此形。"潜室陈氏曰："圣人尽性地位方偿得他本来形色，学未至于圣人，则于性分道理，未免亏欠。才于性分有亏欠，即是空具此形色，不能充践满足也。"问："孟子曰'形色天性也'，告子曰'食色性也'，二者之分如何？"曰："形色为性，是引气入道理中来。食色为性，是逐道理出形气外去。霄壤之分。"新安陈氏曰："程子之说，盖自'践'字推广之，众人全不能践者也。贤人虽能践之，而未尽者也。圣人则极能践之，而无不尽者也。如《洪范》五事，则貌言视听，思极于肃，又哲谋圣，皆践形之意也。"【通考】朱子曰："色在形里面，犹言容貌也。"又曰："人生天地，莫不有形，莫不有色；而本其有得于天者，则是形是色。莫不有所以然之故、所当然之则焉，则是所谓天性者也。然众人梏于气禀，狃于习俗，不能无人欲之私，是以视则不明，听则不聪，貌则不恭，言则不从。盖不能尽其形色本然之理，则虽有不是形，而无以践其形也。惟圣人能尽其性，而无一毫人欲之私杂于其间，是以视则极明、听则极聪，盖形色本然之理无一不尽，既有是形，而又有以践其形，本有是物，而又能修其实以副之也。"

〇齐宣王欲短丧。公孙丑曰："为期之丧，犹愈于已乎？"

已，犹止也。新安陈氏曰："丑附其说，谓三年短而为期，犹胜于止而不为者乎？"

孟子曰："是犹或纱其兄之臂，子谓之姑徐徐云尔，亦教之孝弟而已矣。"纱，之忍反。

纱，戾也。教之以孝弟之道，则彼当自知兄之不可戾，而丧之不可短矣。孔子曰："子生三年，然后免于父母之怀，予也有三年之爱于其父母乎？"所谓教之以孝弟者如此。盖示之以至情之不能已者，非强上声。之也。

王子有其母死者，其傅为之请数月之丧。公孙丑曰："若此者，何如也？"为，去声。

陈氏曰①："王子所生之母死，厌一甲反。于嫡母而不敢终丧。其傅为请于王，欲使得行数月之丧也。大功九月，小功五月。时又适有此事，丑问如此者，是非何如?"按《仪礼》："公子为亦去声。其母所生母。练冠、麻衣、縓七绢反，赤黄色。缘，俞绢反。既葬除之。"疑当时此礼已废，或既葬而未忍即除，故请之也。《仪礼·丧服章》记："公子为其母，练冠麻衣縓缘；为其妻，縓冠葛绖带。麻衣縓缘，皆既葬除之。公子，君之庶子也。"

曰："是欲终之而不可得也。虽加一日愈于已，谓夫莫之禁而弗为者也。"夫，音扶。

言王子欲终丧而不可得，其傅为请，虽止得加一日，犹胜不加。我前所讥，乃谓夫莫之禁而自不为者耳。○此章言三年通丧，天经地义，不容私意有所短长。示之至情，人心天理之真切处。则不肖者有以企去智反。而及之矣。

○孟子曰："君子之所以教者五：

下文五者，盖因人品高下，或相去远近先后之不同。庆源辅氏曰："如时雨化，品之高者，成德达财其次也。答问下者也，私淑艾，有同时而相去或远，不同时而其生也后，不能及门受业者也。"

有如时雨化之者，

时雨，及时之雨也。草木之生，播种封植，丞职反。人力已至而未能自化，所少者，雨露之滋耳。及此时而雨之，则其化速矣。教人之妙，亦犹是也，若孔子之于颜曾是已。程子曰："待物生，以时雨润之，使之自化。"朱子曰："时雨化者，不先不后，适当其时而已。他地位已到，因而发之，如孔子告颜子以四勿，告曾子以一贯，所谓'时两化之'者。"新安陈氏曰："惟人力已至，而后时雨可化，惟颜曾力到功深，而后孔子之化可施，使他弟子而遽以是告之，是犹种殖之力未至，虽有时雨，亦不能速化也。"

有成德者，有达财者，

财，与"材"同。此各因其所长而教之者也。成德，如孔子之于冉闵；达财，如孔子之于由赐。朱子曰："成就其德，德则天资纯粹者，通达其材，材是天资明敏者。"云峰胡氏曰："孔门四科，颜曾冉闵，皆以德行称，孟子五教，《集注》则以夫子之于冉闵为成德，而颜曾为时雨化之，何也？盖自颜曾以下，皆在夫子教之之中，而颜曾二子，独得夫子化之之妙也。"

有答问者，

---

① 陈氏：陈耆卿(1180—1237年)，字寿老，号篔窗，临海城关人。南宋嘉定七年进士，宝庆二年，入京应馆试，授秘书省正字，转校书郎。后历任秘书郎、著作郎兼国史馆编修，除将作少监，终国子司业。耆卿博学能文，曾从学永嘉叶适。著有《论语纪蒙》十八卷、《孟子纪蒙》十四卷、《嘉定赤城志》四十卷及诗集数十卷。

就所问而答之，若孔孟之于樊迟、万章也。南轩张氏曰：“成德，达财，答问固在其中，而又有所谓答问者，此则专为凡答其来问者也。虽鄙夫之空空，所以答之者亦无非竭两端之教也。”庆源辅氏曰：“樊迟之粗鄙，万章之浅率，孔孟皆必俟其问而后告教之是也。”

有私淑艾者。艾，音乂。

私，窃也。淑，善也。艾，治也。人或不能及门受业，但闻君子之道于人，而窃以善治其身，是亦君子教诲之所及，若孔孟之于陈亢、夷之是也。孟子亦曰：“予未得为孔子徒也，予私淑诸人也。”朱子曰：“艾，芟草也。自艾、淑艾，皆有斩绝自新之意。惩艾、创艾，亦取诸此。”“有答问者，未及师承，只是来相答问而已。私淑艾者，未尝亲见面授，只是或闻其风而师慕之，或私窃传其善言善行，学之以善于其身。是亦君子之教诲也。”

此五者，君子之所以教也。”

圣贤施教，各因其材，小以成小，大以成大，无弃人也。赵氏曰：“君子之教人，如天地之生物，各因其材而笃焉，天地无弃物，圣贤无弃人。”

○公孙丑曰：“道则高矣，美矣，宜若登天然，似不可及也。何不使彼为可几及而日孳孳也？”几，音机。**孟子曰：“大匠不为拙工改废绳墨，羿不为拙射变其彀率。**为，去声。彀，古候反。率，音律。

彀率，弯弓之限也。言教人者，皆有不可易之法，不容自贬悲检反。以殉学者之不能也。

君子引而不发，跃如也。中道而立，能者从之。”

引，引弓也。发，发矢也。跃如，如踊跃而出也。因上文彀率，而言君子教人，但授以学之之法，而不告以得之之妙，如射者之引弓而不发矢，然其所不告者，已如踊跃而见于前矣。中者，无过不及之谓。中道而立，言其非难非易去声。能者从之，言学者当自勉也。朱子曰：“引而不发，谓渐启其端而不竟其说，跃如，谓义理昭著，如有物跃然于心目之间。”“跃如，是道理活泼泼地发出在面前，如由中跃出。”“引而不发跃如也，须知得是引个甚么，是怎生地不发，又是甚么物事跃在面前，须是耸起这心与他看，教此心精一无些子夹杂，方见得他那精微妙处。”“道理散在天下事物之间，圣贤也不是不说，然也全说不得，自是那妙处不容说。然虽不说，只才拨动那头了时，那个物事自跌落在面前，如张弓十分满而不发箭，虽不发箭，然已知得其个是中这物事了。”南轩张氏曰：“圣人之道，天下之正理，不可过不可不及也。自卑者视之以为甚高，而不知其高之为中也；自隘者视之以为甚大，而不知其大之为常也。徇彼而迁就，则非所以为道矣。能与不能则存乎其人耳，中道而立，能者从之，此正大之体，而天地之情也。学者循绳墨彀率而勿舍焉，及其久也，将自有得。不然，蕲获助长，为害祗甚矣。”○此章言道有定体，教有成法；卑不可抗，高不可贬；语不能显，默不能藏。汪氏曰：“君子虽不贬道以徇人，亦未尝离人绝物，而使人不可几及也。”云峰胡氏曰：“道有定体，故卑不可抗，高不可贬，是之谓中道而立，教有成法，故语不能显，默不能藏，而在乎人之能者从之。”新安陈氏曰：“道有定体，谓中道而立；教有成法，谓绳墨彀率，卑者不可抗之使高，高者不可贬之使卑，申言道有定体也。虽语有不能显者，谓引而不发；虽默有不能藏者，谓跃如也。熟玩味之，有无穷之妙。”

○孟子曰：“天下有道，以道殉身；天下无道，以身殉道。

殉，如殉葬之殉，以死随物之名也。《记·檀弓》下：“陈子车死于卫，其妻与其家大夫谋以殉葬。谋将杀人以殉葬。定而后陈子亢至，以告曰：‘夫子疾，莫养于下，请以殉葬。’子亢曰：‘以殉葬，非礼也。虽然，则彼疾当养者，孰若妻与宰，得已则吾欲已，不得已则吾欲以二子者之为之也。’于是弗果用。”身出则道在必行，道屈则身在必退，以死相从而不离去声。也。赵氏曰：“道不可离也，虽时有治乱，己有穷达，非道殉身，即身殉道，以死相从，岂可得而离哉？”

未闻以道殉乎人者也。”

以道从人，妾妇之道。华阳范氏曰：“君子遭世之治，则身显而道行，得志泽加于民，故以道从身，遭世之乱，则身隐而道不行。不得志，修身见于世，故以身从道，以道殉乎人者，陈代所谓枉尺而直寻也。古之圣贤，以道殉身，伊尹周公是也。以身殉道，孔子孟子是也。君子穷达不离乎道，道可以处则处，道可以出则出，故人君用人，不用其身惟用其道。以道殉人者，虽得之无所用也。”南轩张氏曰：“身与道不可离也。以道殉人，则是可离矣。乌有所谓道哉？”新安陈氏曰：“妾妇以顺从为道，故亦曰道。孟子见有身徒显而道不行，道不行而身犹不知隐者，故发此论。言当随时之理乱，而酌身之进退，非道殉身，则身殉道。身与道不可须臾离也。使道不殉身，身不殉道，即是以道殉乎人矣。”

○公都子曰：“滕更之在门也，若在所礼。而不答，何也？”更，平声。

赵氏曰：“滕更，滕君之弟，来学者也。”

孟子曰：“挟贵而问，挟贤而问，挟长而问，挟有勋劳而问，挟故而问，皆所不答也。滕更有二焉。”长，上声。

赵氏曰：“二，谓挟贵、挟贤也。”尹氏曰：“有所挟，则受道之心不专，所以不答也。”庆源辅氏曰：“学者之心，须是专一，方有受教之地，有所挟则二三也。”新安陈氏曰：“挟者，兼有而恃之之称。勋劳，已尝有功劳于师，故谓已与师有旧好，恃此以来学，望师待以异意而教之，皆所不当答。”○此言君子虽诲人不倦，又恶去声。夫音扶。意之不诚者。南轩张氏曰：“受道者，以虚心为本则能受，有所挟，则私意先横于中而不能入矣。故空空之鄙夫，圣人必竭两端之教，而滕更挟二，故不答也。使能思所以不答之故，于所挟致力以消之，是亦诲之矣。”

○孟子曰：“于不可已而已者，无所不已；于所厚者薄，无所不薄也。

已，止也。不可止，谓所不得不为者也。所厚，所当厚者也。此言不及者之弊。朱子曰：“厚薄，是以家对国言之。又曰所厚，谓父子兄弟骨肉之恩，理之所当然，而人之不能已者。”

其进锐者，其退速。”

进锐者，用心太过，其气易去声。衰，故退速。觉轩蔡氏曰：“进锐退速，其病正在意气方盛之时，已有易衰之势，不待意气已衰之后始见其失也。”〇三者之弊，理势必然，虽过不及之不同，然卒同归于废弛。施纸反。庆源辅氏曰：“不及者之弊，则愈见其不及，流于欲者之所为也。过者之弊，则其退也可立而待，役于气者之所为也。欲肆则无极，气过则易衰，循理而行，则有则而可继也。”勿轩熊氏曰：“前二句，则见之处事接物之间。后一句，则本于立心讲学之际。”云峰胡氏曰：“前二者，是当用心而不用心之弊；后一者，是过用其心之弊。不用其心，固宜废弛；过用其心者，亦同归于废弛，过犹不及故也。”

〇孟子曰：“君子之于物也，爱之而弗仁；于民也，仁之而弗亲。亲亲而仁民，仁民而爱物。”

物，谓禽兽草木。【通考】程氏勿斋曰：“天地之心、鬼神之会，灵于万物，能推所为，是之谓人；动植之类、形气之偏，拘于所禀，而不能推是之，谓物。”爱，谓取之有时，用之有节。新安陈氏曰：“当取则取，当用则用，但有时有节即爱也，若释氏以不取不用为爱，则非矣。”【通考】仁山金氏曰：“《集注》草木禽兽皆举之，取之有时，用之有节，此先王爱物之政也。若释氏虽例以不杀为爱物，然知施于动物，而不知施之植物，此之谓不知类。况绝灭亲亲之伦，此之谓不知本。墨氏犹爱无差等，释氏则又倒行逆施矣。”程子曰：“仁，推己及人，如‘老吾老以及人之老’，于民则可，于物则不可。统而言之则皆仁，分而言之则有序。”庆源辅氏曰：“统而言之，则皆自吾一性之仁。分而言之，则有轻重之序。然在学者言之，则于此三者之序，有由之而不知者，有得于此而失于彼者，又有倒行逆施杂乱无次者。要当因圣贤之言，反求之心，涵养于未发之前，体察于已发之后，毋惑于异端，毋汩于私欲，然后是圣学工夫。”杨氏曰：“其分去声。下同。不同，故所施不能无差楚宜反。等，所谓理一而分殊者也。”问：“孟子言爱与仁，有小大之分。”潜室陈氏曰：“亲亲而仁民，仁民而爱物，所谓一理万殊，称物平施。此‘仁’字是用，待禽兽只有爱心，不可使失所，若夫牛不穿鼻，马不络首，一以人理奉之，则亲民何别？不几于同人类于牛马乎？仁者，人心也，有人理存焉。施于人者，不可施于物，乃理一分殊处。”新安陈氏曰：“理一，所以为仁。分殊，所以为仁之义。”尹氏曰：“何以有是差等？一本故也，无伪也。”庆源辅氏曰：“一本，故无伪而有等差，若无等差，是伪而二本也。”西山真氏曰：“凡生于天地间者，莫非天地之子；而吾之同气者也，是之谓理一。然亲者吾之同体，民者吾之同类，而物则异类矣，是之谓分殊，故仁爱之施则有差。”朱氏祖义曰：“不以待人者施之物，以其有贵贱之分也。不以待亲者施之他人，以其有亲疏之杀也。于无所不爱之中，而不失其贵贱亲疏之等差，此圣人之仁，所以历万世而无弊也。”新安陈氏曰：“暴殄者，固非爱物矣。梁武之宗庙，不用牺牲，亦非爱物之宜。盖爱之而仁，是以仁民者仁物也，无怪其于民反不仁也。墨氏之爱无差等，施由亲始，亦非仁民之宜。盖仁之而亲，是以亲亲者，亲民也，无怪其无父，而于亲反不亲也，是皆倒行逆施之道，无次序无等差，非仁矣。”东阳许氏曰：“‘爱之而弗仁’之‘爱’，爱惜之义，不轻用物，不暴殄天物之意。‘仁民’

之‘仁’，乃爱之本义，亲又重于仁。”【通旨】朱氏公迁曰：“爱亲，是爱之所由立；爱人、爱物，是爱之所由施。皆偏言之仁也。”东阳许氏曰：“此章四‘仁’字，皆言仁之用。程子推己及人，正训‘仁’字，‘推’字亦要轻看，以己所有推出行去尔。”

○孟子曰：“知者无不知也，当务之为急；仁者无不爱也，急亲贤之为务。尧舜之知而不遍物，急先务也；尧舜之仁不遍爱人，急亲贤也。“知者”之“知”，并去声。

知者固无不知，然常以所当务者为急，则事无不治，去声。而其为知也大矣；仁者固无不爱，然常急于亲贤，则恩无不洽，而其为仁也博矣。问：“如舜举皋陶，汤举伊尹，所谓亲贤者乃治天下不易之务，若当务之急，是随其时势之不同。尧之历象治水，舜之举相去凶，汤之伐夏救民，皆所务之急者。”朱子曰：“也是如此，然当务之急，如所谓劳心者治人，劳力者治于人。尧舜之治天下，岂无所用其心，亦不用于耕耳。又如夫子言务民之义，应系所当为者皆是也。”又曰：“尧以不得舜为己忧，舜以不得禹皋陶为己忧，此圣人之所急也。上好礼，则民莫敢不敬；上好义，则民莫敢不服；上好信，则民莫敢不用情；若学圃学稼则是不急。”新安陈氏曰：“上四句，言知仁之理；下六句，举尧舜之知仁以实之。”【通考】朱氏公迁曰：“博施济众者，圣人之所病；为天下得人者，圣人之所能。故曰‘尧舜之仁，不偏爱人，急亲贤也’。”

不能三年之丧，而缌小功之察；放饭流歠，而问无齿决，是之谓不知务。”饭，扶晚反。歠，昌悦反。

三年之丧，服之重者也。缌麻三月，小功五月，服之轻者也。察，致详也。放饭，大饭。流歠，长歠，不敬之大者也。齿决，啮吾结反。断干音干。肉，不敬之小者也。《记·曲礼》曰：“毋放饭，毋流歠。”又曰：“濡肉齿决，乾肉不齿决。濡滞也，宜齧断之，乾肉坚，宜用手。”问，讲求之意。南轩张氏曰：“孟子所譬，特言舍大徇小者，为不知务耳，非谓能三年之丧，则缌小功有不足察，无放饭流歠，则齿决有不必问也。先后具举，本末毕贯，此所以为道。”新安陈氏曰：“上文言智之知急务，仁之急亲贤为务，乃智仁之大者。此取譬于丧服饮食，以讥不能其大而求其细，非知务者也。不知务，是并结上文，‘当务’、‘亲贤为务’二‘务’字。”○此章言君子之于道，识其全体，则心不狭；知所先后，则事有序。云峰胡氏曰：“《集注》之意，以为识智之全体，则其用宜无所不知；识仁之全体，则其用宜无所不爱。然智之用，有当务之为急；仁之用，当急亲贤之为务。故不识其全体者，知之不周，爱之不广，狭用其心者也。不知所先后，则知之虽周，而精神弊于无用，爱之欲广，而德泽壅于下流，泛用其心也。辅氏以为识其全体，是言仁；知所先后，则为智。非《集注》意矣。”丰氏曰：“智不急于先务，虽遍知人之所知、遍能人之所能，徒弊①精神，而无益于天下之治去声。矣。仁不急于亲贤，虽有仁民爱物之心，小人在位，无由下达，聪明日蔽于上，而恶政日加于下，此孟子所谓不知务也。”新安陈氏曰：“当务为急，与急亲贤为务相对，以皋陶能哲而惠，及樊迟问仁智章之意推之，谓智之所当务者，即是急亲贤之为务。仁之所为即智之所

---

① 徒弊：徒劳。

知，亦尽可通。南轩即此说也，但孟子朱子之意本不如此，盖知所当务，所包甚阔，不可竟以亲贤，当知此章乃平论智仁，非论智仁相为用也。”

孟子集注大全卷十四

尽心章句下

凡三十八章。【通考】勿轩熊氏曰：“前四章极言当时战国之祸，九章论古圣贤，二章言孟子出处，余皆讲学、修身、齐家、治国之事。”

孟子曰：“不仁哉，梁惠王也！仁者以其所爱及其所不爱，不仁者以其所不爱及其所爱。”

亲亲而仁民，仁民而爱物，所谓以其所爱及其所不爱也。

公孙丑曰：“何谓也？”“梁惠王以土地之故，糜烂其民而战之，大败，将复之，恐不能胜，故驱其所爱子弟以殉之，是之谓以其所不爱及其所爱也。”

梁惠王以下，孟子答辞也。糜烂其民，使之战斗，糜烂其血肉也。复扶又反。之，复战也。子弟，谓太子申也。即所谓东败于齐，长子死焉者。以土地之故及其民，以民之故及其子，皆以其所不爱及其所爱也。〇此承前篇之末三章之意，云峰胡氏曰：“承‘所厚者薄’、‘亲亲仁民’、‘仁者无不爱’而言。”言仁人之恩，自内及外；不仁之祸，由疏与“踈”同。逮亲。南轩张氏曰：“仁者，推其爱亲者以爱人；不仁者，以其忍于他人者忍于其亲。仁与不仁之分，其端甚微，而其流如此。”庆源辅氏曰：“仁人之恩，自内以及外者，自本而推之也。惟其自本而推之，故虽无所不爱，而轻重等差盖不可紊也。不仁之祸，由疏逮亲者，徇欲而从流者也。惟其徇欲而从流，故横放逆施，莫之纪极也，始也糜烂其民人而残贼其子弟，终不至杀身复族不已也。”【通考】朱氏公迁曰：“此斥其不仁之辞，予之不仁，是因其所发而知其所存。惠王不仁，是因其所行而知其所蕴。二章以事言也。”

〇孟子曰：“春秋无义战。彼善于此，则有之矣。

《春秋》每书诸侯战伐之事，必加讥贬，以著其擅时战反。兴①之罪，无有以为合于义而许之者。但就中彼善于此者则有之，如召音邵。陵②之师之类是也。《春秋》：僖公四年，齐侯伐楚，楚屈完来盟于师，盟于召陵。南轩张氏曰：“春秋无义战，如齐桓公侵蔡伐楚，如晋文公城濮之战，在当时其事虽若善，至于不禀王命而擅用其师，则均为不义而已矣。”云峰胡氏曰：“《春秋》书战，皆以著诸侯无王之罪。召陵之师，犹知

---

① 擅兴：无诏旨擅自发兵。

② 召陵：今河南郾城县东。

假尊王之义。"

征者上伐下也，敌国不相征也。"

征，所以正人也。诸侯有罪，则天子讨而正之，此春秋所以无义战也。新安陈氏曰："《春秋》以道名分，使征伐自天子出，《春秋》不作矣。惟不自天子出而自诸侯出，《春秋》所以作也。'无义战'三字，断尽春秋诸侯兵争之罪。"

○孟子曰："尽信书，则不如无书。

程子曰："载事之辞，容有重称而过其实者，学者当识其义而已；苟执于辞，则时或有害于义，不如无书之愈也。"

吾于《武成》，取二三策而已矣。

《武成》，《周书》篇名，武王伐纣归而记事之书也。策，竹简也。取其二三策之言，其余不可尽信也。程子曰："取其奉天伐暴之意，反政施仁之法而已。"张子曰："不以文害辞，不以辞害意，此教人读《诗》法也。于《武成》取二三策而已，此教人读《书》法也。"

仁人无敌于天下。以至仁伐至不仁，而何其血之流杵也？"

杵，舂杵也。或作卤与"鲁"同，音鲁。楯也。楯竖尹反，兵器，所以蔽身者。《武成》言武王伐纣，纣之"前徒倒戈，攻于后以北，血流漂杵"。孟子言此则其不可信者。然《书》本意，乃谓商人自相杀，非谓武王杀之也。孟子之设是言，惧后世之惑，且长上声。不仁之心耳。问："血流漂杵，乃纣之前徒倒戈之所为，荀子以为杀之者皆商人，非周人者是也，而孟子不之信，何哉？"朱子曰："此亦拔本塞源之论，盖虽杀者非我，而亦不忍言也。程子以为孟子设为是言，盖得其微意。余隐之云，鲁语曰：'俎豆之事，则尝闻之矣。军旅之事，未之学也。'孔子之意可见矣。客有问陶弘景注《易》，与《本草》孰先？陶曰：'注《易》误不至杀人，注《本草》误则有不得其死者。'世以为知言。唐子西尝曰：'弘景知《本草》而未知经，注《本草》误，其祸疾而小；注六经误其祸迟而大。'前世儒臣引经误国，其祸至于伏尸百万，流血千里。《武成》曰'血流漂杵'，武王以此自多之辞，当时倒戈攻后，杀伤固多，非止一处，岂至血流漂杵乎？孟子深虑战！国之君以此藉口，故曰'尽信书则不如无书'。而谓'血流漂杵，未足为多'，岂示训之至哉？经训之祸正此类也。反以孟子为畔经，岂不惑之甚邪？"【通考】朱氏公迁曰："吊民伐罪，兴师之义也，汤武之师是已。《春秋》彼善于此者，假义而已。若鲁欲伐齐，则贪昧而不知义；齐欲灭燕，则暴虐而不合义；季氏欲伐公臣，则强僭而犯义；宋不度德量力，而称兵于倍地之四邻，是又衡行贼义以取败亡者也，此皆明师之义。"

○孟子曰："有人曰：'我善为陈，我善为战。'大罪也。陈，去声。

制行音杭。伍曰陈，交兵曰战。以帝王之世律之，大罪人也。

国君好仁，天下无敌焉。南面而征北狄怨，东面而征西夷怨。曰：'奚为后我？'好，去声。

此引汤之事以明之，解见形甸反。前篇。

武王之伐殷也，革车①三百两，虎贲三千人。两，去声。贲，音奔。

又以武王之事明之也。两如字，车数，一车两轮也。千，《书序》作百。

王曰：'无畏！宁尔也，非敌百姓也。'若崩厥角稽首。

《书·太誓》文与此小异。孟子之意当云：王谓商人曰：无畏我也。我来伐纣，本为安宁汝，非敌商之百姓也。于是商人稽首至地，如角之崩也。

征之为言正也，各欲正己也，焉用战？"焉，于虔反。

民为暴君所虐，皆欲仁者来正己之国也。南轩张氏曰："战国之际，以功力相胜，善为战者，则谓之能臣矣。而孟子前以为当服上刑，今又以为大罪，盖所谓深救当时之弊，使之循其本也。循其本有道焉，其惟好仁乎？好仁则无敌于天下，若不志于仁，而徒欲以功力取胜，则天下孰非吾敌？胜与负，均为残民而逆天也。"云峰胡氏曰："观此，复引《书》而言，则可知前章所谓'尽信书不如无书者'矣。大抵此四章，亦相承而言。一章以梁王之战为不仁；二章以春秋之战为无义；三章言武王仁义之师，必无血流漂杵之事；四章言汤武仁义之师，必不用我善为战之人。"东阳许氏曰："孟子之时，皆尚攻战，能者为贤臣，而孟子乃以为大罪，盖国君苟能行仁政以爱其民，使之饱暖安佚，则下民亲戴其上矣。其他国之民，受虐于君者，心必归于此人。既乐归于我，我以亲上之民而征虐民之君，则其民岂肯与我为敌，故引汤武之事以证之。"

○孟子曰："梓匠轮舆能与人规矩，不能使人巧。"

尹氏曰："规矩，法度可告者也。巧则在其人，虽大匠亦末如之何也已。盖下学可以言传，上达必由心悟，南轩张氏曰："圣贤之教人，自洒扫应对进退而上，皆规矩也。行著习察，则存乎人，圣贤亦岂能使之然哉？然而固不外乎规矩，舍规矩以求巧，无是理也。"新安陈氏曰："巧即循规矩熟后自得之妙，未有舍规矩而可以得巧者。上达，即下学之觉悟处，未有舍下学而径可以上达者，但巧与上达，非教者所能致力耳，未尝以为出于规矩与下学之外也。""本文如《诗》六义之比，未尝说破，此乃以吾道之教者与学者言之也。"庄周所论斲轮之意盖如此。"《庄子·天道篇》："桓公齐君读书于堂上，轮扁音篇，又如字，匠氏名斲。轮于堂下，释椎凿而上，问桓公曰：'敢问公之所读者何言耶？'公曰：'圣人之言也。'曰：'圣人在乎？'公曰：'已死矣。'曰：'然则君之所读者，古人之糟魄普各反。已夫。'桓公曰：'寡人读书？轮人安得议乎？有说则可，无说则死。'轮扁曰：'臣也以臣之事观之。斲轮，徐则甘而不固，疾则苦而不入，不徐不疾，得之于手而应之于心，口不能言，有数存焉于其间，臣不能以喻臣之子，臣之子亦不能受之于臣，是以行年七十而老斲轮，古之人与音余。其不可传者死矣。然则君之所读者，古人之糟粕已夫！'"

○孟子曰："舜之饭糗茹草也，若将终身焉；及其为天子也，被袗衣，鼓琴，二女果，若固有之。"饭，上声。糗，去久反。茹，音汝。袗，之忍反。果，《说文》作婐，乌果反。

---

① 革车：兵车。

饭，食也。糗，干音干。糒音备。也。茹①，亦食也。袗，画俗作画。衣也。赵氏曰："画黼黻絺绣之衣也。"二女，尧二女也。果，女侍也。朱子曰："赵氏以果为侍，《广韵》从女从果者亦曰侍。"言圣人之心，不以贫贱而有慕于外，不以富贵而有动于中，随遇而安，无预于己，所性分去声。定故也。南轩张氏曰："'若将终身'，'若固有之'，可谓善形容舜者，盖所欲不存，乐天而安土，穷而在下，则无一毫之亏；达而在上，亦无一毫之加，故无适而不得也。"庆源辅氏曰："所性，谓天所予我之性；分定，谓虽大行不加，虽穷居不损也。夫贫富贵贱，皆外物之傥来寄也。圣人尽性，故湛然无所欣戚于其间。随遇而安，不以物动己也。无预于己，不以己随物也。"【通考】朱氏公迁曰："有天下不与者，是不为外物所役；若将终身若固有之者，是不为外物所迁；饭疏饮水，乐在其中者，是不为外物所累。安土敦仁，圣之至也，此皆即其心之所安而言之。"

○孟子曰："吾今而后知杀人亲之重也：杀人之父，人亦杀其父；杀人之兄，人亦杀其兄。然则非自杀之也，一间耳。"间，去声。

言吾今而后知者，必有所为去声。而感发也。一间者，我往彼来，间一人耳，其实与自害其亲无异也。范氏曰："知此则爱敬人之亲，人亦爱敬其亲矣。"南轩张氏曰："天有显道，厥类惟彰，感应之理，未有不以类者。方其杀人之亲，孰知人杀吾亲，其机固已在此乎？观魏晋南北朝之君，互相屠戮，自今观之，屠戮他人者，实自绝灭而已矣。孟子斯言，欲使时君无动于忿欲，寡怨息争，以保其宗庙亲族，是仁术也。"

○孟子曰："古之为关也，将以御暴。

讥察非常。

今之为关也，将以为暴。"

征税出入。新安陈氏曰："关有讥有征：古者禁异服，讥异言，以讥为主；今以征为主而已。"范氏曰："古之耕者什一，后世或收大半之税，此以赋敛力验反。为暴也。文王之囿，与民同之；齐宣王之囿，为阱国中②，此以园囿为暴也。后世为暴，不止于关，若使孟子用于诸侯，必行文王之政，凡此之类，皆不终日而改也。"南轩张氏曰："古以义理为国，后世徇利而已。古人创法立制，与天下公共，凡以为民耳，以利为国，虽古法之尚存者，亦皆转而为一己之计矣。本原不正，无往不失先王之意，岂特为关之暴而已哉！"庆源辅氏曰："关则一，而古今所以为关之意则不同，讥察非常。为义也，天理也；征税出入为利也，人欲也。天下之事莫不然，孟子举关之一事言之，范氏推言及赋敛苑囿之事，且曰'使孟子用于诸侯，必行文王之政'者，尤说得孟子之事实。盖孟子言语，句句是事实，言之则必行之。"

○孟子曰："身不行道，不行于妻子；使人不以道，不能行于妻子。"

身不行道者，以行去声。言之。不行者，道不行也。使人不以道者，以事言之。不

---

① 茹：《方言》："茹，食也。"

② 为阱国中：国土内的陷阱。

能行者，令不行也。朱子曰："身若不行道，则妻子无所取法，全无畏惮了。然犹可使也，若使人不以道，则妻子亦不可使矣。"问："不行于妻子，百事不可行不可使亦在其中。不能行于妻子，却只指使人一事言之否？"曰："然。"南轩张氏曰："顺理之事，则人易从，否则虽妻子亦不能使之必从也。前言不躬行，则无以化之，后言使之非道，则不得而强之。然使之以道而躬行未至，彼亦未必信从，均于不行而已，是行道为本也。然在行道者言之，使人以道，亦行道之见于一事者也。古人谓进德者，必考之于妻子，其是之谓欤？"

○孟子曰："周于利者，凶年不能杀；周于德者，邪世不能乱。"

周，足也，言积之厚则用有余。庆源辅氏曰："德贵蓄积，然后有余用而外物不足以乱之，若夫挟一善一长，而自以为足而欲以游于邪世，则鲜有不为其所乱者矣。故良农不患乎年之有凶，而惟患乎蓄粮之不厚；君子不患乎世之难处，而患乎德之不周。战兢自持，死而后已，凡皆以周其德也。"新安陈氏曰："积利厚者，丰凶皆给；积德厚者，理乱皆正。孟子不言利而此言之，主周于德而言，借以为喻而引起耳。"

○孟子曰："好名之人，能让千乘之国；苟非其人，箪食豆羹见于色。"好、乘、食，皆去声。见，音现。

好名之人，矫情干誉，是以能让千乘之国；然若本非能轻富贵之人，则于得失之小者，反不觉其真情之发见矣。盖观人不于其所勉，而于其所忽，然后可以见其所安之实也。朱子曰："让千乘之国，惟贤人能之，然好名之人，亦有时而能之，本非真能让国也。徒出一时之慕名而勉强为之耳。这边虽能让千乘之国，那边箪食豆羹必见于色。东坡谓'人能破千金之璧，而不能无失声于破釜'，正此意也。'苟非其人'，其人指真能让国者，非指好名之人也。""常把此一段对'乡为身死而不受为义'，盖此固是好名之心胜，大处打得过，小处漏绽也。动于万钟者，是小处遮掩得过，大处发露也。""千乘之国，辞受之间，十目所视，十手所指之地也。箪食豆羹得失之际则微矣，人亦何暇注其耳目于斯哉？此好名之士所以饰情于彼以取美名，而不意其鄙吝之真情实态，乃发露于忽易不虞之地也。"庆源辅氏曰："矫情者，务勉于其大而难久；至诚者，不忽于其小而有常。是以观人之法，不于所勉而于所忽，人之诚与伪见矣。所安，即诚也。"新安陈氏曰："所安对所勉言，勉强者多矫饰于大，而不免发露于小；安焉者则贯小大皆出于真实也。"

○孟子曰："不信仁贤，则国空虚。

空虚，言若无人然。庆源辅氏曰："仁者，德之首。贤则总言其有德耳。"新安陈氏曰："仁贤，分言则仁，仁人也；贤，有德之人也。合言则仁德之贤人也。"

无礼义，则上下乱。

礼义，所以辨上下，定民志。

无政事，则财用不足。"

生之无道，取之无度，用之无节故也。尹氏曰："三者以仁贤为本。无仁贤，则礼义政事，处上声。之皆不以其道矣。"南轩张氏曰："信仁贤，则君有所辅，民有所庇，社稷有所托，奸宄有所惮，国本植立而坚固矣。有礼义，则自身以及国，君君臣臣，父父子子，而上下序，所谓治也。有政事，则先后纲目，粲然其举，百姓足而君无不足焉。此三者，为国之大要，然信仁贤，其本也。信仁贤而后礼义兴，礼义兴而后政事修，虽三王之所以治，亦不越是矣。"新安陈氏曰："礼义由贤者出，为政在人，三者所以以仁贤为本也，何代不生贤，在人君能信用之耳。有之而不信用，与无人同。孟子不曰'无仁贤'，而曰'不信仁贤'，见仁贤信用之则有，不信用则无，此'不信'二字之深意。"

○孟子曰："不仁而得国者，有之矣；不仁而得天下，未之有也。"

言不仁之人，骋丑井反。其私智，可以盗千乘之国，而不可以得丘民之心。须看"盗"字。邹氏曰："自秦以来，不仁而得天下者有矣；秦隋五代是也。然皆一再传而失之，犹不得也。所谓得天下者，必如三代而后可。"南轩张氏曰："不仁而得国，得其土地而已，岂得其民心哉！然是终可保乎？孟子之言所当深味，不可执辞以害意也。后之取天下而立国差久者，其始所行，亦必庶几于仁，不然，虽得土地于一时，乱亡亦相踵而至，是其得也适以速其灭亡耳。"庆源辅氏曰："不仁而得天下，如曹操司马氏及五代之君皆是也，邹氏断以得天下必如三代而后可者，得孟子之旨矣。"云峰胡氏曰："骋私智可以盗之于一时，非至仁不可得之于悠久。"

○孟子曰："民为贵，社稷次之，君为轻。

社，土神。稷，谷神。建国则立坛壝①以水反，又维季反。以祀之。《周礼·地官》："大司徒：设其社稷之壝而树之，田主各以其野之所宜木，遂以名其社与其野。""封人，掌设王之社壝，为畿，封而树之。"聚土曰封。壝，谓坛及堳埒也。《白虎通》曰："天子社坛方五丈，取五方五色土封之，诸侯半之，各以其所守之方一色土封之，皆冒以黄土。"【校记："聚土"至"以黄土"，弘治本作注文。四库本作《周礼》正文，此据弘治本及《周礼》改。】《周礼图》："社稷坛相并，社坛在东，稷坛在西，各三级，壝在四隅，如矩曲方。"赵氏曰："社所以祭五土之神，稷所以祭五谷之神，稷非土无以生，土非稷无以见生生之效，以其同功均利以养人故也。"盖国以民为本，社稷亦为去声。民而立，而君之尊，又系于二者之存亡，故其轻重如此。问："民贵君轻之说，得不启后世篡夺之端乎？"朱子曰："以理言之则民贵，以分言之则君贵，此固兼行而不悖也，各于其时视其轻重之所在而已尔。若不惟其是，而姑借圣贤之说，则亦何词之不可借，而所以启后人之祸者，又岂止于斯乎？"新安陈氏曰："此以理言，非以分言也。"

是故得乎丘民而为天子，得乎天子为诸侯，得乎诸侯为大夫。

丘民②，田野之民，至微贱也。然得其心，则天下归之。天子至尊贵也，而得其心

---

① 坛壝：天子外出，平地筑坛，围以矮墙，作为临时住宿之所。壝：坛、埠及其矮土围墙之总称。

② 丘民：王念孙《广雅疏证》释"丘"为"众"，焦循《孟子正义》云："丘民犹言邑民、乡民、国民也。"

者，不过为诸侯耳，是民为重也。

诸侯危社稷，则变置。

诸侯无道，将使社稷为人所灭，则当更平声。立贤君，是君轻于社稷也。

牺牲既成，粢盛既洁，祭祀以时，然而旱干水溢，则变置社稷。”盛，音成。

祭祀不失礼，而土谷之神不能为民御灾捍音汗。患，则毁其坛壝而更平声。置之，亦年不顺成，八蜡助驾反。不通之意，《记·郊特牲》：“天子大蜡八，伊耆氏始为蜡。蜡也者，索音色。也，岁十二月，合聚万物而索飨之也。蜡之祭也，主先啬而祭司啬也【校记：“主先啬”后，弘治本、三鱼堂本有注“田祖也。”】，祭百种以报啬也。飨农先农。及邮音尤。表畷，陟劣反。邮表畷，田官督约农事之所也。禽兽，仁之至，义之尽也。古之君子，使之必报之。迎猫，为其食田鼠也；迎虎，为其食田豕也，迎而祭之也；迎其神而祭之。祭坊与水庸，事也。坊以止水，以其事于我而祭之。八蜡以记四方，四方年不顺成，八蜡不通，不典诸方相通而祭。以谨民财，顺成之方，其蜡乃通。”云峰胡氏曰：“两‘变置’字不同，《集注》释之亦异。变置诸侯者，改立其人也，变置社稷者，改立其祀神之坛壝，而非改立其神也。”是社稷虽重于君而轻于民也。南轩张氏曰：“人君惟恃崇高之势，而忽下民之微，故肆其私欲，轻失人心，以危其社稷，使其知民之贵，社稷次之，而已不与焉，则心兢兢业业，不敢自恃，惟惧其失之也，则民心得而社稷可保矣。是以明王畏其民，而暗主使民畏己。畏其民者昌，使民畏己者亡，骄亢自居，民虽迫于势而惮之，然其心日离，民心离之，是天命去之矣。”庆源辅氏曰：“天生民而立之君，以司牧之，是君为民而立也。世衰道微，至战国时，为君者不知其职，视民如草芥而不知恤也。故孟子发此轻重之论，而并及夫社稷焉，盖社稷亦为民立故也，于是反复明辨之，其丁宁警切之意可谓仁矣。”

○孟子曰：“圣人，百世之师也，伯夷、柳下惠是也。故闻伯夷之风者，顽夫廉，懦夫有立志；闻柳下惠之风者，薄夫敦，鄙夫宽。奋乎百世之上。句。**百世之下，闻者莫不兴起也。非圣人而能若是乎，而况于亲炙之者乎?”**

兴起，感动奋发也。亲炙，亲近而熏炙之也，余见形甸反。前篇。朱子曰：“孟子于二子论之详矣，虽以为圣之清和，然又尝病其隘与不恭，且以其道不同于孔子，而不愿学也。及其一旦发为此论，乃以百世之师归之，而孔子反不与焉。盖孔子道大德中而无迹，故学之者，没身钻仰而不足，二子志洁，行高而迹著，故慕之者一日感慨而有余也。”问：“孟子学孔子者也，乃屡称夷惠，而深叹仰之何耶?”曰：“夷惠之行高矣，然偏胜而易能，有迹而易见，且百世之贪懦鄙薄者众，一闻其风而兴起焉，则其为效也速，而所及者广，譬之姜桂大黄之剂，虽非中和，然其去病之功为捷，而田夫贩妇，大寒大暑之所便也。若孔子之道，则广大而中正，浑然而无迹，非深于道者，不能庶几其万一，如参苓芝术之为药，平居有养性之益，而缓急伐病之功，未必优于姜桂大黄，非所以施于闾巷之间，危恶之候也。孟子屡称夷惠而不及孔子，其意殆以此耶。”南轩张氏曰：“夷惠称圣人，以其圣于清，圣于和，而得名也。”潜室陈氏曰：“伯夷柳下惠，皆入圣来，故其清为圣人之清，和为圣人之和，作用处与常人万万不侔，但比孔子，犹为小成之圣耳。”汪氏曰：“圣人达则泽及当时，穷则风传后世，于此不及伊尹者，夷惠不为政于天下，所可言者，风而已。伊尹异于是，故不及之。”云峰胡氏曰：“四时之风，莫和于春，莫清于秋，物无有不动者，然在物犹有迹也。仲尼元气也，浑然无迹矣。”

〇孟子曰：“仁也者，人也。合而言之，道也。”

仁者，人之所以为人之理也。然仁，理也；人，物也。以仁之理，合于人之身而言之，乃所谓道者也。〇程子曰：“《中庸》所谓‘率性之谓道’是也。”朱子曰：“此‘仁’字不是别物，即是这人底道理，仁是人之道理，就人身上体认出来。及就人身上说，合而言之便是道也。人之所以得名，以其仁也。言仁而不言人，则不见理之所寓，言人而不言仁，则人不过是一块血肉耳。必合而言之，方见得道理出来。”“如《中庸》‘仁者，人也’，是对‘义者，宜也’，意又不同，‘人’字是以人身言，人自有生意，修道以仁，便说仁者人也。是切己言之，孟子是统而言之。”“仁则性而已矣，道则父子之亲，君臣之分，见于人之身，而尤著者也。”“只仁与人合而言之便是道，犹言公而以人体之便是仁也。”【通考】朱氏公迁曰：“仁以天理言，仁者，人身之天理也。子思以生理言，孟子以所以为人之理言，子思欲人推之而有序，孟子欲人体之而不违生理，即天地生物之心所以为人之理，即器中之道、物中之则也。《中庸》‘修道以仁’，以仁之全体言，仁者人也，以仁之名义言，亲亲为大，以仁之事实言。”或曰：“外国本，人也之下，有‘义也者宜也，礼也者履也，智也者知也，信也者实也’，凡二十字。”今按如此，则理极分明，然未详其是否也。尤延之云①：“《孟子》‘仁也者，人也’下，高丽本云云，此说近是。”新安陈氏曰：“若据此本，则是合仁义礼智信而言之，皆道也。且又见得仁义礼智兼信而言，五常之道，尤为明备云。”

〇孟子曰：“孔子之去鲁，曰：‘迟迟吾行也。’去父母国之道也。去齐，接淅而行，去他国之道也。”

重平声。出。已见《万章》下篇。南轩张氏曰：“当其可即是道，当去鲁之时，则迟迟其行为道；当去齐之时，则接淅而行为道。孟子学孔子，去齐也非父母国，而有三宿出昼之濡滞，何也？孟子于宣王，盖有望焉，故其去，有眷眷不能已者，夫其不能以已，是固道之所存也。”

〇孟子曰：“君子之戹于陈蔡之间，无上下之交也。”

君子，孔子也。戹，与“厄”同，君臣皆恶，无所与交也。庆源辅氏曰：“陈蔡之厄，圣人之极否也，是亦气数之穷，在圣人则何与焉。”

〇貉稽曰：“稽大不理于口。”貉，音陌。

赵氏曰：“貉姓，稽名，为众口所讪所晏反。”理，赖也。今按《汉书》无俚，音里。

---

① 尤延之：尤袤(1127—1194年)，宋无锡人，字延之，号遂初居士。绍兴十八年进士，官至礼部尚书，卒谥文简。诗与杨万里、范成大、陆游齐名，有“南宋四大家”之称。著有《遂初小稿》六十卷，《周礼辨义》等，已佚。清尤侗辑有《梁溪遗稿》一卷。另有《遂初堂书目睛卷》。《宋史》有传。

《方言》亦训赖。《前汉·季布赞》："贤者诚重其死，夫婢妾贱人，感慨而自杀，非能勇也，其书无俚之至耳。"晋灼曰："扬雄《方言》曰'俚，聊也'，许慎曰'赖也'。"【校记："晋灼曰"至"赖也。"弘治本作注中注。四库本、三鱼堂本作注文，兹从四库本。】庆源辅氏曰："大不赖于口者，言大为众口所讪也。"

孟子曰："无伤也。士憎兹多口。

赵氏曰："为士者，益多为众口所讪。"按此则憎当从土，今本皆从心，盖传写之误。新安陈氏曰："为士者，往往见憎于此多口，如语之屡憎于人。"

《诗》云：'忧心悄悄，愠于群小。'孔子也。'肆不殄厥愠，亦不陨厥问。'文王也。"

《诗·邶蒲昧反。风·柏舟》，及《大雅·绵》之篇也。悄悄，忧貌。愠，怒也。本言卫之仁人见怒于群小。孟子以为孔子之事，可以当之。如见毁于叔孙是也。肆，发语辞。南轩张氏曰："肆，犹言遂也，承上起下之辞。"陨，坠也。问，声问也。本言太王事昆夷，虽不能殄绝其愠怒，亦不自坠其声问之美。孟子以为文王之事，可以当之。如见囚于羑里是也。尹氏曰："言人顾自处上声。如何，尽其在我者而已。"新安陈氏曰："文王、孔子二圣人，尚不免逢人之愠怒，况今能绝众口之谤讪乎！惟在自反，而尽其在我者耳。"东阳许氏曰："此章言文王孔子，虽有圣人之德，亦不免为众口所谤讪，而其所以处之者如此。然人虽谤之，终不能损其令名，孟子意谓稽虽为众口所讪，但当自修其德而已。"

○孟子曰："贤者以其昭昭，使人昭昭；今以其昏昏，使人昭昭。"

昭昭，明也。昏昏，闇与"暗"同。也。尹氏曰："大学之道，在自昭明德，而施于天下国家，其有不顺者寡矣。"庆源辅氏曰："以己昭昭，使人昭昭者，求之己也。以己昏昏，使人昭昭者，求之人也。尹氏引《大学》之说当矣，能明明德，则施于天下国家，其有不顺者寡矣。若不自明其德，则如面墙，一物无所见，一步不可移，虽至近如妻子，亦且不顺，况他人乎?"

○孟子谓高子曰："山径之蹊间，句。**介然用之而成路。**句。**为间不用，则茅塞之矣。今茅塞子之心矣。"**介，音戛。

径，小路也。蹊，人行处也。介然，倏然之顷也。用，由也。路，大路也。为间，少顷也。茅塞，茅草生而塞之也。言理义之心，不可少有间去声。断徒玩反。也。赵氏曰："高子，齐人，尝学于孟子，去而学他术。"庆源辅氏曰："理义之心，人所固有，虽易发而亦易窒，善端发处，体察而力充之，则可以成德，否则内为气习所蔽，外为物欲所诱，而遂窒之矣。"新安陈氏曰："学问渐进，则理义日开；学问才止，则理义日窒。气习物欲，皆塞理义之心之茅也；学问废弛，譬之茅又生而塞子之心矣。高子为人，如前篇论《小弁》，后章论禹文王乐，其固陋窒塞可见。"东阳许氏曰："山间之小径，倏然有人行而不断，即成大路，少顷无人行，则茅长而遂塞之。学问之道，才有间断，私欲便生，而塞天理之路矣。"【通考】朱氏公迁曰："此因儆戒学者，而以理义之心言之也。失其本心，人心有害，放其良心，放心不求，皆是此类。盖惰者不能自强，欲者不能自克，此其所以为众人也。"

○**高子曰："禹之声，尚文王之声。"**

尚，加尚也。丰氏曰："言禹之乐，过于文王之乐。"

孟子曰："何以言之？"曰："以追蠡。"追，音堆。蠡，音礼。

丰氏曰："追，钟纽女九反。也。《周礼》所谓旋虫是也。赵氏曰："按《周礼·考工记》：'钟县平声。谓之旋，旋虫谓之干，盖县钟之纽也。其形如环，环有盘旋之义。于旋之上，为虫形以饰之。'自汉以来，钟旋之上，以铜篆作蹲熊及盘龙。兽名，辟邪皆旋虫之类也。"蠡者，啮傀结反。木虫也。言禹时钟在者，钟纽如虫啮而欲绝，盖用之者多，而文王之钟不然，是以知禹之乐过于文王之乐也。"

曰："是奚足哉？城门之轨，两马之力与？"与，平声。

丰氏曰："奚足，言此何足以知之也。轨，车辙迹也。两马，一车所驾也。城中之涂与"途"同。容九轨，《周礼·冬官下》："匠人营国方九里，旁三门，国中九经九纬，经涂九轨。"国中，城内也。经纬，谓涂也。经纬之涂，皆容方九轨，凡八尺为轨，广九轨，积七十二尺，则此涂十二步也。【校记："国中"至"十二步也"，四库本、三鱼堂本作《周礼》正文，弘治本作注文，兹从弘治本。】车可散行，故其辙迹浅；城门惟容一车，车皆由之，故其辙迹深。盖日久车多所致，非一车两马之力，能使之然也。借此以为钟历年久之譬。言禹在文王前千余年，故钟久而纽①绝；文王之钟，则未久而纽全，不可以此而议优劣也。"○此章文义本不可晓，旧说相承如此，而丰氏差初卖反，较也。明白，故今存之，亦未知其是否也。

○**齐饥。陈臻曰："国人皆以夫子将复为发棠，殆不可复。"**复，扶又反。

先时齐国尝饥，孟子劝王发棠邑之仓，以振贫穷。至此又饥，陈臻问言齐人望孟子复劝王发棠，而又自言恐其不可也。华阳范氏曰："孟子在宾师之位，方以仁义说齐王，幸而听其言，故发棠邑之粟，然而不行王政，孟子言终不合，及再饥，孟子遂不复言，度其不可言也。"

孟子曰："是为冯妇也。晋人有冯妇者，善搏虎，卒为善士。则之野，有众逐虎。虎负嵎，莫之敢撄。望见冯妇，趋而迎之。冯妇攘臂下车。众皆悦之，其为士者笑之。"

手执曰搏。卒为善士，后能改行去声。为善也。之，适也。负，依也。山曲曰嵎。撄，触也。笑之，笑其不知止也。疑此时齐王已不能用孟子，而孟子亦将去矣，故其言如此。南轩张氏曰："世固有勇于为善事者，不察夫义理之当然与否，而必为之，盖亦足以悦于流俗，然发不中节，有害于君子之道，是皆冯妇之类耳。学者其无惑于众之悦，而有动哉！审诸己而已矣。"庆源辅氏曰："齐人之所望于孟子者，利也；而孟子之所以自守者，义也。夫告君以发粟振民，是亦美事，固君子所乐为者。但是时，齐王已不能用孟子，而孟子亦将去矣。故其义不当复有所言耳。君子之所为，与时变化，不主故常，唯义理如何耳，岂徇其常所为者以取人之屡快哉！"新安陈氏曰："劝王发仓振

---

① 纽：器物上用以提携悬系的襻纽。

饥，仁也；知时不可言而不言，智也。”【通旨】朱氏公迁曰：“此于智之中有制事之义，如孔子去鲁迟迟吾行，与燔肉不至、不税冕而行，则智之中有爱君子之仁。又按齐人归女乐，孔子行，是孔子所以去之本意，燔肉不至而孔子行，则以明其用心之忠且厚也，此皆见圣贤见几之智。”

○孟子曰：“口之于味也，目之于色也，耳之于声也，鼻之于臭也，四肢之于安佚也，性也，有命焉，君子不谓性也。

程子曰：“五者之欲，性也。性之所欲，此即食色性也之性。然有分，去声。不能皆如其愿，则是命也。愿即欲也，命则天理之则也，不可逾越其分限。不可谓我性之所有，而求必得之也。”愚按：不能皆如其愿，不止为贫贱。盖虽富贵之极，亦有品节限制，则是亦有命也。朱子曰：“此‘性’字，指气质而言；此‘命’字，合理与气而言。五者之欲，固是人性，然有命分，既不可谓我性之所有，而必求得之，又不可谓我分可以得，而必极其欲，如贫贱不能如愿，此固分也。富贵之极，可以无所不为，然亦有限制裁节，又当安之于理，如纣之酒池肉林，却是富贵之极，而不知限节。若以其分言之，固无不可为，但道理却恁地不得，今人只说得一边，不知合而言之，未尝不同也。”新安陈氏曰：“此‘命’字，合理与气言。贫贱之安于分，此以气言也；富贵之不过其则，此以理言也。”【通旨】朱氏公迁曰：“命兼理气言，贫贱而知有分，则是气富贵而知有品节，则是理，此性也有命之说；不徇私以灭理，是命于理者我能立之，不从欲以伤命，是命于气者我能立之，此修身立命之说。二章皆以理御气，皆以理制欲也。”又曰：“性自气禀食色而言，不谓性，兼为富贵贫贱者言之，动心忍性，专为困穷患难者言之，皆非特地论性，而推其语意脉络，则所谓性者，各有所指也。”

仁之于父子也，义之于君臣也，礼之于宾主也，智之于贤者也，圣人之于天道也，命也，有性焉，君子不谓命也。”

程子曰：“仁义礼智天道，在人则赋于命者，所禀有厚薄清浊，然而性善可学而尽，故不谓之命也。”张子曰：“晏婴智矣，而不知仲尼。是非命邪？”朱子曰：“横渠有云‘晏婴智矣而不知仲尼，是非命欤！’此‘命’字恐作两般看，若作‘所禀’之‘命’，则是婴禀得智之浅者；若作‘命分’之‘命’，则是婴偶蔽于此，遂不知夫子。此当作两般看。”愚按：所禀者厚而清，则其仁之于父子也至，义之于君臣也尽，礼之于宾主也恭，智之于贤否也哲，圣人之于天道也，无不吻武粉反，一音泯。合而纯亦不已焉。薄而浊，则反是，是皆所谓命也。或曰“者”当作否，“人”衍字，更详之。朱子曰：“‘命也，有性焉’。此‘命’字，专指气而言；此‘性’字，专指理而言。如舜遇瞽瞍，固是所遇气数，然舜惟尽事亲之道，期于底豫，此所谓尽性。大凡清浊厚薄之禀，皆命也。一以所禀言之，一以所值言之，所造之有浅有深，所感之有应有不应，但其命虽如此，又有性焉。故当尽性。”“或说以五者之命，皆为所值之不同，如舜之于瞽瞍，则仁或不得于父子；文王之于纣，则义或不得于君臣；孔子之于阳货，则礼或不得于宾主；子贡不能闻一知十，则智或不得于贤者；孔子不得尧舜之位，则圣人或不得于天道，此皆命也。然君子当勉其在己者，而不归之命，其义亦通。”云峰胡氏曰：“此‘命’字专指气而言。然气亦有二，清浊美恶，气质之不齐也；高下厚薄修短，气数之有异也。”〇愚闻之师曰：“此二条者，皆性之所有而命于天者也。然世之人，以前五者为性，虽有不得，而必欲求之；以后五者为命，一有不至，则不复扶又反。致力，故孟子各就其重处言之，前重在命，后重在性。以伸此而抑彼也。伸后抑前。张子所谓‘养则付命①于天，道则责成于己’。其言约而尽矣。”朱子曰：“口之于味，五者此固性之所欲，然在人则有所赋之分，在理则有不易之则，皆命也。是以不谓之性，而付命于天，仁之于父子五者，在我则有厚薄之禀，在彼则有遇不遇之殊，是皆命也。然有性焉，君子不谓之命，而责成于己，须如此看，意思方圆无欠缺处。”“口之于味等固是性，然亦便是合下赋予之命，仁之于父子等固是命，然亦是各得其所受之理便是性。孟子恐人只见得一边，故就其所主而言，舜禹相授受，只说人心惟危，道心惟微，论来只有一个心，人心如口之于味等。若以为性所当然，一向惟意所欲，却不可，盖有命存焉。须著安于定分，不敢少过始得。道心，如仁之于父子等，若以为命已前定，任其如何，更不尽心，却不可。盖有性存焉，须著尽此心，以求合乎理始得。上云性也，是气禀之性。有命焉，是断制人心，欲其不敢过也。下云命也，盖其所受气禀，亦有厚薄之不齐。有性焉，是充广道心，欲其无不及也。此段只要遏人欲，长天理，前一节人以为性我所有，须要必得；后一节以为命则在天，多委之而不修，所以孟子到人说性处，却曰有命，人说命处却曰有性。”“且如嗜刍豢而厌藜藿，是性如此。然刍豢分无可得，只得且吃藜藿，如父子有亲，有相爱底，亦有不相爱底。有相爱深底，亦有相爱浅底，此便是命。然在我有薄处，便当勉强以致其厚；在彼有薄处，吾当致厚感他，得他亦厚。如瞽瞍之顽，舜便能使烝烝乂不格奸。”问：“仁义礼智天道，此天之所以命于人，所谓本然之性者也。今曰‘命有厚薄’，则是本然之性，有两般也。若曰伊川以厚薄言人气质，禀受于阴阳五行者如此，孟子不应言命，若以气质厚薄言命，则是天之降才为有殊矣。”曰：“孟子言降才且如此说，若命则诚有两般，以禀受有厚薄也，又不可谓禀受为非命也。大抵天命流行，物各有得，不谓之命，不可也。命，如人有贫富贵贱，岂不是有厚薄，知之于贤者则有小大，圣人之于天道亦有尽不尽处，只如尧舜性之，则是尽天道。汤武身之，则是于天道未能尽也。此固是命，然不可不求之于性。”潜室陈氏曰：“世人以上五者为性，则见血气而不见道理；以下五者为命，则见气数而不见道理。于是人心愈危，道心愈微，孟子于常人说性处，却以命言，则人之于嗜欲虽所同有，却有品节限制，不可必得，而人心安矣。于常人说命处，却以性言，则人之于义理，其气禀虽有清浊不齐，须是著力自做工夫，不可一委之天而道心显矣。”

〇浩生不害问曰：“乐正子，何人也？”孟子曰：“善人也，信人也。”

赵氏曰：“浩生，姓；不害，名，齐人也。”

“何谓善？何谓信？”

不害问也。

---

① 付命：授以天命。

曰："可欲之谓善，

天下之理，其善者必可欲，其恶者必可恶去声。下同。其为人也，可欲而不可恶，则可谓善人矣。朱子曰："可欲是资禀好，别人以为可欲，是说这人可爱也。只是浑全一个好人，其为人处心造事，行己接物，一皆可欲而不可恶，则可谓之善人矣。""有可欲之善，然后有诸己，而充实将去。若无可欲者，则充实个甚物。譬如先讨得真实药材，然后修制以为圆为散，若是药材不真，虽百般罗碾，毕竟不是。"问："可欲之谓善，若作人去欲他，恐与有诸己之谓信不相协。盖有诸己，是说乐正子身上事，可欲却做人说，恐未安?"曰："此便是他有可欲处，人便欲他，岂不是渠身上事，与下句非不相协。"庆源辅氏曰："先儒多以可欲为己之欲，如《书》所谓敬修其可愿之意，独《集注》不然。可欲，是别人以为可欲，盖若以为己之欲，则说得太轻。且人之欲，有善恶之不同故也。"

有诸己之谓信。

凡所谓善，皆实有之，如恶去声。恶臭，如好好色，是则可谓信人矣。庆源辅氏曰："善固多端，故《集注》言凡所谓善以该之，如恶恶臭，如好好色，则表里诚实，无一毫勉强假托之意也。"○张子曰："志仁无恶之谓善，诚善于身之谓信。"朱子曰："善人者，或其天资之美，或其知及之而勉慕焉，未必其真以为然，而果能不失也。必其用力之久，真实有此善于己，而无一毫虚伪意，然后可以谓之信人矣。"

充实之谓美，

力行其善，至于充满而积实，则美在其中而无待于外矣。朱子曰："无待于外，都是里面流出来。""既信之，则其行必力，其守必固，如是而不已焉。则其所有之善，充足饱满于其身，虽其隐微曲折之间，亦皆清和纯懿，而无不善之杂，是则所谓美人也。""'有诸己之谓信'，是都知得了，实是如此做。此是就心上说，心里都理会得。'充实之谓美'，是就行上说，事事都行得尽，充满积实，美在其中，而无待于外。"庆源辅氏曰："'有诸己则已'是知至意诚之事，然又须见于履践方得，故云'力行其善，至于充满其量，蓄积成实，然后美在其中而无所待于外矣'。"

充实而有光辉之谓大，

和顺积中，而英华发外；引《记·乐记》云。美在其中，而畅于四支，发于事业，引《易·坤卦·文言》。则德业至盛而不可加矣。朱子曰："美能充于内而已，未必其能发见于外也。又如是而不已焉，则其善之充于内者，弥满布濩，洋溢四出，而不可御。其在躬也，则睟面盎背，而施于四体；其在事也，则德盛仁熟，而天下文明，是则所谓大人者也。"庆源辅氏曰："大则形见于外矣。故《集注》以'德业至盛不可加'言之。"

大而化之之谓圣，

大而能化，使其大者泯然无复扶又反。可见之迹，则不思不勉、从七容反。容中去声。道，而非人力之所能为矣。张子曰："大可为也，化不可为也，在熟之而已矣。"程子曰："大而化之，只是理与己一。其未化者，如人操尺度量物，用之尚不免有差；至于化，则己便是尺度，尺度便是己。"朱子曰："大而不化，则其大者，未能离乎方体形迹之间，必其德之盛者日益盛，仁之熟者日益熟，则向之所谓大者。方且春融冻解，混然无迹，而与天地合德，日月合明，四时合序，鬼神合吉凶矣。是则所谓圣人者也。”庆源辅氏曰：“大则犹可以目见而指言，至于化则无迹，不可以目见，不可以言传，无待于思惟，无假于勉强，从容自然，与道为一，而非人之智力所能及矣。”【通考】双峰饶氏曰：“生知安行是性之之圣，大而化之是反之之圣。”朱氏公迁曰：“圣以全体至极言，亦曰专言之者，凡言资质德性与众人异者，此说性之之圣也，自学力推之以至其极者，此说反之之圣也。孔子以性之之圣而加反之之功，斯所以为圣人之至欤?”

圣而不可知之之谓神。

程子曰：“圣不可知，谓圣之至妙，人所不能测。非圣人之上，又有一等神人也。”朱子曰：“至于圣，则造道入德之功，至矣尽矣，不可以有加矣，是其盛德至善之极，无声无臭之妙，必有非耳目所能尽，心思所能测者，是则所谓神者，而非圣人之上复有神人也。夫自可欲而至于大，则思勉之所及也，至于圣且神焉，则非思勉之所及矣。然非思勉之而不已焉，则亦未有至焉者也。”问：“可欲之谓善，至圣而不可知之谓神?”曰：“善，浑全底好人，无可恶之恶，有可喜可欲之善，有诸己之谓信，真个有此善。若不有诸己，则若存若亡不可谓之信。自此而下，虽一节深如一节，却易理会。充实谓积累光辉，谓发见于外，化则化其大之之迹，圣而不可知处便是神也，所以明道言仲尼无迹，颜子微有迹，孟子其迹著。”或问：“颜子之微有迹处。”曰：“如愿无伐善，无施劳，皆是。”“此六位，皆他人指而名之之辞。”南轩张氏曰：“本领在可欲之善信者，信此者也。美者，美此者也。大则充此而有光辉也，化则为圣而其不可知则神也。至于圣且神，其体亦不外此而已。”又曰：“可欲之善，圣神之事备焉，人生而静，皆具此体。至于化而圣，然后为全，尽纯于此者也。”

乐正子，二之中，四之下也。”

盖在善信之间，观其从于子敖，则其有诸己者或未实也。问：“乐正子以善名矣，而以铺啜从子敖，先馆舍后长者，何也?”朱子曰：“言在二者之中，则其余于善，而不足于信矣。”庆源辅氏曰：“意者乐正子虽能明善，而亦工夫未到，于善未诚，使其诚有诸己，则于从子敖之事，当如恶恶臭，而自不向迩也。”张子曰：“颜渊、乐正子皆知好去声。下同。仁矣。新安陈氏曰：“乐正子资质纯粹，略似颜子，故横渠引此立论。”乐正子志仁无恶而不致于学，所以但为善人信人而已；颜子好学不倦，合仁与智，具体圣人，独未至圣人之止耳。”庆源辅氏曰：“张子，并颜子言之，见学之不可已如此。”○程子曰：“士之所难者，在有诸己而已。能有诸己，则居之安，资之深，而美且大可以驯致音旬。矣。徒知可欲之善，而若存若亡而已，则能不受变于俗者鲜上声。矣。”庆源辅氏曰：“程子又发明学者，只要有诸己，有诸己则住不得，自然趱将去，故美且大可以驯致。不然，徒知其善，而若存若亡，则为流俗所变，而终亦必亡之矣。”新安陈氏曰：“此条重在有诸己之信。”尹氏曰：“自可欲之善，至于圣而不可知之神，上下一理。扩充之至于神，则不可得而名矣。”庆源辅氏曰：“尹氏‘上下一理’之说，尤得其要，惟其不可得而名，故谓之神也。”云峰胡氏曰：“须看尹氏‘上下一理’四字，善者人心之天理，始而为人之所可欲者，此理也。终而人之所不可知者，亦此理也。善非粗浅，神非高虚，惟在乎实有此善，而力行以充之尔。”新安陈氏曰：“自善信至圣神，高下固悬绝矣。然虽圣神之极致，亦不外乎自善信而充之，生知安行之圣人，固不必由科级而进，学知利行以下之希圣，未有不由科级而进者。可欲之善，真能有诸己，勉勉循循，充而拓之，以至于极。虽比性之之圣，有生熟之不同，岂有不能如身之之圣者。”

○孟子曰：“逃墨必归于杨，逃杨必归于儒。归，斯受之而已矣。

墨氏务外而不情，杨氏太简而近实，故其反正之渐，大略如此。归斯受之者，悯其陷溺之久，而取其悔悟之新也。朱子曰：“杨墨皆是邪说，无大轻重，但墨氏之说，尤出于矫伪，不近人情而难行，故孟子之言如此，非以杨氏为可取也。”南轩张氏曰：“兼爱者，弃本而外驰；为我者，狭隘而秘胜。墨之比杨，犹奢之比俭，自为者固非，犹愈于兼爱之泛也，泛者尤难反耳。”

今之与杨墨辩者，如追放豚，既入其苙，又从而招之。”

放豚，放逸之豕豚也。苙，阑也。招，罥扃县反。也，羁其足也。言彼既来归，而又追咎其既往之失也。○此章见圣贤之于异端，距之甚严，而于其来归，待之甚恕。距之严，故人知彼说之为邪；待之恕，故人知此道之可反，仁之至，义之尽也。云峰胡氏曰：“于异端距之甚严者，至正不可以容邪，义之尽也。来归待之甚恕者，至大可以容小，仁之至也。于此可见圣贤至正至大之心矣。”

○孟子曰：“有布缕之征，粟米之征，力役之征。君子用其一，缓其二。用其二而民有殍，用其三而父子离。”

征赋之法，岁有常数，然布缕取之于夏，粟米取之于秋，力役取之于冬，当各以其时；若并去声。取之，则民力有所不堪矣。新安陈氏曰：“用其二，一时并用二端也；用其三，一时并取三者也。”今两税三限之法，亦此意也。尹氏曰“言民为邦本，取之无度，则其国危矣。”庆源辅氏曰：“此孟子言之，以警夫取民无度者。”问：“布缕粟米力役之征，《周礼》皆取之，而孟子言用其一而缓其二，朱子乃有夏秋之辨。夫夏秋之说，始出于唐，不知何所据而云?”潜室陈氏曰：“缓非废其征，但不作一时并征之耳。月令孟夏蚕毕而献茧税，孟秋农乃登谷，始收谷，布缕征之夏，粟米征之秋，乃古法。若唐分两税，始于德宗杨炎，非止布缕粟米之征，乃是取大历十四年应干赋敛之数，并而为两税。名同实异，失孟子之意矣。”

○孟子曰：“诸侯之宝三：土地，人民，政事。宝珠玉者，殃必及身。”

尹氏曰：“言宝得其宝者安，宝失其宝者危。”新安陈氏曰：“诸侯宝人民，而善政事以治之，则有人有土，而常为吾宝矣。”

○盆成括仕于齐。孟子曰：“死矣盆成括!”盆成括见杀。门人问曰：“夫子何以知其将见杀?”曰：“其为人也小有才，未闻君子之大道也，则足以杀其躯而已矣。”

盆成，姓；括，名也。恃才妄作，所以取祸。徐氏曰：“君子道其常而已。括有死之道焉，设使幸而获免，孟子之言犹信也。”南轩张氏曰：“不闻道，则为才所役。道者，理义之存乎人心者也。于此有闻，则才有所不敢恃矣。人之有才，本不足以为人害，惟无所本而徒用其才，于是才始足以病已，甚至有取死之道，又不若鲁钝无才之愈也。小有才而未闻道者，身且不能保，为国者乃信而用之，亡国败家，其何日之有?”庆源辅氏曰：“才出于气而有限，才本自小，道原于性而无方，道本自大，况曰小有才，则又才之小者也。不顾义理，而唯才是逞，则行险侥幸，无所不至，不至于颠复不已也。孟子之言，但述其理之当然耳，不以是为奇中也。学者不达，而以是为奇，则必以料事为明，而骎骎然入于逆诈亿不信矣。”

〇孟子之滕，馆于上宫。有业屦于牖上，馆人求之弗得。

馆，舍也。上宫，别宫名。业屦，织之有次业而未成者，盖馆人所作，置之牖上而失之也。

或问之曰：“若是乎从者之廋也?”曰：“子以是为窃屦来与?”曰：“殆非也①。夫子之设科也，往者不追，来者不距。苟以是心至，斯受之而已矣。”从、为，并去声。与，平声。夫子，如字，旧读为扶余者非。

或问之者，问于孟子也。廋，匿也。言子之从者，乃匿人之物如此乎？孟子答之，而或人自悟其失，因言此从者固不为去声。窃屦而来，但夫子设置科条以待学者，苟以向道之心而来，则受之耳，虽夫子亦不能保其往也。门人取其言，有合于圣贤之指，故记之。庆源辅氏曰：“先儒多读夫子作夫音扶。予，而以为孟子自说，朱子独以为夫子，而作问者自悟其失而言者，盖不独以殆非也下。无‘曰’字而知其然，若以为孟子之言，则不惟露筋骨，且非所以待学者，将使学者不自重矣。惟以为问者之言则可取，愚尝谓近世，好议论者，往往以学者之失，而议先生长者，是其识量，又不逮于当时织屦者矣。苟以是心至，斯受之者，与人为善之公也。至于孺悲欲见，则辞以疾；滕更在门，则不见答，是又义之所当然也，然教亦固在其中矣。”

〇孟子曰：“人皆有所不忍，达之于其所忍，仁也；人皆有所不为，达之于其所为，义也。

恻隐羞恶之心，人皆有之，故莫不有所不忍不为，此仁义之端也。然以气质之偏、物欲之蔽，则于他事或有不能者。但推所能，达之于所不能，则无非仁义矣。庆源辅氏曰：“不忍者恻隐之事也，不为者羞恶之事也，是皆本于性发于情而统于心，人之所固有者也。但为气禀所拘，物欲所蔽，则心失其正而不能统夫性与情，故有所当发而不发，亦有所不当发而反发，遂至于其所不忍者，或有时而忍于其所不为者，或有时而为而性亦从而梏亡之矣。今教之以推所不忍，以达于所忍，推所不为，以达于所为，如是则心得其职，情得其正，而性之所以为仁义者得矣。”西山真氏曰：“有所不忍不为者，此心之正也。能即是心而推之。虽所忍者亦不忍，即仁也；虽所为者亦不为，即义也。”【通考】勿斋程氏曰：“推广善端，满其所受，是之谓充理无不通；行无不得，是之为达理无不通。以心言，行无不得；以事言，赐也达。下学而上达，君子上达，虑患也

① 殆非也：俞樾《古书疑义举例·一人之辞而加曰字例》谓“殆非也”乃孟子自问自答，下皆孟子之语。

深故达，皆理无不通也。家邦必达，欲速则不达，达不离道，达道达德，不成章不达，达之天下，皆行无不得也。授之以政不达，人皆有所不忍，达之于其所忍，人皆有所不为，达之于其所为，则兼心与理言之。”

人能充无欲害人之心，而仁不可胜用也；人能充无穿逾之心，而义不可胜用也。 胜，平声。

充，满也。穿，穿穴；逾，逾墙，皆为盗之事也。能推所不忍，以达于所忍，则能满其无欲害人之心，而无不仁矣；能推其所不为，以达于所为，则能满其无穿逾之心，而无不义矣。南轩张氏曰：“人皆有所不忍，皆有所不为，此其秉彝之不可泯灭者也，然有所不忍矣；而于他则忍之，有所不为矣，而于他则为之，此岂有异心哉！为私欲所蔽，而生道息故也。若以其所不忍而达之于其所忍，岂非仁乎？以所不为而达之于其所为，岂非义乎？自无欲害人之心而充之，则其爱无所不被，仁有不可胜用矣。自无穿窬之心而充之，则其宜无所不得，义有不可胜用矣。盖其理本具于性，贵于充之而已。”庆源辅氏曰：“此一节因前说而教人以充满其本心之量也。无欲害人之心即是所不忍，无穿窬之心即是所不为。是心也，其量甚大，其用有常，人能推所不忍以达于其所忍，然后能充满其无欲害人之心量；推所不为以达于其所为，然后能充满其无穿窬之心量。能充满其心量，则其用有常，而仁义不可胜用矣。”新安陈氏曰：“达，如导水，自畎浍达之川，自川达之海，充此水达海，而充满于其中也。惟达而后充，如扩而充之之意。”【通考】朱子曰：“此心之量，足以包括天地，兼利万物，只是人自不能充满其量，所以推不去，或能推之于一家，而不能推之于一国；或能推之于一国，而不足以及天下，皆是未足以充其本然之量。”

人能充无受尔汝之实，无所往而不为义也。

此申说上文充无穿逾之心之意也。盖尔汝人所轻贱之称，人虽或有所贪昧隐忍而甘受之者，然其中心必有惭忿而不肯受之之实。人能即此而推之，使其充满无所亏缺，则无适而非义矣。问“充无受尔汝之实”。朱子曰：“恶不仁者，其为仁矣。不使不仁者加乎其身。恶不仁，而不能使不仁者不加乎其身，便是不能充无受尔汝之实。”“看来‘实’字对‘名’字说，不欲人以尔汝之称加诸我，是恶尔汝之名也。然反之于身，而去其有可尔汝之行，是能充其无受尔汝之实也。若我身有未是处，则虽恶人以尔汝相称，亦自有所愧矣。”新安陈氏曰：“朱子此条，乃用赵计之说，与《集注》不同。盖谓‘恶尔汝之名’，是恶人之轻己也。反身而去，其可轻之行，是能充其无受尔汝之实也。人能充满其无受尔汝之实，行则所为无往非义矣。意义较明白。”庆源辅氏曰：“此一节，事虽微而理愈密。夫人不受尔汝之称，皆是羞恶之实心，存养之不加，体察之不至，则不受之心，虽有得于此，而或遂失于彼，亦不能充满其实心之量，而义有时而不行矣。惟能推所不受，而达之于所受，而无所渗漏，然后能充满其无受尔汝实心之量，无所适而不为义也。”

士未可以言而言，是以言餂之也；可以言而不言，是以不言餂之也，是皆穿逾之类也。” 餂，音忝。

餂，探取之也。今人以舌取物曰餂，即此意也。便平声。佞未可以言而言。隐默，可以言而不言。皆有意探取于人，是亦穿逾之类。然其事隐微，人所易去声。忽，故特举以见形甸反。例。明必推无穿逾之心，以达于此而悉去上声。之，然后为能充其无穿逾之心也。朱子曰："餂是钩致之意，如本不必说，自家却强说几句。要去动人，要去悦人，是以言餂之也。如合当与他说，却不说，须故为隐难，要使他来问我，是以不言餂之也。不直心而私意如此，便是穿窬之类，里面是如此，外面却不如此，外面恁地，里面却不恁地。"问："此章先言仁义，后专言义，何也？"曰："仁只是一路，只是个不忍之心，苟能充此心便了，义却头项多。"又问："人能充无穿窬之心，是就至粗处说，未可以言而言，与可以言而不言，是说人至细处否？"曰："然。能充无受尔汝之实处，工夫却甚大了，到这田地时，工夫大段周密了，所以说无所往而不为义也。使行己有一毫未尽，便不能无受尔汝之实矣。达者，推之也，是展开去。充者，填满也，须填塞教满。"南轩张氏曰："以言取之者，其犹以谄为悦者乎？以不言取之者，其犹以默为容者乎？以是为穿窬之类者，以若有取之之心故耳。此章始言仁义，而末独言义，何也？盖仁义体用相须者也。人之不仁，以非义害之也。不为非义，而后仁可得而存。故反复再三推而言之，使人知所用力也。"庆源辅氏曰："此一节，事之微而理之密，又有甚于前者，故以士言之。夫不为穿窬，无受尔汝，在士则有所不必道，然一语一默之微，而于计较安排，而有意探取于人，则是亦穿窬之类。故《集注》亦以为其事隐微，人所忽易，故特举以见例，必推无穿窬之心，而达之于此类。至纤至悉处，亦不容有不尽，方始能充其无穿窬之心也，其义亦精矣。"云峰胡氏曰："孟子首篇曰'善推其所为'，欲齐王即其不忍之心而推之也。末篇曰'达'曰'充'，欲人皆即其有所不忍不为之心而达之充之也，扩此心之用，无少壅遏，则谓之达；满此心之量，无少欠缺，则谓之充。《集注》论此'达'与'充'二字，而推之'一'字凡五及之。达者推之始，充者推之终也。不推不能达，不达不能充，《集注》可谓能发孟子终始教人之本旨矣。先儒云，孟子平生工夫受用处，只在'善推其所为'一句尔，非朱子孰能发之哉！"新安陈氏曰："此章后二节，单言义无受尔汝之实，正其行也。戒以言不言餂之，正其言也，正其言行，以充其羞恶之心，乃于称谓语默日用之常事，以求义之精焉。《语》曰'色厉内荏，其犹穿窬与？'《表记》曰'君子不以色亲人，情疏而貌亲，在小人则穿窬之盗也与？'皆可以充广此义，所当参玩。"【通旨】朱氏公迁曰："此因其良心，主乎学力而言，《仁人心也章》未专言仁，《人皆有所不忍章》未专言义。盖仁体统人，不违仁，则义在其中，义头绪多不为非义，而后仁可得而存，体用本相须，而用功则有不同也。"

○孟子曰："言近而指远者，善言也；守约而施博者，善道也。君子之言也，不下带而道存焉。施，去声。

古人视不下于带，《记·曲礼下》："天子视不上于袷音劫。不下于带。"凡视上于面则傲，下于带则忧，倾则奸。则带之上，乃目前常见至近之处也。举目前之近事，而至理存焉，所以为言近而指远也。朱子曰："说言近指远，守约施博，四方八面，皆看得见，此理本是远近博约如一，而行之则自近约始，道理只是一，但随许多头面去。又不可不逐头面理会也。"庆源辅氏曰："言近而指远，故测之而益深，穷之而愈远，是君子教人之事。"

君子之守，修其身而天下平。

此所谓守约而施博也。南轩张氏曰："所谓'指远者'固存乎近，所谓'施博者'固存乎约也，'不下带而道存'，言近而指远也。盖其所言，只其身中事在目前者耳，而至理初不外是也。修身而天下平，守约而施博也。修身则本立，由是而家齐国治天下平，皆其所推耳。"庆源辅氏曰："守约施博，故推之而无不准，动之而无不化，是君子治天下之事。"

人病舍其田而芸人之田，所求于人者重，而所以自任者轻。"舍，音舍。

此言不守约而务博施之病。朱子曰："不知道者，务为高远之言，则固荒唐而无余味，然欲其近，则又鄙浅而无深远之趣也。不知约之可守，则固泛滥而不切矣。然欲其约，则又狭隘而无广博之功也。然则所谓善言善道者，非有道之君子，其孰能知之乎?"南轩张氏曰："舍其田而芸人之田者，不治其身而治人之譬也，不务在已者而责诸人，其自任亦轻矣，盖不知一身为天下之本故也。"

○孟子曰："尧舜，性者也；汤武，反之也。

性者，得全于天，无所污乌故反。坏，不假修为，圣之至也。反之者，修为以复其性，而至于圣人也。程子曰："性之反之，古未有此语，盖自孟子发之。"吕氏曰："无意而安行，性也，朱子曰："吕氏说性也，性下合添'之者'二字。"有意利行，而至于无意，复性者也。尧舜不失其性，汤武善反其性，及其成功则一也。"程子曰："尧与舜更无优劣，及至汤武便别，孟子言'性之''反之'，自古无人如此说，只是孟子分别出来，便知得尧舜是生而知之，汤武是学而能之，文王之德则似尧舜，禹之德则似汤武，要之皆是圣人。"朱子曰："汤武反之，其'反之'虽同，然细看来，武王终是疏略，成汤却孜孜向进，如其伐桀，所以称桀之罪，只平说过，又放桀之后，惟有惭德。武王数纣，至于极其过恶，于此可见矣。"【通旨】朱氏公迁曰："此以德性言，圣人身之兼用功而言，反之举成功而言。惟其能身之，所以能反之也。"又曰："此'性'字以天理自然而言，非指性而言也，乃所以性其性也，但性之性者，是性其性；诚明谓性，是性其诚。指其人而言，曰性者；自其率性而言，曰性之。"

动容周旋中礼者，盛德之至也；哭死而哀，非为生者也；经德不回，非以干禄也；言语必信，非以正行也。中、为、行，并去声。

细微曲折，无不中礼，乃其盛德之至。自然而中，而非有意于中也。经，常也。回，曲也。三者亦皆自然而然，非有意而为之也，皆圣人之事，性之之德也。问："信言语以正行莫无害否?"朱子曰："言语在所当信，若有意以此而正行，便是有为而然也。"庆源辅氏曰："若有意于中，则必有勉强持守之意，力懈意弛，则必有所不中者矣。"又曰："三者特举圣人之庸行，人所易晓者以例其余，圣人之动无不时也，岂有意而为之者哉?故《集注》断以为'圣人之事，性之之德也'。"

君子行法，以俟命而已矣。"

法者，天理之当然者也。君子行之，而吉凶祸福有所不计，盖虽未至于自然，而已非有所为去声。而为矣。此“反之”之事，董子所谓“正其义不谋其利，明其道不计其功”，正此意也。○程子曰：“动容周旋中礼者，盛德之至。行法以俟命者，‘朝闻道夕死可矣’之意也。”新安陈氏曰：“惟闻道故生顺死安，虽夕死亦可，惟行法，故祸福能一听天命，其意相类。”吕氏曰：“法由此立，命由此出，圣人也；新安陈氏曰：“以法与命移上圣人说，圣人从容中道，身即为度，法由我立，与天为徒，命由我出，与天地合德，与鬼神合吉凶。如《书》云‘自作元命’。唐李泌云‘君相造命是也’。”行法以俟命，君子也。圣人性之，君子所以复其性也。”朱子曰：“圣人，是人与法为一，己与天为一。学者，是人未与法为一，己未与天为一。故须行法以俟命也。”“行法以俟命，三代以降，惟董子尝言之，而诸葛忠武侯言于其君有曰‘臣鞠躬尽力，死而后已。至于成败利钝，非臣之明所能逆睹也’。程子语其门人有曰‘令容貌必端，言语必正，非欲独善其身，以求知于人，但天理当然，亦得循之而已矣’。此三言者，所指虽殊，要皆行法俟命之意。”庆源辅氏曰：“法者，凡古圣贤之所制皆是也，盖莫非天理之当然，如为君而仁，为臣而敬，子孝父慈，皆是也。君子行之，而吉凶祸福，听天所命，我皆在所不计，所谓俟命也。虽未能如圣人之安行自然，已非有为而为之矣。”

○**孟子曰：“说大人，则藐之，勿视其巍巍然。**说，音税。藐，音眇。

赵氏曰：“大人，当时尊贵者也。藐，轻之也。巍巍，富贵高显之貌。藐焉而不畏之，则志意舒展，言语得尽也。”和靖尹氏曰：“藐者，止是不以其贵势威严，为事而慑，非谓便视他作无物也。”朱子曰：“说大人则藐之，盖主于说而言，如曰见大人则藐之，则失之矣。盖大人固当畏，而所谓藐者，乃是藐其堂高数仞之类耳。道为世人把大人许多崇高富贵当事，有言不敢出口，故孟子云尔。”“今人不是畏大人，只是畏其巍巍然者，若能勿视其巍巍然，而不失其畏大人之心，乃是真能畏大人者。”问：“孔子畏大人，而孟子藐之，何也？”曰：“孟子藐大人，不视其巍巍然者而已，故虽不肯枉尺直寻，而齐人敬王莫如孟子也，特以当世之士，以道殉人，内无所守，故特发此以立其志，使其意气舒展，无所慑惧而得以尽其所言尔。若君子以礼存心，固将无所不用其敬，岂于大人而反藐之哉？”庆源辅氏曰：“若不藐视之，则是为其巍巍者所动矣，志气一有所慑怯，则必不能展尽底蕴，刚强者有怀或不敢尽，柔弱者则必至于变其所欲言而反徇之矣。”

堂高①数仞，榱题数尺，我得志弗为也；食前方丈，侍妾数百人，我得志弗为也；般乐饮酒，驱骋田猎，后车千乘，我得志弗为也。在彼者，皆我所不为也；在我者，皆古之制也，吾何畏彼哉？”榱，楚危反。般，音盘。乐，音洛。乘，去声。

榱，桷②音角。也。题，头也。食前方丈，馔食列于前者，方一丈也。此皆其所谓巍巍然者，我虽得志，有所不为，而所守者皆古圣贤之法，则彼之巍巍者，何足道哉！

---

① 堂高：焦循《孟子正义》云：“经传称堂高者，皆指堂阶而言。”

② 桷：方形的椽子。《诗·鲁颂·閟宫》：“松桷有舄，路寝孔硕。”高亨注：“桷，方的椽子。”

南轩张氏曰："藐读如妙。左氏曰'以是藐诸孤'。藐，小之也。小之者，小其所挟也，视其巍巍然，则动于中。动于中，则慕在彼之势，而屈在我之义矣。使在我不知古制之守，则为其巍巍然所动矣。故程子曰'内重则见外之轻，得深则见诱之小，后之为士者，惟不知古制之是守，故未得志，则有所慕。既得志，则行其所慕，遂欲不已，以为天下害，士必寡欲而后能守古制，守古制而后知自重，知自重而后不为势所屈，使其身用而道行，则生民受其福矣'。"○杨氏曰："孟子此章，以己之长，方人之短，犹有此等气象，在孔子则无此矣。"庆源辅氏曰："孟子有泰山岩岩然之气象，便是指此等处言也。若圣人则大而化之，泯然不见其大之迹，故不至如此。然非圣人觉此而不为也，德盛仁熟，大而化之，则自然不至有此等气象矣。"

○孟子曰："养心莫善于寡欲。其为人也寡欲，虽有不存焉者，寡矣；其为人也多欲，虽有存焉者，寡矣。"

欲，如口鼻耳目四支之欲，虽人之所不能无，然多而不节，未有不失其本心者，学者所当深戒也。程子曰："所欲不必沈溺，只有所向便是欲。"周子曰："养心不止于寡而存耳，盖寡之又寡，以至于无，则诚立明通。"蔡氏曰："诚立，而实体安固；明通，而实用流行。"程子曰："欲寡，则心贞诚，荀子言养心莫善于诚，既诚矣，又何养？此已不识诚，又不知所以养。"朱子曰："孟子只是言天理人欲，相为消长分数，其为人也寡欲，则人欲分数少，故虽有不存焉者寡矣。不存焉者寡，则天理分数多也，其为人也多欲，则人欲分数多，故虽有存焉者寡矣。存焉者寡，则天理分数少也。盖'多'字对'寡'字说，若眼前事事贪要时，这心便一齐走出了，未便说到邪僻不好底物事，只是眼前底事。才多欲，本心便都分杂了，只减少，便渐存得此心。"问："周子之言曰'语其所至，则固然矣，然未有不由寡欲而能至于无者，语其所至而不由其序，则无自而进，由其序而不要其至，则或恐其安于小成也'，周子之说，于此为有相发之功焉。伊川教人直是都不去他用其心，只是要得寡欲，存这心最是难。汤武圣人，孟子犹说汤武反之也。反，复也，反复得这本心，如不迩声色，不殖货利，只为要存此心。观《旅獒》之书，只受一犬而反复切谏，以此见欲之可畏，无小大皆不可忽。"南轩张氏曰："寡欲为养心之要，然人固有天资寡欲者，有天资多欲者，其为人寡欲，则不存者寡，多欲则存焉者寡。以是知养心莫善于寡欲也。存者谓其心之不外驰也，虽然，天资寡欲之人，不存固寡，然不知存其存，则亦莫之能充也。若学者以寡欲为要，则当存养扩充，由寡欲以至于无欲，则其清明高远者为无穷矣。"勉斋黄氏曰："孟子尝言求放心矣，又言存其心矣，操之则存，舍之则亡，心之存亡，决于操舍。而又曰'莫善于寡欲'，何也？操存，固学者之先务，然人惟一心，而攻之者众，声色臭味交乎外，荣辱利害动乎内，随感而应，无有穷已，则清明纯一之体，又安能保其常存而不放哉！此孟子发明操存之说，而又以为莫善于寡欲也。虽然，寡欲固善矣，然非真知。夫天理人欲之分，则何以施其克治之功哉！故格物致知，又所以为寡欲之要，此又学者之所当察也。"庆源辅氏曰："程子又极其微而言之，学者须是于欲有所向处，便加克治，若待其张皇，则用力难矣。"云峰胡氏曰："《孟子》一书，三'养'字皆切要语，曰'养气'，曰

‘养性’，曰‘养心’，合而观之，气生于理，善养气者在养性，理具于心。善养性者在养心，心汩于欲。善养心者在寡欲，寡之又寡以至于无，则心存而性存，气不必言矣。”【通考】朱氏公迁曰：“此章与饥者甘食章，皆因论理欲而以理义之心言之，一章言理欲相为胜负，其要在‘寡欲’二字，一章言天理者人欲之害，其要在‘无以为害’四字。”董氏彝曰：“养心则养性在其中，养气则养心性之助，此内外交相培养之道也。寡欲者养心之道，而存心者又所以养性也，然心者性之郛郭，性者心之实理，心既养矣，则性安有不得其养者哉？此所以养心，则养性在其中。”

○曾皙嗜羊枣①，而曾子不忍食羊枣。

羊枣，实小黑而圆，又谓之羊矢枣。曾子以父嗜之，父殁之后，食必思亲，故不忍食也。

公孙丑问曰：“脍炙与羊枣孰美？”孟子曰：“脍炙哉！”公孙丑曰：“然则曾子何为食脍炙而不食羊枣？”曰：“脍炙所同也，羊枣所独也。讳名不讳姓，姓所同也，名所独也。”

肉聂②而切之为脍。聂，之涉反。详见《论语·乡党篇》“脍不厌细”章下。炙，之夜反。炙音只。肉也。勿轩熊氏曰：“须看‘不忍’字重，母没而杯圈不能饮，不忍故也。”新安陈氏曰：“不讳姓，喻食脍炙。讳名，喻不食羊枣。”

○万章问曰：“孔子在陈曰：‘盍归乎来！吾党之士狂简，进取，不忘其初。’③孔子在陈，何思鲁之狂士？”

盍，何不也。狂简，谓志大而略于事。进取，谓求望高远。不忘其初，谓不能改其旧也。此语与《论语》小异。庆源辅氏曰：“志大谓狂，略于事谓简，如曾点异乎三子者之撰，则志大而略于事可知，直欲蹴乎圣人之乐处，则其望高远可知。终不肯做下学工夫，后至于临人之丧而歌，不能改其旧可知。‘狂简’二字，又该括得下两句，进取即是志大，不忘其初，即是略于事也。”

孟子曰：“孔子‘不得中道而与之，必也狂猬乎！狂者进取，猬者有所不为也’。孔子岂不欲中道哉？不可必得，故思其次也。”猥，音绢。

不得中道，至有所不为，据《论语》亦孔子之言。然则“孔子”字下当有“曰”字。《论语》“道”作“行”，“猥”作“狷”。有所不为者，知耻自好，去声。不为不善之人也。孔子岂不欲中道以下，孟子言也。其次，谓狂者。

“敢问何如斯可谓狂矣？”

万章问。

曰：“如琴张、曾皙、牧皮者，孔子之所谓狂矣。”

琴张，名牢，字子张。子桑户死，琴张临其丧而歌。事见形甸反。下同。《庄子》。

---

① 羊枣：何焯《义门读书记》云：“羊枣非枣也，乃柿之小者。初生色黄，孰则黑，似羊矢。”

② 聂：切成薄片的肉。

③ 《论语·公冶长篇》：“归与！归与！吾党之小子狂简，斐然成章，不知所以裁之。”

《庄子·大宗师篇》："子桑户、孟子反。子琴张相与为友，子桑户死，未葬，孔子闻之，使子贡往行事焉。或编曲，或鼓琴，相和而歌曰：'嗟来桑户乎！而已反其真，而我犹为人猗？于宜反。'子贡趋而进，曰：'敢问临丧而歌，礼乎？'二人相视而笑，曰：'是恶音乌。知礼义？'"虽未必尽然，要必有近似者。曾皙见前篇。季武子死，曾皙倚其门而歌，事见《檀弓》。《记·檀弓下》："季武子寝疾，及其丧也，曾点倚门而歌。"又言志异乎三子者之撰，事见《论语》。牧皮，未详。

"何以谓之狂也？"

万章问。

曰："其志嘐嘐然，曰'古之人，古之人'。夷考其行而不掩焉者也。嘐，火交反。行，去声。

嘐嘐，志大言大也。重平声。言古之人，见其动辄称之，不一称而已也。夷，平也。掩，覆敷救反。也。言平考其行，则不能覆其言也。新安陈氏曰："志大言大，动欲慕古，狂故也；平考其行，行不掩言，简故也。"程子曰："曾皙言志，而夫子与之。盖与圣人之志同，便是尧舜气象也，特行有不掩焉耳，此所谓狂也。"庆源辅氏曰："曾皙之志，固不止于如此，然其不屑之于事为，其直欲径探乎圣人之乐处，则与所谓'嘐嘐然，曰古之人，古之人'之意，亦不相远，而其行有不能掩其言者，则又自有不可诬也，故《集注》取程子之说以释之，夫子与之者，是与其志大言大也，便是尧舜气象者，是亦所谓'古之人，古之人'之类也。"

狂者又不可得，欲得不屑不洁之士而与之，是獧也，是又其次也。

此因上文所引，遂解所以思得獧者之意。狂，有志者也；獧，有守者也。有志者能进于道，有守者不失其身。屑，洁也。朱子曰："狂者知之过，獧者行之过。"南轩张氏曰："《中庸》云'智者过之'，其狂者欤？'贤者过之'，其獧者欤？乡原即所谓'小人之中庸'也。"庆源辅氏曰："狂者是合下气质高明，便自有所见者；獧者是合下气质贞固，便自有所守者。狂者则于知上所得分数多，獧者则于行上所得分数多。圣门学者，必皆中与和合德。知与行并进，然后为贵，所谓中道者是也。此等人，既不可得，故不得已而与夫狂獧也。"新安陈氏曰："以不善为不洁，而不屑为之也。"

孔子曰：'过我门而不入我室，我不憾焉者，其惟乡原乎！乡原，德之贼也。'①"曰："何如斯可谓之乡原矣？"

乡原，非有识者。原，与"愿"同。《荀子》"原悫，克角反。"字皆读作愿，谓谨愿之人也。《荀子·荣辱篇》："孝悌原悫以敦比其事业。"《富国篇》："其臣主百吏，污者皆化而修，悍者先化而原，躁者先化而悫，是明主之功已。"《正论篇》："上端诚，则下原悫矣。上公正，则下易直矣。"故乡里所谓愿人，谓之乡原。孔子以其似德而非德，故以为德之贼。过门不人而不恨之，以其不见亲就为幸，深恶去声。而痛绝之也。以上释孔子语。万章又引孔子之言而问也。庆源辅氏曰："先儒皆以原为善，不惟无所据，

① 此处引文另有所出，唯"乡原，德之贼也"见于《论语·阳货》。

又既谓之善人，则不应遂以为德之贼。故《集注》引《荀子》为证，以原为愿，且曰‘乡人无知’，其所谓‘愿人’，谓之‘乡原’。‘原’字固浅狭，又乡人以为愿，则亦非真愿者也。”

曰：“‘何以是嘐嘐也？言不顾行，行不顾言，则曰：古之人，古之人。行何为踽踽凉凉？生斯世也，为斯世也，善斯可矣。’阉然媚于世也者，是乡原也。”行，去声。踽，其禹反。阉，音奄。

踽踽，独行不进之貌。凉凉，薄也，不见亲厚于人也。乡原讥狂者曰：何用如此嘐嘐然，行不掩其言，而徒每事必称古人邪？俗作耶。又讥狷者曰：何必如此踽踽凉凉，无所亲厚哉？人既生于此世，则但当为此世之人，使当世之人皆以为善则可矣，此乡原之志也。以上皆释乡原之言。阉，如奄人之奄，闭藏之意也。《周礼·春官》：“守祧奄八人，远庙曰祧，奄如今之宦者，祧，他凋反。”媚，求悦于人也。孟子言此深自闭藏，以求亲媚于世，是乡原之行去声。也。朱子曰：“乡原务为谨愿，不欲忤俗以取容，专务徇俗，欲使人无所非刺，既不肯做狂，又不肯做狷，一心只要得人说好，更不理会自己所见所得，与夫理之是非，彼狂者嘐嘐然以古人为志，虽行之未至，而所知亦甚远矣。狷者便只是有志力行，不为不善，二者皆能不顾流俗污世之是非，虽是不得中道，却都自是为己，不为他人，乡原反非笑之。乡原者为他做得好，使人皆称之，而不知其有无穷之祸，如五代冯道者，此真乡原也。”庆源辅氏曰：“阉然媚于世，此是乡原之隐情匿志，孟子说破其情状。”

万章曰：“一乡皆称原人焉，无所往而不为原人，孔子以为德之贼，何哉？”

原，亦谨厚之称，而孔子以为德之贼，故万章疑之。

曰：“非之无举也，刺之无刺也；同乎流俗，合乎污世；居之似忠信，行之似廉洁；众皆悦之，自以为是，而不可与入尧舜之道，故曰德之贼也。

吕侍讲曰：“言此等之人，欲非之则无可举，欲刺之则无可刺也。”流俗者，风俗颓徒回反。靡，如水之下流，众莫不然也。污，浊也。非忠信而似忠信，非廉洁而似廉洁。朱子曰：“狂者所见过于高远而行不到，狷者能力行而见有所不逮，二者皆可收拾入来。至于乡原，则孟子敢断然以为德之贼者，盖其居之似忠信，行之似廉洁，众皆悦之。使其回头来，却未可知，只被他自以为是，既把来做是了便休，是以终身为原人，而孟子以为德之贼也。”南轩张氏曰：“此数句，极乡原之情状，非之无举，刺之无刺，言其善自矫饰；流俗能同，污世能合，言其无所执守也。以忠信廉洁曰似，则非真矣。众皆悦之，则异乎乡人之善者，好之矣。自以为是，所以卒为乡原而不可反也。尧舜之道，大中至正，天理之存乎人心者也，此所谓善也。若乡原所谓善斯可矣，则出于一己之私，窃善之似而已。异端之于正道，如黑与白，本不足以贼德，惟道之不明，世俗之见，易以惑溺，故以为德之贼也。”庆源辅氏曰：“乡原既欲人以为谨愿，故同乎流俗而不敢自异，合乎污世而不能自拔，故众皆悦之。自以为是，则又迷而不知反，故不可与入尧舜大中至正真实之道也。”

孔子曰：‘恶似而非者：恶莠，恐其乱苗也；恶佞，恐其乱义也；恶利口，恐其乱

信也；恶郑声，恐其乱乐也；恶紫，恐其乱朱也；恶乡原，恐其乱德也。'恶，去声。莠，音有。

孟子又引孔子之言以明之。莠，似苗之草也。佞，才智之称，其言似义而非义也。利口，多言而不实者也。郑声，淫乐也。乐，正乐也。紫，间去声。色。朱，正色也。乡原不狂不狷，人皆以为善，有似乎中道而实非也，故恐其乱德。庆源辅氏曰："佞者，有口才，能辨说，故以为才智之称。惟其能言，则其说多似义而实不然，故以为害义，巧言之人，徒尚口而初无诚实，故以为害信。乡原既讥狂者，故不狂；又讥狷者，故不狷。众皆悦之，故人皆以为善，而不可与入尧舜之道，故有似乎中道而实非，此圣人所以恐其乱德而深恶之。据《论语》所载，亦与此不同，虽有详略，然其恶似而非之意则一也。"

君子反经而已矣。经正，则庶民兴；庶民兴，斯无邪慝矣。"

反，复也。经，常也，万世不易之常道也。经只是日用常行道理。兴，兴起于善也。邪慝，如乡原之属是也。新安陈氏曰："邪慝不止是乡原，如杨墨皆是，以此章言，则指乡原，故云乡原之属。"世衰道微，大经不正，故人人得为异说以济其私，而邪慝并起，不可胜平声。正，君子于此，亦复其常道而已。常道既复，则民兴于善，而是非明白，无所回互，虽有邪慝，不足以惑之矣。【通考】吴氏程曰："回互，委曲掩覆也。'是非'以下八字，皆所以贴'正'字，且见不容邪慝之意。"〇尹氏曰："君子取夫音扶。狂狷者，盖以狂者志大而可与进道，狷者有所不为，而可与有为也。所恶去声。于乡原，而欲痛绝之者，为去声。其似是而非，惑人之深也。绝之之术无他焉，亦曰反经而已矣。"问反经之说。朱子曰："经便是大经，君臣、父子、夫妇、兄弟、朋友，且先复此大经，天下事未有出此五者。其间却杀有曲折，如《大学》亦先指此五者为言，使大纲既正，则其他节目皆可举，若不先此大纲，则其他细碎工夫如何做?"问："经正，还只是躬行，不及政事?"曰："这个不通，分做两件说，如尧舜虽是端拱无为，只政事便就这里做出，那曾恁地便了。""孟子论乡原乱德之害，而卒以君子反经为说，此所谓上策莫如自治者。况异端邪说，日新月益，其出无穷，盖有不可胜排者，惟吾学既明，则彼自灭熄耳。此学者所当勉，而不可以外求者也。""经正则庶民兴，盖风化之行，在上之人，举而措之而已，庶民兴，则人人知反其本而见善明，见善明则邪慝不能惑也。既人不之惑，则其道自然销铄而至于无也。欧阳永叔云'使王政明而礼义充，虽有佛，无所施于吾民矣'，亦此意也。"庆源辅氏曰："《集注》反经之说，实辨异端、息邪说之大权也。"云峰胡氏曰："此章言经正，而下章则以圣人相传之说，继之，不无意也。"

〇孟子曰："由尧、舜至于汤，五百有余岁，若禹、皋陶，则见而知之；若汤，则闻而知之。

赵氏曰："五百岁而圣人出，天道之常；然亦有迟速，不能正五百年，故言有余也。"尹氏曰："知，谓知其道也。"庆源辅氏曰："天道固有常矣。然亦不能截然整齐，须有先后迟速。"云峰胡氏曰："《语》、《孟》末，皆言尧舜以来相传之意，但《论语》以行言，故历述其政事之实；《孟子》以知言，故历叙其见闻之真。尧言执中，中之用也。汤言降衷，中之体也。舜自心上发出执中之蕴，而六经言心始此，汤自性上推原降衷之初，而六经言性始此，此可见尧舜汤明道处。至若见而知之，言禹皋而不言稷契，何也？或曰'举禹皋可例其余'，然考之《书》，稷契不曰谟，而禹皋独曰谟，盖可见也。况《洪范》、《九畴》，禹发之；《天叙》、《天秩》、《五典》、《五礼》，皋发之。其明道之功，固不小也。"

由汤至于文王，五百有余岁，若伊尹、莱朱则见而知之；若文王，则闻而知之。

赵氏曰："莱朱，汤贤臣。"或曰："即仲虺许伟反。也，为汤左相。"去声。云峰胡氏曰："舜言精一，而后协于克一，伊尹能发之，尧言执中，而后建中于民，仲虺能发之。曰勇，曰智，曰仁，曰礼，曰义，《中庸》'三达德'，《孟子》'四端'，已散见于仲虺诰中矣。吾以是知莱朱即仲虺也。""《论语》之末，言武不言文，此言文不言武。文王谟，以明道言也。武王烈，以行道言也。《易》之作也，其于中古乎？文王明道之功大矣。"新安陈氏曰："莱朱与伊尹并称，而经传不他见仲虺作诰，弘大精微，仁义礼智信，皆开端言之，而德日新一言，又首唱之。汤《盘铭》、伊尹《咸有一德》，皆因而述之，伊尹相汤虺为左相，同时，他谁与之班者，莱朱即仲虺也必矣。"

由文王至于孔子，五百有余岁，若太公望、散宜生，则见而知之；若孔子，则闻而知之。散，素亶反。

散，氏；宜生，名；文王贤臣也。子贡曰："文武之道，未坠于地，在人。贤者识其大者，不贤者识其小者，莫不有文武之道焉。夫子焉不学？"此所谓闻而知之也。或曰："尚父，鹰扬之士也。散宜生，于经传不多见，亦以为见文王之道而知之者，何也？"云峰胡氏曰："敬胜怠、义胜欲之类，非太公孰发之？《书》曰'兹迪彝教'，则彝伦之教，散宜生盖有助焉。"

由孔子而来至于今，百有余岁，去圣人之世，若此其未远也；近圣人之居，若此其甚也，然而无有乎尔，则亦无有乎尔。"

林氏曰："孟子言孔子至今时未远，【通考】赵氏德曰："孟子之生虽不可知，然哀公十六年，孔子卒，又十年而悼公立，凡四十年。元公二十一年，穆公三十三年，共公二十二年，康公九年，景公二十九年，共一百六十四年，而鲁平公继立，由孔子而来，至于今百有余岁，则孟子必生于穆公之末、共公之初，以鲁平公之将见孟子而藏仓沮之，梁惠王见之而称曰叟，其年先后于穆共之间，概可见矣。"邹鲁相去又近，然而已无有见而知之者矣；则五百余岁之后，又岂复扶又反。下同。有闻而知之者乎？"朱子曰："由尧舜至孔子，率五百余岁，而圣人一出所以异世同心、历圣同道、道统绳绳相续不绝者，实赖同时之见而知之者。知之于先，而异世之闻而知之者，得以知之于后耳。自孔子至今方百余岁，去孔子之时若此其未远也。孟子邹人，近孔子所居之鲁，又若此其甚也，若使今此已无有见而知之者，则如前所云，五百岁之后，岂复有闻而知之者乎？""禹皋之徒，本皆名世之士，伊尹太公，又汤文之师，非必见其君而后知之。汤文孔子，又生知之圣，亦非必闻前圣之道而后得之也，此其曰'见而知之、闻而知之'

者。盖以同时言之，则斯道之统，臣当以君为主；以异世言之，则斯道之传，后世当以前圣为师，学者不以辞害意可也。至于章末二句，则孟子之致意深矣。观其所谓然而无有乎尔，则虽若托于不居，而其自任之实可见，观其所谓则亦无有乎尔，则虽若叹其将绝，而所以启夫万世无穷之传者，又未尝不在于斯也。学者诚能深考其言而自得之，则古人虽远，而其志意之所存者，盖无以异乎日相与言，而授受于一堂之上也。”云峰胡氏曰：“论先后，则不有见之者，而孰有闻之者，是则见而知之者为先；论难易，则见而知之者，聚精会神于一时之顷，而闻而知之者，心融神会于异世之遥，是则闻而知之者为难也。”【通考】东阳许氏曰：“尔如是也，指见知闻知者而言，然而无有乎尔，正谓在孟子时去圣人之世虽未远，而当时见知者今亡矣，须将此一节于一串之下，乃见意。”愚按：此言，虽若不敢自谓已得其传，而忧后世遂失其传，然乃所以自见其有不得辞者，而又以见夫音扶。下同。天理民彝不可泯灭，百世之下，必将有神会而心得之者耳。故于篇终，历序群圣之统，而终之以此，所以明其传之有在，新安陈氏曰：“此申言然而无有乎尔之意，孟子隐然谓道统之传在己，但其辞婉，其意深，非详玩味之不能见耳。”而又以俟后圣于无穷也，新安陈氏曰：“申言，则亦无有乎尔之意，以望后世圣贤之能传道统者，此已为程子接孟子之绝学者张本矣。”其旨深哉！云峰胡氏曰：“《集注》‘神会心得’四字有深意，盖为闻而知之者言也，孟子所谓见而知、闻而知者，知其道也。知其道者，知其心也。时有先后之异，心无先后之间，万古一理，千圣一心，世远而心之神明相接，迹异而心之天理相孚，默而成之，不言而信，此其为神会而心得之者欤？”【通考】朱氏公迁曰：“圣贤或正言以叙道统之所传，或因言而见道统之所在，或直以为任，或谦不敢当，语不无少异也。其在孔门，则克己复礼之功，吾道一贯之旨，乃其正言者；若喟然之叹，三省之学，如愚之气象，皆因言而可见者也。又窃论之孔子之道有自来矣，然子思则兼尧舜文王言，子贡则专以文武言，孟子又专以文王言，孔子亦自言‘文王既没，文不在兹乎，盖道一而已’，前而尧舜之道，亦文王之道也。下而武王之道，亦文王之道也。近举文王而尧舜之道在其中，上举文王而武王之道在其中，不必疑其要之异也。”〇有宋元丰八年，河南程颢伯淳卒。潞公文彦博①题其墓曰：“明道先生。”而其弟颐正叔②序之曰：“周公殁，圣人之道不行；孟轲死，圣人之学不传。道不行，百世无善治；学不传，千载音宰。无真儒。无善治，去声。士犹得以明夫善治之道，以淑③诸人，以传诸后；无真儒，则天下贸贸音茂。焉莫知所之，人欲肆而天理灭矣。云峰胡氏曰：“《论语》之末，尧而后终之以武王；孟子之末，终之以孔孟道不行，百世无善治。武王以后事，学不传，千载无真儒。孔孟以后事，无善治而下

---

① 文彦博(1006—1097年)：字宽夫，汾州介休(今属山西)人。仁宗天圣五年(1027年)进士。历御史、转运副使、知州判府、枢密副使、参知政事、平章军国事，拜太师，封潞国公。哲宗绍圣四年卒，年九十二。徽宗崇宁间预党籍，后追复太师，谥忠烈。一生更事仁、英、神、哲四朝，洊跻二府，七换节钺，出将入相五十余年。著有《潞公集》四十卷。

② 颐正叔：程颐(1033—1107年)，字正叔，学者称伊川先生。

③ 淑：拾取，获益。

又言道之不明，其害有甚于道之不行者也。”先生生乎千四百年之后，新安陈氏曰：“孟子没，至明道生，大约年数如此。”得不传之学于遗经，以兴起斯文为己任。辨异端，辟邪说，使圣人之道涣然复明于世。盖自孟子之后，一人而已。胡氏曰：“朱子赞濂溪先生之言曰：‘道丧千载，圣远言湮，不有先觉，孰开我人，今言明道而不言濂溪者，二程夫子受学于濂溪先生，见而知之者也。’且孟子所述，列圣之相传者，非徒为其行道而言，实为其闻知见知，有以明斯道而言也。伊川墓述，专言学不传，则道不明之害，而又深言夫明道之功，正与孟子之意吻合，故《集注》述之。”然学者于道不知所向，则孰知斯人之为功？不知所至，则孰知斯名“明道”二字。之称情也哉?”称，去声。情实也，名称其实也。庆源辅氏曰：“《集注》系以程子之说者，见程子果得其传于遗经，而孟子之说至是而遂验也。”云峰胡氏曰：“所向者，人道之始事；所至者，造道之极功。学者不知所向，则非有志于斯道者，不足以知明道；不知所至，则非深造乎斯道者，亦不能真知明道也。趋向之正，造诣之深，庶乎可知明道之所以为明道矣。真知明道，则真知尧舜以至于孔孟者矣，善乎。勉斋黄氏之言曰：‘由孔子而后，曾子子思继其微，至孟子而始著。由孟子而后，周程张子继其绝，至朱子而始著，朱子出而自周以来圣贤相传之道，一旦豁然如大明中天，昭晰呈露。’然则《集注》所谓百世而下必有神会而心得之者，朱子亦当自见其有不得辞者矣。”新安陈氏曰：“朱子系以伊川，此说者见得孟子之意，望百世之下，将有神会心得其道者，而千四百年后果有如程子者出焉，见孟子之言至是而果验，孟子不传之绝学至是而果有传也。观韩子所谓尧以是传之舜，至轲之死不得其传焉之言，见道统之传至孟子而绝，察朱子所列明道墓表之意，见道统之传既绝而后续也。孟子、朱子之意章章明矣。”【通考】吴氏程曰：“或疑伊川以明道上承孟子不及濂溪，此盖明道门人推尊称美之辞，见于伊川叙述，而朱子深然其说。要之，程子之学虽有所受，而得之经者为多，故伊川自谓其得不传之学于遗经，而朱子序《大学》、《中庸》，亦直谓程子接孟氏之传、续千载之绪，良有见矣。按，明道尝云：‘吾学虽有所受，天理二字却是自家贴体出来。’则其得之经者为多，亦可概见耳。”

三鱼堂四书大全序

学不穷经则无以讲明义理，而窥圣贤之精微；学不躬行则无以进修德业，而见圣功之切实。盖穷理进德，事本相须，而俗学之支离浅陋，鲜能兼诣之者。平湖陆稼书先生苦心好学，师法程朱日讨论《五经》、《四书》，寻源竟委，下逮宋明诸儒之说，一一剖析同异，而悉定其指归。若《四书大全》一编，尤生平所殚精致力者，尝言前代辑书时蓝本倪氏《通义》，语虽博收而意寡裁断，间有似是之语，阴背本注而不知者。嗣后九鼎汇征，附以明儒之驳杂，娄江注疏，复缀汉唐之纷纭，此书屡变而愈失其真，又叹近时细书说约疏浅割裂，择不精而语不详，《大全》且束之高阁矣。爰取原书，标识字旁，以谨严去取兼采《朱子语类》，蔡、林二家《蒙存》，折衷尽善，使无几微遗憾。意在阐扬经义，开示后人也。至其平时力学，积诚励行，朝夕孳孳，自修身正家，以及涖官立朝，动必准诸古人，罔有阙失。初授嘉定令，仁声四讫，以不善事上官落职，再补灵寿。力行教化，北地之风为之一变。其复官也，以中丞魏蔚州之荐；其内擢也，以司农陈泽州之荐。先后两赴国门，未尝造谒通刺，而两公志在得人，公而忘私，皆可为世法云。居言路一年，直陈时事，其正官方扶名教，两疏真足昭日月而揭中天。归里后，皇上念其端方廉洁，召主文衡，而溘焉谢世者已经岁矣。先生貌庄气和，望而知其涵养完粹，间质以理学渊源，则平心酬答，初不为雄论高谈，訾议前辈。观其胸次磊落，气象雍容，与中州汤公潜庵盖同时笃行君子也。解组以后，讲学虞山，游其门者多感发兴起。壬申季冬，豫知泰山梁木之兆，越旬日而端坐瞑逝。其生也有自来，而其殁也有自往，亦可验所学之正大矣。兹编乃中年点次，藏之箧中者，席子汉翼、王子汉廷克广师传，锓版行世，则先生羽翼经传，好学不倦之苦心，庶可垂诸千载而不敝也夫。

时康熙戊寅岁仲春月，甬江同学弟仇兆鳌顿首拜题于武林书室。

附录二

三鱼堂四书大全序

旧本《四书大全》，予旧所读本也，用墨笔点定，去其烦复及未合者，又采《蒙引》、《存疑》、《浅说》之要者附于其间。其万历以后诸家之说则别为一册，不入于此。依朱子读书法，每读一句必反复玩味，俟其贯通，然后及于下句，或思索未定，遇有他事，当酬应应毕，辄复思此。尝有一字一句盘桓胸中数日然后止。自戊戌至癸卯，用力六年而始毕。然是时虽粗知读书之门户，而程朱之语录、文集皆未之见，敬轩、敬斋诸君子之书皆未之求。嘉隆以后阳儒阴释之徒，改头换面，似是而非者犹未尽烛其蔀。自庚戌以来，乃始悉求诸家之书观之，然后知向之去取都未能当；有先儒见到之语，读之若平淡而实关学问之得失者，不知取也；有先儒一时之言，读之若无病而实开假借之途者，不知辨也；又有先儒微言奥义，《大全》诸书所不及载，或载而不详者，则此本亦竟阙如；又有两说互异当存疑，而辄轻断当划一而务并存，每取而复视之，辄赧然于心。欲遂弃之，则又念其曾用数年之力于此，不忍便置。且欲因此自知其陋，鉴于前者或毖于后也。故尝椟而藏之，不敢以示人，亲友闻其有是书也，皆欲得而观焉，或疑其有所吝惜，故敢序其始末以告，使共知其陋，相与戒而勉焉，则胜于读此书也夫。

康熙辛酉三月壬午，平湖陆陇其稼书氏述。

谨按，先生作此序时距捐馆越一纪矣。每忆永恂辈日侍函丈，先生方辑《困勉录》，必将是书翻阅参考，复用朱笔点次，遂成定本。壬申腊月，将归当湖，乃语永恂辈曰："吾一生学力尽在此二书，子其识之。"及易箦前一日，复语其族祖蒿庵翁曰："余年来欲刻此二书，未知得遂否?"越宿遂卒，兹承先生之志，锓版告成，深痛先生之弗及一见，因从文集中检出，弁于简端，以识先生谦牧慎重之意云。

门人席永恂、侯铨、王前席谨识。

三鱼堂四书大全序

孔子修明六经，述而不作，其微言精义见于《论语》一书，皆阐扬六经之旨，以发明二帝三王之道也。曾子之《大学》，子思之《中庸》，《孟子》之七篇，又传述孔子之意，以发明帝王之道也。紫阳朱子之《集注》、《章句》、《或问》诸书，又折衷伊洛之旨，以发明孔孟之道也。明既尊崇其书，定为取士之制，命采诸儒之说，萃为《大全》，又推广朱子之言以发明孔孟之道。自明以至于本朝，家有其书，人习其业，圣贤之道灿然如日月之经天，江河之由地，行之天下而一揆，垂之万世而无弊，圣人复起，弗能易矣。惟是习之既久，视为应举干禄之书，平居终日，思维其言，精求其理，著而为文，以求遇合，及验之身心践履之间，其能悉合者鲜矣。高者溺于虚无，卑者驰于功利，或闳览博物，则索隐而钓奇；或著书修辞，亦齐末而忘本。象山、阳明之说盛行，而濂洛关闽之教不著，学术之纯驳，即世道之所以污隆也，岂细故哉。吾师当湖先生，今之朱子也。自束发受书，即以斯道为己任，以为欲阐圣道正人心，惟近取四子之书，人人所讲习者而用力焉，则莫《大全》若矣。乃一准朱子读书法，每读一句，必反复玩味，俟其贯通，然后及于下句，盖用力六年而始卒业。复采明儒之说附益之，遵格致择善之旨，广涉旁搜，合于朱子者采之，不合者删之，旁行夹注，识以岁月。盖自通籍以后，易箦以前，折衷考订，未尝一日废也。于戏！先生一生精力尽在此书。处而教行于乡，生徒矜式焉，出而道行于国，黎民顺则焉，为廉吏、为纯儒、为直臣，先生以一人兼之。此皆读书师四子，学程朱之明效也。窃谓当代尊道学之统，宗朱子而辟王氏者不乏其人，求其真知笃信，实践躬行，表里如一而终始不渝者，则先生其奚属哉？迄今殁已数年，圣天子闻而思之，贤公卿敬而慕之，四方之士仰止景行，恨当世未识其人，而访求其遗书者益众。永恂兄弟受业有年，讲读之时，窃闻之先生曰："吾辈今日学问只是遵朱子，朱子之意即圣人之意，非朱子之意即非圣人之意，但取其成说而心会之身体，辨真晰伪于毫芒疑似之间，深恐后人之歧趋而误学也。"既详加较定，捐赀寿梓，所冀世之君子读是书者，即帖括习玩之中，深求圣贤之道，以陶淑人心，维持世教，斯不负先生纂辑之意也夫。

康熙戊寅八月朔，受业门人吴县席永恂百拜谨述。

三鱼堂四书大全序

《三鱼堂四书大全》四十卷，吾师子陆子所手定也。又采《蒙引》、《存疑》、《浅说》、《达说》附于其间，而万历以后诸家之说则别为一编，名《困勉录》，于是《大全》之面目益新，考亭之宗旨益著。盖不仅经生举业之资，其即圣学入门之道欤。今年春授梓既成，为较阅一过，而太息吾师淑世卫道之心设施未竟，微言大义仅托之遗书以传也。犹忆前席年始数岁，家严延吾师至琴川书屋，适当嘉定罢官时，晨兴就塾，见吾师端坐皋比，德容道貌，俨然一儒生。以是书置案头，句读指划，必详且尽，不以蒙稚而诲之或略也。未几，吾师以博学鸿儒荐，予兄弟亦侍家严入都，相聚经岁，行箧所携惟是书而已。既丁外艰，归不二年，前席辈亦从家严南还，则吾师复来琴川。时前席方学为文，吾师讲解加详，言必称孔孟，论必本程朱，力排阳儒阴释改头换面之非，辄请是书复证之。稍稍窥其藩篱，识其径路，不为异说歧趋所惑矣。既而家严赴补虞衡，吾师亦起官灵寿，前席复负笈从学者数月，吾师谆谆训迪，又不以簿书之繁而少弛焉。朔望必至学宫，召诸生讲肄，退而笔之于书，以示前席辈。今所传松阳讲义，皆权舆于是书以独所见者也。未几，辞师省觐，家严旋亦养归里，分北者久之。然书问弗绝，其所告诫者，不出数年来函丈晨夕之语，且寄小学近思及程氏日程诸编，以为学者必从此学，即其言以归诸身心，无使书自书，我自我，则举业无非圣学矣。余小子每服膺心识，弗敢失坠。阅六年，吾师从台中解组，家严复寻旧约，壬申春延吾师于曹溪别业，前席兄弟偕侯子秉蘅复得请业焉，教学相长，尤得师友切磋之乐。每日讲书三四章，反复问难，退必奉是编读之，辄用别本遵式标题，益叹吾师用力之久，采取之当，思之慎，而辨之明也。自春迄冬，讲《论语》、《学》、《庸》甫毕，方期卒业孟氏之书，次及《五经》、《性理》，大儒语录，而天不慭遗，溘焉长逝。前席心丧之中，追惟吾师一生大节，学问文章一以紫阳为归，而用舍行藏，亦最相似。盖其志在明道，力辟异端，及名是而实违，大同而微异者，既见之语言文字之间，而持身行己，存诚主敬，内而修身齐家，外而致君泽民，善固执而笃行之。故虽博极群书而必以是编为标准也。呜呼，哲人既萎，斯文尚在，若不亟为表章，以公诸同志，是有负师传，并有负于圣教矣。因谋之嗣君直方，请是编以归，与秉蘅及伯氏汉翼重加校订，授诸书林，若整齐编次，则吾师之族祖蒿庵翁，犹子用中，同门赵子鱼裳旂公之力为多，所愿是书大行，四方之士景行其人，而服习其言，耳目专一，趋向无歧，学术正，邪说息，而风俗自淳，不尤为世道人心之大幸也哉。

受业门人太仓王前席百拜谨述。

四库全书总目·四书大全提要

《四书大全》三十六卷。明永乐十三年翰林学士胡广等奉敕撰，成祖御制序文，颁行天下。二百余年，尊为取士之制者也。其书因元倪士毅《四书辑释》稍加点窜。顾炎武《日知录》曰："自朱子作《大学中庸章句、或问》、《论语孟子集注》之后，黄氏有《论语通释》，其采语录附于朱子章句之下，则始于真氏。祝氏仿之，为《附录》。后有蔡氏《四书集疏》、赵氏《四书纂疏》、吴氏《四书集成》。论者病其泛滥，于是陈氏作《四书发明》，胡氏作《四书通》，而定宇之门人倪氏合二书为一，颇有删正，名曰《四书辑释》。永乐所纂《四书大全》特小有增删，其详其简，或多不如倪氏。《大学、中庸或问》则全不异，而间有舛误。"云云。于是书本末言之悉矣。考士毅撰有《作义要诀》一卷，附刻陈悦道《书义断法》之末。今尚有传本。盖颇讲科举之学者，其作辑释，殆亦为经义而设，故广等以夙所诵习、剽刻成编欤？初与《五经大全》并颁，然当时程式以《四书》义为重，故《五经》率皆庋阁，所研究者惟《四书》，所辨订者亦惟《四书》。后来《四书》讲章浩如烟海，皆是编为之滥觞。盖由汉至宋之经术，于是始尽变矣。特录存之，以著有明一代士大夫学问根柢具在于斯，亦足以资考镜焉。

《四库全书总目》卷三六

三鱼堂四书大全提要

《三鱼堂四书大全》四十卷，国朝陆陇其编。陇其有《古文尚书考》，已著录。初，明永乐间胡广等奉诏撰《四书大全》，阴据倪士毅旧本，潦草成书，而又不善于剽窃，庞杂割裂，痕迹显然。虽有明二百余年悬为功令，然讲章一派从此而开，庸陋相仍，遂似朱子之书专为时文而设，而经义于是遂荒。是编取胡广书，除其烦复，刊其舛谬，又采《蒙引》、《存疑》、《浅说》诸书之要，以附益之，自较原本为差胜，然终未能尽廓清也。其初稿成于康熙辛酉，前有自序，尚歉然以为未定。及晚年辑《困勉录》，复取是书，互相参考，别以朱笔点次，乃成定本。然未及重为之序，故其门人席永恂、侯铨、王前席等校刊之时，仍以原序冠卷端，实则序在前而书在后也。《大学》、《中庸》并载，《或问》亦仍《大全》之旧。卷末附载王应麟《论语、孟子考异》，不知何人采摭《困学纪闻》为之，非应麟原有是书也。

《四库全书总目》卷三七

附录七

明史·胡广传

胡广，字光大，吉水人。父子祺，名寿昌，以字行。陈友谅陷吉安，太祖遣兵复之，将杀协从者千余人。子祺走谒帅，力言不可，得免。洪武三年以文学选为御史，上书请都关中。帝称善，遣太子巡视陕西，后以太子薨，不果。子祺出为广西按察佥事，改知彭州。所至平冤狱，毁淫祀，修废堰，民甚德之。迁延平知府，卒于任。广，其次子也。建文二年廷试，时方讨燕，广对策有“亲藩陆梁，人心摇动”语，帝亲擢广第一，赐名靖，授翰林修撰。

成祖即位，广偕解缙迎附，擢侍讲，改侍读，复名广，迁右春坊右庶子。永乐五年进翰林学士，兼左春坊大学士。帝北征，与杨荣、金幼孜从。数召对帐殿，或至夜分。过山川阨塞，立马议论，行或稍后，辄遣骑四出求索。尝失道，脱衣乘骣马渡河，水没马及腰以上，帝顾劳良苦。广善书，每勒石，皆命书之。十二年再北征，皇长孙从，命广与荣、幼孜军中讲经史。十四年进文渊阁大学士，兼职如故。帝征乌思藏僧作法会，为高帝、高后荐福，言见诸祥异。广乃献《圣孝瑞应颂》。帝缀为佛曲，令宫中歌舞之。礼部郎中周讷请封禅。广言其不可，遂不许。广上《却封禅颂》，帝益亲爱之。

广性缜密。帝前所言及所治职务，出未尝告人。时人以方汉胡广。然颇能持大体。奔母丧还朝，帝问百姓安否。对曰：“安，但郡县穷治建文时奸党，株及支亲，为民厉。”帝纳其言。十六年五月卒，年四十九。赠礼部尚书，谥文穆。文臣得谥，自广始。丧还，还南京，太子为致祭。明年官其子种翰林检讨。仁宗立，加赠广少师。

《明史》卷一百四十七

明史·杨荣传

杨荣，字勉仁，建安人，初名子荣。建文二年进士。授编修。成祖初入京，荣迎谒马首曰："殿下先谒陵乎，先即位乎？"成祖遽趣驾谒陵。自是遂受知。既即位，简入文渊阁为更名荣。同值七人，荣最少，警敏。一日晚，宁夏报被围。召七人，皆已出，独荣在，帝示以奏。荣曰："宁夏城坚，人皆习战，奏上已十余日，围解矣。"夜半，果奏围解。帝谓荣曰："何料之审也。"江西盗起，遣使抚谕，而令都督韩观将兵继其后。贼就抚奏至，帝欲赐敕劳观。荣曰："计发奏时，观尚未至，不得论功。"帝益重之，再迁至侍讲。太子立，进右谕德，仍兼前职，与在直诸臣同赐二品服。评议诸司事宜，称旨，复赐衣币。帝威严，与诸大臣议事未决，或至发怒。荣至，辄为霁颜，事亦遂决。

五年命往甘肃经画军务，所过览山川形势，察军民，阅城堡。还奏武英殿。帝大悦。值盛暑，亲剖瓜啖之。寻进右庶子，兼职如故。明年以父丧给传归。既葬，起复视事。又明年，母丧乞归。帝以北行期迫不许，命同胡广、金幼孜扈从。甘肃总兵官何福言脱不花等请降，需命于亦集乃。命荣往甘肃偕福受降，持节即军中封福宁远侯。因至宁夏，与宁阳侯陈懋规划边务。还陈便宜十事。帝嘉纳之。

八年从出塞，次胪朐河。选勇士三百人为卫，不以隶诸将，令荣领之。师旋，饷不继。荣请尽以供御之余给军，而令军中有余者得相贷，入塞，官为倍偿。军赖以济。明年乞奔丧，命中官护行。还询闽中民情及岁丰歉。荣具以对。寻命侍诸皇孙读书文华殿。

十年，甘肃守臣宋琥言，叛寇老的罕逃赤斤蒙古，且为边患。乃复遣荣至陕西，会丰城侯李彬议进兵方略。荣还奏言，隆冬非用兵时，且有罪不过数人，兵未可出。帝从其言，叛者亦降。明年复与广、幼孜从北巡。又明年片瓦剌，太孙侍行。帝命荣以间陈说经史，兼领尚宝事。凡宣诏出令，及旗志符验，必得荣奏乃发。帝尝晚坐行幄，召荣计兵食。荣对曰："择将屯田，训练有方，耕耨有时，即兵食足矣。"十四年与金幼孜俱进翰林学士，仍兼庶子，从还京师。明年复从北征。

十六年，胡广卒，命荣掌翰林院事，益见亲任。诸大臣多忌荣，欲疏之，共举为祭酒。帝曰："吾固知其可，第求代荣者。"诸大臣乃不敢言。十八年进文渊阁大学士，兼学士如故。明年定都北京。会三殿灾，荣麾卫士出图籍制诰，舁东华门外。帝褒之。荣与幼孜陈便宜十事。报可。

二十年复从出塞，军事悉令参决，赉予优渥。师还，劳将士，分四行商晚宴，荣、幼孜皆列前席，受上赏。已，复下诏征阿鲁台。或请调建文时江西所集民兵。帝问荣。荣曰："陛下许民复业且二十年，一旦复征之，非示天下信。"从之。明年从出塞，军务悉委荣，昼夜见无时。帝时称杨学士，不名也。又明年复从北征。当是时，帝凡五出塞，士卒饥冻，馈运不继，死亡十二三。大军抵达兰纳木儿河，不见敌。帝问群臣当复进否。群臣唯唯，惟荣、幼孜从容言宜班师。帝许之。

还次榆木川，帝崩。中官马云等莫知所措，密与荣、幼孜入御幄议。二人议，六师在外，去京师尚远，秘不发丧，以礼敛，镕锡为椑，载舆中。所至朝夕进膳如常仪，益严军令，人莫测。或请因他事为敕，驰报皇太子。二人曰："谁敢尔！先帝在则乐敕，宾天而乐敕，诈也，罪不小。"众曰："然。"乃具大行月日及遗命传位意，启太子。荣与少监海寿先驰讣。既至，太子命与蹇义、杨士奇议诸所宜行者。

仁宗即位，进太常卿，余官如故。寻进太子少傅、谨身殿大学士。既而有言荣当大行时，所行丧礼及处分军事状。帝赐敕褒劳，赉予甚厚，进工部尚书，食三禄。时士奇、淮皆辞尚书禄，荣、幼孜亦固辞。不允。

宣德元年，汉王高煦反。帝召荣等定计。荣首请帝亲征，曰："彼谓陛下新立，必不自行。今出不意，以天威临之，事无不济。"帝从其计。至乐安，高煦出降。师还，以决策功，受上赏，赐银章五，褒予甚至。

三年从帝巡边，至遵化。闻兀良哈将寇边，帝留扈行诸文臣于大营，独命荣从。自将轻骑出喜峰口，破敌而还。五年进少傅，辞大学士禄。九年复从巡边，至洗马林而还。

英宗即位，委寄如故。正统三年，与士奇俱进少师。五年乞归展墓，命中官护行。还至武林驿而卒，年七十。赠太师，谥文敏，授世袭都指挥使。

荣历事四朝，谋而能断。永乐末，浙、闽山贼起，议发兵。帝时在塞外，奏至，以示荣。荣曰："愚民苦有司，不得已相聚自保。兵出，将益聚不可解。遣使招抚，当不烦兵。"从之，盗果息。安南之弃，诸大臣多谓不可，独荣与士奇力言不宜以荒服疲中国。其老成持重类如此。论事激发，不能容人过。然遇人触帝怒致不测，往往以微言导帝意，辄得解。夏原吉、李时勉之不死，都御史刘观之免戍边，皆赖其力。尝语人曰："事君有体，进谏有方，以悻直取祸，吾不为也。"故勘恩遇亦始终无间。重修《太祖实录》及太宗、仁、宣三朝实录，皆为总裁官。先后赐赉，不可胜计。性喜宾客，虽贵盛无稍崖岸，士多归心焉。或谓荣处国家大事，不愧唐姚崇，而不拘小节，亦颇类之。

家富，曾孙晔为建宁指挥，以贽败。详《宦官传》。

《明史》卷一百四十八

明史·金幼孜传

金幼孜，名善，以字行，新淦人。建文二年进士。授户科给事中。成祖即位，改翰林检讨，与解缙等同直文渊阁，迁侍讲。时翰林坊局臣讲书东宫，皆先具经义，阁臣阅正，呈帝览，乃进讲。解缙《书》，杨士奇《易》，胡广《诗》，幼孜《春秋》，因进《春秋要旨》三卷。

永乐五年迁右谕德兼侍讲，因谕吏部，直内阁诸臣胡广、金幼孜等考满，勿改他任。七年从幸北京。明年北征，幼孜与广、荣扈行，驾驻清水源，有泉涌出。幼孜献铭，荣献诗，皆劳以上尊。帝重幼孜文学，所过山川要害，辄命记之。幼孜据鞍起草立就。使自瓦剌来，帝召幼孜等傍舆行，言敌中事，亲倚甚。尝与广、荣及侍郎金纯失道陷谷中。暮夜，幼孜坠马，广、纯去不顾。荣为结鞍行，行又辄坠，荣乘以己骑，明日始达行在所。是夜帝遣使十余辈迹荣、幼孜，不获。比至，帝喜动颜色。自后北征皆从，所撰有《北征前后》二《录》。十二年命与广、荣等纂《五经四书性理大全》，迁翰林学士。十八年与荣并进文渊阁大学士。

二十二年从北征，中道兵疲，帝以问群臣。莫敢对，惟幼孜言不宜深入，不听。次开平，帝谓荣、幼孜曰："朕梦神人语上帝好生者再，是何详也?"荣、幼孜对曰："陛下此举，固在除暴安民。然火炎昆冈，玉石俱毁，惟陛下留意。"帝然之，即命草诏，招谕诸部。还军至榆木川，帝崩。秘不发丧。荣讣京师，幼孜护梓宫归。

仁宗即位，拜户部右侍郎兼文渊阁大学士。寻加太子少保兼武英殿大学士。是年十月命幼孜、荣、士奇会录罪囚于承天门外。诏法司，录重囚必会三学士，委寄益隆。帝御西角门阅廷臣制诰，顾三学士曰："汝三人及蹇、夏二尚书，皆先帝旧臣，朕方倚以自辅。尝见前代人主恶闻直言，虽素所亲信，亦畏威顺旨，缄默取容。贤良之臣，言不见听，退而杜口。朕与卿等当深用为戒。"因取五人诰词，亲增二语云："勿谓崇高而难入，勿以有所从违而或怠。"幼孜等顿首称谢。洪熙元年进礼部尚书兼大学士、学士如故，并给三俸。寻乞归省母。明年，母卒。

宣宗立，诏起复，修两朝实录，充总裁官。三年持节宁夏，册庆府郡王妃。所过询疾苦，还奏之，帝嘉纳焉。从巡边，度鸡鸣山。帝曰："唐太宗恃其英武片辽，尝过此山。"幼孜对曰："太宗寻悔此役，故建悯忠阁。"帝曰："此山崩于元顺帝地，为元亡征。”对曰：“顺帝亡国之主，虽山不崩，国亦必亡。”宣德六年十二月卒。年六十四。赠少保，谥文靖。

幼孜简易静默，宽裕有容。眷遇虽隆，而自处益谦。名其宴居之室曰“退庵”。疾革时，家人嘱请身后恩，不听，曰：“此君子所耻也。”

《明史》卷一百四十七

【附编：四书人物考校注】

〔明〕薛应旂 撰
周 群 王玉琴 校注

前　　言

薛应旂字仲常，号方山，明武进人，生卒年不详。嘉靖十四年进士，授慈溪知县，屡迁南京考功郎中，因触忤严嵩，谪建昌通判，历浙江提学副使。罢归。著有《考亭渊源》、《宪章录》、《宋元通鉴》、《甲子会纪》、《高士传》、《皇明人物考》、《浙江通志》、《学政公移》、《明儒论宗》以及《方山集》诸书。薛应旂曾任科举考试的主考官，史载其对于人才"鉴识甚精"，在任浙江提学副使时，看到慈溪向程试卷时，叹为科元。但看到余姚诸大圭卷时，则对向程说："子非元矣，有大圭在。"榜发，果如其所言（详见《明儒学案》卷二十五《提学薛方山先生应旂》）。正由于薛应旂曾任职南考功，浙江提学副使，因此能清晰地了解科场试子们的读书需求。并且他有感于明代时文空疏之弊，以及孟子"诵其诗，读其书，不知其人，可乎？"的古训，遂考述《四书》人物，编纂成《四书人物考》，期以增添试子们的论古之识，断古之才，在此基础上而成通达古今之论。

《四书》原文中谈及的各类人物凡 280 人之众，薛应旂将《四书》中的人物按照身份、国别、时代顺序、行业等进行分类，凡是与《四书》人物相关的行迹、辞命、章疏、礼乐、政教等见于经史诸子者悉为收录。资料主要来自于《礼记》、《左传》、《史记》、《战国策》、《国语》、《吕氏春秋》、《吴越春秋》、《新序》、《说苑》、《孔子家语》、《孔丛子》、《列女传》等先秦两汉的古代典籍。薛氏编纂《四书人物考》的另一个目的是有裨问学。据薛应旂自序所说，该书是作者在董理浙江学政罢归之后，"将平生所录古人行迹各注于名氏之端者，编为纪传，总四十卷，其泛引杂证，虽尝删次，而文章事行，苟有裨于问学治理者咸在所录"①，可见，《四书人物考》对于试子们科考提供了方便的应试资料，省却了诸多翻检之劳，同时，也为我们今天研究与理解《四书》的内容提供了丰富的资料。因此，整理历代科举文献，收录《四书人物考》，既可以如实反映科考文献的历史，也对研究《四书》不无裨益。

当然，薛应旂所作，也受到了一些学者的批评，其中一个明显的缺陷是采众说而未明出处，并疏于考证。虽然其后有福建儒士朱焯所撰的《四书人物考注》以及应旂元孙薛寀采编杂考《四书》名物，而成《四书人物考补考》八卷，但被学界认为饾饤浅陋，历

① 转引自朱彝尊《经义考》卷二百五十七，中华书局 1998 年影印本，第 1293 页。

来评价不高。明陈仁锡(字明卿)将薛应旂《四书人物考》、朱焯注，薛寀增补的内容汇刻而成《陈明卿先生订正四书人物备考》四十八卷。虽然其朱氏与薛氏的注文及增补的内容价值并不很高，并且书的内容已非《人物考》所能涵盖，但改正了薛氏原作的一些讹误，因此，此次校注，即以通行本《四库存目丛书》所收的国家图书馆藏明嘉靖刻本(简称"嘉靖本")为底本，参校清刻《陈明卿先生订正四书人物备考》(简称"《备考》本")，并参酌引述原始文献进行校勘。

《四书人物考》引述得较多的上古文献是宋罗泌的《路史》、苏辙的《古史》等，如《舜》中所记，在现存的文献中，仅有《路史》所载与薛氏所作最为相近。而罗氏之作虽不尽雅驯，常为史家所诟病，然而在上古文献不足的情况下，罗泌的《路史》、苏辙的《古史》搜集百家，远溯洪荒，其中的努力也不应一笔抹煞。薛应旂错综涵茹于此，勾稽远古传记，其疏于考据之憾，在某种程度上实乃因上古文献有所不足使其然。

本书循《历代科举文献整理与研究丛刊》之通例，将繁体字改为简体字。因该书所涉上古文献较多，古今语言差异较大，故本次校注力求做到详细、准确。

王玉琴博士为本书付出了大量的劳动，王逊参加了部分点校工作。本书注文参酌吸取了学术前辈和同行的有关成果。因为注文条目繁多，受篇幅所限，引述的成果不作一一标示，谨对相关作者表示衷心的感谢，并请谅解。由于学识所限，加之全套丛书行将付梓，校注中的讹误与不足一定很多，恳请读者指正。

周 群

2009年2月20日于南京大学

四书人物考序

明武进薛应旂仲常撰

《四书人物考》者，考《学》、《庸》、《论》、《孟》所载之人物也。夫既载之，考何为哉？孟氏曰："诵其诗，读其书，不知其人，可乎？"夫是以考之也。古人之载于籍者多矣，不为遍考而独于《四书》者何？以《四书》表里《六经》、经纬宇宙，经筵进讲，学校设官首是焉先也。迩来命世之英固多，而驰骛场屋者，唯事速化，岂直子史束阁，虽《四书》所载名氏【校记："名氏"，《备考》本作"人物"。】，已大都不省其为何如人矣。夫见定者，斯可以法古；鉴往者，斯可以善今，平居罔知所向，虽欲修身体道，其将焉依？矧出而官人论材，臧否评隲，无惑乎权衡倒置，而贤否混淆也，其关系岂微乎哉！余尝董浙学政，每于课试间抚卷感怀，深为此惧。既罢归，避寇钟山，而故庐所尝读书尽为寇毁，唯兹《四书》每携以自随，杜门无事，遂将平生手录古人行迹，各注于名氏之端者，编为纪传，总四十卷，名之曰《四书人物考》云。夫其泛引杂证，虽尝删次，而文章事行苟有裨于问学治理者，咸在所录【校记："咸在"《备考》本作"或在"。】，固不敢过求其真赝也。信而好古，尼父且然，小子何人？方愧不若胥臣之多闻，子产之博物，未能罔罗旧闻，以资详择，尚忍易为弃置哉！编成，有览者曰："演《周易》，作《春秋》，著《离骚》，述《史记》，大抵贤圣志士发愤之所为作也，以子之平生独立，竟罹比党之危，其为是者，无亦意有所郁结不得通其道也与？"余曰："岂有是哉？余迂疏泥古，学不知方，师心信理，动戾时局，积羽沉舟，自分必至。回观壮图【校记："回观"，《备考》本作"回视"。】，恍然梦中事矣。独念岁月云迈，而幼所学者旋亦就湮，故载笔摛辞，聊以永日，庶几于论世尚友之意云尔？安敢与古圣贤志士例论哉！世有子云，或亦知之，不然是余之罪也夫。【校记："余"，《备考》本作"予"。】"

嘉靖丁巳秋八月既望

凡　例

1. 帝王作纪，臣人作传，从史例也。
2. 人物凡见于《四书》者，悉为编辑。其次序先后，或以时，或以国，或以行业，各从其类也。
3. 孔子冠群圣而独盛，而犹从国君之次者，尊君也。
4. 各出处、行迹、辞命、章疏、礼乐、政教见于经史诸子者，俱用全文，不为省约，所以备文章之大观也。
5. 先儒所称不见经传，及论注异同者，或子集可据，或地志开载，亦为采辑，所以备订正也。
6. 诸子百家所载凡可疑者，多从删削，间亦有兼收并载者，盖宇宙间事未可执一，将以资详说而反之约也。
7. 各人事迹散见诸书，互有异同，亦惟其佥同可信者录之。盖三人占则从二人之意也。
8. 各人言行有彼此互见而并存者，有但曰见其人传者，各因其所重也。
9. 各人言行凡见于别籍者，则为采辑；其见于《四书》者，因所共知，故不悉录。若止见于《四书》而别籍不经见者，则采《四书》所载，聊备名氏，以俟典雅君子。此系传信之书，固不敢为韩、苏《毛颖》、《叶嘉》之传也。
10. 论断或概其平生，或止举其一事，或合数人而并论，或就其中有所感发，聊以发抒鄙见，亦妄拟太史迁之例也。若其人贤否显然者，不复赘云。

四书人物考卷一

纪一

神农

炎帝神农氏，姜姓。母曰女登，有娲氏之女①，为少典妃，感神龙而生帝，人身牛首，长于姜水，因以为姓。承庖牺②之木，以火德③王，故曰炎帝。

帝以茹毛饮血，非生民可久之利，乃斲木为耜，揉木为耒，教天下以耕稼食谷，故号神农氏。其为教曰："民为邦本，食为民天。"一人不耕，则天下有受其饥者矣；一女不绩，则天下有受其寒者矣。故夫必亲耕，妇必亲绩，人恭生生，各食其力，于是作蜡祭④，岁报顺成，以赭鞭⑤鞭草木，始尝百草，制医药以疗民疾，俾无夭札⑥。又作五弦⑦之琴，教人日中为市，交易而退，各得其所。

诸侯夙沙氏叛⑧，杀其谏臣箕文，帝唯自修德，夙沙之民自攻其君而归帝。初都陈，后都曲阜，立一百二十年崩，葬长沙。神农本起烈山⑨，故左氏称烈山氏之子曰

---

① 娲氏之女：即女娲氏。神话中的古帝名。或谓伏羲之妹，或谓伏羲之妇。一说为夏禹妃，涂山氏之女。古时出现天崩地裂，女娲乃炼五色石以补天，断龟足以立四极。见《淮南子·览冥》、《太平御览》七八《女娲氏》、《通志》一《三皇纪》引《春秋世谱》等。此据唐司马贞《补三皇本纪》。

② 庖牺即伏羲。唐司马贞《补三皇本纪》："太皞庖牺氏，风姓，代燧人氏继天而王……养牺牲以庖厨，故曰庖牺。"亦省称"庖牺 "。

③ 火德：古代方士有"五德"之说，以帝王受命正一行的火运，称为火德。

④ 蜡祭：祭名。年终合祭百神。《礼·郊特牲》："蜡之祭也，主先啬而祭司啬也，祭百种以报啬也。"

⑤ 赭鞭：相传为神农氏用以检验百草性味的赤色鞭子。赭：赤色。

⑥ 俾无夭札：使无人遭疫病而早死。《左传·昭公四年》："疠疾不降，民不夭札。"杜预注："短折为夭，夭死为札。"

⑦ 五弦：古代乐器名。《韩非了·外储说左上》："昔者舜鼓五弦，歌《南风》之诗而天下治。"

⑧ 夙沙：古部落名，在今山东胶东地区。《吕氏春秋·用民》："夙沙之民，自攻其君而归神农。"

⑨ 烈山：山名。又名"厉山"、"随山"、"重山"、"丽山"。在湖北省随州市北，相传炎帝神农氏生于此。

柱，亦曰厉山氏。《礼·祭法》曰："厉山氏之有天下也，其子曰农，能殖百谷。"盖谓是也。帝谓始万物终万物者，莫盛乎艮①，遂以艮为首，作连山之《易》，故又曰连山氏。

神农凡八代，五百三十年，而轩辕②氏兴焉，其后有州甫、甘许、戏露、齐纪、怡向、申吕，皆姜姓之后，并为诸侯，或分四岳。至周宣王时，甫侯申伯为王贤相，齐许列为诸侯，霸于中国。盖圣人德泽广大，故其祚胤③繁昌久长云。

薛应旂曰："洪荒之世，人物鲜少，民夫滋伪，有君在上，不必百官有司④而自可治也，与民并耕，讵谓非神农之言邪，但后世则异然矣。"

尧

帝尧，陶唐氏⑤，祁姓，帝喾之子⑥，挚之弟也。母陈丰氏，曰庆都，孕十有四月，高辛丁亥岁，生尧于丹陵，名曰放勋。挚立，尧年十三，佐挚封植⑦，受封于陶。年十五，改国于唐。挚以荒淫而废，诸侯尊尧为天子，都于平阳之安邑，以火德王，色尚白。

甲辰元载，乃命羲和、钦若、昊天、历象日月星辰，敬授人时，命羲仲、羲叔、和仲、和叔分掌四时方岳⑧之职。二载，咨羲和⑨定闰法，允厘百工，庶绩咸熙⑩，其详具载《尚书·尧典篇》中。七载，麒麟游于薮泽。十有二载，巡狩诸侯，西夏縢城守好

---

① 艮：卦名，八卦之一。《易·说》："艮为山。"

② 轩辕：即黄帝。古史传说姓公孙。居于轩辕之丘，故名曰轩辕。曾战胜炎帝于阪泉，战胜蚩尤于涿鹿，诸侯尊为天子。后人以之为中华民族的始祖。

③ 祚胤：福运及于后代子孙。《诗·大雅·既醉》："君子万年，永锡祚胤。"郑玄笺："长予女福祚，至于子孙。"

④ 有司：官吏。古代设官分职，各有专司，故称。《书·大禹谟》："好生之德，洽于民心，兹用不犯于有司。"

⑤ 陶唐氏：传说中的远古部落名。《左传》襄公二十四年"宣子曰：'昔匄之祖，自虞以上，为陶唐氏。'"杜预注："陶唐，尧所治地，太原晋阳县也。终虞之世以为号，故曰自虞以上。"

⑥ 帝喾：传说中的五帝之一，黄帝的曾孙，尧的父亲。居亳，号高辛氏。卜辞中商人以帝喾为高祖。《礼记·祭法》："殷人禘喾而郊冥。"参阅《史记·五帝本纪》。

⑦ 封植：亦作"封埴"，"封殖"。原意为壅土培育，引申为扶植势力，培养人才。《国语·吴语》："今天王既封植越国，以明闻于天下。"韦昭注："封植，以草木自喻。壅本曰封；植，立也。"

⑧ 方岳：四方之山岳。古指东岳泰山、西岳华山、南岳霍山（一指衡山）、北岳恒山。《书·周官》："王乃时巡，考制度于四岳，诸侯各朝于方岳，大明黜陟。"

⑨ 羲和：羲氏与和氏的并称。传说尧曾命羲仲、羲叔、和仲、和叔两对兄弟分驻四方，以观天象，并制历法。《书·尧典》："乃命羲和，钦若昊天，历象日月星辰，敬授人时。"

⑩ 允厘百工，庶绩咸熙：百工治理得当，各种事业都做得很兴盛。允厘：谓治理得当。庶绩：各种事业。熙：兴盛，兴起。

贪求，于是伐而亡之，有苗不享①，征而克之于丹水②之浦，命阏伯③长火，居商丘；命母句氏作离声，制五弦徽④，鼓大唐之歌；命夔放⑤山川谿谷之音，以歌八风⑥，作大章之乐。作五庙，立五府⑦，以享先祖而祀五帝。五十载，帝游于康衢⑧。儿童谣曰："立我烝民，莫匪尔极，不识不知，顺帝之则。"⑨时有老人击壤⑩而歌曰："吾日出而作，日入而息，凿井而饮，耕田而食，帝何力于我哉！"六十有一载，洪水怀襄⑪，举鲧俾乂⑫，九载功用不成。七十载殛鲧于羽山⑬，放驩兜⑭于崇山，子丹朱及庶子九人皆不肖⑮。尧求贤德可以逊位，让许由⑯。由不受，逃隐。群臣咸举舜，舜贤明，尧亦闻之。于是以二女妻舜，九男事之。七十有二载，纳舜于奉山之麓，使之主祭，命禹平水土，益掌火，弃教民播种，契为司徒⑰。丙辰七十有三载，荐舜于天，舜受终于文祖⑱。

---

① 享：进献，贡献。《书·洛诰》："汝其敬识百辟享，亦识其有不享。"孔传："奉上之谓享。"孔颖达疏："享训献也，献是奉上之词，故奉上之谓享。"

② 丹水：传说中的水名。《山海经·南山经》："丹穴之山，其上多金玉，丹水出焉，而南流注于渤海。"

③ 阏伯：古代人名，后用为商星的别称。《左传·襄公九年》："陶唐氏之火正，阏伯居商丘，祀大火，而火纪时焉。相土因之，故商主大火。"

④ 弦徽：琴弦与琴徽，借指丝弦乐器。

⑤ 夔：人名，相传是舜时乐官。《礼记·乐记》："昔者舜作五弦之琴，以歌《南风》。夔始制乐，以赏诸侯。"放：仿效、模拟。

⑥ 八风：八方之风。《吕氏春秋》、《淮南子》、《说文》所载名目不一，如《吕氏春秋·有始》："何谓八风？东北曰炎风，东方曰滔风，东南曰熏风，南方曰巨风，西南曰凄风，西方曰飂风，西北曰厉风，北方曰寒风。"

⑦ 五庙：父、祖、曾祖、高祖、始祖之庙。五府：指周代的太府、玉府、内府、外府、膳府。

⑧ 康衢：四通八达的大路。

⑨ 这四句是称赞尧的歌，后因称歌颂盛世之歌为"康衢谣"。

⑩ 击壤：《艺文类聚》卷十一引晋皇甫谧《帝王世纪》："（帝尧之世）天下大和，百姓无事，有五十老人击壤于道。"后因以"击壤"为颂太平盛世的典故。

⑪ 怀襄：怀山襄陵的省称，谓洪水汹涌奔腾溢上山陵。《书·尧典》："汤汤洪水方割，荡荡怀山襄陵，浩浩滔天。"《书经大全》卷一："怀，包其四面也。襄，驾出其上也。"

⑫ 鲧：传说中中国古代部落酋长名，号崇伯，禹之父，曾奉尧命治水，因筑堤堵水，九年未治平，被舜杀死于羽山。乂：治理。《书·尧典》："浩浩滔天，下民其咨，有能俾乂。"孔传："乂，治也。"

⑬ 殛：流放，放逐。"流共工于幽州，放驩兜于崇山，窜三苗于三危，殛鲧于羽山。"见《尚书·舜典》。

⑭ 驩兜：人名。尧时佞臣。《庄子·在宥》："尧于是放驩兜于崇山。"

⑮ 丹朱：尧子名。《史记·五帝本纪》："尧知子丹朱之不肖，不足授天下，于是乃权授舜。"庶子：旧时指嫡子以外的众子，亦指妾所生之子。

⑯ 许由：传说中的隐士。相传尧让以天下，不受，遁居于颍水之阳、箕山之下。尧又召为九州长，由不愿闻，洗耳于颍水之滨。事见《庄子·逍遥游》、《史记·伯夷列传》。

⑰ 契：人名。传说中商的祖先，为帝喾之子。舜时佐禹治水有功，任为司徒，封于商，赐姓子氏。参阅《书·舜典》、《史记·殷本纪》。

⑱ 文祖：帝尧始祖之庙。《书·舜典》："正月上日，受终于文祖。"孔传："文祖者，尧文德之祖庙。"

七十有六载，流共工①于幽州，窜三苗于三危②。八十载，禹告成功，详具《书·禹贡篇》。八十有一载，肇十有二州，封十有二山，濬川③。封伯禹于有夏，封四岳于有吕，加赐伯益，封契于商，封弃于邰④，于是率群臣刻璧而书，东沉洛水，言天命当传舜之意。今《逸书》有《中候》、《运衡》之篇是也。

尧之为君也，其仁如天，其知如神【校记：嘉靖本作“其智”。《备考》本与《史记》同，故从之。】。就之如日，望之如云。富而不骄，贵而不舒。黄收纯衣⑤，彤车白马。茅茨不翦⑥，朴桷⑦不斲，素题不枅⑧，大路不画⑨，越席不缘⑩，大羹不和⑪。饭于土簋⑫，饮于土铏⑬。金银珠玉不饰，锦绣文绮不展，奇怪异物不视，玩好之器不宝，淫泆之乐不听，宫垣室屋不垩⑭色。布衣掩形，粗裘御寒，衣履不敝尽不更为也。存心于天下，加志于穷民。一民饥曰我饥之也，一民寒曰我寒之也，一民有罪曰我陷之也。百姓戴之如日月，亲之如父母。仁昭而义立，德博而化广，故不赏而民劝，不罚而民治。景星耀，甘露降，朱草生，凤凰至，嘉禾⑮孳，醴泉涌，焦侥民来贡没羽⑯。又有

---

① 共工：有多种解释。《书·舜典》：“流共工于幽洲。”此处指尧臣，和驩兜、三苗、鲧并称为“四凶”，被流放于幽州。

② 三苗：古国名。《书·舜典》：“窜三苗于三危。”孔传：“三苗，国名，缙云氏之后，为诸侯，号饕餮。”

③ 濬川：疏通河道。

④ 邰：古国名，周始祖后稷至公刘定居于此，在今陕西省武功县西南。

⑤ 黄收：古冠名。纯衣：古时士的祭服，以丝为之。《史记·五帝本纪》：“黄收纯衣，彤车乘白马。”裴骃《史记集解》：“《太古冠冕图》云：‘夏名冕曰收。’”

⑥ 茅茨：亦作“茆茨”，茅草盖的屋顶，亦指茅屋。《韩非子·五蠹》：“尧之王天下也，茅茨不翦，采椽不斲。”

⑦ 朴桷：柞木椽子。

⑧ 素题不枅：谓端额梁柱不加采饰。《淮南子·精神训》：“今高台层榭，人之所丽也，而尧朴桷不斲，素题不枅。”高诱注：“素题者，不加采饰。”枅：柱上方木。

⑨ 大路：亦作“大辂”，玉辂，古时天子所乘之车。《书·顾命》：“大辂在宾阶面。”

⑩ 越席不缘：用蒲草编织的席不镶边。缘：给衣履等物镶边或绲边。

⑪ 大羹：不和五味的肉汁。《礼记·乐记》：“大飨之礼，尚玄酒而俎腥鱼，大羹不和，有遗味者矣。”郑玄注：“大羹，肉湆，不调以盐菜。”

⑫ 土簋：盛饭的瓦器。簋：古代祭祀宴享时盛黍稷的器皿。一般为圆腹，侈口，圈足。商代的簋多无盖、无耳或有二耳。西周和春秋的簋常带盖，有二耳，四耳。

⑬ 土铏：古代一种盛汤羹的瓦器。《韩非子·喻老》：“以为象箸，必不加于土铏，必将犀玉之杯。”

⑭ 垩：用白色涂料粉刷。《管子·轻重丁》：“皆垩白其门，而高其闾。”此处薛应旂据宋刘恕《资治通鉴外纪》卷一而作。

⑮ 嘉禾：生长奇异的禾，古人以之为吉祥的征兆，亦泛指生长茁壮的禾稻。《书·微子之命》：“唐叔得禾，异亩同颖，献诸天子。王命唐叔，归周公于东，作《归禾》。周公既得命禾，旅天子之命，作《嘉禾》。”

⑯ 焦侥：古代传说中的矮人，因以为其国名。没羽：箭名。《竹书纪年》卷上：“帝尧二十九年春，焦侥氏来朝，贡没羽。”

草夹阶而生，随月生死，以占日月之数，名曰蓂荚①。

癸未一百载，舜摄位之二十八载也，帝乃殂落，年一百十七岁，百姓如丧考妣，四海遏密八音②。葬于济阴之成阳西北，是为谷林。

薛应旂曰："天生民而作之君，是君者代天以生民者也，故称之曰'天子'。夫天下大矣，生民众矣，而生之道乃系于一人之身，其责任不大艰难矣哉！余观《尚书》载尧咨四岳以巽位③，而自叙在位七十载，盖言耄期倦勤④，非避难也。四岳自言德忝帝位，而师锡⑤'有鳏在下'之虞舜，盖言帝责之难称，而唯有德者，斯足以当之，非故以难事累舜也。其时之人心气象如何哉！故许由、善卷⑥之徒，当时目为避难之士，而彼亦不自以为高也。后世视君位为富贵尊荣逸乐之具，而失上天生民之初意，于是莽、操、懿、温⑦之徒，纷纷接迹于天下，而上古之逃隐者，斯擅其高矣。"

舜

帝舜有虞氏，其先国于虞⑧，始为虞氏。系出虞幕，是生乔牛，乔牛生瞽瞍⑨，初家于冀，瞽瞍娶握登。唐尧壬午岁，生舜于姚墟，握登早丧，瞽瞍再娶而生象，象得亲乃咸恶舜，御以不道，舜于是往于田，泣旻天⑩，号父母，负罪隐慝⑪，大杖避，小杖受，事亲拊弟，日以笃，惟恐不获于象。动心忍性，死生不入于心。年二十，孝友闻四海。

---

① 蓂荚：古代传说中的一种瑞草。蓂荚每月从初一至十五，每日结一荚；从十六至月终，每日落一荚。故从荚数，可知何日。一名历荚。《竹书纪年》卷上："有草夹阶而生，月朔始生一荚，月半而生十五荚；十六日以后，日落一荚，及晦而尽；月小，则一荚焦而不落。名曰蓂荚，一曰历荚。"

② 八音：我国古代对乐器的统称，通常为金、石、丝、竹、匏、土、革、木八种不同质材所制。

③ 巽位：践位。巽：履，践。《书·尧典》："朕在位七十载，汝能庸命巽朕位？"

④ 耄期倦勤：可简称"耄倦"。《书·大禹谟》："朕宅帝位，三十有三载，耄期倦于勤。"孔传："言已年老，厌倦万机。"后称年老倦于理政为"耄倦"。耄：年老，高龄。古称大约七十至九十岁的年纪。

⑤ 师锡：谓众人献言，同辞以对。《书·尧典》："师锡帝曰：'有鳏在下，曰虞舜。'"孔传："师，众；锡，与也。"后以"师锡"指众人举荐推许。

⑥ 善卷：相传为尧舜时隐士。《庄子·让王》："舜以天下让善卷。善卷曰：'余立于宇宙之中……日出而作，日入而息，逍遥于天地之间，而心意自得。吾何以天下为哉！'"

⑦ 莽、操、懿、温：王莽、曹操、司马懿、桓温。

⑧ 虞：古国名，亦为朝代名，帝舜有天下之号。舜之先封于虞，故城在今山西省平陆县东北。周武王克殷，封古公亶父之子虞仲的后人于此，是为西虞。

⑨ 瞽瞍：古代称盲者为瞽。相传舜的父亲是盲人，担任乐官。《韩诗外传》卷五："两瞽相扶，不触墙木，不陷井穽，则其幸也。"

⑩ 旻天：泛指天。《书·多士》："尔殷遗多士，弗吊旻天，大降丧于殷。"

⑪ 负罪隐慝：谓引咎自责。"隐"当为"引"。《书·大禹谟》："（舜）负罪引慝，祗载见瞽瞍。"《书经大全》卷二："负罪：自负其罪，不敢以为父母之罪；引慝：自引其慝，不敢以为父母之慝也。"

方是时，口不设言，手不指麾，执玄德而化驰若神①。历阳之耕者侵畔，乃往耕焉，田父②推畔；雷泽之渔者争坻③【校记："雷泽"，嘉靖本作"濩泽"。《备考》本与《说苑》、《新序》同，故从之。】，乃往渔焉，鲛人④巽长。东夷之陶者苦窳⑤，乃陶于河滨，期年而器以利；牧羊于潢阳，而获玉历⑥于河岩。所至向合⑦，父母不爱，弟妹不亲，虽耕稼陶渔，劳悴困苦，无入而不自适也。迁于负夏，贩于顿丘，倩于传虚，编蒲结罟，每徙而民归之。至邓之墟，小大悦之，秀士⑧胥从。雄陶、方回、续牙、伯阳、东不訾、秦不宇、灵甫，不辟而至，周旋历濩之间，为之七友。迨既禅，七人者始逃之。

初，尧在位七十载矣，见丹朱不肖，不足以嗣天下，乃求贤巽位。舜之潜德，尧实知之，于是畴咨⑨于众，询四岳⑩，明明扬仄陋⑪，四岳咸举舜。谓："父顽，母嚚⑫，象傲，克谐，以孝烝烝⑬，乂不格奸⑭。"尧曰："我其试哉！"乃征之，得诸服泽之阳。问曰："我欲致天下，为之奈何？"对曰："执一无失，行微无怠，忠信无倦，而天下自来。"问以奚事，曰："事天。"问以奚任，曰："任地。"又问奚务，曰："务人。"曰："人之情奈何？"曰："妻子具而孝衰于亲，嗜欲得而信衰于友，人之情乎！若夫从道则吉，反道则凶，犹影响也。"帝馆之于贰室，语礼乐，详而不悖；语政治，简而易行；论道，广大而无穷；论天下事，贯昵而条达，咸协于帝⑮，而可底绩。于是锡之絺衣⑯雅琴，命之姚姓，配以娥黄、女英，以观其内；九子事之，以观其外。

---

① 口不设言，手不指麾，执玄德而化驰若神：语出《淮南子·原道训》，意即舜既不喋喋不休地说教，也不指手画脚地干预，他只是保持自然无为的信念和德行，而感化民众无比神速。

② 田父：老农。《史记·项羽本纪》："项王至阴陵，迷失道，问一田父。"

③ 雷泽：即泽水特别大的地方。濩：形容水势汹涌。坻：水中小洲或高地。

④ 鲛人：捕鱼者，渔夫。

⑤ 苦窳：粗糙质劣。苦，通"盬"。窳：疵病、粗劣。《史记·五帝本纪》："(舜)陶河滨，河滨器皆不苦窳。"

⑥ 玉历：原指正朔，引申为历数、国运。汉焦赣《易林·屯之蒙》："山崩谷绝，大福尽竭。泾渭失纪，玉历尽已。"

⑦ 向合：乐声谐和，比喻相处和睦。

⑧ 秀士：德行才艺出众的人。《礼记·王制》："命乡论秀士，升之司徒，曰选士。"郑玄注："秀士，乡大夫所考，有德行道艺者。"

⑨ 畴咨：访问、访求。《书·尧典》："帝曰：'畴咨若时登庸。'"孔传："畴：谁；庸：用也。谁能咸熙庶绩，顺是事者，将登用之。"

⑩ 四岳：相传为尧臣，羲和的四子，即羲仲、羲叔、和仲、和叔，分掌四方之诸侯。《书·尧典》："帝曰：'咨，四岳。'"孔氏传："四岳，即上羲和之四子，分掌四岳之诸侯，故称焉。"

⑪ 明明扬仄陋：明察推举下面隐伏的高明之人。扬：举用，选拔。仄陋：指有才德而地位卑微的人。

⑫ 嚚：yín，暴虐，愚顽。

⑬ 烝烝：形容孝的美德。《书·尧典》："父顽，母嚚、象傲，克谐，以孝烝烝，乂不格奸。"王引之《经义述闻·尚书上》："谓之烝烝者，言孝德之厚美也。"

⑭ 乂不格奸：处理家政事务没有邪念。乂：处理家族内部事务。格：至。奸：邪恶。

⑮ 咸协于帝：舜的回答都和帝尧相合。协：相同，相合。

⑯ 絺衣：用葛纤维制成的细布。

百官牛羊仓廪备，以事之于畎亩之中。二女纯笃尽道，九子服勤靡懈。帝将胥天下而迁之，乃历试诸难，使宅百揆①，靡不时叙，属之徽典无或不从。宾于四门，诸侯穆穆，烈风雷雨，纳于大麓而弗能迷也。

尧之七十三载丙辰荐舜于天，舜受终于文祖，遂摄位。是时高阳氏有才子八人，天下谓之“八恺②”；高辛氏有才子八人，天下谓之“八元③”。世济其美，尧未及举，舜于是举八恺，使主后土④。举八元，使布五教⑤于四方。摄位二十八载，岁在癸未，尧崩。舜避尧子丹朱于南河之南，天下之朝觐、讴歌、狱讼者，不之丹朱而之舜。历甲申乙酉二岁，然后之中国，践天子之位，都于蒲阪。丙戌元载月正元日，格于文祖，以土承火，色尚赤，改正易服，立七庙⑥，祠中霤⑦。社用土封，春礿夏禘，秋尝冬蒸⑧，五等⑨建官，亲亲任贤，建弟象于有鼻【校记：“有鼻”，《备考》本作“有庳”，《路史》作“有畀”。】，封黄帝之孙子十有九人为侯伯，询四岳，命九官，咨十二牧⑩。三载考绩，五载《箾韶》⑪乐成，六载巡狩观风，兵卫少而诛求寡，国用不匮，七载作《大唐之歌》以美尧禅，九载三考。黜陟幽明，庶绩咸熙，分北三苗⑫。丁巳三十有三载，命禹总师。三十有五载，咨禹征有苗。三旬，苗民逆命，帝乃诞敷文德⑬，舞干羽⑭于两阶。七旬，有苗格⑮。舜之为君也，上循尧道，下任众贤，师纪后，拜蒲衣⑯，亲善

---

① 揆：管理事务，掌管政事。《书·舜典》：“纳于百揆，百揆时叙。”孔传：“揆，度也，度百事总百官。”周秉钧《易解》：“百揆，百事也。”

② 八恺：八个能使人和睦的人。即苍舒、隤（tuí）皑、梼戭（yín）、大临、尨（máng）降、庭坚、仲容、叔达。孔颖达疏：“恺，和也，言其和于物也。”

③ 八元：八个能使人善良的人。即伯奋、仲堪、叔献、季仲、伯虎、仲熊、叔豹、季貍。孔颖达疏：“元，善也，言其善于事也。”

④ 后土：田正，上古掌管有关土地事务的官。《左传·昭公二十九年》：“五行之官，是谓五官……水正曰玄冥，土正曰后土。”杜预注：“土为群物主，故称后也。”

⑤ 布五教：传布五伦之教。五教：即父义、母慈、兄友、弟恭、子孝。

⑥ 七庙：指四亲庙（父、祖、曾祖、高祖）、二祧（远祖）和始祖庙。后以“七庙”泛指帝王供奉祖先的宗庙。

⑦ 中霤：古代五祀所祭对象之一。即后土之神。《礼记·郊特牲》：“家主中霤而国主社。”孔颖达疏：“中霤谓土神。”

⑧ 春礿夏禘，秋尝冬蒸：这里指四种祭祀。古代祭祀春曰礿，夏曰禘，秋曰尝，冬曰蒸。

⑨ 五等：五个等级。《礼记·王制》：“王者之制禄爵，公、侯、伯、子、男五等。”

⑩ 十二牧：传说中舜时十二州的长官。见《书·舜典》。

⑪ 《箾韶》：舜乐名。箾：xiāo，舞曲名。

⑫ 分北三苗：把三苗的人根据情况分离。北：古与“背”字同，别也。

⑬ 诞敷文德：大施文教德政。诞敷：遍布。

⑭ 干羽：都是当时舞蹈者所持的道具。干：盾牌一类古代防御性兵器。羽：翳，用羽毛做成。

⑮ 有苗格：三苗前来归顺。格：来。

⑯ 蒲衣：传说中的上古贤人。成玄英疏《庄子》：“蒲衣子，尧时贤人，年八岁，舜师之，让位不受，即被衣子也。”

卷，学于务成昭①，立诽谤木②，设旌谏鼓③，以广直言之路。访不逮于总章，养国老于上庠，养庶老于下庠④。宪其行止，贵德尚齿。藏金巉岩之山，捐珠五湖之渊。俾下服度，于以杜淫邪而绝觊媚，作米廪以藏帝籍，立两学以教国士。恭己南面，无为而治。弹五弦之琴，歌《南风》之诗，曰：“南风之薰兮，可以解吾民之愠兮，南风之时兮，可以阜吾民之财兮。”

是时土地方五千里【校记：“土地”，《备考》本作“地”。】，至于荒服⑤，南抚交趾、北发、肃慎、东长、岛夷，西渠析枝，出入日月，罔不率俾，四海承风，畅于异类，凤翔麟感，鸟兽被德。四十有八载，南巡狩，崩于鸣条。三十征庸【校记：“征庸”，《备考》本作“登庸”，嘉靖本与《尚书》同，故从之。】⑥，二十在位【校记：“二十在位”，《尚书》作“三十在位”。】，五十载而崩，寿百一十二岁，葬于仓梧山九疑之阳，是为零陵。禹封舜后于虞而客之，及周武王克商，封舜后胡公于陈，赐姓妫氏⑦。

薛应旂曰：“史迁谓学者多称五帝，而《尚书》独载尧以来事，盖传信也。然其时去洪荒之世未远，风教固殊，总之不离古文者近是，其意图难为浅见寡闻者道也。但仲尼谓舜无为而治，今观《舜典》所载，封山浚川，咨岳命官，诸所有事，经法具备，拟之尧时益加详焉，则其所谓无为者，夫岂清净玄默尔哉！盖其所作为者，一皆顺则因物，非有所作为于其间也，斯之谓无为也。故曰：‘后世虽有作者，虞帝篇弗可及也已’。”

禹

伯禹夏后氏，名文命，字高密，帝颛顼⑧之后。父鲧，娶于有莘氏之女，曰志，是

---

① 轺：小车，轻车。

② 诽谤木：供百姓书写政治缺失的表木。《吕氏春秋·自知》：“尧有欲谏之鼓，舜有诽谤之木，汤有司过之士，武王有戒慎之鞀，犹恐不能自知。”高诱注：“欲谏者击其鼓也。书其过失以表木也。”

③ 旌谏鼓：古代用以规谏帝王的旌旗和谏鼓。

④ 上庠：古代的大学。下庠：古代小学。《礼记·王制》：“有虞氏养国老于上庠，养庶老于下庠。”郑玄注：“上庠，右学，大学也。”

⑤ 荒服：古“五服”之一，称离京师二千到二千五百里的边远地方，亦泛指边远地区。《书·禹贡》：“五百里荒服。”五服：古代王畿外围，以五百里为一区划，由近及远分为侯服、甸服、绥服、要服、荒服，合称五服。服，服事天子之意。《书·益稷》：“弼成五服，至于五千。”孔传：“五服，侯、甸、绥、要、荒服也。服，五百里。四方相距为方五千里。”

⑥ 征庸：征用，任用。《书·舜典》：“舜生三十征庸。”

⑦ 妫：guī，姓。古史记舜居妫汭，其后因以为氏。春秋时，陈国为妫氏。

⑧ 颛顼：上古帝王名。“五帝”之一，号高阳氏。相传为黄帝之孙、昌意之子，生于若水，居于帝丘。十岁佐少昊，十二岁而冠，二十登帝位，在位七十八年。《山海经·海内经》：“黄帝妻雷祖，生昌意，昌意降处若水，生韩流。韩流……取淖子曰阿女，生帝颛顼。”《淮南子·天文训》：“北方，水也，其帝颛顼，其佐玄冥，执权而治冬。”

为修己。孕岁有二月，尧戊戌五十八载六月六日，生禹于僰道①之石纽乡，长于西羌，为西夷之人。父鲧治水无功，被殛②。禹降在匹庶，四岳咸举之。

舜进之尧，尧命继鲧治水。禹思拯天下之溺，且伤父绩不成。循江沂河，尽济暨淮，劳身焦思。七年，闻乐不听，过门不入，冠挂③不顾，履遗不蹑，功未及成。愁然沉思，见耕者五耦而武，过十室之邑，则下以求秉德之士，乃按黄帝中经历，谓九山④，东南天柱，号曰宛委⑤，其岩之巅有书，金简青玉为字，皆瑑⑥其文。禹乃东巡，登衡岳，血白马以祭，斋于黄帝岩岳之下。三月庚子，登宛委山，发石，得金简玉书，悟通水之理，复返归岳。乘四载以行，始于霍山，徊集五岳，巡行四渎⑦，与益、夔共谋，所过名山大泽，召其人而问之山川脉理，鸟兽昆虫之类，与夫殊国异域，土地里数，凡诸所有，使益疏而记之，名之曰《山海经》。云：禹三十未娶，行至涂山⑧，娶涂山氏之女憍，仅历辛壬癸甲，复行治水。十月女憍生子启，呱呱而泣。禹唯荒度土功，勿顾也。使大章⑨步东西，竖亥度南北，畅八极之广，旋天地之数。禹济江南，省水理，黄龙负舟，舟中人怖骇，禹乃哑然而笑曰："我受命于天，竭力以劳万民，生寄也，死归也，尔何为者？"颜色不变，谓舟中人曰："此天所以为我用也。"龙曳尾舍舟而去。南到苍梧，见缚人，下车拊而泣之。益曰："斯人犯法，自合如此，泣之何也？"禹曰："天下有道，民不罹辜。天下无道，罪及善人。"吾为帝统治水土，调民安居，使得其所，今乃罹法如斯，此吾德薄，不能化民也，故泣之悲耳。于是周行寓内，东造绝迹【校记："绝迹"，《备考》本作"绝域"。嘉靖本与《路史》同，故从之。】，西延积石，南逾赤岸，北过寒谷，徊昆仑⑩，察六扈，脉地理，名金石，写流沙⑪于西隅，决弱水⑫

---

① 僰道：古县名。汉属犍为郡。为僰(bó)人所居，故名。王莽时曾改称僰治，在今四川宜宾县境。

② 殛：流放。《书·舜典》："流共工于幽洲，放驩兜于崇山，窜三苗于三危，殛鲧于羽山。"

③ 冠挂：谓帽子被东西钩去。《淮南子·原道训》："禹之趋时也，履遗而弗取，冠挂而弗顾。"

④ 九山：九座山。《吕氏春秋·有始》："何谓九山？会稽、太山、王屋、首山、太华、岐山、太行、羊肠、孟门。"

⑤ 宛委：传说禹登宛委山得金简玉字之书，后因以借喻书文之珍贵难得。

⑥ 瑑：zhuàn，指雕刻瑑纹或文字。

⑦ 四渎：长江、黄河、淮河、济水的合称。《尔雅·释水》："江、河、淮、济为四渎。四渎者，发源注海者也。"

⑧ 涂山：古国名。相传为夏禹娶涂山女及会诸侯处。《书·益稷》："予创若时，娶于涂山。"孔氏传："涂山，国名。"

⑨ 大章：即太章，传说禹时善行走的人。《淮南子·墬形训》："禹乃使太章步自东极，至于西极，二亿三万三千五百里七十五步。"高诱注："太章、竖亥，善行人，皆禹臣也。"

⑩ 昆仑：《淮南子·原道训》："经纪山川，蹈腾昆仑，排阊阖，沦天门。"高诱注："昆仑，山名也。在西北，其高万九千里。"

⑪ 写流沙：倾泻流沙。写：倾泻。《周礼·地官·稻人》："以浍写水。"流沙：沙漠。沙常因风吹而流动，故称。《书·禹贡》："导弱水至于合黎，余波入于流沙。"

⑫ 弱水：古水名。由于水道水浅或当地人民不习惯造船而不通舟楫，只用皮筏济渡的，古人往往认为是水弱不能载舟，因称弱水。故古时所称弱水者甚多。

于北汉，青泉赤渊，分入洞穴，通江东流。至于碣石，疏九河①于涽渊，开五水②于东北，凿龙门③，辟伊阙④，随山刊木⑤，平治水土，九州⑥攸同，则壤成赋⑦，声教四讫，其详具载《尚书》、《益稷》、《禹贡》诸篇。尧乃号禹曰伯禹，官曰司空，赐姓姒氏，统领州伯⑧，以巡十二部。

尧崩，禹服三年之丧，昼夜悲泣，舜受尧禅，荐大禹，改官司徒，内辅虞位，外行九伯，癸酉五十载，舜崩，禅位命禹，禹服三年，形体枯槁，面目黎黑，让位商均⑨，退处阳山之南，阴阿之北，万民不附商均，追就禹之所。禹不得已，践天子之位，都安邑，以土德王，正建寅⑩。丙子元岁春正月，封有功，爵有德。东巡会诸侯于涂山，见耆老⑪，纳《诗》、《书》，审铨衡⑫，平斗斛⑬。执玉帛者万国，乃大会计治国之道，更名茅山，曰会稽之山。二岁，皋陶薨⑭，荐益于天，三岁考功⑮，五岁巡狩，八岁巡江南，戮防风氏。癸未八岁，禹年百有六矣，寻崩于会稽，因葬之。今会稽山有禹冢云。

---

① 九河：禹时黄河的九条支流。《书·禹贡》："九河既道。"

② 五水：古代对今武汉市以东，长江北岸支流巴水、蕲水、希水(今作浠水)、西归水(今倒水)、赤亭水(今举水)的总称。东晋、南朝时因属西阳郡，故称"西阳五水"。

③ 龙门：即禹门口。在山西省河津县西北和陕西省韩城市东北。黄河至此，两岸峭壁对峙，形如门阙，故名。《书·禹贡》："导河积石，至于龙门。"

④ 伊阙：地名。在今河南洛阳市南。即春秋周阙塞，因两山相对如阙门，伊水流经其间，故名。北魏郦道元《水经注·伊水》："伊水又北入伊阕。昔大禹疏以通水，两山相对，望之若阕，伊水历其间北流，故谓之伊阕矣。春秋之阕塞也。"

⑤ 随山刊木：随，循着。刊，削、砍。《书·禹贡》："禹敷土，随山刊木，奠高山大川。"孔颖达疏："随行山林，斩木通道。"

⑥ 九州：古代分中国为九州，说法不一。《书·禹贡》作冀、衮、青、徐、扬、荆、豫、梁、雍九州。攸：所。同：平。

⑦ 则壤成赋：根据土壤的等级交纳赋税。成赋：交纳赋税。

⑧ 州伯：古代一州诸侯之长。《礼记·内则》："州吏献诸州伯，州伯命藏诸州府。"郑玄注："五党为州。州，二千五百家也。州长，中大夫一人也。"

⑨ 商均：舜之子。相传舜因商均不肖，遂使伯禹继位。《韩非子·说疑》："其在记曰：'尧有丹朱，而舜有商均。'"

⑩ 建寅：古代以北斗星斗柄的运转计算月份，斗柄指向十二辰中的寅即为夏历正月。《淮南子·天文训》："天一元始，正月建寅。"

⑪ 耆老：古代南方少数民族中称能言善辩者。《华阳国志·南中志》："夷中有桀黠能言议屈服种人者，谓之耆老。其所议论，谓之夷经。"

⑫ 铨衡：衡量轻重的器具。《淮南子·齐俗训》："夫挈轻重不失铢两，圣人弗用，而县之乎铨衡。"

⑬ 斗斛：斗与斛。两种量器，亦泛指量器。十斗曰斛。《庄子·胠箧》："为之斗斛以量之，则并与斗斛而窃之。"

⑭ 皋陶：亦作"皋繇"，传说虞舜时的司法官。《书·舜典》："帝曰：'皋陶，蛮夷猾夏，寇贼奸宄，汝作士。'"

⑮ 考功：按一定标准考核官吏的政绩。《汉书·谷永传》："治天下者尊贤考功则治，简贤达功则乱。"

启贤，能继禹之道，乃嗣立。

薛应旂曰："余尝观《山海经》，遍载六合之外，谓郭景纯①之传疑也，乃观《吴越春秋》载《黄帝中经》，藏于宛委山中，禹东巡得之，因通水理，遂周游五岳四渎，殊方异域，使益疏记之，岂《山海经》固亦有所自乎？余登会稽山，及过河东夏县。至今闾里【校记：《备考》本作"闾巷"】父老，咸称神禹。不然，何以神之也？且古者司职方，掌外史，地里【校记：《备考》本作"理"】所在，必有所【校记：《备考》本无"所"字】因而名。而至人之经，往往藏于名山大川，固未可全谓其无据也。孔安国辈，乃泥河出图、洛出书②。天乃锡禹《洪范》、《九畴》之文，遂有龙马神龟之说，斯殆几于附会矣。而帝王世纪，亦云大禹治水时，神龟丹甲青文，负书出于洛水，世遂袭以为然，则宋之天书，又何怪【校记：《备考》本作"恠"】哉！"

汤附太丁、外丙、仲壬

成汤名履，一名天乙，主癸之子，契之后也。契佐禹治水有功，封于商，赐姓子氏，数传至主癸，娶扶都生汤。

自契至汤八迁。始居亳，从先王居，作《帝诰》③。为夏方伯，得专征伐。夏桀戊寅三十有六岁，葛伯不祀，汤始伐葛。是时伊尹④耕于有莘⑤之野，汤使人以币聘之，五反，然后从汤，言素王及九主⑥之事。己卯三十七岁，汤进伊尹于桀，桀不能用。伊尹丑夏，复归于亳。入自北门，遇女鸠、女房，遂作《女鸠》、《女房》⑦二篇。

桀杀直臣关龙逢，群臣莫敢言。汤使人哭之，桀怒，囚汤于夏台。已而得释，汤出，见野张网四面，祝曰："见天下四方，皆入吾网。"汤曰："嘻，尽之矣！"乃去其三面，祝曰："欲左，左。欲右，右。不用命者，乃入吾网。"诸侯闻之，曰："汤至德矣，

---

① 郭景纯：郭璞(276—324 年)，晋河东闻喜人，字景纯。好经术，博洽多闻，擅词赋，通阴阳历虎、卜筮之术。以时乱避地渡江，官著作佐郎，后为王敦记室参军，以劝阻敦起兵，被杀。释《周易》、《山海经》、《尔雅》、《方言》及《楚辞》等。《晋书》有传。

② 河出图、洛出书：古代儒家关于《周易》卦形来源及《尚书·洪范》"九畴"创作过程的传说。《易·系辞上》："河出图，洛出书，圣人则之。"河：黄河。洛：洛水。据汉儒孔安国、刘歆等解说：伏羲时有龙马出于黄河，马背有旋毛如星点，称作龙图。伏羲取法以画八卦生蓍法。夏禹治水时有神龟出于洛水，背上有裂纹，纹如文字，禹取法而作《尚书·洪范》"九畴"。见《书·顾命》、《洪范》之孔传、《汉书·五行志上》。古代认为出现"河图洛书"是帝王圣者受命之祥瑞。

③ 亳：商汤时的都城。有南亳、北亳、西亳等说。先王：指帝喾，相传帝喾都亳，故说"从先王居"。《帝诰》：《尚书》篇名，已亡佚。

④ 伊尹：商初有名的大臣，名挚，曾助汤灭夏。

⑤ 有莘：古部族名，在今山东定城西。

⑥ 素王及九主：素王：不据王位而有王德者。九主：指三皇、五帝及夏禹，但马王堆汉墓帛书《伊尹篇》则以"法君、专授之君、劳君、半君、寄主、破邦之主二、灭社之主二"为九主。

⑦ 《女鸠》、《女房》：《尚书》篇名，已失传。女鸠、女房：汤的两位贤臣。

泽及禽兽，况于人乎?"归之者四十余国。夏桀虐政淫荒，诸侯昆吾氏①为乱。岁乙未，汤十有八祀，乃兴师，率诸侯，伊尹从汤，汤自把钺以伐昆吾。遂伐桀，升自陑②，作《汤誓》。桀败于有娀之虚③，奔于鸣条，夏师败绩。汤遂伐三朡④，俘厥宝玉⑤，义伯、仲伯作《典宝》。汤既胜夏，欲迁其社不可，作《夏社》【校记：嘉靖本作"夏稷"。《备考》本与《尚书》同，故从之。】。汤既放桀，曰："予恐来世以台为口实。"仲虺乃作诰。既归于亳，作《汤诰》，以诞告万方，咎单作《明居》⑥。《汤诰》、《汤誓》、《仲虺之诰》，并见《商书》，余书皆逸。是时三千诸侯大会，汤取天子之玺，置之于座，再拜，从诸侯之位。曰："天下非一家之有也，唯有道者理之，唯有道者宜处之。汤三让，诸侯皆推汤。"汤又求卞随、务光⑦者而让之，二人皆逸。然后汤即天子之位，改正朔，以建丑为正月，改岁曰祀，水德王，色尚白，都于亳。乃至东郊，告诸侯群后曰："其尚有功于民，勤力乃事，否则予乃大罚殛汝，毋予怨。"又曰："古禹、皋陶久劳于外，江济河淮，四渎已修，万民乃有宁居。后稷降播，农殖百谷，三公咸有功于民，各为立后。昔蚩尤与其大夫作乱，天所弗与，先王言不可不勉。"十有九祀⑧大旱，二十祀大旱，夏桀死于亭山。二十有一祀大旱，发庄山之金铸【校记：嘉靖本作"祷"。《备考》本与《皇王大纪》同，故从之。】币赈民。历二十有四祀大旱，殷史卜曰："当以人祷。"汤曰："吾所为祷雨者，民也，若必以人祷，吾请自当。遂剪发断爪，祷于桑林⑨之社。"祝曰："政不节与？使民疾与？宫室营与？女谒盛与？苞苴⑩行与？谗夫兴与？何以不雨至斯极也。"于是大雨，方数千里，岁则大熟，天下欢洽，遂作《桑林》之乐，名曰大，以立天之道，先阴后阳。立地之道，先柔后刚。作《归藏》之易，以坤为首。又作诸器用之铭以为警戒。

三十祀，汤崩，践位十三年，年百岁。子太丁未立先卒，外丙方二岁，仲壬方四岁，惟太丁之子太甲差长。伊尹乃立太甲为帝，葬成汤于亳北之济阴。按《孟子》云：

---

① 昆吾氏：夏同盟部落，己姓。住处一说在今河南许昌东，一说在今运城安邑。

② 陑：ér，古山名。在今山西省永济县境，相传为汤伐桀之处。

③ 有娀之虚：旧址为有娀的这个地方。有娀(sōng)，远古氏族。虚：旧址。

④ 三朡：在今山东定陶县北，时为忠于桀的一个诸侯国。朡，zōng。

⑤ 俘厥宝玉：汤取其宝玉。俘：取。厥：其。

⑥ 咎单：gāo shàn，汤臣。商汤时任司空，掌管水土工程的官。《明居》：《尚书》篇名，已亡佚。

⑦ 卞随：古隐士。相传汤将伐桀，曾和卞随商量，卞随拒不回答。汤战胜夏桀后，要让天下给卞随，卞随认为受到污辱，自投稠水(一说颍水)而死。务光：古隐士。相传汤让位给他，他不肯接受，负石沉水而死。

⑧ 祀：岁，年。《书·伊训》："惟元祀，十有二月，乙丑，伊尹祠于先王。"蔡沈《集传》："夏曰岁，商曰祀，周曰年，一也。"

⑨ 桑林：古地名。相传为殷汤祈雨的地方。《墨子·明鬼下》："燕之有祖，当齐之社稷，宋之有桑林，楚之有云梦也。"《淮南子·主术训》："汤之时，七年旱，以身祷于桑林之际，而四海之云凑，千里之雨至。"

⑩ 女谒：谓通过宫中嬖宠的女子干求请托。苞苴：行贿。

外丙三年，仲壬四年，孔安国以为汤崩逾月，太甲即位，《皇极经世》亦直以太甲继汤。《史记》谓汤太子太丁早卒，立弟外丙，外丙卒，立弟仲壬。蔡沈氏曰："太甲继仲壬而王，为之服三年丧，为之后者，为之子也。"今考历年甲子帝王相继次第年份，毫不容爽，外丙、仲壬并未尝即位。程子曰："古人谓岁为年，汤崩时，外丙方二岁，仲壬方四岁，惟太甲差长，故立之。"司马公《稽古录》亦云："汤崩，太子太丁未立而卒，立太丁之子太甲。"此皆有据，朱子于《孟子》赵岐注尚疑而未决，岂亦未之考欤！

薛应旂曰："余闻之尧时有许由，虞时有石户之农【校记："虞时"，《备考》本作"舜时"。】①，比人无择，夏时有卞随、务光。自后世说者疑其过高，往往谓诸子之寓言也。不知上古之时，以君治为劳，而不以君位以乐，自非为天地立心，为生民立命者，鲜不视之为累性殒命之具，不啻若悬疣附赘而已，固宜其逃死而不受也。不然，箕山至今有许由冢，颍川卢水之人，则尚传随、光之迹，岂无自欤？史迁高其义，而惜其文辞不少概见。噫，亦何必以文辞为哉！用是而观汤之伐桀，益以见其非得已也。"

文王

文王名昌，父季历。季历，古公亶父之少子也。古公有长子曰太伯，次子曰虞仲，太姜生少子季历。季历娶太任，皆贤妇人，当殷王祖甲二十八祀庚寅生昌，有圣瑞②。太伯、虞仲知古公欲立季历以传昌，乃二人亡如荆蛮③，以让季历。古公卒，季历立。殷帝乙七祀，季历卒，子昌立，是为西伯。遵后稷、公刘之业，则古公、季历之法，笃仁、敬老、慈幼、礼贤，晏朝④不食，以延四方之士，询于八虞，咨于二虢⑤，度于闳夭，诹于蔡原，访于辛尹，重之以周、召毕，荣亿宁百神而柔和万民。于是伯夷、鬻熊之徒咸至，西伯西距昆夷⑥，北备猃狁⑦，以卫中国。

帝乙二十七祀崩，子辛立，是为纣。纣六祀，西伯初礿⑧于毕。纣十有一祀，不道

---

① 石户之农：舜时有名的高士。石户：上古传说中的地名。《庄子·让王》："舜以天下让其友石户之农。"陆德明《释文》引李颐曰："石户，地名。"

② 圣瑞：祥瑞，吉祥的征兆。《史记·周本纪》："太姜生少子季历，季历娶太任，皆贤妇人，生昌，有圣瑞。"

③ 荆蛮：古代中原人对楚越或南人的称呼。《史记·吴太伯世家》：" 太王欲立季历以及昌，于是太伯、仲雍二人奔荆蛮，文身断发，示不可用。"

④ 晏朝：黄昏。《礼记·礼器》："质明而始行事，晏朝而退。"

⑤ 二虢：指周宗室虢仲、虢叔兄弟。《国语·晋语四》："（文王）敬友二虢，而惠慈二蔡。"韦昭注："二虢，文王弟虢仲、虢叔也。"

⑥ 昆夷：殷周时我国西北部族名。

⑦ 猃狁：xiǎn yǔn，我国古代北方少数民族名。《诗·小雅·采薇》："靡室靡家，猃狁之故。"毛传："猃狁，北狄也。"

⑧ 礿：yuè，古代宗庙时祭名。在夏商时为春祭，在周代则为夏祭。

滋甚，醢九侯，脯鄂侯①。西伯闻之窃叹，崇侯虎②知之，以告纣，且曰：“西伯昌与其长子发、仲子旦皆圣人也，三圣合谋，君其虑之。”纣乃囚西伯于羑里，将欲杀之，西伯曰：“吾唯明天人之道以顺受之耳。”纣十有二祀，西伯在羑里演《易》之八卦为六十四卦，闳夭之徒患之，求有莘氏之美女、骊戎之文马③、有熊九驷④，他奇怪物，因嬖臣费仲而献之纣，纣大悦，曰：“此一物足以释西伯矣，况其多乎！”乃赦西伯，赐之弓矢斧钺，得专征伐，曰：“谮西伯者，崇侯虎也。”西伯乃献洛西之地方千里，以请纣去炮烙之刑。纣许之。是时，纣十有三祀也。明年，虞、芮质成于周⑤。又明年，伐犬戎，得吕尚。又明年，伐密须⑥，都于程。又明年，伐耆。又明年，伐邘⑦。又明年，伐崇，作丰邑，徙都之。西伯尝寝疾五日而地动，东西南北不出四郊。有司请曰：“臣闻地之动，为人主也，今君王寝疾，五日而地动，四面不出国郊，请移之也。”西伯曰：“奈何其移之也？”对曰：“兴事动众以增国城，其可移之。”西伯曰：“夫天之见妖，以伐有罪，我必有罪，故天以罚我也。今又兴事动众以增国城，是重吾罪也。不可，无何疾止，立灵台，掘地得死人之骨。”西伯曰：“更葬之。”吏曰：“此无主矣。”西伯曰：“有天下者，天下之主也。有一国者，一国之主也。寡人固其主耳，又安所求主乎？”遂葬之。天下皆曰：“西伯泽及枯骨，况其人乎！”于是归者三十国，三分天下奄有其二。祖伊闻之，惧，以告纣。纣曰：“不有天命乎？是何能为！”西伯以服事殷，终身不二，二十祀，西伯薨，在位五十年，年九十七。子发立，伐商而有天下，谥其父西伯为文王。

薛应旂曰：“文王治岐，即今凤翔，而凤县、成县皆其地也。凤县今属汉中，成县今属巩昌，各去数百里，间于羌戎，则文王治岐，地固广远矣。其迁都于丰，即【校记：嘉靖本作“则”，据《备考》本改。】今鄠⑧县。余至鄠，访诸旧迹田野，皆称惟有西伯灵台遗址在耳，可见文王之未尝称王，而乡老之所传称，虽千百年而不易也。《商书》西伯戡黎，黎为畿内诸侯，非西伯之所得讨者，此盖武王时事。武未伐商，袭爵如故，况文王乎？今《诗》《文王》之什，一则曰王，二则曰王，要皆周公制作时追王之辞也。”

---

① 醢九侯，脯鄂侯：把九侯剁成肉酱，把鄂侯晒成干肉。醢：古代酷刑，将人剁成肉酱。九侯：商纣时的诸侯之一。脯：古代一种酷刑，把人肉晒成肉干。

② 崇侯虎：崇国的诸侯，名虎。崇国在今河南嵩县境内。

③ 骊戎：戎人的一支，因居骊山一带得名，在今陕西临潼一带。文马：神马名，一说是有彩色花纹的骏马。

④ 有熊九驷：有熊，即有熊氏国，在今河南新郑县。九驷：一车四马，即九辆车三十六匹马。

⑤ 虞、芮质成于周：虞、芮因诉讼问题到周国请求裁断。虞：虞国，在今山西平陆县北。芮：芮国，在今山西芮城县西。质成：谓请人判断是非而求得公正解决。

⑥ 密须：古密国，居住在今甘肃灵台县西。

⑦ 邘：古诸侯国名，周武王子邘叔之封地，春秋时为郑邑，在今河南沁阳西北邘台镇。

⑧ 鄠：hù，汉县名，故治在今陕西省户县北。《汉书·地理志上》：“(右扶风)鄠，古国。有扈谷亭。扈，夏启所伐。”

武王

武王名发，文王仲子也。文王娶太姒，有贤德。生发，发娶吕尚女邑姜，又贤，总内政。发即位，太公望①为师，周公旦为辅。召公、毕公②之徒左右王，师修文王绪业。

九年，东观兵孟津，为文王木主③，载以居中军，自称太子发，言奉文王以伐，不敢自专。遂兴师渡河，白鱼跃入王舟中。既渡，有火自上复于下，至于王屋，流为乌，其色赤，其声魄。是时，诸侯不期而会孟津者八百，诸侯皆曰："纣可伐。"武王曰："未可也。"乃还师。居二年，武王使人候殷，反报岐周曰："殷其乱矣。"武王曰："其乱焉至？"对曰："谗慝胜良矣。"武王曰："尚未也。"又往复反报曰："其乱加矣。"武王曰："焉至？"对曰："贤者出走矣。"武王曰："尚未也。"又往复反报曰："其乱甚矣。"武王曰："焉至？"对曰："百姓不敢诽怨矣。"武王曰："嘻！"乃告太公，太公对曰："谗慝胜良，命曰戮，贤者出走，命曰崩，百姓不敢诽怨，命曰刑胜，其乱至矣，不可以加矣。"

十三年己卯日癸巳，武王乃以伐商，告于皇天后土，所过名山大川。于是渡孟津，诸侯咸会。戊午次于河朔，王乃循师而誓。己未王巡六师，明誓众士。三月甲子昧爽，武王朝至于商郊牧野，乃誓。先后誓词，其详具《周书》。誓已，诸侯兵会者车四千乘，陈师牧野。纣发兵七十万人距武王。武王使师尚父与百夫致师，纣师皆倒戈以迎武王。商国百姓咸待于郊，武王驰之，禽费仲、恶来。纣兵溃，纣走，反于京，登鹿台之上，衣其珠玉，自燔而死，二嬖妾与妲己亦自杀。武王至纣所，亲射之三发，而后下车以黄钺④斩纣头，悬太白之旗。以玄钺斩妲己颈，县小白⑤之旗。王问群臣曰："政将何施？"尚父曰："殷民习于凶恶者，宜戮之，以振德威。"召公曰："有罪者诛之，无罪者安之，以示好恶。"周公曰："宜使各安其居，昭之以德，化之以道。"王曰："善哉！亲殷人如周，视殷民如子。"已乃命召公释箕子之囚，命毕公释百姓之囚，表商容之庐。

---

① 太公望：姓姜名尚，其先封于吕，在今河南南阳西，故又称吕尚。

② 召公：姓姬，名奭，因食邑于召，称召公。毕公：名高，文王之子，武王异母弟，封于毕，故以毕为氏。

③ 木主：为死者立的木制牌位，也称"神主"。古代帝王出军、巡狩或出国，往往载木主以行。见《史记·周本纪》。

④ 黄钺(yuè)：黄铜制的大斧。《书·牧誓》："王左杖黄钺，右秉白旄以麾。"孔颖达疏引《广雅》："钺，斧也。斧称黄钺，故知以黄金饰斧也。"

⑤ 县：同"悬"。《诗·魏风·伐檀》："不狩不猎，胡瞻尔庭有县貆兮？"小白：旗名。《逸周书·克殷》："适二女之所，乃既缢，王又射之，三发，乃右击之以轻吕，斩之以玄钺，悬诸小白。"孔晁注："小白，旗名也。"

命南宫适散鹿台之财，发巨桥①之粟，以赈贫民。命南宫、伯达、史逸迁九鼎②于洛邑。命闳夭封比干之墓③。命宗祝④享祀于军，微子、胶鬲⑤皆委质为臣。殷人咸喜曰："王之于人也，死犹封其墓，况生者乎！王之于仁贤也，亡者犹表其庐，况存者乎！王之于财也，聚者犹散之，况肯复籍乎！"王乃罢兵西归。四月，王来自商，归马华山之阳，放牛桃林⑥之野，车甲衅而藏之府库，倒载干戈，包之虎皮，示不复用。诸侯受命于周，尊武王为天子。王始改朔，以建子月为岁首，木德王，色尚青，服以冕，都于镐，乃祀于周庙，追王大王、王季、文王，因定谥法⑦。柴望，大告武成，作乐曰《大武》。封诸侯，班赐宗彝⑧，分殷之器物。追思先圣，乃褒封神农之后于焦，黄帝之后于祝，帝尧之后于蓟，帝舜之后于陈，大禹之后于杞。于是封功臣谋士，而师尚父为首。封尚父于营丘曰齐，封周公旦于曲阜曰鲁，封召公奭于燕，封康叔于卫，封纣子武庚禄父于殷，以守汤祀。使管叔、蔡叔、霍叔监殷，余各以次受封，而姬姓之国五十有三。

践祚之日，召士大夫而问焉，曰："恶有藏之约、行之行，万世可以为子孙常者乎?"诸大夫对曰："未得闻也!"然后召师尚父而问焉，曰："黄帝、颛顼之道，不可得见与?"师尚父曰："在丹书⑨，王欲闻之，则斋矣!"三日，王端冕，师尚父亦端冕，奉书而入，负屏而立。王下堂，南面而立。师尚父曰："先王之道，不北面王。行西，折东面而立。"师尚父西面道书之言曰："敬胜怠者吉，怠胜敬者灭，义胜欲者从，欲胜义

---

① 鹿台：在今河南汤阴县朝歌镇南，据说此台大三里高千尺。巨桥：纣的粮仓，在今河南汤阴平乡东南古衡漳水东岸，因仓侧水上有桥而得名。

② 九鼎：商朝传国之宝，象征王位。《史记·封禅书》："禹收九牧之金，铸九鼎。"

③ 命闳夭封比干之墓：命令闳夭在比干墓上添土。闳夭：周文王的大臣。比干：纣的叔父，任少师之官，谏纣王被纣王剖心而死。

④ 宗祝：宗伯和太祝，主祭祀之官。《逸周书·克殷》："(武王)乃命宗祝崇宾飨祷之于军，乃班。"孔晁注："宗祝，主祀。"

⑤ 微子、胶鬲皆委质为臣：微子、胶鬲都向武王臣服。微子：周代宋国的始祖，名启，殷纣王的庶兄。胶鬲：商周时人，纣时因遭世乱，曾隐遁为商。委质：向君主献礼，表示献身。引申为臣服、归附。《国语·晋语九》："臣委质于狄之鼓，未委质于晋之鼓也。臣闻之：委质为臣，无有二心，委质而策死，古之法也。"

⑥ 桃林：又名桃林塞或桃原，约在今河南灵宝以西至陕西潼关以东一带。《书·武成》："偃武修文，归马于华山之阳，放牛于桃林之野，示天下弗服。"孔传："山南曰阳，桃林在华山东，皆非常养牛马之地，欲使自生自死，示天下不复乘用。"

⑦ 谥法：评定谥号的法则。上古有号无谥，周初始制谥法，至秦废。汉复其旧，历代因之，至清止。谥：古代帝王、贵族、大臣、士大夫或其他有地位的人死后，据其生前业迹评定的带有褒贬意义的称号。亦指按上述情况评定这种称号。《周礼·春官·大史》："小丧，赐谥。"郑玄注："谥者，行之迹。"

⑧ 班赐宗彝：分发祭祀用品。班：通"颁"，分发。宗彝：宗庙祭祀用的宝器。《书·洪范》："武王既胜殷，邦诸侯，班宗彝。"

⑨ 丹书：传说中赤雀所衔的瑞书。《吕氏春秋·应同》："及文王之时，天先见火，赤鸟衔丹书集于周社。"

者凶，凡事不强则枉，弗敬则不正，枉者灭废，敬者万世。藏之约、行之行、可以为子孙常者，此之谓也！且臣闻之，以仁得之，以仁守之，其量百世；以不仁得之，以仁守之，其量十世；以不仁得之，以不仁守之，必及其世。”王闻书之言，惕若恐惧，退而为戒书，于席之四端及几鉴、盥盘、楹杖、带屦、觞豆、户牖、剑弓、矛，各为铭焉。其席前左端之铭曰：“安乐必敬。”前右端之铭曰：“无行可悔。”后左端之铭曰：“一反一侧，亦不可以忘。”后右端之铭曰：“所监不远，视迩所代。”几之铭曰：“皇皇惟敬，口生诟，口戕口。”鉴之铭曰：“见尔前，虑尔后。”盥盘之铭曰：“与其溺于人也，宁溺于渊，溺于渊犹可游也，溺于人不可救也。”楹之铭曰：“毋曰胡残，其祸将然；毋曰胡害，其祸将大；毋曰胡伤，其祸将长。”杖之铭曰：“恶乎！危于忿疐！恶乎失道？于嗜欲。恶乎相忘？于富贵。”带之铭曰：“火灭修容，慎戒必恭，恭则寿。”屦之铭曰：“慎之劳，劳则富。”觞豆之铭曰：“食自杖，食自杖！戒之憍，憍则逃①。”户之铭曰：“夫名，难得而易失，无勤弗志，而曰我知之乎?！无勤弗及，而曰我杖之乎?！扰阻以泥之，若风将至，必先摇摇，虽有圣人，不能为谋也。”牖之铭曰：“随天时，地之财，敬祀皇天，敬以先时。”剑之铭曰：“带之以为服，动必行德，行德则兴，倍德则崩。”弓之铭曰：“屈伸之义，废兴之行，无忘自过。”矛之铭曰：“造矛造矛！少间弗忍，终身之羞。予一人所闻，以戒后世子孙。”王又问箕子殷所以亡。箕子不忍言殷恶，以存亡国宜告。王问以天道，箕子为王陈《洪范》，在《周书·洪范篇》。十四年庚辰，通道于九夷八蛮，西旅贡獒。召公以为非所当受，作《书》以戒王，在《周书·旅獒②篇》。是年，王有疾，弗豫。周公纳册金縢③，愿以身代。翼日乃瘳。十九年十有二月，王崩，年九十三，子诵践位。葬王于京兆长安东社中。

薛应旂曰：“苏子瞻谓武王非圣人也，以其黄钺斩纣也。夫师旷④有言：‘天之爱民，甚矣。’岂其使一人肆于民上，以纵【校记：“纵”，嘉靖本作“从”。据《备考》本改。】其淫而弃天地之性哉，必不然矣。是以生圣人以作之君。为天地立心，为生民立命也。故孔子系《易》之《彖》曰：‘汤武革命，应乎天而顺乎人。’孟轲氏曰：‘未闻弑君也。’呜呼微哉！武王于是乎圣人矣。”

---

① 戒之憍，憍则逃：要以骄纵为警戒，若骄纵，民众便逃避。憍通“骄”。见《大戴礼记·武王践阼》：孔广森补注：“憍，骄也。”

② 旅獒：古代西戎旅国出产的大犬。《书·旅獒》：“西旅厎贡厥獒。”孔颖达疏：“西戎旅国，致送其大犬曰獒。”召公认为西旅所献獒不可接受，劝勉武王奋勉慎德，以免玩物丧志，故作此篇训致之文。

③ 金縢：用金丝缠绕起来的匣子。縢：缠绕，封缄。《书·金縢》：“公归，乃纳册于金縢之匮中。”蔡沈《集传》：“金縢，以金缄之也。”

④ 师旷：春秋晋国乐师，善于辨音。《孟子·离娄上》：“师旷之聪，不以六律，不能正五音。”

四书人物考卷二

纪二

启

帝启，伯禹之子也。初，伯禹之治水也，娶于涂山，生启于行。荒度上功，三过门而弗入【校记：“弗入”，《备考》本作“不入”。】。涂山氏能明训教而致其化。以故启知王事，达君臣之义，持禹之功。① 禹崩，启继世有天下。甲申岁，有扈氏②不恭，威侮五行，怠弃三正③。丙戌三岁，帝【校记：“帝”，《备考》本作“启”。】乃以斋。车载迁庙之主以行，召六卿而誓，其词具《尚书·甘誓篇》中。

与有扈氏大战于甘④，不胜，六卿请伐之，帝【校记：“帝”，《备考》本作“启”。】曰：“不可，吾地非浅，民非寡也。今兹不胜，是吾德薄而教不善也，何以伐为?”于是班师，琴瑟不张，钟鼓弗考，不因席，不仍味。亲亲长长，尊贤委能，隐神期月而有扈氏服，遂灭之，复昭夏功。商契之孙曰冥，实喜水功，命为司空，勤其官而水死。商人是郊、孟涂敬职，而能礼于神，爰封于州，乃立五庙，篮迁鼎，禘黄帝而郊鲧。命大廉祭鼎昆吾之豁，而篮享大陵之上，是为钧台⑤之享。又篮于晋之虚，作旋台⑥于水之

---

① 此据宋罗泌《路史》卷二十三《夏后纪》下。“荒度上功”，《路史》作“荒度土功。”

② 有扈氏：姒姓，和夏后氏同姓，部族名，其居住地在今陕西户县。《书·甘誓》：“启与有扈，战于甘之野。”孔传：“有扈与夏同姓，恃亲而不恭。”

③ 威侮五行，怠弃三正：糟蹋、违背五行，怠慢和抛弃天地人的正道。三正：夏正建寅，殷正建丑，周正建子，合称三正。《书·甘誓》：“有扈氏威侮五行，怠弃三正。”

④ 甘：地名，在今陕西户县西南。《书·甘誓序》：“启与有扈战于甘之野。”陆德明《释文》：“京兆鄠县即有扈之国也。甘，有扈郊地名。”

⑤ 钧台：古台名，亦名夏台，在今河南省禹县南。《左传·昭公四年》：“夏启有钧台之享，商汤有景亳之命。”杜预注：“河南阳翟县南有钧台陂，盖启享诸侯于此。”

⑥ 旋台：即璇台，亦作“璿台”，“琁台”。饰以美玉的高台，本为夏天子的台名。

阳，以商均①为宾，奏《九辨》、《九歌》②，舞《九招》③，中声④犹在，而人皆仰夏之功，在位九年崩，年九十一。子太康立，弟五人分封于卫。

薛应旂曰："余闻之，以上讨下之谓征，彼此相敌之谓战。是故春秋有战而无征，以其皆敌国也。若虞之于苗，仲康之于义和，则征矣，而非战也。有扈，诸侯也。启，君也。以天子讨诸侯，而孔子序《书》乃曰：'启与有扈大战于甘。'有若敌国然者，何也？启失之也。古者天子有六卿，诸侯有罪，则奉辞以讨之，天子弗躬也。茅戎⑤不道，定王伐之，为戎所败。《春秋》书曰：'王师败绩于茅戎。'言王者之师非戎所可败，自取之也。启失其御，乃至迁庙，而临于小国之侯，以至大战而不胜，君子以是知夏德之将衰矣。《甘誓》之书所以及战，而不一及成败者，以成败不足言也。然则圣人于此，可删而反著之，岂惟伤之哉！又将以为后世戒也。呜呼！启，贤君也，而有此世道升降之几【校记："几"，《备考》本作"机"。】，此亦可以观矣。"

太甲

太甲，太丁之子，汤之嫡孙也。太甲元祀十有二月乙丑，伊尹祠于先王，奉嗣王太甲，祗见厥祖⑥。百官总已以听冢宰⑦。伊尹乃明言烈祖之成德以训于王，其词载《尚书·伊训篇》中。又作《肆命》，作《狙后》，《书》逸。

太甲既立，颠覆汤之典刑，于是伊尹放之桐宫⑧，伊尹摄政当国，以朝诸侯。太甲居桐，悔过自责，反善。三祀十有二月朔，伊尹乃以冕服奉太甲归于亳，太甲修德，诸侯咸归，百姓以宁。伊尹嘉之，乃作《太甲训》三篇⑨。既复政，将告归，乃陈戒于王，

---

① 商均：舜之子。相传舜以商均不肖，乃使伯禹继位。

② 《九辨》：即《九辩》，夏乐名。《楚辞·离骚》："启《九辩》与《九歌》兮，夏康娱以自纵。"王逸注："《九辩》、《九歌》，禹乐也。言禹平治水土，以有天下……故九州之物，皆可辩数。"《九歌》：古代乐曲，相传为禹时乐歌。

③ 《九招》：即九韶，舜时乐曲名。《周礼·春官·大司乐》："九德之歌，《九韶》之舞。"

④ 中声：中和之声。

⑤ 茅：古国名，故城在今山东省金乡县西南。《左传·僖公二十四年》："凡、蒋、邢、茅、胙、祭，周公之胤也。"戎：泛指我国西部的少数民族。《礼记·王制》："西方曰戎。"《大戴礼记·千乘》："西辟之民曰戎。"

⑥ 奉嗣王太甲，祗见厥祖：侍奉继位之王太甲恭敬地叩拜祖先的牌位。嗣王：继位王。祗：恭敬。《书·伊训》："伊尹祠于先王，奉嗣王祗见厥祖。"

⑦ 冢宰：周官名，为六卿之首，亦称太宰。《书·周官》："冢宰掌邦治，统百官，均四海。"孔传："天官卿称太宰，主国政治，统理百官，均平四海之内。"

⑧ 桐宫：离宫名，在今河南偃师县西南。《史记集解》孔安国曰："汤葬地。"郑玄曰："地名也，有王离宫焉。"

⑨ 《太甲训》三篇：今佚，《古文尚书》以《太甲》三篇代之，记录了伊尹放太甲的经过，以及伊尹对太甲的训导、劝勉。

作《咸有一德》，具见《夏书》。三十有三祀，王崩，庙号太宗，子沃丁立。

薛应旂曰："《书》称成汤之圣，唯在改过不吝，若太甲之贤，可谓绳其祖武矣。战国好事造言，而《竹书》遂有伊尹放太甲，太甲潜出杀伊尹之言，致以杜预之博雅犹不能无疑于此，而遂谓伏生①之昏妄，则世之诬罔者又可以一、二辨哉！"

高宗

高宗名武丁，小乙子也。武丁元祀，岁在丁巳。王宅忧甘盘为相，三祀免丧，犹弗言。群臣咸谏王，王梦上帝，赉以良弼②，乃使人以形旁求天下。是时说为胥靡③，筑于傅岩，厥象惟肖，见于武丁，武丁曰是也。与之语，果圣人。爰立作相，置之左右。遂以从傅岩姓之，号曰傅说。作《说命》三篇。

武丁祭成汤，明日，有飞雉升鼎而雊④，武丁惧。祖己⑤曰："王勿忧，先修政事。"武丁修德行政，天下咸欢，蛮夷重译而朝者七国。戊子三十有二祀，鬼方无道，兴师征伐三年，克之，殷道复兴。五十有九祀，王崩。庙号高宗，子祖庚践位，作《殷武》乐章以颂之。

薛应旂曰："高宗得傅说于梦寐之中。固其求贤图治之心切，而精诚感通之极，然亦云龙风虎，以类相从，其几自不能已也。汉文帝亦后世之贤君也，顾梦而得邓通⑥焉，何哉？岂其摈贾谊⑦而不用，而心术之微，固有不可知者在欤？抑世道升降之几【校记："几"，《备考》本作"机"。】，有天者存，非人之所能为也。"

---

① 杜预：《晋书》卷三四："杜预，字元凯，京兆杜陵人也。祖几，魏尚书仆射。父恕，幽州刺史。预博学多通，明于兴废之道。"薛氏所云，是指杜预注《左传》有云："太甲，汤孙也，荒淫失度，伊尹放之桐宫，三年，改悔而复之，而无恨心。言不以一怨妨大德。""左氏传伊尹放太甲而相之，卒无怨色，然则太甲虽见放还，杀伊尹而犹以其子为相也。此为大与？《尚书》叙说太甲事乖异，不知老叟之伏生或致昏忘，将此古书亦当时杂记，未足以取审也。"伏生：汉时济南人，名胜，或云字子贱。原秦博士，治《尚书》。见《汉书》卷八八。

② 赉以良弼：武丁梦到天帝有优秀的辅臣送给自己。赉：赏赐，赐予。良弼：贤辅。《书·说命上》："恭默思道，梦帝赉予良弼，其代予言。"孔传："梦天与我辅弼良佐，将代我言政教。"

③ 胥靡：犯法服劳役的人。《庄子·庚桑楚》："胥靡登高而不惧，遗死生也。"成玄英疏："胥靡，徒役之人也。"

④ 雊：野鸡的叫声。《诗·小雅·小弁》："雉之朝雊，尚求其雌。"郑玄注："雊，雉鸣也。"

⑤ 祖己：武丁时贤臣。

⑥ 邓通：《史记》卷一二五："邓通，蜀郡南安人也，以濯船为黄头郎。孝文帝梦欲上天，不能，有一黄头郎从后推之上天，顾见其衣裻带后穿。觉而之渐台，以梦中阴自求推者郎，即见邓通，其衣后穿，梦中所见也。召问其名姓，姓邓氏，名通，文帝说焉，尊幸之日异。通亦愿谨，不好外交，虽赐洗沐不欲出。于是文帝赏赐通巨万以十数，官至上大夫。"

⑦ 贾谊：(前200—前168年)，洛阳人。文帝初召为博士，迁太中大夫，谪为长沙王太傅，征拜梁王太傅。有《贾子》十卷。

四书人物考卷三

纪三

桀

桀，名履癸，帝发之子，孔甲之曾孙也。自孔甲以来，诸侯多叛，发在位十九岁崩，子癸践位，癸卯改元，是为桀。尤为无道，暴戾贪虐，灭德作威，敷虐于万方百姓，天下患之。

有赵梁者，教为无道，劝以贪狠。三十有三岁，伐蒙山有施氏，有施氏进女妹喜，桀嬖之，所言皆从。自是殚百姓之财，为倾宫【校记："倾宫"，《备考》本作"顷宫"。嘉靖本与《通志》同，故从之。】瑶台琼室玉门，日与妹喜行淫纵乐，政事怠废。左师曹触龙谗嫉才智，诸侯危其位，大夫隐其道，举事戾于天，发令逆于时。瞿山地裂及泉发，徒凿之通于河。谏者曰："泄天气，发地藏，天子失道，后必有败。"杀之。耆老或谏，又杀之。关龙逄进谏曰："人君谦恭、敬信、节用、爱人，故天下安而社稷宗庙固。今君用财若无穷，杀人若不胜，民惟恐君之后亡矣。人心已去，天命不佑，盍少悛乎?"桀曰："吾之有天下，犹天之有日也，日亡吾乃亡矣。"遂囚逄而杀之。殷汤闻之叹息，使人哭之。桀怒，囚汤于夏台①。已而得释。桀大会诸侯于有仍氏，有缗氏见桀汰侈②，引师先归。桀帅诸侯攻克之，愈自矜肆【校记："矜肆"，嘉靖本作"务肆"，《备考》本与《皇明大纪》同，故从之。】。诸侯韦氏、顾氏、昆吾氏党桀之恶，恣行乱政，凿池为夜宫，男女杂处。王旬不朝，太史终古执其图法泣谏不听，终古出奔商。桀之世，星殒地震，伊洛竭，泰山崩，灾异迭见。殷汤修德，诸侯畏服。桀起九夷之师不至。伊尹佐汤伐桀。桀曰："吾悔不遂杀汤于夏台。"及战，不胜。走鸣条③入于三朡之国。汤

---

① 夏台：狱台，在今河南禹县。《史记·夏本纪》："桀不务德而武伤百姓，百姓弗堪。乃召汤而囚之夏台。"司马贞《索隐》："狱名，夏曰均台。皇甫谧云'地在阳翟'是也。"

② 汰侈：亦作"泆侈"，骄奢。《左传·昭公二十年》："泆侈无礼已甚，乱所在也。"

③ 鸣条：地名，在今山西安邑镇西。《书·汤誓序》："伊尹相汤伐桀，升自陑，遂与桀战于鸣条之野，作《汤誓》。"孔《传》："地在安邑之西。"

又从而伐之，放于南巢①。三年死于亭山。桀在位五十有二年，汤封夏后，至周封于杞也。夏从禹至桀，历十七君十四世，共四百三十二年。

薛应旂曰："《易》曰：'震，无咎者存乎悔。'桀不悔过而悔不杀汤，可谓之死不悔者矣。向使悔过改图，则汤固桀之贤臣，将辅兴禹业，杞夏配天，不啻若少康之靡也。鸣条之战，南巢之放，岂其得已哉！观其言曰：'恐来世以台为口实。'其心直恫切而余悲矣。"

纣

纣名辛，帝乙少子也。纣之同母三人，长曰微子启，其次曰中衍，其次曰受，又曰辛，乃纣也。于三子中，纣为少子。纣母之生微子启②与中衍也，尚为妾。已而帝乙立为妻，而后生纣。帝乙欲置微子启以为太子。太史据法而争之曰："有妻之子而不可置妾之子。纣是以得为后。"

帝乙二十有七祀，岁丙午，崩。纣辛立，明年丁未，为纣元祀。纣资辨③捷疾，闻见甚敏，材力过人，手格猛兽；知足以距谏，言足以饰非；矜己夸人，谓天下皆出己之下。播弃黎老，昵比罪人。平居弗祀上帝、神祇、宗庙。恃其强大，好用兵。性汰侈，好酒色。始为象箸，箕子叹曰："今为象箸，必为玉杯，玉杯象箸，必将食熊蹯豹胎。他又将称是，王求足欲，天下殆哉。"

八祀，伐有苏，获妲己④，嬖之。惟妲己之言是从，于是师涓⑤作新声，为北里之舞⑥，靡靡之乐。厚赋税以实鹿台⑦之财，盈巨桥之粟。益收狗马奇物，充牣⑧宫室。广沙丘苑台，多取野兽蜚鸟【校记："蜚鸟"，《备考》本作"飞"。嘉靖本与《史记》同，故从之。】置其中，大聚乐戏于沙丘，为酒池、肉林，使男女裸以相逐，纵长夜之饮。

---

① 南巢：古地名。在今安徽巢县西南。因位于古代华夏族活动地区的南方，故名。《书·仲虺之诰》："成汤放桀于南巢，惟有惭德。"

② 微子启：周代宋国的始祖。名启，殷纣王的庶兄，封于微（今山东梁山西北）。因见纣淫乱将亡，数谏，纣不听，遂出走。周武王灭商，复其官。周公承成王命诛武庚，乃命微子统率殷族，奉其先祀，封于宋。《尚书》有《微子篇》。

③ 资辨：资，天生的才智。辨同"辩"，巧言。见《史记·殷本纪》。

④ 妲(dá)己：有苏氏献给纣的美女。皇甫谧曰："有苏氏美女。"《史记索隐》："《国语》有苏氏女，妲字己姓也。"

⑤ 师涓：应作师延，纣时乐师。师涓为晋平公时乐师。

⑥ 北里之舞：一种放荡的舞蹈。

⑦ 鹿台：古台名，别称南单之台，殷纣王贮藏珠玉钱帛的地方，故址在今河南省汤阴县朝歌镇南。《书·武成》："散鹿台之财，发巨桥之粟。"孔颖达疏："《新序》云：鹿台，'其大三里，其高千尺'。"

⑧ 充牣：充满。

百姓怨望诸侯多畔，乃重刑辟，作炮烙之法①，刳剔②孕妇，斮朝涉之胫③。

十有一祀，以西伯昌、九侯、鄂侯为三公。九侯有美女入之纣，九侯女不喜淫，纣怒，杀之而醢九侯，鄂侯强争力辨，并脯④鄂侯。西伯昌闻之，窃叹。遂囚西伯于羑里⑤。西伯之长子曰伯邑考，为纣御，纣烹以为羹，赐西伯。纣曰："圣人当不食其子羹，谁谓西伯圣者，食其子羹尚不知也。"纣弃耆老、贵戚大臣商容、微子、微仲、箕子、比干、胶鬲之徒，而用恶来。恶来，蜚廉之子也，善谗悔诸侯，诸侯以此益疏。祖伊告纣曰："天既讫我殷命，假人元龟⑥，罔敢知吉⑦，非先王不相我后人，维王淫虐用自绝。今我民罔不欲丧，王其奈何?"纣曰："我生不有命在天乎?"祖伊反，曰："纣不可谏矣。"

西伯既卒，子发立。诸侯畔殷归周者八百。纣愈淫乱不止。有梅伯者，性忠直，数谏争，纣怒而杀之，菹醢其身。有雷开者，性阿佞，进谀言，纣赐之金玉而封之，赏以夏田。比干曰："为人臣者，不得不以死争。"乃直言谏纣，纣怒曰："吾闻圣人之心有七窍。"刳视其心。箕子惧，乃佯狂为奴，纣又囚之。微子恐绝殷祀，遂持【校记："持"，《备考》本作"抱"。】其祭器、乐器去之，时戊寅三十有二祀也。

明年己卯，武王伐纣，纣衣宝玉自焚死⑧，其事在《武王纪》中。武王代殷为天子，封殷后为诸侯，属周。周武王崩，武庚作乱，成王命周公诛之，而立微子于宋，以续殷后焉。

薛应旂曰："玄王启商，成汤代夏，迄于武丁。贤圣之君六七作，天下戴商，厥惟旧矣。最后帝乙欲立微子启为太子。太史据法而争，立纣亡殷，此虽天命有在，而审于经权贤否之间者，不无遗恨矣。故昔人曰：'用法若此，不若无法旨哉!'"

厉

厉王名胡，夷王之子也。周自夷王，王政不纲。厉王元年，楚熊渠畏之，自去其王

---

① 炮烙之法：《列女传》曰："膏铜柱，下加之炭，令有罪者行焉，辄堕炭中，妲己笑，名曰炮烙之刑。"

② 刳剔：剖杀，割剥。

③ 斮朝涉之胫：砍断早晨涉水者的小腿。斮：斫，砍也。胫：小腿。孔颖达疏："冬月见朝涉水者，谓其胫耐寒，斩而视之。"

④ 脯：把人杀死晒成肉干。晋葛洪《抱朴子·诘鲍》："使夫桀纣之徒，得燔人辜谏者，脯诸侯，菹方伯，剖人心，破人胫。"

⑤ 羑里：古地名，在今河北汤阴县北。《地理志》："河内汤阴有羑里城，西伯所拘处。"

⑥ 假人：先知先哲之人。元龟：大龟。古人用龟占卜吉凶，认为愈大愈灵。裴骃《史记集解》引孔安国曰："至人以人事观殷，大龟以神灵考之，皆无知吉者。"《书·西伯戡黎》"假人"作"格人"。

⑦ 罔敢知吉：不敢保证殷的前途吉凶。

⑧ 衣宝玉自焚死：《逸周书·世俘解》："纣王于甲子日黄昏，取天智玉琰衣五，环身以自焚。"

号。三十年间天下无他，其后厉王好利，近荣夷公①。大夫芮良夫②谏厉曰："王室其将卑乎？夫荣公好专利③而不知大难，夫利百物之所生也，天地之所载也，而欲专之，其害多矣。天地百物皆将取焉，何可专也？所怒甚多，而不备大难。以是教王，王其能久乎？夫王人者，将导利而布之上下者也。使神人百物无不得极，犹曰'惕怵惧怨之来'也。故《颂》曰'思文后稷，克配彼天，立我烝民，莫匪尔极'④。《大雅》曰'陈锡载周'⑤，是不布利而惧难乎，故能载周以至于今。今王学专利，其可乎？匹夫专利，犹谓之盗；王而行之，其归鲜矣。荣公若用，周必败也。"厉王不听，卒以荣公为卿士用事。

三十三年，王愈暴虐侈傲，国人谤王。召穆公⑥谏曰："民不堪命矣。"王怒，得卫巫，使监谤者，以告，则杀之，诸侯不朝。三十四年，王益严，国人莫敢言，道路以目。厉王喜，告穆公曰："吾能弭谤⑦矣，乃不敢言。"召公曰："是鄣⑧之也。防民之口，甚于防水。水壅【校记："防水"。"水壅"，《备考》本作"防川"。"川壅"。嘉靖本与《史记》同，故从之。】而溃，伤人必多，民亦如之，是故为水者【校记："水者"《备考》本作"川者"。】决之使导，为民者宣之使言。故天子听政，使公卿至于列士献《诗》，瞽献曲，史献《书》，师箴，瞍赋，矇诵，百工谏，庶人传语，近臣尽规，亲戚补察，瞽史教诲，耆艾⑨修之，而后王斟酌焉，是以事行而不悖。民之有口也，犹土之有山川也，财用于是乎出。犹其有原隰⑩衍沃也，衣食于是乎生。口之宣言也，善败于是乎兴。行善而备败，所以产【校记："产"，《备考》本作"阜"。嘉靖本与《史记》同，故从之。】财用衣食者也。夫民虑之于心而宣之于口，成而行之。若壅其口，其与能几何？"王不听，于是国莫敢出言。三十有七年，国人相与畔，袭厉王，王出奔于彘⑪，太子静匿穆公之家，国人闻之，乃围之。穆公曰："昔吾骤谏王，王不从，以及此难也。今杀王太子，其以我为仇而怼怒乎？夫事君者，险而不仇怼，怨而不怒，况事王乎？"乃以其子代王太子，竟得脱。

召穆公、周公二相行政，号曰"共和"。五十有一年，王死于彘，太子静长于穆公

---

① 荣夷公：周厉王臣名，封地在荣的诸侯，夷是其谥号。荣，今陕西户县。

② 芮良夫：周大夫，其封地在芮(今陕西大荔)。

③ 专利：独占财物。《左传·哀公十六年》："若将专利以倾王室，不顾楚国，有死不能。"

④ 语出《诗·周颂·思文》。克：能。烝：众。

⑤ 语出《诗·大雅·文王》。陈：布。锡同赐。载周：造周。

⑥ 召穆公：指召康公之孙穆公虎，厉王卿士。韦昭曰："召康公之后穆公虎，为王卿士也。"

⑦ 弭谤：禁止非议。《国语·周语上》："厉王虐，国人谤王，召公告王曰：'民不堪命矣。'王怒，得卫巫，使监谤者，以告则杀之。国人莫敢言，道路以目。王喜，告召公曰：'吾能弭谤矣，乃不敢言。'"韦昭注："弭，止也。"

⑧ 鄣：阻隔，遮掩。

⑨ 耆艾：年高望重的人。《汉书·武帝纪》："然则于乡里先耆艾，奉高年，古之道也。"颜师古注："六十曰耆，五十曰艾。"

⑩ 原隰：广平与低湿之地。

⑪ 彘：地名，今山西霍县。《国语·周语上》："三年，乃流王(厉王)于彘。"韦昭注："彘，晋地，汉为县，属河东，今曰永安。"

家，二相乃共立之为王，是为宣王。

薛应旂曰："呜呼！厉王初政，荆楚畏服，岂不亦卓有可观哉！迨荣夷公导之，利心一萌，虽有芮良夫之忠谏，召穆公之世臣，不相入矣，卒至民畔而奔于彘以死，不有穆公，则宣王亦几于不免。噫，利之为害大矣，人君之用人可不慎诸？"

幽

幽王名宫涅，宣王子也。幽王娶申后，生太子宜臼。庚申元年，褒人有罪，请入女子于王以赎罪，是为褒姒。二年，王入后宫见而嬖之，生子伯服。于是泾渭洛竭，岐山崩。周太史伯阳甫①曰："周将亡矣。夫天地之气，不失其序，若过其序，民之乱也。阳伏而不能出，阴迫而不能蒸，于是有地震。今三川实震，是阳失其所而填阴②也。阳失而在阴，原必塞。原塞，国必亡。夫水土演而民用③也【校记："民用也"《备考》本作"民用足"，嘉靖本与《史记》同，故从之。】。土无所演，民乏财用，不亡何待？昔伊、洛竭而夏亡，河竭而商亡。今周德若二代之季矣，其川原又塞，塞必竭。夫国必依山川，山崩川竭，亡国之征也。川竭必山崩，若亡国不过十年，数之纪④也。天之所弃，不过其纪。"

甲子五年，废申后及太子宜臼，以褒姒为后，伯服为太子。初，伯阳读《史记》曰："周亡矣。"昔自夏后氏之衰也，有二神龙止于夏帝庭而言曰："余，褒之二君。"夏帝卜杀之与去之与止⑤之，莫吉。卜请其漦⑥而藏之，乃吉。于是布币而策告之⑦，龙亡而漦在椟。夏亡，传此器殷。殷亡，又传此器周。比三代，莫敢发之。至厉王之末，发而观之。漦流于庭，不可除。厉王使妇人裸而噪之，漦化为玄鼋⑧，以入王后宫。后宫之童妾既龀⑨而遭之，既笄⑩而孕，无夫而生子，惧而弃之。宣王之时，童女【校记："童

---

① 伯阳甫：古贤人，相传为舜七友之一。《墨子·所染》："舜染于许由、伯阳。"孙诒让《间诂》："此伯阳自是舜时贤人。"

② 填阴：为阴气所镇压。韦昭曰："为阴所镇笮也。"

③ 水土演而民用：韦昭曰："水土气通为演。演犹润也。演则生物，民得用之。"

④ 数之纪：指周的年数已尽，不过十年，便要更朝换代。纪：据韦昭的解释，数起于一，终于十，满十则更，故曰纪。

⑤ 与：还是。止：留下。

⑥ 漦：chí，鱼、龙之类的涎沫。古人认为是鱼、龙的精气。

⑦ 布币而策告之：陈列礼物把请漦的要求写在简策上以告龙。币：古时称玉、帛、马、璧、圭等用为馈赠的礼物为币。

⑧ 玄鼋（yuán）：黑色蜥蜴。

⑨ 童妾既龀（chèn）：小女婢已经到了脱牙之年，旧说指女童七岁时。

⑩ 笄：簪子，此指女子到了可以盘髻插簪子的年龄，即成年女子。《仪礼·士冠礼》："皮弁笄，爵弁笄。"郑玄注："笄，今之簪。"

女"，《备考》本作"有童"。嘉靖本与《史记》同，故从之。】谣曰："檿弧箕服①，实亡周国。"于是宣王闻之有夫妇卖是器者，宣王使执而戮之。逃于道，而见向者后宫童妾所弃妖子出于路，闻其夜啼，哀而收之。夫妇遂亡，奔于褒。其后褒人有罪，请入女子，即檿弧之夫妇所收于路者也。乙丑六年十月辛卯日，有食之。褒姒不好笑，幽王欲其笑万方②，故不笑。幽王为烽燧大鼓，有寇至则举烽火。诸侯悉至，至而无寇，褒姒乃大笑。幽王说之，为数举烽火。其后不信，诸侯益亦不至。幽王以虢石父为卿，用事，国人皆怨。石父为人佞巧，善谀，好利，王用之。又废申后，去太子也。申侯③怒。十有一年，申侯、犬戎攻幽王。幽王举烽火征兵，兵莫至。遂杀幽王骊山下，虏褒姒，尽取赂而去。于是诸侯乃即申侯而共立故太子宜臼，是为平王，东迁洛邑。而西周遂亡。

太史迁曰："学者皆称周伐纣，居洛邑，综其实不然。武王营之，成王使召公卜居，居九鼎焉，而周复都丰、镐。至犬戎败幽王，周乃东徙于洛邑。所谓'周公葬我毕'，毕在镐东南杜中。秦灭周。汉兴九十有余载，天子将封太山，东巡狩至河南，求周苗裔，封其后嘉三十里地，号曰周子南君，比列侯，以奉其先祭祀。"

薛应旂曰："余诵《白华》、《小弁》、《十月之交》之诗，大都为幽王作也，而究其厉阶则褒姒实生【校记："实生"，《备考》本作"以倡"。】之，回视桀之妹喜，纣之妲己，其事类也。骊山④之及，岂其微哉！奈何唐之明皇犹于兹山，纵华清之乐，卒致腥膻污于伊洛，流血染于河潼，几于犬戎之口矣，迩诸生从余过临潼，众诣温泉而浴焉。余谓之曰：'有吾与点也之意，此与沂水何异，不然则不当一涉其流也。'"

---

① 檿(yǎn)弧箕服：山桑木做的弓和箕木制作的剑袋。箕：木名。《史记集解》韦昭曰："山桑曰檿。弧，弓也。箕，木名。服，矢房也。"

② 万方：想了种种办法。

③ 申侯：申国的国君。申，相传为伯夷之后的封国，在今河南南阳。申侯是申后的兄弟，宜臼的舅父。

④ 骊山：在陕西省临潼县东南，因古骊戎居此得名，是著名的游览、休养胜地，又名郦山。

四书人物考卷四

传一

稷附公刘、太王、太伯、王季

后稷名弃，帝喾之子也。其母有邰氏①女，姜原为帝喾元妃。姜原出野，见巨人迹，心忻然说，欲践之，践之而身动如孕者。居期而生子，以为不祥，弃之隘巷，马牛过者皆辟不践；徙置林中，适会人伐木，乃迁而弃之水上，飞鸟以其翼覆荐②之。姜原以为神，遂收养之。初欲弃之，因名曰弃。

弃为儿时，屹如巨人之志。其游戏，好种麻、菽，及成人，遂好耕农、相地，宜以为稼穑。民皆法则之。尧闻之，举为农师，天下享其利。至舜时，封弃于邰，号曰后稷，别姓姬氏。后稷之兴，在陶唐、虞、夏之际。

后稷卒，子不窋之末年，夏后氏③政衰，不务稼穑。不窋失其官，而奔戎狄之间。其孙公刘虽在戎狄，复修后稷之业，务耕种，行地宜，自漆、沮渡渭取材用④，行者居者咸有以资，民赖其庆，乃迁邑于邠⑤，百姓怀之，多徙而归焉，周道之兴实自此始。故诗人思其德而歌之赋，笃公刘数传至公叔祖，类至古公亶父，复修后稷、公刘之业，

---

① 有邰(tái)氏：传说是神农氏的后代，姓姜，封于邰，故地在今陕西武功县西南。《史记·周本纪》："周后稷，名弃。其母有邰氏女，曰姜原。"张守节《史记正义》引《说文》："邰，炎帝之后，姜姓，封邰，周弃外家。"

② 覆荐：覆盖并且垫上。《楚辞·天问》"投之于冰上，鸟何燠之。"汉王逸注："姜嫄以后稷无父而生，弃之于冰上，有鸟以翼覆荐温之，以为神，乃取而养之。"

③ 夏后氏：禹受舜禅让为帝，国号夏，也称夏后氏。这里指夏禹的后代帝王。《左传·定公四年》："分鲁公 以大路、大旂，夏后氏之璜，封父之繁弱。"

④ 自漆、沮渡渭取材用：《史记正义》："公刘徙漆县漆水南渡渭水，至南山取材木为用也。"《括地志》云："幽州新平县即汉漆县也。漆水出岐州普润县东岐山，漆水，东入渭。"

⑤ 邠：bīn，在今陕西旬邑县西南。《史记索隐》："豳即邠也，古今字异耳。"《史记正义》引《括地志》云："豳州新平县，即汉漆、沮县，《诗》豳国，公刘所邑之地也。"

积德行义，国人戴之。薰育①、戎狄，攻之不已，民欲与战。古公曰："有民立君，将以利之，民之在我与在彼何异？民以我故欲战，未免杀人，予不忍为。"遂去邠，逾梁山，止于岐下。改国号曰周。豳人举国扶老携弱归焉。其他旁国闻古公仁，亦多归之。于是古公乃贬戎狄之俗，营筑城郭室屋而居，作五官有司，曰司徒、司马、司空、司士、司寇，民皆歌颂其德。

古公有长子曰太伯，少子曰季历，季历生昌，有圣瑞。古公曰："我世当有兴者，其在昌乎？"太伯知古公欲立季历以传昌，乃托以采药亡之荆蛮，荆蛮义之，从而归者千有余家，共立以为句吴。

古公病，将卒，令季历让国于太伯，太伯不归，三让不受，季历乃立，是为公季，事殷，为西方诸侯。遵后稷、公刘之业，修古公遗道，笃于行义，诸侯顺之。商益衰，公季以有功多受圭瓒、秬鬯②之赐，九命作伯，号西伯，得专征，乃伐西落羌戎，俘其主而归。故诗人歌之曰："维此王季，其德克明，克明克类，克长克君。王此大邦，克顺克此。其德靡悔，既受帝祉，施于孙子。"③

公季卒，子昌立，是为西伯。西伯卒，子发立，伐商而有天下，是为武王，谥西伯为文王，追古公为太王，公季为王季，而祖类以上至后稷，皆得享天子之祀云。

薛应旂曰："烝民粒食，益始于稷，而周之王业实唯肇焉。余于稷而历观周之世德，知周之所以王也。后稷儿时几于弃矣，不窋不得于官而奔戎狄，古公迫于戎狄，去邠迁西岐，太伯之吴，文王以服事殷。至武王时，诸侯不期而会盟津者八百，皆曰纣可伐矣，犹还师以需纣之改行，大率皆让道也。让也者，谦而虚也。谦则益，虚则盈，周之所以王也。太王让而吴人归之，遂成吴国。厥后，季札亦以国让而获跻上寿，令闻长世，天之报施不爽矣，如此而犹不夺不厌，卒底败亡者，亦独何哉！"

契

契，帝喾之子也。母曰简狄，有娀氏之女，为帝喾次妃。三人行浴，见玄鸟堕其卵，简狄取【校记：《备考》本无"取"字。嘉靖本与《史记》同，故从之。】吞之，因孕生契。契长而佐禹治水有功，帝舜乃命契为司徒，以敷五教，封于商，赐姓子氏。契兴于唐、虞、大禹之际，功业著于百姓，百姓以平。

契卒，子昭明立。昭明卒，子相土立，相土佐夏，功著于商，四传至冥，为夏司

---

① 薰育：古代北方游牧民族名。战国秦汉时的匈奴，即薰育和猃狁之后。

② 圭瓒、秬鬯：圭，古代帝王诸侯朝聘、祭祀、丧葬等举行隆重仪式时所用的玉制礼器。长条形，上尖下方。其名称、大小因爵位及用途不同而异。瓒，古代祭祀用的玉制酒勺。秬鬯：古代以黑黍和郁金香草酿造的酒，用于祭祀降神及赏赐有功的诸侯。

③ 《诗经·皇矣》："维此王季，帝度其心。貊其德音，其德克明。克明克类，克长克君。王此大邦，克顺克比。比于文王，其德靡悔。既受帝祉，施于孙子。"

空，勤于官事，死于水。《礼》曰：“冥勤其官而水死”①是也，又七传至天乙，一名履，是为成汤，遂伐桀而有天下。故《商颂》曰：“玄王桓拨②，受小国是达，受大国是达。率履不越，遂视既发③。相土烈烈，海外有截。”玄王，盖谓契也。契始封于商，曰商者，以始封之所命而言也。自契至汤八迁，始居亳。亳在京兆杜县，及有天下，始居宋地，复命以亳，今谷熟是也，有澱水出焉。后虽迁于嚣、于相、于耿、于朝歌，皆【校记：“皆”，《备考》本作“人”。】谓之殷者，以成汤建国之所命而言也。

薛应旂曰：“余涉太华之阳【校记：“余”，《备考》本作“予”。】，过上洛商州，见士民犹祀契，而因称相土之贤，颂冥之功也，乃往复沮、漆④、邠、泾北地，追岐、丰、凤翔之间，父老仍陶穴以处，犹啧啧追言后稷、公刘、古公时事，乃知汤、武之王，而稷、契之上祀配天也，夫岂偶然之故哉！卜世之长，历年之久，固其宜矣。向使为之子孙者，能念厥祖，则殷、周虽至今存焉可也。”

皋陶

皋陶，一名庭坚，字隤，颛顼高阳氏之后也，高阳氏有才子八人，齐圣广渊，明允笃诚，天下谓之八恺，而庭坚则其一焉。庭坚佐舜为士师⑤，明于五刑⑥，以弼五教，民协于中，不犯于有司。舜曰：“俾予从欲以治，四方风动，惟乃之休。”既禹代舜立，乃复陈知人安民，惇典庸礼，命德讨罪之谟，其详具《虞书》，其后封于蓼⑦。至春秋，鲁文公五年，为楚所灭。臧文仲曰：“皋陶庭坚，不祀忽诸。”盖伤之也。

益

益，名大费，父大业，娶少典之子女华所生也。初与禹、皋陶、契、稷、伯夷、夔

---

① 冥勤其官而水死：冥做水官勤劳而死。冥，契的六世孙，曾做玄冥（官名）之官，掌管水事。

② 桓拨：谓大治。《诗·商颂·长发》：“玄王桓拨，受小国是达。”毛传：“桓：大；拨：治。”

③ 率履不越，遂视既发：循礼不越轨，诸侯谒见乃出发。相土：契之孙。截：齐整。

④ 沮、漆：渭河支流漆水，今陕西省邠县、岐山一带的漆沮水，周朝的发祥地。《诗·周颂·潜》：“猗与漆沮，潜有多鱼。”毛传：“漆沮，岐周之二水也。”孔安国曰：“漆、沮，二水名，亦曰洛水，出冯翊北。”

⑤ 士师：亦作“士史”，古代执掌禁令刑狱的官名。《周礼·秋官·士师》：“士师之职，掌国之五禁之灋，以左右刑罚：一曰宫禁，二曰官禁，三曰国禁，四曰野禁，五曰军禁。”

⑥ 五刑：五种轻重不等的刑法。秦以前为：墨、劓、剕（刖）、宫、大辟（杀）。《书·舜典》：“五刑有服。”孔传：“五刑：墨、劓、剕、宫、大辟。”《周礼·秋官·司刑》：“掌五刑之灋，以丽万民之罪，墨罪五百，劓罪五百，宫罪五百，刖罪五百，杀罪五百。”

⑦ 蓼：春秋古国名。今河南省固始县东北有蓼城冈，即古蓼国之地。

龙、垂、彭祖自尧时皆以举用，未有分职，至舜摄尧政，乃命十二牧居官相事。舜曰："谁能驯予上下草木鸟兽?"皆曰益可，于是以益为虞官掌山泽。益拜稽首，让于朱虎熊羆①。舜曰："往矣，汝谐，遂以朱虎熊羆为佐。"益主虞山泽辟鸟兽，鱼鳖不可胜食，材木不可胜用，而虎豹、犀象、蛇龙之属不为民害，及舜命禹为司空，禹与益奉舜命命诸侯，百姓兴，人徒以传土，行山表木，任土作贡，禹功告成。帝锡玄圭②。禹受曰："非禹能成，亦大费为辅。"帝舜曰："资尔费，赞禹功，其赐尔皂旒③。"乃妻之姚姓之女。大费拜受，是为伯益，又名柏翳，赐姓嬴氏。及禹受舜禅，举益任之政十年，禹崩，以天下授益。益让禹之子启，而避居箕山之阳，启贤，又禹之子，故诸侯皆去益而朝启。益以是不有天下，其详具见《虞夏》之书，有《益稷篇》文。

按：金履祥曰："《尚书》之伯益，即秦纪之柏翳也。秦声以入为去，故谓益为翳也。《秦纪》谓柏翳佐禹治水，驯服鸟兽，岂非《书》所谓'随山刊木，暨益奏庶鲜食'，'益，作朕虞，若予上下鸟兽'者乎？其事同，其声同，而太史公独以书纪字异，乃析一人而二之，可谓误矣。"

唐虞功臣独四岳不名，其余未有无名者，夫岂别有柏翳其功如此，而书反不及乎？太史公于《五帝本纪》言益，见《秦本纪》为翳，则又从翳，岂疑而未决，故于《陈杞世家》叙柏翳与伯益为二乎？抑出于谈、迁二乎？故其前后谬误也。罗氏《路史》因之，遂以益、翳为二人，又以柏翳为皋陶之子。果若是，则楚人灭蓼之时，秦方盛于西，臧文仲安得云皋陶不杞乎？又以益为高阳氏之才子隤敳，至夏启时则有二百有余岁矣，禹又曷从而荐之乎？此其所以疑孟子荐益之言为权辞也。

伊尹

伊尹名挚，力牧④之后，生于空桑⑤，后居伊水，故氏曰伊，盖处士也。耕于有莘⑥之野。汤使人往聘迎之，五反然后肯出而从汤，言素王及九主之事，汤举任以图

① 熊罴：熊和罴，皆为猛兽。因以喻勇士或雄师劲旅。《书·牧誓》："尚桓桓，如虎如貔，如熊如罴。"《书·康王之诰》："则亦有熊罴之士，不二心之臣，保乂王家。"。

② 帝锡玄圭：尧帝赐予黑色的玉器给禹。锡：赐予。玄圭：一种黑色的玉器，上尖下方，古代用以赏赐建立特殊功绩的人。《史记正义》："帝，尧也。玄，水也。以禹理水功成，故锡玄圭以表显之。"

③ 皂旒：旌旗上的黑色饰物。旒：旗帜边缘上悬挂的装饰品。

④ 力牧：传说为黄帝之臣。相传黄帝梦人执千钧之弩，驱羊数万群，寤而叹曰："夫千钧之弩，异力能远者也；驱羊数万群，是能牧民为善者也。天下岂有姓力名牧者哉?"于是依占而求之，得力牧于大泽，用以为将。见晋皇甫谧《帝王世纪》。

⑤ 空桑：传说中的山名，产琴瑟之材。《周礼·春官·大司乐》：" 空桑之琴瑟，咸池之舞，夏日至，于泽中之方丘奏之。"

⑥ 有莘：古部族名，在今山东省曹县西北。

政。既乃去汤适夏，闻夏人饮酒醉者持不醉者，不醉者持醉者，相和而歌曰："盍归于亳？盍归于亳？上亳亦大矣。"尹退而闲居，深听乐声，更曰："觉兮！较兮！吾大命格兮！去不善而就善，何乐兮！"尹入告于桀曰："大命之亡有日矣！"桀哑然而笑曰："吾之有天下，犹天之有日也，日亡吾亦亡矣。"尹遂去夏，复归于亳，入自北门，遇女鸠、女房，遂作《女鸠》、《女房》①二篇。

当是时，夏桀为虐，而诸侯昆吾氏②为乱。尹乃从汤以伐昆吾，汤欲伐桀，尹请且乏贡职以观夏动，桀怒，起九夷之师。尹曰："未可，彼尚能起九夷之师，是罪在我也。"汤乃谢，请服入贡职。明年又乏贡职。桀起九夷之师，九夷之师不起。尹曰："可矣。"汤乃兴师伐，桀败于有娀之虚，遂奔于鸣条。汤乃践天子位，尹为阿衡③以左右之。

既乃大旱，尹言于汤，发庄山之金，铸币通有无于四方以赈救之，民是以不困。汤问尹曰："古者所以立三公九卿大夫列士者，何也？"尹对曰："三公者，通于天道者也；九卿者，通于地理者也；大夫者，通于人事者也；列士者，明于法度者也。三公所以参五事，九卿所以参三公，大夫所以参九卿，列士所以参大夫，是谓事宗。事宗不失内外若一，是谓大顺也。"汤又问尹曰："寿可为耶？"尹曰："王欲之则可为，弗欲则不可为也。"汤乃益勤修德政，以迓天休④，年百岁而崩。

太子太丁未立而卒，立太丁之子太甲。尹乃明言烈祖之成德⑤以训之，作《伊训》。太甲不遵汤法，不惠于阿衡，尹乃放之桐宫，复作《太甲》三篇。太甲悔过，尹遂复政厥辟，仍陈戒于王，作《咸有一德》。其详具载《商书》，尹欲告归，太甲又留之为相，至太甲子沃丁立八祀，尹乃卒，年百有余岁。大雾三日，沃丁葬之，以天子之礼祀以太牢⑥，亲临丧以报大德。葬于亳，去汤冢七里，至太戊时，其子伊陟⑦为相。

薛应旂曰："余闻之曰：'臣道无二。'又曰：'臣而有作福作威者，凶。'伊尹五就汤，五就桀，不二矣乎？放太甲，复太甲，不威福矣乎？然卒能相汤伐夏，以成商业，而克有令终者，何也？良由其心纯乎道义，而一德格于皇天，一介不轻取予，而素行孚于众志也。其就桀也，汤进之也，其放太甲也，复太甲也。固终汤之事也，无非所以尽人臣之分也。若汉霍氏之徒，岂知此哉！其及宜矣。抑余过陈留县南，有空桑城，即上

---

① 《女鸠》、《女房》：《尚书》篇名，已失传。女鸠、女房：汤的两位贤臣。

② 昆吾氏：夏商之间部落名，己姓。初封于濮阳（今河南省濮阳市）。夏衰，昆吾为夏伯，迁于旧许（今河南省许昌市），后为商汤所灭。《诗·商颂·长发》："韦顾既伐，昆吾夏桀。"毛传："有昆吾国者。"郑玄笺："顾、昆吾皆己姓也。"

③ 阿衡：商代官名，师保之官。《书·太甲上》："惟嗣王不惠于阿衡。"孔传："阿：倚；衡：平。言不顺伊尹之训。"伊尹曾任此职，故以指伊尹。

④ 迓天休：迎接天赐予的福气。迓：迎接。天休：天赐福佑。

⑤ 明言烈祖之成德：明白讲述建立功业祖先之盛德。烈：功业。《书·伊训》："伊尹乃明言烈祖之成德，以训于王。"孔传："汤，有功烈之祖，故称焉。"

⑥ 太牢：古代祭祀，牛羊豕三牲具备谓之太牢。《庄子·至乐》："具太牢以为膳。"成玄英疏："太牢，牛羊豕也。"

⑦ 伊陟：伊尹的儿子。

古空桑氏之都也。至今人指为伊尹所生处。《吕氏春秋》乃谓伊尹之母化为空桑，尹生其中，固已太妄，而唐传奕乃曰：‘萧瑀不生于空桑而遵无父之教。’谓空桑若枯桑，然抑又谬矣。”

莱朱

莱朱，即仲虺，一名仲傀，又名仲䚕，奚仲之后也，为汤左相，汤放桀南巢①，惟有惭德②，曰：“予恐来世以台③为口实。”仲虺乃作诰。其语具载《商书》，其政之教大夫官之，教士技之，教庶人犹之老彭然也。

傅说

傅说者，殷之傅岩人也。傅岩在北海之洲、虞虢之界，通道所径有间水坏道，常使胥靡④刑人筑护之，说贤而隐居，贫不能自给，乃代胥靡筑之以供食。武丁即位，思复兴殷而未得其佐，夜梦得圣人，其名曰说。以梦所见示群臣百吏，皆非也。于是乃审厥象，俾以形旁求于天下，得说于傅岩，惟肖，见于武丁，武丁曰是也。与之语，果圣人，遂立以为相，置诸左右，命之“朝夕纳诲”。说对扬休，命作《说命》三篇，其详具载《商书》。高宗嘉靖殷邦，商道复兴，皆说辅相之功云。

薛应旂曰：“余观傅说遇高宗以梦，吕望遇文王以卜，非人荐之而神实通之，此盖时泰道行之几【校记：“几”，《备考》本作“机”。】，信有不能以自己者也。不然，则虽五就如伊尹，终将丑夏⑤。贵戚如箕子，甘于明夷⑥矣。矧疏贱之若是乎！”

微子启附微仲

微子名启，殷帝乙之首子而纣之庶兄也。食采于微，故曰微子。纣既立，淫乱于

---

① 南巢：地名，今安徽巢县。《史记·夏本纪》“桀走鸣条，遂放而死。”《史记正义》引《括地志》：“庐州巢县有巢湖，即《尚书》‘成汤伐桀，放于南巢’者也。”

② 惭德：因行事有缺憾而内心惭愧。

③ 台(yí)：我。《书·汤誓》：“非台小子，敢行称乱。”《后汉书·班固传》：“今其如台而独阙也！”李贤注：“台，我也。今其如我何独阙也。”

④ 胥靡：古代服劳役的奴隶或刑徒。

⑤ 丑夏：认为夏的政治丑恶。

⑥ 明夷：东方之国，日出处。《易·明夷》：“箕子之明夷。利贞。”参阅李镜池《周易通义》。

政，微子数谏不听，及祖伊以西伯之戡黎告纣。纣曰："我生不有命在天乎?"祖伊反曰："乃罪多参在上，乃能责命于天?"于是微子度纣终不可谏，欲死之，及去，未能自决。乃问于箕子、比干曰："国无政，天下乱矣。我祖成汤勤劳于上，纣酗酒【校记："酗酒"，《备考》本作"沉酒"。】溺女，乱败于下，小大草窃奸宄①，卿士师师非度②，小民相为敌仇，今殷其沦丧于斯至矣。太师、少师、我其出往乎？今汝无故告予，颠跻，如之何?"太师曰："王子，天笃降丧灾我殷国，天弃贤，淫祀虐民，今诚转乱为治，身死不恨，终不得治，不如去。"遂亡。及周武王伐纣克殷，封纣子武庚禄父以续殷祀，使管叔、蔡叔傅相之。

武王崩，成王少，周公旦代行政，管蔡疑之，乃与武庚作乱。周公承成王命，诛武庚，杀管叔，放蔡叔，乃求微子以代殷后，奉其先祀，作《微子之命》以申之国于宋。微子仁贤，殷之余民甚戴爱之。

微子卒，嫡子早亡，立其弟衍为微仲。《礼》曰："微子舍其孙腯，而立衍是也。"衍，一名泄。微子为宋公，虽迁爵易位，而班级不过其故，故以旧官为称云。

薛应旂曰："余观《鲁论》，谓微子去之，初不明其何之，而子由《古史》乃谓商纣之乱，微子即抱祭器以归周，夫洁身以去可也，急于归周则非仁人之所忍也。《传》又谓：武王克商，微子面缚请降。武王非讨微子，而微子亦非亡国之君，何为其然也？若果如二家之说，则武王之封殷后，当于微子而不于武庚矣，奚待武庚既叛而后命微子代之哉？是微子之归周当在武庚已封之后，而决非宗国未灭之先周师入殷之日也。"

箕子

箕子，名胥余，纣亲戚也。食采于箕，故曰箕子。纣始为象箸，箕子叹曰："彼为象箸，必为玉杯；为玉杯，则必思远方珍怪之物而御之矣。舆马宫室之渐自此始，不可振也。"纣又为淫佚，作炮烙之刑，箕子谏，不听。人或曰："可以去矣。"箕子曰："知不用而言，愚也。杀身以彰君之恶而自说于民，吾不忍为也。二者不可然，且为之，不祥莫大焉。"乃解衣被发佯狂而去之，遂隐而鼓琴以自悲，故传之曰《箕子操》③。及武王既克殷，访问箕子，箕子乃为之陈《洪范》，其文具《周书·洪范篇》。于是武王乃封箕子于朝鲜，而不臣也。其后箕子朝周，过故殷墟，感宫室尽为禾黍，箕子伤之，欲哭不可，欲泣不可，乃作《麦秀》之诗以歌之。其诗曰："麦秀渐渐兮，禾黍油油兮，彼狡童兮，不与我好兮。"所谓狡童者，盖指纣也。殷民闻之皆为流涕云。

---

① 奸宄：乱于内者曰奸，乱于外者曰宄。宄：《书·舜典》："蛮夷猾夏，寇贼奸宄。"孔传："在外曰奸，在内曰宄。"

② 卿士师师非度：王室的卿士相互仿效，不遵守法度。

③ 《箕子操》：琴曲名。操犹言曲。

薛应旂曰："呜呼哀哉！箕子也，始则被发佯狂以自辱【校记："自辱"，《备考》本作"受辱"。】，继则感故殷墟而自伤，此其情固悼故主之沉溺，悲宗社之沦亡也。然乃不仇武王而为之陈《洪范》者，何哉？盖其为天地立心，为生民立命，而拳拳经万世之心，则又不知孰为殷而孰为周也，故《易》之《明夷》曰：'内难而能正其志，箕子以之。'又曰：'箕子之贞明不可息也。'非天下之至圣而与天为一者，其孰能与于此？"

比干

王子比干者，纣之亲戚也。见纣之淫佚作炮烙之刑，比干曰："主暴，不谏非忠也；畏死，不言非勇也；见过则谏，不用即死，忠之至也。君有过而不以死争①，则百姓何辜？"乃陈先王艰难，天命不易，国家将亡之明征，请王洗心易行，伏于象魏之门【校记："之门"，《备考》本作"之阙"。嘉靖本与《皇王大纪》同，故从之。】②。纣大怒，曰："比干自以为圣人矣。吾闻圣人之心有七窍，信有诸乎？"乃遂杀王子比干，刳视其心。

薛应旂曰："比干之死，人皆知其仁。唯微子抱祭器归周，箕子为武王陈《洪范》。或有疑之者，孔子曰：'殷有三仁而序微、箕于比干之上。'呜呼！其指微矣！"

胶鬲

胶鬲，殷之贤人也。遭殷末之乱，鬻贩鱼盐，文王举之于殷。文王没，武王立，使叔旦③就胶鬲于四内，而与之盟曰："加富三等，就官一列。"为三书同辞，血之以牲，埋一于四内，皆以一归。

武王伐殷至鲔水④，殷使胶鬲候周师，武王见之。胶鬲曰："师将何之？无欺我也。"武王曰："不子欺，将之殷也。"胶鬲曰："以何日至之？"武王曰："将以甲子至殷郊，子以是报矣。"胶鬲行，天雨日夜不休，武王疾行不辍，军师皆谏曰："兵且疲矣，

---

① 争：通"诤"，规劝。《庄子·至乐》："故夫子胥争之以残其形；不争，名亦不成。"成玄英疏："子胥忠谏，以遭残戮。"

② 象魏：古代天子、诸侯宫门外的一对高建筑，亦称"阙"或"观"，为悬示教令的地方。《周礼·天官·太宰》："正月之吉，始和，布治于邦国都鄙，乃县治象之灋于象魏，使万民观治象，挟日而敛之。"郑玄注引 郑司农曰："象魏，阙也。"

③ 叔旦：周公旦，周成王的叔叔，故称叔旦。《楚辞·天问》："到击纣躬，叔旦不嘉。"王逸注："旦，周公名也。"

④ 鲔水：地名，在今河南巩县北部。

请休之。”武王曰：“吾已令胶鬲以甲子之期报其主矣。今甲子不至，是令胶鬲不信也，其主必杀之，吾疾行以救胶鬲之死也。”武王果以甲子至殷郊，因战①，大克之。武王入殷，将问胶鬲殷之所以亡。胶鬲对曰：“王欲知之，则请以日中②为期。”武王与周公旦明日早要期，则弗得也，武王怪之，周公曰：“吾已知之矣，此君子也，以其主之恶告王不忍为也，若夫期而不当言而不信，此殷所以亡也，已以此告王矣。”君子曰：“武王遭乱世，临苦民，扬其义，成其功，不强其所不欲也。”

---

① 因战：立即投入战斗。

② 日中：《左传·庄公二十九年》：“凡马，日中而出，日中而入。”杜预注：“日中，春、秋分也。”孔颖达疏：“中者，谓日之长短与夜中分，故春秋二节谓之春分、秋分也。《释例》曰：春秋分而昼夜等，谓之日中。”

四书人物考卷五

传二

周公

周公旦者，周武王弟也。自文王在时，旦为子仁孝，异于群子。及武王即位，旦常辅翼武王，用事居多。武王东伐至孟津，公辅行。伐纣，至牧野，公佐武王，作《牧誓》①。破殷，入商宫。公把大钺，召公②把小钺，以夹③武王衅社④，告纣之罪于天。至殷释箕子之囚。封纣子武庚禄父，使管叔、蔡叔⑤傅之，以续殷祀。遍封功臣同姓戚者，封公于少昊之虚曲阜⑥，公不就封，留佐武王。

武王克殷二年，天下未集【校记："未集"，《备考》本作"皆归"。嘉靖本与《通志》同，故从之。】⑦，武王有疾，不豫⑧，群臣惧，太公、召公乃穆卜⑨。公曰："未可以戚我先王。"于是乃自以为质，设三坛，公北面立，戴璧秉圭⑩，告于太王、王

---

① 《牧誓》：《尚书》篇名，是周武王与商纣决战前在牧野发表的誓师辞。

② 召公：召康公姬奭，文王的庶子，因其采邑在召（今陕西岐山县西南），故称。其事迹详见《史记》中的《燕召公世家》。

③ 夹：辅佐。《书·梓材》："先王既勤用明德，怀为夹。"孙星衍疏："言今王爰思先生勤劳，用明德之臣来为夹辅。"

④ 衅社：杀牲口取血以祭祀土神。社：土地神，常稷（五谷神）并称，帝王祭祀社稷是其据有国家权力的象征。

⑤ 管叔、蔡叔：均为武王之弟，因其采邑分别在管（今河南郑州）、蔡（今河南上蔡），故称。

⑥ 少昊之虚曲阜：少昊的旧址曲阜。《史记正义》引《括地志》云："兖州曲阜县外城即鲁公伯禽所筑也。"

⑦ 集：通"辑"，和顺、安定。

⑧ 不豫：不舒服，有病。《逸周书·祭公》："我闻祖不豫有加。"朱右曾校释："今言不豫，尊之也。"

⑨ 太公、召公乃穆卜：太公、召公虔诚地占卜。太公：即姜尚，辅佐文王壮大周国，又辅佐武王推翻商纣，因功封于齐。缪：通"穆"，恭敬、虔诚。

⑩ 戴璧秉圭：头顶着璧，手捧着圭。璧、圭皆玉制礼器。

季①、文王。史策祝②曰："惟尔元孙③王发，勤劳阻疾，若尔三王是有负子之责【校记："负子之责"，《尚书·金縢》作"丕子之责"。】于天，以旦代王发之身。旦巧能，多材多艺，能事鬼神。乃王发不如旦巧能多材多艺，不能事鬼神。乃命于帝庭，敷佑四方，用能定汝子孙于下地，四方之民罔不敬畏。无坠天之降葆命，我先王亦永有所依归。今我其即命于元龟，尔之许我，我其以璧与圭，归以俟尔命。尔不许我，我乃屏璧与圭。"公已令史策告太王、王季、文王，欲代武王，于是乃即三王尔卜。卜人皆曰吉，发书视之，信吉。公喜，开籥，乃见书遇吉。公入贺武王曰："王其无害。旦新受命三王，维长终是图④，兹道能念予一人。"公藏其策金縢匮⑤中，诫守者勿敢言。明日，武王有瘳。其后，武王既崩，成王少，在襁保之中，公乃践阼摄政，代成王当国，负扆⑥以朝诸侯。召公疑之，将引去。公留之，作《君奭》⑦。公抗世子，法于伯禽。欲令成王知父子君臣长幼之道，成王有过则挞伯禽，所以示成王世子之道也。管叔及其群弟乃流言于国曰："公将不利于孺子。"公乃告太公望、召公奭曰："我之所以弗避而摄政者，恐天下畔周，无以告我先王太王、王季、文王。三王之忧劳天下久矣，于今而后成。武王蚤终，成王少，将以成周，我之所以为之若此。"公于是避居东土二年，乃为诗以贻王，名之曰《鸱鸮》⑧，王亦未敢诮⑨公。

秋，大熟未获，天大雷电以风【校记："天大雷电以风"，《备考》本作"暴风雷雨"。嘉靖本与《皇王大纪》、《古史》同，故从之。】，禾尽偃，大木斯【校记："斯"，《备考》本作"尽"，嘉靖本与《皇王大纪》、《古史》同，故从之。】拔，邦人大恐。王与大夫尽弁以启金縢之书，乃得公所自为功【校记："功"，《备考》本作"躬"。嘉靖本与《皇王大纪》、《古史》同，故从之。】代武王之说。二公及王乃问诸史与百执事，对曰："信噫，

---

① 太王、王季：太王是武王和周公的曾祖父古公亶(dǎn)父，周民族的部落首领。王季：武王和周公的祖父。

② 史策祝：史官读简册。史：史官，掌祭祀、记事等事。策：通"册"，简册。祝，即读简策。

③ 元孙：长孙。王发：武王姬发。阻疾：久病。

④ 维长终是图：只考虑如何保持周朝的长治久安。《史记集解》孔安国曰："我新受三王命，武王维长终是谋周之道。"

⑤ 金縢匮：用金丝缠绕起来的匣子。縢：缠绕，封缄。孔安国曰："藏之于匮，缄之以金，不欲人开也。"

⑥ 负扆：背靠屏风，这里指周公临朝听政。扆：指置于门窗之间的屏风。《淮南子·氾论训》："周公继文王之业，履天子之籍，听天下之政，平夷狄之乱，诛管蔡之罪，负扆而朝诸侯。"高诱注："负，背也。扆，户牖之间。言南面也。"

⑦ 《君奭》：《尚书·君奭》。周公释召公之疑，敦请召公与自己效法殷贤、同心协力辅佐成王的诰辞。

⑧ 《鸱鸮》：《诗·豳风·鸱鸮》。《毛诗序》曰："成王未知周公之志，公乃为诗以遗王，名之曰《鸱鸮》。"《毛传》曰："鸱鸮，鸋鴂也。"鸱鸮：同"鸱枭"。

⑨ 诮：责备。

公命我勿敢言。”王执书以泣①，曰：“其勿穆卜②！昔公勤劳王家，惟予冲人弗及知。今天动威以彰周公之德，惟朕小子其亲逆，我国家礼亦宜之。”王出郊③，天乃雨。反风，禾则尽起。

公相成王，使伯禽代就封于鲁，公诫之曰：“往矣，子无以鲁国骄士，吾文王之子、武王之弟、成王之叔父也，又相天下。吾于天下亦不轻矣，然一沐三握发，一饭三吐哺④，犹恐失天下之土。吾闻德行宽裕，守之以恭者荣；土地广大，守之以俭者安；禄位尊盛，守之以卑者贵；人众兵强，守之以畏者胜；聪明睿智，守之以愚者善；博闻强记，守之以浅者智。夫此六者，皆谦德也。”

伯禽之鲁，管、蔡、武庚等果率淮夷而反，公乃奉成王命，兴师东伐，作《大诰》⑤，遂诛管叔，杀武庚，放蔡叔⑥，封康叔⑦，封微子⑧，宁淮夷东土，三年而后定，公乃作《立政》⑨。成王东伐淮夷，践奄，自奄至于宗，周公作《多方》⑩。董正治官⑪，制礼作乐，公作《周官》⑫。公行政七年，布衣之士所贽⑬而师者十人，所友见者十二人，穷巷白屋⑭先见者四十九人，时进善百人，教士千人，宫朝者万人。成王长，

---

① 执书以泣：这是指成王为周公的忠孝而感动和自责，以致落泪。郑玄曰：“泣者，伤周公忠孝如是而无知之者。”

② 其勿穆卜：再也看不到像周公这样虔诚的占卜、祷祝了。孔安国曰：“本欲敬卜吉凶，今天意可知，故止。”

③ 郊：祭天地。古人民于郊外祭祀天地。郊谓大祀，祀谓群祀。周代冬至祭天称郊，夏至祭地称社。

④ 一沐三握发，一饭三吐哺：洗头时多次没洗完就抓起头发放下，吃饭时多次没吃完就中止。比喻政务繁忙，礼贤下士。《汉书·高帝纪上》：“汉王辍饭吐哺，曰：‘竖儒几败乃公事！’”颜师古注：“哺，口中所含食也。”

⑤ 《大诰》：《尚书》篇名，周公率师平定管、蔡叛乱前对各国诸侯及其官员的告谕。

⑥ 遂诛管叔，杀武庚，放蔡叔：《古史续辨·周公事迹大略》：“武庚利用时机，联络东(鄘)、奄、薄姑、徐戎、淮夷、熊(祝融)、盈(嬴)诸侯共图复国，声势远比新起而内部分裂的周强大。周公和召公‘内弭父兄，外抚诸侯’，经过三年东征，粉碎了三监叛乱。这次战事是武王灭殷后周公彻底征服殷族及其同盟之族最大的武功，由此奠定了周王朝的局势。”

⑦ 康叔：周武王弟，名封，初封于康(今河南禹县西北)，故称。周公伐灭武庚后，封康叔于卫，建都朝歌。

⑧ 微子：商纣王的庶兄，名启，封于微。武庚之乱平息后，以商嗣受封于宋，建都商丘(今河南商丘县城南。)

⑨ 《立政》：《尚书》篇名。

⑩ 《多方》：《尚书》篇名。多方：泛指众邦国。

⑪ 董正治官：监察官员。董正：监督纠正，督察整顿。治官：治理政务之官员，指天子之臣僚。

⑫ 《周官》：《尚书》篇名。

⑬ 贽：初次见人时所执的礼物。

⑭ 穷巷白屋：古代平民所居之处。穷巷：冷僻简陋的小巷。白屋：指不施采色、露出本材的房屋。一说，指以白茅覆盖的房屋。

公反政成王，公北面就群臣之位。成王在丰①，使召公复营洛邑，如武王之意。公复卜申视，卒营筑，居九鼎②焉，曰："此天下之中，四方入贡，道理均也。"公作《召诰》、《洛诰》③，成王既迁殷遗民，公以王命告，作《多士》④。分正东都，公作《蔡仲之命》⑤。在丰作《无逸》⑥，先后诸作，其事具载《周书》。既，公在丰，病，将没，曰："必葬我成周，以明我不敢离成王。"公既卒，成王亦让，葬公于毕，从文王，以明予小子不敢臣周公也。公既没，成王、康王追念公之勤劳而欲尊鲁，故赐之以重祭，外祭则郊社⑦，内祭则大【校记：《备考》本无"大"字。】尝禘，此天子之礼乐也。康周公，所以赐鲁也，鲁得世用之所以明公之德而又以重其国也。

薛应旂曰："余至咸阳，登毕郢⑧原，谒文武陵及周公之墓，徘徊者久之。曰：'嗟乎！周公之德，何其至哉！'人尝有言：'人无所不至，唯天不容伪夫！'夫其雷电以风，天固不容伪矣。成王葬公于毕，赐鲁重祭，而始终不敢臣周公，人亦岂容伪哉！是故人臣唯患不为周公，不患人之无所不至也。"

太公望

太公望吕尚者，东海上人。其先祖尝为四岳⑨，佐禹平水土，甚有功。虞夏之际封于吕，或封于申，姓姜氏。夏商之时，申、吕或封枝庶子孙，或为庶人，尚其后苗裔也，本姓姜氏，从其封姓，故曰吕尚。

吕尚，尝屠牛于朝歌，卖饭于孟津。盖穷困年老矣，闻西伯善养老，乃西归于周，钓渭上。西伯将出猎，卜之，曰："所获非龙非骊⑩，非虎非羆。而王者之辅也。"遂出猎渭滨，至于磻溪见老父钓，西伯问之曰："叟乐此焉？"对曰："君子乐，行其志。小人乐，供其事，吾非乐于渔者也。"西伯谓左右曰："得无是乎？"因载以归，与论政事，大悦之。曰："自吾先君太公曰：'当有圣人适周，周以兴。'子真是耶？吾太公望之久矣！"故号之曰太公望。望曰："王国富民，伯国富士，仅存之国富大夫，将亡之国富仓

---

① 丰：地名。周国都名。在今陕西省西安市西南。《书·武成》："王来自商，至于丰。"

② 九鼎：《史记·封禅书》："禹收九牧之金，铸九鼎。皆尝亨觞上帝鬼神。遭圣则兴，鼎迁于夏商。周德衰，宋之社亡，鼎乃沦没，伏而不见。"后亦以九鼎借指国柄。

③ 《召诰》、《洛诰》：《尚书》篇名，一般认为召公作《召诰》，周公作《洛诰》。

④ 《多士》：《尚书》篇名，是周公训告殷商旧臣的诰词。

⑤ 《蔡仲之命》：《尚书》篇名，是周公代成王封蔡叔之子胡于蔡，以奉蔡叔之祀的命词文章。

⑥ 《无逸》：又称《毋逸》、《毋佚》，是周公告诫成王不可逸乐的诰词。

⑦ 郊社：祭祀天地。周代冬至祭天称郊，夏至祭地称社。《礼记》曰："鲁君祀帝于郊，配以后稷，天子之礼。"《礼记·中庸》："郊社之禮，所以事上帝也。"朱熹集注："郊：祭天；社：祭地。"

⑧ 毕郢：古地名。在今陕西省咸阳市东。

⑨ 四岳：尧舜时官名。

⑩ 骊：应为"彲"，见《史记·齐太公世家》，传说中一种像龙的动物。

库。”西伯曰：“吾愿富其民。”于是发仓粟、赈孤独，以望为师。西伯脱羑里①归，望左右之德孚政平，虞芮②质成，于是伐崇、密须、犬夷③，作丰邑。天下三分，其二归周。

文王崩，武王即位。欲修文王业，东伐以观诸侯集否。师行，师尚父左杖黄钺④，右把白旄⑤，以誓曰：“苍兕苍兕⑥，总尔众庶，与尔舟楫，后至者斩!”遂至盟津。诸侯不期而会者八百。诸侯皆曰：“纣可伐也。”武王曰“未可。”遂还师。居二年，纣杀王子比干，囚箕子⑦。武王将伐纣，卜，龟兆不吉，风雨暴至。群公尽惧，唯太公强之⑧劝武王，武王于是遂行。十一年正月甲子，誓于牧野，伐纣。纣师败绩，纣反走，登鹿台⑨，遂追斩纣⑩。明日，武王立于社⑪，群公奉明水⑫，卫康叔封布采席⑬，师尚父牵牲，史佚策祝⑭，以告神讨纣之罪。散鹿台之财，发巨桥之粟，以振贫民。封比干墓，释箕子囚。迁九鼎，修周政，与天下更始，大都师尚父谋居多。于是武王封师尚父于齐营丘⑮，东就国，道宿行迟。逆旅之人⑯曰：“吾闻时难得而易失。客寝甚安，殆非就国者也。”太公闻之，夜衣而行，犁明⑰至国。莱侯来伐，与之争营丘。营丘边莱。莱人，夷也，会纣之乱而周初定，未能集远方⑱，是以与太公争国。太公至国，修政，

---

① 羑里：也作“牖里”，古邑名，在今河南汤阴县北四公里，其地今存高出地面五米、面积大约一万平方米的土台，为殷朝的监狱遗址。

② 虞芮：周初二国名。相传两国有人曾因争地兴讼，到周求西伯姬昌平断。后因以“虞芮”指谦让息讼者。

③ 崇、密须、犬夷：商朝的诸侯国名。崇在今陕西西安市沣水西。密须也单称“密”，在今甘肃灵台县西南。犬夷，也作“犬戎”，古族名，周初活动于今陕西彬县、岐山一带。

④ 师尚父：刘向《别录》曰：“师之，尚之，父之，故曰师尚父。父亦男子之美号也。”杖黄钺：秉持黄色大斧，象征着最高统帅的无上威严。杖：秉持。

⑤ 白旄：装饰有旄牛尾的白色军旗。

⑥ 苍兕：西周官名，掌管舟船。

⑦ 箕子：纣王的父辈，一说纣王的庶兄，官任太师。比干，纣王的叔父，官任少师。比干、箕子、微子被孔子合称为“殷之三仁”。

⑧ 强之：使周武王坚定思想。强：勉之使坚定。

⑨ 鹿台：台名，位于朝歌城中，为纣王所筑，贮藏大量财宝。

⑩ 《史记·周本纪》载其“自燔(fān)于火而死”。

⑪ 立于社：站在殷朝的社稷坛前。社：祭祀土神的场所。凡帝王都要祭祀社稷坛，故后世也往往用“社稷”指代国家。

⑫ 奉明水：捧着祭祀所用的净水。

⑬ 卫康叔封布采席：卫康叔铺上有文采的垫席。卫康叔封：周武王的同母少弟，名封，后为卫国的始封君。布：铺上。采席：有文采的垫席。

⑭ 史佚策祝：史官诵读祭祀天地鬼神的祷词。史佚：史官名佚，也称“册逸”“尹佚”。策祝：宣读简策上的祷词。

⑮ 营丘：古邑名，在今山东淄博市临淄北，后改名临淄。

⑯ 逆旅之人：旅馆主人。逆旅：旅馆。

⑰ 犁明：《史记索隐》：“犁，里奚反。犁犹比也。又犁犹迟也。”

⑱ 集远方：使边远地区安定下来。集：通“辑”，安定。

因其俗，简其礼，通商工之业，便鱼盐之利，而人民多归齐，齐为大国。及周成王少时，管蔡作乱，淮夷畔周，乃使召康公命太公曰："东至海，西至河，南至穆陵①，北至无棣②，五侯九伯，汝得征之③。"齐由此得征伐，为大国，都营丘。

薛应旂曰："余过磻溪，谒姜太公庙，见郭思恭作庙记有曰：'公之功业昭于时，名声垂于后。'盖君臣际会，其道合，其事行也，不然，老于巉岩清泚之间，亦常人而已。及观《战国策》曰：'太公望，齐之逐夫，朝歌之废屠，子良之逐臣，棘津之弃佣，文王用之而王。'由是观之，士之穷达特系于遇不遇何如耳。呜呼！余感于斯而究公之历履，当是之时，公已年垂九十矣，岂不岌岌矣哉！"

散宜生

散宜生，周之贤臣也。初，文王为西伯时，宜生与太颠、闳夭、鬻熊、辛甲④、大夫之徒往归之，值崇侯虎谮西伯于纣，纣乃囚之于羑里。宜生与闳夭之徒求美女、文马⑤、奇货以献纣。纣乃赦西伯。及纣恶日盈，诸侯去殷而翼西伯。宜生曰："殷可伐也。"文王弗许，宜生乃与虢叔、太颠、闳夭、南宫括【校记："括"，《备考》本作"适"。嘉靖本与《通志》同，《备考》本与《古史》同。】、迪西伯，彝教⑥惠鲜，怀保修和，有夏以受有殷命，及武王伐商至纣宫，宜生执剑以卫，厥后周公留召公，作《君奭》⑦，以追道文王时事，唯以虢叔等五臣为首称，宜生则实居其一云。

伯达、伯适、仲突、仲忽、叔夜、叔夏、季随、季騧

八士，南宫氏。周文王时，皆为虞官，故晋胥臣曰："文王之即位也，询于八虞。"

---

① 穆陵：险塞名，在今山东临朐县境内，时为齐国之南境。

② 无棣：古水名，在今河北南皮、盐山县南，当时为齐国之北境。服虔曰："是皆太公始受封土地疆境所至也。"

③ 五侯九伯，汝得征之：意思是对于五侯九伯都有对其进行讨伐的权力。五侯：五等爵位的诸侯，即公、侯、伯、子、男。九伯：九州的诸侯之长。《史记集解》引杜预曰："五等诸侯，九州之伯，皆得征讨其罪。"

④ 鬻熊、辛甲：刘向《别录》："鬻子名熊，封于楚。辛甲，故殷之臣，事纣。盖七十五谏而不听，去至周，召公与语，贤之，告文王，文王亲自迎之，以为公卿，封长子。"长子，今上党所治县。

⑤ 美女：有莘氏美女。文马：骊戎之文马。《括地志》云："骊戎故城在雍州新丰县东南十六里，殷、周时骊戎国城也。"按：骏马赤鬣缟身，目如黄金，文王以献纣也。

⑥ 彝教：常教，永久不变的教化。《书·君奭》："无能往来，兹迪彝教。"蔡沈集传："于此导迪其常教。"

⑦ 《君奭》：《尚书》篇名。

及武王伐商，命南宫伯达迁九鼎于洛邑，命南宫适散鹿台之财，仲突以下，其行事不少概见云。

薛应旂曰：“余至咸阳县东北五十里，有八士墓，称南宫氏。及观《雍大记》，亦载其墓，而父老尚传诵云。郑玄曰成王时人，刘向曰宣王时人，岂亦未之考与?”

四书人物考卷六

传三

鲁公伯禽

鲁公伯禽，周公元子也。初，周既定天下，遍封功臣同姓戚者，封周公旦于少昊之虚曲阜，是为鲁公。周公不即就封，留佐武王。

武王崩，成王少，周公留相成王，而使其子伯禽就封于鲁。伯禽将之鲁，周公谓伯禽之傅曰："汝将行，盍志而子美德乎？"对曰："其为人也宽，好自用，以慎。此三者，其美德也已。"周公曰："呜呼！以人恶为美德乎？君子好以道德，故其民归。彼其宽也，出无辨矣，汝又美之。彼其好自用也，是所以窭小①也，汝又美之。彼其慎也，是其所以浅也，汝又美之。吾语汝，我文王之子、武王之弟、今王之叔父。吾于天下不贱矣，然我一沐三握发，一饭三吐哺，起以待士，天下之士至者无虑千人，于是吾得三士焉，以正吾身，以定天下。夫吾得三士于百人千人之中，若是乎其难也。而传吾子，慎无以鲁国骄人也。夫仰禄之士②，犹可言也，正身之士，不可骄也。彼正身之士，舍贵而为贱，舍富而为贫，舍佚而为劳，颜色黎黑而不失其所，是以天下之纪不息，文章不废也。"伯禽之鲁，三年而后报政。周公曰："何迟也？"伯禽曰："变其俗，革其礼，故迟。"先是太公亦封于齐，五月而报政。周公曰："何疾也？"曰："吾简其君臣礼，从其俗为也。"至是伯禽报政，乃叹曰："呜呼，鲁后世其北面事齐矣！政不简不行，不行不乐，不乐则不平易；平易近民，民必归之。"

伯禽即位之后，管、蔡作乱，淮夷、徐戎③并起为寇，于是伯禽帅师伐之于费，作

① 窭小：指器量狭小。《荀子·尧问》："彼其好自用也，是所以窭小也。"

② 仰禄之士：依靠俸禄生存的人。

③ 徐戎：古族名，东夷之一，夏至周分布于今淮河中下游。周初建立徐国，在东夷中最称强大。《书·费誓》："徂兹淮夷，徐戎并兴。"孔传："今往征此淮浦之夷，徐州之戎并起为寇。"

《费誓》①，其文具《尚书》。遂平徐戎定鲁。伯禽以成王元年就封，享国四十六年，至康王十六年卒。

薛应旂曰："周公得三士于千百人之【校记：《备考》本无"人"字。】中，向使千百人不至，则三士不可得矣，是以知得士之难而不敢骄人也。若后世则谓千百人中仅有三士，只以见士之不足贵而可骄也。噫，其亦异乎周公之用心矣！"

昭公

鲁昭公，名稠。襄公之妾齐归②所生也。襄公卒时，太子③子野立，三月而卒。鲁人立稠为君，年十九，犹有童心。叔孙豹不欲立，曰："太子死，有母弟可立，否，即立长。年钧择贤，义钧则卜。今稠非嫡嗣，且又居丧，意不在戚而有喜色，若果立，必为季氏忧。"季武子弗听，卒立之。比及葬，三易衰。君子曰："是不终也。"

昭公元年春正月，公即位三月，季武子伐莒④，取郓⑤，莒人告于会。楚告于晋曰："寻盟未退，而鲁伐莒，渎齐盟，请戮其使。"乐王鲋相赵文子，欲求货于叔孙豹而为之请，使请带焉，弗与。梁其胫曰："货以藩身，子何爱焉？"叔孙曰："诸侯之会，卫社稷也。我以货免，鲁必受师，是祸之也，何卫之为？虽怨季孙，鲁国何罪？叔出季处，有自来矣，吾又谁怨？然鲋也贿，弗与，不已。"召使者，裂裳帛而与之。赵孟闻之，曰："临患不忘国，忠也；思难不越官，信也；图国忘死，贞也；谋主三者，义也。鲁叔孙豹，有是四者，又可戮乎？"固请诸楚，乃免叔孙。二年夏，叔弓聘于晋。晋侯使郊劳⑥，辞曰："寡君使弓来继旧好，固曰：'女无敢为宾！'彻命于执事，敝邑弘矣。敢辱郊使？请辞。"致馆。辞曰："寡君命下臣来继旧好，好合使成，臣之禄也，敢辱大馆？"叔向曰："子叔子知礼哉？"八月大雩⑦，旱也。三年朝晋，至河，晋平公谢，还之。鲁耻焉。四年春正月大雨雹，季武子问于申丰曰："雹可御乎？"对曰："圣

---

① 《费誓》：存于今文《尚书》中。费，鲁邑名，在今山东费县。

② 齐归：胡国之女，襄公妾敬归之妹。《史记集解》引服虔曰："胡，归姓之国也。齐，谥也。"

③ 太子：名子野，立三月而卒，因尚未改元，故仍称"太子"。

④ 莒：西周诸侯国名，故址在今山东省莒县。《左传·隐公二年》："莒人入向。"杜预注："莒国，今城阳莒县。"

⑤ 郓：此为东郓，在今山东沂水县北。《左传·文公十二年》："季孙行父帅师城诸及郓。"杜预注："郓，莒鲁所争也。阳城姑幕县南有员亭。员，即郓也。"

⑥ 郊劳：到郊外迎接并慰劳。《左传·昭公二年》："叔弓聘于晋，报宣子也。晋侯使郊劳。"杜预注："《聘礼》：宾至近郊，君使卿劳之。"

⑦ 雩：古代为祈雨而举行的祭祀。

人在上无雹，虽有不为灾。古者日在北陆①而藏冰，西陆②朝觌而出之。其藏冰也，深山穷谷，固阴沍寒③，于是乎取之。其出之也，朝之禄位，宾食丧祭，于是乎用之。其藏之也，黑牡、秬黍④，以享司寒⑤。其出之也，桃弧、棘矢⑥，以除其灾。其出入也时，食肉之禄，冰皆与焉。大夫命妇，丧浴用冰。祭寒【校记："祭寒"，嘉靖本作"御寒"。《备考》本与《左传》同，故从之。】而藏之，献羔⑦而启之，公始用之。火出而毕赋⑧。自命夫、命妇，至于老疾，无不受冰。山人取之，县人传之，舆人纳之⑨，隶人藏之，夫冰以风壮，而以风出⑩。其藏之也周，其用之也遍，则冬无愆阳，夏无伏阴，春无凄风，秋无苦雨，雷出不震，无灾霜雹，疠疾不降，民不夭札⑪。今藏川池之冰，弃而不用。风不越而杀，雷不发而震。雹之为灾，谁能御之？《七月》之卒章，藏冰之道也。"夏六月，楚灵王会诸侯于申，公称病不往。九月，取鄫⑫，莒乱著丘，公立而不抚鄫，鄫叛而来，故取之。冬十二月乙卯，叔孙豹卒。

五年春正月，舍中军，卑宫室⑬也。初作中军，三分公室而各有其一，季氏尽征之。叔孙氏臣其子弟，孟氏取其半焉，及其舍之也，四分公室，季氏择二，二子各一，皆尽征之而贡于公。季孙以书使杜泄，告于殡曰："子固欲毁中军，既毁之矣，故告【校记："故告"，《备考》本作"敢告"。嘉靖本与《左传》同，故从之。】。"杜泄曰："夫

---

① 北陆：即虚宿，位在北方，为二十八宿之一。《左传·昭公四年》："古者日在北陆而藏冰。"孔颖达疏："日在北陆，为夏之十二月也。十二月，日在玄枵之次……于是之时，寒极冰厚，故取而藏之也。"《尔雅·释天》："玄枵，虚也；颛顼之虚，虚也。北陆，虚也。"郭璞注："虚星之名凡四。"

② 西陆：昂宿所在的方位。朝觌：早晨出现。《国语·周语中》："火朝觌矣。"韦昭注："火，心星也。觌，见也……朝见，谓夏正十月晨见于辰。"

③ 沍寒：闭寒，谓不得见日，极为寒冷。《左传·昭公四年》杜预注："沍，闭也。"孔颖达疏："牢阴闭寒，言其不得见日，寒甚之处。"。沍：冻结，闭塞。

④ 黑牡：黑色的雄性牲口。杜预注："黑牡，黑牲也。"秬黍：黑黍。

⑤ 司寒：主管寒冷的神，古人认为北方之神是玄冥，是司寒之神。《左传·昭公四年》杜预注："司寒，玄冥，北方之神。"杨伯峻注："据《礼记·月令》，司寒为冬神玄冥。冬在北陆，故用黑色。"

⑥ 桃弧、棘矢：桃木弓，棘制箭，古人用来辟邪的东西。《左传·昭公四年》杜预注："桃弓棘箭，所以禳除凶邪，将御至尊故。"

⑦ 献羔：古祭礼之一，进献羔羊以祭司寒。《诗·豳风·七月》："四之日其蚤，献羔祭韭。"《吕氏春秋·仲春》："天子乃献羔开冰，先荐寝庙。"《周礼·天官·凌人》"春始治鉴"汉郑玄注："鉴如甄大口，以盛冰，置食物于中以御温气。春而始治之，为二月将献羔而启冰。"

⑧ 火出而毕赋：到大火星出现就分配完毕。火：大火星，即心宿。出：黄昏时出现在东方，时为夏历三月。

⑨ 舆人：与下"隶人"皆贱官。

⑩ 以风壮，而以风出：因寒风而冻结，因春风而取出使用。

⑪ 夭札：遭瘟疫而早死。《左传·昭公四年》："疠疾不降，民不夭札。"杜预注："短折为夭，夭死为札。"

⑫ 鄫：zēng，古国名。在今山东省枣庄市兰陵。

⑬ 卑宫室：《左传·昭公五年》孔颖达疏云："襄十一年，初作三军。十二分其国民，三家得七，公得五。国民不尽属公，公室已是卑矣。今舍中军，四分公室，三家自取其税，减已税以贡于公。国民不复属于公，公室弥益卑矣。"

子唯不欲毁也，故盟诸僖闳，诅诸五父①之衢。”受其书而投之，帅士而哭之痛，叔孙之见诬也。公如晋，自郊劳，至于赠贿②，无失礼。晋侯谓女叔齐曰：“鲁侯不亦善于礼乎?”对曰：“鲁侯焉知礼?”公曰：“何为？自郊劳至于赠贿，礼无达者，何故不知?”对曰：“是仪也，不可谓礼。礼，所以守其国，行其政令，无失其民者也。今政令在大夫，不能取也。有子家羁③，弗能用也。奸大国之盟，陵虐小国。利人之难，不知其私。公室四分，民食于他。思莫在公，不图其终。为国君，难将及身，不恤其所。礼之本末，将于此乎?在而屑屑焉习仪以亟，言善于礼，不亦远乎?”君子谓：“叔侯于是乎知礼。”夏，莒牟夷以牟娄及防、兹来奔。莒人愬于晋，晋侯欲止公。范献子④曰：“不可。人朝而执之，诱也。讨不以师，而诱以成之，惰也。为盟主而犯此二者，无乃不可乎?”乃归公。秋七月，公至自晋。莒人来讨，不设备⑤。戊辰，叔弓败诸蚡泉，莒未陈⑥也。六年夏，季武子如晋，拜莒田也，晋侯享之，有加。武子使行人告曰：“小国之事大国也，苟免于讨，不敢求贶⑦。得贶不过三献⑧。今豆有加，下臣弗堪。”固请彻加⑨，而后卒事，晋人以为知礼。七年，楚灵王成章华之台，愿与诸侯落⑩之，太宰薳启强来召公。三月，公如楚，楚灵王赐公莽器，已而悔，复诈取之。十一月，季武子卒。

八年秋，大蒐于红⑪，自根牟至于商卫，革车千乘。九年秋，孟僖子如齐殷聘。冬，筑郎囿。季平子欲其速成，叔孙昭子曰：“经始勿亟，庶民子来，无囿犹可，无民其可乎。”十年秋七月，季平子伐莒，取郠⑫，献俘，始用人于亳社。臧武仲在齐闻之，曰：“周公其不飨鲁祭乎！周公飨义，鲁无义，将谁福哉!”十一年夏五月甲申，夫人齐归薨，大蒐于比蒲。孟僖子会邾庄公，盟于祲祥。九月，葬齐归，公不戚。晋士之送葬

---

① 五父：地名，在今山东省曲阜县东南。《左传·襄公十一年》：“季武子将作三军……乃盟诸僖闳，诅诸五父之衢。”杜预注：“五父衢，道名，在鲁国东南。”

② 赠贿：欢送的礼仪。朝聘既毕，宾动身回去，住在郊外，君使卿赠送财礼，像见面时送的财礼一样。《左传·昭公五年》：“人有郊劳，出有赠贿。”杜预注：“去则赠之以货贿。”

③ 子家羁：名羁，字子家，又谥懿伯，鲁庄公玄孙。

④ 范献子：范鞅。

⑤ 设备：设防。《六韬·军势》：“故争胜于白刃之前者，非良将也，设备于已失之后者，非上圣也。”

⑥ 未陈：还没有来得及列成阵势。

⑦ 贶：赐给，赐与。《国语·鲁语下》：“君之所以贶使臣，臣敢不拜贶。”韦昭注：“贶，赐也。”

⑧ 三献：古代祭祀时献酒三次，即初献爵、亚献爵、终献爵，合称“三献”。《仪礼·聘礼》：“荐脯醢，三献。”《后汉书·百官志二》：“光禄勋，卿一人……郊祀之事，掌三献。”

⑨ 固请彻加：坚决请求撤去增加的恩赐。

⑩ 落：宫室始建成时举行的祭礼。《左传·昭公七年》：“楚子成章华之台，愿与诸侯落之。”杜预注：“宫室始成，祭之为落。”

⑪ 大蒐于红：鲁国在红地大规模地检阅军队。蒐：sōu，打猎，并检阅军队。红：鲁地，故址在今山东泰安县东北。

⑫ 郠：gěng，春秋莒邑，后属鲁，故地在今山东省沂水县境。

者，归以语史赵。史赵曰："必为鲁郊①。"侍者曰："何故？"曰："归姓也，不思亲。祖不归也。"叔向曰："鲁公室其卑乎？君有大丧，国不废蒐。有三年之丧，而无一日之戚。国不恤②丧，不忌③君也。君无戚容，不顾亲也。国不忌君，君不顾亲。能无卑乎？殆其失国。"

十二年秋七月，公如晋至河，晋有平公之丧，谢还之。十三年春，叔弓帅师围费，弗克。十五年春，将禘于武宫。籥④人，叔弓卒，去乐卒事。冬，公如晋，谢平丘之不与盟也。十六年春，公在晋，晋留之。夏，公至自晋，鲁耻之。十七年春，小邾穆公来朝，公与之燕⑤，季平子赋《采菽》⑥，穆公赋《菁菁者莪》⑦。昭子曰："不有以国⑧，其能久乎？"秋，郯子来朝，孔子见而问官。十九年夏五月巳卯，地震。二十一年夏，晋顷公即位，使士鞅来聘。冬，公如晋。及河，晋将伐鲜虞，辞公还之。二十二年春，大蒐于昌间。二十三年春，叔孙婼如晋，晋人执之。冬，公如晋至河，有疾乃复。二十四年春，叔孙婼至自晋。

二十五年春，鸲鹆来巢⑨。师已曰："异哉！吾闻文、成⑩【校记："文、成"《备考》本作"文、武"。嘉靖本与《左传》同，故从之。】之世，童谣有之曰：'鸲之鹆之，公出辱之。鸲鹆之羽，公在外野。往馈之马，鸲鹆跦跦⑪。公在乾侯⑫，征褰与襦⑬。鸲鹆之巢，远哉遥遥。稠父丧劳，宋父以骄⑭。鸲鹆鸲鹆，往歌来哭。'童谣有是，今鸲鹆来巢，其将及乎？"季平子郈昭平二氏之鸡，季氏芥鸡羽⑮，郈氏金距⑯。季平子怒而侵

---

① 必为鲁郊：必定会成为寄居别国无后于鲁的人。

② 恤：忧虑，忧患。

③ 忌：杜预注："忌，畏也。"《左传·昭公十四年》："己恶而掠美为昏，贪以败官为墨，杀人不忌为贼。"

④ 籥：yuè，古管乐器。在甲骨文中，本作"龠"。形似编管，似为排箫前身。有吹籥、舞籥两种。吹籥似笛而短小，三孔；舞籥长而六孔，可执作舞具。《诗·邶风·简兮》："左手执籥，右手秉翟。"孔颖达疏："籥虽吹器，舞时与羽并执，故得舞名。"

⑤ 燕：宴饮，通"宴"。《诗·小雅·南有嘉鱼》："君子有酒，嘉宾式燕以乐。"郑玄笺："用酒与贤者燕饮而乐也。"高亨注："燕，通'宴'。"

⑥ 《采菽》：《诗经·小雅》篇名。

⑦ 《菁菁者莪》：《诗经·小雅》篇名。诗云："既见君子，乐且有仪。"邾穆公赋此以答《采菽》。

⑧ 不有以国：如果没有贤才来治理国家。

⑨ 鸲鹆（qú yù）来巢：鸲鹆鸟来鲁都曲阜作巢，因其事怪异，故书于史。鸲鹆，鸟名，俗称八哥。《周礼》曰："鸲鹆不逾济。"

⑩ 文、成：指鲁文公、鲁成公。贾逵曰："师己，鲁大夫也。文成，鲁文公、成公。"

⑪ 跦跦：zhū，跳行的样子。

⑫ 乾侯：晋邑，在今河北成安县东南。《史记集解》杜预曰："乾侯在魏郡斥丘县，晋境内邑。"

⑬ 征褰与襦：向人求取短衣与套裤。褰：套裤。襦：短衣。

⑭ 稠父丧劳，宋父以骄：稠父丧命在辛劳，宋父以此好心骄。稠父：即鲁昭公，名稠，死在外，故曰丧劳。宋父：鲁定公，名宋。骄：代立，故骄。

⑮ 季氏芥鸡羽：季氏在鸡的羽毛上洒上芥子粉末。《史记集解》服虔曰："捣芥子播其鸡羽，可以坌郈氏鸡目。"杜预曰："或云以胶沙播之为介鸡。"

⑯ 郈氏金距：郈氏为他家的鸡安装上金属的鸡爪子。

郈氏，故郈昭伯怨平子。臧昭伯之从弟会，为谗于臧氏，而逃于季氏，臧氏执之。季平子怒，囚臧氏老。臧、郈氏以难告公。九月公伐季氏。平子登台请曰："君以谗不察臣罪，乞免诛，请迁沂上。"弗许，请囚于鄪①，弗许。请以五乘亡，弗许。子家驹②曰："君其许之。政自季氏久矣，为徒者众，众将合谋。"弗听。郈氏曰："必杀之。"叔孙氏之臣戾，谓其众曰："无季氏与有孰利?"皆曰："无季氏，是无叔孙氏。"戾曰："然，救季氏!"遂败公师。孟懿子闻叔孙氏胜，亦杀郈昭伯。郈昭伯为公使，故孟氏得之。三家共伐公，公遂奔，至于齐。齐景公曰："请致千社待君。"子家曰："弃周公之业而臣于齐，可乎?"乃止。子家曰："齐景公无信，不如早之晋。"弗从。叔孙见公还，见平子，平子顿首。初欲迎昭公，孟孙、季孙后悔，乃止。

二十六年春，齐伐鲁，取郓而居公。齐景公将内公，令无受鲁赂。鲁大夫申丰、汝贾③许齐臣高龁、梁丘据粟五千庾，请勿内公，梁丘据遂言于齐景公曰："群臣不能事鲁君，有异焉。宋元公为鲁如晋，求内之，道卒。叔孙豹求内其君，无病而死。不知天弃鲁乎？抑鲁君有罪于鬼神也？愿君姑已之。"齐景公从之。二十八年，昭公如晋，求入。季平子私于晋六卿，六卿受季氏赂，谏晋君，晋君乃止，居公乾侯。二十九年，公如郓。齐景公使人赐公书，自谓"主君"。公耻之，怒而去乾侯。三十一年，晋欲内公，召季平子。平子布衣跣④行，因六卿谢罪。六卿为言曰："晋欲内昭公，众不从。"晋人止。三十二年，昭公复次于乾侯，卒。鲁人立昭公弟宋为君，是为定公。

薛应旂曰："昭公之不君固也。三家北面为臣，亲攻昭公，奔播失国。虽以齐、晋大国，屡欲纳之而见沮，竟卒于乾侯。凡以始于谗而成于赂也。噫！谗赂之为天下害也久矣，夫岂一朝一夕之故哉!"

定公

鲁定公名宋，襄公庶子，昭公弟也。元年夏，昭公之丧及坏隤⑤。公子宋先入，从昭公者皆自坏隤出奔。六月癸亥，昭公之丧至自乾侯。戊辰，公子宋即位。季孙使役如

---

① 鄪：bì，古邑名。春秋鲁邑。在今山东省费县境。服虔曰："鄪，季氏邑。"

② 子家驹：《史记索隐》：鲁大夫仲孙氏之族，名驹，谥懿伯也。

③ 申丰、汝贾：《史记集解》贾逵曰："申丰、汝贾，鲁大夫。"庾：量器名，十六斗。《史记集解》贾逵曰："十六斗为庾。五千庾，八万斗。"

④ 跣：赤脚。

⑤ 坏隤：地名，在今曲阜境内。《左传·成公十六年》："卫侯出于卫，公出于坏隤。"杜预注："坏隤，鲁邑。"

阚①，公氏将沟焉。荣驾鹅②曰："生不能事，死又离之，以自旌③也。纵子忍之，后必或耻之。"乃止。季孙问于荣驾鹅曰："吾欲为君谥，使子孙知之。"对曰："生弗能事，死又恶之，以自信④也，将焉用之。"乃止。秋七月癸巳，葬昭公于墓道南，至孔子之为司寇，沟而合诸墓。九月，立炀宫⑤。初，昭公出，季平子祷于炀，公至是，昭公薨于外，自以为获福，故立其宫。二年夏五月壬辰，雉门及两观⑥灾。冬十月，新作雉门及两观。三年春王正月，公如晋，至河乃复。冬，盟于郯⑦，修邾好也。四年夏五月，公及诸侯盟于皋鼬⑧。秋七月，公至自会。

五年夏六月丙申，季平子卒。秋七月壬子，叔孙不敢卒。乙亥，阳虎囚季桓子及公父文伯，而逐仲梁怀。冬十月丁亥，杀公何藐。己丑，盟桓子于稷门之内。庚寅，大诅，逐公父歜⑨及秦遄，皆奔齐。六年二月，公侵郑。夏，季桓子如晋，献郑俘。阳虎强使孟懿子往报夫人之币。孟孙谓范献子曰："阳虎若不能居鲁，而息肩于晋所，不以为中军司马者，有如先君。"献子谓简子曰："鲁人患阳虎矣，孟孙知其衅⑩，以为必适晋，故强为之请，以取入焉。"冬，城中城，阳虎又盟公及三桓⑪于周社，盟国人于亳社，诅于五父之衢。七年春，齐国夏伐鲁西鄙，阳虎御季桓子，公敛处父御孟懿子，将宵军齐师。处父曰："虎不图祸，而【校记："而"，嘉靖本作"汝"。《备考》本与《左传》同，故从之。】必死。"苫夷曰："虎陷二子于难，不待有司，余必杀虎。"虎惧乃还，不败。八年春，公侵齐夏。齐国夏高张伐鲁西鄙。晋士鞅、赵鞅、荀寅救鲁。公会晋师于瓦，范献子执羔，赵简子中行，文子皆执雁，鲁于是始尚羔。阳虎欲去三桓。冬十月，顺祀先公而祈焉。辛卯，禘于僖公。壬辰，将享季氏于蒲圃而杀之。三桓闻之，与阳虎战，虎败，脱甲如公宫⑫，取宝玉、大弓以出。事在《阳虎传》中。

---

① 阚：鲁群公墓地所在地名，在今山东省汶上县。《左传·桓公十一年》："冬十有二月，公会宋公于阚。"杨伯峻注："阚音瞰，鲁地。据江永《考实》，汶上县西有阚亭，在今南旺湖中。"

② 荣驾鹅：鲁大夫。

③ 旌：章，彰明。《国语·周语上》："庶人、工、商各守其业以共其上。犹恐具有坠失也，故为车服、旗章以旌之。"韦昭注："旌，表也。车服、旗章，上下有等，所以章别贵贱，为之表识也。"

④ 信：读作"申"，申明，表明。《礼记·儒行》："有比党而危之者，身可危也，而志不可夺也。虽危，起居竟信其志。"郑玄注："信读如屈伸之伸，假借字也。"

⑤ 炀宫：即炀公庙。杜预注："炀公，伯禽子也，其庙已毁。季氏祷之，而立其宫。书以讥之。"

⑥ 雉门：古代诸侯之宫门名，一说天子之宫门名。《周礼·天官·阍人》："阍人掌守王宫之中门之禁"。郑玄注引汉郑司农曰："王有五门，外曰皋门，二曰雉门，三曰库门，四曰应门，五曰路门。"因泛指皇宫之宫门。两观：宫门前两边的望楼。

⑦ 郯：古国名，在今山东郯城一带。

⑧ 皋鼬：古地名，春秋时郑地，在今河南省临颍县。

⑨ 公父歜(chù)：即公父文伯。

⑩ 孟孙知其衅：孟孙知道阳虎将不容于鲁国的预兆。衅：衅隙，预兆。

⑪ 三桓：指孟孙、叔孙、季孙三家，皆鲁桓公之后，故曰三桓。周社：鲁国国社，鲁为周公之后，故曰周社。

⑫ 脱甲如公宫：阳虎脱掉铠甲到鲁定公的宫廷中去。

九年夏，阳虎归宝玉、大弓。十年，公会齐侯于夹谷。孔子行相事，齐欲袭鲁，孔子以礼历阶，诛齐淫乐。齐侯惧，乃止，归鲁郓、讙、龟阴田。十一年冬，及郑平，始叛晋也。十二年，使仲由堕三都①，于是叔孙氏堕郈②，季氏堕费③。孟氏不肯堕，成④伐之，不克。十三年夏，筑蛇渊囿，大蒐于比蒲。季桓子受齐女乐，公相与观之，废朝礼三日，孔子去。十四年，城莒父及霄。十五年春正月，邾隐公来朝。邾子执玉高，其容仰。公受玉卑，其容俯。子贡曰："以礼观之，二君者其皆有死亡焉。"语在《子贡传》中。鼷鼠食郊牛⑤，牛死，改卜牛。夏五月壬申，公薨于高寝。九月丁巳，葬，雨，不克葬。戊午，日下昃乃克葬。

薛应旂曰："余尝观定公之立也，《春秋》不书正月，是政在季氏，则既不得正其始矣。及观晋赵简子问史墨曰：'季氏亡乎？'史墨对曰：'不亡。'季友有大功于鲁，受费为上卿。至于武子、文子，世增其业。鲁文公卒，东门遂杀嫡立庶，鲁君于是失国政。政在季氏，于今四君矣！民不知君，何以得国，是以为君慎器与名【校记："器与名"，《备考》本作"名与器"。】，不可以假人。呜呼！史墨知其言哉！夫定公于季氏则不能去，于孔子则自谓不能以季氏待之，卒受女乐而怠政，其又奚足论耶！"

哀公

鲁哀公名蒋，定公子也，四岁即位。元年春正月，鼷鼠食郊牛，改卜牛【校记："牛"，《备考》本作"郊"。】。夏四月辛巳，郊。冬，仲孙何忌帅师伐邾。二年春二月，取邾、漷⑥东田及沂西田，州仇、何忌及邾子盟于句绎。三年夏四月甲午，地震。五月辛卯。桓宫、僖宫灾。季孙斯、叔孙、州仇帅师城启阳。秋七月丙子，季孙斯卒。冬，十月，州仇、何忌帅师围邾。四年春，城西郛备晋也，六月辛丑，亳社灾。五年春，城毗备晋也。冬，叔还如齐。六年春，城邾瑕备晋也，叔还会吴于柤⑦，始与吴结好。

---

① 堕(huǐ)三都：毁掉费、郈、成三个都邑。《史记集解》服虔曰："三都，三家之邑也。"

② 郈：《史记集解》杜预曰："东平无盐县东南郈乡亭。"《括地志》云："郈亭在郓州宿城县东三十二里。"

③ 费：古地名，春秋鲁邑，在今山东省费县西北。陆德明《释文》："费音祕。"

④ 成：《史记集解》杜预曰："泰山巨平县东南有成城也。"《括地志》云："故郕城在兖州泗水县西北五十里。"

⑤ 鼷鼠：鼠类最小的一种。古人以为有毒，啮人畜至死不觉痛，故又称甘口鼠。郊牛：古帝王郊祭时尚未卜日祭祀的牛。《左传·宣公三年》："春王正月，郊牛之口伤；改卜牛，牛死，乃不郊。"杨伯峻注："郊祭必先择牛而卜之，吉则养之，然后卜郊祭之日。未卜日以前谓之牛，既卜日之后改曰牲……此曰'郊牛'，是尚未卜日可知。"

⑥ 漷：kuò，古水名，即今山东省滕县郭河，一名南沙河。《左传·襄公十九年》："取邾田，自漷水。"杜预注："漷水出东海合乡县西南，经鲁国，至高平湖陆县入泗。"

⑦ 柤：zhā，春秋楚地名。

冬，何忌帅师伐邾。七年夏，公会吴于鄫。吴征百牢①，子服景伯，辞之不听，乃与之语。见《景伯传》中。八年春，吴为邾故，将伐鲁，时鲁人叔孙辄、公由不狃皆在吴，辄劝之伐，不狃难之。语在《不狃传》中。吴师伐鲁，克东阳，舍于五梧、蚕室、庚宗②，遂次于泗上，为城下之盟而还。夏，齐人取讙及阐，且如吴请师乃归。邾子益于邾。秋，及齐平。冬，十二月，齐人归讙及阐。十年春，邾隐公来奔。齐甥也，故遂奔齐。公会吴，伐齐师于鄎③。五月，公至自伐齐。十一年春，齐为鄎故，国书帅师伐鲁及清④。季康子谓其宰冉求曰："齐师在清，必鲁故也，若之何?"求曰："一子守，二子从公御诸竟⑤。"季孙曰："不能。"求曰："居封疆之间⑥。"于是季孙告叔孙、孟孙，及齐师战于郊，冉求帅左师，用矛入齐军，樊迟为右师奔齐，人从之。孟之反后入以为殿，曰："马不进也。"是时，齐人不能师，冉有请从之，季孙弗许。夏，公会吴子伐齐。五月，克博⑦。壬申，至于嬴⑧。甲戌，战于艾陵，大败齐师，获国书。秋，季孙命脩守备。曰："小胜大，祸也。齐至无日矣。"季孙欲以田赋⑨，使冉有访于仲尼，仲尼曰："丘不识也。"三发问而不对。既乃，谓冉有曰："子季孙若欲行而法，则【校记："则"，《备考》本作"有"。嘉靖本与《左传》、《皇王大纪》同，故从之。】周公之典在。若欲苟而行，又何访焉。"弗听。

十二年春，用田赋，公以币如卫迎孔子。孔子自卫归鲁，侍坐于公，公设桃具黍，孔子先饭黍而后啖桃，左右皆掩口失笑。公曰："黍者，非饭之也，以雪桃⑩也。"孔子对曰："丘知之矣，黍者，五谷之长也。祭先王以为上盛，草有六而桃为下，祭先王不得入庙。丘闻之，君子以贱雪贵，不闻以贵雪贱。今以五谷之长雪果蓏⑪之下，是侵上

---

① 百牢：猪、牛、羊各百头的享礼。《左传·哀公七年》："宋百牢我，鲁不可以后宋。且鲁牢晋大夫过十，吴王百牢，不亦可乎?"

② 东阳：在今山东费县西南，一说在今山东平邑县南。五梧：在今山东平邑县西。《左传·哀公八年》杨伯峻注："其地当在今平邑县西，蚕室之东。"蚕室：在今山东平邑县境。庚宗：在今山东泗水县东。

③ 鄎：xī，周诸侯国名。姬姓。故地在今河南省息县境。

④ 清：在今山东长清县东南，一说在今山东东阿县。

⑤ 二子从公御诸竟：两人跟随国君到边境上去抵御敌人。

⑥ 封疆之间：境内近郊地。谓在境内近郊抵御齐军。封疆亦作"封畺"，界域之标记，疆界。《礼记·月令》："(孟春之月)王命布农事，命田舍东郊，皆修封疆。"

⑦ 博：杨伯峻注："今泰安县东南三十里旧县村，本张云璈说。"

⑧ 嬴：杨伯峻注："嬴莱芜县西北。"

⑨ 以田赋：孔疏："旧制，丘赋之法，田之所收及家内资财，井共一马三牛，今欲别其田及其家资各为一赋，计一丘民之家资，今出一马三牛；又计田之所收，更出一马三牛；是为所出倍于常也。旧田与家资官赋，今欲别赋其田，故言欲以田赋也。"

⑩ 雪：拭擦，洗涤。

⑪ 蓏：luǒ，瓜类植物的果实。《周礼·天官·甸师》："共野果蓏之荐。"郑玄注："果，桃李之属；蓏，瓜瓞之属。"

忽下也。”公卒不能用孔子。夏五月，昭夫人孟子①卒。昭公娶于吴，故不书姓。孔子与吊，适季氏，季氏不绕②，放绖③而拜。公会吴于橐皋④，吴子使太宰嚭请寻盟⑤，公不欲，使子贡对曰：“盟，所以周信也，弗可改也。若犹可改，日盟何益？”乃不寻盟。秋，公会卫侯、宋皇瑗于郧。冬十二月，螽⑥。季孙问诸仲尼，仲尼曰：“丘闻之，火伏⑦而后蛰者毕，今火犹西流，司历过也⑧。

十三年夏，公会单平公、晋定公、吴夫差于黄池。秋，公至自会。九月，螽。冬十二月，螽。前年季孙虽闻孔子之言而不正历，尚失闰也。十四年春，西狩获麟。小邾射句绎来奔⑨。夏四月庚戌，叔还卒。六月，齐田常弑其君简于徐州，孔子请伐之，公不听。田饶事公而不见察，告公曰：“臣将去君，黄鹄举矣。”公曰：“何谓也？”饶曰：“君不见夫鸡乎，头戴冠者，文也；足搏距者，武也；敌在前敢斗者，勇也；见食相呼者，仁也；守夜不失时者，信也。鸡有五德，君犹日杀而食之者，以其所从来今近也。黄鹄一举千里，止君园池，食君鱼鳖，啄君黍粱，无此五德而君犹贵之，以其所从来者远也。”八月辛丑，仲孙何忌卒。

十五年春，成叛于齐，武伯伐成，不克，遂城输⑩。冬，及齐平，子服景伯如齐，子贡为介，见成宰公孙宿，曰：“人皆臣人，而有背人之心。况齐人虽为子役，其有不二乎？子周公之孙也。多飨大利，犹思不义。利不可得，而丧宗国，将焉用之？”宿曰：“善哉！吾不早闻命。”于是齐归鲁侵地。十六年夏四月巳丑，孔丘卒。公诔⑪之曰：“旻天不吊，不慭遗一老⑫。俾屏余一人以在位，茕茕余在疚⑬。呜呼哀哉！尼父，无

---

① 孟子：鲁昭公夫人，吴女，姬姓。鲁人讳同姓，谓之孟子。

② 绕：wèn，古丧服之一，去冠，以麻布裹发髻，亦指服用这种丧服。《左传·哀公二年》：“使大子绕。”杜预注：“绕者，始发丧之服。绕，音‘问’。”孔颖达疏：“此用麻布为之，状如今之着幓头矣。”。

③ 绖：dié，古代丧服所用的麻带，扎在头上的称首绖，缠在腰间的称腰绖。《仪礼·丧服》：“丧服，斩衰裳，苴绖、杖、绞带。”郑玄注：“麻在首在要皆曰绖。”

④ 橐(tuó)皋：地名，今作柘皋，在安徽省巢湖市境。《左传·哀公十二年》：“公会吴于橐皋。”杜预注：“橐皋，在淮南逡遒县东南。”

⑤ 吴子使太宰嚭请寻盟：吴子派太宰嚭(pǐ)请求重温鄫地之盟。太宰：相传殷置太宰。周称冢宰，为天官之长，掌建邦之六典，以佐王治邦国。春秋列国亦多置太宰之官，职权不尽相同。

⑥ 螽：zhōng，虫名。

⑦ 火伏：谓心星(大火)隐没。《左传·哀公十二年》杜预注：“火，心星也，火伏在十月。”

⑧ 司历：掌管历法之官。《左传·襄公二十七年》：“十一月乙亥朔，日有食之。辰在申，司历过也，再失闰矣。”

⑨ 小邾射句绎来奔：小邾国的大夫射带着句绎逃来鲁国。

⑩ 城输：修筑输地的城墙。

⑪ 诔：lěi，古代列述死者德行，表示哀悼并以之定谥(多用于上对下)。《礼记·曾子问》：“贱不诔贵，幼不诔长，礼也。”郑玄注：“诔，累也。累列生时行迹，读之以作谥，谥当由尊者成。”

⑫ 旻天不吊，不慭遗一老：上天没有善意，不肯暂且留下一位国老。慭(yìn)遗：愿意留下。《史记集解》王肃曰：“吊，善也。慭，且也。一老谓孔子也。”

⑬ 茕茕余在疚：孤孤单单地使我处于忧苦的境地。王肃曰：“疚，病也。”

自律①。”子贡曰：“君其不没于鲁乎？夫子之言曰：‘礼失则昏，名失则愆②。’失志为昏，失所为愆。生不能用，死而诔之，非礼也。称一人③，非名也，君两失之。”十七年，公会齐侯，盟于蒍。十九年冬，叔青如京师，敬王崩故也。

二十一年夏五月，越既胜吴，欲霸中国，谴人使鲁。秋八月，公及齐侯、邾子盟于顾④。齐人责稽首⑤，因歌之曰：“鲁人之皋，数年不觉，使我高蹈，唯其儒书，以为二国忧。”是行也，公先至于阳谷⑥。齐闾丘息曰：“君辱举玉趾，以在寡君之军。群臣将传遽⑦以告寡君，比其复也，君无乃勤。为仆人之未次⑧，请除馆于舟道⑨。”辞曰：“敢勤仆人。”二十三年秋八月【校记：“八月”，《备考》本作“七月”。嘉靖本与《左传》同，故从之。】，叔青如越，始使越也。越诸鞅来聘，报叔青也。二十四年，公子荆之母嬖，将以为夫人，使宗人衅夏献其礼⑩。对曰：“无之。”公怒曰：“女为宗司，立夫人，国之大礼也。何故无之。”对曰：“周公及武公娶于薛，孝、惠娶于商，自桓以下娶于齐，此礼也则有，若以妾为夫人，则固无其礼也。”公卒立之，而以荆为大子，国人始恶之。闰月，公如越，与越太子适郢相得，太子将妻公，而多与之地。公孙有山使告于季孙。季孙惧，使因太宰嚭而纳赂焉，乃止。二十五年夏六月，公至自越。季康子、孟武伯逆于五梧，郭重为公仆。武伯恶郭重，曰：“何肥也？”季孙曰：“请饮彘也⑪，以鲁国之密迩仇雠⑫，臣是以不获从君，克免于大行⑬，又谓重也肥。”公曰：“是食言多矣，能无肥乎？”饮酒不乐，公与大夫始有恶。二十七年春，越使后庸来聘，且言邾田。二月盟于平阳，季康子、叔孙文子、孟武伯皆从。康子耻从越盟，思及子贡。曰：“若在此，吾不及此夫。”武伯曰：“然，何不召之？”曰：“固将召之。”文子曰：“他日不

---

① 无自律：我没有效法的准则了。律：法，言丧尼父，无以自为法。《史记集解》王肃曰：“父，丈夫之显称也。律，法也。言毋以自为法也。”

② 礼失则昏，名失则愆：礼制丧失了就糊涂，名分丧失了就犯错。《史记索隐》：“《左传》及《家语》文皆同。”

③ 称一人：《史记集解》服虔曰：“天子自谓一人，非诸侯所当名也。”

④ 顾：在今河南范县东南，夏国名，后为商所灭，春秋时为齐地。《诗·商颂·长发》：“韦顾既伐，昆吾夏桀。”毛传：“有韦国者，有顾国者。”陆德明《释文》：“韦顾，二国名也。《汉书·古今人表》作韦鼓。”

⑤ 责稽首：鲁哀公十七年，齐侯为鲁哀公稽首，不见答，故责问。

⑥ 阳谷：在今山东阳谷县东北。

⑦ 传遽：传车驿马，亦指乘传车驿马的使者。《周礼·秋官·行夫》：“掌邦国传遽之小事媺恶而无礼者。”郑玄注：“传遽若今时乘传骑驿而使也。”

⑧ 未次：没有准备好馆舍。次：舍，谓准备馆舍。

⑨ 请除馆于舟道：请在舟道为您清扫馆舍。除：扫除，打扫。舟道：齐国某地。

⑩ 使宗人衅夏献其礼：鲁哀公要求宗人衅夏献上策封夫人的礼仪。宗人：主持礼事的官。

⑪ 请饮彘也：请罚彘喝酒。彘：孟武伯名。

⑫ 仇雠：指齐国。

⑬ 克免于大行：能免于我的远行。大行：远行。

能用，临难顾念之乎？”夏四月已亥，季康子卒，公吊焉，降礼①。公患三桓之侈②也，欲以诸侯去之。三桓亦患公之妄也，故君臣多间③。公游于陵阪④，遇孟武伯于孟氏之衢。曰：“请有问于子，余及死⑤乎？”对曰：“臣无由知之。”三问，卒辞不对。公欲以越伐鲁，而去三桓。秋八月甲戌，公如公孙有山氏，三桓攻公，公奔于卫，孙于邾，遂如越，国人迎公复归。卒于有山氏，子宁立，是为悼公。

薛应旂曰：“哀公，鲁之庸君也，受制季孙，不能尊用孔子，卒致奔播⑥以死，何足论哉！然于孔子之诔，则知哀而称尼父，于康子之吊则知恶而为之降礼，一念之明，固自有不可泯没者在也。”

缪公

鲁缪公⑦，名显，元公之子，悼公之孙也。元公在位二十一年卒，缪公即位。元年壬申，公仪休为政，泄柳、子思为臣。

缪公问于子思曰：“寡人不得嗣先君之业三年矣，未知所以为令名者，且欲掩先君之恶以扬先君之善，使谈者有述焉，为之若何？”子思答曰：“以伋所闻，舜禹之于其父，非弗欲有其述也。以为私情之细不如公义之大，故弗敢私之云耳。责以虚饰之教，又非伋所得言。”公曰：“思之可以利民者。”子思曰：“君有惠百姓之心，则莫如一切除非法之事也。毁不居之室以赐穷民，夺嬖宠之禄以赈困匮，无令人有悲怨，而后世有闻见，抑亦可乎？”公曰：“诺。”缪公问子思曰：“吾闻龙懒氏之子不孝，其行如何？”对曰：“臣闻人君之为政，尊贤以崇德，举善以勤民，则四方之内孰敢不化？若夫过行，是细人⑧所识。不治其本而问其过，臣不知所以也。”公曰：“善。”公问子思曰：“吾国可兴乎？”子思曰：“可。”公曰：“为之奈何？”对曰：“苟君与大夫慕周公、伯禽之治，行其

---

① 降礼：礼仪降等，礼节低于常规定例。《左传·哀公二十七年》：“季康子卒。公吊焉，降礼。”杜预注：“礼不备也，言公之多妄。”杨伯峻注：“二十五年《传》云‘饮酒不乐，公与大夫始有恶’，则鲁哀与季康子固已恨之矣；于其卒也，弔其丧减于常例，盖合情理。”

② 侈：放纵。《说文》：“侈，掩胁也。”段玉裁注云：“掩者，掩盖其上；胁者，胁制其旁。凡自多以陵人曰侈，此侈之本义也。”三桓久无视公室，鲁哀公患被杀而无位。杜注：“欲求诸侯师以逐三桓。”

③ 间：嫌隙，隔阂。《左传·哀公二十七年》：“故君臣多间。”

④ 陵阪：山坡。

⑤ 及死：得以寿死。

⑥ 奔播：流亡转徙。晋葛洪《抱朴子·金丹》：“往者上国丧乱，莫不奔播四出。”《旧唐书·萧遘传》：“主上六年奔播，百端艰险。”

⑦ 缪公：即穆公。

⑧ 细人：见识短浅之人，小人。《礼记·檀弓上》：“君子之爱人也以德，细人之爱人也以姑息。”

政化，开公家之惠，杜私门①之利，结恩百姓，修礼邻国，其兴也勃矣。”十六年丁亥，伐鲁，取最，韩救鲁。

二十年辛卯，鲁伐齐，败齐师于平陆。是时，齐田和②迁其君康公于海上，鲁是以有辞，陈庄子③死，赴于鲁，鲁人欲勿哭，缪公召县子④而问焉。县子曰：“古之大夫，束修之问不出竟⑤，虽欲哭之，安得而哭之。今之大夫交政于国中，虽欲不哭，焉得而弗哭。且臣闻之，哭有二道：有爱而哭之，有畏而哭之。”公曰：“然，然则如之何而可？”县子曰：“请哭诸异姓之庙。”于是与哭诸县氏。公立二十三年，卒。子奋立，是为共公。

薛应旂曰：“呜呼！鲁自襄、昭、定、哀之时，已为三家所制，削弱甚矣。缪公虽不能大用子思，然尊贤尚德之意亦当时所仅见，而公仪子之廉，又得为相之道，是以崎岖强暴之间而有平陆之胜。迨于共公，犹能伐齐以复阳关，鲁竟与战国相终始，视诸列国。盖亡后者，未必非缪公延之也。淳于髡⑥乃谓公仪子为政，子柳、子思为臣，而鲁之削也滋甚。故曰：‘诬善之人其辞游’，此之谓也。”

平公

鲁平公，名叔，景公子也。平公五年，用乐正子⑦为政。六年，孟子自齐而归，过，鲁平公将因乐正子以见孟子，嬖人臧仓沮之⑧。是时齐宣王卒，湣王新立，平公欲使慎子为将军伐齐，取南阳⑨。孟子语慎子曰：“不可。”孟子既不遇于鲁，遂适宋。平

① 私门：行私请托的门路。《战国策·秦策三》：“吴起为悼罢无能，废无用，损不急之官，塞私门之请，壹楚国之俗。”

② 田和：齐太公，本名田和，公元前391年，田和放逐齐康公于海岛，自立为齐君，康公十九年(前386年)田和被周天子列名为诸侯。前379年齐康公死，齐国姜氏为田氏取代，史称“田氏代齐”。

③ 陈庄子：齐大夫，名伯。

④ 县子：鲁大夫，名琐，以知礼闻名。

⑤ 束修之问不出竟：拿一束干肉送人也不敢出境。问：遗，音wèi。束修：十条干肉，旧时常用作馈赠的一般性礼物。《礼记·少仪》：“其以乘壶酒、束脩、一犬赐人。”郑玄注：“束修，十脡脯也。”

⑥ 淳于髡：(约前386—前310年)，齐国人。《史记》卷一二六有传：“淳于髡者，齐之赘婿也。长不满七尺，滑稽多辩，数使诸侯，未尝屈辱。”《史记索隐》：“髡，苦魂反。赘婿，女之夫也，比于子，如人疣赘，是余剩之物也。”

⑦ 乐正子：人名，复姓乐正，名克。一说为孟子学生。

⑧ 见《孟子·梁惠王下》：“吾之不遇鲁侯，天也。臧氏之子焉能使予不遇哉？”臧氏，即鲁平公宠幸的小臣臧仓。沮，同“阻”。

⑨ 慎子：名滑厘，鲁善用兵者。南阳：古地名，战国齐地。《孟子》杨伯峻注：“即汶阳，在泰山之西南，汶水之北。”

公立二十二年卒，子文公立，再传至顷公，为楚所灭。

薛应旂曰：“平公于六国僭王之时，乃独称公，且因乐正子为政而欲见孟子，此其为善之几，盖可与也。臧仓一沮，虽以乐正子之言而不能入，自是平公止于平公，鲁遂偾①而不起，是固非人之所能然，不亦大可惜也【校记：“也”，《备考》本作“耶”。】。”

① 偾：fèn，倒覆，僵仆。《左传·隐公三年》：“庚戌，郑伯之车偾于济。”陆德明《释文》：“偾，弗问反，仆也。”孔颖达疏：“《释言》云：‘偾，僵也。’舍人曰：‘背踣意也。’车踣而入济，是风吹之队济水。”

四书人物考卷七

传四

齐桓公附公子纠

齐桓公，姓姜氏，名小白，太公之后，釐公次子也。初，釐公同母弟夷仲年【校记："年"，《备考》本作"早"。嘉靖本与《史记》同，故从之。】死。其子曰："公孙无知，釐公爱之，令其服秩比于太子诸儿①。"

釐公卒，太子诸儿立，是为襄公，始为太子时，尝与无知斗，及立，出无知。襄公无道，群弟恐祸及，故次弟纠奔鲁，其母鲁女也。管仲、召忽傅②之；次弟小白奔莒③，鲍叔傅之。小白母，卫女也，有宠于釐公。小白自少好善。及无知弑襄公而自立为齐君，大夫高傒及雍林④人杀无知，议立君。高、国⑤先阴召小白于莒。鲁闻无知死，亦发兵送公子纠，而使管仲别将兵遮莒道，射中小白带钩。小白佯死，管仲使人驰报鲁。鲁送纠者行益迟，六日至齐，则小白已入，高傒立之，是为桓公。桓公之中钩佯死，以误管仲，已而载温车⑥中驰行，亦有高、国内应，故得先入，立发兵距鲁⑦，与鲁战乾时，鲁兵败走，齐兵掩袭鲁归道。齐遗鲁书曰："子纠兄弟，弗忍诛，请鲁自杀

---

① 令其服秩比于太子诸儿：让他在服饰和俸禄方面享受与太子诸儿一样的待遇。

② 傅：护侍，辅佐。《左传·僖公二十八年》："郑伯傅王。"

③ 小白：即日后之齐桓公。莒：jǔ，西周初期建立的小国名，嬴姓，始都计斤，春秋初年迁都于莒，今山东莒县。

④ 高傒：《史记集解》贾逵曰："齐正卿高敬仲也。"雍林：贾逵曰："渠丘大夫也。"《史记索隐》："本亦作'雍廪'。《左传》云'雍廪杀无知'，杜预曰'雍廪，齐大夫'。贾言'渠丘大夫'者，盖雍林为渠丘大夫也。"

⑤ 高、国：齐国的两个大贵族高敬仲、国懿仲，都是齐国正卿，受过周天子加封。阴召：暗中召其回国，令其继承君位。

⑥ 温车：即辒车，古代的一种卧车。见《史记·齐太公世家》。

⑦ 距鲁：抵抗鲁国送公子纠回国的军队。距：通"拒"，抵御。《书·禹贡》："锡土姓，祗台德先，不距朕行。"孔传："王者常自以敬我德为先，则天下无距违我行者。"

之。召忽、管仲仇也，请得而甘心焉。不然，将围鲁。”鲁人患之，遂杀子纠于笙渎①。召忽自杀，管仲请囚。桓公发兵攻鲁，心欲杀管仲。鲍叔牙曰：“臣幸得从君，君竟【校记：“竟”，《备考》本作“幸”。嘉靖本与《史记》同，故从之。】以立。君之尊，臣无以增君。君将治齐，即高傒与叔牙是也。且君欲霸王，非管夷吾不可。”于是桓公从之。乃佯为召管仲欲甘心，实欲用之。管仲知之，请往。鲍叔迎受管仲，及堂阜②而脱桎梏。桓公厚礼以为大夫，任政。桓公既得管仲，与鲍叔、隰朋③、高傒修齐国政，连五家之兵④，设轻重鱼盐⑤之利，以赡贫穷，禄贤能，齐人皆说。二年，伐郯⑥，郯子奔莒。初，桓公亡时过郯，郯无礼，故伐之。五年，伐鲁，鲁将师败。鲁庄公请献遂邑以平⑦，桓公许，与鲁会柯⑧而盟。鲁将盟，曹沫以匕首劫桓公于坛上，曰：“反鲁之侵地！”桓公许之。已而曹沫去匕首，北面就臣位。桓公后悔，欲无与鲁地而杀曹沫。管仲曰：“夫劫许之而倍信杀之，快一小忿，而弃信于诸侯，失天下之援，不可。”于是遂与曹沫三败所亡地于鲁⑨。诸侯闻之，皆信齐而附焉。七年，诸侯会桓公于甄⑩，而桓公于是始霸焉。

十四年，陈厉公子完，号敬仲，来奔齐⑪。齐桓公欲以为卿，让，于是以为工正。田成子常⑫之祖也。二十三年，山戎伐燕⑬，燕告急于齐。齐桓公救燕，遂伐山戎，至

---

① 笙渎(dòu)：在今山东菏泽县北二十余里。贾逵曰：“鲁地句渎也。”《史记索隐》：“按邹诞生本作‘莘渎’，莘笙声相近。笙如字，渎，音豆。”《论语》作“沟渎”。

② 堂阜：贾逵曰：“堂阜，鲁北境。”杜预曰：“堂阜，齐地。东莞蒙阴县西北有夷吾亭，或曰鲍叔解夷吾缚于此，因以为名也。”

③ 隰(xí)朋：齐国大夫，桓公时的重臣。

④ 五家之兵：《国语·齐语》曰：“五家为轨，故五人为伍，轨长帅之。”

⑤ 轻重鱼盐：《史记索隐》：“《管子》有理人《轻重》之法七篇。轻重，钱也。又有捕鱼、煮盐法。”

⑥ 郯：tán，当时的小国名，在今山东章丘县西。徐广曰：“一作‘谭’。”《左传》鲁庄十年有“齐师灭谭”。杜预云：“谭国在济南平陵县西南。”

⑦ 献遂邑以平：献上遂邑来求和。遂：当时的小国名，在今山东宁阳县城北。杜预曰：“遂在济北蛇丘县东北。”平：求和。

⑧ 柯：齐邑名，在今山东东阿县与阳谷县之间。杜预曰：“此柯今济北东阿，齐之阿邑，犹祝柯今为祝阿。”

⑨ 于是遂与曹沫三败所亡地于鲁：此曹沫劫齐桓公事见于《公羊传》之庄公十三年。

⑩ 甄：juàn，同“鄄”，卫邑名，在今山东鄄城县西北。杜预曰：“甄，卫地，今东郡甄城也。”

⑪ 来奔齐：陈完之父陈厉公已被其侄陈庄公所杀，陈庄公死，陈国又为争夺君位而相互攻杀，陈完惧祸及己，遂逃奔齐国，详见《史记·田敬仲完世家》。

⑫ 田成子常：田成子，名恒，汉人为避文帝刘恒之讳，故称之曰“常”。齐国后期专齐政，其子孙遂篡夺了姜氏政权。

⑬ 山戎：即“北戎”，当时居住在今河北省东北部的少数民族。燕：周初建立的诸侯国名，始封之君为召公姬奭，都城即今天北京市。服虔曰：“山戎，北狄，盖今鲜卑也。”何休曰：“山戎者，戎中之别名也。”

于孤竹①而还。燕庄公遂送桓公入齐境。桓公曰："非天子，诸侯相送不出境，吾不可以无礼于燕。"于是分沟②割燕君所至与燕，命燕君复修召公之政，纳贡于周，如成康之时。诸侯闻之，皆从齐。二十七年，鲁闵公③母曰哀姜，桓公女弟也。哀姜淫于鲁公子庆父，庆父弑闵公④，哀姜欲立庆父，鲁人更立僖公⑤。桓公召哀姜，杀之。二十八年，卫文公有狄乱，告急于齐。齐率诸侯城楚丘⑥而立卫君。

二十九年，桓公与夫人蔡姬戏船中。蔡姬习水，荡公⑦，公惧，止之，不止，怒，归蔡姬，弗绝。蔡亦怒，嫁其女。公怒，率诸侯伐蔡，蔡溃⑧。遂伐楚。楚成王兴师问曰："何故涉吾地?"管仲对曰："昔召康公命我先君太公曰：'五侯九伯，汝实征之，以夹辅⑨周室。'赐我先君履，东至海，西至河，南至穆陵，北至无棣。汝贡包茅不入，王祭不共⑩，寡人是征。南征不复，寡人是问。"楚王曰："贡之不入，寡人【校记："寡人"，《备考》本作"寡君"。嘉靖本与《史记》同，故从之。】之罪也，敢不共命！昭王不复，君其问诸水滨⑪。"齐师进，次于陉⑫，楚使屈完来盟，齐师次于召陵，公矜屈完以其众。屈完曰："君若以德绥诸侯，谁敢不服？若但以众，则楚方城⑬以为城，汉水以为池，君亦安能为乎?"乃与屈完盟而去。过陈，陈辕涛涂诈齐，令出东方，觉。秋，齐伐陈。是岁，晋杀太子申生。三十五年夏，会诸侯于葵丘。周襄王使宰孔赐桓公文武胙、彤弓矢、大路⑭，命无拜。桓公欲许之，管仲曰"不可"，乃下拜受赐。秋，复会

---

① 孤竹：古国名，在今河北卢龙县南。

② 分沟：重新挖沟画界。

③ 鲁闵公：也写作"鲁湣公"，庄公之子。

④ 庆父弑闵公：庆父：又称"仲父"，"共仲"，"孟氏"，鲁庄公的庶兄。据《鲁世家》，庄公死后，庄公之弟季友立庄公之子公子斑。庆父杀公子斑，改立哀姜之妹所生名"启"者，是为闵公。其后，哀姜又与庆父杀闵公，欲立庆父为君。

⑤ 鲁人更立僖公：庆父弑闵公后，国人大哗，季友等依仗陈国拥立庄公之子公子申，即鲁釐公，亦作"僖公"。

⑥ 楚丘：贾逵曰："卫地也。"

⑦ 荡公：摇晃船只，使桓公坐不稳。贾逵曰："荡，摇也。"

⑧ 溃：《史记集解》服虔曰："民逃其上曰溃也。"

⑨ 夹辅：左右扶持，意即辅佐。《左传》："周公、太公股肱周室，夹辅成王也。"

⑩ 包茅不入，王祭不共：楚王应向周天子进贡的菁茅，已经很久没有交纳了，从而使周天子的祭祀用品不完备。贾逵曰："包茅，菁茅包匦之也，以供祭祀。"杜预曰："《尚书》'包匦菁茅'，茅之为异未审。"

⑪ 昭王不复，君其问诸水滨：至于昭王淹死的事情，你到汉水边上去问汉水吧。昭王不复，指周昭王淹死汉水事，管仲以此作为向楚国进兵的借口。服虔曰："周昭王南巡狩，涉汉未济，船解而溺昭王，王室讳之，不以赴，诸侯不知其故，故桓公以为辞责问楚也。"

⑫ 陉：山名，在今河南郾城县南，乃险要之地。杜预曰："陉，楚地，颍川召陵县南有陉亭。"

⑬ 方城：服虔曰："方城山在汉南。"韦昭曰："方城，楚北之阨塞。"

⑭ 文武胙：文王、武王用过的祭肉。周天子以之赐诸侯表示对该诸侯的荣宠。大路：即"大辂"，天子的车乘。贾逵曰："大路，诸侯朝服之车，谓之金路。"

诸侯于葵丘①，公有骄色。周使宰孔会，诸侯颇有叛者。晋侯后至，遇宰孔，宰孔曰："齐侯骄矣，可无行。"从之。是岁，晋献公卒，里克杀奚齐、卓子，秦穆公以夫人入公子夷吾为晋君。桓公讨晋乱，至高梁，使隰朋立晋君，还。是时，周室微，唯齐、楚、秦、晋为强。晋初与会，献公死，国内乱。秦穆公辟远②，不与中国会盟。楚成王初收荆蛮有之，夷狄自置。唯独齐为中国会盟，而桓公能宣其德，故诸侯宾会。于是桓公称曰："寡人南伐至召陵，望熊山；北伐山戎、离枝、孤竹③；西伐大夏④，涉流沙；束马悬车⑤登太行，至卑耳山而还。诸侯莫违寡人。寡人兵车之会三⑥，乘车之会六⑦，九合诸侯，一匡天下⑧。昔三代受命，有何以异于此乎？吾欲封泰山，禅梁父。"管仲固谏，不听；乃说桓公以远方珍怪物至乃得封，桓公乃止。

三十八年，周襄王弟带与戎、翟合谋伐周，齐使管仲平戎于周。周欲以上卿礼管仲，管仲顿首曰："臣陪臣，安敢！"三让，乃受下卿礼以见⑨。三十九年，周襄王弟带来奔齐。齐使仲孙请王，为带谢⑩。襄王怒，弗听。四十一年，秦穆公虏晋惠公，复归之。是岁，管仲、隰朋皆卒。管仲病，桓公问曰："群臣谁可相者？"管仲曰："知臣莫如君。"公曰："易牙⑪如何？"对曰："杀子以适君，非人情，不可。"公曰："开方如何？"对曰："倍亲以适君，非人情，难近。"公曰："竖刁如何？"对曰："自宫⑫以适君，非人情，难亲。"仲死而桓公不用仲言，近用三子，三子专权。四十二年，戎伐周，周告急于齐，齐令诸侯各发卒戍周。是岁，晋公子重耳来，桓公妻之。桓公好内，多内宠，如夫人者六人，长卫姬，生无诡；少卫姬，生惠公元；郑姬，生孝公昭；葛嬴，生昭公潘；密姬，生懿公商人；宋华子，生公子雍。管仲卒，五公子皆求立。冬十月乙亥，齐桓公卒。易牙入，与竖刁因内宠杀群吏，而立公子无诡为君。太子昭奔宋。桓公病，五公子各树党争立。及桓公卒，遂相攻，以故宫中空，莫敢棺。桓公尸在床上六十七日，尸虫出于户。十二月辛巳夜，始敛殡。无诡立，三月死，无谥；次孝公。孝公元年八月，乃葬桓公。

---

① 葵丘：杜预曰："陈留外黄县东有葵丘也。"

② 秦穆公辟远：当时秦国都城在今陕西西部的凤翔一带，距离当时以河南为中心的各诸侯国很远。辟：同"僻"。

③ 离枝、孤竹：《地理志》："令支县有孤竹城，疑离枝即令支也，令、离声相近。"

④ 大夏：《史记正义》：大夏，并州晋阳是也。

⑤ 束马悬车：包裹马足，拴牢车子，以防滑跌倾覆。

⑥ 兵车之会三：即主持过三次军事会盟。

⑦ 乘车之会六：主持过六次和平会盟。乘车：安车。《左传》载：鲁庄十四年会于鄄；十五年又会鄄；十六年同盟于幽，僖五年，会首止；八年盟于洮；九年会葵丘是也。

⑧ 一匡天下：《史记正义》："匡，正也。一匡天下，谓定襄王为太子之位也。"

⑨ 乃受下卿礼以见：意即管仲只接受了下卿之名，以下卿的身份朝见周天子。

⑩ 为带谢：替叔带向周襄王赔罪求情。齐国对王子带一直包庇、偏袒。

⑪ 易牙：《史记正义》："即雍巫也。"贾逵云："雍巫，雍人名巫，易牙也。"

⑫ 自宫：阉割自己作宦官。《韩非子·二柄》："齐桓公妒而好内，故竖刁自宫以治内。"

薛应旂曰："一桓公也，用管仲、鲍叔、隰朋，则以奔播之余而九合诸侯，一匡天下，用竖刁、易牙、开方，则以五霸之长而身死无归，几于不殡，人才之关系也，一至此哉！"

景公

齐景公，名杵臼①，庄公异母弟也。崔杼弑庄公，立公为君，公立，以崔杼为右相，庆封为左相。二相恐乱起，乃与国人盟曰："不与崔、庆者死②！"晏子仰天曰："婴所不获，唯忠于君利社稷者是从！"不肯盟。庆封欲杀晏子，崔杼曰："忠臣也，舍之。"公使晏婴之晋，与叔向③私语曰："齐政卒归田氏。田氏虽无大德，以公权私，有德于民④，民爱之。"公如晋，因入鲁，与晏婴俱问鲁礼。彗星见，公坐柏寝⑤，叹曰："堂堂！谁有此乎⑥？"群臣皆泣，晏子笑，公怒。晏子曰："臣笑群臣谀甚。"景公曰："彗星出东北，当齐分野⑦【校记："彗星出东北，当齐分野"，《备考》本作"彗星出东，东当齐分野"。】，寡人以为忧。"晏子曰："君高台深池，赋敛如弗得，刑罚恐弗胜，茀星⑧将出，彗星何惧乎？"公曰："可禳⑨否？"晏子曰："使神可祝而来，亦可禳而去也。百姓苦怨以万数，而君令一人禳之，安能胜众口乎？"是时景公好治宫室，聚狗马，奢侈，厚赋重刑，故晏子以此谏之。

公起大台，岁寒，役多冻馁，公延晏子饮酒乐，晏子歌曰："庶民之冻，我若之何！奉上靡敝，我若之何！"歌终喟然流涕，公止之曰："子殆为大台之役乎？寡人将罢。"时雨雪三日，公衣狐白之裘，谓晏子曰："天下不寒，何也？"晏子曰："贤君饱知人饥，温知人寒，君独不知天下之寒，何也？"公遂出衣发粟以振冻馁。公尝纵酒解衣冠以自乐，驾车以迎晏子。晏子闻之，朝服而至。公曰："寡人此乐，愿与大夫同之。"晏子曰："君言过矣。齐国三尺以上，力皆能胜婴与君，所以不敢者，畏礼也。礼决其

---

① 杵臼：徐广曰："《史记》多作'箸臼'。"

② 不与崔、庆者死：不亲附崔氏、庆氏的人就要被处死。庆：庆封，齐国权臣，字子家，又字季。

③ 叔向：晋国公室贵族，羊舌氏，名肸，因食邑在杨(在今山西省洪洞县东南)，又称杨肸。

④ 有德于民：指田氏借贷于民，以大斗借出，以小斗收入。见《左传》昭公三年。

⑤ 柏寝：台名，在今山东广饶县东北。

⑥ 谁有此乎：日后将由谁来占有它呢？服虔曰："景公自恐德薄不能久享齐国，故曰'谁有此'也。"

⑦ 当齐分野：彗星出现之处正好对应着齐国。古代天文学把十二星次或二十八宿同地上的各州各国相互对应，就天上说称为"分星"，就地上说称为"分野"。

⑧ 茀(bèi)星：即孛星，类似彗星而光芒四射。古人认为它是侵害主星的妖星，比彗星更不祥。

⑨ 禳：ráng，祭祀以求消灾。《周礼·天官·女祝》："掌以时招、梗、祫、禳之事，以除疾殃。"郑玄注："却变异曰禳。"《左传·昭公二十六年》："齐有彗星，齐侯使禳之。"

防，人谁不有此乐哉?”公乃更衣而坐，觞酒三行，晏子辞去。鲁阳虎①攻其君，不胜，奔齐，请齐伐鲁。鲍子谏景公，乃囚阳虎。阳虎得亡，奔晋②。公与鲁定公为夹谷③之会。犁钼曰：“孔丘知礼而怯，请令莱人为乐④，因执鲁君，可得志⑤。”景公害孔丘相鲁，惧其霸，故从犁钼之计。方会，进莱乐，孔子历阶上，使有司执莱人斩之，以礼让景公⑥。公惭，乃归鲁侵地以谢。是岁，晏婴卒。

公夫人燕姬适子死，宠妾芮姬生子荼，荼少，其母贱，诸大夫恐其为嗣，乃言愿择诸子长贤者为太子。于是，公老矣，恶言嗣事，又爱荼母，欲立之，惮发之口，乃谓诸大夫曰：“为乐耳，国何患无君乎?”公病，命国惠子、高昭子立荼为太子，逐群公子，迁之莱⑦。公卒，荼立，是为燕孺子。公未葬，而群公子畏诛，皆出亡。公子寿、驹、黔奔卫，公子驵、阳生奔鲁。莱人歌之⑧曰：“景公死乎弗与埋，三军事乎弗与谋，师乎师乎，胡党之乎!”

燕孺子既立，国、高为相，田乞伪事高、国者，每朝，乞骖乘，言曰：“子得君，大夫皆自危，欲谋作乱。”又谓诸大夫曰：“高昭子可畏，及未发，先之。”诸大夫从之，遂攻高昭子，杀之。国惠子奔莒，晏圉奔鲁。圉，婴之子也。田乞乃使人之鲁，召公子阳生即位，是为悼公。迁燕孺子于骀⑨，杀之。于是政在田乞，而篡齐之祸肇矣。

薛应旂曰：“齐景公，庸君也。然犹能纳晏子之言以显名于诸侯。晏子亡，而景公于是乎不君矣。继嗣不明，以启陈桓之乱，而卒致姜吕之覆祀也，谁实为之哉?”

简公

齐简公，名壬，悼公子也。初，简公与父阳生俱在鲁也，阚止⑩有宠焉。及即位，使为政。田成子惮之，数顾于朝。御鞅⑪言于简公曰：“田、阚不可并也，君其择焉。”

---

① 阳虎：鲁国季孙氏的家臣，字货，事季平子。

② 阳虎得亡，奔晋：齐人囚阳虎，阳虎逃出，奔晋。事见《左传》定公八年。

③ 夹谷：齐地名，在今山东省莱芜县东南。《史记集解》服虔曰：“东海祝其县是也。”

④ 令莱人为乐：让莱人在二君相会时表演歌舞。莱人居住的地方原在今山东龙口县东南。杜预曰：“莱人，齐所灭莱夷。”

⑤ 因执鲁君，可得志：乘机袭击鲁定公，愿望可以实现。此愿望指向鲁国要求割地等。

⑥ 以礼让景公：按礼法规定谴责齐景公。

⑦ 逐群公子，迁之莱：将自己的其他儿子一律迁居到莱邑。

⑧ 莱人歌之：服虔曰：“莱人见五公远迁鄙邑，不得与景公葬埋之事及国三军之谋，故愍而歌。”

⑨ 骀：tái，齐邑名，在今山东临朐县。

⑩ 阚止：贾逵曰：“阚止，子我也。”

⑪ 御鞅：贾逵曰：“鞅，齐大夫也。”《史记索隐》：“鞅，名。为仆御之官，故曰御鞅。亦田氏之族。

弗听。子我夕，田逆杀人，逢之①，遂捕以人。田氏方睦，使囚病而遗守囚者酒②，醉而杀守者，得亡。子我盟诸田于陈宗③。初，田豹欲为子我臣，使公孙言豹，豹有丧而止。后卒以为臣，幸于子我。子我谓曰："吾尽逐田氏而立汝，可乎？"对曰："我远田氏矣，且其违者不过数人，何尽逐焉！"遂告田氏。子行曰："彼得君，弗先，必祸子。"子行舍于公宫。

成子兄弟四乘如公，子我在幄，出迎之，遂人，闭门。宦者御之，子行杀宦者。公与妇人饮酒于檀台，成子迁诸寝。公执戈将击之，太史子余曰："非不利也，将除害也。"成子出舍于库，闻公犹怒，将出，曰："何所无君！"子行拔剑曰："需，事之贼也。谁非田宗？所不杀子者有如田宗。"乃止。子我归，属徒攻闱与大门，皆弗胜，乃出。田氏追之。丰丘人④执子我以告，杀之郭关⑤。成子将杀大陆子方⑥，田逆请而免之。以公命取车于道，出雍门。田豹与之车，弗受，曰："逆为余请，豹与余车，余有私焉。事子我而有私于其仇，何以见鲁、卫之士？"田常执简公于徐州⑦。公曰："余早从御鞅言，不及此。"田常弑简公于徐州。田常乃立简公弟骜，是为平公。

薛应旂曰："《易》曰：'子弑其父，臣弑其君，非一朝一夕之故也。其所由来者渐矣。'田常不足论也。简公早从御鞅之言，犹恐不免，临难而悔，何及哉？"

---

① 逢之：服虔曰："子我将往夕省事于君，而逢逆之杀人也。"

② 遗守囚者酒：给看守田逆的人送酒喝。

③ 子我盟诸田于陈宗：阚止和田氏族人在田氏宗庙结盟。服虔曰："子我见陈逆得生出，而恐为陈氏所怨，故与盟而请和也。"陈宗：田氏宗庙。

④ 丰丘人：田氏领地的人。贾逵曰："丰丘，陈氏邑也。"

⑤ 郭关：此指齐都临淄的东门。

⑥ 大陆子方：即东郭贾，齐国公室之后，属阚止一派。服虔曰："子方，子我党，大夫东郭贾也。"

⑦ 徐州：《左传》作"舒州"。贾逵曰："陈氏邑也。"

四书人物考卷八

传五

晋文公

晋文公，姬姓，名重耳，周唐叔虞之后，献公之子也。献公娶于贾，无子，烝①于武公妾齐姜，生太子申生，娶大戎狐姬生重耳，小戎子生夷吾；伐骊戎得骊姬，生奚齐，其娣生卓子。重耳自少好士，年十七，有贤士五人，曰狐偃、赵衰、颠颉、魏武子、司空季子，自献公为太子时，重耳固已成人矣。

献公即位，重耳年二十一，以骊姬嬖，欲谋立奚齐，故居蒲城。既献公杀太子申生，使宦者寺人披趣杀重耳，重耳逾垣，宦者逐斩其衣袪②。重耳遂奔狄。狄，其母国也。是时重耳年四十三，贤士五人从亡，其余不名者数十人，至狄。狄伐啬咎如③，获其二女：叔隗、季隗。以季隗妻重耳，生伯鯈、叔刘；以叔隗妻赵衰，生盾④。居狄五年而晋献公卒，里克已杀奚齐、悼子，乃使人迎，欲立重耳。重耳疑畏，不敢入。乃更迎其弟夷吾于梁，立之，是为惠公。惠公畏重耳，谋欲杀之。重耳闻之，谋于赵衰曰："狄，非可依，愿徙大国。"将适齐，谓季隗曰："待我二十五年不来，而后嫁。"季隗笑曰："我二十五年矣，又如是而嫁，则就木焉，请待子。"重耳居狄凡十二年而去。过卫，卫文公⑤不礼焉。出于五鹿⑥，乞食于野人，野人与之块，重耳怒。

---

① 烝：以下淫上，指和母辈通奸。《左传·桓公十六年》："卫宣公烝于夷姜。"杜预注："夷姜，宣公之庶母也。上淫曰烝。"

② 袪：衣袖。服虔曰："袪，袂也。"

③ 啬咎(gāo)如：赤狄别种，活动在今河南安阳市西，或说在今山西太原东北。《史记索隐》：咎音高。

④ 盾：即赵盾，日后为晋襄公、晋灵公、晋成公三朝重臣，谥宣，排行孟，故又称"宣子"、"赵孟"。事迹详见《赵世家》。《史记索隐》：《左传》云伐廧咎如，获其二女，以叔隗妻赵衰，生盾；公子取季隗，生伯鯈、叔刘。则叔隗长而季隗少，乃不同也。

⑤ 卫文公：卫国国君，初名辟疆，后改名燬，卫戴公弟，事迹详见《卫康叔世家》。

⑥ 五鹿：卫邑名，在今河南濮阳县东。杜预曰："今卫县西北有地名五鹿，平阳元城县东亦有五鹿。"

子犯曰："天赐①也。土者，有土也，君其拜受之。"至齐，齐桓公妻之，有马二十乘，重耳安之。二岁而桓公卒，会竖刁②等为内乱，齐孝公之立，诸侯兵数至。留齐凡五岁。重耳爱齐女，毋去心。赵衰、舅犯乃于桑下谋行。齐女侍者在桑上闻之，以告姜氏。姜氏族杀之而谓重耳曰："子有四方之志，其闻之者，吾杀之矣。"重耳曰："无之。"姜曰："行也，怀与安【校记："怀与安"，嘉靖本作"怀其安"。《备考》本与《左传》同，故从之。】，实败名。"重耳不可，姜与子犯谋，醉而遣之，醒，以戈逐子犯③。及曹，曹共公闻其骿胁④，欲观其裸浴，僖负羁之妻曰："吾观晋公子之从者，皆足以相国，若以相，必反其国。反其国，必得志于诸侯，得志于诸侯而诛无礼，曹其首也。子盍早自二焉?"乃馈盘飧置璧，公子受飧反璧。及宋，宋襄公⑤赠之以马二十乘。及郑，郑文公亦不礼焉。叔詹谏曰："臣闻天子所启，人弗及也。晋公子有三焉，天其或者将建诸，君其礼焉。男女同姓，其生不蕃⑥。晋公子，姬出也⑦，而至于今，一也；离外之患而天不靖晋国，殆将启之，二也；有三士足以上人⑧而从之，三也。晋郑同侪⑨，其过子弟，固将礼焉，况天之所启乎?"弗听。及楚，楚子飧之。曰："公子若反晋国，则何以报不谷⑩?"对曰："子女玉帛⑪，则君有之，羽毛齿革⑫，则君地生焉，其波及晋国者，君之余也。其何以报君?"曰："虽然，何以报我?"对曰："若以君之灵得反晋国，晋楚治兵，遇于中原，其辟君三舍。若不获命，其左执鞭弭⑬，右属櫜鞬⑭，以与君周旋。"子玉请杀之。楚子曰："晋公子广而俭，文而有礼；其从者肃而宽，忠而能力。晋侯无亲，外内恶之。吾闻姬姓，唐叔之后，其后衰者也。其将由晋公子乎！天将亡之，谁能废之？违天必有大咎。"乃送诸秦。

秦穆公纳女五人，怀嬴⑮与焉。初，惠公负秦约，为秦所获，以太子圉为质于秦，

---

① 天赐：土块象征土地，是建立国家的征兆，所以称为天赐。

② 竖刁：又作"竖刀"、"竖貂"，齐桓公的宠臣。

③ 以戈逐子犯：重耳本无去志，以为这是受了狐偃的欺骗，所以持戈追逐。

④ 曹共公：曹国国君，名襄，昭公之子。曹：古国名，周初封国，姬姓，始封君为武王之弟叔振铎，都陶丘(今山东定陶西北)，辖地约在今山东西部。骿胁：腋下肋骨相连如一骨。《国语》韦昭曰："骈者，并干也。"

⑤ 宋襄公：宋国国君，名兹甫(或作"兹父")，宋桓公之子。

⑥ 男女同姓，其生不蕃：古代同姓不婚。认为男女同姓，其子孙将不蕃盛。

⑦ 姬出：姬姓的女子所生。据鲁庄公二十八年传，重耳母为大戎狐姬。

⑧ 三士：据《国语》指狐偃、赵衰和贾佗。上人：在人之上，超过一般人。

⑨ 侪：辈，地位相等。《左传·僖公二十三年》杜预注："侪，等也。"

⑩ 不谷：古代侯王自称的谦辞。《老子》："贵以贱为本，高以下为基，是以侯王自谓孤、寡、不谷。"

⑪ 子女玉帛：子女，男女奴隶。玉帛，瑞玉和帛，古代祭祀、会盟时用的珍贵礼品。

⑫ 羽毛齿革：指鸟羽(翡翠、孔雀之属)、旄牛尾、象牙、犀牛皮等。

⑬ 鞭弭：马鞭和不加装饰的弓。《左传·僖公二十三年》杜预注："弭，弓末无缘者。"

⑭ 櫜鞬：gāojiàn，藏箭和弓的器具。《左传·僖公二十三年》杨伯峻注："櫜，音高，盛箭矢之器，鞬，音犍，盛弓之物。"

⑮ 怀嬴：晋怀公(晋惠公之子圉)妻嬴氏。秦是嬴姓，故称怀嬴。

秦以女妻之，是为怀嬴。乃子圉亡归晋，而怀嬴在秦。至是乃以纳重耳，怀嬴奉匜沃盥①，重耳挥之。怀嬴怒曰："秦晋匹也，何以卑我？"重耳惧，降服而囚②。他日，公享之。子犯曰："吾不如衰之文③也，请使衰从。"公子赋《河水》，公赋《六月》④。赵衰曰："重耳拜赐。"公子降⑤，拜，稽首。公降一级而辞焉。衰曰："君称所以佐天子者命重耳，重耳敢不拜？"

晋献公之丧，秦穆公使人吊公子重耳，且曰："寡人闻之，亡国恒于斯，得国恒于斯。虽吾子俨然在忧服⑥之中，丧亦不可久也，时亦不可失也，孺子⑦其图之！"以告舅犯，舅犯曰："孺子其辞焉。丧人无宝，仁亲以为宝。父死之谓何，又因以为利，而天下其孰能说之？孺子其辞焉。"公子重耳对客曰："君惠吊亡臣重耳。身丧，父死，不得与于哭泣之哀，以为君忧。父死之谓何，或【校记："或"，《备考》本作"又"。嘉靖本与《皇王大纪》同，故从之。】敢有他志，以辱君义？"稽颡⑧而不拜，哭而起，起而不私⑨。子显⑩以致命于穆公。穆公曰："仁夫，公子重耳！夫稽颡而不拜，则未为后也，故不成拜⑪。哭而起，则爱父也。起而不私，则远利也。"乃送重耳反晋，及河，子犯以璧授公子。曰："臣负羁绁⑫，从君巡于天下，臣之罪甚多矣。臣犹知之，而况君乎？请由此亡。"公子曰："所不与舅氏同心者，有如白水！"投其璧于河。济河，围令狐⑬，入桑泉⑭，取臼衰⑮。怀公遣师距公子于庐柳⑯，秦伯使公子絷如晋师。师退，军于

---

① 奉匜沃盥：捧着一种盛水器浇水给重耳洗手。奉：同"捧"。匜：盛水器。沃：浇水。

② 降服而囚：脱去上衣，自己拘囚向怀嬴谢罪。

③ 衰之文：赵衰善于辞令。衰：赵衰。文：言辞的文采，即长于外交辞令。

④ 《六月》：《诗经》篇名。篇首"六月棲棲，戎车既饬"：六月中急遑遑，兵车已经准备好了。这是歌颂尹吉甫辅佐周宣王北伐获胜的诗。

⑤ 降：下阶。从高处往下走。与"陟"相对。《诗·大雅·公刘》："陟则在巘，复降在原。"郑玄笺："陟：升；降：下也。"

⑥ 忧服：谓因父母死而居忧服丧，亦指丧服。语出《礼记·檀弓下》。

⑦ 孺子：古代称天子、诸侯、世卿的继承人。《书·立政》："呜呼！孺子王矣。"

⑧ 稽颡：以头触地，是一种极度哀伤的表示。颡，sǎng，额头。《仪礼·士丧礼》："吊者致命，主人哭拜，稽颡成踊。"

⑨ 起而不私：起来后不和使者私下交谈。

⑩ 子显：即秦公子絷，字子显，当时任使者。

⑪ 不成拜：据丧礼，只有父亲的法定继承人，才能做丧主，对来吊的宾客先稽颡而后行拜礼致谢，谓之成拜。重耳不是晋献公的继承人，不敢以丧主自居，所以不敢成拜。

⑫ 羁绁(xiè)：马络头和缰绳。《左传·僖公二十四年》杜预注："羁：马羁；绁：马缰。"陆德明《释文》："羁：马络头也；绁：系。"

⑬ 令狐：地名，今山西省临猗县西。《史记集解》杜预曰："在河东。"《史记正义》：令，音零。《括地志》云："令狐故城在蒲州猗氏县界十五里也。"

⑭ 桑泉：地名，今山西省解县西。

⑮ 臼衰(cuī)：地名，在今山西省解县东南。

⑯ 庐柳：地名，在临猗县境内。《国语》韦昭曰："庐柳，晋地也。"

郇①。狐偃及秦晋之大夫盟于郇。公子遂如晋师，入曲沃②，朝于武宫③，杀怀公于高梁④。

吕郤畏偪⑤，将焚公宫而弑晋侯。寺人披⑥请见，公使让⑦之，且辞焉。曰："蒲城之役，君命一宿，汝即至。其后余从狄君以田渭滨，汝为惠公来求杀余，命汝三宿，汝中宿至。虽有君命，何其速也？夫祛犹在，汝其行乎？"对曰："臣谓君之入也，其知之矣；若犹未也，又将及难。君命无二，古之制也。除君之恶，唯力是视。蒲人狄人，余何有焉？今君即位，其无蒲、狄乎？齐桓公置射钩而使管仲相，君若易之，何辱命焉？行者甚众，岂唯刑臣？"公见之，以难告。既而，公宫果火，吕甥、郤芮不获公，乃如河上，秦伯诱而杀之。晋侯逆夫人嬴氏以归，秦伯送卫士三千人，实纪纲之仆⑧。

初，晋侯之竖⑨头须，守藏⑩者也，其出也，窃藏以逃，尽用以求纳之。及入，求见。公辞以沐⑪。谓仆人曰："沐则心覆，心覆则图反⑫，宜吾不得见也。居者为社稷之守，行者为羁绁之仆，其亦可也，何必罪居者？国君而仇匹夫，惧者甚众矣。"仆人以告，公遽见之。

狄人归季隗于晋，而请其二子⑬。文公以女妻赵衰，生原同、屏括、搂婴。赵姬请【校记："请"，《备考》本作"使"。嘉靖本与《左传》同，故从之。】逆盾与其母，子余辞。姬曰："得宠而忘旧，何以使人？必逆之！"固请，许之。来，以盾为才，固请于公，以为嫡子；而使其三子下之，以叔隗为内子，而己下之。晋侯赏从亡者，介之推不言禄，禄亦弗及。推曰："献公之子九人，唯君在矣！惠、怀无亲，外内弃之。天未绝晋，必将有主。主晋祀者，非君而谁？天实置之，而二三子以为己力，不亦诬乎？窃人之财，犹谓之盗；况贪天之功以为己力乎？下义其罪，上赏其奸，上下相蒙，难与处矣。"其母曰："盍亦求之，以死谁怼？"对曰："尤而效之，罪又甚焉！且出怨言，不食其食。"其母曰："亦使知之，若何？"对曰："言，身之文也；身将隐，焉用文之？是求显也。"其母曰："能如是乎？与女偕隐。"遂隐而死，晋侯求之不获，以绵上⑭为之田，曰：

---

① 郇：xún，今山西解县西北。《史记索隐》："郇：音荀，即文王之子所封。又音环。"

② 曲沃：地名，在今山西闻喜县东北。

③ 武宫：重耳的祖父晋武公的神庙。贾逵曰："文公之祖武公庙也。"

④ 高梁：地名，在今山西临汾县高梁都。

⑤ 吕郤畏偪：晋惠公的旧臣吕甥、郤芮怕受到重耳的迫害。

⑥ 寺人披：寺人即阉人，名披，曾奉献公命至蒲城、狄杀重耳。

⑦ 让：斥责。

⑧ 实纪纲之仆：《国语》韦昭注："所以设国纪纲，为之备卫。仆，使也。"

⑨ 竖：小臣。《左传·昭公四年》："皆召其徒，使视之，遂使为竖。"杜预注："竖，小臣也。"

⑩ 守藏：看守库藏。

⑪ 公辞焉以沐：晋文公借口洗头不见头须。

⑫ 沐则心覆，心覆则图反：洗头时低头向水，心即向下；心向下，那么意图就错了。

⑬ 请其二子：狄人请重耳指示如何处理季隗的二个儿子伯鯈、叔刘。

⑭ 绵上：地名，在今山西介休县南、沁原县西北的介山之下。《史记集解》贾逵曰："绵上，晋地。"杜预曰："西河介休县南有地名绵上。"

“以志吾过，且旌善人。”

周襄王以母弟大叔带之难，出，居于郑，使简师父告于晋，使左鄢父①告于秦。秦伯师于河上，将纳王。狐偃言于晋侯曰：“求诸侯莫如勤王，诸侯信之，且大义也。继文②之业，而信宣【校记：“信宣”，《备考》本作“宣信”。嘉靖本与《左传》同，故从之。】于诸侯，今为可矣。使卜，偃卜之，曰：“吉。遇黄帝战于阪泉之兆。”公曰：“吾不堪③也。”对曰：“周礼未改，今之王，古之帝也。”公曰：“筮之。”筮之，遇“大有之睽”，曰吉；遇“公用享于天子”④之卦也，战克而王飨，吉孰大焉？且是卦也，天为泽以当日⑤，天子降心以逆公，不亦可乎？大有去睽而复⑥，亦其所也。晋侯辞秦师而下。次于阳樊⑦，右师围温，左师逆王。王入于王城，取大叔于温，杀之于隰城⑧。晋侯朝王，王飨醴⑨，命之宥⑩，请隧⑪，弗许。曰：“王章也，未有代德⑫，而有二王⑬，亦叔父之所恶也。”与之阳樊、温原、欑、茅之田，晋于是始启南阳⑭。

晋侯围原，命三日之粮。原不降，命去之。谍者曰：“原将降矣。”军吏曰：“请待之。”公曰：“信，国之宝也，民之所庇也，得原失信，何以庇之，所亡滋多。”退一舍而原降。晋侯问原守于寺人勃鞮，对曰：“昔赵衰以壶飧从，径，馁而弗食。”遂使赵衰为

---

① 简师父、左鄢父：周大夫，分别派遣到晋、秦的特使，十一年秦、晋伐戎以救周，此亦望其救助之意。

② 文：指晋文侯仇，平王东迁，晋文侯定天子，得平王赐命，《尚书·文侯之命》即是。

③ 不堪：不能承当。晋文公以为黄帝是象征他自己，故曰不堪。

④ 公用享于天子：公侯被天子设酒宴招待。

⑤ 天为泽以当日：天变为水泽而对着太阳的光辉。乾为天，兑为泽，乾变为兑，即天变为泽。天为泽而上当离。离为日，日之在天，垂耀在泽。正是天子在上，欢悦之心在下，是降心迎公侯的象征。

⑥ 大有去睽而复：谓大有卦变为睽卦，睽卦最终要回复到大有卦。大有象征天子的富有。睽有乖离的意思。大有变为睽，即天子有乖离之象，象征周襄王遇王子带之祸。睽之后复归大有，即天子复位的象征。

⑦ 阳樊：地名，在今河南济源县东南。服虔曰：“阳樊，周地。阳，邑名也。樊仲山之所居，故曰阳樊。”

⑧ 隰(xí)城：《左传·僖公二十五年》杨伯峻注：“隰城即隐十一年传之隰郕，当在今河南武涉县境。”

⑨ 飨醴：用甜酒设宴款待。醴：甜酒。

⑩ 命之宥：命令他回敬主人。宥：通“侑”。一说宥，即助，谓加之币帛以宥助饮酒。

⑪ 隧：地道。阙地通道以下葬，这是天子的葬礼。杨伯峻注：“请隧者，晋文请天子允许于其死后得以天子礼葬己耳。”

⑫ 代德：谓取代周王朝而据有天下的德行。《逸周书·芮良夫》：“以予小臣良夫观天下有土之君，厥德不远，罔有代德。”孔晁注：“言无远德，罔有天下也。”

⑬ 二王：谓晋若行天子之礼，就形同有两个王。杨伯峻注：“以诸侯而用王之葬礼，是有二王也。”

⑭ 南阳：大约相当今河南新乡地区所辖的范围，也就是阳樊等四邑的所在地。其地在黄河之北，太行山之南，故晋名之曰南阳。

原大夫。

初，晋侯出亡，宋襄公赠马二十乘，于是叛楚即晋，楚令尹子玉、司马子西帅师伐宋围缗①。宋公孙固如晋告急，先轸曰："报施②救患，取威定霸，于是乎在矣。"狐偃曰："楚始得曹，而新昏③于卫，若伐曹卫，楚必救之，则齐宋免矣。"于是乎蒐于被庐④，作三军⑤，谋元帅。赵衰曰："郤縠可，臣亟闻其言矣。说礼乐而敦《诗》、《书》。《诗》、《书》，义之府也；礼乐，德之则也；德义，利之本也。《夏书》曰：'赋纳以言，明试以功，车服以庸⑥。'君其试之。"乃使郤縠将中军，郤溱佐之，使狐偃将上军，让于狐毛而佐之，命赵衰为卿，让于栾枝⑦、先轸。使栾枝将下军，先轸佐之。荀林父御戎，魏犨为右。晋侯始入而教其民。二年，欲用之。子犯曰："民未知义，未安其居。"于是乎出定襄王，入务利民，民怀生矣，将用之。子犯曰："民未知信，未宣其用。"于是乎伐原以示之信，民易资⑧者，不求丰焉，明征其辞⑨。公曰："可矣乎？"子犯曰："民未知礼，未生其共。"于是乎大蒐以示之礼，作执秩⑩以正其官。民听不惑，而后用之。出谷戍，释宋围。一战⑪而霸，文之教也。

晋侯侵曹，伐魏入曹，数其不用僖负羁而乘轩者三百人也⑫。且令无入僖负羁之宫，而免其族，报施也。魏犨、颠颉怒曰："劳之不图，报于何有？"爇僖负羁氏⑬。魏犨伤于胸，公欲杀之，而爱其材，舍之。乃杀颠颉以徇于师。由是执曹伯以畀宋人⑭，

---

① 缗：mín，宋邑。夏时之缗国，春秋时属宋，汉置东滑县，故址在今山东省金乡县东北。

② 报施：报宋襄公赠马二十乘的施与。《左传·僖公二十七年》杨伯峻注："宋襄公赠马于晋文，所谓施也。今宋被围，患也。"

③ 新昏：指楚成王新娶卫女。昏：指通婚。

④ 蒐于被庐：在被庐检阅军队。蒐：阅兵、治兵。被庐：杨伯峻注："被庐，晋地，不详今之所在。"

⑤ 作三军：鲁庄公十六年，王使虢叔命曲沃伯晋武公以一军为晋侯。鲁闵公元年，晋献公作二军。今晋文公又增一军，共三军。

⑥ 赋纳以言三句：全面地采纳他说的话，明确地用事情加以考验，用车马衣服作为酬谢。庸：酬谢，谓赐之车服以酬谢其功。古时官阶不同，车服亦不同。上引三句见今《尚书·益稷》。杜预注："赋纳以言，观其志也。"

⑦ 栾枝：贾逵曰："栾枝，栾宾之孙。"

⑧ 易资：以货物易资财，即做买卖。《左传·僖公二十七年》："民易资者，不求丰焉。"

⑨ 明征其辞：明定契卷，明码实价。杨伯峻注："犹言明码实价或不二价。"

⑩ 执秩：主管爵秩的官名。《左传·僖公二十七年》："于是乎大蒐以示之礼，作执秩以正其官。"杜预注："执秩，主爵秩之官。"

⑪ 一战：杨伯峻注："一战谓明年城濮之役。文之教，孔疏释为文德之教，然昭九年传云'文之伯也'，文指文公，此似亦指文公。"

⑫ 不用僖负羁：不听僖负羁的劝告。事见《左传·僖公二十三年》。轩：大夫所乘的车，此言曹国虽小，却滥封官职，大夫竟有三百人之多。

⑬ 爇僖负羁氏：就放火烧了僖负羁的家族。《左传·僖公二十八年》杜预注："爇，烧也。"

⑭ 执曹伯以畀宋人：把曹伯扣押起来送给宋人。畀：赠送。《诗·小雅·巷伯》："取彼谮人，投畀豺虎。"高亨注："畀，给予。"

执卫侯归之于京师，楚子①入居于申，使申叔②去谷，使子玉③去宋，曰："无从晋师，晋侯在外十九年矣，而果得晋国，险阻艰难，备尝之矣。民之情伪，尽知之矣。天假之年，而除其害，天之所置，其可废乎？军志④曰：'允当则归。'又曰：'知难而退。'又曰：'有德不可敌。'此三志者，晋之谓矣。"子玉使宛春告于晋师⑤曰："请复卫侯而封曹，臣亦释宋之围。"子犯曰："子玉无礼哉！君取一，臣取二，不可失矣⑥。"先轸曰："子与之，定人之谓礼，楚一言而定三国⑦，我一言而亡之，我则无礼，何以战乎？不许楚言，是弃宋也，救而弃之，谓诸侯何？楚有三施，我有三怨，怨仇已多，将何以战？不如私许复曹、卫以携之，执宛春以怒楚，既战而后图之。"公说，乃拘宛春于卫，且私许复曹、卫，曹、卫告绝于楚。子玉怒，从晋师⑧，晋师退。军吏曰："以君辟臣⑨，辱也。且楚师老⑩矣。何故退？"子犯曰："师直为壮，曲为老，岂在久乎？微楚之惠不及此，退三舍辟之，所以报也。背惠食言，以亢其仇⑪，我曲楚直。其众素饱，不可谓老。我退而楚还，我将何求？若其不还，君退臣犯，曲在彼矣。"退三舍，楚众欲止，子玉不可。

楚师背酅⑫而舍，公疑焉。子犯曰："战也，战而捷，必得诸侯，若其不捷，表里山河⑬，必无害也。"公曰："若楚惠何？"栾贞子⑭曰："汉阳诸姬，楚实尽之。思小惠而忘大耻，不如战也。"晋侯梦与楚子搏，楚子伏己而盬其脑⑮，是以惧。子犯曰：

---

① 楚子：楚成王。北方的诸侯国称楚国的君主为子，楚国君主在本国称王。申：今河南省南阳县。

② 申叔：楚国的大夫，曾奉命伐齐。

③ 子玉：楚国对宋作战的统帅。

④ 军志：古代的兵书。

⑤ 宛春：楚国的大夫。《左传·僖公二十八年》杨伯峻注："与《吕氏春秋·分职篇》、《新序·刺奢篇》谏卫灵公之宛春为宋大夫者，自为两人。"

⑥ 君取三句：做国君的人（晋文公）只得到一项利益（指释宋之围），做臣子的人（子玉）取得了两项（指封卫侯而封曹）。不可失去这个作战的机会。

⑦ 定三国：《左传·僖公二十八年》杨伯峻注："宋围释，曹、卫得复，是三国定也。"

⑧ 从晋师：进逼晋国军队。

⑨ 辟臣：《国语》韦昭曰："时楚王避文公之德，还居申，使子玉去宋，子玉不肯，固请战，故云避臣。"

⑩ 老：士气衰落不振。韦昭曰："老，罢也。围宋久，其师罢病。"

⑪ 亢：保护。《左传·昭公元年》："吉不能亢身，焉能亢宗？"杜预注："亢，蔽也。"其：指楚国。仇：指宋国。言晋国去保护楚国的仇敌宋国。

⑫ 酅：xī，城濮附近的地名，一个险要的丘陵地带。《左传·僖公二十八年》杜预注："酅，丘陵险阻名。"

⑬ 表里山河：这是说晋国外（表）有黄河，内（里）有太行山，形势很好。《左传·僖公二十八年》杜预注："晋国外河而内山。"

⑭ 栾贞子：晋国将领栾枝。

⑮ 楚子伏己而盬其脑：楚子爬在文公的身上，吮吸文公的脑汁。盬：gǔ，吸取。杜预注："盬，唼也。"

"吉！我得天①，楚伏其罪②，吾且柔之矣③。"子玉使斗勃④请战。曰："请与君之士戏，君冯轼⑤而观之，得臣与寓目焉。"晋侯使栾枝对曰："寡君闻命矣。楚君之惠，未之敢忘，是以在此。为大夫退，其敢当君乎？既不获命⑥矣，敢烦大夫，谓二三子，戒⑦尔车乘，敬尔君事，诘朝⑧将见。"晋车七百乘，韅、靷、鞅、靽⑨。晋侯登有莘之虚⑩以观师，曰："少长有礼，其可用也。"遂伐其木，以益其兵。晋师陈于莘北。胥臣以下军之佐当陈、蔡。子玉以若敖之六卒将中军，曰："今日必无晋矣。"子西将左，子上将右。胥臣蒙马以虎皮，先犯陈、蔡，陈、蔡奔，楚右师溃。狐毛设二旆而退之⑪，栾枝使舆曳柴⑫而伪遁，楚师驰之，原轸、郤溱以中军公族横击之，狐毛、狐偃以上军夹攻子西，楚左师溃。楚师败绩。子玉收其卒而止，故不败。晋师三日馆谷⑬，至于衡雍⑭，作王宫于践土⑮。献楚俘于王，驷介百乘，徒兵千。王享醴，命晋侯宥⑯，王命尹氏及王子虎、内史叔兴父策命晋侯为侯伯⑰，赐之大辂之服、戎辂之服、彤弓一、彤

---

① 我得天：我被压在下，仰面向天。

② 楚伏其罪：楚子脸向下，以示伏罪。

③ 吾且柔之矣：我们将会使楚国柔服，这是子犯为了鼓舞文公的信心而编造的说梦的语言。

④ 斗勃：楚国的大夫。

⑤ 冯轼：伏着车前的横木。冯同"凭"。《汉书·郦食其传》："韩信闻食其冯轼下齐七十馀城，乃夜度兵平原袭齐。"颜师古注："冯读曰凭。凭，据也。轼，车前横板隆起者也。云凭轼者，言但安坐乘车而游说，不用兵众。"

⑥ 不获命：不获得准许和平解决的命令。

⑦ 戒：准备。《诗·小雅·大田》："既种既戒，既备乃事。"朱熹集传："戒，饬其具也。"

⑧ 诘朝：明天早晨。杜预注："诘朝，平旦。"

⑨ 韅(xiǎn)、靷(yǐn)、鞅(yǎng)、靽(bàn)：指身上的皮甲、缰绳、络头之类。在背的谓之韅，在胸的谓之靷，在腹的谓之鞅，在足的谓之靽，这里形容晋军装备整齐。

⑩ 有莘：古国名，在今山东省曹县。虚：同"墟"，旧城址。

⑪ 狐毛设二旆而退之：狐毛制造中军主帅败退的假象来引诱楚军。狐毛：狐偃之兄，晋上军主将。旆：大旗。古军制，中军主帅设二旆。

⑫ 使舆曳柴：让战车后面拖着树枝，使尘土飞扬。

⑬ 馆谷：居其馆，食其谷。指驻军就食。《左传·僖公二十八年》杜预注："馆，舍也，食楚军谷三日。"

⑭ 衡雍：郑国的地名，在今河南郑州市东北，原阳县西南。《左传·僖公二十八年》："甲午，至于衡雍，作王宫于践土。"杜预注："衡雍，郑地。"杨伯峻注："其地当今河南省原阳县西，践土东北。"

⑮ 践土：古地名，春秋属郑，在今河南原阳西南，公元前632年，晋文公会盟诸侯于此。《左传·僖公二十八年》："五月癸丑，公会晋侯、齐侯、宋公、蔡侯、郑伯、卫子、莒子，盟于践土。"

⑯ 命晋侯宥：命晋侯加餐。《左传·庄公十八年》："虢公、晋侯朝王，王飨醴，命之宥。"杜预注："宥，助也，所以助欢敬之意。"

⑰ 尹氏、王子虎：周王室的大臣。内史：周王室掌管策命的官。策命：用书面任命。侯伯：诸侯的领袖。

矢百、玈①弓矢千、秬鬯②一卣、虎贲③三百人。曰：“王谓叔父，敬服王命，以绥四国，纠逖④王慝。”晋侯三辞，从命，曰：“重耳敢再拜稽首，奉扬天子之丕显休命⑤。”

城濮之战，晋中军风于泽，亡大旆之左旃⑥，祁瞒奸命，司马杀之，以徇于诸侯，使茅茷代之。师还济河，舟之侨先归，士会摄右⑦。及晋侯振旅⑧，恺⑨以入于晋。献俘授馘⑩，饮至大赏，征会讨贰⑪。杀舟之侨以徇于国，民于是大服。君子谓：“文公其能刑矣，三罪而民服⑫。”会于温，晋侯召王，以诸侯见，且使王狩。仲尼曰：“以臣召君，不可以训。”故《春秋》书曰：“天王狩于河阳。”言非其地也。

晋侯有疾，曹伯之竖侯獳货筮史⑬，使曰以曹为解：“齐桓公为会而封异姓，今君为会，而灭同姓。曹叔振铎，文之昭也。先君唐叔，武之穆也。且合诸侯而灭兄弟，非礼也。与卫偕命⑭，而不与偕复，非信也。同罪异罚⑮，非刑也。礼以行义，信以守礼，刑以正邪，舍此三者，君将若之何？”公说，复曹伯。晋侯使医衍酖⑯卫侯，宁俞货医，使薄其酖⑰，不死。鲁僖公为之请，纳玉于王与晋侯，乃释卫侯。

初，公亡过郑，郑不礼之，至是与秦伯围郑。佚之狐言于郑伯曰：“国危矣，若使烛之武见秦君，师必退。”公从之，辞曰：“臣之壮也，犹不如人，今老矣，无能为也已。”公曰：“吾不能早用子，今急而求子，是寡人之过也。然郑亡，子亦有不利焉。”许

---

① 玈：lú，黑色。《左传·僖公二十八年》杜预注：“玈，黑弓。”

② 秬(jù)鬯(chàng)：黑黍米酿造的香酒。卣：yǒu，古代盛酒的器具。

③ 虎贲：勇士之称，贲，通“奔”。《书·牧誓序》：“武王戎车三百两，虎贲三百人，与受战于牧野。”孔传：“勇士称也。若虎贲兽，言其猛也。皆百夫长。”

④ 纠逖：检举和斥逐。《左传·僖公二十八年》杜预注：“逖，远也；有恶于王者，纠而远之。”杨伯峻引惠栋补注：“《鲁颂》‘狄彼东南’，郑笺云：‘狄当为剔。剔，治也。’此《传》当训为治也。”

⑤ 丕显休命：伟大光明美好的命令。丕，大。休，美。

⑥ 亡大旆之左旃：丢失了中军左边的大旗。旃：zhān，赤色、无饰、曲柄的旗。

⑦ 士会摄右：士会摄理车右。摄：暂理，代理。右：车右。

⑧ 振旅：整顿部队，操练士兵。《国语·晋语五》：“乃使旁告于诸侯，治兵振旅，鸣钟鼓，以至于宋。”

⑨ 恺：军队胜利后所奏之乐，亦指战胜后奏军乐。

⑩ 献俘授馘：献了生俘虏，数了死俘虏。俘：活捉的俘虏。馘：guó，古代战争中割取所杀敌人或俘虏的左耳以计数献功。《诗·大雅·皇矣》：“执讯连连，攸馘安安。”毛传：“馘，获也。不服者杀而献其左耳曰馘。”孔颖达疏：“罪其不听命服罪，故取其耳以计功也。”

⑪ 征会讨贰：征召诸侯会见，惩治有贰心的人。杜预注：“征召诸侯，将冬会于温。”

⑫ 三罪而民服：加罪三人而民众心悦诚服。三罪：指杀了颠颉、祁瞒、舟之侨。

⑬ 曹伯之竖侯獳货筮史：曹伯的小臣侯獳贿赂掌管卜筮的官。竖：小臣，未成年的奴隶。货：用作动词，贿赂。筮史：掌管卜筮的官员。

⑭ 偕命：指城濮之战前私许恢复曹、卫的诺言。

⑮ 异罚：指卫已复而曹未复。

⑯ 酖：zhèn，通“鸩”，以鸩酒杀人。《国语》韦昭注：“鸩，鸟也，一名‘运日’，其羽有毒，渍之酒而饮之，立死。”

⑰ 宁俞货医，使薄其酖：宁俞贿赂了医生，使他轻下毒药。

之。夜缒①而出，见秦伯曰："秦晋围郑，郑既知亡矣！若亡郑而有益于君，敢以烦执事。越国以鄙远，君知其难也。焉用亡郑以倍邻？邻之厚，君之薄也。若舍郑以为东道主，行李之往来，共其乏困②，君亦无所害，且君尝为晋君赐矣！许君焦、瑕③，朝济而夕设版焉④，君之所知也。夫晋何厌之有？既东封郑，又欲肆⑤其西封，若不阙秦⑥，将焉取之？阙秦以利晋，唯君图之。"

秦伯说，与郑人盟，使杞子、逢孙、杨孙戍之，乃还。子犯谓击之，公曰："不可，微夫人力不及此。因人之力而敝之，不仁；失其所与，不知；以乱易整，不武⑦。吾其还也。"亦去之。

晋蒐于清原⑧，作五军似御狄，赵衰为卿。楚斗章请平于晋，晋阳处父报之，晋楚始通。文公卒，将殡于曲沃，出绛⑨，柩有声如牛。其详有《晋文春秋》四十五篇。

薛应旂曰："余观《晋文春秋》，谓晋文公将与楚人战，召舅犯问之曰：'吾将与楚人战，彼众我寡，为之奈何？'舅犯曰：'臣闻之，繁礼君子，不厌忠信。战阵之间，不厌诈伪，君其诈之而已矣。'文公辞舅犯，因召雍季而问之曰：'吾将与楚人战，彼众我寡，为之奈何？'雍季对曰：'焚林而田，偷取多兽，后必无兽【校记："偷取多兽，后必无兽"，嘉靖本作"偷多兽后，不必无兽。"《备考》本与《文编》同，故从之。】。以诈遇民，偷取一时，后必无复。'文公曰：'善。'辞雍季，以舅犯之谋，与楚人战以败之。归而行，爵先雍季而后舅犯。群臣曰：'城濮之事，舅犯谋也，夫用其言，而后其身，可乎？'文公曰：'此非君所知也。夫舅犯之言，一时之权也。雍季言，万世之利也。'仲尼闻之曰：'文公之霸也，宜哉！既知一时之权，又知万世之利。'由是观之，虽其谲而不正，固能权以济事，以成霸业而周之，仅存民不胥于夷者，犹必赖之也。向若莽、操、懿、温之谲，则偷取攘窃，将靡不至矣，又恶知所谓一时之权、万世之利哉！"

晋平公

晋平公，名彪，悼公子也。平公元年，伐齐，齐灵公与战历下，齐师败走。晋追，

---

① 缒：zhuì，用绳子绑住身体，从上吊下。《左传·僖公三十年》杜预注："县城而下。"

② 共其乏困：共同"供"。乏困：不足，指旅行的人资粮方面缺乏。

③ 许君焦、瑕：晋惠公把晋国的焦、瑕二邑许给秦国。二城故址都在今河南省陕县附近。

④ 朝济而夕设版焉：晋惠公早晨刚渡河归国，晚上就设版筑城，修建防御工事，准备和秦对立。《左传·僖公三十年》："朝济而夕设版焉。"杜预注："朝济河而夕设版筑以距秦。"

⑤ 肆：伸张，扩展，语出《左传·僖公三十年》。杜预注："肆，申也。"

⑥ 若不阙秦：如果不侵占秦国的土地。阙：损害。

⑦ 以乱易整，不武：以互相冲突代替了步调一致，没什么威武可言。乱，言自相冲突。

⑧ 蒐于清原：在清原举行军事演习。蒐：打猎，实为军事演习。清原：今山西稷山县东南。《国语》韦昭注曰："清原，晋地。晋本三军，有中军上军下军。今有五，益新上下也。"

⑨ 绛：古地名，春秋晋国旧都，在今山西省翼城县东南，晋穆侯自曲沃迁都于此，孝公时改名为翼，及景公迁新田，称为新绛，遂称此为故绛。

遂围临淄，尽烧屠其郭中，齐为城守，晋乃引兵归。

六年，晋栾盈有罪，奔齐。齐庄公微遣栾盈于曲沃，以兵随之。齐兵上太行，栾盈从曲沃中反，袭入绛。绛不戒，平公欲自杀，范献子止公，以其徒击盈，盈败走曲沃。曲沃攻盈，盈死，遂灭栾氏宗。盈者，栾书孙也。其入绛，与魏氏谋。齐庄公闻盈败，乃还，取晋之朝歌去，以报临淄之役也。十年，齐崔杼弑其君，晋因齐乱，伐败齐【校记："伐败齐，《备考》本作"伐之败齐"。】于高唐①去，报太行之役也。十一年，秦伯之弟鍼如晋修成，叔向②命召行人子员。行人子朱曰："朱也当御。"三云，叔向不应。子朱怒曰："班爵同，何以黜?"朱于朝，抚剑从之，叔向曰："秦晋不和久矣，今日之事，幸而集，晋国赖之，不集三军暴骨③。子员道二国之言无私，子常易之，奸以事君者，吾所能御也。"拂衣从之，人救之。平公曰："晋其庶乎？吾臣之所争者大。"平公游于河而乐曰："安得贤士，与之乐此也。"船人盍胥跪而对曰："主君亦不好士耳。夫珠出于海，玉出于山，无足而至者，由主君之好也。士有足而不至者，盖主君无好士之意耳，无患乎无士也。"平公曰："吾食客门左千人，门右千人。朝食不足，夕收市赋。暮食不足，朝收市赋。吾可谓不好士乎?"盍胥对曰："夫鸿鹄一举千里，所恃在六翮④耳。背上之毛，腹下之毳⑤，益一把，飞不为加高；损一把，飞不为加下。今君之食客门左门右各千人，亦有六翮在其中矣，将皆背上之毛，腹下之毳耶?"平公于是造亥唐⑥，入云则入，坐云则坐，食云则食。虽疏食菜羹，不敢不饱也。平公藏宝之台灾，士大夫皆趋车驰马救火，三日夜始息。公子晏子独束帛而贺，曰："甚善矣!"平公勃然作色曰："珠玉之所藏也，国之重宝也，而天火之。士大夫皆趋救，子独束帛而贺，何也？有说则生，无说则死。"公子晏子曰："何敢无说，臣闻之，王者藏于天下，诸侯藏于百姓，商贾藏于箧匮。今百姓在下，短褐不蔽形，糟糠不充口，而赋敛无已，收太半而藏之台，是以天火之。昔者桀残贼海内，赋敛无度，万民甚苦，是故汤诛之，为天下戮。笑今皇天降灾于藏台，是君之福也，而不自知变悟，亦恐君之为邻国笑矣。"公曰："善，自今以往，请藏于百姓之间。"平公春筑台。叔向曰："不可。古者圣王贵德而务施缓刑，辟而趋民时，今春筑台，是夺民时也。夫德不施则民不归，刑不缓则百姓愁怨。使

---

① 高唐：今山东高唐县。杜预曰："高唐在祝阿县西北。"

② 叔向：即羊舌肸，晋大夫，羊舌职之子，羊舌赤之弟，一称叔肸，也称叔誉。见《左传·襄公十四年》。行人：掌管朝觐聘问的官，也是使者的通称。《国语》韦昭注："行人，掌宾客之官。"

③ 不集三军暴骨：不成功，军队就要在战场上杀得尸横遍野。集：成就，完成。《诗·小雅·小旻》："谋夫孔多，是用不集。"毛传："集，就也。"暴骨：暴露尸骨，指死于郊野。《左传·宣公十二年》："今我使二国暴骨，暴矣。"

④ 六翮：谓鸟类双翅中的正羽，用以指鸟的两翼。《战国策·楚策四》："奋其六翮而凌清风，飘摇乎高翔。"翮：hé，鸟羽的茎，中空透明，俗称"羽管"。

⑤ 毳：cuì，鸟兽的细毛。汉刘向《说苑·尊贤》："(鸿鹄)背上之毛，腹下之毳，无尺寸之数，去之满把，飞不能为之益卑。"

⑥ 亥唐：晋国贤人。平公时，朝中多贤臣，亥唐不仕，隐居穷巷。平公闻其贤，亲往相见，与其相交。

不归之民，役愁怨之百姓，而又夺其时，是重竭也。岂所以定命安存而称为人君于后世哉！”平工乃罢台役。

平公好乐，多其赋敛，下治城郭，曰：“敢有谏者死。”国人忧之。有咎犯者见门大夫①，曰：“臣闻王君好乐，故以乐见。”门大夫入，言之平公，内之，正坐殿上，出钟磬竿瑟。有顷，平公曰：“客子为乐？”咎犯对曰：“臣不能为乐，臣善隐②。”平公曰：“诺。”咎犯申其左臂而诎五指，平公问于隐官曰：“占之为何？”隐官皆曰：“不知。”平公曰：“归之。”咎犯者申其一指，曰：“是一也，便游赭尽而峻城阙③；二者，柱梁衣绣，士民无褐④；三也，侏儒⑤有余酒，而死士渴；四也，民有饥色，而马有粟秩；五也，近臣不敢谏，远臣不得达。”平公乃屏钟鼓，除竿瑟。吴延陵季子⑥来使，与赵文子、韩宣子、魏献子语，曰：“晋国之政，卒归此三家矣。”

齐使晏婴如晋，与叔向语。叔向曰：“晋，季世也。公厚赋为台池而不恤政，政在私门，其可久乎！”晏子然之。平公问于叔向曰：“岁饥民疫，翟⑦人攻我，我将若何？”对曰：“岁饥，来年而反矣，疾疫将止矣，翟人不足患也。”公曰：“患有大于此者乎？”对曰：“大臣重禄而不极谏，近臣畏罪而不敢言，左右顾宠于小官而君不知。此诚患之大者也。”公于是令国中欲谏者无隐。二十六年，平公卒。

薛应旂曰：“平公，晋之庸君也。晋至平公亦岌岌乎，其殆矣。然犹数传而后亡者，无乃亦因人言而敬贤、缓役、屏乐、纳谏故欤？”

---

① 咎犯：左传僖公二十四年作舅犯，即狐偃，为晋大夫，其后文公定王室，宣信诸侯，而霸宇内，大抵偃谋为多。门大夫：官名，司门之官。

② 隐：度量、欣赏之意。《书·盘庚下》：“邦伯师长，百执事之人，尚皆隐哉。”孔颖达疏：“隐，谓隐审也。”

③ 便游赭尽而峻城阙：便于游玩的山林，都把木材伐光了，用以建起高大的城阙。赭尽：伐山使赤裸无草木。便游：山林中便于游玩之地都光秃秃无树木。

④ 柱梁衣绣，士民无褐：房屋服饰都很讲究而老百姓连麻布衣服都没得穿。

⑤ 侏儒：古代权贵好以侏儒为倡优取乐，故亦指侏儒中之充任优伶、乐师者。《管子·小匡》：“倡优侏儒在前，而贤大夫在后。”《史记·滑稽列传》：“优旃者，秦倡侏儒也。”

⑥ 延陵季子：姓姬，名季札，吴王寿梦的儿子，封于延陵，因号延陵季子。延陵：春秋吴地，故址在今江苏武进县。

⑦ 翟：同“狄”。春秋战国时期北方的蛮族。《周礼·秋官·序官》：“象胥每翟上士一人。”孙诒让正义：“翟者，蛮夷闽貉戎狄之通称。”

四书人物考卷九

传六

秦缪公

秦缪公①，名任好，宣公次子，成公弟也。其先颛顼之苗裔，至虞舜时，有柏翳者，为舜主畜，畜多息，赐姓嬴，其后非子，在周孝王时，主马于汧②渭之间，马大蕃息，遂分土，为附庸邑之秦，历数世至宣公，宣公立十二年卒，立其弟成公，成公立，四年卒。子七八人，莫立，立缪公。

元年，自将伐茅津③，胜之。四年，迎妇于晋。妇，晋太子申生姊也。其岁，齐桓公伐楚，至邵陵④。五年，晋献公灭虞、虢⑤，虏虞君与其大夫百里奚，以璧马⑥赂于虞故也。既虏百里傒，以为秦缪公夫人媵⑦于秦。百里奚亡秦走宛⑧，楚鄙人执之。缪公闻百里奚贤，欲重赎之，恐楚人不与，乃使人谓楚曰："吾媵臣百里奚在焉，请以五羖羊⑨皮赎之。"楚人遂许与之。时百里奚年已七十余。缪公释其囚，与语国事，谢曰："臣亡国之臣，何足问。"缪公曰："虞君不用子，故亡，非子罪也。"固问，语三日，缪公大说，授之国政，号曰五羖大夫。百里奚让曰："臣不及臣之友蹇叔，蹇叔贤，而世

---

① 秦缪公：即秦穆公。

② 汧：qiān，渭河支流，源出陕西陇县汧山南麓，东南流，至宝鸡县东注入渭河，今称千河。

③ 茅津：古黄河津渡名，在今山西三门峡西黄河北岸，当时戎人曾居住此地。《括地志》云："茅津及茅城在陕州河北县西二十里。"

④ 邵陵：亦作召陵，在今河南郾城县东。邵陵之盟，见《左传·僖公四年》。

⑤ 虞、虢：二国相邻，其地在今山西平陆县境。虢，北虢。

⑥ 璧马：垂棘之璧，屈产之马。晋献公以此二宝送虞公，借道伐虢。第二次借道时灭虞。事见《左传·僖公五年》及《史记·晋世家》。

⑦ 媵：yìng，指以臣仆陪嫁。

⑧ 宛：邑名，在今河南南阳市。

⑨ 羖羊：黑色的公羊。

莫知。臣常游困于齐而乞食铚①人，蹇叔收臣。臣因而欲事齐君无知，蹇叔止臣，臣得脱齐难②，遂之周。周王子颓好牛，臣以养牛干之。及颓欲用臣，蹇叔止臣，臣去，得不诛。事虞君，蹇叔止臣。臣知虞君不用臣，臣诚私利禄爵，且留再用，夫用其言，得脱；一不用，及虞君难。是以知其贤。”于是缪公使人厚币迎蹇叔，以为上大夫。秋，缪公自将伐晋，战于河曲。晋骊姬作乱③，太子申生死新城④，重耳、夷吾⑤出奔。九年，齐桓公会诸侯于葵丘⑥。晋献公卒，立骊姬子奚齐，其臣里克杀奚齐。荀息立卓子⑦，克又杀卓子及荀息。夷吾使人请秦，求入晋，于是缪公许之，使百里奚将兵送夷吾。夷吾谓曰：“诚得立，请割晋之河西八城⑧与秦。”及至，已立，而使丕郑谢秦，背约不与河西城，而杀里克。丕郑闻之恐，因与缪公谋曰：“晋人不欲夷吾，实欲重耳。今背秦约而杀里克，皆吕甥、郤芮计也。愿君以利急召吕、郤，吕、郤至，则更入重耳便。”缪公许之，使人与丕郑归，召吕、郤。吕、郤等疑丕郑有间，乃言夷吾杀丕郑。丕郑子丕豹奔秦，说缪公曰：“晋君无道，百姓不亲，可伐也。”缪公曰：“百姓苟不便，何故能诛其大臣？能诛其大臣，此其调也。”不听，而阴用豹。

十二年，齐管仲、隰朋死。晋旱，来请粟。丕豹说缪公勿与，因其饥而伐之。缪公问公孙支，支曰：“饥穰更事⑨耳，不可不与。”问百里奚，奚曰：“夷吾得罪于君，其百姓何罪？”于是用百里奚、公孙支言，卒与之粟。以船漕车转，自雍相望至绛⑩。十四年，秦饥，请粟于晋。晋君谋之群臣。虢射曰：“因其饥伐之，可有大功。”晋君从之。十五年，兴兵将攻秦。缪公发兵，使丕豹将，自往击之。九月壬戌，与晋惠公夷吾合战于韩地⑪。晋君弃其军，与秦争利，还而马鸷⑫。缪公与麾下驰追之，不能得晋君，反

---

① 铚：邑名，在今安徽宿县西南。

② 齐难：指雍廪杀无知而立齐桓公事。

③ 骊姬作乱：见《史记·晋世家》及《左传》僖公四年、五年。

④ 新城：在今山西闻喜县东二十里。韦昭云：“曲沃新为太子城。”《括地志》云：“绛州曲沃县有曲沃故城，土人以为晋曲沃新城。”

⑤ 重耳、夷吾：晋献公之二子。重耳奔于翟，即后来的晋文公。夷吾奔于少梁，先重耳回国为晋君，即晋惠公。

⑥ 葵丘：邑名，在今河南兰考县东。

⑦ 卓子：又作悼子。

⑧ 河西八城：河西地区的八个城邑。晋河西地，又称西河，即黄河西岸地，当今陕西铜川至韩城一带地方。

⑨ 饥穰更事：饥荒和丰收是交替出现之事。

⑩ 雍：秦都，陕西凤翔县南。绛：晋都，在今山西翼城县东南。《史记集解》贾逵曰：“雍，秦国都；绛，晋国都也。”

⑪ 韩地：邑名。在今山西河津东。一说韩地即韩原，在今陕西韩城县西南。韩之战，见《左传》僖公十五年。

⑫ 还而马鸷：很快车马陷入泥淖中。还：xuán，迅速，立即。鸷：zhì，抵，这里指马陷入泥淖与泥淖相抵。《史记正义》：鸷，音致，又敕利反。《国语》：“晋师溃，戎马还泞而止。”韦昭云：“泞，深泥也。”

为晋军所围。晋击缪公，缪公伤于足，岐下食善马者三百人驰冒晋军。晋军解围，遂脱缪公而反生得晋君。初，缪公亡善马，岐下野人①共得而食之者三百余人，吏逐得，欲法之。缪公曰："君子不以畜产害人。吾闻食善马肉不饮酒，伤人。"乃皆赐酒而赦之。三百人者闻秦击晋，皆求从，从而见缪公窘，亦皆推锋争死，以报食马之德。于是缪公虏晋君以归，令于国，"斋宿，吾将以晋君祠上帝②。"周天子闻之，曰"晋我同姓"，为请晋君。夷吾姊亦为缪公夫人，夫人闻之，乃衰绖跣③，曰："妾兄弟不能相救，以辱君命。"缪公曰："我得晋君以为功，今天子为请，夫人是忧。"乃与晋君盟，许归之，更舍上舍④，而馈之七牢⑤。十一月，归晋君夷吾，夷吾献其河西地，使太子圉为质于秦。秦妻子圉以宗女⑥。是时秦地东至河。

十八年，齐桓公卒。二十年，秦灭梁、芮。二十二年，晋公子圉闻晋君病，曰："梁，我母家也，而秦灭之。我兄弟多，即君百岁后，秦必留我，而晋轻，亦更立他子。"子圉乃亡归晋。二十三年，晋惠公卒，子圉立为君。秦怨子圉亡去，乃迎晋公子重耳于楚，而妻以故子圉妻。重耳初谢，后乃受。缪公益礼厚遇之。秦使人告晋大臣，欲入重耳，晋许之，于是使人送重耳。二月，重耳立为晋君，是为文公。文公使人杀子圉。子圉是为怀公【校记："怀公"，嘉靖本作"庄公"。《备考》本与《史记》同，故从之。】。周襄王弟带以翟伐王，王出居郑。周王使人告难于晋、秦。秦缪公将兵助晋文公入襄王，杀王弟带，晋文公败楚于城濮⑦。缪公助晋文公围郑，郑使人言缪公曰："亡郑厚晋⑧，于晋得矣，而秦未有利。晋之强，秦之忧也。"缪公乃罢兵归，晋亦罢。三十二年冬，晋文公卒。

郑人⑨有卖郑于秦曰："我主其城门，郑可袭也。"缪公问蹇叔、百里奚，对曰："径【校记："径"，《备考》本作"经"。嘉靖本与《史记》同，故从之。】数国千里而袭人，希有得利者。且人卖郑，庸【校记："庸"，《备考》本作"安"。嘉靖本与《史记》同，故从之。】知我国人不有以我情告郑者乎？不可。"缪公曰："子不知也，吾已决矣。"遂发

---

① 岐下野人：岐山下的乡下人，传说在雍城东二十里有地名野人坞，就是岐下野人盗食善马处。野人：乡下人。食善马(良马)事见《吕氏春秋·爱士篇》。《括地志》云："野人坞在岐州雍县东北二十里。"

② 斋宿，吾将以晋君祠上帝：缪公下令国人斋戒沐浴而宿，我将杀晋君夷吾以祭祀上帝。

③ 乃衰绖跣：于是穿上丧服并且赤着脚。衰：cuī，古代丧服。用粗麻布制成，披在胸前。绖：dié，古代丧服所用的麻带。扎在头上的称首绖，缠在腰间的称腰绖。

④ 更舍上舍：更换到上等房舍。更舍：更换住的地方。上舍：上等房舍。

⑤ 七牢：一牛一猪一羊为一牢。七牢是接待诸侯的饮食规格，即未将晋惠公当战俘待。贾逵曰："诸侯雍饩七牢。牛一羊一豕一为一牢也。"

⑥ 秦妻子圉以宗女：秦国把同宗族的女儿嫁给了子圉。妻：嫁给。

⑦ 城濮：卫地名，在今山东鄄城县西南。秦穆公二十八年，当鲁僖公二十八年、晋文公五年，即公元前 632 年，晋楚争霸，发生城濮之战，晋胜楚败，晋文公于是始称霸。

⑧ 厚晋：加强晋国的实力。

⑨ 郑人：据《左传》僖公，郑人是驻守郑国的秦大夫杞子、逢孙、杨孙三人。此三人为秦穆公派往戍郑的秦将。

兵，使百里奚子孟明视、蹇叔子西乞术及白乙丙将兵。行日，百里奚、蹇叔二人哭之。缪公闻，怒曰："孤发兵而子沮哭吾军①，何也?"二老曰："臣非敢沮君军。军行，臣子与往；臣老，迟还恐不相见，故哭耳。"二老退，谓其子曰："汝军即败，必于殽②阨矣。"秦兵遂东，更晋地，过周北门，周王孙满③曰："秦师无礼，不败何待!"兵至滑④，郑贩卖贾人弦高持十二牛将卖之周，见秦兵，恐死虏，因献其牛，曰："闻大国将诛郑，郑君使臣以牛十二劳军士。"秦三将军相谓曰："将袭郑，郑今已觉之，往无及已⑤。"灭滑。滑，晋之边邑也。当是时，晋文公丧尚未葬。太子襄公怒曰："秦侮我孤，因丧破我滑。"遂墨衰绖⑥，发兵遮秦兵于殽，击之，大破秦军。无一人得脱者。虏秦三将以归。文公夫人⑦，秦女也，为秦三囚将请曰："缪公之怨此三人入于骨髓，愿令此三人归，令我君【校记："君"，《备考》本作"公"，嘉靖本与《史记》同，故从之。】得自快烹之。"晋君许之，归秦三将。三将至，缪公素服郊迎，向三人哭曰："孤以不用百里奚、蹇叔言，以辱三子，三子何罪乎？子其悉心雪耻，毋怠。"遂复三人官秩如故，愈益厚之。缪公于是复使孟明视等将兵伐晋，战于彭衙⑧。秦不利，引兵归。

戎王使由余于秦。由余，其先晋人也，亡入戎，能晋言。闻缪公贤，故使由余观秦。秦缪公示以宫室积聚。由余曰："使鬼为之，则劳神矣。使人为之。亦苦民矣。"缪公怪之，问曰："中国以《诗》、《书》礼乐法度为政，然尚时乱，今戎夷无此，何以为治，不亦难乎?"由余叹曰："此乃中国所以乱也！夫自上圣黄帝作为礼乐法度，身以先之，仅以小治。及其后世，日以骄淫。阻⑨法度之威，以责督⑩于下，下罢极则以仁义怨望于上，上下交争怨而相篡弑，至于灭宗，皆以此类也。夫戎夷不然：上含【校记："含"，《备考》本作"涵"。嘉靖本与《史记》同，故从之。】淳德以遇其下，下怀忠信以事其上；一国之政，犹一身之治；不知所以治，此真圣人之治也!"于是缪公退而问

---

① 沮哭吾军：《左传》云"蹇叔之子与师，哭而送子"，并说此战役必失败。沮：指败坏士气。《史记正义》："沮，自吕反。沮，毁也。"

② 殽：同"崤"，山名。在今河南洛宁县西北六十里有东西二崤相对，形势险恶。《括地志》："三殽山又名嵚岑山，在洛州永宁县西北二十里，即古之殽道也。"

③ 王孙满：周大夫，周襄王之孙。《左传》僖公二十三年说："王孙满尚幼。"

④ 滑：姬姓国，初都于滑(今河南睢县西北)，后迁都于费(今河南偃师县西南)，又称费滑。《括地志》云："缑氏故城在洛州缑氏县东二十五里，滑伯国也。韦昭云，姬姓小国也。"

⑤ 往无及已：去也袭击不成了。已：同"矣"，语气词。

⑥ 墨衰绖：染黑丧服。丧服为白色，不利行军作战，故染成黑色。

⑦ 文公夫人：文嬴，晋文公在秦时缪公给他的秦国宗女，晋襄公的嫡母。

⑧ 彭衙：邑名，在今陕西白水县东北南彭衙村、北彭衙村。《括地志》："彭衙故城在同州白水县东北六十里。"

⑨ 阻：持，凭仗。《史记·十二诸侯年表》："晋阻三河，齐负东海，楚介江淮。"王念孙《读书杂志·史记二》："介，恃也。阻、负、介三字同义。"

⑩ 责督于下：刻剥下民。责督：察其罪而责之以刑罚。

内史廖①曰："孤闻邻国有圣人，敌国之忧也。今由余贤，寡人之害，将奈之何?"内史廖曰："戎王处辟匿，未闻中国之声。君试遗其女乐，以夺其志；为由余请，以疏其间；留而莫遣，以失其期。戎王怪之，必疑由余。君臣有间，乃可虏也。且戎王好乐，必怠于政。"缪公曰："善!"因与由余曲席②而坐，传器而食，问其地形与其兵势尽察，而后令内史廖以女乐二八遗戎王。戎王受而说之，终年不还。于是秦乃归由余。由余数谏不听，缪公又数使人间要③由余，由余遂去降秦。缪公以客礼礼之，问伐戎之形。缪公复益厚孟明等，使将兵伐晋，渡河焚船，大败晋人，取王官及鄗④，以报郩之役。晋人皆城守不敢出。于是缪公乃自茅津渡河，封⑤殽尸，为发丧，哭之。乃作《秦誓》，具载《周书》中，以申思不用蹇叔、百里奚之谋故也。君子曰："秦缪公之与人周也，卒得孟明之庆。"三十七年，秦用由余谋伐戎王，益国十二，开地千里⑥，遂霸西戎。天子使召公贺以金鼓⑦。

三十九年，缪公卒，葬雍⑧。从死者百七十七人，秦之良臣子舆氏三人：奄息、仲行、铖虎预焉，秦人哀之，为作赋《黄鸟》⑨。君子曰："秦缪公广地益国。东服强晋，西霸戎夷，然不为诸侯盟主也宜哉！死而弃民，先王违世犹诒之法，况收其良臣而从死乎?《诗》曰：'人之云亡，邦国殄瘁'⑩。无善人之谓，若之何夺之。古之王者知命之不长，是以并建圣哲，树之风声，分之物采，著之语言，为之律度，陈之艺极，引之表仪，予之法制，告之训典，教之防利，委之常秩，道之以礼，则使毋失其土，宜众隶赖之，而后即命圣王同之，今纵无法以遗后嗣而收其良以死，难以在上矣。君子是以知秦之不复东征也。"缪公子四十人，其太子罃代立，是为康公。

---

① 内史廖：即王瘳。内史：西周始置之官，或称"作册内史"、"作命内史"，是天子亲近的高级辅佐官。《汉书·百官表》曰："内史，周官也。"

② 曲席：连席。缪公让由余经常挨在自己左右而坐，以示亲密。《史记正义》："按：床在穆公左右，相连而坐，谓之曲席也。"

③ 间要：暗中邀请。要：通"邀"。

④ 王官：邑名，在今山西闻喜县西。鄗：hào，春秋晋地。《左传》作郊。

⑤ 封：《史记集解》引贾逵曰："封，识之。"即表识其地。《左传》："秦伯伐晋，济河焚舟，晋人不出，遂自茅津济，封郩尸而还。"杜预云："封，埋藏也。"

⑥ 开地千里：据《史记正义》注，秦穆公益国十二，开地千里，即汉时的陇西、北地两郡地，当今甘肃陇东及宁夏中卫地区。

⑦ 金鼓：古代军中用以指挥发信号的作战用具。鸣金是止兵或退兵的信号，擂鼓是前进攻击信号。

⑧ 雍：当时为秦都。《皇览》曰："秦缪公冢在橐泉宫祈年观下。"《括地志》云："秦穆公冢在岐州雍县东南二里。"

⑨ 《黄鸟》：指《诗经·秦风·黄鸟》。《诗序》云："《黄鸟》，哀三良也。国人刺穆公以人从死而作是诗。"

⑩ 语见《诗·大雅·瞻卬》。殄瘁：困穷，困苦。

四书人物考卷十

传七

卫灵公卫孝公附论

卫灵公，名元，襄公子，其先康叔之后也。初，襄公有贱妾，幸之，有身，梦有人谓曰："我康叔也，令若子必有卫，名而子曰'元'。"妾怪之，问孔成子。成子曰："康叔者，卫祖也。"及生子，男也，以告襄公。襄公曰："天所置也。"名之曰元。襄公夫人无子，于是乃立元为嗣，是为灵公。

孔子至卫，灵公闻而喜，郊迎。孔子主于子路妻兄颜浊邹家①。灵公问孔子："居鲁得禄几何？"对曰："奉粟六万②。"卫人亦致粟六万。灵公谓孔子曰："有语寡人，为国家者，谨之于庙堂之上，而国家治矣，其可乎？"孔子曰："可，爱人者则人爱之，恶人者则人恶之。知得之己者，亦知得之，人所谓不出于环堵之室而知天下者，知反之己者也。"居顷之，或谮孔子于灵公。灵公使公孙余假一出一入③。孔子恐获罪焉，居十月，去卫。月余，反乎卫，主蘧伯玉家。灵公夫人南子，使人谓孔子曰："四方君子至卫必见寡小君。"孔子辞谢，不得已而见之，灵公襜被以与妇人游。子贡见公，公曰："卫其亡乎？"对曰："昔者夏桀殷纣不任其过，故亡；成汤文武知任其过，故兴。卫奚其亡也？"孔子居卫月余，公与夫人同车，宦者雍渠参乘④。出，使孔子为次乘，招摇市过之。于是丑之，去卫。既而复反乎卫，主伯玉家。

灵公问兵阵。孔子对以未学。明日，与孔子语，见蜚雁，仰视之，意不在孔子。孔

---

① 主于子路妻兄颜浊邹家：主：投奔，以之为主人。据《孟子·万章篇》，孔子至卫乃主于"颜雠由"，即此所谓"颜浊邹"。

② 奉粟六万：奉：通"俸"。六万：《史记正义》："六万小斗，计当今二千石，周之斗、升、斤、两皆用小也。"周朝的一斗约当今一斗的五分之一略少。

③ 使公孙余假一出一入：公孙余假：卫国的公室子弟，名"余假"。一出一入：《史记索隐》："谓以兵仗出入胁夫子也。"

④ 参乘：原指在车上立于国君之旁，为国君担任警卫，这里即指同车陪侍。

子遂行。公近痈疽、弥子瑕，二人者，专君之势，以蔽左右。复途侦谓君曰："昔日臣梦见君。"君曰："子何梦？"曰："梦见竈君。"君忿然作色曰："吾闻梦见人君者，梦见日，今梦见竈君而言君也。有说则可，无说则死。"对曰："日并烛天下者也，一物不能蔽也，若竈则不然。前之人炀，则后之人无从见也。今臣疑人之有炀①于君者也。是以梦见竈君。"君曰："善。"于是废痈疽、弥子瑕。

太子蒯聩与南子有恶，欲杀南子。蒯聩与其徒戏阳遬谋，使杀夫人。戏阳后悔，不果。蒯聩数目之，夫人觉之，惧，呼曰："太子欲杀我！"公怒，太子蒯聩奔宋，已而之晋。灵公游于郊，令子郢仆②。郢，公少子也，字子南。灵公怨太子出奔，谓郢曰："我将立若为后。"郢对曰："郢不足以辱社稷，君更图之。"是时，孔子自楚反乎卫。灵公卒，夫人命子郢为太子，曰："此灵公命也。"郢曰："亡人太子蒯聩之子辄在也，不敢当。"于是卫乃以辄为君，是为出公。赵简子欲入蒯聩，卫人闻之，发兵击蒯聩。蒯聩不得入，入宿而保。

孔文子问兵于仲尼，仲尼不对。反鲁。初，孔圉文子取太子蒯聩之姊，生悝。文子之竖浑良夫美好，孔文子卒，良夫通于悝母。太子在宿，悝母使良夫于太子。太子与良夫言曰："苟能入我国，报子以乘轩，免子三死③。"与之盟，许以悝母为妻。良夫与太子入，舍孔氏之外圃，遂入，适伯姬氏。悝母杖戈而先，伯姬劫【校记："劫"《备考》本作"迫"。嘉靖本与《史记》同，故从之。】悝于厕，强盟之④，遂劫以登台。栾宁闻乱，使告仲由⑤。召护驾乘车⑥，奉出公辄奔鲁。孔悝竟立蒯聩，是为庄公。

薛应旂曰："卫灵公，无道之君也。而孔子顾反覆于卫者，岂直其接遇以礼哉？尝观鲁哀公问曰：'当今之君，孰为最贤？'孔子曰：'抑有卫灵公乎？'公曰：'吾闻其闺门之内无别，而子次之贤，何也？'孔子曰：'臣语其公朝行事不论其私家之际也。'公曰：'其事如何？'孔子曰：'灵公之弟曰公子渠牟，其智足以治千乘，其信足以守之；又有士林国者，见贤必进之，而卫无游放之士；又有士曰庆足者，卫国有大事则必起而治

---

① 炀：yàng，遮蔽。

② 令子郢仆：让子郢为他赶车。《史记集解》贾逵曰："仆，御也。"子郢：灵公庶子，字南，故又谓之子南。

③ 苟能入我国，报子以乘轩，免子三死：你们如果真能把我弄回都城，得即君位。我报答你以大夫所乘的车，有三次死罪我都宽宥你。《左传》哀公十五年作："服冕乘轩，三死无与。"杜预曰："轩，大夫车也。三死，死罪三。"

④ 悝母杖戈而先，伯姬劫悝于厕，强盟之：孔悝母先至孔悝的住处，伯姬（即孔悝母）将孔悝逼到房屋的一角，强迫孔悝与蒯聩盟誓，令其黜出公辄而立蒯聩。

⑤ 使告仲由：服虔曰："季路为孔氏邑宰，故告之。"仲由：孔子弟子，字子路，又字季路，时为卫国大夫孔悝的邑宰。

⑥ 召护驾乘车：服虔曰："召护，卫大夫。驾乘车，不驾兵车也，言无距父之意。"召护：《左传》作召获。乘车：平时所乘用之车，与"兵车"相对。

之，国无事则退而容贤。灵公皆爱而任之。又有大夫史鳝，以道去卫，而灵公郊舍三日，琴瑟不御，必待史鳝之入而后敢入，丘以此取之，虽次之贤，不亦可乎？’先是献公三年，子产适卫，见蘧瑗、史狗、史鳝、公子荆、公叔发、公子朝，悦之，曰：‘卫多君子，未有患也。’然则孔子之所以不与卫绝者，岂亦以是也乎？至论孝公，《春秋》、《史记》皆无之。而朱子疑其为出公者，则恐其未必然也。盖灵公既卒，卫人欲立公子郢，郢再三辞焉，盖庶几乎？季札子臧之，为而上窥伯夷、叔齐之风者也。是时，孔子在卫，而郢有公养之礼，此冉有、子贡所以疑其为也。若辄之拒父，孔子已反鲁矣。道之不行，命也！岂受其养哉？而智如子贡又何疑夫子之为哉？卫人虽无知，拒父者又得以孝谥哉！”

越勾践

越王勾践，其先禹之苗裔，而夏后帝少康之庶子也。封于会稽①，以奉守禹之祀②。文身断发，披草莱而邑焉。后二十余世，至于允常③。允常之时，与吴王阖庐④战而相怨伐。允常卒，子勾践立，是为越王。

元年，吴王阖庐闻允常死，乃兴师伐越。越王勾践使死士挑战，三行，至吴陈，呼而自刭⑤。吴师观之，越因袭击吴师，败于槜李⑥，射伤吴王阖庐。阖庐且死，告其子夫差曰：“必毋忘越！”三年，勾践闻吴王夫差日夜勒兵⑦，且以报越，越欲先吴未发往伐之。范蠡谏曰：“不可。臣闻兵者凶器也，战者逆德⑧也，争者事之末也。阴谋逆德，好用凶器，试身于所末，上帝禁之，行者不利。”越王曰：“吾已决之矣。”遂兴师。吴王闻之，悉发精兵击越，败之夫椒⑨。越王乃以余兵五千人保栖于会稽。吴王追而围之。

---

① 会稽：古邑名，原名茅山（又作苗山），因大禹会计诸侯于此，并死葬于茅山，因改名会稽，在浙江绍兴南。

② 奉守禹之祀：守护禹的陵墓，世代奉行对禹的祭祀。

③ 允常：《舆地志》：“越侯传国三十余叶，历殷至周敬王时，有越侯夫谭，子曰允常，拓土始大，称王。”

④ 吴王阖庐：春秋末期吴国国君，前514—前496年在位，被后人称为“春秋五霸”之一，《史记·吴太伯世家》有载。

⑤ 使死士挑战，三行，至吴陈，呼而自刭：《左传》定公十四年之原文为：“句践患吴之整也，使死士再禽焉，不动；使罪人三行，属剑于颈，而辞曰：‘二君有治，臣奸旗鼓，不敏于君之行前，不敢逃刑，敢归死。’遂自刭也。”

⑥ 槜（zuì）李：在今浙江省嘉兴市西南。杜预曰：“吴郡嘉兴县南有槜李城。”

⑦ 勒兵：统兵。勒：控制，统领。

⑧ 逆德：坏德行。

⑨ 夫椒：山名，在今苏州市西南的太湖中，亦说即今之洞庭西山。杜预曰：“夫椒在吴郡吴县，太湖中椒山是也。”

越王谓范蠡①曰："以不听子，故至于此。为之奈何？"蠡对曰："持满者与天，定倾者与人，节事者以地②。卑辞厚礼以遗之，不许，而身与之市③。"勾践曰："诺。"乃令大夫种行成④于吴，膝行顿首曰："君王亡臣勾践使陪臣种敢告下执事⑤：勾践请为臣，妻为妾。"吴王将许之。子胥⑥言于吴王曰："天以越赐吴，勿许也。"种还，以报勾践。勾践欲杀妻子，燔宝器，触战⑦以死。种止勾践曰："夫吴太宰嚭⑧贪，可诱以利，请间行⑨言之。"于是勾践乃以美女宝器，令种间献吴太宰嚭，嚭受，乃见大夫种于吴王，种顿首言曰："愿大王赦勾践之罪，尽入其宝器。不幸不赦，勾践将尽杀其妻子，燔其宝器，悉五千人触战，必有当也⑩。"嚭因说吴王曰："越以服为臣，若将赦之，此国之利也。"吴王将许之。子胥进谏曰："今不灭越，后必悔之。勾践贤君，种、蠡良臣，若反国，将为乱。"吴王弗听，卒赦越，罢兵而归。勾践之困会稽也，喟然叹曰："吾终于此乎？"种曰："汤系夏台，文王囚羑里，晋重耳奔翟，齐小白奔莒，其卒王霸。由是观之，何遽不为福乎？"

吴既赦越，越王勾践反国，乃苦身焦思，置胆于坐，坐卧即仰胆，饮食亦尝胆也。曰："汝忘会稽之耻邪？"身自耕作，夫人自织，食不加肉，衣不重采，折节⑪下贤人，厚遇宾客，振⑫贫吊死，与百姓同其劳。欲使范蠡治国政，蠡对曰："兵甲之事，种不如蠡；镇抚国家，亲附百姓，蠡不如种。"于是举国政属大夫种，而使范蠡与大夫柘稽行成，为质于吴。二岁而吴归蠡。

---

① 范蠡：春秋楚宛人，字少伯。仁越为大夫，辅佐越王勾践刻苦图强，卒灭吴国。以勾践为人可与同患难，不能共安乐，去越入齐，改名鸱夷子皮，称陶朱公，经商致富，十九年中，治产三致千金，一再发散与贫交和疏远的兄弟。见《史记·越王勾践世家》等。

② 持满者与天，定倾者与人，节事者以地：《越绝书》："天贵持盈，持盈者，言不失阴阳日月星辰之纲纪；地贵定倾，定倾者，言地之长生丘陵平均无不得宜；人贵节事，节事者，言王者以下公卿大夫当调阳阴，和顺天下，事来应之，物来知之，天下莫不尽其忠信，从其政，谓之节事。"

③ 身与之市：拿自己的人身和他打交道，意即做奴仆亦在所不惜。市：交易、周旋。《史记正义》："卑作言辞，厚遗珍宝。不许平，越王身往事之，如市贾货易以利。此是定倾危之计。"

④ 大夫种：《史记正义》引《吴越春秋》谓"大夫种姓文名种，字子禽，荆平王时为宛令"，并载其往访范蠡事。行成：求和。

⑤ 陪臣：诸侯国的臣子对其宗主国的国君自称"陪臣"。下执事：下属的办事人员。

⑥ 子胥：伍子胥，原楚人，后逃入吴，佐吴王阖庐破楚称霸，又佐吴王夫差破越，事迹详见《史记·伍子胥列传》。

⑦ 触战：拼死一战。

⑧ 太宰嚭：太宰伯嚭。太宰：古官名，即后来的"宰相"、"丞相"。伯嚭：原楚人，其祖父伯州犁被楚平王所杀，伯嚭逃到吴国，先任大夫，后至太宰。

⑨ 间行：潜行，化装秘密而行。

⑩ 悉五千人触战，必有当也：如果五千人拼死一战，必定会让你付出相应的代价。

⑪ 折节：屈己下人。《管子·霸言》："折节事彊以避罪，小国之形也。"

⑫ 振：通"赈"，救济。

勾践自会稽归七年，拊循①其士民，士民欲用以报吴。大夫逢同②谏曰："国新流亡，今乃复殷给，缮饰备利③，吴必惧，惧则难必至。且鸷鸟之击也，必匿其形。今夫吴兵加【校记："吴兵加"，《备考》本作"吴加兵"。】齐、晋，怨深于楚、越，名高天下，实害周室④，德少而功多，必淫自矜。为越计，莫若结齐，亲楚，附晋，以厚吴。吴之志广，必轻战。是我连其权。三国伐之，越承其弊，可克也。"勾践曰："善。"居二年，吴王将伐齐。子胥谏曰："未可。臣闻勾践食不重味，与百姓同苦乐。此人不死，必为国患。吴有越腹心之疾，齐与吴疥癣也。愿王释齐先越。"吴王弗听，遂伐齐，败之艾陵⑤，虏齐高、国⑥以归。让子胥。子胥曰："王毋喜！"王怒。子胥欲自杀，王闻而止之。越大夫种曰："臣观吴王政骄矣，请试尝之贷粟，以卜其事。"请贷，吴王欲与，子胥谏勿与，王遂与之，越乃私喜。子胥言曰："王不听谏，后三年吴其墟乎！"太宰嚭闻之，乃数与子胥争越议，因谗子胥曰："伍员貌忠而实忍人⑦，其父兄不顾⑧，安能顾王？王前欲伐齐，员强谏，已而有功，用是反怨王。王不备伍员，员必为乱。"与逢同共谋，谗之王。王始不从，乃使子胥于齐。闻其托子于鲍氏⑨，王乃大怒，曰："伍员果欺寡人！"役反⑩，使人赐子胥属镂⑪剑以自杀。子胥大笑曰："我令而父霸，我又立若，若初欲分吴国半予我，我不受，已，今若反以谗诛我。嗟乎！嗟乎，一人固不能独立！"报使者曰："必取吾眼置吴东门，以观越兵入也！"于是吴任嚭政。居三年，勾践召范蠡曰："吴已杀子胥，导谀者众，可乎？"对曰："未可。"至明年春，吴王北会诸侯于黄池⑫，吴国精兵从王，惟独老弱与太子留守。勾践复问范蠡，蠡曰："可矣"。乃发习流二千⑬，教士⑭四万人，君子六千人，诸御⑮千人伐吴。吴师败，遂杀吴太子。

---

① 拊循：抚慰、抚恤。《荀子·富国》："垂事养民，拊循之，唲呕之。"杨倞注："拊循，慰悦之也。"

② 逢同：《越绝书》作"冯同"；《吴越春秋》作"扶同"。《史记索隐》："逢：姓；同：名。故楚有逢伯者是。"

③ 缮饰备利：指休整军队。利：兵器。

④ 名高天下两句：周为天下之宗主，吴国强梁于东南，北侵中原，危及周天子的统治秩序，所以会"实害周室"。当时周朝之在位者为周敬王。

⑤ 艾陵：春秋时齐邑名，在今山东莱芜县东北。

⑥ 高、国：齐国的两家大贵族，其首领世掌齐政。《史记索隐》："国惠子、高昭子。"

⑦ 忍人：残忍而无恩义的人。《左传·文公元年》："且是人也，蜂目而豺声，忍人也，不可立也。"

⑧ 父兄不顾：指伍子胥之父伍奢被楚平王拘捕，楚以奢命召二子前去，伍子胥之兄伍尚闻命即回，而伍子胥毅然不顾，突围以奔吴事。事见《伍子胥列传》。顾：怜念。

⑨ 闻其托子于鲍氏：《史记·伍子胥列传》："子胥临行，谓其子曰：'数谏王，王不用，吾今见吴之亡矣。汝与吴俱亡，无益也。'乃属其子于齐鲍牧，而还报吴。"鲍氏：齐国之大贵族。

⑩ 役反：指伍子胥完成使齐的差使回国。

⑪ 属镂：剑名。

⑫ 黄池：在今河南封丘县南济水故道南岸。

⑬ 习流二千：使流放的罪人习战，任为卒伍，有二千人。

⑭ 教士：训练有素的战士。

⑮ 君子：国君的近卫亲兵。诸御：各将帅统属的部队。《史记索隐》："诸御，谓诸理事之官在军有职掌者。"

吴告急于王，王方会诸侯于黄池，惧天下闻之，乃秘之。吴王已盟黄池，乃使人厚礼以请成越。越自度亦未能灭吴，乃与吴平。其后四年，越复伐吴。吴士民罢弊，轻锐尽死于齐、晋。而越大破吴，因而留，围之三年。吴师败，越遂复栖吴王于姑苏之山。吴王使公孙雄肉袒膝行而前，请成越王曰："孤臣夫差敢布腹心，异日尝得罪于会稽，夫差不敢逆命，得与君王成以归。今君王举玉趾①而诛孤臣，孤臣惟命是听，意者亦欲如会稽之赦孤臣之罪乎？"勾践不忍，欲许之。范蠡曰："会稽之事，天以越赐吴，吴不取。今天以吴赐越，越其可逆天乎？且夫君王早朝晏罢，非为吴邪？谋之二十二年，一旦而弃之，可乎？且夫天与弗取，反受其咎。'伐柯者其则不远'②，君忘会稽之厄乎？"勾践曰："吾欲听子言，吾不忍其使者。"范蠡乃鼓进兵，曰："王已属政于执事，使者去！不者且得罪。"吴使者泣而去。勾践怜之，乃使人谓吴王曰："吾置王甬东③，君百家。"吴王谢曰："吾老矣，不能事君王！"遂自杀。乃蔽其面，曰："吾无面以见子胥也！"越王乃葬吴王而诛太宰嚭。

勾践已平吴，乃以兵北渡淮，与齐、晋诸侯会于徐州，致贡于周。周元王使人赐勾践胙，命为伯。勾践已去，渡淮南，以淮上④地与楚，归吴所侵宋地于宋，与鲁泗东方百里。当是时，越兵横行于江、淮东，诸侯毕贺，号称霸王。范蠡遂去，自齐遗大夫种书曰："蜚鸟尽，良弓藏；狡兔死，走狗烹。越王为人长颈鸟喙⑤，可与共患难，不可与共安乐。子何不去？"种见书，称病不朝。人或谗种且作乱，越王乃赐种剑曰："子教寡人伐吴七术⑥，寡人用其三而败吴，其四在子，子为我从先王试之。"种遂自杀。

勾践卒，其后无强，伐楚，为楚所败，服朝于楚。后七世，至闽君摇，佐诸侯平秦。汉兴，复以摇为越王，以奉越后，东越君皆其后也。

太史公曰："禹之功大矣，渐⑦九川，定九州，至于今诸夏艾安⑧。及苗裔勾践，苦身焦思，终灭强吴，北观兵中国⑨，以尊周室，号称霸王。勾践可不谓贤哉！盖有禹之遗烈焉。矧其能用范蠡，欲毋显得乎！"

---

① 玉趾：外交辞令，犹言贵步。《左传·僖公二十六年》："寡君闻君亲举玉趾，将辱于敝邑。"

② 语出《诗经·豳风·伐柯》："伐柯伐柯，其则不远。"柯，斧柄。执斧到山上伐材作斧柄，取样就在身边。这里指殷鉴不远，夫差就是例子。

③ 甬东：今浙江定海县东指翁山。杜预曰："甬东，会稽勾章县东海中洲也。"

④ 淮上：指泗上一带，今江苏、安徽两省长江以北之地。《史记·楚世家》曰："越灭吴而不能正江、淮北。楚东侵广地至泗上。"

⑤ 鸟喙：俗名鹰嘴鼻。

⑥ 七术：《越绝书》载为九术。《越绝书》卷十九："九术：一曰尊天事鬼神；二曰重财币以遗其君；三曰贵粜粟槀以空其邦；四曰遗之好美以劳其志；五曰遗之巧匠，使起宫室高台，以尽其财，以疲其力；六曰遗其谀臣，使之易伐；七曰强其谏臣，使之自杀；八曰邦家富而备器利；九曰坚甲厉兵以承其弊。"

⑦ 渐：疏通，引导。《史记·越王勾践世家》裴骃《集解》引徐广曰："渐者亦引进通导之意也。"

⑧ 艾安：政治安定。艾，读为乂(yì)，治理。

⑨ 观兵中国：观兵：耀兵，示威。中国：华夏诸侯齐、晋等国。

虞公

虞公，姬姓，虞仲之后也。周太王之子，太伯之弟仲雍，即虞仲嗣太伯于勾吴。武王克商，封虞仲之庶孙于虞城，以为虞仲后，传至虞公，好贿。弟虞叔①有玉，公求之，弗与，既而悔之曰："匹夫无罪，怀璧其罪②。吾焉用此。"乃献之，又求其宝剑。叔曰："是无厌也，将及我。"遂伐虞公，公奔共池③，既而反国。

晋献公十九年，将伐虢，使荀息以璧马④，假道于虞，虞公许之。遂伐虢，取夏阳⑤。献公二十二年，复假道以伐虢。虞臣宫之奇谏曰："虢，虞之表也。虢亡，虞必从之。一之谓甚，其可再乎？谚所谓'辅车相依，唇亡齿寒'者，其虞虢之谓也。"公曰："晋，吾宗也，岂害我哉？"宫之奇曰："太伯、虞仲，太王之子【校记："之子"，《备考》本作"之昭"。嘉靖本与《史记》同，《备考》本与《左传》同。】也。太伯不从，是以不嗣。虢仲，虢叔，王季之子【校记："子"，《备考》本作"穆"。嘉靖本与《史记》同，《备考》本与《左传》同。】也，为文王卿士，勋在王室，藏于盟府⑥。将虢是灭，何爱于虞？且虞孰亲于桓庄⑦乎？其爱之也，桓庄之族何罪，而以为戮⑧，不唯偪⑨乎？亲以宠偪，犹尚害之，况以国乎？"公曰："吾享祀丰洁⑩，神必据我。"对曰："臣闻之，鬼神非人实亲，惟德是依。故《周书》曰：'皇天无亲，惟德是辅。'又曰：'黍稷非馨，明德惟馨。'又曰：'民不易物，惟德繄物⑪。'如是则非德，民不和，神不享矣。神所冯依，将在德矣。若晋取虞，而明德以荐馨香，神其吐之乎？"弗听，许晋使。宫之奇以其族行，曰："虞不腊矣⑫，在此行也，晋不更举矣。"八月甲午，晋侯围上阳⑬，问于卜偃

---

① 虞叔：虞公之弟。

② 匹夫无罪，怀璧其罪：平民本来没有罪，藏有璧玉就是他的罪。

③ 共(gōng)池：地名，当在今山西平陆县。

④ 荀息：晋大夫。璧马：美玉和良马。

⑤ 夏阳：《史记》为下阳。服虔曰："下阳，虢邑也，在太阳东北三十里。虞、虢之塞邑。"

⑥ 盟府：掌管保存盟书的官府。古代策勋之时，必有誓词，誓策曰："世世子孙，无相害也。"策勋的策文和誓词，皆须收藏在盟府。杜预曰："盟府，司盟之官也。"

⑦ 桓庄：桓叔、庄伯。桓叔，晋文侯子，始封于曲沃，称曲沃桓叔，桓叔生庄伯，庄伯生晋武公，晋武公生晋献公，则庄伯为晋献公之祖，桓叔为曾祖。

⑧ 以为戮：晋献公用士蒍计谋，尽杀群公子。事见《左传·鲁庄公二十五》。

⑨ 偪：亲近而又给予威胁。《国语·晋语四》："于是吕甥、冀芮畏偪，悔纳文公，谋作乱。"韦昭注："畏见偪害，故谋作乱。"

⑩ 丰洁：谓俎豆饮食丰盛洁净。语出《左传·僖公五年》。

⑪ 民不易物，惟德繄物：人不能更换祭祀的物品，只有德行才是祭祀的祭品。易物：改变祭物。物：祭祀的物品。繄：《左传·僖公五年》杜预注："繄，是也。"

⑫ 虞不腊矣：虞国过不了腊祭了。腊：祭名，岁终祭众神。

⑬ 上阳：虢国国都，在今河南陕县东南。

曰："吾其济乎?"对曰："克之。"公曰："何时?"对曰："童谣云：'丙之晨，龙尾伏辰①，均服振振②，取虢之旂。鹑之贲贲，天策焞焞，火中成军，虢公其奔③。'其九月十月之交乎？丙子旦，日在尾，月在策，鹑火④中，必是时也。"冬十二月，丙子朔，晋灭虢，虢公丑⑤奔京师。师还，馆于虞，遂袭虞，灭之，执虞公及其大夫井伯，以媵⑥秦穆姬，而修虞祀⑦，且归其职贡于王。荀息牵曩所遗虞屈产之乘马，奉之献公，献公笑曰："马则吾马，齿亦老⑧矣。"故《春秋》书曰："晋人执虞公"，罪虞⑨，且言易也。

薛应旂曰:"余过陕州平陆县之东北,有故虞城在。徘徊嘘吁者久之,曰:'嗟乎！虞公则诚愚矣,彼晋献何为者哉！嬖骊姬以乱晋,而顾犹灭同姓之国,其愚抑又甚焉矣！'"

陈侯周

陈侯，名周，一名越，怀公柳之子也。虞舜之后，妫姓，侯爵。舜为庶人时，居于妫汭⑩，其后因为氏姓。周武王克殷，乃求舜后，得妫蒲，封之于陈，以奉舜祀，是为胡公。即陈始封之祖也。陈至怀公时，吴方洊食上国⑪，破楚入郢⑫，召陈怀公，怀公

---

① 龙尾：苍龙七宿中尾宿。伏：隐伏看不见。辰：日月相会为辰。《左传·僖公五年》杜预注："龙尾，尾星也。"

② 均服振振：黑色的军服整齐洁净。均服：黑色的戎服，古代戎服均为黑色，君臣上下无别，故曰均服。

③ 鹑之贲贲四句：鹑火星光彩飞扬，天策星昏暗无光，鹑火星出现在南方，军队整好了行装，虢公就要逃亡。鹑：chún 星宿名。《左传·僖公五年》杨伯峻注："鹑音纯，鹑火也。据《尔雅·释天》，柳宿亦名鹑火；据《星经》，心宿亦有鹑火之名。此盖指柳宿。柳宿为朱鸟七宿第三宿，有星八，均属长蛇座。贲音奔，贲贲，状柳宿形。"焞焞：tūn，昏暗无光的样子。中：指某星宿出现在南方。成军：勒兵整旅，指发动战争。

④ 鹑火：星次名。南方有井、鬼、柳、星、张、翼、轸七宿，称朱鸟七宿。首位者称鹑首，中部者(柳、星、张)称鹑火(也称鹑心)，末位者称鹑尾。

⑤ 丑：虢公名。

⑥ 媵：杜预曰："穆姬，献公女。送女曰媵，以屈辱之。"

⑦ 修虞祀：晋献公灭虞而不断虞祀。服虔曰："虞所祭祀，命祀也。"

⑧ 齿亦老：《公羊传》曰："盖戏之也。"何休曰："以马齿戏喻荀息之年老也。"

⑨ 罪虞：这是归罪于虞国。指虞公假道于晋让晋国伐虢最后自身也被灭亡的事。

⑩ 妫汭：guī ruì，妫水隈曲之处。《书·尧典》："釐降二女于妫汭，嫔于虞。"孔传："舜为匹夫，能以义理下帝女之心于所居妫水之汭，使行妇道于虞氏。"杜预注《左传》云：'水之隈曲曰汭。'"孔颖达疏："妫水在河东虞乡县历山西，西流至蒲坂县南入于河。舜居其旁。"一说"妫""汭"皆水名。

⑪ 洊：jiàn，荐举提升。上国：春秋时称中原各诸侯国为上国，与吴楚诸国相对而言。孔颖达疏引服虔曰："上国，中国也。盖以吴辟在东南，地势卑下，中国在其上流，故谓中国为上国也。"

⑫ 郢：古邑名，春秋战国时楚国都城。春秋后期和战国时，凡楚迁都所至之处亦均称为郢。楚昭王十年吴师入郢，二年后昭王迁都于都；惠王即位之初曾迁都于鄢；顷襄王二十一年纪郢失陷，迁都于陈；考烈王十年曾迁都于巨阳，二十二年又迁都于寿春。凡上所述楚迁都之处，均称郢。

与楚有故，以疾辞。既，吴复召怀公，怀公恐，如吴，吴怒其前不往，留之，因卒于吴。陈乃立周，是为湣公。

湣公六年，孔子适陈。是时，鲁昭公夫人孟子卒。陈司败问昭公知礼，孔子然之。吴王夫差伐陈，取三邑而去。十三年，吴复来伐陈，陈告急于楚，楚昭王来救，军于城父①，吴师去。时，孔子在陈，思归。十六年，吴王夫差伐齐，败之艾陵②，使人召陈侯。陈侯恐，如吴，楚伐陈。二十四年，楚惠王以兵北伐，杀陈湣公，遂灭陈而有之。

薛应旂曰："危邦不入，孔子何依于陈积久而后归也？后儒固多疑之。噫，此岂众人之所能识哉？盖圣人造物之心犹之天然，固行健而不息者，苟可与焉，削弱非所计也，其万物一体之心可想见也。若其所常言者，乃为未至于圣者立则耳，遂执是以拟夫子，夫子又何辞哉！夫子尝因子路"君子不入"之问，不过曰'然，有是言也。'"

费惠公附颜般、王顺、长息

惠公，姬姓，懿公之子，庈父③之后也。庈父为鲁大夫，城郎居之，因为费邑，传至惠公。惠公以子思为师，以颜般为友，用王顺、长息为臣。长息，公明高弟子。而公明高则曾子弟子，其贤盖有自也。惠公以小国之君而惟贤是欤！故孟子称之云。

卫辄朱子疑为卫孝公，故附传

卫出公，名辄，蒯聩子，灵公孙也。灵公四十二年卒，子蒯聩先已出奔宋，至是国人欲立蒯聩之弟公子郢。郢固辞不立，乃立辄④。晋赵鞅纳蒯聩于戚。辄立之十二年，蒯聩谋于其姊孔伯姬，遂如孔氏劫孔悝。逐辄，辄奔鲁，蒯聩立，是为庄公。

庄公立，晋赵鞅召之，庄公辞以难。三年，晋赵简子攻庄公，庄公入于戎州⑤，戎州人杀之。卫人立襄公之孙般师。已而，齐人伐卫，执般师以归。卫人立公子起⑥。石圃逐之，起奔齐。辄自齐复入。初，辄与褚师比，公孙弥、牟司、寇亥等有怨，褚师比等复攻辄，辄出，适城钼⑦，使以弓问子贡，且曰："吾其入乎？"子贡稽首受弓，对曰：

---

① 城父：地名，今安徽亳县东南。

② 艾陵：在今山东泰安县南。

③ 庈父：qín fǔ，人名用字，即《左传·隐公元年》"费伯帅师城郎"之费伯。

④ 辄：蒯聩之子。

⑤ 戎州：戎人所居邑，近卫楚丘，在今山东曹县东南。

⑥ 公子起：卫灵公子。

⑦ 城钼：宋邑，在今河南滑县东。

“臣不识也。”私于使者曰：“昔成公孙于陈①，宁武子、孙庄公为宛濮之盟②而君入；献公孙于齐，子鲜、子展为夷仪之盟而君入。今君再在孙③矣，内不闻献之亲④，外不闻成之卿⑤，则赐不识所由入也。”辄乃复奔宋，卒于越。

① 成公孙于陈：鲁僖公二十八年，卫成公奔楚，遂适陈。孙，借作逊，退避。杜预注：“讳奔，故曰孙。”

② 宛濮之盟：在鲁僖公二十八年。杜预注：“盟在僖二十八年。”

③ 再在孙：再次退避在外。杜预注：“谓十五年孙鲁，今又孙宋。”

④ 献之亲：子鲜、子展从卫献公于外，而与宁喜谋纳公。

⑤ 成之卿：宁武子、孙庄子皆卫成公卿。

四书人物考卷十一

传八

梁惠王附襄王

梁惠王，名罃，魏武侯子击之子也。其先，周文王庶子毕公高①封于毕。后绝封，为庶人，至毕万，事晋献公，伐霍②有功，封于魏③，为大夫。

万生魏武子，武子生悼子，悼子生魏绛。绛生魏嬴，嬴生魏献子，献子生魏侈。侈之孙曰桓子，桓子与赵襄子共灭知伯，分其地。桓子之孙曰文侯，文侯生武侯，武侯生罃，僭称王，是为惠王。

惠王元年，武侯卒，罃与公中缓争为太子。公孙颀自宋入赵，自赵入韩，谓韩懿侯曰："魏罃与公中缓争为太子，君亦闻之乎？今魏罃得王错，挟上党，固半国也。因而除之，破魏必矣，不可失也。"懿侯说，乃与赵成侯合军并兵伐魏，战于浊泽④，魏氏大败，赵谓韩曰："杀罃立公中缓，割地而退，我二国之利也。"韩懿侯曰："不可。杀魏君，人必曰暴；割地而退，人必曰贪。不如两分之。魏分为两，不强于宋、卫，则我终无魏之患矣。"赵不听，懿侯不说，以其兵夜去，赵成侯亦去，罃遂杀公仲缓而立。惠王之所以身不死，国不分者，二家谋不和也。若从一家之谋，则魏必分矣。故曰："君终无適子，其国可破也"。二年，魏败韩于马陵⑤，败赵于怀⑥。三年，齐败我观⑦。

---

① 毕公高：周文王的第十五子，周武王的弟弟，文王吞并商人毕方之后，封毕公高于毕国故地。周初时，被封于毕（今陕西咸阳西北），为公爵，故史称为毕公高。

② 霍：古国名。始封之君为周武王之弟叔处，春秋时为晋所灭。约当今山西省霍县西南。

③ 魏：《史记正义》："魏城在陕州芮城县北五里。"郑玄《诗谱》云："魏，姬姓之国，武王伐纣而封焉。"

④ 浊津：《史记·赵世家》作涿泽，在山西运城东南。

⑤ 马陵：今河北大名县东南。

⑥ 怀：在河南武陟县西。

⑦ 齐败我观：徐广曰："《齐世家》'献观以和齐'。《年表》曰'伐魏取观'。今之卫县也。"

五年，与韩会宅阳①。城武堵②。为秦所败。六年，伐取宋仪台③。九年，伐败韩于浍。与韩战少梁【校记：“与韩战少梁”，《史记》卷四十四《魏世家第十四》：“与秦战少梁”。】，虏我将公孙座，取庞。秦献公卒，子孝公立。十年，伐取赵皮牢④，彗星见。十二年，星昼坠，有声。十四年，与赵会鄗⑤。十五年，鲁、卫、宋、郑君来朝。惠王觞诸侯于范台⑥。酒酣，请鲁君⑦举觞。鲁君兴，避席⑧择言曰：“昔者，帝女令仪狄⑨作酒而美，进之禹，禹饮而甘之，遂疏仪狄，绝旨酒⑩，曰：‘后世必有以酒亡其国者。’齐桓公夜半不嗛⑪，易牙乃煎敖燔炙⑫，和调五味而进之，桓公食之而饱，至旦不觉，曰：‘后世必有以味亡其国者。’晋文公得南之威⑬，三日不听朝，遂推南之威而远之，曰：‘后世必有以色亡其国者。’楚王登强台⑭而望崩山，左江而右湖，以临彷徨，其乐忘死，遂盟强台而弗登⑮，曰：‘后世必有以高台陂池亡其国者。’今主君之尊⑯，仪狄之酒也；主君之味，易牙之调也；左白台而右闾须，南威之美也；前夹林而后兰台，强台之乐也。有一于此，足以亡其国。今主君兼此四者，可无戒与！”梁王称善相属⑰。

十六年，与齐威王会田于郊。惠王曰：“齐亦有宝乎？”威王曰：“无有。”惠王曰：“寡人国虽小，尚有径寸之珠，照车前后各十二乘者十枚。”威王曰：“寡人之所以为宝者与王异。吾臣有檀子、盼子、黔夫、种首⑱，此四臣者，将照千里，岂特十二乘哉！”魏王有惭色。十七年，与秦战元里，秦取我少梁。围赵邯郸。十八年，拔邯郸。赵请救

---

① 宅阳：河南荥泽县东。《括地志》云：“宅阳故城一名北宅，在郑州荥阳县东南十七里也。”

② 武堵：在山东武城县西。

③ 仪台：河南虞城县西南。

④ 皮牢：山西翼城县东三十里。

⑤ 鄗：河北高邑县东南。

⑥ 觞诸侯于范台：在范台宴请各国诸侯。范台：魏国台名。

⑦ 鲁君：鲁共公，名奋。

⑧ 避席：古人席地而坐，为了表示敬意就站起来离开原先座位，称为避席。

⑨ 仪狄：传说为夏禹时善酿酒者。

⑩ 绝旨酒：戒喝甜酒。

⑪ 不嗛(xián)：不想吃饭。

⑫ 易牙：齐桓公宠臣，善于烹饪。敖：通“熬”。燔(fán)炙：烧与烤。亦泛指烹煮。

⑬ 南之威：春秋时美女。

⑭ 强台：《说苑》：“楚昭王欲之荆台。”“荆”通“强”，荆台即章华台。

⑮ 遂盟强台而弗登：于是在强台发誓不再游山玩水。

⑯ 尊：古盛酒器，用作祭祀或宴享的礼器。早期用陶制，后多以青铜浇铸。鼓腹侈口，高圈足，形制较多，常见的有圆形及方形。盛行于商及西周。字亦作“樽”、“罇”。《说文·酋部》：“尊，酒器也。”

⑰ 称善相属：连连称赞。

⑱ 檀子：檀，姓。子，美称，大夫都称子，名不详。盼子：盼，当从《史记·田敬仲完世家》作“肦”，即田肦。黔夫、种首皆齐臣。见《史记》卷四十六。

于齐，齐使田忌、孙膑救赵，败魏桂陵①。十九年，诸侯围我襄陵②。筑长城，塞固阳③。二十年，归赵邯郸，与盟漳水④上。二十二年⑤，与秦会彤⑥。二十八年，中山君相魏⑦。三十年，魏伐赵⑧，赵告急齐。齐宣王用孙子⑨计，救赵击魏。魏遂大兴师，使庞涓将，而令太子申为上将军。过外黄⑩，外黄徐子⑪谓太子曰："臣有百战百胜之术。"太子曰："可得闻乎?"客曰："固愿效之。"曰："太子自将攻齐，大胜并莒，则富不过有魏，贵不益为王。若战不胜齐，则万世无魏矣。此臣之百战百胜之术也。"太子曰："诺。请必从公之言而还矣。"客曰："太子虽欲还，不得矣。彼劝太子战攻，欲啜汁者众⑫。太子虽欲还，恐不得矣。"太子因欲还，其御曰："将出而还，与北同。"太子果与齐人战，败于马陵⑬。齐虏魏太子申，杀将军涓，覆十万之军。惠王召惠施而告之曰："夫齐，寡人之雠也，怨之至死不忘。国虽小，吾常欲悉起兵而攻之，何如?"对曰："不可。臣闻之，王者得度，而霸者知计。今王所以告臣者，疏于度而远于计。王固先属怨于赵，而后与齐战。今战不胜，国无守战之备，王又欲悉起而攻齐，此非臣之所谓也。王若欲报齐乎，则不如因变服⑭折节而朝齐，楚王必怒矣。王游人而合其斗，则楚必伐齐。以休楚而伐罢齐，则必为楚禽矣。是王以楚毁齐也。"魏王曰："善"。乃入报于齐，愿臣畜⑮而朝。田婴许诺。张丑曰："不可。战不胜魏，而得朝礼，与魏和而下楚，此可以大胜也。今战胜魏，覆十万之军，而禽太子申；臣万乘之魏，而卑秦、楚，此其暴于戾定矣。且楚王之为人也，好用兵而甚务名，终为齐患者，必楚也。"田婴不听，遂内魏王，而与之并朝齐侯再三。赵氏丑之。楚王怒，自将而伐齐，赵应之，大败齐于徐州。

三十一年，秦、赵、齐共伐我，秦将商鞅诈我将军公子卬而袭夺其军，破之。惠王

---

① 桂陵：在河南长垣县西北。桂陵之战齐败魏，在公元前353年。

② 襄陵：在河南睢县西。

③ 固阳：今内蒙古五原县东。

④ 漳水：《史记正义》："邯郸，洺州县也。漳，水名。漳水源出洺州武安县三门山也。"

⑤ 二十二年：《史记》卷四十四《魏世家》为二十一年。

⑥ 彤：今陕西华县境。

⑦ 相魏：《史记索隐》："魏文侯灭中山，使子击守之。后寻复国，至是始令相魏。其中山后又为赵所灭。"

⑧ 魏伐赵：《史记正义》："《孙膑传》云'魏与赵攻韩，韩告急齐'，此文误耳。魏伐赵，赵请救齐，齐使孙膑救赵，败魏桂陵，乃在十八年也。"

⑨ 孙子：即孙膑。

⑩ 外黄：今河南民权县西北。

⑪ 徐子：刘向《别录》曰："徐子，外黄人也。"外黄时属宋。

⑫ 彼劝太子战攻，欲啜汁者众：许多人都要求你出战，都希望吸食一点胜利的甜汁。啜：吸。

⑬ 马陵：在河北大名东南。马陵之战，齐再败魏，在公元前341年。

⑭ 变服：改变服饰，化装。《战国策》鲍彪注："不为人君服。"折节：屈己下人。《管子·霸言》："折节事强以避罪，小国之形也。"

⑮ 臣畜：臣服如畜。《战国策》鲍彪注："畜，自比犬马也。"亦谓使其臣服如畜。

恐，使使献河西之地以和。因去安邑，徙都大梁①。初，魏相公叔痤②病，惠王往问之。公叔曰："痤之中庶子，卫鞅年虽少有奇才，愿君举国而听之。即不用，必杀之。无令出竟③。"王许诺而去。公叔召鞅曰："吾先君而后臣，故先为君谋，后以告子，子必速行矣。"鞅曰："君不能用子之言任臣，又安能用子之言杀臣乎？"王出，谓左右曰："公叔病甚，悲乎！欲令寡人以国听卫鞅也，既又劝寡人杀之，岂不悖哉！"鞅过秦见孝公，公大悦，与议国事。致有公子卯之败。惠王叹曰："吾恨不用公叔之言也。"

三十三年，秦孝公卒，商君亡秦归魏，魏怒，不人。复内【校记："内"，《备考》本作"求"。】之秦，秦人攻商君，杀之，车裂以殉。三十五年，与齐宣王会平阿④南【校记：《备考》本作"于"，嘉靖本与《史记》同，故从之。】。惠王数败于军旅，卑礼厚币⑤以招贤者。邹衍、淳于髡、孟轲皆至梁。梁惠王曰："寡人不佞，兵三折于外，太子虏，上将死，国以空虚，以羞先君宗庙社稷，寡人甚丑之。叟不远千里，辱幸至弊邑之廷，将何以利吾国？"孟轲曰："君不可以言利。上下争利，国则危矣。仁义而已矣，何以利为！"三十六年，复与齐王会甄⑥。是岁惠王卒，襄王立。惠王葬有日矣。天大雨雪，至于牛目，坏城郭，且为栈道而葬。群臣多谏太子者，曰："雪甚如此而丧行，民必甚病之。官费又恐不给，请弛期⑦更日。"太子曰："为人子，而以民劳与官费用之故，而不行先王之丧，不义也。子勿复言。"群臣皆不敢言，而以告犀首。犀首曰："吾未有以言之也，是其唯惠公⑧乎！请告惠公。"惠公曰："诺。"驾而见太子曰："葬有日矣。"太子曰："然。"惠公曰："昔王季历葬于楚山⑨之尾，欒水⑩啮其墓，见棺之前和⑪。文王曰：'嘻！先君必欲一见群臣百姓也夫，故使欒水见之。'于是出而为之张朝，百姓皆见之，三日而后更葬。此文王之义也。今葬有日矣，而雪甚，及牛目，难以行，太子为及日之故，得毋嫌于欲亟葬乎？愿太子更日。先王必欲少留而扶社稷、安黔首⑫也，故使雪甚。因弛期而更为日，此文王之义也。若此而弗为，意者羞法文王乎？"太子曰："甚善。敬弛期，更择日。"惠子非徒行其说也，又令魏太子未葬其先王而因又

① 大梁：今河南开封。魏从安邑迁都于此。

② 痤：cuó，长疖子。

③ 竟：通"境"。

④ 平阿：在安徽萧县境。《地理志》："沛郡有平阿县也。"

⑤ 卑礼厚币：礼节谦恭，所赠币帛等礼物丰厚。

⑥ 甄：在山东甄城县西。

⑦ 弛期：缓期。见《战国策·魏策二》。

⑧ 惠公：即惠施。

⑨ 季历：古公亶父之子，周文王之父，也称公季。楚山：即南山，终南山。

⑩ 欒(luán)水：渗漏入地下的水流。语出《战国策·魏策二》，姚宏注："欒，《说文》云：'漏流也。'一曰渍也。墓为漏流所渍，故曰'欒水啮其墓'。"

⑪ 前和：棺材前边的木板。《吕氏春秋·开春》高诱注："棺头曰和。"

⑫ 黔首：秦称平民为黔首。《礼记·祭义》："明命鬼神，以为黔首则。"郑玄注："黔首，谓民也。"

说文王之义。说文王之义以示天下，岂小功也哉！

襄王元年，与诸侯会徐州①，相王也。追尊父惠王为王。苏秦为赵合从说魏王曰："大王之地，南有鸿沟、陈、汝南，有许、郾、昆阳、邵陵、舞阳、新郪；东有淮、颖、沂、黄、煮枣、海盐、无疏；西有长城之界；北有河外、卷、衍、燕、酸枣，地方千里。地名虽小，然而庐田庑舍，曾无所刍牧牛马之地。人民之众，车马之多，日夜行不休已，无以异于三军之众。臣窃料之，大王之国不下于楚。然横人谋王【校记："横人谋王"，《史记》卷六十九《苏秦列传》作"衡人怵王"。】，外交强虎狼之秦，以侵天下，卒有国患，不被其祸。夫挟强秦之势以内劫其主，罪无过此者。且魏，天下之强国也；大王，天下之贤主也。今乃有意西面而事秦，称东藩，筑帝宫，受冠带，祠春秋②，臣窃为大王愧之。臣闻越王勾践以散卒三千，禽夫差于干遂③；武王卒三千人，革车三百乘，斩纣于牧之野④。岂其士卒众哉？诚能振其威也。今窃闻大王之卒，武力二十余万，苍头⑤二十万，奋击二十万，厮徒十万⑥，车六百乘，骑五千匹。此其过越王勾践、武王远矣！今乃劫于辟臣之说，而欲臣事秦。夫事秦必割地效质⑦，故兵未用而国已亏矣。凡群臣之言事秦者，皆奸臣，非忠臣也。夫为人臣，割其主之地以求外交，偷取一旦之功而不顾其后，破公家而成私门，外挟强秦之势以内劫其主以求割地，愿大王之熟察之也。《周书》曰：'绵绵不绝，缦缦奈何；毫毛不拔，将成斧柯。'前虑不定，后有大患，将奈之何？大王诚能听臣，六国从亲，专心并力，则必无强秦之患。故敝邑赵王使使臣献愚计，奉明约，在大王诏之。"魏王曰："寡人不肖，未尝得闻明教。今主君以赵王之诏诏之，敬以国从。"五年，秦败我龙贾军四万五千于雕阴⑧，围我焦、曲沃。予秦河西之地。六年，与秦会应。秦取我汾阴、皮氏⑨、焦。魏伐楚，败之陉山⑩。七年，魏尽入上郡⑪于秦。秦降我蒲阳⑫。八年，秦归我焦、曲沃。十二年，楚败我襄

---

① 徐州：在山东滕县南。《史记集解》徐广曰："今薛县。"

② 受冠带，祠春秋：接受秦王规定的帽子衣带的规格，春秋两季还得进贡祭品。《史记索隐》："谓冠带制度皆受秦之法。言春秋贡奉，以助奉祭祀。"

③ 干遂：《史记索隐》：干遂，地名，不知所在。然干是水旁之高地，故有"江干"、"河干"是也。又左思《吴都赋》云"长干延属"，是干为江旁之地。遂者，道也。于江干有遂道，因为名也。

④ 牧之野：《史记正义》："今卫州城是也。周武王伐纣于牧野，筑之。"

⑤ 苍头：以青布缠头，以示区别。《史记索隐》："谓以青巾裹头，以异于众。"

⑥ 厮徒十万：《史记索隐》："厮，音斯。谓厮养之卒。厮，养马之贱者，今起之为卒。"

⑦ 效质：《史记索隐》："谓割地献秦，以效己之诚实。"

⑧ 雕阴：在陕西富县北。《括地志》云："雕阴故县在鄜州洛交县北三十里，雕阴故城是也。"

⑨ 汾阴、皮氏：《括地志》云："汾阴故城在蒲州汾阴县北九里。皮氏故城在绛州龙门县西一百八十步。"

⑩ 陉山：《括地志》云："陉山在郑州新县西南三十里。"

⑪ 上郡：《括地志》云："上郡故城在绥州上县东南五十里，秦魏之上郡地也。"

⑫ 蒲阳：《史记正义》："在隰州，隰川县蒲邑故城是也。"

陵。诸侯执政与秦相张仪会啮桑①。十三年，张仪相魏。魏有女子化为丈夫。秦取我曲沃②、平周。十六年，襄王卒，子哀王立。张仪复归秦。魏至王假，秦灌大梁③，遂灭魏以为郡县。

薛应旂曰："太史公谓'天方令秦平海内，魏虽得阿衡④之佐，无益也'。余以为不然，向使惠王时，得一孟子而任之，则魏必为政于天下矣！何有于秦哉？乃既不能用孟子，又不能知卫鞅，胥失之矣。迨其既灭于秦，而说者咎其后人不能用信陵君，故国削弱以至于亡，此则缓之乎论魏矣！"

---

① 啮桑：江苏沛县西南。徐广曰："在梁与彭城之间。"

② 曲沃：此曲沃在山西闻喜县东。

③ 灌大梁：引水灌溉大梁城。

④ 阿衡：商代官名，师保之官。《书·太甲上》："惟嗣王不惠于阿衡。"孔传："阿：倚；衡：平。言不顺伊尹之训。"

四书人物考卷十二

传九

齐宣王

齐宣王，名辟疆，威王子也。其先陈厉公佗①之子、田敬仲完之后。敬仲奔齐，数传至恒，弑简公，割齐安平以东至琅邪，自【校记：《备考》本无“自”。】为封邑。三传至田和，乃迁齐康公于海上，求为诸侯，伐齐，有国【校记：“伐齐，有国”，《备考》本作“代有齐国”。】。和卒，子桓公立。桓公卒，子威王立。威王卒，子宣王立。

宣王元年，秦用商鞅。周致伯于秦孝公。二年，魏伐赵。赵与韩亲，共击魏。赵不利，战于南梁②。宣王召田忌复故位③。韩氏请救于齐，宣王召大臣而谋曰：“早救孰与晚救?”驺忌④子曰：“不如勿救。”田忌曰：“弗救，则韩且折而入于魏，不如早救之。”孙膑⑤曰：“夫韩、魏之兵未弊而救之，是吾代韩受魏之兵，顾反听命于韩也。且魏有破国之志，韩见亡，必东面而诉于齐矣。吾因深结韩之亲而晚承魏之弊，则国可重，利可得，名可尊也。”宣王曰：“善。”乃阴告韩之使者而遣之。韩因恃齐，五战不胜，而东委国于齐。齐因起兵，使田忌、田婴⑥将，孙子为帅，救韩、赵以击魏，大败之马陵，杀其将庞涓⑦，虏魏太子申。其后，三晋之王皆因田婴朝齐王于博望⑧，盟

---

① 佗：同他。

② 南梁：在河南临汝县。《史记索隐》引《晋太康地记》曰：“战国谓梁为南梁者，别之于大梁、少梁也。”

③ 田忌：生卒年不详。字期，又曰期思，封于徐州（今山东滕县南），故又称徐州子期。战国初期齐国名将。

④ 驺忌：即邹忌（约前385—前319年），战国时齐国大臣，《史记》作驺忌。

⑤ 孙膑（约前380—前320年）：战国时兵家。齐国阿（今属山东）人。

⑥ 田婴：徐广曰：“婴，一作‘朌’。”

⑦ 庞涓（？—前342年）：魏国人。在魏国任大将。

⑧ 博望：《括地志》云：“博望故城在邓州向城县东南四十五里。”

而去。

苏秦为赵合从说齐宣王曰："齐南有太山，东有琅邪①，西有清河②，北有渤海，此所谓四塞之国③也。齐地方二千里，带甲数十万，粟如丘山。齐军【校记："齐军"，嘉靖本作"齐车"。《史记》、《古史》均作"三军之良"，姑从《备考》本。】之良，五家之兵，疾如锥矢，战如雷电，解如风雨。即有军役，未尝倍太山、绝清河、涉渤海也。临淄④之中七万户，臣窃度之，下户三男子，三七二十一万，不待发于远县，而临淄之卒，固以二十一万矣。临淄甚富而实，其民无不吹竽、鼓瑟、击筑、弹琴、斗鸡、走狗、六博、蹋鞠者⑤【校记："蹋"，嘉靖本作"蹴"。《备考》本与《史记》同，故从之。】；临淄之途，车毂击⑥，人肩摩，连衽成帷，举袂成幕，挥汗成雨。家敦而富，志高而扬。夫以大王之贤与齐之强，天下不能当。今乃西面事秦，窃为大王羞之。且夫韩、魏之所以畏秦者，以与秦接界也。兵出而相当，不至十日，而战胜存亡之机决矣。韩、魏战而胜秦，则兵半折，四境不守；战而不胜，以亡随其后。是故韩、魏之所以重与秦战而轻为之臣也。今秦攻齐则不然，倍韩、魏之地，至卫阳晋⑦之道，径亢父之险，车不得方轨⑧，马不得并行，百人守险，千人不能过也。秦虽欲深入，则狼顾⑨，恐韩、魏之议其后也。是故恫疑虚喝⑩，高跃而不敢进，则秦不能害齐，亦明矣。夫不深料秦之不奈我何也，而欲西面事秦，是群臣之计过。今臣无事秦之名，而有强国之实，臣固愿大王之少留计。"王曰："寡人不敏，今君以赵王之诏诏【校记："诏"，嘉靖本作"教"，《备考》本与《史记》同，故从之。】之，敬奉社稷以从。"

邹忌事宣王，仕人众，宣王不悦。晏首贵而仕人寡，王悦之。邹忌谓王曰："忌闻以为有一子之孝，不如有五子之孝。今首之所进仕者，几何人？"宣王因是知晏首之壅塞也。淳于髡一日而见七人于宣王。王曰："寡人闻之，千里而一士，是比肩而立；百世而一圣，若随踵而至也。今子一朝而见七士，则士不亦众乎？"淳于髡曰：

---

① 琅邪：山名，在今山东诸城县东南。《战国策》刘向集录："琅邪，齐东南境上邑。"

② 清河：即济水。因河水清澈而得名。

③ 四塞之国：指四境皆有天险，可作屏障。《战国策·齐策一》鲍彪注："四面有山关之固，故曰四塞之国也。"

④ 临淄：齐地，今山东临淄县北。

⑤ 竽：吹奏乐器，笙一类。瑟、琴、筑都是打击乐器。六博：赌博用具，共六个棋子，故称六博。蹋踘：踢皮球，原为练兵的一种方式。

⑥ 毂击：车子来往，其毂相击。形容交往频繁。汉桓宽《盐铁论·刺权》："贵人之家，云行于涂，毂击于道。"

⑦ 阳晋：在今山东曹县，原属卫地。

⑧ 方轨：谓两车不能并行，车两轮间的距离称为轨。语出《战国策·齐策一》。

⑨ 狼顾：狼生性残忍而胆怯，行动时常回顾前后。语出《战国策·齐策一》。

⑩ 恫疑虚喝：恐慌疑虑，空虚惊惧。此处指秦疑惧重重，不敢进兵，只好虚张声势，以威胁韩魏。

“不然。夫鸟同翼者而聚居，兽同足者而俱行。今求柴胡、桔梗于沮泽①，则累世不得一焉。及之睾黍、梁父②之阴，则却车而载耳。夫物各有畴，今髡贤者之畴也。王求士于髡，若挹水于河，而取火于燧也【校记：《备考》本无“也”。】。髡将复见之，岂特七士也。”

宣王见颜斶③，曰：“斶前!”斶亦曰：“王前!”王不悦。左右曰：“王，人君也。斶，人臣也。王曰‘斶前’，斶亦曰‘王前’，可乎?”斶对曰：“夫斶前为慕势，王前为趋士。与使斶为慕势，不如使王为趋士。”王忿然作色④曰：“王者贵乎？士贵乎?”对曰：“士贵耳，王者不贵。”王曰：“有说乎?”斶曰：“有。昔者秦攻齐，令曰：‘有敢去柳下惠垄五十步而樵采者，死不赦。’令曰：‘有能得齐王头者，封万户侯，赐金千镒⑤。’由是观之，生王之头，曾不若死士之垄也。”王默然。

齐人王斗⑥欲见宣王，王使谒者延入。王斗曰：“斗趋见王为好势，王趋见斗为好士，于王何如?”使者复还报王。王因【校记：“王因”，《备考》本作“宣王因”。】趋而迎之于门，与入，曰：“寡人奉先君之宗庙，守社稷，闻先生直言正谏不讳。”对曰：“王闻之过。斗生于乱世，事乱君，焉敢直言正谏。”宣王忿然作色，不悦。有间，王斗曰：“昔先君桓公所好者五，九合诸侯，一匡天下，天子受籍⑦，立为大伯。今王有四焉。”王悦，曰：“寡人愚陋，守齐国，唯恐失之，焉能有四焉?”斗曰：“否。先君好马，王亦好马。先君好狗，王亦好狗。先君好酒，王亦好酒。先君好色，王亦好色。先君好士，而王不好士。”宣王曰：“当今之世无士，寡人何好?”斗曰：“世无骐驎、騄耳⑧，王之驷已备矣。世无东郭俊、卢氏之狗，王之走【校记：《备考》本无“走”。】狗已具矣。世无毛嫱、西施⑨，王宫已充矣【校记：《备考》本作“克”。嘉靖本与《战国策》同，故从之。】。王亦不好士也，何患无士?”王曰：“寡人忧国爱民，固愿得士以治之。”斗曰：“王之忧国爱民，不若王爱尺縠⑩也。”王曰：“何谓也?”斗曰：“王使人为冠，不使左右便辟而使工者何也？为能之也。今王治齐，非左右便辟无使也，臣故曰不如爱尺縠也。”王谢曰：“寡人知罪矣。”于是喜文学游说之士，如邹衍、淳于髡、田骈、接予、

---

① 沮泽：水草丛生的沼泽地带。《礼记·王制》孔颖达疏引何胤曰：“沮泽，下湿地也，草所生为莱，水所生为沛。言沮地是有水草之处也。”

② 睾黍、梁父：都是山名，在今泰安县东南。

③ 颜斶：齐国隐士。

④ 作色：改变脸色。《礼记·哀公问》：“孔子愀然作色而对曰：‘君之及此言也，百姓之德也。’”郑玄注：“作，犹变也。”

⑤ 镒：古代重量单位，合二十两，一说二十四两。

⑥ 王斗：齐人，稷下先生，生卒年不详，约活动于齐宣王时期，据《战国策·齐策》载，齐国的王斗乃直言正谏之士。

⑦ 受籍：授予封地。“受”同“授”。

⑧ 骐驎、騄耳：指良马。騄耳亦作“騄駬”。

⑨ 毛嫱：越王妾。西施：越女，吴王姬。

⑩ 縠：绉纱。《战国策·齐策四》吴师道补正：“縠，绉纱。”

慎到、环渊之徒七十六人，皆赐列第为上大夫。不治事而议论，是以齐稷下①学士复盛且数百千人。十九年，宣王卒。

薛应旂曰："宣王，大国之强诸侯也。默然于颜斶之言，谢罪于王斗之说。于是，稷下学士咸颙颙②向风，岂不亦好士之君哉！然孟子三见而不能用，三宿出昼而不能追，道之不行而齐之不王也，信非人之所能也。"

燕子【校记："燕子"，《备考》本作"燕王"。】哙附子之

子哙，燕易王之子，姓姬氏，其先召公奭之后也。哙既立，齐人杀苏秦。苏秦之在燕，与其相子之为昏，而其子苏代与子之交。及苏秦死，而齐宣王复用苏代。燕哙三年，与楚、三晋攻秦，不胜而还。子之相燕，贵重③。苏代为齐使于燕，燕王问曰："齐王何如?"对曰："必不霸。"燕王曰："何也?"对曰："不信其臣。"苏代欲以激燕王以尊子之也。于是燕王大信子之。子之因遗苏代百金④，而听其所使。

鹿毛寿⑤谓燕王："不如以国让子之。人之谓尧贤者，以其让天下于许由，许由不受，有让天下之名而实不失天下。今王以国让于子之，子之必不敢受，是王与尧同行也。"燕王因属国于子之，子之太重。或曰："禹荐益，已而以启人为吏⑥。及老，而以启为不足任乎天下，传之于益。已而启与交党攻益，夺之。天下谓禹名传天下于益，已而实令启自取之。今王言属国于子之，而吏无非太子人者，是名属子之而实太子用事也。"王因收印，自三百石吏已上而效之子之。子之南面行王事，而哙老不听政，顾为臣⑦，国事皆决于子之。

三年，国大乱，百姓恫怨。将军市被⑧与太子平谋，将攻子之。诸将谓齐湣王⑨【校记："湣"，《备考》本作"宣"，与《史记》、《通志》同，故从之。】曰："因而赴之，破燕必矣。"齐宣王因令人谓平曰："寡人闻太子之义，将废私而立公，饬君臣之义，明父子之位。寡人之国小，不足以为先后。虽然，则唯太子所以令之。"太子因要党聚众，将军市被围公宫，攻子之，不克。乃与百姓反攻太子平，市被死，以徇。因构难数月，

---

① 稷下：指战国齐都城临淄西门稷门附近地区。齐威王、宣王曾在此建学宫，广招文学游说之士讲学议论，成为各学派活动的中心。刘向《别录》："齐有稷门，城门也。谈说之士期会于稷下也。"

② 颙颙：期待盼望貌。

③ 贵重：权高。

④ 百金：一百镒黄金。《史记正义》：瓒云："秦以一溢为一金。"孟康云："二十四两曰溢。"

⑤ 鹿毛寿：燕臣，子之的党羽。

⑥ 禹荐益，已而以启人为吏：禹荐拔伯益为政，接着又让自己的儿子启的臣子做了伯益的臣子。启人：启之臣属。《史记索隐》："人，犹臣也。谓以启臣为益吏。"

⑦ 顾为臣：反居于臣之位。《史记索隐》："顾，犹反也。言哙反为子之臣也。"

⑧ 市被：人名，燕将。

⑨ 齐湣王：据《孟子》记载，孟子与齐宣王言，此齐湣王应为齐宣王。

死者数万，众人恫怨，百姓离志。齐王因令章子将五都之兵，因北地之众以伐燕。士卒不战，城门不闭，燕君【校记：“君”，《备考》本作“王”。嘉靖本与《史记》同，故从之。】哙死，齐大胜。燕禽子之而醢之，燕人共立太子平，是为燕昭王。

薛应旂曰：“尧舜，大圣【校记：“大圣”，《备考》本作“大圣人”。】也。禅授【校记：“授”，《备考》本作“受”。】，大事也。以天下之大圣行天下之大事，所谓官天下者也。笑乱臣贼子不知鉴此，而禅授【校记：“授”，《备考》本作“受”。】之名接迹于后世，卒以贻祸，悲夫！”

邹穆公

穆公，曹姓，子爵，出自颛帝玄孙陆终第五子安之后。武王克商，封安之苗裔曹挟于邾①，为附庸。鲁隐公元年，邾仪父克会盟于蔑。自克世从齐桓公尊周进爵为子，克后九世，桓公革之，克子琐立。十二年，传文公蘧，除卜，迁于绎，文公卒。

邾与鲁世为仇敌，及穆公，改邾曰邹。穆公有令：食凫雁必以秕②，无得以粟，于是仓无秕，而求易于民，二石粟而得一石秕，吏以为费，请以粟食之。穆公曰：“去【校记：“去”，《备考》本作“是”。嘉靖本与《新序》同，故从之。】，非汝所知也！夫百姓饱牛而耕，暴背而耘，勤而不惰者，岂为鸟兽哉？粟米，人之上食，奈何其以养鸟？尔知小计，不知大会。周谚曰：‘囊漏贮中③。’而独不闻欤？夫君者，民之父母，取仓之粟，移之于民，此非吾之粟乎？鸟苟食邹之秕，不害邹之粟也，粟之在仓与在民，于我何择？”邹民闻之，皆知私积与公家为一体也，此之谓富邦。

薛应旂曰：“穆公知君为民之父母，而仓粟与在民无异，亦可谓与民为一矣。顾与鲁閧④，而民莫之救者，何哉？可见仁言之不如仁声也，其视梁惠之移民、移粟，抑又下矣！”

滕定公附文公

滕，姬姓，侯爵，出自周文王第十四子叔绣后也。武王克商，封之于滕，传至滕侯縠，当鲁隐公七年，始以卒见于《春秋》，然犹以未同盟而不书名也。迨宣公婴齐、孝侯辄、昭公元、文侯寿、成公原、悼公宁、顷【校记：“顷”，嘉靖本作“项”，《备考》

---

① 邾：古国名，春秋诸侯国，古地在今山东省邹县境。
② 食凫雁必以秕：喂野鸭和雁必须用秕子。凫：泛指野鸭。秕：中空或不饱满的谷粒。
③ 囊漏贮中：从袋子里漏掉的，又落到贮藏的器物中。
④ 閧：同“巷”，《说文·门部》：“閧，里中道也。”

本作“顷”，与《春秋释例》同，故从之。】公结、隐公虞母，再传至定公。元年，晋魏舒合诸侯之大夫于狄泉，将以城成周①。宋仲几不受功②，曰：“滕、薛、郳，吾役也③。”时，滕尚为宋役，迨定公子文公见孟子，闻性善、尧舜之说，行丧礼，举井田。于是许行自楚，陈相自宋而来归矣。厥后二十一世。周赧王二十九年，为宋所灭，其地在兖之龚丘，今滕县是也。

薛应旂曰：“滕，出自周文王之后，固神明之胄也。婴齐以来，虽尝以名见于《春秋》，犹为小国之君而未始著也。至文公闻性善、尧舜之说，复井田、丧礼之制，而滕于是乎有贤君矣。太史公谓：‘附骥尾④而名益彰。’其信然哉！”

---

① 城成周：修筑成周城。成周：古地名，即西周的东都洛邑，故址据传在今河南省洛阳市东郊。《书·洛诰》：“召公既相宅，周公往营成周。”

② 不受功：不接受任务。

③ 滕、薛、郳，吾役也：滕国、薛国、郳国，是为我们服役的。郳：ní，周诸侯国名，也称小邾、小邾娄，曹姓，开国君主是邾文公之子友，战国时灭于楚，地当今山东省滕州市东。《左传·庄公五年》：“秋，郳犁来来朝。”杜预注：“附庸国也。东海昌虑县东北有郳城。”

④ 附骥尾：亦省作“附尾”、“附骥”，蚊蝇附在马的尾巴上，可以远行千里。比喻依附先辈或名人之后而成名。《史记索隐》：“苍蝇附骥尾而致千里。”

四书人物考卷十三

传十

孔子

孔子，名丘，字仲尼。其先宋人，父叔梁纥，母颜氏，以鲁襄公二十二年庚戌之岁十月【校记：“十月”，《备考》本作“十一月”，与《春秋穀梁传注疏》同，故从之。《备考》本于“庚子”后有“甲申时”。】二十一日庚子，生孔子于鲁昌平乡郰邑①。

三岁，父叔梁纥【校记：《备考》本无“叔梁纥”。】卒。六岁，为儿嬉，常陈俎豆②，设礼容。十五岁，适闻孟仲之子杀竖牛③于塞关之外【校记：《备考》本无“于塞关之外”。】，乃怃然而论之曰：“叔孙昭子之不劳不可能也。”周任【校记：《备考》本于“周任”后有“有言”。】曰：“为政者不赏私劳，不罚私怨。《诗》云：‘有觉德行，四国顺之。’④”【校记：《备考》本于“有觉”后衍“其”字，误。】十七岁九月，公至自楚。鲁大夫孟釐子病且死，诫其嗣懿子曰：“孔丘，圣人之后，灭于宋⑤。其祖弗父何⑥始有宋而授厉公【校记：“何始有宋而授厉公”，《备考》本作“何有宋，当嗣，让

---

① 鲁：西周初年建立的诸侯国名，姬姓。始封之君为周公之子伯禽，都于鲁，今山东曲阜。昌平乡：《括地志》云：“昌平山在泗水县南六十里，孔子生昌平乡，盖乡取山为名。”郰(zōu)邑：古邑名，即今曲阜市东南之陬村。

② 陈俎豆：摆列祭器。俎：其形如几案，用以盛放祭祀用的牛羊豕。豆：其形如镫，用以装带汁的祭品。

③ 竖牛：春秋时鲁叔孙穆子与庚宗妇人所生之子，号曰“牛”，官为“竖”，称“竖牛”。颇受宠爱，年长，使参与政事，后酿成祸乱。见《左传》昭公四年和昭公五年。

④ 语出《诗·大雅·仰》。

⑤ 灭于宋：指孔子祖父孔父嘉，在宋为华督所杀。杜预曰：“孔子六世祖孔父嘉为宋华督所杀，其子奔鲁也。”

⑥ 弗父何：《史记集解》引杜预曰：“弗父何，孔父嘉之高祖，宋愍公之长子，厉公之兄也。何嫡嗣，当立，以让厉公也。”

厉公”。嘉靖本与《史记》同，故从之。】。及正考父佐戴、武、宣公，三命①兹益恭。故鼎铭②云：一命而偻，再命而伛，三命而俯，循墙而走③，亦莫敢余侮。饘于是，粥于是④，以糊余口。其恭如是。吾闻圣人之后虽不当世，必有达者。今孔丘年少好礼，其达者欤？吾即没，若必师之！”及釐子卒，懿子与其弟南宫敬叔往学礼焉。

十九岁，娶宋亓官氏。二十岁，仕于鲁，为委吏⑤，料量平。二十一岁，为司职吏，畜蕃息【校记：“为司职吏，畜蕃息”，《备考》本作“为乘田，养畜蕃息⑥”。嘉靖本与朱熹《论语序说》同，故从之。】。二十四岁，母颜氏夫人卒。夫子少孤，不知父墓，及母卒，殡于五父衢⑦，人之见之者，皆以为葬也。其慎【校记：“慎”，嘉靖本作“引”，《备考》本与《皇王大纪》同，故从之。】也，盖殡也。问于鄹曼父【校记：“鄹曼父”嘉靖本作“鄹曼”，《备考》本与《皇王大纪》同，故从之。】之母，然后得合葬于防。二十六岁，母丧既祥。五日，弹琴而不成声。十日，而成笙歌。二十七岁，郯子来朝，夫子见而问官。二十八岁，见郯子而学礼。既而告人曰：“天子失官，学在四夷，犹信。”

二十九岁，闻师襄善琴，适晋学之。十日不进。师襄子曰：“可以益矣。”子曰：“丘已习其曲矣，未【校记：“未”，《备考》本作“求”。嘉靖本与《史记》同，故从之。】得其数也。”有间，曰：“已习其数，可以益矣。”子曰：“丘未得其志也。”有间，曰：“已习其志，可以益矣。”子曰：“丘未得其为人也。”有间，曰：“有所穆然深思焉，有所怡然高望而远志焉。”曰：“丘得其为人，黯然而黑，颀然而长⑧，眼如望羊⑨，如王四国，非文王其孰能为此也！”师襄子辟席再拜，曰：“师盖云《文王操》也。”

三十岁，齐景公与晏婴⑩适鲁，景公问曰：“昔秦穆【校记：“穆”，《备考》本作“缪”。嘉靖本与《史记》同，故从之。】公国小处辟，其霸何也？”夫子对曰：“秦国虽小，其志大；处虽辟，行中正。身举五羖，爵之大夫，起累绁⑪之中，与语三日，授之以政。以此取之，虽王可也，其霸小矣。”景公悦。三十一岁，齐景公遣使来聘，遂适齐。

---

① 三命：三次升迁。正考父：孔父嘉之父，连仕戴、武、宣三公，故曰“三命”。

② 鼎铭：在鼎上镌刻的纪念性文字。

③ 一命而偻四句：正考父多次升迁，愈益谦恭。从偻到伛到俯，腰越弯越低。

④ 饘于是，粥于是：同一个锅里煮饘、粥充饥。饘，zhān，稠粥。《史记集解》引杜预曰：“于是鼎中为饘粥。饘粥，餬属。言至俭也。”

⑤ 委吏：古代管理粮仓的小官。《孟子》赵岐注：“委吏，主委积仓廪之吏也。”

⑥ 畜蕃息：牲畜壮，繁殖快。

⑦ 五父衢：《史记正义》引《括地志》云：“五父衢在兖州曲阜县西南二里，鲁城内衢道也。”

⑧ 颀然而长：《史记集解》徐广曰：“《诗》云：‘颀而长兮。’”《史记索隐》：“《家语》无此四字。”

⑨ 眼如望羊：眼如汪洋，胸襟可以包容天下。望羊，通汪洋。

⑩ 晏婴：齐大夫，历齐灵公、庄公、景公三世，春秋时著名政治家。

⑪ 累绁：拘系犯人的绳索，引申为囚禁，这里指百里奚受困。

三十二岁，在齐，景公欲以廪丘①之邑为养，辞不受，谓弟子曰：“吾闻之，君子当有功受赏。今吾言而君未行，乃先赐邑，其不知丘亦甚矣。”三十三岁，在齐，景公舍于外馆，周使至，言先王庙灾。公曰：“何王之庙?”。夫子曰：“其釐王②之庙乎?”公曰：“何以知之?”子曰：“釐王变之【校记：“变之”，《备考》本作“变”。】文武之制，作玄黄华丽之饰，宫室崇峻，舆马奢侈，天灾所宜加也。”既而，使者报釐王庙灾。公惊曰：“善乎！圣人之智，过人远矣。”

三十四岁，访乐于苌弘，弘谓刘文公曰：“吾观仲尼有圣人之表，河目而龙颡③，黄帝之形貌也；修肱而龟背，长九尺六寸，成汤之形体也；言必称先王，躬履谦让，洽闻强记，博物不穷，其圣人之兴者乎?”周使伯常骞问道夫子，曰：“刚者必折，敬者数伤，倨者不亲，利者不弊【校记：“不弊”《备考》本作“必弊”。嘉靖本与《春秋别典》同，故从之。】，此四者，君子之所戒也。”夫子观乎明堂，睹四门墉④有尧舜桀纣之象，又有周公抱成王，负斧扆⑤朝诸侯之图，谓从者曰：“夫明镜所以察形，往【校记：“往”《备考》本作“在”。嘉靖本与《说苑》、《新序》、《皇王大纪》同，故从之。】古所以知今。”又入后稷庙，有金人⑥，三缄其口，而铭其背曰：“古之慎言人也，诫之哉！无多言，多言多败；无多事，多事多患。安乐必诫，无所行悔。勿谓何伤，其祸将长；勿谓何害，其祸将大；勿谓不闻，神将伺人。焰焰不灭，炎炎若何？涓涓不壅，终为江河。绵绵不绝，或成网罗。毫末不扎，将寻斧柯。诚能慎之，福之根也。口是何伤，祸之门也。强梁者不得其死，好胜者必遇其敌。憎主人，民怨其上。君子知天下之不可尚【校记：“尚”，《备考》本作“上”。】也，故下之；知众人之不可先也，故后之。温恭慎德，使人慕之；执雌持下⑦，人莫逾之。人皆趋彼，我独守此；人皆惑之【校记：“惑”，《备考》本作“弗”。嘉靖本与《孔子编年》同，故从之。另：《孔子家语》作“人皆或之”。】，我独不徙。内藏我智，不示人技。我虽尊高，人弗我害【校记：《备考》本作“惑”。嘉靖本与《孔子家语》、《孔子编年》同，故从之。】，谁能于此？江海【校记：《备考》本作“河”。嘉靖本与《孔子家语》、《孔子编年》同，故从之。】虽左⑧，长于百川，以其卑也。天道无亲，而能下人，诫之哉!”顾谓弟子曰：“小人识之，此言实而中，情而信。”

三十五岁，自卫反鲁，南宫敬叔言鲁君曰：“请与孔子适周。”鲁君与之一乘车，两

---

① 廪丘：齐国地名，在今山东范县。

② 釐(xī)王：东周国君周庄王之子，名胡。釐：姓。

③ 河目：上下眶平正而长的眼睛，古以为圣贤相貌。龙颡：高额。

④ 墉：墙垣。《诗·召南·行露》：“谁谓鼠无牙？何以穿我墉?”毛传：“墉，墙也。”

⑤ 斧扆：古代帝王朝堂所用的状如屏风的器具，以绛为质，高八尺，东西当户牖之间。其上有斧形图案，故名。《逸周书·明堂》：“大子之位，负斧扆，南面立。”

⑥ 金人：铜铸造的人像。”《史记·秦始皇本纪》：“收天下兵，聚之咸阳，销以为钟镰，金人十二，重各千石，置廷宫中。”

⑦ 执雌持下：守住柔弱保持卑下。语出《孔子家语·观周》。

⑧ 左：卑下。《史记·魏其武安侯列传》：“诸士在己之左，愈贫贱，尤益敬，与钧。”

马，一竖子①，俱适周。见老聃而问礼焉，老聃曰："子所言，其人与骨皆已朽矣，独其言在耳。且君子得时则驾，不得时则蓬累②而行。吾闻之，良贾深藏若虚，君子盛德，容貌若愚。去子之骄气与多欲，态色与淫志，皆无益于子之身。吾之所告子者，若此而已。"既辞去，老子送之曰："吾闻富贵者送人以财，仁人者送人以言。吾不能富贵，窃仁人之号，送子以言，曰：'聪明深察而近于死者，好议人者也。博辩广大而危其身者，好发人之恶者也。为人子者毋以有己，为人臣者毋以私己。'"夫子乃自周反于鲁，弟子稍益进焉。三十六岁，季平子与郈昭伯以斗鸡故，得罪鲁昭公，昭公率师击平子。平子与孟、叔、孙三家共攻公，公师败，奔齐，如晋，处昭公乾侯③。顷之，鲁乱，于是适齐，为高昭子家臣，以通乎景公。与齐太师语乐，闻《韶》音，三月不知肉味，齐人称之。景公又问政，夫子曰："政在节财。"景公悦，将欲封以尼溪之田④。晏婴进曰："夫儒者滑稽而不可轨法；倨傲自顺，不可以为下；崇丧遂哀，破产厚葬，不可以为俗；游说乞贷，不可以为国。自大贤之息，周室既衰，礼乐缺有间。今孔子盛容饰，繁登降之礼，趋详之节⑤，累世不能殚其学，当年不能究其礼。君欲用之以移齐俗，非所以先细民也。"后，景公敬见孔子，不问其礼。异日，景公止之曰："奉子以季氏，吾不能。"以季孟之间待之⑥。齐大夫欲害夫子，夫子闻之。景公曰："吾老矣，弗能用也。"孔子遂行，反乎鲁。三十七岁，自齐归鲁，见延陵季子聘于上国⑦。季子之子死，夫子往观其葬，曰："延陵季子其合礼矣。"三十九岁，在鲁。

四十二岁，桓子穿井得土缶⑧，中若羊⑨，问仲尼，云"得狗"⑩。仲尼曰："以丘所闻，羊也。丘闻之：木石之怪夔、罔蜽⑪，水之怪龙、罔象⑫，土之怪羵羊⑬也。"吴

---

① 竖子：童仆。《庄子·山木》："故人喜，命竖子杀雁而烹之。"郭庆藩集释："竖子，童仆也。"

② 蓬累：蓬，草名，风吹则根断而随风飘转，比喻人之行踪无定。

③ 乾侯：晋邑，在河北城安县东。

④ 封以尼溪之田：《史记索隐》："此说出《晏子》及《墨子》，其文微异。"

⑤ 繁登降之礼，趋详之节：给各种聚会定出了升堂、下阶、作揖、叩头的繁琐礼仪。

⑥ 以季孟之间待之：孔安国曰："鲁三卿季氏为正卿，最贵；孟氏为下卿，不用事。言待之以二者之间也。"

⑦ 上国：大国。

⑧ 土缶(fǒu)：盛酒瓦器，小口大腹。《国语·鲁语下》："季桓子穿井，获如土缶，其中有羊焉。"韦昭注："或云'得土如瓦缶，中有土羊。'"

⑨ 中若羊：中间有个像羊的东西。《史记集解》韦昭曰："羊，生羊也，故谓之怪也。"

⑩ 云"得狗"：《史记集解》韦昭曰："获羊而言狗者，以孔子博物，测之。"

⑪ 夔：古代传说的一足兽。罔蜽：又作方良、罔两、魍魉，传说中的山精鬼怪。《史记集解》韦昭曰："木石谓山也。或云夔，一足，越人谓之山缫也，或言独足。魍魉：山精，好学人声而迷惑人也。"

⑫ 怪龙、罔象：《史记集解》韦昭曰："龙，神兽也，非常见，故曰怪。或云'罔象食人，一名沐肿'。"

⑬ 羵(fén)羊：土精，非雌非雄。

伐越，堕会稽①，得骨节专车②。吴使使问仲尼："骨何者最大？"仲尼曰："禹致群神于会稽山，防风氏后至，禹杀而戮之，其节专车，此为大矣。"吴客曰："谁为神？"仲尼曰："山川之神足以纲纪天下③，其守为神，社稷为公侯，皆属于王者。"客曰："防风何守？"仲尼曰："汪罔氏之君，守封、禺之山④，为釐姓。在虞、夏、商为汪罔，于周为长翟，今谓之大人。"客曰："人长几何？"仲尼曰："僬侥氏⑤三尺，短之至也。长者不过十，数之极也。"吴客曰："善哉圣人！"

四十三岁，在陈。四十四岁，在鲁。桓子嬖臣曰仲梁怀，与阳虎有隙。阳虎欲逐怀，公山不狃止之【校记：《备考》本作"弗扰"。嘉靖本与《史记》、《通志》、《孔子编年》同，故从之。】。其秋，怀益骄，阳虎执怀。桓子怒，阳虎因囚桓子，与盟而释之。阳虎由此益轻季氏。季氏亦僭于公室，陪臣执国政，是以鲁自大夫以下皆僭离于正道。故夫子不仕，退而修《诗》、《书》、《礼》、《乐》，弟子弥众，至自远方，莫不受业焉。四十六岁，在鲁。观于鲁桓公之庙，有欹器⑥焉，问于守庙者："此为何器？"对曰："此宥坐之器⑦。"孔子曰："吾闻宥坐之器，虚则欹，中则正，满则覆，明君以为至诫，故常置之于坐侧。"顾谓弟子曰："试注水焉。"乃注之水，中则正，满则覆。夫子喟然叹曰："呜呼！夫物恶有满而不覆者哉？"子路进曰："敢问持满有道乎？"子曰："聪明睿智，守之以愚；功被天下，守之以让；勇力振世，守之以怯；富有四海，守之以谦。此所谓损之又损之之道也。"四十七岁，鲁定公以为中都宰⑧，制为养生送死之节，长幼异食，强弱异任，男女别途，路无拾遗，器不雕伪，为四寸之棺，五寸之椁⑨，因丘陵为坟，不封、不树，行之一年，而四方【校记："四方"，《备考》本作"西方"。】之诸侯则焉。定公曰："学子此法，以治鲁国何如？"对曰："虽天下可也，何但鲁国而已哉。"于是定公以为司空。乃别五土⑩之性，而物各得其所生之宜【校记："所生之宜"，《备考》本作"生之所宜"。】，由司空为大司寇。设法而不用，无奸民。五十一岁，由大司寇摄朝政，七日而诛乱政大夫少正卯⑪于两观之下，子贡进曰："夫少正卯，鲁之闻人也，

---

① 堕会稽：拆除会稽城墙。会稽：越都，今浙江绍兴。

② 骨节专车：骨节很长，装满一辆车。《国语·鲁语下》："昔禹致群神与会稽之山，防风氏后至，禹杀而戮之，其骨节专车。"

③ 山川之神足以纲纪天下：王肃曰："守山川之祀者为神，谓诸侯也。"韦昭曰："足以纲纪天下，谓名山大川能兴云致雨以利天下也。"

④ 封、禺之山：韦昭曰："封：封山；禺：禺山。在吴郡永安县。"

⑤ 僬侥氏：传说中的矮人。

⑥ 欹器：古代一种倾斜易覆的盛水器。水少则倾，中则正，满则覆。人君可置于座右以为戒。语出《荀子·宥坐》杨倞注："欹器，倾欹易覆之器。宥，与'右'同。言人君可置于座右以为戒也。"

⑦ 宥坐之器：放在座位的右边以示警戒的器物，相当于后来的座右铭。宥：通"右"。

⑧ 中都：春秋鲁邑，在今山东上汶县西。宰：邑宰，某一邑的长官。

⑨ 椁：古代棺木有两层，外面的谓之椁，里面的谓之棺。

⑩ 五土：山林、川泽、丘陵、水边平地、低洼地等五种地形。

⑪ 少正卯：春秋鲁大夫。两观：宫殿门外的两座高台。《左传·定公二年》："夏五月壬辰，雉门及两观灾。"

今夫子为政，而始诛之，或者为失乎?”夫子曰：“天下有大恶五，而窃盗不与焉。心逆而险，行僻而坚，言伪而辩，记丑而博，顺非而泽，五者有一于人，则不免君子之诛，少正卯皆兼有之。此乃人之奸雄，故【校记：《备考》本无“故”。】不可赦也。”五十二岁，齐大夫黎钼言于景公曰：“鲁用孔丘，其势危齐。”乃使使告鲁为好会，会于夹谷①。鲁定公且以乘车好【校记：《备考》本无“好”。】往。夫子摄相事，曰：“臣闻：有文事者必有武备，有武事者必有文备。古者诸侯出疆，必具官②以从。请具左右司马③。”定公曰：“诺。”具左右司马。会齐侯夹谷，为坛位，土阶三等，以会遇之礼④相见，揖让而登。献酬之礼毕，齐有司趋而进曰：“请奏四方之乐。”景公曰：“诺。”于是旍旄羽袚⑤、矛戟剑拨，鼓噪而至。夫子趋而进，历阶而登，不尽一等，举袂而言曰：“吾两君为好会【校记：《备考》本无“会”。嘉靖本与《史记》同，故从之。】，夷狄之乐何为于此！请命有司!”有司却之，不去，则左右视晏子与景公。景公心怍，麾而去之。有顷，齐有司趋而进曰：“请奏宫中之乐。”景公曰：“诺。”优倡侏儒为戏而前。孔子趋而进，历阶而登，不尽一等，曰：“匹夫而荧惑⑥诸侯者，罪当诛！请命有司!”有司加法⑦焉，手足异处。景公惧而动，知义不若，归而大恐，告其群臣曰：“鲁以君子之道辅其君，而子独以夷狄之道教寡人，使得罪于鲁君，为之奈何?”有司进对曰：“君子有过则谢以质，小人有过则谢以文。君若悼之，则谢以实。”于是齐侯乃归所侵鲁之郓、讙、龟阴之田⑧，以谢过。

五十三岁，为大司寇，国人谤之曰：“麛裘无韠，投之无戾。韠之麛裘，投之无邮。”⑨既而，政化盛行。鲁有贩羊者沈犹氏，常朝饮羊以诈市人，公慎氏妻淫不制，慎溃氏奢侈逾法，粥六畜者饰伪以储价⑩。及是，则沈犹氏不敢饮羊，公慎氏出其妻，慎溃氏越境而徙。国人诵之曰：“衮衣章甫，实获我所，章甫衮衣，惠我无私。”⑪五十四

---

① 夹谷：齐邑，在今山东莱芜县南面的夹谷峡。《史记集解》徐广曰：“司马彪云今在祝其县也。”

② 具官：指要文武齐备。

③ 左右：正副。司马：官名，相传少昊始置，周时为六卿之一，曰夏官大司马，掌军旅之事。

④ 会遇之礼：《史记集解》王肃曰：“会遇之礼，礼之简略也。”

⑤ 旍旄羽袚：旍(jīng)旄：同“旌旄”，军中用以指挥的旗帜。羽袚(fú)：皮制护膝。

⑥ 荧惑：迷惑戏弄。《史记索隐》：“营惑，谓经营而或乱也。”《家语》作“荧侮”。

⑦ 加法：依法执行，即斩侏儒。

⑧ 郓、汶阳、龟阴之田：《史记正义》：“郓，今郓州郓城县，在兖州龚丘县东北五十四里。故谢城在龚丘县东七十里。齐归侵鲁龟阴之田以谢鲁，鲁筑城于此，以旌孔子之功，因名谢城。”服虔曰：“三田，汶阳田也。龟，山名。阴之田，得其田不得其山也。”《史记集解》杜预曰：“太山博县北有龟山。”《史记索隐》：《左传》“郓、讙及龟阴之田”，则三田皆在汶阳也。

⑨ 麛裘无韠，投之无戾。韠之麛裘，投之无邮：见《吕氏春秋·乐成》。意思是穿上便服就抛弃朝服，不会有害处。穿上朝服就抛弃便服，不会有过错。麛(mí)裘即麑(ní)裘，用幼鹿皮制成的白衣服。韠：bì，古代朝觐或祭祀时遮蔽在衣裳前的一种服饰。戾：害。邮通“尤”，过错。

⑩ 粥：yù，同“鬻”，卖。六畜：牛、马、羊、鸡、犬、豕。储价：豫价，谓抬高物价。语出《家语·相鲁》。

⑪ 语见《孔丛子·陈士义第十四》。衮(gǔn)衣：古代帝王及上公穿的绘有卷龙的礼服。章甫：亦作“章父”。商代的一种冠，后用以称儒者之冠。

岁，言于定公曰："臣闻家不藏甲，大夫无百雉①之城。今三家过制②，请损之。"使仲由为季氏，堕三都③。于是叔孙氏先堕郈，季氏将堕费，公山不狃、叔孙辄率费人袭鲁。公与三子入季氏之宫，登武子之台。费人攻之，弗克，入及公侧④，孔子命申句须、乐颀下伐之，费人北。国人追之，败诸姑蔑。二子奔齐，遂堕费。将堕郕。公敛处父谓孟孙曰："堕郕，齐人必至于北门。且郕，孟氏之保鄣⑤，无郕是无孟氏也。我将弗堕。"十二月，公围郕，弗克。

五十五岁，在鲁。与闻国政三月，粥羔、豚者弗饰贾，男女行者别于途，途不拾遗，四方之客至乎邑者，不求有司，皆予之以归。齐人闻而惧，曰："孔子为政必霸，霸则吾地近焉，我为之先并矣，盍致地焉?"黎钼曰："请先尝沮之，沮之而不可则致地，庸迟乎!"于是选齐国中女子好者八十人，皆衣文衣而舞《康乐》⑥，文马三十驷，遗鲁君。陈女乐文马于鲁城南高门外。季桓子微服往观再三，将受，乃语鲁君为周道游⑦，往观终日，怠于政事。子路曰："夫子可以行矣。"夫子曰："鲁今且郊⑧，如致膰于大夫⑨，则吾犹可以止。"桓子卒受齐女乐，三日不听政。郊，又不致膰俎于大夫。乃作《猗兰》之操曰："习习谷风，以阴以雨。之子于归，远送于野。何彼苍天，不得其所。逍遥九州，无有定处。世人暗蔽⑩，不知贤者。年纪逝迈，一身将老。"遂行，宿于屯。师己送，曰："夫子则非罪。"孔子曰："吾歌可夫?"歌曰："彼妇之口，可以出走；彼妇之谒，可以死败。盖优哉游哉，维以卒岁!"师己反，桓子曰："亦何言?"师己以实告。桓子喟然叹曰："夫子罪我，以群婢故也夫!"遂适卫，主于子路妻兄颜浊邹家。五十六岁在卫。灵公问孔子："居鲁得禄几何?"对曰："奉粟六万。"卫人亦致粟六万。居顷之，或谮夫子于卫灵公，灵公使公孙余假一出一入⑪。孔子恐获罪焉，居十月，去卫。自卫至曹⑫，自曹至宋。五十七岁，自宋适陈，过匡，匡人围之五日，甲者进曰：

---

① 百雉：指城墙的长度达三百丈。雉，古代计算城墙面积的单位。长三丈高一丈为一雉。《礼记·坊记》："都城不过百雉。"郑玄注："雉，度名也，高一丈，长三丈。"

② 三家过制：三家大夫的城邑规模都逾越了礼制。三家：当时鲁国的权臣季孙氏、叔孙氏、孟孙氏。

③ 堕三都：拆除三家大夫的城池。三都：季孙氏的都城费、叔孙氏的都城郈、孟孙氏的都城成。成也写作"郕"。《史记集解》服虔曰："三都，三家之邑也。"陆德明《释文》："成，本或作郕，音承。"

④ 入及公侧：叛者入季氏之宅，进攻到鲁定公所登的台旁。《史记集解》服虔曰："人有入及公之台侧。"

⑤ 鄣：同"障"。

⑥ 文衣：华服。《康乐》：舞曲名。

⑦ 周道游：环城周遍游。

⑧ 且郊：即将举行祭祀天地的大典。

⑨ 致膰乎大夫：分送烤肉给大夫。膰：fán，祭祀用的烤肉。王肃曰："膰，祭肉。"

⑩ 暗蔽：愚昧蔽塞。

⑪ 一出一入：进进出出监视。《史记索隐》："谓以兵仗出入，以胁夫子也。"

⑫ 曹：国名，都陶丘，在山东定陶县西。

“吾初以为阳虎也。”遂解围。

五十九岁，在卫，灵公老，不用夫子。夫人有南子者，使人谓夫子曰：“四方之君子不辱欲与寡人【校记：“寡人”，《备考》本作“寡君”。】为兄弟者，必见寡小君①。寡小君愿见。”夫子辞谢，不得已而见之。夫人在绨帷②中。夫子入门，北面稽首。夫人自帷中再拜，环佩玉声璆然③。夫子曰：“吾向为弗见，见礼答焉。”居卫月余，灵公与夫人同车，宦者雍渠参乘④。出，使孔子为次乘，招摇市过之【校记：“之”，嘉靖本作“人”。《备考》本与《史记》同，故从之。】。夫子丑之，去卫，适曹。是岁鲁定公卒。又去曹适宋。

六十岁，在宋，与弟子习礼大树下，宋司马桓魋欲杀之，拔其树，夫子去。弟子曰：“可以速矣。”遂适郑，与弟子相失，夫子独立郭东门。郑人或谓子贡曰：“东门有人，其颡似尧，其项类皋陶，其肩类子产，然自腰以下，不及禹者三寸⑤，累累若丧家之狗。”子贡以实告。夫子欣然笑曰：“形状，末也。而似丧家之狗，然哉!”遂至陈，主于司城贞子家。岁余，吴王夫差伐陈，取三邑而去。赵鞅伐朝歌⑥。楚围蔡，蔡迁于吴。吴败越王勾践会稽。有隼集于陈廷而死⑦，楛矢贯之⑧，石砮⑨，矢长尺有咫。陈湣公⑩使使问之，夫子曰：“隼来远矣，此肃慎⑪之矢也。昔武王克商，通道九夷八蛮⑫，使各以其方贿⑬来贡，使无忘职业。于是肃慎贡【校记：嘉靖本无“贡”，《备考》本与《史记》同，故从之。】楛矢石砮，长尺有咫。先王欲昭其令德，以肃慎矢分大姬⑭，配虞胡公而封诸陈。分同姓以珍玉，展亲⑮也；分异姓以远方贡，使无忘服。故分陈以肃慎矢。”试求之故府，果得之。居陈三岁，会晋楚争强，更伐陈。及吴侵陈，陈常被寇。于是去陈。

---

① 寡小君：诸侯夫人对别国使者自称寡小君。

② 绨帷：细葛布做的帏帐。

③ 璆然：玉器相击的清脆之声。

④ 参乘：古代乘车，尊者居左，陪乘居右，称参乘。御者居中。

⑤ 不及禹者三寸：比禹短三寸。

⑥ 朝歌：卫都，在河南淇县。

⑦ 有隼集于陈廷而死：当时有一只鸷鸟栖息在陈惠公的朝廷上死了。隼：鸷鸟。

⑧ 楛矢贯之：有支楛木箭穿在鸟身上。楛：hù，木名，荆属。茎坚韧，可制箭杆及器物。

⑨ 石砮(nǔ)：石头做的箭头。

⑩ 陈湣公：《史记索隐》：“《家语》、《国语》皆作‘陈惠公’，非也。按：惠公以鲁昭元年立，定四年卒。又按系家，湣公十六年孔子适陈，十三年亦在陈，则此湣公为是。”

⑪ 肃慎：居于今东北地区的古代民族名。《肃慎国记》云：“肃慎，其地在夫余国东北，河六十日行。其弓四尺，强劲弩射四百步。”

⑫ 九夷百蛮：王肃曰：“九夷，东方夷有九种也。百蛮，夷狄之百种。”

⑬ 方贿：方物，土特产品。王肃曰：“各以其方面所有之财贿而来贡。”

⑭ 大姬：周武王之长女。《史记集解》韦昭曰：“大姬，武王元女也。”

⑮ 展亲：表示亲属关系的亲密。《史记集解》韦昭曰：“展，重也。玉谓若夏后氏之璜。”

六十一岁，自陈过蒲①，会公叔氏以蒲畔，蒲人【校记：“蒲人”，嘉靖本作“人”。《备考》本与《史记》同，故从之。】止孔子。弟子有公良孺者，以私车五乘从夫子。其为人长，贤，有勇力，谓曰：“吾昔从夫子遇难于匡，今又遇难于此，命也已。吾与夫子再罹难，宁斗而死。”斗甚疾。蒲人惧，谓孔子曰：“苟毋适卫，吾出子。”与之盟，出孔子东门。孔子遂适卫。子贡曰：“盟可负邪？”孔子曰：“要盟②也，神不听。”卫灵公闻孔子来，喜，郊迎。问曰：“蒲可伐乎？”对曰：“可。”灵公曰：“吾大夫以为不可。今蒲，卫之所以待晋楚也【校记：《备考》本于“楚也”与“以卫伐之”间有“晋楚伐卫，必先过蒲”，《史记》无，故从嘉靖本。】，以卫伐之，无乃不可乎？”夫子曰：“其男子有死之志，妇人有保西河之志。吾所伐者不过四五人。”灵公曰：“善。”然不伐蒲。六十二岁，在卫，灵公老，怠于政，不用孔子。既不得用于卫，将西见赵简子。至于河而闻窦鸣犊、舜华③之死也，临河而叹曰：“美哉水，洋洋乎！丘之不济此，命也夫！”子贡趋而进曰：“敢问何谓也？”孔子曰：“窦鸣犊、舜华，晋国【校记：《备考》本无“国”。】之贤大夫也。赵简子未得志之时，须此两【校记：“两”，《备考》本作“二”。】人而后从政；及其已得志，乃杀之。丘闻之：刳胎杀夭④，则麒麟不至其郊；竭泽涸渔，则蛟龙不处其渊；覆巢破卵，则凤皇不翔其邑。何则？君子讳伤其类也。夫鸟兽之于不义也，尚知辟之，而况乎丘哉！”乃还，息乎陬乡，作《陬操》⑤以哀之。曰：“周道衰微，礼乐凌迟。文武既堕，吾将焉师？周游天下，靡邦可依。凤鸟不识，珍宝枭鸱⑥。眷焉顾之，惨焉心悲。升车命驾，将适晋都。黄河洋洋，悠悠之鱼。临津不济，还辕息鄹。伤予道穷，哀彼无辜。翱翔于卫，复我旧庐。从吾所好，其乐只且。”遂反乎卫，主蘧伯玉家。

六十三岁，自卫之陈。陈侯起陵阳之台，未毕而死者数十人，又执三监吏将杀之。夫子既见陈侯，与登台而观。陈侯曰：“昔周作灵台，亦戮人乎？”对曰：“文王之兴，附者六州，六州之众以子道来，不日成之，何戮之有？”陈侯赦听执吏，遂罢。夫子自陈迁于蔡。蔡昭公将如吴，吴召之也。前昭公欺其臣迁州来⑦，后将往，大夫惧复迁，公孙翩射杀昭公。楚侵蔡。秋，齐景公卒。夫子自蔡如叶。叶公问政，夫子曰：“政在来远附迩。”他日，叶公问夫子于子路，子路不对。既而迁乎蔡。时，宰予在楚，楚昭

---

① 蒲：地名，今河北长垣县。

② 要盟：被胁迫订立的盟约。

③ 窦鸣犊、舜华：《史记集解》徐广曰：“或作‘鸣铎窦犨’，又作‘窦鸣犊、舜华也’。”《孔子家语》云“闻赵简子杀窦犨鸣犊及舜华”，《国语》云“鸣铎窦犨”，则窦犨字鸣犊，声转字异，或作“鸣铎”。庆华当作“舜华”，诸说皆同。

④ 刳胎杀夭：剖开兽腹杀死胎兽。

⑤ 《陬操》：《史记集解》王肃曰：“《陬操》，琴曲名也。”

⑥ 枭鸱：猫头鹰。旧时以为恶鸟，因亦喻恶人。

⑦ 州来：原来为楚邑，为吴所夺。公元前492年，吴人迁蔡昭侯于州来，称下蔡，在今安徽凤台县。

王欲以安车象饰遗夫子①。宰我【校记：《备考》本作“予”。】曰：“夫子无以此为也。自臣从夫子以来，夫子言不离道，动不遗仁，贵义尚德，清而【校记：“而”，《备考》本作“素”。】好俭，仕而不禄，所以无积，不合则去，退无吝心，妻不服采，妾不衣帛，车器不雕，马不食粟，道行则乐其治，不行则乐其身。此所以为夫子也。若夫观目之丽靡，窈窕之淫音，夫子过之弗视，遇之弗听。故臣知夫子无用此车也。”王曰：“今而后知夫子之德也。”时，齐有一足之鸟，飞集于宫朝，舒翅而跳，齐侯②怪之，使使问之。夫子曰：“此鸟名商羊③，水祥也。昔童儿【校记：“童儿”，《备考》本作“儿童”。】屈脚，振肩而跳且谣曰：‘天将大雨，商羊鼓舞。今齐有之，其应至矣。’顷之大霖雨，水溢泛。”时，楚昭王渡江，有一物触王舟，使使问之。夫子曰：“此萍实也，其甘如蜜。”使曰：“何以知之？”子曰：“吾昔之郑，过乎陈之野，闻小儿谣曰：‘楚王渡江得萍实，大如斗，赤如日，剖而食之甘如蜜。’得无是乎？”

吴伐陈。楚救陈，军于城父④。闻孔子在陈蔡之间，楚使人来聘。夫子将往拜礼，陈蔡大夫谋曰：“孔子贤者，所刺讥皆中诸侯之疾。今者又久留陈蔡之间，诸大夫所设行，皆非仲尼之意。今楚，大国也，来聘孔子。孔子用于楚，则陈蔡用事大夫危矣。”于是乃相与发徒役，围夫子于野。不得行，绝粮。从者病，莫能兴。夫子讲诵弦歌不衰，知弟子有愠心，乃召子路曰：“《诗》云：‘匪兕匪虎，率彼旷野。’⑤吾道非邪？吾何为于此？”子路曰：“意者吾未仁耶？人之不我信也。意者吾未智邪？人之不我行也。”夫子曰：“有是乎！由，譬使仁者而必信，安有伯夷、叔齐⑥？使智者而必行，安有王子比干⑦？”子路出，子贡入见。孔子曰：“赐，《诗》云：‘匪兕匪虎，率彼旷野。’吾道非邪？吾何为于此？”子贡曰：“夫子之道至大也，故天下莫能容。夫子盖少贬焉？”夫子曰：“赐，良农能稼而不能为穑，良工能巧而不能为顺⑧。君子能修其道，纲而纪之，统而理之，而不能为容。今尔不修尔道而求为容。赐，而志不远矣！”子贡出，颜回入见。夫子曰：“回，《诗》云：‘匪兕匪虎，率彼旷野。’吾道非邪？吾何为于此？”颜回曰：“夫子之道至大，故天下莫能容。虽然，夫子推而行之，不容何病？不容然后见君子！夫道之不修也，是吾丑也。夫道既已大修而不用，是有国者之丑也。不容何病？不

---

① 事见《孔丛子·记义》。安车：古代可以坐乘的小车。古车立乘，此为坐乘，故称安车。供年老的高级官员及贵妇人乘用。高官告老还乡或徵召有重望的人，往往赐乘安车。安车多用一马，礼尊者则用四马。象饰：指象牙做的装饰物。

② 齐侯：指齐景公。

③ 商羊：传说中的鸟名。据云，大雨前，常屈一足起舞。

④ 城父：陈邑，后归楚，在安徽亳县东南。

⑤ 语出《诗·小雅·何草不黄》。匪同“非”。意思是不是犀牛，不是老虎，为何巡行在旷野之中。《史记集解》王肃曰：“率，循也。言非兕虎而循旷野也。”

⑥ 安有伯夷、叔齐：《史记正义》：“言仁者必使四方信之，安有伯夷、叔齐饿死乎？”

⑦ 安有王子比干：《史记正义》：“言智者必使处事通行，安有王子比干剖心哉？”

⑧ 良农能稼而不能为穑二句：《史记集解》王肃曰：“种之为稼，敛之为穑。言良农能善种之，未必能敛获之。良工能巧而已，不能每顺人之意。”

容然后见君子！”夫子欣然而笑曰：“有是哉！颜氏之子！使尔多财，吾为尔宰①。”又曰：“芝兰生于深林，不以无人而不芳，君子修道立德，不以穷困而改节。为之者，人也。生死者，命也。”于是使子贡至楚，楚昭王兴师来迎，然后得免。昭王将封以书社地②七百里。楚令尹子西曰：“王之使使诸侯有如子贡者乎？”曰：“无有。”“王之辅相有如颜回者乎？”曰：“无有”。“王之将率有如子路者乎？”曰：“无有。”“王之官尹有如宰予者乎？”曰：“无有。”“且楚之祖封于周，号为子男五十里。今孔丘述三王之法，明周、召之业，王若用之，则楚安得世世堂堂方数千里乎？夫文王在丰，武王在镐，百里之君卒王天下。今孔丘【校记：“丘”，《备考》本作“子”。】据土壤，贤弟子为佐，非楚之福也。”昭王乃止，于是自楚反乎卫。

六十四岁，卫君辄父不得立，在外，诸侯数以为让。夫子弟子多在于卫，卫君欲得夫子为政。六十六岁，夫人亓官氏卒。六十七岁，伯鱼③母死，期年而犹哭④。夫子闻之，曰：“谁欤？”门人曰：“鲤也。”夫子曰：“嘻，其甚也。”伯鱼闻之，遂除之。六十八岁，在卫。冉有为季氏将帅，与齐战于郎⑤，克之。季康子曰：“子之于军旅⑥，学之乎？性之乎？”冉有曰：“学之于孔子。”季康子曰：“孔子如何人哉？”对曰：“用之有名；播之百姓，质诸鬼神而无憾。求之至于此道，虽累千社，夫子不利也。”康子曰：“我欲召之，可乎？”对曰：“欲召之，则毋以小人固之，则可矣。”卫孔文子将攻太叔，问策仲尼，子辞不知，退而命载而行，曰：“鸟能择木，木岂能择鸟乎！”文子固止。会季康子逐公华、公宾、公林，以币迎，乃归鲁。作《丘陵》之歌曰：“登彼丘陵，峛崺其阪⑦。仁道在迩，求之若远。遂迷不复，自婴屯蹇⑧。喟然四顾，题彼泰山。郁确其高，梁甫⑨四连。枳棘⑩充路，陟⑪之无缘。将伐无柯，患滋蔓延。惟以永叹，涕泪潺湲。”然鲁终不能用，夫子亦不求仕。时，周室微、礼乐废，《诗》、《书》缺。乃追迹三代之礼，序《书传》，上纪唐虞之际，下至秦缪，编次其事。古者《诗》三千余篇，夫子去其重，取可施于礼义，上采契、后稷，中述殷周之盛，至幽厉

① 吾为尔宰：《史记集解》王肃曰：“宰，主财者也。为汝主财，言志之同也。”

② 书社地：《史记集解》服虔曰：“书，籍也。”《史记索隐》：“古者二十五家为里，里则各立社，则书社者，书其社之人名于籍。”

③ 伯鱼：孔子之子，名鲤。

④ 期年而有哭：伯鱼为她服丧一年之后还哭。

⑤ 郎：鲁近邑，故地在今山东省曲阜市附近。

⑥ 军旅：《史记集解》郑玄曰：“万二千人为军，五百人为旅。”

⑦ 峛崺：lǐ yǐ，山势曲折连绵。阪：bǎn，山坡，斜坡。

⑧ 屯蹇：《易》“屯”卦和“蹇”卦的并称。意谓艰难困苦，不顺利。

⑨ 梁甫：亦作“梁父“，山名。泰山下的一座小山，在今山东省新泰市西。

⑩ 枳棘：枳木与棘木，因其多刺而称恶木。常用以比喻恶人或小人。

⑪ 陟：zhì，由低处向高处走。与“降”相对。

之缺，始于衽席①，故曰："《关雎》之乱以为《风》始，《鹿鸣》为《小雅》始，《文王》为《大雅》始，《清庙》为《颂》始。"凡三百五篇皆弦歌之，以求合《韶》、《武》②、《雅》、《颂》之音。礼乐自此可得而述，以备王道，成六艺。晚而喜《易》，序③《彖》、《系》、《象》、《说卦》、《文言》。读《易》，韦编三绝④。曰："假我数年，若是，我于《易》则彬彬矣。"以《诗》、《书》礼乐教，弟子盖三千焉，身通六艺者七十有二人。如颜浊邹⑤之徒，受业者甚众。六十九岁，子伯鱼卒。

七十岁，在鲁哀【校记：《备考》本无"哀"。】公馆焉。公自阼阶⑥，夫子自宾阶升堂立侍。公命以席问政。夫子对曰："政之急，莫大乎使民富且寿也。"公曰："为之奈何?"对曰："省力役，薄赋敛，则民富；崇礼教，远罪疾【校记："疾"，《备考》本作"戾"。】，则民寿。"公曰："寡人欲行夫子之言，恐吾国贫不能至也。"对曰："《诗》云：'恺悌君子，民之父母。'⑦未有子富而父母贫者。"公曰："寡人生于深宫之中，长于妇人之手，未尝知哀，未尝知忧，未尝知劳，未尝知惧，未尝知危，不足以行此也。"对曰："君入太庙如右⑧，登自阼阶，仰视榱桷⑨，俯察几筵⑩，其器皆存，而不睹其人，以此思哀，则哀可知矣。昧爽夙兴⑪，正其衣冠，平旦视朝，虑其危难，一物失理，乱亡之端，以此思忧，则忧可知矣。日出听政，至于中昃⑫，诸侯子孙，来往如宾，行礼揖让，慎其威仪，以此思劳，则劳可知矣。缅然长思，出于四门，周游远望，视亡国之墟，必将有数焉，以此思惧，则惧可知矣。夫君者，舟也；庶人者，水也；水能载舟，亦能覆舟，以此思危，则危可知矣。"公曰："善。"于是废山泽之禁，驰关市之税，以惠百姓。七十一岁，鲁哀公春，狩大野⑬。叔孙氏车子钼商⑭获兽，以为不祥。仲尼视

---

① 始于衽席：以男女夫妇的伦常为起点。指《诗经》以歌唱爱情的《关雎》为第一篇。衽席：亦作"袵席"。床褥与莞簟，引申为寝处之所，后借指男女色欲之事。

② 《韶》、《武》：古代乐曲名。相传《韶》是舜乐，《武》是武王伐纣之乐。

③ 序：《史记正义》：序，《易·序卦》也。夫子作《十翼》，谓《上彖》、《下彖》、《上象》、《下象》、《上系》、《下系》、《文言》、《序卦》、《说卦》、《杂卦》也。《易正义》："文王既繇六十四卦分为上下篇，先后之次，其理不易。孔子就上下二经，各序其相次之义。"

④ 韦编三绝：系竹简的皮带多次折断，说明孔子读书之勤。颜师古注："编，所以联次简也。言爱玩之甚，故编简之韦为之三绝也。"后遂以"韦编三绝"为读书勤奋、刻苦治学之典。古代用竹简书写，用皮绳编缀，称"韦编"。

⑤ 颜浊邹：孔子弟子，子路妻兄，卫国人。

⑥ 阼阶：东阶，主人迎接宾客的地方。

⑦ 语出《诗·小雅·南山有台》。

⑧ 君入太庙如右：君子到宗庙里举行祭祀之礼，侑劝祖神享用牺牲。右通"侑"，劝酒，劝食。

⑨ 榱桷：房屋椽子的总称。

⑩ 几筵：案几和坐席。筵：古人铺在地上的坐席。

⑪ 昧爽夙兴：天刚亮就起床。昧爽：黎明，天将亮未亮时。夙：早晨。兴：起床。

⑫ 中昃：日中及日偏斜。泛指过午。

⑬ 大野：《史记集解》服虔曰："大野，薮名，鲁田圃之常处，盖今巨野是也。"

⑭ 车子钼商：《史记集解》服虔曰："车子：微者也；钼商：名也。"

之，曰："麟①也。"反袂拭面【校记："面"，《备考》本作"泪"。】，涕泣涟洏【校记："洏"，《备考》本作"泗"。】，取之，曰："吾道穷②矣。"乃因《史记》作《春秋》，上至隐公，下讫哀公十四年，举十二公③行事，绳之以文武之道，成一王之法，其文约，其指博。故吴楚之君自称王，而《春秋》贬之曰"子"；践土之会④，实召周天子，而《春秋》讳之曰"天王狩于河阳⑤"；推此类以绳当世贬损之义。在位听讼，文辞有可与人共者，弗独有也。至于为《春秋》，笔则笔，削则削⑥，游夏之徒不能赞一辞。弟子受《春秋》，夫子曰："后世知丘者以《春秋》，而罪丘者亦以《春秋》。"

七十二岁，在鲁。七十三岁，夫子病，子贡请见。孔子方负手曳杖逍遥于门，歌曰："泰山其颓乎！梁木其坏乎！哲人其萎乎！"既歌而入，当户而坐。子贡闻之，曰："泰山其颓，则吾将安仰；梁木其坏，哲人其萎，则吾将安放。夫子殆将病也。"遂趋而入。夫子曰："赐，尔来何迟也。夏后殡于东阶之上，则犹在阼也，殷人殡于两楹之间，则与宾主夹之也，周人殡于西阶之上，则犹宾之也，而丘也殷人也，予畴昔之夜梦坐奠于两楹之间，夫明王不兴，而天下其孰能宗予，予【校记：嘉靖本无"予"。】殆将死也。"盖寝疾七日而没，乃鲁哀公十六年四月己丑。哀公诔⑦之曰："旻天不吊⑧，不憖⑨遗一老，俾屏余【校记："余"，《备考》本作"予"。】一人⑩以在位，茕茕余在疚。呜呼哀哉！尼父，无自律【校记：嘉靖本无"无自律"。《备考》本与《左传》、《史记》同，故从之。注：《史记》作"毋自律"。】。"葬鲁城北泗上⑪，弟子皆服心丧三年。丧毕，相诀而去，则哭，各复尽哀；或复留。唯子贡庐于冢上，凡六年，然后去。弟子及【校记："及"，《备考》本作"多"。嘉靖本与《史记》同，故从之。】鲁人往从冢而家者百有余室，因命曰孔里。鲁世世相传，以岁时奉祠其冢，而诸儒亦讲礼、乡饮、大射⑫于冢上。

---

① 麟：《史记集解》服虔曰："麟非时所常见，故怪之，以为不祥也。仲尼名之曰'麟'，然后鲁人乃取之也。明麟为仲尼至也。"

② 吾道穷：我的理想破灭了。《史记集解》何休曰："麟者，太平之兽，圣人之类也。时得而死，此天亦告夫子将殁之证，故云尔。"

③ 十二公：指鲁国隐公、桓公、庄公、闵公、僖公、文公、宣公、成公、襄公、昭公、定公、哀公十二公。

④ 践土之会：周襄王二十年，晋文公在城濮之战中打败楚国，乘机召周襄王及诸侯在践土盟会，以确立晋的霸主地位。践土：郑地，在今河南原阳县西南。

⑤ 天王狩于河阳：孔子认为以臣召君，不足为训，所以记事为襄王到河阳狩猎。河阳，晋邑，在今河南孟县。

⑥ 笔则笔，削则削：指所作《左传》，该记载的就记载，该删削的就删削。

⑦ 诔：哀悼死者的文字。

⑧ 旻天：泛指天。不吊：不怜悯。

⑨ 憖：yìn，肯，愿意。

⑩ 余一人：乃天子自称，鲁哀公诸侯而称余一人，就是非礼。不过天子自称乃谦称，鲁哀公伤痛时自称，乃孤独一人之义，后来果然落得孤家寡人的下场而死去，乃不用贤之过也。

⑪ 泗上：泗水岸上。

⑫ 讲礼：讲论孔子的政治主张。乡饮：即乡饮酒，古代乡校毕业时，乡大夫招待饮酒，考察推荐人才。大射：诸侯举行祭祀时与群臣习射观礼，称为大射。孔门弟子在祭祀孔子时举行各种礼仪活动。

薛应旂曰："余观《家语》、《史记》及《孔氏世谱》，孔子盖微子之后，封于宋。至宋襄公生弗父何，以让弟厉公。何生宋【校记：《备考》本无"宋"。】父周，周生世子胜，胜生正考父，考父生孔父嘉。五世亲尽，别为公族，姓孔氏，生木金父，金父生祈父，祈父生防叔，避华督之难奔鲁。防叔生伯夏，伯夏生叔梁纥，纥生孔子。其于圣人之世，岂不亦颇详尽哉！但夫子曰：'殷礼，吾能言之。宋，吾不足征也。'盖当其时，已伤文献之无凭矣。《易》谓：'易有太极，是生两仪，两仪生四象，四象生八卦。'八卦生生不穷，而盛德大业于是焉出。孔子，固太极也。虽谓神明有自而其实世之详略，曷重轻焉？朱子尝节《史记》之略，亦于疑者不入，盖传信也。马迁以夫子素王列于《世家》，而郑夹漈①所编《通志略》，则收入《列传》云。"

太史公曰："《诗》有之：'高山仰止，景行行止②。'虽不能至，然心向往之。余读孔氏书③，想见其为人。适鲁，观仲尼庙堂车服礼器，诸生以时习礼其家，余低回留之不能去云。天下君王至于贤人众矣，当时则荣，没则已焉。孔子布衣，传十余世，学者宗之。自天子王侯，中国言《六艺》者折中于夫子，可谓至圣矣！"

---

① 郑夹漈：即郑樵(1104—1162年)，宋莆田人，字渔仲。居夹漈山，学者称夹漈先生。博学多识，好为考证之学。官至枢密院编修，著有《通志》二百卷。《宋史》载儒林传。

② 语出《诗经·小雅·车舝》。

③ 孔氏书：指记录孔子及其弟子言行的《论语》。

四书人物考卷十四

传十一　孔子门人

薛应旂曰："余观史迁作《史记》，凡采摭①诸人事实，言行多旁引厖②述，虽寓言托喻者勿择也，唯于《孔子弟子列传》，自子贡外略节《论语》中所载问答数言，其诸虽经传可据，亦不一及，自谓附于阙疑之义，岂亦尊信圣贤、特加慎重之意与？然其传夷齐则谓颜渊'附骥尾而行益显'，述货殖则谓孔子籍子贡而'名布扬于天下'，序游侠则诮季次、原宪终身蓬褐而死。虽其遭腐自伤，不无愤激，而立言若此，不几于侮圣贤者乎？其何以为训也？唐司马贞③为之《索隐》，亦尝诋其疏略矣。余故于诸弟子言行见于他书，凡有益于世教者，则辄为叙之，其见于《论语》则固学者所雅闻也，不复详载云。"

颜渊

颜渊，鲁人，名回。渊，其字也。少孔子三十岁。孔子尝谓回曰："家贫居卑，胡不仕乎？"对曰："回有郭外之田五十亩，足以给饘粥；郭内之田十亩，足以为线麻；鼓琴足以自娱；所学于夫子者，足以自乐。回不愿仕也。回愿贫如富，贱如贵，无勇而威，与士交通，终身无患难，亦且可乎？"孔子曰："善哉！回也。夫贫而如富，其知足而无欲也；贱而如贵，其让而有礼也；无勇而威，其恭敬而不失于人也；终身无患难，其择言而出之也。若回者，其至乎！虽上古圣人，亦如此而已。"孔子厄于陈蔡之间，仲由有愠言，回曰："夫子之道至大，天下不能容。虽然，夫子推而行之，世不我用，有国之丑也【校记：《备考》本无"也"。】。夫子何病焉？不容然后见君子！"孔子北游于农山④，子路子贡颜渊侍。孔子曰："二三子各言尔志，吾将择焉。"子路进曰："由愿得钟鼓之音，上震于天，旌旗缤纷，下蟠于地，由当一队而敌之，必也攘地千里，搴旗

① 采摭：采集摘录。摭：拾取。

② 厖：máng，纷乱。

③ 司马贞：（生卒年不详），字子正。唐河内（今河南沁阳）人，开元时官润州刺史，著有《史记索隐》。

④ 农山：山名，在鲁国（今山东）境内。

执馘①，唯由能之。”夫子曰：“勇哉！”子贡复进曰：“赐愿使齐楚合战于漭漾②之野，两垒相望，挺刃交兵，赐著缟衣白【校记：“白”，《备考》本作“素”。嘉靖本与《孔子家语》同，故从之。】冠，陈说其间，推论利害，释二国之患，唯赐能之。”夫子曰：“辩哉！”颜回退而不言。孔子曰：“回，汝独无愿乎？”对曰：“回闻薰莸③不同器而藏，尧桀不共国而治，以其类异也，回愿得明王圣主辅相之，敷其五教，导之以礼乐，使民城郭不修，沟池不越，铸剑戟以为农器，放牛马于原薮④，室家无离旷之思⑤，千岁无战斗之患，则由无所施其勇，而赐无所用其辩矣。”夫子凛然曰：“美哉！德也。”子路抗手⑥而对曰：“夫子何选焉？”孔子曰：“不伤财，不害民，不繁词，则颜氏之子有矣。”

回年二十九发尽白，三十二而卒。孔子曰：“自吾有回，门人日益亲。”哭之恸至，谓之“天丧予”云。

薛应旂曰：“颜子愿得明王圣主而辅相之。及观《鲁论》问为邦，是岂不欲仕哉！而道大不容，则其所见于当时之君臣者，已灼知其不能用矣，所以箪瓢陋巷，终身不改其乐也。夫子独称其好学而无所不悦，不违如愚，其默契传心之妙，固七十子之所难预闻者矣。所谓‘用行舍藏，唯我与尔有是者’，岂虚也哉！”

闵子骞

闵损，字子骞，鲁人，少孔子十五岁。幼丧母，为后母所苦。冬月以芦花衣之以代絮，其所生二子则衣之以绵。父知之，欲出⑦后母，损曰：“母在一子单，母去三子寒。”遂止。闵子始见于夫子，有菜色，后有刍豢之色⑧。子贡问曰：“子始有菜色，今有刍豢之色，何也？”闵子曰：“吾出蒹葭⑨之中，入夫子之门。夫子内切磋以孝，外为之陈王法，心窃乐之；出见羽盖龙旗、裘旃⑩相随，心又乐之。二者相攻胸中而不能

---

① 搴旗执馘：一只手拔取敌人的旗帜，一只手拿着割下来的敌人的耳朵。搴：qiān，拔取。馘：guó，战争割取的敌人的左耳朵。

② 漭漾：广大的样子。《后汉书·明帝纪》：“汴流东侵，日月益甚，水门故处，皆在河中，漭漾广溢，莫测圻岸。”

③ 薰莸：香草和臭草。喻善恶、贤愚、好坏等。

④ 原薮：平原和湖泽。薮：水少而草木茂盛的湖泽。

⑤ 离旷：指丈夫离家，妇人独处。

⑥ 抗手：举手、施礼。

⑦ 出：遗弃、休弃。《战国策·秦策四》：“ 薛公入魏而出齐女。”高诱注：“妇人大归曰出。”

⑧ 刍豢之色：润泽的颜色。刍豢：牛羊犬豕之类的家畜。泛指肉类食品。朱熹《集注》：“草食曰刍，牛羊是也；谷食曰豢，犬豕是也。”

⑨ 蒹葭：蒹和葭都是价值低贱的水草，因喻微贱。

⑩ 羽盖：用翠鸟羽毛覆盖的车盖。《周礼·春官·巾车》：“辇车，组挽。有翣，羽盖。”郑玄注：“后居宫中所乘……以羽作小盖，为翳日也。”裘旃(zhān)：用毛织制的衣服。旃，通“毡”，羊毛或其它动物毛经湿、热、压力等作用，缩制而成的块片状材料。

任，是以有菜色也。今被夫子之文浸深，又赖二三子切磋而进之，内明于去就之义，出见羽盖龙旗、裘旃相随，视如坛土矣。是以有刍豢之色。唯是不仕大夫，不食污君之禄。”季氏召为费宰，弗往。且曰：“如有复我者，则吾必在汶上矣。”乃居亲三年丧毕，见于孔子，与之琴，使之弦，切切而悲，作而曰：“先王制礼，不敢过焉。”孔子曰：“闵子哀未尽，能断之以礼，不亦君子乎？”

薛应旂曰：“闵子未尝仕季氏也。《家语》载其为费宰而问政于孔子，及观孔子六辔六官之说，皆治天下之法，纵可行之一邑，夫子亦不如是立言也，其附会可无辨矣。”

冉伯牛

冉耕，鲁人，字伯牛，以德行著称，有癞疾。孔子节小物则以伯牛侍，曰：“吾以子自厉也。”

仲弓

冉雍，字仲弓，伯牛之宗族也，少孔子二十九岁，生于不类①之父，以德行著名。尝问于孔子曰：“雍闻至刑无所用政，至政无所用刑。至刑无所用政，桀纣之世也；至政无所用刑，成康之世也，信乎？”孔子曰：“圣人之治化也，必刑政相参焉。”及问仁，则曰：“请事斯语。”孔子谓其可使南面。子贡曰：“在贫如客，使其臣如借，不迁怒，不深怨，不录旧罪，是冉雍之行也。”

宰我

宰予，字子我，鲁人，长于言语，尝昼寝。及欲短丧，孔子既责之矣，又尝自言曰：“以言取人，失之宰予。”予尝问曰：“鬼神之名，不知其所谓。”孔子曰：“气也者，神之盛也；魄也者，鬼之盛也。合鬼与神，教之至也。”又问五帝之德，夫子告之，其详具见《家语》。既而曰：“予非其人也。”盖深警之云。

薛应旂曰：“史迁谓宰我为临淄大夫，与田常作乱，以夷其族，孔子耻之。及观《吕氏春秋》则言陈恒攻宰予于庭，即简公于庙②，可见其相憎而不相为谋也，岂得助

---

① 不类：不善。《诗·大雅·瞻卬》：“不吊不祥，威仪不类。”毛传：“类，善。”孔颖达疏：“威仪有不善。”

② 即简公于庙：在宗庙刺杀简公。

之为乱哉！呜呼！予虽不仁，弑父与君，亦不从也。”

子贡

端木赐，卫人，字子贡。少孔子三十一岁。子贡善为说辞，孔子常黜其辩①。齐景公问子贡曰：“子何师?”对曰：“鲁仲尼。”曰：“仲尼贤乎?”曰：“圣人也，岂直贤哉!”景公曰：“其圣何如?”子贡曰：“不知也。”景公作色曰：“始言圣人，今言不知，何也?”子贡曰：“赐终身戴天，不知天之高也，终身践地，不知地之厚也。赐之事仲尼，譬犹【校记：“犹”，《备考》本作“如”。嘉靖本与《春秋别典》同，故从之。】渴操壶杓，就江海而饮之，腹满而去，又安知江海之深乎?”景公曰：“子得无太誉乎?”子贡曰：“赐何敢誉？尚虑不及耳。赐誉仲尼，譬犹两手捧土而附太山，其无益亦明矣。使不誉仲尼，譬犹两手杷②太山，无损亦明矣。”景公曰：“善哉，岂其然乎?”鲁定公十五年春，邾子益来朝，邾子执玉高，其容仰。公受玉卑，其容俯。子贡曰：“夫礼，死生存亡之体也。今正月相朝，而皆不度，心已亡矣。高仰，骄也；卑俯，替③也。骄近乱，替近疾。君为主，其先亡乎。”是年五月，公薨。哀公七年秋，伐邾，以邾子益来，献于亳社④，囚诸负瑕⑤。孔子曰：“赐不幸言而中，是使赐多言也。”十二年，吴征会于卫，卫辞吴盟。吴人藩卫侯之舍。子贡乃束锦以行，见太宰嚭，语及卫故，嚭曰：“卫君之来也缓，故寡君止之。”子贡曰：“卫君之来，必谋于其众，或欲或否，是以缓来。其欲来者，子之党也。其不欲者，子之仇也。若执卫君，是堕党而崇仇也，合诸侯而执卫君，堕党崇仇，或者难以霸乎。”嚭乃舍卫侯。

齐田常欲作乱，惮高、国、鲍、晏，欲移其兵以伐鲁，孔子闻之，谓门弟子曰：“夫鲁，坟墓所处，父母之国。国危如此，二三子何为莫出?”子路请出，孔子止之。子张、子石⑥请行，孔子弗许。子贡请行，孔子许之。遂行，至齐，说田常曰：“君之伐鲁过矣。夫鲁，难伐之国，其城薄以卑，其地狭以浅，其君愚而不仁，大臣伪而无用，其士民又恶甲兵之事，此不可战。君不如伐吴。夫吴，城高以厚，地广以深，甲坚以新，士选以饱，重器精兵尽在其中，又使明大夫守之，此易伐也。”田常忿然作色，曰：“子之所难，人之所易；子之所易，人之所难。而以教常，何也?”子贡曰：“臣闻之，忧在内者攻强，忧在外者攻弱。今君忧在内。吾闻君三封而三不成者，大臣有不听者

---

① 常黜其辩：经常驳斥他的说辞。《史记·仲尼弟子列传》：“子贡利口巧辞，孔子常黜其辩。”

② 杷：pá，指用手扒，挖掘。《汉书·贡禹传》：“农夫父子暴露中野，不避寒暑，捽中杷土，手足胼胝。”颜师古注：“杷，手掊之也。”

③ 替：废惰。《书·大诰》：“予惟小子，不敢替上帝命。”孔传：“不敢废天命。”

④ 亳社：殷社。以其亡国与殷同，故献于亳社。

⑤ 负瑕：鲁邑，在今山东兖州西。

⑥ 子石：《史记索隐》：“公孙龙也。”

也。今君破鲁以广齐，战胜以骄主，破国以尊臣①，而君之功不与焉，则交日疏于主。是君上骄主心，下恣群臣，求以成大事，难矣。夫上骄则恣，臣骄则争，是君上与主有隙，下与大臣交争也。如此，则君之立于齐危矣！故曰不如伐吴。伐吴不胜，民人外死，大臣内空②，是君上无强臣之敌，下无民人之过，孤主制齐者唯君也。”田常曰：“善。虽然，吾兵业已加鲁矣，去而之吴，大臣疑我，奈何?”子贡曰：“君按兵无伐，赐请往使吴王，令之救鲁而伐齐，君因以兵迎之。”田常许之，使子贡南见吴王。说曰：“臣闻之，王者不绝世，霸者无强敌，千钧之重加铢两而移③。今以万乘之齐而私千乘之鲁，与吴争强，窃为王危之。且夫救鲁，显名也；伐齐，大利也。以抚泗上诸侯，诛暴齐以服强晋，利莫大焉。名存亡鲁，实困强齐，智者不疑也。”吴王曰：“善。虽然，吾尝与越战，栖之会稽。越王苦身养士，有报我心。子待我伐越而听子。”子贡曰：“王置齐而伐越，则齐已平鲁矣。王方以存亡继绝为名，乃伐小越而畏强齐，非勇也。今存越示诸侯以仁，救鲁伐齐，威加晋国，诸侯必相率而朝吴，霸业成矣。”吴王大悦，乃使子贡之越。越王除道郊迎④，身御至舍⑤而问曰：“此蛮夷之国，大夫何以俨然辱而临之?”子贡曰：“今者吾说吴王以救鲁伐齐，其志欲之而畏越，曰‘待我伐越乃可’。如此破越必矣。且夫无报人之志而令人疑之，拙也；有报人之意，使人知之，殆也；事未发而先闻，危也。三者，举事之大患。”勾践顿首再拜，曰：“孤尝不料力，乃与吴战，困于会稽，痛入于骨髓，日夜焦唇干舌，徒欲与吴王接踵而死，孤之愿也。”子贡曰：“吴王为人猛暴，群臣不堪；国家敝于数职，士卒弗忍；百姓怨上，大臣内变；子胥以谏死，太宰嚭用事，顺君之过以安其私。是残国之治也。今王诚发士卒佐之以徼其志，重宝以说其心，卑辞以尊其礼，其伐齐必也。彼战不胜，王之福矣。战胜，必以兵临晋，臣请北见晋君，令共攻之，弱吴必矣。其锐兵尽于齐，重甲困于晋，而王制其敝，此灭吴必矣。”越王大说，许诺。送子贡金百镒，剑一，良矛二。子贡不受，遂行。报吴王曰：“赐敬以大王之言告越王，越王大恐，曰：‘孤不幸，少失先人，内不自量，抵罪于吴⑥，军败身辱，栖于会稽，赖大王之赐，使得奉俎豆而修祭祀，死不敢忘，何谋之敢虑！’”后五日，越使大夫种顿首言于吴王曰：“东海役臣孤勾践使者臣种，敢修下吏问于左右。今窃闻大王将兴大义，诛强救弱，困暴齐而抚周室，请悉起境内士卒三千人，孤请自被坚执锐，以先受矢石⑦。因越贱臣种奉先人藏器甲二十领，屈卢之矛，

---

① 破国以尊臣：打破鲁国只是增高了大臣的威望。王肃曰：“鲍、晏等帅师，若破国则臣尊矣。”

② 内空：朝廷权力空白。

③ 千钧之重加铢两而移：在千钧重物上加上微小的重量就要打破平衡而移动。

④ 除道：清扫道路。《国语·周语中》：“九月除道，十月成梁。”韦昭注：“除道所以便行旅，成梁所以便民，使不涉也。”郊迎：古代出郊迎宾，以示隆重、尊敬。《管子·小匡》：“初，桓公郊迎管仲而问焉。管仲辞让。”

⑤ 身御至舍：越王亲自导送子贡到馆舍。

⑥ 抵罪于吴：得罪了吴国。

⑦ 先受矢石：先接受弓箭、石块。意思是打先锋。

步光之剑，以贺军吏。”吴王大说，以告子贡曰：“越王欲身从寡人伐齐，可乎？”子贡曰：“不可。夫空人之国，悉人之众，又从其君，不义。君受其币，许其师，而辞其君。”吴王乃谢越王。于是吴王遂发九郡兵伐齐。子贡因去之晋，谓晋君曰：“臣闻之：虑不先定不可以应卒①，兵不先辨不可以胜敌②。今齐与吴将战，彼战而不胜，越乱之必矣；与齐战而胜，必以其兵临晋。”晋君大恐，曰：“为之奈何？”子贡曰：“修兵休卒以待之。”晋君许诺。

子贡去而之鲁。吴王果与齐战于艾陵③，大破齐师，获七将军之兵而不归，果以兵临晋，与晋人相遇黄池④之上。晋大败吴师。越王闻之，涉江袭吴。吴王闻之，去晋而归，与越战于五湖⑤，三战不胜，城门不守。越遂围王宫，杀夫差而戮其相。破吴三年，东向而霸。孔子曰：“夫其乱齐存鲁，吾之初愿，若强晋以弊吴，使吴亡而越霸者，赐之说也。美言伤信，慎言哉！”子贡常相鲁卫，家累千金，卒终于齐。

薛应旂曰：“余观史迁于一子贡也，《孔子弟子传》既有子贡，《货殖传》又有子贡，夫孔门高第弟子，自颜渊而下，颖悟莫若子贡，诚瑚琏⑥之器也。使于四方，不辱君命，岂不卓然有体有用之士哉！矧尝相鲁卫而肯鬻财于曹鲁之间乎【校记：“乎”，《备考》本作“哉”】？此盖鄙夫所不屑也，特其多闻多见以为学，故孔子谓其若货殖然，迁不察此而又见其结驷连骑、束币帛以聘享诸侯，遂直信其为货殖以致之，诚若是也，则固末业之流、斗筲之器，而黄金百镒、矛剑重器，又何辞之有？呜呼！曾是以为子贡乎？”

冉有

冉求，字子有，仲弓之族也。少孔子二十九岁，为季氏宰。齐帅师伐鲁，及清。季孙谓求曰：“齐师在清，必鲁故也。若之何？”求曰：“一子守，二子从公御诸竟。”季孙曰：“不能。”求曰：“居封疆之间。”季孙告二子【校记：“二子”，嘉靖本作“叔孙、孟孙”。《备考》本与《吕氏春秋集解》同，故从之。】，二子不可。求曰：“若不可，则君无出。一子帅师，背城而战。不属者，非鲁人也。鲁之群室，众于齐之兵车。一室敌

---

① 虑不先定不可以应卒：事先没有应急计划，是不能对付突发事变的。卒，读“猝”。《史记索隐》：“卒谓急卒也。言计虑不先定，不可以应卒有非常之事。”

② 兵不先辨不可以胜敌：士兵不事先整训编队是不能战胜敌人的。辨：整训编队。

③ 艾陵：在山东泰安县南，一说在山东莱芜县东境。吴齐艾陵之战在鲁哀公十一年。

④ 黄池：在今河南封丘县南。

⑤ 五湖：太湖。《国语·越语下》：“果兴师而伐吴，战于五湖。”韦昭注：“五湖，今太湖。”

⑥ 瑚琏：瑚、琏皆宗庙礼器，用以比喻治国安邦之才。《史记集解》包氏曰：“瑚琏，黍稷器。夏曰瑚，殷曰琏，周曰簠簋，宗庙之贵器。”

车①，优矣。子何患焉？二子之不欲战也宜【校记："宜"，嘉靖本作"以"。《备考》本与《左传》同，故从之。】，政在季氏【校记：嘉靖本于"季氏"后有"故也"。《备考》本与《左传》同，故从之】。当子之身，齐人伐鲁而不能战，子之耻也。大不列于诸侯矣。"季孙使冉有从于朝，俟于党氏之沟，孟懿子呼而问战焉，冉有曰："君子有远虑，小人何知？"懿子强问之，对曰："小人虑材而言，量力而共者也。"懿子曰："是谓我不成大丈夫也。"退而蒐乘②，孟武伯帅右师，颜羽御，邴泄为右。冉求率左师，管周父御，樊迟为右。季孙曰："须也弱③。"冉有曰："年虽少，能用命焉。"季孙之甲七千，冉有以武城人三百为己徒卒。老幼守宫，次于雩门之外④。五日，右师从之。公叔务人见保者而泣，曰："事充政重⑤，上不能谋，士不能死，何以治民？吾既言之矣。敢不勉乎！"

师及齐师战于郊，齐师自稷曲，师不逾沟。樊迟曰："非不能也，不信子也。请三刻而逾之⑥。"师入齐军，右师奔，齐人从之，孟之反后入以殿，抽矢策其马，曰："马不进也。"林不狃之伍曰："走乎！"不狃曰："我不如，谁而欲走乎？"其伍曰："然则止乎？"不狃曰："止，恶足为贤哉？"徐步而死。君子曰："鲁非无壮士也，季孙不能使也。"冉求之师获甲首八十，齐人不能师，宵遁。冉有请从之三，季孙弗许。孟武伯语人曰："我不如颜羽，而贤于鄙泄。颜羽锐敏，我不欲战而能默。"泄曰："驱之【校记："驱之"，嘉靖本作"驱马而奔之"。《备考》本与《春秋本义》同，故从之。】。"公为其嬖僮汪锜乘⑦，皆死，皆殡。孔子曰："能执干戈以卫社稷，可无殇⑧也。"冉有用矛于齐师，故能入其军。孔子曰："义也。"季孙欲以田赋访诸仲尼，仲尼不对。而私与求曰："君子之行也，度于礼，施取其厚，事举其中，敛从其薄，如是则以丘亦足矣。若不度于礼，而贪冒无厌，则虽以田赋，将又不足。且子季孙若欲行而法⑨，则【校记："则"，《备考》本作"则有"。】周公之典在。若欲苟而行，又何访焉？"

孔子在卫，冉有言于季孙曰："国有圣人而不能用，欲以求治，是犹却步而欲求及前人，不可得已。今孔子在卫，卫将用之。己有才而以资邻国，难以言智也。"季孙以告哀公，公【校记："公"，《备考》本作"哀公"】从之。孔子既至，舍哀公馆焉。问儒行，其详具《戴记》。

---

① 一室敌车：一家对付一辆兵车。

② 蒐乘：检阅兵车。《左传·襄公二十六年》："简兵蒐乘，秣马蓐食。"

③ 须也弱：樊迟太虚弱了。樊迟，名须。

④ 雩门：南城门。

⑤ 事充政重：徭役沉重，赋役繁多。政，读作"征"。

⑥ 请三刻而逾之：请您把号令申明三次，然后带领他们过沟。刻：戒约，谓申明号令。

⑦ 公为其嬖僮汪锜乘：公为和他宠爱的小童汪锜同乘一车。

⑧ 殇：未成人而死。其丧服比成人低。

⑨ 季孙：鲁哀公时的正卿，姓季孙，名肥。春秋鲁桓公弟季友的后代。欲行而法：要按制度办事。

宋元公夫人①卒，季康子使冉有吊且送葬，曰：“敝邑有社稷之事，是以不得助执绋②，使求从舆人。”曰：“以肥之得备弥甥也，有不腆先人之产马，使求荐诸夫人之宰，其可以称旌繁乎？”伯高之丧，孔子之使者未至，冉子摄束帛乘马而将之③。孔子曰：“异哉！徒使我不成于伯高。”子贡曰：“恭老慈幼，不忘宾旅，好学博艺，省物而勤己，是冉子之行也。”

薛应旂曰：“孔子曰：‘求也，艺。’又曰：‘求也退，惟退而艺也。’故其所为大都顺以从上，而先意承志也。其用矛以人齐师，诚义矣。乃若束帛以吊伯高，而不待夫子之使；旌繁以荐景曹，而不正康子之僭，与夫《鲁论》所载，为季氏聚敛过，与子华之粟，要之皆生于退也。向使其进于中道，则发强刚毅而有裁制矣，何至有‘非吾徒’之责、‘鸣鼓’之攻也。虽然，人不皆孔子也，以求之所为，固夫人之乐取者多也。”

子路

仲由，字子路，鲁之卞④人也，少孔子九岁。子路性鄙，好勇力，志伉直⑤。初见孔子，冠雄鸡冠，佩豭豚⑥，拔剑而舞之，曰：“古之君子，固以剑自卫乎？”孔子曰：“古之君子忠以为质，仁以为卫，不出⑦【校记：“出”，《备考》本作“由”。《绎史》作“出于”。】环堵之室，而知千里之外，有不善则以忠化之，侵暴则以仁固之，何待剑乎？”子路曰：“由乃今闻此言，请摄齐⑧以受教。”遂儒服委质⑨，因门人请为弟子。

孔子曰：“以子之所能，而加之以学问，岂可及乎。”子路曰：“学岂益哉？”孔子曰：“夫人君而无谏臣则失正，士而无教友则失听。君子不可不学。”子路曰：“南山有竹，不揉且直，斩而用之，达于犀革⑩。以此言之，何学之有？”曰：“括而羽之，镞而砺之⑪，其人之不亦深乎。”

---

① 宋元公夫人：宋景公母，曹姓，谥景，小邾女，季桓子外祖母。

② 绋：通“绖”，指下葬时引柩入穴的绳索，后泛指牵引棺材的大绳。《礼记·曲礼》：“助葬必执绋。”

③ 冉子摄束帛乘马而将之：冉求（代孔子）准备一束帛四匹马，装作奉孔子之命去吊丧。摄：代理。束：十个为一束。将之：装作奉孔子之命去吊丧。

④ 卞：鲁邑，在山东泗水县东五十里。徐广曰：“《尸子》曰子路，卞之野人。”

⑤ 伉直：刚猛爽直。

⑥ “冠雄鸡冠”二句：子路头上插戴着公鸡羽毛，身上佩带着公猪牙齿。

⑦ 环堵之室：指房间。四面的墙各一堵，比喻房间小。堵：古代建筑墙的单位，长高各一丈为一堵。

⑧ 摄齐（zī）：提起衣裳的下摆，这是古人登堂前的动作。摄：提起。齐：衣裳缝了边的下摆。

⑨ 儒服委质：穿起儒者的服装，矢志委身于孔子。

⑩ 达于犀革：可以射穿犀牛皮。

⑪ “括而羽之”二句：给箭栝加上箭羽，箭头装好后再磨砺它。栝：guā，箭末扣弦处。羽：装上羽毛。镞：zú，装上箭头。砺：磨。

子路鼓琴，孔子闻之，谓冉子曰："甚矣，由之不才也。夫先王之制音也，奏中声以为节，流入于南，不归于北。夫南者生育之乡，北者杀伐之域，故君子之音，温柔居中以养生育之气，忧愁不感于心，暴厉不动于体，乃所谓治安之风也。小人之音则不然，亢丽微末①，以象杀伐之气，乃所以为乱之风也。昔者舜弹五弦之琴，造《南风》之诗，故其兴也勃焉。纣好为北鄙之声，其废也忽焉，今由也匹夫之徒，曾无意于先王之制，而习亡国之声，岂能保七尺之躯哉?"子路惧而自悔，静思不食，以至骨立。孔子曰："过而能改，其进矣乎。"子路将行，辞于孔子，请以言赠。子曰："不强不达，不劳无功，不忠无亲，不信无复，不恭失礼。"子路曰："由请终【校记：《备考》本无"终"字。嘉靖本与《孔子家语》同，故从之。】身奉之。"

孔子与门人习射于矍相②之圃，使子路执弓矢，出延射者③，又使公罔之裘、序点扬觯而语④，射既阕，子路进曰："由与二三子之为司马，何如?"孔子曰："能用命矣。"孔子为鲁司寇，摄行相事⑤，有喜色。子路问曰："由闻君子祸至不惧，福至不喜，今夫子得位而喜，何也?"孔子曰："然，有是言也。不曰'乐以贵下人'乎?"于是朝政，七日而诛乱政大夫少正卯。子路曰："夫子之喜也，由恶足以知之。"小邾射以句绎奔鲁，曰："使季路要我，吾无盟矣⑥。"使子路，子路辞。季康子使冉有谓之曰："千乘之国，不信其盟，而信子之一言，子何辱焉?"对曰："鲁有事于小邾，不敢问故，死其城下可也。彼不臣而济其言，是义之也。由弗能。"子路为季氏宰，季氏祭逮昏而奠，终日不足，继以烛⑦，有司跛倚以临⑧，祭其为不敬也大矣。他日祭，子路与焉，室事交于户，堂事⑨交乎阶，质明而始行事，晏朝而彻。孔子闻之曰："孰谓由也而不知礼。"

鲁有溺者，子路拯之，其人拜之以牛，子路不受。孔子曰："鲁人必不拯溺矣。"子路曰："由也闻诸夫子，曰：'人者，天地之心也，天地以生物为心也，非图报也。'"孔子曰："由是也，前言戏之也。"齐人患鲁用孔子，选女乐文马以遗鲁君，季桓子将受之，子路曰："夫子可以行矣。"三日，孔子行。

---

① 亢丽微末：剧烈琐屑。亢丽：犹言激烈。微末：细微，微小。

② 矍相：古地名，在今山东曲阜市内阙里西。

③ 延射者：邀请射箭的人。

④ 扬觯而语：举起酒杯说话。觯：zhì，古代饮酒器。《家语》王肃注："先行射乡饮酒故二人扬觯。"

⑤ 摄行相事：《史记索隐》："定十年《左传》曰'夏，公会齐侯于祝其，实夹谷，孔丘相。犁弥言于齐侯曰孔丘知礼而无勇'是也。"

⑥ 使季路要我，吾无盟矣：让子路跟我约定，我就不用盟誓了。

⑦ 季氏祭逮昏而奠三句：季氏举行祭祀，天没有亮就开始祭祀，白天没祭完，晚上点上蜡烛继续进行。

⑧ 有司跛倚以临：执事的人只好一只腿站着靠在物体上应付祭祀之礼。跛：一条腿站着。

⑨ 堂事：殡尸于堂。

子路为蒲①大夫，辞孔子，孔子曰：“蒲多壮士，又难治。然吾语汝【校记：“汝”，《备考》本作“子”。嘉靖本与《史记》同，故从之。】：恭以敬，可以执勇；寡以正，可以比众；恭正以静，可以报上。”及治蒲三年，孔子过之，入其境，曰：“善哉由也，恭敬以信矣。”入其邑，曰：“善哉由也，忠信而宽矣。”至庭，曰：“善哉由也，明察以断矣。”子贡执辔而问曰：“夫子未见由之政，而三称其善，其善可得闻乎?”孔子曰：“吾见其政矣。入其境，田畴尽易，草莱甚辟，沟洫深治，此其恭敬以信，故其民尽力也；入其邑，墙屋完固，树木甚茂，此其忠信以宽，故其民不偷也；至其庭，庭甚清闲，诸下用命，此其明察以断，故其政不扰也。以此观之，虽三称其善，庸【校记：“庸”，嘉靖本作“容”。《备考》本与《孔子家语》、《孔子编年》同，故从之。】尽其美乎!”

孔子困于陈蔡之间，慷慨讲诵，弦歌不衰。子路入见，曰：“夫子之歌礼乎？为善者天必福之，为不善者天必祸之。今夫子积德累仁，为善久矣，意者其有遗行乎？奚居之穷也。”子曰：“由未之识也，居，吾语汝，汝以仁者为必信也，则伯夷叔齐，不饿死首阳；汝以智者为必用也，则王子比干不见剖心；汝以忠者为必报也，则关龙逢不见刑②。夫贤不肖者，才也。遇不遇者，时也。岂独丘哉？君子好乐，为无骄也，小人好乐，为无慑也。”子路悦，援戚而舞③，三终而出。明日，免于厄。孔子之宋，匡④人简子以甲士围之。子路怒，奋戟将与之战。孔子止之曰：“恶有修仁义而不免世俗之恶者乎？夫《诗》、《书》之不讲，礼乐之不习，是丘之过也，若以述先王、好古法而为咎者，则非丘之罪也。”命之歌，子路弹琴而歌，孔子和之，曲三终。匡人进，辞曰：“以为阳虎也，故围之，今非也，请辞而退。”

子路见孔子曰：“负重涉远，不择地而休，家贫亲老，不择禄而仕。昔者由也，事二亲之时，常食藜藿之实⑤，为亲负米百里之外。亲没之后，南游于楚，从车百乘，积粟万钟⑥，愿欲食藜藿，为亲负米，不可复得也。”孔子曰：“由也事亲，可谓生事尽力，死事尽思【校记：“思”，《备考》本作“哀”。嘉靖本与《孔子家语》同，故从之。】者也。”子路有姊之丧，可以除⑦之矣，而弗除也。孔子曰：“何弗除也?”子路曰：“吾寡兄弟而弗忍也。”孔子曰：“先王制礼，行道之人皆弗忍也。”子路闻之，遂除之。

初，卫灵公有宠姬曰南子。灵公太子蒯聩得过于南子，惧诛出奔。及灵公卒，而夫人欲立公子郢。郢不肯，曰：“亡人太子之子辄在。”于是卫立辄为君，是为出公。立二十年，其父蒯聩居外，不得入。子路为卫大夫孔悝之邑宰。蒯聩乃与孔悝作乱，谋入孔

---

① 蒲：卫邑，在河北长垣县西。《史记索隐》：“蒲，卫邑，子路为之宰。”
② 关龙逢不见刑：夏朝时，桀为长夜之饮，关龙逢苦谏不去，桀怒，杀关氏。
③ 援戚而舞：操起兵器舞将起来。援：执，持。戚：古兵器名，似大斧。一说即斧。
④ 匡：《史记索隐》：“匡，宋邑也。”《史记正义》：“故匡城在滑州城县西南十里。”
⑤ 藜藿之实：指野果、草实之类粗劣的食物。藜藿：藜和藿，亦泛指粗劣的饭菜。
⑥ 积粟万钟：积累的粮食多达万钟。钟：古代的容量单位，六斛四斗为一钟。
⑦ 除：旧时守孝期满，去丧服，谓之“除”。《礼记·杂记下》：“亲丧外除，兄弟之丧内除。”

悝家，与其徒袭攻辄。辄出奔而聩入立，是为庄公。方孔悝作乱①，子路在外，闻之而驰往。时子羔为卫大夫，出卫城门，谓子路曰："出公去矣，而门已闭，子可还矣，毋空受其祸。"子路曰："食其食者不避其难。"子羔遂去。有使者入城，城门开，子路随而入。蒯聩与孔悝登台。子路曰："君焉用孔悝？请得而杀之！"子路欲燔台，蒯聩惧，乃下石乞、壶黡②攻子路，击断子路之缨。子路曰："君子死而冠不免③。"遂结缨而死④。孔子闻卫乱，曰："柴也其来，由也死矣。"已而果死。孔子曰："自吾得由，恶言不闻于耳。"于是哭子路于中庭，人有吊者，而夫子拜之。既哭，进使者而问故，使者曰："醢之矣。"遂命覆醢。

薛应旂曰："吾读《鲁论》，观子路之在圣门也，乘桴欲从三军，欲与执辔问津，从【校记："从"，《备考》本作"优"。】游陈蔡，其乐夫子之道而推尊信服之也，可谓至矣！然于夫子见南子则不悦，往佛肸则致诘，正名则以为迂，绝粮则有愠色，女乐则促之去，凡其心有所致疑而可以匡助于夫子者，不问其所见之是与不是，皆以直告而不隐于夫子，其直谅⑤而不为容悦之态，可想见也。使宋程、苏门人而有一其人焉，何致有洛蜀党⑥之纷纷耶？惜乎！徒知食焉，不避其难之为义，而不知食辄之食为非义，喭⑦而不精，以自贻其祸也！"

子游

言偃，字子游，吴人，少孔子四十五岁，自吴之鲁，受业于孔子。孔子闲居，子游侍，曰："敢问礼？"子曰："郊社之礼，所以仁鬼神也；禘尝⑧之礼，所以仁昭穆⑨也；馈奠⑩之礼，所以仁死丧也；射飨之礼，所以仁乡党⑪也；食飨之礼，所以仁宾客也。明乎郊社之义，禘尝之礼，治国其如指诸掌而已。是故居家有礼，故长幼辨；闺门有

---

① 孔悝作乱：《史记索隐》："《左传》：'蒯聩入孔悝家，悝母伯姬劫悝于厕，强与之盟而立蒯聩，非悝本心自作乱也。'"

② 石乞、壶黡：《史记集解》服虔曰："二子，蒯聩之臣。敌，当也。"

③ 冠不免：服虔曰："不使冠在地。"

④ 结缨而死：端正地结戴好官帽死去。

⑤ 直谅：正直诚信。语出《论语·季氏》："益者三友……友直，友谅，友多闻，益矣。"

⑥ 洛蜀党：洛党和蜀党。

⑦ 喭：yàn，鲁莽，粗俗。《论语·先进》："由也喭。"朱熹集注："喭，粗俗也。"

⑧ 禘尝：宗庙四时祭之一，于夏季进行。

⑨ 昭穆：古代宗法制度，宗庙次序，始祖居中，以下父子（祖父）尊为昭穆，左为昭，右为穆。《周礼·春官·冢人》："先王之葬居中，以昭穆为左右。"郑玄注："先王造茔者，昭居左，穆居右，夹处东西。"

⑩ 馈奠：馈，赠送。奠：祭，向鬼神献上祭品。《礼记·曾子问》："曾子问曰：'大功之丧，可以与于馈奠之事乎？'"孙希旦《集解》："馈奠，谓执丧奠之事也。"

⑪ 乡党：相传周制二十五家为闾，四闾为族，五族为党，五党为州，五州为乡，后因以泛指乡里。

礼，故三族和；朝廷有礼，故官爵序；田猎有礼，故戎事闲；军旅有礼，故武功成。”游退而学礼。

孔子与于蜡①，宾事毕②，出游于观之上，喟然而叹。偃侍，曰：“夫子何叹?”孔子曰：“昔大道之行，天下为公。今大道既隐，天下为家。”偃曰：“今之在位，莫知由礼，何也?”孔子曰：“我观周道，幽厉伤之，吾舍鲁何适矣？夫鲁之郊禘，非礼也，周公其衰矣。杞之郊也，禹也。宋之郊也，契也。是天子之事守也。周公摄政致太平，而与天子同是礼也。”偃每侍孔子，辄以礼为问，故圣门谓偃为习于礼也。曾子吊于负夏，主人既祖，奠彻，推柩而反之，从者曰：“礼与?”曾子曰：“夫祖者且也，且胡为其不可以反宿也。”从者又问诸子游，子游曰：“饭于牖下，小敛于户内，大敛于阼，殡于客位，祖于庭，葬于墓，所以即远也，故丧事有进而无退。”先是曾子袭裘③而吊，子游裼裘④而吊。曾子指子游而示人曰：“夫夫也，为习于礼者，如之何其裼裘而吊也，主人既小敛，袒，括发⑤。”子游趋而出，袭裘带绖而入⑥。曾子曰：“我过矣，我过矣，夫夫是也。”司寇惠子⑦之丧，子游为之麻衰，牡麻绖⑧。文子辞，子游曰：“礼也。”文子退，反哭，子游趋而就诸臣之位。文子又辞，子游固以请。文子退，扶适子南面而立，子游趋而就客位。将军文子⑨之丧，既除丧而后越人来吊。主人深衣练冠⑩，待于庙，垂涕洟。子游观之，曰：“将军文氏之子，其庶几乎？无【校记：“无”，《备考》本作“亡”。】于礼者之礼也，其动也中。”有若之丧，悼公吊焉，子游摈由左⑪。卫司徒敬子之丧，子夏吊焉。主人未小敛，绖而往，子游吊焉。主人既小敛，子游出，绖反哭。子夏曰：“闻之也与?”曰：“闻诸夫子，主人未改服，则不绖。”公叔术有同母异父之昆弟死，问于子游，子游曰：“其大功乎?”

有子与子游立，见孺子慕者，有子曰：“予壹不知夫丧之踊也，予欲去之久矣，情在于斯，其是也夫?”子游曰：“礼有微情者，有以故兴物者。有直情而径行者，戎狄之道也，礼道则不然。”季康子谓子游曰：“仁者爱人乎?”子游曰：“然。”“人亦爱之乎?”

---

① 蜡：zhà，古代年终大祭。《礼记·杂记下》：“子贡观于蜡。”郑玄注：“蜡也者，索也。岁十二月，合聚万物而索飨之祭也。”

② 宾事毕：宾客蜡祭完毕后。宾：陪祭者。

③ 袭裘：掩好里面的皮袄。

④ 裼裘：露出里面的皮袄。

⑤ 袒，括发：袒露左臂，用麻束发。

⑥ 袭裘带绖而入：掩好里面的皮袄，腰系葛带，头系葛绖而后再进去。

⑦ 司寇惠子：姓司寇，名惠，字叔兰，卫灵公之孙、卫将军文子木(字弥牟)之弟。

⑧ 麻衰，牡麻绖：这是一种不合制度的吊服。麻衰：用麻布做的吊服。麻布被称为吉布，非丧事所当用。牡麻，雄性的麻。牡麻绖则是齐衰绖。服轻而绖重，不合于礼。

⑨ 将军文子：即上文之文子弥牟。

⑩ 主人深衣练冠：文子之子穿深衣戴练冠。深衣：一种上衣和下裳连为一体的服装。

⑪ 子游摈由左：子游在悼公的左边相助丧礼。依丧礼，助君发布辞命居右，相助丧礼居左。因当时礼废，人多不明此，故子游正之。

子游曰："然。"康子曰："郑子产死，郑之人丈夫舍玦珮①，妇人舍珠珥②，巷哭，三月不闻竽瑟③之声。仲尼之死，吾不闻鲁国之爱之若是，何也？"子游曰："譬子产之于夫子，其犹浸水之与天雨乎？浸水所及，人得而知之也；天雨所及，人不得而知之也。"子游在圣门号为习礼，又特以文学称，其宰武城，以礼乐为教，邑人皆弦歌，称思至今。今吴郡有子游冢云。

薛应旂曰："昔人谓吴公豪杰之士，而南方之学得其精华，岂不信然哉！夫以三吴之地，连跨百粤，其时之人岂不亦庶矣乎！而知从游于夫子之门，习闻圣人之道者，唯吴公一人，此盖豪杰而圣贤者也。孟子与孔子生不同时，恨未得为之徒，而犹幸私淑诸人，其向慕之诚何如也？吾始怪夫【校记："夫"，《备考》本作"乎"。】吴公子札，既聘上国，葬子嬴博，夫子从而观礼，而札独不一见焉，何邪？及考《左氏传》与史迁年表，札使鲁时，孔子年甫八龄，而《孔氏世谱》则谓札葬子时，孔子已三十七岁。盖札避国乱，子孙居齐鲁之间，札固久留上国者也，是时耄矣。"

子夏

卜商④，字子夏，卫人，少孔子四十四岁，受业于孔子，规模⑤狭隘【校记：《备考》本无"规模狭隘"。】。孔子尝出行，颜渊后，遇雨，欲假盖⑥。颜渊曰："商也有之。"孔子曰："商也，吝于财者也，毋为假盖，盖护其短也。"

子夏读《诗》已毕。孔子问曰："尔亦何大于《诗》也？"子夏对曰："《诗》之于事也，昭乎？若日月燎乎？如星辰，上有尧舜之道，下有三王之义。虽居蓬户之中，弹琴以咏先王之风，亦可【校记："可"，《备考》本作"可以"。】发愤忘食矣。"夫子曰："商也，始可与【校记："与"，嘉靖本作"以"，《备考》本与《史记》同，故从之。】言《诗》已矣。然吾恐【校记：《备考》本无"恐"字。嘉靖本与《春秋别典》同，故从之。】见其表，未见其里也。"孔子闲居，子夏侍。子夏曰："敢问《诗》云'岂弟君子，民之父母'⑦，何如斯可谓民之父母矣？"孔子曰："必达于礼乐之原，以致五至而行三无，四方有败，必先知之，此之谓民之父母矣。"子夏曰："敢问何谓五至？"孔子曰："志之所至，诗亦至焉；

---

① 玦珮：环形而有缺口的玉佩。玦：玉佩，半环为玦。珮：挂在身上的玉做的装饰品。语出《说苑》卷五。

② 珠珥：缀珠的耳饰。珠：真珠。珥：以珠玉为耳饰。

③ 竽：古代竹制簧管乐器，三十六簧，与笙相似而略大。瑟：拨弦乐器。春秋时已流行，常与古琴或笙合奏。

④ 卜商：《家语》云"卫人"，郑玄曰"温国卜商"。《史记索隐》："温国，今河内温县，元属卫故。"

⑤ 规模：指人物的才具气概。

⑥ 盖：车盖，即车上的伞盖。

⑦ 语出《诗经·大雅·泂酌》。

诗之所至，礼亦至焉；礼之所至，乐亦至焉；乐之所至，哀亦至焉。哀乐相生，是故正明目而视之，不可得而见也，倾耳而听之，不可得而闻也，志气塞乎天地，此之谓五至。”子贡曰：“敢问何谓三无？”孔子曰：“无声之乐，无体之礼，无服之丧，此之谓三无。”子夏曰：“敢问何诗近之？”孔子曰：“‘夙夜基命宥密①’，无声之乐也；‘威仪棣棣，不可选也’，无体之礼也；‘凡民有丧，匍匐救之②’，无服之丧也。”子夏曰：“言则大矣，美矣，盛矣，言尽于此而已乎？”孔子曰：“犹有五起焉。”子夏曰：“何如？”孔子曰：“无声之乐，气志不违；无体之礼，威仪迟迟；无服之丧，内恕孔悲③。无声之乐，气志既得；无体之礼，威仪翼翼；无服之丧，施及四国。无声之乐，气志既从；无体之礼，上下和同；无服之丧，以蓄万邦。无声之乐，日闻四方；无体之礼，日就月将；无服之丧，纯德孔明。无声之乐，气志既起；无体之礼，施及四海；无服之丧，施于孙子。”子夏曰：“三王之德，何以参于天地也？”孔子曰：“奉三无私以劳天下。”子夏曰：“敢问何谓三无私？”孔子曰：“天无私覆，地无私载④，日月无私照。奉斯三者，以劳天下，此之谓三无私，此三王之德所以参于天地也。”子夏蹶然而起，负墙而立，曰：“弟子敢不承乎？”孔子读《易》，至于损、益⑤，喟然而叹。子夏避席问曰：“夫子何叹焉？”孔子曰：“夫自损者必有益之，自益者必有决【校记：《备考》本作“缺”。嘉靖本与《孔子家语》、《皇王大纪》同，故从之。】之，吾是以叹也。”子夏曰：“然则学者不可以益乎？”子曰：“非道益之谓也。道弥益而身弥损。夫学者损其自多，以虚受人，故能成其满博也【校记：“也”，《备考》本作“哉”。】。天道成而必变，凡持满而能久者，未尝有也。故曰：‘自贤者，天下之善言不得闻于耳矣。’昔尧居天位，犹允恭以持之，克让以接下，是以千岁而益盛，迄今而愈彰，虚也；夏桀、昆吾⑥，自满而无极，亢【校记：“亢”，嘉靖本作“冗”，《备考》本与《孔子家语》同，故从之。】意而不节，斩艾黎民如草芥焉，天下讨之，如诛匹夫，是以千载而恶著，迄今而不灭，满也。”子夏曰：“商请志之，而终身奉之。”又曰：“商也，入闻夫子之道而悦，出见纷华盛丽而悦，是以得道而肥，从欲而癯⑦【校记：“癯”，《备考》本作“臞”。】也。”子夏问于孔子曰：“三年之丧，无避金革之事者，礼与？”孔子曰：“君子不夺人之亲，亦不可夺亲也。金革之事无避者，吾闻诸老聃矣，昔者鲁公伯禽有为为之也。今以三年之丧从其利者，吾弗知也。”

---

① 夙夜基命宥密：日夜秉承天命，宽和而又宁静。《国语》韦昭注：“夙，早也。夜，暮也。基，始也。命，信也。宥，宽也。密，宁也。言二后蚤起夜寐，始行信命，以宽仁宁静之。”

② 凡民有丧，匍匐救之：看见人家有灾难，千方百计地救援。语出《诗·匏有苦叶》。

③ 孔悲：非常悲伤。孔：很，非常。

④ 天无私覆，地无私载：天覆盖万物没有偏私，地承受万物没有偏私。

⑤ 损、益：《易经》中的卦名。

⑥ 昆吾：夏朝陆终氏的长子，曾与桀一起作乱。《诗·商颂·长发》：“韦顾既伐，昆吾夏桀。”毛传：“有昆吾国者。”郑玄笺：“顾、昆吾皆己姓也。”

⑦ 癯：qú，瘦。汉应劭《风俗通·穷通·太傅汝南陈蕃》：“昔子夏心战则癯，道胜如肥。”

鲁哀公问子夏曰："五帝有师乎？"子夏曰："有，商闻黄帝学乎大贞①，颛顼学乎绿图②，帝喾学乎赤松子，尧学乎尹寿【校记："寿"，《备考》本作"畴"。嘉靖本与《新序》同，故从之。】，舜学乎务成跗③，禹学乎西王国，汤学乎威子伯，文王学乎鲛时子斯，武王学乎郭叔，周公学乎太公，吾夫子学乎老聃。此虽圣人亦必有师也。"

卫灵公使人召勇士公孙悁，遭子夏于道，语使者俱见灵公。公曰："吾【校记："吾"，《备考》本作"臞命"。】召勇士，何为召儒？"趣使者召公孙悁，悁至，杖剑疾呼，发言不逊。子夏曰："来，吾尝与子从君而西，见赵简子，简子亵衣④而见我君，我谓简子：'诸侯相见，不宜不朝服，行人将以颈血溅君矣。'简子遂朝服而见我君，子耶？我耶？"悁曰："子也。"子夏曰："吾又与子从君而东至阿⑤，齐君重鞇⑥而坐，吾君单鞇而坐，吾谓齐君：'诸侯相见宜伉礼。'去其一鞇，子耶？我耶？"悁曰："子也。"子夏曰："吾又与子从君于囿中，两寇肩逐我君⑦，拔矛下格⑧而还。子耶？我耶？"悁曰："子也。"子夏曰："子之勇不若我三矣。子盖凌轹⑨无罪之民，而成威于闾巷之间者也，君子之所恶也，何以论勇于人主之前哉！"于是灵公避席，曰："寡人虽不敏，请从子之勇。"

孔子既没，子夏居西河⑩教授，为魏文侯⑪师。文侯问于子夏曰："吾端冕而听古乐则唯恐卧，听郑卫之音则不知倦，敢问古乐如彼、新乐如此，何也？"子夏曰："君所问者乐也，所好者音也，乐与音相近而不同，君之所好者其溺音乎？"文侯曰："敢问溺音何从出也？"子夏曰："郑音好滥淫志，宋音燕女溺志，卫音趣数烦志，齐音敖辟骄志⑫，此四者，皆淫于色而害于德，是以祭祀弗用也。"

子夏丧其子，哭之失明。曾子吊之，子夏哭曰："天乎！予之无罪也。"曾子曰：

---

① 大贞：《吕氏春秋·尊师》作"大挠"，《新序·杂事五》作"大真"。

② 绿图：《吕氏春秋·尊师》作伯夷父。

③ 《韩诗外传》为"尧学乎务成子跗，舜学乎尹寿"。顺序与本文相反。尹寿：《吕氏春秋》作"许由"，《荀子》作"务成昭"。

④ 亵衣：私服，家居的便服。

⑤ 阿：地名，疑为春秋齐柯邑，在今山东阳谷县东北。

⑥ 鞇：车中坐垫。

⑦ 两寇肩逐我君：两只大野兽追逐我君王。肩：三岁大的野兽。

⑧ 格：与"挌"通，击。

⑨ 凌轹(lì)：欺压，压倒。轹：欺凌，压制。

⑩ 西河：《史记索隐》："在河东郡之西界，盖近龙门。刘氏云：'今同州河西县有子夏石室学堂在也。'"《史记正义》："西河郡，今汾州也。"

⑪ 文侯：魏文侯，名都(一说名斯)。

⑫ "郑音好滥淫志"四句：郑国的音乐好淫滥而使人意志放纵，宋国的音乐只能投女人所好而使人意志消沉，卫国的音乐太急促而使人意志烦劳，齐国的音乐傲狠而怪癖使人意志骄逸。燕：安。溺：没。

"商，汝何无罪也？吾与汝事夫子于洙泗①之间，退而老于西河之上，使西河之民疑汝于夫子，尔罪一也；丧尔亲，使民未有闻焉，尔罪二也；丧尔子，丧尔明，尔罪三也。而曰尔何无罪与?"子夏投其杖而拜，曰："吾过矣！吾过矣！吾离群而索居，亦已久矣。"子夏在圣门以文学著于四科序《诗传》、《易》、《稽古志》、《礼》，而孔子亦尝属其传《春秋》云。

薛应旂曰："余历同州龙门之界【校记："界"，《备考》本作"间"】，盖古西河之上也。父老诸生犹能追言子夏教授时事，虽其所称石宝学堂遗址芜没，而尚指之谓古先圣迹，则当时之民之疑于夫子，又可想见已【校记："已"，《备考》本作"矣"】。夫子夏以有若似圣人，而西河则疑子夏于夫子，要必皆有所近似者在也，非曾子谁能辨之？噫，圣人吾不得而见之矣，得见近似者斯可矣，奋乎百世之上，闻者莫不兴起，子夏至死，孰谓其不进于君子儒乎？"

① 洙泗：洙水和泗水。古时二水自今山东省泗水县北合流而下，至曲阜北，又分为二水，洙水在北，泗水在南，春秋时属鲁国地，孔子在洙泗之间聚徒讲学。《礼记·檀弓上》："吾与女事夫子于洙泗之间。"后因以"洙泗"代称孔子及儒家。

四书人物考卷十五

传十二　孔子门人

有子

有若，字子有，鲁人，为人强识好古，明习礼乐，尝问于曾子曰："问丧于夫子乎？"曰："闻之矣，丧欲速贫，死欲速朽。"有子曰："是非君【校记："君"，《备考》本作"夫"。嘉靖本与《皇王大纪》、《古史》同，故从之。】子之言也。"曾子曰【校记：《备考》本无"曾子曰"以下内容】："参也闻诸夫子也。"有子又曰："是非君子之言也。"曾子曰："参也与子游闻之。"有子曰："然，然则夫子有为言之也。"曾子以斯言告于子游，子游曰："甚哉，有子之言似夫子也，昔者夫子居于宋，见桓司马自为石椁，三年而不成。夫子曰：'若是其靡也，死不如速朽之愈也，死之欲速朽，为桓司马言之也。'南宫敬叔反，必载宝而朝。夫子曰：'若是其货也，丧不如速贫之愈也，丧之欲速贫。'为敬叔言之也。"曾子以子游之言告于有子，有子曰："然。吾固曰非夫子之言也。"曾子曰："子何以知之？"有子曰："夫子制于中都，四寸之棺，五寸之椁，以斯知不欲速朽也。昔者夫子失鲁司寇，将之荆。盖先之以子夏，又申之以冉有。以斯知不欲速贫也。"

孔子既没，弟子思慕之，以有若状似孔子，相与共立为师以师之，如夫子【校记："夫子"，《备考》本作"孔子腥"。嘉靖本与《史记》同，故从之。】时也。他日，弟子进问曰："昔夫子当行，使弟子持雨具，已而，果雨。弟子问曰：'夫子何以知之？'夫子曰：'《诗》不云乎？月离于毕，俾滂沱矣①。昨者月不宿毕乎？'他日，月宿毕，竟不雨。商瞿年长无子，其母为取室②，孔子使之齐，瞿母请之。孔子曰：'无忧，瞿年四十，后当有五丈夫子，已而果然，敢问夫子何以知此？'"有若默然，无以应，遂避师位。

---

① 月离于毕，俾滂沱矣：月亮住宿在毕星的方位上，就要下滂沱大雨。语出《诗经·小雅·渐渐之石》。《毛传》曰："毕，噣也。月离阴星则雨。"

② 其母为取室：《家语》云："瞿年三十八无子，母欲更娶室。孔子曰：'瞿年过四十，当有五丈夫子。'果然。"

薛应旂曰：“有子之不足以当夫子，固也。若速贫速朽之言，盖可以理达者也。其诸琐屑之问，信有之，亦夫子之余事，而非弟子之所先也。其不应也，固宜，此何足以为有子重轻乎！”

子贱

宓不齐，字子贱，鲁人，少孔子四十九岁，为单父①宰。辞于夫子【校记：“夫子”，《备考》本作“孔子”。】，夫子【校记：“夫子”，《备考》本作“孔子”。】曰：“毋迎而距也，毋望而许也，许之则失守，距之则闭塞，譬如高山深渊，仰之不可极，度之不可测也。”子贱曰：“善，敢不承命乎？”濒行过于阳昼，曰：“子亦有以送仆乎？”阳昼曰：“吾少也贱，不知治民之术，有钓道二焉，请以送子。”子贱曰：“钓道奈何？”阳昼曰：“夫扱纶错饵，迎而吸之者，阳桥②也，其为鱼薄而不美【校记：“鱼薄”，《备考》本作“鱼也薄”。嘉靖本与《说苑》同，故从之。】，若存若亡，若食若不食者，鲂也；其为鱼也博而厚味。”子贱曰：“善。”于是未至单父，冠盖③迎之者交接于道，子贱曰：“车驱之，车驱之。”阳昼之所谓阳桥者至矣，于是至单父，请其耆老尊贤者而与之共治。

初，子贱受单父之命，辞鲁君，因请借善书者二人。至单父，使书，子贱从旁引其肘，书丑则怒之，欲好书则又引之，书者患之，请辞去。归以告鲁君，鲁君曰：“子贱苦吾扰之。使不得施其善政也。”乃命有司无得擅征发单父，子贱由是得行己志。齐攻鲁，父老请纵民获麦，子贱不听，曰：“若使不耕者得获，是使民乐有寇也。”孔子谓子贱曰：“子治单父而众说，子何施而得之也？”对曰：“不齐父其父，子其子，恤诸孤而哀丧纪④。”孔子曰：“是小民附矣，犹未也。”曰：“不齐所父事者三人，所兄事者五人，所友者十有二人。”孔子曰：“父事三人，可以教孝矣；兄事五人，可以教弟矣；友十有二人，可以教学矣。是士附矣，犹未也。”曰：“此地有贤于不齐者五人，不齐师之而禀度焉。”孔子曰：“昔尧、舜听天下，务求贤以自辅，夫贤者，百福之宗也，神明之主也，惜乎！不齐之所以治者邑也。”子贱在单父，身不下堂，鸣琴而治。既，巫马期⑤亦宰单父，以星出，以星人⑥，日夜不处，以身亲之，而单父亦治。巫马期问于子贱，子贱曰：“我任人，子任力。任人者佚，任力者劳。”人谓子贱，则君子矣。巫马期劳力教

---

① 单父：《史记正义》：“宋州县也。”

② 阳桥：鱼名。语出汉刘向《说苑·政理》。明杨慎《阳鲚》：“阳乔，鱼名，不钓而来，喻士之不招而至者也。其鱼之形则未详……乔从鱼为鲚，字义乃全。”比喻不召而自至的人。

③ 冠盖：泛指官员的冠服和车乘。冠：礼帽；盖：车盖。这里指仕宦，贵官。

④ 丧纪：丧事。《周礼·天官·大府》：“山泽之赋，以待丧纪。”《礼记·文王世子》：“丧纪以服之轻重为序，不夺人亲也。”郑玄注：“纪，犹事也。”

⑤ 巫马期：名施，字期，孔子弟子。

⑥ 以星出，以星人：早出晚归之意。

诏，虽治犹未至也。所著书有《宓子》十六篇。

薛应旂曰："夫子谓子贱君子，鲁无君子，斯焉取斯？岂不信哉！然亦唯知人则哲，斯能任人矣。"

南容

南宫括，字子容，又名绦。鲁孟僖子之子、孟懿子之弟仲孙阅也，居南宫，因姓焉。又曰南宫敬叔云。初，鲁昭公如楚，郑伯劳于师之梁，孟僖子为介，不能相仪。及楚，不能答郊劳，又不能相礼。僖子将卒，召其大夫曰："礼，人之干也。无礼无以立。吾闻有达者曰孔丘，圣人之后也。我若获没①，必属说与何忌于【校记："于"，嘉靖本作"与"，《备考》本与《左传》同，故从之。】夫子，使事之而学礼焉。"故孟懿子与南宫敬叔师事仲尼。

初，敬叔以富得罪于定公，奔卫，载其宝以朝。夫子闻之曰："若是其货也，丧不如速贫之愈也。"子游侍，曰："敢问何谓？"孔子曰："富而不好礼，殃也，敬叔以富丧矣，而又弗改，吾惧其将有后患也。"敬叔闻之，遂循礼施散焉。哀公三年五月辛卯，司铎火②。踰公宫，桓、僖灾，救火者皆曰："顾府。"③南宫敬叔④至，命周人⑤出御书，俟于官。故子服景伯遂命宰人出礼书。唯是周礼在鲁而典籍尚存者，敬叔之为力多也。孔子谓敬叔曰："吾闻老聃博古知今，则吾【校记："吾"，《备考》本作"我臞"。】师也，今将往矣。"遂与敬叔俱至周，问礼于老聃，访乐于苌弘，历郊社之所，考明堂⑥之则，察庙朝之度。孔子喟然曰："吾乃今知周公之圣，与周之所以王也。"及去周，老子送之曰："请送子以言，凡当今之士，聪明深察而近于死者，好讥议人者也；博辩闳远而危其身者，好发人之恶者也。"敬叔获与闻之，遂三复白圭云。

鲁缪公时，辛宽见公曰："臣而今而后知吾先君周公之不若太公望之知也。昔者太公望封于营丘⑦之渚，海阻山高，险固之地也，是故地日广，子孙弥隆。吾先君周公封于鲁，无山林溪谷之险，诸侯四面以达，是故地日削，子孙弥衰。"辛宽出，南宫括入见。公曰"今者宽也非周公"，其辞若是也。括对曰："宽少者，弗识也。君独不闻成王之定成周之说乎？其辞曰：'惟余【校记："余"，《备考》本作"予"。】一人，营居于成

---

① 获没：得以寿终。

② 司铎火：司铎发生火灾。司铎：宫名，一说，官署名。《左传·哀公三年》杜预注："司铎，宫名。"

③ 顾府：照顾好府库。《左传注》杨伯峻注："府库，财物所在。"

④ 南宫敬叔：杜预注："敬叔，孔子弟子南宫阅。"

⑤ 周人：杜预注："司周书典籍之官。"

⑥ 明堂：古代帝王宣明政教的地方。《孟子·梁惠王下》："夫明堂者，王者之堂也。"

⑦ 营丘：地名，故城在今山东临淄。《括地志》云："营丘在青州临淄北百步外城中。"

周。有善易得而见也，有不善易得而诛也。'故曰善者得之，不善者失之，古之道也。夫贤者岂欲其子孙之阻山林之险以长为无道哉？小人哉宽也！今使燕雀为鸿鹄凤鸟虑，则必不得矣。其所求者，瓦之间隙，屋之翳蔚①也；鸿鹄凤鸟一举有千里之志，德不盛、义不大则不至其郊。愚卑之民，其为贤者虑，亦犹此也。妄为诽訾，岂不悲哉?"君子曰："敬叔至是，其不以富得罪矣。"

薛应旂曰："南容，固翩翩浊世之公子也，一从夫子游，遂为君子尚德之人，而列于圣门高第，弟子学之所系，岂微哉！吾独怪其始之载宝以朝，固领夫子之教未深，岂亦免于刑戮之一端也，与是其时已可慨矣。"

原思

原宪，字子思。《家语》云宋人，郑玄曰鲁人，少孔子三十六岁。宪居鲁，环堵②之室，茨以生蒿，蓬户瓮牖③，桷桑而无枢④，上漏下湿，匡坐而弦歌。子贡乘肥马，衣轻裘，中绀而表素⑤，轩不容巷⑥，而往见之。原宪楮冠黎杖而应门，正冠则缨绝，振襟则肘见，纳履则踵决。子贡曰："嘻！先生何病也！"宪曰："宪闻之：无财之谓贫，学而不能行之谓病。宪，贫也，非病也。若夫希世而行，比周而友，学以为人，教以为己，仁义之匿【校记："匿"，《备考》本作"慝"。】，车马之饰，衣裘之丽，宪不忍为之也。"子贡惭，不怿而去，终身耻其言之过也。

薛应旂曰："以原思之贫而辞为宰之粟，殆几于独行者矣。虽若【校记：《备考》本无"若"字】未进于中行，而廉顽立懦，岂不亦卓然可尚哉！"

子羔

高柴字子羔，齐人，敬仲傒十代孙，长不盈五尺，自见孔子，未尝越礼，足不履影，启蛰不杀⑦，方长不折⑧。执亲之丧，泣血三年，未尝见齿。为成⑨宰，成人有其

---

① 翳蔚：遮盖。语出《吕氏春秋·长利》："其所求者，瓦之间隙，屋之翳蔚也。"
② 环堵：周围一方丈的矮房子。堵：墙长一尺，高一尺为一堵。
③ 瓮牖：用破瓮口做成的窗子。
④ 桷桑而无枢：房子的椽子是桑树做的，并且没有门户的转轴。桷：jué，方形的椽子。
⑤ 中绀而表素：里面是天青色的，外面是白色的。
⑥ 轩不容巷：车子宽大得连巷子都容纳不下。
⑦ 启蛰不杀：春分时节不杀生。
⑧ 方长不折：草木生长不去攀折。
⑨ 成：孟孙氏的邑名。

兄死而不为衰者，闻子羔将至，遂为衰。成人曰：“蚕则绩而蟹有匡①，范则冠而蝉有緌，兄则死而子羔为之衰。”子蒲卒，哭者呼灭。子羔曰：“若是野哉②!”哭者改之。子羔葬其妻，犯人之禾申祥以告，曰：“请庚之。”子羔曰：“孟氏不以是罪予，朋友不以是弃予，以吾为邑长于斯也，买道而葬，后难继也。”哀公问曰：“子之食奚当?”对曰：“文公之下执事也。”成庙则衅之，其礼：宗人、宰夫、雍人皆爵弁纯衣。雍人拭羊，宗人祝之。宰夫北面于碑南，东上【校记：“碑南，东上”，《备考》本作“碑东，南上”。嘉靖本与《通典》同，故从之。】。雍人举羊升屋自中，中屋南面，刲③羊，血流于前，乃降。门、夹室皆用鸡，先门而后夹室，其衈④皆于屋下。割鸡，门当门，夹室中室。有司皆乡室而立，门则有司当门，北面。既事，宗人告事毕，乃皆退。反命于君曰：“衅某庙事毕。”反命于寝，君南乡于门内，朝服。既反命，乃退。路寝成，则考之而不衅⑤。衅屋者，交神明之道也。

为卫士师⑥，刖人之足⑦，俄而卫有蒯聩之乱，子羔逃之，走郭门，刖者守门焉。谓子羔曰：“彼有缺。”子羔曰：“君子不踰。”又曰：“彼有窦⑧。”子羔曰：“君子不隧。”又曰：“于此有室。”子羔乃入焉。既而追者罢，子羔将去，谓刖者曰：“吾不能亏主之法而刖子之足，今吾在难，正子报怨之时，而逃我者三，何哉?”刖者曰：“断足固我之罪，昔公之治臣以法，临当论，君愀然⑨不悦，岂私臣哉？天生君子，其道固然，此臣之所以悦君也。”孔子闻之曰：“善哉为吏，其用法一也。思仁恕则树德，加严暴则树怨，公以行之，其柴乎。”

是卫之乱也，子路将入，遇子羔将出，曰：“门已闭矣。”子路曰：“吾姑至焉。”子羔曰：“弗及，不践。”子路曰：“食焉不避其难⑩。”子羔遂出。子路入而死之。孔子闻卫乱，曰：“由也其死矣！柴也其来乎?”

薛应旂曰：“夫子尝谓‘柴也愚’，及子路使为费宰，则谓‘贼夫人之子’，然而子羔之仕于鲁卫，则卓有可观。而孔悝之乱，夫子亦谓其来矣，岂有警于夫子之教而好学明

---

① 蚕则绩而蟹有匡：匡通作“筐”，指蟹壳，蟹壳似筐，故云“蟹有匡”。蚕茧须用筐装，但蟹的筐却不装蚕茧而自装，是蟹之筐不为蚕而生，犹如那个成人非为其兄而服丧。

② 若是野哉：按丧礼，招魂时呼名，哭不得呼名。故子羔斥哭而呼名者为“野”。

③ 刲：kuī，刺，割。《易·归妹》：“上六，女承筐无实，士刲羊无血。”陆德明《释文》引马融曰：“刲，刺也。”

④ 衈：èr，谓杀牲取血以供衅礼之用。《礼记·杂记下》郑玄注：“衈，谓将刲割牲以衅，先灭耳旁毛荐之。耳听声者，告神欲其听之。”

⑤ 路寝成，则考之而不衅：路寝建成，就设盛宴以庆祝落成，而不用衅祭礼。考：完成，制成。

⑥ 士师：官名，专管断狱判刑之事。

⑦ 刖人之足：断足，古代肉刑之一。

⑧ 窦：洞。《礼记·礼运》：“所以达天道，顺人情之大窦也。”郑玄注：“窦，孔穴也。”

⑨ 愀(qiǎo)然：忧伤的样子。

⑩ 食焉不避其难：《史记集解》服虔曰：“言食悝之禄，欲救悝之难，此明其不死国也。”

礼，遂以破愚也与？抑亦愚者近厚，其质本可进也。”

巫马期

巫马施，字子期，陈人，一曰鲁人，少孔子三十岁。期与子路薪于韫丘①之下，陈之富人有处师氏者，脂车百乘，觞②于韫丘之上。子路与期曰：“使子无忘子之所知，亦无进子之所能，得此富，终身无复见夫子，子为之乎?”期喟然曰：“吾尝闻之夫子矣，志士仁人不忘在沟壑，勇士不忘丧其元，子不知予与?”子路惭，负薪先归。孔子曰：“由，何为偕出而先返【校记：“返”，《备考》本作“还”。嘉靖本与《韩诗外传》同，故从之。】也?”子路以告。孔子曰：“予道不行邪，使汝以是愿也。”期宰单父，以星出，以星入，日夜不处，以身亲之，而单父治。期问于子贱曰：“子鸣琴而单父治，一不见其劳，何也?”子贱曰：“我任人，子任力。任人者佚，任力者劳。”期曰：“是施之未至也。”

薛应旂曰：“尧舜之仁，不偏爱人，急亲贤也，是治天下者，必以任人为先也。若但宰一邑，则十室之忠信恐或未能灼知，而阳昼之所谓阳桥者，难保其必无也，期于子贱，亦可为善学柳下惠者矣。”

樊迟

樊须字子迟，鲁人，樊皮之后，少孔子三十六岁，少仕于季氏。

齐伐鲁及清，武叔寃乘，冉求帅左师，樊迟为右。季孙曰：“须也弱。”冉有【校记：“冉有”，《备考》本作“冉求”。】曰：“年虽少，能用命焉。”师及齐师。战于郊，齐师自稷曲，师不踰沟。樊迟曰：“非不能也，不信子也，请三刻而踰之，如之，众从之。”其事见《冉有传》中。

薛应旂曰：“樊迟请学稼圃，虽疑于陋，观其遇齐师则人，盖切己近实，非迂远而阔于事情者也。”

司马牛

司马耕，字子牛，宋人，向魋之弟也。魋作乱，入于曹以叛宋。宋景公使左师向巢

---

① 韫丘：指四方高，中央下的丘地。语出《韩诗外传》卷二。许维遹《校释》：“许瀚云：韫邱，即宛邱…… 毛传：‘四方高，中央下曰宛邱。’《尔雅》：‘宛中，宛邱。’”

② 觞：进酒劝歌，这里解作饮酒。

伐之，巢不能克。魋奔卫，巢奔鲁。司马牛致其邑与珪①焉，而适齐。魋出于卫地，求夏后氏之璜，与他玉，而奔齐，陈成子使为次卿。司马牛又致其邑而适吴。吴人恶之而反，卒于鲁郭门之外，阬氏②葬诸丘舆。

薛应旂曰："兄弟人伦之变，虽圣贤所不能免。舜之象，周公之管、蔡，季札之光僚，柳下惠之盗跖，亦各权其恩义之重轻，量其时势之缓急，而早为之所耳。向魋作乱，牛尝忧惧，使其超然远览，浩然长往，岂不亦庶几哉！可以托迹于上国之聘乎？顾待其祸难已发，而后致邑与珪焉。噫，亦晚矣，虽然，此亦君子之不幸也，牛亦可谓顺受也已！"

琴牢

琴牢，卫人，字子开，一字子张。卫公孟絷，灵公兄也。狎司寇齐豹，夺其官与邑③。公孟又恶北宫喜、褚师圃，欲去之。公子朝通于襄夫人宣姜④，惧而欲作乱。故齐豹、北宫喜、褚师圃、公子朝作乱。

初，齐豹见【校记："见"，嘉靖本作"荐"，《备考》本与《左传》同，故从之。】宗鲁于公孟，为骖乘⑤。及将作乱，而谓之曰："公孟之不善，子所知也。勿与乘，吾将杀之。"对曰："吾由子事公孟，子誉我，故公孟不吾远也。今闻难而逃，吾所不忍，且使子之言不信于公孟也，子其行子之事乎。吾将死之，以周事子，而归死于公孟，其可也。"公孟有事于郭门之外，齐豹用戈击公孟，宗鲁以背蔽之，断肱，以中公孟之肩，皆杀之。琴张⑥闻宗鲁死，将往吊之。仲尼曰："齐豹之盗，而孟絷之贼⑦【校记："孟絷"，《备考》本作"公孟"。嘉靖本与《左传》同，故从之。】，汝何吊焉？君子不食奸，不受乱，不为利疚于回，不以回待人，不盖不义，不犯非礼。"

琴张与子桑户、孟子反三人相谓曰："孰能相与于无相与，相为于无相为？孰能登天游雾，挠挑⑧【校记："挑"，嘉靖本作"排"，《备考》本与《皇王大纪》同，故从之。】无极；相忘以生，无所终穷？"三人相视而笑，莫逆于心，遂相与为友。

薛应旂曰："琴张，旷达之士也，遂以宗鲁之死，为善而欲吊之，观于夫子之言，

---

① 珪：古代封爵授土时，赐珪以为信，后因以代指官位。《左传·哀公十四年》："司马牛致其邑与珪焉，而适齐。"杜预注："珪，守邑符信。"

② 阬氏：《左传·哀公十四年》杜预注："阬氏，鲁人也。"丘舆：今山东费县西。

③ 狎司寇齐豹，夺其官与邑：（公孟絷）轻视齐豹，夺取了齐豹的官职司寇和食邑。

④ 宣姜：卫灵公嫡母。

⑤ 骖乘：乘车时居于车右，即陪乘，多为勇力之士。

⑥ 琴张：杨伯峻《左传注》云："此琴张非孔子弟子。此时孔子年三十一，据《史记·仲尼弟子列传》，子张少孔子四十余岁，则此时犹未生。"

⑦ 齐豹之盗，而孟絷之贼：（他宗鲁）就是齐豹成为盗寇和孟絷被害的原因。

⑧ 挠挑：宛转循环的样子。《庄子·大宗师》："孰能登天游雾，挠挑无极。"成玄英疏："挠挑，犹宛转也。"

而宗鲁始无逃罪矣。”

澹台灭明

澹台灭明，字子羽，鲁武城①人，少孔子三十九岁。状貌甚恶。欲事孔子，孔子以为才薄。既已受业，退而修行，行不由径，非公事不见卿大夫。南游至江，弟子从者三百人，设取予去就，名施乎诸侯。孔子闻之，曰：“吾以貌取人，失之子羽。”子贡曰：“贵之不喜，贱之不怒，苟利于民矣，廉于行己，是澹台灭明之行也。”今吴地东南有澹台湖【校记：“澹台湖”，《备考》本作“澹台灭明湖”。】，即其南游遗迹云。

漆雕开

漆雕开，字子若，蔡人，一曰鲁人。习《尚书》，不乐仕。孔子使开仕，对曰：“吾斯之未能信。”子说。

公西华

公西赤，字子华，鲁人，少孔子四十二岁。子贡曰：“齐庄而能肃，志通而好礼，摈相两君之事，笃雅有节，是公西赤之行也。”孔子曰：“二三子之欲学宾客之礼者，其于赤也。至观其养亲，则若与朋友处然，恩胜礼也。”

公冶长

公冶长，字子长，鲁人。孔子谓公冶长：“可妻也。虽在缧绁之中，非其罪也。”以其子妻之。

陈亢

陈亢，字子禽，陈人。亢问于子贡曰：“夫子至于是邦，必闻其政，求之与？抑与

---

① 武城：鲁邑，在山东费县西。

之与？”子贡曰：“夫子温良恭俭让以得之。”又问于伯鱼曰：“子亦有异闻乎？”伯鱼曰：“未也。夫子尝独立，谓鲤曰：‘学《诗》乎？’曰：‘未也。’曰：‘不学《诗》，无以言。’他日又曰：‘学礼乎？’曰：‘未也。’曰：‘不学礼，无以立。’”亢曰：“问一得三，闻《诗》，闻礼，又闻君子之远其子也。”

申枨

申枨，鲁人。或人以为刚。子曰：“枨也欲，焉得刚？”

孔鲤

孔鲤，字伯鱼，孔子子也。孔子十九，娶于宋之开官氏，生伯鱼，鲁昭公以鲤鱼赐孔子，荣君之贶①，故因名云。鲤闻《诗》、闻礼，见《论语》。伯鱼之母死，期而犹哭。孔子闻之曰：“谁与哭者？”门人曰：“鲤也。”夫子曰：“嘻！其甚矣【校记：“矣”，《备考》本作“也”】。”伯鱼闻之，遂除之。

伯鱼年五十，先孔子卒。

颜路

颜无繇，字路，回之父也，少孔子六岁。孔子始教于阙里②而受学焉。迨回事夫子，各异时也。

曾皙

曾点，字皙，参之父，盖狂者也。季武子寝疾，及其丧也，大夫吊，曾点倚其门而歌。言志载《论语》，余见《曾参传》中。

---

① 贶：kuàng，赐给，赐与。

② 阙里：孔子故里，在今山东曲阜城内阙里街。因有两石阙，故名。《孔子家语·七十二弟子解》：“颜由，颜回父，字季路，孔子始教学于阙里，而受学，少孔子六岁。”

左丘明

左丘明，楚左史倚相①之后也，受经于孔子，故其传《春秋》，或先经以始事，或后经以终义，或依经以辨理，或错经以合异【校记：“异”嘉靖本作“义”，《备考》本与《左传》同，故从之。】，随义而发，其例之所重旧史，遗文略不尽举，非圣人所修之要故也。身为国史，躬览载籍，必广记而备言之。其文缓，其旨远，将令学者原始要终，寻其枝叶，究其所穷，然后为得也。又采录前世穆王以来，下迄于鲁悼、智伯之谋，无不备载以为《国语》，其文不主于经，故号曰《春秋外传》云。

薛应旂曰：“余观左丘明《春秋内外传》，殆游、夏之流，非特诸子之伦也，故贾逵、王肃、虞翻、韦昭咸高其人，治其章句。迨宋儒因唐韩子谓左氏浮夸，柳子又谓其说多淫，遂谓《鲁论》所载左丘明非传《春秋》者，于是析一人而二之。至论其所谓浮、淫，乃‘石言于晋’、‘神降于莘’之类，不知有常必有怪，亦阴阳之义也。且事有传，疑《春秋》所许，以是为浮、淫，而并疑夫子之所称，过矣！郑夹漈志氏族，亦主其说，谓‘传《春秋》者，左姓丘明名，其在《鲁论》者，则居于左丘，以地为氏者也’，至考其志，详载氏族终，无左丘氏，不亦自相矛盾乎？及观《楚纪》，何子元巡抚云南时，有石言于滇，何祷于神，蟒飞石裂，滇人至今能言之，焉可诬也！往见余太史子华历证左丘明即传《春秋》者，今《山东通志》可考见云。”

子张

颛孙师，字子张，陈人，少孔子四十八岁。

子张问入官于孔子，子曰：“安身取誉为难。”子张曰：“为之如何？”子曰：“已有善勿专，教不能勿怠，已过勿发，失言勿椅【校记：“椅”，《备考》本作“倚”，《孔子家语》作“掎”。】，不善勿遂，行事勿留。君子入官，自此六者，则身安誉至，而政从矣。忿数者狱之所由生也，距谏者虑之所以塞也，慢易者礼之所以失也，怠堕者时之所以后也，奢侈者财之所以不足也，专独者事之所以不成也。君子【校记：“君子”，《备考》本作“若子”，嘉靖本与《孔子家语》同，故从之。】入官，除此六者，则身安誉至，而政从矣。”又进而问礼，子曰：“治国而无礼，譬犹瞽之无相，伥伥乎何所之，譬犹终夜有求于幽室之中，非烛何以见。故无礼则手足无所措，耳目无所加，进退揖让无所制，是故居处长幼失其别，闺门三族失其和，朝廷官府失其序，田猎戎事失其策，军旅武功失其

① 倚相：楚史官名。

势，故古之君子，不必亲相与言也，以礼乐相示而已矣。”

子张见鲁哀公，七日而哀公【校记：《备考》本无“哀公”二字】不礼，讬仆夫而去，曰：“臣闻君好士，故不远千里以见，七日而君不礼，君之好士也，有似叶公子高①之好龙也，叶公好龙，钩凿屋室雕文咸写龙②，于是天龙闻而下焉，叶公见之，弃而还走，失其魂魄，五色无主，是叶公非好龙也，好夫【校记：“夫”，《备考》本作“乎”。】似龙而非龙者也。今师闻君好士，故不远千里以见君，乃七日不礼，是君非好士也，好夫似士而非士者也。敢讬而去。”

子张既除丧而见，予之琴，和之而和，弹之而成声，作而曰：“先王制礼，不敢不至焉。”子贡曰：“美功不伐，贵位不喜，不侮不佚，不傲无告，是颛孙师之行也。”子张死，曾子有母之丧，齐衰而往哭之，或曰：“齐衰不以吊。”曾子曰：“我吊也与哉。”

薛应旂曰：“余观《吕氏春秋》谓‘子张鄙家也，学于孔子，为天下名士显人，以终其寿’，此犹未足凭也。及观曾子齐衰往哭【校记：“哭”，《备考》本作“吊”。】，则其所以惜之者，当必有在矣，岂谓其终不可并为仁哉！”

公明仪

公明姓，仪名，鲁南武城人也，为子张门人，甚尊其师。

尝问于曾子曰：“夫子可以为孝乎？”曾子曰：“是何言与？是何言与？君子之所谓孝者，先意承志，谕父母于道。参直养者也，安能为孝乎？居处不庄非孝也，事君不忠非孝也，涖官不敬非孝也，朋友不信非孝也，战阵无勇非孝也。五者不遂，灾及于亲，敢不敬乎？烹熟【校记：“烹熟”，嘉靖本作“亨孰”。边贡《寿朱母六十序》亦作“烹熟”。载(《华泉集》)】羶香，尝而荐之，非孝也，养也。养，可能也；敬，为难。敬，可能也；安，为难；安，可能也；卒，为难。父母既没，慎行其身，不遗父母恶名，可谓能终矣。”

子张死，公明仪为志焉，褚幕丹质③，蚁结于四隅，殷士也④。

---

① 叶公子高：楚国贵族，姓沈，名诸梁，字子高，叶是他的封地，故称叶公。

② 钩凿屋室雕文咸写龙：带钩、酒器、房屋、内室都雕上龙的花纹。凿：“爵”的借用字，爵是一种盛酒器具。

③ 褚幕丹质：棺材上的覆盖物是红色的。丹质：朱红色的质地。《仪礼・乡射礼》：“凡侯：天了，熊侯，白质；诸侯，麋侯，赤质；大夫，布侯，画以虎豹；士，布侯，画以鹿豕。凡画者，丹质。”郑玄注：“宾射之侯，燕射之侯，皆画云气于侧以为饰，必先以丹采其地。丹，浅于赤。”

④ 蚁结于四隅，殷士也：幕布的四角绘有如蚂蚁一样来往交错的花纹，这是用殷代士的棺饰制度。

林放

林放，字子丘，鲁人。问礼之本，孔子曰："大哉问！"季氏旅于太山，孔子曰："曾谓太山不如林放乎？"

牧皮

牧皮，力牧之后，孔子门人，与琴张、曾皙为友，孔子之所谓狂也。

四书人物考卷十六

传十三　孔子门人

曾子

曾参，鲁南武城人，字子舆，少孔子四十六岁，性至孝。尝出薪于野，客至其家，母以手扼臂，参即驰至，问母曰："臂何恙乎？"母曰："今者客至，扼臂以呼汝耳。"家贫食力，敝衣躬耕，日不举火，而歌声若出金石。鲁君闻之而致邑焉①，固辞不受。曰："吾闻受人施者常畏人，与人者常骄人，纵君有赐，不吾骄也，吾岂能勿畏乎？"尝芸瓜②，误斩其根。曾皙怒，援杖击之，曾子仆地，有顷而苏，蹷然而起，进曰："大人用力教参，得无疾乎。"退，鼓瑟而歌，欲父听其歌而知其平也。孔子闻之告门人曰："参来勿内也。昔舜事瞽瞍，索而使之，未尝不在侧；索而杀之，未尝可得，而小杖受，大杖则走。今参委身待暴怒③，以陷父不义，夫安得为孝乎？"曾参曰："参罪大矣。"遂造孔子谢过。

孔子闲居，曾子侍。孔子顾谓曰："参，汝可语明王之道与？"曾子曰："非敢以为足也，请因所闻而学焉。"子曰："昔者明王内修七教，外行三至，七教修然后可以守，三至行然后可以征。此之谓明王之道也。"曾子曰："敢问何谓七教？"子曰："上敬老则下益孝，上尊齿则下益悌，上乐施则下益宽，上亲贤则下择友，上好德则下不隐，上恶贪则下耻争，上廉让则下耻节，此之谓七教。七教者，治民之本也。七者修，则四海无刑民矣。"曾子曰："敢问何谓三至？"孔子曰："至礼不让而天下治，至赏不费而天下悦，至乐无声而天下和。笃行三至，则天下之君可得而知，天下之士可得而臣，天下之民可得而用矣。"自是每侍孔子，辄有所问，凡王朝家国之礼、经常权变之宜，靡不反复穷

---

① 鲁君闻之而致邑焉：鲁国国君听说后想请他到城里做官。

② 芸瓜：在瓜地里除草。芸通"耘"，除草。《论语·微子》："植其杖而芸。"何晏集解引孔安国曰："除草曰芸。"

③ 委身待暴怒：舍弃身体来等待父亲大发雷霆。委身：弃身。见汉刘向《说苑·建本》。

诘，具载《小戴记·曾子问篇》。曾子每读丧礼，泣下沾襟，曰：“往而不可还者，亲也。孝【校记：“孝”，《备考》本作“子”。】欲养而亲不待，是故椎牛而祭①，不如鸡豚之逮亲存也。初，吾为吏，禄不及釜②，尚犹欣欣而喜者，非以为多也，乐其逮亲也；既没之后，吾尝南游于楚，得尊官焉，犹北向而泣涕者，非为贱也，悲不逮吾亲也。”孔子以其能通乎道，故授以“一贯”之传。曾子出妻，其子元请再娶，曾子曰：“高宗③以后妻杀孝已，尹吉甫以后妻放伯奇④，吾上不及高宗，中不及吉甫，庸能免于非乎？”遂终身不娶。

曾子寝疾，病。乐正子春坐于床下，曾元、曾申⑤坐于足，童子隅坐而执烛，童子曰：“华而睆⑥，大夫之箦⑦与？”子春曰：“止。”曾子闻之，瞿然曰：“斯季孙之赐也，我未之能易也，元起易箦。”曾元曰：“夫子之病革矣，不可以变。幸而至于旦，请敬易之。”曾子曰：“尔之爱我也不如彼，君子之爱人也以德，细人之爱人也以姑息，吾何求哉？吾得正而毙焉，斯已矣。”举扶而易之，反席未安而没。孔子以其志存孝道，尝因之以作《孝经》十篇，又所著有《曾子》二卷。

薛应旂曰：“先儒谓孔子设教东鲁，三千之徒盖莫不闻其说，而唯曾氏之传独得其宗，岂其唯‘一贯’之传与？是则然矣。然观其以三省为学，而随事精察，以礼为问，必详究而直穷之，其入门路径微与颜氏不同，而究竟所至则一矣。朱子晚年所造亦犹是也，变异反同，要在夫人自得之耳，学者亦何必纷纷致辨哉【校记：“辨哉”，《备考》本此增一“辨之哉”字】!”

子思 此至公明高皆曾子门人

孔伋，字子思，伯鱼之子也。尝受业于曾子，年十六适宋，宋大夫乐朔与之言学焉。朔曰：“《尚书·虞夏》数四篇善也，下此以讫于《秦费》，效尧舜之言耳，殊不如也。”子思答曰：“事变有极，正自当耳，假令周公尧舜更时异处，其书同矣。”朔曰：“凡《书》之作，欲以喻民也，简易为上，而乃故作难知之辞，不亦繁乎？”子思曰：“书

---

① 椎牛而祭：杀了牛到父母墓地去祭祀。椎牛谓击杀牛。见《韩诗外传》卷七。

② 禄不及釜：俸禄不过几斛。釜：古量器，亦称“鬴”。《左传·昭公三年》：“齐旧四量，豆、区、釜、锺。四升为豆，各自其四，以登于釜。”杜预注：“四豆为区，区斗六升。四区为釜，釜六斗四升。”

③ 高宗：即武丁，商王之一，亦称殷武。

④ 尹吉甫：周宣王的大臣。伯奇：尹吉甫次子。

⑤ 乐正子春：曾参的学生。乐，音 yuè。曾元、曾申：都是曾参的儿子。

⑥ 华而睆：华：画，指席上的花纹。睆：huàn，光滑的样子。

⑦ 箦：zé，用竹片芦苇编成的床垫子。《史记·范雎蔡泽列传》：“雎详死，即卷以箦置厕中。”《史记索隐》：“箦，谓苇荻之薄也，用之以裹尸也。”

之意兼复、深奥、训诂、成义，古人所以为典雅也。昔鲁委巷①亦有似君之言者，伋谓之曰道为知者传。苟非其人，道不传矣，今君何似之甚也。”乐朔不悦而退，曰：“孺子②辱吾。”其徒曰：“鲁【校记：“鲁”，嘉靖本作“此”。《备考》本与《孔丛子》同，故从之。】虽以宋为旧，然世有仇焉，请攻之。”遂围子思，宋君闻之，驾而救子思。子思既免，曰：“文王囚于羑里③作《周易》，尼父④屈于陈、蔡作《春秋》，吾困于宋，可无作乎？”于是述父师之意作《中庸》。

子思尝问夫子曰：“物有形类，事有真伪，必审之，奚由？”子曰：“由乎心，心之精神是谓圣，推数究理不以疑，周其所察，圣人难诸？”鲁人有公仪偕者，砥节砺行，乐道好古，恬于荣利，不事诸侯。子思与之友。穆公因子思欲以为相，谓子思曰：“公仪子必辅寡人，三分鲁国而与之一，子其言之。”子思对曰：“如君之言，则公仪子愈所以不至也。君若饥渴待贤，纳用其谋，虽蔬食水饮，伋亦愿在下风。今徒以高官厚禄，钓饵君子，无信用之意。公仪子之智若鱼鸟可也，不然，则彼将终身不蹑乎君之庭矣，臣又安得为君操竿下钓以荡守节之士乎？”穆公谓子思曰：“县子言子之为善，不欲人誉己，信乎？”子思对曰：“非臣之情也，臣之修善，欲人知之。知之而誉臣，是臣之为善有劝也。此所愿而不可得者也，若臣之修善而人莫知，莫知则必毁臣，是臣之为善而受毁也。此臣所不愿【校记：“不愿”，《备考》本作“不知”。嘉靖本与《孔丛子》同，故从之。】而不可避者也，若夫鸡鸣为善，孜孜以至夜半，而曰不欲人知，恐人之誉己。臣以谓斯人也者，非虚则愚也。”穆公问子思曰：“吾国可兴乎？”子思曰：“可。”公曰：“为之奈何？”对曰：“苟君与大夫慕周公伯禽之治，行其政化，开公家之惠，杜私门之利，结恩百姓，修礼邻国，其兴也勃矣。”子思曰：“吾之富贵甚易而由弗能，夫不取于人谓之富，不辱于人谓之贵。不取不辱，其于富贵庶矣哉！”胡母豹谓子思曰：“子好大，世莫能容子也，盍亦随时乎？”子思曰：“大非所病，所病不大也。凡所以求容于世为行道也，毁道以求容容何行焉？大不见容，命也。毁大而求容，罪也。吾弗改矣。”

子思居贫，其友有馈之粟者，受焉。或献尊酒，子思弗为受也。或曰：“子取人粟而辞吾酒脯，是辞少而取多也。于义则无名，于介则不全，而子行之，何也？”子思曰：“然。伋不幸贫于财而至于困乏，将恐绝先人之祀，夫以受粟为周乏也，酒脯则所以饮宴也。方乏于食【校记：“食”，《备考》本作“贫”。嘉靖本与《孔丛子》同，故从之。】而乃饮宴，非义也。吾岂以为介哉！”

子思将去鲁，穆公曰：“天下之王亦犹寡人也，去将安之。”子思曰：“伋闻君子犹

---

① 委巷：谓僻陋曲折的小巷，借指民间。《礼记·檀弓上》：“小功不为位也者，是委巷之礼也。”郑玄注：“委巷，犹街里，委曲所为也。”

② 孺子：犹小子、竖子，含藐视轻蔑意。《史记·范雎蔡泽列传》：“吾事之去留在张君，孺子岂有客习于相君者哉？”司马贞《史记索隐》引刘氏云：“盖谓雎为小子也。”

③ 羑(yǒu)里：殷代监狱名。《庄子·盗跖》：“文王拘羑里。”成玄英疏：“羑里，殷狱名。”

④ 尼父：亦称“尼甫”，对孔子的尊称。孔子字仲尼，故称。《史记集解》王肃曰：“父，丈夫之显称也。”

鸟也，疑之则举。今君既疑矣，又以已限天下之君臣，窃为言之过也。”穆公问于子思曰：“为旧君反服①，古与?”子思曰：“古之君子，进人以礼，退人以礼，故有旧君反服之礼也。今之君子，进人若将加诸膝，退人若将坠诸渊，毋为戎首，不亦善乎！又何反服之礼之有哉!”

子思居于卫，缊袍②而无裘，田子方③闻之，使人遗狐白之裘，恐其不受，因谓曰：“吾假人，遂忘之；吾与人也，如弃之。”子思辞而不受，子方曰：“我有子无，何故不受?”子思曰：“伋闻之，妄与不如遗于沟壑，伋虽贫也，不忍以身为沟壑，是以不敢受也。”

卫人钓于河，得鳏鱼④焉。子思问之，曰：“鳏鱼，难得者，子何以得之?”对曰：“吾钓，垂一鲂之饵，鳏过而弗食。益之以豚，则吞之矣。”子思喟然曰：“鳏虽难得，贪以死饵，士虽怀道，贪以死禄矣。”

子思言苟变于卫君，曰：“其材可将五百乘。”君曰：“吾知其材可将，然变也尝为吏，赋于民而食人二鸡子⑤，以故弗用也。”子思曰：“夫圣人之官人，犹匠之用木也，取其所长，弃其所短。故杞梓连抱⑥，而有数尺之朽，良工不弃。今君处战国之世，选爪牙之士，而以二卵弃干城之将⑦，此不可使闻于邻国也。”卫君言计非是，而群臣和者如出一口。子思曰：“以吾观卫君之国事，将日非矣。”君曰：“何故?”对曰：“有由然焉，君出言皆自以为是，而卿大夫莫敢矫其非，卿大夫出言亦皆自以为是，而士庶人莫敢矫其非。君臣既自贤矣，而群下同声贤之，贤之则顺而有福，矫之则逆而有祸。如此则善安从生。《诗》曰：‘具曰予圣，谁知鸟之雌雄。’抑亦似卫之君臣乎?”卫君问子思曰：“寡人之政何如?”答曰：“无非。”君曰：“寡人不知其不肖，亦望其如此也。”子思曰：“希旨⑧容媚，则君亲之。中正弼非⑨，则君疏之。夫能使人富贵贫贱者，君也。在朝之士，孰肯舍所以见亲而取其所以见疏者乎？是故竞求射君之心，而莫敢有非君之非者，此臣所谓无非也。”君曰：“然乎，寡人之过也，今知改矣。”对曰：“君弗能焉，口顺而心不怿者，临其事必疣，君虽有命，臣未敢受也。”

---

① 反服：旧指对已脱离隶属关系的臣下，为旧君服丧。《礼记·杂记上》：“违诸侯，之大夫，不反服；违大夫，之诸侯，之反服。”

② 缊袍：以乱麻为絮的袍子，古为贫者所服。

③ 田子方：名无择，字子方，魏之贤士，魏文侯之师。

④ 鳏鱼：即鳡鱼，又名黄钻、竿鱼，古称鳏鱼。《释名·释亲属》：“无妻曰鳏。鳏：昆也；昆：明也。愁悒不寐，目恒鳏鳏然也。故其字从鱼，鱼目恒不闭者也。”后因以“鳏鱼”谓郁悒不寐。

⑤ 鸡子：鸡蛋。

⑥ 杞梓连抱：泛指可以合抱的良木。杞梓：杞和梓，两木皆良材。《左传·襄公二十六年》杜预注：“杞、梓皆木名。”

⑦ 以二卵弃干城之将：因为两个鸡蛋而舍弃了一员可守一城的大将。

⑧ 希旨：迎合在上者的意旨。《汉书·孔光传》：“上有所问，据经法，以心所安而对，不希指苟合。”颜师古注：“希指，希望天子之旨意也。”

⑨ 弼非：纠正不正当。

子思适齐，齐君之嬖臣美须眉立于侧，齐君指之而笑，且言曰：“假貌可相易，寡人不惜此之须眉以与先生也。”子思曰：“非所愿也，所愿者唯君修礼义富百姓，而伋得寄寓于君之境内，从襁负①之列，其惠多矣。无此须眉，非伋所病也。昔尧身十尺，眉八采，实圣。舜身八尺有奇，面颔无毛，亦圣。禹汤文武周公勤思劳体，或折臂望视，或秃骭②背偻，亦圣。人之贤圣在德，岂在貌乎？”齐尹文子③生子不类，告子思曰：“此非吾子也，吾妻殆不妇④，吾将黜之。”子思曰：“若子之言，则尧舜之妃复【校记：“复”，《备考》本作“皆”。嘉靖本与《孔丛子》同，故从之。】可疑也。此二帝圣者之英，而丹朱、商均不及匹夫。以是推之，岂可类乎？夫有此父斯有此子，道之常也。若贤父之有愚子，此由天道，非子之妻之罪也。”尹文子曰：“先生止之，愿无言。”文留妻矣。

子思自齐反卫，卫君馆而问曰：“先生鲁国之士，不以卫之褊小，犹步玉趾而慰存之，愿有赐于寡人也。”子思曰：“臣欲报君以财币，则君之府藏已【校记：“已”，《备考》本作“以”。】盈而伋又贫，欲报君以善言，恐未合君志而徒言不听也。其可以报君者，唯进贤尔。”卫君曰：“贤，固寡人之所愿也。”子思曰：“君弗能也。”君曰：“虽然。愿闻所以为贤者。”对曰：“君将以名取士耶？以实取士耶？”君曰：“必以实。”子思曰：“卫之东境有李音者，贤而有实者也。”君曰：“其父祖【校记：“父祖”，《备考》本作“祖父”，嘉靖本与《孔丛子》同，故从之。】何也。”对曰：“世农夫也。”卫君大笑，曰：“寡人不好农，农夫之子无所用之，且世臣之子未悉官之。”子思曰：“臣称李音，称其贤才也。父祖【校记：“父祖”，《备考》本作“祖父”。】之农何预焉？且周公大圣，康叔大贤，拨厥⑤伊始，不以农事开国乎，臣固疑君之取士不以实也。”卫君默然。卫公子交见于子思，曰：“先生圣人之后，执清高之操，天下之君子，莫不服先生之大名也。交虽不敏，愿师先生之行。”子思曰：“公子不宜也。夫清高之节，不以私自累，不以利烦【校记：“烦”，《备考》本作“繁”。嘉靖本与《孔丛子》同，故从之。】意。择天下之至道，行天下之正路。今公子绍康叔之绪，处战伐之世，当务收英雄保其疆土，非所以明臧否、立规检、修匹夫之行之时也。

子思反于鲁，谓子上⑥曰：“有可以为公侯之尊而富贵人众不与焉者，非唯志乎？成其志者，非唯无欲乎？夫锦缋⑦纷华，所服不过温体；三牲太牢，所食不过充腹。知

---

① 襁负：用布幅包裹小儿而负于背，这里指用肩背驮东西的人。襁，通“繦”。左思《魏都赋》：“繦负赆贽，重译贡篚。”

② 骭：gàn，肋骨，胁。《广韵·去翰》：“骭，胁也。”

③ 尹文子：战国时期齐国人，“宋尹”学派始祖，生平不详，大致活动在齐宣王、愍王之际，与宋钘、田骈、彭蒙等齐名。流传于世者唯《尹文子》一书，先秦论法术和形名的专著。

④ 不妇：不守妇道。

⑤ 拨厥：即播厥，播种。

⑥ 子上：子思伋的儿子，名白，字子上。

⑦ 锦缋：色彩艳丽的织锦。

以身取节者，则知足矣；苟知足，则不累其志矣。”

子思之母死于卫，赴于子思①。子思哭于庙，门人至曰：“庶氏②之母死，何为哭于孔氏之庙乎？”子思曰：“吾过矣！吾过矣！”遂哭于他室。柳若谓子思曰：“子圣人之后也，四方于子乎观礼，子盖慎诸。”子思曰：“吾何慎哉？吾闻之，有其礼无其财，君子弗行也；有其礼有其财，无其时，君子弗行也。吾何慎哉？”曾子谓子思曰：“伋，吾执亲之丧也，水浆不入于口者七日。”子思曰：“先王之制礼也，过之者俯而就之。不至焉者跂而及之。故君子之执亲之丧也，水浆不入于口者三日，杖而后能起。”子上之母死而不丧③。门人问诸子思曰：“昔者子之先君子丧出母乎？”曰：“然。”“子之不使白也丧之，何也？”子思曰：“昔者吾先君子无所失道：道隆则从而隆，道污则从而污，伋则安能？为伋也妻者，是为白也母。不为伋也妻者，是不为白也母。”故孔氏之不丧出母，自子思始也。

司徒文子改葬其叔父，问服于子思，子思曰：“父母改葬，缌既葬而除，不忍无服送至亲也。非父母无服，无服则吊而加麻。”文子曰：“丧服既除，然后乃葬，则其服何服？”答曰：“三年之丧，未葬服不变，除何有焉？期大功④之丧，服其所除之服以葬，既葬而除之，其虞也。吉服以行事也。”卫将军文子之内子⑤死，复者曰：“皋媚女复。”子思闻之，曰：“此女氏之字，非夫氏之名也，妇人于夫氏，以姓氏称礼也。”

闻穆公将相子思，老莱子⑥谓子思曰：“若子事君，将何以为乎？”子思曰：“顺吾性情，以道辅之，无死亡焉。”老莱子曰：“不可顺子之性也，子性刚而傲不肖，又且无所死亡，非人臣也。”子思曰：“不肖，故人之所傲也。夫事君道行言听，则何所死亡？道不行言不听，则亦不能事君。所谓无死亡也。”老莱子曰：“齿刚易敝，舌柔常存。”子思曰：“吾不能为舌，故不能事君。”

子思所作《中庸》四十九篇，其载于《礼记》者，乃其略也。余有《子思子》七卷。

薛应旂曰：“子思作《中庸》，首言‘天命之谓性，率性之谓道’，其上得乎‘一贯’之传，而孟子性善之论殆昉于此与【校记：“与”，《备考》本作“欤”。】！但曾子得之于随事精察，而子思之学则直达天德，几于颜氏之学，接圣门之真传矣！”

---

① 赴于子思：向子思报了丧。

② 庶氏：指子思之母改嫁后夫家的姓。

③ 子上之母句：子上的母亲已被子思所出，即被解除了婚姻关系。死而不丧：死了但子上不为她服丧。

④ 大功：丧服五服之一，服期九月。其服用熟麻布做成，较齐衰稍细，较小功为粗，故称大功。旧时堂兄弟、未婚的堂姊妹、已婚的姑、姊妹、侄女及众孙、众子妇、侄妇等之丧，都服大功。已婚女为伯父、叔父、兄弟、侄、未婚姑、姊妹、侄女等服丧，也服大功。参阅《仪礼·丧服》。

⑤ 内子：古代称卿大夫的嫡妻，后为妻的通称。《礼记·曾子问》：“大夫内子有殷事，亦之君所，朝夕否。”郑玄注：“内子，大夫妻也。”

⑥ 老莱子：（约前599—约前479年），春秋晚期著名思想家，“道家”肇始人之一。楚国人，出生于康王时期，卒于惠王时期。著书立说，传授门徒，宣扬道家思想。

阳肤

阳肤，南武城人。孟氏使为士师①，问于曾子。曾子曰："上失其道，民散久矣。如得其情，则哀矜而勿喜②。"

子襄

子襄，南武城人。曾子谓之曰【校记："谓之曰"，《备考》本作"尝谓挑"。】："吾尝闻大勇【校记：《备考》本于"尝闻大勇"前有"子好勇乎？"】于夫子矣，自反而【校记：嘉靖本无"而"，《备考》本与《孟子》同，故从之。】不缩，虽褐宽博，吾不惴焉；自反而缩，虽千万人，吾往矣。"

沈犹行

沈犹行，南武城人。曾子居武城，有越寇至，曾子去之。寇退则返。或曰："殆不可乎？"行曰："是非汝所知也。昔沈犹有负刍③之祸，从先生者七十人，未有与焉。"【校记：《备考》本《沈犹行》：沈犹行，南武城人。有负刍之患，从曾子者七十人，未尝与焉。】

公明高

公明高，南武城人。长息④问于公明高曰："舜往于田，则吾既得闻命矣；号泣于旻天⑤，于父母，则吾不知也。"公明高曰："是非尔所知也。"夫公明高【校记：《备考》

---

① 士师：亦作"士史"。古代执掌禁令刑狱的官名。

② 如得其情，则哀矜而勿喜：如果你能够审查出罪犯的真情，便应该同情他，可怜他，切不要自鸣得意。

③ 负刍：背柴草，谓从事樵采之事。《孟子》赵岐注认为负刍为人名。

④ 长息：公明高弟子。

⑤ 旻天：泛指天。《书·多士》："尔殷遗多士，弗吊旻天，大降丧于殷。"孔颖达疏："天有多名，独言旻天者，旻，愍也。"

本“夫公明高”以下内容。】以孝子之心，为不若是恝①，舜竭力耕田，共②为子职而已矣。

曾元

曾元，曾子子也。元养曾子，见《孟子》书。曾子寝疾，曾元持足。曾子曰：“元！志之！吾语汝。夫鱼鳖鼋鼍犹以渊为浅而堀③其中，鹰鸢犹以山为卑而巢其上，及其得也必以饵。故君子苟【校记：“苟”，《备考》本作“而”。嘉靖本与《荀子》同，故从之。】能无以利害义，则耻辱亦无由至矣。”是时，童子呼曰：“华而睆，大夫之箦与?”曾子曰：“然，斯季孙之赐也，元，起易之。”元曰：“夫子之病革矣，不可以变，幸而至于旦，请敬易之。”其事具《曾参》传中。

曾西

曾西，曾子孙也。黔娄先生卒，曾西往吊，见尸在牖下，覆以布被，覆头则足见，覆足则头见。西曰：“斜【校记：“斜”，《备考》本作“邪”。】其被则敛矣。”娄妻曰：“斜【校记：“斜”，《备考》本作“邪”。】之有余，不若正之不足。先生生而不斜【校记：“斜”，《备考》本作“邪”】，死而斜【校记：“斜”，《备考》本作“邪”。】之，非其意也。”西叹服，平生不屑为管仲，其言见《孟子》云。

---

① 恝：jiá，忽略，淡然。赵岐《孟子》注：“恝，无愁之貌。”焦循《孟子正义》：“忽忘于心，即是无愁。”

② 共：同“恭”，恭敬。《左传·文公十八年》：“父义、母慈、兄友、弟共、子孝，内平外成。”

③ 鼋鼍：yuán tuó，大鳖和猪婆龙。《国语·晋语九》：“鼋鼍鱼鼈，莫不能化。”堀：jué，通“掘”。

四书人物考卷十七

传十四

孟子

孟子名轲，字子舆，一字子车，邹①人也。生三岁丧父激公宜，母仇氏有贤德，挟其子以居。

始舍近墓。孟子之少也，嬉游为墓间事，踊跃筑埋。孟母曰：“此非吾所以居子也。”乃去，舍市。其嬉戏为贾炫事。母又曰：“又非所以居子也。”遂徙舍学宫之旁。其嬉戏乃设俎豆②、揖让、进退。母曰：“此真可以居子矣。”遂居之。稍长，既学而归，母方绩，问曰：“学何所至矣?”轲曰：“自若也。”母以刀断织③。轲惧，问其故，母曰：“子之废学，若吾断斯织矣。君子学以立名，问以广知，是以居则安宁，动则远害。今而废之，是不免于厮役，而无以离于祸患也。何以异于织绩而食，中道废而不为，宁能衣其夫子，而长不乏食哉!”轲惧，旦夕勤学不息。请见子思，子思见之，甚悦其志，命子上④侍坐。礼敬甚崇。既退，子上请曰：“白闻士无介不见，女无媒不嫁。孟孺子无介而见，大人悦而敬之，白也未谕，敢问。”子思曰：“然。吾昔从夫子于郯⑤，遇程子【校记：嘉靖本作“本”，《备考》本与《孔丛子》同，故从之。】于涂⑥，

---

① 邹：春秋邾国，曹姓，子爵。武王时始受封。战国时鲁穆公改为邹。唐为邹县，历代因之。故地在今山东省邹县一带。《国语·郑语》：“曹姓邹莒，皆为采卫。”韦昭注：“陆终第五子曰安，为曹姓，封于邹。”

② 俎豆：俎和豆。古代祭祀、宴飨时盛食物用的两种礼器，泛指祭祀。《论语·卫灵公》：“俎豆之事则尝闻之矣，军旅之事未之学也。”

③ 断织：引刀断其机织。事见汉刘向《列女传·邹孟轲母》。

④ 子上：孔子曾孙子思伋的儿子，名白，字子上。

⑤ 郯：tán，古国名。帝少昊之后，盈姓。战国初灭于越。故地在今山东郯城一带。

⑥ 涂：同“途”。《周礼·地官·遂人》：“百夫有洫，洫上有涂。”郑玄注：“径、畛、涂、道、路，皆所以通车徒于国都也……涂容乘车一轨。”

倾盖①而语，终日而别，命子路将束帛赠焉，以其道同于君子也。今孟轲言称尧舜，性乐仁义，世所希有也，事之犹可，况加敬乎！非尔所及也。”

孟子既娶，将入私室，其妇袒而在内，孟子不悦，遂去不入。妇辞母而求去，曰：“妾闻夫妇之道，私室不与焉。今者妾窃堕在室，夫子见妾，而勃然不悦，是客妾也。妇人之义，盖不客宿。请归父母。”于是孟母召轲而谓之曰：“夫礼，将上堂，声必扬，所以戒人也。将入户，视必下，恐见人过也。今子不察于礼，而责于人，不亦远乎！”孟子遂留妇。

孟轲问子思曰：“尧舜文武之道，可力而致乎？”子思曰：“彼人也，我人也。称其言，履其行。夜思之，昼行之。如农之赴时，商之趋利，恶有不至者乎？”子思谓孟轲曰：“自大而不修，其所以大不大矣。自异而不修，其所以异不异矣。故君子高其行，则人莫能阶也，远其志，则人莫能及也。礼接于人，人不敢慢；辞交于人，人不敢侮，其唯高远乎！”轲问子思：“牧民何先？”子思曰：“先利之。”曰：“君子之所以教民，亦仁义耳，固所以利之乎？”子思曰：“上不仁则下不得其所，上不义则乐为乱也，此为利大矣。故《易》曰：利者，义之和也。”

孟子道既通，值梁惠王卑礼厚币以招贤者，乃至梁，既而去梁适齐，宣王以为上卿。孟子处齐有忧色，拥楹而叹。孟母见曰：“子拥楹而叹，若有忧色，何也？”对曰：“轲闻之：君子称身而就【校记：“就”，《备考》本作“正”。嘉靖本与《古列女传》同，故从之。】位，不为苟得而受赏，不贪荣禄。今道不用于齐，愿行而母老，是以忧也。”孟母曰：“妇人之礼，精五饭，幂【校记：“幂”，嘉靖本作“幕”，《备考》本与《列女传》同，故从之。】酒浆，养舅姑，缝衣裳而已。故有阃②内之修，而无境外之志。《易》曰：‘在中馈③，无攸遂④。’《诗》曰：‘无非无仪，惟酒食是议。’以言妇人无擅制⑤之义，而有三从之道也。故年少则从乎父母，出嫁则从乎夫，夫死则从乎子，礼也。今子成人也，而我老矣。子行乎子义，吾行乎吾礼。子何忧乎？”

孟子复去齐，适梁，梁惠王不果所言⑥，则见以为迂远而阔于事情。当是时，天下务于合从连衡⑦，以攻伐为贤，而孟轲乃述唐、虞、三代之德，是以所如者不合，退而与万章之徒序《诗》、《书》，述仲尼之意，作《孟子》七篇，以诏来世。娶由氏生子，名

---

① 倾盖：车上的伞盖靠在一起。《史记索隐》引《志林》曰：“倾盖者，道行相遇，軿车对语，两盖相切，小欹之，故曰倾。”

② 阃(kǔn)：古代妇女居住的内室。《后汉书·皇后纪序》：“明帝聿遵先旨，宫教颇修，登建嫔后，必先令德，内无出阃之言，权无私溺之授，可谓矫其敝矣。”

③ 中馈：指家中供膳诸事。孔颖达疏：“妇人之道……其所职，主在于家中馈食供祭而已。”

④ 无攸遂：指说什么都要听丈夫的，不能自作主张。《汉书》卷八五颜师古注：“言妇人之道居中主食，逊顺而已，无所必遂。”

⑤ 擅制：专断。语出汉刘向《列女传·邹孟轲母》。

⑥ 不果所言：口头赞成，实际不执行。

⑦ 合从：战国时，苏秦游说六国诸侯联合拒秦。秦在西方，六国地处南北，故称合纵。连衡：张仪游说六国共同事奉秦国称连衡，与苏秦说六国联合抗秦的合纵相对。

仲子。今邹县四基山，有孟子墓云。

薛应旂曰："余按：'《史记》当战国时，有三邹子①。先孟子而出者有邹忌②，以鼓琴于齐威王，因及国政，封为成侯而受相印；后孟子而出者有邹衍③，著书十余万言，其语闳大不经④。适梁，惠王郊迎。适赵，平原君侧行襒席⑤。如燕，昭王拥彗先驱⑥，请列于弟子。其见尊礼如此，岂与仲尼菜色陈、蔡，孟轲困于齐、梁同乎哉！'然其言卒不可传，而孔孟则经纬上下，与天地相为悠久矣。"

乐正子此至卷末皆孟子门人

乐正子，名克，尝仕于鲁。平公言孟子后丧逾前丧⑦，克曰："非所谓踰也，贫富不同也。"鲁欲使为政，孟子闻之，喜而不寐。曰："其为人也好善。"答浩生不害⑧之问，曰："善人也，信人也。"

公孙丑

公孙丑，齐人，尝慕管晏⑨之功，以期孟子。孟子曰："管仲，曾西之所不为也，而子为我愿之乎？"因论不动心于孟子，孟子曰："我知言，我善养吾浩然之气。"

万章

万章尝与孟子辩论尧、舜、禹禅继，伊尹、孔子、百里奚出处，与夫交际之礼，不见诸侯之义，皆得闻其说。

---

① 三邹子：即邹忌、邹衍、邹奭。

② 邹忌：生卒年不详，齐国人，以鼓琴游说齐威王，被任相国，封于下邳（今江苏邳县西南），称成侯。

③ 邹衍：齐国人，生卒年不详。《盐铁论·论儒第十一》："邹衍以儒术干世主，不用，即以变化始终之论，卒以显名。……邹子之作变化之术，亦归于仁义。"

④ 闳大不经：谓不着边际，不合常理；近乎荒诞，没有根据。

⑤ 侧行：侧身而行，表示恭敬。襒席：用衣袖拂拭坐席。司马贞《史记索隐》引张揖《三苍训诂》："襒，拂也。谓侧而行，以衣襒席为敬，不敢正坐当宾主之礼也。"

⑥ 拥彗先驱：拿着扫帚走在前面扫地开路。

⑦ 后丧逾前丧：是说孟子办母亲的丧事超过他以前办父亲的丧事。

⑧ 见《孟子·尽心下》。浩生不害：浩生，姓。不害：名。齐国人。

⑨ 管晏：管仲、晏子。管仲，齐桓公之相。晏子即晏婴，齐景公之相。《史记》有《管晏列传》。

浩生不害

浩生不害，齐人。尝问乐正子于孟子，得闻善信美大圣神之说。

高子

高子，齐人。尝指《小弁》为小人之诗，孟子曰："固哉，高叟之为诗也！"又尝谓之曰："山径之蹊，间介然用之而成路①；为间②不用，则茅塞之矣。今茅塞子之心矣。"其后高子去而学他术。

孟仲子　孟季子

孟仲子，孟子之从昆弟③。齐宣召见孟子，孟子辞疾，出吊于东郭氏。王使人问疾，医来。仲子使数人要孟子，曰："请必无归，而造于朝！"

孟季子，其弟也。未达义内之言，问于公都子，公都子曰："行吾敬，故谓之内也。"

陈臻

陈臻，齐人，齐馈兼金，孟子不受。宋、薛馈金，孟子受之。臻问曰："前日之不受是，则今日之受非也；今日之受是，则前日之不受非也。"孟子曰："皆是也。在宋曰'馈赆'，在齐曰'闻戒'，若于齐，则未有处也。"

屋庐子

屋庐子，名连。尝著书言老【校记："老"，嘉靖本作"彭"。】聃之法，后学于孟子，

---

① 间介然用之而成路：经常去走便成了一条路。杨伯峻注：《荀子·修身篇》云："善在身，介然必以自好也。""此'间介然'当与荀子之'介然'同义，都是意志专一而不旁骛之貌。"

② 为间：即"有间"，为时不久之意。

③ 昆弟：兄弟。《左传·僖公二十四年》："我请昆弟仕焉。"

与任人辩礼与食色之轻重，及论季子、储子之交际云。

陈代

陈代尝疑孟子不见诸侯，孟子以不可枉道【校记："道"，《备考》本作"见"。】之义告之。

公都子

公都子尝闻孟子好辩，孟子曰："我欲正人心，息邪说，距诐行，放淫辞①，岂好辩哉？予不得已也。"及论性，告之曰："乃若其情，则可以为善矣，乃所谓善也。"孟季子问公都子曰："何以谓义内也？"曰："行吾敬，故谓之内也。"

充虞

充虞当孟子丧母时，虞尝敦匠事②。他日请曰："木若以美然。"孟子曰："君子不以天下俭其亲。"孟子去齐，虞问曰："夫子若有不豫色然。虞闻诸夫子曰：'君子不怨天，不尤人。'"孟子曰："彼一时【校记："彼一时"，《备考》本作"彼一时也"。】，此一时也。"

徐辟

徐辟，墨者夷之尝因辟求见孟子。

彭更

彭更，尝疑孟子传食③诸侯为泰。孟子曰："如其道，则舜受尧之天下不以为泰，

---

① 正人心，息邪说，距诐行，放淫辞：端正人心，消灭邪说，反对偏激的行为，驳斥荒唐的言论。距同"拒"，抗拒。诐：bì，偏颇，不正。《说文·言部》："诐，古文以为颇字。"

② 见《孟子·公孙丑下》。虞尝敦匠事：充虞曾经监理棺椁的制造工作。

③ 传食：辗转受人供养。《孟子·滕文公下》："后车数十乘，从者数百人，以传食于诸侯，不以泰乎？"

子以为泰乎？”

咸丘蒙

咸丘蒙，齐之隐士，学于孟子，尝问曰：“舜南面而立，尧帅诸侯北面而朝之，瞽瞍亦北面而朝之，诚然乎哉？”孟子曰：“舜既为天子，又帅天下诸侯以为尧三年丧，是二天子矣。《书》曰：‘祗载见瞽瞍，夔夔斋栗，瞽瞍亦允若①。’是为父不得而子也。”

桃应

桃应②尝问：“舜为天子，皋陶为士，瞽瞍杀人，则如之何？”孟子曰：“执之而已矣。”“然则舜如之何？”曰：“舜窃负而逃③，遵海滨而处，终身忻然，乐而忘天下。”

薛应旂曰：“余过邹，谒孟子庙，见西向配飨④者，唯乐正子一人，以其善信足称也。自余皆无甚闻，不能拟孔门之四科⑤。然当战国时，势利熏灼⑥，而以孟子为依归，甘心寂寞，不驰骛于纵横，以为朝秦暮燕⑦之游，其亦不为习俗所溺矣。唯高子则去而学他术，殆【校记：“殆”，《备考》本作“始”。】固而鄙者也。”

---

① 祗载见瞽瞍三句：赵岐注云：“《尚书》遗篇，祗：敬；载：顺。齐同斋。”夔夔齐栗：谨慎恐惧的样子。全句意为：（舜）恭敬小心地来见瞽瞍，态度谨慎恐惧，瞽瞍也因之真正顺理而行了。

② 桃应：赵岐注云：“孟子弟子。”

③ 窃负而逃：偷偷地背负父亲而逃走。

④ 配飨：合祭，祔祀，指孔子弟子或历代名儒祔祀于孔庙。《新唐书·常衮传》：“其后闽人春秋配享衮于学官云。”

⑤ 四科：即孔子所说的“德行、言语、政事、文学”。

⑥ 熏灼：亦作“燻灼”，烧炙。

⑦ 朝秦暮燕：意义跟“朝秦暮楚”同。战国时，秦楚两大国对立，其他小国各视利益之所在，时而事秦，时而奉楚，变化无常。后以喻人反复无常。

四书人物考卷十八

传十五

老彭

老彭者，商贤大夫也。姓篯名铿，帝颛顼之孙，陆终氏之仲子。陆终氏娶鬼方之女，孕而不育十一年，开左右肋而出者六人，其三曰“老彭”①，封于韩大彭之墟，即彭城也，至殷之末世，年已七百余岁而不衰，故曰老彭云。少，好恬静，惟以养神治生为事，及为大夫，称疾，不与政事，好观览古籍，以政教大夫，以官教士②，以技教庶人，扬则抑，抑则扬。缀以德行，不任以言。高诱③《吕氏春秋》彭祖注亦曰：“《论语》所谓‘述而不作，信而好古，窃比于我老彭’是也。”

薛应旂曰：“老彭从肋而生，先儒多疑此事，及观郑夹漈谓老彭为商伯子孙，迭为伯王，天将与之，必有尤物，至以修己背坼④生禹，简迭胸坼生契，及魏黄初间汝南屈雍妇王氏从右胳【校记：《备考》本作“肋”】生男为证，且谓浮屠⑤氏不疑摩邪【校记：“邪”，《备考》本作“耶”。】夫人之肋生释迦，而儒者独疑陆终氏之事，余故备述之，非敢语怪也。”

周任

周任，未详其出处，盖古之立言人也。鲁叔孙穆子避侨如之难奔齐，及庚宗⑥，遇

① 《大戴礼记·帝系六十三》：“三年，启其左肋，六人出焉。其一曰樊，是为昆吾；其二曰惠连，是为参胡；其三曰篯，是为彭祖。”

② 教士：受过训练的士兵。

③ 高诱：东汉涿郡（今河北涿县）人，少受学于同县卢植，建安十年（205年）任司空掾，旋任东郡濮阳（今属河北）令，后迁监河东。所著有《孟子章句》（今佚）、《孝经注》（今佚）、《战国策注》（今残）及《淮南子注》（今与许慎注相杂）、《吕氏春秋注》等。

④ 坼：chè，裂开。《淮南子·本经训》：“天旱地坼。”

⑤ 浮屠：佛教语。梵语 Buddha 的音译。

⑥ 庚宗：鲁地，在今山东泗水县东。

妇人私焉。及适齐，娶国氏，生孟丙、仲壬。后庚宗妇人以私生子来见，名曰牛，使为竖①，竖牛以计令穆子杀孟丙，又逐仲壬，乃因穆子疾，因绝其食而死，立穆子之庶子昭子。昭子即位，朝其家众，曰："竖牛杀适立庶，罪莫大焉，必速杀之。"竖牛奔齐，孟仲子之子杀诸关外。

仲尼曰："叔孙昭子之不劳，不可能也。周任有言曰：'为政者，不赏私劳，不罚私怨。'《诗》云：'有觉德行，四国顺之。'"及季氏伐颛臾，冉求不能止。孔子复引周任之言曰："陈力就列，不能者止，危而不持，颠而不扶，则将焉用彼相矣。"朱子谓为古之良史，岂别有所据云。

龙子

龙子名穆，一称龙叔，与卫公叔文子之子公叔戍相友善，龙子尝谓文挚②曰："子之术微矣，吾有疾，子能已乎？"文挚曰："请言子之疾！"龙子曰："吾乡③誉不以为荣，国毁不以为辱；得而不喜，失而不忧；视生如死，视富如贫，视人如豕，视吾如人；处吾之家，如逆旅之舍，观吾之乡，如戎蛮④之国。凡此众疾，爵赏不能劝，刑罚不能威，盛衰、利害不能易，哀乐不能移。固不可事国君、交亲友、御妻子、制仆隶，此奚疾哉？奚方能已之乎？"文挚乃命龙子背明而立。文挚自后向明而望之。既而，曰："嘻！吾见子之心矣：方寸之地⑤虚矣。几圣人也！子心六孔流通，一孔不达。今以圣智为疾者，或由此乎？非吾浅术所能已也。"

薛应旂曰："余尝观子思谓龙子好饰弄辞，说观于坐席，相人眉睫以为之意，天下之浅人也。及观孟子，亟称其言，而赵岐⑥则谓其为古之贤人，岂其人固不厌，众论尚在疑似之间，虽贤如思孟，尚未能无异同之见邪？然其自谓之疾者，则正余之痼疾也，不知何术能已之，惜文挚之引而不发⑦也。"

---

① 竖：小臣，童仆。《淮南子·人间训》："竖阳谷奉酒而进之。"高诱注："竖，小使也。"

② 文挚：相传是春秋时宋国的良医，一说为战国时人，曾为齐闵王治病。

③ 乡：通"享"。《汉书·文帝纪》："夫以朕之不德，而专乡独美其福，百姓不与焉，是重吾不德也。"王先谦补注引周寿昌曰："乡，音享。《祭义》：'飨者，乡也。'"

④ 戎蛮：亦作"戎曼"。即蛮氏。古族名。西戎的一支。春秋时分布于今河南颍河上游一带。后为楚所灭。

⑤ 方寸之地：指人心。晋葛洪《抱朴子·嘉遁》："方寸之心，制之在我，不可放之于流遁也。"

⑥ 赵岐：《后汉书》卷六四："赵岐字邠卿，京兆长陵人也，初名嘉……岐多所述作，著《孟子章句》、《三辅决录》传于时。"

⑦ 引而不发：拉满弓弦而不发箭。《孟子·尽心上》："大匠不为拙工废绳墨，羿不为拙射变其彀(gòu)率。君子引而不伐，跃如也。"原指善于教射箭的人，只作跃跃欲射的姿态，以便学的人观摩领会。后用以比喻作好准备，待机行事，或比喻善于引导而不代庖。

四书人物考卷十九

传十六

季文子

季文子，名行父，季友之孙，鲁之宗卿也。文公六年，以陈、卫之睦也，欲求好于陈。夏，文子聘于陈，且娶焉。秋，聘于晋，求遭丧①之礼以行。其人曰："将焉用之?"文子曰："备豫【校记："豫"，《备考》本作"预"。嘉靖本与《左传》同，故从之。】不虞②，古之善教也。求而无之实难，过求何害。"十二年冬，行父帅师，城诸及郓③。十三年冬，公请平④于晋。还，郑伯宴公于棐⑤，子家赋《鸿雁》⑥。文子曰："寡君未免于此。"赋《四月》⑦。子家赋《载驰》⑧之四章，文子赋《采薇》⑨之四章。十五年春，文子如晋，为单伯与子叔姬故也。秋，齐人侵鲁西鄙，文子告于晋。

---

① 遭丧：遭遇丧事。《左传·哀公十五年》："于是乎有朝聘而终，以尸将事之礼，又有朝聘而遭丧之礼。"杜预注："遭所聘之丧。"

② 备豫不虞：预先准备料想不到的事。不虞：意料不到。

③ 城诸及郓：在诸邑和郓邑修筑城墙。

④ 平：媾和，和好。

⑤ 棐：古地名。《左传·文公十三年》："郑伯会公于棐。"杨伯峻注："杜注：'棐，郑地。'当即宣元年及襄三十一年《传》之棐林，在今河南省新郑县东二十五里。"

⑥ 《鸿雁》：《诗经·小雅》篇名。子家赋此，以鳏寡自比郑国，想要鲁文公怜惜他们，为他们不顾辛劳，而再次取晋国为他们请和。

⑦ 《四月》：《诗经·小雅》篇名。其首章云："四月维夏，六月徂暑。先祖匪人，胡宁忍予?"杜预注云："义取行役逾时，思归祭祖，不欲为郑还晋。"

⑧ 《载驰》：《诗经·鄘风》篇名。子家赋此诗，是取其中"控于大邦，谁因谁极"两句，义取小国有急难，需要大国帮助，但要依靠人的援引，希望因鲁国而去晋国求得谅解。

⑨ 《采薇》：《诗经·小雅》篇名。其四章有云："戎车既驾，四牡业业。岂敢安居，一月三捷。"意思是愿意为郑国返还晋国求情而不敢安居。

冬，晋会诸侯于扈①，将谋伐齐，齐人赂晋侯，故不克而还。齐是以复侵鲁西鄙，遂伐曹，入其郛②，讨其朝于鲁也。文子曰："齐侯其不免乎？已则无礼，而讨于有礼者，曰：'女何故行礼！'礼以顺天之道也，已则反天，而又以讨人，难以免矣。《诗》曰：'胡不相畏，不畏于天？'君子之不虐幼贱，畏于天也。在《周颂》曰：'畏天之威，于时保之。'不畏于天，将何能保？以乱取国，奉礼以守，犹惧不终，多行无礼，弗能在矣！"次年及齐平，文公有疾，使文子会齐侯于阳谷③。请盟，齐侯不肯，曰："请俟君间。"

文公卒，仲遂以敬嬴之属杀太子赤【校记："赤"，《备考》本作"恶"。】及公子视，而立宣公。时莒太子仆弑纪公，以其宝玉奔。鲁宣公命与之邑，曰："今日必授④。"文子使司寇出诸境。曰："今日必达。"公问其故，文子使太史克对曰："先大夫臧孙辰教行父事君之礼，行父奉以周旋，弗敢失坠。曰：'见有礼于其君者，事之如孝子之养父母也。见无礼于其君者，诛之如【校记："如"，嘉靖本作"若"，《备考》与《左传》同，故从之。】鹰鹯⑤之逐鸟雀也。'先君周公制《周礼》曰：'则以观德，德以处事，事以度功，功以食民。'作《誓命》曰：'毁则为贼，掩贼为臧，窃贿为盗，盗器为奸，主藏之名，赖奸之用，为大凶德，有常无赦，在《九刑》不忘。'行父还观⑥莒仆，莫可则也。孝敬忠信为吉德，盗贼藏奸为凶德。夫莒仆，则其孝敬，则弑君父矣；则其忠信，则窃宝玉矣。其人，则盗贼也；其器，则奸兆也。保而利之，则主藏也。以训则昏，民无则焉。不度于善，而皆在于凶德⑦。是以去之。昔高阳氏有才子八人：苍舒、陨敳、梼戭、大临、尨降、庭坚、仲容、叔达⑧，齐圣广渊，明允笃诚，天下之民谓之'八恺'。高辛氏有才子八人：伯奋、仲堪、叔献、季仲、伯虎、仲熊、叔豹、季狸，忠肃共懿，宣慈惠和⑨，天下之民谓之'八元'。此十六族也，世济其美，不陨其名，以至于尧，尧不能举。舜臣尧，举八恺，使主后土⑩，以揆百事，莫不时序，地平天成；举八元，

---

① 扈：古国名，又称有扈，在今陕西省户县。《左传·昭公元年》："夏有观扈。"杜预注："扈在始平鄠县。"

② 郛：外城。《公羊传·文公十五年》："齐侯侵我西鄙，遂伐曹，入其郛。郛者何？恢郭也。"何休注："恢，大也。郛，城外大郭。"

③ 阳谷：地名，在今山东阳谷县。

④ 今日必授：今天一定要给，即给太子仆一个邑。《国语·鲁语上》："为我予之邑，今日必授。"韦昭注："授，予也。"

⑤ 鹰鹯（zhān）：鹰与鹯，比喻忠勇的人。

⑥ 还观：遍观，细察。

⑦ 不度于善，而皆在于凶德：不能归属到好事里去，却都在坏的德行之中。

⑧ 苍舒、陨敳（tuí ái）、梼戭（táo yǎn）、大临、尨（máng）降、庭坚、仲容、叔达：皆古代传说人物，生平事迹无可考。

⑨ 忠肃共懿，宣慈惠和：和八恺之解释类似。意思是他们尽心奉上，临事恪勤，治身严谨，立行美好，智虑周详，待人慈善，拯救穷困，与物无争。

⑩ 后土：杜预注云："后土，地官。禹作司空，平水土，即主地之官。"

使布五教于四方，父义、母慈、兄友、弟共、子孝。内平外成。昔帝鸿氏①有不才子，掩义隐贼，好行凶德，丑类恶物②，顽嚚不友③，是与比周④，天下之民谓之‘浑敦⑤’。少皞氏⑥有不才子，毁信废忠，崇饰恶言⑦，靖谮庸回⑧，服谗蒐慝⑨，以诬盛德，天下之民谓之‘穷奇⑩’。颛顼有不才子，不可教训，不知话言⑪，告之则顽，舍之则嚚，傲狠⑫明德，以乱天常，天下之民谓之‘梼杌⑬’。此三族也，世济其凶，增其恶名，以至于尧，尧不能去。缙云氏⑭有不才子，贪于饮食，冒于货贿⑮，侵欲崇侈，不可盈厌，聚敛积实，不知纪极⑯，不分孤寡，不恤穷匮⑰，天下之民以比三凶，谓之‘饕餮’⑱。舜臣尧，宾于四门，流四凶族⑲，浑敦、穷奇、梼杌、饕餮，投诸四裔，以御螭魅⑳。是以尧崩而天下如一，同心戴舜以为天子，以其举十六相，去四凶也。故

---

① 帝鸿氏：黄帝名号。黄帝，古代传说中的帝王，有熊国君，乃少典国君之子，号曰有熊氏，又曰缙云氏，又曰帝鸿氏，亦曰帝轩氏。

② 丑类恶物：把坏东西引为同类。丑类：比类，引以为同类。语出《左传·文公十八年》。

③ 顽嚚(yín)不友；顽固愚蠢不友爱。语出《书·尧典》：“瞽子，父顽，母嚚，象傲。”陆德明《释文》：“心不则德义之经为顽，口不道忠信之言为嚚。”

④ 比周：勾结，集结。《管子·立政》：“群徒比周之说胜，则贤不肖不分。”

⑤ 浑敦：愚昧，冥顽。语出《左传·文公十八年》。杜预注：“浑敦，不开通之貌。”按：浑敦，《史记·五帝本纪》作“浑沌”。

⑥ 少皞氏：传说中古帝名，也作少昊，名挚，字青阳，黄帝子，己姓。以金德王，故也称金天氏。邑穷桑，都曲阜，号穷桑帝。

⑦ 崇饰恶言：坏话说得天花乱坠。崇饰：修饰。

⑧ 靖谮庸回：惯听谗言，信用奸邪。靖：安。庸：用。回：奸邪。

⑨ 服谗蒐慝：使用谗言，隐匿罪恶。服：行。蒐：隐蔽。慝：邪恶。《左传·文公十八年》杜预注：“蒐，隐也。”

⑩ 穷奇：孔颖达疏云：“行恶终必穷，故云其行穷也。好恶言，好谗慝，是所好奇异于人也。”

⑪ 话言：美善之言，有道理的话。《诗·大雅·抑》：“其维哲人，告之话言，顺德之行。”毛传：“话言，古之善言也。”

⑫ 傲狠：倨傲狠戾。

⑬ 梼杌：传说为远古的恶人“四凶”之一。或谓即鲧。杜预注云：“顽凶无畴匹之貌。”

⑭ 缙云氏：传说黄帝以云纪官，夏官称缙云氏，因以官为族氏。

⑮ 冒于货贿：贪于财货谷物。冒：贪。

⑯ 不知纪极：不知道限度。纪极：限度，极限。

⑰ 不恤穷匮：不怜惜穷苦困乏。恤：同情，怜惜。

⑱ 饕餮：tāo tiè，传说中的一种贪残的怪物，意思是贪财贪食而不知满足。古代钟鼎彝器上多刻其头部形状以为装饰。《吕氏春秋·先识》：“周鼎着饕餮，有首无身，食人未咽，害及其身，以言报更也。”

⑲ 舜臣尧，宾于四门，流四凶族：虞舜做了尧帝的臣子，在四方的城门礼迎贤才，流放四凶之族。

⑳ 螭魅：山神鬼怪，亦喻各种坏人。螭，通“魑”。《左传·文公十八年》杜预注：“螭魅，山林异气所生，为人害者。”陆德明《释文》：“魅，亡备切。《说文》作‘鬽’，云：‘老精物也。鬽，或从未。’”杨伯峻注：“螭魅，古人幻想中之怪物能为人害者。”

《虞书》数舜之功，曰‘慎徽五典，五典克从①’，无违教也；曰‘纳于百揆，百揆时序②’，无废事也；曰‘宾于四门，四门穆穆’，无凶人也。舜有大功二十而为天子。今行父虽未获一吉人，去一凶矣，于舜之功，二十之一也，庶几免于戾乎！”君子曰：“行父为国上卿，执国之政者也。上不能为季友，下不能为惠伯，而以是讽之，不亦眇乎？”未几，宣公惧，齐见讨。行父遂如齐，以济西之田③赂之，以请会。齐侯许之。于是与公会于平州④。八年仲遂卒，子归父贵而有宠。

十八年，宣公卒，行父言于朝曰：“使我杀适以失大援者，仲也。”遂逐其子，归父出奔齐。成公嗣立，行父惧齐人问故，于是作丘甲，又使臧孙许，及晋侯盟于赤棘备齐也。冬，行父聘于齐，时晋郤克、卫孙良夫、曹公子首咸在焉。行父秃、郤克眇、良夫跛、曹公子首偻、萧同叔子，处台上而笑之，皆怒。二年，行父会晋郤克、卫孙良夫、曹公子首，及齐侯战于鞍⑤，齐师败绩。遂及国，佐盟于袁娄，使齐人归我汶阳之田。四年，相公如晋，晋侯见公，不敬。季文子曰：“晋侯必不免。《诗》曰：‘敬之敬之！天维显思，命不易哉⑥！’夫晋侯之命在诸侯矣，可不敬乎？”公归，欲叛晋而从楚，行父曰：“不可。晋虽无道，不可叛也。国大臣睦，而迩于我，诸侯听焉，未可以贰。史佚之《志》有之，曰：‘非我族类，其心必异。’楚虽大，非吾族也，其肯字我乎？”公乃止。六年，以鞍之功立武宫⑦，非礼也。听于人以救其难，不可以立武。立武由己，非由人也。吴伐郯⑧，郯成⑨，行父曰：“中国不振旅⑩，蛮夷入伐，而莫之或恤，吾亡无日矣！”八年春，晋侯使韩穿来言汶阳之田，归之于齐⑪。文子饯之，私焉，曰：“大

---

① 慎徽五典，五典克从：谨慎地发扬五常的教化，教化就能通行。《书·舜典》：“慎徽五典，五典克从。”孔传：“五典，五常之教。父义、母慈、兄友、弟恭，子孝。”蔡沈《集传》：“五典，五常也。父子有亲，君臣有义，夫妇有别，长幼有序，朋友有信是也。”

② 纳于百揆，百揆时序：放在各种事务之中，各种事务都能有条不紊。百揆：百事。

③ 济西之田：本曹国地，鲁僖公三十一年，晋文公把它分给鲁国，现在鲁宣公用来贿赂齐国，故齐人取之。

④ 平州：地名，在今山东莱芜县东。

⑤ 鞍：音安，即历下，在今山东济南市偏西。《左传·成公二年》：“六月癸酉，季孙行父、臧孙许、叔孙侨如、公孙婴齐帅师会晋郄克、卫孙良夫、曹公子首及齐侯战于鞍。”杜预注：“鞍，齐也。”

⑥ 语出《诗经·周颂·敬之》。

⑦ 武宫：庙名。鲁武公庙。《左传·昭公十五年》：“二月癸酉，有事于武宫。”杜预注：“武宫，鲁武公庙。”

⑧ 郯：国名，己姓，少皞之后，故城在今山东郯城县西南。

⑨ 成：和解，讲和，实为郯顺服于吴国。《诗·大雅·緜》：“虞芮质厥成，文王蹶厥生。”毛传：“成，平也。”孔颖达疏：“言由谐文王而得成其和平也。”

⑩ 中国：上古时代，我国华夏族建国于黄河流域一带，以为居天下之中，故称中国。把周围我国其他地域称为四方。中国就是当时华夏各诸侯国的总称。振旅：整顿部队。

⑪ 归之于齐：让鲁国把汶阳之田归还给齐国。杜预注云：“齐服事晋，故晋来语鲁，使归二年所取田。”

国制义以为盟主①，是以诸侯怀德畏讨②，无有二心。谓汶阳之田，敝邑之旧也，而用师于齐，使归之敝邑。今有二命曰：‘归诸齐。’信以行义，义以成命，小国所望而怀也。信不可知，义无所立，四方诸侯，其谁不解体？《诗》曰：‘女也不爽，士贰其行。士也罔极，二三其德。’③七年之中，一与一夺，二三孰甚焉！士之二三，犹丧配耦，而况霸主？霸主将德是以④，而二三之，其何以长有【校记：《备考》本此增一“于”字。嘉靖本与《左传》同，故从之。】诸侯乎？《诗》曰：‘犹之未远，是用大谏⑤。’行父惧晋之不远犹而失诸侯也，是以敢私言之。”冬，晋士燮来聘，言伐郯。公赂之，请缓师。士燮不可，曰：“君命无贰，失信不立。礼无加货，事无二成⑥。君后诸侯，是寡君不得事君也。燮将复之。”季孙惧，使宣伯帅师以从之。

九年春，为归汶阳之田故，诸侯贰于晋。晋人惧，会于蒲⑦，以寻马陵之盟⑧。文子谓范文子曰：“德则不竞，寻盟何为？”夏，文子如宋致女⑨，复命，公享之。赋《韩奕》⑩之五章，穆姜⑪出于房，再拜，曰：“大夫勤辱，不忘先君以及嗣君⑫，施及未亡人。先君犹有望也！敢拜大夫之重勤。”又赋《绿衣》⑬之卒章而入。

十一年夏，文子如晋报聘，且莅盟也。十六年，晋伐郑，楚救郑，成公将会。宣伯通于穆姜⑭，欲去季、孟而取其室⑮。将行，穆姜送公，而使逐二子。公以晋难⑯告，曰：“请反而听命。”姜怒，公子偃、公子钼趋过，指之曰：“女不可，是皆君也。”公待于坏隤，申宫儆备⑰，设守而后行，是以不及晋、楚之战期。宣伯贿郤犨而诉公于晋侯，晋侯不见公。七月，公会诸侯伐郑。将行。宣伯使告郤犨曰：“鲁之有季、孟，犹

---

① 大国制义以为盟主：大国制定合宜的规章来做诸侯的盟主。制义：孔颖达疏云：“义者，宜也，事得其宜谓之义。汶阳之田宜其归鲁，是归鲁为义，归齐为不义。大国当制其义事，以为诸侯之盟主。”

② 怀德畏讨：怀恋恩德，畏惧讨伐。

③ 语出《诗·卫风·氓》。

④ 以：《左传》杜预注：“以，用也。”

⑤ 犹之未远，是用大谏：谋划事情不长远，因此竭力来规劝。犹同猷，谋划。

⑥ 礼无加货，事无二成：礼仪没有增加的财货，公事私事无法两样同时完成。加货：指除规定的礼物外，不得再有馈赠。此拒绝受贿。二成：指出师与缓师，只能二者择其一。此拒绝缓师。

⑦ 会于蒲：参加这次会见的诸侯有鲁、晋、齐、宋、卫、郑、曹、莒、杞等国。蒲：卫地，在今河南长垣县治稍东。

⑧ 马陵之盟：马陵之盟在鲁成公七年。马陵：古地名，春秋卫地，在今河北大名东南。

⑨ 致女：《左传·成公九年》杜预注：“女嫁三月，又使大夫随加聘问，谓之致女，所以致成妇礼，笃婚姻之好。”

⑩ 《韩奕》：《诗经·大雅》篇名。

⑪ 穆姜：伯姬之母。

⑫ 先君：指鲁宣公，穆姜之夫，伯姬之父。嗣君：指鲁成公，伯姬之兄。

⑬ 《绿衣》：《诗经·邶风》篇名。杜预注云：“取其‘我思古人，实获我心’，喻文子言，得已意。”

⑭ 宣伯：即叔孙侨如。穆姜：鲁宣公夫人，鲁成公之母。

⑮ 欲去季、孟而取其室：想去掉季氏、孟氏而得到他们的家产。季、孟：季文子、孟献子。

⑯ 晋难：谓晋国命令鲁国出兵会同伐郑。

⑰ 申宫儆备：守护宫廷加强戒备。语出《左传·成公十六年》。

晋之有栾、范也，政令于是乎成。今其谋曰：‘晋政多门，不可从也。宁事齐、楚，有亡而已，蔑从晋矣。’若欲得志于鲁，请止行父而杀之，我毙蔑也而事晋，蔑有贰矣①。鲁不贰，小国必睦。不然，归必叛矣。”九月，晋人执文子于苕丘。公还，待于郓。使子叔声伯请季孙于晋，郤犨曰：“苟去仲孙蔑而止季孙行父，吾与子国，亲于公室。”对曰：“侨如之情②，子必闻之矣。若去蔑与行父，是大弃鲁国而罪寡君也。若犹不弃，而惠徼③周公之福，使寡君得事晋君，则夫二人者，鲁国社稷之臣也。若朝亡之，鲁必夕亡。以鲁之密迩仇雠，亡而为雠，治之何及?”范文子谓栾武子曰：“季孙于鲁，相二君④矣。妾不衣帛，马不食粟，可不谓忠乎？信谗慝而弃忠良，若诸侯何?”乃许鲁平，赦季孙。

襄公二年夏，齐姜⑤薨。初，穆姜使择美槚⑥，以自为榇与颂琴⑦。季文子取以葬⑧。君子曰：“非礼也。礼无所逆，妇，养姑者也，亏姑以成妇，逆莫大焉⑨。”四年秋，定姒⑩薨。不殡于庙，无榇，不虞。匠庆谓季文子曰：“子为正卿，而小君⑪之丧不成，不终君也。君长⑫，谁受其咎?”初，文子为己树六槚于蒲圃东门之外。匠庆请木，季孙曰：“略⑬。”匠庆用蒲圃之槚，季孙不御。

五年冬，文子卒。大夫入敛，公在位。宰庀家器为葬备⑭，无衣帛之妾，无食粟之马，无藏金玉，无重器备。君子是以知季文子之忠于公室也。相三【校记：“三”，《备考》本作“二”。嘉靖本与《左传》同，故从之。】君矣，而无私积，可不谓忠乎？

季桓子

季桓子，名斯，平子意如之子也。平子卒，阳虎欲以璠玙敛⑮，仲梁怀弗与，曰：

---

① 我毙蔑也而事晋，蔑有贰矣：我把仲孙蔑杀死来事奉晋国，就没有二心了。

② 侨如之情：指叔孙侨如和穆姜私通并欲夺季、孟之室等情节。

③ 徼：招致，求取。

④ 相二君：辅佐了两位君主。二君：鲁宣公、鲁成公。

⑤ 齐姜：鲁成公夫人姜氏，谥曰齐，故曰齐姜。

⑥ 槚：jiǎ，即楸，落叶乔木，木质细密，古人常用以制棺木。

⑦ 以自为榇与颂琴：穆姜为自己准备了内棺和雅琴。榇：近身棺材。穆姜制雅琴想用做殉葬品。

⑧ 季文子取以葬：季文子把穆姜为自己准备的棺木等拿来葬齐姜。穆姜曾与叔孙侨如私通，欲去季、孟而取季、孟之室，未成，叔孙侨如被驱逐，穆姜亦被软禁而失势，故季文子取其榇与颂琴来葬齐姜。

⑨ 礼无所逆数句：礼，不应该有不顺的，儿媳妇是奉养婆婆的，亏损婆婆来成全儿媳妇，不顺没有比这更大的了。

⑩ 定姒：鲁成公妾，鲁襄公母。定，谥号。姒：母家姓。

⑪ 小君：古代称诸侯的妻子。

⑫ 君长：国君长大了。此时鲁襄公未满八岁。

⑬ 略：《左传》杜预注云：“不以道取为略。”一说，略，简略，意思不必挑选美木。

⑭ 宰庀家器为葬备：季氏家的总管收集家中器物作为葬具。庀：pǐ，备办。

⑮ 阳虎欲以璠玙敛：阳虎要用璠玙殡敛。璠玙：《左传》为“玙璠”，鲁之宝玉，君所佩。

"改步改玉①。"阳虎欲逐之，告公山不狃。不狃曰："彼为君也，子何怨焉?"既葬，桓子行东野【校记："既葬，桓子行东野。"《备考》本作"桓子立，行东野。"《备考》本与《左传》同，故从之。】。及费。子洩为费宰，逆劳于郊②，桓子敬之。劳仲梁怀，仲梁怀弗敬。子洩怒，谓阳虎："子行之乎?"阳虎囚桓子，而逐仲梁。既而盟桓子于稷门③之内而释之。

定公六年，鲁侵郑晋故也，桓子如晋，献郑俘。七年，齐伐鲁，桓子与孟懿子御之，阳虎御桓子，欲陷桓子于齐师，以及孟孙。桓子之臣苫夷曰："若季孟及难，余必杀虎。"虎惧，以桓子还。八年，阳虎谋享季氏于蒲圃而杀之④，使其党林楚御桓子，将如蒲圃，桓子知不免，要林楚使【校记："使"，《备考》本作"欲"。嘉靖本与《通志》同，故从之。】拔己于难，林楚因怒马，及衢而骋⑤，以桓子入，保孟氏。孟氏阖门，阳虎战，不胜而奔。语具《阳虎传》。孟氏之臣公敛阳⑥欲因乱杀桓子，以强孟宗，孟孙惧而归之。十二年，仲由为季氏宰，将堕三都⑦，于是桓子帅师堕费。十三年，齐人馈女乐以沮⑧孔子，桓子微服往观，语定公受之。怠于政，孔子去，适卫。

哀公二年，桓子伐邾，将伐绞⑨。邾人赂以漷、沂⑩之田而受盟焉。三年，城启阳，是岁，司铎火⑪。桓子御公立于象魏⑫之外。命救火者伤人则止，曰财可为也。命藏《象魏》⑬，曰："旧章不可亡也。"秋，桓子有疾，谓康子曰："昔者孔子几兴鲁矣，以吾受群婢，故去。我死，汝相鲁必召仲尼。"后数日卒。

薛应旂曰："孔子之用于定公，正桓子相鲁而为之汲引⑭也。既虽不免女乐之受，以沮其行【校记："行"，《备考》本作"待"。】，而死且悔之，尚冀后人之复登用焉，此

---

① 改步改玉：改变了行走的步伐，也要改变佩玉。杜预注云："昭公之出，季孙行政事。佩璠玙，祭宗庙。今定公立，复臣位，改君步，则亦当去玙璠。"

② 逆劳于郊：在郊外迎接慰劳。

③ 稷门：鲁南城门。

④ 阳虎谋享季氏于蒲圃而杀之：阳虎谋划在蒲园设宴款待季桓子而杀了他。享通"饗"。飨宴，用酒食款待人。蒲圃：鲁城东门外地。

⑤ 林楚因怒马，及衢而骋：林楚于是抽打马使马发怒，到达大街上就赶马狂奔。

⑥ 公敛阳：即公敛处父。

⑦ 堕三都：毁坏三个采邑。堕同隳，毁坏。三都：费，为季氏采邑，郈为叔孙氏采邑，成为孟孙氏采邑。

⑧ 沮：终止，阻止。《诗·小雅·巧言》："君子如怒，乱庶遄沮。"毛传："沮，止也。"

⑨ 绞：邾邑，在今山东滕县北。《左传》杜预注："绞，邾邑。"

⑩ 漷：水名，源出山东滕县东北，西南流至江苏沛县入运河。沂：水名，源出山东曲阜县东南的尼山，西流经曲阜、兖州入泗水。

⑪ 司铎火：司铎发生火灾。《左传》杜预注："司铎，宫名。"

⑫ 象魏：宫廷外的阙门。古宫廷门外有二台，上作楼观，上圆下方，两观双植。门在两旁，中间阙然为道。以其悬法，谓之象魏。

⑬ 《象魏》：指悬挂于象魏的法令。

⑭ 汲引：引荐，提拔。

其一念好德之心，苟能克之，虽古大臣何以过哉？呜呼！桓子尚矣，后世若会之之荐康侯、元长之引中立，不犹有桓子之遗也乎？”

季康子

季康子，名肥，桓子之庶子也。初，桓子有疾，命其臣正常①，曰：“无死②。南孺子③之子，男也，则以告而立之。女也，则肥④也可。”桓子卒，康子即位。既葬，康子在朝。南氏生男，正常载以如朝。告曰：“夫子有遗言，命其圉臣⑤曰：‘南氏生男，则以告于君与大夫而立之。’今生矣，男也，敢告。”遂奔卫。康子请退。公使共刘视之，则或杀之矣，乃讨之。召正常，正常不反。复立康子，欲召仲尼。公之鱼曰：“昔先君用之不终，为诸侯笑。”康子曰：“将谁召乎？”曰：“必召冉求。”于是召冉求。

哀十一年，齐国书帅师伐鲁及清，康子用冉求之谋败齐师于艾陵。师还，康子命修守备。曰：“小胜，大祸也，齐至无日矣。”十二年【校记：“十二年”，《左传》为“十一年”。】欲以田赋，使冉有访诸仲尼。仲尼不对，私于冉有曰：“不度于礼，而贪冒无厌，则虽以田赋，将又不足。且子季孙若欲行而法，则周公之典在。若欲苟而行，又何访焉？”弗听，卒用田赋。二十三年，宋景曹卒。康子使冉有吊，且送葬，曰：“敝邑有社稷之事，使肥与有职竞焉，是以不得助执绋，使求从舆人。”曰：“以肥之得备弥甥也，有不腆先人之畜马，使求荐诸夫人之宰，其可以称旌繁乎？”越既灭吴，欲霸中国。

二十四年，公如越，得太子适郢⑥，将妻公，而多与之地。康子闻之，惧。因大宰嚭以纳赂焉，乃止。明年，公至自越。康子与孟武伯逆于五梧。郭重仆⑦见二子，曰：“恶言多矣，君请尽之。”公宴于五梧。武伯为祝，恶郭重曰：“何肥也！”康子曰：“请饮彘也。以鲁国之密迩仇雠，臣是以不获从君，克免于大行，又谓重也肥。”公曰：“是食言多矣，能无肥乎？”饮酒不乐。二十七年，康子卒。是岁，哀公亦奔越。

薛应旂曰：“康子夺嫡固已，逆父命而干伦纪矣，又岂能遵命而召孔子哉！顾乃听

---

① 正常：季桓子宠臣。

② 无死：欲托以后事，故敕令勿从己死。

③ 南孺子：季桓子之妻。一说，季桓子之妾。

④ 肥：季康子。

⑤ 圉臣：正常自称，犹言贱臣。

⑥ 得太子适郢：和越太子适郢相处得很融洽。太子：即大子。《周礼·夏官·诸子》：“国有大事，则帅国子而致于大子。”《左传·隐公元年》：“ 惠公之薨也，有宋师，大子少，葬故有阙。”

⑦ 郭重仆：郭重为鲁哀公驾车。

公之鱼之言而用冉有，不知果何见也？卒至偾事①而哀公出奔，宜哉！”

季子然

子然，平子意如之子，桓子之弟也。子然习见其父逐昭公，常怀不臣之心，自多其家得臣。由求遂问于孔子，盖将君鲁而以为大臣，且意其从君之欲也，故孔子既抑由求，可为具臣复明以弑父与君不从以折之。

孟献子附乐正裘、牧仲

孟献子，名蔑。宣公九年，王征聘②于鲁，公使献子如周聘，王以为有礼，厚贿之。

十四年，楚子围宋，献子言于公曰：“臣闻小国之免于大国也，聘而献物，于是有庭实旅百③；朝而献功，于是有容貌、采章、嘉淑④，而有加货，谋其不免也。诛而荐贿⑤，则无及也。今楚在宋，君其图之。”公说。明年，使公孙归父会楚子于宋。是岁，献子会齐高固于无娄。成公六年，晋人来命伐宋。献子及叔孙宣伯侵宋。十三年，公如周朝王，献子为介，王说献子，赐之加厚，遂从公会晋侯伐秦。献子谓公曰：“晋帅乘⑥和，师必有大功。”晋师与秦师战于麻隧⑦，秦师败绩。十八年，冬，献子会晋侯及诸侯，盟于虚朾⑧，谋救宋也。于是献子请于诸侯而先归会葬。

襄公元年春，会诸侯之大夫围宋彭城，夏，复会诸侯之大夫，次于鄫⑨。二年

① 偾事：败事。《礼记·大学》：“一家仁，一国兴仁；一家让，一国兴让；一人贪戾，一国作乱，其机如此。此谓一言偾事，一人定国。”郑玄注：“偾，犹覆败也。”

② 征聘：谓征召诸侯聘问。《左传·宣公九年》：“春，王使来征聘。夏，孟献子聘于周，王以为有礼，厚贿之。”杨伯峻注：“征聘者，示意鲁遣使往周聘问也。”

③ 庭实：古代诸侯国之间互相访问，或谒见周天子，参与聘、觐和享礼时，把礼物或贡物陈在庭中，称庭实。《仪礼·公食大夫礼》：“庶羞陈于碑内，庭实陈于碑外。”《后汉书·班固传》：“于是庭实千品，旨酒万锺。”李贤注：“庭实，贡献之物也。”旅：陈。百：极言其多，非指实数。

④ 容貌、采章、嘉淑：均为小国献给大国的礼物。容貌：指外表鲜艳有光泽。采章：色彩文章。嘉淑：美好的东西。

⑤ 诛而荐贿：等到大国加以责罚才去进献财物。

⑥ 帅乘：将士。《左传·成公十三年》杜预注：“帅，军帅。乘，车士。”

⑦ 麻隧：秦地，在今陕西泾阳县北。

⑧ 盟于虚朾：《春秋穀梁传·成公十八年》：“十有二月，仲孙蔑会晋侯、宋公、卫侯、邾子、齐崔杼同盟于虚朾。”虚朾：鲁地，在今山东泗水县，一说，宋地，在今河南延津县东。

⑨ 鄫：郑地，在今河南睢县东南。

秋，会于戚，遂城虎牢①。三年，公如晋，盟于长樗②，献子相③，公稽首。知武子曰："天子在，而君辱稽首，寡君惧矣。"孟献子曰："以敝邑介在东表，密迩仇雠④，寡君将君是望，敢不稽首。"四年，公如晋听政，晋侯享公，公请属鄫⑤，晋侯不许。孟献子曰："寡君愿固事君，无失官命，鄫无赋于司马，为执事朝夕之命敝邑，敝邑褊小，阙而为罪寡君，是以愿借助焉。"晋侯许之。献子聘于晋，宣子觞之三徙⑥，钟石之悬不移而具⑦。献子曰："富哉家!"宣子曰："子之家与我孰富?"献子曰："吾甚贫，惟有二士，曰颜回、兹无灵者，使吾邦家安平，百姓和协，惟此二者耳!"献子出，宣子曰："彼君子也，以养贤为富，我鄙人也，以钟石金玉为富。"五年会吴于善道。

七年夏四月，三卜郊⑧，不从，乃免牲。孟献子曰："吾乃今而后知有卜筮，夫郊祀后稷，以祈农事也。是故启蛰⑨而郊，郊而后耕，今既耕而卜郊，宜其不从也。"十年，楚子囊、郑子耳侵我西鄙。还，围萧⑩。八月丙寅，克之。九月，子耳侵宋北鄙。孟献子曰："郑其有灾乎？师竞已甚。周犹不堪竞，况郑乎？有灾，其执政之三士⑪乎?"是年也，盗杀子驷、子国、子耳。十五年，宋向戌来聘⑫，且寻盟，见献子。尤其室⑬，曰："子有令闻，而美其室，非所望也。"对曰："我在晋，吾兄为之，毁之重

---

① 遂城虎牢：于是修筑虎牢城。

② 盟于长樗：《左传》记载："夏四月壬戌，公及晋侯盟于长樗。"参加盟誓的是鲁襄公与晋悼公。长樗：晋都城郊外地名。

③ 献子相：孟献子担任赞礼。相：赞礼者。《周礼·秋官·司仪》："司仪掌九仪之宾客摈相之礼。"郑玄注："出接宾曰摈，入赞礼曰相。"

④ 以敝邑介在东表，密迩仇雠：因为我国地处东方，紧紧靠近仇敌。介：处于两者之间。仇雠：指齐、楚等国。

⑤ 公请属鄫：鲁襄公请求把鄫国作为鲁国的属国。鄫：国名，姒姓，在今山东枣庄市(旧峄县)境。

⑥ 宣子觞之三徙：韩宣子请他饮酒，换地三次。宣子：一作"韩宣子"，名起，谥宣，是晋国的执政官。

⑦ 钟石之悬不移而具：悬挂着的钟石等乐器用不着搬动，三处都具备。钟、石：都是打击乐器。石：磬。

⑧ 三卜郊：三次占卜郊祭的事。卜郊：用占卜选定郊祭的日期。《礼记·郊特牲》："卜郊，受命于祖庙，作龟于祢宫，尊祖亲考之义也。"

⑨ 启蛰：古代节气名，即惊蛰。今之惊蛰在雨水后，为农历二月节气。古之惊蛰在雨水前，为农历正月的节气。《左传》杜预注云："惊蛰，夏正建寅之月。"

⑩ 萧：古国名，春秋时宋的附庸，子姓，在今安徽省萧县西北，公元前597年灭于楚，后仍为宋邑。

⑪ 三士：指子驷、子国、子耳。《左传》杜预注："郑简公幼少，子驷、子国、子耳秉政，故知三士任其祸也。为下盗杀三大夫传。"

⑫ 来聘：报谢鲁襄公二年叔孙豹对宋国的聘问。

⑬ 尤其室：批评他的房子太奢华。尤：责怪。

劳①，且不敢间②。”十九年，献子卒。献子好礼，其居丧也，既禫③，县而不乐④，比御而不入⑤。孔子曰：“献子加于人一等矣。”献子为卿不骄，礼贤下能，处己若虚，士以是多归之，历相君五十年，鲁人谓之“社稷之臣也”。所友乐正裘、牧仲未尝有献子之家，献子亦能亡其家，而与之子庄子速。速生羯，羯生貜⑥。

孟庄子

孟庄子，名速，献子之子，鲁公族大夫也。襄公十六年秋，齐侯围郕，庄子要之⑦。齐侯曰：“是好勇，去之以为之名。”庄子速遂塞海陉而还⑧。十八年秋，齐师伐鲁北鄙。冬十月，襄公会晋、宋、卫、郑、曹、莒、邾、滕、薛、杞、小邾，同围齐，伐雍门之荻⑨，庄子斩其櫄⑩以为公琴。十九年春，诸侯还自沂上⑪，盟于督扬，曰：“大毋侵小。”二十年春，孟庄子会莒⑫人，盟于向⑬，寻督扬【校记：“扬”，《备考》本作“杨”。嘉靖本与《左传》同，故从之。】之盟也。先是邾人数伐鲁南鄙，鲁以诸侯之事弗能报。秋，庄子伐邾以报之。初，献子卒，庄子年少嗣立，又与季孙宿同朝。宿父文子忠于公室，宿不能守，而改之。庄子乃独能不改父之臣与父之政，仲尼所以为难也。

孟懿子

孟懿子，名何忌，孟僖子之子也。初僖子从昭公，如楚，不能相礼。及归，乃讲学

---

① 重劳：加重劳苦。

② 间：jiàn，非，批评。《论语·先进》：“子曰：‘孝哉闵子骞！人不间于其父母昆弟之言。’”

③ 禫：dàn，除丧服的祭祀，即人死后的第二十七个月的祭名。《仪礼·士虞礼》：“中月而禫。”郑玄注：“中，犹间也；禫，祭名也，与大祥间一月。自丧至此，凡二十七月。”

④ 县而不乐：悬挂钟磬而不演奏。

⑤ 比御而不入：排列好了同房的妇女而不入房。御：谓侍寝。

⑥ 貜：音 jué。

⑦ 庄子要之：孟庄子拦截齐兵。要：拦截。《孟子·公孙丑下》：“（孟仲子）使数人要于路。”

⑧ 遂塞海陉而还：于是堵塞了海陉险要的通道，然后撤军回国。

⑨ 伐雍门之荻：砍伐雍门的蒿草。雍门：齐西门名。荻：草名，蒿类，茎高丈余。

⑩ 櫄：chūn，即香椿。《左传》杜预注：“櫄，木名。”《农政全书》卷三八：“椿，《禹贡》曰杶。一作櫄，一作櫄，今名香椿。”

⑪ 沂上：古水名，源出山东省曲阜市东南的尼山，西流至滋阳县合于泗水。《论语·先进》：“浴乎沂，风乎舞雩。”《左传·昭公二十五年》：“臣请待于沂上以察罪。”杜预注：“鲁城南自有沂水。”

⑫ 莒：春秋时邑名。原为莒国领地，后属鲁，又属齐。在今山东省莒县。《左传·昭公三年》：“齐侯田于莒。”杜预注：“莒，齐东境。”

⑬ 向：莒邑，在今山东莒县南，春秋初为莒所并。《左传·隐公二年》：“莒子娶于向，向姜不安莒而归。夏，莒人入向，以姜氏还。”

曰："苟能礼者从之。"及其将死也，召其大夫曰："礼，人之干也，无礼无以立。吾闻孔丘圣人之后也，圣人有明德者，若不当世，其后必有达人，今其在孔丘乎！我若获没，必属说与何忌于夫子，使事之而学礼焉。"故懿子与南宫敬叔师事仲尼。仲尼曰："能补过者，君子也。"懿子问于孔子曰："文王有胥附①、奔走【校记："走"，嘉靖本作"奏"。《备考》本与《春秋别典》同，故从之。】、先后、御侮，谓之四邻，夫子亦有四邻乎?"子曰："吾有四友焉，自吾得回，门人日益亲，是非胥附乎？自吾得赐，远方之士日至，是非奔走乎【校记：嘉靖本作"奏"。】？自吾得师，前有光后有辉，是非先后乎？自吾得由，恶言不至于耳，是非御侮乎?"

定公元年，懿子会城成周②，猎得麑③，使西秦巴持之，其母随而呼之，西秦巴不忍而与其母。懿子适至求麑，对曰："余不忍而与其母。"懿子怒逐之，居三月复召，为其子傅曰："夫子不忍麑，又岂忍吾子乎？"哀公十四年八月，懿子卒。

薛应旂曰："懿子以父命学于孔子，宜亦有闻矣。顾乃围郈、堕费、伐邾，大都与州仇同，事则其毁夫子也，岂特叔孙之罪哉！噫，孔门且然，无怪莱公之有丁谓也。"

孟武伯

孟武伯，名彘，又名洩，懿子之子也。哀公十一年，齐师伐鲁及清④，季孙告叔孙、孟孙，二氏不可。冉求谓季孙曰："二子恨季氏专，故不欲战也，当子之身，齐人伐鲁，而不能战，子之耻【校记："耻"，《备考》本作"辱"。嘉靖本与《左传》同，故从之。】也，大不列于诸侯矣。"叔孙武叔呼而问战。冉有曰："君子有远虑，小人何知?"懿子强问之。冉有曰："小人虑材而言，量力而共者也。"武叔曰："是谓我不成丈夫也。"退而搜乘，武伯帅右师，颜羽御，邴洩为右，帅季氏之甲七千及武城人三百，入齐军，右师奔，齐人从之。孟子反后入，曰："非敢后也，马不进也。"武伯曰："我不如颜羽，而贤于邴洩。子羽锐敏，我不欲战而能默。洩曰：'驱之。'"十四年，父懿子卒。成人奔丧，弗内⑤。袒免⑥哭于衢。听共⑦，弗许。惧，不归成。成，孟氏邑也。初，

---

① 胥附：使疏远者相亲附，亦指亲附、亲附的人或泛指附庸。

② 成周：古地名，即西周的东都洛邑，故址据传在今河南省洛阳市东郊。《书·洛诰》："召公既相宅，周公往营成周。"

③ 麑：ní，幼鹿。

④ 清：古邑名，春秋齐邑，在今山东省聊城市西。《左传·成公十七年》："(齐)使国胜告难于晋，待命于清。"杜预注："清，阳平乐县是。"一说在今山东省长清县东南。

⑤ 成：孟氏采邑，古成邑在今山东省宁阳县北。内："纳"的古字。接纳，容纳。《礼记·檀弓下》："季孙之母死，哀公吊焉；曾子与子贡吊焉，阍人为君在，弗内也。"

⑥ 袒免：袒衣免冠。古代丧礼：凡五服以外的远亲，无丧服之制，唯脱上衣，露左臂，脱冠扎发，用宽一寸布从颈下前部交于额上，又向后绕于髻，以示哀思。

⑦ 听共：表示愿意听供驱使。"共"同"供"。杜预注："请德命共使。"

武伯将圉①马于成，成宰公孙宿不受，曰："孟孙为成之病②，不圉马焉。"武伯怒，袭成，从者不得入，乃反武伯。鞭成有司之使人，至是惧，故不归云。十七年，公会齐侯③，盟于蒙④，武伯相。齐侯稽首，公拜。齐人怒，武伯曰："非天子，寡君无所稽首。"武伯问于高柴曰："诸侯盟，谁执牛耳⑤？"曰："鄫衍之役⑥，吴公子姑曹；发阳之役⑦，卫石魋⑧。"武伯曰："然则彘⑨也。"遂及齐，盟。孟氏之臣叛，武伯问于孔子曰："如之何？"孔子曰："臣人而叛，天下所不容也，将自反，子姑待之。"三旬，果自归孟氏。武伯将执之访于孔子。孔子曰："子之于臣，礼意不至，是以去子，今其自反，最以反除，又何执焉？子修礼以待之，则臣去，子将何往？"武伯乃止，后逆公五梧。见《康子传》中。

薛应旂曰："何忌围郈、堕费，连年伐邾，兵争不息【校记："争"，《备考》本作"革"。】。武伯负气好胜，其亦有父之风欤？"

孟敬子

孟敬子，名捷，武伯之子，鲁大夫仲孙氏也。悼公之丧，季昭子问于敬子曰："为君何食？"敬子曰："食粥，天下之达礼也，吾三臣⑩者之不能居公室也，四方莫不闻矣。勉而为瘠⑪，则吾能，毋乃使人疑夫不以情居瘠者乎哉？我则食食。"敬子闲于礼者，故曾子有疾而往问之，盖不徒问其疾也，以曾子尝问礼于孔子最详，将欲有所闻也。曾子语以"笾豆之事，则有司存"，其进之也大矣。

---

① 圉：原指养马，亦泛指畜养。《左传·哀公十四年》杜预注："圉，畜养也。"

② 病：《左传》杜预注："病，谓民贫困。"

③ 齐侯：齐简公之弟齐平公，名敖。

④ 蒙：古地名，指蒙泽。春秋宋地，故城在今河南商丘东北。《左传·庄公十二年》："宋万弑闵公于蒙泽。"

⑤ 执牛耳：指主持盟会的人。古代诸侯会盟，割牛耳以敦盛血，以珠盘盛牛耳，主盟者执盘，使与盟会者以血涂口（歃血），以示诚信不渝。《左传》杜预注："执牛耳，尸盟者。"

⑥ 鄫衍之役：即鄫之盟，在鲁哀公七年。

⑦ 发阳之役：即郧之盟，在鲁哀公十二年。发阳：即郧。

⑧ 石魋：石曼姑之子。

⑨ 彘：孟武伯名。

⑩ 三臣：指孟孙氏、叔孙氏、季孙氏。

⑪ 勉而为瘠：勉强节食而使身体变得瘦瘠。

四书人物考卷二十

传十七　鲁

子服景伯

子服景伯何，昭伯回子也。哀公【校记："哀公"嘉靖本作"哀"】三年，桓僖宫灾①，景伯至，命宰人②出礼书以待命，命不共③，有常刑。校人乘马，巾车脂辖④。百官官备【校记："百官官备"《备考》本作"百官宫备"，嘉靖本与《左传》原文同，故从之。】，府库慎守，官人肃给。济濡帷幕，郁攸从之，蒙茸公屋⑤。自太庙始，外内以悛，助所不给⑥。有不用命，则有常刑，无赦。

七年，公会吴于鄫⑦，吴征鲁百牢，景伯对曰："先王未之有也。"吴人曰："宋百牢我，鲁不可以后宋。且鲁牢晋大夫过十，吴王百牢，不亦可乎？"景伯曰："晋范鞅贪而弃礼，以大国惧敝邑，故敝邑十一牢之。君若以礼命于诸侯，则有数矣。若亦弃礼，则有淫者矣。周之王也，制礼，上物不过十二，以为天之大数也。今弃周礼，而曰必百牢，亦唯执事。"吴人弗【校记："弗"，《备考》本作"不"。】听。景伯曰："吴将亡矣，弃

---

① 桓僖宫灾：鲁桓宫、鲁僖宫庙都发生火灾。

② 宰人：周代冢宰的属官，后泛指官员。《周礼·天官宰夫》："凡礼事，赞小宰比官府之具，凡朝觐会同宾客，以牢礼之法，掌其牢礼。"

③ 命不共，奉命不严肃认真。即《书·甘誓》"不恭命"。言奉命不尽职，则有一定之刑。

④ 校人：马官之长。《周礼·夏官·司马》："校人中大夫二人。"郑玄注："校人，马官之长。"巾车脂辖：掌管车辆的官员要给车轴涂好滑润油脂。《周礼·春官·巾车》："掌公车之政令，辨其用与其旗物而等叙之，以治其出入。"

⑤ 济濡帷幕，郁攸从之，蒙茸公屋：浸湿帷幕，跟随火的走势，覆盖公室的房屋。济濡：浸湿。郁攸：火气。蒙茸：覆盖。

⑥ 外内以悛，助所不给：宫内宫外要按照次序，帮助物资供应不足的地方。《左传》杜预注："悛，次也。"

⑦ 鄫：古地名，春秋郑地，在今河南省睢县东南。《左传·襄公元年》："仲孙蔑会齐崔杼、曹人、邾人、杞人次于鄫。"

天而背本①。不与，必弃疾②于我。”乃与之。

季康子欲伐邾，飨大夫以谋之。景伯曰：“小所以事大，信也；大所以保小，仁也。背大国，不信；伐小国，不仁。民保于城，城保于德，失二德者危，将焉保？”孟孙曰：“二三子以为何如？恶贤而逆之③？”对曰：“禹合诸侯于涂山④，执玉帛者万国。今其存者，无数十焉。唯大不字小，小不事大也。知必危，何故不言？鲁德如邾，而以众加之可乎？”不乐而出。秋，季氏伐邾，以邾子来，献于亳社⑤。邾茅夷鸿请救于吴。明年，吴师伐鲁，国人惧。孟懿子谓景伯曰：“若之何？”对曰：“吴师来，斯与之战，何患焉？且召之而至，又何求焉？”吴师克东阳而进，舍于五梧。明日，舍于蚕室。公宾庚、公甲叔子与战于夷，获叔子与析朱钽。献于王，王曰：“此同车，必使能，国未可望也。”明日，舍于庚宗⑥，遂次于泗上。微虎欲宵攻王舍，私属徒七百人，三踊于幕庭，卒三百人，有若与焉，及稷门之内。或谓季孙曰：“不足以害吴，而多杀国士，不如已也。”乃止之。吴子闻之，一夕三迁。吴人行成⑦，将盟。景伯曰：“楚人围宋，易子而食，折骸而爨⑧，犹无城下之盟。我未及亏，而有城下之盟，是弃国也。吴轻而远，不能久，将归矣。请少待之。”弗从。景伯负载，造于莱门⑨，乃请释子服何于吴，吴人许之，以王子姑曹当之而后止。吴人盟而还。

十三年，公会晋侯及吴于黄池⑩。吴人将以公见晋侯，景伯对使者曰：“王合诸侯，则伯帅侯牧⑪以见于王。伯合诸侯，则侯帅子男以见于伯。自王以下，朝聘玉帛不同。故敝邑之职贡于吴，有丰于晋，无不及焉，以为伯也。今诸侯会，而君将以寡君见晋君，则晋成为伯矣，敝邑将改职贡。鲁赋于吴八百乘。若为子男，则将半邾，以属于吴，而如邾以事晋。且执事以伯召诸侯，而以侯终之，何利之有焉？”吴人乃止，既而悔之，将囚景伯，景伯曰：“何也立后于鲁矣。将以二乘与六人从，迟速唯命。”遂囚以

---

① 弃天而背本：违抗天意而背弃根本。弃天：天数十二次，今征百牢，是弃天数。背本：吴本泰伯之后，违背周礼，是背本。

② 弃疾：加害。《左传》杨伯峻注：“弃疾，犹今言加害。”

③ 恶贤而逆之：哪一种意见好就采用它。

④ 涂山：相传为夏禹娶涂山女及会诸侯处。《左传》杜预注：“涂山在寿春东北。”

⑤ 亳社：殷社。古代建国必先立社，殷都亳，故称。《左传》杜预注：“亳社，殷社，诸侯有之，所以戒亡国。”

⑥ 庚宗：杨伯峻注：“在今泗水县境东。”

⑦ 行成：谓议和。《左传·僖公二十八年》：“郑伯如楚致其师，为楚师既败而惧，使子人九行成于晋。”

⑧ 析骸而爨：劈开尸骨做柴烧。

⑨ 景伯负载，造于莱门：景伯背着草拟的盟约，来到了莱门。《左传·哀公八年》杨伯峻注：“莱门为鲁郭门。负载，杜注谓‘以言不见从，故负载书，将欲出盟’。”

⑩ 黄池：地名。春秋时地名，在今河南封丘西南。当济水和黄沟交会处，春秋初为卫地，后属宋。《左传·哀公十三年》：“夏，公会单平公、晋定公、吴夫差于黄池。”

⑪ 侯牧：方伯，一方诸侯之长。《左传》杜预注：“伯，王官伯；侯牧，方伯。”

还。及户牖①，谓太宰曰【校记：“谓太宰”《备考》本作“谓太宰嚭。”嘉靖本与《左传》同，故从之。】：“鲁将以十月上辛②，有事于上帝先王，季辛而毕。何世有职③焉，自襄以来，未之改也。若不会，祝宗将曰：‘吴实然④。’且谓鲁不共，而执其贱者七人，何损焉？”大宰嚭言于王曰：“无损于鲁，而只为名，不如归之。”乃归景伯。

齐闾丘⑤来盟，景伯戒宰人曰：“陷而入于恭⑥。”闵马父笑，景伯问之，对曰：“笑吾子之大满⑦也，昔正考父校商之名颂十二篇于周大师⑧，以《那》⑨为首，其辑之乱⑩曰：‘自古在昔，先民有作。温恭朝夕，执事有恪⑪。’先圣王之传恭，犹不敢专，称曰‘自古’，古曰‘在昔’，昔曰‘先民’。今吾子之戒吏人曰‘陷而入于恭’，其满之甚也。周恭王能庇昭、穆之阙而为‘恭’，楚恭王能知其过而为‘恭’，今吾子之教官僚曰‘陷而后恭’，道将何为⑫？”

薛应旂曰：“余闻之‘恭作肃’，又曰‘不忘恭敬，民之主也’，景伯亦鲁之才大夫也，乃曰‘陷而入于恭’，岂将以为足恭乎？不然，闵马父太满之论，其殆有以砭其膏肓矣。”

臧文仲

臧文仲，辰，袁伯之孙也。文仲之父伯氏瓶不显，文仲嗣，世为大夫。

庄公十一年，宋大水，公使吊焉，曰：“天作淫雨⑬，害于粢盛⑭，若之何不

---

① 户牖：在今河南兰考县东北。

② 上辛：农历每月上旬的辛日。辛：天干的第八位。

③ 有职：有职于祭祀。孔颖达疏云：“周之十月非祭上帝、先公之时，且祭礼终朝而毕，无上辛于季辛之事。景伯以吴信鬼，皆虚言以恐吴耳。”

④ 吴实然：实在是吴国使我们这样的。《左传·哀公十三年》杨伯峻注：“鲁之祝宗将以吴囚子服何告鬼神。”

⑤ 闾丘：《国语》韦昭注：“齐大夫闾丘明也。”

⑥ 陷而入于恭：你们如果在盟会时有失误，就表现得恭敬一些。

⑦ 大满：太满，太骄傲自满。

⑧ 昔正考父校商之名颂十二篇于周大师：《国语》韦昭注：“正考父，宋大夫，孔子之先也。名颂，颂之美者也。太师，乐官之长，掌教诗、乐。”

⑨ 《那》：《诗经·商颂》的第一篇。

⑩ 辑之乱：韦昭注：“辑，成也。凡作篇章，篇义既成，撮其大要为乱辞。诗者，歌也，所以节楑者也，如今三节楑矣。曲终乃更变章乱节，故谓之乱也。”

⑪ 自古在昔，先民有作。温恭朝夕，执事有恪：韦昭注：“恪，敬也。先王称之曰自古，古曰在昔，昔曰先民。有作，言先圣人行此恭敬之道久矣，不敢言创之於己，乃云受之於先古也。”

⑫ 道将何为：那么没有失误的恭敬即符合道的恭敬又将是怎样的呢？韦昭注：“失道尚为恭，如其得道，将何为乎？”

⑬ 淫雨：霖雨。《左传·隐公九年》：“凡雨，自三日以往为霖雨。”

⑭ 粢盛：原指盛在祭器之内用来祭祀的黍稷，此泛指百谷。

吊？”对曰：“孤实不敬，天降之灾，又以为君忧，拜命之辱。”臧孙曰：“宋其兴乎。禹、汤罪己①，其兴也勃②焉，桀、纣罪人，其亡也忽焉。且列国有凶，称孤，礼也。言惧而名礼③，其庶乎。”二十八年，鲁饥。文仲言于公曰：“国病矣，君盍以名器请籴于齐④。”公曰：“谁使？”对曰：“国有饥谨，卿出告籴，古之制也。辰也备卿，请如齐。”公使往，从者曰：“君不命而请之，其为选士乎【校记：“其为选士乎？”《备考》本作“其为选士事乎？”薛氏原据彭大翼《山堂肆考》卷一百三十四《臧文仲传》，故从嘉靖本。】？”文仲曰：“贤者急病而让夷，居官当事不避难，我不如齐，非急病也。在上不恤下，居官而惰，非事君也。”文仲以鬯圭与玉磬⑤【校记：“鬯圭与玉磬”《备考》本作“鬯圭玉磬”，嘉靖本与《山堂肆考》同，故从之。】如齐，齐人归其玉而与之籴。

僖公二十年，宋襄公欲合诸侯。文仲闻之曰：“以欲从人则可，以人从欲鲜济。”二十一年夏，大旱。公欲焚巫尪⑥。文仲曰：“非旱备也。修城郭，贬食省用，务穑劝分⑦，此其务也。巫尪何为？天欲杀之，则如勿生，若能为旱，焚之滋甚。”公从之。是岁也，饥而不害。明年，公伐邾，取须句⑧。邾人以须句故出师。公卑邾，不设备而御之。文仲曰：“国无小，不可易也。无备，虽众不可恃也。《诗》曰：‘战战兢兢，如临深渊，如履薄冰。’又曰：‘敬之敬之，天维显思【校记：“天维显思”，嘉靖本作“惟”。《备考》本与《诗经》同，故从之。】，命不易哉⑨！’先王之明德，犹无不难也，无不惧也，况我小国乎！君其无谓邾小。蜂虿有毒⑩，而况国乎？”弗听。公及邾人战于升陉【校记：《备考》本作“井泾”，嘉靖本与《吕氏春秋》同，故从之。】⑪，我师败绩。邾人获公胄，县诸鱼门⑫。

---

① 禹、汤罪己：夏禹王、商汤王归罪于自己。禹：夏禹王，治水有功，接受虞舜的禅让，建立夏王朝。汤：商汤王，伐灭夏桀王，建立商王朝。

② 悖：同勃，兴起的样子。《左传》杜预注：“悖，盛貌。”

③ 言惧：指“孤实不敬，天降之灾”的话有恐惧之意。名礼：指自称为孤，合乎礼制。

④ 君盍以名器请籴于齐：国君为何不抵押钟鼎宝器向齐国要求购买粮食呢？名器：名贵的器物，亦特指钟鼎。

⑤ 鬯(chàng)圭：祭祀宗庙时用的名贵器物。玉磬：宫廷演奏雅乐时用的一种乐器。

⑥ 巫尪：巫师名尪，古代祈雨女巫。一说巫与尪为二人。巫：巫师。尪：wāng，指胸、胫、背等处骨骼的弯曲症，亦指有这种残疾的人。《左传》杜预注：“巫尪，女巫也，主祈祷请雨者。或以为尪非巫也，瘠病之人，其面上向，欲谓天哀其病，恐雨入其鼻，故为之旱。是以公欲焚之。”

⑦ 务穑：加强稼穑种植。一说“穑”作“啬”，节俭。劝分：劝导有储积的人分施于人。

⑧ 须句：亦作“须朐”，春秋时古国名，在今山东省东平县东南。《左传・僖公二十一年》：“任、宿、须句、颛臾，风姓也。”杜预注：“须句在东平须昌县西北。”

⑨ “敬之敬之”三句：语出《诗经・周颂》。

⑩ 蜂虿有毒：黄蜂和虿都有毒。虿：chài，蝎子一类的毒虫，长尾为虿，短尾为蝎。

⑪ 升陉：鲁地，今不详所在。

⑫ 县诸鱼门：把鲁僖公的头盔悬挂在邾国的鱼门上。县：同悬，悬挂。鱼门：邾国的城门。

二十四年冬。周襄王使来告难曰："不谷①不德，得罪于母弟之宠子带②。"文仲对曰："天子蒙尘于外，敢不奔问官守。"二十六年齐孝公伐我北鄙，文仲欲以辞告之，使展喜受命于展禽③，以告于是，齐师乃止。是岁，文仲如楚乞师，见子玉，道之伐齐宋，以其不臣也。于是子玉伐宋，围缗④。文仲相公以楚师，伐齐，取谷⑤。

三十一年，晋文公入曹，削曹地以分诸侯，使臧文仲往，宿于重馆⑥，重馆人告曰："晋新得诸侯，必亲其共⑦，不速行，将无及也。"从之。分曹地，自洮以南，东传于济⑧，尽曹地也。三十三年齐国庄子来聘⑨，自郊劳至于赠贿，礼成而加之以敏⑩。文仲言于公曰："国子为政，齐犹有礼，君其朝焉。臣闻之，服于有礼，社稷之卫也。"

文公二年【校记："文公二年"，嘉靖本、《备考》本作"文公三年"，据《左传》改。】，秋八月丁卯，大事于太庙⑪，跻僖公⑫，逆祀⑬也。虽夏父弗忌为宗伯⑭，而文仲实纵之。五年，楚灭六、灭蓼⑮，文仲闻之曰："皋陶、庭坚不祀忽诸⑯，德之不建，民之无援，哀哉！"六年，文仲以陈、卫之睦也，欲求好于陈，使季文子聘于陈。鲁有塞关、阳关之属凡六，故法讥而不征。文仲废法以税行客，命妾织蒲为席，以侵民利，得蔡国君之守龟于蔡地，长尺有二寸，遂筑藏龟之室，刻山于节，画藻于棁⑰，极其靡丽。有

---

① 不谷：侯王自称的谦词。

② 母弟之宠子带：母亲宠爱的儿子名叫带的。"母弟"当为"母氏"。

③ 展禽：展氏，名获，字禽，食邑柳下，谥惠，故又称柳下惠，以贤能著称。

④ 缗：古国名。夏时之缗国，春秋时属宋。

⑤ 谷：地名，在今山东东阿县。

⑥ 重馆：重地的馆舍。重：鲁地，在今山东鱼台县西。《国语》韦昭注："重，鲁地。馆，候馆也。周礼，五十里有市，市有候馆也。"

⑦ 必亲其共：一定亲近恭顺他的人。"共"同"恭"。

⑧ 自洮以南，东传于济：这是晋国分给鲁国的原属于曹的土地，从洮往南，东面靠到了大海。

⑨ 国庄子：即国归父，齐国上卿。

⑩ 自郊劳至于赠贿，礼成而加之以敏：郊劳：使者至受聘国的近郊，受聘国的国君派卿穿朝服用束锦慰劳。这是聘礼的开始。赠贿：聘事结束，客人将走，住在郊外，国君又派卿赠送礼物。这是聘礼的结束。敏：杜预注云："审当于事。"意对事情处理得审慎而恰当。

⑪ 大事于太庙：在太庙里举行大祭。

⑫ 跻僖公：指享祀的位置升鲁僖公于鲁闵公之上。

⑬ 逆祀：鲁闵公与鲁僖公为兄弟，鲁僖公入继鲁闵公，依照当时礼制，鲁闵公应当在上位，今升鲁僖公于鲁闵公之上，故曰逆祀。

⑭ 夏父弗忌：鲁大夫，夏父展的后嗣。宗伯：官名，掌管邦国祭祀典礼的官。

⑮ 六：国名，皋陶之后，故城在今安徽六安县北。蓼：庭坚之后，今河南固始县东北有蓼城冈，即古蓼国。

⑯ 皋陶、庭坚不祀忽诸：皋陶、庭坚忽然间就没有人祭祀了。皋陶：人名，传说为舜之臣，掌刑狱之事，偃姓。庭坚：古代传说中的"八恺"之一。

⑰ 刻山于节，画藻于棁：在屋子的柱子上刻上像山一样的斗拱，在梁上短柱上画上藻草。节：柱上斗拱。棁：zhuō，梁上短柱。

海鸟名曰“爰居”，止于鲁东门之外三日。文仲以为神，使国人祭之。文仲在当时，声名籍胜，人皆以为非常人也至【校记：《备考》本作“人皆以为非常人也”。】。

襄公二十四年春，穆叔如晋。范宣子逆之①，问焉，曰“古人有言曰，‘死而不朽’，何谓也?”穆叔未对。宣子曰：“昔匄之祖，自虞以上，为陶唐氏②，在夏为御龙氏③，在商为豕韦氏④，在周为唐、杜氏⑤，晋主夏盟为范氏⑥，其是之谓乎?”穆叔曰：“以豹所闻，此之谓世禄，非不朽也。鲁有先大夫曰臧文仲，既没，其言立。其是之谓乎？豹闻之，太上有立德，其次有立功，其次有立言，虽久不废，此之谓不朽。若夫保姓受氏，以守宗祊⑦，世不绝祀，无国无之。禄之大者，不可谓不朽。”是文仲之名，历数世而犹显著若此云。仲尼曰：“臧文仲不仁者三，不知者三。下展禽、废六关、妾织蒲⑧，三不仁也。作虚器【校记：“作虚器”嘉靖本作“自虚器”，《备考》本与《左传》同，故从之。】、纵逆祀、祀爰居⑨，三不知也。”

薛应旂曰：“凡人之务名者，可以欺一时，而不可以欺后世，可以欺众人，而不可以欺君子。文仲修辞饰行，鼓动听闻，不有夫子，孰辨真赝？夫数其事而责之，非谓其所善者多也，势重难反，指其实而信之也。”

臧武仲

臧武仲，名纥，文仲之孙，宣叔之子也，短小多智，时号为圣人。成公十八年，晋士鲂来乞师。季文子问师数⑩于武仲，对曰：“伐郑之役，知伯实来，下军之佐也。今彘季亦佐下军，如伐郑可也。事大国，无失班爵⑪，而加敬焉，礼也。”文子从之。陈成

---

① 范宣子逆之：范宣子迎接他。

② 陶唐氏：《左传·襄公二十四年》杜预注：“陶唐，尧所治地，太原晋阳县也。终虞之世以为号，故曰自虞以上。”

③ 御龙氏：《左传》鲁昭公二十九年：“陶唐氏既衰，其后有刘累，学扰龙于豢龙氏以事孔甲，夏后加之，赐氏曰御龙。”据此，御龙氏为陶唐氏在夏王朝的后代。

④ 豕韦氏：豕韦，国名，彭姓，故地在今河南滑县境。《左传·襄公二十四年》杜预注：“豕韦，国名，东郡白马县东南有韦城。”

⑤ 唐、杜氏：唐：国名，今山西翼城县西有古唐城。杜：国名，故地在今陕西西安市东南，至殷商末，豕韦氏建国于唐。周成王灭唐，将其迁至杜，故豕韦氏至周代称唐、杜氏。

⑥ 范氏：杜伯之子隰叔奔晋，传至第四代士会食邑于范，称范氏。《左传·襄公二十年》杜预注：“晋为诸夏盟主，范氏复为之佐。言己世为兴家。”

⑦ 宗祊：即宗庙。祊：庙门。《国语·周语中》：“今将大泯其宗祊，而蔑杀其民人，宜吾不敢服也。”韦昭注：“庙门谓之祊。宗祊，犹宗庙也。”

⑧ 下展禽、废六关、妾织蒲：让展禽处下位，私设六关，让妾编织席子贩卖。

⑨ 自虚器、纵逆祀、祀爰居：非法拥有天子的器物，任由手下的人颠倒祭祀顺序，祭祀海鸟。

⑩ 师数：出兵的数目。

⑪ 无失班爵：在爵位等级次序上没有失误。

公卒。楚人将伐陈，闻丧乃止①。陈人不听命。臧武仲闻之，曰："陈不服于楚，必亡。大国行礼而不服，在大犹有咎，而况小国乎？"既而，楚彭名侵陈，陈无礼故也。

襄公四年，邾人、莒人伐鄫，臧纥救鄫，侵邾，败于狐骀②。国人逆丧者皆髽③，鲁于是乎始髽。国人诵之曰："臧之狐裘，败我于狐骀。我君小子，侏儒是使④，侏儒侏儒，使我败于邾。"十三年，将城防，武仲请俟农毕，及冬城之，卫献公出奔齐，臧纥如齐，唁卫侯，与之言，虐⑤。退而告其人曰："卫侯其不得入矣！其言粪土也，亡而不变⑥，何以复国。"子展、子鲜闻之，见臧孙纥，与之言，道⑦。臧孙说，谓其人曰："卫君必入矣，夫二子者，或挽之，或推之，欲无入，得乎？"季武子以所得于齐之兵，作林钟⑧而铭鲁功焉。武仲曰："非礼也，夫铭，天子令德，诸侯言时计功⑨，大夫称伐。今称伐则下等也，计功则借人也，言时则妨民多矣，何以为铭？且夫大伐小，取其所得以作彝器⑩，铭其功烈以示子孙，昭明德而惩无礼也。今将借人之力以救其死，若之何铭之？小国幸于大国，而昭所获焉以怒之，亡之道也。"

邾庶其以漆、闾丘来奔⑪。季武子以公姑姊妻之，皆有赐于其从者。于是鲁多盗。季孙谓臧武仲曰："子盍诘盗⑫？"武仲曰："不可诘也，纥又不能。"季孙曰："我有四封⑬，而诘其盗，何故不可？子为司寇，将盗是务去，若之何不能？"武仲曰："子召外盗而大礼焉，何以止吾盗⑭？子为正卿而来外盗，使纥去之，将何以能？庶其窃邑于邾以来，子以姬氏妻之，而与之邑，其从者皆有赐焉。若大盗，礼焉以君之姑姊，与其大

---

① 闻丧乃止：听到陈国有丧事就停止了。《左传·襄公四年》杜预注："军礼不伐丧。"

② 狐骀：今山东滕县东南之狐骀山。

③ 国人逆丧者皆髽：国都去迎丧的人都用麻系发。髽：zhuā，古代妇女丧髻，以麻线束发。

④ 我君小子，侏儒是使：我们的国君是小子，派个侏儒当差使。小子：杜预注云："襄公幼弱，故曰小子。"

⑤ 与之言，虐：与卫侯谈话，卫侯态度粗暴。

⑥ 亡而不变：逃亡在外而不改变。

⑦ 与之言，道：与他们说话很顺理。

⑧ 林钟：古乐十二律之一，十二律有六律六吕，林钟为六吕之一。《礼记·月令》："（季夏之月）……其音徵，律中林钟。"郑玄注："林钟者，黄钟之所生，三分去一，律长六寸，季夏气至，则林钟之律应。"

⑨ 言时计功：举措合时宜，行动有成就。

⑩ 彝器：常器，如钟、鼎之类是宗庙的常器。《左传》杜预注："彝，常也。谓钟鼎为宗庙之常器。"

⑪ 邾庶其以漆、闾丘来奔：邾国庶其带着漆和闾丘两个邑逃来鲁国。

⑫ 子盍诘盗：你为什么不治治强盗？诘：整治。《书·立政》："其克诘尔戎兵以陟禹之迹。"孔传："其当能治汝戎服兵器，威怀并设，以升禹治水之旧迹。"

⑬ 封：疆界，界域。《左传·僖公三十年》："（晋）既东封郑，又欲肆其西封。"杜预注："封，疆也。"

⑭ 子召外盗而大礼焉，何以止吾盗：你召来国外的盗贼而对他们大加礼遇，凭什么来防止我们国内的盗贼？

邑，其次皂牧舆马①，其小者衣裳剑带，是赏盗也。赏而去之，其或难焉。纥也闻之，在上位者洒濯其心，壹以待人，轨度②其信，而后可以治人。夫上之所为，民之归也【校记：“民之归也”《备考》本作“民之所归也”，嘉靖本与《左传》同，故从之。】。上所不为，而民或为之，是以加刑罚焉。而莫敢不惩。若上之所为而民亦为之，乃其所也，又可禁乎？《夏书》曰：‘念兹在兹，释兹在兹，名言兹在兹，允出兹在兹③，惟帝念功。’将谓由己壹也。信由己壹，而后功可念也。”

二十二年春，武仲如晋，雨，过御叔④。御叔在其邑，将饮酒，曰：“焉用圣人⑤！我将饮酒而已，雨行，何以圣为？”穆叔闻之曰：“不可使也，而傲使人，国之蠹也。”令倍其赋。

季武子无适子，公弥长，而爱悼子，欲立之，访于臧纥。曰：“饮我酒，吾为子立之。”季氏饮大夫酒，臧纥为客。既献，臧孙命北面重席，新樽洁之⑥。召悼子，降，逆之⑦，大夫皆起。及旅⑧，而召公钼，使与之齿⑨。公钼遂废，于是季孙爱臧孙，孟孙恶之。及孟孙卒，臧孙入，哭甚哀，多涕，出。其御曰：“孟孙之恶子也，而哀如是。季孙若死，其若之何？”臧孙曰：“季孙之爱我，疾疢⑩也。孟孙之恶我，药石也。美疢不如恶石，夫石犹生我，疢之美，其毒滋多。孟孙死，吾亡无日矣。”孟氏闭门，告于季孙曰：“臧氏将为乱，不使我葬。”季孙不信。臧孙闻之，戒。十月，孟氏将辟⑪，藉除于臧氏⑫。臧孙使正夫⑬助之，除于东门，甲从己而视之⑭。孟氏又告季孙。季孙怒，命攻臧氏。乙亥，臧纥斩鹿门之关以出，奔邾。

初，臧宣叔娶于铸⑮，生贾及为而死。继室以其侄，穆姜之姨子也。生纥，长于公

---

① 其次皂牧舆马：那次一等的盗贼赐予贱役仆人和车辆马匹。皂：贱役。牧：放养牲畜的人。

② 轨度：使之合于轨范法度。《左传·襄公二十一年》杨伯峻注：“轨度作动词，纳之于轨范也。”

③ 名言兹在兹，允出兹在兹：准备称呼和说明这件事就先自身做好这件事，诚信出于这件事就先自身确信这件事。名言兹：名此事，言此事。允：信，诚信。

④ 过御叔：看望御叔。御叔：鲁御邑大夫。御，鲁邑，在今山东郓城县东。

⑤ 圣人：指臧武仲，臧武仲多智，时人谓之圣。

⑥ 新樽洁之：安排新的酒器。樽：酒器。

⑦ 降，逆之：走下台阶迎接悼子。

⑧ 旅：古代宴会时，举杯酬宾，宾交错互答，谓之旅，亦称旅酬。

⑨ 使与之齿：让他和一般公子按年龄大小排列。齿：年齿，此指按年纪大小排列次序，即将公钼按一般人看待，不如悼子受到尊重。

⑩ 疾疢：病害。疢：chèn，烦热，疾病。

⑪ 辟：开掘墓道。

⑫ 藉除：借役夫清扫道路。

⑬ 正夫：正卒，常备的徒卒。见《左传·襄公二十三年》。

⑭ 甲从己而视之：臧孙就带领甲士跟从自己去巡视他们。

⑮ 铸：国名，今山东肥城南有铸乡，即其旧地。《左传·襄公二十三年》杜预注：“铸国，济北蛇丘县所治。”杨伯峻注：“铸在今山东肥城县南大汶河北岸。”

宫。姜氏爱之，故立之。臧贾、臧为出在铸。臧武仲自邾使告臧贾，且致大蔡①焉，曰：“纥不佞，失守宗祧②【校记：“失守宗祧”，《备考》本作“失守宗社”。嘉靖本与《左传》同。】，敢告不吊③。纥之罪，不及不祀④。子以大蔡纳请，其可。”贾曰：“是家之祸也，非子之过也。贾闻命矣。”再拜受龟，使为以纳请，遂自为也。臧孙如防⑤，使来告曰：“纥非能害也，知不足也。非敢私请！苟守先祀，无废二勋⑥，敢不辟邑⑦。”乃立臧为。

臧纥致防而奔齐。其人曰：“其盟我⑧乎?”臧孙曰：“无辞。”鲁人将盟臧氏，季孙召外史掌恶臣⑨，而问盟首⑩焉，对曰：“盟东门氏⑪也，曰：‘毋或如东门遂，不听公命，杀適立庶⑫。’盟叔孙氏也，曰：‘毋或如叔孙侨如，欲废国常，荡覆公室⑬。’”季孙曰：“臧孙之罪，皆不及此。”孟椒⑭曰：“盍以其犯门斩关⑮?”季孙用之。乃盟臧氏曰：“毋或如臧孙纥，干国之纪，犯门斩关。”臧孙闻之，曰：“国有人焉！谁居？其孟椒乎!”齐侯将为臧纥田，臧孙闻之，见齐侯，与之言伐晋，对曰：“多则多矣！抑君似鼠。夫鼠昼伏夜动，不穴于寝庙⑯，畏人故也。今君闻晋之乱而后作焉。宁将事之，非鼠如何?”乃弗与田。仲尼曰：“知之难也。有臧武仲之知，而不容于鲁国，抑有由也。作不顺而施不恕也⑰【校记：“施不恕也”，《备考》本作“施不恕”，嘉靖本与《左传》同，

---

① 大蔡：大龟壳。《左传·襄公二十三年》杜预注：“大蔡，大龟。”《淮南子·说山训》：“大蔡神龟，出于沟壑。”高诱注：“大蔡，元龟之所出地名，因名其龟为大蔡，臧文仲所居蔡是也。”

② 不佞：无口才。《论语·公冶长》：“雍也，仁而不佞。”邢昺疏：“佞，口才也。”宗祧：宗庙。祧：远祖的庙。

③ 吊：善。《左传》杜预注云：“不为天所吊恤。”

④ 不祀：断绝祭祀，即绝后。

⑤ 防：臧孙邑，在今山东费县东北。

⑥ 二勋：指臧文仲、臧宣叔。臧文仲曾以楚师伐齐，取谷；臧宣叔以晋师伐齐，取汶阳。故曰二勋。

⑦ 敢不辟邑：辟：同避，回避，出让。杜预注 ：“据邑请后，故孔子以为要君。”

⑧ 盟我：意思是为了我们，他们将在神前陈述我们的罪恶，盟誓以为大夫们做戒鉴。

⑨ 恶臣：犯罪出逃的臣下。

⑩ 盟首：盟书主要罪状的提法。

⑪ 东门氏：即襄仲，名遂，居东门，故称东门氏。

⑫ 杀適立庶：鲁文公遗命立子恶。文公死，襄仲杀恶及视而立鲁宣公。“適”同嫡，嫡子，指恶。庶，庶子，指鲁宣公。事见《左传·鲁文公十八年》。

⑬ 荡覆公室：叔孙侨如与穆姜私通。鲁成公十六年，沙随之会，侨如向晋国诬陷鲁成公在晋、楚鄢陵之战中想坐观成败，又请求晋国去掉季氏、孟氏。阴谋失败，被驱逐，并盟之。

⑭ 孟椒：孟献子之孙子服惠伯。

⑮ 斩关：砍断门闩，泛指攻破城门。语本《左传·襄公二十三年》：“臧纥斩鹿门之关以出，奔邾。”

⑯ 不穴于寝庙：不在宗庙里打洞做窝。寝庙：古代宗庙中寝和庙的合称。庙在前，寝在后。庙是接神的地方，其处尊，故在前；寝是收藏衣冠的地方，对庙而言，其处卑，故在后。

⑰ 作不顺而施不恕：做事不顺理而施与不宽恕。孔颖达疏云：“服虔曰：不顺，谓阿季氏废长立少也；不恕，谓恶孟氏立庶也。然则作而不顺，当如服言。传无恶孟氏之事，故不取，当谓知其不可而为之，是不恕也。”

故从之。】。《夏书》曰：‘念兹在兹。’顺事、恕施也。”昭公十年，平子伐莒，取郠①，献俘，始用人于亳社。臧武仲在齐，闻之，曰：“周公其不飨鲁祭乎！周公飨义，而鲁无义。视人如牲，将谁福哉！”

孟公绰

孟公绰，鲁大夫。襄公【校记：“襄公”《备考》本作“哀公”，误。嘉靖本与《左传》同。故从之。】二十五年春，齐崔杼帅师伐鲁北鄙，公患之。公绰曰：“崔杼将有大志②，不在病我③，必速归，何患焉！其来也不寇，使民不严④，异于他日。”齐师徒归。

薛应旂曰：“孔子曰：‘孟公绰，为赵魏老则优⑤，不可以为滕薛⑥大夫。’又曰：‘公绰之不欲。’夫惟不欲，故不屑于细而优于大，所以能烛崔杼之不臣也。”

公仪子

公仪休者，鲁博士也，以高第为鲁相，奉法循理【校记：“奉法循理”《备考》本作“奉法修理”。】，无所变更，百官自正，使食禄者不得与下民争利，受大者不得取小。客有遗休鱼者，休不受。客曰：“闻君嗜鱼，遗君鱼，何故不受也？”休曰：“以嗜鱼，故不受也。今为相能自给鱼，今受鱼而免⑦，谁复给我鱼者，吾故不受也。”食茹而美⑧【校记：“食茹而美”《备考》本作食蔬而美。”】，拔其园葵而去之。见其家织布好，而疾出其家妇，燔其机，曰：“若是农士工女，安所雠其货乎⑨？”鲁君死，左右

① 郠：在今山东沂水县境。

② 大志：指弑君。

③ 病我：困扰我国。

④ 来也不寇，使民不严：来到我国不进行抢掠，使唤民众不严厉。

⑤ 赵魏老则优：做晋国诸卿赵氏、魏氏的家臣那是力有余裕的。老：古代大夫的家臣称老，也称室老。朱熹《集注》：“赵魏，晋卿之家。老，家臣之长。大家势重，而无诸侯之事；家老望尊，而无官守之责。优，有余也。”

⑥ 滕薛：朱熹《集注》：“滕薛，二国名。大夫，任国政者。滕薛国小政繁，大夫位高责重。然则公绰盖廉静寡欲，而短于才者也。”滕：故城在山东滕县西南十五里。薛：故城在今滕县南四十四里官桥处。

⑦ 受鱼而免：接受人家送来的鱼而被免职。

⑧ “食茹而美”见《史记·循吏列传》。茹：葵菜。《汉书·食货志上》：“还庐树桑，菜茹有畦。”颜师古注：“茹，所食之菜也。”

⑨ 农士：务农的人。工女：古代指从事蚕桑、纺织、缝纫等工作的女子。雠：偿付。

请闭门。休曰："止，池渊吾不税，蒙山吾不赋，苛令吾不布。吾已闭心矣，何闭于门哉?"

薛应旂曰："太史公传公仪子为循吏①。呜呼！岂直循吏尔哉！使天下之吏皆若而人焉，则廉靖之风行，而斯民蒙至治之泽矣。"

卞庄子

卞庄子，鲁卞邑大夫也。性好勇，尝刺虎，管坚子止之，曰："两虎方食牛，牛甘，必争斗，则大者伤，小者亡，从伤而刺，一举必有两获。"庄子然之，果获二虎。

齐人欲伐鲁，忌卞庄子，不敢过。卞庄子善，事母，母无恙时，三战而三北②，交游非之③，国君辱之，庄子受命，颜色不变。及母死三年，鲁兴师，庄子请从，见于鲁将军曰："初与母处，是以三北；吾其辱焉，今母没矣，请塞责④。"遂赴敌，获一甲首⑤而献之，曰："此塞一北。"又入，获一甲首而献之，曰："此塞再北。"又入，获一甲首而献之，曰："此塞三北。"将军止之，请为兄弟⑥。庄子曰："三北以养母也，是子道也。今士节小具而塞责矣。吾闻之节士不以辱生。"遂反敌数十人而死。君子曰："三北而塞责，灭世断家，于孝不终也。"

微生高

微生高，一名尾生，鲁人。或人尝乞醯⑦于高，乞诸其邻而与之。孔子讥其不直。后与女子期于梁下，女子不来，水至不去，抱梁柱而死。

微生亩

微生亩，鲁人，尝讥孔子为佞。孔子曰："非敢为佞也，疾固也。"

---

① 循吏：守法循理的官吏。

② 三北：三次败北。事见《韩诗外传》卷十。

③ 交游非之：朋友们责备他。《管子·权修》："观其交游，则其贤不肖可察也。"

④ 塞责：尽责，补过。

⑤ 甲首：甲士的首级。《左传·桓公六年》："六月，大败戎师，获其二帅大良、少良，甲首三百，以献于齐。"杜预注："甲首，被甲者首。"

⑥ 请为兄弟：将军请求和卞庄子结为兄弟。

⑦ 醯：xī，醋。《论语》邢昺疏："醯，醋也。"

孺悲

孺悲，鲁人。恤由之丧，哀公使孺悲之孔子学士丧礼，《士丧礼》于是乎书【校记："《士丧礼》于是乎书"，《备考》本作"又有欲见孔子辞疾，取瑟而歌之事。"】。

申详

申详，鲁人，子张之子。定公十四年，卫公叔戍奔鲁，谓申详曰："吾于子思亲而敬之，子思未吾察也。"申详以告曰："人求亲敬于子，子何辱焉?"子思答曰："义也申详。"曰："请闻之。"答曰："公叔氏之子爱人之同己，慢而不知贤，夫其亲敬非心【校记："亲敬非心"，《备考》本作"亲亲敬非心"。嘉靖本与《孔丛子》同，故从之。】见吾所可亲敬也，以人口而亲敬，吾则亦以人口而疏慢吾矣。"申详曰："其不知贤，奈何?"答曰："有龙穆者徒【校记："有龙穆者徒"，《备考》本作"有龙穆之徒"。嘉靖本与《孔丛子》同，故从之。】，好饰弄辞说【校记："辞说"《备考》本作"词说"。】，观于座席，相人眉睫①，以为之意，天下之浅人也，而公叔子交之。桥之良，修实而不修名，为善不求人知，不撞不发，如大钟然，天下之深人也，而公叔子与之同邑而弗能知。此其所以为爱同己而不知贤也。"申详曰："吾乃今知公叔子，同而不和，诚小人之骄者也。"遂谢之。

季子皋②为成宰，葬其妻，犯人之禾③，申详以告，曰："请庚之④。"子皋曰："孟氏⑤不以是罪予，朋友不以是弃予，以吾为邑长于斯也。买道而葬⑥，后难继也。"申详问于子思曰："殷人自契至汤而王，周人自弃至武王而王，同喾之后也。周人追王太王、王季而殷人独否，何也?"子思曰："文质之异也，周人之所以追太王，王迹起焉【校记："王迹起焉"，《备考》本作"王季起焉"。嘉靖本与《孔丛子》同，故从之。】。"又问曰："文王受命断虞芮⑦之讼，伐崇邦，退犬戎，追王太王王季，何也?"子思曰：

---

① 相人眉睫：观察人的形貌以推断其吉凶祸福。眉睫：眉毛和睫毛，此处泛指人的形貌。

② 季子皋：即孔子弟子高柴。事见《礼·檀弓下》。

③ 犯人之禾：踏坏了人家的禾苗。犯：伤害，损害。《国语·周语下》："水火之所犯，犹不可救，而况天乎?"韦昭注："犯，害也。"

④ 请庚之：请赔偿人家。庚：赔偿，偿还。《礼·檀弓下》郑玄注："庚，古衡反，偿。"

⑤ 孟氏：即鲁三臣之一的孟孙氏，当时子皋做了他的成邑的邑宰。

⑥ 买道而葬：掏钱买路而出葬。

⑦ 虞芮：周初二国名。相传两国有人曾因争地兴讼，到周求西伯姬昌平断。《史记·周本纪》："于是虞芮之人有狱不能决，乃如周。人界，耕者皆让畔，民俗皆让长。虞芮之人未见西伯，皆惭，相谓曰：'吾所争，周人所耻，何往为，只取辱耳。'遂还，俱让而去。"后因以"虞芮"指能谦让息讼者。

“狄人攻太王，太王召耆老①而问焉，曰：‘狄人何来?’耆老曰：‘欲得菽粟财货。’太王曰：‘与之，与之。’至无而狄人不止。太王又问耆老曰：‘狄人何欲?’耆老曰：‘欲土地。’太王曰：‘与之。’耆老曰：‘君不为社稷乎?’太王曰：‘社稷所以为民也，不可以所为民，亡民也。’耆老曰：‘君纵不为社稷，不为宗庙乎?’太王曰：‘宗庙者，私也。不可以私害民。’遂杖策而去，过梁山②，止乎岐下。豳民奔而从之者三千乘，一止而成三千乘之邑，此王道之端也。成王于是追而王之。王季其子也，承其业广其基，虽同追王，不亦可乎?”

薛应旂曰：“公叔戍爱龙穆之同己，而不知桥之良之贤，其亲敬子思，岂诚以其贤哉！盖子思之在当时其名显，而龙穆亦时之闻人也，故特附之以假重焉耳。呜呼！公叔戍常有而子思不常有，谁其知之，若申详则直斥戍为小人之骄者，可不谓贤哉!”

---

① 耆老：特指致仕卿大夫。《礼记·王制》：“耆老皆朝于庠。”郑玄注：“耆老，乡中致仕之卿大夫也。”

② 梁山：山名，在今陕西省乾县境。《诗·大雅·韩奕》：“奕奕梁山，维禹甸之。”郑玄笺：“梁山，今左冯翊夏阳西北。”

四书人物考卷二十一

传十八　卫

蘧伯玉

蘧瑗，字伯玉，卫大夫。献公十八年，孙林父以大师歌诗故，惧罹祸，将谋出之，入见伯玉曰："君之暴虐，子所知也。大惧社稷之倾覆，将若之何?"伯玉对曰："君制其国，臣敢奸①之，虽奸之，庸知愈乎?"遂行，从近关出②。殇公十二年，献公使告宁喜，宁喜欲纳之，告伯玉。伯玉曰："瑗不得闻君之出，敢闻其入?"又从近关出。

献公后三年，吴季札适卫，与瑗语说之曰："卫多君子，未有患也。"灵公立，尝与夫人夜坐，闻车声至阙而止，过阙复有声。公问夫人曰："知此为谁?"夫人曰："此蘧伯玉也。"公曰："何以知之。"夫人曰："妾闻礼下公门、式路马③，所以广敬也。夫忠臣与孝子，不为昭昭信节，不为冥冥④惰行。蘧伯玉，卫之贤大夫也。仁而有智，敬于事上，此其人必不以暗昧⑤废礼，是以知之。"公使人视之，果蘧伯玉。是时伯玉贤行孚⑥于国，公亦知之，以嬖于弥子瑕，故而不能用。史鰌亟言于公，公不听。鰌将死，

---

① 奸：音 gān，触犯。《左传·庄公二十年》杜预注："奸，音干。"《左传·襄公十四年》杜预注："奸，犹犯也。"

② 从近关出：杨伯峻注："国界有关，卫四面皆邻他国，蘧伯玉欲速出国境，以免祸乱，于是择最近之国门出国。"《史记·卫世家》亦叙此事而较简略。

③ 公门：古称国君之外门为"公门"。式：同"轼"，以手抚轼，为古人表示敬意的一种礼节。路马：古代指为君主驾车的马。因君主之车名路车，故称。《礼记·曲礼上》："国君下齐牛，式宗庙，大夫士下公门，式路马，乘路马，必朝服。"

④ 冥冥：昏暗不明的样子。《诗·小雅·无将大车》："无将大车，维尘冥冥。"朱熹《集传》："冥冥，昏晦也。"

⑤ 暗昧：隐秘，不公开。汉陆贾《新语·辨惑》："马与鹿之异形，乃众人所知也，然不能分别是非，况于暗昧之事乎?"

⑥ 孚：使相信，使信服。《左传·庄公十年》："公曰：'牺牲玉帛，弗敢加也，必以信。'对曰：'小信未孚，神弗福也。'"

命其子曰："吾在朝不能进蘧伯玉退弥子瑕，是吾生不能正君，死无以成礼，我死，汝置尸牖下，于我毕矣。"其子从之，公往吊，怪而问焉，其子以告，公愕然失容，曰："是寡人之过也。"于是命殡之客位，退弥子瑕而用蘧伯玉。

赵简子将伐卫，使史默往视之，默还，曰："蘧伯玉为政，未可以加兵也。"简子遂寝兵①不出。灵公使伯玉之楚，逢楚公子皙于濮上②，伯玉为轼车③，子皙曰："吾闻上士托色，其次托辞，其下托财，三者固可得而托耶?"伯玉曰："谨受命。"既致使，昭王因问士，伯玉曰："楚多士而不能用。"昭王曰："何也?"伯玉曰："子胥生于楚，逃之吴，吴相之【校记："吴相之"《备考》本作"吴人相之"。】，发兵攻楚，堕平王之墓，是吴善用之；岔黄④生于楚，走之晋，其治七十二县，道不拾遗，城郭不闭，是晋善用之；今瑗之来，逢子皙于濮上，又将行矣。"于是昭王追子皙而还之。伯玉归，与公叔文子升瑕丘，文子曰："乐哉！斯丘也，死则我欲葬焉。"伯玉曰："吾子乐之，则瑗请前。"

伯玉笃行慎德，老而不倦。孔子在当时所与善者：于齐则晏婴，于郑则子产，于卫则伯玉。数人而已，贤可知矣！

宁武子

宁武子，名俞，庄子子也。晋文公为公子【校记："晋文公为公子"，《备考》本作"晋文公之为公子"】出亡也，曹卫皆不礼焉。既而，得国将伐曹，假道于卫，卫成公弗许。成公三年，晋师自河南济侵曹，遂伐卫，晋齐盟敛盂⑤。成公乃请盟，晋人拒之。公欲与楚，国人不欲，出其君以说于晋，公出，居于襄牛⑥。宁武子从，大夫元咺奉公弟叔武以受盟。

或诉⑦元咺于公，曰："立叔武矣。"咺子角⑧从公，公使杀之。咺不废命，奉夷叔以入守。晋人以叔武故复公。宁武子与卫人盟于宛濮⑨，曰："天祸卫国，君臣不协，

---

① 寝兵：息兵，停止战争。
② 公子皙：即楚共王之子，令尹子皙。濮上：古卫地，指濮水之滨。
③ 轼车：在车上凭轼致敬。
④ 岔黄：春秋晋大夫。
⑤ 敛盂：卫地，在今河南濮阳县。
⑥ 襄牛：卫地，今河南睢县。
⑦ 诉：谮，诬陷。《左传·僖公二十八年》杜预注："诉：谮也。"
⑧ 咺子角：元咺之子名角。《左传·僖公二十八年》杨伯峻注："咺之子元角也。"
⑨ 宛濮：地名。《左传·僖公二十八年》杨伯峻注："在今河南长垣县西南。"

以及此忧也。今天诱其衷，使皆降心①以相从也。不有居者，谁守社稷？不有行者，谁捍牧圉②？不协之故，用昭乞盟于尔大神，以诱天衷③。自今日以往，既盟之后，行者无保其力④，居者无惧其罪。有渝此盟，以相及⑤也。明神先君，是纠是殛⑥。"国人闻此盟也，而后不贰。公先期入，宁武子先，长牂守门以为使也，与之乘而入。公子歂犬、华仲前驱。叔孙将沐，闻君至，喜，捉发⑦而出，前驱射而杀之。公知其无罪也，枕之股而哭之。歂犬走出，公使杀之。元咺以叔武之死也出奔晋，以讼于晋侯。宁武子为辅，针庄子为坐⑧，士荣为大士⑨。公不胜晋，杀士荣，刖针庄子，谓宁俞忠而免之。执公，归之于京师，置诸深室⑩。宁武子职纳橐⑪饘焉。元咺归于卫，立公子瑕。晋侯使医衍酖公。武子货医，使薄其酖，不死。鲁僖公为请，纳玉于王与晋侯，皆十瑴⑫。王乃释公。公使赂周歂、冶廑，曰："苟能纳我，吾使尔为卿。"周、冶杀元咺、子适、子仪⑬。五年公归卫，公再出而不失国，皆武子之功也。明年，狄围卫，迁于帝丘⑭。卜曰三百年，卫成公梦康叔⑮曰："相夺予享⑯。"公命祀相。宁武子不可，曰："鬼神非其族类，不歆⑰其祀。杞、鄫何事？相之不享于此，久矣，非卫之罪也，不可

---

① 降心：抑制心志，意思是放弃成见。《左传·僖公二十五年》："天子降心以逆公，不亦可乎？"

② 牧圉：放养牛马。养牛曰牧，养马曰圉，引申指外出诸侯所带的财产。《左传·僖公二十八年》杜预注："牛曰牧，马曰圉。"

③ 用昭乞盟：因此明白地乞求。天衷：天心之意，此谓乞天心向我也。

④ 力：功劳。《左传·僖公二十八年》杨伯峻注："盖从卫成公出走者，自以随侍有功，今卫成返国，可恃功而骄己轻人。"

⑤ 渝：破坏。以相及：《左传·僖公二十八年》杜预注："以恶相及。"

⑥ 纠：检举。殛：惩罚。杜预注："绳治之也。"《书·康诰》："爽惟天其罚殛我，我其不怨。"杨筠如核诂："罚殛连文，殛亦犹罚也。"

⑦ 捉发：用手握住头发，意思是来不及把头发扎起来。语出《左传·僖公二十八年》。

⑧ 坐：《左传·僖公二十八年》杨伯峻注："昭二十三年传，邾人愬于晋，晋人使叔孙婼（chuò）与邾大夫坐，杜注谓坐讼曲直，即此坐字，不过一作动词，一作名词而已。"

⑨ 大士：治狱讼案件的官吏。《左传·僖公二十八年》杜预注："大士，治狱官也。"

⑩ 深室：别为囚室，其室幽深，故曰深室。《左传·僖公二十八年》杜预注："深室，别为囚室。"

⑪ 职：亲自操办。橐：衣袋，无底的袋子。

⑫ 瑴：jué，玉一双曰"瑴"《左传·庄公十八年》："春，虢公、晋侯朝王。王飨醴，命之宥，皆赐玉五瑴、马三匹，非礼也。"杜预注："双玉为瑴。"陆德明《释文》："瑴音角。字又作珏。"

⑬ 子适：即公子瑕，前年元咺立公子瑕为卫君。子仪：子瑕同母弟。

⑭ 帝丘：今河南濮阳县西南。

⑮ 康叔：名封，周文王之子，周武王之同母少弟，卫国的始封君。

⑯ 相：夏后相，夏后帝启之孙，帝中康之子。享：祭品。

⑰ 歆：xīn，谓飨，嗅闻。谓祭祀时神灵享用祭品的香气。《左传·僖公三十一年》杜预注："歆，犹飨也。"汉王充《论衡·祀义》："且夫歆者，内气也……人之死也，口鼻朽腐，安能复歆。"

以间成王、周公之命祀，请改祀命。”从之。

十二年，公使宁武子聘于鲁，鲁侯与之宴。为赋《湛露》及《彤弓》①。不辞，又不答赋。使行人私焉。对曰：“臣以为肄业及之也。昔诸侯朝正于王，王宴乐之，于是乎赋《湛露》，则天子当阳②，诸侯用命也。诸侯敌王所忾而献其功，于是乎王赐之彤弓一，彤矢百，玈弓矢千，以觉报宴。今陪臣来继旧好，君辱贶③之，其敢干大礼以自取戾。”鲁人服之，武子之子曰：“相相之子曰殖。”

史鱼

史鱼，名鳍，字子鱼，卫大夫也。献公后三年，季札适卫，见子鱼，说之曰：“卫多君子，未有患也。”灵公之时，蘧伯玉贤而不用，弥子瑕不肖而任事。子鱼患之，数以谏灵公而不听。子鱼病且死，谓其子曰：“我即死，治丧于北堂④。吾不能进蘧伯玉退弥子瑕，是不能正君也。生不能正君者，死不当成礼，置尸北堂足矣。”子鱼死，灵公往吊，见丧在北堂，问其故，其子具以父言对灵公【校记：“其子具以父言对灵公”，《备考》本作“子具以其父言对灵公”，嘉靖本与《稗编》同，故从之。】。灵公蹴然易容，曰：“夫子生则欲进贤而退不肖，死且不懈，又以尸谏⑤，可谓忠而不衰矣。”于是乃召蘧伯玉而进之以为卿，退弥子瑕。徙丧正堂成礼，而后返，卫国以治。

薛应旂曰：“宁武子之愚，史鱼之直，皆君子也。而孔子独以君子归伯玉焉，盖伯玉内虽介介⑥，外则浑融，宁之愚、史之直，皆其所能而不为也。蛰以存身，非有得于默然足以容之道邪？是以君子贵达变也，噫，吾其有感于斯矣！”

孔文子

孔文子，名圉，即仲叔圉。烝钼之鲁孙，卫之执政上卿也，卫太叔疾娶于宋子朝，

---

① 《湛露》及《彤弓》：皆《诗经·小雅》篇名，为天子宴飨诸侯时所奏乐章。

② 当阳：向阳而治。《左传·文公四年》杜预注：“言露见日而乾，犹诸侯禀天子命而行。”孔颖达疏：“阳，谓日也。言天子当日，诸侯当露也。”

③ 贶：kuàng，赐给，赐与。《国语·鲁语下》：“君之所以贶使臣，臣敢不拜贶。”韦昭注：“贶，赐也。”

④ 北堂：指室，与正堂相对而言。

⑤ 尸谏：陈尸以谏，后泛指以死谏君。

⑥ 介介：孤高耿直，有节操，也形容固守不变，坚定不移。

其娣嬖。子朝出奔，文子使疾出其妻，而以己之女妻之，疾使侍人诱其初妻之娣，置于犁①，而为之一宫，如二妻然。文子怒，欲攻之。访于仲尼，仲尼曰："胡簋②之事，则尝学之矣。甲兵之事，未之闻也。"退，命驾而行，曰："鸟则择木，木岂能择鸟？"文子遽止之，曰："圉岂敢度其私，访卫国之难也。"将止仲尼，鲁人以币召之，仲尼乃归鲁。文子遂夺己之女，不以妻疾，疾淫于外州，外州人夺疾之轩以献，疾耻是二者，故出奔于宋。卫人立疾之弟遗，文子遂以孔姞妻遗【校记："以孔姞妻遗"，《备考》本作"以孔姞妻之"。】，孔姞即文子之女、疾之妻也。卫灵公四十一年，文子同齐师及鲜虞人伐晋，取棘蒲③。

祝佗

祝佗，字子鱼，卫之大祝也。卫灵公二十九年，同刘文公合诸侯于召陵，谋伐楚。卫大夫子行敬子言于卫灵公曰："会同难④，啧⑤有烦言，莫之治也，其使祝佗从。"公曰："善。"乃使子鱼。子鱼辞，曰："臣展四体，以率旧职，犹惧不给而烦刑书，若又共二，徼大罪也。且夫祝，社稷之常隶也。社稷不动，祝⑥不出境，官之制也。君以军行，祓社衅鼓⑦，祝奉以从。于是乎出境。若嘉好⑧之事，君行师从，卿行旅从，臣无事焉。"公曰："行也。"及皋鼬⑨，将盟，将长蔡于卫⑩。卫侯使祝佗私于苌弘曰："闻诸道路，不知信否？若闻蔡将先卫，信乎？"苌弘曰【校记："苌弘曰"《备考》本作"弘曰"。】："信。蔡叔，康叔之兄也，先卫，不亦可乎？"子鱼曰："以先王观之，则尚德也。昔武王克商，成王定之，选建明德，以藩屏周。故周公相王室，以尹⑪天下，于周

---

① 犁：卫邑，在今山东郓城县西。

② 胡簋：古代祭祀时盛粮食的器皿。《左传·哀公十一年》杜预注："胡簋，礼器名。夏曰胡，周曰簋。"

③ 棘蒲：《左传·哀公元年》杨伯峻注："棘蒲，今河北赵县治。"

④ 会同：诸侯以事见帝王为会，会见谓之同。难：《左传·定公四年》杜预注："难得宜。"

⑤ 啧：大声纷争貌。《荀子·正名》："愚者之言，芴然而粗，啧然而不类，诸诸然而沸。"梁启雄《简释》引杨树达曰："啧，争言也。"《说文·口部》："啧，大呼也。"

⑥ 祝：太祝，掌祝辞祈祷之类。

⑦ 祓社：祷告于社。衅鼓：古代战争时，杀人或杀牲以血涂鼓行祭。《左传·定公四年》杜预注："师出，先事祓祷于社，谓之宜社；于是杀牲以血涂鼓鼙为衅鼓。"

⑧ 嘉好：指朝会。

⑨ 皋鼬：今河南临颍县南。

⑩ 将长蔡于卫：打算把蔡国安排在卫国之前歃血。歃血：古代盟会中的一种仪式。盟约宣读后，参加者用口微吸所杀牲之血，以示诚意。一说，以指蘸血，涂于口旁。

⑪ 尹：治理，主管。《书·多方》："天惟式教我用休，简畀殷命，尹尔多方。"

为睦。分鲁公以大路①、大旂，夏后氏之璜②，封父之繁弱③，殷民六族，条氏、徐氏、萧氏、索氏、长勺氏、尾勺氏，使帅其宗氏，辑其分族，将其丑类，以法则周公，用即命于周。是使之职事于鲁，以昭周公之明德。分之土田倍敦④，祝、宗、卜、史⑤，备物、典策⑥，官司、彝器⑦。因商奄⑧之民，命以伯禽，而封于少皞之虚⑨。分康叔以大路、少帛、綪茷、旃旌、大吕⑩，殷民七族。陶氏、施氏、繁氏、锜氏、樊氏、饥氏、终葵氏，封畛土略⑪，自武父以南【校记："自武父以南"，《备考》本作"君自武父以南"字。】，及圃田⑫之北竟，取于有阎⑬之土，以共王职。取于相土之东都⑭，以会王之东搜。聃季⑮授土，陶叔授民，命以《康诰》，而封于殷虚⑯，皆启以商政，疆以周索。分唐叔以大路、密须⑰之鼓、阙巩、姑洗⑱，怀姓九宗⑲，职官五正⑳。命以《唐诰》，而封于夏虚㉑，启以夏政，疆以戎索。三者㉒皆叔也。而有令德，故昭之以分物。不然，文、武、成、康之伯犹多，而不获是分，唯不尚年也。管蔡启商，惎间㉓王

---

① 大路：亦作"大辂"。古时天子所乘之车。

② 璜：玉器名，状如半璧。古代朝聘、祭祀、丧葬时所用的礼器。也作装饰用。《周礼·春官·大宗伯》："以玄璜礼北方。"郑玄注："半璧曰璜，象冬闭藏，地上无物，唯天半见。"

③ 封父：古诸侯名，当在今河南封丘县。繁弱：古良弓名。《左传·定公四年》杜预注："繁弱，大弓名。"《荀子·性恶》："繁弱、钜黍，古之良弓也。"

④ 倍敦：附庸，附属于诸侯的小国。

⑤ 祝：太祝。宗：宗人，掌管宗祀之礼。卜：太卜，为卜筮之长。史：太史，记史事并掌管典籍、星历。

⑥ 备物：即服物，指所服所佩之物。典策：典籍、简策。

⑦ 官司：百官。此谓赠与鲁应有若干卿、大夫、士。彝器：古代宗庙常用的青铜祭器的总称。

⑧ 商奄：国名，即奄国，山东曲阜县奄里即奄国之地。奄为商诸侯，故称商奄。

⑨ 少皞之虚：即曲阜，在鲁城内。

⑩ 少帛：即小白，旗名。一说，杂帛，用白色饰侧的帛。綪茷：大赤色的旗。旃旌：皆旗帜，用帛制而无装饰者为旃，用析羽为装饰者谓之旌。大吕：钟名。

⑪ 封畛土略：封畛与土略同义，即封地的疆界。畛：界限。

⑫ 圃田：郑薮名，即原圃，在今河南中牟县。卫国的南界至此泽之畔。

⑬ 有阎：卫所受朝宿邑，当在今河南洛阳市附近。

⑭ 相土之东都：今河南商丘市。相土：殷商的祖先。相土居商丘。

⑮ 聃季：周公的弟弟，司空。

⑯ 殷虚：朝歌，今河南淇县治。《左传·定公四年》杜预注："殷虚，朝歌也。"

⑰ 密须：古国名，商时姞姓之国，周文王灭之，以封姬姓。后又为周共王所灭。在今甘肃省灵台县西。

⑱ 阙巩：国名，周世侯伯之国。此指阙巩国出产的铠甲。姑洗：《左传·定公四年》杜预注："姑洗，钟名。"

⑲ 怀姓：唐国的余民。九宗：一姓分为九族。

⑳ 五正：五行官长。《左传·隐公六年》："翼九宗五正顷父之子嘉父逆晋侯于随。"杜预注："五正，五官之长。"孔颖达疏："言五官之长者，谓于殷时为五行官长。"

㉑ 夏虚：大夏，在今山西太原市。

㉒ 三者：指周公、康叔、唐叔。周公、康叔为周武王之弟。唐叔为周成王之弟。

㉓ 惎(jì)间：毒乱，危害。此指管叔、蔡叔散布流言说："周公将不利于成王。"

室。王于是乎杀管叔而蔡蔡叔，以车七乘，徒七十人。其子蔡仲，改行率德，周公举之，以为己卿士。见诸王而命之以蔡，其命《书》云：‘王曰，胡，无若尔考之违王命也。’若之何其使蔡先卫也？武王之母弟八人，周公为太宰，康叔为司寇，聃季为司空，五叔①无官，岂尚年哉！曹②，文之昭也；晋③，武之穆也。曹为伯甸④，非尚年也。今将尚之，是反先王也。晋文公为践土之盟，卫成公不在，夷叔，其母弟也，犹先蔡。其载《书》云：‘王若曰：晋重、鲁申、卫武、蔡甲午、郑捷、齐潘、宋王臣。莒期⑤。’藏在周府，可覆视也。吾子欲复文、武之略，而不正其德，将如之何？”苌弘说，告刘子，与范献子谋之，乃长卫侯于盟。

王孙贾

王孙贾，卫大夫也。卫灵公三十年，晋师将盟灵公于鄟⑥泽。赵简子曰：“群臣谁敢盟卫君者？”涉佗、成何⑦曰：“我能盟之。”卫人请执牛耳。成何曰：“卫，吾温、原也，焉得视诸侯？”将歃，涉佗捘⑧之手，卫侯【校记：“涉佗捘卫侯”，嘉靖本作“涉佗捘灵公”。《备考》本与《左传》同，故从之改。】及捥⑨，灵公怒。贾趋进，曰：“盟以信礼也。有如卫君，其敢不唯礼是事，而受此盟。”

灵公欲叛晋，而患诸大夫。贾使次于郊，大夫问故。公以晋诟语之，且曰：“寡人辱社稷，其改卜嗣，寡人从焉。”大夫曰：“是卫之祸，岂君之过也？”公曰：“又有患焉，谓寡人‘必以而子与大夫之子为质’。”大夫曰：“苟有益也，公子则往。群臣之子，敢不皆负羁绁以从？”将行，贾曰：“苟卫国有难，工商未尝不为患，使皆行而后可。”公以告大夫，乃皆将行之。行有日，公朝国人，使贾问焉，曰：“若卫叛晋，晋五伐我，病何如矣？”皆曰：“五伐我，犹可以能战。”贾曰：“然则不如叛之，病而后质焉，何迟之有？”乃叛晋。晋人请改盟，弗许。其子王孙齐亦为卫大夫。

---

① 五叔：指管叔鲜、蔡叔度、成叔武、霍叔处、毛叔聃。

② 曹：曹叔，周文王之子，故曰文之昭。

③ 晋：唐叔，周武王之子，故曰武之穆。

④ 伯甸：《左传·定公四年》杜预注：“以伯爵居甸服，言小。”孔颖达疏：“于昭穆，曹是晋之叔父也，晋为大国，多受分物，曹为伯爵而在甸服，非是尊尚年长也。”

⑤ 晋重、鲁申、卫武、蔡甲午、郑捷、齐潘、宋王臣、莒期：分别指晋文公、鲁僖公、卫武叔、蔡庄侯、郑文公、齐昭公、宋成公、莒兹丕公。

⑥ 鄟：zhuān，古国名。春秋鲁的附庸国，在今山东郯城东北。《左传·成公六年》：“（鲁）取鄟。”杜预注：“附庸国也。”

⑦ 涉佗、成何：二人皆晋大夫。

⑧ 捘：zùn，推。《左传·定公八年》杜预注：“捘，犹挤也。”

⑨ 捥：即腕。司马贞《史记索隐》：“勇者奋厉，必先以左手扼右捥也。捥，古‘腕’字。”

薛应旂曰："仲叔圉之夺姞，祝佗之便佞①，王孙贾之媚灶②，其人品可知已，仲尼论卫灵公之不丧，以其能用三子而圉之谥文，亦直许之，此不惟取人之恕而其与人之周，盖与见南子，见阳货【校记："见阳货"《备考》本作"阳货"。】同也，如是而犹终身不遇，道之将废，其命也哉！"

公叔文子

公叔文子③名发，卫大夫也。献公后三年，季札适卫，见文子，悦之曰【校记："悦之曰"《备考》本作"说之曰"】："卫多君子，文子为大令尹④，三年民无敢入朝。"公叔子见曰："严矣！"文子曰："朝廷之严也，宁云妨国家之治哉？"公叔子曰："严则下喑⑤，下喑则上聋，聋喑不能相通，何国之治也，盖闻之也。顺针缕者成帷幕，合升斗者实仓廪，并小流而成江海，明主者有所受命而不行，未尝有所不受也。"

文子升于瑕丘，蘧伯玉从。文子曰："乐哉！斯丘也，死则我欲葬焉。"蘧伯玉曰："吾子乐之，则瑗请前。"卫灵公三十年，鲁定公侵郑，往不假道于卫。及还，阳虎使季、孟⑥自卫南门入，出自东门，舍于豚泽⑦。卫侯怒，使弥子瑕⑧追之。公叔文子老矣，辇而如公，曰："尤人而效之，非礼也。昭公之难⑨，君将以文之舒鼎，成之昭兆⑩，定之鞶鉴⑪，苟可以纳之，择用一焉。公子与二三臣之子、诸侯苟忧之，将以为之质【校记："将以为之质"，《备考》本作"以之为质"，嘉靖本与《左传》同。】。此群臣之所闻也。今将以小忿蒙⑫旧德，无乃不可乎。大姒⑬之子，唯周公、康叔⑭为相睦

---

① 便佞：巧言善辩，阿谀逢迎。

② 媚灶：比喻阿附权贵。

③ 公叔文子：卫献公之孙，字叔文。

④ 令尹：春秋战国时楚国执政官名，相当于宰相。《论语·公冶长》："令尹子文，三仕为令尹，无喜色；三已之，无愠色。"邢昺疏："令尹，宰也……楚臣令尹为长，从他国之言，或亦谓之宰。"

⑤ 喑：yīn，聋，缄默不言。《墨子·亲士》："臣下重其爵位而不言，近臣则喑，远臣则唫。"

⑥ 季、孟：季桓子、孟懿子。

⑦ 豚泽：《左传·定公六年》杨伯峻注："据传文，豚泽盖卫东门外小地名。"

⑧ 弥子瑕：卫灵公嬖幸的大夫。

⑨ 昭公之难：指鲁昭公为季氏所逐居外。

⑩ 昭兆：宝龟。《左传·定公六年》孔颖达疏："成公新得此龟，盖以灼之出兆，兆文分明，故名为昭兆。"

⑪ 定之鞶鉴：卫定公的系镜的大带子。《左传·庄公二十一年》杜预注："鞶，带而以镜为饰也，今西方羌胡犹然。古之遗服。"

⑫ 蒙：《左传·定公六年》杜预注："蒙，覆也。"杨伯峻注："覆谓掩盖，追鲁兵是掩旧德。"

⑬ 大姒：周文王妃。《诗·大雅·思齐》"大姒嗣徽音，则百斯男。"

⑭ 周公、康叔：分别是鲁和卫的始祖。《左传·定公六年》杨伯峻注："周公、康叔，鲁、卫之始祖，其和睦于《书·康诰》尤能见之。"

也。而效小人以弃之，不亦诬乎！天将多阳虎之罪以毙之，君姑待之，若何?”乃止。

文子卒，其子戌请谥于君，曰：“日月有时，将葬矣，请所以易其名者。”君曰：“昔者卫国凶饥，夫子为粥与国之饿者，是不亦‘惠’乎？昔者卫国有难①，夫子以其死卫寡人，不亦‘贞’乎？夫子听卫国之政，修其班制②以与四邻交，卫国之社稷不辱，不亦‘文’乎？故谓夫子‘贞惠文子’。”初，文子朝而请享灵公，退，见史鳍而告之。史鳍曰：“子必祸矣，子富而君贪，罪其及子乎。”文子曰：“然。吾不先告子，是吾罪也。君既许我矣，其若之何?”史鳍曰：“无害。子能执臣礼，犹可以免。富而能臣，必免于难，上下同之。戌③也骄，其亡乎。富而不骄者鲜，吾唯子之见【校记：“唯子之见”，《备考》本作“惟子之见”。】。骄而不亡者【校记：《备考》本无“者”字。】，未之有也。戌必与焉。”及文子卒，卫侯恶公叔戌，以其富也。公叔戌又欲去南子之党，若宋朝之徒者，南子愬④之，曰：“戌将为乱。”于是戌奔鲁。

薛应旂曰：“贤哉文子！仲尼所以文之也，非直以其能升僎⑤也，受知于君，而其子犹不免焉，呜呼富也夫！”

公子荆

公子荆，一名公南楚，卫大夫。献公后三年，季札适卫，见公子荆而悦之曰：“卫多君子。”灵公十三年，公之兄公孟絷狎司寇齐豹⑥，夺之司寇与鄄⑦。齐豹将杀絷，适灵公在平寿⑧，公孟有事于盖获之门⑨外，齐豹帷于门外而伏甲焉。齐豹用戈击中公孟之肩，杀之。灵公闻乱，乘驱自阅门⑩入，公南楚骖乘⑪。齐豹射公，中南楚之背，公遂出郭。

薛应旂曰：“公子荆为君骖乘，以身卫贼【校记：“以身卫贼”，《备考》本作“以身

---

① 卫国有难：指鲁昭公二十年卫大夫齐豹等作乱。

② 班制：尊卑的秩序。《礼记·檀弓下》郑玄注：“班制，谓尊卑之差。”

③ 戌：公叔文子之子。

④ 愬：诉说，告发。《诗·邶风·柏舟》：“薄言往愬，逢彼之怒。”朱熹《集传》：“愬，告也。”

⑤ 僎：zūn，同“遵”，赞礼。即典礼饮宴时辅佐主人行仪节的人。

⑥ 公孟絷狎司寇齐豹：《左传·昭公二十年》杜预注：“公孟，灵公兄也。齐豹，齐恶之子，为卫司寇。狎，轻也。”

⑦ 鄄：齐豹的食邑鄄邑，在今鄄城县西北。

⑧ 平寿：卫下邑，国都以外的所属城邑。杜预注：“平寿，卫下邑。”

⑨ 有事：祭祀。盖获之门：卫郭门。

⑩ 阅门：卫城门，偏侧之门，其路远齐氏。

⑪ 骖乘：骖，同“参”，陪乘或陪乘的人。古代乘车，尊者在左，御者在中，一人在右陪坐，称“参乘”或“车右”。

卫上”。】而免君于难，则孔子之所称者，不徒在于居室，而季札谓之君子，亦必更有在矣。”

棘子成

棘子成，卫大夫，疾时人文胜曰：“吾子质而已矣，何以文为?”

公明贾

公明姓贾，名卫人也。孔子问公叔文子于公明贾曰：“信乎？夫子不言不笑不取乎?”公明贾对曰：“以告者过也，夫子时然后言，人不厌其言；乐然后笑，人不厌其笑；义然后取，人不厌其取。”子曰：“其然，岂其然乎?”

公孙朝

公孙朝，卫大夫。问于子贡曰：“仲尼焉学?”子贡曰：“文武之道在人，贤者不贤者，莫不有文武之道【校记：“文武之道在人，贤者不贤者，莫不有文武之道”，《备考》本作“文武之道，未坠于地，在人。贤者识其大者，不贤者识其小者，莫不有文武之道焉。”】，夫子焉不学？而亦何常师之有?”

颜雠由

颜雠由，子路之妻之兄也，一名颜浊邹【校记：“子路之妻之兄也，一名颜浊邹”，《备考》本作“一名颜浊邹，子路之妻之兄也。”】，孔子至卫，尝主于其家。

僎

僎，卫大夫。初为公叔文子家臣，文子与之同升诸公①。

① 诸公：众公卿。

四书人物考卷二十二

传十九　晋

舅犯

狐偃【校记："狐偃"，《备考》本作"舅犯"。】，字子犯，晋文公舅也。骊姬既谗杀太子申生，复谮二公子，将逐之。

晋献公二十二年，子犯奉公子重耳出奔狄。献公卒，里克杀骊姬之子奚齐、卓子，使告公子，求入而纳之，公子以告子犯。子犯不可，曰："夫坚树在始①，始不固本，终必槁落矣。夫长国者，唯知哀乐喜怒之节，是以导民。不哀【校记："不哀"，《备考》本作"不哀求"】丧而求国，难；因乱以入，殆②。以丧得国，则必乐丧③，乐丧必哀生。因乱以入，则必喜乱【校记：《备考》本作"则必又乱"，嘉靖本与《古史》同，故从之。】，喜乱必怠德。是哀乐喜怒之节易也，何以导民？"重耳曰："非丧谁代？非乱谁纳我？"子犯曰："偃也闻之，丧乱有小大。大丧大乱之剡④也。父母死为大丧，谗在兄弟为大乱。今适当之，是故难。"公子出见使者，曰："子惠顾亡人重耳，父生不得供洒扫之臣，死又不敢莅丧以重其罪，且辱大夫，敢辞。夫固国者，在亲众而善邻⑤，在因民而顺之⑥。苟众所利，邻国所立【校记：《备考》本作"与"，嘉靖本与《通志》同，故从之。】，大夫其从之，重耳不敢违。"已而，秦穆公使公子絷吊之，曰："寡君使絷吊公子之忧，又重之以丧。寡人闻之，得国恒于斯，失国恒于斯。时亦不可失也，丧亦不可久也，公子其图之！"重耳告子犯。子犯曰："不可。亡人无亲，信仁以为亲，是故置之者不殆。父死在堂而求利，人孰仁我？人实有之，我以徼倖，人孰信我？不仁不信，将何以长

---

① 坚树在始：《国语》卷八韦昭注："树，木也。始，根本也。"

② 殆：有危险。《诗·小雅·正月》："民今方殆，视天梦梦。"

③ 乐丧：《国语》韦昭注："乐丧，以丧为乐也。"

④ 剡：yǎn，锐利。韦昭注："剡，锋也。"

⑤ 夫固国者，在亲众而善邻：韦昭注："固，定也。亲众，爱士民也。善邻，善邻国也。"

⑥ 因民而顺之：韦昭注："因民，所爱而立之为顺民。"

利?"重耳出见使者，曰："君惠吊亡臣，又重有命。重耳身亡，父死不得与于哭泣之位，又何敢有他志以辱君义?"再拜不稽首，起而哭，退而不私。公子絷反命穆公。公曰："仁人也，再拜不稽首，不敢为后也；起而哭，爱其父孝也；退而不私，不役于利也。"秦人遂纳公子夷吾，是为惠公。

惠公之七年，重耳去狄之齐，过卫，卫文公不礼。出于五鹿①，乞食于野人。野人与之块，公子怒，欲鞭之。子犯曰："天赐也。"稽首，受而载之。及齐，齐桓公妻之，有马二十乘，公子安之。姜②曰："行也。怀与安【校记："怀与安"嘉靖本作"怀其安"。《备考》本与《左传》同，故从之。】，实败名。"公子不可。姜与子犯谋，醉而载之以行。醒，以戈逐子犯，曰："若无所济，吾食舅氏肉，其知餍乎!"舅犯走，且对曰："若无所济，余未知死所，谁能与豺狼争食？若克有济，无亦晋之柔嘉③，足以甘食。偃肉腥臊，将焉用之?"乃止遂行。过曹、过郑俱不礼焉。及楚，楚成王飨之，公子辞，弗让。子玉请杀之，成王曰："晋公子广而俭④，文而有礼。其从者肃而宽，忠而能力。晋侯无亲，外内恶之。吾闻姬姓，唐叔⑤之后【校记："唐叔之后"，《备考》本作"唐叔之胤"，嘉靖本与《左传》同，故从之。】，其后衰者也，其将由晋公子乎？天将兴之，谁能废之。违天必有大咎。"乃送诸秦。秦穆公遂纳之。及河，子犯以璧授公子，曰："臣负羁绁从君巡于天下，臣罪甚多矣。臣犹知之，而况君乎？请由此亡。"公子曰："所不与舅氏同心者，有如此水。"投其璧于河。遂济入于晋师，遂入曲沃⑥，是为文公。元年，王室有叔带之乱，襄王出，居于郑⑦。

秦穆公师于河上，将以纳王⑧。狐偃言于文公曰："求诸侯莫如勤王。诸侯信之，且大义也。继文之业而信宣于诸侯，今为可矣。"公以为然，故辞秦师而下，次于阳樊。右师围温⑨，左师逆王。入襄王于周，取王弟带于温，杀之。王赐晋河内阳樊之地。四年楚伐宋，文公率齐、秦之师以救宋，将战，晋师退三舍以辟之⑩。军吏曰："以君辟臣，辱也。且楚师老矣，何故退?"子犯曰："师直为壮，曲为老。岂在久乎？微⑪楚之

---

① 五鹿：卫地，在今河南濮阳县东北。《史记集解》贾逵曰："卫地。"杜预曰："今卫县西北有地名五鹿，平阳元城县东亦有五鹿。"

② 姜：指姜氏，重耳妻，齐女。姜：母家姓。

③ 柔嘉：柔脆嘉美的食品。《国语·周语中》："无亦择其柔嘉，选其馨香，洁其酒醴，品其百笾。"韦昭注："柔：脆；嘉：美。"

④ 俭：俭约。一说俭作"检"，检束，律己甚严，亦通。

⑤ 唐叔：晋国的始祖，周武王子，周成王弟。

⑥ 曲沃：地名，在今山西闻喜县东北，晋文公高祖曲沃桓叔的始封地。

⑦ 居于郑：《国语》卷二韦昭注："王出适郑，居于氾也。文公纳之，杀子带。在鲁僖公二十五年。"

⑧ 将以纳王：将护送周襄王回京城。

⑨ 温：古国名，杨伯峻注："温，周王几内之小国，当在今河南省温县稍南三十里之地。"

⑩ 三舍：九十里。辟：同"避"，回避。《左传·僖公二十八年》杨伯峻注："实践晋文对楚成之诸言，见二十三年传。"

⑪ 微：无，没有。《国语·周语中》："微我，晋不战矣!"韦昭注："微，无也。"

惠不及此，退三舍辟之，所以报也。背惠食言①，以亢其仇②，我曲楚直。其众素饱，不可谓老。我退而楚还，我将何求？若其不还，君退臣犯，曲在彼矣。”乃退三舍。楚众欲止，子玉不可。晋师及诸侯之师，次于城濮③。楚师背酅④而舍，晋侯患之，听舆人之诵，曰：“原田每每，舍其旧而新是谋⑤。”公疑焉。子犯曰：“战也。战而捷，必得诸侯。若其不捷，表里山河，必无害矣。”文公梦与楚子搏，楚子伏己而盬其脑，是以惧。子犯曰：“吉。我得天，楚伏其罪，吾且柔之矣。”既战，大败楚师于城濮，子玉死之，文公归行赏，以狐偃为首。

文公始入而教其民，二年，欲用之。子犯曰：“民未知义，未安其居。”于是乎出定襄王⑥，入务利民，民怀生⑦矣，将用之。子犯曰：“民未知信，未宣其用。”于是伐原以示之信。民易资者不求丰焉，明要其辞⑧【校记：“明要其辞”，《备考》本作“明征其辞”。嘉靖本与《通志》记载同，故从之。】。公曰：“可矣乎？”子犯曰：“民未知礼，未生其共⑨。”于是大蒐⑩以示之礼，作执秩⑪以正其官，民听不惑而后用之。出谷戍，释宋围⑫，一战而霸，子犯与有劳焉。

子狐射姑⑬，字季佗，食邑于贾，曰贾季，与父皆有从亡之功。襄公蒐于夷，作三军，使狐射姑将中军，赵盾佐之，阳处父改蒐而易之，使贾季佐赵孟，且曰：“使能。”贾季怨，及襄公卒，贾季使召公子乐于陈而立之，赵盾不从，使杀公子于郫，故贾季杀处父以奔狄。

薛应旂曰：“余观子犯之从文公，自其出亡以至于定霸，其所施设，大率多子犯谋也，其示礼示信之属【校记：“示礼示信”，《备考》本作“示信示礼”。】，虽不无权以济事，而仁亲为宝之言，直有以发所性之本矣。使念念若此，又与王佐何异哉！”

---

① 食言：违背诺言。晋文公在楚国时曾答应“避君三舍”。

② 亢：捍卫、保护。仇：指宋国。一说亢同“抗”，谓抵抗仇敌，指抵抗楚国。

③ 城濮：卫地，今山东濮县南有临濮故城，即其地。

④ 酅：xī，城濮附近的地名，一个险要的丘陵地带。杨伯峻注：“楚师凭险而军也。”

⑤ 原田每每，舍其旧而新是谋：《左传·僖公二十八年》杜预注：“喻晋军之美盛，若原田之草每每然，可以谋立新功，不足念旧惠。”每每：草盛貌。

⑥ 出定襄王：鲁僖公二十五年，晋文公纳周襄王。《国语》卷十：“襄王避昭叔之难，居于郑地汜。使来告难，亦使告于秦。子犯曰：‘民亲而未知义也，君盍纳王以教之义’。”

⑦ 怀生：安于生计，安居乐业。

⑧ 明要其辞：明定契券，明码实价。

⑨ 共：同“恭”，谓少长恭敬之心。

⑩ 大蒐：古时天子、诸侯五年举行一次的军队大检阅。《左传·昭公八年》：“秋，大蒐于红。”杜预注：“大蒐，数军实，简车马也。”

⑪ 执秩：执掌爵位的官吏。《左传·僖公二十七年》杜预注：“执秩，主爵秩之官。”

⑫ 出谷戍，释宋围：《国语》卷十韦昭注：“谷，齐地。鲁僖二十六年，楚伐齐，取谷，使申公叔侯戍之。二十七年，楚围宋，晋伐曹、卫以救之。”

⑬ 狐射姑：狐偃之子，即贾季。

赵简子

赵简子名鞅，一名志父，其先有赵夙者事晋，夙生成子衰，衰生宣子盾，盾生朔。大夫屠岸贾灭朔之族，朔有遗腹子武，贾必欲索而杀之。朔客程婴、公孙杵臼相与谋立武，杵臼取他儿佯为赵武，匿山中。婴出，绐①曰："与我千金，吾告赵氏孤处。"贾乃使人杀杵臼及他儿，而赵武获存，后武立，号文子，生景叔，景叔生简子鞅。

晋顷公九年，简子会诸侯之大夫于黄父②，令曰："输王粟、具戍人，明年将纳王③。"十年，遂入，敬王于周。十三年，简子及荀寅帅师城汝滨④，遂赋晋国一鼓⑤铁，以铸刑鼎，著范宣子所为刑书。仲尼曰："晋其亡乎？失其度矣，夫晋国将守唐叔之所受法度，以经纬其民，卿大夫以序守之，民是以能尊其贵，贵是以能守其业。贵贱不愆，所谓度也。文公是以作执秩之官，为被庐之法⑥，以为明主。今弃是度也，而为刑鼎，民在鼎矣，何以尊贵？贵何业之守，贵贱无序，何以为国？且夫宣子之刑，夷之蒐⑦也，晋国之乱制也，若之何以为法？"蔡史墨⑧曰："范氏、中行氏其亡乎？中行寅为下卿，而干上令，擅作刑器，以为国法，是法奸也。又加范氏焉，易之，亡也。其及赵氏，赵孟与焉，然不得已，若德，可以免。"

宋乐祁言于景公曰："诸侯唯我事晋，今使不往，晋其憾矣。"乐祁使晋，简子逆，而饮之酒于绵上⑨，献杨楯六十于简子【校记："献杨楯六十于简子"，《备考》本作"献杨楯二十于简子"。嘉靖本与《左传》同。】。范献子言于晋侯曰："以君命越疆而使，未致使而私饮酒，不敬二君⑩，不可不讨也。"乃执乐祁。简子曰："诸侯惟宋事晋，好逆其使，犹惧不至，今又执之，是绝诸侯也。"

定公十一年，鲁季氏之臣阳虎作乱，奔晋，简子受之。仲尼曰："赵氏其世有乱

---

① 绐：dài，欺诳。《史记集解》：应劭曰："绐，欺也。音殆。"《史记索隐》韦昭云："绐，诈也。"刘氏云："绐，欺负也。"何休云："绐，疑也。"

② 诸侯之大夫：参加这次会见的有鲁、晋、宋、卫、郑、曹、邾、滕、薛、小邾等国的卿大夫。黄父：地名，在今山西沁水县西北、翼城县东北。

③ 纳王：护送周敬王回王城，是时周敬王居狄泉。

④ 汝滨：晋所取陆浑地。汝：水名，源出嵩县天息山，流经汝阳、临汝、郏县、襄城与沙河会合。

⑤ 鼓：古代量器或衡器名。《礼记·曲礼上》："献米者操量鼓。"

⑥ 被庐之法：《左传·昭公二十九年》杜预注："僖二十七年文公蒐被庐，修唐叔之法。"

⑦ 夷之蒐：《左传·昭公二十九年》杜预注："范宣子所用刑，乃夷蒐之法野。夷蒐在文六年。一蒐而三易中军帅，贾季、箕郑之徒遂作乱，故曰乱制。"

⑧ 蔡史墨：即蔡墨。

⑨ 绵上：地名，在今山西介休县南、沁原县西北的介山之下。《史记集解》贾逵曰："绵上，晋地。"杜预曰："西河介休县南有地名绵上。"

⑩ 二君：指晋平公和宋景公。

乎?”十二年，简子帅师围卫，卫人贡五百家命，置之邯郸。明年，简子谓邯郸大夫午曰：“归我卫贡五百家①，吾将移之晋阳②。”午不用命，简子杀午。围邯郸，荀寅，范吉射午之姻也，将攻赵氏。董安于告简子曰：“先备诸?”简子曰：“晋国有命，始祸者死，为后可也。”安于曰：“与其害于民，宁我独死，请以我说。”简子不可。既而，范氏、中行氏③伐赵氏之宫，简子奔晋阳。晋人围之。知文子言于顷公曰：“君命大臣，始祸者死，载书在河。今三臣首祸，而鞅独逐，刑已不钧矣。请并逐寅与吉射。”于是荀跞、韩不信、魏曼多【校记：“魏曼多”，《备考》本作“侈”。嘉靖本与《左传》同，故从之。】奉公以伐范、中行氏，不克，二子遂伐公，国人助公，二子败，奔朝歌，韩魏请赵氏于公，公许之。

简子入于绛④，知文子之嬖梁婴父恶董安于，言于文子曰：“不杀安于，使终为政于赵氏，赵氏必得晋国。盍以其先发难也，讨于赵氏?”文子使告简子，简子患之。安于曰：“我死而晋国宁，赵宗定，将焉用生？人谁不死，吾死莫矣。”乃缢而死。简子尸诸市，告于知氏，知伯从简子盟，而后赵氏定，祀安于于庙。

十九年，纳卫世子蒯聩于戚⑤。秋八月，简子及郑罕达战于铁⑥，郑师败绩。三十年，公会吴王夫差于黄池⑦，及盟，吴人欲先晋。吴人曰：“于周室，我为长。”晋人曰：“于姬姓，我为伯。”简子呼司马寅曰：“日旰⑧矣，大事未成，二臣之罪也，建鼓整列，二臣死之，长幼必可知也。”对曰：“请姑视之。”反，曰：“肉食者无墨⑨。今吴王有墨，国胜乎？太子死乎？且夷德轻，不忍久，请少待之【校记：“不忍久，请少待之”，《备考》本作“不忍，各请少待之”。嘉靖本与《左传》同，故从之。】。”乃先晋人。是时，越人败吴师，获其太子友，夫差归及越平【校记：“夫差归及越平”《备考》本作“夫差归与越平”。】。卫太子自戚入于卫，是为庄公。简子使告于卫曰：“君之在晋也，志父为主。请君若太子来，以免志父。不然，寡君其曰，志父之为也。”庄公辞以难。三十四年，简子围卫，齐国观、陈瓘救卫，得晋人之致师者。子玉使服⑩而见之，曰：“国子实执齐柄，而命瓘曰：‘无辞晋师。’岂敢废命。子又何辱?”简子曰：“我卜伐卫，未卜与齐战。”乃还。是岁冬，简子复伐卫⑪，入其郛。将入城，简子曰：“止。叔向有

---

① 卫贡五百家：鲁定公十年，赵鞅围卫，卫人惧，贡五百家。

② 晋阳：赵鞅邑，在今山西太原市西南。

③ 范氏、中行氏：指士吉射和荀寅。

④ 绛：古地名。春秋晋国旧都，在今山西省翼城县东南。晋穆侯自曲沃迁都于此，孝公时改名为翼。及景公迁新田，称新田为新绛，遂称此为故绛。

⑤ 戚：地名，在今河南濮阳县北。

⑥ 铁：古丘名，春秋卫地，在今河南濮阳北。《左传·哀公二年》杜预注：“铁在戚城南。”

⑦ 黄池：地名，在今河南封丘县南。

⑧ 旰：gàn，晚，迟。《左传·襄公十四年》：“日旰不召，而射鸿于囿。”杜预注：“旰，晏也。”

⑨ 墨：气色灰沉。《左传·哀公十三年》杜预注：“墨，气色下。”

⑩ 子玉：即陈瓘。服：指脱去囚服，穿上原来的衣服。

⑪ 复伐卫：《左传·哀公十七年》杜预注：“春伐未得志故。”

言曰，怙乱灭国者无后①。”卫人出庄公而与晋平，简子立襄公之孙般师而还。

简子有臣曰周舍，死，简子每听朝不悦，曰：“千羊之皮不如一狐之腋。诸大夫朝，徒闻唯唯，不闻周舍之鄂鄂②也。”简子长子曰伯鲁，幼曰无恤，书训戒之辞于二简，以授二子，曰：“谨识之。”三年而问之，伯鲁不能举其辞，求其简，已失之矣。无恤诵其辞甚习，求其简，出诸怀中而奏之，于是立无恤为后。三十七年，简子卒，无恤嗣，是为襄子。晋六卿，赵氏最长，故世称赵孟云。

薛应旂曰：“余闻孔子去卫之时，将西见赵简子，岂不庶几其可与哉？至河而闻宝鸣犊舜华之杀，遂不济河而旋车矣。呜呼！简子相顷公，再相定公，戮贤于国中，拒圣于河外，而徒思周舍之鄂鄂，何为也哉！”

亥唐

亥唐，晋平公时人，以贤名，见《平公传》中。

① 怙乱灭国者无后：《左传·哀公十七年》杨伯峻注：“恃他国之乱而灭之者，其人无后，此赵鞅信叔向之言不欲灭卫也。”怙：hù，依赖，凭恃。

② 鄂鄂：直言争辩貌。鄂，同“谔”。《大戴礼记·曾子立事》：“君子出言以鄂鄂，行身以战战。”卢辩注：“鄂鄂，辨厉也。”

四书人物考卷二十三

传二十　郑

子产

公孙侨，字子产，子国之子。郑简公元年，郑人欲媚于晋，使子国、子耳侵蔡，获蔡公子燮。郑人皆喜，子产曰："小国无文德，而有武功，祸莫大焉。楚人来讨，能勿从乎？从之，晋师必至。晋、楚伐郑，自今郑国，不四五年，弗得宁矣【校记："弗得宁矣"，《备考》本作"勿得宁矣"。】。"子国怒之，曰："尔何知？国有大命，而有正卿。童子言焉，将为戮矣。"三年，盗杀子驷、子国、子耳。子西①闻盗，不儆而出，尸②而追盗，盗入于北宫，乃归授甲。臣妾多逃，器用多丧。子产闻盗，为门者，庀③群司，闭府库，慎闭藏，完守备，成列而后出，兵车十七乘，尸而攻盗于北宫。子蟜帅国人助之，杀尉止，子师仆，盗众尽死。侯晋奔晋。堵女父、司臣、尉翩、司齐奔宋。子孔当国，为载书，以位序，听政辟。大夫、诸司、门子不顺，将诛之。子产止之，请焚书。子孔不可，曰："为书以定国，众怒而焚之，是众为政也，国不亦难乎？"子产曰："众怒难犯，专欲难成，合二难以安国，危之道也。不如焚书以安众，子得所欲，众亦得安，不亦可乎？专欲无成，犯众兴祸，子必从之。"乃焚书于仓门④之外，众而后定。十二年，子产始为卿。十五年，晋人来征朝⑤，子产辞而却之。及范宣子为政，诸侯之币重⑥。郑人患之，公如晋。子产寓书于子西以告宣子，曰："子为晋国，四邻诸侯，不闻令德，而闻重币，侨也惑之。侨闻君子长国家者，非无贿之患，而无令名之难。夫诸

---

① 子西：公子夏，子驷之子。

② 儆：同"警"，警戒，戒备。尸：收敛尸体。

③ 庀：pǐ，具备，备办。

④ 仓门：郑都城的东南门。杜预注云："不在朝内烧，欲使远近见所烧。"

⑤ 征朝：谓征召诸侯朝聘。

⑥ 诸侯之币重：诸侯朝见的贡品很重。

侯之贿聚于公室，则诸侯贰。诸侯贰，则晋国坏。晋国贰，则子之家坏。何没没①也！将焉用贿？夫令名，德之舆也。德，国家之基也。有基无坏，无亦是务乎！有德则乐，乐则能久。夫恕思以明德，则令名载而行之，是以远至迩安。毋宁使人谓子：‘子实生我。’②而谓‘子浚③我以生乎？’象有齿以焚其身，贿也。”宣子说，乃轻币。

十八年，子展伐陈有功，使子产献捷于晋，戎服将事。晋人问陈之罪，对曰：“昔虞阏父为周陶正④，以服事我先王。我先王赖其利器用也，与其神明之后也，庸以元女大姬配胡公，而封诸陈，以备三恪⑤。则我周之自出。至于今是赖。桓公之乱⑥，蔡人欲立其出⑦。我先君庄公奉五父⑧而立之，蔡人杀之。我又与蔡人奉戴厉公，至于庄、宣⑨，皆我之自立。夏氏之乱⑩，成公播荡⑪，又我之自入，君所知也。今陈忘周之大德，蔑我大惠，弃我姻亲，介恃楚众，以凭陵我敝邑，不可亿逞⑫。我是以有往年之告。未获成命，则有我东门之役。当陈隧者，井堙木刊⑬。敝邑大惧不竞，而耻大姬⑭。天诱其衷，启敝邑心。陈知其罪，授手于我。用敢献功！”晋人曰：“何故侵小？”对曰：“先王之命，唯罪所在，各致其辟。且昔天子之地一圻，列国一同⑮，自是以衰⑯。今大国多数圻矣！若无侵小，何以至焉？”晋人曰：“何故戎服？”对曰：“我先君

① 没没：沉迷不悟。《左传·襄公二十四年》杨伯峻注：“没没犹言昧昧，不明白，糊涂。”一说，贪。王引之《经义述闻·春秋左传中》：“没没，贪也。”

② 子实生我：确实是你养活我。

③ 浚：攫取，榨取。《左传·襄公二十四年》杜预注：“浚，取也。”

④ 虞阏父：虞舜的后代。陶正：掌管制造陶器事务的官。周朝兴起，阏父做了周武王的陶正。

⑤ 三恪：周武王灭商后，封虞舜的后代胡公满于陈，夏禹的后代东楼公于杞，商汤的后代微子启于宋，以表示对前代圣王的尊敬，称三恪。恪，尊敬的意思。《左传·襄公二十五年》杜预注：“周得天下，封夏、殷二王后，又封舜后，谓之恪，并二王后为三国。其礼转降，示敬而已，故曰三恪。”

⑥ 桓公之乱：桓公，陈桓公，名鲍。鲁桓公五年，陈桓公死，陈国发生内乱，陈文公之子佗杀太子免而代之。

⑦ 出：古代男子称自己的外甥。此指蔡国的外甥陈桓公之子陈厉公。《左传·庄公二十二年》杜预注：“姊妹之子曰出。”孔颖达疏：“《释亲》云：男子谓姊妹之子为出，言姊妹出嫁而生子也。”

⑧ 庄公：郑庄公。五父：即佗，陈文公子，陈桓公之弟，杀陈桓公太子免而自立，郑庄公因而定其立。

⑨ 庄、宣：陈庄公、陈宣公，皆陈厉公之子。

⑩ 夏氏之乱：指鲁宣公十一年，夏征舒杀死陈灵公的动乱。

⑪ 成公：陈成公，陈灵公之子。播荡：颠沛流亡。陈灵公被杀后，陈成公逃往晋国。

⑫ 亿逞：犹言猜透，指陈国的欲望有多大没法猜透。亿：预料，猜想。逞：尽，止境。

⑬ 刊：砍斫，削除。《周礼·秋官·柞氏》：“夏日至，令刊阳木而火之；冬日至，令剥阴木而水之。”郑玄注：“刊、剥、互言耳，皆谓斫去次地之皮。”

⑭ 耻大姬：意思是上辱周武王元女太姬的英灵。大姬：《左传·襄公二十五年》杨伯峻注：“武王之长女，故谓之大姬。”

⑮ 圻：方圆千里之地。《左传·昭公六年》：“今土数圻，而郢是城，不亦难乎！”杜预注：“方千里为圻。”同：土地面积方百里。《左传·昭公二十三年》：“无亦监乎若敖蚡冒至于武文，土不过同，慎其四竟，犹不城郢。”杜预注：“方百里为一同。”

⑯ 衰：cuī，差，降。依照一定的标准递减。《左传·襄公二十五年》杜预注：“衰，差降。”

武、庄，为平、桓卿士。城濮之役，文公布命，曰：‘各复旧职!’命我文公戎服辅王，以授楚捷，不敢废王命故也。”士庄伯不能诘，复于赵文子。文子曰：“其辞顺，犯顺不祥。”乃受之。

晋程郑卒。子产始知然明，问为政焉。对曰：“视民如子，见不仁者诛之，如鹰鹯之逐鸟雀也。”子产喜，以语子大叔，曰：“他日吾见蔑之面而已，今吾见其心矣。”子太叔尝问政子产。子产曰：“政如农功，日夜思之，思其始而成其终。朝夕而行之，行无越思，如农之有畔①。其过鲜矣。”

简公以入陈之功。享子展，赐之先路、三命之服，先八邑②。赐子产次路、再命③之服，先六邑。子产辞邑，曰：“自上以下，降杀④以两，礼也。臣之位在四⑤，且子展之功也。臣不敢及赏礼，请辞邑。”公固与之，乃受三邑⑥。公孙挥曰：“子产其将知政矣！让不失礼。”

十九年，楚人及秦人入侵郑，印堇父与皇颉戍城麇，楚人囚之，以献于秦。郑人取货于印氏以请之，子大叔为令正⑦，以为请。子产曰：“不获。受楚之功而取货于郑，不可谓国。秦不其然。若曰：‘拜君之勤郑国，微君之惠，楚师其犹在敝邑之城下。’其可。”弗从，遂行。秦人不予。更币，从子产而后获之⑧。

二十年，许灵公如楚，请伐郑，楚人从之，遂伐郑，郑人将御之。子产曰：“晋、楚将平，诸侯将和，楚王是故昧于一来。不如使逞而归，乃易成也。夫小人之性，衅于勇，啬于祸，以足其性而求名焉者，非国家之利也。若何从之?”子展说，不御寇。于是楚师入于南里，堕其城。涉于乐氏，门于师之梁⑨。县门发，获九人焉。涉于汜⑩而归。二十一年，子产相公如楚。

二十二年秋八月，蔡侯归自晋，入于郑。郑伯享之，不敬。子产曰：“蔡侯其不免乎？日其过此也，君使子展往劳于东门之外而傲。吾曰：‘犹将更之。’今还，受享而惰，乃其心也。君小国事大国，而惰傲以为己心，将得死乎？若不免，必由其子。

---

① 畔：田界。

② 先路：周王赏赐的车的名称。路：同“辂”，大车。三命：周代的官爵分为九个等级，称九命。公、侯、伯之卿三命。三命为侯伯之卿的最高级别。先：动词，在先。古人送礼，皆先轻后重，故以先路及三命之服放在八邑之先。

③ 次路、再命：比先路、三命低一等的级别。

④ 降杀：下降的等差。杀：等差。

⑤ 在四：上卿为子展，此卿为子西，再次为良霄，子产为第四。

⑥ 受三邑：以两递降，子产位在第四，当受二邑。以郑伯固予，故受三邑。

⑦ 令正：古代官名，掌文告辞令。《左传·襄公二十六年》杜预注：“主作辞令之正。”

⑧ 而后获之：杜预注云：“更遣使执币，用子产辞，乃得堇父。传称子产之善。”

⑨ 师之梁：郑城门名。

⑩ 汜：郑地，即今河南襄城县。

其为君也，淫而不父①。侨闻之，如是者，恒有子祸。”九月，子产相郑伯以如楚，舍不为坛②。外仆③【校记：《备考》本作“濮”】言曰：“昔先大夫相先君，适四国，未尝不为坛。自是至今，亦皆循之。今子草舍，无乃不可乎？”子产曰：“大适小，则为坛。小适大，苟舍焉而已。焉用坛？侨闻之，大适小有五美：宥其罪戾，赦其过失，救其灾患，赏其德刑，教其不及。小国不困，怀服如归。是故作坛以昭其功，宣告后人，无怠于德。小适大有五恶：说其罪戾，请其不足，行其政事，共其职贡，从其时命。不然，则重其币帛，以贺其福而吊其凶，皆小国之祸也。焉用作坛以昭其祸。所以告子孙，无昭祸焉可也。”

二十三年冬，郑伯有使公孙黑如楚，辞曰：“楚、郑方恶，而使余往，是杀余也。”伯有曰：“世行④也。”子晳曰：“可则往，难则已，何世之有？”伯有将强使之。子晳怒，将伐伯有氏，大夫和之。为之盟。裨谌曰：“是盟也，其与几何？天祸郑久矣，其必使子产息之，乃犹可以定。不然，将亡矣。”

二十四年春，子产相郑伯以如晋，叔向问郑国之政焉。对曰：“吾得见与否，在此岁也。驷、良方争，未知所成。若有所成，吾得见，乃可知也。”叔向曰：“不既和矣乎？”对曰：“伯有侈而愎⑤，子晳好在人上，莫能相下也。虽其和也，犹相积恶也，恶至无日矣。”六月，子产如陈莅盟。归，复命。告大夫曰：“陈，亡国也，不可与也。聚禾粟，缮城郭，恃此二者，而不抚其民。其君弱植，公子侈，太子卑，大夫敖，政多门⑥，以介于大国，能无亡乎？不过十年矣。”郑伯有子晳之争，人谓子产：“就直助强！”子产曰：“岂为我徒【校记：“岂为我徒”，《备考》本作“岂我为徒”。嘉靖本同《左传》，故从之。】。国之祸难，谁知所敝⑦？或主强直，难乃不生。姑成吾所。”乃敛伯有氏之死者而殡之，不及谋而遂行。子皮止之。众曰：“人不我顺，何止焉？”子皮曰：“夫子礼于死者，况生者乎？”遂自止之。子产入。于是公与其大夫及国人盟，伯有怒郑人之盟己也，自墓门之渎⑧入，因马师颉介于襄库⑨，以伐旧北门。驷带率国人以伐

---

① 淫而不父：指蔡景公与其太子班的妻子私通。《左传·襄公二十八年》杨伯峻注：“与儿媳通奸，非父所应为，故云不父。”

② 舍不为坛：只搭建帐篷，不修筑接受效劳的高土台。舍：本指住宿，此指为止宿而搭建帐篷。坛：在平地上用土修筑的高台。郑伯到楚国聘问，只舍不为坛。

③ 外仆：掌管临时住宿的官。

④ 行：行人，官名，掌管朝觐聘问之事。

⑤ 侈而愎：放肆而且固执。

⑥ 植：树立，谓其君志弱而不能树立。多门：政治不由一人。

⑦ 敝：同“蔽”，遮挡。

⑧ 渎：排水洞。洞穴。《左传·襄公三十年》杜预注：“墓门，郑城门。”杨伯峻注：“渎借为窦，出水穴。”

⑨ 因马师颉介于襄库：依赖马师颉在襄库里披甲戴盔装备士兵。马师：掌马的官。《左传·襄公三十年》：“子皮以公孙钼为马师。”《左传·昭公七年》：“朔（罕朔）于敝邑，亚大夫也，其官，马师也。”杜预注：“大夫位，马师职。”颉：羽颉，子羽孙。襄库：武库名。

之。皆召子产。子产曰："兄弟而及此，吾从天所与。"伯有死于羊肆①，子产襚②之，枕之股而哭之，敛而殡诸，伯有之臣在市侧者。既而葬诸斗城③。子驷氏欲攻子产，子皮怒曰："礼，国之干也，杀有礼，祸莫大焉。"乃止。子皮既授子产政，有事伯石，子产赂之邑。子太叔曰："国，皆其国也。奚独赂焉?"子产曰："无欲实难。皆得其欲，以从其事，而要其成，非我有成，其在人乎？何爱于邑，邑将焉往?"子太叔曰："若四国何?"子产曰："非相违也，而相从也，四国何尤焉?《郑书》④有之曰：'安定国家，必大焉先⑤。'姑先安大，以待其所归。"既，伯石惧而归邑，卒与之。伯有既死，使大史命伯石为卿，辞。大史退，则请命焉。复命之，又辞。如是三，乃受策入拜。子产是以恶其为人也，使次己位。子产为政，使都鄙有章，上下有服，田有封洫⑥，庐井有伍⑦。大人之忠俭者，从而与之。泰侈者，因而毙之。丰卷将祭，请田焉。弗许，曰："唯君用鲜，众给而已。"丰卷怒，退而征役。子产奔晋，子皮止之，而逐丰卷，丰卷奔晋。子产请其田里，三年而复之，反其田里及其人焉。从政一年，舆人诵⑧之，曰："取我衣冠而褚之，取我田畴而伍之。孰杀子产，吾其与之!"及三年，又诵之⑨，曰："我有子弟，子产诲之；我有田畴，子产殖之。子产而死，谁其嗣之?"

二十五年六月，子产相公以如晋，晋侯以鲁丧故，未之见也。子产使尽坏其馆之垣而纳车马焉。士文伯让之，曰："敝邑以政刑之不修，寇盗充斥，无若诸侯之属，辱在寡君者何？是以令吏人完客所馆，高其闬闳⑩，厚其墙垣，以无忧客使⑪。今吾子坏之，虽从者能戒，其若异客何？以敝邑之为盟主，缮完葺墙，以待宾客，若皆毁之，其何以共命？寡君使匄请命。"对曰："以敝邑褊小，介于大国，诛求无时，是以不敢宁居，悉索敝赋，以来会时事⑫。逢执之不间，而未得见，又不获闻命，未知见时，不敢输币，亦不敢暴露。其输之，则君之府实也【校记："君之府实也"，《备考》本作"君之

---

① 羊肆：买卖羊的地方。肆：市集贸易之处。

② 襚：向死者赠送衣被，此指给死者穿上死人衣服。《左传·襄公二十九年》："楚人使公亲襚，公患之。"陆德明《释文》："襚音遂。《说文》云：'衣死人衣。'"

③ 斗城：地名，在今河南陈留县南。

④ 《郑书》：郑国的史书。

⑤ 必大焉先：言先和大族，然后国家才能安定。

⑥ 封洫：疆界和沟渠。

⑦ 庐井：古代井田制，八家共一井，故称八家的庐舍为庐井，此泛指居民的家庭。伍：谓五家相保。

⑧ 诵：怨谤。《国语·晋语三》："惠公人，而背外内之赂，舆人诵之曰：'佞之见佞，果丧其田。诈之见诈，果丧其赂。'"

⑨ 又诵之：跟子产执政一年之诵相反，又诵之是歌颂。《左传·襄公三十一年》："文王之功，天下诵而歌舞之，可谓则之。"

⑩ 闬闳：hàn hóng，里巷的大门。

⑪ 无忧客使：谓使客人无忧盗寇。

⑫ 时事：四时的贡献。指诸侯、大夫对天子的四时贡职。《左传·襄公二十六年》："晋士起将归时事于宰旅。"杜预注："时事，四时贡职。"

府库也”。嘉靖本与《左传》同。】，非荐陈之，不敢输也。其暴露之，则恐燥湿不时而朽蠹，以重敝邑之罪。侨闻文公之为盟主也，宫室卑庳①，无观台榭，以崇大诸侯之馆。馆如公寝，库厩缮修，司空②以时平易道路，圬人以时塓③馆宫室。诸侯宾至，甸④设庭燎，仆人巡宫，车马有所，宾从有代，巾车脂辖，隶人牧圉【校记：“隶人牧圉”，《备考》本作“鼎人牧圉”。嘉靖本与《左传》同，故从之。】，各瞻其事，百官之属，各展其物。公不留宾，而亦无废事，忧乐同之，事则巡之，教其不知，而恤其不足。宾至如归，无宁灾患？不畏寇盗，而亦不患燥湿，今铜鞮之宫⑤数里，而诸侯舍于隶人。门不容车，而不可逾越。盗贼公行，而夭厉⑥不戒。宾见无时，命不可知。若又勿坏，是无所藏币，以重罪也。敢请执事，将何以命之？虽君之有鲁丧，亦敝邑之忧也。若获荐币，修垣而行，君之惠也，敢惮勤劳？”文伯复命，赵文子曰：“信！我实不德，而以隶人之垣以赢⑦诸侯，是吾罪也。”使士文伯谢不敏焉。晋侯见郑伯，有加礼。厚其宴好而归之。乃筑诸侯之馆。叔向曰：“辞之不可以已也如是夫！子产有辞，诸侯赖之，若之何其释辞也？”

郑人游于乡校，以论执政，然明谓子产曰：“毁乡校，何如？”子产曰：“何为？夫人朝夕退而游焉，以议执政之善否。其所善者，吾则行之。其所恶者，吾则改之。是吾师也。若之何毁之？吾闻忠善以损怨，未闻作威以防怨。岂不遽止，然犹防川，大决所犯，伤人必多，吾不克救也。不如小决使道，不如吾闻而药之也。”然明曰：“蔑也今而后知吾子之信可事也。小人实不才。若果行此，其郑国实赖之。岂唯二三臣？”

子皮欲使尹何为邑。子产曰：“少，未知可否？”子皮曰：“愿⑧，吾爱之，不吾叛也。使夫往而学焉，夫亦愈知治矣。”子产曰：“不可。人之爱人，求利之也。今吾子爱人则以政，犹未能操刀而使割也，其伤实多。子之爱人，伤之而已，其谁敢求爱于子？子于郑国，栋也，栋折榱崩⑨，侨将厌焉，敢不尽言？子有美锦，不使人学制焉。大官、大邑，身之所庇也，而使学者制焉。其为美锦，不亦多乎？侨闻学而后入政，未闻以政学者也。若果行此【校记：“若果行此”，《备考》作“若果行”。嘉靖本与《左传》同，故从之。】，必有所害。譬如田猎，射御贯则能获禽，若未尝登车射御，则败绩厌覆是

---

① 卑庳：简陋低矮，语出《左传·襄公三十一年》。

② 司空：主管建筑工程的官。

③ 圬人：泥瓦匠人。塓：涂饰，粉刷。《左传·襄公三十一年》杜预注：“圬人，涂者。”

④ 甸：甸人，官名，掌柴火的事。《仪礼·燕礼》：“甸人执大烛于庭。”郑玄注：“甸人，掌共薪蒸者。”《周礼·秋官·司烜氏》：“凡邦之大事，共坟烛庭燎。”郑玄注：“坟，大也。树于门外曰大烛，于门内曰庭燎，皆所以照众为明。”

⑤ 铜鞮之宫：晋离宫，在今山西沁县铜鞮故城。

⑥ 夭厉：因遭疾疫而早死。

⑦ 赢：容受，接待。《左传·襄公三十一年》杜预注：“赢，受也。”

⑧ 愿：质朴，恭谨。《书·皋陶谟》：“愿而恭。”孔颖达疏：“愿者，悫谨良善之名。”

⑨ 栋：椽子，放在梁上架屋瓦的木条。榱：cuī，屋椽。《左传·襄公三十一年》：“栋折榱崩。”

惧①，何暇思获?”子皮曰：“善哉！微子之言，吾不知也。他日我曰：‘子为郑国，我为吾家，以庇焉，其可也。’今而后知不足。自今，请虽吾家，听子而行。”子产曰：“人心之不同，如其面焉。吾岂敢谓子面如吾面乎？抑心所谓危，亦以告也。”子皮以为忠，故委政焉。子产是以能为郑国。

二十六年，楚公子围来聘，且娶于公孙段氏。子产使馆于外。既聘，将以众逆②。子产使子羽辞，曰：“以敝邑褊小，不足以容从者，请墠③听命!”令尹命太宰伯州犁对曰：“君辱贶寡大夫④围，谓围：‘将使丰氏抚有而室⑤。’围布几筵⑥，告于庄、共⑦之庙而来。若野赐之，是委君贶于草莽也！是寡大夫不得列于诸卿也！不宁唯是，又使围蒙其先君，将不得为寡君老⑧，其蔑以复⑨矣。唯大夫图之!”子羽曰：“小国无罪，恃实其罪。将恃大国之安靖己，而无乃包藏祸心以图之。小国失恃，而惩诸侯，使莫不憾者，距违君命，而有所壅塞不行是惧！不然，敝邑，馆人之属也，其敢爱丰氏之祧?”伍举知其有备也，请垂櫜⑩而入。许之。

徐吾犯之妹美，公孙楚聘之矣，公孙黑又使强委禽⑪焉【校记：“又使强委禽焉”，《备考》本作“又强委禽焉”。嘉靖本与《左传》同，故从之。】。犯惧，告子产。子产曰：“是国无政，非子之患也。唯所欲与。”犯请于二子，使女择焉。遂适子南，子皙怒。既而櫜甲⑫以见子南，欲杀之而取其妻。子南知之，执戈逐之。及冲⑬，击之以戈，子皙伤而归。大夫皆谋之。子产曰：“直钧⑭，幼贱有罪，罪在楚也。”乃执子南而数之，遂放之于吴。六月，为游楚⑮乱故，公及其大夫盟于公孙段氏，罕虎、公孙侨、公孙段、

---

① 败绩厌覆是惧：害怕翻了车被压在下面。

② 以众逆：杨伯峻注：“古代婚礼，最后为亲迎。众，兵众，率兵众以迎新妇。”

③ 墠：shàn，清扫场地，意思是请在城外除地为墠来举行婚礼。

④ 贶：赐。寡大夫：对自己国家大夫的谦称，犹称寡君。

⑤ 将使丰氏抚有而室：将让丰氏把女儿嫁给你做妻子。室：指妻子。男以女为室。

⑥ 几筵：犹几席。《周礼·春官》有司几筵，专掌五几五席的名称种类，辨其用处与陈设的位置。几席乃祭祀的席位，后亦因以称灵座。《墨子·节葬下》：“诸侯死者……又多为屋幕，鼎鼓几梴壶滥，戈剑羽旄齿革，寝而埋之。”《国语·周语上》：“设桑主，布几筵。”

⑦ 庄：指楚庄公，王子围的祖父。共：楚共王，王子围的父亲。婚礼是吉礼中的重要礼仪，故王子围亲自布几筵，告父、祖之庙而来。

⑧ 老：对大臣的尊称。

⑨ 其蔑以复：我们就无法回国。蔑：无，没有。《诗·大雅·板》：“丧乱蔑资，曾莫惠我师。”毛传：“蔑，无。资，财也。”

⑩ 垂櫜：表示没有箭弓。櫜：tuó，盛物的袋子，此指弓箭袋。

⑪ 委禽：聘礼，古代婚礼，纳采用雁，故称。《左传·昭公元年》杜预注：“禽，雁也，纳采用雁。”

⑫ 櫜甲：把铠甲穿在外衣里面。

⑬ 冲：纵横交错的大道，犹言十字路口。《左传·昭公元年》杜预注：“冲，交道。”

⑭ 直钧：曲直是非相等。

⑮ 游楚：即公孙楚。

印段、游吉、驷带私盟于闺门①之外，实熏隧②。公孙黑强与于盟，使太史书其名，且曰七子。子产弗讨。

是年六月，晋侯有疾，公使子产如晋聘，且问疾。叔向问焉，曰："寡君之疾病，卜人曰：'实沈、台骀为祟。'史莫之知，敢问此何神也?"子产曰："昔高辛氏有二子，伯曰阏伯，季曰实沈，居于旷林③，不相能也。日寻干戈，以相征讨。后帝不臧④，迁阏伯于商丘，主辰⑤，商人是因，故辰为商星。迁实沉于大夏，主参。唐人⑥是因，以服事夏、商。其季世曰唐叔虞⑦。当武王邑姜方震大叔⑧，梦帝谓己：'余命而子曰虞，将与之唐⑨，属诸参，而蕃育其子孙。'及生，有文在其手曰'虞'，遂以命之。及成王灭唐而封大叔焉，故参为晋星。由是观之，则实沈，参神也。昔金天氏⑩有裔子曰昧【校记："有裔子曰昧"，《备考》本作"有裔焉曰昧"。嘉靖本与《左传》同，故从之。】，为玄冥⑪师，生允格、台骀。台骀能业其官，宣汾、洮⑫，障大泽，以处大原。帝用嘉之，封诸汾川。沈、姒、蓐、黄⑬，守其祀。今晋主汾而灭之矣。由是观之，则台骀，汾神也。抑此二者，不及君身。山川之神，则水旱疠疫之灾，于是乎禜⑭之。日月星辰之神，则雪霜风雨之不时，于是乎禜之。若君身，则以出入饮食哀乐之事也。山川星辰之神，又何为焉？侨闻之，君子有四时：朝以听政，昼以访问，夕以修令，夜以安身。于是乎节宣其气，勿使有所壅闭湫底，以露其体⑮。兹心不爽，而昏乱百度。今无乃壹

① 闺门：郑都城门。

② 熏隧：闺门外地名。

③ 旷林：地名，不详所在。一说，指广大的树林。

④ 臧：善。《诗·邶风·雄雉》："不忮不求，何用不臧?"毛传："臧，善也。"

⑤ 辰：星宿名，二十八宿之一的心宿。又称大火。《左传·昭公元年》杜预注："辰，大火也。"

⑥ 唐人：唐尧帝的后代，帝尧封唐侯。

⑦ 唐叔虞：此唐叔虞是唐国人的末代君主，不是周武王之子，晋国人的始祖唐叔虞。

⑧ 震：同"娠"，怀孕。《诗·大雅·生民》："载震载夙，载生载育。"陈奂传疏："震与娠通。"高亨注："震，通娠，怀孕。"《左传·昭公元年》杜预注："怀胎为震。"杨伯峻注："震，《说文》作娠，怀孕也。"大叔：即晋之始祖唐叔虞。

⑨ 唐：国名，今山西翼城县西有唐城。

⑩ 金天氏：古帝少皞的称号。

⑪ 玄冥：神名，水神。《左传·昭公十八年》："禳火于玄冥、回禄。"杜预注："玄冥，水神。"

⑫ 汾：黄河支流，源出山西宁武县管涔山，南流至曲沃县西折，在河津县入黄河。洮：水名，也是晋地之水，后世枯竭。

⑬ 沈、姒、蓐、黄：四国皆台骀之后，皆在汾水流域。

⑭ 禜：禳除灾害的祭祀。《左传·昭公元年》杜预注："星辰之神，若实沈者。"杨伯峻注："其实祭日月星辰与山川之神俱为水旱疠疫，俱为禜。子产分别言之者，盖壹骀为山川之神，实沈为星辰之神耳。"

⑮ 湫底：凝滞，不通畅。露：羸弱，瘦弱。杜预注："湫：集也；底：滞也；露，羸也。壹之则血气集滞而体羸露。"孔颖达疏："气不散则食不消，食不消则食少，食少则肌肤瘦，肌肤瘦则骸骨露也。"

之，则生疾矣。侨又闻之，内官①不及同姓，其生不殖②。美先尽矣，则相生疾，君子是以恶之。故《志》曰：‘买妾不知其姓，则卜之。’违此二者③，古之所慎也。男女辨姓，礼之大司也。今君内实有四姬焉，其无乃是也乎？若由是二者，弗可为也已。四姬有省犹可，无则必生疾矣。”叔向曰：“善哉！肸未之闻也。此皆然矣。”

叔向出，行人挥④送之。叔向问郑故焉，且问子皙。对曰：“其与几何？无礼而好陵人，怙富而卑其上，弗能久矣。”晋侯闻子产之言，曰：“博物君子也。”重贿之。秋，楚公子围使公子黑肱、伯州犁城犨、栎、郏⑤，郑人惧。子产曰：“不害。令尹将行大事⑥，而先除二子也。祸不及郑，何患焉？”

二十七年秋。公孙黑将作乱，欲去游氏⑦而代其位，伤疾作而不果。驷氏⑧与诸大夫欲杀之。子产在鄙，闻之，惧弗及，乘遽⑨而至。使吏数之，曰：“伯有之乱，以大国之事，而未尔讨也。尔有乱心，无厌，国不汝堪。专伐伯有⑩，而罪一也。昆季争室⑪，而罪二也。熏隧之盟⑫，汝矫君位，而罪三也。有死罪三，何以堪之？不速死，大刑将至。”再拜稽首，辞曰：“死在朝夕，无助天为虐。”子产曰：“人谁不死？凶人不终，命也。作凶事，为凶人。不助天，其助凶人乎？”请以印为褚师⑬。子产曰：“印也才，君将任之。不才将朝夕从汝，汝罪之不恤，而又何请焉？不速死，司寇将至。”乃缢于周氏之衢，加木焉。二十八年，公如楚，子产相。楚灵王享之，赋《吉日》⑭。既享，子产乃具田备，王以田江南之梦⑮。二十九年，楚灵王求诸侯于晋，晋人许之。楚灵王问于子产曰：“晋其许我诸侯乎？”对曰：“许君，晋君少安，不在诸侯。其大夫多求。莫匡其君。在宋之盟，又曰如一，若不许君，将焉用之？”王曰：“然则吾所求者，

---

① 内官：《左传·昭公元年》杨伯峻注：“内官谓国君之姬妾。”

② 其生不殖：《左传·僖公二十三年》：“男女同姓，其生不蕃。”《礼记·大传》：“百世而昏姻不通者，周道也。”同姓不婚自西周始。

③ 二者：指把四个时段看作一样和娶同姓。

④ 挥：公孙挥，字子羽。

⑤ 公子黑肱：王子围之弟，字子皙。犨：地名，在今河南鲁山县东南。栎：地名，今河南禹县。郏：地名，今河南郏县。三邑本来是郑地。

⑥ 大事：指弑君。

⑦ 游氏：太叔游吉的氏族。去年，公孙黑为游楚所伤，故想害他的氏族。

⑧ 驷氏：公孙黑的氏族。

⑨ 遽：驿站的车马。《国语·吴语》：“无姬姓之振也，徒遽来告。”韦昭注：“遽，传车也。”

⑩ 专伐伯有：鲁襄公三十一年，子皙率领驷氏之甲攻打伯有，烧了伯有的房屋。

⑪ 昆弟争室：鲁昭公元年，子皙与子楚争聘徐吾犯的妹妹为妻。

⑫ 熏隧之盟：鲁昭公元年，罕虎等郑国六卿私盟于熏隧，公孙黑强于盟，并强令太史书曰七子。

⑬ 印：子皙之子。褚师：古代管理市场的官吏。《左传·昭公二年》杜预注：“褚师，市官。”

⑭ 《吉日》：《诗经·小雅》篇名，一首颂美周宣王田猎的诗。楚灵王赋此诗意欲与郑伯一起去打猎。

⑮ 梦：大泽名，又称云梦泽，跨大江南北，在今湖北、湖南境内。

无不可乎?”对曰:“求逞于人,不可。与人同欲,尽济。”楚灵王遂合诸侯会于申,子产相郑伯,先在焉。椒举言于王曰:“臣闻诸侯无归,礼以为归。今君始得诸侯,其慎礼矣。宋向戌、郑公孙侨在,诸侯之良也,君其选焉。”王使问礼于左师①与子产。左师献公合诸侯之礼六,子产献伯子男会公之礼六。君子谓合左师善守先代②,子产善相小国③。

是年,子产作丘赋④。国人谤之,曰:“其父死于路⑤,己为虿尾⑥。以令于国,国将若何?”子宽以告。子产曰:“何害?苟利社稷,死生以之。且吾闻为善者不改其度,故能有济也。民不可逞,度不可改。《诗》曰:‘礼义不愆,何恤⑦于人言。’吾不迁矣。”郑人铸刑书。叔向使诒⑧子产书【校记:“使诒子产书”,《备考》本作“使贻子产书。”嘉靖本与《左传》同,故从之。】,曰:“始吾有虞⑨于子,今则已矣。昔先王议事以制,不为刑辟,惧民之有争心也。今吾子相郑国,作封洫⑩,立谤政⑪,制参辟⑫,铸刑书,将以靖民,不亦难乎?肸闻之,国将亡,必多制,其此之谓乎?”子产复书曰:“若吾子之言,侨不才,不能及子孙,吾以救世也。既不承命,敢忘大惠?”

子产聘于晋。晋侯有疾,梦黄熊⑬入于寝门,韩宣子送客私问焉。对曰:“以君之明,子为大政,其何厉之有?昔尧殛鲧于羽山,其神化为黄熊,以入于羽渊,实为夏郊,三代祀之。晋为盟主,其或者未之祀也乎?”韩子祀夏郊。晋侯有间⑭,赐子产莒之二方鼎。公孙段既死,子产为丰施⑮归州田于晋,韩宣子辞之。子产曰:“古人有言曰,其父析薪,其子弗克负荷。施将惧不能任其先人之禄,其况能任大国之赐?纵吾子为政而可,后之人若属有疆埸之言,敝邑获戾,而丰氏受其大讨。吾子取州,是免敝邑于

---

① 左师:即宋国向戌。

② 善守先代:宋国公爵,故献公礼,为宋国世代所守的礼仪。

③ 善相小国:郑国伯爵,故献伯、子、男会公之礼。伯、子、男会见公、侯,是其职守,故郑守此礼。

④ 丘赋:春秋郑国军赋制度。《左传·昭公四年》杜预注:“丘,十六井,当出马一匹、牛三头。今子产别赋其田,如鲁之田赋。”

⑤ 其父死于路:鲁襄公十年,尉止杀子产之父子国于西宫之朝。

⑥ 虿(chài)尾:虿的尾部。虿尾末端有毒钩,比喻毒之所在。《左传·昭公四年》杜预注:“谓子产重赋,毒害百姓。”

⑦ 愆:过失。恤:顾惜,忧虑。

⑧ 诒:同“贻”,给予,赠送。《左传·昭公六年》杜预注:“诒,遗也。”

⑨ 虞:意料。此指希望,希冀。

⑩ 作封洫:子产使“田有封洫,庐井有伍”,在鲁襄公三十年。

⑪ 立谤政:子产作“丘赋”,在鲁昭公四年,因为“国人谤之”,故称谤政。

⑫ 制参辟:参,同“三”,谓夏、商、周三代末世的刑法。

⑬ 黄熊:传说中的动物名。见《左传·昭公七年》。

⑭ 间:jiàn,疾病痊愈或好转。

⑮ 丰施:公孙段之子。鲁昭公三年,晋将州田赐给公孙段。

戾，而建置丰氏也。敢以为请。”宣子受之。

郑人相惊以伯有①，子产立公孙泄及良止②以抚之，乃止。子太叔问其故。子产曰：“鬼有所归，乃不为厉，吾为之归也。”太叔曰：“公孙泄何为？”子产曰：“说也，为身无义而图说③，从政有所反之，以取媚也。不媚，不信。不信，民不从也。”及子产适晋，赵景子④问焉，曰：“伯有犹能为鬼乎？”子产曰：“能。人生始化曰魄，既生魄【校记：“既生魄”，《备考》本作“既生还”。嘉靖本与《左传》同，故从之。】，阳曰魂。用物精多，则魂魄强。是以有精爽，至于神明。匹夫匹妇强死⑤，其魂魄犹能冯依于人，以为淫厉。况良霄，我先君穆公之胄，子良之孙，子耳之子，敝邑之卿，从政三世⑥矣。其用物也弘矣，其取精也多矣。其族又大，所冯厚矣。而强死，能为鬼，不亦宜乎？”晋之葬平公也。子皮如晋，将以币行。子产曰：“丧焉用币？用币必百两，百两必千人，千人至，将不行。不行，必尽用之。几千人而国不亡？”子皮固请以行。既葬，诸侯之大夫欲因见新君，叔向辞之，子皮尽用其币，归，谓子羽曰：“非知之难，将在行之。夫子知之矣，我则不足。”

三十六年，简公卒，将为葬除⑦，及游氏⑧之庙，将毁焉。子大叔使其除徒执用⑨以立，而无庸毁。曰：“子产过汝，而问何故不毁，乃曰，不忍庙也！诺，将毁矣！”既如是，子产乃使辟之。司墓之室，有当道者。毁之，则朝而塴⑩；弗毁，则日中而塴。子大叔请毁之，曰：“无若诸侯之宾何？”子产曰：“诸侯之宾，能来会吾丧，岂惮日中？无损于宾，而民不害，何故不为？”遂弗毁，日中而葬。定公立，往朝于晋，晋将享之，子产相辞【校记：“子产相辞”，《备考》本作“子产相郑伯辞于享”。】，请免丧而后听命。晋人许之。元年，晋会诸侯于平丘⑪，子产、子太叔相公以会。子产以幄幕九张行。子

---

① 相惊以伯有：鲁襄公三十年伯有被杀。此言其鬼魂出现。

② 公孙泄：子孔之子。鲁襄公十九年，子展、子西率国人杀子孔而分其室。良止：伯有之子。立他们做大夫，使子孔、伯有有宗庙。

③ 图说：《左传·昭公七年》孔颖达疏：“言立公孙泄者，所以解说民心也。伯有作乱而死，不应立其后祀，今立良止，民必怪之，为伯有之身无义立后，而图谋自解说于民也。解说者，以子孔、良霄俱被诛杀，今并立二人，言若国家自以大义存诛绝之后，不为妖鬼立良止也。以解说民心。”

④ 赵景子：晋国中军佐赵成。

⑤ 强死：指非因病、老而死，人尚壮健而死于非命。《左传·文公十年》：“初，楚范巫矞似谓成王与子玉、子西曰：‘三君皆将强死。’”孔颖达疏：“无病而死，谓被杀也。”

⑥ 三世：指子良、子耳、良霄三代。子良，公子去疾，郑穆公子。子耳：公孙辄，子良子。良霄：伯有，子耳子。

⑦ 除：清楚葬道，以便出丧。

⑧ 游氏：子太叔的氏族。

⑨ 用：用具，指毁庙的工具。

⑩ 塴：葬时下棺入土。《左传·昭公十二年》杜预注：“塴，下棺。”按，《说文·土部》：“丧葬下土也。从土朋声。《左传》传曰‘朝而堋’。”

⑪ 晋会诸侯：据《左传》记载，参加这次会见的有鲁、周、晋、齐、卫、郑、曹、莒、邾、滕、薛、杞、小邾等国诸侯。平丘：地名，在今河南封丘县东。

太叔以四十，既而悔之，每舍损焉。及会，亦如之。既而寻盟，晋令诸侯日中造于除。癸酉，退朝。子产命外仆速张于除①，子太叔止之，使待明日。及夕，子产闻其未张也，使速往，乃无所张矣。及盟，子产争承②，曰："昔天子班贡，轻重以列，列尊贡重，周之制也，卑而贡重，甸服③也。郑伯男④也，而使从公侯之贡，惧弗给也，敢以为请。诸侯靖兵，好以为事。行理⑤之命，无月不至。贡之无艺⑥，小国有阙，所以得罪也。诸侯修盟，存小国也。贡献无极，亡可待也。存亡之制，将在今矣。"自日中以争，至于昏，晋人许之。既盟，子大叔咎之，曰："诸侯若讨，其可渎乎?"子产曰："晋政多门，贰偷之不暇，何暇讨？国不竞亦陵⑦【校记："何暇讨？国不竞亦陵"，《备考》本作"何暇寻盟，不竞亦陵"。嘉靖本与《左传》同，故从之。】，何国之为?"子产归自平丘，未至，闻子皮卒，哭，且曰："吾已，无为为善矣，唯夫子知我。"晋韩起聘于郑，郑伯享之。子产戒曰："苟有位于朝，无有不共恪⑧。"孔张⑨后至，立于客间。执政御之，适客后。又御之，适县⑩间。客从而笑之。事毕，富子⑪谏曰："夫大国之人，不可不慎也，几为之笑而不陵我？我皆有礼，夫犹鄙我。国而无礼，何以求荣？孔张失位，吾子之耻也。"子产怒曰："发命之不衷⑫，出令之不信，刑之颇类，狱之放纷，会朝之不敬，使命之不听，取陵于大国，罢民而无功，罪及而弗知，侨之耻也。孔张，君之昆孙，子孔之后也，执政之嗣也。为嗣大夫，承命以使，周于诸侯，国人所尊，诸侯所知。立于朝而祀于家，有禄于国，有赋于军，丧祭有职，受脤⑬归赈，其祭在庙，已

---

① 张于除：在盟会处张挂帐幕。

② 承：贡赋的多少次序。《左传·昭公十三年》杜预注："承，贡赋之次。"孔颖达疏："承者奉上之语，后承前，下承上，故以承为次。"

③ 甸服：为"九服"之一，指王畿外方五百里至千里之间的地区。《周礼·夏官·职方氏》："方千里曰王畿，其外五百里曰侯服，又其外五百里曰甸服。"

④ 男：指男服。《周礼·夏官·职方氏》有九服：侯服、甸服、男服、采服、卫服、蛮服、夷服、镇服、藩服。自王畿之外，每五百里为一服。男服在王畿一千至一千五百里之间，距离王畿远，故当轻赋。

⑤ 行理：使人，即受命出使者。《左传·昭公十三年》杜预注："行理，使人通聘问者。"《国语·周语中》："敌国宾至，关尹以告，行理以节逆之。"韦昭注："行理，小行人也。"

⑥ 无艺：没有定法，没有常道。《左传·昭公二十年》："布常无艺，征敛无度。"杜预注："艺，法制也。言布政无法制。"《国语·越语下》："后无阴蔽，先无阳察，用人无艺。"王引之《经义述闻·国语下》："'用人无艺'者，人犹众也。言用众之道无常也。"

⑦ 陵：同"凌"，欺凌。

⑧ 共：同"恭"。恪：恭敬。

⑨ 孔张：子孔之孙，公孙泄之子，名申，字子张，故曰孔张。以祖父字为氏。

⑩ 县：同"悬"，指悬挂钟、磬等乐器的架子，在客厅之西。

⑪ 富子：郑大夫。

⑫ 不衷：不合适，不恰当。《左传·僖公二十四年》："服之不衷，身之灾也。"杜预注："衷，犹适也。"《左传·昭公十六年》："发命之不衷，出令之不信。"杜预注："衷，当也。"

⑬ 脤：祭祀用的生肉。一说，泛指祭社用的肉。《左传·定公十四年》："脤者，何也？俎实也，祭肉也。生曰脤，熟曰膰。"

有著位，在位数世，世守其业，而忘其所，侨焉得耻之？辟邪之人，而皆及执政，是先王无刑罚也。子宁以他规我。”

宣子有环，其一在郑商。宣子谒诸郑伯，子产弗与，曰：“非官府之守器也，寡君不知。”子大叔、子羽谓子产曰：“韩子亦无几求，晋国亦未可以贰。晋国、韩子，不可偷①也。若属有谗人交斗其间，鬼神助之【校记：“鬼神助之”，《备考》本作“适鬼神助之”。】，以兴其凶怒，悔之何及？吾子何爱于一环，其以取憎于大国也，盍求而与之？”子产曰：“吾非偷晋而有二心，将终事之，是以弗与，忠信故也。侨闻君子非无贿之难，立而无令名之患。为国非不能事大字小之难，无礼以定其位之患。夫大国之人，令于小国，而皆获其求，将何以给之？一共一否，为罪滋大。大国之求，无礼以斥之，何餍之有？吾且为鄙邑，则失位矣。若韩子奉命以使，而求玉焉，贪淫甚矣，独非罪乎？出一玉以起二罪，吾又失位，韩子成贪，将焉用之？且吾以玉贾罪，不亦锐乎？”韩子买诸贾人，既成贾矣，商人曰：“必告君大夫。”韩子请诸子产，子产对曰：“昔我先君桓公②，与商人皆出自周③。庸次比耦④，以艾杀⑤此地，斩之蓬蒿藜藋⑥，而共处之。世有盟誓，以相信也，曰：‘尔无我叛，我无强贾，毋或匄夺⑦。尔有利市宝贿⑧，我勿与知。’恃此质誓，故能相保，以至于今。今吾子以好来辱，而谓敝邑强夺商人，是教敝邑背盟誓也，毋乃不可乎！吾子得玉而失诸侯，必不为也。若大国令，而共无艺，郑，鄙邑也，亦弗为也。侨若献玉，不知所成，敢私布之。”韩子辞玉，曰：“起不敏，敢求玉以徼二罪？敢辞。”

郑六卿饯宣子，宣子请皆赋，以见郑志。既皆赋，宣子赋《我将》。子产拜，使五卿皆拜，曰：“吾子靖乱，敢不拜德？”宣子私觐于子产以玉与马，曰：“子命起舍夫玉，是赐我玉⑨而免吾死也，敢不藉手以拜？”郑大旱，使屠击、祝款、竖柎有事⑩于桑山。斩其木，不雨。子产曰：“有事于山，蓺⑪山林也，而斩其木，其罪大矣。”夺之官邑。五年，裨灶言于子产曰：“宋、卫、陈、郑将同日火，若我用瓘斝玉瓒⑫，郑必不火。”

---

① 偷：轻视。语出《左传·昭公十六年》。

② 桓公：郑桓公，郑国的始封君，周历王之少子，周宣王之弟桓公友。

③ 出自周：谓俱从周王畿内迁来。郑之封地，本在西都畿内域林之地，即今陕西华县西北。周平王东迁，郑武公(桓公子)亦随之东迁，取虢、鄫之地重新建国，都于今之河南新郑县。

④ 庸次比耦：言共同合作之意。庸：用，谓依次相从。比：并列。耦：两人并耕。

⑤ 艾杀：清除。艾：yì，刈，铲除，斩杀。

⑥ 蓬蒿藜藋：此泛指各种草木。蓬：飞蓬，多年生菊科草本植物。蒿：青蒿，多年生菊科植物。藜：草名，初生可食，茎老可作仗。藋：草名，即蒿藋，状似藜。

⑦ 匄(gài)夺：强求夺取。《左传·昭公十六年》孔颖达疏：“此言毋或匄夺，亦谓不得强匄乞夺取也。”

⑧ 宝贿：宝贵的财货。见《左传·昭公十六年》。

⑨ 赐我玉：谓赐我金玉良言。

⑩ 有事：祭祀。

⑪ 蓺：yì，种植。《左传·昭公十六年》杜预注：“养护令繁殖。”

⑫ 瓘：玉名，即珪。斝：酒器。瓒：勺。谓用这些器物来禳除火灾。

子产弗与。既而，四国皆火。明年，灶复曰："郑又将火，请用玉。"子产曰："灶又多言矣。"竟不与，亦不复火。郑之未灾也，里析告子产曰："将有大祥①，民震动，国几亡。吾身泯焉，弗良及也。国迁，其可乎？"子产曰："虽可，吾不足以定迁矣。"及火，里析死矣，未葬，子产使舆三十人，迁其柩。火作，子产辞晋公子公孙于东门。使司寇出新客，禁旧客勿出于宫。使子宽、子上巡群屏摄②，至于大宫③。使公孙登徙大龟。使祝史徙主祏于周庙④，告于先君。使府人、库⑤人各儆其事。商成公儆司宫⑥，出旧宫人，置诸火所不及。司马、司寇列居火道，行火所焮⑦。城下之人，伍列登城。明日，使野司寇各保其征。郊人助祝史除于国北⑧，禳火于玄冥、回禄⑨，祈于四鄘⑩。书焚室而宽其征，与之材。三日哭，国不市。使行人告于诸侯。是秋，大为社，祓以禳于四方⑪，振除火灾。乃简兵大蒐⑫，将为蒐除。子太叔之庙在道南，其寝在道北，其庭小。过期三日，使除徒陈于道南庙北，曰："子产过女而命速除，乃毁于而向。"子产朝，过而怒之，除者南毁。子产及冲，使从者止之，曰："毁于北方。"火之作也，子产授兵登陴。晋之边吏来让，子产对曰："若吾子之言，敝邑之灾，君之忧也。敝邑失政，天降之灾。又惧谗慝之间谋之，以启贪人，荐为敝邑不利，以重君之忧。幸而不亡，犹可说也。不幸而亡，君虽忧之，亦无及也。郑有他境，望走在晋【校记："望走在晋"，《备考》本作"望奔在晋。"】。既事晋矣，其敢有二心？"

---

① 祥：变异之气，凶险之征兆。《易·系辞下》："吉事有祥，象事知器，占事知来。"郑玄注："行其言事，则获嘉祥之应。"《左传·僖公十六年》："周内史叔兴聘于宋，宋襄公问焉，曰：'是何祥也？'"杜预注："祥，吉凶之先见者。"

② 屏摄：祭神的地方，束茅以为屏蔽，故曰屏摄。草易燃，故使人巡视。《左传·昭公十八年》杜预注："屏摄，祭祀之位。"《国语·楚语下》："屏摄之位，坛场之所。"韦昭注："屏，屏风也；摄，形如今要扇，皆所以分别尊卑，为祭祀之位。"

③ 大宫：郑祖庙。

④ 主祏：应为"主祏"。古代宗庙中所藏的神主，神主为木制，平时藏于石函中，故称"主祏"。《左传·昭公十八年》杜预注："祏，庙主石函。"孔颖达疏："每庙木主皆以石函盛之，当祭则出之，事毕则纳于函，藏于庙之北壁之内，所以辟火灾也。"周庙：周厉王庙，郑国始祖庙。既有火灾，皆须防守，故合群主就于祖王庙，容易救护。

⑤ 府：收藏宝藏财货的地方。库：收藏车马兵甲的地方。

⑥ 司宫：巷伯、寺人之类的官。《仪礼·公食大夫礼》："司宫具几与蒲筵常。"郑玄注："司宫，大宰之属，掌宫庙者也。"《左传·昭公五年》："司宫射之，中目而死。"杨伯峻注："梁履绳补释引《周氏附论》则云：襄九年杜解'司宫，奄臣'，盖内官也。"

⑦ 焮：xìn，燃烧。《左传·昭公十八年》杜预注："焮，炙也。"

⑧ 郊人：郊内乡邑之人，一说，指郊内乡邑的长官。祝史：掌管祭祀的官。国北：南为阳，北为阴，就太阴以禳火，故于国北。

⑨ 玄冥、回禄：水神和火神。

⑩ 鄘：城。城积土而成，为阴气所聚，故祈祷祭祀以禳火之余灾。

⑪ 祓禳：举行除灾祈福的祭祀。

⑫ 简兵大蒐：挑选车兵步兵举行大规模军事演习。

驷偃卒。子游①娶于晋大夫，生丝，弱。其父兄立子瑕②。子产憎其为人，且以为不顺，弗许，亦弗止。驷氏耸【校记："驷氏耸"，《备考》本作"驷乞耸"。】。他日，丝以告其舅。晋人使以币如郑，问驷乞之立故。驷氏惧，驷乞欲逃。子产弗遣。请龟以卜，亦弗予。大夫谋对。子产不待而对客曰："郑国不天，寡君之二三臣，札瘥夭昏③。今又丧我先大夫偃，其子幼弱，其一二父兄，惧队宗主④，私族于谋，而立长亲。寡君与其二三老曰：'抑天实剥乱⑤，是吾何知焉？'谚曰：'无过乱门。'民有乱兵，犹惮过之，而况敢知天之所乱。今大夫将问其故，抑寡君实不敢知，其谁实知之。平丘之会，君寻旧盟曰：'无或失职。'若寡君之二三臣，其即世⑥者，晋大夫而专制其位，是晋之县鄙也，何国之为？"辞客币而报其使。晋人舍之。

是岁，郑大水，龙斗于时门之外洧渊⑦。国人请为禜焉，子产弗许，曰："我斗，龙不我觌⑧也。龙斗，我独何觌焉？禳之，则彼其室也。吾无求于龙，龙亦无求于我。"乃止。

八年，子产有疾，谓子太叔曰："我死，子必为政。唯有德者，能以宽服民，其次莫如猛。夫火烈，民望而畏之，故鲜死焉。水懦弱，民狎而玩之，则多死焉。故宽难。"疾数月而卒。太叔为政，不忍猛而宽。郑国多盗，取人于萑苻之泽⑨。太叔悔之，曰："吾早从夫子，不及此。"兴徒兵以攻萑苻之盗，尽杀之。盗乃少止。

子产为政，择能而使之，冯简子能断大事，子太叔美秀而文，公孙挥能知四国之为，而辩于其大夫之族姓，班位贵贱能否，而又善为辞令。裨谌能谋，谋于野则获；谋于邑则否。郑国将有诸侯之事，子产乃问四国之为于子羽，且使多为辞令，与裨谌谋乘以适野，使谋可否而告。冯简子使断之，事成乃授子太叔，使行之以应对宾客，是以鲜有败事。仲尼闻子产卒，出涕曰："古之遗爱⑩也。"

---

① 子游：即驷偃。

② 子瑕：即驷乞，驷偃之弟，丝之叔父。

③ 札瘥夭昏：相继疾病夭折而死去。札：因疠疾而死。瘥：cuó，病死。夭：短命而死。夭昏亦作"夭昏"。《左传·昭公十九年》：杜预注："短折曰夭，未名曰昏。"孔颖达疏："子生三月，父名之，未名之曰昏，谓未三月而死也。"一说，"昏之言泯没也"。见王引之《经义述闻·左传下》。

④ 惧队宗主：惧怕断绝宗族的主持人。队：同"坠"。

⑤ 抑天实剥乱：上天确实扰乱了这个宗族的继承法。剥乱：即乱，同义复合词。

⑥ 即世：去世，指死去。

⑦ 洧渊：水名。《左传·昭公十九年》杨伯峻注："洧水源出河南登封县东北阳城山，流经密县，过新郑县南，为洧渊。"

⑧ 觌：dí，见，相见。《易·困》："三岁不觌。"陆德明《释文》："觌，见也。"

⑨ 取人于萑苻之泽取：萑苻：泽名。《左传·昭公二十年》杜预注："萑苻，泽名。于泽中劫人。"一说，凡丛生芦苇之水泽皆可谓之萑苻之泽，后以称盗贼出没之处。杨伯峻注："取读为聚，人即盗也，谓群聚于泽中。说详王引之《述闻》。"

⑩ 古之遗爱：谓子产的仁爱有古人之遗风。

薛应旂曰："余观春秋之世，虽去古已远，而一时人才，独皆三代之英也。孔子参天地、备万物、等百王而上之，固不当以时论矣，其诸若管仲、子产，博物通方，经常达变，岂不谓命世之才邪？特以佐齐相郑，驰骛功业，而于性命之学未遑深究，儒者鄙焉。迨气运频促，国步艰难，求若人焉，不易得矣。噫！独不观空谈废事者视此何如哉？"

四书人物考卷二十四

传二十一　郑

世叔

世叔游吉，一曰子太叔，公子偃之孙也，以王父字为氏。

简公二十一年，公使游吉如楚。及汉，楚人还之，曰："宋之盟，君实亲辱。今吾子来，寡君谓吾子姑还！吾将使驿奔问于晋而以告。"子太叔曰："宋之盟，君将利小国，而使安定其社稷，镇抚其民人，以礼承天之休①，此君之宪令，而小国之望也。寡君是故使吉奉其皮币，以岁之不易，聘于下执事，今执事有命曰，女何与政令之有？必使而君弃而封守，跋涉山川，蒙犯霜露，以逞君心。小国将君是望，敢不唯命是听。其毋乃非盟载之言，以阙君德，而执事有不利焉，小国是惧。不然，其何劳之敢惮？"子太叔归，复命，告子展曰："楚子将死矣！不修德政，而贪昧于诸侯，以逞其愿，欲久，得乎？《易》曰：'迷复，凶。'其楚子之谓乎？欲复其愿，而弃其本，复归无所，是谓迷复。能无凶乎？君其往也！送葬而归，以快楚心。楚不几十年，未能恤诸侯也。吾乃休吾民矣。"是秋，遂如晋，告将朝于楚。及冬，楚子卒。

明年夏，晋知悼子合诸侯之大夫以城杞②，子太叔往见卫太叔文子，文子曰："甚乎！其城杞也。"子太叔曰："若之何哉？晋国不恤宗周③之阙，而夏肄④是屏。其弃诸姬⑤，亦可知也已。诸姬是弃，其谁归之？吉也闻之，弃同即异，是谓离德。《诗》曰：

---

① 休：喜庆，美善，福禄。《左传·襄公二十八年》杜预注："休，福禄也。"

② 知悼子：即荀盈。城杞：修筑杞国的城墙。

③ 宗周：指众姬姓国家。

④ 夏肄：肄：木砍伐后再生的枝条。杞是夏后，夏灭而复存，犹木砍伐后再生的枝条，故曰夏肄。《左传·襄公二十九年》杨伯峻注："杞为夏之后，故曰夏肄。肄，余也。屏，即藩屏，保护之意。此言晋不忧周室之衰弱而惟护助夏代剩余之国。"

⑤ 其弃诸姬：《左传·襄公二十九年》杨伯峻注："晋亦姬姓，同姓之国犹被抛掷，则他国更不归之。"

‘协比①其邻，婚姻孔云。’晋不邻矣，其谁归之？”子产治游楚之罪成，放之于吴，将行，子产咨于太叔，太叔曰：“吉不能亢②身，焉能亢宗？彼，国政也，非私难也。子图郑国，利则行之，又何疑焉？周公杀管叔而蔡蔡叔【校记：“蔡蔡叔”，《备考》本作“放蔡叔。”嘉靖本与《左传》同，故从之。】，夫岂不爱？王室故也。吉若获戾，子将行之，何有于诸游？”

二十七年，太叔如晋，送少姜之葬。梁丙与张趯见之。梁丙曰：“甚矣哉③！子之为此来也。”子太叔曰：“将得已乎？昔文、襄之霸也，其务不烦诸侯。令诸侯三岁而聘，五岁而朝，有事而会，不协而盟。君薨，大夫吊，卿共葬事。夫人，士吊，大夫送葬。足以昭礼命事谋阙而已，无加命矣。今嬖宠之丧，不敢择位，而数于守适④【校记：“数于守适”，《备考》本作“数如守适”。嘉靖本与《左传》同，故从之。】，唯惧获戾，岂敢惮烦？少姜有宠而死，齐必继室。今兹吾又将来贺。”张趯曰：“善哉！吾得闻此数也。然自今，子其无事矣【校记：“子其无事矣”，《备考》本作“子必无事矣。”嘉靖本与《左传》同，故从之。】。譬如火焉，火中，寒暑乃退。此其极也，能无退乎？晋将失诸侯，诸侯求烦不获。”二大夫退。子太叔告人曰：“张趯有知，其犹在君子之后乎！”子太叔相郑伯如晋，贺虒祁⑤【校记：“贺虒祁”，《备考》作“贺虒祈”。】。史赵见子大叔，曰：“甚哉，其相蒙也！可吊也，而又贺之？”子太叔曰：“若何吊也？其非唯我贺，将天下实贺。”

定公八年，子产卒，太叔为政。后五年，诸侯以王室故⑥，会于黄父⑦。子太叔见赵简子，简子问揖让周旋之礼焉，对曰：“是仪也，非礼也。”简子曰：“何谓礼？”对曰：“吉也闻诸先大夫子产曰：‘夫《礼》，天之经也，地之义也，民之行也。天地之经，而民实则之。则天之明，因地之性，生其六气⑧，用其五行。气为五味⑨，发为五色⑩，章为五声，淫则昏乱，民失其性。是故为礼以奉之，为六畜、五牲、三牺⑪，以奉五

---

① 协比：谓与人和睦、融洽。《左传·僖公二十二年》杨伯峻注：“《诗·小雅·正月》句。‘协比’今《诗》作‘洽比’，义同。比，去声，协比，协和亲附也。”

② 亢：庇护，保护。《左传·昭公元年》杜预注：“亢，蔽也。”

③ 甚矣哉：杜预注云：“卿共妾葬，礼过甚。”

④ 数于守适：礼数跟嫡夫人一样。守适：居于正妻地位。指嫡配、正夫人。《左传·昭公三年》杜预注：“不敢以其位卑，而令礼数如守适夫人。”

⑤ 虒祁：宫殿名，故址在山西侯马市附近。

⑥ 王室故：周王室有王子朝之乱。

⑦ 黄父：在今山西沁水县西北，翼城县东北。

⑧ 六气：《左传·昭公元年》：“天有六气，降生五味……六气曰阴、阳、风、雨、晦、明也。”

⑨ 五味：《礼记·礼运》：“五味，六和，十二食，还相为质也。”郑玄注：“五味，酸、苦、辛、咸、甘也。”

⑩ 五色：青、黄、赤、白、黑。

⑪ 六畜、五牲、三牺：马牛羊鸡犬豕为六畜。牛羊鸡犬豕为五牲。牛羊豕为三牺。

味；为九文、六采、五章①，以奉五色；为九歌、八风、七音、六律②，以奉五声；为君臣、上下，以则地义；为夫妇、内外，以经二物；为父子、兄弟、姑姊、甥舅、昏媾、姻娅③，以象天明；为政事、庸力、行务，以从四时；为刑罚、威狱，使民畏忌，以类其震曜杀戮；为温、慈、惠、和，以效天之生殖、长育。民有好、恶、喜、怒、哀、乐，生于六气，是故审则宜类，以制六志④。哀有哭泣，乐有歌舞，喜有施舍，怒有战斗，喜生于好，怒生于恶。是故审行信令，祸福赏罚，以制死生。生，好物也。死，恶物也。好物，乐也。恶物，哀也。哀乐不失，乃能协于天地之性，是以长久。'”简子曰：“甚哉，礼之大也。”对曰：“礼，上下之纪，天地之经纬也，民之所以生也，是以先王尚之。故人之自能曲直以赴礼者，谓之成人。大，不亦宜乎？”简子曰：“鞅也，请终身守此言也。”

献公二年，晋顷公之丧，公使游吉吊。且送葬。魏献子使士景伯诘之，曰：“悼公之丧，子西吊，子蟜送葬。今吾子无贰⑤，何故？”对曰：“诸侯所以归晋君，礼也。礼也者，小事大，大字⑥小之谓。事大在共其时命，字小在恤其所无。以敝邑居大国之间，共其职贡，与其备御不虞之患，岂忘共命？先王之制，诸侯之丧，士吊，大夫送葬。唯嘉好、聘享、三军之事，于是乎使卿。晋之丧事，敝邑之间，先君有所助执绋⑦矣。若其不间，虽士大夫有所不获数矣⑧。大国之惠，亦庆其加【校记：“亦庆其加”，《备考》本作“亦庆其嘉”。嘉靖本与《左传》同，故从之。】，而不讨其乏，明厎⑨其情，取备而已，以为礼也。灵王之丧，我先君简公在楚，我先大夫印段实往，敝邑之少卿也。王吏不讨，恤所无也。今大夫曰，女盍从旧。旧有丰有省，不知所从。从其丰，则寡君幼弱，是以不共，从其省，则吉在此矣，唯大夫图之。”

---

① 九文：古代天子礼服上的九种图案。《左传·昭公二十五年》杜预注：“九文谓山、龙、华、虫、藻、火、粉米、黼、黻也。”六采：谓天地四方之色，即青、白、赤、黑、玄、黄六色。五章：指服装上的五种不同文采。用以区别尊卑。杜预注：“青与赤谓之文，赤与白谓之章，白与黑谓之黼，黑与青谓之黻，五色备谓之绣。”

② 九歌：古代乐曲，相传为禹时乐歌。八风：指八音。通常为金、石、丝、竹、匏、土、革、木八种不同质材所制。七音：古乐理以宫、商、角、徵、羽、变宫、变徵为七音。六律：古代乐音标准名。相传黄帝时伶伦截竹为管，以管之长短分别声音的高低清浊，乐器的音调皆以此为准。乐律有十二，阴阳各六，阳为律，阴为吕。六律即黄钟、大蔟、姑洗、蕤宾、夷则、无射。

③ 昏媾：婚姻关系。娅：两婿互相称呼为娅。

④ 六志：指好、恶、喜、怒、哀、乐六种感情。《左传·昭公二十五年》杜预注：“为礼以制好、恶、喜、怒、哀、乐六志，使不过节。”

⑤ 无贰：只有一人，无副使。按当时礼仪，送葬重于吊丧。吊丧者为一人，送葬者其位必高于吊丧者。今游吉兼吊丧与送葬，故曰无贰。

⑥ 字：抚爱，爱护。

⑦ 绋：挽灵柩的大绳。助执绋，帮着挽灵车，即参加送葬。

⑧ 不获数：不得如先王礼数。

⑨ 厎：dǐ，传达，表达。《左传·昭公十三年》：“盟以厎信，君苟有信，诸侯不贰，何患焉？”《书·武成》：“予小子其承厥志，厎商之罪，告于皇天后土。”

晋人不能诘。

八年，诸侯盟于召陵①，子太叔还未至而卒。晋赵简子为之临②，甚哀，曰："黄父之会，夫子语我九言，曰：'无始乱，无怙富，无恃宠，无违同，无敖礼，无骄能，无复怒，无谋非德，无犯非义。'鞅敢忘之？"

行人子羽

公孙挥，字子羽，郑行人③也。简公十七年，聘于晋。二十年，郑伯赏入陈之功，赐子产次路、再命之服，先六邑。子产让功，子展而辞其赏，公固与之，乃受三邑。子羽曰："子产其将知政矣，让不失礼。"

二十二年，楚康王卒，子羽会葬，与诸侯之大夫皆送于墓。楚郏敖④即位。王子围⑤为令尹。子羽曰："是谓不宜，必代之昌。松柏之下，其草不殖⑥。"未几，围果弑郏敖而自立焉。

二十四年，卫侯如楚，过郑，北宫文子入聘。子羽为行人，冯简子与子太叔逆⑦客。事毕而出，文子言于卫侯曰："郑有礼，其数世之福也。"挥能知四国之为⑧，而辨于其大夫之族姓、班位、贵贱、能否，而又善为辞令。郑国将有诸侯之事，子产乃问子羽，且使多为辞令。与裨谌乘之以适野，使谋可否。而告冯简子，使断之。事成，乃授子太叔以行之，以应对宾客。是以鲜有败事。

二十五年，楚公子围⑨聘于郑，且娶于公孙段氏，伍举为介⑩，将入馆，郑人恶之。使子羽与之言，乃馆于外。既聘，将以众逆妇。子产患之，使子羽辞，曰："敝邑

---

① 召陵：地名，在今河南郾城县东。

② 临：lìn，哭吊死者。《仪礼·士虞礼》："宗人告有司具，遂请拜宾，如临，入门，哭，妇人哭。"郑玄注："临，朝夕哭。"《左传·宣公十二年》："卜临于大宫，且巷出车，吉。"杜预注："临，哭也。"

③ 行人：掌管朝觐聘问的官。《国语·晋语八》："秦景公使其弟针来求成，叔向命召行人子员。行人子朱曰：'朱也在此。'"韦昭注："行人，掌宾客之官。"

④ 郏敖：楚康王子。《左传·襄公二十九年》杜预注："郏敖，康王子熊麇也。"《国语》卷五韦昭注："郏敖，楚康王之子麇。麇有疾，围缢而杀之，葬之于郏，诸侯谓之郏敖。"

⑤ 王子围：楚康王弟。杜预注："围，康王弟。"

⑥ 松柏之下，其草不殖：意指王子围很强大，必不安于为侄之臣。杨伯峻注："此言王子围强霸，而郏敖幼弱。围为松柏，郏敖仅其下之草而已。"

⑦ 逆：迎接，迎候。《书·顾命》："虎贲百人，逆子钊于南门之外。"

⑧ 四国之为：《左传·襄公三十一年》杨伯峻注："四国，四方诸侯。为谓政令。"

⑨ 公子围：《左传·昭公元年》杨伯峻注："公子围即襄公二十九年、三十年传之王子围。或称公子，或称王子，固无一定。"

⑩ 伍举为介：《左传·昭公元年》杜预注："伍举，椒举。介，副也。"

褊小，不足以容从者，请墠听命！”令尹命大宰伯州犁对曰①：“君辱贶寡大夫围，谓围：‘将使丰氏抚有而室。’围布几筵，告于庄、共之庙而来。若野赐之，是委君贶于草莽也！是寡大夫不得列于诸卿也！不宁唯是，又使围蒙其先君，将不得为寡君老，其蔑以复矣。唯大夫图之！”子羽曰：“小国无罪，恃实其罪。将恃大国之安靖己，而无乃包藏祸心以图之。小国失恃，而惩诸侯，使莫不憾者，距违君命，而有所壅塞不行是惧！不然，敝邑，馆人之属也，其敢爱丰氏之祧？”伍举知有备，请垂櫜而入。许之。正月乙未，入，逆而出。

楚公子围及晋赵孟诸国之大夫盟于虢。公子围设服离卫②。叔孙穆子曰：“楚公子美矣，君哉！”郑子皮曰：“二执戈者前矣！”蔡子家曰：“蒲宫③有前，不亦可乎？”楚伯州犁曰：“此行也，辞而假之寡君。”子羽曰：“假不反矣！”伯州犁曰：“子姑忧子皙之欲背诞④也。”子羽曰：“当璧犹在，假而不反，子其无忧乎？”齐国子⑤曰：“吾代二子愍矣⑥！”陈公子招曰：“不忧何成，二子乐矣。”卫齐子曰：“苟或知之，虽忧何害？”宋合左师⑦曰：“大国令，小国共。吾知共而已。”晋乐王鲋曰：“《小旻》⑧之卒章善矣，吾从之。”既退，子羽谓子皮曰：“叔孙绞而婉⑨，宋左师简而礼⑩，乐王鲋字而敬，子与子家持之⑪，皆保世之主也。齐、卫、陈大夫其不免乎？国子代人忧，子招乐忧，齐子虽忧弗害。夫弗及而忧，与可忧而乐，与忧而弗害，皆取忧之道也，忧必及之。《太誓》曰：‘民之所欲，天必从之。’三大夫兆忧，忧能无至乎？言以知物⑫，其是之谓矣。”

---

① 令尹命大宰伯州犁对曰：这是楚方对郑国的回应。令尹：指王子围。大宰：太宰，天官之长，掌建邦之六典，以佐王治邦国。这一节内容与子产部分同，可参看子产部分注。

② 设服：设置国君的仪仗服饰。杜预注：“设君服，二人执戈陈于前以自卫。”杨伯峻注：“设，施陈也，今言设施、设立。服，凡衣饰器用品物皆可曰服……设服，设君服也。”离卫：设置卫兵。杜预注：“设君服，二人执戈陈于前以自卫。离，陈也。”一说一对卫兵。杨伯峻注：“离卫，卫即今之卫兵，卫兵成双对立者，谓之俪卫，亦作离卫。”

③ 蒲宫：本楚君离宫。此言王子围在会时特缉蒲为王殿屋以自殊异。

④ 背诞：违命放肆，不受节制而妄为。鲁襄公三十年，郑子皙杀伯有，背命放诞，将为国难。

⑤ 国子：即国弱。

⑥ 二子：王子围与伯州犁。愍：忧愁。这年冬天，王子围即篡位，却不得善终。伯州犁不久也被围所杀，故言可忧。

⑦ 合左师：指向戌。

⑧ 《小旻》：《诗经·小雅》篇名。其卒章云：“不敢暴虎，不敢冯河。”乐王鲋引此，义取不只是暴虎、冯河可怕，不敬小人也很危险，故不敢讥议王子围。

⑨ 绞：急切。言一见王子围的所为，即加以讥评，故曰绞。讥其似君，反说他美，故曰婉。

⑩ 简而礼：无所表扬批评，故曰简。说要共事大国，故曰礼。

⑪ 子：子皮。子家：蔡国公孙归生。持之：指执其两端，无所取与，即说话很有分寸。

⑫ 物：类。言察言以知祸福之类。

裨谌

裨谌，郑大夫也。谌能谋，谋于野则获，谋于邑则否①。郑国将有诸侯之事，子产乃问四国之为于子羽，且使多为辞令。与裨谌乘以适野，使谋可否。时，冯简子能断大事，既谋，则使断之。

薛应旂曰："郑，小国也，介于齐楚之间，亦岌岌矣，子产相焉，驰辞执礼以当之，而郑不受兵者四十年，是辞命所系，岂小乎哉？草创于裨谌，讨论于世叔，修饰于子羽，而子产则会其成焉。谓为古大臣，休休有容之气象，非邪！仲尼表而著之有以也，迨夫妬忌日滋，寸长必嫉，而文人相轻，至竞毛锥之末，苟快已私，遑恤国事！噫！师师之风邈矣，吾安得春秋人才而与归哉！"

---

① 谋于野则获，谋于邑则否：《左传·襄公三十一年》杨伯峻注："获，得也，谓得其当。否谓不得。"故子产问政时，"与裨谌乘以适野，使谋可否"。

四书人物考卷二十五

传二十二　齐

管仲

管敬仲夷吾，颍上人，少与鲍叔牙游，鲍叔知其贤，善遇之。比与召忽，俱为齐公子纠傅。襄公立，鲍叔奉公子小白出奔莒，及襄公弑。管仲、召忽奉子纠奔鲁。齐人立公孙无知，既而杀之，小白召自莒，管仲将兵遮莒道，射小白，中带钩，小白佯死，管仲使驰报鲁。小白先入，得立，是为桓公。桓公使鲁人杀子纠，召忽死之，管仲请囚。

桓公使鲍叔为宰，辞曰："臣，君之庸臣也，若治国家，其唯管夷吾乎？"桓公曰："夫夷吾射寡人中钩，是以滨于死。"鲍叔对曰："夫为其君勤也。君若宥而反之，夫犹是也。"桓公曰："若何？"鲍叔曰："请诸鲁①。"桓公曰："施伯，鲁君之谋臣也，夫知吾将用之，必不予我矣。若之何？"鲍子对曰："使人请诸鲁，曰：'寡君有不令之臣在君之国，欲以戮之于群臣，故请之。'则予我矣。"桓公使请诸鲁，如鲍叔之言。

鲁庄公以问施伯②，施伯对曰："此非欲戮之也，欲用其政也。夫管子，天下之才也，所在之国，则必得志于天下。令彼在齐，则必长为鲁国忧矣。"庄公曰："若何？"施伯曰："杀而以其尸授之。"庄公将杀管仲，齐使者请曰："寡君欲亲以为戮，若不生得以戮于群臣，犹未得请也。请生之。"于是庄公使束缚以予齐使，齐使受之而退。

比至，三衅、三浴之③，桓公亲逆于郊【校记："桓公亲逆于郊"，《备考》本作"桓公亲迎于郊。"】。鲍叔曰："管夷吾治于高傒，使相可也。"桓公授以政。三月管仲请论

---

① 请诸鲁：《国语》韦昭注："是时桓公使鲍叔胁鲁杀子纠，邵忽死之，管仲不死。"

② 施伯：《国语》韦昭注："施伯，鲁大夫，惠公之孙、施父之子。"

③ 三衅、三浴之：（桓公）三次薰香沐浴。《国语》韦昭注："以香涂身曰衅，亦或为'熏'。"

百官。曰：“升降、揖让、进退、习闲、辩辞之刚柔，臣不如隰朋，请立为大行①；垦草入邑、辟土聚粟、多农尽地之利，臣不如宁戚，请立为大司田②；平原广牧、车不结轨、士不旋踵、鼓之而三军之士视死如归，臣不如王子城父，请立为大司马③；决狱折中、不杀不辜、不诬无罪，臣不如宾胥无，请立为大司理④；犯君颜色、进谏必忠、不辟死亡、不挠富贵，臣不如东郭牙，请立为大谏之官⑤。此五子者，夷吾一不如，然而以易夷吾，夷吾不为也。君若欲治国强兵，则五子者存矣，若欲霸王，夷吾在此。”桓公曰：“善。”使鲍叔为大谏，与隰朋、宁戚、城父、宾胥无辅政。管仲定四民⑥之居，连五家⑦之兵，作内政以寓军令，设轻重⑧鱼盐之利，以赡贫穷，禄贤能，反侵地，重聘币，亲诸侯，齐人大说。

桓公五年，与鲁庄公会于柯⑨，鲁将盟，曹沬以匕首劫于坛，曰：“反鲁侵地。”桓公许之，悔欲无与。管仲曰：“愈小快，弃信于诸侯，失天下之援，不可。”竟与之。七年，桓公会诸侯于鄄⑩，齐始霸。二十四年，鲁庄公为管仲城私邑小谷⑪。明年，狄人伐邢⑫，管仲言于桓公曰：“戎狄豺狼，不可厌也；诸夏亲暱，不可弃也；宴安酖毒⑬，不可怀也。《诗》云：‘岂不怀归，畏此简书，简书同恶，相恤之谓也。’⑭请救邢。”二十九年，桓公以诸侯之师伐楚，楚子使与师言。管仲对曰：“昔召康公命我先君太公⑮曰：‘五侯九伯，女实征之，以夹辅周室。’赐我先君履⑯，东至于海，西至于河，南至于穆

---

① 大行：古代接待宾客的官吏。《管子·小匡》尹知章注：“大行，大使之官。”

② 司田：管理农务的官。《管子·小匡》：“垦草入邑，辟土聚粟，多众尽地之利，臣不如宁戚，请立为大司田。”

③ 司马：官名，相传少昊始置。周时为六卿之一，曰夏官大司马，掌军旅之事。

④ 司理：主管狱讼刑罚的官员。

⑤ 大谏：古代官名，掌谏诤。《管子·小匡》：“使鲍叔牙为大谏。”尹知章注：“所以谏正君。”

⑥ 四民：旧称士、农、工、商为四民。《书·周官》：“司空掌邦土，居四民，时地利。”蔡沈集传：“冬官，卿，主国邦土，以居士、农、工、商四民。”

⑦ 五家：五户。周代以五家为一比，到春秋时齐国管仲以五家为一轨，十轨为一里，四里为一连，十连为一乡，并依此编制军队。《管子·小匡》：“制五家为轨，轨有长，六轨为邑。”

⑧ 轻重：国家权衡钱谷贵贱所采取的均衡经济政策，如调盈济虚，平衡物价，抑制兼并等。

⑨ 柯：齐邑，在今山东阳谷县东北。

⑩ 鄄：juàn，春秋卫邑，在今山东省鄄城县西北。

⑪ 小谷：齐邑，今山东东阿县。

⑫ 狄人伐邢：事见鲁庄公三十二年。狄：指赤狄，春秋时北方地区少数民族狄族的一部，以衣服尚赤而称。其居住地在今山西长治县北，黎城县西。邢：国名，姬姓，周公之子所封，今河北邢台市西南有襄国故城。

⑬ 宴安酖毒：安逸如同有鸩毒的酒。

⑭ 语出《诗·小雅·鹿鸣》。

⑮ 召康公：周成王时太保召公奭。太公：太公望，齐国的始封君姜尚，以辅佐周武王伐纣有功，封于齐。

⑯ 履：鞋，引申为足迹所至的地区，即能够征伐的范围。

陵①，北至于无棣②。尔贡包茅③不入，王祭不共，无以缩酒④，寡人是征。昭王南征而不复，寡人是问。”楚遂盟。

三十三年，桓公盟诸侯于宁母⑤，管仲言曰：“臣闻之，招携以礼，怀远以德，德礼不易，无人不怀。”桓公乃修礼于诸侯，诸侯官受方物。郑伯使太子华听命于会，言于桓公曰：“泄氏、孔氏、子人氏三族，实违君命。若君去之以为成，我以郑为内臣，君亦无所不利焉。”桓公将许之，管仲曰：“君以礼与信属⑥诸侯，而以奸终之，无乃不可乎？子父不奸之谓礼，守命共时之谓信。违此二者，奸莫大焉。”公曰：“诸侯有讨于郑，未捷。今苟有衅，从之，不亦可乎？”对曰：“君若绥之以德，加之以训辞，而帅诸侯以讨郑，郑将覆亡之不暇，岂敢不惧？若总其罪人以临⑦之，郑有辞矣，何惧？且夫合诸侯以崇德也，会而列奸⑧，何以示后嗣？夫诸侯之会，其德刑礼义，无国不记。记奸之位，君盟替矣。作而不记，非盛德也。君其勿许，郑必受盟。夫子华既为太子，而求介于大国，以弱其国，亦必不免。郑有叔詹【校记：“郑有叔詹”，《备考》本作“郑有叔瞻”。嘉靖本与《左传》同，故从之。】、堵叔、师叔三良为政，未可间也。”桓公辞焉。

三十五年，桓公会诸侯于葵丘⑨，王使宰孔赐胙⑩，曰：“余一人之命，有事于文武，使孔致胙，且有后命，以尔自卑，劳实谓尔伯舅，无下拜。”桓公召管仲谋，管仲对曰：“为君不君，为臣不臣，乱之本也。”桓公惧，出，曰：“天威不违颜咫尺，小白余敢承天子之命无下拜？恐陨越⑪于下，以为天下羞。敢不下拜？”下，拜，升，受⑫。桓公见管仲能，立为仲父，夺伯氏骈邑三百与之。桓公欲封泰山，禅梁父⑬，管仲固谏，不听。说以远方珍怪物至乃得封，桓公乃止。三十八年，桓公使管仲平戎于王。王以上卿之礼飨管仲，管仲辞曰：“臣，贱有司也，有天子之二守国、高在。若节春秋来承王命，何以礼焉？陪臣敢辞。”受下卿之礼而还。桓公与管仲属孝公于宋襄公，以为

---

① 穆陵：地名，在楚境内，今河北麻城县西北有穆陵山，疑即此地。

② 无棣：在今山东无棣县北。

③ 包茅：是楚国向周王进贡的贡品。包：包裹。一说包当作苞，丛生曰苞。茅：菁茅，楚地的特产植物。

④ 缩酒：过滤酒糟，古代用苞茅过滤酒糟以供祭祀。一说，束茅立之祭前，沃酒其上，酒渗下，若神饮之，故谓之缩酒。

⑤ 宁母：鲁地，在今山东鱼台县境。

⑥ 属：聚集，会合。《周礼·秋官·大行人》：“属象胥，谕言语，协辞命。”郑玄注：“属犹聚也。”

⑦ 临：讨伐。《战国策·西周策》：“楚请道于二周之间，以临韩魏，周君患之。”姚宏注：“临，犹伐也。”

⑧ 列奸：列奸邪之人于君位。这里奸人指郑太子华。

⑨ 葵丘：地名，在今河南兰考县东。

⑩ 宰孔：即宰周公。宰，太宰，官名，天官之长为太宰。孔：其名。胙：zuò，祭祀用的酒肉。

⑪ 陨越：颠坠，跌跤。《左传·僖公九年》杨伯峻注：“陨越，同义连绵词，犹颠坠也。”

⑫ 下，拜，升，受：降到阶下，跪拜叩首，登上殿堂，接受赏赐。

⑬ 梁父：山名。泰山下的一座小山，在今山东省新泰市西，古代皇帝常在此山辟基祭奠山川。

太子。

四十一年，管仲疾，桓公问曰："群臣谁可相者？"管仲曰："知臣莫如君。"公曰："易牙①如何？"对曰："杀子以适君，非人情，不可。"公曰："开方②如何？"对曰："倍亲以适君，非人情，难近。"公曰："竖刁如何？"对曰："自宫以适君，非人情，难亲。"桓公不用其言，齐遂乱。

管仲尝曰："吾始困时，尝与鲍叔贾，分财利多自与，鲍叔不以我为贪，知我贫也；吾尝为鲍叔谋事而更穷困，鲍叔不以我为愚，知时有利不利也。吾尝三仕三见逐，鲍叔不以我为不肖，知我不遭时也。吾尝三战三走，鲍叔不以我为怯，知我有老母也。公子纠败，召忽死之③，吾幽囚受辱，鲍叔不以我为无耻，知我不羞小节，而耻功名不显于天下也。生我者父母，知我者鲍子也。"

管仲相桓公专且久，以区区之齐在海滨④，通货积财、富国强兵，与俗同好恶。其言曰："仓廪实而知礼节，衣食足而知荣辱，上服度则六亲⑤固。四维⑥不张，国乃灭亡。下令如流水之原，令顺民心。"故论卑易行⑦，桓公一战而帖服者三十一国，南伐至召陵，北征与诸侯，餘牲为载以戮力同心，西征攘白狄之地，反胙于绛，大朝诸侯于阳谷。终桓公之世，灭国者五，城国者三，兵车之会三，乘车之会六，至于葵丘之会一，明天子之禁，王室赖之，九合诸侯，一匡天下，管仲之力也。仲为谋善因祸为福，转败为功⑧，贵轻重，慎权衡⑨。桓公实怒少姬，南袭蔡，管仲因伐楚。桓公实北伐山戎，管仲因令燕修召公之政。桓公欲西朝天子，而贺献不足，管仲则请城阴里而刻石为璧，诸侯欲朝王者，咸载金石文采泉布输齐以易石璧，齐由是遂富。桓公虑天下之贡赋不足【校记："桓公虑天下之贡赋不足"，嘉靖本作"桓公虑天子之贡赋不足"。】，管仲则请使天子之吏环封而守江淮之菁茅⑩，号令诸侯从天子封太山者，必抱菁茅以献，菁茅之价一束百金，周由是七年不求贺献，富强之术大都此类。仲既卒⑪，子孙世禄于齐，有封邑者十余世。

---

① 易牙：《史记正义》："即雍巫也。贾逵云：'雍巫，雍人名巫，易牙也。'"

② 开方：卫公子。

③ 召忽死之：召忽与管仲同辅公子纠，公子纠争位失败，桓公胁迫鲁人杀公子纠，召忽亦自杀。

④ 海滨：《史记正义》：齐国东滨海也。

⑤ 六亲：有多种说法。王弼谓父、母、兄、弟、妻、子。《史记正义》：上之服御物有制度，则六亲坚固也。六亲，谓外祖父母一，父母二，姊妹三，妻兄弟之子四，从母之子五，女之子六也。王弼云"父、母、兄、弟、妻、子也"。

⑥ 四维：礼、义、廉、耻。《管子》曰："四维，一曰礼，二曰义，三曰廉，四曰耻。"

⑦ 论卑易行：《史记正义》："言为政令卑下鲜少，而百姓易作行也。"

⑧ 因祸为福，转败为功：即下文所举伐蔡、征山戎、与鲁柯之会三事。

⑨ 贵轻重，慎权衡：轻重指金钱货币的运用，权衡为量物之器，用指执行调盈济虚、平衡物价的政策。《史记索隐》："轻重，谓钱也。"《管子》有《轻重篇》。

⑩ 菁茅：香草名，茅的一种，古代祭祀时用以缩酒。

⑪ 仲既卒：《括地志》云："管仲冢在青州临淄县南二十一里牛山之阿。"

薛应旂曰："孔子之于管仲也，不曰'如其仁，如其仁'，则曰'微管仲，吾其被发左衽①矣'，及或人问管仲，则曰'人也'，夫参天两地，斯谓之人【校记："斯谓之人"，《备考》本作"斯之谓人"。】。夫子人管仲，其推尊之也至矣！曰'器小者'，特指'三归反坫'②而言耳，犹云以如是之人而犹屑为此也，盖惜之也，非谓其为霸佐也。王霸之辩，至孟子始发之。呜呼！仲相桓公则诚霸矣。自今观之，其所著书五十八篇，经纬备具，而尤以礼义廉耻为重。假令遇文武之君，将不得为王佐矣乎！"

召忽

召忽，齐公子纠臣也。初，齐僖公生公子诸儿③、公子纠、公子小白。使鲍叔傅小白，鲍叔辞，管仲与召忽往见之曰："何故不出？"鲍叔曰："先人有言曰：'知子莫若父，知臣莫若君'，今君知臣之不肖也，是以使贱臣傅小白也，贱臣知弃矣。"忽曰："子固辞无出，吾权任④子以死亡，必免子。"管仲曰："不可，持社稷宗庙者，不让事，不广闲，将有国者，未可知也，子其出乎？"忽曰："不可，吾三人者之于齐国也【校记："之于齐国也"，《备考》本无"国"字，嘉靖本与《管子》同，故从之。】，譬之犹鼎之有足也，去一焉则必不立矣，吾观小白必不为后矣。"管仲曰："不然，国人憎恶纠之母，以及纠之身，而怜小白之无母也，诸儿长而贱，事未可知也。夫所以定齐国者，非此二公子⑤者，将无已也。小白之为人无小智而有大虑，天不幸降祸于齐，纠虽立不济，非子定社稷，其将谁也？"忽曰："百岁之后，吾君卜也⑥，犯吾君命而废吾所立，夺吾纠也，虽得天下，吾不生也。"管仲曰："夷吾之为君臣也，将承君命，奉社稷以持宗庙，岂死一纠哉！夷吾之所死者，社稷破、宗庙灭、祭祀绝，则夷吾死之，非此三者，则夷吾生。夷吾生，则齐国利矣！"鲍叔曰："然则奈何？"管仲曰："子出奉令则可。"鲍叔许诺，遂傅小白。

僖公卒，以诸儿长得为君，是为襄公，襄公无道。庶弟公孙无知作乱弑襄公，鲍叔牙奉小白奔莒，管夷吾、召忽奉子纠奔鲁。既而，雍廪⑦杀无知，小白自莒先入。鲁人

---

① 左衽：衣襟向左边开，意指沦为落后民族。

② 三归：指管仲有三处庭院，充陈美女，建置台阁，言其奢侈。《史记正义》："三归，三姓女也。妇人谓嫁曰归。"反坫（diàn）：古代建筑于堂中两楹之间的土台，供诸侯会盟饮酒时置放献过酒的空杯。

③ 齐僖公：亦作齐釐公，名禄甫，庄公之子。公子诸儿：齐襄公，继齐僖公后立。

④ 任：担保。《诗·小雅·黍苗》："我任我辇，我车我牛。"孔颖达疏："谓有我负任者、我輓辇者。"高亨注："任，担荷。"

⑤ 二公子：公子纠和公子小白。

⑥ 卜也：据《管子·大匡》俞樾说应为"下世"，即辞世之意。

⑦ 雍廪：齐国渠丘邑的大夫。

纳公子纠，战于乾时①。管仲射小白，中钩。鲁师败绩，小白践位，是为桓公。桓公问于鲍叔曰："将何以定社稷?"鲍叔曰："得管仲与召忽，则社稷定矣。君若欲定齐之社稷，则亟迎之。"遂遣使请管、召于鲁，鲁君乃遂束缚管仲、召忽以与鲁使。管仲谓召忽曰："子惧乎?"召忽曰："何惧乎？吾不蚤死，将胥②有所定也，今既定矣，令子相齐之左，必令忽相之右，虽然，杀君而用吾身，是再辱我也。子为生臣，忽为死臣。忽也，知得万乘之政，而死公子纠，可谓有死臣矣。子生而霸诸侯，公子纠可谓有生臣矣。死者成行③，生者成名，名不两立，行不虚至，子其勉之，死生有分矣。"乃行，入齐境，自刎而死。管仲遂入。君子曰："召忽之死也，贤其生也。管仲之生也，贤其死也。"

晏平仲

晏平仲，名婴，莱之夷维④人，桓子弱之子，及事灵公、庄公、景公。初，晋大夫栾盈得罪奔楚，晋于是会诸侯于商任以锢之。

庄公三年，栾盈自楚来齐。晏子曰："商任之会，受命于晋。今纳栾氏，将焉用之？小所以事大，信也。失信不立，君其图之。"弗听。退告陈文子曰："君人执信，臣人执共，忠信笃敬，上下同之，天之道也。君自弃也，弗能久矣!"时栾盈犹在齐，晏子曰："祸将作矣，晋将来伐，不可以不惧。"明年，果有晋师。六年，崔杼弑庄公，晏子闻难，往立于崔氏之门外，其人⑤曰："死乎?"曰："独吾君也乎哉？吾死也。"曰："行乎?"曰："吾罪也乎哉？吾亡也。"曰："归乎?"曰："君死，安归？君民者，岂以陵民？社稷是主。臣君者，岂为其口实【校记："口实"，《备考》本作"食"。嘉靖本与《左传》同，故从之。】？社稷是养。故君为社稷死，则死之；为社稷亡，则亡之。若为己死而己亡，非其私暱，谁敢任之？且人有君而弑之，吾焉得死之，而焉得亡之？将庸何归?"门启而入，枕尸股而哭，兴，三踊而出。人谓崔子："必杀之!"崔子曰："民之望也！舍之，得民。"崔杼立灵公嬖子杵臼⑥而相之，是为景公。庆封为左相。盟国人于大宫⑦，曰："所不与崔、庆者。"晏子仰天叹曰："婴所不唯忠于君、利社稷者是与，有如上帝。"乃歃⑧。及庆氏败，公与晏子邶殿⑨，其鄙六十，弗受。子尾曰："富，人之

---

① 乾时：地名，在今山东益都境内。

② 胥：等待。《管子·大匡》尹知章注："胥，待。"

③ 成行：成就德行。

④ 莱之夷维：莱地之夷维邑，在今山东掖县。刘向《别录》曰："莱者，今东莱地也。"

⑤ 其人：此指晏子的手下人。

⑥ 嬖子杵臼：灵公宠信的女子所生的儿子杵臼。

⑦ 大宫：齐始祖太公的庙。

⑧ 歃：shà，古代盟会中的一种仪式，盟约宣读后，参加者用口微吸所杀牲之血，以示诚意。《国语·晋语八》："宋之盟，楚人固请先歃。"韦昭注："歃，歃血也。"

⑨ 邶殿：齐国别都，在今山东昌邑县境。

所欲也，何独弗欲?”对曰：“庆氏之邑足欲，故亡。吾邑不足欲也。益之以邶殿，乃足欲。足欲，亡无日矣。在外，不得宰吾一邑。不受邶殿，非恶富也，恐失富也。且夫富如布帛之有幅焉，为之制度，使无迁也。夫民生厚而用利，于是乎正德以幅之，使无黜嫚①，谓之幅利，利过则为败。吾不敢贪多，所谓幅也。”

景公四年，吴季札来聘，见晏子相得甚欢，说其纳邑与政，故晏子因陈桓子而纳之。九年，公使晏子请继室于晋，晋人许之。既成昏②，晏子受礼。叔向从之晏，相与语。叔向曰：“齐其何如?”晏子曰：“此季世也，吾弗知。齐其为陈氏矣!”初，公欲更晏子之宅，曰：“子之宅近市，湫隘嚣尘③，不可以居，请更诸爽垲④者。”辞曰：“君之先臣容焉，臣不足以嗣之，于臣侈矣。且小人近市，朝夕得所求，小人之利也。敢烦里旅?”公笑曰：“子近市，识贵贱乎?”对曰：“既近之，敢不识乎?”公曰：“何贵何贱?”于是公方繁刑，有鬻踊⑤者。故对曰：“踊贵屦贱。”既已告于君，故与叔向语而称之。公以是省刑焉。及晏子在晋，公更其宅，反，则成矣。既拜，乃毁之，而为里室，皆如其旧，则使宅人反之。且谚曰：“‘非宅是卜，唯邻是卜。’二三子先卜邻矣，违卜不祥。君子不犯非礼，小人不犯不祥，古之制也。吾敢违诸乎?”卒复其旧宅。公弗许。因陈桓子以请，乃许之。

十六年，栾高、陈鲍之乱，子良谋欲得公以自辅，公不听。遂伐虎门⑥。晏平仲端委⑦立于虎门之外，四族召之，无所往。其徒曰：“助陈、鲍乎?”曰：“何善焉?”“助栾高乎?”曰：“庸愈乎?”“然则归乎?”曰：“君伐焉归?”公召之而后入。及栾高败，陈、鲍分其室。晏子谓陈桓子：“必致诸公。让，德之主也，让之谓懿德。凡有血气，皆有争心，故利不可强，思义为愈。义，利之本也，蕴利生孽。姑使无蕴乎，可以滋长。”桓子尽致诸公，而请老于莒。

二十六年，齐侯疥，遂痁⑧。期而不瘳，诸侯之宾问疾者多在。梁丘据与裔款⑨言于公曰：“吾事鬼神丰于先君有加矣。今君疾病，为诸侯忧，是祝史之罪也。诸侯不知，其谓我不敬。君盍诛于祝固、史嚚⑩以辞宾?”公说，告晏子。晏子曰：“日宋之

---

① 使无黜嫚：不要使他们不足或者超过。黜：减损。嫚：轻慢，过度。《左传·襄公二十八年》杜预注：“黜，犹放也。”

② 成昏：订婚。《左传·桓公三年》：“会于嬴，成昏于齐也。”

③ 湫隘嚣尘：房子低矮狭小，喧闹而且尘土飞扬。《左传·昭公三年》杜预注：“湫：下；隘：小。”

④ 爽垲：明亮干燥。《左传·昭公三年》杜预注：“爽：明；垲：燥。”

⑤ 踊：遭受刖刑的人所穿的鞋子。《左传·昭公三年》：“国之诸市，屦贱踊贵。”杜预注：“踊，刖足者屦。”

⑥ 虎门：齐景公宫殿的宫门。

⑦ 端委：古代礼服。《左传·昭公元年》：“吾与子弁冕端委，以治民临诸侯。”杜预注：“端委，礼衣。”孔颖达疏引服虔曰：“礼衣端正无杀，故曰端；文德之衣尚褒长，故曰委。”

⑧ 疥：通“痎”，隔日疟。《左传·昭公二十年》孔颖达疏：“疥当为痎，痎是小疟，痁是大疟。”痁：shān，多日之疟为痁，孔颖达疏引《说文》：“痁，有热疟。”

⑨ 梁丘据与裔款：二人皆齐君宠信的大夫。

⑩ 祝固、史嚚：名固的太祝和名嚚的太史。

盟，屈建问范会之德于赵武，赵武曰：‘夫子之家【校记：“夫子之家”，《备考》本作“夫子范献之家”。嘉靖本与《左传》同，故从之。】事治，言于晋国，竭情无私。其祝史祭祀陈信不愧，其家事无猜，其祝史不祈。’建以语康王。康王曰：‘神人无怨，宜其光辅五君①，以为盟主也。’公曰：“据与款谓寡人能事鬼神，故欲诛于祝史。子称是语，何故?”对曰：“若有德之君，内外不废，上下无怨，动无违事，其祝史荐信，无愧心矣。是以鬼神用飨，国受其福，祝史与焉。其所以蕃祉老寿者，为信君使也，其言忠信于鬼神。其适遇淫君，外内颇邪，上下怨疾，动作辟违，从欲厌私。高台深池，撞钟舞女，斩刈民力，输掠其聚，以成其违，不恤后人。暴虐淫从，肆行非度，无所顾忌，不思谤讟②，不惮鬼神，神怒民痛，无悛于心。其祝史荐信，是言罪也。其盖失数美，是矫诬也。进退无辞，则虚以求媚。是以鬼神不飨其国以祸之，祝史与焉。所以夭昏孤疾者，为暴君使也，其言僭嫚于鬼神③。”公曰：“然则若之何?”对曰：“不可为也。山之林木，衡鹿④守之。泽之萑蒲，舟鲛守之⑤。薮之薪蒸，虞候守之⑥。海之盐蜃，祈望守之⑦【校记：“祈望”，《备考》本作“祁望”。非。】。县鄙之人，入从其政。偪介之关⑧，暴征其私。承嗣大夫，强易其贿。布常无艺，征敛无度，宫室日更，淫乐不违。内宠之妾，肆夺于市。外宠之臣，僭令于鄙。私欲养求，不给则应。民人苦病，夫妇皆诅。祝有益也，诅亦有损。聊、摄⑨以东，姑、尤⑩以西，其为人多矣！虽其善祝，岂能胜亿兆人之诅？君若欲诛于祝史，修德而后可。”公说，使有司宽政，毁关，去禁，薄敛，已责⑪。

公田于沛⑫，既还，晏子侍于遄台⑬。子犹驰而造焉。公曰：“唯据与我和夫。”晏子对曰：“据亦同也，焉得为和?”公曰：“和与同异乎?”对曰：“异。和如和羹焉，水火

① 五君：指晋文公、晋襄公、晋灵公、晋成公、晋景公。

② 谤讟(dú)：怨恨毁谤。《左传·昭公元年》：“民无谤讟，诸侯无怨。”

③ 僭嫚：欺诈轻侮。语出《左传·昭公二十年》。

④ 衡鹿：官名，守护山林之官。鹿：同“麓”。

⑤ 萑蒲：草名，两种芦类植物，即益母草和香蒲。《左传·昭公二十年》杨伯峻注：“萑蒲即芦苇之类。”舟鲛：掌管薮泽的官。

⑥ 薪蒸：柴火。薪为粗木。蒸为柴草。虞候：古官名，守望山泽之官。《左传·昭公二十年》孔颖达疏：“水希曰薮，则薮是少水之泽，立官使之候望，故以虞候为名也。”

⑦ 蜃：大蛤蜊。祈望：齐国官名，掌管鱼盐之利的官。此言齐景公专守山泽之利不与民共。

⑧ 偪介之关：迫近隔离国都的关卡。偪：迫近。介：隔，谓居于县鄙和国都之间以隔内外。

⑨ 聊：在今山东聊城县西北。摄：亦作聂，当在今山东聊城境内。

⑩ 姑、尤：齐国的东界。姑：即今大姑河，源出山东招远县会仙山，南流经莱阳县西南。尤：即小姑河，源出掖县北马鞍山，南流注入大姑河，合流南经平度县为沽河，至胶县与胶莱河合流入海。

⑪ 已责：免除拖欠。责：同“债”。《管子·轻重乙》：“君直币之轻重，以决其数，使无券契之责。”尹知章注：“责，读曰债。”

⑫ 沛：即沛丘，泽名，在今山东博兴县南。

⑬ 遄台：在今山东临淄附近。

醯醢①盐梅以烹鱼肉，燀②之以薪。宰夫和之，齐③之以味，济其不及，以泄其过。君子食之，以平其心。君臣亦然。君所谓可而有否焉，臣献其否以成其可。君所谓否而有可焉，臣献其可以去其否。是以政平而不干，民无争心。故《诗》曰：‘亦有和羹，既戒既平。鬷假无言，时靡有争④。’先王之济五味，和五声也【校记：《备考》本无“也”。】，以平其心，成其政也。声亦如味，一气，二体，三类，四物，五声，六律，七音，八风，九歌，以相成也。清浊，小大，短长，疾徐，哀乐，刚柔，迟速，高下，出入，周疏，以相济也，君子听之，以平其心。心平，德和，故《诗》曰：‘德音不瑕。’今据不然。君所谓可，据亦曰可。君所谓否，据亦曰否。若以水济水，谁能食之？若琴瑟之专一，谁能听之？同之不可也如是。”饮酒乐。公曰：“古而无死，其乐若何？”晏子对曰：“古而无死，则古之乐也，君何得焉？昔爽鸠氏⑤始居此地，季萴⑥因之，有逢伯陵⑦因之，蒲姑氏⑧因之，而后太公因之。古若无死，爽鸠氏之乐，非君所愿也。”

三十有二年，有彗见于国，公念自伤，晏子曰：“君高台深池，赋敛如弗得，刑罚恐弗胜，茀星⑨将出，彗星何惧乎？”公曰：“禳之若何？”对曰：“无益也，而衹取诬焉。天道不谄，不贰其命，若之何禳之？且天之有彗，以除秽也。君无秽德，又何禳焉？若德之秽，禳之何损？今怨者已众，而君令一人禳之，安能胜众怨乎？”

公与晏子坐于路寝⑩，公叹曰：“美哉室，其谁有此乎？”晏子敢问何谓也。公曰：“吾以为在德。”对曰：“如君之言，其陈氏乎！陈氏虽无大德，而有施于民。豆区釜钟⑪之数，其取之公也薄⑫，其施之民也厚。公务于敛，陈氏务施，民归之矣。《诗》曰：‘虽无德与女，式歌且舞⑬。’陈氏之施，民歌舞之矣。后世若少惰，陈氏而不亡，则国其国也已。”公曰：“善哉，是可若何？”对曰：“唯礼可以已之。在礼，家施不及国，民不迁，农不移，工贾不变，士不滥，官不滔，大夫不收公利。”公曰：“善哉，我不能

---

① 醯醢：醋和肉酱。《礼记·郊特牲》：“醯醢之美，而煎盐之尚，贵天产也。”孙希旦集解：“曰‘醯醢’者，醢必资醯以成也。”

② 燀：chǎn，炊，烧火。杜预注：“燀，炊也。”

③ 齐：jì，调和，调节，使酸咸得中。《礼记·少仪》：“凡羞有湇者，不以齐。”郑玄注：“齐，和也。”

④ 亦有和羹，既戒既平。鬷假无言，时靡有争：语出《诗·商颂·烈祖》。

⑤ 爽鸠氏：少皞氏的司寇。

⑥ 季萴：虞、夏时诸侯，取代爽鸠氏居住于齐地的人。

⑦ 逢伯陵：殷诸侯，姜姓。

⑧ 蒲姑氏：殷周之间取代逢伯陵的人。

⑨ 茀星：孛星，即彗星。张大可《史记》注：“客星侵犯分野之星，其害甚于彗星。”《史记正义》：“茀，音佩。谓客星侵近边侧，欲相害。又曰：彗，息岁反。若帚形，见，其境有乱也。”

⑩ 路寝：古代天子、诸侯的正厅。《诗·鲁颂·閟宫》：“松桷有舄，路寝孔硕。”毛传：“路寝，正寝也。”

⑪ 豆区釜钟：均量器名，四升为豆，四豆为区，四区为釜，十釜为钟。

⑫ 取之公也薄：杜预注云：“谓以公量收。”公：指齐侯赐予的采邑采田。

⑬ 虽无德与女，式歌且舞：见《诗经·小雅·车辖》。

已【校记："已"，《备考》本作"矣"。】。吾今而后知礼之可以为国也。"对曰："礼之可以为国也久矣，与天地并。君令臣共，父慈子孝，兄爱弟敬，夫和妻柔，姑慈妇听，礼也。君令而不违，臣共而不贰，父慈而教，子孝而箴，兄爱而友弟敬而顺，夫和而义，妻柔而正，姑慈而从，妇听而婉，礼之善物也。"公曰："善哉，寡人今而后闻此，礼之上也。"对曰："先王所禀于天地，以为其民也，是以先王上之。"时越石父贤，在缧绁①中。晏子出，遭之涂，解左骖赎之，载与归，弗谢，入闺。久之，越石父请绝。晏子戄然，摄衣冠谢曰："婴虽不仁，免子于难，何子求绝之速也？"石父曰："不然。吾闻君子诎于不知己而信于知己者②。方吾在缧绁之中，彼不知我也。夫子既以感寤而赎我，是知己矣；知己而无礼，固不如在缧绁之中。"晏子于是延入为上客。

晏子为相时，出，其御③之妻从门窥，见其夫拥大盖，策驷马，意气甚自得。已而归，其妻耻之，请去。其后夫乃自抑损，晏子怪而问之，御以实对，晏子荐以为大夫。晏子以节俭【校记："晏子以节俭"，《备考》本作"晏子方节俭。"】力行显名诸侯，食不重肉，妾不衣帛。祀其先人，豚肩不掩豆，一狐裘三十年，世以为陋，而晏子行之自若。晏子卒，有子曰圉。

太史公曰："管仲，世所谓贤臣，然孔子小之。岂以为周道衰微，桓公既贤，而不勉之至王，乃称霸哉？语曰'将顺其美，匡救其恶，故上下能相亲也'。岂管仲之谓乎？方晏子伏庄公尸哭之，成礼然后去，岂所谓'见义不为无勇'者邪？至其谏说，犯君之颜，此所谓'进思尽忠，退思补过'者哉！假令晏子而在，余虽为之执鞭，所忻慕焉。"

薛应旂曰："晏婴，齐之才大夫也，其所以匡弼辅翼而显其君于天下者，岂不卓然可称述哉？孔子适齐与婴相善有以也，岂直太史公愿为之执鞭哉？奈何尼谿【校记："尼谿"，《备考》本作"泥谿"。】之封则不相容，夫婴且然，况不婴若者乎？噫，此休休有容，所以独归之古大臣也。"

---

① 缧绁：捆绑犯人的绳索，引申为牢狱。《史记正义》：缧，音力追反。缧，黑索也。绁，系也。《晏子春秋》云："晏子之晋，至中牟，睹弊冠反裘负薪，息于途侧。晏子问曰：'何者？'对曰：'我石父也。苟免饥冻，为人臣仆。'晏子解左骖赎之，载与俱归。"

② 诎：同"屈"，受委屈。信，同"伸"，受尊敬。《史记索隐》："信读曰申，《周礼》皆然。申于知己，谓以彼知我而我志获申。"

③ 御：驭手，驾驭车马的人。

四书人物考卷二十六

传二十三　齐

陈文子

陈文子，名须无，敬仲之后也。庄公四年，将伐晋，文子见崔武子①，曰："将如君何?"武子曰："吾言于君，君弗听也。以为盟主②，而利其难。群臣若急，君于何有③？子姑止之。"文子退，告其人曰："崔子将死乎！谓君甚而又过之④，不得其死⑤。过君以义，犹自抑也，况以恶乎?"公卒，伐晋而还。

五年，公惧晋人之讨，欲朝于楚。楚使薳启强如齐聘，且请期⑥。齐社，蒐军实⑦，使客⑧观之。文子曰："齐将有寇。吾闻之，兵不戢，必取其族⑨。"秋，公闻有晋师，使文子子无宇【校记："文子子无宇"，《备考》本作"陈无宇"。】从薳启强如楚，辞，且乞师，崔杼帅师送之，遂伐莒，侵介根⑩。

---

① 崔武子：《左传·襄公二十三年》杜预注："武子，崔杼也。"

② 以为盟主：杨伯峻注："以晋为盟主。"

③ 君于何有：杨伯峻注："何有于君，言有急则不顾君。"

④ 谓君甚而又过之：杨伯峻注："谓君甚言指责君主太狠，而又过之，谓急将杀君，其罪过于君之伐盟主。"

⑤ 不得其死：不得善终。

⑥ 请期：请求会见的日期。

⑦ 蒐军实：检阅军用兵甲器械。

⑧ 客：指薳启强。薳：wěi，姓氏。《左传·襄公二十四年》杨伯峻注："盖向客夸耀军力也。"

⑨ 兵不戢，必取其族：兵器不收藏，一定会使自己的族类被俘虏。《左传·襄公二十四年》杜预注："戢，藏也。族，类也。取其族，还自害也。"

⑩ 介根：莒邑，在今山东胶县东北。杨伯峻注："介根本莒旧都，在今山东高密县东南四十里，即胶县西南七里。"

初，东郭偃臣崔武子。棠公①死，偃御武子以吊焉②。见棠姜而美之，使偃③取之。棠姜，偃之姊也。偃曰："男女辨姓④，今君出自丁，臣出自桓，不可。"武子筮之，遇困之大过。史皆曰："吉。"示文子【校记："文子"《备考》本作"陈文子"。】，文子曰："夫从风，风陨，妻不可娶也。且其《繇》曰：'困于石，据于蒺藜⑤，入于其宫，不见其妻，凶。'困于石，往不济也。据于蒺藜，所恃伤也。入于其宫，不见其妻，凶，无所归也。"崔子曰："嫠也何害？先夫当之矣⑥。"遂取之。庄公通⑦焉。

夏五月，莒子朝于齐，飨诸北郭。崔子称疾不视事。公问⑧崔子，遂从姜氏⑨。姜入于室，与崔子自侧户出。公拊楹⑩而歌。贾举止众从者⑪【校记："止众从者"《备考》本无"众"字。嘉靖本与《左传》同，故从之。】而入，闭门。甲兴⑫。公逾墙⑬，射之，中股。反队⑭，遂弑之。文子闻乱，遂出奔至于他邦，见其大夫之不臣者，叹曰："此犹吾崔子也。吾岂可留乎？"又去之，至于他邦，又见其大夫之不臣者，叹曰："此犹吾崔子也。又可留乎？"又去之。自是景公即政二年，然后复归于齐。是时，宋向戌善于晋赵孟，及楚令尹子木，欲弭诸侯之兵以为名⑮。如晋，告赵孟。赵孟许之，遂告于齐景公及诸大夫，皆难之。文子曰："晋、楚许之，我焉得已。且人曰弭兵，而我弗许，则固携吾民矣！将焉用之？"于是景公许之，复告于秦赵孟，遂及诸侯之大夫盟于宋。三年，景公及陈侯、蔡侯、燕伯、杞伯、胡子、沉子、白狄朝于晋，宋之盟故也。公将行，庆封曰："我不与盟，何为于晋？"文子曰："先事后贿，礼也。小事大，未获事焉，从之如志，礼也。虽不与盟，敢叛晋乎？重丘之盟，未可忘也。子其劝行！"

冬，卢蒲癸、王何将攻庆封也。文子谓陈无宇⑯曰："祸将作矣！吾其何得？"对

---

① 棠公：《史记集解》贾逵曰："棠公，齐棠邑大夫。"棠：《左传·襄公二十五年》杨伯峻注："疑在今山东平度县东南。"

② 偃御武子以吊焉：东郭偃给崔武子驾车去吊唁。

③ 取：即娶。杨伯峻注："使偃为自己娶之。"

④ 男女辨姓：男女结婚要辨别族姓，即同姓不婚。

⑤ 困于石，据于蒺藜：为石头所窘困，又处在蒺藜草丛中。杨伯峻注："蒺梨果皮有尖刺，据而恃之必受伤。"

⑥ 嫠也何害？先夫当之矣：一个寡妇有什么妨碍？她的前夫已经承当过这些凶险了。

⑦ 通：指齐庄公与崔杼新娶的棠姜私通。杨伯峻注："凡淫曰通。"

⑧ 问：指问候崔杼的病情。

⑨ 遂从姜氏：就趁机追随姜氏。

⑩ 拊楹：拍着屋柱子。《史记》为"拥柱而歌。"服虔曰："公以为姜氏不知己在外，故歌以命之也。一曰公自知见欺，恐不得出，故歌以自悔。"

⑪ 止众从者：阻止庄公身边随行的人员一起进入。

⑫ 甲兴：埋伏的甲士一拥而出。杨伯峻注："崔杼之甲兵起而攻庄公。"

⑬ 公逾墙：齐庄公想爬过墙去。

⑭ 反队：从墙上跌落回来。"队"同"坠"。

⑮ 欲弭诸侯之兵以为名：想要消除诸侯之间的战争来博取美名。以为名：杜预注云："欲获息兵之名。"

⑯ 陈无宇：陈文子之子，又称桓子。

曰："得庆氏之木百车于庄①。"文子曰："可慎守也已！"卢蒲癸、王何卜攻庆氏，示子之兆②，曰："或卜攻雠，敢献其兆。"子之曰："克，见血。"冬十月，庆封田于莱③，无宇从。丙辰，文子使召之，请曰："无宇之母疾病，请归。"庆季卜之，示之兆，曰："死。"奉龟而泣。乃使归。

十一月乙亥，尝于太公之庙，庆舍莅事④。麻婴为尸，庆奊为上献⑤。卢蒲癸、王何执寝戈。庆氏以其甲环公宫。陈氏、鲍氏之圉人为优⑥。庆氏之马善惊，士皆释甲束马而饮酒，且观优，至于鱼里⑦。栾、高、陈、鲍之徒介庆氏之甲⑧。子尾抽桷击扉三⑨，卢蒲癸自后刺子之，王何以戈击之，解其左肩，犹援庙桷⑩，动于甍⑪，以俎壶投⑫，杀人而后死。遂杀庆绳、麻婴。公惧。鲍国曰："群臣为君故也。"文子以公归，税服⑬而如内宫。齐再有崔、庆之乱，自晏子而下能卓然自守不污于其间者，惟文子为贤，故当世咸称之。

杞梁

杞梁，一名殖，与华周⑭皆齐大夫。初，庄公四年，将伐卫及晋，为车五乘之宾⑮，殖与周皆不与。殖耻之，归而不食，其母曰："汝生而无义，死而无名，则虽非

---

① 得庆氏之木百车于庄：得到庆氏堆在大道旁的一百车木材。《左传·襄公二十八年》杜预注："庄，临淄城大街名。"

② 示子之兆：把占卜的龟兆给子之看。《左传·襄公二十八年》杨伯峻注："子之，即庆舍。兆，龟之裂纹，由此裂纹以卜吉凶。"

③ 田于莱：在莱地打猎。莱：地名。杨伯峻注："今山东昌邑县东南。距临淄约百五十里。"

④ 莅事：亲自去参加祭祀的事。杨伯峻注："莅临祭事，句省将字，谓将莅事也。"

⑤ 庆奊(xié)为上献：庆奊做最先祭奠的人。

⑥ 圉人为优：养马人扮演杂戏。优：指乐舞、杂戏。见《左传·襄公二十八年》。

⑦ 鱼里：里巷名，当时的杂戏在鱼里表演，甲士都去鱼里观看。杜预注："鱼里，里名。优在鱼里，就观之。"

⑧ 栾、高、陈、鲍之徒介庆氏之甲：栾子雅、高子尾、陈须无、鲍国的徒众，披戴好庆氏甲士脱下的甲胄。介：披甲，庆氏的甲士都释甲看杂戏去了，故他们穿上庆氏甲士的铠甲。

⑨ 抽桷击扉三：抽取方椽子敲打了门扇三下。桷：方形的椽子。《诗·鲁颂·閟宫》："松桷有舄，路寝孔硕。"高亨注："桷，方的椽子。"扉：门扇。

⑩ 犹援庙桷：庆舍还拉着椽子。

⑪ 甍：屋脊，屋栋。《左传·襄公二十八年》："犹援庙桷，动于甍。"杜预注："甍，屋栋。"孔颖达疏："此是屋上之长材，椽所以冯依者也。今俗谓之屋脊。"

⑫ 以俎壶投：用俎和壶投掷。俎：盛肉器。壶：盛酒器。

⑬ 税服：脱下礼服。杨伯峻注："税，音义同'脱'。服，祭服。"

⑭ 华周：刘向《说苑》作"华舟"，《汉书》作"华州"，《左传》作"华还"。春秋齐大夫，庄公攻打莒国，与杞梁同时阵亡。

⑮ 为车五乘之宾：载了五车的人去打仗。

五乘，孰不汝笑也？汝生而有义，死而有名，则五乘之宾尽汝下也。”趣①食乃行。

杞殖、华周同车侍庄公伐卫，遂伐晋，取朝歌以报平阴之役，既还，遂袭莒，门于且于②，公伤股而退。明日，将复战。杞梁、华周下斗，获甲首③三百，公止之曰：“子止，与子同齐国。”杞梁、华周曰：“君为五乘之宾，而周梁不与焉，是少吾勇也。临敌涉难，止我以利，是污吾行也。深入多杀者，臣之事也。齐国之利，非吾所知也。”遂载甲，夜入且于之隧【校记：“且于之隧”，《备考》本作“且干之隧。”嘉靖本与《左传》同，故从之。】，宿于莒郊。明日，先遇莒子于蒲侯氏。莒子重赂之，使无死战，曰：“请有盟。”华周对曰：“贪货弃命【校记：“贪货弃命”，《备考》本作“贪贿弃命”。嘉靖本与《左传》同，故从之。】，亦君所恶也。昏而受命，日未中而弃之，何以事君？”遂进斗杀二十七人而死。

庄公归，遇梁妻于郊④，使吊之。其妻辞曰：“君之臣不免于罪，何辱命焉？若免于罪，犹有先人之敝庐在，下妾不得与郊吊⑤。”公乃令吊诸其室。二子妻哭其夫甚哀，城为之驰⑥而隅为之崩，自是齐之俗亦丕变⑦焉。

薛应旂曰：“杞梁、华周不与五乘之宾，而愧耻不食，汲汲于功名之立，似若小丈夫然者，然其不食货，弃命，而殊死以战，其慷慨悲壮之气，盖可想也。刑于寡妻，厥有自哉！”

成眗

成眗，齐人谓齐景公曰：“彼丈夫也，我丈夫也，吾何畏彼哉？”

---

① 趣：与“促”同，催促。

② 且(jū)于：莒邑，在今山东莒县一带。

③ 甲首：被甲之士。

④ 遇梁之妻于郊：在郊外遇到杞梁的妻子。杜预注云：“梁战死，妻行迎丧。”

⑤ 下妾不得与郊吊：贱妾不能在郊外接受吊唁。

⑥ 驰：刘向《说苑·立节》为“阤”，又作“陀”，《说文》：“小崩也。”

⑦ 丕变：大变。《书·盘庚上》：“罔有逸言，民用丕变。”孔传：“民用大变从化。”

四书人物考卷二十七

传二十四　虞

百里奚

百里奚，虞人也。少时家甚贫，流落不偶，出游以干诸国，尝之齐，齐不用。又之周，周不用。又转而之他，久之不返，其妻无以自给，乃西入秦为瀚妇，遂与奚相失。后奚归虞，事虞公，为大夫。及晋献公伐虢，道出虞境，遂以璧马赂虞公假道，意在并虞。宫之奇语奚曰："是不可以不谏也。"奚曰："贪赂玩寇，公盖不可与言者也。"奇曰："然则将遂已乎？"奚曰："子尽子心，吾行吾志耳。"奇谏，虞公果不听。晋伐虢归，遂灭虞，虏虞公及奚以归。

晋太子申生姊穆姬适秦穆公，将以奚为媵①，奚耻之，亡秦走宛②。楚鄙人执之。穆公闻奚贤，欲重赎之，恐楚人不与，乃使人谓楚曰："百里奚，吾媵臣也，请以五羖羊皮③赎之。"楚遂与之。时奚已七十余。穆公释其囚，与语国事，大悦，遂相之。奚乃迎蹇叔于宋，取田余于戎，求丕豹、公孙枝于晋。三置晋君④，一救荆祸⑤，穆公之霸，大都皆奚之力也。详具《穆公传》中。

奚为秦相，妻在秦知之，而未敢言。一日，奚坐堂上，乐作，所赁瀚妇自言知音，因援琴抚弦而歌者三。其一曰："百里奚，五羊皮，忆别时，烹伏雌，炊扊扅⑥，今日富贵忘我为。"其二曰："百里奚，初娶我时五羊皮，临当相别时，烹牝鸡，今适富贵忘我为。"

---

① 媵：指以臣仆陪嫁。《左传·僖公五年》："执虞公及其大夫井伯，以媵秦穆姬。"杨伯峻注："以男女陪嫁曰媵。"《史记·秦本纪》："既虏百里傒，以为秦缪公夫人媵于秦。"

② 亡秦走宛：离开秦国到宛去。宛：古时楚国地名。秦昭襄王置县，治所在今河南南阳。

③ 羖羊皮：黑色的羊皮。

④ 三置晋君：《史记索隐》：三置晋君，谓惠公、怀公、文公也。

⑤ 一救荆祸：解除了一次楚国造成的祸害。公元前631年秦穆公参加了晋文公发起的征伐楚国的战争，即著名的城濮之战。

⑥ 扊扅：yǎnyí，门闩。

其三曰：“百里奚，百里奚，母已死，葬南谿，坟以瓦覆，以柴舂黄藜，搤①伏鸡，西入秦，五羖皮，今日富贵捐我为。”歌毕，奚愕然问之，乃其故妻也。遂还为夫妇。

奚相秦勤励自苦，劳不坐乘，暑不张盖，行于国中，未尝从车骑，操干戈，及其死也，秦国男女流涕，童子不歌谣，舂者不相杵②。德泽流于后世，而秦卒赖焉。其子曰孟明视，为政于秦穆公，尝使其御晋师于殽，为晋师所败。诸大夫请杀之，穆公曰：“是孤之罪也，孟明何尤焉。”复使为政，既乃帅师伐晋济河，焚舟取王官，及郊，晋人不敢出，封殽尸而还，遂霸西戎。

薛应旂曰：“孟氏尊王贱霸，故斥桓、文而陋管、晏，不少假借，独与百里奚则反复称其贤智，夫奚诚智且贤矣，岂出管、晏右哉？盖深恶夫好事者之诬之也。立言如是，而汉之应劭犹谓百里奚因殽之败为秦穆公所杀，不亦厚诬也哉！传言失指，图景失形，劭其自蹈之矣！”

宫之奇

宫之奇，虞③之大夫也。晋献公立，荀息请以屈产之乘、垂棘之璧④，假道于虞以伐虢⑤。公曰：“虞有宫之奇在，必不使受也。”对曰：“宫之奇之为人也，懦而不能强谏，且少长于君，君暱之。虽谏，将不听。”乃使荀息假道于虞。宫之奇反复进谏，语在《虞公传》中。虞公不听，宫之奇出，谓其子曰：“虞将亡矣。唯忠信者能留外寇⑥而不害，除暗以应外谓之忠，定身以行事谓之信，今君施其所恶于人，暗不除矣。以贿灭亲⑦，身不定矣。夫国非忠不立，非信不固，既不忠信而留外寇，寇知其衅而归图焉⑧，已自拔其本矣，何以能久？吾不去，惧及焉！”以其孥适西山⑨，三月虞乃亡。

薛应旂曰：“百里奚，功名之士也。宫之奇，忠信之人也，虞纳晋璧而有谏有不谏，亦各从其志也，奚岂必贤于奇哉！”

---

① 搤：è，同扼，捉住，掐住。《史记·刘敬叔孙通列传》：“夫与人斗，不搤其亢，拊其背，未能全其胜也。”

② 舂者不相杵：舂谷的人因为悲痛，不再唱歌以助力捣米。杵：捣谷的木柱。《史记集解》：郑玄曰：“相谓送杵声，以音声自劝也。”

③ 虞：姬姓国名，其址在今山西省平陆县北。

④ 屈产：《史记集解》：何休曰：“屈产，出名马之地。乘，备驷也。”垂棘之璧：朱熹《集注》：“垂棘之地所出之璧也。“

⑤ 假道于虞以伐虢：《史记集解》贾逵曰：“虞在晋南，虢在虞南。”

⑥ 留外寇：《国语》韦昭注：“留外寇，谓舍晋军于国。”外寇：借道虞国的晋国军队。

⑦ 以贿灭亲：为了晋国的财礼而让自己的兄弟之邦灭亡。韦昭注：“贿，财也，谓虞受晋屈产之乘、垂棘之璧，假之道也。亲，谓虢也。虞，太王之后。虢，王季之胄。”

⑧ 寇知其衅而归图：韦昭注：衅，隙也。图，谋也。

⑨ 以其孥适西山：韦昭注：“孥，妻子也。西山，国西界。”

四书人物考卷二十八

传二十五　楚

令尹子文

斗谷于菟①，字子文，伯比之子也。初，伯比处于郧②，郧女生子文，郧夫人使弃诸梦中③，有虎乳之，郧子田，遂收之。楚人谓虎于菟④，谓乳谷，故名。

楚成王立子文，代公子元为令尹。子文因斗般之杀子元也。缁帛⑤【校记："缁帛"，《备考》本作"缁布"。嘉靖本与《战国策》同，故从之。】之衣以朝，鹿裘以处⑥，未明而立于朝，日晦而归食，朝不谋夕，家无盈积，自毁其家，以纾国难，不为爵劝，不为禄勉，以忧勤于社稷。尝曰："蔽贤者不祥，专利者必害，故其为政，度人以用，人溥惠以抚下，凡以自究，厥心不遑他恤。于时，齐桓方霸，楚邦多难，子文量力而动，舍命不渝。"治兵于睽，终朝而毕，不戮一人。其族有干法者，廷理⑦拘之，闻其贵族也而释之。子文召廷理，责之曰："凡立理者，将以司犯王令而察触国法者也。夫直士持法，柔而不挠，刚而不折。今弃法背令而释犯法者，是理之不端而驳于法也，执一国之柄而以私闻，与吾生不以义，不若以义而死也。"廷理惧，遂刑其族。举子玉为令尹，曰："吾以靖国也。"悉告以旧令尹之政。

---

① 斗谷于菟：姓斗，名谷于菟，楚成王时为令尹。

② 郧：古国名，在今湖北安陆县，一说在湖北省郧县。春秋时为楚所灭。《左传·桓公十一年》："郧人军于蒲骚。"杨伯峻注："据《括地志》及《元和郡县志》则当在今安陆县。"

③ 梦：特指云梦泽。《左传·昭公三年》："十月，郑伯如楚……王以田江南之梦。"杜预注："楚之云梦，跨江南北。"

④ 于菟：虎的别称。《左传·宣公四年》："楚人谓乳谷，谓虎于菟。"陆德明《释文》："于，音乌。"

⑤ 缁帛：黑色的丝织品。

⑥ 鹿裘以处：回家就穿上鹿皮粗衣。

⑦ 廷理：即今之法官。春秋时楚国官名，掌刑狱。《韩非子·外储说右上》："荆庄王有茅门之法，曰：'群臣大夫、诸公子入朝，马蹄践霤者，廷理斩其辀，戮其御。'"

成王①闻子文之朝不谋夕也，每朝设脯一束、糗一筐②，以羞③子文，子文辞而逃，王止而后复。人谓之曰："人生求富，而子逃之，何也？"曰："从政者以庇④民也，民多旷者而我取富焉，是勤民以自封也，死无日矣！我逃死，非逃富也。"

弟子良为司马，生子越椒。子文曰："必杀之。是子也，熊虎之状而豺狼之声，弗杀，必灭若敖氏⑤。"子良不可，子文以为大戚，及将死。聚其族曰："椒也知政，乃速行，无及于难。"且泣曰："鬼犹求食，若敖氏之鬼，不其馁而⑥。"及子文卒，斗般为令尹【校记：嘉靖本作"及子文子斗般为令尹"。《备考》本与《左传》同，故从之。】，越椒与蒋贾谮斗般，杀之而居其位，既又恶蒋贾，复杀之，遂处于烝野⑦，将攻王。王以文、成、穆三王之子为质⑧，弗受，战于皋浒⑨。椒败，遂灭若敖氏。子文之孙箴尹克黄使于齐，还，及宋，闻乱。其人⑩曰："不可以入矣。"箴尹曰："弃君之命，独谁受之？君，天也，天可逃乎？"遂归，复命而自拘于司败，王思子文之治，曰："子文无后，何以劝善？"使复其所⑪，改命曰生。其子孙当昭王时为郧公。

薛应旂曰："子文之忠，其他可能也，置族人于廷理而族人不怨，不可能也。名称溢于当时，声光流于罔极⑫，岂偶然哉！"

孙叔敖

孙叔敖，一名蒋艾猎【校记："蒋艾猎"，《备考》本作"蒋猎艾"。】，蒋贾之子，楚之处士也。少出游，见两头蛇，杀而埋之，归有忧色，其母问之。叔敖曰："吾闻见两头蛇者死，儿今见之，恐不得事亲也。"母曰："蛇今安在？"叔敖曰："吾恐他人之复见

---

① 成王：楚成王，名熊頵(yūn)，公元前671年至前626年在位。《国语》韦昭注："成王，楚文王之子頵也。"

② 脯：肉干。糗：干粮。《国语》韦昭注："糗，寒粥也。筐，器名也。"

③ 羞：《国语》韦昭注："羞，进也。"

④ 庇：《国语》韦昭注："庇，覆也。"

⑤ 若敖氏：若敖，楚国国君，名熊仪，无谥，故称若敖，楚成王之祖。楚君没有称号的都称敖，冠以所葬之地，称某敖，熊仪葬于若，故称若敖。楚的后代以若敖为氏，称若敖氏。《国语》韦昭注："若敖氏，子文之族也。"

⑥ 不其馁而：不是就要挨饿了吗？此句意思子孙绝灭，无人祭祀，若敖氏的祖先必将挨饿。

⑦ 烝野：在今湖北江陵县境。一说在今河南新野县境。

⑧ 王以文、成、穆三王之子为质：楚庄王用楚文王、楚成王、楚穆王的子孙做人质。

⑨ 皋浒：古地名，春秋时楚地，故地在今湖北省襄樊市西。《左传·宣公四年》："楚子与若敖氏战于皋浒。"

⑩ 其人：箴尹克黄的随行人员。

⑪ 使复其所：就使他担任原来的官职。

⑫ 罔极：无穷无尽。《诗·小雅·何人斯》："有腼面目，视人罔极。"郑玄笺："人相视无有极时，终必与女相见。"《史记·太史公自序》："受命于穆清，流泽罔极。"

之也，杀而埋之矣。”母曰：“子之阴德及人矣，无害也。”

庄王九年，荐贾见叔敖于王，既而隐于民间不仕。令尹虞丘子①见于王曰：“臣之尸禄②久矣，民不加治，狱讼不息，处士不升，淫祸不止，久践高位，妨贤害能，臣知罪矣。闻有下里之士孙叔敖者，秀而多能，其性无欲，君能举而授之以政，则国可使理，民可使附也。”庄公以车迎之，既至，使为令尹，贺客毕至。有狐丘丈人③者，衣鹿衣，冠白冠，最后来且吊曰：“仆闻之，有三利必有三患，子知之乎?”叔敖蹴然易容曰：“小子不敏，何足以知之？愿闻其说。”丈人曰：“夫爵高者，人妒之，官大者，主恶之，禄厚者，怨归之。夫是以吊也。”叔敖曰：“不然，吾爵益高，吾志益下。吾官益大，吾心益小。吾禄益厚，吾施益博。可以免于患乎?”丈人曰：“善哉言乎！尧舜其犹病诸!”

叔敖相楚三月，施教导民，上下和合，政缓禁止④，吏无奸邪，盗贼不起。秋冬则劝民山采⑤，春夏以水⑥，各得其所便，民皆乐其生。庄王以为币轻⑦，更以小为大，百姓不便，皆去其业。市令言之相曰：“市乱，民莫安其处，次行不定⑧。”相曰：“吾今令之复矣。”乃言之王，市复如故。

楚民俗好庳车⑨，王以为庳车不便于马，欲下令使高之。相曰：“令数下，民不知所从。王必欲高车，臣请教闾里使高其梱⑩。乘车者皆君子，君子不能数下车。”王许之。居半岁，民悉自高其车。

十六年，叔敖城沂⑪，使封人⑫虑事，以授司徒⑬，量功命日⑭，分财用，平板干，称奋筑，程土物，议远迩，略基趾【校记：“略基趾”，嘉靖本作“略基址”。《备考》本与《皇王大纪》同，故从之。】，具糇粮⑮，度有司，事三旬而成，不愆于素⑯。庄王将兴师伐晋，曰：“敢谏者死。”叔敖曰：“臣闻畏鞭箠之严而不敢谏其父，非孝子也。惧斧钺之诛而不敢谏其君，非忠臣也。”于是遂进谏，曰：“君今贪彼之土，所谓知前之利而

---

① 虞丘子：人名，曾任楚令尹。

② 尸禄：谓空食俸禄而不尽其职，无所事事。汉刘向《说苑·至公》：“久践高位，妨群贤路，尸禄素飡，贪欲无厌。”省作“尸禄”。

③ 狐丘：邑名。丈人：地方上的长老。《列子集释》卷八：“狐丘，邑名。丈人，长老者。”

④ 政缓禁止：政令宽缓，法令所禁没人触犯。

⑤ 山采：进山樵采。

⑥ 春夏以水：春夏水暖则采于水中。《史记集解》徐广曰：“乘多水时而出材竹。”

⑦ 币轻：面值小。

⑧ 次行不定：储藏与流通均不方便。

⑨ 庳(bēi)车：车轮小车厢很低的车。《史记索隐》：“庳，下也，音婢。”

⑩ 高其梱：高其门槛，则低车不易通过，乘车者自然高其车。《史记索隐》：“梱，门限也。”

⑪ 城沂：修筑沂地的城墙。

⑫ 封人：官名，典守封疆，为司徒的属官。

⑬ 司徒：掌管劳役的官。

⑭ 量功命日：计量工程，规定日期。

⑮ 糇粮：食粮，干粮。《诗·大雅·公刘》：“乃积乃仓，乃裹糇粮。”

⑯ 不愆于素：没有超过预先制订的计划。愆：过。素：始，本。

不顾后害者也。正犹螳螂欲攫蝉而不知黄雀之在后，而黄雀又不知挟弹丸【校记："挟弹丸"，《备考》本作"放弹丸"。】者方将窥而毙之也，臣敢爱死不以告王哉?"王遂止，不伐晋，而士卒以宁。庄王问于叔敖曰："寡人未得，所以为国是也。"叔敖曰："国之有是，众非之所恶也，臣恐王之不能定也。"王曰："不定，独在君乎？亦在臣乎?"叔敖曰："国君骄士，曰：'士非我无由富贵。'士骄君，曰：'国非士无由安强。'人君或至失国而不悟，士或至饥寒而不进，君臣不合，国是无由定矣。夏桀殷纣不定国是，而以合其取舍者为是，以不合其取舍者为非，故致亡而不知。"庄王曰："善哉！愿相国与诸侯士大夫共定国是，寡人岂敢以褊国骄士民哉!"叔敖相楚，期年而楚国大治，庄王以霸。叔敖妻不衣帛，马不食粟，常乘栈车，牝马披羖羊之裘，从者曰："车新则安，马肥则疾，狐裘则温，何不为也?"叔敖曰："吾闻君子服美益恭，小人服美益倨，吾无德以堪之矣!"

叔敖疾，将死，戒其子曰："王亟①封我，吾不受也。我死，王必封汝。汝必无受利地②，利地者，众之所欲也。楚越间有寝丘③者，其地不利，其名甚恶，楚人鬼而越人机，可长有者唯此。"叔敖死④，其子贫甚，请诸优孟。优孟学叔敖言动举止甚类，往见王，王以其似叔敖也，怜之。优孟曰："叔敖死，其子无以自存，小人不过貌类叔敖耳，王何怜焉？王果以善地封其子，其子不受而请寝丘焉。"王与之四百邑，其后祀十世不绝云。

薛应旂曰："叔敖，其达人也。三得相而不喜，三去相而不悔，其视得丧荣辱，固一毫无与于我矣，迨死而犹戒其子无受利地焉，其贻谋之审而所以利其后者，何其大且远哉！世顾有挟目前之宠以酿子孙必争之害者，抑亦未之思与?"

子西

子西，楚公子申，子西其字，平王之庶长子也。平王卒，令尹子常欲立子西，曰："大子壬弱⑤，其母非適也，王子建实聘之。子西长而好善，立长则顺，建善则治。王顺国治，可不务乎?"子西怒曰："是乱国而恶君王⑥也。国有外援，不可渎也⑦。王有

---

① 亟：屡次。

② 利地：肥沃的土地。

③ 寝丘：古邑名，春秋楚地，今河南沈丘县东南。

④ 叔敖死：《皇览》曰："孙叔敖冢在南郡江陵故城中，曰土里。民传孙叔敖曰'葬我庐江陂，后当为万户邑'。去故楚都郢城北二十里所。或曰孙叔敖激沮水作云梦大泽之池也。"

⑤ 壬：即楚昭王。弱：这时太子最大也才七八岁，故曰弱。

⑥ 恶君王：言王子建聘之，是章君王之恶。

⑦ 国有外援，不可渎也：《左传·昭公二十六年》杨伯峻注："壬之母为秦女，外援指秦。渎，轻慢。"

适嗣，不可乱也。败亲速仇①，乱嗣不祥，我受其名②。赂吾以天下，吾滋③不从也。楚国何为？必杀令尹！”令尹惧，乃立昭王。

初，吴王阖庐之弑王僚也，公子掩余出奔徐，公子烛庸奔钟吾。昭王四年，吴王使徐人执掩余，钟吾人执烛庸。二公子于是奔楚，昭王大封④，而定其徙。使监马尹大心逆吴公子⑤，使居养⑥。莠尹然、左司马沈尹戌城之，取于城父，与胡田以与之⑦。将以害吴也。子西谏曰：“吴光新得国，而亲其民。视民如子，辛苦同之，将用之也。若好吴边疆，使柔服焉，犹惧其至。吾又强其仇以重怒之，无乃不可乎？吴，周之胄裔⑧也，而弃在海滨，不与姬通⑨。今而始大⑩，比于诸华⑪，光又甚文，将自同于先王⑫。不知天将以为虐乎，使翦丧吴国【校记：“翦丧吴国”，《备考》本作“剪丧吴国”。嘉靖本与《左传》同，故从之。】而封大异姓乎⑬？其抑亦将卒以祚吴乎？其终不远矣。我盍姑亿⑭吾鬼神，而宁吾族姓，以待其归。将焉用自播扬⑮焉。”王弗听。已而，吴子执钟吾子，遂伐徐，防山以水之⑯。徐子失国奔楚，吴谋伐楚，楚于是乎始病。

十年，吴师伐楚，战于柏举⑰，楚师大败，五战及郢。昭王涉睢⑱，济江，入于云中。王寝，盗攻之，以戈击王。王孙由于以背受之，中肩。王奔郧，由于徐苏而从。王

---

① 败亲速仇：败坏亲人名声，招来仇敌。杨伯峻注：“亲指其父平王。以平王娶儿媳所生之子而废之，是毁败其名。仇指秦，秦将来讨，是召雠仇。”

② 乱嗣不祥，我受其名：扰乱继承人不吉祥，让我背上坏名声。杨伯峻注：“此三者皆不祥之事。”

③ 滋：杜预注：“滋，益也。”

④ 大封：给与土田。《左传·昭公三十年》杜预注：“大封，与土田，定其所徙之居。”

⑤ 吴公子：即掩余、烛庸，二人皆吴王僚同母弟，故称公子。

⑥ 养：杜预注：“二子奔楚，楚使逆之于竟也。养即所封之邑。”杨伯峻注：“养当在今河南沈丘县今治南沈丘城之东，临安徽界首县界。”

⑦ 城父：即夷，其田在养东北。胡：今安徽阜阳市，胡田在养东南。

⑧ 胄裔：子孙后代，犹言苗裔。吴为周太王之子泰伯所居之地，吴王即其后代子孙。语出《左传·昭公三十年》。

⑨ 不与姬通：不跟姬姓国家交往。

⑩ 今而始大：现在才开始强大起来。而：乃。吴至泰伯十九世孙吴子寿梦才开始强大。

⑪ 比于诸华：可以和那些中原华夏各诸侯国并列。

⑫ 先王：《左传》杜预注：“先王谓大王、王季，亦自西戎，始比诸华。”

⑬ 翦丧：灭亡。封大：扩大。

⑭ 亿：安宁，安定。杜预注：“亿，安也。”

⑮ 播扬：张扬发动。杜预注：“播阳犹劳动也。”

⑯ 防山以水之：沿山修筑堤防用水来浸灌徐国。杜预注：“防壅山水以灌徐。”

⑰ 柏举：楚地，今湖北麻城县东北。“柏举”《公羊传》作“伯莒”，《穀梁传》作“伯举”。《国语》韦昭注：“柏举，楚地。”

⑱ 睢：水名，即沮水，出湖北保康县西南，东南流与漳水合，又经江陵县西入江。此当在湖北枝江县东北。

遂奔随①，子西收聚散卒，以败吴师于军祥②，会秦救亦至，吴师再败，吴王乃归。明年，昭王入于郢，王之奔随也，子西为王舆服以保路，国于脾泄③。闻王所在，而后从王。王使由于城麇④，复命，子西问高厚焉，弗知。子西曰："不能，如辞。城不知高厚，小大何知【校记："小大何知"，《备考》本作"大小何知"。】？"对曰："固辞不能，子使余也。人各有能有不能，王遇盗于云中，余受其戈，其所犹在。"袒而示之背，曰："此余所能也，脾泄之事，余亦弗能也。"子西谢之，昭王既反国，以子西为令尹，子期为司马。王谓子西曰："方余奔随，时将涉于成臼【校记："涉于成臼"，嘉靖本作"涉于臼"。《备考》本与《左传》同，故从之。】⑤，蓝尹亹涉其帑，不畀余舟⑥，必杀之。"子西对曰："子常唯思旧怨以败，君何效焉？"王曰："善。使复其所，吾以志前恶。"是岁，吴大子终累⑦败楚舟师，获潘子臣、小惟子⑧及大夫七人。楚国大惕，惧亡。子期又以陵师败于繁扬⑨。子西喜曰："乃今可为矣。"于是乎迁郢于都⑩，而改纪其政，以定楚国。

二十二年，吴师克越，楚大夫又皆惧，曰："阖庐惟能用其民，以败我于柏举。今闻其嗣又甚焉。将若之何？"子西曰："二三子恤不相睦，无患吴矣。昔阖庐食不二味，居不重席，室不崇坛，器不彤镂⑪，宫室不观，舟车不饰，衣服财用，择不取费⑫。在国，天有灾疠⑬，亲巡其孤寡，而共其乏困。在军，熟食者分，而后敢食。其所尝者，卒乘与焉。勤恤其民，而与之劳逸，是以民不罢劳，死不知旷⑭。吾先大夫子常易之⑮，所以败我也。今闻夫差次有台榭陂池⑯焉，宿有妃嫱嫔御焉。一日之行，所欲必成，玩好必从。珍异是聚，观乐是务，视民如仇，而用之日新。夫先自败也已，

---

① 随：地名，在今湖北随县南。

② 军祥：今湖北随县西南。

③ 国于脾泄：在脾泄建立了国都。脾泄：当在今湖北江陵县附近。

④ 王使由于城麇：楚昭王派王孙由于去修筑麇地的城墙。

⑤ 臼：臼成河，源出湖北京山县聊屈山，原西南流入沔水，今已改道。楚昭王渡河处，疑即今湖北钟祥县南的旧口。

⑥ 蓝尹亹（wěi）涉其帑，不畀余舟：蓝尹亹要渡他的妻子儿女，不肯把船给我。蓝尹亹：楚大夫。帑：妻子、儿女。畀：给与。

⑦ 吴大子终累：《左传·定公六年》杜预注："终累，阖庐子，夫差兄。"陆广微《吴地记》："阖庐三子，长曰终累。"

⑧ 潘子臣、小惟子：杜预注："潘子臣、小惟子为楚舟师之帅。"

⑨ 陵师：陆军。《左传·定公六年》杜预注："陵师，陆军。"繁扬：在今河南新蔡县北。

⑩ 都：《左传·定公六年》杨伯峻注："今湖北宜城县东南九十里。"

⑪ 室不崇坛，器不彤镂：宫室不修筑高台，器用不涂饰红色和雕刻花纹。

⑫ 择不取费：选择坚厚不求浪费。

⑬ 灾疠：灾害瘟疫。

⑭ 民不罢劳，死不知旷：百姓不疲敝劳动，死了知道不会白白死去。

⑮ 常易之：常常和他相反。

⑯ 次有台榭陂池：居住有楼台池沼。

安能败我？”二十七年，吴伐陈，昭王曰：“吾先君与陈有盟，不可以不救。”乃救陈，师于城父①。自春至秋，卜战不吉，卜退不吉。王曰：“然则死也！再败楚师②，不如死。弃盟逃仇，亦不如死。死一也，其死仇乎！”命公子申为王，不可；则命公子结，亦不可；则命公子启，五辞而后许之。将战，王有疾。方攻大冥③，王卒于城父。子闾退，曰：“君王舍其子而让，群臣敢忘君乎？从君之命，顺也。立君之子，亦顺也。二顺不可失也。”与子西、子期谋，潜师闭涂④，逆越女之子章⑤，立之。是为惠王。

惠王九年，子西及子期伐吴及桐汭⑥。初，平王太子建之见杀于郑也，其子胜在吴，子西欲召之。叶公诸梁⑦曰：“吾闻胜也，诈而乱，无乃害乎？”子西曰：“吾闻胜也，信而勇，不为不利，舍诸边竟，使卫藩焉。”叶公曰：“周仁之谓信，率义之谓勇。吾闻胜也，好复言，而求死士⑧，殆有【校记：“殆有”，《备考》本作“殆在。”嘉靖本与《左传》同，故从之。】私乎？复言，非信也。期死，非勇也。子必悔之。”弗从。召之使处吴竟⑨，为白公⑩。十年，胜请伐郑⑪。子西曰：“楚未节也。不然，吾不忘也。”他日又请，许之。未起师，晋人伐郑，楚救之，与之盟⑫。胜怒曰：“郑人⑬在此，仇不远矣。”胜自厉剑⑭，子期之子平见之，曰：“王孙何自厉也？”曰：“胜以直闻，不告汝，庸为直乎？将以杀尔父。”平以告子西。子西曰：“胜如卵【校记：“胜如卵”，《备考》本作“胜则卵”。嘉靖本与《左传》同，故从之。】，余翼而长之⑮。楚国，第我死，令尹、司马，非胜而谁？”胜闻之曰：“令尹之狂也，得死，乃非我。”子西不悛⑯。胜与其徒石乞作乱，杀子西、子期于朝。

---

① 城父：北城父，在今河南宝丰县东。

② 再败楚师：鲁哀公四年已经败于柏举，今退还，则是再败。

③ 大冥：在今河南项城县境。

④ 潜师闭涂：秘密撤军，封锁道路不让消息外泄。

⑤ 逆越女之子章：迎接越国女子的儿子章。

⑥ 桐汭：即今桐水，源出安徽广德县，流经郎溪县，北入江苏高淳县，注入丹阳湖。

⑦ 叶公诸梁：即沈诸梁，字子高。

⑧ 好复言，而求死士：喜好实践诺言，寻求敢死之士。

⑨ 竟：边境。《礼记·曲礼上》：“入竟而问禁。”《荀子·富国》：“其竟关之政尽察。”杨倞注：“竟，与境同。”《左传·哀公十六年》杨伯峻注：“吴竟，楚与吴接界之境，非吴境内也。”

⑩ 白公：白邑长官。白：楚邑，在今河南息县东。公，楚国对县邑长官的称呼。

⑪ 胜请伐郑：胜请求讨伐郑国，欲报郑国杀其父太子建之仇。

⑫ 楚救之，与之盟：楚国又帮助郑国对付晋国，并与郑国盟约。

⑬ 郑人：用子西代替郑人。

⑭ 厉剑：《荀子·性恶篇》：“钝金必将待砻厉然后利。”厉：磨也。

⑮ 胜如卵，余翼而长之：胜像个蛋，是我孵化和养大了他。杜预注：“以鸟喻也。”

⑯ 不悛：不觉醒，不悔改。《小尔雅·广言》：“悛，觉也。”《左传·哀公二十七年》：“知伯不悛，赵襄子由是惎知伯，遂丧之。”

薛应旂曰："子西辞子常之请而逊位，相昭王之弱而定国，知夫差之侈而必败，亦可谓荆楚之嘉公子矣。乃卒沮书社之封，召白公之乱，谓之何哉？"

叶公

沈诸梁，字子高，尹戌子为叶公，故称叶公。初，太子建见杀于郑，其子胜在吴，令尹子西欲召之。子高闻之，见子西，曰："闻子召王孙胜①，信乎？"曰："然。"子高曰："将焉用之？"曰："吾闻之，胜直而刚，欲置之境。"子高曰："不可！其为人也，展而不信，爱而不仁，诈而不智，毅而不勇，直而不衷，周而不淑，复言而不谋身，展也；爱而不谋长，不仁也；以谋盖人，诈也；强忍犯义，毅也；直而不顾，不衷也；周言弃德，不淑也。是六德者，皆有其华而不实者也，将焉用之。彼其父为戮于楚，其心又狷而不絜②。若其狷也，不忘旧怨，而不以洁悛德，思报怨而已。则其爱也足以得人，其展也足以复之，其诈也足以谋之，其直也足以帅之，其周也足以盖之，其不洁也足以行之，而加之以不仁，奉之以不义，蔑不克③矣。苟国有衅，必不居矣。非子职之，其谁乎？彼将思旧怨而欲大宠，动而得人，怨而有术，若果用之，害可待也。余爱子与司马，故不敢不言【校记："不敢不言"，嘉靖本作"不敢言"，《备考》本与《左传》同，故从之。】。"子西曰："德其忘怨④！余善之，夫乃其宁。"子高曰："不然。吾闻之，唯仁者可好也，可恶也，可高也，可下也。好之不偪，恶之不怨，高之不骄，下之不惧。不仁者则不然。人好之则偪，恶之则怨，高之则骄，下之则惧。骄有欲焉，惧有恶焉，欲恶怨偪，所以生诈谋也。子将若何？若召而下之，将戚而惧；为之上者，将怒而怨。诈谋之心，无所靖矣。有一不义，犹败国家，今一五六，而必欲用之，不亦难乎？吾闻国家将败，必用奸人，而嗜其疾味⑤，其子之谓乎？夫谁无疾眚⑥！能者早除之。旧怨灭宗，国之疾眚也⑦，为之关籥⑧、蕃篱而远备闲之，犹恐其至也，是之为日惕。若召而近之，死无日矣。人有言曰：'狼子野心，怨贼之人。'其又可善乎？若子不我信，盍求若敖氏与子干、子皙之族而近之？安用胜也，其能几何？昔齐驺马繻以胡公入

---

① 王孙胜：即白公胜，楚平王的孙子。

② 狷而不絜：心地狭隘偏执而又不纯洁。

③ 蔑不克：没有不成功的。蔑：表示否定。《左传·成公十六年》："宁事齐楚，有亡而已，蔑从晋矣。"

④ 德其忘怨：《国语》韦昭注："言绥之以德，必忘怨也。"

⑤ 嗜其疾味：韦昭注："嗜，贪也。疾味，味为己生疾害，喻好不善也。"

⑥ 疾眚：疾病。眚：shěng，泛指疾病。韦昭注："眚，犹灾也。"

⑦ 旧怨灭宗，国之疾眚也：因为旧日的怨恨而灭了宗庙，是国家的病灾。

⑧ 关籥：门闩和锁钥。《墨子·备城门》："五十步一方，方尚必为关籥守之。"孙诒让《闲诂》引苏时学曰："关籥即管钥。"

于具水①，邴歜、阎职②戕懿公于囿竹，晋长鱼矫杀三郤于榭，鲁圉人荦杀子般于次③，夫是谁之故也，非唯旧怨乎？是皆子之所闻也。人之求多闻善败，以监戒也。今子闻而弃之，犹蒙耳也。吾语子何益，吾知逃而已。”子西笑曰：“子之尚胜也。”竟召之使处吴境，为白公。

胜居白，有异图，谓其徒石乞曰：“王与二卿士子西子期，皆五百人当之，则可矣。”乞曰：“不可得也。”曰：“市南有熊宜僚者，若得之，可以当五百人矣。”乃从白公而见之，与之言，说。告之故，辞。承之以剑，不动。胜曰：“不为利谄，不为威惕，不泄人言以求媚者，去之。”

惠王十年，吴人伐慎④，白公败之。请以战备⑤献，许之。遂作乱。秋七月，杀子西、子期于朝，而劫惠王。子西以袂掩面而死，曰：“吾惭叶公也。”子期曰：“昔者吾以力事君，不可以弗终。”抉豫章以杀人而后死。石乞曰：“焚库弑王，不然不济。”白公曰：“不可。弑王不祥，焚库无聚，将何以守矣？”乞曰：“有楚国而治其民，以敬事神，可以得祥，且有聚矣，何患？”弗从【校记：“弗从”，《备考》本作“不从”。】。叶公在蔡⑥，方城之外皆曰：“可以入⑦矣。”子高曰：“吾闻之，以险徼幸者，其求无餍，偏重必离。”闻其杀齐管修也而后入。

白公欲以子闾⑧为王。子闾不可，遂劫以兵。子闾曰：“王孙若安靖楚国，匡正王室，而后庇焉，启之愿也，敢不听从。若将专利以倾王室，不顾楚国，有死不能。”遂杀之，而以王如高府，石乞尹门⑨。圉公阳穴宫，负王以如昭夫人⑩之宫。叶公亦至，及北门，或遇之，曰：“君胡不胄？国人望君如望慈父母焉。盗贼之矢若伤君，是绝民望也。若之何不胄？”乃胄而进。又遇一人曰：“君胡胄？国人望君如望岁焉，日日以几。若见君面，是得艾也。民知不死，其亦夫有奋心。犹将旌君以徇于国，而反掩面以

---

① 驺马繻：齐国大夫。胡公：姜太公的后代胡公靖。具水：即巨洋水，在今山东境内。此指胡公虐待马繻，后马繻杀胡公，将其尸体扔下具水。

② 邴歜、阎职：二人都是齐国大臣。懿公：齐懿公，名商人，齐桓公之子，前612年至前609年在位。齐懿公为太子时，与邴歜的父亲争夺田地，没有获胜，即位后，掘了邴歜父亲坟墓，并让邴歜的仆人娶阎职的妻子。鲁文公十八年(前609年)，齐懿公到申池出游，邴歜和阎职杀懿公，将其尸体扔到竹林里。

③ 晋长鱼矫杀三郤于榭，鲁圉人荦杀子般于次：晋国的长鱼矫在台榭上杀了三郤，鲁国的养马人荦在住所杀了子般。圉人：养马人。子般：鲁庄公太子。子般为太子时，曾因事鞭打养马人荦。后子般即位，公子庆父和子般的夫人私通，鲁庄公三十二年(前662年)，庆父派荦杀死子般。

④ 慎：古地名，在今安徽省颍上县北江口集。见《左传·哀公十六年》。

⑤ 战备：与吴战所得的铠杖兵器。《荀子·王霸》：“乡方略，审劳佚，谨畜积，修战备，𪗋然上下相信，而天下莫之敢当。”见《左传·哀公十六年》。

⑥ 蔡：蔡迁州来，楚并其地。

⑦ 人：入郢平乱之意。

⑧ 子闾：楚平王之子公子启。

⑨ 尹门：主守高府之门。

⑩ 昭夫人：楚昭王夫人，楚惠王之母，越女。

绝民望，不亦甚乎?”乃免胄而进。遇箴尹固，帅其属将与白公。子高曰：“微二子者，楚不国矣。弃德从贼，其可保乎?”乃从叶公。使与国人以攻白公。白公奔山而缢，其徒微之①。生拘石乞而问白公之死焉，对曰：“余知其死所，而长者②使余勿言。”曰：“不言将烹。”乞曰：“此事克则为卿，不克则烹，固其所也。何害?”乃烹石乞。诸梁兼令尹、司马二事，国宁，乃使子西之子宁为令尹，使子期之子宽为司马，而老于叶③。初，吴之入楚也，子高之母与其弟后臧见俘于吴，后臧不待而归，子高终身不正视之云。

薛应旂曰：“余观叶公，知白公之必乱，知子西、子期之不能弥乱，而国人望之若望岁焉，若望慈母焉，盖楚之良大夫也。顾乃问孔子于子路而子路不对者，岂亦以其知圣而不能举与！噫，圣人实未易知，而道之行止有命存焉也，何厚望于叶公也哉！”

陈良

陈良，楚之儒者也，悦周公、仲尼之道，北学于中国，北方之学者未能或之先也，陈相、陈辛学其道而从许行，故孟子责之。

---

① 其徒微之：白公的部下掩藏了其尸体。

② 长者：指白公胜。

③ 老于叶：自己到叶地去退休养老。

四书人物考卷二十九

传二十六　战国

张仪

张仪者，魏人也①，始尝与苏秦俱事鬼谷先生，学术，苏秦自以不及张仪。张仪已学而游说诸侯。尝从楚相饮，已而楚相亡璧，门下意②张仪，曰："仪贫无行，必此盗相君之璧。"共执张仪，掠笞数百，不服，醳③之。其妻曰："嘻！子毋读书游说，安得此辱乎?"张仪谓其妻曰："视吾舌尚在不?"其妻笑曰："舌在也。"仪曰："足矣。"

苏秦已说赵王而得相约从亲，然恐秦之攻诸侯，败约后负，念莫可使用于秦者，乃使人微感④张仪曰："子始与苏秦善，今秦已当路，子何不往游，以求通子之愿?"张仪于是之赵，上谒求见苏秦。苏秦乃诫门下人不为通，又使不得去者数日。已而见之，坐之堂下，赐仆妾之食。因而数让⑤之曰："以子之材能，乃自令困辱至此！吾宁不能言而富贵子，子不足收也。"谢去之。张仪之来也，自以为故人，求益，反见辱，怒。念诸侯莫可事，独秦能苦赵，乃遂入秦。苏秦已而告其舍人曰："张仪，天下贤士，吾殆弗如也，今吾幸先用。而能用秦柄者，独张仪可耳。然贫，无因以进。吾恐其乐小利而不遂，故召辱之，以激其意。子为我阴奉之。"乃言赵王，发金币车马，使人微随张仪，与同宿舍。稍稍近就之，奉以车马金钱。所欲用，为取给而弗告。张仪遂得以见秦惠王。惠王以为客卿，与谋伐诸侯。苏秦之舍人乃辞去。张仪曰："赖子得显，方且报德，何故去也?"舍人曰："臣非知君，知君乃苏君。苏君忧秦伐赵败从约，以为非君莫能得秦柄，故感怒君，使臣阴奉给君资，尽苏君之计谋。今君已用，请归报。"张仪曰：

---

① 张仪者，魏人也：《吕氏春秋》曰："仪，魏氏余子。"《史记索隐》："晋有大夫张老，又河东有张城，张氏为魏人必也。而《吕览》以为魏氏余子，则盖魏之支庶也。"

② 意：怀疑。

③ 醳：《史记索隐》："古'释'字。"

④ 微感：暗中引诱、刺激，自隐微处感动。

⑤ 数让：一次又一次责备。《史记索隐》：按：谓数设词而让之。让亦责也。数，音朔。

“嗟乎！此在其术中而不悟，吾不及苏君明矣。吾又新用，安能谋赵乎？为吾谢苏君：苏君之时，仪何敢言。且苏君在，仪宁渠能乎！”

张仪既相秦，为文檄①告楚相曰：“始吾从若饮，我不盗而璧，若笞我。若善守汝国，我顾且盗而城！”苴蜀②相攻击，各来告急于秦。秦惠王欲发兵以伐蜀，以为道险狭难至，而韩又来侵秦。秦惠王欲先伐韩，后伐蜀，恐不利；欲先伐蜀，恐韩袭秦之敝；犹豫未能决。司马错与张仪争论于惠王之前。司马错欲伐蜀，张仪曰：“不如伐韩。”王曰：“请闻其说。”仪曰：“亲魏善楚，下兵三川③，塞什【校记：“塞什”，《备考》本作“塞斜”，嘉靖本与《稗编》同，故从之。】谷④之口，当屯留⑤之道，魏绝南阳⑥，楚临南郑⑦，秦攻新城⑧、宜阳，以临二周之郊，诛周王之罪，侵楚、魏之地。周自知不能救，九鼎宝器必出。据九鼎，案图籍，挟天子以令于天下，天下莫敢不听，此王业也。今夫蜀，西僻之国而戎翟之伦也，敝兵劳众不足以成名，得其地不足以为利。臣闻争名者于朝，争利者于市。今三川、周室，天下之朝市【校记：“朝市”，《备考》本作“市朝”。嘉靖本与《史记》同，故从之。】也，而王不争焉，顾争于戎翟，去王业远矣。”司马错曰：“不然。臣闻之：欲富国者务广其地，欲强兵者务富其民，欲王者务博其德，三资者备而王随之矣。今王地小民贫，故臣愿先从事于易。夫蜀，西僻之国也，而戎翟之长也，有桀纣之乱。以秦攻之，譬如使豺狼逐群羊。得其地足以广国，取其财足以富民缮兵⑨，不伤众而彼已服焉。拔一国而天下不以为暴，利尽西海⑩而天下不以为贪，是我一举而名实附⑪也，而又有禁暴止乱之名。今攻韩，劫天子，恶名也，而未必利也，又有不义之名，而攻天下所不欲，危矣。臣请论其故：周，天下之宗室也。齐，韩之与国也。周自知失九鼎，韩自知亡三川，将二国⑫并力合谋，以因乎齐、赵而求解乎楚、魏，以鼎与楚，以地与魏，王弗能止也。此臣之所谓危也。不如伐蜀先。”惠王曰：

---

① 为文檄：写了一封公开信。檄：二尺长的简书。徐广曰：“一作‘咫尺之檄’。”

② 苴蜀：巴蜀。苴：bāo，古民族名，巴人的一支。

③ 下兵三川：出兵三川。东周以河、洛、伊为三川。《战国策·秦策一》：“亲魏善楚，下兵三川。”

④ 什谷：在河南巩县、登封一带。一作寻谷。《史记集解》徐广曰：“一作‘寻’，成皋巩县有寻口。”

⑤ 屯留：在今山西屯留县东南。《史记正义》：“屯留，潞州县也。道，即太行羊肠阪道也。”

⑥ 南阳：河内之南阳，意即秦使魏切断韩经南阳援上党的通道。《史记正义》：“南阳，怀州也。是当屯留之道，今魏绝断坏羊肠、韩上党之路也。”

⑦ 南郑：即韩都新郑，在今新郑县西。《史记正义》：“是塞什谷之口也。令楚兵临郑南，寒镮辕鄏口，断韩南阳之兵也。”

⑧ 新城：在今河南伊川县西。《史记索隐》：“新城当在河南伊阙之左右。”《史记正义》：“洛州福昌县也。”

⑨ 缮兵：充实甲兵。缮：修治。《史记正义》：“缮，音膳，同‘膳’，具食也。”

⑩ 西海：西部地区。古人认为中国四面环海，巴蜀在西，故云得到巴蜀而能擅西海之利。《史记正义》：“海之言晦也，西夷晦昧无知，故言海也。言利尽西方羌戎。”

⑪ 名实附：名至实归。《史记索隐》：“名谓博其德也，实谓得土地财宝也。”

⑫ 二国：周与韩。

"善，寡人请听子。"卒起兵伐蜀，十月，取之，遂定蜀。贬蜀王更号为侯，而使陈庄相蜀。蜀既属秦，秦以益强，富厚，轻诸侯。

秦惠王十年，使公子华与张仪围蒲阳①，降之。仪因言秦复与魏，而使公子繇质于魏。仪因说魏王曰："秦王之遇魏甚厚，魏不可以无礼。"魏因入上郡、少梁②，谢秦惠王。惠王乃以张仪为相，更名少梁曰夏阳。仪相秦四岁，立惠王为王。居一岁，为秦将，取陕③。筑上郡塞。其后二年，使与齐、楚之相会啮桑④。东还而免相，相魏以为秦，欲令魏先事秦而诸侯效之。魏王不肯听仪。秦王怒，伐取魏之曲沃、平周⑤，复阴厚张仪益甚。张仪惭，无以归报。留魏四岁而魏襄王卒，哀王立。张仪复说哀王，哀王不听。于是张仪阴令秦伐魏。魏与秦战，败。

明年，齐又来败魏于观津⑥。秦复欲攻魏，先败韩申差军，斩首八万，诸侯震恐。而张仪复说魏王曰："魏地方不至千里，卒不过三十万。地四平，诸侯四通辐凑，无名山大川之限。从郑至梁二百余里，车驰人走，不待力而至。梁南与楚境，西与韩境，北与赵境，东与齐境，卒戍四方，守亭鄣⑦者不下十万。梁之地势固战场也。梁南与楚而不与齐，则齐攻其东；东与齐而不与赵，则赵攻其北；不合于韩，则韩攻其西；不亲于楚，则楚攻其南。此所谓四分五裂之道也。且夫诸侯之为从者，将以安社稷尊主强兵显名也。今从者一天下，约为昆弟，刑白马以盟洹水⑧之上，以相坚也。而亲昆弟同父母，尚有争钱财，而欲恃诈伪反覆苏秦之余谋，其不可成亦明矣。大王不事秦，秦下兵攻河外，据卷、衍、燕、酸枣⑨，劫卫取阳晋⑩，则赵不南，赵不南而梁不北，梁不北则从道⑪绝，从道绝则大王之国欲毋危不可得也。秦折韩⑫而攻梁，韩怯于秦，秦韩为一，梁之亡可立而须也。此臣之所为大王患也。为大王计，莫如事秦。事秦则楚、韩必不敢动。无楚、韩之患，则大王高枕而卧，国必无忧矣。且夫秦之所欲弱者莫如楚，而

---

① 蒲阳：在今山西永济县西。《史记索隐》："魏之邑名。"《史记正义》："在隰州隰川县，蒲邑故城是也。"

② 上郡：魏西河北部地，在陕西榆林南。少梁：秦更名夏阳，在今陕西韩城南。徐广曰："夏阳在梁山龙门。"《史记索隐》：夏，山名，亦曰大夏，禹所都。《史记正义》：少梁城，同州韩城县南二十三里。夏阳城在县南二十里。梁山在县东南十九里。龙门山在县北五十里。

③ 陕：魏邑，在今三门峡市西。

④ 啮桑：今江苏沛县西南。

⑤ 曲沃：今河南陕县曲沃镇。平周：在今山西介休县境内。

⑥ 观津：应做"观泽"。在今河南清丰东。观泽之战，齐助秦败韩、魏，事在公元前317年。

⑦ 亭鄣：防卫壁垒。魏四面无山险，故修筑壁垒以保卫边境。

⑧ 洹水：今河南安阳市北之安阳河。

⑨ 卷：在今河南原阳县西。衍：在河南郑州市北。燕：在河南延津县东北。酸枣：在延津县西。《史记索隐》："卷在河南。衍，地名。"《史记正义》："卷、衍属郑州。燕，滑州胙城县。酸枣属滑州。皆黄河南岸地。"

⑩ 阳晋：在山东郓城西。《史记正义》："故城在曹州乘氏县西北三十七里。"

⑪ 从道：南北大道。

⑫ 折韩：使韩屈服，要挟韩。《史记索隐》："《战国策》'折'作'挟'也。"

能弱楚者莫如梁。楚虽有富大之名而实空虚，其卒虽多，然而轻走易北，不能坚战。悉梁之兵南面而伐楚，胜之必矣。割楚而益梁，亏楚而适秦，嫁祸安国，此善事也。大王不听臣，秦下甲士而东伐，虽欲事秦，不可得矣。且夫从人多奋辞而少可信。说一诸侯而成封侯，是故天下之游谈士莫不日夜扼腕瞋目切齿以言从之便，以说人主。人主贤其辩而牵其说，岂得无眩哉？臣闻之：积羽沉舟，群轻折轴①，众口铄金，积毁销骨。故愿大王审定计议，且赐骸骨辟魏。"哀王于是乃倍从约【校记："倍从约"，《备考》本作"背从约。"】，而因仪请成于秦。张仪归，复相秦。三岁而魏复背秦为从。秦攻魏，取曲沃。明年，魏复事秦。

秦欲伐齐，齐、楚从亲，于是张仪往相楚。楚怀王闻张仪来，虚上舍而自馆之。曰："此僻陋之国，子何以教之?"仪说楚王曰："大王诚能听臣，闭关绝约于齐，臣请献商②於之地六百里，使秦女得为大王箕帚之妾。秦楚娶妇嫁女，长为兄弟之国。此北弱齐而西益秦也，计无便此者。"楚王大说而许之。群臣皆贺，陈轸独吊之。楚王怒曰："寡人不兴师发兵得六百里地，群臣皆贺，子独吊，何也?"陈轸对曰："不然，以臣观之，商於之地不可得而齐秦合，齐秦合则患必至矣。"楚王曰："有说乎?"陈轸对曰："夫秦之所以重楚者，以其有齐也。今闭关绝约于齐，则楚孤。秦奚贪夫【校记："贪夫"，《备考》本作"贪乎"，嘉靖本与《史记》同，故从之。】孤国，而与之商於之地六百里？张仪至秦，必负王，是北绝齐交，西生患于秦也，而两国之兵必俱至。善为王计者，不若阴合而阳绝于齐，使人随张仪。苟与吾地，绝齐未晚也。不与吾地，阴合谋计也。"楚王曰："愿陈子闭口毋复言，以待寡人得地。"乃以相印授张仪，厚赂之。于是遂闭关绝约于齐，使一将军随张仪。

张仪至秦，佯失绥堕车，不朝三月。楚王闻之，曰："仪以寡人绝齐未甚邪?"乃使勇士至宋，借宋之符，北骂齐王。齐王大怒，折节而下秦。秦齐之交合，张仪乃朝，谓楚使者曰："臣有奉邑六里，愿以献大王左右。"楚使者曰："臣受令于王，以商於之地六百里，不闻六里。"还报楚王，楚王大怒，发兵而攻秦。陈轸曰："轸可发口言乎？攻之不如割地反以赂秦，与之并兵而攻齐，是我出地于秦，取偿于齐也，王国尚可存。"楚王不听，卒发兵，而使将军屈丐击秦。秦齐共攻楚，斩首八万，杀屈丐，遂取丹阳、汉中之地③。楚又复益发兵而袭秦，至蓝田④，大战，楚大败，于是楚割两城以与秦平。

秦要楚，欲得黔中⑤地，欲以武关外⑥易之。楚王曰："不愿易地，愿得张仪而献

---

① 群轻折轴：许多轻东西聚集起来也可以压断车轴。

② 商：《史记索隐》刘氏云："商，今之商州有古商城，其西二百余里有古于城。"

③ 丹阳：在今河南淅川附近，靠近秦商、於之地，楚未得地反失地。汉中之地：陕西南沔县至湖北竹山一带。

④ 蓝田：在今陕西今县西。

⑤ 黔中：楚郡县，湖南沅陵等地。

⑥ 武关外：武关外之地即商於之地。

黔中地。”秦王欲遣之，口弗忍言。张仪乃请行。惠王曰：“彼楚王怒子之负以商於之地，是且甘心于子。”张仪曰：“秦强楚弱。臣善靳尚，尚得事楚夫人郑袖，袖所言皆从。且臣奉王之节使楚，楚何敢加诛？假令诛臣而为秦得黔中之地，臣之上愿。”遂使楚。楚怀王至则囚张仪，将杀之。靳尚谓郑袖曰：“子亦知子之贱于王乎？”郑袖曰：“何也？”靳尚曰：“秦王甚爱张仪而不欲出之①，今将以上庸②之地六县赂楚，以美人聘楚，以宫中善歌讴者为媵。楚王重地尊秦，秦女必贵而夫人斥矣。不若为言而出之。”于是郑袖日夜言怀王曰：“人臣各为其主用。今地未入秦，秦使张仪来，至重王。王未有礼而杀张仪，秦必大怒攻楚。妾请子母俱迁江南，毋为秦所鱼肉也。”怀王后悔，赦张仪，厚礼之如故。张仪既出，未去，闻苏秦死。乃说楚王曰：“秦地半天下，兵敌四国，被险带河，四塞以为固。虎贲之士百余万，车千乘，骑万匹，积粟如丘山。法令既明，士卒安难乐死，主明以严，将智以武。虽无出甲，席卷常山③之险，必折天下之脊，天下有后服者先亡。且夫为从者，无以异于驱群羊而攻猛虎，虎之与羊不格明矣。今王不与猛虎而与群羊，臣窃以为大王之计过也。”“凡天下强国，非秦而楚，非楚而秦，两国交争，其势不两立。大王不与秦，秦下甲据宜阳，韩之上地不通。下河东，取成皋，韩必入臣，梁则从风而动。秦攻楚之西，韩、梁攻其北，社稷安得毋危？且夫从者聚群弱而攻至强，不料敌而轻战，国贫而数举兵，危亡之术也。臣闻之：兵不如者勿与挑战，粟不如者勿与持久。夫从人饰辩虚辞，高主之节，言其利不言其害，卒有秦祸，无及为已。是故愿大王之孰计之。秦西有巴蜀，大船积粟，起于汶山④，浮江已下，至楚三千余里。舫船⑤载卒，一舫载五十人与三月之食，下水而浮，一日行三百余里，里数虽多，然而不费牛马之力，不至十日而距扞关⑥。扞关惊，则从境以东尽城守矣，黔中、巫郡非王之有。秦举甲出武关，南面而伐，则北地绝⑦。秦兵之攻楚也，危难在三月之内；而楚待诸侯之救，在半岁之外。此其势不相及也。夫待弱国之救，忘强秦之祸，此臣所以为大王患也。大王尝与吴人战，五战而三胜，阵卒尽矣；偏守新城⑧，存民苦矣。臣闻功大者易危，而民敝者怨上。夫守易危之功而逆强秦之心，臣窃为大王危之。且夫秦之所以不出兵函谷十五年以攻齐、赵者，阴谋有合天下之心。楚尝与秦构难，战于汉中，楚人不胜，列侯执珪⑨死者七十余人，遂亡汉中。楚王大怒，兴兵袭秦，战于蓝田。此所谓两虎相搏者也。夫秦楚相敝，而韩魏以全制其后，计无危于

① 不欲出之：必欲出之，谓秦王必欲使楚释放张仪，不出不止。《史记索隐》：“‘不’字当作‘必’。时张仪为楚所囚，故必欲出之也。”

② 上庸：地名，在今湖北竹山县东南。

③ 席卷：如卷起席子一样容易。常山：即恒山，在河北曲阳县西。

④ 汶山：今四川岷山。

⑤ 舫船：即方船，两船相并之船。《史记索隐》：“舫，音方，谓并两船也。”

⑥ 距扞关：抵达扞关。扞关：今湖北长阳县西。

⑦ 北地绝：楚之北境将被切断。北地：楚之北境，河南信阳以北之地。

⑧ 偏守新城：勉力守备新得之城。

⑨ 执珪：楚高级爵位之名。

此者矣！愿大王孰计之。秦下甲攻卫阳晋，必大关天下之匈①。大王悉起兵以攻宋，不至数月而宋可举。举宋而东指，则泗上十二诸侯②尽王之有也。凡天下而以信约从亲相坚者苏秦，封武安君。相燕，即阴与燕王谋伐破齐而分其地。乃佯有罪，出走入齐，齐王因受而相之。居二年而觉，齐王大怒，车裂苏秦于市。夫以一诈伪之苏秦，而欲经营天下，混一诸侯，其不可成亦明矣。今秦与楚接境壤界，固形亲之国也。大王诚能听臣，臣请使秦太子入质于楚，楚太子入质于秦，请以秦女为大王箕帚之妾，效万室之都以为汤沐之邑，长为昆弟之国，终身无相攻伐。臣以为计无便于此者。"于是楚王已得张仪而重出黔中地与秦，欲许之。屈原曰："前大王见欺于张仪，张仪至，臣以为大王烹之。今纵弗忍杀之，又听其邪说，不可。"怀王曰："许仪而得黔中，美利也。后而倍之，不可。"故卒许张仪，与秦亲。

张仪去楚，因遂之韩，说韩王曰："韩地险恶山居，五谷所生非菽而麦，民之食大抵饭菽藿羹。一岁不收，民不餍糟糠。地不过九百里，无二岁之食。料大王之卒，悉之不过三十万，而厮徒负养③在其中矣。除守徼亭鄣塞，见卒不过二十万而已矣。秦带甲百余万，车千乘，骑万匹，虎贲之士跿跔科头贯颐奋戟者④，至不可胜计。秦马之良，戎兵之众，探前趹后，蹄间三寻腾者⑤，不可胜数。山东之士被甲蒙胄以会战，秦人捐甲徒裼⑥以趋敌，左挈人头，右挟生虏。夫秦卒与山东之卒，犹孟贲之与怯夫。以重力相压，犹乌获之与婴儿。夫战孟贲、乌获之士以攻不服之弱国，无异垂千钧之重于鸟卵之上，必无幸矣【校记："必无幸矣"，《备考》本作"必无辜矣"。嘉靖本与《史记》同，故从之。】。夫群臣诸侯不料地之寡，而听从人之甘言好辞，比周以相饰也。皆奋曰'听吾计可以强霸天下'。夫不顾社稷之长利而听须臾之说，诖误人主，无过此者。大王不事秦，秦下甲据宜阳，断韩之上地，东取成皋、荥阳，则鸿台之宫、桑林⑦之苑非王之

---

① 阳晋：卫邑，在山东郓城县西。大关天下之匈："匈"通"胸"。徐广曰："关，一作'开'。"《史记索隐》："以常山为天下脊，则此卫及阳晋当天下胸，盖其地是秦、晋、齐、楚之交道也。以言秦兵据阳晋，是大关天下胸，则他国不得动也。"

② 泗上十二诸侯：《史记索隐》："边近泗水之侧，当战国之时有十二诸侯，宋、鲁、邾、莒之比也。"

③ 厮徒负养：勤杂人员。《史记索隐》："厮徒，谓杂役之贱者。负养，谓负檐以给养公家，亦贱人也。"

④ 虎贲之士跿跔科头贯颐奋戟者：勇敢之士光着头赤着脚，冒矢石，执长矛而冲锋陷阵，形容秦兵之勇。跿跔：tú jū，赤脚跳跃。《史记集解》："跿跔，音徒俱，跳跃也。又云偏举一足曰跿跔。科头，谓不著兜鍪人敌。"

⑤ 探前趹后，蹄间三寻腾者：秦马精良奔驰迅速，一跃两蹄间的距离有两丈多。《史记索隐》："谓马前足探向前，后足趹于后。趹，音乌穴反。趹谓后足抉地，言马之走势疾也。七尺曰寻。言马走之疾，前后蹄间一掷而过三寻也。"

⑥ 徒裼：《史记索隐》："徒，跣也。裼，袒也，谓袒而见肉也。"

⑦ 鸿台、桑林：皆韩之宫苑名。徐广曰："桑，一作'栗'。"《史记索隐》："此皆韩之宫苑，亦见《战国策》。"

有也。夫塞成皋，绝上地，则王之国分矣。先事秦则安，不事秦则危。夫造祸而求其福报，计浅而怨深，逆秦而顺楚，虽欲毋亡，不可得也。故为大王计，莫如为秦。秦之所欲莫如弱楚，而能弱楚者莫如韩。非以韩能强于楚也，其地势然也。今王西面而事秦以攻楚，秦王必喜。夫攻楚以利其地，转祸而说秦，计无便于此者。”韩王听仪计。张仪归报，秦惠王封仪五邑，号曰武信君。使张仪东说齐滑王①曰：“天下强国无过齐者，大臣父兄殷众富乐。然而为大王计者，皆为一时之说，不顾百世之利。从人说大王者，必曰‘齐西有强赵，南有韩与梁。齐，负海之国也，地广民众，兵强士勇，虽有百秦，将无奈齐何’。大王贤其说而不计其实。夫从人朋党比周，莫不以从为可。臣闻之：齐与鲁三战而鲁三胜，国以危亡随其后，虽有战胜之名，而有亡国之实。是何也？齐大而鲁小也。今秦之与齐也，犹齐之与鲁也。秦赵战于河漳之上，再战而赵再胜秦。战于番吾②之下，再战又胜秦。四战之后，赵之亡卒数十万，邯郸仅存，虽有战胜之名而国已破矣。是何也？秦强而赵弱。今秦楚嫁女娶妇，为昆弟之国。韩献宜阳，梁效河外③。赵入朝渑池，割河间④以事秦。大王不事秦，秦驱韩梁攻齐之南地，悉赵兵渡清河，指博关⑤，临淄、即墨⑥非王之有也。国一日见攻，虽欲事秦不可得也。是故愿大王孰计之也。”齐王曰：“齐僻陋，隐居东海之上，未尝闻社稷之长利也。”乃许张仪。

张仪去，西说赵王曰：“敝邑秦王使使臣效愚计于大王。大王收率天下以宾秦⑦，秦兵不敢出函谷关十五年。大王之威行于山东，敝邑恐惧慑伏【校记：“慑伏”，《备考》本作“慑服”。嘉靖本与《史记》同，故从之。】，缮甲厉兵，饰车骑，习驰射，力田积粟，守四封之内，愁居慑处，不敢动摇，唯大王有意督过⑧之也。今以大王之力，举巴蜀，并汉中，包两周，迁九鼎，守白马之津⑨。秦虽僻远，然而心忿含怒之日久矣。今秦有敝甲凋兵，军于渑池，愿渡河逾漳，据番吾，会邯郸之下。愿以甲子合战⑩，以正殷纣之事【校记：“之事”，《备考》本作“之罪。”嘉靖本与《史记》同，故从之。】，敬使使臣先闻左右。凡大王之所信为从者，恃苏秦。苏秦荧惑诸侯，以是为非，以非

---

① 齐滑王：《战国策》高诱注为“齐宣王”。

② 番吾：赵邑，在今河北磁县境内。

③ 效河外：风险河外之地。效：同献，奉献。河外：指河南魏国西部地区，在今郑州以西。《史记索隐》：“河外，河之南邑，若曲沃、平周等也。”《史记正义》：“谓同、华州地也。”

④ 河间：漳水和黄河之间的地方。《史记索隐》：“河漳之间邑，割以事秦耳。”《史记正义》：“河间，瀛州县。”

⑤ 博关：地名，在今山东博平县西北。《史记正义》：“博关在博州。赵兵从贝州度黄河，指博关，则漯河南临菑、即墨危矣。”

⑥ 即墨：在山东平度县东南。

⑦ 宾秦：排斥秦国。宾同“摈”。

⑧ 督过：《史记索隐》：“督者，正其事而责之。督过，是深责其过也。”

⑨ 白马之津：黄河白马津，在今河南滑县东北。

⑩ 甲子合战：周武王伐纣时，于甲子日誓师牧野，故此云甲子合战。

为是，欲反齐国①，而自令车裂②于市。夫天下之不可一亦明矣。今楚与秦为昆弟之国，而韩梁称为东藩之臣，齐献鱼盐之地，此断赵之右臂也。夫断右臂而与人斗，失其党而孤居，求欲毋危，岂可得乎？今秦发三将军：其一军塞午道③，告齐使兴师渡清河，军于邯郸之东。一军军成皋，驱韩梁军于河外。一军军于渑池，约四国为一以攻赵，赵服必四分其地。是故不敢匿意隐情，先以闻于左右。臣窃为大王计，莫如与秦王遇于渑池，面相见而口相结，请案兵无攻。愿大王之定计。”赵王曰：“先王之时，奉阳君④专权擅势，蔽欺先王，独擅绾事⑤。寡人居属师傅，不与国谋计。先王弃群臣，寡人年幼，奉祀之日新，心固窃疑焉，以为一从不事秦，非国之长利也。乃且愿变心易虑，割地谢前过以事秦。方将约车趋行，适闻使者之明诏。”赵王许张仪，张仪乃去。

北之燕，说燕昭王曰：“大王之所亲莫如赵。昔赵襄子尝以其姊为代王⑥妻，欲并代，约与代王遇于句注⑦之塞。乃令工人作为金斗⑧，长其尾⑨，令可以击人。与代王饮，阴告厨人曰：‘即酒酣乐，进热啜⑩，反斗⑪以击之。’于是酒酣乐，进热啜，厨人进斟，因反斗以击代王，杀之，王脑涂地。其姊闻之，因摩笄以自刺，故至今有摩笄之山⑫。代王之亡，天下莫不闻。夫赵王之狼戾无亲，大王之所明见，且以赵王为可亲乎？赵兴兵攻燕，再围燕都而劫大王，大王割十城以谢。今赵王已入朝渑池，效河间以事秦。今大王不事秦，秦下甲云中、九原，驱赵而攻燕，则易水、长城非大王之有也。且今时赵之于秦，犹郡县也，不敢妄举师以攻伐。今王事秦，秦王必喜，赵不敢妄动，是西有强秦之援，而南无齐赵之患，是故愿大王孰计之。”燕王曰：“寡人蛮夷僻处，虽大男子裁如婴儿，言不足以采正计。今上客幸教之，请西面而事秦，献恒山之尾五城⑬。”燕王听仪。仪归报，未至咸阳而秦惠王卒，武王立。武王自为太子时不说张仪，

---

① 反齐国：倾覆齐国。

② 车裂：俗称五马分尸，古代酷刑的一种。

③ 午道：交通四达之道，在赵与齐相交之地。午：一纵一横。

④ 奉阳君：赵肃侯弟赵成。据帛书，赵惠王时权臣李兑亦号奉阳君。

⑤ 绾事：即官事，管理国家之事。

⑥ 代王：赵襄子时诸侯未称王。代，国名，在河北尉县东北。

⑦ 句注：勾注，山名，在山西代县西北，即雁门山。《史记正义》：“句注山在代州也。”

⑧ 金斗：铜制酒杯。《史记索隐》：“斗，音主。凡方者为斗，若安长柄，则名为枓，音主。尾即斗之柄，其形若刀者是也。”

⑨ 长其尾：把斗柄加长。尾：斗柄。

⑩ 热啜：热汤。

⑪ 反斗：倒转斗柄以攻击人。《史记正义》：“反斗，即倒柄击也。”

⑫ 摩笄之山：山名，在今河北涿鹿县西北。《史记正义》：“笄，今簪也。”摩笄山在蔚州飞狐县东北百五十里。

⑬ 献恒山之尾五城：燕把恒山末端的五城献给秦国。《史记索隐》：“尾犹末也。谓献恒山之东五城以与秦。”

及即位，群臣多谗张仪曰：“无信，左右卖国以取容。秦必复用之，恐为天下笑。”诸侯闻张仪有隙武王，皆畔衡①，复合从。

秦武王元年，群臣日夜恶张仪未已，而齐让又至。张仪惧诛，乃因谓秦武王曰：“仪有愚计，愿效之。”王曰：“奈何?”对曰：“为秦社稷计者，东方有大变，然后王可以多割得地也。今闻齐王甚憎仪，仪之所在，必兴师伐之。故仪愿乞其不肖之身之梁，齐必兴师而伐梁。梁齐之兵连于城下而不能相去，王以其间伐韩，入三川，出兵函谷而西伐，以临周，祭器②必出。挟天子，按图籍，此王业也。”秦王以为然，乃具革车三十乘，入仪之梁。齐果兴师伐之。梁哀王恐。张仪曰：“王勿患也，请令罢齐兵。”乃使其舍人冯喜之楚，借使之齐，谓齐王曰：“王甚憎张仪。虽然，亦厚矣王之托仪于秦也!”齐王曰：“寡人憎仪，仪之所在，必兴师伐之，何以托仪?”对曰：“是乃王之托仪也。夫仪之出也，固与秦王约曰：‘为王计者，东方有大变，然后王可以多割得地。今齐王甚憎仪，仪之所在，必兴师伐之。故仪愿乞其不肖之身之梁，齐必兴师伐之。齐梁之兵连于城下而不能相去，王以其间伐韩，入三川，出兵函谷而西伐，以临周，祭器必出。挟天子，按图籍，此王业也。’秦王以为然，故具革车三十乘而入之梁也。今仪入梁，王果伐之，是王内罢国而外伐与国③，广邻敌以内自临，而信仪于秦王也。此臣之所谓‘托仪’也。”齐王曰：“善。”乃使解兵。

张仪相魏一岁，卒于魏也。

公孙衍

公孙衍者，魏之阴晋④人也，一名犀首⑤，与张仪不善。

张仪为秦之魏，魏王相张仪。犀首弗利，故令人谓韩公叔曰：“张仪已合秦魏矣，其言曰‘魏攻南阳，秦攻三川’。魏王所以贵张子者，欲得韩地也。且韩之南阳已举矣，子何不少委焉以为衍功⑥，则秦魏之交可错⑦矣。然则魏必图秦而弃仪，收韩而相衍。”公叔以为便，因委之犀首以为功，果相魏。张仪去。

义渠⑧君朝于魏。犀首闻张仪复相秦，害之。犀首乃谓义渠君曰：“道远不得复过，

---

① 畔衡：背叛连衡。畔通“叛”。

② 祭器：祭祀的礼器。《史记索隐》：“凡王者大祭祀，必陈设文物轩车彝器等，因谓此为祭器也。”

③ 外伐与国：《史记索隐》：“谓齐之伐梁也。梁之与齐，先相许与约从为邻，故云与国也。”

④ 阴晋：魏邑，在今陕西华阴县东南。

⑤ 犀首：魏官名，武职，此为公孙衍的代称。司马彪曰：“犀首，魏官名，若今虎牙将军。”

⑥ 少委焉以为衍功：稍微委托点事给公孙衍做。少通“稍”。

⑦ 错：通“措”，搁置。《史记索隐》：“错，音措。错，停止也。”

⑧ 义渠：诸戎之国，后为秦所灭，在今甘肃宁县一带。

请谒事情①。”曰：“中国无事②，秦得烧掇焚杅③君之国；有事④，秦将轻使重币事君之国。”其后五国伐秦。会陈轸谓秦王曰：“义渠君者，蛮夷之贤君也，不如赂之以抚其志。”秦王曰：“善。”乃以文绣千纯⑤，妇女百人遗义渠君。义渠君致群臣而谋曰：“此公孙衍所谓邪?”乃起兵袭秦，大败秦人李伯之下。张仪已卒之后，犀首入相秦。尝佩五国之相印，为约长。

太史公曰：“三晋多权变之士，夫言从衡强秦者，大抵皆三晋之人也。夫张仪之行事甚于苏秦，然世恶苏秦者，以其先死，而仪振暴⑥其短以扶其说，成其衡道。要之，此两人真倾危之士哉!”呜呼！若公孙衍者，固亦苏张之流也。

薛子曰：“孟子谓仪、衍为妾妇，而迁史谓仪、秦为倾危之士，岂不信然哉！然要之，皆智慧过人，谋略盖世，不易得之才也。独其沉溺于战国富贵之习，颠倒于人欲横流中，沦胥而不知返，于是为妾妇、为倾危，而不善用其才矣。论者谓战国人才去春秋远甚，以春秋多功名之士而气节尚存也，是孰知功名必流于富贵，富贵必无所不至，而坑焚之祸其势且不容已也，岂止妾妇、倾危而已哉！呜呼！后世则又认富贵为功名，而一切趋之矣。人才之日流也，又将何所底极乎?”

周霄

周霄⑦，魏人。霄谓宫他曰：“子为霄谓齐王曰，霄愿为外臣⑧，令齐资我于魏。”宫他曰：“不可，是示齐轻也，夫齐不以无魏者以害有魏者，故公不如示有魏。”公曰：“王之所求于魏者，臣请以魏听，齐必资公矣。是公有齐，以齐有魏也。”

---

① 请谒事情：请让我替你分析一下当今形势。《史记索隐》：“谓欲以秦之缓急告语之也。”

② 中国无事：东方六国(中国)不攻打秦国(无事)。《史记索隐》：“谓山东诸侯齐、魏之六国。”《史记正义》：“中国，谓关东六国。无事，不共攻秦。”

③ 烧掇：焚烧侵掠。焚杅(wū)：焚揉牵制，犹控制。《史记索隐》：“掇，音都活反，谓焚烧而侵掠也。焚杅，音烦乌。谓焚蹂而牵制也。”

④ 有事：《史记索隐》：“谓山东诸国共伐秦也。”

⑤ 纯：《史记索隐》：“凡丝绵布帛等一段为一纯。音屯。”

⑥ 振暴：宣扬揭露。《史记索隐》：“暴，音步卜反。振谓振扬而暴露其短。扶，谓说彼之非，成我之是，扶会己之说辞也。”

⑦ 周霄：《孟子》赵岐注：“魏人也。”。

⑧ 外臣：古诸侯国的士大夫对别国君主的自称。《礼记·杂记上》：“(士)讣于他国之君，曰君之外臣某死。”

四书人物考卷三十

传二十七　战国

季任

季任，任①君之弟也。季任尝为君居守其国，以币②交于孟子，孟子由邹之任见之，以季子不得之邹也。

曹交

曹交，曹君之弟也。交问于孟子曰："人皆可以为尧舜，有诸？"孟子曰："然。"交曰："交闻文王十尺，汤九尺。今交九尺四寸，以长食粟而已，如何则可？"孟子曰："奚有于是③，亦为之而已矣。"

王子垫

王子垫，齐王之子也。垫问于孟子曰："士何事？"孟子曰"尚志④。"曰："何谓尚志？"曰："仁义而已矣。"

---

① 任：阎若璩《释地》云："任，国名，太皞之后，风姓。汉为任城县，后汉为任城国。"此当为今山东济宁市。

② 币：缯帛，古代常用作祭祀或馈赠的礼品。

③ 奚有于是：这有什么关系呢？

④ 尚志：士要使自己的志行高尚。

滕更

滕更，滕君之弟也，学于孟子，孟子不答，公都子问之。孟子曰：“挟贵、挟贤、挟长、挟有勋劳、挟故而问者，皆所不答也，滕更有二焉。”

薛应旂曰：“《书》有之：‘世禄之家，鲜克由礼。’①在古已然矣。矧于战国势利【校记：“势利”，《备考》本作“势力。”】相高之时，乃有四公子者乎？犹知尊贤而就问也，夫季任尚矣，曹交、王子垫次之，滕更就有所挟而执，负墙受业之礼，卒致附骥②而名施于后世，其视扬扬于轻肥声色而无所比伦，甘与草木同堙灭者，不亦霄壤③矣乎？”

司城贞子春秋时人附此

司城贞子，宋大夫之贤者也。孔子去卫，适宋，尝主④于其家。

戴不胜　薛居州

戴不胜、薛居州，皆宋臣也。时宋王偃淫暴，以韦囊⑤盛血，悬而射之，命曰射天。酗酒淫色，群臣谏者，辄射之。凡在左右者，皆谀佞容悦之人，于是诸侯皆号曰桀。宋戴不胜谓薛居州曰：“陈善闭邪，唯善士为能之，子善士也，独不能善王哉?”居州曰：“子不闻乎？君犹素也，臣犹染也，染于青则青，染于黄则黄，今白沙在泥，将染而黑矣，子其奈何哉?”其后齐湣王与魏楚伐宋，杀王偃灭宋而三分其地。

戴盈之

戴盈之，宋大夫也。宋王偃灭滕伐薛，东败齐，取五城⑥；南败楚，取地三百里；西败魏军，与齐楚为敌。积岁兴师【校记：“兴师”，《备考》本作“兴兵”。】，费出不经，

---

① 语出《尚书·毕命》。

② 附骥：蚊蝇附在马的尾巴上，可以远行千里。比喻依附先辈或名人之后而成名。

③ 霄壤：比喻相去极远，差别很大。

④ 主：寓居。

⑤ 韦囊：皮做的袋子。韦：去毛熟治的兽皮，柔软的皮革。

⑥ 五城：指京城。

取用无度。万章之徒乃谓宋行王政，孟子自鲁至宋，盈之谓孟子曰：“什一，去关市之征①，王政也，今兹未能，请轻②之，以待来年然后已。”孟子曰：“如知其非义，斯速已矣③，何待来年?”宋卒不能行王政，后果为齐所灭，王偃走，死。

薛应旂曰：“宋至孟子时，居州以善士名，而二戴之言论好尚，皆无战国习气，犹有司城贞子之风。万章谓宋将行王政，岂亦有见于若人之俦与？不知宋王偃之淫暴，虽有善者，亦将如之何哉?”

淳于髡

淳于髡，齐人也，博闻强记，学无所主，其谏说慕晏婴之为人也，然而承意观色为务④。齐威王之时喜隐⑤，好为淫乐长夜之饮，沉湎不治⑥，委政卿大夫。百官荒乱，诸侯并侵，国且危亡在于旦暮，左右莫敢谏。淳于髡说之以隐曰：“国中有大鸟，止王之庭，三年不蜚又不鸣。王知此鸟何也?”王曰：“此鸟不飞则已，一飞冲天；不鸣则已，一鸣惊人。”于是乃朝诸县令长七十二人，赏一人，诛一人⑦。奋兵而出。诸侯振惊，皆还齐侵地。威行三十六年，语在《史记·田完世家》。

威王八年，楚发兵加齐。齐王使淳于髡之赵请救兵，赍金百斤，车马十驷。淳于髡仰天大笑，冠缨索绝⑧。王曰：“先生少之乎?”髡曰：“何敢!”王曰：“汝笑岂有说乎?”髡曰：“今者臣从东方来，见道傍有禳田者⑨，操一豚蹄，酒一盂，而祝曰：‘瓯窭满篝，污邪满车⑩，五谷蕃熟⑪，穰穰⑫满家。’臣见其所持者狭而所欲者奢，故笑之。”于是齐威王乃益赍黄金千镒，白璧十双，车马百驷。髡辞而行，至赵。赵王与之精兵十万，革车⑬千乘。楚闻之，夜引兵而去。威王大说，置酒后宫，召髡赐之酒。问曰：“先生能饮几何而醉?”对曰：“臣饮一斗亦醉，一石亦醉。”威王曰：

---

① 什一，去关市之征：税率十分抽一，免除关卡和商品的赋税。

② 轻：减轻。

③ 斯速已矣：赶快停止算了。

④ 承意观色为务：专注于察言观色，曲意迎合为说。

⑤ 喜隐：喜欢隐语。隐语：意在言外，如猜谜语。

⑥ 沉湎不治：迷醉于酒，不问政事。

⑦ 赏一人，诛一人：赏即墨大夫，诛阿大夫。事详见《史记·田完世家》。

⑧ 冠缨索绝：淳于髡笑得前仰后合，把帽带都笑断了。缨：帽带。索绝：尽断。

⑨ 禳田者：祈祷田神以求丰收的人。

⑩ 瓯窭满篝，污邪满车：田神保佑，高地的收获满篓，低地的收获满车。瓯窭：贫瘠的高地。篝：竹篓。污邪：低湿地。

⑪ 五谷：稻、稷、黍、麦、菽。蕃熟：谓庄稼成熟而得丰收。

⑫ 穰：庄稼丰收。

⑬ 革车：重战车。

“先生饮一斗而醉，恶能饮一石哉！其说可得闻乎？”髡曰：“赐酒大王之前，执法在傍【校记：“傍”，《备考》本作“旁”。嘉靖本与《史记》同，故从之。】，御史①在后，髡恐惧俯伏而饮，不过一斗径醉矣。若亲有严客②，髡帣韝鞠跽③，侍酒于前，时赐余沥④，奉觞上寿，数起⑤，饮不过二斗径醉矣。若朋友交游，久不相见，卒然相睹⑥，欢然道故⑦，私情相语，饮可五六斗径醉矣。若乃州闾之会⑧，男女杂坐，行酒稽留⑨，六博、投壶⑩，相引为曹⑪，握手无罚，目眙不禁⑫，前有堕珥⑬，后有遗簪，髡窃乐此，饮可八斗而醉二参⑭。暮酒阑⑮，合尊促坐⑯，男女同席，履舄⑰交错，杯盘狼藉，堂上烛灭，主人留髡而送客，罗襦襟解，微闻芗泽⑱，当此之时髡心最欢，能饮一石。故曰酒极则乱，乐极则悲，万事尽然。”言不可极，极之而衰，以讽谏焉。齐王曰：“善。”乃罢长夜之饮，以髡为诸侯主客⑲。宗室置酒，髡尝在侧。

客有见髡于梁惠王，梁惠王屏左右，独坐而再见之，终无言也，惠王怪之。以让客曰：“子之称淳于先生，管、晏不及，及见寡人，寡人未有得也【校记：“寡人未有得也”，《备考》本无“寡人”二字。嘉靖本与《史记》同，故从之。】，岂寡人不足为言邪？何故哉？”客以谓髡，髡曰：“固也，吾前见王，王志在驱逐，后复见王，王志在音声，吾是以默然。”客具以报王，王大骇，曰：“嗟乎！淳于先生诚圣人也，前淳于先生之来，人有献善马者，寡人未及视，会先生至。后先生之来，人有献讴者，未及试，亦会先生来。寡人虽屏人，然私心在彼，有之。”后淳于髡见，壹语连三日三夜无倦，惠王欲以卿相位待

---

① 执法、御史：皆指行酒令之官。

② 亲有严客：父亲有尊敬的父辈客人。

③ 帣韝(gōu)鞠跽(jì)：卷起袖子，曲膝而跪。

④ 余沥：剩下的酒。

⑤ 数起：捧起酒杯敬酒，多次起身应酬。

⑥ 卒然相睹：忽然相见。“卒”通“猝”。

⑦ 道故：叙旧情。

⑧ 州闾之会：乡里宴会。

⑨ 稽留：流连。

⑩ 六博、投壶：古代的两种游戏。六博：古代一种掷彩下棋的比赛游戏。投壶：古代宴会礼制，亦为娱乐活动。宾主依次用矢投向盛酒的壶口，以投中多少决胜负，负者饮酒。

⑪ 相引为曹：互相招呼，配对比赛。

⑫ 握手无罚，目眙不禁：男女互相握手，也不受处罚，眉目传情也不禁止。

⑬ 珥：耳环。

⑭ 醉二参：指在这种场合饮酒八斗，十次之中也只不过醉了两三次。

⑮ 酒阑：宴会将散。阑：将尽。

⑯ 合尊促坐：把余酒合成一樽，大家促膝共饮。尊同“樽”，酒器。

⑰ 履：鞋。舄：木拖鞋。

⑱ 罗襦襟解，微闻芗泽：女人的绸衫已经解开，隐约闻到香汗之气。芗同香。泽：汗。

⑲ 主客：主持接待诸侯之客的外交事务。

之，髡因谢去。于是送以安车①、驾驷，束帛、加璧②，黄金百镒，终身不仕。

薛应旂曰："齐岂有两淳于髡哉！太史迁既传于孟荀之间，乃复首列于《滑稽传》中，夫亦以其谈言微中，可以解纷③，而迁之玩世自嘲，亦于是焉寓矣。合二传而观之，髡岂不亦荦荦④超脱之伟人哉！"

胡龁

胡龁，齐宣王之臣也。孟子尝闻之龁曰："王坐于堂上，有牵牛而过堂下者，王见之曰：'牛何之?'对曰：'将以衅钟⑤。'王曰：'舍之！吾不忍其觳觫⑥，若无罪而就死地。'对曰：'然则废衅钟与?'曰：'何可废也？以羊易之！'"

【校记：《备考》本此段文为：胡龁，齐人。孟子许宣王可以保民而王，引胡龁以羊易牛证之。】

庄暴

庄暴，齐宣王之臣也。庄暴见孟子，曰："暴见于王，王语暴以好乐，暴未有以对也。"曰："好乐何如?"孟子曰："王之好乐甚，则齐国其庶几乎！"

【校记：《备考》本此段文为：庄暴，齐人。尝见孟子，曰："王语暴以好乐，暴未有以对也，好乐何如?"孟子曰："王之好乐甚则齐有庶几乎！"】

景丑

景丑，齐大夫也。宣王托疾以招孟子，孟子亦以疾辞。既乃出，吊于东郭氏⑦，王使人问疾，医来。孟仲子使数人要⑧于路，请必造朝，孟子不得已而宿于景丑氏。丑乃曰："丑见王之敬子，未见所以敬王。"孟子曰："我非尧舜之道不敢陈于王前，齐人莫

---

① 安车：古代车的一种，供皇帝或达官贵人乘坐。

② 束帛、加璧：帛十匹为一束，再加一块璧，是很隆重的礼品。

③ 解纷：排解纷乱，排解纠纷。

④ 荦荦：卓绝的样子。

⑤ 衅钟：古代的一种礼节仪式，国家新的重要器物以至宗庙使用时，宰杀一件活物以祭之。

⑥ 觳觫：hú sù，恐惧战栗的样子。

⑦ 吊于东郭氏：到东郭大夫家去吊丧。

⑧ 要：yāo，遮拦，拦截。

如我敬王也。”丑曰：“否，非此之谓也。礼曰：‘君命召，不俟驾①，闻王命而遂不果，礼与？’”孟子曰：“天下有达尊三：爵一，齿一，德一②，恶得有其一，以慢其二哉？”

孔距心

孔距心，齐平陆大夫也。孟子之平陆③，谓之曰：“凶年饥岁，子之民，老羸转于沟壑④，壮者散而之四方矣。”对曰：“此非距心之所得为也。”孟子曰：“受人之牛羊而为之牧，则必求牧与刍⑤矣。求之不得，将反诸其人乎⑥？抑立而视其死与⑦？”曰：“此则距心之罪也。”

蚳鼃

蚳鼃⑧，齐大夫也。孟子谓鼃曰：“子之辞灵丘而请士师⑨，为其可以言也。今既数月矣，未可以言与？”鼃谏于王而不用，致为臣而去⑩。

沈同

沈同，齐臣也。同尝私问于孟子曰：“燕可伐与？”孟子曰：“可。”同语诸【校记：“同语诸”，《备考》本无“诸”字】王，王果伐燕。

陈贾

陈贾，齐大夫也。齐破燕，后二年，燕人共立太子平为王。齐宣王曰：“吾甚惭于

① 君命召，不俟驾：听说有国君之命的召唤，不等马车驾好自己便先行走去。
② 爵一，齿一，德一：爵位是一个，年龄是一个，道德是一个。
③ 平陆：齐国边境邑名，故城当在今山东汶上县北。
④ 老羸转于沟壑：年老体弱的抛尸露骨在山沟里。
⑤ 必求牧与刍：一定要替牛羊寻找牧场和草料。
⑥ 求之不得，将反诸其人乎：如果牧场和草料都找不到，是把它退还给原主吗？
⑦ 抑立而视其死与：还是就站着看着它一个个死去呢？
⑧ 蚳鼃：chí wā。鼃即今蛙字。
⑨ 辞灵丘而请士师：辞去灵丘县长而要做治狱官。灵丘：齐国边境邑名。
⑩ 致为臣而去：辞职而去。

孟子①。”陈贾曰：“王无患焉，贾请见而解之②。”见孟子问曰：“周公何人也？”曰：“古圣人也。”曰：“周公知管叔将畔而使之监殷与？”曰：“不知也。”“然则圣人且有过与？”曰：“周公，弟也；管叔，兄也。周公之过，不亦宜乎？”

时子

时子，齐臣也。宣王谓时子曰：“我欲中国而授孟子室，养弟子以万钟③，子盍言之？”时子谓陈子而以告孟子。孟子曰：“然。夫时子恶知其不可也？”

尹士

尹士，齐人也。孟子去齐，尹士讥之，既闻孟子之言。乃曰：“士诚小人也。”

陈戴

陈戴，齐人也，陈仲子之兄，食采于盖，禄入万钟④。仲子以兄之禄为不义而不食也。

储子

储子，齐人也。储子言于孟子曰：“王使人瞯⑤夫子，果有以异于人乎？”孟子曰：“何以异于人哉？尧舜与人同耳。”

公行子

公行子，齐大夫。有子之丧，齐卿大夫皆以君命往吊。

---

① 吾甚惭于孟子：我对孟子感到很惭愧。孟子曾劝王“速出令，反其旄倪，止其重器，谋于燕众，置君而后去之，则犹可及止也。”齐宣王不听，结果遭到燕国反抗。

② 贾请见而解之：陈贾请求去看看孟子向他解释。

③ 我欲中国而授孟子室，养弟子以万钟：我想在临淄城中给孟子一幢房屋，用万钟之粟来养活他的门徒。中国：在国都之中。万钟：指优厚的俸禄。钟，古量名。

④ 食采于盖，禄入万钟：从盖邑收入的俸禄有几万石之多。盖：gě，地名，为陈戴采邑。

⑤ 瞯：jiàn，窥视，侦伺。

然友

然友，滕世子之傅也。滕定公卒，世子欲行古丧礼，谓然友之邹①问于【校记："问于"，《备考》本无"于"字。】孟子，孟子引曾子之言以告之，然友反命②。世子曰："然。是诚在我③。"

毕战

毕战，滕臣也，文公闻孟子言古井田之法，遂使毕战主其事。

薛应旂曰："战国之事，见于《孟子》书者，唯田齐之国为多，然皆碌碌庸人，不足以为士也，他不经见，奚怪哉？其间如孔距心、蚳鼃闻言而悟，犹庶几焉？滕之臣虽不多见，而然友、毕战犹能任丧礼、井田之事，则滕文之贤，亦因可知矣。惜也，国小不王，故曰：'虽有知慧，不如乘势。'又曰：'势，轻重也。'岂势固不可少哉！"

北宫锜

北宫，姓。锜，名。卫人，尝以周室班爵禄之制④，问于孟子。孟子谓其详不可得闻而告之，以其略云。

【校记：《备考》本此段作：北宫，姓。锜，名。卫人。尝问于孟子曰："周室班爵禄也如之何？"孟子曰："其详不可得而闻也，然而轲也尝闻其略也。"】

季孙　子叔疑

季孙、子叔疑，不知何时人。季孙曰："异哉子叔疑！使己为政，不用，则亦已矣，又使其子弟为卿，人亦孰不欲富贵？而独于富贵之中有私龙断焉⑤【校记："私龙

---

① 之邹：《史记正义》云："今邹县去徐州滕县四十余里，盖往反不过大半日，故可问而后行事。"

② 然友反命：然友回国复命。

③ 是诚在我：这应当决定于我。

④ 周室班爵禄之制：周朝制定的官爵和俸禄的等级制度。

⑤ 而独于富贵之中有私龙断焉：但他却在做官发财之中有一种垄断行为。龙断：垄断。

断焉”，《备考》本作“私垄断焉”。嘉靖本与《孟子》同，故从之。】。”

景春

景春，未详何国人，春言于孟子曰：“公孙衍、张仪岂不诚大丈夫哉？一怒而诸侯惧，安居而天下熄。”孟子曰：“是焉得为大丈夫乎？以顺为正者，妾妇之道也。”

【校记：《备考》本此段作：景春，未详何国人，尝称公孙衍、张仪为大丈夫，孟子曰：“是焉得为大丈夫也？”】

宋句践【校记：“宋句践”，《备考》本作“宋勾践”。】

宋姓，句【校记：“句”，《备考》本作“勾”。】践名，未详何国人，游说之士也【校记：“游说之士也”，《备考》本无此句”】。孟子谓句践曰【校记：“孟子谓句践曰”《备考》本作“孟子尝谓之曰”】：“子好游①乎？吾语子游。人知之，亦嚣嚣②；人不知，亦嚣嚣。”曰【校记：“曰”，《备考》本作“勾践曰”】：“何如斯可以【校记：“可以”《备考》本作“可谓”】嚣嚣矣？”曰：“尊德乐义，则可以嚣嚣矣。”

盆成括

盆成，姓。括，名。未详何国人。括有小才，未闻大道。虞③君尝谓【校记：《备考》本作“谢”】之曰：“今工者久而巧，色者老而衰④；今人不及壮之时，益积心技之术，以备将衰之色，色者必尽乎老之前，知谋无以异乎幼之时，可好之色，彬彬乎【校记：“彬彬乎”，《备考》本作“彬乎”。嘉靖本与《说苑》同，故从之。】且尽，洋洋乎【校记：“洋洋乎”，《备考》本作“洋乎”，嘉靖本与《说苑》同，故从之。】，安托无能之躯哉！故有技者不累身而未尝灭，而色不得以常茂【校记：“常茂”，《备考》本作“常存”，嘉靖本与《说苑》同，故从之。】。”盖规之也，括不悟，仕齐而见杀。

---

① 游：朱熹《集注》云：“游，游说也。”

② 嚣嚣：赵岐注云：“自得无欲之貌。”

③ 虞：国名，在今山西平陆县虞城。

④ 今工者久而巧，色者老而衰：现在做手艺的人时间越久手艺就越精巧，而美貌却越老越衰。

四书人物考卷三十一

传二十八　隐逸

伯夷　叔齐

伯夷名元，字公信。叔齐名智【校记："名智"，嘉靖本作"名致"。《备考》本与《山堂肆考》同，故从之。】，字公达。姓墨胎氏，父名初。夷、齐，其谥也。太史公为之【校记：嘉靖本无"之"字】作传曰："夫学者载籍极博，犹考信于六艺。《诗》、《书》虽缺①，然虞夏之文可知也。尧将逊位，让于虞舜。舜、禹之间，岳牧②咸荐，乃试之于位，典职③数十年，功用既兴，然后授政。示天下重器，王者大统，传天下若斯之难也。而说者曰尧让天下于许由④，许由不受，耻之逃隐。乃夏之时，有卞随、务光⑤者。此何以称焉？"

太史公曰："余登箕山⑥，其上盖有许由冢云。孔子序列古之仁圣贤人，如吴太伯、伯夷之伦详矣。余【校记："余"，《备考》本作"予"。】以所闻由、光义至高，其文辞不少概见，何哉？"孔子曰："伯夷、叔齐，不念旧恶，怨是用希。""求仁得仁，又何怨乎？"余悲伯夷之意，睹轶诗可异焉。其传曰：

伯夷、叔齐，孤竹君之二子也。父欲立叔齐，及父卒，叔齐让伯夷。伯夷曰："父

---

① 《诗》、《书》虽缺：《史记索隐》："《孔子系家》称古诗三千余篇，孔子删三百五篇为《诗》，今亡五篇。又《书纬》称孔子求得黄帝玄孙帝魁之书，迄秦穆公，凡三千三百三十篇，乃删以一百篇为《尚书》，十八篇为《中候》。今百篇之内见亡四十二篇，是《诗》、《书》又有缺亡者也。"

② 岳牧：四方诸侯的首领和九州的行政长官。岳：四岳，四方首领。牧：九牧，九州的行政长官。

③ 典职：掌理政治事务。《史记正义》："舜禹皆典职事二十余年，然后践帝位。"

④ 许由：传说中的尧时隐士。

⑤ 卞随、务光：均为夏桀时人，传说汤让天下于卞随、务光。卞随不受，投水而死；务光以为耻，因而逃隐。

⑥ 箕山：在今河南登封南。

命也。"遂逃去。叔齐亦不肯立而逃之。国人立其中子。于是伯夷、叔齐闻西伯①昌善养老，盍往归焉。及至，西伯卒，武王载木主②，号为文王，东伐纣。伯夷、叔齐叩马而谏③曰："父死不葬，爰及干戈，可谓孝乎？以臣弑君，可谓仁乎？"左右欲兵之④。太公⑤曰："此义人也。"扶而去之。武王已平殷乱，天下宗周，而伯夷、叔齐耻之，义不食周粟，隐于首阳山⑥，采薇⑦而食之。及饿且死，作歌，其辞曰【校记："作歌，其辞曰"《备考》本作"作歌曰"】："登彼西山兮，采其薇矣。以暴易暴兮，不知其非矣。神农、虞、夏忽焉没兮，我安适归矣？于嗟徂⑧兮，命之衰矣！"遂饿死于首阳山。由此观之，怨耶非耶？或曰："天道无亲，常与善人。"若伯夷、叔齐，可谓善人者非耶？积仁洁行如此而饿死！且七十子之徒，仲尼独荐颜渊为好学。然回也屡空，糟糠不厌⑨，而卒早夭。天之报施善人，其何如哉？盗跖⑩日杀不辜，肝人之肉⑪，暴戾恣睢，聚党数千人横行天下，竟以寿终。是遵何德哉！此其尤大彰明较著者也。若至近世，操行不轨，专犯忌讳，而终身逸乐，富厚累世不绝。或择地而蹈之⑫，时然后出言，行不由径，非公正不发愤，而遇祸灾者，不可胜数也。余甚惑焉，倘所谓天道，是耶非耶？子曰"道不同，不相为谋"，亦各从其志也。故曰"富贵如可求，虽执鞭之士，吾亦为之。如不可求，从吾所好"。"岁寒，然后知松柏之后凋"。举世混浊，清士乃见。岂以其重若彼，其轻若此哉？"君子疾没世而名不称焉。"贾子曰："贪夫徇财【校记："财"，《备考》本作"利"。嘉靖本与《史记》同，故从之。】，烈士徇名，夸者死权，众庶冯生。""同明相照，同类相求；云从龙，风从虎，圣人作而万物睹。"⑬伯夷、叔齐虽贤，得夫子而名益彰。颜渊虽笃学，附骥尾而行益显。岩穴之士，趋舍有时若此，类名堙灭而不称，悲夫！闾巷之人欲砥行立名⑭者，非附青云之

---

① 西伯昌：周文王姬昌，当时被纣封为西方诸侯之长，故称西伯。

② 武王：文王的儿子姬发，西周开国之君主。木主：木牌位。

③ 叩马而谏：在武王的行军马前，拦路扣住马缰绳进行劝谏。

④ 兵之：用兵器打击伯夷、叔齐。

⑤ 太公：即姜尚，又名吕尚，字子牙，文王尊称太公望。

⑥ 首阳山：《史记集解》马融曰："首阳山在河东蒲坂华山之北，河曲之中。"

⑦ 采薇：采集可生吃的野菜。

⑧ 徂：cú，通"殂"，死。

⑨ 不厌：吃不饱。《史记索隐》："厌，言饫也，谓不饫饱也。"

⑩ 盗跖（zhí）：《史记索隐》："蹠"与"跖"同，并音之石反。盗跖，柳下惠之弟，见《庄子》，为篇名。

⑪ 肝人之肉：挖人心肝当肉吃，见《庄子·盗跖篇》。

⑫ 择地而蹈之：看准地方才走路，形容小心谨慎的样子。《史记索隐》："谓不仕暗君，不饮盗泉，裹足高山之顶，窜迹沧洲之滨是也。"

⑬ 语出《史记》卷六十一《伯夷列传第一》。

⑭ 砥行立名：《史记正义》："砥，音旨。砺行修德在乡间者，若不托贵大之士，何得封侯爵赏而名留后代也？"

士，恶能施于后世哉！

虞仲

虞仲即仲雍，太伯①之弟，古公之次子也。太伯、仲雍让其弟季历，而伯、仲俱适荆蛮②，荆蛮义之，从而归之者千余家，立为吴太伯，太伯卒，无子，仲雍嗣立，断发文身③，嬴④以为饰。君子曰：“太伯端委，以治周礼，而仲雍若此，岂礼也哉！有由然也。”言其权时制宜，以辟灾害也。

夷逸

夷氏逸名郧，姓夷，诡诸之裔也，族人夷仲年，为齐大夫。夷射姑，为邾大夫。独逸隐居不仕，轻世肆志，或劝之。逸曰：“吾譬则牛也，宁服轭⑤以耕于野，岂忍被绣入庙而为牺乎？”

朱张

朱张字子弓，按《困学纪闻》有云：朱张行，与孔子同，故不复论也。荀卿有言曰：彼大儒者，虽隐于穷阎⑥漏屋，无置锥之地，而王公不能与之争名。其言有类，其行有礼，其举事无悔，其持险应变曲当，与时迁徙，与世偃仰⑦，千举万变，其道一也。其穷也，俗儒笑之；其通也，英杰化之，嵬琐逃之，邪说畏之，众人愧之。通则一天下，穷则独立贵名，天不能死，地不能埋，桀跖之世不能污，仲尼、子弓是也。

---

① 太伯：即泰伯，周太王长子。

② 荆蛮：《史记索隐》：“荆者，楚之旧号，以州而言之曰荆。蛮者，闽也，南夷之名，蛮亦称越。此言自号勾吴，吴名起于太伯，明以前未有吴号。地在楚越之界，故称荆蛮。”

③ 断发文身：剪短头发，在身上刺花纹，荆蛮之风俗。应劭曰：“常在水中，故断其发，文其身，以象龙子，故不见伤害。”

④ 嬴：同“裸”。

⑤ 轭：牛马拉物件时驾在脖子上的器具。《楚辞·卜居》：“宁与骐骥亢轭乎？”朱熹《集注》：“轭，车辕前衡也。”

⑥ 穷阎：陋巷，穷人住的里巷。

⑦ 偃仰：谓随世俗应付。《荀子·非相》：“与时迁徙，与世偃仰。”

柳下惠

柳下惠者，鲁公族展氏也，名获，字季禽，无骇之子，盗跖之兄，食邑柳下，谥曰惠。仕鲁为士师①，三黜②。或谓曰："盍去之?"禽曰："直道事人，焉往不黜?"故鲁虽不能用，终身不去。

鲁僖公二十六年，齐孝公侵鲁，僖公使展喜犒师③，受命于禽【校记："受命于禽"，《备考》本作"受命于展禽"。】以往，曰："寡君闻君亲举玉趾，将辱于敝邑，使下臣犒执事④。"齐侯曰："鲁人恐乎?"对曰："小人恐矣，君子则否。"齐侯曰："室如县磬，野无青草⑤，何恃而不恐?"对曰："恃先王之命。昔周公、太公股肱⑥周室【校记："周室"，《备考》本作"王室"。】，夹辅成王。成王劳之而赐之盟曰：'世世子孙，无相害也。'藏在盟府，太师职之。桓公是以纠合诸侯，而谋其不协，弥缝其阙⑦，而匡救其灾，昭旧职也。及君即位【校记：《备考》本无"及"字。】，诸侯之望曰：'其帅桓之功。'我敝邑用不敢保聚，曰：'岂其嗣世⑧九年而弃命废职，其若先君何?'君必不然。恃此以不恐。"齐侯乃还⑨。

鲁世有齐师，齐尝攻鲁，以求岑鼎⑩，鲁因与之。齐侯不信而反之，以为非也。使人告鲁曰："柳下惠以为是，因请受之。"鲁公【校记："鲁公"，《备考》本作"鲁君"。】请于柳下惠，柳下惠对曰："君之欲，以为岑鼎也，以免国也，弃臣之信，以免君之国，亦臣之所难也。"公乃以真岑鼎往。鲁适有海鸟曰"爰居"，止于鲁东门之外三日，臧文仲使国人祭之。展禽曰："越哉，臧孙之为政也！夫祀，国之大节也；而节，政之所成也。故慎制祀以为国典。今无故而加典，非政之宜也。夫圣王之制祀也，法施于民则祀之，以死勤事则祀之，以劳定国则祀之，能御大灾则祀之，能捍大患则祀之。非是族也，不在祀典。凡禘、郊、宗、祖、报，此五者国之典祀也。加之以社稷山川之神，皆有功烈于民者也；及前哲令德之人，所以为明质也；及天之三辰，民所以瞻仰也；及地之五行，所以生殖也；及九州名山川泽，所以出财用也，非是不在祀典。今海鸟至，已

---

① 士师：亦作"士史"，古代执掌禁令刑狱的官名。

② 黜：废黜，罢官。朱熹《集注》："黜，退也。"

③ 犒师：《左传·僖公二十六年》杨伯峻注："以酒食饷馈齐师。"

④ 执事：办事的人，实指齐侯，不敢斥尊，故言执事。《国语·鲁语上》曰："寡君不佞，不能事疆埸之司，使君盛怒，以暴露於弊邑之野，敢犒舆师。"

⑤ 野无青草：《国语》韦昭注："野无青草，旱甚也。故言何恃也。"

⑥ 股肱：辅佐，捍卫。语出《左传·僖公二十六年》。

⑦ 谋其不协，弥缝其阙：谋划他们之间的不一致，弥补他们之间的缺失。

⑧ 嗣世：犹言嗣君，继位的君主。

⑨ 齐侯乃还：《国语·鲁语上》："齐侯乃许为平而还。"

⑩ 岑鼎：鲁国宝鼎名，形高而锐，或作"崇鼎"。

不知而祀之，以为国典，难以为仁且知矣。夫仁者讲功①，而智者处物。无功而祀之，非仁也；不知而不问，非知也。今兹海其有灾乎？夫广川之鸟兽，恒知而避其灾也。"是岁也，海多大风，冬煖。臧文仲闻之，曰："信吾过也，夫季子之言不可不法也。"使书以为三筴②。

文公六年八月丁卯，大祀于太庙。于是夏父弗忌③为宗，伯将跻僖公④于闵公上焉。宗有司谏曰："非昭穆也。"夏父弗忌曰："我为宗伯，明者为昭，其次为穆，何常之有！"宗有司曰："夫宗庙之有昭穆也，以次世之长幼⑤，而等胄之亲疏⑥也。夫祀，昭孝也。各致斋敬于其皇祖，昭孝之至也。故工史书世⑦，宗祝⑧书昭穆，犹恐其逾也。今将先明而后祖，自玄王以及主癸⑨莫若汤，自稷以及王季莫若文、武，商、周之蒸也，未尝跻汤与文、武，为踰也。鲁未若商、周而改其常，无乃不可乎？"弗听，遂跻之⑩。展禽曰："夏父弗忌必有殃。夫宗有司之言顺矣，僖又未有明焉。犯顺不祥，以逆训民亦不祥，易神之班亦不祥，不明而跻之亦不祥，犯鬼道二，犯人道二，能无殃乎？"是岁，臧文仲为政于鲁，知惠之贤而卒不能用。孔子尝讥文仲为窃位云。初，惠三黜于鲁而不去也。其妻谓之曰："子无乃渎⑪乎？吾闻之，君子有二耻：国无道而贵，耻也；国有道而贱，耻也；今当乱世，三黜而不去，亦近耻矣。"惠曰："彼为彼，我为我，虽裸裎，安能污我？"由由然与之处。

柳下惠既死，门人将诔⑫之，妻曰："将诔夫子之德邪？则二三子不如妾之知也。"乃诔曰："夫子之不伐兮！夫子之不竭兮！夫子之信诚【校记："信诚"，《备考》本作"信大。"，嘉靖本与《古列女传》同，故从之。】而与人无害兮！屈柔从容【校记：嘉靖本

---

① 仁者讲功：《国语》韦昭注："讲，论也。仁者心平，故可论功也。"

② 三筴：筴同策，《国语》韦昭注："策，简书也。三策，三卿卿一通也，谓司马、司徒、司空也。"

③ 夏父弗忌：鲁国大夫，夏父展的后代。夏父，复姓；弗忌，名。宗：宗伯，官名。主掌国家祭祀之礼。

④ 伯将跻僖公：冬祭时要把鲁僖公的位次升到鲁闵公之前。

⑤ 次世之长幼：排列世系的先后。

⑥ 等胄之亲疏：理顺后人的亲疏关系。

⑦ 工史书世：乐师和史官要记载世次的先后。

⑧ 宗祝：宗伯和太祝，主祭祀之官。《逸周书·克殷》："（武王）乃命宗祝崇宾飨祷之于军，乃班。"孔晁注："宗祝，主祀。"朱右曾校释："宗祝，主祭祀之官。"

⑨ 玄王：商族的始祖，名契。《诗·商颂·长发》："玄王桓拨，受小国是达。"毛传："玄王，契也。"郑玄笺："承黑帝而立子，故谓契为玄王。"一说契由玄鸟降生，故名。主癸：商朝开创者汤的父亲。

⑩ 遂跻之：还是把僖公的位次升到闵公之前。《左传·文公二年》："八月丁卯，大事于大庙，跻僖公，逆祀也。"

⑪ 渎：通"黩"。贪求，玷污。《左传·昭公十三年》："晋有羊舌鲋者，渎货无厌。"杨伯峻注："朱骏声《说文通训定声》云：'渎又为黩。'黩货谓贪求财物污辱其身。"

⑫ 诔：列述死者德行，为悼念死者而作文章。

作“俗”，《备考》本与《史记》同，故从之。】不强察兮！蒙耻救民德弥大兮！虽遇三黜终不易兮！恺悌①君子永能厉兮！嗟乎惜哉【校记：“惜哉”，嘉靖本作“间哉”，《备考》本与《史记》同，故从之。】！乃下世兮！庶几遐年今遂逝兮！呜呼哀哉！鬼神泄兮！夫子之谥宜曰惠兮！”于是门人遂从之，以惠为诔云。

少连

少连，东夷人也。孔子曰：“少连善居丧，三日不怠，三月不懈【校记：“不懈”，《备考》本作“不解”。】，期悲哀三年忧，东夷之子也。”

薛应旂曰：“逸民者，有可行之道，而遇非其时也，孔子尚矣！夷、齐、仲、逸、朱、张其次也，降志辱身，如惠、连，其逸民之不幸者，与世无孔子，孰为表著之哉！夫达可行于天下而后行之者，天民也。君子既不能为圣人，当为天民，无为惠、连之逸民，道既不行，而徒自降辱，可哀也已！”

① 恺悌：和乐平易。《左传·僖公十二年》：“《诗》曰：‘恺悌君子，神所劳矣。’”杜预注：“恺，乐也。悌，易也。”

四书人物考卷三十二

传二十九　独行

楚狂接舆

接舆姓陆，名通，楚人也，佯狂以避世。孔子之将适楚也，接舆歌而过之，曰："凤兮凤兮，何德之衰也！来世不可待【校记："不可待"，嘉靖本作"不可得"，《备考》本与《皇王大纪》同，故从之。】也！往世不可追也。天下有道，圣人成焉；天下无道，圣人生焉。方今之时，仅免刑焉。福轻乎羽，莫之知载①；祸重乎地，莫之知避②。已乎已乎！临人以德③？殆乎殆乎，画地而趋！迷阳迷阳④，无伤吾行！吾行却曲⑤【校记：《备考》本衍一"却曲"。】，无伤吾足！山木自寇也；膏火自煎也。桂可食，故伐之；漆可用，故割之。人皆知有用之用，而莫知无用之用也。"

孔子下车，欲与之言，接舆避之。肩吾见接舆，接舆曰："日中始⑥何以语汝？"肩吾曰："告我：'君人者，以己出经式义度⑦，人孰敢不听而化！'"接舆曰："是欺德也，其于治天下也，犹涉海凿河而使蚊负山也。夫圣人之治也，治外乎？正而后行，确乎能其事者而已矣。且鸟高飞以避矰弋之害，鼷鼠深穴乎神丘之下⑧，以避熏凿⑨之患，而曾二虫之无知！且汝独不知无名人之说乎？"

---

① 莫之知载：不知道怎么去扛起它。

② 莫之知避：不知道怎么去逃避它。

③ 临人以德：对待人哪里还有用道德的呢？

④ 迷阳：迷失了光明。

⑤ 却曲：屈曲，曲折。

⑥ 日中始：人姓名，盖贤者。《庄子集解》卷二："李云：'日中始，人姓名，贤者也'。"

⑦ 以己出经式义度：《庄子集解》卷二：司马云"出，行也。"王念孙云："经式义度，皆谓法也。义读为仪，古字通。"

⑧ 矰弋：zēng yì，系有生丝绳以射飞鸟的短箭。鼷鼠深穴乎神丘之下：鼷鼠深藏在神坛下的窟窿里。《庄子集解》卷二：成云："矰，网。鼷鼠，小鼠。神丘，社坛。"宣云："物尚有知如此。"

⑨ 熏凿：烟熏和挖掘。

天根游于殷阳，至蓼水①之上，适遭无名人而问焉，曰：“请问为天下。”无名人曰：“去！汝鄙人也，何问之不预②也！予方将与造物者游无何有之乡，又何艺以治天下。”又问无名人曰：“汝游心于淡，合气于漠，顺物自然，而无容私焉，而天下治矣。”

接舆躬耕以食，其妻之市未返。楚昭王闻接舆贤，使使者赍金造门③，曰：“大王使臣奉金百镒，愿请子治河南④。”接舆不受，笑而不应，使者不得辞而去。妻从市归，曰：“子幼而为义，岂将老而遗之哉！门外辙迹何深也？”接舆曰：“王不知我不肖也，遣使聘我。”妻曰：“得无许之乎？”接舆曰：“夫富贵者，人之所欲也，子何恶焉？我许之矣。”妻曰：“吾闻士非礼不动，不为贫而易操，不为贱而改行，妾事夫子，躬耕以为食，亲绩以为衣，据义而动，其乐亦自足矣。若受人重禄，乘人坚良，食人肥鲜，将何以待之？”接舆曰：“吾不许也。”妻曰：“君使不从非忠也，从之是改行也⑤，不如去之。”乃夫负釜甑，妻戴经器⑥，变易姓字，莫知其所之。

长沮、桀溺

长沮、桀溺，皆楚人，耦耕⑦于野。孔子自楚反乎蔡，使子路问津焉。长沮曰：“夫执舆者为谁？”子路曰：“为孔丘。”曰：“是鲁孔丘与？”曰：“是也。”曰：“是知津矣。”问于桀溺，桀溺曰：“子为谁？”曰：“为仲由。”曰：“是鲁孔丘之徒与？”对曰：“然。”曰：“滔滔者天下皆是也，而谁以易之？且而与其从辟人之士也，岂若从辟世之士哉！”耰而不辍⑧。

---

① 蓼：liǎo，通“廖”，空虚之意，蓼水，虚托之名。

② 预：《庄子·应帝王》为“豫”。《庄子集解》卷二俞云：“释诂：‘豫，厌也。’楚词《惜诵》‘行婞直而不豫兮’，王注：‘豫，厌也。’此怪天根之多问，犹云何不惮烦也！”

③ 赍金造门：送黄金来到门上。赍：遣送，送。《周礼·春官·小祝》：“及葬，设道赍之奠，分祷五祀。”郑玄注：“赍，犹送也。送道之奠，谓遣奠也。”孙诒让《正义》：“大遣奠，奠毕，包牲体载于遣车，从柩而行，道中或有伫止，则即陈以为奠。”

④ 河南：泛指黄河以南的土地。

⑤ 君使不从非忠也，从之是改行也：不遵从君王的命令是不忠，遵从了又违背义。

⑥ 夫负釜甑，妻戴经器：丈夫背着锅子和炊器等，妻子头顶着织布的器具。釜：fǔ，古炊器。敛口，圆底，或有二耳。其用如鬲，置于灶口，上置甑以蒸煮。甑：zèng，蒸食炊器。其底有孔，古用陶制，殷周时代有以青铜制，后多用木制。俗称甑子。

⑦ 耦耕：二人并耕。后亦泛指农事或务农。《史记集解》郑玄曰：“耜广五寸，二耜为耦。”

⑧ 耰而不辍：《史记集解》郑玄曰：“耰，覆种也。辍，止也。覆种不止，不以津告者。”

仪封人

仪封人，卫人，掌封疆之官也。孔子过卫，封人请见，从者见之。出曰："天将以夫子为木铎①。"或曰："封人仪姓，族出晋阳，徐有仪楚，陈有仪行父云。"

荷蒉

荷蒉，卫人，荷草器以自食其力者也。孔子击磬于卫。荷蒉过之曰："有心哉②！击磬乎！"既而曰："莫己知也，斯已而已矣。"

晨门

晨门，鲁人，掌晨启门者也，子路宿于石门③。晨门曰："奚自？"子路曰："自孔氏。"曰："是知其不可而为之者与？"

荷蓧丈人

荷蓧丈人，叶人。子路从孔子而后，遇丈人。子路问曰："子见夫子乎？"丈人曰："四体不勤，五谷不分。孰为夫子？"植其杖而芸。子路拱而立。止子路宿，杀鸡为黍而食之，见其二子焉。明日，子路行以告。子曰："隐者也。"使子路反见之。至则行矣。

段干木

段干木④，晋之驵⑤侩家也【校记："侩家也"，《备考》本作"侩也"。】，学于卜子

---

① 木铎：以木为舌的大铃，铜质。

② 有心哉：指击磬是有深意的。《史记集解》何晏曰："蒉，草器也。有心，谓契契然也。"

③ 石门：朱熹《集注》："石门，地名。晨门，掌晨启门，盖贤人隐於抱关者也。"

④ 段干木：《淮南子》："段干木，晋之大驵，而为文侯师。"

⑤ 驵（zàng）侩：马匹交易的经纪人。

夏，子夏居西河之上，魏文侯师之，因是知段干木之贤，过其闾则轼之①，其仆曰："君胡为轼?"曰："此非段干木之闾屿【校记："屿"，《备考》本作"与"】，段干木，盖贤者也，吾安敢不轼？且吾闻段干木未尝肯以己易寡人也，吾安敢骄之？段干木光乎德，寡人光乎地，段干木富乎义，寡人富乎财。"仆曰："然则，君何不相之?"于是请相之，致禄百万。段干木不肯受。国人相与颂文侯曰："吾君好正，段干木之敬；吾君好忠，段干木之隆。"居无几何，秦兴兵欲攻魏。司马唐②且谏秦君曰："段干木贤者也，而魏礼之，天下莫不闻，无乃不可加兵乎?"秦君以为然，遂按兵不敢攻。

文侯往见段【校记：《备考》本无"段"字】干木，干木避之，文侯立倦而不敢息，反见翟璜③，踞于堂而与之言。翟璜不悦。文侯曰："段干木官之则不肯，禄之则不受。今汝欲官则相位，欲禄则上卿，又责吾礼，无乃难乎?"

泄柳

泄柳④，字子柳，鲁人。子柳之母死，子硕请具⑤，子柳曰："何以哉?"子硕曰："请鬻⑥庶弟之母。"子柳曰："如之何？其鬻人之母，以葬其母也，不可。"既葬，子硕欲以赙布⑦之余具祭器，子柳曰："不可，吾闻之也，君子不家于丧⑧，请班诸兄弟之贫者。"

缪公闻子柳贤，往见之。子柳闭门不纳。或曰："子以匹夫而枉国君之驾，何若是哉?"子柳曰："吾闻君子道【校记："道"，《备考》本作"其道"。】行则乐，其治不行则乐其身，天下诚有欲治之君，能行其道，则虽使步以朝，固犹为之，不然是徒徼国君之荣也。"其门人有叔皮，亦贤人也。

陈仲子

陈仲子，齐人，居于陵，楚王闻其贤，遣使聘之，欲以为相。仲子入告其妻，妻

---

① 过其闾则轼之：经过段干木的闾门伏轼行礼。闾：里巷的大门。轼：车前的横木，坐在车上的人伏在这根横木上表示对人行礼，谓之"轼"，即"伏轼"。事见皇甫谧《高士传》。

② 司马唐：战国时秦国大夫。

③ 翟璜：魏文侯宠臣。

④ 泄柳：鲁国叔孙氏的族人叔之子，子硕之兄。

⑤ 具：置备葬器。

⑥ 鬻：卖掉。这里指嫁掉庶弟之母。

⑦ 赙布：赠给丧家的钱财。赙：fù，以财物助人办丧事。《礼记・檀弓上》："孔子之卫，遇旧馆人之丧，入而哭之哀，出，使子贡说骖而赙之。"

⑧ 不家于丧：不借丧事来利家。

曰："夫子左琴右书，辟纑①织履，恬淡无为，乐在其中矣。结驷连骑，所安不过一内②，而怀楚国之忧，可乎？"于是谢使者，遂相与逃而为人灌园。

匡章

匡章，齐人，通国皆称不孝，孟子独与之游。魏惠王以惠施贤，愿得傅国。惠施辞谢不受，是惠王欲为尧也，惠施欲为许由也。及惠王为齐所败，布冠而拘于鄄③，惠施易衣变冠而走。匡章谓惠王曰："蝗螟④，农夫得而杀之，奚故？为其害稼也。今惠施无耕而食者，其害稼亦甚矣。"

当王之时，五十战而二十败，所杀者不可胜数，焉用施为？秦假道韩魏以攻齐，齐威王使章将而应之，与秦交和而舍，使者数相往来，章为变其徽帜，以杂秦军【校记："以杂秦军"，《备考》本作"而使秦军"。嘉靖本与《山堂肆考》同，故从之。】，候者言章以齐入秦，威王不应，顷间候者复言威王，复不应，如此者三。有司请曰："言章之败者，异人而同辞，王何不废将而击之？"王曰："此不叛寡人明矣，曷为而击之？"顷间，言齐兵大胜，秦军大败，于是秦王称西藩⑤之臣而谢于齐，左右曰："何以知之？"曰："章子之母启得罪其父，其父杀之，而埋马栈⑥之下。吾使章子将也，勉之曰：'夫子全兵而还，必更葬将军之母。'对曰：'臣非不能更葬臣母也，臣之母得罪臣之父，臣之父未命而死，夫不得父命而更葬母，是欺死父也，故不敢。'夫为人子而不欺死父，岂为人臣欺生君哉！"宣王因燕人之乱，令章将五都之兵伐燕，又大胜燕。

貉稽

貉稽曰："稽大不理于口⑦。"孟子曰："无伤也，士憎兹多口⑧。"

---

① 辟纑(lú)：绩麻和练麻，谓治麻之事。

② 内：róu，兽足踏地。《尔雅·释兽》："狸、狐、貒、貈丑，其足蹯，其迹内。"邢昺疏："其指头着地处名内。"《说文·内部》："内，兽足蹂地也。"

③ 鄄：juàn，春秋卫邑，在今山东省鄄城县西北。

④ 蝗螟：吃苗叶的小青虫，语见《吕氏春秋·不屈》。

⑤ 西藩：我国古代对西域一带及西部边境地区的泛称。

⑥ 马栈：马棚。

⑦ 稽大不理于口：我貉稽被人说得很坏。

⑧ 士憎兹多口：士人厌恶这种七嘴八舌。朱熹《集注》赵氏曰："为士者，益多为众口所讪。"

上宫馆人

上宫馆人，滕人。孟子之滕，馆于上宫，馆人业屦置之牖上①，弗获，或谓孟子曰："无乃从者之廋②乎？"孟子曰："子以是为窃屦来与？"馆人曰："非也。夫子之设科也，往者不追，来者不拒，苟以是心至，斯受之矣【校记："矣"，《备考》本作"而已"。嘉靖本与《路史》同，故从之。】。"

薛应旂曰："独立不惧，唯君子为能之，矧世趋而风日靡矣。独行之士，岂可少哉！接舆、沮溺、荷蒉丈人，孔子有惓惓接引之意，段干木、泄柳，孟子虽谓其已甚，要而论焉，则是贤者之过也。匡章通国皆称不孝而与之游，貉稽不理于口，而谓其无伤，唯陈仲子似不无少贬，虽然，亦责备贤者之意也。人之言曰：'宁学圣人而未至，不可以一善而成名。'是则然矣，但世之学圣未至者不什一，而假托以自便者滔滔也。独行纵偏，真性【校记："真性"，《备考》本作"其性"。】犹在，故曰：'不得中行而与之，必也狂狷乎？'至如封人、荷蒉、晨门丈人、上宫馆人，并其姓名，不传后之人，顾有行怪标榜以自矜衒于世，而希遂其顾望之私，直鄙夫焉耳，或犹以独行拟之，岂其然哉！"

---

① 业屦置之牖上：没有织成的草鞋放在窗上（不见了）。业屦：《孟子》赵岐注："织之有次业而未成也。"

② 廋：sōu，藏匿，隐藏。《论语·为政》："视其所以，观其所由，察其所安，人焉廋哉！"何晏《集解》引孔安国曰："廋，匿也。"

四书人物考卷三十三

传三十　异学

原壤

原壤，周文王第十六子，原伯之后，孔子之故人也。其母死，孔子助之木椁①。原壤登木曰："久矣，子之不讬于音也。"乃歌曰："狸首之斑然，执女手之卷然②。"夫子为弗闻也者而过之，盖老氏之流也。

子桑伯子

子桑伯子，即子桑户，鲁人也。乐正子舆与子桑友，霖雨十日③，子舆曰："子桑殆病矣！"裹饭而往食之。至子桑之门，则若歌若哭，鼓琴。曰："父邪！母邪！天乎！人乎！"子舆入，曰："子之歌，何故若是？"曰："吾思夫使我至此极者，而弗得也！父母岂欲我贫哉？天无私覆，地无私载④。天地岂私贫我哉？求其为之者而不得也。然而至此极者，命也夫！"孔子问子桑曰："吾再逐于鲁，伐树于宋，削迹于卫，穷于商、周，围于陈蔡之间，吾犯此数患，亲交益疏，徒友益散，何欤？"子桑曰："子独不闻假

---

① 椁：古代套于棺外的大棺。

② 狸首之斑然，执女手之卷然：谓木材文采如狸之首，执孔子之手拳拳然相亲爱。狸首：狸的头。《礼记·檀弓下》："孔子之故人曰原壤，其母死，夫子助之沐椁。原壤登木曰：'久矣，予之不托于音也。'歌曰：'狸首之班然，执女手之卷然。'"孔颖达疏："言斲椁材文采似狸之首。"后因以"狸首"指原壤之歌。

③ 霖雨十日：下了十天大雨。《庄子集解》卷二："雨三日以往为霖。"

④ 天无私覆，地无私载：天笼罩万物没有偏私，地负载万物没有偏私。

人之亡与①？林回②弃千金之璧，负赤子而趋。或曰：'为其布与③？赤子之布寡矣；为其累与？赤子之累多矣；弃千金之璧，负赤子而趋，何也？'林回曰：'彼④以利合，此以天属也。'夫以利合者，迫穷、祸、患、害相弃也；以天属者，迫穷、祸、患、害相收也。相收之与相弃，亦远矣。且'君子之交，淡若水；小人之交，甘若醴。君子淡以亲，小人甘以绝。'彼无故以合者，则无故以离。"孔子曰："然哉！"子桑死，孔子闻之，使子贡往吊焉。

孟子反　琴张

孟子反，名侧，鲁【校记："鲁"，《备考》本作"乃"】孟氏族也。哀公十一年，齐师伐鲁，鲁奔，侧后入，抽矢策其马曰："马不进也。"

琴张即琴牢，字子开，孔子弟子也。卫齐豹荐宗鲁于公孟絷为骖乘⑤。既，齐豹谓宗鲁曰："吾将杀公孟，子勿与乘。"宗鲁弗，溲齐豹之谋而死于公孟之难，琴张闻而往吊之。仲尼曰："彼宗鲁者，齐豹之盗，而公孟之贼也⑥，汝何吊焉？"琴张、孟子反与子桑户三人为友，曰："孰能相与于无相与，相为于无相为⑦？孰能相忘以生，无所终穷？"三人相视而笑，莫逆于心。

子桑户死，未葬。孔子闻之，使子贡往待事⑧焉，或编曲，或鼓琴，相和而歌曰："嗟来桑户乎【校记："乎"，《备考》本作"兮"。】？嗟来桑户乎【校记："乎"，《备考》本作"兮"。】？而已反其真⑨，而我犹为人兮【校记："兮"，《备考》本作"倚"。】？"子贡曰："敢问临尸而歌，礼乎？"二人相视而笑，曰："是恶知礼意哉⑩！"子贡反以告。孔子曰："彼，游方之外者也，彼方且与造物者游乎天地之一气，以生为附赘县疣⑪，以死为决

---

① 子独不闻假人之亡与：《庄子·山木》中"假"作"殷"。意思是您难道没有听说过殷国人民逃亡的故事吗？

② 林回：《庄子集解》卷五："林回，人姓名，即假人之亡者。国亡民散，负子而逃。"

③ 为其布与：你是为了他值钱吗？

④ 彼：《庄子集解》卷五："彼，谓璧。"

⑤ 卫齐豹荐宗鲁于公孟絷为骖乘：卫国齐豹把宗鲁推荐给公子孟絷作骖乘。齐豹：人名，齐恶之子，为卫司寇。孟絷：人名，卫灵公之兄。骖乘：在车右边陪乘的人。

⑥ 彼宗鲁者，齐豹之盗，而公孟之贼也：齐豹成为坏人，孟絷所以被杀害，都是由宗鲁引起的。

⑦ 孰能相与于无相与，相为于无相为：谁能够在不互相亲近中互相亲近，在不互相帮助中互相帮助呢？

⑧ 待事：去帮着料理丧事。

⑨ 而已反其真：你已经反还到本真。而：汝。

⑩ 是恶知礼意哉：这样的人怎么会懂得礼的意思呢？

⑪ 以生为附赘县疣：他们把生存当作多余的赘瘤。县疣：悬疣。

疣溃痈①，又恶知死生、先后【校记："先后"，《备考》本作"后先兮"。嘉靖本与《太平御览》所载同，故从之。】之所在哉！又恶能愦愦②然为世俗之礼，以观众人之耳目哉！"

杨朱

杨子名朱，老子弟子也，朱南之沛③，老聃西游于秦，至梁而遇老子，中道④仰天而叹曰："始以汝为可教，今不可教⑤也。"朱至舍，膝行而前，曰："请问其过。"老子曰："而睢睢而盱盱⑥，而谁与居？大白【校记："大白"，《备考》本作"太白"，嘉靖本与《皇王大纪》同，故从之。】若辱，盛德若不足⑦。"朱蹙然变容曰："敬闻命矣。"其往也，舍者迎将家，公执席，妻执巾栉；舍者避席，炀者避灶⑧。其反也，舍者与之争席矣。

朱过宋，东之于逆旅【校记："东之于逆旅"，《备考》本作"宿于逆旅"，嘉靖本与《列子》同，故从之。】。逆旅人有二妻，一美一恶，恶者贵而美者贱。杨子问其故。逆旅人对曰："其美者自美，吾不知其美也；其恶者自恶，吾不知其恶也。"杨子曰："弟子记之！行贤而去自贤之行，安往而不爱哉？"天下有常胜之道，有不常胜之道。常胜之道曰柔，常不胜之道曰强。故上古之言：强，先不己若者也；柔，先出于己者。杨布⑨问曰："有人于此，年兄弟也，言兄弟也，才兄弟也，貌兄弟⑩也；而寿夭父子也，贵贱父子也，名誉父子也，爱憎父子⑪也，吾惑之。"杨子曰："古之人有言，吾尝识之。不知所以然而然，命也。今昏昏昧昧，纷纷若若，随所为，随所不为。日去日来，孰能知其数者，命也。夫信命者，无寿夭；信理者，无是非；信心者，无逆顺；信性者，无安危。则谓之都无所信，都无所不信。真矣悫⑫矣，奚去奚就？奚哀奚乐？奚为

---

① 以死为决肒溃痈：把死亡当作脓疮的自然溃疡。肒：huàn，搔痒而成的疮。

② 愦愦：kuì，烦乱，纷乱。

③ 沛：沛邑，在今江苏沛县东。

④ 中道：《列子集释》卷二："释文云：中道，道中。仰本作卬，亦音仰。"

⑤ 不可教：《列子集释》卷二："与至人游而未能去其矜夸，故曰不可教者也。"

⑥ 睢睢而盱盱：张目仰视的样子，形容骄矜自负。

⑦ 大白若辱，盛德若不足：见《老子》四十一章。《列子集释》卷二："不与物竞，则常处卑而守约也。马其昶曰：'辱借为黩。'"

⑧ 舍者避席，炀者避灶：坐着休息的人见他慌忙离座起立，向着灶口烤火取暖的人马上让出灶头。舍者：这里指坐着休息的人。

⑨ 杨布：杨朱之弟。

⑩ 兄弟：比喻差别不大。

⑪ 父子：比喻差别很大。《列子集释》卷六："年、言、才、貌相似也，故云兄弟也；寿夭、贵贱隔悬也，故云父子也。此命之难知也，故疑惑也。"

⑫ 悫：què，诚笃忠厚。

奚不为①？黄帝之书云：‘至人居若死，动若械。’亦不知所以居，亦不知所以不居；亦不知所以动，亦不知所以不动。亦不以众人之观易其情貌，亦不谓众人之不观不易其情貌。独往独来，独出独入，孰能碍之？”

季梁得疾，七日大渐②。其子环而泣之，请医③。季梁谓杨朱曰：“吾子不肖如此之甚，汝奚不为我歌以晓之？”杨子歌曰：“天其弗识【校记：“弗识”，《备考》本作“不识”】，人胡能觉？匪祐自天，弗孽由人④。我乎汝乎！其弗知乎！医乎巫乎！其知之乎？”

杨子游于鲁，舍于孟氏。孟氏问曰：“人而已矣，奚以名为？”曰：“以名者为富。”“既富矣，奚不已焉？”曰：“为贵。”“既贵矣，奚不已焉？”曰：“为死⑤。”“既死矣，奚为焉？”曰：“为子孙。”“名奚益于子孙？”曰：“名乃苦其身，焦其心。乘其名者，泽及宗族，利兼乡党；况子孙乎？”“凡为名者必廉，廉斯贫；为名者必让，让斯贱。”曰：“管仲之相齐也，君淫亦淫，君奢亦奢。志合言从，道行国霸。死之后，管氏而已。田氏之相齐也，君盈则己降，君敛则己施。民皆归之，因有齐国；子孙享之，至今不绝。夫实无名，名无实。名者，伪而已矣。伯夷非无欲，矜清之邮，以放饿死⑥。展季非无情，矜贞之邮，以放寡宗⑦。名也，天下之美归之舜、禹、周、孔，彼四圣者，生无一日之欢，死有万世之名。然称之弗知，赏之弗知【校记：“弗知”，嘉靖本作“弗去”，《备考》本与《绎史》同。】，与株块⑧无以异矣。天下之恶归之桀纣，彼二凶者，生有纵欲之欢，死被愚暴之名。然毁之不知，斥之不知，与株块亦无以异矣。三皇之事若存若亡，五帝之事若觉若梦，三王之事或隐或显。太古至于今日，贤愚、好丑，成败、是非，无不消灭。矜一时之虚誉，要死后之余名，岂足润枯骨哉？”杨子曰：“伯成子高⑨不以一毫利物，舍国而隐耕。大禹不以一身自利，一体偏枯。古之人损一毫利天下不

---

① 奚为奚不为：《列子集释》卷六：“理苟无心，则无所不为，亦无所为也。寿夭者，命也；是非者，理也；逆顺者，心也；安危者，性也。使夫信命者亡寿夭，信理者亡是非，信心者亡逆顺，信性者亡安危，则谓之都亡所信亡所不信，然后至於真道也。亦何去何就，何哀何乐，何所为何所不为哉？此之谓至道也。”

② 渐：病情加剧。《列子集释》卷六：“渐，剧也。”

③ 请医：《列子集释》卷六载王重民认为，《御览》七百三十八引“请”下有一“谒”字，谒亦请也，盖谓请於其父而请医。下文“终谒三医”即其事也。若无谒字，则语义不明。

④ 匪祐自天，弗孽由人：福气不是由天保佑，罪孽不是由人造。匪通“非”。孽：罪孽。

⑤ 为死：为了身死之后。

⑥ 矜清之邮，以放饿死：清高得过分了，以至于饿死。矜清：矜持清高，指伯夷与其弟叔齐以孤竹国君位相让、不食周粟之事。邮同“尤”，最。放：至，到。

⑦ 矜贞之邮，以放寡宗：坚贞过分了，以至于寡子少孙。矜贞：矜持贞节。指柳下惠严守贞节，曾有“坐怀不乱”之誉，事见《荀子・大略》。寡宗：宗支不繁，谓子孙很少。

⑧ 株块：树根，土块。

⑨ 伯成子高：即伯益，亦称大费。古代嬴姓各族的祖先，相传善于畜牧和狩猎，被舜任为虞（掌管山林之官）。一说他为禹提拔，曾因助禹治水有功，禹去世时传位于他，但固辞不受，故下文谓其“舍国而隐耕”。

与，悉天下奉一身不取也。人人不损一毫，人人不利天下，天下治矣。"禽子①问杨朱曰："去子体之一毛以济一世，汝为之乎？"杨子曰："世固非一毛之所济。"禽子曰："假济②，为之乎？"杨子弗应。

杨子见梁王③，言治天下如运诸掌。梁王曰："先生有一妻一妾而不能治，三亩之园而不能芸；而言治天下如运诸掌，何也？"对曰："君见夫牧羊者乎？百羊而群，使五尺童子荷箠而随之④，欲东而东，欲西而西，使尧牵一羊，舜荷箠而随之【校记：嘉靖本此处无"欲东而东，欲西而西，使尧牵一羊，舜荷箠而随之"。《备考》本与《说苑》同，故从之。】，则不能前矣。且臣闻之：吞舟之鱼，不游支流；鸿鹄高飞，不集污池⑤。何则？其极远也。黄钟大吕不可从烦奏之舞⑥，何则？其音疏也。将治大者不治细，成大功者不成小，此之谓矣。"杨子曰："生民之不得休息为四事：一为寿，二为名，三为位，四为货。此四者，畏鬼，畏人，畏威，畏刑：此之谓遁人⑦也。可杀可活，制命在外⑧。不逆命，何羡寿⑨？不矜贵，何羡名？不要势，何羡位？不贪富，何羡货？此之谓顺民也。天下无对，制命在内⑩。""忠不足以安君，适足以危身；义不足以利物，适足以害生。安上不由于忠，而忠名灭焉；利物不由于义，而义名绝焉。君臣皆安，物我兼利，古之道也。"

杨子之邻人亡羊，既率其党，又请杨子之竖追之。杨子曰："嘻！亡一羊，何追者之众？"邻人曰："多歧路。"既反，问："获羊乎？"曰："亡之矣。"曰："奚亡之？"曰："歧路之中又有歧焉，吾不知所之，所以反也。"杨子戚然【校记："戚然"，《备考》本作"蹴然"。嘉靖本与《列子》同，故从之。】变容，不言者移时，不笑者竟日。门人怪之，请曰："羊，贱畜；又非夫子之有，而损言笑者，何哉？"杨子不答。弟子孟孙阳出，以告心都子⑪。心都子与孟孙阳偕人，而问曰："昔有昆弟三人，游齐鲁之间，同师而学仁义之道归。而其父问曰：'仁义之道若何？'伯曰：'仁义使我爱身而后名。'仲曰：'仁义使我杀身以成名。'叔曰：'仁义使我身名并全。'彼三术相反，而同出于儒。孰是孰非邪？"杨子曰："人有滨河而居者，习于水，勇于泅，操舟鬻渡⑫，利供百口。裹粮就学者

---

① 禽子：即禽滑离，属墨家，主兼爱。

② 假济：假设可以救助。

③ 梁王：梁惠王，战国时魏国国君。

④ 荷箠而随之：提着鞭子跟在后面。

⑤ 不集污池：不在死水塘里栖集。

⑥ 黄钟大吕不可从烦奏之舞：黄钟大吕的音律不能为节奏繁快的舞蹈伴奏。

⑦ 遁人：违反自然之性的人。

⑧ 制命在外：接受外物支配，自已不能做主。

⑨ 不逆命，何羡寿：不违背命运，何须羡慕长寿。

⑩ 天下无对，制命在内：天下没有对手，支配命运在于自身内部。《列子集释》卷七："外物所不能制。"

⑪ 心都子：人名，当为与杨朱同时的学者。

⑫ 鬻渡：摆渡营生。

成徒，而溺死者几半。本学泅，不学溺，而利害如此。若以为孰是孰非?”心都子默然而出。孟孙阳让之曰：“何吾子问之迂，夫子答之僻？吾惑愈甚。”心都子曰：“大道【校记：“大道”，《备考》本作“大真”。】以多歧亡羊，学者以多方丧生①。学非本不同，非本不一，而末异若是。唯归同反一，为无得丧。子游其门，习其道，而不达其况也，哀哉!”

墨翟

墨子名翟②，宋人。墨子见染素丝者而叹曰：“染于苍则苍，染于黄则黄，所以入者③变，其色亦变，五入而以为五色矣。”故染不可不慎也。

唯是邑号朝歌，墨子不入④，禽滑厘⑤问于墨子曰：“锦绣絺纻⑥，将安用之?”墨子曰：“是非吾用务也，古有无文者得之矣。锦绣絺纻，乱君之所造也。今当凶年，有欲予子随侯之珠者，有欲与子一钟⑦粟者，得珠者不得卖，且不得粟。得粟者不得珠，子将何择?”滑厘曰：“吾取粟耳，可以救穷。”墨子曰：“诚然，则恶在事夫【校记：“事夫”，《备考》本作“事乎”。】奢也？长无用，好末淫⑧，非圣人之所急也。”

公上过⑨见越王语墨子之义，越王说之，谓公上过曰：“子之师苟肯至越，请以故吴之地，阴江之浦，书社三百，以封夫子。”公上过往复于墨子，墨子曰：“子之观越王也，能听吾言，用吾道乎?”公上过曰：“殆未能也。”墨子曰：“不唯越王不知翟之意，虽子亦不知翟之意，若越王听吾言用吾道，翟度身而衣，量腹而食，此于宾民⑩，未敢求仕。越王不听吾言，不用吾道，虽全越以与我，吾无所用之。”

公输般为楚设机【校记：“设机”，《备考》本作“机械”。嘉靖本与《战国策》同，《备考》本与《绎同》。兹从嘉靖本。】，将以攻宋。墨子闻之，自鲁往，裂裳裹足，日夜不休，十日十夜而至于郢⑪，见楚王曰：“臣，北方之鄙人也，闻大王将攻宋，信有之

---

① 方：古代关于治道的方法。由于各人对道的理解不同，遂形成不同的流派，谓之“多方”。丧生：丧失方向。丧生乃极言其危。

② 墨子：名翟，曾任宋国大夫，墨家学派的创始人。现存《墨子》五十三篇是墨子的门徒根据他的遗教编纂而成。

③ 入者：指染的颜料。

④ 墨子不入：墨子主张“非乐”，故墨子不进入名为朝歌的城邑。

⑤ 禽滑厘：战国魏人，或说是墨子学生，或说是子夏学生。

⑥ 絺纻：chī zhù，麻织物；细葛布。絺：细葛布上又绣上色彩鲜艳的花纹谓之絺。纻：细的麻布。

⑦ 钟：六斛四斗为一钟。

⑧ 长无用，好末淫：只是搁着而没用，只是使人沉迷。

⑨ 公上过：墨子弟子。《墨子后语》上：“《吕氏春秋·高义篇》‘尚’作‘上’”。

⑩ 宾民：百姓。

⑪ 郢：楚国国都，楚文王定都于此。今湖北省江陵县纪南城。

乎?”王曰:“然。”墨子曰:“必得宋,乃攻之乎?不得宋且不义,犹攻之乎?”王曰:“既不得宋,且又不义,曷为攻之?”墨子曰:“甚善,臣以宋必不可得【校记:“必不可得”,嘉靖本作“不必可得”,《备考》本与《吕氏春秋》同。】。”王曰:“公输般,天下之巧工也,已为攻宋之械矣。”墨子曰:“请令公输般试攻之,臣请试守之。”于是公输般设攻宋之械,墨子设守宋之备,九攻之,墨子九却之,不能入。公输般服焉,请见之王。墨子见楚王,曰:“今有人于此,舍其文轩,邻有敝舆,而欲窃之;舍其锦绣,邻有短褐,而欲窃之;舍其粱肉,邻有糠糟,而欲窃之。此为何若人?”王曰:“必为有窃疾矣。”墨子曰:“楚之地,方五千里,宋方五百里,此犹文轩之与敝舆也;楚有云梦,犀兕麋鹿盈之,江汉鱼鳖鼋鼍为天下饶,宋所谓无雉兔鲋鱼者也,此犹粱肉之与糠糟也;楚有长松、文梓、楩柟、豫章,宋无长木,此犹锦绣之与短褐也。臣以王之攻宋与此同类也。”王曰:“善哉!请无攻宋。”

后宋信子冉之谗,遂逐墨子。墨子贵俭、兼爱、尚贤、明鬼、非命、尚同,所著有《墨子》十六卷,自《亲士》至《杂守》,凡六十一篇。

宋牼

宋牼,一名钘,闻墨子之风而悦之,作为华山之冠以自表,接万物以别宥①为始;语心之容②,命之曰心之行。以聏合欢③,以调海内,请欲置之以为主。见侮不辱④,救民之斗;禁攻、寝兵,救世之战,以此周行天下,上说下教,虽天下不取,强聒不舍。其为人太多,其自为太少。不为苛察,不以身假物,不顾于虑,不谋于知,于物无择,与之俱往。于是有彭蒙、田骈、慎到,闻其风而悦之。

白圭

白圭,周人⑤也,或以为魏人,当魏文侯时,李悝尽地力【校记:“地力”,《备考》

① 别宥:区分,甄别。《庄子·天下》:“接万物以别宥为始。”成玄英疏:“宥,区域也……区别万有,用斯为本也。”

② 语心之容:《庄子集释·庄子天下篇述义》章炳麟云:“容借为欲,同从谷声,东侯对转也。《乐记》:‘感於物而动,性之欲也。’乐书作性之颂也,颂,容古今字。颂借为欲。故容亦借为欲。《荀子正论篇》:‘子宋子曰:人之情欲寡,而皆以己之情欲为多。’是宋钘语心之欲之事。”

③ 以聏合欢:用和颜悦色同别人合欢。聏犹调和。《庄子·天下》陆德明《释文》:“司马云:色厚貌。崔、郭、王云:和也,聏和万物,物合则欢矣。一云:调也。”

④ 见侮不辱:他们受到欺侮,不感到耻辱。

⑤ 周人:洛阳人。

本作“地利”。嘉靖本与《史记》同，故从之。】，而白圭乐观时变，人弃我取，人取我与，岁熟取谷，与之丝漆；茧出①取帛絮，与之谷。太阴在卯②，穰；明岁衰恶。至午，旱；明岁美。至酉，穰；明岁衰恶，积著率③岁倍，欲长钱，取下谷④；长石斗，取上种。能薄饮食，忍嗜欲，节衣服，与用事童仆同苦乐，趋时若猛兽挚鸟之发。故曰：“吾治生产，犹伊尹、吕尚之谋，孙、吴⑤用兵，商鞅行法是也。是故其智不足与权变，勇不足以决断，仁不能以取予，强不能有所守，虽欲学吾术，终不告之矣。”盖天下言治生祖白圭，白圭其有所试矣。

圭之中山，中山之王欲留之，圭固辞而去，又之齐，齐王欲留之，又辞而去。人问其故，曰：“之二国者皆将亡，有五尽矣。”“何谓五尽?”曰：“莫之必【校记：“莫之必”，《备考》本作“莫之忠”。嘉靖本与《吕氏春秋》同，故从之。】则信尽矣，莫之誉则名尽矣，莫之爱则亲尽矣，行者无粮、居者无食则财尽矣，不能用人、又不能自用则功尽矣。国有此五者，无辜【校记：“无辜”，《备考》本作“无幸”。《备考》本与《说苑》同，嘉靖本与《吕氏春秋》同。】必亡。中山、齐皆当此矣。”

孟尝君⑥问于白圭曰：“魏文侯名过于桓公，而功不及五伯【校记：“五伯”，《备考》本作“五霸”。《备考》本与张九成《孟子传》同，嘉靖本与《新序》同。】⑦，何也?”圭对曰：“魏文侯师子夏⑧，友田子方⑨，敬段干木⑩，此名之所以过于桓公也。卜相⑪则曰：‘成与璜⑫孰可?’此功之所以不及五伯【校记：“五伯”，《备考》本作“五霸”。】也。以私爱妨公举⑬，在职者不堪其事，故功废；然而名号显荣者，三士翊⑭之也。如相三士，则王功成，岂特霸哉！”

中山人恶圭于魏文侯，文侯不信，投圭以夜光之璧。圭谓新城君⑮曰：“夜行者能

---

① 茧出：蚕茧上市。

② 太阴在卯：太阴，即太岁星。古人将黄道附近的一周分为十二等分，由东向西划为十二等分，配以子丑寅卯辰巳午未申酉戌亥十二地支。太岁由东向西运行。每年经过一个等分，十二年绕一周，周而复始。此为太岁纪年法。太岁运行在卯的空间，这一年是太阴在卯。《史记正义》：“太阴，岁后二辰为太阴。”

③ 积著率：利润率。

④ 欲长钱，取下谷：想多赚钱，就买进价格低廉的粮食。

⑤ 孙、吴：孙武、吴起。

⑥ 孟尝君：战国时齐国贵族田文，封于薛，号孟尝君。

⑦ 五伯：指春秋五霸。

⑧ 子夏：孔子弟子卜商，曾为魏文侯师。

⑨ 田子方：战国时人，为魏文侯所优礼。

⑩ 段干木：战国初年魏国人，魏文侯乘车过其门，必伏轼致敬。

⑪ 卜相：选用相才。事见《吕氏春秋·察贤》。

⑫ 成与璜：季成与翟璜。

⑬ 公举：秉公选拔。

⑭ 翊：通“翼”。辅佐，护卫。汉刘向《新序·杂事四》：“然而名号显荣者，三士翊之也。”

⑮ 新城君：秦相国，秦宣太后之弟。

无为奸，不能禁狗使无吠己也。故臣能无可议，不能禁人议于君也。”

许行　陈相　陈辛

许行，楚人，疾。六国时，怠于农业，作书二十篇，托于神农。闻孟子告滕文公，分别君子、野人之法。行不然其说，乃自楚之滕，其徒数十人，皆衣褐、捆屦、织布以为食。

陈相，亦楚人，与其弟陈辛初受业于陈良，为儒者之学。既乃负耒耜而自宋之滕，见许行而大悦，尽弃其学而学焉。

夷之

夷之，治墨翟之道，因徐辟①而求见孟子，孟子辞以病，夷之不来。他日，又求见，孟子见之曰：“墨子以薄为道，而葬其亲厚，是以所贱事亲也。”夷之曰：“命之矣。”

子莫

子莫，鲁之贤人也。知杨墨“为我”、“兼爱”之失，故度于二者之间而执其中。孟子曰：“执中无权，犹执一也。”

慎子

慎子名到，赵人，与彭蒙②、田骈为友，学墨子弟子禽滑厘之术。滑厘等三百人【校记：“三百人”，《备考》本作“二百人”。嘉靖本与《墨子》等同。《备考》本疑误。】善守御，为节用，自言能不战而屈人之兵。

慎子尝游学于鲁，鲁平公因齐滑王之乱，欲使之伐齐、取南阳。孟子自齐归，止于鲁，语之曰：“不可。”慎子曰：“此滑厘所不识也。”盖禽滑厘，其所尊尚者，故云。慎

---

① 徐辟：孟子弟子。

② 彭蒙：齐国隐士，田骈之师。

子又闻宋钘之风而悦之，欲弃知去已，块不失道，稍稍以禁攻、寝兵①为尚，故伐齐之事旋亦中止。慎子又好黄老道德，因发明序其指意，著十二论，至汉刘向所定《慎子》书，则有四十一篇。

薛应旂曰："余闻诸夫子'攻乎异端，斯害也已'。夫当夫子之时，杨墨未兴，佛氏未入中国，而老聃又夫子所从问礼者，其所谓异端，岂指若人哉！是以托名吾儒而其实则背戾焉者也，斯之谓异端也。乃若原壤、子桑、孟之反、琴张，则固夫子所与者，至孟子辟杨墨，于是九流之学，儒者悉指为异学，夫岂不卫吾道之严乎！但吾儒所自为者，或浮泛出入而假借影响，反不若此辈之精专切实，各成一家，大都可观也。孟子曰：'逃墨必归于杨，逃杨必归于儒。'其目击【校记："目击"，《备考》本作"目激"。】时事而言之至此，盖恫切而有余悲矣，余故仍以异学名而系兹一嘅②云。"

---

① 禁攻、寝兵：禁止攻打、停息战事。

② 嘅：kài，同"慨"，感叹。《诗·王风·中谷有蓷》："有女仳离，嘅其叹矣。"

四书人物考卷三十四

传三十一　技艺

太师挚　亚饭干　三饭僚　四饭秦　播鼓武　少师阳

太师，鲁乐官之长，名挚，一名乙，子贡见师乙而问焉，曰："赐闻声歌各有宜也，如赐者，宜何歌也?"师乙曰："乙，贱工也，何足以问所宜。请诵其所闻，而吾子自执焉。夫歌者，直己而陈德也。动己而天地应焉，四时和焉，星辰理焉，万物育焉。故宽而静，柔而正者，宜歌《颂》；广大而静，疏达而信者，宜歌《大雅》；恭俭而好礼者，宜歌《小雅》；正直而静、廉而谦者【校记："廉而谦者"，《备考》本作"廉而让者"。嘉靖本与《皇王大纪》等同，故从之。】，宜歌《风》；肆直而慈爱者，宜歌《商》；温良而能断者，宜歌《齐》。《商》者，五帝①之遗声也，商人识之，故谓之《商》。《齐》者，三代之遗声也，齐人识之，故谓之《齐》。明乎《商》之音者，临事而屡断；明乎《齐》之音者，见利而让。临事而屡断，勇也；见利而让，利也。有勇有利，非歌孰能保此？故歌者，上如抗，下如队，曲如折，止如槁木，倨中矩，句中钩累累乎端如贯珠。故歌之为言也，长言之也，说之故言之，言之不足，故长言之，长言之不足，故嗟叹之，嗟叹之不足，故不知手之舞之，足之蹈之也。"

古者天子诸侯三饭皆以乐侑，各有乐师，盖自商已然矣。干、缭、缺皆名也。定公十三年，季桓子受齐女乐，三日不听政，孔子去鲁。于是挚适齐，干适楚，缭适蔡，缺适秦。击鼓者名方叔，入河内，播鼗②者名武，入汉中，少师名阳者【校记：《备考》本在"名阳者"与"入海岛"间有"击磐名襄者"。】，入海岛，后有亚饭③氏、三饭氏、四饭氏、少师氏，盖其子孙以官为氏云。

---

① 五帝：说法不一。据《史记》指黄帝、颛顼、帝喾、唐尧、虞舜。

② 播鼗：摇小鼓。《周礼·春官·瞽矇》："瞽矇掌播鼗、柷、敔、埙、箫管、弦歌。"《论语·微子》："鼓方叔入于河，播鼗武入于汉。"何晏《集解》引孔安国曰："播，摇也。武，名也。"朱熹《集注》："鼗，小鼓。两旁有耳，持其柄而摇之，则旁耳还自击。"

③ 亚饭：朱熹《集注》："亚饭以下，以乐侑食之官。"

师襄

师襄①，孔子所从学琴者也。孔子学鼓琴于师襄而不进。襄曰：“夫子可以进矣！”孔子曰：“丘已得其曲矣，未得其数也。”有间②，曰：“夫子可以进矣！”曰：“丘已得其数矣，未得其意也。”有间，复曰：“夫子可以进矣！”曰：“丘已得其人矣，未得其类也。”有间，曰：“邈然远望，洋洋乎！翼翼乎③！必作此乐也，默然思，戚然而怅，以王天下，以朝诸侯者，其惟文王乎?”师襄避席④曰：“善！敢问何以知其文王之操⑤也?”孔子曰：“然。夫仁者好伟，智者好弹，有殷勤之意者好丽。丘是以知文王之操也。”

师襄又曰：“形而上者谓之道，形而下者谓之器。琴者，士君子常御之乐也。朴散而为器，理觉而为道。惟士君子乐得其道而因心以会之，盖将终身焉，虽无故斯须不撤也。”鲁定公十三年，受齐女乐不听政，孔子去鲁，襄遂入海岛。

师冕

师冕，鲁乐师，瞽者也。冕见孔子，及阶及席至坐，孔子皆相之。

师旷

师旷，字子野，晋之乐师也。晋平公闲居，师旷侍坐。平公曰：“子生无目眹【校记：《备考》本无“眹”字。嘉靖本与《新序》同，故从之。】甚矣，子之墨，墨也。”师旷曰：“天下有五墨墨，而臣不得与一焉。”平公曰：“何谓也?”师旷曰：“群臣行赂以采名

---

① 师襄：春秋鲁国人，以击磬为乐官，擅长弹琴，《论语》称击磬襄。《史记索隐》：“《家语》师襄子曰：‘吾虽以击磬为官，然能于琴’。盖师襄子鲁人，《论语》谓之‘击磬襄’是也。”

② 有间：有一定时间，有顷。《列子·仲尼》：“孔子愀然有间曰：‘有是言哉？汝之意失矣。’”《史记·五帝本纪论》：“《书》缺有间矣，其轶乃时时见于他说。”司马贞《史记索隐》：“言古典残缺有年载，故曰‘有间’。”

③ 翼翼乎：严正的样子。

④ 避席：古人席地而坐，离席起立，以示敬意。《吕氏春秋·慎大览》：“武王避席再拜之，此非贵虏也，贵其言也。”

⑤ 操：琴曲。《史记·宋微子世家》：“纣为淫泆，箕子谏，不听……乃被发详狂而为奴，遂隐而鼓琴以自悲，故传之曰《箕子操》。”裴骃《集解》引应劭《风俗通》：“其道闭塞忧愁而作者，命其曲曰操。操者，言遇灾遭害，困厄穷迫，虽怨恨失意，犹守礼义，不惧不慑，乐道而不改其操也。”

誉【校记："采名誉"，《备考》本作"求名誉"。嘉靖本与《新序》同，故从之。】，百姓侵冤无所告诉，而君不悟，此一墨墨也；忠臣不用用臣不忠，下才处高不肖临贤，而君不悟，此二墨墨也；奸臣欺诈空虚府库，以其少才覆塞其恶，贤人逐，奸邪贵，而君不悟，此三墨墨也；国贫民罢，上下不和，而好财用兵，嗜欲无厌，谄谀之人容容在旁，而君不悟，此四墨墨也；至道不明，法令不行，吏民不正，百姓不安，而君不悟，此五墨墨也。国有五墨而不危者，未之有也。臣之墨墨，小墨墨耳，何害乎国家哉！"

石言于晋魏榆①，平公问于师旷曰："石何故言？"对曰："石不能言，或冯焉②。不然，民听滥③也。抑臣又闻之曰：'作事不时，怨讟动于民④，则有非言之物而言。'今宫室崇侈，民力凋尽，怨讟并作，莫保其性。石言，不亦宜乎。"于是平公方筑虒祁⑤之宫。叔向曰："子野之言，君子哉！"

晋人闻楚师。师旷曰："不害。吾骤歌北风⑥，又歌南风。南风不竞⑦，多死声⑧。楚必无功。"平公问于师旷曰："人君【校记："人君"，《备考》本作"君人"。嘉靖本与《说苑》同，故从之。】之道如何？"对曰："人君之道，清净无为，务在博爱，趋在任贤。广闻耳目，以察万方。不固溺于流俗，不拘系于左右。廓然远见，卓然独立，屡省考绩以临臣下，此人君之操也。"平公曰："卫人出其君，不亦甚乎？"师旷对曰："或者其君实甚。良君将赏善而刑淫，养民如子，盖之如天，容之如地。民奉其君，爱之如父母，仰之如日月，敬之如神明，畏之如雷霆，其可出乎？夫君，神之主而民之望也。若困民之主，匮神之祀，百姓绝望，社稷无主，将安用之？弗去何为？天生民而立之君，使司牧⑨之，勿使失性【校记："失性"，嘉靖本作"失信"，《备考》本与《皇王大纪》同，故从之。】。有君而为之贰⑩，使师【校记："使师"，《备考》本作"使司"。嘉靖本与《皇王大纪》同，故从之。】保之，勿使过度。是故天子有公，诸侯有卿，卿置侧室⑪，大夫有贰宗⑫，士有朋友，庶人、工、商、皂、隶、牧、圉⑬皆有亲暱，以相辅佐也。善则赏

---

① 石言于晋魏榆：有石头在晋国魏榆说话。魏榆：《左传·昭公八年》杜预注："魏榆，晋地。"杨伯峻注："《史记·秦纪》，庄襄王三年攻赵榆次，即此魏榆。在今山西榆次县西北。"

② 或冯焉：有东西依附在它上面。冯：píng，依托，依附。

③ 滥：失实。《左传·昭公八年》杜预注："滥，失也。"

④ 作事不时，怨讟动于民：做事情不合季节，怨恨诽谤在民间发生。讟：dú，怨恨。

⑤ 虒(sī)祁：故址在山西侯马市附近。

⑥ 骤：屡次，多次。北风：北方的曲调。古人以律管来定曲调音调的高低，称十二律(六律六吕)。又以律吕与八方风气相配合，称为八风。故以风代指曲调。见《左传·襄公十八年》。

⑦ 不竞：不强劲。谓师旷以律吕歌南风音曲，南风音微，不与律声相应，故曰不竞。竞：强。

⑧ 多死声：谓南风律气不至，故声多死。

⑨ 司牧：管理，统治。见《左传·襄公十四年》。

⑩ 贰：副职，助手。《左传·襄公十四年》杜预注："贰，卿佐。"

⑪ 侧室：官名。卿置侧室一官，专管宗族的事，以选宗族的旁支者充任，故名。

⑫ 贰宗：官名。大夫的嫡子为小宗，次子为贰宗。

⑬ 皂：差役，古代一种身份，在士以下，服劳役。隶：奴隶，供贱役的人。牧：放牛的人。圉：放马的人。

之，过则匡之，患则救之，失则革之。自王以下，各有父子兄弟，以补察其政。史为《书》，瞽为《诗》，工诵箴谏①，大夫规诲，士传言，庶人谤，商旅于市，百工献艺②。故《夏书》曰：‘遒人以木铎徇于路③。官师④相规，工执艺事以谏。’正月孟春，于是乎有之，谏失常也。天之爱民甚矣。岂其使一人肆于民上，以纵其淫，而弃天地之性，必不然矣。”平公问于师旷曰：“咎犯【校记：“咎犯”，《备考》本作“舅犯”。嘉靖本与《说苑》同，故从之。】与赵衰⑤孰贤？”对曰：“阳处父⑥欲臣文公，因咎【校记：“咎犯”，《备考》本作“舅犯”。】犯三年不达，因赵衰三日而达。不知士众，不智也；知而不言，不忠也；欲言不敢，无勇也；言之而不听，不贤也。”

师涓从卫灵公，闻鼓琴声于濮水之上⑦，写⑧而习之。灵公之晋见平公，平公置酒于施惠之台，酒酣，灵公曰：“今日来闻新声，请奏之。”平公曰：“可。”即令师涓坐师旷旁援琴鼓之。未终，师旷抚而止之【校记：“止之”，嘉靖本作“正之”。《备考》本与《史记》同。】，曰：“此亡国之声也，不可听。”平公曰：“何道出【校记：“何道出”，《备考》本作“此道奚出”。嘉靖本与《史记》同，故从之。】？”师旷曰：“师延⑨所作也与纣【校记：“师延所作也与纣”，《备考》本作“此师延所作与纣”。嘉靖本与《史记》同，故从之。】，为靡靡之乐，武王【校记：“为靡靡之乐，武王”，《备考》本作“靡靡之乐，及武王。”嘉靖本与《史记》同，故从之。】伐纣，师延东走，自投濮水之中。今闻此声必于濮水之上。先闻此声者，国削【校记：“自投濮水之中。今闻此声必于濮水之上。先闻此声者，国削”，《备考》本作“赴濮水死，故先闻此声者，其国必削，不可遂”。】。”平公曰：“寡人所好者，音也。愿遂闻之。”师涓鼓而终之。平公曰：“音无此最悲乎？”师旷曰：“有。”平公曰：“可得闻乎？”师旷曰：“君德义薄，恐不可以听之。”平公曰：“寡人所好者，音也，愿闻之。”师旷不得已，援琴而鼓之。一奏之，有玄鹤⑩二八集乎廊门；再奏之，延颈而鸣，舒翼而舞。平公大喜，起为师旷寿。反坐问曰：“音无此最悲乎？”师旷曰：“有，昔者，黄帝以大合鬼神，今君德义薄，不足以听之，听之将败。”平

---

① 史为书，瞽为诗，工诵箴谏：太史加以记载，乐师歌唱采集来的诗歌，乐工朗诵有告诫劝谏作用的作品。史：太史。书：谓君主有活动就记载下来。瞽：盲者，乐师。诗：指歌唱诗歌来讽刺。工：乐人。箴：规谏。

② 商旅于市：杜预注：“旅，陈也。陈其物货以示时所贵尚。”百工献艺：各种工匠献其技艺以喻政事。

③ 遒人以木铎徇于路：遒人摇响木舌大铃在道路上巡行。遒人：官名，掌管宣布教化。木铎：以木为舌的大铃。古代宣布政教法令，巡行振鸣以引起众人注意。

④ 官师：一官之长。一说指百官。官以职言，师以道言。《书·胤征》孔传：“官师，众官。”

⑤ 咎犯：晋文公的舅父，辅佐文公逃亡。赵衰：晋文公的谋臣，有大功。

⑥ 阳处父：春秋晋大夫，后被贾季所杀。

⑦ 濮水之上：古卫地。指濮水之滨。春秋时濮上以侈靡之乐闻名于世，男女亦多于此处幽会，故后用以指代侈靡淫乱的音乐、风俗的流行地。

⑧ 写：仿效，模仿。

⑨ 师延：商纣时乐师。周武王灭纣，师延投濮水自杀。

⑩ 玄鹤：黑鹤。

公曰："寡人老矣，所好者，音也，愿遂闻之。"师旷不得已，援琴而鼓之，一奏之，有白云从西北起；再奏之，大风至而雨随之飞廊瓦，左右皆奔走，平公恐惧，伏于廊屋之间。晋国大旱，赤地三年。

平公铸为大钟，使工听之，皆以为调矣。师旷曰："不调，请更铸之。"平公曰："工皆以为调矣。"师旷曰："有知音者将知钟之不调也，臣窃为君耻之。"师涓至，果知钟之不调也。平公闻，于师旷曰："吾年七十，欲学，恐已暮矣。"师旷曰："何不炳烛乎？"公曰："安有为人臣而戏其君乎？"师旷曰："盲臣安敢戏其君，臣闻之，少而好学如日出之阳，壮而好学如日中之阳，老而好学如炳烛①之明，炳烛之明孰与昧行乎？"

知悼子②卒，未葬。平公③饮酒，师旷侍鼓钟。杜蒉自外来，闻钟声，历阶而升，酌曰："旷，饮斯。"平公曰："尔饮旷何也？"曰："子卯不乐④，知悼子在堂，斯其为子卯也大矣，旷也，太师也，不以诏⑤，是以饮之也。"

羿 附逢蒙

夷羿，有穷⑥之君也，偃姓。羿生五岁时，父母与之入山，处之木下以待蝉鸣，还，欲取之。而群蝉俱鸣，遂捐而去。羿为山间人所养，年二十，习弓矢，仰天叹曰："我将射四方。"楚有弧父者，生于楚之荆山，生不见父母。为儿时习用弓矢，所射无脱。羿从之学，尽传其道。又有吉甫者，亦以善射著，羿又学射于吉甫。

初，唐尧时，有名羿者善射。河伯溺杀人，则射其左目；风伯坏人屋室，则射中其膝。又诛九婴猰貐⑦之属，有功于天下，死为宗布⑧，人皆祀之。夷羿慕其为人，因名曰羿。羿尝从吴贺北游见雀焉，贺命之射。羿曰："生乎？其杀之乎？"贺请左目，羿中

---

① 炳烛：点烛。后因以"炳烛"比喻老而好学。语出汉刘向《说苑·建本》。

② 知悼子：即晋大夫荀盈，鲁昭公九年卒。

③ 平公：即晋侯彪。

④ 子卯不乐：据说商纣王是在甲子日死的，夏桀是在乙卯日灭亡的。因此王者把子卯日称为"忌日"，不在这两天作乐和办吉事，以自戒惧。

⑤ 不以昭：不告诫君。帮助，开导。《书·君奭》："乃惟时昭文王，迪见冒闻于上帝。"孙星衍疏："昭，同'诏'。《释诂》云：'劝也。'又云：'相劝也。'"

⑥ 有穷：《书·五子之歌》："有穷后羿因民弗忍距于河。"孔传："有穷，国名；羿，诸侯名。"

⑦ 九婴：传说中的水火怪，亦用以喻邪恶凶残的人。《淮南子·本经训》："猰貐、凿齿、九婴、大风、封豨、修蛇，皆为民害。"高诱注："九婴，水火之怪，为人害。"猰貐：yà yǔ，古代传说中的食人凶兽。

⑧ 宗布：传说中祓除灾害之神。《山海经》高诱注："有功于天下，故死托祀于宗布。"

厥右，耻之，由是每进，妙中高出天下。迨事夏王，王命射于方豕之皮【校记："豕之皮"，《备考》本作"家之皮"。嘉靖本与《路史》同，故从之。】、征南之的，曰："中之予万金，不中则削十邑。"羿援矢而色荡射之，矢逸，再之，又不中焉。王谓傅弥仁曰："斯羿也，发无不中，而今也不中，何以？"对曰："若羿者，其惧之【校记："惧之"，《备考》本作"慎之"。】为灾，而万金为之患也，人能遗其喜惧之私与万金之患，则天下无愧【校记："无愧"，嘉靖本作"亡愧"。】于羿矣。"王曰："善。吾乃今知亡欲之道矣。"

太康①之立，滔淫无度②【校记："无度"，嘉靖本作"亡度"。】，娱以自纵，畋有洛之表③，十旬不反。夷羿于是因民弗忍，兵于河以距之④，太康失邦，仲康立。于时羲和⑤沉湎于酒，叛官离次⑥，将夷羿是与。王命嗣侯征之，羿遽隐慝⑦，及相立，爰逐相而自立。因夏氏代夏政【校记："代夏政"，嘉靖本作"伐夏政"。《备考》本与张九成《胤征论》(载《横浦集》卷六)同，故从之。】，自钽迁于穷石⑧【校记："钽迁于穷石"，《备考》本作"钽干于穷石"，嘉靖本与《左传》同，故从之。】，灭乐正后夔⑨之子伯封。

先有仍之女美而黰⑩，厥泽可监⑪，夔纳之，是为玄妻。生伯封，贪残忿类⑫，是有豕心，人谓封豕⑬，羿灭之。后夔是以不祀。羿于是益恃射，不修民事，忘其国恤而蔽于从禽。武罗、伯因【校记："伯因"，《备考》本作"姻"。嘉靖与《左传》同，故从之。】、熊髡、庞圉皆贤臣也，乃弃之。而信伯明氏之谗子寒浞⑭，又以逢蒙为受教之臣，浞乃烝取羿室⑮纯狐，爰谋杀羿，树之诈慝，内行媚，外施赂，而虞羿以于畋，内外咸服，而羿弗察也。八年将归自畋，逢蒙取桃梧杀之，家众烹之，以食其子⑯。其子

---

① 太康：夏启之子，夏代第三位君主。

② 滔淫亡度：恣意享乐游玩没有节制。

③ 畋：打猎。有洛之表：洛水南岸一带地域。

④ 河：黄河。距同"拒"，阻挡、抵御。

⑤ 羲和：羲氏和和氏的并称。传说尧曾命羲仲、羲叔、和仲、和叔两对兄弟分驻四方，以观天象，并制历法。汉王充《论衡·是应》："尧候四时之中，命曦和察四星以占时气。"

⑥ 叛官离次：违背官职，离开职守。次：位次，职位。

⑦ 隐慝：别人不知的罪恶，不可告人的罪恶。

⑧ 钽：今河南滑县东。穷石：即穷谷，在今河南洛阳市南。

⑨ 乐正：掌管音乐的官长。正：长。后夔：舜的典乐的官长。

⑩ 有仍：古国名。在今山东省济宁市。

⑪ 厥泽可监：光泽可以照见人影。

⑫ 贪残忿类：贪婪残酷暴戾。类：暴戾。

⑬ 封豕：大猪。封：大。

⑭ 伯明氏：寒浞国国君名。寒浞：寒：国名，今山东潍县治即旧寒亭。寒浞以国为氏，是羿的幸臣。

⑮ 烝：通奸。羿室：后羿的妻妾。

⑯ 以食其子：让后羿的儿子吃后羿的肉。其子：后羿之子。

不忍食，众杀之于国门①。靡奔有鬲氏②。浞因羿室③，生浇及豷，恃其谗慝诈伪而不德于民。使浇用师，灭斟灌及斟寻④氏。处浇于过，处豷于戈⑤。靡自有鬲氏，收二国之烬，以灭浞而立少康⑥。少康灭浇于过，后杼⑦灭豷于戈。有穷⑧由是遂亡，失人故也。

子濯孺子

子濯孺子，郑人。郑使孺子侵卫，卫使庾公之斯追之。子濯孺子曰："今日我疾作，不可以执弓，吾死矣夫!"问其仆曰："追我者谁也?"其仆曰："庾公之斯也。"曰："吾生矣。"其仆曰："庾公之斯，卫之善射者也，夫子曰'吾生'，何谓也?"曰："庾公之斯学射于尹公之他，尹公之他学射于我。夫尹公之他，端人也，其取友必端矣。"庾公之斯至，曰："夫子何为不执弓?"曰："今日我疾作，不可以执弓。"曰："小人学射于尹公之他，尹公之他学射于夫子。我不忍以夫子之道反害夫子。虽然，今日之事，君事⑨也，我不敢废。"抽矢扣轮，去其金⑩，发乘矢而后反。

庾公之斯　尹公之他

庾公之斯，一名庾公【校记："庾公"，《备考》本作"庾公差"。】，字子鱼，与尹公

---

① 国门：穷国城门。

② 有鬲氏：古国名。夏代为鬲国，又称有鬲氏。故址在今山东省德州市附近。有穷国君后羿灭夏帝相，寒浞又诈取羿之位。夏臣靡奔有鬲氏，收集遗民，灭浞，立少康，夏室中兴。见《左传·襄公四年》。

③ 浞因羿室：寒浞占有了后羿的妻妾。

④ 使浇用师，灭斟灌及斟寻：派遣浇出动军队灭掉了斟灌和斟寻氏。斟灌：在今山东范县北观城镇。斟寻：在今河南偃师县东北。斟灌：古国名。夏之同姓诸侯国，辖境在今山东省寿光县东北。《左传·哀公元年》："昔有过浇杀斟灌以伐斟鄩，灭夏后相。"孔颖达疏："二斟，夏同姓诸侯。"《史记·夏本纪》"中康崩，子帝相立。"张守节《史记正义》引唐李泰等《括地志》："斟灌故城在青州寿光县东五十四里。"斟寻：亦作"斟鄩"。古国名，夏同姓诸侯国。辖境在今山东省潍坊市西南。

⑤ 处浇于过，处豷于戈：寒浞让他的一个儿子浇驻扎在过地，另一个儿子豷驻扎在戈地。过：国名，今山东掖县西北。戈：国名，在宋、郑之间。

⑥ 少康：相之子，夏禹的七世孙。相为寒浞之子浇所杀，相妻正怀孕，逃到有仍生少康。少康长大和旧臣靡合力灭寒浞，恢复夏朝。

⑦ 后杼：少康之子。

⑧ 有穷：此指寒浞。

⑨ 君事：国家之事。

⑩ 去其金：把箭头去掉。《孟子·离娄下》："抽矢扣轮去其金。"朱熹《集注》："金，镞也。"

陀【校记："陀"，《备考》本作"他"。嘉靖本与《左传》同，故从之。】皆卫人。初，尹公佗【校记："佗"，《备考》本作"他"。】学射于庾公差，庾公差学射于公孙丁。卫孙文子作乱，使陀与差逐献公，公孙丁为献公御。庾公差曰："射为背师，不射为戮①，射为礼乎？"射两軥②而还。尹公佗曰："子为师，我则远矣。"乃反之，公孙丁授公辔而射之，贯臂。

公输子

公输子名班，又名般，鲁之巧人也。为母作木人为御，机关一发，其车遂行。又为木鸢③令之自飞。尝为楚设机④，将以攻宋。墨翟闻之，往见般曰："吾自宋闻子，吾欲籍子杀王。"般曰："吾义固不杀人。"墨子曰："闻公为云梯，将以攻宋。宋何罪之有？义不杀王而攻国，是不杀少而杀众，敢问攻宋何义也？"般不答，九设攻城之机变，墨子九距⑤之，般之攻械尽，墨子之守固有余。般诎⑥，而言曰："吾知所以距子矣，吾不言。"墨子亦曰："吾知子之所以距我也，吾不言。"般请墨子见之楚王，楚王问其故，墨子曰："公输子之意，不过欲杀臣。杀臣，宋莫能守，可攻也。然臣之弟子禽滑厘等三百人，已持臣守国之器，在宋城上而待楚寇矣。虽杀臣，不能绝也。"楚王曰："善哉！吾请无攻宋城矣。"墨子说楚王语详具翟本传中【校记："翟本传中"，《备考》本作"《墨翟传》中"。】。

王良

王良，赵简子⑦之子也，善御，晋伐郑，简子自矜其功，良亦自【校记：《备考》本无"自"】矜焉。简子使良与嬖奚乘，终日而不获一禽。嬖奚反命曰："天下之贱工也。"或以告王良。良曰："请复之。"强而后可，一朝而获十禽。嬖奚反命曰："天下之良工也。"简子曰："我使掌与女乘⑧。"谓良。良不可，曰："吾为之范我驰驱⑨，终日不获

---

① 射为背师，不射为戮：射他是背叛师门，不射将被诛戮。
② 軥：车辕前驾马的器具，即车轭，因勾曲夹贴马颈，故谓之軥。
③ 木鸢：木头做成的鸟。鸢：鸟名，鸷鸟，属猛禽类，俗称鹞鹰、老鹰。
④ 机：指机械，器械。
⑤ 距：同"拒"，抵御。文见《墨子·公输》。
⑥ 诎：言语钝拙。
⑦ 赵简子：晋国正卿赵鞅。
⑧ 我使掌与女乘：我让他专门给你驾车。女即汝。
⑨ 范我驰驱：意为让我在轨范之中驰驱。

一；为之诡遇①，一朝而获十。《诗》云：‘不失其驰，舍矢如破。’②我不贯与小人乘，请辞。”【校记：《备考》本无“矜焉”以下内容。】

离娄

离娄，一名朱，孟子门人，明察秋毫，而幽室之中能辨五色，横邪曲直一见不爽丝发也。

奕秋

奕秋，善奕者也。孟子曰：“使奕秋诲二人奕。”【校记：《备考》本《奕秋》内容有异，全文为：奕秋，善奕者也。使诲二人奕，一人专心致志，惟奕秋之为听，一人虽听之，一心以为有鸿鹄将至，思援弓而缴射之，虽与之俱学，弗若之矣。】

王豹　绵驹

王豹，卫人，善讴。绵驹，齐人，善歌。王豹处于淇，而河西③善讴；绵驹处于高唐④，而齐右⑤善歌。【校记：《备考》《王豹、绵驹》内容稍异，全文为：王豹，卫人，处于淇，而河西善讴。绵驹，齐人，处于高唐，而齐右善歌。】

薛应旂曰：“古者工执艺事以谏，技艺中亦何尝无人哉！师挚、襄、旷之制行言论固卓卓乎！在人士前者也，若庾斯、公输之徒，其意气又可少邪！惟蒙羿⑥篡弑斯不足论矣。”

---

① 诡遇：谓违背礼法，驱车横射禽兽。

② 不失其驰，舍矢如破：语出《诗经·小雅·车攻》。意思是按照规矩而奔驰，箭一放出便破的。

③ 河西：实指卫境而言。

④ 高唐：故城在今山东禹城县西南。朱熹《集注》：“高唐，齐西邑。”

⑤ 齐右：高唐在齐之西部，西在右（以朝南论），故曰齐右。

⑥ 蒙羿：逢蒙、后羿。

四书人物考卷三十五

传三十二　勇力

奡

奡①，一名浇，羿臣寒浞之子也，羿为家众所杀，浞因羿室生奡，力能陆地行舟。羿使【校记："羿使"，《备考》本作"浞使"。】奡用师灭斟灌及斟寻②氏，处浇于过。夏后之臣靡自有鬲氏，收二国之烬，以灭浞而立少康，少康灭奡于过。详具《夷羿》传中。

飞廉

飞廉，颛顼之苗裔，太廉玄孙、中衍之后也。世有功③，以佐殷国，其玄孙曰中潏，在西戎，保西垂，生飞廉。飞廉生恶来，恶来有力，飞廉善走，父子俱以才力事殷纣。

周武王伐纣，并杀恶来。是时飞廉为纣作石椁于北方④，还，无所报，为坛霍太山而报，得石棺⑤，铭曰："帝令处父不与殷乱，赐尔石棺以华氏⑥。"死，遂葬于霍太山。处父，飞廉别号也。飞廉复有子曰季胜，季胜以下五世至造父，为周穆王御，封于赵，

---

① 奡：音 ào。

② 斟灌、斟寻：《左传·襄公四年》："（寒浞）使浇用师，灭斟灌及斟寻氏。"杜预注："二国，夏同姓诸侯，仲康之子。"

③ 世有功：指中衍以下子孙人才辈出。《史记正义》："谓费昌及仲衍。"

④ 作石椁于北方：《史记》原文为"作石于北方"，此据《资治通览外纪》卷三。

⑤ 得石棺：《史记正义》："纣既以崩，无所归报故，为坛就霍太山而祭纣，报云作得石椁。"

⑥ 帝令处父不与殷乱，赐尔石棺以华氏：上帝令处父不参与殷朝之乱，赐给你石椁以光耀你的氏族。处父至忠殉君而死，故天赐石椁。

赵衰其后也。恶来早死，有子曰汝防，其五世以下生非子，亦以造父之宠，皆蒙赵城，姓赵氏。周孝王使主马于汧、渭之间①，马大蕃息，后赐嬴姓，以有秦云。

孟贲

孟贲，齐人，能生拔牛角。秦武王好多力士，贲往归之。过河，先其五，船人怒，而以楫虓其头②，顾不知其孟贲也。中河，贲瞋目而视船人，发植，目裂，鬓指③，舟中之人尽扬播④入于河。使船人知其孟贲，弗敢直视，涉无先者，又况于辱之乎？此以下不知故也。

乌获

乌获，秦武王时人，力能扛鼎，秦武王好以力戏力士。乌获至大官，后秦武王与获较力举鼎，折肱而卒。

北宫黝

北宫，姓。黝，名。刺客之流也。黝之养勇也，不肤挠，不目逃⑤，思以一豪挫于人，若挞之于市朝⑥。不受于褐宽博，亦不受于万乘之君⑦。视刺万乘之君，若刺褐夫⑧。无严诸侯⑨。恶声至，必反之⑩。

---

① 汧(qiān)、渭之间：汧水与渭水之间，即关中宝鸡一带地方。汧水为渭水支流。

② 以楫虓其头：用船桨敲击他的头。虓：同“敲”。语出《吕氏春秋·必己》。

③ 发植，目裂，鬓指：头发竖直，眼眶都要裂开似的，鬓须发直。

④ 扬播：摇动。

⑤ 肤挠、目逃：朱熹《集注》：“肤挠，肌肤被刺而挠屈也。”目逃：“目被刺而转睛逃避也。”

⑥ 思以一豪挫于人，若挞之于市朝：认为受一点点挫折，就像在大庭广众中挨了鞭打一样。

⑦ 不受于褐宽博，亦不受于万乘之君：既不受卑贱之人的侮辱，也不能忍受大国君主的侮辱。

⑧ 视刺万乘之君，若刺褐夫：刺杀大国君主跟刺杀卑贱的人一样。

⑨ 无严诸侯：不惧怕大国诸侯。

⑩ “思以一豪挫于人”至“必反之”：朱熹《集注》：“挫，犹辱也。褐，毛布。宽博，宽大之衣，贱者之服也。不受者，不受其挫也。刺，杀也。严，畏惮也。言无可畏惮之诸侯也。黝盖刺客之流，以必胜为主，而不动心者也。”

孟施舍

孟施舍，勇士也。舍之养勇也，曰："视不胜犹胜也。量敌而后进，虑胜而后会，是畏三军者也。舍岂能为必胜哉？能无惧而已矣①。"

冯妇

冯妇，晋人，善搏②虎。野有众逐虎，虎负嵎③，莫之敢撄④。望见冯妇，趋而迎之。冯妇攘臂下车，众皆悦之。

薛子【校记："薛子"，《备考》本作"薛应旂"。】曰："人有恒言，强敌在前，懦夫股慄⑤，勇力似亦不可少也。但小人用壮，率多取败，一人敌，恶足取哉！近时【校记："近时"，《备考》本作"今时"。】因四方寇作，当事者论议，遂欲右勇力，左学术。噫，盍亦反其本乎？"

---

① 能无惧而已矣：不过是能够无所畏惧罢了。朱熹《集注》："舍自言其战虽不胜，亦无所惧。若量敌虑胜而後进战，则是无勇而畏三军矣。舍盖力战之士，以无惧为主，而不动心者也。"

② 搏：朱熹《集注》："手执曰搏。"

③ 负嵎：背靠着山脚。朱熹《集注》："负，依也。山曲曰嵎。"

④ 莫之敢撄：没有人敢去迫近它。朱熹《集注》："撄，触也。"

⑤ 股慄：大腿发抖，形容恐惧之甚。

四书人物考卷三十六

传三十三　嬖幸

宋朝

宋朝，宋公子，名朝，有美色，仕卫为大夫，有宠于灵公。卫太叔疾娶其女，朝通于灵公嫡母襄夫人宣姜及其夫人南子，惧，遂与齐豹、北宫喜、褚师圃作乱，逐。灵公如死乌，灵公既入卫，与北宫喜盟于彭水之上，遂盟国人。公子朝出奔晋，既，自晋归宋。

灵公为夫人南子复召宋朝。太子蒯聩献盂于齐①，过宋野。野人歌之曰："既定尔娄猪，盍归吾艾豭。"太子羞之，谓戏阳速②曰："从我而朝少君③，少君见我，我顾，乃杀之。"速曰："诺。"乃朝夫人。夫人见太子，太子三顾，速不进。夫人见其色，啼而走，曰："蒯聩将杀余。"公执其手以登台。太子奔宋，已而之晋。先是公叔戍将逐宋朝，南子愬诸灵公，曰："戍将为乱。"灵公逐，公叔戍奔鲁。

弥子

弥子，名瑕，卫之嬖大夫也。弥子有宠于卫，卫国法窃驾君车，罪刖。弥子之母病，其人有夜告弥子，弥子矫驾君车以出。灵公闻而贤之，曰："孝哉！为母之故犯刖罪！"异日与灵公游于果园，食桃而甘，以其余献灵公。灵公曰："爱我忘其口啖寡人。"及弥子色衰而爱弛，得罪于君，君曰："是尝矫驾吾车，又食我以余桃。"故弥子之行未必变其初也，前见贤后获罪者，爱憎之生变也。

---

① 献盂于齐：到齐国去奉献盂邑。

② 戏阳速：杜预注："速，太子家臣。"

③ 少君：即小君，对诸侯妻子的称呼。

子都

子都，郑大夫公孙阏也。《郑诗》曰："不见子都。"①盖谓此人也，有宠于郑庄公。庄公三十二年，将伐许②，授兵于大宫③。子都与颍考叔争车，颍考叔挟舟【校记："挟舟"，《备考》本作"挟辀"。】以走，子都拔棘④以逐之，及大逵⑤，弗及，子都怒。

郑厉公篡立，祭仲专，厉公患之，将使其婿雍纠杀之，雍姬⑥知之以告祭仲。子都党祭仲杀雍纠，厉公出奔蔡，入栎⑦居之。既，厉公自栎入治预于雍纠之乱者，遂杀子都。

易牙

易牙，雍人，名巫。牙，其字也，善调味，能辨淄渑⑧之水。齐桓公好内⑨，内嬖如夫人者六人。长卫姬生武孟，少卫姬生惠公，郑姬生孝公，葛嬴生昭公，密姬生懿公，宋华子生公子雍。桓公与管仲属孝公于宋襄公，以为太子。易牙有宠于卫共姬，因寺人貂⑩以见于公，公曰："子善调味乎？吾盖尽尝天下之味矣，唯蒸婴儿之味未尝。"易牙遂蒸其首子而献之，自是亦有宠于公，公许之立武孟。管仲有疾，公曰："仲父之疾革矣，将何以教寡人？"管仲对曰："愿君之远易牙。"公曰："易牙烹其子以慊⑪寡人，尚可疑邪？"管仲曰："人之情非不爱其子也，其子之忍，将何有于君？"公曰："诺。"管仲卒，公逐易牙。三年，复召用之，及桓公疾，易牙与寺人貂相与作乱，塞宫门，矫以

---

① 语出《诗》·郑风·山有扶苏》。

② 许：国名。公元前十一世纪周分封的诸侯国，姜姓，在今河南许昌东，战国初为楚所灭。

③ 授兵：分发兵器。大宫：即太宫，郑国的祖庙。

④ 棘：即戟，兵器名。合戈、矛为一体，略似戈，兼有戈之横击、矛之直刺两种作用，杀伤力比戈、矛为强。

⑤ 大逵：大路，四通八达的道路。《左传·隐公十一年》杨伯峻注："宽阔能并用九具车马者谓之逵。"《尔雅》："九达谓之逵。"

⑥ 雍姬：雍纠之妻，祭仲的女儿。

⑦ 栎：郑邑，即今河南禹县。《左传·桓公十五年》："秋九月，郑伯突入于栎。"杜预注："栎，郑别都也，今河南阳翟县。"

⑧ 淄：水名，今山东境内的淄河。渑：水名，源出今山东省临淄县北，久湮。淄渑：淄水和渑水的并称。相传二水味各不同，混合之则难以辨别。

⑨ 内：妇女，女色。《礼记·内则》："外内不共井，不共湢浴，不通寝席。"孔颖达疏："此经论男子女子殊别之宜。"

⑩ 寺人貂：即竖刁，自宫以事桓公。《周礼·天官·序官》："寺人，王之正内五人。"郑玄注："寺之言侍也。"贾公彦疏："云寺之言侍者，欲取亲近侍御之义，此奄人也。"

⑪ 慊：满足，满意。

公令，有一妇人逾垣入至公所，公曰：“我饥欲食，我渴欲饮，而无所得，何故?”对曰：“易牙作乱塞宫门，饮食不可得矣。”公叹曰：“死者有知，我何面目见仲父乎?”遂蒙衣袂而绝。

雍雎《孟子》作痈疽，字音之讹也。刘向《说苑》作雍雎，定本也，苏子瞻考正之。

雍姓，雎名，又名渠，卫灵公之嬖宦也。灵公尝与夫人同车，雎为参乘出使，孔子为次乘，招摇市过之，孔子丑之去卫，至战国时，遂以孔子为主雍雎云。

瘠环

瘠姓，环名，齐之寺人也，为景公所近狎。

嬖奚

嬖奚，赵简子之嬖臣也。简子使王良①御，奚射，终日不获一禽。

王欢

王欢，字子敖，齐右师也，为宣王嬖臣，尝吊于公行氏，有进而与言者，有就其位而与言者，孟子独不与欢言。及孟子出吊于滕，欢为辅行。王欢朝暮见，反齐滕之路，孟子不与言行事。

薛子【校记：“薛子”，《备考》本作“薛应旂”。】曰：“太史公谓‘力田不如逢年②，善仕不如遇合③’，固无虚言。非独女以色媚，而士宦亦有之。其言若羡慕然者，要之，有激之言也。余观宋朝以下诸人，非祸其国则祸其身，统而【校记：“统而”，《备考》本作“要而”。】论之，则胥④祸焉，是又何贵于遇合哉!”

---

① 王良：赵简子之子，善驾车。御：驾车，周时为六艺之一。《诗·郑风·大叔于田》：“叔善射忌，又良御忌。”

② 力田不如逢年：努力耕种不如遇到好年成。

③ 遇合：指君臣相遇，推心置腹。《史记集解》徐广曰：“遇，一作‘偶’。”

④ 胥：皆，都。《诗·小雅·角弓》：“尔之远矣，民胥然矣。”郑玄笺：“胥，皆也。”

四书人物考卷三十七

传三十四　女妇

杞梁妻

杞梁①战死于莒，其妻迎其柩于路而哭之哀，城为之阤而隅为之崩②。齐庄公使人吊之，对曰："君之臣不免于罪，则将肆诸市朝③，而妻妾执君之臣，免于罪，则有先人之敝庐在，下妾不得与郊吊，君无所辱命。"庄公吊诸其室，执丧毕，其妻赴淄川而死。

西子

西子姓施，美妇人也。居苎萝山若邪溪之西④，故曰西子。鬻薪浣纱，为世绝色，尝病心而颦，其里之丑妇见而美之，亦捧心而颦，其里之富人见之坚闭门而不出，贫人见之挈妻子而去之，是其美非人之所能效也。越王得之，饰以罗谷，教以容步学服，而使范蠡献之于吴，吴王大悦，子胥谏曰："不可，王勿受也，臣闻'贤士国之宝，美女国之咎，夏亡以妹喜，殷亡以妲己，周亡以褒姒。'"吴王不听，遂受之。其后越灭吴，

---

① 杞梁：一名殖，齐大夫。

② 城为之阤而隅为之崩：阤：zhì，倒塌，崩溃。《孟子》曰："华周、杞梁之妻，善哭其夫而变国俗。"《列女传》则曰："杞梁之妻无子。内外皆无五属之亲。既无所归，乃枕其夫之尸于城下而哭，道路过者莫不为之挥涕。十日而城为之崩。"

③ 肆诸市朝：把他的尸体在街头示众。市朝：古人把罪人之尸示众，或者在朝廷示众或者在市集示众。

④ 苎(zhù)萝：山名，在浙江省诸暨市南，相传西施为此山鬻薪者之女。见汉赵晔《吴越春秋·勾践阴谋外传》。

范蠡复取西子，乘扁舟①、游五湖而不返。

吴孟子

吴孟子②，姬姓，鲁昭公配也。昭公娶于吴，为同姓，故《春秋》书孟子卒，不书姓，死不赴，故不称夫人。不反哭③，故不言葬小君。孔子与吊，适季氏。不绕④，放绖而拜⑤。

南子

南子，宋女，卫灵公夫人也。灵公尝与夫人夜坐，闻车声辚辚至阙而止，过阙复有声。夫人曰："此必蘧伯玉也。"公曰："何以知之。"夫人曰："君子不为昭昭信节⑥，不为冥冥惰行⑦，吾闻蘧伯玉君子也，以是知之。"公问之，果伯玉也。孔子至卫，主蘧伯玉家。南子使人谓孔子曰："四方之君子不辱欲与寡君为兄弟者，必见寡小君⑧。寡小君愿见。"孔子辞谢，不得已而见之。夫人在絺帷中。孔子入门，北面稽首。夫人自帷中再拜，环佩玉声璆然⑨。

南子与宋朝通，太子蒯聩使齐，过宋，宋野人歌之，详具《宋朝》传中。

曰【校记："薛子"，《备考》本作"薛应旂"。】薛子："贤哉！杞梁妻也，伟丈夫之忠贞不是过矣【校记："伟丈夫之忠贞不是过矣"，《备考》本作"虽丈夫之忠贞不过是矣"。】；吴孟子之归同姓，揆以从父之道【校记："揆"，《备考》本作"揆之"。】，犹可委也；若西子、南子者，其老子所谓'美好者，不祥之器'乎？"

---

① 扁舟：《汉书音义》曰："特舟也。"

② 孟子：鲁昭公夫人，吴女，姬姓。鲁人讳同姓，谓之孟子。《论语·述而》："君取於吴为同姓，谓之吴孟子。"

③ 反哭：安葬以后奉神主回祖庙号哭。

④ 不绕(miǎn)：没有脱帽扎发。

⑤ 放绖(dié)而拜：解开丧带而拜。

⑥ 不为昭昭信节：不因为在明处而保持信节。昭昭：明亮。

⑦ 不为冥冥惰行：不因为在昏暗处就放弃对信节的追求。

⑧ 寡小君：《礼记·曲礼下》："天子之妃曰后，诸侯曰夫人，大夫曰孺人，士曰妇人，庶人曰妻，公侯有夫人，有世妇，有妻，有妾。夫人自称於天子，曰老妇，自称于诸侯，曰寡小君。"

⑨ 璆然：形容佩玉相击声。璆：qiú，美玉，可制磬。亦借指磬。《书·禹贡》："厥贡璆铁银镂砮磬。"孔传："璆，玉名。"

四书人物考卷三十八

传三十五　圮[1]族

瞽叟　象

瞽瞍盲，而舜母死，更娶妻而生象。瞽叟爱后【校记：“爱后”嘉靖本作“爱移”，《备考》本与《史记》同，故从之。】妻子，常欲杀舜，舜虽受四岳之荐升，闻于尧，瞽瞍尚复欲杀之，使舜上涂廪②，瞽瞍从下纵火焚廪。舜乃以两笠自扞而下，得不死。瞽瞍又使舜穿井③，为匿空旁出④。舜既入深，瞽叟与象共下土实井⑤，舜从匿空出，去。瞽叟、象喜，以舜为已死。象曰：“本谋者象。”象与其父母分，曰：“舜娶尧二女，与琴，象取之。牛羊仓廪与父母。”象乃止舜宫，鼓其琴，舜往见之，象鄂不怿⑥，曰：“我思舜正郁陶⑦！”舜曰：“然，尔其庶矣⑧！”

鲧

鲧，字熙，颛顼五代孙也。鲧仕，尧封于崇⑨，谓之崇伯。当尧之时，洪水滔天，

---

① 圮：毁灭，断绝。

② 上涂廪：上粮仓屋顶涂泥。

③ 穿井：打井。

④ 为匿空旁出：在井壁上打一个藏身的支洞，并横向与邻井相通。《史记正义》：“言舜潜匿穿孔旁，从他井而出也。”

⑤ 实井：《史记索隐》：亦作“填井。”

⑥ 鄂不怿：象见舜回来，先是惊愕，然后很不自在。鄂通“愕”。

⑦ 我思舜正郁陶：我想念你正难过呢！郁陶：忧伤的样子。

⑧ 然，尔其庶矣：意思是：好啊！你像个弟弟了。

⑨ 崇：古国名。又称有崇氏，相传为鲧的封国。在今河南嵩县。

尧求能治水者，群臣四岳①皆曰鲧可。尧曰："鲧性狠戾，违负教命，毁败善类，不可用也。"四岳曰："等之，群臣未有如鲧者，愿帝试之。"于是尧用鲧治水，九年而水不息，功用不成。舜摄行天子之政巡狩，行视鲧之治水无状，乃殛鲧于羽山②，鲧投于水，化为黄熊，因为羽渊之神。

丹朱

尧娶散宜氏之女曰女皇，生丹朱，不肖，尧敕百官曰："谁可任众功者?"放齐曰："嗣子丹朱开明。"尧曰："吁！顽凶，不用③。"尧知不足授天下，乃授舜。

管叔

管叔名鲜，周公之兄，成王之叔父也，与蔡叔禄父作乱，惎间王室④，周公诛之。

跖

盗跖，柳下惠之弟也。从卒九千人，横行天下，侵暴诸侯，所过之邑，万民苦之。

孔子与柳下惠为友，谓柳下惠曰："夫为人父者，必能诏其子；为人兄者，必能教其弟。今子，世之才士也，弟为盗跖，为天下害，而弗能教也，丘请为子往说之。"柳下惠曰："子不听父之诏，弟不受兄之教，虽夫子将奈之何哉！跖之为人，心如涌泉，意若飘风，强足以距敌，辩足以饰非。顺其心则喜，逆其心则怒。夫子必无往。"孔子不听，偕颜渊、子贡，往见之。跖大怒曰："此夫鲁国之巧伪人孔丘非邪？尔作言造语，妄称文、武⑤，以迷惑天下之主，而欲求富贵焉，盗莫大于子，天下何不谓子为盗丘，而乃谓我为盗跖⑥？子自谓圣人邪？再逐于鲁，削迹于卫，穷于齐，围于陈、蔡，

---

① 四岳：四方诸侯首领，相传为共工的后裔，因佐禹治水有功，赐姓姜，封于吕，并使为诸侯之长。《国语·周语下》："共之从孙四岳佐之。"韦昭注："言共工从孙为四岳之官，掌师诸侯，助禹治水也。"

② 殛：流放。羽山：山名，在今山东郯城东北。

③ 吁！顽凶，不用：《史记集解》孔安国曰："吁，疑怪之辞。"《史记正义》：《左传》云："口不道忠信之言为嚚，心不则德义之经为顽。"凶，讼也。言丹朱心既顽嚚，又好争讼，不可用之。

④ 惎(jì)间：毒乱，危害。《左传·定公四年》："管蔡启商，惎间王室。"杜预注："惎，毒也。"

⑤ 文、武：《庄子集释卷九下》郭庆藩疏："言孔子宪章文武，祖述尧舜，刊定礼乐，遗迹将来也。"

⑥ 而乃谓我为盗跖：郭庆藩疏："制缝掖之衣，浅薄之带，矫饰言行，诳惑诸侯，其为贼害，甚于盗跖。"

不容身于天下。子之所言，皆吾之所弃也，诈巧虚伪，非可以全真也，奚足信哉!”孔子出，归，语柳下惠。柳下惠曰：“吾固谓夫子之无往。”

跖之徒尝问于跖曰：“盗亦有道乎?”跖曰：“何适而无有道邪？夫妄意室中之藏，圣也；入先，勇也；出后，义也；知可否，知也；分均，仁也。五者不备而能成大盗者，天下未之有也。”跖暴戾恣睢，竟以寿终。老而不死，夫是以谓之贼云。

桓魋

桓魋，宋司马向魋也。初，魋兄向朝伐郑，取锡，遂围嵒①，郑罕达救嵒围宋师，魋救其师②。郑子剩使徇曰：“得桓魋者有赏。”魋逃归，郑遂取宋师于嵒。

魋恃宠骄盈，害于景公。公使母夫人骤请享焉③，而将讨之。未及，魋先谋公，请以鞍易薄④，公曰：“不可。薄，宗邑⑤也。”乃益鞍七邑，魋伪喜受赐，请享公焉。以日中为期，家备尽往⑥。公知之，告皇野曰：“余长⑦魋也。今将祸余，请即救。”皇野曰：“有臣不顺，神之所恶也，而况人乎？敢不承命。不得其兄左师向巢不可，请以君命召之。”左师每食击钟。闻钟声，公曰：“夫子将食【校记：“夫子”，《备考》本作“夫子向巢”。嘉靖本与《左传》同，故从之。】。”既食，又奏。公曰：“可矣。”以乘车往，迹人⑧来告，曰：“逢泽有介麇焉⑨。”公曰：“虽魋未来，得左师，吾与之田，若何?”君惮告子。野曰：“尝私焉⑩。”君欲速，故以乘车逆子。与之乘，至，公告之故，拜，不能起。公曰：“所难子者，上有天，下有先君。”对曰：“魋之不共，宋之祸也。敢不唯【校记：“不唯”，《备考》本作“不惟后”。嘉靖本与《左传》同，故从之。】命是听。”皇野

---

① 嵒：yì，春秋时宋国地名。

② 救其师：救去年围嵒之师。

③ 公使母夫人骤请享焉：宋景公让夫人赶紧邀请他饮宴。《左传·哀公十四年》杜预注：“夫人，景公母也。数请享宴，欲因请讨之。”

④ 以鞍易薄：用鞍地交换薄地。《左传·哀公十四年》杜预注：“鞍，向魋邑；薄，公邑。欲因易为享宴而作乱。”《左传·哀公十四年》杨伯峻注：“薄即亳，亦即庄十二年传公子御说所奔之亳，在今河南商丘市北。”

⑤ 宗邑：汤曾建都于亳，宋有宗庙在此，故曰宗邑。

⑥ 家备尽往：家中的甲兵全都去了。备：甲兵之备。

⑦ 长：养大。《左传·哀公十四年》杨伯峻注：“谓向魋从小为我所养育长大。”

⑧ 迹人：掌管禽兽足迹、知禽兽之处的人。《周礼·地官·序官》：“迹人，中士四人。”郑玄注：“迹之言迹，知禽兽处。”

⑨ 逢泽有介麇焉：逢泽有一只麇鹿在那里。《左传·哀公十四年》杨伯峻注：“逢泽，在今商丘县南，即《水经睢水注》之逢洪陂，今已涸。介即《庄子·庚桑楚》之‘夫函车之兽，介而离山，则不免於罔罟之患’之介。《方言》‘兽无耦曰介’。”

⑩ 尝私焉：我试着私下和他谈谈。《左传·哀公十四年》杨伯峻注：“谓以私人身份试与左师言。”

请瑞①焉，以命其徒攻桓氏。魋弟子颀骋而告魋，魋欲入攻公，其第子车止之，曰："不能事君，而又伐国，民不与也，祇取死焉。"魋遂入于曹②以叛。使左师巢伐之，巢不能克魋，恐公怒，欲得国内大夫为质以入国，亦入于曹③取质。魋曰："不可。既不能事君，又得罪于民，将若之何?"乃舍之④。向魋奔卫，向巢奔鲁，宋景公使止之，曰："寡人与子有言矣，不可以绝向氏之祀。"辞曰："臣之罪大，尽灭桓氏可也。若以先臣之故，而使有后，君之惠也。若臣则不可以入矣。"司马牛致其邑与珪焉⑤，而适齐。魋出于卫地，公文氏攻之，求夏后氏之璜焉。与之他玉，而奔齐，陈成子使为次卿。司马牛又致其邑焉，而适吴。吴人恶之，而反。事在《司马牛》传中。魋尝作石椁，三年不成。孔子曰："若是其靡也⑥，死不如速朽之愈也。"魋欲害孔子，孔子竟不能害，而自罹其害，有如此云。

薛子曰："昔人谓天下无难处之事，亦无难处之人，唯值伦理之变，最人所不幸而难处也。尧舜不能传其子，鲧不能庇其父，周公右王管蔡为戮，展禽仅以身免而司马牛则殆矣，大圣大贤虽尝权于恩义之间，然亦如之何哉!"【校记:《备考》无"薛子曰"以下内容。】

---

① 瑞:《左传·哀公十四年》杜预注:"瑞，符节，以发兵。"

② 曹:《左传·哀公十四年》杜预注:"哀八年，宋灭曹以为邑。"

③ 取质:《左传·哀公十四年》杜预注:"不能得大夫，故入曹劫曹人子弟而质之，欲以自固。"

④ 舍之:舍曹子弟。

⑤ 司马牛:向魋弟。珪:守邑符信。

⑥ 若是其靡:如果像这样奢靡。

四书人物考卷三十九

传三十六　谗毁

共工

共工者，少皞氏①之不才子也。毁信废忠②，崇饰恶言，靖谮庸回③，服谗蒐慝④，以诬盛德⑤，天下之民谓之穷奇⑥。舜流之于幽州⑦。

驩兜

驩兜者，帝鸿氏⑧之不才子也。掩义隐贼⑨，好行凶德⑩，丑类恶物⑪，玩嚚不友，是与比周⑫。天下之民，谓之浑敦⑬。舜放驩兜于崇山。

---

① 少皞氏：亦作“少昊”。传说中古代东夷集团首领，名挚（一作质），号金天氏。

② 毁信废忠：毁弃诚信，废弃忠诚。

③ 靖谮庸回：信用奸邪。靖：安。庸：用。回：邪。

④ 服谗蒐慝：使用谗言，隐蔽罪恶。《左传·文公十六年》杜预注：“蒐，隐也。”

⑤ 盛德：德行很高的人。

⑥ 穷奇：《史记集解》服虔曰：“谓共工氏也，其行穷好奇。”

⑦ 幽州：《周礼·夏官·职方氏》：“东北曰幽州。”《尔雅·释地》：“燕曰幽州。”

⑧ 帝鸿氏：黄帝名号。黄帝：古代传说中的帝王，有熊国君，乃少典国君之子，号曰有熊氏，又曰缙云氏，又曰帝鸿氏，亦曰帝轩氏。《史记集解》贾逵曰：“帝鸿，黄帝也。不才子，其苗裔驩兜也。”

⑨ 掩义隐贼：掩蔽道义，隐藏奸贼。

⑩ 凶德：丧德的事。

⑪ 丑类恶物：把坏事物引为同类。

⑫ 玩嚚不友，是与比周：那些顽固愚蠢不友爱的人，他就跟他们勾结在一起。玩嚚（yín）：顽固而愚蠢。

⑬ 浑敦：愚昧、冥顽。一本云：“天下之民，谓之浑沌。”杜预云：“浑沌，不开通之貌。”

叔孙武叔

叔孙武叔，名州仇，鲁叔孙成子之子也。定公八年，为阳虎所劫，以伐孟氏。哀公十一年，齐国书率师伐鲁及清，武叔以政在季氏，不欲出战，季孙使冉求从于朝，武叔呼而问战焉。冉求曰："君子有远虑，小人何知?"武叔曰："是谓我不成丈夫也。"

武叔之母死，既小敛，举者出户，出户袒，且投其冠，括发①。子游曰："知礼。"君子曰："州仇焉知礼哉！其所事者，礼之末节也。"

公伯寮

公伯寮愬②子路于季孙，子服景伯恶寮曰："吾力犹能肆诸市朝。"孔子曰："寮之愬，沮③吾道也。道之兴废，命也，公伯寮其如命何?"

臧仓

臧仓者，鲁平公之嬖人也。平公将见孟子，仓沮之，乐正子以告。孟子曰："行止，非人所能也，吾之不遇鲁侯，天也。臧氏之子焉能使予不遇哉?"

薛子曰【校记："薛子"《备考》本作"薛应旂"。】："夫众言铄金，积毁销骨，谗慝④之为天下害也，久矣。虽无拳无勇，犹能为乱，矧【校记："矧"，《备考》本作"况"。】工、兜、叔孙、寮、仓辈可以达之君者哉！舜不常有，谁其放之?《诗》曰：'取彼谮

① 出户袒，且投其冠，括发：死者在室中小殓，而后抬尸出室户到堂上大殓。小殓毕，主人即当括发而袒。今武叔举尸出户而后袒，有失哀节。《仪礼·聘礼》："出袒括发。入门右，即位踊。"

② 愬：同"诉"，此指毁谤。《诗·邶风·柏舟》："薄言往愬，逢彼之怒。"朱熹《集传》："愬，告也。"

③ 沮：同"阻"，终止，阻止。《诗·小雅·巧言》："君子如怒，乱庶遄沮。"毛传："沮，止也。"

④ 谗慝：邪恶奸佞之人。《管子·五辅》："五经既布，然后逐奸民，诘诈伪，屏谗慝，而毋听淫辞，毋作淫巧。"

人，投畀①豺虎；豺虎不食，投畀有北；有北不受，投畀有昊。'②呜呼！恶恶如巷伯严矣，亦奈若人何哉！"

---

① 投畀：抛弃，放逐。
② 语出《诗·小雅·何人斯》。

四书人物考卷四十

传三十七　叛逆

崔子

崔武子杼，公族也，丁公适子。季子食采于崔，其后以邑为氏。杼事齐惠公有宠，高国畏其偪也。公卒，而逐之，奔卫，既而复归。灵公八年，为大夫。公娶于鲁，曰颜懿姬，无子。其侄鬷声姬，生光，以为太子。诸妾仲子，戎子。戎子嬖。仲子生牙，属①诸戎子。戎子请以为太子，公许之。仲子谏，不听，遂东太子光②，使高厚傅牙③以为太子。夙沙卫为少傅。

公疾，武子微逆光④而立之。光杀戎子，尸诸朝⑤。灵公卒，光即位，是为庄公。执公子牙于句渎之丘⑥，以夙沙卫教公易己⑦。卫惧，奔高唐⑧以叛。武子杀高厚于丽蓝而兼其室。

四年，公伐卫，将遂伐晋。武子谏曰："不可。臣闻之，小国间大国之败而毁焉，必受其咎。君其图之!"弗听。陈文子⑨见武子，曰："将如君何?"武子曰："吾言于君，君弗听也。以为盟主，而利其难。群臣若急，于君何有?"文子退，告人曰："崔子将死

---

① 属：同"嘱"，委托，嘱咐。《左传·襄公十九年》杨伯峻注："谓使戎子养之如己子，即所以嬖爱戎子。"

② 遂东太子光：徙太子光于东鄙。

③ 使高厚傅牙：让高厚做牙的太傅。杨伯峻注："高厚为牙之太傅。"

④ 微逆光：暗中迎接(被废黜的)太子光回来。《说文》："微，隐行也。"

⑤ 尸诸朝：把戎子的尸体放在朝堂上示众。

⑥ 执公子牙于句渎之丘：在句渎之丘拘捕了公子牙。句渎：地名，在今山东菏泽市句阳店。杨伯峻注："句渎之丘又见于(襄公)二十一年、二十八年、哀公六年传，当在齐境。"

⑦ 以夙沙卫教公易己：太子光认为是夙沙卫教唆齐灵公更换了自己太子的地位。

⑧ 高唐：齐邑，故城在今山东禹城县西南。杨伯峻注："据《清统一志》，高唐城在今禹城县西南，即在今高唐县东三十五里。"

⑨ 陈文子：即陈须无，陈完之孙。这部分内容和卷二十六《陈文子》多相似，相关注释见《陈文子》。

乎！谓君甚而又过之，不得其死。过君以义，犹自抑也，况以恶乎？”已而，公闻有晋师，使陈无宇如楚乞师，武子帅师送之，遂伐莒，侵介根①。六年，武子帅师伐鲁，鲁襄公患之，使告于晋。孟公绰曰②：“崔子将有大志，不在病我，必速归，何患焉！其来也不寇，使民不严③，异于他日。”齐师徒归。

齐棠公④之妻，东郭偃之姊也。东郭偃臣崔武子⑤。棠公死，偃御武子以吊焉，见棠姜而美之，使偃取之。偃曰：“男女辨姓，今君出自丁，臣出自桓，不可。”武子筮之，遇“困”之“大过”。史皆曰：“吉。”示陈文子，文子曰：“不吉。”语在《陈文子》传中。崔子曰：“嫠也何害⑥？先夫当之矣。”遂取之。庄公通焉，骤如崔氏。以崔子之冠赐人，侍者曰：“不可。”公曰：“不为崔子，其无冠乎？”崔子因是，又以其间伐晋也，曰：“晋必将报。”欲弑公以说于晋，而不获间。公鞭侍人贾举而又近之，乃为崔子间公⑦。夏五月，莒为且于之役故，莒子来朝。甲戌，享诸北郭，崔子称疾不视事。乙亥，公问崔子，遂从姜氏。姜人于室，与崔子自侧户出。公拊楹⑧而歌。侍人贾举止众从者而人，闭门。甲兴⑨，公登台而请⑩，弗许。请盟，弗许。请自刃于庙，勿许。皆曰：“君之臣崔杼疾病，不能听命。近于公宫⑪，陪臣干掫⑫有淫者，不知二命⑬。”公逾墙，又射之，中股，反队⑭，遂弑之。贾举、州绰、邴师、公孙敖、封具、铎父、襄伊、偻堙皆死⑮。祝佗父祭于高唐，至，复命。不说弁⑯而死于崔氏。申蒯侍渔者⑰，

---

① 介根：《左传·襄公二十四年》杨伯峻注：“介根本莒旧都，在今山东高密县东南四十里，即胶县西南七里。”

② 孟公绰：《左传·襄公二十五年》杜预注：“孟公绰，鲁大夫。孔丘曰：‘孟公绰，为赵魏老则优，不可以为滕薛大夫。’见《论语·宪问》。”

③ 来也不寇：来了也不进犯抢掠。杜预注：“不为寇害。”使民不严：使唤百姓不苛刻严厉。杜预注：“欲得民心。”

④ 棠公：《左传》杜预注：“棠公，齐棠矣大夫。”棠：《左传》杨伯峻注：“疑在今山东平度县东南。”

⑤ 东郭偃臣崔武子：东郭偃做了崔武子的家臣。

⑥ 嫠：寡妇。《左传·襄公二十五年》杜预注：“寡妇曰嫠。”

⑦ 乃为崔子间公：意即(贾举)就为崔子伺察杀齐庄公的机会。

⑧ 拊楹：《史记》作“拥柱”，“楹”即“柱”。《史记集解》服虔曰：“公以为姜氏不知己在外，故歌以命之也。一曰公自知见欺，恐不得出，故歌以自悔。”

⑨ 甲兴：崔杼之甲兵起而攻击庄公。

⑩ 请：《左传·襄公二十五年》杨伯峻注：“谓请免于死也。”

⑪ 近于公宫：言崔子之宫靠近齐庄公的宫。

⑫ 陪臣：诸侯之大夫对天子自称陪臣，大夫之家臣亦称陪臣，此指后者。干掫：夜间巡逻戒备。掫：zōu，巡夜打更，巡夜。

⑬ 二命：言受崔子之命讨之，不听从别人的命令。

⑭ 队：同“坠”。

⑮ 皆死：八人皆齐国勇力之士，被齐庄公宠信的人，与齐庄公一道死在崔子的家中。

⑯ 说弁：脱下祭祀所戴的帽子。说：“脱”。弁：爵弁，用于祭祀的冠。

⑰ 侍渔者：管理渔业的人，专门监督捕鱼的人。

退，谓其宰曰：“尔以帑免，我将死之①。”其宰曰：“免，是反子之义也②。”与之皆死。崔氏杀鬷蔑③于平阴。晏子立于崔氏之门外，门④启而入，枕尸股⑤而哭。兴，三踊而出。语具《晏子》传中。

卢蒲癸奔晋，王何奔莒。始，鲁叔孙宣伯之奔齐也，纳其女于灵公。嬖，生景公，崔杼立而相之，庆封为左相。盟国人于太宫，《太史书》曰：“崔杼弑其君。”崔子杀之。其弟嗣书而死者二人⑥。其弟又书，乃舍之。南史氏闻太史尽死，执简以往。闻既书矣，乃还。崔氏侧⑦庄公于北郭。丁亥，葬诸士孙之里，四翣⑧，不跸⑨，下车七乘，不以兵甲⑩。

崔子生成及强而寡⑪，娶东郭姜，生明。东郭姜以孤入⑫，曰棠无咎，与东郭偃相崔氏。崔成有疾废之，而立明。成请老于崔，崔子许之。偃与无咎弗与【校记：“偃”，《备考》本作“请”。嘉靖本与《左传》同，故从之。】，曰：“崔，宗邑⑬也，必在宗主⑭。”成与强怒，将杀之。告庆封曰：“夫子之身亦子所知也，唯无咎与偃是从，父兄莫得进矣。大恐害夫子，敢以告。”庆封曰：“子姑退，吾图之。”告卢蒲嫳。卢蒲嫳曰：“彼，君⑮之仇也。天或者将弃彼矣，彼实家乱，子何病焉？崔之薄，庆之厚⑯也。”他日又告。庆封曰：“苟利夫子，必去之！难，吾助汝。”于是崔成、崔强杀东郭偃、棠无咎于崔氏之朝。崔子怒而出，其众皆逃，求人使驾，不得。使圉人驾，寺人御⑰而出。且曰：“崔氏有福，止余犹可⑱。”遂见庆封，庆封曰：“崔、庆一也。是何敢然？请为

---

① 尔以帑免，我将死之：你带领我的妻儿免死逃走，我打算去死。

② 免，是反子之义也：我免死逃走，这违背你的道义。

③ 鬷蔑：平阴大夫，齐庄公的外嬖。杜预注云：“传言庄公所养非国士，故其死难皆嬖宠之人。”

④ 门：房屋、围墙、车船等出入口能开关的障蔽装置。

⑤ 枕尸股：以齐庄公的尸体枕在自己的大腿上。

⑥ 其弟嗣书而死者二人：他的弟弟接连因记载此事而被杀死的有两个。

⑦ 侧：简陋。此指简陋地掩埋，不在祖庙里停尸殡殓。

⑧ 翣：shà，古代出殡时的棺饰，状如掌扇。《礼记·礼器》：“天子崩，七月而葬，五重八翣；诸侯五月而葬，三重六翣；大夫三月而葬，再重四翣。”

⑨ 跸：bì，古代帝王出行时，禁止行人以清道。《周礼·天官·阍人》：“大祭祀、丧纪之事，设门燎，跸宫门庙门。”郑玄注：“跸，止行者。”这里指丧葬之时，该清道而没有清道。

⑩ 下车七乘，不以兵甲：用了下等车七辆，不用兵甲随葬。

⑪ 寡：古代妇人丧夫，男子丧妻谓之寡。

⑫ 东郭姜以孤入：东郭姜带着孤儿过来。

⑬ 宗邑：崔氏宗庙所在的地方。

⑭ 宗主：指立为继承人的嫡子。古代宗法制度，嫡子是一宗之主，故称宗主。

⑮ 君：齐庄公。鲁襄公二十五年，崔杼杀了齐庄公。

⑯ 庆之厚：崔氏政权败落，庆氏就可以独揽政权。

⑰ 寺人：奄士，阉人。《诗·秦风·车邻》：“未见君子，寺人之令。”郑玄注：“寺人，内小臣也。”御：驾车。

⑱ 崔氏有福，止余犹可：崔氏如果有福气，祸难只在我一个人身上还可以。崔杼恐怕家族被灭亡，祸不止在自身。

子讨之。”使卢蒲嫳帅甲以攻崔氏。崔氏堞①其宫而守之【校记：“崔氏堞其宫”，嘉靖本作“堞其宫”，《备考》本与《左传》同，故从之。】，弗克。使国人助之，遂灭崔氏，杀成与强，而尽俘其家，其妻②缢。嫳复命于崔子，且御而归之。至，则无归矣，乃缢。崔明夜辟诸大墓③而藏之，明日，遂出奔于鲁，而崔宗遂灭。

陈恒

陈恒，又名常，一曰成子，田完之后也。事齐简公，阚止有宠于简公④，公使为政，恒惮之。诸御鞅言于公曰：“陈、阚不可并也。”公弗听。恒之族人陈逆杀人，阚止逢之，遂执以入。逆飨守囚者，醉而杀之而逃。

陈豹亦陈族，为阚止臣，止与之言政，悦，遂有宠。谓之曰：“我尽逐陈氏，而立汝，若何?”对曰：“我远于陈氏矣，且其违者，不过数人，何尽逐焉?”时，逆逃而隐于陈氏，豹遂告之。逆曰：“彼得君，弗先，必祸子。”逆又隐于公宫。

成子兄弟八人，四乘⑤如公。阚止在幄⑥，出，迎之，恒遂入，闭门⑦。阚止侍人御之，陈逆杀侍人。公与妇人饮酒于檀台⑧，成子迁诸寝。公执戈，将击之⑨。成子趋出曰：“何所无君?”阚止入，属徒⑩攻之不胜，陈氏追阚止，杀诸郭关⑪。阚止臣东郭贾奔卫。陈恒执公于舒州⑫。公曰：“吾悔不从御鞅之言。”恒遂弑公。

初，恒将作乱，盟于国人，曰：“不盟者死。”有家石他曰：“古之事君者，死其君之事。舍君以全亲，非忠也；舍亲以死君之事，非孝也；他则不能。然不盟，是杀吾亲也，从人而盟，是背吾君也。呜呼！生乱世，不得正行⑬；劫乎暴人，不得全义⑭。”乃

---

① 堞：矮墙。这里用作动词，加筑宫墙。

② 其妻：指东郭姜。

③ 辟诸大墓：打开先人的墓室藏身其中。辟：打开。

④ 阚止有宠于简公：《左传·哀公十四年》杜预注：“简公，悼公阳生子壬也。阚止，子我也。事在六年。”

⑤ 四乘：二人共一乘，八人共四乘。《史记集解》服虔曰：“成子兄弟八人，二人共一乘，故曰四乘。”

⑥ 幄：《史记集解》：杜预曰：“幄，帐也，听政之处也。”

⑦ 闭门：成子入，乃闭门，不让阚止进入。《史记集解》服虔曰：“成子兄弟见子我出，遂突入，反闭门，子我不得复入。”

⑧ 檀台：在今山东临淄东北。《史记集解》服虔曰：“当陈氏入时，饮酒于此台。”

⑨ 将击之：《史记集解》杜预曰：“疑其作乱也。”

⑩ 属徒：集合部属。《史记集解》服虔曰：“会徒众。”

⑪ 郭关：齐郭门。服虔曰：“齐关名。”

⑫ 舒州：在今河北大城县。

⑬ 正行：按正道行事。

⑭ 劫乎暴人，不得全义：为暴虐弑君的人所劫持，不能保全道义。

进盟，以免父母；退伏剑，以死其君①。闻者曰："君子哉！石他也，安之命矣！"

阳货

阳货，一名阳虎，季氏家臣。昭公出，季平子摄政，阳虎执国命，国人惮之。定公五年夏六月，平子卒，桓子立。阳虎逐季氏之臣及其子若弟，又囚桓子及公父文伯，而逐仲梁怀。

六年，鲁侵郑，往不假道于卫。及还，阳虎使季、孟②自南门入，出自东门，舍于豚泽③。卫侯怒，使弥子瑕④追之。公叔文子谓卫侯曰："天将多阳虎之罪以毙之，君姑待之。"语在《公叔文子》传。

夏，季桓子如晋，献郑俘⑤。阳虎强使孟懿子往报夫人之币⑥。晋人兼享之⑦。孟孙立于房外，谓范献子曰："阳虎若不能居鲁，而息肩于晋，所不以为中军司马者，有如先君。"献子曰："寡君有官，将使其人。鞅何知焉？"献子谓简子曰："鲁人患阳虎矣，孟孙知其衅⑧，以为必适晋，故强为之请，以取入焉【校记："以取入焉"，《备考》本作"以取其入焉"。嘉靖本与《左传》同，故从之。】。"秋，阳虎又盟公及三桓于周社⑨，盟国人于亳社，诅于五父⑩之衢。七年，齐国夏伐鲁。阳虎御季桓子，公敛处父⑪御孟懿子，将宵军齐师⑫。齐师闻之，堕⑬，伏而待之。处父曰："虎不图祸，而必死。"苫夷曰："虎陷二子于难。不待有司，余必杀汝。"虎惧，乃还，不败。季寤、公钼极⑭、公

---

① 退伏剑，以死其君：回来用剑自杀，为君主而牺牲。

② 季：季桓子。孟：孟懿子。

③ 出自东门，舍于豚泽：从东门出来，住宿在豚泽。杜预注云："阳虎将逐三桓，欲使得罪于邻国。"豚泽：为卫东门外地名。

④ 弥子瑕：卫灵公嬖大夫。

⑤ 郑俘：郑国的战俘，二月袭郑时从匡地所取。《左传·定公六年》杜预注："献此春取匡之俘。"

⑥ 往报夫人之币：当时诸侯夫人也可以派使致聘。此前晋之夫人曾有使聘鲁，鲁当报聘，但聘君与聘夫人可以一使兼任。阳虎想困辱三桓并求媚于晋，故强使孟懿子往报晋夫人之聘。

⑦ 兼享之：谓同时享宴季桓子和孟懿子。

⑧ 孟孙知其衅：孟孙知道阳虎将不容于鲁国的征兆。衅：征兆，迹象。《国语·鲁语上》："善有章，虽贱，赏也；恶有衅，虽贵，罚也。"韦昭注："衅，兆也。"

⑨ 三桓：孟孙、叔孙、季孙三家，皆鲁桓公之后，故曰三桓。周社：鲁国国社，鲁为周公之后，故为周社。

⑩ 五父：地名。在今山东省曲阜县东南。《左传》杜预注："五父衢，道名，在鲁国东南。"

⑪ 公敛处父：孟氏家臣，成邑宰公敛阳。

⑫ 宵军齐师：夜晚出兵攻击齐军。

⑬ 堕：毁坏军容以诱敌。

⑭ 季寤：季桓子之弟。公钼极：公弥曾孙，季桓子族子。

山不狃皆不得志于季氏，叔孙辄①无宠于叔孙氏，叔仲志不得志于鲁。阳虎欲去三桓，以季寤更季氏，以叔孙辄更叔孙氏，己更孟氏。故五人因阳虎以作乱。八年冬十月，顺祀先公而祈焉②。辛卯，禘于僖公。壬辰，将享季氏于蒲圃③而杀之，戒都车④曰："癸巳至。"成宰公敛处父告孟孙，曰："季氏戒都车，何故?"孟孙曰："吾弗闻。"处父曰："然则乱也，必及于子，请先备诸。"与孟孙以壬辰为期。阳虎前驱，林楚御桓子，虞人以铍盾夹之⑤，阳越殿，将如蒲圃。桓子咋⑥谓林楚曰："而先皆季氏之良也，尔以是继之。"对曰："臣闻命后。阳虎为政，鲁国服焉。违之，征死⑦。死无益于主。"桓子曰："何后之有？而能以我适孟氏乎?"对曰："不敢爱死，惧不免主。"桓子曰："往也。"孟氏选圉人⑧之壮者三百人，以为公期筑室于门外。林楚怒马及衢而骋，阳越⑨射之，不中，筑者阖门。有自门间射阳越，杀之。阳虎劫公与武叔，以伐孟氏。公敛处父帅成人，自上东门入，与阳氏战于南门之内，弗胜。又战于棘下，阳氏败。阳氏说甲⑩如公宫，取宝玉、大弓⑪以出，舍于五父之衢，寝而为食。其徒曰："追其将至。"虎曰："鲁人闻余出，喜于征死⑫，何暇追余。"从者曰："嘻！速驾，公敛阳在。"公敛阳请追之，孟孙弗许。阳欲杀桓子，孟孙惧而归之。阳虎入于讙、阳关⑬以叛。

九年夏，阳虎归宝玉、大弓于鲁。六月，鲁伐阳关⑭。阳虎使焚莱门⑮。师惊，犯之而出，奔齐，请师以伐鲁，曰："三加⑯必取之。"齐侯将许之。鲍文子⑰谏曰："臣尝为隶于施氏⑱矣。鲁未可取也。上下犹和，众庶犹睦，能事大国，而无天菑。若之何取

---

① 叔孙辄：叔孙氏之庶子。

② 顺祀先公而祈焉：理顺先后次序来祭祀先公而祈求保佑。先公：鲁闵公、鲁僖公。文公二年，把僖公放在闵公前，称为逆祀。顺祀：纠正二公的位次。《左传》杜预注："将作大事，欲以顺祀取媚。"

③ 蒲圃：鲁城东门外地。

④ 戒都车：敕令都邑的兵车。

⑤ 虞人以铍盾夹之：长官山泽苑囿的虞人用短箭和盾牌夹住季桓子。铍：兵器，剑属，形如刀而两边有刃。

⑥ 咋：同"乍"，突然。《左传·定公八年》杜预注："咋，暂也。"

⑦ 征死：招致死亡。

⑧ 圉人：官名。掌管养马放牧等事，亦以泛称养马的人。《周礼·夏官·圉人》："圉人掌养马刍牧之事。"

⑨ 阳越：阳虎弟。

⑩ 说甲：即脱去铠甲。

⑪ 宝玉：指夏后氏之璜。大弓：指封父之繁弱。

⑫ 喜于征死：为季氏免于招致死亡而高兴。

⑬ 讙：《左传·定公八年》杨伯峻注："在今山东宁阳县北而稍西。"阳关：今山东泰安县东南。

⑭ 鲁伐阳关：《左传·定公九年》杜预注："讨阳虎也。"

⑮ 莱门：杜预注："阳关邑门。"

⑯ 三加：意即出兵三次，加兵三次。

⑰ 鲍文子：鲍国。鲁成公十七年，齐人从鲁国召他回国，立他为鲍氏继承人。

⑱ 隶：即臣下。施氏：鲁大夫，鲍国在鲁时，曾为施孝叔臣。

之？阳虎欲勤齐师也，齐师罢①，大臣必多死亡，已于是乎奋其诈谋②。夫阳虎有宠于季氏，而将杀季孙，以不利鲁国，而求容焉。亲富不亲仁，君焉用之？君富于季氏，而大于鲁国，兹阳虎所欲倾覆也，鲁免其疾，而君又收之，无乃害乎？”齐侯执阳虎，将东之。阳虎愿东，乃囚诸西鄙。尽借邑人之车，锲其轴③，麻约而归之。载葱灵④，寝于其中而逃。追而得之，囚于齐。又以葱灵逃，奔宋，遂奔晋，适赵氏。见简子曰：“自今以来，不复树人矣。”简子曰：“何哉？”阳虎对曰：“夫堂上之人，臣所树者过半矣；朝廷之吏，臣所树者亦过半矣；边境之士，臣所树者亦过半矣。今夫堂上之人亲却臣于君，朝廷之吏亲危臣于众，边境之士亲劫臣于兵。”简子曰：“唯贤者为能报恩，不肖者不能。夫树桃李者，夏得休息，秋得食焉。树蒺藜⑤者，夏不得休息，秋得其刺焉。今子之所树者，蒺藜也。自今以来，择人而树，毋已树而择之。”

孔子闻之，谓子路曰：“赵氏其世有乱乎？”子路曰：“权不在焉，岂不为乱。”孔子曰：“非汝所知。夫阳虎亲富而不亲仁，有宠于季孙，又将杀之，不克而奔，求容⑥于齐，齐人囚之，乃亡归晋，是齐鲁二国，已去其疾，赵简子好利而多信，必溺其说⑦而从其谋，祸败所终，非一世可知也。”

公山弗扰

公山弗扰，一名不狃，字子泄，季氏家臣。定公五年六月，季平子卒于房⑧。阳虎将以玙璠⑨敛【校记：“玙璠敛”，《备考》本作“璠玙敛”。嘉靖本与《左传》同，故从之。】，仲梁怀⑩弗与，曰：“改步改玉⑪。”阳虎欲逐之，告公山弗扰。弗扰曰：“彼为君也⑫，子何怨焉？”既葬，季桓子行东野，及费。弗扰为费宰，逆劳于郊，桓子敬之。

① 罢：同“疲”，疲惫。《左传·昭公十九年》：“今宫室无量，民人日骇，劳罢死转，忘寝与食，非抚之也。”杜预注：“罢，音皮，本或作疲。”

② 奋其诈谋：施展其奸诈阴谋。

③ 锲其轴：在车轴上刻条深沟。

④ 葱灵：装载衣物的辎重车。葱，通“窗”。《左传·定公九年》孔颖达疏：“贾逵云：‘葱灵，衣车也，有葱有灵。’然则此车前后有蔽，两旁开葱，可以观望。葱中竖木谓之灵。”

⑤ 蒺藜：一年生草本植物。这里比喻不肖者。

⑥ 求容：博得欢心。《左传·定公九年》：“夫阳虎有宠于季氏，而将杀季孙，以不利鲁国，而求容焉。”杨伯峻注：“求容谓博取喜悦。”

⑦ 溺其说：被阳虎的话所迷惑。溺：被迷惑。

⑧ 房：即防，地名，在今山东曲阜县东。《日知录》卷二十七：“卒于房。”房疑即“防”字。

⑨ 玙璠：鲁之宝玉，君所佩带。《说文》：“玙璠，鲁之宝玉。”

⑩ 仲梁怀：季氏家臣。

⑪ 改步改玉：改变了行走的步伐，也就要改变佩玉。《左传》杜预注云：“昭公之出，季孙行君事，佩玙璠，祭宗庙。今定公立，复臣位，改君步，则亦当去玙璠。”

⑫ 彼为君也：他是为主子不肯背僭越的罪名。《左传》杜预注：“为君，不欲市僭。”

劳仲梁怀，仲梁怀弗敬①。弗扰怒，谓阳虎："子行②之乎？"既而，季寤、公钮极、叔孙辄、叔仲志皆不得志于鲁，弗扰与之谋，将因阳虎以去三桓。十二年，季氏将堕费③，弗扰帅费人以袭鲁。公入季氏之宫，登武子之台④。费人攻之，弗克。入及公侧⑤。仲尼命申句须、乐颀⑥下伐之，费人北。国人追之，败诸姑蔑⑦。弗扰奔齐。既而，自齐复奔吴。

初，弗扰之叛也，使人召孔子，孔子欲往。子路曰："末之也已，何必公山氏之往也。"孔子曰："夫召我者而岂徒哉？如有用我者，吾其为东周乎！"盖是时三桓专鲁，弗扰欲假义以去之，故孔子欲藉以振鲁【校记："藉"，《备考》本作"借"。】，然知其终不足与有为也，故卒不往。

哀公八年春，吴将伐鲁，问于叔孙辄。叔孙辄对曰："鲁有名而无情⑧，伐之，必得志焉。"退而告弗扰，弗扰曰："非礼也。君子违，不适仇国⑨，未臣⑩而有伐之，奔命焉，死之可也，所讬也则隐⑪。且夫人之行也，不以所恶废乡。今子以小恶而欲覆宗国，不亦难乎？若使子率，子必辞。"王问于弗扰，对曰："鲁虽无与立，必有与毙【校记：《备考》本作"与之"，嘉靖本与《皇王大纪》同，故从之】⑫。诸侯将救之，未可以得志焉。晋与齐、楚辅之，是四仇也。夫鲁，齐、晋之唇，唇亡齿寒，君所知也。不救何为？"三月，吴伐鲁，弗扰率，故道险⑬，从武城。欲使鲁为之备云。

佛肸

佛肸⑭，晋大夫，赵氏之中牟宰也。佛肸以中牟叛，置鼎于庭，致士大夫曰："与

---

① 仲梁怀弗敬：《左传》杜预注："怀时从桓子行，轻慢子泄。"

② 行：驱逐。《左传》杜预注："行，逐怀也。为下阳虎囚桓子起。"

③ 堕费：毁坏季孙氏的采邑费。

④ 武子之台：在曲阜城东北，鲁东门内。武子：季武子。

⑤ 入及公侧：《史记集解》服虔曰："人有入及公之台侧。"

⑥ 申句须、乐颀：《史记集解》服虔曰："申句须、乐颀，鲁大夫。"下：下台回击。

⑦ 姑蔑：《史记集解》杜预曰："鲁国卞县南有姑蔑城。"《括地志》云："故蔑故城在兖州泗水县东四十五里。"

⑧ 有名而无情：有强大的名声而无强大的实际。《左传·哀公八年》杨伯峻注："情，实也。"

⑨ 君子违，不适仇国：君子离开本国，不到仇敌的国家去。《论语·公冶长第五》"崔子弑齐君，陈文子有马十乘，弃而违之。"违谓离开。不适仇国：《左传·哀公八年》杨伯峻注："不往与祖国为仇之国。"

⑩ 未臣：杨伯峻注："言于鲁未尽臣礼。"

⑪ 所讬也则隐：对所依托的国家就为它隐晦。

⑫ 虽无与立：平时虽然没有人与它站在一起。杨伯峻注："言平日无可靠盟国。"必有与毙：危急时刻一定有人跟它一道去死。杨伯峻注："言急时必有同仇敌忾，愿与同抵抗侵略而亡之国。"

⑬ 故道险：故意走险路。

⑭ 佛肸：bì xī，人名。春秋末年晋大夫范氏、中行氏的家臣，为中牟的县宰。中牟：晋国地名。

我者受邑，不吾与者烹①。”大夫皆从。至于邑人田卑【校记：“邑人田卑”，《备考》本作“邑田卑”。】曰：“义死不避斧钺之罪，义穷不受轩冕之服。无义而生，不仁而富，不如烹。”褰②衣将就鼎，佛肸脱屦③而生之。赵简子闻中牟叛，攻而取之；闻田卑不肯与也，求而赏之。田卑曰：“不可也，一人举而万夫俛首④，智者不为也。赏一人以惭万夫，义者不取也。我受赏，使中牟之士怀耻，不义。”辞赏徙处曰：“以行临人⑤，不道，吾去矣。”遂南之楚。

薛子曰【校记：“薛子”，《备考》本作“薛应旂”。】：“呜呼！自春秋之义不明于天下，而君臣相弑乱无日矣。故曰：‘为人君父而不知春秋，必蒙篡弑之祸；为人臣子而不知春秋，必蒙首恶之名。’向使前有谗而见，后有贼而知，处经事而知宜，遭变事而知权，岂至是哉！余观崔子以下诸叛逆臣重有概焉【校记：“观”，《备考》本作“于”。】！然于《陈恒传》得家石他，于《佛肸传》得田卑，爽然服其高义，而恶如弗扰【校记：“而恶如弗扰”，《备考》本作“至如弗扰”。】，则犹有宗国之遗思焉！乃知人心有不死者在也。”

---

① 与我者受邑，不吾与者烹：归附我的可以得到封邑，不归附我的就把它烹死。

② 褰：qiān，揭起。《礼记·曲礼上》：“冠毋免，劳毋袒，暑毋褰裳。”郑玄注：“褰，揭也。”

③ 屦：jù，麻、葛制成的单草鞋。

④ 俛首：低头。常用于表示恭顺、伏罪、羞怍、沉思等情状。《战国策·赵策四》：“冯忌接手俛首，欲言而不敢。”

⑤ 以行临人：以自己的行为凌驾于众人之上。

附录一

参考书目

《易》 《书》 《诗》 《春秋》 《礼记》
《周礼》 《仪礼》 《大戴礼》 《五经大全》 《十三经注疏》
《孝经》 《尔雅》 《三坟》 《连山》 《归藏》
《易通卦验》 《易卦坤灵图》 《尚书大传》 《尚书中侯》 《汲冢周书》
《诗含神雾》 《韩诗外传》 《春秋左传》 《春秋公羊传》 《春秋穀梁传》
《春秋合诚图》 《春秋运斗枢》 《春秋钩命诀》 《春秋命历》 《春秋元命苞》
《礼记正义》 《礼记外传》 《礼斗威仪》 《礼纬含文嘉》 《孝经援神契》
《孔子家语》 《先圣大训》 《国语》 《吴越春秋》 《越绝》
《战国策》 《晋文春秋》 《楚史梼杌》 《吕氏春秋》 《通鉴外纪》
《通鉴前编》 《资治通鉴》 《史记》 《子由古史》 《路史》
《帝王世纪》 《帝系谱》 《古今通系》 《皇极经世书说》 《大事纪》
《编年通载》 《皇图要览》 《埤雅》 《老子》 《庄子》
《荀子》 《列子》 《墨子》 《文中子》 《杨子》
《亢仓子》 《鹖冠子》 《韩非子》 《慎子》 《孔丛子》
《管子》 《晏子春秋》 《刘向说苑》 《刘向新序》 《刘向别录》
《春秋繁露》 《春秋内事》 《论语谶》 《宝椟记》 《玄中记》
《文献通考》 《事文类聚》 《艺文类聚》 《初学记》 《白孔六帖》
《玉海》 《杂海》 《通志略》 《合璧事类》 《寰宇记》
《杜氏通典》 《杜预世族谱》 《元和姓纂》 《氏族大全》 《山堂考索》
《记纂渊海》 《人物志》 《博物志》 《稽古录》 《白虎通》
《风俗通》 《文子世纪》 《孔演明道经》 《拾遗记》 《兔园策》
《山海经》 《水经》 《太平御览》 《太平广记》 《困学纪闻》
《马总意林》 《五秦记》 《古今乐录》 《辨乐论》 《文选六臣注》
《韵府群玉》 《黄氏日抄》 《古乐府》 《陶渊明集》 《神仙传》

《列女传》	《鹤林玉露》	《容斋随笔》	《沈括笔谈》	《扪虱新话》
《琐语》	《孔庭纂要》	《两山墨谈》	《阙里志》	《一统志》
《山东通志》	《陕西通志》	《雍大记》	《长安志》	《楚纪》
《河南府志》	《平阳府志》	《兖州府志》	《邹县志》	《济宁州志》

《四书人物考提要》

《四书人物考》四十卷《补考》八卷。明薛应旂撰。应旂字仲常，武进人。嘉靖乙未进士，官至陕西按察司副使。是编于《四书》所载人物，援引诸书，详其事迹，凡记三卷，传三十七卷，记传之末，各系以论赞，盖仿宋王当《春秋臣传》之体。中间多采杂说，而不著所出。其自序有云："泛引杂证，虽尝删次，而文章事行，苟有裨于问学治理者，或在所录，固不敢过求其真赝也。"其得失固自知之矣。间有附注，题闽朱焯维盛撰，其言颇为浅陋。《续考》八卷，题应旂元孙审编。杂考四书名物，饾饤尤甚。明代儒生以时文为重，时文以《四书》为重。遂有此类诸书，襞积割裂，以涂饰试官之耳目，斯亦经术之极弊，非惟程朱编定《四书》之时，不料其至此。即元延祐用《四书》义，明洪武定三场法，亦不料其至此者矣。

《四库全书总目》卷三七

《中国科举文化通志》书目

历代制举史料汇编

历代律赋校注

七史选举志校注

唐代试律试策校注

八股文总论八种

游戏八股文集成

翰林掌故五种

贡举志五种（上）

贡举志五种（下）

明代科举与文学编年（上）

明代科举与文学编年（中）

明代科举与文学编年（下）

明代状元史料汇编（上）

明代状元史料汇编（下）

四书大全校注（上）

四书大全校注（下）

钦定四书文校注

《游艺塾文规》正续编

钦定学政全书校注

《清实录》科举史料汇编

梁章钜科举文献二种校注

二十世纪科举研究论文选编

《礼部韵略》与宋代科举

科举废止前后的晚清社会与文学

《儒林外史》的现代误读

游戏八股文研究

元明科举与文学考论

明代八股文选家考论

唐代科举与试赋

湖北省学术著作出版专项资金资助项目

中国科举文化通志　主编　陈文新

四书大全校注（上）

【明】胡广　杨荣　金幼孜　等　纂修

周群　王玉琴　校注

武汉大学出版社
WUHAN UNIVERSITY PRESS

作为一项从整体上影响国民生活的官员选拔制度，科举制度对于维护我们这个幅员辽阔的多民族国家的统一稳定，其作用是无论怎样估计也不会过高的。胡适这位新文化运动的领袖，虽然一再愤愤不平地说到中国文化的种种不是，但在《考试与教育》一文中，他也毫不含糊地指出：在古代那种交通极为不便的情形下，中央可以不用武力来维持国家的统一是由于考试制度的公开和公平。胡适所说的公平，包括三种含义：一是公开考选，标准客观。二是顾及各地的文化水准，录取的人员，并不偏于一方或一省，而是遍及全国。三是实行回避制度，“就是本省的人不能任本省的官吏，而必须派往其他省份服务。有时候江南的人，派到西北去，有时候西北的人派到东南来。这种公道的办法，大家没有理由可以反对抵制。所以政府不用靠兵力和其他工具来统治地方，这是考试制度影响的结果”①。这些话出于胡适之口，足以说明，即使是文化激进主义者，只要具有清明的理性，也不难看出科举制度的合理性。

作为一项从整体上影响国民生活的官员选拔制度，科举制度不仅具有历史研究的价值，而且有助于我们思考当今人事制度的改革问题。2005 年，任继愈曾在《古代中国科举考试制度值得借鉴》一文中提出设立“国家博士”学位的设想。其立论前提是：我国目前由各高校授予的博士学位缺少权威性和公正性。之所以不够权威和公正，不外下述几个原因。其一，“各校有自己的土标准，执行起来宽严标准不一，取得学位后，它的头衔在社会上流通价值都是同等的”，这当然不公平。其二，研究生入学后，第一年大部分时间用在外语上，第二年大部分时间忙于在规定的某种等级的刊物上发论文，第三年忙于找工作，这样的情形，怎么可能培养出货真价实的博士？其三，几乎所有名牌大学都招收“在职博士生”，有的博士研究生派秘书代他上课，甚至不上课而拿文凭，这样的博士能说是名副其实的吗？只有设立“国家博士”学位，采用统一标准选拔人才，这样的“博士学位”才具有权威性和公正性。而国家在高级人才的选拔方面统一把关，不仅可以避免“跑”博士点和博士生扩招带来的许多弊病，有助于社会风气的改善，而且，由于只管考而不必太多地管教，还可以节省大量开支。就这一点而言，中国古代的科举制度的确是值得参考借鉴的。任继愈的这篇文章现已收入《皓首学术随笔 · 任继愈卷》（中华书局 2006 年版），有心的读者不妨一阅。

与任继愈的呼吁相得益彰，早在 1951 年，钱穆就发表了《中国历史上的考试制度》一文。针对民国年间（1911—1949）人事管理腐败混乱的状况，他痛心疾首地指出：科举制“因有种种缺点，种种流弊，自该随时变通，但清末人却一意想变法，把此制度也连根拔去。民国以来，政府用人，便全无标准，人事奔竞，派系倾轧，结党营私，偏枯偏荣，种种病象，指不胜屈。不可不说我们把历史看轻了，认为以前一切要不得，才聚九州铁铸成大错”②。钱穆的意思是明确的：参考借鉴科举制度，有助于人事管理的规范化和公正性。1955 年，他在《中国历代政治得失》一书中进一步指出：“无

① 胡适：《胡适文集》第 12 册，北京大学出版社 1998 年版，第 506 页。

② 钱穆：《国史新论》，东大图书公司 1984 年版，第 114~115 页。

论如何，考试制度，是中国政治制度中一项比较重要的制度，又且由唐迄清绵历了一千年以上的长时期。中间递有改革，递有演变，在历史进程中逐渐发展，这绝不是偶然的。直到晚清，西方人还知采用此制度来弥缝他们政党选举之偏陷，而我们却对以往考试制度在历史上有过上千年以上根柢的，一口气吐弃了，不再重视，抑且不再留丝毫顾惜之余地。那真是一件可诧怪的事。”① 现代中国的人事管理理应借鉴源远流长的科举制度，这是毫无疑问的。至于如何借鉴，则是我们需要认真思考的问题。

（二）

作为一项从整体上影响国民生活的官员选拔制度，科举制度以其“程序的公正”为国家选拔了大量行政官员，在提高全民族的文化水准和维护我们这个多民族国家的统一稳定方面，发挥了直接而巨大的作用，这是其显而易见的功能；它还有其他不那么显著却同样值得重视的功能，即意识形态功能和人文教育功能：科举制度以其对社会的整体影响力将儒家经典维持世道人心的作用发挥到极致。我们试就此略作讨论。

明清时代有一项重要规定：科举以《四书》《五经》为基本考试内容。这一规定是耐人寻味的。《论语》《孟子》等儒家经典是秦汉以来中国传统社会维系人心、培育道德感的主要读物。我们经常表彰“中国的脊梁”，一个毋庸置疑的事实是，秦汉以降，“中国的脊梁”大多是在儒家经典的教育下成长起来的。以文天祥为例，这位南宋末年的民族英雄，曾在《过零丁洋》诗中说：“人生自古谁无死？留取丹心照汗青。”“丹心”，就是蕴蓄着崇高的道德感的心灵。他还有一首《正气歌》，开头一段是：“天地有正气，杂然赋流形。下则为河岳，上则为日星。于人曰浩然，沛乎塞苍冥。皇路当清夷，含和吐明庭。时穷节乃见，一一垂丹青。”身在治世，正气表现为安邦定国的情志；身在乱世，则表现为忠贞坚毅的气节。即文天祥所说：“当其贯日月，生死安足论。”1282 年，他在元大都（今属北京）英勇就义，事前他在衣带中写下了这样的话：“孔曰‘成仁’，孟曰‘取义’。惟其义尽，所以仁至。读圣贤书，所学何事？而今而后，庶几无愧。”《四书》《五经》的教诲，确乎是他的立身之本。

文天祥是宝祐四年（1256）状元。这是一个值得关注的事实。它表明：进士阶层在实践儒家的人格理想方面，其自觉性远远高于社会的平均水平。宋代如此，明代如此，甚至连元代也是如此。清代史学家赵翼曾论及“元末殉难者多进士”这一现象：“元代不重儒术，延祐中始设科取士，顺帝时又停二科始复。其时所谓进士者，已属积轻之势矣，然末年仗节死义者，乃多在进士出身之人。”（赵翼《廿二史劄记》卷三十《元末殉难者多进士》）接下来，赵翼列举了余阙、泰不华、李齐、李黼、王士元、赵琏、周镗、聂炳元、刘耕孙、丑闾、彭庭坚、普颜不花、月鲁不花、迈里古思等死难进

① 钱穆：《中国历代政治得失》，三联书店 2001 年版，第 89 页。

士，最后归结说："诸人可谓不负科名者哉，而国家设科取士亦不徒矣。"① 在元末殉难的进士中，余阙（1303—1358）是最早战死的封疆大臣。他的朋友蒋良，一次和他谈起国难，余阙推心置腹地说："余荷国恩，以进士及第，历省居馆阁，每愧无报。今国家多难，授予兵戎重寄，岂余所堪。然古人有言：'为子死孝，为臣死忠。'万一不幸，吾知尽吾忠而已。"余阙殉难后，蒋良作《余忠宣公死节记》，开篇即强调说："有元设科取士，中外文武著功社稷之臣历历可纪。至正辛卯，兵起淮、颍，城邑尽废，江、汉之间能捍御大郡、全尽名节者，守豫帅余公廷心一人而已。"② 在余阙"擢高科"的履历与他忠勇殉节的人格境界之间，人们确认有其内在联系。无独有偶，《元史·泰不华传》在记叙元末另一著名的死节之臣泰不华（1305—1352）时，也着重指出：其人生信念的基本依据是他作为"书生"所受的儒家经典教育。在与方国珍决战前夕，泰不华曾对部从说过一番词气慷慨的话："吾以书生登显要，诚虑负所学。今守海隅，贼甫招徕，又复为变。君辈助我击之，其克则汝众功也，不克则我尽死以报国耳。""书生""所学"与捐躯"报国"之间关系如此密切，足见以《四书》《五经》作为基本考试教材的科举制度，它在维持世道人心方面的作用的确是巨大而深远的。

儒家经典维持世道人心的功能不仅泽及宋元，泽及明清，甚至泽及已经废除了科举制度的现代。其实这并不令人感到奇怪。原因在于，不少现代名流的少年时光是在科举时代度过的，他们系统地受过这种教育，耳濡目染，其人生观在早年即已确立并足以支配一生。儒家经典的生命力由此可见。科举制度的余泽亦由此可见。

这里我想特别提及五四新文化运动的领袖胡适，并有意多引他的言论。之所以关注他，是因为，世人眼中的胡适，只是一个文化激进主义者，以高倡"打倒孔家店"著称。人们很少注意到，胡适在表面上高呼"打倒孔家店"，但在内心里仍对孔子和儒家保留了足够的敬意，是儒家人生哲学的虔诚信奉者和实行者。唐德刚编译《胡适口述自传》，第二章有胡适的如下自白："有许多人认为我是反孔非儒的。在许多方面，我对那经过长期发展的儒教的批判是很严厉的。但是就全体来说，我在我的一切著述上，对孔子和早期的'仲尼之徒'如孟子，都是相当尊崇的。我对十二世纪'新儒学'（Neo-Confucianism）（'理学'）的开山宗师的朱熹，也是十分崇敬的。""在这场伟大的'新儒学'（理学）的运动里，对那（道德、知识；也就是《中庸》里面所说的'诚则明矣，明则诚矣'的）两股思潮，最好的表达，便是程颐所说的：'涵养须用敬，进学则在致知。'后世学者都认为'理学'的真谛，此一语足以道破。"同一章还有唐德刚的一段插话："'要提高你的道德标准，你一定要在"敬"字上下功夫；要学识上有长进，你一定要扩展你的知识到最大极限。'适之先生对这两句话最为服膺，他老人家不断向我传教的也是这两句。一次我替他照相，要他在录音机边作说话状，他说的便是这两句。所以胡适之先生骨子里实在是位理学家。他反对佛教、道教乃至基督教，都

① 赵翼著，王树民校证：《廿二史劄记校证》，中华书局 1984 年版，第 706 页。

② 杨讷等编：《元代农民战争史料汇编》中编第一分册，中华书局 1985 年版，第 268 页。

是从‘理学’这条道理上出发的。他开口闭口什么实验主义的，在笔者看来，都是些表面账。吾人如用胡先生自己的学术分期来说，则胡适之便是他自己所说的‘现代期’的最后一人。”① 胡适是在少年时代接受儒家经典教育的，在经历了废止科举、“打倒孔家店”等种种变故后，儒家的人生哲学仍能贯彻其生命的始终，由此不难想见，在中国传统社会尤其是科举时代，儒家经典对社会精神风貌的塑造可以发挥多么强大的功能。虽然生活中确有教育目标与实际状况两歧的情形，但正面的成效仍是不容忽视的。

“精神文明”是中国人常用的一个概念。“精神文明”是相对物质文明而言的，就个人而言，需要长期的修养，就民族而言，需要长期的培育。中国古人对这一点体会很深，所以常常强调“潜移默化”，经由耳濡目染的长期熏陶，价值内化，成为一种道德规范。如果这种道德规范大体近于人情，既“止乎礼义”而又“发乎性情”，它对社会的稳定，对人类精神境界的提升，都将发挥重要作用。这就是文化的功能。目前教育界所说的“深厚的人文知识素养，有助于塑造高尚的精神世界，提高健康的审美能力”，与这个意思是相通的。《四书》《五经》作为科举时代的基本读物，人文教育功能是其不容抹杀的价值，并因制度的保障而得到了充分的发挥。

美国学者罗兹曼认为：科举制在中国传统社会结构中居于中心的地位，是维系儒家意识形态和儒家价值体系正统地位的根本手段。科举制在 1905 年被废止，从而使这一年成为新旧中国的分水岭：它标志着一个时代的结束和另一个时代的开始，其划时代的重要性甚至超过辛亥革命；就其现实和象征性的意义而言，科举革废代表着中国已与过去一刀两断，这种转折大致相当于 1861 年沙俄废奴和 1868 年的日本明治维新后不久的废藩。② 罗兹曼的意见也许是对的。而我想要补充的问题是：在科举制废止之后，如何保证《四书》《五经》的人文教育功能继续得到发挥？

（三）

科举制度曾经有过辉煌的历史，科举制度对现代中国的发展更有足资借鉴的意义。整理与研究历代科举文献，其意义也需要从历史与现实两个角度加以说明：一方面是传承文化，传承文明，让这份丰厚的遗产充分发挥塑造民族精神的作用，另一方面是去粗取精，古为今用，让它在现实的中国社会重放异彩，成为人事制度改革的重要智力资源。这是我们编纂出版《中国科举文化通志》的初衷，也是我们不辞劳苦从事这一学术工作的动力。

《中国科举文化通志》重点包括下述内容：

1. 整理、研究反映科举制度沿革、影响及历代登科情形的文献。

---

① 胡适：《胡适文集》第 1 册，北京大学出版社 1998 年版，第 418、433 页。

② ［美］吉尔伯特·罗曼兹主编，国家社会科学基金“比较现代化”课题组译：《中国的现代化》中译本，江苏人民出版社 1988 年版，第 335、635 页。

从《新唐书》开始，历代正史多有《选举志》。历代《会要》、《实录》、《纪事本末》等史传、政书之中，相当一部分是关于科举制度沿革的资料。还有黄佐《翰林记》、陆深《科场条贯》、张朝瑞《明贡举考》、冯梦祯《历代贡举志》、董其昌《学科考略》、陶福履《常谈》等一批专书。历代《登科录》和杂录类书籍，也保存了大量关于科举的材料。唐代登科记多已散失亡佚，有清代徐松的《登科记考》可供参考。宋元登科记保存稍多，明清有关文献尤为繁富。

2. 整理、研究与历代考试文体相关的教材、试卷、程文及论著等。

八股文是最引人注目的考试文体。八股文集有选本、稿本之分。重要的选本，明代有艾南英编《明文定》、《明文待》，杨廷枢编《同文录》，马世奇编《澹宁居文集》，黎淳编《国朝试录》等；清朝有纪昀《房行书精华》，王步青编《八法集》；还有《百二十名家集》，选文3000篇，以明代为主；《钦定四书文》，明文4集，选文480余篇，清文1集，选文290余篇。稿本为个人文集。明清著名的八股大家，如明代的王鏊、钱福、唐顺之、归有光、艾南英，清代的刘子壮、熊伯龙、李光地、方苞、王步青、袁枚、翁方纲等人，均有稿本传世。相关著述数量也不少。清梁章钜《制义丛话》等，是研究八股文的重要论著。其他考试文体，如试策、试律等，也在我们关注的范围之内。这些科举文献，一般读者不易见到，或只能零零星星地见到一些，或虽然见到了也难以读懂，亟待系统地整理出版，以供研究和阅读。

《中国科举文化通志》包括以下数种：《历代制举史料汇编》、《历代律赋校注》、《唐代试律试策校注》、《八股文总论八种》、《七史选举志校注》、《四书大全校注》、《游戏八股文集成》、《明代科举与文学编年》、《明代状元史料汇编》、《钦定四书文校注》、《翰林掌故五种》、《贡举志五种》、《〈游艺塾文规〉正续编》、《钦定学政全书校注》、《梁章钜科举文献二种校注》、《〈清实录〉科举史料汇编》、《二十世纪科举研究论文选编》、《明代科举与文学编年》、《〈礼部韵略〉与宋代科举》、《元明科举与文学考论》、《游戏八股文研究》、《明代八股文选家考论》、《唐代科举与试赋》、《〈儒林外史〉的现代误读》、《科举废止前后的晚清社会与文学》等。我们这套《中国科举文化通志》，以涵盖面广和分量厚重为显著特征，可以从多方面满足阅读和研究之需。而在整理、研究方面投入的心力之多，更是有目共睹。我们的目的是为推进学术作出力所能及的贡献。

《中国科举文化通志》是一项规模宏大、任务艰巨、意义深远的大型出版文化工程。编纂任务主要由武汉大学专家承担，并根据需要从中国人民大学、南京大学、中国艺术研究院、厦门大学、华中师范大学、陕西师范大学、扬州大学、中南民族大学、中南财经政法大学等高校或科研院所聘请了若干学者。南京大学卞孝萱先生、中华书局傅璇琮先生、中国社会科学院邓绍基先生等在学术上给我们提供了若干指导；参与这一工程的各位专家不辞辛苦，努力工作，保证了编纂进度和质量；武汉大学出版社鼎立支持《中国科举文化通志》的出版；所有这些，我们将永远铭记在心。

2015年4月13日

于武汉大学

目　　录

上

前　言

《四书》自南宋光宗绍熙四年(1190 年)朱熹刊行以来，遂成为在中国影响至大的思想文献。宋学肇兴，《四书》更超越于儒家经典——“五经”之上。元代儒士也十分重视《四书》，吴澄 15 岁始读朱熹《大学章句》，刘因本于卢孝孙之《四书集义》而成《四书集义精要》三十卷，许谦作《读四书丛说》四卷，詹道传作《四书纂笺》二十八卷，朱公迁作《四书通旨》六卷，倪士毅作《四书辑释》二十卷，等等。其中尤以《辑释》(详后)、《纂笺》与《通旨》成就为大。《纂笺》正音读，考名物，学风务实。《通旨》将《四书》原文条分缕析，以类相从，“于天人性命之微，道德学问之要，多能剖其疑似，详其次序，使读者因此证彼，涣然冰释”。① 当然，《四书章句集注》之后，对《四书》的流布影响最大的还是明代永乐年间纂成的《四书大全》。

明代初年，解缙上书建议修书，方法是“上溯唐、虞、夏、商、周、孔，下及关、闽、濂、洛”②，也就是要远祧先秦儒学之绪，近承宋代理学之脉，这实际开启了明代修三部《大全》的先声。永乐十二年(1414 年)十一月，明成祖命翰林院学士胡广、侍讲杨荣、金幼孜等纂修《五经、四书大全》及《性理大全》，谕曰：“唱圣贤精义要道，其传注之外，诸儒议论，有发明余蕴者，尔等采其切当之言，增附于下。”③虽然上谕要求二书“务极精备，庶几以垂后世”，但其后又下诏催促成书。永乐十三年九月，《四书大全》编成，明成祖朱棣御制序文，颁行天下。就其内容而言，《四书大全》主要是承绪朱熹《四书章句集注》而成，诚如魏裔介所言：“《集注》者，《四书》之孝子忠臣，而《大全》者，又《集注》之孝子忠臣也。后之欲窥圣人之道，非《集注》何由进，非《大全》则《集注》之微言奥义亦几不明。”④该书援据的蓝本是元代倪士毅《四书辑释》。对于《四书辑释》的成书缘起，顾炎武《日知录》卷十八有云：

> 自朱子作《大学中庸章句或问》、《论语孟子集注》之后，黄氏(幹)有《论语通

---

① 《四库全书总目》卷三六《四书通旨提要》，中华书局影印本，第 301 页。
② 《明史》卷一百四十七《解缙传》。
③ 《大明太宗孝文皇帝实录》卷一百五十八。
④ 《兼济堂文集》卷三《四书大全纂要序》，文渊阁四库全书本。

释》，而采语录附于朱子章句之下则始自真氏(德秀)，名曰《集义》，止《大学》一书，祝氏(宗道)乃仿而足之，为《四书附录》。后有蔡氏(模)《四书集疏》，赵氏(顺孙)《四书纂疏》、吴氏(真子)《四书集成》。昔之论者病其泛滥，于是陈氏(栎)作《四书发明》，胡氏作《四书通》。而定宇之门人倪氏合二书为一，颇有删正，名曰《四书辑释》。①

但自从明永乐年间《四书大全》纂成，颁之学官之后，诸书皆废。对《四书大全》的不足之处，顾炎武已有批评，谓其内容“特小有增删，其详其简或多不如倪氏，《〈大学〉、〈中庸〉或问》则全不异，而间有舛误”。而《五经大全》之“《春秋大全》则全袭元人汪克宽《胡传纂疏》”，“《诗经大全》则全袭元人刘瑾《诗传通释》”。乃至视其为“上欺朝廷，下诳士子”之作。其实，顾炎武所谓“上欺朝廷，下诳士子”也难说是允评，《四书大全》的作者并没有“欺”、“诳”之意。刊行之时，该书的《凡例》即明文写道：“凡《集成》、《辑释》(即吴真子《四书集成》、倪士毅《四书辑释》)所取诸儒之说，有相发明者采附其下，其背戾者不取。凡诸家语录文集内有发明经注，而《集成》、《辑释》遗漏者，今悉增入。”其《凡例》所列，凡一百又六家，也就是说该书的本意即是综汇众说而成一统。这其实也是朱棣的御旨，据《大明太宗孝文皇帝实录》卷一百五十八记载：“(永乐十二年十一月)甲寅，上谕行在翰林院学士胡广、侍讲杨荣、金幼孜曰：《五经》、《四书》，唱圣贤精义要道，其传注之外，诸儒议论，有发明余蕴者，尔等采其切当之言，增附于下。”择取的标准以“发明经注”为是。明代修纂三部《大全》的主观动机是“章一代教学之功，启百世儒林之绪”。当然，这一目标并没有完全达到，“启百世儒林之绪”更是如此，后世的儒士们并没有完全为《四书大全》的奉敕而作所牢笼。其后不久，阳明心学兴起，形成风行天下之势，更改变了程朱的为学路径。但“章一代教学之功”恰恰道出了《四书大全》对明人科考、教育的巨大影响。据《明史·选举志》记载：

后颁科举定式，初场试《四书》义三道，经义四道。《四书》主朱子《集注》，《易》主程《传》、朱子《本义》，《书》主蔡氏《传》及古注疏，《诗》主朱子《集传》，《春秋》主左氏、公羊、穀梁三传及胡安国、张洽《传》，《礼记》主古注疏。永乐间，颁《四书五经大全》，废注疏不用。②

明代科选，基本沿唐、宋旧制，但试士方法有所改变，这就是考试内容“专取四子书及《易》、《书》、《诗》、《春秋》、《礼记》命题试士”③。即都以《四书》、《五经》试士。而自《四书五经大全》颁行以后，诸注疏皆废，成为科考的不二标准，乃至其后“二

① 《日知录集释》卷十八《四书五经大全》，岳麓书社 1994 年版，第 649~650 页。
② 《明史》卷七十《选举志二》，中华书局点校本，第 1694 页。
③ 《明史》卷七十《选举志二》，中华书局点校本，第 1693 页。

百余年以来，庠序之所教，制科之所取，一禀于是”①。也就是说，该书不但被悬为功令，还是庠序课读的范本，进德修业的标准，即如学者所记之“颁诸学宫，永为遵守”②。于是该书滋育了一代代的儒士，明代儒士如薛瑄、王守仁等“彬彬盛矣。至一代之风俗，上有纪纲，下重名节。当变故之秋，率多仗义死节之士；值权奸之际，不乏敢言直谏之臣。贤士大夫之公评，士庶之清议，是非井然。一有不当于人心，群起而议”③。当时风教敦穆，高攀龙认为这都与教育、科考以《四书五经大全》为标准，儒士深受《四书》、《五经》的沐染有密切关系。

其实，《四书大全》不但是明代科举的重要文献，同时对于《四书》学的发展也起到了重要作用。一方面，从对《四书大全》成书的远近渊源叙述中我们可以看出，《四书大全》之成书，实乃宋元明儒的共同创作，该书从某些方面体现了《四书》在宋元明的流变史。值得特别指出的是，长期以来，论理学必称宋明，元代在理学发展史上的地位隐而不彰，其实，元代不但在仁宗延祐年间恢复科举，以《四书集注》试士，悬为令甲，朱学的统治地位得到了巩固，同时，元代儒士们对《四书》的研究也取得了丰硕的成果，正是他们的孜矻努力，明代理学才在此基础上进入新的境界。可以说没有元儒的研究作为基础，就没有《四书大全》。此外，《四书大全》在明代被悬为功令，对明代儒士产生了重要的影响，而就内容而言，《四书大全》中除了朱熹的《章句集注》之外，主要引述的是元代儒士的成果，也就是元代儒士对《四书》以及《章句集注》的理解成为明代儒生们为学的基础，为人的准则，内化于明代士人们的心灵深处。更广而言之，此后的理学也抹上了元儒的色彩。因此，了解《四书大全》的学术源流、成因，不单单是一个纯粹的学术问题，也是一个对元明以来数百年文化传统的认识、判断的问题。而朱熹虽然对于《四书》功莫大焉，然著述繁多，辨说亦多，其间也偶有问答未及审核者，亦有后来考证未及追改者，还有门人各自记录润色增减或失其本真者，因此文集、语录之内异同矛盾亦不一而足，即使《四书章句集注》与《或问》也时有牴牾。当时门人编次，既不敢有所别择，后来读朱熹之书的儒者遂一字一句奉为经典，不复究其传述真伪、年月先后，往往执于一见而诋排众论。《四书大全》则汇次了有关《四书》的诸家众说，各援所据，不但使朱熹的思想更加明晰，而且对于理解《论语》等儒家经典亦具有重要的作用。

但是，《四书大全》乃仓促成书，时人陈燧常曰：“始欲详，缓为之。后被诏促成。诸儒之言，间有不暇精择，未免牴牾。”④对此，《四库全书总目》亦有云：

> 初，明永乐间胡广等奉诏撰《四书大全》，阴据倪士毅旧本，潦草成书，而又不善于剽窃，庞杂割裂，痕迹显然。虽有明二百余年悬为功令，然讲章一派从此而

① 高攀龙《高子遗书》卷七《崇正学辟异说疏》。

② 魏裔介《兼济堂文集》卷三《四书集说序》，文渊阁四库全书本。

③ 高攀龙《高子遗书》卷七《崇正学辟异说疏》。

④ 《国榷》卷十六，成祖永乐十三年九月己酉条。

开，庸陋相仍，遂似朱子之书专为时文而设，而经义于是遂荒。①

基于《四书大全》的成书背景，今点校《四书大全》，固然需要再现明代功令之原貌；同时，还需要尽量克服原作仓促粗疏之憾，以利传承学术；更由于《四书大全》之成书，乃是经历了长期的文化积累过程，而并非明人胡广等人的一时之作，其中熔铸了大量宋元学人的劳动，因此，我们此次选取了明弘治十四年(1501年)庆源堂刻本为底本，参以陆陇其三鱼堂刊本(1698年嘉会堂刊本)、文渊阁四库全书本以及《四书大全》所援引之原始文献进行校勘。之所以选择弘治本为底本，是因为这一刊本除了胡广等人所撰的《四书大全》之外，还附了王元善的《通考》及黄洵饶之《附纂》。其中王元善之《通考》大量采辑了程复心之《四书章图》，以及许谦、朱公迁、吴澄、吴程等人《四书》研究成果。诚如其于《大学或问》终页题识所记："《四书大全》旧板漫灭，翻刻讹谬，本堂敬求颁降原本，命善书者抄誊绣梓印行天下，视他本大不侔矣。"确实该版本刊刻虽不十分精美，然内容颇为准确可依。选择清人陆陇其三鱼堂本作为参校本之一，主要是因为三鱼堂本订讹辨析尤多。四库馆臣谓之："是编取胡广书，除其烦复，刊其舛谬，又采《蒙引》、《存疑》、《浅说》诸书之要，以附益之，自较原本为差胜。"虽然对其中的讹误未能全部廓清，但是就学术而言，该书已较原著有所改进。该书是陆陇其历六年而成的精心之作，且经过周缥等86位后学门人以及38位姻戚同宗精心校对而成。弘治本与三鱼堂本、四库所收永乐本参校聊可弥补永乐本《四书大全》仓促成书之不足。当然，由于三鱼堂本篇帙浩繁，此次校注不得不将书中所附明蔡清《四书蒙引》、林希元《四书存疑》以及陈琛《四书浅说》等割舍。同时，由于《四书大全》是一部广采众书而成的著作，因此，此次校注力求索寻所引文献原作进行校对，期以更符合原貌。当然，由于《四书大全》被悬为功令，异文并不多见。

《四书大全》所引注文的内容情况比较复杂。有些直接引述原文，有些间接引述大意。此次标点，对有文献可依凭的不是原文的材料不用引号，其余的引文用引号标出。朱熹作《或问》是因"诸家之说纷错不一，因设为问答，明所以去取之意，以成此书"②。亦即朱熹《或问》中的问答语都是朱熹所言，因此，本书对《或问》中的问答语不一一以引号标出，以求文理贯注。当然，由于《四书大全》所据文献存佚也各有不同，我们虽然尽可能搜寻诸种原始文献，但其中的疏漏可能仍有不少。

《四书》原文以及朱熹集注文字宋元明诸儒士训注已颇为详尽，因此，此次训注，主要对一些颇为鲜见的人名、地名，古今殊异的词汇以及朱熹《章句集注》之外注文所涉的有关内容进行简要诠释。

《四书大全》乃明人编纂的一部著作，内容概可分为四个层次：一、《四书》原文。二、朱熹《章句集注》、《或问》文字。三、宋元明诸儒对《四书》、《章句集注》、《或问》

① 《四库全书总目》卷三七《三鱼堂四书大全提要》，中华书局影印本，第314页。

② 《四库全书总目》卷三五《四书或问》提要，中华书局本，第294页。

的诠释文字。四、对宋元明诸儒所引文字的释文。本书据此四个层次分别采用不同的字号。因注文内容浩繁，《论语》、《孟子》原文以及朱熹《或问》内的段落难以显示，因此，我们汲取了原刻的标示方法，即将四书原文以及朱熹《章句集注》的段落开始以○标出，期以在标识段落的同时，又不断原文脉理，保持原文风貌。原文又因朱熹所撰《论语序说》和《孟子序说》中朱熹自有注文，为了以示区别，我们采用两种不同的字体标出。

本书王玉琴博士付出了大量的劳动，王逊参加了部分点校工作。本书注文参酌吸取了有关《四书》的既有成果，因为注文条目琐细，谨对相关作者表示衷心的感谢，并请谅解。本书初稿完成后，承陈文新先生仔细审读，提出了诸多十分宝贵的修改意见，订正了许多讹误，在此表示衷心的感谢。由于学识所限，加之全套丛书行将付梓，虽然主编陈文新教授一再宽宥时限，但因篇制较大，仍感时间甚促，校注之讹误之处一定还有不少，谨祈读者批评指正。

周　群

2015 年 2 月 20 日于南京大学

进五经四书性理大全表

翰林院学士兼左春坊大学士奉政大夫臣胡广、奉政大夫右春坊右庶子兼翰林院侍讲臣杨荣、奉直大夫右春坊右谕德兼翰林院侍讲臣金幼孜等，兹者伏蒙皇帝陛下命臣等文学之臣，编辑《五经四书大全》及《性理大全书》，今编辑已成，谨誊写二百二十九卷，装潢成帙进呈，臣广等诚惶诚恐，稽首顿首。

上言伏以六经之道，昭如日星，经纬乎天地，贯彻乎古今，放之则弥六合，卷之则退藏于密，用之于身而身修，行之于家而家齐，推之于国而国治，施之于天下而天下平，盖世必穷经而后道明，未有舍经而能治理者也。是以圣王垂宪，必资道以开人；贤哲肇基，必稽古以作范。故伏羲则《河图》而演画，大禹因《洛书》而锡畴，孔子删《诗》、《书》，修《春秋》，寓一王之法，周公陈王业，制礼乐，弘百世之规，况乎精一执中之传，尤重于丁宁告戒之旨。如斯显迹，昭然可观。自王道既衰，异说蜂起，燔烈秦火之馀，穿凿汉儒之弊，其间存者不绝如丝，莫能究其指归，一切趋于苟且，夤缘故习，鲜克正之於乎！圣人之道不得，而百世无善治；圣人之学不传，而千载无真儒，遂令往辙之难寻，益发前修之永叹。夫否必有泰、晦必有明，繇夫濂洛关闽之学兴，而后尧舜禹汤之道著。悉扫蓁芜之弊，大开正学之宗。不幸屡阨狂言，既扬复抑，又因循数百年之间，卒莫能会其说于一，盖必有待于今日者矣。

天启圣明，诞膺景运，太祖高皇帝天纵之圣，以武功定天下，以文教兴太平，首建学校。颁赐书籍，作养人材。茂隆政治，四海内外，翕然同风。钦惟皇帝陛下，文武圣神，聪明睿智，缵承大统，绍述鸿勋，成功盛德，虽三皇而无以加；事业文章，与二仪而同其大治。已至而犹以为未至，功已成而犹以为未成。体道谦冲，游心高远，乃者涣起宸断，修辑六经，恢拓道统之源流，大振斯文之委靡。发舒幽赜，钩纂精玄，博采先儒之格言，以为前圣之辅翼。合众途于一轨，会万理于一原。地负海涵，天晴日皦，以是而兴教化，以是而正人心，使夫已断不续之坠绪，复属而复联；已晦不明之蕴微，复彰而复著。肇建自古所无之制作，缵述自古所无之事功。非惟备览于经筵，实欲颁布于天下。俾人皆由于正路，而学不惑他歧，家孔孟而户程朱，必获真儒之用，佩道德而服仁义，咸趋圣域之归，顿回太古之淳风，一洗相沿之陋习。焕然极备，猗欤盛哉！窃尝观之，周衰道废，汲汲皇皇，以斯道维持世教者，惟师儒君子而已。未有大有为之君，能倡明六经之道，绍承先圣之统如今日者，此皇帝陛下所以卓冠百王、超越千古者也。

臣广等一介书生，粗知章句，《大学》贤关，浑未造其阃奥，圆冠方屦，固惭列于章缝。幸逢熙洽之时，谬忝校雠之任，每受成于指教，亦何假于施为？乐睹就编，岂胜欢庆，与天下而同惠，于万古而有光。尊所闻，行所知，求不负于教育；正其谊，明其道，期补报于升平。无任瞻天仰圣，激切屏营之至。谨奉表随进以闻。

永乐十三年九月十五日，翰林院学士兼左春坊大学士奉政大夫臣胡广等谨奉表。

御制性理大全书序

朱 棣

朕惟昔者圣王继天立极，以道治天下，自伏羲、神农、黄帝、尧、舜、禹、汤、文、武相传授受，上以是命之，下以是承之，率能致雍熙悠久之盛者，不越乎道，以为治也。下及秦汉以来，或治或否，或久或近，率不能如古昔之盛者。或忽之而不行，或行之而不纯，所以天下卒无善治，人不得以蒙至治之泽，可胜叹哉！夫道之在天下，无古今之殊；人之禀受于天者，亦无古今之异，何后世治乱得失与古昔相距之辽绝欤？此无他，道之不明不行故也。道之不明不行，夫岂道之病哉？其为世道之责，孰得而辞焉？夫知世道之责在己，则必能任斯道之重而不敢忽，如此，则道岂有不明不行，而世岂有不治也哉？

朕缵承皇考太祖高皇帝鸿基即位以来，孳孳图治，恒虑任君师治教之重，唯恐弗逮，切思帝王之治一本于道。所谓道者，人伦日用之理，初非有待于外也。厥初圣人未生，道在天地；圣人既生，道在圣人；圣人已往，道在六经。六经者，圣人为治之迹也。六经之道明，则天地圣人之心可见，而至治之功可成。六经之道不明，则人之心术不正，而邪说暴行侵寻蠹害，欲求善治，乌可得乎？朕为此惧，乃者命儒臣编修《五经》、《四书》，集诸家传注而为《大全》。凡有发明经义者取之，悖于经旨者去之。又辑先儒成书及其论议格言，辅翼《五经》、《四书》，有裨于斯道者，类编为帙，名曰《性理大全》。书编成来进，总二百二十九卷，朕间阅之，广大悉备，如江河之有源委，山川之有条理，于是圣贤之道粲然而复明，所谓考诸三王而不缪，建诸天地而不悖，质诸鬼神而无疑，百世以俟圣人而不惑。大哉！圣人之道乎，岂得而私之？遂命工悉以锓梓，颁布天下，使天下之人获睹经书之全，探见圣贤之蕴，由是穷理以明道，立诚以达本，修之于身，行之于家，用之于国，而达之天下。使国不异政，家不殊俗，大回淳古之风，以绍先王之统，以成熙皞之治，将必有赖于斯焉。遂书以为序。

永乐十三年十月初一日

四书集注大全凡例

《四书大全》，朱子集注诸家之说，分行小书。凡《集成》、《辑释》所取诸儒之说，有相发明者采附其下，其背戾者不取。凡诸家语录文集内有发明经注，而《集成》、《辑释》遗漏者，今悉增入。

注文下凡训释一二字或二三句者，多取新安陈氏之说。

引用先儒姓氏：

朱子熹 晦庵 仲晦 新安。郑氏玄　孔氏颖达　周子敦颐 濂溪 茂叔　程子颢 伯淳 明道 颐 正叔 伊川　张子载 横渠 子厚　邵子雍 康节 尧夫　蓝田吕氏与叔 大临　和靖尹氏焞 彦明　上蔡谢氏良佐 显道　广平游氏酢 定夫 建安　河东侯氏师圣 仲良　龟山杨氏时 中立　安定胡氏瑗 翼之 海陵　华阳范氏祖禹 淳夫　眉山苏氏轼 东坡 子瞻　林氏之奇 少颖 三山　致堂胡氏寅 明仲　豫章罗氏从彦 仲素　沙随程氏迥 可久　延平李氏侗 愿中　象山陆氏九渊 子静　东莱吕氏祖谦 伯恭 金华　南轩张氏栻 敬夫 广汉　止斋陈氏传良 君举　乐庵李氏衡 彦平 江都　山阴陆氏佃 农师　北溪陈氏淳 安卿 临漳　勉斋黄氏榦 直卿 三山　庆源辅氏广 潜庵 汉卿　三山潘氏柄 瓜山 谦之　节斋蔡氏渊 伯静　九峰蔡氏沈 仲默　觉轩蔡氏模 仲觉　三山陈氏孔硕 北山 肤仲　赵氏　潜室陈氏埴 器之 永嘉　胡氏泳 桐原 伯量 南康　郑氏南升　括苍叶氏贺孙 知道 味道　莆田黄氏士毅 子洪　格庵赵氏顺孙 栝苍　丹阳洪氏兴祖 庆善　张氏九成 子韶 范阳　邓氏名亚 元亚　西山真氏德秀 景元 建安　叶氏梦得 石林 少蕴　邵氏甲 仁仲 新定　兼山郭氏忠厚 立之　蒙斋袁氏甫 广微 四明　张氏庭坚 才叔　江陵项氏安世 平庵　徽庵程氏　倪氏雪川　顾氏元常 平甫 新定　仁寿李氏道传 仲贯　东窗李氏　陵阳李氏　温陵陈氏知柔 体仁　陈氏用之 长乐　谭氏惟寅 高安　何氏梦贵 北山 新之 严陵　晏氏　天台潘氏时举 子善　郑氏汝谐 东谷 舜举 古栝　新安王氏炎 晦叔　永嘉薛氏　欧阳氏谦之 希逊 庐陵　诸葛氏泰　朱氏祖义 子由 庐陵　朱氏伸　梅岩胡氏次焱 济鼎 新安　张氏彭老　黄氏渊　宣氏　汪氏廷直　张氏好古　张氏玉渊　王氏回　双峰饶氏鲁 仲元 广信【校记："广信"弘治本、三鱼堂本作"鄱阳"】　玉溪卢氏孝孙　勿斋程氏若庸 达原 新安　刘氏彭寿　鲁斋王氏侗 金华　番昜沈氏贵瑶 毅斋　叠山谢氏枋得 君直 广信　番昜齐氏梦龙　节初　邢氏昺　蛟峰方氏逢辰 青阳　仁山金氏履祥 吉甫 金华　厚斋冯氏椅 奇之 南康　四如黄氏仲元 莆田　勿轩熊氏禾 去非 建安　新安吴氏浩 义夫　吴

氏仲迁 可堂 番易　番易李氏靖翁 思正　番易邹氏季友 晋昭　汪氏炎昶 古逸 新安　鲁斋许氏衡 平仲　临川吴氏澄 草庐 幼清　欧阳氏元 圭斋 原功　云峰胡氏炳文 仲虎　新安陈氏栎 定宇 寿翁　张氏存中 德庸　新安倪氏士毅 仲弘【校记：“仲弘”四库本无，据弘治本、三鱼堂本补】　番易朱氏公迁 克升【校记：四库本无番易朱氏，据弘治本、三鱼堂本补】　东阳许氏谦　白云 益之

大学章句序

大学之书，古之大学所以教人之法也。盖自天降生民，则既莫不与之以仁义礼智之性矣。朱子曰：“天之生民，各与以性，性非有物，只是一个道理之在我者耳。仁则是个温和慈爱底道理，义则是个断制裁割底道理，礼则是个恭敬撙节底道理，智则是个分别是非底道理。凡此四者，具于人心，乃是性之本体。”云峰胡氏曰：“朱子四书，释仁曰心之德、爱之理；义曰心之制、事之宜；礼曰天理之节文、人事之仪则。皆兼体用，独智字未有明释。尝欲窃取朱子之意以补之，曰：‘智则心之神明，所以妙众理而宰万物者也。’”番易沈氏云：“智者，涵天理动静之机，具人事是非之鉴。”新安陈氏曰①：“《书》云：‘惟皇上帝，降衷于下民。’若有恒性，六经言性自此始。谓天降生民而与之以性，亦本书之意而言。”【通考】②程氏复心曰：“仁义礼智四者，具于人心，乃性之本体，此谓天地之性也。”然其气质之禀或不能齐，是以不能皆有以知其性之所有而全之也。新安陈氏曰：“性之所有，即仁义礼智是也。性无智愚贤不肖之殊，惟气有清浊，清者能知，而浊者不能知，故不能皆知。质有粹驳，粹者能全，而驳者不能全，故不能皆全。知性之所有属知，全性之所有属行。知行二者，该尽一部大学，意已寓于此矣。”【通考】程氏复心曰③：“气出于天性，亦命于天性，是这理气，则已属于形象。性之善只一般，气便有不齐，气是初禀底，道是成形了底，只阴阳五行之气，衮在天地中。精英者为人，查滓者为物，精英中又精英者为圣贤，精英中查滓者为愚不肖，此所以为气质之性。”一有聪明睿智能尽其性者出于其间，【通考】吴氏程曰④：“尽，上声，徐忍反，尽之也，旧作子忍反，凡‘终尽’之‘尽’，则上声，慈忍反。”则天必命之以为亿兆之君师，使之治平声，下“治人”同。而教之，以复其性。问：“何处见得天命处？”朱子曰：“此也如何知得，只是才生得一个恁地底人，定是为亿兆之君师，便是天命之也。他既有许多气魄才德，决不但已，必统御亿兆之众，人亦自是归他。如三代已前圣

---

① 新安陈氏：陈栎，字寿翁，一字定宇，晚称东阜老人，休宁人。为学以朱子为宗，所著有《百一易略》、《四书发明》、《书传纂疏》、《礼记集义》等书。

② 通考：王元善《四书通考》中的注文。

③ 程氏复心：程复心，字子见，元婺源人，徽州路儒学教授。自幼沉潜理学，其《四书章图》隐括《总要》、《发义》二卷，另撰《四书纂释》二十卷。

④ 吴氏程：吴程，字伯章，婺源人。（明）汪舜民《（弘治）徽州府志》卷九载其传云：“吴程，字伯章，婺源人，隐居读书，所著有《四书音义》，休宁朱升更其名曰《四书经传释文》。”

人，都是如此。至孔子方不然，虽不为帝王，然也闲他不得，也做出许多事来，以教天下后世，是亦天命也。”新安陈氏曰：“聪明睿智，能尽其性者，是就清浊粹驳不齐中，指出极清极粹者言之。聪明睿智，生知之圣也，与知其性相应；能尽其性，安行之圣也，与全之相应。常人必先知其性，方可望以全其性。故于中下一而字，圣人合下生知安行，不待知而方全，故只平说。天必命之以为亿兆君师，君以治之，师以教之，变化其气质，而复还其本性。以上四个性字，须融贯看透。三代以前，圣贤之君，君师之责兼尽。三代以后，君道有略得之者，而师道则绝无矣。”【通考】东阳许氏曰①：“礼智之知性之名，睿智之知质之称。尽其性是知之到，行之极兼上‘知’、‘全’两字。”程氏复心曰：“聪明睿智，性之者也，治而教之以复其性，将使反之而天地之性存焉者是也。”此伏羲、神农、黄帝、尧、舜，所以继天立极，而司徒之职、典乐之官所由设也。《书·舜典》：帝曰：“契，汝作司徒，敬敷五教在宽。”又曰：“夔，命汝典乐，教胄子。”朱子曰：“天只生得许多人物，与你许多道理，然天却自做不得。所以必得圣人为之修道立教，以教化百姓。所谓裁成天地之道，辅相天地之宜是也。”“古者教法，礼、乐、射、御、书、数，不可阙一，就中乐之教尤亲切。夔教胄子，只用乐。大司徒之职，也是用乐。盖是教人朝夕从事于此，拘束得心长在这上面。盖为乐有节奏，学他底，急也不得，慢也不得，久之都换了他性情。”云峰胡氏曰②：“司徒之职，统教百姓；典乐之官，专教胄子。”新安陈氏曰：“上文说其理，此实之以其事，天生民而赋与之，不能教之。圣君代天立标准，以主教于上，而设司徒及典乐之官，以掌教于下。此时教已立，而教之法未备，学之名未闻也。”

三代之隆，其法寖备③，然后王宫、国都以及闾巷，莫不有学。人生八岁，则自王公以下，至于庶人之子弟，皆入小学，而教之以洒上声，又去声。扫、去声。应对、进退之节，礼乐、射御、书数之文；朱子曰：“古者小学，已自是圣贤坯朴了，但未有圣贤许多知见，及其长也，令入大学，使之格物致知，长许多知见。”番易齐氏曰④：“洒扫，《内则》所谓‘鸡初鸣，洒扫室堂及庭’。《曲礼》所谓‘为长者粪，加帚箕上，以袂拘而退，以箕自向而扱之’之类是也。应对，《内则》所谓‘在父母之所，有命之，应、

① 东阳许氏：许谦(1199—1266年)，元金华人，字益之。受业于金履祥，尽得其所传。延祐初，居东阳八华山讲学，学者甚众。里居四十年，公卿屡荐，皆不起。晚年以白云山人自号，世称白云先生。有《白云集》。《元史》入《儒学传》。《宋元学案》卷八十二有《文懿许白云先生谦》。

② 云峰胡氏：胡炳文，字仲虎，元婺源人。笃志家学，又潜心朱熹之学，上溯伊洛，以达洙泗渊源。仁宗延祐中，以荐为信州道一书院山长，调兰溪学正，不赴。至大间，建明经书院，以处四方来学者，儒风之盛甲东南。所居面山，世号云峰先生。著有《易本义通释》、《书集解》、《春秋集解》、《礼书纂述》、《四书通》、《大学指掌图》、《五经会义》、《尔雅韵语》等书。《宋元学案》卷八十九有《山长胡云峰先生炳文》。

③ 三代之隆，其法寖备：三代隆盛，制度完备。三代指夏、商、周。寖备：逐渐完备。寖：逐渐。

④ 番易齐氏：(宋)俞琰《读易举要》卷四：“鄱阳齐梦龙，号节初，解六十四卦彖辞与彖传混为一说。”“登戊辰第，与黎时中同榜，丞相江古心之门客。”又(清)陈昌图《南屏山房集》卷二十“《周易附说卦变图》，宋齐梦龙撰。按，梦龙字觉翁，德兴人，景定时登第”。未知孰是。

唯敬对’。《曲礼》所谓长者‘负剑辟咡诏之’。负，置之于背；剑，挟之于旁。口耳之间曰咡。辟咡诏之，倾头与语。则掩口而对之类是也。进退，《内则》所谓‘在父母之所，进退、周旋慎齐’。《曲礼》所谓‘凡与客入者，每门让于客’之类是也。礼习于度数之节文，所以教之中也。乐明于声音之高下，所以教之和也。射法，一弓挟四矢，验其中否，以观德行。御法，一车乘四马。御者执辔，立于车上，欲调习不失驱驰之正也。书，书字之体，可以见心画。数，算数之法，可以尽物变。《周礼·大司徒》，所以‘教万民而宾兴之’者，始以六德，继以六行，后及于六艺，非八岁以上者所能尽究其事，不过使晓其名物而已。故上六者言节，有品节存焉。下六者言文。文者，名物之谓也，非其事也。”勿轩熊氏曰①：“按《大戴记·保傅篇》，古者年八岁，出就外舍，学小艺焉，履小节焉。束发就大学，学大艺焉，履大节焉。注曰：小学为庠门，一作虎闱，大学在王宫之东，束发谓成童。《尚书》大传曰：‘公卿之太子，元士之嫡子，年十三入小学，二十入大学。’《白虎通》曰：‘八岁入小学，十五入大学，此太子之礼也。’按：年数互有不同，而朱子独以《白虎通》为断。”【通考】吴氏程曰：“寖，渐也。洒，《论语》惟色买、所绮二反，世俗读作色买反，本之《内则》音义与‘扫’字，皆去声，以类相从为顺，今并读作去声，后不复出。数，所遇反，旧音，凡以数计者，如《论语》‘数年’、《孟子》‘数口’之类，皆所主反，今并作去声，后仿此。”东阳许氏曰：“按注疏所言，闾里以上，凡乡州党族遂县鄙酂，皆有学，但闾里之塾为小学，馀皆大学也。”程氏复心曰：“《周礼·大宗伯》五礼之目：吉礼：十有二一，禋祀二，实柴三，栖燎四，血祭五，狸沈六，疈辜七②，肆献八，馈食九，祠十，禴十一，尝十二。烝凶礼：五一，丧二，荒三，吊四，禬五。恤宾礼：八一，朝二，宗三，觐四，遇五，会六，同七，问八。视军礼：五一，师二，均三，田四，役五。封嘉礼：六一，饮食二，昏冠三，宾射四，飨燕五，脤膰六。嘉庆。六乐：一、云门，黄帝乐一云尧乐，象云气出入，故周人冬至舞之以祀天神。二、咸池，皆黄帝乐，亦云尧乐，象池水周遍，故周人夏至舞之以祭地祇。三、大磬，舜乐。磬，绍也，以其绍尧之业而能齐七政，肇十有二州，故周人舞之，以祀四望，司中、司命、风师、雨师。四、大夏，禹乐。夏，大也，以其大尧舜之德，而能平水土，故周人舞之以祭大川。五、大濩，一名韶。濩，汤乐。濩，护也，汤宽仁而能救护生民，故周人舞之以享姜嫄。六、大武，武王乐。传云：武王以黄钟布牧野之阵，归以大簇，无射。五射：一白矢，言矢贯侯过，见其镞白也。二参连，言前放一矢，后三矢连续而去也。三剡注，谓羽头高镞低而去。剡，剡然也。四襄尺，襄，俗作褰。《周礼》《释文》音让，谓臣与君射，不与君并立，让君一尺而退也。五井仪，谓四矢贯侯，如井字之容仪也。五御：一鸣和鸾，和鸾，皆铃也。和金口木舌，鸾金口金舌，所以节车之行。鸾在衡上，近在马，和在式上。衡是车前横木，驾马者即轨。式是

① 勿轩熊氏：熊禾，字去非，元福建建阳人。有志濂洛之学，受业于朱子之门人辅广。宋咸淳间进士，宁武州司户参军。宋亡，隐居不仕，筑云谷书院以教生徒，郡有考亭书院，学者称勿轩先生。著有《大学广义》二卷、《读书记》二十五卷、《经问》四十卷、《勿轩集》八卷等。

② 疈辜：分割、肢解牲体。疈：剖，剖开。

免。焉以尽其力。云峰胡氏曰："前说上之所以为教，此说下之所以为学。"新安陈氏曰："性分固有，即仁义礼智，是理是体，职分当为。如子职分当孝、臣职分当忠之类，是事是用，知性分职分，是知之事。俛焉尽力，是行之事，与前'知性之所有而全之'相照应。【通考】吴氏程曰："'无不学'是说小学以来事，'其学焉者'则专言大学。"【附纂】黄氏洵饶曰："'性分'谓仁义礼智信固有，谓天命职分，谓五伦。"此古昔盛时所以治去声。下同。隆于上，俗美于下，而非后世之所能及也！【通考】东阳许氏曰："篇首至'非所能及也'为第一节，首原立教之始，三代以下言设教之法至周大备。"

及周之衰，贤圣之君不作，学校之政不修，教化陵夷，风俗颓徒回反。败，时则有若孔子之圣，而不得君师之位以行其政教，于是独取先王之法，诵而传之以诏后世。新安陈氏曰："皇帝生当天地气运盛时，所以达而在上，以身为教，而道行于当世。孔子当天地气运衰时，不免穷而在下，以言为教，传诸其徒，而道明于后世而已。"【通考】东阳许氏曰："诵传先生之法，兼大小学言，'传'是传之当世，与下'诏后世'对说。"【附纂】黄氏洵饶曰："陵，小山；夷，平也，言丘陵隤堕，渐与地平，教化渐废，亦类于此，风俗颓败谓治下不隆，如山之崩不可救，俗不美，如海浪之散不可收。政，谓君；教，谓师，古者君师只一职，二字一篇骨子。"若《曲礼》、《少去声。仪》、《内则》、《弟子职》诸篇，固小学之支流馀裔。馀制反。番易【校记：弘治本、三鱼堂本作"阳"。】齐氏曰："《曲礼》、《少仪》、《内则》，见《礼记》。《弟子职》见《管子》。此四篇作于春秋时，三代小学之全法，仅存其一二，故曰支流馀裔。支流，水之旁出而非正流者。馀裔，衣裾之末也。"【附纂】东阳许氏曰："支者，木之末；流者，水之末；馀者，事之末；裔者，衣之末；若只以水与衣比，谓支分之流、馀末之裔。"而此篇者，则因小学之成功，以著大学之明法，外有以极其规模之大，而内有以尽其节目之详者也。问："外有以极其规模之大，内有以尽其节目之详。"朱子曰："这个须先识得外面一个规模如此大了，而内做工夫以实之。凡人为学，便当以明德新民止于至善，乃明明德于天下。为事不成，只要独善其身便了。须是志于天下，所谓志伊尹之所志，学颜子之所学也。所以《大学》第二句便说'在新民'。"新安陈氏曰："规模之大，指三纲领。节目之详，指八条目。孔子时，方有《大学》一章之经。"东阳许氏曰："规模节目，以三纲八条对言，则三纲为规模，八条为节目。谓八条即三纲中事也，独以八条言之，则平天下为规模，上七条为节目。平天下是大学之极功，然须是有上七条，节节做工夫，行至于极，然后可以天下平。"三千之徒，盖莫不闻其说，而曾氏之传独得其宗，于是作为传去声。义，以发其意。曾子方有今《大学》之传，以发明孔子之意。【附纂】黄氏洵饶曰："'宗'者正也，'传'义谓十章之义，'发其意'谓发经文之意也。"及孟子没而其传泯音闵。焉，则其书虽存，而知者鲜上声。矣！

自是以来，俗儒记诵词章之习，其功倍于小学而无用；朱子曰："自圣学不传，为士者不知学之有本，而所以求于书，不越乎记诵训诂文词之间，是以天下之书愈多而理愈昧，学者之事愈勤而心愈放，词章愈丽，议论愈高，而其德业事功之实，愈无以逮乎古人。"新安陈氏曰："记诵，口耳之学。词章，枝叶之文。"异端虚无寂灭之教，其高过于大学而无实。问："异端何以高而无实。"朱子曰："吾儒便著读书，逐一就事物上理会道理，异端便都扫了，只恁地空空寂寂，便道事都了。若将些子事付之，便都没奈何。"云峰胡氏曰："此之虚，虚而有。彼之虚，虚而无。此之寂，寂而感。彼之寂，寂而灭。所以高而无实。"新安陈氏曰："老氏虚无，佛氏寂灭。"其它权谋术数，一切以就功名之说，与夫音扶。百家众技之流，所以惑世诬民、充塞先则反。下同。仁义者，又纷然杂出乎其间。朱子曰："秦汉以来，随世以就功名者，未必自其本而推之。是以天理不明而人欲炽，道学不传而异端起，人挟其私智，以驰骛于一世。"新安陈氏曰："权谋术数，谓管仲、商鞅等。百家众技，如九流等是也。"【通考】张氏师曾曰①："俗儒用功过勤而昧于道，异端寓意高远而杂乎中。权谋术数，如纵横谶纬；百家众技，如农圃医卜。"临川吴氏澄曰②："儒者之学分而为三，秦汉以前则然矣，异端不与焉。有记诵之学，汉郑康成、宋刘原父之类是也；有词章之学，唐韩退之、宋欧阳永叔之类是也；有儒者之学，孟子而下周、程、张、朱数君子而已。"【附纂】黄氏洵饶曰："权谋术数，所谓事求可，功求成，取必于智谋之末，而不循乎天理之正者，乃管仲、商鞅、韩非、申不害之徒。"使其君子不幸而不得闻大道之要，其小人不幸而不得蒙至治之泽，晦盲眉庚反。否塞，东阳许氏曰："如日之晦，如目之盲，如气之否，如川之塞。晦盲，言不明。否塞，言不行。"反复沈俗作"沉"，非。痼，音固。东阳许氏曰："反复，是展转愈深而不可去底意，沈，如物没于水而不可浮。痼，如病着于身而不可愈。"【附纂】黄氏洵饶曰："晦盲否塞，反复沈痼，如耳目不聪明，如气之不通，如疾之久，扶起扶倒之说。"以及五季谓梁、唐、晋、汉、周，五代季世。之衰，而坏乱极矣！云峰胡氏曰："惑世诬民，使斯民昏而不能知，充塞仁义，使斯道壅而不能行。晦盲，全无能知者。否塞，全无能行者。所以为坏乱之极也。大道之要，是大学书中所载者。至治之泽，是自大学中流出者。上之人无能知此大学，故君子不得闻大道之要。上之人无能行此大学，故小人不得蒙至治之泽。"【通考】张氏师曾曰："'坏'音怪，《学记》曰：'坏，乱而不修'。"东阳许氏曰："及周之衰，至此为第二节，首言上无圣君，而教移于下，'记诵'以下，言人亡政熄。"

天运循环，无往不复。宋德隆盛，治教休明。于是河南程氏两夫子出，两夫子谓伯子、叔子，伯子讳颢，字伯淳，号明道先生。叔子讳颐，字正叔，号伊川先生。而有以接乎孟氏之传。【通考】按张达善点本，于是出而有以连下文作一句，或以出字断者，非是。张氏师曾曰："程氏之学出于周子，而周子之学则得乎不传之绪也。今朱子《大

---

① 张氏师曾：《明史》卷一百三十三："张师曾《四书集注句读、音考标题》三册，宣城人。"又《经义考》卷二百五十六："亡名氏《四书集注》，未见。杨士奇曰：'右《四书集注》其句读旁抹之法，兼取勉斋黄氏、北山何氏、鲁斋王氏、导江张氏诸本之长，宣城张师曾为之参校，加以音考，盖善本也。"

② 吴氏澄：吴澄（1249—1337 年），元崇仁人，字幼清，人称草庐先生。至大初为国子司业，迁翰林学士。通经传，对《易》、《书》、《诗》、《礼》、《春秋》皆有著述。有文集一百卷。《元史》有传。参见《宋元学案》卷九十二《草庐学案》。

学序》及孟子篇末集注，则皆以程氏接乎孟氏，而周子若无与焉，岂能免学者之疑邪？说者谓周子之书莫非明《易》，而《大学》、《孟子》之书则未尝及之，盖朱子之意主于书而言之也，此固然矣，抑尝思之周子《通书》，每致意于孔颜之间，而所以教程子者，亦曰寻仲尼、颜子之乐而已，则其所志之高可知矣。及读朱子记周子之祠曰：'夫子之学性诸天、诚诸己，而合乎前圣授受之说。'又曰：'上接洙泗千载之统，下启河洛百世之传。'又曰：'继往圣开来学，大有功于斯世，然后释然无疑。'而知周子之道继乎孔颜之统，而程子之学则接乎孟氏之传者也，呜呼！书不尽言，图不尽意，风月无边，庭草交翠，观此气象，自非超然脱洒而入于圣域者，孰能当之？"实始尊信此篇而表章之，既又为去声。之次其简编，发其归趣，音娶。新安陈氏曰："孟子没而其传泯焉，至二程夫子出，而绝学复传。于是始拔《大学篇》于《戴记》之中而尊信之，又整顿其错乱之简而发挥之，但未成书耳。"【通考】东阳许氏曰："指归向趣，趣言其始，归言其终。"吴氏程曰："趣，旨意也。"【附纂】治教修明，谓治休美而教详明，表章，表而出之，章而显之。此篇谓《大学》。圣经谓夫子之经，贤传谓曾子之传。然后古者大学教人之法、此八字，收拾序文起句。圣经贤传去声。之指，粲然复扶又反。明于世。【附纂】粲然复明于世，如日月晦而复明。虽以熹之不敏，亦幸私淑而与去声。有闻焉。新安陈氏曰："《孟子》云：予未得为孔子徒也，予私淑诸人也。此用其语，谓闻程子之教于延平李先生诸公。"东阳许氏曰："私淑者，私善于人，孟子不得为孔子之徒，而私善于再传之子思，朱子不得为程子之徒，而私善于三传之李氏。此私淑字最切。"顾其为书犹颇放失，是以忘其固陋，采而辑音集。之，间如字。亦窃附己意，补其阙略，谓补传之第五章。【通考】张氏师曾曰："间，中间之'间'，与《补传》'间尝'、《或问》'间独'不类。"以俟后之君子。极知僭逾，无所逃罪，然于国家化民成俗之意、学者修己治人之方，则未必无小补云。"修己治人"四字，包尽《大学》体用纲目。【通考】东阳许氏曰："自'天运循环'，至'小补'为第三节。前假言程子应运而生，上接孟子后段言，补程子而全孔曾之书。"程氏复心曰："《大学》一篇序意，终始推本'治、教、学'三字，盖君以此治之，师以此教之，王公庶人之子弟于此学之，此圣学之修废，王道之隆污，皆视此三者如何尔。"【附纂】《大学》言心不言性，朱子于序言性详焉。

淳熙己酉二月甲子，新安朱熹序。新安陈氏曰："此序分六节，精义尤在第一节。曰知其性之所有而全之，曰教之以复其初是也。朱子论学，必以复性初为纲领要归，《论语》首注学字，曰人性皆善，曰明害而复其初。小学题辞曰：'仁义礼智，人性之纲。'曰：'德崇业广，乃复其初。'此书首释明明德，亦曰'遂明之以复其初'，与此序凡四致意焉。圣人尽性，尽其本全者也。学者复其性，复而后能全也。欲知性之所有，在格物致知，欲复全其性之所有，在诚意正心修身，以力于行而已。读此序此书者，其以知性之所有，与复其性初为要领，以知行为工夫而融贯其旨云。

读大学法

朱子曰："《语》、《孟》随事问答，难见要领，惟《大学》是曾子述孔子说。古人为学之大方，而门人又传述以明其旨，前后相因，体统都具，玩味此书，知得古人为学所向，却读《语》、《孟》便易去声。入，后面工夫虽多，而大体已立矣。""看这一书，又自与看《语》、《孟》不同，《语》《孟》中只一项事，是一个道理，如孟子说仁义处，只就仁义上说道理，孔子答颜渊以克己复礼，只就克己复礼上说道理，若《大学》却只统说，论其功用之极，至于平天下。然天下所以平，却先须治国，国之所以治，却先须齐家，家之所以齐，却先须修身，身之所以修，却先须正心，心之所以正，却先须诚意，意之所以诚，却先须致知，知之所以至，却先须格物。"〇"《大学》是为学纲目，先读《大学》，立定纲领，他书皆杂说在里许，通得《大学》了，去看他经，方见得此是格物致知事，此是诚意正心事，此是修身事，此是齐家治国平天下事。"〇"今且熟读《大学》作间架，却以他书填补去。"〇"《大学》是通言学之初终，《中庸》是指本原极致处。"〇问："欲专看一书，以何为先?"曰："先读《大学》，可见古人为学首末次第，不比他书，他书非一时所言，非一人所记。"

又曰："看《大学》固是著逐句看去，也须先统读传文教熟，方好从头仔细看，若全不识传文大意，便看前头亦难。"

又曰："尝欲作一说教人，只将《大学》一日去读一遍，看他如何是大人之学，如何是小学，如何是明明德，如何是新民，如何是止于至善，日日如是读，月来日去自见，所谓温故而知新，须是知新，日日看得新方得，却不是道理解新，但自家这个意思长长地新。"〇"读《大学》初间也只如此读，后来也只如此读，只是初间读得似不与自家相关，后来看熟，见许多说话须著如此做，不如此做自不得。"〇"读书不可贪多，当且以《大学》为先，逐段熟读精思，须令了了分明，方可改读后段，看第二段，却思量前段，令文意连属音烛。却不妨。"问："《大学》稍通，方要读《论语》?"曰："且未可，《大学》稍通，正好著陟略反。下同。心精读，前日读时见得前，未见得后面，见得后未见得前面，今识得大纲体统，正好熟看。读此书功深则用博，昔尹和靖见伊川半年，方得《大学》《西铭》看，今人半年要读多少书，某且要人读此是如何，缘此书却不多，而规模周备，凡读书，初一项须著十分工夫了，第二项只费得八九分工夫，第三项便只费得六七分工夫，少间读渐多，自通贯，他书自著不得多工夫。"〇"看《大学》俟见大指，乃及他书，但看时须是更将大段分作小段，字字句句不可容易放过，常时暗诵默思，反复研究，未上口时须教上口，未通透时须教通透，已通透后，便要纯熟，直待不思索时，此意常在心胸之间，驱遣不去方是，此一段了，又换一段看，令如此数段之后，心安理熟，觉工夫省力时，便渐得力也。”

又曰：“《大学》是一个腔子，而今却要填教平声。他实，如他说格物，自家须是去格物后填教他实著，诚意亦然，若只读得空壳子，亦无益也。”〇“读《大学》岂在看他言语，正欲验之于心如何，如好好色，恶恶臭，试验之吾心，果能好善恶恶如此乎？闲居为不善，是果有此乎？一有不至，则勇猛奋跃不已，必有长上声。进，今不知如此，则书自书，我自我，何益之有？”新安陈氏曰：“凡读书之法皆当如此，非但《大学》也。”

又曰：“某一生只看得这文字透，见得前贤所未到处，温公作《通鉴》，言平生精力，尽在此书，某于《大学》亦然，先须通此，方可读他书。”

又曰：“伊川旧日教人，先看《大学》，那时未解说，而今有注解，觉大段分晓了，只在仔细看。”陈氏曰：”《大学章句》，已示学者一定之准，只直按他见成的，熟就里面，看意思滋味，便见得无穷义理出焉。”

又曰：“看《大学》且逐章理会，先将本文念得，次将《章句》来解本文，又将《或问》来参《章句》，须逐一令平声。下同。记得，反复寻究，待他浃洽，既逐段晓得，却统看温寻过。”

又曰：“《大学》一书，有正经，有《章句》，有《或问》，看来看去，不用《或问》，只看《章句》便了，久之又只看正经便了，又久之自有一部《大学》在我胸中，而正经亦不用矣。然不用某许多工夫，亦看某底不出，不用圣贤许多工夫，亦看圣贤底不出。”

又曰：“《大学》解本文未详者，于《或问》中详之，且从头逐句理会，到不通处，却看《或问》，乃注脚之注脚。”〇“某解书不合太多，又先准备学者为去声。他设疑说了，所以致得学者看得容易去声。了。”〇“人只说某说《大学》等不略说，使人自致思，此事大不然，人之为学，只争个肯与不肯耳，他若不肯向这里，略亦不解致思，他若肯向此一边，自然有味，愈详愈有味。”陈氏曰：“《大学》约其旨于《章句》，已的确真切，而详其义于《或问》，又明实敷畅，《章句》中太简，而或未喻则易枯，必于《或问》详之，《或问》中太博，而或未贯，则易泛，必于《章句》约之。”新安陈氏曰：“右二条之说不同，而可互相发明。”

大学章句大全

《大学章句大全》大，旧音泰，今读如字。

子程子曰：新安陈氏曰："程子上加'子'字，仿《公羊传》注'子沈子'之例，乃后学宗师先儒之称。""《大学》，孔氏之遗书，而初学入德之门也。"于今可见古人为学次第者，独赖此篇之存，而《论》、《孟》次之。学者必由是而学焉，则庶乎其不差矣。龟山杨氏曰①："《大学》一篇，圣学之门户，其取道至径，故二程多令初学者读之。"朱子曰："《大学》首尾贯通，都无所疑，然后可及《语》、《孟》，又无所疑，然后可及《中庸》。""某要人先读《大学》，以定其规模；次读《论语》，以立其根本；次读《孟子》，以观其发越；次读《中庸》，以求古人之微妙。"陈氏曰："为学次序，自有其要，先须《大学》，以为入德之门，以其中说明明德、新民，具有条理，实群经之纲领也。次则《论语》，以为操存涵养之实。又其次则《孟子》，以为体验充广之端。三者既通，然后会其极于《中庸》。"又曰："《大学》规模广大，而本末不遗，节目详明，而终始不紊，学者所当最先讲明者。"新安邵氏曰②："他书言平天下，本于治国，治国本于齐家，齐家本于修身者有矣，言修身本于正心者亦有矣，若夫推正心之本于诚意，诚意之本于致知，致知之在于格物，则他书未之言，六籍之中，惟此篇而已。"【通考】程氏复心曰："不由是而学，则记诵词章之习，虚无寂灭之教，与夫权谋术数、百家众技，皆纷然杂出，此其所以差也。"

大学之道，在明明德，在亲民，在止于至善。

程子曰："亲，当作新。"〇大学者，大人之学也。明，明之也。明德者，人之所得乎天，而虚灵不昧，以具众理而应万事者也。朱子曰："天之赋于人物者，谓之命；人与物受之者，谓之性；主于一身者，谓之心；有得于天而光明正大者，谓之明德。"问："明德是心是性？"曰："心与性自有分别，灵底是心，实底是性，性便是那理，心便是

---

① 龟山杨氏：(宋)杨时(1053—1135年)宋南剑州将乐人，字中立，晚年隐居龟山，人称龟山先生。师事程颢、程颐。与吕大临、谢良佐、游酢并称程门四大弟子。曾任右谏议大夫兼国子祭酒、工部侍郎等。致仕后，专门著书讲学，东南学者奉为"程氏正宗"，朱熹即为其二传门人。著有《二程粹言》、《龟山集》。《宋史》有传。

② 新安邵氏：邵申，生平不详。(明)邱濬《大学衍义补》："邵申曰：'他书言平天下本于治国。'"

盛贮该载敷施发用底，心属火，缘他是个光明发动底物，所以具得许多道理。如向父母，则有那孝出来；向君，则有那忠出来，这便是性。如知道事亲要孝，事君要忠，这便是心。”张子曰：“心统性情，此说最精密。”“虚灵不昧，便是心，此理具足于中，无少欠阙便是性，随感而动便是情。”“虚灵自是心之本体，非我所能虚灵。耳目之视听，所以视听者即其心也，岂有形象？然有耳目以视听之，则犹有形象也。若心之虚灵，何尝有物？”“只虚灵不昧四字，说明德意已足矣，更说具众理应万事，包体用在其中，又却实而不为虚，其言的确浑圆，无可破绽处。”北溪陈氏曰①：“人生得天地之理，又得天地之气，理与气合，所以虚灵。”黄氏曰：“虚灵不昧，明也。具众理、应万事，德也。具众理者，德之全体。未发者也，应万事者，德之大用；已发者也，所以应万事者，即其具众理者之所为也。未发，则炯然不昧；已发，则品节不差。所谓明德也。”玉溪卢氏曰：“明德只是本心，虚者心之寂，灵者心之感。心犹鉴也，虚犹鉴之空。明，犹鉴之照不昧，申言其明也。虚则明存于中，灵则明应于外。惟虚故具众理，惟灵故应万事。”东阳许氏曰：“大学之道，是言大学中教人修为之方，如君子深造之以道之道。”【通考】吴氏程曰：“大人，犹言成人。明德是心统性情、一心之全体也。分言之，明属心，兼理气；德属性，该体用。朱子释之备矣。大抵‘德’者‘得’也，得乎天，是释‘德’之为‘义’。虚灵不昧者，心也，释‘明’字；具众理、应万事者，统性与情也，释‘德’字。”但为气禀所拘，人欲所蔽，则有时而昏；然其本体之明，则有未尝息者。故学者当因其所发而遂明之，以复其初也。朱子曰：“明德未尝息，时时发见于日用之间，如见孺子入井而怵惕，见非义而羞恶，见贤人而恭敬，见善事而叹慕，皆明德之发见也。虽至恶之人，亦时有善念之发，但当因其所发之端，接续光明之。”“明德，谓本有此明德也。孩提之童，无不知爱其亲，及其长也，无不知敬其兄，其良知良能，本自有之，只为私欲所蔽，故暗而不明。所谓明明德者，求所以明之也。譬如镜焉，本是个明底物，缘为尘昏，故不能照。须是磨去尘垢，然后镜复明也。”“明德是一个光明底物事，如一把火，将去照物，则无不烛，便是明德。若渐隐微便暗了，吹得这火著，便是明其明德。”新安吴氏②曰：“气禀拘之有生之初，物欲蔽之有生之后，不昧者，所以昏也。然虽有昏昧之时，而无息灭之理。”双峰饶氏曰：“‘明之’之功有二：一是因其发而

---

① 北溪陈氏：陈淳，字安卿，漳州龙溪人，从朱熹游，为学益力。以特奏恩授迪功郎泉州安溪主簿，未上卒。《宋元学案》卷六十八《北溪学案》：“门人陈沂等录其语，号筠谷濑口，金山所闻，子榘又编次其文为五十卷，修《北溪语录》。”

② 新安吴氏：未详。(清)胡渭《大学翼真》卷四载：“新安吴氏浩曰”疑即是人。朱彝尊《经义考》卷一百五十七：“吴氏浩《大学口义》一卷，佚。《徽州府志》：‘吴浩，休宁人，隐居不仕。著《直轩大学口义》。”《元史·艺文志》卷一：“吴浩《大学讲义》一卷，字义夫，休宁人。”解缙《吴处士伯冈墓志铭》云：“新安齐国，文公阙里也，遗风余韵奕世犹存。自宋亡元兴时则有若程勿斋、吴义夫、汪古逸、赵子常、郑彦昭、汪德辅、倪士颜、朱允升、郑师山、唐三峰，传至国初，以性命义理之学讲淑诸人，皆不失为文公之徒也。”然，刘宗周《大学古文参疑》自序云：“近见海盐吴秋圃著有《大学通考》辄辨。”(载《经义考》卷一百六十一)，据《四书讲义困勉录》卷一《大学》载：“新安吴氏《通考》、赵氏及《或问》小注，玉溪庐氏皆足以发明《章句》所未明。”未知孰是。

充广之，使之全体皆明；一是因已明而继续之，使无时不明。”云峰胡氏曰：“《章句》释明德以心言，而包性情在其中。虚灵不昧是心，具众理是性，应万事是情，有时而昏，又是说心。本体之明，又是说性，所发又说情，当因其所发而遂明之。即孟子言四端，而谓知皆扩而充之也。”新安陈氏曰：“常人于明德之发见，随发而随泯，学者于明德之发见处，当体认而充广之，所谓遂明之也。气禀拘，物欲蔽，则明者昏，而初者失。致其明之之功，以变化其气质，则昏者明，而初者复。”东阳许氏曰：“气禀所拘，就有生之初言之；人欲所蔽，就有知之后言之。”【通考】昭武吴氏季子曰：“夫自太极之理，与阴阳五行之气，妙合而凝，形既生矣，则所谓明德者，已炳然于方寸间，至虚灵、至空洞，湛乎如水之无波，莹乎如镜之无尘，天地之高深，鬼神之幽隐，事物之繁浩，几微之眇绵，虽万有不同，而其理悉具。触之即觉，感之即通，方其孩提，无不知爱其亲者，爱果何从而生哉？此明德也。及其既长，无不知敬其兄者，果何从而起哉？此明德也。见孺子之将入井，则怵惕之心动，若本无明德，则必不怵惕矣。闻牵牛之将衅钟，则不忍之念萌，若本无明德，则未必不忍矣。是其虚灵空洞者，随事而有觉焉，不自知其然也。在《书》谓之降衷，在《诗》谓之秉彝，在《中庸》谓之性，在《大学》谓之心，其为明德一耳。是德也，与生俱生，本无加损，然而存养之则晶莹，斫丧之则晦蚀，洗濯之则呈露，封闭之则伏藏，以气禀所生之躯，接事物无穷之变，其诱夺于吾前者不一，安能保是德之常明也哉？是以大学君子，必先致知格物，以究义理之归，诚意正心修身，以去私欲之累，义理透彻，则真见昭融，私欲消亡，则本体发见。向之未明者，至是寖明矣；向之寖明者，至是大明矣；向之大明者，至是愈明矣；此之谓‘明明德’。”

新者，革其旧之谓也，言既自明其明德，又当推以及人，使之亦有以去上声。其旧染之污音乌又，去声。也。朱子曰：“此理人所均有，非我所得私，既自明其德，须当推以及人，见人为气与欲所昏，岂不恻然欲有以新之。”问：“明德新民，在我有以新之，至民之明其明德，却又在他。”曰：“虽说是明己德，新民德，然其意自可参见。明明德于天下，自新以新其民可知。”北溪陈氏曰：“新与旧对，明者昏则旧矣。感发开导，去其旧污，则昏者复明。又成一个新底，是新之也。”玉溪卢氏曰：“新民，是要人人皆明明德，民无不新，则民之明德无不明，而我之明德明于天下矣。”新安陈氏曰：“《书》云：‘旧染污俗，咸与维新。’《章句》本此以释新民。”【通考】吴氏季子曰：“己之德固明，而人之德未明，苟恝然不加之意，则是徒能自成而不成物，徒知欲也而不知立人，夫岂天生圣贤之本心哉？天之生圣贤也，固以一世民物之责而诿之也，我昭昭矣，何忍置人于昏昏！我察察矣，何忍听物之汶汶！是必以先知觉后知、以先觉觉后觉，刑于寡妻，至于兄弟，自修身而齐家，以明一家之明德，九族既睦，平章百姓，自齐家而治国，以明一国之明德。立爱惟亲，立敬惟长，始于家邦，终于四海，以明天下之明德，旧染之污，雪消水泮，新美之化，雷动风行，而圣贤之责尽矣。”

止者，必至于是而不迁之意。至善，则事理当然之极也。朱子曰：“说一个‘止’字，又说一个‘至’字，直是要到那极至处，而后止。故曰‘君子无所不用其极也’。”“未至其地，则必求其至，既至其地，则不当迁动而之他也，未至此便住，不可谓止，至此不能守，亦不可谓止。”“至善如言极好道理，十分尽头，善在那里，自家须去止他，止则善与我一。未能止，善自善，我自我。”云峰胡氏曰：“必至于是，知至至之也；不迁，知终终之也。”【通考】赵氏曰：“‘是’者指至善而言①，凡事理皆有当然之则，其当然者善也，其极则至善也。不至于当然，不足以为善，不至于当然之极，不足以为至善。经言至善，须若近指事物当然之理，而明德、新民，惟其至善之理，是即天命之性，而道之大原大本，固已涵蓄该贯于其中。”言明明德、新民，皆当止于至善之地而不迁。盖必其有以尽夫音扶。天理之极，而无一毫人欲之私也。朱子曰：“明德、新民，非人力私意所为，本有一个当然之则，过之不可，不及亦不可，如孝是明德，然自有当然之则，不及固不是，若过其则，必有刲股之事，须是到当然之则处而不迁，方是止于至善。止至善，包明德、新民，已也要止于至善，民也要止于至善，在他虽未能，在我所以望他者，则不可不如是也。”问：“明明德，是自己事，可以做得到极好处，若新民则在人，如何得他到极好处？”曰：“且教自家先明得尽，然后渐民以仁，摩民以义，如孟子所谓劳之、来之、匡之、直之、辅之、翼之，又从而振德之，如此变化他，自解到极好处。”问：“至善不是明德外，别有所谓善，只就明德中到极处便是否？”曰：“是明德中也有至善，新民中也有至善，皆要到那极处，至善只是以其极言，不特是理会到极处，亦要做到极处。如为人君止于仁，固是一个仁，然亦多般，须是随处看，如这一事合当如此是仁，那一事又合当如彼亦是仁，若不理会，只管执一，便成一边去，安得谓之至善！至善只是恰好处。”双峰饶氏曰：“明德，以理之得于心者言，至善，以理之见于事者言，以明明德对新民，则明明德为主，以明明德新民对止至善，则止至善为重。”新安吴氏曰：“止至善，为明明德新民之标的，极尽天理，绝无人欲，为止至善之律令。然既言事理当然之极，又言天理之极者，盖自散在事物者而言，则曰事理，是理之万殊处。一物各具一太极也，自人心得于天者而言，则曰天理，是理之一本处，万物体统一太极也，然一实万分，故曰事理，众理会万为一，则曰天理，一理而已。”新安陈氏曰：“天理人欲，相为消长，才有一毫人欲之私，便不能尽夫天理之极，不得云止于至善矣。”【通考】吴氏季子曰：“明德新民之事业，必光被四表，格于上下，而后可以为明，必光天之下，至于海隅，而后可以为明，不然则未也。必协和万邦，黎民于变，而后可以为新，必民日迁善而不自知，而后可以为新，不然则未也。要之曰明、曰新，皆有截然一定之则，必至于是而后止，未至于是，岂有驻足之地哉？君之仁、臣之敬、子之孝、父之慈、与国人交之信，明德而至于是，则极其明矣，新民而至于是，则极其新矣，是乃至精至当、尽善尽美之域，毫发不可得而加者，圣门无以形容之，姑强名曰至善耳。以至善为准则，任重道远，果何如哉？政使学者立心弘毅，推日孳孳，毙而后已，愚犹惧其不足，以望圣贤之后尘，况复习为懦偷，先自狭小，半途而废，一贯而止，其可与言《大学》也哉？”此三者，《大学》之纲领也。新安陈氏曰：“纲以大纲言，如网之有纲，纲举则目张，领以要领言，如裘之有领，领挈而裘顺。”朱子曰：“明明德，新民，止至善，此八

---

① 此语(宋)赵顺孙《四书纂疏》作“蔡氏曰”。

字已括尽一篇之意。”玉溪卢氏曰：“明明德，是下文‘格物、致知、诚意、正心、修身’之纲领，新民，是下文‘齐家、治国、平天下’之纲领，止至善，总明明德新民而言，又八者逐条之纲领。要而言之，则明明德又为三者之纲领，乃《大学》一书之大纲领也。”番易沈氏曰：“《大学》之体在明德，其用在新民，其体用之准则在止至善。要其用力之方，在知与行而已。格物致知，知之事也；诚意正心修身，行之事也。行以知为先，知以行为重，知之精则行愈达，行之力则知愈进。物格而知以至，意诚心正而身以修，则吾德之本明者极其明，而吾身之所止者极其善矣。由身而家而国而天下，善教行焉，善政施焉，莫不革其旧染而复其性初，天下之明德，非一人之明德乎？一人之至善，非天下之至善乎？”【通考】张氏曰：“在，犹‘当’也，《章句》以‘当因’、‘又当’、‘皆当’释三在字，工夫则有‘明’、‘新’、‘止’三者。”勿轩熊氏曰：“明德二字，出《尧典》。明德、新民并言，出《康诰》。‘止’之一字，出《虞书·益稷》。至善即尧舜以来相传之中道，自始学言之，则谓之至善，其极致谓之中，圣贤相传皆有所授，非苟言也。”①吴氏季子曰：“文公以明德、新民、止至善为《大学》之纲领，又以止至善为明德、新民之标的，后之人欲从事于大学，必先以至善为准可也，不以至善为准，则于明德、新民，亦决不能用其力，何则？志不立也。自古安有志不立而能成功者哉？天下之事，莫不有所止，学者知所止之地，则将日夜策励，驰以赴之，心无弛放，力无怠倦，皇皇汲汲，必归于至善而后已，苟为不然，则始锐而终惰，朝作而暮辍，虽明而未必至于明之极，已自足矣。虽新而未必至于新之极，已自满矣。是则文公所谓苟且之学，不足以为学也。”【附纂】黄氏洵饶曰：“明明德，兼知行言；亲民，全体太极；止于至善，一物一太极，理至此无所增损，谓之至善。明德即天命之性，明明德即率性之道，新民即修道之教，至善即性、道、教之理，合心与性而言，谓之明德，本体所发，纯是善意之所发，有善恶明之谓，澡雪揩磨，虚灵是心，具众理是体，是忠，是虚。应万事是用，是恕，是灵。气禀所拘，谓智愚贤不肖；人欲所弊，是耳目口鼻。气禀所拘有分数，人欲所弊则全遮而昏，心本体性之明，下‘明’字所发，善遂明之，上一‘明’字。复其初，兼知行，凡五言之，但《孟子·养气章》专指气而言之矣。至于是无过不及，当然之极，一物一太极，天理之极，明德、新民。”景氏星曰：“人之所得乎天五字，原明德所从来。虚灵指气言，不昧指理言，此明之实；具众理应万事，此德之实。所具之理，即格致之理，所应之事，即诚正修齐治平之事。气禀是内根，自有生之初言；物欲是外染，自有生之后言。必至是，未至必求至。不迁，是既至不当迁。”

知止而后有定，定而后能静，静而后能安，安而后能虑，虑而后能得。

止者，所当止之地，即至善之所在也。此“止”字，即接上文“在止于至善”之“止”字说下来。知之，则志有定向。静，谓心不妄动。安，谓所处上声。下同。而安。虑，谓处事精详。得，谓得其所止。朱子曰：“知止，是识得去处，既识得，心中便定，更不他求，如行路知得从这一路去，心中自是定，如求之此，又求之彼，即是未定。”“定

---

① 此条出自（元）景星撰《大学中庸集说启蒙·大学集说启蒙》。

静安虑得五字，是功效次第，不是工夫节目，才知止，自然相因而见。定、静、安相去不远，但有浅深耳，与《中庸》‘动’、‘变’、‘化’相类，皆不甚相远。定以理言，故曰有；静以心言，故曰能。静是就心上说，安是就身上说。”“既见得事物有定理，而此心恁地宁静了，看处在那里，在这里也安，在那里也安，安而后能虑，虑是思之精审。今人心中摇漾不定叠，还能处得事否？人处事于丛冗急遽之际而不错乱，非安不能也。知止，是知事物所当止之理，到临事又须研几审处，方能得所止。”“知止，只是知有这个道理，也须是得其所止方是。若要得其所止，直是能虑方是，能虑却是要紧。知止，如知为子而必孝，知为臣而必忠。能得，是身亲为忠孝之事，若徒知这个道理，至于事亲之际，为私欲所汩，不能尽其孝，事君之际，为利禄所汩，不能尽其忠，这便不是能得矣。能虑，是见得此事合当如此，便如此做。”“知止，如射者之于的，得止，是已中其的。‘定’、‘静’、‘安’三字，虽分节次，其实知止后皆容易进，安而后能虑，虑而后能得，此最是难进处，多是至安处住了。安而后能虑，非颜子不能之，去得字地位虽甚近，然只是难进，挽弓到临满时，分外难开。”勉斋黄氏曰：“大学之道，在于明德、新民，明德、新民之功，在于至善，至善之理，又在于必至而不迁，故此一节，但以止为言。曰知，曰得，止之两端。定者，知所止之验。虑者，得所止之始。曰静，曰安，则原于知而终于得，有必至不迁之意矣。”双峰饶氏曰：“譬之秤，知止是识得秤上星两，虑是将来秤物时，又仔细看，能得是方秤得轻重的当。定、静、安在事未至之前，虑是事方至之际，四者乃知止所以至能得之脉络。”云峰胡氏曰：“定而能静，则事未来而此心之寂然不动者不失；安而能虑，则事方来而此心之感而遂通者不差。”新安陈氏曰：“明德、新民，所以得止于至善之由，其紧要处先在知止上，盖于事事物物，皆知其所当止之理，即物格而知至也。下文‘致知’、‘知至’之‘知’字，已张本于此矣。”【通考】勿轩熊氏曰：“‘所在’二字，此道之用，散在万物，其体实具于人之一心。有定，谓物各有一定之理。知之则此志方有定向，然必反求之心。能静能安，是此心未发时事，静谓存养之密，能安，安其所止；能虑，谓省察之精；能得，得其所止也。此一节，本节斋蔡氏发明文公未尽之旨，盖圣贤传授心法，宜详玩焉。”陈惧斋曰：“静而后能安，文公以为无所择于地，则是与‘安土’之‘安’同，学者多不审。”【附纂】黄氏洵饶曰：“知止而后有定说理，能静说心，能安说身。能虑又是心，能得又是理。有次序无功夫，功夫从诚心正意上来，知止是物格知至之事，定、静、安、虑、得兼知行，虑如睿通乎微安，如安贫富之安，至善之所在，即事物当然之理，安向说理处而说身，虑谓处事又心上说。”景氏星曰：“《章句》‘知之’一‘之’字，指至善之所在言，于事事物物皆知其所当止之理也。”吴氏季子曰：“定、静、安、虑、得五者，止善之节次也，《大学》篇端三语，以止善终之，既欲学者止至善以为准，此又详言其节次耳。盖至善之地，非一蹴所能到，必历此节次，而后至于其所止，能得之时，则是其所止处也。自有定至能得，凡五节，然必自知止入，苟不务知止而欲径造于能得之域，则是躐等陵节，反不足以进道矣。此《大学》所以揭知止二字，冠于五事之首欤？夫明德、新民，莫不有截然一定之则，存乎其中，加之锱铢则太过，藏之毫发则不及，是乃学者之所当止，谓之至善者也。然使不至其知，以究极义理之精微，则惟见夫道之浩浩，无所措手，吾心且疑且信，晃漾摇曳，泛乎若不系之舟，放于中流，不知所届，自夫博学之，审问之，慎思之，明辨之，良知之天，表里洞彻，无所障疑，真见理之当然，而在我之不容不然者。犹饥之食、渴之饮，必至此而后已，则此心殆始主乎一，而有据依之地矣。故曰‘知止而后有定’，人之常情。心无所主，则一与物接，皇惑躁动，方寸之间，第见夫憧憧往来，而靡所归宿，胶胶扰扰，而靡所止定，千条万端，始不胜其多事矣。使其得所据依，卓有定向，始乎由是，终乎由是，不愿乎其外，不见物而迁，则途辙专一，功夫简易，事不期省而自省，心不期清而自清，万感俱寂，一真自如，太空无云，虚室生白，非天下之至静，其孰能与于此？故曰定而后能静，身以心为主，心以身为役，而天理物欲，迭相乘除，若心之所安，既不循乎圣理，随事物而引之，即身之所行，必不能处于是理之正矣。古之圣贤，素富贵行乎富贵，素贫贱行乎贫贱，素患难行乎患难，素夷狄行乎夷狄。随其所寓，是理存焉，往往无入而不自得焉，惟其静而已。盖静则纷华盛丽之物，皆无所役其隙，天理纯全，不受陵夺，自然心广体胖，安而行之，仰不愧于天，俯不怍于人，而无复疑贰畏诅之患矣。故曰‘静而后能安’，精详出于闲暇之余，错谬起于造次之顷，此理也，亦势也。天下之事物公私邪正，曲直是非，杂然前陈，而听吾之所自择者，不知其几，吾将触物而应之，随事而处之，必欲物物得其宜，事事适其可，非精思熟虑不能也。人孰不欲思虑之精熟，而终于临事颠错者，则以其胸中之理欲交战，焦然不宁，而无以揆度于事物之间耳。既静而安，则泰宇恬然，优游泮涣，以一观众，以逸待劳，物来能名，事至能应，权焉而知轻重，度焉而知长短，孰可取？孰可予？予者不伤惠，而取者不伤廉；孰当辞？孰当受？受者不为贪，而辞者不为矫，仕止久速之不侔，惟其是而已。忠敬质文之异尚，惟其当而已。《易》之极深研几，《书》之以义制事，《中庸》之文理密察，皆是也，故曰安而后能虑。人之不欲为善者，不足论也，固有欲为善，而不得以为善者矣，为善而不欲造其极者，亦不足论也。固有欲造其极而不得以造其极者矣，为君，吾知其止于仁，激于忿懥则为暴，虽欲仁而不可得。为臣，吾知其止于敬，蔽于宠利则为欺，虽欲敬而不可得。推而至于子之孝、父之慈、友之信，莫不皆然，凡吾心愿焉而不得以遂吾心者，何可胜计？是故定静安虑非难，而得为难，必也功深而力到，德盛而仁熟，秤停适中，区处尽善，然后随所欲而得之，求仁而得仁，尚志而得志，从容中道，至于不思而得之域，左右逢原而有深造自得之功，如炊而熟，如种而收，如射而中，如猎而获，莫不各副其本心，而靡有遗憾，此大而化之之境，从心不逾矩之时，而《大学》之所谓至善也，故曰‘虑而后能得’。合五者而论之，则由浅而至深，由疏而至密，由小而至大，由粗而至精，进一步则升一级，皆不可不讲也。析五者而观之，则知止而定者，静、安、虑、得之本，是为《大学》之始事，能得者，定、静、安、虑之效，是为《大学》之终事，有始则有终，学者当先从事于其始，而以入门为知止可也。”

物有本末，事有终始，知所先后，则近道矣。

明德为本，新民为末。知止为始，能得为终。本始所先，末终所后。此结上文两节之意。问："事物何分别？"朱子曰："对言，则事是事，物是物，独言物，则兼事在其中，知止能得，如耕而种而耘而敛，是事有个首尾如此。明德，是理会己之一物，新民，是理会天下之万物，以己之一物，对天下之万物，便有个内外本末，知所先后，自然近道，不知先后便倒了，如何能近道。"三山陈氏曰："新民者，自明德而推也，己德不明，未有能新民者，此明明德所以为新民之本，能得者原于知止而后致也。苟始焉不知止于至善，亦未见其卒于有得矣，此知止所以为能得之始。"玉溪卢氏曰："物有本末，结第一节，事有终始，结第二节，知所先后，则近道矣两句，再总结两节。一个'先'字，起下文六个'先'字，一个'后'字，起下文七个'后'字，不特结上两节，亦所以起下文两节之意。"仁山金氏曰："不曰此是大学之道，而曰近道，盖道者当行之路，知所先后，方是见得在面前而未行于道上，所以只曰近。"黄氏洵饶曰："则近道矣，此道字，圣人之道也。此章两'道'字，如颜子论好学二'道'同。"【通考】吴氏季子曰："天下之物，莫不有本，木之千柯万叶，本于根；水之千流万壑，本于源，至于人，则凡吾之所与接，如父子兄弟之亲，夫妇朋友之伦，天地民物之纪，虽纷然不同，而其本皆在于身。天下之事，莫不有始，为九仞之山者，始于一篑；行千里之途者，始于一跬。至于人则凡吾之所当讲，如道德性命之原，仁义礼智之端，孝悌忠信之理，虽杂然不一，而其始皆在于心。学者之患无他，惟患其以本为末、以末为本，以终为始、以始为终，至于后其所当先、先其所当后耳，此《大学》一篇所以发明夫物之本末、事之终始也。物者何？指形体而言之也。明德在己，新民在彼，彼己相对，而形体见焉，故曰物。事者何？指作为而言之也。知止其用力能得其成功，功力相因而作为形焉，故曰事。物则当以本末论。质诸《大学》，心之于身，身之于家，家之于国，国之于天下，皆自源徂委，自体达用。事则当以终始论。质诸《大学》，正而后修，修而后齐，齐而后治，治而后平，皆自浅入深，自小成大。非特此也，有诸己而后求诸人，无诸己而后非诸人，或有或无，皆反之于己。盖欲学者之知本而勿徒外骛也。欲诚其意者，先致其知，致知在格物，曰致，曰诚，皆自有其序。盖欲学者之反始而毋致逆施也。学者果能先其本而后其末，则自尽己至于尽人，而本末具举矣。先其始而后其终，则自下学至于上达，而始终不紊矣。其于道也，夫何远之有？大抵古之教人，皆有先后，如曰洒扫应对，进退抑末也。本之则无如之何，是未尝不以本原为先也。如曰金声也者，始条理也；玉振也者，终条理也。是未尝不以始事为先也。以本原为先，则有务内之功；以始事为先，则无躐等之患，此学者之指南也。后世乃有不反诸己，而欲以私智小数齐物者，管商之学是已；乃有不循其序，而欲以径超顿悟为事者，佛老之学是已。乌识吾儒之所谓《大学》哉？"

古之欲明明德于天下者，先治其国；欲治其国者，先齐其家；欲齐其家者，先修其身；欲修其身者，先正其心；欲正其心者，先诚其意；欲诚其意者，先致其知；致知在格物。治，平声，后仿此。

明明德于天下者，使天下之人皆有以明其明德也。新安吴氏曰："由此推之，则治国，是欲明明德于一国。齐家，是欲明明德于一家也。"新安陈氏曰："本当云欲平天下者，先治其国。今乃以明明德于天下言之，盖以明德乃人己所同得。明明德者，明己之明德，体也。明明德于天下者，新天下之民，使之皆明其明德。如此，则天下无不平矣，用也。一言可以该《大学》之体用，可见明明德，又为纲领中之纲领也。”东阳许氏曰：“不曰欲平天下，先治其国，而曰明明德者，是要见新民是明德中事。又见新民不过使人各明其德而已。”【附纂】史氏伯璿曰：“陈氏此说，虽似得之，但先言明明德于吾身，而后言明明德于天下，则似乎‘明明德于吾身’一句，是解篇首‘在明明德’之义。‘明明德于天下’以下三句，是解后段此句之义，如此则后段此句只是新民之事，只是用，与《或问》‘极体用之全，一言以举之’之意不相似。观于《或问》，先提起所谓‘明明德于天下者’一句，然后从而释之，曰‘自明其明德’，而推以新民，使天下之人皆有以明其明德也，立言之序如此，则自‘明德、新民’皆该在此句之中矣。”“《章句》、《或问》所以释明明德于天下者，详略不同，如何?”曰：“《章句》所以训释经文之义，《或问》所以敷畅《章句》之旨，岂有二哉？夫《章句》明明德于天下之训释，可谓至矣，但恐读者不察，易于使字上致疑，往往谓平天下是治人之事。今曰使天下之人皆有以明其明德，似乎治人者使所治之人如此，则此句不可以该自明之意，故《或问》于《章句》此句之上，再加‘自明其明德，而推以新民’一句，以见‘自明’、‘新民’，皆所谓使天下之人有以明其明德也，然后经文‘明明德于天下之’一言，可以为极体用之全而举之耳。盖此‘使’字，只是活字，只当轻看，不必在己使人为拘。苏秦曰：‘使我有负郭田二顷。’萧道成曰：‘使我治天下十年。’《大学》传之十章，《章句》曰：‘使彼我之间，各得分愿。’此三使字，亦何尝以在己使人为拘哉？看得使字之义活，则《章句》、《或问》之旨旷然矣。”心者，身之所主也。【附纂】黄氏洵饶曰：“心为身之主，敬为心之主。诚，实也。意者，心之所发也。实其心之所发，欲其一于善而无自欺也。云峰胡氏曰：“《中庸》言诚身，是兼诚意正心修身而言，谓身之所为者实。此但言诚意，是欲心之所发者实。《章句》‘所发’二字，凡两言之，因其所发而遂明之者，性发而为情也。实其心之所发者，心发而为意也。朱子尝曰：情是发出恁地，意是主张要恁地。情如舟车，意如人使那舟车一般。然则性发为情，其初无有不善，即当加夫明之之功，是统体说。心发而为意，便有善有不善，不可不加夫诚之之功，是从念头说。”新安陈氏曰：“诸本皆作欲其一于善而无自欺也。惟祝氏附录本，文公適孙鉴书其卷端云‘四书元本’，则以鉴向得先公晚年绝笔所更定，而刊之兴国者为据，此本独作‘必自慊而无自欺’，可见绝笔所更定，乃改此三字也。按文公年谱，谓庆元庚申四月辛酉，公改诚意《章句》，甲子公易箦。今观《诚意章》，则祝本与诸本无一字殊，惟此处有三字异，是所改正在此耳。一于善之云，固亦有味，但必恶恶如恶恶臭，好善如好好色，方自快足于己。如好仁必恶不仁，方为真切。若曰一于善，包涵不二于恶之意，似是歇后语，语意欠浑成的当，不若必自慊对无自欺，只以传语释经语，痛快该备，跌朴不破也。况《语录》有云：‘诚与不诚，自慊与自欺，只争毫厘之间。自慊则一，自欺则二。’自慊，正与自欺相对。《诚意章》只在两个自字上用功，观朱子此语，则可见矣。”【通考】吴氏程曰：“祝本作‘必自慊’，殊未是。盖自慊乃毋自欺之后效，难以居先。若不分善恶，但曰必自慊而毋自欺，则小人之诚于中，为不善者亦可言诚意矣。先儒谓意有善恶，一于善，其可易邪？祝本或以为得之文公绝笔。”刘剡按：“吴说不同，当从吴氏所改为是。”致，推极也。推之以至极处。知，犹识也。推极吾之知识，欲其所知无不尽也。格，至也。物，犹事也。穷至事物之理，欲其极处无不到也。此八者，《大学》之条目也。朱子曰：“六个欲与先字，谓欲如此，必先如此，是言工夫节次。若致知，则便在格物上，‘欲’与‘先’字差慢，‘在’字又紧得些子。”“致知诚意，是学者两个关。致知，乃梦与觉之关；诚意，乃善与恶之关。透得致知之关则觉，不然则梦；透得诚意之关则善，不然则恶。”“格物是梦觉关，诚意是人鬼关，过得此二关，上面工夫，一节易如一节了。至治国平天下，地步愈阔，但须照顾得到。”“格物，是零细说；致知，是全体说。”“格物致知，于物上穷得一分之理，则我之知亦知得一分。物理穷得愈多，则我之知愈广。其实只是一理，才明彼，即晓此。”“格物，十事格得九事通透，一事未通透不妨；一事只格得九分，一分不通透最不可，须穷尽到十分处。”“因其所已知，推之至于无所不知。”“人多把这道理作一个悬空底物。《大学》不说穷理，只说格物，便是要人就事物上理会，如此方见得实体。如作舟行水，作车行陆，今试以众力共推一舟于陆，必不能行，方见得舟不可以行陆也。此之谓实体。”“格物穷理，有一物便有一理，穷得到后，遇事触物皆撞着这道理。事君便遇忠，事亲便遇孝，居处便恭，执事便敬，与人便忠，以致参前倚衡，无往而不见这个道理。若穷不至则所见不真，外面虽为善而内实为恶。”问：“物者理之所在，人所必有而不能无者，何者为切？”曰：“君臣、父子、兄弟、夫妇、朋友，皆人所不能无者。但学者须要穷格得尽。事父母则当尽其孝，处兄弟则当尽其友，如此之类，须是要见得尽。若有一毫不尽，便是穷格不至也。”“物，谓事物也。须穷极事物之理到尽处，便有一个是，一个非。凡自家身心上，皆须体验得一个是非。若讲论文字，应接事物，各各体验，渐渐推广，地步自然宽阔。如曾子三省，只管如此体验去。”“致知格物，只是一事，非是今日格物，明日又致知。格物以理言也；致知以心言也。”“致知格物，是穷此理；诚意正心修身，是体此理；齐家治国平天下，是推此理。要做三节看。”“于格物致知诚意正心修身之际，要常见一个明德，隐然流行于五者之间，方分明。”“自格物至平天下，圣人亦是略分个先后与人看不成？做一件净尽无余，方做一件，如此，何时做得成？”“‘明明德于天下’以上，皆有等级，到致知格物处便亲切，故不曰致知者先格其物，只曰致知在格物也。”北溪陈氏曰：“心以全体言，意是就全体上发起一念虑处言，格物，必如吾身亲至那地头，见得亲切，方是格。”玉溪卢氏曰：“八者以心为主，自天下而约之，以至于身，无不统于一心，自意而推之，以至于万事万物，无不管于一心，曰格曰致曰诚，皆正心上工夫，曰修曰齐曰治曰平，皆自正心中流出。”云峰胡氏曰：“《孟子·尽心章》集注：‘心者人之神明，具众理而应万事。’即《章句》所谓虚灵不昧，以具众理而应万事。此章《或问》又曰：‘知者心之神明，所以妙众理而宰万物。’其释‘知’字，与释‘明德’相应，盖此心本具众理，而妙之则在知，此心能应万事，而宰之亦在知，具者其体之立，有以妙之，则其用行；应者用之行，有以宰之，则其体立，明德中自具全体大用。致知云者，欲其知之至，而全体大用无不明也。《大学》前分事与物言，若事自事物自物，此独言物，物犹事也。有一事必有一理，理本非空虚无用之物。《大学》教人即事以穷理，亦惟恐人为空虚无用之学，所以《章句》释明德，则兼理与事；释至善，亦曰事理；释格物，亦曰穷至事物之理。心外无理，理外无事，即事以穷理。明明德第一工夫也！致知在格物，此'在'字又与章首三'在'字相应。《大学》纲领所在，莫先于在明明德。而明明德工夫所在，又莫先于在格物。"新安陈氏曰："《大学》八条目，格物为知之始，致知为知之极；诚意为行之始，正心修身为行之极；齐家为推行之始，治国平天下为推行之极。不知则不能行，既知又不可不行。诚正修，行之身也；齐治平，行之家国与天下也。知行者，推行之本，推行其知行之验欤。"【通考】吴氏程曰："知行之序，虽有先后，而知与行实相始终，不容偏废。格致二条，固贯彻乎诚、正、修、齐、治、平六条之间，非截然此先彼后，而诚意以上不事乎格致也。"朱子曰："明德如明珠常自光明，但要时加拂拭，若为物欲所蔽，即是珠为泥涴，然光明之性依旧自在。外面事要推阐，故齐家而后治国平天下；里面事要切己，故修身正心必先诚意。致知愈细密。诚意最是一段紧要工夫。致知，知之始；诚意，行之始。心是其体，统意是就其中发出，正心戒惧，不睹不闻，诚意如谨独，诚意是转关处。《大学》有两个大节目，物格知至是一个，诚意修身是一个。才过此关了，便可直行将去。致知是自我而言，格物是就物而言。知在我理在，物格物致知。比治国平天下，则格物致知其事似小，然打不透则病痛却大，无进步处。治国平天下规模虽大，然这里纵有未尽处，病痛却小。治国平天下与诚意正心，修身齐家只是一理。所谓格物致知，亦曰知此而已矣。此《大学》一篇之本旨。若必以治国平天下为君相之事，而学者无与焉，则内外之道异本殊归，与经之本旨正相南北矣。禹、稷、颜回同道，岂必在位乃为为政哉？"韩氏古遗曰："格物致知是《中庸》惟精工夫，诚意正心是唯一功夫。"【附纂】黄氏洵饶曰："古之欲明明德于天下者，言明明德，而新民在其中。致知在格物，'在'字变文。八事当作三截看，格物致知是穷此理，诚意正心修身是体此理于身，齐家治国平天下是推此理于人，物格则知自至，物格之外，别无致知工夫。格物致知只是一事，格物之理，致我之知。诚，实也，此'诚'字非《中庸》之'诚'字看。心之所发，善恶。致，推极也，如推门一般，极处无不到，即当然之理。心外无理，理外无事。知在我，而理在物，故格物即是致知，知是心之灵，不可作虚字看。朱子所谓心之神明，妙众理而宰万事者是也。"吴氏季子曰："此与下一段，盖析言明德、新民之条目，而发挥其所以止至善者也。盖格物致知者，知之始也；诚意者，行之始也。道由知而入，由行而至。知之不尽则无以辨是非，别理欲，而易于途辙之或差，行之不实则未免挟欺妄、杂苟且而终于表里之为二。故《大学》八者之条目，循序而言，则格物致知为始事，而继之以诚意；反本而论，则物格知至为极功，而次之以意诚。后之学者服膺乎此，则可与语明德、新民、止至善之事业矣。虽然，意诚又出于知至，而知至则原于物格，是格物者致知之蹊径，而诚意之门户也。夫天民先觉必思有以觉后知，天下至诚必思有以尽人物，孰不欲使天下之人同吾明德哉？然天下之本则在国，苟小而一国犹未能使之丕变，况天下乎？故欲明明德于天下者，必先治其国。百姓昭明，则协和之效见于万邦；朝廷既治，则纯被之化遍于天下。人孰不欲以治国之功推之天下哉？然国之本则在家，苟亲而家人犹未能使之俱化，况国人乎？故欲治其国者，必先齐其家。刑于寡妻，则可御邦家；宜兄宜弟，则可以教国人。人孰不欲以齐家之道施之治国哉？然家之本则在身，苟近而一身犹未能使之无过，况一家乎？故欲齐其家者，必先修其身。身不行，道不行于妻子。人知家之所取则者身也，而私邪之起，一有以害其心之正，则身虽欲修不可得而修，是以修身之学，当自正心始，心庄则体舒，心肃则容敬；人知身之所听命者心也，而矫伪之萌，一有以败其意之诚，则心虽欲正，不可得而正，是以正心之道当自诚意始。富润屋，德润身，心广体胖，故君子必诚其意，人之心之所造端者，意也，而嗜欲之来，一有以蔽其知之至，则意虽欲诚，不可得而诚，是以诚意之方又当自致知始。致知者，不在乎他，在乎格物而已矣。自明德以上，反而求之，至此为本原之地。而'诚意'以下六等皆出焉，真《大学》之枢纽也。致者何如？"学以致道"之"致"？盖推而至于极耳；格者何如？"格于文祖"之"格"，盖穷其所当止耳。曰致知、曰格物，虽两节而实一事也。外格乎物，所以内致其知，物理无一之不明，则良知无一之不尽矣。孟子曰：'人之所不虑而知者，其良知也。'良知之天，与生俱生，人皆有之，特患夫情封欲闭，行不著，习不察，无以推之而至于极。使介然一隙之光，日就晦蚀，而是非善恶之几，交乎吾前者，往往懵于去取，醉生而梦死，冥行而径趋，意始不诚，心始不正，而身始不修矣。况望其齐家治国以平天下乎？故《大学》之教，必使学者即物以穷理，观天地之高深，则必穷其所以为高深；察鬼神之幽隐，则必穷其所以为幽隐。鱼何为而跃？鸢何为而飞？龙何为而蛰？蠖何为而屈？凡物之与我接者，事事而格之，不诣其极不止也。思耳目之聪明，则必穷其所以为聪明；求貌言之肃乂，则必穷其所以为肃乂。足何以当重？手何以当恭？头何以当直？口何以当止？凡物之备于我者，旦旦而格之，不研其精不已也。夫如是，则随其所触，皆发吾之良知矣。"又曰："教之以致知格物者，所以发其明之之端；教之以诚意正心修身者也，所以尽其明之之实。明之不已，则止于至善矣。教之以齐家者，所以验其新之之速；教之以治国平天下者，所以要其新之之广。新之不已，则止于至善矣。"

物格而后知至，知至而后意诚，意诚而后心正，心正而后身修，身修而后家齐，家齐而后国治，国治而后天下平。治，去声，后仿此。

物格者，物理之极处无不到也。知至者，吾心之所知无不尽也。知既尽，则意可得而实矣，意既实，则心可得而正矣。勿轩熊氏曰："'知'字，就心之知觉不昧上说；'意'字，是就心之念虑方萌处说。"云峰胡氏曰："《章句》'可得'二字，盖谓知此理既尽，然后意可得，而实非谓知已至，则不必加诚意之功也。意既诚，则心之用可得而正，非谓意已诚，则不必加正心之功也。然不曰知既尽，然后实其意，意既实，而后正其心者，盖知行二者贵于并进，但略分先后，非必了一节无余，然后又了一节，是当会于言意之表也。""修身"以上，上声。明明德之事也；"齐家"以下，新民之事也。此四句包括上一节。物格知至，则知所止矣。"意诚"以下，则皆得所止之序也。新安陈氏曰："意诚心正身修，明明德所以得止至善之次序，家齐国治天下平，新民所以得止至善之次序也。‘皆’之一字，包明明德、新民而言，此四句包括此一节也。是二节可见三纲之统八目，而八目之隶三纲矣。”朱子曰：“致知者，理在物，而推吾之知以知之也；知至者，理虽在物，而吾心之知已得其极也。”问：“物未格时意亦当诚?”曰：“固然，岂可说物未格，意便不用诚，但知未至时，虽欲诚意，其道无由，如人夜行，虽知路从此去，但黑暗行不得，所以要致知，知至则道理明白，坦然行之。今人知未至者，也知道善当好，恶当恶，然临事不能如此者，只是实未曾见得，若实见得，则行处无差。”问：“物格知至。”曰：“格物时，方是区处理会；到得知至时，却已自有个主宰去分别取舍。初间或只见得表，不见得里，只见得粗，不见得精；到知至时，方知得到，能知得到，方会意诚，可者必为，不可者决不肯为；到心正，则胸中无些子私蔽，洞然光明正大，截然有主而不乱，此身便修，家便齐，国便治，而天下可平。”“知至，谓天下事物之理，知无不到之谓，若知一而不知二，知大而不知细，知高远而不知幽深，皆非知之至也，须要无所不知，乃为至耳。”“物格知至，是一截事；意诚心正身修，是一截事；家齐国治天下平，又是一截事。自知至交诚意，又是一个过接关子；自修身交齐家，又是一个过接关子。”“知至意诚，是凡圣界分，未过此关，虽有小善，犹是黑中之白；已过此关，虽有小过，亦是白中之黑。”“意诚后，推荡得查滓伶俐，心尽是义理。意是指发处，心是指体言；意是动，心该动静。身对心言，则心正是内能如此，身修是外，若不各自做一节工夫，不成说我意已诚矣，心将自正，恐惧哀乐引将去，又却邪了；不成说心正矣，身不用管，外面更不顾，而心与迹有异矣。须是无所不用其功。”“到正心时节已好了，只是就好里面又有许多偏，如水已淘去浊，十分清了，又怕于清里面有波浪动荡处。”“意未诚时，如人犯私罪；意既诚而心犹动，如人犯公罪，亦有间矣。”“物格而后知至，至心正而后身修，著‘而’字，则是先为此而后能为彼也，盖即物而极致其理矣，而后吾之所知无不至。吾知无不至矣，而后见善明，察恶尽，不容有所自欺而意诚。意无不诚矣，而后念虑隐微慊快充足而心正。心得其本然之正矣，而后身有所主，而可得而修。”双峰饶氏曰：“上一节就八目逆推工夫，后一节就八目顺推功效。”玉溪卢氏曰：“物格，则理之散在万物而同出于一原者无不明矣；知至，则理之会在吾心而管乎万物者无不明矣，此明明德之端也。意诚则明德之所发，无不明矣。心正，则明德之所存，无不明矣。意诚心正而身修，此明明德之实也。家齐则明明德于一家矣，国治则明明德于一国矣，天下平则明明德于天下矣。‘齐’字有整然肃然之意，父父、子子、兄兄、弟弟、夫夫、妇妇，无一不正之谓也。国者家之推，家亲而国疏，故曰治；天下者国之推，国小而天下大，故曰平。所以齐之、治之、平之，一而已矣。物格至身修，则明德明而新民之体立；家齐至天下平，则民新而明明德之用行。物格知至，则知止之事；意诚，则意得所止；心正身修，则心身得所止，是明明德得所止之序也。家齐国治天下平，则家国天下各得所止，是新民得所止之序也。自物格以至心正，敛之不外乎方寸；自心正以至天下平，充之弥满乎六合。八者之条目收来放去，惟一心耳。”东阳许氏曰：“凡言必先而后，固是谓欲如此必先如此，既如此了然后如此，然而致知力行，并行不悖。若曰必格尽天下之物，然后谓之知至，心知无有不明，然后可以诚意，则或者终身无可行之日矣。圣贤之意，盖以一物之格，便是吾之心知于此一理为至。及应此事，便当诚其意，正其心，修其身也。须一条一节，逐旋理会，他日凑合将来，遂全其知而足应天下之事矣。”【通考】朱氏公迁曰：“修身先正其心，是反而推之，身与心对；心正而后身修，是顺而达之，心与身对。内外不同，分而言之者也。”【附纂】黄氏洵饶曰：“物格而后知至：物格即知性，‘后’字变文，知至即尽心。知至而后意诚，此‘后’字与下文五‘后’字作‘可得’说。物格之后再无致知工夫，‘可得’二字见得知行并进。七‘后’字，自始而终，自本而末，以推其效验之次序，欲人之知所后也。上文六‘先’字，是自末而本，自终而始，以逆溯其工夫之端绪，欲人知所先也。知至就心上说，不曰物格而后知致，而曰物格而后知至者，则知自至物格之外再无致知工夫也。格物，知之始；诚意，行之始。此是《大学》一篇枢纽，此二句最要思量。”吴氏季子曰：“至于一旦豁然贯通，万境俱彻，则其于是非善恶之几，若辨白黑，若数一二，而无复毫发之疑似矣，是谓知至。知既至，则事知所当为者自不容已，而意之所发无不诚；意既诚，则物之至吾前者自不能动，而心之所存无不正。心正矣，由内达外，神动天随，未有身之不修者也；身修矣，自长及幼，表正景从，未有家之不齐者也。闺门之内，万化出焉，家齐则国治矣；朝廷之上，四方象焉，国治则天下平矣，是皆格物致知之功也。文公尝论‘天下平’一段，溯而至于格物，则曰本领全只在这两字，其指示后学入门之地，亦切矣。学者诚能近取诸身，远取诸物，质之圣经贤传，验之往古来今，随事体察，如程子所谓‘今日格一物，明日格一物’者，久而不已，则良知之天，表里洞达，而诚意正心修身之事，可以次第而举矣。推而为天下国家，用其效可胜言哉。”

自天子以至于庶人，壹是皆以修身为本。

一是，一切也。《汉书·平帝纪》：一切，颜师古注云，犹以刀切物，取其齐整。“正心”以上，皆所以修身也。齐家以下，则举此而措之耳。勉斋黄氏曰：“天子庶人，贵贱不同，然均之为人，则不可以不修身、诚意、正心，所以修身、治国、平天下，亦自齐家而推之。”双峰饶氏曰：“此一段是于八者之中，揭出一个总要处，盖天下之本在国，国之本在家，家之本在身，是皆当以修身为本。前两段是详说之，此一段是反说约也。”新安陈氏曰：“‘此’字指修身言，天子诸侯卿大夫士庶人，一切皆以修身为本，而‘齐家’以下之效，不期而必至矣。单提修身，而上包正心、诚意、致知、格物之工夫，下包齐家、治国、平天下之效验，皆在其中矣。”【附纂】《章句》举此之‘此’字，指修身言。【通考】吴氏季子曰：“人之一身，物接乎其外，而心蕴乎其中。致知则因物之理，推之而已，诚意则即心之发，实之而已。是格物、致知、诚意、正心四者皆为此身设也。以身而言，则四者皆在其中矣。身乎，身乎，其百事之根柢乎！其万化之权舆乎。一颦一笑，风俗系焉；一举一动，仪表关焉。小而家，大而国，广而天下，统宗会元，皆不外乎吾之身。如水之派别，疏为河渠，散为沟洫，不胜其众而同此源也；如木之支分，敷为柯叶，畅为华实，不胜其繁而同此根也，故曰‘本’。人而从事于《大学》者，欲为新民之事业，为齐家、治国、平天下之规模，傥不以修身为之本，又将何所本哉？天子，有天下者也；诸侯，有国者也；卿大夫士庶人，有家者也。《大学》之道，皆不可以不讲，然亦何者不本于修身？诚摘圣人之所已论者观之，如曰‘风自火出，家人，君子以言有物而行有常’，是齐家以修身为本也；如曰‘君正莫不正，一正君而国定矣’，是治国以修身为本也；如曰‘君子之守，修其身而天下平’，是平天下以修身为本也。所谓修身者，格物也，致知也，诚意也，正心也。格物以致其知，则知所烛无不真，必不至于认非为是，认曲为直，而陷此身于有过之地矣。诚意以正其心，则心之所用无不实，必不至于似善实恶，似正实邪，而弃此身为小人之归矣。天子诸侯之所当讲者，此也；卿大夫士庶人之所当讲者，亦此也。故曰自天子至于庶人，壹是皆以修身为本。壹是者，文公以一切训之，如一例、一律、一体、一类等语，皆是也。天下之理，惟感与应至为不诬，如响应声，如影随形，断断乎其毫发不差也。身苟不修而望家之齐、国之治、天下之平，是本乱而求其末之治，胡可得哉？桀纣率天下以暴，而民从之，失之于其本也，为天子者可得不修身乎？一人贪戾，一国作乱，失之于其本也，为诸侯者可得不修身乎？夫子教我以正，夫子未出于正也，则是父子相夷也，父子相夷则恶矣，失之于其本也，为卿大夫士庶人者可不修身乎？潢潦之水，朝满夕除，而有叶无根，膏雨所不能活，学之不可不务本也。如此，圣经之言，昭揭千古，自天子至于庶人，童而习之，未尝不曰大学之道必以修身为本也。异时施之天下国家者，乃或曲本徇末，倒行逆施，卒无以齐之、治之、平之者，果何欤？此盖未尝格物以致其知，而于物我宾主之间，权度不审耳。”

其本乱而末治者否矣，其所厚者薄，而其所薄者厚，未之有也！

本，谓身也。接上文“本”字，“末”谓天下国家。所厚，谓家也。三山陈氏曰：“国天下本非所薄，自家视之则为薄也。”新安陈氏曰：“以家与国天下分厚薄。”【通考】吴氏季子曰①：“‘所厚’二字，文公以为指家而言。盖父子骨肉之恩，理之所当然，而人心之所不能已者也。以国对家而言，则家厚于国，以天下对国而言，则国又厚于天下。《大学》既以‘本末’二字发明‘修身’以上之事，故又以‘厚薄’二字发明‘齐家’以下之事。夫天下国家，一理而已矣，君子之心，岂当有厚薄哉？然理虽一而分则殊，则夫宜厚宜薄，盖有天理之当然而不可以致诘者。反此则非人情，而吾心不能以自安矣。是故厚于其所厚，薄于其所薄，虽圣贤不能以强同所同者，各当其可耳。老吾老以及人老，不以人老而先吾老也；幼吾幼以及人幼，不以人幼而先吾幼也。秦人之弟视吾弟，有间矣；楚人之长较吾长，不侔矣。庸敬以事伯兄，可也，若乡人之酌，则不过于斯须；缨冠以和同室，可也，若邻墙之间，则不妨于闭户。由是观之，岂非家之厚于国乎？先京师而后诸夏，不以诸夏而加京师也；惠中国以绥四方，不以四方而加中国也。荒服之政教视甸服则略矣；远郊之赋入，较近郊则重矣。《小雅》治外之诗不及治内之详，明堂四夷之位不在诸侯之列，由是观之，岂非国之厚于天下乎？家之厚于国，故欲治国，必先齐家；国之厚于天下，故欲平天下必先治其国。如使施于家者薄，则施于国者可知

① 吴氏季子：吴季子，字节卿，号裕轩，宋邵武人。酷学能文，宝祐四年进士，官国子监丞。著有《大学讲义》二卷。《（弘治）八闽通志》卷七十有传。

矣；施于国者薄，则施于天下者又可知矣。梁惠王驱所爱子弟以殉之，故糜烂其民而不恤；唐明皇一日杀三子，故杖杀其臣而不顾。薄于家者，岂复厚于国乎？二世重法以诛公卿，故忍于发闾左之戍，武帝株连以兴大狱，故敢于穷漠北之兵。薄于国者，岂复厚于天下乎？是以大学之教，必先于所厚，而次及于所薄，如曰‘宜其家人而后可以教国人’，先家而后国也；如曰‘有国者不可不谨，辟则为天下僇矣’，先国而后天下也。是岂圣贤之心有所偏徇而必设为厚薄之别哉？爱无差等，乃墨氏之道，而非天理也。或谓圣贤之心，扩然大公，与天地万物为一体，若家、若国、若天下，侻一皆归之于厚，而无所谓薄，不亦善乎？此《大学》所谓絜矩也。是不然，天之赋分，其接于我者，固有亲疏远近之不等，吾又安得而一之？况《大学》之教，初未尝使人薄于国与天下，特以天下视国，则国尤当厚；以国视家，则家愈当厚也。比而同之，则厚于天下者，天下未见其为厚，而国已先见其为薄矣。何则？彼此相形，则当加厚者反为薄，理也，亦势也。《易》曰：‘君子称物平施。’盖惟称物之重轻，而后可以平施。厚所当厚，薄所当薄，乃所以为絜矩也。一概而施之，则欲平反至于不平矣，何絜矩之有哉?”此两节结上文两节之意。双峰饶氏曰：“上一节与此节上一句，是教人以修身为要，下句是教人以齐家为要。周子曰：‘治天下有本，身之谓也；治天下有则，家之谓也。’得此意矣。”云峰胡氏曰：“以朱子之言推之，经一章中，纲领：第一节三句说工夫，第二节五句说功效；条目：第一节六个‘先’字，是逆推工夫，第二节七个‘后’字，是顺推功效。至此两节，前节则于工夫中拈出修身，正结；后节则于功效中拈出身与家，反结也。”新安陈氏曰：“此两节结八目，前于家言齐，正伦理也；此于家言所厚，笃恩义也，亦如《书》所谓惇叙九族，叙即齐之意，惇即厚之意欤?”【附纂】黄氏洵饶曰：“壹是皆以修身为本。此一句包尽一章之意。孟子言天下之本在身，其言本于此。”朱氏公迁曰：“知行兼备，体用具全，纲领条目，功夫效验，莫不殚举，无如此章。又按，对小子之学而言，则此为大人之学。通四书，小子之学，余则皆为大人之学也。”

右经一章，盖孔子之言，而曾子述之①。凡二百五字。【通考】程氏复心曰：“此一章特发为人为己之学，开示学者生死路头，其意切矣。”东阳许氏曰：“明明德、新民、止至善，及两言八条目，共四十三字，先王立学教人之法，余皆孔子发明之言。看三‘在’字及古‘之’字可见。”其传去声。十章，则曾子之意而门人记之也。“盖”字，疑辞。“则”字，决辞。旧本颇有错简，今因程子所定，而更考经文，别必列反。为序次如左。凡一千五百四十六字。【通考】张氏师曾曰：“更，互也。即《或问》所谓‘以经统传，以传附经’。别，分也，即《或问》所谓‘则其次第可知’。”

凡传文，杂引经传，若无统纪，然文理接续，血脉贯通，深浅始终，至为精密。【通考】韩氏古遗曰：“格致为诚之始，诚为格致之终；诚为正之始，正为诚之终；正为修之始，修为正之终；齐为治之始，治为齐之终；治为平之始，平为治之终。合而言

---

① 曾子：（前505—前435年）：名参，字子舆，武城（今山东枣庄市附近）人，孔子弟子，事迹及言论见于《论语》。《大戴礼记》中有《曾子》十篇。

之，自格致至平天下为大始终。观经文六个‘欲’字，一个‘在’字，六个‘先’字，七个‘后’字，传文六个‘在’字，一个‘极’字，则始终不尽释者。又观若无统纪、深浅始终处，即是文理接续血脉贯通处。”熟读详味，久当见之，今不尽释也。新安陈氏曰：“传十章朱子有不尽释处，然其不可不知者，未尝不释也。学者于其所释者，熟读精思，则其不尽释者自当得之矣。”【附纂】韩氏古遗曰：“人读《大学》而不知血脉贯通，深浅始终，至为精密，未为之读《大学》，故今一一附以示学者。”

《康诰》曰：“克明德。”

《康诰》①，《周书》。克，能也。朱子曰：“此‘克’字虽训‘能’，然比‘能’字有力，见人皆有是明德而不能明，惟文王能明之，‘克’只是真个会底意。”西山真氏曰：“要切处在‘克’之一字。”新安陈氏曰：“《康诰》本文云，克明德慎罚，此只取上三字，下文引《太甲》‘顾諟天之明命’，亦去‘先王’字，皆引经之活法。”东阳许氏曰：“《康诰》者，周武王封弟康叔于卫而告之之书，克明德，言文王之能明其德也。引之解明德，‘克’字有力，‘明’字即上‘明’字，‘德’字包‘明德’字。”【附纂】黄氏洵饶②曰：“克，明德始。”【通考】吴氏季子曰：“先引《周书》，次引《商书》，末引《虞书》者，《周书》统言之，《商书》原其始，《虞书》要其终也。闻之师曰‘德无昏明，人有能否’，大抵心之虚灵莹彻者，与生俱生，不为贤智而有余，不为愚不肖而不足，是果孰为昏，而孰为明哉？惟其立心之或勤或怠，用力之或浅或深，进道之或敏或钝，殆不可以一律齐而后昏明判矣。《康诰》所谓‘克明德’者，明，则众人之所同；克，则文王之所独。盖人不能而己能之，则斯谓之克，如克宽、克仁、克长、克君是也。夫文王之德之纯，既不梏于气禀之偏，象天清明，复不牵于物欲之蔽，用能明其明德而非他人之所可及也。《大学》言此，盖谓人之欲明其明德者，必如文王而后能事毕矣。”

《大甲》曰③：“顾諟天之明命。”大，读作泰。諟，古‘是’字。

《大甲》，《商书》。顾，谓常目在之也。朱子曰：“常目在之，古注语极好，如一物在此，惟恐人偷去，两眼常常觑在此相似。”諟，犹此也，从“古是字”之说。或曰审也。《广韵》注也，今不必从。天之明命，即天之所以与我，而我之所以为德者也。常目在之，则无时不明矣。朱子曰：“上下文都说明德，这里却说明命，盖天之所以与我便是明命，我所得以为性者，便是明德，‘命’与‘德’皆以明言，是这个物本自光明，我自昏蔽了他。”“顾諟者，只是长存此心，知得有这道理光明不昧，方其未接物，此理固湛然清明，及其遇事应接，此理亦随处发见，只要常提撕省察，念念不忘，存养久之，则道理愈明，虽欲忘之而不可得矣。”“只是见得道理常在目前，不被事物遮障了，不成是有一物可见其形象?”双峰饶氏曰：“静存动察，皆是顾。其静也，听于无声，视于无形，戒谨不睹，恐惧不闻；其动也，即物观理，随事度宜。于事亲，见其当孝；于事

① 《康诰》：《尚书》篇名。
② 黄氏洵饶：即黄宽。
③ 《大甲》：即《太甲》，《尚书》篇名。

兄，见其当弟，此之谓常目在之。”玉溪卢氏曰：“天之明命，即明德之本原，自我之得乎天者言，曰明德；自天之与我者言，曰明命。名虽异而理则一，日用动静语默之间，孰非明德之发见，亦孰非明命之流行；日用动静语默之间，孰非顾諟明命之所，亦孰非明明德之所。”新安吴氏曰：“言德则命在其中，故释明德曰‘人之所得乎天’，言命则德在其中，故释明命曰‘天之所以与我，而我之所以为德’。”新安陈氏曰：“《传》引《康诰·帝典》之‘克明’，皆释上一‘明’字，乃明之之明，而明德之本体则未尝说破，惟以顾諟天之明命言之，盖明命，即明德之本原。顾諟，即明之之工夫也，贯天命己德而一之。《或问》谓天未始不为人，人未始不为天，可谓精矣。子思言天命之谓性，其亦祖述此意也欤。”东阳许氏曰：“顾諟，动静皆顾，一息之顷，一事之毫末放过，便不是顾。天之明命，虽是就付与我处言，然此明命，即是万物之理在里面，故于应事处，才有照管不到，便损了此明命。”【附纂】“明命”，深。此明“命”字就“明德”言。吴氏季子曰：“德之本明，而不可以不明者，是固然矣。抑明之之功，又当何所先耶？曰敬是也。盖敬则一，不敬则二；敬则专，不敬则杂；敬则不东以西，不南以北，常如天理之在目前，不敬则心不在焉，视而不见者多矣。此章之所谓‘敬者’何哉？顾諟而已矣。《书》之《太甲》曰：‘先王顾諟天之明命。’此伊尹称汤之事以教太甲者。汉儒释‘顾諟’二字，以为‘常目在之’也。常目在之，非敬而何？夫明德之在人，岂由外铄我哉？有生之初，天固以此明德而毕附之矣。其毕附之者，即命也，故不谓之明德而谓之明命。奉承此命，而存养此明者，当何如？朝于斯，夕于斯，立则见其参于前也，在舆则见其倚于衡也。夫然后目击道存，而所以明明德者，不敢不用其力，盖不如是，则惧坠天之明命，而失其毕付之初意也。”

《帝典》曰①：“克明峻德。”峻，《书》作俊。

《帝典》，《尧典》，《虞书》。峻，大也。新安陈氏曰：“明德，以此德本体之明言；峻德，以此德全体之大言，一也。德之全体，本无限量；克明之，是尽己之性，通贯明彻，无有不明处，而全体皆明也。”【附纂】克明峻德终，深。文理接续处。明明德止于至善。吴氏季子曰：“尧之德，自钦明文思而充之，至于光被四表，格于上下。《虞书》纪之曰‘克明俊德’。《大学》引之则曰‘克明峻德’。峻者，高大之义也。今以光被四表，格于上下而观之，则高大可想矣。谓之峻也，不亦宜乎？是德也，人皆有之，惟尧则峻耳。巍巍乎，惟天为大，惟尧则之；荡荡乎，民无能名焉，非《大学》之极功，何以至于此？虽然，克明其德，而至于峻，亦岂于性分之外有所增益哉？是德之大，本自高明，因其光大。尧惟因其高明而推之，以极于高明，因其光大而广之，以极于光大，如是而已。人能以至善为准，以不敢自足为心，孜孜焉求以明之，必至于峻而后止，自然日进于高明光大之域，是尧而已矣。”

皆自明也。

结所引书，皆言自明己德之意。双峰饶氏曰：“引三书先后不伦，取其辞意，不以

① 《帝典》：即《尧典》，《尚书》篇名。

人代之先后拘，后凡引《诗》《书》，皆当以此例之。”玉溪卢氏曰：“自明，是‘为仁由己而由人乎哉’之意。明者，是自明；昏者，是自昏。玩一‘自’字，使人警省。要而言之，克明德，是自明之始事；克明峻德，是自明之终事；顾諟明命之句在中间，是自明工夫。此章杂引三书而断以一言，其文理血脉之精密如此。”东阳许氏曰：“第一节平说明‘明德’；第二节是明之之功，学者全当法此而用功；第三节言明其德以至于大，此明明德之极功。‘皆自明也’，虽结上文，‘自’字有力，明德须是自去明之方可。”临川吴氏曰：“此章《康诰》言文王之独能明其明德，以明人当求所以克明其德，发明明德之端也。《太甲》承上文言，欲求所以克明其德者，必常目在乎天所以与我之明德，示明明德之方也。《帝典》承上文言，能常目在夫天所以与我之明德而明之，则是能如尧之克明其大德矣，著明明德之效也。而又结之曰：此皆自明之事也。盖自明者，所以自新，使民皆有以明其明德者，所以新民，然欲使民皆有以明其明德而新民，必先有以自明而自新，故以‘自明’二字，结上文明德之传，而起下章《盘铭》自新之意也。”【通考】东阳许氏曰：“太甲，汤孙之名。汤崩，太甲立，不明，伊尹作书以告之，史官题曰《太甲》。‘顾諟天之明命’，言汤之德也，亦引之释明明德。《帝典》即《尧典》，‘克明俊德’，史官赞尧之德，亦引释明明德，俊德即明德。”吴氏季子曰：“合三书而论，虽其旨不同，要皆自明其德耳。盖天下之理，已昏昏者，不能使人之昭昭，而新民之功必自吾之明德始。苟反之，吾身犹未能使本心之德莹彻光明，则虽欲天下之人各明其德，胡可得哉？故《大学》之教，必以自明为先务，自明则能明民矣。传《大学》者，引三书而断之以‘皆自明之’一语，不亦深切而著明矣乎？”

右传之首章。释明明德。

此通下三章至“止于信”，旧本误在“没世不忘”之下。

汤之《盘铭》曰①：“苟日新，日日新，又日新。”

盘，沐浴之盘也。新定邵氏曰：“日日盥颒，人所同也。日日沐浴，恐未必然。《内则篇》，记子事父母，不过五日燂汤请浴、三日具沐而已。斯铭也，其殆刻之盥颒之盘欤。”云峰胡氏曰：“沐浴之盘本孔注、邵说，虽无关于日新大旨，然于‘盘’字或有小补云。”

铭，名其器以自警之辞也。苟，诚也。汤以人之洗濯其心以去上声。下同。恶，如沐浴其身以去垢。故铭其盘，言诚能一日有以涤其旧染之污而自新，则当因其已新者，而日日新之，又日新之，不可略有间去声。断徒玩反。也。问：“《盘铭》见于何书？”朱子曰：“只见于《大学》，紧要在一‘苟’字，首句是为学入头处，诚能日新，则下两句工夫，方能接续做去，今学者却不去‘苟’字上著工夫。”“苟日新，新是对旧染之污而言，日日新，又日新，只是要常常如此，无间断也。”西山真氏曰：“身有垢，皆知沐浴以去之。心者神明之舍，乃甘为私欲所污，是以形体为重，心性为轻也，岂不谬哉？”双峰

---

① 盘铭：盘，指青铜制的盥洗器具；铭是镂刻在器皿上用以称颂功德或申明鉴戒的文字，后为一种文体。

饶氏曰："所新虽在民，作而新之之机实在我，故自新为新民之本，我之自新有息，则彼之作新亦息矣。所以释新民，先言自新，相关之机盖如此。"云峰胡氏曰："《盘铭》三句，'苟'字是志意诚确于其始，'又'字是工夫接续于其终。"新安陈氏曰："德日新之蕴，自仲虺发之，汤采之为此铭。伊尹又本之以告太甲曰：惟新厥德，终始惟一，时乃日新。说者谓孟子所言莱朱即仲虺，与斯道之传者也。明明德为体，新民为用，体用元不相离，故于平天下以明明德于天下为言，由体而达于用，同一明也。于新民之端，以日新又新为言，因用而原其体，同一新也。移明己德之'明'字以言明民德，又移新民之'新'字以言新己德，体用之不相离可见矣。"【附纂】黄氏洵饶曰："日日新又日新，是至为精密处。"吴氏季子曰："'新'之一字，其进德之机括欤，其作圣之途辙欤？处己者不如此，则于明德有遗憾；处人者不如此，则于新民有余愧。皆非止于至善也。'新'者何？迁善改过曰新，去秽养华曰新，日异而月不同，月异而岁不同曰新。汤以齐圣之君，禀聪明之德，若无俟乎新也。今则不然，圣惟恐其不益圣，明惟恐其不益明，提撕省察之功，殆无一息之间断，犹惧其久而忘也。沐浴之盘，盖所常御，取而铭焉，九字森严，凛乎若父师之临其上而日教诏之也。其曰'苟日新，日日新，又日新'者，盖谓苟能'日新'，则当'日日新'之，'又日新'之，顷刻不新则非矣。必持之以日日之常，今日新之犹昨日之用功也，明日新之犹今日之致力也。善念相继，循环不穷而后此德常新矣。《大学》以汤之事教人，诚以自新者，新民之本也。果能自新矣，推之天下国家，则必能洗濯积习之污，迓续方来之善。薄者使之厚，漓者使之淳，浊者使之清，秽者使之洁矣。"

《康诰》曰："作新民。"

鼓之舞之之谓"作"，言振起其自新之民也。朱子曰："鼓之舞之，如击鼓然，自然能使人跳舞踊跃。上之人之于民，时时提撕警发之，则下之观瞻感化，各自有以兴起同然之善心，而不能自已耳！"陈氏曰："自新之民，已能改过迁善，又从而鼓舞振作之，使之亹亹不能自已，是作其自新之民也。此正新民用工夫处。"云峰胡氏曰："前言顾諟，是时时提撕警觉其在我者，此所谓'作'，是时时提撕警觉其在民者也。"新安倪氏曰："《易·系辞》云'鼓之舞之以尽神'，摘此四字以释'作'字，振起之，即孟子称尧劳来匡直辅翼，'使自得之，又从而振德之'之意。"东阳许氏曰："第二节《章句》以新民为自新之民，盖民心皆有此善，才善心发见，便是自新之机，因其欲新而鼓舞之，'作'字是前'新'字意。"【通考】东阳许氏曰："新民工夫，只是推充感化两事。明明德于上，则感而自新。又因其自新之机，推其有余，而引导劝诱之，则民德日新。"黄氏洵饶曰："作新民精密。井田学校，作之之具；孟子放勋劳来匡直，作之之术。新民止于至善。"

《诗》曰："周虽旧邦，其命惟新。"

《诗》，《大雅·文王》之篇。言周国虽旧，至于文王，能新其德以及于民，此是推本说。而始受天命也。"始"字贴"新"字。朱子曰："是新民之极，和天命也新。"北溪陈氏曰："三节有次第，《盘铭》言新民之本；《康诰》言新民之事；文王《诗》言新民成效之极。”双峰饶氏曰：‘明命，是初头禀受底，以理言；命新是末梢膺受底，以位言。要之，只是一个天下无性外之物。”东阳许氏曰：“第三节言文王明明德而及于民，政教日新，初受天命。”【通考】吴氏季子曰：“文王兴于岐山，以豳邰千余年之国，一变而新之。地不改辟也，民不改聚也，而圣德彰闻、天休滋至、近悦远来，三分天下有其二，周之气象，焕然非复后稷公刘之旧矣。故诗人美之曰：‘周虽旧邦，其命惟新’，是二者皆自新之效也。使学《大学》者无愧于汤之日新，则《康诰》之作新民，周《诗》之新旧邦，特分内事耳。大抵上之人有以自新，而后下之人与之俱新。自新者，不过一己之善而已；至于俱新，则是存神过化，绥来动和之域，非天下之至善，孰能与于此？君子无所不用其极，其谓是欤？”黄氏洵饶曰：“其命惟新，此一‘命’，命以天下。文王明明德、新民之事，当于《二南》考之续。”

是故君子无所不用其极。

自新新民，皆欲止于至善也。朱子曰：“明明德，便要如汤之‘日新’，新民，便要如文王之‘周虽旧邦，其命维新’，各求止于至善之地而后已也。”玉溪卢氏曰：“前言止至善，此言用其极，二义互相发。止则不纷纷扰扰矣，用则非枯木死灰矣。”云峰胡氏曰：“上章释明明德，故此章之首曰‘日新又新’，所以承上章之意；下章释止于至善，故此章之末曰‘无所不用其，又所以开下章之端。文理接续，血脉贯通，此亦可见。”临川吴氏曰：“此章《盘铭》，承上章言自明者所以自新，而欲新民者。必先自新，是发新民之端也。《康诰》承上文言自新既至，则可推以作兴自新之民，示新民之方也。《文王》诗承上文，言既能自新，而推以新民，则民德皆新，而天命亦新，著新民之效也。《盘铭》言自新，《康诰》言新民，《文王》诗，自新、新民之极也，极即至善之云也。用其极者，求其止于是之谓也。故以‘用其极’结上文自新、新民之义，而起下章所止之说也。”

右传之二章。释新民。东阳许氏曰：“此章释新民，而章内五‘新’字，皆非新民之新。《盘铭》，以自新言，《康诰》以民之自新言，《诗》以天命之新言。然新民之意，却只于中可见。”【附纂】黄氏洵饶曰：“不用其极，‘极’字即下章之至善，所谓文理接续也。”景氏星曰：“用其极者，即所谓止于至善也，能止然后能用。《章句》‘皆欲’二字，正贴‘无所不’三字，然‘新民’之意却在‘作’字上。学者宜熟玩。”

《诗》云：“邦畿千里，惟民所止。”【通考】吴氏程曰：“畿，音祈，与‘圻’同。”

《诗》，《商颂·玄鸟》之篇。邦畿，王者之都也。止，居也，言物各有所当止之处也。新安陈氏曰：“引《诗》谓邦畿为民所止之处，以此事物各有所当止之处，且泛说‘止’字。”东阳许氏曰：“王者所居，地方千里，谓之王畿，居天下之中。四方之人，环视内向，皆欲归止于其地，犹事有至善之理，人当止之也。”【通考】吴氏季子曰：“古者方千里曰‘王畿’，盖自东而西、自南而北皆千里也。千里之内为畿，是维衣冠礼乐之所萃，声明【校记：三鱼堂本作“名”】文物之所都，为钧天帝君之尊，非复陋邦僻壤之比。农愿耕于其野，商愿出于其途，贾愿藏于其市，咸曰‘此吾所当止之地也’。岂不犹《大学》之‘止于至善’乎？”

《诗》云：“缗蛮黄鸟，止于丘隅。”子曰：“于止，知其所止，可以人而不如鸟乎！”缗，《诗》作绵。

《诗》，《小雅·绵蛮》之篇。缗蛮，鸟声。丘隅，岑锄林反。蔚纡弗反。之处。“岑蔚”二字本古注。北溪陈氏曰：“土高曰丘，隅，谓丘之一角峻处，山岑高而木森蔚，所谓林茂鸟知归也。”子曰以下，孔子说《诗》之辞。言人当知所当止之处也。云峰胡氏曰：“此传不特释‘止至善’，并‘知止’至‘能得’皆释之，故首引孔子之言曰：‘知其所止。’而《章句》于下文，亦以知其所止，与所以得止至善之由言之。”新安陈氏曰：“此比人当知所止，重在‘知’字。”【附纂】黄氏洵饶曰：“‘邦畿千里’一节，此是说浅处，乃天理之本然也。‘可以人而不如鸟乎’一节之意，此是说深处，乃人事之当然也。示人以天道之本然，使之尽人道之当然也。”

《诗》云：“穆穆文王，於缉熙敬止！”为人君，止于仁；为人臣，止于敬；为人子，止于孝；为人父，止于慈；与国人交，止于信。“於缉”之“於”，音乌。

《诗》，《文王》之篇。穆穆，深远之意。以德容言。【通考】吴氏程曰：“深远，无浅露迫切之意。”於，叹美辞。缉，继续也。熙，光明也。缉，不容已之诚也；熙，不容掩之明也。敬止，言其无不敬而安所止也。朱子曰：“缉熙，是工夫；敬止，是功效。”西山真氏曰：“敬止之敬，举全体言，无不敬之敬也。为人臣，止于敬，专指敬君言，敬之一事也。文王之敬，包得仁敬孝慈信。”新安陈氏曰：“‘安’字，见文王安行之气象，非勉焉用力之比。”【通考】张氏彭老曰：“上一个‘止’字，是万事体统此止也。下五个‘止’字，是一事各具一止也。”黄氏洵饶曰：“於缉熙敬止，此是又深处，统言德常明也。”又曰：“为人子止于孝，不先父而先子，何也?”“父虽不慈，子不可以不孝，故先言子也。”又曰：“安所止者，圣君之事；钦厥止者，贤君之事也。”引此而言圣人之止，无非至善。五者乃其目之大者也。学者于此，究其精微之蕴，委粉、于问二反。而又推类以尽其余，则于天下之事，皆有以知其所止而无疑矣。朱子曰：“为人君止于仁，仁亦有几多般，须随处看，这一事合当如此是仁，那一事又合当如彼是仁；为人臣止于敬，敬亦有多少般，不可止道擎跽曲拳是敬，如陈善闭邪、纳君无过皆是敬。若止执一，便偏了，安得谓之至善?”节斋蔡氏曰：“缉熙敬止者，所以为止至善之本；仁敬孝慈信，所以为止至善之目。”西山真氏曰：“理之浅近处易见，而精微处难知，若止得其皮肤，便以未善为已善，须穷究至精微处。推类者，此说君臣父子而已，夫妇则止于有别，长幼则止于有序，广而推之，万事万物莫不各有当止处也。”云峰胡氏曰：“仁敬孝慈信五者，人所当止莫大于此，故当于此五者之中究其精微之蕴；人所当止不尽于此，故又当于五者之外推类以尽其余。”新安陈氏曰：“‘学者于此’以下，乃朱子推广传文言外之意。”【通考】东阳许氏曰：“朱子注《文王》之诗：缉，续。熙，明，亦不已之意。言穆穆然，文王之德不已，其敬如此，精，是明白之至理，指五事而言。微，是五事中纤悉之事，及每事之间曲折隐微处，推类以尽其余。推君臣父子国人之类，而知其余，有夫妇兄弟之伦；推仁、敬之类，知其余，有夫义妇顺兄友弟恭之则；又推凡天下万物众事，亦莫不有至善之所在。”吴氏季子曰：“此段专释‘止至善’之意，所引三诗，言学者之不可不知止也。仁、敬、孝、慈、信乃其所当止之则耳。黄鸟，一名搏黍，禽之至微者也，《绵蛮》之诗因是而比兴焉。相彼鸟矣，载飞载鸣，止于棘未安也，集于桑未善也。顾瞻丘隅，厥有美荫，荜罗之所不扰，弹射之所不惊，实为可止息之地，乃托之以栖其身。世之学者，顾不能至于至善，则是其形虽人，而智不逮于微禽也。夫子说《诗》，宁不为之浩叹乎？邦畿之止，以民而言，丘隅之止，借物为喻，灵于物而秀于民者，何如哉？论明德则必极其明，不极其明不止也。论新民则必极其新，不极其新不止也，否则反有愧于民物矣。士之于贤，贤之于圣，其分量至不侔也。语其知，则有生知、学知、困知之殊；语其行，则有安行、利行、勉行之异。由圣人而视士之学，又奚啻相十百而相千万哉？然圣人于此犹不以圣自居，必求其可止而后止，则夫未至于圣人者，无可止之日矣。若昔文王以圣德受天命，一陟一降，在帝左右，则与天为徒矣，一周一旋，动应规矩，则不勉而中矣。又何待于修为哉？文王不然，方且运纯亦不已之诚，励勤用明德之志，其学汲汲而无一息之自安，其心翼翼而无一念之少忽。诗人美之曰‘缉熙敬止’，缉者，如丝之绪，愈续而愈长；熙者，如火之光，愈炽而愈烈。由始而中，由中而终，此敬无穷已也；由少而壮，由壮而老，此敬无间断也。文王之所以持此敬者，果何如哉？亦曰明德、新民之事业，自有当止而不容不止者；於缉熙、殚厥心，所以求至善之地而止之也。圣人且尔，况其下者乎？士而懵于知止，则终不足以望圣人矣。《大学》之教，为天子之元子、众子、公侯、卿、大夫之適子，与凡国之俊秀设也。上焉固未及于圣人，下焉则已异于民物。传《大学》者，晓之以民物之情，而责之以圣人之事，其待后学何厚乎？虽然，教人知止之方，则必示人所止之地。仁者，君之所止也，不博施济众，则君道为未全；敬者，臣之所止也，不事君尽礼，则臣道为未尽；孝者，子之所止也，不先意承志，则子道之亏欠亦大矣。以至为人父而不慈，则为贼恩，是不知父道之所止也；与人交而不信，则为卖友，是不知交道之所止也。所止之地乃仁之至义之尽，极天下之善不能加毫末于此。止也者，其明德、新民之标的，而大学之终事乎？等而上之，为缉熙之止者，此理也；推而下之，为邦畿之止，为丘隅之止者，亦此理也。天下之理，散见于万事者，莫不各有所止，《大学》特举君臣、父子与朋友之交，以例其余耳。文公曰：‘止是事事各有个止处，坐如尸，坐时止也；立如齐，立时止也。’又曰：‘君使臣以礼，臣事君以忠。君与臣是所止之处，礼与忠是所止之善。如视思明、听思聪、色思温、貌思恭之类，莫不皆然，观此，则止善之事，固不特仁敬孝慈信也。’”

《诗》云：“瞻彼淇澳，菉竹猗猗。有斐君子，如切如磋，如琢如磨。瑟兮僩兮，赫兮喧兮。有斐君子，终不可諠兮！”如切如磋者，道学也；如琢如磨者，自修也；瑟兮僩兮者，恂栗也；赫兮喧兮者，威仪也；有斐君子，终不可諠兮者，道盛德至善，民之不能忘也。澳，于六反。菉，《诗》作绿。猗，协韵音阿。僩，下版反。喧，《诗》作咺，諠，《诗》作谖；并况晚反。恂，郑氏读作峻①。【通考】吴氏程曰："喧，諠并况【校记："况"三鱼堂本作"可"】晚反，上从诗则况晚反，音义并与'咺'同，下音宣，协韵作况晚反。"

《诗》，《卫风·淇澳》之篇。淇，水名。澳，隈乌回反。也。猗猗，美盛貌。兴去声。也。新安陈氏曰："此于诗之六义属兴，借淇竹起兴，以美卫武公有文之君子也。"斐，文貌。双峰饶氏曰："有斐，是说做成君子之人，所以斐然有文者，其初自切磋琢磨中来也。"切以刀锯，居御反。琢以椎直追反。凿，皆裁物使成形质也。磋以鑢音虑。钖，他浪反。【通考】吴氏程曰："鑢，错也，即砺石。钖，治木器也。"磨以沙石，皆治物使其滑泽也。治骨角者，既切而复扶又反。下同。磋之。治玉石者，既琢而复磨之。皆言其治之有绪，而益致其精也。切与琢，是治之有端绪；磋与磨，是益致其精细。瑟，严密之貌。僩，武毅之貌。严密，不粗疏也。武毅，不怠弛也。东阳许氏曰："严密，是严厉缜密；武毅，是刚武强毅。以恂慄释瑟僩，而朱子谓恂慄者，严敬存乎中。金仁山谓所守者严密，所养者刚毅。严密是不粗疏，武毅是不颓惰，以此展转体认，则瑟僩之义可见。"赫喧，宣著盛大之貌。双峰饶氏曰："宣著释'赫'字，盛大释'喧'字。"諠，忘也。道，言也。学，谓讲习讨论之事，自修者，省星，上声。察克治之功。新安陈氏曰："学所以致知，知视行为易，故以切磋比之，治骨角犹易于治玉石也。自修所以力行，行视知为难，故以琢磨比之，治玉石则难于治骨角矣。"【通考】东阳许氏曰："讲习讨论，既讲之，又重习之，复讨论之，言之转密，省是内自警省，察是密察精详，此求己有未善也。"黄氏洵饶曰："道学，格物致知也，自修，诚意正心修身也。"又曰："讲习讨论，始条理之事，知也；省察克治，终条理之事，行也。"又曰："讲习讨论，言格物致知；省察，言诚意；克治，言正心修身。"恂栗，战惧也。战惧之意严于中。威，可畏也。仪，可象也。西山真氏曰："威者，正衣冠，尊瞻视，俨然人望而畏之，非徒事严勐而已；仪者，动容周旋中礼，非徒事容饰而已。"蛟峰方氏曰："瑟是工夫细密，僩是工夫强毅，恂慄，是兢兢业业，惟其兢业戒惧，所以工夫精密而强毅。"新安陈氏曰："有威而可畏谓之威，有仪而可象谓之仪，本《左传》语，威仪之美形于外。"【附纂】黄氏洵饶曰："道盛德至善，见得新民在明德中。欲尽人道之当然，必如此，见得言纲领。而条目在其中。末又说新民，此是至为精密处。德以理之得于心言，善以理之见于事言。"引《诗》而释之，以明此"明"字谓发明。明明德者之止于至善。道学自修，言其所以得之之由。恂栗、威仪，言其德容表里之盛。恂慄在里，德也；威仪见于表，容也。卒乃指其实谓盛德至善。而叹美之也。朱子曰："切而不磋，未到至善处；琢而不磨，亦未到至善处。瑟兮僩兮，则诚敬存于中矣。未至于赫兮喧兮，威仪辉

① 郑氏：郑玄（127—200年），东汉经学家，字康成，北海高密（今属山东）人。少入太学，学习今文《易》和公羊学，又从张恭祖学《古文尚书》、《周礼》、《左传》等，最后从马融学古文经。游学归里，聚徒讲学，弟子众至数百千人。后因党锢事被禁，潜心著述，以古文经说为主，兼采今文经说，遍注群经，成为汉代经学的集大成者，人称"郑学"。今通行本《十三经注疏》中《毛诗》、《三礼》注，均采用郑注，又曾注《周易》、《论语》、《尚书》及纬书。

光著见于外，亦未为至善；至于民之不能忘，若非十分至善，何以使民久而不能忘？”玉溪卢氏曰：“切磋则知至善之所止，琢磨则得至善之所止，恂慄见至善之德修于中，威仪见至善之容著于外，德容表里之盛，一至善耳，卒指至善之实，非盛德之外有至善，亦非明德之外有盛德也。”新安吴氏曰：“理在事物，则为至善，身体此理，而有所得，则为盛德，如君之至善是仁，能极其仁即君之盛德也。明德，是得于禀赋之初者；盛德，是得于践履之后者，亦只一理而已。”新安陈氏曰：“此章释止至善，亦有释知止能得之意。于止知其所止，知止也。引《淇澳》而释之，学与自修，言明明德所以得止至善之由；恂慄威仪，盛德至善，指其得止至善之实。民不能忘，已开新民得止至善之端，下文方极言之耳。《章句》‘所以得之’之‘得’字，正与经文‘能得’之‘得’字相照应。”东阳许氏曰：“此节工夫，全在‘切磋琢磨’四字上。《章句》谓治之有绪，而益致其精。治之有绪，谓先切琢而后可以磋磨，循序而进，工夫不乱；益致其精，谓既切琢而又须磋磨，求其极至，工夫不辍。‘切磋’以喻学，是就知上说止至善，讲习讨论，穷究事物之理，自浅以至深，自表以至里，直究至其极处；‘琢磨’是就行上说止至善，谓修行者省察克治，至于私欲净尽，天理流行，直行至极处。瑟兮僩兮谓恂慄，是德存于中者完；赫兮喧兮谓威仪，是德见于外者著。”【通考】吴氏季子曰：“淇澳者，卫淇水之滨也；菉竹者，淇澳所产之物也。竹之为物，在在有之，而淇园之竹名天下，则以土地所生，风气所宜，特异于他处也。猗猗者，丰美之貌，诗人假此以形容卫武公之德，彰著而不可揜者如此。要其彰著而不可揜，则未尝无所本也。譬之骨角，必既切而复磋之，极其滑泽然后已；譬之玉石，必既琢而复磨之，极其精细然后已。盖日积月累之功，非一朝一夕所能辨也。迨夫严密之貌瑟然，武毅之貌僩然，而诚敬存于中，宣著之象赫然，盛大之象喧然，而光辉见于外，则其出处语默之间，动容周旋之际，自觉斐然成章，可观可度，使当世之人，近之则不能舍，远之则不能忘，斯可见其德之盛，善之至，而有以为新民之地矣。吾观武公年九十余，犹曰‘敕其臣以箴敬己之过失’，则其切磋琢磨者可知矣。如《抑》之一诗，既曰‘敬谨威仪，维民之则’，又曰‘温温恭人，维德之基’，则瑟僩赫喧者可想矣。迨其没也，国人思之，而极其尊，称曰‘睿圣武公’。所谓有斐君子终不可諠兮，信乎不我诬也。上段既引《玄鸟》、《绵蛮》、《文王》三诗，以明学者之不可不知止，此段乃援《淇澳》、《烈文》二诗以明得其所止之效也。《淇澳》所言以明德之极而原新民之始，《烈文》所言者，以新民之极，而要明德之终。《大学》迭引之以互相发明耳。”

《诗》云：“於戏前王不忘！”君子贤其贤而亲其亲，小人乐其乐而利其利，此以没世不忘也。於戏，音呜呼。乐，音洛。

《诗》，《周颂·烈文》之篇。於戏，叹辞。【通考】赵氏德曰：“《大学》释文，戏，音义字，读似有吉凶美恶之殊。前王，谓文、武也。君子，谓其后贤后王。小人，谓后民也。此言前王所以新民者止于至善，能使天下后世无一物不得其所，所以既没世而人思慕之，愈久而不忘也。朱子曰：“没世而人不能忘，如尧舜文武之德，万世尊仰之，岂不是贤其贤？如周后稷之德，子孙宗之，以为先祖之所自出，岂不是亲其亲？”玉溪卢氏曰："此两节相表里，上节即此节之本原，此节即上节之效验。然则新民之至善，岂在明明德、止至善之外哉！"仁山金氏曰："贤其贤者，高山仰止，景行行止，崇其德也；亲其亲者，敬其所尊，爱其所亲，象其贤也；乐其乐者，风清俗美，上安下顺，乐其遗化也；利其利者，分井受廛，安其乐业，沐其余泽也。"新安陈氏曰："后贤贤其贤，后王亲其亲，下'贤亲'二字，指前王之身；后民乐其乐，而利其利，下'乐利'二字，指前王之泽。传文虽未尝言新民止于至善之工夫事实，然就亲贤乐利上，见得前王不特能使当世天下无一物不得其所，而后世尚且如此，可见新民止于至善之效验矣。"【附纂】黄氏洵饶曰："前王不忘，此'不忘'接上'不忘'。"又曰："无一物不得其所得，其所，即上文止仁、敬、孝、慈、信之谓。"吴氏季子曰："《烈文》之诗，所以形容文武之盛德。于戏前王不忘，谓文武为前王，则是后世之人慕之而不忘也。文武何以使后世之人慕之而不忘哉？自明明德、新民推之而极于止于至善，能使天下后世人人满其愿，物物遂其欲。由后王后贤而观之，旧章成宪，无非可行，嘉言懿行，取法不暇，而得以贤吾之贤；祖功宗德，百世不迁，孝子慈孙，万代如见，而得以观吾之亲。由后民而观之，含哺而嬉，浩然无忧，鼓腹而游，泰然自适而得以乐吾之乐；凿井而饮，无求于人，耕田而食，不愿乎外而得以利吾之利。夫如是，则后世之人安得不思其盛德大业，想其遗风余烈，终其身而不忍忘也哉？丕显哉，文王谟；丕承哉，武王烈！所以启佑后人者，虽至于穆王之时，犹叹仰思慕而不已，岂非贤其贤而亲其亲乎？既醉之民，则曰'吾君述文武之道，而使我醉酒，饱德以享太平也'。鸿雁之俗，则曰'吾君明文武之功，而使我还定安集，以得其所也'。岂非乐其乐而利其利乎？春秋战国以来，王室而即卑矣，以地则不大于曹滕，以民则不众于邾莒。然天下之强诸侯，犹戴之以为共主。其辞命所及，一则曰文武，二则曰文武，宗周之祀，绵绵延延，至于八百余年，而民不忍去之者，没世不忘之明验也。论《大学》之功用，必如是而后可以为至善；传《大学》者，所以举二诗而诏后世欤？"此两节咏叹淫泆，其味深长，当熟玩之。《记·乐记》："咏叹之，淫泆之。"双峰饶氏曰："咏叹言其词，淫泆，言其义。淫泆者，意味溢乎言词之外也。"

右传之三章。释止于至善。双峰饶氏曰："《明德》、《新民》两章，释得甚略，此章所释节目既详，工夫又备，可见经首三句重在此一句上。节目，谓仁敬孝慈等；工夫，谓学与自修。"玉溪卢氏曰："此章凡五节，第一节，言物各有所当止之处；第二节，言人当知所当止之处，以知止之事而言也；第三节，言圣人之止无非至善，以得其所止之事而言也；第四节，言明明德之止于至善，乃至善之体所以立；第五节，言新民之止于至善，乃至善之用所以行。"云峰胡氏曰："此章释明德新民之止于至善，兼释知止能得，又兼释八者条目。其中学是致知格物之事，自修是诚意正心修身之事，亲其亲以致利其利，是化及于家国天下。"临川吴氏曰："此章《绵蛮》诗，承上文物各有所止之意，以明人当知所止之义，而起下文，实指人所当止者之说，此盖发止于至善之端也。《文王》诗以下，承上文人当知所当止之义，而实指人所当止之处。《淇澳》切磋琢磨，承上文实指人所当止之处，而言求止于所当止者之由，此盖示止于至善之方也。'瑟僩'以下，言明明德得止于至善之极，而发新民之端。《烈文》诗以下，承上文民不能忘之说，而言新民得止于至善之极，以著明明德之效，此盖极言止于至善之效也。”

此章内自引《淇澳》诗以下，旧本误在诚意章下。

子曰：“听讼①，吾犹人也，必也使无讼乎！”无情者不得尽其辞。大畏民志，此谓知本。

犹人，不异于人也。情，实也。引夫子之言，而言圣人能使无实之人不敢尽其虚诞之辞②。盖我之明德既明，此推本言之，明明德为本，乃传者言外之意。自然有以畏服民之心志，此即新民，故讼不待听而自无也。观于此言，可以知本末之先后矣。朱子曰：“圣人说听讼，我也无异于人，当使其无讼之可听方得。圣人固不会错断了事，不是他所以无讼者，却不在于善听讼，在于意诚心正，自然有以薰炙渐染，大服民志，故自无讼之可听耳。”“使民无讼，在我之事，本也。此所以听讼为末。”“无情者，不得尽其辞，便是说那无讼之由。然惟先有以服其心志，所以能使之不得尽其虚诞之辞。”“如成人有其兄死而不为衰者，闻子皋将为成宰，遂为衰，子皋又何曾听讼了致然，只是自然感动人处耳。”双峰饶氏曰：“听讼，末也。使无讼，理其本也。传者举轻以明重，然引而不发，知此则见明德新民之相为本末矣。”问无情曰：“情与伪对。情，实也；伪，不实也。《论语》曰：‘民莫敢不用情。’”玉溪卢氏曰：“有讼可听，非新民之至善。无讼可听，方为新民之至善。无讼则民新矣，使民无讼，惟明明德者能之。听讼使无讼之本末先后，即明德新民之本末先后也。经文‘物有本末’，上有‘知止能得’一节，前章释止至善，而知止能得之义，已在其中；经文‘物有本末’，下有终始先后，又有修身为本，及本乱末治者否矣，此言知本，则不特终始先后之义在其中，而为本及本乱末治者否之意，亦在其中矣。”东阳许氏曰：“本，即明明德也。我之德既明，则自能服民志，而不敢尽其无实之言，如虞芮争田，不敢履文王之庭，是文王之德。大畏民志，自然无讼。”临川吴氏曰：“上章烈文，以新民之所止言之，而著明明德之效者，是能新民者，皆本于明明德也。故此章言圣人能使民德自新，而无实之人不敢尽其虚诞之辞，自然有以畏服其心志，是以讼不待听而自无者，盖本于能明其明德也。故朱子曰：‘观于此言，可以知本末之先后矣。’”【通考】吴氏季子曰：“此一章专释物有本末之义，所该者广矣，独言讼者，举以以例其余也。盖天下之事物，莫不有本，本正而末随之。本者，天下之本在国，国之本在家，家之本在身。自《大学》言之，则明明德，本也；新民，末也。无讼者，新民之验，而所以大畏民志者，非明明德孰能与于此？夫恻隐羞恶、是非辞逊之心，与生俱生、皎然于方寸见者，所谓明德也，人孰无之？然气禀所生之躯，口欲綦味，鼻欲綦臭，目欲綦色，耳欲綦声，天地间之物，不能以各充其所欲也，则势不能无争。凡所以相刃相靡，胥戕胥虐，至于为鼠牙雀角之讼者，物欲蔽其明德耳。两造具备，师德五辞，厚貌深情，各骋其辞，虽天下之智者，犹不能不为之惑。

---

① 听讼：审理诉讼。听，处理，判断。讼，诉讼，争讼。

② 无实之人：不讲实情的人。虚诞：荒诞无稽。

圣人谓听讼者，末也；而使之无讼者，本也。能屈其口，此但可以施之听讼耳，苟欲使之无讼，非屈其心不可。欲屈其心则何以哉？天下之人，同此生则亦同此德。德之明者，虽暂为物欲之所蔽，然触之即觉，感之即悟，未始亡也。彼讼者，在庭顽嚚忿戾之气，固勃勃乎其可掬，要其本心，则孰曲孰直，盖自了然于胸中，此则所谓明德也。欲屈其心者，当于此而求之。圣人与天下之人同一明德者也，即此之'明'而明彼之'明'，则顽嚚忿戾之气，自然剥落解散，本心徐还，天理毕见，恻隐羞恶，是非辞逊之想，森不容遏，惟见斗争之为可耻，而愧惧不暇。纵有诞谩无实之辞，当不出诸其口矣，尚何讼之有哉？夫民志有所畏服，而后无情之辞不获自尽矣。盖虽欲尽而不敢尽也，兹非新民之验欤？《大学》之道，守约而施博，执要以御详，莫不致力于其本，而未尝从事于其末，故教学者以齐家治国平天下，皆欲其宛转归己，姑即听讼一端以明之耳。"黄氏洵饶曰："听讼犹人，理末也。使无讼乎，治本也。不得尽其辞，明德也。畏服民志，新民也。统言明德、新民、止至善，即唐虞'刑期于无刑，民协于中'之意。"

右传之四章。释本末。新安陈氏曰："此章释本末，以结句四字知之。知本之当先，则自知末之当后矣。"

此章旧本误在"止于信"下。

此谓知本。

程子曰："衍文也。"衍，延面反，亦作羡。【通考】吴氏程曰："饶氏谓知本即物格之误，今为衍文。"东阳许氏曰："双峰云：'知字仿佛与物字相类，本字从木，亦是格字偏傍。'此说亦有意思，若如此，则两句总是《格物致知章》结句尔。"

此谓知之至也。

此句之上别有阙文，此特其结语耳。

右传之五章，盖释格物、致知之义，而今亡矣。

此章旧本通下章，误在经文之下。

间尝窃取程子之意以补之曰："所谓致知在格物者，言欲致吾之知，在即物而穷其理也。即物，如即事，即是随吾所接之事物也。盖人心之灵莫不有知，而天下之物莫不有理，惟于理有未穷，故其知有不尽也。【附纂】黄氏洵饶曰："莫不有知，本然也；莫不有理，一物一太极。理有未穷，物未格也，知有不尽，知未至也。"是以大学始教，须看"始教"字，此是大学第一件下工夫处。必使学者即凡天下之物，莫不因其已知之理已知，即上文人心之灵，莫不有知之知。而益穷之，以求至乎其极。至于用力之久，而一旦豁然贯通焉，则众物之表里精粗无不到，而吾心之全体大用无不明矣。新安陈氏曰："'久'字与'一旦'字相应，用力积累多时，然后一朝脱然通透。'吾心之全体'，即释明德，《章句》所谓'具众理'者；吾心之大用，即所谓应万事者也。"【附纂】黄氏洵饶曰："已知之理，遂明之意。无不到，则物格；无不明，则知至。"此谓物格，此谓知之至也。问："所补第五章，何不效其文体？"朱子曰："亦尝效而为之，竟不能成。""《大学》不说穷理而谓之格物，只是使人就实处穷究。""格物只是就一物上穷尽一物之理，致知便只是穷得物理尽然，我之知识，亦无不尽处。""大学是圣门最初用功处，格物又是大学最初用功处。试考其说，就日用间如此作工夫，久之意思自别。”问：“经文物格而后知至，却是知至在后，今乃云因其已知而益穷之，则又在格物前?”曰：“知元自有，才要去理会，便是这些知萌露，若懵然全不向著，便是知之端未曾通，才思量著，便这个骨子透出来，且如做些事错，才知道错，便是向好门路，却不是方始去理会个知，只是如今须著，因其端而推致之，使四方八面千头万绪，无有些不知，无有毫发窒碍，孟子所谓知皆扩而充之，若火之始然，泉之始达，扩而充之，便是‘致’字意思。”“表者人物所共由，里者吾心所独得。有人只就皮壳上用工，于理之所以然者，全无见处；有人思虑向里去多，于事物上都不理会，此乃说玄说妙之病。二者都是偏，若到物格知至，则表里精粗无不尽。”北溪陈氏曰：“理之体具于吾心，而其用散在事物，精粗巨细，都要逐件穷究其理。若一事不理会，则此心阙一事之理，一物不理会，则阙一物之理，非拣精底理会而遗其粗，大底理会而遗其小也。头绪虽多，然进亦有序，先易而后难，先近而后远，先明而后幽。”西山真氏曰：“《大学》教人以格物致知，盖即物而理在焉，庶几学者有著实用功之地，不至驰心于虚无之境。若不就事物上推求义理，则极至处亦无缘知得尽。”双峰饶氏曰：“格物，穷至那道理恰好阃奥处，自表而里，自粗而精，然里之中又有里，精之中又有至精，透得一重，又有一重。且如为子必孝，为臣必忠，此是臣子分上显然易见之理，所谓表也。然所以为孝为忠，则非一字所能尽。如居则致其敬，养致乐，病致忧，丧致哀，祭致严，皆是孝里面节目，所谓里也。然所谓居致敬，又如何而致敬？如进退周旋，慎齐升降，出入揖游，不敢哕噫嚏咳，不敢欠伸跛倚，寒不敢袭，痒不敢搔之类，皆是致敬中之节文。如此则居致敬又是表，其间节文之精微曲折又是里也。然此特敬之见于外者耳。至于洞洞属属，如执玉奉盈，如弗胜①，以至视于无形，听于无声，又是那节文里面骨髓，须是格之又格，以至于无可格，方是极处。精粗亦然，如养亲一也，而有所谓养口体，有所谓养志。口体虽是粗，然粗中亦有精；养志虽是精，然精中更有精。若见其表不穷其里，见其粗不穷其精，固不尽。然但究其里而遗其表，索其精而遗其粗，亦未尽。须是表里精粗无所不到，方是物格。”玉溪卢氏曰：“心外无理，故穷理即所以致知；理外无物，故格物即所以穷理。知者，心之神明，乃万理之统会而万事万物之主宰。言穷理则易流于恍惚，言格物则一归于真实。表也，粗也，理之用也；里也，精也，理之体也。众理之体，即吾心之体；众理之用，即吾心之用。心之全体大用无不明，则明明德之端在是矣。物格知至，虽二事而实一事，故结之曰：‘此谓物格，此谓知之至也。’”【通考】东阳许氏曰：“此章须兼看《或问》，大学始教，是大学教人以格物致知为始，谓是大学用功起头，即凡天下之物，莫不因其已知之理而益穷之，以求至乎其极，此正是格物用功处。用之之久，一旦豁然贯通，是言格物本是逐一件穷究，格来格去，忽然贯通，事虽万殊，理只是一。晓理之在此事如此，便可晓理之在彼事亦如此，到此须有融汇贯通，脱然无碍，如水消雪释，怡然焕然处，格物工夫至此方极。物之表里粗精无不到，是言格物于一事之中，

① 《礼记·祭义第二十四》：“孝子如执玉，如奉盈，洞洞属属然如弗胜，如将失之。”

须推明得到底透彻、全无疑碍，方是一物中表里精粗无不到，事事如此详细，是众物表里精粗无不到。”【纂疏】凡天下之物有形有象者，皆器也，其理便在其中。大而天地，乃形而下者；乾坤，形而上者。天地以形体言，乾坤以性情言。日月星辰、风雨霜露，亦形而下者，其理即形而上者。以身言之，身之形体皆有形而下者；曰性，曰心之理，乃形而上者。人心之灵莫不有知，此句就致知上生；天下之物莫不有理，此句就格物上生。能存心，则端庄静一，以为穷理之本；知穷理，则学问思辨，以致尽心之功。吴氏季子曰：“天高地下，万物散殊，凡一物必有一理，理则物之自然而处物之当然者也。文公尝曰：‘学者须知天如何而能高，地如何而能厚，鬼神如何而能幽显，山岳如何而能融结，方是格物。高也，厚也，幽也，显也，融也，结也，皆物之自然者也。’又曰：‘如足容重，手容恭，目容端，口容止，声容静，头容直，气容肃，立容德，色容庄，便是一身之则。重也，恭也，端也，止也，静也，直也，肃也，德也，庄也，皆处物之当然者也。’是之谓理，理散于万物，而知具于吾心，未有一物之不可测识者。人惟不能随物体认，于其所自然与所当然者，行不著、习不察，然后吾之灵日就晦蚀，而于物有所不知，虽知有所不尽矣。大学始教所以必使学者物物而察之，事事而思之，彼之自然者为何如？我之当然者又何如？因其所已知，穷其所未知，探端以求绪，循末以反本。自一身而言之，耳吾知其为聪，而不可以不聪也，必穷其所以聪，与夫所以不可不聪之理焉。目吾知其为明，而不可以不明也，必穷其所以明，与夫所以不可不明之理焉。推而至于若鼻，若口，若手，若足，若肢，若体，莫不皆然，而无醉生梦死之患矣。自一家而言之，父吾知其为慈，而不可以不慈也，必穷其所以慈，与夫所以不可不慈之理焉。子吾知其孝，而不可以不孝也，必穷其所以为孝，与夫所以不可不孝之理焉。推而至于若兄，若弟，若夫，若妇，若长，若幼，莫不皆然，而无冥行径趋之患矣。自一国而言之，君吾知其为仁，而不可以不仁也，必穷其所以为仁，与夫所以不可不仁之理焉。臣吾知其为忠，而不可以不忠也，必穷其所以忠，与夫所以不可不忠之理焉。推而至于若朝，若野，若官，若民，若上，若下，莫不皆然，而无逆曳倒植之患矣。穷其所以，即格物之说也。即格一端，又格一端，久而不辍，则因此验彼，伦类自通。始也知一隅而已，终则反之于三隅；始也知一事而已，终则散之于万事八窗玲珑，四面洞达，则众物之表里精粗无不到，而吾心之全体大用无不明矣。然格物致知之学，自持敬入，苟不能持敬，则胸中杂乱而无主一之功，事物之交于吾前方，目眩瞀颠倒之不暇，又何物之可格哉？文公谓：‘敬则心存，心存则理具，于此而得失可验。’又尝诲其门人曰：‘观书察理，草草不精，皆由此心杂而不一，莫若收敛身心，净扫杂虑，令其光明洞达，作得主宰方能见理。’由是观之，人之欲格物致知者，可不敬乎？故程子曰：‘入道莫如敬，未有致知而不在敬者。’”【通考】黄氏洵饶曰：“此章为梦觉关，知之始事。”又曰：“此一章明善之要。单立《致知》、《诚意》两章，一以示明善之要，一以示诚身之本，文理若不接续，血脉相为贯通。”

所谓诚其意者：毋自欺也，如恶恶臭，如好好色，此之谓自谦，故君子必慎其独也！恶、好上字，皆去声。谦读为慊，苦劫反。

诚其意者，自修之首也。双峰饶氏曰：“心之正不正，身之修不修，只判于意之诚不诚，所以《中庸》《孟子》只说诚身，便贯了诚意正心修身。此章虽专释诚意，而所以正心修身之要，实在于此，故下二章第言心不正、身不修之病，而不言所以治病之方，以已具于此章故也。”云峰胡氏曰：“《大学》条目有八，只作六传，格物致知二者，实是一事，故统作一传。自正心以下五者，工夫次第相接，故统作四传。唯诚意独作一传。然诚意者，自修之首，已兼正心修身而言矣。章末曰润身，曰心广，提出‘身’与‘心’二字，意已可见。”新安陈氏曰：“前章云：如琢如磨者，自修也。诚意正心修身，皆自修之事。而诚意居其始，故曰自修之首。”毋者，禁止之辞。自欺云者，知为善以去上声。下同。恶，此“知”字带从上章“致知”之“知”字来，而心之所发有未实也。云峰胡氏曰：“‘毋自欺’三字，释‘诚意’二字，‘自’字与‘意’字相应，‘欺’字与‘诚’字相反。”新安陈氏曰：“自欺，自谩也。”东阳许氏曰：“诚意是致知以后事，故《章句》曰：‘知为善以去恶而心之所发有未实也。’”谦，快也，足也。朱子曰：“《诚意章》在两个‘自’字上用功。”新安陈氏曰：“‘谦’字与‘慊’字同音同义，为‘快’字说不尽，又添‘足’字，‘快’而且‘足’，方是自谦。”独者，人所不知而己所独知之地也。新安陈氏曰：“地，即处也。此‘独’字指‘心所独知’而言，非指‘身所独居’而言。”【附纂】黄氏洵饶曰：“诚其意，意者，念头也。必慎其独，《中庸》慎独本在此。毋自欺，是解诚意之正义，心术之所发涵善恶。”言欲自修者知为善以去其恶，则当实用其力，而禁止其自欺。使其恶恶则如恶恶臭，好善则如好好色，皆务决去，而求必得之，以自快足于己，不可徒苟且以徇外而为去声。人也。不求自慊便是为人。然其实与不实，盖有他人所不及知而己独知之者，故必谨之于此“此”指“独”字。以审其几平声。焉。新安陈氏曰：“周子云：‘几，善恶。’①以所独知，乃念头初萌动，善恶诚伪所由分之几微处，必审察于此，以实为善去恶。如别歧途之始分处，起脚不差，行方能由乎正路，否则起脚处一差，差毫厘而谬千里矣。”朱子曰：“几者动之微，是欲动未动之间，便有善恶，便须就这处理会。若到发出处，更怎生奈何得?”问：“知至了，如何到诚意，又说毋自欺?”曰：“到这里方可著手下工夫，不是知至了，下面许多一齐扫去，下面节节有工夫在。”“譬如一块物，外面是银，里面是铁，便是自欺，须表里如一方是不自欺。须是见得分晓，如知乌喙不可食，水火不可蹈，则自不食不蹈；如寒欲衣、饥欲食，则自是不能已。人果见善如饥欲食、寒欲衣，见恶如乌喙不可食，水火不可蹈，则此意自是实矣。乌喙，药石，食之能杀人。自欺，是半知半不知底人，知道善我所当为，却又不。”“十分去为善；知道恶不可为，却又自家舍他不得。这便是自欺。不知不识，只唤做不知不识，不唤做自欺。”新安陈氏曰：“以上语以知为重，见得物格知至，为意诚之根基也。”“才说不自欺，则其好善恶恶，只要求以自快自足，如寒而思衣以自温，饥而思食以自饱，非有牵强苟且、姑以为人之意也。”“如铸私钱，做官会，此是大故无状小人，岂自欺之谓耶？此处工夫极细，未便说到粗处，前后学者说差了，缘赚连下文‘小人闲居’

① 周敦颐：《通书·诚几德第三》：“诚，无为；几，善恶。”

一节看了，所以差也。”“如有九分义理，杂了一分私意，便是自欺，到得厌然掩著之时，又其甚者。”“十分为善，有一分不好底意，潜发于其间，便由邪径以长，这个却是实。前面善意，却是虚矣。”“凡恶恶之不真，为善之不勇，外然而中实不然，或有为而为之，或始勤而终怠，皆不实而自欺之患也。”“论自欺细处，且如为善，自家也知得是当为，也勉强去做，只是心里又有些‘便不消如此做也不妨’底意思，如为不善，也知得不当为而不为，心中也又有些‘便为也不妨’底意思，便是自欺，便是虚伪不实矣。”“自谦与《孟子》‘行有不慊于心’相类，亦微不同。《孟子》训‘满足’意多，《大学》训‘快’意多。”问：“自谦只是真实为善去恶，无牵滞于己私，只是快底意，方是心下满足?”曰：“是。”“自谦是合下好恶时，便是要自谦了，非谓做得善了，方能自谦。自谦正与自欺相对，所谓诚其意，便是要毋自欺；非是诚其意了，方能不自欺也。自谦者，外面如此，中心也是如此，表里一般。自欺者，外面如此，中心其实有些子不愿，只此便是二心，诚伪之所由分也。”“谨独，则于善恶之几，察之愈精愈密。”“如与众人对坐，自心中发一念，或正或不正，此亦是独处。”北溪陈氏曰：“诚者，自表而里，真实如一之谓。自欺，诚之反也。大抵此章在自慊而无自欺，首言如好好色、恶恶臭，是就人情分晓处譬之。好色，人所同好，好则求必得之；恶臭，人所同恶，恶则求必去之，而后快足吾意，意所快足处，是自家表里真实，恁地非苟且徒为此也。人之好善恶恶，亦须表里真实如此，自求快足，方是诚意。如稍有不真实，胸次间便自觉有欠缺处，如何会快足？此便是自欺。果能自表而里，断断然真实，恁地始快足吾意，此便是自谦，便是诚，然自谦自欺，皆自家心里事，非他人所知，而己独知之，所以君子贵就那独处，便谨审其几之发也。”徽庵程氏曰：“慎，不但训‘谨’，有‘审’之意焉。”问：“毋自欺，还是须从戒谨恐惧上做起，抑戒谨恐惧，即是毋自欺境界?”潜室陈氏曰：“戒谨恐惧，与谨独是两项地头。戒谨恐惧，是自家不睹不闻之时，存诚养性气象如此；谨独，是众人不闻不睹之际，存诚工夫如此。《中庸》兼已发未发说，故动息皆有养，《大学》只就意之所发说，故只防他罅漏处。”双峰饶氏曰：“此章用功之要，在谨独上。凡人于显然处致谨，其意未必果出于诚，若能于独处致谨，方是诚意。”云峰胡氏曰：“君子小人所以分，只在自欺与自慊上，两‘自’字与自修之‘自’相应。自欺者，诚之反，自修者不可如此。自慊者，诚之充，自修者必欲如此。‘独’字，便是‘自’字，便是‘意’字，所以《中庸》论诚，首尾言慎独，此章论诚意，亦两言慎独。”东阳许氏曰：“诚意只是著实为善，着实去恶。自欺，是诚意之反。毋自欺，是诚意工夫。二‘如’，是诚意之实。自慊，是自欺之反而诚意之效。慎独，是诚意地头。”“‘欺’、‘慊’皆言‘自’，是‘意’之诚不诚，皆自为之。自欺者适害己，不自慊者徒为人。”“恶恶臭，好好色，人人皆实有此心，非伪也。二‘如’字，晓学者当实为善去恶，若恶恶臭、好好色之为也。”

小人閒居为不善，无所不至，见君子而后厌然，掩其不善，而著其善。人之视己，如见其肺肝然，则何益矣。此谓诚于中，形于外，故君子必慎其独也。閒，音闲。厌，郑氏读为黡，于简反。

閒居，独处上声。也。新安陈氏曰：“独处，是身所独居，与上文己所独知之‘独’

不同。”厌然，消沮上声。闭藏之貌。双峰饶氏曰：“‘黡’字有黑暗遮闭之意。”新安陈氏曰：“四字形容小人见君子羞愧遮障之情状。”此言小人阴为不善，而阳欲掩之，闲居为阴，见君子为阳。则是非不知善之当为与恶之当去上声。也，非不知，乃其秉彝之天不可泯没者。但不能实用其力以至此耳。然欲掩其恶而卒不可掩，欲诈为善而卒不可诈，则亦何益之有哉！此君子所以重去声。以为戒，而必谨其独也。朱子曰：“小人闲居为不善，是诚心为不善也。掩其不善而著其善，是为善不诚也。为恶于隐微之中，而诈善于显明之地，将虚假之善，来盖真实之恶，自欺以欺人也。然人岂可欺哉！”“闲居为不善，便是恶恶不如恶恶臭，掩不善，著其善，便是好善不如好好色。”“君子小人之分，却在诚其意处。诚于为善，便是君子；不诚底，便是小人。”双峰饶氏曰：“闲居为不善，自欺也。厌然，则不自慊矣。掩其不善而著其善，是又欺人也。自欺与欺人常相因，始焉自欺，终焉必至于欺人，此谓诚于中、形于外。此‘诚’字是兼善恶说。”“厌然，与心广体胖为对。厌然是小人为恶之验，心广体胖是君子为善之验。”云峰胡氏曰：“前章未分君子小人，此章分别君子小人甚严，盖诚意为善恶关，过得此关，方是君子；过不得此关，犹是小人。传末章长国家而务财用之小人，即此闲居为不善之小人也。意有不诚，已害自家心术，他日用之，为天下国家害也必矣。”玉溪卢氏曰：“两言慎独，读上节，固当直下承当，读此节尤当痛自警省。”新安陈氏曰：“上一节毋自欺说得细密，乃自君子隐然心术之微处言之，此一节言小人之欺人说得粗，乃自小人显然诈伪之著者言之。无上一节毋自欺而必自谦之工夫，则为恶诈善之流弊，其极必将至此，所以君子必先自慎其独，至此又重以小人为戒，而尤必慎其独。”【附纂】黄氏洵饶曰：“前‘慎独’欲其自慊，后‘慎独’绝其自欺。两节相为终始。格物致知为诚意，是始，意诚是终，慎独即诚意，此一章之本。”

曾子曰：“十目所视，十手所指，其严乎！”

引此以明上文之意。言虽幽独之中，而其善恶之不可掩如此。可畏之甚也。朱子曰：“此是承上文人之视己，如见其肺肝之意，不可说人不知，人晓然共知，如此人虽不知，我已自知，自是甚可皇恐了。其与十目十手所视所指何异哉？”玉溪卢氏曰：“实理无隐显之间，人所不知、己所独知之地，即十目十手共视共指之地，故为善于独者，不求人知而人自知之，为不善于独者，惟恐人知而人必知之，其可畏之甚如此。曾子所以战兢临履，直至启手足而后已者此也。”云峰胡氏曰：“《中庸》所谓‘莫见乎隐，莫显乎微’盖本诸此。上文‘独’字，便是隐微，此所谓十目十手，即是莫见莫显。”新安陈氏曰：“幽独之中，勿谓无视之无指之者，当常如十目所共视，十手所共指。‘可畏之甚’，释‘其严乎’。”【通考】吴氏季子曰：“独者，人所不知而吾所独知之地也。暗室屋漏之中，幽深隐奥，一念将动，人孰知之？所谓独也。君子于其独而致谨焉，非礼勿视听言动，兢兢然，傈傈然，真见夫天地鬼神，昭布森列，临之在上，质之在傍，而不敢以不勉也。夫如是，故能充吾性之固有，尽吾职之当然，可以快足而不至于自欺矣。曾子以守约之学，加三省之勤，虽容貌、颜色、辞气之间莫不致谨，盖曰吾之所独，即众之所同，虽在隐微幽暗之中，炳然十目之视，森然十手之指也。”

富润屋，德润身，心广体胖，故君子必诚其意。胖，步丹反。

胖，安舒也。言富则能润屋矣，德则能润身矣，三山陈氏曰："财积于中，则屋润于外，德积于中，则身亦润于外矣。润犹华泽也。"新安陈氏曰："此借富润屋，以起下句德润身之意。德，如孟子所谓仁义礼智根于心。润身，如所谓其生色、见面、盎背是也。下文心广体胖，乃申言之。"故心无愧怍，则广大宽平，而体常舒泰，德之润身者然也。盖善之实于中而形于外者如此，故又言此以结之。朱子曰："'富润屋'以下，是说意诚之验如此，心本是阔大底物事，只因愧怍便卑狭，被他隔碍了，所以体不能得安舒。""毋自欺，是诚意，自慊，是意诚。""'小人闲居'以下，是形容自欺之情状。心广体胖，是形容自慊之意。""无愧怍，是无物欲之蔽，所以能广大。"三山陈氏曰："心在内者也，以理之无歉，故能广大。体在外者也，以心之既广，故能舒泰。人之一心，少有所歉，则视听憷迫而举动跼蹐，虽吾四体，将不得其所安矣。皆自然之应也。""上说小人实有是恶，故其恶形见于外，此说君子实有是善，故其善亦形见于外。"双峰饶氏曰："心不正，何以能广？身不修，何以能胖？心广体胖，即心正身修之验，所以能心广体胖，只在于诚其意，以此见诚意为正心修身之要。"玉溪卢氏曰："前两言必慎其独，此申言必诚其意，三言'必'字，示人可谓真切。"仁山金氏曰："'小人闲居'以下，自欺败露之可畏；德润身，心广体胖，自慊快足之可乐。"云峰胡氏曰："孟子说浩气处，与此章意合。不自欺，即自反而缩。自欺，即自反而不缩。厌然，即是气馁，心广体胖，即是浩然之气。"新安陈氏曰："上文诚于中，形于外，是恶之实中形外者，此是善之实中形外者。"【通考】黄氏洵饶曰："德润身，心广体胖，皆出诚意之中。此一节诚身之本，不愧屋漏。心无愧怍，是《尚书》作德心逸日休，作伪心劳日拙。体常舒泰，'泰'字作好说。说自慊者善之形于内，直至心广体胖，深浅不尽释可见。"

右传之六章。释诚意。朱子曰："许多病痛都在《诚意章》一齐说了，下面有些小病痛，亦轻可。此章最紧切，若透过此一关，此去做工夫便易了。由是而之，便駸駸进于善，而决不至下陷于恶矣。"双峰饶氏曰："传之诸章释八事，每章皆连两事而言，独此章单举诚意，盖知至意诚，固是相因，然致知属知，诚意属行，知行毕竟是二事，当各自用力，不可谓知了便自然能行。所以《诚意章》不连致知说者为此。正心诚意，虽皆属行，然诚意不特为正心之要，自修身至平天下，皆以此为要，故程子论天德与王道，皆曰'其要只在谨独'，天德即心正身修之谓，王道即齐家治国平天下之谓，谨独即诚意之要旨。若只连正心说，则其意促狭，无以见其功用之广大如此也。此章乃《大学》一篇之紧要处，传者于此章说得极痛切。始言谨独，诚意之方也；中言小人之意不诚，所以为戒也；终言诚意之效验，所以为劝也。"【通考】东阳许氏曰："此章第一节诚意正意，二节诚意之反，三节恶诚中形外，四节善诚中形外。"勿轩熊氏曰："'诚'之一字，本于《商书》，至夫子始大明其义。至《中庸》明善诚身之言，行之天下国家，皆此诚也。明善，即格物致知也。诚身，即诚意正心修身也。其言'慎独工夫即诚之不可揜'等语，与此章实相表里。至诚尽性，明明德之止至善也，推而至于尽人之性，尽物之性，新民止于至善也。本之心身，此诚也；行之家国天下，亦此诚也。"【通旨】黄氏洵饶曰："诚意乃善恶关，此行之始事。自格物至平天下为大始终，其间两条相为终始，又各条目为终始，其序不可乱，其功不可阙，正此也。此见得文理接续、血脉贯通处。”经曰：“欲诚其意，先致其知。”又曰：“知至而后意诚。”盖心体之明有所未尽，则其所发必有不能实用其力，而苟焉以自欺者。朱子曰：“《大学》虽使人戒夫自欺，而推其本，则必其有以用力于格物致知之地，然后理明心一，而所发自然莫非真实，不然，则正念方萌，而私意随起，亦非力之所能制矣。”“若知有不至，则其不至之处，恶必藏焉，以为自欺之主。虽欲致其谨独之功，亦且无主之能为，而无地之可据矣。此又传文之所未发，而其理已具于经者，皆不可以不察也。”新安陈氏曰：“此言知不至，则意不诚。”【通考】黄氏洵饶曰：“心体之明，‘明’即‘明德’上一‘明’字。所未尽，盖知未至。所发，谓善恶。用其力，指诚意。”然或已明而不谨乎此，则其所明又非己有，而无以为进德之基。三山陈氏曰：“于知已至后，亦非听之自诚，盖无一刻不用其戒谨之功。”新安陈氏曰：“此言知至后，又不可不诚其意，盖诚意者，进德之基本也。”【通考】黄氏洵饶曰：“谨乎此，‘此’字指诚意。”故此章之指，必承上章而通考之，然后有以见其用力之始终，其序不可乱而功不可阙如此云。玉溪卢氏曰：“由致知，方能诚意，此序之不可乱，既致知，又不可不诚意，此功之不可阙。诚意至平天下，序皆不可乱，功皆不可阙。序不可乱，则不可躐等而进；功不可阙，则不可半途而废云。”

所谓修身在正其心者，身有所忿懥，则不得其正；有所恐惧，则不得其正；有所好乐，则不得其正；有所忧患，则不得其正。忿，弗粉反。懥，敕值反。好、乐，并去声。

程子曰：“身有之身当作心。”〇“忿懥，怒也。‘懥’字，《广韵》、《玉篇》并陟利反。双峰饶氏曰：“忿者，怒之甚。懥者，怒之留。”盖是四者，皆心之用，而人所不能无者。然一有之而不能察，三山陈氏曰：“《章句》紧要说一‘察’字，亦非从外撰来，盖因下文‘心不在焉’一句发出。察者，察乎理也。”新安陈氏曰：“‘察’之一字，乃朱子推广传文之意，使学者有下手处耳。”则欲动情胜，而其用之所行，或不能不失其正矣。问：“有所忿懥、恐惧、好乐、忧患，心不得其正，是要无此数者，心乃正乎?”程子曰：“非是谓无，只是不以此动其心，学者未到不动处，须是执持其志。”朱子曰：“《大学》格物诚意，都已炼成，到得《正心修身章》都易了。意有善恶之殊，意或不诚，则易于为恶。心有偏正之异，心有不正，则为物欲所动。未免有偏处，却未必为恶。”“四者只要从无处发出，不可先有在心下，须看‘有所’二字，如‘有所忿怒’，因人有罪而挞之，才了其心便平，是不有。若此心常常不平，便是有。所谓‘有所’，是被他为主于内，心反为他动也。心才系于物，便为所动，所以系于物者有三事，未来先有个期待之心，或事已应过，又留在心下不能忘，或正应事时，意有偏重，都是为物所系缚。便是有这个物事，到别事来到面前，应之便差了，如何心得其正？圣人之心莹然虚明，看事物来，若大若小，四方八面，莫不随物随应，此心元不曾有这物事。”“如颜子不迁怒，可怒在物，颜子未尝为血气所动而移于人也，则岂怒而心有不正哉!”“今人多是才怒，虽有可喜事，亦所不喜。才喜，虽有当怒之事来，亦不复怒，便是蹉过事理了。盖这物事才私便不去，只管在胸中推荡，终不消释，使此心如太虚，则应接万务，各止其所，而我无所与可也。看此一章，只是要人不可先有此心耳。”问：“忿好自己事，可勉强不为，忧患恐惧自外来不由自家。”曰：“便是自外来，须要我有道理处之，事来亦合当忧惧，但只管累其本心，亦济甚事。孔子畏于匡，文王囚羑里，死生在前，圣人元不动心，处之恬然。”或问：“《大学》不要先有恐惧，《中庸》却要恐惧，何也?”西山真氏曰①：“《中庸》只是未形之时，常常持敬，令心不昏昧而已。《大学》之恐惧，却是俗语恐怖之类，自与《中庸》有异。”“喜怒忧惧乃心之用，非惟不能无，亦不可无，但平居无事之时，不要先有此四者在胸中，如平居先有四者，即是私意。人若有些私意，塞在胸中，便是不得其正。须是涵养此心，未应物时，湛然虚静，如鉴之明，如衡之平，到得应物之时，方不差错，当喜而喜，当怒而怒，当忧而忧，当惧而惧，恰好则止，更无过当，如此方得本心之正。”玉溪卢氏曰：“心者身之主而明德之所存也，未应物之前，寂然不动，无所忿懥恐惧，则心之本体无不正，而明德之本体无不明。方应物之际，感而遂通，当忿懥而忿懥，当恐惧而恐惧，则心之妙用无不正，而明德之妙用无不明。既应物之后，依旧寂然不动，未尝有所忿懥恐惧，则心之本体终始无不正，而明德之本体终始无不明也。人患不识其本心耳。惟虚故灵，才失其虚，便失其灵，此心之所以为心，而明德之所以为明德也。”云峰胡氏曰：“心之体无不正，所谓正心者，正其心之用尔。在正其心，此‘正’字是说‘正之’之工夫，盖谓心之用或有不正，不可不正之也。不得其正，此‘正’字是说心之体，本无不正，而人自失之者也。曰‘正其’，曰‘其正’，自分体用。心之体本如太虚，或景星庆云，或烈风雷雨，而太虚自若。人之一心，岂能无喜怒忧惧，然可怒则怒，怒过不留，可喜则喜，喜已而休，喜怒忧惧，皆在物而不在我，我虽日接乎物而不物于物，此所以能全其本体之虚，而无不正也。或疑《中庸》首章，先言存养，而后言省察，《大学》诚意言省察而次存养，殊不知此章正自有存养省察工夫，忿懥恐惧等之未发也，不可先有期待之心；其将发也，不可一有偏系之心；其已发也，不可犹有留滞之心。事之方来，念之方萌，是省察时节，前念已过，后事未来，是存养时节。存养者，存此心本体之正；省察者，惟恐此心之用或失之不正，而求以正之也。宜仔细看《章句》之二‘察’字及三四‘存’字。”【通考】黄氏洵饶曰：“心有所忿懥等，此即戒惧工夫。不得其正，谓不知察。诚意两言慎独，此章只是戒惧工夫，观《章句》‘敬以直内’四字可见。此与《中庸》‘恐惧’不同，《中庸》恐惧与戒惧是一事，此恐惧与忧患是一类也。心，感物而动者。‘察’字向内察，‘欲动’见得浅，忿怒之著。‘情胜’见得深，忿怒之留。恐好忧，阳也；惧乐患，阴也。忧是事之将来，患是忧之已至。恐其事之将至，畏其事之已临。”吴氏季子曰：“忿懥恐惧、好乐忧患与生俱生，触物而动，皆人之所不能无者也，特不可有其所有耳。若有其所有，先以一端横于胸中，则凡事物之来，吾心所以应之者，自然偏倚而不合乎当然之理，盖以先入者为主耳。故自其有所忿懥也，则惟见夫顽之可疾，恶之可恶，虽有不必疾恶者，亦将以忿戾

---

① 西山真氏：真德秀(1178—1235年)宋蒲城人，字景元，后改希元。宁宗庆元五年进士，官至参知政事。世称西山先生，谥文忠。德秀初有重名，及为宰相，首以尊崇道学正心诚意劝理宗。其学以朱熹为宗，著有《大学衍义》、《文章正宗》、《西山集》等。《宋史》有传。

之心而逆之，焦然不得宁矣。自其有所恐惧也，则惟见夫痛之可惊，祸之可畏，虽有不必惊畏者，亦将以战栗之心处之，凛然不敢安矣。好乐固不能无，然一有诸己则曰好色，曰乐逸游，皆得以欲而胜理。忧患固不能无，然一有诸己则曰忧贫，曰患得患失，皆能以人而胜天。有也者，滞留于胸中而不能化，封闭于方寸而不释者也。故以疑心观物，而物之可爱者反可憎；以私心逐物，而物之可恶者反可喜。是岂忿懥恐惧好乐忧患之为非哉？特有之则不可耳。”

心不在焉，视而不见，听而不闻，食而不知其味。

心有不存，则无以检其身，是以君子必察乎此而敬以直之，然后此心常存而身无不修也。朱子曰：“心若不存，一身便无主宰。”“敬，是常要此心在这里；直，是直上直下无纤毫委曲。”问：“视而不见，听而不闻，只是说知觉之心，却不及义理之心。”曰：“才知觉，义理便在此。才昏，便不见了。”双峰饶氏曰：“四不得其正，言心不正也。‘视不见’以下，言身不修也。言此而不言所以正心修身者，已具于《诚意章》故也。声色臭味，事物之粗而易见者耳。心之精神知觉，一不在此，则于粗而易见者已不能见，况义理之精者乎？传者之意，盖借粗以明精耳。”蛟峰方氏曰：“上一节，说有心者之病，心不在焉一节，说无心者之病，上节说心不可有所偏主，此节说心不可无所存主。不可有者，私主也；不可无者，主宰之主也。心有存主，则群妄自然退听而心正身修矣。然则中虚而有主宰者，其正心之药方也欤？”新安陈氏曰：“朱子于此又下一‘察’字，且曰‘敬以直之’，以足《大学》本文未言之意，提出正心之要法以示万世学者。”【通考】黄氏洵饶曰：“心不正，以义理言；心不在，以知觉言。《章句》云‘敬以直之’，此‘直’字直上直下，无纤毫委屈。”吴氏季子曰：“人心惟危，道心惟微，差之毫厘，缪以千里，君子所以于意诚之后，尤不可不用功于此。君子之学切切于正心者，岂有他哉？心者身之主，身者心之役。目之于色，耳之于声，口之于味，鼻之于臭，四肢之于安佚，皆不能以自适其所欲，而一切听命于吾心，心之所之，然后之焉。故视不以目而以心，否则泰山隤前而不瞬矣；听不以耳而以心，否则雷霆静听而不闻矣；食不以口而以心，否则食焉而知味者亦鲜矣。盖此心放焉而不知收，则虽视犹不视，虽听犹不听，虽食犹不食耳。攫金不见市人，心不在市人也；听古乐，唯恐卧，心不在古乐也；当食而失匕箸，心不在匕箸也。由失观之，欲修身者，其可不收敛此心而使在吾方寸间乎？心在，则可以检束吾身，虽不期修而自修矣。反复此章而细绎之，始言戒忿懥恐惧、好乐忧患之差，病痛只‘有’一字，终焉求视听食之正，工夫只一‘在’字。”

此谓修身在正其心。【通考】黄氏洵饶曰：“上八者原其心不正，心不在，原其身不修。甚言心不正之害，深浅可见。”

右传之七章。释正心修身。【通考】朱氏公迁曰①：“伯兄克履云：‘《大学》经言正

① 朱氏公迁：朱公迁，字克升，梧冈子，有家学，历婺、处二州教授，辟兵转徙栝、歙、信之间，已而以病归里。尝题其室曰“高明之所”，学者称为明所先生。所著有《四书通旨》、《四书约说》、《诗经疏义》。《宋元学案》卷八十三有《教授朱明所先生公迁》。

心，是兼体用言；传言所以正心之道，是专以用言。盖制于外，所以养其内也。'"勿轩熊氏曰："上章'知'字'意'字，虽皆指心言，是就心之知觉处说，'意'字是就心之发念处说，至此章方直指心之全体，学者必以此心之全体，湛然虚明，无所系累，则其大用流行，自无不得其正。三节身修视听饮食，皆就身说。按'心'之一字，始于《虞书》，人心道心便是善恶关头。惟精者，致知也，察于人心道心之间，而明于择善也。唯一者，诚意也，专以道心为人，而诚于为善也。允执厥中，则无不正矣。汤之制心，武之宅心，孔子之心不逾矩，颜渊之心不违仁，皆此心也。有所好乐，偏于喜也；有所忿懥，偏于怒也；忧患恐惧，偏于忧惧也。"此亦承上章以起下章。盖意诚则真无恶而实有善矣，所以能存是心以检其身。朱子曰："意诚，然后心得其正，自有先后。"新安陈氏曰："此言意诚而后心可得而正，盖其序之不可乱者。"【通考】黄氏洵饶曰："检束也。"然或但知诚意，而不能密察此心之存否，则又无以直内而修身也①。新安陈氏曰："此言诚意，又不可不正其心，乃其功之不可缺者。""或谓意诚则心正。"朱子曰："不然，这几句连了又断，断了又连，虽若不相连缀，中间又自相贯。譬如一竿竹，虽只是一竿，然其间又有许多节。意未诚，则全体是私意，更理会甚正心。然意虽诚了，又不可不正其心。""或谓诚意，则心之所发已无不实，又何假于正心之功。"云峰胡氏曰："意欲实而心本虚，实其意，则好恶不偏于方发之初；虚其心，则喜怒不留于已发之后。"新安陈氏曰："下一句只说得末一边，未见得意者心之用，先本自虚中发出。当添一句云：'虚其心'，则本体不偏于未发之先，妙用不留于已发之后。"东阳许氏曰："'盖意诚'以下，言诚意然后能正心，'然或'以下，言既诚意又须正心。"自此以下，并以旧文为正。

所谓齐其家在修其身者：人之其所亲爱而辟焉，之其所贱恶而辟焉，之其所畏敬而辟焉，之其所哀矜而辟焉，之其所敖惰而辟焉②。故好而知其恶，恶而知其美者，天下鲜矣！辟，读为僻。恶而之恶、敖、好，并去声。鲜，上声。

人，谓众人。之，犹于也。辟，犹偏也。朱子曰："古注辟，音譬，窒碍不通，只是'辟'字便通，况此篇自有'僻'字，'辟则为天下僇'是矣。"五者，在人本有当然之则；然常人之情惟其所向而不加察焉，新安陈氏曰："此章朱子亦以'察'字言之，兴国本作'察'，他本作'审'者，非。"则必陷于一偏而身不修矣。西山真氏曰："'偏'之一字，为修身齐家之深病。"朱子曰："正心修身两段，大概差错处皆非在人欲上，皆是人合有底事，如在官街上差了路。""忿懥等，是心与物接时事；亲爱等，是身与物接时事。""之所亲爱，如父子当主于爱，然父有不义，不可以不争。子有不肖，亦不可不知教之。之所敬畏，如君固当敬畏，然若当正救责难，也只管敬畏不得。贱恶固可恶，或尚可教，或有长处，亦当知之。"问："敖惰恐非好事?"曰："此如明镜之悬，妍丑随其来而应之，不成丑者至前，亦唤做妍者。又敖惰是轻，贱恶是重，既贱恶得，如何却不

① 直内：使内心正直。
② 敖惰：简慢。

得敖惰？然传者犹戒其辟，则须检点，不可有过当处。”“哀矜，如有大奸，方欲惩之，被他哀鸣恳告，又却宽之，这便是哀矜之偏处。”“五者，各自有当然之则，只不可偏。如人饥而食，只合当食，食才过些子，便是偏。渴而饮，饮才过些子，便是偏。如爱其人之善，若爱之过，则不知其恶，便是因其所重，而陷于所偏，恶恶亦然。下面说人莫知其子之恶，莫知其苗之硕，上面许多偏病不除，必至于此。”北溪陈氏曰：“敖，只是简于为礼。惰，只是懒于为礼。有一等人，上非可爱，次非可敬，只是平平人，接之自令人简慢。”问：“‘人之其所亲爱而辟焉’一章，终未见身与物接意思？”潜室陈氏曰①：“接此五种人，便有此五种辟，岂不是身与物接。”玉溪卢氏曰：“好而知其恶，是亲爱之不偏，恶而知其美，是贱恶之不偏。二不偏，惟明德无不明者能之。所好且知其恶，则一家孰敢为恶，所恶且知其美，则一家孰不为善，如此则明德明于一家矣。”勿轩熊氏曰：“亲爱、畏敬、哀矜，指所爱之人言有此三等；贱恶、敖惰，指所恶之人言有此二等。偏于爱，则不知其人之恶；偏于恶，则不知其人之善。上下文相照应如此。”云峰胡氏曰：“或疑敖惰不当有，殊不知本文‘人’字，非为君子言，乃为众人言。《章句》曰‘众人’，又曰‘常人’是也。众人中固自有偏于敖惰之人，如下文人莫知其子之恶、苗之硕，亦泛言多溺爱贪得之人也。两‘人’字示戒深矣。”【通考】吴氏季子曰：“齐之为言，整齐严肃之义也。《易》之《家人》曰：‘父父子子、兄兄弟弟、夫夫妇妇，而家道正。’盖父尽其所以为父，子尽其所以为子，兄尽其所以为兄，弟尽其所以为弟，夫尽其所以为夫，妇尽其所以为妇，而后家道始正矣。正非齐之谓乎？然其《象》又曰：‘风自火出，家人。君子以言有物而行有常。’举家道之正，而蔽之以言有物行有常，是家之齐必本于身之修，明矣。夫一家之内，所谓父子兄弟夫妇者，虽皆骨肉，然气有清浊、昏明之异，则性有刚柔、缓急之殊，嗜好趋向如十指然，不能以一律齐也。故以尧为父而有朱之淫，以舜为兄而有象之傲，以尹吉甫为夫而有后妻之谗，人情之不齐也如此。今吾将使其父父子子、兄兄弟弟、夫夫妇妇，截然整齐严肃，以视吾之仪，听吾之倡，而无复紊乱于其间者。傥非吾身之修，有以使人之心悦诚服，人谁听之？人孰不欲身之修也，卒至于身之不修者，接物应事之际，轻重厚薄，一有所偏，则虽欲其修，不可得矣，且喜怒哀惧爱恶欲，谓之张情，与生俱生，则若亲爱贱恶畏敬哀矜傲惰，皆人情之所不能免者，倘施之而合宜，则亦何不可之有？惟夫失于偏重，展转相之，遂至忘返，而言行之间，内怀愧怍者始多矣，谓之身不修可也。故亲爱，人情之所不能无也，自其偏于亲爱而亵狎，生焉，曰亵狎则是身不修矣。彼见亵狎者恃恩而骄，必荡佚而不可律，其能使之齐乎？贱恶，人情之所不能无也，自其偏于贱恶而忿疾生焉，曰忿疾，则是身不修矣。彼遭忿疾者失欢而怨，必狼戾而不可训，其能使之齐乎？畏敬以事长而言一偏，则为足恭，父母有失，无柔声以谏之义，非所以修身，亦非所以齐家也。哀矜以慈幼而言，一偏则为姑息，无嗃嗃悔厉之容，非所以修身，亦非所以齐家也。傲惰以

① 潜室陈氏：（明）戴铣辑《朱子实纪》卷八：“陈埴，字器之，永嘉人，擢第授通直郎，学者称潜室先生，所著有《禹贡辩》、《洪范解》、《王制章句》、《木钟集》。”

不屑教诲而言，一偏则为侮慢，无意谕色授之益，非所以修身，亦非所以齐家也。凡人之情蔽于一偏，则中心好之者，唯见其美而不见其恶，中心恶之者，惟见其恶而不见其美。爱而知其恶，憎而知其善者几希矣。”

故谚有之曰：“人莫知其子之恶，莫知其苗之硕。”谚，音彦。硕，协韵，时若反①。

谚，俗语也。溺爱者不明，贪得者无厌，是则偏之为害，而家之所以不齐也。双峰饶氏曰：“之其亲爱等而辟者，言身之不修也。莫知其子之恶，言家之不齐也。大意谓惟其溺于一偏，故好不知其恶，恶不知其美，惟其身不修，故家不齐。当看两‘故’字。人之其所亲爱而辟，为凡为人者言；莫知子之恶，姑举家之一端言之。”玉溪卢氏曰②：“子之恶、苗之硕，皆就家而言。”云峰胡氏曰：“心与物接，唯怒最易发而难制，所以前章以忿懥先之；身与事接，唯爱最易偏，故此章以亲爱先之。至引谚曰，只是说爱之偏处。人情所易偏者，爱为尤甚，况闺闼之内，义不胜恩、情爱比昵之私，尤所难克。身所以不修，家所以不齐者，其深病皆在于此。”【通考】黄氏洵饶曰：“好恶而知其恶美，是好恶得其正。苗之硕，苗之至盛也。”吴氏季子曰：“爱憎根于内，而美恶变于前。若考作室，乃弗肯堂，犹以为其子之克家也。倬彼甫田，岁取十千，犹以为其苗之不长也。大抵家之不齐，始于身之不修，而身之不修，则以其情之有所偏耳。身之不修如此，而欲化行于闺门之内，胡可得哉？此谓身不修不可以齐其家。夫君子之方寸，如镜斯明，物之鉴者，妍媸自生，镜何心焉？如衡斯平，物之称者，轩轻自形，衡何意焉？苟非身端而行治，其孰能与于此？夫是以闺门之内不言而喻，不戒而孚。一唯一诺，无非教化之所寓，虽不使之齐而自齐矣。此章历举‘亲爱’以下之五事，而谆勤反复，深戒其辟，旨哉言乎？”

此谓身不修不可以齐其家。

问：“如何修身专指待人而言？”朱子曰：“修身以后，大概说向接物待人去，又与只说心处不同。要之根本之理则一，但一节说阔一节去。”钱氏曰③：“上章四个‘有所’字，此章六个‘辟’字，其实皆心之病，但上四者，只是自身里事，此六者却施于人，即处家之道也。”双峰饶氏曰：“身以心为之主，而心以意为之机，人所以之其亲爱等而辟者，以其心之不正耳；心所以有忿懥等则不得其正者，以其意之不诚耳。意苟诚矣，

---

① 协韵：古人把古韵和今韵相协调的一种读法。

② 玉溪卢氏：（清）鲁曾煜撰《（乾隆）福州府志》卷五十九：“卢孝孙，字玉溪，闽县人。奉亲孝养，笃志好学，研究伊洛之书，深契其旨。著书立说，发明见于《性理大全》，学者宗之。卒葬藤山。”另：（清）倪灿撰《补辽金元艺文志》载：“卢孝孙《四书集义》一百卷，《四书集略》四十二卷。”

③ 钱氏：（宋）钱时。《宋元学案》卷七十四《帅属钱融堂先生时》：“钱时，字子是，淳安人，慈湖高弟。读书不为世儒之习，以易冠漕司。既而绝意科举，究心理学，江东提刑袁蒙斋甫建象山书院，招主讲席，学者兴起，大抵发明人心，指摘痛决，闻者皆有得焉。”“所著书有《周易释传》、《尚书演义》、《学诗》、《四书管见》、《春秋大旨》、《两汉笔记》、《蜀阜集》、《冠昏记》、《百行冠冕集》，人称为融堂先生。”此条“钱氏曰”引文见于钱时《融堂四书管见》卷十二。

则忿懥等之必谨其独而毋敢失其正，亲爱等之必谨其独而毋敢流于僻，是知诚意即正心修身之要也。《章句》所以丁宁之以‘密察’、加‘察’，即谨独之谓也。有所忿懥等而能密察，是谨独以正其心也；之其所亲爱等而能加察，是谨独以修其身也。《章句》于二章‘察’之一字，凡四言之，省察之工夫，岂非自《诚意章》之谨独而发哉！不特《正心修身章》为然也，由是而齐家、治国、平天下，无往不自谨独出焉。传于释《齐家治国章》曰：‘心诚求之。’释《平天下章》曰：‘忠信以得之。’曰‘诚求’，曰‘忠信’，皆诚其意之谓也。诚其意，即谨独之谓也。故程子论天德王道，皆曰：‘其要只在谨独。’论出门使民，亦曰‘惟谨独便是守之之法’，可谓得其要矣。”【通考】黄氏洵饶曰：“此章甚言偏之为害，至莫如其子之恶，深浅又可见。此独反结者，修身是明明德工夫紧要处。变文应经文修身也。”

右传之八章。释修身齐家。【通考】勿轩熊氏曰：“‘修身’二字本于《虞书》‘汤检身若不及’，文王之聿修厥德，孔子修己以敬，曾子三省吾身，皆是。学者心既正，而犹有待于修身者，内外夹持，动静交养，工夫无一节可阙也。”

所谓治国必先齐其家者，其家不可教而能教人者，无之。故君子不出家而成教于国：孝者，所以事君也；弟者，所以事长也；慈者，所以使众也。弟，去声。长，上声。

身修，则家可教矣；因家不可教，而推家所以可教之由，实自修身始。孝、弟、慈，所以修身而教于家者也；然而国之所以事君事长使众之道不外乎此。‘此’字，指孝弟慈而言。此所以家齐于上，而教成于下也。朱子曰：“上面说不出家而成教于国，下面便说所以教者如此。此三者，便是教之目。”“孝者，所以事君；弟者，所以事长；慈者，所以使众。此道理皆是我家里做成了，天下人看着，自能如此，不是我推之于国。”“孝以事亲，而使一家之人皆孝；弟以事长，而使一家之人皆弟；慈以使众，而使一家之人皆慈。是乃成教于国者也。”陈氏曰：“在我事亲之孝，即国之所以事君者；在我事兄之弟，即国之所以事长者；在我爱子之慈，即国之所以使众者，能修之于家则教自行于国矣。”玉溪卢氏曰：“孝、弟、慈三者，明德之大目，人伦之大纲，举此可该其余矣。”云峰胡氏曰：“‘修身’以上，皆是学之事；齐家治国，方是教之事。所以此章首拈出‘教’之一字，然其所以为教者，又只从身上说来。孝弟慈，所以修身而教于家者也，独举三者，盖从‘齐家’上说。一家之中有父母，故曰孝；有兄长，故曰弟；有子弟仆隶，故曰慈。事君事长使众，方从‘治国’上说。”吴氏曰：“传只言治国先齐其家，《章句》并修身言之，推本之论也。孝弟慈，体之身则为修其身，行之家则为齐其家，推之国则为治其国，天理人伦，一以贯之而已，况家有父犹国有君，家有兄犹国有长，家有幼犹国有众，分虽殊，理则一也。”【通考】吴氏季子曰：“君子之教自小而之大，约而之博，自近而之远。盖大者小之推，博者约之推，远者近之推也。今以‘家’对‘国’而言，则此为小，而彼为大；以‘孝、弟、慈’对‘事君、事长、使众’而言，则此为约，而彼为博。孝施于父，弟施于兄，慈施于子，以若君、若长、若众较之，则远近又不待辨而明矣。自常情观之，惟辟作福，惟辟作威，莫难事者，君也；设官分职，各率其属，莫难事者，长也；林林而生，总总而群，莫难事者，众也。然君子于此盖有简而易行、要而易守者，不过反求之家耳。家果齐耶？则所谓事君在此，所谓事长、所谓事众者亦在此。否则，施之家且不可，如国何？夫国之本在家，家不可教而欲教其国人，则是表不正而求其影之直，无是理也。教之如何？曰孝弟慈而已矣。冬温夏凊，昏定晨省，孝于其父者为无愧，则施之事君，必能效责难之恭，尽陈善之敬，移其事父之孝以为忠矣。伯氏吹埙，仲氏吹篪，弟于其兄者为无慊，则施之事长，必能守靖共之节，崇推逊之风，移其事兄之弟以为顺矣。父兮生我，母兮鞠我，慈于其子者为无欠缺，则必能充泛爱之念，推博施之恩，所谓使众者，亦不过举斯心而加诸彼耳。或事君，或事长，或使众，其本末若甚宏阔，其节目若甚繁多，其施为若甚纤悉，然大原大本固已具于一家之内，不待舍此而他求也。古之君子惟能反求于此，而知所用力焉，故身不出于其家，而教自行于其国，断断乎不可诬也。"

《康诰》曰"如保赤子①"，心诚求之，虽不中不远矣。未有学养子而后嫁者也！中，去声。

此引《书》而释之，又明立教之本不假强为，在识其端而推广之耳。朱子曰："孝弟虽人所同，有能守而不失者鲜，惟保赤子，罕有失者，故特即人所易晓者以示训，亦与孟子言见孺子入井之意同。保赤子，慈于家也。如保赤子，慈于国也。""保赤子是慈，如保赤子是使众。心诚求赤子所欲，于民亦当求其不能自达者，此是推慈幼之心以使众也。""此且只说动化为本，未说到'推'上，后方全是说'推'。"黄氏曰："言但以诚心求之，则自然得赤子之心，不待勉强而后知之也。"三山陈氏曰②："赤子有欲不能自言，慈母独得其所欲，虽不中亦不远者，爱出于诚，彼已不隔，以心求之，不待学而后能也。"玉溪卢氏曰："引《书》即慈之道，以明孝弟之道也。'立教之本'，本者，明德是已。'在识其端'，端者，明德之发见，为孝、弟、慈是已。"仁山金氏曰③："此段《章句》：本章首'教'字，三者俱作'教'说，不作'推'说。'立教之本'，说孝弟慈。'不假强为'，说未有学养子而后嫁。'在识其端而推广之'，说心诚求之。"云峰胡氏曰："孝、弟、慈，皆人心之天，此独言慈者，世教衰，孝弟或有失其天者，独母之保赤子，慈之天未有失者也。大要只在'心诚求之'一句上，举其慈之出于天者，庶可以触其孝弟之天，孝弟亦在乎诚而已。"新安陈氏曰："'立教之本'，总言孝、弟、慈。传引《书》只言慈幼，《章句》乃总三者言之，盖因慈之良知良能，而知孝弟之良知良能，皆不假于强为，只在识其端倪之发见处，而从此推广去耳。"东阳许氏曰："保赤子，是父母爱子

---

① 如保赤子：《尚书·周书·康诰篇》作"若保赤子"。

② 三山陈氏：(明)戴铣辑：《朱子实纪》卷八："陈孔硕，字肤仲，号北山，侯官县人。淳熙二年进士，历官中大夫秘阁修撰。所著有《庸学讲义》、《北山集》。"

③ 仁山金氏：金履祥(1232—1303 年)，元兰溪人，字吉父，自号次农。尝师事王柏、何基，其学以朱熹为宗。值南宋将亡，履祥遂绝意进取。入元亦不仕，穷究义理，致力著述。晚年讲学丽泽书院，所居在仁山下，学者称仁山先生。其弟子著名者有许谦、柳贯。著有《尚书表注》、《大学章句疏义》、《论语孟子集注考证》、《仁山集》等。《元史》入《儒学传》。

之心，如保者，是言君养民，亦当如父母之保赤子。赤子不能言，父母保之，虽不中不远，况民之能言而意易晓者，所欲与之聚，所恶勿施，虽不中民之心，亦不远矣。”【通考】黄氏洵饶曰：“‘齐家’以下，皆就身上说。孝、弟、慈是仁，‘仁’字自‘止于仁’处来，孝弟慈是明明德，明明德是人所同得，非家喻户晓也。《平天下章》老老、兴弟、恤孤即此三者，是人人所同也。”吴氏季子曰：“夫赤子之在襁褓，寒则欲衣，饥则欲食，疾痛则欲抚摩，痒疴则欲抑搔，盖与成人等耳。然其所欲了然于心而未能宣之以言，则夫为之保抱携持者，莫难于求其中心之所向。是故察之乳哺焉，察之卧起焉，察之声音笑貌焉，不待赤子之言，而自然阴合乎赤子之意，此父母之心最真实而无妄者也。人患不用心耳，使其用心亦如父母之于赤子，则虽不能尽中斯民之所欲，而相去不远矣。譬之处子，然既嫁则有为人母之道，方其未嫁也，岂有先学字幼而后适人者哉？要其字幼也，亦不过以真实无妄之心而求之耳。诚者，真实无妄之谓也。圣贤教人每以真实无妄为先，盖尝以如好好色，如恶恶臭明之矣。好好色、恶恶臭之诚，即保赤子之诚，皆人心之自然而未有以伪为之者也，圣贤可谓能近取譬矣。昔者夫子之告曾子曰：‘事亲孝，故忠可移于君，事兄弟，故顺可移于长，居家理，故治可移于官。’而孟子亦曰：‘老吾老以及人之老，幼吾幼以及人之幼。’古之人所以大过人者无他焉，善推其所为而已矣。夫子之所谓‘移’，孟子之所谓‘推’，其《大学》之所谓‘如’乎？明乎此，则《大学》之义粲然矣。或谓上文以孝、弟、慈三者并列而言之，下文乃独举如保赤子以明使众之慈，何也？曰，此举一隅以反三隅者耳。孝、弟、慈三者，皆人心之所同，然而世降俗末，则薄于孝弟，而厚于慈者多矣。人之赤子之当慈也，虽暴戾之夫，顽狠之人，一见赤子，则慈爱之心油然而生，盖不待教而能者。至于妻子具而孝衰，则途之人皆然，而□墙之争，抑又多矣。是孝弟者，非士君子鲜知之，而慈之一端，尤人之所易晓者也。圣贤以其易晓者而晓之，使天下后世知保赤子之慈，则知事亲之孝、事兄之弟矣；知使众之不出于慈，则知事君事长之不出于孝弟矣。循是而行之，则自家至国，自齐至治，虽不出户可也。”

一家仁，一国兴仁；一家让，一国兴让；一人贪戾，一国作乱：其机如此。此谓一言偾事，一人定国。偾，音奋。

一人，谓君也。机，发动所由也。偾，覆败也。此言教成于国之效。朱子曰：“一家仁，一国兴仁；一家让，一国兴让；自家礼让有以感之，故民亦如此兴起。自家好争利，却责民间礼让，如何得他应？”“‘一家仁’以上，是推其家以治国；‘一家仁’以下，是人自化之也。”双峰饶氏曰：“‘仁’、‘让’是本上文‘孝弟’而言，仁属孝，让属弟。贪戾者，慈之反也。上言不出家而成教于国底道理，此言不出家而成教于国底效验。”玉溪卢氏曰：“仁让，善也，接上文孝弟言。贪戾，恶也，贪则不让，戾则不仁。有善无恶之理虽原于天，而为善为恶之机实由于君。仁让之化，必待行于家而后行于国；贪戾之失，才自于君而即见于国。从善如登，见其难；从恶如崩，见其易，机之所在，可畏如此，可不谨欤？偾事、定国，盖古语，观‘此谓’二字可见，引以证上文。”仁山金氏曰：“定国谓之一人，盖总一身而论，偾事谓之一言，则不过片言之间，善恶功效之难易，尤为可惧也已。”新安陈氏曰：“一家仁让，而一国仁让，家齐而国治也；一人才贪戾，而一国即作乱，身不修则家国即不齐不治也。机者弩牙，矢之发动所由，譬仁让之兴，其机由一家，悖乱之作，其机由一人，故总断云‘其机如此’。‘一言偾事’，结‘作乱’句；‘一人定国’，结‘兴仁让’句。”东阳许氏曰：“仁让必一家，方能一国化；贪戾只一人，便能一国乱。至于偾事，又只在人之一言，以此见为善难，为恶易，不可忽如此。”【通考】吴氏季子曰：“天地之间，惟感应为甚速。我以此感，则彼以此应，如矢赴的，瞬息不留，是之谓机。仁让贪戾，其一家一国之机欤？夫恻隐根于仁，辞让本于礼，仁与让盖人性之所同得也；贪者欲之极，戾者怒之偏，贪与戾亦人情之所不能免也。凡民之生，靡不如此。彼其机括伏于胸中，莫或击触，则虽有是仁让而不能自兴，虽有是贪戾而何至于乱？一旦为民上者能使父慈子孝而一门之内皆有仁，兄友弟恭而一门之内皆让，则我之机触彼之机，通国上下，激昂奋发，虽欲不为仁，不能自已也，虽欲不为让，不能自遏也；自其一念之贪而形之于事者无不贪，一念之戾而施之于政者无不戾，则我之机触彼之机，通国上下，熏蒸濡染，沦胥于贪，不夺不餍也，相挺为戾，不竞不止也。一国者，一家之推也，发乎迩，则见乎远；一人者，一国之表也，出乎身，则加乎民。鼓钟于宫，声闻于外’，‘鹤鸣在阴，其子和之’，至不可诬也。昔阳城兄弟友爱①，奴亦化之，一家之仁耳，晋之鄙熏而善良者几千人，一国之仁也。穷而在下者如此，况达而在上者乎？东郡民感韩延寿之化，昆弟愿以田相移，终死不敢复争，一家之让耳，郡中翕然传相敕厉，二十四县莫以讼言，一国之让也。贱而为民者如此，况而为君者乎？晋武帝卖官而钱而入私门，其始不过一人之贪耳，迨夫钱神之论一兴，风俗陵夷，卒成刘石之难，海内涂炭，岂非一国之乱乎？梁惠王糜烂其民而战之，其始，不过一人之戾耳，迨夫东败于齐，南辱乎楚，西丧地于秦，则虽所爱子弟亦不免于死，岂非一国之乱乎？夫惟贪戾之害如彼，故虽一言之微而或至于偾事，夫子所谓‘一言而丧邦’者是也；夫惟仁让之效如此，故虽一人之寡而亦可以定国，孟子所谓‘以正君而国定’者是也。古之圣贤所以孜孜然，汲汲然，诚意正心，以除贪戾之根，修身齐家以立仁让之的，盖亦曰一身之举动，一家之趋向关焉，一家之习尚，一国之观瞻系焉，其机甚可畏也。传《大学》者揭‘机’之一语以晓天下后世，其警之也深矣。文公曰：‘机，发动所由也。’未‘所由’二字，则夫仁之为仁，让之为让，不发于人而发于我，贪之为贪，戾之为戾，不动于彼而动于此，明矣。学者盖亦审其发，而谨其动也哉。”

尧舜帅天下以仁，而民从之；桀纣帅天下以暴，而民从之；其所令反其所好，而民不从。是故君子有诸己而后求诸人，无诸己而后非诸人。所藏乎身不恕，而能喻诸人者，未之有也。好，去声。

此又承上文一人定国而言。新安陈氏曰：“民之仁暴，惟上所帅，帅之以所好，则

---

① 阳城兄弟：指古代阳城兄弟五人，因相友爱而不忍离，遂终身不娶。毛奇龄《西河集·敕封文林郎轶秦钱君墓志铭》：“昔阳城兄弟五人，以友爱不忍离寝处，约兄弟各不娶，全友爱也。”阳城，字亢宗，新、旧《唐书》皆有传。

民从。如好暴而令以仁，所令与所好反，民弗从矣。”有善于己，然后可以责人之善；无恶于己，然后可以正人之恶。皆推己以及人，所谓恕也。蛟峰方氏曰①：“此章是如治己之心，以治人之恕。《絜矩章》是如爱己之心，以爱人之恕。”【通考】黄氏洵饶曰：“有诸己，无诸己，忠也；求诸人，非诸人，恕也。所藏，主也，即《尚书》所谓‘违上所命，从厥修好’之意。”不如是，则所令反其所好，而民不从矣。喻，晓也。问：“此章言治国，乃言‘帅天下以仁’，又似说平天下；言‘有诸己’，又似说修身。何也？”朱子曰：“圣贤之文简畅，身是齐治平之本，治国平天下自是相关，岂可截然不相入。”“寻常人若有诸己，又何必求诸人？无诸己又何必非诸人？如孔子说‘躬自厚而薄责于人’，‘攻其恶，无攻人之恶’。至于《大学》之说，是有天下国家者，势不可以不责他。大抵治国者，禁人恶，劝人善，便是求诸人，非诸人。”三山陈氏曰：“己有此善，然后可以求人有此善；己无此恶，然后可以非人有此恶，皆己先之也。”双峰饶氏曰②：“无善而欲责人，有恶而欲禁人，是无己可推而欲及人也。此章虽释齐家治国，然自‘一人贪戾’以下，皆归重人主之身，此乃极本穷原之论。”问：“恕者推己及人，却说所藏乎身？”曰：“恕有首有尾，藏乎身者其首，及人者其尾也。忠是恕之首，《治国平天下章》皆说恕，此章言有诸己、无诸人，是要人于修己上下工夫，其重在首。下章言所恶于上、无以使下等，是要人于及人上下工夫，其重在尾。两章互相发明。”仁山金氏曰：“治国者必有法制号令，以禁民为非而律民以善，虽桀纣之世亦所必有，但其所好则不若此，故民从其所好，不从其所令。所以治国者，在反求诸己，乃政令之本。”“藏乎身者，自其尽己处言之，恕者，自其推己处言之；所藏，是指有诸己、无诸己者也，恕，是指求诸人、非诸人者也。所藏乎身不恕，谓所藏于己者，未有可推以及人，如何能喻诸人？然所谓尧舜帅天下以仁，以己及物者也，仁也。所谓有诸己而后求诸人，无诸己而后非诸人，推己及物者也，恕也。至所谓桀纣帅天下以暴，不仁者也；所藏乎身不恕，反上文也。”云峰胡氏曰：“此一‘恕’字，人皆知其以推己之恕言，不知‘藏乎身’三字，已带尽己之忠言矣。此章‘有无’二字，必自《诚意章》相贯说来，天下未有无忠之恕，上文‘心诚求之’，即是诚意之诚，非有二也。诚意者，如恶恶臭如好好色，皆务决去而求必得之。求必得之，则有诸己矣；务决去之，则无诸己矣。”新安陈氏曰：“有善无恶于己，尽己之忠也；推己以责人正人，由忠以为恕也。忠即恕之藏于内者，恕即忠之显于外。所藏乎身不恕，无藏于内之忠而欲为恕，是乃程子所谓‘无忠做恕不

---

① 蛟峰方氏：方逢辰。《宋元学案》卷八十二《尚书方蛟峰先生逢辰》：“方逢辰，字郡锡，淳安人也，学者称为蛟峰先生。元名梦魁，淳祐九年进士第一，御笔特赐改名。”“至元二十八年卒，所著有《孝经解》一卷，《易外传》、《尚书释传》、《中庸大学注释》若干卷，《格物入门》一卷、《蛟峰集》六卷。先生之学，以格物为穷理之本，以笃行为修己之实。终身顾未尝有师承，盖淳安之学皆宗陆氏，而先生独为别派也。”

② 双峰饶氏：饶鲁，宋余干人，字伯与。从黄幹游，为朱熹再传弟子。累荐不起。四方来学者众，作朋来馆以居学者。又建石洞书院，前有两峰，因号双峰。及卒，门人私谥文地。著有《五经讲义》、《语孟纪闻》、《学庸纂述》等书。见《宋元学案》卷八十三《双峰学案》。

出'者也，其能喻人者无之。"【通考】吴氏季子曰："克让者，一尧耳，而黎民以之时雍；好生者，一舜耳，而四方以之风动。率天下以仁者，民之从何如也！虐民者，一桀耳，而其徒之附势实繁；毒痡者，一纣耳，而小民之敌雠相继。率天下以暴者，民之从何如也？然则仁让之风，贪戾之祸，自身而家，自家而国，自国而天下，次第相承，盖同此一机耳。'氓之蚩蚩'，至愚也，然上之所令与其所好同，则从之，上之所令与其所好异，则不从，何哉？故以身率之则易，以令驱之则难。此理之常，无足怪者。夫自后王君公而下，至于大夫师长，各率其众之多寡，虽若不侔，而其统御之道皆必先己后人。惟己之仁也，而后可以使人之仁；惟己之敬也，而后可以使人之敬：惟己之效也，而后可以使人之孝；惟己之慈也，而后可以使人之慈。行于己者，其所好也，使人从己者，其所令也。若令之以仁，而其所好者非仁也，令之以敬，而其所好者非敬也，令之以孝且慈，而其所好者非孝非慈也，是谓所令反其所好，民胡为而从之哉？君子知夫民之从好不从令也，是故有诸己而后求诸人。欲责人之为善，必先反而思之，曰：'己亦有此善乎？'一或无之，方且自愧之不暇，而何敢以此望人？无诸己而后非诸人，欲议人之为不善，必先反而思之，曰：'己能无此不善乎？'一或有之，方且自讼之不暇，而何敢以此尤人乎？大抵正己之事详，而正人之事略；律己之念重，而律人之念轻。味'而后'二字则可见矣。恕之为义曰推己，曰如心。推己云者，以待己之道而待人是也；如心云者，待人之心亦如待己之心是也。苟无诸己而求诸人，有诸己而非诸人，则其在吾身者已不能尽恕之义。彼见吾之所以治人者如此，而所以自治者乃如彼，则意向扞格，貌虽从而心不服，岂能使之喻哉。"

故治国在齐其家。

通结上文。【通考】韩氏古遗曰："再言治国在齐家，以应经文'其所厚者薄'。"吴氏季子曰："'故治国在齐其家'，此七字结前生后之语也。其下连引三诗，不厌重复，所以反复咏叹，发越言外深长之味，使人讽之于口而得之于心也。"

《诗》云："桃之夭夭，其叶蓁蓁；之子于归，宜其家人。"宜其家人，而后可以教国人。夭，平声。蓁，音臻。

《诗》，《周南·桃夭》之篇。夭夭，少去声。好貌。少，嫩也。蓁蓁，美盛貌。兴去声。也。于六义属兴。之子，犹言是子，此指女子之嫁者而言也。妇人谓嫁曰归。宜，犹善也。玉溪卢氏曰："可以教国人，应'其家不可教而能教人者，无之'之意。"

《诗》云："宜兄宜弟。"宜兄宜弟，而后可以教国人。

《诗》，《小雅·蓼音六。萧篇》。

《诗》云："其仪不忒，正是四国。"其为父子兄弟足法，而后民法之也。【通考】黄氏洵饶曰："宜其家人，仁也；宜兄宜弟，让也。正是四国，就身上说贪戾之反也。三引《诗》即《孟子》'刑下寡妻，至于兄弟，以御于家邦'之意。又发经文厚薄之意，此是血脉贯通处。"

《诗·曹风·鸤音尸。鸠篇》。忒，差也。问："父子兄弟足法，而后民法之，然尧舜不能化其子，周公不能和兄弟，是如何？"朱子曰："圣贤是论其常，尧舜周公是处其变。如不将天下与其子而传贤，便是能处变得好。若周公不辟管叔，周如何不乱？是不得已著恁地。而今且理会常底，今未解有父如瞽瞍，兄弟如管蔡，未论到变处。”三山陈氏曰：“说正四国及仁帅天下，皆是说到极处。”玉溪卢氏曰：“父子兄弟足法，仪之不忒也。民法之，四国之正也。教国人，是治国之事，所以明明德于其国；民法之，是国治之事，则明德明于其国矣。”新安陈氏曰：“足法，家齐而可以示法于人也，民法之，国人取法于己也。”

此谓治国在齐其家。

此三引《诗》，皆以咏叹上文之事，而又结之如此。其味深长，最宜潜玩①。三山陈氏曰：“古人凡辞有尽而意无穷者，多援《诗》以吟咏其余意。”玉溪卢氏曰：“此章言治国甚略，言齐家甚详，所以明齐家之道即治国之道，以人同此心，心同此明德故也。”仁山金氏曰：“三引《诗》，首引之子宜家，继引宜兄宜弟，何也？盖天下之未易化者妇人，而人情之每易失者兄弟。齐家而能使之子之宜家，兄弟之相宜，则家无不齐者矣，宜乎其仪不忒而足以正是四国也。自修身而齐家，自齐家而治国而平天下，有二道焉。一是化，一是推。化者，自身教而动化也；推者，推此道而扩充之也。故此一章并含两意：自章首至‘成教于国’一节是化；三‘所以’是推，‘如保赤子’，继慈者使众而言，是推；‘一家仁’以下一节是化，‘帅天下’一节是化；‘有诸己’一节，继所令反其所好而言，是推；三引《诗》是化。惟化则可推，惟推则皆化，非化则推不行，非推则化不周。”云峰胡氏曰：“《中庸》引《诗》明行远自迩之意，必先‘妻子好合’，而后‘兄弟既翕’。此三引《诗》，首以妇人之宜家人，而继以宜兄弟。盖家人离，必起于妇人，非刑于寡妻者，未易至于兄弟，亦未易御于家邦也。其示人以治国之在齐其家也，益严矣。”东阳许氏曰：“三引《诗》，自内以至外，妇人女子最难于化，而夫妇之间，常人之情，最易失于动不以正。化能行于闺门，则德盛矣，故引《诗》言夫妇为首，而兄弟次之，总一家言者又次之。”【通考】黄氏洵饶曰：“治国之仁让，兴于孝。又言一人贪戾，一国作乱，而遂及平天下。则深浅可见矣。”

右传之九章。释齐家治国。

所谓平天下在治其国者：上老老而民兴孝，上长长而民兴弟，上恤孤而民不倍，是以君子有絜矩之道也。长，上声。弟，去声。倍，与“背”同。絜，胡结反。

老老，所谓老吾老也。兴，谓有所感发而兴起也。孤者，幼而无父之称。絜，度待洛反。下同。也。矩，所以为方也。矩者，制方之器，俗呼曲尺，此借以为喻。言此三者，上行下效，捷疾业反。于影响，所谓家齐而国治也。新安陈氏曰：“上行，谓老老长长恤孤；下效，谓民兴孝兴弟，不倍。此即上章孝弟慈，所以不出家而成教于国者，《章句》接上章说下来。”亦可以见人心之所同，而不可使有一夫之不获矣。新安陈氏曰：“可见人同欲遂其孝弟慈之心，便当平其政以处之，不可使有一人之不得其所也。”是以君子必当因其所同，推以度物，物即人也。使彼我之间各得分去声。愿，则上下四旁均

① 潜玩：深入玩味。

齐方正，而天下平矣。朱子曰："老老长长恤孤，方是就自家切近处说，所谓家齐也。民兴孝兴弟不倍，是就民之感发兴起处说，治国而国治之事也。上行下效，感应甚速，可见人心所同者，如此。'是以君子有絜矩之道也'，此句方是引起絜矩事，下面方说絜矩，而结之云'此之谓絜矩之道'。""絜矩之说，不在前数章，却在《治国平天下章》，到此是节次成了，方用得。""先说上行下效，到絜矩处是就政事上说。若但兴起其善心，不使得遂其心，虽能兴起，亦徒然耳。如政烦赋重，不得养其父母，畜其妻子，又安得遂其善心，须是推己之心以及于彼，使彼仰足以事，俯足以育，方得。""能使人兴起者，圣人之教化也，能遂其兴起之心者，圣人之政事也。""矩者，心也，我心所欲，即他人所欲，我欲孝弟慈，必使他人皆如我之孝弟慈，不使一夫之不获方可，只我能如此，他人不能如此，即是不平矣。""絜矩，不是外面别有个道理，只便是前面正心修身底推而措之。"问："絜矩之道，是广仁之用否?"曰："此乃求仁工夫，正要著力，若仁者只是举而措之耳，不待絜矩而自无不平矣。絜矩，正是恕者之事。""兴孝、兴弟、不倍，上行下效之意，上章已言之矣。此章再举之者，乃欲引起下文君子必须絜矩然后可以平天下之意，不然，则虽民化其上以兴于善，而天下终不免于不平也。故此一章首尾，皆以絜矩之意推之，而未尝复言躬行化下之说。"问："上老老而民兴孝，下面接'是以君子有絜矩之道也'，似不相续，如何?"曰："这个便是相续，絜矩是四面均平底道理，教他各得老其老，各得长其长，各得幼其幼。不成自家老其老，教他不得老其老；长其长，教他不得长其长；幼其幼，教他不得幼其幼，便不得。'是以'二字，是结上文，犹言君子为是之故，所以有絜矩之道。""絜矩，如自家好安乐，便思他人亦欲安乐，当使无老稚转乎沟壑，壮者散而之四方之患，制其田里，教之树畜，皆比以推之。"双峰饶氏曰："矩，所以为方之具也。匠欲为方，必先度之以矩，欲平天下者，以何物为矩而度之，亦惟此心而已。絜者，以索围物而知其大小，度之义也。匠之度物，以矩为矩，君子之度人，以心为矩。"玉溪卢氏曰："矩，犹则也。明德至善，吾心本然之则也。以此齐家，絜矩于家也；以此治国，絜矩于国也；以此平天下，絜矩于天下也。絜矩之道，即明明德于天下之道也。"仁山金氏曰："首三句是化，絜矩是推，既有以化之，而兴其孝弟不倍之心，必有以推之，而遂其孝弟不倍之愿。推之者，莫大于从其所好，勿施所恶，所好在因其利，所恶在夺其利。"云峰胡氏曰："此章当分为八节。右第一节，言所以有絜矩之道，夫子十五志学，即此所谓大学，'志学'以下分知行，到末节方言不逾矩，是生知安行之极致。《大学》格物而下，亦分知行，到末章亦言絜矩，是致知力行之极功。矩者何? 人心天理当然之则也。吾心自有此天则，圣人随吾心之所欲，自不逾乎此则，故曰'不逾矩'；人心同有此天则，学者即吾心之所欲，以为施于人之则，故曰'絜矩只是一个矩字'。但不逾矩之矩，浑然在圣人方寸中，是矩之体；絜矩之矩，于人己交接之际见之，是矩之用。规矩，皆法度之器，此独曰矩者，规圆矩方，圆者动而方者止。不逾矩，即是明德之止至善。絜矩，即是新民之止至善。"

【通考】东阳许氏曰："此章分四节看。章首至'失众失国'，为一节。'是故君子'至'不善则失之'，为一节。'《楚书》'至'骄泰以失之'，为一节。自'生财有大道'至篇终，为一节。四节中分为小段看，第一节反复言絜矩，分五段。第一段，老老、长长、恤孤，是直从齐家上说来，即前章孝、弟、慈也。上之人尽孝、弟、慈，而民便兴起，可见人同有此明德而易化。然天下之大，兆民之众，须有规矩制度，使各守其分，是以己之心度人之心，品量位置，以为之限，则天下无不平矣。絜矩只是'度义'两字。上三句是化，絜矩是推，所推者只是'好恶'两字。"黄氏洵饶曰："《章句》云'分愿'即《谦》卦'称物平施'。"吴氏季子曰："人同一心，心同一理，我以此感，则彼以此应。且夫老吾老，非欲使民之孝也，而民自兴于孝；长吾长，非欲使民之悌也，而民自兴于悌；恤吾孤，非欲使民之不倍也，而民自有不倍之风。岂非通天下而一理，合千万人而一心乎？"

所恶于上，毋以使下；所恶于下，毋以事上；所恶于前，毋以先后；所恶于后，毋以从前；所恶于右，毋以交于左；所恶于左，毋以交于右：此之谓絜矩之道。恶、先，并去声。

此覆解上文"絜矩"二字之义。如不欲上之无礼于我，则必以此度下之心，而亦不敢以此无礼使之。不欲下之不忠于我，则必以此度上之心，而亦不敢以此不忠事之。至于前后左右，无不皆然，则身之所处上声，上下、四旁上下，已见上文。前后左右为四旁，四旁即四方也。长短、广狭，彼此如一，而无不方矣。彼同有是心而兴起焉者，又岂有一夫之不获哉。新安陈氏曰："有此絜矩之道以处之，则始焉兴起其孝弟不倍之心者，今果得以遂其心矣。"【通考】黄氏洵饶曰："'絜矩'二字，亦自经文'能虑'来，《章句》所谓'处事精详'者。无一夫之不获，即新民、止至善。"所操平声。者约，而所及者广，云峰胡氏曰："只一'矩'字，此心所操者约，加一'絜'字，此心所及者广。"此平天下之要道也。故章内之意，皆自此而推之。朱子曰："上下前后左右，都只一样心，只是将那头折转来比这头，在我上者，使我如此，而我恶之，更不将来待在下之人，如此则自家在中央，上面也占许多地步，下面也占许多地步，便均平方正。若下之事我如此而我恶之，我若将去事上，便下面长，上面短，不方了，左右前后皆然。""譬如交代官，前官之待我既不善，吾毋以前官所以待我者，待后官也。左右如东西邻，以邻国为壑，是所恶于左，毋以交于右，可也。上下前后左右做九个人来看便是。""己欲立而立人，己欲达而达人，是两摺说。只以己对人言，若絜矩，则上之人所以待我，我又思以待下之人，是三摺说。如《中庸》'所求乎子以事父，未能'，亦是此意。但《中庸》是言其所好，此言其所恶也。人莫不有在我之上者，莫不有在我之下者，如亲在我之上，子孙在我之下，我欲子孙孝于我，而我却不能孝于亲，我欲亲慈于我，而我却不能慈于子孙，便是一畔长，一畔短，不是絜矩。"问："长短广狭如一，而无不方，在人有天子诸侯大夫士庶人之分，何以使之均平？"曰："非言上下之分，欲使之均平，盖事亲事长，当使之均平，上下皆得行之。上之人得事其亲，下之人也得事其亲，但各随其分，得尽其事亲事长之意耳。"双峰饶氏曰："以上下左右前后言，则我当其中，上之使我，犹我之使下，下之事我，犹我之事上。至于左右前后皆然，故皆不当以所恶者及之。然以上之使我者使下，而不以事上，以下之事我者事上，而不以使下，则上下之分殊矣。以前之先我者先后，而不以从前，以后之从我者从前，而不以先后，则前后之分殊矣；是理一之中，又有分殊者存，此所以异于墨氏之兼爱、佛法之平等也。”云峰胡氏曰：“右第二节，言‘此之谓絜矩之道’。须看‘是以有’，‘此之谓’六字。人之心，本无间于己，是以有絜矩之道；己之心，能不间于人，此之谓絜矩之道。”新安陈氏曰：“下文节节提掇能絜矩与不能絜矩者之得与失，皆是自此一节而推广之。”【通考】东阳许氏曰：“二段专释絜矩之义。”潜斋何氏曰①：“上下、前后、左右即方矩之体也。自此至卒章皆发挥絜矩之事。”吴氏季子曰：“君子知夫人同此心，心同此理也，故其与人接，必有以揆度于其间。曰上、曰下、曰前、曰后、曰左、曰右，接之之境；曰使、曰事、曰先、曰从、曰交，处之之道也。于接之之境思处之之道，以此准彼，视彼犹此，务使上下四方均齐方正，而无缺然不满之处，是之谓絜矩。举天下之圆无出于规，举天下之方无出于矩，君子以此矩而絜之。居上而施之下者如此，则居下而施之上者亦当如此；居前而施之后者如此，则居后而施之前者亦当如此；居左而施之右者如此，则居右而施之左者亦当如此。推此心以往，处之各得其宜，待之各当其可，则人人皆满其分愿，而天下平矣。絜矩之喻何如哉？试自在官者言之，上有君，下有民，而己立乎其中者也，莫非王事，我独贤劳，尝病君之不吾察矣。则使民必以时，不然是以所恶于上者而使下，非絜矩也。又自在家者言之，上有父，下有子，而己立乎其中者也，厥考作室，乃弗肯堂，尝患子之不吾肖矣，则事父必以孝，不然是以所恶于下者而事上，非絜矩也。以致前后左右，莫不皆然，必均平齐一而后已。是故我能老老，人亦得以老其老；我能长长，人亦得以长其长；我能恤孤，人亦得以恤其孤。无厚薄，无余欠，自天子至于庶人，一而已矣，天下其有不平者乎？”

《诗》云：“乐只君子，民之父母。”民之所好好之，民之所恶恶之，此之谓民之父母。乐，音洛。只，音纸。好、恶，并去声，下并同。

《诗》，《小雅·南山有台》之篇。只，语助辞。言能絜矩而以民心为己心，则是爱民如子，而民爱之如父母矣。此段言能絜矩之效。东阳许氏曰：“言上之人，能如爱子之道，爱其民，则下民爱其上，如爱父母。然爱民之道，不过顺其好恶之心而已。大约言之，民所好者，饱暖安乐，所恶者，饥寒劳苦，使民常得其所好，而不以所恶之事加之，则爱民之道也。”【通考】黄氏洵饶曰：“《齐家章》言好恶，是推之以在人者。此言好恶，是推之以及天下之人也，一章放此。盖身为天下本，‘好’、‘恶’即孟子‘所欲与之聚之，所恶勿施尔也’，公好恶得众得国。”吴氏季子曰：“前段言絜矩之心，此段言不可不絜矩之理。盖民之所服事其上，戴以为后王君公，奉以为大夫师长，徒以求吾之所好，去吾之所恶而已。为民上者，视民所好若善、若公、若正，凡合乎天理者，犹己

---

① 潜斋何氏：何梦桂，（清）沈辰垣辑《历代诗余》卷一百七：“何梦桂，字岩叟，初名应祈，字申甫，淳安人。咸淳乙丑省试第一，廷试一甲三名，授台州军事判官，累官至大理寺卿，引疾去。至元中屡征不起，筑室小西源，自号潜斋，有《潜斋集》，词一卷。”又，（清）嵇曾筠《（雍正）浙江通志》卷一百七十十七：“（何梦桂）所著有《易衍》、《中庸致用》等书。”

所好，亦从而好之；视民所恶若私、若邪，凡丽乎人伪者，犹己所恶，亦从而恶之。好其所同好，恶其所同恶，是能絜矩而足以为民之父母矣，斯民岂不以事父母者而事之哉？”

《诗》云：“节彼南山，维石岩岩，赫赫师尹，民具尔瞻。”有国者不可以不慎，辟则为天下僇矣。节，读为截。辟，读为僻。僇，与“戮”同。

《诗》，《小雅·节南山》之篇。节，截然高大貌。师尹，周太师尹氏也。具，俱也。辟，偏也。言在上者人所瞻仰，不可不谨。若不能絜矩而好恶殉于一己之偏，则身弑国亡①，为天下之大戮矣。此言不能絜矩之祸，与上一节正相反者也。【通考】黄氏洵饶曰：“此‘辟’字，即八章‘辟’字，血脉贯通处。私好恶失众失国。”东阳许氏曰“四段言不能絜矩之害。《节南山》家父所引只作上四句，则下四句意亦在其中。凡引《诗》、《书》皆是断章取义，此却不然也。”吴氏季子曰：“若知有己而不知有人，知有势而不知有理，嵬岸自尊，专欲擅利，如《节南山》之所刺，则失絜矩之道而不足为民之父母矣。节者，截然高大之貌。南山，即终南山，在关中，最为高大。周都酆鄗，此为境内之镇，故周人多托以比兴，《南山有台》，‘如南山之寿’是也。南山之高大，以岩岩之石耳。尹氏太师维周之氐，岂不犹山之有石乎？秉国之钧，四方是维，岂不犹石之岩岩乎？观山石之岩岩，见师尹之赫赫，四方之民惟尔是瞻，而好恶一偏，所布者不平之政，所行者不平之事，岂《大学》之所谓‘絜矩者’也哉？惟平可以服天下之心，不平则天下疾之，而陷于大僇矣，《诗》曰‘赫赫师尹，不平谓何’，疾其好恶之偏也。宗周之灭，为天下僇，孰大于此，有国者其可不谨乎？”

《诗》云：“殷之未丧师，克配上帝；仪监于殷，峻命不易。”道得众则得国，失众则失国。丧，去声。仪，《诗》作宜。峻，《诗》作骏。易，去声。

《诗》，《文王篇》。师，众也。配，对也。配上帝，言其为天下君，而对乎上帝也。监，视也。峻，大也。不易，言难保也。道，言也。引《诗》而言此，以结上文两节之意。有天下者，能存此心而不失，则所以絜矩而与民同欲者，自不能已矣。双峰饶氏曰：“未丧师，则克配上帝，是得众则得国，能絜矩，而为民父母者也。丧师，则不能配上帝，是失众则失国，不能絜矩，而辟则为天下僇者也。”玉溪卢氏曰：“殷之丧师，纣之失人心也。其未丧师，先王之得人心也。得人心，所以配上帝；失人心，所以不能。天命之去留，判于人心之向背，人心之向背又在君之能絜矩与否而已。得众得国，应《南山有台》之意；失众失国，应《节南山》之意。存此而不失，明德之体所以立；絜矩而与民同欲，明德之用所以行。”云峰胡氏曰：“右第三节，就好恶言絜矩，盖‘好恶’二字，已见《诚意》、《修身》二章，特《诚意章》是好恶其在己者，《修身章》推之以好恶其在人者，此章又推之以好恶天下之人者也。《诚意章》主慎独，其为好恶也一诚无伪，此章主絜矩，其为好恶也一公无私。《修身章》是言不能慎独，则好恶之辟，不足以齐

---

① 弑：古代卑幼杀死尊长叫弑。多指臣子杀死君主，子女杀死父母。《易·坤》：“臣弑其君，子弑其父，非一朝一夕之故，其所由来者渐矣。”

其家，此章是言不能絜矩，则好恶之辟不足以平天下，所谓血脉贯通者，又于此见之，不可不详味也。慎独是敬以直内，絜矩是义以方外。”【通考】东阳许氏曰：“上文两段，得众得国，结能絜矩之效；失众失国，结不能絜矩之害。”黄氏洵饶曰：“峻命不易，此‘命’字与下文‘命’字，即惟新之命，与‘顾视之命’不同。然命我德，命以天下，皆天下命，但必自明其德之命，则能受天下之命，则又未尝不同也。”吴氏季子曰：“上文指言絜矩、不絜矩之效，如许明白，犹虑人之未悟也，复引《文王》之诗以实之，盖欲周王监殷之失国，而思所以为絜矩之道也。殷有天下以来，贤圣之君六七作，罔不配天，其泽岂有他哉？亦不过得众而已。师，众也。得与丧为对。未丧师者，得之众之谓也。有国则可以配天，失国则不能配天矣。国之所以废兴存亡者，又决于众心之去留，此其机括在絜矩不絜矩之间耳。絜矩谓何？以己之心得众之心，而从其所欲也。众心即天心，天心即天命，从违去就，如反覆手，保而有之，不亦难乎？故曰‘峻命不易’，知其不易，则虽欲不絜矩亦不可得矣。呜呼！一人之心，千万人之心也。以一人之寡而抚千万人之众，苟不絜矩，岂特不能平天下而已哉？”

是故君子先慎乎德。有德此有人，有人此有土，有土此有财，有财此有用。

先慎乎德，承上文不可不慎而言。德，即所谓明德。有人，谓得众。有土，谓得国，应上文“得众则得国”。有国则不患无财用矣。朱子曰：“为国絜矩之大者，又在于财用，所以后面只管说财。”“自家若意诚心正身修家齐了，则天下之人，安得不归于我，如汤武之东征西怨，则自然有人有土。”双峰饶氏曰：“格致诚正修，所以谨此德也。‘此有人’等‘此’字，此犹斯也。”玉溪卢氏曰：“德，即明德。谨德，即谓明明德，先谨乎德，以平天下之大本而言也。有德，则能絜矩，所以得众而得国。”新安陈氏曰：“揭明德训此‘德’字，见明明德为《大学》一书之纲领，此章言财用始于此，财用之有，本于慎德而有之，非私有也。”东阳许氏曰：“言为人上者，明德为本，而财用为末，财固是国家所必用而不可无者，但当修德为本，絜矩而取于民有制。”【通考】东阳许氏曰：“此第二节中分五段。第一段言德明而人服，有土而有财。”董氏彝曰：“首章明明德，明德以自修。末章慎德，以治天下言。”吴氏季子曰：“人之所以不能絜矩者，为其有所蔽耳。世之蔽于利者，莫不以财为急而德为缓。语之以散利薄征，则曰‘吾何以充府库也’；语之以蠲租已责①，则曰‘吾何以给用度也’。由是置厚薄轻重于方寸中，而损下益上，瘠民肥己之事靡不为矣，乌能絜矩乎？不知吾天下者，非无财用之为患，患吾德不修耳。古之君子先谨乎德，有德则天下归仁，斯有人矣。有人则莫非王土，斯有土矣。有土则任土作贡，斯有财矣。有财则量入为出，斯有用矣。此有云者，犹言即此便有，不待他求也。曰人曰土曰财用，无一而不出于德，则德为本而财为末，昭昭矣。”

德者本也，财者末也。

本上文而言。新安陈氏曰：“有德而后有人有土，有土而后方有财，可见德为本而财为末矣。”

---

① 已责：放弃债务。(明)张自烈《正字通》卷十：“已，止也，负者不责尝也，俗作‘债’。”

外本内末，争民施夺。

人君以德为外，以财为内，则是争斗其民，而施之以劫夺之教也。盖财者人之所同欲，不能絜矩而欲专之，则民亦起而争夺矣。朱子曰："民本不是要争夺，惟上之人以德为外，而暴征横敛，民便效尤，相攘相夺，是上教得他如此。"三山陈氏曰："财人所同欲，上欲专之，则不均平，便是不能絜矩。"【通考】东阳许氏曰："二段言当修德而絜矩，取民财有制。"黄氏洵饶曰："德者，国之本；财者，民之心。与经文本末不同。"吴氏季子曰："苟以末为内，而以本为外，则是轻其所当重，而重其所可轻。民不见德而唯财是闻，毋乃施之以相陵相夺之教，而导其民之争乎？此特以是非言耳，犹未以利害言也。"

是故财聚则民散，财散则民聚。

外本内末故财聚，争民施夺故民散，反是则有德而有人矣。栝苍叶氏曰①："为国者，岂可惟知聚财而不思所以散财，此有天下者之大患也。"东阳许氏曰："财聚民散，言不能絜矩，取于民无制之害；财散民聚，言能絜矩，取于民有制之利。散财，不是要上之人把财与人，只是取其当得者而不过，盖土地所生，只有许多数目，上取之多，则在下少。"

是故言悖而出者，亦悖而入；货悖而入者，亦悖而出。

悖，布内反。悖，逆也。此以言之出入，明货之出入也。自先慎乎德以下至此，又因财货以明能絜矩与不能者之得失也。问："絜矩如何只管说财利？"朱子曰："毕竟人为这个较多，所以生养人，只是这个，所以残害人，亦只是这个。""此章大概是专从絜矩上来。盖财者，人之所同好也，而我欲专其利，则民有不得其所好者矣。大抵有国有家所以生起祸乱，皆是从这里来。"三山陈氏曰："以恶声加人，人必以恶声加己，以非道取人之财，人必以非道夺之。言与货，其出入虽不同，而皆归诸理，其为不可悖一也。"吴氏曰："慎德而有人有土，与财散民聚，能絜矩者之得也。内末而争民施夺，与财聚民散、悖入悖出，不能絜矩者之失也。"东阳许氏曰："此以言之出入，比货出入，不能絜矩，取于民无制之害。"【通考】吴氏季子曰："天地间惟感与应出乎尔者反乎尔。故言悖而出者，亦悖而入，桀自言如日在天，而其民谓时日曷丧是也。货悖而入者，亦悖而出，秦人头会箕敛，而府库卒为汉有是也。观言之出入则知货之出入矣。"

《康诰》曰："惟命不于常！"道善则得之，不善则失之矣。

道，言也。因上文引《文王》诗之意而申言之，其丁宁反复之意益深切矣。双峰饶氏曰："此'得'、'失'字，串前'得'、'失'字。以德为本则善，善则得众得国矣；以财为本则不善，不善则失众失国矣。"玉溪卢氏曰："有德则能絜矩，是之谓善，所以得

---

① 栝苍叶氏：叶贺孙，朱熹弟子之一。（明）朱衡辑《道南源委录》卷十《叶文修公》："名味道，字知道，温州人，寓建阳，习举业，于心不安，后得文化所编《论》、《孟》精义，读之不怠，乃以书求见，辅汉卿云：'味道煞笃实。'"又（清）孙衣言：《逊学斋文钞》卷六《敬轩先生行状》："至叶文修、陈潜室，师事朱子以传新安之学，元儒史伯璿实其绪余。"

人心在此，所以得天命亦在此。无德则不能絜矩，是谓不善，所以失人心在此，所以失天命亦在此。人心归，则天命归，人心去，则天命去，是天命之不常，乃所以为有常也。此引《康诰》之书以结前五节之意，与前引《文王》诗相应，'命不于常'，即'峻命不易'之理。善则得，不善则失，即得国失国之意。此所谓善，即止至善之善。"云峰胡氏曰："右第四节，就财用言絜矩。若好恶不能絜矩，任己自私，不可以平天下，财用不能絜矩，瘠民自肥，亦不可以平天下。欲平天下者，不可不深自警省也。"【通考】东阳许氏曰："五段引《书》以结之，与前《文王》诗相应。"韩氏古遗曰："惟命，亦应其命维新。善，能絜矩。不善，不能絜矩。"黄氏绍曰："《大学》释《明明德章》，引《书》曰'顾諟天之明命'。《新民章》引《诗》曰'其命维新'，《平天下章》引《诗》曰'惟命不易'，《书》曰'惟命不于常'。明德新民皆以命言之，释明德而引天命，盖得天之赋予以为德也。于新民而言天命，盖受天命以有天下也。一以天理言，一以天眷言，其言天命则同，所指不无少异也。"①吴氏季子曰："'惟命不于常'，言天命所在，何常之有。有德有人为善，善则得之，悖入悖出为不善，不善则失之矣。此其利害较然。明善以是非言之，则如彼，以利害言之，则如此，斯皆言其不可贵货贱德耳，亦孰知货之不足贵乎！"

《楚书》曰："楚国无以为宝，惟善以为宝。"

《楚书》，《楚语》。三山陈氏曰："楚史官所记之策书也。"古括郑氏曰："楚书，楚昭王时书也。"言不宝金玉而宝善人也。《国语·楚语》：王孙圉聘于晋，定公飨之，赵简子鸣玉以相，问曰："楚之白珩犹在乎？其为宝也几何矣？"曰："楚之所宝者，曰观射父，能作训辞以行事于诸侯，使无以寡君为口实，又有左史倚相，能通训典以叙百物，以朝夕献善败于寡君，使无忘先王之业，若诸侯之好，币具而导之以训辞，寡君其可以免罪于诸侯，而国民保焉。此楚国之宝也，若夫白珩，先王之玩也，何宝之焉？"王孙圉，楚大夫。赵简子，名鞅，鸣玉以相，鸣佩玉以相礼也。珩，佩玉之横者。【通考】东阳许氏曰："第三节言用人，中分七段，一段引《楚书》，言金玉不当宝，惟当宝善人。"

舅犯曰："亡人无以为宝，仁亲以为宝。"

舅犯，晋文公舅狐偃，字子犯。亡人，文公时为公子名重耳，出亡在外也。仁，爱也。事见形甸反。《檀弓》。《礼记·檀弓篇》：晋献公之丧，秦穆公使人吊公子重耳，且曰："寡人闻之，亡国恒于斯，得国恒于斯，虽吾子俨然在忧服之中，丧亦不可久也，时亦不可失也，孺子其图之。"以告舅犯，舅犯曰："孺子其辞焉。丧人无宝，仁亲以为宝，父死之谓何？又因以为利，而天下其孰能说之。孺子其辞焉！"重，平声。丧亦丧人之丧，并去声。丧即出亡也，父死而欲反国求为后，是因以为利也。说，如字，犹解也。古栝郑

---

① 此段引黄氏绍之言，见于(元)王充耘《四书经疑贯通》卷一。据(清)丁丙《善本书室藏书志》卷四："《四书经疑贯通八卷》，进士王充耘与耕讲授，进士黄绍仲绍撰续。"黄绍生平不详。

氏曰①："文公时，避骊姬之谗，亡在狄而献公薨。秦穆公使子显吊之，劝之复国，舅犯为之对此辞也。"四明李氏曰："楚为《春秋》所恶，舅犯特霸主之佐耳。《大学》参稽格言，以垂训万世，乃于此乎取，何欤？盖天下之善无穷，君子之取善亦无穷，犹《书》记帝王而继之以《秦誓》，故下文及之。"此两节又明不外本而内末之意。双峰饶氏曰："宝者指财而言，此就财上说来，却接用人说去，盖天下惟理财、用人二事最大。"玉溪卢氏曰："不以金玉为宝，而以善人为宝，不以得国为宝，而以爱亲之道为宝，是能内本而外末者也。"云峰胡氏曰："右第五节，当连上文'善与不善'看，在我者惟善则得之，在人者亦当惟善是宝。两'宝'字结上文'财用'，惟善仁亲，又起下文之意。盖第三节言好恶，第四节言财用，此则兼财用好恶言也。"【通考】东阳许氏曰："二段《檀弓》《大学》引之，其意若曰：'岂惟不宝金玉，至于国家之利，亦非所宝，而惟宝人也。'此两段承上内德外财之意，而起下用善人之说。"吴氏季子曰："自常情观之，所谓宝者，非明月之珠，必夜光之璧。彼晋楚之君，一则曰善，二则曰仁亲，疑若迂阔不切于事情，而其至宝卒无以易，此则货之不足贵也，信矣。知货之不足贵，吾又何必土地之不广、人民之不众、财用之不饶切切然系累吾心，而终于不能絜矩哉？泛观前代之君，溺意聚敛而不知纪极者，何莫不然？汉之武帝，惟以大农少府之藏为重，故算舟车，榷盐铁，虽海内消耗不恤也。唐之德宗，惟以琼林大盈之积为重，故税间架，征竹木，虽京师怨嗟不顾也。是岂二君独无絜矩之心哉？一蔽于利，则明知絜矩之为善，亦不能行矣。传《大学》者分别本末，辨明得失，反覆于是非利害之间，而力言货之不足贵，凡皆欲以解其蔽而已。文公曰《絜矩章》专言财用，盖人主不能絜矩者，皆由利心之起，故徇己欲而不知有人也。"

《秦誓》曰："若有一个臣，断断兮无他技，其心休休焉，其如有容焉。人之有技，若己有之，人之彦圣，其心好之，不啻若自其口出，寔能容之，以能保我子孙黎民，尚亦有利哉。人之有技，媢疾以恶之，人之彦圣，而违之俾不通，寔不能容，以不能保我子孙黎民，亦曰殆哉。"个，古贺反，《书》作介。断，丁乱反。媢，音冒。

《秦誓》，《周书》。断断，诚一之貌。彦，美士也。圣，通明也。三山陈氏曰："'圣'字专言之，则为众善之极，对众善而言，则止于通明之一端。"新安陈氏曰："孟子云：'大而化之之谓圣'，此专言之者也。《周礼》六德：知、仁、圣、义、中、和，此对众善而言之者也。"尚，庶几平声。也。媢，忌也。违，拂戾也。殆，危也。问："絜矩以好恶财用媢疾彦圣为言，何也？"朱子曰："如桑弘羊聚敛以奉武帝之好，若是絜矩底人，必思许多财物必是侵过著民底，瞒得我好，民必恶。言财用者，盖如自家在一乡之间，却专其利，便是侵过著他底，便是不絜矩。言媢疾彦圣者，盖有善人，则合当举之，使之得其所，今则不举他，使失其所，是侵善人之分，便是不絜矩。此不特言

① 古栝郑氏：郑汝谐。(明)凌迪知《万姓统谱》卷一百七："郑汝谐，字舜举，青田人，累官知信州，孝宗褒之，曰：'郑汝谐威而能惠。'召为考功郎，累升徽猷阁侍制。自号东谷居士。著《易传、论语意源》及《东谷集》。"

其好恶财用之类当絜矩，事事亦当絜矩。”玉溪卢氏曰：“一个，挺然独立而无朋党之谓，断断无他技，德有余而才不足也。‘休休’二字，其意深长，有澹然无欲之意，又有粹然至善之意。曰如有容，其量之大不可得而测，亦不可得而名言也。有技若己有之，能容天下有才之人，则天下之才皆其才也。若己有之，不特不媢疾而已。彦圣、心好，不啻若自其口出，能容天下有德之人，则天下之德皆其德也。不啻若自其口出，好善有诚，而口不足以尽其心也。能以天下之才德为己之才德，信乎其能容矣。前言‘如有容’，此言‘实能容’，二句相应，人君用此人，其有益于人国可知。有技疾恶之，彦圣俾不通，不能以天下之才德为才德，人君而用此人，国家岂不危殆？能容者用之，其利如此，不能容者用之，其害又如此。人主在择一相者此也，此又絜矩之先务也。”蛟峰方氏曰：“其如有容，‘其’，疑辞也，有甚物似他有容者，言无可比他有容之大。”新安陈氏曰：“有容者，能絜矩而人所同好者也。媢疾者，不能絜矩而人所同恶者也。人君能好有容者而用之，恶媢疾者而舍之，是又絜矩之大者。”东阳许氏曰：“此专言为政者好恶之公私。‘尚亦有利哉’以上一截，言能絜矩而以公心好人，以下一截，言不能絜矩而以私心恶人。”【通考】黄氏洵饶曰：“‘一个’，《尚书》作‘一介’，介即独也。人之有技，若己有之，此一人似房玄龄；人之有技，媢疾以恶之，此一人似李林甫。”杨氏烜曰①：“不啻，犹岂止也。”吴氏程曰：“寔，当音植，实是也。”吴氏季子曰：“《秦誓》所举乃大臣之事。大臣能絜矩则尽黜聪明，不事表襮，其中虽多才艺，外视一无技能，此心休休然宽广平大，见人之有技，则一如我之有技；见人之彦圣，则不啻我之彦圣。技以辨事言，圣以料事言。辨事而成，料事而中。为大臣者，非惟不执中，而且体之于身，视彼犹我，恳切真到。若得其所甚好者用，能受天下之人才而器使之，君之子孙赖其用，世之黎民蒙其福，国家之利孰大于此。乃若不能絜矩，则必欲我之胜人，不愿人之加我，其心忿戾而不平，蹙迫而不广。人虽有技，以为不下于我，则媢疾以恶之。媢疾者，疾其所长而已，恶则并与其人而憎之。人虽彦圣，以为不出于我，则违之俾不通。违者，不行其言而已，俾不通，则并沮其事而败之。务使天下之人才俱莫己若，由是嘉言伏，贤人隐，国家之事沦胥以败，祸延当世，殃及后人，子孙黎民皆被其害矣，岂不殆哉！自常情观之，容德之于子孙、黎民若无关系，然让直济文者，成贞观之治；妒贤嫉能者，肇天宝之乱。明效大验，不我诬也。能保则曰以能保，不能保则曰以不能保，‘以’之为言，犹左氏所谓凡师能左右之曰以言，皆由此也。”

唯仁人放流之，迸诸四夷，不与同中国。此谓唯仁人为能爱人，能恶人。迸，读为屏，古字通用。屏必正反除也。

迸，犹逐也。言有此媢疾之人，妨贤而病国，则仁人必深恶而痛绝之。以其至公无私，故能得好恶之正如此也。北溪陈氏曰：“此能公其好恶而能絜矩者也。”双峰饶氏曰：“恶人之所同恶，好人之所同好，即舜之去四凶、举十六相是也。”玉溪卢氏曰：

① 杨氏烜：不详。（清）何绍基《（光绪）重修安徽通志》卷二百六十四有杨烜传略，其中有云：“杨烜，安世旭，辽东人。明亡游于泾。”非此人。

"此承上节下一截而言，媢疾之人，待之宜如此，谓之能恶人可也。而谓之能爱人何也？盖小人不去，则君子不进，去小人不能绝之，则虽进君子而不能安之，去小人固所以进君子，绝小人乃所以安君子。吾之威在媢疾之人，吾之恩在天下后世矣。惟吾心纯乎天理之公，故吾之好恶与天下为公，此仁人所以能爱恶人也。"新安陈氏曰："此引《家语》孔子之言，故以'此谓'冠之，乃引援古语之例。"东阳许氏曰："言能絜矩，而恶恶得其正，所谓'放流'，即媢疾蔽贤之人。朝廷之上，恶人既去，则善人方得通，又以'仁人'总结之，言能絜矩者也。"【通考】朱氏公迁曰："圣贤之好恶，大抵好君子而恶小人，此其所以为正也。《大学·治国平天下章》每反覆于好恶、公私之间，盖以天下之治乱决于好恶之当否。君子于此可不谨哉！"吴氏季子曰："仁者无所不爱，然以其絜矩之故，见不能絜矩者则恶之，必欲屏除流放，置诸四夷，不使之得同中国以害吾治，于此见仁人之心本无适莫，众之所恶，己亦从而恶之，絜矩而已矣。何者？絜矩则知众心与己心同，众皆恶其疾有技，恶其违彦圣，己独何为不恶之？屏除流放，所以与众并弃，而非有一毫之私意也。惟仁者为能絜矩，故惟仁者为能爱人，能恶人，他人则蔽于私意，己之所爱未必众之所爱也，己之所恶未必众之所恶也。如四凶在朝，深为元恺之蠹，使舜不能以己之心丧元恺之心，则虽见其掩义隐贼，猜谮庸回以沮元恺不恤也，虽见其崇饰恶言，傲狠明德以害元恺不顾也，又安能投诸四裔，以御魑魅哉？絜矩工夫，必如舜而后可。"

见贤而不能举，举而不能先，命也；见不善而不能退，退而不能远，过也。远，去声。

命，郑氏云"当作慢。"程子云："当作怠。"未详孰是。命、慢声相近，近是。若此者，知所爱恶矣，而未能尽爱恶之道，盖君子而未仁者也。朱子曰："先，是早底意，是不能速用之。"双峰饶氏曰："见贤而不能举，见不善而不能退，如汉元帝知萧望之之贤而不能用，知弘恭、石显之奸而不能去是也。"新安陈氏曰："举不先，未尽爱之道；退不远，未尽恶之道。上文能爱恶，仁人也。此不能尽爱恶之道，所以为君子而未仁者也。"【通考】东阳许氏曰："五段言絜矩，而荐贤当速，退不肖当远。"

好人之所恶，恶人之所好，是谓拂人之性，菑必逮夫身。菑，古"灾"字。夫，音扶。

拂，逆也。好善而恶恶，人之性也；至于拂人之性，则不仁之甚者也。自《秦誓》至此，又皆以申言好恶公私之极，以明上文所引《南山有台》、《节南山》之意。朱子曰："断断者，是能絜矩；媢疾者，是不能絜矩。仁人放流之，是大能絜矩；好人所恶，恶人所好，是大不能絜矩。"栝苍叶氏曰："上一节虽未尽好恶之极，犹能知所好恶，尚不至于拂人好恶之常性。今有人焉，于人之所当好所同好者，反从而恶之；于人之所当恶所同恶者，反从而好之。如此等人，不仁之甚。"双峰饶氏曰："好恶与人异，灾必逮夫身，桀纣是也。"玉溪卢氏曰："人性本有善而无恶，故人皆好善而恶恶，仁人之能好恶，不过顺人之性耳。苟好恶恶善，而拂人之性，则失其本心甚矣，非不仁之甚而何？灾必逮身，'为天下僇'是也。自古有天下者，未尝不以用君子而兴，用小人而亡。能爱恶人，则君子进、小人退，而天下蒙其利，此能絜矩者之所为也；好人所恶，恶人所好，则君子退、小人进，而天下受其祸，此不能絜矩者之所为也。自《秦誓》至此凡四节，《秦誓》一节见君子小人之分，次节言用舍之能尽其道者，又次节言用舍之不尽其道者，此节则言用舍之全失其道者，皆因絜矩之义，而申明好恶公私之极，以申明平天下之要道也。"云峰胡氏曰："右第六节，就用人言好恶。《大学》于此提出'仁'之一字，而《章句》又以君子之未仁、小人之不仁者言之，盖絜矩是恕之事，恕所以行仁，故特以仁结之。"【通考】东阳许氏曰："六段言不能絜矩而好恶之反。"吴氏季子曰："'见贤而不能举'以下，是知所爱恶，而力量不足，絜矩之未尽者也。'好人之所恶'以下，是又香臭不分，爱恶易位，不知絜矩，民斯为下矣。絜矩不尽者，特未能自求多福耳；不知絜矩，则是求祸也，宁不为身之灾乎？"

是故君子有大道，必忠信以得之，骄泰以失之。

君子，以位言之。此谓治国平天下之君子。道，谓居其位而修己治人之术。道，即《大学》之道。修己，明明德之事。治人，新民之事也。发己自尽为忠，循物无违谓信。朱子曰："发于己心而自尽则为忠，循于物理而不违背则为信，忠是信之本，信是忠之发。伊川见明道此语尚晦，故更云'尽己之谓忠，以实之谓信'，便更稳当。"骄者矜高，泰者侈肆。此因上所引《文王》、《康诰》之意而言。章内三言得失，而语益加切，盖至此而天理存亡之几平声。决矣。朱子曰："初言得众失众，再言善则得、不善则失，已切矣。终之以忠信骄泰，分明是就心上说出得失之由以决之，忠信乃天理之所以存，骄泰乃天理之所以亡。"北溪陈氏曰："忠信者，絜矩之本，能絜矩者也。骄泰者，任己自恣，不能絜矩者也。"双峰饶氏曰："此'得'、'失'字，又串前两段'得'、'失'字而言，由上文观之，固知得众得国，而又知善则得之矣。然所以得此善者，亦曰忠信则得善之道，骄泰则失善之道矣。忠信即是诚意，骄泰乃忠信之反也。以此观之，可见诚意不特为正心修身之要，而又为治国平天下之要。"云峰胡氏曰："右第七节不分言好恶与财用之絜矩，但言君子有大道，此'道'字即章首絜矩之道也。忠信以得之者，在己有矩之心，而发己自尽则为忠；在物有矩之理，而循物无违则为信。骄泰以失之者，骄者矜高，不肯下同人之好恶，非絜矩之道也；泰者侈肆，必至于横敛乎民之财用，非絜矩之道也。前两言得失，人心天命存亡之几也；此言得失，吾心天理存亡之几也。《章句》此一'几'字，当与《诚意章》'几'字参看。"【通考】东阳许氏曰："此段以得失结之。忠信则能絜矩者也，骄泰则不能絜矩者也。《章句》谓三得失：一、能絜矩不能絜矩之得失。二、尚德尚财之得失。三、用善人用恶人之得失。大率絜矩则得，不絜矩则失。"吴氏季子曰："此章三言得失。初以国祚言道得众则得国，失众则失国是也。次以天命言，惟命不于常，道善则得之，不善则失之是也。然而所谓善，所谓得众，孰不出于为人上者之一心哉？《大学》至此，则又穷原反本而归之于心，忠信骄泰，皆心之所为也。心乎忠信则能絜矩，而所行皆善，岂不得众乎？心乎骄泰则不能絜矩，而所行皆不善，岂不失众乎？国祚之修短，天命之去留，往往由此。合二程子之说而观之，盖凡己当为之事，必求以尽之，一息不能自已者，忠之谓也；凡物当然之理，必循而行之，一毫不能有愧者，信之谓也。有如心虽已至，而自昼至夜，自夜至旦，汲汲然惟恐其未正，身虽已修而自少至壮，自壮自老，孜孜然惟恐其未修，返观内省，吾之修有所未尽，吾之责有所未塞，则惕然其不自安，虽欲已而不可得。忠之为忠者如此，为人君则待其民者必以仁，恻隐之心生于要誉，其为仁也不诚，则非信矣；为人子则事其亲者必以孝，能养之弊流于不敬，其为孝也无实，则非信矣。是必言行相副，而后可以为信；表里如一，而后可以为信。忠也，信也，万善之基，而絜矩之本也。"

生财有大道，生之者众，食之者寡，为之者疾，用之者舒，则财恒足矣。恒，胡登反。

吕氏曰：吕氏名大临，字与叔，蓝田人。"国无游民，则生者众矣；朝音潮。无幸位①，则食者寡矣；不夺农时，则为之疾矣；量入为出，则用之舒矣。"愚按：此因有土有财而言，以明足国之道在乎务本而节用，新安陈氏曰："务本，谓生者众，为者疾，所以开财之源也。节用，谓食者寡，用者舒，所以节财之流也。疾，谓速。舒，谓缓。"非必外本内末而后财可聚也。自此以至终篇，皆一意也。陈氏曰："此古人生财之政也，盖与后世异矣。"双峰饶氏曰："财者，末也。财虽是末，亦是重事，若要生财，亦自有个大道理。'生众'至'用舒'，此四者不可缺一，乃生财之正路，外此皆邪径也。"玉溪卢氏曰："国无游民，而不夺农时，民之财所以足；朝无幸位，而量入为出，国之财所以足。"仁山金氏曰："天地间自有无穷之利，有国家者，亦本有无穷之财。但勤者得之，怠者失之，俭者裕之，奢者耗之，故传之四语，万世理财之大法也。"【通考】黄氏洵饶曰："此'大道'字，是君子有大道之道中之一事。"东阳许氏曰："第四节言生财之方当用君子，不可用小人。总上两节之意，中分五段。一段正言生财之方，务本节用，尤为精密。生众为疾，务本也；食寡用舒，节用也。"吴氏季子曰："圣贤议论虽高而不虚，虽正而不迂，所以为布帛之文，菽粟之味，穷天地、亘古今而不废也。《大学》卒章，深以聚敛为戒，使他人言此，则但知财之不可聚，而不知财之不可无。议论激而趋于一偏，天下后世始病其难行矣。圣贤则不然，既辟殉财之非，则必晓之以生财之道。盖民生日用，有不容一日阙者，使圣贤为国，亦不能以舍此。顾圣贤自有生财之道，非若暴君污吏浚民以生耳。百亩之田，匹夫耕之，五亩之宅，匹妇蚕之，则一家无遗力。八财之用，百工饬之，货贿之利，商贾通之，则一国无闲民，是谓生之者众。建官止于三百六十，则在位无赘员，赋禄仅足以代其耕，则在官无冗食，是谓食之者寡。三之日于耜，四之日举趾，无作辍也，昼而于茅，宵而索绹，无休息也，斯不亦为之者疾乎？岁杪制用，量入为出，无泛滥也，国有凶荒，则杀其礼，无侈靡也，斯不亦用之者舒乎？夫惟生之众而食之寡，为之疾而用之舒，则其来无穷，其去有限，自然暴暴如丘山，浩浩如泉源矣，岂非足国之道乎？其言有大道者，盖谓此有正大之理，非必以私意小智巧为聚敛之术也。知正大之理自可以生财，则所忧者不在乎财匮，而言利之徒不得乘此以投其隙矣。不然，窘于调度，则虽财聚民散，不遑恤也；迫于费用，则

① 幸位：闲职。

虽悖入悖出，不暇问也。大抵崇本节用，乃百王不易之道也。”

仁者以财发身，不仁者以身发财。

发，犹起也。仁者散财以得民，不仁者亡身以殖承职反。货。朱子曰：“仁者不是特地散财，买人归己，只是不私其有，人自归之，而身自尊，是言散财之效如此。不仁者只务聚财，不管身危亡也。”双峰饶氏曰：“财散民聚，此以财发身；财聚民散，此以身发财。”新安陈氏曰：“纣聚鹿台之财以亡，武散之以兴，即其证也。”【通考】东阳许氏曰：“二段言仁者外末，不仁者内末，即前节内德外财之意。”

未有上好仁而下不好义者也，未有好义其事不终者也，未有府库财非其财者也。

上好仁以爱其下，则下好义以忠其上；所以事必有终，而府库之财无悖出之患也①。问：“如何上仁下便义？”朱子曰：“只是一个道理，在上便唤做仁，在下便唤做义，在父便谓之慈，在子便谓之孝。”陈氏曰：“惟上之人不妄取民财，而所好在仁，则下皆好义以忠其上矣。下既好义，则为事无有不成遂者矣。天下之人皆能成遂其上之事，则府库之财亦无悖出之患而为我有矣。非若不好仁之人，财悖而入亦悖而出也。”玉溪卢氏曰：“此所谓循天理则不求利而自无不利者也。”新安陈氏曰：“此章自仁人放流之后，言仁不一，与此节皆当参玩。”【通考】东阳许氏曰：“三段言内本外末之效。”吴氏季子曰：“上文既示人生财之道，俾其知不必聚敛，此又开陈利害以警之，俾其知不可聚敛，圣贤惓惓之意，至此而益切矣。财本奉身之物，然取之不以道，则适所以灾其身。盖财者，人之所同欲，而我辄专之，争之端，祸之媒也。仁者知财之害身，当务散之以与人共，盖欲消释其不平之心，毋使吾身处必争之地而已。钜桥之粟，武王知其为富也，如商民之觖望何？故宁发之而不吝。关中之珍宝，沛公知其难得也，如秦人之侧目何？故宁捐之而勿取。然财虽散而民则聚矣，群天下之人而归之，安富尊荣又将焉往？继商而王，代秦而帝，其发身也孰大焉？彼不仁者则不然。好货之念重于爱身，往往安其危，利其菑，乐其所以仁者，纣以身死而易倾宫鹿台之藏，德宗以身危而易琼林大盈之积，其事可睹矣，故曰‘仁者以财发身，不仁者以身发财’。仁者未尝有意于发身也，德章而身尊，乃其必然之理；不仁者亦非不爱其身也，怨丛于厥身，虽欲自全不可得已。仁与义一理也，君与民一心也。君以是心而爱民，则为仁；民以是心而报君，则为义。故自古以至于今，未有上好仁而下不好义者也。有始有卒，谓之终，若徒爱戴于一时，而又变迁于他日，则是其事不终矣。‘不终’二字，正如韩信所谓‘公，小人为德不终者’，言其始虽美意，而终不免悔也。世有好行小惠以干百姓之誉而非出于至诚者，事久论定，人知其心则爱戴之情弛矣，是以不终。今仁者之为仁，既出于所好之真，又能使其下好义，而以尊君亲上为不容已，自然有始有卒矣。呜呼，而不终国之所与立者，民也。民心终于爱戴，则府库吾府库也，财非吾之乎。仁与不仁之效如此，此《大学》之所以丁宁反覆也。”

---

① 悖出：不正当的财物支出，浪费。

孟献子曰：“畜马乘不察于鸡豚，伐冰之家不畜牛羊，百乘之家不畜聚敛之臣，与其有聚敛之臣，宁有盗臣。”此谓国不以利为利，以义为利也。畜，许六反。乘、敛，并去声。

孟献子，鲁之贤大夫仲孙蔑也。畜马乘，士初试为大夫者也①。伐冰之家，卿大夫以上上声，丧祭用冰者也。新安陈氏曰：“孔氏疏曰:② 按《书传》士‘饰车骈马’。《诗》云：‘四牡骓骓’，大夫以上乃得乘四马，今下云‘伐冰之家’，是卿大夫。今别云‘畜马乘’，故知‘士初试为大夫者也’。《左昭四年》，大夫命妇丧，俗用冰。《丧大记》云：‘士不用冰，故知卿大夫也。士若恩赐，亦得用之，但非其常。故士丧礼赐冰，则夷槃可也。’”《礼·丧大记》：“君设大槃，造冰焉。大夫设夷槃，造冰焉。士并瓦槃，无冰。”造，犹纳也。礼自仲春之后，纳冰槃中，乃设床于其上而迁尸焉。秋凉而止，士不用冰，以瓦为槃，并以盛水耳。《周礼·天官》：“凌人掌冰，正岁十有二月令斩冰。三其凌，春始治鉴，凡内外饔之膳羞鉴焉，凡酒浆之酒醴亦如之，祭祀共冰鉴，宾客共冰，大丧共夷槃冰。”凌，冰室也。鉴，如甄，大口以盛冰，置食物酒醴于中，以御热气，防失味变色也。甄，音缒，今大瓦盆属。郑氏曰：“夷之言尸也，实冰于槃中，置于尸床之下，所以寒尸。尸之槃曰夷槃，床曰夷床，移尸曰夷于堂，皆依尸而言也。”“夷槃，广八尺，长一丈二尺。”百乘之家，有采地者也。采音菜，采地，臣之食邑也。君子宁亡己之财，而不忍伤民之力；故宁有盗臣，而不畜聚敛之臣。此谓以下，释献子之言也。朱子曰：“如食禄之家，又畜牛羊，却是与民争利，便是不絜矩，所以道以义为利者，义以方外也。”双峰饶氏曰：“此段大意在不畜聚敛之臣，见用人与理财相关。”玉溪卢氏曰：“国不以利为利，以义为利，盖古语。观‘此谓’字可见，引之以证献子之言也。献子尝师子思，能知义利之分，故能知絜矩之道。”东阳许氏曰：“言上之人当絜矩，不可侵下之利，虽养鸡豚之小利，尚不可与民争，而况为君者专事聚敛以虐民乎?”“以利为利，快目前之意而为祸深；以义为利，俭目前之用而福自远。”【通考】东阳许氏曰：“此段言君子能絜矩而生财之利。”仁山金氏曰：“伐冰，斩冰也。然斩冰有国之事，若卿大夫则受冰之家，非斩冰也，岂卿大夫之家丧祭则取冰于公，故谓之伐与?”吴氏季子曰：“以义为利，惟君子能之，若小人则知有利而已矣，乌识义为何物哉? 君子小人之人分，特判于‘义利’二字。有国有家者所用皆君子，则能以义为利矣；所用或小人，则必以利为利矣。孟献子惟知此理，故深以聚敛之臣为不可用。聚敛之臣即小人也。”问：“大夫之富数马以对，畜马乘则身为大夫矣。而复察察于鸡豚，是较小利而失大体，真可鄙也。大夫以上丧祭用冰，谓之伐冰之家，家有厚禄，可以已矣，而

---

① 试：任用，使用。

② 孔氏：孔颖达（574—648 年），唐冀州衡水人，字冲远（亦作仲远）。通经学，尤明《左传》、《尚书》、《易》、《毛诗》、《礼记》，兼善历算。隋大业初举明经高第。入唐为秦王府文学馆学士，太宗时官至国子监祭酒。贞观七年与魏征等撰成《隋史》。新、旧《唐书》有传。又与颜师古等受诏撰定《五经正义》一百八十卷付国子监施行。即今注疏本《五经疏》。

乃畜牛羊以谋孳息之利，其贪孰甚焉？虽然，害未及民也。至于用一聚敛之臣，则剥下以奉上，残民以奉君，靡所不至矣。百乘，卿家也，又非畜马伐冰者之比，而可用聚敛之臣乎？”“盗臣，窃主之财以自私者耳，能贫家而不能破家，能蠹国而不能亡国。乃若聚敛之臣，则挟利进身，为主敛怨，用之家必破，国必亡。择祸莫若轻，故与其有聚敛之臣，宁有盗臣也。献子之见可谓加于人数等矣。”

长国家而务财用者，必自小人矣。彼为善之，小人之使为国家，菑害并至。虽有善者，亦无如之何矣！此谓国不以利为利，以义为利也。长，上声。

“彼为善之”，此句上下，疑有阙文误字。○自，由也，言由小人导之也。此一节，深明以利为利之害，而重直容反。言以结之，其丁宁之意切矣。玉溪卢氏曰：“长国家不务絜矩而务财用，小人导之也。务絜矩者，义也；务财用者，利也。君子喻义，人主用君子，则能絜矩矣；小人喻利，人主用小人，则不能絜矩矣。此天下治乱之分也。”又曰：“财者天所生而民所欲，事聚敛，则失人心而干天怒，故灾害并至，灾由天降，害自人作，既已并至，此时虽用君子亦晚矣，无救于祸矣。所谓徇人欲，则求利未得而害已随之者此也。‘国不以利为利，以义为利’，上所引就理上说，固足明絜矩之当务，下所引就利害上说，尤足明絜矩之不容不务。言愈丁宁，遏人欲而存天理之意愈深切矣。自‘生财有大道’以后，凡四节，前两节自君身言，后两节自君之用人言。进君子退小人，乃与民同好恶之大者，是又所以为矩之要道也，故此章言絜矩之道，必以进君子退小人终焉。既致严于君子小人之辨，复致严于义利理欲之辨者，乃《大学》反本穷源之意，即本心存亡之几，决天下治乱之几，正以明德新民，皆当止于至善故也。”勿轩熊氏曰：“指用人而言，又结以‘务财用必自小人’始，而深致严于义利之辨，用君子则自有义中之利，用小人则利未得而害已随之。此章前以理财、用人分为二节，后乃合而言之，其实能用人则能理财，不过一道而已。”云峰胡氏曰：“右第八节生财大道，亦即絜矩之道，能使天下之人皆务本，而上之人自不节用，非絜矩矣。第六节言仁人，此节言仁者，皆因絜矩而言也。絜矩为恕之事，恕为仁之方，好恶不能恕，安能如仁人能爱人、能恶人？财用不能恕，安能如仁者以财发身？末又举献子之言者，用人亦当取其絜矩也。于好恶不能絜矩者，媢疾之人也；于财用不能絜矩者，聚敛之臣也。皆小人不仁之甚者也，故曰‘灾必逮身’，曰‘灾害并至’，皆指其不能絜矩之祸言之，为戒深矣。义利之辨，《大学》之书以此终，《孟子》之言以此始，道学之传有自来矣。”东阳许氏曰：“言有天下者当用善人，若用恶人，至于天灾见于上，人害生于下，国势将崩。此时虽有圣贤欲来扶持，亦不可为。再三戒用人之详也。灾，如日食星变、水旱蝗疫皆是。害，如民心怨叛、寇贼奸宄，兵戈变乱皆是。”【通考】东阳许氏曰：“此段言小人不能絜矩而生财之害。”吴氏程曰：“‘彼为善之’，陆宣公全引，中间无此四字，盖衍文耳。善者，作善人。愚按，彼为善之，仁山金氏作‘彼为不善之小人’，似为明白。”吴氏季子曰：“《大学》引献子之言，以实义利之说，又从而申之，曰：‘长国家而务财用者，必自小人矣。’卿大夫士，一家之长也；天子诸侯，一国之长也。细而长一家，大而长一国，所少者非财也。今也未遑他务，而汲汲于财用，是非小人孰使之然哉？开国承家，小人勿用，夫苟是从、是长、是信、是使，灾害安得而不至乎？善者，犹言能者，亨屯顿否之君子也。国家之事，小人败之，而使君子拯之，君子固不辞难也。然事势已极，不复可为，则虽能者，亦独奈何哉？由此观之，则国家不以利为利，而以义为利昭昭矣。《大学》重言以结之，其垂戒也不亦严乎？大抵小人之于国家，贻祸不一，而其祸之烈者，则莫甚于使其主之失人心，故圣贤尤疾之。若春秋之世有盗宝玉、大弓以出者，此盗臣也；有为家臣而聚敛以附益之者，此聚敛之臣也。自常情观之，则聚敛之罪孰与盗多，然鸣鼓之攻，夫子不施之于彼而欲施之于此，则夫聚敛之基怨召祸有甚于盗者，圣人盖常权衡之矣。夫小人亦人也，独无人心乎？其所以忍于聚敛，一切不恤者，则不能絜矩之故耳。不能絜矩，盖亦徒知以利为利，而未尝知以义为利也。知以义为利，则必曰义之所安，即利之所在，剥下以媚上，残民以奉君，揆之于义安乎？否乎？充此一念，不以己之不欲者施于人，则人人各得其所欲而天下平矣，非利之大者乎？文公曰：'惟义之安自无不利矣。'学《大学》者，其谨于义利之辨云。"

右传之十章。释治国平天下。

此章之义，务在与民同好恶而不专其利，皆推广絜矩之意也。能如是，则亲贤乐利各得其所，而天下平矣。朱子曰："《絜矩章》专言财用，继言用人，盖人主不能絜矩者，皆由利心之起，故徇己欲而不知有人，此所以专言财用也。人才用舍，最系人心向背，若能以公灭私，好恶从众，则用舍当于人心矣，此所以继言用人也。"陈氏曰："此章之义甚博，大意则在于絜矩，其所以说絜矩之道，在于分义利、别好恶，其所恶者利，所好者义，须是能公好恶、别义利，如此则天下均平，而无一夫不遂其所矣。""此章反复援引、出入经传者几千言，意若不一，然求其绪，卒不过好恶义利之两端，又从而要其归，则亦不出于絜矩之道而已。絜矩之道，以己知彼，以彼反己，而好恶义利之理明矣。"双峰饶氏曰："《大学》一书，多说好恶。《诚意章》说如好好色，恶恶臭；《齐家章》说好知其恶，恶知其美，所令反其所好；《平天下章》说民之所好好之、所恶恶之，与好人所恶、恶人所好。毕竟天下道理，不过善恶两端。初言格物致知时，便要分别此二件分明，自《诚意章》以后，只是好其所当好、恶其所当恶而已。"又曰："此章大要，不过理财、用人二事，自'先慎乎德'以下，是说理财；自《秦誓》以下，是说用人；自'生财有大道'以下，又说理财。二事反复言之，然所用者君子，则君子之心公，必能均其利于人，所用者小人，则小人之心私，必至专其利于己，所以末后又说长国家而务财用，必自小人矣。如此，则理财用人，又只是一事。"玉溪卢氏曰："絜矩，所以明明德于天下，亲贤乐利，各得其所而天下平，则明德明于天下，而无不止于至善矣。"东阳许氏曰："此章大意，治天下在乎絜矩，而絜矩于用人取财处为要，然得失之几，全在忠信骄泰上。发于心者忠，接于物者信，则事皆务实，好善恶恶，皆得其正，而能尽絜矩之道；存于心者矜骄，行之以侈肆，必不能絜矩，则远正人而谗谄聚敛之人进矣。故忠信骄泰，治乱之原也。"

凡传十章：前四章统论纲领旨趣，音娶。后六章细论条目功夫。其第五章乃明善之要，格物致知，为明善之要法。第六章乃诚身之本，诚、正、修，皆所以诚身而诚意为之本始。在初学尤为当务之急，读者不可以其近而忽之也①。节斋蔡氏曰："明善之要、诚身之本，朱子于篇末尤恳切为学者言之，何耶？盖道之浩浩，何处下手，学者用工夫之至要者，不过明善诚身而已。明善即致知也，诚身即力行也。始而致知，所以明万理于心，而使之无所疑；终而力行，所以复万善于己，而使之无不备。知不致，则真是真非莫辨，而后何所从适？行不力，则虽精义入神，亦徒为空言。此《大学》第五章之明善、第六章之诚身，所以为学者用功之至切至要。"玉溪卢氏曰："十章之传，纲目相维，读者须即纲领而考其条目，即条目而贯诸纲领，使一书之义，了然于胸中，庶几有受用处。第五章明善之要，是明明德之端。第六章诚身之本，是明明德之实。明善诚身之旨，《大学》、《中庸》所以相表里者在此，曾子、子思所以授受者亦在此，故朱子揭此以示学者急先之当务云。"云峰胡氏曰："明善诚身，《中庸》言之，孟子又言之，其说元自《大学》致知诚意来。《章句》之末，举此二者，以见曾、思、孟三子之相授受焉。"

---

① 近：浅近。

大学或问

或问：大学之道，吾子以为大人之学，何也？曰：此对小子之学言也。曰：敢问其为小子之学，何也？曰：愚于序文已略陈之，而古法之宜于今者，亦既辑而为书矣，学者不可以不之考也。曰：吾闻君子务其远者大者，小人务其近者小者。今子方将语音御。人以大学之道，而又欲其考乎小学之书，何也？朱子曰："小学书，是做人底样子。"问："小学大学之别？"曰："小学大学，只是一个事。小学，是学事亲事长；大学，便就上面讲究委曲其所以事亲事长是如何。""古人由小学而进于大学，其于洒扫应对进退之间，持守坚定，涵养纯熟，固已久矣。大学之序，特因小学已成之功。"陈氏曰："小学书，纲领甚好，最切于日用，虽至大学之成，亦不外是。"曰：学之大小，固有不同，然其为道则一而已。是以方其幼也，不习之于小学，则无以收其放心，养其德性，而为大学之基本。或曰："放心者，或心起邪思妄念，耳听邪言，目观乱色，口谈不道之言，以至手足动之不以礼，皆是放也；收者，便于邪思妄念处，截断不续，耳目言动皆然，此谓之收。既能收其放心，德性自然养得，不是收放心外，又养个德性也。"朱子曰："然。"西山真氏曰："德性，谓得之于天者，仁义礼智信是也。德性在心，本皆全备，缘放纵其心，不知操存，是致贼害其性，若能收其放心，即是养其德性，非二事也。"及其长上声。下同。也，不进之于大学，则无意察夫音扶。义理，措诸事业，而收小学之成功。玉溪卢氏曰："察夫义理，大学始事，格致是也；措诸事业，大学终事，齐治平是也。"是则学之大小所以不同，特以少长去声。所习之异宜，而有高下浅深先后缓急之殊，非若古今之辨、义利之分，判然如薰莸音犹。冰炭之相反而不可以相入也①。薰，香草。莸，臭草。今使幼学之士，必先有以自尽乎洒上、去二声。扫去声。应对进退之间，礼、乐、射、御、书、数之习，【附纂】洒扫应对，便是形而上者。俟其既长，而后进乎明德、新民，以止于至善，是乃次第之当然，又何为而不可哉？曰：幼学之士，以子之言而得循序渐进，以免于躐等陵节之病，则诚幸矣。若其年之既长，而不及乎此者，欲反从事于小学，则恐其不免于扞格，不胜勤苦难成之患；《记·学记》："发然后禁，则扞格而不胜，时过然后学，则勤苦而难成。"扞，胡半反。格，胡客

① 薰莸：香草和臭草。喻善恶、贤愚、好坏等。语本《左传·僖公四年》："一薰一莸，十年尚犹有臭。"

反。胜，平声。人欲既发而后禁之，则扞拒坚强而不胜也。【通考】吴氏程曰："扞格，抵牾不相入也。"欲直从事于大学，则又恐其失序无本，而不能以自达也，则如之何？曰：是其岁月之已逝者，则固不可得而复追扶又反。下同。矣，若其功夫之次第条目，则岂遂不可得而复补耶？朱子曰："古人于小学，自能言便有教，一岁有一岁工夫，到二十来岁，圣贤资质已自有二三分，大学只出治光采，而今都蹉过了，不能更转去做得，只据而今地头，便札住立定脚跟做去，栽种后来根株，填补前日欠缺，如二十岁觉悟，便从二十岁立定脚跟做去，如三十岁觉悟，亦然，便年八九十岁觉悟，亦只据现定劄住硬寨做去。"盖吾闻之，"敬"之一字，圣学之所以成始而成终者也。【附纂】黄氏洵饶曰："此'敬'字贯动静。"为小学者，不由乎此，固无以涵养本原，即前所谓"收放心，养德性"。而谨夫音扶。下同。洒扫应对进退之节，与夫六艺之教。为大学者，不由乎此，亦无以开发聪明，格致之事。进德诚、正、修。修业，齐、治、平。而致夫明德新民之功也。是以程子发明格物之道，而必以是为说焉。问："'敬'字当不得小学？"朱子曰："看来小学却未当得敬，敬已自包得小学。敬是彻上彻下工夫，虽做到圣人田地，也只放下这敬不得。"问："《大学》首云明德，却不曾说主敬，莫是已见于小学否？"曰："然。自小学不传，伊川却是带补一'敬'字。"北溪陈氏曰："程子只说一个主敬工夫，可以补小学之缺。盖主敬工夫，可以收放心而立大本。大本既立，然后工夫循序而进，无往不通。大抵主敬之功，贯始终，一动静，合内外，小学大学皆不可无也。"玉溪卢氏曰："敬者，定志虑、摄精神而存养本心之道，故为圣学之始终，百倍其功，只在主敬。篇首三言，为《大学》一书之纲领，明明德一句，为篇首三言之纲领。朱子'敬'之一字，则又明明德之纲领也。"不幸过时而后学者，诚能用力于此，以进乎大，而不害兼补乎其小，则其所以进者，将不患于无本而不能以自达矣。其或摧颓已甚，而不足以有所兼，则其所以固其肌肤之会、筋骸之束，而养其良知良能之本者，亦可以得之于此，而不患其失之于前也。《记·礼运》："故礼义也者，人之大端也，所以讲信修睦，而固人之肌肤之会、筋骸之束也。"会，合也，物合其则也，如头容宜合于直之类。束，收敛也，如手容宜恭之类。顾以七年之病，而求三年之艾①，非百倍其功，不足以致之。若徒归咎于既往，而所以补之于后者，又不能以自力，则吾见其扞格勤苦日有甚焉，而身心颠倒，眩瞀②务、茂二音。迷惑，终无以为致知力行之地矣，况欲有以及天下国家也哉！问："人于已失学后，须如此勉强奋励方得。"朱子曰："失时而后学，必著如此趱补得前许多欠缺处。人一能之已百之，人十能之已千之，若不如是，悠悠度日，一日不做得一日工夫，只见没长进，如何要补前面。""今人不曾做得小学工夫，一旦学大学，是以无下手处，今且当自持敬始，使端的纯一静专，然后能致知格物。'敬'字是彻头彻尾工夫，自格物以至平天下，皆不外此。"曰：然则所谓敬，又若何而

---

① 艾：通"乂"。治，治理。
② 眩瞀：昏愦，迷乱。

用力耶？曰：程子于此，尝以主一无适言之矣，程子曰：“主一之谓敬，无适之谓一。”朱子曰：“主一只是心专一，不以他念杂之，无适只是不走作，如读书时只读书，著衣时只著衣，了此一件又做一件，身在这里，心亦在这里。”“今讲学更须于主一上做工夫，若无主一工夫，则讲底义理无安著处，都不是自家物事，若有主一底工夫，则外面许多义理方始为我有，都是自家物事，工夫到时，才主一便觉意思好，卓然精明。”北溪陈氏曰：“主一，是心只在此，不二不三。无适，是心只在此，不东不西。主一无适，只展转相解释要分明，非主一外又别有无适之功也。”尝以整齐严肃言之矣。程子曰：“只整齐严肃则心便一，一则无非僻之干矣。”玉溪卢氏曰：“主一无适未易晓，故又就事实上教人，使只就眼前做工夫，如正衣冠，尊瞻视，足容重，手容恭之类，皆是内外一致，外面整齐严肃，则内面便一，内面便一，则外面便无非僻之干。”至其门人谢氏之说，则又有所谓常惺惺法者焉。上蔡谢氏曰：“敬是常惺惺法。”朱子曰：“惺惺乃心不昏昧之谓，只此便是敬，整齐严肃固是敬，然心若昏昧，烛理不明，虽强把捉，岂得为敬？”“学问须是警省，且如瑞岩和尚，每日常自问主人翁惺惺否？又自答曰惺惺，今时学者，却不能如此。”或问：“佛氏亦有此语。”曰：“其唤醒此心则同，其为道则异。吾儒唤醒此心，欲他照管许多道理，佛氏则空唤醒此心，无所作为，异处在此。”“心既常惺惺，又以规矩绳检之，此内外交相养之道也。”“今人心耸然在此，尚无惰慢之气，况曰心常能惺惺者乎？故心常惺惺，自无客虑。”陈氏曰：“是就心地上做工夫处，盖心常惺惺在这里，便常惺惺恁地活，若不在，便死了，心才在这里，则万理便森然于其中矣。”尹氏之说，则又有所谓其心收敛不容一物者焉。祈宽问①：“如何是主一？”和靖尹氏曰②：“只收敛身心便是主一，且如人到神祠致敬时，其心收敛，便著不得毫发事，非主一而何？”朱子曰：“心主这一事，不为他事搀乱，便是不容一物。”问：“心收敛不容一物。”曰：“这心都不著一物便收敛，他上文云：‘今人入神祠，当那时直是更著不得些子事，只有个恭敬。’此最亲切，今人若能专一，此心便收敛紧密，都无些子空罅，若这事思量未了，又走做那边去，心便成两路。”观是数说，足以见其用力之方矣。问：“程子、谢氏、尹氏所说敬处。”朱子曰：“譬如此屋四方皆入得，若从一方入到这里，则那三方入处都在这里了。”问：“敬，诸先生之说各不同，然总而言之，常令此心常存是否？”曰：“其实只一般，若是敬时，自然主一无适，自然整齐严肃，自然常惺惺，其心收敛不容一物，但程子整齐严肃，与谢氏尹氏之说又更分晓。”问：“程子谢氏之说，谢氏尤切当。”曰：“如某所见程子说得切当，整齐严肃，此心便存，便能惺惺，未有外面整齐严肃，而内不惺惺者，人一时间外面整肃，便一时惺惺，一时放宽了，便昏怠也。”新安陈氏曰：“朱子深取整齐严肃之说者，盖以有著实下手处耳。”勿斋

① 祈宽：未详何人。（元）刘履编《风雅翼》卷六《选诗补注》五《挽歌诗》注云：“祈宽曰：‘昔人自作祭文挽诗者，皆寓意骋词，成于暇日。’”

② 和靖尹氏：尹焞，字彦明，号和靖。宋洛阳人，程伊川弟子。著有《论语解》。

程氏曰①："整齐严肃，及收敛不容一物，皆敬之始也。主一无适，及常惺惺者，皆敬之成也。主一无适者，敬之纯，常惺惺者，敬而明也。然主一亦有浅深，以初学言之则欲主乎一，以成德言之则所主者一。"黄氏曰："且将自家身心去体察，见得如何是主一无适，如何是整齐严肃，如何是常惺惺，如何是其心收敛不容一物，是四者皆以有所畏而然，朱子晚年言'敬'字之义，惟'畏'字近之，其意精矣。"西山真氏曰："持敬之道，合三先生之言而用力焉，然后内外交相养之功始备。"曰：敬之所以为学之始者然矣，其所以为学之终也，奈何？曰：敬者，一心之主宰，而万事之根本也。知其所以用力之方，则知小学之不能无赖于此以为始；知小学之赖此以始，则夫音扶。大学之不能无赖乎此以为终者，可以一以贯之而无疑矣。盖此心既立，而由是格物致知以尽事物之理，则所谓尊德性而道问学；新安陈氏曰："尊德性，持敬以涵养本原也。道问学，穷格以开发聪明也。"由是诚意正心以修其身，则所谓先立其大者而小者不能夺；新安陈氏曰："先立其大者，持敬以诚其意，正其心也。小者不能夺，百体从心君所令，而身修也。"由是齐家治国以及乎天下，则所谓修己以安百姓，笃恭而天下平。是皆未始一日而离去声。乎敬也，然则"敬"之一字，岂非圣学始终之要也哉？朱子曰："敬者始终之要，未知则敬以知之；已知则敬以守之。若不敬，则其心颠倒昏昧而不自知，未知者非敬无以知，已知者非敬无所守。"陈氏曰："心之为物，虚灵知觉，所以为一身之主宰也。身无此以为之主宰，则四肢百体皆无所管摄矣。然所以为心者，又当由我有以主宰之，我若何而主宰之乎？所谓敬者，是又一心之主宰也。"〇曰：然则此篇所谓"在明明德，在新民，在止于至善"者，亦可得而闻其说之详乎？曰：天道流行，发育万物，其所以为造化者，阴阳五行而已。黄氏曰："天道是理，阴阳五行是气，合而言之，气即是理，一阴一阳之谓道是也。分而言之，理自为理，气自为气，形而上下是也。""未有五行，只得唤做阴阳，既有五行，则阴阳在五行之中矣。"【附纂】黄氏洵饶曰："天道，指太极。流行，指阴阳。"又曰："太极动而生阳，静而生阴，此是流行处。"而所谓阴阳五行者，又必有是理而后有是气，及其生物，则又必因是气之聚而后有是形。故人物之生必得是理，然后有以为健顺仁义礼智之性；必得是气，然后有以为魂魄五脏百骸之身。周子所谓"无极之真，二五之精，妙合而凝"者②，正谓是也。问："必有是理，然后有是气，是如何？"朱子曰："此本无先后之可言，然必欲推其气之所从来，则须说先有是理，然理又非别为一物，即存乎是气之中，无是气，则是理亦无挂搭处，气则为金木水火，理则为仁义礼智。""理未尝离乎气，然岂无先后？理无形，气便粗有渣滓。""就原头定体上说，则未分五行时，只谓之阴阳，未分五性时，只谓之健顺；及分而言之，则阳为木火，阴为金水，健为仁礼，顺为智义。"问："阴阳五行健顺五常之性。"曰："健是禀得

---

① 勿斋程氏：程若庸。(清)和珅等《大清一统志》卷七十九："程若庸，字达原，休宁人，从学双峰饶氏，得朱子之传。咸熙间登进士，历安定、临汝、武夷书院山长，学者师宗之，称为勿斋先生。著《性理字训讲义》、《太极洪范图说》。"

② 周子：宋代理学家周敦颐(1017—1073年)，世称濂溪先生。"无极之真，二五之精，妙合而凝"出自周敦颐《太极图说》。二五：阴阳与五行。

那阳之气，顺是禀得那阴之气，五常是禀得五行之理，人物皆禀得健顺五常之性。”“天地之间，有理有气。理也者，形而上之道也，生物之本也；气也者，形而下之器也，生物之具也。故人物之生，必禀此理，然后有性，必禀此气，然后有形，其性其形虽不外乎一身，然道器之间分际甚明，不可乱也。”北溪陈氏曰：“人始于气感，则得魂为先，既而体凝焉，则魄次之。魂主乎动，所以行乎此身之中，随所贯而无不生者也；魄主乎静，所以实乎此身之中，随所注而无不定者也。”节斋蔡氏曰①：“先有理后有气者，形而上为道，形而下为器之谓也。有则俱有者，道即器之谓也。盖不分先后，则理气不明，不合理气，则判为二物。如性之与情，未发已发，自有先后，固不可道性情同时也。然情之本实具于性，非先有此性而后别生一情，是有此性即有此情也。”东窗李氏曰②：“天之运五行，其实阴阳而已；人之性五常，其实健顺而已。仁之油然生意不可遏，礼之粲然明盛不可乱，健之为也；义不拂乎可否之宜，智不外乎是非之别，顺之为也。若夫信，则体是理而不易者健也，循是理而不违者顺也。”玉溪卢氏曰：“魂，阳之灵。魄，阴之灵。五脏，五行之质。百骸，万物之象也。真以理言而理不杂气，精以气言而气不离理。妙者理气之莫测，合者理气之无间。凝则有是形而各一其性矣。”“周子之言，见《太极图说》。”然以其理而言之，则万物一原，固无人物贵贱之殊；以其气而言之，则得其正且通者为人，得其偏且塞先则反。者为物，是以或贵或贱而不能齐也。朱子曰：“以理言之则无不全，以气言之则不能无偏。”“人得其气之正，故是理通而无所塞，物得其气之偏，故是理塞而无所通。且如人头圆象天，足方象地，平正端直，以其受天地之正气，所以识道理有知识。物受天地之偏气，所以禽兽横生，草木头生向下，尾反向上，物之间有知者，不过只通得一路，如乌之知孝、獭之知祭、犬但能守御、牛但能耕而已。人则无不知无不能，人所以与物异，所争者此耳。”“论万物之一原，则理同而气异；观万物之异体，则气犹相近而理绝不同，方赋与万物之初，天命流行，只是一般，故理同。二五之气，有清浊纯驳，故气异。万物已得之后，虽有清浊纯驳之不同，而同此二五之气，故气相近；以其昏明开塞之甚远，故理绝不同。气相近，如知寒暖，识饥饱，好生恶死，趋利避害，人与物都一般。理不同，如蜂蚁之君臣，只是他义上有一点子明，虎狼之父子，只是他仁上有一点子明，其他更推不去。”新安倪氏曰③：“理虽不杂乎气，而亦不离乎气。以不杂者言之，则理同而气异；以不离者言

① 节斋蔡氏：蔡渊。(明)凌迪知《万姓统谱》卷九十七：“字伯静，元定长子，渊既受学家庭，而又友黄干、张浮诸贤，清修苦节，有父风。与沈躬耕不仕，著《周易训解》，发先儒所未发。”

② 东窗李氏：即李道传。据《蜀中广记》卷九十九《李舜臣文集》提要载：“舜臣字子思，井研人。……子性传、道传、心传，皆以家学显世，有陵阳李氏、东窗李氏、井研李氏之称。”可知“东窗李氏”即为李舜臣次子李道传。(宋)黄震《黄氏日抄》卷四十《李贯之祠记》：“贯之，蜀人李道传也，以不及执经朱先生之门为恨，凡从先生游者皆诎首与之交，笃信力行，卓然可敬。”(宋)黄干《勉斋集》卷三十九有《祭李贯之文》。《宋史》卷四百三十六、《宋元学案》卷三十有传。

③ 新安倪氏：倪士毅。(明)冯从吾《元儒考略》卷四：“倪士毅，字仲弘，休宁人，潜心求道，尝学于陈栎、朱敬舆。所著有《四书辑释》，汪克宽为之序。”《宋元学案》三十七有传。

之，则得气之正者理亦全，得气之偏者理亦不全矣。朱子后一条与《或问》之说略有不同者，而亦未尝不互相发也。”彼贱而为物者，既梏于形气之偏塞①，而无以充其本体之全矣。唯人之生乃得其气之正且通者，而其性为最贵，故其方寸之间，虚灵洞彻，万理咸备，北溪陈氏曰：“此八字只是再详‘虚灵不昧以具众理’之意，虚灵洞彻，盖理与气合而有此妙用耳，非可专指气，如心恙底人亦有气存，何故昏迷颠错无此虚灵洞彻耶?”盖其所以异于禽兽者正在于此，而其所以可为尧舜而能参天地以赞化育者，亦不外焉，是则所谓明德者也。【附纂】黄氏洵饶曰：“此一节言本性。”然其通也或不能无清浊之异，其正也或不能无美恶之殊，故其所赋之质，清者智而浊者愚，美者贤而恶者不肖，又有不能同者。朱子曰：“人虽皆是天地之正气，但滚来滚去，便有昏明厚薄之异，盖气是有形之物，才是有形之物，便自有美恶也。”问：“智愚贤不肖，是所禀之气有清浊美恶之不同，不归于所禀而归于所赋，何邪?”曰：“赋如俗语云分俵均敷之意②。”问：“有人聪明通晓，是禀气之清矣，然却所为过差，或流于小人之归。又有为人贤而不甚聪明通晓。何也?”曰：“《或问》中所谓‘知愚贤不肖之殊’是也，盖其所赋之质便有此四样。聪明晓了者智也，而或不贤，便是禀赋中欠了清和温恭之德；又有人极温和而不甚晓事，便是贤而不智，为学便是要克化教此等气质，令恰好耳。”“有是理而后有是气，有是气必有是理，但禀气之清者为圣为贤，此如宝珠在清冷水中，禀气之浊者为愚不肖，此如宝珠在浊水中。所谓明明德者，是就浊水中揩拭此珠也。物亦有是理。又如宝珠在至污处，然其所禀有些明处，就上面便自不昧，如虎狼之父子、蜂蚁之君臣是也。”黄氏曰：“美恶是有生之初便分了，非以性言，是以气言，譬如玉之与石，则美恶固分，而玉之中又有美恶分焉。”格庵赵氏曰：“通塞偏正，判人物之大分而言，其清浊美恶，又就人中分别。”【附纂】黄氏洵饶曰：“此一段言气质。”必其上智大贤之资，乃能全其本体而无少不明，其有不及乎此，则其所谓明德者已不能无蔽而失其全矣。况乎又以气质有蔽之心，接乎事物无穷之变，则其目之欲色，耳之欲声，口之欲味，鼻之欲臭，四肢之欲安佚，所以害乎其德者，又岂可胜言也哉！【附纂】黄氏洵饶曰：“此言人欲。”二者相因，反覆深固，是以此德之明日益昏昧，而此心之灵，其所知者不过情欲利害之私而已。是则虽曰有人之形，而实何以远于禽兽？虽曰可以为尧舜而参天地，而亦不能有以自充矣。然而本明之体，得之于天，终有不可得而昧者，是以虽其昏蔽之极，而介然之顷，介，音甲，倏然之顷也。一有觉焉，则即此空隙之中，而其本体已洞然矣。问：“介然之顷，一有觉焉，则其本体已洞然矣。须是就这些觉处，便致知充广将去。”朱子曰：“然。如击石之火，只是些子才引著，便可以燎原。若必欲等大觉了，方去格物致知，如何等得这般时节？那个觉，是物格知至了大彻悟，到恁地时，事都了。若是介然之觉，一日之间，其发也无时无数，只要人识认得操持充养将去。”是以圣人施教，既已养之于小学之中，而复扶又反。开之以大学之道。其必先之

① 梏：约束，限制。
② 分俵：亦作“分裱”。分施，分给。俵：散发，分给。

以格物致知之说者，所以使之即其所养之中，而因其所发以启其明之之端也；【附纂】黄氏洵饶曰："此言知工夫。"继之以诚意、正心、修身之目者，则又所以使之因其已明之端而反之于身，以致其明之之实也。【附纂】黄氏洵饶曰："此言行工夫。"夫音扶。既有以启其明之之端，而又有以致其明之之实，则吾之所得于天而未尝不明者，岂不超然无有气质物欲之累，而复得其本体之全哉！是则所谓明明德者，而非有所作为于性分去声。之外也。然其所谓明德者，又人人之所同得，而非有我之得私也。向也俱为物欲之所蔽，则其贤愚之分，固无以大相远者。今吾既幸有以自明矣，则视彼众人之同得乎此而不能自明者，方且甘心迷惑没溺于卑污音乌。苟贱之中而不自知也，岂不为去声。之恻然而思有以救之哉！故必推吾之所自明者以及之，始于齐家，中于治国，而终及于平天下，【附纂】黄氏洵饶曰："即所谓恕。"使彼有是明德而不能自明者，亦皆有以自明而去上声。其旧染之污焉，是则所谓新民者，而亦非有所付畀必至反。增益之也①。玉溪卢氏曰："非彼本无，而我付畀之，非彼本少，而我增益之，以其本体之明，无不全也。"然德之在己而当明，与其在民而当新者，则又皆非人力之所为，而吾之所以明而新之者，又非可以私意苟且而为也。是其所以得之于天而见形甸反。于日用之间者，固已莫不各有本然一定之则，西山真氏曰："则者，法也，天下之理皆天实为之，莫不有一定之法，非人力所可增损，故曰则。"玉溪卢氏曰："至善，乃太极之异名而明德之本体。得之于天而有本然一定之则者，至善之体，乃吾心统体之太极；见于日用之间而各有本然一定之则者，至善之用，乃事事物物各具之太极也。"程子所谓"以其义理精微之极，有不可得而名"者，故姑以至善目之。而《传》所谓君之仁、臣之敬、子之孝、父之慈、与人交之信，乃其目之大者也。众人之心，固莫不有是，而或不能知，学者虽或知之，而亦鲜上声。能必至于是而不去。此为大学之教者，所以虑其理虽粗上声，略也。复而有不纯，已虽粗克而有不尽，且将无以尽夫音扶。修己治人之道，故必指是而言，以为明德新民之标的也。欲明德而新民者，诚能求必至是，而不容其少有过不及之差焉，则其所以去上声。人欲而复天理者，无毫发之遗恨矣。朱子曰："至善只是极好处，十分端正恰好，无一毫不是处，无一毫不到处。且如事君，必当如舜之所以事尧，而后唤做敬；治民，必当如尧之所以治民，而后唤做仁。不独如此，凡理皆有个极好处。"陈氏曰："所谓姑以至善目之者，所以极形容其精微尔，非谓'精微'之不为善而借此以形容之也。"又曰："自其大者言之，如仁敬慈孝，即君臣父子所当止之处。自其小者言之，如足容重、手容恭，重与恭，即手足所当止之处；视思明、听思聪，聪与明，亦视听所当止之处。"大抵《大学》一篇之旨，总而言之，不出乎八事，而八事之要，总而言之，又不出乎此三者，此愚所以断都玩反。然以为《大学》之纲领而无疑也。然自孟子没而道学不得其传，世之君子，各以其意之所便者为学。于是乃有不务明其明德，而徒以政教法度为足以新民者；又有爱身独善，自谓足以明其明德，而不屑乎新民者；

① 畀：赐予，给予，付予。

又有略知二者之当务，顾乃安于小成，狃女九反。于近利①，而不求止于至善之所在者。是皆不考乎此篇之过，其能成己成物而不谬者鲜上声。矣。朱子曰："不务明其明德，而以政教法度为足以新民，如管仲之徒便是；自谓能明其明德，而不屑于新民，如佛老便是；略知明德新民，而不求止于至善，如王通便是。看他于己分上，亦甚修饰，其论为治本末，亦有条理，甚有志于斯世。只是规模浅窄，不曾就本原上著工，便做不彻，须是无所不用其极方是。古之圣贤，明明德，便欲无一毫私欲；新民，便欲人于事事物物上皆是当也。"玉溪卢氏曰："成己谓明德，成物谓新民，不止至善，故不谬者鲜。"〇曰：程子之改"亲"为"新"也，何所据？子之从之，又何所考而必其然耶？且以己意轻改经文，恐非传疑之义，奈何？新安倪氏曰："《春秋穀梁传》云：'信以传信，疑以传疑'，此'传疑'二字所本也。"曰：若无所考而辄改之，则诚若吾子之讥矣。今亲民云者，以文义推之则无理，新民云者，以传去声。文考之则有据，程子于此，其所以处上声。之者亦已审矣。矧未尝去上声。其本文，而但曰某当作某，是乃汉儒释经不得已之变例，而亦何害于传疑耶？若必以不改为是，则世盖有承误踵之陇反。讹②，吾禾反。心知非是，而故为穿凿附会以求其说之必通者矣，其侮圣言而误后学也益甚，亦何足取以为法耶？〇曰："知止而后有定，定而后能静，静而后能安，安而后能虑，虑而后能得。"何也？曰：此推本上文之意，言明德新民所以止于至善之由也。盖明德新民，固皆欲其止于至善，然非先有以知夫音扶。下同。至善之所在，则不能有以得其所当止者而止之。如射者固欲其中去声。下同。夫正鹄，正，音征。鹄，音谷。然不先有以知其正鹄之所在，则不能有以得其所当中者而中之也。知止云者，物格知至，而于天下之事皆有以知其至善之所在，是则吾所当止之地也。能知所止，则方寸之间，事事物物，皆有定理矣；新安陈氏曰："《章句》云知之则志有定向，此云事物皆有定理，合二说其义方备。能知所止，则此心光明，见得事物皆有定理，而志方有定向。"理既有定，则无以动其心而能静矣；心既能静，则无所择于地而能安矣；能安，则日用之间，从七恭反。容闲音闲。暇，事至物来，有以揆之而能虑矣；能虑，则随事观理，极深研几平声，无不各得其所止之地而止之矣。问："知止与能虑，先生昨以比《易》中深与几，《或问》中却兼下'极深研几'字，觉未稳？"朱子曰："极深研几，是更审一审，当时下得未仔细，要之只著得'研几'字。"陈氏曰："物果格而无一理之不穷，无一见之不尽，则于天下之事，所谓至善所当止者，皆灼然有以知之矣。""理既有定，则心之所主更无外慕，凡外物皆无以动之而能静矣；身既能安，则向者知所当止之事物，或接乎吾前，而吾从容以应之，自能精于虑而不错乱矣。"然既真知所止，则其必得所止，固已不甚相远。其间四节，盖亦推言其所以然之故有此四者，非如孔子之志学以至从心，孟子之善信以至圣神，实有等级之相悬，为终身经历之次序也。朱子曰："如志学至从心，中

① 狃：满足。
② 踵讹：踵：继承，因袭。讹：讹误，错谬。

间许多便是大阶级，步却阔。知止至能得，只如志学至立，立至不惑相似。定静安大抵皆相类，只是就一级中间细分耳。”“某事当如此，某事当如彼，如君当仁，此是知止；事至物来，对著胸中恰好底道理，将这个去应他，此是得其所止。”〇曰：“物有本末，事有终始，知所先后，则近道矣。”何也？曰：此结上文两节之意也。明德、新民，两物而内外相对，故曰本末；知止、能得，一事而首尾相因，故曰终始。诚知先其本而后其末，先其始而后其终也，则其进为有序，而至于道也不远矣。朱子曰：“知工夫先后次第，则进为有序，不忽近务远，处下窥高，而其入道为不远矣，谓至道之近也。”黄氏曰：“知所先后，方是晓得为学之道，未能遂得夫道也，然既知其进为之序，则有至之阶矣，故云去道不远。”〇曰：“古之欲明明德于天下者，先治其国；欲治其国者，先齐其家；欲齐其家者，先修其身；欲修其身者，先正其心；欲正其心者，先诚其意；欲诚其意者，先致其知；致知在格物。”何也？曰：此言《大学》之序，其详如此，盖纲领之条目也。格物、致知、诚意、正心、修身者，明明德之事也。齐家、治国、平天下者，新民之事也。格物致知，所以求知至善之所在；自诚意以至于平天下，所以求得夫至善而止之也。朱子曰：“格物致知，是求知其所止；诚意正心修身至平天下，是求得其所止。物格知至，是知所止；意诚心正身修家齐国治天下平，是得其所止。”所谓明明德于天下者，自明其明德而推以新民，使天下之人皆有以明其明德也。人皆有以明其明德，则各诚其意，各正其心，各修其身，各亲其亲，各长上声。下同。其长，而天下无不平矣。问：“明德之功果能若是，不亦善乎！然以尧舜之圣，闺门之内或未尽化，况谓天下之大，能服尧舜之化而各明其德乎?”朱子曰：“《大学》明明德于天下，只是且说个规模如此，学者须有如此规模，不如此便是欠了。且如伊尹思匹夫不被其泽，如己推而纳之沟中，伊尹也只大概要恁地，又如何使得无一人不被其泽？又如说比屋可封，也须有一家半家不恁地者，只是见得自家规模自当如此，到做不去处却无可奈何。规模自是著恁地，工夫便却用寸寸进。若无规模次第，只管去细碎处走，便入世之计功谋利处去，若有规模而又无细密工夫，又只是一个空规模。外极规模之大，内推至于事事物物处，莫不尽其工夫，此所以为圣贤之学。”新安陈氏曰：“不言各格物致知者，民可使由、不可使知之意也，亲亲长长，即齐家之大者。”然天下之本在国，故欲平天下者，必先有以治其国；国之本在家，故欲治国者，必先有以齐其家；家之本在身，故欲齐家者，必先有以修其身。至于身之主则心也，一有不得其本然之正，则身无所主，虽欲勉强上声。下同。以修之，亦不可得而修矣，故欲修身者，必先有以正其心。而心之发则意也，一有私欲杂乎其中，而为善去上声。恶或有未实，则心为所累，虽欲勉强以正之，亦不可得而正矣，故欲正心者，必先有以诚其意。若夫音扶。知则心之神明，妙众理而宰万物者也，人莫不有，而或不能使其表里洞然，无所不尽，则隐微之间，真妄错杂，虽欲勉强以诚之，亦不可得而诚矣，故欲诚意者，必先有以致其知。致者，推致之谓，如“丧致乎哀”之“致”，言推之而至于尽也。朱子曰：“神是恁地精彩，明是恁地光明。道理固本有，用知方发得出来，所以谓之妙众理，妙犹言能运用众理也，‘运用’

字有病，故只下得‘妙’字。”问：“宰是主宰之宰，宰制之宰？”曰：“主便是宰，宰便是制。”问：“知如何宰物？”曰：“无所知觉，则不足以宰制万物，要宰制他，也须要知觉。心之为物，至虚至灵，神妙不测，常为一身之主，以提万事之纲，而不可有顷刻之不存者也，一不自觉而驰骛飞扬以徇物欲于躯壳之外，则一身无主，万事无纲，虽其俯仰顾盼之间，盖已不自觉其身之所在。”黄氏曰：“理是不动底物，不著“妙”字，如何发得许多理出来。”陈氏曰：“致知言表里洞然，以心之内外而言。知不致，则无以识是非善恶之真，将从何而趋，从何而舍，必有错认人欲作天理而不自觉者。”三山陈氏曰：“欲意之诚而不始于致知，则有善否未明而误于所向者多矣。推之而至于尽，有所用力之辞。”玉溪卢氏曰：“心之神明，即所得于天而虚灵不昧者也。心固具众理而应事物，所以妙众理而宰事物者，非心之神明乎？其表与里洞然无不尽，则心之用与体无不明矣。‘神明’字与‘虚灵’字相为表里，虚主理言，灵兼气言，先言虚，后言灵，见心之体不离用；神兼气言，明主理言，先言神，后言明，见心之用不离体。”新安陈氏曰：“心本神明之物，知又心之所以神明者，惟神明所以妙也。”【附纂】黄氏洵饶曰：“表里洞然，就知上说。”至于天下之物，则必各有所以然之故，与其所当然之则，所谓理也。人莫不知，而或不能使其精粗隐显，究极无余，则理所未穷，知必有蔽，虽欲勉强以致之，亦不可得而致矣。朱子曰：“所当然之则，如君之仁，臣之敬；所以然之故，如君何故用仁，臣何故用敬。如君之所以仁，盖君是个主脑，百姓人民皆属他管，他自是用仁爱，非说是为君了不得已以仁爱行之，自是合如此，若天使之然。又如父之所以慈，子之所以孝，盖父子本同一气，只是一人之身分成两个，其恩爱相属，自有不期然而然者。其他大伦皆然，皆天理使之如此，岂容强为哉？”玉溪卢氏曰：“粗也，显也，即事物当然之则也；精也，隐也，即事物所以然之故也。”新安陈氏曰：“所当然之则，理之实处；所以然之故，乃其上一层，理之源头也。”【附纂】黄氏洵饶曰：“精粗隐显，就物上说。”故致知之道，在乎即事观理，以格夫物。格者，极至之谓，如“格于文祖①”之格，见《书·舜典》。言穷之而至其极也。括苍叶氏曰：“但能随事观理，尽与理会，卒之天下事物之理，不惟知得一件两件，若隐若显，盖将无所不知矣；一事一物之间，不唯知得一分两分，若精若粗，盖将无所不知矣。”此《大学》之条目，圣贤相传，所以教人为学之次第，至为纤悉。然汉、魏以来，诸儒之论，未尝有及之者，至唐韩子名愈，字退之。乃能援以为说②，而见形甸反。于《原道》之篇③，则庶几其有闻矣。然其言极于正心诚意，而无曰致知格物云者，则是不探音贪。其端，而骤语其次，亦未免于择焉

---

① 文祖：帝尧始祖之庙。《书·舜典》：“正月上日，受终于文祖。”

② 韩子：韩愈(768—824 年)，字退之，河内河阳(今河南省孟县)人。韩氏郡望为昌黎，每自称昌黎韩愈，后世称韩昌黎。贞元八年(792 年)进士。谥文，世又称韩文公。韩愈推尊儒学，力排佛老；反对六朝以来骈偶文风，提倡散体，务去陈言，倡导了唐代的古文运动。有《昌黎先生集》四十卷，《外集》十卷。

③ 《原道》：韩愈著作篇名。

不精，语焉不详之病矣，何乃以是而议荀扬哉①？《韩文集》：“荀与扬也，择焉而不精，语焉而不详。”荀子名况，字卿，战国时赵人也。扬子名雄，字子云，西汉成都人也。各有所著之书，今传于世。朱子曰：“《原道》举《大学》，却不说格物致知；苏氏《古史》举《中庸》‘不获乎上’，却不说明善诚身，这样都是无头学问。”〇曰：“物格而后知至，知至而后意诚，意诚而后心正，心正而后身修，身修而后家齐，家齐而后国治，国治而后天下平。”何也？曰：此复说上文之意也。物格者，事物之理各有以诣其极而无余之谓也。理之在物者，既诣其极而无余，则知之在我者，亦随所诣而无不尽矣。知无不尽，则心之所发能一于理而无自欺矣。意不自欺，则心之本体物不能动而无不正矣。心得其正，则身之所处不至陷于所偏而无不修矣。身无不修，则推之天下国家亦举而措之耳，岂外此而求之智谋功利之末哉？曰：篇首之言明明德，以新民为对，则固专以自明为言矣；后段于平天下者，复扶又反。以明明德言之，则似新民之事亦在其中，何其言之不一而辨之不明耶？曰：篇首三言者，大学之纲领也。而以其宾主对待先后次第言之，则明明德者又三言之纲领也。至此后段，然后极其体用之全而一言以举之，以见形甸反。夫音扶。天下虽大，而吾心之体无不该，事物虽多，而吾心之用无不贯。盖必析之，有以极其精而不乱，然后合之，有以尽其大而无余，此又言之序也。陈氏曰：“天下事物，无一之不格，幽明巨细，有以洞灼其表里，其知之至也。莹万理于胸中，是极其所真是而不可移，非极其所真非而不容易；善极其本之所由来而无不彻，恶极其几之所从起而无少遁。物果格，知果至，由是而往，则意极其诚而无一念之或欺，心极其正而无一息之不存，身极其修而无一动之或偏矣。此书首三言，固当无所不尽，而所谓明明德者，又通为一篇之统体。”又曰：“体具于方寸之间，万理无所不备，而无一物能出乎是理之外；用发于方寸之间，万事无所不贯，而无一理不行乎其事之中。此心之所以为妙。”玉溪卢氏曰：“言明明德与新民对，则《大学》之体用犹二，言明明德于天下，则《大学》之体用非二矣。吾心之体，即明德之虚而具众理者也；吾心之用，即明德之灵而应万事者也。能析之极其精而不乱，则知吾心之用无不贯矣；能合之尽其大而无余，则知吾心之体无不该矣。不析之而遽欲合之，则有虚空恍惚之病；徒析之而不能合之，则有支离破碎之病。必析之极其精，然后合之尽其大，此二句其义无穷。真西山尝诵此而继之曰：‘小德川流，大德敦化。’又继之曰：‘吾道一以贯之，其旨深矣。’”【附纂】黄氏洵饶曰：“极其精而不乱，如一物一太极，盖其大而无余，如体统一太极。”〇曰：“自天子以至于庶人，一是皆以修身为本，其本乱而末治者否矣；其

① 荀扬：荀况和扬雄。荀况：战国赵人，世称荀卿。汉时谓之孙卿。曾在齐，游学稷下，三为祭酒。去齐至楚，春申君任以兰陵。晚年专事著述，终老兰陵。学宗儒术而言性恶，谓须恃礼义以矫其枉，乃得从善。战国末著名政治家韩非、李斯，曾师事其门。经学辞赋，对后世殊多影响。今传《荀子》十二卷三十二篇。扬：扬雄（前53—18年），字子云，西汉蜀郡成都人。长于辞赋，多仿司马相如。成帝时以大司马王音荐，献《甘泉》、《河东》、《羽猎》、《长杨》四赋，拜为郎。王莽时为大夫，校书天禄阁。扬雄博通群籍，多识古文奇字。著有《太玄》、《法言》、《方言》等。明张溥辑其文为《扬侍郎集》。《汉书》有传。

所厚者薄，而其所薄者厚，未之有也。”何也？曰：此结上文两节之意也。以身对天下国家而言，则身为本而天下国家为末。以家对国与天下而言，则其理虽未尝不一，然其厚薄之分亦不容无等差楚宜反。矣。故不能格物致知，以诚意正心而修其身，则本必乱而末不可治。不亲其亲，不长上声。下同。其长，则所厚者薄而无以及人之亲长，此皆必然之理也。孟子所谓“于所厚者薄，无所不薄”，其言盖亦本于此云。三山陈氏曰：“修身者，自格物致知诚意正心而积也。不如是，则身不可修，身之不修，则其本乱矣。本之既乱，如国家何？事父母而不能孝，事兄长而不能弟，则是于其所厚者薄矣。所厚者犹薄，奚望其亲天下之亲、长天下之长哉！”〇曰：治国平天下者，天子诸侯之事也，卿大夫以下，盖无与音预。焉。今大学之教，乃例以明明德于天下为言，岂不为思出其位，犯非其分去声，而何以得为如字。为去声。己之学哉？曰：天之明命，有生之所同得，非有我之得私也。是以君子之心，豁呼括反。然大公，其视天下，无一物而非吾心之所当爱，无一事而非吾识之所当为，虽或势在匹夫之贱，而所以尧舜其君，尧舜其民者，亦未尝不在其分去声。内也。【附纂】黄氏洵饶曰：“故仁者以天地万物为一体，莫非己也。认得为己，无所不至之意。”又况大学之教，乃为上声。天子之元子、众子，公侯、卿大夫、士之適音的。子与国之俊选去声。而设，是皆将有天下国家之责而不可辞者，则其所以素教而预养之者，安得不以天下国家为己事之当然，而预求有以正其本、清其源哉！后世教学不明，为人君父者，虑不足以及此，而苟徇于目前，是以天下之治去声。日常少，乱日常多，而败国之君、亡家之主，常接迹于当世，亦可悲矣！论者不此之监，而反以圣法为疑，亦独何哉？大抵以学者而视天下之事，以为己事之所当然而为之，则虽甲兵、钱谷、笾豆、有司之事①，皆为去声。己也；以其可以求知于世而为之，则虽割股、庐墓、敝车、羸力为反。马②，亦为去声。下同。人耳。善乎张子敬夫之言曰：张子，名栻，字敬夫，号南轩，广汉人，乃朱子同志之友也。“为己者，无所为而然者也。”此其语意之深切，盖有前贤所未发者，学者以是而日自省悉井反。焉，则有以察乎善利之间而无毫厘之差矣。问：“为己为人一条。”朱子曰：“这须要自看，如一日之间，小事大事，只道我合当做，便如此做，这便是无所为。如读书只道自家合当如此读，合当如此理会身己。才说要人知，便是有所为，如世上人才读书，便安排这个好做时文，此又为人之甚者。”“如甲兵钱谷笾豆有司，到当自家理会，便理会，不是为别人了理会。如割股庐墓，一是不忍其亲之病，一是不忍其亲之死，这都是为己者，若因要人知了去恁地，便是为人。”问：“割股事如何？”曰：“割股固自不是，若诚心为之，不求人知，亦庶几，今有以此要誉者。”“南轩此言扩前圣所未发，而

---

① 甲兵：铠甲和兵械，泛指兵器。此指战争、战乱。笾豆：笾和豆，古代祭祀及宴会时常用的两种礼器。竹制为笾，木制为豆。此指祭祀。有司：官吏。古代设官分职，各有专司，故称。此指为官。

② 割股：旧有自割股肉以供君亲食用之说，以示忠孝。庐墓：古人于父母或师长死后，服丧期间在墓旁搭盖小屋居住，守护坟墓，谓之庐墓。敝车：破烂、破旧的车。羸马：病瘦的马。羸：衰病，瘦弱，困惫。

同于孟子性善养气之功者欤！”○曰：子谓正经盖夫子之言，而曾子述之，其传去声。后凡言传文经传之类，皆同。则曾子之意，而门人记之。何以知其然也？曰：正经辞约而理备，言近而指远，非圣人不能及也，然以其无他左“佐”同。验①，且意其或出于古昔先民之言也，故疑之而不敢质。至于传文，或引曾子之言，而又多与《中庸》、《孟子》者合，则知其成于曾氏门人之手，而子思以授孟子无疑也。盖《中庸》之所谓明善，即格物致知之功；其曰诚身，即诚意、正心、修身之效也。《孟子》之所谓知性者，物格也；尽心者，知至也；存心、养性、修身者，诚意、正心、修身也。朱子曰：“知性者物格也，‘物’字对‘性’字；尽心者知至也，‘知’字对‘心’字。”“物理之极处无不到，知性也；吾心之所知无不尽，尽心也。”其他如谨独之云，不慊口簟、口劫二反。之说②，义利之分，恒言之序，新安倪氏曰：“孟子云：‘人有常言皆曰天下国家，天下之本在国，国之本在家，家之本在身’，此常言之序也。”亦无不吻武粉反，又音泯。合焉者。故程子以为孔氏之遗书，学者之先务，而《论》、《孟》犹处上声。其次焉，亦可见矣。曰：程子之先是书而后《论》、《孟》，又且不及乎《中庸》，何也？曰：是书垂世立教之大典，通为去声。天下后世而言者也。《论》、《孟》应机接物之微言③，或因一时一事而发者也。是以是书之规模虽大，然其首尾该备，而纲领可寻，节目分明，而工夫有序，无非切于学者之日用。《论》、《孟》之为去声。人虽切，然而问者非一人，记者非一手，或先后浅深之无序，或抑扬进退之不齐，其间盖有非初学日用之所及者。此程子所以先是书后《论》、《孟》，盖以其难易去声。下同。缓急言之，而非以圣人之言为有优劣也。至于《中庸》，则又圣门传授极致之言，尤非后学之所易得而闻者，故程子之教未遽及之，岂不又以为《论》、《孟》既通，然后可以及此乎？盖不先乎大学，无以提挈纲领而尽《论》、《孟》之精微；不参之《论》、《孟》，无以融贯会通而极《中庸》之归趣。然不会其极于《中庸》，则又何以建立大本，尽性也。经纶大经，立教也。而读天下之书，论天下之事哉？以是观之，则务讲学者，固不可不急于四书，而读四书者，又不可不先于《大学》，亦已明矣。今之教者，乃或弃此不务，而反以他说先焉，其不溺于虚空，流于功利，而得罪于圣门者，几平声。希矣。

或问：一章而下，以至三章之半，郑本元在“没世不忘”之下，而程子乃以次于“此谓知之至也”之文，子独何以知其不然，而遂以为传之首章也？曰：以经统传，以传附经，则其次第可知，而二说之不然审矣。○曰：然则其曰“克明德”者，何也？曰：此言文王能明其德也。盖人莫不知德之当明而欲明之，然气禀拘之于前，物欲蔽之于后，是以虽欲明之而有不克也。文王之心，浑上声。然天理，亦无待于克之而自明矣。然犹云尔者，亦见其独能明之，而他人不能，又以见夫音扶。未能明者之不可不致其克之之

① 左验：证人，证据。《汉书·杨恽传》：“事下廷尉。廷尉定国考问，左验明白。”颜师古注：“左，证左也。言当时在其左右见此事者也。”

② 慊：满足，满意。《孟子·公孙丑上》：“行有不慊於心，则馁矣。”赵岐注：“慊，快也。”

③ 应机接物：顺应机会，接触外物，与人交往。

功也。问："克明德。克，能也，《或问》中却作能致其克之之功，又似'克治'之'克'，如何?"朱子曰："此'克'字虽训'能'字，然'克'字重，是他人不能而文王独能之，若只作能明德，语意便都弱了。凡字有文义一般，而声响顿异，如云克宅心、克明德之类可见。""人所以不能明其德者，何哉？盖气偏而失之太刚，则有所不克；气偏而失之太柔，则有所不克。声色之欲蔽之，则有所不克；货利之欲蔽之，则有所不克。不独此耳。凡有一毫之偏蔽得以害之，则有所不克。唯文王无气禀物欲之偏蔽，故能有以胜之而无疑。"西山真氏曰："明德人所同有，其所以为圣愚之分者，但以'克明'与'不能明'之异尔。常人所以不能明者，一则以气禀昏弱之故，二则以物欲蔽塞之故，虽是蔽塞之余，若一旦悔悟欲自明其德，亦无不可者，患在自暴自弃而不肯为耳。"格庵赵氏曰①："文王自诚而明者，故其心浑然天理，表里澄莹，不待克之而自明。若大贤而下未能如文王，则不可无克之之功矣。"○曰：顾諟天之明命，何也？曰：人受天地之中以生，故人之明德非他也，即天之所以命我，而至善之所存也。是其全体大用，盖无时而不发见形甸反。于日用之间。陈氏曰："于寂然不动之时，则合万殊为一本，而浑然之全体，常昭融于方寸之间。及感而遂通之际，则散一本为万殊，而纵横曲直，莫非大用之所流行矣。"又曰："天理本体常生生而无一息之已，而其大用亦无一息不流行乎日用之间。"人惟不察于此，是以汩于人欲，而不知所以自明，常目在之，而真若见其参于前、倚于衡也，则成性存存而道义出矣。问："如何是体，如何是用?"朱子曰："体与用不相离，且如身是体，要起行去便是用。赤子匍匐将入井，皆有怵惕恻隐之心，只此一端体用便可见。如喜怒哀乐是用，所以喜怒哀乐是体。""若见其参前倚衡，此岂有物可见，但凡人不知省察，常行日用每与是德相忘，亦不自知其有是也。今所谓顾諟者，只是心里常常存著此理，一出言，一行事，皆必有当然之则，不可失也，初岂实有一物之可见其形象耶?"问："成性存存，道义出矣，何如?"曰："天之所命，我之所得于己，只是一个道理，人只要存得这些在这里，才存得在这里，则事君必会忠，事亲必会孝，见孺子入井则怵惕之心便发，见穿窬之类则羞恶之心便发，合恭敬处便自然会恭敬，合辞逊处便自然会辞逊，须要常存得此心，则便见得此性，发出底都是道理，若不存得这些，待做出那个会合道理。"西山真氏曰："成性者，言天之与我者，自有浑成之性，如俗言见成浑沦之物是也。我但当存之又存，不令顷刻失之，则天下之道义皆从此出。道义，如事君忠、事亲孝之类。"玉溪卢氏曰："天地之中，太极是已，天之命我此也，我之明德此也，谓之至善亦此也。道者体，义者用，成性存存而道义出，则明德之全体大

---

① 格庵赵氏：赵顺孙。《宋元学案》卷七十《参政赵格斋先生顺孙》："赵顺孙，字和仲，缙云人也。韩王普之后，父雷学于溪斋腾氏，授以《尊所闻集》，遂传其子。先生既长，谓朱子之微言奥旨，散出于门人，所记录者莫克互见，乃采集以为《四书纂疏》，学者盛传之。淳祐十年进士，自秘书郎五迁至侍御史，皆兼讲读之职。"元初黄溍作《格庵先生阡表》著有《四书纂疏》、《近思录精义》、《孝宗系年录》、《中兴名臣言行录》、《文集》多种。案：《宋元学案》载其为"赵格斋"，疑误，"格斋"之称仅见于《宋元学案》，而《四书说约》、《四书大全》、《陶庐杂录》、《续文献通考》、《闽中理学渊源考》、《元史类编》、《经义考》、《春在堂诗编》等均作"格庵赵氏"。

用无不明矣。”〇曰：“克明峻德”，何也？曰：言尧能明其大德也。朱子曰：“人之为德未尝不明，而其明之为体亦未尝不大，但人自有以昏之，是以既不能明，而又自陷于一物之小。唯尧为能明其大德而无昏暗狭小之累，是则所谓止于至善。”玉溪卢氏曰：“能明其大德，只是明明德到十分尽处，非明德之外有峻德也。”〇曰：是三者，固皆自明之事也，然其言之亦有序乎？曰：《康诰》通言明德而已。《太甲》则明天之未始不为人，而人之未始不为天也。《帝典》则专言成德之事，而极其大焉。其言之浅深，亦略有序矣。问：“天未始不为人，而人未始不为天，何也？”朱子曰：“只是言人性本无不善，而其日用之间，莫不有当然之则，所谓天理也。人若每事做得是，则便合天理，天人本一理，若理会得此意，则天何尝大、人何尝小也？”“天即人，人即天，人之始生得于天也，既生此人，则天又在人矣，凡语言动作视听皆天也。顾，是常要看得光明灿烂，照在目前。”黄氏曰：“本文三引《书》，乃断章取义，以明经文明明德之意，其言之序，则自浅而深，最为有用。克明德者，泛言之。曰顾諟，则言明之之功；曰明命，则言明德之故。次之曰峻德，加一‘峻’字则又见明德之极，乃所谓止于至善者也。”

或问：盘之有铭，何也？曰：盘者，常用之器；铭者，自警之辞也。古之圣贤，兢兢业业，固无时而不戒谨恐惧，然犹恐其有所怠忽而或忘之也，是以于其常用之器，各因其事而刻铭以致戒焉，欲其常接乎目，每警乎心，而不至于忽忘也。曰：然则沐浴之盘，而其所刻之辞如此，何也？曰：人之有是德，犹其有是身也，德之本明，犹其身之本洁也，德之明而利欲昏之，犹身之洁而尘垢音苟。污音乌，又去声。之也。一旦存养省悉井反。察之功，真有以去上声。下同。其前日利欲之昏而日新焉，【附纂】黄氏洵饶曰：“存养省察就德言。”则亦犹其疏平声。瀹音药。澡音早。雪，而有以去其前日尘垢之污也。【附纂】黄氏洵饶曰：“疏瀹澡雪，就身言。”然既新矣，而所以新之之功不继，则利欲之交，将复扶又反。下同。有如前日之昏；犹既洁矣，而所以洁之之功不继，则尘垢之集，将复有如前日之污也。故必因其已新而日日新之，又日新之，使其存养省察之功，无少间断，间，去声。断，徒玩反。后凡二字相连者并同。则明德常明，而不复为利欲之昏；亦如人之一日沐浴而日日沐浴，又无日而不沐浴，使其疏瀹澡雪之功，无少间断，则身常洁清，而不复为旧染之污也。昔成汤所以反之而至于圣者，正惟有得于此，故称其德者，有曰“不迩声色，不殖承职反。货利①”，又曰“以义制事，以礼制心②”，有曰“从谏弗咈③音佛，改过不吝”，又曰“与人不求备，检身若不及”，此皆足以见其日新之实。至于所谓“圣敬日跻笺西反④。”云者，则其言愈约而意愈切矣。跻，升也，圣人能敬其德，日愈升于高明也。然本汤之所以得此，又其学于伊尹而有发焉。故伊尹自谓与汤“咸有一德”，而于复如字。政太甲之初，复扶又反。下同。以“终

① 语出《书·仲虺之诰》。迩：近。殖：积聚，聚集。

② 语出《书·仲虺之诰》。制事：谓处理政治、军事等重大事件。

③ 弗咈：不违。

④ 圣敬日跻：语出《诗经·商颂·长发》。

始惟一，音义。时乃日新"为丁宁之戒。盖于是时，太甲方且自怨自艾于桐①，处上声。仁迁义而归，是亦所谓苟日新者。故独推其尝以告于汤者告之，欲其日进乎此，无所间断，而有以继其烈祖之成德也②，其意亦深切矣！朱子曰："成汤工夫，全在'敬'字上，看来大段是个修饬底人，故当时人说他做工夫处，如云以义以礼，不迩不殖等，可见日新之功。《或问》中所以详载，非说道人不知，亦欲学者经心耳。"格庵赵氏曰："尘垢之污，其害浅，利欲之昏，其害深。尘垢之污，人知求以去之，而利欲之昏，则不知所以去之。唯圣人则以为德之不可不新，甚于身之不可不洁也。且人之洁身也，既知疏瀹澡雪以去前日尘垢之污矣，然其洁之之功不继，则尘垢复集，将又如前日之污，故必日加疏瀹澡雪之功，无少间断，而后其身常洁而不污，况欲去利欲之昏，而复本然之明，则存养省察之功，其可一日而有间断哉!"玉溪卢氏曰："不迩声色等八句，是敬之目；圣敬日跻一句，是敬之纲，合而言之，即顾諟明命之事也。"其后周之武王，践阼存故反。之初③，受师尚父丹书之戒曰：尚父，太公望吕氏，详见《孟子·离娄上篇》。"敬胜怠者吉，怠胜敬者灭，义胜欲者从，欲胜义者凶。"问："'从'意?"朱子曰："从，顺也。敬便立起，怠便放倒，以理从事是义，不以理从事便是欲。这处敬与义，是个体用。""须是将敬来做本领，涵养得贯通时，才敬以直内，便义以方外。义便有敬，敬便有义，如居仁便由义，由义便居仁。敬者，守于此而勿失之谓。义者，施于彼而合宜之谓。"西山真氏曰："武王之始践阼也，访丹书于太公，可谓急于闻道者矣。而太公望所告，不出敬与义之一言，盖敬则万善俱立，怠则万善俱废，义则理为之主，欲则物为之主，上古圣人已致谨于此矣。武王闻之，若汤之戒惧而铭之器物以自警焉，盖恐斯须不存，而怠与欲得乘其隙也。"新安陈氏曰："敬义对言，其理甚精，孔子于《坤》文言曰'敬以直内，义以方外'，实自此发。"退而于其几席、觞豆、刀剑、户牖④，莫不铭焉，盖闻汤之风而兴起者。今其遗语尚幸颇见形甸反。于《礼》、《书》，愿治去声。之君，志学之士，皆不可以莫之考也。张氏存中曰⑤："《大戴礼·武王践阼篇》：武王践阼三日，召师尚父而问焉，曰：'黄帝颛帝之道，可得而见与?'曰：'在丹书，王欲闻之，

① 桐：古地名。故址在今山西万荣县西。一说在今河北临漳。《书·太甲上》："太甲既立，不明，伊尹放诸桐。"

② 烈祖：指建立功业的祖先，古多称开基创业的帝王。《书·伊训》："伊尹乃明言烈祖之成德，以训于王。"

③ 践阼：《礼·曲礼》下："践阼，临祭祀，内事曰孝王某，外事曰嗣王某。"指天子新即位，升宗庙东阶以主祭。此所记详见《大载礼记》卷六《武王践阼》第五十九。

④ 觞豆：觞，古代盛酒器；豆，古代盛食器。户牖：门窗。

⑤ 张氏存中：张存中，著有《四书通证》六卷。《四库全书总目》卷三十六《四书通证提要》："存中，字德庸，新安人。初胡炳文作《四书通》，详义理而略名物，存中因排纂旧说，成此书以附后，故名曰《四书通证》。炳文为之序，称'北方杜缑山有《语孟旁通》，平水薛寿之有《四书引证》，皆失之太繁，存中能删冗从简，去非取是。'……存中持疑不决，亦失于考核，又如三让引《吴越春秋》，泛及杂说，而于历代史事，每多置正史而引《通鉴》，亦蜚根本之学。然大概征引详明，于人人习读不察者一一具标出处，可省检阅之烦，于学者亦不为无补矣。"

则齐矣①。王齐三日，师尚父奉书而入。'道：'《书》之言曰：敬胜怠者吉，怠胜敬者灭；义胜欲者从，欲胜义者凶；凡事不强则枉，弗敬则不正，枉者灭废，敬者万世。'王闻书之言，惕若恐惧，而为戒书，于席四端为铭焉。铭曰：'安乐必敬，无行可悔，一反一侧，亦不可不志，殷监不远，视尔所代。'鉴铭曰：'见尔前，虑尔后。'盘铭曰：'与其溺于人也，宁溺于渊，溺于渊犹可游也，溺于人不可救也。'楹铭曰：'毋曰胡残，其祸将然；毋曰胡害，其祸将大；毋曰胡伤，其祸将长。'牖铭曰：'随天之时，以地之财，敬祀皇天，敬以先时。'剑铭曰：'带之以为服，动必行德，行德则兴，倍德则崩。''倍'与'背'同，铭凡十有四，今摘其辞义之易知者于此。"曰：此言新民，其引此何也？曰：此自其本而言之，盖以是为自新之至，而新民之端也。〇曰：《康诰》之言"作新民"，何也？曰：武王之封康叔也，以商之余民，染纣污俗而失其本心也，故作《康诰》之书而告之以此，欲其有以鼓舞而作兴之，使之振奋踊跃，以去上声。其恶而迁于善，舍上声。其旧而进乎新也。然此岂声色号令之所及哉？亦自新而已矣。曰：孔氏小序以《康诰》为成王、周公之书，而子以武王言之，何也？曰：此五峰胡氏之说也②。胡氏名宏，字仁仲，建安人，文定公安国之子也，其说见《皇王大纪》。盖尝因而考之，其曰："朕弟寡兄"云者，皆为武王之自言，乃得事理之实，而其他证亦多。小序之言，不足深信，于此可见。然非此书大义所关，故不暇于致详，当别为去声。读书者言之耳。〇曰：《诗》之言"周虽旧邦，其命维新"，何也？曰：言周之有邦，自后稷以来千有余年，至于文王，圣德日新，而民亦丕变③，新安陈氏曰："此乃推本言之，诗无日新丕变，意盖承上文日新、作新说来。"【附纂】黄氏洵饶曰："圣德日新，言明德；民亦丕变，言新民。"故天命之以有天下。是其邦虽旧，而命则新也。盖民之视效在君，而天之视听在民，君德既新，则民德必新，民德既新，则天命之新亦不旋日矣。问："天之视听在民，与天视自我民视，天听自我民听，若有不同，如何？"朱子曰："天岂曾有耳目以视听，只是自民之视听，便是天之视听，如帝命文王，岂天谆谆然命之，只是文王要恁地，便是理合恁地，便是帝命之也。"又曰："若一件事，民人皆以为是，便是天以为是，若民人皆归往之，便是天命也。"〇曰：所谓"君子无所不用其极"者，何也？曰：此结上文《诗》、《书》之意也。盖《盘铭》言自新也，《康诰》言新民也，《文王》之诗，自新、新民之极也。故曰"君子无所不用其极。"极即至善之云也。用其极者，求其止于是而已矣。朱子曰："观上文三引《诗》、《书》，而此以'无所'二字，总而结之，则于自新新民，皆欲用其极可知矣。"

---

① 齐：同"斋"。

② 五峰胡氏：即胡宏（1105—1161年），字仁仲，号五峰，学者称五峰先生，建宁崇安（今福建武夷山市）人，安国子。湖湘学派创立者。初入太学，师事杨时。父荫补右承务郎。以秦桧专权不出，居衡山之下二十余年。高宗绍兴二十五年（1155年）桧死被召，以疾不赴。三十一年卒，年五十七。工笔札，其迹杂见凤墅续法帖中。著有《知言》、《皇王大纪》和《易外传》等。

③ 丕变：大变。《书·盘庚上》："罔有逸言，民用丕变。"

或问：此引《玄鸟》之诗①，何也？曰：此以民之止于邦畿②，而明物之各有所止也。○曰：引《缗蛮》之诗③，而系以孔子之言，孔子何以有是言也？曰：此夫子说《诗》之辞也。盖曰鸟于其欲止之时，犹知其当止之处，岂可人为万物之灵，而反不如鸟之能知所止而止之乎？其所以发明人当知止之义，亦深切矣。○曰：引《文王》之诗，而继以君臣父子与国人交之所止，何也？曰：此因圣人之止，以明至善之所在也。盖天生烝民④，有物有则，是以万物庶事，莫不各有当止之所。但所居之位不同，则所止之善不一。故为人君，则其所当止者在于仁；为人臣，则其所当止者在于敬；为人子，则其所当止者在于孝；为人父，则其所当止者在于慈；与国人交，则其所当止者在于信。是皆天理人伦之极致，发于人心之不容已者，而文王之所以为法于天下可传于后世者，亦不能加毫末于是焉。但众人类为气禀物欲之所昏，故不能常敬而失其所止。唯圣人之心，表里洞然，无有一毫之蔽，故连续光明，自无不敬，而所止者，莫非至善，不待知所止而后得所止也。新安陈氏曰："学者必先知所止，而后方得所止，圣人安于所止，则不待先知而后得也。"故传引此诗，而历陈所止之实，使天下后世得以取法焉。学者于此，诚有以见其发于本心之不容已者而缉熙之⑤，使其连续光明，无少间断音短，则其敬止之功，是亦文王而已矣。《诗》所谓"上天之载，无声无臭。仪刑文王，万邦作孚⑥"，正此意也。曰：子之说《诗》，既以敬止之"止"为语助之辞，而于此书，又以为所止之义，何也？曰：古人引诗断章，或姑借其辞以明己意，未必皆取本文之义也。曰：五者之目，词约而义该矣。子之说，乃复扶又反。有所谓究其精微之蕴，而推类以通之者，何其言之衍而不切耶？曰：举其德之要而总名之，则一言足矣。"一言"谓一字，如"仁"字"敬"字之类。论其所以为是一言者，则其始终本末，岂一言之所能尽哉！得其名而不得其所以名，则仁或流于姑息，敬或堕于阿谀，孝或陷父，而慈或败子，且其为信，亦未必不为尾生、白公之为也⑦。《庄子》：尾生与女子期于梁下，女子不来，水至不去，抱梁柱而死。梁，桥也。《左传·哀公十六年》：郑人杀子木。楚平王太子建也，因遇谗出奔而至郑。其子曰胜，在吴。子西欲召之，楚令尹子西曰："吾闻胜也信而勇，不为不利。"叶公曰：叶音摄。"周仁之谓信，率义之谓勇。吾闻胜也好复言，言之所许，必欲复行，不顾道理。而求死士，殆有私乎？复言，非信也。期死，非勇也。子必

---

① 《玄鸟》：《诗经·商颂·玄鸟篇》。

② 邦畿：王城及其所属周围千里的地域。《诗·商颂·玄鸟》："邦畿千里，维民所止。"毛传："畿，疆也。"

③ 《缗蛮》：《诗经·小雅·缗蛮》。

④ 烝民：民众，百姓。

⑤ 缉熙：《诗·大雅·文王》："穆穆文王，於缉熙敬止！"毛传："缉熙，光明也。"又《周颂·敬之》："日就月将，学有缉熙于光明。"郑玄笺："缉熙，光明也。"后因以"缉熙"指光明，又引申为光辉。

⑥ 语出《诗·大雅·文王》。

⑦ 尾生：古代传说中坚守信约的男子。《庄子·盗跖》："尾生与女子期于梁下，女子不来，水至不去，抱梁柱而死。"陆德明《释文》："尾生，一本作微生。"后借指坚守信约的人。

悔之。”弗从，使处吴竟音境。为白公白，楚邑也。邑宰，僭称公。请伐郑。子西许之，未起师。晋人伐郑，楚救之，胜怒，曰：“郑人在此，仇不远矣。”胜自厉剑，子期之子平见之，曰：“王孙何自厉也?”曰：“胜以直闻，不告女，音汝。庸为直乎？将以杀尔父。”平以告子西，子西不悛。吴人伐慎，白公败之。请以战备献，许之。遂作乱，杀子西、子期于朝。又况传之所陈，姑以见形甸反。物各有止之凡例，其于大伦之目，犹且阙其二焉，苟不推类以通之，则亦何以尽天下之理哉！节斋蔡氏曰：“所谓得其名而不得其所以名，若细推之，如为人君止于仁，固同一仁也。然仁亦何止一端，生之育之，固仁也。刑之威之，亦仁也。若执著其仁之一端，不能随处止其仁之所止，安得谓止于仁之至善？为人臣止于敬，固同一敬也，然敬亦何止一端，鞠躬尽瘁，固敬也，陈善闭邪，亦敬也。若执著其敬之一端，不能随处止其敬之所止，安得谓止于敬之至善？为人子止于孝，固同一孝也，然孝亦何止一端，先意承志，固孝也，几谏不违，亦孝也。若执著其孝之一端，不能随处止其孝之所止，安得谓止于孝之至善？以至为人父止于慈，与国人交止于信，皆当如此。而又推类以及其余，则凡天下之事，无大无小，虽千条万绪，皆有以知其所当止，而无不止于至善矣。”〇曰：复扶又反。引《淇澳》之诗①，何也？曰：上言止于至善之理备矣，然其所以求之之方，与其得之之验，则未之及，故又引此诗以发明之也。夫音扶。“如切如磋”，言其所以讲于学者已精而益求其精也；“如琢如磨”，言其所以修于身者已密而益求其密也。此其所以择善固执，择善，即讲学之事；固执，即修身之事。日就月将，而得止于至善之由也。朱子曰：“如切如磋者，道学也。如琢如磨者，自修也。既学而犹虑其未至，则复讲习讨论以求之，犹治骨角者，既切而复磋之。切是切得一个璞在这里，似亦可矣，又磋之使至于滑泽，这是治骨角者之至善也。既修而又虑其未至，则又省察克治以终之，犹治玉石者，既琢而复磨之。琢是琢得一个璞在这里，似亦得矣，又磨之使至于精细，这是治玉石者之至善也。取此以喻君子之止于至善，既格物以求知所止矣，又日用力以求得其所止焉。”陈氏曰：“切，是穷究事物之理，逐件分析，有伦有序。磋，是讲究到纯熟处，道理莹彻，所以如切而又磋。琢，是克去物欲之私，使无瑕颣。磨，是磨砻至那十分纯粹处，所以如琢而又磨。”“学，是知止于至善所在。自修，是止于至善所在。”西山真氏曰：“‘如切如磋’道学也，主知而言；‘如琢如磨’自修也，主行而言。言致知力行，当并进也，知到十分精处，而行处有一分未密，亦未得为至善，须是知极其至，行亦极其至，方谓之至善。”【附纂】黄氏洵饶曰：“择善、固执言切磋琢磨。”恂慄者，严敬之存乎中也；威仪者，辉光之著乎外也。此其所以睟虽萃反。面盎背②，施于四体，而为止于至善之验也。【附纂】黄氏洵饶曰：“至善之由，言求之之为；至善之验，言得之之验。”盛德至

① 《淇澳》：《诗经·卫风·淇澳》。淇，淇水。澳，水边弯曲处。

② 睟面盎背：睟，润泽貌。盎，洋溢。《孟子·尽心上》：“君子所性，仁义礼智根于心，其生色也，睟然见于面，盎于背，施于四体，四体不言而喻。”意谓仁义礼智植根于心，生发出来的神色清和润泽，显于颜面、肩背，散于手足四肢。后以“睟面盎背”为仁德者修养极致的表现。

善，民不能忘，盖人心之所同然，圣人既先得之，而其充盛宣著又如此，是以民皆仰之而不能忘也。盛德，以身之所得而言也；至善，以理之所极而言也；切磋琢磨，求其止于是而已矣。问："切磋琢磨，是学者事，而盛德至善，乃指圣人言之，何也？"朱子曰："后面说得来大，非圣人不能，此是连上文文王'于缉熙敬止'说。然圣人，也不是插手掉臂，做到那处，也须学始得，如孔子所谓德之不修，学之不讲，闻义不能徙，不善不能改，是吾忧也。此有甚紧要，圣人却忧者，何故？惟其忧之，所以为圣人，所谓生而知之者，便只是知得此而已。故曰：'惟圣罔念作狂，惟狂克念作圣。'""盛德至善，言圣人事，盖浑然一理，不可得而分者。但以人言，则曰德，以理言，则曰善，又不为无辨矣。"曰：切磋琢磨，何以为学问自修之别后列反。也？曰：骨角脉理可寻，而切磋之功易去声，所谓始条理之事也；玉石浑上声。全坚确克角反，而琢磨之功难，所谓终条理之事也。问："切磋是始条理，琢磨是终条理，终条理较密否？"朱子曰："始终条理都要密，讲贯而益讲贯，修饬而益修饬。"问："琢磨后，更有瑟僩赫喧，何故为终条理之事？"曰："那不是做工夫处，是成就后气象自如此。"新安陈氏曰："此与《论语》引《诗》之意异，此以比讲学之先后难易，又证之以《孟子》之始终条理，以见二者之当兼尽，而不可偏废也。"【附纂】黄氏洵饶曰："始条理者，知之事也。终条理者，行之事也。"〇曰：引《烈文》之诗①，而言前王之没世不忘，何也？曰：贤其贤者，闻而知之，仰其德业之盛也；亲其亲者，子孙保之，思其覆敷救反。育之恩也；朱子曰："如孔子仰文武之德，是贤其贤，成康以后，思其恩而保其基绪，便是亲其亲。"乐其乐者，含哺蒲故反。鼓腹，而安其乐也；利其利者，耕田凿井，而享其利也。此皆先王盛德至善之余泽，故虽已没世，而人犹思之，愈久而不能忘也。上文之引《淇澳》，以明明德之得所止言之，而发新民之端也。此引《烈文》，以新民之得所止言之，而著明明德之效也。朱子曰："《淇澳》言明明德，而可以新民，以见明明德之极功，《烈文》因言非独一时民不能忘，而后世之民亦不能忘，以见新民之极功。"〇曰：《淇澳》、《烈文》二节，郑本元在《诚意章》后，而程子置之卒章之中，子独何以知其不然，而属音蜀。下同。之此也？曰：二家所系，文意不属音烛，故有不得而从者，且以所谓道盛德、至善、没世不忘者推之，则知其当属乎此也。

或问：《听讼》一章②，郑本元在"止于信"之后，"正心修身"之前，程子又尽而置之经文之下，"此谓知之至也"之上，子不之从，而置之于此，何也？曰：以传之结语考之，则其为释本末之义可知矣。以经之本文参之，则其当属音烛。于此可见矣。二家之说，有未安者，故不得而从也。曰：然则听讼无讼，于明德新民之义，何所当也？曰：圣人德盛仁熟，所以自明者，皆极天下之至善，故能大有以畏服其民之心志，而使之不敢尽其无实之辞，是以虽其听讼无以异于众人，而自无讼之可听，盖已德既明，而民德自新，则得其本之明效也。或不能然，而欲区区于分争辩讼之间，以求新民之效，

① 《烈文》：《诗经·周颂·烈文》。烈文：光明文采。高亨注："烈，光明；文，有文采。"
② 听讼：审理案件。

其亦末矣。此传者释经之意也。陈氏曰："听讼，末也。明德，本也。不能明己之德，而专以智能决讼者，抑末矣。"曰：然则其不论夫终始者，何也？曰：古人释经，取其大略，未必如是之屑屑也。且此章之下，有阙文焉，又安知其非本有而并失之也耶？

或问："此谓知本"，其一为《听讼章》之结语，则闻命矣①。其一郑本元在经文之后②，"此谓知之至也"之前，而程子以为衍文，何也？曰：以其复出而他无所系也。曰："此谓知之至也。"郑本元随"此谓知本"，系于经文之后，而下属音蜀。下同。诚意之前，程子则去上声。其上句之复，而附此句于《听讼知本》之章，以属明德之上，是必皆有说矣，子独何据以知其皆不尽然，而有所取舍上声。于其间耶？曰：此无以他求为也。考之经文，初无再论知本、知至之云者，则知属之经后者之不然矣。观于《听讼》之章，既以知本结之，而其中间又无知至之说，则知再结听讼者之不然矣。且其下文所属《明德》之章，自当为传文之首，又安得以此而先之乎？故愚于此皆有所不能无疑者。独程子上句之所删，郑氏下文之所属，则以经传次求之而有合焉，是以不得而异也。曰：然则子何以知其为释知至之结语，而又知其上之当有阙文也？曰：以文义与下文推之，而知其释知至也；以句法推之，而知其为结语也；以传之例推之，而知其有阙文也。〇曰：此经之序，自诚意以下，其义明而传悉矣。独其所谓格物致知者，字义不明，而传复扶又反。下同。阙焉，且为最初用力之地，而无复上文语绪之可寻也。子乃自谓取程子之意以补之，则程子之言，何以见其必合于经意，而子之言，又似不尽出于程子，何耶？曰：或问于程子曰："学何为而可以有觉也？"程子曰："学莫先于致知，能致其知，则思日益明，至于久而后有觉尔。《书》所谓'思曰睿，睿作圣③'，见《周书·洪范篇》。董子所谓'勉强上声。下同。学问，则闻见博而知益明④'，正谓此也。西汉书董仲舒，广川人，以贤良对策曰："勉强学问，则闻见博而智益明；勉强行道，则德日起而大有功。此皆可使还至而立有效者也。"学而无觉，则亦何以学为也哉？"朱子曰："能致知，则思自然明，至于久而后有觉，是积累之多，自有个觉悟时节。"格庵赵氏曰："知，是识其所当然；觉，是悟其所以然。"玉溪卢氏曰："觉者知至之事。思曰睿，所以致知；睿作圣，则知至矣。勉强学问，所以致知；闻见博智益明，则知至矣。"【附纂】黄氏洵饶曰："觉其所以然。此节论觉。"或问："忠信则可勉矣，而致知为难，奈何？"程子曰："诚敬固不可以不勉，然天下之理不先知之，亦未有能勉以行之者也。故大学之序，先致知而后诚意，其等有不可躐者。苟无圣人之聪明睿智，而徒欲勉焉以践其行事之迹，则亦安能如彼之动容周旋无不中去声。礼也哉？惟其烛理之明，乃

---

① 闻命：接受命令或教导。

② 元：本来，原来。

③ 思曰睿，睿作圣：语出《尚书·洪范篇》。意思是思维要通达深刻，思维通达深刻则达于圣明。睿：通达于精微。

④ 董子：董仲舒(前179—前104年)，汉广川(今河北枣强东)人。少治《春秋公羊传》，景帝时为博士，武帝时，以贤良对策称旨见重，拜江都相。生平讲学著书，推尊儒术，抑黜百家。著作有《春秋繁露》和《董子文集》。

能不待勉强而自乐音洛。下同。循理尔。夫音扶。下同。人之性，本无不善，循理而行，宜无难者，惟其知之不至，而但欲以力为之，是以苦其难而不知其乐耳①。知之而至，则循理为乐，不循理为不乐，何苦而不循理以害吾乐耶？昔尝见有谈虎伤人者，众莫不闻，而其间一人神色独变，问其所以，乃尝伤于虎者也。夫虎能伤人，人孰不知，然闻之有惧有不惧者，知之有真有不真也。学者之知道，必如此人之知虎，然后为至耳。若曰知不善之不可为而犹或为之，则亦未尝真知而已矣。"朱子曰："今人有知不善之不当为，及临事又为之，只是知之未至，人知乌喙之杀人不可食，断然终于不食，是真知之也。知不善不可为而犹或为之，是特未能真知也，所以未能真知者，缘于道理上，只就外面理会，里面却未理会得十分莹净。"【附纂】黄氏洵饶曰："此一节论知先行后。"此两条者，皆言格物致知所以当先而不可后之意也。又有问进修之术何先者。程子曰："莫先于正心诚意，然欲诚意，必先致知，而欲致知，又在格物。致，尽也。格，至也。凡有一物，必有一理，穷而至之，所谓格物者也。然而格物亦非一端，如或读书，讲明道义，或论古今人物，而别彼列反。其是非，或应接事物，而处上声。其当去声。否，皆穷理也。"朱子曰："格物之理，所以致我之知。""而今且只就事物上格去，如读书，便就文字上格；听人说话，便就说话上格；接物，便就接物上格。精粗大小都要格，久后贯通，粗底便是精，小底便是大，这便是理之一本处。"陈氏曰："事事物物，固皆有理，而圣贤书中，又见成理义所萃，而皆事物之则也。在初学者，穷理工夫，先且就圣贤言语实处为准则，于幽闲静一之中，虚心而详玩，随章逐句，一一实下讲明工夫，果实有得，则是非邪正，大分已明，而胸中权度稍定。然后次而及于论古今人物以相参质，则其褒贬去取，方可有定论。最其后也，乃及于应接事物，更相证订，则其裁处剖决，方中节而不至于差谬，故以我之见，有以照彼之情，而历练感触处，有以长吾之见，内外交相发，将何所往而非吾穷格之益也。程子之言，其有序矣。"曰："格物者，必物物而格之耶？将止格一物，而万理皆通耶？"曰："一物格而万理通，虽颜子亦未至此②，惟今日而格一物焉，明日又格一物焉，积习既多③，然后脱然有贯通处耳。"朱子曰："一日一件者，格物工夫次第也，脱然贯通者，知至效验极致也。不循其序而遽责其全，则为自罔，但求粗晓而不期贯通，则为自画。""程子此语，便是真实做工夫来，不说格一件后便贯通，也不说尽格得天下物理，后方始通，只云积习既多然后脱然有个贯通处。"问："'一理通，则万理通'，其说如何？"曰："伊川尝云：'虽颜子亦未到此。'天下岂有一理通便解万理皆通！也须积累将去。如颜子高明，不过闻一知十，亦是大段聪明了。学问却有渐，无急迫之理。""穷理者，因其所已知而及其所未知，因其所已达而及其所未达。人之良知，本所固有。然不能穷理者，只是足于已知已达，而不能穷其未知未达，故见得一截，不曾又见得一截，此其所以于理未精也。然仍

---

① 苦其难：以其难为苦。
② 颜子：颜回，孔子弟子。
③ 积习：熟习，惯习。

须工夫日日增加。今日既格得一物，明日又格得一物，工夫更不住地做。如左脚进得一步，右脚又进一步，右脚进得一步，左脚又进，接续不已，自然贯通。"问："无事时见得是如此，临事又做错了，如何？"曰："只是断置不分明，所以格物便要闲时理会，不是要临时理会。闲时看得道理分晓，则事来时，断置自易，格物只是理会未理会得底，不是从头都要理会。如水火，人自是知其不可蹈，何曾有错去蹈水火，格物只是理会当蹈水火与不当蹈水火，临事时断置教分晓。程子所谓今日格一件，明日格一件，亦是如此。""积习既多，自当脱然有贯通处，乃是零零碎碎凑合，将来不知不觉，自然醒悟。其始固须用力，及其得之也，又却不假用力，此个事不可欲速，欲速则不达，须是慢慢做去。"【附纂】黄氏洵饶曰："脱然有贯通处，即子贡知十一贯。"又曰："自一身之中，以至万物之理，理会得多，自当豁然有个觉处。"朱子曰："一身之中，是仁义礼智，恻隐羞恶辞逊是非，与视听言动，皆所当理会。至夫万物之荣悴，与夫动植小大，这底是如何使，那底是如何用，车之可以行陆，舟可以行水，皆当理会。"玉溪卢氏曰："至豁然觉处，则一身之理与夫万物之理，通贯而为一矣。"【附纂】黄氏洵饶曰："觉与悟一般，知与悟不同。知用工夫，然后觉。"又曰："穷理者，非谓必尽穷天下之理，又非谓止穷得一理便到①，但积累鲁水反。后凡言积累者音同。多后，自当脱然有悟处。"问："知至若论极尽处，圣贤亦难言，如孟子未学诸侯丧礼，与未详班爵之制。"朱子曰："如何要一切知得，然理会得已多，万一有插一件差异底事来，也识得他破，只是贯通，便不通底亦通将去。某旧亦有此疑，后看程子说，格物非欲穷尽天下之理，积累多后自当脱然有悟处，方理会得。如十事已穷得八九，其一二虽未穷，将来凑合，都自见得。"王氏曰："右三条，皆要工夫多积，自能贯通觉悟，却自是三样，第一是渐渐格，第二是合内外格，第三是不泛不漏格。"又曰："格物，非欲尽穷天下之物，但于一事上穷尽，其他可以类推。至于言孝，则当求其所以为孝者如何？若一事上穷不得，且别穷一事，或先其易去声。者，或先其难者，各随人浅深。譬如千蹊万径，皆可以适国，但得一道而入，则可以推类而通其余矣。盖万物各具一理，而万理同出一原，此所以可推而无不通也。"朱子曰："既是教人类推，不是穷尽一事便了，且如尽得个孝底道理，故忠可移于君，又须尽得忠，以至兄弟夫妇朋友，从此推之，无不尽穷始得。"问："程子若一事上穷不得，且别穷一事之说，与《中庸》弗得弗措相发明否？"曰："看来有一样底，若弗得弗措，一向思量这个，少间便会担阁了，若谓穷一事不得，便掉了别穷一事，又轻忽了，也不得。程子为见学者有恁地底，不得已说此话。"问："致之为言，推而致之以至于尽也，于穷不得处，正当努力，岂可迁延逃避，别求一事邪？"曰："这是随人之量，非曰迁延逃避也。盖于此处既理会不得，若专一守在这里却转昏了，须著别穷一事，又或可以因此而明彼也。"问："伊川说与延平李先生说，如何？"曰："这说自有一项难穷底事，如造化礼乐度数等，卒急难晓，只得且放住。李先生说是穷理之要，若平常遇事，这一件理会通未透，又理会第二件，第二件理会未得，又理会第三件，恁

① 止：只。

地终身不长进。”问：“千蹊万径，皆可以适国，国是譬理之一原处，不知从一事上，便穷到一原处否？”曰：“也未解便至如此，只要以类而推，理固是一理，然其间曲折甚多，须是把这个做样子，却从这里推去始得。且如事亲固当尽其事之之道，若得于亲，是如何？不得于亲，又当如何？以此而推之于事君，则知得于君，是如何？不得于君，又当如何？推以事长，亦是如此，推去莫不皆然。”“万物皆有此理，理皆同出一原，但所居之位不同，则其理之用不一。如为君须仁，为臣须敬，为子须孝，为父须慈，物物各具此理，而物物各具其用，然莫非一理之流行者也。”又曰：“近而一身之中，远而八荒之外，微而一草一木之众，莫不各具此理。如此四人在坐，各有这个道理，某不用假借于公，公不用求于某，然虽各有这一道理，又却同出于一个理耳。如排数器水相似，这盂也是这样水，那盂也是这样水，各各满足，不待求假于外，然打破放里也只是这个水，此所以可推而无不通也，所以谓格得多后，自能贯通，只为是一理。”玉溪卢氏曰：“一事上穷尽，他可类推，此贯通觉悟之机也。如言孝，则求其所以为孝者如何，此格物致知要法；一事上穷不得，且别穷一事，此格物致知活法。万物各具一理，万物各具之太极也；万理同出一原，万物统体之太极也。推而无不通，则有脱然豁然处矣。”又曰：“物必有理，皆所当穷，若天地之所以高深，鬼神之所以幽显是也。若曰天吾知其高而已矣，地吾知其深而已矣，鬼神吾知其幽且显而已矣，则是已然之词，又何理之可穷哉？”【附纂】黄氏洵饶曰：“即所谓必求所当然之不容已展，与其所以然之不可易。”又曰：“如欲为孝，则当知所以为孝之道，如何而为奉养之宜，如何而为温凊七性反。之节①，《礼记》：凡为人子者，冬温而夏凊。莫不穷究然后能之，非独守夫音扶。‘孝’之一字而可得也。”朱子曰：“圣人言孝，其实精粗本末只是一理，人皆有良知，而前此未尝知者，只为不曾推去耳。爱亲从兄，谁无是心，于此推去，则温凊定省之事，亦不过是。自其所知，推而至于无所不知，皆由人推耳。”陈氏曰：“如事亲当孝，非是空守一个‘孝’字，必须穷格所以为孝之理当如何，凡古人事亲条目，皆无一不讲，然后可以实能尽孝。”或问：“观物察已者，岂因见物而反求诸已乎？”曰：“不必然也，物我一理，才明彼即晓此，此合内外之道也。语其大，天地之所以高厚，语其小，至一物之所以然，皆学者所宜致思也。”【通考】黄氏洵饶曰：“彼与此皆是物，明与晓皆物格知至之事，非谓明彼为物格，晓此为知至也。”曰：“然则先求之四端可乎？”曰：“求之情性，固切于身，然一草一木，亦皆有理，不可不察。”朱子曰：“天地之所以高厚，一物之所以然，只是举至大与至细者言之，学者之穷理，无一物而在所遗也。”问：“格物须合内外始得？”曰：“未尝不合。自家知得物之理如此，则因其理之自然而应之，便是合内外之理。目前事事物物，皆有至理，如一草一木，一禽一兽，皆有理。草木春生秋杀，好生恶死，仲夏斩阳木，仲冬斩阴木，皆是顺阴阳道理。自家知得万物均气同体，见生不忍见死，闻声不忍食肉，非其时不伐一木，不杀一兽，胎不殀，不覆巢，此便是合内外之道。”又曰：“致知之要，当知至善之所在，如父止于慈，子止于孝之类。若不务此，

① 温凊：冬温夏凊的省称。冬天温被使暖，夏天扇席使凉。侍奉父母之礼。凊，凉。

而徒欲泛然以观万物之理，则吾恐其如大军之游骑，去声。出太远而无所归也。”朱子曰：“格物之论，伊川意虽谓眼前无非是物，然其格之也，亦须有缓急先后之序。如今为学而不穷天理，明人伦，论圣言，通世故，乃兀然存心于一草木器用之间，此是何学问？”“天下之理，逼塞满前，耳之所闻，目之所见，无非物也，若之何而穷之哉？须当察之于心，使此心之理既明，然后于物之所在，从而察之，则不至于泛滥矣。”“致知一章，是《大学》最初下手处，若理会透彻，后面便容易。故程子此处说得节目甚多，皆是因人之资质了说。虽若不同，其实一也。见敏者太去理会外事，则教之去父慈子孝上理会。曰若不务此，而徒泛观万物之理，恐如游骑，出太远而无所归。见人专去里面理会，则教之以求之性情固切于身，然一草木亦皆有理。要之，内事外事皆是自己合当理会底，但须是六七分去里面理会，三四分去外面理会方可。若是工夫中半时，亦自不可，况在外面工夫多，在内工夫少邪？此尤不可也。”又曰：“格物，莫若察之于身，其得之尤切。”朱子曰：“前既说当察物理，不可专在性情，至此又言莫若察之于身为尤切，皆是互相发处。”王氏曰：“前数条是推开去用工，此两条是收归来用工，皆随人偏处教他。”此十条者，皆言格物致知所当用力之地，与其次第工程也。玉溪卢氏曰：“用力之地者，读书应接事物之类是也。次第工程者，今日格一物，明日又格一物之类是也。”【附纂】黄氏洵饶曰：“九条之内有之，非就九条有次第工程。”又曰：“格物穷理，但立诚意以格之，其迟速则在乎人之明暗耳。”问：“知至而后意诚，而程子又云：‘格物穷理，但立诚意以格之。’何也？”朱子曰：“此‘诚’字，说较浅，未说得深处，只是确定其志，朴实去做工夫，如胡氏立志以定其本，便是这意，此与经文诚意之说不同也。”又曰：“诚意不立，如何能格物。所谓立诚意者，只是要著实下工夫，不要若存若亡，遇一物，须是真个即此一物究极得个道理了，方可言格。若物格而后知至，知至而后意诚，《大学》盖言其所止之序，其始则必在于立诚。”玉溪卢氏曰：“立诚意，即主敬之谓。”【附纂】黄氏洵饶曰：“诚意即是真意。”又曰：“入道莫如敬，未有能致知而不在敬者。”朱子曰：“今人将持敬致知，来做两事。持敬时，只块然独坐，更不去思量，却是今日持敬，明日去思量道理也，岂可如此。但一面自持敬，一面自思量道理，二者本不相妨。”“莫若且收敛身心，尽扫杂虑，令其光明洞达，方能作得主宰，方能见理。”又曰：“涵养须用敬，进学则在致知。”朱子曰：“学者工夫惟在居敬穷理二事，此二事互相发。能穷理，则居敬工夫日益进；能居敬，则穷理工夫日益密。”问：“涵养在致知之先？”曰：“涵养合下在先，古人从少以敬涵养，父兄渐教之读书识义理。今若说待涵养了，方去致知，也无限期，须两下用工。”“涵养本原，思索义理，须用齐头做，方能互相发。程子下‘须’字‘在’字，便是要齐头著力。”问：“涵养体认致知力行，虽云互相发明，然毕竟当于甚处著力？”曰：“四者不可先后，又不可无先后，须当以涵养为先。若不涵养，而专于致知，则是徒然思索。若专于涵养，而不致知，则却鹘突去了。以某观之，四事只是三事，盖体认便是致知也。”“无事时，且存养在这里，提撕警觉不要放肆，到那讲习应接，便当思量义理，用义理做将去，无事便著存养收拾此心。”又曰：

"致知在乎所养，养知莫过于寡欲①。"问："养知，是既知后，如此养否?"朱子曰："此不分先后，未知之前，若不养之，此知如何养得？既知之后，若不养，又差了。不可道未知之前，便不必如此。""致知者，推致其知识而至于尽也。将致知者，必先有以养其知，有以养之，则所见益明，所得益固。欲养其知者，惟寡欲而已矣。欲寡，则无纷扰之杂，而知益明矣，无变迁之患，而得益固者矣。"又曰："二者自是个两头说话，本若无相干，但得其道，则交相为养；失其道，则交相为害。"玉溪卢氏曰："欲致知，固在有所养，知既至，又不可无所养。欲多，则心无所养而知昏；欲寡，则心有所养而知明。"又曰："格物者，适道之始，思欲格物，则固已近道矣，是何也？以收其心而不放也。"新安陈氏曰："才思量要格物，便已近道，只就格物上便可收其放心，此条与上四条微不同。"【附纂】黄氏洵饶曰："即其心收敛，不容一物者焉之意。"此五条者，又言涵养本原之功，所以为格物致知之本者也。凡程子之为说者，不过如此，其于格物致知之传详矣。问："程子致知格物之说不同。"曰："当时答问，各就其人而言之，今须是合就许多不同处来看作一意为。且如既言'不必尽穷天下之物'，又云'一草一木亦皆有理'，今若以一草一木上理会，有甚了期，但其间有积习多后，自当脱然有贯通处者，为切当耳。今以十事言之，若理会得七八件，则那两三件，触类可通。若四旁都理会得，则中间所未通者，其道理亦是如此。盖长短小大，自有准则，如忽然遇一件事来时，必知某事合如此，某事合如彼，则此方来之事，亦有可见者矣。圣贤如难处之事，只以数语尽其曲折，后人皆不能易者，以其于此理素明故也。"又曰："所谓格物者，常人于此理或能知一二分，即其一二分之所知者推之，直要推到十分，穷得来无去处，方是格物。"问："伊川说格物致知许多项，当如何看?"曰："说得已自分晓，如初间说知觉及诚敬，固不可不勉，然天下之理，必先知之，而后有以行之，这许多说不可不格物致知，中间说物物当格，及反之吾身之说，却是指出格物个地头如此，又曰此项兼两意，又见节次格处，自'立诚意以格之'以下，却是做工夫合如此，又曰用诚敬涵养，为格物致知之本。"今也寻其义理既无可疑，考其字义亦皆有据。至以他书论之，则《文言》所谓"学聚问辨"，《易·文言》："学以聚之，问以辨之，宽以居之，仁以行之。"【附纂】黄氏洵饶曰："《文言》'宽以居之，仁以行之。'是行，此引是知；《中庸》诚身固执是行，此引是知；孟子'存心养性'是行，此引是知。对说而已。"《中庸》所谓"明善择善"，孟子所谓"知性知天"，又皆在乎固守力行之先，而可以验夫音扶。《大学》始教之功为有在乎此也。愚尝反复考之，而有以信其必然，是以窃取其意，以补传文之阙，不然，则又安敢犯不韪之罪，为无证之言，以自托于圣经贤传之间乎？韪，音伟，是也。犯不韪之说，出《春秋左氏传》。曰：然则吾子之意，亦可得而悉闻之乎？曰：吾闻之也，天道流行，此以理言。造化发育，此以气言。凡有声色貌象而盈于天地之间者，皆物也。【附纂】黄氏洵饶曰："此句统言之。"既有是物，则其所以为是物者，莫不各有当然之则，而自不容已，是皆得于天之所赋，而非人之所能为也。朱子曰："物乃

① 养知：培养智慧，涵养心智。知，同"智"。

形气，则乃理也。物之理，方为则。”“理之所当为者，自不容已，如孩提之爱，及长知敬，自有住不得处。”问：“人物之生，莫不得其所以生者，以为一身之主，是此性随所生处便在否?”曰：“一物各具一太极，天生烝民，有物有则，盖视有当视之则，听有当听之则。如是而视，如是而听，便是；不如是而视，不如是而听，便不是。谓如视远惟明，听德惟聪，能视远谓之明，所视不远，不谓之明，能听德谓之聪，所听非德，不谓之聪。视听是物，聪明是则。推之至于口之于味，鼻之于臭，莫不各有当然之则，所谓穷理者，穷此而已。”玉溪卢氏曰：“物者，形而下之器；则者，形而上之道。形而上者不出于形而下者之外，所谓有物必有则也。”今且以其至切而近者言之，则心之为物，实主于身，其体则有仁义礼智之性，其用则有恻隐羞恶恭敬是非之情，浑上声。然在中，随感而应，各有攸主，而不可乱也。西山真氏曰：“圆外窍中者，心之形体，可以物言；备具众理，神明不测者，此心之理，不可以物言。然有此形体，方包得此理。”玉溪卢氏曰：“心之为物主于身，形而下者也；其体用性情，形而上者也。浑然在中，其体初无仁义礼智之分；随感而应，其用始有恻隐等四者之别。仁为恻隐之主，义为羞恶之主，礼智为恭敬是非之主，而皆不可乱，所谓则也。”次而及于身之所具，则有口鼻耳目四肢之用。又次而及于身之所接，则有君臣父子夫妇长幼朋友之常。是皆必有当然之则，而自不容已，所谓理也。玉溪卢氏曰：“耳目等，乃吾身所具之物；君臣等，乃吾身所接之物。口容止，口之则也；气容肃，鼻之则也；听思聪，视思明，耳目之则也；非礼勿动，四肢之则也。君臣有义，是君臣之则；父子有亲，是父子之则；有别有序有信，是夫妇长幼朋友之则：皆所谓有物必有则也。吾心之则，乃此身统体一太极；吾身所具所接者之则，乃物物各具一太极也。其统体者，乃各具者之所自出；其各具者，初未尝在统体者之外也。”外而至于人，则人之理不异于己也；远而至于物，则物之理不异于人也；【通考】黄氏洵饶曰：“此专言草木禽兽。”极其大，则天地之运，古今之变，不能外也；尽于小，则一尘之微，一息之顷，不能遗也。格庵赵氏曰：“一尘之微，一息之顷，不能遗者，理无物不在，无时不然。大而天地之一开一阖，古今之一否一泰，小而一尘之或飞或伏，一息之或呼或吸，皆此理之所寓也。”新安陈氏曰：“天地及一尘是横说，古今及一息是直说。”是乃上帝所降之衷，《书·汤诰》：“惟皇上帝，降衷于下民。”烝民所秉之彝①，《诗·烝民》：“民之秉彝。”刘子所谓“天地之中”，《左传·成公十三年》：“刘康公、成肃公会晋侯伐秦，刘、成，食采之邑名。康、肃，皆其谥也。成子受脤于社，不敬。脉，市轸反，宜社之肉也。刘子曰：‘吾闻之，民受天地之中以生，所谓命也。是以有动作礼义威仪之则，以定命也。能者养之以福，不能者败以取祸。’”夫子所谓“性与天道”，子思所谓“天命之性”，孟子所谓“仁义之心”，程子所谓“天然自有之中”，程子曰：“杨子拔一毛不为，墨子又摩顶放踵为之，此皆是不得中。至如子莫执中，欲执此二者之中，不知怎么执得？识得，则事事物物上皆天然有个中在那上，不待人安排也，安排著，则不中矣。”【附纂】黄氏洵饶曰：“此言时中。”张子所谓

---

① 烝民所秉之彝：百姓所接受的常规。烝民：民众，百姓。烝，众多。

“万物之一原”①，张子名载，字子厚，家于凤翔府郿县横渠镇，世号横渠先生，《正蒙·诚明篇》：“性者万物之一原，非有我之得私也。”【附纂】黄氏洵饶曰：“一原指理也。”邵子所谓“道之形体”者②。邵子名雍，字尧夫，谥康节，河南人。“性者，道之形体。见《击壤集序》。”但其气质有清浊偏正之殊，物欲有浅深厚薄之异，是以人之与物，贤之与愚，相为悬绝而不能同耳③。问：“降衷秉彝一段，其名虽异，要之皆是一理。”朱子曰：“诚是一理，岂可无分别，须各晓其名字训义之所以异，方见其所谓同。‘衷’字只是个无过不及之中，是个恰好底道理，天生人物，个个有一副当恰好无过不及道理降与你。今人言折衷，折衷者以中为则，而取其正也。‘天生烝民，有物有则’，‘则’字却似‘中’字，天之生此物，必有个当然之则，故民执之以为常道，所以无不好此懿德。降衷于下民，紧要在‘降’字上，故自天而言谓之降衷，自人受此衷而言则谓之性，缘各据来处与受处而言也。”问：“彝而言秉，何也?”曰：“浑然一理，只于吾心，不可移夺，若秉执然。”问：“刘子云‘天地之中’，程子云‘天然自有之中’。此‘中’字同否?”曰：“‘天地之中’，是未发之中；‘天然自有之中’，是时中。‘天地之中’，是指道体；‘天然自有之中’，是指事物之理。”“性与天道，性便是自家底，天道便是上面脑子，其流行者是天道，人得之为性。”“诸先生说这道理，邵子说得最著实。这道理空虚无形影，惟是说性者道之形体，却见得实，只反诸吾身求之，是实有这道理，还是无这道理，故尝为之说曰：‘欲知此道之实有者，当求之吾性分之内。’邵子忽自于《击壤集》序内说出几句云：‘性者，道之形体也；心者，性之郛郭也；身者，心之区宇也；物者，身之舟车也。’此说极好。”“气质清浊偏正本《正蒙》中语，亦是将人物贤不肖智愚相对而分言之如此。若大概而论，则人清而物浊，人正而物偏。又细论之，则智乃清之清，贤乃正之正，愚乃清之浊，不肖乃正之偏。而张子所谓‘物有近人之性’者，又浊之清、偏之正者也。物欲浅深厚薄，乃通为众人而言。”陈氏曰：“天命即天道之流行，而赋予于物者，受于天而为我所有，故谓之性。”又曰：“道者，事物中所当然之理，人之所共由者也。性，即在我之理，具于吾心，而道之所总会也。所谓形体正如此。”西山真氏曰：“《诗》谓‘秉彝’，言众民所秉执此常理。孟子谓‘仁义之心’，言人既得阴阳之理以为性，则自然有仁义之心。只举‘仁义’二字者，仁包礼，义包智故也，礼是仁之著，智是义之藏。程子所谓‘天然之中’，言凡百事物皆有个恰好底道理，不可过，

---

① 张子：张载(1020—1077年)，字子厚。宋陕西凤翔郿县横渠镇人，世称横渠先生。嘉祐进士，曾任祁州司法参军、丹州云岩县令、渭州判官公事、崇文院校书、知太常礼院，后辞职回乡讲学，理学支脉“关学”创始人之一。提出“大虚即气”的学说。著作有《正蒙》、《西铭》、《经学理窟》、《易说》等，后人编为《张子全书》。《宋史》有传。黄宗羲《宋元学案》卷十七有《横渠先生学案》。

② 邵子：邵雍(1011—1077年)，字尧夫，号伊川丈人。其先范阳人，从父徙共城，晚迁河南。读书苏门山百源上，北海李之才摄共城令，授以图书先天象数之学，妙悟神契，多所自得。嘉祐中诏求遗逸，留守王拱辰荐之，授将作监主簿，不赴。年六十七而卒。元祐赐谥康节。雍精于易术玄学，主要著作为《皇极经世》，另有《观物篇》、《渔樵问答》、《伊川击壤集》、《先天图》等。

③ 悬绝：相差极远。

不可不及也。张子所谓‘万物之一原’，凡人物之性，皆自此流出，如百川之同一原也。”以其理之同，故以一人之心，而于天下万物之理无不能知；以其禀之异，故于其理或有所不能穷也。理有未穷，故其知有不尽，知有不尽，则其心之所发，必不能纯于义理而无杂乎物欲之私。此其所以意有不诚，心有不正，身有不修，而天下国家不可得而治也。【通考】黄氏洵饶曰：“理有未穷，言物有未至，知有不尽，言知未至。皆就理言。”昔者圣人盖有忧之，是以于其始教，为之小学，而使之习于诚敬，则所以收其放心，养其德性者，已无所不用其至矣。玉溪卢氏曰：“此格物致知之本原。”及其进乎大学，则又使之即夫音扶。事物之中，因其所知之理，推而究之，以各到乎其极，则吾之知识，亦得以周遍精切而无不尽也。若其用力之方，则或考之事为之著，或察之念虑之微，问：“关于事为者，不外乎念虑，而入于念虑者，往往皆是事为。此分为二项意如何?”朱子曰：“固是都相关，然也有做在外底，也有念虑方动底。念虑方动，便须辨别那个是正，那个是不正，这只就始末上大约如此说。”问：“只就著与微上看?”曰：“有个显，有个微。”【附纂】黄氏洵饶曰：“此数句亦应上段。”或求之文字之中，或索山客反。之讲论之际。玉溪卢氏曰：“此四句，格物致知之条目。”使于身心性情之德，人伦日用之常，以至天地鬼神之变，鸟兽草木之宜，自其一物之中，莫不有以见其所当然而不容已，与其所以然而不可易者。朱子曰：“今人未尝看见，当然而不容已者，只是就上较量一个好恶耳。如真见得这底是我合当为，则自有所不可已者矣。如为臣而必忠，非是谩说如此，盖为臣不可以不忠；为子而必孝，亦非是谩说如此，盖为子不可以不孝也。”问：“‘所以然而不可易者’，是指理而言；‘所当然而不容已者’，是指人心而言否?”曰：“下句只是指事而言。凡事固有所当然而不容已者，然又当求其所以然者何故？其所以然者理也，理如此，故不可易。又如人见赤子入井，皆有怵惕恻隐之心，此其事所当然而不容已者也，然其所以如此者何故，必有个道理之不可易者。”陈氏曰：“在身，谓手容合当恭、足容合当重之类；在心，如体合当寂、用合当感之类。性，如仁合当爱、义合当断之类；情，如见赤子入井合当恻隐、见大宾客合当恭敬之类；人伦，如君合当止仁、臣合当止敬之类；日用，如居处合当恭、执事合当敬之类；天地，如天合当高、地合当厚；鬼神二气，如阳合当伸、阴合当屈；鸟兽，如牛合当耕、马合当乘；草木，如春合当生、秋合当杀等类，皆有理存乎其间也。”西山真氏曰：“如为君当仁、臣当敬之类，乃道理合当如此。不如此则不可，故曰‘所当然’。然仁敬等，非是人力强为，有生之初，即禀此理，是乃天之所与也，故曰‘所以然’。知所当然，是知性；知所以然，是知天。谓知其理所自来也。”必其表里精粗无所不尽，而又益推其类以通之，至于一日脱然而贯通焉，则于天下之物，皆有以究其义理精微之所极，玉溪卢氏曰：“极，即至善之谓。”而吾之聪明睿智，亦皆有以极其心之本体而无不尽矣。朱子曰：“不可尽者，心之事；可尽者，心之理。理既尽后，谓如一物初不曾识，来到面前，便识得此物，尽吾心之理。”新安陈氏曰：“此格物致知之效验。”此愚之所以补乎本传阙文之意，虽不能尽用程子之言，然其指趣要归，则不合者鲜上声。矣，读者其亦深考而实识之哉！曰：然则子之为学，不求诸心，而求诸迹，不求之内，而求之外，吾恐圣贤之学，不如是之浅近而支离也①。曰：人之所以为学，心与理而已矣。心虽主乎一身，而其体之虚灵，足以管乎天下之理；理虽散在万物，而其用之微妙，实不外乎一人之心，初不可以内外精粗而论也。问：“用之微妙，是心之用否？”朱子曰：“理必有用，何必又说是心之用乎？心之体，具乎是理，理则无所不该，而无一物之不在，然其用实不外乎人心，盖理虽在物，而用实在心也。”【附纂】黄氏洵饶曰：“体之虚灵，言具众理。用之微妙，言应万事。”然或不知此心之灵，而无以存之，则昏昧杂扰，而无以穷众理之妙。不知众理之妙，而无以穷之，则偏狭固滞，偏，一作褊。而无以尽此心之全。此其理势之相须，盖亦有必然者。【附纂】黄氏洵饶曰：“无以存之，即存心以致知。”是以圣人设教，使人默识此心之灵，而存之于端庄静一之中，以为穷理之本；使人知有众理之妙，而穷之于学问思辨之际，以致尽心之功。巨细相涵，动静交养，初未尝有内外精粗之择，及其真积力久，而豁然贯通焉，则亦有以知其浑然一致，而果无内外精粗之可言矣。【附纂】黄氏洵饶曰：“端庄静一，即涵养须用敬。巨细相涵，巨是存心，细是致知，即《中庸》谓存心以极乎道体之大，致知以尽乎道体之细，所谓巨细相涵也。”今必以是为浅近支离，而欲藏形匿影，别为一种上声。幽深恍惚、艰难阻绝之论，务使学者莽模党反。然措其心于文字言语之外，而曰道必如此然后可以得之，则是近世佛学诐淫邪遁之尤者②，而欲移之以乱古人明德新民之实学，其亦误矣。问：“陆象山不取伊川格物之说，以为若随事讨论，则精神易弊，不若但求之心，心明则无不照，其说亦似省力。”朱子曰：“不去随事讨论，便听他胡做，话便信口说，脚便信步行，冥冥地去，都不管他。”节斋蔡氏曰：“尽心者言其心之所存，更无一毫之不尽也，然若要尽得，须先知得，所以学者要先穷理也。”又曰：“存此心于端庄静一之中，以立其本；穷此理于学问思辨之际，以达其用。反之于身，以践其实，则巨细相涵，动静交养。及其真积力久而豁然融会，然后可以造乎一之妙。”陈氏曰：“古人每言学必欲其博，所以极尽乎此心无穷之量也。所谓尽心者，须是尽得个极大无穷之量，无一理之或遗，方是实能尽得心。”西山真氏曰：“存心穷理，二者当表里用工，盖知穷理而不知存心，则思虑纷扰，物欲交攻，此心昏乱，如何穷理？但知存心而不务穷理，虽能执持静定，亦不过如禅家之空寂而已。故必二者交进，则心无不正，理无不通，学之大端惟此而已。端庄，主容貌言；静一，主心言；表里交正之义，合而言之则敬而已。”玉溪卢氏曰：“存心于端庄静一，主敬之工夫也；穷理于学问思辨，格致之工夫也。巨，以此心言；细，以众理言；动，以格物工夫言；静，以主敬工夫言。豁然贯通而果无内外精粗之可言，则明德明矣。”〇曰：近世大儒有为格物致知之说者，曰：“格犹扞音汗。也，御也，能扞御外物，而后能知至道也。”问：“温公以格物为扞格之格，不知‘格’字有训扞义否？”朱子曰：“亦有之，如格斗之格是也。”又有推其说者，曰：“人生而静，其性本无不善，而有为不善者，外物诱音酉。之也。”所谓格物以致其知者，亦曰扞去

① 支离：繁琐杂乱。

② 诐淫邪遁：诐淫，佞辞淫说。邪遁谓言词不合正道而隐伏诡谲。诐：偏颇，不正。

外物之诱，而本然之善自明耳。孔周翰说。是其为说，不亦善乎？曰：“天生蒸民，有物有则”，则物之与道，固未始相离去声。也。格庵赵氏曰：“物与理未尝相离，若离物以求理，则空虚而无据，岂得一切扞而去之。”今曰御外物而后可以知至道，则是绝父子而后可以知孝慈，离如字。君臣而后可以知仁敬也，是安有此理哉？若曰所谓外物者，不善之诱耳，非指君臣父子而言也，则夫音扶。外物之诱人，莫甚于饮食男女之欲，然推其本，则固亦莫非人之所当有而不能无者也，但于其间自有天理人欲之辨，而不可以毫厘力之反，正作氂。差耳。问：“饮食之间，孰为天理？孰为人欲？”朱子曰：“饮食者，天理也；要求美味，人欲也。”惟其徒有是物，而不能察于吾之所以行乎其间者，孰为天理，孰为人欲，是以无以致其克复之功，而物之诱于外者，得以夺乎天理之本然也。今不即物以穷其原，而徒恶去声。物之诱乎己，乃欲一切扞而去上声。之，则是必闭口枵虚骄反。腹①，然后可以得饮食之正，绝灭种上声。类，然后可以全夫妇之别笔列反。也。是虽裔以制反。戎无君无父之教，有不能充其说者，况乎圣人大中至正之道，而得以此乱之哉？〇曰：自程子以格物为穷理，而其学者传之，见形甸反。于文字多矣，是亦有以发其师说而有助于后学者耶？曰：程子之说，切于己而不遗于物，本于行事之实而不废文字之功，极其大而不略其小，究其精而不忽其粗，学者循是而用力焉，则既不务博而陷于支离，亦不径约而流于狂妄，既不舍上声。其积累之渐，而其所谓豁然贯通者，又非见闻思虑之可及也。新安陈氏曰：“务博，陷于支离，博物洽闻之徒。径约，流于狂妄，禅学顿悟之徒。一句说尽世人为学之弊。”是以说经之意，入德之方，其亦可谓反复芳服反，亦作“覆”。后凡言“反复”，音同。详备，而无俟于发明矣。朱子曰：“博学亦非欲求异闻杂学，方谓之博。博之与约，初学且须作两途理会，一面博学，又自一面持敬守约，莫令两下相靠。须两路进前用工。塞断中间，莫令相通，将来成时便自有会通处。若不如此，两下用工，成甚次第？”若其门人，虽曰祖其师说，然以愚考之，则恐其皆未足以及此也。盖有以必穷万物之理同出于一为格物，知万物同出乎一理为知至。如合内外之道，则天人物我为一；通昼夜之道，则死生幽明为一；达哀乐音洛。好恶并去声。之情，则人与鸟兽鱼鳖为一；求屈伸消长上声。之变，则天地山川草木为一者，似矣。吕与叔说。然其欲必穷万物之理，而专指外物，则于理之在己者有不明矣；但求众物比类之同，而不究一物性情之异，则于理之精微者有不察矣。不欲其异而不免乎四说之异，必欲其同而未极乎一原之同，则徒有牵合之劳，而不睹贯通之妙矣。其于程子之说何如哉？又有以为穷理只是寻个是处，然必以恕为本，而又先其大者，则一处理通，而触处枢玉反。皆通者。谢显道说。其曰“寻个是处”者则得矣，而曰“以恕为本”，则是求仁之方而非穷理之务也；又曰“先其大者”，则不若先其近者之切也；又曰“一处通而一切通”，则又颜子之所不能及，程子之所不敢言，非若类推积累之可以循序而必至也。朱子曰：“谢氏‘寻个是处’之说甚好，与吕与叔‘必穷万物之理同出于一为格物，知万物同出乎一理为知至’，其所见大段不同。但寻个是

① 枵腹：空腹。枵：腹空，谓饥饿。

处者，须是于其一二分是处，直穷到十分是处，方可。”又有以为天下之物不可胜平声。穷，然皆备于我而非从外得也。所谓格物，亦曰反身而诚，则天下之物无不在我者，是亦似矣。杨中立说。然反身而诚，乃为物格知至以后之事，言其穷理之至，无所不尽，故凡天下之理，反求诸身，皆有以见，其如目视、耳听、手持、足行之毕具于此，而无毫发之不实耳。固非以是方为格物之事，亦不谓但务反求诸身，而天下之理，自然无不诚也。《中庸》之言明善，即物格知至之事，其言诚身，即意诚心正之功。故不明乎善，则有反诸身而不诚者，其功夫地位固有序，而不可诬矣。今为格物之说，又安得遽以是而为言哉？又有以今日格一物，明日格一物，为非程子之言者。尹彦明说。则诸家所记程子之言，此类非一，不容皆误。且其为说，正《中庸》学问思辨、弗得弗措之事，无所拂音佛。于理者不知何所病而疑之也。岂其习于持敬之约，而厌夫音扶。下同。观理之烦耶？抑直以己所未闻而不信他人之所闻也？夫持敬观理，不可偏废，程子固已言之，若以己偶未闻而遂不之信，则以有子之似圣人，而速贫速朽之论，犹不能无待于子游而后定，今又安得遽以一人之所未闻，而尽废众人之所共闻者哉？《礼记·檀弓》：“有子问于曾子曰：‘问当作闻。丧去声。于夫子乎？丧谓失位去国。’曰：‘闻之矣。丧欲速贫，死欲速朽。’有子曰：‘是非君子之言也。’曾子曰：‘参也与子游闻之。’有子曰：‘然。然则夫子有为去声。言之也。’曾子以斯言告于子游。子游曰：‘甚哉！有子之言似夫子也。昔者夫子居于宋，见桓司马宋向戌之孙，名魋。自为石椁，三年而不成，夫子曰“若是其靡也，死不如速朽之愈也”，死之欲速朽，为桓司马言之也。南宫敬叔反，鲁仲孙阅，尝失位去国而得反。必载宝而朝，夫子曰“若是其货也，丧不如速贫之愈也”，丧之欲速贫为敬叔言之也。’曾子以子游之言告于有子，有子曰：‘然，吾固曰非夫子之言也。’”又有以为物物致察，而宛转归己，如察天行以自强①，察地势以厚德者，亦似矣。胡安国说。然其曰“物物致察”，则是不察程子所谓“不必尽穷天下之物”也。又曰“宛转归己”，则是不察程子所谓“物我一理，才明彼即晓此”之意也。又曰“察天行以自强，察地势以厚德”，则是但欲因其已定之名，拟其已著之迹，而未尝如程子所谓“求其所以然，与其所以为”者之妙也。独有所谓“即事即物，不厌不弃，而身亲格之以精其知”者，为得致字向里之意。而其曰“格之之道，必立志以定其本，居敬以持其志，志立乎事物之表，敬行乎事物之内，而知乃可精”者，胡仁仲说。又有以合乎所谓“未有致知而不在敬者”之旨，但其语意颇伤急迫，既不能尽其全体规模之大，又无以见其从七恭反。容潜玩、积久贯通之功耳。朱子曰：“身亲格之，说得‘亲’字急迫，不成是倩人格。”“此段本说得精，然却有病者，只说得向里来，不曾说得外面，所以语意颇伤急迫。盖致知本广大，须说得表里内外，周遍兼该方得，其曰‘志立乎事物之表，敬行乎事物之内’，此语极好。而曰知乃可精，便有局促气象，他须要就这里便精其知，殊不知致知之道，不如此急迫，须是宽其程限，大其度量，久久自然通贯。他只说得里面一边极精，遗了外面一边，所以其规模之大不如程子。且看程子所说今日格一物，明日

① 天行：天体的运行。

格一物，积久自贯通，此言该内外，宽缓不迫，有涵泳从容之意，所谓语小天下莫能破，语大天下莫能载也。”问：“立志以定其本，居敬以持其志。”曰：“人之为事必先立志以为本，志不立，则不能为得事。虽能立志，苟不能居敬以持之，此心亦泛然而无主，悠悠终日，亦只是虚言。立志必须高出事物之表，而居敬则常存于事物之中，令此敬与事物皆不相违，言也须敬，动也须敬，坐也须敬，顷刻去他不得。”呜呼！程子之言，其答问反复之详且明也如彼，而其门人之所以为说者乃如此，虽或仅有一二之合焉，而不免于犹有所未尽也，是亦不待七十子丧去声。而大义已乖矣，出《家语》后序。尚何望其能有所发而有助于后学哉！朱子曰：“程子说更不可易，某当初于吕谢杨尹说，段段录出，句句比对，逐字秤停过，方见程子说颠扑不破，诸说挨著便成粉碎，诸说皆失了程子意。此正是入门款，于此既差，他可知矣。程子诸门人说得都差，不曾精晓程子之说，亦缘当时诸公所闻于程子者语意不全，所以多差。后来集注家语录凑起众说，此段工夫方是浑全。然则当时亲炙，未为全幸，生先生之后者，未为不幸也。”间独惟念昔闻延平先生之教，李先生名侗，字愿中，延平人，朱子之师也。以为“为学之初，且当常存此心，勿为他事所胜，凡遇一事，即当且就此事反复推寻，以究其理，待此一事融释脱落，然后循序少进，而别穷一事。如此既久，积累之多，胸中自当有洒然处，非文字言语之所及也”。详味此言，虽其规模之大，条理之密，若不逮于程子，然其工夫之渐次，意味之深切，则有非他说所能及者。惟尝实用力于此者，为能有以识之，未易去声。以口舌争也。格庵赵氏曰：“程子言若一事穷未得，且别穷一事。延平则言且就一事推寻，待其融释脱落，然后别穷一事，其言不同。盖程子以人心各有明处，有暗处，若就明处推去则易为力，非谓一事未穷得而可贰，以二参以三也。若延平，则专为不能主一者之戒，读者不可以辞害意。”曰：然则所谓格物致知之学，与世之所谓博物洽闻者①，奚以异？曰：此以反身穷理为主，而必究其本末是非之极挚；与“至”同。彼以徇外夸多为务②，而不核下革反。其表里真妄之实。然必究其极，是以知愈博而心愈明；不核其实，是以识愈多而心愈窒。陟力反。此正为去声。下同。己为人之所以分，不可不察也。潜室陈氏曰：“格物致知，研穷义理，心学也；记诵博识，口耳外驰，丧志之学也。二者正相反。”

或问：六章之旨，其详犹有可得而言者耶？曰：天下之道二，善与恶而已矣。然揆厥所元③，而循其次第，则善者天命所赋之本然，恶者物欲所生之邪秽也。是以人之常性，莫不有善而无恶，其本心莫不好去声，下并同。善而恶恶。上去声，下如字，此后“可恶其恶”，“恶之不恶而恶好恶”，并去声。然既有是形体之累，而又为气禀之拘，是以物欲之私，得以蔽之，而天命之本然者不得而著。其于事物之理，固有懵莫中反。

---

① 洽闻：多闻博识。

② 徇外：求索心外之理。

③ 揆厥：揆：度量，揣度。厥：其。

然不知其善恶之所在者①，亦有仅识其粗，而不能真知其可好可恶之极者。夫音扶。下同。不知善之真可好，则其好善也，虽曰好之，而未能无不好者，以拒之于内；不知恶之真可恶，则其恶恶也，虽曰恶之，而未能无不恶者，以挽音晚。之于中。是以不免于苟焉以自欺，而意之所发有不诚者。北溪陈氏曰："造化流行，生育赋与，更无别物，只是个善而已。所谓善者，以实理言，人受得此理以为善，亦本善而无恶。如外好善而内不好善，外恶恶而内不恶恶，便是不真实一等未实见道理人，虽分明有好善之心，终是不能彻表里，须是真知善恶分明，然后有真好真恶之切。"夫好善而不诚，则非惟不足以为善，而反有以贼乎其善②；恶恶而不诚，则非惟不足以去恶，上声。而适所以长上声。乎其恶。是则其为害也，徒有甚焉，而何益之有哉？圣人于此，盖有忧之，故为大学之教，而必首之以格物致知之目，以开明其心术，使既有以识夫善恶之所在，与其可好可恶之必然矣，至此而复扶又反。进之以必诚其意之说焉，则又欲其谨之于幽独隐微之奥，以禁止其苟且自欺之萌。而凡其心之所发，如曰好善，则必由中及外，无一毫之不好也；如曰恶恶，则必由中及外，无一毫之不恶也。夫好善而中无不好，则是其好之也如好好色之真，欲以快乎己之目，初非为去声。人而好之也；恶恶而中无不恶，则是其恶之也，如恶恶臭之真，欲以足乎己之鼻，初非为人而恶之也。新安陈氏曰："'慊'字兼快足之义，此以快与足，分属好恶言之，盖对举而互相备也。"所发之实，既如此矣，而须臾之顷，纤芥之微，念念相承又无敢有少间断焉，则庶乎内外昭融③，表里澄彻④，而心无不正，身无不修矣。意诚，则心正身修之本皆已在此，故于此便究言之。若彼小人幽隐之间，实为不善，而犹欲外托于善以自盖，则亦不可谓其全然不知善恶之所在，但以不知其真可好恶，而又不能谨之于独，以禁止其苟且自欺之萌，是以沦陷至于如此而不自知耳。此章之说，其详如此，是固宜为自修之先务矣。然非有以开其知识之真，则不能有以致其好恶之实，故必曰"欲诚其意者，先致其知"，又曰"知致而后意诚"。然犹不敢恃其知之已至，而听其所自为也，故又曰"必诚其意，必慎其独，而毋自欺焉"。则大学工夫，次第相承，首尾为一，而不假他术以杂乎其间，亦可见矣。后此皆然，今不复扶又反。重平声。出也。后此皆然，如意诚而后心正。意既诚，又不可不正其心。心正而后身修仿此。〇曰：然则慊口簟反。之为义，或以为少，又以为恨，与此不同，何也？曰：慊之为字，有作嗛者，而字书以为口衔物也，然则慊亦但为心有所衔之意，而其为快、为足、为恨、为少，则以所言之异而别笔列反。下同。之耳。孟子所谓"慊于心"，乐毅⑤所谓"慊于志"，则以衔其快与足之意而言者也。《史

① 懵然：不明貌。懵：昏昧无知，糊涂。
② 贼：败坏，毁坏。
③ 昭融：光大发扬。
④ 澄彻：明白。
⑤ 乐毅：战国燕将，魏乐羊之后，好研习兵书。自魏使燕，燕昭王任为上将，联赵、楚、韩、魏，总领五国兵伐齐，攻克七十余城，以功封于昌国，号昌国君。燕惠王继位，齐行反间计，毅出奔赵。齐因兴兵，大破燕军，尽复失地。燕惠王致书乐毅，遂往来燕赵间。《史记》有传。

记·列传》：乐毅遗燕惠王书曰："自五伯音霸以来，功未有及于先王者也，先王以为慊于志。"先王，燕昭王也。孟子所谓"吾何慊"，《汉书》所谓"嗛栗姬"，《史记·西汉外戚传》：景帝立齐栗姬男为太子，王夫人男为胶东王，长公主嫖有女，欲与太子为妃，栗姬谢不许，长公主欲与王夫人，夫人许之。会薄皇后废，长公主日谮栗姬短，景帝尝属诸姬曰："吾百岁后，善视之。"栗姬怒不肯，应言不逊，景帝心衔之而未发也。长公主日誉王夫人男之美，帝亦自贤之，王夫人知嗛栗姬，又阴使人趣大臣立栗姬为皇后，大臣奏事，文曰："子以母贵，母以子贵，今太子母宜号为皇后。"帝怒曰："是乃所当言耶?"遂案诛大臣，而废太子为临江王，栗姬以忧死，卒立王夫人为皇后，男为太子。则以衔其恨与少之意而言者也。朱子曰："字有同一义而二用者，如'衔'字或为衔恨，或为衔思，亦同此义。"读者各随所指而观之，则既并行而不悖矣。字书又以其训快与足者，读与"惬"同，则义愈明而音又异，尤不患于无别也。

或问：人之有心，本以应物，而此章之传，以为有所喜怒忧惧，便为不得其正，然则其为心也，必如槁木之不复扶又反。下同。生，死灰之不复然①，乃为得其正耶?曰：人之一心，湛丈减反。然虚明，如鉴之空②，如衡之平③，以为一身之主者，固其真体之本然，真体，乃其本体之不杂于人伪者也。而喜怒忧惧，随感而应，妍蚩充之反。俯仰④，因物赋形者，亦其用之所不能无者也。故其未感之时，至虚至静，所谓鉴空衡平之体，虽鬼神有不得窥其际者，固无得失之可议；及其感物之际，而所应者又皆中去声。节，则其鉴空衡平之用，流行不滞，正大光明，是乃所以为天下之达道，亦何不得其正之法哉？唯其事物之来，有所不察，应之既或不能无失，且又不能不与俱往，则其喜怒忧惧，必有动乎中者，而此心之用始有不得其正者耳。朱子曰："人心如一个镜，先未有一个影象，有物事来，方始照见妍丑。若先有个影象在里面，如何照得。人心本是湛然虚明，事物之来，随感而应，自然照得高下轻重，事过便当依前恁地虚方得。若事未来，先有一个忿懥好乐恐惧忧患之心在这里，及忿懥好乐恐惧忧患之事到来，又以这心相与滚合，便失其正。事了又只若留在这里，如何得正。"北溪陈氏曰："感自外入，以彼物之至吾前而言；应由中出，以此心之接彼物而言。"节斋蔡氏曰："鉴之空，方能照人，若先有人形滞其中，则人之继至者不复可得而照矣。衡之平，方能称物，若先有物重滞于上，则物之继至者不复可得而称矣。以鉴空衡平喻心体之虚明，最为精切。"陈氏曰："此章只是四者感物而应，不中其节，则此心便为四者所动而不得其正矣。若世俗心虑昏昏，莫克主宰，体用动静，无复准则，目随物视，耳随物听，行信足步，言信口说矣。"西山真氏曰："鉴空衡平之体用，切须玩味。盖未应物时，此心只要清明虚静，不可先有一物。如鉴未照物，只是一个空。如衡未称物，只是

---

① 然：即"燃"。

② 鉴：古器名。形似大盆，有耳。青铜制，盛行于东周。或盛水，大的可作浴盆；或盛冰，用来冷藏食物。有时借为照影之用。

③ 衡：秤杆，秤。

④ 妍蚩：美好和丑恶。

一个平。此乃心之本体，即喜怒哀乐未发之中，所谓鉴空衡平之体也，及事物之来，随感而应，因其可喜而喜，可怒而怒，在我本未尝先有此心，但随物所感而应之耳。故其发无不中节，此所谓鉴空衡平之用也。”徽庵程氏曰①：“未发之前，气未用事，心之本体不待正而后正。发而中节，则心之用无不正，亦不待正之而后正。夫有不正而后正，心体静而未发，何待于正乎？惟此心之用，发不中节，始有不正而待于正耳。《章句》曰：‘用之所行，或失其正。’《或问》曰：‘此心之用不得其正，未尝言体之不正也。’惟经之《或问》有曰‘不得其本然之正’，曰‘心之本体，物不能动而无不正’，或者遂执之以为正心乃静时工夫，如《中庸》‘未发之中’，《太极图》之‘主静’，而经之所谓‘定、静安’也，传之‘心不在焉’，乃心不在腔子里时也。殊不知圣人教人，多于动处用功，格、至、诚、正、修，皆教人用功于动者，定、静、安亦非但言心之静也。若静时工夫，则戒谨恐惧而已，存之养之守之而已，不待乎正其所不正也。圣贤之动，固主乎静。元亨诚之通，固主乎利贞诚之复。而诚、正、修云者，正、诚，通之事，既诚、正而修矣，始有诚复之明。若当诚意之后，厌动而求静，弃事而冥心，收视反听，而曰吾将以正心焉，此乃异端之事，非吾儒事也。况心不在焉，亦曰心不在视则视而不见，心不在听则听而不闻，岂静在腔中之谓哉？《或问》所谓‘本然’、‘本体’，亦指此心之义理而言，孟子言‘本心’，亦指仁义之心而言，岂一于静之谓乎？”玉溪卢氏曰：“湛然虚明者，心之体；随感而应者，心之用。如鉴之空，则妍蚩因物，而空者自如。如衡之平，则俯仰因物，而平者自若。真体之本然，吾心之太极也。随感而应，则本体之真，在在呈露，而太极亦无不在矣。未感之时，鬼神不得窥其际，乃天下之大本，是明德之体寂然不动者也，寂之中有能感者存；感物之际，流行不滞，正大光明，乃天下之达道，是明德之用感而遂通者也，感之中未尝无寂者存。”传者之意，固非以心之应物便为不得其正，而必如槁木死灰然后乃为得其正也。惟是此心之灵，既曰一身之主，苟得其正而无不在是，则耳目鼻口、四肢百骸，莫不有所听命以供其事，而其动静语默，出入起居，惟吾所使而无不合于理。如其不然，则心在于此，而心驰于彼，血肉之驱，无所管摄②，其不为“仰面贪看鸟，回头错应人”者③，几平声。希矣。所引二句乃杜子美诗。孔子所谓“操则存，舍则亡④”，孟子所谓“求其放心”、“从其大体”者，盖皆谓此，学者可不深念而屡省悉井反。之哉？

---

① 徽庵程氏：程若庸。（明）汪舜民《（弘治）徽州府志》卷七：“程若庸，字达原，休宁汊川人，内翰泌之侄。从饶双峰沈毅斋游，得闻朱子之学。淳祐丁未为湖州安定书院山长，庚戌冯此山去疾创临汝书院于抚州，聘若庸为山长，买田宅居之。咸淳戊辰登进士第，为福建武夷书院山长。若庸累主师席，及门之士最盛。在新安号勿斋，学者称勿斋先生，如范启、金若洙、吴锡畴皆其高第。在抚州号徽庵，以寓不忘桑梓之意，学者称徽庵先生，如吴澄、程巨夫皆其高第。所著有《性理字训讲义》百篇，及《太极图说》、《近思录注》。”

② 管摄：管辖统摄。

③ 仰面贪看鸟，回头错应人：语见杜甫《漫成二首》其一。

④ 操则存，舍则亡：语出《孟子·告子上》。

或问：八章之辟，旧读为譬，而今读为僻，何也？曰：旧音旧说，以上章例之而不合也，以下文逆之而不通也，是以间者窃以类例文意求之，而得其说如此。盖曰人之常情，于此五者，一有所向，则失其好去声。下同。恶去声，下"于恶"、"好恶"同。之平，而陷于一偏，是以身有不修，不能齐其家耳。盖偏于爱，则溺焉而不知其恶矣；偏于恶，则阻焉而不知其善矣。是其身之所接，好恶取舍上声。之间，将无一当去声。于理者，而况于闺门之内，恩常掩义，亦何以胜其情起昵尼质反。比音鼻。之私①，而能有以齐之哉？北溪陈氏曰："治家非如治国，治国可用刑威，治家则刑威不可得而施，只是公其心而已。"格庵赵氏曰："闺门之内，义常不胜乎恩，情爱昵比之私，尤所难克，使一有偏焉，则长幼亲疏，欲其心之齐一不可得矣。盖至近至密之地，一毫之伪，无所容欺，此常情之所易忽，而君子之所甚谨也。"曰：凡是五者，皆身与物接所不能无，而亦既有当然之则矣。今曰一有所向，便为偏倚，而身不修，则是必其接物之际，此心漠然，都无亲疏之等，贵贱之别，笔列反。然后得免于偏也。且心既正矣，则宜其身之无不修，今乃犹有若是之偏，何哉？曰：不然也。此章之义，实承上章，其立文命意。大抵相似。盖以为身与事接，而后或有所偏，非以为一与事接而必有所偏。所谓心正而后身修，亦曰心得其正，乃能修身，非谓此心一正，则身不待检而自修也。朱子曰："《大学》所以有许多节次，正欲教人逐节用功，非如一无节之竹，使人才能格物，便知平天下也。人盖有意诚而心未正者，故于忿懥等，诚不可不随事而排遣；有心正而身未修者，故于好恶间，诚不可不随人而节制。齐家以下，皆是教人省察用功。故经之序，但言心正者必自诚意而来，修身者必自正心而来，非谓意既诚则心无事乎正，心既正则身无事乎修也。"〇曰：亲爱、贱恶、畏敬、哀矜，固人心之所宜有，若夫音扶。敖惰②，则凶德也，曾谓本心而有如是之则哉？曰：敖之为凶德也，正以其先有是心，不度待洛反。所施而无所不敖尔。若因人之可敖而敖之，则是常情所宜有，而事理之当然也。今有人焉，其亲且旧未至于可亲而爱也，其位与德未至于可畏而敬也，其穷未至于可哀，而其恶未至于可贱；其言无足去去声。取，而其行去声。无足是非也，则视之泛然如途之人而已尔。又其下者，则夫子之取瑟而歌，孟子之隐去声。几而卧，盖亦因其有以自取，而非吾故有敖之之意，亦安得而遽谓之凶德哉？又况此章之旨，乃为去声。虑其因有所重而陷于一偏者发。其言虽曰有所敖惰，而其意则正欲人之于此更加详审，虽曰所当敖惰，而犹不敢肆其敖惰之心也，亦何病哉？

或问："如保赤子。"何也？曰：程子有言，赤子未能自言其意，而为之母者，慈爱之心出于至诚，则凡所以求其意者，虽或不中，去声。而不至于大相远矣，岂待学而后能哉？若民则非如赤子之不能自言矣，而使之者反不能无失于其心，则以本无慈爱之实，而于此有不察耳。传之言此，盖以明夫音扶。使众之道，不过自其慈幼者而推之，

---

① 昵比：亲近勾结。昵：亲近，亲昵。
② 敖惰：傲慢怠惰。

而慈幼之心，又非外铄式约反。而有待于强上声。为也①。事君之孝，事长之弟②，亦何以异于此哉！既举其细，则大者可知矣。细，谓慈。大，谓孝弟。三山陈氏曰："长民者，往往不得下之情，盖亦视之不切于己，不若慈母之心耳。孝弟与慈，初无二心，苟自切己推之，则举慈可以见孝弟矣。"○曰：仁让言家，贪戾言人，何也？曰：善必积而后成，恶虽小而可惧，古人之深戒也③。《书》所谓"尔惟德罔小，万邦惟庆；尔惟不德罔大，坠厥宗④"。亦是意尔。朱子曰："惟德罔小，言其不可小也。"三山陈氏曰："为恶之效，捷于为善。仁让必积而刑于一家，而后可以化一国，贪戾则才出于一人之身，而一国已作乱矣。见为善者，不可无悠久之积；为恶者，不可有斯须之暂也。"○曰：此章本言上行下效，有不期然而然者，今曰"有诸己而后求诸人，无诸己而后非诸人"，则是犹有待于劝勉程督音笃，察也，劝也。而后化⑤。且内适自修，而遽欲望人之皆有，己方仅免，而遂欲责人以必无也。曰：此为去声。治其国者言之，则推吾所有，与民共由。其条教法令之施，赏善罚恶之政，固有理所当然而不可已者。但以所令反其所好，则民不从，故又推本言之，欲其先成于己，而有以责人。固非谓其专务修己，都不治人，而拱手以俟其自化；亦非谓其矜己之长，愧人之短，而胁之以必从也。故先君子之言曰：文公父，名松，字乔年，号韦斋先生。"有诸己，不必求诸人。"以为求诸人而无诸己，则不可也。"无诸己，不必非诸人。"以为非诸人而有诸己，则不可也。正此意也。玉溪卢氏曰："有诸己而求诸人，无诸己而非诸人者，恕也。求诸人而无诸己则不可，非诸人而有诸己则不可者，必先有忠而后有恕也。"曰：然则未能有善而遂不求人之善，未能去恶而遂不非人之恶，斯不亦恕而终身可行乎哉？曰："恕"字之旨，以如心为义，盖曰如治己之心以治人，如爱己之心以爱人，而非苟然姑息之谓也。然人之为心，必尝穷理以正之，使其所以治己爱己者，皆出于正，然后可以即是推之以及于人，而恕之为道，有可言者。故大学之传，最后两章始及于此，则其用力之序，亦可见矣。至即此章而论之，则欲如治己之心以治人者，又不过以强上声。下同。于自治为本。盖能强于自治，至于有善而可以求人之善，无恶而可以非人之恶，然后推己及人，使之亦如我之所以自治而自治焉，则表端景正，景即"影"字，古只作景，至晋葛洪始加"彡"。源洁流清，而治己治人，无不尽其道矣，所以终身力此，而无不可行之时也。今乃不然，而直欲以其不肖之身为标准，视吾治教所当及者，一以姑息待之，不相训诰，不相禁戒，将使天下之人，皆如己之不肖而沦胥以陷焉⑥，是乃大乱之道，而岂所谓终身可行之恕哉！近世名卿之言有曰：范纯仁，字尧夫，谥忠宣公。"人

---

① 外铄：外力。

② 弟：通"悌"，敬爱兄长。亦泛指敬重长上。

③ 戒：同"诫"，告诫。

④ 尔惟德罔小，万邦惟庆；尔惟不德罔大，坠厥宗：语出《尚书·伊训》。坠：丧失。宗：宗庙。为天子、诸侯祭祀祖先之处，此处代表国家。

⑤ 程督：对于法定赋税、工程劳役、学课等的监督。

⑥ 沦胥：相率牵连。

虽至愚，责人则明；虽有聪明，恕己则昏。苟能以责人之心责己，恕己之心恕人，则不患不至于圣贤矣。”此言近厚，世亦多称之者，但“恕”字之义，本以如心而得，故可以施之于人，而不可以施之于己。今曰“恕己则昏”，则是已知其如此矣，而又曰“以恕己之心恕人”，则是既不知自治其昏，而遂推以及人，使其亦将如我之昏而后已也，乃欲由此以入圣贤之域，岂不误哉！藉令平声。其意但为欲反此心以恕于人，则亦止可以言下章爱人之事，而于此章治人之意，与夫音扶。《中庸》以人治人之说，则皆有未合者。盖其为恕虽同，而一以及人为主，一以自治为主，则二者之间，毫厘之异，正学者所当深察而明辨也。若汉之光武，亦贤君也，一旦以无罪黜其妻，其臣郅音质。恽委粉反。不能力陈大义以救其失，而姑为缓辞以慰解之，是乃所谓“不能三年而缌功是察，放饭流歠而齿决是惮”者①。光武乃谓恽为善恕己量主，则其失又甚远，而大启为人臣者不肯责难陈善以贼其君之罪。一字之义，有所不明，而其祸乃至于此，可不谨哉！《后汉书·郅恽传》：郭皇后废，光武之后，以宠衰数怀怼而废。恽乃言于帝曰：“臣闻夫妇之好，父不能得之于子，况臣能得之于君乎？是臣所不敢言。虽然，愿陛下念其可否之计，无令天下有议社稷而已。”帝曰：“恽善恕己量主，知我必不有所左右而轻天下也。”问：“如心为恕?”朱子曰：“如，比也，比自家心上推去。仁之与恕，只争些子，自然底是仁，比而推之便是恕。”问：“范忠宣以恕己恕人，此语固有病，但上文先言以责人之心责己，则连下句亦未害。”曰：“上句自好，下句自不好，盖才恕己，便已不是。若横渠云‘以爱己之心爱人，则尽仁，以责人之心责己，则尽道’语便不同。盖恕是推去底，我有是善，亦要他人有是善，推此计度之心，此乃恕也。于己不当下‘恕’字。”玉溪卢氏曰：“心必穷理以正之者，格物致知之事；治己爱己，皆出于正者，诚意正心修身之事；即是推之以及人者，齐家治国平天下之事也。治己爱己，皆出于正，是尽己之忠，即是推之以及于人，是推己之恕。忠者体，恕者用。表端源洁，忠也；景正流清，恕也。忠者，明德之事；恕者，新民之事。《大学》之道一忠恕而已。此章言治国，下章言治国平天下，皆明明德之推而恕之事也。此章之义，则欲如治己之心以治人，下章絜矩之义，则欲如爱己之心以爱人。盖治国乃平天下之本，故此章以治人言，下章以爱人言，义各有攸当也。”新安陈氏曰：“《大学》传，至《治国平天下章》方言恕。观此言恕，则隐然见修身以前之当言忠矣。卢氏之说，正是即后之言以发明前之所未言者也。”○曰：既结上文，而复扶又反。引《诗》者三，何也？曰：古人言必引《诗》，盖取其嗟叹咏歌，优游厌饫②，依据反。有以感发人之善心，非徒取彼之文，证此之义而已也。夫音扶。以此章所论齐家治国之事，文具而意足矣，复三引《诗》，非能于其所论之外别有所发明也。然尝试读之，则反复吟咏之间，意味深长，义理通畅，使人心融神会，有

① 《孟子·尽心上》：“不能三年之丧，而缌小功之察；放饭流歠，而问无齿决，是之谓不知务。”意为舍大问小。三年之丧乃服之重者，缌麻三月乃服之轻者。放饭：大饭。流歠：畅饮。在尊者面前大饭长歠，均为不敬之大也。齿决：啮断干肉。在长者面前干肉齿决，不敬之小者也。

② 优游厌饫：喻为学之从容求索，深入体味。

不知手舞而足蹈者，是则引《诗》之助与音预。为多焉。盖不独此，他凡引《诗》云者，皆以是求之，则引者之意可见，而《诗》之为用亦得矣。曰：三《诗》亦有序乎？曰：首言家人，次言兄弟，终言四国，亦“刑于寡妻，至于兄弟，以御于家邦”之意也。新安陈氏曰：“所引《诗》见《大雅·思齐篇》，孟子尝引之。《集注》云‘御，治也’，于御字无音。《诗传》云‘御，迎也’，于御字音牙嫁反。当依《集注》如字读。”

或问：上章论齐家治国之道，既以孝弟慈为言矣，此论治国平天下之道，而复扶又反。以是为言，何也？曰：三者，人道之大端，众心之所同得者也。自家以及国，自国以及天下，虽有大小之殊，然其道不过如此而已。但前章专以己推而人化为言，此章又申言之，以见形甸反。人心之所同而不能已者如此，是以君子不唯有以化之，而又有以处上声。下同。之也。新安陈氏曰：“老老长长恤孤，躬行于上，而民兴孝弟不倍于下，是有以化之。絜矩，是乃处之之道也。”盖人之所以为心者，虽曰未尝不同，然贵贱殊势，贤愚异禀，苟非在上之君子，真知实蹈，有以倡尺亮反。之，则下之有是心者，亦无所感而兴起矣。以上详说“有以化之”。幸其有以倡焉而兴起矣，然上之人乃或不能察彼之心，而失其所以处之之道，则彼其所兴起者，或不得遂而反有不均之叹。是以君子察其心之所同，而得夫音扶。絜矩之道，然后有以处此，而遂其兴起之善端也。以上详说“有以处之”。曰：何以言絜之为度待洛反。下同。也？曰：此庄子所谓“絜之百围”，贾子所谓“度长絜大”者也。庄子名周。《人间世篇》：匠石之齐，至于曲辕，见社栎树，其大蔽牛，絜之百围。注：絜，围束也，是将一物围束以为之则也。贾子名谊，西汉洛阳人。《过秦论》：试使山东之国与陈涉度长絜大，比权量力，则不可同年而语矣。前此诸儒，盖莫之省，悉井反。而强上声。训以挈，口结反。殊无意谓，先友太史范公名如圭，文公父韦斋之友。乃独推此以言之，而后其理可得而通也。盖絜，度也。矩，所以为方也。以己之心度人之心，知人之所恶去声。下同。者不异乎己，则不敢以己之所恶者施之于人。使吾之身一处乎此，则上下四方，物我之际，各得其分，去声。不相侵越，而各就其中，校音教。其所占之地，则其广狭长短，又皆平均如一，截然正方而无有余不足之处，去声。是则所谓絜矩者也。夫音扶。为天下国家，而所以处心制事者一出于此，则天地之间将无一物不得其所，而凡天下之欲为孝弟不倍者，皆得以自尽其心而无不均之叹矣，天下其有不平者乎？然君子之所以有此，亦岂自外至而强上声。为之哉？亦曰物格知至，故有以通天下之志，而知千万人之心即一人之心；意诚心正，故有以胜一己之私，而能以一人之心为千万人之心，其如此而已矣。格庵赵氏曰：“天下之志万殊，理则一也。格知至者能烛理，则视众人之心犹一心而明絜矩之义；公则一致，私则万殊，意诚心正者能克己，则以一心为众人之心而尽絜矩之道。”一有私意存乎其间，则一膜音莫。之外①，便为胡越，虽欲絜矩，亦将有所隔碍牛

① 一膜：比喻细微的间隔。

代反而不能通矣。若赵由之为守则易去声。尉①而为尉则陵守，王肃之方于事上②而好去声。人佞己，推其所由，盖出于此。而充其类，则虽桀、纣、盗跖音只。之所为，亦将何所不至哉！《史记·酷吏传》：周阳由者，其父赵兼，以淮南王舅父侯周阳，故因姓周阳氏。由为郎，事孝文及景帝。景帝时，为郡守。武帝即位，吏治尚循谨甚，然由居二千石中，最为酷暴骄恣。所居郡，必夷其豪。为守，视都尉如令。为令，必陵太守，夺之治。由后为河东都尉，时与其守胜屠公胜屠即申屠也相告言罪，胜屠公当抵罪，义不受刑，自杀，而由弃市。《魏志·王肃传》：肃太和中拜散骑常侍，肃字子雍，东海郡人，史评曰："刘实以为肃方于事上而好下佞己，此一反也。"曰：然则絜矩之云，是则所谓恕者已乎？曰：此固前章所谓如爱己之心以爱人者也。夫子所谓"终身可行"，程子所谓"充拓音托。得去，则天地变化而草木蕃③；音烦。充拓不去，则天地闭而贤人隐"，皆以其可以推之而无不通耳。朱子曰："推得去，则物我贯通，自有个生生无穷底意思，便有天地变化草木蕃气象，天地只是这样道理。若推不去，物我隔绝，欲利于己，不利于人，欲己之富，欲人之贫，欲己之寿，欲人之夭，似这气象，全然闭塞隔绝了，便似天地闭贤人隐。"然必自其穷理正心者而推之，则吾之爱恶取舍，上声。皆得其正，而其所推以及人者，亦无不得其正，是以上下四方以此度音铎。之，而莫不截然各得其分去声。若于理有未明，而心有未正，则吾之所欲者，未必其所当欲；吾之所恶者，未必其所当恶。乃不察此，而遽欲以是为施于人之准则，则其意虽公而事则私，是将见其物我相侵，彼此交病④，而虽庭除之内⑤，跬丘弭反。步之间，亦且参商参音森。参商：二星名。矛盾，⑥ 盾，食允反，二者皆兵器名。而不可行矣，尚何终身之望哉？是以圣贤凡言恕者，又必以忠为本，而程子亦言忠恕两言，如形与影，欲去上声。其一而不可得。盖惟忠，而后所如之心始得其正，是亦此篇先后本末之意也。所当先而为本者，忠也；所当后而为末者，恕也。然则君子之学，可不谨其序哉！朱子曰："忠是本体，恕是枝叶，非是别有枝叶，乃是本根中发出枝叶。"陈氏曰："大概忠恕只是一物，就中截作两片，则为二物。盖存诸中者既忠，则发出外来便是恕，应事接物处不恕，则是在我者必不十分真实。故发出忠底心，便是恕底事，做成恕底事，便见忠底心。"○曰：自身而家，自家而国，自国而天下，均为推己及人之事，而传之所以释之

---

① 易尉：轻视尉职官员。尉：古代官名。春秋时有军尉、舆尉，秦汉以后有太尉、廷尉、都尉、县尉，又有卫尉、校尉等，皆简称尉，多为武职。

② 王肃：(195—265 年)，字子雍，三国魏东海郡郯(今山东郯城西南)人，官至中领军，加散骑常侍。善贾逵、马融之学。两汉经学至郑玄合今古文而集大成，肃欲与之争胜，撰《圣证论》，专攻郑氏，并伪托孔安国作《尚书传》、《孔子家语》、《孔丛子》等以佐其说，遍注《尚书》、《诗经》、《论语》、《周礼》、《仪礼》、《礼记》、《左传》等，时称"王学"。附见《三国志·王朗传》。

③ 蕃：生息，繁殖。《易·坤》："天地变化，草木蕃。"孔颖达疏："谓二气交通，生养万物，故草木蕃滋。"

④ 交病：互相侵犯。

⑤ 庭除：庭阶或庭院。

⑥ 参商：参星和商星。参星在西，商星在东，此出彼没，永不相见。喻彼此对立。

者，一事自为一说，若有不能相通焉者，何也？曰：此以势之远迩、事之先后而所施有不同耳，实非有异事也。盖必审于接物，好恶二字并去声。下同。不偏，然后有以正伦理、笃恩义而齐其家；其家已齐，事皆可法，然后有以立标准、胥教诲而治其国；其国已治，去声。民知兴起，然后可以推己度待洛反。物、举此加彼而平天下。此以其远近先后而施有不同者也。然自国以上，上声。则治于内者严密而精详；自国以下，则治于外者广博而周遍，亦可见其本末实一物，首尾实一身矣。何名为异说哉？格庵赵氏曰："严密精详，所以为广博周遍之地。治内者疏略苟简，则治外者虽欲广博周遍，得乎？"〇曰：所谓"民之父母"者，何也？曰：君子有絜矩之道，故能以己之好恶知民之好恶，又能以民之好恶为己之好恶也。夫音扶。好其所好而与之聚之，恶其所恶而不以施焉，则上之爱下真犹父母之爱其子矣。彼民之亲其上，岂不亦犹子之爱其父母哉！三山陈氏曰："父母之于子，其所好恶无有不知者，体气同也。至于民之好恶，其君常有所不知，无他，制于形体之异耳。能絜矩，则能以民之心为心，而可以父母斯民，民亦父母之矣。"〇曰：此所引《节南山》之诗，何也？曰：言在尊位者，人所观仰，不可不谨。若人君恣己徇私，不与天下同其好恶，则为天下僇，如桀、纣、幽、厉也。〇曰："得众得国，失众失国"，何也？曰：言能絜矩，则民父母之而得众得国矣；不能絜矩，则为天下僇而失众失国矣。〇曰：所谓"先慎乎德"，何也？曰：上言有国者不可不谨，此言其所谨而当先者尤在于德也。德即所谓明德，所以谨之，亦曰格物、致知、诚意、正心以修其身而已矣。〇曰：此其深言务财用而失民，何也？曰：有德而有人有土，则因天分地，不患乎无财用矣。然不知本末而无絜矩之心，则未有不争斗其民而施之以劫夺之教者也。《易大传》曰："何以聚人？曰财。"《春秋外传》即《国语》。曰："王人者，将以导利而布之上下者也。"故财聚于上，则民散于下矣；财散于下，则民归于上矣。"言悖而出者，亦悖而入，货悖而入者，亦悖而出。"郑氏以为君有逆命则民有逆辞①，上贪于利则下人侵畔，得其旨矣。〇曰：前既言命之不易矣，此又言命之不常，何也？曰：以天命之重，而致其丁宁之意，亦承上文而言之也。盖善则得之者，有德而有人之谓也；不善则失之者，悖入而悖出之谓也。然则命之不常，乃人之所自为耳，可不谨哉！〇曰：其引《秦誓》，何也？曰：言好去声。下同。善之利及其子孙，不好善之害流于后世，亦由絜矩与否之异也。曰：媢嫉之人②，诚可恶去声，下并同。矣，然仁人恶之之深，至于如此，得无疾之已甚之乱耶？曰：小人为恶，如字。下"恶人"、"其恶"、"善恶"并同。千条万端，其可恶者，不但媢嫉一事而已。仁人不深恶乎彼，而独深恶乎此者，以其有害于善人，使民不得被其泽，而其流祸之长及于后世而未已也。然非杀人于货之盗，则罪不至死，故亦放流之而已。然又念夫音扶。彼此之势虽殊，而苦乐音洛。之情则一，今此恶人放而不远，则其为害虽得不施于此，而彼所放之地，其民复扶又反。何罪焉，故不敢以己之所恶，施之于人，而必远而置之无人之境，以御魑抽

---

① 逆辞：违背礼数的言辞。

② 媢嫉：嫉妒。

知反。魅音魅。而后已①。盖不惟保安善人，使不蒙其害，亦所以禁伏凶人，使不得稔其恶。虽因彼之善恶而有好恶之殊，然所以仁之之意亦未尝不行乎其间也，此其为御乱之术至矣，而何致乱之有？曰：迸之为屏，必正反。下同。何也？曰：古字之通用者多矣，汉石刻词有引“尊五美，屏四恶”者，而以尊为遵，以屏为迸，则其证也。曰：仁人之能爱人，能恶人，何也？曰：仁人者私欲不萌，而天下之公在我，是以是非不谬靡又反。而举措得宜也。〇曰：命之为慢，与其为怠也，孰得？曰：大凡疑义，所以决之，不过乎义理、文势、事证三者而已。今此二字，欲以义理、文势决之，则皆通，欲以事证决之，则无考，盖不可以深求矣。若使其于义理、事实之大者，有所向许亮反。背音佩。而不可以不究，犹当视其缓急以为先后，况于此等字既两通，而于事义无大得失，则亦何必苦心极力以求之，徒费日而无所益乎！以是而推，他亦皆可见矣。曰：好善恶好恶，并去声。下同。恶，如字。人之性然也，有拂人之性者，何哉？曰：不仁之人，阿党媢嫉，有以陷溺其心，是以其所好恶戾于常性如此，与民之父母、能好恶人者正相反，使其能胜私而絜矩，则不至于是矣。〇曰：忠信骄泰之所以为得失者，何也？曰：忠信者，尽己之心而不违于物，絜矩之本也。骄泰，则恣己徇私以人从欲，不得与人同好恶矣。〇曰：上文深陈财用之失民矣，此复扶又反。言生财之道，何也？曰：此所谓有土而有财者也。夫音扶。《洪范》八政②，食货为先；见《尚书·洪范篇》三“八政”畴。子贡问政，而夫子告之亦以足食为首。盖生民之道，不可一日而无者，圣人岂轻之哉！特以为国者以利为利，则必至于剥民以自奉，而有悖出之祸，故深言其害以为戒耳。至于崇本节用，崇本，生之众，为之疾也。节用，食之寡，用之舒也。有国之常政，所以厚下而足民者，则固未尝废也。吕氏之说③，得其旨矣。吕说已见《章句》中。有子曰：“百姓足，君孰与不足？”孟子曰：“无政事，则财用不足。”正此意也。然孟子所谓政事，则所以告齐、梁之君，使之制民之产者是已。岂若后世头会古外反。箕敛、力验反。厉民自养之云哉④！《前汉书·陈余传》：“秦为乱政，外内骚动，百姓罢敝，罢音疲。头会箕敛，以供军费，秦吏到民家计人头数以箕，敛之而供军需。财匮力尽。”〇曰：“仁者以财发身，不仁者以身发财。”何也？曰：仁者不私其有，故财散民聚而身尊；不仁者惟利是图，故捐身贾音古。祸以崇货也⑤。然亦即财货而以其效言之尔，非谓仁者

---

① 魑魅：古谓能害人的山泽之神怪。亦泛指鬼怪。

② 洪范：指《尚书·洪范》。八政：古代国家施政的八个方面。具体内容不一：《书·洪范》：“三，八政：一曰食，二曰货，三曰祀，四曰司空，五曰司徒，六曰司寇，七曰宾，八曰师。”后世所称“八政”多指此而言。

③ 吕氏：吕大临（1040—1092 年），字与叔，时称芸阁先生，宋代金石学家。其先汲郡（今河南卫辉）人，后移居京兆蓝田（今陕西蓝田）。曾学于程颐，与游酢、杨时、谢良佐并称程门四先生。元祐中，为太学博士，迁秘书省正字。后范祖禹荐其充任讲官，未及用而卒。吕通六经，尤精于礼，自谓所施冠昏丧祭诸礼一本于古，当时有“关中言礼学者推吕氏”之称。著有《考古图》、《礼记传》、《论语解》、《孟子讲义》、《玉溪先生集》等。

④ 箕敛：以箕收取。谓苛敛民财。厉民：虐害人民。

⑤ 捐身贾祸：牺牲生命，招致灾祸。

真有以财发身之意也。曰："未有府库财非其财"者，何也？曰：上好去声。下同。仁，则下好义矣；下好义，则事有终矣；事有终，则为君者安富尊荣，而府库之财可长保矣。此以财发身之效也。上不好仁，则下不好义；下不好义，则其事不终；是将为天下僇之不暇，而况府库之财，又岂得为吾之财乎？若商纣以自焚，而起巨桥、鹿台之财①，德宗以出走，而丰琼林、大盈之积，皆以身发财之效也。《史记》：纣使师涓作新淫声，北里之舞，靡靡之乐，厚赋税以实鹿台之财，而盈钜桥之粟。以酒为池，县肉为林，为长夜之饮，百姓怨望，而诸侯有畔者。周武王于是遂率诸侯伐纣，纣亦发兵距之牧野。甲子日，纣兵败，纣走登鹿台，衣其宝玉，乃自焚而死。武王遂斩纣头，悬之白旗。又《书·武成篇》，此篇记武王功成之事，乃反商政。政由旧，散鹿台之财，发钜桥之粟，大赉于四海，而万姓悦服。《唐书·陆贽传》："始帝播迁，帝，德宗也。朱泚反，帝出走在外。府藏委弃，至是天下贡奉稍至，乃于行在夹庑署琼林、大盈二库，别藏贡物。贽谏以为今师旅方殷，疮痛呻吟之声未息，遽以珍贡私别库，恐群下有所觖望。不满所望。请悉出以赐有功，给军赏，帝悟，即撤其署。"○曰：其引孟献子之言，何也？曰：鸡豚牛羊，民之所畜许六反。养以为利者也。既已食君之禄而享民之奉矣，则不当复扶又反。与之争，此公仪子所以拔园葵、去上声。下同。织妇，而董子因有"与之齿者去其角，傅之翼者两其足"之喻，皆絜矩之义也。《史记》：公仪休为鲁相，"食茹而美，食其菜曰茹。拔其园葵而弃之。见其家织布好，而疾出其家妇，燔其机云：'欲令农夫工女，安所雠其货乎？'"②雠，售也，谓食禄者不得与下民争利。《西汉书》："董仲舒以贤良对策曰：'夫天亦有所分，去声。予上声。之齿者去其角，言天生物赋予有分定，牛无上齿者则有角，其余无角州有上齿，傅之翼者两其足，傅续，曰附，附著也。言鸟不四足。是所受大者不得取小也，古之所予禄者，不食于力，不勤于末，末谓工商之业，是亦受大者不得取小，与天同意者也。'"③聚敛之臣剥民之膏血以奉上，而民被其殃；盗臣窃君之府库以自私，而祸不及下。仁者之心，至诚恻怛④，当葛反。宁亡己之财，而不忍伤民之力，所以"与其有聚敛之臣，宁有盗臣"，亦絜矩之义也。昔孔子以臧文仲之妾织蒲，而直斥其不仁，详见《论语·公冶长篇》。以冉求聚敛于季氏，而欲鸣鼓以声其罪。以圣人之宏大兼容，温良博爱，而所以责二子者，疾痛深切，不少假借如此，其意亦可见矣。三山陈氏曰："织纴亦俭矣，而君子疾之，以其主于利也。冉求之聚敛，未必有后世掊克之事，但聚敛藏于季氏之家，而不能布之于下，则圣人疾而欲攻之，况剥民力以自富乎？"西山真氏曰："近世所谓善理财者，何其僭乎此也。元元已病，而科敛日兴，不知皮将尽而毛无所附也。出新巧以笼愚民，苟邀倍称之入，不知朝

---

① 巨桥：古代粮仓名。故址在古衡漳东岸，因水上有大桥得名。今属河北省曲周县。相传为殷纣聚敛粮食之所，周武王克殷后散其粟赈民。鹿台：古台名，别称南单之台。殷纣王贮藏珠玉钱帛的地方。故址在今河南省汤阴县朝歌镇南。

② 见《史记》卷一百十九。

③ 见《汉书》卷五十六。

④ 恻怛：恳切。

四暮三之无益也，孟子曰：‘我能为君充府库，今之所谓良臣，古之所谓民贼也。’”曰：“国不以利为利，以义为利。”何也？曰：以利为利，则上下交征，不夺不餍；以义为利，则不遗其亲，不后其君。盖惟义之安，而自无所不利矣。程子曰：“圣人以义为利，义之所安，即利之所在。”正谓此也。孟子分别笔列反。义利，拔本塞源之意，其传盖亦出于此云。朱子曰：“只万物皆得其分便是利，君得其为君，臣得其为臣，父得其为父，子得其为子，何利如之？这‘利’字，即《易》所谓‘利者，义之和’，利便是义之和处。”〇曰：此其言“灾害并至”，“无如之何”，何也？曰：怨已结于民心，则非一朝一夕之可解矣。圣贤深探其实而极言之，欲人有以审于未然，而不为无及于事之悔也。以此为防，人犹有用桑羊、孔仅、宇文融、杨矜、陈京、裴延龄之徒以败其国者①。桑弘羊，杨慎矜，朱子以在宋避讳，故各去一字。张氏存中曰：“桑弘羊，洛阳贾人之子，汉武帝朝为治粟都尉，领大司农，尽管天下盐铁，后为御史大夫。昭帝朝，与燕王旦谋反坐诛。”“孔仅，汉武帝朝为大农丞，领盐铁事，后为大农令。”“宇文融，辨给多诈，唐玄宗朝为复田劝农使，擢兵部员外郎兼侍御史，又兼税地安辑户口使，拜御史中丞，有司劾融交不逞，作威福，贬平乐尉，司农发融在汴州给隐官息钱巨万，给事中冯绍烈深文推证，诏流岩州，道广州，惶恐而卒。”“杨慎矜，唐玄宗朝为御史知杂事，后授御史中丞，以蓄谶纬妖言赐死。”“陈京事唐德宗，帝讨李希烈，财用屈，京为给事中，与户部侍郎赵赞请税民屋间架，籍贾人资力，以率贷之，后以事罢，为秘书少监卒。”“裴延龄，唐德宗朝为司农少卿，领度支，取宿奸老吏与谋，以固帝幸，延龄资苛刻，专剥下附上，肆骋谲怪，时人侧目，及死，人语以相安，惟帝悼不已。”故陆宣公之言曰②：陆公名贽，字敬舆，苏州嘉兴人，事唐德宗，谥曰宣，其言见奏议。“民者邦之本，财者民之心。其心伤，则其本伤，其本伤，则枝干凋瘁秦醉反，而根柢蹶居月反。拔矣③。”吕正献公之言曰：④ 吕公名公著，字晦叔，谥正献，河南人，其言见奏札。“小人聚敛以佐人主之欲，人主不悟，以为有利于国，而不知其终为害也。赏其纳忠，而不知其大不忠也；嘉其任怨，而不知其怨归于上也。”呜呼！若二公之言，则可谓深得此章之指者矣，有国家者，可不监哉！格庵赵氏曰：“兴利之臣，不过以聚敛为

---

① 桑羊：西汉经济学家桑弘羊的省称。孔仅：南阳人。武帝时为大农丞，领盐铁事。元鼎三年，仅拜大农卿。宇文融，唐代京兆万年人，明辨有吏干。开元初，拜监察御史，充使搜括户口，奏置劝农判官十人，分行天下，颇扰人不便。陈京，大历间进士，德宗朝官给事中，新书《儒林二》有传。裴延龄，河中河东人(今山西省永济县)。乾元末年(759 年)任汜水尉。“安史之乱”后，裴延龄改任太常博士。

② 陆宣公：陆贽(754—805 年)，(唐)苏州嘉兴(今属浙江)人，字敬舆，大历进士。德宗即位，任为翰林学士，参与机谋。建中四年(783 年)德宗避朱泚之乱于奉天，诏书多出自陆贽，时称“内相”。官至中书侍郎，门下同平章事。曾上疏反对两税法。因与裴延龄倾轧，十年冬罢相，次年贬为忠州别驾。居忠州十年而死。所作奏议，多用排偶。有《翰苑集》。

③ 蹶拔：掘取，拔出。

④ 吕正献公：吕公著(1018—1089 年)，字晦叔，北宋大臣，吕夷简之子，下蔡(今凤台县)人。善于讲经议论，言简意赅。

长策，以掊克为善谋，唯求取媚于上，而不顾结怨于下。人主以其奉己之欲，悦而宠之，不知其失民心而蠹国脉，灾害并至，匪一朝一夕之可解，有必然之理者，此桑羊之徒，所以误人之天下国家至于极也。陆吕二公之言，可谓当矣。如司马公辟善理财者不加赋之说，则亦所当知。其言曰：天地所生财货百物，止有此数，不在民则在官，譬如雨泽，夏涝则秋旱。此古今之至言也。后世之臣，有以言利媒人主者，其尚以《大学》此章之旨，与三君子之言察之。"玉溪卢氏曰："圣贤千言万语，其论道只在遏人欲以存天理，其论治只在进君子而退小人。"〇曰：此章之文，程子多所更平声。下同。定，而子独以旧文为正者，何也？曰：此章之义博，故传言之详，然其实则不过好恶、并去声。义利之两端而已。但以欲致其详，故所言已足，而复扶又反。更端以广其意，是以二义相循，间去声。见形甸反。下同。层出，有似于易置而错陈耳。然徐而考之，则其端绪接续，脉络贯通，而丁宁反复为去声。人深切之意，又自别见于言外，不可易也。必欲二说中判，以类相从，自始至终画为两节，则其界辨虽若有余，而意味或反不足，此不可不察也。

中庸章句序

《中庸》何为去声。而作也？子思子忧道学之失其传“传”字一篇骨子。而作也①。朱子曰：“曾子学于孔子而得其传，子思又学于曾子而得其所传于孔子者，既而惧夫传之久远，而或失其真也，于是作为此书。”云峰胡氏曰：“唐虞三代之隆斯，道如日中天，《中庸》可无作也，至孔子时，始曰‘攻乎异端’，然其说犹未敢盛行，至子思时，则有可忧者矣。忧异端之得肆其说，所以忧道学之不得其传也。”【通考】吴氏程曰：“子思子称子者，师尊之也，重在下字，若子程子则重在上字，而下为男子通称。”东阳许氏曰：“《中庸》专言道，故起首便言道学、道统。道学主于学，兼上下言；道统主于行，独以有位者言。凡言统者，学亦在其中。‘学’字固可包‘统’字。”盖自上古圣神继天立极，而道统之传有自来矣。“道统”二字，为此序纲领，后面屡提掇照应。【通考】东阳许氏曰：“尧舜以前，开辟生物以来，即有首出庶物之圣人，与天同道而立乎其位者。此但言上古圣神，盖混言之。‘继’、‘立’二字不要重看，天道流行，无物不在，众人所不能知，惟神圣自然与天合，而言动皆可为万世标准。非是有意继续天道，特为人而立法也。”其见形甸反。于经，则“允执厥中”者，尧之所以授舜也。“人心惟危，道心惟微，惟精惟一，允执厥中”者，舜之所以授禹也。尧之一言，至矣，尽矣！而舜复扶又反，又也。后凡遇此字当释为“又”字之义者，并同。益之以三言者，则所以明夫音扶，序中除夫子之“夫”如字外，并同音。尧之一言，必如是而后可庶几平声。也。朱子曰：“中只是个恰好底道理，允是真个执得。尧告舜只一句，舜已晓得，所以不复更说。舜告禹又添三句，这三句是‘允执厥中’以前事，是舜教禹做工夫处，便是怕禹尚未晓得，故恁地说。”“舜禹相传，只就这心上理会，也只在日用动静之间求之，不是去虚空中讨一个物事来。”“只是一个心，有道理底人心即是道心。”勿斋程氏曰：“人生而静，气未用事，未有人与道之分，但谓之心而已。感物而动，始有人心、道心之分焉。精一执中，皆是动时工夫。”云峰胡氏曰：“六经言道统之传，自《虞书》始，不有《论语》表出尧曰‘允执其中’，则后世孰知舜之三言所以明尧之一言哉？朱子于《论语》‘执中’无明释，至《孟子》‘汤执中’，始曰‘守而不失，意可见矣’。尧之执中，不可以

① 子思：（前483—前402年），姓孔，名伋，字子思，孔子的孙子，孔鲤的儿子，鲁缪公的老师，后代尊为“述圣”。

贤者之固执例论。自尧之心推之，则圣不自圣，愈见尧之所以为圣尔，况中无定体，傥不言执，人将视之如风如影，不可捕诘矣。然执之工夫，只在精一上，尧授舜曰‘允执厥中’，如夫子语曾子以一贯，舜授禹必由精一而后执中，是犹曾子告门人必由忠恕而达于一贯也。”

盖尝论之心之虚灵知觉，一而已矣，勿斋程氏曰：“虚灵心之体，知觉心之用。”格庵赵氏曰：“知是识其所当然，觉是悟其所以然。”而以为有人心、道心之异者，则以其或生于形气之私，或原于性命之正，问：“形气是耳目鼻口四肢之属，未可便谓之私欲。”朱子曰：“但此数件事，属自家体段上，便是私有底物，不比道便公共，故上面便有个私底根本，如饥饱寒燠之类，皆生于吾之血气形体，而他人无与焉。所谓私也，亦未便是不好，但不可一向徇之耳。”“形气非皆不善，只是靠不得。”蔡季通①曰：“形气之有善，皆自道心出，由道心则形气善，不由道心，一付于形气则为恶。形气犹船也，道心犹柂也。船无柂纵之行，有时入于波涛，有时入于安流，不可一定，惟有一柂以运之，则虽入波涛无害，故曰：‘天生烝民，有物有则。’物乃形气，则乃理也。”西山真氏曰：“私，犹言我之所独耳，今人言私亲私恩之类，非恶也。如六经中‘遂及我私’，‘言私其豵’②，此类以恶言之，可乎?”云峰胡氏曰：“生，是气已用事时方生，原是从大本上说来，就气之中，指出不杂乎气者言之。”新安陈氏曰：“有形气之私，方有人心，故曰生；自赋命受性之初，便有道心，故曰原。”东阳许氏曰：“人心发于气，如耳目口鼻四肢之欲是也，然此亦是人身之所必有，但有发之正不正尔，非全不善，故但云危，谓易流入于不善而没其善也。道心发于理，如恻隐羞恶辞逊是非之端是也，亦存乎气之中。为人心之危者晦之，故微而难见。心只是一个心，上加‘人’字‘道’字看，便见不同。若只顺读人心道心字，却似有二心矣。谓之道，则是天理之公；谓之人，则是我身之私。虽我身之私，亦非全是不善，因身之所欲者，发而正，即合乎道而为道心之用矣。大抵人心可善可恶，道心全善而无恶。”而所以为知觉者不同，朱子曰：“只是这一个心，知觉从耳目上去，便是人心，知觉从义理上去，便是道心。”新安陈氏曰：“前言虚灵知觉，总心之体用而言，此单言所以为知觉者，专以心之用言也。体无不同，用始有不同。知觉从形气之私而发者，曰人心；知觉从性命之正而发者，曰道心。所以此只言知觉而不及虚灵。”是以或危殆而不安，或微妙而难见耳。朱子曰：“危未便是不好，只是危险，在欲堕未堕之间，易流于不好耳。微者难明，有时发见些子，使自家见得，有时又不见了。”云峰胡氏曰：“朱子以前，多便指人心为人欲，殊不知气以成形，是之谓人，理亦赋焉，是之谓道。非人，无以载此道，故言道心必先言人心；非道，则

---

① 蔡季通：蔡元定(1135—1198 年)，宋建阳人，字季通，尝登西山绝顶，忍饥啗荠以读书。往师朱熹，熹称为老友，四方来学者必先令从元定质正。韩侂胄禁道学，元定谪道州，从学者益众，尊为西山先生。卒谥文节。著有《律吕新书》、《八阵图说》、《洪范解》、《皇极经世》等。《宋史》有传。

② 豵：六个月到一岁的小猪。一说，豕生三子谓之“豵”。《诗・豳风・七月》：“言私其豵，献豜于公。”毛传：“豕一岁曰豵。”郑玄笺：“豕生三曰豵。”

其为人不过血气之躯尔，故言人心必言道心。如饮食男女，人心也。饮食男女之得其正，道心也。人心之发，危而不安，而发之正者，又微而难见，实非有两心也。”然人莫不有是形，故虽上智不能无人心，亦莫不有是性，故虽下愚不能无道心。朱子曰：“道心是义理上发出来底，人心是人身上发出来底，虽圣人不能无人心，如饥食渴饮之类，虽小人不能无道心，如恻隐之心是。”二者杂于方寸之间，而不知所以治之，陈氏曰：“人心道心，二者无日无时不发见呈露，非是判然不相交涉，只在人别识之。”新安陈氏曰：“不知所以治之者，不知以精一之理治之也。”则危者愈危，微者愈微，危愈危，流于恶，微愈微，几于无。而天理之公，卒无以胜夫人欲之私矣。朱子曰：“人心之危者，人欲之萌也；道心之微者，天理之奥也。”云峰胡氏曰：“人心未便是人欲，到不知所以治之，方说得人欲。上文形气之私，与性命之正对言，私字未为不好；此云人欲之私，与天理之公对言，私字方是不好耳。”精则察夫二者之间而不杂也，一则守其本心之正而不离去声。也。朱子曰：“精是精察分明，一是要守得不离。”陈氏曰：“要分别二者。界分分明，不相混杂，专守道心之正，而无以人心二之。”云峰胡氏曰：“孟子曰‘利与善之间’，所谓‘间’者犹易剖析，此所谓二者之间，方杂于方寸，非精以察之不可也。本心之正，即上文所谓原于性命之正者。盖其本也真而静，其未发也五性具焉，此所谓性命之正，即吾心之正也。形既生矣，外物触其形而动于中，于其发也，始有人心道心之异，必能专一于道心，是即守其本心之正而不离也。”【通考】东阳许氏曰：“精则察夫二者之间，是察人心道心之间，要察到疑似纤毫之际。此言心，是指动处。当时告大禹，故言如此，若学者则用格物致知之功。私是就形气上来，性命之正则是得之于天者，固与天地人物同言。”从事于斯，“斯”指精一，无少间去声。断，徒玩反，必使道心常为一身之主，而人心每听命焉，问：“人心可以无否？”朱子曰：“如何无得？但以道心为主，而人心每听道心之区处方可。”“有道心而人心为所节制，人心皆道心也。”“人心是此身有知觉嗜欲者，岂能无？但为物诱而至于陷溺，则为害尔，故圣人以为此人心有知觉嗜欲，然无所主宰，则流而忘反，不可据以为安，故曰‘危’。道心则是义理之心，可以为人心之主宰，而人心据以为准者也。然道心却杂出于人心之间，微而难见，故必须精之一之而后中可执。然此又非有两心也，只是义理与人欲之辨尔。”【通考】朱子曰：“至危者，无如人心，所以曾子恁地战战兢兢，如临深渊，如履薄冰。”又曰：“精是精别此二者，一是守之固也。颜子择中庸处便是精，得一善服膺弗失处便是一。”伊川云：“惟精惟一，所以至之，允执厥中，所以行之，此说甚好。”又曰：“圣人全是道心主宰，故其人心自是不危。若只是人心，也危，故曰‘惟圣罔念作狂’。”则危者安、微者著，而动静云为，自无过不及之差矣。朱子曰：“不待择于无过不及之间，自然无不中矣。”陈氏曰：“如此，则日用之间无往非中，凡声之所发便合律，身之所行便合度，凡由人心而出者，莫非道心之流行。”云峰胡氏曰：“人心本危，能收敛入来，则危者安；道心本微，能充拓出去，则微者著。中如何执？只精一，便是执之之工夫，所以朱子于此不复释‘执’字。然上文曰‘守其本心之正而不离’，下一‘守’字，便见得执中之功。先在惟精而重在惟一。”新安陈氏曰：“朱子引《禹谟》四句，以见《中庸》之宗祖，以标道统之渊源，可谓考诸三王而不缪，百世以俟圣人而不惑者矣。”

夫尧、舜、禹，天下之大圣也。以天下相传，天下之大事也。以天下之大圣，行天下之大事，而其授受之际，丁宁告戒，不过如此。则天下之理，岂有以加于此哉？云峰胡氏曰：“天下之理，岂有以加于此者，‘中’之一字，圣圣相传之道，莫加于此也。‘精一’二字，圣圣相传之学，莫加于此也。”【通考】愚闻之先师天台吴行父曰①：“《中庸序》当分三大节看，章首至此为一节，推原《中庸》道学之传，本三圣授受心法，而心之危微，则有性命、形气、上智下愚之分，然中庸之道，其提要在于动静云为，无过不及之差而已。三圣之所以授受者，以此子思子传心之要，其原实出于此。”自是以来，圣圣相承：若成汤、文、武之为君，皋陶、伊、傅、周、召音邵。之为臣，既皆以此而接夫道统之传，新安陈氏曰：“若孟子末章所标列圣之君，圣贤之臣，见而知之，闻而知之者，不过只是知此耳。‘以此’之‘此’，指三圣相授受之说。‘道统’二字，再接出与前相照应。”【通考】张氏师曾曰：“‘此’之一字，指执中而言。然尝考尧舜禹三圣人以中相传之后，若成汤文武之为君，皋陶伊傅周召之为臣，其所以传，虽皆不外乎此中，而求其所言之中，则亦鲜矣。今试推其说，如《仲虺之诰》曰‘王懋昭大德，建中于民’，孟子曰‘汤执中’，此其最明著者也。《诗》称‘穆穆文王，于缉熙敬止’，而《大学》为君仁臣敬子孝父慈友信，皆以止言之。武王传《洪范》，谓‘皇建其有极’，而受丹书之戒，不出于敬义之夹持，则其执中之意为可知矣。至于皋陶之陈九德，先正言而后反应之，皆所以明其德之不偏，又‘同寅协恭和衷’，则民彝物则，各得其正，非中而何哉？伊尹自谓与汤咸有一德，而训太甲之辞有曰‘钦厥止’，则伊尹之执中亦可见矣。傅说告高宗曰：‘惟木从绳则正，后从谏则圣。’其曰‘道积于厥躬’者，体之立；教学于人者，用之行。兼体用，合内外，无非求中之道也。孟子又言：‘周公思兼三王，以施四事，其有不合者，仰而思之，夜以继日，幸而得之，坐以待旦。’亦所以求合于前王之中道也。召公戒成王曰：‘王敬作所，不可不敬德。’夫以敬为处所而居之不去，则其能守中为何如耶？观此则圣贤接夫道统之传者，亦莫非中而已矣。”若吾夫子，则虽不得其位，而所以继往圣、开来学，其功反有贤于尧舜者。云峰胡氏曰：“未论六经之功有贤于尧舜，只如此执中一语，夫子不于《论语》之终发之，孰知其为尧之言？不于尧曰执中之后，而继之汤武誓师之意，与其施于政事者，又孰知夫尧舜之授受者此中，而汤武之征伐者亦此中也哉？姑即此一节言之，其功贤于尧舜可知矣。”【通考】东阳许氏曰：“继往圣，开来学，此‘学’字应前‘道学’字，前道学是总包上古以来相传者，此‘学’字是夫子教后人者；言继往圣，是明夫子教人亦是述上古圣圣相传者耳。则子思所忧，岂专指夫子之教哉？”然当是时，见而知之者，惟颜氏、曾氏之传得其宗。云峰胡氏曰：“夫子以前，传道统者，皆得君师之位，而斯道以行；夫子以后，传道统者，不得君师之位，而斯道以明。故明尧舜禹汤文武之道者，夫子六经之功；而明夫子之道者，曾子《大学》子思《中庸》之功也。”新安陈氏曰：“颜子博文，精也；约礼，一也。

① 吴行父：王元善之师，生平不详。

曾子格致，精也；诚正，一也。”及曾氏之再传，而复得夫子之孙子思，则去圣远而异端起矣。子思惧夫愈久而愈失其真也，发首二句意。于是推本尧舜以来相传之意，质以平日所闻父师之言①，更平声。互演以浅反。绎，音亦。作为此书，以诏后之学者。盖其忧之也深，故其言之也切；其虑之也远，故其说之也详。其曰“天命”、“率性”，则道心之谓也；云峰胡氏曰：“性是心未发时，此理具于心；道心，是心已发时，此心合乎理。”新安陈氏曰：“上文云道心原于性命之正，可见天命谓性，率性谓道，即是道心之谓。”东阳许氏曰：“切，言深要；详，言周备。忧深，为道之不明也，故言之深而要。虑远，恐久而复失也，故说之周而备。”其曰“择善固执”，则精一之谓也；朱子曰：“择善，即惟精；固执，即惟一。”其曰“君子时中”，则执中之谓也。朱子曰：“时中，是无过不及底中，执中亦然。”云峰胡氏曰：“‘执中’二字，尧言之；‘时中’二字，夫子始言之。道不合乎中，异端之道，非尧舜之道；中不合乎时，子莫之执中，非尧舜之执中。”世之相后，千有余年，而其言之不异，如合符节。历选前圣之书，所以提挈苦结反。纲维、开示蕴委粉、于问二反。奥，未有若是之明且尽者也。【通考】东阳许氏曰：“天命即道也。能率性即道心也。择善者察之精，固执者守之一。时中即中也。纲维，言道体之大；蕴奥，言节目之详及精密隐微之理。明，言纲维；尽，言蕴奥。”自是而又再传以得孟氏，为能推明是书，以承先圣之统，此“统”字，又指道统言之。格庵赵氏曰：“《中庸》深处，多见于《孟子》。如道性善，原于天命之性也。存心、收放心，致中也。扩充其仁义之心，致和也。‘诚者天之道，思诚者人之道’一章，其义悉本于《中庸》，尤足以见渊源之所自。”及其没而遂失其传焉。新安陈氏曰：“惟精以审择，惟一以固守，此自尧舜以来所传，未有他议论时，先有此言，圣人心法，无以易此，后来孔门教人先后次第皆宗之。《中庸》博学至明辨，皆惟精也；笃行，惟一也。明善，精也；诚身，一也。颜子择中庸便是精，得一善服膺便是一。《大学》格物致知，非惟精不可，能诚意则惟一矣。学只是学此，孟子以后失其传，亦只是失此。”则吾道之所寄，不越乎言语文字之间，而异端之说日新月盛，以至于老佛之徒出，则弥近理而大乱真矣。朱子曰：“便是他那道理也有相似处，只是说得来别，须是看得他那弥近理而大乱真处始得。”陈氏曰：“弥近理而大乱真，甚相似而绝不同也，然非物格知至，理明义精者，不足以识破。”【通考】东阳许氏曰：“异端至多，杨墨许行之徒，以及诸子百家，各立门户，议论不合圣道者，皆是弥近理而大乱真。盖其说宏远幽微，陈说道德，指明心性，或有类乎吾道之言，故为所乱，非如百家之浅而易见。”莆田王氏曰②：“‘自是以来’至此为第二节，发明子思《中庸》道学，无非圣圣相传之心法。始以异端起，惧失其真而演绎；终以道统失传，异端之说盛而又乱其真。一书精要尤在于此。”

---

① 质：询问，就正。

② 莆田王氏：王元善，生平不详。《皕宋楼藏书志》卷十载：“《(大学章句重订辑释章图)通义大成》，元新安道川倪士毅《重订辑释》，新安东山赵汸同订，鄱阳克升朱公迁《约说》，新安林隐程复心《章图》，莆田后学王元善《通考》，后学鄱阳王逢订定《通义总要》，林隐程复心了见撰经进源流本末，松坞门人京兆刘用章辑。”

然而尚幸此书之不泯，音闵。故程夫子兄弟者出，得有所考，以续夫千载上声。不传之绪，音序，绪即斯道之统绪。得有所据，以斥夫二家似是之非。老佛二家弥近理，故似是大乱真，本全非也。盖子思之功于是为大，而微程夫子，则亦莫能因其语而得其心也。惜乎！其所以为说者不传，朱子曰："明道不及为书，伊川虽言《中庸》已成书，自以不满其意而火之矣。"而凡石氏①之所辑音集。录，即石子重《集解》。仅出于其门人之所记，是以大义虽明，而微言未析。至其门人所自为说，则虽颇详尽而多所发明，然倍音佩。其师说而淫于老佛者②，亦有之矣。

熹自蚤与"早"通。岁即尝受读而窃疑之，沈俗作"沉"，非。潜反覆，芳服反，亦作复。盖亦有年，一旦恍然似有以得其要领者，东阳许氏曰："裳之要，衣之领，皆是总会处。"吴氏程曰："要领，上平声，或读如字，谓指要纲领。"然后乃敢会众说而折其中，既为去声。定著《章句》一篇，以俟后之君子。而一二同志复取石氏书，删其繁乱，名以《辑略》，且记所尝论辩取舍上声。之意，别为《或问》，以附其后。然后此书之旨，支分节解、脉络贯通、详略相因、巨细毕举，而凡诸说之同异得失，亦得以曲畅旁通，而各极其趣。东阳许氏曰："《章句》、《辑略》、《或问》，三书既备，然后《中庸》之书，如文体之分，骨节之解，而脉络却相贯穿通透。"【通考】东阳许氏曰："《中庸》一书，分四大章。如第一章、十二章、二十一章皆言其略，而余章继其后者，皆详言之，三十三章又一章之详者，详略谓此。巨谓纲维，细谓蕴奥。'诸说同异'以下专言《或问》。"韩氏古遗曰："读《大学》不知文理接续，血脉贯通，深浅始终，至为精密，则其人未尝读《大学》。读《中庸》不知支分解，脉络贯通，详略相因，巨细毕举，则其人未尝读《中庸》。"鲁斋王氏曰③："是篇分为四大支，三十二节。第一支：首章，子思立言；下十章，引夫子之言以终此章之义。第二支：十二章，子思之言；下八章，引夫子之言以明之。第三支：二十一章，子思承上章夫子天道人道以立言；下十二章，子思推明此章之义。第四支三十三章，子思因前章极至之言反求其本，复自下学立心之始，推言戒惧慎独之事以驯致其极。此所谓支分节解处并可见，所谓脉络贯通处亦见矣。其支节中又有小支节，如戒惧慎独，分属致中致和，君子依乎中庸，遁世不见知，分属素隐行怪、不能半途而废之类，余可推之。脉络中又有大脉络，如诚为一篇之枢纽，知仁勇为一篇之大旨，皆是也。所谓详略相因者，以四支言其略，发为三十二章之详，又括以末章之略

---

① 石氏：石墩(1128—1182年)，字子重，号克斋，其先新昌人，后迁台州临海。警悟不群，究心理学，与朱熹交好，朱熹尝称其论仁之体要甚当。绍兴十五年进士，历知南康军。有《周易》、《大学》、《中庸》集解及文集。

② 倍：通"背"。违背。淫：浸淫，浸渍。

③ 鲁斋王氏：诸本《四书大全凡例》注为金华王侗，然遍索群书，未见有金华名为王侗的四书学者，或为王柏之误。《宋元学案》卷八十二有《文宪王鲁斋先生柏》，云："王柏，字会之，金华人。少慕诸葛孔明，自号长啸，年逾三十，与其友汪开之同读《四书》，取《论孟集义》，别以铅黄朱墨，求朱子去取之旨。"后更号鲁斋。受业何北山之门。赐谥文宪。著有《读易记》、《诗辨说》等。《宋史》有传。

是也。所谓巨细毕举者，第十六章前三章言包费隐、兼大小皆是也。”虽于道统之传，不敢妄议，虽谦言不敢与道统之传，实有不容辞其责者。然初学之士，或有取焉，则亦庶乎行远升高之一助云尔。行远自迩，升高自卑，引《中庸》语以结《中庸序》，尤切。云峰胡氏曰：“《大学》中不出‘性’字，故朱子于序言性详焉；《中庸》中不出‘心’字，故此序言心详焉。”【通考】吴氏曰：“第三节言程子得《中庸》不传之心法，使己得折衷众说，复明道统之传，其所以继往圣而开来学之功，隐然见于言意之表，有不可得而辞者焉。”

淳熙己酉公时年六十。春三月戊申，新安朱熹序。

读中庸法

朱子曰："《中庸》一篇，某妄以己意分其章句，是书岂可以章句求哉？然学者之于经，未有不得于辞而能通其意者。"南轩张氏曰①："《中庸》一书，圣学之渊源也。体用隐显，成己成物备矣。虽然，学者欲从事乎此，必知所从入，而后可以驯致焉。其所从入奈何？子思以不睹不闻之训，著于篇首，又于篇终发明尚䌹之义，且曰：'君子之所不可及者，其惟人之所不见乎？'而推极夫笃恭之效，其示来世，可谓深切著明矣。"勉斋黄氏曰："《中庸》之书，《章句》、《或问》，言之悉矣，学者未有不晓其文而能通其义者也。然此书之作，脉络相通，首尾相应，子思子之所述，非若《语》《孟》问答之言，章殊而指异也。苟徒章分句析，而不得一篇之大旨，则亦无以得子思著书之意矣。程子以为始言一理，中散为万事，末复合为一理。朱子以'诚'之一字，为此篇之枢纽，示人切矣。"西山真氏曰："《中庸》始言天命之性，终言无声无臭，宜若高妙矣。然曰戒慎，曰恐惧，曰谨独，曰笃恭，则皆示人以用力之方，盖必戒惧谨独而后能全天性之善，必笃恭而后能造无声无臭之境，未尝使人驰心窈冥而不践其实也。"

又曰："《中庸》初学者未当理会。"○"《中庸》之书难看，中间说鬼说神，都无理会，学者须是见得个道理了，方可看此书，将来印证。"○"读书之序，须是且著力去看《大学》，又著力去看《论语》，又著力去看《孟子》，看得三书了，这《中庸》半截都了，不用问人，只略略恁看过，不可掉了易底却先去攻那难底，《中庸》多说无形影，说下学处少，说上达处多，若且理会文义，则可矣。"○"读书先须看大纲，又看几多间架，如'天命之谓性，率性之谓道，修道之谓教'，此是大纲。夫妇所知所能，与圣人不知不能处，此类是间架。譬人看屋，先看他大纲，次看几多间，间内又有小间，然后方得贯通。"勉斋黄氏曰："《中庸》自是难看，石氏所集诸家说，尤乱杂未易晓，须是胸中有权衡尺度，方始看得分明，今骤取而读之，精神已先为所乱，却不若子细将章句研究，令十分通晓，俟首尾该贯后，却取而观之可也。""《中庸》与他书不同，如《论语》是一

① 南轩张氏：张栻（1133—1180 年），宋绵竹人，迁于衡阳。张浚子。字敬夫，号南轩。青年时从父参赞军务。后官至吏部侍郎、右文殿修撰。曾从胡宏学，与朱熹、吕祖谦等为讲学之友，时称"东南三贤"。著有《论语孟子说》、《太极图说》、《经世编年》、《南轩集》等。《宋史》有传。《宋元学案》卷五十有《南轩学案》。

章说一事，《大学》亦然，《中庸》则大片段，须是滚读，方知首尾，然后逐段解释，则理通矣。今莫若且以《中庸》滚读，以《章句》子细一一玩味，然后首尾贯通。”

又曰：“《中庸》自首章以下，多对说将来，直是整齐，某旧读《中庸》以为子思做，又时复有个‘子曰’字，读得熟后，方见得是子思参夫子之说，著为此书，自是沉潜反复，遂渐得其旨趣，定得今章句，摆布得来，直恁么细密。”〇“近看《中庸》，于章句文义间，窥见圣贤述作传授之意，极有条理，如绳贯棊局之不可乱。”〇“《中庸》当作六大节看，首章是一节，说中和；自‘君子中庸’以下十章是一节，说中庸；‘君子之道费而隐’以下八章是一节，说费隐；‘哀公问政’以下七章是一节，说诚；‘大哉圣人之道’以下六章是一节，说大德小德；末章是一节，复申首章之义。”三山陈氏曰：“《中庸》三十三章，其血脉贯通之处，朱子既为之章句，又提其宏纲，如言某章是援引先圣之言，某章是子思发明之说，具有次序。”王氏曰：“是篇分为四大支。第一支，首章子思立言，下十一章引夫子之言，以终此章之义；第二支，十二章子思之言，下八章引夫子之言以明之；第三支，二十一章子思承上章夫子天道人道以立言，下十二章子思推明此章之义；第四支，三十三章子思因前章极致之言，反求其本，复自下学立心之始，推言戒惧慎独之事，以驯致其极。”

问：“《中庸》、《大学》之别?”曰：“如读《中庸》求义理，只是致知功夫，如谨独修省，亦只是诚意。”问：“只是《中庸》直说到圣而不可知处?”曰：“如《大学》里也有，如前王不忘，便是笃恭而天下平底事。”双峰饶氏曰：“《大学》是说学，《中庸》是说道，理会得《大学》透彻，则学不差；理会得《中庸》透彻，则道不差。”东阳许氏曰：“《中庸》、《大学》二书，规模不同，《大学》纲目相维，经传明整，犹可寻求，《中庸》赞道之极，有就天言者，有就圣人言者，有就学者言者，广大精微，开阖变化，高下兼包，巨细毕举，故尤不易穷究。”

中庸章句大全

中庸章句大全上

中者，不偏不倚、无过不及之名。朱子曰："名篇本是取'时中'之'中'，然所以能时中者，盖有那未发之中在，所以先说未发之中，然后说君子之时中。"北溪陈氏曰："'中和'之'中'，是专主未发而言，'中庸'之'中'，却是含二义，有在心之中，有在事物之中，所以文公必合内外而言，谓'不偏不倚、无过不及'，可谓确而尽矣。"云峰胡氏曰："朱子于《语》、《孟》释'中'字，但曰无过不及，盖以用言；《中庸》有所谓未发之中与时中，故添'不偏不倚'四字，兼体用言，以释名篇之义。"新安陈氏曰："不偏不倚，未发之中，以心论者也，中之体也。无过不及，时中之中，以事论者也，中之用也。"庸，平常也。朱子曰："庸，是依本分不为怪异之事，尧舜孔子只是庸，夷齐所为都不是庸了。"北溪陈氏曰："文公解庸为平常，非于中之外复有所谓庸，只是这中底便是日用平常道理。平常与怪异字相对，平常是人所常用底，怪异是人所不曾见，忽然见之便怪异。如父子之亲、君臣之义、夫妇之别、长幼之序、朋友之信，皆日用事，便是平常底道理，都无奇特底事，如五谷之食、布帛之衣，可食可服而不可厌者，无他，只是平常耳。"

子程子曰："不偏之谓中，不易之谓庸。中者，天下之正道，庸者，天下之定理。"问："正道、定理，恐道是总括之名，理是道里面有许多条目。"朱子曰："紧要在'正'字'定'字上，中只是个恰好道理，为不见得是亘古今不可变易底，故更著个'庸'字。"东阳许氏曰："程子谓不偏之谓中，固兼举动静，朱子不偏不倚，则专指未发者。"此篇乃孔门传授心法。北溪陈氏曰："卑不失之污贱，高不溺于空虚，真孔门传授心法也。"子思恐其久而差也，故笔之于书，以授孟子。新安陈氏曰："七篇中观其议论渊源所自，则可知其以此授孟子矣。"其书始言一理，中散为万事，末复合为一理，放之则弥六合，卷上声。之则退藏于密，其味无穷，皆实学也。善读者玩索色窄反。而有得焉，则终身用之，有不能尽者矣。朱子曰："始言一理，指天命谓性；末复合为一理，指上天之载。始合而开，其开也有渐，末开而合，其合也亦有渐。中散为万事，便是《中庸》所说许多事，如知仁勇许多为学底道理，与为天下国家有九经，及祭祀鬼神许多事，中间无些子罅隙，句句是实。”云峰胡氏曰：“《中庸》全体大用之书，首言一理，中散为万事，是由体之一而达于用之殊；末复合为一理，是由用之殊而归于体之一。放之则弥六合，感而遂通天下之故，心之用也；卷之则退藏于密，寂然不动，心之体也。此乃孔门传授心法，故于心之体用备焉。”【通考】吴氏程曰：“书以‘中’名篇，首三句便含‘中’义。性者，不偏不倚，‘在中’之‘中’也；道者，无过不及，‘时中’之‘中’也；教者，以过不及之失中，而裁导之使归于中也。是皆所以为平常之理也。授孟子者，流传以授之耳，详见《孟子序说》。赵氏谓其亲师子思及史载思孟问答之语，皆误也。”黄氏洵饶曰：“正道，大本也；定理，达道也。正道、定理，即太极也。心法，人心、道心也。始言一理，万物体统本一太极也；中散为万事，一物一太极也；末复合为一理，太极本无极也。”愚按，中者，天地阴阳之理，人得之以为心者；庸者，惟孔子系《易》之辞训为“常”字云。

天命之谓性，率性之谓道，修道之谓教。

命，犹令也。朱子曰：“命如朝廷差除。”又曰：“命犹诰敕。”北溪陈氏曰：“命如分付命令他一般。”性，即理也。朱子曰：“有是性，便有许多道理总在里许，在心唤做性，在事唤做理。”北溪陈氏曰：“性即理也，何以不谓之理而谓之性，盖理是泛言天地间人物公共之理，性是在我之理，只这道理受于天而为我所有，故谓之性。”天以阴阳五行化生万物，气以成形，而理亦赋焉，犹命令也。于是人物之生，因各得其所赋之理，以为健顺五常之德，所谓性也。朱子曰：“伊川云：‘天所赋为命，物所受为性。’理一也。自天所赋予万物言之谓之命，以人物所禀受于天言之谓之性。”“天命与气质，亦相滚同，才有天命，便有气质，不能相离，若阙一便生物不得。既有天命，须是有此气，方能承当得此理，若无此气，则此理如何顿放。天命之性本未尝偏，但气质所禀，却有偏处。”“天命谓性，是就人身中指出这个是天命之性。不杂气禀而言，是专言理。若云兼言气，便说率性之道不去，如太极不离乎阴阳，而亦不杂乎阴阳也。”“天命之谓性，此只是从原头说，万物皆只同这一个原头，圣人所以尽己之性，则能尽人之性，由其同一原故也。”“若论本原，即有理然后有气，若论禀赋，则有是气而后理随以具，故有是气，则有是理，无是气则无是理。”问：“五常之德，何故添却‘健顺’二字。”曰：“五行乃五常也，健顺乃‘阴阳’二字，既有阴阳，须添此二字始得。”“健顺之体，即性也。合而言之，则曰健顺；分而言之，则曰仁义礼智。仁礼健而义智顺也。”北溪陈氏曰：“天固是上天之天，要之即理是也，然天如何而命于人，盖藉阴阳五行之气，流行变化以生万物，理不外乎气，气以成形，理亦赋焉。便是上天命令之也。”西山真氏曰：“自昔言性者，曰‘五常’而已，朱子乃益之以健顺。盖阳之性健，木火属焉，在人为仁礼，阴之性顺，金水属焉，在人为义智。土则二气之冲和，信亦兼乎健顺。阴阳不在五行外，健顺岂在五常外乎?”东窗李氏曰：“仁之油然生意不可遏，礼之粲然明盛不可乱，健之为也；义不拂乎可否之宜，知不外乎是非之别，顺之为也。若夫信，则体是理而不易者健也，循是理而无违者顺也。”云峰胡氏曰：“孟子性善之论，自子思此首一句来，然须看开端一‘天’字。”程子曰：“《中庸》始言一理，末复合为一理。所谓一理者，即此一‘天’字。又曰‘万物各具一理，万物同出一原’。所谓一原者，即此一‘天’字。按，朱子曰：‘《穀梁》言天不以地对，所谓天者理而已。成汤所谓上帝降衷，子思所谓天命之性，是也。是为阴阳之本，而其两端循环不已者为之化焉。’”东阳许氏曰：“人物之生，虽皆出于天理，而气有通塞之不同，则有人物之异。气通者为人，而得人之理；气塞者为物，亦得物之理。虽曰有理然后有气，然生物之时，其气至而后理有所寓，气是载理之具也。故《章句》先言气以成形，后言理亦赋焉。”“健顺，本上文阴阳而言也。五常固已具健顺之理，分而言之，仁礼为阳为健，义智为阴为顺，信则冲和而兼健顺也。错而言之，则五常各有健顺，义断智明，非健乎？仁不忍而用主于爱，礼分定而节不可逾，非顺乎？”【通考】黄氏洵饶曰：“此数语知行并进。”又曰：“以气言则为阴阳五行，以理言则为健顺五常。阴阳之体为健顺，五行之理即五常。在天为五行，在人为五常。在天为理，在人为性。性道本出于天教，即天叙五典，天亦道，道中之一物，但天得理之全，故无一不本于天。”率，循也。北溪陈氏曰：“循犹随也。”道，犹路也。孟子曰：“夫道若大路然。”本此以释“道”字。人物各循其性之自然，则其日用事物之间，莫不各有当行之路，是则所谓道也。朱子曰：“率性，非人率之也。率只训循，循万物自然之性之谓道，此‘率’字不是用力字，伊川谓便是仁者人也，合而言之，道也。‘循’字非就行道人说，只是循吾本然之性，便自有许多道理，或以率性为顺，性命之理则为道，如此却是道因人方有也。”“道之得名，正以人生日用当然之理，犹四海九州百千万人当行之路尔。”“道，即理也。以人所共由而言，则谓之道；以其各有条理而言，则谓之理；其目则不出乎君臣父子兄弟夫妇朋友之间，而其实无二物也。”“性，是个浑沦底物，循性之所有，其许多分派条理即道也。‘性’字，通人物而言，但人物气禀有异，不可道物无此理，只为气禀遮蔽，故所通有偏正不同，然随他性之所通，道亦无所不在也。”“人与物之性皆同，循人之性，则为人之道。循牛马之性，则为牛马之道。若不循其性，使马耕牛驰，则失其性，非牛马之道矣。”陈氏曰：“天命谓性，是说浑沦一大本底；率性谓道，是就浑沦大本里分别个条贯脉络处，随人物所得之性，皆从大本中流出。如天油然作云，沛然下雨，此皆大化流行处，随他溪涧科坎，小大浅深，所得之雨，便有许多脉络之不齐，皆是此雨水也。”“如随物之性，则牛可耕，马可乘，鸡可司晨，犬可司夜，其所发皆有自然之理。如随草木之性，则桑麻可衣，谷粟可食，春宜耕，夏宜耘，秋宜获，凡物皆有自然之理。”潜室陈氏曰：“率性不要作工夫看，人率循其人之性，物率循其物之性，此即人物各各当行道理，故谓之道。”西山真氏曰：“朱子于《告子生之谓性章》，深言人物之异，而于此章，乃兼人物而言。生之谓性，以气言者也；天命之谓性，以理言者也。以气言之，则人物所禀之不同；以理言之，则天之所命，一而已矣。然则虎狼之搏噬，马牛之踶触，非道耶？”曰：“子思之所谓率性云者，循其天命之性也。若有搏噬踶触，则气禀之所为，而非天命之本然矣。岂独物为然，凡人之为善者，皆循天命之性也。其为不善，则发乎气禀之性矣。以是而观，则此章兼人物而言，尚何疑哉？”双峰饶氏曰：“子思‘率性之谓道’一语，专为训道名义，盖世之言道者，高则入于荒唐，卑则滞于形气。入于荒唐，则以为无端倪之可测识，老庄之论是也；滞于形气，则以为是人力之所安排，告荀之见是也。是以子思于此，首指其名义以示人。言道者非他，乃循性之谓也。”云峰胡氏曰：“《易》曰‘一阴一阳之谓道，继之者善也，成之者性也’。子思之论盖本于此，但《易》先言道而后言性，此‘道’字是统体一太极，子思先言性而后言道，此‘道’字是各具一太极也。”【通考】史氏伯璿曰：“《章句》以‘人’换‘性’，而不言其故，是固引而不发通与？王氏又但言其殊有意、极有力而不言其所以换之之故，岂亦引而不发耶？窃意《章句》上文说以训释性道教之文义者，详尽无余蕴矣。至此欲说归学者身上来，故以‘人’字易‘性’字，此‘人’字正与下文‘学者’字相照。性虽人物所同具，道虽人物所共由，教虽圣人通为人物而设，然能自致于学以求尽其性者，唯人耳。若不以人易性，则性既为人物之所同具，下文乃曰‘无一不本于天，而备于我’，又曰‘学者知之’，所谓学者，即上文所谓我所谓人耳。”吴氏程曰：“祝本结语，有知无行，泛而不切。”刿按：当从定宇陈氏所改为定。修，品节之也。三山潘氏曰①：“品节之者，如亲亲之杀，尊贤之等，随其厚薄轻重而为之制，以矫其过不及之偏者也。虽若出于人为，而实原于命性道之自然本有者。”双峰饶氏曰：“修，裁制之也。圣人因人所当行者而裁制之，以为品节也。”性道虽同，而气禀或异，故不能无过不及之差，圣人因人物之所当行者而品节之，以为法于天下，则谓之教，若礼、乐、刑、政之属是也。问：“明道云，道即性也，若道外寻性，性外寻道，便不是。如此即性是自然之理，不容加工。扬雄言学者所以修性，故伊川谓扬雄为不识性，《中庸》却言修道之谓教，如何?”朱子曰：“性不容修，修是揠苗，道亦是自然之理，圣人于中为之品节以教人耳。”“修道谓教，专就人事上言，就物上亦有品节，先王所以使鸟兽鱼鳖咸若，周礼掌兽掌山泽各有官，周公驱虎豹犀象，草木零落然后入山林，昆虫未蛰，不以火田之类，各有个品节，使万物各得其所，亦所谓教也。所以谓之尽物之性，但于人较详，于物较略，于人较多，于物较少。”黄氏曰：“‘修道’二字，须就道上及人气禀上兼看，道是大纲之名，如孝是事父之道，然孝中有多少曲折，人气禀不同，柔者过于和，刚者过于严，则于孝道之曲折，必有不中节者，此所以著为品节，使之尽其道也。”新安陈氏曰：“礼乐正是中和之教，刑所以弼教，政亦教之寓。”“此章命性道教，皆当兼人物而言，而必以人为主。然苟不兼及于物，则道理便该不尽，只以此篇后章证之，尽己之性，尽人之性，必说到尽物之性，则可见矣。”【通考】愚闻之先师曰②：“天命谓性，非形体之天也。天也者，太极流行，赋予万物未有成立之名也。命之人物即谓之性，此指天地之性也。率性谓道，道非外求也。性无不善，谁能循其本然之善而行之，则谓之道。道也者，由是之焉之名，如道路是也。修道谓教，指圣人而言，人不

① 三山潘氏：潘柄。(明)陈道《(弘治)八闽通志》卷六十二载：“潘柄，字谦之，侯官人，年十六有志于道，朱文公悉以所学授之。平生多著述，如《易解》、《尚书解》之类。学者号为瓜山先生，卒祠于三山书院。”又，(明)宋端仪《考亭渊源录》卷十一载：“潘柄，字谦之，年十六从文公游。晚著《四书讲说》、《易解》、《尚书解》，别号瓜山。”《宋元学案》卷六十九亦有传。

② 愚闻之先师：指王元善闻师说。王元善作《四书通考》。

能皆圣贤也，故有不能尽循其性，而本然固有之天始不免昏斁斫丧之病，故圣人者出而修之，以反复于道，所以为教，三者名异而实同一性也。道者，道此性而已；教者，教此道而已。故下文专提一‘道’字而归之君子，言人道也。”程氏复心曰：“天命之性，自然之中；率性之道，自然之和，修道之教，是自学以致其中和也。自此以下皆教之事。以一本于天言，元亨利贞，赋与万物不能自已，曰天命。以皆备于我言，仁义礼智受命以生，莫非全体，曰性。率性而行，莫不各有当然之理。亲亲、仁民爱物，仁之道；君君臣臣，敬长尊贤，义之道；恭敬辞让，各有节文，礼之道；是非邪正，各有分别，知之道也。因人物所当行者以为法，辨其亲疏，仁之教；别其贵贱，义之教；制度文为，礼之教；开道禁止，知之教。”朱氏公迁曰：“性兼人物言。对相近之性而言，则天命之性为天地之性；对性善之性而言，则天命之性，以理言而气在其中。盖率性谓道，是理之同也；修身谓教，以气之异也。《至诚尽性章》以己之性对人物之性而言之，则性之本虽同，而气禀则有不可同者矣。”盖人知己之有性，而不知其出于天。就性上移上一级，说己性原于天命。知事之有道而不知其由于性，又就道上移上一级，说道由于己之性。知圣人之有教，而不知其因吾之所固有者裁之也。又就教上移归一步，说因吾之所固有之道而裁之。故子思于此首发明之，而董子所谓道之大原出于天亦此意也。汉董仲舒策中此语，大意亦可谓知道之原者，故引以为证。朱子曰：“子思此三句，乃天地万物之大本大根，万化皆从此出，人若能体察，方见圣贤所说道理皆从自己胸中流出，不假他求。”三山陈氏曰：“此章乃《中庸》之纲领，此三句又一章之纲领也。圣贤教人，必先使之知道所自来，而后有用力之地。此三句，盖与孟子道性善同意。”王氏曰：“此书皆言道之体用，第一句天是体，性是用；第二句性是体，道是用；第三句道是体，教是用。”双峰饶氏曰：“性、道、教，‘道’字重，《中庸》一书，大抵说道。性原于天，而流行于事物，则谓之道。修此道以教人，则谓之教，所以下文便说道也者，如君子之道费而隐，大哉圣人之道，皆提起‘道’字说，以此见重在‘道’字。”云峰胡氏曰：“开端虽不露出‘中’字，天命谓性，即未发之中；因率性之道而品节之，即‘时中’之‘中’也。”番易李氏曰①：“《大学》入德之书，学者事也，故首曰‘大学之道’，而教在其中。《中庸》明道之书，教者事也，故首曰‘修道之谓教’，而学在其中。《中庸》一书，性、道、教三言，为一篇之纲领，而‘道’之一字为三言之纲领。道由性而出，言道而不言性，则人不知道之本原，而或索之于浅近；道由教而明，言道而不言教，则人不知道之功用，而或索之于高虚。言性于道之先，言教于道之后，而下即继之曰：‘道也者，不可须臾离也。’子思子立言之旨，可得而识矣。”新安陈氏曰：“‘道’字上包‘性’字，下包‘教’字，推其本原，必归之天命。”“朱子此总断之语，元本云：‘盖人之所以为人，道之所以为道，圣人之所以为教，原其所自，无一不本于天而备于我，学者知之，则其于学知所用力而自不能已矣。故子思于此首发明之，读者所宜深体而默识也。’今以后

① 番易李氏：李思正，江西德兴人，著有《中庸图说》一卷、《中庸辑释》一卷。《千顷堂书目》卷二载：“(李思正)生于宋季，入元，有劝之仕者，笑而不答。”

来本校之，疏密浅深，大有间矣。然‘无一不本于天而备于我’，此语亦包括要切，《或问》所谓‘其本皆出乎天，而实不外乎我’，与此语无异，是仍存之于《或问》中矣。他本多依元本，惟祝氏附录从定本耳。盖尝论之，前圣如舜，首言道言教，而未言命性，至商汤君臣，始言天之明命。”又曰：“上帝降衷于民，若有恒性，克绥厥猷，虽包涵命、性、道、教之意，未始别白，融贯言之。至孔子传《易》曰‘各正性命’，‘一阴一阳之谓道’，‘继善成性’，‘习教事’，‘教思无穷’，然言命自命，性自性，道、教亦然。至子思子始言性本于命，道率乎性，教修乎道，发前圣未发之蕴，以开示后世学者于无穷，朱子于此三言，既逐字逐句剖析于先，复融贯会通于后，元本含蓄未尽，至定本则尽发子思之意，无复余蕴，故今一遵定本云。”

道也者，不可须臾离也，可离非道也。是故君子戒慎乎其所不睹，恐惧乎其所不闻。离，去声。

道者，日用事物当行之理，皆性之德而具于心，上句言道之用，下句言道之体。无物不有，言道之大，横说。无时不然，言道之久，直说。所以不可须臾离也。若其可离，则岂率性之谓哉。新安陈氏曰：“元本作‘则为外物而非道矣’。两句宜兼存之，云‘若其可离，则为外物而非道矣，岂率性之谓哉?’如此尤为明备。”是以君子之心常存敬畏，敬，谓戒慎。畏，谓恐惧。虽不见闻，亦不敢忽，所以存天理之本然，北溪陈氏曰：“未感物时，浑是天理。”而不使离于须臾之顷也。朱子曰：“此道无时无之，然体之则合，背之则离也。一有离之，则当此之时，失此之道矣。故曰‘不可须臾离’，君子所以戒慎不睹，恐惧不闻，则不敢以须臾离也。”“可离与不可离，道与非道，各相对待而言。离了仁，便不仁；离了义，便不义。公私善利皆然。”“戒慎恐惧，不须说得太重，此只是略略收拾来，便在这里。伊川所谓‘道个敬字，也不大段用得力’。孟子曰：‘操则存。’‘操’字亦不是著力把持。所不睹不闻，不是闭耳合眼时，只是万事皆未萌芽，自家便先恁地戒慎恐惧。不睹不闻之时，便是喜怒哀乐未发处，常要提起此心在这里，防于未然，所谓不见是图也。”“戒慎恐惧是未发，然只做未发也不得，便是所以养其未发，只是耸然提起在这里，这个未发底便常在，何曾发?”或问：“恐惧是已思否?”曰：“思又别。思，是思索了。戒慎恐惧，正是防其未发。”曰：“即是持敬否?”曰：“亦是。”北溪陈氏曰：“道是日用事物所当行之路，即率性之谓，而得于天之所命者，而其总会于吾心。大而父子君臣夫妇长幼朋友，微而起居饮食，盖无物不有；自古及今，流行天地之间，盖无时不然。戒谨恐惧，只是主敬，是提撕警觉，使常惺惺，则天命之本体常存在此。若不戒惧，则易至于离道远也。”潜室陈氏曰：“道只是当行底理，天下事事物物，与自家一身，凡日用常行，那件不各有当行底道理，那曾一歇走离得。才离得，便物非物、事非事，吾身日用常行者皆非是矣。故道即路之谓也。之燕之越，无非是路，才无路，便是荆棘草莽。圣人之道，只是眼前当然底，一时走离不得。”问：“当不睹不闻而戒惧，愚谓如鉴之照物，当不照时光自常存，不可欺以妍丑，上蔡惺惺法者岂谓此乎?”曰：“若如此说，则是他自常存了，何用戒慎恐惧？道理固自常在，但人须用提撕照管，不可谓目无睹耳无闻，一齐都放下，须当此时常自惺惺地也。”问：“《大学》不要先有恐惧，《中庸》却要恐惧，何也？”西山真氏曰：“《大学》之恐惧与《中庸》之恐惧不同，《中庸》戒慎乎其所不睹，恐惧乎其所不闻，只是事物未形之时，常常持敬令人不昏昧而已。《大学》之恐惧，只是俗语，所谓怖畏之意，自与《中庸》有异。”双峰饶氏曰：“君子常存敬畏，虽当事物既往，思虑未萌，目无所睹，耳无所闻，暂焉之顷，亦不敢忽。事物既往，是指前面底说；思虑未萌，是指后面底说。不睹不闻，正在此二者之间。看上文道不可须臾离，则是自所睹所闻以至于所不睹不闻，皆当戒惧，而此不睹不闻，在事物既往之后；看下文喜怒哀乐未发，则此不睹不闻，又在思虑未萌之前。故须看此二句，方说得上下文意贯串。紧要在‘须臾之顷’四字，于此见得子思所以发‘须臾’两字之意。”【通考】史氏伯璿曰：“朱子于上节曰‘当行之路’，此曰‘当行之理’，改‘路’为‘理’，正是用意深处。盖道之本体，方其浑然在中之时，但有此理而已，未可以路言也。路则已发而各有所适，可以言用而不可以言体；理则根于性而散于事，无间乎已发未发，可以兼该乎体用矣。或疑既曰当行，则只可以用言者，愚谓当行固是用，当行之理则不偏于用也。理即性之所具，当行之理独非此性之理乎？亦犹言爱之理，爱固是情、是用，其理非性非体乎？”又曰：“‘日用事物当行之理’，释‘道’字之义已尽，盖兼体用而言，此意已详于前。‘皆性之德而具于心’，又专言道之体如此。‘无物不有，无时不然’，又专言道之用如此。所以再言一体一用如此者，正要说入不可须臾离上去耳。”黄氏洵饶曰：“静时养戒慎恐惧，交相接续，流行于知行之间也。”

莫见乎隐，莫显乎微，故君子慎其独也。见，音现。

隐，暗处也。微，细事也。独者，人所不知而己所独知之地也。问：“谨独，莫只是十目所视、十手所指处也，与那暗室不欺时一般否？”朱子曰：“这独也不只是独自时，如与众人对坐，自心中发念，或正或不正，此亦是独处，如一片止水，中间有一点动处，此最紧要着工夫处。”言幽暗之中，细微之事，迹虽未形而几平声。则已动，人虽不知而己独知之，则是天下之事无有著见明显而过于此者。朱子曰：“事之是与非，众人皆未见得，自家自是先见得分明。”三山陈氏曰：“曰隐曰微，则此念已萌矣，特人所未知，隐而未见，微而未显耳。然人虽未知而我已知之，则固已甚见而甚显矣。此正善恶之几也。”三山潘氏曰：“幽暗之中，细微之事，其是非善恶，皆不能逃乎此心之灵，所以当此之时，尤为昭灼显著也。若其发之既远，为之既力，则在他人十目所视，十手所指，虽甚昭灼，而在我者，心意方注于事为，精神方运于酬酢，其是非得失，反有不自觉者矣。”双峰饶氏曰：“此又对上文而言。隐暗之地，虽人之所不睹，微密之事，虽人之所不闻，然其几既动，则必将呈露于外而不可掩，昭晰于中而不可欺，是道固不可须臾离，而其形见明显，尤莫有甚于此者。”“子思云‘道也者’，提起‘道’字，见得下面莫见乎隐，莫显乎微，见与显皆是此道。”是以君子既常戒惧，指上文一节。而于此尤加谨焉，指此一节。所以遏人欲于将萌，新安陈氏曰：“未发之前，私欲不萌，只是存天理而已。几动之初，天理人欲由此而分，此处加谨，则人欲将萌动，便从而遏绝之矣。”而不使其滋长上声。于隐微之中，元本只云“滋长”，定本加“潜暗”二字。以至离道之远也。朱子曰：“道不可须臾离，是言道之至广至大者。莫见乎隐，莫显乎微，是言道之至精至密者。道不可离，是说不可不存养；‘是故’以下，是教人戒惧，做存养工夫。莫见莫显，是说不可不省察。‘故君子’以下，是教人谨独，察私意起处防之，只看两‘故’字可见。”“既言道不可离，只是精粗隐微之间皆不可离，故言戒惧不睹不闻以该之。若曰自其思虑未起之时，早已戒惧，非谓不戒惧乎所睹所闻而只戒惧乎不睹不闻也。此两句是结上文‘不可须臾离也’之意，下文又提起说无不戒惧之中，隐微之间，念虑之萌，尤不可忽。故又欲于其独而谨之，又结上文隐微意，此分明是两节事。前段有‘是故’字，后段有‘故’字，且两提起‘君子’字，若作一段说，亦成是何文字。”问：“如此分两节工夫，则致中致和工夫方各有着落，而天地位、万物育亦各有归着。”曰：“是。”问：“戒惧，是体统做工夫，谨独，是又于其中紧切处加工夫。”曰：“然。”“戒惧，是防之于未然以全其体；谨独，是察之于将然以审其几。”问：“戒惧者，所以涵养于喜怒哀乐未发之前。当此之时，寂然不动，只下得涵养工夫。谨独者，所以省察于喜怒哀乐已发之时，当此之时，一毫放过则流于欲矣。判别义利，全在此时，不知是如此否?”曰：“此说甚善。”问：“涵养工夫，实贯初终，而未发之前，只须涵养。才发处，便须用省察工夫。至于涵养愈熟，则省察愈精矣。”曰：“是。”又问：“未发时当以义理涵养。”曰：“未发时着义理不得，才知有义理便是已发，当此时有义理之源，未有义理条件，只一个主宰严肃，便有涵养工夫。”“存养是静工夫，省察是动工夫。”陈氏曰：“虽是平时已常戒惧，至此又当十分加谨，则所发便都是善。不加谨，则所发便流于恶。”潜室陈氏曰：“戒慎恐惧与谨独，是两项地头。戒慎恐惧是自家不睹不闻之时，谨独是众人不睹不闻之际。”蛟峰方氏曰：“戒惧，是保守天理，慎独，是检防人欲。”双峰饶氏曰：“戒慎恐惧，便是慎独之慎，详言之则曰戒慎恐惧，约言之只是‘慎’之一字。道者，率性之谓，其体用具在吾身；敬者，所以存养其体，省察其用，乃体道之要也。戒惧，存养之事；慎独，省察之事。《中庸》始言戒惧慎独，而终之以笃恭，皆敬也。《中庸》以诚为一篇之体要，惟其敬，故能诚。《大学》只言慎独，不言戒惧，初学之士，且令于动处做工夫。”勿轩熊氏曰：“按《大学·诚意章》言慎独，子思传授盖本于此。”云峰胡氏曰：“首三句，重在一‘道’字。天命谓性是道之体，修道谓教是道之用，所以于此独提起‘道也者’三字。下文却分为两节言之。‘道也者，不可须臾离，所以君子必戒慎所不睹，恐惧所不闻’，‘不睹不闻’四字，正是释‘须臾’二字。人有目，岂不睹？有耳，岂不闻？不睹不闻，特须臾之顷尔。‘道也者，莫见乎隐，莫显乎微，所以君子必慎其独’，此一‘独’字，正是说‘隐微’二字。隐微却是人之所不睹不闻而我所独睹独闻之时之处也，《章句》于《大学》曰‘审其几’，此曰‘几则已动’，一‘几’字是吃紧为人处。上文曰‘君子之心，常存敬畏’，一‘敬’字，是教人用工夫处。戒惧不睹不闻，是几未动而敬；慎独，则几已动而敬也。曰‘常存敬畏，虽不见闻，亦不敢忽’，当看‘常’字与‘亦’字；曰‘君子既常戒惧，而于此尤加谨焉’，当看‘常’字与‘尤’字；曰‘存天理之本然，遏人欲于将萌’，当看‘存’字与‘遏’字。然皆不离乎敬而已，大抵君子之心常存此敬，不睹不闻时亦敬，独时尤敬。所以未发时浑是本然之天理，此敬足以存之；才发时便有将然之人欲，此敬足以遏之也。朱子《敬斋箴》，与此无不合，戒惧是静而敬，慎独是动而敬，戒惧是惟恐须臾之有间，慎独是惟恐毫厘之有差。"【通考】朱氏公迁曰："上节持敬之功，以静存而言之，此节持敬之功，以动察而言之。《大学·诚意章》两言慎独，先言慎独欲其自谦也，后言慎独防其自欺也。《中庸》言君子慎其独，《大学》言君子必慎其独，语势有轻重不同，盖所谓君子者，其等第不能无不同也。"黄氏洵饶曰："不戒惧则大本不立，不慎独则达道不行。上言人物，此独言人者，天命之性人为贵，人能全其所爱之理，物则不能全之，故言人不言物。"

喜怒哀乐之未发，谓之中；发而皆中节，谓之和。中也者，天下之大本也；和也者，天下之达道也。乐，音洛。中节之中，去声。

喜、怒、哀、乐，情也。其未发，则性也，无所偏倚，故谓之中。发皆中节，情之正也，无所乖戾，故谓之和。大本者，天命之性，推本于"天命之谓性"一句。天下之理皆由此出，道之体也。达道者，循性之谓，推本于"率性之谓道"一句。天下古今之所共由，道之用也。此言性情之德，中为性之德，和为情之德。以明道不可离之意。延平李氏曰①："方其未发，是所谓中也，性也；及其发而中节也，则谓之和。其不中节也，则有不和矣。和不和之异，皆既发焉而后见之，是情也，非性也。孟子故曰性善，又曰情可以为善，其说盖出于子思。"朱子曰："喜怒哀乐，浑然在中，未感于物，未有倚着一偏之患，亦未有过与不及之差，故特以中名之，而又以为天下之大本。程子所谓中者，在中之义，所谓只喜怒哀乐未发便是中，皆谓此也。林择之谓在中之义，是里面底道理，看得极子细。""喜怒哀乐未发，如处室中，东西南北，未有定向，不偏于一方，只在中间，所谓中也。及其既发，如已出门，东者不复西，南者不复北，然各行所当然，无所乖逆，所谓和也。""中和是承上两节说，中所以状性之德而形道之体；和所以语情之正而显道之用。子思欲学者于此识得心也。心也者，妙性情之德也，所以致中和、立大本而行达道者也，天理之主宰也。""心包性情，性是体，情是用，'心'字是一个字母，故性情皆从心。"问："中和者，性情之德也；寂感者，此心之体用也。此心存，则寂然时皆未发之中，感通时皆中节之和。心有不存，则寂然木石而已，大本有所不立也，感通驰骛而已，达道有所不行也，故动静一主于敬，戒谨恐惧而谨之于独，则此心存，而寂感无非性情之德也。"曰："是。"问："恻隐羞恶喜怒哀乐，固是心之发，晓然易见处，如未恻隐羞恶喜怒哀乐之前，便是寂然而静时，然岂得皆块然如槁木，其耳目亦必有自然之闻见，其手足亦必有自然之举动，不审此时唤作如何?"曰："喜怒哀乐未发，只是这心未发耳。其手足运动，自是形体如此。""静而无不诚者，性之所以为中也；寂然不动者也，动而无不中者。情之发而得其正也，感而遂通者也，静而常觉，

① 延平李氏：李侗，朱熹之师。《宋元学案》卷三十九《文靖李延平先生侗》载："李侗，字愿中，南剑人，年二十四闻郡人罗仲素传河洛之学于龟山，遂往学焉。仲素不为世所右，先生冥心独契，于是退而屏居，谢绝世故余四十年，箪瓢屡空，怡然有以自适也。其始也，默坐澄心，以验夫喜怒哀乐未发之前，气象为何如久之，而知天下之大本真在乎是也。"(清)张行言《圣门礼乐统》卷十四载朱熹赞辞曰："精义造约穷深极微，冻解冰释，发于天机，仁孝友弟，洒落诚明，清通和乐，展也大成。"

动而常止者，心之妙也，寂而感、感而寂者也。”北溪陈氏曰：“节者，限制也，其人情之准的乎？只是得其当然之理，无些过不及，与是理不相咈戾，故曰和。”“情之中节，是从本性发来，其不中节，是感物欲而动，须有戒惧工夫，方存得未发之中；须有谨独工夫，方有已发之和。”问：“发时有中节不中节之分，未发时还有分别否？”潜室陈氏曰：“既是未发，更有何物可分，但有浑然之理在中，不曾倚着耳。”蒙斋袁氏曰①：“喜怒哀乐未发，则浑然在中，及发则有中节不中节，而惟中节者为和。”双峰饶氏曰：“四者皆中节，方谓之和，譬之四时，三时得宜，一时失宜，亦不得谓之和矣。”云峰胡氏曰：“上文说君子主敬之功，见人心之于道不可离。此说在人性情之德，又见道之在人心本不可离也。发而中节之和，即是无过不及之中，故周子曰：中也者，和也，中节也，天下之达道也。达道即率性之道，前言率性之道必自天命上说来，此言达道必自大本说来，体用一源，非知道者，孰能识之？”【通考】黄氏洵饶曰：“善亲者，当于已发之时观之，此是言其自然之理。中者性之德，和者情之极。中，性善；和，情善。中和人所同有，位育人所皆能。”

致中和，天地位焉，万物育焉。

致，推而极之也。位者，安其所也。育者，遂其生也。自戒惧而约之，以至于至静之中，无少偏倚，而其守不失，则极其中而天地位矣。自谨独而精之，以至于应物之处，无少差谬，靡幼反。而无适不然，则极其和而万物育矣。黄氏曰：“《章句》无少偏倚，无少差谬，是横致。其守不失，无适不然，是直致。横致，如一个物打迸了，四围恁地洁净相似；直致，则是今日如此洁净，后日亦如此，以至无顷刻不如此。”云峰胡氏曰：“《章句》精之约之，只是释一‘致’字。约之，则存养之功益密；精之，则省察之功益严。至静之中，无少偏倚，已是约之之至，而其守不失，所以约之者愈至；应物之处无少差谬，已是精之之至，而无适不然，所以精之者愈至，此之谓中和之致也。”新安陈氏曰：“收敛近里贵乎约，审察几微贵乎精。二字下得尤不苟。”东阳许氏曰：“致中和，是戒惧慎独，推行积累，至乎极处，则有天地位、万物育之效验。”盖天地万物本吾一体，吾之心正，致中。则天地之心亦正矣，天地位。吾之气顺，致和。则天地之气亦顺矣。天地气顺，则万物育。故其效验至于如此。此学问之极功、圣人之能事，初非有待于外，不出吾性之外。而修道之教亦在其中矣。陈氏曰：“致中，即天命之性；致和，即率性之道。及天地位、万物育，则修道之教亦在其中矣。”云峰胡氏曰：“致吾之中，如何天地便位？致吾之和，如何万物便育？盖以天地万物，本吾一体故也。朱子此八字，是从天命之性说来，性一而已，天地万物，与吾有二乎哉？”是其一体一用虽有动静之殊，然必其体立而后用有以行，则其实亦非有两事也。三山陈氏曰：“体之

① 蒙斋袁氏：袁甫。《宋元学案》卷七十五《正肃袁蒙斋先生甫》：“袁甫，字广微，絜斋之子也。嘉定七年进士第一，累官权兵部尚书，卒赠通奉大夫，谥正肃。少服父训，谓学者当师圣人，以自得为贵。又从慈湖问学，自谓吾观草木之发生，听禽鸟之和鸣，与我心契，其乐无涯云。著有《蒙斋中庸讲义》四卷，所阐多陆氏宗旨。陈宗礼、洪扬祖其门人也。”

立，所以为用之行之地。用之行，所以为体之立之验。”新安陈氏曰：“体静用动，分言也；体立而后用行，合言也。致中则必能致和，中和一理；天地位则必万物育，位育一机。非两事也。”故于此合而言之，以结上文之意。问：“致中和、天地位、万物育与喜怒哀乐不相干。”朱子曰：“世间何事不系在喜怒哀乐上。且如人君喜一人而赏之，则千万人劝；怒一人而罚之，则千万人惧，以至哀矜鳏寡，乐育人材，这便是万物育。以至君臣父子夫妇长幼，相处相接，无不是这个。即这喜怒中节处，便是实理流行。”问：“致中和、天地位、万物育，此以有位者言，如一介之士如何得如此?”曰：“若致得一身中和，便充塞一身；致得一家中和，便充塞一家；若致得天下中和，便充塞天下。有此理便有此事，有此事便有此理，如一日克复，如何便得天下归仁。为有此理故也。”问：“尧汤不可谓不能致中和，而亦有水旱之灾。”曰：“经言其常，尧汤遇非常之变也。大抵致中和，自吾一念之间培植推广，以至裁成辅相，匡直辅翼，无一事之不尽，方是至处。”“致中和，天地位焉，万物育焉，便是形和气和，则天地之和应。”“天地位，万物育，便是裁成辅相以左右民底工夫。若不能致中和，则山崩川竭者有矣，天地安得而位？胎夭失所者有矣，万物安得而育?”问：“如此则须专就人主身上说，方有此功夫。”曰：“规模自是如此，然人各随一个地位去做，不道人主致中和，士大夫便不致中和。”西山真氏曰：“致中和之所以用功，不过曰敬而已。不睹不闻而戒惧，静时敬也；谨独，动时敬也。静无不敬，所以致中；动无不敬，所以致和。自然天地位，万物育，如《洪范》所谓肃、乂、哲、谋、圣，而雨、晹、燠、寒、风之时若应之。董仲舒所谓人君正心以正朝廷，正百官，正万民，而阴阳和、风雨时，诸福之物毕至，皆是此理。”双峰饶氏曰：“致中和，而能使天地位，万物育，是有此理。但所居位有高下，则力之所至有广狭，如为一家之主，则能使一家之天地位、万物育；为一国之主则能使一国之天地位、万物育；为天下主则能使天地位、万物育。父父子子、夫夫妇妇，此一家之天地位也；妻子臣妾，人人各得其所，此一家之万物育也。一国亦然，极而至于天下，然后天地位、万物育，始充其量。如孔子在当时，虽不见位育极功，然道明于万世，能使三纲五常终古不坠，是即位育之极功也。”云峰胡氏曰：“中和虽有体用动静之殊，然深观其所从来，则天地万物之所以位育，有不得而析者，故曰必其体立而后用有以行，亦非有两事也。《中庸》一书本只言率性之道，而必推原天命之性，本只言时中之中，而必推原未发之中，皆谓体立而后用有以行也。”新安陈氏曰：“由教而入之学者，其于致中和位育之事业，虽未敢遽望及此，然学问志向之初，亦所当考而以之为标的也。”东阳许氏曰：“位育，以有位者言之，固易晓，若以无位者言之，则一身一家，皆各有天地万物。以一身言，若心正气顺，则自然睟面盎背，动容周旋中礼，是位育也；以一家言，以孝感而父母安，以慈化而子孙顺，以弟友接而兄弟和，以敬处而夫妇正，以宽御而奴仆尽其职，及一家之事莫不当理，皆位育也，但不如有位者所感大而全尔。”【通考】程氏复心曰：“喜怒哀乐未发谓中，则所存者得；发而中节谓和，则所审者当。中者，大本于天命之性也；和者，达道而率性之道也；致中和，位育修道之极功也。天地位，中之至也；万物育，和之极也。未发之中，静不失其性之德，则道之体；中节之和，动不违其情之正，则道之用。此由性情言之，皆存养省察之要、中和之效也。合而论之，天以阴阳五行化生万物，气以成形，而理亦赋焉。理者，形而上者也；阴阳形气，形而下者也。气化形生，理赋之，由道之不可离者也。不睹不闻于戒惧，见隐显微于慎独，皆所以遏人欲而存天理；循性道之体用，致中和之位育，皆所以顺气践行而存本然之天理，实皆学问之极功而中庸之道也。”史氏伯璿曰：“窃详此段《章句》之旨，‘戒惧’二字，是提‘戒慎乎其所不睹，恐惧乎其所不闻’二全句意，对‘慎独’言之耳。两‘自’字，两‘以致于’字，是推而极之之意，所谓致此。大凡静是自外静至内，必耳目无所睹闻于外矣，然后此心亦寂然不动于内，内即所谓至静之中也；动是自内动出外，必一念萌动于内矣，然后于事物应接于外，外即所谓应物之处也。‘约’是自外收敛入内之谓，精是自内省察出外之谓。‘自戒惧而约之，以致于至静之中’，盖曰自不睹不闻于外而戒惧之，又收敛入内，至于此心寂然不动之中，无所不用其戒惧，则致中之功至矣。‘自谨独而精之，以至于应物之处’，盖曰自一念萌动于内而慎之，又审查出外，至于所应接之事物，无所不用其慎，则致和之功至矣。‘无少偏倚’，‘无少差谬’，是一时极其中和之意，是自外至内，自内至外，无不全尽之谓，先儒以为横致一致是也；其‘守不失’，‘无适不然’，是无时不极其中和之意，是从今至后，从此至他，未尝间断之谓，先儒以为直致一致是也。《语录》有曰：‘戒惧是由外言之，以尽乎内；谨独是由内言之，以尽乎外。’”又曰：“朱子从天地万物本吾一体上说来，则曰心曰气，而一体无不举矣。朱子不以心正气顺为中和，特曰能致中则在我之心正，能致和则在我之气顺。心正则天君安泰，即一身之天地位也；气顺则百体悦豫，即一身之万物育也。在我者如此，则在外者亦如此，感应之理，自然而然，可见一体之实。以一体之意观之，则人便是天地之心；吾心正则天地之心亦正，天地之心即吾之心耳。”又曰：“中和位育，《或问》明以事言，而谓彼以理言者，言之不备，有以启后学之疑，不若直以事言，而理在其中之为尽矣。故陈氏亦曰‘此乃有位者之事，切非泛就君子说’。详此，则饶氏‘是有此理’之言，正《或问》之所谓‘未备’者，读者改焉可也。”黄氏洵饶曰：“工夫在此致中，则天地由此而位；致和，则万物由此而育。能致中，则能尽天命之性；能致和，则能尽率性之道。能此二者，则修道之教由我而立也。”又曰：“未有致和而不本于致中，未有能致中而不本于致和者，孟子之言一本于此。天地位、万物育，兼学问之极功，圣人之能事，知化育、赞化育，则专言圣人之能事。自二十二章凡言天道皆圣人之能事，凡言人道皆学问之极功，又必至三十二章，天道圣人之极致而无以加，然后为尽耳。”

右第一章。子思述所传之意以立言，【通考】黄氏洵饶曰：“所传，谓尧舜禹孔子所法。”首明道之本原出于天而不可易，首三句。其实体备于己而不可离，道不可离，可离非道二句。次言存养省悉井反。察之要，戒惧、慎独二节。终言圣神功化之极。中和位育三句。黄氏曰：“此章字数不多，而义理本原、功夫次第，与夫效验之大，无不该备。”盖欲学者于此，反求诸身而自得之，以去上声。夫音扶。外诱之私，而充其本然之善，新安陈氏曰：“中之大本，原于天命之性，和之达道，即率性之道也。反求诸身，身本有之。自得之者，即自得乎此也。去外诱之私，慎独以遏人欲而已。充本然之善，致大本之中、达道之和也。"杨氏时。所谓一篇之体要是也①。陈氏曰："此章乃子思总括一篇之义。"新安陈氏曰："《中庸》一书，造圣道之阃奥②，其首章子思子自著之格言也。首三句，祖述《汤诰》'惟皇上帝，降衷于下民，若有恒性，克绥厥猷惟后'之言，而推明'性、道、教'三字，血脉贯通，名义精当，则实过之，真是发从古圣贤之所未发。慎独，曾子虽尝言之，然只就意之动处言之耳。前一截，静时工夫，未之言也。子思先就戒惧处言静时之涵养，方就慎独处言动时之省察，动静相涵，交致其力。视曾子之言益加密焉，亦本其所已发，而尽发其所未发也。自古书中多言无过不及之中，中之用耳。子思则先言未发之中，以见中之体，后言时中之中，以见中之用。言未发之中，本体渊深，除《中庸》外，他固罕见，岂非亦发前古圣贤之所未发乎？静致其中，动致其和，极其功，至于位天地，育万物。参赞化育之大功，其本原实自存养天理、遏绝人欲者基之，精乎大哉！一章大指，有本原，有工夫，有功用，历选圣贤之书，无能肩之者，圣师有此贤孙，其有功于道统之传，万世实不可磨云。"【通考】史氏伯璿曰："趣完具于己'谓体，众体聚会谓之要'。"又曰："此章前后五节皆是以本然之道理，与当然之工夫相间而言，而二者之中又各以一体一用对待言之，极为详整。第一节是总言以起之，性是体，道是用，天理之本然者也；教即修道以复其性之谓，人事之当然者也。第二节第三节是由教而入，以存天理、遏人欲之事，此是就体用上做工夫处。第四节是以性情之德对言，此又是中言本然之道理处，以见道之体用，自然而然，故见道之本不可离者如此。第五节是就性情之德上做工夫处，又推效验而极言之，此又是中言当然工夫与学问之极功也。"其下十章，盖子思引夫子之言，以终此章之义。双峰饶氏曰："首章论圣人传道立教之原，君子涵养性情之要，以为一篇之纲领，当为第一大节。"【通考】史氏伯璿曰："按，《章句》首章至二十章次序已无可议。自二十章至三十二章次序，则饶氏以来，诸儒其说多有变乱《章句》之序者，虽大纲不可改《章句》之旧，若其间节目似亦有可以补《章句》之所未备者，今存之以备参考；其犹有未备者，则僭附愚见以足之云，其详已具各章。右一章是第一大节。"黄氏洵饶曰："此章为第一支，分其下十章节解。支略而节详。支节中又有支节。详略中又有详略。"

仲尼曰：君子中庸，小人反中庸。

中庸者，不偏不倚、无过不及，而平常之理，陈氏曰："中庸只是一个道理，所以不折开说。"乃天命所当然，精微之极致也。新安陈氏曰："提掇篇首一句以为纲领，乃天命所赋，当然之理，所谓极至之德也。"惟君子为能体之，新安陈氏曰："体之，谓以身当而力行之，如仁以为己任之意。"小人反是。云峰胡氏曰："第二章以下十章，皆述夫子之说，独此章与第三十章揭'仲尼'二字。'仲尼曰'，仲尼之言也；所言者，中庸也。'仲尼祖述尧舜'以下，仲尼之行也；所行者，皆中庸也。中和之论发于子思，中

① 杨氏：即宋杨时。
② 阃奥：深邃的内室。比喻学问或事理的精微深奥所在。

庸之论本于仲尼，然发而中节之和，即是时中之中，子思‘中和’二字，亦只是说仲尼一‘中’字，故曰‘中庸’之‘中’兼‘中和’之义，而《章句》必先曰不偏不倚，而后曰无过不及，可谓精矣。”【通考】吴氏程曰：“体认之体，与首章深体同。下‘体’字乃‘体段’之‘体’。”黄氏洵饶曰：“精微之极，太极也，为能体之，则表里皆是中庸矣。”

君子之中庸也，君子而时中；小人之中庸也，小人而无忌惮也。

王肃本作“小人之反中庸也”，程子亦以为然。今从之。此是正解说上两句。〇君子之所以为中庸者，以其有君子之德，而又能随时以处上声。中也。小人之所以反中庸者，以其有小人之心，而又无所忌惮徒桉反。也。程子曰：“可以仕则仕，可以止则止，可以久则久，可以速则速，此皆时也，未尝不合中，故曰君子而时中。君子之于中庸也，无适而不中，则其心与中庸无异体矣。小人之于中庸，无所忌惮，则与戒慎恐惧者异矣，是其所以反中庸也。”朱子曰：“君子，只是说个好人；时中，只是说个做得恰好底事。”“为善者，君子之德；为恶者，小人之心。君子而处不得中者有之，小人而不至于无忌惮者亦有之。”“当看‘而’字，既是君子，又要时中；既是小人，又无忌惮。二‘又’字不用亦可，但恐读者不觉，故特下此字，要得分明。”新安陈氏曰：“朱子盖就两个‘而’字上咀嚼出意味来。”盖中无定体，随时而在，是乃平常之理也。问：“何谓时中?”程子曰：“犹之過门不入，在禹之世为中也，时而居陋巷，则过门不入非中矣。居于陋巷，在颜子之时为中也，时而当过门不入，则居于陋巷非中矣。”朱子曰：“尧授舜、舜授禹，都是当其时合当如此做，做得来恰好，所谓中也。中即平常也，汤武亦然。如当盛夏时，须要饮冷，衣葛；隆冬时，须要饮汤，重裘。不如此便失其中，便是差异矣。”“中庸之中，本是无过不及之中，大旨在时中上，若推其本，则自喜怒哀乐未发之中而为时中之中，未发之中是体，时中之中是用。‘中’字兼中和言之。”南轩张氏曰：“‘中’字若统体看，是浑然一理也；若散在事物上看，事事物物各有正理存焉。君子处之，权其所宜，悉得其理，乃随时以处中也。”双峰饶氏曰：“中庸之理即率性之谓，而天下之达道也。惟君子为能体之，中庸之中，只是时中，如舜用中于民，亦只是中之用。”问：“言中而不及庸，何也?”曰：“庸不在中之外，惟其随时处中，所以可常行而不可易也。”东阳许氏曰：“既曰随时以处中，又曰中随时而在，此‘随时’字含两意，谓君子每应事之时，各随其事以处乎中，是一日之间，事事皆处乎中也。又同此一事，今日应之如此为中，它日应之乃如彼为中，凡一事各于时宜不同者，处乎中也。”君子知其在我，故能戒谨不睹、恐惧不闻①，而无时不中。小人不知有此，则肆欲妄行，而无所忌惮矣。蔡氏曰：“此章上二句孔子之言，下四句乃子思释孔子之言。”三山潘氏曰：“君子致存养省察之功，是以无时而不中，小人放肆而无忌惮，是以与中庸相反。”新安陈氏曰：“前六句，已正解此节文义明白，此又推其本而以知此理为重，如《论语·三畏章》，君子惟知天命，故畏天命；小人惟不知天命，所以不畏也。君子惟

① 戒谨不睹、恐惧不闻：能在别人看不见的地方保持警惕和谨慎，对于别人听不到的也保持恐惧的心情。

知此理，在我故能戒惧以存养此中之体，而随时以裁处此中之用。戒惧，即畏天命也。小人惟不知有此理，所以纵肆人欲而无忌惮。无忌与戒慎反，无惮与恐惧反，是即不知天命而不畏者也。”鲁斋许氏曰：“时有万变，事有万殊，而中无定体。当此时则此为中，于彼时则非中矣。当此事则此为中，于彼事则非中矣。是以君子戒慎恐惧，存于未发之前，察于既发之际，大本立而达道行。故尧舜汤武之征让不同，而同于中；三仁之生死不同，颜孟之语默不同，其同于中则一也。明乎此，则可论圣贤之时中矣。”【通考】黄氏洵饶曰：“君子言‘德’者，行道而有得于心之谓，小人谓之‘心’者，杂善恶而言，皆已发之事，惟未发之时存养，所以发皆中节。”

右第二章。此下十章，皆论中庸以释首章之义。文虽不属，音烛。而意实相承也。变“和”言“庸”者，游氏曰：“以性情言之，则曰中和，以德行去声。言之，则曰中庸是也。”【通考】黄氏洵饶曰：“性情是自然，中和该体用；德行见于事，中庸兼体用。”然中庸之中，实兼中和之义。中庸之中，兼已发、未发二义。陈氏曰：“中和，是分体用动静相对说；中庸，是兼德性行事相合说。”黄氏曰：“性情，天生底；德行，人做底。性情，人人一般；德行，人人不同。”双峰饶氏曰：“中庸者，道之准的，古今圣贤所传，只是此理。子思所作《中庸》亦只为发明此二字。首章中和，是性情之德，而中庸之根本，盖特推其所自来耳。游氏所谓德，即性情之德，中和是也；行，即见诸行事者，时中是也。以中庸兼此二者而得名，故曰中庸之中，实兼中和之义。然中和以性情言，人心本然纯粹之德也；中庸以事理言，天下当然之则，不可过，亦不可不及者也。二者虽同此中理，而所指各异，故致中和者，则欲其戒惧慎独，以涵养乎性情；践中庸者，则欲其择善固执，以求合乎事理。二者内外交相养之道也。此下十章，是圣人立中庸，使过者俯而就，不肖者企而及，乃变化气质之方也。”新安倪氏曰：“惟君子能因性情之自然而致中和，是以能全德行之当然而践中庸，究其用功，惟在主乎敬而已。戒谨恐惧，敬也；择善固执，非主敬者能之乎？若小人则全无主敬之功，宜其无忌惮而反中庸也。饶氏以中和、中庸二者分析而论，故今又以二者融贯而论之云。”

子曰：“中庸其至矣乎！民鲜能久矣！”鲜，上声。下同。

过则失中，不及则未至，故惟中庸之德为至。然亦人所同得，初无难事，但世教衰，民不兴行，去声。故鲜能之，今已久矣。《论语》无“能”字。北溪陈氏曰：“至者，天下之理无以加之谓。”仁寿李氏①曰：“自物则言之，则过与不及，皆不可以言至。自末世言之，则过乎则者少，不及乎则者多。学者试以事君之敬、事父之孝、与人交之信，反己而自省焉，则其至与否可见矣。”双峰饶氏曰：“此章言中庸之道，非特小人反之，而众人亦鲜能之，以起下章之意。”格庵赵氏曰：“此章无‘之为德也’四字，故下句有‘能’字意，《论语》是夫子本文，此是子思隐括。”云峰胡氏曰：“此比《论语》添一‘能’字，惟民气质偏，故鲜能知能行，仍须看下章许多‘能’字，方见子思之意。‘鲜能知味’，是不能知者。‘不能期月守’，是不能行者。‘中庸不可能’，非义精仁熟者不能

① 仁寿李氏：《四书大全凡例》作李道传。《宋史》有传。见《大学或问》“东窗李氏”注。

知，不能行。‘惟圣者能之’是专言圣人知之尽、仁之至，故独能知能行。至于‘人一能之，己百之，人十能之，己千之。果能此道矣，虽愚必明，虽柔必强’，是愚者本不能知，能百倍其功则能知；柔者本不能行，能百倍其功则能行。后面‘至诚能尽其性’，是能知之尽，能行之至。唯至圣‘为能聪明睿知’，是能知；能‘宽裕温柔’以下，是能行。‘惟至诚为能经纶天下之大经’，是能行；非‘聪明圣知、达天德者，孰能知之’，又说能知。看许多‘能’字，则子思此章添一‘能’字，固有旨哉!”【通考】黄氏洵饶曰：“中庸其至矣乎，‘至’以理言，略忧深言切。不及则未至，‘至’字放轻说。中庸之德为至，此‘至’字本章之‘至’。此章因‘鲜能’以起不行不明之意。”

右第三章。

子曰：道之不行也，我知之矣，知者过之，愚者不及也；道之不明也，我知之矣，贤者过之，不肖者不及也。知者之知，去声。

道者，天理之当然，中而已矣。云峰胡氏曰：“只是一‘道’字，首章释‘道也者’，曰‘道者，事物当然之理，皆性之德而具于心’，为下文‘不可须臾离’而言也。此章释‘道’字，曰‘道者，天理之当然，中而已矣’，为下文‘过不及’而言也。然事物当然之理，即是天理之当然；性之德而具于心，亦中而已矣。特具于心者，是不偏不倚之中，此是无过不及之中，《章句》锱铢不差也。”知愚贤不肖之过不及，则生禀之异而失其中也。知者知之过，既以道为不足行；愚者不及知，又不知所以行，此道之所以常不行也。贤者行之过，既以道为不足知；不肖者不及行，又不求所以知，此道之所以常不明也。三山陈氏曰：“世之高明洞达，识见绝人者，其持论常高，其视薄物细故若浼焉，则必不屑为中庸之行。如老佛之徒，本知者也，求以达理，而反灭人类，非过乎？至于昏迷浅陋之人，则又蔽于一曲，而暗于大理，是又不及矣。二者皆不能行道。世之刻意厉行，勇于有为者，其操行常高，其视流俗污世若将浼焉，则必不复求于中庸之理。如晨门荷蓧之徒，本贤者也，果于洁身，而反乱大伦，非过乎？至于阘茸卑污之人①，则又安于故常而溺于物欲，是又不及矣。二者皆不能明道。”双峰饶氏曰：“此章承上二章，明小人所以反中庸，与众人所以鲜能中庸者，皆以气质之有偏，以起下六章之意。然专以过不及为言，似言中而不及庸，盖中即所以为庸，非有二也。”或问：“愚者不及知此中，不肖者不及行此中，《费隐章》又云‘夫妇之愚不肖，可以与知能行’，何也?”曰：“彼以夫妇之事言，此以道之全体言。”问：“贤合属行，知合属明，夫子却交互说者，何故?”曰：“如此则人皆晓得。夫子何以曰我知之矣，缘天下人皆不知，此夫子所以有此叹。行，不是说人去行道，是说道自流行于天下；明，不是说人自知此道，是说道自著明于天下。人多差看了，须要见得知行相因。”新安王氏曰：“自世俗观之，过疑胜于不及；自道言之，其不合于中庸则一也。”云峰胡氏曰：“此章分道之不行不明，而下章即舜之知，言道之所以行；即回之贤，言道之所以明。兼后面欲说知仁勇，此章为此三者发端而言。知者，知之过，以道为不足行，不仁也；贤者，行之过，以道为不足

① 阘茸：庸碌低劣。

知，不智也；愚不肖者，安于不及，不能勉而进，不勇也。"东阳许氏曰："道不行者，知之过与不及；道不明者，行之过与不及。是固然矣，然下乃结之曰'人莫不饮食也，鲜能知味也'，是又总于知，盖二者皆欠真知尔。若真知理义之极至，则贤者固无过，知者亦必笃于行，不徒知之而已矣。"【通考】黄氏洵饶曰："知者，知其故也详，切行之不著、习之不察。道不行，是行事，而下先言知者过之，盖知者惟知是务而略于行，故先言知；道不明，是知事，而下先言贤者过之，盖贤者惟行是务而略于知，故先言行。下章言舜之知，《集注》言道之所以行颜子之行，《集注》言道之所以明，知行两尽而已。"

人莫不饮食也，鲜能知味也。

道不可离，人自不察，朱子曰："以饮食譬日用，味譬理。"是以有过不及之弊。三山陈氏曰："道曷尝离人哉？特百姓日用而不知耳。"晏氏曰①："知者专于明道，或怠于行道；贤者专于行道，或忽于明道。鲜能知味，以喻不能知道，道既不能明，安能行乎？末专言知味，以见明道为先，惟不明，故不行也。"新安陈氏曰："道不可离，又提此句以为头脑，人自不察，如饮食而不知味，是以有过不及之弊，又缴上前一节去。知者气清而质欠粹，故知之过而行不及；贤者质粹而气欠清，故行之过而知不及也。"【通考】史氏伯璿曰："陈晏二氏说皆不为无理，窃以《章句》推之，恐未必如此也。《章句》曰'道不可离'者，'人莫不饮食'之喻也；曰'人自不察，是以有过不及之弊'者，'鲜能知味'之喻也。何尝专主知言哉？盖此章自起首至'不肖者不及也'，皆是正说。此二句乃是譬喻说，以结上文之意耳。初不可以此'知'字为对'行'而言之'知'字也。如此，则人莫不饮食也，是譬喻道不可离之意；鲜能知味，是人自不察，是以有过不及之譬喻。经中'人'字，亦是指饮食之人，与《章句》'人自不察'之'人'不同，《章句》'人'字却是指愚贤不肖者而言。'察'字亦非贴经文'知'字言者，不过是言知愚者、不肖者不察在己所知之过不及，贤不肖者不察在己所行之不过不及而已。'鲜能知味'，大概是譬喻知愚贤不肖，所知所行，无有不过不及者之意。'知'字不必泥也。"

右第四章。

子曰："道其不行矣夫！"音扶。

由不明，故不行。双峰饶氏曰："此章承上章鲜能知味之知而言，道由不明，所以不行。"

右第五章。此章承上章而举其不行之端，以起下章之意。三山陈氏曰："此一句自为一章，子思取夫子之言，比而从之，盖承上章以起下章之义。若曰道不远人，犹日用饮食也。由而不知，故鲜能知味耳。惟其不知，是以不行，故以道其不行之言继之，盖所以承上章之义也。必如下章舜之事，则知而行矣，盖又所以起下章之义。"云峰胡氏曰："前章民鲜能，是兼知行言；鲜能知味，是指知而言；此章道其不行，又指行而

① 晏氏：晏光，生平不详。晏氏所言见载于宋人卫湜《礼记集说》，其卷首《集说名氏》载："晏氏光"。

言。"【通考】黄氏洵饶曰："道其不行矣夫，道之不行也，惟舜之知，然后可以行之。所以承上起下。上章言道不行由知者过之，故又言道其不行，能有如舜之无过不及，则非知者之过。此道之所以行也。此是承上起下。"

子曰："舜其大知也与！舜好问而好察迩言，隐恶而扬善，执其两端，用其中于民，其斯以为舜乎！"知，去声。与，平声。好，去声。

舜之所以为大知者，以其不自用而取诸人也。朱子曰："舜本自知，又能合天下之知，为一人之知，而不自用其知，此其知之所以愈大也。若只据一己所有，便有穷尽。"迩言者，浅近之言，犹必察焉，其无遗善可知。朱子曰："虽浅近言语，莫不有至理寓焉。人之所忽，而舜好察之，非洞见道体无精粗差别，不能然也。孟子曰：'自耕稼陶渔以至为帝，无非取诸人者。'又曰：'闻一善言，见一善行，若决江河，沛然莫之能御。'此皆好察迩言之实也。伊川先生曰①：'造道深后，虽闻常人言语，莫非至理。'"然于其言之未善者则隐而不宣，其善者则播而不匿②，其广大光明又如此，则人孰不乐音洛。告以善哉。朱子曰："言之善者播扬之，不善者隐匿之，则善者愈乐告以善，而不善者亦无所愧而不惜言也。求善之心，广大光明如此，人安得不尽言来告，而吾亦安得不尽闻人之言乎？"新安陈氏曰："隐恶，见其广大能容；扬善，见其光明不蔽。"两端，谓众论不同之极致。盖凡物皆有两端，如小大厚薄之类，于善之中又执其两端，而量度徒洛反。以取中，然后用之，则其择之审而行之至矣。然非在我之权度精切不差，何以与音预。此。此知如字。之所以无过不及，而道之所以行也。朱子曰："执其两端而用其中，如天下事，一个人说东，一个说西，自家便把东西来斟酌，看中在那里。""两端，只是个'起止'二字，犹云起这头至那头也。自极厚以至极薄，极大以至极小，极重以至极轻，于此厚薄大小轻重之中，择其说之是者而用之，乃所谓中。若但以极厚极薄为两端，而中摺其中间以为中，则是子莫执中矣。中间如何见得便是中？盖极厚者说是，则用极厚之说；极薄者说是，则用极薄之说；厚薄之中说是；则用厚薄之中之说，轻重大小莫不皆然。盖惟其说之是者用之，不是察其两端不用，而但取两头之中者用之也。且如有功当赏，或说合赏万金，或说合赏千金，或说百金，或说十金。万金至厚，十金至薄也，则执其两端，自至厚至至薄，而精权其厚薄之中。合赏万金，便赏万金；合赏十金，也只得赏十金；合赏千金、百金皆然。若但去两头只取中间，则这头重，那头轻，这头偏多，那头偏少，是乃所谓不中矣。"或曰："孔子所谓两端与此同否？"曰："竭其两端，是自精至粗，自大至小，自上至下，都与他说，无一毫之不尽。执两端，是取之于人者，自精至粗，自大至小，总括以尽无一善之或遗。"又问：

---

① 伊川先生：程颐(1033—1107年)，宋洛阳人，字正叔，世称伊川先生。哲宗初，擢崇政殿说书，后出为西京国子监管勾监事。绍兴中，以党论放归，四年送涪州，移峡州，同为北宋理学创立者。讲学三十余年，门人甚众。治学以《大学》、《论语》、《孟子》、《中庸》为标指，而远于六经，以穷理为本。著有《易传》、《春秋传》等。《宋史》有传，《宋元学案》卷十五、卷十六有《伊川学案》。

② 播而不匿：努力传播而不藏匿。

"所谓众论不同，都是善一边底?"曰："恶底已自隐而不宣了。"叶氏曰①："两端，非如世俗说是非善恶之两端，乃是事已是而不非，已善而非恶，已皆当为之事，自斯道之不明，往往以是非善恶为两端而执其中，则半是半非，半善半恶之论兴。君子不必为十分君子，小人不必为十分小人，乃乡原贼德之尤者也，可不辨哉!"双峰饶氏曰："中无定体，随时而在。如萃之时，用大牲吉，则中在那极厚处；如损之时，二簋可用享，则中在那极薄处。他可类推。执是执其言，用亦是用其言，执其两端，则有以见其宽弘博大，兼总众善而无遗，用其中则有以见其精密详审，极于至当而无偏。"黄氏曰："因道之不行，起于知者之过，愚者之不及，故必知如大舜，而后可以望斯道之行。"云峰胡氏曰："知仁勇，学者入德之事，下章回之仁、子路之勇，皆学者事。大舜之知，自是圣人事，姑借以为言耳。故《章句》于回与由，则曰择曰守，于舜则曰择之审而行之至，不以守言也。然此章正是学者用力之始，正当以圣人自期。择之审，舜之精也，行之至，舜之一也，此所以为舜之中也。颜渊曰：'舜何人也？予何人也？有为者亦若是。'此章言舜，而下章言回，学者正好将颜渊之语，以通看二章云。"【通考】黄氏洵饶曰："好察迩言，如询于刍，尧请问下民之类，虑远说详，执其两端，谓求中也。用其中于民，是言执中必执而后用也，执即用也。不自用而取诸人如孟子所谓'乐取诸人，以为善'也。隐而不宣，隐恶也。播而不匿，扬善也。广大，指隐恶。光明，指扬善。择之审，谓知之至，即执其两端是也。行之至，谓行之尽，即用中于民是也。择之审，即舜之精；行之至，即舜之一。"

右第六章。此章言知之事。

子曰："人皆曰予知，驱而纳诸罟擭陷阱之中，而莫之知辟也。人皆曰予知，择乎中庸，而不能期月守也。""予知"之"知"，去声。罟，音古。擭，胡化反。阱，才性反。辟，"避"同。期，居之反。

罟，网也；擭，机槛也；陷阱，坑坎也；皆所以掩取禽兽者也。格庵赵氏曰："此譬祸机所伏。"择乎中庸，辨别彼列反。众理，以求所谓中庸，即上章好去声。问用中之事也。期月，匝作答反。一月也。新安陈氏曰："匝，周也。期年，是周一年。期月，是周一月。"言知祸而不知辟，以况能择而不能守，皆不得为知也。仁寿李氏曰："中不可不择，又不可不守。择而不守，终非已物，能择能守，然后可以言知。夫子尝因仁以言知矣。曰择不处仁，焉得知？择而不处，谓之知，不可也；孟子尝因仁义以言知矣，曰'知之实，知斯二者弗去是也'，知而去之，谓之知，不可也。夫子之所谓处，孟子之所谓弗去，《中庸》之所谓守，其义一也。"双峰饶氏曰："知属贞，贞者，正而固。'正固'二字，方训得'贞'字，知得虽是正了，仍旧要固守，所以说'贞者事之干'。"又曰："分而言之，则择固谓之知，然能择而不能守，亦不得谓之知。此章虽引起下章仁能守之说，然仍旧重在'知'字。"新安陈氏曰："此章如《诗》之有兴，借上一事譬喻，以引起下一事也。"【通考】黄氏洵饶曰："'人皆曰予知'云云，言详意略。切。

---

① 叶氏：疑为叶贺孙。

‘以况能择’之‘况’，譬也。”

右第七章。承上章大知而言，又举不明之端，以起下章也。云峰胡氏曰：“此章两‘人’字，盖借知祸而不知辟之人，以况能择而不能守之人也。上章言舜圣人，下章言回贤人，此章两‘人’字，众人也。上章舜能择为知，起下章回能守为仁，此章结上章之所谓知，起下章之所谓仁。”【通考】黄氏洵饶曰：“中庸之不能守，惟颜子然后可以守之。亦承上起下。”

子曰：“回之为人也，择乎中庸，得一善，则拳拳服膺而弗失之矣。”

回，孔子弟子颜渊名。拳拳，奉持之貌。服，犹著陟略切。也。膺，胸也。奉持而著之心胸之间，言能守也。颜子盖真知之，故能择能守如此，此行之所以无过不及，而道之所以明也。程子曰：“人凡于道，择之则在乎知，守之则在乎仁，断之则在乎勇。”朱子曰：“《舜大知章》，是行底意多；《回择中章》，是知底意多。用其中者，舜也；择乎中庸，得一善拳拳服膺而不失者，颜子也。夫颜子之学，所以求为舜者，亦在乎精择而敬守之耳。盖择之不精，则中不可得；守不以敬，则虽欲其一日而有诸己，且将不能，尚何用之可致哉?”双峰饶氏曰：“每得一善，则著之心胸之间而不失，不是只守一善，亦不是著意去守这一善。”黄氏曰：“道之不明，起于贤者之过、不肖者之不及，故必贤如颜子，而后可以望斯道之明。”云峰胡氏曰：“舜达而在上，择乎中庸而用之民，圣人之道所以行也。颜渊穷而在下，择乎中庸而不失于己，圣人之学所以传也。子思以回继舜之后，其意深矣。”【通考】黄氏洵饶曰：“回之为人也，语略而意详，高坚前后①，正择中庸处。”

右第八章。新安陈氏曰：“此章言仁之事，择中庸，知之意。弗失，勇之意也。”【通考】朱氏公迁曰：“中庸以事理言，而德行之中在其中。择之，属乎知；守之属乎行；拳拳服膺，亦属乎行。惟道中庸为致知之事，若可疑者，然行之而著、习矣而察，盖于行事之中又加致知之功也。”

子曰：“天下国家可均也，爵禄可辞也，白刃可蹈也，中庸不可能也。”

均，平治也。三者亦知仁勇之事，天下之至难也，陈氏曰：“可均似知，可辞似仁，可蹈似勇。”然皆倚于一偏，故资之近而力能勉者，皆足以能之。至于中庸，虽若易去声。下同。能，“天下之至难也”以下，元本云：“然不必其合于中庸，则质之近似者，皆能以力为之。若中庸，则虽不必皆如三者之难”。然非义精仁熟，而无一毫人欲之私者，不能及也。三者难而易，中庸易而难，此民之所以鲜上声。能也。朱子曰：“中庸便是三者之间，非是别有一个道理，只于三者做得恰好处，便是中庸。”“三者亦就知、仁、勇上说来，盖贤者过之之事，只是就其所长处著力做去，而不择乎中庸耳。”“三者也是知仁勇之事，只是不合中庸。若合中庸，便尽得知、仁、勇。”问：“中庸如何不可能?”曰：“只是说中庸之难行，急些子便过，慢些子便不及，所以难也。”北

---

① 高坚前后：《论语·子罕》：“颜渊喟然叹曰：‘仰之弥高，钻之弥坚；瞻之在前，忽焉在后。’”这是颜渊对夫子之道的赞叹之辞。

溪陈氏曰："三者似知、仁、勇，然亦不必泥。说知、仁、勇，大意只谓国家至大，难治也，而资禀明敏者能均之；爵禄人所好，难却也，而资禀廉洁者能辞之；白刃人所畏，难犯也，而资禀勇敢者能蹈之。是三者虽难，而皆可以力为。至于中庸，乃天命人心之当然，不可以资禀勉强力为之。须是学问笃至，惟那义精仁熟，真有以自胜其人欲之私，方能尽得，此所以若易而实难也。"云峰胡氏曰："即《论语》中，如管仲一匡天下，是天下国家可均也；如晨门荷蓧之徒，是爵禄可辞也；如召忽死子纠之难，是白刃可蹈也。然夫子则以为民鲜能于中庸久矣，盖深叹夫中庸之不可能也。饶氏谓《章句》言义精仁熟，似欠'勇'字意，窃谓择之审者，义精也。行之至者，仁熟也，不赖勇而裕如者也。学者于义必精之，于仁必熟之，便是知仁中之勇。故《章句》于此，释中庸之不可能，曰'非义精仁熟，无一毫人欲之私者不能及'，于下章言勇处，则曰'此则所谓中庸之不可能者，非有以自胜其人欲之私者，不能择而守之'，反复细玩，朱子之意可见矣。"【通考】史氏伯璿曰："云峰胡氏辨饶说已详，然但辨得义精仁熟不赖勇之意，而于似欠勇意之疑似犹未尽释。盖《章句》此意，只为'中庸不可能'设。此章引起下章，说勇意自在'白刃可蹈'一句上，《章句》'三者亦知仁勇之事'，此一'勇'字已足引起下章说勇之意矣。"吴氏程曰："'不必其合于中庸，则质之近似者皆能以力为之。若中庸则虽不必皆如三者之难'，计三十二字，初本作'皆倚于一偏，故资之近而力能勉者，皆足以能之。至于中庸，虽若易能'，凡二十七字，与先祖幼读本同，毅斋先生抹去，以为《章句》初本如此，朱子以'倚于一偏'等语有病，遂改之。古之圣贤，固有均天下、辞爵禄，蹈白刃而合乎中庸者，未必皆倚于一偏，但间亦有不合中庸而以力为之者，故《章句》下两'不必'字精矣。"刘按：吕说不同，当从陈氏所改定本。

右第九章。亦承上章以起下章。【通考】黄氏洵饶曰："国家可均，与《大学》平天下不同，此乃质之近似，能以力为之，未必合中庸，《大学》平天下则合中庸矣。三者得其当，则合中庸矣。"

子路问强。

子路，孔子弟子仲由也。子路好去声。勇，故问强。

子曰："南方之强与？北方之强与？抑而强与？与，平声。

抑，语辞。而，汝也。新安王氏曰："夫子尝患不得中行而与之，师堂堂，曾皙嘐嘐，子路行行，皆不合乎中庸。夫子于门人一言一药，如子路者，尝以'好勇过我'儆之，以'兼人'抑之，以'不得其死'戒之，以'死而无悔'责之。然其习气融释不尽，以强为问，则行行之勇犹在也，夫子是以设三端问之。"新安陈氏曰："汝之强，谓学者之强也，下文四'强哉矫'照应结束此句。"

宽柔以教，不报无道，南方之强也，君子居之。

宽柔以教，谓含容巽顺以诲人之不及也①。不报无道，谓横去声。逆之来，直受之

---

① 含容巽顺以诲人之不及：温和谦逊教诲别人不及的地方。含容：容忍，宽恕。巽顺：犹卑顺、顺从。巽：卑顺，谦让。

而不报也。南方风气柔弱，故以含忍之力胜人为强，君子之道也。朱子曰："此虽未是理义之强，然近理也，人能宽柔以教，不报无道，亦是个好人，故为君子之事。"三山陈氏曰："既曰宽柔，何强之云，盖守其气质而不变，是亦强也。"云峰胡氏曰："此君子是泛说。下文'君子和而不流'，是说成德之君子。如《论语》首章'不亦君子乎'，是说成德。后章'君子不重则不威'，是泛说也。"【通考】黄氏洵饶曰："含容训'宽'字，巽顺训'柔'字，'以诲'训'以教'字。且此章见得说详。"史氏伯璿曰："以含忍之力胜人，《章句》所以明强之义者至矣。陈氏云守其气质不变，乃非经注之旨，且不但可施于南方矣。"

衽金革，死而不厌，北方之强也，而强者居之。

衽而审反，席也。金，戈兵之属。革，甲胄直又反。之属。衽金革，如云枕戈。三山陈氏曰："卧席曰衽。"倪氏曰："衽，衣衽也。金，铁也。革，皮也。联铁为铠甲，被之于身，如衣衿然，故曰衽。"【通考】史氏伯璿曰："以衽为席，即请衽何趾之意，况兵戈甲胄，二者不可相无。以衽为衿，固可通，然金革皆以为甲，不应身衣甲胄而手无可执之具也。《章句》衽席之说，又与古人枕戈之意相类，何疑之有？倪说可删。"吴氏程曰："'任'与'衽'同，卧褥也。视金革如卧褥安之。"北方风气刚劲，故以果敢之力胜人为强，强者之事也。双峰饶氏曰："阳刚阴柔，理之常也，而南方风气反柔弱，北方风气反刚劲，何也？盖阳体刚而用柔，阴体柔而用刚。如坤至柔而动也刚，便见得阴体柔而用刚矣。才说风，便是用了，阳主发生，故其用柔。阴主肃杀，故其用刚也。"问："一味含忍，何以为强？"曰："固是含忍，然却以此胜人，所谓柔能胜刚也，此亦未是中道。若是中道，则无道当报，亦只著报，所谓以直报怨是也。"云峰胡氏曰："南北之强，固皆非中，然以含忍胜人，犹不失为君子之道，以果敢胜人，不过为强者之事。'道'与'事'二字，下得有轻重，然南方岂无果敢者，北方岂无含忍者？亦不过举其风气之大概而言耳。要之，气质之用小，学问之功大。南北之强，气质之偏也；下文四者之强，学问之正，所以变化其气质者也。"【通考】朱氏公迁曰："南方之强，近乎理义；北方之强，纯是血气。"

故君子和而不流，强哉矫！中立而不倚，强哉矫！国有道，不变塞焉，强哉矫！国无道，至死不变，强哉矫！"

此四者，汝之所当强也。新安陈氏曰："此乃君子之事。中庸之道，是汝之所当强，应'抑而强与'一句。"矫，举小反。强貌，《诗》曰"矫矫虎臣"是也。《诗·泮水篇》云："明明鲁侯，克明其德，既作泮宫，淮夷攸服。矫矫虎臣，在泮献馘。"《传》云："矫矫，武貌。"朱子曰："强哉矫，赞叹之辞。"倚，偏著直略反。也。塞悉则反，未达也。国有道，不变未达之所守；国无道，不变平生之所守也。此则所谓中庸之不可能者，非有以自胜其人欲之私，不能择而守也。君子之强，孰大于是。陈氏曰："此君子，指成德之君子，与前泛言君子居之者不同。"夫子以是告子路者，所以抑其血气之刚，而进之以德义之勇也。朱子曰："和便易流，若是中便自不倚，何必又说不倚？盖柔弱底中立则必欹倒，若能中立而不倚，方见硬健。"问："和而不流，中立而不倚，夷惠正是如此。"曰："是。"问："惠和而不流甚分明，夷如何是中立不倚处?"曰："如文王善养老，他便来归。及武王伐纣，他又自不从而去。只此便是他中立不倚处。""人多有所倚靠，如倚于勇、倚于智皆是。中道而立，初纵无倚，把捉不住，久处毕竟又靠取一偏，此所以要硬在中立而无所倚也。"问："此四者勇之事，必如此，乃能择中庸而守之乎?"曰："此乃能择后工夫。大智之人，无俟乎守，只是安行；贤者能择能守，无俟乎强勇。至此样资质人，则能择能守后，须用如此自胜，方能彻头彻尾不失。"陈氏曰："和则易至于流，和光同尘，易太软而流荡，和而不流，方谓之强。中立在无所依倚，弱则易至倒东坠西，惟刚劲底人，则能独立于中而无所倚也。国有道，达而在上则不变未达时所守，是富贵不能淫。国无道，穷而在下，守死而不变平生所守，是贫贱不能移、威武不能屈。"双峰饶氏曰："四者亦有次第，一件难似一件。中立不倚，难于和而不流。国有道，不变塞，又难于上二者；国无道，至死不变，即所谓遁世不见知而不悔，唯圣者能之，此是最难处。南北方之强，皆是气之偏处，是要胜人，下面君子之强，是能自胜其气质之偏。"云峰胡氏曰："'流'字，'倚'字，'变'字，皆与'强'字相反。不流不倚不变，三'不'字有骨力，是之谓自强。南北以胜人为强，其强也，囿于风气之中；君子以自胜为强，其强也，纯乎义理而出乎风气之外，此变化气质之功，所以为大也。"【通考】东阳许氏曰："七、八、九章皆言中庸而意不同。上两释中庸，每事上言；'中庸不可能'，全体上言。南方之强不及中，北方之强过于中。四强矫，上两节言守身应事之常，下两节言出处至极之变，强矫虽是言勇，而合中庸之体段，而不流不倚不变，正是立则防弊以教学者处。"

右第十章。此章言勇之事。【通考】朱氏公迁曰："刚勇主乎理义而言之，余如至大至刚，发强刚毅，虽柔必强，皆是此类。但吾未见刚与强哉矫，以德行言；发强刚毅，以德性言；至大至刚，以浩气体段言；虽柔必强，以学问功效言。又如夫子言好刚不好学，是亦以德言之。但不好学，则有其蔽，此正理义血气之几也。"

子曰：素隐行怪，后世有述焉，吾弗为之矣。

素，按《汉书》当作索，山客反。盖字之误也。《汉书·艺文志》："孔子索隐行怪，后世有述焉，吾不为之矣。"颜师古曰："索隐，求索隐暗之事。"索隐行怪，言深求隐僻之理①，而过为诡古委切。异之行去声。也。朱子曰："深求隐僻，如战国邹衍推五德之事，后汉谶纬之书便是。"三山陈氏曰："诡异之行，如荀子所谓'苟难'者②，于陵仲子、申屠狄、尾生之徒是也。"格庵赵氏曰："深求隐僻之理，是求知乎人之所不能知；过为诡异之行，是求行乎人之所不能行。"然以其足以欺世而盗名，故后世或有称述之者。此知之过而不择乎善，行之过而不用其中，不当强而强者也，圣人岂为之哉！朱子曰："索隐是知者过之，行怪是贤者过之。"【通考】史氏伯璿曰："此节'强'字，只就'隐怪'二字上看便可见，若不是强于当知当行事，尚不能尽力，又何假于隐怪处著力

① 深求隐僻之理：深钻暗昧生僻的道理。
② 苟难：《荀子·不苟》有"君子行不贵苟难"句。

邪？今乃能索隐而行怪，非不当强而强，何以及此？”

君子遵道而行，半途而废，吾弗能已矣。

遵道而行，则能择乎善矣；半途而废，则力之不足也。此其知虽足以及之，而行有不逮，当强而不强者也。双峰饶氏曰：“此智足以择乎中庸，而仁不足以守之，盖君子而未仁者也。冉求自谓说夫子之道而力有不足，正夫子之所谓‘画’者。”①云峰胡氏曰：“此君子亦是泛说，下文君子依乎中庸，方是说成德。”已，止也。圣人于此，非勉焉而不敢废，盖至诚无息，自有所不能止也。问：“半途而废，可谓知及之而仁不能守。”朱子曰：“只为他知处不亲切，故守得不曾安稳，所以半途而废，若大智之人，一下知了，千了万当，所谓吾弗能已者，只是见到了自住不得耳。”【通考】史氏伯璿曰：“知行二者，未尝不相因。强特成就结里，此知行而已。曰‘遵道而行，则能择乎善矣’，又曰‘此其知虽足以及之’，经文此句只说行能遵道，知意盖于‘遵’字上见。此行因知而有始也。曰‘半途而废，则力之不足’，又曰‘行有不逮’，经文此句连上句意，亦当带知意说，而《章句》却全归重于行者，是又因其行之不至，而所知亦为徒知，不假言矣。则知又因行而无终也。经文但言行，而知意自寓，《章句》则以知行互文见意，以发经文引而不发之旨也。”

君子依乎中庸，遁世不见知而不悔，唯圣者能之。

不为索隐行怪，则依乎中庸而已。不能半途而废，是以遁世不见知而不悔也。程子曰：“素隐行怪，是过者也。半途而废，是不及者也。不见知不悔，是中者也。”朱子曰：“此两句结上文意，依乎中庸，便是吾弗为之意，遁世不见知而不悔，便是吾弗能已之意。”陈氏曰：“不见知而或悔，则将半途而废矣。”此中庸之成德，知去声。之尽、仁之至、不赖勇而裕如者，正吾夫子之事，而犹不自居也。故曰唯与“惟”通，后仿此。圣者能之而已。双峰饶氏曰：“既曰‘君子依乎中庸’，又曰‘唯圣者能之’，何也？盖言君子之依乎中庸，未见其为难，遁世不见知而不悔，方是难处，故曰‘唯圣者能之’。圣人德盛礼恭，虽处既圣之地，未尝有自圣之心也。”蔡氏曰：“此再辨知、仁、勇而总结之。索隐之知，非君子之知；行怪之行，非君子之仁；半途而废，非君子之勇。君子之知、仁、勇，则依乎中庸，遁世不见知而不悔者是也。”云峰胡氏曰：“第五章为知、仁、勇开端，则言知者贤者之过，愚者不肖者之不及，此章结之，则言圣者之中庸，首尾相应如此。兼之前此说鲜能、不能、不可能，此则结之曰‘唯圣者能之’，又以见中庸非终不可能也。夫子不为于彼，便自弗能已于此，即此弗能已处，便见非夫子不能。”新安陈氏曰：“依乎中庸，知仁兼尽；不见知而不悔，不待勇而自裕如也。”【通考】东阳许氏曰：“《章句》‘知之尽、仁之至、不赖勇而裕如’，总结三节。弗为索隐行怪，知也，依乎中庸，知之尽也。弗能半途而废，仁也，遁世不见知而不悔，仁之至也。皆出于自然，则不赖勇也。”朱氏公迁曰：“教不立，故民鲜能，学不至，故中庸不可能。

---

① 夫子之所谓“画”者：《论语·雍也》：“子曰：‘力不足者，中道而废。今女画。’”画：如画地以自限。朱熹曰：“画者：能进而不欲。”

备知仁勇之德，无过不及之弊，故惟圣者能；彼小人反之，则能之而不欲也。”史氏伯璿曰：“《章句》‘不为索隐行怪，则依乎中庸而已’，此句隐然与上节‘遵道而行，则能择乎善矣’之意相类，皆是因其能行见其能知处。此知行之始事，固可为知仁矣，殆《文言》所谓‘知至知终’之意乎？‘不能半途而废，是以遁世不见知而不悔’，此句分明与上节‘半途而废，则力之不足也’之意相反，亦是因其行可见其知处。此知行之终事，所以为知之尽仁之至也，殆《文言》所谓‘至之终之’之意乎？知有不尽，仁有不至，如上节‘半途而废’者，则不能无赖乎勇知尽矣，仁至矣，尚可赖于勇乎？故曰‘不赖勇而裕如’。《章句》此言盖因上节‘吾弗能已矣’之意而发。上节《章句》曰‘圣人于此，非勉焉而不敢废，盖至诚无息，自有所不能已耳’，此已含‘不类勇而裕如’之意矣，故于此发之耳。愚尝合而言之，则首节是知行之过处，过盖由其不当强而强也。次节是知行之有始无终处，无终盖由其当强而不强也。末节是知行之有始有终处，有终则强不足道矣，故曰‘不赖勇而裕如’也。达此则经注之旨可识矣。”

右第十一章。子思所引夫子之言，以明首章之义者止此。盖此篇大旨，以知去声。下同。仁勇三达德为入道之门。故于篇首，即以大舜、颜渊、子路之事明之。舜，知也；颜渊，仁也；子路，勇也：三者废其一，则无以造七到反。道而成德矣。【通考】黄氏洵饶曰：“知仁勇所以造于道，而成三达德。子路之勇，未合中庸，而曰子路勇者，持就《问强》一章而言耳。造道谓达道，成德谓达德。”余见形甸反。第二十章。三山潘氏曰：“中庸之道，至精至微，非知者不足以知之；至公至正，非仁者不足以体之。其为道也，非须臾可离，非一蹴可到，故惟勇者然后有以自强而不息焉。大抵知、仁、勇三者，皆此性之德也。中庸之道，即率性之谓者也，非有是德则无以体是道。”云峰胡氏曰：“自第二章至此，大要欲人由知仁勇以合乎中。知则能知此中，仁则能体此中，勇则能勉而进于此中。然夫子于舜之知，赞之也；于回之仁，许之也；于由之勇，抑而进之也。”双峰饶氏曰：“以上十章，论道以中庸为主，而气质有过不及之偏，当为第二大节。”【通考】东阳许氏曰：“自第二章以来，小人反中庸，民鲜中庸之久，贤知过中庸，愚不肖不及中庸，总叹曰‘道其不行矣夫’，故自六章以后，开示择守中庸之方在知、仁、勇。第七章，其义极于不能期月守中庸，起下章之能守。舜知是全体之知，颜仁是每事之仁。人之于道不过知行两事，四章既言道之不行不明，知者知之过而不务行，贤者行之过而不求知，所以至于中庸者鲜。故六章言舜知，行之意重；八章言颜仁，知之意重。七章知其理而行未至，九章是行所难而知未至，故此二章处于知行之后而下接言勇之前，盖谓仁知当勇。索隐，知之过，行怪，贤之过，此不能择乎中庸者，圣人不为也。孔子前既有两‘吾’字，以身任之。下文但言‘惟圣者能之’，其实依乎中庸，即夫子之‘弗为’者；遁世不见知而不悔，即夫子‘弗能已’者。圣者能之，正是为学者标的。”史氏伯璿曰：“右以前十章，是第二大节，大概发明知、仁、勇。此后九章是一节，皆是发明费隐。盖知、仁、勇是德，费隐是道，德是人所能知能行者，道是人所当知当行者。必有能知能行之德，然后可以施于当知当行之道，故既论知、仁、勇，即以费隐继之，此二大节相承之次也。”

君子之道费而隐。费，符味反。

费，用之广也。云峰胡氏曰："'费'字当读作'费用'之'费'，芳味切，【校记："芳味切"，弘治本作"芳味反"。】《说文》：散财用也。"隐，体之微也。朱子曰："道者兼体用、该费隐而言也。费是道之用，隐是道之所以然而不见处。"或说："形而下者为费，形而上者为隐。"曰："形而下者甚广，其形而上者实行乎其间，而无物不具，无处不有，故曰费。就其中形而上者，有非视听所及，故曰隐。"陈氏曰："此章就费隐上说，申明首章道不可离之意。"双峰饶氏曰："首章由体以推用，故先中而后和，此章由用以推体，故先费而后隐，盖中间十章，极论君子中庸之事，皆道之用故也。"新安陈氏曰："斯道广大之用，昭著于可见，而其体藏于用之中者，则隐微而不可见。"【通考】朱氏公迁曰："'道'字，自其发见昭著而言之。《中庸》首章'道不可离'以下，专以道之在己者言。此章'费而隐'以下，兼以道之在万物言。费而隐即是率性之道，率性之道是费，天命之性是隐。"黄氏洵饶曰："费，用之广，隐，体之微。费之所能如此者，必有理存乎其间而使之然也。'微'字即无声无臭，体用一原，显微无间。又，夫微与天地同体，显与天地同用，《易》曰：显诸仁，藏诸用。"

夫妇之愚，可以与知焉，及其至也，虽圣人亦有所不知焉；夫妇之不肖，可以能行焉，及其至也，虽圣人亦有所不能焉。天地之大也，人犹有所憾。故君子语大，天下莫能载焉；语小，天下莫能破焉。与，去声。

君子之道，近自夫妇居室之间，远而至于圣人天地之所不能尽，其大无外，其小无内，可谓费矣。然其理之所以然，则隐而莫之见也。朱子曰："莫能载，是无外；莫能破，是无内。如物有至小而可破作两者，是中着得一物在，若曰无内，则是至小更不容破了。"勿轩熊氏曰："此章有'大小费隐'四字，大处有费隐，小处亦有费隐。"新安陈氏曰："全段皆是说费在不言之表，而不可见者为隐。"【通考】黄氏洵饶曰："其大无外，谓无所不包，如发育万物，峻极于天是也。其小无内，谓无所不有，如礼仪三百，威仪三千是也。至于一尘之微，一息之顷，莫非此道之理，此皆费也。此章当与第十六章互观。费而隐是因用以见体，十六章是因体以达用。上下察即详，详上下左右。"史氏伯璿曰："所以然是太极之本体，太极不离乎阴阳，而亦不杂乎阴阳。费即不离乎阴阳之太极，隐即不杂乎阴阳之太极者，则无声无臭，故隐而不可见尔。《章句》以为不可见，正以其无形象之可指陈，虽鸢鱼之飞跃，亦但具飞其跃可见，其所以飞跃则在乎心悟而已。"盖可知可能者，道中之一事。及其至，而圣人不知不能，则举全体而言，圣人固有所不能尽也。朱子曰："人多以至为道之精妙处，若是精妙处有所不知不能，便与庸人无异，何足为圣人？这'至'只是道之尽处，不知不能，是没紧要底事，他大本大根处，元无欠缺。只是古今事变，礼乐制度，便也须学。""夫妇之与知能行，是万分中有一分，圣人不知不能，是万分中欠一分。"陈氏曰："可知可能，道中之一事，是就日用间一事上论，如事亲事长之类。"东阳许氏曰："圣人不能知行，非就一事上说，是就万事上说，如孔子不如农圃，及百工技艺细琐之事，圣人岂尽知尽能？若君子之所当务者，则圣人必知得彻，行得极。"【通考】史氏伯璿曰："一事即是夫妇居室之一事。《章句》明指而言，观于《或问》亦以男女居室、人道之常为说可见，不必外引事亲事长为证也。此处言知言能，皆是真能知之行之者，初非泛知泛能所可当也。事亲事长之道，正是下章'君子之道四'中所求乎子弟以事父兄未能之事。《章句》以为圣人所不能者，而谓愚不肖泛泛之知与能，足以当之乎？男女构精，形交气感，虽若蔽亵不足道，然真精妙合，自是造化流行、发育生生不穷之蕴奥。以愚不肖之夫妇，他无所知所能，而独知此能，此盖鸢飞鱼跃，同一机缄。故《章句》、《或问》独以此当所知所能之一事，其意精矣。"侯氏曰①："圣人所不知，如孔子问礼问官之类；《家语·观周篇》：孔子谓南宫敬叔曰："吾闻老聃博古知今，则吾师也，今将往矣。"敬叔与俱至周，问礼于老聃。《左传·昭公十七年》秋：郯子来朝，公与之宴，昭子问焉，曰："少昊氏鸟名官，何故也？"郯子曰："吾祖也，我知之。昔者黄帝氏以云纪，故为云师而云名；炎帝氏以火纪，故为火师而火名；共工氏以水纪，故为水师而水名；太皞氏以龙纪，故为龙师而龙名。我高祖少昊挚之立也，凤鸟适至，故纪于鸟，为鸟师而鸟名。自颛顼以来，不能纪远，乃纪于近，为民师而命以民事，则不能故也。"仲尼闻之，见于郯子而学之，既而告人曰："吾闻之天子失官，学在四夷，犹信。"所不能，如孔子不得位、尧舜病博施去声。之类②。问："以孔子不得位，为圣人所不能，禄位寿乃在天者，圣人如何能必得？"朱子曰："《中庸》明说大德必得其位，孔子有大德而不得其位，如何不是不能。"愚谓人所憾胡暗反。于天地，如覆敷救反，盖也。后凡当释为覆盖之义者，并同。载生成之偏③，及寒暑灾祥之不得其正者。朱子曰："道无所不在，无穷无尽，圣人亦做不尽，天地亦做不尽，此是此章紧要意思。"双峰饶氏曰："此章就夫妇所知所能而推之，以至于天地之大，先语小而后语大也。《大哉圣人之道》章，从发育万物、峻极于天，而敛归礼仪三百、威仪三千，先语大而后语小也。"新安陈氏曰："天覆而生物，地载而成物，以天地之无私而生成之物，或有偏而不均者。当寒而寒，当暑而暑，作善降祥，作不善降灾，正也。乃有当寒而不寒，当暑而不暑，善而不祥，不善而不灾者，是不得其正也。是皆人所不能无憾于天地者。"

《诗》云："鸢飞戾天，鱼跃于渊。"言其上下察也。鸢，余专反。

《诗》，《大雅·旱麓》音鹿。之篇。鸢，鸱处脂反。类④。戾，至也。察，著也。双峰饶氏曰："察是自然昭著，便是诚之不可掩。"子思引此诗以明化育流行，上下昭著，莫非此理之用，所谓费也。然其所以然者，则非见闻所及，所谓隐也。问："鸢飞鱼跃，必气使之然。"朱子曰："所以飞所以跃者，理也。气便载得许多理出来，若不就鸢飞鱼跃上看，如何见得此理？"问："程子云'若说鸢上面更有天在，说鱼下面更有地

---

① 侯氏：名仲良，字师圣，号荆门。初从程颐学，未悟，乃访周敦颐，对榻夜谈，自谓有得。后游荆门，胡安国重之，留与为邻。著有《论语说》、《侯子雅言》。

② 病博施：无法办到博施。见《论语·雍也》，孔子谓"博施于民而能济众"之事，"尧舜其犹病诸"。

③ 覆载生成：覆盖、承载、化生、育成。

④ 鸱：鸢属。鹞鹰。

在'，是如何?"先生默然微诵曰："天有四时，春秋冬夏，风雨霜露，无非教也。地载神气，神气风霆，风霆流形，庶物露生，无非教也，便觉有竦动人处。鸢飞可见，鱼跃亦可见，而所以飞、所以跃，果何物也？鸢飞鱼跃，费也，必有一个什么物事，使得它如此，此便是隐。"问："许多都说费处，却不说隐处，所谓隐者，只在费中否?"曰："惟是不说，乃所以见得隐在其中。旧来多将圣人不知不能处做隐说，觉得下面都说不去。且如鸢飞天、鱼跃渊，亦何尝隐来?""鸢飞鱼跃，无非道体之所在，犹言动容周旋，无非至理，出入语默，无非妙道。言其上下察也，此一句只是解上面。察者，著也，言其昭著遍满于天地之间，非察察之察。诗中之意，本不为此，《中庸》借此两句形容道体。""事地察，天地明察，与此上下察，察乎天地，皆明著之意。"三山陈氏曰："有一物必有一理，有已然者，必有所以然者。鸢则天而不能渊，鱼则渊而不能天，此其用也，已然者也。是必有所以然者以为之体，然体之隐，初不离于用之显也。"温陵陈氏①曰："中庸之道，只在日用之间而不可他求，虽曰日用之间，而有至微至隐者存焉，亦犹鸢鱼之飞跃，皆在目前，初不离性分之内。"潜室陈氏曰："凡说道之费处，其体之隐则在其中矣，故不言隐，非于费之外别有所谓隐也。使有隐可见，有隐可言，则非体用一源、显微无间矣。"双峰饶氏曰："此两句引得妙，若以人来证也证不得；若引植物来证也证不得。盖人有知识，植物又不动，须以动物证之。且如鸢鱼何尝有知识，但飞则必戾天，跃则必于渊，自然如此，又不是人教他，要必有使之然者，须于此默而识之。"问："子思如何独举鸢鱼而言?"蛟峰方氏曰："只且提起一二以示人，天下万物皆如此，何独鸢鱼?"云峰胡氏曰："《中庸》言'道'字，皆自率性之道说来。费，用之广也，是说率性之道。隐，体之微也，是说天命之性。才说费，隐即在其中；才说率性之道，天命之性即在其中。非有二也。故近自夫妇居室之间，远而至于圣人天地之所不能尽，而道无不在，即朱子所谓天下无性外之物而性无不在者也。饶氏谓无性外之物，是万物统体一太极，性无不在，是一物各具一太极是也。性无不在，费也，而性之所以为性，则隐也。如鸢率鸢之性必飞，鱼率鱼之性必跃，于此见物物有自然之天，物物有天命之性。首章言天命之性、率性之道，自第二章以至第十章，无非率性之道，亦无非因其天命之性也。天地间无非是此性之著见处，造端乎夫妇，则是尽性之始事。"朱子曰："幽暗之中，衽席之上，或亵而慢之，则天命有所不行。非知性命之理者，不足与语此。"新安陈氏曰："鸢飞鱼跃，天机自动。鸢飞天，见此理之著于上；鱼跃渊，见此理之著于下。诗人此二句，兴体也，本以兴君子之作成人才也。子思引之借以言此理之昭著，非兴也，亦非比喻也。理无形体，于有形体之物上见得无形体之理，偶引诗以鸢鱼二物指言之耳。舍鸢鱼而言固不可，泥鸢鱼而言亦不可。充满天地，无一物不可见此

① 温陵陈氏：宋人陈知柔。(清)穆彰阿《(嘉庆)大清一统志》卷四百三十八："陈知柔，字体仁，永春人，绍兴十二年进士，历知循州。知柔与秦桧子熺同榜，桧当囗同年多以攀援致通显，知柔独不阿附，以故龃龉。自号休斋居士。所著有《易本旨》十六卷、《春秋义例》十二卷、《论语后传》十卷。"

理之昭著，如程子于《子在川上》章论道体，言日往月来，寒往暑来，水流物生，皆道体之显然者是也。此‘察’字实对首句‘隐’字，体之隐者，于此物上昭著出来，则隐而不可见者，于此著察而可见矣。然其所以然之妙，则终非见闻所及，虽察也而实隐也。”【通考】吴氏程曰：“道体无所不在，而独举此言者，盖所以明上下之意，与《易》之‘天泽履’相似。察是自然昭著，便是诚之不可掩。”史氏伯璿曰：“陈氏云‘察’对‘隐’字，隐者于此物上昭著出来者，饶氏意也；其曰‘而其所以然之妙，则终非见闻所及者’，《章句》意也；其曰‘虽察也，而实隐也者’，推饶说以合于《章句》之旨者也。然‘察’之一字，朱子是指道之用言，而隐在其中，陈氏以为专对隐言，此则终不可得而强合者也。”故程子曰：“此一节，子思吃紧居忍反。为去声。人处，活泼泼普活反。地，读者其致思焉。”朱子曰：“吃紧为人处，是要人就此瞥地便见个天理全体。活，只是不滞于一隅。”潜室陈氏曰：“大要不欲人去昏默窈冥中求道理，处处平平会得时多少分明快活。”问：“如何是吃紧为人处？”双峰饶氏曰：“以道体示人也，观鸢鱼而知道之费而隐，犹观川流而知道体之不息。”云峰胡氏曰：“道体每于动处见，本自活泼泼地，圣贤教人，每欲人于动处用功，亦是活泼泼地。鸢飞鱼跃，道之自然，本无一毫私意；勿忘勿助，学者体道之自然，亦着不得一毫私意。”新安陈氏曰：“《章句》引程子说，盖前面已说得文义分晓了，恐人只容易读过，故引此语，使读者更加涵泳。又恐枝叶太繁，则本根渐远，故引而不发，使学者于此致思焉。”【通考】吴氏程曰：“吃紧犹俗言着。活泼泼地，是真见得道理在面前，如活底物相似，正如颜子‘卓尔’、孟子‘跃如’之意。”张氏师曾曰：“泼读如字，或谓为拨者，非。”黄氏洵饶曰：“此一节洞见道体之妙而无疑，上下察也，放之则迩六合。化育流行，见得道不可离也。活泼泼地，无物碍如也。‘致思’二字，见理之在人心，无毫发之间断，若有间断便与天地不相似，其要只在慎独。全体呈露，妙用显行，道体流行，无所室碍。”董氏彝曰①：“《中庸》鸢飞鱼跃，指道体之昭著而言，孟子‘必有事焉而勿正’指集义养气而言。程子所谓‘同一活泼泼地’，则又非解本文之意，是犹川上之叹，而程子亦以为其要只在慎独。”史氏伯璿曰：“《或问》中发明此意已无余蕴，而读者每犹有所未达。此不过皆是形容天理流行无滞碍之意而已，其在鸢鱼，则鸢鱼无知之物，然飞必戾天，跃必于渊，是谁使之然哉？道之体用，流行发见，自然而然，有莫知所以然而然者，又岂特鸢鱼为然哉？所谓天理流行无滞碍之意，于此固为易见。其在人心，则人心不能无私，天理易至间断，惟能以集义养气为事则天理无时不流行矣。又无预期其效之心，则自然无所滞碍矣。天理既流行而无滞碍，则与鸢飞必戾天，鱼跃必于渊者，同一活泼泼地之意可识矣。若不以集义为事，则如鸢鱼之不能飞跃，谓之天理流行可乎？若集义而预期其效，则如捉鸢鱼使之戾天跃渊，皆不出于自然，谓之无滞碍，可乎？天理不流行而有滞碍，则不得谓之活泼泼地明矣。”

---

① 董氏彝：董彝。(清)黄虞稷《千顷堂书目》卷三：“董彝《四书经疑问对》八卷。字宗文，乐平人，元至正间领乡荐，入明为国子监学录。”

君子之道，造端乎夫妇；及其至也，察乎天地。

结上文。朱子曰："君臣父子，人伦日用间，无所不该，特举夫妇而言，以见其尤切近处。""夫妇，人伦之至亲至密者也。人之所为，盖有不可以告其父兄而悉以告其妻者，人事之至近，而道行乎其间，非知几谨独之君子，其孰能体之?"新安陈氏曰："总结上文，谓君子之道，始乎夫妇居室之间，及其极至，则昭著乎天高地下之大。造端夫妇，结'夫妇与知能行'，及'语小莫能破'数句。察乎天地，结'圣人不能知行'及'语大莫能载'，包到鸢鱼上下察处，该括尽矣。人苟知道造端乎夫妇，则见道之不可离，而男女居室之间，有不敢忽者矣。"【通考】黄氏洵饶曰："'及其至也，察乎天地'，人欲净尽，天理流行，随处充满，无少欠缺，言其上下昭著处。"

右第十二章。子思之言，盖以申明首章道不可离之意也。其下八章，杂引孔子之言以明之。双峰饶氏曰："始言中和，以见此道管摄于吾心；次言中庸，以见此道著见于事物；此言费隐，以见此道充塞乎天地。知道之管摄于吾心，则存养省察之功不可以不尽，故以戒惧谨独言之；知道之著见于事物，则致知力行之功不可以不加，故以知仁勇言之；知道之充塞乎天地，则致知力行之功不可以不周，故自违道不远以极于达孝。又曰费隐，是申道不可离之意。然道不可须臾离，是无时不然；君子之道费而隐，是无物不有。无时不然，故德欲其久；无物不有，故业欲其广。德欲其久，故敬以直内之功，由动而静，由静而动，不可有须臾间断，戒谨不睹、恐惧不闻而慎独是也；业欲其广，故义以方外之功，自近而远，若小若大，不可毫发放过，造端夫妇，至达乎诸侯大夫及士庶人是也。""此章论道之费隐小大，以为下七章之纲领。"【通考】东阳许氏曰："中庸是就人事上言道之用，费隐就天地人物上言道之用。先言中和，见道之著见于事物；费隐，见道之充塞天地；后言诚，见圣人与天地为一。中和，以戒惧谨独为存养省察之功；中庸，则以知仁勇为入德之门。《费隐》诸章，杂言其大小者，欲以人随处致察以全中庸之用，皆求至于诚也。"黄氏洵饶曰："右第十二章，此第二支，其下八章为节解。"史氏伯璿曰："此已下九章是第三大节，皆是发明费隐。直至二十章始以三达德行五达道者为言，却正是二大节相承之次。或疑君子之道费而隐之道，不止是五达道之道。盖道虽无物不有，然君子所当知当行、至切至要者，惟在于五达道而已。观于十二章之末，既以君子之道造端乎夫妇者结之，而下章遂以君子之道四为言，为费隐之道，非即五达道之道可乎？章末言天道、人道，盖为下章说诚明、明诚之张本也。盖自此以前，皆是说用工之事，用工以立其本，用工则先知后行，以学者之事为主，中间虽有说圣人事处，不过亦以为学者用工之法。自此以后多是成功之事，成功而致其用，成功则先行后知，以圣人之事为主，盖欲示学者以成功之准的也。中间有说学者事处，则依旧先知后行，乃是授学者以至此准的之阶梯也。至于人道之极，则亦与天道无间，观于人道者五章章末之言可见矣。其详于后节言之。饶氏分《哀公问政章》为二章，以属下节者，非是。"

子曰："道不远人。人之为道而远人，不可以为道。

道者，率性而已，固众人之所能知能行者也，故常不远于人。若为道者，厌其卑近以为不足为，而反务为高远难行之事，则非所以为道矣。朱子曰："此三句是一章之纲，下面三节只是解此三句，然紧要处又在'道不远人'一句。人之为道之'为'，如为仁由己之'为'。不可以为道，如克己复礼为仁之'为'。"黄氏曰："率性之谓道，道何尝远人？此'人'字兼人己而言。自己观之，便具此道；自人观之，人亦具此道也。"又曰："此指为道之人己身而言，己之身便具此道，又岂可远此身以为道?"陈氏曰："此道常昭著于日用人事之间，初无高远难行之事，若欲离人事而求之高远，便非所以为道，如老庄言道在太极先之类，无非高远。此三句语脉犹道不可离，可离非道之谓。"双峰饶氏曰："道不远人，以道言也。人之为道而远人，不可以为道，以学道者言也。远人之'人'，是指众人。人之为道之'人'，是指为道之人。"云峰胡氏曰："上章言性无不在，其广大也如此。此章言率性只在人伦日用之间，其笃实也又如此。"东阳许氏曰："人之为道而远人，此'为'字重，犹言行道。不可以为道，此'为'字轻，犹言谓之道。"【通考】黄氏洵饶曰："道不远人，此三句亦以小支。其下三节，'非欲远人以为道之事'，'亦不远人以为道之事'，'皆不远人以为道之事'，可见是小节解。"

《诗》云：'伐柯伐柯，其则不远。'执柯以伐柯，睨而视之，犹以为远。故君子以人治人，改而止。睨，研计反。

《诗》，《豳悲巾反。风·伐柯音哥。》之篇。柯，斧柄。则，法也。睨，邪视也。言人执柯伐木以为柯者，彼柯长短之法，在此柯耳。然犹有彼此之别，彼列反。下同。故伐者视之犹以为远也。若以人治人，则所以为人之道，各在当去声。人之身，初无彼此之别。故君子之治人也，即以其人之道，还治其人之身。其人能改，即止不治。盖责之以其所能知能行，非欲其远人以为道也。张子所谓"以众人望人则易去声。从"是也。程子曰："执柯伐柯，其则不远，人犹以为远。君子之道本诸身、发诸心，岂远乎哉？道初不远于人之身，人之为道而不近求之于其身，尚何所为道？故有伐柯睨视之譬，知道之不远人，则人与己本均有也，故以人治人。"朱子曰："紧要处全在'道不远人'一句，言人人本自有许多道理，只是不曾依得这道理，却做从不是道理处去。如人之孝，他本有此孝，他却不曾行得这孝，却乱行从不孝处去。君子治之，非是别讨个孝去治他，只是与他说你这个不是，你本有此孝，却如何错行从不孝处去，其人能改，即是孝矣。不是将别人底道理治他，我但因其自有者，还以治之而已。及我自治其身，亦不是将他人底道理来治我，亦只是将我自有底道理自治我之身而已。所以说'执柯伐柯，其则不远'。执柯以伐柯，不用更别去讨法则，只那手中所执者便是则。然执柯以伐柯，睨而视之，犹以为远，若此个道理，人人具有，才要做底便是。初无彼此之别，故《中庸》一书，初间便说'天命之谓性，率性之谓道'，只是说人人各具此个道理，无有不足故耳。从上头说下来，只是此意。""君子以人治人，改而止，如水本东流，失其道而西流，从西边遮障得归来东边便了。"陈氏曰："能改即止，不以高远难行底责他，只把他能知能行底去治他。"蒙斋袁氏曰："不曰我治人，而曰以人治人，我亦人耳。道不离吾身，亦不离各人之身，吾有此则，人亦有此则，以则取则，天则自然，非彼柯假此柯之比也。人有过焉，能改则止，若责人已甚，违天则矣。故曰'忠恕违道不远'。"潜室陈氏曰："众人，即'天生烝民'，凡厥庶民之谓；只将他共有底道理治他，乃天理人伦之类。若以蠢蠢昏昏者为众人，非张子意。"云峰胡氏曰："众人同此性，即同此当然之则，以众人望人，不敢遽以圣人责人也。《章句》分三节，皆提起不远人以为道一句。第一节言以人治人，皆欲其不远人以为道；第二节言己之施于人者，不远人以为道；第三节言虽圣人所以责之己者，亦不远人以为道也。"东阳许氏曰："柯有彼此之异，尚犹是远，道在人身而不可离，又非柯之比。故教者，只消就众人自身所有之道而治之耳。行道者不假外求，治人者无可外加。"【通考】史氏伯璿曰："《语录》云'推以人治人之义'，有曰'及我自治其身，亦不是将他人底道理来治我，亦是将我自得底道理，自治我之身而已'。按，此虽与《章句》异，亦可备一说。盖道不远人之'人'字，是以人对道而言，道便是人之理，人便是人之身，初无以'人'对'己'之意。下文'人之为道而远人'，两'人'字皆指为道者言，可见人即己尔。故此节两'人'字，虽不必以为对己而，言亦可也。只因此上有'君子'二字，则似乎此'人'字对君子言之者，故《章句》顺文解义，以此为君子治人之事。又按，《中庸》自首章至此，皆言自治之事，直至二十章，方言知所以修身，则知所以治人，为天下国家矣。其实上'人'字是人之道，下'人'字是人之身。若只以为君子自治，恐亦可通。君子以人治人，犹曰'君子以在己之道，自治其身'之意尔。下文忠恕，即是以人治人之工夫，改是改其待人未能如待己者也。至于待人能如待己者，则不远人之道尽矣。故当此而不可过有所治也，若有不止，则便是为道而远人者之所为，反不可以为道矣。《章句》之所谓众人，非庸众之众，虽尧舜之圣，亦众人中之人耳。改非略改，而不必至于至善之谓。若但略改而即止，则孝不必十分孝，忠不必十分忠，皆可止耶。虽尧舜之孝，亦不远人之道尔。孝未至于尧舜，便是为子之道有所未尽，所以夫子之圣，犹自谓所求乎子以事父未能也。胡氏之说非是。"

忠恕违道不远，施诸己而不愿，亦勿施于人。

尽己之心为忠，推己及人为恕。违，去也，如《春秋传》去声。"齐师违谷七里"之违，言自此至彼，相去不远，非背音佩。而去之之谓也。《左传·哀公二十七年》：晋荀瑶帅师伐郑，次于桐丘。郑驷弘请于齐，乃救郑。及留舒，齐兵违谷七里，谷人不知，及濮水名。智伯闻之，乃还，曰："我卜伐郑，不卜伐齐。"智伯，智襄子也，即荀瑶。道，即其不远人者是也。此章以"道不远人"为纲领，故《章句》节节提掇。施诸己而不愿，亦勿施于人，忠恕之事也。朱子曰："忠者，尽己之心，无少伪妄。只是尽自家之心，不要有一毫不尽，须是十分尽得，方始是尽。若七分尽得，三分未尽，也是不忠。恕者，推己及物，各得所欲。知得我是要恁地，想人亦要恁地，而今不可不教他恁地，三反五折，便是推己及物。"问："此只是恕，如何作忠恕说。"曰："忠恕两个离不得，方忠时未见得恕，及至恕时，忠行乎其间。施诸己而不愿，亦勿施于人，非忠者不能也。"北溪陈氏曰："忠是就心说，是尽己之心，无不真实者；恕是就待人接物处说，只是推己心之真实者，以及人物而已。"东阳许氏曰："行道之方，惟在忠恕，自此行之，则可至中庸之道，故曰'违道不远'。施诸己而不愿，亦勿施于人，推己之恕也。然非忠为本，则亦无可推者矣。盖忠以心之全体言，恕就每事上言。所接之事，万有不同，皆自此心而推，然应一事时，尽己之心推之，则心之全体却又只在此，故恕非忠无以本，忠非恕不能行，二者相须，缺一不可。所以经以‘施诸己’两句总言忠恕，而《章句》亦曰‘施诸己而不愿，亦勿施于人，忠恕之事也’。”以己之心度徒洛反。人之心，未尝不同，则道之不远于人者可见。故己之所不欲，则勿以施之于人，亦不远人以为道之事。黄氏曰：“此即己之身，而得待人之道，待人之道不必远求，不过推己以及人而已。”张子所谓“以爱己之心爱人则尽仁”是也。问：“《论语》、《中庸》，言忠恕不同。”朱子曰：“尽己推己，此言违道不远是也，是学者事，忠恕工夫，到底只如此，曾子取此以明圣人一贯之理耳。若圣人之忠恕，只说得‘诚’字与‘仁’字，‘尽’字‘推’字用不得。若学者则须推，故程子曰以己及物，仁也；推己及物，恕也，违道不远是也。自是两端说，此只说下学而上达，是子思掠下教人处。《论语》则曰一以贯之，又曰勿者禁止之辞，岂非学者事？《论语》分明言夫子之道，岂非圣人事？”问：“到得忠恕已是道，如何云违道不远？”曰：“仁是道，忠恕正是学者下工夫处。‘施诸己而不愿，亦勿施于人’，子思之说正是工夫。‘夫子之道，忠恕而已矣’，却不是恁地，曾子只是借这个说‘维天之命，於穆不已’。乾道变化，各正性命，便是天之忠恕；纯亦不已，万物各得其所，便是圣人之忠恕；施诸己而不愿，亦勿施于人，便是学者之忠恕。”“凡人责人处急，责己处缓，爱己则急，爱人则缓，若拽转头来，便自道理流行。”潜室陈氏曰：“此因恕而言仁耳。恕是求仁之事，推爱己之心以爱人，恕者之事也；以爱己之心爱人，仁者之事也。忠恕违道不远，转一过即仁矣。故张子以仁言。”双峰饶氏曰：“道是天理，忠恕是人事。天理不远于人事，故曰‘道不远人’；人事尽则可以至天理，故曰‘忠恕违道不远’，其理甚明。”【通考】史氏伯璿曰：“忠恕违道不远，《章句》至矣。饶氏谓此皆不远人以为道之事，而道之不远于人者莫甚于此，故下文即其文而详言之。窃意忠恕是尽己之心，推以及人之事。故己不欲而勿施于人，固推己也；己所欲而以施之于人，亦推己也。下文‘施诸己而不愿，亦勿施于人’二句，是不欲而勿施于人者；‘君子之道四’至‘先施之未能’一节，是推己所欲以施于人者。一反一正，皆所以释此一句之义也。”又曰：“施诸己而不愿，亦勿施于人，《章句》兼忠恕释之，至矣。饶氏专为恕之事者失之，盖此一节是不以己之所恶者施之于人，圣贤论忠恕，皆就推己处说。如夫子之告子贡、仲弓亦此意，盖取其易见也。知己所恶者勿施，则己所欲者自不容于不施矣，非但不施己之所恶而已也。然则《章句》‘自以己之心度人之心’，‘度人之心’以下，似可兼说下节之旨，不但可施于此节云。”黄氏洵饶曰：“则尽仁之‘仁’字，还是说上‘道’字。仁即道，就忠信上说，故曰仁；就达德上说，故曰道。”史氏伯璿曰：“双峰以勿愿勿施二句为恕之事，与《章句》异，语录辨此已详。盖恕由忠出，忠因恕行，初无二致。尽己之心，在内本不可见，善观者却于推己之际观之，则尽己之意可见矣。且如施诸己而不愿之心，固非有不真实者，是则不愿者，己之真心也。此真心非忠之未发者乎？及其推以及物，亦即以此不愿之真心而勿施之，则发于己者岂有一毫之不尽乎？此即忠之因恕见者然也，以己之不愿者，推之而勿施于人，此则恕之由忠出者也。《章句》合忠恕而言，至矣。饶说非是。”

君子之道四，丘未能一焉：所求乎子，以事父，未能也；所求乎臣，以事君，未能也；所求乎弟，以事兄，未能也；所求乎朋友，先施之，未能也。庸德之行，庸言之谨，有所不足，不敢不勉，有余不敢尽；言顾行，行顾言，君子胡不慥慥尔！”子、臣、弟、友，四字绝句。

求，犹责也。道不远人，凡己之所以责人者，皆道之所当然也，故反之以自责而自修焉。黄氏曰：“此即人之身而得治己之道，治己之道初不难见，观其责人者而已。”庸，平常也。行者，践其实。谨者，择其可。德不足而勉，则行益力；言有余而讱①，忍也，难也。则谨益至。谨之至则言顾行去声，“行顾”、“言行”之“行”同。矣；行之力则行顾言矣。慥慥，笃实貌。言君子之言行如此，岂不慥慥乎，赞美之也。凡此皆不远人以为道之事。三山陈氏曰：“人之言常有余，行常不足。言顾行，则言之有余者将自损；行顾言，则行之不足者将自勉。此章语若杂出，而意脉贯通，反复于人己之间者，详尽明切而有序，其归不过致谨于言行以尽其实耳。”张子所谓“以责人之心责己则尽道”是也。朱子曰：“未能一焉，固是谦辞，然亦可见圣人之心，有未尝满处。所求乎子，以事父，未能也，每常人责子，必欲其孝于我，然不知我之所以事父者，曾孝否乎？以我责子之心，而反推己之所以事父，此便是则也；所求乎臣以事君，未能也，常人责臣，必欲其忠于我，然不知我之所以事君者，尽忠否乎？以我责臣之心，而反之于我，则其则在此矣。”又曰：“事父未能，须要如舜之事父，方尽得子之道；事君未能，须要如周公之事君，方尽得臣之道。若有一毫不尽，便是道理有所欠缺，便非子与臣之道矣。无不是如此，只缘道理当然，自是住不得。”南轩张氏曰：“此章大意，谓道虽不远人，而其至则圣人亦有所不能，而实亦不远于人。故君子只于言行上笃实做工夫，此乃实下手处。”格庵赵氏曰：“我之所望于人者，即我所当自尽之则，不是将他人道理来治我，盖以得于天之所同然者而自治其身耳。”双峰饶氏曰：“‘施诸己而不愿’二句，是恕之事；‘君子道四’一节，是忠之事，所以为恕之本者也。忠为恕之本，先论勿施于人，而后反之，以责其所以尽己者，语意尤有力。《大学》自明明德于天下而反推之，至于诚意致知；《中庸》自获上治民而反推之，至于诚身明善，皆此意。”朱氏伸曰：“言未能者，欲先尽己也，能尽乎己则恕可推矣。”云峰胡氏曰：“《论语》说忠恕，是曾子借此二字形容圣人至妙处，此则是子思就此二字说归圣道至实处。推爱己之心爱人，推己及物之恕也，而忠即行乎其间；以责人之心责己，发己自尽之忠也，而恕即不外乎此。君臣父子兄弟朋友之伦，人人性分之所固有者，而曰丘未能一焉，亦曰吾之反求诸己，未能如其所以责人者尔。学者之心，常如圣人以为未能，则必深体而力行之，惟恐庸言之不谨，而言未能顾其行，惟恐庸德之未行，而行未能顾其言。此皆尽己之心，而恕之本也。饶氏谓夫子责己以勉人，前四语是责己，‘庸德’以下是勉人。”【通考】朱氏公迁曰：“《大学》止至善之目，于五品遗其二，则欲人推类以尽其余也。《中庸》君子之道四，于五品遗其一，则道所当然，非所求之闺门妇女也。夫妇之别，必君子道之使由

① 讱：出言缓慢谨慎。

之，岂待以责彼之道自责乎?”史氏伯璿曰：“饶氏以为忠之事者失之，《章句》之句读训释至矣，此一节亦忠恕之事，是推己所欲者施之于人也。所求乎子，所求乎臣，所求乎弟，所求乎朋友，皆是求其待己如己之所欲也；以事父，以事君，以事兄，以先施，皆事推己所欲求于子臣弟友者，以及其父君兄友也。四者皆曰未能，可见子臣弟友之职未易尽。圣人不自圣之心，盖与舜之事亲自知不足者同一意尔。上文‘己之所恶，则勿以施之于人’，足矣。此欲推己所欲以及人，则孝忠弟信之道，有一毫未如己之责人者，皆不害其为未能，此虽夫子之谦辞，要亦不害其为圣人不自满足之诚心也。君子之道，即上文不远人之道尔，道不外乎人伦，故以四者言之。推己及人，即‘不远人以为道之事’。忠恕之事无不尽，则道不外是，乃为能改而可止矣。故张子曰‘以责人之心责己则尽道’，盖谓是也。若移《章句》前节自‘以己之心度人之心’至‘亦不远人以为道之事’一段，置于此节之下，以总释二节之旨，更添‘而以己之所欲者施之于人’一句于前‘勿以施之于人’之下，‘亦不远人以为道’之上，仍改‘亦’字为‘皆’字，则似极为明备。盖二节皆忠恕节目，皆不远人以为道之事也。然则此四者《章句》但以为则己自修之事，今亦指为忠恕之事，抑亦有所本乎?曰，观《语录》尝以大学絜矩为此章之证，则固亦以为忠恕之意矣。况以为忠恕之事，亦与《章句》责己自修之意无所碍，庶乎亦有可通云尔。‘庸德之行’以下，《章句》至矣。饶氏以庸德为孝弟忠信之类者，近之；以庸言为责乎子臣弟友之类者，未当。此盖承二节忠恕之事而言，既又推而及之以至于尽道之域也。庸德以忠恕之事为德也，庸言以忠恕之事为言也。待人有一毫不如待己者，便是不忠不恕，故于庸德不可不践其实，于庸言不得不择其可。行忠恕之事难，故每有不足，不足则不敢不自勉以尽其难；言忠恕之事易，故每至有余，有余则不敢不自反以节其所易。至于言无不如其行，行无不掩其言，则言行于是乎相顾，而忠恕之事毕矣。至此则人事尽，天理得，由‘忠恕之不远乎道者’可以至于‘不远人之道’而与之一矣，此所以‘胡不慥慥乎’之言而赞美之也欤?饶氏谓前四语是责己，‘庸德’以下是勉人。按：此段皆是夫子责己自勉之辞，而教人勉人之意在其中。上曰四者未能，责己之辞也。此便如‘若圣与仁，则吾岂取’之意，皆圣人不自圣之谦辞也。苟未能而遂已焉，则亦徒责而已。故以‘庸德以下’以见自勉之意，便可见不以不能而遂已，必求至于能而后可之意，此便如‘抑为之不厌’之意，皆圣人纯亦不已之诚心也。合而言之，可见圣人不自满足、终日乾乾之意矣。圣人尚尔，况学者乎?则其教人勉人之意，必外此而他求哉。”黄氏洵饶曰：“之行，平声。顾，犹应也。行，并去声。上章君子之道，天地之道，鬼神之道，至诚之道，大抵皆同。此是节解，后仿此。”

右第十三章。道不远人者，夫妇所能，丘未能一者，圣人所不能，皆费也。而其所以然者，则至隐存焉。下章放上声，与“仿“同。此。双峰饶氏曰：“此章实承上章，上章说道如此费，恐人以阔远求道，故此章说道不远人。上章以费隐明道之体用，而此章以忠恕违道不远继之，以明学者入道之方，盖即夫子告曾子以一贯，而曾子告门人以忠恕之意也。岂子思得其传于曾子，而于此发明之与?”新安陈氏曰：“丘未能一，固圣人谦辞，然实足以见圣人愈至而愈不自至之诚，如朱子所谓必如舜之事父、周公之事君，方为尽道。语其极，诚圣人所不敢自以为能也。”

君子素其位而行，不愿乎其外。

素，犹见形甸反。下同。在也。如今人言素来之意。【通考】史氏伯璿曰：“按，素来有从前之义，似与见在之意不类。见在乃是目今之事，非从前意也。今日富贵，则今日行乎富贵；明日贫贱，则明日又行乎贫贱，此之谓见在。观《或问》善游氏之说可见。若以为素来，则昨日富贵，今日贫贱，凡仍素来所行可乎？”言君子但因见在所居之位而为其所当为，无慕乎其外之心也。此二句，一章之纲，下文分应之。【通考】黄氏洵饶曰：“君子素其位而行，即曾点之意。则其德盛礼恭而不愿乎外亦可见。”

素富贵，行乎富贵；素贫贱，行乎贫贱；素夷狄，行乎夷狄；素患难，行乎患难；君子无入而不自得焉。难，去声。

此言素其位而行也。北溪陈氏曰：“素富贵行乎富贵，如舜之被袗衣鼓琴，若固有之是也；素贫贱行乎贫贱，如舜之饭糗茹草，若将终身是也；行乎夷狄，如孔子欲居九夷，曰‘何陋之有’是也；行乎患难，如孔子曰‘天未丧斯文，匡人其如予何’是也。盖君子无所往而不自得，惟为吾之所当为而已。”双峰饶氏曰：“四者之中，只有富贵是顺境，三者皆逆境。”问：“上言四事，下文‘在上位’以下，只暗说富贵贫贱如何？”曰：“人之处世，不富贵则贫贱，如夷狄患难，不常有之。素夷狄，谓适然陷于夷狄，如苏武、洪忠宣事。”问：“‘入’字，是入四者之中否？”曰：“‘入’字阔，上四者特举其概，随其所在而乐存焉。”倪氏曰：“顺居一，逆居三，以见人少有不经忧患者。君子居易俟命，以能视顺逆为一也。”【通考】黄氏洵饶曰：“素富贵，道行乎富贵；素贫贱，道行乎贫贱；素夷狄，道行乎夷狄；素患难，道行乎患难。行乎富贵如舜被袗衣鼓琴之类，行乎贫贱如舜居深山之类，行乎夷狄如孔子居九夷，行乎患难如孔子厄陈蔡、文王囚羑里之类。”史氏伯璿曰：“‘无入’字总上文四‘素’意而言，‘自得’字总上文四‘行’意而言，此句是包上文四句之意，属之‘素位而行’也。‘不愿乎外’二句是反覆相形而言，故下二节亦反覆相应而言耳。按：贫贱对富贵言，虽逆顺不同，皆常事也。患难却对康宁言，夷狄却对中国言，患难夷狄不唯是逆，又且是事之变者。并言四者而常变相半者，不过以见处常处变，皆无入不自得耳；常变相半而顺一逆三者，又不过以处顺易，处逆难，故略于顺而详于逆耳。康宁与中国，亦常事之顺者耳，奚假言哉？若曰‘以见人少有不经忧患者’，则是人亦少有不在患难夷狄者耶？倪说非是。”

在上位不陵下，在下位不援上，正己而不求于人则无怨。上不怨天，下不尤人。援，平声。

此言不愿乎其外也。陈氏曰：“吾居上位，则不陵忽乎下；吾居下位，则不攀援于上。惟反自责于己，初无求取于人之心，自然无怨。盖有责望于天而不副所望，则怨天；有求取于人而人不我应，则尤人。君子无责望于天之心，无求取于人之意，又何怨尤之有？此处见君子胸中多少洒落明莹，真如光风霁月，无一点私累。”

故君子居易以俟命，小人行险以徼幸。易，去声。

易，平地也。易与险对。居易，素位而行也。俟命，不愿乎外也。问：“君子居易俟命，与《大易》'乐天知命'似否？"潜室陈氏曰："居易俟命，学者事；乐天知命，圣人事。"格庵赵氏曰："君子胸中平易，所居而安，素位而行也。富贵贫贱，惟听天之所命，不愿乎外也。"徼，坚尧反。求也。幸，谓所不当得而得者。朱子曰："言强生意智，取所不当得。"朱氏伸曰："易者，中庸也。俟命者，待其分之所当得，故无怨尤。险者，反中庸也。徼幸者，求其理之所不当得，故多怨尤。"【通考】黄氏洵饶曰："谓所不当得而得，与诡遇获禽意不同。"

子曰："射有似乎君子；失诸正鹄，反求诸其身。"正，音征。鹄，工毒反。

画胡卦反。布曰正，栖皮曰鹄，皆侯之中，射之的也。《诗传》：侯，张布而射之者也。正，设的于侯中而射之者也。大射，则张皮侯而设鹄；宾射，则张布侯而设正。双峰饶氏曰："正，乃是'鸡'字①，小而飞最疾，最难射，所以取为的。鹄取革置于中，正则画于布以为的。"【通考】詹氏道传曰②："按朱子曰《周礼》梓人有皮侯、采侯、兽侯。皮侯则设鹄，乃大射之侯；采侯则设正，宾射之侯也。正之方外如鹄，亦三分其侯而居一，中二尺画以云气，亦如正之数。五正者，天子也；诸侯则三正，去玄黄孤；大夫二正，去青白，直以朱绿也。若兽侯则燕射之侯。《乡射记》云：天子熊侯，白质；诸侯麋侯，赤；诸大夫布侯，画以虎豹；士布侯，画以鹿豕。盖用布，而画兽头于正鹄之处。天子诸侯则以白土、赤土涂其布为质，士则用布而不涂。其侧所画云彩亦如采侯之差等。"东阳许氏曰："射有三，天子至大夫皆有，士则无大射而有宾射、燕射也。《三礼辨》云，天子九十步，诸侯七十步，大夫五十步。侯步近者，鹄差小，取其巧也；步远者，鹄差大也，取其力也。"赵氏德曰③："宾射之的谓正。正者，正也，欲明射者内志须正也。大射之质谓之鹄。鹄者，直也，欲使射者外体之直。大射则张皮侯而设鹄，此乃天子将有郊庙之事，以射择诸侯及群臣贡士可以典祭者；宾射则张布于侯而设正，诸侯朝会，正以宾射之礼以观邦国诸侯者也。"子思引此孔子之言，以结上文之意。陈氏曰："射有不中，只是自责，如君子行有不得，反求诸己，盖以证上文'正己而不求于人'，是亦不愿乎其外之意也。"

右第十四章。子思之言也。凡章首无"子曰"字者放此。双峰饶氏曰："上章道不远人，是就身上说。此章素位而行，是就位上说，比身放开一步，然位是此身所居之地，犹未甚远。下章言行远登高，卑近可以至于高远，迤逦放开去。"

君子之道，辟如行远必自迩，辟如登高必自卑。

辟、譬同。新安陈氏曰："承上章言道无不在，而进道则有序。以'君子之道'提

---

① 鸡：鸟名，鹰类猛禽。

② 詹氏道传：詹道传，临川人，著有《四书纂笺》二十八卷。《四库全书总目》卷三十六《四书纂笺》提要："道传临川人，其始末未详。是书略仿古经笺疏之体，取朱子《四书章句集注》、《或问》，正其音读，考其名物度数，各注于本句之下亦间释朱子所引之成语。……学者与张存中《四书通证》相较，固犹在其上矣。"

③ 赵氏德：赵德，南宋人。（清）陆心源辑《宋史翼》卷三十六："赵德，宋宗室。博学工文，举进士。宋亡隐居南昌之东湖，自号铁峰。尝著《四书笺义》、《五经辨说》行于世。"

起，言凡君子之道皆当如此也。”【通考】黄氏洵饶曰：“‘君子之道，辟如行远必自迩’云云略。行远自迩，登高自卑，是凡天下事，皆当如此。下引《诗》及孔子之言，但举一事以明之，亦犹《诗》之兴也。妻子兄弟譬卑近，父母譬高远。”

《诗》曰：“妻子好合，如鼓瑟琴。兄弟既翕，和乐且耽。宜尔室家，乐尔妻帑。”好，去声。耽，《诗》作湛，亦音耽。乐，音洛。

《诗》，《小雅·常棣》之篇。鼓瑟琴，和也。翕，亦合也。耽，亦乐也。帑，与孥通。子孙也。

子曰：“父母其顺矣乎！”

夫子诵此诗而赞之曰：人能和于妻子、宜于兄弟如此，则父母其安乐音洛。之矣。子思引诗及此语，以明行远自迩、登高自卑之意。三山陈氏曰：“行远自迩，登高自卑，凡君子之道，其推行之序皆然，引《诗》以明之，特举一事而言耳。”双峰饶氏曰：“行远自迩，登高自卑，说得阔，只引《诗》来形容却是切。惟妻子好合，如鼓瑟琴，故能宜尔室家。惟兄弟既翕，和乐且耽，故能乐尔妻孥。室家宜，妻孥乐，皆下面事，父母顺，是上面事。欲上面顺，须下面和始得，即行远自迩、登高自卑之意。”新安陈氏曰：“兄弟妻子之间，日用常行之事，道无不在，不可忽其为卑近，虽高远实自于此。尧舜之道，孝弟而已，正此意也。子思引《诗》及夫子赞《诗》语，盖偶指一事而言，非以自迩自卑之义为止于此诗所云而已也。”

右第十五章。双峰饶氏曰：“自‘道不远人’而下，至此凡三章，皆近里就实，学者所当用功。”东阳许氏曰：“此章专言行道必自近始。未有目前日用细微处不合道，而于远大之事能合道者也，君子之道，其理势必当如此。故于费隐之后，十三章先言修己治人，必恕以行之而谨其庸德庸言。次十四章，则言正己不求于外。此章则言自近及远，是言凡行道皆当如是也。引《诗》本是比喻说，然于道中言治家，则次序又如此。”

子曰：鬼神之为德，其盛矣乎！

程子曰：“鬼神，天地之功用，而造化之迹也。”朱子曰：“功用只是论发见者，如寒来暑往，日往月来，春生夏长皆是。”“风雨霜露，日月昼夜，此鬼神之迹也。”“造化之妙，不可得而见，于其气之往来屈伸者足以见之。微鬼神，则造化无迹矣。”问：“何谓迹？”曰：“鬼神是天地间造化，只是二气屈伸往来，神是阳，鬼是阴，往者屈，来者伸，便有个迹恁地。”北溪陈氏曰：“造化之迹，以阴阳流行，著见于天地间者言之。”张子曰：“鬼神者，二气之良能也。”朱子曰：“良能，是说往来屈伸，乃理之自然，非有安排措置。二气则阴阳，良能是其灵处。”“鬼神，论来只是阴阳屈伸之气，谓之阴阳亦可也。然必谓之鬼神者，以其良能功用而言也。”“屈伸往来，是二气自然能如此，一伸去便生许多物事，一屈来便无了一物，便是良能功用，便是阴阳往来。”双峰饶氏曰：“造化之迹，指其屈伸者而言。二气良能，指其能屈能伸者而言。程子只说他屈伸之迹，不说他灵处，张子说得精。”【通考】吴氏程曰：“鬼神虽是说气，而理实在其中。故‘迹’专以气言，而良能兼以理言，然后其意始备。大抵理形而上，气形而下，而鬼神则形而上下之间者也。不然朱子何以曰‘良能是说往来屈伸理之自然，不假安排布置'?"许谦曰①:"天地言其形,造化言其理,造化之理妙不可见,惟见其成败之迹耳。"愚谓以二气言,则鬼者阴之灵也,神者阳之灵也。朱子曰:"二气谓阴阳对待,各有所属。如气之呼吸者为魂,魂即神也,而属乎阳;耳目口鼻之类为魄,魄即鬼也,而属乎阴。"北溪陈氏曰:"灵只是自然屈伸往来,恁地活尔。"以一气言,则至而伸者为神,反而归者为鬼,其实一物而已。张子曰:"物之初生,气日至而滋息,物生既盈,气日反而游散。至之谓神,以其伸也;反之谓鬼,以其归也。天地不穷,寒暑耳;众动不穷,屈伸耳。鬼神之实,不越乎二端而已矣。"朱子曰:"二气之分,实一气之运。以二气言,阴之灵为鬼,阳之灵为神。以一气言,则方伸之气,亦有伸有屈。其方伸者,神之神;其既伸者,神之鬼。既屈之气,亦有屈有伸。其既屈者,鬼之鬼;其来格者,鬼之神。""天地间如消底是鬼,息底是神;生底是神,死底是鬼。四时春夏为神,秋冬为鬼。人之语为神,默为鬼;动为神,静为鬼;呼为神,吸为鬼。"新安陈氏曰:"二气,以阴阳之对待者言;一气,以阴阳之流行者言。"为德,犹言性情功效。朱子曰:"性情,乃鬼神之情状。能使天下之人齐明盛服,以承祭祀,便是功效。""视不见,听不闻,是性情;体物而不可遗,是功效。""性情,便是二气之良能;功效,便是天地之功用。人须是于良能功用上,认取其德。鬼神之德,言鬼神实然之理。"蛟峰方氏曰:"性情言其体,功效言其用。《易》曰'鬼神之情状',情即性情,状即功效也。鬼神生、长、敛、藏,是孰使之然,是他性情如此;若生而成春,长而成夏,敛而成秋,藏而成冬,便是鬼神之功效。"【通考】黄氏洵饶曰:"鬼神即阴阳可见者。中庸其至矣乎,以理言;'鬼神其盛矣乎',以气言。理,故言'至';气,故言'盛'。鬼神为物之体而物不能遗,中庸亦为物之体而物所不能遗也,《章句》所谓'天以阴阳五行,化生万物,气以成形,而理亦赋焉'是也。阴阳,分而言之,夫乾静专其性,动直其情,大生焉其功效;夫坤静翕其性,动辟其情,广生其功效。合而言之,阴顺阳健者,性也;阳施阴受者,情也;阳生阴成者,功效也。即此章观之,不睹不闻者,性也;体物而不可遗者,情也;洋洋乎如在其上,如在其左右,功效也。皆就用上说良能之良,即灵也,妙用也。"朱氏公迁曰:"鬼神自造化而言,是专言之也。主乎祭祀而言,是偏言之也。于二气良能之中,我祭其气之于我相接者,则是理之正也。'鬼神为德'、'质诸鬼神'、'怪力乱神',皆泛以造化之鬼神言。'齐明盛服'以下,及'敬鬼神'、'事鬼神'、'非其鬼而祭之',皆特举其祭祀之鬼神言也。又祭祀之可格者,是鬼神之灵;质之而无疑者,是鬼神之理;夫子不语者,是鬼神之妙。"

视之而弗见,听之而弗闻,体物而不可遗。

鬼神无形与声,然物之终始,莫非阴阳合散之所为,新安陈氏曰:"阴阳之合,为物之始;阴阳之散,为物之终。"是其为物之体,而物所不能遗也。其言体物,犹《易》

① 许谦:元金华人,字益之,1199—1266年。受业于金履祥,尽得其所传。延祐初,居东阳八华山讲学,学者甚众。里居四十年,公卿屡荐,皆不起。晚年以白云山人自号,世称白云先生。有《白云集》,《元史》载《儒学传》。

所谓干事①。问："体物而不可遗。"朱子曰："只是这一个气，入毫厘丝忽里去，也是这阴阳；包罗天地，也是这阴阳。有是理，便有是气，有是气，便有是理，无非实者。""天下岂有一物不以此为体。天地之升降，日月之盈缩，万物之消息变化，无一非鬼神之所为者。是以鬼神虽无形声，而遍体乎万物之中，物莫能遗也。""此三句指鬼神之德而言，视不见，听不闻，无形声臭味之可闻可见也。然却体物而不遗，则甚昭然而不可掩也。所谓'体物'者，固非见有是物而后体之，亦非有体之者而后有是物。万物之体，即鬼神之德，犹云即气而不可离也，可离则无物矣。所谓不可遗者，犹云无阙遗渗漏，盖常自洋洋生活，不间乎晦明代谢也。物之聚散始终，无非二气之往来伸屈，是鬼神之德，为物之体，而无物能遗之也。""不见不闻，此正指隐处，如前后章，只举费以明隐。"双峰饶氏曰："前章详于费而不及隐，引而不发之意也。此章推隐而达于费，以发前章未发之意也。然弗见弗闻，已足以形容其隐矣，而复以体物而不可遗言者，明'隐'非空无之谓也。故下文言微之显，而复以诚之不可掩申之，明隐之所以不能不费者，正以其实理之不可掩故也。"又曰："道是形而上者，鬼神是形而下者，此章即鬼神之费隐以明道之费隐。言观鬼神之体至隐而其用至费如此，则道之用所以至费者，岂非有至隐以为之体乎？"朱氏伸曰："视弗见、听弗闻，德之微也。体物不可遗，德之显也。"新安陈氏曰："鬼神为物之体，故此曰体物，犹贞为事之干。故乾卦文言曰'贞固足以干事'。"张子曰："天体物而不遗，犹仁体事而无不在也，味其语意，可互相发明。"【通考】东阳许氏曰："视弗见，听弗闻，性也；体物不可遗，情也；使人承祭祀者，功效也。"又曰："体物者，为物之体也；干事者，为事之质干也。"赵氏德曰："《易·文言》'贞者，事之干'朱子《本义》云，言事之所依以立，盖正而能固，万物依此而立。干，如木之干；事，如木之叶。二节言鬼神遍体万物之中，物莫能遗。"黄氏洵饶曰："'体物不可遗'，'体'字，理气兼在；'不可遗'，一物一太极。'然物之终始'，即二十五章'物之终始'。'干事'者，天以理而散为万物，人以心而散为万事，心之贞固为事之干。"

使天下之人齐明盛服②，以承祭祀。洋洋乎！如在其上，如在其左右。齐，侧皆反。

齐音斋，下"其齐"同。之为言齐也，所以齐不齐而致其齐也。出《礼记·祭统篇》：谓齐其不齐之思虑，以极致其齐也。明，犹洁也。明洁其心。陈氏曰："齐明，是肃于内；盛服，是肃于外。内外交致之功也。"洋洋，流动充满之意。能使人畏敬奉承，而发见形甸反。下同。昭著如此，乃其体物而不可遗之验也。问："洋洋如在其上，如在其左右，似不是感格意思，是自然如此。"朱子曰："固是，然亦须自家有以感之始得。"双峰饶氏曰："使天下之人，'使'字最好看，见得他灵处。"陈氏曰："承祭祀，如天子祭天地，诸侯祭社稷，大夫祭五祀，士祭其先之类。随所当祭者，诚敬以集自家精神，

---

① 干事：做事物的主宰。《易·乾卦》："贞者事之干也。""贞固足以干事"。

② 齐明盛服：祭祀之前或其他典礼沐浴斋戒，以示虔敬。齐，同"斋"。

则彼之精神亦集，便洋洋流动充满，如神在焉。”新安陈氏曰：“此章自‘体物而不可遗’以上，所说鬼神，所包甚阔，凡天地造化，日月风雨，霜露雷霆，四时寒暑昼夜，潮水消长，草木生落，人生血气盛衰，万物生死，无非鬼神。自‘使人齐明’以下，方是就无所不包之鬼神中，提出所当祭祀之鬼神来说，见得鬼神随祭而随在，流动充满，昭著发见，无所不在。所谓体物而不可遗者，岂不可验之于此哉?”东阳许氏曰：“如在上，如在左右，此是于祭祀时见体物不可遗处，所以《章句》言‘乃其体物不可遗之验’。前以天地造化二气一气言，是言鬼神之全，后所谓承祭祀者，如天神地示人鬼及诸祀，亦皆鬼神，却是从全体中指出祭祀者，使人因此识其大者。”【通考】东阳许氏曰：“祭有三，曰天神、地祇、人鬼，总言之亦通谓之鬼神。大率天神皆阳类也，其中亦有阳中之阴，如月，如五星之金水，如雨师之类，然终是丽乎天者。地祇皆阴类，亦有阴中之阳，山林与川泽对，则山林阳也，原与隰对，则原阳也，然终是丽乎地者。惟祭人鬼则求魂于天，求魄于地，是合阴阳而祭之。鬼虽是阴，其中却是合阴阳来格。”赵氏德曰：“按木火之神生物，金水之鬼终物。彼以春夏对秋冬，故以春夏生物，秋冬终物。其实鬼神皆能生物、终物也，故此云‘体物而不可遗’。此虽说阴阳鬼神，人之鬼神亦附阴阳之鬼神，故此云‘齐明盛服，以承祭祀’，是兼人之鬼神也。”孔子曰：“其气发扬于上，为昭明焄音熏。蒿凄怆初亮反。此百物之精也，神之著也①。”《礼记·祭义篇》孔子答宰我问鬼神之语。正谓此尔。朱子曰：“鬼神之露光景，是昭明；其气蒸上、感触人者，是焄蒿；使人精神凛然竦然，如《汉书》所谓‘神君至、其风飒然’之意，是凄怆。”问：“《鬼神章》，首尾皆主二气屈伸往来而言，而中间‘洋洋如在其上’，乃引‘其气发扬于上，为昭明焄蒿凄怆’，此乃人物之死气，似与前后意不合，何也?”曰：“死便是屈，感召得来，便是伸。祖宗气，只存在子孙身上。祭祀时，只是这气，便自然又伸，自家极其诚敬，肃然如在其上是甚物，那得不是伸，此便是神之著也。”【通考】东阳许氏曰：“焄，谓香臭；蒿，谓气蒸出貌。朱子谓昭明是人死时自有一段光景，焄蒿是其气升腾，凄怆是使人惨栗感伤之意。”何文定曰②：“此是阴阳乍离之际，有此声气，此是《祭义》所言正意。若《中庸章句》乃是借来形容祭祀来格，洋洋如在之气象。此是感召已散而复伸之气，与祭祀所指自不同。”程氏复心曰：“此节言鬼神之德无所不在，能奉承敬畏，则此理昭然流动，充满于上下左右。此阴阳鬼神之发见昭著处，盖体

① 语出《礼记·祭义》。焄蒿：祭祀时祭品所发出的气味。后亦用指祭祀。郑玄注：“焄谓香臭也，蒿谓气蒸出貌也。”孔颖达疏：“焄谓香臭也，言百物之气，或香或臭；蒿谓烝出貌。言此香臭烝而上出，其气蒿然也。”

② 何文定公：儒林有两位“何文定”称著。一为宋儒何基，一为明儒何塘。《理学宗传》卷十八《宋儒考》载有《何文定基》，卷二十二《明儒考》有《何文定公塘》。此“何文定公”当为何基。《宋史》卷四百三十八有何基本传，传云：“何基，字子恭，婺州金华人。父伯熭为临川县丞，而黄榦适知其县事，伯熭见二子而师事焉。榦告以必有真实心地刻苦工夫而后可，基悚惕受命，于是随事诱掖，得闻渊源之懿。……所著《大学发挥》、《中庸发挥》、《大传发挥》、《易启蒙发挥》、《通书发挥》、《近思录发挥》。”

物不遗之验。”黄氏洵饶曰：“昭明，光也；焄蒿，气也；凄怆，情也。就人上见，故戒惧慎独，灵不可掩也。”

《诗》曰：“神之格思，不可度思！矧可射思！”度，待洛反。射，音亦，《诗》作斁。

《诗》，《大雅·抑》之篇。格，来也。矧，况也。射，厌也，言厌怠而不敬也。思，语辞。陈氏曰：“言神明之来，视不见，听不闻，皆不可得而测度，矧可厌斁而不敬乎?”【通考】黄氏洵饶曰：“神之格思，洋洋在上，在左右。不可度思，谓齐明盛服以承祭祀，就人上可见。”

夫微之显，诚之不可掩如此夫。夫，音扶。

诚者，真实无妄之谓。此“诚”字，指鬼神之实理而言。

阴阳合散，无非实者。故其发见之不可掩如此。延平李氏曰：“《中庸》发明微显之理，于承祭祀时为言者，只谓于此时，鬼神之理昭然易见，令学者有入头处尔。”朱子曰：“鬼神，只是气之屈伸，其德则天命之实理，所谓诚也。”“鬼神主乎气，为物之体，物主乎形，待气而生。盖鬼神是气之精英，所谓诚之不可掩者，诚实也，言鬼神是实有者也。屈，是实屈；伸，是实伸；合散无非实者，故其发见昭昭不可掩如此。”“上下章恁地说，忽插一段鬼神，洋洋如在其上，如在其左右。在这里也是鸢飞鱼跃意思，所以末梢只说微之显，诚之不可掩如此夫。”陈氏曰：“此理虽隐微而甚显，以阴阳之往来屈伸，皆是真实而无妄，所以发见之不可掩如此。《诗》云三句，视弗见、听弗闻意；微之显，诚之不可掩，说如在上、在左右意。”双峰饶氏曰：“《中庸》‘诚’之一字，方见于此，盖为自此以后言诚张本也。后章‘诚’字，即此章‘诚’字，但此章‘诚’字，是费之所以然处，以理言也；后章‘诚’字，是以贯众费而有诸己处，以德言也。皆所谓隐也。”云峰胡氏曰：“诚者，《中庸》一书之枢纽，而首于此章见之。汉儒皆不识‘诚’字，宋李邦直始谓‘不欺之谓诚’，徐仲车谓‘不息之谓诚’，至子程子始曰‘无妄之谓诚’，子朱子又加以‘真实’二字，诚之说尽矣。六经言诚，自《商书》始，《书》但言鬼神享人之诚，而《中庸》直言鬼神之诚，其旨微矣。鬼神者，造化阴阳之气；诚者，即造化阴阳之理也。实有是理，则实有是气，其体甚微，其用甚显。视不见听不闻，微也，前之所谓隐也；体物而不可遗，显也，前之所谓费也。前言君子之道，以人道言；此言鬼神之德，以大道言。人道其用也，故先言用之费，而体之隐者即在费之中；天道其体也，故先言体之微，而用之显者亦不出乎微之外。言固各有当也。体物而不可遗，《章句》以为‘体物’犹《易》所谓‘干事’。木非干不立，筑非干易倾，‘干’字释‘体’字最有力。此是指鬼神之显处以示人。人之齐明盛服，鬼神未尝使之而若有使之者；洋洋如在，鬼神精爽直与人之齐明相接。《章句》谓此即其体物而不可遗之验也，盖前此所谓鬼神无所不包，此又就无所不包之中，提出当祭祀之鬼神来说，是又指鬼神之最显处示人。然此其显也，必有所以显者，末断之曰‘微之显’，‘诚之不可掩如此’，夫鬼神无声无形，于天下之物如之何其体之？于天下之人，又如之何其使之？显然一至诚之不可掩如此也。凡物之终始，莫非阴阳合散之所为，而阴阳合散，莫非真实无妄之理。后世此理不明，有指鬼神于佛老，而竟为淫祀以徼福者，一何怪诞不经至此哉！呜呼！使天下后世而皆知天命之性，则知佛氏之空者非性矣！皆知率性之道，则知老氏之无者非道矣！皆知鬼神之诚，则知后世淫祀之幻妄者非诚矣！朱子以为忧之也深。而虑之也远，信哉！”新安陈氏曰：“末二句，又该贯上章首五句，云虽因祭祀而发，不止为祭祀言也。视弗见、听弗闻，鬼神之妙虽无形而难知，其为体物而不可遗则显著而可见。‘微’字，与‘诚’字对；‘显’字，与‘不可掩’对。自其妙言之，曰微；自其实言之，曰诚。鬼神之德，诚而已矣。实有是理，故实有是阴阳之气；实有是气，则实有是鬼神。其所以为物之体而不可遗，其所以洋洋如在之发见显著而不可掩者，无非以其实故也。鬼神之德，岂有出于诚之外者哉？”【通考】黄氏洵饶曰：“夫微，谓不见不闻；显，谓在上在左右。诚，就理言，《大学》‘诚’字就人身上说。《中庸》言微显者三，首章言莫显乎微，卒章言知微之显，以心言；此章夫微之显，以理言也。”

右第十六章。不见不闻，隐也。体物如在，则亦费矣。此前三章，以其费之小者而言。此后三章，以其费之大者而言。此一章，兼费隐、包大小而言。胡氏曰：“此前三章说费之小处，言日用之间道无不在。此后三章，说费之大处，言道之至近而放乎至远。中间此一章，以鬼神之微显明道之费隐，而包大小之义，所以发上章未发之蕴，而贯前后六章之指，且为下文诸章之论诚者张本也。”新安陈氏曰：“前章非小也，以后章校之，则前章之身、位与家，比后章之大关天下万世，则为小耳。包大小者，体物而不可遗。总而言之，所该甚大，即一物言之，亦鬼神实为之体，兹非小欤？以承祭祀，天子祭天地，大也，士庶所祭，亦是祭祀，又非小欤？”【通考】东阳许氏曰：“此章自《费隐章》‘造端夫妇’语意来此章察乎天地意也。一节总言鬼神之德；二节言鬼神之大者；三节以祭祀言鬼神之小者；四节与三节同；五节又总赞鬼神之德，诚即鬼神之德也。此章独言鬼神，直以隐言，所谓弗见弗闻是隐，体物不遗是费，故曰兼费。体物不可遗，是鬼神之大者，下独指祭祀者言，是鬼神之小者，故曰包大小，是于费隐之中包大小也。兼者并举之辞，包者涵养之谓。”吴氏程曰：“兼者，兼举而明列其事；包者，包括而默合其意。”黄氏绍曰：“《中庸》自十三至十五章，即其近且小者言，则为费之小。自十七章至十九章，极其远且大者，则为费之大。道无不包，语大语小无不在，而不可以形迹求，故曰费而隐。性妙于无形，不可以言费；教著于有迹，不可以言隐。此道所以言费隐小大，而性教不可以费隐小大言也。对举而言之，则曰兼举，此以该彼，则曰包。十六章言费言隐，而不言小大，故曰兼费隐，包大小。”黄氏洵饶曰：“此章有费有隐，但隐包得前后六章费之大小。‘兼费隐、包大小’者，费用有小有大，故曰包。诚即是太极，‘则亦费矣’，‘亦’字有意，盖谓前后三章皆说费。鬼神一章，本就隐而言，所谓‘则亦费矣’。‘费之小’，即《章句》所谓庸行之常；‘费之大’，即所谓推之以极其至。然非有以尽乎费之小，则亦无以极乎费之大。”

子曰：“舜其大孝也与！德为圣人，尊为天子，富有四海之内。宗庙飨之，子孙保之。与，平声。

子孙，谓虞思、陈胡公之属。舜子孙不止乎此，故以“之属”二字该之。《左传·哀公元年》：夏后少康逃奔有虞，虞思于是妻去声。之以二姚，二女也。姚，虞姓。而邑诸纶，邑名。有田一成，方十里。有众一旅。五百人。襄公二十五年：曰：子产之言。"昔虞阏父为周陶正，以服事我先王，我先王赖其利器用也，与其神明之后也，庸以元女大姬配胡公，庸，用也。元女，武王之长女也。胡公，阏父之子满也。而封诸陈以备三恪。周封夏殷二王后，又封舜后，皆以示敬而已，故谓之三恪。则我周之自出，至于今是赖。"西山真氏曰："舜以圣德居尊位，其福禄上及宗庙，下延子孙，所以为大孝。舜所知孝而已，禄位名寿，天实命之，非舜有心得之也。"宣氏曰①："《书》、《孟子》论舜之孝，言孝之始，指事亲之实也。《中庸》言孝之终，发明其功用之大也。"新安陈氏曰："孟子称舜为大孝，以亲底豫天下化言。此称舜为大孝，以德为圣人，尊为天子，富有四海之内，宗庙飨之，子孙保之言，何也？常人使人称愿然曰'幸哉，有子如此'，② 尚谓之孝。舜德为圣人，而能尊富飨保如此，岂不可为大孝乎？"【通考】赵氏德曰："夏后之时，犹封虞思虞遂，至周武王克殷，乃复求舜后，得妫满，封之于陈。《左传》：虞幕裔孙虞阏父为周陶正，武王以元女妻其子满，而封诸陈，使奉虞帝祀，满谥胡公。自胡公至桓公十二世，入春秋，哀公十七年，楚灭之。陈灭而田恒得政于齐，至威烈王田和列为诸侯，卒为建国。秦始皇三十六年，王建降秦灭齐。二世元年，齐王族田儋及从弟荣、弟横，皆豪杰宗疆，儋略定齐地，皆自立为王。汉高祖召，横自刎。舜祀始绝。"东阳许氏曰："'舜其大孝也与'一句是纲，'德为圣人'下五句，皆孝之目。为人子者以有德光显祖父为荣，舜之德则至于圣人。为天子，则祭祀奉养之礼极其尊；有四海，则祭祀奉养之具极其备。宗庙飨之却是就舜身上说。昔舜传禹，禹即位，祀舜为宗，而又封商均于虞，虞亦立庙，祀舜及其祖父。至周武王，又封舜后胡公满于陈，则是子孙保之也。"

故大德必得其位，必得其禄，必得其名，必得其寿。

舜年百有十岁。《书·舜典》："舜生三十征庸，三十在位，五十载，陟方乃死。"问："大德者，必得位禄名寿，乃理之常，然独孔子有德而不得位禄与寿，惟得圣人之名耳，此乃气数之变。"仁山金氏曰："此所谓圣人所不能也。然为教无穷，而万世享之，子孙保之，此又大德必得之验也。"【通考】黄氏洵饶曰："舜生知之者，又揖逊而得天下。舜得其常，孔子不得其常，乃气数有盛衰故也。此皆从第十二章至十五章庸行之常推致至此。"

故天之生物，必因其材而笃焉。故栽者培之，倾者覆之。

材，质也。笃，厚也。栽，植也。气至而滋息为培。气反而游散则覆。朱子曰：

---

① 宣氏：宣缯，字子平，见宋人卫湜《礼记集说》。《宋史》卷四百一十九本传载："宣缯，庆元府人。嘉泰三年，太学两优释褐。历官以太学博士召试，为秘书省校书郎，升著作佐郎兼权考功郎官、知吉州、福建提点刑狱。迁考功员外郎，又迁秘书少监。时暂兼权侍立修注官，守起居舍人，为起居郎兼权侍左侍郎，编《孝宗实训》。试吏部侍郎，权兵部尚书。嘉定十四年，同知枢密院事兼参加政事。明年，拜参知政事。以资政殿学士奉祠。端平三年召赴阙，升大学士、提举洞霄宫，以观文殿大学士致仁，卒，赠少师。诏缯尝预定策，以王尧臣故事赠太师，谥忠靖。"

② 语出《礼记·祭义第二十四》："（曾子曰）君子之所谓孝也者，国人称愿然曰：'幸哉，有子如此。'"

"因其材而笃焉，是因其材而加厚。物若扶植，种在土中，自然生气凑泊他，若已倾倒，则生气无所附着，从何处来相接？如人疾病，若自有生气，则药力之气依之而生气滋长，若已危殆，则生气流散而不复相凑矣。"永嘉薛氏曰①："天人之应，至难言也，而圣贤常若有可必之论，曰：'积善之家，必有余庆。积不善之家，必有余殃。'今曰大德，而谓之必得其位，必得其禄与名寿，圣贤何若是为必然之论，而亦岂能尽取必于天哉！天之生物，必因其材质而加厚焉，其本固者，雨露必滋培；其本倾者，风雨必颠覆之。其培之也，非恩之也，其覆之也，非害之也，皆理之必然者也。"新安陈氏曰："以理言则必然，以数言则或不必然。理者其常，而数者其变也。"【通考】东阳许氏曰："栽培倾覆，言天之于物，其理如此，实以喻人。栽倾属人，培覆属天，栽倾是其材，培覆乃笃也。如此章大舜之德是栽也，得四者是培之也。桀纣，倾也；丧亡，覆之也。下引《诗》皆是因栽而培之。《章句》'气至'两句，只是培覆之训诂，不是说尽此节之意。"

《诗》曰：'嘉乐君子，宪宪令德！宜民宜人；受禄于天；保佑命之，自天申之！'

《诗》，《大雅·假乐音洛》之篇。假，当依此作嘉。宪，当依《诗》作显。申，重去声。也。双峰饶氏曰："栽培倾覆，将天之生物，喻天之眷圣人。嘉乐君子，宪宪令德，便是栽；受禄、保佑、申之，便是培。"东阳许氏曰："可嘉可乐之君子，其令善之德，显显昭著，宜于人民，故受天之禄而为天下之主。既受天禄矣，而天又保之佑之，复申重之，其所以反复眷顾之者如此，又重明上文大德必得四者之一节也。"

故大德者必受命。"

受命者，受天命为天子也。问："舜之大德受命，正是为善受福，《中庸》却言天之生物，栽培倾覆，何也？"朱子曰："只是一理，此亦非有物使之然。但物之生时，自节节长将去，恰似有物扶持他，及其衰也，则自节节消磨将去，恰似有物推倒他，理自如此。惟我有受福之理，故天既佑之，又申之。董仲舒曰'为政而宜于民，固当受禄于天'，他说得自有意思。"陈氏曰："孔子德与舜同，而名位禄寿乃与舜反，何也？盖有舜之德而必得其应者，理之常。有孔子之德而不得其应者，理之不得其常也。大抵圣人之生，实关天地大数。天地之气自伏羲至尧舜，正是长盛时节，尧舜禀气清明，故为圣人，又得气之高厚，所以得位得禄，又得气之长远，所以得寿。周衰以至春秋，天地之大，气数已微，虽孔子亦禀气清明，本根已栽植，然适当气数之衰，虽培拥之而不可得，所以不得禄位，仅得中寿，盖理之不得其常也。"云峰胡氏曰："前言父母之顺，在于宜兄弟乐妻帑，不过目前之事，费之小者也。此言孝之大，在于宗庙飨、子孙保，则极其流泽之远，费之大者也。前言费之小，则曰居易以俟命，学者事也；此言费之大，

① 永嘉薛氏：薛季宣（1134—1173年），字士龙，号艮斋，永嘉（今浙江温州）人。徽言子，以荫入仕。年十七，从荆南帅孙汝翼辟书写机宜文字，师事袁溉，传河南程氏之学。后入四川制置使幕，从蜀归，调知鄂州武昌。召为大理寺主簿，持节使淮西收淮北流民实边。还，迁大理正。以直言缺失，为当国者忌，出知湖州。孝宗乾道九年改知常州，未上，卒，年四十。有《浪语集》三十五卷传世。事见《东莱集》卷一〇《薛常州墓志铭》、《止斋集》卷五一《右奉议郎新权发遣常州借紫薛公行状》。《宋史》卷四百三十四有传。《宋元学案》卷五十二有《艮斋学案》。

则曰大德必受命，圣人事也。栽者培之，是言有德者天必厚其福，可为居易者劝；倾者覆之，是言不德者天必厚其毒，可为行险者戒矣。所引《诗》，专为栽者培之而言也。”新安陈氏曰：“必者，决然之辞。‘必得其位’，至‘必受命’，六‘必’字，皆是常理之必然者。此一句总结上文意。”东阳许氏曰：“自‘舜其大孝’至‘子孙保之’一节，言舜之事实。自‘故大德’，至‘必得其寿’一节，泛言理之必然；自‘故天之生物’至‘覆之’一节，言善恶之应所必至。后引《诗》，又证有德之应如此，故以‘大德者必受命’结之。”【通考】朱氏公迁曰：“孝，即其效验而赞美之。得其位禄名寿，是验诸天；瞽底豫而天下化，是验诸人。”

右第十七章。此由庸行去声。之常孝也，推之以极其至，新安陈氏曰：“大孝也，‘德为圣人’以下，皆是推极其至。”见道之用广也。而其所以然者，则为体微矣。后二章亦此意。【通考】黄氏洵饶曰：“后二章皆言费包隐。‘庸行之常’，即费之小，推之以极其至即费之大。然非有以尽乎费之小，则亦无以极乎费之大。若无前三章道德，不能做得后三章事业，可见费之大也。庸行之常，亦是庸德之行，与此对说，故曰‘见道之用广’‘行之常’，谓舜之孝。‘极其至’，谓天子位。”

子曰：“无忧者其惟文王乎！以王季为父，以武王为子，父作之，子述之。

此言文王之事。《书》言“王季其勤王家①”，盖其所作，亦积功累鲁水反。仁之事也。海陵胡氏曰②：“舜禹父则瞽鲧，尧舜子则朱均，所以惟文王为无忧。”兼山郭氏曰：“忧勤者，文王也；无忧者，后人之言文王也。”云峰胡氏曰：“文王父作子述，人伦之常也。舜之父子，人伦之变也。舜惟顺于父母可以解忧，此所以曰‘无忧者，其惟文王’也。”

武王缵大王、王季、文王之绪。壹戎衣而有天下，身不失天下之显名。尊为天子，富有四海之内。宗庙飨之，子孙保之。大，音泰。下同。

此言武王之事。缵，作管反。继也。大王，王季之父也。《书》云：“大王肇基王迹③。”《诗》云：“至于大王，实始翦商。”《书·武成篇》：王若曰：“呜呼！群后，惟先王建邦启土，公刘克笃前烈，至于大王，肇基王迹。王季其勤王家。”《诗·閟宫篇》：“后稷之孙，实维大王。居岐之阳，实始翦商。至于文武，缵大王之绪，致天之届，于牧之野。”绪，业也。戎衣，甲胄之属。壹戎衣，《武成》文，言一著陟略反。戎衣以伐纣也。问：“身不失天下之显名，与必得其名，须有些等级不同。”朱子曰：“看来也是有些异，如尧舜与汤武，真个争分数有等级。只看圣人说谓‘《韶》尽美矣，又尽善也’；

---

① 王季：名季烈，周太王子，文王之父。周太王卒，季烈嗣立，修太王的遗业，笃于行义，传位于文王。武王即位后，追尊季烈为王季。

② 海陵胡氏：胡瑗，字翼之，号安定先生。泰州如皋人。以经术教授吴中，掌湖州府学。任太学子直讲，后兼天章阁侍讲、太子中允。后封太常博士。为理学先驱之一。与孙复、石介并称为“宋初三先生”。所著有《周易口义》、《洪范口义》、《皇祐新乐图记》等。

③ 大王肇基：指文王之祖、王季之父古公亶父始创基业。大王，周文王之祖古公亶父的尊号。周人本居豳，自古公始迁居岐山之下，定国号曰周，自此兴盛，故武王克殷，追尊为太王。

谓‘《武》尽美矣，未尽善也’处便见。”三山陈氏曰：“周家之业，自大王迁岐从如归市，是时人心天意已有为王之基，武王一擐戎衣以有天下①，此盖天命人心之极不得而辞者。”蔡氏曰：“大王虽未有翦商之志，然大王始得民心，王业之成，实基于此。”问：“孔子于舜言必得其名，于武王言身不失天下之显名，语意似有斟酌。”双峰饶氏曰：“反之不若性之之纯，征伐不若揖逊之顺。”【通考】黄氏洵饶曰：“舜与武王，皆曰尊为天子，富有四海。舜则曰为圣人，武王则曰身不失天下之显名。盖舜性之也，揖让而有天下；武王反之也，征伐而得天下。一戎衣而有天下，是武王举而灭商，若谓十一年观兵，十三年伐纣，则是以臣胁君矣，岂不误哉。”

武王末受命，周公成文武之德，追王大王、王季，上祀先公以天子之礼。斯礼也，达乎诸侯大夫，及士庶人。父为大夫，子为士；葬以大夫，祭以士。父为士，子为大夫；葬以士，祭以大夫。期之丧，达乎大夫；三年之丧，达乎天子；父母之丧，无贵贱一也。”追王之王，去声。

此言周公之事。末，犹老也。【通考】史氏伯璿曰：“《章句》所以训末为老者，盖以下文即言周公成文武之德，追王上祀，见得武王老不暇及，没后周公乃成其志也。此所谓‘武王末受命’一句，不是结上节意，正是引起下文周公追王上祀之意而言耳。”追王，盖推文武之意，以及乎王迹之所起也。新安陈氏曰：“盖者疑辞，以意推之，观《武成》称大王、王季、文王可见矣。”先公，组音祖。绀古暗反。以上至后稷也。《史记·周本纪》：“后稷别姓姬氏，后稷卒，子不窋立。不窋卒，子鞠陶立。鞠陶卒，子公刘立。公刘卒，子庆节立，国于豳。庆节卒，子皇仆立。皇仆卒，子差弗立。差弗卒，子毁隃立。毁隃卒，子公非立。公非卒，子高圉立。高圉卒，子亚圉立。亚圉卒，子公叔祖类立。公叔祖类卒，子古公亶父立，组绀即公叔祖类，乃大王之父也。”【通考】东阳许氏曰：“尧封弃于邰，世后稷以服事虞夏。及夏之衰，不窋失其官，自窜戎翟之间。不窋生鞠，鞠生公刘，始迁于豳。史谓稷生漦、璽生叔均，自后稷至公刘十余世。按《世本》自公刘，历庆节、皇仆、差弗、毁隃、公非、辟方、高圉、侯牟、亚圉、云都、大公组绀、诸盩，十有二世而生古公亶甫，自稷至亶父盖二十余世。《史记》以不窋为后稷子，而又缺辟方、侯牟、云都、诸盩四世，遂谓后稷至文王为十五世。且稷、契同时受封，契至汤四百余年而十四世，稷至文王十五世，其亦误矣。今按《章句》谓组绀为大王之父，据疏文而言也。”上祀先公以天子之礼，又推大王、王季之意，以及于无穷也。问：“‘组绀’以上，祀先公以天子之礼，所谓葬以士、祭以大夫之义。”朱子曰：“然。周礼祀先王以衮冕，祠先公以鷩冕，则祀先公依旧止用诸侯之礼。鷩冕，诸侯之服，但乃是天子祭先公之礼耳，盖不敢以天子之服，临其先公。鷩冕，旒玉与诸侯不同，天子之旒十二玉。虽诸侯同是七旒，但天子七旒十二玉，诸侯七旒七玉耳。”新安陈氏曰：“无穷，谓自大王以上，及乎前无穷尽直至于后稷也。”制为礼法，以及天下，

① 擐：穿着。

使葬用死者之爵，祭用生者之禄。丧服自期居之反。以下，新安陈氏曰："上言葬祭礼，此言丧服礼。"诸侯绝，大夫降；而父母之丧，上下同之，推己以及人也。朱子曰："夏商而上，只是亲亲长长之意，到周又添得许多贵贵底礼数。如始封之君，不臣诸父昆弟；封君之子，不臣诸父而臣昆弟。期之丧，天子诸侯绝，大夫降，然诸侯大夫尊同，则亦不绝不降，姊妹侄在诸侯者，亦不绝不降，此皆贵贵之义。上世想皆简略，未有许多降杀贵贵底礼数。凡此皆天下之大经，前世所未备，到得周公搜剔出来，立为定制，更不可易。"陈氏曰："周公推文武、大王、王季之意，追尊其先王先公，又设为礼法，通行此意于天下，所谓推己以及人也。此章言文、武、周公能尽中庸之道。"山阴陆氏曰①："经不言追王文王者，以上言周公成文武之德，追王之意，文王与焉故也。"新安王氏曰："追王之礼，夏殷未有。武王晚而受命，初定天下，追王及于文考。至周公，因文王之孝，武王之志，追王上及大王、王季。不言武王追王者，礼制定于周公故也。大王以上，追王不及，而《武成》称后稷为先王，盖史官删润之辞。然追王止于三王，而祀用天子之礼，则上及先公，盖丧从死者，祭从生者，天下之达礼也。父为大夫，子为士，葬以大夫而祭以士，非贬也。父为士，子为大夫，葬以士而祭以大夫，非僭也。武王为天子，则祭先公用天子之礼，其义当然。祭礼杀于下而上致其隆，丧礼详于下而上有所略。若夫父母之丧，则自天子至于庶人，贱无加隆，贵无降杀，孟子所谓三代共之者也。"潜室陈氏曰："伸情于父母，独三年之丧，上达于天子。其他各有限节等衰，不可尽伸也。"云峰胡氏曰："周家自大王以至周公，世世修德，古所无也。周公追王之礼，特以义起，古所无也，所以《中庸》特表而出之。此段须看《章句》'推'字与'及'字：周公推文武之意，以及大王、王季，于是始行追王之礼；又推大王之意，以及组绀，以至后稷，于是祀以天子之礼；又推此及诸侯、大夫、士庶人，使各得以行丧祭之礼。孝心上下融彻，礼制上下通行，此周公所以谓之达孝也。此章之末数'达'字，所以有下章之首一'达'字。"新安陈氏曰："三年之丧，自庶人上达于天子，盖以子于父母，丧服无贵贱之分，一而已。末二句，只是申明上二句。父母之丧，即三年之丧。朱子谓中庸之意，只是王父母而言，未必及其他者也。"

右第十八章。此章以费之大者而言。

子曰："武王、周公，其达孝矣乎！

达，通也。承上章而言武王、周公之孝，乃天下之人通谓之孝，犹孟子之言达尊也。西山真氏曰："人君以光祖宗、遗后嗣为孝。舜之孝，如天之不可名，故曰大；武

① 山阴陆氏：陆佃，字农师，山阴人。贫居苦学，映月光读书，擢进士。尝受经王安石，而不以新法为是。累官郓州教授，历知数州。徽宗时为尚书左丞。所著有《埤雅》、《春秋后传》、《礼象》等书二百余卷。《宋史》、《宋元学案》有传。

王周公之孝，天下称之无异辞，故曰达。”江陵项氏曰①：“舜为人道之极，万世仰之，不可加也。周为王制之备，万世由之，不能易也。此盖古之尽伦尽制者，故举之以为训也。”双峰饶氏曰：“达孝，是承上章三‘达’字而言，言其孝不特施之家，又能达之天下。如斯礼达乎诸侯大夫及士庶人，是自上达下；期之丧，至达乎天子，是自下达上。能推吾爱亲之心，而制为丧制之礼以通乎上下，使人人得致其孝，故谓之达孝。如所谓德教加于百姓，刑于四海，此天子之孝是也。”【通考】双峰饶氏曰：“舜之孝，是充极一家者也。武周之孝，是放乎四海者也。”朱氏公迁曰：“大孝、至孝、达孝不同。以其不可明言，谓之大孝；无以复加，谓之至孝；天下称之无异辞，谓之达孝。然‘至孝’二字，武周犹得而有之；‘大孝’二字，独以称大舜也。然则谓之大孝，则至达孝，孝有不必言者矣。”史氏伯璿曰：“或疑双峰言大孝之旨如此，于《孟子集注》有异。盖《中庸》与《孟子》言舜之孝所以大处不同，双峰只以《中庸》之意言之，是矣。但其说‘达’字之义与《章句》异，则可疑矣。盖此下文有‘夫孝也者，善继人之志，善述人之事’二句。若是他人善继善述，无大耸动人耳目处，天下人安得通称之哉？唯武王、周公之善继善述，事功极盛，如武王承前绪以有天下，周公成文武之德，以追崇其先祖，又制为礼法，以达之天下，传之后世，此其继述之为善，故皆称其孝而无异辞，此其所以为达孝耳。《章句》训释无以加矣。”

夫孝者：善继人之志，善述人之事者也。

上章言武王缵大王、王季、文王之绪以有天下，而周公成文武之德以追崇其先祖，此继志述事之大者也。下文又以其所制祭祀之礼，通于上下者言之。西山真氏曰：“当持守而持守，固继述也；当变通而变通，亦继述也。”新安陈氏曰：“祖父有欲为之志而未为，子孙善继其志而成就之；祖父有已为之事而可法，子孙善因其事而遵述之。”【通考】黄氏洵饶曰：“继志是继文王之心，述事是依文王之事。继志所为未遂，述事所为已成。张子云：‘知化则善述其事，穷神则善继其志。’‘下文又以’，指上文言。”

春秋修其祖庙，陈其宗器，设其裳衣，荐其时食。

祖庙：天子七，诸侯五，大夫三，適音的。士二②，官师一③。《礼记·王制》：“天子七庙，三昭三穆，与大祖之庙而七；诸侯五庙，二昭二穆，与大祖之庙而五；大夫三庙，一昭一穆，与大祖之庙而三；士一庙；此谓诸侯之中士、下士，名曰官师者。若上

---

① 江陵项氏：项安世，字平甫，括苍人。安世于宋代因忤权臣，谪居江陵。十年足不出户，耽思经史，专意著述，成书数篇。四库馆臣谓其“学有体用，通达治道，而说经不周虚言，其订核同异，考究是非，往往洞见本原，迥出同时诸家之上”。著有《周易玩辞》、《项氏家说》、《孝经说》、《中庸说》等。

② 適士：上士。古代官阶之一，地位次于下大夫，高于中士。一般由大宗世嫡者担任。《礼记·祭法》：“適士二庙一坛。”郑玄注：“適士，上士也。”

③ 官师：百官，较低级的官吏。

士，则二庙。庶人祭于寝。”①《祭法》：“適士二庙一坛，曰考庙，曰王考庙，享尝乃止，显考无庙。官师一庙，曰考庙，王考无庙。”问：“官师一庙，得祭父母而不及祖，无乃不尽人情耶?”朱子曰：“位卑则流泽浅，其理自然如此。”又问：“今士庶人家，亦祭三代，却是违礼。”曰：“虽祭三代，却无庙，亦不可谓之僭。古所谓庙，体面甚大，皆具门堂寝室，非如今人但以一室为之。”“官师，谓诸有司之长，止及祢，却于祢庙并祭祖。適士二庙，祭祖祭祢，皆不及高曾。大夫一昭一穆，与太祖之庙而三。大夫亦有始封之君，如鲁季氏则公子友，仲孙氏则公子庆父，叔孙氏则公子牙是也。《王制》：天子七庙，三昭三穆，与太祖之庙而七；诸侯大夫士降杀以两。而《祭法》又有適士二、官师一庙之文，大抵士无太祖，而皆及其祖考也。”新安王氏曰：“先王先公，有庙有祧。庙则有司修除，祧则守祧黝垩，此‘修其祖庙’也。”【通考】东阳许氏曰：“修庙只是洒扫整饬，常使严洁之意。《章句》適士，天子之上士，即元士也，受三命，采地五十里，视子男。二庙，祭祖祢。官师，凡有司之长，盖中士下士也，虽立一庙事祢，却于祢庙并祭祖。”宗器，先世所藏之重器，若周之赤刀、大训②、天球③、音求。河图之属也。《书·顾命》：越玉五重，陈宝，赤刀、大训、弘璧、琬琰，在西序。大玉、夷玉、天球、河图，在东序。赤刀，赤削也，武王诛纣时，以赤为饰。大训，三皇五帝之书，训诰亦在焉；文武之训，亦曰大训。天球，鸣球玉磬也。河图，伏羲时，龙马负图出于河。【通考】东阳许氏曰：“《顾命》序所陈之宝，有赤刀、大训、弘璧、琬琰、大玉、弓玉、夷玉、天球、河图、胤之舞衣、大贝、鼖鼓、兑之戈、和之弓、垂之竹矢，《章句》之属则尽包上所陈者在其中。”龟山曰：“宗器于祭陈之，示能守也；于顾命陈之，示能传也。赤刀：宝刀，赤刀削，其刀必有赤处。削，音笑。刀之小者。大训：三皇五帝、文武之训。弘璧：大璧。琬琰：琬，圭。琰，玉也。夷：常也，或以为东夷之美玉。天球：雍州所贡玉磬。河图：伏羲时龙马负图，出于河。胤：古国名。舞衣：舞者之衣。大贝：如车渠。鼖鼓：长八尺。兑、和：古之巧人。垂：舜时共工。舞衣、鼖鼓、戈、弓、竹矢，皆制作精巧，中法度，故历代传宝之。”④裳衣，先祖之遗衣服，祭则设之以授尸也⑤。授尸：使神依焉。【通考】赵氏德曰：“先祖遗衣服，小敛及大敛之余，乃藏之庙祧《周礼·春官》：衣服，祭祀则以其衣授尸。服，卒者之上服。”时食，四时之食，各有其物，如春行羔豚、膳膏香之类是也。《周礼·天官·冢宰》：庖人“凡用禽兽，春行羔豚，膳膏香；夏行腒鱐，膳膏臊；行，犹用也。腒，音渠，干雉也。鱐，音搜，干鱼也。臊，犬膏，治腒鱐以犬膏也。秋行犊麛，膳膏腥；冬行鲜羽，膳膏羶。犊，牛子。麛，音迷，鹿

① 《礼记》卷十二《王制第五之一》：“天子七庙，三昭三穆，与大祖之庙而七。诸侯五庙，二昭二穆，与大祖之庙而五。大夫三庙，一昭一穆，与大祖之庙而三。士一庙，庶人祭于寝。”

② 大训：先工圣哲的教言。

③ 天球：玉名。《书·顾命》：“大玉、夷玉、天球、河图，在东序。”孙星衍注引郑玄曰：“天球，雍州所贡之玉，色如天者。”

④ 此条东阳许氏及龟山语，见于(元)许谦《读中庸丛说》上。

⑤ 尸：古代祭祀时，用一位活人象征被祭的死者，称尸。

子。腥，鸡膏。鲜，音鲜，鱼也。羽，雁也。羶，羊脂也”。又《礼记·内则篇》亦云。格庵赵氏曰：“四时之食，各有其物，以奉人者荐神，盖以生事之也。羔，稚羊。豚，稚豕。嫩而肥，故春用之。香，谓牛膏也，调膳之物，各以物之所便而和之。”朱氏伸曰：“此以下并前章论丧葬之礼，修道之教也。”【通考】东阳许氏曰：“荐其时食，《章句》用《周礼》一语，而以‘之类’两字该之。羔、豚、腒、鱐、犊、麛、鲜、羽八物者，得四时之气尤盛，为人物之弗胜，是以用休废之脂膏煎和之。牛属司徒，土；鸡属宗伯，木；犬属司寇，金；羊属司马，火。今四时食物不同，煎和之脂亦异。于是见圣人制礼，岂唯宏纲大用，法天体道，至于一食之宜，必自有深意。”

宗庙之礼，所以序昭穆也；序爵，所以辨贵贱也；序事，所以辨贤也；旅酬下为上，所以逮贱也；燕毛，所以序齿也。昭，如字。为，去声。

宗庙之次：左为昭，右为穆，而子孙亦以为序。有事于太庙，则子姓、兄弟、群昭、群穆咸在而不失其伦焉。格庵赵氏曰：“左昭右穆者，死者之昭穆也。群昭群穆者，生者之昭穆也。宗庙之礼，非特序死者之昭穆，亦所以序生者之昭穆。”新安陈氏曰：“《王制》所谓三昭三穆，昭在左，左为阳，昭者阳明之义。穆在右，右为阴，穆者阴幽之义。以周言之，《书》于文王，曰‘穆考文王’。《诗》于武王，曰‘率见昭考’，父穆则子昭，父昭则子穆也。子孙亦以为序，《祭统》所谓‘昭与昭齿，穆与穆齿’是也。”【通考】赵氏德曰：“子姓者：姓，生也。孙是子所生，故谓孙为子姓。《章句》所引，乃《祭统》之文。夫祭有十伦，此条明第五伦，见亲疏之杀焉者。谓尸主既有昭穆，如主人及众宾，亦如昭穆列在庙，所以别父子、远近、长幼、亲疏之序，而不失伦类，此之谓亲疏之杀也。然必以太庙言者，惟祭太庙之时，则众庙尸主皆来，及助祭之人、同宗父子者皆至，则群昭群穆咸在。若不于太庙，余庙之祭，唯有当庙尸主，及所出主庙子孙来至，不得群昭群穆咸在也。若昭与昭齿，穆与穆齿者，言君之众兄弟子孙在昭列者，则为一色，各自相旅，尊者在前，毕者在后。若同班列，则长者在前，少者在后。此明第九伦长幼之序也。”爵，公、侯、卿、大夫也。事，宗祝有司之职事也。新安陈氏曰：“宗，宗伯宗人之属。祝，大祝小祝也。并见《周礼》。祭祀以任职事为贤，次序与祭之职事，所以辨其人之贤也。”旅，众也。酬，导饮也。旅酬之礼，宾弟子、兄弟之子各举觯音至，饮器也。于其长上声。下同。而众相酬①。祭将毕时，行众相酬之礼。盖宗庙之中以有事为荣，故逮及贱者，使亦得以申其敬也。朱子曰：“旅酬礼，下为上。交劝，先一人如乡吏之属升觯，或二人举觯献宾，宾不饮，却以献执事，执事一人受之以献于长，以次献至于沃盥者，所谓逮贱也。”问：“酬导饮也。”曰：“主人酌以献宾，宾酢主人曰酢，主人又自饮而复饮宾曰酬。其主人又自饮者，是导宾使饮也。宾受之，奠于席前，至旅而后举，主人饮二杯，宾只饮一杯，疑后世所谓主人倍食于宾者此也。”【通考】东阳许氏曰：“凡祭必立尸，必择宾。宾一人，众宾无算。宾者，宾之党

① 觯：古代酒器，以陶、木、兽角或青铜等质料制成。形状最多，通行者多为圆腹侈口，圈足有盖。盛行于殷代和西周初期。

也，其位在堂下西阶之西。祭则子姓兄弟皆会。兄弟者，主人之党，其位在堂下阼阶之东。有司、群执事皆北面而立。迎尸既入，主人初献，主妇亚献，宾三献。及尸，宾曰献尸。宾酌以答主人者曰酢。主人酌酒，先自饮，再酌以敬宾。受之，奠而未饮。兄弟之少者举觯于兄弟最长者于阼阶，亦先导饮，而长兄弟亦奠而未饮。宾取所奠，觯于阼阶，酌长兄弟。长兄弟西阶前酬宾，众宾及众兄弟交错以偏，以及执事者无不偏，卒饮者宾爵于篚。此旅酬之大略也。"燕毛，祭毕而燕，则以毛发之色别彼列反。长幼，为坐次也。齿，年数也。云峰胡氏曰："序爵所以贵贵，贱者宜在所略；旅酬下为上，贱者亦得以伸其敬矣。序事所以贤贤，老者若在所简；燕毛，则于老者独加敬矣。礼意周浃如此，亦通乎上下而言也。"新安陈氏曰："辨贵贱，以爵序也；辨贤，以德序也；序齿，以齿序也。达尊三，亦见于祭礼中者如此。"东阳许氏曰："祭毕而燕，今不知其仪，亦于《楚茨》之诗见其大意，云'皇尸载起，神保聿归'，然后言'诸父兄弟，备言燕私'，下章曰'乐具入奏'。说者谓祭时在庙，燕当在寝，故祭时之乐，皆入奏于寝也。所谓燕礼，其可知之仿佛若此。""宗庙之礼一节五事，礼意至为周密。序昭穆，既明同姓之尊卑；序爵，是合同姓异姓之贵贱，盖皆指助祭陪位者而言。至于序贤，则分别群臣之贤否。庙中奔走执事，必择德行之优、威仪之美、趋事之纯熟者为之。贤者既有事，则不贤者亦自能劝。虽然，既以有事为荣，则事不及之者，岂不有耻？则又有序爵以安其心。执事者既荣，无事有爵而在列者，及贱而役于庙中者，皆得与旅酬，至此贤不贤皆恩礼之所逮，然此合同姓异姓而通言，至祭礼已毕，尸既出，异姓之臣皆退，独燕同姓，是亲亲之礼，又厚于疏远者，见制礼之意，文理密察，恩意周备，仁至义尽，而文章粲然。"【通考】黄氏洵饶曰："宗祝有司之职事，如执爵盥洗之类也。宾弟子，即众宾。兄弟子，即众主人。毛发之色，别长幼，谓昭与昭列长幼，穆与穆列长幼也。为坐次，谓宾出后之时也。宗庙之法，庙皆向南，而主皆向东。"

践其位，行其礼，奏其乐，敬其所尊，爱其所亲，事死如事生，事亡如事存，孝之至也。

践，犹履也。其，指先王也。所尊所亲，先王之祖考、子孙、臣庶也。始死谓之死，既葬则曰反而亡焉，皆指先王也。朱子曰："《记》曰：反哭升堂，反诸其所作也。主妇入于室，反诸其所养也。须知得这意，则所谓践其位，行其礼等事，行之自安，方见得继志述事之事。"陈氏曰："事死如生，居丧时事；事亡如存，葬祭时事。"此结上文两节，皆继志述事之意也。双峰饶氏曰："'践其位'三句，是善述事。'敬所尊'三句，是善继志。"新安陈氏曰："善继志述事至于如此，所以为孝之至也。"【通考】黄氏洵饶曰："上文言祭祀之礼上下通；'践其位'以下言郊禘，明尊卑之分。见得圣人制礼也，祀上帝，所以正天下之大本，道之所自出也；祀乎先，所以正天下之大经，仁义之所由始也。郊社，天子诸侯禘天子。"

郊社之礼，所以事上帝也，宗庙之礼，所以祀乎其先也。明乎郊社之礼、禘尝之义，治国其如示诸掌乎。"

郊，祀天。社，祭地。不言后土者，省文也。朱子曰："《周礼》只说祀昊天上帝，不说祀后土，先儒说祭社便是，如‘郊特牲而社稷大牢’，又如‘用牲于郊，牛二’，‘乃社于新邑’，此乃明验。五峰言无北郊，只社便是祭地，此说却好。”新安陈氏曰：“首句提郊与社，则次句宜云所以事上帝后土也，今不然，乃省文。”【通考】吴氏征曰：“冬至祀天于南郊之圜丘，夏至祭地于北郊之方泽，此二礼相对，惟天子得行之。天犹父也，父尊而不亲，故冬至祀天之外，孟春祈祷谷于郊，亦于圜丘。五时兆弟，则于四郊，亦惟天子得行之。其他非时告天，礼之重者，则亦谓之郊；礼之轻者，则谓之类。言此非正郊也，有类于正郊焉尔。地犹母也，母亲而不尊，故惟北郊方泽一祭为至重，其次则祭地于社。北郊之祭，天子所独。社之祭，天子而下皆得行之。天子之社谓之王社，诸侯谓之国社，大夫士庶人之社谓之里社。此皆正祭。除正祭外，天子诸侯各因事告祭，重者于社，轻者但谓之宜，言非正社之祭，其礼与社祭相宜称焉尔。胡氏因不信《周礼》，但见他书皆以郊社对举而言，遂以为天子祭地，亦只祭社而已。不知天子之尊，所以异于诸侯者，有方泽祭地之礼为至重，而诸侯不得行也。”禘，天子宗庙之大祭，追祭太祖之所自出于太庙，而以太祖配之也①。详见《论语·问禘章》。太祖，即始祖也。【通考】朱子曰：“以始祖配天，须在冬至。冬至一阳始生，万物之始，祭用圜丘，器用陶匏稿秸，服用大裘而祭宗祀。九月万物之成。父者，我之所生；帝者，生物之祖，故推以为配，而祭祀于明堂。”尝，秋祭也。四时皆祭，举其一耳。礼必有义，对举之，互文也。示，与“视”同。视诸掌，言易去声。见也。此与《论语》文意大同小异②，记有详略耳。此申言武王与周公能尽中庸之道。朱子曰：“游氏说郊社之礼，所谓惟圣人为能飨帝；禘尝之义，所谓惟孝子为能飨亲。意思甚周密。”谭氏曰③：“治道不在多端，在夫致敬之间而已。当其执圭币以事上帝之时，其心为何如？当其奠斝以事祖宗之时④，其心为何如？是心也，举皆天理，无一毫人伪介乎其间，鬼神之情状，天地万物之理，聚见于此。推此心以治天下，何所往而不当。”双峰饶氏曰：“序昭穆、序爵、序事、序齿、下为上，此亲亲长长贵贵尊贤慈幼逮贱之道，便是治天下之经。敬其所尊，敬也；爱其所亲，仁也；事死亡如生存，诚也；尽是三者，孝也。仁孝诚敬，指心而言，是又治天下之本。一祭祀之间，而治天下之道具于此，故结之曰‘明乎此者，治国其如示诸掌乎’。”云峰胡氏曰：“上文孝之至也，已结了‘达孝’二字，此又别是一意。盖上章与此章上文，专以宗庙之礼言，此则兼以郊禘之礼言。周公制为礼法，未尝不通上下之情，亦未尝不严上下之分。祭祀之礼，通上下得行，事上帝，惟天子得行之，故特先后而言之曰：此所以事上帝也，此所以祀乎其先也，名分截然不可犯也。明乎郊社之礼，胡为先郊而后社？郊，祭天，惟天子得行之。社，则自侯国以至于庶人，

---

① 配之：即配享：陪同享受祭祀。

② 参见《论语·八佾》第十一章。

③ 谭氏：谭惟寅，字子钦，高要人。绍兴二年登进士第。读书一览终身不忘。应博学宏词科，参政龚茂良荐除太学博士，卒于江西提刑任。有《蜕斋讲学大学中庸》行于世。

④ 斝：古代青铜制贮酒器，有鋬（把手）、两柱、三足、圆口，上有纹饰，供盛酒与温酒用。盛行于殷代和西周初期。后借指酒杯、茶杯。《诗·大雅·行苇》：“或献或酢，洗爵奠斝。”

各有社，上下可通行也。明乎禘尝之义，胡为先禘而后尝？禘，大祭，惟天子得行之。尝，宗庙之秋祭，上下可通行也。前章末言三年之丧，庶人得以通乎天子，必有父也；此章末言郊禘之祭，诸侯不得以通乎天子，必有君也。但言周公之制礼如此，而不足于鲁之郊禘非礼，其意自见于不言之表，此所以为圣人之言也。"张氏存中曰："《礼记·王制》：天子诸侯宗庙之祭，春曰礿，夏曰禘，秋曰尝，冬曰烝。此盖夏殷之祭名，周则改之，春曰祠，夏曰礿，秋冬同。《诗·小雅》曰'禴祠烝尝，于公先王'，此乃周四时祭宗庙之名也。《祭统》所载与《王制》同，'礿'、'禴'同。"【通考】赵氏德曰："禘者阳之盛，尝者阴之盛，言阴阳之盛。则止乎禘尝，而不及礿烝者，盖阳达于春，物方蠢动；阴终于冬，物已退藏。故古之君子言郊社则以禘、尝对之，亦举其盛者耳。"又曰："《文王世子》：'宗庙之中，以爵为位，崇德也。宗人授事以官，尊贤也。登馂受爵以上嗣，尊祖之道也。上嗣，祖之正统。丧纪以服之轻重为序，不夺人之亲也。公与族燕则以齿，而孝弟之道达矣。其族食，世降一等，亲亲之杀也。战则守于公祢，孝爱之深也。正室守太庙，尊宗室，而君臣之道著矣。诸父诸兄弟守贵室，子弟守下室，而让道达矣。合此而观之，可以知'治国其如示诸掌'之义矣。"莆田王氏善曰："鬼神之道，一本同原，观感应之妙可知其一矣。尝为四时祭祖宗之亲近者而易感。禘为王者之祭其所自出之帝，故难感。然犹是吾祖，与此身气脉相贯。社又与己不相亲，而感之亦难矣。然古今虽异，皆同生天壤间，均是人也。昔郊祀上帝不易感，于此而能感，可以见天命谓性，是两头一般。大而天地，细而人物，明而礼乐幽，而鬼神，一以贯之，无非此物流行著见而已。知乎此，则不过感应之理，推之治国平天下，如指诸掌。鬼神幽明与人间隔，犹无不可感之理，而况于人乎？"詹氏道博曰："《周礼·春官·大宗伯》以祠禴尝烝为春夏秋冬享先王之礼，如《王制》、《祭统》所记春礿夏禘，《郊特牲》、《祭义》，所记春禘秋尝者。"赵伯循曰①："此盖汉儒见《春秋》惟两书禘，二春一夏而误也。以礿为春祭，亦误尔。"史氏伯璿曰："胡氏之言因河东侯氏之说而推广之也。侯说朱子不存于《章句》、《或问》，恐不当述之以为己说也。且郊祭天，社祭地，天尊地卑，故先郊而后社尔。禘大祭，尝时祭，禘大尝小，故先禘而后尝尔。此皆当然之序，不得不如此者。今既曰胡为先郊而后社，又曰胡为先禘而后尝，疑问之意若可骇异然者。及至说出所见，乃不过如此。不知假使圣人无不足于鲁之意，则又当以先社后郊、先尝后禘为序耶？"

右第十九章。双峰饶氏曰："以上八章，自第十二章至此，皆以道之费隐言，当为第三大节。"

① 赵伯循：赵匡。(清)朱彝尊《经义考》引晁公武语："啖助字叔佐，闽人；赵匡，字伯循，天水人。微旨自为序。公武尝学《春秋》，阅古今诸儒之说多矣。大抵啖、赵以前学者皆专门名家，苟有不通，宁言经误，其失也固陋；啖、赵以后，学者喜援经击传，其或未明，则凭私臆决，其失也穿凿均之，失圣人之旨而穿凿之害为甚。啖氏制统例，分别疏通其义，赵氏损益，多所发挥。今纂而合之，凡四十篇。"

中庸章句大全下

哀公问政。

哀公，鲁君，名蒋。

子曰："文武之政，布在方策。其人存，则其政举；其人亡，则其政息。

方，版也。策，简也。叶氏少蕴曰①："木曰方，竹曰策，策大而方小。《聘礼》：束帛加书。百名以上，书于策；不及百名，书于方。《既夕礼》：书赗于方②，书遣于策。盖策，以众联。方，一而已。"【通考】黄氏洵饶曰："木曰板，竹曰简。板大简小，大事书于木板，小事书于竹简。"息，犹灭也。有是君，有是臣，则有是政矣。

人道敏政，地道敏树。夫政也者，蒲卢也。夫，音扶。

敏，速也。蒲卢，沈括以为蒲苇是也③。以人立政，犹以地种树，其成速矣，而蒲苇又易去声。下同。生之物，其成尤速也。言人存政举，其易如此。顾氏曰④："以蒲苇喻政之敏，犹孟子以置邮喻德之速。"【通考】黄氏洵饶曰："德之流行，速于置邮而传命。彼以德而言，此以政言。"

故为政在人，取人以身，修身以道，修道以仁。

此承上文人道敏政而言也。为政在人，《家语》作"为政在于得人"，语意尤备。人，谓贤臣。身，指君身。道者，天下之达道。仁者，天地生物之心，而人得以生者，所谓元者善之长上声。也。此句见《易·乾·文言》。朱子曰："元亨利贞，皆是善，而元则为善之长，亨利贞皆是那里来。仁义礼智，亦皆善也，而仁则为万善之首，义礼智，皆从这里出尔。"言人君为政在于得人，而取人之则又在修身。三山陈氏曰："为政虽在得贤，然使吾身有所未修，则取舍不明，无以为取人之则。"能修其身，则有君有臣，而政无不举矣。问："仁亦是道，如何说修道以仁。"朱子曰："道是泛说，仁是切要底，道是统言义理公共之名，仁是直指人心亲切之妙。"问："这个'仁'字是偏言底。"曰："'仁者人也，亲亲为大'，如此说则是偏言。"象山陆氏曰："仁，人心也。人者，政之本；身者，人之本；心者，身之本。不造其本而徒事其末，不可得而治矣。"西山真氏

---

① 叶氏少蕴：叶梦得（1077—1148年），字少蕴，号石林居士，苏州吴县人。绍兴四年进士。翰林学士、吏部尚书、龙图阁直学士。能诗工词，词风早年婉丽，中年学东坡，南渡后多感怀国事，转向简淡宏阔，晚年简洁。著有《建康集》、《石林词》、《石林燕语》等。

② 赗：送给丧家助葬的车马等物。

③ 沈括：（约1033—1097年），字存中，宋钱塘（今浙江杭州）人。嘉祐间擢进士，提举司天鉴监，累官翰林学士，三司使。博学能文，通天文、历算、方志、音乐、医药，补《九章算术》所未及。著有《梦溪笔谈》、《长兴集》等。

④ 顾氏：顾元常，字平甫。其生平文献鲜有记载，唯《宋元学案》卷七十七《顾先生平甫》："顾平甫，喻可中之流也。北溪《与黄寅仲书》云：'平甫资质亦庄静，叩其所学，乃詹杨所传授，欲因其偏而为之救，绝口不出一言，累叩，但叉手唱喏而已，又不如可中之无隐，其坚默如此'。"

曰："道与仁，非有二致。道者，众理之总名；仁者，一心之全德。志乎道而弗他，知所向矣。仁则其归宿之地，而用功之亲切处也。"新安陈氏曰："'仁其身'三字精妙，以三字包括'修身以道，修道以仁'八字。修道以仁，如志道据德而依于仁，修身工夫，至于以仁，可谓能仁其身，而身与仁为一矣。能仁其身，则君身修，是有君也。以身为取人之准则，则得其人，是有臣也。有君有臣，则人存而宜乎政举，此所以缴结上文，照应前有是君、有是臣则有是政之说。"新安倪氏曰："此'仁'字以上文观之，曰'修身以道，修道以仁'，是自身上说归心上，兼心之德、爱之理而言，故《章句》曰：'仁者，天地生物之心而人得以生者，所谓元者善之长也。'而真氏亦曰：'仁者，一心之全德。'以下文观之，曰'仁者人也，亲亲为大'，是又从身上说到亲亲上，方以爱之理言，故《章句》曰'人，指人身而言，具此生理，自然便有恻怛慈爱之意'，而朱子亦曰是偏言，详玩之则可见矣。"【通考】史氏伯璿曰："上文先曰人存，后曰政举，此'人'字自是包君臣而言。此则先曰为政，后曰在人，文势正自不同。为政必有主，其为者非君而谁？下文'身'字，即是指为政者之身而言耳。既曰为政，又曰取人，盖曰人君为政在于得贤臣，而取人之则，又在人君之自身也。此'人'字指贤臣而言。此节四句皆粘一字相连成文①，取人之人便是在人之人，修身之身便是以身之身，修道之道便是以道之道。"

仁者人也，亲亲为大；义者宜也，尊贤为大；亲亲之杀，尊贤之等，礼所生也。杀，去声。

人，指人身而言。具此生理，自然便有恻怛当葛反。慈爱之意，深体味之可见。朱子曰："以'生'字说仁，生自是上一节事，当求天地生我底意，我如今须要自体认得。"西山真氏曰："人之所以为人，以其有此仁也，有此仁而后命之曰人，不然则非人矣。"双峰饶氏曰："'人'字之义难训，但凡字须有对待，即其所对之字观之，其义可识。孔子曰：'未能事人，焉能事鬼。'此'人'字，正与'鬼'字相对。生则为人，死则为鬼，仁是生底道理，所以以人训仁。人若不仁，便是自绝其生理。"东阳许氏曰："仁者人也，此是古来第一个训字，言混成而意深密，深体味之，则具人之形，必须尽乎仁，其所以尽仁，则不过尽人道而已。"【通考】史氏伯璿曰："以人对鬼之说然乎？天下字岂皆有对而后义可明乎？通者极力称赞，以为深得《章句》之意，愚则以为《章句》已自分明，政不必如此求奇可也。"宜者，分别彼列反。事理，各有所宜也。礼，则节文斯二者而已。朱子曰："宜，指事物当然之理，道理宜如此。节者，等级也。文者，不直截而回互之貌，是装裹得好，如升降揖逊。"问："修道以仁，继以仁者人也，何为下面又添说义礼？"曰："仁便有义，阳便有阴。亲亲，仁之事；尊贤，义之事。亲之尊之，其中自有个降杀等差，这便是礼。亲亲，在父子如此，在宗族如彼，所谓杀也。尊贤，有当事之者，有当友之者，所谓等也。"北溪陈氏曰："亲亲则有隆杀，三年与期功缌是也。尊贤亦有等级，如大贤为吾师，次贤为吾友是也。才有隆杀等级，便有节文，而礼生乎其

---

① 语出(元)史伯璿《四书管窥》卷七。原文为："则此'人'字指贤臣而言可知，况此节四句皆粘一字相连成文。"

间矣。礼，所以节文斯二者使无过不及之患。节则无大过，文则无不及也。”双峰饶氏曰：“等杀是人事，礼是天理。人事之轻重高下，皆天理有以节文之。”【通考】黄氏洵饶曰：“修道以仁，犹《论语》以孝为仁之本。仁是亲亲，修身而继以亲亲之杀，亲亲而继以尊贤之等，九经备于此矣。仁者人也，合言之道，同‘义者宜也’。《孟子》急亲贤为务①，义在仁之中也；孟子言义者从兄，只在亲亲之中。此只言尊贤，就九经‘知人’而言。仁是亲亲，仁无不包，亲亲亦在其中。以亲亲一事言仁，而仁莫非全体，切不可谓亲亲及一事之仁也。”在下位不获乎上，民不可得而治矣！

郑氏曰：“此句在下，误重平声。在此。”

故君子不可以不修身；思修身，不可以不事亲；思事亲，不可以不知人；思知人，不可以不知天。

为政在人，取人以身，故不可以不修身。修身以道，修道以仁，故思修身不可以不事亲。事亲，即是以亲亲之仁事其亲。欲尽亲亲之仁，必由尊贤之义，故又当知人。陈氏曰：“知人有贤否之别，贤者近之，不肖者远之。有师友之贤，则亲亲之道益明；与不肖处，则必辱其身以及其亲矣。”亲亲之杀，尊贤之等，皆天理也，故又当知天。程子曰：“不知天，则于人之愚智贤否有所不能知，虽知之有所不尽，故思知人，不可以不知天。不知人，则所亲者或非其人，所由者或非其道，而辱身危亲者有之，故思事亲，不可以不知人，故曰不信乎友，不悦乎亲矣。”朱子曰：“此一节，却是倒看，根本在修身，然修身得力处，却是知天。知天是物格知至，知得个自然道理。学若不知天，便记得此，又忘彼。得其一，失其二。未知天，见事头绪多，既知天了，这里便都定。这事也定，那事也定。知天是起头处，能知天，则知人，事亲、修身，皆得其理矣。闻见之知，非真知也。只要知得到，信得及，如君之仁、子之孝之类，人所共知，而多不能尽者，非真知故也。”三山陈氏曰：“修身而不本于事亲，则施之无序，失为仁之本矣。事亲之仁，不由尊贤之义，则善恶不明，失事理之宜矣。事亲知人，而等杀不明，不知天理者也。《书》曰‘天秩有礼’，故于此又当知天。所谓秩，即等杀也。自‘礼所生也’以上，推其理之所由生，自‘君子不可不修身’以下，绎其义之所以贯。”双峰饶氏曰：“孔子对哀公之语，至‘不可不知天’处，其间项目虽多，然大意不过两节而已。始言政之举息在乎人，而其下自为政在人推之，以至于修道以仁，所以明为政之本在于仁也。继言仁义之等杀生乎礼，而其下自君子不可不修身，推而至于不可不知天，所以又明为仁之端，在于智也。故两节各以‘故’字承之，盖为下明善诚身张本。明善，智也；诚身，仁也。”问：“章首专归重于人，而以人训仁，下文又说义说礼，今又谓为仁以智为先，何也？”曰：“义者，仁之对，有个仁，自然有个义。礼又节文斯二者，礼者，天理自然之节文，不是人安排，故于事亲知人，归宿于知天。然非智不能知，故末句发两‘知’字。前贤截从‘知天’断，朱子合作一章，亦有深意。九经与为政相应，前面说修身亲亲尊贤，故后面九经，节节发明。修身也，尊贤也，亲亲也，只是此三者为纲目；

① 急亲贤为务：语出《孟子·尽心上》：“急亲贤之为务。”

敬大臣、体群臣、怀诸侯，乃自尊贤之等推之也；子庶民、来百工、柔远人，乃自亲亲之杀而推之也。天下之达道五，便是修身之道。天下之达德三，便是事亲之仁、知天之智，只添得个‘勇’字。”云峰胡氏曰：“上文修道以仁，即是率性之道。知天之‘天’字，即是天命之性。但天命之性是浑然者，此从等杀上说，是粲然者。然其粲然者，即其浑然者，亦非有二天也。”【通考】朱氏公迁曰：“天以理言，事物所以然之故也。亦曰在人之天，天人相贯，此与命以理言者相贯，乃众理之总原，万殊之一本。即造化而在造化，即人心而在人心，即事物而在事物。在圣人则与之浑然而为一。在君子，则知天属乎知，致知，求以明乎此也；事天属乎行，力行，求以合乎此也。”东阳许氏曰：“第一节，文武之政，全体大用，虽无不举，而其要在乎得人。择人之道则在修身，修身须是以仁。仁道虽大，只是亲亲为要。”程氏复心曰：“自‘礼所生也’以上，推其礼之所由生，自‘君子不可不修身’以下，释其义之所以贯。以为政言，则为政在人，取人以身，不可以不修身；以修身言，则修身以道，修道以仁，不可以不事亲，此修身次第也。以事亲言，亲亲为仁，必曰尊贤为义，不可不知人；以知人言，亲亲之杀，尊贤之等，不可以不知天，此致知次第也。皆费隐，兼小大而言。”黄氏洵饶曰：“不可以不知人，知人，即尊贤；知天，格物致知。上言亲亲之杀，尊贤之等，杀中有等，等中有杀。”

天下之达道五，所以行之者三：曰君臣也，父子也，夫妇也，昆弟也，朋友之交也：五者天下之达道也。知、仁、勇三者，天下之达德也，所以行之者一也。知，去声。

达道者，天下古今所共由之路，即《书》所谓五典，孟子所谓“父子有亲、君臣有义、夫妇有别、彼列反。长上声。幼有序、朋友有信”是也。【通考】黄氏洵饶曰：“此先君臣者，经世之主也。先言父子者，仁居四德之首，孝居百行之先。”知，所以知如字。此也；仁，所以体此也；勇，所以强此也；此字，指五达道。体，谓以身体而力行之。谓之达德者，天下古今所同得之理也。一则诚而已矣。达道虽人所共由，然无是三德，则无以行之；达德虽人所同得，然一有不诚，则人欲间之，而德非其德矣。程子曰：“所谓诚者，止是诚实此三者。三者之外，更别无诚。”朱子曰：“知底属智，行底属仁，勇是勇于知，勇于行。仁智了，非勇便行不到。”“知仁勇，是做的事。诚，是行此三者真实的心。”蔡氏曰：“达道本于达德，达德又本于诚。诚者，达道达德之本，而一贯乎达道达德者也。”西山真氏曰：“道虽人所共由，然其智不足以及之，则君当仁、臣当敬之类，未必不昧其所以然。知及之而仁不能守，仁守之而勇不能断，则于当行之理，或夺于私欲，或蔽于利害，以至蔑天常、败人纪者多矣。德虽人所同得，然或不诚，而勉强矫饰，则知出于术数、仁流于姑息、勇过于强暴，而德非其德矣，故行之必本于诚。一者，诚也，三者皆真实而无妄，是之谓诚。”云峰胡氏曰：“《虞书》曰五教，曰五典，未尝列五者之目，至此则曰天下之达道五，始列其目言之。盖曰‘天叙有典’，是言天命之性不离此五者；曰‘敬敷五教’，是言修道之教不离此五者。此曰达道，是言率性之道不离乎此五者也。”【通考】朱氏公迁曰：“《孟子》自教而言，故先父子；《中庸》自政而言，故先君臣。《中庸》不言亲义别序信，而道之一字足以兼之矣。”黄氏洵饶曰："知、仁、勇三者，天下达德也。知仁勇行此三达道【校记："三达道"三鱼堂本作"五达道"。】，达道就人伦而言，达德就天命之性而言。三者皆出天命本然，其分有不同者。知所以开其途辙，勇所以遂其工夫，只是成就一个仁。诚而已矣。诚在达德之中。"

或生而知之，或学而知之，或困而知之，及其知之一也；或安而行之，或利而行之，或勉强而行之，及其成功，一也。"强，上声。

知之者之所知，行之者之所行，谓达道也。以其分扶问反。而言：则所以知者知去声，下"知也"同。也，所以行者仁也，所以至于知之成功而一者勇也。知之透彻，行之成功，便是勇。以其等而言：则生知安行者知也①，如舜之大知。学知利行者仁也②，如颜子之克复为仁。困知勉行者勇也③。困知勉行，非勇则做不彻。朱子曰："生知安行，主于知而言，不知如何行？安行者，只是安而行之，不用着力，然须是知得，乃能行得也。学知利行，主行而言，虽是学而知得，然须著意去力行，则所学而知得者不为徒知也。"问："诸说皆以生知安行为仁，学知利行为知，先生独反是，何也？"曰："《论语》说'仁者安仁，知者利仁'，与《中庸》说知、仁、勇意思自别。生知安行便是仁在知中，学知利行便是仁在知外。既是生知，必能安行，所以谓仁在知中。若是学知，便是知得浅些子，须是力行，方始到仁处，所以谓'仁在知外'。生知安行，以知为主；学知利行，以仁为主；困知勉行，以勇为主。"北溪陈氏曰："就知、仁、勇等级而言之，生知安行为知，知主于知，就知上放重，盖先能知之，而后能行之也。学知利行为仁，仁主于行，以行处为重，故知得须是行得也。困知勉行为勇，此气质昏懦之人，昏不能知，懦不能行，非勇则不足以进道。"双峰饶氏曰："生知安行，隐然之勇；学知利行，非勇不可到；困知勉行，全是勇做出来。"【通考】史氏伯璿曰："详'分'字'等'字，是从理气上分别出来。分是性分之分，是性中所具之理。有此三者之分，所以见之于用，则各有所属。知属知一分，行属仁一分，强于知行属勇一分。以分而言，是平而分之，如《礼记》'分无求多'之分相似，此主理而言也。等是等级之等，是所禀之气不齐，故资质有高下之等。所以上等则以知为重而主知，次等则以行为重而主仁，下等则以强于知行为重而主勇。以等而言，是竖而分之，如《孟子》凡五等四等之等，此主气而言也。如此则三知属知之分，三行属仁之分，无可疑者。"盖人性虽无不善，而气禀有不同者，故闻道有蚤莫，与"早"、"暮"同。行道有难易，去声。然能自强如字。不息，则其至一也。陈氏曰："人性虽无不善，而气禀有不同，惟其有清浊厚薄之分，所以有知行三等之别。上等之人，禀气清明，所以义理昭著，不待教而后知，故曰生知；赋质纯粹，所以安于义理，不待学习而能，故曰安行。此圣人地位也。其次者，清多而浊少，于事物当然之理，必待学而后知，故曰学知；赋质纯多而驳少，盖真知道

① 生知：生而知之。安行：乐于实行。

② 学知：学而后知。利行：觉得有利而实行。

③ 困知：受困才学习而有知。勉行：努力实行。

理而笃好之，如嗜欲然，故曰利行，此大贤地位也。又有一等人，禀气浊多而清少，须是困心衡虑，然后发愤以求知，故曰困知；赋质驳多而纯少，未能利行，且须黾勉强力而为之，故曰勉行。此又其次等人地位也。凡此皆其气质之不同者，然本然之性无有不善，或生知，或学知，或困知，及已知处则一般；或安行，或利行，或勉行，及其行之成功则一般。至此为能复其本然之初矣。"吕氏曰："所入之途虽异，而所至之域则同，此所以为中庸。若乃企生知安行之资为不可几乎声。及，轻困知勉行谓不能有成，此道之所以不明不行也。"云峰胡氏曰："以其分而言，是说知行之属有先后；以其等而言，是说气质之属有高下。至于知之成功而一，是知行之功，足以变化气质。天命之性本一也，至是则不见其气质之不一者。惟见其天命之本一者矣，知行之不可不勇也如此夫。"【通考】史氏伯璿曰："盖生知安行，则即此而在，无所谓入，无所谓至矣。学知利行者，则未能即此而在，必得其途而入，然后可由之以至其域尔。较之生知安行即此而在者，其所入之途固有远近之异矣。况困知勉行者，又必由困勉而后可比于学利，又自学利而后可以上同于生安。方其自困勉始近之时，其所入之途固与学利者有远近之异矣，及其可比于学利，犹与生安者有间，不谓之异乎?"

子曰：好学近乎知，力行近乎仁，知耻近乎勇。好、"近乎知"之"知"，并去声。

"子曰"二字衍文。○此言未及乎达德而求以入德之事。朱子曰："上既言达德之名，恐学者无所从入，故又言其不远者以示之，使由是而求之，则可以入德也。圣人之言，浅深远近之序，不可差欠如此。"西山真氏曰："既言三达德，又教以入德之路。夫知必上智，仁必至仁，勇必大勇，然后为至，然岂易遽及哉！苟能好学不倦，则亦近乎智；力行不已，则亦近乎仁；以不若人为耻，则亦近乎勇。盖好学所以明理，力行所以进道，知耻所以立志，能于此三者用功，则三达德庶可渐至矣。"通上文三知为知，去声，下"非知"同。三行为仁，则此三近者，勇之次也。节斋蔡氏曰："三知主知，三行主仁，三近主勇。生知者，知之知也；学知者，仁之知也；困知者，勇之知也。安行者，仁之仁也；利行者，知之仁也；勉行者，勇之仁也。好学者，知之勇也；力行者，仁之勇也；知耻者，勇之勇也。"【通考】史氏伯璿曰："三知为知，三行为仁，二句便是上文以分而言之意。三近为勇之次，亦只是上文'所以至于知之成功而一者勇也'之意。上节已知之成功，乃勇之至，此独自学利以下求知之成功者说，故曰'勇之次'耳。"吕氏曰："愚者自是而不求，自私者殉人欲而忘反，懦奴卧、奴乱二反。者甘为人下而不辞①。故好学非知，然足以破愚；力行非仁，然足以忘私；朱子曰："仁则力行工夫多，知则致知工夫多，好学近乎知，力行近乎仁，意自可见。"三山陈氏曰："所谓力行足以忘私者，盖世之怠惰不为者，皆所以自便其所欲，故曰私。"问："此章以力行言仁，前章服膺勿失，又以守言仁，何也?"双峰饶氏曰："守也属行。以择为知，则当以守为仁，以知为知，则当以行为仁，各有所当。"问："守与行如何属仁?"曰："仁者无私欲，

① 愚者自是而不求三句：愚蠢的人到这里就不再追求，自私的人迷恋人欲而忘记回头，懦弱的人甘愿低人一头而不想改变。

心无私欲，然后能守能行，今人行不去，只是被私欲牵制。守不住，只是被私欲牵引耳。"问："吕氏元本云：'自私者以天下非吾事。'朱子改之曰：'自私者徇人欲而忘返。'如何?"蛟峰方氏曰："吕氏以公为仁，有我为不仁，力行虽未是仁，然足以去我。朱子以纯乎天理为仁，有欲便是不仁，力行足以去欲，故近仁。吕氏就爱上、用上说仁，朱子就本体上说仁也。知耻非勇，然足以起懦。"朱子曰："知耻，如舜人也，我亦人也。舜为法于天下，可传于后世，我犹未免为乡人也，是则可忧也。既耻为乡人，进学安得不勇。"云峰胡氏曰："达德自是人所同得之理，而此复以其近者言之，诱人之进也。盖虽昏惰之极，亦未有不进者，但患无耻耳。"周子曰①："必有耻则可教。"侯氏②曰："知耻非勇也，能耻不若人，则勇矣。呜呼！彼悠悠者，岂非无耻之甚哉!"东阳许氏曰："非知，非仁，非勇，不曰不是知仁勇，盖知仁勇是德已至之定名，若好学、力行、知耻亦知仁勇之事，但未全尔，此体贴三'近'字说。"【通考】朱氏公迁曰："《论语》两章虽有入德成德之殊，而皆自一人之身，合此三者言之，非各指其人之谓也。《中庸》三知三行，《章句》以为知仁勇之事，以分言者，止自一人身，合而言之，圣人全此知仁勇，其次当兼知仁勇也；以等言者，各因气质，分高下而言之，勇者用力然后及乎仁，仁者用力乃能及乎知也。然则入德之序，知居仁之先；成德之序，仁居知之首；气质之等，知在仁之上。此其所以纵横错综而不同与?"

知斯三者，则知所以修身；知所以修身，则知所以治人；知所以治人，则知所以治天下国家矣。

斯三者，指三近而言。人者，对己之称。天下国家，则尽乎人矣。言此以结上文修身之意，起下文九经之端也。云峰胡氏曰："董氏云此章当一部《大学》。《大学》以修身为本，此章自首至此，皆以修身为要。上文言修身而曰'不可不知天'者，即《大学》逆推修身之工夫至于格物致知者也；此言修身而曰'治人''治天下国家'者，即《大学》顺推修身之功效至于家齐国治天下平者也。"【通考】东阳许氏曰："第二节天下之人，生我同类，皆在五伦之中，惟朋友一伦所包最广，除却君臣父子夫妇长幼外，皆入朋友之伦。故《大学》言与国人交止于信，此朋友之交，是提起道合之人说。盖《中庸》是修道之事，教君子之书也。'交'字不可轻读过。"程氏复心曰："三知见道之方，三行达道之路，三近入道之门。以达道言，君臣父子夫妇昆弟朋友非达道不行；以达道言，知仁勇非诚不行。以其分言，生知困知【校记："生知困知"三鱼堂本作"生学困知"。】，知之至也；安利勉行，仁之至也；知之成功一，勇之至也。以其等言，生知安行，知为主；学知利行，仁为主；困知勉行，勇为主。皆达德之行也。以其近言，好学知之近，力行

---

① 周子：周敦颐(1017—1073 年)。宋道州人。字茂叔。居庐山，筑室名濂溪书堂。濂溪，为其生地。著《太极图说》及《通书》四十篇。采用道家学说，以太极为理，阴阳五行为气，是宋明理学的肇始者之一。程颢、程颐都是他的弟子。谥元公，世称濂溪先生。《宋史》载《道学传》，《宋元学案》卷十一、十二有《濂溪学案》。

② 侯氏：侯仲良，字师圣，河东人，二程舅氏无可之孙，从二程游，朱熹称其"学清白劲直"。著有《论语说》、《侯子雅言》。《宋元学案》卷三十有《侯荆门先生仲良》。

仁之近，知耻勇之近，乃入德之事。”

凡为天下国家有九经，曰：修身也，尊贤也，亲亲也，敬大臣也，体群臣也，子庶民也，来百工也，柔远人也，怀诸侯也。

经，常也。广平游氏曰①：“经者，其道有常而不可易，其序有条而不可紊。”三山陈氏曰：“施之治天下国家，可以常行而不变，故曰经。”倪氏曰：“经者，常也，即所谓庸也。”体，谓设以身处上声。其地而察其心也。子，如父母之爱其子也。云峰胡氏曰：“群臣相去疏远，休戚不相知，必如以身处其地而察其心，则可耳。庶民相去尤远，休戚愈不可知，必如父母之爱其子，乃可耳。‘体’字、‘子’字，皆心诚求之者也。”柔远人，所谓无忘宾旅者也。无忘宾旅，本齐桓公葵丘载书中语。三山陈氏曰：“远人非四夷，乃商贾宾旅，皆是离家乡而来，须宽恤之，若谓四夷，不应在诸侯之上。”此列九经之目也。吕氏曰：“天下国家之本在身，故修身为九经之本。然必亲师取友，然后修身之道进，故尊贤次之。三山陈氏曰：“下文既有大臣，又有群臣，而此先云尊贤者，非臣之之谓，正《书》所谓‘能自得师’，《礼》所谓‘当其为师则不臣者’也。”道之所进，莫先其家，故亲亲次之。由家以及朝音潮。廷，故敬大臣、体群臣次之。由朝廷以及其国，故子庶民、来百工次之②。由其国以及天下，故柔远人、怀诸侯次之。此九经之序也。”问：“《中庸》九经先尊贤而后亲亲，何也？”程子曰：“道孰先于亲亲，然不能尊贤，则不知亲亲之道。”陈氏曰：“经有九，其实总有三件，三件合来，共归一件，盖敬大臣、体群臣，其本从尊贤来。子庶民、来百工、柔远人、怀诸侯，其本从亲亲来，而亲亲尊贤之本，又从修身来。”视群臣犹吾四体，视百姓犹吾子，此视臣视民之别彼列反。也。朱子曰：“体群臣，《章句》与吕说，‘体’字虽小不同，然吕说大意自好，不欲废也。”新安陈氏曰：“视臣犹四体，移之股肱大臣，岂不可乎？朱子所训，不可易矣。观下文‘忠信重禄，所以劝士’，释云‘待之诚而养之厚，盖以身体之，而知其所赖乎上者如此也’，则‘体’字谓以身处其地而察之，可移易否乎？”【通考】程氏复心曰：“言九经施之治天下国家，可以常行而不变，故曰经。《大学》新民，自新为先，《中庸》九经，修身为始。《大学》‘止于至善’，与《中庸》‘依乎中庸’合。《大学》所止，以敬而入，《中庸》所依，以知仁勇入，贯之则皆诚也。”东阳许氏曰：“此第三节。”

修身则道立，尊贤则不惑，亲亲则诸父昆弟不怨，敬大臣则不眩，体群臣则士之报礼重，子庶民则百姓劝，来百工则财用足，柔远人则四方归之，怀诸侯则天下畏之。

此言九经之效也。道立，谓道成于己而可为民表，新安陈氏曰：“表，仪也，如《书》所谓‘表正万邦’之表。”所谓皇建其有极是也③。《书·洪范》：“五皇极，皇建其

---

① 广平游氏：游酢，字定夫，建州建阳人，从二程学，进士第，调萧山尉，迁博士。晚得监察御史，历知汉阳军和舒濠三州。伊川曾谓杨时曰：“游君德器粹然，问学日进，政事亦绝人远甚。”学者称广平先生。所著有《易说》、《〈诗·二南〉义》、《论语孟子杂解》、《中庸义》及文集十卷。

② 百工：各种有技术的人。

③ 皇建其有极：见《尚书·洪范》，意思是建立君主至上的法则。建：建立。极：至极之标准、法则。

有极。”不惑，谓不疑于理。新安陈氏曰：“得贤以师资讲明，故不疑于理。”不眩，音县。谓不迷于事。北溪陈氏曰：“不惑，是理义昭著，无所疑也；不眩，是信任专，政事举，无所眩迷也。”敬大臣则信任专，而小臣不得以间去声。之，故临事而不眩也。来百工则通功易事，农末相资①，故财用足。朱子曰：“若百工聚，则事事皆有，岂不足以足财用乎？如织纴可以足布帛，工匠可以足器皿之类。”双峰饶氏曰：“‘财用’是两字，财是货财，用是器用。一人之身，岂能百工之所为备？如农夫之耕，农器缺一不可，农得用以生财，工得财以赡用。推此可见其余，盖农工相资，则上下俱足。”柔远人，则天下之旅皆悦而愿出于其涂，故四方归。怀诸侯，则德之所施去声。者博，而威之所制者广矣，故曰天下畏之。陈氏曰：“报礼重，君视臣如手足，臣视君如腹心也。百姓劝，君待民如子，则民爱君如父母，庶民子来是也。”云峰胡氏曰：“道，即前五者天下之达道；立，是吾身于此五者各尽其道，而民皆于吾身取则也。《章句》以为即是皇建其有极，皇极建而九畴叙，君道立而九经行，其旨一也。尊贤尤与修身相关，修身则道成于己，尊贤则见道分明而无疑。《章句》曰‘此九经之效也’，道立是修身之效，以下皆道立之效。”【通考】东阳许氏曰：“来百工，是招徕诸工人在国，如织纴可以足布帛，工匠可以足器皿之类。《章句》：‘通功易事，农末相资。’是农通于末、末通于农，则财足，彼此皆足。只此一串意，是言举天下之财用足也。舜命垂共工，列在九官，周工人皆属冬官，汉以来将作大匠，亚于九卿，则古人未尝以工事为轻。凡此艺之工巧者，既表而用之，又有气禀以养之，则天下之习此艺，莫不勉焉工巧，而天下器用无不足。柔远人谓无忘宾旅，宾盖朝聘诸侯即大夫，旅盖四方游士及商旅之途。经言‘怀诸侯天下畏之’，注‘德之所施者博’，贴‘怀诸侯’意，‘威之所制者广’，贴‘天下畏之’天下，举四海内外总言，盖怀诸侯以德，则诸侯诚服，中国为一家。中国臣民无有不爱仰，则四隅夷狄异类莫不畏服矣。”

齐明盛服，非礼不动，所以修身也；去谗远色，贱货而贵德，所以劝贤也；尊其位，重其禄，同其好恶，所以劝亲亲也；官盛任使，所以劝大臣也；忠信重禄，所以劝士也；时使薄敛，所以劝百姓也；日省月试，既禀称事，所以劝百工也；送往迎来，嘉善而矜不能，所以柔远人也；继绝世，举废国，治乱持危，朝聘以时，厚往而薄来，所以怀诸侯也。齐，侧皆反。去，上声。远、好、恶、敛，并去声。既，许气反。禀，彼锦、力锦二反。称，去声。朝，音潮。

此言九经之事也。北溪陈氏曰：“九经之事，是做工夫处。齐，齐其思虑。明，明洁其心。齐明以一其内，盛服以肃其外，内外交相养也。齐明盛服，是静而未应接之时；以礼而动，是动而已应接之时。动静交相养也如此，所以修身。”云峰胡氏曰：“齐明盛服，静而敬也，即首章戒惧存养之事；非礼不动，动而敬也，即首章慎独省察之事。”【通考】朱氏公迁曰：“此以身言，而心在其中。然主乎理义而言曰养身，主乎德性而言曰守身，主乎天理之实而言曰诚身，主乎事理之正而言曰修身。正心者，修身之先

① 通功易事，农末相资：使各种技术相互交换，农与作为末的工商相互补充。

务；事亲者，修身之大节；持敬者，修身之要法；体道者，修身之实事。又心以其所主宰者言，敬以所持养者言，道以其所践履者言，'之所亲爱'以下五者，以其所应接者言。"官盛任使，谓官属众盛，足任使令平声。也，盖大臣不当亲细事，故所以优之者如此。忠信重禄，谓待之诚而养之厚，盖以身体之，而知其所赖乎上者如此也。【通考】东阳许氏曰："听谗言则知人之道不明，而贤者不安。好色货则必不能尚德，而与贤者自相背驰。故去此三者而后能贵有德者。尊其位，爵位也。此未言任以事，盖宗族且主于养，若有才德，则自随所宜用之。前言敬大臣则不眩，是专任意，后言官盛任使，是优崇意，其义不可一途取。任使，谓足以任其使令，时使则得以乘天时，尽地利而所收者广，敛之又薄，则民皆殷富而愈力矣。"既，读曰饩。饩禀，稍去声。食也①。《周礼·天官》："宫正几其出入，均其稍食。""内宰掌书版图之法，以治王内之政令，均其稍食，分其人民以居之。"稍食，吏禄廪也。稍者，出物有渐之谓。朱子曰："饩，牲饩也，如今官员请受，有生羊肉。禀，即廪给折送钱之类是也。"称事②，如《周礼·槁古老反。人职》曰"考其弓弩，以上下其食"是也。《夏官》："槁人掌受财于职金，以赍音咨。其工。弓六物为三等，弩四物亦如之。矢八物皆三等，箙亦如之。箙，盛矢器。春献素，秋献成，书其等以飨工。乘其事，试音考。其弓弩，以上下其食而诛赏，乃入工于司弓矢及缮人。槁，读为刍槁之槁。箭干，谓之槁。"新安陈氏曰："食必与事称，有功不可负，无功不可滥。"【通考】东阳许氏曰："此官主弓弩箭矢，故曰槁人。乘，计也，计其事之成功。考之而善，则上其食，尤善，又赏之。否者反此。试，本作'考'。上，时掌反。往则为去声。之授节以送之③，朱子曰："远人来，至去时，有节以授之，过所在为照，如汉之出入关者用繻，唐谓之给过所是也。"【通考】东阳许氏曰："《秋官》，遗人掌送逆邦国之通宾客，以路节达四方，送逆及疆。注疏：通宾客，以常事往来，谓朝觐会同者也。路节，道路之节，旌节也。《夏官》，怀方氏掌远方之民，致方贡，致远物，而送逆之，达之以节。此类皆授节送往之事。"来则丰其委去声。积子赐反。以迎之④。新安陈氏曰："委积畜聚也。《周礼》：'遗人掌牢礼委积。'注云：'委积，谓牢米薪刍，给宾客。'又，司徒注：'少曰委，多曰积。'"【通考】东阳许氏曰："地官遗人，掌邦之委积。郊里之委积以待宾客，野鄙之委积以待羁旅。三十里有宿，宿有委，五十里有市，市有积。委人掌敛野之赋，敛薪刍畜聚之物，瓜瓠葵芋御冬之具，聚之以待羁旅之等。又怀方氏治委积馆舍饮食。此皆委积迎来之事也。"朝，谓诸侯见形甸反。于天子。聘，谓诸侯使大夫来献。《王制》："比毗至反。年一小聘，三年一大聘，五年一朝⑤。"比年，每年也。【通考】赵氏德曰："小聘使大夫，大聘使卿，朝则君自行。此大聘与朝，晋霸时所制也。虞夏之制，诸侯岁朝。周之制，侯甸男采卫，要服六者，各以

---

① 稍食：古代指官府按月发给的官俸。

② 称事：与事功相当。

③ 授节：授以符节。

④ 委积：泛指财物，货财。

⑤ 《王制》：《礼记·王制》。

其服数来朝。厚往薄来，谓燕赐厚而纳贡薄①。

凡为天下国家有九经，所以行之者一也。

一者，诚也。一有不诚，则是九者皆为虚文矣，此九经之实也。三山潘氏曰："三德行之者一，所以实其德；九经行之者一，所以实其事。"云峰胡氏曰："修身不实，则欲得以间理；尊贤不实，则邪得以间正；亲亲不实，则疏得以间亲。推之莫不皆然。"新安陈氏曰："《中庸》一书，诚为枢纽。论诚虽至'诚者天之道'处而始详，而诚之名，已见于《鬼神章》'诚之不可掩'之一言，诚之意，已两见于三德九经'行之者一'之二言矣。'诚之不可掩'，以实理言，两'行之者一'，皆以实心言也。"【通考】程氏复心曰："以其序言，齐明盛服，非礼不动，所以修身，去谗远色，贱货贵德，所以劝贤，自修身之始推之。尊位重禄，同其好恶，所以劝亲亲，官盛任使，忠信重禄，所以劝大臣与士，自尊贤之等推之。时使薄敛，日省月试，既禀称事，所以劝百姓百工，送往迎来，朝聘以时，厚往薄来，所以怀诸侯，自亲亲推之。《大学》自修身至平天下，在先诚其意；《中庸》自'修身'至'怀诸侯'行之一【校记："怀诸侯行之一"弘治本作"怀者侯行之"。】。"

凡事豫则立，不豫则废。言前定则不跲，事前定则不困，行前定则不疚，道前定则不穷。跲，其劫反。行，去声。

凡事，指达道达德九经之属。豫，素定也②。跲，踬音致。也③。疚，病也。此承上文，言凡事皆欲先立乎诚，如下文所推是也。朱子曰："言前定，句句著实，不脱空也。才一语不实，便说不去。事前定则不困，闲时不曾做得，临时自是做不彻，便至于困。行前定则不疚，若所行不前定，临时便易得屈折，枉道以从人矣。道前定则不穷，此一句，又连那上三句都包在里面，是有个妙用，千变万化而不穷之谓，事到面前都理会得。"陈氏曰："上'凡事'一句，乃包达道达德九经而言。下'事前定'一句，乃指其事而言之也。"项氏曰："言诚而必言豫者，教人素学之也。知之素明，行之素熟，而后取之则不穷矣。"云峰胡氏曰："上文言达道达德九经之所以行，此则总言凡事之所以立。盖曰是诚也，非一朝一夕之故，戒惧慎独，养之者有素矣。如此，则先立乎诚，而后事可立，可立则可行矣。《章句》以'先立'二字释'前定'，正与上二'行'字相应。"新安陈氏曰："四'前定'字，所以申明上'豫'字也。非以豫与前定为诚，乃是所当豫，所当前定者，谓先立乎诚也。"

在下位不获乎上，民不可得而治矣。获乎上有道：不信乎朋友，不获乎上矣；信乎朋友有道：不顺乎亲，不信乎朋友矣；顺乎亲有道：反诸身不诚，不顺乎亲矣；诚身有道：不明乎善，不诚乎身矣。

此又以在下位者，推言素定之意。反诸身不诚，谓反求诸身而所存所发，未能真实

---

① 燕：燕礼。燕赐：私下赏赐。

② 素定：犹宿定。预先确定。

③ 踬：本指跌倒，绊倒。此指文辞晦涩，不畅达。

而无妄也。朱子曰："反诸身，是反求于心。不诚，是不曾实有此心，如事亲孝，须实有这孝之心，若外面假为孝之事，里面却无孝之心，便是不诚矣。"新安陈氏曰："所存所发，指心而言。所存，静而涵养时也；所发，动而应接时也。"不明乎善，谓未能察于人心天命之本然，此又推本，从天命谓性之源头处来。而真知至善之所在也。问："凡事豫则立。言与事，行与道，皆欲先定于其初，则不跲，不困，不疚，不穷，斯有必然之验。故自不获乎上，不信乎朋友，不顺乎亲而推之，皆始于不诚乎身而已。然则先立乎诚，为此章之要旨，而不明乎善，则不可以诚乎身矣。今欲进乎明善之功，要必格物以穷其理，致知以处其义，夫然后真知善之为可好而好之，则如好好色，真知恶之为可恶而恶之，则如恶恶臭。明善如此，夫安得而不诚哉！以是观之，则《中庸》所谓'明善'，即《大学》'致知'之事；《中庸》之所谓'诚身'，即《大学》'诚意'之功。要其指归，其理则一而已。"朱子曰："得之。"陈氏曰："此一节，又推明诚不可不前定之意，须自诚身明善始，紧要在于明善。善者，天命率性之本然，须是格物致知，真知至善之所在。否则，好善不能如好好色，恶恶不能如恶恶臭，虽欲诚身而身不可得而诚矣。故必明善乃能诚身，至于事亲信友，获上治民，无所往而不通，而达道达德九经，凡事亦一以贯之而无遗矣。"双峰饶氏曰："前言思修身，不可以不事亲；此曰身不诚，不顺乎亲。以入德之本言，则修身必先事亲；以成德之效言，则身诚然后亲顺。"云峰胡氏曰："此以在下位者言，见得上文九经是在上位者。中庸之道，通上下皆当行也。故上言尊贤，此则言信乎朋友；上言亲亲，此则言顺亲；上言修身，此则言诚身。其道一也。"勉斋云："此一章当一部《大学》，诚身是包《大学》诚意正心修身而言。心是所存，意是所发，故《章句》释诚身，必兼所存所发言之。上文曰知天，而此曰明善，善即天命之性。天命无有不善，学者当知夫至善之所在，是即《大学》所谓格物致知也。天不可不知，善不可不明，又见三德必以知为先也。"【通考】程氏复心曰："第四节包达道达德九经，总言之豫，与前定一，皆诚也。言不跲，事不困，行不疚，道不穷，欲先立其诚也。推言素定之意，治民获上，信友顺亲，皆诚身之用。明善，诚身之本。以入德言，则修身必先事亲；以成德之效言，则身诚然后亲顺。"东阳许氏曰："此节专提撕不可不诚之意，推至于诚身而止。诚身又在明善，明善即格物致知，诚身即意诚、心正、身修也。事素有诚，则虽事变之来，亦无所碍，不诚便有困屈；行素有诚，虽处夷狄患难，莫不从容，不诚则将枉道矣。道则通包上三者，有诚则应物必当，出之无穷。"又曰："自章首皆言上之率下，此言在下位，却主下事上说。盖修道之教无所不该，经四'道'字，谓有其法也。"董氏彝曰："《大学》言诚意，《中庸》言诚身；《大学》细论其节目之详，《中庸》统论其成功之大。"

诚者，天之道也；诚之者，人之道也。诚者不勉而中，不思而得，从容中道，圣人也。诚之者，择善而固执之者也。中，并去声。从，七容反。

此承上文诚身而言。诚者，真实无妄之谓，天理之本然也。诚之者，未能真实无妄，而欲其真实无妄之谓，人事之当然也。圣人之德，浑然天理，真实无妄，不待思勉而从容中道，则亦天之道也。未至于圣，则不能无人欲之私，而其为德不能皆实。故未能不思而得，则必择善，然后可以明善；问："明善择善，何者为先？"朱子曰："譬如十个物事，五个善，五个恶，须拣此是善、此是恶，方分明。"东阳许氏曰："择善然后可以明善。择者，谓致察事物之理；明者，谓洞明吾心之理。合外内而言之，择善是格物；明善是知至。"未能不勉而中，则必固执，然后可以诚身，此则所谓人之道也。三山陈氏曰："善不择，则有误认人欲为天理者矣；执不固，则天理有时夺于人欲矣。"不思而得，生知也。不勉而中，安行也。择善，学知以下之事。固执，利行以下之事也。《章句》两"以下"字，该困知勉行在其中。朱子曰："诚者，天之道，诚是实理自然，不假修为者也。诚之者，人之道，是实其实理，则是勉而为之者也。孟子言'万物皆备于我'，便是诚；'反身而诚'，便是诚之。反身，只是反求诸己，诚只是万物具足，无所亏欠。"问："在天固有真实之理，在人当有真实之功，圣人不思不勉，而从容中道，无非实理之流行，则圣人与天为一，即天之道也。未至于圣人，必择善而后能明是善，必固执然后能实是善，此人事当然，即人之道也。"曰："善。"北溪陈氏曰："天道人道，有数样分别。且以上天言之，维天之命，於穆不已，自元亨而利贞，贞而复元，万古循环，无一息之间。凡天下之物，洪纤高下，飞潜动植，青黄白黑，万古皆常然不易。又如日往月来，寒往暑来，万古皆然，无一息之差谬。此皆理之真实处，乃天道之本然也。以人道相对，诚之乃人分上事。若就人论之，则天道流行赋予于人而人受之以为性，此天命之本然者，便是诚，故五峰谓诚者命之道，盖人得天命之本然，无非实理。如孩提知爱，及长知敬，皆不思而得，不学而能，即在人之天道也。其做工夫处，则尽己之忠以实之信，凡求以尽其诚实，乃人道也。又就圣贤论之，圣人生知安行，纯是天理，彻内外本末，皆真实无一毫之妄，不待勉而自中，不待思而自得。如人行路，须照管方行得路中，否则蹉向一边去。圣人如不看路，自然路中行，所谓从容中道，此天道也。自大贤以下，气禀不能纯乎清明，道理未能浑然真实无妄，故知有不实，须做择善工夫，行有不实，须做固执工夫。择善，是辨析众理，而求其所谓善，致知之功也；固执，是所守之坚，而不为物所移，力行之功也。须是二者并进，乃能至于真实无妄，此人道也。"双峰饶氏曰："不勉而中，安行之仁也；不思而得，生知之知也；从容中道，自然之勇也。或疑从容非勇，曰：'今有百钧于此，一人谈笑而举之，力有余也；一人竭蹷而不能举①，力不足也。'然则圣人之于道也，众皆勉强，而己独从容，非天下之大勇而何？择善近知，固执近仁，而勇在其中。论诚者，则先仁而后知，以成德之序言也。论诚之者，则先知而后仁，以入德之序言也。"云峰胡氏曰："自此以前十六章，言诚之不可掩，是以天道言诚。上文诚身，是以人道言诚。所以于此总两者言之，曰'诚者，天之道；诚之者，人之道也'。不勉而中者，安行之仁；不思而得者，生知之知；从容中道者，自然之勇。此以上皆言知仁勇，学者入德之事；此以下兼言仁知勇，圣人成德之事。《论语》曰'知者不惑，仁者不忧，勇者不惧'，学之序也，此以上见之；又

---

① 竭蹷：亦作"竭蹶"。颠仆倾跌，行步匆遽貌。《荀子·儒效》："故近者歌讴而乐之，远者竭蹶而趋之。"杨倞注："竭蹶，颠倒也。远者颠倒趋之，如不及然。"

曰‘仁者不忧，知者不惑，勇者不惧’，德之序也，此以下见之。下章尽性，仁也。前知，知也。无息，勇也。博厚，仁也。高明，知也。悠久，勇也。如地之持载，仁也；如天之覆帱，知也；如日月之代明、四时之错行，勇也。往往皆言仁、知、勇，而于此始焉。至论学知利行之事，择善为知，固执为仁，又依旧先知而后仁，其所以开示学者至矣。”【通考】东阳许氏曰：“第五节上二节，皆言所以行之者一，然未分晓说出‘诚’字，至此方明言之。诚者天之道，指此理而言；诚之者，指心而言。下‘诚’字虽以圣人之心而言，然圣人之心即天也。诚者，先仁后知，以成德言；诚之者，先知后仁，以进德之序言。”

博学之，审问之，慎思之，明辨之，笃行之。

此诚之之目也。学、问、思、辨，所以择善而为知，去声。学而知如字。也。笃行，所以固执而为仁，利而行也。程子曰：“五者废其一，非学也。”朱子曰：“五者无先后，有缓急，不可谓博学时，未暇审问；审问时，未暇谨思；谨思时，未暇明辨；明辨时，未暇笃行。五者从头做将去，初无先后也。”陈氏曰：“择善，有博学、审问、慎思、明辨工夫，尽用功多。固执，只有笃行一件工夫，是择善处真能知之，则行处功自易也。”双峰饶氏曰：“学必博，然后有以聚天下之见闻，而周知事物之理；问必审，然后有以订其所学之疑；思必谨，然后有以精研其学问之所得，而自得于心；辨必明，然后有以别其公私义利、是非真妄于毫厘疑似之间，而不至于差谬。择善至此，择之可谓精矣。如是而加以笃行，则日用之间，由念虑之微以达于事为之著，必能去利而就义，取是而舍非，不使一毫人欲之私得以夺乎天理之正，而凡学问思辨之所得者，皆有以践其实矣。所执如此，其固为何如？此学知利行，以求至于诚者之事也。”项氏曰：“学而又问，则取于人者详；思而又辨，则求于心者精。如是而后可以行矣。”【通考】东阳许氏曰：“博学是总说一句在上面，盖为学规模不广，安能知道此是总言为学之意？至于一事一物言之，则亦须广求远取，以反覆其理，如是然后有可问者。问、思以下却是逐一事一节理会，问须是详审，使答者辞尽意畅，既问而得之矣，又思之使自得于心可也。思则必慎，思之不及，非慎也；思之过，非慎也；思之泛，非慎也；思之凿，非慎也。思既得之，又加辨析，使明澈无纤毫凝滞，然后措之行事而笃焉。是皆积累工夫，自常人而诚之，欲至于至诚，非文理密察，工夫积习，安能攀缘而上？”

有弗学，学之弗能弗措也；有弗问，问之弗知弗措也；有弗思，思之弗得弗措也；有弗辨，辨之弗明弗措也；有弗行，行之弗笃弗措也。人一能之己百之，人十能之己千之。

君子之学，不为则已，为则必要其成，故常百倍其功。此困而知，勉而行者也，勇之事也。朱子曰：“此一段，是应上面‘博学之’五句反说起。如云不学则已，学之弗能而定不休；如云有不战，战必胜矣之类也。”陈氏曰：“学问思辨，智之事；笃行，仁之事；弗措，勇之事。”双峰饶氏曰：“达道有五，知此者曰知，行此者曰仁，勉于此者曰勇，实知实行而实勉者曰诚。博学、审问、慎思、明辨以择乎善，所以求实知也；笃行以固执之，所以求实行也；五弗措，所以求实勉之也。知之实，行之实，勉之实，则达德之实体立，而达道之实用行矣。”【通考】史氏伯璿曰：“按，《章句》释此节之意，曰‘君子之学，不为则已，为则必要其成’，然则‘不为则已’一句说‘有弗学’意，‘为’字说‘学’之意，‘则必要其成’五字，说‘弗能弗措也’之意。推此以例其余，则当以‘学、问、思、辨、行’上五字句绝，五‘之’字著读，五‘也’句绝。”

果能此道矣，虽愚必明，虽柔必强。”

明者择善之功，强者固执之效。朱子曰：“虽愚必明，是致知之效；虽柔必强，是力行之效。”新安陈氏曰：“自‘人一能之’以下，乃子思子吃紧为气质昏弱者言。‘果能此道’一句，尤警策，只恐不能百倍其功耳，若真能于此五者，下百倍于人之功，则学力之至到，决可变化气质之昏弱矣。子思子岂欺我哉？”吕氏曰：“君子所以学者，为能变化气质而已。德胜气质，则愚者可进于明，柔者可进于强。不能胜之，则虽有志于学，亦愚不能明，柔不能立而已矣。盖均善而无恶者，性也，人所同也；昏明强弱之禀不齐者，才也，人所异也。诚之者所以反其同而变其异也。夫以不美之质，求变而美，非百倍其功，不足以致之。今以卤音鲁。莽莫古、莫后二反。灭裂之学，《庄子·则阳篇》：“君为政焉，勿卤莽；治民焉，勿灭裂。昔予为禾，耕而卤莽之，则其实亦卤莽而报予。芸而灭裂之，其实亦灭裂而报予。”卤莽，不用心也；灭裂，轻薄也。或作或辍，以变其不美之质，及不能变，则曰天质不美，非学所能变。是果于自弃，其为不仁甚矣！”新安陈氏曰：“成己，仁也。进学不勇，卒也不能成己，是自弃其身于不肖之归，非不仁而何？”朱子曰：“某年十五六时，见吕与叔解得此段痛快，读之未尝不竦然警厉奋发，人若有向学之志，须是如此做工夫方得。”云峰胡氏曰：“前曰鲜能，曰不可能，此能百倍其功，则果能此道矣。虽愚必明，亦可谓知矣，充之而义精可也；虽柔必强，亦可谓仁矣，充之而仁熟可也。以此见得中庸非不可能，能之者，在乎人；人之所以能之者，在乎勇。”【通考】程氏复心曰：“第六节言诚之之目。以择善言，学问思辨，学知所以为知；以固执言，笃行之，利行所以为仁；以愚柔择执言，弗措己百己千，困知勉行所以为勇。此当一部《大学》。”朱氏公迁曰：“此因气质不同，主乎学力而言之。困而不学，民斯为下者，使学者知所戒；言必明必强，知之成功而一者，使学者知所勉。”

右第二十章。此引孔子之言，以继大舜、文、武、周公之绪，明其所传之一致，举而措之，亦犹是耳。陈氏曰：“此说孔子能尽中庸之道，子思引此以明道统之传也。”云峰胡氏曰：“上章所述文武周公，皆是举而措之之事，此引孔子之言，谓所传一致，使得举而措之，则亦犹是耳。至第三十章曰仲尼祖述尧舜，宪章文武，则愈可见其所传之一致焉。”新安陈氏曰：“《论语·尧曰篇》，历叙尧舜禹汤武王之事，而以孔子答子张问政继之，子思此章正此意也。”盖包费隐、兼小大，以终十二章之意。或问：“《章句》第十六章‘兼费隐、包大小而言’，至此则曰‘包费隐、兼小大’，何也？”云峰胡氏曰：“十六章则兼费隐而言，不言小大，而包小大于其中。此章则兼小大而言，不言费隐’，而包费隐在其中。‘兼’字‘包’字，各有攸当也。”【通考】东阳许氏曰：“此章达道达德九经，凡事前皆一一言之，是其小者，后专言诚，是其大者。故曰兼小大而隐固在其中。至于诚一节，全以理言，岂非隐者？然圣人天道，学者人道，又岂驾虚言而遗事，故曰包费隐，是小大之中包费隐也。诸章皆费隐中有小大，故两章‘费隐’字皆在上。十六章鬼神先言大者，后言小者，故曰‘大小’，此章先言众目，后言诚，故曰‘小大’。”史氏伯璿曰：“胡氏之说似乎得之，但语焉不详，犹未知其细辩兼包之义。至曰此章‘不言费隐’，则私意有碍。此章不言隐耳，未尝不言费也。愚则以为，兼则二义并列一章之中而不可紊，包则一章总该二者之义而不可分。盖兼有限，包无穷，兼是本章所自有，包非本章所有，亦不但《中庸》一书所有。是凡天地间道理，此章无所不包，虽《中庸》中所言，不过亦是天地间道理，亦在其中尔。且以‘兼’之一字言之，则各章但言费而隐在其中，不可以‘兼费隐’言也。前三章言小则不言大，后三章言大则不言小，亦不可以‘兼小大’言也。惟十六章言鬼神之事，以不见不闻于体物如在，正是费。故谓此章兼费隐也。二十章以文武之政，治天下国家之九经，与修身事亲知人，三知三行三近，择善固执等并列于一章之中，则政与九经正是大，修身事亲等事正是小，故谓此章兼小大也。此二者皆本章自有其义，则所指固有限矣。若以‘包’之一字言之，则十六章只是‘体物’之一言可以包大小，二十章只‘诚’之一字可以包费隐。盖十六章说鬼神之费处，不外乎‘体物’之一言，而‘体物’之一言则于费之大小，可以总该之矣。陈定宇所谓‘体物不遗，总而言之，所该甚大，即一物言之，亦鬼神为之体，兹非小欤?’其言可谓至明白矣，非‘体物’一言可以包大小之谓乎？二十章答问政之言，虽非一事，然皆不外乎‘诚’之一语。诚始详之意可见，则‘诚’之一言于道之体隐用费可以总该之矣。参以《或问》论诚为此篇之枢纽处，有曰‘费而隐者，实理之用广而体微也’，此言可谓简而明矣，非‘诚’之一字可以包费隐之谓乎？此二者皆是包涵天地间道理，非一章一书所自有者，则其所包无穷可知矣。盖费隐大小是天地间道之体用，特圣贤于《中庸》言之耳，岂《中庸》所得专哉？然则虽本章所兼有者，不过亦是天地间之道，亦在无所不包之中，况其所谓包者，又岂可但就一章一书求之，而不知其为包涵天地间无穷之理乎?”章内语诚始详，而所谓诚者，实此篇之枢纽女九反。也。如户之有枢，如衣之有纽。黄氏曰：“《中庸》著一‘诚’字锁尽。”格庵赵氏曰：“《中庸》一篇无非说诚。自篇首至十六章，始露出‘诚’字，然专说鬼神，是以天道言。至此章说许多事，末乃说诚身工夫，乃是人道。自此以下数章，分说天道人道，极为详悉。”【通考】东阳许氏曰：“诚者，此篇枢纽，今以此言观一篇皆诚也。言天下之实理固诚也，言天下之实德亦诚也，言人之欲实之者亦诚也。天命者，以实理赋于人物也；性者，人物得天之实理；道者，循此实理也；教者，品节此实理也；戒惧存此实理，慎独行此实理也。未发之中，实理之体；中节之和，实理之行；中和，实理之感；而位育，实理之应也。中庸，诚之至也；大舜，诚也；颜渊，诚之者也；强矫，诚之者当如是也。孔子依乎中庸，亦诚者也。道之费而隐，诚之盈乎天地者也。费之小大，皆诚之所生也。言鬼神，见幽显之皆诚也。仁者，天地生物之诚而人得以生之诚也；修道以仁者，体此诚也。亲亲尊尊，诚之施也；杀等之礼，诚自然之节也。达道达德九经，皆以诚行之也；豫与前定，先立乎诚也。自治民推至乎明善，皆在诚乎身也，自‘诚者’以下，明言诚又以实夫达德。二十一章至二十六章皆明言诚；二十七章‘洋洋优优’，皆诚之著者也，‘尊德性'以下五事，又言诚之之方也；二十八章'为下不倍'，二十九章'为上不骄'，亦诚之之事；三十章至三十二章皆诚者也。末章历序诚之以至于至诚，复言天道之诚，终焉又细而推之，何一语非诚也?"黄四如曰①："此下诸章反复诚之之义，而贯命性道教中费隐之妙。"又按：《孔子家语》亦载此章，而其文尤详。"成功一也"之下，有"公曰：子之言美矣！至矣！寡人实固，不足以成之也"。故其下复以"子曰"起答辞。今无此问辞，而犹有"子曰"二字。盖子思删其繁文以附于篇，而所删有不尽者，今当为衍文也。"博学之"以下，《家语》无之，意彼有阙文，抑此或子思所补也欤?《家语》：哀公问政于孔子，孔子对曰"文武之政"云云。其人亡，则其政息。天道敏生，人道敏政，地道敏树。夫政也者，犹蒲卢也，待化以成，故为政在于得人。取人以身，修身以道，修道以仁云云。亲亲之杀，尊贤之等，礼所以生也。礼者，政之本也，是以君子不可以不修身云云，及其成功一也。公曰："子之言，美矣至矣，寡人实固，不足以成之也。"孔子曰："好学近乎知云云，知所以治人，则能成天下国家者矣。"公曰："政其尽此而已乎?"孔子曰："凡为天下国家有九经云云，怀诸侯则天下畏之。"公曰："为之奈何?"孔子曰："齐明盛服云云，爵其能，重其禄，同其好恶，所以笃亲亲也云云。从容中道，圣人之所以定体也。诚之者，择善而固执之者也。"公曰："子之教寡人，备矣。敢问行之所始。"孔子曰："立爱自亲始，教民睦也；立敬自长始，教民顺也。教之慈睦，而民贵有亲；教以敬，而民贵用命。民既孝于亲，又顺以听命，措诸天下，无所不可。"公曰："寡人既闻此言也，惧不能果行而获罪咎。"朱子曰："前辈多是逐段解去，某初读时，只觉首段合与次段首意相接。如云政也者，蒲卢也，故为政在人，取人以身，修身以道，修道以仁。便说仁者人也，亲亲为大，义者宜也，尊贤为大，都接统说去。又'思修身'段后，便继以天下之达道五，'知此三者'段后，便继以为天下国家有九经，亦似相接续。自此推去，疑只是一章。后读《家语》，方知是孔子一时间所说，乃是本来一段也。"【通考】史氏伯璿曰："哀公问政者，问治人之事也。夫子答以'人存政举'，以至于'不可不知天'，凡五节，皆所以明治人之本在于修身也。下文自天下达道五至三近三节，详言修身之道，修身之道尽则治人之本立矣。'知斯三者'一节是结上起下之过接处，下文'九经'四节是详言治人之事，即哀公所问之政也。凡此以上皆为人君言之耳。然治人之事非人君一己所可自为也，必在于取得其人而共治焉可也。'凡事豫则立'一节又是结上起下之过接处。下文'在下位'一节说人臣欲辅上以治人者，其本亦在于修身而已。明善诚身，则身修而有可以获上之实矣，下之所以获上者在是，则君之所以取人者亦在是，此一节终章首为政在人、取人以身之意。至此始露出诚身一'诚'字，则知上文数节所谓一，所谓豫，所谓前定，皆是指此而言耳。如此则为人居，为人臣，凡有为政治人之任者，皆当以修身为本，而修身皆当以诚为要也。故下节遂言诚与

① 黄四如：黄仲元，字善甫，黄绩之子。咸淳中登第，因陆秀夫荐充益王府撰述官。改国子主簿，不赴。宋亡，改其名字曰渊，字天叟，又改其四如之号而以韵乡赘翁彦安为称。穷居稽古，深入理奥。有《四书讲稿》、《经史辨疑》、《四如文稿》行于世。

诚之者，以见诚有二者之分，诚者则无工夫，诚之者则有工夫。章末三节正是诚之者之工夫，凡欲修身以为治人之本者，皆当如此用力，是固通君臣上下而言也。”

自诚明，谓之性；自明诚，谓之教。诚则明矣，明则诚矣。

自，由也。德无不实而明无不照者，圣人之德。所性而有者也，如孟子谓“尧舜性之”之“性”。【通考】东阳许氏曰：“《章句》‘德无不实’，‘德’字说‘诚’字。圣人之德兼诚明。”天道也。先明乎善，而后能实其善者，贤人之学。由教而入者也，人道也。朱子曰：“此‘性’字，是性之也。此‘教’字，是学之也。与首章‘天命谓性’，‘修道谓教’，二字义不同。”叶氏曰：“圣人全体，无一不实，而明睿所照，无一不尽，此自诚而明也。学者先明乎善，无不精察，故践履之际，始无不实，此自明而诚也。谓之性者，全于天之赋予；谓之教者，成于己之学习。”双峰饶氏曰：“自诚明谓之性，指诚者而言；自明诚谓之教，指诚之者而言。”诚则无不明矣，明则可以至于诚矣。朱子曰：“自诚明谓之性。诚，实然之理，此尧舜以上事。学者则自明诚谓之教，明此性而求实然之理。”“以诚而论明，则诚明合而为一；以明而论诚，则诚明分而为二。”陈氏曰：“下二句结上意，可以至于诚，可以是做工夫处。”三山陈氏曰：“自诚明者，由其内全所得之实理，以照事物，如天开日明，自然无蔽，此性之所以名，天之道也；自明诚者，由穷理致知，去其私欲，以复全其所得之实理，必由学而能，此教之所以立，人之道也。自诚明者，诚即明也，非曰诚而后至于明；自明诚者，尚须由明而后至于诚。虽然，及其成功一也。”勿轩熊氏曰：“首章言性、道、教，‘道’之一字，前章备言，此但言性与教。诚明谓之性，生知安行之事，先仁而后知；明诚谓之教，学知利行之事，先知而后仁。”云峰胡氏曰：“此性即天命之性，但天命之性，人物所同，此则性之者也，圣人所独；此教即修道之教，但教是圣人事，此则由教而入，学者事也。”【通考】东阳许氏曰：“第二‘诚’字带用功意，言之尚浅。下言‘明则诚矣’，此‘诚’则与‘诚明’之‘诚’字同，入圣而非贤矣，四‘明’字不同，第三个‘明’字与第一个‘明’字同，第四个‘明’字与第二个‘明’字同，‘则’字亦不同。诚则明矣，犹言诚便明矣，此‘则’字意紧；明则诚矣，言能明理亦可至于诚，此‘则’字意慢。”黄氏洵饶曰：“首章言‘谓’者，直谓之也；‘谓之’者，名之也，稍缓。性即首章之性，惟圣人全其天命之性，故曰所性而有；教，即首章之教，惟贤人由修道之教而入，故曰由教而入。此‘明’字与‘虽愚必明’皆就心上说。”

右第二十一章。子思承上章夫子天道、人道之意而立言也。朱子曰：“《中庸》言天道处，皆自然无节次；言人道处，皆有下工夫节次。”陈氏曰：“此章兼天道人道而言。”自此以下十二章，皆子思之言，以反复推明此章之意。双峰饶氏曰：“此章大意，是缴上章言‘诚者，天之道；诚之者，人之道’。一向分两路说去，则天人为二也。到此章方合说，诚则明矣，明则诚矣，指人道可至于天道，合天人而一之也。下章《至诚尽性章》言大道，《致曲章》言人道而末合之，曰‘唯天下至诚为能化’。此下又分别天道人道。”【通考】朱氏公迁曰：“诚以心言，兼言圣人学者之事也。余如‘反身而诚’，与‘强恕而行’相对，亦‘入德’、‘成德’之不同也。但诚明谓性，诚者天道，则专为圣人事。

反身而诚，则通为圣人与大贤以上事。在下位不获乎上，说从人事上来；万物皆备于我，说从天理上来。诚之者，知行兼备者也；明诚为教，先知后行而知为本也；思诚强恕，则致知以后行之事也。平居之日，讲求践履，以实其实，是曰诚之；行事之际，加之慎独，以审实与不实之几，是曰思诚。"东阳许氏曰："此章以后，'诚'字皆是指心言，惟二十五章首两'诚'字以理言。"黄氏洵饶曰："此章为第三支，其下十二章为节解。"程氏复心曰："此章'性'字是性之也，此'教'字是学知也，此二字却是转一转说，与首章'天命之谓性，修道之谓教'二字义不同。"

唯天下至诚，为能尽其性；能尽其性，则能尽人之性；能尽人之性，则能尽物之性；能尽物之性，则可以赞天地之化育；可以赞天地之化育，则可以与天地参矣。

天下至诚，谓圣人之德之实，天下莫能加也。朱子曰："至诚之至，乃极至之至，如至道至德之比。"叶氏曰："至诚者，盖圣人之全德，无一之不实，极其至之谓。举天下无以加，亘古今莫能及者也。"尽其性者德无不实，故无人欲之私，而天命之在我者，察之由之，巨细精粗，无毫发之不尽也。新安陈氏曰："《章句》又推本天命谓性一句而言，天命之在我者，即天理之赋予于我而为性者是也。察之，谓生知；由之，谓安行；乃借孟子所谓舜'察于人伦，由仁义行'之'察由'二字用之，谓知之与行之，皆无不尽也。"人物之性，亦我之性，但以所赋形气不同而有异耳。能尽之者，谓知之无不明而处上声。之无不当去声。也。赞，犹助也。与天地参，谓与天地并立为三也。此自诚而明者之事也。问："尽性，即孟子尽心否？"朱子曰："尽心，是就知上说；尽性，是就行上说。能尽得真实本然之全体，是尽性；能尽得虚灵知觉之妙用，是尽心。尽性尽心之尽，不是做工夫之谓，盖言上面工夫已至，至此方尽得耳。""尽己之性，如在君臣则义，在父子则亲之类；尽人之性，如黎民于变时雍；尽物之性，如鸟兽鱼鳖咸若。""性只一般，人、物气禀不同。人虽禀得气浊，本善之性终在，有可开通之理，是以圣人有教化去开通他，使复其善。物禀气偏，无道理使开通，只是处之各当其理，且随他所明处使之。他所明处，亦只是这个善，圣人便用他善底，如马悍者，用鞭策方乘得，此亦教化，是随他天理流行发见处使之也。""赞天地之化育，人在天地间，虽只是一理，然天人所为，各自有分，人做得底却有天做不得底。如天能生物，而耕必用人。水能润物，而灌必用人；火能熯物，而爨必用人；财成辅相皆人，非赞而何？"陈氏曰："此乃有德有位之圣人之事，惟尧舜足以当之。"双峰饶氏曰："此与首章一般。至诚尽性，便是致中和；赞化育，便是天地位、万物育。"问："尽己之性，可以兼知行言；尽人物之性，恐只是主知而言。且如人物之性，我如何行得他底？"曰："尽其性者，是知之行之无不尽之云也；尽人物之性者，知之无不明，处之无不当之云也。如新民止于至善相似，不是民之自新止于至善，乃是新之止于至善。"问："如何尽人之性？"曰："如教以人伦，使之父子有亲，君臣有义之类，皆是。"问："知何尽物之性？"曰："如仲冬斩阳木，仲夏斩阴木，獭祭鱼然后渔人入泽梁，豺祭兽然后田猎之类，皆是也。"云峰胡氏曰："天命之性，本真实而无妄，故圣人之心，真实无妄之至，始于本然之性为能尽耳，非有所加也。尽，兼知行而言。察之无不尽，故于人物之性知之无不明；由之无不尽，故于人物处之无不当。人物之性，亦我之性，圣人之尽之，亦非有加也。天地能赋人物以性，不能使人物各尽其性，圣人能尽之，则可以赞天地之化育，而可以与天地参而为三矣。"东阳许氏曰："两章'性'字不同，前如孟子性之之性，是带用说，此乃指性之体而言。"【通考】黄氏洵饶曰："能尽其性，谓固有。'则能尽人之性'云云，此言自然之功用。只是一理，而天人所为，则各有限而其所以然。参天地、赞化育，即天地位、万物育，但彼自学问之极功，做到圣人之能事，此则圣人自然而然者。尽人尽物之性皆是，参赞说尤深，如《易》所谓弥伦天地之道，辅相天地之宜。察之，知之至；由之，行之尽。'知之无不明，而处之无不当'，此二句兼人物说。孟子尽心知性穷理之事专就知言，此兼知行言。"

右第二十二章。言天道也。或疑此章以后言天道人道，间见迭出。潜室陈氏曰："道理纵横，说之无尽，如何立定样范？只合逐章体认。才不费力处，便是天道；著力处，便是人道。"【通考】史氏伯璿曰："此章以诚者之仁发明天道。"

其次致曲，曲能有诚，诚则形，形则著，著则明，明则动，动则变，变则化，唯天下至诚为能化。

其次，通大贤以下凡诚有未至者而言也。致，推致也①。曲，一偏也②。形者，积中而发外。形见。著，则又加显矣。明，则又有光辉发越之盛也。动者，诚能动物。变者，物从而变。化，则有不知其所以然者。朱子曰："动是方感动他，变则已改其旧俗，然尚有痕迹在，化则都消化了，无复痕迹矣。""孟子明则动矣，未变也；颜子动则变矣，未化也。"北溪陈氏曰："自形著至变化，以致曲之效言。"新安陈氏曰："形、著、明，相似而有渐，皆诚之全体呈露于大用者也。形、著、明，是一类；动、变、化，是一类。明者，形著之盛；化者，动变之妙。"【通考】黄氏洵饶曰："诚则明，见在在内；著则明，见在外。致曲，即孟子扩充之意。致曲，由明又诚，工夫在知行之间、物格知至之后。致曲与固执并行，不致曲则执德不弘，不固执则信道不笃。变者，化之渐；化者，变之成。'致曲'与'致知'不同。动者，诚能动物，如信友获亲之类。"盖人之性无不同，而气则有异，故惟圣人能举其性之全体而尽之。其次则必自其善端发见形甸反。之偏，而悉推致之，以各造七到反。其极也。新安陈氏曰："当看'悉'字'各'字。悉，是一一推致；各，是各要造极。"曲无不致，则德无不实，新安陈氏曰："解曲能有诚一句，承致曲而言。曲无往而不致，则德无往而不实，偏曲者皆贯通乎全体矣。"而形、著、动、变之功自不能已。积而至于能化，则其至诚之妙，亦不异于圣人矣。程子曰："其次致曲者，学而后知之也，而其成也，与生而知之者不异焉。故君子莫大于学，莫害于画，莫病于自足，莫罪于自弃。学而不止，此汤武所以圣也。"朱子曰："至诚尽性，则全体著见，次于此者，未免为气质所隔，只如人气质温厚，其发见多是仁；气质刚毅，其发见多是义。随其善端发见，便就上推致以造其极，非是止就其发见一处推致

① 推致：推动使其改变。

② 一偏：偏向一边。

之也。如充无欲害人之心，而仁不可胜用；充无穿窬之心，而义不可胜用。此正是致曲处，如从恻隐处发，便就此发见处，推致其极，从羞恶处发亦然。孟子谓扩充其四端是也。云峰胡氏曰：'曰端，则于其发之初即推之。曰曲，则于其发之偏悉推之也。'""曲不是全体，只是一偏之善，就一偏之善，能一一推之，以致乎其极，则能贯通乎全体矣。"问："曲能有诚，若属上句，则曲是能有诚；若属下句，则曲若能有诚，二意不知孰为稳当?"曰："曲也是能有诚，但不若属下句意。"问："颜曾以下皆是致曲。"曰："颜子体段已具，曾子却是致曲，一一推之，至答一贯之时，则浑全矣。"王氏曰："孟子曰至诚未有不动者，不诚未有能动者也，盖发明子思意也。动则变，使之改不善而从善也；变则化，使之迁善远罪，而不知为之者也。变则改易之迹显，化则陶染之功深。能化，虽与至诚相似，然至诚之化，无待乎明而动。动而变，变而后化也。故立之斯立，道之斯行，绥之斯来，动之斯和，唯夫子能之。"新安陈氏曰："唯天下至诚，与上章五字同。然上章是圣人之至诚，此章是大贤致曲有诚之极，亦同乎圣人之至诚，所谓及其成功一也，故亦与圣人并称至诚欤!"东阳许氏曰："此章重明'自明而诚'之意。诚以下，皆言效验。形著明，就己上说；动变化，就物上说。"又曰："三'诚'字，曲能有诚，一曲之诚也；诚则形，积众曲之诚也；至诚则与圣人之诚同。"

右第二十三章。言人道也。【通考】史氏伯璿曰："此章以诚之者之仁，发明人道也。"朱氏公迁曰："诚以心言，学以至于圣人之事也。诚意，即致曲之功，即诚之为贵之意，此入德之事也。自慊，即曲能有诚之谓，谓成己仁也之云，此成德之事也。心广则自然体胖，成己则自然成物，诚形著明则自然有动，变化之理，此成德之效验又不期然而然也。但至诚能化是圣人事，心广体胖与时措之宜，是通为圣人与大贤以上事，是其效验不同又如此云。"

至诚之道，可以前知①。国家将兴，必有祯祥；国家将亡，必有妖孽；见乎蓍龟，动乎四体。祸福将至：善，必先知之；不善，必先知之。故至诚如神。见，音现。

祯祥者，福之兆。妖孽者，祸之萌。妖，亦作祅；孽，鱼列反。《说文》作(蠥)，云衣服歌谣，草木之怪，谓之妖；禽兽虫蝗之怪，谓之孽。兆朕萌芽，皆几之先见者。蓍，所以筮。龟，所以卜。【通考】赵氏德曰："《周礼》：'筮人掌三易，以辨九筮之名。'凡国之大事，先筮而后卜。《疏》：'筮始伏羲，成于巫咸。卜未闻其人。'《大戴礼》：'天子蓍长九尺，诸侯七尺，大夫五尺，士三尺。'郑氏云：'天子诸侯大夫之蓍，筮者立，卦者坐。士之蓍短，筮者、卦者皆坐。卦者坐左，卒筮，卦者始画爻于地，卒书于版，以示主人。画爻以木，少牢所谓画以木卦以版是也。'《周礼》：大卜、卜师、龟人、華氏、占人凡五，职皆掌龟卜之事。華音膸，荆也。《周礼》'龟人掌六龟之属'，其名六；《尔雅》，龟之名十；《龟策传》，龟之名八。《逸礼》：'天子龟尺二寸，诸侯八寸。'《礼》：'家不宝藏龟。'《仪礼》：'大夫士祭筮而已，则大夫无守龟。'臧文仲居蔡，以其不当僭龟也。凡龟皆有文在腹下，以火灼之，观其墨兆，春灼后左，夏灼前

① 前知：预知，有预见，事先知道。

左，秋灼前右，冬灼后右。《周礼》：簭氏掌共燋契，以待卜事。凡卜，以明火（**爇下火**）燋，遂**吹**其焌契，以授卜师，扬火以作龟，致其墨。燋，炬也。契，灼龟之木也，谓之焞，亦谓之楚焞，楚荆簭之类也。焌，读如戈。鐏之鐏。卜有系帛，卒卜，以帛书其名，系之于龟，岁终计其占之中否。国有大事则先筮而后卜，小事则卜筮不相袭。蓍龟皆有椟，龟椟以木，蓍椟以革。筮之法犹存，而龟卜之法则后世无传矣。”四体，谓动作威仪之间，如执玉高卑，其容俯仰之类。《左传·定公十四年》：邾隐公来朝，邾子执玉高，其容仰，公受玉卑，其容俯。子贡曰：“以礼观之，二君皆有死亡焉。”是年定公薨。哀公七年，鲁伐邾，以邾子益来。凡此皆理之先见形甸反。者也。然惟诚之至极，而无一毫私伪留于心目之间者，乃能有以察其几平声。焉。神，谓鬼神。兴国本无此四字。问：“至诚之道，可以前知。”朱子曰：“在我无一毫私伪，故常虚明，自能见得。如祯祥妖孽，与蓍龟所告，四体所动，皆是此理已形见，但人不能见耳。圣人至诚无私伪，所以自能见得，且如蓍龟所告之吉凶甚明，但非至诚人，却不能见也。”格庵赵氏曰：“惟诚之至者，无一毫之不实，则万物兆朕无不形见，否则已然之事且不觉悟，尚何能察其几哉？”双峰饶氏曰：“圣人清明在躬，无一毫嗜欲之蔽，故志气如神，便与明镜相似，才有些影来便知，众人如昏镜，所以无所知。”云峰胡氏曰：“祯祥者，兴之几；妖孽者，亡之几；蓍龟四体，莫非善不善之几。知几其神，至诚者能之。即周子《通书》所谓无欲故静虚，静虚则明，明则通，亦即所谓‘诚精故明，神应故妙，几微故幽。诚神几，曰圣人’。但《通书》所谓神，以妙用谓之神，此所谓神，以功用谓之鬼神。言诚自第十六章始，彼言诚者，鬼神之所以为鬼神，此则言圣人之至诚，圣人之所以如鬼神也。此章与第十六章，文不相属，而意实相承云。”新安陈氏曰：“至诚之道，可先事之未然而知其几，盖亦诚之明处，诚无不极，而明无不照也。祥孽皆是几，或见蓍龟，或动四体，善不善必先知之，至诚之人先知之也。能知几如神明，盖以理知之，非如术数揣测之知也。”东阳许氏曰：“至诚前知，亦必于动处见，所谓‘几者动之微，吉凶之先见者也’。圣人知来者如此，非有异也，故为中庸。”【通考】黄氏洵饶曰：“至诚之道可以前知，静而能虑也。前知，即先觉。至诚如神，是与鬼神合吉凶。《易》曰‘知几其神’。”

右第二十四章。言天道也。【通考】史氏伯璿曰：“此章以诚者之知发明天道也。”朱氏公迁曰：“诚自人心而言，至诚如神，是鬼神之神。若所存者神、圣不可测之谓神，则是神妙之神。圣不可测，是专就言其德行；所存者神，是兼言其德业。”

诚者自成也，而道自道也。“道也”之“道”，音导。

言诚者物之所以自成，而道者人之所当自行也。诚以心言，本也；道以理言，用也。朱子曰：“诚者，是个自然成就道理，不是人去做作安排底物事。道，却是个无情底道理，却须是人自去行始得。”“诚者自成也，是孤立悬空说这一句，盖有是实理，则有是天。有是实理，则有是地。凡物都是如此，故曰‘诚者自成’，盖本来自成此物。到得道自道，便是有这道在这里。人若不自去行，便也空了。”问：“既说‘物之所以自成’，下文又云‘诚以心言’，莫是心者物之所存主处否？”曰：“诚以心言，是就一物上说，凡物必有是心。有是心，然后有是事。”“诚者自成，如这个草树，所以有许多根株枝叶条干，皆是自实有底，如人便自有耳目鼻口，手足百骸，都是你自实有底。道虽是自然底道理，然却须是你自去做始得。”云峰胡氏曰：“此‘诚’字，即是天命之性，是物之所以自成；此‘道’字，是率性之道，是人之所当自行。物之所以自成，是全不假人为，人之所当自行，为之全在乎人。诚以心言，本也；道以理言，用也。专为人之所当自行者而言，所以朱子曰：诚者自成，且是悬空说此一句。盖凡天下之物，有此实理，方成此物。若人之所当自行者，无此实心，如何能实此理。故《章句》提起‘心’之一字言之，饶氏疑诚者自成，不必添入一‘物’字，诚即道也，似不必分本与用。殊不知程子曰‘诚者物之终始，犹俗语彻头彻尾，不诚更有甚物也’。饶氏之病，正坐于便以诚为己所自成，而欠一‘物’字。愚谓诚有以实理言者，有以实心言者。以实理言，诚即道也，似不必分本与用；以实心言，必实有是心，然后能实有是理况诚者物之所以自成，本下文‘诚者物之终始’，泛指物之所以自成言也。诚以心言，本下文‘不诚无物’，‘君子诚之为贵’，专指人之有以自成者言也。泛指在物者，则以物之所以自成者为本，而以人之所当自行者为用，亦可。专指在人者，如下文《章句》所谓‘人之心能无不实，乃为有以自成，而道之在我者，亦无不行矣’。若是，则以心之诚为本，而道之行为用，又何疑之有?”【通考】程氏复心曰：“诚是一个真实混成底物，惟真实故混成，有虚伪参其间便破碎。道者，路也，人之所当自行也。”东阳许氏曰：“人欲成己，必其心真实无妄，故曰‘诚以心言，本也’；有是本则可以行道，故曰‘道以理言，用也’。”吴氏程曰：“物之所以自成，此言天命之性；人之所当自行此道。心则具此性者也，故云本；天理则循其性者也，故云用。诚者自成也，而道自道也，此指君子诚之之事也，紧要在‘自’字上，此为己之学也。若非真实无妄，求以自成，其己即是为人，故《章句》曰言‘诚者物之所以自成也’。道自道也，加一‘而’字，即承上文‘自’字言之，非是二事，亦不过自道此而已，故《章句》又曰‘而道者人之所当自行也’。《章句》既言‘物之所以自成’，又曰‘诚以心言’，心具此实理，故以本言也。实理者，物之所以自成，人亦物也，故下文又以‘人之所当自行也’言之，道则自行此实理，故以用言也。”史氏伯璿曰：“性是本，道是用。性是本然之实理，自人言之，则舍心无以见性，故朱子直以心言此。即‘诚自成’一句，固兼人物而言，不可专主心说，然‘道自道’一句，便是专指人说了。观《章句》下句变物言人之意，可见人则能自行其道，物岂可以行道责之?观于下节，君子诚之之意又可见。朱子此节《章句》凡四句。上二句只顺经文解尽经旨，下二句却专为指示学者设，则专为人之所当自行者言，正以见诚就人力上说，是以心言。心主于一身，故为本；道以理言，理散于万事，如君臣之义，父子之亲皆是，故为用。变诚言心有二意，一则心有觉而道无为，心所以为行道之本，则行道惟人为能，故以心为在人之诚，亦犹首章《章句》不言性之所以为性，而言人之所以为人之意皆是。自此以后，专为学者言之也。朱子尝曰：‘心虽主乎一身，而其体之虚灵，足以管乎天下之理；理虽散在事物，而其用之微妙，实不外乎一人之心。’盖理具于心而散在事物，主乎身而管摄众理间者，谓实理实心，看来都是体者。盖但就心主乎身，理具于心处言，殊不思理具于心者，又只是性，可以言诚，不可以言道。朱子谓‘诚以心言’，是就管摄众理处说心；‘道以理言’，是就散在事物处说理。就管摄众理处说心，故曰本；就散在事物处说理，故曰用。问者但以知具于心者之为理，而不知散在事物者之乃所以为理，故如此疑耳。双峰所见，正与见问者有契，故曰诚即道也。盖皆不达子思、朱子之意而致误耳。”

诚者物之终始，不诚无物。是故君子诚之为贵。

天下之物，皆实理之所为，故必得是理，然后有是物。所得之理既尽，澌尽。则是物亦尽而无有矣。两“尽”字，是释“终始”之“终”字。故人之心一有不实，则虽有所为亦如无有，而君子必以诚为贵也。盖人之心能无不实，乃为有以自成，而道之在我者亦无不行矣。朱子曰：“有是理，则有是物，彻头彻尾，皆实理之所为，未有无此理而有此物也。大意若曰，实理为物之终始，无是理则无是物，故君子必当实乎此理也。”“诚者物之终始，凡有一物，则其成也，必有所始，其坏也，必有所终。而其所以始者，实理之至而向于有也，其所以终者，实理之尽而向于无也。若无是理，则亦无是物矣。此诚所以为物之终始，而人心不诚，则虽有所为，皆如无有也。”“诚则有物，不诚则无物，且如而今对人说话，若句句说实，皆自心中流出，这便是有物，若是脱空诳诞，不说实话，虽有两人相对说话，如无物也。”又曰：“且如草木自萌芽发生，以至枯死朽腐归土，皆是有此实理，方有此物。若无此理，安得有此物。”“不诚无物，以在人者言之，谓无是诚，则无是物，如视不明，则不能见是物，听不聪，则不能闻是物，谓之无物亦可。”又曰：“孝而不诚于孝，则无孝，弟而不诚于弟，则无弟，推此类求之可见。”问：“诚者物之终始，不诚无物，此二句是泛说，君子诚之为贵，却说从人上去，先生于不诚无物，亦以人言，何也?”曰：“诚者物之终始，固泛说，若不诚无物，这‘不’字是谁不？他须有个人不他方得。”“诚者物之终始，是解诚者自成一句，不诚无物，已是说自道句了。盖人则有不诚，理无不诚者，恁地看觉得前后文意相应。”北溪陈氏曰：“诚者物之终始，此‘诚’字以实理言。不诚无物，诚之为贵，此二‘诚’字以实心言。盖有是理而后有是物，以造化言之，天地间万物生成，自古及今，无一物不实，皆是实理所为，大而观之，自太始至无穷，莫不皆然。就一物观之亦然，以一株花论，春气流注到则生花，春气尽则花亦尽；就一花蕊论，气实行到此则花开，气实消则花谢，凡物之终始，皆是一个实理如此。不诚无物，是就人心论，凡人做事，自首彻尾，纯是一个真实心，方有此事，若实心间断，虽做此事，如不做一般。如《祭义》云‘其立之也敬以诎’至‘已彻而退，敬齐之色，不绝于面’，此是祭之终始，皆一真实之心，则祭之为物，方成一个物而非虚设。若季氏祭终而跛倚以临祭，则是不诚，与不祭何异?”【通考】黄氏洵饶曰：“诚者物之终始，此是言天理流行。诚之为贵，人道自尽。天下之物，兼人物。盖人之心，就人说。能无不实，翻一转说。有以自诚，即诚者自成，而道在我者，即而道自道。”东阳许氏曰：“物之终始，物者兼事言。不诚，‘不’字就人言。”程氏复心曰：“自此以上，是说自成；自此以下，是说成物。”吴氏程曰：“《章句》‘故人之心一有不实，则虽有所为亦如无有’，此以在人之实心释‘终始’、‘无物’二句，如《或问》中所论‘不违仁’是也。‘盖人之心’以下又缴归上文，谓全其天命之本，而达其率性之道也。”天台吴氏曰①：“诚者物之终始，不诚便是无物，所以君子诚之为贵。《章句》以‘天下之物，皆实理之所为’释‘物’字，又以‘故必得是理然后有是物’释‘始’字，复以‘所得之理既尽，则是物亦尽而无有’释‘终’字。下文又言‘故人之心一有不实’释‘不诚’二字，故又结之曰‘而君子必以诚之为贵也’。‘盖人之心能无不实，乃为有以自成’，是申言‘诚者物之终始’，以缴上文‘诚者自成也’；而‘道之在我者亦无不行矣’，是申言‘不诚无物’，以缴上文‘而道自道也’。其一字不苟又如此。”

诚者，非自成己而已也，所以成物也。成己，仁也；成物，知也。性之德也，合外内之道也，故时措之宜也。知，去声。

诚虽所以成己，然既有以自成，则自然及物，而道亦行于彼矣。仁者体之存，知者用之发，是皆吾性之固有，而无内外之殊。既得于己，则见形甸反。于事者，以时措之②，而皆得其宜也。朱子曰：“诚虽所以成己，然在我者真实无伪，自能及物。自成己言之，尽己而无一毫之私伪，故曰仁。自成物言之，因物成就，各得其当，故曰知。”问：“成己合言知而言仁，成物合言仁而言知，何也?”曰：“克己复礼为仁，岂不是成己，知周乎万物，岂不是成物。”“成己成物之道无不备，故能合内外之道，而得时措之宜，盖融彻洞达，一以贯之而然也。”问：“时措之宜，是颜子闭户、禹稷缨冠之义否?”曰：“亦有此意，须知仁具，内外合，然后有个时措之宜。”双峰饶氏曰：“成己成物，己与物，虽有内外之殊，而仁知之德，则具于己性分之内，乃合内外而为一底道理。”“起头说诚自成，其下说成物；说道自道，其下说合内外之道。见得诚不但成己，道不但自道，又能成物而合内外之道也。”“知居仁先者，以好学言，入德之知也。知居仁后者，以成物言，成德之知也。”云峰胡氏曰：“子贡曰：‘学不厌，知也；教不倦，仁也。’与此言仁知若异。朱子以子贡之言主于知，子思之言主于行，故各就其所重，而有宾主之分。盖知主知，仁主行。学与教皆以知言，故先知后仁，知为体，仁为用；成己成物，皆以行言，故先仁后知，仁为体，知为用。二者互为体用，愈见其性中之所有，而无内外之殊者矣。‘时措’之‘时’字，即时中之时。性之德，是未发之中。时措之宜，是发而合乎时中之中。”谭氏曰：“诚之体为仁，诚之用为知，诚之实理可据曰德，诚之实理可由曰道。”顾氏曰：“外，成物也。内，成己也。分言之，则曰成己仁也，成物知也；合言之，则曰性之德也，合内外之道也。合者，兼总之意。”新安陈氏曰：“深绎此章，诚本自成己也，诚之为道，本自道于己也，此为己之学也。天命之性，具此实理，诚者此理之实也，实有诸己，故曰自成；率性之道，躬自行之，道者行此者也，躬行于己，故曰自道。言皆自己分内事也。诚者物之根干，是乃事物之彻始彻终而无间断者也。不诚，则心一虚伪，有物如无物矣。是以君子必鉴此而以诚之为贵。此‘诚之’字，如前章‘诚之者’之‘诚之’。诚之，正君子事也。诚固曰自成，然非徒自

① 天台吴氏：吴行父，王元善之师，生平不详。

② 时措：因时制宜。

成己而已也，既自成己，则必成物。性者万物之一原，非有我之得私也，立必俱立，成不独成。成己所以为仁，而体以立；成物所以为知，而用以行。成己而不成物，是有体而无用矣。仁知乃天命之性中固有之德也，成己之仁存于内，而道自行于己；成物之知发于外，而道亦行于彼，固无内外之殊，所以合内外而同一道也。诚亦成物，岂徒自成而已，道亦合内与外，岂徒自道而已。既能由体达用，由内合外，则见于随时以举而措之者，岂不皆得其宜也哉？由成己之仁，发为成物之知，则知固自仁中出，又能合乎时措之宜，则义又从是而生，而义亦自仁中出矣。仁也，知也，义也，一以贯之，皆实理之条目也。"【通考】史氏伯璿曰："诚者自成，是理之自然，未说到人力上，下句'道自道'方是当着力处。陈氏'实此者也'、'实有诸己'之言，则未免有搀说人力之病，盖未达'诚自成'，只是物物各具一太极之实理而已之意也。其曰'率性之道，躬自行之'，亦似未当。躬自行之，亦非所以言率也，其曰'诚之为道'云者，此则饶氏诚者天道之意而误尔。"东阳许氏曰："前自成谓自然而成，后自成谓自己成就也。仁智皆性之德，合内外之道也。时措之宜即时中也。性之德合内外之道，总仁智言。"程氏复心曰："成己，仁之体；成物，是智之用。"何氏潜斋曰："合内外而为仁智，诚也。"莆田王氏曰："诚者，非特自成一己而已也，又所以成物也，故《章句》以'诚虽所以成己，然既有以自成，则自然及物，而道亦行于彼矣'释之。'成己仁也，成物知也'，《章句》以'仁者体之存，知者用之发'以释之，所谓'克己复礼为仁'也，成己，知周道济以成物也。'性之德也'，指诚之成己成物，故《章句》言'是皆吾性之所固有'者，此也。'合内外之道也'，指仁知，故《章句》言'而无内外之殊'者，此也。'故时措之宜也'，言诚一也。以其成己谓之仁，以其成物谓之知，而时措之无不可，合言之则诚而已矣。故《章句》言'既得于己，则见于事者，以时措之，而皆得其宜也'。《章句》之谨严又如此。"黄氏洵饶曰："故时，即时中。措之宜，圣人地位，吾性之固有，谓知行。既得于己，指实理。"

右第二十五章。言人道也。【通考】朱氏公迁曰："此章之旨，本以心言，而此三'诚'字，则兼理与心而言。"史氏伯璿曰："此章以诚之者之知，发明人道也。"

故至诚无息。

既无虚假，自无间去声。断。徒玩反，后凡言间断，音同。陈氏曰："凡假伪底物，久则易间断，真实自无间断。"问："至诚无息说天地得否？"双峰饶氏曰："人之诚有至有不至，圣人诚之至，故可说至诚。天地只是诚，无至不至。"云峰胡氏曰："首句上便有'故'字，承上章而言也。言诚自第十六章始，二十章至二十五章言诚莫详焉。此章特因上章言至诚之功用，于是以'故'字先之。"新安陈氏曰："自至诚无息，至博厚则高明，言圣人之道。"东阳许氏曰："至诚无息，惟至诚所以无息，有虚假则间断矣。惟无息乃见诚之至，有息则非至诚矣。"【通考】史氏伯璿曰："《论语集注·一贯章》有曰'譬则天地之至诚无息'，则似不必拘也，但此处言圣人配天地之意，则是说圣人，而非指天地尔。"

不息则久，久则征。

久，常于中也。征，知盈反。验于外也。朱子曰："久然后有征验，只一日二日工夫，如何有征验。"问："至诚无息，不息则久，果有分别否？"曰："不息，只如言无息。"北溪陈氏曰："道理真积力久，充实于内，自然著见于外，如见面盎背之类，是征验处。"

征则悠远，悠远则博厚，博厚则高明。

此皆以其验于外者言之。郑氏所谓"至诚之德，著于四方"者是也。朱子曰："此是言圣人功业著见，诸家多作进德节次说，只一个至诚已该了，岂复有许多节次，不须说入里面来，古注不可易。"存诸中者既久，接上文久则征说来。则验于外者益悠远而无穷矣。朱子曰："久，是就他骨子里说镇常如此之意；悠远，是自今观后见其无终穷之意。"又曰："悠，是拟始以要终；久，是随处而常在。"蛟峰方氏曰："悠，是其势宽缓而不促迫；远，是长远。大率功效气象之促迫者，便不长远，如三代之治气象宽缓，五霸之治气象促迫，故三代之治长，五霸之治短。如地势悠缓则其势远，斗峻则其势绝，皆是惟悠故远之义。"悠远，故其积也广博而深厚；博厚，故其发也高大而光明。朱子曰："吕氏说有如是广博，则其势不得不高；有如是深厚，则其精不得不明。此两句甚善，《章句》中虽用他意，然当初只欲辞简，反不似他说得分晓。譬如为台观，须大做根基，方始上面可以高大。又如万物精气蓄于下者深厚，故其发越于外者自然光明。""自征则悠远，至博厚高明无疆，是皆功业著见如此，故云德著于四方。"

博厚，所以载物也；高明，所以覆物也；悠久，所以成物也。

悠久，即悠远，兼内外而言之也。三山潘氏曰："久，是久于内；悠，是久于外。"潜室陈氏曰："不息则久，是诚积于内；征则悠远，是诚积于外。下却变文为悠久，则是兼上文内外而言。"本以悠远致高厚，而高厚又悠久也。此言圣人与天地同用。问："以存诸中者言，则悠远在高明博厚之前；以见诸用者言，则悠久在博厚高明之后。如何？"朱子曰："此所以为悠久也，若始初悠久，末梢不悠久，便是不悠久矣。"北溪陈氏曰："初头本是悠远，方能至于高厚，今又由高厚以至于悠远也。物至久则成而不坏，不久则虽成而易坏，至此则与天地同用矣。此处似说得太高妙，然至诚之德，在我能极其至，其功效气象，著见于天下，自然如此。能尽其道者，惟尧舜为然，盖尧舜在位日久，自有许多博厚高明悠久气象也。"双峰饶氏曰："此章承上二章而言，所以劈头下个'故'字，盖尽性仁之至，前知知之至，而无息勇之至也。又自无息推之，曰：'不息则久，久则征，征则悠远。'已自阙了'悠久'字在其中，言积之久则验于外。悠，有长之意，长而且远则博，长远而不息，则所积者厚。博厚，则发达之盛而高且明。此推其无息之效，故其序如此。下一截，指其成德而言，故先博厚高明而后悠久。""不息则久，'久'字指诚而言，是在内；悠久，指功用而言，高明博厚，皆是见之于外，便见得悠久是指外面底。"新安陈氏曰："自'博厚所以载物'至'无为而成'，言圣人配天地之道。"【通考】史氏伯璿曰："按，《章句》于'征则悠远'以下，以为皆以其验于外者言之，于悠久成物处云'悠久，即悠远，兼内外而言之也'固宜，亦有斟酌。饶氏直指为无以异，则言之大快，而不免有所遗矣。至谓下一截指其成德，而言尤未当尽。至诚已是成德事了，下文但言其常于中而验于外者如此耳，非如此而后德始成也。双峰乃曰'下一截指成德而言'，然则上一截非成德之事耶？此则所未喻者。"又曰："悠久之悠，即悠远之悠，此指验于外者言也。悠久之久，即久则征之久，此指常于中者言也。兼内外者，外主悠言，内主久言，如此则两'久'字皆在内，《章句》无可疑矣。今曰上'久'字是在内，下'悠久'是外面底，则二'久'字果有不同矣，不唯不足以释学者之疑，又且勇于背《章句》之旨，亦独何哉？盖朱子皆以久为在内者，其意若曰唯其常于中，故验于外者悠远而博厚高明，惟博厚高明，故又如此之悠久。悠久则验于外者，又未尝不常于中也，首尾相应如此。况同一'久'字，不应顿有内外之异。若以久亦可以言外耶，则上文'久'与'悠远'分内与外，又何为而不可易耶？以此见朱子之精密。"黄氏洵饶曰："'征则悠远'以下，言由体而达用，'博厚所以载物也'以下，因用以见其体。"

博厚配地，高明配天，悠久无疆。

此言圣人与天地同体。龟山杨氏曰："配，合也，与《孟子》配义与道之配同。"陈氏曰："同用，以功言；同体，以德言。"问："此章以博厚居高明之前，后章以持载居覆帱之前，何也？"双峰饶氏曰："博厚持载，指仁而言；高明覆帱，指知而言。以入德言，则知先乎仁；以成德言，则仁先乎知。此博厚持载之仁，所以居高明覆帱之前也，而悠久无疆，代明错行，又仁知之勇也。"新安陈氏曰："悠久，即博厚高明之悠久；无疆，即天地之无疆。"

如此者，不见而章①，不动而变，无为而成。见，音现。

见，犹示也。不见而章，以配地而言也。不动而变，以配天而言也。无为而成，以无疆而言也。陈氏曰："不见而章，是不待有所示而功用自然章著，此处与地一般。不动而变，动则犹有形迹，至于不动，则如天之变化，万物无形迹，此处与天为一般。无为而成，有所为而成，尚有形迹，无所为而成，其功用至于悠久，自不见其形迹，此亦悠久无疆之言也。"问："以不见指博厚、不动指高明，易晓，无为而成与悠久无疆，似不相贯。"双峰饶氏曰："悠久，是贯天地而言；不见不动，便是无为。惟其博厚高明悠久，所以能成物。不见而章，是品物流形；不动而变，是云行雨施；无为而成，是各正性命。"云峰胡氏曰："无息便是久，久便自然证验于外。不息则久，是存于中者久也。悠久成物，是验于外者久也。凡功用岂无积之博厚，发之高明者，其博厚高明未必能久，无他，不自真积力久中来也。惟实于中者久，故证于外者亦久。内外此诚，内外悠久，终始此诚，终始悠久。"朱子曰："博厚高明，犹人之形体；悠久，犹人之元气。有旨哉！上章成己成物，诚之者之事；此悠久成物，诚者之事。曰成物，曰无疆，曰无为而成，皆指悠久之成功而言，皆指博厚高明之悠久而言。"东阳许氏曰："不见不动，只是言圣人无为，下句又总上二句，地未尝有意于生物，而百谷草木，禽兽昆虫，皆粲然可观，是不见而章也。天未尝有意变化万物，而有生之类，皆禀命于天，是不动而变

① 章：同"彰"，彰明，显现，显著。

也。"【通考】黄氏洵饶曰："博厚配地云云，言圣人配天地；'如此者不见而章'以下，专言天地以明圣人。"

天地之道，可一言而尽也：其为物不贰，则其生物不测①。

此以下，复以天地明至诚无息之功用。天地之道，可一言而尽，不过曰诚而已。不贰②，所以诚也。诚故不息，而生物之多，有莫知其所以然者。节斋蔡氏曰："不贰，则无间断，所以不息。"新安陈氏曰："不贰者，一也，一即诚也。惟其为物诚一而不贰，所以不息，而其生物之多，所以不可得而测度也。生物不测，下文'今夫天'以后详言之。自'天地之道可一言而尽'，至'货财殖焉'，专言天地之道，观此及下文两提起'天地之道'，可见上文皆是说圣人之道。"【通考】黄氏洵饶曰："不贰，即一理至诚无息之功用，万物各得其所。"

天地之道：博也，厚也，高也，明也，悠也，久也。

言天地之道，诚一不贰，故能各极所盛，而有下文生物之功。新安陈氏曰："诚一不贰，接上文说来，所以博极其博，厚极其厚，高明悠久，各极其盛，而有生物之功，如下文所云也。"

今夫天，斯昭昭之多，及其无穷也，日月星辰系焉，万物覆焉。今夫地，一撮土之多③，及其广厚，载华岳而不重，振河海而不泄，私列反。**万物载焉。今夫山，一卷石之多，及其广大，草木生之，禽兽居之，宝藏兴焉。今夫水，一勺之多，及其不测，鼋**音元。**鼍，**汤河反④。**蛟龙、鱼鳖生焉，货财殖焉。**夫，音扶。华、藏，并去声。卷，平声⑤。勺，市若反。

昭昭，犹耿耿，小明也。此指其一处而言之。及其无穷，犹十二章及其至也之意，盖举全体而言也。振，收也。如"玉振"之"振"。卷，区也。此四条，皆以发明由其不贰不息以致盛大而能生物之意。然天、地、山、川，实非由积累鲁水反。而后大，读者不以辞害意可也。朱子曰："管中所见之天，也是天，恁地大底也只是天。"问："天斯昭昭，是指其一处而言；及其无穷，是举全体而言。向来将谓天地山川，皆因积累而后致。"曰："举此全体而言，则其气象功效自是如此。"三山陈氏曰："大意盖言天地圣人，皆具此实理，无有驳杂，无有间断，故能有此功用耳。"【通考】史氏伯璿曰："至诚则自然无息，无息则自然常于中验于外，而于天地同其体用。非至诚之后犹有待于不息，而后能与天地同其功用也。《或问》力辨诸家之失，皆为其如此。按《章句》上文曰'此四条皆发明由其不贰不息以致盛大，而能生物之意'，此曰'然天、地、山、川实非由积累而后大，读者不以辞害意可也'，两'意'字正相应。盖至诚之德固无积累之渐，然其及物之功，则未尝不自近而及远，自小而至大也，故以天、地、山、川积盛而能生物者为

① 不测：不可计数，不可测量。

② 贰：同"二"。诚是忠诚如一，没有别的混杂，这就是"为物不贰"。

③ 一撮土：一撮之土。喻量少。撮，用三指取物，抓取。

④ 鼋鼍：大鳖和猪婆龙。

⑤ 卷石：如拳大之石。

喻，发明由其‘不贰不息以致盛大而能生物’之义。其辞则似以天、地、山、川由积累而后大者，而实则非有此事也，故《章句》曰‘然天、地、山、川，实非由积累而后大，读者不以辞害意可也’。”黄氏洵饶曰：“天地之道博也、厚也云云，是兼言天地圣人。不贰不息，发出则盛大。不二不息，体也；盛大，用发见于外也。”

《诗》云：“维天之命，於穆不已！”盖曰天之所以为天也。“於乎不显！文王之德之纯！”盖曰文王之所以为文也，纯亦不已。於，音乌。乎，音呼。

《诗》，《周颂·维天之命篇》。於，叹辞。穆，深远也。不显，犹言岂不显也。纯，纯一不杂也。引此以明至诚无息之意。黄氏曰：“诚，便是维天之命；不息，便是於穆不已。”程子曰：“天道不已，文王纯于天道，亦不已。纯则无二无杂，不已则无间断先后。”西山真氏曰：“纯是至诚，无一毫人伪，维其纯诚无杂，自然能不已。如天之春而夏，夏而秋，秋而冬，昼而夜，夜而昼，循环运转，一息不停，以其诚也。圣人之自壮而老，自始而终，无一息之间，亦以其诚也。既诚，自然能不已。”云峰胡氏曰：“上文言圣人之至诚无息，而于天地之道曰不贰，此言天命之於穆不已，而于圣人之德则曰纯，互而言之也。纯则不贰，不贰所以诚，此文王之所以为文也，此天之所以为天也。”新安陈氏曰：“子思引《诗》以明天地与圣人之道，同一至诚无息而已。维天命之流行，实深远难测，而万古不已，释之曰‘此天之所以为天也’，深意在‘所以’字。天之所以为天，惟在至诚无息焉耳。於乎，岂不显著乎！文王之德之纯一不贰也。又释之曰‘此文王之所以为文也’，深意亦在‘所以’字。文王所以为文，亦在至诚无息焉耳。遂揭‘於穆不已’之‘不已’字，与之‘德之纯’之‘纯’字，总纽之曰‘纯亦不已’。下一‘亦’字妙，文王惟其德之纯也，故亦能如天道之於穆不已焉。文王之所以为文，非把文王之谥来咏状，乃是‘文不在兹乎’之‘文’，道之显者谓之文，所谓岂不显者，即此文之显也。作如此分拨玩味，意了然矣。前之不贰，此之纯，皆以至诚言。不已，即无息不息也，圣人所以与天道合一者，此而已。自引《诗》至章末言圣人之道，合乎天地之道，虽单言天，实以天包地；虽专言文王，实借一文王以证群圣人也。”

右第二十六章。言天道也。叶氏曰：“言圣人与天地合德，所以为天道。”新安倪氏曰：“按饶氏以《哀公问政章》至此为第四大节。”【通考】史氏伯璿曰：“此章以诚者之勇发明天道也。此十二章除《诚明章》统说以外，自‘尽性’以下五章，是申言三达德，以发明天道人道之义。自‘大哉圣人之道’以下六章，是申言费隐，以发明天道人道之义也。前五章申言三达德以发明天道人道之说，此则双峰之所言。以后六章为申言费隐以发明天道人道之义，何以知之？《章句》以发育峻极为极于至大而无外，以三千三百为入于至小而无间，以存心为极乎道体之大，以致知为尽乎道体之细。所谓大小，非即费之大小乎？下二章皆承此章言之，则亦莫非费之大小而已，然此皆言费而隐在其中，亦犹前章之意尔。继此则《仲尼祖述章》，发出小德川流，大德敦化之言。小德大德非隐乎？川流敦化则费矣。下二章又承此章而言，前章承小德川流而言，即费意；后章承大德敦化而言，即隐意。十二章中，前五章先天道而后人道者，是欲学者先知天道，以为造道之准的，然后由人道以求至乎其极耳。后六章先人道而后天道者，是又欲学者先得人道，以为进道之阶梯，然后可以尽乎天道之极至耳。前五章言天道人道，以一章间一章为序者，因三达德而分也。后六章言天道人道，以三章间三章为序者，因费隐大小而分也。皆是反复发明天道人道之义。而天道人道又不过皆所以发明中庸也。又尝因此一节十二章之旨，以推前二节十九章之义，则似乎有相合者，何则？《中庸》除首末二章始之终之外，中间分三大节。前十章是一节，言中庸；次九章是一节，言费隐；合而观之，是自三达德说入费隐上去，其实皆所以明中庸之义也。后十二章是一节，皆言天道人道，析而辩之，亦是自三达德说入费隐。前则析为二节而详言之，后则合为一节而统言之，是后一节之中，却该前二节所言之意也，前二节则主于立本，用工以立其本，故但言三达德与费隐以发明中庸。后一节则主于致用，成功而致其用，故分别天道人道，以发明中庸。其实天道人道，亦但于达德费隐上见之，此其大略也。其详于第三十二章。"

大哉圣人之道！

包下文两节而言。双峰饶氏曰："道即率性之谓，虽天下之所共由，而非圣人不能尽，故独举而归之圣人，亦犹前章言君子之道，以道虽愚夫愚妇之所可知可行，而非君子不能知不能行也。"【通考】黄氏绍曰："《中庸》为传道而作，一书所言无非道。前半篇自入德而言，则多君子之道，盖自其公共者言之，人人皆可与知而能行也。后半篇自成德而言，皆言圣人之道，盖能体此道者，圣人所独也。"东阳许氏曰："此章当分圣人学者看。"黄氏洵饶曰："此'大哉'包下文'大哉'。"

洋洋乎！发育万物，峻极于天。

峻，高大也。此言道之极于至大而无外也。朱子曰："洋洋，是流动充满之意。圣道发育，即春生夏长，秋收冬藏，便是圣人之道不成，须要圣人使他发育。峻极于天，只是充塞天地底意思。"陈氏曰："此一节言道体之大处，流动充满乎天地之间，而无所不在，盖极于至大而无外也。"双峰饶氏曰："发育万物，以道之功用而言。万物发生，养育于阴阳五行之气，道即阴阳五行之理，是气之所流行，即是理之所流行也。峻极于天，以道之体段而言。天下之物，高大无过于天者，天之所以为天，虽不过阴阳五行浑沦旁薄之气，而有是气必具是理，是气之所充塞，即此理之所充塞也。此言道之大用全体，极于至大而无外有如此者，即前章'语大天下莫能载'之意也。"

优优大哉！礼仪三百，威仪三千。

优优，充足有余之意。礼仪，经礼也。威仪，曲礼也。格庵赵氏曰："经礼，如冠昏丧祭，朝觐会同之类；曲礼，如进退升降，俯仰揖逊之类。"此言道之入于至小而无间去声。也。问："前既言大哉圣人之道矣，而复以'优优大哉'，冠于'礼仪'之上者，盖言道体之大，散于礼仪之末者如此。"朱子曰："得之。礼仪，便是《仪礼》中士冠礼、诸侯冠礼、天子冠礼之类，大节有三百条。如始加、再加、三加，又如坐、如尸立、如齐之类皆是。其中之小目有三千条。"陈氏曰："此一节言道体之小处，虽三千三百之仪，而无物不有，盖入于至小而无间也。"双峰饶氏曰："三百三千，莫非天理自然之节文，何适而非此道所形见者。此言道虽至大，而其间节目，至精至密，极其至小而无内，有如此者，即前章‘语小天下莫能破’之意也。然三千三百，虽以道之至小者言，而上句乃以‘优优大哉’发之，疑若语大而非语小者。盖此章本以圣道之大为言，然不合众小，则无以成其大，如太山之高以众土之积，沧海之深以众流之会，使是道之中，包含蕴蓄，容有一理之不备，亦何以见其为大之实哉！此三千三百，虽指至小而言，而其实乃所以形容其大也，安得不以‘优优大哉’发之耶？”【通考】黄氏洵饶曰：“峻极于天，其大无外；威仪三千，其小无内。峻极于天，高不可测，至道之功；威仪三千，卑不可抗，至道之具。此一节言小无内，而言大哉者，赞之也。”

待其人而后行。

总结上两节。陈氏曰：“道之大处小处，皆须待其人而后行。”双峰饶氏曰：“必得如是之人，而后可行如是之道也。”

故曰：苟不至德，至道不凝焉。

至德，谓其人。至道，指上两节而言也。凝，聚也，成也。朱子曰：“发育峻极，三千三百，皆至道，苟非至德之人，则不能凝此道而行之。‘凝’字最紧，若不能凝，更没些子属自家，须是凝方得。”又曰：“道非德不凝，故下文遂言修德事。”双峰饶氏曰：“德者，得是道于己也。道之小大，各极其至，故曰至道德之大小，各极其至，斯为至德。有是至德，然后足以凝聚是至道而为己有，否则道自道，己自己，判然二物，岂复为吾用也哉？”

故君子尊德性而道问学，致广大而尽精微，极高明而道中庸。温故而知新，敦厚以崇礼。

尊者，恭敬奉持之意。德性者，吾所受于天之正理。道，由也。温，犹焞温之温，火熟物曰焞，似廉、似林二切。谓故学之矣，复时习之也。敦，加厚也。尊德性，所以存心而极乎道体之大也。道问学，所以致知而尽乎道体之细也。二者修德凝道之大端也。朱子曰：“‘尊德性而道问学’一句，是纲领。下五句，上截皆是大纲工夫；下截皆是细密工夫。致广大、极高明、温故、敦厚，此是尊德性；尽精微、道中庸、知新、崇礼，此是道问学。如程先生言‘涵养须用敬，进学则在致知’，道之为体，其大无外，其小无内，无往而不在焉，故君子之学，既能尊德性以全其大，便须道问学以尽于小。”黄氏曰：“存心，则一念全，万理具；致知，则逐物皆当理会。”【通考】黄氏洵饶曰：“‘尊德性’是小支，‘致广大’以下节解。”不以一毫私意自蔽，不以一毫私欲自累，涵泳乎其所已知①，敦笃乎其所已能②，此皆存心之属也。朱子曰：“致广大，谓心胸开阔，无此疆彼界之殊；极高明，谓无一毫人欲之私以累于此。才汩于人欲，便卑污矣。”云峰胡氏曰：“或疑不以一毫私意自蔽，若可以移解高明；不以一毫私欲自累，若可以移解广大。愚谓二者虽总说尊德性，亦有先后之序。意者萌动之始，止可言蔽，一为意所蔽，则广大处已被窒塞了。欲则不止于意，而为物所昏，无所谓高明者矣，所以

① 涵泳：深入领会。

② 敦笃乎其所已能：进一步熟练掌握自己已能做到的。

方可言自累。”析理则不使有毫厘之差，处上声。事则不使有过不及之谬，理义则日知其所未知，节文则日谨其所未谨，此皆致知之属也。朱子曰：“极高明，是言心；道中庸，是学底事。立心超乎万物之表，而不为物所蔽累，是高明；及行事则恁地细密，无过不及，是中庸。厚，是资质朴实；敦，是愈加厚重，培其本根，有一般人实是敦厚纯朴，然或箕踞不以为非，便是不崇礼，若只去理会礼文而不敦厚，则又无以居之，所以忠信之人，可以学礼。”盖非存心无以致知，而存心者又不可以不致知。故此五句，大小相资，首尾相应，东阳许氏曰：“大小相资，首尾相应，大言上五节，小言下五节，首言‘尊德性道问学’一句，尾言下四句。”圣贤所示入德之方，莫详于此，学者宜尽心焉。朱子曰：“尊德性至敦厚，此上一截，是浑沦处；道问学至崇礼，此下一截，便是详密处。道体之大者，直是难守，细处又难穷究。若有上一截，无下一截，只管浑沦，则茫然无觉；若有下一截，而无上一截，只管要纤悉皆知，则又空无所寄。”陈氏曰：“存心以极道体之大，应前‘洋洋’一节，致知以尽道体之细，应前‘优优’一节。”云峰胡氏曰：“读此者，往往因陈氏谓存心是力行工夫，遂疑高明、温故、知新属知，殊不知《章句》但曰存心致知，未尝曰力行致知。朱子不曰尊德性所以力行，而必曰存心，何也？《大学补传》取程子《或问》十二节，即致知之事；末后五节，所以涵养本原之地，即存心之事也。若谓存心便是力行，下文有曰‘非存心无以致知’，谓之非力行无以致知，可乎？大抵先要看本文‘大’字与‘尊’字，道体至大，心体本亦至大，尊之则能存此心之大，所以能极乎此道之大，恐未便说到力行处。窃以为存心，不过是存其心体之本然者。致知，是推极夫事理之当然者。心体本是广大，不以私意蔽之，即谓之致。心体本自高明，不以私欲累之，即谓之极。已知者温之，而涵泳之味深；已厚者敦之，而持守之力固。此皆存其心之本然者也。然心之广大，自具精微之理，不学则于理便有毫厘之差；心之高明，自有中庸之则，不学则于事易有过不及之谬。故之中有无限新意，不学则不能知新，虽温故亦不能以尽精微；敦厚之外，有多少节文，不学则不能崇礼，虽敦厚亦不能以道中庸，中庸即是精微之极致，究其极一而已矣。凡此皆推极其事理之当然者也，盖道体极于至大而无外，非浅陋之胸襟所能容，所以不可不存夫心体之本然者；道体入于至细而无间，非粗疏之学问所能悉，所以不可不极夫事理之当然者。要之，存心不大段用力，不自蔽，不自累足矣，涵泳乎此，敦笃乎此足矣，不必于其中又分知与行。若致知工夫，其中却自兼行而言，非十分细密不可也。或曰：‘书以中庸名，自第二章以后提起中庸言者凡七，皆孔子之言也。中庸之道，在知与行，子思于此以道中庸偏为学问致知之事，何也？’愚谓首章子思所言，未发之中也，即此所谓德性是也。戒慎恐惧，即此所谓恭敬奉持之意。其引孔子言中庸，皆已发之中，择而行之，莫先于致知，此以道中庸属学问之事何疑？曰：‘尊德性以下，皆有而字，见得存心致知是两事，末于敦厚崇礼不曰而，而曰以，何也？’愚谓下‘而’字，则重在下段，谓存心不可以不致知；下‘以’字，则重在上段，谓非存心无以致知也。”【通考】史氏伯璿曰：“《章句》以上四者皆为存心之属，下四者皆为致知之属者，盖上四者皆是已如此者，常欲保全之，使不至于不如此；下四者皆是未如此者，亦欲穷究之，求其得至于此。详玩

《章句》之旨可见。上曰‘不以自蔽’、‘不以自累’、‘涵泳已知’、‘敦厚已能’，曰‘自’曰‘已’，便见得皆是已如此之意。此譬如谷之已在仓者，不须多用得力，但须常常照管，使仓不至破敝，谷不至散失，毋为雀鼠所耗，毋为盗贼所窃而已。何莫非存心之事乎？下曰‘析理不使差’、‘处事不使谬’、‘日知所未知’、‘日谨所未谨’，曰‘不使’，曰‘所未’，便可见皆是未如此之意。曰‘不使有差谬’，曰‘知谨所未知谨’，便可见欲穷究之，求其得至于如此之意。此譬如谷之未得入仓者，便须着力搬运，使先后接续入仓。未获者获之，未收者收之，无有颗粒之或弃，不为他人之所得，必至于仓实而后已，何莫非致知之谓乎？获疑‘故’是旧所闻，乃得之于外者，于广大高明，本自如此者不同，何乃皆为存心之事？曰广大高明，是得于赋予之本然者，故是所已知，厚是所已能，若是得于前日学力之已然者，二者虽有不同，然既皆为吾心所有，则但皆为存心之事而已。况性无内外，得于学力之已然者，亦不过复其赋予之本然者而已。”又曰：“胡氏说正为破双峰分行知而发，极为精详，可谓度越诸编，但以‘而’字‘以’字分配《章句》二句之义，则未必然。《章句》此三句，乃通释五句之旨，非存心无以致知，即非尊德性无以道文学之谓。存心又不可不致知，即尊德性又不可不道问学之谓。下四句皆当以此意推之。尝有问《中庸》温故知新与《论语》所言如何于朱子者，朱子答以《中庸》温故重，主于尊德性而言，所谓得其本而末自顺也。今如通之说，则温故反为轻耶？况存心是本，子思岂应前四句皆重下段耶？假如子思前四句重下段，末一句重上段，则《章句》亦当先说存心不可不致知，后说非存心无以致知也。谓此章中庸为已发之中，则可；谓孔子言中庸皆已发，则未可。朱子释篇名‘中’字之义，何尝不兼未发之中言哉？子思又何尝不取夫子所言以名篇哉？”又曰：“谨按《章句》存心致知之分，固无加，然四句上半截皆属存心，已无可疑，下半截皆属致知，则似圣贤之学偏于知而不及行，此所以不免诸家纷纷之论也。意者于下截四句以尽精微、知新属知，道中庸、崇礼属行。如此则上句‘尊德性’依旧只是存心，‘道问学’却是兼知行，为下四句之纲。尊德性是存心，统四句上半截，道问学兼知行，统四句下半截，亦与《章句》无背。盖知所以造其理，行所以履其事、而心则所以具众理而应万事者也。故致知而不先存其心，则具众理之体不立，而无以为造理之本矣。力行而不先存其心，则应万事之用不行，而无以为履事之本矣。故能存心则不以私意自蔽，而后可以尽精微，存心则能涵泳其所已知，而后可以知新，此皆存心以致知也。存心则不以私欲自累，而后可以道中庸，存心则可敦笃所已能，而后可以崇礼，此皆存心以力行者也。存所以为知行之本者如此。若以知行相对言之，则尽精微与道中庸，知新与崇礼，又未尝不先知而后行也。饶双峰、陈定宇惟不察此意，故以知行互有先后为说。饶氏犹知其不可为训，强说先仁后知之序。陈氏并不达双峰之旨，但直以知行先后交互为说。【校记：“交互为说”三鱼堂本作“文王为说”。】行先于知，天下宁有是哉？按，《章句》于致广大言私意，私意所蔽则有害于知，故不以私意自蔽，则能尽精微而知可致矣。于极高明言私欲，私欲所累则有害于行，故不以私欲自累，则能道中庸而行之力矣。于温故言已知，于敦厚言已能，以知对能而言，正与《论语·学而章》《或问》之言有契，何尝不带行意，但曰已知已能，则是心所得，非求知求能之事，则温之敦之，但当属之存心，为知行之本耳。故已知者温之，则能日知所未知，而致知之功愈密矣；已能者敦之，则能日谨所未谨，而力行之功愈至矣。观其释道中庸为处事，崇礼为谨节文，二者亦皆带行意思，又可见下截兼知行，未必不合经注意处。至其以知行相对而言之复者，盖以上截存心言之，则致广大、极高明，是以得于赋与之本然者言；温故、敦厚，是以得于前日之学力之已然者言。”朱氏公迁曰：“学以会其理，则‘学’字属乎知；学以习其事，则‘学’字属乎行。惟观其对待之语何如耳。致知力行与存心致知，其先后次序不同。必也明此理而后能尽此理，此致知所以居力行之先也；必使一念全而万理具，然后可使念处精而万理明，此存心所以居致知之先也。盖存心是全此理之统体，致知是各随其理而察之，故与知行之序不同。”何氏潜斋曰：“尊德性而不道问学，如今世禅学；道问学而不尊德性，如今世俗学。本末兼该，精粗毕备，此所以为圣贤之学也。”董氏彝曰：“率者，所以循此性之自然，通上下而言；尽者，所以尽此性之极致，指圣人之事言；尊者，所以奉此性之大用，指贤人之事言。”黄氏绍曰：“《大学》致知工夫在诚意正心之先，《中庸》尊德性道问学一节，朱子又以致知居存心之后。以知行分先后，则致知在先，而诚正之功在后；以大小分说先后，则先存心乎道体之大，然后致知以尽乎道体之细。”

是故居上不骄，为下不倍，国有道其言足以兴，国无道其默足以容。《诗》曰：“既明且哲，以保其身”，其此之谓与！倍，与“背”同。与，平声。

兴，谓兴起在位也。《诗》，《大雅·烝民》之篇。朱子曰：“居上不骄至默足以容，言小大精粗，一齐理会过，贯彻了后盛德之效自然如此。”“不倍，谓忠于上而不背叛。兴，如兴贤兴能之兴。”“明哲，只是晓天下事理，顺理而行，自然灾害不及其身。今人以邪心读诗，谓明哲是见几知微，先占便宜，如扬雄说‘明哲煌煌，旁烛无疆，逊于不虞，以保天命’，便是占便宜说话，所以他被这几句误。然明哲保身，亦只是常法，若到那舍生取义处，又不如此论。”“尊德性，所以充其发育峻极之大；道问学，所以尽其三千三百之小，以其大小兼该，精粗不二，故居上居下，有道无道，无所不宜。”新安陈氏曰：“引《诗》以证无道默容，子思其亦有感于所逢之时。而有是言欤?”【通考】东阳许氏曰：“前面说许大工夫，及就身上收功效，却只是明哲保身而已。明哲是见得理极分明了，行事却只中庸，故能保其身。保其身不是趋利避害，行事合宜，自然无害。然则当死处亦须死，只是安个‘是’字而已。”史氏伯璿曰：“详味《语录》，明哲是晓天下事理之言云云，正是为豫破陈氏识见而设，何为而又为此说耶？愚窃以为引《诗》是通证上文，‘居上不骄’至‘默足以容’数句，故结之曰‘其此之谓欤’。今以为但证隐居默容，误矣。况《烝民》之诗为仲山甫作，山甫乃宣王中兴之佐，岂但默容者耶?”

右第二十七章。言人道也。双峰饶氏曰：“一篇之中，论问学之道，纲目备而首尾详，无有过于此章者也。”【通考】史氏伯璿曰：“此章兼费之大小而言，而隐在费之中，是以此发明人道也。发育峻极，便是敦化处。发育即‘化’意，峻极即‘敦’意，三千三百，便是‘川流’意。此于川流意自易见，皆只言费之大小，虽费中有隐，然未说出以示人也。下文自尊德性、道问学以尽乎下二章所言，皆是但言费而隐在其中，直至《仲尼祖述章》，方说出‘小德川流，大德敦化’二句。小德大德正是隐，川流敦化则费矣。或疑大德为万殊之本，以为言隐可也；小德为全体之分，亦以为隐，可乎？曰：万殊之本即万物统体一太极，全体之分即物物各具一太极耳。太极不离乎阴阳，而亦不杂乎阴阳，万物统体处与物物各具处皆如此。不离乎阴阳者，即费也，川流敦化是已。不杂乎阴阳者，非隐乎？舍大德小德将何以当之？盖费有大小，大处小处皆有隐。大处之隐，非即敦化者之大德乎？小处之隐，非即川流者之小德乎？若但以大德为隐，小德不为隐，则是费之大处有隐，费之小处却无隐也。造化本原上有隐，事物各具上却无隐也，而可乎？何亦以天道流行、人性感通之理而验之乎？盖以天道对人性言之，则天道即是全体处，所谓万殊之本也，非大德而何？人性即是万殊处，所谓全体之分也，非小德而何？然天道之流行处，便是敦化之意，固费也；人性之感通处，便是川流之意，亦费也。天道之冲漠无朕处，固是费中之隐，即大德是已。人性之寂然不动处，亦岂非费中之隐乎？不谓之小德不可也。以此推之，则费隐之义，尤为易见。”朱氏公迁曰：“率性谓道，是兼人物言，故推原其本；大哉圣人之道，是就圣人而言，故赞美其大。体道之极，则位育之功，无不臻其妙；道无不体，则身之所处，无不适其宜。戒惧慎独，是动静兼致其功，而于道之体用无不尽也；尊德性、道问学，是明诚兼致其功，而于道之大小无不凝也。”

子曰：“愚而好自用，贱而好自专，生乎今之世，反古之道。如此者，烖及其身者也。”好，去声。烖，古“灾”字。

以上孔子之言，子思引之。反，复也。陈氏曰：“愚者无德，贱者无位，当听上之所为。生今世而欲复古道，灾必及身，叹时不可为。自用自专，皆非明哲保身之道也。承上章末意而引此。”东阳许氏曰：“‘生乎今之世’以下，是通说上二句。盖愚贱者不可作礼乐，则居今之世，当遵守当代之法，若欲反用古之道，即是改作矣。必获罪于上，故曰‘灾及其身’。”【通考】史氏伯璿曰：“‘如此者’之‘此’字，是通指愚自用、贱自专、今反古三者言，则灾及身是三者之通戒。陈氏之言似欠明洁，兼之愚自用政是有位无德而欲作礼乐者，亦以为当听上之所为，亦欠分晓。但曰承上章末意而引，却可备一说。”

非天子，不议礼①，不制度，不考文。

此以下，子思之言。礼，亲疏贵贱相接之体也。《礼记》云：“礼也者，犹体也。”度，品制。“不制度”之“制”字，活字，作也。文，书名。朱子曰：“书名，是字底名字。如大字唤做大字，上字唤做上字，下字唤做下字，易得差，所以每岁使大行人之属，巡行天下，考过这字是正与不正。”“看此段，先须识取圣人功用之大，气象规模广阔处，非天子不议礼制度考文，是甚么样气象。使有王者作，改正朔，易服色等事，一齐改换一番。其切近处，则自吾一念之微而无毫厘之差，其功用之大，则天地万物一齐被他翦截裁成过。先须看取他这样大意思，方有益。”【通考】东阳许氏曰：“书名者，即

① 议礼：议论礼仪，指修订礼仪。

字也。名则其字之声也。如'天'字之形，是书；读之曰天，是名。考者，欲正其字形及读之音声。"赵氏德曰："《周礼·秋官·大行人》：'七岁属象胥，谕语言，协辞命。九岁属瞽史，谕书名，听声音。'文，书名，书之字也。古曰名，今曰字。又，外史掌达书名于四方，疏正其字，使四方读之。古之文字少，则曰名；今之文字多，则曰字。字者兹也。"

今天下车同轨，书同文，行同伦。行，去声。

今，子思自谓当时也。轨，辙迹之度。伦，次序之体。三者皆同，言天下一统也。朱子曰："次序，如等威节文之类。体，如辨上下，定民志，君臣父子贵贱尊卑相接之体皆是。天子制此礼，通上下共行之，故其次序之体、等威节文，皆如一也。"新安陈氏曰："车同轨与制度应，车亦制度之一端也，书同文与考文应，行同伦与议礼应。"何氏潜斋曰："行同伦，故礼可议也；车同轨，故度可制也；书同文，故文可考也。"

虽有其位，苟无其德，不敢作礼乐焉；虽有其德，苟无其位，亦不敢作礼乐焉。

郑氏曰："言作礼乐者，必圣人在天子之位。"朱子曰："有位无德而作礼乐，所谓愚而好自用；有德无位而作礼乐，所谓贱而好自专。居周世而欲行夏殷礼，所谓居今世反古道。道即议礼制度考文之事。议礼所以制行，故行同伦；制度所以为法，故车同轨；考文所以合俗，故书同文。"

子曰："吾说夏礼，杞不足征也；吾学殷礼，有宋存焉；吾学周礼，今用之，吾从周。"

此又引孔子之言。杞，夏之后。征，证也。宋，殷之后。三代之礼，孔子皆尝学之而能言其意。但夏礼既不可考证，殷礼虽存，又非当世之法，惟周礼乃时王之制①，今日所用。孔子既不得位，则从周而已。朱子曰："言有宋存焉，便见杞又都无了，如今《春秋传》中宋犹有些商礼在。"问："前辈多以夫子损益四代之制以告颜子，而又曰'吾从周'，其说似相抵牾者。然以此章'吾学周礼，今用之，吾从周'之意观之，则夫子之从周，特以当时所用而不得不从耳，非以为尽当从周。若答为邦之问，乃其素志耳。"曰："得之。"双峰饶氏曰："无德是愚，无位是贱，作礼乐是自用自专。问：'非天子不议礼制度考文，专指贱者，而不及愚者，何也?'曰：'此章为在下位者言，故于贱者特详，而末引孔子作个样子。'问：'今用之，吾从周，想是不敢议礼，但从周而已。'曰：'当世用周礼，吾亦从周礼，盖有德无位，不敢作礼乐也。'"云峰胡氏曰："孔子所学周礼，即周公所制之礼。第十八、十九章言周公制周之礼，有其位而有其德也。此章言孔子从周之礼，有其德而无其位者也。章末数语，较之《论语》有二疑，《语》曰：'夏礼吾能言之，杞不足征也，殷礼吾能言之，宋不足征也。'此曰'杞不足征'，而有宋存焉，岂非以春秋之时，杞去夏已远，而宋去殷犹未远欤？杞文献不足，宋或典籍散逸，而文籍犹有存欤？或先哲凋谢，而贤者犹有存欤？《语》曰：'如用之，则吾从先进。'此曰：'今用之，吾从周。'岂不以周礼至春秋之时，已非复周公制作之旧。'如用之'者，孔子

---

① 时王之制：在世王者的制度。

设言其或用礼乐则如此。'今用之'者，孔子明言天下之所通用者，今如此也。孔子虽不欲徇时俗之弊，而亦不敢不循时王之制，此所以为孔子之时中也。"【通考】朱氏公迁曰："《论语》言'宋不足征'，《中庸》言'有宋存焉'，先儒之意以谓自二代之礼言之，则杞宋皆不足征，自杞宋二国言之，则杞比于宋尤不足征是也。愚谓以二代之礼言之，则杞宋皆可叹已。对时王之礼言之，则夫子殷人也，不忍言宋之不足征也。故夏礼曰'说'，殷礼、周礼皆曰'学'，而幸其有宋存焉。然虽有仅存，而非当世之法也，故又曰'吾学周礼，今用之，吾从周'。亲亲而尊尊，有哀伤不满之意焉。"

右第二十八章。承上章为下不倍而言，亦人道也。【通考】史氏伯璿曰："此章专言费之小者，而隐在费之中，亦是以此发明人道也。"

王天下有三重焉，其寡过矣乎！王，去声。

吕氏曰："三重，谓议礼、制度、考文。惟天子得以行之，则国不异政，家不殊俗，而人得寡过矣。"【通考】黄氏洵饶曰："王天下有三重焉，其寡过矣乎。人能寡过者，谓尧舜之世民仁寿，桀纣之世民夭鄙；而人得寡过矣之'人'，天下之人也。"

上焉者虽善无征，无征不信，不信民弗从；下焉者虽善不尊，不尊不信，不信民弗从。

上焉者，谓时王以前，如夏、商之礼虽善，而皆不可考。文献不足征。下焉者，谓圣人在下，如孔子虽善于礼，而不在尊位也。三山陈氏曰："上乎周为夏商，礼非不善，然于今无可征，民将骇而不信。下而不达，如孔子德非不善，然不得显位以行之，民亦将玩而不信。"问："程子以上焉者为三王以前，下焉者为五霸诸侯之事，朱子之说不同，何也？"蛟峰方氏曰："上焉者无征，则夏商也，经已言之。下焉者不尊，舍孔子谁当之？若五霸，则其善不足称矣。故上焉者无征，则当以时言；下焉者不尊，则当以位言。"

故君子之道：本诸身，征诸庶民，考诸三王而不缪，建诸天地而不悖，质诸鬼神而无疑，百世以俟圣人而不惑。

此君子，指王天下者而言。其道，即议礼、制度、考文之事也。本诸身，有其德也。征诸庶民，验其所信从也。建，立也，立于此而参于彼也。天地者，道也。鬼神者，造化之迹也。百世以俟圣人而不惑，所谓"圣人复起，不易吾言者"也①。朱子曰："此天地，只是道耳。谓吾建于此，而与天地之道不相悖。"问："鬼神，只是龟从筮从，与鬼神合其吉凶否？"曰："亦是。然不专在此，只是合鬼神之理。""此段第一句、第二句，是以人己对言；第三句、第六句，是以已往方来对言；第四句、第五句是以隐显对言。"云峰胡氏曰："朱子谓先须识取圣人功用之大，及其气象规模广阔处，盖大而议礼制度，小而考文，莫不有以新天下之视听，而能一天下之心。征诸庶民而庶民合，建诸天地鬼神而天地鬼神合，前圣之已往，后圣之未来，无不合者。其功用如此宏大悠远，而其本领只在人主一身上。前章曰'有其德'，此曰'本诸身'，《章句》曰：'本诸身者，有其德也。'前章言无德位而作礼乐，其终也灾必逮身，此言有德有位而作礼乐，其始

① 语出《孟子·滕文公下》。

也必本诸身。事有不本诸身而为之者，其末也，灾不逮身者鲜矣。”东阳许氏曰：“‘本诸身’以下六句，只是‘本诸身’一句是致力处，下五句皆以为征验尔。君子之道，即上‘三重’，谓有位之君子，行此三重之道，必本于此身之有德，则自有下五者之应。若下五者不应，是身无其德也，则用其力以修德。”【通考】黄氏洵饶曰：“建诸天地而不悖，与天地同体；质证也。诸鬼神而无疑，与天地同用；百世以俟圣人而不惑，先圣后圣其揆一也。”

质诸鬼神而无疑，知天也；百世以俟圣人而不惑，知人也。

知天知人，知其理也。朱子曰：“此段说知天知人处，虽只举后世与鬼神言，其实是总结上四句之义。”北溪陈氏曰：“鬼神，天理之至也；圣人，人道之至也。惟知天理之至，所以无疑；惟知人道之至，所以不惑。”【通考】东阳许氏曰：“此章上文四句，下文两句却只说鬼神圣人二者，盖鬼神乃天地气之灵者。鬼神即该天地一句，而以知天结之。”史氏伯璿曰：“意者天地著，鬼神幽，幽者难知，三王已然，后圣未然。未然者难知，故二句但从难知者言之尔。清所章先生尝谓‘不谬不悖不是知意，无疑无惑正是知意’①，故以此结之也。但上文六句，而此只言四句，抑有说乎？盖本诸身而未征诸庶民，无以验其德之可以通天下之志与否也。征诸庶民而不考诸三王，则霸者之民欢虞如也，亦岂足为信从之正哉？故必考诸三王不谬，然后身所本、民所征者皆合乎前圣之成法，自然有建天地、质鬼神、俟后圣之必然者矣。此所以但以四句言也。”黄氏洵饶曰：“二十章知人知天，与‘此道’一意。但知人，彼以知人之贤否言，此知人就百世以俟圣人而不惑上说。”

是故君子动而世为天下道，行而世为天下法，言而世为天下则。远之则有望，近之则不厌。

动，兼言行而言。道，兼法则而言。法，法度也。则，准则也。三山潘氏曰：“行有成迹，故可效法。言只言其理如此，未有事迹可据，故人准则之。”陈氏曰：“远者悦其德之被，故有企慕之意，近者习其行之常，故无厌斁之心②。”云峰胡氏曰：“上文言质鬼神，俟百世，要其终也，此申言征庶民之意，原其始也。”

《诗》曰：“在彼无恶，在此无射；庶几夙夜，以永终誉！”君子未有不如此而蚤有誉于天下者也。恶，去声。射，音妒，《诗》作“斁”。

《诗》，《周颂·振鹭》之篇。射，厌也。所谓此者，指本诸身以下六事而言。陈氏曰：“在彼无恶，是应‘远之则有望’；在此无射，是应‘近之则不厌’；庶几终誉，是应‘世为天下道’三句意；蚤有誉，又总结‘以永终誉’意。先师曰：‘永终誉，要其终而言；蚤有誉，由其始而言。蚤有誉尚易，永终誉尤难’。君子之道，本不欲干誉也，自然有誉者，乃本诸身之验，所谓征诸庶民是也。”云峰胡氏曰：“引《诗》在彼无恶，在此无射，‘以永终誉’，征诸民也；‘庶几夙夜’，本诸身也。”【通考】东阳许氏曰：“《振

---

① 清所章先生：章仕尧，字时雍，号清所，元平阳人。通经史，深入四书阃奥。彭庭坚、蒋允文、赵次诚等皆其弟子。见明王朝佐《东嘉录》卷十《章清所》。

② 厌斁：厌弃。

鹭》，二王之后，助祭之诗。引之则所谓在彼无恶，即远之有望之意；在此无斁，即近之不厌之意。言君子德盛道行，民之敬慕爱戴如此。故下文如此之此，指‘本诸身’以下六事也。”何潜斋曰：“引《诗》无恶无射，所以证上文而结之。此合闻合望，所以著于天下也。”史氏伯璿曰：“窃意‘未有不如此而早有誉’，当看‘未有’二字，正是谓‘必有本诸身’以下六事，方有永终之誉，却不是未能有此六者而先有誉也。故曰‘未有’。‘早’即‘先’之意，对‘不’字而言，故饶氏以为犹遽也。陈氏以早有誉为始为易，不知子思之意正是以为无早有誉之理。”黄氏洵饶曰：“‘是故君子动’字是小支，‘行而世为天下法’是小节解。行、言即动；天下法、天下则，即天下道。”

右第二十九章。承上章居上不骄而言，亦人道也。新安倪氏曰：“按番阳李氏云，《章句》取二十七章，结语分属后二章，以《愚好自用章》言‘为下不倍’，然有位无德，则居上不骄者也。以《三重章》言‘居上不骄’，然下焉者虽善不尊，则为下不倍者也。愚谓此二章皆平应‘居上不骄、为下不倍’二语，不必分属二章。李氏斯言，亦不为无理，但圣贤立言，自有宾主。前章有位无德，不敢作礼乐，与章首愚‘好自用’一句相应而相反，是固以居上而言。然全章除此语外，于贱者特详实，则主为下不倍而言也。此章下焉者虽善，不尊、不信而民不从，以对上焉者虽善无征，是固以为下而言。然全章除此语外，于王天下之君子尤详实，则主居上不骄而言也。以是观之，何用必疑于《章句》之分属哉？”【通考】史氏伯璿曰：“此章专言费之大者，而隐在费之中，亦是以此发明人道。”朱氏公迁曰：“《中庸》二章，前章为在下位者言之，故重在位；后章为在上位者言之，故重在德。有德有位，斯可用损益之权矣。”

仲尼祖述尧舜，宪章文武；上律天时，下袭水土。

祖述者，远宗其道。宪章者，近守其法。律天时者，法其自然之运。袭音习。水土者，因其一定之理。皆兼内外该本末而言也。朱子曰：“下袭水土，是因土地之宜，所谓安土敦乎仁，无往而不安。”北溪陈氏曰：“前言尧、舜、文、武、周公能体中庸之道，此言孔子法尧、舜、文、武以体中庸之道也。宗师尧舜之道，尧舜人道之极也；效法文武之法，三代法度至周而备也。天时者，春夏秋冬之四时，圣人法其自然之运；水土者，东西南北之四方，圣人因其一定之理。朱子谓此兼内外该本末而言。其律天时，如不时不食，迅烈必变，其袭水土，如居鲁逢掖，居宋章甫，乃其事也。其律天时，如仕止久速，皆当其可，其袭水土，如用舍行藏，随遇而安，乃其行也。行以内言，本也；事以外言，末也。盖圣人能尽中庸之道，所以精处如此，粗处亦如此。”潜室陈氏曰：“祖述者，法在其中；宪章者，道在其内。律天时者，大则显晦屈伸，小则饮食寝处；袭水土者，大则坎止流行，小则采山钓水①。细底道理，为本为内；粗底道理，为末为外。”双峰饶氏曰：“上二句，言学之贯乎古今；下二句，言学之该乎穹壤②。”云峰

---

① 采山钓水：指屏居山林的生活，此指生活细事。采山：以山间野果为食；钓水：钓鱼。（宋）姚勉《雪坡舍人集》卷三十四《辛居安水阁记》有云：“市桥柳细，江路梅香，即少陵之浣溪也；水田白鹭，阴木黄鹂，即摩诘之辋川也；茂林修竹，清流激湍，即右军之兰亭也；采山钓水，可茹可食，即李愿之盘谷也。”

② 穹壤：指天地。

胡氏曰："'中'之一字，尧舜始发之。自尧舜至文武相传，只是此中，天时水土，亦只是此中。于尧舜曰祖述，于文武曰宪章，于天时曰上律，于水土曰下袭，便见夫子之时中。远宗其道，法不在乎道之外；近守其法，道皆寓乎法之中。此兼内外该本末而言也。律天时，如不时不食，是末；夫子圣之时，是本。袭水土，如居鲁而逢掖，是末；安土敦乎仁，是本。此兼内外该本末而言也。"蛟峰方氏曰："中庸之道，至仲尼而集大成，故此书之末以仲尼明之。"【通考】韩氏古遗曰："仲尼祖述尧舜之道，内也，本也；宪章文武之法，外也，末也。然文武之法本乎尧舜之道，尧舜之道见于文武之法，则内外兼，本末该也。所因天时之运，内也，本也；所袭水土之一定之理，外也，末也。然水土一定之理本乎天时自然之运，然天时自然之运见于一定之理，则内外兼，本末该也。"黄氏洵饶曰："尧舜之道，见于文武之法；文武之法，本乎尧舜之道。远宗其道，则内兼外，本该末；近守其法，则外兼内，末该本也。天之自然之运，见于一定之理，地之一定之理，本乎天之自然之运。法其自然之运，则亦内兼外，本该末；因其一定之理，则亦外兼内，末该本也。皆兼内外，该本末。道无非法，法无非道，远宗其道，法在其中；近守其法，道在其中。自然之运见于一定之理，一定之理本乎自然之运。道是法其自然之运，是内本；因其一定之理，是外末。该本末者，道无非法，法无非道。言道在，法在其中；言法在，道在其中。此下标注之意尤详。"黄氏四如曰："圣圣相传者道，自尧舜而始明，夫子所以远宗，而法在其中。道之所寓者德，至文武而后备，夫子所以近守，而道在其中。帝王一中庸也。天时，天运行之节。夫子后天而奉天时，所以上律天时，律即法也。水土，地生成之常。夫子安土敦仁，所以下袭水土。天地一中庸也。既法帝王，又法天地，亦循中庸而已。"勿轩熊氏曰："此言夫子作圣王工夫。祖述宪章，所以尽乎人之道；上律下袭，所以尽乎天地之道。"史氏伯璿曰："或疑经文祖述宪章上律下袭四者，《章句》既曰皆兼内外、该本末，而《或问》但言上律下袭二者，不及祖述宪章之意。盖目虽有四，事不过二。尧舜之道、文武之法，不过即于上律下袭中见之。尧舜文武所以施之天下国家，何者不是上律下袭之事？夫子远宗近守，亦在于上律下袭而已。或又疑《或问》所言夫子上律下袭之实，不知当以何者为本为内？何者为末为外耶？曰：事理本不相离，精粗初无二致，若本自本，末自末，内自内，外自外，则理为虚器，事为粗迹，精粗皆不相干矣。姑以得《夏时》、赞《易》一端言之，则以建寅之月为岁首，与爻画象数，皆其粗者，所谓末于外也。至于正之所以当建寅，爻画象数之所以圣圣不穷，则有至理存焉，即其精者，所谓本于内也。推此一端，余可见矣。"

辟如天地之无不持载，无不覆帱，辟如四时之错行，如日月之代明。辟，音譬。帱，徒报反。

错，犹迭也。陈氏曰："如四时之相交错，寒往则暑来，暑往则寒来，如日月之更相代，日升则月沉，月升则日沉。"此言圣人之德。双峰饶氏曰："此章言孔子之德。如地之无不持载，谓乘载得天下许多道理，无一之不尽；如天之无不覆帱，谓括得天下许多道理，无一之或遗。错行代明，谓夫子之道无所不备，当刚而刚，当柔而柔，可仕而仕，可止而止，亦如寒暑之迭用，日月之互照然。持载如地，博厚之至也；覆帱如天，高明之至也；错行代明，如日月悠久之至也。”新安陈氏曰：“此所取譬，上二句以天地之定位言，下二句以阴阳之流行言。”【通考】黄氏四如曰：“无不覆载，道广大之体；错行代明，道变通之用。‘辟如’以下四句，夫子与天地相似，故不违底意思。夫子得是道之高明，故无不覆；得是道之博厚，则无不载。夫子兼天地覆载，备四时日月于一身，天地育万物，有荣悴生灭，而夫子道内生意常自如。日月四时有盈昃愆伏，而夫子之道历万世不朽。是夫子为大，而天地为小。”勿轩熊氏曰：“就后两截看上一截，是言夫子之德与天地之全体同其大。”

万物并育而不相害，道并行而不相悖，小德川流，大德敦化，此天地之所以为大也。

悖，犹背音佩。也。天覆地载，万物并育于其间而不相害；四时日月，错行代明而不相悖。北溪陈氏曰：“天无不覆，地无不载，大化流行，万物止其所而不相侵害也；四时错行，日月代明，一寒一暑，一昼一夜，似乎相反而实非相违悖也。”所以不害不悖者，小德之川流；所以并育并行者，大德之敦化。小德者，全体之分；大德者，万殊之本。新安陈氏曰：“小德如言小节，大德如言全体，此言天地造化之理。小德者，一本之散于万殊者也；大德者，万殊之原于一本者也。”川流者，如川之流，脉络分明而往不息也。敦化者，敦厚其化，根本盛大而出无穷也。此言天地之道，以见形甸反。上文取譬之意也。朱子曰：“大德是敦那化底，小德是流出那敦化底出来。这便如忠恕，忠便是做那恕底，恕便是流出那忠来底。如中和，中便是大德敦化，和便是小德川流，只是一个道理。”“此言天地之大如此，言天地则见圣人矣。”黄氏曰：“天命之性，即大德之敦化；率性之道，即小德之川流。大德敦化是体，小德川流是用。大德是心之本体，无许多大底，亦做不得小底出来。”云峰胡氏曰：“天能覆而不能载，地能载而不能覆，春夏生长，秋冬肃杀，日明乎昼，月明乎夜，是各得阴阳之偏，而圣人之德，则会夫阴阳之全。小德川流，是其粲然者也；大德敦化，是其浑然者也。浑然者所以并育并行，而粲然者已包于其中；粲然者所以不害不悖，而亦不过自浑然中流出。故粲然者全体之分，即所谓率性之道，即所谓时中之中；浑然者万殊之本，即所谓天命之性，即所谓未发之中。‘大德敦化’四字，即是首章‘大本’二字，《章句》以谓‘根本盛大而出无穷’，即首章《章句》所谓‘天下之理皆由此出’者也。始以天地喻夫子，终谓夫子即天地，且不曰‘天地之大’，而曰‘天地之所以为大’，夫子其即太极矣乎?”【通考】黄氏洵饶曰：“二十七章道之大、道之小，十二章费之大、费之小，皆此章小德之川流，所以然者大德之敦化也。小德川流本乎大德敦化，大德敦化见于小德之川流。《孟子》、《论语》言大德、小德皆中庸。小德之川流，所以然者皆大德之敦化。小德川流如夫子之一贯。小德者，使万物各得其所，全体之分，此一物一太极也；大德者，至诚无息，万殊之本，此万物体统一太极也。”黄氏四如曰：“并育指无不覆载言，并行指错行代明言。‘小大德’二句，此章纲领。大德是夫子得是道之体，如无不覆载、并育并行也。小德者，夫子得是道之用，如祖述宪章、上律下袭、不害不悖是也。夫子能尽中庸之道，所以小处如此，大处亦如此。”勿轩熊氏曰：“此下一节是赞夫子之德与天地之妙用同其化。‘此天地所以为大’一句总结上文。”东阳许氏曰：“此章三节，一节言圣人工夫，二节言圣人之德如天地，三节言天地之大。两‘辟如’，既以天地比其经，又以四时比其纬。祖述宪章，即考诸三王而不谬；上律下袭，即建诸天地而不悖。”

右第三十章。言天道也。东阳许氏曰：“二十六章言圣人至诚，与天地同道。自‘天地之道可一言而尽’以下，但言天地之盛大，则圣人之盛大自见。此章先言圣人与天地同道，自‘万物并育’以下，亦但言天地之大，则圣人之大自见。前章则引《文王》之诗以结之，此章则以孔子之所行起之。二章相表里，无非形容圣人之德也。”【通考】史氏伯璿曰：“此章兼费隐大小而言。盖小德、大德，隐也；川流、敦化，则费矣。小德川流是费隐之小者，大德敦化是费隐之大者。是以此发明天道。又此章小德川流、大德敦化是就天地分上言，包人物于其中，故交互分费隐。详见三十二章之末。”又曰：“许氏云《中庸》分四大节，前三节皆以孔子结之。第一节自性命之原言之，此以大舜、颜渊、子路三达德为人道之门，其后则曰吾弗为之，吾弗能已，是以孔子折衷之也。第二节言费隐，其下历叙大舜、文武、周公，而此以孔子论证继群圣之后也。第三节言诚，反复于天道人道，得时措之宜，垂万世之法，非孔子不可也。后二章至圣至诚，亦就此章而言其极尔。此说深有助于《章句》，显见饶氏以《哀公问政章》为不全是孔子之言，与‘大哉圣人之道’以下六章自为一节、不可分天道人道者之不然耳。”朱氏公迁曰：“此章因论圣人而以天地之道明之。但前章因至诚无息而言，故以流行不息者为体，发育之盛多者为用。此章因小德大德而言，故以发育流行之各有条理者为用，发育流行之浑浩无穷者为体也。自天地之道言之，则其道为至极，故曰‘此天地之所以为大也’；自道之全体言之，则虽天地亦有不能尽，故曰‘天地之大，人犹有所憾也’。”

唯天下至圣，为能聪明睿知，足以有临也；宽裕温柔，足以有容也；发强刚毅，足以有执也；齐庄中正，足以有敬也；文理密察，足以有别也。知，去声。齐，侧皆反。别，彼列反。

聪明睿知，生知如字。之质。临，谓居上而临下也。其下四者，乃仁义礼知之德。文，文章也。理，条理也。密，详细也。察，明辩也。朱子曰：“仁义礼知之知，与聪明睿知，便是这一个礼知，是通上下而言。睿知，是扩充得较大。睿只训通，对知而言，知是体，睿是深通处。文理密察，此是圣人于至灵至悉处，无不详审，且如一物，初破作两个，又破作四片，若未恰好，又破作八片，只管详密。文是文章，如物之文缕；理是条理。每事详密审察，故曰足以有别。”陈氏曰：“上一句包说，下四句方细破分仁义礼知说。仁则度量宽大，故曰‘有容’；义则操执牢固，故曰‘有执’；礼之施，敬而已，故曰‘有敬’；智足以分别事物，故曰‘有别’。四者皆从聪明睿知中细破分条贯说来。”双峰饶氏曰：“《章句》以四者为仁义礼智之德，如此则只是四德，于‘溥博’之下，又言‘五者之德’，何也？此章专说小德，就五者而论，则聪明睿知，又是小德之大德。聪属耳，明属目，睿知属心。睿则能思，知则能知。思属动，魂之为也；知属静，魄之为也。心者，魂魄之合。魂能知来，有所未知，则思索而知之，阳之灵也；魄能藏往，其已知，则存而记之，阴之灵也。一阴一阳相为配对。”新安陈氏曰：“唯至圣之德，有此生知仁义礼智之体，故见于有临、有容、有执、有敬、有别之用也。”【通考】东阳许氏曰：“聪者无所不闻，明者无所不见，睿者无所不通，智者无所不知，此生知之圣。聪下四者而言，言其资质也。宽，广大。裕，优厚。温，温和。柔，顺从。此仁也。仁者度量宽广，足以容物，故曰有容。发，奋起。强，有力。刚，不屈。毅，坚忍。此义也。义则操守坚固，故曰有执。齐，心之齐。庄，貌之严。中，无过不及。正，不偏不倚。中正以临事，言此体也。文理密察，知也。四者言其成德也。”又曰：“临者，自上临下之义，此谓圣人之德首出于庶物，然后足以临下。”黄氏洵饶曰：“聪明睿智，此是小支。‘足以有临’包下文四者而言，‘宽裕温柔’以下是节解。”

溥博渊泉，而时出之。

溥博，周遍而广阔也。渊泉，静深而有本也。朱子曰：“泉，便有个发达不已底意。”新安陈氏曰：“泉之出，必有本原也。‘溥博渊泉’四字，总咏状上所列五者之体段。”出，发见形甸反。下同。也。言五者之德，充积于中，溥博渊泉。而以时发见于外也。新安陈氏曰：“当用仁时则仁发见，当用义时则义发见之类。”

溥博如天，渊泉如渊。见而民莫不敬，言而民莫不信，行而民莫不说。见，音现。说，音悦。

言其充积极其盛，而发见当其可也。新安陈氏曰：“溥博则如昊天，渊泉则如深渊，非极其盛而何？见、言、行，皆发见也。民所以莫不敬信悦，以当其可也。当其可之谓时，是接上文‘时出’字而发挥之，下文‘莫不尊亲’，极言其敬信说也。”【通考】黄氏洵饶曰：“充积极其盛，指天渊；发见，指见言行；当其可，指敬信说。”

是以声名洋溢乎中国，施及蛮貊；舟车所至，人力所通；天之所覆，地之所载，日月所照，霜露所队；凡有血气者，莫不尊亲，故曰配天。施，去声。队，音坠。

舟车所至以下，盖极言之。配天，言其德之所及，广大如天也。新安陈氏曰：“有是圣德之实，是以有是圣德之名，凡有血气，人类也。尊之为君，亲之如父母，极覆载，人所及处皆然，岂非德之所及广大如天乎？此章言达而在上之大圣人，其盛德之全体大用如此，可谓极至而无以加矣，可以当此者，其惟尧舜乎？”

右第三十一章。承上章而言小德之川流，亦天道也。新安陈氏曰：“非谓五者之德为小也，盖以此五者分别而言之，又以发用言，比下章之浑沦言之而纯乎本体者，则此为小德之川流，而下章为大德之敦化，章章明矣。”【通考】史氏伯璿曰：“饶氏云‘此章言小德即是费’，愚谓言费则隐在费之中矣，亦是以此发明天道。又：此章小德川流，是专就圣人分上言，故但为费。”朱氏公迁曰：“此章配天于高明，‘配天’‘溥博如天’之‘天’，兼形体于理而言。但所指之天以形体言；而圣人与之相准相配相似者【校记：三鱼堂本“相配”作“相形”。】，以理言。盖理之天，未尝离乎形体之天。”

唯天下至诚，为能经纶天下之大经，立天下之大本，知天地之化育。夫焉有所倚？夫，音扶。焉，于虔反。

经，纶，皆治丝之事。经者，理其绪而分之；纶者，比毗至反。其类而合之也。

经，常也。大经者，五品之人伦。大本者，所性之全体也。惟圣人之德极诚无妄，故于人伦各尽其当然之实，而皆可以为天下后世法，所谓经纶之也。朱子曰："经纶是用，立本是体。大本，即中也；大经，即庸也。经纶大经，立大本，即是尽此中庸之道。"北溪陈氏曰："经是分疏条理，纶是牵连相合。大经，即君臣父子兄弟夫妇朋友之大伦；大本，即是'中者天下之大本'一般。中乃未发之中，就性论；今所谓大本，以所性之全体论，如君是君、臣是臣、父是父、子是子、兄是兄、弟是弟、夫是夫、妇是妇，各有条理，一定而不乱，故曰经。如君臣之相敬，父子之相亲，夫妇之相唱和，兄弟之相友睦，朋友之相切磋琢磨，牵比其伦类，自然相合，故曰纶。惟圣人极诚无妄，于人伦各尽其所当然之实，皆可为天下后世之标准，故人皆取法之。"双峰饶氏曰："如君君、臣臣、父父、子子，是分而理之；君仁于臣、臣敬其君，父慈其子、子孝其父，是比而合之也。"【通考】东阳许氏曰："经是分其条理，纶是牵连相合，先经之然后可以纶之。分而言之父当慈，子当孝，君当仁，臣当敬，各敬其道，此经之类也。合而言之，父子相处必尽亲亲之仁，君臣相接必尽絜矩之义，共成其善，此纶之类也。其于五品之人伦，事之大小，莫不皆然。此固至诚者之能事，而修道之教即在其中。"又曰："无所倚，只是至诚自然流出来，不须着力去做底意思。"其于所性之全体，无一毫人欲之伪以杂之，而天下之道千变万化皆由此出，所谓立之也。其于天地之化育，则亦其极诚无妄者有默契焉，非但闻见之知而已。北溪陈氏曰："'知'字不可以闻见之知论，如肝胆相照一般，圣人之德，极诚无妄，其于天地造化生育万物之功，与之吻合交契，浑融一体，所谓知也。"【通考】黄氏洵饶曰："所性之全体，谓天命之性。尽其当然之实，谓建其有极。立之即致中。"此皆至诚无妄，自然之功用，夫音扶。岂有所倚著直略反。于物而后能哉。问："夫焉有所倚?"朱子曰："自家都是实理，无些欠缺，经纶自经纶，立本自立本，知化育自知化育，不用倚靠别物事，然后能如此，如'为仁由己，而由人乎哉'之意。日用间底，都是君臣父子夫妇人伦之理，更不倚著人。只从此心中流行于经纶人伦处，便是法则；此身在这里，便是立本；知天地化育，是自知得饱相似何用靠他物。"黄直卿云："便是不思不勉意思，谓更不靠心力去思勉他，这个实理自然经纶、立本、知化育，更不用心力。"问："《中庸》两处说天下之至诚，而其结语，一曰赞化育，一曰知化育，赞与知，如何分?"曰："尽其性者，是从里面说将出去，故尽其性，则能尽人物之性以赞化育也。经纶大经，是从下面说上去，如修道之教是也，立天下之大本，是静而无一息之不中处，知化育则知天理之流行矣。"双峰饶氏曰："大经是道，大本是性，性乃大经之本也。天地化育，是命，又大经大本之所自来也。"云峰胡氏曰："首章由造化说圣人，故曰命，曰性，曰道，由体之隐达于用之费也。此章言圣人之所以为造化，则曰道，曰性，而后曰命，由用之费而原其体之隐也。前曰赞化育，此曰知化育。赞云者，至诚之功，有补于造化也；知云者，至诚之心，无间于天地也。前章'以时出之'，是小德之川流，是时中之中；此章'大本'，是大德之敦化，是未发之中。首章曰中者，天下之大本，此则加以'立'之一字。大本是所性之全体，本无一毫人欲之伪。立之者，圣人所性之全体，无一毫人欲之伪以杂之也，'立'字不是用力字。"【通考】朱氏公迁曰："诚以心言，圣人之事也。至诚前知，言至诚之能事；至诚赞化，及至诚经论，言至诚之功用；至诚无息，言其德，'征则悠远'以下指其验于天下之气象功效而言也。无息则与天地相配，赞化则与天地相参，知化则与天地相合。无息则与天地合其德，前知则与鬼神合其吉凶。"

肫肫其仁！渊渊其渊！浩浩其天！肫，之纯反。

肫肫，恳至貌，以经纶而言也。朱子曰："肫肫其仁者，人伦之间，若无些仁厚意，则父子兄弟不相管摄矣。"郑氏曰："肫肫，恳诚貌。"程氏曰："厚也。"吕氏曰："纯全之义，一云浑厚无间断之貌。"北溪陈氏曰："经纶大经，须加恳切详细之功，不可有急迫躁切之意。"双峰饶氏曰："肫肫其仁，如何以配经纶大经？盖仁者人也。大经只是个人道，人而不仁，何足以为人？"渊渊，静深貌，以立本而言也。浩浩，广大貌，以知化而言也。北溪陈氏曰："静深，则有根本而不竭，故以立本言，此诚与天地同其大，故其生育变化，与天地同其功，故以知化言。"其渊其天，则非特如之而已。潜室陈氏曰："如天如渊，犹是二物，其天其渊，即圣人便是天渊。"双峰饶氏曰："肫肫其仁，是说道；渊渊其渊，是说性；浩浩其天，是说命。"问："性命如何分天渊？"曰："性是成之者性，指已定之理而言也；命是继之者善，指理之流行而赋于物者言也。二者有动静之分，故一属地，一属天。自圣人言之，则静定而存主处，即是性；应用而流行处，即是命。其与天地之理一也，故曰其渊其天。前章曰如渊如天，犹是圣人与天地相比并，至此曰其渊其天，则圣人与天地为一矣。"【通考】黄氏洵饶曰："肫肫之义，即《书》所谓五礼五惇哉之'惇'，义同前章天渊承'溥博渊泉'而言，故先渊而后天。其孰能知之，与知天地之知同。"东阳许氏曰："前言如天如渊，是众人见圣人之溥博渊泉，以为如天如渊也。此言其天其渊，是圣人见得一般，圣人溥博渊泉，真是天，真是渊，非但如之而已。"又曰："上章至圣，是发见于外者，故众人见其如天如渊，而凡有血气者皆尊亲之；此章至诚，是言其在中者，故曰其渊其天，而唯圣人能知圣人也。"

苟不固聪明圣知达天德者，其孰能知之？"圣知"之"知"，去声。

固，犹实也。郑氏曰："惟圣人能知圣人也。"玉渊张氏曰①："上章云'凡有血气者，莫不尊亲'，此云'苟不固聪明圣知，达天德者，其孰能知之？'上章言小德，条理分明，人所易见；此章言大德，无声无臭，非圣人不能知也。"新安陈氏曰："上章言至圣，故以聪明睿知言。《书》曰'睿作圣'，睿进一步，即圣也。此章言至诚，见至诚即是至圣。故以聪明圣知言，变睿言圣，直指其为圣人，唯至圣能知至诚也。此章述圣人至诚之功用，亦谓达而在上之圣人，而以唯圣人能知圣人结之，可以当此者，其唯以孔子而知尧舜乎？"【通考】朱氏公迁曰："睿知圣知以质言，仁义礼智以性言。睿知圣知，是生知之质；若知者过之，则是气质之偏。又藏武仲之知，亦由资禀而得之，知虽可

---

① 玉渊张氏：张玉渊，未知何人，诸书无载，唯《宋诗纪事》在张孝祥《玉渊亭》诗后有如次记载："方舆胜览亭在庐山栖贤寺门外，中白石不以数计，如卧羊，故曰玉渊张安国书二字，仍作诗。"故"玉渊张氏"疑为宋张孝祥。

称，而未必天理之纯全也。”

右第三十二章。承上章而言大德之敦化，亦天道也。前章言至圣之德，此章言至诚之道。然至诚之道，非至圣不能知；至圣之德，非至诚不能为，则亦非二物矣。此篇言圣人天道之极致，至此而无以加矣。朱子曰：“至诚至圣，只是以表里言。至圣，是德之发见乎外者，故人见之，但见其溥博如天，至莫不尊亲，此见于外者。至诚则是那里面骨子，聪明睿知，却是那里发出去，至诚处，非圣人不自知也。”“至圣一章，说发见处；至诚一章，说存主处。圣以德言，诚则所以为德也。以德而言，则外人观其表，但见其如天如渊；诚所以为德，故自家里面，却真个是其天其渊。惟其如天如渊，故日月所照，霜露所坠，凡有血气者，莫不知尊而亲之，谓自其表而观之则易也。惟其天其渊，故非聪明圣知达天德者，不足以知之，谓自其里而观之则难也。”又曰：“此不是两人事，上章是以圣言之，圣人德业著见于世，其盛大自如此；下章以诚言之，是就实理上说其天其渊，实理自是如此。”叶氏曰：“至圣，指发用神妙而言；至诚，指大经大本之实理而言。非至圣无以显至诚之全体，非至诚无以全至圣之妙用，其实非二物也。”新安倪氏曰：“按，饶氏以《大哉圣人之道章》至此为第五大节。”【通考】史氏伯璿曰：“许氏曰前章言表，此章言里。《章句》则曰前章言至圣之德，德主积于内者言之也；此章言至诚之道，道主行于外者言之也。盖聪明睿知之资，仁义礼智之德，虽见于外，实溥博渊泉积之于中者之所发也。知化育，立大本，虽主于中，而经纶大经，其仁其天其渊者，亦自外而见之也。前言德，推其本而言之；后言道，致其用而言之。盖亦互相发也。此于《语录》表里之言《章句》道德之说甚有折衷。”又曰：“饶氏云此章言大德即是隐，愚谓虽言隐而未始离乎费也。经纶大经不可不谓之费，至于立大本，知化育，则费之未尝不本于隐。可知盖言费则不假言隐，而隐在其中，上章是也；言隐则不可有离乎费，此章是也。离乎费而言隐，则将沦于空寂，而非所以为隐矣。其实此章亦是以此发明天道，又此章‘大德敦化’，亦是专就圣人分上言，故但为隐。右以上十二章是第四大节，皆反复发明天道人道之旨，包前第二达德，第三费隐二大节之意于其中，亦自三达德说入费隐上去也。通三节之意推之，则前后皆是自达德说入费隐上去。但前二节十九章主于用工言，所谓知大舜，仁颜渊，勇子路，是达德，所谓费隐，是达道。其相承之次，是以达德而行达道，学者事也。此一节十二章，主于成功而言，所谓仁尽性，知前知，勇无息，是至德，所谓费隐，是至道。其相承之次，是以至德而凝至道，圣人事也。合而言之，则达德众人之所同具，至德圣人之所独全。达道举其通行者言，至道要其极致者言。具此达德，则皆能行此达道，行达道而有得，而后可以全此德而凝此至道。谁谓圣本生知，非学可至乎？若又以《至圣》、《至诚》两章贯全篇之旨言之，则至圣之德，即达德至德之德。但诸章论达德至德处，皆分知、仁、勇而各言之，则知行犹二也。此则会众德于一章而总言之，故《中庸》论德，必至于此章而后为圣之至也。至诚之道，即达道、至道之道，但达道犹有待乎人之行，至道犹有待乎人之凝，则体用犹二也。此则道之已行已凝于人者，故《中庸》论道，必至于此章而后为诚之至也。德为圣之至，则知行两尽，而德外无道矣。道为诚之至，则体用兼全，而道外无德矣；德外无道，道外无德，此其所以相为表里也。此《中庸》一书首尾相应之大略也，其详于下。”“此第四节，《章句》以为言天道人道，今皆以为发明中庸，何也?”曰：“自第二章以下十章，《章句》以为皆论中庸，以释首章之义。《费隐章》章句亦以为申明首章道不离之意。下八章又皆以明此章之义者，然则亦承第二节以发明中庸，可知矣。况下章即言庸德之行，《舜大孝章》章句又以为此由庸行之常推之以致其极。后二章亦此意，然则此九章皆为以费隐大小发明中庸，又可知矣。以此二节言三达德、费隐，皆为发明中庸之意，推之《诚明》以下十二章言天道人道处，是申言三达德、费隐而已。大抵三达德与费隐，不外乎中庸，而天道人道又不外乎达德费隐。知、仁、勇是德，费隐是道，其理虽无二致，然德则存于天人之心，道则散在天下之事。德是人所能知能行之器具，道是人所当知当行之材料，所以前后皆自仁勇说入费隐上去者，盖必有能知能行之器具，然后可以施之于当知当行之材料也。今以前后所言推之，则自第二章以下十章论三达德处，皆反复言择守知行之义，盖先以人所能知能行者言也。直至第十二章说君子之道费而隐，其下即以夫妇之所与知与能，圣人之所不知不能，与天地犹有憾者继之。此所谓知，即达德知所能知之知；此所谓行，即达德仁所能行之行尔。以见斯道之用，自一事以极乎全体，皆夫人之所当知当行者也，故其下章或言费之大，或言费之小，大小虽不同，皆是全体中所该，何莫非人所当知当行者乎？末后二十章所以终十章之义者，又彰彰然以达德所以行乎达道者，言于章中，其意尤为易见。自二十一章以下论三达德处，亦皆反复分别诚明、明诚难易深浅之不同，盖亦先以圣人学者所能行能知者言也。直至二十七章说‘大哉圣人之道’，其下即以道体之大无外、小无间者继之，此即申言费隐之义，所谓大小即费之大小耳。然后言尊德性、道问学，以下五句，为学者修德凝道之方，其事不外乎知行两端而已。德性即知仁所以为知行之体者，问学即知行所以为知仁之用也，以见道之全体皆夫人所当知当行者也。故其下二章反复乎不骄不悖之义，又何莫非全体中之事，亦行道者所当知尔。知行之至，必如《仲尼祖述章》取譬之意，与下二章所谓至诚非至圣不能知，至圣非至诚不能为之之意，而后于道之全体无所遗耳。然则前后皆自知仁勇说入费隐上去者，于此不难见矣。三达德与费隐是道理之名目，天道人道是圣贤之等级。前欲指道理之名目以示人，故不容不分达德与费隐为二节而详言之，后欲明圣贤之等级以示人，故不容不致意于天道人道之分别。若达德费隐之旨，则已于前二节详言之。此但申言其理以显天道、人道之同异处尔。道理之名目，其义实；圣贤之等级，其义虚。将欲命天道人道之异同以示人，而不就达德费隐上言之，则义之虚者悬空无所著落，其不陷于老庄之窈冥昏然者几希。故必就达德费隐上，分别出天道人道之同异，然后义之虚者，于义之实者上见，而圣贤之品级明矣。中间三大节，前二节主于立本，后一节主于致用。大抵《中庸》一书专为开来学而设，故于学者立本致用之意为详，其说圣人事与至诚之功用，亦不过皆为学者立本致用之准的而已。唯前二大节主于立本，故于立德之工夫为详，而于圣人之事为略。其发明中庸，所以致详于三达德、费隐之义者，盖以学者立本之要，非三达德无以为入道之门，非费隐无以见道不可离之意也。唯后一大节主于致用，故于成德之效验为详，而于下学之事为略。

其发明中庸，所以反复乎天道人道之同异者，盖以圣人之功用，学者之致用，有难易深浅之不同也。前二节亦有言圣人之事处，如依乎中庸，遁世不见知而不悔，舜大孝，文无忧，武王、周公达孝，诚者天之道，不勉不思，从容中道之类，皆所谓以为学者立本之准的而已者也。自此之外，则皆学者入德之工夫也，何莫非主于立本而言乎？后一节亦有言下学之事处，如明诚，致曲，道自道，尊德性、道问学至敦厚崇礼之类，皆是言此以引起致用之意。故致曲自形、著、动、变以下，道自道自成己成物以下，尊德性自居上不骄以下，以尽乎二章之旨，亦皆以致用之效验与致用之当否而言也。其余说天道处，则皆全是圣人之功用，亦皆所谓以为学者之致用之准的者也，何莫非主于致用而言乎？更以前后所言三达德、费隐之义推之，尤为易见。前二节唯主于本，故其论三达德处，于学者事则言知择中庸，言仁守中庸，而又言勇强中庸，以见学者非勇则无以至于知之成功而一也。于圣人事则但言知知之尽，言仁仁之至，而不言勇。不赖勇而裕如，以见圣人，虽未当无勇，然不赖勇而裕如也。其论费隐之大小处，则以君子之道发其端。道虽即是圣人之道，而君子则为学者期之也，所谓于入德之工夫为详，于圣人之事为略也。后一节唯主于致用，故其论达德处，于圣人之事则言仁尽性，言知前知，而有言勇无息，以见圣人虽无赖乎勇，而亦未尝无勇也。于学者事则但言仁致曲，言知成物，而不言勇，以见学问之极功，即是圣人之能事。至诚能化、时措之宜，皆是自学者至圣人处，其勇亦统于至诚无息之中矣。其论大小费隐处，则以圣人之道发其端。道虽无异于君子之道，然圣人则非学者所可称也，所谓于成德之效验为详，于下学之事为略也。所以前二节中虽有圣人之事，亦是为学者之法，不过主于立本，皆以人道言之，故但当以先知后仁为序也。后一节则分天道人道而言。其说天道处，则是自诚而明，固当以先仁后知为序。其说人道处，则依旧是学者事，虽则主于致用，既是自明而诚，由教而入，只当以先知后仁为序耳。饶氏乃谓自《诚明章》后，皆以先仁后知为序，其亦误矣。唯二十章介在立本致用之间，故其说最为详备，所以知、仁、勇、天道、人道之言，皆于此章说出，以此见得此章正是承前起后所在也。或者犹疑舜大知，圣人事也，而亦统于学者立本之事，可乎？曰，舜虽圣人，好问用中，则学者入德之法也。中庸之于达德费隐，非有二，知所以知此中庸，仁所以行此中庸，勇所以强此中庸者也。费即中庸之用，隐即中庸之体也。中庸即知所知，仁所行，勇所强，体之隐，用之费，不偏不倚，无过不及，而平常者也。中庸之与天道亦岂有二哉？天道特自然尽此中庸，人道特用力求尽此中庸者也。达德费隐之与天道人道，非有二也。天道之于达德，性焉安焉者也，故其于费隐之体用，自然与之一矣；人道之于达德，复焉执焉者也，故其于费隐之体用，始犹与之为二，终乃与之为一矣。又细分之，则三达德于费隐，亦岂有二乎哉？三达德之具于性者，体也，非即体之隐者乎？三达德之见于事者，用也，非即用之费者乎？如此则《中庸》一书，首尾贯通，义理明白。”黄氏洵饶曰：“《中庸》极功只到三十二章，其下一章又是小中庸。”

《诗》曰：“衣锦尚絅。”恶其文之著也。故君子之道，暗然而日章；小人之道，的然而日亡。君子之道：淡而不厌，简而文，温而理，知远之近，知风之自，知微之显，可

与入德矣。衣，去声。䌹，口迥反。恶，去声。暗，于感反。

前章言圣人之德，极其盛矣。此复自下学立心之始言之，而下文又推之以至其极也。叶氏曰："上三章极言孔子体天之德，与至圣至诚之功用，中庸之道，至矣尽矣。子思又虑学者驰骛于高远，而忘下学之功夫，或失其指归也，故此章复自下学立心之始，务内至亲至切者言之，以渐进于上达高妙，至精至微，不可拟议之地，盖再叙入德成德之序也。"【通考】黄氏洵饶曰："极，指无声无臭。"《诗·国风·卫·硕人》、《郑》之《丰》，皆作"衣锦褧衣"。褧、䌹同，禅衣也。朱子曰："禅衣，所以袭锦衣者。'禅'与'单'字同。沈括谓'䌹'与'苘'同，是用苘麻织疏布为之。"尚，加也。古之学者为去声。己，故其立心如此。尚䌹故暗然，衣锦故有日章之实。淡、简、温，䌹之袭于外也；不厌而文且理焉，锦之美在中也。小人反是，则暴蒲卜反。于外而无实以继之，是以的然而日亡也。朱子曰："恶其文之著，亦不是无文，也自有文在。澹则易厌，简则不文，温则不理，而今却不厌而文且理，只缘有锦在里面。"陈氏曰："衣锦而加䌹衣以蔽之。衣锦者，美在其中。尚䌹者，不求知于外。古之学者，只欲此道理实得于己，不是欲求人知，惟其不求人知，所以暗然。虽曰暗然，而道理自彰著而不可掩，犹衣锦尚䌹而锦之文采，自然著见于外也。"新安陈氏曰："君子为己，不求人知，虽暗然若暗昧，而美实在中，自日著而不可掩，如尚䌹而锦美在中，自不容掩于外也。小人为人，惟求人知，虽的然分明表暴于外，而无实以继之，日见其亡失泯没而已。君子小人之分，为己为人之不同耳。君子有若无，实若虚，有与实，终不可掩；小人无为有，虚为盈，有与盈，岂能有常，日亡必矣。常情澹薄无味则易厌，简略则无文采，温厚浑沦则无条理。君子之道虽澹而人不厌，虽简而自有文，虽温而自有条理澹简温，皆尚䌹暗然意。不厌文理，皆锦之美实在中意也。"远之近，见形甸反。于彼者由于此也。风之自，著乎外者本乎内也。微之显，有诸内者形诸外也。有为己之心①，本起语意说来。而又知此三者，则知所谨而可入德矣。朱子曰："知远之近，是以己对物言之，知在彼之是非，由在我之得失。知风之自，是知其身之得失，由其心之邪正。知微之显，又专指心说就里来。知远之近，知风之自，据表而知里也；知微之显，由内以达外也。"陈氏曰："君子立心，只是为己。又能知道理之见于远者自近始，故自近而谨之；著见于风化者由身始，故自身而谨之。有诸内者甚微，而见于外者甚显，故自微而谨之，知此三者而致其谨，则可与之入德矣。"新安陈氏曰："下文言谨独意已萌于此。"【通考】黄氏洵饶曰："的然者，彰也。简而文训日章，则暴谓昭著。见于彼，见于外，本乎内也。微之显，此自心言。有诸内者，内有得失必形于外。事之是非本乎身之得失，本乎心之邪正。《中庸》首尾言戒惧慎独，而中言知行，是知行在存养省察中。《大学》诚意正心在格物致知之后、修身之前，是存养省察在知行中也。夫微之显，即理言，由体以达用，此就心言，莫显乎微亦就心上言。"故下文引《诗》言谨独之事。云峰胡氏曰："《中庸》分君子小人而言者凡二。第二章言君子中庸，小人反中庸，是其为君子小人者，可见于

① 为己：为了修养，提高自己；与"为人"相对。为人：做给别人看。

行事之际。此则言其所以为君子小人者，已见于立心之始。澹而无味，其味最长；简而无文，其文自章。温不求其理，而无有不合于条理者，此君子为己之学也。不求其文之著，而自不能不著者也，小人则反是矣。《中庸》既举其立心之始当如此，而又提起三'知'字，曰知远之近，知风之自，知微之显，而下文遂以慎独戒惧之事继之，即《章句》所谓知其在我者，则戒慎恐惧而无时不中者也。《章句》之旨融彻如此，学者不可不细玩。"【通考】涂氏溍生曰①："首章之显微以事言，十六章显微以理言，末章显微以心言。然心与理相涵，理与事相贯，能知此心之显微而慎其独，则事之微者不敢忽，吾心之理，与鬼神造化相为流通，尚何彼此之间哉?"何氏潜斋曰："微即潜伏，显即孔昭，风即敬信之效，自即不动不言底。"

《诗》云："潜虽伏矣，亦孔之昭!"故君子内省悉井反。**不疚，无恶于志。君子之所不可及者，其唯人之所不见乎。**恶，去声。

《诗》，《小雅·正月》之篇。再引《诗》。承上文言"莫见乎隐、莫显乎微"也。疚，病也。无恶于志，犹言无愧于心，此君子谨独之事也。三山陈氏曰："潜虽伏矣，即首章隐微意。亦孔之昭，即首章莫见莫显意。言隐伏之间，理甚昭明，君子内省此处，须无一毫疾病，方无愧于心，君子所以不可及，只是能于独致其谨耳。上言入德之门，此以下言入德之事，此一节言人之所不见处，又申明首章谨独意。下一节言己之所不见处，又申言首章戒谨恐惧意。"新安陈氏曰："人所不见，人所不知也，己之志向，己所独知也。"东阳许氏曰："《诗》本言鱼之潜于渊，可谓伏藏之深，然亦甚昭然而易见，言祸乱之不可逃也。此借之以言几之存于心者虽深，而莫见显乎隐微，言独之不可不慎也。"【通考】黄氏洵饶曰："《诗》云'潜虽伏矣，亦孔之昭'。引此就心上言，其唯人之所不见乎？于人不及见而能为慎独工夫，是他人所不见，愈加慎也。"

《诗》云："相在尔室，尚不愧于屋漏。"故君子不动而敬，不言而信。相，去声。

《诗》，《大雅·抑》之篇。三引《诗》。相，视也。屋漏，室西北隅也。朱子曰："古人室在东南隅开门，东南隅为窔，西北隅为屋漏，西南隅为奥，人才进便先见东南隅，却到西南隅，然后始到西北隅，此是深密之地。"《曾子问》谓之"当室之白"。孙炎曰："当室，日光所漏入也。"承上文又言君子之戒谨恐惧，无时不然，不待言动而后敬信，则其为己之功益加密矣。故下文引《诗》并去声。言其效。朱子曰："潜虽伏矣，便觉有善有恶，须用察。相在尔室，只是教做存养工夫。"北溪陈氏曰："《抑》诗，即是首章戒谨其所不睹，恐惧其所不闻意。屋漏，人迹所不到之地，此处盖已之所不睹，须是真实无妄，常加戒谨恐惧，方能无愧怍，君子为己之功至此，不待于动而应事接物方始敬，盖于未应接之前无人处，已无非敬矣，不待见于发言而后信实，盖于未发言之前，本来真实，无非信矣。""此处一节密一节，首章先说戒惧，后说谨独，是从内面发出来，此处先说谨独，后说戒惧，是从外面说入。"云峰胡氏曰："上文引《诗》，但见学者

---

① 涂氏溍生：(元)涂溍生，字自昭，江西宜黄人，濂溪书院山长。著有《四书断疑》、《易义矜式》、《周易疑拟题》、《周易经疑》等。

有为己之心，此两引《诗》，方见学者有为己之学。首章言慎独，此言人之所不见，即是独，内省不疚，即是慎独。内省而少有一发之疚，则是胸中犹有可恶之恶，故必无疚，然后无恶，此为己之功也。首章言戒慎不睹，恐惧不闻，盖动则有可睹，此不动而敬，即是戒慎乎其所不睹，言则有可闻，此不言而信，即是恐惧乎其所不闻。诸家以敬信为民敬信，《章句》以为己之敬信，与下文笃恭相应，此又为己之功，益加密者也。首章先戒惧而后慎独，由静时工夫，说到吾心方动之几。此章先慎独而后戒惧，由动时工夫，说到吾心至静之极，愈静愈敬，其为己之功，可谓密矣。"东阳许氏曰："不动敬，不言信，是信敬在言动之前。"【通考】史氏伯璿曰："许氏云：尚，庶几也，戒辞也。屋漏，室西北隅。上为圆窍以通明，则其下反暗，人处其地，则非独人不见己分晓，自视其身尚不分晓，以譬君子，不但于人所不知、己所独知之地而慎之，于己所不知之地亦所当慎。按，此发得己所不知之意分晓，愚窃以为首章以隐、微并言，隐是幽暗之中，微是细微之事，唯幽暗之中有细微之事，故有所谓独，此处说不愧屋漏，则屋漏但是幽暗之中，未有所谓细微之事，故但为己所不知之地，能不愧于此，即戒惧不睹不闻之谓也。"

《诗》曰："奏假无言，时靡有争。"是故君子不赏而民劝，不怒而民威于𫓧钺。假，格同。𫓧，音夫。

《诗》，《商颂·烈祖》之篇。四引《诗》。奏，进也。承上文而遂及其效，言进而感格于神明之际，极其诚敬，无有言说而人自化之也。威，畏也。𫓧，莝音剉。斫刀也。钺，斧也。新安陈氏曰："其所以感人动物，不待赏而民自劝，不待怒而民自畏者，以其自修有谨独戒惧之本也。"

《诗》曰："不显惟德！百辟其刑之。"是故君子笃恭而天下平。

《诗》，《周颂·烈文》之篇。五引《诗》。不显，说见形甸反。二十六章，言岂不显也。此借引以为幽深玄远之意。以为真幽隐不显。承上文言天子有不显之德，而诸侯法之，则其德愈深而效愈远矣。朱子曰："'不显'二字，二十六章者，别无他义，故只用《诗》意。卒章所引，自章首尚絅之云，与章末无声无臭，皆有隐微深密之意，故知当别为一义，与前章不同。"笃，厚也。笃恭，言不显其敬也。陈氏曰："笃恭，是申解'不显'二字，虽无人之境亦恭，是笃厚其恭也。"东阳许氏曰："《章句》：笃恭，言不显其敬也，谓自厚于恭敬，未尝见于言动之间。"笃恭而天下平，乃圣人至德渊微，自然之应，中庸之极功也。朱子曰："此章到笃恭而天下平，已是极处结局了，所谓不显其德者，幽深玄远，无可得而形容，虽下面不大声以色，德輶如毛，皆不足以形容，直是无声无臭，到无迹之可寻，然后已。"北溪陈氏曰："笃恭，是不显惟德意。天下平，是百辟其刑意。此章至此，凡五引《诗》，一节密一节，首节说学须为己，不求人知；第二节说致谨于人所不见处；三节说致敬于己所不见处；四节说不待言说而人自化；五节说不显笃恭，其功效有自然之应，乃中庸之极功也。"云峰胡氏曰："此两引《诗》，承上文不动而敬，不言而信而极其效也。惟其不言亦信，所以无言而人自信之，有不待赏罚而化者；惟其不动亦敬，故笃恭不显其敬也。而天下自平。笃恭而天下平，即首章致中和而天地位、万物育也。特首章是致其中而后致其和，此之谓笃恭者，已致其和而益致其中也，为己之功愈密，则德愈深，而效愈远如此。夫德显而百辟刑之，宜也，不显而天下自平，其妙殆有不可测者。要之，中者性之德，不显之德，即未发之中。戒慎恐惧，是于喜怒哀乐未发之时而敬也，此时而敬，是不显其敬，此所以为至德之渊微，而有自然之应也。”新安陈氏曰：“不显笃恭，实原于尚絅暗然与慎独戒惧深密之功。下文更三引《诗》，不过形容此不显笃恭之妙而已。”【通考】东阳许氏曰：“不显有二义：一谓无迹可寻而不显著，一谓不发扬。二说俱存，其义始备。笃恭而天下平，即垂拱而天下治之意，其功效至此已尽。下段只是形容不显之妙。《章句》笃恭言不显其敬，谓自厚于恭敬，未尝见于言动之间。”史氏伯璿曰：“按《章句》于此四节，皆以‘承上文’言之，则似饶氏前节致验承前节工夫，后节效验承后节工夫之说，疑于两两隔越，不见章章各自相承之意，而通说似乎可取。但《章句》于‘相在尔室’节云‘则其为己之功，益加密矣’，则是潜伏孔昭之诗，为己之功，犹未如此之密也。于‘不显笃恭’节云‘则其德愈深而效愈远矣’，则似奏假无言之诗，德犹未如此之深，效犹未如此之远也。其意若曰：有前二节工夫，则有后二节效验。工夫已密慎独，而加密戒惧，故效验已远奏假靡争，而愈远‘笃恭天下平’，惟通以为己之功加密，与‘德愈深而效愈远’二句，以为此章对首章而发，故以此二节效验皆承‘不动’之言意而分。殊不思奏假靡争，为笃恭天下平之效，分明一浅一深；不动不言，同为戒惧之事。若如此分，则不言之效浅，不动之效深，恐无此理。况经文先不动，后不言，通乃倒置其序，以为此二节相承之次，可乎？天下固无能慎独而不能戒惧，有靡争之效而不能致天下平之理。但此章自下学为己谨独之事，推而言之以驯致乎笃恭而天下平之盛，则说工夫自当自疏而密，说效验自当自当自浅而深。虽有渐次，正不害其为有则俱有也。然则双峰之说，似乎得《章句》之旨，《通考》分二节，效验承不言不动之意，固支离而不可晓。若以此章对首章，为工夫疏密效验远近之说，如所谓首章是致中而后致和，笃恭是已致和而盖致中之云，则是天下真有两等戒惧慎独工夫。首章末章互有先后，果是二时做工夫先后如此不同耶？殊不思戒惧只是一样戒惧，慎独只是一样慎独，特君子无时不戒惧，亦无时不慎独。谓先戒惧而后慎独，则戒惧之前又未尝不慎独，慎独之后亦未尝不戒惧也。盖动即慎独，静即戒惧，动静无端，故立言之序互有先后，无所不可耳。”黄氏洵饶曰：“上五条《诗》始学成德疏密浅深之序，下三条《诗》赞不显惟德功效。《大学》始于格物、致知、诚意、正心、修身，而卒归于天下平。《中庸》始于戒惧、慎独，而卒归于笃恭而天下平。”

《诗》云：“予怀明德，不大声以色。”子曰：“声色之于以化民，末也。”《诗》曰：“德輶如毛。”毛犹有伦。“上天之载，无声无臭”，至矣！ 輶，由、酉二音。

《诗》，《大雅·皇矣》之篇。六引《诗》。引之以明上文所谓不显之德者，正以其不大声与色也。古“以”、“与”字通用。又引孔子之言，以为声色乃化民之末务①，今但言不大之而已，则犹有声色者存，是未足以形容不显之妙。不若《烝民》之诗所言“德輶

① 声色乃化民之末务：声音与脸色是教化民众的辅助手段。

如毛”，七引《诗》。輶，轻也。则庶乎可以形容矣，而又自以为谓之毛，则犹有可比者，伦比也。是亦未尽其妙。不若《文王》之诗所言“上天之事，无声无臭”，八引《诗》。然后乃为不显之至耳。盖声臭有气无形，在物最为微妙，而犹曰无之，故惟此可以形容不显笃恭之妙。非此德之外，又别有是三等，然后为至也。朱子曰：“无声无臭，本是说天道，彼其所引《诗》自说须是仪刑文王，然后万邦作孚，诗人意初不在无声无臭上也。《中庸》引之以结《中庸》之义，尝细推之，盖其意自言谨独以修德。至《诗》曰不显惟德，百辟其刑之，乃笃恭而天下平也。后面节节赞叹其德如此。故至予怀明德，以至德輶如毛，毛犹有伦，上天之载，无声无臭至矣。盖言夫德之至而微妙之极，难为形容如此，今为学之始，未知所有，而遂欲一蹴至此，吾见其倒置而终身迷乱矣。”“此章八引《诗》，一步退似一步，都用那般不言不动不显不大底字，直说到无声无臭，则至矣。”“自‘衣锦尚䌹’以下，皆只暗暗地做工夫去，然此理自掩蔽不得，故曰‘暗然而日章’。小人未曾做得，已报得满地人知，故曰‘的然而日亡’。‘澹而不厌，简而文，温而理’，皆是收敛近里。知远之近，知风之自，知微之显，一句紧一句，学者能如此收敛，虽未可便谓之德，亦可以入德矣。其下方言‘不愧屋漏’，方能以慎独涵养，其曰‘不动而敬，不言而信’，盖不动不言时，已是敬信底人了。三引《诗》‘不显惟德’，‘予怀明德’，‘德輶如毛’言之。一章之中，皆只是发明个‘德’字，然所谓德者，实无形状，故以无声无臭终之。”“首章是自里说出外面，盖自天命之性，说到天地位万物育处，末章却自外面一节收敛入一节，直约到里面无声无臭处，此与首章实相表里也。”双峰饶氏曰：“上天之载，无声无臭，此便是未发之中，便是天命之性，盖一篇之归宿也。”王氏曰：“此章是结尾，举一篇工夫之要，约而言之，所谓藏于密者也。”云峰胡氏曰：“此章当作四节看，节节意相承。第一节，承上章极致之言，恐学者骛于高远，引‘尚䌹’之诗，言下学立心之始，结之以知微之显；第二节，承‘知微之显’之语，引‘潜虽伏矣，亦孔之昭’以实之，自慎独说归戒慎恐惧，而结之以不动而敬，不言而信；第三节，承不动不言之语，引《诗》云‘无言’、‘不显’以极其效如此；第四节，承不显之语，三引《诗》，至于‘无声无臭’，以形容不显之妙至如此。朱子又恐学者因无声无臭之语，而又骛于高远也，故结之曰：‘非此德之外，有此三等，然后为至也。’盖所引之诗，似有等级然，其妙非杳冥昏默之谓，非虚无寂灭之谓也，故必提起‘德’之一字言之。首章曰道，此章曰德，‘道’字说得广阔，‘德’字说得亲切。德者，得此道于心者也。首章开端一‘天’字，原其所自也。此道之在我者，无不本诸天也。此章结末一‘天’字，要其所成也。德之成，则能不失其道之在我而本诸天者也，至此则我本于天，天备于我，又不过即其初天命之性耳。是无声无臭之天，即吾不显之德，而不显之德，即吾浑然未发之中者也。子思子首章独提此一‘中’字，即周子所谓无极而太极也，末又约而归之于此，即周子所谓太极本无极也。子思始引夫子之言，曰中庸之德其至矣乎，众人之所可至也。此言中庸之极功，故以不显之德赞其至，圣人之所独至也。然圣人之所以为德之至者，不过敬之至而已。敬者，圣学之所以成始而成终也，故此书以慎独戒惧始终焉。”【通考】东阳许氏曰：“以无声臭形容不显之妙，则圣人之道几于虚无，而曰‘上天之事’，此所以为圣人之道也。君子惟能慎独，又于不睹不闻而戒惧，不使心之所存所发，有一毫不诚，久而此心浑然天理，人莫之知，但见其应事接物，从容中道，与天为一耳，则不显之妙也，此所谓圣而不可知之谓神也。”又曰：“《诗》中言天之道无声无臭，《中庸》则言德之无声无臭也。德本不可以声臭言，此但言无之极耳。然上天之事无声臭，圣人之德亦如之，圣人即天也，则此一句亦不是虚引。”史氏伯璿曰：“载之训事，事犹道也，不过言天道之妙，无声臭之可听闻耳。事岂有所作为之谓哉？唯定宇以文害辞，以辞害志，故有未的当之疑耳。如邵说，则天未是道，道是天之所载也，不曰天专言之则道乎？如定宇之云，则天道始然而终不然也，不几于道在太极之先之误乎！”朱氏公迁曰：“此持敬之功该动静，贯始终，兼入德成德功夫效验而言之。《中庸》首末两章不同，先言存养是体道之功，先言省察是入德之序，一则由体以及用，一则敛费而归隐也。《大学》诚意专欲审夫实与不实之几，故以省察为主焉。然涵养用敬，已在致知之前矣。”

右第三十三章。子思因前章极致之言，反求其本，复自下学为己谨独之事，推而言之，以驯致乎笃恭而天下平之盛①。又赞其妙，至于无声无臭而后已焉。盖举一篇之要而约言之，其反复芳复反。丁宁示人之意，至深切矣，学者其可不尽心乎！黄氏曰：“《中庸》始言戒惧谨独，次言知仁勇，终之以诚，此数字括尽千古圣人教人之指。先师曰《中庸》说下学处少，说上达处多。然说下学处虽少而甚切。如二十章明善诚身、择善固执一段，与二十七章‘尊德性、道问学’一段，无非提纲挈领，切要之言也。说上达处虽多，亦岂涣散无统、玄妙不可究诘之论哉？学者果能字字审察，句句精研，章章融会，由下学而上达焉，则程子所谓始言一理，中散为万事，末复合为一理者，见其理皆实理而为事之体，非高虚也，事皆实事而为理之用，非粗浅也。所谓其味无穷皆实学者，的非虚言矣。童而习之，今犹有白首纷如之叹。吁！岂易言哉？”云峰胡氏曰：“右须看‘极致’‘驯致’四字。极致者，上达之事也；驯致者，下学而上达之事也。天理不离乎人事，下学人事，即所以上达天理，虽其妙至于无声无臭，然其本皆实学也。朱子教人之深意，备见于篇首所采子程子之语及此篇末之语，学者当合始终而参玩之，以求无负于朱子之教云。”新安倪氏曰：“按饶氏以此章为第六大节。”【通考】黄氏洵饶曰：“此章凡八引《诗》，自为一支。首章之略，散为三十二章之详，括尽于末章之略。此无节解之一支。韩先生谓末章当自为一支，《章句》于本章之下注作大字书，意亦可见。”史氏伯璿曰：“右一章是为第五节。”

① 驯致：亦作“驯至”。逐渐达到，逐渐招致。

中庸或问

中庸或问卷上

或问：名篇之义，程子专以不偏为言，吕氏专以无过不及为说，二者固不同矣，子乃合而言之，何也？曰：中，一名而有二义，程子固言之矣。今以其说推之，不偏不倚云者，程子所谓在中之义，朱子曰：“在中，是言在里面底道理。未动时恰好处，才发时，不偏于喜，则偏于怒，不得谓之在中矣。非以‘在中’释‘中’字。”未发之前无所偏倚之名也；无过不及者，程子所谓中之道也，道以由行之用言。见形甸反。诸行事各得其中之名也。盖不偏不倚，犹立而不近四旁，心之体、地之中也。无过不及，犹行而不先不后，理之当、去声，下有“当”同。事之中也。故于未发之大本，则取不偏不倚之名；于已发而时中，则取无过不及之义，语固各有当也。然方其未发，虽未有无过不及之可名，而所以为无过不及之本体，实在于是；及其发而得中也，虽其所主不能不偏于一事，然其所以无过不及者，是乃无偏倚者之所为，而于一事之中，亦未尝有所偏倚也。新安陈氏曰：“此以不偏不倚与无过不及，交互发明，以见非截然而二。”故程子又曰：“言和，则中在其中；言中，则含喜怒哀乐在其中。”而吕氏亦云：“当其未发，此心至虚，无所偏倚，故谓之中；以此心而应万事之变，无往而非中矣。”是则二义虽殊，而实相为体用，此愚于名篇之义，所以不得取此而遗彼也。朱子曰：“未发之中是体，已发之中是用。”格庵赵氏曰：“未发之中，只可言不偏不倚，却下不得‘过不及’字。及发出来，此事合当如此，彼事合当如彼，方有个恰好准则，无大过不及处。”〇曰：“庸”字之义，程子以不易言之，而子以为平常，何也？曰：唯其平常，故可常而不可易，若惊世骇俗之事，则可暂而不得为常矣。二说虽殊，其致一也。但谓之不易，则必要平声。于久而后见，不若谓之平常，则直验于今之无所诡古委反。异，而其常久而不可易者可兼举也。朱子曰：“譬之饮食，五谷是常，自不可易，若珍异不常得之物，则可暂一食，焉能久乎？”北溪陈氏曰：“程子以不易解‘庸’字，亦是谓万古常然而不可易，但其义未尽，不若平常字最亲切，可包得‘不易’字。盖天下事物之理，惟平常然后可以常而不易，若怪异之事，人所罕见，但可暂而不可常耳。平常不易，本作一意看。”况中庸之云，上与高明为对，而下与无忌惮者相反，新安陈氏曰：“极高明而道中庸，是中庸与高明对。君子中庸，小人无忌惮者反中庸。”其曰庸德之行，庸言之谨，又以见形甸反。夫音扶。虽细微而不敢忽，则其名篇之义，以不易而为言者，又孰若平常之为切乎！曰：然则所谓平常，将不为浅近苟且之云乎？曰：不然也。所谓平常，亦曰事理之当然；而无所诡异云尔，是固非有甚高难行之事，而亦岂同流合污音乌。之谓哉！既曰当然，则自君臣父子、日用之常，推而至于尧、舜之禅时战反。授①，汤、武之放伐②，其变无穷，亦无适而非平常矣。朱子曰：“中庸只是一个道理，以其不偏不倚，故谓之中；以其不差异可常行，故谓之庸。未有中而不庸者，亦未有庸而不中者。惟中，故平常。”问：“尧舜禅授、汤武放伐，皆圣人非常之变，而谓之平常，何也？”曰：“尧舜禅授、汤武放伐，虽其事异常，然皆是合当如此，便只是常事，如伊川说‘经’、‘权’字，合权处便即是经。”〇曰：此篇首章先明中和之义，次章乃及中庸之说，至其名篇，乃不曰中和，而曰中庸者，何哉？曰：中和之中，其义虽精，新安陈氏曰：“未发之中，乃古人所未言之精义。”而中庸之中，实兼体用。且其所谓庸者，又有平常之意焉，则比之中和，其所该者尤广，而于一篇大指，精粗本末，无所不尽，此其所以不曰中和，而曰中庸也。朱子曰：“中庸该得中和之义，庸是见于事，和是发于心，庸该得和。”“以性情言之，谓之中和；以理言之，谓之中庸。其实一也。”〇曰：张子之言如何？张子曰：“学者如中庸文字辈，直须句句理会过，使其言互相发明。”曰：其曰须句句理会，使其言互相发明者，真读书之要法，不但可施于此篇也。〇曰：吕氏为己为人之说，如何？为，并去声，下“为人”同。蓝田吕氏曰③：“为己者，心存乎德行而无意乎功名；为人者，心存乎功名而未及乎德行。若后世有未及乎为人，而济其私欲者，今学圣人之道，而先以私欲害之，则语之而不入，导之而不行，教之者亦何望哉？圣人之学，不使人过，不使人不及，立喜怒哀乐未发之中以为之本，使学者择善而固执之，其学固有序矣。学者盍亦用心于此乎？用心于此，则义理必明，德行必修，与夫自轻其身、涉猎无本、徼幸一旦之利者，果何如哉？”曰：为人者，程子以为欲见知于人者，是也。吕氏以志于功名言之，而谓今之学者未及乎此，则是以为人为及物之事；而涉猎侥幸，以求济其私者，又下此一等也。殊不知夫子所谓为人者，正指此下等人尔。若曰未能成己，而遽欲成物，此特可坐去声。以不能知所先后之罪，原其设心，犹爱而公，视彼欲求人知以济一己之私而后学者，不可同日语矣。至其所谓立喜怒哀乐未发之中，以为之本，使学者择善而固执之者，亦曰欲使学者务先存养，以为穷理之地耳。而语之未莹，乌定反，洁也。乃似圣人强上声。立此中以为大本，使人以是为准而取中焉，则中者，岂圣人之所强立，而未发之际，亦岂容学者有所择取于其间哉！但其全章大指，

① 禅授：犹禅让。

② 放伐：语本《孟子·梁惠王下》：“齐宣王问曰：‘汤放桀，武王伐纣，有诸？’”指以武力讨伐并放逐暴虐的君主。

③ 蓝田吕氏：吕大临。

则有以切中去声。今时学者之病，览者诚能三复而致思焉，亦可以感悟而兴起矣。

或问："天命之谓性，率性之谓道，修道之谓教。"何也？曰：此先明性、道、教之所以名，以见形甸切。其本皆出乎天，而实不外于我也。天命之谓性，言天之所以命乎人者，是则人之所以为性也。盖天之所以赋与万物而不能自已者，命也；吾之得乎是命以生而莫非全体者，性也。朱子曰："天之生此人，如朝廷之命此官，人之有此性，如官之有此职。"格庵赵氏曰："天于赋予处，周流而不已，斯之谓命；人于禀受处，该全而不偏，斯之谓性。"故以命言之，则曰元、亨、利、贞，而四时五行①，庶类万化②，莫不由是而出；以性言之，则曰仁、义、礼、智，而四端五典③，万物万事之理，无不统于其间。黄氏曰："在天为元亨利贞，在人为仁义礼智，特殊其名以别天人之分耳。""天地而非元亨利贞，不能以行四时、生万物，人而非仁义礼智，又何以充四端、制万事哉?"北溪陈氏曰："若就造化论，则天命之大目，只是元亨利贞，此四者就气上论也得，就理上论也得。就气上论，则物之初生为元，于时为春；物之发达为亨，于时为夏；物之成就为利，于时为秋；物之敛藏为贞，于时为冬。贞者，正而固也，自其生意之已定者而言，故谓之正。自其敛藏者而言，故谓之固。就理上论，则元者生理之始，亨者生理之通，利者生理之遂，贞者生理之固。人性之大目，只是仁义礼智四者而已。得天命之元，在我谓之仁；得天命之亨，在我谓之礼；得天命之利，在我谓之义；得天命之贞，在我谓之智。人性之有仁义礼智，只是天地元亨利贞之理，真实一致，非引而譬之也。"盖在天在人，虽有性命之分，而其理则未尝不一；在人在物，虽有气禀之异，而其理则未尝不同。此吾之性，所以纯粹至善，而非若荀、扬、韩子之所云也④。荀子论性，详见《孟子·告子篇》集注。朱子曰："论万物之一原，则理同而气异。"北溪陈氏曰："性与命本非二物，在天谓之命，在人谓之性。"又曰："性命只是一个道理，不分看，则不分晓；不合看，又离了不相干涉。须是就浑然一理中，看得界分不相乱。"率性之谓道，言循其所得乎天以生者，则事事物物，莫不自然，各有当行之路，是则所谓道也。盖天命之性，仁、义、礼、智而已。循其仁之性，则自父子之亲，以至于仁民爱物，皆道也；循其义之性，则自君臣之分，扶问反，以至于敬长上声。尊贤，亦道也；循其礼之性，则恭敬辞让之节文，皆道也；循其智之性，则是非邪正之分别，彼列反，下"有别"同，亦道也。盖所谓性者，无一理之不具，故所谓道者，不待外求而无所不备。此言性与道之全体。所谓性者，无一物之不得，故所谓道者，不假人为而无所不周。此言性与道之大用。虽鸟兽草木之生，仅得形气之偏，而不能有以通贯乎全体，然

---

① 四时五行：四时：四季，即春夏秋冬。五行：水、火、木、金、土，我国古代称构成各种物质的五种元素，古人常以此说明宇宙万物的起源和变化。

② 庶类万化：自然界的万事万物。庶类：万物、万类。万化：万事万物，大自然。

③ 四端五典：四端：即仁义礼智。五典：《书·舜典》："慎徽五典，五典克从。"孔传："五典，五常之教。父义、母慈、兄友、弟恭、子孝。"此指"亲、义、别、序、信"五种伦理道德。

④ 荀、扬、韩子：荀子、扬雄、韩愈。

其知觉运动，荣悴秦醉反。开落①，亦皆循其性而各有自然之理焉。至于虎狼之父子，仁。蜂蚁之君臣，义。豺床皆反。獭他达反。之报本，礼。雎七余反。鸠之有别，智。则其形气之所偏，又反有以存其义理之所得，《庄子·天运篇》：商太宰荡问仁于庄子。庄子曰："虎狼仁也。"曰："何谓也?"庄子曰："父子相亲，何为不仁。"《化书》曰："蜂有君，礼也……蝼蚁之有君也，一拳之宫，与众处之；一块之台，与众临之；一粒之食，与众蓄之；一虫之肉，与众咂之；一罪无疑，与众戮之。"《礼记·月令》：季秋之月，豺乃祭兽戮禽；孟春之月，鱼上冰，獭祭鱼。《诗传》云："雎鸠，水鸟，今江淮间有之。生有定偶，而不相乱。偶常并游，而不相狎。故《毛传》以为挚而有别。'挚'字与'至'通，言其情意深至也。"尤可以见天命之本然，初无间去声。隔，而所谓道者，亦未尝不在是也。是岂有待于人为，而亦岂人之所得为哉！朱子曰："性是体，道是用，道便是里面做出底道理。"问："鸟兽亦有知觉，但他知觉有通塞，草木亦有知觉否?"曰："亦有。如一盆花得些水浇灌便敷荣，若摧折他便枯悴，谓之无知觉可乎?周茂叔窗前草不除去，云与自家意思一般，便是有知觉。只是鸟兽底知觉，不如人底，草木底知觉，又不如鸟兽底。"问："虎狼蜂蚁之类，虽得其一偏，然彻头彻尾，得义理之正，人合下具此天命之全体，而为物欲气禀所昏，反不能如物之能通其一处而全尽，何也?"曰："只有这一处通，便却专。人却事事理会得些，便却泛泛，所以易昏。"潜室陈氏曰："飞潜动植，各一其性，而不可换，便是率处。若飞者潜之，动者植之，即是违其性，非物之所谓率性矣。"修道之谓教，言圣人因是道而品节之，以立法垂训于天下，是则所谓教也。盖天命之性，率性之道，皆理之自然，而人物之所同得者也。人虽得其形气之正，然其清浊厚薄之禀，亦有不能不异者，是以贤知去声。者或失之过，愚不肖者或不能及，而得于此者，亦或不能无失于彼。是以私意人欲或生其间，而于所谓性者，不免有所昏蔽错杂，昏蔽其天理，错杂以人欲。而无以全其所受之正；性有不全，则于所谓道者，因亦有所乖戾舛尺浅反。逆②，而无以适乎所行之宜。惟圣人之心，清明纯粹③，清明以气言，纯粹以质言。天理浑上声。然，无所亏阙，故能因其道之所在，而为之品节防范，以立教于天下，使夫音扶。下同。过不及者，有以取中焉。盖有以辨其亲疏之杀，所戒反④。而使之各尽其情，则仁之为教立矣；有以别彼列反。下同。其贵贱之等，而使之各尽其分，扶问反。则义之为教行矣；为之制度文为，使之有以守而不失，则礼之为教得矣；为之开导禁止，使之有以别而不差，则知去声，下"无知"同。之为教明矣。夫如是，是以人无知愚，事无大小，皆得有所持循据守，以去上声。其人欲之私，而复乎天理之正。推而至于天下之物，则亦顺其所欲，违其所恶，去声。因其材质之宜以致其用，制其取用之节以遂其生，皆有政事之施焉。此则圣人所以

① 荣悴：荣枯。悴：枯萎，憔悴。
② 舛逆：颠倒，悖逆。舛：相违背。
③ 清明：神志清晰，清察明审。
④ 杀：等差。

财成天地之道，而致其弥缝辅赞之功，然亦未始外乎人之所受乎天者而强上声。为之也。陈氏曰："因人生气质之异，而有过不及之差，故于性有昏蔽而不能全，而所谓道者亦乖戾而失其本然也。圣人清明纯粹，见理分明，故因其性之自然者，为之品节而归之中，使无过不及，以为天下后世法，使万世皆得以通行，是谓之教。""辨其亲疏之杀，如为之立五服，自斩衰至缌麻之类；别其贵贱之等，如为之立君臣上下长幼之序；为之制度文为，如三千三百之仪，轻重疏密，各有等级之不同；为之开导禁止，如司徒教民以任恤睦姻之行，及纠民以不孝不弟之刑。因其材质之宜，制其取用之节，如教人春耕夏耘、秋敛冬藏，穿牛鼻、络马首之类。"子思以是三言著于篇首，虽曰姑以释夫三者之名义，然学者能因其所指，而反身以验之，则其所知，岂独名义之间而已哉！盖有得乎天命之说，则知天之所以与我者，无一理之不备，而释氏之所谓"空"者非性矣；有以得乎率性之说，则知我之所得乎天者，无一物之不该，而老氏之所谓"无"者非道矣；有以得乎修道之说，则知圣人之所以教我者，莫非因其所固有而去上声。其所本无，背音佩。其所至难而从其所甚易，去声，新安陈氏曰："所固有，谓道；所本无，谓私欲；所至难，谓异端之空寂；所甚易，谓吾道之教。"而凡世儒之训诂词章①，管商之权谋功利②，老佛之清净寂灭，与夫百家众技之支离偏曲，皆非所以为教矣。陈氏曰："释氏以空为宗，以未有天地之先为吾真体，以天地万物皆为幻，人事都为粗迹，尽欲屏除了，一归于真空。老氏以无为宗，以道为超乎天地形器之外，如云道在太极之先，却是说未有天地万物之初，有个虚空道理，都与人物不相干涉，不知道只是人事之理耳。"又曰："老氏清虚厌事；释氏屏弃人事；世儒或训诂解析而理不明，或词章缀辑而义不通；管商功利之徒，虽做得事业，亦只是权谋智术之私，而非胸中义理去做：皆非所谓教矣。"西山真氏曰："朱子论性道教，皆必曰仁义礼智，其视佛老以空寂为性，以虚无为道，管商以刑名功利为教者，真妄是非，不辨而明矣。"由是以往，因其所固有之不可昧者，而益致其学问思辨之功；因其所甚易之不能已者，而益致其持守推行之力，朱子曰："因其所固有，谓今人把学问来做外面添底事看了，圣贤千言万语，只是使人反其固有而复其性耳。因其所甚易，是日用常行合做底道理，是不可已者，非空守着这一个物性。"新安陈氏曰："学问思辨，致知之事也；持守推行，力行之事也。"则夫天命之性，率性之道，岂不昭然日用之间，而修道之教，又将由我而后立矣。〇曰：率性、修道之说不同，孰为是耶？曰：程子之论率性，正就私意人欲未萌之处，指其自然发见形甸反。下同。各有条理者而言，以见道之所以得名，非指修为而言也。程子曰："生之谓性，人生而静以上不容说，才说性时，便已不是性也。此理天命也，顺而循之则道也。"又曰："天降是于下，万物流形、各正性命者，是所谓性也，循其性是所谓道也。此亦通人物而言，循性者，马则为马之性，又不做牛底性；牛则为牛底性，又不做

---

① 训诂：解释古书字义。《汉书·扬雄传》："雄少而好学，不为章句，训诂通而已，博览无所不见。"

② 管、商：管仲和商鞅的并称。两人分别为春秋和战国时期的重要政治家。

马底性。此所谓率性也。”朱子曰：“程子说人生而静以上，是人物未生时，只可谓之理，未可名为性。所谓在天曰命也，才说性时便是人生以后，此理已堕在形气之中，不全是性之本体矣。所谓在人曰性也。程子说，物物皆有个道理，即此便是道。循性者，是循其理之自然。”“道是性中分派条理，随分派条理去，皆是道也。”吕氏“良心之发”以下，至“安能致是”一节，亦甚精密，但谓人受天地之中以生，而梏于形体，又为私意小知去声。所挠，故与天地不相似而发不中去声，下并同。节，必有以不失其所受乎天者，然后为道，则所谓道者，又在修为之后，而反由教以得之，非复扶又反，又也。后不及音者，宜以意推之。子思、程子所指人欲未萌自然发见之意矣。蓝田吕氏曰：“性与天道，本无有异，但人虽受天地之中以生，而梏于蕞尔之形体①，常有私意小智，挠乎其间，故与天地不相似，所发遂至乎出入不齐，而不中节，如使所得于天者不丧，则何患乎不中节乎？故良心所发莫非道也。在我者，恻隐、羞恶、辞逊、是非，皆道也；在彼者，君臣、父子、夫妇、昆弟、朋友之交，亦道也。在物之分，则有彼我之殊；在性之分，则合乎内外一体而已。是皆人心所同然，乃吾性之所固有，随喜怒哀乐之所发，则爱必有差等，敬必有节文。所感重者，其应也亦重；所感轻者，其应也亦轻。自斩至缌，丧服异等，而九族之情无所憾；自王公至皂隶，仪章异制，而上下之分莫敢争。非出于性之所有，安能致是乎？”朱子曰：“只是随性去，皆是道。吕氏说以人行道，若然，则未行之前，便不是道乎？”潜室陈氏曰：“吕氏只就人性起，盖不见天地大化，故其说性、说道、说教，皆不周普流通，此朱子所以不取。”游氏所谓“无容私焉则道在我”，杨氏所谓“率之而已”者②，似亦皆有吕氏之病也。广平游氏曰：“天之命万物者，道也，而性者具道以生也。因其性之固然而无容私焉，则道在我矣；若出于人为，则非道矣。”龟山杨氏曰：“性，天命也；命，天理也；道则性命之理而已。谓性有不善者，诬天也。性无不善，则不可加损也，无俟乎修焉，率之而已。”至于修道，则程子“养之以福”、“修而求复”如字。之云，却似未合子思本文之意，程子曰：“民受天地之中以生，天命之谓性也，人之生也直，意亦如此。若以生为生养之生，却是修道之谓教也。至下文，始自云能者养之以福，不能败以取祸。”又曰：“修道之谓教，此则专在人事，以失其本性，故修而求复之，则入于学。若元不失，则何修之有？”独其一条所谓“循此修之，各得其分”，扶问反。而引舜事以通结之者，为得其旨，故其门人亦多祖之，但所引舜事，或非《论语》本文之意耳。程子曰：“循此而修之，各得其分，则教也。自天命以至于教，我无加损焉，此舜有天下而不与焉者也。”朱子曰：“修道虽以人事言，然其所以修之者，莫非天命之本然，非人私智所能为也。然非圣人有不能尽，故程子以舜事明之。”陵阳李氏曰③：“此又自其性之本然者，而推言之，所引《论语》，虽非本文之意，大率以为一循其本然，非私智所能与耳。”吕氏所谓先王制礼，达之天

① 蕞尔：形容小。《左传·昭公七年》：“郑虽无腆，抑谚曰‘蕞尔国’，而三世执其政柄。”
② 杨氏：杨时。
③ 陵阳李氏：李道传，字贯之，陵阳人。见前揭李道传注。

下，传之后世者，得之。但其本说率性之道处已失其指，而于此又推本之，以为率性而行，虽已中节，而所禀不能无过不及，若能心诚求之，自然不中不远，但欲达之天下，传之后世，所以又当修道而立教焉，则为太繁复音福。而失本文之意耳。蓝田吕氏曰："循性而行，无物挠之，虽无不中节者，然以禀于天者，不能无厚薄昏明，则应于物者，亦不能无小过小不及，故品节斯，斯之谓礼。闵子除丧而见孔子，予之琴而弹之，切切而言曰：'先王制礼，不敢过也。'子夏除丧而见孔子，予之琴而弹之，侃侃而言曰：'先王制礼，不敢不及也。'故心诚求之，虽不中，不远矣。然将达之天下，传之后世，虑其所终，稽其所敝，则其小过不及者，不可以不修，此先王所以制礼。"改本又以时位不同为言，似亦不亲切也。蓝田吕氏改本云："道之在人，有时与位之不同，必欲为法于后世，不可不修。"〇曰：杨氏所论王氏之失，如何？龟山杨氏曰："临川王氏云：'天使我有是之谓命，命之在我之谓性。'是未知性命之理。其曰'使我'，正所谓使然也。使然者，可以为命乎？以命在我为性，则命自一物，若《中庸》言天命之谓性，性即天命也，又岂二物哉？如云在天为命，在人为性，此语似无病，然亦不须如此说。性命初无二理，第所由之者异耳。率性之谓道，如《易》所谓圣人之作《易》，将以顺性命之理是也。"曰：王氏之言，固为多病，然此所云"天使我有是"者，犹曰"上帝降衷"云尔①，岂真以为有或使之者哉？其曰在天为命，在人为性，则程子亦云，而杨氏又自言之，盖无悖于理者。今乃指为王氏之失，不惟似同浴而讥裸鲁果反。裎，音呈②。亦近于意有不平，而反为至公之累矣。且以率性之道为顺性命之理，文意亦不相似。若游氏以遁天倍音佩。情为非性③，广平游氏曰："惟皇上帝，降衷于下民，则天命也。若遁天倍情，则非性矣。"则又不若杨氏人欲非性之云也。龟山杨氏曰："天命之谓性，人欲非性也。"〇曰：然则吕、游、杨、侯四子之说孰优④？曰：此非后学之所敢言也。但以程子之言论之，则于吕称其深潜缜止忍反。密，于游称其颖悟温厚，谓杨不及游而亦每称其颖悟，谓侯生之言但可隔壁听。今且熟复其言，究复下革反。其意，而以此语证之，则其高下浅深亦可见矣。过此以往，则非后学所敢言也。

或问：既曰"道也者，不可须臾离也，可离非道也，是故君子戒慎乎其所不睹，恐惧乎其所不闻"矣，而又曰"莫见乎隐，莫显乎微，故君子慎其独也"，何也？曰：此因论率性之道，以明由教而入者其始当如此，盖两事也。其先言道不可离，而君子必戒谨恐惧乎其所不睹不闻者，所以言道之无所不在，无时不然，学者当无须臾毫忽之不谨而周防之，以全其本然之体也。又言莫见乎隐，莫显乎微，而君子必慎其独者，所以言隐微之间，人所不见，而己独知之，则其事之纤悉，无不显著，又有甚于他人之知者，学

① 降衷：施善，降福，赋予善性。《书·汤诰》："惟皇上帝，降衷于下民。"孔传："衷，善也。"

② 裸裎：赤身露体。《孟子·公孙丑上》："尔为尔，我为我，虽袒裼裸裎于我侧，尔焉能浼我哉？"裎：脱衣露体。

③ 遁天倍情：谓违背天然之性而加添流俗之情。一说，违背天性与真情。倍，通"背"。

④ 侯：侯仲良，宋代学者，字师圣，程颐内弟，著有《论语说》。

者尤当随其念之方萌而致察焉，以谨其善恶之几平声。也。盖所谓道者，率性而已，性无不有，故道无不在，大而父子君臣，小而动静食息①，不假人力之为，而莫不各有当然不易之理，所谓道也。是乃天下人物之所共由，充塞先则反。天地，贯彻古今，而取诸至近，则常不外乎吾之一心。循之则治，去声。失之则乱，盖无须臾之顷可得而暂离也。若其可以暂离，而道自为道，我自为我，则是人力私智之所为者，而非率性之谓矣。圣人之所修以为教者，因其不可离者而品节之也；君子之所由以为学者，因其不可离者而持守之也。三山陈氏曰："君子必欲存养持守以保全之者，正为其不可离而去之，如饥食渴饮之不可无也。"新安陈氏曰："持守，指戒谨恐惧。"是以日用之间，须臾之顷，持守工夫一有不至，则所谓不可离者虽未尝不在我，而人欲间去声。之，则亦判然二物而不相管矣，是则虽曰有人之形，而其违禽兽也何远哉！是以君子戒慎乎其目之所不及见，恐惧乎其耳之所不及闻，瞭音了。然心目之间，去声。常若见其不可离者，而不敢有须臾之间以流于人欲之私而陷于禽兽之域。若《书》之言防怨而曰"不见形甸反。是图"，《礼》之言事亲而曰"听于无声，视于无形"，盖不待其征于色、发于声，然后有以用其力也。《五子之歌》云："一人三失，怨岂在明，不见是图。"《曲礼》曰"凡为人子者，居不主奥，坐不中席"云云。"听于无声，视于无形。"朱子曰："不见是图，既是不见，安得有图？只是要于未有兆朕、无可睹闻时，先戒惧耳。""听于无声，视于无形，只是照管所不到，念虑所不及处，正如防贼相似，须要塞其来路。"夫音扶。既已如此矣，则又以谓道固无所不在，而幽隐之间，乃他人之所不见，而己所独见；道固无时不然，而细微之事，乃他人之所不闻，而己所独闻。是皆常情所忽，以为可以欺天罔人而不必谨者，而不知吾心之灵，皎如日月，既已知之，则其毫发之间，无所潜遁，又有甚于他人之知矣。又况既有是心，藏伏之久，则其见形甸反。下以"见"同。于声音容貌之间，发于行事施为之实，必有暴著而不可掩者，又不止于念虑之差而已也！朱子曰："隐微显著，未尝有异，岂急于显而偏于独哉？盖独者至用之源，而人所易忽，于此而必谨焉，则亦无所不谨矣。"是以君子既戒惧乎耳目之所不及，则此心常明，不为物蔽，而于此尤不敢不致其谨焉，必使其几微之际，无一毫人欲之萌，而纯乎义理之发，则下学之功尽善全美，而无须臾之间去声。矣。二者相须，皆反躬为去声。己，遏人欲、存天理之实事。盖体道之功，莫有先于此者，亦莫有切于此者，故子思于此，首以为言，以见君子之学必由此而入也。朱子曰："几者动之微，是欲动未动之间。"陈氏曰："此两节是做工夫处，见得圣贤体道之功甚密。"新安陈氏曰："体道者，以身任此道，如《文言》所谓体仁。"曰：诸家之说，皆以戒慎不睹，恐惧不闻，即为谨独之意，子乃分之以为两事，无乃破碎支离之甚邪？曰：既言道不可离，则是无适而不在矣，而又言"莫见乎隐，莫显乎微"，则是要切之处，尤在于隐微也。既言戒谨不睹，恐惧不闻，则是无处而不谨矣；又言谨独，则是其所谨者尤在于独也。是固不容于不异矣，若其同为一事，则其为言，又何必若是之重平声。复音福。邪？且此书卒章"潜虽伏矣"，

---

① 食息：饮食和呼吸，意思是每时每刻。

“不愧屋漏”①，亦两言之，正与此相首尾。朱子曰：“戒惧是未有事时，相在尔室，尚不愧于屋漏。不动而敬，不言而信之时，谨独便已有形迹了。潜虽伏矣，亦孔之昭。诗人言语，只是大纲说，子思又就里面别出这话来教人，又较紧密。”陈氏曰：“‘潜虽伏矣’一节，申明首章谨独意；不愧屋漏一节，申明首章戒惧不睹不闻意。”但诸家皆不之察，独程子尝有不愧屋漏与谨独是持养气象之言②，其于二者之间，特加“与”字，是固已分为两事，而当时听者有未察耳。程子曰：“要修持他这天理则在德，须有不言而信者，言难为形状，养之则须直。‘不愧屋漏’与谨独，这是个持养底气象。”曰：子又安知不睹不闻之不为独乎？曰：其所不睹不闻者，己之所不睹不闻也，故上言道不可离，而下言君子自其平常之处无所不用其戒惧，而极言之以至于此也。独者，人之所不睹不闻也，故上言“莫见乎隐，莫显乎微”，而下言君子之所谨者，尤在于此幽隐之地也。是其语势自相唱和，去声。各有血脉，理甚分明。如曰是两条者皆为谨独之意，则是持守之功，无所施于平常之处，而专在幽隐之间也，且虽免于破碎之讥，而其繁复偏滞而无所当去声。亦甚矣。朱子曰：“‘其’之一字，便见得是说己不睹不闻处。”“不睹不闻，是提其大纲说。谨独，乃审其细微，方不睹不闻，不惟人所不知，自家亦有所未知。若所谓独，即人所不知，己所独知，极是要戒惧。自来人说不睹不闻与谨独，只是一意，无分别则便不是。戒谨不睹，恐惧不闻，非谓于睹闻之时。不戒谨也，言虽不睹不闻之际亦致其谨，则睹闻之际，其谨可知也。”陈氏曰：“莫见乎隐，莫显乎微，对道不可须臾离、可离非道句；君子必慎其独，对戒慎乎其所不睹、恐惧乎其所不闻句。惟其道不可须臾离，可离非道，所以戒慎其所不睹，恐惧其所不闻。惟其莫见乎隐，莫显乎微，所以必慎其独。”〇曰：程子所谓隐微之际，若与吕氏改本及游、杨氏不同，而子一之，何耶？曰：以理言之，则三家不若程子之尽，以心言之，则程子不若三家之密，是固若有不同者矣。然必有是理，然后有是心，有是心，而后有是理，则亦初无异指也，合而言之，亦何不可之有哉？程子曰：“人只以耳目所见闻者为显见，所不见闻者为隐微，然不知理却甚显也。且如昔人弹琴，见螳螂捕蝉，而闻者以为有杀声。杀在心，而人闻其琴而知之，岂非显乎？人有不善而自谓人不知之，然天地之理甚著，不可欺也。”蓝田吕氏曰：“此章明道之要，不可不诚，道之在我，犹饮食居处之不可去。可去皆外物也，诚以为己，故不欺其心，人心至灵，一萌之思，善与不善，莫不知之。他人虽明有所不与也，故慎其独者，知为己而已。”广平游氏曰：“人所不睹，可谓隐矣，而心独知之，不亦见乎？人所不闻，可谓微矣，而心独闻之，不亦显乎？”龟山杨氏曰：“独非交物之时，有动于中，其违未远也。虽非视听所及，而其几固已了然心目之间矣。其为显见，孰加焉？虽欲自蔽，吾谁欺，欺天乎？此君子必慎其独也。”问：“程子举弹琴杀心处，是就人知处言。吕游杨氏所说，是就己自知处言，《章句》是合二者而言否？”朱子曰：“有动于中，己固先自知，亦不能掩人之知，所谓诚之不可掩也。”问：

① 屋漏：古代室内西北隅施设小帐，安藏神主，为人所不见的地方称作“屋漏”。
② 持养：保养，养育。

“迹虽未形，几则已动，上两句是程子意；人虽不知，己独知之，下两句是游氏意否?”曰：“然。两事只是一理，几既动，则己必知之，己既知，则人必知之。”〇曰：他说如何？曰：吕氏旧本所论道不可离者得之，但专以过不及为离道，则似未尽耳。其论天地之中、性与天道一节，最其用意深处。然经文所指不睹不闻隐微之间者，乃欲使人戒惧乎此，而不使人欲之私得以萌动于其间耳；非欲使人虚空其心，反观于此，以求见夫音扶。所谓中者而遂执之，以为应事之准则也。吕氏既失其指，而所引用“不得于言”、“必有事焉”、“参前倚衡”之语①，亦非《论》、《孟》本文之意。至谓隐微之间，有昭昭而不可欺，感之而能应者，则固心之谓矣。而又曰“正惟虚心以求，则庶乎见之”，是又别以一心，而求此一心、见此一心也，岂不误之甚哉？蓝田吕氏曰：“率性之谓道，则四端之在我者，人伦之在彼者，皆吾性命之理。受乎天地之中，所以立人之道，不可须臾离也。绝类离伦，无意乎君臣父子者，过而离乎此者也；贼恩害义，不知有君臣父子者，不及而离乎此者也，虽过不及有差，而皆不可以行于世，故曰可离非道也。非道者，非天地之中而已，非天地之中，而自谓有道，惑也。”又曰：“所谓中者，性与天道也。谓之有物，则不得于言；谓之无物，则必有事焉。不得于言者，视之不见，听之不闻，无声形接乎耳目而可以道也。必有事焉者，莫见乎隐，莫显乎微，体物而不可遗者也。古之君子，立则见其参于前，在舆则见其倚于衡，是何所见乎？洋洋乎如在其上，如在其左右，是果何物乎？学者见乎此，则庶乎能择中庸而执之。隐微之间，不可求之于耳目，不可道之于言语，然有所谓昭昭而不可欺、感之而能应者。正惟虚心以求之，则庶乎见之，故曰莫见乎隐，莫显乎微。”朱子曰：“心者，人之所以主乎身者也，一而不二者也，为主而不为客者也，命物而不命于物者也。故以心观物则物之理得，今复有物以反观乎心，则是此心之外复有一心而能管乎此心也，然则所谓心者，为一耶？为二耶？为主耶？为客耶？为命物者耶？为命于物者耶？若参前倚衡之云者，则为忠信笃敬而发也。盖曰忠信笃敬，不忘乎心，则无所适而不见其在是云尔，亦非有以见其心之谓也。且身在此而心参于前，身在舆而心倚于衡，是果何理也耶?”若杨氏“无适非道”之云则善矣，然其言似亦有所未尽。盖衣食、作息、视听、举履，皆物也，其所以如此之义理准则，乃道也。若曰所谓道者，不外乎物，而人在天地之间，不能违物而独立，是以无适而不有义理之准则，不可顷刻去之而不由，则是中庸之旨也。若便指物以为道，而曰“人不能顷刻而离此，百姓特日用而不知耳”，则是不惟昧于形而上上声。下之别，笔列反。而堕于释氏“作用是性”之失，且使学者误谓道无不在，虽欲离之而不可得。吾既知之，则虽猖音昌。狂妄行，亦无适而不为道。则其为害将有不可胜平声。言者，不但文义之失而已也。龟山杨氏曰：“夫盈天地之间，孰非道乎？道而可离，则道有在矣。譬之四方有定位焉，适东则离乎西，适南则离乎北，斯则可离也。若夫无适而非道，则乌得而离耶？故寒而衣，饥而食，日出而作，晦而息，耳目之视听，手足之举

① 参前倚衡：语出《论语·卫灵公》：“立则见其参于前也，在舆则见其倚于衡也。”倚衡，靠在车前横木上。

履，无非道也，此百姓所以日用而不知。”问：“龟山言饥食渴饮、手持足行便是道。窃谓手持足履未是道，手容恭、足容重，乃是道也；目视耳听未是道，视明听聪乃是道也。或谓不然。其说云手之不可履，犹足之不可持，此是天职，率性之谓道，只循此自然之理耳。不审如何?”朱子曰：“不然。桀纣亦会手持足履、目视耳听，如何便唤做道？若便以为道，是认欲为道也。伊川云：‘夏葛冬裘、饥食渴饮，若著些私吝心，便是废天职。须看著些私吝心字。’”“衣食动作，只是物，物之理乃道，将物唤做道，则不可。且如这个椅子，有四只脚可以坐，此椅之理也。若除去一只脚，坐不得，便失其椅之理矣。形而上为道，形而下为器，就这形而下之器中，便有那形而上之道。若便将形而下之器，作形而上之道，则不可。所谓格物，便是要就这形而下之器，穷得那形而上之道理而已。饥而食，渴而饮，日出而作，日入而息，其所以饮食作息者，皆道之所在也。若便谓饮食作息者是道，则不可。与庞居士‘神通妙用、运水搬柴’之类一般，亦是此病。如徐行后长与疾行先长，都一般是行。只是徐行后长，方是道。若疾行先长，便不是道，岂可说只认得行处便是道？神通妙用、运水搬柴，须是运得水，是搬得柴，方是神通妙用。若运得不是，搬得不是，如何是神通妙用？佛家所谓作用是性，便是如此。他都不理是和非，只认得这衣食作息视听举履便是道，儒家则须是就这上寻讨道理方是道。龟山云伊尹之耕于莘野，此农夫田父之所日用者，而乐在是。如此，则世之伊尹甚多矣。龟山说话，大概有此病。”【附纂】黄氏洵饶曰：“‘而实相为体用’，即是已发之中具于不偏不倚之体，未发之中见于无过不及之用。‘其变无穷’，即中庸。‘而非平常矣’，即经也。‘猎涉徼幸’‘又下一等人’‘昏蔽错杂’，就本性说；乖戾舛逆，就所行说。学问思辨，知工夫；而益致其持守，行工夫。”〇曰：吕氏之书，今有二本，子之所谓旧本，则无疑矣。所谓改本，则陈忠肃公所谓程氏明道夫子之言而为之序者①，子于石氏《集解》虽尝辨之②，而论者犹或以为非程夫子不能及也。奈何？曰：是则愚尝闻之刘、李二先生矣③。旧本者，吕氏太学讲堂之初本也。改本者，其后所修之别本也。陈公之序，盖为传者所误而失之，及其兄孙几平声。叟具以所闻告之，然后自觉其非，则其书已行而不及改矣。近见胡仁仲所记侯师圣语④，亦与此合。盖几叟之师杨氏，实与吕氏同出程门，师圣则程子之内弟，而刘、李之于几叟，仁仲之于师圣，又皆亲见而亲闻之，是岂胸臆私见、口舌浮辩所得而夺哉！若更以其言考之，则二书详略

---

① 陈忠肃公：陈瓘（1057—1122 年，一作 1026—1126 年），字莹中，号了翁，南剑州沙县（今福建省沙县）人，登进士科，以“直谏”闻名。为太学博士，与章惇忤，不复用。曾布为相，推荐为谏官，又以为忤，出之。徽宗即位，累迁右司员外郎，出知泰州。崇宁中除名。高宗赐谥忠肃，学者称了斋先生，著有《了翁易说》、《尊尧集》等。

② 石氏《集解》：石𡼖的《〈大学〉、〈中庸〉集解》。

③ 刘、李二先生：刘勉之与李侗。刘：刘勉之（1091—1149 年），字致中，号白水，又号草堂，建州崇安人，以乡举诣太学。绍兴间召至临安，与秦桧议不合，即谢病归。学者踵至，随材施教。朱松将卒，嘱以后事，且戒其子朱熹受业。勉之教诲朱熹如子，且妻以女。年五十九卒，谥简肃。李：李侗。

④ 胡仁仲：胡宏，字仁仲，胡安国少子，学者称五峰先生。侯师圣：即侯仲良，字师圣。

虽或不同，然其语意实相表里，如人之形貌，昔腴音臾，肥也。今瘠，音夕，瘦也①。而其部位神采，初不异也，岂可不察而遽谓之两人哉？又况改本厌前之详，而有意于略，故其词虽约，而未免反有刻露峭急之病，至于词义之间，失其本指，则未能改于其旧者，尚多有之，校音教。之明道平日之言，平易去声。从七容反。容而自然精切者，又不翅通作啻，施智反。碔砆音武夫，石之次玉者。之与美玉也②。于此而犹不辨焉，则其于道之浅深，固不问而可知矣。

或问："喜怒哀乐之未发谓之中，发而皆中节谓之和。中也者，天下之大本也；和也者，天下之达道也。致中和，天地位焉，万物育焉。"何也？曰：此推本天命之性，以明由教而入者，其始之所发端，中和。终之所至极，位育。皆不外于吾心也。盖天命之性，万理具焉，喜怒哀乐，各有攸当。去声，下"其当"同。方其未发，浑然在中，浑上声，后凡言"浑然"音同。无所偏倚，故谓之中；及其发而皆得其当，无所乖戾，故谓之和。谓之中者，所以状性之德、道之体也，以其天地万物之理，无所不该，故曰天下之大本。谓之和者，所以著情之正、道之用也，以其古今人物之所共由，故曰天下之达道。盖天命之性，纯粹至善，而具于人心者，其体用之全，本皆如此，不以圣愚而有加损也。然静而不知所以存之，则天理昧而大本有所不立矣；动而不知所以节之，则人欲肆而达道有所不行矣。朱子曰："未发时，是那静有个体在里了，若静而不失其体，便是天下之大本立焉。或失其体，则大本便昏了。已发时，是那动有许多用，若动而不失其用，便是天下之达道行焉。或失其用，则达道便乖了。""大本不立，达道不行，则虽天理流行，未尝间断，而在我者，或几乎息矣。"惟君子自其不睹不闻之前，而所以戒谨恐惧者，愈严愈敬，以至于无一毫之偏倚，而守之常不失焉，则为有以致其中，而大本之立日以益固矣；尤于隐微幽独之际，而所以谨其善恶之几平声。者，愈精愈密，以至于无一毫之差谬，靡幼反。而行之每不违焉，则为有以致其和，而达道之行，日以益广矣。潜室陈氏曰："戒惧于不睹不闻时，此则未发时工夫，谨独于隐微时，此即已发时工夫。非戒惧何以见其致中？非谨独又何以为致和？血脉相承如此。"格庵赵氏曰："愈严愈敬，是自其未发之体而存养之；愈精愈密，是自其已发之用而省察之。"致者，用力推致而极其至之谓。致焉而极其至，至于静而无一息之不中，则吾心正，而天地之心亦正，故阴阳动静各止其所，而天地于此乎位矣；动而无一事之不和，则吾气顺，而天地之气亦顺，故充塞无间，去声。驩与"欢"同。欣交通③，而万物于此乎育矣。朱子曰："和则交感而万物育矣。"新安陈氏曰："中者，心之德。吾之心，通乎天地之心，正则俱正矣。吾气顺，和之验也。以吾之和气，感召天地之和气，顺则俱顺矣。"此万化之本原，一心之妙用，圣神之能事，学问之极功，新安陈氏曰："由位育推其本于致中和，故曰'万化之本原'；自致中和极其功于位育，故曰'一心之妙用'。

---

① 昔腴今瘠：昔日丰腴现在瘦弱。

② 碔砆：同"珷玞"，似玉的美石。

③ 交通：感通，感应。

究极之，惟大圣人能与于此，乃圣神之能事；降圣人一等而论之，由教而入者，果能尽致中和之工夫，则其学问之极功，亦可庶几乎此也。”固有非始学所当议者。然射者之的，行者之归，如射者志于中的，行者志于归家。亦学者立志之初所当知也。故此章虽为一篇开卷之首，然子思之言，亦必至此而后已焉，其指深矣！〇曰：然则中和果二物乎？曰：观其一体一用之名，则安得不二？察其一体一用之实，则此为彼体，彼为此用，如耳目之能视听，视听之由耳目，初非有二物也。陈氏曰：“体用未尝相离。有是体，方有是用；有是用，方见是体。”〇曰：天地位，万物育，诸家皆以其理言，子独以其事论。然则自古衰乱之世，所以病乎中和者多矣。天地之位，万物之育，岂以是而失其常邪？曰：三辰失行①，山崩川竭，则不必天翻地覆，然后为不位矣；兵乱凶荒，胎殰卵殈②，则不必人消物尽，然后为不育矣。《乐记》曰：胎生者不殰，而卵生者不殈。殰音独，内败也。殈，呼壁、况狄二反，裂也。凡若此者，岂非不中不和之所致，而又安可诬哉！今以事言者，固以为有是理而后有是事；彼以理言者，亦非以为无是事而徒有是理也。但其言之不备，有以启后学之疑，不若直以事言，而理在其中之为尽耳。曰：然则当其不位不育之时，岂无圣贤生于其世，而其所以致夫音扶。下同。中和者，乃不能有以救其一二，何耶？曰：善恶感通之理，亦及其力之所至而止耳。彼达而在上者，既曰有以病之，则夫灾异之变，又岂穷而在下者所能救也哉？但能致中和于一身，则天下虽乱，而吾身之天地万物，不害为安泰；春秋战国时之孔孟是也。其不能者，天下虽治，去声。而吾身之天地万物，不害为乖错。唐虞之四凶、有周之管蔡是也。其间一家一国，莫不皆然，此又不可不知耳。朱子曰：“尊卑上下之大分，即吾身之天地也；应变曲折之万端，即吾身之万物也。”黄氏曰：“如达而在上，固是尧舜事业。穷而在下，只如在一乡不扰，便是一乡万物育；在一家不扰，便是一家万物育。”曰：二者之为实事可也，而分中和以属焉，将不又为破碎之甚耶？曰：世固未有能致中而不足于和者，亦未有能致和而不本于中者也；未有天地已位而万物不育者，亦未有天地不位而万物自育者也。特据其效而推本其所以然，则各有所从来而不可紊耳。〇曰：子思之言中和如此，而周子之言则曰“中者，和也，中去声，后凡言“中节”音同。节也，天下之达道也③”，周子《通书》中语。乃举中而合之于和，然则又将何以为天下之大本也耶？曰：子思之所谓中，以未发而言也，周子之所谓中，以时中而言也。愚于篇首已辨之矣，学者涵泳而别笔列反。识之，见其并行而不相悖焉可也。朱子曰：“中庸之中，是兼已发而中节无过不及者得名，若不识得此理，则周子之言更解不得。”北溪陈氏曰：“未发之

---

① 三辰：指日、月、星。《左传·桓公二年》：“三辰旂旗，昭其明也。”杜预注：“三辰，日、月、星也。”

② 胎殰卵殈：胎儿死在腹中，鸟卵未孵成而开裂。《礼记·乐记》：“胎生者不殰，而卵生者不殈。”殰：胎死腹中。殈：开裂。

③ 周子：（1017—1073年）原名敦实，为避宋英宗之讳，改名敦颐，字茂叔。著《太极图说》及《通书》四十篇。采用道家学说，以太极为理，阴阳五行为气，对宋明理学影响甚大。程颢、程颐都是他的弟子。谥元公，世称濂溪先生。《宋史》载《道学传》。

中，是就性上论；已发之中，是就事上论。当喜而喜，当怒而怒，那恰好处无过不及便是中，此中即所谓和也，所以周子曰‘中也者，和也’，是指已发之中也。”〇曰：程、吕问答如何？曰：考之文集，则是其书盖不完矣。然程子初谓凡言心者，皆指已发而言，而后书乃自以为未当，去声，下“未当”同。向非吕氏问之之审，而不完之中，又失此书，则此言之未当，学者何自而知之乎？以此又知圣贤之言，固有发端而未竟者，学者尤当虚心悉意以审其归，未可执其一言而遽以为定也。蓝田吕氏问曰：“先生谓凡言心者，皆指已发而言，然则未发之前，谓之无心可乎？窃谓未发之前，心体昭昭具在，已发乃心之用也。”程子曰：“凡言心者指已发而言，此固未当。心一也，有指体而言者，寂然不动是也；有指用而言者，感而遂通天下之故是也。惟观其所见何如耳。”其说中字，因过不及而立名，又似并指时中之中，而与在中之义少异，盖未发之时，在中之义，谓之无所偏倚则可，谓之无过不及，则方此之时，未有中节不中节之可言也，无过不及之名，亦何自而立乎？又其下文，皆以不偏不倚为言，则此语者，亦或未得为定论也。蓝田吕氏曰：“中即性也。”程子曰：“中也者，所以状性之体段，犹称天圆地方，而不可谓方圆即天地。中之为义，自无过不及而立名，而指中为性，可乎？”问：“浑然在中，恐是喜怒未发，此心至虚，都无偏倚，停停当当，恰在其中间，所谓独立而不近四旁，心之体、地之中也。”朱子曰：“在中者，未动时恰好处；时中者，已动时恰好处。才发时，不偏于喜，则偏于怒，不得谓之在中矣。然只要就所偏倚一事，处之得恰好，则无过不及矣。盖无过不及，乃无偏倚者之所为，而无偏倚者，是所以能无过不及也。”“如喜而中节，便是倚于喜矣，但在喜之中，无过不及，怒哀乐亦然，故谓之和。”问：“程子曰：‘中所以状性之体段，犹天之圆、地之方也，故谓天圆地方则可，谓方圆足以尽天地则不可。’晦翁谓喜怒哀乐未发则性也，愚意亦谓性与中一物耳。自天之所命，则谓之性。自四者之未发，则谓之中。若如程子所论，岂谓性是虚物，中是着实些个，其不同或在此。”潜室陈氏曰：“四者未发，当此境界即是人生而静处，故晦翁指此为性，盖发则为情，非以中为性也。中只是状其未发之时，体段如此，若便以中为性，则是称圆为天、称方为地而可乎？”吕氏又引“允执厥中”，以明未发之旨，则程子之说《书》也，固谓允执厥中所以行之，盖其所谓中者，乃指时中之中，而非未发之中也。吕氏又谓求之喜怒哀乐未发之时，蓝田吕氏曰：“大人不失其赤子之心，乃所谓允执厥中者。”又曰：“圣人之学，以中为大本，中者无过不及之谓也，何所准则而知过不及乎？求之此心而已。此心之动，出入无时，何从而守之乎？求之喜怒哀乐未发之时而已。”则程子所以答苏季明之问，又已有既思即是已发之说矣。凡此皆其决不以吕说为然者，独不知其于此何故略无所辨，学者亦当详之，未可见其不辨，而遽以为是也。苏氏问：“于喜怒哀乐之前求中可否？”程子曰：“不可，既思于喜怒哀乐未发之前求之，又却是思也，既思即是已发，思与喜怒哀乐一般，才发谓之和，不可谓之中也。”问：“吕氏言当求于喜怒哀乐未发之前，信斯言也，恐无著落，如之何而可？”曰：“言存养于喜怒哀乐未发之时则可，若言求中于喜怒哀乐未发之前则不可。”朱子曰：“程子才思即是已发一句，能发明子思言外之意，盖言不待喜怒哀乐之发，但有所思，即是已发，此意已极精微。说到未发界，至十分尽头，不可以有加矣。”

曰：然则程子卒以赤子之心为已发，何也？曰：众人之心，莫不有未发之时，亦莫不有已发之时，不以老稚贤愚而有别笔列反。也。但孟子所指赤子之心纯一无伪者，乃因其发而后可见，若未发，则纯一无伪，又不足以名之，而亦非独赤子之心为然矣。是以程子虽改夫音扶。心皆已发之一言，而以赤子之心为已发，则不可得而改也。苏氏问：“赤子之心为已发是否？”程子曰：“已发而去道未远也。”曰：“大人不失其赤子之心，如何？”曰：“取其纯一，近道也。”蓝田吕氏曰：“喜怒哀乐之未发，则赤子之心当求其未发，此心至虚，无所偏倚，故谓之中。”程子曰：“喜怒哀乐未发谓之中；赤子之心，发而未远乎中。若便谓之中，是不识大本也。”朱子曰：“赤子之心，动静无常，非寂然不动之谓，故不可谓之中。然无营欲知巧之思，故谓未远乎中。未发之中本体自然，不须穷索。”曰：程子明镜止水之云，固以圣人之心为异乎赤子之心矣，然则此其为未发者耶？曰：圣人之心，未发则为水镜之体，既发则为水镜之用，亦非独指未发而言也。苏氏问：“赤子之心与圣人之心，如何？”程子曰：“圣人之心如明镜止水。”曰：诸说如何？曰：程子备矣，但其答苏季明之后章，记录多失本真，答问不相对值，如耳无闻目无见之答，以下文若无事时须见须闻之说参之，其误必矣。朱子曰：“子思只说喜怒哀乐，今却转向见闻上去，所以说得愈多，愈见支离纷冗，都无交涉，此乃程门请问记录者之罪也。”盖未发之时，但为未有喜怒哀乐之偏耳，若其目之有见，耳之有闻，则当愈益精明而不可乱，岂若心不在焉，而遂废耳目之用哉？苏氏问：“当中之时，耳无闻、目无见否？”程子曰：“虽耳无闻，目无见，然见闻之理在始得。”其言静时既有知觉，岂可言静，而引复以见天地之心为说，亦不可晓。盖当至静之时，但有能知觉者，而未有所知觉也。故以为静中有物则可，而便以才思即是已发为比则未可；以为坤卦纯隐而不为无阳则可，而便以复之一阳已动为比则未可也。所谓无时不中者，所谓善观者却于已发之际观之者，则语虽要切，而其文意亦不能无断续，至于动上求静之云，则问者又转而之他矣。苏氏问：“中是有时而中否？”程子曰：“何时而不中？以事言之，则有时而中；以道言之，何时而不中？”曰：“固是所为皆中，然而观于四者未发之时，静时自有一般气象，及至接事时又自别，何也？”曰：“善观者不如此，却于喜怒哀乐已发之际观之，而且说静时如何？”曰：“谓之无物则不可，然自有知觉处。”曰：“既有知觉却是动也，怎生言静？人说复其见天地之心，皆以谓至静能见天地之心，非也。复之卦下面一画，便是动也，安得谓之静？自古儒者皆言静见天地之心，惟某言动而见天地之心。”或曰：“莫是动上求静否？”曰：“固是，然最难。”朱子曰：“全静之时，但有能知能觉者，而无所知所觉，此易卦为纯坤，不为无阳之象，若论复卦，则须以有所知觉者当之，不得合为一说矣。故邵子亦云：‘一阳初动处，万物未生时。’此至微至妙处，须虚心静虑，方始见得。”其答“动”字、“静”字之问，答敬何以用功之问，答思虑不定之问，以至若无事时须见须闻之说，则皆精当。去声。或曰：“喜怒哀乐未发之前，下‘动’字，下静字。”程子曰：“谓之静则可，然静中须有物始得。这里便是难处，学者莫若自先理会得敬，能敬则自知此矣。”或曰：“敬何以用功？”曰：“莫若主一。”问：“某尝患思虑不定，或思一事未了，他事如麻又生，如何?”曰：“不可此不诚之本，须是习能专一时便好，不拘思虑与应事，皆要求一。”或曰：“当静坐时，物之过乎前者，还见不见?”曰：“看事如何？若是大事，如祭祀前旒蔽明，黈纩充耳，凡物之过者，不见不闻也。若无事时，目须见、耳须闻。旒，音流，冕之前后垂者。黈，他口反，黄色，冕两旁纩也。纩，音旷，绵也，盖以绵为圜，而其色黄，名曰黈纩也。”朱子曰：“静中有物者，只是知觉不昧。或引程子语，‘才有知觉便是动’为问。曰：若云知寒觉暖，便是知觉已动，今未曾著于事物，但有知觉在，何妨其为静，不成静坐，便只是瞌睡。”但其曰当祭祀时，无所见闻，则古人之制祭服而设旒纩①，虽曰欲其不得广视杂听，而致其精一，然非以是为真足以全蔽其聪明，使之一无见闻也。若曰履之有绚，音劬②。以为行戒；尊之有禁，以为酒戒，然初未尝以是而遂不行不饮也。新安陈氏曰：“绚谓之拘，以丝为之，著舄履之头，以为行戒③。禁者，承酒尊之器，名禁者，以为酒戒也。”若使当祭之时，真为旒纩所塞，先则反，后并同。遂如聋瞽④，则是礼容乐节，皆不能知，亦将何以致其诚意，交于鬼神哉？程子之言，决不如是之过也。至其答过而不留之问，则又有若不相值而可疑者。或曰：“当敬时，虽见闻莫过焉而不留否?”程子曰：“不说道非礼勿视、勿听，勿者，禁止之辞，才说‘弗’字，便不得也。”朱子曰：“便是祭祀，若耳无闻、目无见，即其升降馈奠，皆不能知其时节之所宜，虽有赞引之人，亦不闻其告语之声，故前旒黈纩之说，亦只是说欲其专一于此，而不杂他事之意，非谓奉祭祀时节，无见闻也。”大抵此条最多谬误，盖听他人之问，而从旁窃记，非唯未了答者之意，而亦未悉问者之情，是以致此乱道而误人耳。然而犹幸其间纰篇夷反。漏显然⑤，尚可寻绎音亦。以别笔列反。其伪，独微言之湮音因。没者，遂不复传，为可惜耳。吕氏此章之说，尤多可疑，如引屡空、货殖及心为甚者，其于彼此盖两失之。其曰由空而后见夫音扶。下同。中，是又前章虚心以求之说也，其不陷而入浮屠者几希矣。几，平声，后凡言“几希”、“庶几”音同。盖其病根，正在欲于未发之前，求见夫所谓中者而执之，是以屡言之而病愈甚。殊不知经文所谓致中和者，亦曰当其未发，此心至虚，如镜之明，如水之止，则但当敬以存之，而不使其小有偏倚；至于事物之来，此心发见，贤遍反，后凡言“发见”音同。喜怒哀乐各有攸当，去声。则又当敬以察之，而不使其小有差忒他得反。而已，未有如是之说也。且曰未发之前，则宜其不待著陟略反。意推求，而瞭音了。然心目之间矣；一有求之之心，则是便为已发，固已不得而见之，况欲从而执之，则其为偏倚亦甚矣，又何中之可得乎？且夫未发已发，日用之间，固有自然之机，不假人力。方其未发，本自寂然，固无所事于执；及其当发，则又当即事即物，随感而

① 旒纩：有垂旒与黈纩为饰的帝王冠冕。亦借指帝王视听。旒：通“鎏”，是古代冠冕悬垂的玉串。纩：古时指新丝绵絮。

② 绚：古时鞋头上的装饰，有孔，可穿系鞋带。

③ 舄履：复底厚履。舄：古代一种以木为复底的鞋。

④ 聋瞽：耳聋目盲，喻使人耳目闭塞。瞽：失明的人，盲人。

⑤ 纰漏：错误疏失。纰：疏忽，错误。

应，亦安得块怪、苦溃二反。然不动①，而执此未发之中耶？此为义理之根本，于此有差，则无所不差矣。此吕氏之说，所以条理紊音问。乱，掇引乖剌，郎葛反②。而不胜平声。其可疑也。程子讥之，以为不识大本，岂不信哉！蓝田吕氏曰："人莫不知义理之当，无过无不及之为中，未及乎所以中也。喜怒哀乐未发之前，反求吾心，果何为乎？回也其庶乎屡空，惟空然后可以见乎中，而空非中也，必有事焉。喜怒哀乐之未发，无私意小知，挠乎其间，乃所谓空。"曰："空然后见乎中，实则不见也，若子贡聚闻见之多，其心已实，如货殖焉。所蓄有素，所应有限，虽曰富有，亦有时而穷，故亿则屡，而未皆中也。权然后知轻重，度然后知长短，物皆然，心为甚，则心之度物，甚于权度之审，其应物当无毫发之差，然人应物不中节者常多，其故何也？由不得中而执之，有私意小知挠乎其间，故义理不当，或过或不及，犹权度之法不精，则称量百物，不能无铢两分寸之差也，此所谓性命之理，出于天道之自然，非人私知所能为也。故曰喜怒哀乐之未发谓之中。"朱子曰："孟子乃是论心自度，非是心度物。""欲执喜怒哀乐未发之中，不知如何执得？那事来面前，只得应他，当喜便喜，当怒便怒，如何执得？"杨氏所谓"未发之时，以心验之，则中之义自见，执而勿失，无人欲之私焉，则发必中节矣"，又曰"须于未发之际，能礼所谓中"，其曰验之，体之，执之，则亦吕氏之失也。其曰"其恸音洞。其喜，中固自若"，疑与程子所云"言和则中在其中"者相似。然细推之，则程子之意，正谓喜怒哀乐已发之处，见得未发之理发见在此一事一物之中，各无偏倚过不及之差，乃时中之中，而非浑然在中之中也。若杨氏之云中固自若，而又引庄周出怒不怒之言以明之，《庄子·庚桑楚篇》云："敬之而不喜，侮之而不怒者，唯同乎天地者为然。出怒不怒，则怒出于不怒矣；出为无为，则为出于无为矣。"则是以为圣人方当喜怒哀乐之时，其心漠然同于木石，而姑外示如此之形，凡所云为，皆不复出于中心之诚矣。大抵杨氏之言，多杂于佛、老，故其失类如此。其曰"当论其中去声。否，不当论其有无"，则至论也。龟山杨氏曰："但于喜怒哀乐未发之际，以心验之，则中之义自见，非精一焉能执之？"又曰："执而勿失，无人欲之私焉，发必中节矣。发而中节，中固未尝亡也。孔子之恸、孟子之喜，固其可恸可喜而已，于孔孟何有哉？其恸也，其喜也，中固自若也。鉴之茹物，因物而异形，而鉴之明，未尝异也。庄生所谓出怒不怒，则怒出于不怒；出为无为，则为出于无为，亦此意也。若圣人而无喜怒哀乐，则天下之达道废也。一横行于天下，武王亦不必耻也。故于是四者，当论其中节不中节，不当论其有无也。"又曰："须是于喜怒哀乐未发之际，能体所谓中；于喜怒哀乐已发之后，能得所谓和。致中和，则天地可位，万物可育矣。"

或问：此其称"仲尼曰"，何也？曰：首章夫子之意，而子思言之，故此以下，又

---

① 块然：安然。

② 乖剌：悖谬失当。剌：乘戾，违背。

引夫子之言以证之也。曰：孙可以字其祖乎？曰：古者生无爵，死无谥①，神至反，正作谥，二句出《礼记·郊特牲篇》。则子孙之于祖考②，亦名之而已矣。周人冠去声。则字而尊其名，死则谥而讳其名，则固已弥文矣，然未有讳其字者也。故《仪礼》馈食之祝词曰"适尔皇祖伯某父"音甫，乃直以字而面命之。况孔子爵不应平声，后凡言"不应"音同。谥，而子孙又不得称其字以别笔列反。之，则将谓之何哉？若曰孔子，则外之之辞，而又孔姓之通称，若曰夫子，则又当时众人相呼之通号也，不曰仲尼而何以哉？问："子思称夫子为仲尼？"朱子曰："昔人未尝讳其字，程子云：'予年十四五，从周茂叔。'本朝先辈尚如此，伊川亦尝称明道字。"〇曰：君子所以中庸，小人之所以反之者，何也？曰：中庸者，无过不及而平常之理，盖天命人心之正也。中庸之理，实自天命人性中来。唯君子为能知其在我，而戒谨恐惧以无失其当然，故能随时而得中。小人则不知有此，而无所忌惮，故其心每反乎此，而不中不常也。〇曰："小人之中庸。"王肃、程子悉加"反"字，盖叠上文之语。然诸说皆谓小人实反中庸，而不自知其为非，乃敢自以为中庸，而居之不疑，如汉之胡广，唐之吕温、柳宗元者，则其所谓中庸，是乃所以为无忌惮也。如此，则不烦增字而理亦通矣。《汉书》：胡广，字伯始，位至太傅，性温厚谨素，常逊言恭色，达练事体，明解朝章，虽无謇直之风，屡有补阙之益。故京师谚云："万事不理问伯始，天下中庸有胡公。"《唐书》：吕温，字和叔，一字化光，从陆贽治《春秋》。贞元末擢进士第，后进户部员外郎，藻翰精富，一时推让。性险躁、谲诡、好利，妄言宰相李吉甫阴事，宪宗贬均州，再贬道州，后徙衡州。柳宗元，字子厚，少精敏绝伦，为文章卓伟精致，一时推仰，第进士博学宏词科，授校书郎，后遭贬柳州刺史。曰：小人之情状，固有若此者矣，但以文势考之，则恐未然。盖论一篇之通体，则此章乃引夫子所言之首章，且当略举大端，以分别笔列反。君子小人之趋向，未当遽及此意之隐微也。若论一章之语脉，则上文方言君子中庸而小人反之，其下且当平解两句之义以尽其意，不应偏解上句而不解下句，又遽别生他说也。故疑王肃所传之本为得其正，而未必肃之所增，程子从之，亦不为无所据而臆决也。程子曰："小人更有甚中庸，脱一'反'字，小人不主于义理，则无忌惮所以反中庸也，亦有其心畏谨而不中，亦是反中庸，语意有浅深则可，谓之中庸则不可。"诸说皆从郑本，虽非本文之意，然所以发明小人之情状，则亦曲尽其妙，而足以警乎乡原乱德之奸矣③。今存吕氏以备观考，他不能尽录也。蓝田吕氏曰："君子蹈乎中庸，小人反乎中庸者也。君子之中庸也，有君子之心，又达乎时中；小人之中庸也，有小人之心，反乎中庸，无所忌惮，而自谓之时中也。时中者，当其可之谓也。时止则止，时行则行，当其可也；

① 谥：古代帝王、贵族、大臣、士大夫或其他有地位的人死后，据其生前业迹评定的带有褒贬意义的称号。亦指按上述情况评定这种称号。

② 祖考：祖先。

③ 乡原：指乡里中貌似谨厚，而实与流俗合污的伪善者。原，同"愿"，谨厚貌。《论语·阳货》："子曰：'乡原，德之贼者也。'"一本作"愿"。朱熹《集注》："乡者，鄙俗之意。原，与'愿'同……盖其同流合污，以媚于世，故在乡人之中独以愿称。"

可以仕则仕，可以止则止，可以速则速，可以久则久，当其可也；曾子子思易地则皆然，禹稷颜回同道，当其可也；舜不告而娶，周公杀管蔡，孔子以微罪行，当其可也。小人见君子之时中，唯变所适，而不知当其可，而欲肆其奸心，济其私欲，或言不必信，行不必果，则曰唯义所在而已，然实未尝知义之所在。有临丧而歌，人或非之，则曰是恶知礼意，然实未尝知乎礼意。猖狂妄行，不谨先王之法，以欺惑流俗，此小人之乱德，先王之所以必诛而不以赦者也。”

或问：“民鲜能久。”或以为民鲜能久于中庸之德，而以下文“不能期月守”者证之，何如？曰：不然。此章方承上章“小人反中庸”之意而泛论之，未遽及夫音扶。下同。不能久也。下章自能择中庸者言之，乃可责其不能久耳。两章各是发明一义，不当遽以彼而证此也。且《论语》无“能”字，而所谓矣者，又已然之辞，故程子释之，以为民鲜有此中庸之德，则其与“不能期月守”者不同，文意益明白矣。朱子曰：“民鲜能久，缘下文有不能期月守之说，故说者以为久于其道之久。细考二章相去甚远，自不相蒙，只合依《论语》说。”曰：此书非一时之言也，章之先后，又安得有次序乎？曰：言之固无序矣，子思取之而著于此，则其次第行音杭。列，决有意味，不应杂置而错陈之也。故凡此书之例，皆文断而意属，读者先因其文之所断，以求本章之说，徐次其意之所属，音烛。下同。以考相承之序，则有以各尽其一章之意，而不失夫全篇之旨矣。陈氏曰：“子思此书，分章亦有次序，皆是相接续发明去。”新安陈氏曰：“此数句，乃读《中庸》之要法。”然程子亦有久行之说，则疑出于其门人之所记，盖不能无差缪。与“谬”同音。而自世教衰之一条，乃《论语》解，而程子之手笔也。程子曰：“中庸之为德，民不可须臾离，民鲜有久行其道者也。”“中庸，天下之至理，德合中庸，可谓至矣。自世教衰，民不兴于行，鲜有中庸之德也。”诸家之说，固皆不察乎此，然吕氏所谓厌常喜新，质薄气弱者，则有以切中去声。学者不能固守之病，读者讽诵期月之章而自省悉井反。焉，则亦足以有警矣。蓝田吕氏曰：“中庸者，天下之所共知，所共行，犹寒而衣，饥而食，渴而饮，不可须臾离也。众人之情，厌常而喜新，质薄而气弱，虽知不可离，而亦不能久也。惟君子之学，自明而诚，明而未至乎诚，虽心悦而不去。然知不可不思，行不可不勉，在思勉之分，而气不能无衰，志不能无懈，故有日月至焉者，有三月不违者，皆德之不可久者也。若至乎诚，则不思不勉，至于常久而不息，非圣人其孰能之？”侯氏所谓“民不识中，故鲜能久，若识得中，则手动足履无非中者”，则其疏阔又益甚矣。如曰若识得中，则手动足履皆有自然之中而不可离，则庶几耳。河东侯氏曰①：“民不能识中，故鲜能久；若识得中，则手动足履无非中者，故能久。”

或问：此其言道之不行不明，何也？曰：此亦承上章民鲜能久矣之意也。三山陈氏曰：“惟鲜能中庸者久，故知愚贤不肖，各随气质之偏而失焉。”曰：知去声。愚之过不及，宜若道之所以不明也；贤不肖之过不及，宜若道之所以不行也。今其互言之，何也？朱子曰：“此正分明交互说。”曰：测度待洛反。深微，揣楚委反。摩事变，能知君

① 河东侯氏：侯仲良。见前揭侯仲良注。

子之所不必知者，知去声。者之过乎中也。昏昧蹇浅①，不能知君子之所当知者，愚者之不及乎中也。知去声。之过者，既惟知是务，而以道为不足行，愚者又不知所以行也，此道之所以不行也。刻意尚行，去声。惊世骇俗，能行君子之所不必行者，贤者之过乎中也。卑污音乌。苟贱，不能行君子之所当行者，不肖者之不及乎中也。贤之过者，既唯行是务，而以道为不足知，不肖者又不求所以知也，此道之所以不明也。然道之所谓中者，是乃天命人心之正，当然不易之理，固不外乎人生日用之间，特行而不著，习而不察，是以不知其至而失之耳。故曰："人莫不饮食也，鲜能知味也。"知味之正，则必嗜时利反。之而不厌矣；知道之中，则必守之而不失矣。陈氏曰："人莫不饮食，是人间日用不可阙处。在人鲜能知其味，譬如道乃天之命于我，性之所固有底，不可以须臾离，是人不自求知之，所以行矣而不著，习矣而不察。"

或问：此其称舜之大知，去声，下文"之知"、"知者"音并同。何也？曰：此亦承上章之意，言如舜之知而不过，则道之所以行也。三山陈氏曰："上章既叹道之不行，此章遂以道之行者明之。知者过之，又鲜能知味，此道之所以不行也。若舜之大知，知而不过，则道行矣。"盖不自恃其聪明，而乐音洛。取诸人者如此，则非知者之过矣，又能执两端而用其中，则非愚者之不及矣。此舜之知所以为大，而非他人之所及也。两端之说，吕、杨为优，蓝田吕氏曰："两端，过与不及，执其两端，乃所以用其时中，犹持权衡而称物，轻重皆得其平，故舜之所以为舜，取诸人用诸民，皆以能执两端而不失中也。"龟山杨氏曰："执其两端，所以权轻重而取中也，由是而用于民，虽愚者可及矣。"程子以为执持过不及之两端，使民不得行，则恐非文意矣。盖当众论不同之际，未知其孰为过、孰为不及而孰为中也，故必兼总众说，以执其不同之极处，而求其义理之至当，去声。然后有以知夫音扶。无过不及之在此，而在所当行。若其未然，则又安能先识彼两端者之为过不及，而不可行哉？苏氏问："舜执其两端，注以为过不及之两端是乎？"程子曰："是。"曰："既过不及又何执乎？"曰："执，犹今之所谓执持，使不得行也。舜犹持过不及，使民不得行，而用其中，使民行之也。"

或问七章之说。曰：此以上句起下句，如诗之兴虚应反。耳。或以二句各为一事言之，则失之也。

或问：此其称回之贤，何也？曰：承上章"不能期月守"者而言，如回之贤而不过，则道之所以明也。盖能择乎中庸，则无贤者之过矣，服膺弗失，则非不肖者之不及矣。然则兹贤也，乃其所以为知去声。也欤？曰：诸说如何？曰：程子所引"屡空"，张子所引"未见其止"，皆非《论语》之本意，程子曰："颜子所以大过人者，只是得一善则拳拳服膺，与能屡空耳。"张子曰："颜子未至圣人而不已，故仲尼贤其进，未得中而不居，故惜夫未见其止也。"唯吕氏之论颜子有曰："随其所至，尽其所得，据而守之，则

① 蹇浅：鄙陋浅薄。

拳拳服膺而不敢失。勉而进之，则既竭吾才而不敢缓，此所以恍惚先后而不可为象①，求见圣人之止，欲罢而不能也。”此数言者，乃为亲切确克角反。实而足以见其深潜缜缜忍反。密之意，学者所宜讽诵而服行也。但“求见圣人之止”一句，文义亦未安耳。蓝田吕氏曰：“如颜子者，可谓能择而能守也。高明不可穷，博厚不可极，则中道不可识，故仰之弥高，钻之弥坚，瞻之在前，忽焉在后，察其志也，非见圣人之卓，不足谓之中。随其所至，尽其所得，据而守之，则拳拳服膺而不敢失。勉而进之，则既竭吾才，而不敢缓，此所以恍惚在前后而不可为象，求见圣人之止，欲罢而不能也。”侯氏曰：“中庸岂可择，择则二矣。”其务为过高，而不顾经文义理之实也，亦甚矣哉！河东侯氏曰：“中庸岂可择，择则二矣。此云择者，如博学之、审问之、明辨之，勉而中、思而得者也，故曰‘择乎中庸’。”

或问：“中庸不可能”，何也？曰：此亦承上章之意，以三者之难，明中庸之尤难也。盖三者之事，亦知仁勇之属，而人之所难。然皆必取于行，而无择于义，且或出于气质之偏，事势之迫，未必从七恭反。容而中节也。若曰中庸，则虽无难知难行之事，然天理浑然，无过不及，苟一毫之私意有所未尽，则虽欲择而守之，而拟议之间②，忽已堕于过与不及之偏而不自知矣。此其所以虽若甚易，去声。而实不可能也。故程子以克己最难言之，其旨深矣。游氏以舜为“绝学无为”，而杨氏亦谓“有能斯有为之者”，其违道远矣。循天下固然之理，而行其所无事焉，夫音扶。何能之有？则皆老、佛之余绪。而杨氏下章所论不知不能为道远人之意，亦非儒者之言也。二公学于程氏之门，号称高第③，而其言乃如此，殊不可晓也已！程子曰：“克己最难，故曰中庸不可能也。”广平游氏曰：“其斯以为舜，则绝学无为矣。”新安陈氏曰：“杨氏之说，《或问》中已可见，兹不重出，余见下章。”

或问：此其记子路之问强，何也？曰：亦承上章之意，以明择中庸而守之，非强不能，而所谓强者，又非世俗之所谓强也。盖强者，力有以胜人之名也。凡人和而无节，则必至于流；中立而无依，则必至于倚。国有道而富贵，或不能不改其平素；国无道而贫贱，或不能久处上声。乎穷约。非持守之力有以胜人者，其孰能反之？故此四者，汝子路之所当强也。南方之强，不及强者也；北方之强，过乎强者也；四者之强，强之中也。三山陈氏曰：“南北之强虽不同，要之皆偏耳。至于汝之所当强者，此则理义之强，得强之中矣。”子路好去声。勇，故圣人之言，所以长其善而救其失者类如此。曰：和与物同，故疑于流，而以不流为强。中立本无所依，又何疑于倚，而以不倚为强哉？曰：中立固无所依也，然凡物之情，唯强者为能无所依而独立，弱而无所依，则其不倾侧而偃仆音赴。者几希矣④，此中立之所以疑于必倚，而不倚之所以为强也。问：“言

---

① 恍惚先后而不可为象：《文子·道原第一》：“忽兮恍兮，不可为象兮；恍兮忽兮，用不诎兮。”

② 拟议：揣度议论。多指事前的考虑。

③ 高第：才优而品第高。

④ 倾侧：偏斜，倾斜。偃仆：仆倒。偃：倒伏。

中立而无依，则必至于倚，如何是无依?”朱子曰：“中立最难，譬如一物直立于此，中间无所依著，久之必倒去。”问：“若要直立得住，须用强矫。”曰：“大，故要强立。”潜室陈氏曰：“中立者，四边虚，则立不住，易得求倚，唯强有力者，不假倚，自然中立。”曰：诸说如何？曰：大意则皆得之，惟以矫为矫揉之矫，以南方之强为矫哉之强与颜子之强，以抑而强者为子路之强与北方之强者，为未然耳。蓝田吕氏曰：“矫之为言，犹揉木也。木之性，能曲能直，将使成材而为器，故曲者直者，皆在所矫。人之才，有过有不及，将使合乎中庸，则过与不及，皆在所矫。”河东侯氏曰：“南方之强，颜子之强似之，故曰君子居之；北方之强，子路之强似之，故曰而强者居之。君子以自胜为强，故曰强哉矫。”

或问十一章素隐之说。曰：吕氏从郑注，以素为傃，音素，向也。吕氏曰：“素读如傃乡之傃，犹素其位之素也。”固有未安。唯其旧说有谓无德而隐为素隐者，于义略通，又以遁世不见知之语反之，似亦有据。但“素”字之义，与后章“素其位”之素，不应顿异，则又若有可疑者。独《汉书·艺文志》刘歆虚今反。论神仙家流引此①，而以素为索，颜氏又释之以为求索隐暗之事②，则二字之义既明，而与下文“行怪”二字，语势亦相类，其说近是。盖当时所传本犹未误，至郑氏时乃失之耳。游氏所谓离人而立于独，与夫未发有念之云，皆非儒者之语也。广平游氏曰：“遁世不见知而不悔者，疑虑不萌于心，确乎其不可拔也。非离人而立于独者，不足以与此，若不远复者，未免于有念也。”

或问十二章之说。曰：道之用广，而其体则微密而不可见，所谓费而隐也。【通考】赵氏德曰：“韵书‘费’字，在八味者，芳味切。注，散财用也。其音如《论语》‘惠而不费’之费，又同韵。及六至所收二‘费’字，悲位切，乃鲁邑名及姓，如‘固而近费’及费惠公之费。若‘费隐’之费则当读如‘惠而不费’之费，盖宝者散也，乃广之义。故朱子释以用之广者，正如财用之散，是费有广之义，又有用之义焉。”即其近而言之，男女居室，人道之常，虽愚不肖亦能知而行之；极其远而言之，则天下之大，事物之多，圣人亦容有不尽知尽能者也。然非独圣人有所不知不能也，天能生覆而不能形载，地能形载而不能生覆，敷救反。至于气化流行，则阴阳寒暑，吉凶灾祥，不能尽得其正者尤多，此所以虽以天地之大，而人犹有憾也。夫音扶。自夫妇之愚不肖所能知行，至于圣人天地之所不能尽，道盖无所不在也。故君子之语道也，其大至于天地圣人所不能尽，而道无不包，则天下莫能载矣；其小至于愚夫愚妇之所能知能行，而道无不体，则

---

① 刘歆：约(前53—23年)，汉刘向子。字子骏，后改名秀，字颖叔。河平中，与父向总校群书。向死，歆继父业，整理六艺群书，编成《七略》。对经籍目录学作出了贡献。曾建议为《周礼》、《左传》、《毛诗》、《古文尚书》等古文经设置博士。歆通晓天文律历，著有《三统历谱》。明张溥《魏汉六朝百三家集》辑有《刘子骏集》。

② 颜氏：颜师古(581—645年)，唐京兆万年(今陕西西安市)人，名籀，以字行。祖之推，父思鲁。少传家学，博览群书，精于训诂，善属文。太宗以五经日讹，诏师古校定，后又为太子校《汉书》。新、旧《唐书》有传。

天下莫能破矣。道之在天下，其用之广如此，可谓费矣，而其所用之体，则不离去声。乎此，而有非视听之所及者，此所以为费而隐也。子思之言，至此极矣，然犹以为不足以尽其意也，故又引诗以明之，曰“鸢飞戾天，鱼跃于渊”，所以言道之体用，上下昭著，而无所不在也。造端乎夫妇，极其近小而言也；察乎天地，极其远大而言也。盖夫妇之际，隐微之间，尤见道不可离处，知其造端乎此，则其所以戒谨恐惧之实，无不至矣。《易》首乾、坤而重咸、恒，胡登反。《诗》首《关雎》而戒淫泆，《书》记厘陵之反。降，《礼》谨大婚，皆此意也。朱子曰：“造端乎夫妇，言至微至近处，及其至也，言极尽其量。夫妇则情意密而易于陷溺，不于此致谨，则私欲行于玩狎之地，自欺于人所不知之境。人伦大法，虽讲于师友之前，亦未保其不坏于幽隐之处。倘知造端之重，隐微之际，戒慎恐惧，则是工夫从里面做出，以之事父兄、处朋友，皆易为力而有功矣。”〇曰：诸说如何？曰：程子至矣。张子以圣人为夷惠之徒①，既已失之，张子曰：“圣人若夷惠之徒，亦未知君子之道，若知君子之道，亦不入于偏。”又曰：“君子之道达诸天，故圣人有所不知；夫妇之智淆音肴，溷浊也。诸物，故圣人有所不与。去声。”则又析其不知不能而两之，皆不可晓也已。曰：诸家皆以夫妇之能知能行者，为道之费；圣人之所不知不能而天地有憾者，为道之隐，其于文义协矣。若从程子之说，则使章内专言费而不及隐，恐其有未安也。曰：谓不知不能为隐，似矣。若天地有憾，鸢飞鱼跃，察乎天地，而欲亦谓之隐，则恐未然。且隐之为言，正以其非言语指陈之可及耳，故独举费而隐常默具乎其中，若于费外别有隐而可言，则已不得为隐矣。程子之云，又何疑耶？潜室陈氏曰：“使所谓隐者，而圣人不知不能，则圣人亦不足贵矣。谓小而莫能破者为隐，则小之为义，非奥妙之谓也。谓之费而隐者，费中有隐，非费之，别有隐也。”〇曰：然则程子所谓“鸢飞鱼跃”，“子思吃紧为人处”，紧，居忍反，为去声。与‘必有事焉而勿正心’之意同，活泼泼地者，何也？曰：道之流行发见于天地之间，无所不在，在上则鸢之飞而戾于天者此也，在下则鱼之跃而出于渊者此也，其在人则日用之间，人伦之际，夫妇之所知所能，而圣人有所不知不能者，亦此也。此其流行发见于上下之间者，可谓著矣。子思于此指而言之，惟欲学者于此默而识之，则为有以洞见道体之妙而无疑。而程子以为“子思吃紧为人处”者，正以示人之意为莫切于此也。其曰“与必有事焉而勿正，心之意同活泼泼地”，则又以明道之体用，流行发见，充塞天地，亘居邓反。古亘今，虽未尝有一毫之空去声。阙，一息之间断，然其在人而见贤变反。诸日用之间者，则初不外乎此心，故必此心之存，而后有以自觉也。“必有事焉而勿正心，活泼泼地”，亦曰此心之存，而全体呈露，妙用显行，无所滞碍牛代反。云尔，非必仰而视乎鸢之飞，俯而观乎鱼之跃，然后可以得之也。程子曰：“鸢飞戾天，鱼跃于渊，言其上下察也，此子思开示学者切要之语也。孟子曰‘必有事焉而勿正心’，其意

① 夷惠：伯夷、柳下惠的并称。古代廉正之士。汉扬雄《法言·渊骞》：“‘其为人也奈何？’曰：‘不屈其意，不累其身。’曰：‘是夷惠之徒与？’曰：‘不夷不惠，可否之间也。’”

亦犹是也。有得于此者，乐则生，生则乌可已也。无得于心者，役役于见闻，知思为机变之巧而已。”朱子曰：“必有事焉而勿正心者，乃指此心之存主处，活泼泼地者，方是形容天理流行、无所滞碍之妙。盖以道之体用，流行发见，虽无间息，然在人而见诸日用者，初不外乎此心，故必此心之存，然后方见其全体呈露，妙用显行，活泼泼地，略无滞碍耳。若见得破，则即此须臾之顷，此心便已洞然。”蛟峰方氏曰：“《或问》中旧说程子所引‘必有事焉’与‘活泼泼地’两句，皆是指其实体而形容其流行发见、无所滞碍倚著之意，其曰必、曰勿者，非有人以必之勿之，盖谓有主张是者，而实未尝有所为耳。今说则谓必有事焉而勿正心者，乃指此心之存主处，直谓必此心之存，而后有以自觉。二说不同，如何？曰：程子必有事焉，谓鸢鱼之飞跃，必有所以然者，必有存主处。勿正心，谓无勉强期必，非有心著意也。活泼泼地，是指天理呈露处。此朱子旧说之意，就鸢鱼上言。今说却就看鸢鱼之人上言，谓就费视隐，必自存其心，则道理跃如矣。朱子谓只从这里收一收，这个便在。朱子两说皆精，但前说恐人无下手处，故改从后说之实。”抑孟子此言，固为精密，然但为去声。学者集义养气而发耳。至于程子借以为言，则又以发明学者洞见道体之妙，非但如孟子之意而已也。盖此一言，虽若二事，然其实则“必有事焉”半词之间已尽其意，善用力者，苟能于此超然默会，则道体之妙，已跃如矣，何待下句而后足于言耶！圣贤特恐学者用力之过，而反为所累，故更以下句解之，欲其虽有所事，而不为所累耳，非谓必有事焉之外，又当别设此念，以为正心之防也。潜室陈氏曰：“今做工夫人，心不曾放去，又多失于迫切；不做工夫人，心里自在，又却都没一事。”曰：然则其所谓“活泼泼地”者，毋乃释氏之遗意耶？曰：此但俚音里。俗之常谈，释氏盖尝言之，而吾亦言之耳，彼固不得而专之也。况吾之所言虽与彼同，而所形容实与彼异。若出于吾之所谓，则夫音扶。道之体用，固无不在，然鸢而必戾于天，鱼而必跃于渊，是君君、臣臣、父父、子子，各止其所而不可乱也。若如释氏之云，则鸢可以跃渊，而鱼可以戾天矣，是安可同日而语哉？问：“引君臣父子为言，此吾儒之所以异于佛者，如何？”朱子曰：“鸢飞鱼跃，只是言其发见耳，释亦言其发见，但渠言发见，却一切溷乱。至吾儒须辨其理分，君臣父子皆定分也。鸢必戾于天，鱼必跃于渊。”且子思以夫妇言之，所以明人事之至近而天理在焉，释氏则举此而绝之矣，又安可同年而语哉？〇曰：吕氏以下，如何？曰：吕氏分此以上论中，以下论庸，又谓费则常道，隐则至道，恐皆未安。蓝田吕氏曰：“此以上论中，此以下论庸。此章言常道之终始，费则常道，隐则至道，惟能尽常道，乃所以为至道。”谢氏既曰“非是极其上下而言”矣，又曰“非指鸢鱼而言”，盖曰子思之引此诗，姑借二物以明道体无所不在之实，非以是为穷其上下之极，而形其无所不包之量去声。也；又非以是二物专为形其无所不在之体，而欲学者之必观乎此也。此其发明程子之意，盖有非一时同门之士所得闻者，而又别以夫子与点之意明之，则其为说益以精矣。但所谓察见天理者，恐非本文之训，而于程子之意，亦未免小失之耳。上蔡谢氏曰：“鸢飞戾天，鱼跃于渊，非是极其上下而言。盖真个见得如此，此正是子思吃紧道与人处。若从此解悟，便可入尧舜气象。”又曰：“鸢飞戾天，鱼跃于渊，无些私意。上下察，以明道体无所不在，非指鸢鱼而言也。若指鸢鱼言，则上面更有天，下面更有地在。知勿忘勿助长，则知此。知此，则知夫子与点之意。”又曰：“‘鸢飞戾天，鱼跃于渊’，犹韩愈所谓‘鱼川泳而鸟云飞’，上下自然各得其所也。子思之意言上下察，犹孟子所谓‘必有事焉而勿正’，察见天理，不用私意也。”游氏之说，其不可晓者尤多。如以良知良能之所自出为道之费，则良知良能者，不得为道，而在道之外矣。又以不可知不可能者为道之隐，则所谓道者，乃无用之长上声。物，而人亦无所赖于道矣。所引天地明察，似于彼此文意两皆失之。至于所谓七圣皆迷之地①，则庄生邪遁荒唐之语，尤非所以论中庸也。《庄子·徐无鬼篇》：“黄帝将见大隗乎具茨之山，方明为御，昌寓骖乘，张若、謵傍涉反，一音习。朋前马，昆阍、滑稽后车，滑音骨。至于襄城之野，七圣皆迷，无所问途。”七圣者，方明一，昌寓二，张若三，謵朋四，昆阍五，滑稽六，及黄帝也。此六名皆寓言。迷，谓迷失具茨之道。广平游氏曰：“唯费也，则良知良能所自出，故夫妇之愚不肖，可以与知而能行焉。唯隐也，则非有思者所可知，非有为者所可能，故圣人有所不知不能焉。盖圣人者，德之成而业之大也。过此以往则神矣，无方也，不可知，无体也，不可能。此七圣皆迷之地也。《孝经》曰：‘事父孝，故事天明；事母孝，故事地察。’盖事父母之心，虽夫妇之愚不肖，亦与有焉。及其至也，天地明察，神明彰矣，则虽圣人之德，又何以加此，此中庸所以为至矣。”杨氏以大而化之，非智力所及，为圣人不知不能；以祁寒暑雨②，虽天地不能易其节，为道之不可能而人所以有憾于天地，则于文义既有所不通。而又曰“人虽有憾而道固自若”，则其失愈远矣。其曰“非体物而不遗者，其孰能察之”，其用“体”字“察”字，又皆非经文之正意也。龟山杨氏曰：“自可欲之善，至于充实光辉之大，致知力行之积也。大而化之，至于不可知之神，则非智力所及也。德盛仁熟而自至焉耳，故及其至也，圣人有所不知不能焉。”“祁寒暑雨之变，其机自尔，虽天地之大，不能易其节也。夫道之不可能者如是，而人虽犹有憾焉，道固自若也。”又曰：“鸢飞鱼跃，非夫体物不遗者，其孰能察之。”大抵此章若从诸家以圣人不知不能为隐，则其为说之弊，必至于此而后已。尝试循其说而体验之，若有以使人神识飞扬，眩音县。瞀茂务二音。迷惑③，而无所底止。底音旨，致也，字上无点。子思之意，其不出此也必矣。唯侯氏不知不能之说，最为明白，但所引“圣而不可知”者，孟子本谓人所不能测耳，非此文之意也。其他又有大不可晓者，亦不足深论也。新安陈氏曰：“侯氏说已见《章句》，但其问，本有‘又如圣而不可知之神’之语，盖侯氏亦以此为圣人所不知之事，实则非也。朱子于《章句》已删去此语。”

---

① 七圣：指传说中的黄帝、方明、昌寓、张若、謵朋、昆阍、滑稽七人。《庄子·徐无鬼》：“黄帝将见大隗乎具茨之山，方明为御，昌寓骖乘，张若、謵朋前马，昆阍、滑稽后车，至于襄城之野，七圣皆迷，无所问途。”

② 祁寒：严寒。

③ 眩瞀：眼睛昏花，视物不明。瞀：昏乱。

中庸或问卷下

或问：十三章之说，子以为“以人治人”为以彼人之道还治彼人，善矣。又谓责其所能知能行，而引张子之说以实之，则无乃流于姑息之论，而所谓人之道者，不得为道之全也耶？曰：上章固言之矣。夫妇之所能知能行者，道也；圣人之所不知不能而天地犹有憾者，亦道也。然自人而言，则夫妇之所能知能行者，人之所切于身而不可须臾离者也；至于天地圣人所不能及，则其求之当有渐次，而或非日用之所急矣。然则责人而先其切于身之不可离者，后其有渐而不急者，是乃行远自迩、升高自卑之序，使其由是而不已焉，则人道之全，亦将可以驯致。今必以是为姑息，而遽欲尽道以责于人，吾见其失先后之序，违缓急之宜，人之受责者，将至于有所不堪，而道之无穷，则终非一人一日之所能尽也，是亦两失之而已焉耳。〇曰：子、臣、弟、友之绝句，何也？曰：夫子之意，盖曰我之所责乎子之事己者如此，而反求乎己之所以事父，则未能如此也；所责乎臣之事己者如此，而反求乎己之所以事君，则未能如此也；所责乎弟之事己者如此，而反求乎己之所以事兄，则未能如此也；所责乎朋友之施己者如此，而反求乎己之所以先施于彼者，则未能如此也。于是以其所以责彼者，自责于庸言庸行之间，盖不待求之于他，而吾之所以自修之则，具于此矣。今或不得其读，音豆。而以父、君、兄友四字为绝句，则于文意有所不通，而其义亦何所当去声。哉！朱子曰：“此处主意立文，与《大学》絜矩一章相似，人多误读。”黄氏曰：“或以‘所求乎臣’一句而有疑，非也。古人君臣字多通用，诸侯有土者多称君，其下皆称臣，凡卑之于尊，仆隶之于主，便有臣义。”〇曰：诸说如何？曰：诸家说《论语》者，多引此章以明“一以贯之”之义，说此章者，又引《论语》以释“违道不远”之意，一矛莫侯反，兵器，建于兵车，长二丈。一盾，食尹反，兵器，所以蔽身者。终不相谋，而牵合不置，学者盖深病之。及深考乎程子之言，有所谓动以天者，然后知二者之为忠恕，其迹虽同，而所以为忠恕者，其心实异。非其知德之深，知言之至，其孰能判然如此而无疑哉！然尽己推己，乃忠恕之所以名，而正谓此章违道不远之事。若动以天，而一以贯之，则不待尽己，而至诚者自无息；不待推己，而万物已各得其所矣。曾子之言，盖指其不可名之妙，而借其可名之粗以名之，学者默识于言意之表，则亦足以互相发明，而不害其为同也。余说虽多，大概放上声。此，推此意以观之，则其为得失自可见矣。程子说，详见《论语·吾道一贯章》集注。朱子曰：“《论语》忠恕名义，自合依子思忠恕违道不远是也。曾子所说，却是移上一阶说天地之忠恕，其实只一个忠恕，须自看教有许多等级分明。”庆源辅氏曰①：“违道不远者，学者之忠恕也。动以天者，圣人之忠恕也。曾子一贯之忠恕，虽

---

① 庆源辅氏：辅广，字汉卿，庆源人，居嘉兴。初事吕祖谦，后卒业于考亭。嘉定间奉祠归隐。著《五经注释》、《语孟答问》等。称传贻先生，别号潜庵。《宋元学案》卷六十四有《朝奉辅传贻先生广》。

借学者之事而言，其所以异者，只是动以天耳。所谓动以天耳者，盖于己上已全尽了，不待推而自然及物也。如所谓以己及物，仁也。此则夫子之一贯，所谓动以天也。”陈氏曰：“《中庸》说忠恕违道不远，正是说学者之忠恕。曾子说夫子之道忠恕，乃是说圣人之忠恕。圣人忠恕是天道，学者忠恕是人道。”违道不远①，如齐师“违谷七里”之违，非背音佩。下同。而去之之谓，愚固已言之矣。诸说于此，多所未合，则不察文义，而强上声。为之说之过也。夫音扶。下同。齐师违谷七里，而谷人不知，则非昔已在谷而今始去之也，盖曰自此而去以至于谷才七里耳。孟子所云“夜气不足以存，则其违禽兽不远矣”，非谓昔本禽兽而今始违之也，亦曰自此而去以入于禽兽不远耳。盖所谓道者，当然之理而已，根于人心而见贤遍反。诸行事，不待勉而能也。然唯尽己之心而推以及人，可以得其当然之实，而施无不当，去声。不然，则求之愈远而愈不近矣。此所以自是忠恕而往，以至于道，独为不远，其曰违者，非背而去之之谓也。程子又谓“事上之道莫若忠，待下之道莫若恕”，此则不可晓者。若姑以所重言之，则似亦不为无理；若究其极，则忠之与恕，初不相离，去声。程子所谓要除一个除不得，而谢氏以为犹形影者，意可见矣。程子曰：“‘忠恕’两字，要除一个除不得。”上蔡谢氏曰：“忠恕犹形影也，无忠做恕不出来。”今析为二事而两用之，则是果有无恕之忠、无忠之恕，而所以事上接下者，皆出于强上声。为，而不由乎中矣，岂忠恕之谓哉？是于程子他说殊不相似，意其记录之或误，不然，则一时有为去声，下“正为”同。言之，而非正为忠恕发也。朱子曰：“忠恕只是一件事，不可作两个看。”“忠与恕，不可相离一步。”陈氏曰：“大概忠恕只是一物，就中截作两片，则为二物。盖存于中者既忠，则发出外来便是恕。应事接物处不恕，则是在我者，心不十分真实。故发出忠的心，便是恕的事；做成恕的事，便是忠的心。”张子二说，皆深得之，但“虚者仁之原，忠恕与仁俱生”之语，若未莹萦定反。耳。张子曰：“所求乎君子之道四，是实未能。道何尝有尽？圣人，人也，人则有限，是诚不能尽能也。圣人之心，则直欲尽道，事则安能得尽？如博施济众，尧舜实病诸。尧舜之心，其施直欲至于无穷，方为博施，然安得若是？修己以安百姓，是亦尧舜实病之。欲得人人如此，亦安得如此。”又曰：“虚者仁之原，忠恕与人俱生，礼义者仁之用。”吕氏改本太略，不尽经意，旧本乃推张子之言而详实有味，但“柯犹在外”以下，为未尽善。蓝田吕氏曰：“妙道精义，常存乎君臣父子夫妇朋友之间，不离乎交际酬酢应对之末，皆人心之所同然，未有不出于天者也。若绝乎人伦、外乎世务，穷其所不可知，议其所不可及，则有天人之分、内外之别，非所谓大而无外、一以贯之，安在其为道也欤？执斧之柄而求柯于木，其尺度之则固不远矣，然柯犹在外，睨而视之，始得其则。若夫治己治人之道，于己取之，不必睨视之劳，而自有于此矣，故君子推是心也。其治众人也，以众人之所及知，责其所知；以众人之所能行，责其所行；改而后止，不厚望也。其爱人也，以忠恕而已。忠者诚有是心而不自欺，恕者推待己之心以及人者也。忠恕不可谓之道，而道非忠恕不行，此所以言违道不远者。其

① 违：相距，距离。《左传·哀公二十七年》：“乃救郑。及留舒，违谷七里，谷人不知。”

治己也，以求乎人者反于吾身。事父事君事兄先施之朋友，皆众人之所能；尽人伦之至，则虽圣人亦自谓未能。此舜所以尽事亲之道，必至瞽瞍底豫者也。庸者，常道也。事父孝，事君忠，事兄弟，交朋友信，庸德也，必行而已；有问有答，有唱有和，不越乎此者，庸言也，无易而已。不足而不勉，则德有止而不进；有余而尽之，则道难继而不行。无是行也，不敢苟言以自欺，故言顾行；有是言也，不敢不行而自弃，故行顾言。"若易之曰："所谓则者，犹在所执之柯，而不在所伐之柯，故执柯者必有睨视之劳，而犹以为远也。若夫以人治人，则异于是。盖众人之道，止在众人之身，若以其所及知者责其知，以其所能行者责其行，能改即止，不厚望焉，则不必睨视之劳，而所以治之之则，不远于彼而得之矣。忠者，诚有是心而不自欺也；恕者，推待己之心以及人也。推其诚心以及于人，则其所以爱人之道，不远于我而得之矣。至于事父、事君、事兄、交友，皆以所求乎人者，责乎己之所未能，则其所以治己之道，亦不远于心而得之矣。夫四者固皆众人之所能，而圣人乃自谓未能者，亦曰未能如其所以责人者耳。此见圣人之心，纯亦不已，而道之体用，其大天下莫能载，其小天下莫能破。舜之所以尽事亲之道，必至乎瞽瞍底豫者①，盖为去声。此也。"如此，然后属音烛。乎庸者常道之云，则庶乎其无病矣。且其曰"有余而尽之，则道虽继而不行"，又不若游氏所引"耻躬不逮"为得其文意也。广平游氏曰："有所不足，不敢不勉，将以践言也，则其行顾言矣。有余不敢尽，耻躬之不逮也，则其言顾行矣。"谢氏、侯氏所论《论语》之忠恕②，独得程子之意。上蔡谢氏曰："以天地之理观之，忠譬则流而不息，恕譬则万物散殊，知此，则可以知一贯之理矣。"河东侯氏曰："忠恕一也，性分不同，夫子圣人也，故不待推。"但程子所谓"天地之不恕"，亦曰天地之化，生生不穷，特以气机阖户腊反，闭也。辟，毗亦反，开也③。有通有塞。故当其通也，天地变化草木蕃，音烦茂也。则有似于恕；当其塞也，天地闭而贤人隐，则有似于不恕耳。其曰不恕，非若人之闭于私欲而实有忮支义反。害之心也。谢氏推明其说，乃谓天地之有不恕，乃因人而然，则其说有未究者。盖若以为人不致中，则天地有时而不位，人不致和，则万物有时而不育。是谓天地之气，因人之不恕，而有似于不恕，则可；若曰天地因人之不恕，而实有不恕之心，则是彼为人者，既以忮心失恕④，而自绝于天矣。为天地者，乃效其所为，以自己其於音乌。穆之命也，岂不误哉！上蔡谢氏曰："程子云天地变化，草木蕃，是天地之恕；天地闭，贤人隐，是天地之不恕。或言：'天地何故亦有不恕？'曰：'天地因人者也，若不因人，何故人能与天地为一，故有意必固我，则与天地不相似。'"游氏之说，

---

① 瞽瞍：亦作"瞽叟"。人名，古帝虞舜之父。

② 谢氏：谢良佐(1050—1103年)，北宋学者。字显道，蔡州上蔡(河南上蔡)人。人称上蔡先生。元丰进士。受学于二程，与游酢、杨时、吕大临并称"程门四先生"。强调"穷理"、"居敬"为人"圣德"之门。为后世学者称道。著有《论语说》、《上蔡语录》等。

③ 气机阖辟：气机的闭合与开启。气机：古代军事术语，用兵的关键之一，指将帅的气度、决断等。阖辟：闭合与开启。

④ 忮心：嫉恨之心，妒忌之心。

其病尤多。至谓“道无物我之间，去声。而忠恕将以至于忘己忘物，则为己违道而犹未远也”，是则老庄之遗意，而远人甚矣，岂《中庸》之旨哉！广平游氏曰：“夫道一以贯之，无物我之间，既曰忠恕，则已违道矣。然忠以尽己，则将以至忘己也，恕以尽物，则将以至忘物也，则善为道者莫近焉，故虽违而不远矣。”杨氏又谓“以人为道，则与道二而远于道”，故戒人不可以为道，如执柯以伐柯，则与道二，故睨而视之，犹以为远，则其违经背理，又有甚焉。使经而曰，人而为道则远人，故君子不可以为道，则其说信矣。今经文如此，而其说乃如彼，既于文义有所不通，而推其意，又将使道为无用之物，人无入道之门，而圣人之教人以为道者，反为误人而有害于道，是安有此理哉？既又曰：“自道言之，则不可为，自求仁言之，则忠恕者莫近焉。”则已自知其有所不通，而复为是说以救之，然终亦矛盾而无所合，是皆流于异端之说，不但毫厘陵之反。之差而已也。龟山杨氏曰：“仁者，人也，合而言之，道也。道岂尝离人哉？人而为道，与之二矣。道之所以远，执柯以伐柯，与柯二矣，为道之譬也。睨而视之，犹以为远，为道而远人之譬也。执柯以伐柯，其取譬可谓近矣。睨而视之，犹且以为远，况不能以近取譬乎？则其违道可知矣。故君子以人治人，改而止。以人治人，仁之也；改而止，不为已甚也。盖道一而已，仁是也，视天下无一物之非仁，则道其在是矣。然则道终不可为乎？曰：自道言之，则执柯伐柯，犹以为远也；自求仁言之，则惟忠恕莫近焉，故又言之以示进为之方，庶乎学者可与入德矣。”侯氏固多疏阔，其引颜子乐音洛。道之说，愚于《论语》已辨之矣。至于四者未能之说，独以为若止谓恕己以及人，则是圣人将使天下皆无父子君臣矣，此则诸家皆所不及。河东侯氏曰：“为道，如言颜子乐道同。”又曰：“父子之仁，天性也。君臣之义也，兄弟亦仁也，朋友亦义也。孔子自谓皆未能，何也？只谓恕己以及人，则圣人将使天下皆无父子君臣乎？盖以责人之心责己，则尽道也。”盖近世果有不得其读，音豆。而辄为之说曰，此君子以一己之难克，而知天下皆可恕之人也。呜呼！此非所谓将使天下皆无父子君臣者乎？侯氏之言于是乎验矣。此评横浦张氏子韶之说。

或问十四章之说。曰：此章文义，无可疑者，而张子所谓“当知无天下国家皆非之理者”，尤为切至。张子曰：“责己者，当知无天下国家皆非之理，故学至于不非人，学之至也。”吕氏说虽不免时有小失，然其大体，则皆平正悫克角反。实而有余味也①。蓝田吕氏曰：“达则兼善天下，得志则泽加于民，素富贵行乎富贵者也，不骄不淫，不足以道之也。穷则独善其身，不得志则修身见于世，素贫贱行乎贫贱者也，不谄不慑，不足以道之也。言忠信、行笃敬，虽蛮貊之邦行矣，素夷狄行乎夷狄者也。文王内文明而外柔顺以蒙大难，箕子内难而能正其志，素患难行乎患难者也。爱人不亲，反其仁，治人不治，反其智，此在上位所以不陵下也。彼以其富，我以吾仁，彼以其爵，我以吾义，吾何慊乎哉？此在下位所以不援上也。陵下不从则罪其下，援上不得则非其上，是所谓尤人者也。庸德之行，庸言之谨，居易者也。国有道不变塞焉，国无道至死不变。

① 悫实：朴实。悫：恭谨，朴实。

心逸日休，行其所无事，如子从父命，无所往而不受，俟命者也。若夫行险以徼一旦之幸，得之则贪为己力；不得则不能反躬，是所谓怨天者也。故君子正己而不求于人，如射而已。射之不中，由吾巧之不至也，故失诸正鹄者，未有不反求诸身。如君子之治己，行有不得，亦反求诸身，则德之不进，岂吾忧哉?”游氏说亦条畅，而存亡、得丧、去声。穷通、好丑之说尤善。广平游氏曰：“素其位而行者，即其位而道行乎其中，若其素然也。舜之饭糗茹草，若将终身，此非素贫贱而道行乎贫贱，不能然也；及其为天子，被袗衣鼓琴，若固有之，此非素富贵而道行乎富贵，不能然也。饭糗袗衣，其位虽不同，而此道之行一也。至于夷狄患难，亦若此而已，道无不行，则无入而不自得矣。盖道之在天下，不以易世而有存亡，故无古今；则君子之行道，不以易地而有加损，故无得丧。至于在上位不陵下，知富贵之非泰也；在下位不援上，知贫贱之非约也。此惟正己而不求于人者能之，故能上不怨天，下不尤人。盖君子惟能循理，故居易以俟命，居易未必不得也，故穷通皆好；小人反是，故行险以徼幸，行险未必常得也，故穷通皆丑。学者要当笃信而已。”但杨氏以反身而诚为不愿乎外，则本文之意，初未及此，而诡遇得禽，亦非行险徼幸之谓也。龟山杨氏曰：“君子居其位，若固有之，无出位之思，素其位也。万物皆备于我，反身而诚，乐莫大焉，何愿乎外之有?故能素其位而行，无入而不自得也。居易以俟命，行其所无事也；行险以徼幸，不受命者也。诡遇而得禽者盖有焉，君子不为也。射有似乎君子者，射以容节比于礼乐为善，内志正，外体直，然后持弓矢审固，持弓矢审固，然后可以言中。射而失正鹄者，未能审固也，如射者岂他求哉?反而求诸吾身，以正吾志而已，此君子居易之道也。世之行险以徼幸者，一有失焉，益思所以诡遇也，则异于是矣。”【附纂】黄氏洵饶曰：“行险徼幸，乃全是不好。”侯氏所辨常总默识自得之说甚当去声，近世佛者妄以吾言傅音义与“附”同。著其说，而指意乖剌郎葛反，戾也。如此类者多矣，甚可笑也。僧总老尝问一士人曰：“《论语》云默而识之，识是识个甚?子思言君子无入而不自得，得是得个甚?”或者无以对。河东侯氏曰：“是不识吾儒之道，犹以吾儒语为释氏用，在吾儒为不成说话。既曰默识与无入不自得，更理会甚识甚得之事，是不成说话也。今人见笔墨，须谓之笔墨；见人，须谓之人。不须问，默而识之，是默识也。圣人于道犹是也，庸言之信，庸行之谨，是自得也，岂可名为所得所识之事也?”但侯氏所以自为说者，却有未善，若曰“识者知其理之如此而已，得者无所不足于吾心而已”，则岂不明白真实而足以服其心乎!

或问十五章之说。曰：章首二句，承上章而言，道虽无所不在，而其进之则有序也。其下引《诗》与夫子之言，乃指一事以明之，非以二句之义为止于此也。诸说惟吕氏为详实，然亦不察此，而反以章首二言发明引《诗》之意，则失之矣。蓝田吕氏曰：“不得乎亲，不可以为人；不顺乎亲，不可以为子。故君子之道，莫大乎孝，孝之本，莫大乎顺父母。故仁人孝子，欲顺乎亲，必先乎妻子不失其好，兄弟不失其和，室家宜之，妻孥乐之，致家道成，然后可以养父母之志而无违。行远登高者，谓孝子莫大乎顺其亲者也。自迩自卑者，谓本乎妻子兄弟者也；故身不行道，不行于妻子。文王刑于寡妻，至于兄弟，则治家之道，必自妻子始。”

或问：鬼神之说，其详奈何？曰：鬼神之义，孔子所以告宰予者①，见贤遍反。于《祭义》之篇，其说已详，问："宰我曰：'吾闻鬼神之名，不知其所谓。'孔子曰：'气也者，神之盛也；魄也者，鬼之盛也。'又曰：'众生必死，死必归土，是之谓鬼。骨肉毙于下阴为野土，其气发扬于上为昭明，焄蒿凄怆，此百物之精也，神之著也。'《或问》引之。"朱子曰："夫子答宰我鬼神说甚好。气者神之盛也，魄者鬼之盛也。人死时，魂气归于天，精魄归于地，所以古人祭祀，燎以求诸阳，灌以求诸阴。"又问："其气发扬于上至神之著也，何谓也？"曰："人气本腾上，这下面尽，则只管腾上去，如火之烟，这下面薪尽，则烟只管腾上去。"新安陈氏曰："又一条，释昭明。焄蒿凄怆，已见本章《章句》下。"而郑氏释之，亦已明矣。其以口鼻之嘘吸者为魂，耳目之精明者为魄，盖指血气之类以明之。问："阳魂为神，阴魄为鬼。《祭义》曰：'气也者，神之盛也。'而郑氏曰：'气嘘吸出入者也，耳目之聪明为魄。'然则阴阳未可言鬼神，阴阳之灵，乃鬼神也，如何？"朱子曰："魄者形之神，魂者气之神，魂魄是形气之精英，谓之灵。故张子曰二气之良能，二气即阴阳，而良能是其灵处。""口鼻嘘吸，以气言；目之精明，以血言也。耳之精明，亦何故以血言，医家以耳属肾，精血盛则听聪，精血耗则耳聩矣。气为魂，血为魄。"问："眼，体也，眼之光为魄；耳，体也，何以为耳之魄？"曰："能听者便是，如老人耳重目昏，便是魄渐要散。"程子、张子更以阴阳造化为说，则其意又广，而天地万物之屈伸往来，皆在其中矣。盖阳魂为神，阴魄为鬼，是以其在人也，阴阳合，则魂凝魄聚而有生；阴阳判，则魂升为神，魄降为鬼。《易大传》去声。所谓"精气为物，游魂为变，故知鬼神之情状"者，正以明此。而书所谓徂丛胡反，往也。落者②，亦以其升降为言耳。《书·舜典》云：二十有八载，帝乃徂落。朱子曰："《周礼》言天曰神，地曰祇，人曰鬼，三者皆有神，而天独曰神者，以其常常流动不息，故专以神言之。若人亦自有神，但在人身上，则谓之神，散则谓之鬼耳。鬼是散而静了更无形，故曰往而不来。"又问："子思只是举神之著者而言，何以不言鬼？"曰："鬼是散而静更无形，故不必言。神是发见，此是鬼之神，如人祖考气散为鬼矣。子孙尽精神以格之，则洋洋如在其上，如在其左右，岂非鬼之神耶？魂者阳之神，魄者鬼之神，见《淮南子》注。""天地阴阳之气交合，便成人，气便是魂，精便是魄，到得将死，热气上出，所谓魂升，下体渐冷，所谓魄降。魂归于天，魄降于地，而人死矣。"陈氏曰："鬼神之义甚博，程子就'阴阳'二字，发用之迹，显然可见者言之，张子亦言二气自然能如此，大纲只是往来屈伸之谓耳。""阴精阳气，聚而生物，乃神之伸也，而属乎阳；魂游魄降，散而为变，乃鬼之归也，而属乎阴。鬼神情状，大概不过如此。""徂，是魂之升上；落，是魄之降下。"张氏存中曰："《礼记·祭义篇》之说，朱子已及之。

① 宰予：即宰我，姓宰名予，字子我，春秋时鲁国人，孔子弟子，善辞令。曾因昼寝，被孔子讽为"朽木不可雕"。仕齐为临淄大夫，因参与田常反齐简公的斗争，事败族灭。

② 徂落：死亡。《孟子·万章上》："《尧典》曰：'二十有八载，放勋乃徂落，百姓如丧考妣。'"赵岐注："徂落，死也。"徂：死亡，凋谢。

《易·大传》即《系辞》也。《或问》所引已明，此皆不重出。”若又以其往来者言之，则来者方伸而为神，往者既屈而为鬼。盖二气之分，实一气之运，故阳主伸，阴主屈，而错综子宋反。以言，亦各得其义焉。新安陈氏曰：“错综以言，即朱子神之神、神之鬼一条，已载《章句》下。”学者熟玩而精察之，叶氏曰：“学者先看天地二气之屈伸，若朝暮、若寒暑、若荣谢，大纲已明，却反验之一身。自父母成育之始，及少长壮老之变，昼夜作息梦觉，熟体而精察之，无余蕴矣。”如谢氏所谓做题目、入思议者，则庶乎有以识之矣。上蔡谢氏曰：“这个便是天地间妙用，须是将来做个题目入思议始得，讲说不济事。”曰：诸说如何？曰：吕氏推本张子之说，尤为详备，蓝田吕氏曰：“鬼神者，二气之往来尔，物感虽微，无不通于二气，故人有是心，虽自为隐微，心未尝不动，动则固已感于气矣。鬼神安有不见乎？其心之动，又必见于声色举动之间，乘间以知之，则感之著者也。”但改本有“所屈者不亡”一句，乃形溃反原之意，张子他书亦有是说，张子曰：“形聚为物，物溃反原。反原者，其游魂为变欤！”蓝田吕氏曰：“往者屈也，来者伸也，所屈者不亡，所伸者无息。”而程子数音朔。辨其非，《东见录》中所谓“不必以既屈之气，复为方伸之气”者，其类可考也。程子曰：“近取诸身，百理皆具，屈伸往来之义，只于鼻息之间见之。屈伸往来只是理，不必将既屈之气，复为方伸之气。生生之理，自然不息。如《复》言七日来复，其间元不断续，阳以复生，物极必返，其理须如此。有生便有死，有始便有终。”“若谓既返之气，复将为方伸之气，必资于此，则殊与天地之化不相似。天地之化，自然生生不穷，更何复资于既毙之形、既反之气以为造化。近取诸身，其开阖往来，见之鼻息，然不必须假吸复入以为呼。气则自然生，人气之生，生于真元，天地之气，亦自然生生不穷。至如海水因阳盛而涸，及阴盛而生，亦不是将已涸之气却生，水自然能生。往来屈伸，只是理也。盛则便有衰，昼则便有夜，往则便有来。”格庵赵氏曰：“屈伸往来者，气也；其所以屈伸往来者，理也。往而屈者，其气已散；来而伸者，其气方生，生生之理自然不穷。若谓以既屈之气，复为方伸之气，则是天地间只有许多气，来来去去，其轮回之说，而非理之本然也。”谢氏说则善矣，但归根之云，似亦微有反原之累耳。上蔡谢氏曰：“动而不已，其神乎？滞而有迹，其鬼乎？往来不息，神也；摧仆归根，鬼也。致生之故，其鬼神；致死之故，其鬼不神，何也？人以为神则神，以为不神则不神矣。知死而致生之不智，知死而致死之不神，圣人所以神明之也。”或问：“死生之说如何？”曰：“人死时气尽也。”曰：“有鬼神否？”曰：“余当时亦曾问明道先生，明道曰：‘待向你道无来，你怎生信得及？待向你道有来，你但去寻讨看。’此便是答的语。”又曰：“横渠说得来别，这个便是天地间妙用，须是将来做个题目入思议始得，讲说不济事。”又问曰：“沉魂滞魄，影响底事如何？”曰：“须是自家看破始得。张亢郡君化去，尝来附语，亢所知事皆能言之，亢一日方与道士围棋，又自外来，道士将一把棋子令将去问之，张不知数，便道不得。又如紫姑神不识字底，把着写不得，推此可以见矣。”曰：“先王祭享鬼神则甚？”曰：“是他意思别，三日斋、五日戒，求诸阴阳四方上下，盖是要集自家精神，所以假有庙，必于

《萃》与《涣》言之①。虽然，如是以为有亦不可，以为无亦不可，这里有妙理，于若有若无之间，须断置得去始得。”曰：“如此说，却是鹘突也。”曰：“不是鹘突，自家要有便有，要无便无，始得。鬼神在虚空中辟塞满，触目皆是，为他是天地间妙用，祖考精神，便是自家精神。”朱子曰：“归根本，老氏语。毕竟无归，这个何曾动？此性只是天地之性，当初亦不是自彼来而入此，亦不是自往而复归。如月影在这盆水里，除了这盆水，这影便无了，岂是这月飞上天，去归那月？又如这花落，便无这花了，岂是归去那里，明年又复来生这枝上？”游、杨之说，皆有不可晓者，广平游氏曰：“道无不在，鬼神具道之妙用也，其德固不盛欤？夫欲知鬼神之德者，反求诸其心而已。神将来舍，则是神之格思也。若正心以度之，则乖矣，所谓不可度思也。正心度之犹不可，又况得而忘之乎？所谓不可射思也。不可度，故视不见、听不闻；不可射，故如在其上，如在其左右也。夫微之显如此，以其诚之不可掩也。诚则物物皆彰矣，故不可掩。微之显者其理也，诚之不可掩，以其德言也。”龟山杨氏曰：“鬼神之德，惟诚而已，诚无幽明之间，故其不可掩如此，夫不诚则无物，所谓体物而不可遗者，尚何显之有？知此，其知鬼神矣。”唯“妙万物而无不在”一语便是，而以其他语考之，不知其于是理之实，果何如也？龟山杨氏曰：“鬼神体物而不可遗，盖其妙万物而无不在故也。”侯氏曰：“鬼神形而下者，非诚也，鬼神之德，则诚也。”按经文本赞鬼神之德之盛，如下文所云，而结之曰“诚之不可掩如此”，则是以为鬼神之德所以盛者，盖以其诚耳，非以诚自为一物，而别为鬼神之德也。今侯氏乃析鬼神与其德为二物，而以形而上下言之，乍读如可喜者，而细以经文事理求之，则失之远矣。程子所谓“只好隔壁听”者，其谓此类也夫！音扶。河东侯氏曰：“只是鬼神非诚也。经不曰鬼神，而曰‘鬼神之为德其盛矣乎’，鬼神之德，诚也。《易》曰：‘形而上者谓之道，形而下者谓之器。’鬼神亦器也，形而下者也。学者心得之可也。”问：“鬼神之德如何？”朱子曰：“此言鬼神实然之理，犹言人之德，不可道人自为一物，其德自为德。侯氏解鬼神之为德，谓鬼神为形而下者，鬼神之德为形而上者。且如中庸之为德，不成说中庸形而下者，中庸之德为形而上者。”双峰饶氏曰：“鬼神之为德与中庸之为德，语意一般，所谓德，指鬼神而言也。”曰：子之以干事明体物，何也？曰：天下之物，莫非鬼神之所为也，故鬼神为物之体，而物无不待是而有者。然曰为物之体，则物先乎气，必曰体物，然后见其气先乎物而言顺耳。朱子曰：“不是有此物时，便有此鬼神，凡是有这鬼神了，方有此物，及至有此物了，又不能违乎鬼神也。体物，将鬼神做主，将物做宾，方看得出。”干，犹木之有干，必先有此，而后枝叶有所附而生焉，贞之干事，亦犹是也。

或问十七章之说。曰：程子、张子、吕氏之说备矣。程子曰：“知天命是达天理也，必受命，是得其应也。命者，是天之付与，如命令之命。天之报应，皆如影响。得其报者，是常理也，不得其报者，非常理也。然而细推之，则须有报应，但人以浅狭之

---

① 《易·萃》：“《萃》。亨，王假有庙。利见大人。利贞。”《易·涣》：“《涣》。亨，王假有庙。利涉大川，利贞。”

见求之，便为差互。天命不可易也，然有可易者，唯有德者能之，如修养之引年，世祚之祈天永命，常人之至于圣贤，皆此道也。"张子曰："德不胜气，性命于气；德胜其气，性命于德。穷理尽性，则性天命，命天德。气之不可变者，独死生修夭而已。故论死生，则曰有命，以言其气也。语富贵，则曰在天，以言其理也。此大德所以必受命。"蓝田吕氏曰："天命之所属，莫逾于大德，至于禄位名寿之皆极，则人事至矣，天命申矣。天之万物，其所以为吉凶之报，莫非因其所自取也。植之固者，加雨露之养，则其末必盛茂；植之不固者，震风凌雨，则其本先拨。至于人事，则得道者多助，失道者寡助，是皆因其材而笃焉，栽者培之，倾者覆之者也。古之君子，既有宪宪之令德，又有宜民宜人之大功，此宜受天禄矣。故天保佑之，申之，以受天命，此大德所以必受命，是亦栽者培之之义与?"又曰："命虽不易，惟至诚不息，亦足以移之，此大德所以必受命。"杨氏所辨孔子不受命之意，则亦程子所谓非常理者尽之。而侯氏所推以谓舜得其常，而孔子不得其常者，尤明白也。龟山杨氏曰："孔子当衰周之时，犹木之生非其地也，虽其雨露之滋，而牛羊斧斤相寻于其上，则是濯濯然也，岂足怪哉?"河东侯氏曰："舜匹夫也，而有天下，此所谓必得者，先天而天弗违也。孔子亦匹夫也，亦德为圣人也，而不得者，后天而奉天时也。必得者，理之常也；不得者，非常也。得其常者，舜也；不得其常者，孔子也。"至于颜、跖音只，与孟子"蹠之徒"之"蹠"字通。寿夭之不齐，则亦不得其常而已。杨氏乃忘其所以论孔子之意，而更援老聃他谈反。之言，以为颜子虽夭而不亡者存，则反为衍说，而非吾儒之所宜言矣。且其所谓不亡者，果何物哉？若曰天命之性，则是古今圣愚公共之物，而非颜子所能专；若曰气散而其精神魂魄犹有存者，则是物而不化之意，犹有滞于冥漠之间①，尤非所以语颜子也。龟山杨氏曰："颜跖之夭寿不齐，何也？老子曰：'死而不亡曰寿。'颜虽夭而不亡者，犹在也，非夫知性知天者，其孰能识之?"侯氏所谓孔子不得其常者善矣，然又以为天于孔子固已培之，则不免有自相矛盾处。盖德为圣人者，固孔子之所以为栽者也。至于禄也、位也、寿也，则天之所当以培乎孔子者，而以适丁气数之衰，是以虽欲培之而有所未能及尔，是亦所谓不得其常者，何假复为异说以汩音骨。之哉！河东侯氏曰："天之生物，必因其材而笃焉，栽者培之，倾者覆之，非谓如孔子者也，孔子德为圣人，其名与禄寿孰御焉？固以培之矣。孟子所谓天爵者也，何歉于人爵哉?"

或问十八、十九章之说。曰：吕氏、杨氏之说，于礼之节文度数详矣，其间有不同者，读者详之可也。蓝田吕氏曰："期之丧达乎大夫者，期之丧有二，有正统之期，为祖父母者也，有旁亲之期，为世父母、叔父母、众子昆弟，昆弟之子是也。正统之期，虽天子诸侯莫降。旁亲之期，天子诸侯绝服，而大夫降，所谓尊不同，故或绝或降也。大夫虽降，犹服大功，不如天子诸侯之绝服也。如旁亲之期，亦为大夫，则大夫亦不降，所谓尊同则服其亲之服也。诸侯虽绝服，旁亲尊同，亦不降，所不臣者犹服之。如始封之君，不臣诸父昆弟，封君之子，不臣诸父而臣昆弟，是也。三年之丧达乎天子

① 冥漠：空无所有。

者，三年之丧为父为母，適孙为祖，为长子为妻而已。天子达乎庶人一也，父在，为母及妻虽服期，然本为三年之丧，但为父为夫屈者也，故与齐衰期之余丧异者有三：服而加杖，一也；十一月而练，十三月而祥，十五月而禫，二也；夫必三年而后娶，三也。周穆后崩，太子寿卒，叔向曰'王一岁而有三年之丧二焉'，则包后亦为三年也。""宗庙之礼，所以序昭穆、别人伦也。亲亲之义也，父为昭、子为穆。父，亲也，亲者迩，则不可不别也。祖为昭，孙亦为昭，祖为穆，孙亦为穆。祖，尊也，尊者远，则不嫌于无别也。故孙可以为王父尸，子不可以为父尸，此昭穆之别于尸者也。丧礼：卒哭而祔，男祔于皇祖考，女祔于皇祖妣，妇祔于皇祖姑。《丧服小记》：士大夫不得祔于诸侯，祔于诸祖父之为士、大夫者，亡则中一以上而祔，祔必以其昭穆。此昭穆之别于祔者也。有事于太庙，子姓兄弟，亦以昭穆别之。群昭群穆不失其伦，凡赐爵，昭与昭齿，穆与穆齿，此昭穆之别于宗者也。序爵者，序诸侯诸臣与祭者之贵贱也，贵贵之义也。《诗》曰：'相维辟公，天子穆穆。'此诸侯之助祭者也。'於穆清庙，肃雍显相，济济多士，秉文之德'，此诸臣之助祭者也。序事者，别贤与能而授之事也，尊贤之义也。孰可以为祭而诏相，孰可以为祝而祝嘏，孰可以裸赞献，孰可以执笾豆。至于执爵沃盥，莫不辨其贤能之大小而序之也。旅酬下为上者，使贱者亦得申其敬也，下下之义也。若特牲馈食之礼，宾弟子，兄弟弟子，各举觯于其长，以行旅酬于宗庙之中，以有事为荣也。燕毛者，既祭而燕，则尚齿也，长长之义也。毛，发色也，以发色别长少而为之序也。祭则贵贵，贵贵则尚爵，燕则亲亲，亲亲则尚齿，其义一也。天下之大经，亲亲长长，贵贵尊贤而已，人君之至恩，下下而已。一祭之间，大经以正，至恩以宣，天下之事尽矣。"龟山杨氏曰："祭有昭穆，所以别父子远近长幼亲疏之序也。故有事于太庙，则群昭群穆咸在而不失其伦焉，此宗庙之礼，所以序昭穆也。尸饮五，君洗玉爵献卿，尸饮七，以瑶爵献大夫，尸饮九，以散爵献士及群有司，此序爵而尊卑有等，所以辨贵贱也。玉帛，交神明也，裸鬯①，求神于幽也，故天地不裸，则玉币尊于鬯也，故太宰赞之。鬯则大宗伯莅之，裸则又卑于鬯也，故小宰赞之。若此类，所谓序事也。先王量德授位，因能授职，此序事所以辨贤也。馈食之终，酳尸之献，下待群有司更为献酬，此旅酬下为上，所以逮贱也。既终而以燕毛为序，所以序齿也。序昭穆，亲亲也；序爵，贵贵也；序事，尚德也；旅酬逮贱，燕毛序齿，尚恩也。敬亲者不敢慢于人，况其所尊乎？爱亲者不敢恶于人，况其所亲乎？事死如事生，若余阁之奠是也，事亡如事存，若齐必见其所祭者是也。"游氏引《泰誓》、《武成》以为文王未尝称王之证，深有补于名教，广平游氏曰："武王于《泰誓》三篇，称文王为文考，至《武成》而柴望，然后称文考为文王，仍称其祖为大王王季，然则周公追王大王王季者，乃文王之德、武王之志也，故曰：成文武之德，不言文王者，武王既追王矣。武王既追王，而不及太王王季，以其末受命，而其序有未暇也。《礼记·大传》载牧野之奠，追王太王、亶父、王季历、

① 祼鬯：古代祭祀仪式。以香酒灌地而告神。祼：祭名，以香酒灌地而求神。鬯：古代宗庙祭祀用的香酒，以郁金香合黑黍酿成。

文王昌，亦据《武成》之书，以明追王之意出于武王也。世之说者，因《中庸》无追王文王之文，遂以为文王自称王，岂未尝考《泰誓》、《武成》之书乎？君臣之分，犹天尊地卑，纣未可去，而文王称王，是二天子也。服事商之道，固如是耶？《书》所谓九年大统未集者，后世以虞芮质厥成，为文王受命之始故也。当六国时，秦固以长雄天下，而周之位号微矣！辛垣衍欲帝秦，鲁仲连以片言折之，衍不敢复出口，盖名分之严如此。故以曹操之英雄，逡巡于献帝之末而不得逞，彼盖知利害之实也。曾谓至德如文王，一言一动，顺帝之则，而反盗虚名而昧天理乎？且武王观政于商，而须暇之五年，非伪为也，使纣一日有悛心，则武王当与天下共尊之，必无牧野之事，然则文王已称之名，将安所归乎？此天下之大戒，故不得不辨。"然欧阳、苏氏之书，亦已有是说矣。欧阳氏曰①："孔子曰：三分天下有其二，以服事商，使西伯不称臣而称王，安能服事于商乎？伯夷叔齐让国而去，顾天下皆不可归，往归西伯。当是时，纣虽无道，天子在上，诸侯不称臣而称王，是僭叛之国也。彼二子者，不非其父而非其子，此岂近于人情耶？由是言之，谓西伯称王十年者，妄说也。《泰誓》称十有一年，说者谓自文王受命九年，及武王居丧三年，并数之，是以听虞芮之讼谓之受命，以为元年。古者人君即位，必称元年，西伯即位，已改元矣，中间不宜改元而又改元。至武王即位，宜改元而反不改元，乃上冒先君之元年，并其居丧称十一年。及其灭商而得天下，其事大于听讼远矣，又不改元。由是言之，谓西伯以受命之年为元年者，妄说也。"格庵赵氏曰："按眉山二苏氏说，与欧阳氏殊不同，朱子所引未知何苏氏也，当考。"【附纂】苏氏本三苏文论管仲处说。郊禘②，吕、游不同，然合而观之，亦表里之说也。蓝田吕氏曰："事上帝者，所以立天下之大本，道之所由出也。祀乎其先者，所以正天下之大经，仁义之所由始也。洋洋乎如在其上，如在其左右，虽隐微之间，恐惧戒谨而不敢欺，则所以养其诚心至矣。盖以为不如是，则不足以立身，身且不立，乌能治国家哉？"广平游氏曰："祭祀之义，非精义不足以究其说，非体道不足以致其义。盖惟圣人为能飨帝，为其尽人道而与帝同德，孝子为能飨亲，为其尽子道而与亲同心也。仁孝之至，通乎神明，而神祇祖考安乐之，则于郊社之礼、禘尝之义，始可以言明矣。夫如是，则于为天下国家也何有？"○曰：昭穆之昭③，世读为韶，今从本字，何也？曰：昭之为言，明也，以其南面而向明也。其读为韶，先儒以为晋避讳而改之，晋避司马昭讳。然《礼》、《书》亦有作佋与"韶"同音。字者，则假借而通用耳。曰：其为向明，何也？曰：此不可以空言晓

① 欧阳氏：欧阳修(1007—1072年)，宋庐陵吉水人。字永叔，自号醉翁、六一居士。举天圣八年进士甲科，官至枢密副使、参知政事。因议新法，与王安石不合，致仕，退居颍川，卒谥文忠。博览群书，以文章著名。撰有《毛诗本义》、《新五代史》、《集古录》等。并与宋祁合修《新唐书》。后人辑有《欧阳文忠集》一百五十三卷，附录五卷。《宋史》有传。

② 郊禘：古帝王以祖先配祭昊天上帝。郊，古帝王祭祀天地。冬至祭天于南郊，夏至瘗地于北郊。禘：古代帝王、诸侯举行各种大祭的总名。凡祀天、宗庙大祭与宗庙时祭均称为"禘"。

③ 昭穆：古代宗法制度，宗庙或宗庙中神主的排列次序，始祖居中，以下父子(祖、父)递为昭穆，左为昭，右为穆。

也，今且假设诸侯之庙以明之。盖周礼建国之神位左宗庙，则五庙皆在公宫之东南矣①，其制则孙毓余六反。以为外为都宫，太祖在北，二昭二穆以次而南是也。孙毓曰②："宗庙之制，外为都宫，内各有寝庙，别有门垣，太祖在北，左昭右穆，差次而南。"盖太祖之庙，始封之君居之，昭之北庙，二世之君居之，穆之北庙，三世之君居之，昭之南庙，四世之君居之，穆之南庙，五世之君居之，庙皆南向，各有门堂室寝，而墙宇四周焉。太祖之庙，百世不迁，自余四庙，则六世之后，每一易世而一迁。其迁之也，新主祔于其班之南庙③，南庙之主迁于北庙，北庙亲尽则迁其主于太庙之西夹室，而谓之祧。音挑。朱子曰："古者始祖之庙有夹室，凡祧主皆藏之于夹室。"凡庙主在本庙之室中皆东向，及其祫于太庙之室中，则惟太祖东向自如，而为最尊之位。群昭之入乎此者，皆列于北牖下而南向，群穆之入乎此者，皆列于南牖下而北向。南向者，取其向明，故谓之昭；北向者，取其深远，故谓之穆。盖群庙之列，则左为昭而右为穆，祫祭之位，祫，音洽，大合祭也。则北为昭而南为穆也。【通考】赵氏德曰："按三礼辨曰：宗庙昭穆，《或问》之说详矣，但谓祫于太庙室中，则群昭群穆之主，皆如列牖下则小误耳。逸禘祫礼，昭穆各用一尸，盖周之中世，先王先公之位已凡二十余所，使南北相向，各列牖下，假以宣王考室之时言之。后稷东向，先公不窋以下十一尸，先王太王以下十三尸。南北相向，每尸设二十六豆笾，九俎八簋六铏，及尸与主宾献酬之地，盖此明堂三倍之广，而二十余尸，各十一献，又有三酬，亦非一日所能行也。愚因李氏之说而考之，陈祥道《礼书》言禘祭之礼，大王、王季以上，迁主于后稷之庙，其座位与祫祭同。文武以下，若穆之迁主祭于文王之庙，文王居室之奥东面，文王孙成王居文王之东，而北面以下穆主直至亲尽之祖，以次继而东阶，北面无昭主，若昭之迁主祭于武王之庙，武王亦居室之奥，东面以次，亦继而东，直至亲尽之主无穆主也。其尸：后稷庙中后稷尸一，昭、穆尸各一。文王庙中、武王庙中文王尸一，昭穆尸各一，武王尸一，昭尸共一。其实太祖庙中三尸也。其五斋自醴斋而下四斋而已，无泛斋。酒亦三酒，所陈设之处，所加之明水、玄酒等，一如禘祭于文王之庙，无降神之乐，其祼尊用鸡彝鸟彝，朝践用两献，尊再献，用两象尊，其迎尸出在堂之时，其后稷文武之尸，皆南面，余尸主如室中之左右也。合乐时，四代之乐。其祭礼后稷、文王、武王庙各一日，绎祭则同一日。愚因郑说推之，禘之迎主不迎主固未可知。若昭穆各用一尸，以及礼文之杀，恐亦或然，故杜预云：《逸礼》，祫于太庙之礼，毁庙之王升合食而立二尸。以此言之，则祫祭之群昭群穆虽多，昭而言则七尸既不备，则笾豆簠簋之杀，恐亦当如郑氏之说也。李氏云尸各十一献，此因贾公彦之说也。贾曰祫有十二献，禘九献。祫之十二献，此必因《少牢馈食礼》'尸有十二饭'而言。《礼器》云一献质，再献

① 五庙：古代诸侯立五庙，即父、祖、曾祖、高祖、始祖之庙。公宫：君王的宫殿。

② 孙毓：字休朗，北海人，晋长沙太守。著有《毛诗异同评》十卷，《左传义注》十八卷、《左传贾服异同略》五卷等。

③ 祔：新死者附祭于先祖。班：分等列序，排列。

文，五献察，七献神。七献祭先公。此语可。昭者以此例之，则先王或是九献。若曰十二献者，特牲馈食礼，主人主妇既酳尸毕，然后长兄弟洗觚，为加爵，献用爵，加用觚，加在献数之外。加爵之时，笾人加，侄兄弟群昭群穆分之，于理亦顺，则无妨于一日所行矣。”曰：六世之后，二世之主既祧，则三世为昭，而四世为穆，五世为昭，而六世为穆乎？曰：不然也。昭常为昭，穆常为穆，礼家之说，有明文矣。盖二世祧，则四世迁昭之北庙，六世祔音附。昭之南庙矣；三世祧，则五世迁穆之北庙，七世祔穆之南庙矣。昭者祔，则穆者不迁，穆者祔，则昭者不动。朱子曰：“迁毁之序，则昭常为昭，穆常为穆，盖祔昭，则群昭皆动，而穆不移。祔穆，则群穆皆移，而昭不动。”此所以祔必以班，【附纂】黄氏洵饶曰：“即昭常为昭之数。”尸必以孙①，朱子曰：“《仪礼》所谓以其班祔，《檀弓》所谓祔于祖父是也。”“古者立尸，必隔一位，孙可以为祖尸，子不可以为父尸，以昭穆不可乱也。”而子孙之列，亦以为序。《礼记·祭统篇》云：夫祭之道，孙为王父尸。王父，乃祖也。所使为尸者，于祭者，子行也，父北面而事之，所以明子事父之道也。行音杭。若武王谓文王为穆考，成王称武王为昭考，则自其始祔而已然，而《春秋传》去声。下同。以管、蔡、郕、霍为文之昭②，邗、音于。晋、应、平声。韩为武之穆③，则虽其既远而犹不易也，岂其交错彼此若是之纷纷哉！格庵赵氏曰：“后稷至文武十五六世，文王于庙次为穆，故谓其子为昭，管蔡郕霍者，文王之子也。武王于庙次为昭，故谓其子为穆，邗晋应韩者，武王之子也。”曰：庙之始立也，二世昭而三世穆，四世昭而五世穆，则固当以左为尊而右为卑矣。今乃三世穆而四世昭，五世穆而六世昭，是则右反为尊而左反为卑也，而可乎？曰：不然也。宗庙之制，但以左右为昭穆，而不以昭穆为尊卑。故五庙同为都宫，则昭常在左，穆常在右，而外有以不失其序。一世自为一庙，则昭不见穆，穆不见昭，而内有以各全其尊。必大祫而会于一室，然后序其尊卑之次，则凡已毁未毁之主，又毕陈而无所易。朱子曰：“一昭一穆，固有定次，而其自相为偶，亦不可易，但其散居本庙，各自为主而不相厌，则武王进居王季之位，而不嫌尊于文王，及其合食于祖，则王季虽迁，而武王自当与成王为偶，未可以遽进而居王季之处也。”唯四时之祫，不陈毁庙之主，【附纂】黄氏洵饶曰：“此四时之祫，又曰三年祫，五年禘，左右为尊卑。大祫则已毁皆陈。庙制不以左右为尊卑。”则高祖有时而在穆，其礼未有考焉，意或如此，则高之上无昭，而特设位于祖

① 尸：古代祭祀时代死者受祭的人。尸必以孙：即以孙来作为祭祀礼节中的“尸”。

② 管、蔡、郕、霍：都是周文王的儿子的封国。武王灭商后，封其弟鲜于管（今河南郑州），与其弟蔡叔度相纣王子武庚禄父，治理殷朝遗民。蔡：周时诸侯国名。周武王弟叔度始封于蔡，后因反叛，被流放而死。郕：古诸侯国名。周武王弟叔武的封国。故址在今山东宁阳北。霍：古国名。始封之君为周武王之弟叔处，春秋时为晋所灭。约当今山西省霍县西南。

③ 邗、晋、应、韩：都是周武王的儿子的封国。邗：古诸侯国名。周武王子邗叔之封地。春秋时为郑邑。在今河南沁阳西北邘台镇。晋：古诸侯国名。周成王封弟叔虞于尧之故墟唐，南有晋水，至叔虞子燮父改国号晋。故址在今山西省、河北省南部、陕西省中部及河南省西北部。后晋为其大夫韩、赵、魏所分。应：古国名。在今河南省鲁山县东。韩：古国名。公元前11世纪周分封的同姓诸侯国。其地在今山西河津东北。西周、春秋间为晋所灭。

之西，祢乃礼反。之下无穆，而特设位于曾之东也与？羊诸反。曰：然则毁庙云者，何也？曰：《春秋传》曰："坏音怪。庙之道，易檐余廉反。可也，改涂可也①。"说者以为将纳新主，示有所加耳，非尽彻而悉去上声之也。朱子曰："改涂易檐，言不是尽除，只改其衣饰，易其屋檐而已。"新安陈氏曰："所引《春秋传》见《榖梁》文公二年。"曰：然则天子之庙，其制若何？曰：唐之文祖②，虞之神宗③，商之七世三宗，其详今不可考，《书·舜典》云：受终于文祖。《大禹谟》云：受命于神宗。《商书·咸有一德》云：七世之庙，可以观德。新安陈氏曰："三宗，谓太甲庙号太宗，太戊号中宗，武丁号高宗是也。"独周制犹有可言，然而汉儒之记，文已有不同矣。谓后稷始封，文、武受命而王，去声。故三庙不毁，与亲庙四而七者，诸儒之说也。朱子曰："韦元成等书，谓王者始受命，诸侯始封之君，皆为太祖，以下五世而迭毁，毁庙之主，藏于太祖，周之所以七庙者，以后稷始封，文武受命，三庙不毁，与亲庙四而已。"谓三昭三穆与太祖之庙而七，文、武为宗，不在数中者，刘歆虚今反。之说也。朱子曰："歆谓七者，其正法数，可常数者，宗不在此数中。宗，变也。苟有功德则宗之，不可预为设数，故于殷有三宗，周公举之以告成王，由是言之，宗无数也。"虽其数之不同，然其位置迁次，宜亦与诸侯之庙无甚异者。但如诸儒之说，则武王初有天下之时，后稷为太祖而组音祖。绀古暗反。居昭之北庙，太王居穆之北庙，王季居昭之南庙，文王居穆之南庙，犹为五庙而已。至成王时，则组绀祧，王季迁，而武王祔。至康王时，则太王祧，文王迁，而成王祔。至昭王时，则王季祧，武王迁，而康王祔。自此以上，上声。亦皆且为五庙，而祧者藏于太祖之庙。至穆王时，则文王亲尽当祧，而以有功当宗，故别立一庙于西北，而谓之文世室，于是成王迁，昭王祔，而为六庙矣。至共音恭。王时，则武王亲尽当祧，而亦以有功当宗，故别立一庙于东北，谓之武世室，于是康王迁，穆王祔，而为七庙矣。自是之后，则穆之祧者藏于文世室，昭之祧者藏于武世室，而不复藏于太庙矣。如刘歆之说，则周自武王克商，即增立二庙于二昭二穆之上，以祀高圉、音语。亚圉，如前遞迁④，至于懿王，而始立文世室于三穆之上，至孝王时，始立武世室于三昭之上，此为少不同耳。格庵赵氏曰："父昭子穆而有常数者，礼也。祖功宗德而无定法者，义也。周于三昭三穆之外，而有文武之庙，观《春秋传》，称襄王致文武胙于齐侯，《史记》称显王致文武胙于秦孝公。方是时，文武固已远矣，襄王显王犹且祀之，则其庙不毁可知矣。"【通考】赵氏德曰："文世室、武世室，盖本于《礼记·明堂位》之言，鲁公之庙，文世室也；武公之庙，武世室也。郑注：此二庙象周有文王武王之庙

---

① 语见《春秋穀梁传·文公》。

② 唐之文祖：唐尧的始祖之庙。文祖：帝尧始祖之庙，后泛指太祖庙。尧初封于陶，又封于唐，号陶唐氏，又称唐尧。

③ 虞之神宗：虞舜的祖庙。泛指太祖庙。苏轼曰："尧之所从受天下者曰文祖，舜之所从受天下者曰神宗。受天下于人，必告于其人之所从受者。"虞：古国名。舜之先封于虞，故城在今山西省平陆县东北。舜史称虞舜或舜。

④ 遞：王逸注："遞，一作'迭'。"洪兴祖补注："遞，更易也。本作遰。"

也。世室者，不毁之名。鲁公，伯禽也；武公，伯禽之玄孙，名敖。疏云：文世室者，鲁公伯禽有文德，世世不毁其室，故云文世室；武世室者，伯禽玄孙武公有武德，其庙不毁，故云武世室。按记礼者之意，谓周有文王世室、武王世室，成王赐鲁以天子礼乐，故鲁有伯禽及武公之庙，得以象文王武王不毁之庙也。后儒因《明堂位》之文，遂以周有文世室、武世室也。《三礼辨》曰：武公之庙，盖已久毁，成公三年，季孙宿以鞌之战有功而立之，《春秋》书'立武宫'，《左氏》、《公羊》并讥之，谓不宜立也。世室屋坏，《左氏》谓之太室，《公》、《谷》谓之世室，武、汤皆称宫，无所谓武世室也。诸儒或引此以证文王武王之庙为世室，误矣!"曰：然则诸儒与刘歆之说，孰为是？曰：前代说者，多是刘歆，愚亦意其或然也。朱子曰："歆说得较是，他谓宗不在七庙中者，恐有功德者多，则占了那七庙数也。"格庵赵氏曰："若从诸儒之说，则王者不过立亲庙四，与太祖为五，其与诸侯五庙又何别乎？《商书》已云七世之庙，可以观德，则自昔有七庙矣，故朱子以歆说为是。"曰：祖功宗德之说尚矣，而程子独以为如此，则是为子孙者，得择其先祖而祭之也，子亦尝考之乎？曰：商之三宗，周之世室，见贤遍反。于经典，皆有明文，而功德有无之实，天下后世自有公论。若必以此为嫌，则秦政之恶去声。夫音扶。子议父、臣议君，而除谥法者，不为过矣。朱子曰："商之三宗，若不是别立庙，只是亲庙时，何不胡乱将三个来立，如何恰曰取太甲、太戊、高宗为之，那个祖有功，宗有德，天下后世自有公论，不以拣择为嫌，所谓名之曰幽厉，虽孝子慈孙，百世不能改。那个好底，自是合当祭祀，如何毁得?"【通考】按《史记·始皇纪》：二十六年，制曰："朕闻太古有号，死而以行为谥，如此则子议父，臣议君也，甚无谓，朕弗取焉。其除谥法。"且程子晚年尝论本朝音潮。庙制，亦谓太祖、太宗皆当为百世不迁之庙，以此而推，则知前说若非记者之误，则或出于一时之言，而未必其终身之定论也。程子曰："祖有功，宗有德，文武之庙，永不祧也。所祧者，文武以下庙，如本朝太祖太宗，皆万世不祧之庙。河东闽浙，皆太宗取之，无可祧之理也。"曰：然则大夫、士之制，奈何？曰：大夫三庙，则视诸侯而杀其色界反。下同。二，然其太祖昭穆之位，犹诸侯也。適音的。士二庙①，则视大夫而杀其一，官师一庙②，则视大夫而杀其二，然其门堂寝室之备，犹大夫也。曰：庙之为数，降杀以两，而其制不降，何也？曰：降也。天子之山节、藻棁、复音福。庙、重平声。檐，与"簷"同③。诸侯固有所不得为者矣；诸侯之黝于九反。垩、音恶。斫竹角反。砻④，大夫有不得为矣；

---

① 适士：上士。古代官阶之一，地位次于下大夫，高于中士，一般由大宗世嫡者担任。《礼记·祭法》："适士二庙一坛。"

② 官师：百官，较低级的官吏。

③ 山节、藻棁、复庙、重檐：古代天子的庙饰。山节，刻成山形的斗拱；藻棁，画有藻文的梁上短柱。《礼记·明堂位》："山节藻棁……天子之庙饰也。"

④ 黝、垩：涂以黑色和白色。《礼记·丧服大记》："既祥，黝垩。"孔颖达疏："黝，黑色，平治其地令黑也。垩，白也，新涂垩于墙壁令白。"斫：用刀斧等砍或削。砻：磨。这里是指诸侯庙饰中常用的制作工序。

大夫之仓楹、音盈。斫桷，音角，椽方曰桷。士又不得为矣，曷为而不降哉？格庵赵氏曰：“山节，谓欂栌刻为山形，即今之斗栱。藻棁者，谓侏儒柱，画为藻文，梁上短柱也。复庙者，上下重屋也。重檐，重承壁材也，谓就外檐下壁复安板檐，以辟风雨之洒壁。”“黝，黑也；垩，白也。地谓之黝，墙谓之垩。斫，削也。礲，磨也。”“仓楹者，苍其柱也。斫桷者，磨其椽也。”【附纂】黄氏洵饶曰：“《礼》：天子宗庙，‘山节藻棁，复庙重檐’。《穀梁》庄公二十三年丹桓宫楹，《传》曰：‘天子诸侯黝垩，大夫仓，士黈。’二十四年刻《桓宫桷传》：‘天子之桷，斲之、礲之，加密石焉。诸侯之桷，斫之、礲之，大夫斫，士斫本。’”独门堂寝室之合，然后可名于宫，则其制有不得而杀耳。盖由命士以上，上声。父子皆异宫，生也异宫，而死不得异庙，则有不得尽其事生事存之心者，是以不得而降也。曰：然则后世公私之庙，皆为同堂异室，而以西为上者，何也？曰：由汉明帝始也①。夫音扶。汉之为礼略矣，然其始也，诸帝之庙皆自营之，各为一处，虽其都宫之制，昭穆之位，不复如古，然犹不失其独专一庙之尊也。至于明帝，不知礼义之正，而务为抑损之私，遗诏藏主于光烈皇后更平声。衣别室②，而其臣子不敢有加焉。魏、晋循之，遂不能革，而先王宗庙之礼，始尽废矣。【通考】赵氏德曰：“魏明帝青龙四年，高堂隆生上疏曰：‘凡帝王徙都立邑，必定天地、社稷之位，敬恭以奉之。将营宫室，则宗庙为先，厩库为次，居室为后。今国立，方泽南北郊明堂社稷神位未定，宗庙之制未为礼。’晋武泰始二年春正月，即用魏朝祭礼，司马公所谓先王宗庙之礼始尽废，盖可知矣。裴秀傅玄之徒，尚欲其君遵汉文以日易月之制，废先王之礼经，此司马公所不能已于言也。原庙，谓又一庙也。胡致堂云，天子七庙致其诚敬足矣。《中庸》记宗庙之礼，陈其宗器，设其裳衣，非他所也，谓庙中也；非他时也，谓祭祀时也。今以死者衣冠月出游之，及筑复道于武库南，于礼亵矣，使后世致荣于原庙而简于太庙者，则通说启之也。其后汉明帝遂有朝原陵之失，此举盖生于原庙。”降及近世，诸侯无国，大夫无邑，则虽同堂异室之制，犹不能备，独天子之尊，可以无所不致，顾乃梏姑沃反。于汉明非礼之礼，而不得以致其备物之孝。盖其别为一室，则深广之度，或不足以陈鼎俎③，而其合为一庙，则所以尊其太祖者，既亵而不严，所以事其亲庙者，又厌于甲反。而不尊，是皆无以尽其事生事存之心，而当世宗庙之礼，亦为虚文矣。朱子曰：“更历魏晋，下及隋唐，其间非无奉先思孝之君，据经守礼之臣，而皆不能有所裁正。其弊，至使太祖之位下同孙祖，而更僻处于一隅，既无以见其为七庙之尊；群庙之臣，则又上厌祖考，而不得自为一庙之主。以人情而论之，则生居九重，穷极壮丽而没祭一室，不过寻丈之间，甚或无地以容鼎俎，而阴损其数，子孙之心，宜亦有所不安哉！”宗庙之礼既为虚文，而事生事存之心，有终不能以自己者，于是原庙

① 明帝：即汉明帝刘庄(27—75年)，字严，庙号显宗。汉光武帝刘秀的第四子。建武十九年(43年)立为皇太子，公元57年即皇帝位。明帝即位后，悉遵奉光武制度。

② 光烈皇后：东汉开国皇帝刘秀的皇后阴丽华(4—64年)，南阳新野人，传为管仲之后，刘秀结发妻，建武十七年(41年)被立为皇后。

③ 鼎俎：鼎和俎，古代祭祀、燕飨时陈置牲体或其他食物的礼器。

之仪，不得不盛。然亦至于我朝，音潮。下同。而后都宫别殿，前门后寝，始略如古者宗庙之制，是其沿袭音习。之变，不惟穷乡贱士有不得闻，而自南渡之后①，故都沦没，权宜草创，无复旧章，则虽朝廷之上，礼官博士，老师宿儒，亦莫有能知其原者。幸而或有一二知经学古之人，乃能私议而窃叹之，然于前世，则徒知讥孝惠之饰非，责叔孙通之无礼②，而于孝明之乱命，与其臣子之苟从，则未有正其罪者；《前汉书·叔孙通传》：孝惠即位，惠帝乃高帝子也，乃谓通曰："先帝园陵寝庙，群臣莫习。"徙通为奉常，定宗庙仪法，又稍定汉诸仪法，皆通所论著也。惠帝为东朝长乐宫，及间往，数跸，烦民，作复道。方筑武库南，通奏事，因请问曰："陛下何自筑复道高寝，衣冠月出游高庙，子孙奈何乘宗庙道上行哉?"惠帝惧，曰："急坏之。"通曰："人主无过举，今已作，百姓皆知之矣。愿陛下为原庙渭北，衣冠月出游之，益广宗庙，大孝之本。"上乃诏有司立原庙。《后汉书·明帝纪》："十八年秋八月壬子，帝崩于东宫前殿，年四十八，遗诏：无起寝庙，藏主于光烈皇后更衣别室，扫地而祭，杅水脯糒而已。过百日，唯四时设奠，置吏卒数人，供给洒扫，勿开修道，敢有所兴作者，以擅议宗庙法从事。"《前书》曰：擅议宗庙者，弃市。于今之世，则又徒知论其惑异端徇流俗之为陋，而不知本其事生事存之心，有不得伸于宗庙者，是以不能不自致于此也。朱子曰："不起寝庙，明帝固不得为无失，然使章帝有魏颗之孝，其群臣有宋仲几、楚子囊之忠，则于此别有处矣。况以一时之乱命，而坏千古之彝制，其事体之轻重，又非如三子者之所正者而已耶!"又曰："如李氏所谓略于七庙之室，而为祠于佛老之侧，不为木主而为之象，不为禘祫烝尝之祀，而行一酌奠之礼，杨氏所谓舍二帝三王之正礼，而从一缪妄之叔孙通者，其言皆是也。然不知其所以致此，则由于宗庙不立，而人心有所不安也。不议复此，而徒欲废彼，亦安得为至当之论哉?"抑尝观于陆佃之议③，而知神祖之尝有意于此矣，然而考于史籍，则未见其有纪焉。若曰未及营表，故不得书，则后日之秉史笔者，即前日承诏讨论之臣也，所宜深探遗旨，特书总叙，以昭示来世，而略无一词以及之，岂天未欲使斯人者复见二帝三王之盛，故尼女一反，止也。其事而啬音色，正作嗇。其传耶？呜呼惜哉！朱子曰："神祖慨然深诏儒臣，讨论旧典，盖将以远迹三代之隆，一正千古之缪，不幸未及营表，世莫得闻，秉笔之士，又复不能特书其事以诏万世，今独其见于陆氏之文者，为可考尔。"然陆氏所定昭穆之次，又与前说不同，朱子曰："佃谓昭穆者父子之号，昭以明下为义，穆以恭上为义，方其为父则称昭，取其昭以明下也。方其为子则称穆，取其穆以恭上也，岂可胶哉？殊不知昭穆本以庙之居东居西，主之向

---

① 南渡：亦作"南度"，犹南迁。这里指宋高宗渡长江迁于南方建都，故史称南渡。

② 叔孙通：薛(今山东滕县)人，生卒年月不详，约在公元前3世纪至前2世纪之间，秦汉之际著名儒者。名载，叔孙通"秦时以文学征，待诏博士"(《史记·刘敬叔孙通列传》)。刘邦称帝后，叔孙通又进言"儒者难与进取，可与守成"，又迁升太子太傅。汉惠帝继位，制定宗庙的仪法。

③ 陆佃：(1042—1102年)字农师，越州山阴人。家贫苦学，映月读书。过金陵受经于王安石。佃精于礼家名数之说，著有《陶山集》十四卷，及《埤雅》、《礼象》、《春秋后传》、《鹖冠子注》等，共二百四十二卷。《宋史》有传。

南向北而得名，初不为父子之号也，必曰父子之号，则穆之子，又安可复为昭哉？且必如佃说，新死者必入穆庙，而自其父以上，穆迁于昭，昭迁于穆，祔一神，而六庙皆为之动，则其祔也又何不直祔于父，而必隔越一世，以祔于其所未应入之庙乎？”而张琥音虎。之议①，庶几近之，朱子曰：“琥谓四时常祀，各于其庙，不偶坐而相临，故武王进居王季之位，而不嫌尊于文王，及合食乎祖，则王季文王，更为昭穆，不可谓无尊卑之序。”读者更详考之，则当知所择矣。【通考】吴氏征曰：“古者天子祭七庙，初受命之主为太祖，东三昭西三穆，凡六庙。东西之南二庙为祢，为祖。东西之中二庙为高，为曾，此谓之四亲庙。东西之北二庙祭高祖之父，与高祖之祖，为二祧庙。亲庙四，祧庙二，合之为三昭三穆。其有功德之祖，亲尽，庙当毁，则别立一庙于昭穆北庙之北，谓之宗，百世不毁，与太祖同。周之文世室、武世室是也。太祖、二宗、三昭三穆谓之九庙，此天子之制也。诸侯所封之君为太庙，高曾祖祢为四亲庙，是曰二昭二穆，无二祧，亦无有功德之主，故其祫祭也，但有时祀而无太祀。旹祀者，迁二昭二穆之主合祭于太庙，大祫者三昭三穆二宗之外，凡庙之已毁者，皆得合祀于太祖之庙也。大夫三庙，初为大夫者居中，曰太庙，一昭一穆则祖祢也。上士二庙，惟祖与祢，无太庙也。中士下士一庙，祢庙而已，无祖庙也。庶人无庙，祭父于其寝中而已。中士下士之常祭，但得祭祢，若欲祭祖，则于祢庙祭之。上士欲祭曾、高，则于祖庙中祭之。大夫欲祭祖以上，则于太庙祭之。”又曰：“朱子所谓二祖者，此言继祢之宗子。载其考妣之精神，常与神主相依，不别立祠版之类也。干祫及其高祖者，干谓由下而达于上也。高祖本无庙，若或立功于国君，宠锡之，则合祭四代上及高祖。大夫则祭于其太庙，上士则祭于其祖庙，中下士则祭于其祢庙。”又曰：“大夫上有主，自伊川所定之礼始，然亦无害于义。但是有庙者有主，其无庙者，其主埋于葬所。若欲追庙制，皆非古，则只当循伊川所定之礼行之。”

或问二十章蒲卢之说②，何以废旧说而从沈氏也③？曰：蒲卢之为果蠃④，鲁果反，果蠃，细腰蜂也。他无所考，且于上下文义，亦不甚通，惟沈氏之说，乃与“地道敏树”之云者相应，故不得而不从耳。曰：沈说固为善矣，然《夏小正》‘十月玄雉入于淮为蜃’⑤，时忍反，大蛤也。而其传去声。下同。曰“蜃者，蒲卢也”，则似亦以蒲卢为变化之意，而旧说未为无所据也。曰：此亦彼书之传文耳，其他盖多穿凿不足据信，

---

① 张琥：张璪，初名琥，字邃明，全椒人，环弟。嘉祐三年进士，授缙云令，神宗时知谏院，郑侠事起，璪媚吕惠卿，劾冯京与侠交通，致京等于罪。拜中书侍郎。哲宗时谏官御史合攻之，劾为大奸小人，以资政殿学士出郑知州，进大学士，知扬州，卒赠右银青光禄大夫，谥简翼。

② 蒲卢：沈括认为就是蒲草和芦苇。

③ 沈氏：即沈括。

④ 果蠃：植物名，即栝楼，多年生草本植物，茎上有卷须，以攀缘他物。果实卵圆形，橙黄色。中医用来做镇咳祛痰药。其果实亦称“栝楼”。

⑤ 玄雉入于淮为蜃：见《大戴礼记·夏小正第四十七》。意即玄色的雉进入淮水，化成了蜃。杜预注：“蜃，大蛤也。”玄雉：黑色野鸡。雄者羽色美丽，尾长，可做装饰品。雌者尾较短，灰褐色。善走，不能远飞。

疑亦出于后世迂儒之笔，或反取诸此而附合之，决非孔子所见夏时之本文也。且又以蜃为蒲卢，则不应二物而一名，若以蒲卢为变化，则又不必解为果蠃矣。况此等琐碎，既非大义所系，又无明文可证，则姑阙之，其亦可也，何必详考而深辨之耶？〇曰：达道达德，有三知三行之不同，而其致则一，何也？曰：此气质之异，而性则同也。生而知者，生而神灵，不待教而于此无不知也；安而行者，安于义理，不待习而于此无所咈音拂。也。此人之禀气清明，赋质纯粹，天理浑然，无所亏丧去声。者也。学而知者，有所不知，则学以知之，虽非生知，而不待困也；利而行者，真知其利而必行之，虽有未安，而不待勉也。此得清之多，而未能无蔽，得粹之多，而未能无杂，天理小失，而能亟反之者也。困而知者，生而不明，学而未达，困心衡与"横"同。虑，而后知之者也；勉强而行者，不获所安，未知其利，勉力强矫而行之者也。此则昏蔽驳音剥。杂，天理几平声。亡，久而后能反之者也。此三等者，其气质之禀，亦不同矣，然其性之本，则善而已。故及其知之而成功也，则其所知所至，无少异焉，亦复其初而已矣。曰：张子、吕、杨、侯氏皆以生知安行为仁①，学知利行为知，去声。下文"则知"、"为知"、"非知"、"明知"、"语知"并同。困知勉行为勇，其说善矣。子之不从，何也？曰：安行可以为仁矣，然生而知之，则知之大，而非仁之属也；利行可以为知矣，然学而知之，则知之次，而非知之大也。且上文三者之目，固有次序，而篇首诸章，以舜明知，以回明仁，以子路明勇，其语知也不卑矣，夫音扶。岂专以学知利行者为足以当之乎？故今以其分去声。而言，则三知为智，三行为仁，所以勉而不息，以至于知之成功之一为勇；以其等而言，则以生知安行者，主于知而为智；学知利行者，主于行而为仁；困知勉行者，主于强而为勇。又通三近而言，则又以三知为智，三行为仁，而三近为勇之次，则亦庶乎其曲尽也欤！〇曰：九经之说，奈何？曰：不一其内，则无以制其外；不齐其外，则无以养其中。静而不存，则无以立其本；动而不察，则无以胜其私。故齐明盛服，非礼不动，则内外交养，而动静不违，所以为修身之要也。西山真氏曰："斋戒明洁以正其心，盛服俨然以正其容，心正则容正，故曰一其内，所以正其外；容正则心亦正，故曰斋于外，所以养其中。此内外交致其功也。静者，未应物之时，动者，应物之际，静而存养，则有以全天理之本然；动而省察，则有以防人欲于将然。动静兼用其力也，然蔽以一言，曰敬而已。内外动静无不敬，身安得不修乎？"信谗邪，则任贤不专；徇货色，则去声好贤不笃。贾捐之所谓"后宫盛色，则贤者隐微；佞人用事，则诤臣杜口"②，盖持衡之势，此重则彼轻，理固然矣。《前汉·贾捐之传》：捐之，字君房，贾谊之曾孙也。元帝初元元年，珠崖又反，发兵击之，珠崖在南方海中洲居，诘问捐之，捐之对，其略曰："至考文皇帝闵中国未安，偃武行文，逸游之乐绝，奇丽之赂塞，郑卫之倡微矣。夫后宫盛色，则贤者隐处；佞臣用事，则诤臣杜口。"而元帝不行。

---

① 张子、吕、杨、侯氏：分别指张载、吕大临、杨时、侯仲良。均见前注。

② 贾捐之：字君房，贾谊曾孙。元帝初待诏金马门，捐之数召见，言多纳用。后因忤中书令石显，以罔上欺君罪被诛。

三山陈氏曰："有好贤之心，而为谗谄之人、货色之欲夺之，则好贤之心衰，而贤者去矣。故必去谗、远色、贱货，而惟德之为贵，然后贤者肯为我留也。"故去谗远色，贱货而一于贵德，所以为劝贤之道也。三山陈氏曰："庶官无旷，则大臣得以总其凡于上，而以道佐人主。若官少，不足以备任使，则大臣将亲细务，而不暇于佐主矣。"亲之欲其贵，爱之欲其富，兄弟婚姻欲其无相远，故尊位重禄，同其好恶，所以为劝亲亲之道也。大臣不亲细事，则以道事君者得以自尽，故官属众盛，足任使令，平声。所以为劝大臣之道也。尽其诚而恤其私，则士无仰事俯育之累，而乐音洛。趋事功，故忠信重禄，所以为劝士之道也。三山陈氏曰："士者，百官之总称，待之以不诚，则士不肯尽其心，仕有时而为贫，使仰事俯育之不给，则士之不肯尽其力，此劝之之道，所以既先忠信，而又当重禄也。"格庵赵氏曰："苟无忠信，而谓爵禄足以骄士，则士有守死而不食其禄者，所得不过庸士耳。"人情莫不欲逸，亦莫不欲富，故时使薄敛，所以为劝百姓之道也。三山陈氏曰："使民以时，而薄其税敛，则民有余力、余财而乐于劝功矣。"新安陈氏曰："时使不尽人之力，薄敛不尽人之财。"日省月试，以程其能，既禀称事，以偿其劳，则不信度、作淫巧者无所容，惰者勉而能者劝矣。为去声。之授节①，以送其往，待以委去声。积，子赐反②。以迎其来，因能授任，以嘉其善，不强上声。其所不欲，以矜其不能，则天下之旅皆悦而愿出于其途矣。朱子曰："因能授任，以嘉其善，谓愿留于其国者也。"无后者续之，已灭者封之，西山真氏曰："继绝，如周武王立夏殷后；兴灭，如齐桓公封卫。"治其乱，使上下相安，持其危，使大小相恤，朝聘有节③，而不劳其力，贡赐有度，而不匮求位反。乏也。其财，贡，谓下贡上。赐，谓上赐下。则天下诸侯，皆竭其忠力，以蕃方烦反，亦作"藩"，屏也。屏，必郢反。卫王室，而无倍音佩。畔之心矣④。凡此九经，其事不同，然总其实，不出乎修身、尊贤、亲亲三者而已。敬大臣，体群臣，则自尊贤之等而推之也；子庶民，来百工，柔远人，怀诸侯，则自亲亲之杀而推之也。至于所以尊贤而亲亲，则又岂无所自而推之哉？亦曰修身之至，然后有以各当去声。其理而无所悖耳。曰：亲亲而不言任之以事者，何也？曰：此亲亲、尊贤并行不悖之道也。苟以亲亲之故，不问贤否，而轻属音烛。任之，不幸而或不胜平声。焉，治之则伤恩，不治则废法，是以富之贵之，亲之厚之，而不曰任之以事，是乃所以亲爱而保全之也。若亲而贤，则自当置之大臣之位，而尊之敬之矣，岂但富贵之而已哉！观于管、蔡监古衔反。商，而周公不免于有过，及其致辟毗亦反。之后，则惟康叔、聃他谈反。季相与夹辅王室⑤，而五叔者有土而无官焉，则圣

---

① 授节：授以符节。

② 委积：储备之粮草。此泛指财物，货财。

③ 朝聘：古代诸侯亲自或派使臣按期朝见天子。

④ 倍畔：同"背叛"。

⑤ 康叔，聃季：《左传·定公四年》："武王之母弟八人，周公为大宰，康叔为司寇，聃季为司空，五叔无官。"周武王少弟康叔谥号"康"，后人有以其谥号为氏者，是为河南康姓。聃季家族世袭周朝司空之职，是成王的叔氏族。

人之意，亦可见矣。《书·蔡仲之命篇》云："乃致辟管叔于商。"《左传·定公四年》："武王之母弟八人，周公为太宰，康叔为司寇，聃季为司空，五叔无官，岂尚年哉？"五叔，谓管叔鲜、蔡叔度、成叔武、霍叔处、毛叔聃也。曰：子谓信任大臣而无以间去声。之，故临事而不眩，使大臣而贤也则可，其或不幸而有赵高、朱异音异、虞世基、李林甫之徒焉，《史记》：赵高，秦始皇时人。二世时，官至丞相，恃恩专恣，以私怨杀人。指鹿为马，杀二世望夷宫，子婴杀之。《南史》：朱异，字彦和，梁武帝时，官至中领军，贪财冒贿，欺罔视听，蔑弄朝权，轻作威福，死赠尚书左仆射。《隋书》：虞世基，字茂世，隋炀帝朝，官至金紫光禄大夫，参掌朝政，鬻官卖狱，贿赂公行，宇文化及弑逆，世基亦见害。《唐书》：李林甫，唐玄宗朝官至中书令，封晋国公，性阴密，忍诛杀，排搆大臣，荡覆天下，固宠市权，蔽欺天子耳目，死赐太尉扬州大都督。则邹阳所谓"偏听生奸，独任成乱"，范睢许规反。所谓"妒都故反。贤嫉音疾。能，御下蔽上，以成其私，而主不觉悟"者，亦安得而不虑耶？《史记·邹阳传》：邹阳者，齐人也，游于梁，以谗见禽，乃从狱中上书，其略曰："百里奚乞食于路，缪公委之以政，宁戚饭牛车下，而桓公任之以国。此二人者，岂借宦于朝、假誉于左右，然后二主用之哉？感于心，合于行，亲于胶漆，昆弟不能离，岂惑于众口哉？故偏听生奸，独任成乱。"《范睢传》：范睢，魏人也，秦昭王号为应侯。说秦昭王曰："且夫三代所以亡国者，君专授政，纵酒驰骋弋猎，不听政事，其所授者，妒贤嫉能，御下蔽上以成其私，不为主计，而主不悟，故失其位国。"曰：不然也。彼其所以至此，正坐去声。不知此经之义而然耳，使其明于此义，而能以修身为本，则固视明听聪，而不可欺以贤否矣。能以尊贤为先，则其所置以为大臣者，必不杂以如是之人矣；不幸而或失之，则亦亟求其人以易之而已，岂有知其必能为奸以败国，顾犹置之大臣之位，使之姑以奉行文书为职业，而又恃小臣之察以防之哉？夫音扶。下同。劳于求贤，而逸于得人，任则不疑，而疑则不任，此古之圣君贤相去声。所以诚意交孚，两尽其道，而有以共成正大光明之业也。如其不然，吾恐上之所以猜仓才反，疑也。防畏备者愈密，而其为眩愈甚；下之所以欺罔蒙蔽者愈巧，而其为害愈深。不幸而臣之奸遂，则其祸固有不可胜平声。言者，幸而主之威胜，则夫所谓偏听独任、御下蔽上之奸，将不在于大臣而移于左右，其为国家之祸，尤有不可胜言者矣，呜呼危哉！曰：子何以言柔远人之为无忘宾旅也？曰：以其列于怀诸侯之上也。旧说以为蕃方烦反。国之诸侯，则以远先近，而非其序。《书》言"柔远能迩"，而又言"蛮夷率服"，则所谓柔远，亦不止谓服四夷也。况愚所谓授节委积者，比毗至反。长、上声。遗维季反。人、怀方氏之官掌之，于经有明文耶！《周礼》：比长，各掌其比之治，五家相受相和亲，徙于国中及郊，则从而授之，若徙于他，则为之旌节而行之。遗人，掌邦之委积，以待施惠。施，去声。郊里之委积，以待宾客；野鄙之委积，以待羁旅。凡宾客会同师役，掌其道路之委积。凡国野之道，十里有庐，庐有饮食；三十里有宿，宿有路室，路室有委；五十里有市，市有候馆，候馆有积。怀方氏，掌来远方之民，致方贡、致远物而送逆之。达之以节，治其委积馆舍饮食。〇曰：杨氏之说，有虚器之云者二，而其指意所出，若有不同者焉，何也？曰：固也。是其前段主于诚意，故以为有法度而无诚意，则法度为虚器，正言以发之也；其后段主于格物，故以为若但知诚意，而不知治天下国家之道，则是直以先王之典章文物为虚器而不之讲，反语以诘吃吉反。之也，此其不同审矣。但其下文所引明道先生之言，则又若主于诚意，而与前段相应，其于本段上文之意，则虽亦可以宛转而说合之，然终不免于迂回而难通也，岂记者之误耶？然杨氏他书，首尾衡读如横。决，亦多有类此者，殊不可晓也。龟山杨氏曰："天下国家之大，不诚未有能动者也，虽法度彰明，无诚心以行之，皆虚器也。""九经行之者一，一者何？诚而已。然而非格物致知，乌足以知其道哉？若谓意诚便足以平天下，则先王之典章文物，皆虚器也。故明道先生尝谓有关雎麟趾之意，然后可以行《周官》之法度，正谓此耳。"〇曰：所谓前定何也？曰：先立乎诚也。先立乎诚，则言有物而不踬音致。矣，事有实而不困矣，行有常而不疚矣，道有本而不穷矣。诸说惟游氏诚定之云得其要。张子以精义入神为言，是则所谓明善者也。广平游氏曰："惟至诚为能定，惟前定为能变，故以言则必行，以事则必成，以行则无悔，以道则无方，诚定之效如此。"张子曰："事豫则立，必有教以先之，尽教之善，必精义以研之，精义入神，然后立斯立、动斯和矣。"〇曰：在下获上、明善诚身之说，奈何？曰：夫音扶。在下位而不获乎上，则无以安其位而行其志，故民不可治。然欲获乎上，又不以谀音臾。说音悦。取容也，其道在信乎友而已，盖不信乎友，则志行去声。不孚，而名誉不闻，故上不见知。然欲信乎友，又不可以便平声。佞苟合也，其道在悦乎亲而已，盖不悦乎亲，则所厚者薄，而无所不薄，故友不见信。然欲顺乎亲，又不可以阿意曲从也，其道在诚乎身而已，盖反身不诚，则外有事亲之礼，而内无爱敬之实，故亲不见悦。然欲诚乎身，又不可以袭取强上声。为也，其道在明乎善而已，盖不能格物致知，以真知至善之所在，则好去声。下"如好"，同。善必不能如好好色，恶去声。下"如恶"，同。恶必不能如恶恶臭，虽欲勉焉以诚其身，而身不可得而诚矣。此必然之理也。故夫子言此，而其下文即以天道、人道、择善、固执者继之。盖择善所以明善，固执所以诚身。择之之明，则《大学》所谓物格而知至也；执之之固，则《大学》所谓意诚而心正身修也。知至，则反诸身者将无一毫之不实，意诚心正而身修，则顺亲、信友、获上、治民，将无所施而不利，而达道、达德、九经凡事亦一以贯之而无遗矣。庆源辅氏曰："始则《大学》之次序，终则《中庸》之极功。"曰：诸说如何？曰：此章之说虽多，然亦无大得失，惟杨氏反身之说为未安耳。盖反身而诚者，物格知至，而反之于身，则所明之善无不实，有如前所谓如恶恶臭、如好好色者，而其所行自无内外隐显之殊耳。若知有未至，则反之而不诚者多矣，安得直谓但能反求诸身，则不待求之于外，而万物之理，皆备于我，而无不诚哉？况格物之功，正在即事即物而各求其理，今乃反欲离去声。去事物而专务求之于身，尤非大学之本意矣。龟山杨氏曰："反身者，反求诸身也，盖万物皆备于我，非自外得，反诸身而已。反身而至于诚，则利仁者不足道也。"曰：诚之为义，其详可得而闻乎？曰：难言也。姑以其名义言之，则真实无妄之云也。若事理之得此名，则亦随其所指之大小，而皆有取乎真实无妄之意耳。盖以自然之理言之，则天地之间，惟天理为至实而无妄，故天理得诚之名，若所谓天之道、鬼神之德是也。以德言之，则有生之类，惟圣人之心为至实而无妄，故圣人得诚之名，若所谓不勉而中、去声。不思而得者是也。至于随事而言，则一念之实亦诚也，一言之实亦诚也，一行去声。之实亦诚也，是其大小虽有不同，然其义之所归，则未始不在于实也。曰：然则天理、圣人之所以若是其实者，何也？曰：一则纯，二则杂，纯则诚，杂则妄。此常物之大情也。陈氏曰："凡物一色谓之纯。"夫音扶。下同。天之所以为天也，冲漠无朕直忍反，兆也。而万理兼该，无所不具，然其为体则一而已矣，未始有物以杂之也。是以无声无臭，无思无为，而一元之气，春秋夏冬，昼夜昏明，百千万年，未尝有一息之缪；靡幼反。天下之物，洪纤巨细，飞潜动植，亦莫不各得其性命之正以生，而未尝有一毫之差，此天理之所以为实而不妄者也。陈氏曰："天道流行，自古及今，无一毫之妄，暑往则寒来，日往则月来，春生了便夏长，秋杀了便冬藏。元亨利贞，终始循环，万古常如此，皆理之真实处。凡天下之物，洪纤高下，飞潜动植，青黄黑白，万古皆常然不易，如以木叶观之，缺者常缺，圆者常圆，修者常修，短者常短，无一毫差错，便待人力十分安排撰造来，终不相似，都是实理自然而然。"若夫人物之生，性命之正，固亦莫非天理之实，但以气质之偏，口鼻耳目四肢之好去声。得以蔽之，而私欲生焉。是以当其恻隐之发，而忮支义反。害杂之，则所以为仁者有不实矣；当其羞恶之发，而贪昧杂之，则所以为义者有不实矣。此常人之心，所以虽欲勉于为善，而内外隐显，常不免于二致，其甚至于诈伪欺罔，而卒堕于小人之归，则以其二者杂之故也。惟圣人气质清纯，清属气，纯属质。浑然天理，初无人欲之私以病之。是以仁则表里皆仁，而无一毫之不仁，义则表里皆义，而无一毫之不义。其为德也，固举天下之善而无一事之或遗，而其为善也，又极天下之实而无一毫之不满，此其所以不勉不思，从七容反。容中去声。下同。道，而动容周旋，莫不中礼也。曰：然则常人未免于私欲，而无以实其德者，奈何？曰：圣人固已言之，亦曰择善而固执之耳。夫于天下之事，皆有以知其如是为善而不能不为，知其如是为恶而不能不去，上声。下同。则其为善去恶之心，固已笃矣。于是而又加以固执之功，虽其不睹不闻之间，亦必戒谨恐惧而不敢懈，居溢反。则凡所谓私欲者，出而无所施于外，入而无所藏于中，自将消磨泯弥尽反。灭，不得以为吾之病，而吾之德，又何患于不实哉！是则所谓诚之者也。曰：然则《大学》论小人之隐恶阳善，而以诚于中者目之，何也？曰：若是者，自其天理之大体观之，则其为善也诚虚矣，自其人欲之私分扶问反。观之，则其为恶也何实如之，而安得不谓之诚哉？但非天理真实无妄之本然，则其诚也，适所以虚其本然之善，而反为不诚耳。问："诚于中形于外，是实有恶于中，便形见于外，然诚者真实无妄，安得有恶？有恶，不几于妄乎？"朱子曰："此便是恶底真实无妄，善便虚了，诚只是实，而善恶不同，实有一分恶，便虚了一分善。实有二分恶，便虚了二分善。"新安倪氏曰："'诚'字，有以实理言者，有以实心言者。以实理言，则惟天理得诚之名，而人欲不可以谓之诚；以实心言，则君子之实于为善者，固可以言诚，而小人之实于为恶者，亦可以言诚也。"曰：诸说如何？曰：周子至矣，其上章以天道言，其下章以人道言，愚于《通书》之说，亦既略言之矣。周子《通书》曰："诚者，圣人之本。大哉乾元，万物资始，诚之源也。乾道变化，各正性命，诚斯立焉，纯粹至善者也。故曰一阴一阳之谓道，继之者善也；成之者性也。”“元亨诚之通，利贞诚之复，大哉易也，性命之源乎？圣诚而已矣。诚，五常之本，百行之源也，静无而动有，至正而明达也。五常百行非诚，非也，邪暗塞也。故诚则无事矣。至易而行难，果而确，无难焉，故曰一日克己复礼，天下归仁焉。”朱子说具《通书解》中。程子无妄之云，至矣，程子曰：“无妄之谓诚，不欺其次矣。”朱子曰：“无妄是我无妄，故诚，不欺者，对物而言，故次之。”问：“无妄，诚之道；不欺，则所以求诚否？”曰：“无妄，是自然之诚，不欺是著力去做底。无妄者，圣人也，谓圣人为无妄则可，谓圣人为不欺则不可。”其他说亦各有所发明，程子曰：“诚者，天之道；敬者，人事之本。敬者用也，敬则诚。”又曰：“主一之谓敬，一者之谓，诚敬则有意在。”读者深玩而默识焉。则诸家之是非得失，不能出乎此矣。曰：学、问、思、辨，亦有序乎？曰：学之博，然后有以备事物之理，故能参伍之以得所疑而有问；问之审，然后有以尽师友之情，故能反复芳服反。后言“反复”，音同。之以发其端而可思；思之谨，则精而不杂，故能有所自得而可以施其辨；辨之明，则断而不差，故能无所疑惑而可以见形甸反。于行；行之笃，则凡所学、问、思、辨而得之者，又皆必践其实而不为空言矣。此五者之序也。陈氏曰：“学，不止于博览群书，凡天下事事物物道理，皆须一一理会，故曰博。问：不可粗略，须是详审，凡事物之理，纷纭交错、轻重浅深，看端的可疑是何处，然后问乃能尽师友之情而疑可释，故曰审。思，不可泛滥而失之放荡，须是谨。思则能精而不杂，然后实有得于心，实有所得，则可以辨别众理、毫分缕析，自然精明不差。自学问思辨至此，见得道理真实分晓，然后笃力而行之，则可以践其实，而不为空言。此五者，不可废一，然亦有次序。须从博学起，又须经四节目，道理方实，知所谓至善所在，知得端的确然不可易，然后守之方可牢固。”曰：吕氏之说之详，不亦善乎？曰：吕氏此章，最为详实，然深考之，则亦未免乎有病。盖君子之于天下，必欲无一理之不通，无一事之不能，故不可以不学，而其学不可以不博，及其积累鲁水反。后言“积累”，音同。而贯通焉，然后有以深造乎约而一以贯之，非其博学之初，已有造七到反。约之心，而姑从事于博以为之地也。蓝田吕氏曰：“君子将以造其约，而不可以不博学以聚之，聚不博，则约不可得，博学而详说之，将以反说约也。为学之道，造约为功，约即诚也。不能至是，则多闻多见，徒足以饰口耳而已，语诚则未也。”朱子曰：“人须是博学、审问、慎思、明辨、笃行，然后可到简易田地，若不如此用工夫，一蹴便到圣贤地位，大段易了，古人何故如此博学、审问、慎思、明辨、笃行乎？孟子曰：‘博学而详说之，将以反说约也。’《语》云：‘博我以文，约我以礼。’须是先博然后至约，如何便先要约得人，若先以简易存心，不知博学、审问、慎思、明辨、笃行，将来便入异端去。”至于学而不能无疑，则不可以不问，而其问也或粗略而不审，则其疑不能尽决，而与不问无以异矣，故其问之不可以不审。若曰成心亡而后可进，则是疑之说也，非疑而问、问而审之说也。蓝田吕氏曰：“学者不欲进则已，欲进，则不可以有成心，有成心则不可与进乎道矣。故成心存，则自处以不疑，成心亡，然后知所疑矣。小疑必小进，大疑必大进，盖疑者不安于故而进于新者也，如问之审，审而知，则进孰御焉？”学也，问也，得于外者也，若专恃此而不反之心以验其实，则察之不精，信之不笃，而守之不固矣，故必思索山客反。以精之，然后心与理熟，而彼此为一。然使其思也，或太多而不专，则亦泛滥而无益，或太深而不止，则又过苦而有伤，皆非思之善也。故其思也，又必贵于能慎，非独为反之于身，知其为何事何物而已也。蓝田吕氏曰：“不致吾思以反诸身，则学问闻见非吾事也，故知所以为性，知所以为命，反之于我，何物也？知所以名仁，知所以名义，反之于我，何事也？故曰思则得之，不思则不得也。慎其所以思，必至于得而后已，则学问闻见，皆非外铄，是乃所谓诚也。”其余则皆得之，而所论变化气质者，尤有功也。变化气质之说见《章句》。〇曰：何以言诚为此篇之枢纽也？曰：诚者，实而已矣。天命云者，实理之原也。性其在物之实体，道其当然之实用，而教也者，又因其体用之实而品节之也。不可离者，此理之实也。隐之见，微之显，实之存亡而不可掩者也。戒谨恐惧而慎其独焉，所以实乎此理之实也。中和云者，所以状此实理之体用也。天地位，万物育，则所以极此实理之功效也。中庸云者，实理之适可而平常者也。过与不及，不见实理而妄行者也。费而隐者，言实理之用广而体微也。鸢飞鱼跃，流动充满，夫岂无实而有是哉！道不远人以下，至于大舜、文、武、周公之事，孔子之言，皆实理应用之当然。而鬼神之不可掩，则又其发见之所以然也。实理所发见。陈氏曰：“自天地以至人物，小者大者，皆是真实道理如此。”圣人于此，因以其无一毫之不实，而至于如此之盛，其示人也，亦欲其必以其实而无一毫之伪也。盖自然而实者，天也，必期于实者，人而天也。说天道人道诸章。诚明以下累章之意，皆所以反复乎此，而语其所以。至于正大经而立大本，参天地而赞化育，则亦真实无妄之极功也。卒章尚絅之云，又本其务实之初心而言也。内省者，谨独克己之功；不愧屋漏者，戒谨恐惧而无已；可克之事，皆所以实乎此之序也。时靡有争，变也；百辟刑之，化也；无声无臭，又极乎天命之性、实理之原而言也。盖此篇大指，专以发明实理之本然，欲人之实此理而无妄，故其言虽多，而其枢纽不越乎诚之一言也，呜呼深哉！

或问诚明之说。曰：程子诸说，皆学者所传录，其以内外道行为诚明，似不亲切。程子曰：“自其外者学之而得于内者，谓之明；自其内者得之而兼于外者，谓之诚。诚与明一也。”又曰：“孔子之道，发而为行，如《乡党》之所载者，自诚而明也；由《乡党》之所载而学之，以至孔子者，自明而诚也。及其至焉，一也。”唯先明诸心一条，以知语明，以行语诚，为得其训，乃《颜子好去声。学论》中语，而程子之手笔也。亦可以见彼记录者之不能无失矣。程子曰：“君子之学必先明诸心，知所往，然后力行以求至，所谓自明而诚也，故学必尽其心、知其性，然后反而诚之，则圣人也。”张子盖以性、教分为学之两途，而不以论圣贤之品第，故有由诚至明之语。程子之辨，虽已得之，然未究其立言本意之所以失也。其曰诚即明也，恐亦不能无误。张子曰：“自诚明者，先尽性以至于穷理也，谓先自其性理会来以至于理。自明诚者，先穷理以至于尽性也，谓先从学问理会以推达于天性也。”程子曰：“张子言由明以至诚，此句却是言由诚以至明，则不然，诚即明也。”吕氏性、教二字得之，而于诚字，以至简至易、去声。行其所无事为说，则似未得其本旨也。且于性、教皆以至于实然不易之地为言，则至于云者，非所以言性之之事，而不易云者，亦非所以申实然之说也。蓝田吕氏曰：“自诚明，性之者也；自明诚，反之者也。性之者，自成德而言，圣人之所性也；反之者，自志学而言，圣人之所教也。成德者，至于实然不易之地，理义皆此出也，天下之理，如目睹耳闻，不虑而知，不言而喻，此之谓诚则明；志学者，致知以穷天下之理，则天下之理皆得，卒亦至于实然不易之地，至简至易，行其所无事，此之谓明则诚。”然其过于游、杨则远矣。广平游氏曰：“自诚明，由中出也，故可名于性；自明诚，自外入也，故可名于教。诚者因性，故无不明，明者致曲，故能有诚。”龟山杨氏曰：“自诚而明，天之道也，故谓之性；自明而诚，人之道也，故谓之教。天人一道，而心之所至有差焉，其归则无二致也，故曰诚则明矣，明则诚矣。”

或问：至诚尽性诸说，如何？曰：程子以尽己之忠、尽物之信，为尽其性，盖因其事而极言之，非正解此文之意，今不得而录也。程子曰：“尽己为忠，尽物为信。极言之，则尽己者，尽己之性也；尽物者，尽物之性也。信者，无伪而已，于天命有所损益，则为伪矣。”其论赞天地之化育，而曰不可以赞助言，论穷理尽性以至于命，而曰即穷理便是至于命，则亦若有可疑者。程子曰：“赞者，参赞之义，先天而天弗违，后天而奉天时之类也。非谓赞助，只有一个诚，何助之有？”又曰：“如言穷理以至于命，以序言之，不得不然，其实只是穷理，便能尽性至命也。”盖尝窃论之，天下之理，未尝不一，而语其分扶问反。下同。则未尝不殊，此自然之势也。盖人生天地之间，禀天地之气，其体即天地之体，其心即天地之心，以理而言，是岂有二物哉？故凡天下之事，虽若人之所为，而其所以为之者，莫非天地之所为也。又况圣人纯于义理，而无人欲之私，则其所以代天而理物者，乃以天地之心而赞天地之化，尤不见其有彼此之间去声。也。若以其分言之，则天之所为固非人之所及，而人之所为，又有天地之所不及者，其事固不同也。但分殊之状，人莫不知，而理之一致，多或未察。故程子之言，发明理一之意多，而及于分殊者少，盖抑扬之势不得不然，然亦不无少失其平矣。唯其所谓只是一理，而天人所为，各自有分，乃为全备而不偏，而读者亦莫之省悉井反。也。程子曰：“自人而言之，从尽其性至尽物之性，然后可以赞天地之化育，可以与天地参矣。言人尽性，所造如是，若只是至诚，更不须论。所谓人者天地之心，及天聪明，止谓只是一理，而天人所为，各自有分。”至于穷理至命，尽人尽物之说，则程、张之论，虽有不同，然亦以此而推之，则其说初亦未尝甚异也。盖以理言之，则精粗本末，初无二致，固不容有渐次，当如程子之论；若以其事而言，则其亲疏远近，浅深先后，又不容于无别，笔列反。当如张子之言也。张子曰：“二程解穷理尽性以至于命，只穷理便是至于命，亦是失于太快，此义尽有次序，须是穷理，便能尽得己之性。既尽得己之性，则推类又尽人之性。既尽得人之性，须是并万物之性一齐尽得，如此然后至于天道也。其间煞有事，岂有当下理会了？学者须是穷理为先，如此则方有序，今言知命与至于命，尽有远近，岂可以知便谓之至也？”吕、游、杨说皆善，而吕尤确克角反。实。杨氏万物皆备云者，又前章格物诚身之意，然于此论之，则反求于身，又有所不足言也，胥失之矣！蓝田吕氏曰：“至于实理之极，则吾生之所固有者，不越乎是。吾生所有，既一于理，则理之所有，皆吾性也。人受天地之中，其生也具有天地之德，柔强昏明之质虽异，其心之所然者皆同。特蔽有浅深，故别而为昏明，禀有多寡，故分而为柔强。至于理之所同然，虽圣愚有所不异。尽己之性则天下之性皆然，故能尽人之性。蔽有浅深，故为昏明；蔽有开塞，故为人物；禀有多寡，故为强柔；禀有偏正，故为人物；故物之性与人异者几希。惟塞而不开，故知不若人之明；偏而不正，故才不若人之美。然人有近物之性者，物有近人之性者，亦系乎此。于人之性，开塞偏正，无所不尽，则物之性未有不能尽也。己也，人也，物也，莫不尽其性，则天地之化几矣。故行其所无事，顺以养之而已，是所谓赞天地之化育者也。如尧命羲和，钦若昊天，至于民之析、因、夷、隩，鸟兽之孳尾、希革、毛毨、氄毛，无不与知，则所赞可知矣。天地之化育，犹有所不及，必人赞之而后备，则天地非人不立，故人与天地并立为三才，此之谓与天地参。”广平游氏曰：“万物皆备于我矣，反身而诚，乐莫大焉，故惟天下至诚为能尽其性。千万人之性，一己之性是也，故能尽其性，则能尽人之性。万物之性，一人之性是也，故能尽人之性，则能尽物之性。同焉皆得者，各安其常，则尽人之性也。至于尽物之性，则和气充塞，故可以赞天地之化育。夫如是，则天覆地载，教化各任其职，而成位乎其中矣。”龟山杨氏曰：“性者，万物之一源也，非夫体天德者，其孰能尽之？能尽其性，则人物之性斯尽矣。言有渐次也，赞化育、参天地，皆其分内耳。”又曰：“孟子曰‘万物皆备于我’，则数虽多，反而求之于吾身可也。故曰‘尽己之性则能尽人之性，尽人之性则能尽物之’性，以己与人物，性无二故也。”

或问致曲之说。曰：人性虽同，而气禀或异。自其性而言之，则人自孩提，圣人之质悉已完具；以其气而言之，则惟圣人为能举其全体而无所不尽，上章所言至诚尽性是也。若其次，则善端所发，随其所禀之厚薄，或仁或义，或孝或弟，通作“悌”。而不能同矣。自非各因其发见之偏，一一推之，以至乎其极，使其薄者厚而异者同，则不能有以贯通乎全体而复其初，即此章所谓致曲，而孟子所谓扩充其四端者是也。问：“既是四端，安得谓之曲？”朱子曰：“四端先后互发，岂不是曲？若谓只有此一曲，则是夷惠之偏，如何得该遍？圣人具全体一齐该了，而当用时，亦只是发一端，如用仁则义、礼、智如何上来得？”问：“虽发一端，其余只平铺在，要用即用，不似以下人有先后、间断之意，须待扩而后充？”曰：“然。”程子之言，大意如此，程子曰：“人自孩提，圣人之质已完，只先于偏胜处发，或仁或义或孝或弟。去气偏处发，便是致曲；去性上修，便是直养，然同归于诚。”但其所论不详，且以由基之射为说，故有疑于专务推致其气质之所偏厚，而无随事用力、悉有众善之意。《左传·成公十六年》：潘尫之党，党乃潘尫之子，尫音汪。与养由基楚善射者。蹲甲而射之，蹲聚也。彻七札焉。以示王，曰：“楚共王君有二臣如此，何忧于战？”吕锜射共王，中目，王召养由基，与之两矢，使射吕锜，中项，伏弢，音滔，弓衣也。以一矢复命。① 程子曰：“曲，偏曲之谓，非大道也。曲能有诚，就一事中用志不分，亦能有诚，且如技艺上可见，如养由基射之类是也。”问：“程子说致曲先于偏胜处发，似未安，如此，则专主一偏矣。”朱子曰：“此说甚可疑，须于事上论，不当于人上论。”又以形为参前倚衡，所立卓尔之意，则亦若以为己之所自见，而无与音预。于人也，岂其记者之略而失之与？羊诸反。至于明动变化之说，则无以易矣。程子曰：“诚则形，诚然后便有物，如立则见其参于前，在舆则见其倚于衡，如有所立卓尔，皆若有物方见。如无形，是见何物也？形则著，又著见也，著则明，是有光辉之时也，明则动，诚能动人也。君子所过者化，岂非动乎？”或曰：“变与化何别？”曰：“变如物方变而未化，化则更无旧迹，自然之谓也，庄子言变大于化，非也。”若张子之说，以明为兼照，动为徙义，变为通变，化为无滞，则皆以其进乎内者言之，失其旨矣。盖进德之序，由中达外，乃理之自然，如上章之说，亦自己而人，自人而物，各有次序，不应专于内而遗其外也。且夫音扶。进乎内之节目，亦安得如是之繁促哉？张子曰：“致曲不贰，则德有定体；体象诚定，则文节著见。一曲致文，则余善兼照。明能兼照，则必将徙义；诚能徙义，则德自通变；能通其变，则圆神无滞。”游氏说亦得之，但说“致曲”二字不同，非本意耳。广平游氏曰：“诚者不思不勉，直心而径行也。其次则临言而必思，不敢纵言也，临行而必择，不敢径行也，故曰致曲。曲，折而反诸心也。拟议之间鄙诈不萌，而忠信立矣，故曲能有诚；有诸中必形诸外，故诚则形；形于身必著于物，故形则著；诚至于著，则内外洞彻，清明在躬，故著则明；明则有以动众，故明则动；动则有以易俗，故动则变。变则革污以为清，革暴以为良，然犹有迹也，化则其迹泯矣，日用饮食而已。至于化，则神之所为也，非天下之至诚，其孰能与于此？”杨氏既以光辉发外为明矣；而又引明则诚矣，则似以明为通明之明；既以鹤鸣子和为动矣，而又曰化非学问笃行所及，则似以化为大而化之之化。此其文意，不相承续，而于明动之间，本文之外，别生无物不诚一节，以就至诚动物之意，尤不可晓。今固不能尽录，然亦不可不辨也。龟山杨氏曰：“能尽其性者，诚也；其次致曲者，诚之也。学问思辨而笃行之，致曲也。用志不分，故能有诚，诚于中，形于外，参前倚衡不可掩也，故形。形则有物，故著；著则先辉发于外，故明；明则诚矣。未有诚而不动，动而不变也。鹤鸣在阴，其子和之，非动乎？曲能有诚，诚在一曲也；明则诚矣，无物不诚也。至于化，则非学问思辨笃行之所及也，故唯天下至诚为能化。”

或问至诚如神之说。曰：吕氏得之矣，其论动乎四体为威仪之则者，尤为确实。蓝田吕氏曰：“至诚与天地同德，与天地同德，则其气化运行，与天地同流矣。兴亡之

---

① 原文为：《左传》成公十六年：“癸巳，潘尪之党与养由基蹲甲而射之，彻七札焉。以示王，曰：‘君有二臣如此，何忧于战？’王怒曰：‘大辱国。诘朝，尔射，死艺。’吕锜梦射月，中之，退入于泥。占之，曰：‘姬姓，日也。异姓，月也。必楚王也。射而中之，退入于泥，亦必死矣。’及战，射共王，中目。王召养由基，与之两矢，使射吕锜，中项，伏弢。以一矢复命。”

兆，祸福之来，感于吾心，动于吾气，如有萌焉，无不前知，况乎诚心之至？求乎蓍龟而蓍龟告，察乎四体而四体应，所谓莫见乎隐，莫显乎微者也，此至诚所以达乎神明而无间。故曰：至诚如神，动乎四体，如《传》所谓‘威仪之则以定命’①者也。”游氏心合于气，气合于神之云，非儒者之言也。且心无形而气有物，若之何而反以是为妙哉？广平游氏曰：“至诚之道，精一无间，心合于气，气合于神，无声无臭，而天地之间，物莫得以遁其形矣，不既神矣乎？”程子用便近二之论，盖因异端之说，程子曰：“人固可以前知，然其理须是用则知，不用则不知，知不如不知之愈，盖用便近二，所以释子谓又不是野狐精也。”如嵩山人董五经之徒，亦有能前知者，程子曰：“蜀山人不起念十年，便能前知。”又嵩山有董五经，隐者也，程子闻其名，谓其亦穷经之士，特往造焉，董平日未尝出，是日不值，还至中途，遇一老人负茶果以归，且曰：“君非程先生乎？”程子异之，曰：“先生欲来信息甚大，某特入城置少茶果，将以奉待也。”程子以其诚意，复同至其舍，语甚款，亦无大过人者，但久不与物接，心静而明矣。故就之而论其优劣，非以其不用而不知者为真可贵，而贤于至诚之前知也。至诚前知，乃因其事理朕直忍反。兆之已形而得之，如所谓不逆诈、不亿不信而常先觉”者②，非有术数推验之烦，意想测度待洛反。之私也，亦何害其为一哉！

或问二十五章之说。曰：自成自道，如程子说，乃与下文相应。程子曰：“诚者自成，如至诚事亲，则成人子；至诚事君，则成人臣。”“学者不可以不诚，虽然，诚者在知道本而诚之耳。”游、杨皆以无待而然论之，其说虽高，然于此为无所当，去声。下同。且又老、庄之遗意也。广平游氏曰：“诚者，非有成之者，自成而已，其为道，非有道之者，自道而已。自成自道，犹言自本自根也。”龟山杨氏曰：“诚自诚，道自道，无所待而然也。”诚者物之终始，不诚无物之义，亦惟程子之言为至当，然其言太略，故读者或不能晓，请得而推言之。盖诚之为言，实而已矣。然此篇之言，有以理之实而言者，如曰诚不可掩之类是也；有以心之实而言者，如曰反身不诚之类是也。读者各随其文意之所指而寻之，则其义各得矣。所谓诚者物之终始，不诚无物者，以理言之，则天地之理至实而无一息之妄，故自古至今，无一物之不实，而一物之中，自始至终，皆实理之所为也；以心言之，则圣人之心亦至实而无一息之妄，故从生至死，无一事之不实，而一事之中，自始至终，皆实心之所为也。此所谓诚者物之终始者然也。苟未至于圣人，而其本心之实者，犹未免于间断，上去声，下徒玩反。后并同。则自其实有是心之初，以至未有间断之前，所为无不实者；及其间断，则自其间断之后，以至未相接续之前，凡所云为，皆无实之可言，虽有其事，亦无以异于无有矣。如曰三月不违，则三月之间，所为皆实，而三月之后，未免于无实，盖不违之终始，即其事之终始也。日月至焉，则至此之时，所为皆实，而去此之后，未免于无实，盖至焉之终始，即其物之终始也。是则所谓不诚无物者然也。以是言之，则在天者本无不实之理，故凡物之生于理

① 语出《左传·成公十三年》。

② 不亿：即不臆测。亿，通“臆”。语出《论语·宪问》。

者，必有是理，方有是物，未有无其理而徒有不实之物者也。在人者本无不实之心，故凡物之出于心者，必有是心之实，乃有是物之实，未有无其心之实而能有其物之实者也。程子所谓彻头彻尾者盖如此。程子曰：“诚者，物之终始，犹俗语彻头彻尾，不诚更有甚物也。”其余诸说，大抵皆知诚之在天为实理，而不知其在人为实心，是以为说太高，而往往至于交互差错，以失经文之本意。正犹知爱之不足以尽仁，而凡言仁者遂至于无事之可训，其亦误矣。吕氏所论子贡、子思所言之异亦善，而犹有未尽者，盖子贡之言主于知，子思之言主于行，故各就其所重，而有宾主之分，亦不但为成德入德之殊而已也。蓝田吕氏曰：“子贡曰：‘学不厌智也，教不倦，仁也。’学不厌所以成己，此则成己为仁；教不倦所以成物，此则成物为智，何也？夫尽己性以成己，则仁之体也。推是以成物，则智之事也，自成德而言也。学不厌，所以致吾知；教不倦，所以广吾爱，自入德而言也。此子思、子贡之言所以异也。”新安陈氏曰：“不厌不倦者，进德之事。子贡盖主知而言，故以智为体，而仁为用。成己成物者，成德之事。子思盖主行而言，故以仁为体，而智为用也。仁智之所以相为体用者，仁即乾之元、时之春，智即乾之贞、时之冬也，仁如元之始、春之生，义礼智皆仁之推，此仁之所以为体而智之所以为用也。然智以知之，而后仁以行之，如贞下之起元，冬藏之蕴夫春生，此智之所以为体，而仁之所以为用也。”杨氏说物之终始，直以“天行”二字为解，盖本于易“终则有始，天行也”之说，假借依托，无所发明。杨氏之言，盖多类此，最说经之大病也。又谓“诚则形而有物，不诚则辍陟劣反，止也。而无物”，亦未安。诚之有物，盖不待形而有，不诚之无物，亦不待其辍而后无也。其曰“犹四时之运已，则成物之功废”，盖亦辍而后无之意。而又直以天无不实之理，喻夫人有不实之心，其取譬也，亦不亲切矣。彼四时之运，夫音扶。下同。岂有时而已者哉？龟山杨氏曰：“其为物终始，天行也。诚则形，形故有物。不诚而著乎伪，则有作辍，故息，息则无物矣。由四时之运已，则成物之功废，尚何终始之有？故以习则不察，以行则不著，以进德则不可久，以修业则不可大，故君子唯诚之为贵。”

或问二十六章之说。曰：此章之说，最为繁杂。如游、杨无息不息之辨，恐未然。若如其言，则不息则久以下，至何地位，然后为无息耶？广平游氏曰：“至诚无息，天行健也，若文王之德之纯是也。未能无息而不息者，君子之自强也，若颜子之三月不违仁是也。”龟山杨氏曰：“无息者，诚之体也，不息，所以体诚也。”叶氏曰：“虽变文云不息，若就圣人至诚言之，只是自然无息，不可以不字，为学者用力事也。”游氏又以得一形容不二之意，亦假借之类也，字虽密而意则疏矣。老子云：“天得一以清，地得一以宁。”广平游氏曰：“其为物不二，天地之得一也。一则不已，故载万物，雕刻众形而莫知其端也，故生物不测。”吕氏所谓“不已其命，不已其德”，意虽无爽，而语亦有病。盖天道圣人之所以不息，皆实理之自然，虽欲已之而不可得，今曰“不已其命，不已其德”，则是有意于不已，而非所以明圣人天道之自然矣。蓝田吕氏曰：“天之所以为天，不已其命而已；圣人之所以为圣，不已其德而已。其为天人，德命则异，其所以不已则一，故圣人之道可以配天者，如此而已。”又以积天之昭昭，以至于无穷，譬夫音扶。下同。人之充其良心，以至于与天地合德，意则甚善。而此章所谓至诚无息，以至于博厚高明，乃圣人久于其道，而天下化成之事，其所积而成者，乃其气象功效之谓，若郑氏所谓“至诚之德，著于四方”者是已，非谓在己之德，亦待积而后成也。故章末引《文王》之诗以证之，夫岂积累渐次之谓哉？若如吕氏之说，则是因无息然后至于诚，由不已然后纯于天道也，失其旨矣。蓝田吕氏曰：“虽天之大，昭昭之多而已；虽地之广，撮土之多而已。山之一卷，水之一勺，亦犹是矣。其所以高明博厚，神明不测者积之之多而已。今夫人之有良心也，莫非受天地之中，是为可欲之善。不充之，则不能与天地相似而至乎大，大而不化，则不能不勉不思，与天地合德而至于圣。然所以至于圣者，充其良心，德盛仁熟而后尔也，故曰过此以往，未之或知也。穷神知化，德之盛也，如指人之良心而责之与天地合德，犹指撮土而求其载华岳、振河海之力，指一勺而求其生蛟龙、殖货财之功，是亦不思之甚也。”杨氏“动以天，故无息”之语，甚善。龟山杨氏曰：“诚自成，非有假于物也，而其动以天，故无息。”其曰天地之道，圣人之德，无二致焉，顾方论圣人之事，而又曰天地之道，可一言而尽，盖未觉其语之更平声。端耳。龟山杨氏曰：“积而至于博厚高明，则覆载成物之事备矣，其用则不可得而见也，故配天地无疆言之，所以著明之也。然天地之道、圣人之德，其为覆载成物之功，则无二致焉。故又曰：天地之道，可一言而尽也。所谓一者，诚而已，互相明也。精一而不二，故能生物不测，不诚，则无物矣。”至谓天之所以为天，文王之所以为文，皆原于不已，则亦犹吕氏之失也。龟山杨氏曰：“诚之，一言足以尽之，不息之积也。若夫择善而不能固执之，若存若亡，而欲与天地合德，其可乎？故又继之天之所以为天，文王之所以为文，皆原于不已。”大抵圣贤之言，内外精粗，各有攸当去声，而无非极致。近世诸儒，乃或不察乎此，而于其外者，皆欲引而纳之于内，于其粗者，皆或推而致之于精，若致曲之明动变化，此章之博厚高明，盖不胜平声。其烦碎穿凿，而于其本指，失之愈远，学者不可以不察也。

或问二十七章之说。曰：程、张备矣。程子曰：“自‘大哉圣人之道’至‘道不凝焉’，皆是一贯。”“德性者，言性之可贵，与言性善，其实一也。”“须是合内外之道，一天人，齐上下，下学而上达，极高明而道中庸。”又曰：“极高明而道中庸，非二事。中庸，天理也，天理固高明，不极乎高明不足以道中庸，中庸乃高明之极也。”又曰：“理则极高明，行之只是中庸也。”张子曰：“天体物而不遗，犹仁体事而无不在也。礼仪三百，威仪三千，无一物之非仁也。昊天曰明，及尔出王；昊天曰旦，及尔游衍，无一物之不体也。”“不尊德性，则问学从而不道；不致广大，则精微无所立其诚；不极高明，则择乎中庸，失时措之宜矣。”“尊德性，犹据于德，德性须尊之。道，行也。问，问得者；学，行得者；犹学问也。尊德性，须是将前言往行，所闻所知以参验，恐行有错。”“致广大，须尽精微，不得卤莽。极高明，须道中庸之道。致广大，极高明，此则尽远大，所处则直是精约。”“温故知新，多识前言往行以畜德，绎旧业而知新，益思昔未至而今至之，缘旧所见闻而察来，皆其义也。”张子所论逐句为义一条，甚为切于文义，张子曰：“尊德性而道问学，致广大而尽精微，极高明而道中庸，皆逐句为一义，上言重，下言轻。”故吕氏因之，蓝田吕氏曰：“道之在我者，德性而已，不先贵乎此，则所谓问学者，不免乎口耳为人之事而已。道之全体者，广大而已，不先充乎此，则所谓精微者，或偏或隘矣。道之上达者，高明而已，不先止乎此，则所谓中庸者，同污合俗矣。”然须更以游、杨二说足之，则其义始备耳。广平游氏曰：“惩忿窒欲，闲邪存诚，此尊德性也。非学以聚之，问以辨之，则择善不明矣，故继之道问学。尊德性而道问学，然后能致广大。尊其所闻，行其所知，充其德性之体，使无不该遍，此致广大也。非尽精微，则无以极深而研几，故继之以尽精微，然后能极高明。始也未离乎方，今则无方矣，始也未离乎体，今则无体矣。离形去智，廓然大通，此极高明也，非道中庸，则无践履可据之地，不几于荡而无执乎？故继之以道中庸。高明者，中庸之妙理；而中庸者，高明之实德也，其实非两体也。”龟山杨氏曰：“尊德性而后能致广大，致广大而后能极高明，道问学而后能尽精微，尽精微而后能择中庸而固执之，入德之序也。”格庵赵氏曰：“张子言逐句为义，吕氏因之，游氏以逐句相承接为说，杨氏以逐句上一节承上一节、下一节承下一节为说，兼读其义始备。”游氏分别笔列反。至道至德，为得之，唯优优大哉之说为未善。广平游氏曰：“发育万物，峻极于天，至道之功也；礼仪三百，威仪三千，至道之具也。洋洋乎，上际于天、下蟠于地也。优优大哉，言动容周旋中礼也。夫以三百、三千之多仪，非天下至诚，孰能从容而尽中哉？故曰待其人然后行，盖盛德之至者，人也，故曰苟不至德，至道不凝焉，至德非他，至诚而已矣。”而以无方无体，离去声。形去智，为极高明之意，又以人德、地德、天德，为德性广大高明之分，则其失愈远矣。广平游氏曰：“尊其德性而道问学，人德也；致广大而尽精微，地德也；极高明而道中庸，天德也。自人而天则上达矣。”杨氏之说，亦不可晓。盖道者自然之路，德者人之所得，故礼者道体之节文，必其人之有德，然后乃能行之也。今乃以礼为德，而欲以凝夫音扶。道，则既误矣。而又曰道非礼则荡而无止，礼非道则梏于仪章器数之末，而有所不行。则是所谓道者，乃为虚无恍惚元无准则之物，所谓德者，又不足以凝道，而反有所待于道也，其诸老氏之言乎？误益甚矣。龟山杨氏曰：“道之峻极于天，道之至也，无礼以范围之，则荡而无止，而天地之化或过矣。礼仪三百，威仪三千，所以体道而范围之也。故曰苟不至德，至道不凝焉。所谓至德者，礼其是乎？夫礼，天所秩也，后世或以为忠信之薄，或以为伪，皆不知天者也。故曰待其人然后行，盖道非礼不止，礼非道不行，二者常相资也。苟非其人而梏于仪章器数之末，则愚不肖者之不及也，尚何至道之凝哉？”温故知新，敦厚崇礼，诸说但以二句相对，明其不可偏废。大意固然，广平游氏曰：“温故而知新，所以博学而详说之也；敦厚以崇礼，所以守约而处中也。”龟山杨氏曰：“温故而知新，道问学之事也；敦厚以崇礼，道中庸之事也。”然细分之，则温故然后有以知新，而温故又不可不知新；敦厚然后有以崇礼，而敦厚又不可不崇礼。此则诸说之所遗也。大抵此五句，承章首道体大小而言，故一句之内，皆具大小二意。如德性也，广大也，高明也，故也，厚也，道之大也；问学也，精微也，中庸也，新也，礼也，道之小也。尊之，道之，致之，尽之，极之，道之，温之，知之，敦之，崇之，所以修是德而凝是道也。以其于道之大小无所不体，故居上居下，在治去声。在乱，无所不宜。此又一章之通旨也。

或问：子思之时，周室衰微，礼乐失官，制度不行于天下久矣，其曰“同轨同文”，何耶？曰：当是之时，周室虽衰而人犹以为天下之共主，诸侯虽有不臣之心，然方彼此争雄，不能相尚，下及六国之未亡，犹未有能更平声。姓改物，而定天下于一者也。则周之文轨，孰得而变之哉？曰：周之车轨书文，何以能若是其必同也？曰：古之有天下者，必改正朔，易服色，殊徽号，以新天下之耳目，而一其心志，【通考】吴氏程曰：“正谓岁之首也，朔谓月之一日也。周以建子为正，以夜半为朔。商以建丑为正，以鸡鸣为朔。夏以建寅为正，以平旦为朔。《汉·律历志》：十一月子为天正，十二月丑为地正，正月寅为人正，此言月之正也。又云：天统始于子半，地统始于丑初，人统受之于寅初，此日之朔也。盖正者岁之始，故古者每以岁首寅月为正月，而周人亦称岁首十一月，日。正岁每与岁终对言，朔者月之初，凡朝会发命则必以是时行之。”若三代之异尚，其见贤遍反。于《书》《传》去声。下同。者详矣。轨者，车之辙迹也。周人尚舆，而制作之法，领于冬官，其舆之广六尺六寸，故其辙迹之在地者，相距之间，广狭如一，无有远迩，莫不齐同。况为车者，必合乎此，然后可以行乎方内而无不通；不合乎此，则不惟有司得以讨之，而其行于道路，自将偏倚杌音兀。陧倪结反，不安也①。而跬大委反，半步也。步不前，亦不待禁而自不为矣。古语所谓“闭门造车，出门合辙”，盖言其法之同；而《春秋传》所谓“同轨毕至”者②，则以言其四海之内政令所及者，无不来也。文者，书之点画形象也。周礼司徒教民道艺，而书居其一，又有外史掌达书名于四方，而大行人之法，则又每九岁而一谕焉。其制度之详如此，是以虽其末流，海内分裂，而犹不得变也。《周礼·地官》：大司徒以乡三物教万民而宾兴之，三曰六艺，礼乐射御书数。《春官》：外史：掌书外令，掌四方之志，掌三皇五帝之书，掌达书名于四方。若以书使去声。于四方，则书其令。大行人：王之所以抚邦国诸侯者，岁遍存，三岁遍頫。音眺。五岁遍省，七岁属象胥，谕言语，协辞命，九岁属瞽史，谕书名，书名所以同其文，故使瞽史谕之听音声。必至于秦灭六国，而其号令法制有以同于天下，然后车以六尺为度，书以小篆隶书为法，而周制始改尔。孰谓子思之时而遽然哉？三山陈氏曰：“按鲁穆公元年，子思作《中庸》，盖周威烈王之十七年也。是时列国虽强，犹用周制。至秦吞并后，始用六为纪，而舆六尺，是改车之轨，损于周者六寸矣，又命李斯、程邈更制小篆隶书，而后书之文始不同。”

或问二十九章之说。曰：三重，诸说不同，虽程子亦因郑注，然于文义皆不通，程子曰：“三重即三王之礼，此即郑注之说。”唯吕氏一说说见《章句》。为得之耳。至于上下焉者，则吕氏亦失之，惜乎其不因上句以推之，而为是矛盾食允反。也。蓝田吕氏曰：“上焉者，谓上达之事，如性命道德之本，不验之于民之行事，则徒言而近于荒

① 杌陧：不安，困厄。

② 同轨毕至：意即天下诸侯都来吊丧。同轨：指诸侯。《左传·隐公元年》：“天子七月而葬，同轨毕至。”

唐。下焉者，谓下达之事，如刑名度数之末，随时变易无所稽考，则臆见而出于穿凿，二者皆无取信于民，是以民无所适从。”曰：然则上焉者以时言，下焉者以位言，宜不得为一说，且又安知下焉者之不为霸者事耶？曰：以王去声。天下者而言，则位不可以复上矣，以霸者之事而言，则其善又不足称也，亦何疑哉？曰：此章文义，多近似而若可以相易者，其有辨乎？曰：有。三王，以迹言者也，故曰不谬，言与其已行者无所差也。天地，以道言者也，故曰不悖，言与其自然者无所拂也。鬼神无形而难知，故曰无疑，谓幽有以验乎明也。后圣未至而难料，故曰不惑，谓远有以验乎近也。三山潘氏曰：“通天下一理耳，无往不在，无时不然，是以达幽明、贯古今而无所不通。”动，举一身兼行与言而言之也。道者，人所共由，兼法与则而言之也。法谓法度，人之所当守也；则谓准则，人之所取正也。远者悦，其德之广被，平义反，及也。故企而慕之；近者习，其行去声。之有常，故久而安之也。

或问小德大德之说。曰：以天地言之，则高下散殊者，小德之川流；於音乌。穆不已者，大德之敦化。以圣人言之，则物各付物者，小德之川流；纯亦不已者，大德之敦化。以此推之，可见诸说之得失矣。曰：子之所谓兼内外、该本末而言者，何也？曰：是不可以一事言也，姑以夫子已行之迹言之。则由其书之有得《夏时》、赞《周易》也，由其行去声。下同。之有不时不食也，迅雷风烈必变也，以至于仕止久速之皆当其可也，而其所以律天时之意可见矣。得《夏时》，出《记·礼运篇》，详见《论语·八佾篇·禘自既灌而往章》下。由其书之有序禹贡、述职方也①，由其行之有居鲁而逢掖音亦。也，居宋而章甫也②，以至于用舍上声。行藏之所遇而安也，而其袭水土之意可见矣。述职方以除九丘，见《尚书》序。职方，即《周礼》职方氏也。《记·儒行篇》：“孔子曰：‘丘少居鲁，衣逢掖之衣，长居宋，冠章甫之冠。’”逢掖，即深衣也。章甫，商之冠名。宋，商之后，故用其冠。若因是以推之，则古先圣王之所以迎日推策③，颁朔授民④，而其大至于禅授善去声。放伐⑤，各以其时者，皆律天时之事也。其所以体国经野，方设居方，而其广至于昆虫草木各遂其性者，皆袭水土之事也。使夫子而得邦家也，则亦何歉口黠反于是哉！颁朔，详见《论语·八佾篇》“子贡欲去告朔之饩羊”下。《史记·黄帝本纪》云：“迎日推策。”《注》：策，数也；迎，数之也。日月朔望，未来而推之，故曰迎日。《周礼》云：“惟王建国，辨方正位，体国经野。”注：体，犹分也。经，谓为之里数。亡《虞书序》云：“帝厘下土，方设居方。”言帝舜理四方诸侯，随方别其居方之

---

① 职方：古官名，《周礼》夏官所属有职方氏，掌天下地图与四方职贡。

② 逢掖：宽大的衣袖，因指儒生所穿之衣。章甫：商代的一种冠。《礼记·儒行》：“丘少居鲁，衣逢掖之衣；长居宋，冠章甫之冠。”孙希旦《集解》：“章甫，殷玄冠之名，宋人冠之。”

③ 迎日推策：经过推算而预知未来的节气历数。

④ 颁朔：古代帝王于每年季冬将次年的历日布告天下诸侯，谓之“颁朔”。语本《周礼·春官·大史》：“颁告朔于邦国。”郑玄注：“天子颁朔于诸侯，诸侯藏之祖庙。”

⑤ 禅授放伐：禅授：犹禅让，以帝位让人，中国古代历史上统治权转移的一种方式。放伐：谓以武力讨伐并放逐暴虐的君主。

法也。

或问至圣至诚之说。曰：杨氏以聪明睿知为君德者，得之而未尽，其宽裕以下则失之。盖聪明睿知者，生知安行而首出庶物之资也；容执敬别，则仁义礼智之事也。龟山杨氏曰："《书》曰：'惟天生聪明时乂。'《易》曰：'知临，大君之宜，吉。'则聪明睿知，人君之德也，故足以有临；宽裕温柔，仁之质也，故足以有容；发强刚毅以致果，故有执；斋庄中正以直内，故有敬；文理密察理于义，故有别。"经纶以下，诸家之说，亦或得其文义，但不知经纶之为致和，立本之为致中，知化之为穷理以至于命，且上于至诚者无所系，下于焉有所倚者无所属，音烛。则为不得其纲领耳。游氏以上章为言至圣之德，下章为言至诚之道者，得之。广平游氏曰："聪明睿知，圣德也；宽裕温柔，仁德也；发强刚毅，义德也；斋庄中正，礼德也；文理密察，智德也。溥博者，其大无方；渊泉者，其深不测。或容以为仁，或执以为义，或敬以为礼，或别以为智，惟其时而已，此所谓时出之也。夫然，故外有以正天下之观，内有以通天下之志，是以见而民敬，言而民信，行而民悦，自西自东，自南自北，莫不心悦而诚服，此至圣之德也。天地之大经，五品之民彝也。凡为天下之常道，皆可名于经，而民彝为大。经纶者，因性循理而治之，无汩其序之谓也。立天地之大本者，建中于民也。渊渊其渊，非特如渊而已，浩浩其天，非特如天而已，此至诚之道也。"其说自德者其用以下，皆善。广平游氏曰："德者，其用也，有目者所共见，有心者所共知，故凡有血气者，莫不尊亲。道者，其本也，非道同志一莫窥其奥，故曰：'苟不固聪明圣知达天德者，其孰能知之?'盖至诚之道，非至圣不能知；至圣之德，非至诚不能为。故其言之序，相因如此。"

或问卒章之说。曰：承上三章，既言圣人之德而极其盛矣，子思惧夫音扶。下同。学者求之于高远玄妙之域，轻自大而反失之也，故反于其至近者而言之，以示入德之方，欲学者先知用心于内，不求人知，然后可以慎独诚身，而驯致乎其极也。君子笃恭而天下平，而其所以平者，无声臭之可寻，此至诚盛德自然之效，而中庸之极功也，故以是而终篇焉。盖以一篇而论之，则天命之性，率性之道，修道之教，与夫天地之所以位，万物之所以育者，于此可见其实德。以此章论之，则所谓"淡而不厌，简而文，温而理，知远之近，知风之自，知微之显"者，于此可见其成功皆非空言也。然其所以入乎此者，则无他焉，亦曰反身以慎独而已矣。故首章已发其意，此章又申明而极言之，其旨深哉！其曰不显，亦充尚䌹之心以至其极耳，与《诗》之训义不同，盖亦假借而言，若《大学》"敬止"之例也。新安陈氏曰："《诗》意本谓岂不显，此则真谓其幽潜不显，如《诗》'敬止'，为语助词，《大学》则谓'无不敬而安所止'也。"诸说如何？曰：程子至矣。程子曰："'不愧屋漏'便有个持敬气象。"又曰："'不愧屋漏'，则心安而体舒。""尚不愧于屋漏，是敬之事。""圣人修己以安百姓，笃恭而天下平，惟上下一于恭敬。则天地自位，万物自育，气无不和，四灵何有不至，此体信达顺之道，聪明睿知，皆由此出，以此事天享帝。""道一本也，知不二本，便是笃恭而平天下之道。"又曰："君子之遇事，无巨细一于敬而已矣。简细故以自崇，非敬也；饰私智以为奇，非敬也；要之无敢慢而已。《语》曰：'居处恭、执事敬，虽之夷狄，不可弃也。'然则执事敬者，固为仁之端也。推是心而成之，则笃恭而天下平矣。”“毛犹有伦，入毫厘丝忽终不尽。”“《中庸》言道，只消道‘无声无臭’四字，总括了多少。”“《中庸》之语，其本至于‘无声无臭’，其用至于‘礼仪三百、威仪三千’，自‘礼仪三百、威仪三千’，复归于‘无声无臭’，此言圣人心要处。”吕氏既失其章旨，又不得其纲领条贯，而于文义尤多未当。去声。下“未当”同。如此章承上文圣诚之极致而反之，以本乎下学之初心，遂推言之以至其极而后已也。而以为皆言德成反本之事，则既失其章旨矣。蓝田吕氏曰：“此章皆言德成反本，以尽中庸之道。”此章凡八引《诗》，自“衣锦尚絅”以至“不显惟德”，凡五条，始学成德疏密浅深之序也；自“不大声色”以至“无声无臭”，凡三条，皆所以赞夫不显之德也。今以“不显惟德”，通前三义而并言之，又以后三条者亦通为进德工夫浅深次第，则又失其条理矣。蓝田吕氏曰：“不显惟德，百辟其刑之者，盖要其所以不动而敬，不言而信，不赏而劝，不怒而威，岂有他哉？在德而已。”“德輶如毛，谓之德者，犹诚之者也，未至乎诚也。若至乎诚则与天为一，无意无我，非勉非思，浑然不可得而名者也声臭之于形，微矣。有物而不可见，犹曰无之，则上天之事可知矣。”“不动而敬，不言而信，不赏而劝，不怒而威，则德孚于人而忘乎言动矣。然犹有德之声色存焉，至于不大声色，然后可以入乎无声无臭，而诚一于天。”至以知风之自，为知见闻动作皆由心出；以知微之显，为知心之精微明达暴著；蓝田吕氏曰：“以见闻之广、动作之利，推所从来，莫非心之所出，其知风之自欤？”“心之精微，至隐至妙，无声无臭，然其理明达暴著，若悬日月，其知微之显欤？”以不动而敬、不言而信，为人敬信之；蓝田吕氏曰：“其中有本，不待言动而人敬信。”以货色、亲长、达诸天下，为笃恭而天下平；蓝田吕氏曰：“君子之善与人同，合内外之道则为德，非特成己，将以成物，故君子言货色之欲，亲长之私，必达于天下而后已，岂非‘笃恭而天下平’者哉？”以德为诚之之事，而犹有声色，至于无声无臭，然后诚一于天，则又文义之未当者然也。然近世说者，乃有深取其知风之自之说，而以为非程夫子不能言者，盖习于佛氏“作用是性”之谈，而不察夫了翁序文之误耳。学之不讲，其陋至此，亦可怜也。朱子曰：“吕氏却是作用是性之意，于学无所统摄。”游氏所谓“无藏于中，无交于物，泊然纯素，独与神明居”，所谓“离人而立于独”者，皆非儒者之言。广平游氏曰：“无藏于中，无交于物，泊然纯素，独与神明居，此淡也，然因性而已，故曰不厌。”“无声无臭，则离人而立于独矣。”“不失足于人，不失色于人，不失口于人”，则又审于接物之事，而非简之谓也。游氏曰：“不失足于人，不失色于人，不失口于人，此简也，然循理而已，故文。”其论三知，未免牵合之病。广平游氏曰：“欲治其国，先齐其家，知远之近也。人人亲其亲、长其长，而天下平，可不谓近矣乎？欲齐其家，先修其身，知风之自也。《易》于《家人》曰：‘风自火出，而君子以言有物、行有常。’可不谓所自乎？欲修其身，先正其心，知微之显也。夫道视之不见、听之不闻，而常不离心术日用之间，可不谓显矣乎？”其论“德輶如毛”以下，则其失与吕氏同。广平游氏曰：“所谓德者，非甚高而难知也，甚远而难至也，举之则是，故曰‘德輶如毛’。既已有所举矣，则必思而得，勉而中，是人道而有对，故曰毛犹有伦。若夫诚之至，则无思无为，从容中道，是天道也，故曰‘上天之载，无声无臭，至矣’。”杨氏知风之自，与吕氏旧本之说略同，龟山杨氏曰：“世之流风，皆有所自，清之隘、和之不恭，知其自此，则君子不由也。”蓝田吕氏曰：“墨子兼爱，杨子为我，其始未有害也。其风之末，则至于无君无父而近于禽兽。伯夷之不屑就以为清，柳下惠之不屑去以为和，其风之末，不免乎隘与不恭，君子不由。则其端不可不慎也，故曰‘差之毫厘，缪以千里’，其知风之自欤?”而其取证，又皆太远，要当参取吕氏改本，去上声。其所谓见闻者，吕说见上。而益以“言语之得失，动作之是非，皆知其有所从来，而不可不谨”，则庶乎其可耳。以“德輶如毛”为有德而未化，则又吕、游之失也。龟山杨氏曰：“德輶如毛，未至于无伦，犹有德也而未化，非其至也。故上天之载，无声无臭，然后为至。”侯氏说多疏阔，惟以此章为再叙入德成德之序者，独为得之也。河东侯氏曰：“自衣锦尚絅至无声无臭至矣，子思再叙入德成德之序也。”

读论语孟子法此朱子采二程子说

程子曰：新安陈氏曰："程伯子讳颢，字伯淳，号明道先生。叔子讳颐，字正叔，号伊川先生。朱子先以明道、伊川为别，次以伯子、叔子为别，后以其学同、其说同，更不分别，总称程子。河南人。""学者当以《论语》、《孟子》为本。《论语》、《孟子》既治，则《六经》可不治而明矣。朱子曰："《语》、《孟》工夫少，得效多；六经工夫多，得效少。"庆源辅氏曰："今之治二书，所患不精尔，果能熟读精思，使其言皆出于吾之口，使其意皆出于吾之心，脉络条理，始终洞然而无纤芥隐昧不明之处，则六经之言，固可以类推而无不明也。"新安陈氏曰："'既治'之'治'，去声；'不治'之'治'，平声。按邹晋昭曰①：'此字本平声，借用乃为去声，故陆氏于诸经中平声者并无音，去声者乃音直吏反。平声者，修理其事，方用其力也；去声者，事有条理，已见其效也。今自此以后，亦依陆氏例云'。""《语》《孟》既治，学正识精，由是而治六经，根本正而易为力矣，非谓真可不必治而自明也。"读书者当观圣人所以作经之意，与圣人所以用心，圣人之所以至于圣人，而吾之所以未至者，所以未得者。庆源辅氏曰："圣人作经之意，不过欲发明此理以晓人，其所以用心而至为圣人者，则二书固无不具也。至于吾之所以未至圣人之地、未得圣人之心者，亦惟用心与二书背戾而不合耳。"陈氏曰："到经明后，方知得作经之意，识圣人之心体，方知他所以用处。"新安陈氏曰："当味五个'所以'字。"句句而求之，昼诵而味之，中夜而思之②，平其心，易以豉反。其气③，阙其疑④，则圣人之意可见矣。"朱子曰："平其心，只是放教虚平；易其气，只是放教宽慢；阙其疑，只是莫去穿凿。今人多要硬把捉教住，如何得？有个难理会处，便要刻画百端讨出来，枉费心力，少刻只说得自底，那里见圣人意？"陈氏曰："平其心者，是虚其心如衡之平，不可先立一个定说。才先把一说为主于中，便如秤盘先加一星了，到秤物时，如何得铢两之正？易其气者，欲见得圣人真意时，须是和平其气，雍容和缓，自然而得之，乃能默契。"云峰胡氏曰："读圣人之书者，当知圣人所以用心，然非自平其

① 邹晋昭：邹季友，字晋昭，元鄱阳人，著《书集传音释》、《尚书蔡传音释辨误》。明刘三吾《书传会选》多采用其书。

② 中夜：半夜。

③ 易：和悦、平和、平安。

④ 阙：通"缺"。

心不可也。朱子易赞有曰：‘读易之法，先正其心。’意亦类此。”

又曰：“凡看文字，须先晓其文义，然后可以求其意。未有不晓文义而见意者也。”

又曰：“学者须将《论语》中诸弟子问处便作自己问，圣人答处便作今日耳闻，自然有得。朱子曰：“孔门问答，曾子闻得底话，颜子未必与闻；颜子闻得底话，子贡未必与闻。今却合在《论语》一书，后世学者，岂不幸事？但患自家不去用心。”新安陈氏曰：“今学者看程朱先生语录，皆当以此法看之，视问辞如出吾口，听答辞如入吾耳。”虽孔、孟复扶又反。生，不过以此教人。若能于《语》、《孟》中深求玩味，将来涵养成甚生气质!”朱子曰：“有人言理会得《论语》，便是孔子；理会得七篇，便是孟子。初不以为然，看来亦是如此。盖《论语》中言语，真能穷究，极其纤悉，无不透彻，如从孔子肚里穿过，孔子肝肺尽知了，岂不是孔子？七篇中言语，真能穷究，极其纤悉，无不透彻，如从孟子肚里穿过，孟子肝肺尽知了，岂不是孟子?”云峰胡氏曰：“气质得于有生之初，此曰甚生气质，何也？曰：生来气质有好有不好，涵养成后，生气质无不好者，此‘生’字非自禀赋中来，乃自学问变化中来也。”新安陈氏曰：“学之功至，愚者明，柔者强，偏驳者纯粹。不特能变化气质，谓无好气质者，今生出此好气质也。”

程子曰：“凡看《语》、《孟》，且须熟读玩味。须将圣人言语切己①，不可只作一场话说。人只看得二书切己，终身尽多也。”朱子曰：“《论》、《孟》不可只道理会文义，得了便了，须仔细玩味，以身体之，见前后晦明生熟不同，方是切实。”“二书若便恁地读过，只一两日可了，若要将来做切己事玩味体察，一日多看得数段，或一两段尔。”“读《论》、《孟》须是切己，且如学而时习之，切己看时，曾时习与否，句句如此求之则有益矣。”或言：“(看《论语》)见得圣人言行，极天理之实而无一毫人欲之妄。学者之用功，尤当极其实而不容有一毫之妄。”②曰“大纲也是如此，然就里面详细处，须要十分透彻，无一不尽。”“学者读书，须要将圣贤言语，体之于身，如克己复礼，与出门如见大宾等事，须就自家身上体看，我实能克己与主敬行恕否，件件如此，方有益。”庆源辅氏曰：“读书者，能将圣人言语，切己体察，则定无枉费工夫，一日当有一日之功，若欲只做一场话说，则是口耳之学耳。”

又曰：“《论》、《孟》只剩石证反。读著，陟略反，语助辞。下同。便自意足。学者须是玩味。若以语言解著，意便不足。”朱子曰：“读书之法，先要熟读，须是正看背看，左看右看，看得是了，未可便说道是，更须反复玩味。”“《论》、《孟》须是熟读，一一记放心下，时时将来玩味，久久自然贯通。”庆源辅氏曰：“学者须是将圣人言语，熟读深思，昼夜玩味，则可以开发吾之知识，日就高明；涵养吾之德性，日就广大。方始见得圣贤言近而指远，故其意思，自然厌饫饱足。若以语言解著，则意便死于言下，自然局促蹇浅，而有枵虚不足之意。”

或问：“且将《论》、《孟》紧要处看，如何?”程子曰：“固是好，但终是不浃即协

① 切己：犹切身。密切联系自身；和自己有密切关系。

② 此为陈淳所言。详见《朱子语类》卷第十九。

反。洽耳①。”朱子曰：“圣人言语，粗底做粗底理会，细底做细底理会，不消得拣择。《语》、《孟》恁地拣择了，史书及世间粗底书，如何看得?”问：“龟山与范济美言‘学者当以求仁为要’。”曰：“须要将一部《论语》，粗粗细细，齐理会过，自然有贯通处。却会得仁方好，近日学者，病在好高，读《论语》未问‘学而时习’，便说‘一贯’；读《孟子》，未言‘梁王问利’，便说‘尽心’；《易》未看六十四卦，便说《系辞》。某解《语》、《孟》和训语注在下面，要人精粗本末，字字为咀嚼过。”问：“《论语》莫也须拣个紧要底看否?”曰：“不可。须从头看，无精无粗，无浅无深，且都玩味得熟，道理自然出。”曰：“读书未见得切，须见之行事方切。”曰：“不然。且如《论语》，第一便教人学，便是孝弟求仁，便戒人巧言令色，便三省，也可谓甚切。”“《论语》中有紧要底，有泛说底，今且要著力紧要底，便是拣别，此最不可。若如此，则《孟子》一部，可删者多矣。圣贤言语，粗说细说，皆著理会教透彻，盖道体至广至大，故有说得易处，说得难处，说得大处，说得小处。若不尽见，必定有窒碍处。”庆源辅氏曰：“人才只将二书紧要处看，便只是要求近功速效，与天理已不相似，所谓固是好者，盖姑取其向学求道之意耳。正使其有近功速效，亦必至于偏枯蹇涩，岂复有优游厌饫、贯通浃洽之意。”

程子曰：“孔子言语句句是自然，孟子言语句句是事实。”朱子曰：“孔子言语，一似没紧要说出来，自是包含无限道理，无些渗漏，如云‘道之以政、齐之以刑’，‘道之以德、齐之以礼’数句，孔子初不曾著气力，只似没紧要说出来，自是委曲详尽，说尽道理。若孟子便用着气力，依文按本，据事实说，无限言语，方说得出，此所以为圣贤之别也。”“《论语》之书，盖孔子大概使人优游厌饫、涵泳讽味；《孟子》之书，大概是要人探索力讨、反己自求。故伊川曰：‘孔子句句是自然，孟子句句是事实。’亦此意也。如《论语》所言，出门如见大宾，使民如承大祭，非礼勿视听言动之类，皆是存养底意思。《孟子》言性善、存心养性、见孺子入井之心、四端之发、若火始然、泉始达之类，皆是要体认得这心性下落，扩而充之，于此等语玩味，便自可见。”“孔子教人，只言居处恭，执事敬，与人忠，含蓄得意思在其中，使人自求之。到孟子便指出了性善，早不似圣人了。”“《论语》多门弟子所集，故言语时有长长短短不类处，《孟子》疑自著之书，故首尾文字一体，无些子瑕疵，不是自下手，安得如此好？若是门弟子集，则其人亦甚高，不可谓轲死不传。”“《论语》不说心，只说实事，《孟子》说心，后来遂有求心之病。”问：“《论语》一书，未尝说一‘心’字，至《孟子》只管拈人心说来说去。”曰：“推是心，曰‘求放心’，曰‘尽心’，曰‘赤子之心’，曰‘存心’，莫是孔门学者自知理会个心，故不待圣人苦口，到孟子时，世变既远，人才渐不如古，故孟子极力与言，要他从个本原处理会否?”曰：“孔门虽不曾说心，然答弟子问仁处，非理会心而何？仁即心也，但当时不说个‘心’字耳。”或云：“《论语》不如《中庸》?”曰：“只是一理，若看得透，方知无异。《论语》是每日零碎问答，譬如大海也是水，一勺也是水，所说千言万语，皆是一理，须是透得，推之其他道理皆通。”又曰：“圣贤所说只一般，

---

① 浃洽：通达，融洽。

只是一个‘择善固执之’，《论语》则说‘学而时习之’，孟子则说‘明善诚身’，下‘得’字各自精细，真实工夫只一般，须是知其所以不同，方知其所谓同也。”“孟子所谓‘集义’，只是一个‘是’字，孔子所谓‘思无邪’，只是一个‘正’字，不是便非，不正便邪，圣贤教人，只是求个是底道理。”“孔子教人，极直截，孟子较费力。孟子必要充广，孔子教人，合下便有下手处。”鲁斋许氏曰：“先儒说出体用，尝谓孔孟未尝言此，及子细读之，每言无非有体有用者。如忠告而善道之，忠告，体也，善道之，用也。虽有善为说辞者，无忠告之心则不可。虽有忠告之心，不能善道之，则犯于讦直不能入。又如居上不宽、为礼不敬、临丧不哀，宽敬哀，其体也，体立而后用行。无此三者，则夫所行之得失，与夫繁文末节，皆无足观矣。程子谓学者当以《论》、《孟》为本，《论》、《孟》既治，则六经可不治而明矣。圣人所以作经之意，必有定见，然后沛然无所疑，非后世牵合、勉强所可拟也。程子于《语》、《孟》中，反复致意，其旨深矣。有本有文，有体有用，圣人之言，无所偏滞，传之万世无弊，先儒读书精察，见圣人立言之意。”

又曰：“学者先读《论语》、《孟子》，如尺度权衡相似，以此去量度待洛反。事物，自然见得长短轻重。”朱子曰：“《语》、《孟》只熟读玩味，道理自不难见，且如老苏辈只读二书，便翻绎得许多文章出来。譬如攻城，四面牢壮，只消攻得一面破时，这城便是自家底了。如今学者若先读得《语》、《孟》二书，十分透彻，其他书都不费力，触处便见。”庆源辅氏曰：“尺度可以量长短，权衡可以称轻重，理义可以别是非，能知道，则何书不可读？何理不可究？何事不可处哉？”新安陈氏曰：“理义可以别是非，如尺度可以量长短，权衡可以称轻重也。”

又曰：“读《论语》、《孟子》而不知道，所谓‘虽多，亦奚以为①’。”朱子曰：“人之为学，若不从文字上做工夫，又茫然不知下手处。若是字字而求，句句而论，不于身心上，著切体认，则又何益？且如说我欲仁，斯仁至矣，何故孔门许多弟子，圣人竟不曾以仁许之，虽颜子之贤，而尚不能不违于三月之后。圣人乃曰我欲斯至，盍亦于日用体验，我若欲仁，其心如何？仁之至不至，其意又如何？又如说非礼勿视听言动，盍亦每事省察，何者为非礼？而吾又何以能勿视勿听？若每日如此读书，庶几看得道理，自我心而得，不为徒言也。”庆源辅氏曰：“读《语》、《孟》而不知道，则是口耳之学，未尝著心玩味，未尝至诚涵泳，未尝切己体察也，故读虽多，何益于事？”

① 见《论语·子路》第五章。

论语集注序说

《史记·世家》曰：新安陈氏曰："司马迁《史记》有《孔子世家》，朱子纂其要于此。"孔子名丘，字仲尼。新安陈氏曰："孔子父祷于尼丘山而生孔子，故以为名若字。"【通考】詹氏道传曰："《史记》关天下者为本纪，有国统者为世家，其余为列传。惟于孔子不敢入列传，而次之世家，以其盛德，且子孙世有哲人也。朱子欲学者知夫子始末，故节其事文大略入《序说》，疑者不入。愚按：元衡阳萧元益编《洙泗大成》①，始作先圣'本纪'，泗水侯、沂国述圣公至衍圣公以下作'世家'②，兖国复圣公颜子至宋元儒及许文正公衡，皆为'列传'并赞，又以六经孔子之言作字训，又作八志并仿《史记》凡例云。"其先宋人，孔子六世祖孔父嘉，为宋督所杀，纥遂迁于鲁。父叔梁纥，下没反。母颜氏，名徵在。【通考】仁山金氏曰："宋，殷后，子姓，自微子、微仲五传而至哀公熙，生弗父何及厉公祀，弗父何以有宋授厉公，而世为宋卿。何生宋父周，周生正考父，正考父生孔父嘉，别为公族。一曰孔父者，生时所赐姓也，子孙遂为氏。孔父生木金父，金父生睪夷，睪夷生防叔。自孔父为华氏所杀，子孙避祸奔鲁，防叔生伯夏，伯夏生叔梁纥，为郰大夫，追封启圣王，母颜氏名徵在，颜父第三女，追封启圣王夫人。"愚按：元封先圣父母，制曰："阙里有加，系出神明之胄；尼山请祷，天启圣人之生。朕聿观人文，敷求往哲，惟孔氏之有作，集群圣之大成。原道统，则尧授舜，传之周文王；语世家，则契至汤，下逮正考甫。其明德也远矣，故生知者出焉。有开必先，克昌厥后。如太极之生天地，如巨海之有本原。云仍既袭于上公之封，考妣宜视夫素王之爵。于戏！君子之道，考而不谬，建而不悖，于以敦典而叙伦；宗庙之礼，爱其所亲，敬其所尊，于以报功而崇德。尚笃其庆，以福斯文，齐国公某可加封启圣王，鲁国大夫人某氏可加封启圣王夫人。"以鲁襄公二十二年，庚戌之岁，十一月庚子，生孔子于鲁昌平乡陬邑。郰，侧鸠反。新安倪氏曰："孔子之生，《左氏春秋》不书，但于哀公十六年，夏四月己丑书孔丘卒。杜预注：'鲁襄二十二年生，至今七十三也。'《公羊》、《穀梁》传，皆于襄公二十一年书孔子生，乃己酉岁也，与《史记》、杜注皆不合。"【通

① 《洙泗大成》：即《洙泗大成集》，元萧元益编。元益字楚材，安化人。另著《四书演义》。

② 泗水侯：孔鲤，字伯鱼，孔子之子。鲁哀十二年卒。宋封泗水侯。沂国述圣公：孔伋，字子思，作《中庸》以述道统，后世追封沂国述圣公。

考】吴氏程曰："《公》、《穀》记孔子生襄之二十一年，《公羊》特书十有一月庚子，于是年之末。《穀梁》书庚子于十月之后，而《世家》称二十二年，《索隐》谓《史记》以周正十一月为属明年，故误。然则孔子实生于二十一年己酉，而《世家》逐节所记岁数，皆少一年，序说《史记》生年，而附《公羊》月日于下，似亦以十一月为岁首，不与《春秋》同例。胡舜陟《编年》、郑奕夫《通考》徒见《集注》引用《史记》，欲相附会而不察朱子之意，与朱子之所由误，反移《穀梁》月日以就次年，可谓误中大误。丹阳洪庆善《阙里谱系》、番阳程登庸《年表》，辨证议论正当，援据的确，程氏反复数千言，皆谓孔子生于己酉十月二十一日庚子，无可疑者。但《穀梁》解《春秋》以夏正，则其十月建亥，乃《左氏》《公羊》之十二月也，往往孔子以十月生，而《公羊》用《春秋》书法，书作十有二月庚辰朔，彼岂不知十一月之无庚子哉？可见传写之讹明矣。"为儿嬉戏，常陈俎豆①，设礼容。及长，上声。为委去声。吏②，料量去声。平；委吏，③ 本作"季氏史"。《索隐》云："一本作委吏，与《孟子》合。"今从之。《史记索隐》，司马贞作。【通考】仁山金氏曰："《周礼》有委人，掌敛野之赋，敛薪刍，凡疏材木材，凡畜聚之物。以稍聚待宾客，以甸聚待羁旅，余聚待颁赐，其祭祀之薪蒸、宾客之刍薪、丧纪之薪材、军旅之委积、馆军旅之宾客：其聚散之多如此。"为司职吏，畜许又反。蕃音烦。息。职，见音现。《周礼·牛人》，读为樴，音特，又余式、之式二反。义与"杙"同，杙余式反。盖系养牺牲之所。此官即《孟子》所谓"乘去声。田"④云峰胡氏曰："此以后多用《论语》证，以经证史也。此二事《论语》无所见，则证之《孟子》，亦以经证史也。《周礼·地官·司徒上》：牛人掌养国之公牛，以待国之政令。凡祭祀，共其享牛，求牛，以授职人而刍之。注：'享牛，前祭一日之牛也。求牛，祷于鬼神，祈求福之牛也。'职读为樴，樴谓之杙，可以系牛。樴人者，谓牧人，充人与？刍，牲之刍。牛人择于公牛之中，而以授养之。"适周⑤，问礼于老子，问："何以问礼于老子。"朱子曰："老子曾为柱下史，故知礼节文，所以孔子问之。聃虽知礼，然其意以为不必尽行，行之反以多事，故欲绝灭之。"既反，而弟子益进。昭公二十五年甲申，孔子年三十五，而昭公奔齐，鲁乱。于是适齐，为高昭子齐大夫。家臣，以通乎景公。有闻《韶》、问政二事。公欲封以尼谿之田，晏婴不可，公惑之。有"季孟""吾老"之语。问："齐景公欲封孔子田，楚昭王欲封孔子地，晏婴、子西不可，使无晏婴、子西，则夫子还受之否?"朱子曰："既仕其国，则须有采地，受之可也。"孔子遂行，反乎鲁。定公元年壬辰，孔子年

---

① 俎豆：俎和豆，古代祭祀、宴飨时盛食物用的两种礼器。亦泛指各种礼器。

② 委吏：古代管理粮仓的小官。《孟子·万章下》："孔子尝为委吏矣，曰：'会计当而已矣。'"赵岐注："委吏，主委积仓廪之吏也。"

③ 此为朱熹注语，非《序说》正文，故以五号仿宋体标出，以示区别。

④ 乘田：春秋时鲁国主管畜牧的小吏。《孟子·万章下》："〔孔子〕尝为乘田矣。"赵岐注："乘田，苑囿之吏也，主六畜之刍牧者也。"后用以指小吏。

⑤ 适：去，往。

四十三，而季氏强僭①，其臣阳虎作乱专政。故孔子不仕，而退修《诗》、《书》、《礼》、《乐》，弟子弥众。九年庚子，孔子年五十一。公山不狃以费畔季氏②，召，孔子欲往，而卒不行。有答子路"东周"语。朱子曰："圣人欲往，是当他召圣人之时，有这些好意思来接圣人，圣人当时亦接他好意思，所以欲往。然他这个人，终是不好底人，所以终不可去。如阴雨蔽翳，重结不解，忽然有一处略略开霁，云收雾敛，见得青天白日，这些自是好。"定公以孔子为中都宰③，一年，四方则之④，遂为司空，又为大司寇。十年辛丑，相去声。下同。定公会齐侯于夹谷，齐人归鲁侵地。郓汶阳龟阴之田。十二年癸卯，使仲由为季氏宰，堕许规反，毁也。下同。三都，收其甲兵。孟氏不肯堕成⑤，围之不克。问："成既不堕，夫子如何别无处置了便休？"朱子曰："不久夫子亦去鲁矣，若使圣人久为之，亦须别有个道理。"【通考】仁山金氏曰："鲁自三家四分公室，鲁公无民久矣，孔子虽为大司寇，为其议政交邻可尔，土地甲兵，皆三家有也，纵堕三都，三都之人民财赋，岂遽为公室有哉？去其城郭，差可防三家之叛乱耳。幸而公山不狃以费叛，侯犯以郈叛，二子自以为患，故堕之易为势。至孟氏不肯堕成，则成固未易堕矣。当时家臣，知有其家而不知有其室类如此。然成终不可堕乎？曰：使孔子而久于其位，安知其不堕？使孔子别有所为，则虽不堕成亦可。盖孟氏非如季氏之强，而成亦边齐之域也。孔子用于鲁于今一年，堕三都而不尽，则期月而可之说，无乃已虚乎？孔子固曰'如有用我者'，此为授之以国家言也。三家者于孔子，岂于土地甲兵为之用哉？其明年始摄相事，与闻国政，将期年而始。曰'摄'，曰'与'，则前乎此年，其权可知矣。孟子谓孔子于此为见行可之事，盖谓其或可以行耳，而不行而后去，然则谓孔子得用于鲁则未可也。学者忿圣人之失职，幸圣人之见用，方且以反侵地、诛正卯、堕三都为夸，皆未为知孔子，亦非知事势者。"十四年乙巳，孔子年五十六，摄行相事，诛少去声。正卯，【通考】仁山金氏曰："《荀子》云：'孔子为鲁相，摄朝七日，诛少正卯。'朱子曰：'少正卯之事，予窃疑之，盖《论语》所不载，子思、孟子所不言，虽以《左氏春秋》内外传之诬且驳而犹不道，乃独荀况言之，是必齐鲁陋儒愤圣人之失职，故为此说，以夸其权耳。'朱子之言如此，而于此犹存'诛少正卯'四字，盖存疑耳。"与音预。闻国政。三月，鲁国大治，去声。齐人归女乐以沮在吕反，止也。之⑥，季桓子受之⑦。郊又不致膰音烦，祭祀余肉也。俎于大夫⑧，孔子行。《鲁世家》以此以上皆为十

---

① 僭：超越本分，冒用在上者的职权、名义行事。

② 畔：通"叛"。违背，背离。

③ 宰：古代官吏的通称。《周礼》有冢宰、大宰、小宰、宰夫、内宰、里宰。春秋卿大夫的家臣和采邑的长官，也都称宰。《公羊传·隐公元年》："宰者何？官也。"后世亦以宰为对官吏的敬称。

④ 则：仿效，效法。

⑤ 堕成：废弃成法。

⑥ 沮：终止，阻止。

⑦ 季桓子：（？—前492年）即季孙斯。春秋时鲁国大夫，鲁定公五年（前505年）父平子死，得嗣位。家臣阳虎作乱曾被囚。

⑧ 膰俎：盛膰肉的祭器。亦借指祭肉。

二年事。问："设若鲁亦致膰于大夫，则夫子果止乎?"朱子曰："也须去，只是不若此之速，必须别讨一个事故去。"胡氏曰："是时政在季氏，夫子摄行相事而已，非为相也。与闻国政而已，非为政也。定公素不能立，季孙既有所惑，其不足与有为可知也，故不容于不行。"适卫，主于子路妻兄颜浊邹家①。《孟子》作颜雠由。适陈，过匡，匡人以为阳虎而拘之。有"颜渊后"及"文王既没"之语。既解，还卫，主蘧伯玉家②。见南子③，有"矢子路"及"未见好德"之语。去。适宋，司马桓魋欲杀之。有"天生德"语及微服过宋事。又去。适陈，主司城贞子家④。居三岁而反于卫，灵公不能用。有"三年有成"之语。晋赵氏家臣佛肸以中牟畔⑤，召孔子，孔子欲往，亦不果。有答子路"坚白"语及荷蒉过门事⑥。朱子曰："夫子于公山氏之召，却真个要去做。于佛肸之召，但谓其不能浼我而已。"将西见赵简子⑦，至河而反，又主蘧伯玉家。灵公问陈，不对而行，复扶又反。如陈。据《论语》则绝粮当在此时。季桓子卒，遗言谓康子必召孔子⑧，其臣止之，康子乃召冉求⑨。《史记》以《论语》"归与"之叹为在此时，又以《孟子》所记叹辞为主司城贞子时语，疑不然。盖《语》、《孟》所记，本皆此一时语，而所记有异同耳。孔子如蔡及叶，失涉反⑩。有叶公问答子路不对、沮溺耦耕、荷蓧丈人等事。《史记》云：于是楚昭王使人聘孔子，孔子将往拜礼，而陈蔡大夫发徒围之，故孔子绝粮于陈蔡之间，有"愠见"及告子贡"一贯"之语。按，是时陈蔡臣服于楚，若楚王来聘孔子，陈蔡大夫安敢围之。且据《论语》，绝粮当在去卫如陈之时。楚昭王将以书社地封孔子，令尹子西不可⑪，乃止。《史记》云"书社地七百里"，恐无此理。时则有接舆之歌。新安陈氏曰："《索隐》云：'古者二十五家为里，里各立社，则书社者，书其社之人名于籍。盖以七百里书社之人封孔子也，故冉求云虽累千社而夫子不利是也。'饶氏云：'书社犹今人所谓书会也，盖卿大夫所当得底地，谓之采地。如这个却是君之所特与，故谓之书社地，言以此养其徒也。便如齐王欲中国授孟子室，养弟子以万

---

① 主：寓居。

② 蘧伯玉：春秋时卫国大夫，名瑗，谥成子。

③ 南子：卫灵公夫人。

④ 司城贞子：陈国人，孔子适陈时曾住司城贞子家。

⑤ 佛肸：人名。春秋末年晋大夫范氏、中行氏的家臣，为中牟县宰。

⑥ 荷蒉：语本《论语·宪问》："子击磬于卫，有荷蒉而过孔氏之门者。曰：'有心哉，击磬乎！'既而曰：'鄙哉，硁硁乎！莫己知也，斯己而已矣。深则厉，浅则揭。'"朱熹集注："此荷蒉者亦隐士也。"后用为隐士之典。

⑦ 赵简子：晋国正卿赵鞅，又名志父，亦称赵孟。晋定公时为卿，晋定公十九年(前493年)大胜范氏、中行氏，攻取都邑，扩大封地，奠定了建立赵国的基础。

⑧ 康子：即季康子(？—前468年)，春秋末鲁国大夫，姓季孙，名肥。康是谥号。季桓子之庶子，鲁哀公时为正卿，曾多次问政于孔子。

⑨ 冉求：即冉有(前522—?)孔子弟子，姓冉名求，字子有，亦称冉子、有子，春秋末鲁国人，少孔子二十九岁，出身微贱，长于政事，多才多艺，孔子曾多次称赞"求也艺"。

⑩ 叶：古邑名，在今河南省叶县南。春秋时属楚领地。

⑪ 令尹：春秋战国时楚国执政官名，相当于宰相。

钟相似。'"又反乎卫，时灵公已卒，卫君辄欲得孔子为政。有"鲁、卫兄弟"及答子贡"夷齐"、子路"正名"之语。而冉求为季氏将，去声。与齐战有功，康子乃召孔子，而孔子归鲁，实哀公之十一年丁巳，而孔子年六十八矣。有对哀公及康子语。云峰胡氏曰："读此者，要看太史公书法，又要看文公删后书法，如孔子在他国，皆不书年若干，惟他国反鲁及在鲁，则历历书之。岂以在他国，则岁月无所考，故不书耶？然去鲁适陈，太史公书曰：'是岁鲁哀公三年，而孔子年六十矣。'又自楚反卫，太史公书曰：'是岁也，孔子年六十三，而鲁哀公六年也。'文公皆删之，至孔子晚年归鲁，文公乃特书曰：'实哀公之十一年丁巳，而孔子年六十八矣。'言外慨叹之意，于书法可见也。"然鲁终不能用孔子，孔子亦不求仕，问："孔子当周衰时，可以有为否?"朱子曰："圣人无不可为之时也，便若时节变，圣人又自处之不同。"问："孔子岂不知时君必不能用己?"曰："圣人岂有逆料君能用我与否？到得后来，说不复梦见周公与吾已矣夫，圣人自知其不可为矣。"乃叙《书传》、去声。《礼记》，有"杞宋"、"损益"、"从周"等语。删《诗》正《乐》，有语太师及乐正之语。序《易》、《彖》、《系》、《象》、《说卦》、《文言》①。有"假我数年"之语。弟子盖三千焉，身通六艺者七十二人。弟子颜回最贤，蚤死，后惟曾参得传孔子之道。【通考】仁山金氏曰："按，《文翁石室图》七十二人之数云：颜回、闵损、冉耕、冉雍、宰予、端木赐、冉求、仲由、言偃、卜商、颛孙师、曾点、曾参、澹台灭明、高柴、宓不齐、樊须、有若、公西赤、原宪、公冶长、南宫韬、公析哀、颜由、商瞿、漆雕开、公良儒、秦商、颜刻、司马耕、巫马期、梁鳣、琴牢、冉儒、颜辛、伯虔、公孙龙、曹卹、陈亢、叔仲会、秦祖、奚箴、公祖兹、廉洁、蘧瑗、宰父黑、公西箴、穰驷赤、冉季、石处、左郢、狄黑、商泽、任不齐、荣旂、颜哙、秦冉、秦非、漆雕从、燕级、林放、申党、步叔乘、石子蜀、施之常、郑国、乐欣、颜之仆、孔仲、漆雕哆、容箴、颜相。又按，《史记》、《家语》所载，间有不同，凡七十七人。愚按：苏子《古史》谓孔子弟子七十七人，以《太史公书》及诸子、《家语》考之皆同，秦冉、颜何不载于《家语》，而琴牢、陈亢不录于《史记》，二书既不可偏废，而琴张、陈亢又见于《论语》，故并录之，凡七十九人。"②十四年庚申，鲁西狩获麟，有"莫我知"之叹。孔子作《春秋》。有"知我"、"罪我"等语，《论语》请讨陈恒事，亦在是年。明年辛酉，子路死于卫。十六年壬戌四月己丑，孔子卒，年七十三。【通考】吴氏程曰："春秋四月，夏正二月也，按大衍历，则己丑乃十一月，杜氏谓是月无己丑，盖长历之误。是年孔子七十有四，《公》、《穀》载孔子生，《左氏》载孔子卒。"葬鲁城北泗上。弟子皆服心丧三年而去，惟子贡庐于冢上③，凡六年。孔子生鲤，字伯鱼，先卒。伯鱼生伋，音急。字子思，作《中庸》。子思学于曾子，而孟子受业子思之门人。

---

① 彖：《周易》中断卦之辞称"彖"。

② 引自（宋）苏辙《古史》三十二，原文为："苏子曰：'孔子弟子高第七十七人，余以《太史公书》及《孔子家语》考之皆同，秦冉、颜何不载于《家语》，而琴牢、陈亢不录于《史记》，二书既不可偏废，而琴张、陈亢又见于《论语》，故并录之，凡七十九人。'"

③ 庐：古人为守丧而构筑在墓旁的小屋。这里指居庐守丧。

何氏曰①：何氏，名晏，字平叔，魏南阳人。“《鲁论语》二十篇，《齐论语》别有《问王》、《知道》，凡二十二篇，其二十篇中章句，颇多于《鲁论》。《古论》出孔氏壁中，分《尧曰》下章‘子张问’以为一篇，有两《子张》，凡二十一篇，篇次不与齐、鲁《论》同②。”或问：“今之《论语》，其《鲁论》与？”朱子曰：“以何晏所叙篇数考之，则信为《鲁论》矣。但据《释文》，则其文字亦或有不同者，如以必为瓜之类，岂何氏亦若郑注？就《鲁论》篇章，而又杂以《齐》、《古》之文与？然唐《艺文志》已不载《齐》、《古》篇目，陆氏盖于诸家说中得之耳。”【通考】仁山金氏曰：“《鲁论》、《齐论》至张禹始合，至郑康成则以《鲁论》考之《齐论》、《古论》，为之注，三论始合为今定本。”

程子曰：“《论语》之书，成于有子、曾子之门人，故其书独二子以子称。”程子曰：“《论语》为书，传道立言，深得圣人之学者矣。如乡党形容圣人，不知者岂能若是？”问：“《论语》以何为要？”曰：“要在知仁。孔子说仁处，最宜玩味。”曰：“孔子说仁处甚多，尤的当是何语？”曰：“皆的当，但其门人所至有不同，故其答之亦异。”朱子曰：“程子之说盖出于柳宗元，其言曰：诸儒皆以《论语》孔子弟子所记，不然也。孔子弟子曾参最少，又老乃死，而是书记其将死之言，则其去弟子之时甚远，而当时弟子，略无存者矣。吾意孔子弟子，尝杂记其言，而卒成其书者，曾子弟子乐正子春、子思之徒也，故是书之记诸弟子必以字，而曾子不然，盖其弟子号之云尔。而有子亦称子者，孔子之殁，诸弟子尝以似夫子而师之，后乃叱避而退，则固尝有师之号矣。凡此柳氏之言，其论曾子者得之，而有子叱避之说，则史氏之鄙陋无稽，而柳氏惑焉。以《孟子》考之，当时既以曾子不可而寝其议，有子曷尝据孔子之位而有其号哉？故程子特因柳氏之言，断而裁之以为此说，此所以不著柳说，而独以程子为据也。杨氏又谓此书，首记孔子之言，而以二子之言次之，盖其尊之亚于夫子，尤为明验。至于闵损冉求，亦或称子，则因其门人所记，而失之不革也与？”

程子曰：“读《论语》：有读了全然无事者；有读了后其中得一两句喜者；有读了后知好去声。之者；有读了后直有不知手之舞之、足之蹈之者。”程子曰：“《论语》之书，其辞近，其指远，辞有尽，指无穷。有尽者，可索之于训诂；无穷者，要当会之以神。譬诸观人，昔日识其面，今日识其心，在我则改容更貌矣，人则犹故也，坐是故难读。盖不学操缦，不能安弦；不学博依，不能安《诗》；不学杂服，不能安礼；惟近似者易入也。彼其道高深博厚，不可涯涘也如此③，傥以童心浅智窥之，岂不大有径庭乎？方其胁肩谄笑、以言餂人者读之，谓巧言令色宁病仁？未能素贫贱而耻恶衣恶食者读之，岂知饭蔬饮水、曲肱而枕之未妨吾乐？注心于利末、得已不已而有颠冥之患者读之，孰知不义之富贵真如浮云？诲尔谆谆、听我藐藐者读之，孰知回不惰、师书绅为至诚服

---

① 何氏：何晏(约193—249年)，字平叔，南阳宛县(今河南南阳)人，汉大将军何进之孙，三国魏学者。著有《论语集解》。

② 齐鲁《论》：即《齐论语》和《鲁论语》。

③ 涯涘：限量，穷尽。

膺？过此而往，益高益深，可胜数哉！”朱子曰：“学者须著实循序读书，以《论语》为先，一日只看一二段，莫问精粗难易，但只从头看将去，读而未晓则思，思而未晓则读，反复玩味，久之必自有得矣。今学者于《论语》二十篇中，尚不耐烦看得之，况所谓死而后已者，又岂能办得如此长远工夫耶？”庆源辅氏曰：“嗜之而饱餍充足，其乐有不可形容者，是以见于手舞足蹈也。”云峰胡氏曰：“读《论语》者，有此四等人，初是全无知者，第二是略能知者，第三是知而好之者，第四是好而乐之者。”

程子曰：“今人不会读书。如读《论语》，未读时是此等人，读了后又只是此等人，便是不曾读。”程子曰：“读《论语》须有疑，然后能进，今人读书元不知疑，所以不及古人。孔门弟子如子夏问‘巧笑倩兮，美目盼兮’，直推至于礼。后樊迟问仁知，直推至于举皋陶、伊尹而不仁者远，始能无疑。今人多于言上认了，又安能疑？”问：“《论语》如何读？”曰：“这也使急不得，也不可慢。所谓急不得者，功效不可急；所谓不可慢者，工夫不可慢。”庆源辅氏曰：“程子言虽近而意则切，使读书者自知所以求益，不至虚费工夫也。须是熟读涵泳，使之通贯浃洽，然后有日新之功。如是则气质变化，月异而岁不同矣。”

程子曰：“颐自十七八读《论语》，当时已晓文义。读之愈久，但觉意味深长。”和靖尹氏曰：“《论语》之书，乃集记孔子嘉言善行，苟能即其问答，如己亲炙于圣人之门，默识心受而躬行之，则可谓善学矣。”延平李氏曰：“人之持身，当以孔子为法。孔子相去千余载，既不可得而亲之，所可见者，独《论语》耳。《论语》盖当时门人弟子所记孔子言行也，每读而味之，玩而绎之，推而行之，虽未至升堂入室，亦不失为士君子也。”朱子曰：“所谓深长意味也，别无说，只是涵泳久自见得。”“《论语》读著越见意思无穷，今日读得些意思，明日读又长得意思。”朱子曰：“《论语》中，程先生及和靖说，只于本文添一两字，甚平淡，然意味深长，须当仔细看，要见得他意味方好。已下论解《论语》。”问：“谢氏说多过，不如杨氏说最实。”曰：“尹氏语言最实，亦多是处，但看文字，亦不可如此先怀权断于胸中。如谢氏说十分有九分过处，其间亦有一分说得恰好处，岂可先立定说，今且须虚心玩理。”“《集注》中解有两说相似，而少异者，亦要相资，有说全别者，是未定也。”“《论语集注》，如秤上称来无异，不高些不低些，自是学者不肯用工看。”问：“《集注》有两存者，何者为长？”曰：“使某见得长底时，岂复存其短底，只为是二说皆通，故并存之。然必有一说合得圣人之本意，但不可知尔。”又曰：“大率两说，前一说胜。”“某于《论》、《孟》，逐字秤等，不教偏些小，学者将注处宜仔细看。”“《集注》添一字不得，减一字不得，不多一个字，不少一个字。”“读《集注》，只是要看无一字闲，若意里说做闲字，那个正是紧要字。”“《集注》至于训诂，皆仔细者，盖要人字字思索到，莫要只作等闲看便了。”问：“注或用‘者’字，或用‘谓’字，或用‘犹’字，或直言，其轻重之意如何？”曰：“者谓是恁地，直言者直训如此，犹云者犹是如此。胡氏曰：‘某，某也，正训也。某，犹某也，无正训，借彼以明此也。某之为言某也，前无训释，特发此以明其义也。为言，谓其说如此也。引经传文以证者，此字义不可以常训通也。’”“《集注》于正文之下，正解说字训文义，与圣经正意。如诸家之说，有切当明白者，即引用而不没其姓名，如《学而》首章，先尹氏而后程子，亦只是顺正文解下来，非有高下去取也。章末用圈，而列诸家之说者，或文外之意，而于正文有所发明，不容略去。或通论一章之意，反复其说切要而不可不知也。”“《集注》内载前辈之说于下句者，是解此句文义，载前辈之说于章后者，是说一章之大旨，及反复此章之余意。胡氏曰：‘字义难明者，各有训释；一章意义，可以分断者，逐节注之；一章之后，又合诸节而通言之。欲学者先明逐字文义，然后明逐节旨意，然后通一章之旨意也。每章只发本章之旨者，附注后。或因发圣人言外之意者，别为一段以附其后，亦欲学者先明本旨而后及之也。’”

论语集注大全卷一

【通考】吴氏程曰：“论，撰也，次也。撰次，孔子及弟子语也。”

学而第一

此为书之首篇，故所记多务本之意，朱子曰：“此一篇都是先说一个根本。”胡氏曰：“此篇首取其切于学者记之，故以为多务本之意。”新安陈氏曰：“揭‘君子务本’一句以为首篇之要领，此说本于游氏。朱子已采入《贤贤易色章》下，于此又首标之，如首章以时习为本，次章以孝弟为为仁之本，三章以忠信为传习之本，《道千乘章》以五者为治国之本，皆是，余可以类推。”乃入道之门、积德之基、学者之先务也。凡十六章。庆源辅氏曰：“道者人之所共由，必有所从入，德虽在我之所自得，必积而后成。凡此篇所论务本之事，乃道所从入之门而德所积累之基，学者必先务此，然后道可入而德可积矣。”朱子曰：“‘学而’，篇名也。取篇首两字为别，初无意义。但学之为义，则读此书者不可以不先讲也。夫学也者，以字义言之，则己之未知未能而效夫知之能之之谓也。以事理言之，则凡未至而求至者，皆谓之学。虽稼圃射御之微，亦曰学，配其事而名之也。而此独专之，则所谓学者，果何学也？盖始乎为士者，所以学而至乎圣人之事，伊川先生所谓儒者之学是也。盖伊川先生之意曰：‘今之学者有三，词章之学也，训诂之学也，儒者之学也。欲通道，则舍儒者之学不可。’尹侍讲所谓‘学者，所以学为人也，学而至于圣人，亦不过尽为人之道而已’，此皆切要之言也。夫子之所志，颜子之所学，子思、孟子之所传，尽在此书。而此篇所明，又学之本，故学者不可以不尽心焉。”“今读《论语》，且熟读《学而》一篇，若明得一篇，其余自然易晓。”“《学而篇》，皆是先言自修，而后亲、师、友。‘有朋自远方来’，在‘时习’之后；而‘亲仁’，在‘入孝出弟’之后；‘就有道而正焉’，在‘食无求饱、居无求安’之后；‘毋友不如己者’在‘不重则不威’之后，今人都不去自修。只是专靠师友说话。”觉轩蔡氏曰：“‘学而’名篇，专以学言，而所谓学者，果何所学耶？朱子首发明学之本，惟在全其本性之善而已。”【通考】程氏复心曰：“道者，人所共由之路；德者，己所独有之理。如孝、弟、忠、信，是人所共由之道，能孝、弟、忠、信，便是己独有之德；才知有孝、弟、忠、信，便是入道之门，能孝弟又能忠信，便是积德之基。”

子曰：“学而时习之，不亦说乎？“说”、“悦”同。

学之为言效也①。【通考】吴氏程曰：“为言，言，词也；谓此字之词，即彼字之义也。释经之例，凡曰‘某，某也’，皆正训也。有曰‘某者，某也’，‘某犹某也’，皆本非正训，而借彼明此者也。如‘政者正也’，而又曰‘政犹正也’，政之为言正也，其意只一般。”又曰：“古‘学’字即今‘效’字，《学记》‘效’、‘学’同一字。”人性皆善，而觉有先后，后觉者必效先觉之所为，乃可以明善而复其初也。朱子曰：“‘学’之一字，实兼致知力行而言。”问：“学之为言效也，‘效’字所包甚广？”曰：“正是如此。博学、审问、谨思、明辨、笃行，皆学之事。”勉斋黄氏曰：“《集注》言学，而《或问》以知与能并言，何也？”曰：“言人之效学于人，有此二者。先觉之人，于天下之理，该洽贯通。而吾懵然未有所知也，于是日听其议论，而向之未知者，始有所知矣。先觉之人，于天下之事，躬行实践，而吾怅然未有所能也，于是日观其作为，而向之未能者始能矣。大抵读书穷理，要当尽圣贤之意，备事物之情，非吾好为是详复也，理当然也。世之学者，意念苟且，思虑轻浅，得其一隅，便以为足，则其为疏率也亦甚矣。学者观于此，亦足以得养心穷理之要矣。”曰：“若是，则学之为言，固无所不学也，今《集注》于此，乃以为人性皆善，必学而后能明善而复其初，何也？”曰：“学问之道固多端矣，然其归在于全其本性之善而已。明善，谓明天下之理；复其初，则复其本然之善也。于《论语》之首章，首举是以为言，其提纲挈领而示人之意深矣。”云峰胡氏曰：“人性皆善，天命之性也；觉有先后，气质之性也。必效先觉之所为，或以‘所为’为所行，殊不知‘汝为《周南》、《召南》’，《集注》曰：‘为，犹学也。’《论语》曰：‘为之不厌。’孟子记夫子之言曰：‘学不厌。’是以‘学’字代‘为’字。《集注》于‘十五志学’下曰：‘念念在此，而为之不厌’，是以‘为’字释‘学’字。此曰‘效先觉之所为’，犹曰学先觉之所学也。《大学章句》释‘明明德’曰：‘学者当因其所发，而遂明之以复其初’，此曰‘明善而复其初’，是包《大学》许多工夫说。物格知至，即是明善；意诚心正身修，即是复其初。”新安陈氏曰：“此《论语》中第一个‘学’字，朱子挈要指以示人。后觉者必效先觉之所为，所为不过知行二者。效先觉之致知，以知此理，又效先觉之力行，以行此理，乃可以明善而复其初矣。明善者，明本性之善，以知言也；复其初者，复全本性之善，以行言也。学之道固多端，其要归在复全本性之善而已，朱子所谓以己之未知，而效夫知者以求其知；以己之未能，而效夫能者以求其能；皆学之事也。能指行而言，知行皆从性分上用工。”【通考】仁山金氏曰：“王文宪以‘人性皆善，而觉有先后’，此原其所当学；后觉者必效先觉之所为，指学者之方也。明善复初，则学之效验。第一句，训下二句，此看《集注》凡例。”又曰：“朱子《或问》中论学分‘知能’二字，《集注》合言之。觉，知也。为，能也。明善，知也。复初，能也。”勿轩熊氏曰：“学者复其本性而已，

① 效：仿效。

学以明善，明德之事；以善及人，新民之事。”习，鸟数音朔。下同。飞也。学之不已，如鸟数飞也。朱子曰：“《说文》‘习’字从羽从白，《月令》所谓‘鹰乃学习是也’。”“‘学’是未理会得时，便去学，‘习’是已学了又去重学，非是学得了顿放在一处，却又去习也，只是一件事。如鸟数飞，只是飞了又飞。”问：“学是知，习是行否?”曰：“知自有知底学，自有知底习。行自有行底学，自有行底习。如小儿写字，知得字合恁地写，这是学；便须将心思量安排，这是习。时将笔去写成几个字，这是行底学；今日写一纸，明日写一纸，又明日写一纸，这是行底习。人于知上不习，便要去行，如何得?人于知上不习，非独是知得不分晓，终不能有诸己。”“‘学而时习之’，此是《论语》第一句，句中五字，虽有轻重虚实之不同，然字字皆有意味，无一字无下落。‘学’之为言效也，以己有所未知未能，而效夫知者能者，以求其知能之谓也，‘而’字承上起下之辞也。‘时’者，无时而不然也；‘习’者，重复温习也；‘之’者，指其所知之理、所能之事而言也。言人既学矣，而又时时温习其所知之理、所能之事也。圣言虽约，而其指意曲折深密而无穷尽如此。圣人之学与俗学不同，圣人教人读书，只要知所以为学之道；俗学读书便只是读书，更不理会为学之道是如何。”“未知未能，而求知求能之谓学；已知已能，而行之不已之谓习。”胡氏曰：“学之不已者，学与习非二事也。”厚斋冯氏曰①：“习，鸟雏欲离巢而学飞之称。学，谓学之于己。习，谓习其所学，时时而习，恐其忘也。凡曰而者，上下二义，学一义也，习一义也。”【通考】仁山金氏曰：“‘习’字于六书属谐声，谓形声也。”勿斋程氏曰：“未知未能，必效诸人，是之谓学。已知已能，必熟诸己，是之谓习。”说，喜意也。既学而又时时习之，则所学者熟，而中心喜说，其进自不能已矣。朱子曰：“学要时习，习到熟后，自然说喜，不能自已。今人所以便住了，只是不曾习，不见得好。此一句，却系切己用功处。”“学矣而不习，则表里扞格，而无以致其学之之道；习矣而不时，则工夫间断，而无以成其习之之功。是其胸中虽欲勉焉以自进，亦且枯燥生涩，而无可嗜之味，危殆杌陧，而无可即之安矣。故既学矣，又必以时习之，则其心与理相涵，而所知者益精；身与事相安，而所能者益固。从容于朝夕俯仰之中，凡其所学而知且能者，必有自得于心而不能以语人者，是其中心油然悦怿之味，虽刍豢之悦于口，不足以喻其美矣。此学之始也。”“学到说时，已是进了一步，只说后便自住不得。”程子曰：“习，重平声。习也，双峰饶氏曰：‘习字训重，故重险谓之习坎’。时复抹又反。思绎，浃洽于中，则说也。”朱子曰：“‘浃洽’二字，有深意。如浸物于水，水若未入，只是外面湿，内面依然干，必浸之久，则透里皆湿。习而熟，熟而说，脉络贯通，程子所谓浃洽是也。”南轩张氏曰：“学贵于时习，程子曰‘时复思绎’，言学者之于义理，当时抽绎其端绪而涵泳之也。”【通考】吴氏曰：“重习者，更互反复之意。绎，抽丝也，思者如之。”又曰：“学者，将以行之也。时习之，则

① 厚斋冯氏：(宋)冯椅，字奇之，一字仪之，号厚斋。南康军都昌人，受业朱熹，登进士，授德兴尉，调江西转运司干官，赠尚书。既而家居授徒，著《易诗书论语辑说》、《太极图西铭辑说》、《孝经章句》、《丧礼》、《小学》、《孔子弟子传》、《读史记》及诗文志录，合二百余卷。

所学者在我，故说。”云峰胡氏曰：“时复思绎，则习于心；将以行之，则习于身。”新安陈氏曰：“上一条以知言，此一条以行言，采程子二说，以见学习当兼知行言也。”谢氏名良佐，字显道，上蔡人。曰①：“时习者，无时而不习。坐如尸，坐时习也；立如齐，庄皆反。立时习也②。”勿轩熊氏曰：“‘坐如尸，立如齐’，出《记·曲礼》。如尸，注曰‘视貌正’；如齐，注曰‘磬且听’，谓祭祀时。”朱子曰：“伊川之说，则专在思索，而无力行之功。如上蔡之说，则专于力行，而废讲究之义，似皆偏了。”新安陈氏曰：“程子二条，说学习兼知行言；谢氏此条，惟以时习于行言。亦姑以坐立起例，非止谓坐立时也。其言‘时’字，亦与时时之意异。朱子姑采以备一说耳。”

有朋自远方来，不亦乐乎？乐，音洛。

朋，同类也。自远方来，则近者可知。程子曰：“以善及人，而信从者众，故可乐。”朱子曰：“理义，人心所同然，非有我之得私也。吾独得之，虽足以说矣，然告人而莫信，率人而莫从，是独擅此理，而人不得与于吾心之所同也。如十人同食，一人独饱，而九人不下咽，吾之所说虽深，亦曷能达于外耶？今吾之学，足以及人，而信从者又众，则将皆有以得其心之所同然者，而吾之所得，不独为一己之私矣。吾之所知，彼亦知之，吾之所能，彼亦能之，则其欢欣宣畅，虽宫商相宣，律吕谐和，何足以方其乐哉？此学之中也。”又曰：“近者既至，远者毕来，以学于吾之所学，而求以复其初。凡吾之所得而悦于心者，彼亦将有以得而悦之，则可以见夫性者万物之一原，信乎其立必俱立，成不独成矣。”“善不是自家独有，人皆有之。我习而自得，未能及人，虽悦未乐。”问：“以善及人，而信从者众，是乐其善之可以及人乎？是乐其信从者众乎？”曰：“乐其信从者众也，大抵私小底人，或有所见，则不肯告人，特以自多。君子存心广大，己有所得，足以及人。若己能之以教诸人，而人不能，是多少可闷。今既信从者自远而至，其众如是，安得不乐？”“信从者众，足以验己之有得，然己既有得，何待人之信从，始为可乐。须知己之有得，亦欲他人之皆得，然信从者但一二，亦未能惬吾之意。至于信从者众，则岂不可乐？”问：“朋来之乐，奈何？”曰：“惟以程子之言求之，然后见夫可乐之实耳。且其‘以善及人，而信从者众’之云，才九字尔，而无一字之虚设也，非见之明而验之实，其孰能与于此？”南轩张氏曰：“‘有朋自远方来’，则己之善得以及人，而人之善有以资己，讲习相资，其乐孰尚焉？乐比于说，为发舒也。”新安陈氏曰：“以善之善，即上一节人性皆善及明善之‘善’。习说，则善方成己；朋来，则善方及人矣。”又曰：“说在心，乐主发散在外③。”朱子曰：“程子非以乐为在外也，以为积满于中，而发越乎外耳。悦则方得于内，而未能达于外也。”“说是感于外而发于中，乐则充于中而溢于外。”庆源辅氏曰：“说是自知自能而自悦，乐是人皆知皆能，而

---

① 谢氏：谢良佐(1050—1103年)，字显道，寿春上蔡人。二程弟子，著《论语解》等。黄宗羲《宋元学案》中有《上蔡学案》，云：“程门高弟子，窃以上蔡为第一。”

② “坐如尸”，是坐时的习。“立如齐”，是站立时的习。“齐”同“斋”。坐如尸，见《礼记·曲礼》、《礼记·玉藻》。立如齐：见《礼记·曲礼》。

③ 发散在外：表现在外面。

我与人同乐。”双峰饶氏曰：“说与乐，皆是在中底，今此‘乐’字，对上文‘说’字而言，则是主发散在外言之。”

人不知而不愠，不亦君子乎？”愠，纡问反。

愠，含怒意。君子，成德之名。尹氏名焞，字彦明，河南人。曰①：“学在己，知不知在人，何愠之有。”朱子曰：“有朋自远方来而乐者，天下之公也；人不知而愠者，一己之私也。以善及人而信从者众，则乐；不己知，则不愠。乐愠在物不在己，至公而不私也。”新安陈氏曰：“己诚有所学，人之知不知，何加损于己。”朱子云：“为学是为己。当然之事，譬如吃饭，乃是要自家饱，既饱，何必问外人知不知，盖与人初不相关也。尹氏解此一节正意，故居先。”双峰饶氏曰：“朋是专主同类，人兼指众人，上而君大夫亦是。”程子曰：“虽乐于及人，不见是而无闷②，乃所谓君子。”朱子曰：“乐公而愠私，君子有公共之乐，无私己之愠。”双峰饶氏曰：“说之深，然后能乐；乐之深，然后能不愠。”云峰胡氏曰：“说，是喜意；愠，是含怒意。喜、怒、乐三者，皆情也，皆性之发也。能复其性之善，而情无不善，学习之功大矣。”新安陈氏曰：“‘不见是而无闷’，出《易·乾·文言》，不见是于人，而无闷于心，引此语解不知不愠甚切，此条联乐与不愠言，故居尹说之后。”【通考】仁山金氏曰：“有自得之说，则有及人之乐。有及人之乐，则有君子之成德。”愚谓及人而乐者顺而易，去声。不知而不愠者逆而难，故惟成德者能之③。问：“稍知为己，则人知不知，自不相干，何以言逆而难？”朱子曰：“人待己平平，亦不觉。但被人做全不足比数看待，心便不甘，便是愠。愠，不是大故忿怒，只心有些不平，便是愠，便是里面动了。”“人不见知，处之泰然，略无纤芥不平之意，非成德之君子，其孰能之？此学之终也。”“今人有一善，便欲人知，不知则便有不乐之意。不特此也，见人有善，而人或不知之，初不干己事，而亦为不平，况其不知己乎？此不知不愠，所以难也。”问：“不愠之说，孰为得？”曰：“程子得之，至论其所以然者，则尹氏为尤切。使人之始学，即知是说以立其心，则庶乎其无慕于外矣。”觉轩蔡氏曰：“程子谓不见是而无闷，乃所谓君子，是不愠然后君子也。朱子谓惟成德者能之，则是君子然后不愠。以悦乐两句例之，则须如程子之说。朱子非正解本句，特统而论之耳，所以继于尹氏程子之后。”庆源辅氏曰：“顺，谓理之顺。逆，谓理之逆。曰顺，曰逆，皆理也。但处其顺者易，故及人而乐者犹可及；处其逆者难，故不见是而无闷，非成德之士、安土乐天者，不能及也。”然德之所以成，亦曰学之正、习之熟、说之深而不已焉耳④。问：“《集注》言君子而复归于学之正、习之熟、说之深，何也？”勉斋黄氏曰：“学而至于成德，又岂有他道哉？其所自来者，亦不过是而已，非体之之实，孰能知之哉？”庆源辅氏曰：“此章总言始学始终三者之序，有浅深而无二道也。又

① 尹氏：尹焞(tūn)(1061—1132 年)，字彦明，一字德充，洛(今河南洛阳)人。程颐弟子，著有《论语解》、《孟子解》等。

② 不见是而无闷：不被别人了解也不烦闷。

③ 顺而易：顺着心意因而容易。逆而难：违背自己心愿因而艰难。

④ 说之深：喜悦深厚。说同“悦”。

虑夫敏者躐等而进，怠者半途而止，昧者又或离析以求之，或失其正而陷于异端，故复发此义，而使之正其始之所学，然后时习以熟之，则夫说之与乐，可以驯致，初不待外求而得也。”又曰：“不极其至，则无以成其德，故又以此说终之。”双峰饶氏曰：“《集注》谓德之所以成，亦在乎学之正、习之熟、说之深而不已焉，此言极有意味。”“此章六句，其工夫只在第一句上，其余五句皆是效验。”云峰胡氏曰：“此章重在第一节，而第一句‘时习’二字最重。故上文释‘习’字，曰‘学之不已’，此曰‘学之正、习之熟、说之深’，而又曰‘不已’焉，于此见朱子吃紧教人处。”新安陈氏曰：“此推本所以为成德之由，不过自学、习、说中来，然学必贵乎正，习必贵乎熟，说必贵乎深，而又加以不已焉，学之时习而说，乃后二节之本，亦务本之意。”【通考】仁山金氏曰：“逆而难进步，言学之正，推本言，程子此条，顺进而言也。”程子曰：“乐由说而后得，非乐不足以语君子。”朱子曰：“惟乐后方能进步，不乐则何道以为君子。”新安陈氏曰：“《集注》凡推说本章正意外之余意，必加一圈以间隔之，此又以三节下三句发明余意也，必由成己之说，方可进于及人之乐，然非造于乐之地步，又不足以言成德君子也。夫学者所以学为君子，学由说以进于乐，而至于能为君子，学之能事毕矣。朱子云：《论语》首曰‘学而时习之’至‘不亦君子乎’，终曰‘不知命，无以为君子’，此深有意。盖首篇首章，末篇末章，皆拳拳以君子望学者，宜乎朱子以为深有意焉。”【通考】朱氏公迁曰：“此章言为学之道，学兼知行言，首言学，欲熟之于己；中言学，欲推之于人；终言学者，毕竟所以为己。”又曰：“四书所言，君子甚多，其等第不一。今略取其的然有所指者，以为发例。此章不知不愠与不器之于天下也，病无能，疾末没世而民不称，矜而不争，贞而不谅之君子以德言，为成德之称，正言之也。不重则不威，食无求饱，博学于文，有九思，尊德性而道问学之君子以德言，为学者之称，亦曰以学言也。君子修己以敬，先行其言，不忧不惧之君子以德言，彻上彻下之道，因其人而言之也。所过者化，有三乐而王天下不与，广土众民，君子欲之，依乎中庸，笃恭而天下平之君子以德言，为圣人之称也。君子笃于亲，正其衣冠，君子有大道之君子以位言。凡以位言者，必有其德而后称其位，故圣贤凡以君子为为人上者之称，必言所以为人上者之道，微意可见也。侍于君子，有三愆之君子，兼德位言之也。余不能悉举者，可以类推。”

○有子曰：“其为人也孝弟，而好犯上者，鲜矣；不好犯上，而好作乱者，未之有也。弟、好，皆去声。鲜，上声。下同。

有子，孔子弟子，名若。鲁人。善事父母为孝，善事兄长上声。为弟。新安陈氏曰：“深意在‘善’字上，善事之中，有无限难能之事，未易言也。”犯上，谓干犯在上之人。朱子曰：“只少有拂戾，便是犯上，不必至凌犯乃为犯，如疾行先长，亦是犯上。”“干犯是小底乱，到得作乱，则为悖逆争斗之事矣。”问：“人子之谏父母，或贻父母之怒，此不为干犯否？”曰：“此是孝里面事，安得为犯？然谏时，又自下气怡色，柔声以谏，亦非凌犯也。”鲜，少也。作乱，则为悖音佩。逆争斗之事矣。此言人能孝弟，则其心和顺，少好犯上，必不好作乱也。

君子务本，本立而道生。孝弟也者，其为仁之本与！”平声。

务，专力也。庆源辅氏曰："专用其力而为之也。"本，犹根也。仁者，爱之理，心之德也。为仁，犹曰行仁。与者，疑辞，谦退不敢质言也。朱子曰："仁者，爱之理，是偏言，则一事；心之德，是专言，则包四者。故合而言之，则四者心之德，而仁为之主；分而言之，则仁是爱之理，义是宜之理，礼是恭敬辞让之理，智是分别是非之理也。仁者爱之理，理是根，爱是苗，仁之爱犹糖之甜、醋之酸，爱是那滋味。爱虽是情，爱之理是仁也。仁者，爱之理；爱者，仁之事。仁者，爱之体；爱者，仁之用。爱之理，自仁出也，然亦不可离了爱去说仁。昌黎'博爱之谓仁'，是指情为性了，周子说'德爱曰仁'，犹说恻隐之心，仁之端也，是就爱处指出仁。若博爱之谓仁，之谓便是把博爱做仁了。""仁便是本，仁更无本了，若说孝弟是仁之本，则头上安头。伊川所以将'为'字属'仁'字读，盖孝弟是仁里面发出来底，乃推行仁道之本，自此始尔。'仁'字则流通该贯，不专主于孝弟之一事也，仁就性上说，孝弟就事上说，仁如水之源，孝弟是水流底第一坎，仁民是第二坎，爱物是第三坎也。"问："为仁只是推行仁爱以及物否?"曰："只是推仁爱以及物，不是就这上求仁。"勉斋黄氏曰："人之一心，虚灵洞彻，所具之理，乃所谓德也。于虚灵洞彻之中，有理存焉，此心之德也，乃所谓仁也。义礼智亦心之德，而独归之仁，何也？义礼智者，德之一端，而仁者德之全体，以仁能包四者，故心德之名，独仁足以当之也。故仁之为德，偏言之，则与义礼智相对，而所主惟一事，专言之，则不及义礼智，而四者无不包也。"诸葛氏泰曰①："泥'爱'字，则不知仁之体；舍'爱'字，则不知仁之用。故即理以明体，于以见理具于爱之所未发；即爱以明用，于以见爱本于仁之所发见。无体何以有用，无仁何以能爱，因爱心之形而指其在中之理，故曰爱之理。《集注》于《孟子》首章，又倒置其语曰：'仁者，心之德、爱之理。'何也?《论语》言为仁，是以偏言者言之，故以爱之理在先；《孟子》兼言仁义，则以专言者言之，故以心之德在先，然亦互相发明，而非有二也。"【通考】吴氏程曰："爱之理，是偏言之，仁不涉义礼智信，而义者宜之理之属，各自见之。心之德，是专言之。仁包义礼智信，皆在其中。二句小大不同，各含体用，盖心该众理言，虽心体理用，然谓体全而用偏，则不可。"言君子凡事专用力于根本，根本既立，则其道自生。朱子曰："'务本道生'，是泛言以起下句之实，所以《集注》下一'凡'字。""本立则道随事而生，如事亲孝，故忠可移于君，事兄弟，故顺可移于长。"若上文所谓孝弟，乃是为仁之本，学者务此，则仁道自此而生也。朱子曰："其为人也孝弟，此说资质好底人，其心和顺柔逊，必不好犯上，仁便从此生。"云峰胡氏曰："上文是泛言为仁，此节则专言'君子本立而道生'，又是泛言君子之于凡事，皆用力于根本，'孝弟为为仁之本'，又言君子之行仁孝弟为之本。"程子曰："孝弟，顺德也②，故不好犯上，岂复扶又反。有逆理乱常之事。双峰饶氏曰："孝弟顺德也，犯上是小不顺底事，作乱

---

① 诸葛氏泰：诸葛泰，字安之，宋黄岩人，端平二年进士，知平阳州。著有《四书解》(已佚)。《台州府志》有传。

② 顺德：顺从的德行。

是大不顺底事。”德有本，本立则其道充大。孝弟行于家，而后仁爱及于物，所谓‘亲亲而仁民’也①。故为仁以孝弟为本。新安陈氏曰：“以上解此章正意，下句别是一意，又推本言之。”论性，则以仁为孝弟之本。”或问：“孝弟为仁之本，此是由孝弟可以至仁否?”曰：“非也。朱子曰：“仁不可言至，仁是义理，不是地位，地位可言至。”谓行仁自孝弟始，孝弟是仁之一事。谓之行仁之本则可，谓是仁之本则不可。盖仁是性也，孝弟是用也，性中只有个仁、义、礼、智四者而已，曷尝有孝弟来。然仁主于爱，爱莫大于爱亲，故曰孝弟也者，其为仁之本与!”程子曰：“孝弟也者，其为仁之本与，非谓孝弟即是仁之本，盖谓为仁之本，当以孝弟，犹忠恕之为道也。”朱子曰：“为仁以孝弟为本，事之本、守之本之类是也。论性则以仁为孝弟之本，天下之大本之类是也。为仁以孝弟为本，‘仁’字是指其周遍及物者言之；以仁为孝弟之本，‘仁’字是指其本体发用处言之。二程子释经，非诸儒所能及。伯子曰：‘孝弟，本其所以生，乃为仁之本。’此语最深切，盖推原孝弟之理，本于父母之所以生、所以为行仁之本也。叔子曰：‘孝弟顺德也。’‘顺德’二字，足以尽孝弟之义，而不好犯上作乱之意，已具乎其中矣，读者不可以不深思也。性中只有仁义礼智四者，曷尝有孝弟来，此语亦要体会得是，盖天下无性外之物，岂性外别有一物名孝弟乎？但方在性中，则但见仁义礼智四者而已，仁便包摄了孝弟，凡慈爱恻隐，皆在所包，固不止孝弟也，犹天地一元之气，只有水火木金土，言水而不曰江淮河济，言木而不曰梧槚樲棘，非有彼而无此也。”问：“孝弟是为仁之本，义礼智之本，如何?”曰：“义礼智之本皆在此，使事亲从兄得宜者，行义之本也。事亲从兄有节文者，行礼之本也。知事亲从兄所以然者，智之本也。”“孝弟固本于仁，以其先发，故是行仁之本。”“仁是理之在心，孝弟是心之见于事，性中只有个仁义礼智，曷尝有孝弟？见于爱亲便唤做孝，见于事兄便唤做弟，如亲亲而仁民，仁民而爱物，都是仁，性中何尝有许多般，只有个仁。自亲亲至于爱物，乃是行仁之事，非是仁之本也。故仁是孝弟之本，推之则义为羞恶之本，礼为恭敬之本，智为是非之本，自古圣贤相传，只是理会一个心，心是一个性，性只有个仁义礼智，都无许多般样，见于事自有许多般样。”“性中只有仁义礼智，而孝弟本出于仁，论为仁之工夫，则孝弟是仁中之最切紧处，当务此以立本，而仁道生也。”“孝弟是合当底事，不是要仁民爱物，方从孝弟做去。”或问：“如草木之有根，方始枝叶繁茂。”曰：“固是，但有根本，则枝叶自然繁茂，不是要得枝叶繁茂方始去培植本根。”问：“为仁以孝弟为本，即所谓亲亲而仁民、仁民而爱物，孩提之童无不知爱其亲，及其长也无不知敬其兄，是皆发于心德之自然，故论性以仁为孝弟之本，为仁以孝弟为本。”曰：“是道理都自仁里发出，首先是发出为爱，爱莫切于爱亲。其次便到弟其兄，又其次便到事君以及于他，皆从这里出，如水相似，爱是个源头，渐渐流出。”“仁是性，发出来是情，便是孝弟。孝弟，仁之用，以至仁民爱物，只是这个仁，行仁自孝弟始，便是从里面行将去，这只是一个物事。”“仁是性，孝弟是用，譬如一粒粟，生出为苗，仁是粟，孝弟是苗，便是仁为孝弟之

---

① 亲亲而仁民：见《孟子·尽心上》。

本。又如木有根有干有枝叶，亲亲是根，仁民是干，爱物是枝叶，便是行仁以孝弟为本。”问：“子于有子孝弟之章，既以仁为爱之理矣，于巧言令色鲜矣仁之章，又以为心之德，何哉?”曰：“仁者五常之首也，而包四者；恻隐仁之绪也，而贯四端。故仁之为义，偏言之则曰爱之理，此章所言之类是也；专言之则曰心之德，后章所言之类是也。其实爱之理所以为心之德。”问：“既曰本犹根也，然则孝弟为仁之本，仁为孝弟之本，同乎？否乎?”庆源辅氏曰：“本之为根则同，而其所以为根则异。行仁以孝弟为根，以其施于外者言也；论性以仁为孝弟之根，以其发于内者言也。行仁不以孝弟为根，则其施无序，而无以极夫仁民爱物之效；论性而不以仁为孝弟之根，则其发无所，而无以充乎孝亲弟长之实。”或问：“‘其为人也孝弟，而好犯上者鲜矣。’晦翁谓鲜是少，若说鲜矣，则未以为绝无，孝弟之人，犹有犯上之意耶?”潜室陈氏曰：“孝弟之人，资质粹美，虽未尝学问，自是无世俗一等粗暴气象，纵是有之，终是罕见，到得粗恶大过，可保其决无，言孝弟之人，占得好处多，不好处少。”云峰胡氏曰：“有子以孝弟为行仁之本，而程子以仁为孝弟之本，譬之木焉，有子就枝叶发端处说，程子就根本上说。程子之言，所以补有子之所不及也。”新安陈氏曰：“言仁为《论语》一书之大纲领，南轩张子尝类聚《论语》中言仁处为一编，名曰《洙泗言仁录》，此其首章云。”【通考】仁山金氏曰：“有子此章分二节，前节以质言，后节以学言，中二句泛言，承上生下。以凡人资质言，则‘孝弟者无犯上作乱之事’。以学者务本言，则‘孝弟者为行仁之本’，亲亲仁民爱物，皆从此出，而仁不可胜用。”又曰：“‘为仁’‘为’字重读，朱子恐人不晓为仁是行仁之义，而倒看性情体用，故圈外收程子辨论说过详。有子言仁之事，《集注》言仁之性。‘仁’字训诂发例于此。”朱氏公迁曰：“仁以德行言，自推行仁道而言，则孝弟皆是爱亲，故为为仁之本；自良心之发见而言，则仁主乎爱，义主乎敬，故为仁义之实。况有子止言仁，仁足以兼乎义也。吾友汪国用曰：‘有子言务本，是用功，即孟子智礼之实也。其言本立，是成功，即孟子乐之实也。’但孟子专主事亲从兄而言，有子则言孝弟可以推之于仁民爱物，其意有不同耳。”

○子曰：“巧言令色，鲜矣仁！”

巧，好。令，善也。好其言，善其色，致饰于外，务以悦人，则人欲肆而本心之德亡矣。新安陈氏曰：“此章‘仁’字以心之德言，乃专言之仁也。”圣人辞不迫切①，专言鲜，则绝无可知，学者所当深戒也。朱子曰：“‘巧言’，亦不专为誉人过实，凡辞色间务为华藻，以悦人视听者，皆是。”“只争一个为己为人，若动容貌、正颜色，是合当如此，亦何害？但做这样，务以悦人则不可。”“只是心在时便是仁，若巧言令色，一向逐外，则心便不在，安得谓之仁?”“巧言令色，求以说人，则失其本心之德矣。不待利己害人，然后为不仁也。”“人有此心，以其有是德也，此心不在，便不是仁。巧言令色，此虽未是大段奸恶底人，然心已务外，只求人悦，便到恶处亦不难。”“容貌辞气之间，正学者持养用力之地，然有意于巧令，以说人之观听，则心驰于外而鲜仁矣。若是就此

① 辞不迫切：用辞不尖刻。

持养，发禁躁妄，动必温恭，只要体当自家直内方外之实事，乃是为己之切、求仁之要，复何病乎?”又曰：“小人讦以为直，色厉内荏，则虽与巧言令色者不同，然考其矫情饰伪之心，实巧言令色之尤者，故圣人恶之。”问：“修省言辞，诚所以立也；修饰言辞，伪所以增也。发原处甚不同，夫子所谓巧令鲜仁，推原而察巧令之病所从来，止是有所为而然，如未同而言，以言餂人，胁肩谄笑，以喜随人之类，皆有所为也。”曰：“有所为之说，甚善。”〇程子曰：“知巧言令色之非仁，则知仁矣。”问：“夫子言鲜仁，程子直言非仁，何也?”朱子曰：“夫子之言，辞不迫切，而意已独至者也。程子惧读者之不察，而于巧令之中，求少许之仁，是以直断以不仁，以解害辞之惑也。”“圣门之学，以求仁为要，语其所以为之者，必以孝弟为先，论其所以贼之者，必以巧言令色为甚。记语者，所以引二者于首章之次，而其序如此，欲学者知仁之急，而识其所以当务与其所可戒也。”勉斋黄氏曰：“苟知心驰于外、务以悦人者之非仁，则反而求之，心存于内而无私当理者，即仁也。”云峰胡氏曰：“上章，好犯上作乱，是刚恶，此是柔恶，圣贤深恶焉。”东阳许氏曰：“此章大意，似圣人观人，然未尝不警省学者，观其辞甚严，盖警省学者之意为多。”“知巧言令色之非仁，只就此句翻转看，则知直言正色之为仁。然此只就言、色上论，盖仁是心之德，延平先生所谓‘当理而无私心者’也。凡欲动于中则心私矣，其接于事、不当于理者，皆非仁也。夫致饰于外，不当理也，务以悦人，皆私心也。推此类而言之，则非礼之视听言动、心私违理，皆非仁。本注人欲肆而本心之德亡，虽就言色上言，而所包者甚广，又恐学者止于言色上致察，故著程子之说于圈外，使人随事致察，而立心以公也。”

〇曾子曰：“吾日三省吾身：为人谋而不忠乎？与朋友交而不信乎？传不习乎?”
省，悉井反。为，去声。传，平声。

曾子，孔子弟子，名参，字子舆。南武城人。【通考】朱子曰：“《论语》除曾姓外，皆作在登反。”仁山金氏曰：“曾子名参，所金反。字子舆，本《史记》弟子传。然孟子又字子舆，盖轲，车轲也。若曾子而字子舆，则参乃服参之参，七南反。”吴氏程曰：“所金反，一音七南反，字子舆，盖取参乘之义。立则参前，音所金反。往往音虽二而义则一。”朱子曰：“三省谓即宫省之省，从少从目，盖宫廷之门，规察出入，不令泛入，故谓之省，所耿反，借作省察之省，悉井反。”又云：“三字平去二声，虽有自然使然之分，然自然者不可去声，而使然者亦可平声。故‘三仕三已’与‘三黜’无以异，而‘三仕三已’无音，‘三省三嗅’与‘三思三复’，皆使然，而《集注》于‘省’、‘嗅’皆阙，凡此之类，二音皆通。”尽己之谓忠，以实之谓信。新安陈氏曰：“程伯子云：‘发己自尽为忠，循物无违谓信。’《大学章句》已采之，《集注》乃采程叔子之说。”勿斋程氏谓：“叔子之言为切。”朱子曰：“忠是就心上说，信是就事上说。”“尽己之心而无隐，所谓忠也，以出乎内者言也；以事之实而无违，所谓信也，以验乎外者言也。然未有忠而不信，未有信而不出于忠者，表里之谓也。”“发于心而自尽，则为忠；验于理而无违，则为信。忠是信之本，信是忠之发。”“忠信，只是一事，而相为内外始终本末。有于己为忠，见于物为信。”问：“曾子忠信，却于外面理会?”曰：“此是修辞立其诚之意。”曰：“莫是内面工夫已到?”曰：“内外只是一理，事虽见于外，而实在内，告子义外便错了。”陈氏曰：“从内面发出，无一毫不尽，是忠；发出外者皆以实，是信。”传，谓受之于师。习，谓熟之于己。曾子以此三者日省其身，问：“曾子三省，无非忠信学习之事，然人之一身，大伦之目，自为人谋，交朋友之外，得无犹有在所省乎?”朱子曰：“曾子也不是截然不省别底，只是见得此三事上，实有纤毫未到处，其他固不可不自省，特此三事较急耳。”有则改之，无则加勉，朱子曰：“曾子三省，看来是当下便省得，才有不是处便改，不是事过后，方始去改。省了却休，也只是合下省得，便与他改。”新安陈氏曰：“《易·蹇卦》大象曰：‘山上有水，蹇，君子以反身修德。’”程传曰：“君子遇艰蹇，必自省于身，有失而致之乎?有所未善则改之，无慊于心则加勉，《集注》二句之所本盖在此。有则改之，易知也；无则加勉，非深知曾子之心不及此。使自省而无失，只如此而已，则三失将又生矣！岂曰省勉勉不已之诚心乎?‘无则加勉’四字，可补本文意之所未尽。”其自治诚切如此，可谓得为学之本矣。而三者之序，则又以忠信为传习之本也。朱子曰：“谋不忠，则欺于人；言不信，则欺于友；传不习，则欺于师。”“三省固非圣人之事，然是曾子晚年进德工夫，盖微有这些子查滓去未尽耳。在学者则当随事省察，非但此三者而已。”“为人谋时，须竭尽自己之心，这个便是忠。”问：“如此，则忠是个待人底道理。”曰：“且如自家事亲有不尽处，亦是不忠。”“为他人谋一件事，须尽自家伎俩，与他思量，便尽己之心，不得卤莽灭裂，姑为他谋。如乌喙是杀人之药，须向他道是杀人，不得只说道有毒。如火须向他道会焚灼人，不得说道只是热。”“为人谋而不忠，是主一事说，朋友交而不信，是泛说。人自为谋，必尽其心，到得为他人谋，便不子细，致误他事，便是不忠。若为人谋事，一似为己，为尽心。”问：“为人谋，交朋友是应事接物之时，若未为人谋，未交朋友之时，所谓忠信，便如何做工夫?”曰：“程子谓舜鸡鸣而起，孜孜为善，若未接物时如何为善?只是主于敬，此亦只是存养此心在这里，照管勿差失，便是戒谨乎其所不睹，恐惧乎其所不闻，不动而敬，不言而信处。”勉斋黄氏曰：“为人谋则必欲实尽其心，交朋友则必欲实践其言，讲学于师则必欲实用其力，盖曾子天资醇厚，志学恳笃，其于《大学》，既推明诚意之旨而传之子思，又断以诚身之义。至其自省，又皆一本乎诚。盖不极乎诚，则凡所作为，无非苟简灭裂，是岂足以尽人事之当然，而合天理之本然也哉?”○尹氏曰：“曾子守约，故动必求诸身。”朱子曰：“守约不是守那约，言所守者约尔。”谢氏曰：“诸子之学，皆出于圣人，其后愈远而愈失其真。新安陈氏曰：“如子夏传田子方，其流为庄周之类。”独曾子之学，专用心于内，故传之无弊，观于子思孟子可见矣。惜乎！其嘉言善行去声。不尽传于世也。其幸存而未泯弥尽反，尽也。者，学者其可不尽心乎！”广平游氏曰：“此特曾子之省身者而已，若夫学者之所省，又不止此。事亲有不足于孝，事长有不足于敬欤?行或愧于心，而言或浮于行欤?欲有所未窒，而忿有所未惩欤?推是类而日省之，则曾子之诚身，庶乎可以跂及矣。古之人所谓夜以计过，无憾而后即安者，亦曾子之意。”问：“三省忠信，是闻一贯之后，抑未闻之前?”朱子曰：“不见得，然未一贯前，也要得忠信，既一贯后，也要忠信，此是彻头彻尾底。”问：“曾子三省之事，何故只就接物上做工夫。”南轩张氏曰：“若是他人，合省之事更多。在曾子自省察，则只有此三者当省也。不是下为己笃实工夫，不能如此。”云峰胡氏曰：“曾子早悟一贯之旨，晚加三省之功，愈可见其至诚不已之学，盖其所省者，无非推己及人、因人返己之学，即其所谓忠恕者也。或以为一唯在三省后，非矣。”新安陈氏曰：“《吾道一贯章》，及《孟子·时雨化之章》，朱子训释非不明白，谓曾子于圣人泛应曲当处，已随事精察而力行之，但未知其体之一耳。夫子知其真积力久，将有所得，是以呼而告之，曾子果能默契其旨，即应之速而无疑。孟子谓君子之所以教者五，其一即有如时雨化之，如农人种植之功，其力已尽，惟待时雨之至，即浡然奋发而收成。朱子以孔子之于颜曾当之。参二章以观《三省章》，此正是随察力行处，其悟一贯之旨而一唯，正是人力已尽而时雨化之之时，如何反以悟一贯为早年事，加三省为晚年事乎?”【通考】莆田王元善曰：“详《集注》，则三者盖曾子平日诚切工夫，初非有早晚之可言也。”

○**子曰：“道千乘之国：敬事而信，节用而爱人，使民以时。”**道、乘，皆去声。

道，治也。或问：“道之为治，何也?”朱子曰：“道者，治之理也，以为政之心言也。”“曷为不言治?”曰：“治者，政教法令之为治之事也，夫子此言者，心也，非事也。”千乘，诸侯之国，其地可出兵车千乘者也。朱子曰：“车乘之说，疑马氏为可据，马说八百家出车一乘，包氏说八十家出车一乘。一乘甲士三人，步卒七十二人，牛马兵甲刍粮具焉，恐非八十家所能给也。”“此等处只要识得古制大意，细微处亦不必大段费力考究。”【通考】吴氏程曰：“千乘，八百家出一乘，则千乘为八十万户矣。自古军无实称，故虽鲁、卫、陈、蔡，皆号千乘之国。”东阳许氏曰：“三代之礼，不能详考，所以《集注》只混说诸侯之地，可出兵车千乘。盖夫子当时，亦是大概言之。若马氏谓公方五百里，其食者半，则为十二万五千井，比上数为多。侯方四百里，其食者参之一，则为五万三千三百三十三井有奇，比上数为少。包氏以八十家赋一乘，其赋为重，又无公田，亦不计国都邑治，民居殊未可晓，盖古之建国虽曰计方，然山林川泽都邑途巷，必三分去一，然后为田之数。如马氏谓力三百十六里者，言亦未备也。又有一说，王畿百里之内为六乡，一乡一万二千五百家，出军则家一人，每乘战士七十五人，合六乡仅得千乘，所以天子六军，二百里之遂亦然，若是，则孔子之言亦可该天子之国，但不能尽举畿内尔。”敬者，主一无适之谓。朱子曰：“自秦以来，无人识‘敬’字，至程子方说得亲切。曰‘主一之谓敬，无适之谓一’，故此合而言之，身在是，则其心在是，而无一息之离，其事在是，则其心在是，而无一念之杂。”觉轩蔡氏曰：“敬该动静，主一亦该动静，此章‘敬’字，乃是主动而言。”敬事而信者，敬其事而信于民也。问：“‘敬事而信’，疑此敬是小心畏谨之谓，非主一无适之谓。”朱子曰：“遇事临深履薄，而为之不敢轻、不敢慢，乃是主一无适。”问：“如何信了，方能节用?”曰：“无信如何做事? 如朝更夕改，虽商鞅之徒，亦不可为政。要之，下面三事，须以敬信为主。”问：“敬以事言，而信则无不尽也。”曰：“信是与民有信，期会赏罚，不欺其民。浅言之，则魏文侯之期猎，商君之徙木，亦其类也。”胡氏曰：“发于己敬，则施于民者信。”时，谓农隙乞逆反。之时①。言治国之要，在此五者，亦务本之意也。朱子曰："古圣王所以必如此者，盖有是五者，而后上之意接于下，下之情方始得亲于上，上下相关，方可以为治。若无此五者，则君抗然于上，而民盖不知所向，有此五者，方始得上下交接。"勉斋黄氏曰："敬事而信，敬与信对也。节用而爱人，俭与慈对也。此皆治国之要道，故两句言四事，而各以'而'字贯之，使民以时，又慈中之一事，故独系于后，但言所存，未及治具，故曰务本。"庆源辅氏曰："《左传》农隙，杜氏注谓各随时事之间是也。""前四章是为学之本，此五者是治国之本。"○程子曰："此言至浅，新安陈氏曰："谓平实，而非甚高难行者。"然当时诸侯果能此，亦足以治其国矣。圣人言虽至近，上下皆通。此三言者，若推其极，尧舜之治去声。亦不过此。新安陈氏曰："近足治诸侯之国，极可致尧舜之治，言近而指远也。"若常人之言近，则浅近而已矣。"杨氏曰：名时，字中立，号龟山，延平人，程门高弟。"上不敬则下慢，不信则下疑，下慢而疑，事不立矣。敬事而信，以身先之也。《易》曰：'节以制度，不伤财，不害民。'节卦《彖传》文。盖侈用则伤财，伤财必至于害民，故爱民必先于节用。然使之不以其时，则力本者不获自尽，新安陈氏曰："力本谓农事。"虽有爱人之心，而人不被其泽矣。然此特论其所存而已，未及为政也。苟无是心，则虽有政，不行焉。"新安陈氏曰："所存，谓为政者之心。未及为政之条目，如礼乐刑政、纪纲文章，乃为政之条目也。杨氏此说，本于伊川。伊川曰：'敬事以下，论其所存，未及治具，故不及礼乐刑政。'"胡氏曰：名寅，字明仲，号致堂，建安人。"凡此数者，又皆以敬为主。"朱子曰："敬事而信，是节用爱人、使民以时之本。敬，又是信之本。要之，本根都在敬上，若能敬，则下面许多事方照管得到。自古圣贤，自尧舜以来，便说这个'敬'字，孔子修己以敬，是最紧要处。"愚谓五者反复芳服反，亦作复。相因，各有次第，读者宜细推之。问："反复相因。"朱子曰："始须是敬，能敬方能信，能敬信方能节用，能节用方能爱人，能爱人方能使民时，是下因乎上，然有敬于己而不信于人者，故敬了又须信；亦有信于人，而自奢侈者，故信了又须节用，亦有俭啬而不能爱人者，故节用了又须爱人；又有能爱人而妨农时者，故爱人又须使民时，使不以时，却是徒爱也。是上因乎下。须看能如此，方能如此，又看能如此，又不可不如此之意，反复推之，方见曲折。"潜室陈氏曰："晦庵说五者'反复相因'，如何是反复相因处？盖从敬事而信起，说作下去，是如此而后能如此。如人能敬，则做事专一，自能信；既能信，则必欲所行孚于民，自然能节用。既能节用；自然不伤财而至于爱人；既能爱人，自然能使民以时。这是如此而后能如此，是自上而下，相因如此。如自下面说作上来，则是如此而又不可不如此。如以敬去做事，便不敢苟简胡乱去做，须要十分好方止，既得好，便不至于苟简变更，这便是能信。然做此一事，时久或昏，或为权势所移，或为利害所动，前日出一令既如此，今日又变了如彼，这便不是信，便有妨于敬。所以著别下工夫，于信去补这敬。然只知信，或出一政，坚如金石，行一令，信如四时，更不可移易，此固是好，然而自家奢侈之

① 农隙：农闲。

心，或有时而生，不能节用，要如此广用，则是所令又反其所好，却有害于信，故又须著去节用方得。然只恁底节用，不知有个中底道理，则或至于豚肩不掩豆，浣衣濯冠以朝，心下已有所吝啬，则凡民有饥荒，不能去发仓振廪、恤贫济乏，至于筑城凿池、思患预防，不可已底事，亦吝啬了，不捐财以为之。是知节用而不知所以爱人，则节用又成落空了，此节用所以不可不爱人。然既爱民，又须使民以时，如春来当耕，夏来当耘，秋来当敛，便当随时使去做，至冬来间隙之时，方用他得。不然，则所谓力本者，不获自尽，虽有爱民之心而民不被其泽矣，此自下相因而上如此。"【通考】仁山金氏曰："五者反复相因，此补胡氏之意。论有本，则一节自生一节，是下因乎上；论全备，则一步须进一步，是上因乎下。"

〇**子曰："弟子入则孝，出则弟，谨而信，泛爱众，而亲仁。行有余力，则以学文。"**"弟子"之"弟"，上声。"则弟"之"弟"，去声。

谨者，行去声。之有常也。信者，言之有实也。朱子曰："谨信，言行相顾之谓。"【通旨】朱氏公迁曰："信以学言，此与有诸己之谓信相对，但此以用功言，信之见于言者，以实之谓也。彼以成功言，信之存于中者，无自欺之谓也。"泛，广也。众，谓众人。问"泛爱众"。朱子曰："人自是当爱人，无憎嫌人底道理。"又问："人之贤不肖，自家心中自须有个辨别，但交接之际，不可不泛爱尔。"曰："他下面便说'而亲仁'了，仁者自当亲，其他自当泛爱。""泛爱不是人人去爱他，只如群居，不将一等相扰害底事去聒噪他，及不自占便宜之类，皆是也。"亲，近也。仁，谓仁者。朱子曰："泛爱而不说亲仁，又流于兼爱矣。"问"而亲仁"。曰："此亦是学文之本领，盖不亲仁，则本末是非，何从而知之。"余力，犹言暇日。以，用也。文，谓《诗》、《书》六艺之文。朱子曰："只是行此数事，外有余剩工夫，便可将此工夫去学文，非谓行到从容地位，而后可学文也。"〇程子曰："为弟子之职，力有余则学文，不修其职而先文，非为去声。己之学也。"尹氏曰："德行，本也。文艺，末也。穷其本末，知所先后，可以入德矣。"洪氏曰：名兴祖，字庆善，丹阳人。"未有余力而学文，则文灭其质；有余力而不学文，则质胜而野。"愚谓力行而不学文，则无以考圣贤之成法，识事理之当然，而所行或出于私意，非但失之于野而已。朱子曰："无弟子之职以为本，学得文济甚事？此言虽近，真个行得，亦自大段好。文是《诗》、《书》六艺之文，古人小学，便有此等。今皆无之，所以难。"又曰："人须是知得古人之法，方做不错，若不学文，任意自做，安得不错，只是不可先学文耳。"问："行有余力，而后学文，夫岂以讲切为缓哉？"曰："书固不可以不读，但比之行，实差缓耳。不然，则又何必言行有余力而后学耶？"南轩张氏曰："入孝出弟、谨行信言、泛爱亲仁，皆在己切要之务。行有余力，则以学文，非谓俟行此数事，有余力而后学文也。言当以是数者为本，以其余力学文也。若先以学文为心，则非笃实为己者矣。文谓文艺之事，圣人之言，贯彻上下，此章推言为弟为子之职，始学者之事，然充而极之，为圣为贤，盖不外是也。此数言，先之以孝弟，盖孝弟人道之所先，必以是为本，推而达之也。"双峰饶氏曰："尹氏以文对德行，有本末先后之分，说得文字轻；洪氏以文对质言，不可偏胜，说得文字差重。朱子以学文为致知，与力行为对，谓所知不明，则所行不当理，发明文字甚重，三者互相发明，盖但知文之为轻，而不知其为重，则将有废学之弊，故不得不交致抑扬之意。”赵氏曰：“德固不可一日而不修，学亦不可一日而不讲也。”云峰胡氏曰：“行有余力者，谓六事之中，每行一事有暇，则便学文，非谓每日尽行此六事毕，然后学文也。若必欲尽行此六事，行之不给，则恐终无学文之时矣。又按熊氏谓此章是小学，自孝弟忠信入，故先行而后文，‘子以四教’是大学，① 自格物致知入，故先文而后行。盖以‘弟子’二字，专为小学之事。然则十五入大学者，独非为人弟、为人子者乎？大抵圣人教人力行，必以学文为先，故为弟子之职者，力有余则便当以学文为重。《集注》‘力行而不学文’以下，正自该《子以四教章》之意在其中。”新安倪氏曰：“文行二者，以本末之重轻言，则行为重，故此章先行而后文，先本而后末也。以知行之先后言，则文为先，故《四教章》先文而后行，先知而后行也。以二章参观之，则文行之不可不并进可见矣。”【通考】朱氏公迁曰：“言小子之学，此章知行兼备而行为重也。大抵大人之学先乎理，小子之学先乎事。此其次第所以有不同也。”

〇子夏曰：“贤贤易色，事父母能竭其力，事君能致其身，与朋友交言而有信。虽曰未学，吾必谓之学矣。”

子夏，孔子弟子，姓卜，名商。卫人。贤人之贤，而易其好去声。下同。色之心，好善有诚也。问：“伊川云：‘见贤而变易颜色。’《集注》何故取范氏好色之说？”朱子曰：“孔子两言‘未见好德如好色’，《中庸》亦以远色为劝贤之事，已分晓了。变易颜色，有伪为之者，不若易好色之心，方见其诚也，故范说为长。”致，犹委也。委致其身，谓不有其身也②。朱子曰：“不有其身，是不为己之私计也。”四者皆人伦之大者，而行之必尽其诚，学求如是而已。双峰饶氏曰：“贤贤，亦朋友之伦也。尊贤取友，虽均属朋友之伦，而贤贤为重。《集注》以四者言之，人伦莫重于君亲，此以贤贤居先者，以好善有诚，方能行下三事也。《中庸》九经，以尊贤先亲亲，亦此意。”新安陈氏曰：“易色，是诚于好贤；竭力，是诚于事亲；致身，是诚于事君；言信，是诚于交友。”故子夏言有能如是之人，苟非生质之美，必其务学之至。虽或以为未尝为学，我必谓之已学也。朱子曰：“人固有资禀自好，不待学而自能尽此数者，然使其为学，则亦不过学此数者耳。故曰人虽以为未学，而吾必以为已学也。”南轩张氏曰：“虽使未学，所行固学者之事也。”游氏曰：名酢，字定夫，建安人，程门高弟。“三代之学，皆所以明人伦也。能是四者，则于人伦厚矣。学之为道，何以加此。子夏以文学名，而其言如此，则古人之所谓学者可知矣。新安陈氏曰：“可见子夏之文学，非事文艺之末而重躬行之本也。”故《学而》一篇，大抵皆在于务本。”吴氏曰：名棫，字才老，建安人。“子夏之言，其意善矣。然辞气之间，抑扬太过，其流之弊，将或至于废学。必若上章夫子之言，然后为无弊也。”朱子曰：“子夏此言，被他说杀了，与子路何必读书之说同，其流弊皆至

① 子以四教：即文、行、忠、信。《论语·述而》：“子以四教：文、行、忠、信。”

② 不有其身：没有其身，即献出自已的一切。

于废学。若‘行有余力，则以学文’，就正有道，可谓好学之类，方为圣人之言。”“天下之理，有大小本末，皆天理之不可无者。故学者之务，有缓急先后，而不可以偏废，但不可使末胜本、缓先急耳。观圣人所谓行有余力、则以学文者，其语意正如此。若子夏之论，则矫枉过其正耳。”问“夫子言‘则以学文’，子夏言‘吾必谓之学矣’两章。”曰：“圣人之言，由本及末，先后有序，其言平正，无险绝之意。子夏则其言倾侧而不平正，险绝而不和易，狭隘而不广大，故未免有弊。然子夏之意，欲人务本，不可谓之不是。但以夫子之言比之，则见其偏之若此也。”胡氏曰：“以未学为生质之美者，人固有得气质之清粹，而所为与理暗合。然质之美有限，而学之益无穷，故吴氏又虑其抑扬之有偏也。”勉斋黄氏曰：“子夏此语，与曾子‘三省’，是皆心存乎诚，求造其极者也。然子夏务实行而抑文学，曾子务实行而兼传习，则曾子之用功愈密而用心愈弘，是则子夏之所不能及矣。”

〇子曰：“君子不重则不威，学则不固。

重，厚重。威，威严。固，坚固也。轻乎外者，必不能坚乎内，故不厚重则无威严，而所学亦不坚固也。问：“既曰君子，何故有‘不重不威’？”朱子曰：“此是说君子之道，大概如此。”“轻最害事，飞扬浮躁，所学安能坚固？”庆源辅氏曰：“人不重厚，则见于外者，必无威严；存于中者，必不坚固，此表里自然之符。”

主忠信。

人不忠信，则事皆无实，为恶则易，去声。为善则难，故学者必以是为主焉。广平游氏曰：“忠信所以进德也，如甘之受和，白之受采，故善学者必以忠信为主。不言则已，言而必忠信也，故其言为德言；不行则已，行而必以忠信也，故其行为德行。止而思，动而为，无往而不在是焉，则安往而非进德哉。”朱子曰：“忠为实心，信为实事。”“人若不忠信，如木之无本、水之无源，更有甚底，一身都空了。今当反看自身，能尽己心乎？能不违于物乎？若未尽己之心，而或违于物，则是不忠信，凡百处事接物，皆是不诚实，且谩为之。如此四者，皆是修身之要，就其中主忠信，又是最要。若不主忠信，便正衣冠、尊瞻视，只是色庄，为学亦是且谩为学，交朋友未必尽情，改过亦未必真能改过，故为人须是主忠信。”“主忠信是诚实无伪朴实，头‘主’字最重，凡事靠他做主。”问：“‘主忠信’，后于‘不重不威’，何也？”曰：“圣贤言为学之序，须先自外面分明有形象处，把捉扶竖起来。”陈氏曰：“主与宾对，宾是外人，出入不常，主常在屋里。主忠信，是以忠信常为吾心之主，心所主者忠信，则其中许多道理都实，无忠信则道理都虚了。‘主’字极有力。”〇程子曰：“人道惟在忠信，不诚则无物，且出入无时，莫知其乡者，人心也。若无忠信，岂复扶又反。有物乎？”问：“伊川谓忠信者以人言之，要之则实理。何也？”朱子曰：“以人言之则为忠信，不以人言之则只是个实理。如诚者天之道，则只是个实理，如惟天下之至诚，便是以人言之。”西山真氏曰：“《论语》只言‘忠信’，子思、孟子始言‘诚’，程子于此乃合‘忠信’与‘诚’言之，盖诚指全体言，忠信指人用力处言，尽得忠信，即是诚。孔子教人，但就行处说，行到尽处，自然识得本源。子思、孟子，则并本原发以示人也。”新安陈氏曰：“不诚无物，不者，人不之也。人不诚实，则无此事物，《集注》所谓‘人不忠信，则事皆无实’，即不诚无物之意。”

无友不如己者。

无、毋通，禁止辞也。友所以辅仁，不如己，则无益而有损。问：“必择胜己者为友，则胜己者，必以我为不如己而不吾友矣。”朱子曰：“但不可求不如己者，及其来也，又焉得而却之？我求胜己者为友，不如己者又来求我，即匪我求童蒙，童蒙求我也。”“朋友才不如己，便无敬畏而生狎侮，岂能有益？”“无友不如己者，与胜己者处也。”“人交朋友，须求有益，若不如我者，岂能有益？”“大凡师则求其贤于己者，友则求其胜者，至于不肖者，则当绝之。圣人此言，非谓必求其胜己者。今人取友，见其胜己者则多远之，而不及己者则好亲之，此言乃所以救学者之病。”

过则勿惮改。”

勿，亦禁止之辞。惮，畏难也。自治不勇，则恶日长，上声。故有过则当速改，不可畏难而苟安也。程子曰：“学问之道无他也，知其不善，则速改以从善而已。”广平游氏曰：“过而能改，善莫大焉。盖能改一言之过，则一言善矣；能改一行之过，则一行善矣。若过而每不惮改者，其为善可胜计哉？”朱子曰：“最要在‘速’字上著力。凡有过，若今日不便改，过愈深则善愈微。若从今便改，则善可自此而积。今人多是惮难过了日子。”云峰胡氏曰：“此过也，而《集注》以为恶日长者，无心失理为过，有心悖理为恶，自治勇则过可反而为善，自治不勇则过必流而为恶。”〇程子曰：“君子自修之道当如是也。”新安陈氏曰：“提首句‘君子’字，总说全章四节。”游氏曰：“君子之道，以威重为质，庆源辅氏曰：“威由重生，先言威，便文耳。”而学以成之。学之道，必以忠信为主，而以胜己者辅之。然或吝于改过，则终无以入德，而贤者亦未必乐音洛。告以善道，故以过勿惮改终焉。”龟山杨氏曰：“正其衣冠，尊其瞻视，俨然人望而畏之，则重而有威矣。不重则易为物迁，故学则不固。主忠信，求诸己也；尚友，取诸人也。取诸人以为善，而友非其人，则沦胥而败矣，故无友不如己者。合志同方，营道同术，所谓如己者也。闻善则相告，见不善则相戒，故能相劝而善也。过惮改，亦不足以成德矣。”勉斋黄氏曰：“外重厚而内忠信，则其本立；友胜己而速改过，则其德进。”庆源辅氏曰：“苟未至于圣人，孰能无过？倘或畏难而苟安，则过益以大，志益以惛，不惟胜己之友将舍我而去，而忠信之德亦无以自进矣。故以过勿惮改终焉。要之，自始学至于成德，唯改过为最急。”新安陈氏曰：“君子之为学，当以重厚为质，尤当以忠信为主，而辅之以胜己之友，终之以改过之勇焉。四者之中，主忠信为尤重。能主忠信，则念念事事，无非诚实，必能实于重厚威严以坚其学，实于取友改过以进其学矣。”

〇曾子曰：“慎终追远，民德归厚矣。”

慎终者，丧尽其礼。追远者，祭尽其诚。民德归厚，谓下民化之，其德亦归于厚。盖终者，人之所易去声。下同。忽也，而能谨之；远者，人之所易忘也，而能追之：厚之道也。故以此自为，则己之德厚，下民化之，则其德亦归于厚也。龟山杨氏曰：“孟子云‘养生不足以当大事，惟送死可以当大事’，则大事人子所宜慎也。故三日而殡，凡附于身者，必诚必信，勿之有悔焉耳矣；三月而葬，凡附于棺者，必诚必信，勿之有悔焉耳矣。夫一物不具，皆悔也，虽有悔焉无及矣，此不可不慎也。春秋祭祀，以时思之，所以追远也。齐之日，思其居处，思其笑语，思其志意，思其所乐，思其所嗜。齐三日，乃见其所为齐者，则孝子所以尽其心者至矣。以是而帅之，民德其有不归厚乎?"朱子曰："谨终追远，自是天理所当然，人心所不能自已者。自是上之人所当为，不为化民而为之，能如此，则己德厚而民德亦化之而厚矣。"苏说曰："忽略于丧祭，则背死忘生者众，而俗薄矣。"云峰胡氏曰："古注云：'慎终者，丧尽其哀；追远者，祭尽其敬。'《集注》依伊川说，以'礼'与'诚'易之。盖丧罕有不哀者，而未必皆尽礼，祭罕有不敬者，而未必皆尽诚。薄俗往往然也，惟民生厚，民德本厚也。归厚，不过复其本然者尔，岂有增益之哉?"东阳许氏曰："常人之情，于亲之终，悲痛之情切，而戒慎之心或不及；亲远而祭，恭敬之心胜，而思慕之情或疏。君子存心，则加于此。送终既尽擗踊哭泣之情，又慎丧死之礼，如《礼记》'殡而附于身者，必诚必信。葬而附于棺者，必诚必信、勿之有悔'之类。祭远者，既尽孝敬之意，又致追慕之情，如《礼记》所谓'祭死者如不欲生'，'霜露既降，有凄怆之心；雨露既濡，有怵惕之心'之类。如此，则过于常人，其德为厚。上之人既如此，下民化之，其德亦归于厚。""慎终，存哀中之敬；追远，动敬中之哀。"

〇子禽问于子贡曰："夫子至于是邦也，必闻其政，求之与？抑与之与?""之与"之"与"，平声。下同。

子禽，姓陈，名亢。音冈，陈人。子贡，姓端木，名赐。卫人。皆孔子弟子。或曰："亢，子贡弟子。"【通考】吴氏程曰："亢两问子贡，一问伯鱼，无请问夫子之事。《家语》虽收在弟子中，而《史记》却无，故两其说。"未知孰是。抑，反语辞。

子贡曰："夫子温、良、恭、俭、让以得之。夫子之求之也，其诸异乎人之求之与?"温，和厚也。西山真氏曰："'和'兼'厚'字，方尽'温'之义。和如春风和气之和，厚如坤厚载物之厚。和，不惨暴也；厚，不刻薄也。"良，易去声。下同。直也。朱子曰："《记》言：'易直子谅之心'。易，平易、坦易。直，如曰直无险诐。子谅，慈良也。"恭，庄敬也。西山真氏曰："庄主容，敬主心，自中发外，故曰恭也。"俭，节制也。朱子曰："俭非止俭约，只是不放肆、常收敛之意。"西山真氏曰："节者，自然之界限；制者，用力而裁制。"让，谦逊也。西山真氏曰："谦，谓不矜己之善；逊，谓推善以归人。"五者，夫子之盛德光辉接于人者也。新安陈氏曰："夫子之盛德，无所不备，固不止此，此乃盛德之光辉，发见于接人之际者。"林氏少颖曰①："形容圣人之盛德，必推其著见者言之。尧曰'钦明文思'，舜曰'浚哲文明、温恭允塞'，汤曰'齐圣广渊'，文王曰'徽柔懿恭'，夫子曰'温良恭俭让'，皆以其德之著者言之也。"其诸，语辞也。人，他人也。言夫子未尝求之，但其德容如是，故时君敬信，自以其政就而问之

① 林氏少颖：林之奇，字少颖，号拙斋，宋侯官人。吕本中人闽时，之奇从之游。累官校书郎，吕祖谦曾师之。著有《书春秋周礼说》、《论孟杨子讲义》、《道山记闻》等。《宋史》有传。

耳，非若他人必求之而后得也。朱子曰："子贡谓夫子之求之，此承子禽之言，借其'求'字而反言之，以明夫子未尝求，如孟子言伊尹以尧舜之道要汤也。"圣人过化存神之妙，未易窥测，然即此而观，则其德盛礼恭而不愿乎外，亦可见矣。学者所当潜心而勉学也。新安陈氏曰："'君子所过者化，所存者神'，出《孟子》，谓圣人身所经历处则人皆化，心所存主处皆神妙无不通也。'德言盛，礼言恭'，出《易·系辞》。'不愿乎其外'，出《中庸》。"朱子曰："此五者，皆谨厚谦退，不自圣贤底意，故人皆亲信，乐告之。最要看此五字是如何气象，体之于我，则见得圣人有不求人而人自来问底意，今人却无非是求，学者且去理会不求底道理方好。"【通考】新安吴氏程曰："过谓身所经历，化谓人无不从，存谓心所存主，神谓意无不达。所谓立之斯立，道之斯行，绥之斯来，动之斯和是也。德盛礼恭，则礼之所以恭者，又未尝无其本也。观其言则引而不发，其意则有所不足于子贡之云者，其旨深矣。"①仁山金氏曰："此章缘子禽'求之'之问甚低，故且就其接人处言之，而反其'求'字之意，而其言遂欠内一层。故《集注》曰盛德，曰过化存神，曰德盛，皆补其内，而本注'亦'字及谢氏三'亦'字，盖但指其外也。"东阳许氏曰："过化存神，正是得闻邦政之原，补说圣人如此。'未易窥测'而独，说子贡未足尽圣人之德，亦兼见子禽所造者浅。不愿乎外，却是关'求'字'得'字意言之。凡圈内本注，皆是依经文说，无一字闲慢无来历，读者须仔细把注字一一体贴经文看，不要作剩字放过，此是读朱子书之法。"②○谢氏曰："学者观于圣人威仪之间，亦可以进德矣。若子贡亦可谓善观圣人矣，亦可谓善言德行矣。今去圣人千五百年，以此五者想见其形容，尚能使人兴起，而况于亲炙之者乎？"朱子曰："此子贡举夫子可亲之一节耳，若论全体，须如子温而厉，威而不猛，恭而安。"云峰胡氏曰："温而厉，威而不猛，恭而安，此夫子中和气象也。子贡言温而不言厉，言恭而不言安，言良俭让，则见不猛而不见所谓威，皆未足以尽盛德之形容。不过以其得闻国政，姑以其光辉接物者言尔，必如子贡异时绥来动和等语，乃足以见夫子过化存神之妙焉。按饶氏谓此即圣人中和气象，又谓《集注》'过化存神未易窥测'之语，与谢说三'亦'字，皆微寓抑扬之意。夫苟是中和气象，则谢不当下'亦'字，以谢氏为微寓抑扬之意，则其不足以尽中和之气象明矣。饶氏前后二说自相反，不可不辨也。"【通考】按：周敬王四十一年壬戌，孔子卒，至宋庆元三年丁巳，一千六百七十六年。张敬夫名栻，号南轩，广汉人。曰："夫子至是邦，必闻其政，而未有能委国而授之以政者。盖见圣人之仪刑而乐音洛。告

① （元）刘因《四书集义精要》卷六《论语》二注："（黄干）又曰：'德盛礼恭，则礼之所以恭者，又未尝无其本也。观其言则引而不发，味其意则若有所不足于子贡之云者，其旨深矣。"

② 引自（元）许谦《读论语丛说》上。原文为："过化存神，正是得闻邦政之原，补说圣人如此。故人自与之言政也，'未易窥测'，不独是说子贡之方未足尽圣人之德，亦兼见子禽所造者浅，未能深知圣人，故子贡止就他可及处说五者尔，不愿乎外，却是关'求'字'得'字意言之。凡圈内本注皆是体贴经文说，无一字闲慢无来历，读者须仔细把注字一一体贴经文看，休要作剩字放过，此是读朱子书之法。"

之者，秉彝好去声。德之良心也，而私欲害之，是以终不能用耳①。”庆源辅氏曰：“好德之心，固有而易发，私欲之害，蔽深而难除，此所以夫子至是邦必闻其政，而未有能委国而授之以政者也。”

〇子曰：“父在，观其志；父没，观其行；三年无改于父之道，可谓孝矣。”行，去声。

父在，子不得自专，而志则可知。父没，然后其行可见。故观此足以知其人之善恶，新安陈氏曰：“此为父子志趣事为之不同者言之。志者，行之未形者；行者，志之已形者也。”然又必能三年无改于父之道，乃见其孝，不然，则所行虽善，亦不得为孝矣。庆源辅氏曰：“就事而言虽是，就心而言，则不得为孝矣。”〇尹氏曰：“如其道，虽终身无改可也。如其非道，何待三年。然则三年无改者，孝子之心有所不忍故也。”游氏曰：“三年无改，亦谓在所当改而可以未改者耳。”云峰胡氏曰：“不忍改，以心言；所当改，以事言；可未改，以时言。”延平李氏曰：“道者，是犹可以通行者也。三年之中，日月易过，若稍稍有不惬意处，即率意改之，则孝子之心何在？有孝子之心者，自有所不忍耳，非斯须不忘，极体孝道者，能如是耶？”朱子曰：“‘父在观其志’，此一句已自有处变意思，必有为而言。观其文意，便是父在时，其子志行，已自有与父不同者。父在时，子非无行，而其所主在志。父没时，子非无志，而其所主在行。道，犹事也，言道者，尊父之辞。三年无改，是半上落下之事，虽在所当改，但遽改之，则有死其亲之心，有扬亲之过之意，须三年后徐改之便不觉，若大故不好底事，则不在此限矣。其不可改者，则终身不改，固不待言，其不可以待三年者，则又非常之变，亦不可以预言。善读者，推类而求之，或终身不改，或三年而改，或甚不得已，则不待三年而改，顾其所遇之如何，但不忍之心，则不可无耳。存得不忍之心，则虽或不得已而改，亦不害其为孝。尹氏说得孝子之心，未说得事。游氏则于事理上，说得圣人语意出。”“此章只是折转说，上二句观人之大概，下句就观其行，细看其用心之厚薄如何，行虽善矣，父道可以未改而轻率改之，亦未善也。才说三年无改，便是这事有未是处，若父道已是，何用说无改，终身行之可也。”“大意不忍改之心是根本，而其事之权衡，则游氏之说尽之。”“父在时，使父贤而子不肖，虽欲为不肖之事，犹以父在而不敢为，然虽无甚不肖之行，而其志可知矣。使子贤而父不肖，虽欲为善事，而父有所不从，时有勉强而从父之为者，此虽未见其善行，而要其志之所存，则亦不害其为贤矣。至于父没，则己自得为，于是其行之善恶，可于此而见矣。”问：“志者志趣，其心之所趣者是也。行者行实，行其志而有成也。父在，子不得专于行事，而其志之趣向可知，故观其志；父没，则子可以行其志矣，其行实暴白，故观其行。然三年之间，疾痛哀慕，其心方皇皇然、望望然，若父母之存，而庶几于亲之复见，岂忍以为可以得行己志，而遽改以从己志哉？存得此心，则于事有不得不改者，吾迫于公议，不得已而改之，亦无害其为孝矣。若夫其心自幸，以为于是可以行己之志，而于前事不如己意者，则遂遽改以从己之

① 仪刑：仪表风度。秉彝好德之良心：是生来禀受的爱好德行的良心。

志，则不孝亦大矣，岂复论其改之当与不当哉？盖孝子之处心，亲虽有存没之间，而其心一如父在，不敢自专，况谓之父道，则亦在所当改而可以未改者。三年之间，如白驹过隙，此心尚不能存，而一不如志，率然而改，则孝子之心安在哉？故夫子直指孝子之心，推见至隐而言，不必主事言也。若乃外迫公议，内怀欲改，而方且隐忍迁就，以俟三年而后改焉，则但不失经文而已，大非圣人之意耳。”曰：“此说得之。”或问：“孟庄子之孝也，其他可能也，其不改父之臣与父之政，是难能也，与此同否？”曰：“不同，此章是言父之所行有不善，而子不忍改乃见其孝。若庄子之父献子，自是个贤者，其所施之政、所用之臣皆是。庄子能不改之，此其所以为难。”南轩张氏曰：“若悖理乱常之事，孝子其敢须臾以宁，不曰孝子成父之美、不成父之恶乎？曰：父之道，则固非悖理乱常之事也。”西山真氏曰：“为人子者，当随所遇而裁之。自人君而言，则武继文志，则终身无改；宣承厉之烈，则不待三年而改；若可继虽不若文，而当改又不如厉，则所谓三年无改者也。三年之间，惟尽哀慕之诚，姑泯改为之迹，不亦善乎？”东阳许氏曰：“此章主于观人，但上两句，观志行之大分；三年无改，又是观行中之一节。”

○有子曰：“礼之用，和为贵。先王之道斯为美，小大由之。

礼者，天理之节文，人事之仪则也①。朱子曰：“节者，等级也；文者，不直截而回互之貌。是装裹得好，如升降揖逊，天下有当然之理，但此理无形影，故作此礼文，画出一个天理与人看，使有规矩，可以凭据，故谓之天理之节文。”勉斋黄氏曰：“如天子之服十二章，上公九章，各有等数，此是节；若山龙华虫之类为饰，此是文。如冠如婚，此是人事，若冠礼里有三加，揖让升降处，此是仪。若天子冠礼则当如何，诸侯则当如何，各有则样，此是则。”陈氏曰：“天理只是人事中之理而具于心者也。天理在中而著于事，人事在外而根于中，天理其体，而人事其用也。‘节文’、‘仪则’四字，相对说，节则无太过，文则无不及；仪在外有可观，则在内有可守。仪，谓容仪，有粲然可象底意，与‘文’字相应。则，谓准则，有确然不易底意，与‘节’字相应。必有天理之节文，而后有人事之仪则。”胡氏曰：“天理其体，故先节而后文；人事其用，故先仪而后则。”【通考】吴氏程曰：“天理节文、人事仪则，上言经礼，下言曲礼，节文谓品节文章。”和者，从七容反。容不迫之意。盖礼之为体虽严，而皆出于自然之理，故其为用，必从容而不迫，乃为可贵。新安陈氏曰：“因用而溯其体，惟体出于自然之理，故其用以从容不迫为贵，从容不迫，盖从自然中来。”先王之道，此其所以为美，新安陈氏曰：“‘此’字贴‘斯’字，指礼之和而言。”而小事大事无不由之也。朱子曰：“礼之用，和为贵，见君父自然用严敬，此是人情愿，非由抑勒矫拂，是人心固有之同然者，不待安排便是和，才出勉强便不是和。”“和是自家合有底，发见出来无非自然。”“礼主于敬，而其用以和为贵。然敬而和，著意做不得，才著意严敬，即拘迫而不安，要放宽些，又流荡而无节。须是真个识得理之自然处，则事事物物上，都有自然之节文，虽欲不如此不可得也。故虽严而未尝不和，虽和而未尝不严也。”又曰：“和便有乐底意思，

① 天理之节文，人事之仪则：天理的节奏和文饰，人事的礼仪和规则。

故和是乐之本。”“礼如此之严，分毫不可犯，何处有个和？须知道吾心安处便是和，如入公门鞠躬，须是如此方安，不如此便不安，不安便是不和，以此见得礼中本来有个和，不是外面物事。至严之中，便是至和处，不可分作两截看。但不做作而顺于自然，便是和，和是严敬中顺理而安泰者也。”觉轩蔡氏曰：“有子专以礼之用言，朱子兼以礼之体言。礼之用固贵于和，论礼之体，则礼中本有自然之和，非礼之外又加从容也。”

有所不行，知和而和，不以礼节之，亦不可行也。”

承上文而言，如此而复扶又反。下同。有所不行者，以其徒知和之为贵而一于和，不复以礼节之，则亦非复理之本然矣。新安陈氏曰：“节，即‘天理节文’中本然之‘节’。”所以流荡忘反，而亦不可行也。朱子曰：“礼之用和，是礼中之和，知和而和，是放教和，才放教和，便是离却礼了。”〇程子曰：“礼胜则离，故礼之用和为贵。先王之道以斯为美，而小大由之。乐胜则流，故有所不行者。知和而和，不以礼节之，亦不可行。”新安陈氏曰：“‘礼胜则离，乐胜则流’，二句出《乐记》，此章本只论礼，未尝论乐，程子特借‘乐’字以言‘和’字耳。”朱子曰：“好就‘胜’字上看，只争这些子，礼才胜些子，便是离了。乐才胜些子，便是流了。知其胜而归之中，便是礼乐之正。”“和固不可便指为乐，是礼中之乐，如天子八佾，诸侯六，大夫四，士二，此乐之有节处，又是乐中之礼也，便见礼乐不相离。”“天下之事，严而不和者却少，和而不节之以礼者常多。”又曰：“如人入神庙，自然敬肃，不是强为之。礼之用，自然有和意，礼之和处，便是礼之乐，乐有节处，便是乐之礼。”问：“从容不迫，如何谓之和？”曰：“只是说行得自然如此，无那牵强底意思，便是从容不迫。那礼中自有个从容不迫，不是有礼后更添个从容不迫，若离了礼说从容不迫，便是自恣。”又曰：“只是立心要从容不迫不得，才立心要从容不迫，少间便都放倒了，且如圣人恭而安，圣人只知道合著恭，自然不待勉强而安，才说要安排个安，便添了一个。”问：“礼之体虽截然而严，然自然有个撙节恭敬底道理，故其用从容和缓，所以为贵。苟徒知和而专一用和，必至于流荡而失礼之本。今人行事，莫是用先全礼之体，而后雍容和缓以行之否？”曰：“是。”“知和而和，却是一向去求和，便是离了礼。且如端坐不如箕踞，徐行后长者，不如疾行先长者，到这里更有甚礼，可知是不可行也。”问：“伊川曰：‘别而和。’‘别’字如何？”曰：“分虽严而情却通。”问：“上蔡谓礼乐之道，异用而同体，如何？”曰：“礼主敬，敬则和，这便是他同体处。”又曰：“礼主于敬，乐主于和，此异用也，皆本之于一心，是同体也。”“和是碎底敬，敬是合聚底和，盖发出来无不中节，便是和处。”“敬与和，犹小德川流，大德敦化。”问：“先生常云敬是合聚底和，和是碎底敬，是以敬对和而言否？”曰：“然，敬只是一个敬，无二个敬，二便不敬矣。和便事事都要和，这里也恰好，那里也恰好，这处也中节，那处也中节，若一处不和，便不是和矣。敬是喜怒哀乐未发之中，和是发而皆中节之和，才敬便自然和，如敬在这里坐，便自有个氤氲磅礴气象，凡恰好处皆是和。”问：“礼乐之用，相反相成。”曰：“且如而今对面端严而坐，这便是礼，合于礼便是和。如君臣之间，君尊臣卑，其分甚严，若以势观之，自是不和，然其实却是甘心为之，皆合于礼而自和矣。”西山真氏曰：“太严而不通乎人情，故离而难合，太和而无所限节，则流荡忘反，所以有礼须用有乐，有乐须用有礼，此礼乐是就情性上说。”双峰饶氏曰：“有子论仁论礼，皆只说得下面一截，上面一截，须待程子朱子为发明之。”范氏曰：名祖禹，字淳夫，成都人。“凡礼之体主于敬，而其用则以和为贵。敬者，礼之所以立也；和者，乐之所由生也。若有子可谓达礼乐之本矣。”朱子曰：“自心而言，则心为体，敬和为用。以敬对和而言，则敬为体，和为用。大抵体用无尽时，只管恁地推将去。”“和固不可便指为乐，然乃乐之所由生，和有乐底意思。”愚谓严而泰，和而节①，此理之自然，礼之全体也。毫厘有差，则失其中正，而各倚于一偏，其不可行均矣。新安陈氏曰：“严谓礼之体严，泰谓自然之理及从容不迫，此指上一节。和谓知和之和，节谓以礼节之之节，此指下一节。程范借‘乐’字以形容‘和’字，朱子要归之论，只言礼而不及乐，的矣。严而泰，和而节，六字断尽一章大意。”云峰胡氏曰：“《集注》前一节分体用，后一节独说全体，何也？前章是因有子言用而推原其体，后总说礼之全体，则包前所谓体用者在其中矣。如天高地下，合同而化，便是严而泰，如四时阴阳冲和，有节气，有中气，此便是和而节，此固自然之理，而礼之全体如此也。然礼之全体，严者未尝不泰，人则有严而失其中者矣，未免倚于严之一偏，不可行矣。礼之全体，和者未尝不节，人则有和而失其正者矣，未免倚于和之一偏，亦不可行矣。一‘偏’字与‘全体’字相反，夫其体之全也本如此，而人之偏也乃如此，人之于理，有毫厘之差，则失之故也。”【通考】东阳许氏曰：“此章有子是说用礼，前节是正意，后节是防敝。程子借《乐记》二语提掇说起此章全体；范氏因程子之言而言，就《记》中自有乐，然敬是礼之本体；朱子又进一步，说礼之全体中自有敬与和。”

○有子曰：“信近于义，言可复也；恭近于礼，远耻辱也；因不失其亲，亦可宗也。”近、远，皆去声。

信，约信也。庆源辅氏曰：“此‘信’字本是约信，若只是诚信之信，则信是实理，岂有不近义者哉?”勉斋黄氏曰：“以实之谓信，事之已见而以其实者也。约信，与人期约而求其实者也。”汪氏炎昶曰②：“《曲礼》云：‘约信曰誓。’‘约信’二字本此。”义者，事之宜也。复，践言也。恭，致敬也。礼，节文也。胡氏曰：“信为约信，恭为致敬，皆指人之行此而言，非信恭之本体也。”云峰胡氏曰：“义者心之制、事之宜，此独曰事之宜。礼者，天理之节文，此独曰节文。盖所谓信恭者非信恭之本体，故所谓礼义者，亦非指本体而言。《集注》未尝轻下一字也。”因，犹依也。宗，犹主也。言约信而合其宜，则言必可践矣。朱子曰：“此言谨始之意，始初与人约，便须思量他日行得，方可诺之。若不度于义，轻诺之，他日言不可复，便害信也。”“如今人与人要约，当于未言之前，先度其事之合义与不合义，合义则言，不合义则不言，言之则其言必可践而行之矣。今不先度其事，且鹘突恁地说了，到明日却说这事不义不做，则是言之不可践也。言而不践，则是不信，践其所言，又是不义，是不先度之故。”致恭而中去声。其节，

---

① 严而泰，和而节：严格且从容，和谐并节制。

② 汪氏炎昶：(宋)汪炎昶，字懋远，婺源人。著有《古逸民诗集》、《四书集疏》等。

则能远耻辱矣。朱子曰："恭只是低头唱喏时，便看近礼不近礼。""如见尊长而拜，礼也，我却不拜，被诘问则无以答，这便是为人所耻辱。有一般人不当拜而拜之，便是谄谀，这则可耻可辱者在我矣。""近，犹合也，古人下字宽，亦大纲说，虽未尽合礼义，亦已近礼义了。""恭，凡致敬，皆恭也。礼则辨其异，若与上大夫接，而用下大夫之恭，是不及也。与下大夫接，而用上大夫之恭，是过也。过与不及，必取辱矣。"双峰饶氏曰："有子气象从容，辞不迫切，于礼义皆以'近'言，集注恐其宽缓，故直以合义中节言之，不用其辞而用其意也。"所依者不失其可亲之人，则亦可以宗而主之矣。朱子曰："因之为依，势敌而交浅，如先主之依刘表是也。宗之为主，彼尊我贱，而以之为归，如孔子之于司城贞子、蘧伯玉、颜雠由是也。依失其亲，若未甚害，所宗而失其亲，其害大矣。然今日依之，则后日有时而宗之，是以君子之有所因也，必求不失其亲焉，则异日亦可宗主之矣。""因，如'因徐辟'之'因'。因，犹傍也，亲又较厚，宗则宗主之，又较重。当时羁旅之臣，所至又有主，须于其初审其可亲者，从而主之可也。"此言人之言行去声。交际，皆当谨之于始说上三句。而虑其所终，说下三句。不然，则因仍苟且之间，将有不胜平声。其自失之悔者矣。问："恐言是约信，行是致恭，交际是依人。"朱子曰："大纲如此，皆交际也。言可复，便是行。""此章须用两截看，上一截，信近义，恭近礼，因不失亲，是交际之初，合下便思虑到底。下一节，言可复，远耻辱，亦可宗，是久后无弊之效，当初便当思量到无弊处。"问："注因仍苟且。"曰："因仍与苟且一样字，因仍犹因循，苟且是且恁地做一般。"云峰胡氏曰："此章皆谨始之意，与其悔于终，孰若谨之于始。"东阳许氏曰："约言必合于事之宜，防其过也；致恭必中于礼之节，无过不及也。因不失亲，择交之道也。上两节欲明理，下一节要知人，则皆无失。上两节，言行是修己之事，因亲是知人之事，三者皆明理者能之。三事各开看，非相因之辞。"

○**子曰："君子食无求饱，居无求安，敏于事而慎于言，就有道而正焉，可谓好学也已。"**好，去声。

不求安饱者，志有在而不暇及也。朱子曰："食无求饱，居无求安，须是见得自家心里，常有一个合当紧底道理，此类自不暇及。"新安陈氏曰："志在学，自不暇及于求安饱。"敏于事者，勉其所不足。慎于言者，不敢尽其所有余也。朱子曰："言易得多，故不敢尽，行底易得不足，故须敏。"又曰："行，常苦于不足，言常苦于有余。"双峰饶氏曰："敏于事之事，非特指行事而言，凡学问思辨穷理之事皆事也。"新安陈氏曰："《中庸》曰：'有所不足，不敢不勉，有余不敢尽。'《集注》取以训此。"然犹不敢自是，而必就有道之人，以正其是非，则可谓好学矣。朱子曰："不求安饱，是其存心处；敏事谨言，是其用工处。须就正方得。有许多工夫，不能就有道以正其是非，也不得；无许多工夫，虽然就正有道，亦徒然。""此章须反复看其意思如何，若只不求安饱而不谨言敏行，有甚意思？若只谨言敏行而不就正有道，则未免有差。若工夫不到，则虽亲有道，亦无可取正者。圣人之言周遍无欠缺类如此。"凡言道者，皆谓事物当然之理，人之所共由者也。朱子曰："道即理也，以人所共由则谓之道，以其各有条理而言，则谓之理。”云峰胡氏曰：“《学而篇》言道者三，前两‘道’字泛，此一‘道’字切。父之道是父之所由，先王之道是先王之所由，故《集注》独于此释之曰‘人之所共由’。道犹路，然人所由者，谓之非路不可，不若人之所共由者，则大路也。”新安陈氏曰：“此有‘道’字，指有道之人，此人之身与道为一，能由人所共由之道者也。”○尹氏曰：“君子之学，能是四者，可谓笃志不求安饱。力行敏事慎言。者矣。然不取正于有道，未免有差。如杨墨学仁义而差者也①，其流至于无父无君，谓之好学可乎?”朱子曰：“杨氏以世人营营于口利，埋没其身而不自知，故独洁其身以自高。然不知义者制事之宜，处人伦事物，各当其所，乃合于义。今但知有己而已，使人皆如此洁身自为，则天下事，教谁理会？此便是无君。墨氏见世人自私自利，不能及人，故欲兼天下而尽爱之，然不知仁者心无不溥遍，而施则有差等。心皆溥遍者仁也，其理一；施有差等者仁中之义也，其分殊。今亲亲与仁民同，是待亲犹他人也，此便是无父。此学者所以必求正于有道也。”勉斋黄氏曰：“尹氏所谓笃志，为不求安饱而言也，所谓力行，为敏事慎言而言也，以是四字而继之以《集注》‘不敢自是’之言，然后足以尽此章之旨。盖此章谓之好学，非笃志力行不自是，亦无以见其所以为好也。”云峰胡氏曰：“必无求，然后见其有好之之志；必敏慎，然后见其有好之之实；必取正有道，然后不差夫好之之路。此足以见好学者之甚难得也。”【通考】朱氏公迁曰：“学以行言，亦曰以行言而知在其中。前章言进德之事，此章言笃志力行之事，是皆主于行而言。但致知力行皆为学，而学问思辨亦为事。故‘学则不固’，是统言之，‘敏于事’，亦是兼言之。其所包者亦广矣。”

○子贡曰：“贫而无谄，富而无骄，何如?”子曰：“可也。未若贫而乐，富而好礼者也。”乐，音洛。好，去声。

谄，卑屈也。骄，矜肆也。庆源辅氏曰：“为贫所困，则气随以歉而为卑屈，故多求而谄；为富所张，则气随以盈而为矜肆，故有恃而骄。”常人溺于贫富之中，而不知所以自守，故必有二者之病。无谄无骄，则知自守矣，而未能超乎贫富之外也。凡曰可者，仅可而有所未尽之辞也。乐则心广体胖而忘其贫，好礼则安处上声。善，乐亦音洛。循理，亦不自知其富矣。汉董仲舒策：“孔子云：天地之性，人为贵。明于天性，知自贵于物。知自贵于物然后知仁义，知仁义然后重礼节，重礼节然后安处，善安处善然后乐循理，乐循理然后谓君子。”庆源辅氏曰：“心广体胖者，指其乐之之象，安处善、乐循理者，论其好礼之实。”新安陈氏曰：“忘其贫，不自知其富，则超乎贫富之外矣。”东阳许氏曰：“乐与好礼，皆是心上言，故上面说心广，下面说乐循理。心既广大宽平则体自然舒泰，此由内以达外；行事安于处善，盖其心乐于循理也，此由外以原内也。‘乐’一字全是心，故先言内。礼有节文，于事上见，其好之则在心也，故先言外。

---

① 杨墨：杨朱和墨子，春秋战国时代的思想家。杨朱是战国时期魏国人，反对儒墨，主张贵生，重己，其见解散见于《庄子》、《孟子》、《韩非子》、《吕氏春秋》等书。墨子生卒年月不详，约活动于公元前479年至前381年。姓墨名翟，提出“兼爱”、“非攻”等观点，创立墨家学说，有《墨子》一书传世。墨学与儒家并称“显学”。

然体既安舒，乌得有卑屈，心既乐循理，乌得有矜肆，却暗关上两句，见得‘未若’两字意。”子贡货殖，音寔①。盖先贫后富，而尝用力于自守者，《家语》：“子贡家富累千金，好贩，与时转货。”注云：“买贱卖贵，以殖其货。”故以此为问。而夫子答之如此，盖许其所已能，新安陈氏曰：“可也，是许其已能自守而无谄无骄。”而勉其所未至也。新安陈氏曰：“勉其更进于乐与好礼。”龟山杨氏曰：“贫而无谄，则贫不至于滥；富而无骄，则富不至于溢。与夫贫而谄、富而骄，盖有间矣，然孔子可之而未善也，故又以贫而乐、富而好礼告之。”朱子曰：“富无骄，贫无谄，随分量皆可著力，如不向此上立得定，是入门便差了。”“贫则易谄，富则易骄，无谄无骄，是知得骄谄不好而不为之耳。乐是他自乐了，不自知其为贫也。好礼是他所好者礼而已，亦不自知其为富也。”“自无谄无骄者言之，须更乐与好礼，方为精极，不可道乐与好礼，须要从无谄无骄上做去。盖有人资质合下便在乐与好礼地位，不可更回来做无谄无骄底工夫。孔子意做两人说，谓一般人无谄无骄，不若那一般人乐与好礼较胜他。子贡意做一人说，谓无谄无骄，不若更乐与好礼。”又曰：“今人未能无谄无骄，却便要到贫而乐，富而好礼，如何得？子贡却尽得无谄无骄底了，圣人更进得他贫而乐，富而好礼地位。”问：“子贡问贫无谄，富无骄，伊川诸说，大抵谓其货殖，非若后人之丰财，但此心未忘耳，今《集注》谓其先贫后富，则是亦尝如后世生产作业矣。”曰：“圣人既说货殖，须是有些如此，看来子贡初年，亦是把贫富煞当事了。”厚斋冯氏曰：“无谄无骄则知自守矣，然犹有所用力焉，力少不逮，则谄骄复形。乐且好礼，则贫富两忘矣，盖知乐天循理，而无复事于人事也。”

子贡曰：“《诗》云：‘如切如磋，如琢如磨。’其斯之谓与？”磋，七多反。与，平声。

《诗》，《卫风·淇澳》于六反。之篇。言治骨角者，既切之而复扶又反。下同。磋之；治玉石者，既琢之而复磨之；治之已精，而益求其精也。子贡自以无谄无骄为至矣，闻夫子之言，又知义理之无穷，虽有得焉，而未可遽自足也，故引是《诗》以明之。朱子曰：“所谓义理无穷，不是说乐与好礼，自是说切磋琢磨，精而益精耳。”“子贡问无谄无骄，夫子以为仅可，然未若乐与好礼，此其浅深高下，亦自分明。子贡便说切磋琢磨，方是知义理之无穷也。”“无谄无骄，随事知戒，足以自守也，然未见其于全体用功，而有自得处也。乐与好礼，乃见其心之所存，有非贫富之所能累者，此子贡所以有切磋琢磨之譬也。治骨角者，既切之而复磋之，治玉石者，既琢之而复磨之，皆先略而后详，先粗而后精之意。”“子贡举《诗》之意，不是专以此为贫而乐、富而好礼底工夫，盖见得一切事，皆合如此，不可安于小成而不自勉也。”或问：“《大学》传引此诗，以道学自修释之，与此不同，何也？”曰：“古人引《诗》，断章取义，姑以发己之志，或疏或密，或同或异，盖不能齐也。”勉斋黄氏曰：“若谓无谄无骄为如切如琢，乐好礼为如磋

---

① 货殖：经商营利。“寔”通“寘”，置。《易·坎》“寘于丛棘”唐陆德明释文：“姚作寔。寔，置也。张作置。”

如磨，则告往知来一句便说不得。子贡言无谄骄，夫子言未若乐与好礼，子贡便知义理无穷。人须就学问上做工夫，不可少有得而遽止，《诗》所谓如切磋琢磨，治之已精而益致其精者，其此之谓与?”西山真氏曰：“凡制物为器，须切琢成形质了，方可磋磨，既切琢了，若不磋磨，如何得他精细润泽?”

子曰：“赐也，始可与言诗已矣！告诸往而知来者。”

往者，其所已言者。来者，其所未言者。朱子曰：“所已言，谓处贫富之道；所未言，谓学问之功。”勉斋黄氏曰：“此章须是见得切磋琢磨，在无谄无骄、乐与好礼之外，方晓得所已言、所未言。前之问答，盖言德之浅深，此之引诗，乃言学之疏密。”【通考】东阳许氏曰：“看此章者，知处贫富之道是一事，知义理无穷是一事，读书须能推充而用之不可止，泥文求意是一事。圈外注，浅深以学力言，高下以见识言。”〇愚按：此章问答，其浅深高下，固不待辨说而明矣。然不切则磋无所施，不琢则磨无所措。故学者虽不可安于小成而不求造七到反。道之极致，亦不可骛音务。于虚远而不察切己之实病也。云峰胡氏曰：“常人二者之病，与学者切己之实病，当看两‘病’字。若只就贫富上说，贫者病谄，富者病骄，必除谄骄之病，然后可到乐与好礼地步；若就义理学问上说，则学者之病固多，必先除切己之实病，然后可求造道之极致也。”新安陈氏曰：“切必责磋，琢必责磨，此正意也；必切方可加磋，必琢方可加磨，此余意也。”

〇子曰：“不患人之不己知，患不知人也。”

尹氏曰：“君子求在我者，故不患人之不己知。不知人，则是非邪正或不能辨，故以为患也。”朱子曰：“若宰相不能知人，则用舍之际，不能进贤退不肖；若学者不能知人，则处朋友之际，不能辨益友损友。”又曰：“《论语》上如此言者有三。不病人之不己知，病其不能也，不患莫己知，求为可知也，圣人之言虽若同，而其意皆别。病其不能者，言病我有所不能于道；求为可知者，当自求可知之实，然后人自知之。虽然如此，亦不是为昭灼之行，以蕲人之必知。”“见得道理明，自然知人，自家不识得道理破，如何知得他人贤否?”问：“知人是隆师亲友?”曰：“小事皆然，然学做工夫，到知人地位已甚高。”庆源辅氏曰：“人不知己，其病在人，己不知人，其病在己。君子之学为己，不暇病人之病，而病己之病也。”蔡氏曰：“《学而》末章，与首章‘人不知而不愠’意实相关，《里仁》、《宪问》、《卫灵》篇，又三致意焉。学必专求在己，庶无所慕于外也。”云峰胡氏曰：“始以‘不知不愠’，终以此章，《学而》一篇终始也。始以‘不亦君子乎’，终以‘无以为君子也’，始则结以‘患不知人’，终则结以‘不知言无以知人’，《论语》一书终始也。门人纪次，岂无意欤?”东阳许氏曰：“此两句平说，只是不必欲人知我，我却要知人。但两‘知’字不同，上知只欲知己之善，下知却欲知人之善恶。专就学者言，则上句不患人不己知，便自可包后章‘患其不能’之意在其中，便当明理修身，自加精进，使有可知之实，则虽不求人知，而人必知之矣。下句则凡尊师取友，与人交际往来，须知其善恶而趋避之，然后无损而有益。然此专以学者言，圣人则未尝指定也。若推而言之，则上下皆可通。上句论其极，则虽居高位，其处己应事，唯循天理，上不欺其君，下不病其民，内无愧于心，何必欲人尽知吾心也，否则有违道干誉之失矣。下句论其极，则仕而择可宗之人，有位而举贤才为用，为宰辅而进退百官，非知人之明，其可乎？否则贤愚混淆，分崩倾轧，而乱亡至矣。”【通考】朱氏公迁曰：“此皆自学者立心处言之，或坚其心而使之不近名，或定其心而使之不近利，此其所以不同者。《中庸》末章所引“尚絅”之诗，亦宜与不患不知之类相解也。”

论语集注大全卷二

为 政 第 二

凡二十四章。【通考】勿轩熊氏曰：“五章言政，皆以德为本，曰孝友曰孝慈，自一身一家而推之。言孝四章，行之于家者也。言行二章，行之于身者也。余多言学，凡读书观人之法、君子小人、吾道异端之辨亦具焉，末后二章言礼乐，为后篇起头。”

子曰：“为政以德，譬如北辰，居其所而众星共之。”共，音拱，亦作拱。

政之为言正也，所以正人之不正也。新安陈氏曰：“首训‘正’字，本夫子‘政者正也’，‘子帅以正，孰敢不正’之意，盖以政之理言。若第三章《集注》云‘政谓法制禁令’，则指政之实事言也。”德之为言得也，行道而有得于心也。新安倪氏曰：“祝氏附录本如此，他本作‘得于心而不失也’。”“胡氏通必主得于心而不失之说，胶于胡泳伯量所记，谓先生因执扇谓曰：‘德字须用不失训，如得此物，可谓得矣。才失之，则非得也。’此句含两意：一谓得于有生之初者，不可失之于有生之后；一谓得于昨日者，不可失之于今日。先师谓此说纵使有之，亦必非末后定本。深思细玩，终不如‘行道而有得于心’之精，当不可易也。朱子训‘德’字，盖仿《礼记》‘德者，得也，礼乐皆得谓之有德’而言，初作得于身，后改得于心。夫‘道’字广大，天下所共由。‘德’字亲切，吾心所独得。行道行之于身也，未足以言德，必有得于心，则躬行者始心得之，心与理为一，斯可谓之德。有次第，有归宿，精矣。今曰‘得于心而不失’，则得于心者何物乎？方解‘德’字，未到持守处，不必遽云‘不失’，不比‘据于德’。注云‘据者，执守之意’，‘得之于心而守之不失’，又云‘据德则道得于心而不失’，此两‘不失’字，乃自‘据’字上说来。况上文先云德，则‘行道而有得于心者也’，其证尤明白，若遽云‘不失’，则似失之急，又近于赘。《大学序》所谓‘本之躬行心得’，躬行即行道，心得即有得于心也，以前后参观之，而祝氏定本为尤信。”【通考】仁山金氏曰：“‘德’字训诂发例于此。《集注》初本，因第七篇《志道章》解‘德’字曰‘行道而有得于心’，其后改从此。盖道固人心所同有，而人鲜可谓之有德者，或暂悟而不能存之于心，或徒知而不能体之于身，是又皆失之，所以不足谓之德也。”勿轩熊氏曰：“德者，得之于心，行之于身。心正则身正，身正则家正，而天下莫不一于正，与徒法而为政者不侔矣。”朱子曰：“‘德’字从心者，以其得于心。如为孝，是心中得此孝，为仁，是心中得此仁。若是外面恁地，中心不如此，不得。凡六经中'德'字，皆如此，故曰'忠信所以进德也'。"史氏伯璿曰："二说当以定本为是。"北辰，北极，天之枢也。居其所，不动也。共，向也，言众星四面旋绕而归向之也。邵子曰："地无石之处皆土也，天无星之处皆辰也。"朱子曰："北辰是天之枢纽，中间些子不动处，缘人要取此为极，不可无个记认，所以就其旁取一小星谓之极星。天之枢纽，似轮藏心，藏在外面动，心都不动。"问："极星动不动?"曰："也动，只他近那辰，虽动不觉，如射糖盘子，北辰便是中央桩子，极星便是近桩点子，虽也随盘转，缘近桩子便转得不觉。沈存中谓始以管窥极星，不入管，后方见极星在管弦上转。《史记》载北辰有五星，太乙常居中，是极星也；辰非星，只是中间界分。极星亦微动，辰不动，乃天之中，犹磨之心也。"又曰："天圆而动，包乎地外，地方而静，处乎天中，故天形半覆地上，半绕地下，左旋不息，其枢纽则在南北之端焉，谓之极者。如屋脊谓之屋极也。南极入地三十六度，故周回七十二度，常隐不见；北极出地三十六度，故周回七十二度，常见不隐。北极之星，正在常见不隐七十二度之中，常居其所而不动。其旁则经星随天左旋，日月五纬右转，更迭隐见，有似于环绕而归向之也。"【通考】朱子曰："以其居不动，众星环向，为天枢轴，天形如鸡子旋转，极如一物横亘在中，两头枰定，一头在北上，是为北极，一头在南下，是为南极。"又曰："帝座即北极也，以星辰位言之，谓之太乙，以其所居之处言之，谓之北极。太乙如人主，北极如帝都。"又曰："星光亦受于日，但其体微尔，五星之色各异，观其色则金木水火之名可辨，众星光芒闪烁，五星独不如此。众星亦皆左旋，唯北辰不动，在北极，星星之旁一小星是也。盖此星独居天轴，四面如轮盘环绕旋转，此独为天之枢纽是也。"又曰："帝座惟在紫微者，据北极七十二度，常见不隐之中，故有北辰之号，而常居其所。盖天形运转，昼夜不息而此为之枢，虽欲动而不可得，非有意于不动也。若太微之在翼，天市之在尾，摄提之在亢，其南距赤道近，其北距天极远，则固不容于不动，而不免与二十八宿同其运行矣，故其或东或西，或隐或见，各有度数，仰而观之，盖无一刻之或停也。"程氏复心曰："枢，门簨也。天常转动，北辰却是天之北极中间不动处，如门簨相似，故为天之枢也。仍不是不动，只动时还在元处。二十八宿为经星，金木水火土为纬星。"为政以德，则无为而天下归之，其象如此。朱子曰："'德'字从心者，以其得之于。'为政以德'者，不是把德去为政，是自家有这德，人自归仰，如众星共北辰。北辰者，天之枢纽，乃是天中央安枢处，天动而枢不动。不动者，正枢星位，枢有五星，其前一明者太子，其二最明者曰帝座，乃太乙之常居也。其后一个分外开得些子而不甚明者，极星也。惟此一处不动，众星于北辰，亦是自然环向，非有意于共之也。""德与政非两事，只是以德为本，则能使民归。为政以德，非是不用刑罚号令，但以德先之耳。"新安陈氏曰："为政以德，本也。无为而天下归之，效也。无为而天下归之，本文未尝明言此意，只是取象于北辰，其中含此意。北辰为天之极，譬为政以德之君，为天下之极。居其所，譬人君之无为。众星共之，譬天下归之也。"○程子曰："为政以德，然后无为。"朱子曰："不是块然全无作为，只是不生事扰民，德修于己，而人自感化，不待作为而天下自归之，不见其有为之迹耳。"问："是以德为政否?"

曰："不是欲以德去为政，不必泥'以'字，只是为政有德相似。""为政以德，人自感化，然感化不在政事上，却在德上。盖政者，所以正人之不正也，岂无所为？但人所以归往，乃以其德耳，故不待作为而天下归之，如众星之共北极也。"庆源辅氏曰："为政以德，非不为也，循天下之理，而行其所无事也。不能以德为政，而遽欲无为，则是怠惰废弛而已。"范氏曰："为政以德，则不动而化、不言而信、无为而成。所守者至简而能御烦，所处上声。者至静而能制动，所务者至寡而能服众。"庆源辅氏曰："范氏推广程子之意，并举其效言之。"

〇子曰："《诗》三百，一言以蔽之，曰'思无邪'。"

《诗》三百十一篇，言三百者，举大数也。蔽，犹盖也。朱子曰："盖，如以一物盖尽众物。""思无邪"，《鲁颂·駉》古萤反。篇之辞。新安倪氏曰："此《诗》本美鲁僖公牧马之盛，由其心思之正，如美卫文公秉心塞渊，而騋牝三千之意也。作《诗》者，未尝以此论《诗》之旨，夫子读《诗》至此而有合于心焉，是以取之，盖断章摘句云耳。"凡《诗》之言，善者可以感发人之善心，恶者可以惩创人之逸志，其用归于使人得其情性之正而已。朱子曰："情性，是贴思。正，是贴无邪。"问："思无邪，莫是作《诗》者发于情性之正否？"曰："若《关雎》、《鹿鸣》、《文王》、《大明》等诗，固是情性之正，若《桑中》、《溱洧》等诗，谓之情性之正可乎？只是要读《诗》者思无邪耳。""太史公说古诗三千篇，孔子删定为三百，看来只是采得许多诗，夫子不曾删去，只是刊定而已。圣人刊定好底诗，便要人吟咏兴发其善心。不好底，便要人起羞恶之心，皆要人思无邪。"问："《集注》以为凡言善者，足以感发人之善心，言恶者足以惩创人之逸志，而诸家乃专主作诗者而言，何也？"曰："《诗》有善有恶，头面最多，而惟'思无邪'一句足以该之，上至于圣人，下至于淫奔之事，圣人皆存之者，所以欲使读者知所惩劝。"双峰饶氏曰："诸家皆谓作诗者如此，独《集注》以为诗之功用，能使学者如此，夫子恐人但知《诗》之有邪正，而不知《诗》之用，皆欲使人之归于正，故于其中揭此一句以示人，学者知此，则有以识读《诗》之意矣。"然其言微婉，且或各因一事而发，求其直指全体，则未有若此之明且尽者。故夫子言《诗》三百篇，而惟此一言足以尽盖其义，其示人之意亦深切矣。延平李氏曰："诗人兴刺，虽亦曲折达心之精微，然必止乎礼义，夫子删而取之者以此尔，若不止于礼义，即邪也。故三百篇一言足以蔽之，只是'思无邪'而已。所以能兴起感动人之善心，盖以此也。"问："直指全体？"朱子曰："《诗》三百篇皆要人无邪思，然但逐事无邪，惟此一言举全体言之。""思无邪，只是要正人心。约而言之，三百篇只是一个思无邪。析而言之，则一篇中自有一个'思无邪'。""'思无邪'一句，便当得三百篇之义了，三百篇之义，大概只要使人思无邪。若只就事上无邪，未见得实，如何？惟是思无邪方得。思在人最深，思主心上。圣人言《诗》之教，只要得人思无邪，其他篇篇是这意思，惟是此一句包说得尽。""思在言与行之先，'思无邪'，则所言所行皆无邪矣。"问："圣人六经皆可为戒，何独《诗》也？"曰："固是如此，然《诗》因情而起则有思，欲其思出于正，故独指思无邪以示教焉。"勉斋黄氏曰："直指则非微婉，全体则非一事，直指故明，全体故尽。此一言所以辞约而义该也。"庆源辅氏曰：

"微，谓隐微。婉，谓委曲。诗人主于讽咏规谏，其言不直截说破，常有隐微委曲之意。"○程子曰："'思无邪'者，诚也。"朱子曰："行无邪，未是诚，'思无邪'，乃可为诚，是表里皆无邪，彻底无毫发之不正。世人有修饰于外，而其中未必能正，惟至于'思无邪'，乃可谓诚。"云峰胡氏曰："程子曰：'思无邪者，诚也'，又曰：'哲人知几，诚之于思，此是圣人事，夫子言《诗》之用，不应遽以圣人望人。'《集注》所以引此者，盖谓所思自然无邪，诚也，圣人事也；读《诗》而可使之'思无邪'，诚之也，学者事也。《集注》引程子之言，即继之以'学者必务知要'，益可见也。"新安陈氏曰："程子此说，是论诚，非论《诗》。"东阳许氏曰："诚是实理，在人则为实心，而君子不可不尽者也。程子指出此'诚'字，以明'思无邪'之实，学者必使心之所思一于无邪，方能全乎人心之实理也。"范氏曰："学者必务知要，知要则能守约，守约则足以尽博矣。经礼三百①，曲礼三千②，亦可以一言以蔽之，曰'毋不敬'③。"《礼器篇》云："礼有大有小，有显有微。大者不可损，小者不可益，显者不可掩，微者不可大也。经礼三百，曲礼三千，其致一也。注：经礼，仪礼也，如士冠礼、诸侯冠礼之类，此是大节，有三百条。曲礼，礼记也，如冠礼始加、再加、三加，坐如尸之类，此是小目，有三千余条。"《曲礼》篇首云："毋不敬。"云峰胡氏曰："'执中'二字，是《书》五十八篇之要，'时'之一字，是《易》三百八十四爻之要，亦不可不知。"

○子曰："道之以政，齐之以刑，民免而无耻；道，音导。下同。

道，犹引导，谓先之也。政，谓法制禁令也。齐，所以一之也。道之而不从者，有刑以一之也。免而无耻，谓苟免刑罚，而无所羞愧，盖虽不敢为恶，而为恶之心未尝忘也。朱子曰："道齐之以政刑，则不能化其心，而但使之少革，到得政刑少弛，依旧又不知耻矣。"问："政刑莫只是伯者之事？"曰："专用政刑，则是伯者之为矣。"【通考】黄氏震曰④："《集注》谓'苟免刑罚，而无所羞愧'，《或问》谓'免，正以其革面而不敢为非，真有免于罪戾耳。岂冒犯不义，以至于犯上作乱，而脱漏宪纲以幸免于刑戮之谓哉？'二说似微不同，实于经文推言'免'字，晦庵言'苟免'以发之，恐后学看'苟'字粗浅，故于《或问》两发以足之。"

道之以德，齐之以礼，有耻且格。"

礼，谓制度品节也。新安陈氏曰："前训'礼'字，云天理节文、人事仪则，是以'礼'字之理而言，此指五礼之文物而言。"胡氏曰："品，谓尊卑高下之差；节，谓界限等级之分。"格，至也。言躬行以率之，则民固有所观感而兴起矣，而其浅深厚薄之不一者，又有礼以一之，则民耻于不善，而又有以至于善也。朱子曰："道之以德，是躬行其实以为民先。必自尽其孝，而后可以教民孝；自尽其弟，而后可以教民弟。如宜其

---

① 经礼：作为经典的礼仪。

② 曲礼：具体的礼仪。

③ 毋不敬：语出《礼记·曲礼上》。

④ 黄氏震：黄震，字东发，慈溪人，宝祐中进士，为史馆检阅，以直言出判广德军。独崇朱子学，所著有《黄氏日抄》百卷。卒，门人私谥曰文洁先生。《宋史》有传。

家人，而后可以教国人；宜兄宜弟，而后可以教国人也。”“浅深厚薄之不一，谓其间资禀信向之不齐，虽是感之以德，自有太过不及底，故齐一之以礼。礼者，吉凶军宾嘉五礼，须令他一齐如此，所以贤者俯而就，不肖者企而及也。”“人之气质，有浅深厚薄之不同，故感者不能齐一，必有礼以齐之，如《周官》一书，何者非礼？以至岁时属民读法之属，无不备具者，正所以齐民也。”勉斋黄氏曰：“义理人心所同得，故善之当为，不善之可恶，皆人心所同然者。教之以德礼，则示之以所同得者，故恶不善而进于善，有不待勉而从。若徒以政刑强之，彼但知君上之令，不得不从，初不知吾心所有之理，尚不知不善之可恶，又安能进于善耶？”新安陈氏曰：“以躬行之德率民，民观感兴起于下，化民之大本已立，但民之感发者，不免有浅深厚薄之不同，须以礼之制度品节齐一之，使浅薄者无不及，深厚者无太过，其未尽善者，皆截然于礼焉。民耻于不善，此观感于德之功，又至于善，乃齐一于礼之效也。”一说，格，正也。《书》曰：“格其非心①。”〇愚谓政者，为治去声。下“辅治”、“出治”，音同。之具。刑者，辅治之法。德礼则所以出治之本，而德又礼之本也。此其相为终始，虽不可以偏废，新安陈氏曰：“固不可无德礼，亦不可无政刑，所谓不可偏废也。”然政刑能使民远去声。罪而已，德礼之效，则有以使民日迁善而不自知。新安陈氏曰：“《礼记·经解篇》云：‘使民日迁善，远罪而不自知也。’《集注》本此句析之而分轻重焉。”故治民者不可徒恃其末，又当深探平声。其本也。新安陈氏曰：“末，谓政刑；本，谓德礼。”朱子曰：“有德礼，则政刑在其中，不可专道政刑做不好底，但不得专用政刑尔。圣人之意，只为当时专用政刑治民，不用德礼，所以有此言。圣人为天下，何曾废政刑来，《集注》后面余意，是说圣人谓不可专恃政刑，然有德礼而无政刑，又做不得。圣人说话，无一字无意味。”“先之以法制禁令，是合下有猜疑关防之意，故民不从，又却齐之以刑，民不见德而畏威，但图目前苟免于刑，而为恶之心未尝不在。先之以明德，则有固有之心者，必观感而化，然禀有厚薄，感有浅深，又齐之以礼，使之有规矩准绳之可守，则民耻于不善，而又有以至于善。”云峰胡氏曰：“此篇首章曰‘为政以德’，政与德为一，此章分政与德为二，前章专言古之为政者，皆自躬行中流出。此章则言后之为政者，但知道之以法制禁令，而不能躬行以率之也。故言政刑不如德礼之效如此，而《集注》以‘相为终始’合言于先，又以‘本末’分言于后也。”【通考】东阳许氏曰：“文公恐读书者谓圣人之意，前一节不如后一节，只就德礼民上看而轻政刑，故于圈外明此意。圣人本具此意，非文公强合为一，所谓有关雎麟趾之意，然后可以行《周官》法度，本末之谓也。《集注》‘浅深’言进德，‘厚薄’言应事。”

〇子曰：“吾十有五而志于学，

古者十五而入大学。心之所之谓之志。新安陈氏曰：“心之所之，《说文》中语。”此所谓学，即大学之道也。志乎此，则念念在此而为之不厌矣。朱子曰：“孔子只十五岁时，便断然以圣人为志矣。今学者谁不为学，只是不可谓之志于学，果能志于学，则自

---

① 语出《尚书·冏命》。

住不得。‘志’字最有力，要如饥渴之于饮食。才有悠悠，便是志不立。”

三十而立，

有以自立，则守之固而无所事志矣。朱子曰：“立，谓把捉得定，世间事物皆动摇我不得，如富贵贫贱威武，不能淫移屈是也。志，方是趋向恁去求讨未得，到此则得而守之，无所用志矣。志是要求个道，犹是两件物事，到立时，便是脚下已踏著了，然犹是守住。”

四十而不惑，

于事物之所当然，皆无所疑，则知之明而无所事守矣。朱子曰：“既立矣，加以十年玩索涵养之功，而知见明彻，无所滞碍也。盖于事物之理，几微之际，毫发之辨，无不判然于胸中，更不用守矣。”

五十而知天命，

天命，即天道之流行而赋于物者，乃事物所以当然之故也。知此则知极其精，而不惑又不足言矣。朱子曰：“不惑，是随事物上，见这道理合是如此。知天命，便是知这道理所以然，如父子之亲，须是知其所以亲。凡事事物物上，须知他本源来处。譬如一溪，先知得溪中有水，后知得水发源处。”又曰：“天道流行，赋予万物，莫非至善无妄之理而不已焉，是则所谓天命也。物之所得为性，性之所具为理，名殊而实一也。学至不惑而又进焉，则理无不穷，性无不尽，而有以知此矣。理以事别，性以人殊，命则天道之全而性之所以为性、理之所以为理者也。自天命观之，则理性云者，小德之川流也；自理性观之，则天命云者，大德之敦化也。”【通考】勿斋程氏曰：“所禀厚薄，所寓盛衰，是曰天命。”朱子曰：“命者，天理流行，赋予万物之谓也，然而形而上者谓之理，形而下者谓之气。自其理之体言之，则元亨利贞之德具于一时，而万古之不易；自其气之运言之，则消息盈虚之变，如循环无端，不可穷也。”朱氏公迁曰：“命以理言，指其命之在天者而言也。”

六十而耳顺，

声入心通，无所违逆，知之之至，不思而得也。和靖尹氏曰：“六十而耳顺，闻理即悟。”朱子曰：“知天命，则犹思而得，到得耳顺，则不思而得矣。听最是人所不著力处，今圣人凡耳中所闻者，便皆是道理而无凝滞，到得此时，是于道理烂熟了。闻人言语，更不用思量，才闻言便晓也。”或问：“四十不惑，是知之明；五十知天命，是知极其精；六十耳顺，是知之之至。”曰：“不惑，是事上知；知天命，是理上知。耳顺，是事理皆通，入耳无不顺。今学者致知，仅有次第节目。”庆源辅氏曰：“所知至极而精熟，彻表彻里，故声才入，心便通，是非判然。其贯通神速之妙，更不待少致思而自得其理也。”陈氏曰：“才容少思而后得，则是内外有相扞格违逆，不得谓之顺矣。如夫子闻沧浪之歌，即悟自取之义，是耳顺之证也。”

七十而从心所欲，不逾矩。”从，如字。

从，随也。矩，法度之器，所以为方者也。随其心之所欲，而自不过于法度，安而行之，不勉而中去声。也。朱子曰：“圣人表里精粗无不昭彻，其体虽是人，其实只是一团天理，所谓从心所欲不逾矩，左来右去，尽是天理，如何不快活。”○程子曰：“孔子生而知之也，言亦由学而至，所以勉进后人也。立，能自立于斯道也。不惑，则无所疑矣。知天命，穷理尽性也。耳顺，所闻皆通也。从心所欲，不逾矩，则不勉而中矣。”又曰：“孔子自言其进德之序如此者，圣人未必然，但为去声。学者立法，使之盈科而后进，成章而后达耳①。”朱子曰：“立，是物格知至而意诚心正之效，不止是用工处。不惑、知天命，是意诚心正而所知日进不已之验。至耳顺则所知又至极而精熟。圣人亦大约将平生为学进德处，分许多段说。十五志学，此学自是彻始彻终，到四十不惑，已自有耳顺从心所欲不逾矩意思，但久而益熟尔，年止七十，若更加数十岁，也只是这个路，不是至七十岁便画住了。”胡氏曰②：“圣人之教亦多术，然其要使人不失其本心而已。欲得此心者，惟志乎圣人所示之学，循其序而进焉。至于一疵不存、万理明尽之后，则其日用之间，本心莹萦定反。然③，随所意欲，莫非至理。盖心即体，欲即用，体即道，用即义，新安陈氏曰：“道言浑沦之体，义言随事适宜之用。”声为律而身为度矣。”《史记》夏纪：“禹为人敏给克勤，其德不违，其仁可亲，其言可信。声为律，身为度。”朱子曰：“胡氏不失其本心一段极好，尽用子细玩味，圣人千言万语，只是要人收拾得个本心，日用之间，著力屏去私欲，扶持此心出来。理是心所当知，事是心所当为，不要埋没了他。如修齐治平，皆要此心为之，此心皆自有许多道理，不待逐旋安排入来。圣人立许多节目，只要人剔括将自家心里许多道理出来而已。”新安陈氏曰：“声即天地中和之声，自然可以为律。身即天地正大之体，自然可以为度。以此形容不逾矩也。”又曰：“圣人言此，一以示学者当优游涵泳④，不可躐等而进⑤；二以示学者当日就月将，不可半途而废也。”庆源辅氏曰：“亟者则躐等而进，怠者则半途而止。亟心亡，则能优游涵泳，逐级而进；怠心亡，则能日就月将，不极不止。圣人示学者，实兼此二意。”愚谓圣人生知安行，固无积累鲁水反。之渐，然其心未尝自谓已至此也。新安陈氏曰：“苟自谓吾学已至，则便不是圣人。”是其日用之间，必有独觉其进而人不及知者。故因其近似以自名，新安陈氏曰：“自为立与不惑等名。”欲学者以是为则而自勉，非心实自圣而姑为是退托也。后凡言谦辞之属，意皆仿上声。此。问：“此章如何分知行？”朱子曰：“志学亦是要行，而以知为重。立是本于知，而以行为重。志学，言知之始；不惑知命耳顺，言知之至。立，言行之始；从心不逾矩，言行之至。”“十五志学，是一面学，一面力行，至三十而立，则行之效也。志学与不惑、知天命、耳顺一类，是说知底意思；立与从心所欲一类，是说到底地位。”“圣人也略有个规模与人同，

---

① 盈科而后进，成章而后达：学了前面的之后再去学后面的，有了一定的成就才能通达。盈科：原意为水充满坑坎，比喻打下坚实基础。成章：乐竟为一章。引申之，凡积渐生变，自成格局，皆可称成章。《孟子·尽心上》：“流水之为物也，不盈科不行，君子之志于道也，不成章不达。”

② 胡氏：胡寅。

③ 莹然：光明灿烂。

④ 优游涵泳：从容地纳受消化。

⑤ 躐等：逾越等级，不按次序。

如志学也是众人知学时，及其立与不惑，也有个迹相似。若必指定谓圣人必恁地，固不得，若说圣人全无事乎学，只空说，也不得。但圣人自有圣人底事。”“‘志’字最要紧，直须结果在从心不逾矩上，然又须循乎圣人为学之序，方可。”问：“自志学、而立、至从心所欲，自致知诚意至治国平天下，二者次第等级各不同，何也?”曰：“《论语》所云，乃进学之次第。《大学》所云，乃论学之规模。”勉斋黄氏曰：“十年而后一进者，亦圣人之心至此而自信耳。学虽已至而未敢自信，必反复参验，见其必然而无疑，然后有以自信，此尤足以见圣人之所以为圣人也。苟惟谓圣人谦辞以勉人，则皆架空之虚辞耳。故《集注》虽以勉人为辞，而终以‘独觉其进’为说。”双峰饶氏曰：“‘矩’字尤为此章之要，致知是要知此矩，力行是要践此矩，立是守得此矩定，不惑是见得此矩明，知命是又识得此矩之所自来，耳顺是见得此矩十分透彻，从心不逾是行得此矩十分纯熟。矩者何？此心之天则是也。规矩皆法度之器，规圆，善于旋转，而无界限之可守。矩方，则有廉隅界限，截然一定而不易。智欲其圆，行欲其方，故以矩言之，矩即‘义以方外’是也。胡氏谓体即道，用即义。‘义’字正为‘矩’字而发。”云峰胡氏曰：“自尧舜以至夫子，圣圣相传，只传此心。夫子年十五时，其心已自期于圣人，到七十时，其心犹不敢自谓是圣人。若心实自圣而姑为是退托，岂圣人之心哉？要之，志学者，此心所向之力；立者，此心所守之定；不惑者，此心所见之明；知天命者，心与理融而洞其所以然；耳顺者，理与心会，其顺也自然而然；不逾矩者，此心此理，浑乎为一，而有莫测其然者矣。十年一进，圣人之心，圣人自知之，故即其近似以语学者，欲学者皆心夫圣人之心也。忘者不用其心，如何到圣处，助者亟用其心，亦如何便到圣处?”新安陈氏曰：“圣人所志之学，大学也。大学之道，知行为要，此章分知之始、知之至，行之始、行之至。朱子一条尽之矣。圣学自志学而始，至从心不逾矩而终，始终惟一心学也。心之所之谓之志，念念在道，大本立矣；心之所愿谓之欲，从容中道，大用行焉。其中节次，自志学而以序进，自有欲罢不能者。常人肆其心之所欲，皆私欲耳，乌知其所谓矩。贤人制其心之所欲，始能勉强而不出于矩。圣人之心，浑然天理，无一毫私欲之累，随其心之所欲，皆天理大用之流行，自从容而不逾于矩。学者苟能卓然立志，以志乎圣人所志之学，循其序而知行并进焉。学与年俱长，德与年俱进，岂不能渐造于纯熟之境，而于希圣其庶几乎?”【通考】仁山金氏曰：“矩，心之天则也，朱子于本文之下，但随文解义，而其终总处最尽。盖圣人固自有圣人之资，然圣人又自有圣人之学，又自有圣人之进，但非常情所可窥测耳。立是圣人之诚，不惑可以想见圣人之贯，知天命可以想见圣人之一。不惑者，小德之川流，是于万殊处看一本；知天命，大德之敦化，是于一本处观万殊。耳顺，可以想见圣人之化；从心不逾矩，可以想见圣人之神。”东阳许氏曰：“此六节，皆是知行兼进，不可分作两节说，文公是补程子意，方见圣人至诚气象之全。”

○孟懿子问孝。子曰：“无违。”

孟懿子，鲁大夫仲孙氏，名何忌。无违，谓不背音佩。于理。朱子曰：“无违，通上下而言，三家僭礼，自犯违了，不当为而为，固为不孝。若当为而不为，亦不孝也。

详味'无违'一语，一齐都包在里。"或问"无违"。曰："未见得圣人之意在，且说不以礼，盖亦多端，有苟且以事亲而违礼，有以僭事亲而违礼，自有个道理，不可违越。"新安陈氏曰："'无违'二字，简要而涵蓄，大有深意。"

樊迟御，子告之曰："孟孙问孝于我，我对曰'无违'。"

樊迟，孔子弟子，名须。鲁人。御，为去声。孔子御车也。孟孙，即仲孙也。胡氏曰："三家皆鲁桓公庶子，初以仲、叔、季为氏，其后加以'孙'字，公子之子称公孙也。仲改为孟者，庶子自为长少，不敢与庄公为伯仲叔季，公孙不敢祖诸侯也，故自以庶长为孟。杜预作公子谱云：'仲庆父弑君，故改为孟。'"夫子以懿子未达而不能问，恐其失指，而以从亲之令为孝，新安陈氏曰："恐其以从亲之令为无违，则失其本指。"故语音御。樊迟以发之。新安陈氏曰："冀懿子得闻之也。"

樊迟曰："何谓也?"子曰："生，事之以礼；死，葬之以礼，祭之以礼。"

生事葬祭，事亲之始终具矣。礼，即理之节文也。庆源辅氏曰："此'理'字，即指前'不背于理'之'理'字言也。礼是先王据事物之理，品节之以成文者。"人之事亲，自始至终，一于礼而不苟，其尊亲也至矣。是时三家僭礼①，故夫子以是警之，然语意浑上声。然，又若不专为去声。三家发者，所以为圣人之言也。朱子曰："生事葬祭之必以礼，圣人说得本阔，人人可用，不特为三家僭礼而设。"陈氏曰："始终一以礼事亲，则为敬亲之至矣。然若何而能一于礼，其中节文纤悉委曲，是多少事，皆不可不讲。"莆田黄氏曰："若不以礼，便是不以君子之道待其亲，便是违背于理。"【通考】东阳许氏曰："三家僭礼，如视桓楹而设拨，葬礼之僭也；八佾舞于庭，歌雍以彻俎，祭礼之僭也。葬礼，诸侯用桓楹，于椁前后立二碑，如大柱，穿其中而为鹿庐，以绋贯其中以下棺，双植谓之桓。诸侯用四绋贯二碑，大夫二绋二碑，而柱形小，视桓楹是用四绋贯，大楹也。拨者引丧之绋。礼，诸侯辅而设拨殡车也，三家亦以拨引辅，僭诸侯也。辅，敕龙反。"胡氏曰："人之欲孝其亲，心虽无穷，而分去声。则有限。得为而不为，谓苟简俭陋者。与不得为而为之，谓僭礼者。均于不孝。所谓以礼者，为其所得为者而已矣。"朱子曰："为所得为，只是合做底，大夫以大夫之礼事亲，诸侯以诸侯之礼事亲便是。"齐氏曰："说与何忌，孟僖子之子。昭七年，僖子从昭公如楚，病不能相礼，乃讲学之二十四年。僖子将卒，属说与何忌于夫子，使事之而学礼焉。时孔子年三十四，樊迟为孔子御，必在哀十三年，鲁以币召还孔子后，时孔子年七十矣。僖子殁已久，而懿子犹问孝，可谓贤矣。僖子尝令二子学礼，孔子不过即其垂殁所命以教其子尔，时三家习于僭，非不欲以尊亲也，而不知适以陷其亲于恶。使懿子不违其亲之命，而悉以孔子所教生事而死葬祭之，则凡其所用，皆亲所得为，而僖子之心慰矣。奈之何其不然也！圣人言不迫切，而意深到，学者所宜细玩。"新安陈氏曰："孔子此言，虽若告众人，实警孟孙，虽警孟孙，仍可用于众人。含蓄深切，所以为圣人之言也。"东阳许氏曰："夫子曰生事葬祭皆以礼。《集注》亦曰'人之事亲，始终一于礼而不苟'。此是就礼之中正

---

① 僭礼：逾越礼制，不守常规。

处说，过于此不可，不及于此亦不可。夫子虽戒孟孙之僭，然当时于所当为者，岂皆尽善，则不及之意，亦在其中。故又曰‘语意浑然，又若不专为三家发者’，谓推广之无不包也。”

○孟武伯问孝。子曰：“父母唯其疾之忧。”

武伯，懿子之子，名彘。音滞。言父母爱子之心，无所不至，惟恐其有疾病，常以为忧也。此正解经一句。人子体此，而以父母之心为心，则凡所以守其身者，自不容于不谨矣，岂不可以为孝乎？新安陈氏曰：“此五句，朱子发孔子言外之意，方见子之孝。凡所以守其身者，包涵甚阔，谨疾固是守身，不失身于不义，尤守身之大者。”旧说，人子能使父母不以其陷于不义为忧，而独以其疾为忧，乃可谓孝。亦通。新安陈氏曰：“前说为佳，后说以衍余意则可，以解正意则迂晦矣。”或问：“父母唯其疾之忧，何故以告武伯？”朱子曰：“这许多所答，也是当时那许多人，各有那般病痛，故随而救之。”又曰：“其他所答，固是皆切于学者，看此句较切，其他只是就道理上说如此，却是这句分外于身心上指出，若能知爱其身，必知所以爱其父母。”双峰饶氏曰：“非特有疾时忧，无疾时，亦常忧其爱护之不谨，而有以致疾，此见父母爱子之切处，不独谨疾而已。凡所以守其身，下一‘凡’字，盖不独谨疾而已。愚谓已包后说之意在其中矣。”云峰胡氏曰：“夫子圣人也，于疾且慎，况凡为人子者乎？”

○子游问孝。子曰：“今之孝者，是谓能养。至于犬马，皆能有养；不敬，何以别乎？”养，去声。别，彼列反。

子游，孔子弟子，姓言，名偃。吴人。养，谓饮食供奉也。犬马待人而食，亦若养然。言人畜许六反。犬马，皆能有以养之，若能养其亲而敬不至，则与养犬马者何异。甚言不敬之罪，所以深警之也。【通考】仁山金氏曰：“‘至于犬马，皆能有养’，作一句读。‘至于’二字，其上所该亦多，谓自骨肉子弟奴仆以下至犬马也。”○胡氏曰：“世俗事亲，能养足矣。狎恩恃爱①，而不知其渐流于不敬，则非小失也。子游圣门高弟，未必至此，圣人直恐其爱逾于敬，故以是深警发之也。问：“犬马不能自食，待人而食者也，故畜犬马者，必有以养之，但不敬尔。然则养其亲而敬有所不至，不几于以犬马视其亲乎？敬者，尊敬而不敢忽忘之谓，非特恭谨而已也。人虽至愚，孰忍以犬马视其亲者，然几微之间，尊敬之心，一有不至，则是所以视其亲者，实无以异于犬马，而不自知也。圣人之言警乎人子，未有若是之切者。”延平李氏曰：“此一段恐当时之人，习矣而不察，只以能养为孝，虽孔门学者，亦恐未免如此。故夫子警切以告之，使之反诸心也。苟推测至此，孝敬之心，一不存焉，即陷于犬马之养矣。”朱子曰：“子游是个简易人，如洒扫应对，便忽略了。如丧致乎哀而止，便见他节文有未至处。”或问：“父母至尊亲，犬马至卑贱，圣人之言，岂若是之不伦乎？”曰：“此设戒之言也，故特以尊卑悬绝之甚者明之，所以深著夫能养而不能敬者之罪也。”庆源辅氏曰：“能养未必能敬，能敬则不至于不能养也。《记》曰仁人之事亲‘如事天’，可徒爱而不知敬乎？”双峰饶氏曰：

---

① 狎恩恃爱：依仗父母慈爱来撒娇耍赖。

“是谓能养，皆能有养，看两个‘能’字，便见是说养亲之人，与养犬马之人。言养亲之人能养而不能敬，则与养犬马之人无所分别，非谓父母与犬马无别也，《集注》云与养犬马者何异，即是‘人’字。”

○子夏问孝。子曰：“色难。有事弟子服其劳，有酒食先生馔，曾是以为孝乎?”食，音嗣。【通考】吴氏程曰：“馔，当雏脘、雏恋二反。曾，旧音增，《集注》读如字。下篇‘曾谓’同。”程氏复心曰：“曾音层，与‘曾谓泰山’之‘曾’同音。《释文》：尝也。又不料之词，反词也。”

色难，谓事亲之际，惟色为难也。食，饭也。先生，父兄也。馔，饮食之也。曾，犹尝也。盖孝子之有深爱者，必有和气；有和气者，必有愉色；有愉色者，必有婉容；新安陈氏曰：“愉，悦也，色见于面者。婉，顺也。容，举一身之容仪言之。此三句，《礼记·祭义篇》之文。色非可以伪为也，惟深爱之心根于中，而后愉婉之色容见于外，其所以难者，乃有深爱和气之难也。”故事亲之际，惟色为难耳，服劳奉养去声，此侍亲之常事。未足为孝也。旧说，承顺父母之色为难，亦通。新安陈氏曰：“后说添承顺父母字方可解。”问：“知敬亲者，其色必恭；知爱亲者，其色必和。此皆诚实之发见，不可以伪为。故子夏问孝，孔子答之以色难。”朱子曰：“此说亦好。”程子曰：“告懿子，告众人者也。新安陈氏曰：“事亲以礼，人所通行。”告武伯者，以其人多可忧之事。问：“如何见得?”朱子曰：“观圣人恁地说，则知其人如此。”子游能养而或失于敬，子夏能直义而或少温润之色。各因其材之高下，与其所失而告之，故不同也。”朱子曰：“告懿子无违意思阔，若其他所告，则就其人所患说。然圣人虽是告众人，若就孟孙身上看，自是大段切，虽专就一人身上说，若于众人身上看，亦未尝无益。”“子游见处高明，而工夫则疏，子夏较谨守法度，依本子做，观洒扫应对之论，与博学笃志之说可见。惟高明而疏，故必用敬，惟依本做，故必用爱。子夏之病，乃子游之药，若以色难告子游，以敬告子夏，则以水济水，以火济火，故圣人药各中其病。”问：“如何见子夏直义处。”曰：“观其言可者与之，不可者拒之。孟子亦曰，北宫黝似子夏，是个持身谨、规矩严底人。”问：“严威俨恪，非所以事亲。”曰：“太庄太严厉了。”问：“子夏能直义而或少温润之色，直义莫是说其资之刚方否?”曰：“只是于事亲时无甚回互处。”问：“夫子答子游子夏问孝，意虽不同，然自今观之，奉养而无狎恩恃爱之失，主敬而无严恭俨恪之偏，尽是难。”曰：“既知二失，则中间须自有个处之之理，爱而不敬，非真爱也。敬而不爱，非真敬也。敬非严恭俨恪之谓，以此为敬则误矣。只把做件事小心畏谨便是敬。”问：“孔子答问孝四章虽不同，意则一。”曰：“如何?”曰：“彼之问孝，皆有意乎事亲者，孔子各欲其于情性上觉察，不使之偏胜，则其孝皆平正而无病矣。”曰：“如此看恰好。”勉斋黄氏曰：“事亲之道，非贵于声音笑貌也，而以色为难者，色非可以强为也，非其真有深爱存乎其心，惟恐一毫拂其亲之意者，安能使愉婉之状貌，见于颜面也哉？其告子夏者，所以发其笃于爱亲之念也。”或曰：“敬与爱，两事常相反也，敬则病于严威，爱则病于柔顺。今其告二子者如此，得无举一而废一乎?”曰：“敬与爱，皆事亲之不能无也，父母至亲也，而爱心生焉，父母至尊也，而敬心生焉，皆天理之自然而非人之所强为也。然发之各有节，而行之各有宜，或过或不及，则二者常相病也。故圣人因其所偏者而警之，所以勉其不足而损其有余也。四章问孝，其一则不辱其亲，其二则不辱其身，三则敬，四则爱，学者于此四者而深体之，事亲之大义，尽于此矣。述《论语》者聚而次之，警人之意深矣。”新安陈氏曰：“问孝四章，乃记者以类序次之，一则欲不违礼以事亲，二则欲谨守身以不忧其亲，三则欲其敬亲，四则欲其爱亲。学者合四章而深体之，事亲之孝可得矣。圣人之言，如化工随物赋形。凡一部《论语》中，其教人不同，及问同答异者，皆如此，不但此四章也。”

○子曰：“吾与回言终日，不违如愚。退而省其私，亦足以发。回也不愚。”【通考】仁山金氏曰：“‘吾与回言终日’六字为句。愚按：吴程以‘不违’读，如愚句。张师曾参校张达善点本，谓‘吾与回言终日’，自《集注》取李氏之说，始读为句绝，文意俱胜，前此儒先亦以‘吾与回言终日’为句。”

回，孔子弟子，姓颜，字子渊。鲁人。不违者，意不相背，音佩。有听受而无问难去声。也。私，谓燕居独处，上声。非进见请问之时。发，谓发明所言之理。新安陈氏曰：“发，如发挥发见之发，非以言语发明之也。”愚闻之师曰：朱子之师姓李氏，名侗，字愿中，号延平先生。“颜子深潜纯粹，庆源辅氏曰：“深潜，谓不浅露而德性渊宏；纯粹，谓无瑕疵而气质明净。”其于圣人体段已具①。其闻夫子之言，默识心融，触处洞然，自有条理。【通考】仁山金氏曰：“‘深潜纯粹’四字，只是形容颜子资秉气象如此。程子亦曰：‘颜孟于孔子，其知之浅深同，只是颜子尤温淳渊懿，近圣人气象。’深潜带知见意，纯粹带践行意。深潜是于不违如愚见之，纯粹是于私亦足以发见之。深潜，知上气象，后篇‘吾言无所不说’者也。纯粹，行上气象，后篇‘三月不违仁’者也。”故终日言，但见其不违如愚人而已。及退省悉井反。其私，则见其日用动静语默之间，皆足以发明夫子之道，坦然由之而无疑，然后知其不愚也。”致堂胡氏曰：“夫子久已知颜子之不愚，必曰退省其私者，以见非无证之空言，且以明进德之功，必由内外相符，隐显一致，欲学者之谨其独也。夫子与言终日，则所言多矣，今存者几，惜哉！”朱子曰：“默识心融，固是他功深力到，亦是天资高，颜子乃生知之次，比之圣人，已具九分九厘，所争只一厘。孔子只点他这些，便与他相凑，他所以深领其言而不再问也。‘融’字，如消融相似，如雪在汤中。若不融，一句只是一句，如何发得出来？如人吃物事，若不消，只生在肚里，如何滋溢体肤？退省其私，私者，他人所不知而回自知者，夫子能察之。如心之所安，燕居独处之所为，见识之所独，皆是。与《中庸》谨独之‘独’同。”“不违如愚，不消说了。亦足以发，是听得夫子说话，便能发明于日用躬行之间。此夫子退而省察颜子之私如此，且如说非礼勿视听言动，颜子便真个不于非礼上视听言动，《集注》谓坦然由之而无疑，是他真个见得，真个便去做。”“退，非夫子退，乃颜子退也。发，启发也，始也如愚人，似无所启发，今省其私，乃有启发，与启予之启不同。”“颜子所闻，入耳著心，布乎四体，形乎动静，则足以发明夫子之言矣。”

---

① 圣人体段已具：圣人的基本素质已经具备。

问："颜子不违，与孔子耳顺相近否?"曰："那地位大段高，不违是颜子于孔子说话都晓得，耳顺是无所不通。""省其私，私不专在无人独处之地，谓如人相对坐，心意默所趋向，亦是私。"问："亦足以发，是颜子于燕私之际，将圣人之言发见于行事否?"曰："固是，虽未尽见于行事，其理亦当有发见处，然燕私之际，尤见颜子践履之实处。"又曰："与之言，颜子都无可否，似个愚底，及退而观其所行，夫子与之言者，一一做得出来不差，岂不足以发明夫子之道?如今人说与人做一器用，方与他说个尺寸高低形制，他听之全然似不晓底，及明日做得来，却与昨日所说底更无分毫不似。"南轩张氏曰："亦足以发，其'请事斯语'之验与?默识心融，此于圣人耳顺地位虽未几及，而已同是一般趣味矣。"觉轩蔡氏曰："发者固是发明此理，疑亦有发见活泼泼之意，夫子再以'不愚'而信之，所以深喜之也。"庆源辅氏曰："默识，是不待言说而自喻其意；心融，是不待思维而自与之为一。触处洞然自有条理者，谓如行自己家庭中，蹊径曲折，器用安顿，条理次序，晓然在吾心目之间也。"云峰胡氏曰："颜子之资，邻于生知，故无难疑答问，而自有以知夫子所言之理。颜子之学，勇于力行，故虽燕居独处，而亦足以行夫子所言之理。不曰行而曰发，此一'发'字最有力，夫子尝曰：'语之而不惰者，其回也欤。'惰则不发，发便不惰。孟子曰：'有如时雨化之者。'先儒以颜子当之。物经时雨便发，颜子一闻夫子之言，便足以发，故周子曰：'发圣人之蕴、教万世无穷者，颜子也。'且不徒发之于人所共见之时，而能发之于己所独知之地，颜子盖真能发夫子约礼之教，而为慎独之学者也。"

○子曰："视其所以，

以，为也。为善者为君子，为恶者为小人。朱子曰："大纲且看这一个人是为善底人，是为恶底人?"

观其所由，

观，比视为详矣。由，从也。事虽为善，而意之所从来者有未善焉，则亦不得为君子矣。朱子曰："为善底人，又须观其意之所从来，若本意以为己事所当然，无所为而为之，乃是为己。若以为可以求知于人而为之，是意所从来，已不善了。如齐桓伐楚，固义也，然其意所从来，乃因怒蔡姬而伐蔡，蔡溃遂伐楚，则所为虽是，而所由未是也。"或曰："由，行也。谓所以行其所为者也。"

察其所安。

察，则又加详矣。厚斋冯氏曰："《穀梁传》曰：'常事曰视，非常曰观。'观详于视也。《易》曰：'仰以观于天文，俯以察于地理。'察密于观也。"安，所乐也。所由虽善，而心之所乐音洛。下同。者不在于是，则亦伪耳，岂能久而不变哉?程子曰："视其所以，观人之大概；察其所安，心之所安也。"朱子曰："意所从来处既善，又须察其中心乐与不乐。安是中心乐于为善，自无厌倦之意，若中心所乐不在是，便或作或辍，未免于伪。"问："以是察人，是节节看到心术隐微处，最是难事，亦必在己者能知言穷理，使心通乎道，而能精别是非，然后能察人如圣人也。"曰："于乐处便是诚实为善，如好好色，如恶恶臭，不是勉强做来，若以此观人，亦须以此自观，看自家为善果是为己，果是乐否?”“所以，是所为。所由，是如此做。所安，是所乐。譬如读书是所为，岂不是好事，然其去如此做，又煞多般。有为己而读者，有为名而读者，有为利而读者，须观其所由从如何。其为己而读者固善矣，然或有出于勉强者，故又观其所乐。”问：“圣人于人之善恶，如见肺肝，当不待如此着力。”曰：“这也为常人说，圣人固不用得如此，然圣人观人，也著恁地详细。如今人说一种长厚说话，便道圣人不恁地，只略略看便了。这个若不见教彻底善恶分明，如何取舍?”问：“观人之道，也有自善而入于恶，亦有事虽恶而心所存本好。”曰：“这个也自可见，须是如此看，方见好底铁定是好人，不好底铁定是不好人。”又曰：“初间才看善恶便晓然，到观其所由有不善，这又胜得当下便不是底，到察其所安有不善，这又胜前二项人，不是到这里便做不好人看他，只是不是他心肯意肯，必不会有终。”“所安是他平日存主习熟处，他本心爱如此，虽所由偶然不如此，终是勉强，毕竟所乐不在此，次第依旧又从熟处去。如平日爱踞傲，勉强教他恭敬，一时之间，亦能恭敬，次第依旧自踞傲了心方安。”勉斋黄氏曰：“视其所以，兼君子小人视之。观其所由，则先之为小人者，不复观之矣，所观者君子也。察其所安，则君子所由之未善者，亦不复察之矣。察其所由之善，而欲知其安不安也，盖所以既为小人，何必复观其所由，所由既未善，何必复察其所安。”勿轩熊氏曰：“所由言意之所来，所安言心之所安。意是发端处，心是全体处。”

人焉廋哉？人焉廋哉?”焉，于虔反。廋，所留反。

焉，何也。廋，匿也。重平声。言以深明之。程子曰：“在己者能知言穷理，则能以此察人如圣人也。”洪氏曰：“此夫子观人之法。听其言，观眸子，‘人焉廋哉’，此孟子观人之法。孟子之法，非有过人之聪明者不能。夫子之法，人皆可用，亦可以自考。”新安陈氏曰：“在我者不明，则亦何以察人，《集注》引程子之言，以补本文之意。知言，如孟子‘我知言’。能知人言之是非，穷尽事物之理，则心如明镜，方能如圣人观人之法以察人也。”

○子曰：“温故而知新，可以为师矣。”

温，寻绎也。故者，旧所闻。新者，今所得。言学能时习旧闻，而每有新得，则所学在我，而其应不穷，故可以为人师。若夫音扶。记问之学，则无得于心，新安陈氏曰：“与每有新得相反。”而所知有限，新安陈氏曰：“与其应不穷相反。”故《学记》①讥其“不足以为人师”，正与此意互相发也。朱子曰：“记问之学，温故而不知新，只记得硬本子，更不去里面搜寻得道理，记得十件，只是十件，记得百件，只是百件，这个便死杀了。知新，则就温故中见得这道理愈精，胜似旧时，引而伸之，触类而长之，则常活不死杀。《中庸》温故而知新，乃是温故重，此却是知新重。”“温故方能知新，不温故而求知新，则亦不可得而求矣。”“温故而知新，味其语意，乃为温故而不知新者设。不温故，固是间断了，若果无所得，虽温故亦不足以为人师，所以温故又要知新。惟温故而不知新，故不足以为人师也。这语意在知新上，温故知新不是易底。新者，只是故中

---

① 《学记》：即《礼记·学记》。

底道理，时习得熟，渐渐发得出来。且如一理，看几个人来问，就此一理上，一人与说一个理，都是自家就此理上推究出来，所以其应无穷。且如记问之学，记得一事，更推第二事不去，记得九事，便说十事不出，所以不足为人师。”问：“不离温故之中而知新，其亦下学上达之理乎?”曰：“亦是渐渐上达之意。”“道理即是一个道理，《论》《孟》所载是这一个道理，六经所载也是这个道理，但理会得了，时时温习，觉滋味深长，自有新得。”又曰：“昔之所得，虽曰既为吾有，然不时加寻绎，则亦未免有废弃遗忘之患，而无所据以知新矣。然徒能温故，而不能索义理之所以然者，则见闻虽富，诵说虽勤，而口耳文字之外，略无意见，如无源之水，其出有穷，亦将何以授业解惑，而待学者无已之求哉?”“寻绎其所已得，而每每有得于其所未得者，譬之观人，昨日识其面，今日识其心，于以为师，其庶矣乎? 可云者，明未至此者，不足以为师，非以为能如是而为师有余也。”范氏曰：“温故者，月无忘其所能；知新者，日知其所无。”【通考】朱氏公迁曰：“此为为人师者言之，温故知新，《论语》、《中庸》两见之。《论语》之所谓‘故’是闻于人者，《中庸》之所谓‘故’是存于己者；《论语》是即其一理而推见众理之无穷，《中庸》是全其统体而益见脉络之精微；《论语》是一件事，《中庸》是两件事。”

○子曰：“君子不器。”

器者，各适其用而不能相通。成德之士，体无不具，故用无不周，非特为一才一艺而已。程子曰：“君子不器，无所不施也。若一才一艺，则器也。”朱子曰：“君子才德出众，德体也。才，用也，亦具圣人之体用，但其体不如圣人之大，用不如圣人之妙耳。”“君子不器，是不拘于一，所谓体无不具，人心元有这许多道理充足，若惯熟时，自然看要如何，无不周遍，如夷清惠和，亦只做得一件事。”问：“君子不器，君子是何等人?”曰：“此通上下而言，是成德全才之君子。”问：“子贡汝器也①，唤做不是君子得否?”曰：“子贡也是个偏底，可贵而不可贱，宜于宗庙朝廷，而不可退处，此子贡偏处。”南轩张氏曰：“人之可以器言者，拘于才之有限者也。若君子则进于德，进于德则气质变化，而才有弗器者矣。”勉斋黄氏曰：“各适其用，不能相通，以物言，舟之不可为车之类也；以人言，优为赵魏老，不可以为滕薛大夫是也。用无不周，见君子之不器；体无不具，原君子之所以不器也。”云峰胡氏曰：“士君子之心虚，有以具众理，是其体本无不具也；其心之灵，足以应万事，是其用可以无不周也。格致诚正修齐治平，有以充此心之体而扩此心之用，所以不器。故凡局于器者，气质之分量小；士君子之不器者，学问之功效大也。”

○子贡问君子。子曰：“先行其言而后从之。”

周氏曰②：周氏名孚先，字伯忱，毗陵人。“先行其言者，行之于未言之前；而后

---

① 子贡汝器也：语出《论语·公冶长》：“子贡问曰：‘赐也何如?’子曰：‘女器也。’曰：‘何器也?’曰：‘瑚琏也。’”

② 周氏：周孚先，字伯忱，一说克道，号西山，潮阳桃溪人，与弟恭先俱从程颐学。颐称其兄弟气质纯明，可以入道，后由乡荐人太学，调四明监场，改建德尉不就，乞祠。为周敦颐裔孙。

从之者，言之于既行之后。”问：“先行其言而后从之，苟能行矣，何事于言?”朱子曰：“若道只要自家行得，说都不得，亦不是道理。圣人只说敏于事而谨于言，敏于行而讷于言，言顾行，行顾言，何尝教人不言。”问：“先行其言，谓人识得个道理了，可以说出来，却不要只做言语说过，须是合下便行将去，而后从之者，及行将去，见得自家所得底道理，步步著实，然后说出来，却不是杜撰臆度，须还自家自本至末，皆说得有著实处。”曰：“此说好。”南轩张氏曰：“君子主于行，而非以言为先也，故其言之所发，乃其力行所至而言随之也。夫主于行而后言者为君子，则夫易于言而行不践者，是小人之归矣。”庆源辅氏曰：“行之于未言之前，则其行专而力，言之于既行之后，则其言实而信，正君子进德修业之道也。”双峰饶氏曰：“君子行在言前，言随行后，自然言行不相违矣。”范氏曰：“子贡之患，非言之艰而行之艰，故告之以此。”朱子曰：“只为子贡多言，故云然。”

○子曰：“君子周而不比，小人比而不周。”

周，普遍也。比，偏党也①。皆与人亲厚之意，但周公而比私耳。朱子曰：“比之与周，皆亲厚之意。周则无所不爱，为诸侯则爱一国，为天子则爱天下，随其亲疏厚薄，无不是此爱。若比则只是拣择，或以利，或以势，一等合亲底，他却自有爱憎，所以有不周处。”又曰：“大概君子心公而大，所以周普，小人心狭而常私，便亲厚也只亲厚得一个。”“周比相去不远，须分别得大相远处，周则遍及天下，比则昵于亲爱。无一人使之不得其所，便是周，但见同于己者与之，不同于己者恶之，便是比。君子好善恶恶，皆出于公，用一善人于国于天下，则一国天下享其治。去一恶人于一乡一邑，则一乡一邑受其安，岂不是周？若小人于恶人，则喜其合己，必亲爱之，善人与己异，必伤害之，此小人比而不周也。”“君子立心自是周遍，好恶爱憎，一本于公。小人惟偏比阿党而已。”南轩张氏曰：“君子小人之分，公私之间而已。周则不比，比则不周，天理人欲，不并立也。君子于亲疏远近贤愚，处之无不得其分，盖其心无不溥焉，所谓周也。若小人则有所偏系而失其正，其所亲昵，皆私情也，所谓比也。”○君子小人所为不同，如阴阳昼夜，每每相反。然究其所以分，则在公私之际，毫厘之差耳。故圣人于周比、和同、骄泰之属，常对举而互言之，欲学者察乎两间，而审其取舍上声。之几平声。也。问：“取舍之几，当在思虑方萌之初，审察之否?”朱子曰：“致察于思虑固是，但事上亦须照管，觉得思虑处失了，便著于事上看，便舍彼取此。”云峰胡氏曰：“君子小人，公私相反，而圣人历举周比等之相似者言之，盖相反者其情易知，相似者其几未易察，故拳拳欲学者致审焉。”新安陈氏曰：“《通书》曰‘几善恶’，几者，善恶所由分之微处也。上文公私之际，即所谓两间；毫厘之差，即所谓几。学者当审察于几微处，而取其公，舍其私，《周比》、《和同》、《骄泰》三章，皆当如此看，以此章居首，故于此包括言之。”【通考】朱氏公迁曰：“《四书》君子与小人并称者，凡十七章。周而不比，和而不同，泰而不骄，喻于义，坦荡荡，成人之美，易事而难说也，不仁者有矣夫，上

① 偏党：不正派地结党。

达，怀德，求诸己，不可小知，有三畏，固穷，君子中庸，居易以俟命，暗然而日章，皆以德言。”双峰饶氏曰：“所谓小人有数样。硁硁小人，以其器量之浅狭也；樊须小人，以其所务者小也；无为小人儒，以其所业虽正而用心则私也。至以小人与君子对言者，则指其心术浑然不好底为小人，宜与君子每每相反也。愚谓以君子小人对言之，正以明其德行心术之不同，均可谓之以德言者，盖德有凶有吉也。”

○子曰：“学而不思则罔，思而不学则殆。”

不求诸心，故昏而无得。不习其事，故危而不安。朱子曰：“学是学其事，如读书是学，须精思其中义理方得。如做此事是学，须思此事道理如何，只恁低头做，不思这道理，则所学者粗迹耳，故昧而无得。若只空思索，不傍事上体察，则无可据之地，而终不安稳，须是学与思互相发明。”“凡‘学’字便兼‘行’字意思，如讲明义理，学也，才效其所为，便有行意。”“‘思’与‘学’字相对说，学这事，便思这事，人说这事合恁地做，自家不曾思量这道理是合如何，则罔然而已。罔似今人说罔两。既思得这事，若不去做这事，便不熟，则臬兀不安。如人学射，虽习得弓箭里许多模样，若不曾思量这个是合如何，也不得。既思得许多模样，是合如何，却不曾去射也，如何得？”“思则自当有得，如食之必饱耳。”问：“学谓视圣贤所言所行而效之也，思谓研穷其理之所以然也，徒学而不穷其理则罔，罔谓昏而无得，则其所学者亦粗迹耳。徒思而无践履之实则殆，殆谓危而不安，则其所思者亦虚见尔。学而思，则知益精；思而学，则守益固。学所以致广大，思所以尽精微。”曰：“学不专于践履，如学以聚之，正为闻见之益而言。”庆源辅氏曰：“学之义广矣，虽不专谓习其事，然此之谓学，则指习事而言耳。徒学而不求诸心，则内外不协，外虽勉强而中无意味，故昏而无得；徒思而不习其事，则理事为二，理虽若有所得，事则扞格而无可即之安，故危而不安。”新安陈氏曰：“学而思，则理益明而不局于粗浅；思而学，则理益实而不荒于高虚。”○程子曰：“博学、审问、慎思、明辨、笃行五者，废其一，非学也。”新安陈氏曰：“五者，《中庸》诚之之目，程子之说，本以论《中庸》耳，朱子采之于此，以广此章之意。”云峰胡氏曰：“朱子释《中庸》，学问思辨属择善，知之事也；笃行属固执，行之事也。此则以学为习其事，是行之事，以思为求诸心，是知之事。至若‘学而时习之’，又引程子之言曰，时复思绎，则思又是学习之事，若有不同者。要之，专言学，则学兼知与行，思绎亦是学；分学与思，则‘思’字属知，‘学’字属行。《中庸》五者，朱子谓学与行是学之终始，问与辨是思之终始是也。”

○子曰：“攻乎异端，斯害也已！”

范氏曰：“攻，专治也，故治木石金玉之工曰攻。新安倪氏曰：“《周礼·考工记》有攻木之工，攻金之工。”异端，非圣人之道，而别为一端，如杨墨是也。其率天下至于无父无君，专治而欲精之，为害甚矣！”或问：“有以攻为攻击之攻，言异端不必深排者，如何？”朱子曰：“正道异端，如水火之相胜，彼盛则此衰，此强则彼弱，熟视异端之害，而不一言以正之，亦何以祛习俗之蔽哉？观孟子所以答公都子好辨之问，则可见矣。”“异端不是天生出来，天下只是这一个道理，缘人心不正，则流于邪说。习于彼，必害于此，既入于邪，必害于正。”问：“《集注》云：‘攻，专治之也。’若为学便当专治之，异端则不可专治也。”曰：“不惟说不可专治，便略去理会他也不得，若是自家学有定止，去看他病痛却得。”“杨氏为我，拔一毛而利天下不为，墨氏兼爱，至不知有父，如此等事，世人见他无道理，自不去学。”庆源辅氏曰：“常言一事一件皆为一端，异端非圣人之道，而别自为一件道理也。杨氏以为我为义而非圣人所谓义，墨氏以兼爱为仁而非圣人所谓仁，所以为异端。”西山真氏曰：“异端之名，始见于此。孔子所指，未知为谁。老聃、杨朱、墨翟，皆与孔子同时，特以洙泗之教方明，其说未得肆耳。或谓孔子不辟异端，非也。如悖德悖礼之训，已是辟墨；洁身乱伦之训，已是辟杨矣。”胡氏曰：“杨朱即庄周所谓杨子居者，与老聃同时，墨翟又在杨朱之前，宗师大禹而晏婴学之者也。”新安陈氏曰：“孔子之时，杨朱未肆，故《集注》下一如字，然则异端何所指乎？孔子谓乡原德之贼，孟子谓其自以为是，而不可与入尧舜之道，则乡原亦异端也。老聃正同时，而孔子于礼曰，吾闻诸老聃，则老聃在当时，未可以异端目之。今之老子书，先儒谓后人托为之，蒙庄出而祖老氏，自此以后，始为虚无之祖，而为异端不可辞矣。”杨子云曰：“非尧舜文王者为他道，故凡非圣人之道者，皆异端云。”【通考】勿斋程氏曰：“百家众技，不能相通，是曰小道；邪说诐行，戾乎正道，是曰异端。”〇程子曰“佛氏之言，比之杨墨，尤为近理，所以其害为尤甚。学者当如淫声美色以远去声。之，不尔，则骎骎音侵。然入于其中矣①。”汪氏炎昶曰：“程朱之时，儒学亦有流于禅者，故《集注》有取于程说之痛切，今学者绝口于此，程朱之功为多。”问：“何以只言佛而不及老？”朱子曰：“老便是杨氏，孟子辟杨便是辟老，如隐遁长往不来者，皆老之流。他本不是学老，所见与之相似。”“杨墨只是硬恁地做，为我、兼爱，做得来也淡，不能惑人。佛氏最有精微动人处，初见他说出自有理，从他说愈深愈害人。”问佛氏所以差。曰：“辟初头便错了，如天命之谓性，他把这个便都做空虚说了，吾儒见得都是实。”勿轩熊氏曰：“韩愈云，佛者夷狄之一法，自后汉时流入中国，其初不过论缘业以诱愚民而已，后来却说心说性，虽聪明之士，亦为之惑，学者不可不力察而明辨也。”新安陈氏曰：“程子之时，名公高材，皆为佛氏之言所陷溺，惟其近理，所以害甚。《集注》采此条，而《中庸序》亦曰‘老佛之徒出，则弥近理而大乱真矣’，皆所以辟异端也。”【通考】按程叔子云：“今异教之害，道家之说，则没可辟，唯释氏之说，衍蔓迷溺至深，今日是释氏盛而道家萧索。方其盛时，天下之士往往从其学，自难与之力争，惟当自明吾理，吾理自立，则彼不必与争。”又：“或谓‘佛之理比孔子为径’。曰：‘天下果有径理，则仲尼岂欲使学者迂远而难至乎？故外仲尼之道而由径，则是冒险阻、犯荆棘而已。’”此数语皆所谓其害为尤甚者也。

〇**子曰：“由！诲女知之乎？知之为知之，不知为不知，是知也。”**女，音汝。

由，孔子弟子，姓仲，字子路。鲁之卞人。子路好去声。勇，盖有强上声。其所不知以为知者，故夫子告之曰：我教女以知之之道乎！但所知者则以为知，所不知者则以

---

① 骎骎然：渐进、逐渐的样子。

为不知。如此则虽或不能尽知，而无自欺之蔽，亦不害其为知矣。况由此而求之，又有可知之理乎？朱子曰：“子路粗暴，见事便自说晓会得，如正名一节，便以为迂，和那个知处也不知了。知之为知之，不知为不知，则无自欺之蔽，其知固自明矣。若不说出求其知，是使人安于所不知也。故程子说出此意，经意方完。既不失于自欺，又不失于自画。”“圣人只为人将那不知者亦说是知，终至于知与不知，终无界限了。若人能于其知者以为知，于不知者以为不知，而不强以为知，此便是知了。只为子路性勇，把不知者亦说是知，故为他说如此。”问：“学者之于义理，于事物，以不知为知，用是欺人亦可矣。本心之灵，庸可欺乎？但知者以为已知，不知者以为不知，则虽于义理事物之间有不知者，而自知则甚明而无蔽矣，故曰‘是知也’。以此真实之心，学问思辨，研究不舍，则知至物格、意诚心正之事，可驯致也。夫子以是诲子路，真切要哉！此章言之若易，而于学者日用间关涉处甚多，要当步步以是省察，则切身之用，盖无穷也。”曰：“此说甚善。”南轩张氏曰：“是知也，言是乃知之道也。”新安陈氏曰：“强其不知以为知，非惟人不我告，己亦不复求知，终身不知而后已。好勇者多喜自高，不服下人，故有此弊，此必子路初见孔子时，孔子以此箴之，后来有闻未之能行，惟恐有闻，及人告以有过则喜，则必改此失矣。然终有见义欠透彻处，是以知食焉不避其难之为义，而不知食辄之食为非义也。不知者以为不知，则人必我告，己亦必自求知，岂非知之之道乎。”【通考】东阳许氏曰：“章内六‘知’字不同。上下两‘知’字，总言心之知。中间四‘知’字，指一事之知。”

○子张学干禄。

子张，孔子弟子，姓颛孙，名师。陈人。干，求也。禄，仕者之奉符用反。也。云峰胡氏曰：“本文无‘问’字，意编次者因夫子救子张之失，故先之以此五字，以见夫子为子张干禄发。”

子曰：“多闻阙疑，慎言其余，则寡尤；多见阙殆，慎行其余，则寡悔。言寡尤，行寡悔，禄在其中矣。”行寡之行，去声。

吕氏曰：吕氏，名大临，字与叔，蓝田人。“疑者所未信，殆者所未安。”程子曰：“尤，罪自外至者也。悔，理自内出者也。”新安陈氏曰：“人以我为尤，故曰罪自外至；我自知其非理而悔之，故曰理自内出。”愚谓多闻见者学之博，阙疑殆者择之精，慎言行去声。者守之约。新安陈氏曰：“夫子分闻见、言行、疑殆对言之，朱子合而解之。学不博则无可择，多闻多见，学既博矣，必于多中精以择之，阙其所未信未安者，则非泛焉庞杂之博。择之既精，然后加谨慎以言行其余之已信已安者，而所守方得其约。‘约’字与‘博’字对，‘约’字又自‘精’字来，不精则其约也非切要之约，而苟简之约尔。学之博，择之精，守之约，九字断尽此一章。三者不可阙一，如此，则言必当而人不我尤，行必当而已无可悔矣。”凡言在其中者，皆不求而自至之辞。新安陈氏曰：“禄在其中，馁在其中，仁在其中，直在其中，乐亦在其中，其训皆同。”言此以救子张之失而进之也。朱子曰：“此章是教人不以干禄为意，盖言行所当谨，非为欲干禄而然也，若真能著实用功，则惟患言行之有悔尤，何暇有干禄之心耶？”“闻是闻人之言，见是见人之行，闻亦属自家言处，见亦属自家行处，闻见亦互相发，亦有闻而行者，有见而言者，不可泥看。闻见当阙其疑殆，然又勿易言易行之。”“学本是要立身，不是要干禄，然言行能谨，人自见知，便有得禄之道，大概是令他自理会身己上事，不要先萌利禄之心。”又曰：“若人见得道理分明，便不为利禄动。”“禄固人之所欲，但要去干不得，然德行既修，名声既显，则人自然来求，禄不待干而自得。”“多闻多见，人多轻说过了，将以为偶然多闻多见耳。殊不知此正是合用功处，不然则闻见孤寡，不足以为学矣。”“出言或至伤人，故多尤；行有不至，己必先觉，故多悔。然此亦以其多少言之耳。言而多尤，岂不自悔，行而多悔，亦必至于伤人矣。”“圣人只教他谨言行，因带著禄说，圣人不教他干，但云得禄之道在其中，正是要抹杀了他干字。”又曰：“人处己接物，莫大于言行，闻见所以为言行之资也。自寡闻见而积之多，多闻见而择之精，择之精而于言行犹曰必谨焉，其反身亦切至矣。犹曰仅足以寡尤悔而已，未敢必其绝无也。君子亦修其在己而已，禄之得不得，非所计也，故曰禄在其中。本为此而反得彼之辞，岂真教之以是干禄哉!”《问学干禄章》曰：“此是三截事，若人少闻寡见则不能参考得是处，故闻见须要多。若闻见已多而不能阙疑殆，则胡乱把不是底也将来做是了。既阙其疑殆，而又未能谨其余，则必有尤悔。”又问：“尤悔如何分?”曰：“是大凡言不谨则必见尤于人，人既有尤，自家安得无悔；行不谨则己必有悔，己既有悔，则人安得不见尤。此只是各将较重处对说。”又问：“禄在其中，只此便可以得禄否?”曰：“虽不求禄，若能无悔尤，此自有得禄道理。若曰耕也馁在其中矣，耕本求饱，岂是求馁，然耕却有水旱凶荒之虞，则有时而馁。学本为道，岂是求禄，然学既寡尤悔，则自可以得禄。如言‘直在其中矣’，凡言‘在其中矣’者，道理皆如此。”蔡氏曰：“择精守约固重，学博亦不可轻。圣人所以好古敏求，多闻择从，多见而识，皆欲求其多也。不然，闻见孤寡，将何据以为择精守约之地耶?”新安陈氏曰：“子张有务外求闻之失，故夫子教以反求诸内也。”【通考】吴氏程曰：“‘其余’，盖不疑不殆者。‘理自内出’，谓心悟其非。”东阳许氏曰：“经中言‘在其中’，谓如此必如此，顺辞也。圈外注言‘在其中’，谓如此却不如此，反辞也。二者字虽同，而意不相类。按延平问答云，古人干禄之意，非后世之干禄也，盖胸中有所蕴，亦欲发泄而见诸事尔，此为己之学也。然求之有道，苟未见所以求之之道，一萌焉则外驰矣，故夫子以多闻见而阙疑殆告之，又使之慎其余，则反求诸己也切矣。”○程子曰：“修天爵则人爵至①，君子言行能谨，得禄之道也。子张学干禄，故告之以此，使定其心而不为利禄动，若颜闵则无此问矣②。新安陈氏曰：“颜子终身箪瓢，闵子坚辞费宰，岂有此问。”或疑如此亦有不得禄者，孔子盖曰耕也馁在其中，惟理可为者为之而已矣。”云峰胡氏曰：“学干禄，即修天爵以要人爵者。富贵在天，无可求之理。言行在我，有反求之道。学者惟当求其在我者，则禄将不求而自至，

① 天爵：天然的爵位。指高尚的道德修养。因德高则受人尊敬，胜于有爵位，故称。《孟子·告子上》：“仁义忠信，乐善不倦，此天爵也；公卿大夫，此人爵也。”

② 颜闵：颜回、闵子骞。

故‘在其中’三字，正为‘干’字而发也。”

○**哀公问曰：“何为则民服?”孔子对曰：“举直错诸枉，则民服；举枉错诸直，则民不服。”**

哀公，鲁君，名蒋。子炳反。凡君问，皆称孔子对曰者，尊君也。错，仓故反。舍置也。诸，众也。程子曰：“举错得义①，则人心服。”谢氏曰：“好去声。直而恶去声。枉，天下之至情也。顺之则服，逆之则去，必然之理也。新安陈氏曰：“《大学》云‘好人之所恶，恶人之所好，是谓拂人之性’，谢氏之论，盖本于此。至情，即性之发也。”然或无道以照之，则以直为枉，以枉为直者多矣，是以君子大居敬而贵穷理也。”新安陈氏曰：“居敬穷理者，明吾心以照枉直之本，而居敬又为穷理之本。本文无此意，乃谢氏推本之论也。大居敬，法《公羊传》‘君子大居正’之文，以居敬为大，而又穷理为贵也。”致堂胡氏曰②：“当时三家专鲁，公安得擅举错之权哉？使公复问孰为枉直，而付举错之柄于夫子，夫子必有所处矣。民心既服，公室自张，何至乞师于越而卒以旅死哉!”朱子曰：“当时哀公，举错之权不在己，问了只恁休了，他若会问时，夫子尚须有说。”“是便是直，非便是枉。”问：“哀公问‘何为则民服’，往往只是要得人畏服他，圣人却告之以进贤退不肖，乃是治国之大本。而人心自服者，盖好贤而恶不肖，乃人之正情，若举错得义，则人心岂有不服。谢氏又谓若无道以照之，则以直为枉、以枉为直矣。君子大居敬而贵穷理，此又极本原而言，若人君无知人之明，则枉直交错，而举错未必得宜矣。”曰：“此说得分明。”

○**季康子问：“使民敬、忠以劝，如之何?”子曰：“临之以庄则敬，孝慈则忠，举善而教不能则劝。”**季氏意在“使”字上，圣人意在“则”字上。

季康子，鲁大夫季孙氏，名肥。庄，谓容貌端严也。临民以庄，则民敬于己。孝于亲，慈于众，则民忠于己。善者举之而不能者教之，则民有所劝而乐音洛。于为善。朱子曰：“‘庄’只是一个字，孝慈是两件事。孝是以躬率之，慈是以恩结之，孝是做个样子，慈则推以及人。二者须一齐有，民方忠于己，若只孝而不慈，或徒慈于众而无孝于亲样子，亦不得。善者举之，不善者便弃之，民不能便劝，惟举其善者而教其不能者，所以皆劝。”问：“康子之意，必要使人能如此，圣人但告之以己所当为，而民自应者。方其端庄孝慈，举善教不能，不是要民如此而后为。做得自己工夫，则民有不期然而然者。”曰：“也是如此。”吴氏曰：“康子窃君之柄而专其国，废父之命而杀其嫡，可谓不忠孝于君亲矣。欲杀无道以就有道，可谓不慈于众矣。在己事上接下，皆非其道，而欲人尽道于己，难矣哉。”○张敬夫曰：“此皆在我所当为，非为去声。欲使民敬忠以劝而为之也。然能如是，则其应盖有不期然而然者矣。”庆源辅氏曰：“凡圣贤之言与事，其

---

① 举错得义：提拔、罢除得当。

② 致堂胡氏：胡寅，字仁仲，号致堂，胡安国弟之子。中宣和进士甲科，从杨时受学，居衡州，尝知邵州、永州。绍兴二十一年卒。著有《崇正辨》、《读史管见》、《叙千古文》、《三国六朝攻守要论》、《斐然集》等。《宋史》入《儒林传》。

有本效感应处，皆当以此意推之，则庶几无谋利计功之私矣。”新安陈氏曰：“不期而然，乃自然之感应，何假于使之然哉！庄孝慈、举善而教，盖不使之使也。”

〇或谓孔子曰：“子奚不为政？”

定公初年，孔子不仕，故或人疑其不为政也。新安陈氏曰：“吴氏云‘夫子在鲁不仕，其故有三：待贾而沽，一也；季氏逐君，二也；阳货作乱，三也’。《史记》云‘季氏强僭，离于正道，阳货专政作乱，故孔子不仕’。《集注》因以为定公初年事，然夫子不仕季氏，盖以平子逐君，若谓强僭离于正道，则季氏数世皆然，而夫子何以又仕桓子乎？定五年，季平子卒，桓子嗣立，家臣阳货作乱。则定五年以前夫子不仕者，以平子；而定五年以后不仕者，以阳货也。”

子曰：“《书》云‘孝乎，惟孝友于兄弟，施于有政’。是亦为政，奚其为为政？”

《书》，《周书·君陈篇》。《书》云孝乎者，言书之言孝如此也。新安倪氏曰：“《书》言孝友，而起语独言孝者，友乃孝之推，孝可包友也。”善兄弟曰友，书言君陈能孝于亲，友于兄弟，又能推广此心，以为一家之政。朱子曰：“惟孝友于兄弟，谓孝然后友，友然后政，其序如此，能推广此心以为一家之政，便是齐家。缘下面有一个是亦为政，故不是国政。”又曰：“在我者孝，则人皆知孝，在我者弟，则人皆知弟，其政岂不行于一家。”又曰：“政，一家之事也，故不止是使之孝友耳，然孝友为之本也。”“此全在‘推’字上，今人只是不善推其所为耳。范氏言明皇友兄弟，而一日杀三子，正以不能推此心也。”新安陈氏曰：“孝友兄弟，行于家者；施于有政，行于国者；居家理故治可移于官。书之本意不过如此，朱子特发出推广以为家政之意。”孔子引之，言如此，则是亦为政矣，何必居位乃为为政乎？盖孔子之不仕，有难以语音御。或人者，故托此以告之，要平声。之至理亦不外是。南轩张氏曰：“孝于亲，则必友于兄弟，孝友笃于家，则施于有政，亦是心而已矣，虽不为政，而家庭间躬行孝友，为政之道固在是矣。或人勉夫子以为政之事，夫子告以为政之道也。”

〇子曰：“人而无信，不知其可也。大车无輗，小车无軏，其何以行之哉？”輗，五兮反。軏，音月。

大车，谓平地任载之车。輗，辕端横木，缚轭音厄。以驾牛者。小车，谓田车、兵车、乘去声。车。軏，辕端上曲，钩衡以驾马者。【通考】吴氏程曰：“钩，衡木也；端，犹前也。大车之辕直且无挠，驾马则揉而曲之，其最前钩衡者为軏，而亦通谓之辕。轭为屈木以驾牛，而联于横木上，曲句。辕长一丈四尺四寸，平居舆下，曲其末而上钩于衡。就舆言之，则其上而曲处，皆为辕之前钩。衡，辕前之横木也，缺去七寸，以扼马领于前，使不得出，谓之轭。其平处为衡，合言之，衡即轭也，辕所以钩而就之，牛力全在肩，马力散在一身，韫靷鞅靽之属，故辕、轭有不同。”车无此二者，则不可以行，人而无信，亦犹是也。或问：“人而无信，不知其可也？”朱子曰：“人而无真实诚心，则所言皆妄，今日所言要往东，明日走在西去，这便是言不可行。”问：“先生但谓‘车无此二者，则不可以行，人而无信亦犹是也’，而不及无信之所以不可行，何也？”曰：“信是言行相顾之谓。人若无信，语言无实，何处行得，处家则不可行于家，处乡党则不可行于乡党。”曰：“此与‘言不忠信，虽州里行乎哉’之意同?”曰：“然。”双峰饶氏曰：“行之之行指车言，人无信之不可行，亦犹是也。”【通考】东阳许氏曰：“輗軏是车与牛马接处，信是己与人接处，此喻最切。”

○子张问：“十世可知也?”

陆氏曰：陆氏，名元朗，字德明，唐苏州人。“也，一作乎。”王者易姓受命为一世。新安陈氏曰：“此与‘三十年为一世’之世不同。”子张问自此以后，十世之事，可前知乎？

子曰：“殷因于夏礼，所损益，可知也；周因于殷礼，所损益，可知也；其或继周者，虽百世可知也。”

马氏曰：马氏，名融，东汉扶风人。“所因，谓三纲五常。所损益，谓文质三统。”愚按：三纲，谓君为臣纲，父为子纲，夫为妻纲。五常，谓仁、义、礼、智、信。文质，谓夏尚忠，商尚质，周尚文。朱子曰：“质朴则未有文，忠则浑然诚确，无质可言矣。”“忠只是朴实头白直做将去，质则渐有形质制度而未有文采，文则就制度上事事加文采，然亦天下之势自有此三者，非圣人欲尚忠尚质尚文也。夏不得不忠，商不得不质，周不得不文。彼时亦无此名字，后人见得如此，故命此名。”三统，谓：夏正建寅为人统，商正建丑为地统，周正建子为天统①。《前汉·律历志》：“天统之正，始于子半，日萌色赤；地统受之于丑初，日肇化而黄，至丑半，日芽化而白；人统受之于寅初，日孽成而黑，至寅半，日生成而青。”朱子曰：“康节分十二会，言‘天开于子，地辟于丑，人生于寅’，盖天运至子始有天，至丑始有地，至寅始有人，是天地人始于此，故三代即其始处，建以为正。”新安陈氏曰：“正谓正月也，不曰一月，而曰正月，取王者居正之义。迭建以为正月，故曰夏正、商正、周正。康节分十二会，详见《皇极经世书》。”【通考】吴氏程曰：“三统者，天施、地化、人事之纪也。十一月黄钟为天统，六月林钟为地统，正月太簇为人统。其于三正也，黄钟，子，为天正；林钟，未之冲丑，为地正；太簇，寅，为人正。三正本于三统，故《集注》合言之，亦以马氏之意本在于三正故耳。又曰‘天以十一月复阳气，地以十二月始生物，而人以正月兴事’，此子丑寅所以有天地人之分也。”东阳许氏曰：“尧舜禹皆用人统，尧舜皆禅让，故舜禹不改正。殷周以征伐得天下，所以改正朔、易服色，以新视听。”三纲五常，礼之大体，三代相继，皆因之而不能变。其所损益，不过文章制度小过不及之间，新安陈氏曰：“损其过而益其不及。”而其已然之迹，今皆可见。则自今以往，或有继周而王去声。者，虽百世之远，所因所革，亦不过此，岂但十世而已乎！圣人所以知来者盖如此，非若后世谶楚禁反。纬术数之学也。朱子曰：“所因，谓大体；所损益，谓文为制度。那大体是变不得底。”“所因之礼，是天做底，万世不可易；所损益之文章制度，是人做底，故随时更变。”问：“夫子继周而作，则忠质损益之宜如何?”曰：“孔子有作，则并

---

① 夏正建寅为人统三句：夏代历法将寅月为正月，为人统；商代历法将丑月为正月，为地统；周代历法将子月为正月，为天统。

将前代忠质而为之损益，却不似商只损益得夏，周只损益得二代。”又问：“孔子监前代而损益之，及其终也，能无弊否?”曰：“恶能无弊?”问：“其阙者宜益，其所多者宜损，固事势之必然，但圣人于此，处得恰好，其他人则损益过差了。”曰：“圣人便措置一一中理。如周末文极盛，故秦兴，必降杀了；周恁地柔弱，故秦必变为强戾；周恁地纤悉周致①，秦兴一向简易无情，直情径行。皆事势之必变，但秦变得过了。秦既恁地暴虐，汉兴定是宽大。”“继周者秦，果如夫子之言否？看秦将先王之法，一切扫除，然三纲五常，不曾泯灭得。如尊君卑臣，损周室君弱臣强之弊，这自是有君臣之礼。如立法父子兄弟，同室内息者有禁，这自是有父子兄弟之礼。天地之常经，自商继夏，至秦继周以后，皆变这个不得。秦之所谓损益，只是损益得太甚耳。”“此章‘因’字最重，所谓损益，亦只是要扶持个三纲五常而已。如秦继周，虽损益有所未当，然三纲五常，终变不得。古人未尝不尊君卑臣，秦人因之，但尊者益之而过尊，卑者损之而过卑耳。古人亦未尝不德刑并用，秦人因之，但德则损之而又损，刑则益之而又益耳。”新安陈氏曰：“谶纬，如‘亡秦者胡’之谶及赤伏符等，及诸经之纬书。术数，如望气、厌胜、风角等皆是。”胡氏曰：“子张之问，盖欲知来，而圣人言其既往者以明之也。夫音扶。自修身以至于为天下，不可一日而无礼。天叙天秩，人所共由，礼之本也。新安倪氏曰：“《书》曰：‘天叙有典，天秩有礼’，三纲五常，即天叙之典、天秩之礼也。”商不能改乎夏，周不能改乎商，所谓天地之常经也。若乃制度文为，或太过则当损，或不足则当益。益之损之，与时宜之，而所因者不坏，是古今之通义也。新安陈氏曰：“天地之常经，以所因言，经也；古今之通义，以所损益言，权也。”因往推来，虽百世之远，不过如此而已矣。”新安陈氏曰：“纲常亘万世而不易，制度随世而变易。观三代之已往者如此，则百世时方来，亦不过如此而已。”

○子曰：“非其鬼而祭之，谄也。

非其鬼，谓非其所当祭之鬼。谄，求媚也。朱子曰：“如天子祭天地，诸侯祭山川，大夫祭五祀，庶人祭其先，上得以兼乎下，下不得以兼乎上也。庶人而祭五祀，大夫而祭山川，诸侯而祭天地，此所谓非其鬼也。”问：“非其鬼而祭之，如诸侯僭天子、大夫僭诸侯之类，又如士庶祭其旁亲远族，亦是非其鬼否?”曰：“是，又如今人祭甚么庙神，都是非其鬼。”问：“如用僧尼道士之属，都是非其鬼。”曰：“亦是。”问：“旁亲远族不当祭，若无后者则如之何?”曰：“这若无人祭，只得为他祭，自古无后者，祭于宗子之家。”问：“土地山川之神，人家在所不当祭否?”曰：“山川之神，季氏祭之，尚以为僭，况士庶乎？如土地之神，人家却可祭之。《礼》云‘庶人立一祀，或立户，或立灶’，户灶亦可祭也。”又问：“中霤之义如何?”曰：“古人穴居，当土室中，开一窍取明，故谓之中霤，而今人以中堂名曰中霤者，所以存古之义也。”又曰：“中霤亦土地之神之类，五祀皆室神也。”厚斋冯氏曰：“其指祭者而言，谓非己所当祭者，盖精诚神气之不属也，但欲谄之以希福耳。”

---

① 周致：完备精致。

见义不为，无勇也。”

知而不为，是无勇也。朱子曰：“此处要两下并看，就见义不为上看，固见得知之而不能为，若从源头看下来，乃是知之未至，所以为之不力。”勉斋黄氏曰：“非鬼而祭，见义不为，事非其类而对言之，亦告樊迟问知之意也。一则不当为而为，一则当为而不为，圣人推原其病之所自来，则曰非鬼而祭，有求媚要福之心也。见义不为，无勇敢直前之志也。”新安陈氏曰：“知义而不为，是无浩然之气以配道义故也。此章欲人不惑于鬼神之不可知，而惟用力于人道之所宜为，他日夫子语樊迟曰：‘务民之义，敬鬼神而远之。’亦以鬼神对义而言，与此章意合。盖尝验之天下之人，其谄渎鬼神者，必不能专力于民义，其专力于民义者，必不谄渎于鬼神，二者常相因云。”临川吴氏曰：“非其鬼，谓所不当祭者也。义者宜也，谓事理当然，所当为者也。非所当祭而祭之，是祭所不当祭者，见其当为而不为，是不为其所当为者。不当祭而祭，求媚而已，当为而不为，其懦可知，一过一不及也。夫子告樊迟曰：‘务民之义，敬鬼神而远之。’夫苟于鬼神知所远，而于义知所务焉，庶乎其不至于祭所不当祭而不为所当为矣。”【通考】吴氏征曰：“非其鬼，谓非其祖考，所不当祭者也。义谓义理，所当为者也。非所当祭而祭之，是祭所不当祭者，见其当为而不为，是不为其所当为，一过一不及也。”

论语集注大全卷三

八 佾 第 三

凡二十六章。通前篇末二章，皆论礼乐之事。【通考】勿轩熊氏曰：“首言夏殷周之礼，次言夏殷不足征，而后有从周之说。周衰，礼乐废坏于鲁，盖伤之。言礼二十一章，言乐三章，通言礼乐一章，夫子出处一章。”

○孔子谓季氏：“八佾舞于庭，是可忍也，孰不可忍也？”佾，音逸。

季氏，鲁大夫季孙氏也。胡氏曰：“古者有姓有氏，三家为桓公之后，皆姬姓，又自以仲叔季，分为三氏也。”佾，舞列也，天子八、诸侯六、大夫四、士二。每佾人数，如其佾数。天子八八六十四人，诸侯六六三十六人，余仿此。“或曰：“每佾八人。”六佾，六八四十八人，余仿此。未详孰是。《左传·隐公五年》：“九月，考仲子之宫，将万焉。”万，舞名。公问羽数于众仲，众，音终。对曰：“天子用八，诸侯用六，大夫用四，士二，夫舞所以节八音，而行八风，故自八以下，公从之。”杜预注云：“人如佾数，疏引服虔云，每佾八人。”问：“八佾旧说，有谓‘上下通以八人为佾者’，何如？”朱子曰：“是不可考矣，然以理意求之，舞位必方，是岂其佾少而人多如此哉？”季氏以大夫而僭用天子之礼乐，邢氏曰：“僭于家庙舞之。”孔子言其此事尚忍为之，则何事不可忍为。或曰：“忍，容忍也。”盖深疾之之辞。洪氏曰：“君子居是邦，不非其大夫，而云尔者，正君臣之大义，春秋拨乱之意也。”双峰饶氏曰：“‘忍’字有敢忍容忍二义，而敢忍之义为长，故《集注》以容忍居后。”赵氏曰：“敢忍之忍，《春秋传》所谓‘忍人’是也。容忍之忍，《春秋传》所谓‘君其忍之’是也。”云峰胡氏曰：“前一‘忍’字，指乱臣贼子之心而言；后一‘忍’字指《春秋》诛乱贼之法而言。”新安陈氏曰：“自王政不纲，乱臣贼子无所忌惮，故敢于僭窃，殊不知君子畏义安分，自不忍于心，岂问天吏之有无哉？以此言之，前说为优，然自秉《春秋》之笔者言之，则后说亦足以寒乱贼之胆也。”东阳许氏曰：“季氏以大夫而僭用天子之礼乐于庙庭，此事尚可敢忍为之，何事不可敢忍为之，此‘忍’字就季氏上说。季氏以大夫而僭用天子之礼乐于庙庭，其罪不可胜诛，此事若可容忍而不诛，则何事不可容忍，此‘忍’字就孔子上说。如此说，则说得两‘可’字意出。”范氏曰：“乐舞之数，自上而下，降杀色界反。以两而已，故两之间，不可以毫发僭差也。自八杀其两而为六，以下依此。孔子为政，先正礼乐，则季氏之罪不容诛矣。”谢氏曰：“君子于其所不当为不敢须臾处，上声。不忍故也。而季氏忍此矣，则虽弒父与君①，亦何所惮而不为乎？”朱子曰：“为人臣子，只是一个尊君敬上之心，方能自安其分，不忍少萌一毫僭差之意。今季氏以陪臣而僭天子之佾，尚忍为之，则是已绝天理，虽悖逆作乱之事，亦必忍为之矣。”问：“小人之陵上，其初盖微僭其礼之末节而已，及充其僭礼之心，遂至于弑父弑君，此皆生于忍也。故孔子谓季氏‘八佾舞于庭，是可忍也’，曰敢僭其礼，便是有无君父之心。”南轩张氏曰：“季氏以陪臣而僭天子之舞，目睹其数而安焉，于此而忍为，则亦何往而不忍也。乱臣贼子之萌，皆由于忍而已，忍则安之矣。”庆源辅氏曰：“范氏就制度上说，故以容忍为义，言不可容忍之甚也。谢氏就心上说，故以敢忍为义，言其心既敢于此，则虽极天下之大恶，亦敢为之矣。谢氏先论人心之本然，以见季氏之忍心僭逆，次又推极其忍心僭逆之害，使读之者惕然有警于其心，而防微谨独之意，自有不容已者。”

○三家者以《雍》彻。子曰：“‘相维辟公，天子穆穆’，奚取于三家之堂？”彻，直列反。相，去声。

三家，鲁大夫孟孙、叔孙、季孙之家也。《雍》，《周颂》篇名。彻，祭毕而收其俎也。天子宗庙之祭，则歌《雍》以彻，是时三家僭而用之。相，助也。辟公，诸侯也。助祭之诸侯。穆穆，深远之意，天子之容也。主祭者天子。此《雍》诗之辞，孔子引之，言三家之堂非有此事，亦何取于此义而歌之乎？讥其无知妄作，以取僭窃之罪。朱子曰：“八佾，只是添人数，未有明文，故只就其事责之。雍彻，则分明歌天子之诗，故引《诗》以晓之曰：‘汝之祭亦有辟公之相助乎？亦有天子之穆穆乎？既无此义，焉取此诗？’”双峰饶氏曰：“上章是罪其僭，此章是讥其无知，惟其无知，所以率意妄作，以取僭窃之罪。上章是可忍也，是言其不仁，此章无知妄作，是言其不知，惟其不仁不知，是以无礼无义。”【通考】仁山金氏曰：“堂，庙堂也，上文庭亦是庙庭，盖庙制室外

① 弑：古代卑幼杀死尊长，多指臣子杀死君主，子女杀死父母。《易·坤》：“臣弑其君，子弑其父，非一朝一夕之故，其所由来者渐矣。”

为堂，堂前为庭。”程子曰：“周公之功固大矣，皆臣子之分去声。所当为，西山真氏曰：“子无父母，则无此身，己因父母而有此身，则事亲自合尽孝。臣无君上，则无此爵位，己因君上而有此爵位，则事君自合尽忠。此只是尽其本分当为之事，非过外也。”鲁安得独用天子礼乐哉？成王之赐，伯禽之受，皆非也。其因袭之弊，遂使季氏僭八佾，三家僭雍彻，故仲尼讥之。”朱子曰：“这个自是不当用。便是成王赐周公，也是成王不是，若武王赐之，也是武王不是。《雍》诗自是成王之乐，余人自是用他不得，武王已自用不得了，何况更用之于他人。”又曰：“使鲁不曾用天子之礼乐，则三家亦无缘见此等礼乐而用之。”胡氏曰：“按《礼记·明堂位篇》云成王以周公有大勋劳于天下，命鲁公世世祀周公以天子之礼乐。《祭统》云成王康王追念周公之所以勋劳者，而欲尊鲁，故赐之以重祭，外祭则郊社是也，内祭则大尝禘是也。《礼运》曰‘鲁之郊禘，非礼也，周公其衰矣’。鲁僭天子之制，三家僭鲁，遂至于僭天子，程子所以追咎赐受皆非也。周公立为经制，辨名分于毫厘间，将行之万世，而身没犯之；将行之天下，而子孙违之。岂非周公之衰乎？”王氏曰①：“未尝有天子之容，未尝有辟公之相，鲁为诸侯之国，自不当用，而况于三家之陪臣乎？季氏非懵然不知其不当用，盖一念之无君，由之而不自觉，则乾侯之避，岂待昭公而后知哉？《易》曰‘臣弑其君，子弑其父，非一朝一夕之故，其所由来者渐矣’。为国者，其可不明礼分于平时，及其权归而势得，而后从而禁之，亦已晚矣。”厚斋冯氏曰：“大夫不得祖诸侯，公庙之设于私家，非礼也，由三桓始也。唯三家皆祖桓公而立庙，故得以习用鲁庙之礼乐而僭天子矣。夫天子之礼乐作于前，安然不以动其心，则凡不臣之事，皆忍为之矣。”

○子曰：“人而不仁，如礼何？人而不仁，如乐何？”

游氏曰：“人而不仁，则人心亡矣，其如礼乐何哉？言虽欲用之，而礼乐不为之用也。”朱子曰：“人既不仁，自是与那礼乐不相管摄，礼乐亦不为吾用矣。心既不仁，便是都不省了，自与礼乐不相干。礼乐须中和温厚底人便行得，不仁之人，浑是一团私意，便不奈礼乐何。”勉斋黄氏曰：“仁者心之德，心之全德即仁也。游氏云‘人心亡矣’，于仁之义最亲切。”庆源辅氏曰：“不仁则心无其德，虽谓之心亡可也。”新安陈氏曰：“孟子云，‘仁，人心也’，‘放其心而不知求’，游氏说当本孟子之意观之。”程子曰：“仁者天下之正理。失正理，则无序而不和。”朱子曰：“程子说固好，但少疏，不见得仁。仁者本心之全德，人若本然之良心存而不失，则所作为自有序而和。若此心一放，只是人欲私心做得出来，安得有序，安得有和？仁只是正当道理，将正理顿在人心里面，方说得个‘仁’字全。”问：“礼者，天理之节文；乐者，天理之和乐；仁者，人心之天理。人心若存得这天理，便与礼乐凑合得著，若无这天理，便与礼乐凑合不著。”曰：“固是。若人而不仁，空有那周旋百拜，铿锵鼓舞，许多劳攘，当不得那礼乐。”问：“仁者心之德也。不仁之人，心德既亡，方寸之中，绝无天理，平日运量酬酢，尽

---

① 王氏：《四书大全凡例》作“王向”。据《闽中理学渊源考》载，王向，字子直，举进士，仕县主簿，为文有英气，长于叙事，与兄王回文章皆宗欧阳修。

是非僻淫邪之气，无复本心之正，如此等人，虽周旋于玉帛交错之间、钟鼓铿锵之际，其于礼乐判为二物。若天理不亡，则见得礼乐本意，皆是天理中发出来，自然有序而和。”曰：“是。”庆源辅氏曰：“仁义礼智皆正理也，此独以仁言者，盖谓专言之而包四者之仁也。”陈氏曰：“礼乐无所不在。如两人同行，才长先少后，便和顺无争。所以有争，只缘少长之序乱了，又安得有和顺底意？于此见礼先而乐后，无序则必不和。”李氏曰①：李氏，名郁，字光祖，昭武人。“礼乐待人而后行，苟非其人，则虽玉帛交错，钟鼓铿丘耕反。锵，千羊反。亦将如之何哉？”朱子曰：“游氏言心，程子言理。李氏言人，此苟非其人，道不虚行之意。盖心具是理，所以存是心则在人也。”庆源辅氏曰：“此章礼乐，正指玉帛钟鼓言，故以李说终之。”双峰饶氏曰：“游氏说得‘仁’字亲切，而‘礼乐’二字欠分明，程子说得‘礼乐’二字有意义，而‘仁’字不亲切。必合二说而一之，然后仁与礼乐之义方备。程子无序不和，是说无礼乐之本，李氏钟鼓玉帛，是说徒有礼乐之文。亦必合二说而一之，然后‘如礼乐何’之义方尽。《集注》用意精深，要人仔细看。程子‘序’字‘和’字，是就理上说，若就心上说，则当言‘敬’与‘和’。不仁之人，其心不敬不和，无以为行礼作乐之本。虽有礼之仪文，而仪文不足观，虽有乐之音节，而音节不足听。”勿轩熊氏曰：“游氏兼礼乐之体用言，程子专指礼乐之体，李氏专指礼乐之用。”然记者序此于八佾、雍彻之后，疑其为去声。僭礼乐者发也。新安陈氏曰：“僭礼乐者，即人之不仁者也。本文无此意，但以次于前二章之后，故云然。”【通考】东阳许氏曰：“游氏正说收为本注，程子就凡事上说，李氏主人言，故在圈外。程子说无序不和，亦是礼乐之本，故在李氏前。”

○林放问礼之本。

林放，鲁人。见世之为礼者，专事繁文，而疑其本之不在是也，故以为问。勉斋黄氏曰：“本之说有二：其一曰仁义礼智根于心，则性者，礼之本也，故曰‘中者天下之大本’；其一曰礼之本，礼之初也，凡物有本末，初为本，终为末，所谓‘夫礼始诸饮食者’是也。二说不同，《集注》乃取后说。曰‘俭者物之质，戚者心之诚’，则便以俭戚为本，又取杨氏‘礼始诸饮食’以证之。”

子曰：“大哉问！

孔子以时方逐末②，而放独有志于本，故大其问。盖得其本，则礼之全体无不在其中矣。问“礼之全体”。朱子曰：“兼文质本末言之，有质则有文，有本则有末，徒文而无质，如何行得？当时习于繁文，人但指此为礼，更不知有那实处，故放问而夫子大之，想是此问，大段契夫子之心。”勉斋黄氏曰：“得其本，则质文华实，皆在其中，盖文之与华，亦因质与诚而生也。有本则有末，末固具于本矣。如木有根本，则有枝叶华

① 李氏：即李郁（1086—1150年），字光祖，邵武人。曾师从杨时，时妻以女，闻时之说，湛心十八年，涣然有得。绍兴初被召入对，除删定官。秦桧用事，归隐西山，学者称为西山先生。卒于绍兴二十年，年六十五。

② 孔子以时方逐末：孔子认为时人离开了礼之本而竞相追求礼之末。

实，其本立，则此木全体枝叶华实，皆在其中也。”云峰胡氏曰：“须看‘在其中’三字，得礼之本，则虽不便是礼之全体，而全体在其中矣。”

礼，与其奢也，宁俭；丧，与其易也，宁戚。”易，去声。

易，治也。孟子曰：“易其田畴①。”在丧礼，则节文习熟，而无哀痛惨怛当葛反。之实者也。戚则一于哀，而文不足耳。朱子曰：“治田须是治得无窒碍，方是熟。若居丧而习熟于礼文，行得皆无窒碍，无那恻怛不忍底意，则哀戚必不能尽。”“冠昏丧祭皆是礼，故皆可谓‘与其奢也，宁俭’。惟丧礼独不可，故言‘与其易也，宁戚’。易者，治也，言治丧礼至于习熟也。丧者，人情之所不得已，若习治其礼有可观，则是乐于丧而非哀戚之情也。故《礼》云‘丧事欲其纵纵尔’。”礼贵得中，新安陈氏曰：“此‘礼’字兼吉凶言，中者无过不及也。”奢易则过于文，俭戚则不及而质，二者皆未合礼。新安陈氏曰：“谓未合礼之中。”然凡物之理，必先有质而后有文，则质乃礼之本也。朱子曰：“礼不过吉凶二者，上句泛以吉礼言，下句专以凶礼言。俭戚，只是礼之本而已，及其用也，有当文时不可一向以俭戚为是，故曰‘品节斯，斯之谓礼’，盖自有个得中恰好处。”“礼初头只是俭，丧初头只是戚，然初亦未有俭之名，俭是对后来奢而言，盖追说耳。东坡说忠质文，谓初亦未有那质，只因后来文，便称为质。”南轩张氏曰：“礼者，理也，理必有其实，而后有其文。文者，所以文其实也，若文之过，则反浮其实而失于理矣。夫礼而失于奢，宁过于俭也，丧而易焉，宁过于戚也。盖俭与戚，其实则存，奢则远于实，易则亡其实，其文虽备，无益也。”勉斋黄氏曰：“圣人因俗之弊，感放之意而为是言，本非以俭戚为可尚，特与其流于文弊，则宁如此耳，其言之抑杨，得其中正如此。”叶氏曰：“论礼之中，虽以奢为不逊，俭为固，与其失之不逊，不若失之固，犹为近本也。是以用过乎俭，丧过乎哀，易以为小过，谓过者小而得者大也。”范氏曰：“夫音扶。祭，与其敬不足而礼有余也，不若礼不足而敬有余也；丧，与其哀不足而礼有余也，不若礼不足而哀有余也。礼失之奢，丧失之易，皆不能反本，而随其末故也。礼奢而备，不若俭而不备之愈也；丧易而文，不若戚而不文之愈也。俭者物之质，戚者心之诚，故为礼之本。”杨氏曰：“礼始诸饮食，故污乌瓜反。尊而抔蒲侯反。饮，为之簠簋、音甫轨。笾豆、罍音雷。爵之饰②，所以文之也，则其本俭而已。《记·礼运篇》云：“夫礼之初，始诸饮食，其燔黍捭音擘豚，污尊而抔饮，蒉苦怪反。

---

① 易其田畴：出自《孟子·尽心上》。赵岐注云：易，治也。田畴，田地。

② 这里指各种食具、酒具。簠古祭祀、宴享时用以盛黍稷稻粱的容器。长方形，口外侈，有四短足及二耳。盖与器形状相同，合上为一器，打开则成大小相同的两个器皿。西周晚期开始出现，春秋、战国流行，后世有仿制。簋：古代祭祀宴享时盛黍稷的器皿。一般为圆腹，侈口，圈足。商代的簋多无盖、无耳或有二耳。西周和春秋的簋常带盖，有二耳，四耳。笾：古代祭祀和宴会时盛果脯的竹器，形状像木制的豆。豆：古代食器。亦用作装酒肉的祭器。形似高足盘，大多有盖。多为陶质，也有用青铜、木、竹制成的。罍：古代的一种容器。外形或圆或方，小口，广肩，深腹，圈足，有盖和鼻，与壶相似。用来盛酒或水。多用青铜铸造，亦有陶制的。爵：古代一种盛酒礼器，像雀形，比尊彝小，受一升。亦用为饮酒器。

桴而土鼓，犹若可以致敬于鬼神。注云：古未有釜甑，释米捭肉，加于烧石之上而食之耳。污尊，凿地为尊也。抔饮，手掬之也。蕢读为古，谓抟土为桴也。土鼓，筑土为鼓也。”丧不可以径情而直行，为之衰音催。麻哭踊音勇。之数，所以节之也，则其本戚而已。《记·檀弓下》：“礼有微情者，节哭踊。有以故兴物者。衰绖之制。有直情而径行者，戎狄之道也。哭踊无节，衣服无制。”周衰，世方以文灭质，而林放独能问礼之本，故夫子大之，而告之以此。”朱子曰：“杨氏谓‘礼始诸饮食’，言礼之初，本在饮食，然其用未具，安有鼎俎笾豆也。方其为鼎俎之始，亦有文章，凋锼繁而质灭矣。故云‘与奢宁俭’。”又曰：“杨说‘丧不可径情而直行’，此一语稍伤那哀戚之意，其意当如上面‘始诸饮食’之语，谓丧主于哀戚，而为之哭泣擗踊，所以节之，其本则戚而已。”庆源辅氏曰：“祭与丧皆礼也，范氏‘与其’‘不若’之言，正与夫子所谓‘宁’字义相宜，故引之为说。礼失之奢，丧失之易，皆不能反本而流于末也，此常情之弊也。物，事也，礼而俭，则是事之未有文饰也，丧而戚，则是心之诚实自然也，故为礼之本。”双峰饶氏曰：“放问礼之本，而夫子不告之以礼之大本，以其不切放故也。”云峰胡氏曰：“本有二，其末亦不同。本根之本，其末为枝叶，枝叶出于本根，而亦能茈其本根，可相有而不可相无。本始之本，末流必有失，礼始于俭，末也必奢。故曰‘与其’，曰‘宁’，孔子因末流之失，不得已而为反本之论也。”

○子曰：“夷狄之有君，不如诸夏之亡也。”

吴氏曰：“亡，古无字，通用。”程子曰：“夷狄且有君长，上声。不如诸夏之僭乱，反无上下之分去声。也。”厚斋冯氏曰：“诸夏，诸侯之称。夏，大也。中国曰夏，大之也。”尹氏曰：“孔子伤时之乱而叹之也。亡，非实亡也，虽有之，不能尽其道尔。”郑氏曰：“《八佾》一篇，无非伤权臣之僭窃，痛名分之紊乱，其言与《春秋》相表里，有疾之之辞，有鄙之之辞，有斥之之辞，有痛之之辞。‘孰不可忍’，疾之也；‘奚取于三家之堂’，斥之也；‘人而不仁如礼乐何’，鄙之也；‘夷狄之有君，不如诸夏之无’，痛之也。百世之下，诵其言，溯其心，犹见其凛凛乎不可犯也。”问：“程氏注，似专责在下者陷无君之罪，尹氏注，似专责在上者不能尽为君之道。何如?”朱子曰：“只是一意，皆是说上下僭乱，不能尽君臣之道，如无君也。”南轩张氏曰：“夷狄虽政教所不加，然亦必有君长以统莅之，然后可立也。春秋之世，礼乐征伐自诸侯出，降而自大夫出，又降而陪臣窃国命，是以圣人伤叹，以为夷狄且有君，不如诸夏之无君也。夫诸夏者，礼乐之所由出也，今焉若此，其变亦甚矣。”新安陈氏曰：“夏所以异于夷，以有君臣之分耳。今居中国，去人伦，反夷狄之不如，《春秋》所以作也。”

○季氏旅于泰山。子谓冉有曰：“女弗能救与?”对曰：“不能。”子曰：“呜呼！曾谓泰山，不如林放乎?”女，音汝。与，平声。

旅，祭名。新安倪氏曰：“祭山曰旅，《书》曰‘蔡蒙旅平’，‘九山刊旅’。”泰山，山名，在鲁地。礼，诸侯祭封内山川，季氏祭之，僭也。《记·王制》：“天子祭天地，诸侯祭社稷，大夫祭五祀。天子祭天下名山大川。五岳视三公，四渎视诸侯。视者，视其牲器之数。诸侯祭名山大川之在其地者。”冉有，孔子弟子，名求，鲁人。时为季氏宰①。救，谓救其陷于僭窃之罪②。呜呼，叹辞。言神不享非礼③，欲季氏知其无益而自止，又进林放以厉冉有也。厉，激厉也。朱子曰：“天子祭天地，诸侯祭国内山川，只缘是他属我，故我祭得他。若不属我，则气便不与之相感，如何祭得他？”南轩张氏曰：“林放犹能问礼之本，泰山岂受非礼之祭？鬼神虽幽，不外乎理，人心犹所不安，神其享之乎？意当冉有为其家臣时，适有旅祭事，故夫子欲其正救之。”陈氏曰：“范氏说有其诚则有其神最好。诚只是真实无妄，虽以理言，亦以心言，须是有此实理，然后致其诚敬，而副以实心，方有此神。若无此实理，虽有此实心，亦不歆享。如季氏不当祭泰山而冒祭，是无此实理矣。假饶尽其诚敬之心，亦与神不相干涉，神决不吾享矣。古人祭祀，须有此实理相关，然后七日戒，三日斋，以聚吾之精神，吾之精神既聚，则所祭者之精神亦聚，自有来格底道理。”云峰胡氏曰：“林放一鲁男子尔，犹知厌其礼之末者。泰山之神，独不恶礼之僭者乎？夫子为是言，岂林放请问之时，正季氏旅泰山之时欤？抑林放因季氏之旅而有是问欤？”范氏曰：“冉有从季氏，夫子岂不知其不可告也，然而圣人不轻绝人。尽己之心，安知冉有之不能救、季氏之不可谏也。既不能正，则美林放以明泰山之不可诬，是亦教诲之道也。”问：“自‘八佾舞’至‘旅泰山’五段，皆圣人欲救天理于将灭，故其哀痛，一切与《春秋》同意。”朱子曰：“是。”【通考】朱氏公迁曰：“此皆为诸侯大夫强僭而发，而其辞则有轻重不同。‘孰不可忍’，责之也；‘奚取于三家之堂’，讥之也；‘夷狄之有君’，伤之也；呜呼于泰山之旅，不观于既灌之后，叹之也。五世三世希不失，④ 以至三桓子孙之微，则皆儆戒之微意，而见圣人悯乱之心。”

〇**子曰：“君子无所争，必也射乎！揖让而升，下而饮，其争也君子。”**饮，去声。

揖让而升者，大射之礼，耦进三揖而后升堂也。胡氏曰：“大射之礼，司射作三耦。射，三耦出次，西面揖，当阶北面揖，及阶揖，所谓三揖而后升堂也。”下而饮，谓射毕揖降，以俟众耦皆降，胜者乃揖不胜者升，取觯音置。立饮也⑤。胡氏曰：“卒射，北面揖，揖如升射，适次，反位，三耦卒射，亦如之，所谓‘射毕，揖降，以俟众耦皆降’也。司射命设丰于西楹西，胜者之弟子洗觯，酌奠于上，胜者袒、决、遂，执张弓。不胜者袭，脱决拾，郄左手，右加弛弓于其上，遂以执弣。揖如始升射，及阶，胜者先升堂，少右。不胜者进，北面坐，取丰上之觯，兴，立饮，卒觯，坐奠于丰下，

---

① 宰：春秋卿大夫的家臣和采邑的长官，宰为家臣之首。

② 救其陷于僭窃之罪：制止季氏，以免季氏陷入僭越之罪。

③ 不享非礼：不接受不符合礼节的祭祀。非礼：不合礼仪制度。

④ 五世三世希不失：语出《论语·季氏》：孔子曰：“天下有道，则礼乐征伐自天子出；天下无道，则礼乐征伐自诸侯出。自诸侯出，盖十世希不失矣；自大夫出，五世希不失矣；陪臣执国命，三世希不失矣。”

⑤ 觯：古代饮酒器。圆腹，侈口，圈足，或有盖，形似尊而小。青铜制，盛行于殷代和西周初期。陶制者多为明器。

兴，揖，先降。所谓'胜者乃揖不胜者升，取觯立饮也'。"【通考】吴氏程曰："'胜者'至'饮也'作一句，谓胜者，揖之以升而饮也，或于乃揖字句，亦通，但不见我同升而彼饮之意。"又曰："只可于'下'者字微读，谓胜者揖之以升而饮也。立饮，谓不胜者坐取觯立饮也。"东阳许氏曰："射有三：大射、宾射、燕射。天子诸侯卿大夫，皆有之，士无大射而有宾射燕射也。射必有耦，天子八，畿内诸侯四，畿外诸侯六，大夫三，凡耦各服其所宜服，袒决遂而立堂下阼阶，北面，揖，行至阶下，北面揖，然后升堂，南面当序而立于物，以射，乐作。射者，容体欲比于礼，其节欲比于乐。各发四矢以较胜负，一揖而复位，俟众耦升射，皆如上仪。毕，凡饮酒，宾客必拜以送爵，令不胜者自饮而无送爵劝饮之意，以是为罚。"言君子恭逊不与人争，惟于射而后有争。然其争也，雍容揖逊乃如此，则其争也君子，而非若小人之争矣。非若小人尚气角力之争也。朱子曰："射有胜负，是相争之地，而犹若此。是不争也，毕竟为君子之争，不为小人之争。争得来也君子，语势当如此。"庆源辅氏曰："恭与逊，皆礼之发也，恭主容，逊主事，争则恭逊之反也。君子恭逊，则自无所争，独于射，则皆欲中鹄以取胜，故不能无争。然其争也，升降揖逊，雍容和缓乃如此，是则所谓礼乐未尝斯须去身者，其争也君子，谓其异于小人之争也。以是观之，则信乎君子之真无所争矣。"或问："孔子言射，曰'其争也君子'，孟子言射，曰'无怨胜己者，反求诸己'，此是全无争。"潜室陈氏曰："惟其不怨胜己者，其争也乃君子之争，而非小人之争。既谓君子之争，则虽争犹不争矣。君子之争者礼义，小人之争者血气。"云峰胡氏曰："射有似乎君子，此则谓射之争也君子。盖君子于射若不能不较胜负，然不胜者未尝少有怨胜己之心，胜者亦略无一点喜胜之心，但惟见其相与雍容揖让而已，岂不足以观君子之气象乎?"

○子夏问曰："'巧笑倩兮，美目盼兮，素以为绚兮。'何谓也?"倩，七练反。盼，普苋反。绚，呼县反。

此逸诗也。或谓即《卫风·硕人》所云'素以为绚兮'一句，夫子所删也。朱子曰："此句最有意义，夫子方有取焉而反见删，何哉？且《硕人》四章，章皆七句，不应此章独多一句而见删，必别自一诗而今逸矣。"倩，好口辅也①。新安陈氏曰："口辅，面颊也，《易》'咸其辅'，《左传》'辅车相依'。"盼，目黑白分也。素，粉地，画之质也。绚，采色，画之饰也。言人有此倩盼之美质，而又加以华采之饰，新安陈氏曰："诗无此句意，但下文素以为绚中涵此意。"如有素地而加采色也。双峰饶氏曰："'巧笑''美目'二句，赋也。'素以为绚'一句，比也。"子夏疑其反谓以素为饰，故问之。

子曰："绘事后素。"绘，胡对反。

绘事，绘画之事也。后素，后于素也。《考工记》曰："绘画之事后素功。"《周礼·冬官考工记》："画缋之事，青与赤谓之文，赤与白谓之章，白与黑谓之黼，黑与青谓之黻，五采备谓之绣，凡画缋之事后素功。"谓先以粉地为质，而后施五采，犹人有美质，然后可加文饰。申解逸诗意。

---

① 口辅：指近口角处，一说即面颊上的酒窝。

曰："礼后乎？"子曰："起予者商也！始可与言《诗》已矣。"

礼必以忠信为质，此"礼"字，以仪文之礼言。犹绘事必以粉素为先。起，犹发也。起予，言能起发我之志意。朱子曰："起予者，谓孔子言绘事后素之时，未思量到礼后乎处，而子夏首以为言，正所以起发夫子之意，非谓夫子不能，而子夏能之，以教夫子也。""圣人岂必待学者之言而后有所起发，盖圣人胸中包藏许多道理，若无人叩击，则无由发挥于外，一番说起，则一番精神也。"谢氏曰："子贡因论学而知诗，见《学而篇》末章。子夏因论诗而知学，故皆可与言诗。"杨氏曰："'甘受和，去声。白受采，忠信之人，可以学礼。苟无其质，礼不虚行'①。此'绘事后素'之说也。新安陈氏曰："《记·礼器》云'甘受和，白受采。忠信之人，可以学礼。苟无忠信之人，则礼不虚道'，道犹行也，引此以解此章方可通。不然，礼后乎一句，何以知忠信当先，而礼文在后乎？白受采，可证绘事后素，而忠信可学礼，可解礼后乎？《集注》首云'礼必以忠信为质'，亦本《礼器》。"孔子曰'绘事后素'，而子夏曰'礼后乎'，可谓能继其志矣。新安倪氏曰："《学记》曰'善教者，使人继其志'，谓师善教以引其端，使弟子继师之志而开悟也。"非得之言意之表者能之乎？商赐可与言《诗》者以此。若夫音扶。玩心于章句之末，则其为诗也固而已矣。新安倪氏曰："孟子云'固哉高叟之为诗也'，为犹云讲治，固谓执滞不通。"所谓起予，则亦相长上声。之义也。"新安倪氏曰："《学记》云'教学相长也'，谓教者与学者交相长益。"南轩张氏曰："绘事后素者，谓质为之先，而文在后也，子夏于此知礼文之为后，可谓能默会之于语言之外矣，故夫子有起予之言，子夏在圣门文学之科，而其所得盖如此，可谓知本矣。"

○子曰："夏礼吾能言之，杞不足征也；殷礼吾能言之，宋不足征也。文献不足故也，足则吾能征之矣。"

杞，夏之后。宋，殷之后。《史记·杞世家》："东楼公者，夏后禹之苗裔也。杞，国名；东楼公，谥号也。"又《宋世家》："微子开者，殷帝乙之长子，而纣之庶兄也。微子，名启，今云开者，避汉景帝讳也。"征，知陵反。证也。文，典籍也。献，贤也。言二代之礼，我能言之，而二国不足取以为证，以其文献不足故也。文献若足，则我能取之，以证君言矣。朱子曰："孔子言'我欲观夏道，是故之杞而不足证也，吾得《夏时》焉，我欲观商道，是故之宋而不足证也，吾得《坤乾》焉'，说者谓《夏时》为《夏小正》，《坤乾》为《归藏》，圣人读此二书，必是大有发明处。《归藏》之书，今无传。"问："孔子能言夏殷之礼而无其证，是时文献不足，孔子何从知得？"曰："圣人自是生知聪明，无所不通，然亦是当时贤者识其大，不贤者识其小，孔子广询博问，所以知得。杞国最小，所以文献不足。"问："夏殷之礼，杞宋固不足征，然使圣人得时得位，有所制作，虽无所征而可以义起者，亦必将有以处之。"曰："夏殷之礼，夫子固尝讲之，但杞宋衰微，无所考以证吾言矣。若得时有作，当以义起者，固必有以处之。"潜室陈氏曰："三纲五常，固不待取证，若其制度文为，随时损益者何限，既无文献可证，虽圣人不能意料臆

① 语出《礼记·礼器篇》。甘：味道甜美。和：各种味道调配得和谐。

说也。”双峰饶氏曰：“杞宋二国，文献虽皆不足。然以杞较宋，宋去殷近，尤有存者，杞去夏远，且不能自振，想见尤甚。所以孔子又言‘吾说夏礼，杞不足证，吾学殷礼，有宋存焉’。”或问：“夏殷之后，其文献既皆不足，不知孔子于何考订而能言之。”曰：“残编断简，当时岂无存者，圣人聪明睿知，得其一二，则可触类以知其余，况周之礼，实监二代而损益之，则周之文，亦可推之以知夏殷忠质之变。但无征不信，不信则民不从，故圣人虽能言之，而终不敢笔之于书以示后世。若当时杞宋可证，得圣人论著二代之礼，与《周礼》并存，以为百王损益之大法，岂不甚妙？惜乎杞宋既不足以证二代之礼，其后周之文献，亦沦亡于战国干戈与暴秦坑焚之余，三代礼乐之教，影灭无复遗响于后世，可叹也已。”胡氏曰：“文献不足，非全不可考，特有阙耳。”云峰胡氏曰：“夫子既能言之，犹曰无征不信，其谨重如此。此凡三见，《礼运》以为‘之杞得夏时，之宋得坤乾’，《中庸》则以为‘杞不足证，有宋存焉’，合而观之，盖虽得《夏时》《坤乾》之文，虽于宋略有存焉者，然其为文献要皆缺略而不完也，故夫子论之。”【通考】詹氏道传曰：“东楼公，武王封之杞；微子，武王封之宋。自微子至戴公，凡十君，其间礼乐废坏，正考父为孔子七世祖，得《商颂》十二篇于周之太师，至夫子删《诗》时，仅存五篇，可见典籍不足征矣。《左·僖二十七年》：杞桓公朝，用夷礼，故经书‘子’以贬之，又可见贤者之不足征。”

○子曰：“禘自既灌而往者，吾不欲观之矣。”禘，大计反。

赵伯循曰：伯循，名匡，唐河东人。“禘，王者之大祭也。王者既立始祖之庙，又推始祖所自出之帝，祀之于始祖之庙，而以始祖配之也。朱子曰：“以始祖配祭，而不及群庙之主，不敢亵也。”【通考】东阳许氏曰：“王者立始祖之庙，百世不迁，诸侯亦有始祖庙。王者又推始祖之所自出之帝以祀之，盖帝者又得姓受命之始也。世数既远，不可以立庙，则祭于始祖之庙，而始祖配之。凡庙各有主，皆居室中东面之位而独尊。禘则于始祖庙中，特设所自出之主于东面，而始祖之主，退居南面配之也。”成王以周公有大勋劳，赐鲁重祭。事见《礼记·明堂位》及《祭统》篇。故得禘于周公之庙，以文王为所出之帝，而周公配之，然非礼矣。”失之于僭，违不王不禘之法矣。【通考】东阳许氏曰：“成王命鲁祀周公以天子礼乐，说见《明堂位》。故鲁推周公所自出之帝而祭文王于太庙，以周公配之。《通鉴外纪》谓鲁惠公使宰让请郊庙之礼于天子，王使史角往，鲁公止之路。史谓‘惠公之止之，是周不与之矣。不与而鲁用郊，自用之也。然则鲁之郊庙皆后世之僭，而附会为《明堂位》之说欤？不然，孔子何以曰：‘鲁之郊禘非礼也，周公其衰矣’。”灌者，方祭之始，用郁经勿反。鬯丑亮反。之酒灌地，以降神也。朱子曰：“郁鬯者，礼家以为酿秬为酒，煮郁金香草和之，其气芬芳条畅也。”庆源辅氏曰：“周之祭祀，先以郁鬯灌地，求神于阴，既奠，然后取血膋实之于萧以燔之，以求神于阳也。”鲁之君臣，当此之时，诚意未散，犹有可观，自此以后，则浸以懈居隘反。怠而无足观矣。盖鲁祭非礼，孔子本不欲观，至此而失礼之中又失礼焉，僭禘，元已失礼，既灌懈怠，为又失礼。故发此叹也。庆源辅氏曰：“僭祭之罪虽大，而其来已久，且国恶当讳。懈怠之失虽小，然却是当时主祭者切己之实病，不可不有以箴之。”谢氏曰："夫子尝曰：'我欲观夏道，是故之杞，而不足征也；我欲观殷道，是故之宋，而不足征也。①'又曰：'我观周道，幽厉伤之，由二王坏之。吾舍上声。鲁何适矣。新安陈氏曰："鲁在春秋时，为诸侯望国，周之典礼儒书在焉。"鲁之郊禘非礼也，周公其衰矣！'以上并《礼运》文。考之杞宋已如彼，考之当今鲁事。又如此，孔子所以深叹也。"问："禘之说，诸家多云'鲁跻僖公，昭穆不顺，故圣人不欲观'，如何？"朱子曰："禘，是于始祖之庙，推所自出之帝，设虚位以祀之，而以始祖配，即不曾序昭穆，故周禘帝喾以后稷配之。王者有禘有祫，诸侯有祫而无禘，此鲁所以为失礼也。"或问："《礼记·大传》云'礼不王不禘，王者禘其祖之所自出，以其祖配之'，又《丧服小记》曰'王者禘其祖之所自出'，又下云'礼不王不禘'，正与《大传》同，则诸侯不得禘礼明矣。然则《春秋》书鲁之禘，何也？"曰："成王追念周公故也，《祭统》云：'成王追念周公，赐之重祭，郊社禘尝'是也。鲁之用禘，盖以周公庙而上及文王，即周公之所出故也。"庆源辅氏曰："谢氏盖并前章通论之，此三章及下章，或夫子一时之言，或记者以类次之也。"

〇或问禘之说。子曰："不知也。知其说者之于天下也，其如示诸斯乎！"指其掌。

先王报本追远之意，莫深于禘。非仁孝诚敬之至，不足以与去声。此，非或人之所及也。而不王不禘之法，又鲁之所当讳者，故以不知答之。示，与视同。指其掌，弟子记夫子言此而自指其掌，言其明且易也。盖知禘之说，则理无不明，诚无不格，而治天下不难矣。圣人于此，岂真有所不知也哉？延平李氏曰："《记》曰'鲁之郊禘非礼也，周公其衰矣'，以其难言，故《春秋》皆因郊禘事中之失而书，讥鲁自在其中。今曰禘自既灌而往者，吾不欲观之矣，则是颠倒失礼，于灌而求神，以至于终，皆不足观，盖叹之也。对或人之问，又曰不知，则夫子之深意可知矣。既曰不知，又曰知其说者之于天下也，其如示诸斯乎，指其掌，则非不知也，只是难言尔。原幽明之故，知鬼神之情状，则烛理深矣，于天下也何有？"朱子曰："禘是祭之甚大甚远者。若他祭与祫祭，止于太祖，禘又祭祖之所自出，如祭后稷，又推稷上一代祭之，周人禘喾是也。""禘之意最深长。如祖考与己身未相辽绝，祭礼亦自易理会；至如郊天祀地，犹有天地之显然者，不敢不尽其心。至祭其始祖，已自大段阔远，难尽感格之道。今又推始祖所自出而祀之，苟非察理之精微，尽诚之极至，安能与于此？故知此，则治天下不难也。此尚明得，何况其他？此尚感得，何况其他？""自祖宗以来，千数百年，只是这一气相传，德厚者流光，德薄者流卑，但法有止处，所以天子只是七庙。然圣人心犹不满，故又推始祖所自出之帝，以始祖配之。然已自无庙，只是附于始祖之庙，然又惟天子得如此，诸侯以下不与焉。故近者易感，远者难格，若粗浅之人，他诚意如何得到那里？不是大段见得道理分明，如何推得圣人报本反始之意如此深远？非是将这事去推那事，只是知得此说时，则其人见得道理极高，以之处他事，自然沛然也。""天地阴阳生死昼夜鬼神，只是一理，若明祭祀鬼神之理，则治天下之理，不外于此。七日戒，三日斋，必见其所

① 语出《礼记·礼运篇》。

祭者，故郊焉则天神格，庙焉则人鬼享，此可谓至微而难通者。若能如此，到得治天下，以上感下，以一人感万民，亦初无难者。”问：“鲁之郊禘，自成王之赐，伯禽之受，不是了。后世子孙合如何而改?”曰：“时王之命，如何敢改?”曰：“恐不可自改，则当请命于天王而改之否?”曰：“是。”黄氏曰：“根于天理之自然，谓之仁；形于人心之至爱，谓之孝；真实无妄，谓之诚；主一无适，谓之敬。仁孝诚敬，凡祭皆然。交于神明者愈远，则其心愈笃，报本追远之深，则非仁孝诚敬之至，莫能知之行之也。其为说精微深远，岂或人所能知，况又鲁所当讳乎？以报本追远之深，而尽仁孝诚敬之至，即此心而充之，事物之理，何所不明？吾心之诚，何所不格哉?”西山真氏曰：“万物本乎天，人本乎祖。我之有此身，出于父母也，父母又出于祖，祖又出于始祖，始祖又出于厥初得姓受氏之祖。虽年代悠远，如自根而干，自干而枝，其本则一而已矣。故必推始祖之所自出而祭之，则报本反始之义，无不尽矣。若非仁孝诚敬之极至，岂能知此礼而行之乎？盖凡人于世之近者，则意气精神未散，或尝逮事而记其声容，必起哀敬之心而不敢忽。若世之远者，相去已久，精神之存与否，不可得而知，又素不识其声容，则有易忽之意。故禘礼非极其仁孝，极其诚敬者，不能知其礼，不能行其事。苟能知此理矣，则其他事物之理，又何难知之有？苟能感格矣，则推而格天地者，此诚而已，推而感之其他，则亦此诚而已，故曰理无不明，诚无不格，于治天下何难哉?”厚斋冯氏曰：“《中庸》云：“‘明乎郊社之礼、禘尝之义，治国其如示诸掌乎?’盖夫子尝为郊社禘尝发此语，至此复指其掌，以示或人也。”云峰胡氏曰：“于禘而洞幽明之理者，理当无所不明矣。于禘而极感格之诚者，诚当无所不格矣。始曰‘仁孝诚敬之至’，末独曰‘诚’，仁孝敬皆不可不诚，而诚之至者，仁孝敬当无不至也。”【通旨】朱氏公迁曰：“夫子谓不知者，讳之也；谓不欲观者，叹之也。为父母之国而讳之，为先王之礼而叹之，皆所以正名分，为世道计也。”

○祭如在，祭神如神在。

程子曰：“祭，祭先祖也。祭神，祭外神也。祭先主于孝，祭神主于敬。”新安陈氏曰：“以下句‘祭神’，见上单一‘祭’字，为祭先祖也。”愚谓此门人记孔子祭祀之诚意。朱子曰：“孔子祭先祖，孝心纯笃，虽死者已远，因时追思，若声容可接，得竭尽孝心以祀之。祭外神，如山川社稷五祀之类，与山林溪谷之神，能兴云雨者，此孔子在官时也。尽其诚敬，俨然如神明之来格，得以与之接也。祭先主于孝，祭神主于敬，而如在之诚则一。”问：“人物在天地间，其生生不穷者，理也；其聚而生、散而死者，气也。气聚在此，则理具于此，今气已散而无矣，则理于何而寓邪？然吾之此身，即祖考之遗体，祖考之气流传于我而未尝亡也。其魂升魄降，虽已化而无，然理之根于彼者既无止息，气之具于我者复无间断。吾能尽诚敬以祭之，此气既纯一而无所杂，则此理自昭晰而不可掩，此其血脉之较然可睹者也。”曰：“人之气传于子孙，如木之气传于实，此实之传不泯，则其生木虽枯毁无余，而气之在此者，犹自若也。此等处，从实事上推之，自见意味。”问：“先生答廖子晦云，气之已散者既化而无有，根于理而日生者则固浩然而无穷，故上蔡言我之精神，即祖考之精神，盖谓此也。此是说天地气化之气否?”曰：

"此气只一般，若说有子孙底引得他气来，不成无子孙底便绝无了，如诸侯祭，因国之在其地而无主后者，如太公封于齐，便祭爽鸠氏之属，盖他先主此国来，礼合祭他，惟继其国者，则合祭之，非在其国者，便不当祭。道理合如此，便有此气，使无子孙，其气亦未尝亡也。要之通天地人，只是这一气，所以说洋洋乎如在其上，如在其左右，虚空逼塞，无非此理。自要人看得活，难以言晓也。"问："天地山川之属，分明是一气流通，而亦兼以理言之。上古圣贤，则专以理言。"曰："有是理，必有是气。"问："上古圣贤所谓气，只是天地间公共之气，若祖考精神，毕竟是自家精神。"曰："祖考亦只是这公共之气。此身在天地间，便是理与气凝聚底。天子统摄天地，负荷天地间事，与天地相关，这心便与天地相通。如诸侯不当祭天地，与天地不相关，便不能相通。圣贤道在万世，功在万世，今行圣贤之道，传圣贤之心，便是负荷这物事，这气便与他相通，如释奠列许多笾豆礼仪。不成是无此气，姑漫为之。"问："虚空中无非气，死者既不可得而求矣。子孙尽其诚敬，则祖考即应其诚，还是虚空之气自应吾之诚？还是气只是吾身之气?"曰："只是自家之气，盖祖考之气，与己连续。"问："非所当祭而祭，则为无是理矣。若有是诚心，还亦有神否?"曰："神之有无，也不可必。然此处是以当祭者而言，若非所当祭底，便须有诚意，然这个都已错了。"

子曰："吾不与祭，如不祭。"与，去声。

又记孔子之言以明之。言己当祭之时，或有故不得与，而使他人摄之，庆源辅氏曰："有故，谓疾病，或不得已之事。"则不得致其如在之诚。故虽已祭，而此心缺然，如未尝祭也。范氏曰："君子之祭，七日戒，三日齐，庄皆反。必见所祭者，诚之至也。《记·坊记》："七日戒，三日齐，承一人焉以为尸。"注云，承，犹事也。又《祭义》："致齐于内，散齐于外。齐之日：思其居处，思其笑语，思其志意，思其所乐，思其所嗜。齐三日，乃见其所为齐者。祭之日：入室僾音爱。然，必有见乎其位，周还音旋。出户，肃然必有闻乎其容声，出户而听，忾音慨。然必有闻乎其叹息之声。"是故郊则天神格，庙则人鬼享，皆由己以致之也。有其诚则有其神，无其诚则无其神，可不谨乎?朱子曰："诚者，实也，有诚，则凡事都有，无诚则凡事都无。如祭有诚意，则幽明便交，无诚意，便都不相接。""神明不可见，惟心尽其诚敬专一在于所祭之神，便见得洋洋如在其上，如在其左右，然则神之有无，在此心之诚不诚，不必求之恍惚之间也。"胡氏曰："祭先所以感通者，吾身即所祭先祖之遗也；祭神所以感通者，吾身即所祭神之主也。因其遗，因其主，而聚其诚意，则自然感格，所谓有其诚，则有其神也。"双峰饶氏曰："范氏意，是说有此诚时，方有此神，若无此诚，则并此神无了，不特说神来格不来格也。"吾不与祭如不祭，诚为实，礼为虚也。"庆源辅氏曰："礼为虚，非言凡礼皆虚，特指摄祭之礼而言耳。诚为实，则指如在之诚意言也。"新安陈氏曰："范氏有其诚之诚，专指诚敬之实心言，非但指诚实之实理言，盖古礼所祭，未有不合实理之神。此章本旨，主于如在之诚，必尽如在之实心，斯见所祭之为实有矣。"

○王孙贾问曰："与其媚于奥，宁媚于灶，何谓也?"

王孙贾，卫大夫。媚，亲顺也。室西南隅为奥。灶者，五祀之一①，夏所祭也。《礼记·月令》："孟春之月其祀户，孟夏祀灶，中央祀中霤，孟秋祀门，孟冬祀行。"【通考】东阳许氏曰："春阳气出，祀之于户内，阳也；夏阳气盛热于外，祀于灶，从热类也；中霤犹中室，土主中央，而神在室，古者复穴，故名室为霤；秋阴气出，祀之于门外，阴也；冬阴盛寒于水，祀于行，从辟除之类也。五祀之主，户、中霤主北向，门、行主南向，灶主西向。"凡祭五祀，皆先设主而祭于其所，然后迎尸而祭于奥②，略如祭宗庙之仪。如祀灶，则设主于灶陉，音刑。祭毕，而更设馔于奥以迎尸也。朱子曰："陉，是灶门外平正可顿柴处，陉非可做好安排，故又祭于奥以成礼，五祀皆然。"问："五祀皆有尸，以谁为之？"曰："今无可考，但墓祭以家人为尸，以此推之，祀灶之尸，恐膳夫之类；祀门之尸，恐阍人之类；祀山川，则虞衡之类。《仪礼》'周公祭泰山，召公为尸'。"问："主与尸，其别如何？既设主祭于其所，又迎尸祭于其奥，本是一神，以奥为尊，以主为卑，何也？"曰："不是尊奥而卑主，但祭五祀，皆设主于其处，则随四时更易，皆迎尸于奥，则四时皆然，而其尊有常处耳。"双峰饶氏曰："五祀先设主席而祭于其所，亲之也，后迎尸而祭于奥，尊之也。祭于其所，近于亵，止祭于奥，又非神所栖，故两祭之，以尽求神之道也。"故时俗之语，因以奥有常尊，而非祭之主；灶虽卑贱，而当时用事。新安陈氏曰："奥乃一室中最尊处，五祀皆迎尸于奥，虽有常尊，然户灶之类，乃祭之主，而奥非祭之主也。以奥之尊，见灶为卑贱，夏属火，灶以火爨，夏祭主之，当夏之时，用夏之事。"喻自结于君，不如阿附权臣也。贾，卫之权臣，故以此讽孔子。以奥比君，以灶比权臣。

子曰："不然，获罪于天，无所祷也。"

天，即理也；其尊无对，非奥灶之可比也。逆理，则获罪于天矣，岂媚于奥灶所能祷而免乎？朱子曰："获罪于天，只是论理之当否，不是论祸福。"问："获罪于苍苍之天，抑获罪于此理？"曰："天之所以为天者，理而已，天非有此道理，不能为天，故苍苍者，即此道理之天。"庆源辅氏曰："凡物必有对，惟天则无所不包，惟理则无所不在，故尊而无对。"吴氏曰："天虽积气，理寓气中，逆理则得罪于天而祸及之矣。"新安陈氏曰："'天即理也'一句，是昭昭之天，合人心之天言之。理原于天而具于人心，逆理，则自欺此心之天，是即欺在天之天，而获罪非自外至矣。"言但当顺理，非特不当媚灶，亦不可媚于奥也。朱子曰："紧要是'媚'字不好。"云峰胡氏曰："才说'媚'字，便已非理，非理，则获罪于天矣。"谢氏曰："圣人之言，逊而不迫③。使王孙贾而知此意，不为无益；使其不知，亦非所以取祸。"朱子曰："王孙贾庸俗之人，见孔子在卫，

---

① 五祀：祭祀住宅内外的五种神。《礼记·月令》："〔孟冬之月〕天子乃祈来年于天宗，大割祀于公社及门闾，腊先祖五祀。"郑玄注："五祀，门、户、中霤、灶、行也。"汉王充《论衡·祭意》："五祀报门、户、井、灶、室中霤之功。门、户，人所出入，井、灶，人所欲食，中霤，人所托处，五者功钧，故俱祀之。"

② 尸：古代祭祀时代死者受祭的人。

③ 逊而不迫：谦逊而不尖刻直露。

将谓有求仕之意，欲孔子附己，故有媚奥与媚灶之言。彼亦虽闻有孔子之圣，但其气习卑陋，自谓有权，可以引援得孔子也。子曰不然者，谓媚奥与媚灶皆非也。天下只有一个正当道理，循理而行便是天，若稍违戾于理，便是得罪于天，更无所祷告而得免其罪也。犹言违道以干进，乃是得罪于至尊至大者，可畏之甚，岂媚时君与媚权臣所得而免乎？此是逊辞以拒王孙贾，亦使之得闻天下有正理也。”南轩张氏曰：“夫子谓苟获罪于天，则媚奥媚灶皆何所益，盖胸中所存一有不直，则为获罪于天矣。夫欲求媚，是不直之甚者也，斯言即祷祀而论之，而所以答其意者，亦无不尽矣。”西山真氏曰：“圣人道大德宏如天地，故其发言浑浑乎如元气之运。不曰媚奥灶之非，但言获罪于天无所祷也，亦如对阳货，但言吾将仕矣。其言浑然，圭角不露，既非阿徇，又不违忤，此所以为圣人之言也。常人之于权贵，非迎逢苟悦，则必激触使怒。虽直言激触者不失其正，然比之圣人气象，犹未免陷于一偏。然此非勉强可及，苟欲师慕其万一，惟敬以存养，使心平气和，则庶乎其可近尔。程子谓读《论语》者要识圣贤气象，如此章之类，优游玩味，则其气象可见矣。”又曰：“使王孙贾知此意，则必惕然自省，平日所为咈理，得罪于天者已多，是乃开其悔悟之机也。如不知此意，亦不至触之以招祸。”“王孙贾，卫之权臣，观圣人获罪于天之语，则其儆之深矣。然他日称卫灵公之不亡，则以其国有人之故，而王孙贾治军旅亦与焉。盖其人虽不善，至于治兵则其所长。此又憎而知其善之意，圣人之心至公如天地，此其一事也。”

〇**子曰：“周监于二代，郁郁乎文哉！吾从周。”**郁，于六反。

监，视也。二代，夏商也。言其视二代之礼而损益之。郁郁，文盛貌。尹氏曰：“三代之礼至周大备，夫子美其文而从之。”问：“周监二代之制而损益之，其文大备，亦时使然也，圣人不能违时，乌得不从周之文乎？然亦少有不从处，如行夏之时，乘商之辂是也。”朱子曰：“周之文固可从，而圣人不得其位，无制作之时，亦不得不从也。使夫子而得邦家，则将损益四代，以为百王不易之法，不专于从周矣。”“圣人固当从时王之礼，周礼之盛，又非有不可从。设使夫子得位有作，意其从二代者，不能多于从周也，盖法令既详，岂可更略，略则奸宄愈滋矣。”问：“前辈多以夫子损益四代之制以告颜子，而又曰‘吾从周’，其说似相牴牾。然《中庸》‘吾学周礼，今用之，吾从周’，若答为邦之问，乃其素志耳。”曰：“得之。”南轩张氏曰：“礼至周，盛且备，不可有加，故夫子欲从周。使居制作之位，大体则从周，其间损益之宜，如夏时殷辂韶舞则有之矣。”庆源辅氏曰：“先王之制与气数相为始终，而前后相为损益，固非一人一日之所能致也。三代之礼，至周大备，则以气数至此极盛，而前后相承，互为损益，至此始集其大成也。夫子美其文而从之，岂苟云乎哉？”新安陈氏曰：“周之文，亦承夏忠商质之后，风气渐开，人文渐著，不得不然者。况武王周公制作之初，参酌损益，良不苟矣，夫子得不从之？盖从周盛时文质得宜之文，非从周末文胜质之文也。”【通考】程氏复心曰：“三代之礼至周大备，夫子不得不从也，其亦与时宜之，唐虞官百，夏商官倍，周三百焉，周盛矣。夏后氏五十而贡，殷人七十而助，周人百亩而彻，周富矣。燔黍、捭豚、污尊、抔饮，必其时可也；陈其牺牲，备其鼎俎，以至玄酒在室，醴酒在户，粢醍在堂，澄酒在下，不用于此时，不文矣。蕢桴土鼓者，亦必以其时可也；琴瑟管磬，不用于此时，不文矣。此周监于二代，所以郁郁乎其文也，此夫子所以欲从周也。"

○子入大庙，每事问。或曰："孰谓鄹人之子知礼乎？入大庙，每事问。"子闻之曰："是礼也。"大，音泰。鄹，侧留反。

大庙，鲁周公庙。《公羊传·文公十三年》："周公称大庙，鲁公称世室，群公称宫。""周公何以称大庙于鲁，封鲁以为周公也。周公拜乎前，鲁公拜乎后，曰：'生以养周公，死以为周公主。'"拜，谓周公及其子伯禽始受封时，拜于文王庙也。此盖孔子始仕之时，入而助祭也。朱子曰："观或称鄹人之子，知其为少贱之时。"鄹，鲁邑名，孔子父叔梁纥下没反。尝为其邑大夫。朱子曰："呼鄹人之子，是与孔子之父相识也。"孔子自少以知礼闻，故或人因此而讥之。孔子言是礼者，敬谨之至，乃所以为礼也。朱子曰："是礼也，谓即此便是礼也。"尹氏曰："礼者，敬而已矣。虽知亦问，谨之至也，其为敬莫大于此。谓之不知礼者，岂足以知孔子哉？"朱子曰："'入太庙，每事问'，知底更审问，方见圣人不自为是。执事不可不问固然，然亦须知圣人平日于礼固无有不知，而临事敬慎又如此也。"又曰："平日讲学，但闻其名，而未识其器物，未见其事实，故临事不得不问耳。"问："'每事问'，尹氏谓虽知亦问，敬慎之至。问者所未知也，问所知焉，似于未诚，尹氏之说，圣人之心恐不如是。"曰："以石庆数马与张汤阳惊事相对观之，可见虽知亦问，自有诚伪之别。兼或人谓夫子为鄹人之子，则亦夫子始仕初入太庙时事，虽平日知其说，然未必身亲行之而识其物也，故问以审之，理当如此，必不每入而每问也。然大纲节目，与其变异处，亦须问也。"南轩张氏曰："礼以敬为主，宗庙之事严矣，其大体，圣人固无不知也，至于有司之事，则容亦有所不知者焉。知与不知，皆从而问，敬其事也。或以为不知礼，圣人告之以是礼也，所以明礼意之所存也。"觉轩蔡氏曰："圣人聪明睿知，固无不知，然亦但知其理而已。若夫制度器数之末，掌之有司，容亦有所不知者。至若器物节文，已经讲论，及今方见之，亦须问然后审也。"吴氏曰："邑大夫称人，《春秋》书人者，《左传》多云大夫，如文九年'许人'是也，《传》称'新筑人仲叔于奚'亦此例。之子，少贱称，《春秋》'仍叔之子'，《左传》曰'弱'，他章'贼夫人之子'，皆谓父之子也。孟僖子病不能相礼，使二子学礼于夫子，齐黎弥曰①：'孔某知礼而无勇。'则夫子以知礼闻可知矣。"陈氏曰："此章须于敬谨之至处，玩圣人气象。"厚斋冯氏曰："或者辄称圣人以鄹人之子，而且以不知礼为讥，自常人处之，其辞必厉，否则置之不足以辨，今语定气和，如酬答之常，初不较其言之逊傲也。夫子之德量宏哉！"新安陈氏曰："于此略无不平之词，尤可以观圣人气象。"

○子曰："射不主皮，为力不同科，古之道也。"为，去声。

射不主皮，乡射礼文。为力不同科，孔子解礼之意如此也。皮，革也，布侯而栖革于其中以为的，所谓鹄也。新安倪氏曰："侯以布，鹄以革。《考工记》曰'梓人为侯，广与崇方，三分其广，而鹄居一焉'，盖方制其皮以为鹄。鹄，小鸟而难中，以中之为

---

① 黎弥：齐大夫。生平不详。

俊，故谓的为鹄。”【通考】仁山金氏曰：“侯本候。射的，之垛。谓候人射中也，从候从矢，象形。鹄即‘告’字，谓告人以所当中之处也，取射禽兽之义，故加鸟。”东阳许氏曰：“天子三侯，虎熊豹，诸侯二，熊豹，大夫麋，士豻。凡侯皆以布为之，形必方。大射之侯，外一分以其名之皮饰之，虎侯用虎皮，熊侯用熊皮，其中三分之一，又用其皮缀于中为的，故曰栖皮为鹄。宾射之皮外亦用皮饰，其中三分之一，则用彩色画，谓之正，天子内朱，次白苍黄玄，诸侯三正，朱白苍，大夫士二正，朱绿。燕射之侯，外亦用皮饰，其中三分之一，天子则白质而画其兽头，诸侯丹质，大夫士则止就布上画之，故曰画布为正。今《集注》凡言画布为正，是以宾射燕射之侯言。栖皮为鹄，是以大射之侯言。”科，等也。古者射以观德，《礼记·射义》云：“射者，所以观盛德也。”但主于中，去声。下同。而不主于贯革①，盖以人之力有强弱，不同等也。《记》曰：《乐记篇》。“武王克商，散军郊射，而贯革之射息②。”正谓此也。《乐记》注：散军则不废农事，郊射则不忘武备。射宫在郊，故曰郊射。贯革者，射穿甲革，所以主皮也。周衰，礼废，列国兵争，复扶又反。尚贯革，故孔子叹之。杨氏曰：“中可以学而能，力不可以强而至。圣人言古之道，所以正今之失。”朱子曰：“夫子亦非是恶贯革之射，但是当时皆习于此，故言古人之道耳。如古人亦只是礼射不主皮，若武射依旧要贯革，若不贯革何益?”“先王设射，谓弧矢之利以威天下，岂不愿射得深中，如‘不失其驰，舍矢如破’，‘发彼小豝，殪此大兕’之类，皆是要得透，岂固以不主皮为贵，而但欲略中而已？盖乡射之时，是习礼容，若以贯革为贵，则失所以习礼之意。故谓若有人体直心正，持弓矢又审固，若射不贯革，其礼容自可取，岂可必责其贯革哉？此所以谓为力不同科也。射之本意，也是要得贯革，只是大射之礼，本于观德，不全是裸股肱决射御底人，只要内志正，外体直，取其中，不专取其力耳。”问：“古人射要如何用?”曰：“其初也，只是修武备，圣人文之以礼乐。”勉斋黄氏曰：“不主皮，未尝以贯革为非也。但取其中，而贯与不贯不论耳，虽矢不没而坠地，不害其为中也。若主贯革，则唯有力者得射，世之能射者寡矣。不主贯革，则人皆可射也。”庆源辅氏曰：“时平则射以观德，世乱则射主贯革，二者固各有所宜。然贯革之射，可暂而不可常，武王之事是也。”新安陈氏曰：“《仪礼·乡射礼》曰‘礼射不主皮’，郑氏注‘礼射谓以礼乐射，大射、宾射、燕射是也’，夫子引《仪礼》之文，去上一‘礼’字，若读全句而味之，意自明白。盖有礼射，有武射，治世行礼射，兵争则尚武射，此言古之道也。与古者言之不出，皆是言古者以见今之不古也。”

○**子贡欲去告朔之饩羊。**去，起吕反。告，古笃反。饩，许气反。

告朔之礼：古者天子常以季冬颁来岁十二月之朔于诸侯，诸侯受而藏之祖庙。月朔，则以特羊告庙，请而行之。饩，生牲也。鲁自文公始不视朔，而有司犹供此羊，故

① 射以观德，但主于中，而不主于贯革：古代比射用以考察德行，只要求射中，而不要求射穿皮革做的靶心。

② 语出《礼记·乐记》。

子贡欲去之。胡氏曰："《周礼》'大史颁告朔于邦国'，《左氏传》文公十六年，疏云'天子颁朔于诸侯，诸侯受之，藏于祖庙，每月之朔，以特牲告庙，受而施行之，遂听治此月之政'。窃意此周家所以一侯国，而侯国所以奉王命之常礼也。饩即特牲也，必于祖庙者，示不敢专，且重其事也。鲁自文公六年闰月不告朔，至十六年四不视朔，《左氏传》疏云'此后有不告朔者，亦不复书'，其讥已明，以后不复讥也。然则定哀之时，遂以不告朔为常，故子贡以有司所供之羊为徒费而欲去之，夫子遂责之也。大抵处事之际，有利害，有是非。主于利害则见物而不见理，主于是非则见理而不见物。子贡之说，岂初年货殖之心犹未脱去欤？"【通考】仁山金氏曰："告本取牛口之牿，下之告上则曰告，如牛口加牿，有谨止之义。若上告下，则假借去声。"东阳氏许曰："朔之为言，苏也，谓月之魄已满，则皆尽，至晦日而死，月之一日明乃复生，是死而复苏也。《玉藻》：天子玄冕，听朔于南门，诸侯皮弁，听朔于太庙，凡听朔必以特牲告其帝及神，配以文武。《左疏》：特羊告庙，谓之告朔；人君即以此日视此朔之政，谓之视朔。视朔者，听治此月之政，亦谓之听朔。此章是鲁事，故《集注》止言诸侯之礼。"①

子曰："赐也，尔爱其羊，我爱其礼。"

爱，犹惜也。子贡盖惜其无实而妄费。然礼虽废，羊存，犹得以识之识音志，记也，记其为告朔羊也。而可复焉。若并去其羊，则此礼遂亡矣，孔子所以惜之。杨氏曰："告朔，诸侯所以禀命于君亲，礼之大者。新安陈氏曰："朔，受之天子，藏之祖庙，一礼行而尊君尊祖之大节得焉。"鲁不视朔矣，然羊存则告朔之名未泯，而其实因可举。此夫子所以惜之也。"朱子曰："爱礼存羊，须见得圣人意思大，常人只屑屑惜小费，圣人之心，所惜者礼，所存者大也。"南轩张氏曰："夫子之意，以为礼虽废而羊存，庶几后之人犹有能因羊以求礼者，是则羊虽虚器，固礼之所寓也。玩夫子之辞意，则子贡之欲去羊，其亦隘狭而少味矣。"勉斋黄氏曰："当时诸侯虽不告朔，而羊尚在，是礼之大体虽亡，而犹有一节存也。有一节，则因此一节以复其大体，若去羊，则是并此一节之礼去之矣。"厚斋冯氏曰："是时诸侯固自纪元，而天子所存者仅正朔，此礼盖甚重也。"

○子曰："事君尽礼，人以为谄也。"

黄氏曰②：黄氏，名祖舜，字继道，二山人。"孔子于事君之礼，非有所加也，如是而后尽尔。时人不能，反以为谄。故孔子言之，以明礼之当然也。"叶氏少蕴曰："如拜下之类，违众而从礼，宜时人以为谄也。"程子曰："圣人事君尽礼，当时以为谄。若他人言之，必曰我事君尽礼，小人以为谄，而孔子之言止于如此。圣人道大德宏，此亦可见。"胡氏曰："圣人事君尽礼，非自贤以骇俗，内交以媚君也。亦曰畏天命，畏大人

---

① 此条引自(元)许谦《读〈论语丛〉说》上，原文为："朔之为言，苏也，谓月之魂已满，明皆尽，至晦日而死矣。月之一日明乃复生，是死而复苏也。……"

② 黄氏：黄祖舜(1000—1165年)，字继道，晚号巩溪宫人。南宋福建福清(今属福州南日岛)平南里大壤人，著有《论语解义》等。

而已矣。”赵氏曰：“圣人必至礼而止，故曰尽，岂于礼之外又有加益哉？当时君弱臣强，事上简慢，反以为谄。”新安陈氏曰：“按黄氏就‘尽’字上深味之，程子就‘人’字上深味之，于此见得圣人意思气象，可谓味圣言之法。”

○定公问：“君使臣，臣事君，如之何？”孔子对曰：“君使臣以礼，臣事君以忠。”

定公，鲁君，名宋。二者皆理之当然，各欲自尽而已。此两平言之，正意也。吕氏曰：“使臣不患其不忠，患礼之不至；事君不患其无礼，患忠之不足。”此交互言之，不责人而责己，各尽所当然，所以足上正意也。尹氏曰：“君臣以义合者也。故君使臣以礼，则臣事君以忠。”新安陈氏曰：“尹氏加一‘则’字，以此章为定公言，警君之意也。若为臣言，则君虽不以礼，臣岂可以不忠？”朱子曰：“为君当知为君之道，不可不使臣以礼，为臣当尽为臣之道，不可不事君以忠。君臣上下，两尽其道，天下其有不治者哉？乃知圣人之言，本末两尽。”问：“忠只是实心，人伦皆当用之，何独于事君上说忠？”曰：“父子兄弟夫妇，人皆自知爱敬；君臣以义合，人易得苟且。于此说忠，是就不足处说。”厚斋冯氏曰：“以尊临卑者，易以简，当有节文；以下事上者，易以欺，当尽其心。君臣以义合，名分虽严，必各尽其道。三家之强，惟有礼可以使之，定哀以吴越谋伐，则非礼矣。徒激其变，无益也。大抵圣人之言，中立不倚。异时答齐景公之问，亦曰君君臣臣、父父子子，景公曰‘善哉’，必有以默动者矣。本末两尽，含蓄不露，此圣人之言也。若乃孟子国人寇仇之喻，可以警其君，而不可以谕其臣；责善则离之说，可以告其父，而不可以训其子。此圣、贤之言所以有辨也。”【通考】程氏复心曰：“如《鹿鸣》之诗，既饮食之，又实币帛筐篚以将其厚意，然后忠臣嘉宾得尽其心。以是观之，君不以礼，则臣虽欲忠，不可得也然臣子之分，到当尽忠处，却自不可不尽。此又言外之意。”

○子曰：“《关雎》，乐而不淫，哀而不伤。”乐，音洛。

《关雎》，《周南》国风诗之首篇也。淫者，乐之过而失其正者也。伤者，哀之过而害于和者也。《关雎》之诗，言后妃之德，宜配君子。求之未得，则不能无寤寐反侧之忧；求而得之，则宜其有琴瑟钟鼓之乐。盖其忧虽深而不害于和，其乐虽盛而不失其正，故夫子称之如此。欲学者玩其辞，审其音，而有以识其性情之正也。朱子曰：“此诗看来是宫中人作，所以形容到寤寐反侧，外人做不到此。乐止于琴瑟钟鼓，是不淫也，若沉湎淫泆则淫矣；忧止于展转反侧，是不伤也，若忧愁哭泣则伤矣。此是得性情之正。”问：“《关雎》‘乐而不淫，哀而不伤’，是诗人性情如此，抑诗之词意如此？”曰：“是有那情性，方有那词气声音。”“《关雎》是乐之卒章，故曰‘《关雎》之乱’。乱者，乐之卒章也。故《楚辞》有乱。”曰：“是也，前面须更有，但今不可考耳。”南轩张氏曰：“哀乐，情之为也，而其理具于性。哀而至于伤，乐而至于淫，是则情之流而性之汩矣。乐而不淫，哀而不伤，发不逾则，性情之正也。非养之有素者，其能然乎？”胡氏曰：“观《诗》之法，原其性情，玩其辞语，审其声音而已。今性情难知，声音不传，惟辞语可玩味尔。然因其辞语，可以知其性情，至于播之长言，被之管弦，则声音亦略可见矣。”庆源辅氏曰：“哀乐，情也，未发则性也。由性之正，故发乎情亦正。”双峰饶氏曰："自他诗观之，言忧者，常易至于悲伤，如《泽陂》之诗曰'有美一人，伤如之何？寤寐无为，涕泗滂沱'是也。言乐者常易至于淫泆，如《溱洧》之诗曰'洧之外，洵訏且乐，惟士与女，伊其相谑，赠之以芍药'是也。惟《关雎》之诗，最得性情之正。"云峰胡氏曰："《集注》于'诗无邪'曰'使人得其性情之正'，指凡《诗》之用而言，此则曰'有以识性情之正'，独指《关雎》之诗而言。盖乐不淫、哀不伤，是诗人性情之正也。如郑卫之诗，乐过而淫，哀过而伤，则亦有非性情之正者矣，然读者于此有所惩创，则亦可以得其性情之正。《集注》前后可以参看。"勉斋黄氏曰："先生晚年再改削《集注》，止于此章。"

○哀公问社于宰我。宰我对曰："夏后氏以松，殷人以柏，周人以栗，曰使民战栗。"

宰我，孔子弟子，名予。鲁人。三代之社不同者，古者立社，各树其土之所宜木以为主也。唐孔氏曰："夏都安邑宜松，商都亳宜柏，周都丰镐宜栗。"问："以木造主，还是以树为主？"朱子曰："只以树为社主，使神依焉，如今人说神树之类。以木名社，如栎社、枌榆社之类。"沙随程氏曰①："古者以木为主，今也以石为主，非古也。"【通考】程氏复心曰："夏言'后'言'氏'，殷周言人，何也？得非禹本揖逊而得天下，且承虞氏之后，故曰夏后氏？殷周本征伐而得天下，且袭祖父之封，故曰殷人周人也欤？舜，帝也，禹，王也。言后所以别于帝。氏者，别其祖之所自分，而舜禹皆祖颛顼，故舜为虞氏，禹为夏氏，言氏所以别于禹。况禹自有天下而都于夏，汤武由殷周以有天下，固不可例论也。"赵氏德曰："禹受禅于君，故夏称后，殷周顺人心而征伐，故言人。"战栗，恐惧貌。宰我又言周所以用栗之意如此。岂以古者戮人于社，故附会其说与？音余。庆源辅氏曰："按《甘誓》曰'用命赏于祖，弗用命戮于社'，盖古者建国，左祖右社，左阳右阴。阴主杀，军行载社主以行，弗用命，则戮之于社也。"【通考】赵氏德曰："鲁有二社，一曰周社，二曰亳社。周社者，天子大社也，亳社者，商社也。武王胜商，班列其社于诸侯，以为亡国之戒，故鲁有两社也。定公五年，盟三桓于周社，盟国人于亳社，则鲁之二社，亦聚民警戒之地。鲁自昭公以来，政由季氏，视周社之主，固已甚愧，而相去亳社，则其间不能以寸矣。哀四年六月亳社灾，意者哀公之问，因亳社之火而有所虑焉，则一言之发，一语之对，岂不有系于社稷之兴废乎？是时三家削鲁，国社几危，宰我不能以是为说，反有妄对，此夫子所以深责之也。"

子闻之曰："成事不说，遂事不谏，既往不咎。"

遂事，谓事虽未成，而势不能已者。孔子以宰我所对，非立社之本意，又启时君杀伐之心，而其言已出，不可复救，故历言此以深责之，欲使谨其后也。尹氏曰："古者各以所宜木名其社，非取义于木也。宰我不知而妄对，故夫子责之。"问："宰我所言，尚未见于事，如何不可救？"朱子曰："此只责他易其言，未问其见于事与

① 沙随程氏：程迥，字可久，应天计宁陵人，家于沙随，号沙随先生。靖康之乱徙居余姚。登隆庆元年年士第，知信州上饶县。著《易解》。《宋史》有传。

未见于事。所谓‘斯言之玷，不可为也’，盖欲使谨于言耳。”庆源辅氏曰：“宰我在言语之科，然观此战栗之对，则失于凿、流于妄者，或不能免。大凡己所未晓之事，而妄言以语人，不惟无益，而失己欺人之弊有不可胜言者，又况导人以杀戮之事哉！此夫子所以深责之也。”

○子曰：“管仲之器小哉！”

管仲，齐大夫，名夷吾，相去声。桓公霸诸侯。器小，言其不知圣贤大学之道，故局量去声。褊浅、规模卑狭，不能正身修德以致主于王道。朱子曰：“局量褊浅，是他容受不去了，容受不去，则富贵能淫之，贫贱能移之，威武能屈之矣。规模，是就他设施处说。”“器小，是以分量言，若以学问充之，小须可大。”问：“孔子见他一生全无本领，只用私意小智，仅能以功利自强其国，若是王佐之才，必不如此，故谓之器小。”曰：“是。”问：“须是如孟子言，居天下之广居，立天下之正位，行天下之大道，方是大器。”曰：“是。”勉斋黄氏曰：“局量，指心之蕴蓄；规模，指事之发见。心者，器之体；事者，器之用。不能正身修德，则心之所向可知；不能致主于王者，则事之所就可知。局量褊浅，则规模必卑狭，未有不能正身修德而能致主于王道者。”胡氏曰：“局量规模，以器言；褊浅卑狭，以小言。不知圣贤大学之道，所以器小也，本之不立也；不能正身修德，以致主于王道，器小之验也，效之不至也。无是本，则无是效也。”东阳许氏曰：“大学之道八事，先以修身为本，而后及家国天下。盖见理既明，行事自然件件中节，不敢逾礼犯分。今管仲如此，只是格物致知工夫未到，见理不明，故为所不当为，逾礼犯分，凡事都要向上，不知反成小器。”

或曰：“管仲俭乎？”曰：“管氏有三归，官事不摄，焉得俭？”焉，于虔反。

或人盖疑器小之为俭。三归，台名。事见形甸反。《说苑》。刘向《说苑·善说篇》：“齐桓公立仲父，致大夫曰：‘善吾者入门而右，不善吾者入门而左。’有中门而立者，桓公问焉，对曰：‘管子之知可与谋天下，其强可与取天下。君恃其信乎？内政委焉，外事断焉，驱民而归之，是亦可夺也。’桓公曰：‘善。’乃谓管仲：‘政则卒归于子矣，政之所不及，惟子是匡。’管仲故筑三归之台，以自伤于民。”朱子曰：“管氏有三归，不是一娶三姓女，若此却是僭。此一段意，只举管仲奢处，以形容他不俭，下段所说，乃形容他不知礼处，便是僭窃。恐不可做三娶说。”厚斋冯氏曰：“以归民之左右与中，故台谓之三归。”【通考】仁山金氏曰：“三归之台，据算家有筑台三归法，盖方台也。其自相乘，凡为若干尺，下方又自相乘为若干尺，又以上下方相乘为若干尺，却以勾股法三分损二为中方之数。合上下中方，凡几千尺以高尺统之，用积幂法得方台积尺之数，凡几万尺谓之三归法。如此，则但言其台榭之盛、家臣之多，为非俭尔。”摄，兼也。家臣不能具官，一人常兼数事。管仲不然，皆言其侈。

“然则管仲知礼乎？”曰：“邦君树塞门，管氏亦树塞门；邦君为两君之好，有反坫，管氏亦有反坫。管氏而知礼，孰不知礼？”好，去声。坫，丁念反。

或人又疑不俭为知礼。屏音丙。谓之树。塞，犹蔽也。设屏于门，以蔽内外也。赵氏曰：“古者人君别内外，于门树屏以蔽塞之，盖小墙当门中也。礼，天子外屏，诸侯内屏，大夫以帘，士以帷。”好，谓好会。坫，在两楹之间，献酬饮毕，则反爵于其上。此皆诸侯之礼，而管仲僭之，不知礼也。《古注图说》：“坫以木为之，高八寸，足高二寸，漆赤中。”赵氏曰：“古者诸侯与邻国为好会，主君献宾，宾筵前受爵，饮毕，反此虚爵于坫上，于西阶上拜，主人于阼阶上答拜，宾于坫取爵，洗爵以酢主人，主人受爵饮毕，反此虚爵于坫上，主人阼阶上拜，宾答拜。是宾主饮毕，反爵于坫也。大夫则无之。”【通考】东阳许氏曰：“天子、诸侯、大夫、士之庭皆有物以蔽内外。天子诸侯谓之屏，以木为之，大夫以帘，士以帷，天子设于门外，诸侯、大夫、士设于门内庭中。管仲位为大夫，当用帘，亦用诸侯之屏。列国之君，有相朝之礼，有会盟之盟。凡有好会，主国之君，先设坫于堂两楹间，延宾升堂，以爵劝酒，献酢毕，覆爵于坫上。管仲大夫，本无此礼，今亦设之，当时齐霸而管仲当国，诸侯朝齐者必私觌于管仲家，故设此延之。二事皆言仲之僭。”愚谓孔子讥管仲之器小，其旨深矣。或人不知而疑其俭，故斥其奢以明其非俭。或又疑其知礼，故又斥其僭，以明其不知礼。盖虽不复扶又反。下同。明言小器之所以然，而其所以小者，于此亦可见矣。故程子曰：“奢而犯礼，其器之小可知，盖器大则自知礼而无此失矣。”此言当深味也。庆源辅氏曰：“器大，则天下之物不足以动其心，而惟义理之是行。”胡氏曰：“奢者，器之小而盈也。犯礼者，器之盈而溢也。”苏氏曰：苏氏名轼，字子瞻，号东坡，眉山人。“自修身正家以及于国，则其本深，其及者远，是谓大器。扬雄所谓‘大器犹规矩准绳’，先自治而后治人者是也。扬子《先知篇》：“或曰‘齐得夷吾而霸’，仲尼曰小器，请问大器？曰：‘大器，其犹规矩准绳乎？先自治而后治人之谓大器。’”管仲三归反坫，桓公内嬖六人，而霸天下，其本固已浅矣。管仲死，桓公薨，天下不复宗齐。”《左传·僖公十七年》：“齐侯之夫人三，王姬、徐嬴、蔡姬，皆无子。齐侯好内，多内宠，内嬖如夫人者六人，长卫姬生武孟，少卫姬生惠公，郑姬生孝公，葛嬴生昭公，密姬生懿公，宋华子生公子雍。”新安陈氏曰：“功业无本，宜仲仅可没身，公且薨于乱也。”杨氏曰：“夫子大管仲之功而小其器。盖非王佐之才，虽能合诸侯、正天下，其器不足称也。道学不明，而王霸之略混为一途。故闻管仲之器小，则疑其为俭，以不俭告之，则又疑其知礼。盖世方以诡遇为功，而不知为去声。之范，则不悟其小宜矣。”《孟子·滕文公下篇》：王良曰：“吾为之范我驰驱，终日不获一；为之诡遇，一朝而获十。”问：“使仲器局宏阔，须知我所为功烈如彼其卑，岂肯侈然自肆，至于奢僭如此。”朱子曰：“也不说道功烈卑时不当如此。便是功大，亦不可如此。”“奢而犯礼，是他里面著不得，见此些小功业，便以为惊天动地，所以肆然犯礼无所忌也，亦缘他只在功利上走，所以施设不过如此，才做到此，便不觉自足矣。古人论王伯，以为王者兼有天下，伯者能率诸侯。此以位论，固是如此。然使其正天下，正诸侯，皆出于至公，而无一毫之私心，则虽在下位，何害其为王道。惟其‘搂诸侯以伐诸侯’，假仁义以为之，欲其功尽归于己，故四方贡赋皆归于其国，天下但知有伯而不复知有天子。此其所以为功利之心，而非出于至公也。在学者身上论之，凡日用常行应事接物之际，才有一毫利心，便非王道，便是伯者之习，此不可不省察也。”“桓公伐楚，只去问他‘包茅’与‘昭王不返’二事，便见他只得如此休。

据当时凭陵中夏，暂僭称王，其罪大矣！如何不理会？盖才说著此事，楚决然不服，便是势住不得。故只寻此年代久远已冷底罪过，及些小不供贡事去问，想他见无大利害，决不深较。只要他稍退听便收杀了。此亦是器小之故。才是器小，自然无大功业。”“如苏氏说，见得不知大学本领，所以局量褊浅处。如杨氏说，见得不能致主王道，所以卑狭处。兼二说看，其义方备。”庆源辅氏曰：“大其功，所以从众而扬其善也。小其器，所以即事而名其实也。”“才与器，皆生于气质，其所能为者谓之才，其所能受者谓之器。仲之才，虽足以合诸侯、正天下，而其器之小，不能大其受。局于气、夺于私，是以奢而犯礼，苟免幸济，而其所成就者亦如此之卑也。使仲而尝学于圣人之门，知大学之道而从事焉，则其器之小者可以大，而其才之能为者亦将光明盛大矣。”齐氏曰：“器小，惜其度量不可以大受，虽勋劳如周公，犹且赤舄几几，自视欿然，况仅以其君伯乎？然则孔子何为大其功？曰功较之召忽则有余，量较之周公则不足。大其功，为天下幸，小其器，为仲惜尔。”刘氏彭寿曰①：“以霸者之功效计之，则仲亦得为春秋之仁人；以王道之轨辙范之，则仲不免为三王之罪人。此所以大其功而小其器。”欧阳氏玄曰：“器，如物之所受，浅深限量，自有不可诬者。仲惟器小易盈，不能使己无三归之奢，君无多嬖之溺，齐政不旋踵而衰。器之所受，不过如是而止，使能扩而充之，则可以拓圣贤之业，载宇宙之量矣。”厚斋冯氏曰：“齐桓入国，在鲁庄九年，仲始获用；三桓之僭鲁，乃在昭襄之世，距仲且百余年。仲之僭奢，盖先诸国之大夫也。夫子此章不与仲，深矣！后百年，而孟氏又斥之以曾西之所不为。天下后世，始知有王佐事业，而仲始卑，霸图始陋。向微孔孟之论，天地之正谊，或几乎熄矣。”云峰胡氏曰：“三代而后，中国未有霸，而仲辅其君先之；未有以大夫僭诸侯者，而仲塞门反坫先之。《春秋》正其纲，故责齐桓而不责管仲；《论语》纪其实，故责管仲而不责齐桓。盖皆不知有大学之道者也。呜呼！是时《大学》之书未出也，夫子而后，亦既有《大学》之书矣，然未闻有行大学之道者，何哉？”

〇子语鲁大师乐。曰：“乐其可知也：始作，翕如也；从之，纯如也，皦如也，绎如也，以成。”语，去声。大，音泰。从，音纵。

语，告也。大师，乐官名。时音乐废缺，故孔子教之。翕，合也。从，放也。纯，和也。皦，明也。绎，相续不绝也。成，乐之一终也。成，如《书》所谓“韶之九成”，《记》所谓“武之六成”是也。谢氏曰：“五音六律不具②，不足以为乐。翕如，言其合也。五音合矣，清浊高下，如五味之相济而后和，故曰纯如。合而和矣，欲其无相夺

---

① 刘氏彭寿：刘彭寿，字寿翁，眉州人。延祐三年进士，授桂阳路平阳县丞，转岳州路行用库使，擢建德路淳安县尹。彭寿教学者必以经术为本，为文先义理而后词章。著有《四书提要》、《春秋泽存》、《春秋正经句释》等。

② 五音六律：五音：我国古代五声音阶中的五个音级，即宫、商、角、徵、羽。唐以后又名合、四、乙、尺、工。六律：古代乐音标准名。相传黄帝时伶伦截竹为管，以管之长短分别声音的高低清浊，乐器的音调皆以此为准。乐律有十二，阴阳各六，阳为律，阴为吕。六律即黄钟、大蔟、姑洗、蕤宾、夷则、无射。

伦，故曰皦如。然岂宫自宫而商自商乎？不相反而相连，如贯珠可也，故曰绎如也，以成。”朱子曰：“味其语势，盖将正乐而语之之辞。”南轩张氏曰：“周衰乐废，盖虽其声音亦失之矣。圣人因其义而得其所以为声音者，而乐可正也。”觉轩蔡氏曰：“始作，乐之始也；成，乐之终也。始作翕如，则八音合矣；从之纯如，则合而和也；皦如，则和而又有别也；绎如也以成，则别而又不失于和也。数言之间，曲尽作乐始终节奏之妙，大师而可与语此，其亦非常人也欤?”双峰饶氏曰：“此章有三节。始作，是其初；从之以后，是其中；以成，是其终。翕合之余有纯和，纯和之中有明白，明白之中无间断，方是作乐之妙。”厚斋冯氏曰：“纯，所谓八音克谐是已；皦，所谓无相夺伦是已；绎，所谓始终相生是已。”【校记：“所谓”四库本作“所为”，元胡炳文《四书通》、明顾梦麟《四书说约》、弘治本、三鱼堂本均作“所谓”，据《四书通》等改。】新安陈氏曰：“八音不合则不备，故始必翕合；然不可拘迫生涩，故从之欲其和；然和易以溷而无别，故和中欲其皦然分明；然分明中又不可断续，故又贵绎如。而乐于是终焉。自始至终，合而和，和而明，明而续，必兼此四节不可缺一，则乐之始终条理尽矣。”【通考】程氏复心曰：“翕如者，五声六律，群然合奏而无一音之不备。纯如者，五声之中，有清浊高下之不齐，羽极清而宫极浊，宫极低而羽极高，苟无以节调之，则彼此悬绝而不相和，必有律以和之，使清浊高下各有分数，又须使宫自宫、商自商，不相陵夺而后可。绎如者，五音既不相夺，则血脉易得间断，又须前倡后和，宫商相续，累累如贯珠，故至于成。”东阳许氏曰：“本注止具训诂，不言旨意。谢说章意，皆具而置圈外，盖始、从、成为作乐三节，翕及纯，皦及绎，乃三节中之节奏。翕之后继之以纯皦，又继之以绎从，则非翕绎则不从，此盖经之本旨，而朱子之意也。谢氏五音为主，经翕纯皦绎，皆指此意而见于一时，乐之始终皆然，盖又一义。则于始、从、成三字稍缓者，在圈外。”

○仪封人请见。曰：“君子之至于斯也，吾未尝不得见也。”从者见之。出曰：“二三子，何患于丧乎？天下之无道也久矣，天将以夫子为木铎。”“请见”、“见之”之“见”，贤遍反。从、丧，皆去声。

仪，卫邑。封人，掌封疆之官，胡氏曰：“封人，周官名，掌为畿封而植之，《左氏传》所谓颍谷封人、祭封人、萧封人，皆此类。盖贤而隐于下位者也。胡氏曰：“封人有请见之心，则非若沮溺之狷介自高矣，自言其得见君子之多，则见其好贤有素，而所闻不浅狭矣。虽其见圣人，而请问之辞不传，然意象和平，进退从容，出语门人，又深得其大致，则贤而隐于下位者也。”君子，谓当时贤者。至此皆得见之，自言其平日不见绝于贤者，而求以自通也。夫子行经卫邑，而封人因请见，故云然。见之，谓通使得见。丧，谓失位去国，《礼》曰“丧欲速贫”是也。意夫子失鲁司寇，去鲁历聘时。张氏存中曰：“‘丧欲速贫’，出《礼记·檀弓》，详见《孟子·滕文公上篇》。”木铎，金口木舌，施政教时所振，以警众者也。胡氏曰：“《明堂位》言振木铎于朝。”齐氏曰：“木铎，金口木舌。若金铎，则金口金舌。春用木，秋用金，文用木，武用金，时与事之不同也。”言乱极当治，去声。天必将使夫子得位设教，不久失位也。封人一见夫子而遽以是称之，其所得于观感之间者深矣。朱子曰：“这里尽好看，如何从者见之后，便见得夫子恁地，这里也见得仪封人高处。”问：“仪封人亦是据理而言，若其得位失位，则非所及知也。”曰：“仪封人与夫子说话，皆不可考得。此人辞气最好，必是个贤有德之人。一见夫子，其观感之间，必有所见，故为此言。前辈谓作者七人，以仪封人处其一以此。”庆源辅氏曰：“圣人德容之盛，观之者，固当知所敬爱矣。然封人之赞夫子，则因所见而验所闻，即其已然而得其将然，不惟有以见圣人之当乎天，而又有以知天之不能违乎圣人也。”新安陈氏曰：“封人一见夫子，能知圣道之不终废，世道之不终乱，天意之不终忘斯世。可谓知足以知圣人，且知天矣。”或曰：“木铎所以徇于道路，《书》曰：‘每岁孟春，道人以木铎徇于路。’言天使夫子失位，周流四方以行其教，如木铎之徇于道路也。”庆源辅氏曰：“前说意实而味长，后说意巧而味短。”双峰饶氏曰：“夫子得位与不得位，封人所不能知，其所可知者，夫子道德如是，天将使振扬文教，以开天下后世也必矣。或得位，或周流四方，皆在其中。”新安陈氏曰：“后说与‘丧’字及‘天下之无道久’皆不甚相应，朱子姑存之耳。”

○子谓《韶》：“尽美矣，又尽善也。”谓《武》：“尽美矣，未尽善也。”

《韶》，舜乐。《武》，武王乐。美者，声容之盛。善者，美之实也。朱子曰：“美如人生得好，善则其中有德行也，实是美之所以然处。”庆源辅氏曰：“声容，乐之声、舞之容也。美之实，谓其声容之所以美。”舜绍尧致治，去声。武王伐纣救民，其功一也，故其乐皆尽美。胡氏曰：“《韶》尽揖让继绍之美，《武》尽发扬蹈厉之美。”然舜之德，性之也，又以揖逊而有天下；武王之德，反之也，又以征诛而得天下，故其实有不同者。朱子曰：“美是言功，善是言德。”问：“说揖逊、征诛足矣，何必说性之、反之？”曰：“也要就他本身处说。使舜当武王时，毕竟更强似《大武》，使武王当舜时，必不及《韶》。”“德有浅深，时又有幸不幸，舜之德既如此，又遇著好时节，武王德不及舜，又遇著不好时节，故尽美而未尽善。”“乐观其深矣，若不见得性之反之不同处，岂所谓闻其乐而知其德乎？”“乐便是德之影子，《韶》、《武》之乐，正是圣人一个影子，要得因此以观其心。”“《韶》、《武》今皆不可考，但《书》称‘德惟善政’，至‘劝之以九歌’，此便是作《韶》乐之本，所谓九德之歌、九韶之舞是也。武王之武，看《乐记》便见，盖是象伐纣之事。所谓南者，自南而北伐纣也，气象便不恁地和，《韶》乐只是和而已。”程子曰：“成汤放桀，惟有惭德，武王亦然，故未尽善。尧、舜、汤、武，其揆一也。征伐非其所欲，所遇之时然尔。”朱子曰：“舜性之，武王反之，自是有浅深。又舜以揖逊，武以征伐，征伐虽是顺天应人，自是有不尽善处。今若要强说舜武同道也不得，必欲美舜而贬武王也不得。”又曰：“舜武不同，正如孟子言伯夷伊尹之于孔子不同。至谓得百里之地而君之，皆能以朝诸侯有天下，行一不义，杀一不辜而得天下不为，是则同也。舜武同异正如此。故武之德，虽比舜自有浅深，而治功亦不多争。”问：“征伐固武王之不幸，使舜当之，不知如何？”曰：“只恐舜是生知之圣，其德盛，人自归之，不必征伐耳。不然，事到头也住不得。如文王亦然。且如殷始咎周，周人戡黎，祖伊恐，奔告于受，这事势便自是住不得。若曰奔告于受，则商之忠臣义士，何尝一日忘周，自是纣昏迷尔。”西山真氏曰：“圣人于汤武之事，每微有不足之意，如论乐则以武为未尽善，论泰伯文王，皆称其为至德。此非贬汤武也，惜其不幸而为此不获已之举也。然恐后世遂以汤武为非，故曰‘汤武革命，顺乎天而应乎人’。《论语》微有不满之意者，恐后世乱臣贼子，借汤武之名以窥伺神器也；《易》发革命之义者①，恐后世乱君肆行于上，无所惮也。圣人立言，为后世虑至深远矣。”【通旨】朱氏公迁曰：“自乐之中，兼声容情实而言之。尽美言其文，尽善言其本。《集注》于‘闻韶’之下，言‘有以极其情文之备’，情则其尽善者，文则其尽美者也。”

〇子曰：“居上不宽，为礼不敬，临丧不哀，吾何以观之哉？”

居上主于爱人，故以宽为本。为礼以敬为本，临丧以哀为本。既无其本，则以何者而观其所行之得失哉？朱子曰：“居上而不宽，为礼而不敬，临丧而不哀，更无可据依以为观矣。宽敬哀，本也，其本既亡，虽有条教法令之施，威仪进退之节，哭泣擗踊之数，皆无足观者。若能宽敬哀了，却就宽敬哀中考量他所行之是否，若不宽不敬不哀，则虽有其他是处，皆在不论量之限矣。”“如宽便有过不及，哀便有浅深，敬便有至不至。须是有其本，方可就本上看他得失厚薄。”“宽，有政教法度而行之以宽耳，非废弛之谓也。如‘敬敷五教，在宽’，盖宽行于五教之中也。”“‘吾何以观之’，不是不去观他，又不是不足观，只为他根源都不是了，更把甚么去观他，重在‘以’字上。”南轩张氏曰：“居上不宽，则失所以为长人之本，其他虽有所为，尚可观乎？为礼而不敬，临丧而不哀，则繁文末节虽多，亦何以观也？然宽非纵弛之谓，总其大纲，使人得以自效也。”双峰饶氏曰：“‘以’字训‘用’，谓用‘宽’、‘敬’、‘哀’三者观之也。盖有此三者，则其大体已得，方可就此观其小节，若无此三者，则全体都不是，更把甚底去观他。”

论语集注大全卷四

里 仁 第 四

凡二十六章。【通考】勿轩熊氏曰：“前七章言仁，余多言学。本之一身，达之一家一国，大略具焉。”

〇子曰：“里仁为美。择不处仁，焉得知？”处，上声。焉，于虔反。知，去声。

里有仁厚之俗为美。择里而不居于是焉，则失其是非之本心，而不得为知矣。朱子曰：“择因上句为文。”问：“此章谢氏引孟子择术为证，如何？”曰：“圣人本语，只是择居，不是说择术，古人居必择乡，游必择士。”又问：“今人数世居此土，岂宜以他乡俗美而遽迁邪？”曰：“古人危邦不入，乱邦不居。近而言之，若一乡之人，皆为盗贼，吾

---

① 《易》发革命之义：《易·革》：“革：巳日乃孚。元亨。利贞，悔亡。”正义曰：“‘革’者，改变之名也。此卦明改制革命，故名‘革’也。”

岂可不知所避。”勉斋黄氏曰：“居必择乡，居之道也。熏陶染习以成其德，赒恤保爱以全其生，岂细故哉？夫子称子贱，而叹鲁多君子以此也。”勿轩熊氏曰：“《学而篇》言亲仁，此言处仁，后篇言以友辅仁，又言居是邦、友其士之仁者，居养见闻之助，熏陶渐染之益，皆资于人者也。”云峰胡氏曰：“《集注》‘仁厚之俗’四字有斟酌，一里之中，安得人皆仁者，但有仁厚之俗则美矣。”新安陈氏曰：“恻隐羞恶辞让是非，皆人之本心。是非之心，知之端也，不知，则失其是非之本心矣。”

〇**子曰：“不仁者不可以久处约，不可以长处乐。仁者安仁，知者利仁。”**乐，音洛。知，去声。

约，穷困也。利，犹贪也，盖深知笃好去声。而必欲得之也。双峰饶氏曰：“知者之于仁，如小人之贪利，皆深知笃好，必欲得之。”不仁之人，失其本心，久约必滥，久乐必淫。南轩张氏曰：“不仁者，勉强而暂处则有之，差久，则移于约乐，无所不至矣。”双峰饶氏曰：“滥，如水之泛滥；淫，如水之浸淫。久约者，为饥寒所逼而不能自守，以致放荡于礼法之外，如水之溢出外去，故曰滥。久乐者，为富贵所溺而不能自守，不知不觉至于骄奢，如水之浸入里来，故曰淫。‘滥’字，是‘穷斯滥矣’之‘滥’；‘淫’字，是‘富贵不能淫’之‘淫’。”吴氏曰：“约与丰对，乐与忧对，对举之互文也。不仁者不可一日处，圣人之言待人以厚，故以久长言之尔。”云峰胡氏曰：“仁义礼知，皆吾本心，而仁统三者，仁一失，则三者俱失矣。所以于上章‘焉得知’，则曰‘失其是非之本心’，此于‘不仁’，则直曰‘失其本心’，《集注》之精密如此。”东阳许氏曰：“不仁者，久约则忧患，而谄谀卑屈之态生，苟且邪僻之行作；久富贵则佚乐，而骄矜纵诞之气长，逾节陵分之事兴。约者日流于卑下，乐者日过于僭躐，是滥与淫意思。”惟仁者则安其仁而无适不然，知者则利于仁而不易所守，盖虽深浅之不同，然皆非外物所能夺矣。朱子曰：“仁者温淳笃厚，义理自然具足，不待思而为之，而所为皆是义理，所谓仁也。知者知有是非，而取于义理，以求其是而去其非，所谓知也。”“仁者安仁，如孟子说‘动容周旋中礼者，盛德之至也。哭死而哀，非为生者也；经德不回，非以干禄也；言语必信，非以正行也’，这只顺道理合做处便做，更不待安排布置。”“‘深’谓仁者，‘浅’谓知者。仁者之心便是仁，知者未能无私意，只是知得私意不是著脚所在，又知得无私意是好，所以千方百计，亦要克去私意。”庆源辅氏曰：“无适不然，无所往而不安也。不易所守，知而勿去是也。”胡氏曰：“舜之饭糗茹草，若将终身，被袗衣鼓琴，若固有之，此安仁者之久处约、长处乐也。原宪环堵、闵损汶上，鲁之季文子、齐之晏平仲，此利仁者之久处约、长处乐也。”双峰饶氏曰：“安仁者，心与仁一，仁即我，我即仁，故曰‘其仁’，即仁者之仁也。利仁者，心与仁犹二，于仁犹有间，故曰‘于仁’，犹未是仁，不过利于仁耳。”谢氏曰：“仁者心无内外远近精粗之间，去声。非有所存而自不亡，非有所理而自不乱①，如目视而耳听，手持而足行也。知者谓之有所

① 非有所存而自不亡，非有所理而自不乱：并非有所保持就自然不丧失，并非故意去治理就自然不紊乱。

见则可，谓之有所得则未可。有所存斯不亡，有所理斯不乱，未能无意也。安仁则一，利仁则二。朱子曰："上蔡见识直是高，诸解中未有及此者。"庆源辅氏曰："存，言其体；理，言其用。知者有所操存，其体斯不亡，有所经理，其用斯不乱。仁者则不待如此一体一用，皆自然而然。"双峰饶氏曰："心无内外远近精粗之间，是说他仁熟处。他人于此处能存，于彼处或不能存，于此处能理，于他处或不能理。唯仁者内面如此，外面亦如此，远近精粗，无适不然。内，谓存处时；外，谓应事接物时；近，谓日用常行处；远，谓非日用常行处；精，如治诗书礼乐等事；粗，如治钱谷甲兵等事；存，是心存；理，是事理。"安仁者非颜闵以上，去圣人为不远，不知此味也。诸子虽有卓越之才，谓之见道不惑则可，然未免于利之也。"朱子曰："吾心浑然一理，无内外远近精粗，须知非颜闵以上，不知此味；及到颜闵地位，知得此味，犹未到安处。""仁知虽一，然世间人品所得，自有不同。颜子、曾子，得仁之深者也；子夏、子贡，得知之深者也。"或问："而今做工夫，且须利仁。"曰："惟圣人自诚而明，合下便自安仁。若自明而诚，须是利仁。"勉斋黄氏曰："安仁，利仁，则所存者天理，故安于义命所当然，而物欲不能以累其心，所以处约乐之久，而不为之动也。"吴氏曰："《易系》、《论语》，多以仁知并言，樊迟亦再问仁知。大抵学问不出知行，知主知而仁主行也。"云峰胡氏曰："不仁者，失其本心者也。安仁者，本心非有所存而自不失；利仁者，能存其本心而惟恐失之。呜呼！安之者不可遽及，失之者可为戒，而守之者可为法矣。"

〇**子曰："唯仁者能好人，能恶人。"**好、恶，皆去声。

唯之为言独也。盖无私心，然后好恶当去声。于理，程子所谓"得其公正"是也。程子曰："仁者用心以公，故能好恶人，公最近仁。"朱子曰："程子之言，约而尽。公者，心之正也；正者，理之得也。一言之中，体用备矣。""公正，今人多连看，其实公自是公，正自是正，这两个字，相少不得。公，是心里公。正，是好恶得来当理。苟公而不正，则其好恶，必不能皆当乎理。正而不公，则切切然，于事物之间求其是，而心却不公。此两字不可少一。""程子只著'公正'两字解这处，某怕人理会不得，故以无私心解'公'字，好恶当于理解'正'字。有人好恶当于理，而未必无私心，有人无私心，而未必好恶当于理，然惟公而后能正。公，是个广大无私意；正，是个无所偏向处。"胡氏曰："无私心，体也；好恶当于理，用也。"双峰饶氏曰："《忠清章》论仁，是因事而原其心，故先言当理，而后言无私心。能好恶，是由心而达于事，故先言无私心，而后言当于理。"【通考】程氏复心曰："盖有无私心而或不能当理者，非仁也，令尹子文是也；有当理而或不能无私者，亦非仁也，陈文子是也。人之于好恶，亦犹是耳。即此言之，则'公正'二字，岂无内外体用之别哉？"游氏曰："好善而恶恶，天下之同情，然人每失其正者，心有所系牵于私。而不能自克也。惟仁者无私心，所以能好恶也。"朱子曰："好善而恶恶，天下之同情，若稍有些私心，则好恶之情发出来，便失其正。惟仁者心中浑是正理，见人之善则好之，见不善者则恶之，或好或恶，皆因人之有善恶，而吾心廓然大公，绝无私系，故见得善恶十分分明，而好恶无不当理，故谓之能好能恶。"庆源辅氏曰："仁者心之德，纯是义理，才有纤毫私欲，便是不仁，不仁则其好恶自然与义理相违悖矣。”胡氏曰：“好其所是，恶其所非，人之至情也，然有一毫私意杂乎其间，则憎而不知其善，爱而不知其恶者有矣。故好恶当理，惟仁者能之。仁者之心，浑然天理，无一毫私意，其心之所好，理之所当好，其心之所恶，理之所当恶也。”云峰胡氏曰：“好恶之心，人皆有之，独仁者能之。《大学》曰‘惟仁人能爱人，能恶人’，皆须看‘能’字。好恶当于理，始可谓之能，不然，非能好能恶也。”

○子曰：“苟志于仁矣，无恶也。”恶，如字。

苟，诚也。如“苟日新”之“苟”。胡氏曰：“‘苟’字有二义：有以苟且为言者，苟合苟美之类是也。有以诚实为言者，此章及‘苟子不欲’之类是也。”志者，心之所之也。其心诚在于仁，则必无为恶之事矣。朱子曰：“方志仁时，便无恶。若间断不志仁时，恶又生。”勉斋黄氏曰：“人心不可两用，志于此必遗于彼，所患者无其志耳。夫仁者，此心之全德，诚志于仁，则必先存此心天理之公，而去其人欲之私，恶念何自而生乎?”潜室陈氏曰：“此是君子小人分路。犹向东行人，一心向东去，无复有回转向西之理，西行人亦然。”勿轩熊氏曰：“《语》言志有三：曰‘志学’，曰‘志道’，曰‘志仁’。仁则直指本心，尤亲切矣。”新安陈氏曰：“‘苟志于仁’四字，涵三意。志于仁与志于道不同，仁是道德之精纯，志是志向之坚定，而又加以诚焉，则于为恶之事，可保其必无矣。”杨氏曰：“苟志于仁，未必无过举也，然而为恶则无矣。”朱子曰：“志于仁则虽有过差，不谓之恶。惟其不志于仁，是以至于有恶。此‘志’字，不可草草看。”庆源辅氏曰：“过举，谓或用意过当，或资质之偏，或气壹之动。志无恶，则志为之主也，志在于仁，则思虑自不到恶上矣。《通书解》曰：‘有心悖理为恶，无心失理为过。’”

○子曰：“富与贵是人之所欲也，不以其道得之，不处也；贫与贱是人之所恶也，不以其道得之，不去也。恶，去声。

不以其道得之，谓不当得而得之。或问：“君子而有以非道得富贵者，何也?”朱子曰：“是亦一时不期而得之，非语其平日之素行也。”勉斋黄氏曰：“博弈斗狠、奢侈淫肆之类，皆所以取贫贱之道。不以其道者，谓无此等事，而为水火盗贼、诖误陷于刑戮之类，以致贫贱也。”然于富贵则不处，于贫贱则不去，君子之审富贵而安贫贱也如此①。程子曰：“无道而得富贵，其为可耻，人皆知之，而不处焉，惟特立者能之。”朱子曰：“不以其道得富贵，须是审，苟不以其道，决是不可受。不以其道得贫贱，却要安，盖我虽是不当贫贱，然当安之，不可于上面计较，云我不当得贫贱，有汲汲求去之心。”问：“富贵不处，是安于义，贫贱不去，是安于命，盖吾何求哉? 求安于义理而已，不当富贵而得富贵，则害义理，故不处。不当贫贱而得贫贱，则自家义理已无愧，居之何害? 富贵人所同欲，若不仔细便错了，贫贱人所同恶，自家既无愧义理，若更去其中分疏我不当贫贱，便不是。”“富贵不以道得之，如‘孔子主我、卫卿可得’②之类。”王氏曰：“审有两端，安只一路。”叶氏曰：“富贵不苟处，则可以长处乐；贫贱不苟去，

① 审富贵：慎重地对待富贵。审：慎重。
② 语出《孟子·万章上》。原文为：“弥子谓子路曰：‘孔子主我，卫卿可得也。’子路以告。”

则可以久处约。”

君子去仁，恶乎成名？恶，平声。

言君子所以为君子，以其仁也。若贪富贵而厌贫贱，则是自离去声。其仁，而无君子之实矣，何所成其名乎？庆源辅氏曰：“‘贪’字与‘审’字相反，‘厌’字与‘安’字相反。”双峰饶氏曰：“君子去仁，恶乎成名，是结上生下。”新安陈氏曰：“名者实之宾，因名字而溯其实。”

君子无终食之间违仁，造次必于是，颠沛必于是。”造，七到反。沛，音贝。

终食者，一饭之顷。造次，急遽苟且之时。颠沛，倾覆流离之际。盖君子之不去乎仁如此，不但富贵、贫贱、取舍上声。下同。之间而已也。朱子曰：“杜预谓‘草次之期’，言草草不成礼也，便是此意。《左传》‘过信为次’，亦是苟且不为久计之意。苟且，是时暂处，非如大宾大祭之时。颠沛，如曾子易箦之时。”“无终食违仁，是无时而不仁，造次颠沛必于是，是无处而不仁。”西山真氏曰：“此章当作三节看。处富贵贫贱而不苟，此一节犹是粗底工夫。至终食不违，又是一节，乃存养细密工夫。然犹是平居暇日事，可勉而至，至于造次急遽之时，患难倾覆之际，若非平时存养已熟，至此鲜不失其本心，若能至此犹必于是仁，乃至细密工夫，其去安仁地位已不远矣。然若无粗底根基，岂有遽能造于细密者，故必以审富贵安贫贱为本，然后能进于此，乃用功之序也。”言君子为仁，自富贵、贫贱、取舍之间，以至于终食、造次、颠沛之顷，无时无处而不用其力也。然取舍之分去声。明，然后存养之功密；存养之功密，则其取舍之分益明矣。朱子曰：“此言内外大小，皆当理会。外若不谨细行，则内何以为田地根本，内虽有田地根本，而外行不谨，则亦为之摇夺。如世间固有小廉曲谨，而临大节无可取者，亦有外面界辨分明而内守不固者。”庆源辅氏曰：“取舍之分在外，审富贵安贫贱是也，而实有助于内；存养之功在内，所谓无终食造次颠沛之违是也，而实有益于外。故取舍明，则存养愈精密而无违缺之处，存养密，则取舍愈分明，而无疑似之差。”双峰饶氏曰：“天下之所同欲者，莫如富贵；所同恶者，莫如贫贱。虽君子之心，亦无以异于人也。然人之常情，欲之则必趋之，恶之则必避之，鲜有不因是而丧其所守者，惟君子则不然。于富贵未尝不欲，而得之不以其道，则宁避之而不处；于贫贱未尝不恶，而得之虽不以道，亦宁安之而不去，是何君子欲恶之与人同，而去取之与人异邪？诚以富贵虽可欲，而所欲有大于富贵者；贫贱虽可恶，而所恶有大于贫贱者。千乘万钟，得之若可以为荣，然义之不度，而有害于吾本心之仁，则适足以为辱；不得之若可以为戚，然命之能安，而无害于吾本心之仁，则乃所以为乐。人能知此，而于二者之间审所择焉，则天理人欲去取之分，判然于中，而存养省察以全吾本心之仁者，自有不容已者矣。是以古之君子，战战兢兢，静存动察，不使一毫慢易非僻之私得以留于其间而有终食之违焉。造次之时，人所易忽也，而不敢忽；颠沛之地，人所易忘也，而不敢忘。必使此心之仁，无顷刻之间断，无毫厘之空阙，而后为至焉。此其所以动静周流、隐显贯彻，而日用之间，无非天理之流行也。”

〇子曰：“我未见好仁者，恶不仁者。好仁者，无以尚之；恶不仁者，其为仁矣，

不使不仁者加乎其身。好、恶，皆去声。

夫子自言未见好仁者、恶不仁者。盖好仁者真知仁之可好，故天下之物无以加之。恶不仁者真知不仁之可恶，故其所以为仁者，必能绝去不仁之事，而不使少有及于其身。此皆成德之事，故难得而见之也。朱子曰："好仁，恶不仁，只是利仁事，却有此二等，然亦无大优劣。好仁者，是资性浑厚底，恻隐之心较多；恶不仁者，是资性刚毅底，羞恶之心较多。圣人谓我未见好仁恶不仁者。又从而解之曰：'我意所谓好仁者，须是无以尚之，恶不仁，须是不使不仁者加乎其身，是好之笃，恶之切，非略略恁地知好恶底。'""好仁者，如好好色，举天下之物，无以加尚之，若有以尚之，则其好可移矣。若说我好仁，又却好财好色，便是不曾好仁。恶不仁者，如恶恶臭，惟恐恶臭之及其身。好好色、恶恶臭，皆是己身上事，非是专言好他人之仁，恶他人之不仁也。""好仁、恶不仁之人，地位尽高，直是难得。《礼记》'无欲而好仁、无畏而恶不仁者，天下一人而已'，正是此意。""颜子、明道，是好仁，孟子、伊川，是恶不仁。""恶不仁，终是两件，好仁却浑沦了。学者未能好仁，且从恶不仁上做将去，庶几坚实。"又曰："好仁而未至，却不及那恶不仁之切底，盖恶不仁底，真是壁立千仞，滴水滴冻，做得事成。"潜室陈氏曰："性各有偏重，颜子是好仁之人，岂不能恶不仁，然好仁意思，胜如恶不仁。孟子是恶不仁之人，岂不能好仁，然恶不仁意思，胜如好仁，故各于偏重处成就。"蔡氏曰："论资质，则恶不仁者不如好仁者之浑然；论工夫，则好仁者不如恶不仁者之有力。要之，皆成德之事。"双峰胡氏曰："好仁者，于好上重；恶不仁者，于恶上重。恶不仁者未便是仁，因其恶不仁也，而后能为仁，故曰'其为仁矣'，'其'是将然之辞。既恶不仁，则亦将为仁矣，是何也？以其恶之之深，不使不仁之事加于其身故也。"

有能一日用其力于仁矣乎？我未见力不足者。

言好仁恶不仁者，虽不可见，然或有人果能一旦奋然用力于仁，则我又未见其力有不足者。盖为仁在己，欲之则是，而志之所至，气必至焉。故仁虽难能，而至之亦易去声。下同。也。问："'一日用其力'，将志、气合说，如何？"朱子曰："用力，说气较多，志亦在上面了，志之所至，气必至焉。夫志，气之帅也；气，体之充也。人出来萎萎衰衰，恁地柔弱，亦只是志不立。志立自是奋发敢为，这气便生，志在这里，气便在这里。志与气，自是相随，若真个要求仁，岂患力不足。"

盖有之矣，我未之见也。"

盖，疑辞。有之，谓有用力而力不足者。盖人之气质不同，故疑亦容或有此昏弱之甚，欲进而不能者，但我偶未之见耳。盖不敢终以为易，而又叹人之莫肯用力于仁也。朱子曰："有一般人，其初用力非不切至，到中间自是欲进不能。所谓力不足者，中道而废，正是说此等人，这般人亦未之见，可见用力于仁者之难得也。"此章言仁之成德，虽难其人，然学者苟能实用其力，则亦无不可至之理。但用力而不至者，今亦未见其人焉，此夫子所以反复而叹惜之也。庆源辅氏曰："此章三言未见，而意实相承。初言成德者之未见，次言用力者之未见，末又言用力而力不足者之未见，无非欲学者因是自警而用力于仁耳。”云峰胡氏曰：“好仁恶不仁者，利行之事，用力于仁者，勉行之事，皆未之见，可叹也。用力而未至者，亦未之见，益可叹也。然不必谓世无其人，但谓我未见其人，犹有不绝望之意焉。其勉人也切，而待人也厚，可于此观圣人之心矣。”

○子曰：“人之过也，各于其党。观过，斯知仁矣。”

党，类也。程子曰：“人之过也，各于其类。君子常失于厚，小人常失于薄；君子过于爱，小人过于忍。”尹氏曰：“于此观之，则人之仁不仁可知矣。”朱子曰：“君子过于厚与爱，虽是过，然亦是从那仁中来，血脉未至断绝。若小人之过于薄忍，则仁之血脉已断绝，谓之仁，可乎？”“人之过，不止于厚薄爱忍四者，伊川只是举一隅耳。若君子过于廉，小人过于贪，君子过于介，小人过于通之类，皆是。然亦不止此，但就此等处看，则人之仁不仁可见，而仁之气象亦可识，故但言斯知仁矣。”刘氏云：“周公使管叔监殷而管叔以殷畔，昭公不知礼而孔子以为知礼，实过也。然周公爱其兄，孔子厚其君，是乃所以为仁也。”“观过斯知仁，犹曰观人之过，足知夫人之所存也。若于此而欲求仁之体，则失圣人本意矣。”庆源辅氏曰：“人情于人之过失，多不致察，故夫子发此叹耳。”蔡氏曰：“圣经浑涵宏博，但曰人之过也，各以其党，而厚薄爱忍，自无不包；但曰观过，而观人自观，自无不备；但曰斯知仁，而仁不仁，皆在其中矣。”潜室陈氏曰：“过于厚处，即其仁可知，过于薄处，即其不仁可知。观其人之过，可以知其仁不仁矣，中含‘不仁’字。”或曰：“圣人只说知仁，尹氏又曰人之仁不仁可见，何也？”双峰饶氏曰：“他见‘各于其党’，兼君子小人而言，故下句亦作仁不仁说。要之，上文虽兼两边，其意实重在这一边。观过知仁，恐只说这一边好底。言虽过也，然因其过，犹足以见其仁，如周公孔子之过是也。若小人则无处不薄，无处不忍，何待其过然后知其不仁。”吴氏曰：“后汉吴佑谓：‘掾以亲故，受污辱之名，所谓观过知仁’是也。”《后汉书》：“吴祐，顺帝时迁胶东侯相。祐政唯仁简，以身率物，吏人怀而不欺。啬夫孙性，啬夫，小吏也。私赋民钱，市衣以进其父，父得而怒曰：‘有君如是，何忍欺？’促归伏罪，性惭惧诣阁，持衣自首。祐屏音丙。左右，问其故，性具谈父言。祐曰：‘掾以亲故，受污辱之名，所谓观过斯知仁矣。’使归谢父，还以衣遗去声。之。”愚按：此亦但言人虽有过，犹可即此而知其厚薄，非谓必俟其有过，而后贤否可知也。勉斋黄氏曰：“人虽有过，不可以其过而忽之，于此而观其类，乃可以得其用心之微也。或谓与仁同功，其仁未可知，与仁同过，然后其仁可知，记礼者之意，亦可取乎？”曰：“如此，则是必欲得其人之过而观之，然后知其仁，恐非圣人之意也。”云峰胡氏曰：“人之过，兼君子小人而言，观过，独指君子而言。仁者，人之本心也，君子不失其本心，故观其无心之过，犹可知其本心之存。小人本心已亡矣，又何观焉？”

○子曰：“朝闻道，夕死可矣。”

道者，事物当然之理。苟得闻之，则生顺死安，无复遗恨矣。朝夕，所以甚言其时之近。胡氏曰：“夫子但以夕死为可，而今兼生顺言之者，惟其生顺而后死安也，果能有所闻，必不肯置身于一毫不顺之地矣。”新安陈氏曰：“‘生顺死安’四字，本张子《西铭》‘存吾顺事，没吾宁也’。”程子曰：“言人不可以不知道，苟得闻道，虽死可也。”又曰：“皆实理也，人知而信者为难。死生亦大矣！非诚有所得，岂以夕死为可乎?”程子曰：“闻道，知所以为人也。夕死可矣，是不虚生也。”朱子曰：“道，只是事物当然之理，只是寻个是处，若见得道理分晓，生固好，死亦不妨。夕死可矣，只是说便死也不妨，非谓必死也。”“道诚不外乎日用常行之间，第恐知之或未真耳，若是知得真实，必能信之笃、守之固，幸而未死，则可以充其所知，为圣为贤。万一即死，亦不昏昧过了一生，如禽兽然，是以为人必以闻道为贵也。”“圣人非谓人闻道而必死，但深言道不可不闻耳。盖将此二句来反之曰，若人一生而不闻道，虽长生亦何为？人而闻道，则生也不虚，死也不虚。若不闻道，则生也枉了，死也枉了。”“闻道不止知得一理，须是知得多，有个透彻处。”潜室陈氏曰：“此闻非谓耳闻，谓心悟也，即程门所谓一日融会贯通处。为学若不见此境界，虽皓首穷经，亦枉过一生；若已到此境界，虽死无憾，亦不虚了一生也。”厚斋冯氏曰：“人不知道，有愧于生。道罕得闻，人无不死，使诚闻道，虽死何憾？曰可矣，非谓必至于死也。”齐氏曰：“子贡犹谓性与天道，不可得闻，必如曾子之唯，而后能闻尔。”双峰饶氏曰：“人不闻道，则动作云为是非皆不知，实行而已，枉在天地间做人。既闻道，方知为子必不可不孝，为臣必不可不忠，每事顺理而行，生既顺理，则俯仰无愧，其死方安。”问：“如曾子得正而毙，方死而安。”曰：“曾子惟闻道，所以须要易箦；曾元唯未闻道，惟知以姑息爱其亲，故以幸至旦为请。此章重在闻道，不在死生。”云峰胡氏曰：“道者，人之所以为人之理；闻道者，此心真有得乎此理；朝闻道，朱子所谓一旦豁然贯通者也。苟无平日积累之勤，必无一朝顿悟之妙。谓之人而昧其所以为人之理，与禽兽草木同生死，可乎？不可乎？纵使有长生不死之说，亦复可乎？不可乎？‘可矣’二字，令人惕然有深省处。”【通考】问：“朝闻夕死，得无近于释氏乎?”朱子曰：“吾之所谓道者，君臣父子夫妇兄弟朋友，当然之实理。彼之所谓道，则以此为幻为妄，而绝灭之，以求其清净寂灭者也。为吾之说者，行法俟命而不求知死，为彼之说者，坐忘立脱，变见万端，而卒无补于世教之万分也。”东阳许氏曰：“圣人言死，可举其极重者言之，而应事皆在其中，非专为死也。故《集注》以‘生顺’二字补明其意。”

○子曰：“士志于道，而耻恶衣恶食者，未足与议也。”

心欲求道，而以口体之奉不若人为耻，其识趣七住反，向也。之卑陋甚矣①，何足与议于道哉？程子曰：“志于道而心役乎外，何足与议也?”华阳范氏曰②：“志于道者，重内而忘外。耻恶衣恶食者，未能忘外也。徇其外而无得于内矣，夫岂足与议哉?”问：“志道如何尚耻恶衣食?”朱子曰：“有这般半上落下底人，也志得不力，只名为志道，及外物来诱，则又迁变了。”问：“志于仁，则能无恶；志于道，乃犹有此病。何也?”

---

① 识趣：识见志趣。

② 华阳范氏：范祖禹，字淳父，一字梦得，成都华阳人。登进士甲科。从司马光编修《资治通鉴》，哲宗时拜龙图阁学士。进《唐鉴》十二卷，学者尊之，目为《唐鉴》公，著有《论语说》十卷。《宋史》有传。

曰："仁是最切身底道理，志于仁，大段是亲切做工夫，所以必无恶。志于道，则说得来阔，凡人有志于学皆是也，若志得来泛而不切，则未必无耻恶衣食之事。""求安与饱者，犹以适乎口体之实也，此则非以其不可衣且食也，特以其不美于观听而自恧焉。若谢氏所谓食前方丈，则对客泰然，疏食菜羹，则不能出诸其户者，盖其识致卑凡，又在求饱与安者下矣。"陈氏曰："志方求而未真有得，安保其无外役以分之。"西山真氏曰："志于道者，心存于义理也；耻衣食之恶者，心存于物欲也。理之与欲，不能两立，故圣人以此为戒也。学者必须于此分别得明白，然后可以进道，不然，则亦徒说而已。颜子一箪食、一瓢饮，不改其乐，此是不耻恶食；子路衣敝缊袍，与衣狐貉者立而不耻者，此是不耻恶衣。前辈有云'咬得菜根，何事不可为？'是亦此意。"叶氏曰："心一而已，役于物则害于道，笃于道则忘于物。天理人欲消长之机，圣人之所深辨，而学者之所当加察也。"王氏曰："'未'字，见圣人待人宽厚处，两'何足'字，是先儒鞭迫紧切处。"新安陈氏曰："内重而见外之轻，得深而见诱之小，斯人也，与之议道，则识高明而论精微。今云学道而尚羞恶衣食，则与不学无识之俗人何异？其内不重得不深，可知矣，言此以厉为士而识趣卑陋者也。"

〇**子曰："君子之于天下也，无适也，无莫也，义之与比。"**适，丁历反。比，必二反。【通考】吴氏程曰："《集注》于翻切，字多仍古韵，用类隔者，今更音和、必二反，合更作毗二反。"

适，专主也。《春秋传去声。》曰："吾谁适从"是也。《左传·僖公五年》：晋侯使士蔿为二公子筑蒲与屈，士蔿退而赋曰："狐裘尨音蒙。茸，以狐服为裘，贵者之裘也。尨茸，乱貌，言贵者之多也。一国三公，蒲屈，大都耦国，故献公与二公子鼎立为三公。吾谁适从？"言城不坚，则为二公子所怨，坚之，则为国仇，不忠无以事君，故不知所适从。莫，不肯也。比，从也。勉斋黄氏曰："于天下，言于天下之事无不然。惟义之从，不可先怀适莫之念也。"谢氏曰："适，可也。莫，不可也。无可无不可，苟无道以主之，不几乎声。于猖音昌。狂自恣乎？此佛老之学，所以自谓心无所住而能应变，而卒得罪于圣人也。圣人之学不然，于无可无不可之间，有义存焉。然则君子之心，果有所倚乎？"朱子曰："义是吾心所处之宜者，见事合恁地处，则随而应之，更无所执也。义当富贵便富贵，义当贫贱便贫贱，当生则生，当死则死，只看义理合如何。"庆源辅氏曰："道是体，义是用。圣人之学，以道为主，而随事泛应，有义存焉。处物为义，心无适莫，只看义合如何？虽若有所倚，而实无所倚，道义变动不居，未尝有所倚著故也。无适莫而不主于义，则猖狂妄行；无适莫而义之比，则步步著实也。"双峰饶氏曰："心不可先有所主，当于事至物来，虚心观理，惟是之从而已。老主虚，佛主空，自谓无所住著，似乎无适莫，然无义为之据依，故至于猖狂自恣。"问："吾儒异于二氏者何在？"曰："吾儒则见虚空中辟塞，皆是实理。故未应，则无思无为，而此理已具；已应，则无适莫，而惟义之从。"东阳许氏曰："无适莫者，有义为之主。无可无不可者，义在可则可，义在不可则不可尔。心无主者，应事则可亦可，不可亦可也，何独应变不同于圣人，其应常亦未尝有同也。"

○子曰："君子怀德，小人怀土；君子怀刑，小人怀惠。"

怀，思念也。怀德，谓存其固有之善。怀土，谓溺其所处上声。之安。怀刑，谓畏法。怀惠，谓贪利。君子小人趣向不同，公私之间而已。尹氏曰："乐音洛。善谓怀德。恶乌路反。不善，谓怀刑。所以为君子；苟怀土。安务得，怀惠。所以为小人。"问："所贵乎君子者，正以其无所待于外而自修也。刑者，先王所以防小人，君子何必以是为心哉？"朱子曰："无慕于外而自为善，无畏于外而自不为非，此圣人之事也。若自圣人以降，亦岂不假于外以自修饰？所以能见不善如探汤，不使不仁者加乎其身，皆为其知有所畏也。所谓君子者，非谓成德之人也，若成德之人，则诚不待于怀刑也。但言如此则可以为君子，如此则为小人。""乐善恶不善，犹曰好仁恶不仁。必以刑言，则管仲所谓'畏威如疾'，申公巫臣所谓'慎罚，务去之之谓'。大抵怀德之君子，不待怀刑而自安于善，怀土之小人，特欲全其所保，而未必有逐利贪得之心，其为善恶，亦各有深浅矣。"问："此章君子小人所怀不同，与周比、和同相反者无异否？"双峰饶氏曰："怀土怀惠，固皆是为利，然与那为恶底小人，又似少异。但用心既殊，其终亦必至于相反。"云峰胡氏曰："《论语》以君子小人对言者甚多，他章多指其所为者言，此章则指其所思者言。所为者，行事之著；所思者，心术之微也。"新安陈氏曰："怀德者，安于善；怀刑者，畏法而不敢为不善。怀土者，自恋其所有；怀惠者，贪得人之所有。又此所谓怀土，与《易》所谓'安土'不同。《易》与'乐天敦仁'连言，有安分不外求之意，此则《集注》曰'溺其所处之安'，又曰苟安，其相去远矣。"东阳许氏曰："德者，人得于天之善理，即大学所谓明德，君子常切思怀，念念不忘，欲至于至善之地。小人不知有此，徇其欲心，惟思自逸，不能迁善以成德。君子常念刑法之可畏，而自守其身，不至于犯之。小人但思惠利之所在，不能择义，惟务苟得，虽有刑法在前亦不顾。"

○子曰："放于利而行，多怨。"放，上声。

孔氏曰：孔氏，名安国，西汉人。"放，依也。多怨，谓多取怨。"程子曰："欲利于己，必害于人，故多怨。"朱子曰："放于利而行，只是要便宜底人，凡事只认自家有便宜处，便不恤他人，所以多怨。"勉斋黄氏曰："谓之放，则无一言一动不在于利也；谓之多，则其怨之者，不但一二人而已。惟其放利，所以多怨。"双峰饶氏曰："事事依利而行，则利己害人处必多，所以多怨。'多'字，从'放'字上生。"

○子曰："能以礼让为国乎？何有？不能以礼让为国，如礼何？"

让者，礼之实也。王氏曰："让以心言，故曰礼之实。"何有，言不难也。言有礼之实以为国，则何难之有，不然，则其礼文虽具，亦且无如之何矣，而况于为国乎？问："让者礼之实也，莫是辞让之端，发于本心之诚然，故曰'让是礼之实'？"朱子曰："是若玉帛交错，固是礼之文，而擎拳曲跽、升降俯仰，也只是礼之文，皆可以伪为，惟是辞让方是礼之实，这却伪不得。既有是实，自然是感动得人心，若以好争之心，而徒欲行礼文之末以动人，如何感化得他。""先王之为礼让，正要朴实头用，若不能以此为国，则是礼为虚文尔，其如礼何？"问："礼者，自吾心恭敬，至于事为之节文，兼本末而言也。让者礼之实，所谓恭敬辞让之心是也。君子欲治其国，亦须是自家尽得恭，方能以礼为国。所谓一家让，一国兴让，则为国何难之有？不能尽恭敬辞让之心，则是无实矣。虽有礼之节文，亦不能行，况为国乎?”曰：“且不奈礼之节文何？何以为国?”双峰饶氏曰：“孟子告梁王，谓‘上下交征利而国危’，又谓‘后义先利，不夺不餍’，此正是不让处，如何为国？夫子是以春秋之时，礼文虽在，然陪臣僭大夫，大夫僭诸侯，诸侯僭天子，故有为而言。”云峰胡氏曰：“‘能’字亦紧要。行礼非难，能让为难。常人虽欲让，私欲害之，有欲让而不能者，故《书》首称尧为‘克让’。让者礼之实，能，则实于让。”新安陈氏曰：“世人于辞受之际，始或虚让，而卒也实受，非让也。必以辞让之实心，行辞让之实事，始可以言让。有礼之实，则为国而有余，无礼之实，则为礼且不足，其不能为国，意盖在言外也。”【通考】黄氏绍曰：“国之不治起于争，争起于不让而无礼。使有礼，则上下之分截然，乱何从起？耕者让畔，行者让路，士让为大夫，大夫让为卿，争何所至？故曰能以礼让为国何有。”

○子曰：“不患无位，患所以立；不患莫己知，求为可知也。”

所以立，谓所以立乎其位者。朱子曰：“犹言不怕无官做，但怕有官不会做。”可知，谓可以见知之实。程子曰：“君子求其在己者而已矣。”朱子曰：“致君泽民之具，达则行之，无位非所患也。圣人所说，只是教人不求知，但尽其在我之实而已。”南轩张氏曰：“患所以立，求为可知，为己者之事也。若有患无位与人莫己知之心，一毫之萌则为徇于外矣。不患莫己知，而求为可知，则君子为己之学，盖可知矣。若曰使在己有可知之实，则人将自知之，则是亦患莫己知而已，岂君子之心哉?”勉斋黄氏曰：“求诸己，而在人者有不得，在我无憾矣；求诸人，而在我者有不足，只自愧而已。”庆源辅氏曰：“人情惟患无位耳，君子则以立乎其位者为患；人情惟患莫己知耳，君子则以无可知之实为患。此正为己之学也。”

○子曰：“参乎！吾道一以贯之。”曾子曰：“唯。”参，所金反。唯，上声。

参乎者，呼荒故反。下同。曾子之名而告之。贯，通也。唯者，应之速而无疑者也。圣人之心，浑上声。然一理，体一。而泛应曲当①，用各不同。用殊。曾子于其用处，盖已随事精察而力行之，但未知其体之一尔。夫子知其真积力久，将有所得，新安倪氏曰：“《荀子·劝学篇》‘真积力久则入’，谓真诚之积，用力之久。”是以呼而告之。【通考】勿斋程氏曰：“方其静也，统宗会元，万有毕该，是之谓体；及其动也，泛应酬酢，随事发见，是之谓用；贯乎始终，不息不杂，是之谓一。”曾子果能默契其指，即应之速而无疑也。朱子曰：“一是一心，贯是万事。看甚事来，圣人只这心应去，只此一心之理，尽贯众理。”问：“未唯之前如何?”曰：“未唯之前，见一事是一个理；及唯之后，千万个理只是一个。如事君忠是此理，事亲孝、交友信也是此理，以至精粗大小之事，皆此一理贯通之。曾子先只见得圣人千条万绪都好，不知都是从这一心做来。及圣人告之，方知都是从这一个大本中流出，如木千枝万叶都好，都是从这生气流注贯去也。”“曾子工夫已到，千条万绪，一一身亲历之，圣人一点他便醒。观《礼记·曾子问》

① 泛应曲当：谓广泛适应，无不恰当。曲当：委曲得当，完全恰当。

中，问丧礼之变，曲折无不详尽，便可见曾子是一一理会过来。”“一对万而言，不可只去一上寻，须去万上理会。若见夫子语一贯，便将许多合做底都不做，只理会一，不知却贯个甚底。贯如散钱，一如索子，曾子尽数得许多散钱，只无一索子，夫子便把这索子与之。今若没一钱，只有一条索子，亦将何以贯？今不愁不理会得一，只愁不理会得贯。理会贯未得，便言一，天资高者流为佛老，低底只成一个鹘突物事。”问：“《中庸》曰：‘鸢飞戾天，鱼跃于渊，言上下察也。君子之道，造端乎夫妇，及其至也，察乎天地。’此是子思在天举一物，在地举一物，在人举夫妇。鸢与鱼，其飞跃虽不同，其实一物为之耳。夫妇之道，亦不出乎此。是皆子思发明一贯之道也。孔子《易·系辞》有曰‘以言乎远则不御，以言乎迩则静而正，以言乎天地之间则备矣’，亦发明斯道也。”曰：“所引《中庸》、《易传》之言，以证一贯之理甚善，愚意所谓一贯者亦如是。”东阳许氏曰：“一理贯万事，固是说事物虽众，只是一个道理，此言吾道一以贯之，是就圣人应事处说。须要体认得圣人之心全是理，行出全是道，如此方是吾道一以贯之。若只说万理一原，却只是论造化，与此章意不相似。”【通考】勿斋程氏曰：“人之一心，神明不测，具此众理而应万事。寂然不动，此理固存，感而遂通，非由外铄。仁包四者，该乎万善，求仁得仁，斯为一贯。”

子出。门人问曰：“何谓也？”曾子曰：“夫子之道，忠恕而已矣。”

尽己之谓忠，推己之谓恕。而已矣者，竭尽而无余之辞也。夫子之一理浑然而泛应曲当，此圣道之一贯。譬则天地之至诚无息，而万物各得其所也。新安陈氏曰：“此就圣人分上移上一步，借天地之道之体用，以形容圣道之体用。”自此之外，固无余法，而亦无待于推矣。朱子曰：“自此之外，固无余法，便是那竭尽无余之谓。”庆源辅氏曰：“圣道之体用，与天地一，则至矣尽矣，不可以有加矣，故曰‘自此之外，固无余法’。皆自然而然，莫之为而为，故曰‘亦无待于推矣’。”曾子有见于此而难言之，故借学者尽己、推己之目以著明之，欲人之易去声。晓也。河东侯氏曰：“无恕不见得忠，无忠做恕不出来，诚有是心之谓忠，见之功用之谓恕。明道言‘忠恕’二字，要除一个除不得，正谓此也。”朱子曰：“尽己之谓忠，推己及物之谓恕，‘忠恕’二字之意，只当如此说。曾子说夫子之道而以忠恕为言，乃是借此二字绽出一贯。一贯乃圣人公共道理，尽己推己不足以言之，缘一贯之道，难说与学者，故以忠恕晓之。”“一贯自是难说，曾子借学者忠恕以形容一贯，犹所谓借粗以形容细。”“忠恕则一，而在圣人，在学者，则不能无异，此正犹孟子言‘由仁义行’与‘行仁义’别耳。曾子所言忠恕，自众人观之。于圣人分上，极为小事，然圣人分上，无非极致。盖既曰一贯，则无大小之殊故也。犹天道至微，四时行，百物生，莫非造化之神，不可专以太虚无形为道体，而形而下者为粗迹也。”“一是忠，贯是恕，体一而分殊。”“忠，只是一个忠，一片实心，做出百千个恕来。”“忠在一心上，恕则贯乎事物之间，只是一个一，分着便各有一个一。老者安之，是这一个一，少者怀之，亦是这一个一，莫非忠也。恕则自忠而出，所以贯之也。”“夫子言一贯，曾子言忠恕，子思言大德小德，张子言理一分殊，只是一个。在圣人分上，日用千条万绪，只是一个浑沦真实底流行贯注他，更下不得一个‘推’字。曾子假借来说，贴出一贯底道理。要知天地是一个无心底忠恕，圣人是一个无为底忠恕，学者是一个着力底忠恕。学者之忠恕，乃是忠恕正名正位。固是一个道理，在三者自有三样。程子曰：‘天地无心而成化，圣人有心而无为。’此语极是亲切。”“忠在圣人是诚，恕在圣人是仁，仁与诚，则说开了，惟‘忠恕’二字相粘，少一个不得。”问：“夫子之道如太极，天下之事，如物之有万。物虽有万，而所谓太极者则一；太极虽一，而所谓物之万者未尝亏也。至于曾子，以忠恕形容一贯之妙，亦如今人以性命言太极也，不知是否?”曰：“太极便是一。到得生两仪时，这太极便在两仪中；生四象时，这太极便在四象中；生八卦时，这太极便在八卦中。”觉轩蔡氏曰：“尽己之谓忠，须是此心发得十分尽，方是忠。若留得一分未尽，便不得谓之忠。推己之谓恕，须是推己心以及人，如己心之所欲，方是恕。若有一处推不到，便不得谓之恕。此是学者着力之忠恕也。下文程子曰‘维天之命，於穆不已，乾道变化，各正性命’，朱子曰‘譬则天地之至诚无息，而万物各得其所’，此是天地、圣人自然之忠恕也。学者诚能由着力之忠恕，亦可做到自然之忠恕，所谓及其成功一也。”新安陈氏曰：“此曾子就圣人分上移下一步，借学者忠体恕用之名，以形容圣道之体用。”盖至诚无息者，道之体也，万殊之所以一本也；万物各得其所者，道之用也，一本之所以万殊也。以此观之，一以贯之之实可见矣。朱子曰：“忠者，尽己之心，无少伪妄，以其必于此而本焉，故曰道之体。恕者，推己及物，各得所欲，以其必由是而之焉，故曰道之用。”“忠即是实理，如维天之命，於穆不已，亦只以这实理流行，发生万物，牛得之而为牛，马得之而为马，草木得之而为草木。”“一本是统会处，万殊是流行处。在天道言之，一本是元气之于万物，有日月星辰、昆虫草木之不同，而只是一气之所生；万殊，则是日月星辰、昆虫草木之所得以生者，一个自是一个模样。在人事言之，则一理之于万事，有君臣父子兄弟朋友、动息洒扫应对之不同，而只是此理之所贯。万殊则是君臣父子兄弟朋友之所当于道者，一个是一个道理，其实只是一本。”庆源辅氏曰：“《集注》又举天地之体用而释之，虽不言圣人之体用，然在其中矣。故直言道之体、道之用而已，亦不复明言天地也。”“万殊之所以一本者，指用之出于体，谓万殊之实出于一本也；一本之所以万殊者，指体之散于用，谓一本之实散于万殊也。指用之出于体，指体之散于用，则一以贯之之实可见矣。”西山真氏曰：“天地与圣人只是一‘诚’字。天地只一诚，而万物自然各遂其生，圣人只一诚，而万事自然各当乎理。学者未到此地位，且须尽‘忠恕’二字，诚是自然底忠恕，忠恕是著力底诚。孔子告曾子以一贯，本是言诚，曾子恐门人晓未得，故降下一等，告以忠恕。要之，忠恕尽处即是诚。”双峰饶氏曰：“一以贯之，‘之’字，指万而言；万者，一之对也。一，是指道之总会处；万，是指道之散殊处。道之总会在心，道之散殊在事，以道之总会在一心者，贯道之散殊在万事者，故曰‘吾道一以贯之’，当看‘道’字。”问：“曾子答门人，何不曰一本万殊、体立用行之类，而曰忠恕，何也?”曰：“不若‘忠恕’两字。学者所易晓，便可用功。尽得忠，便会有这一，尽得恕，便会以贯之。一以贯之，是自然底忠恕，忠恕是勉强底一以贯之。曾子之学，主于诚身，故其告人便就行处说。”东阳许氏曰：“上言‘至诚无息’，是以天地之至诚无息，喻夫子之一理浑然。'万物各得其所'，是以天地之生万物各得其所，喻夫子之泛应曲当。下言'至诚无息者，道之体'，是言夫子之心，至诚无息，乃道之体；万物各得其所，是言夫子之应万事，各得其所，为道之用。"或曰："中心为忠，如心为恕。"于义亦通。朱子曰："'中心为忠，如心为恕'，见《周礼》疏。如，比也，比自家心推将去。仁与恕只争些子，自然底是仁，比而推之便是恕。"庆源辅氏曰："中心为忠，谓中心所存，本无一毫之不尽也；如心为恕，谓如我之心而推之于外，无彼此之间也。"程子曰："以己及物，仁也；推己及物，恕也，违道不远是也。朱子曰："以己，是自然流出，不待安排布置；推己，是著力，便有转折，只是争个自然与不自然。""以己及物，是大贤以上圣人之事，圣人是因我这里有那意思，便去及人。如因我之饥寒，便见得天下之饥寒，自然恁地去及他，便是以己及物。如贤人以下，知得我既是要如此，想人亦要如此，而今不可不教他如此，三反五折，便是推己及物。只是争个自然不自然。"忠恕一以贯之：忠者天道，恕者人道；忠者无妄，恕者所以行乎忠也；忠者体，恕者用，大本达道也。此与违道不远异者，动以天尔。"朱子曰："天道是体，人道是用。动以天之'天'，只是自然。"问："天道人道，初非以优劣言，自其浑然一本言之，则谓之天道，自其与物接者言之，则谓之人道耳。"曰："然。此与'诚者天之道，诚之者人之道'，语意自不同。""忠是未感而存诸中者，所以谓之天道，恕是已感而见诸事物者，所以谓之人道。忠是自然，恕是随事应接，略假人为，所以有天人之辨。"问："推程子动以天之说，则圣人之忠恕为动以天，贤人之忠恕为动以人矣。又以忠为天道，恕为人道，何也？且尽己推己，俱涉人为，又何天人之分？"曰："彼以圣贤而分，此以内外而分。尽己虽涉乎人为，然为之在己，非有接于外也，从横错综，见其并行而不相悖，则于此无疑矣。"又曰："《中庸》之言，则动以人尔。"潜室陈氏曰："忠恕是对立底道理。故以体用言，其体无妄，故曰天；其用推行，故曰人。"黄氏曰："以圣人比学者，圣人之忠，是天之天；圣人之恕，是天之人。学者之忠，是人之天；学者之恕，是人之人。必竟忠是体，近那未发，故虽学者亦有个天。恕是用，便是推出外去底，故虽圣人，亦有个人。"陈氏曰："《中庸》以中为大本，是专指未发处言之。此以忠为大本，则是就心之存主、真实无妄处言之，彻首彻尾，无间于未发已发。程子只是借'大本达道'四字言之，其意自不同。"【通考】东阳许氏曰："圈外第一条作四节看。'以己及物仁也'，是一节，言圣人事。'推己'至'不远'，是一节，为恕之正义。'忠恕一以贯之'，至'大本达道'，是一节，发明圣人忠恕。'此与违道'以下是一节，缴上三节。'此'字指'忠恕一贯'以下，言'违道不远'，缴第二节'动以天'，又缴回'以己及物'一句上。"又曰："'维天之命，於音乌。穆不已①'，忠也；'乾道变化，各正性命②'，恕也。"朱子曰："维天之命，於穆不已，此不待尽而忠也；乾道变化，各正性命，此不待推而恕也。"陈氏曰："天命，即天道之流行而赋于物者。不已，即无息也。此摘《诗》二句，以言天地之道至诚无息，即天地

① 维天之命，於穆不已：语出《诗经·周颂·维天之命》。
② 乾道变化，各正性命：语出《易·彖传·乾》。

之道之忠也。由乾道之变化以生万物，而万物各得其性命之正，此摘《易》二句，以言万物之各得其所，即天地之道之恕也。朱子谓‘譬则天地之至诚无息，而万物各得其所’，及‘至诚无息者，道之体，万物各得其所者，道之用’等语，皆是祖述程子此条而敷演之，皆是即天地之道以形容圣人之道。根源于程子，而尽发于朱子，渊乎微哉!”“曾子借忠恕以明一贯，是将一贯放下说，程子借天地以明忠恕，是将一贯提起说。”又曰：“圣人教人各因其才，吾道一以贯之，惟曾子为能达此，孔子所以告之也。胡氏曰：“浑然一理者，纯亦不已，无毫发之间断，在学者则为忠，在夫子则为一，在天地则为至诚无息也。泛应曲当者，酬酢万变，无不合乎理，在学者则为恕，在夫子则为贯，在天地则为万物各得其所也。一即体，贯即用，体隐而用显。故用可见，学者之所能知；体不可见，非学之至者不能知也。以‘子出，门人问’观之，当时侍坐非必一人，独呼曾子语之，惟曾子为能达此耳。”曾子告门人曰‘夫子之道，忠恕而已矣’，亦犹夫子之告曾子也。新安陈氏曰：“曾子之才，能达一贯，故夫子以一贯告之；门人之才，未达一贯，惟可告以忠恕，故曾子以忠恕告之。此所谓教人各因其才，所以曰‘亦犹夫子之告曾子也’。”《中庸》所谓‘忠恕违道不远’，斯乃下学上达之义。”朱子曰：“忠恕名义自合依‘违道不远’，乃掠下教人之意，欲学者下学乎忠恕，而上达乎道也。曾子却是移上一阶，说圣人之忠恕。到程子又移上一阶，说天地之忠恕。其实只是一个忠恕，须自看教有许多等级分明。”或问：“曾子未知体之一处，莫是但能行其粗，而未造其精否?”曰：“不然。圣人所以发用流行处，皆此一理，岂有精粗，缘他但见圣人之用不同，而不知实皆此理流行之妙，故告之曰‘吾道一以贯之’，曾子遂能契之深而应之速。云‘而已矣’者，谓圣人只是个忠，只是个恕，只是个至诚不息，万物各得其所而已。”“子贡寻常自知识而入道，故夫子警之曰：‘汝以予为多学而识之者欤?’对曰：‘然，非欤?’曰：‘非也，予一以贯之。’盖言吾之多识，不过一理耳。曾子寻常自践履入道，事亲孝则真能行此孝，为人谋则真个忠，与朋友交则真个信，故夫子警之曰：‘汝平日之所行者，皆一理尔。’惟曾子领略于片言之下，故曰‘忠恕而已矣’。以吾夫子之道，无出于此也。”又曰：“夫子只以一贯语此二人，亦须是他承当得，想亦不肯说与领会不得底人。曾子是践履笃实上做到，子贡是博闻强识上做到。”“曾子父子相反，曾点天资高明，见得甚高，却于行上工夫疏略。曾参天资本鲁，合下不曾见得，却是日用间积累做工夫去。一贯之说，待夫子告之而后知，然一唯之后，本末兼该，体用全备，故传道之任，不在其父而在其子。虚实之分，学者其必有以辨之。”潜室陈氏曰：“圣人一心，浑然天理，事物各当其可，犹一元之运，万化自随，初无著力处。至于学者，须是认得人己一般意思，却安排教入涂辙，须是下工夫方可。要知忠恕是一贯意思，一贯是包忠恕而言，忠恕是个生底一贯，一贯是个熟底忠恕。”又曰：“《易》所谓‘何思何虑，殊途而同归，百虑而一致’者，正圣人一贯之说也。”双峰饶氏曰：“忠恕为说，盖有三焉。一谓忠为天道、恕为人道者，此以微而天理、显而人事分忠恕也，而圣人人事之际，莫非天理之流行，非微显一以贯之与？二谓忠者无妄，恕者所以行乎忠者，此以内而存心、外而行事分忠恕也，而圣人之行事，莫非此心之无妄实为之，非内外一以贯之与？三谓忠者体、恕者用，大本、达道者，此以静而未发、动而已发分忠恕也，而圣人已发之和，皆未发之中实为之，非动静一以贯之与？是三者各以两端相为对待，而以此贯彼，脉络相因，亦犹忠之所以为恕，而恕之本乎忠也。”“程子谓忠恕违道不远，下学忠恕，所以上达一贯，此论不可易。曾子用功处，不必他求，只看《大学》所说便是。”问：“《大学》所说如何是忠恕?”曰：“‘修身’以上，忠之事也；‘齐家’以下，恕之事也。”问：“程子曰‘以己及物仁也，推己及物恕也’，不言忠恕而言仁恕，何也?”曰：“此先言仁恕之别，且先教人识‘恕’字之本义。然后言一以贯之之忠恕，与违道不远之忠恕不同。盖违道不远之恕，正自推己及人之恕，而一以贯之之恕，则是以己及人之仁，与推己及人之恕有异，故曰‘此与违道不远异者，动以天尔’。”王氏曰：“朱子之说，是言一贯而忠恕在其中；程子之说是言忠恕而一贯在其中。朱子于夫子之意详，程子于曾子之意详。程子言‘以己及物’一句，上应‘无待于推’，下应‘动以天尔’。”云峰胡氏曰：“曾子借学者之忠恕，以明夫子一贯之似，程子则即天地之忠恕，以明夫子一贯之真。末举《中庸》‘违道不远’，专为学者言之，本只是下学之事，未说到上达。因《论语》之一贯，而及《中庸》之忠恕，则《中庸》之言，乃下学上达之义。盖下学忠，所以上达圣人之一，下学恕，所以上达圣人之贯也。大抵不说出天地之忠恕，则人以一贯为浅近，而忽圣人之道以为易；不说归学者之忠恕，则人以忠恕为高虚，而畏圣人之道以为难。此程子朱子教人之意也。”新安陈氏曰：“曾子之学，固主于力行，然亦未尝不先于致知，观《集注》‘随事精察而力行之’之语，精察即致知也。况《大学》成于曾子，格物致知，实《大学》之始教。又观《记·曾子问》中，礼之权变、曲折纤悉，必讲明之。岂有全不加意于致知，而变化其气质之鲁者哉?”【通考】仁山金氏曰：“首一条，伯子语，夫子之忠恕。后条，叔子语，造化之忠恕。‘违道不远’，学者忠恕。‘以己及物仁也’一句，上应‘无待于推’，下应‘动以天尔’，此是提起一级，明夫子之道。下学上达，此是放下一级，明曾子之意。”【通旨】朱氏文炳曰：“一贯，忠恕体用而已矣。曾子于此著明之，而于《大学》尤推广之。‘修身’以上，所以体此忠也，一之所以为体也；‘齐家’以下，所以行此恕也，贯之所以为用也。此一贯忠恕，为圣贤相传之心法也。”

○子曰：“君子喻于义，小人喻于利。”

喻，犹晓也。义者，天理之所宜。利者，人情之所欲。程子曰：“君子之于义，犹小人之于利也。唯其深喻，是以笃好。”去声。杨氏曰：“君子有舍生而取义者，以利言之，则人之所欲无甚于生，所恶去声。无甚于死，孰肯舍生而取义哉？其所喻者义而已，不知利之为利故也，小人反是。”朱子曰：“君子见得这事合当如此，那事合当如彼，但裁处其宜而为之。”“君子之于义，见得委曲透彻，故自乐为小人之于利，亦是于曲折纤悉间，都理会得，故深好之。”“喻义、喻利，不是气禀如此，君子存得此心，自然喻义，小人陷溺此心，故所知者只是利。若说气禀定了，则君子小人，皆由生定，学力不可变。”南轩张氏曰：“学者莫先于义利之辨。盖义者，无所为而然也。凡有所为而然，皆人欲之私，而非天理之存，此义利之分也。朱子谓义者无所为而然，此言可谓扩前圣之所未发。”象山陆氏曰：“此章以义利判君子小人，学者于此，当辨其志。人之所喻由其所习，所习由其所志。志乎义，则所习者必在于义，斯喻于义矣。志乎利，则所习者必在于利，斯喻于利矣。”双峰饶氏曰：“此指君子小人之已成者而言，所以于义与利之精微曲折，各能深晓。程子是说喻以后事，象山是说喻以前事。”王氏曰：“笃好在喻后，志习在喻先。”陈氏曰：“天理所宜者，只是当然而然，无所为而然也。人情所欲者，只是不当然而然，有所为而然也。”新安陈氏曰：“君子喻义，未尝求利，然义上所安，即利之所在，义之利，而利自在其中。小人喻利，虽专求利，然向利必背义，不义之利，利愈得而害愈甚矣。要之，义利之界限，学者先明辨其几微，次必刚决其取舍。至深喻其趣味，则君子小人成，天渊判矣。”

〇**子曰：“见贤思齐焉，见不贤而内自省也。”**省，悉井反。

思齐者，冀己亦有是善；内自省者，恐己亦有是恶。双峰饶氏曰：“省，谓警省，非徒察也。”胡氏曰：“见人之善恶不同，而无不反诸身者，则不徒羡人而甘自弃，不徒责人而忘自责矣。”程子曰：“见贤便思齐，有为者亦若是，见不贤而内自省，盖莫不在己。”郑氏南升曰①：“见人之贤者，知其德行之可尊可贵，则必思我亦有是善，天之所赋，未尝亏欠，何以不若于人，必须勇猛精进，求其必至于可尊可贵之地。见不贤者，则知彼是情欲汩没，所以至此，必须惕然省察，恐己亦有是恶，潜伏于内，不自知觉，将为小人之归，此言君子当反求诸身如此。”庆源辅氏曰：“人心之明，贤否所不能遁，然徒见之而不反诸身，以致思齐内省之诚，则无益于我，非为己之学也。”

〇**子曰：“事父母几谏。见志不从，又敬不违，劳而不怨。”**

此章与《内则》之言相表里②。朱子全引《内则》之文，以解此章。几，微也。微谏，《坊记》曰：微谏不倦。所谓“父母有过，下气怡色，柔声以谏”也。“所谓”以下皆《内则》文，下仿此。朱子曰：“几谏，只是渐渐细密谏，不要峻暴，硬要阑截。”问：“几谏，是见微而谏否?”曰：“人做事，亦自有蓦地做去来，那里去讨几微处?”胡氏曰：“子之事亲主于爱，虽父母有过，不容不谏，然必由爱心以发乃可，故下气怡色柔声，皆深爱之形见者也。所以谓几微而谏，不敢显然直遂其己意也。”见志不从，又敬不违，所谓“谏若不入，起敬起孝，悦则复扶又反。谏”也。朱子曰：“又敬不违，敬已是顺了，又须委曲作道理以谏。上不违微谏之意，恐唐突以触父母之怒；下不违欲谏之心，务欲致父母于无过之地。见父母之不从，恐触其怒，遂止而不谏者，非也；务欲必谏，遂至触其怒者，亦非也。”劳而不怨，所谓“与其得罪于乡、党、州、闾，宁熟与‘孰’同。谏。新安陈氏曰：“不曰苦谏，而曰孰谏，‘孰’字，有深味。纯孰以谏，终欲谕父母以道而已。”父母怒不悦，而挞他达反。之流血，不敢疾怨，起敬起孝”也。问：“微谏者，下气怡色，柔声以谏也。见得孝子深爱其亲，虽当谏过之时，亦不敢伸己之直，而辞色皆婉顺也。见志不从，又敬不违，才见父母心中不从所谏，便又起敬起孝，使父

---

① 郑氏南升：郑南升，字文振，潮州潮阳县人。朱熹东南倡道，南升与郭叔云同往从之，笃志力学，有疑质朱熹，皆答之，朱熹称之。录朱熹语有《癸丑问答》。

② 《内则》：《礼记·内则》。

母欢悦，不待父母有难从之辞色，而后起敬起孝也。若或父母坚不从所谏，甚至怒而挞之流血，可谓劳苦，亦不敢疾怨，愈当起敬起孝，此圣人教天下之为人子者，不惟平时有愉色婉容，虽遇谏过之时，亦当如此，甚至劳而不怨，乃是深爱其亲也。”朱子曰：“推得也好。”西山真氏曰：“起者，竦然兴起之意。孰者，反复纯熟之谓。不谏，是陷亲于不义，使得罪于州闾。等而上之，诸侯不谏，使亲得罪于国人；天子不谏，使亲得罪于天下。是以宁孰谏也？怒挞之流血，犹不敢怨，况下于此乎？谏不入，起敬起孝，谏而挞，亦起敬起孝。孝敬之外，岂容有他念，亦岂容有一息忘乎？”

〇子曰：“父母在，不远游。游必有方。”

远游，则去亲远而为日久，定省悉井反。旷而音问疏①；不惟己之思亲不置，亦恐亲之念我不忘也。游必有方，如己告云之东，即不敢更适西，欲亲必知己之所在而无忧，召己则必至而无失也。庆源辅氏曰：“详味《集注》，非身历心验之，不能尽其精微曲折之意如此。事亲者宜身体之。”又曰：“有亲者，远游固不可，近游亦当有方。”问：“有不得已而远游，如之何？”双峰饶氏曰：“不远游，是常法，不得已而远出，又有处变之道，圣人言常不言变。”范氏曰：“子能以父母之心为心则孝矣。”朱子曰：“父母爱子之心，未尝少置；人子爱亲之心，亦当跬步不忘。”胡氏曰：“远游，特事之至近者尔，惟能即是而推之，则凡可以贻亲之忧者，皆不敢为矣。范氏之说，深得其旨。”新安陈氏曰：“朱子十四岁丧父韦斋先生，事母尽孝，所以发明此章，曲尽孝子之心。老杜曰‘颇觉良工心独苦’，信哉！”

〇子曰：“三年无改于父之道，可谓孝矣。”

胡氏曰：“已见贤遍反。首篇，此盖复音福。出而逸其半也。”

〇子曰：“父母之年，不可不知也。一则以喜，一则以惧。”

知，犹记忆也。胡氏曰：“谓念念在此而不忘也。”常知父母之年，则既喜其寿，又惧其衰，而于爱日之诚，自有不能已者。南轩张氏曰：“以年之盛衰，察气之强弱，而喜惧存焉，亦人子尽心于其亲之一事也。”王氏曰：“‘爱日之诚’四字，于‘惧’字旨意深切。”云峰胡氏曰：“人生百年曰期，而能百年者几何人哉？姑以其期言之，如年八十可喜也，而期者仅二十年，可惧也。年九十尤可喜也，而期者仅十年，尤可惧也。故可喜之中，政自有可惧者存焉。”新安陈氏曰：“爱日者，惧来日之无多，惜此日之易过，而于事亲之道，有不及也。王安石诗‘古人一日养，不以三公换’，得爱日之意。”【通考】吴氏程曰：“爱日谓及时奉养，无懈于心。”

〇子曰：“古者言之不出，耻躬之不逮也。”

言古者，以见形甸反。今之不然。逮，及也。行去声。不及言，可耻之甚。古者所以不出其言，为去声。此故也。范氏曰：“君子之于言也，不得已而后出之，非言之难，而行之难也。人惟其不行也，是以轻言之。言之如其所行，行之如其所言，则出诸

① 定省：《礼记·曲礼上》：“凡为人子之礼，冬温而夏凊，昏定而晨省。”郑玄注：“定，安其床衽也；省，问其安否何如。”后因称子女早晚向亲长问安为“定省”。

其口必不易矣。”易，去声。朱子曰：“此章紧要在‘耻’字上，若是无耻底人，未曾做得一分，便说十分矣。范氏说最好，只缘胡乱轻易说了，便把行不当事，非践履到底，乌能及此。”“人之所以易其言者，以其不知空言无实之可耻也。若耻，则自是力于行，而言之出也，不敢易矣。”厚斋冯氏曰：“古人言之必行，不能躬行而徒言之，是所耻也。后之学者，直讲说而已，义理非不高远，而吾躬自在一所，不知耻之，何哉?”

○子曰：“以约失之者鲜矣。”鲜，上声。

谢氏曰：“不侈然以自放之谓约。”庆源辅氏曰：“约与放相反，约则守乎规矩之中，放则逸于规矩之外。”尹氏曰：“凡事约则鲜失，非止谓俭约也。”朱子曰：“约有收敛近里著实之意，非徒简而已。”或曰：“约恐失之吝啬。”曰：“这‘约’字，只是凡事自收敛。”“此‘约’字是实字，若约之以礼，约其情，则‘约’字轻。”问：“‘以约失之者鲜’，凡人须要检束，令入规矩准绳，便有所据守，方少过失，或是侈然自肆，未有不差错。”曰：“说得甚分明。”南轩张氏曰：“凡人事事以节约存心，则有近本之意，虽未能皆中节，而失则鲜矣。”

○子曰：“君子欲讷于言而敏于行。”行，去声。

谢氏曰：“放言易，去声。故欲讷；力行难，故欲敏。”或问：“言惧其易，故欲讷。讷者，言之难出诸口也。行惧其难，故欲敏。敏者，力行而不惰也。”朱子曰：“然。”致堂胡氏曰：“敏讷虽若出于天资，然可习也。言烦以讷矫之，行缓以敏励之，由我而已。不自变其气质，奚贵于学哉?”南轩张氏曰：“言则欲讷，行则欲敏，盖笃实自修，无一毫徇外之意也。”双峰饶氏曰：“此即矫轻警惰之法。”胡氏曰：“自吾道一贯至此十章，疑皆曾子门人所记也。”

○子曰：“德不孤，必有邻。”

邻，犹亲也。德不孤立，必以类应。故有德者，必有其类从之，如居之有邻也。朱子曰：“德不孤，以理言。有邻，以事言。”问：“邻是朋类否?”曰：“然。非惟君子之德有类，小人之德亦自有类。”“此言有德者，声应气求，必不孤立，与《易》中‘德不孤’不同①。彼言敬义立，则内外兼备，德盛而不偏孤。不孤，训义中‘大’字。”新安陈氏曰：“秉彝好德，人心所同，同德相应，天理自然之合也。”【通旨】朱氏公迁曰：“德，行道有得于心者，指有德之人而言之。陈氏谓行道有得于心者，皆是因人用功处论，如孝弟忠信之类是也。愚谓行道有得于心，不能有加于明德、懿德、德性之外，正以复其明，全其懿、尽其性而已。是得于天者，其本然之统体；行道有得于心者，乃其修之复之之子目也。已上得于天者，与行道有得于心者，其不同如此。若‘知德者鲜’，‘不恒其德’之类，则又泛言义理之得于己者，其所包者又甚广也。”

○子游曰：“事君数，斯辱矣，朋友数，斯疏矣。”数，色角反。

程子曰：“数，烦数也。”胡氏曰：“事君谏不行，则当去；导友善不纳，则当止。

---

① 《易·坤》文言：“敬义立而德不孤。”

至于烦渎①，则言者轻，听者厌矣，是以求荣而反辱，求亲而反疏也。”范氏曰：“君臣朋友，皆以义合，故其事同也。”勿轩熊氏曰：“后篇言以道事君，不可则止，忠告而善道之，不可则止，皆此意也。”新安陈氏曰：“大伦中，以人合者皆主义。义有可否之分，合则从，不合则去。不比父子兄弟，以天合者，皆主恩，恩则无可去之理，故君臣朋友之事同也。”东阳许氏曰：“事君交友之道，所当为者，固非一端，此章以君友同言，又同一‘数’字，所以专主谏争说。”

论语集注大全卷五

公冶长第五

此篇皆论古今人物贤否得失，公冶长以下，在当时为今人也，孔文子以下古人也。盖格物穷理之一端也。凡二十七章。胡氏以为疑多子贡之徒所记云。以子贡方人，故疑其然。【通考】勿轩熊氏曰：“前十三章言孔门弟子，十四至二十一章言列国大夫，二十二章至二十四章通论古今贤人，末三章，一言夫子之志、夫子之学，一言改过，记者之微意。”程氏复心曰：“不说是格物穷理之端，则汲汲于论人，似非为己之学者。”

○子谓公冶长，“可妻也。虽在缧绁之中，非其罪也”。以其子妻之。妻，去声。下同。缧，力追反。绁，息列反。

公冶长，孔子弟子。鲁人，一云齐人。妻，为之妻如字。也。缧，黑索也。绁，挛闾缘反。也②。古者狱中以黑索拘挛罪人。长之为人无所考，而夫子称其可妻，其必有以取之矣。【通考】东阳许氏曰：“其必有以取之矣，‘其’字指长也，圣人言其可妻，是必长有德而有以得圣人。此言若云圣人有取乎长，则不须用‘其’字。”又言其人虽尝陷于缧绁之中，而非其罪，则固无害于可妻也。夫有罪无罪，在我而已，岂以自外至者为荣辱哉？朱子曰：“虽尝陷缧绁而非其罪，则其平昔之行可知，非谓以非罪陷缧绁为可妻也。”庆源辅氏曰：“在我无得罪之道，而不幸有罪自外至，何足以为辱？在我有得罪之道，虽或幸免其罪于外，何足以为荣？故君子有隐微之过于暗室屋漏之中，则其心愧耻，若挞于市。不幸而遇无妄之灾，则虽市朝之刑、裔夷之窜，皆受之而无恧也。”双峰饶氏曰：“可妻，以其素行取之。缧绁非罪，以其一事言之。在缧绁则似不可妻，非其罪则无害于可妻也。”齐氏曰：“匡章，非孟子，遂为不孝之子；公冶长，非夫子，遂为有罪之人。天下之不遇圣贤者众矣。”东阳许氏曰：“择婿之意，全在‘可妻也’上。下面却言长虽曾在缧绁，自是为人所诬累，非长实有罪，则缧绁不足污其行。”

子谓南容，“邦有道，不废；邦无道，免于刑戮”。以其兄之子妻之。

---

① 烦渎：一次次地冒犯。

② 挛：捆绑。

南容，孔子弟子，居南宫。名绍，音滔。又名适。字子容，谥神至反，正作諡。敬叔。孟懿子之兄也。鲁人。不废，言必见用也。以其谨于言行，去声。故能见用于治去声。朝，音潮。免祸于乱世也。事又见贤遍反。第十一篇。朱子曰："三复白圭，见其谨言。言行相表里，谨言必能谨行矣。"又曰："邦有道，是君子道长之时，南容必不废弃。邦无道，是小人得志以陷害君子之时，南容能谨其言行，必不陷于刑戮。"新安陈氏曰："此章本不见谨于言行意，参以《三复白圭章》，故云。"或曰："公冶长之贤不及南容，故圣人以其子妻长，而以兄子妻容，盖厚于兄而薄于己也。"程子曰："此以己之私心窥圣人也。凡人避嫌者，皆内不足也，圣人自至公，何避嫌之有？况嫁女必量其才而求配，尤不当有所避也。配，合也。夫妇皆可以配言。若孔子之事，则其年之长上声。幼、时之先后皆不可知，惟以为避嫌则大不可。避嫌之事，贤者且不为，况圣人乎？"厚斋冯氏曰："免于刑戮，非必免于缧绁也。缧绁之不免，圣人所不能计，特计其能保首领耳，盖世乱而刑戮，易于陷之也。唯谨身免祸，庶保其妻子尔。"

○子谓子贱，"君子哉若人！鲁无君子者，斯焉取斯？"焉，于虔反。

子贱，孔子弟子，姓宓，考之韵书，此字音密，又云姓也，通作虙，音伏。名不齐。鲁人。上斯斯此人，下斯斯此德。子贱盖能尊贤取友以成其德者。《说苑》："子贱为单父宰，所父事者二人，所兄事者五人，所友者十一人，皆教子贱以治人之术。"朱子曰："居乡而多贤，其老者吾当尊敬师事以求其益，其行辈与吾相若者，则纳交取友，亲炙渐磨，以涵养德性，薰陶气质。"胡氏曰："《家语》云'子贱少孔子四十九岁，有才智仁爱，为单父宰，民不忍欺'。以年计之，孔子卒时，子贱方年二十余岁，意其进师夫子，退从诸弟子游，而切磋以成其德者，故夫子叹之如此。"故夫子既叹其贤，而又言若鲁无君子，则此人何所取以成此德乎？因以见贤遍反。鲁之多贤也。朱子曰："《论语》中说君子，有说最高者，有大概说者，如言贤者之类。圣人于子贱、南宫适，皆曰'君子哉若人'，皆大概说。"南轩张氏曰："非特叹鲁之多贤，言美质系乎薰陶之效如此也。"苏氏曰："称人之善，必本其父兄师友，厚之至也。"双峰饶氏曰："称人善，已可言厚，又推本其父兄师友，乃厚之至也。"

○子贡问曰："赐也何如？"子曰："女器也。"曰："何器也？"曰："瑚琏也。"女，音汝。瑚，音胡。琏，力展反。

器者，有用之成材。夏曰瑚，商曰琏，周曰簠簋，音甫鬼。皆宗庙盛平声。黍稷之器而饰以玉，器之贵重而华美者也。新安倪氏曰："按《明堂位》曰'夏后氏之四琏，殷之六瑚，周之八簋'，是商曰瑚，夏曰琏也。此因旧注，想因瑚在上、琏在下而误耳。外方内圆曰簠，外圆内方曰簋。"子贡见孔子以君子许子贱，故以己为问，而孔子告之以此。然则子贡虽未至于不器，其亦器之贵者欤？程子曰："瑚琏可施礼于宗庙，如子贡之才，可使于四方，可使与宾客言而已。"朱子曰："子贡毕竟只是器，非不器也。子贡是器之贵者，与贱器不同，然可贵而不可贱，宜于宗庙朝廷而不可退处，此子贡之偏处。"南轩张氏曰："瑚琏虽贵，终未免于可器也，赐能因其所至，而勉其所未至，则亦何所限量哉？"双峰饶氏曰："用之宗庙故曰贵，盛黍稷故曰重，饰以珠玉故曰华美。子贡之才，可使从政为卿大夫，是贵重也，而又有言语文章之可观，是华美也。”胡氏曰：“器者，各适其用而不能相通。此以为有用之成材者，因下文瑚琏而加重其词尔。”或问：“子贡未至于子贱之君子欤？”云峰胡氏曰：“子贱亦未便不是器之君子，特子贱能有所取以成德，可充之以至于不器。子贡虽有用之成材，尚有所局，而未至于不器也。”

○或曰：“雍也仁而不佞。”

雍，孔子弟子，姓冉，字仲弓。鲁人。佞，口才也。程子曰：“有便佞之才者，多入于不善，故学不贵。”朱子曰：“佞，是无实之辨。”又曰：“佞，是捷给便口者，不是谄，是个口快底人。却未问是不是，一时言语，便抵当得去，撰得说话也好，如子路何必读书之言，子曰‘恶夫佞者’是也。”仲弓为人重厚简默，而时人以佞为贤，故美其优于德，而病其短于才也。庆源辅氏曰：“仲弓从事于敬恕以求仁，又在德行之科，而夫子称其可使南面，今或者又以不佞为慊，则决非务外而事口者，故以为重厚简默也。人情徇外而不事内，求名而不务实，故以佞为贤。”

子曰：“焉用佞？御人以口给，屡憎于人。不知其仁，焉用佞？”焉，于虔反。

御，当也，犹应答也。给，辨也。憎，恶去声。下同。也。言何用佞乎？佞人所以应答人者，但以口取辨而无情实，徒多为人所憎恶尔。庆源辅氏曰：“佞人恃口以御人，浮浅躁妄，发言成文，虽若可听，然其情实，则未必如此。心口既不相副，自然招尤而取憎也。”新安陈氏曰：“口才虽俗人所贤，而实正人所恶。”我虽未知仲弓之仁，然其不佞乃所以为贤，不足以为病也。再言焉用佞，所以深晓之。厚斋冯氏曰：“《左氏传》云‘寡人不佞’，盖以佞为才，卫以祝鮀之佞，治宗庙，然颜子为邦之问，夫子则告之以远佞人。盖木讷者近仁，多言者数穷，佞多失言，不佞不害其为贤也。”新安陈氏曰：“或人称仲弓之仁，而短其不佞，夫子不轻许仲弓以仁，而反喜其不佞。”或疑仲弓之贤而夫子不许其仁，何也？曰：仁道至大，非全体而不息者，不足以当之。如颜子亚圣，犹不能无违于三月之后；况仲弓虽贤，未及颜子，圣人固不得而轻许之也。蔡氏曰：“全体，是天理浑然无一毫之杂；不息，是天理流行无一息之间。‘爱之理，心之德’六字，所以训仁之义为甚切；‘全体不息’四字，所以尽仁之道为甚大。只此十字之约，不惟诸儒累千百言莫能尽，而前后圣贤所论‘仁’字，溥博精深，千条万绪，莫不总会于十字之中矣。”勉斋黄氏曰：“当理而无私心，朱子据所闻于师者而言，此章即己之所见而言。‘全体’二字，已足以该当理无私心之义，加以‘不息’二字，又五字未尽之旨。盖亦因其所已闻，而发其所独得。故《子文文子章》，虽引师说，而《或问》乃曰‘仁者，心之德而天之理也，自非至诚尽性，通贯全体，无少间息，不足以名之’，则亦引前章之说以释后章之旨，亦足以见前说之义，为详且密也。”陈氏曰：“仁惟此心纯是天理，无一毫人欲之私，乃可以当其名。全体云者，非指仁之全体而言，乃所以全体之也。”西山真氏曰：“仁者兼该万善，无所不备，如人之头目手足皆具，然后谓之人也。”双峰饶氏曰：“此‘体’字，当作活字看，即君子体仁之体。仁之体本全，故体此仁者，不可以不全。”云峰胡氏曰：“全体而不息，如真、蔡之说，则仁之体本自浑全；如陈、饶之说，则是以人全体之。愚玩朱子之意，仁道至大，是说仁。全体而不息者，是说仁者之人，故著一‘者’字。盖仁只是人之本心，所贵乎仁者，于此心本体无一毫之亏欠，又无一息之间断也。”新安陈氏曰：“胡氏通主仁者之人之说自是。程子曰‘公而以人体之则为仁’，此体仁之说也。曾子曰‘士不可以不弘毅’，仁以为己任，弘也，死而后已，毅也。仁者，本心之全德，必欲以身体而力行之，全体此仁，即弘也；一息尚存，此志不容少懈，此不息，即毅也。必如此，始足以参透‘全体而不息者’之语欤？”【通旨】朱氏公迁曰：“愚承先君子之教，曰：‘仁之一字，以成德言者，不易言。盖无所不体而自然不息者，圣人也；能全体之而不免有息者，亚圣者也；体之未必能全而息之之时又多者，仲弓子路以下是也。若原宪之克伐怨欲不行而遽以为仁，则非惟未加不息之功，而实不知全体之妙矣’。又按，指仁之全体而言，则为自然之德性；自人能全体不息之而言，则为体道之成德，此皆专言之仁，皆可谓之以德言也。”

○**子使漆雕开仕。对曰：“吾斯之未能信。”子说。**说，音悦。

漆雕开，孔子弟子，字子若。蔡人。斯，指此理而言。信，谓真知其如此，而无毫发之疑也。开自言未能如此，新安陈氏曰：“未能真知此理而无毫发之疑，则正当学时，未是学优而仕时。”未可以治人，故夫子说其笃志。程子曰：“不先自信，何以治人？”朱子曰：“‘斯’之一字甚大，有所指而言，如事君忠、事父孝，皆是这个道理。若自信得及，则虽欲不如此不可得，若自信不及，如何勉强做得？欲要自信得及，又须自有所得，于这个道理上见得透，全无些子疑处，方是信。”“斯，只是这许多道理，见于日用之间，君臣父子仁义忠孝之理。于是虽已见得如此，却自恐做不尽，不免或有过差，尚自保不过，虽是知其已然，未能决其将然，故曰‘吾斯之未能信’。”程子曰：“漆雕开已见大意，故夫子说之。”朱子曰：“大意便是本初处。若不曾见得大意，如何下手做工夫？若已见得大意，而不下手做工夫，亦不可。斯者，非大意而何？若推其极，只是性，盖帝之降衷便是。”陈氏曰：“开于心体上，未到昭晰融释处，所以未敢出仕。其所见处，已自高于世俗诸儒，但其下工夫不到头，故止于见大意尔。”又曰：“古人见道分明，故其言如此。”或问：“开未能自信，而程子以为已见大意、见道分明，何也？”朱子曰：“人惟不见其大者，故安于小，惟见之不明，故若存若亡，一出一入，而不自知其所至之浅深也。今开之不安于小如此，则非见乎其大者不能矣。卒然之间，一言之对，若目有所见，而手有所指者，且其指之于身，又如此其切，而不容自欺也，则其见道之明，又为何如？然曰见大意，则于细微容或有所未尽。”曰：“见道分明，则固未必见其反身而诚也。”庆源辅氏曰：“人惟见道不分明，故所言含糊不决，今开断然以为未能信，未可以仕而治人，故知其见道分明也。”胡氏曰：“谓之见道分明者，凡毫厘之未信，皆自知之也。”谢氏曰：“开之学无可考。然圣人使之仕，必其材可以仕矣。至于心术之微，则一毫不自得，不害其为未信。此圣人所不能知，而开自知之。庆源辅氏曰：“圣人明于知人，何不能知，但其未信之实，毫厘纤悉处，与意味曲折，不若开自知之精耳。”其材可以仕，而其器不安于小成，他日所就，其可量乎？夫子所以说之也。”朱子曰：“据他之材，已自可仕。只是他不伏如此小用了，又欲求进，是他先见大意了，方肯不安于小成，若不见大意者，只安于小成耳。如人食藜藿，未食刍豢，只知藜藿之美，及食刍豢，则藜藿不足食矣。”又曰：“他是不肯便做小底，所谓有天民者，达可行于天下而后行之者也。”问：“开之未信，若一理见未透，即是未信否？”曰：“也不止说一理。行一不义，杀一不辜，得天下不为，须是真见得不义不辜处，便不可以得天下。若说略行不义，略杀不辜，做到九分也未甚害，也不妨，这便是未信处。这里更须玩味省察，体认存养，亦会见得，决定恁地而不可不恁地，所谓脱然如大寐之得醒，方始是信处耳。”“开所谓斯，是他见得此个道理了，只是信未及。他眼前看得阔，只是践履犹未纯熟，他是见得个规模大，不入这小底窠坐。曾点被他见得高，下面许多事皆所不屑为，到他说时便都恁地脱洒，想见他只是天资高，便见得恁地，都不曾做工夫。”“点见得高，却于工夫上有疏略处，开见处不如点，然有向进之意。点规模大，开尤缜密。”“论资禀之诚慤，则开优于点，语其见趣超诣，脱然无毫发之累，则点贤于开，然开之进则未已也。”庆源辅氏曰：“器，言其志量也。所见者大，所知者明，则其志量自然不肯安于小成。其进进不已之意，不至于大而化、化而不知之神不止也，则他日所就，果可量乎？”胡氏曰：“开得其大而不局于小。”双峰饶氏曰：“《集注》释‘悦’字有三。朱子谓悦其笃志，程子谓悦其已见大意，谢氏谓悦其不安于小成，其实相贯。惟其见大意，故不安于小成，惟其不安于小成，故笃志。按《程氏遗书》曰‘曾点、漆凋开已见大意’，《集注》采之，以曾点事在后，不欲学者躐之，故去上二字。”云峰胡氏曰：“已见大意，‘已’字有意味。盖漆凋开已见大意，而未析其微，曾点已见大意，而易略于细。使二子之学，各有所进，则其已然者固如此，而其未然者，当不止于此也。‘已’字当如此看。”

〇**子曰：“道不行，乘桴浮于海。从我者其由与？”子路闻之喜。子曰：“由也好勇过我，无所取材。”**桴，音孚。从、好，并去声。与，平声。材，与“裁”同，古字借用。

桴，筏也。筏，房越反，编竹木为之。程子曰：“浮海之叹，伤天下之无贤君也。子路勇于义，故谓其能从己，皆假设之言耳。此叹与‘欲居九夷’同意。子路以为实然，而喜夫子之与己，故夫子美其勇，而讥其不能裁度待洛反。事理，以适于义也。”庆源辅氏曰：“圣人欲浮海，岂有愤世长往之意，其忧时闵道之心，盖有不得已者。子路不惟今日遂以夫子为必行，而喜其与己，其平日所为，多伤于刚果，而不能裁度以适义。如率尔之对，迂也之言，皆是也。夫子所以教之。”胡氏曰：“得时行道，使天下无不被其泽，此圣人之本心。世衰道否，至于无所容其身，岂圣人之得已？乘桴浮海，虽假设之辞，然伤时之不我用也。如子路之勇于义，不以流离困苦而二其心，故谓其能从我，是皆忧深思远而形于言也。子路不知夫子之本心，而喜夫子之与己，可谓直情径行而无所忖度也。”汪氏炎昶曰：“《集注》‘能’、‘不能’字，是扬而抑之处。所能者，禀赋之刚果；所不能者，学力之未至也。”新安陈氏曰：“既云勇于义，又云不能裁度事理以适于义，何也？盖勇于义，是略见大意，能勇于行；不能裁度事理以适于义，是不能审察精义，而有误勇决行之者。故其仕于卫也，知食焉不避其难之为义而死之，是勇于义；不知食出公之食为非义，是不能裁度事理以适于义也。”

○孟武伯问①："子路仁乎？"子曰："不知也。"

子路之于仁，盖日月至焉者。或在或亡，不能必其有无，故以不知告之。

又问。子曰："由也，千乘之国，可使治其赋也，不知其仁也。"乘，去声。

赋，兵也。古者以田赋出兵，故谓兵为赋，《春秋传》去声，后凡言《春秋传》者同。所谓"悉索所白反。敝赋"是也。《左传·襄公八年》："悉索音色，尽也，悉尽敝邑之兵赋。敝赋，以讨于蔡。三十一年，悉索敝赋，以来会时事。"言子路之才，可见者如此，仁则不能知也。朱子曰："仲由可使治赋，才也。不知其仁，以学言。"

"求也何如？"子曰："求也，千室之邑，百乘之家，可使为之宰也，不知其仁也。"

千室，大邑。百乘，卿大夫之家。宰，邑长上声。家臣之通号。

"赤也何如？"子曰："赤也，束带立于朝，可使与宾客言也，不知其仁也。"朝，音潮。

赤，孔子弟子，姓公西，字子华。鲁人。朱子曰："浑然天理，便是仁，有一毫私意，便是不仁。三子之心，不是都不仁，但是不纯尔。"问："三子虽全体未是仁，苟于一事上能当理而无私心，亦可谓之一事之仁否？"曰："不然。盖才说个'仁'字，便用以全体言。若一事上能尽仁，便是他全体是仁了，若全体有亏，这一事上必不能尽仁。才说个'仁'字，便包尽许多事，无不当理而无私了，所以三子当不得个'仁'字，圣人只称其才。圣门工夫，不过居敬穷理以修身也。由、求只是这些工夫未到，故夫子所以知其未仁。若能主敬以穷理，工夫到此，则德性常用，物欲不行，而仁流行矣。"庆源辅氏曰："诸子之于仁，盖亦勉焉而未能有诸己也，故或日一至焉，或月一至焉，能造其域而不能久耳。方其志气清明，存养不懈，则是心存而有其仁，及私意横生，一有间断，则是心亡而无其仁矣。将以为有，则有时而无；将以为无，则有时而有。既不能必其有无，则以不知告之。"勿轩熊氏曰："此与后篇由可使有勇、求可使足民赤、愿为小相章互见。兵财礼乐，乃国之大政，而三子之意，不足以当之，见圣门有用之学。然治事之才易见，本心之德难全，故夫子皆不许其仁。"

○子谓子贡曰："女与回也孰愈？"女，音汝。下同。

愈，胜也。

对曰："赐也何敢望回。回也闻一以知十，赐也闻一以知二。"

一，数之始。十，数之终。二者，一之对也。胡氏曰："十者数之终，以其充极之所至而言；二者一之对，以其彼此之相形而言。"颜子明睿余例反。所照②，即始而见终；子贡推测而知，因此而识彼。"无所不说"，音悦，"告往知来"③，是其验矣。程子曰："子贡之知，亚于颜子，知至而未至之也。"朱子曰："明睿所照，推测而知，两

---

① 孟武伯：名彘，又名泄，孟懿子之子。

② 明睿：聪明睿智。

③ "无所不说"谓颜子，《论语·先进》："子曰：'回也非助我者也，于吾言无所不说。'""告往知来"谓子贡，见《论语·学而》："子曰：'赐也，始可与言诗已矣！告诸往而知来者。'"

句当玩味。明睿所照，如明镜在此，物来毕照；推测而知，如将些子火，逐些子照去。”庆源辅氏曰：“闻一知十，不是知一件，限定知得十件，只是知得周遍，始终无遗。闻一知二，亦不是闻一件，限定知得二件，只是知得通达，无所执泥。知得周遍，始终无遗，故无所不悦。知得通达，无所执泥，故告往知来。然思与睿亦非两事，但有生熟之异，始则思而通，久则明睿生，而物无遗照矣。”又曰：“惟是生知之圣人，则全体昭著，不待推广。若夫学而知之者，则须居敬穷理，渐渐开明，固不能无浅深之异也。”胡氏曰：“颜子之于吾言无所不说，可谓知十之验。子贡之告诸往而知来者，可为知二之验。”又曰：“闻一知十，岂有事可指哉？亦以况颜子明哲，举首见尾，而己所不及耳。”

子曰：“弗如也！吾与女弗如也。”

与，许也。胡氏曰：“子贡方人①，夫子既语音御。以不暇，又问其与回孰愈，以观其自知去声。之如何。闻一知十，上知之资，生知之亚也。闻一知二，中人以上之资，学而知之之才也。子贡平日以己方回，见其不可企及，丘氏、去智二反。故喻之如此。夫子以其自知之明，而又不难于自屈，朱子曰：“凡人有不及人处，多不能自知，虽知亦不肯屈服，如子贡自屈于颜子，可谓高明。夫子所以与其弗如之说。”庆源辅氏曰：“自屈生于自知，自知之明，则不容于不自屈也，且自知之明，则不安于己知，不难于自屈，则不画于已至，此夫子所以许之。”故既然之，又重去声。许之。此其所以终闻性与天道，不特闻一知二而已也。”朱子曰：“圣人之道，大段用敏悟晓得底，敏悟晓得时，方担荷得去，如子贡虽所行未实，然他却极是晓得，担荷得去，使其见处更长一格，则所行自然又进一步。圣门自曾颜而下，便还用子贡，如冉闵非无德行，然终是晓不甚得，担荷圣人之道不去。所以孔子爱呼子贡而与之语，意盖如此。”新安陈氏曰：“孔门颖悟，莫如颜子，子贡可以亚之，所以终得闻性与天道与一以贯之，岂局于闻一知二者哉？”

〇**宰予昼寝。子曰：“朽木不可雕也，粪土之墙不可杇也，于予与何诛。”**朽，许久反。杇，音污。与，平声。下同。

昼寝，谓当昼而寐。朽，腐也。雕，刻画也。杇，镘莫官反。也。言其志气昏惰，教无所施也。新安陈氏曰：“志谓心志，气谓血气。志先惰，气随而昏，则教无施处。如朽木粪墙，雕杇之工无施力处也。”与，语辞。诛，责也。言不足责，乃所以深责之。

子曰：“始吾于人也，听其言而信其行；今吾于人也，听其言而观其行。于予与改是。”行，去声。

宰予能言而行不逮，故孔子自言于予之事而改此失，亦以重去声。警之也。庆源辅氏曰：“宰予以言语称于圣门，而孟子亦以为善为说辞。然论丧则欲其短，论仁则病其愚，对社则失其义，至此昼寝，而夫子深责之，且自言于予之事而改此失，则能言而行不逮可见矣。”胡氏曰：“‘子曰’疑衍文，不然，则非一日之言也。”范氏曰：“君子之于

① 方人：评论别人。

学，惟日孜孜，毙毗祭反。而后已，惟恐其不及也。宰予昼寝，自弃孰甚焉，故夫子责之。”胡氏曰：“宰予不能以志帅入声。气，居然而倦。是宴安之气胜①，儆戒之志惰也。古之圣贤未尝不以懈惰荒宁为惧，勤励不息自强，此孔子所以深责宰予也。听言观行，圣人不待是而后能，亦非缘此而尽疑学者。特因此立教，以警群弟子，使谨于言而敏于行耳。”觉轩蔡氏曰：“学者诚能立志以自强，则气亦从之，不至于昏惰，何有于昼寝，故学莫先于立志。”庆源辅氏曰：“玩理以养心，则志不昏；以志而帅气，则气不惰，志不昏，气不惰，则有受教之地，而圣人之教可得而施也。朽木不可凋，粪土之墙不可杇，止以喻其志气昏惰，而教无所施耳。听言观行，圣人明睿所照，不待是而后能；至诚与人，不逆于诈，故非缘此而尽疑学者，仁以体物，教人不倦，故因此立教，以警群弟子也。”

○子曰：“吾未见刚者。”或对曰：“申枨。”子曰：“枨也欲②，焉得刚?”焉，于虔反。

刚，坚强不屈之意，最人所难能者，故夫子叹其未见。申枨，弟子姓名。鲁人。欲，多嗜欲也。多嗜时利反。欲，则不得为刚矣。问：“慾欲何分别?”朱子曰：“无心‘欲’字虚，有心‘慾’字实，二字亦通用。”程子曰：“人有欲则无刚，刚则不屈于欲。”谢氏曰：“刚与欲正相反。能胜物之谓刚，故常伸于万物之上；为物掩之谓欲，故常屈于万物之下。自古有志者少，无志者多，宜夫子之未见也。枨之欲不可知，其为人得非悻悻下顶反。自好去声。者乎？新安倪氏曰：“《孟子集注》：‘悻悻，怒意；自好，自爱其身也。’”故或者疑以为刚，然不知此其所以为欲尔。”程子曰：“凡人有欲则不刚，至大至刚之气，在养之可以至焉。”朱子曰：“刚是坚强不屈，卓然有立，不为物欲所累底人，故夫子以为未见。”“凡人才贪一件物事，便被这物事压得头低了，才有些欲，便被他牵引去，此中便无所主，焉得刚。”节斋蔡氏曰：“范氏谓刚者天德，惟无欲者乃能之。神龙惟有欲，是以人得求其欲而制之，亦得而食之。圣人无欲，故天下万物不能易也。苏氏谓有志而未免于欲者，其志尝屈于欲，惟无欲者能以刚自遂。某闻之师曰，刚者，外虽退然自守，而其中不诎于欲。悻悻者，外虽有崛强之貌，而其中实有计较胜负之意，即此便是欲。圣人观人，直从里面观出，见得他中无所主，只是色庄，便是欲了。”胡氏曰：“刚则己大物小，凡天下之可欲者，皆不足以动之，所谓伸于万物之上是也。欲则己小物大，随其意之所贪，俯首下气以求之，所谓屈于万物之下是也。所以相对而相反，有此则无彼也。”西山真氏曰：“所谓胜物者，谓立志坚强，不为外物所夺，凡荣辱得丧、祸福死生，皆不足以动之。如孟子所谓富贵不能淫、贫贱不能移、威武不能屈，此之谓胜物，非刚暴恃气求以胜人之谓也。为物掩之谓欲，言陷溺于物欲之中，不能自克，如为物遮覆掩遏而不能出也。”双峰饶氏曰：“悻悻，只是色厉底人，孟子所谓谏于其君而不受，则怒，悻悻然见于其面是也。此等人外面虽似刚，其中心不过为

---

① 宴安：贪图安逸。

② 欲：古作“慾”。

名，这便是自好，便是欲，即所谓色厉而内荏也。”厚斋冯氏曰：“枨之刚，乃血气之刚，夫子所言，乃义理之刚也。血气之刚，物欲得以屈之，惟义理之刚，则不为外物所夺尔。”云峰胡氏曰：“孟子论浩气曰‘至大至刚’，此天地之正气也。悻悻自好，客气也。或人于申枨惑其刚之似，而夫子识其不刚之真。”

○子贡曰：“我不欲人之加诸我也，吾亦欲无加诸人。”子曰：“赐也，非尔所及也。”

子贡言我所不欲人加于我之事，我亦不欲以此加之于人。此仁者之事，不待勉强，上声。故夫子以为非子贡所及。朱子曰：“欲无加诸人，此等地位，是本体明净处，尽是不忍之心，不待勉强，乃仁者之事，子贡未到此田地，而遽作此言，故夫子谓非尔所及，言不可以躐等。”程子曰：“我不欲人之加诸我，吾亦欲无加诸人，仁也；施诸己而不愿，亦勿施于人，恕也。恕则子贡或能勉之，仁则非所及矣。”愚谓无者自然而然，勿者禁止之谓，此所以为仁恕之别。必列反。朱子曰：“此章程子晚年仁熟，方看得如此分晓，说得如此明白．所以分仁恕者，只是生熟难易之间尔。熟底是仁，生底是恕；自然底是仁，勉强底是恕；无计较无睹当底是仁，有计较有睹当底是恕。”云峰胡氏曰：“本文‘无’字是子贡说，‘勿’字是夫子说。程子是借夫子说恕之事，以见子贡所言是仁之事。”

○子贡曰：“夫子之文章，可得而闻也；夫子之言性与天道，不可得而闻也。”

文章，德之见贤遍反。下同。乎外者，威仪文辞皆是也。庆源辅氏曰：“威仪，德之见乎容貌者；文辞，德之见乎言语者。”性者，人所受之天理；天道者，天理自然之本体，其实一理也。言夫子之文章，日见乎外，固学者所共闻；至于性与天道，则夫子罕言之，而学者有不得闻者。盖圣门教不躐等，子贡至是始得闻之，而叹其美也。问：“子贡是因文章中悟性天道，抑后来闻孔子说邪?”朱子曰：“是后来闻孔子说。”曰：“文章亦是性天道之流行发见处?”曰：“固亦是发见处，然他当初只是理会文章，后来是闻孔子说性与天道，今不可硬做是因文章得。”陈氏曰：“圣人教不躐等，平时只是教人以文章，到后来地位高，方语以性与天道尔。”新安陈氏曰：“尧之文章，朱子释以礼乐法度，与此不同者，尧达而在上，其文章见于治天下；夫子穷而在下，其文章惟见于吾身。在天下，故以礼乐法度言；在吾身，故以威仪文辞言也。”程子曰：“此子贡闻夫子之至论而叹美之言也。”王氏曰：“此理在天，未赋于物，故曰天道；此理具于人心，未应于事，故曰性。即元亨利贞，仁义礼智是也。文章至显而易见，此理至微而难言。”西山真氏曰：“‘文章’二字之义，五色错而成文，黑白合而成章。文者粲然有文，章者蔚然有章。文章可闻，夫子平日以身教人，凡威仪文辞，自然成文有章者皆是。所谓‘吾无隐乎尔’，‘吾无行而不与二三子者’是也。若性与天道，则渊奥精微，未可遽与学者言，恐其亿度料想，驰心玄妙，反躐等而无所益，故罕言之。《论语》仅有‘性相近’一语，亦已是兼言气质之性，非言性之本。至于赞《易》，方云‘乾道变化，各正性命’、‘一阴一阳之谓道’、‘继善成性’，方是正说性与天道，亦可谓罕言矣。子贡后来始得闻之，而有此叹也。”

○子路有闻，未之能行，唯恐有闻。

前所闻者既未及行，故恐复扶又反。有所闻而行之不给也。范氏曰："子路闻善，勇于必行，门人自以为弗及也，故著之。若子路，可谓能用其勇矣。"朱子曰："子路不急于闻，而急于行，此古人为己之实处。如人之饮食，珍羞罗列，须吃尽方好，吃不尽，又增加亦徒然。"南轩张氏曰："有所闻而实未副，勇者之所耻也。唯恐有闻，则其笃于躬行可知，门人记此，亦可谓善观子路者矣。然比之得一善，拳拳服膺而不失者，则未免有强力之意耳。"庆源辅氏曰："人之有勇，多有用于非所当用者；子路之勇，用以力行，真能用其勇矣。"勿轩熊氏曰："子路勇于力行，而致知工夫不及，所以死于孔悝之难。"或曰："此即子路闻斯行之之勇，门人以为弗及而著之，夫子以为兼人而退之，何也？"云峰胡氏曰："著之者，门人弗及其行之勇，推敬之辞也。退之者，夫子恐其徒事乎行之勇，陶成之术也。"

○子贡问曰："孔文子何以谓之文也？"子曰："敏而好学，不耻下问，是以谓之文也。"好，去声。

孔文子，卫大夫，名圉。音语。凡人性敏者多不好学，恃其天资，多怠于学。位高者多耻下问。位高自骄，多耻问于卑下。故谥法有以"勤学好问"为文者，盖亦人所难也。孔圉得谥为文，以此而已。苏氏曰："孔文子使太叔疾出其妻而妻去声。之。疾通于初妻之娣，大计反。文子怒，将攻之。访于仲尼，仲尼不对，命驾而行。疾奔宋，文子使疾弟遗室孔姞渠乙反。其为人如此而谥曰文，此子贡之所以疑而问也。《春秋左氏传》云：哀公十一年冬，卫太叔疾出奔宋。初，疾娶于宋子朝。子朝，宋人，卫大夫。其娣嬖，子朝出，孔文子使疾出其妻，出宋朝之女。而妻之，疾使侍人诱其初妻之娣，置于犁卫邑，而为之一宫，如二妻。文子怒，欲攻之，仲尼止之，遂夺其妻。文子遂夺其女，不嫁太叔疾。或淫于外州，外州人夺之轩以献，夺太叔疾之轩车，以献于君。耻是二者，以夺妻、夺轩二事为耻。故出。卫人立其弟遗，遗，疾之弟。使室孔姞。孔姞，文子之女、疾之妻也，使遗室之。孔文子之将攻太叔也，访于仲尼，仲尼曰："胡簋之事，胡簋，礼器也，夏曰胡，周曰簋。则尝学之矣；甲兵之事，未之闻也。"退命驾而行。孔子不没其善，言能如此，亦足以为文矣，非经天纬地之文也。"《史记·谥法解》："惟周公旦、太公望，嗣王业建功于牧野，终将葬，乃制谥，遂叙谥法。谥者，行之迹；号者，功之表。有大功，则赐之善号，以为称也。车服者位之章也。是以大行受大名，细行受细名，行出于己，名出于人。名，谓谥号。经纬天地文，道德博闻文，勤学好问文，慈惠爱民文，愍民惠礼文，赐民爵位文。"朱子曰："此章因论谥而发，然人有一善之可称，圣人亦必取之，此天地之量也。"问："孔姞事如此不好，便敏学好问，济得甚事？"曰："古谥法甚宽，所谓节以一惠，言只有一善亦取之。节者，节略而取其一善也。孔文子固是不好，只敏学下问，亦是他好处。《周礼》谥只有二十八字，不成说孔文子与文王一般？盖人有善多者，则摘其尤善者一事以为谥。亦有只有一善，则只取其一善以为谥而隐其恶，如孔文子是也。惟无一善可称，而纯于恶，然后名曰幽厉耳。""如织布绢，经是直底，纬是横底，经天纬地是一横一直，皆是文理，故谓之文。裁成天地之道，辅相天地之宜，此便是经纬天地之文。”胡氏曰：“日月星辰，风雨霜露，天文也；山岳河海，草木花卉，地文也。微而鸟兽虫鱼，皆有文焉。舜在璿玑玉衡，以齐七政，经天之文也；封山浚川，若草木鸟兽，纬地之文也。天文粲乎上，地文陈乎下，圣人处乎中而经纬之，所以裁成辅相之以为用也。”厚斋冯氏曰：“谥法之为文者六，而勤学好问居其一，殆取诸此欤？”

○子谓子产，“有君子之道四焉：其行己也恭，其事上也敬，其养民也惠，其使民也义。”

子产，郑大夫公孙侨。音乔。恭，谦逊也。敬，谨恪充各反。也。庆源辅氏曰：“首篇释恭为庄敬，此又释为谦逊者，恭敬谦逊，皆礼之端，缘此下文有‘事上也敬’，故以谦逊释恭，谨恪释敬。盖谦逊乃恭之实，而于行己为切，谨恪乃敬之实，而于事上为宜也。”惠，爱利也。使民义，如都鄙有章、【通考】仁山金氏曰：“都鄙：如大都，三国之一；中，五之一；小，九之一。又师都建旗，县鄙建旐。当时郑国多强族，分食都鄙，必多侈僭，故子产限之，使城郭车旗章服，各有尊卑也。”上下有服、【通考】仁山金氏曰：“谓使贵贱衣冠各有等级，不得逾侈。当时郑国衣冠逾制者，藏而不敢服，故有‘取我衣冠’之颂。”田有封洫、忽域反。【通考】仁山金氏曰：“封疆、沟洫，此水陆之路，所以限井田之界。当时井田制坏，渐有开阡陌相侵越兼并之患，故使民封土为疆，通水为洫，以正经界，止侵并、复田制。一时使民力为之，所以有‘作封洫’之讥，有‘取我田畴’之谤。”庐井有伍之类。《左传·襄公三十年》：郑子皮授子产政，子产使都鄙有章，上下有服，田有封洫，庐井有伍。杜氏注：国都及边鄙，车服尊卑，各有分部。公卿大夫，服不相逾。封，疆也；洫，沟也；庐，舍也。九夫为井，使五家相保。朱子曰：“有章，是有章程条法；有服，是贵贱衣冠，各有制度。郑国人谓取我田畴而伍之，取我衣冠而褚之，是子产为国时，衣服有定制，不敢著底，皆收之囊中，故曰取而褚之。”又曰：“有章，是一都一鄙，各有规矩。有服，是衣冠服用，皆有等级高卑。‘义’字有刚断之意。其养民则惠，及使民则义，惠与义相反，便见得子产之政，不专在于宽。就都鄙有章处，见得‘义’字在子产上，不在民上。”或问：“四者亦有序乎？”曰：“行己恭，则其事上，非有容悦之私而能敬矣。惠于民，而后使之以义，则民虽劳而不怨矣。”新安陈氏曰：“事上之敬，即行己之恭之所推，使民之义，又所以济其养民之惠也。”【通考】仁山金氏曰：“庐，田间民舍。井，九夫为井，所谓夫三为居，三居为井。伍，盖五家为伍，使之相亲相爱。乡田同井，使之相友相助，而其中间有罪奇邪，则相及，庆赏则相共。以此节观之，子产治国之才，非当世所可及，然则称之，亦圣人待衰世之意。”吴氏曰：“数上声。下同。其事而责之者，其所善者多也，臧文仲不仁者三、不知去声。者三是也张氏存中曰：“《左传·文公三年》：‘秋八月丁卯，大事于大庙，跻僖公。’逆祀也。僖是闵兄，尝为臣位，应在下，今跻居闵上，故曰逆祀。仲尼曰：“臧文仲不仁者三，不知者三。下展禽、展禽，柳下惠也，文仲知其贤而使在下位，不与立于朝也。废六关、塞关、阳关之属，凡六关，所以禁绝末游而废之。妾织蒲，以蒲为席，是与民争利。三不仁也；作虚器、谓居蔡之室，而山节藻棁也，有其器，无其位，故曰虚。纵逆祀、听夏父弗忌跻僖公。祀爰居，爰居，海鸟也。三不知也。又按《家语·颜回篇》曰‘置六关’，王肃云‘六关，关名，鲁本无此关，文仲置之，以税行客，故为不仁’，《传》曰‘废六关’，未知孰是，姑并录之。”数其事而称之者，犹有所未至也，子产有君子之道四焉是也。今或以一言盖一人、一事盖一时，皆非也。”厚斋冯氏曰：“自其立谤政，作立赋，制参辟，铸刑书言之，其所未尽者诚多也。自春秋之时言之，知君子之道者诚寡也。圣人之言，褒不溢美，贬不溢恶，称其所长之多，而所短自不能掩尔。”云峰胡氏曰：“《集注》于使民义，独迹其实而言者。子产为政三年，舆人颂之曰：‘我有子弟，子产教之；我有田畴，子产植之。’及其卒也，孔子闻之曰：‘古之遗爱也。’先儒云：‘子产精神，全在义字上。’夫民之所以颂之，夫子所以取之者，以其惠而能义。孟子所谓惠而不知为政，姑指济人一事而言尔。”

○子曰：“晏平仲善与人交，久而敬之。”

晏平仲，齐大夫，名婴。程子曰：“人交久则敬衰，久而能敬，所以为善。”南轩张氏曰：“圣人论豫之六二，‘介于石，不终日，贞吉’，以为君子‘上交不谄，下交不渎’①，为知几。盖交道易以凌夷，非正其志者，莫之能守也。交久而敬不衰，亦可谓善矣。圣人于人虽一善必录，天地之心也。”勉斋黄氏曰：“朋友，人伦之一，可不敬乎？摄以威仪，相观以善，一有不敬，则失朋友之道矣。惟其久而敬也，则愈久而愈亲。拍肩执袂，以为气合，酒食游戏相征逐，以为生死不相背负，未有能全交者也。夫子美平仲之善，交友之道尽于此矣。”叶氏少蕴曰：“夫子在齐，与平仲处者八年，故知其如此。”新安陈氏曰：“常人之交，初则敬，久则玩，久而玩。必不能全交，久而不替初心之敬，所以为善交也。”

○子曰：“臧文仲居蔡，山节藻棁，何如其知也？”棁，章悦反。知，去声。

臧文仲，鲁大夫臧孙氏，名辰。鲁孝公生僖伯彄，字子臧。辰，其曾孙，谥文。居，犹藏也。蔡，大龟也。古注：蔡，国君之守龟，出蔡地，因以为名，长尺有二寸。节，柱头斗栱音拱。也。藻，水草名。棁，梁上短柱也。盖为藏龟之室，而刻山于节，画俗作画。藻于棁也。当时以文仲为知，孔子言其不务民义，而谄渎鬼神如此②，安得为知？《春秋传》所谓作虚器，即此事也。朱子曰：“卜筮事，圣人固欲人信之，然藏龟须自有合当处。今乃如此，是他心惑于鬼神，一向倒在卜筮上了，安得为知？古说他僭，若是僭，便是不仁了，今只主不知言。大夫不藏龟，礼家乃因立此说。臧文仲在当时，人说是非常底人，孔子直见他不是处，便见得圣人显微阐幽处。”南轩张氏曰：“所贵乎知者，为其明见理之是非也。方其时，世俗以小慧为知，故于文仲有惑焉。夫子明之，使人知夫所谓知者，在此而不在彼也。”新安陈氏曰：“不务民义，本文无此意，然谄渎鬼神者，必不务民义，务民义者，必不谄渎鬼神，二者常相关。樊迟问知，子曰：‘务民之义，敬鬼神而远之。’可谓知矣。朱子盖即答樊迟问知之意，以断臧文仲欤？”张

---

① 语出《易·系辞下》。

② 谄渎：谄媚亵渎。

子曰：张子，名载，字子厚，号横渠先生，长安人。“山节藻棁为藏龟之室，祀爰居之义，同归于不知，宜矣。”朱子曰：“三不知，皆是谄渎鬼神之事。《国语·鲁语》：‘海鸟曰爰居，止于鲁东门之外三日，臧文仲使国人祭之。’文仲以为神，故命人祭之。”

○子张问曰：“令尹子文三仕为令尹，无喜色；三已之，无愠色。旧令尹之政，必以告新令尹。何如？”子曰：“忠矣。”曰：“仁矣乎？”曰：“未知，焉得仁？”知，如字。焉，于虔反。

令尹，官名，楚上卿执政者也。子文，姓斗，名谷奴口反。於音乌。菟。音徒。《左传·宣公四年》：初，若敖娶于䢵，音云，生斗伯比。若敖卒，从其母畜于䢵，淫于䢵子之女，伯比私淫之。生子文焉，䢵夫人使弃诸梦中，梦音蒙，又如字，泽名也。虎乳之，䢵子田见之惧而归，夫人以告。言其女私通伯比所生。遂使收之，楚人谓乳谷，谓虎于菟，故命之曰斗谷于菟，以其女妻去声。伯比，实为令尹子文。”其为人也，喜怒不形，物我无间，去声。知有其国而不知有其身，其忠盛矣，故子张疑其仁。勉斋黄氏曰：“喜怒不形，释三仕三已无喜愠。物我无间，释旧政告新。知有其国而不知有其身，通释上两章。”然其所以三仕三已而告新令尹者，未知其皆出于天理而无人欲之私也，【通考】仁山金氏曰：“《左氏》庄公三十年，楚申公斗班杀子元，斗谷于令尹。至僖公二十三年，子玉为令尹。二十八年子玉死，蔿吕臣为令尹，三十三年子上为令尹。其后子文之死，《传》又曰‘令尹子文卒，斗般为令尹’，则是卒又为令尹也。卒而子文继之。三仕三已，别无所考。子玉之为令尹也，子文先为之治兵，而子玉复治之，子玉死，蔿吕臣为令尹，其后子上又为令尹，子玉、吕臣、子上之间，子文太宰，执其政，以代其缺欤？”又曰：“《左氏》僖公二十三年秋，楚成得臣帅师伐陈，讨其贰于宋也。遂取焦、夷，城顿而还，子文以为之功，使为令尹。叔伯曰：‘子若国何？’曰：‘吾以靖国也。’夫有大功而无贵仕，其人能靖者与？有几？二十七年，楚子将围宋，子文治兵于睽，不戮一人，子玉复治兵于蒍。杜氏谓子文欲委重于子玉，故略其事。蒍贾曰：‘子之传政于子玉，以靖国也，靖诸内而败诸外，所获几何？’按，此传政之说，亦旧政告新之证。但子文之传政子玉，乃以令尹赏战功，城濮之役，又重其事权以行，此所以启子玉好战而致败也。其他事盖可想矣。”是以夫子但许其忠，而未许其仁也。或问：“令尹子文忠矣，孔子不许其仁，何也？”程子曰：“此只是忠，不可谓之仁，若比干之忠，见得时便是仁也。”问：“令尹子文之忠，若其果无私意，出于至诚恻怛，便可谓之仁否？”朱子曰：“固是，然不消泥他事上说，须看他三仕三已，还是当否？以旧政告新令尹，又须看他告得是否？只缘他大体既不是了，故其小节有不足取，如管仲之三归反坫，圣人却与其仁之功者，以其立义正也，故管仲是天下之大义，子文是一人之私行耳。”【通考】张氏师曾曰：“‘未知焉得仁’，当为二句，《集注》于令尹子文始之以未知，终之以未许；于陈文子始之以未知，而终之以不许。各为两节，且又有轻重于其间。必读作二句，然后文义方通，而得《集注》之意。”

“崔子弑齐君，陈文子有马十乘，弃而违之。至于他邦，则曰：‘犹吾大夫崔子也。’违之。之一邦，则又曰：‘犹吾大夫崔子也。’违之。何如？”子曰：“清矣。”曰：

“仁矣乎?”曰:“未知。焉得仁?”乘，去声。

崔子，齐大夫，名杼。直吕反。齐君，庄公，名光。陈文子，亦齐大夫，名须无。十乘，四十匹也。【通考】仁山金氏曰：“四马共驾一车，因以四匹为乘，古者车马出于田赋，每甸出车一乘，则十乘乃十甸之地，其采邑之大可知。”违，去也。文子洁身去乱，不使弑逆之恶得污其身。可谓清矣，然未知其心果见义理之当然，而能脱然无所累乎？抑不得已于利害之私，而犹未免于怨悔也。故夫子特许其清，而不许其仁。《春秋·襄公二十五》：“年夏五月乙亥，齐崔杼弑其君光。”《左传》：齐棠公棠邑。大夫。之妻，东郭偃之姊也。东郭偃臣崔武子，棠公死，偃御武子以吊焉，见棠姜而美，遂取之。庄公通焉，骤如崔氏，以崔子之冠赐人。侍者曰：“不可。”公曰：“不为，其无冠乎?”言虽不为崔子，犹自应有冠。崔子因是又以其间去声。伐晋也，间晋之难而伐之。曰：“晋必将报。”欲弑公以说于晋，而不获间，公鞭侍人贾举而又近之，乃为崔子间公，伺公间隙。五月莒子朝于齐。甲戌，飨诸北郭，崔子称疾不视事，欲使公来。乙亥，公问崔子，遂从姜氏，姜氏入于室，与崔子自侧户出，公拊楹而歌，歌以命姜，侍人贾举止众从者，而入，闭门。甲兴，公登台而请，弗许。请盟，弗许。请自刃于庙，弗许。皆曰：“君之臣杼疾病，不能听命，近于公宫，谓崔子宫近公宫，或淫者诈称公。陪臣干胡旦反。掫将侯反有淫者，不知二命。”干掫，行夜。行夜得淫人，受崔子命讨之，不知他命。公逾墙，又射之，中股，及队，与坠同。遂弑之。”愚闻之师曰：“当去声。理而无私心，则仁矣。朱子曰：“有人事当于理，而未必无私心，有人无私心，而处事又未必当于理，惟仁者内无私心，而外之处事又当于理。须表里心事，一皆纯乎天理，而无一毫之私乃可。”今以是而观二子之事，虽其制行去声。之高若不可及，然皆未有以见其必当于理，而真无私心也。子张未识仁体，而悦于苟难①，《荀子·不苟篇》曰：“君子行不贵苟难，唯其当之为贵。”当谓合礼义也。遂以小者二子之小善。信其大者，仁。夫子之不许也宜哉。”读者于此，更以上章“不知其仁”，《雍也·仁而不佞》，及孟武伯问子路仁乎。后篇“仁则吾不知”之语，《宪问·克伐怨欲不行》。并与三仁微子、箕子、比干。夷齐之事求仁得仁。观之，则彼此交尽，而仁之为义可识矣。问：“陈文子之清，令尹子文之忠，使圣人为之，则是仁否?”程子曰：“不然，圣人为之，亦只是清忠。”朱子曰：“仁者心之德，圣人所以不许二子者，正以其事虽可观，而其本心或有不然也。子文三仕三已，略无喜愠，尽以旧政告之新尹。文子有马十乘，弃之如敝屣然，此岂是易事？后人因孔子不许之以仁，便以二子之事为未足道，此却不可。须当思二子所为如此高绝，而圣人不许之以仁者，因如何便见得二子不可易及，仁之体段，实是如何，切不可容易看。”“二子忠清，只就事上说，若比干夷齐之忠清，只就心上说。比干夷齐，是有本底忠清，忠清里有仁，二子之忠清，只唤做忠清。”问：“子文、文子之事，程子谓圣人为之，亦只是清忠。夫圣人无一事之非仁，而乃云尔者，何也?”南轩张氏曰：“程子之意，大要以为此事只得谓之清忠，然在二子为之，曰忠曰清而止矣，仁则未知也。

---

① 悦于苟难：喜欢刻意处理难事。

在圣人，事或有类此者，以其事言，亦只得谓之忠清，然而所以然者，则亦不妨其为仁也。如伯夷之事，虽以清目之，亦何害其为仁乎?”胡氏曰：“不知其仁，谓非全体不息者，不足以当之也。仁则吾不知，谓仁则天理浑然，自无克伐怨欲之累，不行不足以言之也。殷有三仁，谓三人同出于至诚恻怛之意，故不咈乎爱之理而有以全其心之德也。夷齐之仁，谓皆求合乎天理之正而即乎人心之安也。夫全体者无亏欠也，不息者无间断也，至于外若无亏欠间断，而中之私意根萌犹在焉，亦不得谓之仁。必其见于事者皆当于理，而发于心者皆无所私，然后可以谓之仁也。”双峰饶氏曰：“《论语》言仁，有以德言者，有以事言者。如‘雍也仁而不佞’。‘问子路仁乎’，‘克伐怨欲不行焉，可以为难’，皆是以德言。子文、文子‘未知，焉得仁’，夷齐‘求仁得仁’，‘殷有三仁’，皆是以事言。以德言，非全体而不息不足以当之；以事言，则须当理而无私心，乃可以当之。颜子于仁可言全体，仲弓便不可谓之全体。颜子三月不违，庶几久而不息，日月至焉，能至而不能久，不可谓之不息。夷齐三仁，事当理而心无私，故皆可谓之仁，子文、文子之事，非特心未能无私，而事亦不当理，何以得为仁乎?”【通考】程氏复心曰：“全体不息，大段从体上说来；当理无私，大段从用上说来。全体不息，是尽仁之实；当理无私，是求仁之要。子路、冉求、文子、子文一偏之性，事偶当乎理者也，不可以外著之似而许其仁也。仁体乎事，事当乎理，固可因用以见其体之该，性即理而理无不在也；仁根于心，心杂乎私，不可以用而许其仁之全，情出于气而气或有偏也。孔子罕言仁，亦不轻许人以仁。其罕言也，欲求之事物之实而不虚慕其仁之名也；其不轻许也，不因其事为之小，而遂与其仁之大也。知此可以知心德之全矣。”涂溍生曰：“忠者未必仁也，而仁者未有不忠；清者未必仁也，而仁者未有不清。忠与清，皆仁中之一事，心能全此仁，则忠与清在其中。子文、文子之事，未知其果当于理而真无私心，故不许其仁者，以其出于一时之勉强耳。”今以他书考之，子文之相楚，去声。所谋者无非僭王猾户八反。夏之事①。《左传·庄公三十年》：楚杀令尹子元，以斗谷于菟为令尹。僖公二十三年，楚成得臣伐陈，取焦夷，子文以为功，使子玉为令尹。子文为令尹，凡二十八年。注：杜氏曰：“按庄公三十年，楚成王立九年矣，僖公二十三年即成王之三十六年也，楚自武王三十七年，僭称王，鲁桓公之八年也。武王五十一年卒，子文王立；文王十三年卒，子堵敖立；堵敖五年卒，弟成王立。僖公元年，楚成王之十四年也，楚伐郑，郑即齐故也。五年，楚斗谷于菟灭弦。六年，楚子围许，许南面缚衔璧，乃释之。十二年，楚人灭黄。十五年，楚人伐随。二十年，随以汉东诸侯叛楚，楚斗谷于菟帅师伐随，取成而还。二十一年，宋人为鹿上之盟，以求诸侯于楚，楚人许之，诸侯会宋公于盂，楚执宋公以伐宋，已而释之。二十二年，楚人伐宋，宋公及楚人战于泓，宋师败绩，公伤股。明年宋襄公死。二十三年，楚师伐陈，讨其贰于宋也。此僭王猾夏之事也。【通考】仁山金氏曰：“楚自熊通僭号，是为楚武王。至鲁庄公三十年，子文为令尹。僖公元年，楚人伐郑，与齐桓公争，诸侯连年侵伐，于是齐为阳谷之

① 僭王猾夏：僭号称王扰乱华夏。

会。僖之四年，齐桓有次陉之师，虽受盟于召陵，而明年子文身有灭弘之师，以撼江、黄、道、栢。又明年楚人围许，与齐桓公争郑。僖之十一年伐黄，明年灭之。十五年伐徐，齐桓公救徐，而楚卒败徐于娄林。及齐桓公卒，僖之二十年，子文身有伐随之师，以争汉东诸侯。二十一年，宋襄公为盂之会，而楚执宋公以伐宋。又，明年败宋师于泓，取郑二姬以归，子文无谏也。二十三年，得臣伐陈，取焦、夷，城顿，而子文以令尹赏之。及晋文公立，而楚伐宋伐齐，子文又重子玉之权以遗之，卒以致败，然犹争霸不已。凡此皆僭王猾夏之事。朱子云：'如管仲三归反坫，圣人却与其仁之功者，以其立义正也。'故管仲是天下之大义，子文是一人之私行耳。"文子之仕齐，既失正君讨贼之义，上不能规正庄公，次不能讨杼弑逆。【通考】仁山金氏曰："崔杼之弑君，申鲜虞责闾丘婴曰：'君昏不能正，危不能救，死不能死。'申鲜虞尚以责婴，况陈文子为大夫，其不能正君讨贼，安得无罪?"又不数岁而复扶又反。反于齐焉，《左传·襄公二十七年》：宋向戌欲弭诸侯之兵以为名，欲获息民之名。如晋，告赵孟，晋人许之。如楚，楚亦许之。如齐，齐人难之。陈文子曰："晋楚许之，我焉得已？且人曰弭兵，而我弗许，则固携吾民矣，将焉用之？齐人许之。"注，杜氏曰："按襄公二十五年，崔杼弑齐君，是时陈文子出奔，二十六年不经见，二十七年，文子存弭兵之说，则文子自出奔复反于齐，凡二年。"【通考】仁山金氏曰："陈文子出入皆不见于《春秋·襄公二十五年》，经书'齐崔杼弑其君光'，不书'陈须无出奔'。二十七年，宋向戌弭诸侯之兵，齐人弗许，陈文子请许之。其六月，齐庆封、陈须无皆至会。则是崔子弑君之三年，文子已复反于齐，预其大政，而传不明言其反也。其九月崔氏内乱，庆封为杼攻崔氏，尽俘其家，杼至无所归，缢而死。《传》不言陈文子与谋与否。三十八年，文子又主朝晋之谋，其冬，文子父子始与谋攻庆氏于朝，须无以公归，庆封奔吴。齐尽召群公子，改殡庄公，尸崔杼于市焉。其后文子卒，其子无宇用事，至其孙乞厚施于国，至恒弑简公。"则其不仁亦可见矣。朱子曰："仁者，心之德而天之理也，自非至诚尽性，通贯全体，如天地一元之气，化育流行，无少间息，不足以名之。今子文仕于蛮荆，执其政柄，至于再三，既不能革其僭王之号，又不能止其猾夏之心，至于灭弦伐随之事，至乃以身为之而不知其为罪。文子立于淫乱之朝，既不能正君御乱，又不能先事而洁身。至于篡弑之祸已作，又不能上告天子，下请方伯，以讨其贼。去国三年，又无故而自还，复与乱臣共事。此二者，平日之所为止于如此，其不得为仁也明矣。然圣人之言，辞不迫切而意已独至，虽不轻许而亦不轻绝也。学者因其言，而反以求之，则于仁之理，与人之所以得是名者，庶几其可默识乎?"云峰胡氏曰："子文知有楚，而不知有周，以《春秋》尊王之义责之，不仁矣。文子知有已而不知有齐，以《春秋》讨贼之义责之，不仁矣。"新安陈氏曰："论至此，则其事不当理而心之私可见矣。夫子只言'未知，焉得仁'，而朱子直断其为不仁，盖本章外究竟到底之断案也。"

○季文子三思而后行。子闻之，曰："再，斯可矣。"三，去声。

季文子，鲁大夫，名行父。音甫。每事必三思而后行，若使去声。下同。晋而求遭丧之礼以行①，亦其一事也。《左传·文公六年》："季文子将聘于晋，使求遭丧之礼以行。"杜注："闻晋侯疾故。既而晋襄公果卒。"斯，语辞。程子曰："为恶之人，未尝知有思，有思则为善矣。然至于再则已审，三则私意起而反惑矣，故夫子讥之。"朱子曰："天下之事以义理断之，则是非当否，再思而已审；以私意揣之，则利害得丧万变而无穷。思止于再者，欲人之以义制事，而不汩于利害之私也。""思之未得者，须著于细思，到思而得之，方是一思。虽见得已是，又须平心更思一遍，如此则无不当。"问："周公仰而思之，夜以继日，所思岂止于三。"曰："横渠云，未知立心，恶多思之致疑；已知立心，恶讲治之不精。讲治之思，莫非术内，虽勤而何厌。推此求之可见。"潜室陈氏曰："若为学之道，则不厌思，此只为应事言之耳。"愚按：季文子虑事如此，可谓详审，而宜无过举矣。而宣公篡初患反。立，文子乃不能讨，反为去声。之使齐而纳赂焉，岂非程子所谓私意起而反惑之验欤？《左传·文公十八年》：二月，公薨。文公二妃，敬嬴生宣公，敬嬴嬖，而私事襄仲。宣公长，而属诸襄仲，襄仲欲立之，见于齐侯而请之，齐侯新立而欲亲鲁，许之。冬十月，仲杀恶及视。恶，大子；视，其母弟。宣公元年夏，季文子如齐，纳赂以请会，会于平州，齐地。以定公位。篡立者，诸侯既与之会则不得讨，臣子杀之，与弑君同。故公与齐会而位定。【通考】仁山金氏曰："季文子纵襄仲杀適立庶，于是瞯宣公之短，黜莒濮之赏，以夺其权。赂齐侯之会，以固己位。其后宣公患其专，与公孙归父谋去之。宣公薨，季文子恶归父而恨宣公，又假立庶之罪而逐之，始终无非私意矣。"是以君子务穷理而贵果断，都玩反。不徒多思之为尚。问："再斯可矣，只是就季文子身上行事处说，在学者穷索义理则思之，思之而又思之，愈深而愈精，岂可以数限？而君子物格之至者，万事透彻，事物之来皆有定则，则从容以应之，亦岂待临时方致其思？不审此语只是文子事，抑众人通法？皆当以再为可耶？不容有越思耶？而程子又何故只就为恶一边说也？"朱子曰："物格知至者，应物虽从容，然临事岂可不思，况未至此，岂可不熟思耶？故以再思为众人之通法，盖至此则思已熟，而事可决，过则惑矣。"双峰饶氏曰："穷理是思以前事，果断是思以后事。"陈氏曰："理之明，则是非判，断之果，则从违决。"新安陈氏曰："务穷理，明也；贵果断，决也。明于方思之初，决于既思之后。若不明不决，而徒多思，则愈思而愈惑矣。"

〇**子曰："宁武子，邦有道则知，邦无道则愚。其知可及也，其愚不可及也。"**知，去声。

宁武子，卫大夫，名俞。按《春秋传》，武子仕卫，当文公、成公之时。文公有道，而武子无事可见，此其知之可及也。成公无道，至于失国，而武子周旋其间，尽心竭力，不避艰险。凡其所处，上声。皆智巧之士所深避而不肯为者，而能卒保其身以济其君，此其愚之不可及也。《左传·僖公二十八年》：卫侯闻楚师败。楚成王与晋文公战于城濮，卫地也，楚师败绩。惧，出奔楚。初，晋侯将伐曹，假道于卫，卫弗许。晋伐卫，卫侯请盟，

① 若使晋而求遭丧之礼以行：如果出使晋国一定要弄清楚遭丧的礼仪才去。时晋襄公有病，季文子担心一旦晋襄公死，自己不懂礼仪而影响邦交。参阅《左传·文公六年》。

晋人弗许。卫侯欲与楚，国人不欲，故出其名以说于晋，卫侯闻楚败，出居襄牛之地以避晋，而遂奔楚。遂适陈，使元咺奉叔武以受盟。元咺，卫大夫；叔武，卫侯弟。使摄君事以受盟于践土。癸亥，王子虎盟诸侯于王庭，或诉元咺于卫侯曰：'立叔武矣。'其子角从公，公使杀之，咺不废命，奉夷叔以入守。音狩，夷叔，即叔武。六月，晋人复卫侯，宁武子与卫人盟于宛濮。宁俞时从卫侯在外，故与卫人盟。卫侯先期入，宁子先，先入欲安喻国人。长牂音臧。守门以为使去声。也，与之乘而入，长牂与甯子共载而入国。公子歂犬、华仲、前驱，歂，市专反。华去声，二子并卫大夫。卫侯遂驱，使宁子未备。叔武将沐，闻君至，喜，捉发走出，前驱射而杀之。公知其无罪也，枕去声。之股而哭之。歂犬走出，公使杀之，元咺出奔晋。冬，会于温，讨不服也。卫侯与元咺讼，宁武子为辅，针其廉反。庄子为坐，坐狱为坐，士荣为大士，治狱官也。周礼命夫命妇不躬坐狱讼，元咺又不宜与君对坐，故使针庄子为坐，又使卫之忠臣及其狱官质正元咺，盖今勘吏有罪，先验吏卒之义。卫侯不胜，三子辞屈，故不胜。杀士荣，刖针庄子，谓宁俞忠而免之，执卫侯归之于京师，置诸深室，宁子职纳橐饘焉。橐，音托，衣裳也。饘，音旃，糜也。宁俞以君在幽隘，故亲以衣食为己职，言其忠至，所虑者深。元咺归于卫，立公子瑕。瑕，卫公子適也。僖公三十年夏，晋侯使医衍鸩卫侯，衍，医名，晋文欲杀卫侯而罪不至死，故使医因治疾而加鸩毒。宁俞货医，宁子视卫侯衣食，得知其谋，乃以货赂医，使薄其鸩，公为去声。之请，鲁僖公为之请。纳玉于王与晋侯，皆十瑴。与珏同，二玉相合曰珏。王许之，襄王许之。秋乃释卫侯。杜氏曰："按《左氏》僖公二十五年，卫文公卒，子成公立。僖二十六年，即卫成公元年也。经称'公会卫宁速盟于向'，宁速，庄子也，则庄子尝逮事成公矣。至僖公二十八年，《传》称'宁武子与卫人盟于宛濮'，武子名俞，速之子，即成公即位之三年也。以此考之，宁庄子当死于成公二年左右，而后子俞为大夫，则武子未尝事文公。"《集注》谓"武子仕卫，当文公成公之时"，与此少异。程子曰："邦无道能沉晦以免患，故曰不可及也。新安陈氏曰："朱子谓其不避艰险，程子以为能沉晦者，盖于艰险中能沉晦，非避事也。"亦有不当愚者，比干是也。"朱子曰："邦无道时，全身退听，人皆能之，武子不全身退听，却似愚。然又事事处置得去，且不表著其能，所以为愚不可及也。"又曰："武子九世公族，与国同休戚，却与寻常无干涉底人不同。成公失国，若智巧之士，必且隐避不肯出，武子竭力其间，至诚恳恻，不避艰险，却能摆脱祸患，卒得两全，非能沉晦，何以致此？若比以智自免之士，武子却似个愚底人，但愚得来好，若使他人处之，纵免祸患，不失于此，必失于彼。""他人于邦无道时，要正救者，不免祸患，要避患者，又却偷安。若武子之愚，既能韬晦以免患，又自处不失其正，此所以不可及。"问："宁武子世臣，他人不必如此。"曰："然，又看事如何。若羁旅之臣，见几先去则可，若事已尔，又岂可去？此事最难，当权其轻重。"云峰胡氏曰："武子于卫为公族，比干于纣为父族，皆与国存亡者也。特卫成公之患在外，欲免之，非沉晦不可。纣之恶在己，不谏之，而诿于沉晦，亦不可。程子所谓亦有不当愚者，最见时中之义。"新安陈氏曰："以有道则见、无道则隐，及称南容不废、免刑戮，蘧伯玉仕、卷怀等例之，则有道而知，当是发舒以自见，无道则愚，当是韬晦而无为。今证以武子之时与事，无事可见，反谓之知；尽忠济难，反谓之愚。何也？盖处有道而安常者易，处无道而济变者难。武子当文公时，安常处顺，知者行所无事，此可及之知也。当成公之失国，国家多事，而能竭忠冒险，保身全君，此知者所避而不敢为，乃若愚而冒为之，非真愚也。柳子厚曰：宁武子邦无道则愚，‘知而为愚者也’，‘不得为真愚’，是也。”【通考】仁山金氏曰：“愚，谓迹之似愚也。患难不巧避，沉晦不招祸，而能委曲以济君，此其不可及也。程子此段又是章外之意，盖比干是王族少师，宁武子是九世公族，邦无道之时，皆当正救维持。宁子以沉晦维持，迄能有济，而且免患。但卫侯出入始终以乱，亦是宁子欠匡救之功，不无失谏之过。盖文公不礼重耳之时，宁已自失谏；文公背华从楚，又失谏；其疑叔武，又失谏；已盟而疑，先斯而入，又失谏；其再入也，赂杀元咺及子瑕，又失谏。夫君无道而不谏，但务沉默以两全之，虽不可及，然君子济世，一以愚为尚，亦有所不当者，故又出比干一条，以补此章之意。”

○子在陈曰：“归与！归与！吾党之小子狂简，斐然成章，不知所以裁之。”与，平声。斐，音匪。

此孔子周流四方，道不行而思归之叹也。【通考】仁山金氏曰：“夫子凡三至陈。有匡人之难，反卫，再适陈，盖经宋魋之难，主司城贞子家。后又自陈适蔡，有绝粮之厄，遂如叶。楚昭将用孔子，子西止之会卒三，则又自叶反适陈，在陈久之。反卫，明年即自卫反鲁。此言盖发于三在陈之时，明年即归鲁。此章当连后篇《中行章》及《孟子》末篇观之，则意极明备。”吾党小子，指门人之在鲁者。狂简，志大而略于事也①。斐，文貌。成章，言其文理成就，有可观者。裁，割正也。夫子初心，欲行其道于天下，至是而知其终不用也。于是始欲成就后学，以传道于来世。又不得中行之士而思其次，本《孟子》‘不得中行而与之’一章说。以为狂士志意高远，犹或可与进于道也。但恐其过中失正，而或陷于异端耳，如曾点之狂，易流于老庄。故欲归而裁之也。问：“何故只思狂士不及狷者？”朱子曰：“狂底却有躯壳，可以驱策，狷者只是自守得些便道是了，所谓‘言必信行必果’者是也。”“成章，是有首有尾，虽狂简非中，然却做得这个道理，成个物事，不是半上落下。故圣人虽谓其狂简不知所裁，然亦取其成一个道理。大率孔门弟子，随其资质，各能成就，如子路之勇，真个成一个勇；冉求之艺，真个成一个艺，言语德行之科，一齐被他做得成了。”“成章，是做得成片段，有文理可观，盖他狂也是做得个狂人成。”问：“孔子欲归而裁之，后来曾皙之徒，吊丧而歌，全似老庄。圣人既裁之后，何故如此？”曰：“裁之在圣人，听不听在他。”庆源辅氏曰：“大凡学者，易得有狂简之病，非笃志为己者，不能免也。虽琴张、曾点，犹或堕于此失。志意高远，即所谓志大也；过中失正，即其略于事者也。大凡人之志意高远，则势利拘绊他不住，故或可与进于道；然溺于高远，又有脱略世故之弊，故过中失正，而或陷于异端。是以不可不有以裁之而使归于中正也。”徽庵程氏曰：“狂简者，志大而略于事，宜其梗概疏率，乃能斐然成章者。盖其禀气英明，赋质坚劲，虽致广大而不屑于精

---

① 狂简：志向远大而处事粗疏。

微，然其规模之广大，实非卑下者所能攀；虽极高明而不屑于中庸，然其志趣之高明，实非平凡者所能企也。其立心制行，岂不斐然可观？但各矜所自得，非得圣人以裁之，则广大虽可观而精微有未究，高明虽可喜而中庸有未协，且有琴张、曾皙、牧皮之夷考其行而不掩焉者矣。”新安陈氏曰：“狂者易过中失正，得圣人裁之，则得中正矣。狂则必贵于裁，裁则不终于狂也。”

○子曰：“伯夷、叔齐不念旧恶，怨是用希。”

伯夷、叔齐，孤竹君之二子。《史记》列传索隐：“孤竹君，是殷汤所封。相传至夷齐之父，姓墨胎氏，名初，字子朝。伯夷，名允，字公信；叔齐，名智，字公达。夷、齐，其谥也。”《地理志》云：“孤竹城在辽西令支县。”孟子称其“不立于恶人之朝，音潮。不与恶人言。与乡人立，其冠不正，望望然去之，若将浼焉①”。其介如此，介，孤特而有分辨之意。宜若无所容矣，然其所恶乌路反。之人，能改即止，故人亦不甚怨之也。程子曰：“不念旧恶，此清者之量。去声。”又曰：“二子之心，非夫子孰能知之？”朱子曰：“伯夷介僻，宜其恶恶，直是恶之，然能不念旧恶，却是他清之好处。伯夷平日以隘闻，故特明之。”“伯夷叔齐不念旧恶，要见得他胸中都是义理。人之有恶，不是恶其人，是恶其恶耳。到他既改其恶，便自无可恶者。今人见人有恶便恶之，固是，然那人既改其恶，又从而追之，此便是因人一事之恶，而遂恶其人，却不是恶其恶也。此与不迁怒一般，其所恶者，因其人可恶而恶之，而所恶不在我。及其能改，又只见他善处，不见他恶处。圣贤之心皆是如此。”南轩张氏曰：“以夷齐平日之节观之，疑其狭隘而不容矣。今夫子乃称其不念旧恶，何其宏裕也？盖于其所为，亦率夫天理之常，而其胸中休休然，初无一毫介于其间也。若有一毫介于其间，则是私意之所执，而岂夷齐之心哉？”

○子曰：“孰谓微生高直？或乞醯焉，乞诸其邻而与之。”醯，呼西反。

微生姓，高名，鲁人，素有直名者。醯，醋也。人来乞时，其家无有，故乞诸邻家以与之。夫子言此，讥其曲意殉物，掠力灼反。美市恩②，不得为直也。程子曰：“微生高所枉虽小，害直为大。”事有小大，理无小大。范氏曰：“是曰是、非曰非、有谓有、无谓无，曰直。圣人观人于其一介之取予，通作“与”。而千驷万钟从可知焉③。故以微事断都玩反。之，所以教人不可不谨也。”朱子曰：“如此予，必如此取，只看他小事尚如此，到处千驷万钟，亦只是这模样。范氏云：‘害其所以养心者，不在于大’，此语尤痛切。醯，至易得之物，尚委曲如此，若临大事，如何得当？才枉其小，便害其大，此皆不可谓诚实也。”问：“看孔子说微生高一章，虽一事之微，亦可见王霸心术之异处，一便见得皞皞气象，一便见得欢虞气象。”曰：“然。”庆源辅氏曰：“平心顺理以应物则为直，若有一毫计较作为，则不得为直。知乞醯以应人之求为不直，则知所以为

---

① 参《孟子·公孙丑上》。望望然：失望、扫兴的样子。浼：沾污，玷污。

② 曲意殉物，掠美市恩：千方百计迎合别人，掠来别人的美德以博取自己的声名。

③ 千驷：四千匹马。万钟：指优厚的俸禄。钟，古量名。

直矣。”厚斋冯氏曰：“人谓申枨刚，夫子以欲知其非刚；人谓文仲知，夫子以居蔡知其不知；人谓微生高直，夫子以乞醯知其非直。夫子知人之道，于众好之而必察盖如此。”

〇子曰：“巧言、令色、足恭，左丘明耻之，丘亦耻之。匿怨而友其人，左丘明耻之，丘亦耻之。”足，将树反。

足，过也。朱子曰：“足者，谓本当如此，我却以为未足而添足之，故谓之足。若本当如此，则是自足了，乃不是足。凡制字如此类者，皆有两意。”程子曰：“左丘明，古之闻人也①。”或问：“左丘明非传《春秋》者邪？”朱子曰：“未可知也。先友邓，著作名世，考之氏姓书曰：‘此人盖左丘姓而明名，传《春秋》者，乃左氏耳。’‘左丘明所耻巧言，《左传》必非其所作。’”谢氏曰：“二者之可耻，有甚于穿窬也②。庆源辅氏曰：“此虽与穿窬事不类，然其心阴巧谲诈以取悦媚，谋倾陷，则甚于穿窬。”陈氏曰：“穿窬者之志，不过阴取货财而止，若过谄以事人，匿怨而面友，其所包藏，岂止于取货财之谓邪？故可耻有甚于穿窬也。”左丘明耻之，其所养可知矣。夫子自言‘丘亦耻之’，盖窃比老彭③之意。又以深戒学者，使察乎此而立心以直也。”朱子曰：“匿怨，心怨其人而外与交也。孔门编排此书，已从其类，此二事相连，若微生高之心，久而滋长，便做得这般可耻事出来。巧言令色，足恭与匿怨，皆不诚实者也。人而不诚实，何所不至，所以可耻。与上文乞醯之义相似。”勉斋黄氏曰：“巧令足恭，谄人也，其可耻者卑贱而已；藏怨外交，奸人也，其为险谲尤可耻。”双峰饶氏曰：“此上二章，皆是教学者立心以直。举微生高，是要人微事亦谨；举左丘明，是要人表里如一。”

〇颜渊、季路侍。子曰：“盍各言尔志？”

盍，何不也。

子路曰：“愿车马、衣轻裘，与朋友共。敝之而无憾。”衣，去声。

衣，服之也。裘，皮服。敝，坏也。憾，恨也。

颜渊曰：“愿无伐善，无施劳。”

伐，夸也。善，谓有能。施，亦张大之意。劳，谓有功，《易》曰“劳而不伐”是也。《易·系辞上》：“子曰：劳而不伐，有功而不德，厚之至也。”或曰：“劳，劳事也。劳事非己所欲，故亦不欲施之于人。”亦通。前说与上句皆谦也，后说恕也。朱子曰：“颜子是治个‘骄’字，子路是治个‘吝’字，颜子之志。不以己之长方人之短，不以己之能愧人之不能，是与物共。”问：“无伐善，无施劳，善与劳如何分别？”曰：“善是自家所有之善，劳是自家做出来底。”“无伐善是不矜己能，无施劳是不矜己功。”南轩张氏曰：“人之不仁，病于有己，故虽衣服车马之间，此意未尝不存焉，子路盖欲克其私于事物间者，其志可谓笃，而用功可谓实矣。至于颜子则又宏焉。理之所在，何有于己，其于

---

① 闻人：名人。

② 穿窬：亦作“穿逾”，挖墙洞和爬墙头。指偷窃行为。

③ 窃比老彭：语出《论语·述而》：“子曰：‘述而不作，信而好古，窃比于我老彭。’”

善也奚伐，为吾之所当为而已。其为劳也奚施，盖存乎公理，而无物我之间也。学者有志于求仁，则子路之事，亦未宜忽，要当如此用力，以为入德之涂，则颜子之事可以驯致矣。”

子路曰：“愿闻子之志。”子曰：“老者安之，朋友信之，少者怀之。”

老者养之以安，朋友与之以信，少去声。者怀之以恩。一说：安之，安我也；信之，信我也；怀之，怀我也。亦通。合二说其义方备。老者我养之以安，而后方安于我。问：“孔子举此三者，莫是朋友是其等辈，老者是上一等人，少者是下一等人，三者足以尽该天下之人否?”朱子曰：“然。”黄氏曰：“《集注》前说是作用，后说是效验。后说与绥斯来、动斯和意思相类，自是圣人地位。但前说却有仁心自然、物各付物之意，有天地发生气象，况颜子子路，皆是就作用上说，故前说为胜。”程子曰：“夫子安仁，颜渊不违仁，子路求仁。”朱子曰：“他人于微小物事，尚恋不能舍，仲由能如此，其心广大而不私己矣，非意在于求仁乎?”“子路、颜子、孔子，皆是将己与物对说。子路便是个舍己忘私底意思，今若守定他这说，谓此便是求仁，不成子路每日都无事，只是如此？当时只因子路偶然如此说出，故颜子、孔子，各就上面说去，使子路若别说出一般事，则颜子孔子又就他那一般事上说，然意思却只如此。”赵氏曰：“求仁，犹与仁为二；不违仁，则身已居仁而常不去；安仁，则心即仁，仁即心，安而行之，无适非仁矣。”又曰：“子路、颜渊、孔子之志，皆与物共者也，但有小大之差楚宜反。尔。”程子曰：“颜子所言，不及孔子。无伐善、无施劳，是他颜子性分上事；孔子言安之信之怀之，是天理上事。”朱子曰：“子路有济人利物之心，颜子有平物我之心，夫子有万物得其所之心。”“子路须是有个车马轻裘，方把与朋友共。如颜子只就性分上理会，无伐善无施劳，车马轻裘则不足言矣。然以颜子比之孔子，则颜子犹有个善劳在，若孔子便不见有痕迹了。”又曰：“子路底浅，颜子底深，二子底小，圣人底大。子路底较粗，颜子底较细腻，然都是去得个私意了，只是有粗细。”“子路收敛细密，可到颜子地位；颜子底纯熟，又展拓开，可到孔子地位。”西山真氏曰：“圣门学者，诚实端慤，言者即其所行，行者即其所言，苟躬行有一毫未到，断不敢轻以自许。子路为人，勇于为善而笃于朋友，故所愿如此。盖‘私’之一字，乃人心之深害，私苟未忘，虽于骨肉亲戚之间，尚不能无彼此物我之分，况朋友乎？子路之言，虽只及朋友，然观其用心，则其至公无私可见矣。颜渊之志，又大于子路。盖视己之善，如未有善，视己之劳，若初无劳，观其用心，虽至尧舜地位，亦歉然常若不足，子路所谓车马衣裘与朋友共，特颜子善中之一善耳。夫子之言志，又大于颜渊。盖二子犹未免于用意，若圣人，则如天地然，一元之气运之于上，而天地之间无一物不得其所，不待物物著力，然后能之，又非二子所及。然今学者，且当从子路学起，必如子路之忘私，然后方可进步。不然则物我之私，便于胸中，如蟊贼、如戈戟然，又安能有善不伐、有劳不矜，如颜子乎？况于圣人地位，又高又远，非用力所可到，须德盛仁熟，从容中道，然后不期而自至耳。此非始学之事，故必先学子路之忘私而后可。”又曰“子路勇于义者，观其志，岂可以势利拘之哉？亚于浴沂者也。问：“浴沂地位恁高，程子称子路言志亚于浴沂，何也?”朱子曰：

“子路学虽粗，然他资质也高，如人告以有过则喜，有闻未之能行，惟恐有闻，见善必迁，闻义必徙，皆是资质高。车马轻裘，都不做事看，所以亚于浴沂，故程子曰：‘子路只为不达为国以礼道理，若达便是这气象也。’”又问：“浴沂是自得于中，而外物不能以累之，子路虽未至自得，然亦不为外物所动矣。”曰：“是。”胡氏曰：“以气象观之，子路发于意气者也，颜子循其性分者也，夫子则浑然天理者也。子路所以亚于浴沂，以其胸次洒落，非势利所得拘，使无所滞碍，则曾皙之所至矣。圣人信不可及，颜子地位亦高，诚能先于货利之间，慕子路之勇决，而去其吝啬之心，于求仁之方亦庶几矣。”庆源辅氏曰：“子路虽有曾点气象，而其实亦有不同。曾点是知之事，子路是行之事；浴沂之智崇，共敝之行实。”新安陈氏曰：“人心天理，本自周流，特为私欲间隔，故不得遂其与人同适之乐、与人同利之仁尔。子路之志，虽未能超然如曾点之洒落，然常人认物为己，知有己不知有人，以子贡尚货殖，以子夏见孔子尚不改纷华，子路自甘敝缊而与人共其轻肥，私欲不间隔，其天理之周流，得遂其与人同利之仁，岂不可亚于曾点与人同适之乐乎？”【通考】仁山金氏曰：“子路言志，亚于浴沂，则曾点亚于颜子，但曾子是德行，曾点是见趣耳。”颜子不自私己，故无伐善；知同于人，故无施劳。朱子曰：“以善者己之所有，不自有于己，故无伐善；以劳事人之所惮，知同于人，故无施劳。”其志可谓大矣，然未免出于有意也。尚有勉行克治之意。至于夫子，则如天地之化工，付与万物而己不劳焉，此圣人之所为也。今夫羁居宜反。靮音的。以御马而不以制牛①，人皆知羁靮之作在乎人，而不知羁靮之生由于马。圣人之化，亦犹是也。先观二子之言，后观圣人之言，分明天地气象。凡看《论语》，非但欲理会文字，须要识得圣贤气象。”问：“夫子如化工及羁靮之喻。”朱子曰：“这只是理自合如此。老者安之，是他自带得安之理来；友信少怀，是他自带得信之理、怀之理来。圣人为之，初无形迹，如穿牛鼻、络马首，都是天理如此。恰似他生下，便是带得此理来。”新安陈氏曰：“子路物与人共而不为己私者也，颜子善与人同而不为己私者也。夫子则廓然大公，有造化物各付物之气象，不为己私，不足以言矣。”【通旨】朱氏公迁曰：“四书言圣人之道德、功业、言辞、气象与夫谦己诲人之辞凡五十四条。《子绝四》，以心言圣人。颜渊喟然叹，‘叔孙武叔毁仲尼’，以道言圣人。颜子赞其道之妙，言其不易学者如此；子贡赞其道之高，言其不可毁者如此。‘学不厌智也’至‘夫子既圣矣’，以德言圣人。‘江汉以濯之’至‘皜皜乎不可尚已’，《子贡贤于仲尼》二章，兼道德言圣人；‘仲尼不为已甚者’，以德行言圣人，孟子言仲尼不为已甚，孔子自言君子依乎中庸，二说互相发也。《陈子禽谓子贡曰子为恭也章》，以功用言圣人。‘以予观于夫子，贤于尧舜远矣’，‘世衰道微’至‘惟春秋乎’，以事功言圣人。继往圣开来学，则其功贤于尧舜；拨乱世而反诸正，则其功著于《春秋》。宰我举其统体言，孟子即其一事言。‘见其礼而知其政’至‘未有夫子也’，以礼乐言圣人。‘岂惟民哉’至‘未有盛于孔子也’，兼资质德行言圣人。《仲尼祖述尧舜章》，‘孔子之谓集大成’至‘非尔力也’，兼德行学业言圣人。‘子

---

① 羁靮：笼头和缰绳。靮：马缰绳。

之所慎、齐、战、疾'，'子钓而不网，弋不射宿'，兼德行事实言圣人。'子所雅言，诗、书、执、礼'，'子罕言利与命与仁'，'子不语怪力乱神'，以言辞言圣人。'子温而厉'，'君子有三变'，'子之燕居'，'寝不尸居不容'，'夫子至于是邦也必闻其政'，此五章见圣人气象见于容貌之间。'老者安之'至'少者怀之'，'子入大庙'，'陈司败问昭公知礼乎'，此三章见圣人气象见于言辞之间。'子食于有丧者之侧'，'子与人歌而善'，'子见齐衰者'，'孔子于乡党'至'訚訚如也'，'食不语'至'必齐如也'，'席不正不坐'至'立于阼阶'，'见齐衰者'至'风烈必变'，'升车必正立执绥'至'不亲指'，'师冕见'至'固相师之道也'，此九章见圣人气象见于应物之际。有哀矜闵恤之仁，有节文委曲之礼，所谓充积极其盛，发见当其可也。'君在踧踖如也、与与如也'，'君召使摈'至'宾不顾矣'，'执圭鞠躬如也'至'愉愉如也'，'入公门鞠躬如也'至'复其位踧踖如也'，'君赐食必正席'至'加朝服拖绅'，此五节见圣人气象见于事君之际。'述而不作'，'默而识之'，'盖有不知而作者'，'若圣与仁则吾岂敢'，'吾有知乎哉'，'出则事公卿，入则事父兄'，'君子道者三'，此七章见圣人自谦之辞。'吾十有五'至'所欲不逾矩'，'十室之邑'，'我非生而知之者'，'德之不修'，'加我数年'，'文，莫吾犹人也'，此六章圣人谦己诲人之辞。"

○子曰："已矣乎！吾未见能见其过而内自讼者也。"

已矣乎者，恐其终不得见而叹之也。内自讼者，口不言而心自咎也。人有过而能自知者鲜上声。下同。矣，知过而能内自讼者为尤鲜。能内自讼，则其悔悟深切而能改必矣。夫子自恐终不得见而叹之，其警学者深矣。南轩张氏曰："能见其过而内自讼，则惩创之深，省察之力，其必能舍旧而新是图，若是，则于进德也孰御？"勉斋黄氏曰："自讼而见于言，不若不言而自责于心之深切。"庆源辅氏曰："口不言而心自咎，是改过之机。盖悔悟深切，则诚意所蓄，根深力固。才说出来，意思便消散了。"厚斋冯氏曰："不曰不见，而曰未见，不敢绝天下于无人也。"云峰胡氏曰："讼者欲胜人，内自讼则能胜己。"

○子曰："十室之邑，必有忠信如丘者焉，不如丘之好学也。"焉，如字，属上句。好，去声。

十室，小邑也。【通考】仁山金氏曰："古者九夫为井，四井为邑，二亩半之宅在田，二亩半之宅在邑，凡三十二家。十室之邑，甚言其小，不满三十二家也。"忠信如圣人，生质之美者也①。夫子生知而未尝不好学，故言此以勉人。言美质易去声。得，至道难闻②，学之至则可以为圣人，不学则不免为乡人而已。可不勉哉？南轩张氏曰："圣人斯言，使学者知夫圣可学而至，虽有其质而不学，则终身为乡人而已。"勉斋黄氏曰："夫子自言好学，固是谦辞，然圣人惟生知，所以自然好学。学者一出一入，而不加之意，正以其不能真知义理之切身故尔。"新安陈氏曰："忠信之质，圣人与人同耳。

① 生质之美：天生素质美好的人。

② 美质易得，至道难闻：天生的美好素质容易得到，大道却难以知晓。

好学之至，则充极此美质而为圣人，不好学所以孤负此美质，而不免为乡人。美质之不可恃，而学力之所当勉如此。朱子答问云：‘《注疏》之读，不成文理。’按《注疏》音焉如烟，读属下文，故朱子既音如字，且云属上句也。”

论语集注大全卷六

雍也第六

凡二十八章。

篇内第十四章以前，大意与前篇同。胡氏曰：“此篇前一半与上篇大意同，而《八佾篇》论礼乐亦与《为政》末相接，大抵记圣人之言多以其类，而卷帙之分，特以竹简之编既尽而止。其篇目则聊举其首二字以为之别尔。”新安陈氏曰：“亦论古今人物贤否得失。”【通考】勿轩熊氏曰：“十一章孔门弟子，二章列国大夫，后十五章多言学。博文约礼，大学知行之序，‘斯道’指此而言。中庸之德，即至善所止也。知之好之乐之，即此学也。内夫子出处一章、变鲁变道一章，则夫子之志也。”

子曰：“雍也可使南面。”

南面者，人君听治去声。之位。厚斋冯氏曰：“人君听治之位，必体天地阴阳之向背。南面，向明也。”言仲弓宽洪简重①，有人君之度也。问：“宽洪简重也，是说仲弓贤质恁地。”朱子曰：“夫子既许他南面，则须是有人君之度。这又无稽考，须是将他言行来看如何。”庆源辅氏曰：“惟宽故洪，惟简故重。宽则有容，故洪，简则守要，故重。宽与简，御众临下之道也，故有人君之度而可以南面。度，以德量言也。”洪氏曰：“语颜渊以为邦，王者之佐也；仲弓南面，诸侯之任也。”

仲弓问子桑伯子，子曰：“可也简。”

子桑伯子，鲁人，胡氏以为疑即庄周所称子桑户者是也②。朱子曰：“庄子所称子桑户与孟子反、子琴张三人为友，盖老氏之流。”仲弓以夫子许己南面，故问伯子如何。可者，仅可而有所未尽之辞。简者，不烦之谓。朱子曰：“仲弓为人简重，见夫子许之，以伯子亦是一个简底，故以为问。夫子言此人亦可者，以其简也。”

仲弓曰：“居敬而行简，以临其民，不亦可乎？居简而行简，无乃大简乎？”大音泰。

言自处以敬，则中有主而自治严，如是而行简以临民，则事不烦而民不扰，所以为可。若先自处以简，则中无主而自治疏矣，而所行又简，岂不失之太简，而无法度之可

---

① 宽洪简重：宽宏大量、平易稳重。
② 子桑户：见《庄子·大宗师篇》。

守乎？庆源辅氏曰："中有主，则一；自治严，则收敛固。事不烦，则无凿出之事；民不扰，则无不得所之民。中无主，则二三；自治疏，则渗漏多。大简，则率易；无法度之可守，则或不免于猖狂妄行矣。"《家语》记伯子不衣冠而处，夫子讥其欲同人道于牛马。张存中曰："刘向《说苑》云：孔子见子桑伯子，子桑伯子不衣冠而处。弟子曰：'夫子何为见此人乎？'曰：'其质美而无文，吾欲说音税。下同。而文之。'孔子去，子桑伯子门人不说音悦，曰：'何为见孔子乎？'曰：'其质美而文繁，吾欲说而去其文。'故曰文质修者谓之君子，有质而无文谓之易野。简易鄙野也。子桑伯子易野，欲同人道于牛马，故仲弓曰太简。"然则伯子盖太简者，而仲弓疑夫子之过许与？朱子曰："居敬则凡事严肃，若要以此去律事，凡事都要如此，此便是居敬而不行简也。今固有居敬底人把得忒重，却反行得烦碎了。临下以简，只要拣那紧要底来行。居敬行简，是两件工夫。若谓'居敬，则所行自简'则有偏于居敬之意，徒务行简，老子是也，乃所以为不简。居敬行简，如云内外，不只是尽其内而不用尽其外；如云本末，不只是致力于本而不务乎其末。居敬了，又要行简，圣人教人为学皆如此，不只偏说一边。居敬行简，是有本领底简；居简行简，是无本领底简。居敬，是自处以敬；行简，是所行得要。"问："敬是就心上说，简是就事上说否？"曰："简也是就心上做出来，而今行简，须是心里安排后去行，岂有不是心做出来？"问："居敬行简之居，如居室之居？"曰："然。"复问何谓简？曰："简，是凡事据见定。又曰'简静'，又曰'居敬'，是所守正，而行之以简。"问："居简而行简，则有志大略小之患，以之临事，必有怠忽不举之处。居敬而行简，则心一于敬，不以事之大小而此敬有所损益也，以之临事，必简而尽？"曰："居敬，则明烛事几，而无私意之扰，故其行必简。"叶少蕴曰①："简者，临下之道，而非所以处己也。《书》记舜之德，曰'临下以简'，此仲弓所以可使南面也。"双峰饶氏曰："敬者，一心之主宰而万事之本根也。仲弓之在圣门，以德行称者也。夫子许之以可使南面，是以其有人君之德而然也。仲弓闻夫子之许己，而未知其所以许之之意安在，于是即其气象之类己。如子桑伯子者以为问，夫子以其'可也简'许之。而又曰：'居简而行简，无乃大简乎？'其意以为简出于敬，则其简为有本，而每事顺理而要直，谓之可也固宜。简出于简，则其简为无本，而遇事不免率意而疏略，无乃简之过乎？仲弓之简，敬而简者也。伯子之简，简而简者也，仲弓之简固与伯子之简异矣！然其所以致是者，非特天资之美，亦其学力之至尔。盖他日尝问仁于夫子矣，夫子告之曰'出门如见大宾，使民如承大祭'，此居敬之谓也；又尝问政于夫子矣，夫子告之曰'先有司，赦小过，举贤才'，此行简之谓也。居敬行简，其得于平日师友之所讲磨者如此，则可使南面固有所自来矣。若伯子之不衣冠而处，则有仲弓之资，而无仲弓之学者也，大简之失，不亦宜乎？""简于行事上用得，于治己上用不得，故行简则可，居简则不可。新安陈氏曰："人所以异于马牛，以衣冠也。伯子恶衣冠烦而去之，简则简矣，如不敬何？简与敬，易相反，故《书》曰：'简而无傲。'盖简易流于傲，无傲者，欲以敬矫简之流弊

---

① 叶氏少蕴：即叶梦得。

也。敬而简，则为简严、简易之简，不然则为简忽、简略之简。仲弓盖能居敬行简者，伯子乃不敬而居简行简者也。”

子曰：“雍之言然。”

仲弓盖未喻夫子“可”字之意，而其所言之理，有默契焉者，故夫子然之。朱子曰：“夫子虽不言其居简之失，而‘可’字已寓未尽善之意。仲弓虽未喻可为仅可，乃能默契其微旨，分别出居敬、居简之不同，夫子所以深许之。”〇程子曰：“子桑伯子之简，虽可取而未尽善，故夫子云可也。仲弓因言内主于敬而简，则为要直；内存乎简而简，则为疏略，可谓得其旨矣。”又曰：“居敬则心中无物，故所行自简；双峰饶氏曰：“无物，以是无私意；无私意，则能循理，所以所行自简。”居简则先有心于简，而多一‘简’字矣，故曰太简。”问：“《集注》何不全用程说？”朱子曰：“程子只说得敬中有简底意，亦有自处以敬而所行不简，却说不及。圣人所以曰居敬、曰行简，二者须是周尽，某所以不敢全用他说。”又曰：“程子说自不相害，果能居敬，则理明心定，自是简。”又曰：“世间有居敬而所行不简者，如上蔡说吕进伯是个好人，极至诚，只是烦扰，便是请客，也须临时两三番换食；次又有不能居敬而所行却简易者，每事不劳扰，只从简径处行，如曹参之治齐，专尚清静，及至为相，每日酣饮不视事，隔墙小吏歌呼，参亦酣歌以和之，何有于居敬？据仲弓言，自是两事，程子作一事看了。”“此段若不得仲弓下面更问一问，人只道‘可也简’便道了，故夫子复之曰‘雍之言然’，这亦见仲弓有可使南面之基，亦见得他深沉详密处。论来简已是好资禀，较之繁苛琐细使人难事，亦煞不同，然是居敬以行之方好。”问：“仲弓之有人君之度，何以知其然耶？”曰：“以前篇不佞之讥、此章居敬行简之对，而有以知其然也。谢氏以为简以临之、庄以莅之，盖近之矣，然其深厚广博，宜在人上之意，则未之发也。然此曰南面，而不曰为政，则疑其主于德而言也。”问：“居敬、居简之不同，何也？”曰：“持身以敬，则心不放逸而义理著明，故其所以见于事者，自然操得其要而无烦扰之患。若所以处身者既务于简，而所以行之者又一切以简为事，则是民理准则既不素明于内，而纲纪法度又无所持循于外也。夫简之弊，将有不可胜言者矣！”勉斋黄氏曰：“居，谓身所自处；行，谓见于所行。观其以居对行，则是以处身对行事明矣。居敬而后可以行简乎！”

〇哀公问：“弟子孰为好学？”孔子对曰：“有颜回者好学，不迁怒，不贰过。不幸短命死矣！今也则亡，未闻好学者也。”好，去声。亡，与“无”同。

迁，移也。贰，复扶又反。下同。也。怒于甲者，不移于乙；过于前者，不复于后。颜子克己之功至于如此，可谓真好学矣。朱子曰：“不迁怒贰过，是颜子好学之符验如此，却不是只学此二事。其学全在非礼勿视听言动上，乃是做工夫处；不迁不贰，是成效处。”“怒与过，皆自己上来；不迁不贰，皆已克己上来。”勉斋黄氏曰：“存养之深，省察之明，充治之力，持守之坚，故其未怒之初，鉴空衡平；既怒之后，冰消雾释；方过之萌，瑕颣莫逃；既知之后，根株悉拔。此所以为好学，而《集注》以为克己之功也。”庆源辅氏曰：“真好学，‘真’字须子细看。”新安陈氏曰：“人惟不能克去己私，故迁怒者，私意之执滞也；贰过者，私意之隐伏也。颜子之学真能克己，故当怒未尝不怒，既怒则不迁，有过未尝不知，既知则不留。此皆克己之功效而好学之符验也。”短命者，颜子三十二而卒也。《家语》：颜子少孔子三十岁，年二十九而发白，三十二而早卒。既云今也则亡，又言未闻好学者，盖深惜之，又以见真好学者之难得也。厚斋冯氏曰：“师有父兄之道，故称受教者为弟子。当是时，曾子尚少，好学而可以传道者，唯颜子一人而已。曰‘今也则亡’，言好学者无存也。不曰‘不闻’，而曰‘未闻’，不敢以一己之闻见，厚诬天下之无人，又焉知来者之不如今也？”〇程子曰：“颜子之怒，在物不在己，故不迁。有不善未尝不知，知之未尝复行，新安陈氏曰：“二句《易·系辞》文，乃孔子称颜子语。”不贰过也。”云峰胡氏曰：“程子兼不迁怒、不贰过说。”又曰：“喜怒在事，则理之当喜怒者也，不在血气则不迁。若舜之诛四凶也，可怒在彼，己何与音预。焉。如鉴之照物，妍媸在彼，媸，赤之反。妍，美也；媸，丑也。随物应之而已，何迁之有？”云峰胡氏曰：“专说不迁怒。怒每自血气而发，颜子之怒在理而不在血气，故不迁。”又曰：“如颜子地位，岂有不善？所谓不善，只是微有差失。才差失便能知之，才知之便更不萌作。”张子曰：“慊口簟反。于己者，不使萌于再。”朱子曰：“慊于己，只是略有些子不足于心，便自知之，即随手消除，不复萌作。”许氏曰：“心过常小，身过常大，颜子虽有心过，无身过。无身过易，无心过难，要当制之于心而已。”或曰：【通考】此下乃伊川十八岁时在大学作《颜子所好何学论》也。胡安定为国子监直讲，出题试诸生，得伊川此论，大惊异，召处以学职。“《诗》、《书》六艺，七十子非不习而通也，而夫子独称颜子为好学。颜子之所好，果何学欤？”程子曰：“学以至乎圣人之道也。”双峰饶氏曰：“道者，方法之谓，言学以至乎圣人底方法也。下文言学之道，与学之得其道，皆是此意。”“学之道奈何？”曰：“天地储精，得五行之秀者为人。问：“储精。”朱子曰：“精气流过，储蓄得二气之精聚，故能生出人物。”其本也真而静。其未发也五性具焉，曰仁、义、礼、智、信。朱子曰：“本，是本体；真，是不杂人伪。静，言其初未感物时。五性便是真，未发便是静。”形既生矣，外物触其形而动于中矣。其中动而七情出焉，曰喜、怒、哀、惧、爱、恶、去声。欲。庆源辅氏曰：“心是活物，故外物触之而动。上言其本静，故于此言动。”情既炽昌志反。而益荡，其性凿矣。朱子曰：“性固不可凿，但人不循此理去伤了他。”故学者约其情使合于中，正其心，养其性而已。然必先明诸心，知所往，然后力行以求至焉。朱子曰：“这一段紧要处，只在‘先明诸心’上。明诸心，知所往，穷理之事；力行求至，践履之事。知所往，如识路；力行求至，如行路。”双峰饶氏曰：“用工最紧要处，在约其情，使合于中。约是工夫，中是准则。四勿，便是约的工夫；礼，便是中的准则。能约其情，使合于中，则心得其正而不荡，性得其养而不凿。”云峰胡氏曰：“程子此段议论，皆自周子《太极图说》来。天地储精，此‘精’字即是二五之精；其本也真而静，‘真’字即是无极之真。特周子自太极说来，故先真而后精；程子只自天地说起，故先精而后真。‘储’字即是‘凝’字。自古言性，未尝言五性，《图说》谓五行之生也，各一其性，故此曰‘五性具焉’；《图说》谓五性感动而善恶分、万事出，此则曰‘其中动而七情出焉’。盖五性感动之后，有善有恶，至于情既炽而益荡，则全失其本来之善矣。《图说》定之以中正仁义而主静，圣人立人极之事；此曰‘约其情使合于中，学者克己之事也。’”【通考】仁山金氏曰：“一三四条，叔子；二条，兼取伯、叔子①。本字指五行之理，真指五性，静指未发，约是工夫，中是准则。”若颜子之非礼勿视、听、言、动，不迁怒贰过者，则其好之笃而学之得其道也。然其未至于圣人者，守之也，非化之也。假之以年，则不日而化矣。双峰饶氏曰：“不迁不贰，皆是守而未化之事。若怒自然不迁，心无过可贰，则化而无事于守矣。”今人乃谓圣本生知，非学可至，而所以为学者，不过记诵文辞之间，其亦异乎颜子之学矣。”程子曰：“小人之怒在己；君子之怒在物。小人之怒出于心、作于气、形于身，以及于物，以至于无所不怒，是所谓迁也。怒在理，则无所迁；动乎血气，则迁矣。舜诛四凶，盖因是人有可怒之事而怒之，圣人之心本无怒也。譬如明镜，好物来时便见是好，恶物来时便见是恶，镜何尝有好恶也？世之人，固有怒于室而色于市。”上蔡谢氏曰：“颜子不迁怒、不贰过，则其所好乃克己之学也。”朱子曰：“颜子因物之可怒而怒之，又安得迁？内有私意而至于迁怒者，志动气也；有为怒气所动而迁者，气动志也。或谓不独迁于他人为迁，就其人而益之，便是迁。曰：此却是不中节，非迁也。”问：“不迁怒，此是颜子与圣人同处否？”曰：“‘不迁’字在圣人分上说便小，在颜子分上说便大。盖圣人无怒，何待于不迁？圣人无过，何待于不贰？所以不迁不贰者，犹有意存焉，与愿无伐善、无施劳之意同，犹今人所谓愿得不如此，是固尝如此，而今且得其不如此也，此所谓守之，非化之也。”问：“人之义理未明，而血气未曾消释，物来触著，则乘此血气之动，惟好恶之所之，怒不能得休歇，而至于有所移也。若颜子则是磨得心地光明，而无一毫物事杂在其间，或喜或怒，皆是物之当喜当怒，随其来而应之。而在我初无容心，不以此动其血气而至于有所迁也。但此是颜子克己工夫到后方如此，却不是以此方为克己工夫也。”曰：“夫子当时，也是从他克己效验上说。但克己工夫未到时，也须照管。不成道我工夫未到那田地，而迁怒贰过，只听之耶。”问：“颜子不迁怒，亦见得克己工夫否？”曰：“固是。然克己亦非一端，如喜怒哀乐，皆当克，但怒是粗而易见者尔。”“颜子于念虑处，少差辄改，而今学者未到颜子地位，且须逐事上检点。过也，不论显微，如大雷雨也是雨，些子雨也是雨，无大小都唤做过，只是晴明时节，青天白日，更无些子云翳，这是甚么气象？”问：“喜怒发于当然者，人情之不可无者也，但不可为其所动尔。过失则不当然而然者，既知其非，则不可萌于再，所谓‘频复之吝’也。二者若不相类，而其向背实相对。”曰：“圣人虽未必有此意，但能如此看亦好。”“颜子只是见得个道理透，见得道理透，自不迁不贰。”“非礼勿视听言动，是夫子告颜子，教他做工夫。要知紧要工夫，却只在这上。如无伐善、无施劳，不迁怒、不贰过，是他到处。”又曰：“颜子到这里，直是浑然，更无些子渣滓。不迁怒，如镜悬水止；不贰过，如冰消冻释。如三月不违，又是已前事，到这里已自浑沦，都是天理，是甚次第！”问：“颜子之所学者，盖人之有生，五常之性浑然一心之中，未感物之时，寂然不动而已。而不能不感于物，于是喜怒哀乐七情出焉。既发而易

① 伯、叔子：即程伯叔子，程颢与程颐。

纵，其性始凿。故颜子之学，见得此理分明，必欲约其情以合于中。刚决以克其私，私欲既去，天理自明，故此心虚静，随感而应。或有所怒，因彼之可怒而已，无与焉。怒才过，而此心又复寂然，何迁移之有？所谓过者，只是微有差失。张子谓之慊于己，只是略有些子不足于心，便自知之，即随手消除，更不复萌作。为学工夫，如此可谓真好学矣！”曰：“所谓学者，只是学此而已。伊川所谓约其情，《大学》所谓明明德，《中庸》所谓天命之谓性，皆是此理。”勉斋黄氏曰：“论颜子之天资，则只是明与刚；论颜子之用功，则只是敬与义。惟其明且敬也，故几才动处便觉；惟其刚且义也，故才觉便与一刀两段。既明矣，又持之以敬；既刚矣，又辅之以义。天资学力两极，则血气岂能轻为之动？念虑岂能再使之差？此所以谓之‘不远复也’，所以谓之有不善未尝不知、知之未尝复行也。不远是觉得早，复是斩断得猛烈。”问：“颜子之不迁怒，与喜怒哀乐皆中节，如何？”潜室陈氏曰：“当其怒时，见理而不见怒，故怒所可怒，而不迁于他，此克己阳刚工夫，峻洁之甚。其要固归于中节，但以中节言颜子，无起发人意处。”庆源辅氏曰：“颜子不迁不贰，乃终身学力之所就，固非一旦收其放心便能如此，亦非是学者克己之事，故《集注》以为克己之功。必其平日遇怒则克，不使之流荡于外以过于物；遇过则克，不使之伏藏于内以为之根。怒不过于物，则久久自然不迁；过癒其根，则久久自然不贰。”觉轩蔡氏曰：“不迁怒，朱子谓怒于甲者不移于乙，程子谓在物不在己。不贰过，朱子谓过于前者不复于后，程子谓只是微有差失便能知之，才知之便更不萌作。若不同矣，然程子是就怒初发、念初萌而直言之也，朱子是就怒已发、念已萌而横言之也，其理则一，必兼之方尽其义。”问：“不迁怒。”鲁斋许氏曰：“是圣人境界之事也，如何便到得？且自‘忿思难’为始。”

○子华使于齐，冉子为其母请粟。子曰：“与之釜。”请益。曰：“与之庾。”冉子与之粟五秉。使、为，并去声。

子华，公西赤也。使，为去声。孔子使也。庆源辅氏曰：“或使于他邑，或使于外国，不可知也。大夫无私交，此必未为大夫时事。又孔子将之荆，先之以子路，申之以冉有，皆使之类也。又如蘧伯玉使人于孔子。大夫虽无私交，若此类则无害也。”釜，六斗四升。庾，十六斗。秉，十六斛。

子曰：“赤之适齐也，乘肥马，衣轻裘。吾闻之也，君子周急不继富。”衣，去声。

乘肥马、衣轻裘，言其富也。急，穷迫也。周者，补不足。继者，续有余。

原思为之宰，与之粟九百，辞。

原思，孔子弟子，名宪。宋人。孔子为鲁司寇时，以思为宰。粟，宰之禄也。九百不言其量，去声。不可考。赵氏曰：“司寇有采邑，故以思为邑宰。”

子曰：“毋！以与尔邻里乡党乎！”

毋，禁止辞。五家为邻，二十五家为里，万二千五百家为乡，五百家为党。言常禄不当辞，有余自可推之以周贫乏，盖邻、里、乡、党有相周之义。○程子曰：“夫子之使如字。子华，子华之为去声，下“为之”同。夫子使，去声。义也。而冉子乃为之请，圣人宽容，不欲直拒人。故与之少，所以示不当与也。请益而与之亦少，所以示不当益也。求未达而自与之多，则已过矣，故夫子非之。盖赤苟至乏，则夫子必自周之，不待请矣。原思为宰，则有常禄。思辞其多，故又教以分诸邻里之贫者，盖亦莫非义也。”张子曰：“于斯二者，可见圣人之用财矣。”朱子曰：“冉子与之粟五秉，圣人亦不大段责他，而原思辞禄，又谓与尔邻里乡党者，看来圣人与处却宽。于斯二者，可见圣人之用财，虽是小处也，莫不恰好，便是一以贯之处。”问：“冉子请粟，圣人不与之辨而与之益之。”曰：“圣人宽洪，可以予，可以无予，予之亦无害，但不使伤惠耳。”南轩张氏曰：“子华为夫子使于齐，使子华而有所不给，则夫子固周之矣，而子华无是之患也。其使也，为师使，以义行之，去以义行而其资足以给，则可以无与也。冉有为其母请，疑可以与也，故与之少以见其义，而冉子莫喻也。原思为宰，宰有常禄，粟虽多，不得而辞也。使原思虽甚有余，而其常禄亦岂得而辞哉！故圣人于子华谓周急不继富，于原思谓毋以与尔邻里乡党，其义可见矣。盖取与辞受，莫不有其则焉，天之理也。圣人从容而不过，贤者审处而不违。若以私意加之，则失其权度，或与其所不当与为伤惠，而或辞其所不当辞，亦反为有害于廉矣。”觉轩蔡氏曰：“杨氏谓君子之于辞受取予之际，苟非其义，一介不以予人；苟以其道，舜受尧之天下亦不为泰。而士或以啬与为吝、寡取为廉者，皆不知此也。以冉求原思之贤，犹不免是，况世之纷纷者乎！朱子云：‘此说固然，子华之富，所不当继也，而夫子于冉子之请，犹与之釜，犹与之庾，不直拒之也。原思之辞，所不当辞也，而夫子未尝疾之，又教之以有余，则当推之以及邻里，则圣人宽容崇奖廉退之意，亦略可见矣。然则学者未得中行，不幸而过，宁与无吝，宁廉无贪，又不可不知也。’模按：朱子广杨氏未尽之意，深有补于世教。且使世之吝者，不得托于一介不与之说以盖其陋，贪者不得托于舜受尧天下之说以便其私，而轻财重义清苦廉逊之人，亦将得以自见。故并录之，学者所宜深玩也。”厚斋冯氏曰：“子华之使，原思之宰，非必同一时也，记者以其辞受可互相发明，故系于此尔。”新安陈氏曰：“一‘义’字可断尽此章。弟子为师使，义也；自富而请粟请益，非义也；不继富而与之少，亦义也。宰常禄当与，义也；有余以周乡邻，亦义也。夫子于赤非吝，于思非奢，辞受取予，惟视义之当否尔。冉求为请，自多与以为惠；原宪甘贫，辞常禄以为廉，皆察义未精故也。”

○子谓仲弓曰：“犁牛之子骍且角，虽欲勿用，山川其舍诸？”犁，利之反。骍，息营反。舍，上声。

犁，杂文。骍，赤色。周人尚赤，牲用骍。角，角周正，完全端正。中去声。牺牲也。潜室陈氏曰：“祭天地之牛，角茧栗；宗庙之牛，角握；宾客之牛，角尺。以其色既赤，又且角中程度也。”用，用以祭也。山川，山川之神也。言人虽不用，神必不舍也。仲弓父贱而行去声。恶，故夫子以此譬之。言父之恶，不能废其子之善，如仲弓之贤，自当见用于世也。然此论仲弓云尔，非与仲弓言也。○范氏曰：“以瞽瞍为父而有舜，以鲧为父而有禹。古之圣贤，不系于世类，尚矣。子能改父之过，变恶以为美，则可谓孝矣。”问：“‘子谓仲弓曰：犁牛之子，骍且角’，伊川谓多一‘曰’字，意以仲弓为犁牛子也。考之《家语》，仲弓生于不肖之父，其说可信否？”朱子曰：“圣人必不肯对人子说人父不善。”问：“此章前后，作用人不以世类。南轩以仲弓言焉知贤才之故，故孔子教之用人。此说牵合，然亦似有理脉。”曰：“横渠言：‘大者苟立，虽小未纯，人所不弃也。’今敬夫此说无他，只是要回互，不欲说仲弓之父不肖尔。何不虚心平气与他看，古人贤底自贤，不肖底自不肖。称其贤，可以为法语；其不肖，可以为戒。”或曰：“恐是因仲弓之父不肖而微其辞。”曰：“圣人已是说了，此亦何害？大抵人被人说恶不妨，但要能改过。过而能改，则前愆顿释，昔日是不好底人，今日自好，事自不相干，何必要回互？然又要除却‘曰’字，此‘曰’字留亦何害？‘如子谓颜渊曰……吾见其进也’，不成是与颜渊说？况此一篇，大率是论他人，不必是与仲弓说也。只苏氏却说此乃是论仲弓之德，非是与仲弓言也。”庆源辅氏曰：“犁牛杂文，虽不堪作牺牲，然其所生之子，其色则骍，其角则正，则必将取以为牺牲用矣。固不可以其母之犁，而废其子之骍也。虽欲勿用，人之私意也；山川其舍诸，理之所不容废也。”

〇子曰：“回也，其心三月不违仁，其余则日月至焉而已矣。”

三月，言其久。朱子曰：“三月，只是言其久尔，非谓三月后必违也。古人三月无君则吊，去国三月则复，诗人以一日不见如三月兮，夫子闻韶三月不知肉味，皆久之意。”仁者，心之德。心不违仁者，无私欲而有其德也。日月至焉者，或日一至焉，或月一至焉，能造七到反。其域新安陈氏曰：“造仁之域，如云入圣域。”而不能久也。朱子曰：“仁与心本是一物，被私欲一隔，心便违仁去，却为二物；若私欲既无，则心与仁便不相违，合成一物。心犹镜，仁犹镜之明。镜本来明，被尘垢一蔽，遂不明；若尘垢一去，则镜明矣。颜子三个月之久无尘垢，其余人或日一次无尘垢，少间又暗；或月一次无尘垢，二十九日暗，亦不可知。”或问：“颜子三月不违仁，是无纤毫私欲，则自余门弟子日至月至者，常为私欲所汩乎？”西山真氏曰：“‘欲’字有轻重，常人之心，无非私欲汩乱之时。若孔门弟子，日至月至者，虽未到无纤毫私欲之地，然亦必皆寡欲矣。孟子教人，只云‘养心莫善于寡欲’，周子又进一步教人曰‘由寡以至于无’。颜子三月不违者，已到无欲之地。自余则寡欲而已，所以未如颜子也。”赵氏曰：“三月，姑借以言其久；日月，亦借以言其暂。”〇程子曰：“三月，天道小变之节，言其久也，过此则圣人矣。不违仁，只是无纤毫私欲。少有私欲，便是不仁。”程子曰：“颜子经天道之变，而为仁如此，其能久于仁也。过此，则从心不逾矩，圣人也，故孔子惜其未止。”朱子曰：“颜子三月不违，只是此心常存，无少间断，自三月后，却未免有毫发私意间断在。颜子念虑之间，间有不善处，却能知之，而未尝复行也。”“颜子岂直恁虚空湛然，常闭门合眼静坐，不应事、不接物，然后为不违仁也？颜子有事亦须应、须饮食、须接宾客，但只是无一毫私欲耳。”尹氏曰：“此颜子于圣人，未达一间者也①，新安陈氏曰：“间，平声，际也。如《孟子》‘其间不能以寸’，此语本《扬子·问神篇》：‘颜渊亦潜心于仲尼矣，未达一间尔。’”若圣人则浑上声。然无间断矣。”间，去声。断，徒玩反。后凡言间断，音同。朱子曰：“颜子犹不能无违于三月之后，不是三月后一向

① 未达一间：只差一步就到了。一间：谓相距极近。间，间隙。

差去，但只于道理久后略断一断，便接续去。若无这些子间断，便是圣人，所以与圣人未达一间者以此。”新安陈氏曰：“心本仁也。心而违仁，私欲间断之耳。月日至焉者，私欲间断之时多，天理纯全之时少。颜子克去己私，为仁渐熟，故能三月之久心不违仁，然犹未免三月之后或至于违仁也。使过此而能浑然无间断，则与圣人之纯亦不已者一矣。”张子曰：“始学之要，当知‘三月不违’与‘日月至焉’内外宾主之辨。使心意勉勉循循而不能已，过此几乎声。非在我者。”朱子曰：“三月不违者，仁在内而我为主也；日月至焉者，仁在外而我为客也。诚知辨此，则不安于客，而求为主于内必矣。”“三月不违底，是仁为主，私欲为客；日月至焉者，是私欲为主，仁却为客。然那客亦是主人，只是以其多在外，故谓之客。敬则常不要出外，久之亦是主人。既是主人，自是出去时少也。”又曰：“日月至焉底，便是我被那私欲挨出在外，是我胜那私欲不得。”“以屋喻之，三月不违者，心常在内，虽间或有出时，然终是在外不稳，才出便入，盖心安于内，所以为主；日月至焉者，心常在外，虽间或有入时，然终是在内不安，才入便出，盖心安于外，所以为宾。日至者，一日一至此，月至者，一月一至此，自外而至也。不违者，心常存；日月至焉者，有时而存。此无他，知有至未至，意有诚未诚。知至矣，虽驱使为不善，亦不为；知未至，虽轧勒不为，此意终迸出来。故于见得透①，则心意勉勉循循，自不能已矣。过此几非在我者，犹言过此以往，未之或知。言过此，则自家著力不得，待他自长进去。”又曰：“三月不违，主有时而出；日月至焉，宾有时而入。”问：“过此几非在我者。”曰：“这只说循循勉勉，便自住不得，便自不由己，只是这个关难过，才过得，自要住不得，所谓欲罢不能。如水涨船行，更无著力处。”“几非在我，如种树一般，初间栽培灌溉，及既成树了，自然抽枝长叶，何用人力?”问：“莫是过此则圣人之意否?”曰：“不然。盖谓工夫到此，则非我所能用其力，而自然不能已，如车已推而势自去，如船已发而缆自行。若不能辨内外宾主，不能循循不已，则有时而间断矣。孟子所谓‘夫仁亦在乎熟之而已矣’，此语说得尽了。”又云：“学者无他，只是要理会这道理。此心原初自具万物万事之理，须是理会得分明。”勉斋黄氏曰：“仁，人之安宅也。以宅譬之，三月不违，则心为主，在仁之内，如身为主而在宅之内也；日月至焉，则心为宾，在仁之外，如身为宾在宅之外也。”北溪陈氏曰：“张子内外宾主之辨，盖起于夫子至之一辞。知内外宾主之辨，常在天理内而为主，不逐人欲于外而为宾，非真知而足目俱到者，不能到此田地。主势日伸，宾势日屈，其进进自不能已。过此，如车轮运转，自然不停，非吾力所能与，此即日进无疆地位也。”潜室陈氏曰：“提出张子此语，正欲学者于此猛省。若是为客，乍入复出，则为无家之人，后来必大可哀。”新安倪氏曰：“内外宾主之辨，朱子有二说，定宇陈氏尝论，此以后说为优。北溪谓‘内外宾主之辨，起于夫子至之一辞’，的是如此，所谓至焉者，至于仁也。勉斋仁宅之说，尤精到。以此观之，朱子《或问》，初说也；《语录》，乃后来定说也。故今编存《或问》之说于前，而列《语录》及黄、陈之说在后，俾观者即见优劣，一遵先

---

① 《朱子语类》卷第三十一作“故贵于见得透。”

师之意云。"【通考】吴氏程曰："内而主，则心与理一；外而宾，则心理犹二也。勉循，有不息之意。"勿轩熊氏曰："前说因孔子所言以为文。后说言心在则为仁，不在便为不仁，其旨尤切。"涂氏滘生曰："终食者，言其存养之密；三月者，言其持守之久；一日者，言其速；日月至焉，言其疏。此皆存乎一己者也。若夫渐民以仁，摩民以义，教化行而礼乐兴，使民浃于肌肤，沦于骨髓，非三十年之久不可得也。"朱氏公迁曰："勉斋黄氏云'心不违仁，专以知觉言；仁，人心也，合性与知觉言'，愚尝以此推之，凡以心与义理为一者，合性与知觉言也；以心与义理为二者，专指知觉而言也；仁义礼智根于心，是合性与知觉言；以仁存心，以礼存心，是专指知觉而言；心不在焉，专指知觉言；心正而后身修，合性与知觉言；孟子之不动心，合性与知觉而言也；告子先我不动心，专指知觉而言也。推此类可见。尝有部使者按事于番，问准轩吴先生《论语》言心凡几处，亦有异同如何。先生应声曰：'简在帝心，天之心也；从心所欲不逾矩，圣人之心也；其心三月不违仁，亚圣大贤之心也；饱食终日，无所用心，众人之心也。'使者愕然叹服。"

○季康子问："仲由可使从政也与?"子曰："由也果，于从政乎何有?"曰："赐也，可使从政也与?"曰："赐也达，于从政乎何有?"曰："求也，可使从政也与?"曰："求也艺，于从政乎何有?"

从政，谓为大夫。问："从政例为大夫，果何所据？然则子游为武城宰，仲弓为季氏宰之类，皆不可言政欤?"朱子曰："冉子退于季氏之朝，夫子曰：'其事也。如有政，虽不吾以，吾其与闻之。'亦自可见。"胡氏曰："由、求为季氏宰久矣，此问从政，谓可使为大夫否也。盖宰有家事而已，大夫则与闻国政。然康子卒不能与三子同升诸公，此鲁之所以不竞也。"果，有决断。都玩反。达，通事理。艺，多才能。双峰饶氏曰："求也旅泰山不能救，伐颛臾不能止，是不果也；由也以正名为迂，是不达也。唯子贡达于事理，占得地步却阔，使其从政，必不肯为季氏聚敛，为卫辄死难。"○程子曰："季康子问三子之才可以从政乎？夫子答以各有所长。非惟三子，人各有所长。能取其长，皆可用也。"朱子曰："求也艺，于细微事都理会得，缘其才如此，故用之于聚敛，必有非他人所及者，惜乎其有才而不善用之也!"南轩张氏曰："此可见圣人之用才也。三子者各有所长，故皆可以从政。"勉斋黄氏曰："程子言人各有所长，意则大矣。然如三子之达果艺而可以从政，则恐亦非凡人之所可能也。"潜室陈氏曰："冉求有为政之才，圣人屡许之，且以政事名，想有可观者。但义理不胜利欲之心，过失处多耳。"问："孔子以政事称冉求，比用于季氏，仅能聚敛而已，不知夫子于何取之?"曰："只以政事称，便于学问上有欠阙，所以孔子常攻其短。"庆源辅氏曰："子路资禀刚勇，故能有决断；子贡知识高明，故通达事理；冉求虽进道不力，然在政事之科，故多才能。"齐氏曰："季桓子垂殁，有遗言召孔子，而康子止召冉求。然则其先问由、赐也，意故在求，而假之以发端尔。"吴氏曰："善用人者，如医之用药，虽乌喙甘遂，犹有可取，况其才之美者乎!"【通考】吴氏程曰："惟三子，句。下文泛言用人之法。"

○季氏使闵子骞为费宰。闵子骞曰："善为我辞焉。如有复我者，则吾必在汶上

矣。"费音秘。为，去声。复，扶又反。汶，音问。

闵子骞，孔子弟子，名损鲁人。费，季氏邑。汶，水名，在齐南鲁北竟与"境"同。上。闵子不欲臣季氏，令平声。使去声。者善为己辞。言若再来召我，则当去之齐。新安陈氏曰："始言善为我辞，辞之之言虽婉，终言去之汶上，绝之之意甚决，真有德行者审于进退之言也。"○程子曰："仲尼之门，能不仕大夫之家者，闵子、曾子数人而已。"朱子曰："仕于大夫家为仆，家人不与大夫齿，那上等人自是不肯做。若论当时侯国皆用世臣，自是无官可做。不仕于大夫，除是终身不出，如曾闵方得。"南轩张氏曰："门人记闵子此事于问由、赐、求之后，其相去可见矣！"【通考】仁山金氏曰："子夏尝为莒父宰，子游为武城宰，子贱为单父宰。费乃季氏私邑，夫子尝欲堕之，宜闵子所不屑也。"谢氏曰："学者能少知内外之分，皆可以乐音洛。道而忘人之势。况闵子得圣人为之依归，彼其视季氏不义之富贵，不啻犬彘。又从而臣之，岂其心哉？朱子曰："谢氏说得粗，若不近圣贤气象，也可以警那懦底人；若常记得这样在心下，则可以廉顽立懦。"在圣人则有不然者，盖居乱邦、见恶人，在圣人则可；自圣人以下，刚则必取祸，柔则必取辱。闵子岂不能早见而豫待之乎？如由也不得其死，求也为季氏附益，夫音扶。岂其本心哉？盖既无先见之知，去声。未仕时。又无克乱之才既仕时。故也。然则闵子其贤乎？"庆源辅氏曰："闵子心虽不欲臣季氏，而不遽形于言。姑令使者善为己辞，此与人为善意也。又言若再来召我，则当去之齐，以示其必不从之意。其与人处己，两尽其道如此。谢氏说由、求之事，曰：'是岂其本心哉？'却说得好。刚者必取祸，谓子路；'柔者必取辱'，谓冉求。圣人道全德备，应用无穷，其于先见之知、克乱之才，盖兼有之，故于天下无不可为之时，亦无不可为之事。若未至于圣人，而欲早见豫待以疑方来之变，则于轇轕纷沓之际，未有不失其本心者，此闵子所以为贤也。"

○伯牛有疾，子问之，自牖执其手，曰："亡之，命矣夫！斯人也而有斯疾也！斯人也而有斯疾也！"夫，音扶。

伯牛，孔子弟子，姓冉，名耕。鲁人有疾，先儒以为癞音赖。也。朱子曰："伯牛之癞，以《淮南子》而言耳，其信否则不可知。"牖，南牖也。礼：病者居北牖下。君视之，则迁于南牖下，使君得以南面视己。《丧大记》：疾病，外内皆扫。君大夫彻县，音玄。士去琴瑟。寝东首于北牖下。疏曰："病者虽恒在北牖下，若君来视之时，则暂时移向南牖下，东首，令君得南面而视之。"【通考】仁山金氏曰："'牖'字误，当作墉，盖室中北墉南墉墙也。古人室北，墙上起柱为壁，虽壁间西北角有小圆窗，名扉谓之屋漏，然无北牖之名。"时伯牛家以此礼尊孔子，孔子不敢当，故不入其室，而自牖执其手，盖与之永诀也。庆源辅氏曰："不入其室，避过奉之礼，义也；自牖执手，致永诀之意，仁也，此圣人从容中礼处。"命，谓天命。言此人不应平声。有此疾，而今乃有之，是乃天之所命也。然则非其不能谨疾而有以致之，亦可见矣。问："命者何也？"朱子曰："有生之初，气禀有一定而不可易者，孟子所谓'莫之致而至者'也。"南轩张氏曰："如颜冉之死，乃可谓命。于颜曰'短命'，于冉曰'命矣夫'，盖其修身尽道，谨疾又无憾，而止于是，则曰命而已。若有取死召疾之道，则是有以致之而至，非天命之正矣。”庆源辅氏曰：“伯牛非有致疾之道，有以致疾，则非正命矣。伯牛非其不能谨而有以致之，故夫子叹其‘命矣夫’。然天既与之以是德，而复使之有是疾，则于栽培之理，盖亦不得其常者矣。”侯氏曰：侯氏，名仲良，字师圣，河东人。“伯牛以德行去声。称，亚于颜、闵。故其将死也，孔子尤痛惜之。”

○**子曰：“贤哉，回也！一箪食，一瓢饮，在陋巷。人不堪其忧，回也不改其乐。贤哉，回也！”**食，音嗣。乐，音洛。

箪，竹器。食，饭也。瓢，瓠也。音互。颜子之贫如此，而处上声。之泰然，不以害其乐，故夫子再言“贤哉回也”以深叹美之。○程子曰：“颜子之乐，非乐箪瓢陋巷也，不以贫窭郡羽反。累其心而改其所乐也，故夫子称其贤。”朱子曰：“颜子胸中自有乐，故贫窭而亦不以累其心，不是将那不以贫窭累其心底做乐。”又曰：“箪瓢陋巷非可乐，盖自有其乐尔。‘其’字当玩味，自有深意。”朱子曰：“‘自有其乐’，‘自’字对‘箪瓢陋巷’言。‘其’字当玩味，是元有此乐。”又曰：“昔受学于周茂叔，每令平声。寻仲尼颜子乐处，所乐何事？”云峰胡氏曰：“欲问颜子所乐何事，当先问颜子所好何学。”愚按：程子之言，引而不发，盖欲学者深思而自得之。今亦不敢妄为之说。学者但当从事于博文约礼之诲，以至于欲罢不能而竭其才，则庶乎有以得之矣。程子曰：“所处在贫贱，未尝不乐；不然，虽富贵，亦常歉然不自得。故曰莫大于理，莫重于义。”问：“颜子在陋巷而不改其乐，与贫贱而在陋巷者，何以异乎？”曰：“贫贱而在陋巷者，处富贵则失乎本心；颜子在陋巷犹是，处富贵犹是。鲜于侁问：‘颜子何以不改其乐？’伊川曰：‘君谓其所乐者何也？’曰：‘乐道而已。’曰：‘使颜子以道为乐而乐之，则非颜子矣。’”问：“程子意谓颜子之心，无少私欲，天理浑然，是以日用动静之间，从容自得，而无适不乐，不待以道为可乐而后乐也？”朱子曰：“谓非以道为乐，到底所乐只是道，盖非道与我为二物，但熟后便自乐也。”问：“伊川以为若以道为乐，不足为颜子，又却云颜子所乐者，仁而已，不知‘道’与‘仁’何辨？”曰：“非是乐仁，唯仁故能乐尔。是他有这仁，日用间无些私意，故能乐也。而今却不要如此论，须求他所以能不改其乐者是如何。缘能非礼勿视、非礼勿听、非礼勿言、非礼勿动，这四事做得实头工夫透，自然至此。”问：“程子云：‘周茂叔令寻颜子仲尼乐处，所乐何事。窃意孔颜之学，固非若世俗之著于物者。但以为孔颜之乐，在于乐道，则是孔颜与道终为二物。要之，孔颜之乐，只是私意净尽，天理昭融，自然无一毫系累耳。”曰：“然。但今人说乐道，说得来浅了。要之，说乐道亦无害。”又曰：“程子云：‘人能克己，则心广体胖，仰不愧，俯不怍，其乐可知；有息则馁矣。’”“人心各具此理，但是人不见此理，这里都黑窣窣地。一得富贵，便极声色之娱，穷四体之奉；一遇贫贱，则忧戚无聊。所谓乐者，非其所可乐；所谓忧者，非其所可忧也。圣人之心，直是表里精粗，无不昭彻。方其有所思，都是这里流出，所谓德盛仁熟，从心所欲，不逾矩，形骸虽是人，其实是一块天理，又焉得而不乐？”“颜子是孔子称他乐，他不曾自说道我乐；人自说乐时，便已是不乐了。”问：“颜子不改其乐，莫是乐个贫否？”曰：“颜子私欲克尽，故乐。却不是专乐个贫，须知他不干个贫事，元自有个乐始得。”又曰：“道理在天地间，须是直穷到底，至纤至悉，十分透彻，无有不尽，则与万物为一，无所窒碍，胸中泰然，岂有不乐?”问：“不改其乐与不能改其乐，如何分别?”曰：“不改其乐者，仅能不改其乐而已；不能改其乐者，是自家有此乐，他无奈自家何，以此见得圣贤地位。”问：“颜子在陋巷，而颜路甘旨有阙，则人子不能无忧?”曰：“此重则彼自轻，别无方法，别无意思也。要寻乐处，只是自去寻，却无不做工夫，自然乐底道理。而今做工夫，只是平常恁地理会，不要把做差异了去做。箪瓢陋巷，实非可乐之事，颜子不幸遭之，而能不以人之所忧改其乐耳。若其所乐，则固在乎箪瓢陋巷之外也。故学者欲求颜子之乐，而即其事以求之，则有没世而不可得者，此明道之说所以为有功也。”或谓：“夫子之乐，虽在饭疏食饮水之中而不忘其乐；颜子不以箪瓢陋巷改其乐，是外其箪瓢陋巷。”曰：“孔颜之乐，大纲相似，难就此分浅深。唯是颜子止说不改其乐，圣人却云乐亦在其中，不改字上，恐与圣人略不相似，亦只争些子。圣人自然是乐，颜子仅能不改。”“颜子之乐亦如曾点之乐，但孔子只说颜子是恁地乐，曾点却说许多乐底事来；点之乐浅近而易见，颜子之乐深微而难知；点只是见得如此，颜子是工夫到那里了，从本原上看方得。”“颜子之乐平澹，曾点之乐劳攘。”南轩张氏曰：“颜子非乐箪食瓢饮也，言箪食瓢饮之贫，人所不堪，而不足以累其心而改其乐耳。然则其乐果何所乐哉？安乎天理而已矣。学者要当从事于克己，而后颜子之所乐可得而知也。”勉斋黄氏曰：“颜乐之说，《集注》以为从事于博文约礼；《或问》以为无少私欲、天理浑然，二说不同，何也?《或问》博文约礼，颜子所以用其力于前；天理浑然，颜子所以收其功于后。博文则知之明，约礼则守之固，凡事物当然之理既无不洞晓，而穷通得丧与凡可忧可戚之事，举不足以累其心，此其所以无少私欲，天理浑然，盖有不期乐而自乐者矣!”潜室陈氏曰：“所乐在道，以道为乐，此固学道者之言；不学道之人，固不识此滋味。但已得道人，则此味与我两忘，乐处即是道，固不待以彼之道乐我之心也。孔颜之心，如光风霁月，查滓浑化，从生至死，都是道理，顺理而行，触处是乐。行乎富贵则乐在富贵，行乎贫贱则乐在贫贱，夷狄患难，触处而然。盖行处即是道，道处即是乐，初非以道为可乐而乐之也。”又曰：“心广体胖，无入而不自得，所乐即是道也。若但以孔颜之乐不可形容，而不知其所乐何事，则将有耽空嗜寂之病。圣贤著实工夫，岂是欲人悬空坐悟？所以濂溪必令二程寻孔颜所乐何事。”西山真氏曰：“《集注》所引程子三说，其一曰不以贫窭改其乐；二曰盖自有其乐；三曰所乐何事。皆不说出颜子之乐是如何乐，其末却令学者于博文约礼上用功。博文约礼，亦有何乐？程朱二先生若有所隐而不以告人者，其实无所隐而告人之深也。有人谓颜子所乐者道，程先生以为非。由今观之，所乐者道之言，岂不有理？而程先生乃非之，何也？盖道只是当然之理而已，非有一物可以玩弄而娱悦也。若云所乐者道，则吾身与道各为一物，未到浑融无间之地，岂足以语圣贤之乐哉？颜子工夫乃是博文约礼上用力。博文者，言于天下之理无不穷究而用功之广也。文者，言凡物皆有自然之条理也；博者，广也，如伊川之论格物，自一身性情之理与一草一木之理无不讲究，是也。约礼者，言以理检束其身而用功之要也。如视听言动必由乎礼，常置此身于准绳规矩之中，而无一毫放逸恣纵之意是也。博文者，格物致知之事也；约礼者，克己复礼之事也。内外精粗，二者并进，则此心此身皆与理为一，从容游泳于天理之中，虽箪瓢陋巷不知其为贫，万钟九鼎不知其为富，此乃颜子之乐也。程朱二先生恐人只想像颜子之乐，而不知实用其功，虽日谈颜子之乐何益于我？故程子全然不露，只使人自思而得之；朱先生又恐人无下手处，特说出‘博文约礼’四字。今学者从此用力，真积力久，自然有得，至于欲罢不能之地，则颜子之乐，可以庶几矣！”双峰饶氏曰：“人之常情，莫不乐富贵而忧贫贱；今孔颜之乐，不在于高堂数仞、榱题数尺、食前方丈、侍妾数百人，而乃在于疏食饮水、曲肱而枕、箪食瓢饮、居于陋巷之际。夫疏水曲肱箪瓢陋巷，岂可乐之事哉？是其为乐固非富贵之谓，而亦非贫贱之云。要必超乎二者之外，而别有所谓乐也。谓之‘亦在其中者’，言虽当如是之时，而吾之所乐亦未尝不在于此；谓之‘不改其乐者’，言虽处如是之地，而吾之所乐亦不以此而改尔，非谓疏水曲肱箪瓢陋巷之为可乐也。周子于此每令人寻其所乐者何事，而程子述之，其所以发人之意深矣。”“博文约礼，是仲尼之所以教、颜子之所以学处，于此用功，则孔颜之乐可寻矣。”郑舜举曰①：“道在吾身，日由乎道，则安而乐矣。若以道为可乐而乐之，则身与道为二，非所谓乐之者也。”【通旨】朱氏公迁曰：“孔子浑然天理，故贫富不能动其心；颜子能克己复礼，故不以贫富动其心。此孔颜之所以分也。”

○冉求曰：“非不说子之道，力不足也。”子曰：“力不足者，中道而废。今女画。”说，音悦。女，音汝。

力不足者，欲进而不能。庆源辅氏曰：“心欲进而力有所不及也。”画者，能进而不欲。新安陈氏曰：“力能进而心有所不肯也。”谓之画者，如画地以自限也。○胡氏曰：“夫子称颜回不改其乐，冉求闻之，故有是言。然使求说夫子之道，诚如口之说刍豢，音患。则必将尽力以求之，何患力之不足哉？画而不进，则日退而已矣，此冉求之所以局于艺也。”朱子曰：“力不足者，中道而废，‘废’是好学而不能进之人，或是不会做工夫，或是材质不可勉者。今女画，‘画’是自画，乃自谓材质不敏而不肯为学者。”问：“力不足者，非无志否？”曰：“虽非志而志亦在其中。所见不明，气质昏弱，皆力不足之故。冉求乃自画耳。”问：“自画与自弃如何？”曰：“也只是一般，只自画是就进上说，到中间自住了，自弃是全不做。”双峰饶氏曰：“力不足者，是气质弱甚，天理不能胜人欲，中道而废者。如人担重担行远路，行到中途气匮力竭，十分去不得，方始放下，如此方谓之力不足。冉求未尝用力，便说力不足，如季氏旅泰山，且须救，他便说不能，此是画处。”新安陈氏曰：“《语》首章《集注》云‘说之深而不已焉耳’，说贵乎深，说苟深，必欲罢不能，岂有自画之患？画而不进，说之不深故也。求局定于艺而不能充拓，其弊原于画以自限耳。”

○子谓子夏曰：“女为君子儒，无为小人儒。”

---

① 郑舜举：郑汝谐，字舜举，青田人，累官知信州，孝宗褒之曰“郑汝谐威而能惠”，召为考功郎，累阶猷阁待制。自号东谷居士，著《易传论语意源》及《东谷集》。

儒，学者之称。程子曰："君子儒为去声。下同。己，小人儒为人①。"○谢氏曰："君子小人之分，义与利之间而已。然所谓利者，岂必殖货财之谓？以私灭公，适己自便，凡可以害天理者皆利也。子夏文学虽有余，然意其远者大者或昧焉，故夫子语音御。之以此。"朱子曰："圣人为万世立言，岂专为子夏说？此处正要见得义利分明，人多于此含糊去了，不分界限，今自己会读书看义理做文字，便道别人不会，便谓强得人，此便是小人儒，毫厘间便分君子小人，岂谓子夏决不如此？""君子儒、小人儒，同为此学者也，若不就己分上做工夫，只要说得去，以此欺人，便是小人儒。""子夏是个细密谨严底人，中间忒细密，于小小事上不肯放过，便有委曲周旋人情投时好之弊。"庆源辅氏曰："子夏资质纯固，但欠远大之见，而有近小之蔽，恐或溺于私与利也，故以是告之，然此必子夏始见时事，至其言'切问近思，仁在其中'，'圣人之道，有始有卒'之说，则必不至此矣。"

○子游为武城宰。子曰："女得人焉尔乎？"曰："有澹台灭明者，行不由径。非公事，未尝至于偃之室也。"女，音汝。澹，徒甘反。

武城，鲁下邑。澹台姓，灭明名，字子羽。径，路之小而捷者。公事，如饮射读法之类②。朱子曰："'焉尔乎'三字是语助。圣人之言宽缓不急迫。"胡氏曰："言鲁下邑，非大夫之采邑也。饮，谓乡饮酒。周礼，乡大夫宾贤能，饮国中贤者能者；州长习射，党正蜡祭，皆行乡饮酒礼。射，谓乡射。周礼，乡大夫以五物询众庶，一曰和，二曰容，三曰主皮，四曰和容，五曰兴舞，州长春秋以礼会民，皆行乡射礼。读法，则州长于正月之吉，党正于四时孟月吉日，族师于月吉，闾胥于既比，皆行读法礼。以是知为邑宰者亦然也，其他则凡涉乎公家者，皆是也。"不由径，则动必以正，而无见小欲速之意可知。非公事不见邑宰，则其有以自守，而无枉己殉人之私可见矣。胡氏曰："动必以正，则非但于行路而已；有以自守，则非但不私谒而已。故又以'可知'、'可见'总言之，因小以明大，因两端以见全体。"○杨氏曰："为政以人才为先，故孔子以得人为问。如灭明者，观其二事之小，而其正大之情可见矣。后世有不由径者，人必以为迂；不至其室，人必以为简。非孔氏之徒，其孰能知而取之？"问："杨氏谓'为政以人才为先'，如子游为武城宰，纵得人，将焉用之？似说不通？"朱子曰："古者士人为吏，恁地说也说得通。更为政而得人讲论，此亦为政之助，恁地说也说得通。"问："观其二事之小，而正大之情可见矣，非独见灭明如此，亦见得子游胸怀也恁地开广，故取得这般人。"曰："子游意思高远，识得大体。"愚谓持身以灭明为法，则无苟贱之羞；取人以子游为法，则无邪媚之惑。双峰饶氏曰："持身者不以苟贱为羞，则枉己徇人无所不至；取人者苟为邪媚所惑，则贤否邪正皆不复能辨矣。"云峰胡氏曰："'苟贱之羞、邪媚之惑'八字，与'正大之情'四字相反，然非子游自持身正大者，未必取人如灭明之正大也。"【通考】仁山金氏曰："焉尔乎，按字义如是为尔，其辞气必有所指，谓汝得人

---

① 君子儒为己，小人儒为人：君子儒学习是为了修养自己，小人儒学习是为了给别人看。

② 如饮射读法之类：比如举行乡饮酒礼、射礼和宣布法令之类。

焉，有如是者乎，谓其可与进取于斯道者。”

○子曰：“孟之反不伐，奔而殿。将入门，策其马，曰：‘非敢后也，马不进也。’”殿去声。

孟之反，鲁大夫，名侧。胡氏曰：“反即庄周所称孟子反者是也。”朱子曰：“庄子所谓孟子反，盖闻老氏懦弱谦下之风而悦之者也。”伐，夸功也。奔，败走也。军后曰殿。策，鞭也。战败而还，音旋。以后为功。反奔而殿，故以此言自揜与“掩”同。其功也。事在哀公十一年。《左传·哀公十一年》：“齐国帅师伐我。孟孺子泄帅右师，冉求帅左师。师及齐师战于郊，右师奔，齐人从之，孟之侧后入以为殿，抽矢策其马曰：‘马不进也。’”朱子曰：“这便是克伐怨欲不行，与颜子无伐善底意思相似。”南轩张氏曰：“奔而为殿，固已难能，及将入门，是国人属耳目时也，反非惟不自有其功，又自掩其功，深自抑损如此，故圣人有取焉。为学之害，矜伐居多，圣人取之以教门人也。”○谢氏曰：“人能操平声。无欲上人之心，则人欲日消、天理日明，而凡可以矜己夸人者，皆无足道矣。然不知学者欲上人之心无时而忘也，若孟之反，可以为法矣。”朱子曰：“欲上人之心便是私欲。圣人四方八面提起向人说，只要去得私欲。孟之反他事不可知，只此一事便可为法。”问：“人之伐心固难克，然若非先知得是合当做底事，则临事时必消磨不去，诸葛孔明所谓‘此臣所以报先帝而忠陛下之职分也’，若知凡事皆其职分之所当为，只看做得甚么样大功业，亦自然无伐心矣。”曰：“也不是恁地，只是个心地平底人，故能如此。若使其心地不平，有矜伐之心，则虽十分知是职分之所当为，少间自是走从那一边去，遏捺不下，少间便说我却尽职分，你却如何不尽职分，便自有这般心。孟之反只是个心地平，所以消磨容得去。”“孟之反不伐，与冯异之事不同，盖军败以殿为功。殿于后，则人皆属目归他，若不恁地说，便是自承当这个殿后之功。若冯异乃是战时有功，到后来事定，诸将皆论功，他却不自言也。”双峰饶氏曰：“人所以矜伐，只为好胜之心蔽了天理，有些小功能，自视不胜其大，容着不得，只管矜伐。若能捺伏此心，则私意消、天理明，便是有莫大功业，亦只如一点浮云，何足矜伐哉？上蔡平时用力去个‘矜’字，所以说得如此痛切。”

○子曰：“不有祝鮀之佞而有宋朝之美，难乎免于今之世矣！”鮀，徒河反。

祝，宗庙之官。鮀，卫大夫，字子鱼，有口才。朝，宋公子，有美色。言衰世好去声。谀悦色，非此难免，盖伤之也。问：“谢氏疑‘而’字为‘不’字。”朱子曰：“当从伊川说，谓无鮀之巧言与朝之美色，难免于今，必见憎疾也。”南轩张氏曰：“必有巧言令色而后可以免于世，则世衰道微可知。中人以下以利害存心者，鲜不为之变易矣。此圣人所以叹也。”双峰饶氏曰：“世教明，则人知善之可好而不好谀，知德之可悦而不悦色矣。”【通旨】仁山金氏曰：“而有，‘而’字犹‘与’字。古者两事相兼者，以‘而’字中递之。”

○子曰：“谁能出不由户？何莫由斯道也？”

言人不能出不由户，何故乃不由此道邪？怪而叹之之辞。厚斋冯氏曰：“莫，不肯也。”双峰饶氏曰：“‘何’字中有深意。”○洪氏曰：“人知出必由户，而不知行必由道。

非道远人，人自远尔。”朱子曰：“但才不合理处，便是不由道。”“何莫之云犹‘何莫学夫《诗》’耳。若直以出不能不由户，譬夫行之不能不由道，则世之悖理犯义而不由于道者为不少矣，又何说以该之邪？”南轩张氏曰：“即父子而父子在所亲，即君臣而君臣在所严，夫妇之有别，朋友之有信，以至于一饮食起居之间，莫不有道焉。故曰‘谁能出不由户，何莫由斯道也’。谓未有出而不由户者，何事而不由于道乎？道不可离如此。是以君子敬以持之，颠沛必于是，造次必于是，而惟恐其或失也。”西山真氏曰：“事亲事长，人人之所同也。然必事亲孝、事长弟，然后谓之道，不然则非道矣。此叹世人但能知出必由户，而不知行必由道，欲人知行不可以不由道也。”新安陈氏曰：“夫子怪叹时人，盖晓人以道之当必行，亦以见道之本不难行也，与孟子‘夫道若大路，然人病不求’之意相似。”

○子曰：“质胜文则野，文胜质则史。文质彬彬，然后君子。”

野，野人，言鄙略也。史，掌文书，多闻习事，而诚或不足也。朱子曰：“史，掌文籍之官。如‘二公及王乃问诸史’，并《周礼》诸属各有史几人。”庆源辅氏曰：“史，如《周官》太史小史之属。太史掌邦之六典，小史掌邦国之志，所谓多闻也；太史小史皆掌丧礼宾客会同朝觐军旅之事，所谓习事也。先王盛时，史虽多闻习事，而诚实固无不足者。世衰道微，习于外者多遗其内，故多闻习事之史，或有诚实不足者。下一‘或’字，其义备矣。”彬彬，犹班班，物相杂而适均之貌①。言学者当损有余，补不足，至于成德，则不期然而然矣。新安陈氏曰：“先有质而后有文，文所以文其质也。文得其中，方与质称。文不及则为野，文太过则为史，故文可损益，而质无损益。学者损史之有余，补野之不足，使文质相称，则有彬彬之气象矣。《集注》分学者与成德而言，盖始焉损有余、补不足，乃勉而为之；到成德之境，则自然纯熟，不待损之补之，而后文质始相称也。”○杨氏曰：“文质不可以相胜。然质之胜文，犹之甘可以受和，白可以受采也。文胜而至于灭质，则其本亡矣。虽有文，将安施乎？然则与其史也，宁野。”程子曰：“君子之道，文质得其宜也。”朱子曰：“文质是不可以相胜，才胜便不好。夫子言文质彬彬，自然停当恰好，不少了些子意思。若子贡文犹质、质犹文，便说得偏了。”庆源辅氏曰：“质胜文则野，则质有余而文不足；文胜质则史，则文有余而质不足。学者能于其不足者补之，于其有余者损之，至于成德，则文质班班然相杂而适相称，有不期然而然者矣。夫然后可以谓之君子。”又曰：“野犹近本，史则徇末矣。”

○子曰：“人之生也直，罔之生也幸而免。”

程子曰：“生理本直。罔，不直也，而亦生者，幸而免耳。”龟山杨氏曰：“人之生也直，是以君子无所往而不用直，直则心得其正矣。古人于幼子常视毋诳，所以养其直也。所谓直者，公天下之好恶而不为私焉耳。”朱子曰：“‘罔之生也’之‘生’，与上面‘生’字微有不同，此‘生’字是‘生存’之生。人之绝灭天理，便是合死之人，今而不死，盖幸免也。”“天地生生之理只是直，才直便是有生生之理；不直，则是枉天理，宜

---

① 物相杂而适均之貌：不同物体相互配置而恰到好处。

自屈折也。而亦得生，是幸而免耳。”“罔，只是脱空作伪，做人不诚实，以非为是，以黑为白。如不孝于父，却与人说我孝，不弟于兄，却与人说我弟，此便是罔。据此等人，合当用死，却生于世，是幸而免耳。生理本直，如耳之听，目之视，鼻之嗅，口之言，心之思，是自然用如此，若才去这里著些屈曲支离，便是不直矣。”又云：“其粗至于以鹿为马也，是不直；其细推至一念之不实，恶恶不如恶恶臭，好善不如好好色也，是不直。”“如水有源便流，这只是流出来无阻滞处。如见孺子将入井，便有个恻隐之心；见一件可羞恶底事，便有个羞恶之心，这都是本心自然发出来，若顺这个行，便是直；若是见入井而不恻隐，见可羞恶而不羞恶，这便是罔。”“此章之说，程伯子之言约而尽矣。两‘生’字虽若不同，而义实相足。盖曰天生是人也，实理自然，初无委曲，彼乃不能顺是，而犹能保其生焉，是其免特幸而已耳。”“如木方生，被人折了便不直，多应是死。到得不死，幸然如此耳。”南轩张氏曰：“天理本直，在人则顺其性而不违，所谓直也。直者生之道，循理而行，虽命之所遭有不齐焉，而莫非生道也；罔则昧其性冥行而已。是与游魂为变者相去几何？其生特幸免耳。”双峰饶氏曰：“罔，无也，谓灭尽此直道。”【通考】黄氏震曰：“‘罔’对‘人’而言，盖罔罔然不知所以为人者也。‘幸而免’对‘生也直’而言，盖侥幸苟免不能直者也。人之生也，直而已，罔之生也，不能直，幸免而已。幸而免者，低回委曲，苟全其生者也。”

○子曰：“知之者不如好之者，好之者不如乐之者。”好，去声。乐，音洛。

尹氏曰：“知之者，知有此道也。好之者，好而未得也。乐之者，有所得而乐之也。”○张敬夫曰：“譬之五谷，知者知其可食者也，好者食而嗜之者也，乐者嗜之而饱者也。知而不能好，则是知之未至也；好之而未及于乐，则是好之未至也。此古之学者，所以自强而不息者欤？”程子曰：“学至于乐则成矣。笃信好学，未如自得之为乐。”“知之者，我知之也；好之者虽笃，而未能有之；至于乐之，则为己之所有。”朱子曰：“知之者不如好之者，人之生便有此理，然被物欲昏蔽，故知此理者已少。好之者，是知之已，至分明见得此理可爱可求，故心诚好之；乐之者，是好之已，至而此理已得之于己，凡天地万物之理皆具足于吾身，则乐莫大焉。”问：“‘不如乐之者’，此‘乐’字与颜子之‘乐’意思差异否？”曰：“较其大概，亦不争多。但此‘乐之者’，‘之’字是指物而言，是有得乎此道，从而乐之也，犹乐斯二者之乐，乐循理之乐。如颜子之乐又较深，是安其所得后与万物为一，泰然无所窒碍，非有物可玩而乐之也。”“此章当求所知、所好、所乐为何物，又当玩知之、好之、乐之三节意味是如何，又须求所以知之、好之、乐之之道，方于己分上有得力处。”庆源辅氏曰：“尹氏之说，即张氏之说。食而知其味，故嗜之，嗜即所谓好也。然其未至于乐者，则虽嗜之而未能得饱满餍足，盖犹有嗜好之意焉。至于乐，则饱满餍足，自得于心，有不可以语人者矣。张氏以人之食五谷为喻，其晓人尤更明切，故共载之。然则知而不能好，未能知其味也；好之而未能乐，未能与之为一也。才到乐处，则无息无贰，学者苟未至于乐，则当益鞭其后，自强不息以求之。必期至于自得，而乐之之地，则不能自已耳。”双峰饶氏曰：“论地位，则知不如好，好不如乐；论工夫，则乐原于好，好原于知。《大学》物格知至，是知之者；

诚意，如好好色，是好之者；意诚而心正身修，则心广体胖而乐矣。”云峰胡氏曰：“知不如好，知之深自能好；好不如乐，好之深自能乐。好在未有所得之先，乐在既有所得之后。”新安陈氏曰：“学者之于道，当自知之而始，又必好且乐之而后为至。非真知之不能好，然既知之，必当求进于好之；非笃好之，不能得之而乐，然既好之，必当求进于乐之。果能乐之，则所知、所好者，方实得于己，其乐有不可以语人者矣。所谓自强不息者盖如此。”

○**子曰：“中人以上，可以语上也；中人以下，不可以语上也。”**“以上”之“上”，上声。语，去声。

语，告也。言教人者，当随其高下而告语之，则其言易去声。入而无躐等之弊也。○张敬夫曰：“圣人之道，精粗虽无二致，但其施教，则必因其材而笃焉。盖中人以下之质，骤而语之太高，非惟不能以入，且将妄意躐等，而有不切于身之弊，亦终于下而已矣。故就其所及而语之，是乃所以使之切问近思，而渐进于高远也。”或问：“中人上下是资质否?”朱子曰：“且不装定恁地，或是他工夫如此，或是他资质如此，圣人只说中人以上、中人以下时，便都包得在里面了。圣人说中人以下，不可将那高远底说与他，怕他时下无讨头处。若是就他地位说时，理会得一件，便是一件，庶几渐渐长进，一日强似一日，一年强似一年，不知不觉便也解到高远处。”问：“圣人教人，不问智愚高下，未有不先之浅近，而后及其高深。今中人以上之资，遽以上焉者语之，何也?”曰：“他本有这资质，又须有这工夫，故圣人方以上者语之。”“理只是一致，譬之水也，有把与人少者，有把与人多者，随其质之高下而告之，非谓理有二致也。”又曰：“正如告颜渊以克己复礼，告仲弓以持敬行恕，告司马牛以言之讱。盖清明刚健者，自是一样；恭默和顺者，自是一样；有病痛者，自是一样，皆因其所及而语之也。”西山真氏曰：“道德性命者，理之精也；事亲事长，洒扫应对之属，事之粗也。能尽其事亲事长之道，则道德性命不外乎此矣。中人以下，若骤然告以道德性命，彼将何所从入？想像亿度，反所以害道，不若且从分明易知处，告之以事亲事长、洒扫应对之属。如此，则可以循序而用力，不期而至于高远之地。此圣门教人之要法也。使学者外问于人，内思于心，皆先其切近者，则一语有一语之益，一事有一事之功，不比泛然驰骛于外，而初无补于身心也。”李氏曰：“中人以上，虽未及于上智，而于上智为近，故可以语上；中人以下，则于上智为远，骤语以上，则将妄意躐等，非徒无益，而反有害矣。”双峰饶氏曰：“中人以下，非是终不可以语上，且使之切问近思，由下以进于中，则亦渐可以语上矣。”新安陈氏曰：“道无精粗，教有等级。资之近上者，可教以精深；资之凡下者，且当教之以浅近。苟遽以精深语之，则无入精深之渐，终为凡下之归而已。孰若且语之以浅近，使由浅近而渐进于精深哉!”

○**樊迟问知。子曰：“务民之义，敬鬼神而远之，可谓知矣。”问仁。曰：“仁者先难而后获，可谓仁矣。”**知、远，皆去声。

民，亦人也。获，谓得也。专用力于人道之所宜，而不惑于鬼神之不可知，知者之事也。朱子曰：“常人之所谓智，多求人所不知；圣人之所谓智，只知其所当知而已。

自常人观之，此两事若不足以为智，然果能专用力于人道之宜，而不惑于鬼神之不可知，却真个是知。”或问：“所谓鬼神，非祀典之正，何以使人敬之？以为祀典之正，又何以使人远之？”曰：“圣人所谓鬼神，无不正也。”曰：“远者，以其处幽，故严之而不渎耳。若其非正，则圣人岂复谓之鬼神哉？在上则明礼以正之，在下则守义以绝之，固不使人敬而远之，然亦不使人亵而慢之也。”双峰饶氏曰：“‘务民义’‘敬鬼神而远之’两句当合看。如未病谨疾，既病医药，人事所宜也，不务此而专祷鬼神，不知也。为善去恶，人道所宜也，不务为善而专媚神以求福，不务去恶而专媚神以免祸，皆不知也。”先其事之所难，而后其效之所得，仁者之心也。此必因樊迟之失而告之。朱子曰：“董子所谓仁人者，正其义不谋其利，明其道不计其功，正谓此也。然正义未尝不利，明道岂必无功？但不先以功利为心耳。樊迟盖有先获之病，故夫子既告以此，又以先事后得告之，警之至矣。”问知之事、仁之心。曰：“务义敬神，是就事上说；先难后获，是就处心积虑上说。事也从心里做出来，然‘仁’字说较近里，‘知’字说较近外。”〇程子曰：“人多信鬼神，惑也；而不信者又不能敬。能敬能远，可谓知矣。”程子曰：“务人之义，乃知也；鬼神不敬，则是不知。不远则至于渎，敬而远之，所以为知。”庆源辅氏曰：“能敬，则知人与鬼神二而一之不可斁；能远，则知人与鬼神一而二之不可斁。是可不谓之知乎？”又曰：“先难，克己也。以所难为先，而不计所获，仁也。”问：“既曰仁者，则安得有己私，而更须克己耶？”朱子曰：“仁者虽己无私，然安敢自谓己无私乎？克己，正是要克去私心。若又计其效之所得，乃私心也。只此私心，便是不仁。”新安陈氏曰：“先难所包者阔，本不但言克己，程子谓克己是于所难之中，又举甚者言之，而求仁之功莫先焉。”吕氏曰：“当务为急，不求所难知；力行所知，不惮所难为。”朱子曰：“人之于鬼神，自当敬而远之，若见得那道理分明，则须著如此。又如卜筮，自伏牺尧舜以来皆用之，是有此理矣，今人若于事有疑，敬以卜筮决之，有何不可？如义理合当做底事，却又疑惑，只管去问于卜筮，亦不能远也。盖人自有人道所当为之事，今若不肯自尽，只管去谄事鬼神，便是不智。”又曰：“夫子所答樊迟问仁知一段，正是指中间一条正当路与人。人于所当做者，却不肯去做；才去做时，又便生个计获之心，皆是堕于一偏。人能常以此提撕，则心常得其正矣。”“民者，人也；义者，宜也，如《诗》所谓‘民之秉彝’，即人之义也。此则人之所宜为者，不可不务也；此而不务，而反求之幽冥不可测识之间，而欲避祸以求福，此岂谓之智者哉！”“此鬼神是指正当合祭祀者，且如宗庙山川，是合当祭祀底，亦当敬而不可亵近泥著。才泥著，便不是。且如卜筮，用龟所不能免，臧文仲却为山节藻棁之室以藏之，便是不知也。”“先难后获，仁者之心如是，故求仁者之心亦当如是。”“获，有期望之心。学者之于仁，工夫最难，但先为人所难为，不必有期望之心可也。”“后，如‘后其君’、‘后其亲’之意。哭死而哀，非为生者；经德不回，非以干禄；言语必信，非以正行。这是熟底先难后获，是得仁底人。君子行法以俟命，是生底先难后获，是求仁底人。”问：“上蔡所说先难，谓如射之有志，若跣之视地，若临深，若履薄，皆其心不易之谓。”曰：“说得是。先难是心只在这里，更不做别处去，如上岭高峻处，不能得上，心心念念，只在要过这处，更不思量别处去，过这难处未得，便又思量得某处，这便是求获。”云峰胡氏曰：“《集注》言‘知者之事’，便见‘务民之义’一句，‘务’字最重；‘仁者之心’，便见‘先难’二字‘先’字最要。务者，事之所当为；先者，心之所当急。”又曰：“义也，人之所宜为，鬼神在幽隐之间。务其所宜为而不惑于幽隐之间，知者之事也。仁者之心，纯乎天理，不可有为而为之。一有所为而为，则非仁者之心矣。”

〇**子曰：“知者乐水，仁者乐山；知者动，仁者静；知者乐，仁者寿。”**知，去声。乐，上二字并五教反，下一字音洛。

乐，喜好去声。也。知者达于事理而周流无滞，有似于水，故乐水；仁者安于义理而厚重不迁，有似于山，故乐山。动静以体言，庆源辅氏曰：“此‘体’字，乃形容仁知之体段，非体用之体。”乐寿以效言也。动而不括故乐，新安陈氏曰：“‘动而不括’，出《易·系辞下》。注：括，结也，动而无结阂碍同。【校记：“碍同”三鱼堂本作“凝固”，此据四库本、弘治本。】之患也。”静而有常故寿。朱子曰：“此不是兼仁知而言，是各就其一体而言。世自有一般浑厚底人，一般通晓底人，各随其材，有所成就，如颜子之徒是仁者，子贡之徒是知者。是泛说天下有此两般人耳。或谓寂然不动为静，非也，此言仁者之人，虽动亦静，喜怒哀乐皆是动，仁者岂无此数者？盖于动中未尝不静。静，谓无人欲之纷扰，而安于天理之自然耳。若谓仁者静而不动，则知者亦岂动而不静乎？”“知者动意思常多，故以动为主；仁者静意思常多，故以静为主。今夫水，渊深不测，是静也；及滔滔而流，日夜不息，故主于动。山包藏发育之意，是动也；而安重不迁，故主于静。故知、仁、动、静，是体段模样意思如此。”“仁自有寿之理，不可以颜子来插看，如罔之生，幸而免，罔亦是有死之理。”“仁者虽有动时，其体只自静；知者虽有静时，其体只自动。”“仁主发生，知周事物。仁者一身溷然全是天理，故静而乐山且寿，寿是悠久之意；知者周流事物之间，故动而乐水且乐，乐是处得当理而不扰之意。”云峰胡氏曰：“《集注》‘事理、义理’四字，理一而已。一事各具一理，故曰事理；在物为理，处物为义，故曰义理。事无定用，含动意；义有定则，含静意。”〇程子曰：“非体仁知之深者，朱子曰：“体仁，谓人在那仁里做骨子。”双峰饶氏曰：‘体仁，是以身体之，如君子体仁之体。夫子体仁知之深者。”不能如此形容之。”程子曰：“知如水之流，仁如山之安。动静，仁知之体也。动则自乐，静则自寿。”“知者乐水，仁者乐山，言其体动静如此。知者乐，所运用处皆乐；仁者寿，以静而寿。仁可以兼知，知不可以兼仁，如人之身，统而言之，则只谓之身，别而言之，则有四支。”朱子曰：“惟圣人兼仁知，故乐山乐水皆兼之。自圣人而下，成就各有偏处。”“仁静知动，《易》中说‘仁者见之’，阳也；‘知者见之’，阴也。① 这样物事大抵有两样，仁配春，知配冬；《中庸》说成己仁也，成物知也，仁在我，知在物；孟子说学不厌，知也，教不倦，仁也，又却知在我，仁在物。见得这样物事，皆有动静。自仁之静、知之动而言，则是成己仁也，成物知也；自仁之动、知之静而言，则是学不厌知也，教不倦仁也。仁者敦厚和粹，安

① 语出《易·系辞上》：“仁者见之谓之仁，知者见之谓之知。”

于义理，故静；知者明彻疏通，达于事变，故动。但详味'仁知'二字气象，自见得动静处，非但可施于文字而已。""知便有个快活底意思，仁便有个长远底意思。知者动，然他自见得许多道理分明，只自行其所无事，其理甚简，以此见得虽曰动而实未尝不静也；仁者静，然其见得天下万事万理，皆在吾心，无不相关，虽曰静而未尝不动也。动不是恁地劳攘纷扰，静不是恁地块然死守。这与《樊迟问仁知章》相连。自有互相发明处。"问："此是如何?"曰："专去理会人道之所当行，而不惑于鬼神之不可知，便是见得日用之间，流行运转，不容止息，胸中晓然无疑，这便是知者动处；心下专在此事，都无别虑系绊，见得那是合当做底事，只恁地做将去，是先难后获，便是仁者静。"问："'体'字，只作形容仁、知之体段则可，若作体用之体，则不可。仁之体可谓之静。则知之体亦可谓之静，所谓体者，但形容其德耳?"曰："所论体用甚善。"南轩张氏曰："动静者，仁知之体；乐水乐山，言其体则然也。动则乐，静则寿，行所无事，不其乐乎？常永贞固，不其寿乎？虽然，知之体动，而理各有止，静固在其中矣；仁之体静，而周流不息，动亦在其中矣。仁知之义，非深体者，莫能识也。"庆源辅氏曰："知者通达，故周流委曲，随事而应，各当其理，未尝或滞于一隅，其理与气皆与水相似，故心所喜好者水。仁者安仁，故浑厚端重，外物不足以迁移之，其理与气皆与山相似，故心所喜好者山。知者随事处宜，无所碍滞，故其体段常动；仁者心安于理，无所歆羡，故其体段常静。乐寿以效言，效谓功效，此所以言其功效也。括，结碍也，动而无所结碍，故其效乐；常，悠久也，静而悠久不变，故其效寿。"新安陈氏曰："夫子以知者仁者分言，程子以仁知合言。所谓体仁知之深者，盖指孔子也。全体仁知，浑然兼全，仁中有知，知中有仁，动而无动，静而无静，固得其寿，亦乐其天。岂偏于知与偏于仁者，各得其一端而已哉?"

○子曰："齐一变，至于鲁；鲁一变，至于道。"

孔子之时，齐俗急功利，喜夸诈，乃霸政之余习。鲁则重礼教，崇信义，犹有先王之遗风焉，双峰饶氏曰："俗由于政。桓公富国强兵，故其俗急功利；假借仁义，故其俗喜夸诈。鲁，周公之后，周礼尽在，其重礼法可知；至汉初，犹为项羽城守不下，其崇信义可知。"但人亡政息，不能无废坠尔。道，则先王之道也。言二国之政俗有美恶，故其变而之道有难易。庆源辅氏曰："废其法而衰替者，易复；更其法而富强者，难变。俗以政革，政以道协，政有美恶，故俗有醇疵，至于变而之道，则尽善尽美，无以复加矣。"云峰胡氏曰："先儒云王伯之辨，莫如孟子，不知夫子此章，所以辨王伯者严矣。道，王道也。当孔子之时，齐有伯政之余习，变而之王道极难，变而仅可如孔子之时之鲁耳。鲁则犹有先王之遗风，一变可至于道。《集注》'政俗有美恶'，美者先王之遗风，恶者伯政之余习，即此可见尊王贱伯之意。"○程子曰："夫子之时，齐强鲁弱，孰不以为齐胜鲁也，然鲁犹存周公之法制。齐由桓公之霸，为从简尚功之治，去声。太公之遗法变易尽矣，鲁斋王氏曰："闵元年，齐仲孙湫谓桓公曰：'鲁犹秉周礼。'哀十一年，季孙欲用田赋，使冉有访诸仲尼，仲尼曰：'且子季孙欲行而法，则周公之典在。'昭二年，晋韩宣子适鲁，见《易象》与《鲁春秋》，曰：'周礼尽在鲁矣，吾乃今知周公之德与周之所以王。'此所谓犹存周公之法制也。《国语》：管仲为政，制国为二十一都。注云：'此非周制。'不立卒伍，不修甲兵，作内政而寄军令，则可速得志于天下。注云：'内政，国政也。'此所谓'从简'也。桓公令官长期而书伐，盖期年报功，此所谓'尚功'者也。"故一变乃能至鲁。鲁则修举废坠而已，一变则至于先王之道也。"愚谓二国之俗，惟夫子为能变之而不得试。然因其言以考之，则其施为缓急之序，亦略可见矣。朱子曰："齐经小白，法度尽坏，今须一变方可至鲁，又一变方可至道。鲁却不曾变坏，但典章废坠而已，若得人以修举之，则可以如王道盛时也。""太公之封于齐也，举贤而尚功，孔子曰：'后世必有篡弑之臣。'周公治鲁，亲亲而尊尊，孔子曰：'后世寖微矣'。齐自太公初封，已自做得不大段好，至后桓公管仲出来，乃大变乱拆坏一番。鲁虽是衰弱不振，元旧底却不大段改换。欲变齐，则须先整理已坏了底，方始如鲁，方可以整顿起来，这便隔了一重。变鲁只是扶衰振弱而已。若论鲁，如《左传》所载，有许多不好事，只是恰不曾被人拆坏，恰似一间屋，其规模只在，齐则已经拆坏了。这非独是圣人要如此损益，亦是道理合当如此。""齐鲁初来，气象已自不同，桓公管仲，不能遵守齐之初政，却全然变易了，一向尽在功利上。鲁毕竟先世之遗意尚存，如哀公用田赋，犹使人来问孔子，他若以田赋为是，更何暇问？惟其知得前人底是，所以来问。若桓公管仲却无这意思，自道他底是了，一向做去不顾。""以地言之，则齐险而鲁平；以财言之，则齐厚而鲁薄；以势言之，则齐强而鲁弱；以信言之，则齐尚夸诈而鲁习礼义，盖其风气本不同矣。是以自其本而言之，则虽太公之盛时，已必一变而后可以至于周公伯禽之王道；自其末而言之，则齐俗益坏之后，又必一变而后可以及鲁之衰也。然当是时，非夫子之得邦家，亦孰能成此一变之功哉?"问："施为缓急之序如何?"曰："如齐功利之习所当变，鲁纪纲所当振，便是急处。变齐，则至鲁在所急，而至道在所缓。至鲁，则成个璞了，就生出光来。"潜室陈氏曰："王道犹人之元气，齐鲁之初，均有此元气，只缘中间元气，各受些病。齐求速安，不于元气调养，便以乌喙投之，一时却得康强，不知元气已被此坏了；鲁未曾用药，元气却未坏，圣人与调理出，便自浑然本来个人。齐元气已耗于乌喙，医欲治之，定须先去了乌喙一段毒，始下得调理方法。齐鲁俱是圣贤之后，本都是王道，但鲁则中间废坏不曾修葺，不曾改易周公法制，故圣人变鲁一番，便可复王道之旧；齐自桓公以来，一反为功利之习，把太公遗法一齐变了，设若变齐，须除去许多功利了，重新修葺一番，始可复王道之旧。故变鲁只用一许多气力，变齐须用两许多气力。"新安陈氏曰："鲁有变易之资，圣人有能变之道，亦尝用于鲁矣，而道终不得行，所以深可为鲁惜也。"

〇子曰："觚不觚，觚哉！觚哉！"觚，音孤。

觚，棱也，或曰酒器，厚斋冯氏曰："觚，酒器，一升曰爵，二升曰觚。觚，物之有棱者也。"洪庆善曰①："古者献以爵而酬以觚，此夫子因献酬之际有所感也。"或曰木简，厚斋冯氏曰："颜师古曰：'学书之牍，或以记事，削木为之，其形或六面、或八

① 洪庆善：即洪兴祖，字庆善。

面，皆可书。'孔子叹即此也。窃谓觚为酒器，见于礼经；为木简，见于汉《急就章》。则谓为简属者，秦汉以后之称，非孔子所谓也。木简之觚，今文从觚。"皆器之有棱者也。朱子曰："古人之器，多有觚。如酒器，便如今花瓶，中间有八角者。木简似界方而六面，即汉所谓操觚之士者也。古人所以恁地古时，缘是顿得稳。"不觚者，盖当时失其制而不为棱也。觚哉觚哉，言不得为觚也。○程子曰："觚而失其形制，则非觚也。正意。举一器，而天下之物莫不皆然。新安陈氏曰："此下及范说，皆是推广夫子言外余意。"故君而失其君之道，则为不君；臣而失其臣之职，则为虚位。"范氏曰："人而不仁则非人，国而不治则不国矣。"朱子曰："夫子之意，本为觚发，而推之则天下之物皆然也。上觚，指其器；下觚，语其制。'觚哉觚哉'，叹器之失其制也。"南轩张氏曰："物必有则，苟失其则，实已非矣，其得谓是名哉？圣人重叹于觚，意所包涵远矣。"

○宰我问曰："仁者，虽告之曰：'井有仁焉。'其从之也？"子曰："何为其然也？君子可逝也，不可陷也；可欺也，不可罔也。"

刘聘君曰：聘君，名勉之，字致中，号草堂，建安人，文公妇翁。"有仁之仁当作人"，今从之。从，谓随之于井而救之也。宰我信道不笃，而忧为仁之陷害，故有此问。逝，谓使之往救。陷，谓陷之于井。欺，谓诳之以理之所有①。罔，谓昧之以理之所无②。盖身在井上，乃可以救井中之人；若从之于井，则不复扶又反。能救之矣。此理甚明，人所易去声。晓，仁者虽切于救人而不私其身，然不应平声。如此之愚也。或问："可欺，是继可逝而言；不可罔，是继不可陷而言否？"朱子曰："也是如此，但可逝不可陷，是就这一事说；可欺不可罔，是总说。不特此事如此，他事皆然。"问："欺罔之别，其详复有可得而言者乎？"曰："欺者，乘人之所不知而诈之也；罔者，掩人之所能知而愚之也。夫人之坠井，世有此理，而其有无，则非君子所能必知，故虽或未必真有，而可欺使往视之也。自入井中，而可以救人，则其无是理也，盖不待智者而知之矣，又安得以此罔之，而使陷于井中哉？"孟子之论舜、子产事，亦引此语，以彼证之，则明白矣。曰："往视而井实有人，则如之何？"曰："苏氏之说，所以处于轻重缓急之间者密矣。苏氏云：拯溺，仁者之所必为也；杀其身无益于人，仁者之所必不为也。惟君父在险，则臣子有从之之道，然犹挟其具，不徒从也，事迫而无具，虽徒从可也，其余则使人拯之，要以穷力所至。"云峰胡氏曰："爱不足以尽仁，仁者必能爱；觉不可以名仁，仁者必能觉。然则仁者之爱也，可欺之使之往救；仁者之觉也，不可罔之使陷于井也。"新安陈氏曰："好仁不好学，其蔽固愚，然徒有切于救人之心，而不察所以救人之理，仁者不当如是其愚，是故贵夫学也。"

○子曰："君子博学于文，约之以礼，亦可以弗畔矣夫！"夫，音扶。

约，要也。畔，背也。君子学欲其博，故于文无不考；守欲其要，去声。故其动必

① 欺：指用能够有的道理去骗他。
② 罔：指用不可能有的道理去愚弄他。

以礼。如此，则可以不背音佩。于道矣。朱子曰：“圣人之教，学者之学，不越博文、约礼两事。博文，是道问学之事，于天下事物之理，皆欲其知之；约礼，是尊德性之事，于吾心固有之理，无一息而不存。”“博文，所以验诸事；约礼，所以体诸身。如此用工，则博者可以择中而居之不偏；约者可以应物而动皆有则。内外交相助，而博不至于泛滥无归，约不至于流遁失中矣。”“‘礼’字不可只作‘理’字看，是持守有节文处。”“非博学，则无以约礼；不约礼，则博学为无用。约礼云者，前之博，而今约之使就于礼耳。看‘博’‘约’字，与‘之以’字，有一贯意。”勉斋黄氏曰：“博文约礼语两言之，以博对约，则约当为要。然‘约之’谓为‘要之’，已觉不顺；若谓‘约我’为‘要我’，则尤非文理。故或以‘约’为‘束’，文义顺矣，又非博约相对之义。尝思之，博谓泛而取之以极其广，约谓反而束之以极其要，则于文义庶皆得之。”〇程子曰：“博学于文而不约之以礼，必至于汗漫。博学矣，又能守礼而由于规矩，则亦可以不畔道矣。”朱子曰：“博学于文，考究时自是头项多，到得行时，却只是一理，所以为约，若博学而不约之以礼，安知不畔于道？徒知要约而不博学，则所谓约者，未知是与不是，亦或不能不畔于道也。”“博学条目多，事事著去理会，礼却只是一个道理。如视，也是这个礼；听，也是这个礼；言，也是这个礼；动，也是这个礼。若博文而不约之以礼，便是无归宿处，便是离畔于道也。”“博文约礼，是古之学者常事，孔子教颜子，亦只是如此，且如行夏之时，如何做得？须是平时曾理会来。若非礼勿视等处，方是约之以礼。问：“博学于文、约之以礼与博我以文、约我以礼，固有浅深不同？”曰：“圣人之言，本无轻重，但人所造，自有浅深。若只是博学于文，能约之以礼，则可以弗畔于道。虽是浅底，及至颜子做到欲罢不能工夫，亦只是这个博文约礼。如梓匠轮舆，但能斫削者，只是这斧斤规矩，及至削鐻之神，斫轮之妙者，亦只是此斧斤规矩。”“博学是致知，约礼则非徒知而已，乃是践履之实。侯氏谓：‘博文是致知格物，约礼是克己复礼。’极分晓。”或问：“君子博学于文、约之以礼，与孟子‘博学而详说之，将以反说约也’，意相似否？”潜室陈氏曰：“博学必约之以礼，是重在约礼；博学正将以反说约，是重在博学。盖博固不可不反于约，然非博亦不能遽反于约。二者合而后备，乃互相发也。”双峰饶氏曰：“知欲博，守欲约，人能如此用工，纵所得浅，亦当不畔于道。由此深入，虽与道为一，可也。岂止弗畔而已？”又曰：“详味此言，一博一约，相为开阖，恐人堕于一偏也；因其所博，从而约之，恐人之离为二也；由博而约，次有先后，恐人之失其序也。盖必博而能约，则无泛滥支离之失，而博不失之杂；约而能博，则无偏狭固滞之病，而其约不失之陋。此博约之所以贵于兼尽也。然君子之博学，正欲贯通此理，以为反约之地耳，岂博自博而约自约哉？此博约之所以相为用也。然所以为之之序，则必由博而反约，使事物之理有未完，而遽执吾所自得者以为据依，则所止者，未必天下之至善，所执者，未必天下之时中，而以非礼之礼为礼者有之矣，何以能不畔于道哉？此不博而径约之过也。”新安陈氏曰：“徒博文而不约礼，固务博而陷于支离；不博文而欲约礼，亦径约而流于狂妄。博文属知，约礼属行，交勉并进，始可以弗畔于道矣。”【通考】吴氏程曰：“汗漫，渺茫貌，言其无归宿也。”

○子见南子，子路不说。夫子矢之曰："予所否者，天厌之！天厌之！"说，音悦。否，方九反。

南子，宋女，子姓。卫灵公之夫人，有淫行。去声。孔子至卫，南子请见，孔子辞谢，不得已而见之。厚斋冯氏曰："孔子至卫，南子使人谓孔子曰：'四方之君子，不辱欲与寡君为兄弟者，必见寡小君，寡小君愿见。'孔子辞谢，不得已而见之。夫人在絺帷中，孔子入门，北面稽首再拜，环珮璆然。子曰：'吾向为不见，见之，礼答焉。'史之所记如此。"齐氏曰："南子尝以车声辚辚，止而复作，知其为蘧伯玉之贤，况于夫子乎？其欲见之也，秉彝好德之天也。"盖古者仕于其国，有见其小君之礼。《春秋》庄公二十四年："八月，丁丑，夫人姜氏入；戊寅，大夫宗妇觌，用币。"哀姜，齐襄公女；宗妇，同姓大夫之妇。礼，小君至，大夫执贽以见。庄公欲奢夸夫人，故使大夫宗妇，同贽俱见。或问："见其小君，礼欤？"朱子曰："是于礼无所见，穀梁子以为大夫不见其夫人，而何休独有郊迎执贽之说，不知何所考也。然《记》云'阳侯杀缪侯而窃其夫人，故大飨废夫人之礼'，则大夫见夫人之礼，疑亦久矣不行，而灵公南子特举之耳。"而子路以夫子见此淫乱之人为辱，故不悦。矢，誓也。朱子曰："矢，誓声，相近《盘庚》所谓'矢言'，亦愤激之言，而近于誓者也。"所，誓辞也，如云"所不与崔、庆者"之类①。《左传·襄公二十五年》：齐崔杼。弑庄公，立景公，而相之。庆封为左相，盟国人于大音泰。宫，曰："所不与崔、庆者。晏子仰天叹曰：婴所不唯忠于君、利社稷是与，有如上帝！"乃歃。盟书云："所不与崔、庆者，有如上帝"，读书未终，晏子抄答易其辞，因自歃。否，谓不合于礼，不由其道也。双峰饶氏曰："礼，是先王之制；道，是天下事物当然之理。"厌，弃绝也。圣人道大德全，无可不可。其见恶人，固谓在我有可见之礼，则彼之不善，我何与音预。焉。然此岂子路所能测哉？故重平声。言以誓之，欲其姑信此而深思以得之也。程子曰："古者大享，夫人有见宾之礼，南子虽妾，灵公既以夫人处之，使孔子见，于是时，岂得不见？孔子之见南子，礼当见之也。南子之欲见孔子，亦其善心也，圣人岂得而拒之？"朱子曰："仕于其国，有见其小君之礼，当夫子时，想是无人行，所以子路疑之，若有人行时，子路也不疑了。孟子说仲尼不为已甚，这样处便见。"问："夫子欲见南子，而子路不悦，何发于言辞之间，如此之骤？"曰："这般所在难说，如圣人须要见南子是如何，想当时亦无必皆见之理。如卫灵公问陈时，也且可以款款与他说，又却明日便行；齐景公欲以季孟之间待之，也且从容不妨，明日又便行；季桓子受女乐，也且可以教他不得受，明日又便行。看圣人这般所在，其去甚果，不知于南子须欲见之，到子路不说，又费许多说话，又如此指誓。只怕当时如这般去，就自是时宜，圣人既以为可见，恐是道理必有合如此。可与立，未可与权，吾人见未到圣人心下，这般所在都难说。""此是圣人出格事，而今莫要理会他。向有人问尹彦明：'今有南子，子亦见之乎？'曰：'不敢见。'曰：'圣人何为见之？'曰：'能磨不

---

① 所不与崔、庆者：语出《左传·襄公二十五年》。崔，崔杼；庆，庆封，均为齐国大夫。崔杼杀齐庄公，立齐景公。此为崔杼立齐景公后和大臣们的誓词。

磷，涅不缁，则见之不妨。'"庆源辅氏曰："道大，则善恶无所不容；德全，则虽磨涅而不能使之磷缁也。故无可无不可，义之与比而已。彼人虽恶，然在我或当见之，则亦行吾之义而已，岂惧彼之能污我哉？圣人之行，非常人所能测识。子路学识不足以知圣人，想其于所不悦，必有过甚之辞，故夫子重言以誓之曰：'我之所为，若不合于礼，不由于道，则天必厌之而弃绝我矣。'是其至诚恻怛之意，所以感切子路者至矣。盖欲启子路之信，以致其思，而使之自有得于心耳。"西山真氏曰："居乱邦见恶人，惟圣人为可。盖圣人道大德宏，可以辅乱而为治，化恶而为善。孔子于南子则见之，于阳货亦见之，而公山不狃之召、佛肸之召，皆欲往焉。若大贤以下，则危邦不入、乱邦不居，小人则远之，盖就之未必能有所济，而或以自污焉。故子路仕孔悝，不得其死；冉求仕季孙，无改于其德；颜子闵子终身不仕，盖以此也。子路不悦者，盖以己之力，量观圣人也。"双峰饶氏曰：'子路气粗见偏，卒未易回，巽言则不入，故与之矢言，欲姑信此而思得之。"厚斋冯氏曰："君子之于小人，非礼不见，故小人之欲见君子，必依乎礼，则君子虽欲辞焉，而不可得已，如阳货南子，夫子固不得而绝之也。"

○子曰："中庸之为德也，其至矣乎！民鲜久矣。"鲜，上声。

中者，无过无不及之名也。庸，平常也。至，极也。鲜，少也。言民少此德，今已久矣。庆源辅氏曰："《集注》初本，并不偏不倚言中，后去之，盖喜怒哀乐未发之中，至子思始著于书，程子因发中一名而含二义之说，若孔子之教，只是即事以明理，故《集注》直以无过不及言中，又况已有程子不偏之说于后乎？"○程子曰："不偏之谓中，不易之谓庸。中者天下之正道，庸者天下之定理。朱子曰："不偏者，明道体之自然，即无所倚著之意。言平常，则不易在其中。惟其平常，所以不易。但'不易'二字，则是事之已然者，自后观之，则见此理之不可易，若平常，则日用平常者便是。"自世教衰①，民不兴于行，去声。少有此德久矣。"朱子曰："中庸之为德，此处无过不及之意多。庸是依本分，不为怪异之事。尧舜孔子，只是庸，夷齐所为，都不是庸了。""中庸之中，是指那无过不及底说，如《中庸》曰：'君子之中庸也，君子而时中。'时中便是那无过不及之中，本章之意是如此。"问："中者，天下之正道；庸者，天下之定理。恐道是总括之名，理是道里面又有许多条目。如天道又有日月星辰、阴阳寒暑之条理，人道又有仁义礼智、君臣父子之条理。"曰："这二句紧要在'正'字与'定'字上。盖庸是个当然之理，万古万世不可变易底；中只是个恰好道理，为见不得是亘古今不可变易底，故更著个'庸'字。"双峰饶氏曰："此章与《中庸》之文，大同小异。此章有'之为德也'四字，以中庸之德言也；《中庸》无'之为德也'四字，以中庸之道言也。以德言，则不消言能，而能在其中，故此章下句无'能'字；以道言，则有能知与不能知、能行与不能行，故《中庸》下句不可无'能'字。此章言民鲜此德，是以世教之衰，民不兴行而然；《中庸》言民鲜能此道，是以气质之异，有过不及而然。意此是夫子本语，彼是子思隐括语。"云峰胡氏曰："《书》言中不言庸，后世以中为难行，故夫子加以'庸'之一字，

---

① 世教：指周公、孔子之道。

然则庸者常行之理也，而民固有鲜能行之者，何哉？”

○子贡曰：“如有博施于民而能济众，何如？可谓仁乎？”子曰：“何事于仁，必也圣乎！尧舜其犹病诸！施，去声。

博，广也。新安陈氏曰：“玩文意，当是博施于民，而又能所济者众。盖博施，自我之施恩泽而言；济众，自众人之被吾恩泽者而言。济众难于博施，是进步说，有虽博施而众不皆被其泽者。”仁以理言，通乎上下。圣以地言，则造七到反。其极之名也。朱子曰：“仁是通上下而言，有圣人之仁，有贤人之仁，有众人之仁。一事之仁也，是仁；全体之仁也，是仁。‘仁’字直，‘圣’字横。”“仁以道理言，是个彻头彻尾物事；圣以地位言也，不是离了仁而为圣，圣只是行仁到那极处。仁便是这理，圣便是充这理到极处，不是仁上面更有个圣。”“仁就心上说，圣却是积累得到这田地索性仁了。”【通旨】惧斋陈氏曰①：“圣无不随大而化，生知安行，与天同德。”乎者，疑而未定之辞。“乎”字，以含下一句意。病，心有所不足也。言此何止于仁，必也圣人能之乎！则虽尧舜之圣，其心犹有所不足于此也。以是求仁，愈难而愈远矣。朱子曰：“言博施济众之事，何止于仁，必是行仁极致之人，亦有不能尽，尧舜也做不了。盖仁者之心虽无穷，而仁者之事则有限，自是无可了之理。”“博施济众，此固是仁，然不是人人皆能做底事，必有圣人之德，又有天子之位，而后可以当此。若必以为圣人能之，则尧舜亦尚以此为病，此非言尧舜不能尽仁，盖势有所不能耳。”或问：“必圣人而后能之乎？”曰：“此正谓虽圣人亦有所不能尔。‘必也圣乎’，盖以起下文尧舜犹病之意。”问：“博施济众，如何分别？”曰：“博施，是施之多、施之厚；济众，是及之广。”“博施济众，固仁之极功，譬如东大洋海同是水，但不必以东大洋海之水方为水，只瓶中倾出来底亦便是水；博施济众固是仁，但那见孺子将入井时，有怵惕恻隐之心亦便是仁，此处最好看。”“‘必也圣乎’，‘尧舜其犹病诸’，此两句当连看，盖云便是圣人，也有做不得处。且云尧舜，虽曰‘比屋可封’，然在朝亦有四凶之恶；又如孔子，设教从游者甚众，孔子岂不欲人人至于圣贤之极？然而人人亦各自皆有病痛。”

夫仁者，己欲立而立人，己欲达而达人。夫，音扶。

以己及人，仁者之心也。于此观之，可以见天理之周流而无间去声。矣。状仁之体，莫切于此。朱子曰：“‘立’字‘达’字之义，皆兼内外而言。谓如在此而住得稳，便是立，如行要到，便是达。如身要成立，亦是立，学要通达，亦是达。事事皆然，若必以博施而后为仁，则终身有不得仁者矣。”“子贡所问，只就事上说，却不就心上说，夫子所以就心上，指仁之本体而告之。”问：“‘立达’二字，以字推之，如何？”曰：“立是安存底意思，达是发用底意思。”问：“欲立，谓欲自立于世；立人，谓扶持培植，使之有以自立也；欲达，谓欲自遂其志；达人，谓无遏塞沮抑，使之得以自达也。”曰：“此说是。”问：“‘立’字‘达’字之义。”曰：“此是兼粗细说。立是自家有可立，达是推将

---

① 惧斋陈氏：陈尚德，福州人，号惧斋。隐居不仕，其学以四书五经为本，精通律吕、天文、地理、算数之说，著作有《四书集解》、《书传补遗》、《易经解注》、《咏史诗》。

去，圣人所谓‘立之斯立，绥之斯来，动之斯和’，亦是这个意也。”问：“欲立立人，欲达达人，苟有此心，便是博施济众底功用?”曰：“博施济众，是无了期底事，故曰‘尧舜其犹病诸’。然若得果无私意，己有此心，仁则自心中流出来，随其所施之大小自可见矣。”【通旨】朱氏公迁曰：“仁以其爱之所存而言。朱子曰：‘克己复礼是心之德，立人达人是爱之理。’愚谓此自仁者之心，主乎爱之理而形容之，非指爱之见于外者，故《集注》以为状仁之体之意，与子贡无加诸人者同，皆是以己及人之仁。但夫子是顺言其所欲，子贡是反言其所不欲。”

能近取譬，可谓仁之方也已。”

譬，喻也。方，术也。近取诸身，以己所欲譬之他人，知其所欲亦犹是也。然后推其所欲以及于人，则恕之事而仁之术也。于此勉焉，则有以胜其人欲之私，而全其天理之公矣。朱子曰：“夫子分明说‘夫仁者’，则是言仁之道如此；可谓仁之方，则是言求仁当如此。‘夫仁者’与‘可谓仁之方’，正相对说。”“此章是三节，前面说仁之功用，中间说仁之体，后面说仁之方。”或问：“凡己之欲即以及人，不待推以譬彼而后施之者，仁也；以己之欲譬之于人，知其亦必欲此，而后施之者，恕也。此其从容勉强，固不同矣。”新安陈氏曰：“博施济众，圣人所难能也。立人达人，仁也，安行此仁，学者未易能也；能近取譬，恕也，强恕求仁，学者所可能也。子贡以圣人所难能者为仁，愈难而愈远；夫子教其以学者所可能者求仁，切近而可进。”○程子曰：“医书以手足痿痹为不仁①，痿，于危反；痹，音卑，冷湿病也。此言最善名状。仁者以天地万物为一体，莫非己也。认得为己，何所不至；新安陈氏曰：“仁者之心，视人物即己身也。体认得人物皆为己，则此心之仁，周流贯通，何所往而不至乎。”若不属己，自与己不相干。如手足之不仁，气已不贯，皆不属己。新安陈氏曰：“虽是己身，然其气既不周流贯通，则手足亦自不属己矣。”故博施济众，乃圣人之功用。仁至难言，故止曰：‘己欲立而立人，己欲达而达人，能近取譬，可谓仁之方也已。’欲令平声。如是观仁，可以得仁之体。”问：“程子作一统说，《集注》作三段说，是如何?”朱子曰：“程子之说，如大屋一般；某说如在大屋下，分别厅堂房室一般。”“程子合而言之，上下似不相应，不若分两截看，惟仁者之心如此，故求仁之术必如此也。”勉斋黄氏曰：“或以为痿痺者，不识痛痒之谓也，如此，则觉者为仁，仁其可以觉言乎？曰：所谓仁者，当于气已不贯上求之。”齐氏曰：“手足不属己，气之不贯也；天地万物不属己，心之不贯也。身与手足，一体也，外邪间之，故与气不相贯；己与天地万物，一体也，人欲间之，故与心不相。贯通身与手足之间者，医必有方；通我与天地万物之间者，圣人亦必有方。然则恕者，圣人示学者以去间之方也。”又曰：“《论语》言‘尧舜其犹病诸’者二。夫音扶。博施者，岂非圣人之所欲？然必五十乃衣去声。下同。帛，七十乃食肉。圣人之心，非不欲少去声。者亦衣帛食肉也，顾其养有所不赡时艳反。尔，赡，足也。此病其施之不博也。济众者，岂非圣人之所欲？然治不过九州。圣人非不欲四海之外亦兼济也，顾其治

---

① 痿痹：亦作“痿痺”，肢体不能动作或丧失感觉。

有所不及尔，此病其济之不众也。推此以求，修已以安百姓，则为病可知。苟以吾治去声。已足，则便不是圣人。”新安陈氏曰：“仁之功用无穷，圣人之心亦与之相为无穷。”吕氏曰：“子贡有志于仁，徒事高远，谓博施济众。未知其方。孔子教以于己取之，庶近而可入。新安陈氏曰：“吕说，次就取譬上说，‘恕’字分晓。”是乃为仁之方，虽博施济众，亦由此进。”程子曰：“圣则无大小，至于仁，兼上下大小而言之。博施济众，亦仁也；爱人，亦仁也。尧舜其犹病诸者，犹难之也。博则广而无极，众则多而无穷，圣人必欲使天下无一人之恶，无一物不得其所，然亦不能，故曰病诸。”问：“仁与圣何以异?”曰：“人只见孔子言‘何事于仁，必也圣乎’，便谓仁小而圣大，殊不知此言是孔子见子贡问‘博施济众’，问得来事大，故曰‘何止于仁，必也圣乎’。盖仁可以通上下言之，圣则其极也。圣人人伦之至，伦，理也，既通人理之极，更不可以有加。若今人或一事是仁，亦可谓之仁，至于尽仁道，亦谓之仁，此通上下言之也。如曰‘若圣与仁，则吾岂敢’，此又却仁与圣俱大也。大抵尽仁道者，即是圣人，非圣人则不能尽得仁道。”又曰：“此子贡未识仁，故测度而设问也。惟圣人为能尽仁，然仁在事，不可以为圣。”又问：“尧舜其犹病诸，果乎?”曰：“诚然也。圣人惟恐所及不远不广。四海之治也，孰若兼四海之外亦治乎？是尝以为病也。博施济众事大，故仁不足以名之。博施济众，非圣不能，何曾干仁事？故特曰‘夫仁者立人达人，取譬可谓仁之方而已’，使人求之自反，便见得也。虽然，圣人未有不尽仁，然教人不得如此指杀。”“语仁而曰可谓仁之方也已者，盖若便以为仁，则反使不识仁，只以所言为仁也，故但曰‘仁之方’，则使自得之以为仁也。”朱子曰：“子贡所问为仁，便使中天下而立，定四海之民，如尧舜也做不得，何况荜门圭窦之士？圣人所以提起夫仁者，己欲立而立人，己欲达而达人，正指仁之本体。盖己欲立，则思处置他人也立；己欲达，则思处置他人也达。放开眼目，推广心胸，此是甚气象！如此，安得不谓仁之本体？若能近取譬者，以我之欲立，而知人之亦欲立；以己之欲达，而知人之亦欲达，如此则止谓之仁之方而已。此为仁则同，但己欲立而立人、欲达而达人，是已到底；能近取譬，是未到底，其次第如此。”“博施济众，这个是尽人之道，极仁之功，非圣人不能。然圣人亦有所不足，在仁固能博施济众，然必得时得位，方做得这事，然尧舜虽得时得位，亦有所不足。”“‘何事于仁，必也圣乎’，不是圣大似于仁，仁只是一条正路，圣是行到尽处。欲立欲达，是仁者之心如此。能近取譬，是学做仁底如此。深浅不同，但克去己私，复得天理，便是仁，何必博施而后为仁？若必待如此，则有终身不得仁者矣。孔颜不得位，不成做不得仁？欲立欲达，即絜矩之义，子贡凡三问仁，圣人三告之以推己度物，想得子贡高明，于推己处有所未尽。”问：“博施济众，恐是子贡见孔子说仁多端，又不曾许一个人是仁，故拣个大底来说否?”曰：“然。然而夫子答子贡曰‘己欲立而立人，己欲达而达人’，至于答颜子则曰‘克己复礼为仁’，分明一个仁说两般，诸公试说这两般说是如何?”或曰：“一为心之德，一为爱之理。”曰：“是如此，但只是一个物事，有时说这一面，又有时说那一面，人但要认得是一个物事。”一云：“孔子向颜子说则以克己为仁，此处又以立人达人为仁，一自己上说，一自人上说，须于这里看得一般方可。如己欲立而立人，己欲达而达人，便有那克己复礼底意思；克己复礼，便包那‘己欲立而立人，己欲达而达人’底意思。只要人自分别而已。然此亦是因子贡所问而说。”“立人达人，即子贡所谓‘欲无加诸人’,① 仁之事也；能近取譬，求仁之方，即孔子所谓‘勿施于人’，恕之事也。博施济众之问，与无加诸人之说，其先后不可考，疑却因能近取譬之言，用力有功，而后有无加诸人之说也。”问：“博施济众，与修己以安百姓，乃尧舜尽做得底，夫子犹以为病，如何?”潜室陈氏曰：“尧舜在上，保得天下无穷民否？‘天地之大，人犹有所憾’，见得道理无尽期，圣贤亦未有尽处，安得不反躬自责?”觉轩蔡氏曰：“谓此章论仁，子贡是就仁之功效及人处说，夫子是就仁之本体心上说。就功效及人上说，则仁之名虽大而脉络不贯；就本体心上说，则仁之实虽小而周流莫御。故子贡问：如有博施于民而能济众，功效普博如此，而后可以谓之仁乎？夫子答：此何但是仁，必也圣人方能之乎？然圣如尧舜犹且病诸。夫仁者，只就己上发出，己欲立即立人，己欲达即达人，此仁者之事也。若未能便至于仁，而能近取譬，以己之欲立，譬之他人亦欲立而立之，以己之欲达，譬之他人亦欲达而达之，如此则虽未即至于仁，而亦可谓求仁之方也已。夫既以仁之本体告之，又以求仁之方术告之，庶乎学者循序而得夫用工之要。回视子贡功效笼罩之说，茫乎无所措手，苟志于仁者，是可不深思而静体之哉?”

论语集注大全卷七

述而第七

此篇多记圣人谦己诲人之辞及其容貌行事之实②。凡三十七章。【通考】勿轩熊氏曰：“‘温厉申夭’记圣人容貌；《不语》与《人歌》、《食丧侧》章、《齐战疾章》，记圣人之言行；《为卫君章》、《桓魋章》、《梦周公章》、《用舍行藏章》、《富而可求章》、《富贵浮云章》，记圣人之言处。余皆谦己诲人之辞。”

子曰：“述而不作，信而好古，窃比于我老彭。”好，去声。

述，传旧而已③。作，则创始也。故作非圣人不能，而述则贤者可及。《记》曰：“作者之谓圣，述者之谓明。”窃比，尊之之辞。我，亲之之辞。老彭，商贤大夫，见贤遍反。《大戴礼》，《虞德篇》有“商老彭”之语，包氏注云：“商贤大夫。”盖信古而传述者也。孔子删《诗》、《书》，定《礼》、《乐》，赞《周易》，修《春秋》，皆传先王之旧，而未尝有所作也，故其自言如此。盖不惟不敢当作者之圣，而亦不敢显然自附于古之贤

---

① 无加诸人：《论语·公冶长》：“子贡曰：‘我不欲人之加诸我也，吾亦欲无加诸人。’”

② 谦己诲人：谦逊自己、教诲别人。

③ 传旧：传述过去的东西。

人；盖其德愈盛而心愈下，不自知其辞之谦也。朱子曰："孔子贤于尧舜，非老彭之所及，自不须说，但其谦退不居，而反自比焉。且其辞气谦逊，而又出于诚实，所以为盛德之至也。"然当是时，新安陈氏曰："此以下推广余意。"作者略备，夫子盖集群圣之大成而折衷之。其事虽述，而功则倍于作矣，此又不可不知也。问："述而不作，如何?"程子曰："此圣人不得位，止能述而已。"问："圣人不得时不得位只如此，圣人得时得位时更有制作否?"朱子曰："看圣人告颜子四代礼乐，只是恁地，恐不大段更有制作，亦因四代有此礼乐而因革之，亦未是作处。"问："《春秋》恐是作否?"曰："其事则齐桓晋文，其文则史，其义则丘窃取之矣，看来是写出《鲁史》，中间微有更改尔。"问"信而好古。"曰："既信古，又好古。今人多信而不好，或好而不信，如好之者，他也且恁地说；信之者，虽知有个理恁地，毕竟是有了个笃好底意思。"杨氏曰："孔子自谓述而不作，孟子言孔子作《春秋》。《春秋》虽孔子作，然其事则桓文，其文则史，孔子自谓其义则某窃取之，是亦述而已。"庆源辅氏曰："作者略备，观诸经可见；集大成而折衷之，亦于诸经见之。然群圣所作，因时制宜，以成一代之制；夫子折衷，参互订正，以垂万世之法，夫子贤于尧舜者在是。"双峰饶氏曰："《春秋》虽因鲁史而修之，然实却是作，盖赏罚天子之事，时王不能正其赏罚，故《春秋》为之褒善贬恶，以诛乱贼于既死之后，是以匹夫而代天子行赏罚也。此事前古所无，孔子始创为之，故虽述而实作。集大成者，详见《孟子集注》。《书》述政事，《诗》道性情，《礼》以正行，《乐》以养德，各是一事，如《乐》之小成；夫子合六经而折衷之，如《乐》之集众小成而为大成。"新安陈氏曰："诸家说此章，多于述作二事着意，'信而好古'一句，则忽略之。夫信而好古，乃述而不作之本，夫子尝自谓'好古敏以求之'，又谓'不如某之好学'，常人之所以不知好古、不能好学，皆信道不笃故尔。惟能笃于信道，所以深好古道；惟笃信好古，所以惟述古而不敢自我作古焉。此朱子'今人多信而不好或好而不信一条'，所以不可无也。"

○**子曰："默而识之，学而不厌，诲人不倦，何有于我哉?"**识，音志，又如字。

识，记也。默识，谓不言而存诸心也。朱子曰："非是听人说后记得，是得于心自不能忘，拳拳服膺而勿失也。"双峰饶氏曰："默识与道听途说者相反。道听途说，更不复留为身心受用。默识，则其所得者深，而所存者固矣。《诗》云'中心藏之，何日忘之'，《易》曰'默而成之，不言而信，存乎德行'，皆是此意。"勿轩熊氏曰："先言默识者，圣门之学，以沉潜渊默为本。"一说：识，知也，不言而心解也。前说近是。新安陈氏曰："不言而存诸心者其功实，不言而心解者其意玄。"【通考】吴氏程曰："识，前一字音志，前说近是，朱子于经注中皆用后音后说，此独云两者，盖惩象山顿悟之言也。"何有于我，言何者能有于我也。三者已非圣人之极至，而犹不敢当，则谦而又谦之辞也。朱子曰："'默而识之'，至'诲人不倦'，是三者虽非圣人之极至，在学者亦难，如平时讲贯，方能记得，或因人提撕，方能存得。若默而识之，乃不言而存诸心，非心与理契，安能如此？学不厌，在学者久亦易厌，视人与己，若无干涉，诲之安能不倦？此三者，亦须是心无间断，方皆如此。"又曰："今学者须是将此三句，时时省察，我还能默识否？我学还不厌否？我教还不倦否？如此乃好。”“默而识之，便是得之于心；学不厌，便是更加讲贯；诲不倦，便是施于人也。”问：“何有于我哉？”曰：“此语难说，圣人是自谦。言我不曾有此数者，圣人常有慊然不足之意，众人虽见他是仁之至熟，义之至精，他只管自见得有欠阙处。”“此必因人称圣人有此，圣人以谦辞承之，记者失却上一节，只做圣人自话记了。”南轩张氏曰：“默识非言意所可及，盖森然于不睹不闻之中者也。在己，则学不厌，施诸人，则教不倦，成己成物之不息也，此亦是作知识说。”云峰胡氏曰：“学贵自得，故在默识。自得而不自以为得，故学而不厌；自得而必欲人之同得，故教而不倦。”

○子曰：“德之不修，学之不讲，闻义不能徙，不善不能改，是吾忧也。”

尹氏曰：“德必修而后成，勉斋黄氏曰：“修治也，谓去其疵颣而全其善也。”学必讲而后明，上蔡谢氏曰：“学须是熟讲，学不讲，用尽工夫，只是旧时人。”见善能徙，改过不吝，此四者日新之要也。苟未能之，圣人犹忧，况学者乎？”朱子曰：“修德是本，如有害人之心，便是仁不修；有穿窬之心，便是义不修。德，是理之得于吾心者，已是我有底物事了，更日日磨砻，勿令间断。徙义、改不善，须与分别。义，是事之宜，我做这事，觉未甚合宜，须徙令合宜，此却未有不善处。不善，便是过恶，须速全体改之，始得有轻重之别。”“须实见得是如何？德是甚么物事？如何唤做修？如何唤做不修？人而无欲害人之心，这是德得之于吾心也，然害人之心，或有时而萌者，是不能修者也。德者，道理得于吾心之谓；修者，好好修治之谓。更须自体之，须把这许多说话，做自家身上说，不是为别人说。”问：“德之不修，可以包下三句否？”曰：“若恁地，夫子但说一句便了，何用更说四句？徙义改过，略似修德里面事，然也别是个头项。讲学自是讲学，修德自是修德。如致知格物，是讲学；诚意正心修身，是修德。博学审问慎思明辨，是讲学；笃行，是修德。”又曰：“不善，自家做得淫邪非僻底事。徙义，是虽无过恶，然做得未恰好，便是不合义。若闻人说如何，方是恰好，便当徙而从之。圣人说这几句，浅深轻重，尽在里面。闻义不能徙底罪小，不善不能改底罪大，但圣人不分细大都说在里面，学者皆当著工夫。”问：“先知德不可不修，方知学不可不讲。能讲学，方能徙义；能徙义，方能改不善。如此看如何？”曰：“修德是本。修德恰似说入则孝，出则弟，谨而信，泛爱众，而亲仁。学不可不讲，恰似说行有余力，则以学文。迁善改过，是修德中紧要事。盖只修德而不迁善改过，亦不能得长进。‘德之不修’至‘是我忧也’，这虽是圣人以此教人，然学不厌之意，多见于此。使有一毫自以为圣，任其自尔，则虽圣而失其圣矣。此是圣人自忧也，圣人固无是四者之忧，所以然者，亦自贬以教人之意。”南轩张氏曰：“夫德不修，则无以有诸躬；学不讲，则无以明夫善。闻义不能徙，则何有于义？不善不能改，则安于不善而已，是岂不可忧乎？”勉斋黄氏曰：“德以修而日新，学以讲而日明，徙义则善日益，改不善则过日损，四者，修身之大要也，不此之务，可无忧乎？”云峰胡氏曰：“德必修而后新，学以讲而益新，徙与改皆是自新，故尹氏以为日新之要。”新安陈氏曰：“修德而继以讲学，如尊德性而道问学是也。修德为大本，讲学为实功。徙义、改不善，修德之条目，而讲学之效验也。修德而能讲学，则行己应事，始能知其孰为义，孰为非义，孰为善，孰为不善。必徙之改之，始可以为修德，始无负于讲学矣。不然，德之不修自若也，学亦徒虚言之讲耳。圣人不自圣，犹以是为忧，此圣所以益圣；常人不知忧圣人之忧，此愚所以益愚也。”

〇子之燕居，申申如也，夭夭如也。

燕居，闲音闲。暇无事之时。杨氏曰：“申申，其容舒也。夭夭，其色愉也。”胡氏曰：“‘申’有展布之意，‘夭’有和悦之意。惟身可言舒布，故知以容言；惟颜貌可言和悦，故知以色言。”洪氏曰：“《易》于形容所不能言者，必曰‘如’。至《乡党》一言之不足，则复言之，与此义同。”〇程子曰：“此弟子善形容圣人处也，为去声。申申字说不尽，故更著陟略反，作“着”非。下同。夭夭字。今人燕居之时，不怠惰放肆，必太严厉。严厉时著此四字不得，怠惰放肆时亦著此四字不得，惟圣人便自有中和之气。”上蔡谢氏曰：“善观圣人者，可以得之于仪刑。盖周旋中礼者，必其盛德之至，是以二三子无时不观省于斯焉。燕居，非鞠躬如不容之时，是以其容申申；非踧踖屏气之时，是以其色夭夭，此之谓中节。”朱子曰：“申申，是言其不局促，是心广体胖后恁地。所谓色愉，只是和悦底意思。但此只是燕居如此，在朝及接人又不然。”问：“申申夭夭，圣人得于天之自然，若学者有心要收束，则入于严厉，有心要舒泰，则入于放肆，惟理义以养其气，养之久，则自然到此否？”曰：“亦须稍严肃则可。不然，则无下手处。”又曰：“但得身心收敛，则自然和乐，不是别有一个和乐。才整肃，则自和乐。”胡氏曰：“程子以‘怠惰放肆’，对‘严厉’而言，于‘严厉’上加‘太’字，盖严厉亦不可无，太严厉则不可尔。”南轩张氏曰：“燕居时，在众人易以怠肆，君子则未免矜持，安有此气象？”庆源辅氏曰：“燕居，闲暇无事之时，故其容仪得以遂其舒缓，而无迫遽之意；其颜色得以全其愉怡，而无勃如之变。申申夭夭，圣人燕居容色，自然之符也。”新安陈氏曰：“虽闲居时，其德容亦自然中和如此，此所以为圣人也。圣人闲居中和之气，乃德性中和之符，程子所谓‘自有中和之气’。自，自然也。”

〇子曰：“甚矣吾衰也！久矣吾不复梦见周公。”复，扶又反。

孔子盛时，志欲行周公之道，故梦寐之间，如或见之。至其老而不能行也，则无复扶又反。下同。是心，而亦无复是梦矣，故因此而自叹其衰之甚也。朱子曰：“据文势，‘甚矣吾衰也’是一句，‘久矣，吾不复梦见周公’是一句。惟其久不梦见，所以见得是衰。”新安陈氏曰：“此亦道不行之符兆，自见于吾身者。”〇程子曰：“孔子盛时，寤寐常存行周公之道①；及其老也，则志虑衰而不可以有为矣。盖存道者心，无老少去声。之异；而行道者身，老则衰也。”朱子曰：“夫子梦寐周公，正是圣人至诚不息处。然时止时行，无所凝滞，亦未尝不洒落也，故及其衰，则不复梦亦可见矣。若是合做底事，则岂容有所忽忘耶？”问：“伊川以为不是梦见人，只是梦寐常存行周公之道尔；《集注》则以为如或见之。不知果是如何？”曰：“想是有时而梦见。既分明说梦见周公，全道不见，恐亦未安。程子之意，盖嫌于因思而梦者，故为此说。其义则精矣，然恐非

① 寤寐常存行周公之道：日夜都想着如何推行周公之道。寤寐：醒与睡，常用以指日夜。

夫子所言之本意也。”问：“孔子梦周公，若以圣人欲行其道而梦之耶，则是心犹有所动；若以壮年道有可行之理而梦之耶，则又不应虚有此朕兆也。”曰：“圣人曷尝无梦？须看他与周公契合处如何，不然，又不见别梦一个人也。圣人之心，自有个勤恳恻怛，不能自已处，自有个脱然无所系累处，要亦正是以此卜吾之盛衰。”问：“梦周公，是真梦否？”曰：“当初思欲行周公之道时，必亦是曾梦见。”曰：“恐涉于心动否？”曰：“心本是个动物，怎教他不动？夜之梦，犹画之昼也，思亦是心之动处，但无邪思可矣。梦得其正，何害？心存这事，便梦这事。”问：“夫子未尝识周公，乌得而梦之？”曰：“今有人梦见平生所不识之人，云是某人者，盖有之。”“不是孔子衰，是时世衰。圣人与天地相应，若人要用孔子，必不教他衰，如武王太公，皆八九十岁。”“戴少望谓：‘颜渊死，圣人观之人事；凤不至，图不出，圣人察之天理；不梦周公，圣人验之吾身。然后知斯道之果不可行，而天之果无意于斯世也。’这意思也好。”“吾不复梦见周公，自是个证兆如此。当圣人志虑未衰，天意虽定八分，犹有两分运转，故也做得周公事，遂梦见之，非以思虑也。要之圣人精神血气，与时运相为流通。到凤不至、图不出，明主不兴，其证兆自是恁地。”胡氏谓：“圣人诚存则其梦治，他人思虑纷扰则所梦亦乱。或邪或正，与旦昼之所为等尔。善学者既谨其言动，而又必验诸梦寐之间也。”南轩张氏曰：“夫子梦见周公之心，周公思兼三王之心也。”【通考】吴氏程曰：“‘甚矣，吾衰也’，句。《注》‘心’、‘身’二字绝句，盖承上文‘存行’之语，而以身、心分之，虽未必程子本意，然于义尤明。愚按张达善点本，‘心’、‘身’二字，皆作一读，又以勉斋批点《四书》例推之，凡‘者’也，相应为读，则‘存道者心无老少之异’恐当自作一句，下文‘者’字与‘也’相应，当作一读于‘者’字下，庶得程子之本意。”①

○子曰：“志于道，

志者，心之所之之谓。新安陈氏曰：“所之，之，往也。”道，则人伦日用之间所当行者是也。朱子曰：“志道，如讲学力行皆是。”知此而心必之焉，则所适者正，而无他歧之惑矣。朱子曰：“‘志于道’，‘志’字如有向望求索之意。《大学》‘格物致知’，即其事也。”又曰：“志于道，不是只守个空底，须是至诚恳恻，念念不忘。所谓道者，只是日用当然之理。事亲必要孝，事君必要忠，以至事兄而弟，与朋友交而信，皆是道也。志于道者，正是谓志于此也。”胡氏曰：“‘道’犹路也，故‘适’字，‘他岐’字，皆自路言之。”新安陈氏曰：“‘知此’二字，是朱子说志道以前事，必知道而后志向在道，即知止而后有定，知至善之所在，而后志有定向也。”

据于德，

据者，执守之意。德者，得也，得其道于心而不失之谓也。得之于心而守之不失，则终始惟一，而有日新之功矣。朱子曰：“德，是得这物事于我。故事亲必孝，必不至于不孝；事君必忠，必不至于不忠。若今日孝，明日又不孝；今日忠，明日又不忠，是

---

① 吴程此条讨论断句问题。吴氏认为程子本意为“盖存道者心，无老少之异”。而朱子《注》则断为“存道者，心无老少之异。”

未有得于我，不可谓之德。惟德是有得于我者，故可据守之也。若是未有得于我，则亦无可据者。”问“据于德”。曰：“如孝便是自家元得这孝道理，非从外旋取来。据于德，乃是得这基址在这里。”“德，是心得此道，如欲为忠，而得此忠；欲为孝，而得此孝。既得之，亦会失了，须当照管，不要失了。”新安陈氏曰：“未得之，志在必得之；既得之，方有可据守，但又在守之固耳。”【通考】仁山金氏曰：“初本作‘行道而有得于心’，后改定从此。第二篇‘德’字虽改作‘得之于心而不失’，不如此章之密。”吴氏程曰：“按，德者，得也，凡得之禀受与进修者，皆德也。若必曰行道然后有得，则明德达德之属，皆不可通矣。今本精当如此，况胡伯量得之朱子面命，尤足据也。”双峰饶氏曰：“‘德’字之训，前云‘得于心而不失’，此云‘行道而有得于心’，何也?”曰：“前篇是泛释‘德’字，得是得之于天，不失是不失于己，合此二者，方尽得‘德’字之义。此则从志道上来，故云行道而有得。”

依于仁，

依者，不违之谓。仁，则私欲尽去而心德之全也。功夫至此而无终食之违，则存养之熟，无适而非天理之流行矣。朱子曰：“依，如‘依乎中庸’之‘依’，相依而不舍之意。此心常在，不令少有走作，无物欲之累，而纯乎天理，道至此亦活，德至此亦活。”“德，是逐件上理会底，得寸守寸，得尺守尺。仁，是全体大用常依靠处。志道据德，而有一息之不仁，便间断了。”“据德，是因事发见，如因事父有孝，因事君有忠。依仁，是本体不可须臾离底，又是据于德底骨子。”陈氏曰：“志道，是一心向圣人路上行。据德，是志道工夫成，向之所志者，今皆实得于己，如有物可执据。依仁，则据德工夫熟，天理与心为一矣。据如手执杖，依如身着衣，杖容有时而离手，衣则不容须臾离身，一节密一节也。”西山真氏曰：“道者，众理之总名。德，则行众理而得于心者；仁，则心之全德也。志乎道而弗他，可谓知所向矣。仁则归宿之地，而用功之亲切处也。”

游于艺。”

游者，玩物适情之谓。胡氏曰：“玩物，本非美辞，然以六艺为物而玩之，非丧志之物也。”陆氏曰：“游，如人之游观，有时而为之。”艺，则礼乐之文①，射、御、书、数之法，皆至理所寓，而日用之不可阙者也。朝夕游焉，以博其义理之趣，则应务有余，而心亦无所放矣。胡氏曰：“艺，亦日用之不可无者，乃是理之妙，散于日用间，苟有未通，亦为全体之累。”〇此章言人之为学当如是也。盖学莫先于立志，志道，则心存于正而不他；据德，则道得于心而不失；依仁，则德性常用而物欲不行；庆源辅氏曰：“天理人欲不两胜，一盛则一衰也。”游艺，则小物不遗而动息有养。庆源辅氏曰：“不外物以求理，而常玩物理以养性。”学者于此，有以不失其先后之序、轻重之伦焉，则本末兼该，内外交养，日用之间，去声。无少间隙，乞逆反。而涵泳从七容反。容，忽不自知其入于圣贤之域矣。庆源辅氏曰：“先后之序，谓道德仁艺之序；轻重之伦，

① 文：表现出来的外在形式。

谓志据依游之伦。先者重，后者轻也。本与内谓道德仁，末与外谓艺。在彼之序，虽有先后，在我之伦，虽有轻重，而未尝偏废，所谓兼该而交养也。日用之间，如是用功，无少间隙，涵泳从容于义理事物之间，则将优游餍饫，而忽不知其入于圣贤之域矣。”朱子曰：“志于道，方是要去做，方是事亲欲尽其孝，事兄欲尽其弟，方是恁地。至据于德，则事亲能尽其孝，事兄能尽其弟，便自有这道理了，却有可据底地位。虽然如此，此只是就事上逐件理会，若不依于仁，则不到那事时，此心便没顿放处。依于仁，则自朝至暮，此心无不在这里。连许多德，总摄贯穿都活了。虽然，艺亦不可不去理会，如礼乐射御书数，一件事理会不得，此心便觉滞碍。惟是一一去理会，这道理脉络方始一一流通，无那个滞碍，因此又却养得这道理，以此知大则道无不包，小则道无不入，小大精粗，皆无渗漏，皆是做工夫处，故曰：‘语大天下莫能载，语小天下莫能破’。”“志者，心之所之；道者，当为之理。为君有君之理，为臣有臣之理。志于道，留心于此理而不忘也。德者，得也，既得之，则当据守而弗失。仁者，人之本心也，既有所据守，又当依于仁而不违，如所谓‘君子无终食之间违仁’是也。游于艺一句，比上三句稍轻，然不可大段轻说。如上蔡云‘有之不害为小人，无之不害为君子’，则是太轻了。古人于礼乐射御书数等事，皆至理之所寓。游乎此，则心无所放，日用之间，本末具举，而内外交相养矣。”“自志道至依仁，是从粗入精；自依仁而游艺，是自本兼末。”“艺，是小学工夫。若论先后，则艺为先，三者为后；若论本末，则三者为本，而艺为末。习艺之功固在先，游者，从容潜玩之意，又当在后。文中子云‘圣人志道据德依仁，而后艺可游也’，此说得自好。”问：“道为义理之总名，何也?”曰：“道以人所共由而得名，若父子之仁、君臣之义者是也。”曰：“德者，己之所自得，何也?”曰：“若为父子而得夫仁，为君臣而得夫义者，是也。”曰：“其志之、据之，何也?”曰：“潜心在是，而期于必至者，志也。既以得之，而谨守不失者，据也。”曰：“不违仁者，奈何?”曰：“吾于颜子之事既言之矣。”“敢闻六艺之目，与所以游之之说。”曰：“五礼：吉、凶、军、宾、嘉也；六乐：云门、大咸、大韶、大夏、大濩、大武也；五射，曰白矢、参连、剡注、襄尺、井仪也；五驭：鸣和鸾、逐水曲、过君表、舞交衢、逐禽左也；六书：象形、会意、指事、转注、假借、谐声也；九数：方田、粟米、差分、少广、商功、均输、方程、赢不足、旁要也。是其名物度数，皆有至理存焉，又皆人所日用而不可无者。游心于此，则可以尽乎物理，周于世用，而其雍容涵泳之间，非僻之心亦无自而入之矣。盖志据依游，人心之所必有而不能无者也。道德仁艺，人心所当志据依游之地，而不可易者也。以先后之次言之，则志道而后德可据，据德而后仁可依，依仁而后艺可游。以疏密之等言之，则志道者，未如德之可据；据德者，未如仁之可依；依仁之密乎内，又未尽乎游艺之周于外也。详味圣人此语，而以身体之，则其进为之序，先后疏密，皆可循序以进。而日用之间，心思动作，无复毫发之隙漏矣。”勉斋黄氏曰：“道者，义理之总名。德者，吾身所学而有得之善。仁者，本心之德。艺者，六艺之事。是四者，皆人所不可不留意者，但三者最重，而艺稍轻。四者之序，则志者，向之而不忘；据者，守之而不失；依者，随之而不离。是三者，皆不可须臾舍也。游，则若用力若不用力而已。上三者，则互举并行而不相悖；游艺，则有不必专心致志耳。”问：“志于道一章：古者八岁，即教之以六艺之事，明为学之所当先也。今于此章末言之，而朱子复以为学者，于此当求其先后之序、轻重之伦，似以艺为可后。抑志道据德依仁，是大学之事，而游艺乃大学之极功耶？”潜室陈氏曰：“此却有首尾本末，与前章别。教之六艺，小学之初事；游于艺，又成德之余功。小学之初习其文，成德之游适于意，生熟滋味迥别。”胡氏曰：“道德仁所当先，艺可以少后。志据依所当重，游可以少轻。务本而不废其末，事内而不忽乎外，以其先后轻重之伦序而言，固不无差别；以其本末兼该，内外交养而言，则又未尝不相资也。”双峰饶氏曰：“志道，如人行路；据德，如行路而有宿泊处；依仁，则又就宿泊处，渐渐立得家计成，却安居了；游艺如居家有时出游也。须游于艺，若游从别处去，则出乎道德仁之外而为放心矣。”新安陈氏曰：“志道据德而依于仁，则本之立于内者既粹，由此而复游于艺，则末之该于外者不遗。能深用功于本，而以余功及其末，则内外交养，而体用益贯矣。”【通考】程氏复心曰：“先后之序，轻重之伦，以其用力言；本末兼该，内外交养，自其本体者言。道德仁艺，凡四者，则道德仁为本而主于内，艺为末而主乎外。以用力言，志据依游，凡四节，则志据依当先而最重，游最后而可轻。用力之时，不失伦序，既能处重者而务于先，又不以轻者而遗于后，则本末可以兼该，内外得以交养。而日用之间，所谓志据依者无少间隙；从容之际，所谓游者又有涵泳从容，真不知优入于圣贤之域矣。”

○子曰：“自行束修以上，吾未尝无诲焉。”

修，脯也。十脡他鼎反。为束①。古者相见，必执贽以为礼②，《礼·曲礼下》：“凡摯，与‘贽’同。天子鬯，诸侯圭，卿羔，大夫雁，士雉，庶人之摯匹。郑氏音木。匹，即鹜也。童子委摯而退，摯之言至也。童子委摯而退，不与成人为礼也。野外军中无摯，以缨、拾、矢可也。缨，马繁缨也。拾，射鞲也。妇人之摯，椇、榛、脯、修、枣、栗。”束修其至薄者。胡氏曰：“在礼无以束修为贽，惟《记·檀弓》曰‘束修之问不出境’，《少仪》曰‘其以乘壶酒、束修、一犬’，《穀梁传》曰‘束修之问不行境中’，则是亦有以此为礼，不但妇人用脯修为贽也。然比羔雁为薄，故曰至薄。”邢氏曰：“此礼之薄者，厚则有玉帛之类，故云‘以上’以包之。”齐氏曰：“汉诸王致礼于其傅，犹曰束修，盖古礼也。”盖人之有生，同具此理，故圣人之于人，无不欲其入于善。但不知来学，则无往教之礼，《记》曰：“礼闻来学，不闻往教。”故苟以礼来，则无不有以教之也。问：“束修，始相见之礼也。人苟以礼来，圣人未尝不诲之，盖辞气容色之间，何莫非诲也，固不保其往耳？”朱子曰：“‘诲’之一字，恐未说到辞气容色之间，亦未有不保其往之意，恐不应于此遽及之也，当详玩之。”胡氏曰：“人之有生，同具此理，虽以气禀物欲之累而趋于恶，然皆可反而之善。圣人仁天下之心，曷尝不欲启其为善之涂哉？惟自暴自弃，在圣人亦无如之何，故有不往教之礼。执贽而来，礼虽至薄，意则可取，故未尝不

① 脡：长条的干肉。

② 执贽：古代礼制，谒见人时携礼物相赠。执，持；贽，所携礼品。

教之也。”庆源辅氏曰：“圣人之教，虽不轻弃人，亦不苟授人，仁、义并行而不相悖也。但圣人之心，其爱人也，终无穷已，而其责人也，终不至于太甚尔。”

○子曰：“不愤不启，不悱不发，举一隅不以三隅反，则不复也。”愤，房粉反。悱，芳匪反。复，扶又反。

愤者，心求通而未得之意。悱者，口欲言而未能之貌。庆源辅氏曰：“心求通而未得通，则其意愤然而不能自已。愤，有郁懑之意。口欲言而未能言，则其貌悱然而不能自伸。悱者，屈抑之貌。”启，谓开其意。发，谓达其辞。双峰饶氏曰：“启，如启户，略开之也。发，如弩之张，而为之发其机。”物之有四隅者，举一可知其三。反者，还以相证之义。复，再告也。华阳范氏曰：“愤，则其虑也深；悱，则其进也勇。因而启发之，则其人必自得矣。孟子曰‘君子之所以教者五’，‘有如时雨化之者’，颜子是也；‘有成德者，有达财者，有答问者’，愤悱之类是也；‘有私淑艾者’，举一隅之类是也。’”朱子曰：“悱，非全不晓也，晓得三五分，只是说不出。学者至愤悱时，其心已略略通晓，但心已喻而未甚信。口欲言而未能达，故圣人于此启发之。举一隅，其三隅须是学者自去理会。举一隅而不能以三隅反，是不能自用力者，夫子所以不再举也。”南轩张氏曰：“此圣人教人之方也。学贵于思，思而后有得。愤悱者，思虑积久，郁而未畅，诚意恳切，形于外也。愤，则见于辞气；悱，则见于颜色。于是而启其端，发其蔽，则庶几其听之之专，而感之之深也。然告之亦举一隅耳，必待其以三隅反，而后复之，此古之教者，所以为从容而使人继其志之道也。若不以三隅反，则是未能因吾言而推类，苟遽以复之，则于彼亦无力矣。”上章已言圣人诲人不倦之意，因并记此，欲学者勉于用力，以为受教之地也。新安陈氏曰：“圣人固不倦于教，亦不轻于教，学者无受教之地，教之必不入也。”○程子曰：“愤悱，诚意之见贤遍反。于色辞者也。颜色辞气。待其诚至而后告之，既告之，又必待其自得，以三隅反。乃复告尔。”又曰：“不待愤悱而发，则知之不能坚固；待其愤悱而后发，则沛然矣。”问：“程子云待愤悱而后发，则沛然矣。如何有沛然底意思?”朱子曰：“此正所谓时雨之化，譬如种植之物，人力随分已加，但正当那时节，欲发生未发生之际，却欠了些子雨，忽然得这些子雨来，生意岂可御也!”庆源辅氏曰：“不待愤悱而发，是强聒之耳，必待愤悱而发，则犹水之流壅遏于此，有以决之，则沛然而往，莫能御矣。”新安陈氏曰：“不愤悱，则不启发；不以三隅反，则不复。朱子作两节对说，程子只作一串说。”

○子食于有丧者之侧，未尝饱也。

临丧哀，不能甘也。朱子曰：“未尝饱，有食不下咽之意。”厚斋冯氏曰：“《檀弓》记此，盖古礼然也。是书所记礼仪，多合礼经，当世不行，而夫子举行之，故门人以为记耳。”

子于是日哭，则不歌。

哭，谓吊哭。日之内，余哀未忘，自不能歌也。朱子曰：“圣人不成哭了，便骤去歌，如四时，也须渐渐过去。圣人之心，如春夏秋冬，不遽寒燠，故哭之日，自是不能遽忘。”“子于是日哭，则不歌，不要把一个‘诚’字包却，须要识得圣人自然重厚、不轻浮底意思。”南轩张氏曰：“临丧则哀，食何由饱？哭者，哀之至；歌者，乐之著。一日之间，二者不容相袭若此也。学者法圣人而勉之，亦足以养忠厚之心也。”〇谢氏曰：“学者于此二者，可见圣人情性之正也。能识圣人之情性，然后可以学道。”庆源辅氏曰：“在圣人分上，二者皆自然安行，其情性之正，莫非道也。识之者，可以学道。”新安陈氏曰：“是日歌，或遇当哭，哀不能已也；是日哭，纵或遇歌，乐可以已也。”

〇子谓颜渊曰：“用之则行，舍之则藏，唯我与尔有是夫！”舍，上声。夫，音扶。

尹氏曰：“用舍无与音预。于己，朱子曰：“用舍由在别人，不由得我。”行藏安于所遇，新安陈氏曰：“遇用我，则安于行；遇舍我，则安于藏。无固必也。”命不足道也。朱子曰：“命只是尹氏添此一脚，本文非有此意。”颜子几平声。于圣人，故亦能之。”程子曰：“孔子谓颜渊曰‘用之则行，舍之则藏，惟我与尔有是夫’，君子所性，虽大行不加焉，虽穷居不损焉，不为尧存，不为桀亡者也。用之则行，舍之则藏，皆不累于己尔。”朱子曰：“‘用之则行，舍之则藏’，此八字极要人玩味。若他人用之则无可行，舍之则无可藏，惟孔子与颜渊，先有此事业在己分内，若用之，则见成将出来行，舍之则藏了，他人岂有是哉？故下文云‘惟我与尔有是夫’，‘有是’二字，当如此看。用舍无预于己，行藏安于所遇，命不足道也。盖只看义理如何，都不问那命了。虽使前面做得去，若义去不得，也只不做，所谓‘杀一不辜，行一不义，而得天下，有所不为’。若中人之情，则见前面做不得了方休，方委之于命。若使前面做得，他定不肯已，所谓‘不得已而安之命者’也。此固贤于世之贪冒无耻者，然实未能无求之之心也。圣人更不问命，只看义如何。贫富贵贱，惟义所在，谓‘安于所遇也’，如颜子之安于陋巷，他那曾计较命如何。”问：“用之则行，舍之则藏，窃意漆雕曾闵亦能之。”曰：“舍之则藏，易；用之则行，难。若开，用之未必能行也。圣人规模大，藏时不止藏他一身，煞藏了事。譬如大船，有许多器具宝贝撑去，则许多物便都藏了，众人便没许大力量。然圣人行藏，自是脱然无所系累，救世之心虽切，然得做便做，做不得便休。他人使有此，若未用时，则切切于求行，舍之则未必便藏。耿直之向有书云‘三代礼乐制度，尽在圣人，所以用之则有可行’，某谓此固其可行之具，但本领更全在无所系累处。有许大本领，则制度点化出来，都成好物，故在圣人则为事业。众人没那本领，虽尽得他礼乐制度，亦只如小屋收藏器具，窒塞都满，运转都不得。”“此章专在两个‘则’字上，如‘可以仕则仕’、‘可以止则止’之类。孔颜于用舍行藏之间，如霁则行，潦则止。”“常人用之则行，乃所愿；舍之则藏，非所欲。舍之则藏，是自家命恁地，不得已，不奈何。圣人无不得已不奈何底意，何消更言命？到得无可奈何处，始言命。圣人说命，只为中人以下说，如‘道之将行将废，命也’，此为子服景伯说；‘得之不得曰有命’是为弥子瑕说。下一等人，不知有命。又一等人，知有命，犹自去计较。中人以上，便安于命，到圣人，便不消言命矣。”厚斋冯氏曰：“道本期于用，非独善其身而已也。然时不我用，则有退藏而已。用之而欲藏，不仁也；舍之而欲行，不智也。是时欲扶世立功名者，知行而不知藏；欲洁身遗世者，知藏而不知行。此夫子所以旁观一世，惟子渊与己同也。说者乃谓渊不愿仕，是以其迹而不知其心也。为邦之问，概可见矣。”勉斋黄氏曰：“用之舍之，存乎人；则行则藏，应乎己，则无意无我可见矣。用之行矣，至舍之则藏；舍之藏矣，至用之则行，则无必无固可见矣。”云峰胡氏曰：“用行舍藏，玩《集注》及语录，一当就‘有’字上看，常人未必有此也；二当就‘则’字上看，用舍在人，而圣人无所必也；三当合两句互看，徇物者忘义徇禄，用之虽行而舍之未必藏，绝物者洁身乱伦，舍之虽藏而用之未必行。”【通考】张氏师曾曰：“子谓颜渊，凡二见，如云‘用舍行藏，唯我与尔’，乃面命而称其善，如云‘惜乎，吾见其进未见其止’，非面命而痛其没也，盖文虽异而句则同。前章‘子谓颜渊曰’通为一句，如‘子谓子夏曰’亦通为一句是也。后章‘颜渊’句绝，而‘曰’字自为一句，如‘子谓仲弓’亦句绝，而‘曰’字亦自为一句是也。”①仁山金氏曰：“谓之行，必有所施行之事；谓之藏，必有所留藏之具。孔颜有此，不在言者，但孔子圣之时，可仕止久速，无意必固我若伊尹则圣之任，未免于必行；伯夷圣之清，未免于必藏尔。”

子路曰：“子行三军，则谁与？”

万二千五百人为军，大国三军。子路见孔子独美颜渊，自负其勇，意夫子若行三军，必与己同。朱子曰：“子路此问，虽无私意，然犹有固必之心。”

子曰：“暴虎冯河，死而无悔者，吾不与也。必也临事而惧，好谋而成者也。”冯，皮冰反。好，去声。

暴虎，徒搏。冯河，徒涉。新安陈氏曰：“徒，徒手而无所持也。”惧，谓敬其事。成，谓成其谋。言此皆以抑其勇上三句。而教之，下二句。然行师之要实不外此，子路盖不知也。问：“‘子行三军则谁与’。”朱子曰：“三军要勇，行三军者要谋。既好谋，然须要成事，盖人固有好谋而事不成者，却亦不济事。”又问：“谋在先，成在后，成非勇亦不能决？”曰：“然。”“‘子行三军则谁与’，宜作‘相与’之‘与’，非‘许与’之‘与’。好谋而成，人固有好谋者，然疑贰不决，往往无成者多矣。孔子行三军，其所与共事者，必临事而惧，好谋而成者也。好谋而成。既谋了，须是果决去做教成，若徒谋而不成，何益于事？所谓‘作舍道旁，三年不成’者也。临事而惧，是临那事时，又须审一审，盖时已自思量都是了，都晓得了，到临事时，又更审一审，这‘惧’字，正如‘安而后能虑’底‘虑’字相似。此本为行三军而发，故就行师观之尤见精密。”南轩张氏曰：“临事而惧，戒惧于事始，则所以为备者周矣。好谋者，或失于寡断。”“好谋而成，则思虑审，而其发也必中矣。敬戒周密如此，古之人所以能成天下之事而不失也，岂独可行三军而已哉！”勉斋黄氏曰：“临事而敬惧，则有持重谨畏之心；好谋而图成，则有周悉万全之计。敬其事，则无忽心，无惰气，临事必能戒惧，非怯懦而恐惧也。成其谋，则不妄动，不亟取，于事必有一定之谋，既成而不愆于素，自无侥幸速成之弊也。无非抑其血气之勇，而教之以义理之勇焉。”【通旨】朱氏公迁曰：“言临兵制胜之道，愚谓行师之要，主敬而已，夫子之所慎，敬也，夫子之言临事而惧，亦敬也，敬则心有主宰而能谋，故好谋而成，必先之以惧也。”〇谢氏曰：“圣人于行藏之间，无意无必。其行非

---

① 张师曾此条论断句问题，其意是说：“子谓颜渊，曰……”与“子谓颜渊曰”两义不同。

贪位，其藏非独善也。若有欲心，则不用而求行，舍之而不藏矣，双峰饶氏曰：“用之不行，是好遯底人，舍之不藏，是好进底人。自有两样。谢氏谓不用求行、舍之不藏，只说得一边。”是以惟颜子为可以与音预。于此。子路虽非有欲心者，然未能无固必也，至以行三军为问，则其论益卑矣。胡氏曰：“子路勇不自遏，故有是问。乃不用而求行、舍之而不藏者。”夫子之言，盖因其失而救之。夫不谋无成，不惧必败，小事尚然，而况于行三军乎？”

〇子曰：“富而可求也，虽执鞭之士，吾亦为之。如不可求，从吾所好。”好，去声。

执鞭，贱者之事。新安陈氏曰：“太史公云假令晏子尚在，愿为之执鞭，其言本此。”设言富若可求，则虽身为贱役以求之，亦所不辞。然有命焉，非求之可得也，则安于义理而已矣，何必徒取辱哉？陈氏曰：“此章为中人以下假设言之耳。命所以安中人，义所以责君子。”〇苏氏曰：“圣人未尝有意于求富也，岂问其可不可哉？为此语者，特以明其决不可求尔。”杨氏曰：“君子非恶去声。富贵而不求，以其在天，无可求之道也。”朱子曰：“上句是假设之辞，下句方是正意。下句说‘从吾所好’，便见上句‘执鞭之士’非所好矣。更味‘而’字、‘虽’字、‘亦’字，可见文势重在下句也。须要仔细看‘富而可求也’一句，上面自是虚意，言‘而可求’，便是富本不可求矣。此章最见得圣人言语浑成底气象，须要识得。”南轩张氏曰：“夫子谓富不可求者，正于义不可故耳。言使其于义而可，则虽执鞭之事，亦有时而可为矣。其如义不可求何，则姑从吾所好而已。吾所谓好者，义是也，然则所安以义，而命盖有不言者矣。”庆源辅氏曰：“苏氏发得此章语脉分明，杨氏又说得圣贤所以不求富贵之理确实，二说相须，其义始备。”

〇子之所慎：齐，战，疾。齐，侧皆反。

齐之为言齐如字。下同。也，将祭而齐其思虑之不齐者，以交于神明也。《礼·祭统》：及时将祭，君子乃齐。侧皆反。齐之为言齐如字。下同也。齐不齐，以致齐者也。诚之至与不至，神之飨与不飨①，皆决于此。战则众之死生、国之存亡系焉，疾又吾身之所以死生存亡者，皆不可以不谨也。杨氏曰：“夫子齐必变食。行三军，必临事而惧。康子馈药，未达，不敢尝。观此，则其慎可见。”〇尹氏曰：“夫子无所不谨，弟子记其大者耳。”庆源辅氏曰：“圣人之心，不待操而常存，岂有不谨之时、不谨之事哉？特于此三者尤致谨，故弟子记以垂教。”

〇子在齐闻《韶》，三月不知肉味。曰：“不图为乐之至于斯也！”

《史记》“三月”上有“学之”二字。新安陈氏曰：“学之三月，学之久，因以忘味之久，否则‘三月’字连下文，无意味矣。”不知肉味，盖心一于是而不及乎他也。曰不意舜之作乐至于如此之美，则有以极其情文之备，《记》曰：“知礼乐之情者能作，识礼乐之文者能述。”庆源辅氏曰：“文，声音也。情，实也。”而不觉其叹息之深也，盖非圣人

---

① 飨：通“享”。祭祀，祭献。

不足以及此。○范氏曰："《韶》尽美又尽善，乐之无以加此也。故学之三月，不知肉味，而叹美之如此。诚之至，感之深也。"朱子曰："子闻《韶》音，学之三月，不知肉味，学之一节，不知如何。今正好看其忘肉味处。这里便见得圣人之乐如是之美，圣人之心如是之诚。"又曰："圣人闻《韶》，须是去学，不解得只恁休了。学之亦须数月方熟，三月大约只是言其久，不是真个足头九十日，至九十一日便知肉味。想见《韶》乐之美，是能感动人，是能使人视端而行直。某尝谓今世人，有目不视先王之礼，有耳不得闻先王之乐，此大不幸也。"问："孔子闻《韶》，学之三月，不知肉味，圣人殆亦固滞不化，当食之时，又不免心不在焉之病，若何？"曰："主一无适，是学者之功。圣人行事，不可以此求之也。更是舜之乐，尽善尽美，而孔子闻之，深有所契于心者，所谓'得志行乎中国'，若合符节，是以学之三月而不自知其忘味也。"问："心不在焉，则食而不知其味，是心不得其正也。然夫子闻《韶》，三月何故不知肉味？"曰："也有时如此。所思之事大，而饮食不足以夺其心也。且如'发愤忘食'，'吾尝终日不食'，皆非常事，以其所愤所思之大，自不能忘也。"问："程子改三月为音字，如何？"曰："彼以一日闻乐，而三月忘味，圣人不当固滞如此，故尔。然以《史记》考之，则习之三月而忘肉味也。既有音字，又自有三月字，则非文之误矣。苏氏说亦得之，苏氏曰：'孔子之于乐，习其音，知其数，得其志，知其人。其于文王也，见其穆然而深思，见其高望而远志，见其黯然而黑、颀然而长，其于舜也可知，是以三月而不知肉味。'"庆源辅氏曰："夫子之学《韶》乐，非但有以极其声容节奏而已，并当与大舜无不帱载之德、当时雍熙平成之治，所谓尽善尽美之实而得之，不翅如身有其事，亲历其时也。则其诚意之深，而见于叹息者如此，诚非圣人不足以及，是固非常情之所能测也。"厚斋冯氏曰："舜之后，封于陈，为之后者，得用先代之乐，自陈敬仲奔齐，而《韶》乐有传。当是时，鲁具四代之乐，然恐不无差舛。《韶》之来最远，而独得其传于今，夫子故曰'《韶》尽美矣，又尽善也'，殆谓是欤？季札在鲁观《韶》，虽极称赞，未必如在齐之善，夫子是以学之而忘味之久。"新安陈氏曰："舜以上圣之德，当极治之时，作为《韶》乐。群圣之乐，无以加于此者。故夫子闻其音而乐之忘味，而深叹美如此。想如亲见虞舜之圣，身在雍熙之时，契之以心，而非徒闻之以耳也。又按《论语》于《韶》凡三言之，意者闻《韶》而学之最先，谓尽美尽善次之，告颜子以《韶》舞其最后欤？"【通考】仁山金氏曰："'三月'自作一句点。"吴氏程曰："'在齐'绝句，与'子在陈'同。'闻韶三月'，以四字作一句。'学之'二字，《史记》增此以释其意，非本文也。愚按，张达善点本'在齐'句，'闻《韶》'句，'三月'一读，'不知肉味'句。"

○冉有曰："夫子为卫君乎？"子贡曰："诺。吾将问之。"为，去声。

为，犹助也。卫君，出公辄也。灵公逐其世子蒯苦怪反。聩，五怪反。公薨，而国人立蒯聩之子辄。于是晋纳蒯聩而辄拒之。时孔子居卫，卫人以蒯聩得罪于父，而辄嫡孙当立，故冉有疑而问之。诺，应辞也。朱子曰："子以兵拒父，是多少不顺，自不须疑而问。冉有疑夫子为卫君者，以嫡孙承重之常法言之，则辄于义或当立也，故疑夫子助之。"

入，曰："伯夷、叔齐何人也？"曰："古之贤人也。"曰："怨乎？"曰："求仁而得

仁，又何怨。"出，曰："夫子不为也。"

伯夷、叔齐，孤竹君之二子。其父将死，遗命立叔齐。父卒，叔齐逊伯夷。伯夷曰："父命也。"遂逃去。叔齐亦不立而逃之，国人立其中子①。其后武王伐纣，夷、齐扣马而谏。武王灭商，夷、齐耻食周粟，去隐于首阳山，遂饿而死。《史记》：武王载木主，号为文王，东伐纣。伯夷、叔齐叩马而谏曰："父死不葬，爰及干戈，可谓孝乎？以臣弑君，可谓仁乎？"左右欲兵之，大公曰："此义人也。"扶而去之。武王已平殷乱，天下宗周，而伯夷、叔齐耻之，义不食周粟，隐于首阳山，即雷首山之阳，在河中府河东县。采薇而食之，遂饿而死。怨，犹悔也。君子居是邦，不非其大夫，况其君乎？《荀子·子道篇》："子路问曰：'鲁大夫练而床，礼耶？'练，小祥也。孔子曰：'吾不知也。'子路出谓子贡曰：'吾以夫子为无所不知，夫子徒有所不知。由问'鲁大夫练而床，礼耶？'夫子曰：'吾不知也'。'子贡曰：'吾将为汝问之。'问曰：'练而床，礼耶？'孔子曰：'非礼也。'子贡出谓子路曰：'夫子无所不知，汝问非也。礼，居是邑，不非其大夫。''"故子贡不斥卫君，而以夷、齐为问。夫子告之如此，则其不为卫君可知矣。南轩张氏曰："子贡微其辞以测圣人之旨，可谓善为辞矣。"盖伯夷以父命为尊，叔齐以天伦为重。其逊国也，皆求所以合乎天理之正，而即乎人心之安。双峰饶氏曰："兼此两句，方说得'仁'字尽。"既而各得其志焉，则视弃其国犹敝蹝所尔反。尔②，何怨之有？若卫辄之据国拒父而惟恐失之，其不可同年而语明矣。问："二子之逊，使无中子，二子不成委先君之国而弃之？必有当立者。"朱子曰："伊川说叔齐当立，看来叔齐虽以父命，终非正理，恐只当立伯夷。"曰："伯夷终不肯立，奈何？"曰："国有贤大臣，必请于天子而立之，不问其情愿矣。看来二子立得都不安，以正理论之，伯夷稍优。""以天下之公义裁之，则天伦重而父命轻。以人子之分言之，则又不可分轻重，但各认取自家不利便处，退一步便是，夷齐得之矣。""蒯聩与辄，若有一人识道理，各相避就去了，今蒯聩欲入，子以兵拒父，是多少不顺。议者以为当立公子郢，不知郢不肯做，盖知其必有纷争也。使夫子为政，必上告天王，下告方伯，拔郢立之，斯为得正。辄之逃，当在灵公薨而夫人欲立之之时。""求仁得仁，只得不伤其本心而已。二子不交让，则心不安。心本仁，才伤著本心，则不仁矣。"双峰饶氏曰："仁者，天地生物之心，人得之而为不忍之心。若伯夷以父命为尊，是不忍违其父；叔齐以天伦为重，是不忍先其兄。若辄之拒蒯聩，则是忍于抗其父矣。是可忍也，孰不可忍也，如何安得！"云峰胡氏曰："人心谁无天理？能合乎天理之正，方可即乎人心之安，乃谓之仁。伯夷以父命为重，是伯夷之心合乎天理，而后伯夷之心方安；叔齐以天伦为重，是叔齐之心合乎天理，而后叔齐之心方安。《集注》下一'安'字，便见夷齐不怨，若怨，则不安矣。辄之拒父，全无人心天理，于心安乎？"○程子曰："伯夷、叔齐逊国而逃，谏伐而饿，终无怨悔，新安陈氏曰："兼谏伐言，所以广其不悔之实。"夫子以为贤，故知其不与辄也。"问子贡

---

① 中子：伯夷之弟而叔齐之兄。

② 敝蹝：破烂的鞋子。

问卫君事。朱子曰："若使子贡当时径问辄事，不唯夫子或不答，便做答时，亦不能如此详尽。若只问伯夷叔齐何人也，曰：古之贤人也，亦未见分晓。所谓贤人，如君子而不仁者有矣，亦如何便见得出处一时皆当，岂无怨悔处？只再问'怨乎'，便见得子贡善问。才说道'求仁而得仁，又何怨'，便见得夷齐兄弟所处，无非天理；蒯辄父子所向，无非人欲。二者相去，奚啻碱砆美玉，直截天渊矣。"问："子贡欲知为卫君，何故问夷齐？"曰："一个是父子争国，一个是兄弟让国，此是则彼非，可知。"问："何故又问怨乎？"曰："此又审一审，所以夫子言求仁得仁，是就身上本原处说。凡让出于不得已，便有怨，夷齐之让，是合恁地，乃天理之当然，又何怨？大纲卫君底固为不是，到此越见得卫君没道理。"又问："子欲正名，是公子郢否？"曰："此又是第二节事。第一节须先正辄父子之名。"问："辄尚在，则如何正？"曰："上有天子，下有方伯，他不当立，如何不正？"问："子贡有怨乎之问，何也？"曰："夫子谓夷齐是贤人，恐贤者亦有过之者，于是问以决之，看这事是义理合如此否。如其不必让而让之，则未必无怨悔之心矣。夫子告以求仁而得仁者，谓是合恁地，若不恁地，是去仁而失仁矣。若卫君事则大不然矣，子贡所以知其必不为也。"问："伯夷不敢安嫡长之分以违君父之命，叔齐不敢从父兄之命以乱嫡庶之义，这便是求仁。伯夷安于逃，叔齐安于让，而其心举无陧杌之虑，这便是得仁否？"曰："然。卫君便是不能求仁耳。"问："夫子以夷齐为贤，则其不为卫君之意明矣，而子贡复有怨乎之问，至闻得仁之语，然后知夫子之不为，何耶？"曰："夷齐之贤，天下孰不知之？子贡盖不待夫子之言而知之矣。然意二子虽贤，而其所为或出于激发过中之行，而不能无感慨不平之心，则卫君之争，犹未为甚得罪于天理也，故问怨乎以审其趣，而夫子告之如此，则子贡之心，晓然知夫二子之为是，非其激发之私，而无纤芥之憾矣。持是心，以烛乎卫君父子之间，其得罪于天理而见绝于圣人，尚何疑哉？故其所以必再问而后知所决也。"庆源辅氏曰："世俗知其一，不知其二。见其一节之或得，而于其大义之乖，则不知察也。蒯聩固得罪于父矣，而以辄言之，则子独可以拒父乎？辄嫡孙，固在所当立矣，然上不禀命于天王，下不受命于君父，又岂可以擅有其国乎？是故为国家者不可无君子之论，而世俗之说未可遽以为信也。"齐氏曰："父子也，兄弟也，君臣也，人之伦也，三才之所以立也。二子之交让也，所失者国，而所得者父子弟兄之纪；其非武王而饿以死也，所舍者生，而所取者君臣之义。是皆脱然有见于富贵贫贱死生之外，而一毫私己不与焉，谓非仁乎？冉求有见于夷齐之仁，必有见夫辄之不仁；知夷齐于人纪为有功，必知辄为名教之所不容。"

〇**子曰："饭疏食饮水，曲肱而枕之，乐亦在其中矣。不义而富且贵，于我如浮云。"**饭，符晚反。食，音嗣。枕，去声。乐，音洛。

饭，食之也。疏食，粗饭也。圣人之心，浑去声。然天理，虽处困极，而乐亦无不在焉。新安陈氏曰："他人视为困极，圣人乐无不在，自不知其困极。"其视不义之富贵，如浮云之无有，漠然无所动于其中也。朱子曰："圣人表里精粗，无不昭彻，其形骸虽是人，其实只是一团天理，所谓'从心所欲，不逾矩'，左来右去，尽是天理，如何不快活？""乐亦在其中，此乐与贫富自不相干，是别自有乐处，如气壮底人，遇热亦不怕，遇寒亦不怕，气虚则为所动矣。”“‘乐’字在先，理会得乐后，方见不义而富贵于我如浮云。”○程子曰：“非乐疏食饮水也，虽疏食饮水，不能改其乐也。不义之富贵，视之轻如浮云然。”又曰：“须知所乐者何事。”朱子曰：“圣人之心，无时不乐，如元气流行天地之间，无一处之不到，无一时之或息也，岂以贫富贵贱之异，而有所轻重于其间哉？夫子言此，盖即当时所处，以明其乐之未尝不在乎此，而无所慕于彼耳。记此者，列此以继卫君之事，其亦不无意乎？”“富贵非指天位天职而言，但言势位奉养之盛耳。此等物，若以义而得，则圣人随其所遇，若固有之，无鄙厌之心焉。但以不义而得，则不易我饭疏饮水之乐耳。”“如浮云，只说不义之富贵，视之如浮云，不以彼之轻，易我之重。若义而得富贵，便是当得，如何掉脱得？如舜禹有天下，固说道不与，亦只恁地安处之。又如所以长守贵也，所以长守富也，义当得之，亦自当恁地保守。尧命舜云‘天之历数在尔躬，允执其中，四海困穷，天禄永终’，岂是不要保守？孔、颜之乐不必分。‘不改’，是从这头说入来。‘在其中’，是从那头说出来。”南轩张氏曰：“崇高莫大乎富贵。富贵本非可以浮云视也，惟其非义，则浮云耳。”陈氏曰：“欲知乐之实味，须到万理明彻、私欲净尽后，胸中洒然，无纤毫窒碍而无入不自得处，庶几有以得之矣。”又曰：“‘乐在其中’与‘不改其乐’诚有间，但程子于此却用‘不改’字，主意全别。其添一‘能’字，而又系于疏食饮水之下者，是虽疏食饮水亦不能改圣人之乐，便见本然浑然之乐元不曾动。比之颜子不改，系之‘回也’之下，是回不为箪瓢陋巷所改，语意轻重，自不同矣。”双峰饶氏曰：“乐是圣人之所固有，富贵贫贱，是时之适然。人不处富贵，则处贫贱。圣人之乐，处富贵则在富贵中，处贫贱则在贫贱中。然乐在富贵中，见得不分晓，在贫贱中，方别出，故多于贫贱处说。”新安陈氏曰：“‘孔颜所乐何事’，及‘自有其乐’，程子之引而不发者也。‘从事于博文约礼，庶得其所以乐’，朱子发程子之未发者也。必于颜子乐处言，而不于孔子乐处言之者，知颜子之乐而后可知孔子之乐。故以孔所以诱颜、颜所以学孔之工夫于颜乐处言之也。‘在中’之云，不求乐而乐在其中，见其乐之安焉；‘不以贫窭累其心而改其所乐’，微见其乐之勉焉。”【通考】东阳许氏曰：“孔颜之乐相类而有不同。颜子不改其乐，是颜子之乐不为外物所改；圣人乐在其中，无所往而非乐也。程子以‘不能改其乐’释‘乐在其中’，精神全在‘能’字上，与‘不改其乐’自不同。当味。”【通旨】朱氏公迁曰：“孔子浑然天理而无所不乐，颜子克己之私而自有可乐。所谓贫而乐以此。贫而乐，理之足以胜夫私也。中天下而立，定四海之民，君子乐之者，仁之可以广其爱也。富贵贫贱虽不同，君子之乐无往而不在也。”

○子曰：“加我数年，五十以学《易》，可以无大过矣。”

刘聘君见元城刘忠定公①，名安世，字器之，大名府元城人。自言尝读他《论》，“加”作“假”，“五十”作“卒”。盖“加”、“假”声相近而误读，“卒”与“五十”字相似而

① 刘忠定公：刘安世（1048—1125 年），字器之，号元城，又号读易老人，学者称元城先生，大名人（今河北大名西北）。熙宁六年进士，不就选，从学于司马光。光入相，荐其为秘书省正字，累进谏议大夫。年七十八而卒，谥忠定，有《语录》、《文集》已佚；有《元城尽言集》十三卷传世。

误分也。愚按：此章之言，《史记》作“假我数年，若是我于《易》则彬彬矣”，“加”正作“假”，而无“五十”字。盖是时，孔子年已几平声。七十矣，“五十”字误无疑也。《孔子世家》：孔子晚而喜《易》，序彖系象，说卦文言，读《易》韦编三绝。曰：“假我数年，若是我于《易》则彬彬矣。”学《易》，则明乎吉凶消长上声。之理，进退存亡之道，胡氏曰：“吉凶消长以卦体言，进退存亡以人事言。”故可以无大过。盖圣人深见《易》道之无穷，而言此以教人，使知其不可不学，而又不可以易去声。而学也。朱子曰：“圣人一生学问，未尝自说无过，至此境界，方言无大过，犹似有小过在。虽是谦辞，然道理真实无穷尽期，说者当看此等，为圣人气象。”“所谓大过，如当潜不潜，当见不见，当飞不飞，皆是过。乾卦纯阳固好，大亨之中，须利于贞正，非正，则过矣。又如坤六二，须知履霜有坚冰之渐，要人恐惧修省。不知恐惧修省，则过矣。无大过者，为此自谦之辞以教学者，深以见《易》道之无穷。”又曰：“无大过，是圣人不自足之意。”“圣人学《易》，于天地万物之理，吉凶悔吝进退存亡，皆见得尽，自然无差失。圣人说此数句，非是谩然且恁地说。圣人必是见得是如此，方如此说。”觉轩蔡氏曰：“进退存亡之正，《易》之道也。知进退存亡不失其正，学《易》之道也。圣人虽曰生知，亦必有验乎《易》，盖圣人之道，即《易》之道也。圣人进退存亡不失其正，所谓‘先天而天弗违，后天而奉天时者’也，岂有过差乎？夫子谓‘加我数年’，则于学《易》也不敢易，谓‘可以无大过’，则合于《易》也。无甚差，皆不敢当之谦辞也。谓无甚差，则为无差矣。”“圣人学《易》，明乎天理之吉凶消长，所以进退存亡而不失其正，而人与天合矣，尚何过之可言？要之，圣人所以谦辞者，非是自以为圣，而有意于谦，盖亦真见《易》道之无穷，而有俛焉孳孳之意。又因以教人，使人知《易》道之不可以不学，而又不可以易学。”庆源辅氏曰：“《易》道无穷，皆自然而然，非年高德劭，心与理协，默识神会，未易学也。人之处世，履于忧患之涂，又不可以不学《易》，故抑扬其辞以垂教如此。学者察乎二者之间，则知《易》固不可不学。且以夫子之德与年，而尚欲假之以数年，则又见其不可以轻易而学耳。”西山真氏曰：“圣人作《易》，不过推明阴阳消长之理而已。阳长则阴消，阴长则阳消，一消一长天之理也。人而学《易》，则知吉凶消长之理。以阴阳对言，则阳为善为吉，阴为恶为凶。独言阳，则阳自有吉有凶，盖阳得中则吉，不中则凶。阴亦然。以天理言，则为消息盈虚；以人事言，则为存亡进退。盖消则虚，长则盈，如日中则昃，月盈则亏，暑极则寒，寒极则暑，此天道所不能已也。人能体此，则当进而进，当退而退，当存而存，当亡而亡。如此，则人道得而与天合矣。故孔子可以进则进，可以退则退，可以久则久，可以速则速，用之则行，舍之则藏，此孔子之身全体皆《易》也。”云峰胡氏曰：“朱子谓‘夫子言此以教人’，使人知夫子老且学《易》。所谓无大过者，《易》占辞于吉凶悔吝之外，屡以无咎言之，大要只欲人无过，故曰‘无咎者，善补过也’。悔则过能改而至于吉，吝则过不改而至于凶，使人人皆知学《易》，则皆可以无大过，此夫子教人之深意也。”新安陈氏曰：“加我数年，味‘我’之一辞，则所谓‘无大过者’，夫子自谓之辞耳。”

○子所雅言，《诗》、《书》、执礼，皆雅言也。

雅，常也。执，守也。《诗》以理情性，新安陈氏曰："治之，使情性得其正。"《书》以道政事，述帝王之政事。礼以谨节文，皆切于日用之实，故常言之。礼独言执者，以人所执守而言，非徒诵说而已也。朱子曰："《诗》、《书》尚是口说得底，惟礼要当执守。执礼亦是当时自有此名。"双峰饶氏曰："礼有五礼，夫子所常言者，只是言人日用所常执守之礼不可阙者尔。若宗庙郊社朝觐会同，非常所用者，则讲之有时，亦不常及之也。"云峰胡氏曰："诵说属知，执守属行。"○程子曰："孔子雅素之言，止于如此。若性与天道，则有不可得而闻者，要在默而识之也。"识，音式，谓不言而自得之。谢氏曰："此因学《易》之语而类记之。"朱子曰："古之儒者，只是习《诗》、《书》、《礼》、《乐》。言执《礼》，则《乐》在其中，如《易》则掌于太卜，《春秋》掌于史官，学者兼通之，不是正业。只这《诗》、《书》，大而天道之精微，细而人事之曲折，无不在其中。《礼》则节文度数，圣人教人，亦只是许多事。"庆源辅氏曰："《诗》所以吟咏情性，故诵之者，可以理情性。理，犹治也。《书》所以纪载政事，故诵之者可以道政事。道，犹述也。《礼》所以著天理之节文，故执之者可以谨节文。谨，谓毫厘有所必计也。情性在内者，政事、节文在外者。政事、节文虽在外，而又有广狭之殊，然皆切于日用之实，故夫子常言之。"又曰："《诗》、《书》虽假诵读，然后能知其义而达诸用，礼则全在人执守而行之，故礼独言执也。然《诗》、《书》虽始假于诵读，然后亦必须见于所行；礼固在于执守而行之，然始亦不可不讲读之也。"厚斋冯氏曰："《易》道精微，《春秋》纪变，《乐》在有司，非所常言也。《诗》可以兴观群怨以事君父，《书》乃齐家治国平天下之常道，礼又朝夕之所从事者，皆切于日用常行之实，故常言之。"勿轩熊氏曰："《诗》即《乐》也。孔子言'兴于诗，立于礼，成于乐'，语伯鱼学诗学礼，可见平日常言，不过如此。前章学《易》，则其晚年也。"

○叶公问孔子于子路，子路不对。叶，舒涉反。

叶公，楚叶县尹沈诸梁，字子高，僭称公也。新安陈氏曰："楚子僭王，其臣皆僭。"叶公不知孔子，必有非所问而问者，故子路不对。抑亦以圣人之德，实有未易去声。名言者与？音余。新安陈氏曰："一则叶公不足以知圣人，一则子路自难以言语形容圣人。"

子曰："女奚不曰，其为人也，发愤忘食，乐以忘忧，不知老之将至云尔。"

未得，则发愤而忘食；已得，则乐之而忘忧。以是二者俛焉日有孳音兹。孳，而不知年数之不足，但自言其好去声。学之笃耳。《礼·表记》：《小雅》曰："高山仰止，景行行止。"子曰："《诗》之好仁如此。乡道而行，中道而废，忘身之老也，不知年数之不足也，俛焉日有孳孳，毙而后已。"朱子曰："圣人未必有未得之事，且如此说。若圣人有这般事，他便发愤做将去。""忘食忘忧，是逐事上说。一愤一乐，循环代至，非谓终身只此一愤一乐也。逐事上说，故可遂言不知老之将至，而为圣人之谦辞。若作终身说，则愤短乐长，不可并连下句，而亦不见圣人自贬之意矣。"然深味之，则见其全体至极，纯亦不已之妙，有非圣人不能及者。盖凡夫子之自言类如此，学者宜致思焉。朱子曰："发愤忘食，乐以忘忧，不知老之将至云尔，泛说若是谦辞。然圣人之为人，自有不可及处，直要做到底，不做个半间不界底人。非是有所因，真个或有所感，发愤而至于忘食，所乐之至而忘忧。盖有不知其然，而不自知其老之将至也。又如‘好古，敏以求之’，自是谦辞；‘学不厌，教不倦’，亦是谦辞。当时如公西华、子贡，自能窥测圣人不可及处，盖圣人处己之谦若平易，而其所以不可及者亦在其中矣。”“发愤忘食，是发愤便能忘食；乐以忘忧，是乐便能忘忧，更无些小系累。无所不用其极，但见义理之无穷，不知身世之可忧、岁月之有变也。众人纵如何发愤，也有些无紧要心在；虽如何乐，终有些系累乎其中。不怨天，不尤人，乐天安土，安于所遇，无一毫之私意，圣人便是天，圣人有此理，天亦有此理，故其妙处，独与之契合。”“圣人直是脱洒，私欲自惹不著，这两句虽无甚利害，细看来，见得圣人超出乎万物之表。”南轩张氏曰：“子路以叶公不知圣人，且欲拟其形容，而未知所对也。夫子之意，则以为即其近者告之，斯可矣。夫子所言发愤忘食，乐以忘忧，不知老之将至者，亦好学之至者也。然则圣人之所以异于人者，果独在于好学耶？盖生知而好学，则是其所为生知者，固亦莫掩矣。谓圣人所以异于人者在于好学，亦岂不可乎？”双峰饶氏曰：“愤与乐相反，圣人发愤便至忘食，乐便至忘忧，是两边各造其极。如寒到寒之极，暑到暑之极，故曰‘全体至极’，两者循环不已，所以不知老之将至。此是圣人之心纯乎天理，别无他嗜好，所以自然学之不厌，故曰‘纯亦不已’。全体，说愤乐；至极，说忘食忘忧；纯亦不已，说不知老之将至。”

〇**子曰：“我非生而知之者，好古，敏以求之者也。”**好，去声。

生而知之者，气质清明，义理昭著，不待学而知也。敏，速也，谓汲汲也。〇尹氏曰：“孔子以生知之圣①，每云好学者，非惟勉人也②，盖生而可知者义理尔，若夫音扶。礼乐名物，古今事变，亦必待学而后有以验其实也。”朱子曰：“圣人此等语，皆是移向下以教人。亦是圣人看得地步阔，自是犹有未满足处，所以其言如此，非全无事实，而但为设辞也。”“好古敏以求之，圣人是生知而学者，然其所谓学，岂若常人之学也！‘闻一知十’，不足以尽之。”“圣人于义理，合下便恁地。‘固天纵之将圣，又多能也。’敏求，则多能之事耳。其义理完具，礼乐等事便不学，也自有一副当。但力可及，故亦学之。”“圣人虽是生知，然也事事理会过，无一之不讲。这道理，不是只就一件事上，理会见得便了，学时要无所不学，理会时却是逐件上理会去。”南轩张氏曰：“门人见夫子之圣，谓生而知之，不可跂及也，故夫子以是告之，使果能好古敏以求之，则是圣人亦岂不可希？玩味辞气，其循循然善诱，可谓至矣。”勉斋黄氏曰：“圣人虽生知义理，然其为道广大无穷，故未尝有自足之心，亦必博学审问，参之古人，不能自已，此其所以为圣人也。”庆源辅氏曰：“孔子以生知之圣，每云好学者，诸家多以为勉人之辞，故尹氏辨之，以为生而可知者，自然昭著之义理尔。若夫礼乐名物，古今事变，亦必待学而后有以验其实也。”又曰：“好古敏求，非生知者不能。既知其义理，则自然敏

① 生知之圣：生而知之的圣人。
② 非惟勉人：不只是勉励别人。

于学以验其实也。故生而知之者，义理也；好古敏求者，事实也。理与事一贯，知与行相资。”双峰饶氏曰：“生知，是合下知得此理；好古敏求，是又于事物上参究此理。”勿轩熊氏曰：“信而好古，好古敏以求之，‘信’字‘敏’字当玩。”

〇子不语怪，力，乱，神。

怪异、勇力、悖音佩。乱之事，非理之正，固圣人所不语。鬼神，造化之迹，双峰饶氏曰：“造化之迹，指其屈伸往来之可见者言也。天地造化之妙，不可得而见；所可见者，其屈伸往来之迹尔。”虽非不正，然非穷理之至，有未易去声。明者，故亦不轻以语去声。人也。新安陈氏曰：“神与怪不同，故以怪力乱总言，表神而出之。”〇谢氏曰：“圣人语常而不语怪，语德而不语力，语治去声。而不语乱，语人而不语神。”或问：“夫子于《春秋》纪灾异、战伐、篡乱，于《易》礼论鬼神，今曰不语，何也？”朱子曰：“圣人平日常言，盖不及是，其不得已而及之，则于三者必有训戒焉。于神则论其理，以晓当世之惑，非若世人之徒语。而反以惑人也，然其及之亦鲜矣。”问：“‘子不语怪力乱神’，《集注》言‘鬼神之理，难明易惑，而实不外人事’。鬼神之理，在人事中，如何见得？”曰：“鬼神，只是二气之屈伸往来。就人事中言之，如福善祸淫，便可以见鬼神道理。《论语》中，圣人不曾说此。”问：“如动静语默，亦是此理否？”曰：“固是圣人全不曾说这话与人。这处无形无影，亦自难说，所谓敬鬼神而远之，只恁地说。”南轩张氏曰：“圣人一语一默之间，莫不有教存焉。语怪则乱常，语力则妨德，语乱则损志，语神则惑听，故圣人之言未尝及此。然就是四者之中，鬼神之情状，圣人亦岂不言之乎？特明其理，使人求之于心而已。若其事，未尝言之也。”庆源辅氏曰：“异，非常也。勇力，非德也。悖乱，非治也。三者皆非正理，而圣人之心广大光明，隐恶扬善，自然不语及此。至于鬼神，虽非不正，然乃造化之迹，二气之良能，其理幽深，非格物致知者，而骤以语之，则反滋其惑，故亦不轻以语人。然能知所以为人，则知所以为鬼神矣。”齐氏曰：“索隐行怪，吾弗为之，故不语怪；好勇过我，无所取裁，故不语力；身为不善，君子不入，故不语乱；务民之义，敬而远之，故不语神。”问：“孔子所不语，而《春秋》所纪，皆悖乱非常之事。”陈氏曰：“《春秋》经世之大法，所以惧乱臣贼子，当以实书。《论语》讲学之格言，所以正天典民彝，故所不语。”

〇子曰：“三人行，必有我师焉。择其善者而从之，其不善者而改之。”

三人同行，其一我也。彼二人者，一善一恶，则我从其善而改其恶焉，是二人者皆我师也。朱子曰：“人若以自修为心，则举天下万物，凡有感乎前者，无不足以发吾义理之正。善者固可师，见不善者，便恐惧修省，亦吾师也。”双峰饶氏曰：“此姑以一善一恶对言，以见善恶皆吾师。或两人皆善，则皆当从；两人皆恶，则皆当改。便是与一人行，亦有我师，此则言外之意。”南轩张氏云：“一人之身，有善有不善，亦莫非吾师也。”〇尹氏曰：“见贤思齐，见不贤而内自省，则善恶皆我之师。进善其有穷乎？”汪氏炎昶曰：“尹氏以《见贤思齐章》合此章说，盖取思齐自省，可足此章之义也。善固当从，然不思与之齐，未必能从；不善固当改，然不内自省，则己有不善，未必能改。”

〇子曰：“天生德于予，桓魋其如予何？”魋，徒雷反。

桓魋，宋司马向式亮反。魋也。出于桓公，故又称桓氏。魋欲害孔子，孔子言天既赋我以如是之德，则桓魋其奈我何？言必不能违天害己。程子曰：“天生德于予，此圣人极断制以理。”问：“圣人见其事势不可害己，还以理度其不可耶？”朱子曰：“若以势论，则害圣人甚易，唯圣人自知其理，有终不能害者。史记孔子适宋，与弟子习礼大树之下，魋伐其树，孔子去之，弟子曰：‘可以速矣。’子曰：‘天生德于予，桓魋其如予何？’遂之郑。疑遭伐树，遂微服去之，弟子欲其速行，而以此语之也。圣人虽知其不能害己，然避患未尝不深；避患虽深，而处之未尝不闲暇，所谓并行而不悖也。”问：“‘桓魋其如予何’，此便是圣人乐天知命处，见定志确，断然以礼自信，绝无疑忌顾虑之意？”曰：“是。圣人自处处验之已然，而知其决不能害己也。”又问：“圣人既知天生德于我，决无可害之理矣，而避患又必周详谨密者，何耶？”曰：“患之当避，自是理合如此，众人亦然，不必圣人为然也。”吴氏曰：“夫子平日未尝以圣自居，及遭匡人、桓魋之难，则曰‘天生德于予’，‘文不在兹乎’，辞气毅然，无复退托推让之意，盖至是亦不能掩其圣矣。一以德言，一以道言，有此德则能任此道，其实一而已矣。‘其如命何’，听命于天也；‘其如予何?’，则天命志已，而已与天为一矣。故其论公伯寮也，犹以废兴不可知之辞道之，若匡人、桓魋，则为断断然自信之说。”

〇子曰：“二三子以我为隐乎？吾无隐乎尔。吾无行而不与二三子者，是丘也。”

诸弟子以夫子之道高深不可几平声。及，故疑其有隐，而不知圣人作、止、语、默无非教也①，故夫子以此言晓之。与，犹示也。朱子曰：“要紧只在‘吾无行不与二三子’处，须仔细认圣人无不与二三子处在那里，凡日用饮食间，皆要认得。”“所谓‘吾无隐乎尔’者，居乡党便恂恂，在宗庙便便便，与上大夫言便訚訚，与下大夫言便侃侃，自有许多实事。”新安陈氏曰：“‘作’、‘止’、‘语’、‘默’四字，所包甚阔。作与语之为教，人易知之；止与默之亦为教，所难知也。”〇程子曰：“圣人之道犹天然，门弟子亲炙而冀及之②，然后知其高且远也。使诚以为不可及，则趋向之心不几于怠乎？故圣人之教，常俯而就之如此，非独使资质庸下者勉思企及，而才气高迈者亦不敢躐易去声。而进也③。”问：“伊川言圣人教人，常俯就若是，掠下一著教人，是圣人有隐乎尔，何也？”朱子曰：“道有大小精粗。大者，精者，固道也；小者，粗者，亦道也。观《中庸》言‘大哉圣人之道，洋洋乎发育万物，峻极于天’此言道之大处；‘优优大哉，礼仪三百，威仪三千’，是言道之小处。圣人教人，就其小者近者教人，便是俯就。然所谓大者精者，亦只在此，初无二致，要在学者下学上达，自见得耳，在我则初无所隐也。”庆源辅氏曰：“庸下者失之不及，易以懈怠而止；高迈者失之过，易以陵躐而进。懈怠者，病在苦其难；陵躐者，病在忽其易。今夫子自以为无隐，且曰‘无行而不与二

① 作、止、语、默：工作、休息、说话、沉默。

② 门弟子亲炙而冀及之：及门的弟子亲身受教从而希望达到。

③ 非独使资质庸下者勉思企及，而才气高迈者亦不敢躐易而进也：不仅要使天资平庸低下的学生通过努力来达到，而且让那才高气迈的弟子也不敢越等，轻易冒进。

三子'，则庸下者不至病其难，而发勉思企及之志；高迈者不敢忽其易，而致谨重密察之功。在我者一施之，在彼者，各以其资之高下而有益焉，是即圣道如天，垂象昭然，而有目者莫不见之验也，岂终于高远而不可冀及邪?"吕氏曰："圣人体道无隐，与天象昭然，莫非至教。常以示人，而人自不察。"延平李氏曰："孔子之示人，其道昭然，常存乎动静、俛仰、视听、嚬笑謦欬之间，而未尝隐也，彼见之者自有浅深。"朱子曰："夫子尝言'中人以下，不可以语上也'，而'言性与天道，则不可得而闻'，想是不曾得闻者，疑其有隐，而不知夫子之坐作语默，无不是这个道理。风霆流形，庶物露生，无非教也。圣人虽教人洒扫应对，这道理也在里面。"范阳张氏曰："天何言哉？四时行焉，百物生焉，使天徒颓然在上，何足以为天？惟其不言，而四时行，百物生，故凡春生夏长，根荄枝叶，一皆天理之所寓。孔子于日用间，视听言动，出入起居，无非道之所在，群弟子由而不知，习而不察，所以疑圣人为隐，故夫子指之曰'吾无行而不与二三子者，是丘也'，观'是丘'之一言，则知夫子平日机栝，尽于此而决之。当时群弟子，自夫子一指之后，皆知用意以观圣人，故《乡党》所载，上而朝廷，下而衣服饮食，莫不屡书特书者，正谓此尔。"新安陈氏曰："体道，与'鬼神体物而不可遗'之'体'同。道无形体可见，圣人一身，浑然此道，动静语默之间，无非此道之所呈露。无形体之道，于圣人身上形见出来，是所谓与道为体而无所隐于人也。"汪氏曰①："《乡党》一篇，是门人有得于此言，故记得详密如此。"

○子以四教：文，行，忠，信。行，去声。

程子曰："教人以学文修行而存忠信也②。忠信，本也。"朱子曰："教不以文，无由入，说与事理，便是文；《诗》、《书》六艺，皆文也。如讲说如何是孝弟，只是文；行所谓孝弟，方是行。又恐行之未诚实，故又教以忠信。到得为忠为信时，全在学者自去做，方是实事。""此是表里互说，教人之道，自外约入向里去，故先文后行，而忠信者，又立行之方也。""文行忠信，如说事亲是如此，事兄是如此，虽是行之事也，只是说话在，须是自家体此而行之方是。行蕴之于心，无一毫不实处，方是忠信。可传者只是这文，若行忠信，乃是在人自用力始得。虽然，若不理会得这个道理，不知是行个甚么，忠信是个甚么，所以文为先。"又曰："其初须是讲学，讲学既明，而后修于行。所行虽善，然更须反之于心，无一毫不实处，乃是忠信。"问："子以四教，何以有四者之序?"曰："文便是穷理，岂可不见之于行？然既行矣，又恐行之有未诚实，故又教之以忠信也，所以伊川言以忠信为本，盖非忠信，则所行不诚故耳。"因问："行有余力，则以学文。何也?"曰："彼将教子弟而使之知大概也，此则教学者深切用工也。"问："然则彼正合小学之事欤?"曰："然。文行忠信，是从外做向内；则以学文，是从内做向外。圣人言此类者多，要人逐处自识得。"西山真氏曰："'行有余力，则以学文'，是以力行为先。'子以四教：文、行、忠、信'，文者，讲学之事，主乎知；忠信者，修身

---

① 汪氏：汪廷直，字从正。宋婺源人。政和二年登第，进屯田员外郎。

② 教人以学文修行而存忠信也：用学习书本知识、修养德行、保持忠诚、信用作为教育内容。

之事，主乎行。此又以知为先。此二章实相表里，正当合而观之。大抵致知力行，二者不可阙一。既知其理，不可不行其事，既行其事，不可不知其理，二者并进，则为学之功至矣。"双峰饶氏曰："圣人施教之序，且先使学者读书，讲明义理，故先之以文；既晓得义理，然后可以使之修行，故次之以行。行是外面行底，外面能行，然后方可责其里面诚。若外面显见处尚未能行，况里面隐微之地乎？故忠信是结合处。《中庸》先说智仁勇，而后终之诚，亦是此意。"陈氏曰："学文所以穷理，修行所以体是理于身，存忠信所以萃是理于心。"勿轩熊氏曰："忠是实心，就已上看；信是实理，就事物上看。"云峰胡氏曰："教以学文修行，知行当俱尽也；教以存忠信，表里当俱实也。"新安陈氏曰："学文者，致知之事；修行者，力行之事。存忠信，所以诚实于力行，而忠其体，信其用也，所以谓之四教。"

○子曰："圣人，吾不得而见之矣；得见君子者，斯可矣。"

圣人，神明不测之号。君子，才德出众之名。朱子曰："有德而有才，方见于用；如有德而无才，则不能为用，亦何足为君子？"

子曰："善人，吾不得而见之矣；得见有恒者，斯可矣。恒，胡登反。

"子曰"字疑衍文。恒，常久之意。张子曰："有恒者，不贰其心。善人者，志于仁而无恶。"朱子曰："善人，是资质好底人，自然无恶。有恒，只是把捉得定，又未到善人自然好处在。然善人、有恒，皆未知学问者也。"问："善人，是资质大段粹美，其心常在于善道，所以自不至于有恶；有常者，则是个确实底人否？"曰："是。有常底，也不到事事做得是，只是有志于为善而不肯为恶耳。善人，则从来恁地好，事事依本分。但人多等级，善人虽是资质好，虽是无恶，然不践迹，亦不入于室，缘不甚晓得道理，不可以道圣人，只是恁地便住了。""此但为思其上者而不可得，故思其次之意。"双峰饶氏曰："圣人是天生底，君子是学而成底；善人是气质好底，有恒是有常守底。次乎圣人者为君子，次乎善人者为有恒。"

亡而为有，虚而为盈，约而为泰，难乎有恒矣。"亡，读为无。

三者皆虚夸之事，凡若此者，必不能守其常也。问："亡而为有。"朱子曰："正谓此皆虚夸之事，不可以久，是以不能常，非谓此便是无常也。""以亡为有，以虚为盈，以约为泰，则不能常。谓如我穷约，却欲作富底举止，纵然时暂做得，将来无时，又做不得，如此便是无常。亡对有而言，是全无；虚是有，但少；约是就用度上说。"○张敬夫曰①："圣人、君子以学言，善人、有恒者以质言。"新安陈氏曰："以学言者，兼乎质；以质言者，则未学者也。"愚谓有恒者之与圣人，高下固悬绝矣，然未有不自有恒而能至于圣者也。故章末申言有恒之义，其示人入德之门，可谓深切而著明矣。朱子曰："圣人也只是这个道理，但是他理会得烂熟后，似较圣样，其实只是这道理。君子是事事做得去，所谓'君子不器'；善人则又不及君子，只是知得有善有恶，肯为善而不肯为恶耳；有常者又不及善人，只是较依本分。"问：此章曰："吴氏曾氏说亦得之。

---

① 张敬夫：即张栻。

吴氏曰：君子盖有贤德，而又有作用者，特不及圣人尔，若善人，则粗能嗣守成绪，不至于为恶而已，非若君子之能有为也。曾氏曰：当夫子时，圣人固不可得而见，岂无君子善人有恒者乎？而夫子云然者，盖其人少而思见之也。及其见，则又悦而进之曰'君子哉若人'，凡此类，当得意而忘言。善人，明乎善者也；有恒，虽未明乎善，亦必有一节终身不易者。若本无一长而为有之状，未能充实而为盈之状，贫约而为泰之状，此亦妄人而已矣。孟子所谓'雨集沟浍皆盈，其涸可立而待也，乌能久矣'。"曰："有无、虚实、约泰之分，奈何?"曰："无，绝无也；虚，则未满之名耳。二者兼内外，学之所至、事之所能而言。约之与泰，则贫富贵贱之称耳，为之云者，作为如是之形，作为如是之事者也。为而无以继，则虽欲为有恒，不可得矣。"南轩张氏曰："圣人者，肖天地者也；君子者，具其体而未能充实者也。故圣人不得而见，得见君子斯可矣。善人，资禀醇笃无恶之称；有恒者，则能谨守常分而已。故善人不得而见，得见有恒者斯可矣。以善人之资，而进学不已，圣盖可几，有恒而力加勉焉，亦足以有至也。若夫已无而以为有，已虚而以为盈，在约而以为泰，则是骄矜虚浮不务实者，其能以有恒乎？未能有恒，况可言学乎?"勉斋黄氏曰："亡为有，虚为盈，约为泰，三者夸大欺妄之意，不实之谓也。人惟实也，则始终如一，故能有常；今其人不实如此，又岂敢望其有常哉？夫子称圣人君子善人不可得见，而卒及乎此，又以明夫有恒者之亦不可见也。"庆源辅氏曰："学至于圣人，则造乎极而无以复加矣；君子虽未及乎圣人，然其才德超出于众，则其为学亦以成矣；善人虽未必知学，然其资质之美，自然至于善而不至于恶；至于有恒者，则资质又有不及善人，但亦纯固而不务虚夸，守其一端，则终身不易者也。"新安陈氏曰："入德有门户，进德有阃奥，自有恒而入，学而充之以造于极，有至圣域之理。虚夸无恒者，尚无入德之门户，况敢望进德造于阃奥乎？末三句，言下常之失，以明有恒之义。学者以希圣为标准，而能以有恒为入门，其庶几焉。"【通考】董氏彝曰："孔子论人有四等，曰圣人、君子、善人、有恒者，顺而数之，善人之下又有所谓有恒。孟子论人有六等，曰善、信、美、大、圣、神，逆而数之，圣人之上，又有神人。孔子叹人才之不多见，故顺数其人品之不齐；孟子因乐正子之质美，故逆数其成就之有等。盖圣人、君子、善人，未有不自有恒而能至者，故善人之下，又有有恒也。圣而不可知之者，谓之神，非谓圣人之上，又有所谓神人也。"

○子钓而不纲，弋不射宿。射，食亦反。

纲，以大绳属音烛。网，绝流而渔者也①。弋，以生丝系矢而射也。宿，宿鸟。勿轩熊氏曰："多能鄙事，此亦可见。"

洪氏曰："孔子少去声。贫贱，为养并去声。与祭，或不得已而钓弋，如猎较音角。是也。然尽物取之，绝流而鱼。出其不意，射宿。亦不为也②。此可见仁人之本心矣。庆源辅氏曰："不曰圣人之本心，而曰仁人之本心，据此事只可谓之仁，然曰本

① 绝流而渔者也：横断河水进行捕鱼。

② 为养与祭，或不得已而钓弋：为了养家和祭祀，可能不得已去钓鱼、射鸟。

心，则圣人亦不能加毫末于此矣。”新安陈氏曰：“于取物之中有爱物之仁，于此可见其本心。”待物如此，待人可知；小者如此，大者可知。”南轩张氏曰：“圣人之心，天地生物之心也，其亲亲而仁民，仁民而爱物，皆是心之发也。然于物也，有祭祀之须，有奉养宾客之用，则其取之也，有不得免焉，于是取之有时，用之有节。若夫子之不绝流，不射宿，则皆仁之至，义之尽，而天理之公也。使夫子之得邦家，则王政行焉，鸟兽鱼鳖咸若矣。若夫穷口腹以暴天物者，则固人欲之私也。而异端之教，遂至于禁杀茹蔬，殒身饲兽，而于其天性之亲，人伦之爱，反恝然其无情也，则亦岂得为天理之公哉？故梁武之不以血食祀宗庙，与商纣之暴殄天物，事虽不同，然其咈天理以致乱亡，则一而已。”

〇子曰：“盖有不知而作之者，我无是也。多闻择其善者而从之，多见而识之，知之次也。”识，音志。

不知而作，不知其理而妄作也。厚斋冯氏曰：“《桑柔》诗云：‘予岂不知而作。’古有此语。”孔子自言未尝妄作，盖亦谦辞，然亦可见其无所不知也。识，记也。所从不可不择，记则善恶皆当存之，以备参考。如此者虽未能实知其理，亦可以次于知之者也。朱子曰：“知以心言，得于闻见者次之。闻见皆欲求其多，否则闻见孤寡，不足以为学矣。‘择’字生于‘从’字，识则未便有从意，故不言择善，闻见亦是互相发明，不可泥看。”“多闻，已闻得好话了，故从中又拣择；多见，只是平日见底事，都且记放这里。”问：“不知而作，作是述作，或只是凡所作事？”曰：“只是作事。”又曰：“闻见大略争不多，较所闻，毕竟多闻须别识善恶而从。见，则见得此为是，彼为非，则当识之，他日行去不差也。”“未择时，则未辨善恶；择了，则善恶别矣。譬如一般物，好恶夹杂在此，须是择出那好底，择去那恶底，择来择去，则自见得好恶矣。”“闻，是闻前言往行，从之，是择其尤善者而从之；见，是泛泛见得，虽未必便都从他，然也记著他终始首尾得失。”南轩张氏曰：“天下之事，莫不有所以然。不知其然而作焉，皆妄而已。圣人之动，无非实理也，其有不知而作者乎？虽然，知未易至也，故又言知之次者，使学者有所持循。由其序而至焉，多闻择善而从，多见而识其善，虽未及乎知之至，然知之次也，择焉识焉而不已，则其知将日新矣。”庆源辅氏曰：“夫子言此，虽是谦辞，然于无所不通之圣，自有不可掩者。”新安陈氏曰：“《集注》全不说‘闻见’二字，其不可拘泥明矣。《学干禄章》，亦只总之云‘多闻见者学之博’，未尝拘拘分别闻与见也。”【通考】仁山金氏曰：“此章闻与见未易分明，《语录》亦不分晓。今以实事证之，多闻择善而从之，若夫子说夏殷周之礼，有善殷者，有从周者，又如夏时殷辂周冕及删诗之类，此多闻三代之事，所以不可不择也。多见而识之，若夫子修《春秋》，即多见当时之事，记则善恶皆当存之者也。知之次也。盖谦辞。”

〇互乡难与言，童子见，门人惑。见，贤遍反。

互乡，乡名。其人习于不善，难与言善。惑者，疑夫子不当见之也。

子曰：“与其进也，不与其退也，唯何甚！人洁己以进，与其洁也，不保其往也。”

疑此章有错简。“人洁”至“往也”十四字，当在“与其进也”之前。洁，修治也。

与，许也。往，前日也。言人洁己而来，但许其能自洁耳，固不能保其前日所为之善恶也；但许其进而来见耳，非许其既退而为不善也。依改正次序释五句。盖不追其既往，不保其往。不逆其将来，不与其退。以是心至，洁己以进。斯受之耳。与洁，与进。"唯"字上下，疑又有阙文，唯是全无意。大抵亦不为已甚之意。〇程子曰："圣人待物之洪如此。"南轩张氏曰："以互乡之俗恶，而童子又非得与先生长者抗礼者，而夫子见之，故门人惑焉。夫子谓其进之志则善，与其进而志善也，而不与其退而不善也。若于进而志善之时，以其退而不善而拒之，则何甚也？圣人之心，天也，其有已甚者乎？则又反复言之。谓凡人洁己以进，则当与其洁耳，固不可保其往也，此所谓'显比，王用三驱'①，至公之心也。"庆源辅氏曰："人前日为不善，而今日向善未可知；今日向善，而后日为不善亦未可知。若追其既往，又逆其方来，则已甚而待人狭隘矣。"厚斋冯氏曰："童子年少，未尝深染于其习俗而不可转移，圣人何忍遽绝之？孟子不为已甚之说，盖出于此。"

〇子曰："仁远乎哉？我欲仁，斯仁至矣。"

仁者，心之德，非在外也。放而不求，故有以为远者；反而求之，则即此而在矣，夫音扶。岂远哉？〇程子曰："为仁由己，欲之则至，何远之有？"朱子曰："欲有好底，如'我欲仁'，'可欲之谓善'，不是情欲之欲。""仁本固有，欲之则至，志之所至，气亦至焉。"问："斯仁至矣，至若来至之意？"曰："昔者亡之，今忽在此，如自外而至耳，如《易》言来复，实非自外而来也。""孔门许多弟子，圣人竟不曾以仁许之，虽以颜子之贤，而尚或违于三月之后。而圣人乃曰'我欲斯至'，盍亦于日用体验我若欲仁，其心如何？仁之至，其意又如何？又如非礼勿视听言动，盖欲每事省察何者为礼？何者为非礼？而吾又何以能勿视勿听？若每日如此读书，庶几看得道理自我心而得，不为徒言也。"南轩张氏曰："仁岂远于人乎？患人不欲之耳。欲之斯至，不曰至仁，而曰斯仁至矣，盖仁非有方所而可往至之也。欲仁而仁至，我固有之也。"觉轩蔡氏曰："时人皆以仁道远而难为，故夫子以工夫之切近者勉而进之，谓'仁岂远乎哉，我欲仁，斯仁至矣'，盖仁者，心之德，才一收敛，则此心便在，所以甚言其近且易，不得他求也。"庆源辅氏曰："仁者，心之德，我固有之，非在外也。如手之执，足之履，目之视，耳之听，不假外求，欲之则至，何远之有？而人不知反求，而病其远，此夫子所以发此论也。"双峰饶氏曰："欲仁仁至，其至也固易，其去也亦易，须于既至之后，常加操存之功，方能不违仁也。"新安陈氏曰："'斯'字甚紧，如'时人斯其惟皇之极'②之'斯'。'即此'二字，贴'斯'字。"

〇陈司败问昭公知礼乎？孔子曰："知礼。"

陈，国名。司败，官名，即司寇也。胡氏曰："《左氏传》注：陈、楚名司寇为司

---

① "显比，王用三驱"：语出《易·比》。

② "时人斯其惟皇之极"：语出《尚书·洪范》。

败。”昭公，鲁君，名裯，音畴。习于威仪之节，当时以为知礼①。故司败以为问，而孔子答之如此。

孔子退，揖巫马期而进之，曰：“吾闻君子不党，君子亦党乎？君取于吴为同姓，谓之吴孟子。君而知礼，孰不知礼？”取，七住反。

巫马姓，期字，孔子弟子，名施。鲁人。司败揖而进之也。相助匿非曰党②。礼不娶同姓，而鲁与吴皆姬姓。谓之吴孟子者，讳之使若宋女子姓者然。《礼·坊记》：取妻不取同姓，以厚别也，故买妾不知其姓则卜之，以此坊民。鲁《春秋》犹去夫人之姓，曰“吴”，其死，曰“孟子卒”。厚斋冯氏曰：“古者，男子称氏，辨其族也；女子称姓，厚其别也。故制字姓从女，百世而婚姻不通者，周道也。称孔子，时孔子在陈，盖记于陈也。”庆源辅氏曰：“妇人称姓，周女曰姬，宋女曰子，齐女曰姜，楚女曰芈，是也。”吴氏曰：“谓者，何人谓之？《春秋》哀十二年，书‘孟子卒’，不书葬，疑谓之孟子者，鲁人讳之，而谓之吴孟子者，当时讥诵之语也。”新安陈氏曰：“不称姬而冠之以吴，终有不可掩者。”

巫马期以告。子曰：“丘也幸，苟有过，人必知之。”

孔子不可自谓讳君之恶，又不可以娶同姓为知礼，故受以为过而不辞。〇吴氏曰：“鲁盖夫子父母之国，昭公，鲁之先君也。司败又未尝显言其事，而遽以知礼为问，其对之宜如此也。及司败以为有党，而夫子受以为过，盖夫子之盛德，无所不可也。庆源辅氏曰：“且以有过而人知为幸，又可垂教以警夫护疾忌医者。”然其受以为过也，亦不正言其所以过，初若不知孟子之事者，可以为万世之法矣。”问：“昭公取同姓之事，若天王举法，则如何断？”朱子曰：“此非昭公故为之也。当时吴盛强，中国无伯主，以齐景公犹云‘既不能令，又不受命’，涕出而女于吴，若昭公亦是藉其势，不得已之故，非贪其色而然也。天王举法，则罪固不免，亦须原情自有处置，况不曰‘孟姬’而曰‘吴孟子’，则昭公亦已自知其非矣。”南轩张氏曰：“他国之大夫，问吾国之君知礼与否，则但可告之以知礼而已。及巫马期以司败之言告，则又岂可谓娶同姓为知礼乎？若言为君隐之意，则浅露已甚，而失前对之本意矣，故但引己之过而已，然而娶同姓之为非礼，其义固已在其中矣。圣人辞气之间，其天地造化与？”吴氏曰：“夫子受以为过，则昭公不得为知礼可知。隐讳者，臣子之私；是非者，天下之公。夫子答司败与期，可谓两尽其旨矣。叶公以证父之恶为直，司败以隐君之恶为党，彼盖知直之为公，党之为私，而于父子君臣之义蔑如也。微夫子，大道其隐乎？”云峰胡氏曰：“使夫子而直指君之非，则自无君臣之礼；使夫子而不自引己之过，则遂无婚姻之礼，何以为万世之法哉？”【通考】董氏彝曰：“孔子之过，过于爱君；周公之过，过于爱兄。所谓观过斯知仁，其此之谓欤？”

〇子与人歌而善，必使反之，而后和之。和，去声。

---

① 习于威仪之节，当时以为知礼：熟悉并且遵守各种仪式、节奏，当时认为是知礼。

② 相助匿非曰党：互相帮助隐瞒错误叫党。

反，复音复。也。必使复歌者，欲得其详而取其善也。朱子曰：“子与人歌而善，必使反之，而后和之，今世间人与那人说话，那人正说得好，自家便从中截断，如云已自理会得不消说之类，以此类看，圣人是甚气象！与人歌，且教他自歌一终了，方令再歌，而后和之，不于其初歌便和，恐溷杂他，不尽其意，此见圣人与人为善。”“若不待其反而后和，则他有善，亦不得而知。今必使之反之，而后和之，便是圣人不掩人善处。”庆源辅氏曰：“详，谓首尾节奏之备。”双峰饶氏曰：“子与人歌，是与之同歌；反者，使之自歌；和，则己之自歌也。”新安陈氏曰：“《集注》‘取与’二字，如《孟子》‘取诸人以为善，是与人为善者也’，初则取之，既取而许与奖劝之。”而后和之者，喜得其详而与其善也。此见圣人气象从七容反。容，诚意恳至，而其谦逊审密，不掩人善又如此。盖一事之微，而众善之集，有不可胜既者焉，读者宜详味之。朱子曰：“圣人天纵多能，其于小艺，不待取于人而后足，乃欲得其详如此，其谦逊谨审可知也。然若不待其曲终而遽和之，则几于伐己之能，以掩彼之善矣。故必俟其曲终，以尽见其首尾节奏之善，然后又使复歌而始和之，则既不失其与人为善之意，而又不掩其善也。然此亦圣人动容周旋，自然而中，非有意于为之也。抑又见其从容不迫，不轻信而易悦之意。”问：“子与人歌而善，必使反之，而后和之，晦翁云‘盖一事之微，而众善之集，有不可胜既者’，如何？”潜室陈氏曰：“必使复歌者，既欲彰其善之实，又欲畅其歌之情，而后和之者，示我乐善之无倦，咏叹而淫泆之也。只一歌诗耳，而意思绸缪容与若此，岂非众善之集乎？”庆源辅氏曰：“气象从容，故谦逊；诚意恳至，故审密。”云峰胡氏曰：“此不过歌之善者尔，夫子所以取之与之者如此，则凡所以取人之善，与人之善者可知矣。”

〇子曰：“文，莫吾犹人也。躬行君子，则吾未之有得。”

莫，疑辞。犹人，言不能过人，而尚可以及人。未之有得，则全未有得，皆自谦之辞。而足以见言行去声。之难易去声。缓急，欲人之勉其实也。庆源辅氏曰：“勉人为其实，而不废其文，但有先后缓急之序耳。”双峰饶氏曰：“身行君子之道而有得，则为君子之德矣。”〇谢氏曰：“文，虽圣人无不与人同，故不逊；能躬行君子，斯可以入圣，故不居；犹言‘君子道者三，我无能焉’。”朱子曰：“文莫吾犹人也，莫，是疑辞，犹今人云‘莫是如此否’；言文则吾与人一般，如云‘听讼吾犹人也’。若‘躬行君子，则吾未之有得’，此与‘君子之道四，丘未能一焉’之意同。”问此章。曰：“于文言其可以及人，足见其不难继之意，言其不能过人，又见其不必工之意。且合而观之，又见其虽不逊其能，而亦不失其谦也。于行言其未之有得，则见其实之难焉，见其必以得为效焉，见其汲汲于此而不敢有毫发自足之心焉。一言之中，而指意反复，更出互见，曲折详尽，至于如此，非圣人而能若是哉？”云峰胡氏曰：“此‘文’字轻，不过著于言辞者尔。”新安陈氏曰：“‘文不在兹’之‘文’，文字重。此以文对躬行而言，可见文为言，而躬行为行，故《集注》以言行之难易缓急释之。”

〇子曰：“若圣与仁，则吾岂敢？抑为之不厌，诲人不倦，则可谓云尔已矣。”公西华曰：“正唯弟子不能学也。”

此亦夫子之谦辞也。圣者，大而化之。仁，则心德之全而人道之备也。勿轩熊氏曰："圣则仁之熟而至于化矣，圣非出于仁之外也。"新安陈氏曰："此专言之仁，包义礼智，故为心德之全。立人之道曰仁与义，仁体而义用，言仁则义在其中，故为人道之备。"为之，谓为仁圣之道。诲人，亦谓以此教人也。朱子曰："他也不曾说是仁圣，但为之毕竟是个甚么，诲人是个甚么。"新安陈氏曰："自为，观《十五志学章》可见；教人，观博文约礼可见。皆不外乎知行。"然不厌不倦，非己有之则不能，所以弟子不能学也。云峰胡氏曰："此虽夫子不敢当圣与仁之名，而愈见夫子有圣与仁之实。"新安陈氏曰："夫子虽不居仁圣之名，而所行所教无非不息于仁圣之道。不厌不倦，即纯亦不已也，非己实有此仁圣之道，则有时而厌倦矣。"〇晁音潮。氏曰：名说之，字以道，清丰人。"当时有称夫子圣且仁者，以故夫子辞之。苟辞之而已焉，则无以进天下之材，率天下之善，将使圣与仁为虚器，而人终莫能至矣。新安陈氏曰："圣人之道，若天下无一人能与于此，是终为虚器，而无人能实之矣。"故夫子虽不居仁圣，而必以为之不厌、诲人不倦自处上声。也。"可谓云尔已矣者，无他之辞也。公西华仰而叹之，其亦深知夫子之意矣。朱子曰："夫子固多谦辞，到得说'抑为之不厌，诲人不倦'，公西华便识得，所以有'正唯弟子不能学也'之说，便说道圣人有不让处。""其他人为之诲人，不能无厌倦时，唯圣人则不厌不倦，'正唯弟子不能学也'，言正是弟子不能学处，这若不是公西华亲曾去做来，亲见是恁地，如何解恁地说。""仁之与圣所以异者，大而化之之谓圣，若大而未化之，只可谓之仁，此其所以异。"南轩张氏曰："夫子虽不居圣，然玩味辞气，其所以为圣者，亦可得而见矣。夫尽人道，圣人也，为之不厌，诲人不倦，圣人之仁，天之无疆也。"庆源辅氏曰："为之不厌者，仁圣之实；诲人不倦者，仁圣之施。非在己者有仁圣之德，岂能如是？公西华盖即'为之不厌，诲人不倦'，而见夫子实全仁圣之道，非学者所能效也。"双峰饶氏曰："前以学不厌、诲不倦为何有于我，此却以二者自任，何也？盖前章是泛说，所以虽非圣人之极至，而亦不敢当；此章是见人以仁圣归之己，既逊了第一第二等，只得且承当第三等底事，所以勉人也。"

〇子疾病，子路请祷。子曰："有诸?"子路对曰："有之。诔曰：'祷尔于上下神祇。'"子曰："丘之祷久矣。"诔，力轨反。

祷，谓祷于鬼神。有诸，问有此理否。诔者，哀死而述其行去声，下"素行"同。之辞也。厚斋冯氏曰："士有诔，累生时德行以赐之命，则诔。《周官》六辞，六曰诔，是也。祷疾，亦诔其功德，故谓之诔云。"上下，谓天地。天曰神，地曰祇。祷者，悔过迁善，以祈神之佑也。朱子曰："只是引此古语，以明有祷之理，非谓欲祷皇天后土也。祷虽臣子之礼，其辞则述君父悔过迁善之意，以解谢鬼神之谴怒。"无其理则不必祷，既曰有之，则圣人未尝有过，无善可迁。其素行固已合于神明，故曰："丘之祷久矣。"问："圣人与天地合其德，与鬼神合其吉凶，我即天地鬼神，天地鬼神即我，何祷之有？"朱子曰："自他人言之，谓圣人如此可也，圣人之心，岂以此自居？惟味'某之祷久矣'一句，语意深厚，圣人气象，与天人之分，自求多福之意可见。"双峰饶氏曰："诔，如哀公诔孔子，是也。古诔文之意，盖曰往者疾病时，尝祷尔于神祇矣，而卒莫之救，盖哀其死之辞也。”新安陈氏曰：“圣人素履无愧，少壮迨老，无非对越神明之时，岂待疾病而后祷哉？所谓祷久矣，乃因子路引‘祷尔’而言，盖不祷之祷也。”又士丧礼，疾病行祷五祀，《仪礼》第十三篇注云：谓门、户、灶、行、中霤，尽孝子之情。五祀，博言之。士二祀，曰门，曰行。盖臣子迫切之至情，有不能自已者，初不请于病者而后祷也。故孔子之于子路，不直拒之，而但告以无所事祷之意。朱子曰：“在臣子则可，在我则不可，圣人也知有此理，故言‘我不用祷’，而不责子路之非也。疾病行祷者，臣子之于君父，各祷于其所当祭。子路所欲祷，必非淫祀，但不当请耳。”“病而与闻乎祷，则是不安其死而谄于鬼神，以苟须臾之生，君子岂为是哉？祈祷卜筮之属，皆圣人之所作，至于夫子，而后教人一决诸理，而不屑于冥漠不可知之间，其所以建立人极之功，于是而备。”问：“尝疑《集注》曰‘圣人未尝有过，无善可迁，其素行固已合于神明，故曰丘之祷久矣’，夫自其论圣人所以无事于祷者，其义固如此。然此一句，乃圣人自语也，圣人之意岂自谓‘我未尝有过，无善可迁，其素行固已合于神明’哉？”曰：“圣人固有不居其圣时节，又有直截担当无所推让时节，如‘天生德于予’，‘未丧斯文’之类，盖诚有不可掩者。”南轩张氏曰：“子路请祷，而夫子告之以‘有诸’，盖欲子路深省夫祷之理也。苟知其有是理，则知夫子之何用祷也，而子路未达，独举诔以为证，于是从而告之曰‘丘之祷久矣’，盖祷者悔过迁善之意，平日之思虑云为，神之听之，未尝斯须离也。一有未顺，则逆于神理，是则当祷也。若夫圣人之心，则所谓天且弗违，而况于鬼神乎？独曰‘丘之祷久矣’，辞气谦厚，而所以启告子路者亦至矣。”庆源辅氏曰：“疾病而行祷，乃臣子迫切之至情，在周公犹为之。然周公则可，武王则不可；子路则可，夫子则不可。领子路之至情，明在己之正理，夫子之心，即天地神祇之心也。”厚斋冯氏曰：“观夫子答媚灶之问，以为获罪于天，无所祷也，然则行与天合，祷何所用？在子路为夫子祷，则可；请于夫子而后祷，则夫子不为也。”云峰胡氏曰：“祷，自是臣子之至情；无所事祷，自是圣人之素行。不必以夫子之言，遂谓祷为无；亦不必以子路之言，直谓祷为有。要之鬼神之有无不必问，但人之素行自不可失尔。”

○**子曰：“奢则不孙，俭则固。与其不孙也，宁固。”**孙，去声。

孙，顺也。固，陋也。奢俭俱失中，而奢之害大。云峰胡氏曰：“与其奢也，宁俭，是言礼之弊也。如此，‘与其不孙也，宁固’，是言弊之极也，其终必至于此。”新安陈氏曰：“奢失之过，俭失之不及，皆非中道。然奢而僭犯，为害甚，俭陋之害，止此而已，即与其奢也宁俭之意。”○晁氏曰①：“不得已而救时之弊也。”问：“奢则不孙。”朱子曰：“才奢，便是不孙。他自是不戢敛也，且看奢底人意思，俭底人意思。那奢底人，便有骄傲底意思，须必至于过度僭上而后已。”问：“奢非止谓僭礼犯上之事，只是有夸张侈大之意便是否？”曰：“是。”

---

① 晁氏：晁说之，字以道，一字伯以，号景迂。宋济州巨野人。晁补之之从弟。元丰五年进士，靖康初召为著作郎，试中书舍人兼东宫詹事，建炎初终徽猷阁待制。有《景迂生集》、《太极传》、《因说》、《晁氏客说》、《京氏易式》、《儒言》等。《宋史》有传。《宋元学案》卷二十二有《景迂学案》。

○子曰："君子坦荡荡，小人长戚戚。"

坦，平也。荡荡，宽广貌。程子曰："君子循理，故常舒泰；小人役于物，故多忧戚。"○程子曰："君子坦荡荡，心广体胖①。"南轩张氏曰："正己而不求诸人，故坦荡荡；徇欲而不自反，故长戚戚。坦荡荡，非谓放怀自适，无所忧虑之谓也，谓求之在己，而无必于外，故常舒泰云耳。"胡氏曰："循理、役于物，乃荡荡、戚戚之所由生也。理本自然，循而行之，则坦然而平，不愧不怍，所以舒泰；为物所役，则求名役于名，求利役于利，行险侥幸，患得患失，所以忧戚。"厚斋冯氏曰："荡荡曰坦，其心无适而不宽广也；戚戚曰长，无时而不忧虑也。"

○子温而厉，威而不猛，恭而安。

厉，严肃也。人之德性本无不备，而气质所赋，鲜上声。有不偏，庆源辅氏曰："德性根于无极之真，所以本无不备；气质禀于阴阳五行之气，有刚柔、过不及之分，所以鲜有不偏。"惟圣人全体浑上声。然，阴阳合德，双峰饶氏曰："全体浑然，应上文德性而言；阴阳合德，应上文气质而言。"故其中和之气见贤遍反。于容貌之间者如此。朱子曰："厉，便自有威底意思。不勐，便自有温底意思。'温'、'威'、'恭'三字是主，厉不勐安是带说。如伯夷柳下惠，犹未免偏。下惠则温胜厉，伯夷则厉胜温。"问："《集注》云'阴阳合德'，窃尝因其言而分之，以上三截为阳，而下三截为阴，似乎有合；然又以上三截为阴，而下三截为阳，亦似有合，未知所决。抑圣人浑是一元气之会，无间可得而指，学者强为之形容，如且以其说自分三才而言，则温然有和之可挹，而不可屈夺，则人之道也；俨然有威之可畏，而不暴于物，则天之道也；恭顺卑下，而恬然无所不安，则地之道也。自阳根阴而言，则温者阳之和，厉者阴之严，威者阳之震，不勐者阴之顺，恭者阳之主，安者阴之定；自阴根阳而言，则温者阴之柔，厉者阳之刚，威者阴之惨，不勐者阳之舒，恭者阴之肃，安者阳之健。盖浑然无适而非中正和平之极，不可得而偏指者也。"曰："此说推得亦好。""温厉之说，若直以厉为主，诚可为一偏之论矣。或恐以气质之偏，而欲矫以趋中，则有当如是者，亦不为过矣。然圣人之温而厉，乃是天理之极致，不勉不思，自然恰好，毫发无差处，要须见此消息，则用力矫揉，随其所当，自有准则，不至偏倚矣。""此虽是说圣人之德容如此，然学者也当如此举偏补弊，盖自舜之命夔已如此，而皋陶陈九德亦然。""初学如何便得安？除是孔子方恭而安，初要持敬，也须勉强，久后自熟。"南轩张氏曰："和顺充积者其发见必温然，温而厉也；德盛者其威必著于外，威而不勐也；从容中礼者其貌必恭，恭而安也。温而不厉，则和而无制，有害于温矣；威而勐，则为物所惮，有病于威矣；恭而不安，则不可以持久，有损于恭矣。从容而全尽者，其唯圣人乎！"新安陈氏曰："常人偏于温则不厉，偏于威则易，勐勉于恭则不安。圣人温而厉，阳中有阴也；威而不勐，阴中有阳也。恭而安，恭者严威俨肃，阴也，安者和顺自然，阳也，亦阴中有阳也。惟其不偏而中，是以不戾而和，惟圣人有中和自然之德性，所以有中和自然之德容也。"门人熟

---

① 胖：pán，安逸舒适。

察而详记之，亦可见其用心之密矣。抑非知足以知去声。圣人而善言德行去声。者不能记，庆源辅氏曰："用心不密，则见其温，不见其厉。余皆然。"故程子以为曾子之言。学者所宜反复扶又反。而玩心也。问："此章是总言圣人容貌，《乡党》是逐事上说否?"朱子曰："然。此章就大体上看。"【通考】勿轩熊氏曰："以其发见者言，温者阳之和，厉者阴之严，威者阴之惨，不猛者阳之舒。恭则收敛，阴也，安则舒泰，阳也。然阳用柔而体则刚，阴用刚而体则柔。温与不猛皆属柔阴也，厉与刚皆属刚阳也。恭属威，与厉一也，亦阳也；安属温，与不猛一也，亦阴也。故曰'阴阳合德'。"

论语集注大全卷八

泰伯第八

凡二十一章【通考】勿轩熊氏曰："内六章言古之圣贤，八章记孔子之言，七章记曾子之言。"

子曰："泰伯，其可谓至德也已矣！三以天下让，民无得而称焉。"

泰伯，周大音泰。王之长上声。下同。子①。至德，谓德之至极，无以复扶又反。加者也。三让，谓固逊也。朱子曰："古人辞让以三为节，一辞为礼辞，再辞为固辞，三辞为终辞。"【通考】仁山金氏曰："三让曰终让，《或问》亦尝引之，则此固逊字，当改为终逊，则贴本文，作终以天下逊，于事理为通。盖王季及文王至武王而终有天下。善按刘氏敞云：'所谓三以天下让者，言自窜荆吴以让季历也。所以让季历者，以季历有昌也；所以贵昌者，以昌有发也。泰伯见季历既仁，而文武又圣，知天之意，方大启周室必有天下，故默焉而逃，是泰伯让。'又明道亦云：'泰伯知王季之贤，必能开基成王业，故为天下而三让之，言其公也。'伊川云：'泰伯三以天下让者，立文王则道被天下，故泰伯以天下之故而让之也。不必革命，使纣贤，文王为三公矣。'此皆于经文'三让'字亲切。"无得而称，其逊隐微，无迹可见也。盖大王三子：长泰伯，次仲雍，次季历。大王之时，商道寖衰②，而周日强大。季历又生子昌，有圣德。大王因有翦商之志③，而泰伯不从，问："《诗》云'至于大王，实始翦商'，恐是推本得天下之由如此?"朱子曰："若推本说，不应下'实始翦商'，翦商自是周人说。若无此事，他岂有自诬其祖？左氏分明说泰伯不从，不知是不从甚事。"【通考】仁山金氏曰："按《诗》大王实始翦商，不过谓周家翦商之业，自大王始基之尔。且大王迁岐在小乙之世，至丁巳而高宗

---

① 周大王：周太王，即古公亶父。

② 商道寖衰：商朝逐渐衰落。

③ 翦商：灭商。翦，消灭，削弱。

之殷道中兴者六十年，历祖庚、祖乙、祖甲二十八祀而生文王，其时商未衰也，太王亦安得有翦商之志哉？况大王前日犹能奔国于狄人侵豳之时，而今日乃欲取天下于商家未乱之日，大王之心决不若此其悖也。”勿轩熊氏曰：“《诗》言‘实始翦商’，《鲁颂》张大之辞，与《书》言‘肇基王迹’同意，然则泰伯不从，果何事也？古人兄弟让国如孤竹君之二子，固亦有之，泰伯之让季历即此类，人知其以国让，不知其实以天下让也。”大王遂欲传位季历以及昌。泰伯知之，即与仲雍逃之荆蛮。洪氏曰：“仲雍之让，一也。何以独称泰伯？泰伯，当立者也。”于是大王乃立季历，传国至昌，而三分天下有其二，是为文王。文王崩，子发立，遂克商而有天下，是为武王。夫音扶。以泰伯之德，当商周之际，谓二代交会之间。固足以朝音潮。诸侯有天下矣，乃弃不取而又泯其迹焉，则其德之至极为何如哉！盖其心即夷齐扣马之心，而事之难处上声。有甚焉者，朱子曰：“夷齐谏武王，不信便休；泰伯不从大王翦商，却是一家内事，与谏武王不同，所以谓之难处。”“夷齐处君臣间，道不合则去；泰伯处父子之际，不可露形迹，只得不分不明且去。某书谓‘大王有疾，泰伯采药不返’，疑此时去也。”宜夫子之叹息而赞美之也。

【通考】仁山金氏曰“泰伯采药荆蛮而人心翕然归之，遂成吴国，使其袭周邦之盛而为之，岂不足以有天下，故夫子断之曰：‘以天下逊也。’且泰伯之逊，人知其逊国耳，而岂知其逊天下哉？故曰‘民无得而称焉’。”泰伯不从，事见贤遍反。《春秋传》①。《吴越春秋》“古公三子。古公，周大王之本号，后乃尊为大王，名亶父。上四句乃注释。“长曰泰伯，次曰仲雍、一名虞仲，少曰季历。季历娶大任，生子昌。古公知昌圣，欲传国以及昌，曰:”兴王业者，其在昌乎?”泰伯、仲雍，望风知指。古公病，二人托名采药于衡山，遂之荆蛮。荆者，楚旧号，以州言曰荆。蛮者，南夷之名。《正义》曰：“泰伯奔吴，所居城在苏州北，常州无锡县界梅里村，其城及冢见存。而云亡荆蛮者，楚灭越，其地属楚，秦灭楚，其地属秦。秦讳楚，故通号吴越之地为荆。及北人书史，加云蛮，势使然也。断发文身，因其俗为夷狄之服，示不可用。古公卒，泰伯、仲雍归赴丧毕，还荆蛮，国民君事之，自号为勾吴。”吴言勾者，夷之发声，犹言于越耳。吴名始于泰伯，明以前未有吴号。古公病，将卒，令季历让国于泰伯，而三让不受。故云“泰伯三以天下让”。问：“泰伯逃，必之荆蛮、断发文身者，盖不示以不可立，则王季之心不安，其位未定，终无以仁天下、遂父志，而成其远者大者。泰伯之让，上以继大王之志，下以成王季之业，无非为天下之公，而不为一身之私。其事深远，民莫能测识而称之。”曰：“此意甚好，非惟说得泰伯之心，亦说得王季之心。泰伯之让，权而不失其正，所以为时中也。逃父非正，但事须如此，必用权，然后得中，虽变而不失其正也。”“大王见商政日衰，是以有翦商之志。泰伯惟知君臣之义截然不可犯，是以不从。二者各行其心之所安，圣人未尝说一边不是泰伯之心，即夷齐叩马之心，天地之常经也；大王之心，即武王孟津之心，古今之通义也。于二者中，须见得道并行而不相悖，乃善。”“《论语》两称‘至德’，一为文王发，是对武王誓师而言；一为泰伯而发，则是对大王翦商而言。若论其志，则文王固高于武王，而泰伯所处，又

---

① 泰伯不从：泰伯不同意灭商的事，详《左传·僖公五年》。

高于文王。若论其事，则泰伯、王季、文王、武王，皆处圣人之不得已，而泰伯为独全其心，表里无憾也。”或问：“其为至德，何也?”曰：“让之为德，美矣。至于三，则其让诚矣。以天下让，则其让大矣。而又隐晦其迹，使民无得而称焉，则其让，非有为名之累矣。此其德所以至极而不可加也。”曰：“大王有立少之意，非礼也，泰伯又探其邪志而成之。至于父死不赴，伤毁发肤，皆非贤者之事，不合于中庸之德矣。”曰：“大王之欲立贤子圣孙，为其道足以济天下，非有爱憎利欲之私也。是以泰伯去之不为狷，王季受之不为贪，不赴毁伤不为不孝。盖处君臣父子之变，而不失乎中庸，所以为至德也。”陈氏曰：“泰伯让国，人得见其迹；其让天下，人莫知其心。所以圣人表而出之。盖其处父子兄弟之变，而欲全天性之恩；处商周兴亡之际，而欲全君臣之义。其事类夷齐，而又泯其迹也。”双峰饶氏曰：“泰伯逃以成父之志，所以上顺天命于几微，而下为他日开拯民水火之地。非特逊国，而实以天下让也。”新安陈氏曰：“泰伯既不从大王翦商之志，苟不并与仲弟逃之，则大王无由传之季历，不得遂其志矣。今自泰伯与仲雍俱逃，遂传季历以及武王而有天下。是周有天下，由于泰伯之逃。人但见泰伯之逃，而不知其实以天下让。其让隐微，无迹可见，更涉三世，事几漫灭，人安得而称之？必待夫子推原周得天下之由，发其潜德之幽光，而后人始知之欤?”【通考】朱氏公迁曰：“德之极其盛者，即其一事而言之。”仁山金氏曰：“王文宪谓此章用古注修入，未及改也。窃尝以经考之《大雅·皇矣》之三章曰：‘帝作邦作对。自泰伯王季，维此王季。因心则友，则以其兄。则笃其庆，载锡之光。受禄无丧，奄有四方。’读此《诗》者，则知泰伯王季兄弟让德之光，玩朱夫子以天下让之言，又当考诸此可也。然《鲁颂》称翦商，文公谓大王自豳徙居岐阳，四方之民，咸归往之，于是而王迹始著，盖有翦商之渐，以是推之，则语录杂出于门人所记，恐不足以证《集注》也。”

〇**子曰：“恭而无礼则劳，慎而无礼则葸，勇而无礼则乱，直而无礼则绞。**葸，丝里反。绞，古卯反。

葸，畏惧貌。绞，急切也。朱子曰：“绞，如绳两头绞得紧，都不宽舒。”无礼则无节文，故有四者之弊。朱子曰：“礼只是理，只是看合当恁地不恁地。若不合恭后，却要去恭，则必劳；若合当谨后，谨则不葸；若合当勇后，勇则不乱；若不当直后，却要直，如证攘羊之类，便是绞。”南轩张氏曰：“恭而无礼，则自为罢劳；慎而无礼，则徒为畏惧；勇而无礼，则流于陵犯；直而无礼，则伤于急切。然则其弊如此，何所贵于恭、慎、勇、直者哉？盖有礼以节之，则莫非天理之当然；无礼以节之，则是人为之私而已。是故君子以约诸己为要矣。”庆源辅氏曰：“恭慎，柔德也。勇直，刚德也。四者虽皆美德，然无礼以为之节文，则过而为四者之弊。”双峰饶氏曰：“恭而过，则病于夏畦者有之，是谓劳；慎而过，则畏首畏尾者有之，是谓葸；勇而过，则犯上作乱者有之，是谓乱；直而过，则证父攘羊者有之，是谓绞。四德以得中为贵，礼是中底准则，无准则，则失之过，故有弊。”【通考】勿轩熊氏曰：“六句皆以‘则’字为转语，上四‘则’字其弊也，是反说下二‘则’字，其效也是正说。”

君子笃于亲，则民兴于仁；故旧不遗，则民不偷。”

君子，谓在上之人也。兴，起也。偷，薄也。云峰胡氏曰：“君子不弛其亲，故旧无大故，则不弃。周公之言，与此同一忠厚之至也。”新安陈氏曰：“亲亲，仁也。上仁则下兴仁。不遗故旧，厚也。上厚则下归厚，上行下效也。”〇张子曰：“人道知所先后，则恭不劳、慎不葸、勇不乱、直不绞，民化而德厚矣。”吴氏曰：“君子以下，当自为一章，乃曾子之言也。”愚按：此一节与上文不相蒙，而与首篇慎终追远之意相类，吴说近是。朱子曰：“横渠说未敢决以为定，不若吴氏分作两边说为是。”

〇曾子有疾，召门弟子曰：“启予足！启予手！《诗》云：‘战战兢兢，如临深渊，如履薄冰。’而今而后，吾知免夫！小子！”

夫，音扶。启，开也。曾子平日以为身体受于父母，不敢毁伤，见《孝经》。故于此使弟子开其衾而视之。新安陈氏曰：“‘此’字指今病时，与上‘平日’字对。”《诗》，《小旻》之篇。战战，恐惧。兢兢，戒谨。临渊，恐坠；履冰，恐陷也。曾子以其所保之全示门人，而言其所以保之之难如此；至于将死，而后知其得免于毁伤也。新安陈氏曰：“述前日常恐难保此身，幸今日得以保全此身也。”小子，门人也。语毕而又呼去声。之，以致反复方服反。丁宁之意，其警之也深矣。【通考】吴氏程曰：“免夫句注示门人句。”仁山金氏曰：“战战兢兢，曾子终身是如此，自古圣贤皆然，但曾子临终又说出以示学者尔。”〇程子曰：“君子曰终，小人曰死。见《记·檀弓》，乃子张将死之言。君子保其身以没，为去声。下“为是”同。终其事也，故曾子以全归为免矣。”庆源辅氏曰：“终者，成其始之辞。死则澌尽泯没之谓。君子平日以保身为事，故于将没，可以言终。”尹氏曰：“父母全而生之，子全而归之。曾子临终而启手足，为去声。是故也。非有得于道，能如是乎？”范氏曰：“身体犹不可亏也，况亏其行去声。以辱其亲乎？”新安陈氏曰：“此推广余意。形体固全受，德性尤全受之大者。身体虽全，德行有亏，不可谓之全归，尤为辱亲也。《记·祭义》乐正子春曰：‘吾闻诸曾子，曾子闻诸夫子曰：父母全而生之，子全而归之，可谓孝矣；不亏其体，不辱其亲，可谓全矣。’亦谓德行之不可亏也。”朱子曰：“曾子云‘战战兢兢，如临深渊，如履薄冰’，此乃敬之意。此心不存，则常昏矣。今有人昏睡著，遇身有痛痒，则蹶然而醒，盖心所不能已，则自不至于忘。《中庸》戒谨恐惧，皆敬之意。”“曾子奉持遗体，无时不戒谨恐惧，直至启手足之时，方得自免。这个身，已直是顷刻不可不戒谨恐惧。如所谓孝，非止是寻常奉事而已，当念虑之微，有毫厘差错，便是悖理伤道，便是不孝。只看一日之间，内而思虑，外而应接事物，是多多少少。这个心略不检点，便差失了。至危者无如人之心，所以曾子常常恁地战战兢兢，如临深渊，如履薄冰。”南轩张氏曰：“曾子当死生之际，其言如此，与易箦之意同。启手足，示保其身而无伤也。战兢临履，曾子平日之心，所以为敬而无失也。至是而知免于戾，所谓全而归之也欤？”庆源辅氏曰：“父母全而生之，子全而归之，此《祭义》所载，曾子述孔子之言也。今若此，可谓非苟知之，亦允蹈之矣。曾子平日见道明，信道笃，故能始终不息如此。”西山真氏曰：“曾子之启手足也，盖以为知免矣。而易箦一节，犹在其后。使其终于大夫之箦，犹为未正也。全归之难如此，学者其可不战兢以自省欤?”云峰胡氏曰：“范氏正恐学者但以曾子不亏其身而已，则将有侥幸苟免之意，故又特以不亏其行申言之，所以厉中人也。曾子尝曰，‘仁以为己任，死而后已’，至此，可谓能实践其言矣。”

○曾子有疾，孟敬子问之。

孟敬子，鲁大夫仲孙氏，名捷。问之者，问其疾也。

曾子言曰：“鸟之将死，其鸣也哀；人之将死，其言也善。

言，自言也。鸟畏死，故鸣哀。人穷反本，故言善。庆源辅氏曰：“人性本善，其恶者，役于气、动于欲而陷溺也。至将死，气消欲息，故反本而言善。此凡人也。曾子平日所言何尝不善？自谦云尔。”此曾子之谦辞，欲敬子知其所言之善而识之也。识，音志，记也。

君子所贵乎道者三：动容貌，斯远暴慢矣；正颜色，斯近信矣；出辞气，斯远鄙倍矣。笾豆之事，则有司存。“远、近，并去声。

贵，犹重也。容貌，举一身而言。暴，粗厉也。慢，放肆也。朱子曰：“暴，刚者之过；慢，柔者之过。人之容貌，少得和平，不暴则慢。如人狠戾固是暴，稍不温恭亦是暴；倨肆固是慢，稍怠缓亦是慢。”信，实也。正颜色而近信，则非色庄也。朱子曰：“正颜色，亦著力不得。须是里面正后，颜色自正。正其颜色，即近于信，表里如一。正颜色而不近信，却是色庄。多见人颜色自恁地，而中不恁地者，如色厉而内荏，色取仁而行违，皆外面有许多模样，所存却不然，便是与信远了。只将不好底对看便见。‘近’字是对上‘远’字说。”新安陈氏曰：“颜色，以见于面者言。”辞，言语。气，声气也。鄙，凡陋也。倍，与“背”同，倍背并音佩。谓背理也。朱子曰：“今人议论，有虽无甚差错，只是浅陋者，此是鄙。又有说得甚高，而实背于理者，此是倍。”“‘斯’字来得甚紧。斯远暴慢，犹云便远暴慢；正颜色，便须近信。”“动、出，都说自然，惟‘正’字却似方整顿底意思。盖缘颜色亦有假做恁地，而内实不然者。若容貌之动、辞气之出，即容伪不得。”笾，竹豆。豆，木豆①。新安陈氏曰：“《三礼图说》：‘笾，盛枣栗修脯糗饵之属；豆，盛菹醢之属。’”言道虽无所不在，新安陈氏曰：“此语甚阔，笾豆器物皆包在内。”然君子所重者，在此三事而已。是皆修身之要、为政之本，学者所当操平声。存省悉井反。察，而不可有造七到反。次颠沛之违者也。若夫音扶。笾豆之事，器数之末，道之全体固无不该，然其分扶问反。则有司之守②，而非君子之所重矣。和靖尹氏曰：“曾子所谓容貌，乃睟然见于面者。出辞气，如‘修辞立其诚’、‘有德必有言’是也。暴慢鄙倍，非谓人也，谓己所有尔，故曰远。”朱子曰：“君子所贵乎道者三，是指夫道之所以可贵者为说。故云道之所以可贵者有三事焉，故下数其所以可贵之实。且看世上人虽有动容貌者，而便辟、足恭，不能远暴慢；虽有正颜色者，而色

① 豆：古代食器。亦用作装酒肉的祭器。形似高足盘，大多有盖。多为陶质，也有用青铜、木、竹制成的。

② 有司：官吏。古代设官分职，各有专司，故称。

取仁而行违，多是虚伪，不能近信；虽有出辞气者，而巧言饰辞不能远鄙倍。这便未见道之所以可贵矣。道之所以可贵者，惟是动容貌自然便会远暴慢，正颜色自然便会近于信，出辞气自然便会远鄙倍。此所以贵乎道者，此也。”“以道言之，固不可谓此为道、彼为非道。然其本在此，则其末在彼，所贵在此，则其贱在彼矣。笾豆之事，非是说置之度外不用理会，只去理会动容貌三者。盖此三者却是自家紧要合做底，笾豆是付有司管底，其事为轻耳。今人于制度文为，一一致察，未为不是。然于己身，都不照管，于大体上欠阙，则是弃本而求末者也。笾豆之事，亦道之所寓，但非在所当先而可贵耳。”问：“《集注》旧以三者为修身之验、为政之本，非其平日庄敬诚实、存省之功，积之有素，则不能也。专是做效验说，如是，则‘动’、‘正’、‘出’三字只是闲字。改本以‘验’为‘要’，‘非其’以下，改为‘学者所当操存省察，而不可有造次顷刻之违者也’。如此，则工夫却在‘动’、‘正’、‘出’三字上。某疑‘正’字尚可说做工夫，‘动’字‘出’字岂可以为工夫耶？”曰：“这三字虽不是做工夫底字，然便是做工夫处，作效验似有病，故改之。若专以为平日庄敬持养，方能如此，则不成未庄敬持养底人，便不要远暴慢、近信、远鄙倍耶？”“此章之指，盖言日用之间，精粗本末无非道者。而君子于其间，所贵者在此三事而已。然此三者，皆其平日涵养工夫至到之验，而所以正身及物之本也，故君子贵之。若夫笾豆之事，则道虽不外乎此，然其分则有司之守，而非君子之所有事矣。盖平日涵养工夫不至，则动容貌不免暴慢，正颜色不出诚实，出词气不免鄙倍矣。一身且不能治，虽欲区区于礼文度数之末，是何足以为治哉？此乃圣门学问成己成物著实效验。故曾子将死，谆谆言之，非如异端，扬眉瞬目，妄作空言之比也。”陈氏曰：“此章重在‘贵’字上。《集注》旧本则平时涵养之说也，改本则临事持守之说也。旧说虽有根源，却在三言之外起意，其工夫全在日前，而目下则疏阔，任其自尔。不若今本工夫缜密亲切，既可以包平日涵养在内，又从目今临事，以至于一息未绝之前，皆无有顷刻之违。其所谓操存，则在上三句；所谓省察，则在下三句。本末不偏，始终兼贯，其义为长。”汪氏曰：“《集注》合操存省察为说，乃朱子欲为学者计，故以‘学者’二字提出。所谓其分则有司之守，如《乐记》曰：‘铺筵席，陈尊俎，列笾豆，以升降为礼者，礼之末节也，故有司掌之。’又如《周礼》有笾人，皆有司也。”新安陈氏曰：“所贵乎道，不求之高虚，而在乎容色辞气之间，可谓切实矣。操存即平日涵养于静时者，省察即目前致察于动时者。如动容貌便省察，其斯远暴慢矣，可也。下二节仿此。内外交尽，动静兼该，工夫周密，始无欠阙。又此必因敬子之失而告之，其为人得非忽略于修身之本，而烦琐于名物器数之末者乎？”【通考】仁山金氏曰：“‘动’、‘正’、‘出’之间，即存养地头，暴慢信鄙倍，即省察之条件，‘远’、‘近’二字，即所贵乎道之工夫。周旋中礼，正由中出，则异时成德之事。盖修身乃道之本，‘操存’二字，上该程子之意；‘省察’二字，下示学者之方，可谓备矣。大抵孔门论学，未尝悬空说存养，况容貌颜色无时不然，岂必默坐存想而后为存养，然只默坐存想，已是正颜色矣。”程子曰：“动容貌，举一身而言也。周旋中去声。礼，暴慢斯远矣。正颜色则不妄，斯近信矣。出辞气，正由中出，斯远鄙倍。此即《集注》旧说。三者正身而不外求，故曰笾豆之事则有司存。”尹氏曰：“养于中则见贤遍反。于外亦即《集注》旧说，曾子盖以修己为为政之本。若乃器用事物之细，则有司存焉。”勉斋黄氏曰：“曾子之意，则但欲其在外之无不正。而《集注》之意则以为未有不正其内而能正其外者也。况夫暴慢也、信也、鄙倍也，皆心术之所形见者也。不正其内，安能使其外之无不正乎？有诸中必形诸外，制于外必养其中，则心可正，理可明，敬可存，诚可固。修身之要，孰有急于此者乎？此曾子将死之善言，不独可为孟敬子之师法而已。”胡氏曰：“曾子之疾，见于《语》者二，见于《檀弓》者一。此章最先，前章次之，易箦最后。”又曰：“曾子是时气息奄奄，性命仅存须臾，而声律身度，心与理一乃如此。释氏坐忘幻语，不诚不敬，岂能仿其万一哉？”【通考】朱氏公迁曰：“此持敬之功，贯乎动静而言之，孔子言出门使民，存养之意多，曾子言所贵者三，省察之意多。二章皆即其气象之中而见其功夫之所在。若‘正其衣冠，尊其瞻视’，《中庸》之‘齐明盛服，非礼不动’，则又专以功夫言，而气象因可见也。”

曾子曰：“以能问于不能，以多问于寡；有若无，实若虚，犯而不校，昔者吾友尝从事于斯矣。”

校，音教。计校也。友，马氏融。以为颜渊是也。厚斋冯氏曰：“曾子之亡友多矣，独以为颜渊者，非颜子不能以与此。然颜子与曾皙为辈行，父之执友也，曾子亦可谓之吾友乎？曰：同师门则皆友也。”颜子之心，惟知义理之无穷，该“以能”至“若虚”。不见物我之有间，去声，此谓犯而不校。故能如此。王氏曰：“二句包尽。上句知之事，下句仁之事。”问：“以能问于不能。”朱子曰：“想是颜子自觉得有未能处，但不比常人，十事晓得九事，那一事便不肯问人。颜子深知义理之无穷，惟恐一善之不尽，故虽能而肯问于不能，虽多而肯问于寡，以求尽乎义理之无穷者而已。”“犯而不校，盖是他分量大。有犯者如蚊虫过前，自不觉得，何暇与之校耶？”问：“从事于斯，是著力否？”曰：“若是著力，却是知自己能自己多，须要去问，不几于诈乎？曾子是见得颜子如此，非谓其著力也。”○谢氏曰：“不知有余在己，不足在人；庆源辅氏曰：“以理言也，释上四句。”不必得为在己，失为在人，庆源辅氏曰：“以事言也，释下一句。”非几平声。于无我者不能也。”问：“‘几’字。”朱子曰：“圣人全是无我。颜子是不以我去压人，却尚有个人与我相对。在圣人便和人我都无了。”问：“以能问于不能，以多问于寡，有若无，实若虚，犯而不校，此圣人之事也，非与天同量者不能。颜子所以未达一间者，正在此故。第曰尝从事于斯，非谓已能尔也。”曰：“此正是颜子事。若圣人，则无如此之迹。有如此说处，便有合内外之意。如舜善与人同，舍己从人，好察迩言，用中于民，必兼言之。惟颜子行而未成，故其事止于如此尔。”或问：“颜子深知义理之无穷，惟恐一善之不尽，非挟其能而故问之也。”双峰饶氏曰：“仁者之心，视人犹己。故人虽有犯，不忍与之校曲直。才校，则直在己、曲在人，而物我相形矣。便非包含遍覆之意。”又曰：“分言之，则如上文所云；合言之，则能问不能，犯而不校，皆是无我。故又引谢说以包之。”吴氏曰：“子贡多闻，故于颜子见其闻一之十；曾子力行，故又见其如此。”云峰胡氏曰：“圣贤无我之心，常如太虚。然能容天下之理，而不见己之有余；能容天下之人，而不见人之不足。

〇**曾子曰："可以托六尺之孤①，可以寄百里之命②，临大节而不可夺也。君子人与？君子人也。"**与，平声。

其才可以辅幼君、摄国政，其节至于死生之际而不可夺，可谓君子矣。朱子曰："托孤寄命，有才者能之。临大节而不可夺，非有德者不能也。"问："君子，才德出众之名。"曰："有德而有才，方见于用。如有德而无才，则不能为用，亦何足为君子？"新安胡氏曰："《周礼》疏云：'六尺年十五'，故知为幼君。孟子曰：'公侯皆方百里'，故知为国政也。才者德之用，节者德之守，二者不可偏废。有其节无其才，虽无欺人之心，而未足以托，恐不免为他人所欺也。虽无窃人之心，而未足以寄，恐不免为他人所窃也。为人欺、窃，而徒死无益矣，荀息死于奚齐是也。有其才无其节，则大者不足观矣，霍光夺于妻显是也。二者虽若概言，而节为之本。"与，疑辞。也，决辞。设为问答，所以深著其必然也。问："此章本是兼才节说，然紧要处却在节操上。"朱子曰："不然。三句都是一般说，须是才节兼全，方可谓之君子。若无其才，而徒有其节，虽死何益？如受人托孤之责，自家虽无欺之之心，却被别人欺了，也是自家不了事，不能受人之托矣。如受人百里之寄，自家虽无窃之之心，却被别人窃了，也是自家不了事，不能受人之寄矣。自家徒能临大节而不可夺，却不能了得他事，虽能死也，济得甚事？故伊川说：'君子者，才德出众之名。'孔子曰：'君子不器。'既曰君子，须是事事理得方可。若但有节而无才，也唤做好人，只是不济得事耳。"问："托孤寄命，虽资质高者亦可；及临大节而不可夺，非学问至者，恐不能。"曰："资质高底，也都做得；学问到底，也都做得。大抵是上两句易，下一句难。譬如说有猷有为有守，托孤寄命是有猷有为，临大节而不可夺却是有守。"新安陈氏曰："既有可托可寄之才，又有不可夺之节，则始之疑其为君子人者，今决知其为君子人矣。大意以节为重，而才以成之。节也者，才之所恃以立；才也者，节之所赖以成者欤？"〇程子曰："节操如是，可谓君子矣。"双峰饶氏曰："既以才、节并言，复引程子节操之说者，以明重在于节也。"问："临大节而不可夺也，贯上二句。盖惟临大节而不可夺，方见得可以托、可以寄耳。夫托孤寄命，幸而无大变，未见其难也。唯其几微之间，义理精明，危疑之时，志意坚定。虽国势抢攘，人心摇兀，犹能保辅幼孤而安其社稷，维持百里而全其生灵，利害不能移其见，死生不能易其守，故曰'临大节而不可夺也'，斯足以当夫。所谓可以托、可以寄矣。"朱子曰："此段亦好。鄙意正如此说。然'可以'二字，盖犹以其才言之；不可夺处，乃见其节，重处正在此也。"

〇**曾子曰："士不可以不弘毅，任重而道远。**

弘，宽广也。新安胡氏曰："宽则容受之多，广则承载之阔。"毅，鱼既反。强忍也。新安陈氏曰："强则执守之坚，忍则负荷之久。"非弘不能胜平声，下"能胜"同。其

---

① 六尺之孤：指未成年的孤儿。
② 百里之命：指国君的政令。百里，指诸侯国。

重，非毅无以致其远。朱子曰："弘只是宽广，却被人只把做度量宽容看了，便不得弘。是'执德不弘'之'弘'，是无所不容。心里无足时，道理事物都著得。若容民畜众也是弘，但是外面事，今人多作'容'字说了，则'弘'字里面无用工夫处。""'弘'字，只对'隘'字看便见得。如看文字，只执一说，见众说皆不复取，便是不弘。若弘底人，便包容众说，又非是于中无所可否。包容之中，又为判别，此便是弘。""弘乃能胜得个重任，毅便能担得远去。弘而不毅，虽胜得重任，恐去前面倒了。毅是立脚处坚忍强厉，担负得去底意。"潜室陈氏曰："弘，言其量之容，犹大车之足以载重；毅，言其力之劲，犹健马之足以致远。"云峰胡氏曰："惟弘能胜重，不以一善而自足也；惟弘能致远，不以半途而自废也。"吕氏曰："自小者，无敢为之心；自怠者，无必为之志。此弘毅之反也。"【通考】勿斋程氏曰："宽广有容，足以任重，是之谓弘；坚忍特立，足以致远，是之谓毅。"仁山金氏曰："曾子本意，止是说士不可以不弘毅，为担子重而道路远也。下文开说任重，是仁以为己任，道远是死而后已。惟弘则能任此担，惟毅则能到得远。《集注》本注及第二条程叔子之言，正说此意。'无规矩'、'隘陋'乃取伯子之言增入，反说以尽工夫交进之详尔。"

仁以为己任，不亦重乎？死而后已，不亦远乎？"

仁者，人心之全德，而必欲以身体而力行之，可谓重矣。一息尚存，此志不容少懈，居隘反。可谓远矣。朱子曰："须是认得个仁，又将身体验之，方真个知得这担子重，真个是难。世间有两种，有一种全不知者，固全无摸索处；又有一种知得仁之道如此大，而不肯以身任之者。今自家全不会担著，如何知得他重与不重？所以学不贵徒说，须要实去验而行之方知。"庆源辅氏曰："仁包四者，无物不体，以为己任，可谓重矣。非宽洪容受，何以胜其任？且曰'必欲身体而力行之'，则异乎说仁而但欲知之者矣。与生俱生，无有间断，死而后已，可谓远矣。非强忍坚决，何以致其远？且曰'此志不容少懈'，则信乎求仁者不可有造次颠沛之违矣。"觉轩蔡氏曰："弘毅不可执一而废一。盖弘者易失之不毅，毅者易失之不弘。然弘毅之任重道远又惟归于仁，何也？盖仁道最大，孔门传道，莫大于求仁。盖仁之道，非全体而不息者，不足以当之。惟其全体也，则无一理之不该，所以不可不弘；惟其不息也，则无一念之间断，所以不可不毅。仁之任重而道远如此，是岂可以易为哉？曾子平日三省一贯，致力于大学，格致诚正修齐治平，不使有一理之或违，非弘而何？启手启足，犹战兢而不已，易箦之际，得正而毙，非毅而何？此所以卒任传道之责也。"〇程子曰："弘而不毅，则无规矩而难立；毅而不弘，则隘陋而无以居之。"此是"宽以居之"之"居"。又曰："弘大刚毅，然后能胜重任而远到。"朱子曰："曾子言以能问于不能，见曾子弘处。又言临大节而不可夺，见他毅处。"新安陈氏曰："此章初以弘毅二者并立对说。细味之，任重而之远，'而'字已作一意贯说下来。又所谓死而后已者，何事哉？即是己所以任此仁者，身体力行至死而后已也。程子谓'弘大刚毅，然后能胜重任而远到'，不假训释，辞约而意贯矣。"

〇子曰：“兴于《诗》，

兴，起也。《诗》本性情，有邪有正，新安胡氏曰：“如二南之正始为正，郑卫之淫奔为邪。”其为言既易去声。下同。知，《诗》辞明白而近人情。而吟咏之间，抑扬反复，新安陈氏曰：“抑扬谓声音高下，反复谓前后重复翻倒。”其感人又易入。故学者之初，所以兴起其好去声。善恶去声。恶之心，而不能自已者，必于此而得之。新安陈氏曰：“‘此’字指《诗》而言，学者之初得力在此。”

立于礼，

礼以恭敬辞逊为本，而有节文度数之详，新安胡氏曰：“恭主一身而言，敬主一心而言，处己之道也。辞者解使去己，让者推以与人，接物之方也。节文，品节文章也。度数，制度数目也。既有以为处己接物之本，而周旋曲折又能纤悉如此。”新安陈氏曰：“恭敬辞逊，礼之本也。节文度数，礼之文也。”可以固人肌肤之会，筋骸音斤谐。之束。出《记·礼运》。新安胡氏曰：“人肌肤本有所会，筋骸本有所束，至此又愈坚固。”故学者之中，所以能卓然自立，而不为事物之所摇夺者，必于此而得之。新安陈氏曰：“‘此’字指礼而言，学者之中得力在此。”庆源辅氏曰：“礼虽本于恭敬辞逊，然规矩森严，节目明备，外足以固人之肌肤筋骸，而内足以禁人之非心逸志。学者之中，于此固执而允蹈焉，则足踏实地，卓然自立而外物不足以摇夺之。”

成于乐。”

乐有五声十二律①，更平声。唱迭和，去声。以为歌舞八音之节②，《前汉志》：“声，宫商角徵羽也。”《晋志》：“土音宫，其数八十一，为声之始，属土者，以其最浊，君之象也。火音徵，三分宫去一以生，其数五十四，属火者，以其微清，事之象也。金音商，三分徵益一以生，其数七十二，属金者，以其浊次宫，臣之象也。水音羽，三分商去一以生，其数四十八，属水者，以其最清，物之象也。木音角，三分羽益一以生，其数六十四，属木者，以其清浊中，民之象也。凡声尊卑，取象五行，数多者浊，数少者清，大不过宫，细不过羽。”《汉志》：“律有十二，阳律为律，阴律为吕。律以统气类物，曰黄钟、大簇、姑洗、蕤宾、夷则、无射；吕以旅阳宣气，曰林钟、南吕、应钟、大吕、夹钟、中吕。皆曰律，阳统阴也。”《白虎通》曰：“土曰埙，竹曰管，革曰鼓，匏曰笙，丝曰弦，石曰磬，木曰柷敔，金曰钟镛，此八音也。”朱子曰：“《书》云：‘声依永，律和声’。盖人声自有高下，圣人制五声以括之：宫声洪浊，其次为商，羽声轻清，其次为徵，清浊洪纤之中为角。又制十二律以节五声，五声又各有高下，每声分十二等。谓如黄钟为宫，则太簇为商，姑洗为角，林钟为徵，南吕为羽。还至无射为宫，便是黄钟为商，太簇为角，中吕为徵，林钟为羽。然而无射之律，只长四寸六七分，而

---

① 五声：宫、商、角、徵、羽。十二律：古乐的十二调。阳律六：黄钟、太簇、姑洗、蕤宾、夷则、无射；阴律六：大吕、夹钟、中吕、林钟、南吕、应钟。

② 八音：我国古代对乐器的统称，通常为金、石、丝、竹、匏、土、革、木八种不同质材所制。

黄钟长九寸，大簇长八寸，林钟长六寸，则宫声概下而商角羽三声不过。故有所谓四清声，夹钟、大吕、黄钟、大簇是也。盖用其半数，谓如黄钟九寸，只用四寸半，余三律亦然。如此则宫声可以概之，其声和矣。看来十二律皆有清声，只说四者，意其取数之多者言之。”可以养人之性情，而荡涤其邪秽，消融其查滓①。壮里反。新安陈氏曰：“邪秽，谓私欲之污恶，皆荡涤而无余；查滓，谓道理勉强未纯熟者，皆消融而无迹也。”故学者之终，所以至于义精仁熟，《易》曰：“精义入神。”孟子曰：“仁在乎熟之而已。”而自和顺于道德者，《易》曰：“和顺于道德而理于义。”必于此而得之，是学之成也。新安陈氏曰：“‘此’字指乐而言。三节当看‘始、中、终’三字，及三个‘得之’字，皆学之得力处也。”问：“五声十二律，作者非一人，不知如何能和顺道德？”朱子曰：“如金、石、丝、竹、匏、土、革、木，虽是有许多，却打成一片。清浊高下，长短大小，更唱迭和，皆相应浑成一片，有自然底和气，不是各自为节奏。歌者歌此而已，舞者舞此而已。所以听之可以和顺道德。学者须是先有兴诗立礼工夫，然后用乐以成之。”“‘兴于《诗》’此三句，上一字，谓成功而言也；非如‘志于道’四句，上一字，以用功而言也。”“只是这一心，更无他说。兴于诗，兴此心也；立于礼，立此心也；成于乐，成此心也。古之学者，必先学《诗》，学《诗》则诵读其善恶是非劝戒，有以起发其意，故曰兴。人无礼以为规矩，则身无所处，故曰立。此礼之文也。中心斯须不和不乐，则鄙诈之心入之，不和乐，则无所自得，故曰成。此乐之本也。古者玉不去身，无故不彻琴瑟，自成童入学，四十而出仕，所以养之者备矣。理义以养其心，礼乐一作舞蹈。以养其血气。故其才高为圣贤，下者亦为吉士，由养之至也。”“学之兴起，莫先于《诗》。《诗》有美刺，歌诵之以知善恶治乱废兴。礼者，所以立也。不学礼，无以立。乐者，所以成德。乐则生矣，生则恶可已也？恶可已，则不知手之舞之、足之蹈之也。”“《诗》较感发人，故在先；礼则难执守，须是常常执守得；乐则如太史公所谓动荡血脉、流通精神者，所以涵养前所得也。”“兴于《诗》，是小底成于乐；成于乐，是大底兴于《诗》。初间只是因他感发兴起，到成处，却是自然恁地与理为一。凡有毫发不善，都荡涤得尽了。这是甚气象！”庆源辅氏曰：“乐虽始于诗歌，而圣人依之以五声，和之以十二律，更唱迭和，而以为歌舞八音之节，所以合天人之和，以养人之耳目，说人之情性，荡涤其邪秽而使之不存，消融其查滓而使之尽化。学者于此，涵泳而优游焉，则能至义精仁熟之地，而于道德各极其和顺，而无一毫勉强拂戾之意也。兴则起，立则不反，成则浑全，此三节，其间甚阔。学者于此真积而力久焉，则自知之。”吴氏曰：“古诗、乐相表里。言之不足，而歌生焉，歌之不足，而舞生焉，歌舞生而乐作矣。圣人以为未也，又为之金石丝竹匏土革木以相其歌，羽旄干戚以饰其舞，而乐于是乎大备。君子于乐，或亲为其事，或观听其声容，或讲习以知其意。内而一心，外而众体，盖莫不有养焉。”齐氏曰：“十三学乐诵《诗》，则已通于乐章；学舞，则已通于舞节。至成于乐，则沦肌浃髓而莫能名，手舞足蹈而不可已。”云峰胡氏曰：“兴于《诗》，知之事；成

① 查滓：渣滓。

于乐，则知之精。故曰义精。立于礼，行之事；成于乐，则行之熟。故曰仁熟。”新安陈氏曰：“夫子屡以《诗》礼教人，至此则参及于乐。成于乐，所以成就其始焉、中焉之兴于《诗》、立于礼者也。”【通考】仁山金氏曰：“兴《诗》是感发，立礼是持守，成乐是融化。”黄氏绍曰：“兴诗立礼成乐，此言于学文而有得也。《诗》、礼、乐为六艺之一，但谓之‘游’，则与‘兴’、‘立’不同。过庭之训，自初学之所急者言之。圣人教人，虽不出乎文行忠信，至于施教，则又未尝无缓急先后之序也。”〇按《内则》，十年学幼仪①，十三学乐、诵《诗》，二十而后学礼。则此三者，非小学传授之次，乃大学终身所得之难易、去声。下同。先后、浅深也。朱子曰：“古人自少时习乐诵《诗》学舞，不是到后来，方始学《诗》、学礼、学乐。兴诗、立礼、成乐，不是说用工次第，乃是得效次第。”“诗者，乐之章也，故必学乐而后诵《诗》。所谓乐者，盖琴瑟埙篪，乐之一物，以渐习之，而节夫诗之音律者也。然《诗》本于人之性情，有美刺风谕之旨，其言近而易晓，而从容咏叹之间，所以渐渍感动于人者，又为易入。故学之所得，必先于此，而有以发起其仁义之良心也。至于礼，则有节文度数之详，其经至于三百，其仪至于三千，其初若甚难强者，故其未学诗也，先已学幼仪矣。盖礼之小者，自为童子而不可阙焉者也。至于成人，然后及其大者。又必服习之久，而有得焉，然后内有以固其肌肤之会、筋骸之束，而德性之守得以坚定而不移，外有以行于乡党州闾之间，达于宗庙朝廷之上，而其酬酢之际，得以正固而不乱也。至于乐，则声音之高下，舞蹈之疾徐，尤不可以旦暮而能。其所以养其耳目，和其心志，使人沦肌浃髓而安于仁义礼智之实，又有非思勉之所及者。必其甚安且久，然后有以成其德焉。所以学之最早，而其见效反在诗礼之后焉。”潜室陈氏曰：“此章先礼而后乐，《内则》先乐而后礼。此章非为学之序，乃论其终身所得之先后也。学之序，当如《内则》。至其将来得力处，其先善心兴起，是于诗上得力；其次操守植立，是于礼上得力；至末稍德性纯熟，是于乐上得力。”庆源辅氏曰：“《诗》易于礼，礼易于乐。兴者浅，立者深，成则又其深者也。故其先后之序如此。”【通考】勿轩熊氏曰：“洒扫应对，《诗》、《书》六艺，收其放心，养其德性，是曰小学。穷理正心，修己治人，知必周知，成不独成，是曰大学。”程子曰：“天下之英才不为少矣，特以道学不明，故不得有所成就。夫音扶。古人之诗，如今之歌曲，虽闾里童稚，皆习闻之而知其说，故能兴起。今虽老师宿儒，尚不能晓其义，况学者乎？是不得兴于《诗》也。古人自洒扫并去声。应对，以至冠去声。昏、丧、祭②，莫不有礼。今皆废坏，是以人伦不明，治家无法，是不得立于礼也。古人之乐，声音所以养其耳，采色所以养其目，歌咏所以养其性情，舞蹈所以养其血脉。今皆无之，是不得成于乐也。是以古之成材也易，今之成材也难。”问：“成于乐，是古人真个学其六律八音，习其钟鼓管弦，方底于成；今人但借其意义，以求和顺之理，如孟子‘乐之实’，‘乐斯二者’，亦可以底于成否？”朱子曰：“古乐既亡，不可复学。但讲学践履间，可见

① 幼仪：初级的礼仪。
② 冠、昏、丧、祭：指成年、结婚、死亡、祭祀。昏同“婚”。

其遗意耳。故曰，今之成材也难。”“此章与《志道据德章》不同。彼就德性上说，此就工夫上说。只是游艺一脚意思耳。”西山真氏曰：“自周衰礼乐崩坏，然礼书犹有存者，制度文为，尚可考寻。乐书则尽缺不存，后之为礼者，既不合先王之制，而乐尤甚焉。今世所用，大抵郑卫之音，杂以夷狄之声而已。适足以荡人心、坏风俗，何能有补乎？然礼乐之制虽亡，而礼乐之理则在，故《乐记》谓致礼以治身，致乐以治心。外貌斯须不庄不敬，而慢易之心入之矣；中心斯须不和不乐，而鄙诈之心入之矣。庄敬者，礼之本也；和乐者，乐之本也。学者诚能以庄敬治其身，和乐养其心，则于礼乐之本得之矣，亦足以立身而成德也。三百篇之诗，虽云难晓，今诸老先生发明其义，了然可知。如能反复涵泳，真可以感发兴起，则所谓兴于诗，亦未尝不存也。”胡氏曰：“程子因世变而叹伤，学者当因其尚存者而深考之，不可以自画也。”云峰胡氏曰：“无程子之说，后世不知所以成材之难；无真氏之说，后世遂真以成材为难矣。况诗自性情中流出，非吾心外物，天高地下，合同而化，天地间自然之礼乐。礼是敬，乐是和，亦非吾心外物也。”【通旨】朱氏公迁曰：“言为学之序，自其成功而言也。此章兼知行言。兴于诗，是知之功；立礼成乐，是行之功。况知之而后能之，三者皆有知行兼备之意也。又按，此二章是学者为学之序，若《十五志学》一章是圣人自言所得之序，又志学至不逾矩是圣人希天，彻首彻尾，是圣人；善信至圣神是希贤、希圣至于希天，自首至尾，是学者。至于圣人又《十五志学》与《可与共学》①一章，其等第亦不同。志学则适道在其中；不惑则理明义精，可与权矣；不逾矩则声为律，身为度，权有不必言者矣。”

○子曰：“民可使由之，不可使知之。”

民可使之由于是理之当然，而不能使之知其所以然也。朱子曰：“民但可使由之耳，至于知之，必待其自觉，非可使也。由之而不知，不害其为循理。及其自觉此理而知之，则沛然矣。必使知之，则人未知之心胜，而由之不安，甚者遂不复由，而惟知之为务。其害岂可胜言？由之而自知，则随其浅深，自有安处。使之知，则知之必不至，至者亦过之，而与不及者无以异。此机心惑志所以生也。”“所由虽是他自有底，却是圣人使之由。如道以德、齐以礼、教以人伦，皆是使之由，不可使知。不是愚黔首，是不可得而使知之，无缘逐个与他解说。”问：“不知与百姓日用而不知，同否？”曰：“彼是自不知，此是不能使之知。”“不可使之知，谓凡民尔。学者固欲知之，亦须积累涵泳，由之而熟，一日脱然自有知处乃可，亦不可使之强知也。”“理之所当然者，所谓民之秉彝、百姓所日用者也，圣人之为礼乐刑政，皆所以使民由之也。其所以然，则莫不原于天命之性，虽学者有未易得闻者，而况于庶民乎？其曰不可使知之，盖不能使之知，非不使之知也。”潜室陈氏曰：“谓政教号令，但能使民由行于中，不能使民洞晓其理。非不欲使之晓也，势有所不能。故曰百姓日用而不知。”陈氏曰：“所当然，如父当慈、子当孝之类；所以然，乃根源来历，是性命之本处。”新安陈氏曰：“此理当然之则，必有所以然之故。当然之理，虽凡民可律以持循；其所以然之妙，在学者难遽求其领会，而

① 《十五志学章》见《论语·为政》；《可与共学章》见《论语·子罕》。

况于凡民乎?”双峰饶氏曰:“两‘之’字,皆指此理而言。民可使之由此理,不可使之知此理。尧舜帅天下以仁而民从之,桀纣帅天下以暴而民亦从之,以其无知故也。若知得仁为是、暴为非,则帅之以暴而不从矣。以此观之,民不特不晓其所以然,于所当然者,亦未易使之晓。”

程子曰:“圣人设教,非不欲人家喻而户晓也,然不能使之知,但能使之由之尔。若曰圣人不使民知,则是后世朝四暮三之术也,新安陈氏曰:“借狙公之愚群狙,以比后世之愚黔首、不使之知也。”岂圣人之心乎?《列子》云:宋有狙公者,善养猿猴之人,故号狙公。爱狙,养之成群,将限其食。先诳之曰:“与若芧,音序,栗也,一云橡子也。朝三而暮四,足乎?”众狙皆起而怒。俄而曰:“与若芧,朝四而暮三,足乎?”众狙皆笑而喜。物之以能鄙相笼,皆由此也。庆源辅氏曰:“所谓圣人不使民知者,乃老氏愚民、庄子以智笼愚之说。朝三暮四,朝四暮三,诡谲不诚,圣人而肯为是哉?使民家喻而户晓者,圣人之本心;不能使之知之,但能使之由之者,圣人之不得已也。”西山真氏曰:“圣人之教,惟恐不能开明下民之心。如申韩斯鞅之徒①,所以治其国者,专用愚黔首之术,不知民可欺以暂、不可欺以久,故卒以此亡。可不戒哉!”

○子曰:“好勇疾贫,乱也。人而不仁,疾之已甚,乱也。”

好勇而不安分,去声。则必作乱。恶去声。不仁之人而使之无所容,则必致乱。二者之心,善恶虽殊,然其生乱则一也。程子曰:“人而不仁,君子当教养之。不尽教养而惟疾之甚,必至于乱。”庆源辅氏曰:“好勇者,有果于作乱之资,而又不安分,是不知义也。所谓有勇而无义为乱,此其乱在我。恶不仁,本善也,恶之过当,使其人无所容,事穷势迫,彼将以不肖之心应之,肆其不仁之毒以求免,未有不激而生乱者。此其乱在人,而致乱亦在我也。”双峰饶氏曰:“好勇而不疾贫,未必遽至于乱;疾贫而不好勇,亦不能为乱。不仁之人,力能诛则诛之,不能诛而疾之,至于无所容身,则致乱必矣。《大学》之‘屏诸四夷’,是力能诛而诛之,如舜之诛四凶是也,何自而致乱乎?”【通旨】朱氏公迁曰:“此即其私意而言之,恶不仁之人,本得好恶之正。然疾之已甚,则是恶之无节而流于不正矣。又按不能去之而疾之已甚,则致乱之由也。力能去之,则屏诸四夷,不与同中国,是除乱之本也。此《论语》、《大学》之言,所以并行而不相悖与?”

○子曰:“如有周公之才之美,使骄且吝,其余不足观也已。”

才美,谓智能技艺之美。骄,矜夸。吝,鄙啬音色。也。朱子曰:“夸人所无是骄,挟己所有是吝。”南轩张氏曰:“古圣人才艺之多,莫如周公,观其自言,多才多艺可见。故借以明之。”云峰胡氏曰:“本文‘如’字‘使’字,皆假设之辞。”

程子曰:“此甚言骄吝之不可也。盖有周公之德,则自无骄吝;若但有周公之才而骄吝焉,亦不足观矣。”庆源辅氏曰:“德出于理,才出于气。世固有优于德而短于才者,然德极其盛,则才亦无不足。若但有其才,而无其德,则虽有智能技艺之美,必不

① 申韩斯鞅:申不害、韩非、李斯、商鞅。

能居广居、立正位、行大道，为向上一著事。”郑氏曰：“不言周公之德而言才美，盖有德则必无骄吝，有才美则骄吝容或有之。”又曰：“骄，气盈。吝，气歉。苦忝反。”愚谓骄吝虽有盈歉之殊，然其势常相因。盖骄者吝之枝叶，吝者骄之本根。故尝验之天下之人，未有骄而不吝，吝而不骄者也。朱子曰：“圣人只是平说。有周公之才美而骄吝，连他才美坏了，况无周公之才美而骄吝者乎？甚言骄吝之不可也。程子所云，有德则自无骄吝，与骄吝相因，又是发余意。先说得正意分晓，然后说此方得。”问：“气歉则不盈，盈则不歉。如何却云使骄且吝?”曰：“如晓此文义，吝惜不肯与人说，便是要去骄人。非骄无所用其吝，非吝无以为骄。骄者，吝之所发；吝者，骄之所藏。吝之所有，骄之所恃也。骄而不吝，无以保其骄；吝而不骄，无所用其吝。此盈于虚者，所以歉于实；而歉于实者，所以盈于虚也。”“吝为主，盖吝其在我，则谓我有你无，便是要骄人。为是要骄人，所以吝。”西山真氏曰：“程子谓骄气盈，吝气歉；文公曰‘骄者吝之枝叶，吝者骄之本根，未有骄而不吝，未有吝而不骄’。此一章更当熟思。盈与歉，各是一病，文公乃以为二者相因而生，又谓骄生于吝，何也？盖吝者，气不足也。惟其无浩然之气，所以鄙陋局促，容受不得。内而德善未有少进，便自以为有余；外而势位稍或高人，便有陵忽之意。俗谚所谓器小易盈，正此谓也。惟其小而吝，是以易盈而骄。使其有江河之量，无不容受，则虽德至于圣贤，而不以为足；位至于王公，不以为可矜。前章所谓弘毅，弘则规模广大而不吝矣，不吝则不骄矣。正当参玩也。”胡氏曰：“骄，张大；吝，收缩。姑以骄吝于财观之。其所以闭藏，乃欲资以矜夸；其所以矜夸，即闭藏者为之地也。根本枝叶，相为贯通。《集注》特发此义以示人，欲人知其病根而药之。骄之证，发于外；吝之病，藏于内。发者易见，藏者难知。学者欲翦其枝叶，当先拔其本根也。”

○子曰：“三年学，不至于谷，不易得也。”易，去声。

谷，禄也。至，疑当作志。为学之久，而不求禄，如此之人，不易得也。朱子曰：“此处解不至作志，稍通耳。”庆源辅氏曰：“后世之士，求禄之志，皆在为学之先。不然，则不学矣。”○杨氏曰：“虽子张之贤，犹以干禄为问①，况其下者乎？然则三年学而不至于谷，宜不易得也。”

○子曰：“笃信好学，守死善道。好，去声。

笃，厚而力也。朱子曰：“笃信，是信得深厚牢固；守死，只是以死守之；善道，犹工欲善其事之善，又如善吾生、善吾死之善，不坏了道也。”不笃信，则不能好学；然笃信而不好学，则所信或非其正。不守死，则不能以善其道；然守死而不足以善其道，则亦徒死而已。盖守死者笃信之效，善道者好学之功。朱子曰：“笃信乃能好学，亦有徒笃信而不能好学者。不好学以明理，愈笃信而愈不正，不可回矣，故笃信又须是好学。守死乃能善道，不能守死，临利害又变了，则不能善道。然亦有守死而不足以善其道者，如荆轲聂政之死，徒死而已。比干之死，方能善其道。若不善道，但知守死也

① 干禄：求禄位，求仕进。

无益，故守死又须是善道。然虽曰笃信，而未能至死不变，则其信亦不笃矣，故能守死，方见笃信之效；虽曰好学，而不能推以善道，则其学亦无用矣，故能善道，方见好学之功。能笃信好学，乃能守死善道；而笃信好学，又须要守死善道。数义错综，其义始备。此四者之所以更相为用，而不可有一阙焉者也。”郑氏曰：“许行、陈相，非不笃信，曰好学则未也；召忽、荀息，非不守死，曰善道则非也。”

危邦不入，乱邦不居。天下有道则见，无道则隐。见，贤遍反。

君子见危授命①，则仕危邦者无可去之义，在外则不入可也。乱邦未危，而刑政纪纲紊音问。矣，故洁其身而去之。朱子曰：“未仕在外，则不入；已仕在内，见其纪纲乱，不能从吾之谏，则当去之。不早见几而作，则乱必危亡，不可去矣。”齐氏曰：“君子在危之外则不入，在乱之中则不居。非徒以远害也，去就不审以及于难，则其死也，亦死于愚而已，非死于义也。是故贫贱患难之中，君子贵于守死，而亦不徒死。守死将以善其道也，徒死岂得为善哉？”天下，举一世而言。无道，则隐其身而不见贤遍反。也。此惟笃信好学、守死善道者能之。朱子曰：“有道，不必待十分太平然后出；无道，亦不必待十分大乱然后隐。有道如天将晓，虽未甚明，然自此只向明去，不可不出为之用；无道如天将夜，虽未甚暗，然自此只向暗去，知其后来必不可支持，须见几而作，可也。”庆源辅氏曰：“好学以善道，则见道明矣；笃信而守死，则信道笃矣。见道明、信道笃，必能审去就出处之宜。守常固必行其道，遇变亦必能守死以善其道也。”双峰饶氏曰：“危乱不入不居，尚有可入可居之邦。若天下无道，则无适而可，惟有隐而已。”

邦有道，贫且贱焉，耻也；邦无道，富且贵焉，耻也。”

世治去声。而无可行之道，世乱而无能守之节，碌碌音禄。庸人，不足以为士矣，可耻之甚也。庆源辅氏曰：“所贵于士者，为其进而用，则有可行之道；退而藏，则有能守之节。故退不失己，进不失义。若咸无焉，则是碌碌庸人，而不足以为有亡矣。冒士之名，而无士之实，岂不可耻之甚哉？”洪氏曰：“邦无道而富贵，固可耻；邦有道而贫贱，何足耻乎？盖有道之邦，必用有道之士，无可用之道，所以为耻也。”○晁氏曰：“有学有守，而去就之义洁，出处上声。之分去声。明，然后为君子之全德也。”双峰饶氏曰：“邦有道而贫贱，是无学也；邦无道而富贵，是无守也。”勿轩熊氏曰：“学者先须辨得笃信守死底心，又做得好学善道底事。然后于出处去就，见得明，守得定，用之有可行，舍之有可藏也。笃信，是知之真；守死，是行之笃。”云峰胡氏曰：“首两句，虽四者相为用，不可缺一；然《集注》曰守死者笃信之效，善道者好学之功，则第一句最重。盖有学贵乎有守，然必有学然后能有守。学问之深者，虽以之处死生之变可也，而况于去就之义、出处之分哉？危邦而入，乱邦而居，虽死不足以为善。有道，无可见而贫贱；无道，不能隐而富贵，虽生而深为可耻。此皆无学力者之所为也。故夫子曰‘信而好古’，曰‘好古敏求’，曰‘好学’，其教人独于此拳拳焉。”【通旨】朱氏公迁曰：

① 见危授命：君子见到危难而献出生命。

"'巧言令色足恭','宪问耻','邦有道,贫且贱焉,耻也',邦无道,富且贵焉,耻也。皆即其可耻之事而言,已上皆以道心言。如耻恶衣恶食之耻,则又人心之私也。故衣敝缊袍而不耻,乃所以为贤,非所以为病也。"

○子曰:"不在其位,不谋其政。"

程子曰:"不在其位,则不任其事也,若君大夫问而告者则有矣。"新安陈氏曰:"本文不过思不出其位之意。问而告,乃推广余意也。"或问:"不在其位,不谋其政。"朱子曰:"此各有分限。田野之人,不得谋朝廷之政。身在此间,只得守此。""夫子之言,无上下之异,但为不在此位,则不谋此政耳。自下而推,如士不可侵大夫之职,以至于天子,不可过于天道,乃为备耳。然不止此,又当知前后彼此之间,各有分守,皆不可以相逾,乃为大备而尽得圣人之意。"庆源辅氏曰:"不在其位而谋其政,不义而不可为也;问而不以告,不仁而不可为也。"双峰饶氏曰:"此章本意,只当自下而上,不在大夫之位,则不谋大夫之政。不在公卿之位亦然。范氏又自上而下,以为天子不可治三公之职,三公不可为卿大夫之事,乃是推说。盖经筵告君之语也。若又从而旁推之,则左不可侵右,右不可侵左,虽同寮亦有分守。圣人之言,无所不包,故可推而无适不通也。"

○子曰:"师挚之始,《关雎》之乱,洋洋乎!盈耳哉。"挚,音至。雎,七余反。

师挚,鲁乐师,名挚也。乱,乐之卒章也。《史记》曰①:"《关雎》之乱以为《风》始②。"洋洋,美盛意。孔子自卫反鲁而正乐,适师挚在官之初,故乐之美盛如此。程子曰:"洋洋盈耳,美也。孔子反鲁,乐正,雅颂各得其所。其后自太师而下,入河蹈海,由乐正,鲁不用而放弃之也。"或问:"《关雎》之乱,何谓乐之卒章?"朱子曰:"自'关关雎鸠'至'钟鼓乐之',皆是乱。想其初,必是已作乐,只无此词,到此处便是乱。"《楚辞》注曰:"乱者,乐节之名。《国语》云:以那为首,其辑之乱曰:'自古在昔。'辑,成也。凡篇章既成,撮其大要以为乱辞。《乐记》曰:'既奏以文,又乱以武。古赋乱曰,皆卒章也。'"师古曰:"古赋未有乱。乱,理也,总理一赋之终。"南轩张氏曰:"圣人自卫反鲁,然后乐正,雅颂各得其所,师挚实传其声音者也。"新安陈氏曰:"据《国语》,则当以《关雎》之末章为乱。以夫子之圣而正乐,以师挚之贤而任乐,故一时音乐美盛如此。自师挚适齐,继者皆不能及,所以追思而叹美之。《论语》言鲁乐者四章,语鲁大师乐在先,自卫反鲁次之,挚适齐又次之,此章其最后欤?"【通旨】朱氏公迁曰:"此自乐之中专主声音而言之,《语鲁大师乐》一章言正乐之道,后三章见圣人正乐之功。"

○子曰:"狂而不直,侗而不愿,悾悾而不信,吾不知之矣。"侗,音通。悾,音空。

侗,无知貌。愿,谨厚也。悾悾,无能貌。吾不知之者,甚绝之之辞,亦不屑之教

---

① 《史记》:指《史记·孔子世家》。

② 《关雎》之乱以为《风》始:《关雎》的末尾一章是《国风》的开始。

诲也。朱子曰："狂，是好高大，便要做圣贤，宜直；侗，是愚模样，不解一事底人，宜谨愿；悾悾，是拙模样，无能为底人，宜信。今皆不然，夫子所以绝之。"庆源辅氏曰："狂者多率直，无知者多谨厚，无能者不解作为。今乃不然，非常理也。事出非常，则非圣人之所知。此虽是甚绝之之辞，然天地无弃物，圣人无弃人，故又知其为不屑之教诲也。"新安陈氏曰："狂侗悾悾者，气禀之偏蔽；不直不愿不信者，气习之不美。既拘于气禀，而气习又不美如此，真弃才矣。虽曰甚绝之之辞，使其知为圣人所绝而改焉，则不屑之教诲，是亦教诲之也。"〇苏氏曰："天之生物，气质不齐。其中材以下，有是德则有是病。有是病必有是德，故马之蹄啮倪结反。者必善走，新安陈氏曰："此有是病必有是德之譬也。"其不善者必驯①。新安陈氏曰："不善走者必驯熟，此有是德则有是病之譬也。"有是病而无是德，则天下之弃才也。"庆源辅氏曰："气质不齐。中材以上，有德而无病，信矣。中才以下，有是德必有是病，有是病必有是德，犹可取也。若有是病而无是德，则下之下者，弃才也。以是三者品量天下之才，无余蕴矣。"潜室陈氏曰："狂者只是说大话、立大论底人，这是狂人。凡心下有事，都说出在外，亦无遮蔽，但直行将去也好；今有狂人者，都恁地说大话、立大论，至于利害处，但知有己，反以义责人，却不直。侗者，凡事只是恁地谨愿，不敢妄动也好；而今侗者却不愿，要妄动。悾悾者，无能为底人，都一向恁地朴厚也好；而今无能为底人，也都会用许多诡诈。狂侗悾悾，这是得之于气如此；至于不直不愿不信，都却习得如此。有是病而无是德也，是天下之弃人。"

〇子曰："学如不及，犹恐失之。"

言人之为学，既如有所不及矣，而其心犹竦然，惟恐其或失之，警学者当如是也。朱子曰："学如不及，犹恐失之，如今学者却恁地慢了。譬如捉贼相似，须是著气力精神，千方百计去赶捉他，如此犹恐不获。今却只在此安坐，熟视他，不管他，如何奈得他何?"新安陈氏曰："为学之道，当如汤之检身若不及，成王之夙夜不逮，常如有所不及，然此心尚恐其或失之。苟自谓已至，失之也必矣。一说也。又一说如追逐然，既如不及矣，尚恐果不能及而竟失之。又一说如撑上水船之追前船，不可少缓，既如不及，而不能前进，又恐失之而反退流也。学贵日新，无中立之理，不日进者必日退。如不及者，如不能日进也。犹恐失之者，恐其反日退也。"程子曰："学如不及，犹恐失之，不得放过。才说姑待明日，便不可也。"新安陈氏曰："即是莫谓今日不学、有来日之意。"朱子曰："此君子所以孳孳焉，爱日不倦，而竞尺寸之阴也。"陈氏曰："此章大意，说为学用工如此之急。程子不得放过，又发明恐失之义。才放过待明日，便缓便失了。"

〇子曰："巍巍乎！舜禹之有天下也，而不与焉。"与，去声。

巍巍，高大之貌。不与，犹言不相关，言其不以位为乐音洛。也。朱子曰："与天

---

① 马之蹄啮者必善走，其不善者必驯：能踢能咬的马一定跑得快，跑不快的一定很驯服。蹄啮：马用蹄踢，用嘴咬。

下不相关，如不曾有这天下相似。今人才富贵，便被他勾惹。此是为物所役，是自卑了。若舜禹直是高，所谓首出庶物，故夫子称其巍巍。"问："舜禹有天下而不与，莫是物各付物、顺天之道否?"曰："据本文说，只是崇高富贵，不入其心，虽有天下而不与耳。巍巍，是至高底意思。大凡人有得些小物事，便觉累其心。今富有天下，一似不曾有相似，岂不是高?"新安陈氏曰："舜禹不以天下动其心，于不与上见其巍巍。"

子曰："大哉尧之为君也！巍巍乎！唯天为大，唯尧则之。荡荡乎！民无能名焉。

唯，犹独也。则，犹准也。荡荡，广远之称也。言物之高大，莫有过于天者，而独尧之德能与之准。故其德之广远，亦如天之不可以言语形容也。朱子曰："惟天为大，唯尧则之，只是尊尧之词。不必谓尧独能如此，而他圣人不与也。"双峰饶氏曰："天之巍巍，以形体言；尧则之，以德言。则，乃准则，非法则也。准，如'易与天地准'，言与天地平等也。天如此大，尧德亦如此大，与之平等。若言法天，特贤君之事耳。"

巍巍乎！其有成功也；焕乎，其有文章！"

成功，事业也。新安陈氏曰："上文巍巍，言天之高；此巍巍，言尧功业之高。"焕，光明之貌。文章，礼乐法度也。尧之德不可名，其可见者此尔。新安陈氏曰："'此'字指成功与文章而言。尧德之与天同高大者，不可得而名；其功业文章，犹可得而见。功业文章之可见者，【校记："之可见者"四库本作"之不可者"。此据(明)顾梦麟《四书说约》卷七《论语四》以及弘治本、三鱼堂本改。】皆其德之不可名者之所发见呈露也。"〇尹氏曰："天道之大，无为而成。唯尧则之以治天下，新安陈氏曰："此似以为法则之则，朱子想以末二句取之。"故民无得而名焉。所可名者，其功业文章巍然焕然而已。"云峰胡氏曰："天之德，难名也。所可见者，其四时生成之功，日月星辰之文耳。圣人与天地一也。"

〇舜有臣五人而天下治。治，去声。

五人，禹、稷、契、私列反。皋陶、音遥。伯益。勿轩熊氏曰："按《虞书》命禹宅百揆，禹让稷、契、皋陶。禹治水，益、稷为有功，舜欲让位于皋陶，禹欲让位于益。则功德之著可知矣。"新安陈氏曰："虞廷之臣，五人其尤也。"【通考】仁山金氏曰："禹为司空，平水土；稷名弃，为后稷，教民稼穑，民是以不饥；契为司徒，民是以有教化；皋陶为士师，民是以不犯；伯益为虞官，掌山泽，是以鸟兽鱼鳖，民不可胜食，材木不可胜用，而恶物不为民害。"

武王曰："予有乱臣十人。"

《书·泰誓》之辞。马氏曰："乱，治也。"庆源辅氏曰："荀子云，治乱谓之乱，犹治污谓之污也。则乱之训治，久矣。"【通考】仁山金氏曰："古文《尚书》'德惟亂，否德乱'，二字正与《集注》合。'亂'字从爪从糸从乚【校记：三鱼堂本作"治字从爪"。此据弘治本。】，取以手理糸而有条理也。后人'乱'字加乚，与'亂'字相似，故遂误以'亂'为'乱'字。书家以为训治，其加乚者，为烦乱，与古文不合。当以'乱'训'治'，而系为烦乱，乃通。"十人，谓周公旦、召实照反。公奭、施隻反。太公望、毕公、荣公、太颠、闳夭、于沼反。散上声。宜生、南宫适，其一人谓文母①。新安陈氏曰："此马融说文德之母，文王妃大姒也。《雍》诗曰'亦右文母'。"刘侍读以为子无臣母之义，盖邑姜也②。武王后，太公女。九人治外，邑姜治内。南轩张氏曰："邑姜，亦妇人之有圣德者。"或曰："乱本作𤔲，古治字也。"

孔子曰："才难，不其然乎？唐虞之际，于斯为盛。有妇人焉，九人而已。

称孔子者，上系武王君臣之际，记者谨之。【通考】吴氏程曰："上系武王句，以孔子之言上接武王也。君臣之际，记者谨之。武王君也，孔子臣也，记者谨之，称族所以尊君也，凡对君问皆然。"才难，盖古语，而孔子然之也。才者，德之用也。西山真氏曰："圣贤言才，有与德合言者，'才子'、'才难'是也；有与德分言者，'有才而骄吝'、'小有才而未闻大道'是也。才子，以齐圣广渊忠肃恭懿之德言，与此才难即德也。然不曰德而曰才者，德专以本体言，才兼以著于用者言。'才子'、'才难'之才，体用兼全者也。若与德分言，则所谓才者，专指知能技艺耳。才本于德，虽才未备，不害为君子；才不本于德，虽其才可喜，不免为小人。"唐虞，尧舜有天下之号。厚斋冯氏曰："尧以唐侯升为天子。虞，河东太行山西地，舜居之以为氏。尧封之虞，为诸侯，后升帝位，遂以为号。"际，交会之间。言周室人才之多，惟唐虞之际，乃盛于此。问："《集注》此句，恐将'舜有臣五人'一句闲了？"朱子曰："宁将上一句存在这里。若从元注说，则是乱臣十人，却多于前，于今为盛，却是舜臣五人，不得如后来之盛。"新安陈氏曰："舜即位初，九官多尧旧臣，可见唐虞交会间人才之盛。"降自夏商，皆不能及，新安陈氏曰："《集注》补此八字，方解得去。此处必有缺误。看三分有二一节，突起无头，缺文可见。"然犹但有此数人尔，是才之难得也。庆源辅氏曰："详味夫子之言，便起人有敬重爱惜人才之意。"新安陈氏曰："此言人才难得，自古而然。尧舜以圣圣继作，而后禹皋之徒，圣贤之才出焉；文武亦以圣圣继作，而后周召之徒，圣贤之才出焉。此天地间真元会合之运，亘古而仅两见者也。五人反以为盛者，即'晋三卿为主，可谓众矣'③之意。况唐虞人才之尤者五人，岂五人之外无人乎？"

三分天下有其二，以服事殷。周之德，其可谓至德也已矣。"

《春秋传》曰，"文王率商之畔国以事纣④"，盖天下归文王者六州，荆、梁、雍、

---

① 文母：文王之妻，武王之母。

② 刘侍读：即刘敞（1019—1068年），字原父，或作原甫，新喻（今江西新余）人。宋仁宗庆历六年（1046年）进士，以大理评事通判蔡州，后迁太子中允、直集贤院。嘉祐四年（1059年），知贡举。五年，以翰林侍读学士充永兴军路安抚使、兼知永兴军府事，著有《七经小传》等。年五十（《欧阳文忠公集》卷三五《集贤院学士刘公墓志铭》）。有《公是集》七十五卷，已佚。四库馆臣从《永乐大典》辑成五十四卷，其中诗二十七卷。《宋史》卷三一九有传。侍读：古代官名，为帝王、皇子讲学之官，其职务与侍读学士略同，然级别较其为低。宋有翰林侍读之官，明清沿置翰林院侍读，亦作为侍读学士之省称。邑姜：武王之妻。

③ 语出《左传·成公六年》："武子曰：'善钧，从众。夫善，众之主也。三卿为主，可谓众矣。从之，不亦可乎？"

④ 文王率商之畔国以事纣：周文王率领背叛了商朝的诸侯国侍奉纣王。

去声。豫、徐、扬也。惟青、兖、冀，尚属纣耳。勿轩熊氏曰："雍，今陕西诸路。后稷、公刘居豳，大王迁岐，文王都丰，武王都镐京，皆雍州境。《诗》有江沱汉广，则荆、梁州境。殷都朝歌，卫地，则兖冀固在畿内。青在冀之东，属纣可知。若徐、扬则未有考。"范氏曰："文王之德，足以代商。天与之，人归之，乃不取而服事焉，所以为至德也。孔子因武王之言而及文王之德，且与泰伯，皆以至德称之，其指微矣。"朱子曰："孔子称至德只二人，皆可为而不为者也。"问："三分天下有其二，以服事商，使文王更在十三四年，将终事纣乎？抑为武王牧野之举乎？"曰："看文王亦不是安坐不做事底人。如《诗》中言'文王受命，有此武功，既伐于崇，作邑于丰，文王烝哉！'武功皆是文王做来，《诗》载武王武功却少，但卒其伐功耳。观文王一时气势如此，度必不终竟休了。"又曰："文王之事纣，惟知以臣事君而已，都不见其他，兹其所以为至德也。若谓三分天下，纣尚有其一，未忍轻去臣位，以商之先王德泽未忘、历数未终、纣恶未甚，圣人若之何而取之？则是文王之事纣，非其本心，盖有不得已焉耳。若是，则安得谓之至德哉？至于武王之伐纣，观政于商，亦岂有取之之心？而纣罔有悛心，武王灼见天命人心之归己也，不得不顺而应之。故曰'予弗顺天，厥罪惟均'。以此观之，足见武王之伐纣，顺乎天而应乎人，无可疑矣。"厚斋冯氏曰："不曰文王之德，而曰周之德，以对殷而言也。"新安陈氏曰："泰伯不从翦商，文王三分有二而事商，其于名分之际严矣，宜夫子皆以至德称之。范氏谓其指微矣。微指，得非专为名分言欤？以泰伯、文王为至德，以武为未尽善，非微指欤？"【通旨】朱氏公迁曰："言德之极其盛者，即其一事而言之，文王是尽臣道，泰伯是兼尽臣子之道，故皆以至德称之。"或曰："宜断音短。三分以下，别以孔子曰起之，而自为一章。"

○**子曰："禹，吾无间然矣。菲饮食，而致孝乎鬼神；恶衣服，而致美乎黻冕；卑宫室，而尽力乎沟洫。禹，吾无间然矣。"**间，去声。菲，音匪。黻，音弗。洫，呼域反。

间，罅虚讶反。隙也，谓指其罅隙而非议之也①。菲，薄也。致孝鬼神，谓享祀丰洁。新安陈氏曰："《书》云：'奉先思孝'，此云'致孝'，必'庙焉而人鬼享'之鬼神。"衣服，常服。黻，蔽膝也，以韦为之。朱子曰："韦，熟皮也。祭服谓之黻，朝服谓之韠。"厚斋冯氏曰："黻，其色皆赤，尊卑以深浅为异。天子纯朱，诸侯黄朱，大夫赤。"冕，冠也，胡氏曰："冕，冠上板，前低后高，因俯以得名。"皆祭服也。沟洫，田间水道，以正疆界、备旱潦音老。者也②。或问："沟洫之制。"朱子曰："见于《周礼》遂人、匠人之职详矣。盖禹既平水患，又治田间之水，使无水患之灾，所谓'浚畎浍距川'是也。"胡氏曰："《匠人职》云：九夫为井，井间有沟，十里为成，成间有洫。洫深广皆八尺，沟半之。夏制当不异也。既用以定经界，又旱则潴水，潦则泄水也。"或丰或俭，

---

① 指其罅隙而非议之也：指点他的不足之处而非议他。

② 备旱潦：防备旱涝。

各适其宜，所以无罅隙之可议也，故再言以深美之。杨氏曰："薄于自奉①，而所勤者民之事，所致饰者宗庙朝音潮。廷之礼，所谓有天下而不与音预。也，夫音扶。何间然之有。"胡氏曰："禹之自奉常薄，而宗庙朝廷之礼，百姓衣食之源，则未尝不尽心，所以不容于非议也。"云峰胡氏曰："舜称禹克俭，于此见之；授禹以执中，亦于此见其能行之。《集注》以为'或丰或俭，各适其宜'，即各适其中也。若能俭而不能丰，则墨氏之俭，非中矣。"新安陈氏曰："禹素履俭勤，不以位为乐，有天下而不与之实也。"

论语集注大全卷九

子罕第九

凡三十章。【通考】勿轩熊氏曰："此与《述而篇》相类，多记圣人谦己诲人辞，与其言行交际，与夫出处之类。"

子罕言利与命与仁。

罕，少也。程子曰："计利则害义，命之理微，仁之道大，皆夫子所罕言也。"龟山杨氏曰："夫子对。问仁多矣，曰罕言者，盖言求仁之方而已，仁之本体则未尝言。"朱子曰："罕言者，不是不言，特罕言之耳。罕言利者，盖凡做事只循这道理做去，利自在其中矣。如'利涉大川'、'利用行师'，圣人岂不言利？但所以罕言者，正恐人求之，则害义矣。""命只是一个命，有以理言者，有以气言者，天之所以赋与人者，是理也；人之所以寿夭穷通者，是气也。理精微而难言，气数又不可尽委之，而至于废人事，故圣人罕言之也。仁之理至大，数言之，不惟使人躐等，亦使人有玩之之心，盖举口便说仁，人便自不把当事了。"问："窃谓夫子罕言者，乃'放于利而行'之'利'。若利用出入，乃义之所安处？"曰："利用出入之利，亦不可去寻讨，寻讨著便是放于利之利，如言'利物足以和义'，只云利物，不言自利。"又曰："只元亨利贞之利，亦不可计较，计较著即害义。为义之人，只知有义而已，不知利之为利。"勿轩熊氏曰："《易》六十四卦皆言利，尤详于性命之原，罕言者，非与门人常言之道。"庆源辅氏曰："义者，天理之公也；利者，人欲之私也。天理人欲不两立，计于彼则害于此矣。""命乃天之所赋予万物者，以理言之，则声臭俱无；以气言之，则杂糅难辨，是其理为甚微。仁乃五性之首，所以包乎四德，而无物不体，是其道为甚大。理之微，则人有所难识，知未及而骤语之，则反滋其惑，且使人弃人事而不修；道之大，则人有所难尽，德未至而强语之，则反起其妄，且或使之忽庸行而不谨，此夫子所以罕言。"双峰饶氏曰："夫子有常言者，诗书执礼是也；有不言者，怪力乱神是也；有罕言者，利命仁是也。无非教人者，

① 薄于自奉：自己享受的很少。

故门人皆谨记之。"新安陈氏曰："《集注》言'命之理微'，则此'命'字以理言。罕言利者，防学者趋乎此；罕言命与仁，以学者未易及此也。既虑学者没溺于利欲之卑污，又虑学者躐等于命与仁之精微弘大，其为虑远矣。"【通旨】朱氏公迁曰："命以理言，通贯天人而言也，《中庸》正言理而气在其中，《语》则泛举其概也。"

○达巷党人曰："大哉孔子！博学而无所成名。"

达巷，党名。其人姓名不传。博学无所成名，盖美其学之博而惜其不成一艺之名也。节斋陈氏曰："孟康注《董仲舒传》：'达巷党人，乃项橐。'"双峰饶氏曰："党人见圣人无所不知不能，遂以此为圣人之大，不知圣人所大，在于道全德备耳。"

子闻之，谓门弟子曰："吾何执？执御乎？执射乎？吾执御矣。"

执，专执也。射御皆一艺，而御为人仆，所执尤卑。言欲使我何所执以成名乎？然则吾将执御矣。闻人誉平声。己，承之以谦也。○尹氏曰："圣人道全而德备，不可以偏长目之也。达巷党人见孔子之大，意其所学者博，而惜其不以一善得名于世，盖慕圣人而不知者也。故孔子曰，欲使我何所执而得为名乎？然则吾将执御矣。"双峰饶氏曰："六艺礼乐为大，夫子只说射御。射御，艺之卑者，御又最卑。"朱子曰："达巷党人，本不知孔子，但雄美其博学，而惜其无所成名，谓'不以一善得名也'。此言至为浅近，然自察迩言者观之，则于此便见圣人道德纯备，不可以一善名。愚夫愚妇可以与知，而其所以然者，圣人有所不知，故孔子不欲以党人所称者自居，而曰'必欲使我有所执而成名，则吾将执御矣'。"南轩张氏曰："达巷党人，大孔子之博学，而疑其不能以偏成也，夫岂知本末精粗一以贯之之道哉？故夫子但举一艺自居，而又于艺之中复居其次者，以见夫道之无乎不在。"厚斋冯氏曰："执射成名，王良、造父是也。大凡专于一善，精于一业者，乃能成名。如信人、善人、惠人，则其善专故也；如稷之穑、羿之射、秋之奕，则其业精故也。学之博，虽各极其专且精，不可得以一事名矣。无所成名，乃夫子之所以为大，而党人不悟也。尧之民无能名，此尧之所以为大也欤？"新安陈氏曰："惟道全德备，故不可以一善名。使可以一善名，则所长止于此，不足以为大矣。党人惜圣人之大而不以一善得名，岂知圣人之所以为大，正在于不可以一善名欤？"

○子曰："麻冕，礼也；今也纯，俭。吾从众。

麻冕，缁庄持反。布冠也。纯，丝也。俭，谓省约。缁布冠，以三十升布为之，升八十缕，陇主反。则其经二千四百缕矣。细密难成，不如用丝之省约。朱子曰："八十缕为升。古尺一幅，只阔二尺二寸，如深衣用十五升布，已似如今极细绢一般。这处又晓未得，古尺又短于今尺，若尽一千二百缕，须是一幅，阔不止二尺二寸方得。"胡氏曰："麻，绩麻为布。冕，冠上板也。谓之缁布冠者，染布为赤黑色也。冠者，首服之总名。冕者，冠中之别号。《礼》：'朝服十五升，冠倍之。'郑注八十缕为'升'，'升'字当为'登'。登，登成也。"双峰饶氏曰："《前汉书·食货志》：'周布幅广二尺二寸。'程子言古尺仅当今五寸五分弱，如此则二尺一寸，只是今一尺二寸尔，却用二千四百缕为经，是一寸布，用二百经也，其细密难成可知。"【通考】仁山金氏曰："古尺仅当今尺五寸五分弱，其二千四百缕，虽用细丝减半，亦无所容，况麻质粗，又非可甚细者，升八十缕，岂注疏相传之误耶?”

拜下，礼也；今拜乎上，泰也。虽违众，吾从下。”

臣与君行礼，当拜于堂下。君辞之，乃升成拜。泰，骄慢也。庆源辅氏曰：“按，燕礼，君燕卿大夫礼也。公坐，取大夫所酳觯，兴以酬宾。宾降，西阶下，再拜稽首。公命小臣辞，宾升成拜。郑注：升成拜，复再拜稽首也。又觐礼，天子赐侯氏以车服，侯氏拜赐，礼亦如之。”双峰饶氏曰：“先已拜于堂下而君辞之，则是不曾受其拜，故升堂再拜以成之。孔子时君弱臣强，径自拜于堂上，故孔子云然，人以为谄，想是此类。”○程子曰：“君子处上声。世，事之无害于义者，从俗可也；害于义，则不可从也。”范氏曰：“众人之所为，君子酌焉，或从或违，唯其是而已。以众为公义而举从之，非也；以众为流俗而举违之，非也。圣人之道若权衡，轻重不可以铢两欺，故纯俭虽不及礼而可从，拜上则亏君臣之义，虽举世而行之亦不可从也。”尹氏曰：“圣人处世，可见于此，盖非有意于从违，合乎义而已。”庆源辅氏曰：“君子之于世俗，或从或违，无适无莫，一于义而已，以是而违俗，则人亦不得以为异也。”赵氏曰：“制度节文之细，犹可以随时，至于系乎三纲五常者，万世而不容易。”双峰饶氏曰：“此圣人处事之权衡，所谓君子以同而异。”新安陈氏曰：“程子欲学者凡处世事皆当以义裁之，以此为例而推其余也。”【通考】吴氏程曰：“此一章见夫子处世立身之法。”

○子绝四：毋意，毋必，毋固，毋我。

绝，无之尽者。毋，《史记》作“无”是也。意，私意也。程子曰：“意是发动处。意发而当，即是理也；发而不当，是私意也。”问：“圣人莫是任理而不任意否?”曰：“是。”胡氏曰：“理本于天，意出于己。《大学》以诚意为言，盖好善、恶恶，一有不实，则所谓意者为私意。意不可以孤行，必根于理而后可，此独以意言，即私心之发也。”必，期必也。固，执滞也。我，私己也。四者相为终始，赵氏曰：“四者分之，则各为一事；合之，则相为终始。”起于意，遂于必，遂，谓将成而势不容已。留于固，而成于我也。盖意、必常在事前，固、我常在事后，胡氏曰：“意、必在方有作为之先，故曰事前；固、我在已有作为之后，故曰事后。”至于我又生意，则物欲牵引，循环不穷矣。华阳范氏曰：“私意动于内而系于事，则有必；必则守而不移，故有固；固则不能忘己，故有我。是三者皆出于意，故意为之先。”问：“意如何毋得?”朱子曰：“凡事顺理，则意自正。毋意者，主理而言，不顺理，则只是自家私意。”问：“意必固我。”曰：“意，是初创如此，有私意，便到那必处；必，便到固滞不通处；固，便到有我之私处。”“凡人做事，必先起意，不问理之是非，必期欲事成而已；事既成，是非得失已定，又复执滞不化，是之谓固。三者只成就得一个我，及至我之根源愈大，少间三者又从这里生出。意又生必，必又生固，固又归宿于我。”“必者迎之于前，固者滞之于后，意是为恶先锋，我是为恶成就。此四字，如元亨利贞，循环不已。但元亨利贞是好事，此是不好事，贞是好底成就，我是恶底成就。”“无意者，浑然天理，不任私意；无必者，随事顺理，不先期必也；无固者，过而不留，无所凝滞也；无我者，大同于物，不私一身也。四者始于意，而行于必，留于固，而成于我。必之时浅，固之时长，意是始，我是终，固必在中间，一节重似一节也。”黄氏曰：“即事而言，其别有四；以心而言，其本则一。天理流行，廓然大公，物各付物，泊然顺应，此心如鉴空水止，而一毫之系累无所容焉，此其所以自始至终，而绝无四者之病也。”新安陈氏曰：“《集注》‘四者相为终始’以下，乃以常人之私欲细分之。”有此四者。相为终始，又平分之作两截，判以事前事后。又翻转说，终而复始，如元而亨利贞，贞下又起元，有三节意，皆说常人之累于私如此，非谓夫子之心无私，亦有此三件节数也。圣人之心，惟纯乎大公，而浑然一无私耳。细察之，则皆无常人此四者之累也。”【通考】勿轩熊氏曰：“此《诚意章》事，《子绝四》与《颜子四勿章》，最宜潜玩。我是有己，有己即是私意。但就私意上分得细，意是私意方起，我是私意已成。圣人混化，更无查滓，颜子则尚有些未尽，所以未达一间。”〇程子曰：“此毋字，非禁止之辞。圣人绝此四者，何用禁止。”张子曰：“四者有一焉，则与天地不相似。”新安陈氏曰：“天地大公而已。四者才有一，则累于私小，无复大公气象，何由与天地相似？”问：“横渠说略有疑。”朱子曰：“人之为事，亦有其初未必出于私意，而后来不能化去者。若谓绝私意，则四者皆无，则曰子绝一便得，何用更言绝四？以此知四者，又各是一疵也。”云峰胡氏曰：“心兮本虚，圣人绝此四者，亦不失其本虚之心而已。意似微云点翳，我则昏霾之甚矣。大虚中本无一物，圣人此心浑似天理，亦无一物也。”杨氏曰：“非知去声。足以知圣人，详视而默识之，不足以记此。”

〇子畏于匡。

畏者，有戒心之谓。新安陈氏曰：“恐人误以畏为慑迫惧死，故本《孟子》‘予有戒心’训之。”匡，地名。《史记》云：“阳虎曾暴于匡，夫子貌似阳虎，故匡人围之。”厚斋冯氏曰：“匡，宋邑，阳虎曾暴于匡，夫子弟子颜克，时与虎俱，夫子适陈过匡，颜克御，匡人识克，夫子貌又似虎，匡人以兵围之五日，弟子惧，故子曰如下所云。”

曰：“文王既没，文不在兹乎？

道之显者谓之文，盖礼乐制度之谓。新安陈氏曰：“道者，礼乐制度之本；礼乐制度者，道之寓。道无形体，显设于文，而后乃可见尔。”不曰道而曰文，亦谦辞也。兹，此也，孔子自谓。

天之将丧斯文也，后死者不得与于斯文也；天之未丧斯文也，匡人其如予何？”丧、与，皆去声。

马氏曰：“文王既没，故孔子自谓后死者。言天若欲丧此文，则必不使我得与于此文；今我既得与于此文，则是天未欲丧此文也。天既未欲丧此文，则匡人其奈我何？言必不能违天害己也。”程子曰：“于‘天之将丧斯文’下，便言‘后死者不得与于斯文’，则是文之兴丧在孔子，与天为一矣。盖圣人德盛，与天为一，出此等语，自不觉耳。”朱子曰：“后死者，是对上文文王言之，如曰‘未亡人’之类，此孔子自谓也，与‘天生德于予’意思一般。斯文既在孔子，孔子便做著天在。”南轩张氏曰：“文也者，所以述是道而有传也。文王既没，圣人以斯文为己任也。己之在与亡，斯文之丧与未丧系焉，是二者岂人之能为哉？天也。不曰‘丧已’，而曰‘丧斯文’，盖己之身，即斯文之所在也。”双峰饶氏曰：“天生圣人以任斯道，达则为天地立心，为万民立命；穷则继往圣，开来学。天意如此，人安能违天而害之？有夫子之德，有夫子之道，而后可以如夫子之自任，否则妄也。”云峰胡氏曰：“文不在兹之文，即文王之所以为文也。文王接尧舜禹汤之统，夫子接文王之统，皆天也。纣能囚文王，不能违天而害文王；匡人能围夫子，不能违天而害夫子。”【通考】仁山金氏曰：“周末文武周公之礼乐悉已崩坏，纪纲文章亦皆荡然无有。夫子收于散亡，序《诗》、《书》，正礼乐，集群圣之大成，斟酌损益，以昭来世。又以作《春秋》，立一王之法，是‘得与于斯文也’。”

大宰问于子贡曰：“夫子圣者与？何其多能也？”大，音泰。与，平声。

孔氏曰：“大宰，官名。或吴或宋，未可知也。”与者，疑辞。大宰盖以多能为圣也。杜氏曰①：“按春秋之时，以大宰名官者，惟吴宋与鲁耳。吴有大宰嚭，宋有大宰华督，事殇公，其后九世至平公，乃以向带为大宰。平公即位之岁，距孔子过宋，历二公八十余年，其间或废或否，虽未可知，然左氏及《史记》亦不复载，不可考也。况孔子过宋时，遭桓司马之厄，遂微服而去，岂复有问子贡者欤？疑此大宰，即吴嚭也。吴与鲁会缯，嚭召季康子，康子使子贡往焉，则此当是吴大宰，而亦当在此年也。鲁自公子翚请于隐公，欲杀桓以求大宰，其后不复见。”

子贡曰：“固天纵之将圣，又多能也。”

纵，犹肆也，言不为限量去声。也。将，殆也，谦若不敢知之辞。朱子曰：“天放纵他作圣得恁地，不去限量他。”问：“愚不肖，是天限之乎？”曰：“也是天限量他一般，如这道理，圣人知得尽，愚不肖要增进一分不得，拘定在这里。殆，庶几也，如而今说将次。”圣无不通，多能乃其余事，故言又以兼之。

子闻之，曰：“大宰知我乎！吾少也贱，故多能鄙事。君子多乎哉？不多也。”

言由少贱故多能，而所能者鄙事尔，朱子曰：“鄙事，如钓弋猎较之类。”非以圣而无不通也。且多能非所以率人，故又言君子不必多能以晓之。朱子尝问学者曰：“大宰云‘夫子圣者与，何其多能也’，是以多能为圣也；子贡对以‘夫子固天纵之将，圣又多能也’，是以多能为圣人余事也；子曰‘吾少也贱，故多能鄙事，君子多乎哉？不多也’，是以圣为不在于多能也。三者之说不同，诸君且道谁说得圣人地位著？”诸生多主夫子之言，曰：“大宰以多能为圣，固不是。若要形容圣人地位，则子贡之言为尽，盖圣主于德，固不在多能，然圣人未有不多能者。夫子以多能不可以律人，故言君子不多，尚德而不尚艺之意，而其实圣人未尝不多能也。”又曰：“‘太宰知我乎’以下，煞有曲折意思，圣人不直谓大宰不足以知我，只说大宰也知我，这便见圣人待人恁地温厚。”南轩张氏曰：“多能虽不害其为君子，然为君子不在乎多能。”庆源辅氏曰：“若以多能率人，则人将徇末而忘本，尚才而不务德，卒无以入圣贤之域矣。”

---

① 杜氏：杜预，字元凯，晋京兆杜陵人。耽思经籍，为《春秋经传集解》。又参考众家谱第，谓之“释例”。又作《盟会图》、《春秋长历》，备成一家之学。

牢曰："子云：'吾不试，故艺。'"

牢，孔子弟子，姓琴，字子开，一字子张。卫人。试，用也。言由不为世用，故得以习于艺而通之。吴氏曰："弟子记夫子此言之时，子牢因言昔之所闻有如此者。其意相近，故并记之。"问："吾不试故艺。"朱子曰："想见圣人事事会，但不见用，所以人只见小小技艺，若使其得用，便做出大功业来，不复有小小技艺之可见矣。"新安陈氏曰："多能，亦圣德无不通之验。大宰认多能为圣，知其末不知其本也；子贡谓圣而又多能，知其由本而该末也。孔子自言，与琴牢所闻，皆谦辞耳。"【通考】吴氏程曰："'不试'为句。'子牢'合作'琴牢'，或子开、子张，吴氏盖承古注之误。"

〇子曰："吾有知乎哉？无知也。有鄙夫问于我，空空如也，我叩其两端而竭焉。"叩，音口。

孔子谦言己无知识，但其告人，虽于至愚，不敢不尽耳。叩，发动也。赵氏曰："叩乃叩击，有发动之意。"两端，犹言两头。言终始、本末、上下、精粗，无所不尽。朱子曰："两端，就一事而言，说这浅近道理，那个深远道理，也便在这里。'吾有知乎哉？无知也'，此圣人谦辞。凡圣人谦辞，未有无因而发者，这上面必有说话，门人想记不全，须求这意始得。如达巷党人。称誉孔子博学而无所成名，圣人乃曰'吾执御矣'，皆是因人誉己，圣人方承之以谦。此处想必是人称道圣人无所不知，诲人不倦，有这般意思，圣人方道是我无知识，亦不是诲人不倦，但鄙夫来问，我则尽情向他说，若不如此，圣人何故自恁地谦？自今观之，人无故说谦话，便似要人知模样。"庆源辅氏曰："终始以事言，本末以物言，上下以道器言，精粗以事理言，必如是而后该括得尽。夫子之告人，必发动其两端而尽告之。"新安陈氏曰："圣人虽谦言己无所知，然教人而竭尽其理如此，非上智周知之者不能也。"〇程子曰："圣人之教人，俯就之若此，犹恐众人以为高远而不亲也。圣人之道，必降而自卑，不如此则人不亲；贤人之言，则引而自高，不如此则道不尊。观于孔子、孟子，则可见矣。"朱子曰："圣人极其高大，人自难企及，若更不俯就，则人愈畏惮而不敢进。贤人有未熟处，人未甚信服，若不引而自高，则人将必以为浅近不足为。不是要人尊己，盖使人知斯道之大，庶几竦动，著力去做。孔子尝言'如有用我者，期月而已可也'，又言'吾其为东周乎'，只作平常说；孟子言'如欲平治天下，当今之世，舍我其谁'，便说得广，是势不得不如此。"尹氏曰："圣人之言，上下兼尽。即其近，众人皆可与音预。知；极其至，则虽圣人亦无以加焉，是之谓两端。如答樊迟之问仁知，两端竭尽，无余蕴委粉、于问二反。矣。双峰饶氏曰："如答樊迟问仁智，只是眼前事，子夏推之，则舜汤之治，亦不过此，故于两端为竭焉。"若夫音扶。语上而遗下，语理而遗物①，则岂圣人之言哉？"庆源辅氏曰："程子论佛氏之学，如管中窥天，只见上去，不见四旁，是语上而遗下也。又曰言为无不周遍，实则外于伦理者，是语理而遗物也。"问："执两端，与竭两端如何？"朱子曰："两端也只一般，犹言头尾也。执两端，方识得一个中；竭两端，言彻头彻尾都尽也。"问：

① 语上而遗下，语理而遗物：讲高深而丢了浅近，讲义理而丢了物象。

“只此是一言而尽这道理，如何?”曰：“有一言而尽者，有数言而尽者。如樊迟问仁，曰‘爱人’，问知，曰‘知人’，此虽一言而尽，推而远之，亦无不尽；如子路正名之论，直说到无所措手足；如子路问政，哀公问政，皆累言而尽。但只圣人之言，上下本末，始终大小无不兼举。”云峰胡氏曰：“大舜是取人之言，执其两端，而用其一；夫子是教人之言，竭其两端，而未尝遗其一也。”

〇**子曰：“凤鸟不至，河不出图，吾已矣夫!”**夫，音扶。

凤，灵鸟，舜时来仪，文王时鸣于岐山。河图，河中龙马负图，伏羲时出，皆圣王之瑞也。已，止也。张子曰：“凤至图出，文明之祥①。伏羲、舜、文之瑞不至，则夫子之文章，知其已矣。”南轩张氏曰：“凤至图出，盖治世之征也，圣人叹明王之不兴，而道之终不行耳。”庆源辅氏曰：“圣人之道行，则文章著见于外，礼乐制度之类也，故凤至图出，以兆文明之祥。凤以其文采，图以其卦画。文明之祥不至，则夫子之道不行，故知其文章已矣。”新安陈氏曰：“吾道文明，必有其应，凤至图出，文明祥瑞之应也。夫子有其德无其时，凤不至，图不出，天未欲圣道之行可知矣，夫子所以深叹也。麟出，似矣，而踣焉，《春秋》所以作也。斯叹也，其在获麟之前乎?”

〇**子见齐衰者、冕衣裳者与瞽者，见之，虽少必作；过之，必趋。**齐，音咨。衰，七雷反。少，去声。

齐衰，丧服。邢氏曰：“言齐衰，则斩衰从可知也。”冕，冠也。衣，上服。裳，下服。冕而衣裳，贵者之盛服也。《礼·玉藻》曰：“衣，正色；裳，间色。”郑曰：“冕服，玄上纁下。”瞽，无目者。作，起也。趋，疾行也。或曰：“少，当作坐。”范氏曰：“圣人之心，哀有丧，尊有爵，矜不成人②。其作与趋，盖有不期然而然者。”尹氏曰：“此圣人之诚心，内外一者也。”问：“作与趋者，敬之貌也，何为施之于齐衰与瞽者?”朱子曰：“作与趋固是敬，然敬心之所由发则不同。见冕衣裳者，敬心生焉，而因用其敬；见齐衰者瞽者，则哀矜之心动于中，而自加敬也。”庆源辅氏曰：“圣人之心，寂感自然，内外如一。方其未感也，如止水，如明镜；一有所感，则随感而应。敬爱之心感于内，而作趋之容见于外，皆自然而然，不知其所以然也。”双峰饶氏曰：“范氏说外面作与趋，皆由其里面哀有丧。尊有爵、矜不成人而然。尹氏又说他人里面虽有此，未必便见于此；圣人里面如此，外面也如此。二说互相发明，盖里面不如此而外面如此者，伪也；里面如此而外面不如此者，诚不至也。圣人至诚，所以表里皆如此。”

〇**颜渊喟然叹曰：“仰之弥高，钻之弥坚；瞻之在前，忽焉在后。**喟，苦位反。钻，祖官反。

喟，叹声。仰弥高，不可及。钻弥坚，不可入。在前在后，恍惚不可为象。新安陈氏曰：“象，形也。初未有的见时如此。”此颜渊深知夫子之道无穷尽、弥高、坚。无方体、在前、后。而叹之也。程子曰：“仰之弥高，见其高而未能至也；钻之弥坚，测其

---

① 文明之祥：礼乐制度要昌明的祥瑞。文，礼乐制度。
② 哀有丧，尊有爵，矜不成人：同情有丧事的，尊敬有爵位的，怜悯未成年的。

坚而未能达也，此颜子知圣人之道而善形容者也。”朱子曰：“高、坚，是说难学；前、后，是说圣人之道捉摸不著，皆是譬喻如此。圣人只是一个中的道理，高坚前后，只是个‘中庸不可能’，盖圣人之道，是个恰好的道理，不著意，又失了，才著意，又过了，只是难到恰好处。”“颜子仰之弥高，钻之弥坚，瞻之在前，忽焉在后，不是别有个物事，只是做来做去，只管不到圣人处。若做得紧，又大过了，若放慢做，又不及圣人，则动容周旋都是这道理。”

夫子循循然善诱人，博我以文，约我以礼。

循循，有次序貌。朱子曰：“所谓次序者，非特以博文、约礼分先后次序。博文约礼中，各有次序、先后、浅深。”诱，引进也。博文约礼，教之序也。言夫子道虽高妙，双峰饶氏曰：“高，说弥高弥坚；妙，说在前在后。”而教人有序也。上蔡谢氏曰：“颜子学得亲切，‘仰之弥高，钻之弥坚’，无限量也，以见圣人之道大。瞻之在前即不及，忽焉在后又蹉却，以见圣人之道中，观此一段，即知颜子看得亲切。‘博我以文’，使知识广；‘约我以礼’，归宿处也。”朱子曰：“‘博我以文，约我以礼’，圣门教人只此两事，须是互相发明。约礼底工夫深，则博文底工夫愈明；博文的工夫至，则约礼的工夫愈密。”觉轩蔡氏曰：“博文条目多，事事著去理会，礼却只是一个道理。如视也是这礼，听也是这礼，言也是这礼，动也是这礼。若博文而不约之以礼，便是无归宿处。详此数条，解释已极分明，学者合下便有著力处。若更推之，则文非特文章文华之文，凡刚柔之往来，上下之交错，微而天理之节文，著而法度之焕然者，皆是也，极其博，则贯通融会，而天下之理洞然于吾心而无所蔽；礼非特仪礼典礼之礼，凡天理之自然，人心之固有，截然而有定则者，皆是也，极其约，则操持固执，而天下之理浑然于吾身而无所亏。博文近于致知，约礼近于力行，不博则无以造乎约，不约则无以尽乎博。”双峰饶氏曰：“先博我以文，以开广我之知识，然后约我以礼，使我于视听言动上，皆由乎规矩准绳，而所守得其要。”【通考】勿斋程氏曰：“学问无穷，必究其理，是曰博文；检束有要，必循其则，是曰约礼。”〇侯氏曰①：“博我以文，致知格物也。约我以礼，克己复礼也。”朱子曰：“‘博我以文，约我以礼’，与‘博学于文，约之以礼’一般。但‘博学于文，约之以礼’，孔子是泛言人能博文而又约礼，可以弗畔大道，而颜子则更深于此耳。侯氏谓博文是致知格物，约礼是克己复礼，分晓。”庆源辅氏曰：“致知格物，知之事也；克己复礼，行之之事也。所行即是所知，非于知之外别有所谓行也。”程子曰：“此颜子称圣人最切当处，圣人教人，惟此二事而已。”朱子曰：“博我以文，是要四方八面，都见得周匝无遗；至约我以礼，又要收向身己上来，无一毫之不尽。两事须互相发明，若博文而不约以礼，便无归宿处。”觉轩蔡氏曰：“不说穷理，又不说格物，只说博文，盖文字上该乎理，而比之理则尤显；下该乎物，而比之物则尤精。不说理，只说礼，便是与‘复礼’之‘礼’同。此‘礼’字更有检束，便有规矩准绳，若只说理

---

① 侯氏：侯师圣，字仲良，河东人，二程舅氏，有《论语说》及《雅言》一篇。朱熹曰：“侯师圣《论语解》大抵明白劲正而无深潜缜密沉浸浓郁之味，故于精微曲折之际不免疏略。”

便泛了。更味两个‘我’字，尤见以身体之，切实用功处。”双峰饶氏曰：“博学于文，约之以礼，是我自去博约，以学言也；博我以文，约我以礼，是夫子博我约我，以教言也。”厚斋冯氏曰：“博文约礼，夫子教人之法皆然。惟子渊求道之力，认道之真，有以见夫子之为我设尔。”

欲罢不能，既竭吾才，如有所立卓尔。虽欲从之，末由也已。”

卓，立貌。末，无也。此颜子自言其学之所至也。盖悦之深欲罢不能。而力之尽，既竭吾才。所见益亲，如有所立卓尔。而又无所用其力也。欲从末由。吴氏曰：“所谓‘卓尔’，亦在乎日用行事之间，非所谓窈伊小反。冥昏默者①。”朱子曰：“卓尔，是圣人之大本立于此，以酬酢万变处，即前日高坚前后底，今看得确定亲切，不似向来无捉摸处。不是离高坚前后之外，别有所谓卓尔者也。”勉斋黄氏曰：“吴氏所释卓尔之意，最为切实。尝以其意推之，夫圣人之道，固高明广大，不可几及，然亦不过性情之间，动容之际，饮食起居交际应酬之务，君臣父子兄弟夫妇之常，出处去就，辞受取舍，以至于政事施设之间，无非道之寓。”双峰饶氏曰：“‘窈窈冥冥，至道之精；昏昏默默，至道之极’，列子之言也。此章学者易得求之高远，故引吴氏之说以明之。”程子曰：“到此地位，功夫尤难，直是峻绝，又大段著力不得。”庆源辅氏曰：“地位，指既竭吾才，如有所立卓尔之地位也。至此地位，则其理为至精至微，非浅智浮识之所能知，疾趋大步之所能至也，惟宽以居之，勿忘勿助长，则不日而化矣。夫能为之谓才，竭其才，则是尽其所能为之才，则其工夫盖非才所能及矣，此其所以著力不得也。”杨氏曰：“自可欲之谓善，充而至于大，力行之积也。大而化之，则非力行所及矣，新安陈氏曰：“此将《孟子》善、信、美、大、圣、神之次第，以配此章。大犹是力行积累之功，化则久久纯熟、自然无迹之妙。”此颜子所以未达一间如字。也。”问：“夫子教人，不出博文约礼二事，门人莫不知，惟颜子有所进、有所见，故高者有可攀之理，坚者有可入之理，在前在后者，有可从而审其的之理，非若其他仅能弗畔而已，此门人所以不可企及也。”朱子曰：“得之。”“颜子到这里，自觉得要著力而无所容其力，缘圣人不勉而中，不思而得。贤者若要著力，不勉不思，便是思勉了，所以大段著力不得。今日勉之，明日勉之，勉而至于不勉；今日思之，明日思之，思而至于不思，自生而至熟，到这里直待他自熟。”“仰高钻坚，瞻前忽后，此犹是见得未亲切在；如有所立卓尔，方始亲切；虽欲从之，末由也已，只是脚步未到，盖不能得似圣人从容中道也。”潜室陈氏曰：“前此犹可以用力，到此则自大趋于化，自思勉而至不思不勉，介乎二者之境，所未达者一间，非人力所能为矣。但当据其所已然，从容涵养，勿忘勿助，至于日深月熟，则亦将忽不期而自到，而非今日之所预知也。”○程子曰：“此颜子所以为深知孔子而善学之者也。”胡氏曰：“无上事而喟然叹，非如孔子因曾点而喟叹。此颜子学既有得，故述其先难之故、后得之由，新安陈氏曰：“先难，指仰钻瞻忽；后得，指如有所立卓尔。‘由’字，指善诱博约。”而归功于圣人也。高坚前后，语道体也。仰钻瞻忽，未领其要也。

① 窈冥：深远渺茫的样子。

惟夫子循循善诱，先博我以文，使我知古今，达事变；然后约我以礼，使我尊所闻，行所知。如行者之赴家，食者之求饱，是以欲罢而不能，尽心尽力，不少休废。然后见夫子所立之卓然，虽欲从之，末由也已。是盖不怠所从，必欲至乎卓立之地也。抑斯叹也，其在'请事斯语'之后，'三月不违'之时乎?"问："程子言到此大段著力不得，胡氏又曰：'不怠所从，必欲至乎卓立之地'，何也?"朱子曰："'末由也已'，不是到此便休了不用力。但工夫用得细，不是初间用得许多粗气力。这处也只是循循养将去，如何大段著力得！只恁地养熟了，因举横渠云：'大可为也，化不可为也，在熟之而已。'欲罢不能，就只是就这博文约礼中做工夫。合下做时，便是下这十分工夫去做，到得这叹时，便是欲罢不能之效。众人与此异者，只是争这个欲罢不能，做来做去，不知不觉的又住了。颜子则虽欲罢而自有所不能，不是勉强如此，颜子用功精专，方见得夫子动用周旋无不中处，皆是天理之流行，卓然如此分晓，到这里，颜子些小未能浑化如夫子，故曰：'虽欲从之，末由也已。'""高坚前后，始时之所见也；博文约礼，中间用力之方也；欲罢不能以后，后来得力之效验也。"问："颜子此说，亦是立一个则例与学者求道用力处。故程子以为学者须学颜子，有可依据，孟子才大难学者也。"曰："然。"南轩张氏曰："仰之弥高，愈进愈难攀也；钻之弥坚，愈钻愈难入也。瞻之在前，则若不及；忽焉在后，则又过之，盖得其中者为难也。夫子则循循然善诱人，从容不迫，以其序而进之。博文约礼，使之集众义于见闻之间，宅至理于隐微之际，使我自不能已。尽吾之才，以极其至，则见夫所立卓尔，盖至此非力之所能为，此颜子所以喟然而叹欤！反复详味，则颜子学圣人终始之功，孔子教人先后之序，与夫圣人之道之至，皆可得而研求矣。"潜室陈氏曰："虽欲从之，末由也已，到此际力无所施，乃冰消雪释，渣滓融化之境，虽圣人不能授颜子，颜子亦不能受之于圣人。今欲学颜子，且把博文约礼作依据，日积月累，人十己千，将来不知觉自有豁然融会处。"双峰饶氏曰："不怠所从，是发明'虽欲从之，末由也已'，言不是恁地住了。请事斯语，是约我以礼时事；三月不违仁，是有所立卓尔时事。"新安陈氏曰："此章颜子初见圣道之无穷尽，无方体，非特不能从之，亦未的于见之也。及夫子博以文，约以礼，知行功深，方见圣道之卓然有立。的于见之，与初之仰钻瞻忽，大不同矣。但虽见其卓尔者，犹未能进而从其卓尔者，虽欲用力，又无所容力也。使天假之年，则由勉而安，由大而化，不特见到圣人地步，亦进到圣人地步矣。"【通考】朱子曰："仰钻瞻忽，是一个关；如有所立卓尔，又是一个关。若不是夫子循循善诱，博文约礼，便虽见高坚前后，亦无下手处。惟其如此，所以过得这一关。博文了又约礼，约礼了又博文，恁地做去，所以欲罢不能，至于'如有所立卓尔'处，见得大段亲切了。那'末由也已'一节，却是著力不得处，博文约礼是著力得处也。"仁山金氏曰："以文公过关之喻作三节看，盖颜子始初锐于进道，以其天资之高，略见道体，便欲一蹴而到，故竭力以进，多方以求。欲就圣人高明处入，则升一级又有一级，穷之益高；欲从圣人博厚处入，则透了一层又有一层，钻益见其坚。见圣道若在吾前，勇猛赶上，则又在后面，我又过之，终难到无过不及处。此是用功第一个关节。及夫子见颜子求道如此其力，而终未有捉摸处，遂教且从博约工夫循序以进。

文欲其博，以至万理俱融，可以择中而居之不偏；礼欲其约，以其一私不存，可以应物而动皆有则。颜子敬领于斯，百倍其功，交进互发，日见趣味，以至欲罢不能，而竭其才。及其久也，义理昭明，本心纯熟，向之高坚者，今皆识其大本，前之瞻忽者，今皆见其定体，凡其处己治人、应事接物，虽精粗巨细，万变不同，莫不各有不偏不倚、无过不及道理。其曰'如'者，非谓似见未见，盖此等地位，非可以言语形象求，达者自悟，众人固不识也，故以如言之。此又用功第二关节。颜子择乎中庸，至矣尽矣，比之圣人守之也，所谓未达一间也。以颜子天资功力，岂不能尽力以求速化，然化可以养而至，不可以力而进，故曰：'虽欲从之，末由也已。'盖欲从容少假岁月，以俟其自化。此又用功第三关节。颜子作圣工夫，本末可谓曲尽，此程子所谓学者当学颜子有所依据也。"朱氏公迁曰："此大贤希圣之学，知行兼备者也。克己复礼，主敬行恕，皆以用功言。颜渊喟然之叹，与曾子三省之云，亦自以用功言。颜子不迁怒贰过，孟子知言善养气，皆以成功言。若子贡之论己与颜子，则兼才学而言之；曾子之称颜子，则于学问之中略兼德行而言之也。"

○子疾病，子路使门人为臣。

夫子时已去位，无家臣。子路欲以家臣治其丧，其意实尊圣人，而未知所以尊也。胡氏曰："此必夫子失司寇之后，未致其事之前也。若梦奠①，则子路死于卫久矣。大夫老而致仕，后得从其列，无家臣者，无禄故也。"

病间，曰："久矣哉！由之行诈也，无臣而为有臣。吾谁欺？欺天乎？间，如字。

病间，少差楚懈反。下同。也。病时不知，既差乃知其事，故言我之不当有家臣，人皆知之，不可欺也。而为有臣，则是欺天而已。人而欺天，莫大之罪。引以自归，其责子路深矣②。朱子曰："'久矣哉'，不特指那一事，是指从来而言。子路一时不循道理，本心亦不知其为诈，然子路平日，强其所不知以为知，只有一毫不诚，便是诈也。"庆源辅氏曰："子路之意，以夫子之圣，其丧不可以俯同众人，必当有以尊异之，而夫子尝为大夫，有家臣矣，故欲为家臣治其丧以尊异之也。然不知圣人之丧，岂以家臣之有无为轻重也哉?""既斥子路以行诈，而又自谓其欺天，盖以见义理之不可犯也如此。"

且予与其死于臣之手也，无宁死于二三子之手乎？且予纵不得大葬，予死于道路乎？"

无宁，宁也。惟有"无"字"乎"字，故可训无宁为宁。大葬，谓君臣礼葬。死于道路，谓弃而不葬。又晓之以不必然之故。○范氏曰："曾子将死，起而易箦。音责③。曰：'吾得正而毙音弊。焉，斯已矣。'子路欲尊夫子，而不知无臣之不可为有臣，是以

① 梦奠：《礼记·檀弓上》："夫子曰：'赐，尔来何迟也？夏后氏殡于东阶之上，则犹在阼也；殷人殡于两楹之间，则与宾主夹之也；周人殡于西阶之上，则犹宾之也。而丘也，殷人也。予畴昔之夜，梦坐奠于两楹之间。夫明王不兴，而天下其孰能宗予，予殆将死也。'盖寝疾七日而没。"

② 引以自归，其责子路深矣：把罪过归于自己，对子路的责备是非常严重的。

③ 起而易箦：起来换过床席。箦：用竹片芦苇编成的床垫子。

陷于行诈，罪至欺天。君子之于言动，虽微不可不谨。夫子深惩子路，所以警学者也。”杨氏曰：“非知至而意诚，则用智自私，不知行其所无事，往往自陷于行诈欺天而莫之知也。其子路之谓乎?”《礼记·檀弓篇》：曾子寝疾，病，乐正子春曾子弟子。坐于床下。曾元、曾申，曾子二子。坐于足。童子隅坐而执烛，童子曰：“华而睆。”华板反。华，画也。睆，明貌。大夫之箦与平声。子春曰：“止。”曾子闻之，瞿音句，惊貌。然曰：“呼!”虚惫之声。曰：“华而睆，大夫之箦与?”曾子曰：“然，斯季孙之赐也，我未之能易也。元起易箦!”曾元曰：“夫子之病革矣，革，纪力反，急也。不可以变，变，动。幸而至于旦，请敬易之。”曾子曰：“尔之爱我也不如彼。君子之爱人也以德，细人之爱人也以姑息。吾何求哉？吾得正而毙焉，斯已矣!”举扶而易之，反席未安而没。勉斋黄氏曰：“‘久矣哉’，责子路之素行如此也；‘欺天’者，晓之以理之正；‘且予’以下，则告之以利害之实。圣人之言，委曲详尽如此。”汪氏曰：“《礼记·易箦章》，一‘正’字，足以断此章而责子路，故引之。曾子易箦而死，为得其正，夫子苟死于家臣之手，不正甚矣。彼执烛之童子，尚知大夫之箦不可不易，子路乃不知无臣之不可为有臣乎？况夫子席不正且不坐，割不正且不食，况临死生之际乎？范氏引此，见圣人心安于正，生死一而已矣。”新安陈氏曰：“有家臣而用家臣，理也；无而用之，非理也。天者，理而已；非理，则欺天矣。子路欲尊夫子，岂知陷于欺天？尊夫子者，反所以累夫子欤?”

○子贡曰：“有美玉于斯，韫匮并而藏诸？求善贾而沽诸?”子曰：“沽之哉！沽之哉！我待贾者也。”韫，纡粉反。匵，徒木反。贾，音嫁。

韫，藏也。匮，匵也。沽，卖也。子贡以孔子有道不仕，故设此二端以问也。孔子言固当卖之，但当待贾，而不当求之耳。南轩张氏曰：“子贡以美玉为喻，疑夫子将终藏而不售也。若夫子之意，则以为君子岂不欲施用于世乎？然其不轻售者，必待其可而后出耳，如子贡所谓求善贾，则非矣。待贾者，循乎天理；而求善贾者，则已心先动矣。”庆源辅氏曰：“‘沽之哉’二句，见理则当沽，而意则不求沽也。此亦子贡初年语，至答武叔、子禽之问，必不当以夫子出处为疑矣。【校记：“不当”，弘治本、三鱼堂本作“不尚”，此据四库本改。】”○范氏曰：“君子未尝不欲仕也，又恶去声。不由其道。士之待礼，犹玉之待贾也。若伊尹之耕于野，伯夷、太公之居于海滨，世无成汤文王，则终焉而已，必不枉道以从人，衒音眩。玉而求售音寿。也①。”云峰胡氏曰：“子贡尝答子禽曰‘夫子之求之也，其诸异乎人之求之与?’盖以子禽之问，病在一‘求’字也；今子贡之问，亦自病在一‘求’字。岂问夫子者在先，而答子禽者在后欤?”新安陈氏曰：“此章当味‘求’字与‘待’字，不待贾而求之，则并与本然之美失之矣。待贾者，安于命义之正；求贾者，涉于奔竞之私。席珍待聘，其可也。”

○子欲居九夷。

东方之夷有九种。上声。《后汉·东夷传》：“夷有九种，曰：畎夷，于夷，方夷，黄夷，白夷，赤夷，玄夷，风夷，阳夷。”九种，见《书·旅獒》。欲居之者，亦乘桴浮

① 衒玉：夸耀美玉。后用以比喻自夸美好。

海之意。

或曰："陋，如之何！"子曰："君子居之，何陋之有？"

君子所居则化①，何陋之有？问："此及浮海，莫是戏言否？"朱子曰："只见道不行，② 偶发此叹，非戏言也。"问："九夷尚可化，何故不化中国？"曰："当时中国，未尝不被圣人之化，但时君不用，不得行其道耳。"问："子欲居九夷，使圣人居之，真有可变之理否？"曰："然。"南轩张氏曰："欲居九夷，与乘桴浮海之叹同。或人未之谕，则以为真欲往也，故疑其陋，以为不可居，夫子之所以告之者，乃行乎夷狄之道，盖忠信笃敬，何入而不自得也！"庆源辅氏曰："圣人能必居夷之化，而不能于中国，必使其道之行，则天也。"厚斋冯氏曰："箕子封于朝鲜，东夷之地也，何陋之有？虽然，夫子去父母之国，尚迟迟其行，况舍中国而之夷狄乎？是盖有激而姑云尔，非素志也。"新安陈氏曰："陋在彼，不陋在我，君子所过者化，若居夷狄，必将用夏变夷，陋习自可化矣。"

○子曰："吾自卫反鲁，然后乐正，《雅》、《颂》各得其所。"

鲁哀公十一年冬，孔子自卫反鲁。是时周礼在鲁，然《诗》乐亦颇残阙失次。孔子周流四方，参互考订，以知其说。晚知道终不行，故归而正之。朱子曰："是时王迹熄而诗亡，其存者谬乱失次，孔子自卫反鲁，复得之他国以归，定著为三百五篇，于是《雅》、《颂》各得其所。"南轩张氏曰："圣人未删《诗》以前，篇章交错，不以其序者亦多矣，故反鲁之后，然后乐正，《雅》、《颂》各得其所。独举《雅》、《颂》，盖其大者耳。"陈氏曰："不及《风》者，列国多不正之声，庙朝所不奏，二南亦用之房中耳，故正乐只言《雅》、《颂》。"胡氏曰："圣人虽生知，然于声音节奏，必考而后详，必验而后信。在齐闻《韶》，学之三月，亦其事也。"新安陈氏曰："晚知道不行于当时，故归而正《诗》乐，以传之来世。《诗》者，乐之章，《诗》得其所，而后乐得其正。圣人追言其效，故先乐而后《诗》耳。"

○子曰："出则事公卿，入则事父兄，丧事不敢不勉，不为酒困，何有于我哉？"

说见形甸反。第七篇，《默而识之章》亦言'何有于我'。然此则其事愈卑而意愈切矣。新安陈氏曰："彼三者，以为虽非圣人之极至，犹不敢当，谦而又谦之辞。此则视前三者事愈卑，而其谦谦之意愈切矣。"朱子曰："此说本卑，非有甚高之行，然工夫却愈精密，道理却愈无穷，故曰'知崇礼卑'。""圣人自谦，言不曾有此数者，常有慊然不足之意，众人虽见他仁之至熟，义之至精，他只管自见得有欠缺处。"南轩张氏曰："此章视之若易能，然行之无憾，则未易也。盖于天理之当为者求尽其道，而于人情之易动者不逾其则，虽圣人亦极乎是理而已。夫子教人，每指而示之近，使人皆可勉焉。"庆源辅氏曰："此章所以警学者，使自察于践履之间，不忽于卑近，不违于微小之意，益深切矣。"双峰饶氏曰："事公卿父兄，事生之礼；丧事，事死之礼。常情多谨于事生，

---

① 君子所居则化：君子所居住的地方，人民就会受到教化。

② 《朱子语类》卷三十六作"只是见道不行"。

而易忽于事死，不特三年之丧，如期功缌之轻者，皆不可以不勉。三件皆是大节目，不为酒困，是至小底，然亦甚难，有时被人劝而稍多饮，便能使人神昏气乱。常人往往忽视，以为小事，圣人之心，无时不存，亦因可以勉人耳。"

○**子在川上，曰："逝者如斯夫！不舍昼夜。"**夫，音扶。舍，上声。

天地之化，往者过，来者续，无一息之停，乃道体之本然也。此五句所包甚阔。【通考】勿斋程氏曰："维天之命，於穆不已。无声无臭，是曰道体。"然其可指而易去声。见者，莫如川流。吴氏曰："逝者不指水，'斯'字方指水。"问："逝训往，《集注》谓往过来续，似多了'来'字。"双峰饶氏曰："不说'来'字，无以见往者之无穷。往是前面已去底，来是后来接续去底，二者皆往也。"新安陈氏曰："必有来者续，方见道体之无穷；使往过而来不续，则其机息而非生道矣。"故于此发以示人，欲学者时时省悉井反。察，而无毫发之间去声。断徒玩反。也。朱子曰："天理流行之际，如少有私欲以间之，便如水被些障塞，不得恁地滔滔流去。"又曰："才不省察，便间断。"庆源辅氏曰："天理流行，无处不然，无时或已，但隐于人心者，不若形于川流者易见。人能即此而有发焉，则当自强于体察，致力于谨独，使之无一息之间断，则庶几乎不亏其本体矣。"新安陈氏曰："此又发言外意，欲学者于川流上，察识道体之自然不息，而法之以自强不息也。"○程子曰："此道体也。天运而不已，日往则月来，寒往则暑来，水流而不息，物生而不穷，皆与道为体，运乎昼夜，未尝已也。朱子曰："此是形容道体，伊川所谓与道为体，此一句最妙。某尝为人作观澜词，其中有两句云'观川流之不息兮，悟有本之无穷'，道之本然之体不可见，观此则可见无体之体，如阴阳五行，为大极之体。""日往月来等未是道，然无这道，便无这个了，有这道，方有这个，既有这个，就上面便可见得道，是与道做个骨了。若说天只如此高，地只如此厚，便也无说了，须看其所以如此者如何。""道本无体，此四者非道之体也，但因此可见道之体耳。那无声无臭底便是道，只于无声无臭上推究，如何见得道？因有四者，方见得那无声无臭底，所以说与道为体。""道无形体，却是这物事盛载那道出来，所以指物以见道，道之体便在这许多物事上，只是水上较亲切易见。"胡氏曰："夫子因所见之一物而言，程子因夫子之说并举三者而言，夫道体可见，固不专于水，亦不专于四者，大而造化之流行近而口鼻之呼吸，莫不皆然。"勉斋黄氏曰："夫子所云，盖合道器、兼体用而言。"新安陈氏曰："天之运，日月寒暑之往来，水之流，万物之生，皆自然不息者，程子杂水流于其中言之，水流盖其一端耳。道无形体之可见，就此有形体之数端上发见出来，所谓与道为形体也。"是以君子法之，自强不息。新安陈氏曰："《易》乾卦象传曰：'天行健，君子以自强不息。'《集注》之意本此，是乃勉而行之者。"及其至也，纯亦不已焉。"朱子曰："大抵过去底物不息，犹天运流行不息如此，亦警学者，要当如此不息。盖圣人之心，纯亦不已，所以能见之。"问："道无一息之停，其在天地，则见于日往月来，寒往暑来，水流而不息，物生而不穷，终万古未尝间断；其在人，则本然虚灵，知觉之体，常生不已，而日用万事，亦无非天理流行，而无少息。故举是道之全而言，合天地万物，人心万事，统是一无息之体。分而言，则於穆不已者，天之所以与道为体也；生生不已者，心之所以与道为体也；纯一不已者，圣人之心与天道为一体也；自强不息者，君子之所学圣人存心事天而体夫道也。”曰：“此亦得之，但‘与道为体’四字甚精，盖物生水流，非道之体，乃与道为体者也。”觉轩蔡氏曰：“夫子川上之叹，有感于道体之无穷，勉人进学，以求造乎纯亦不已耳。”新安陈氏曰：“进于此，则安而行之矣。”又曰：“自汉以来，儒者皆不识此义。此见圣人之心，纯亦不已也。纯亦不已，乃天德也。有天德，便可语王道，其要只在谨独。”朱子曰：“有天德，则便是天理，便做得王道；无天德，则便是私意，是计较，人多无天德，所以做王道不成。”“人多于独处间断，才不慎独，便去隐微处间断了。能慎独，则无间断，而其理不穷；若不慎独，便有欲来参入里面，便间断了，如何便会如川流底意？”庆源辅氏曰：“人心即天德所寓，天地之道，常久而不已也，则纯亦不已，非天德而何？圣人之心，则全具得此天德者也，即是而推之，便是王道。人心天德王道，只是一理。”【通考】勿斋程氏曰：“至诚无息，与天为一，是曰天德。”又曰：“天德者，圣人希天；谨独者，贤希圣。”又曰：“幽隐细微，必谨其独，是曰谨独。”愚按：自此至篇终，皆勉人进学不已之辞。新安陈氏曰：“《楚辞辨证·骚经》：‘忍而不能舍也，洪氏注引颜师古曰：舍，止息也，屋舍、次舍，皆此义。《论语》不舍昼夜，谓晓夕不息耳，今人或音舍，非是。’按《辨证》，文公著于庆元己未三月，明年庚申四月，公易箦矣。《集注》舍上声者旧音，读如赦者，定说也。”

○子曰：“吾未见好德如好色者也。”好，去声。

谢氏曰：“好去声。好色，恶去声。恶臭，诚也。好德如好色，斯诚好德矣，然民鲜上声。能之。”庆源辅氏曰：“好色、恶臭与好德，皆出于性。然人之常情，于好色恶臭，则诚实好之、恶之。至于好德，则多虚伪不实，故谢氏有此说，而又言民鲜能之。大凡至诚而好，则内外表里如一，而心志容色皆应有不可掩者。”○《史记》：“孔子居卫，灵公与夫人南子。同车，使孔子为次乘，去声，第二乘。次，其后。招摇市过之。”孔子丑之，故有是言。朱子曰：“招摇如翱翔。”新安陈氏曰：“夫人不翟茀自蔽，公与同车，翱翔过市，无耻孰甚焉！孔子此言，因灵公好色而发也。”

○子曰：“譬如为山，未成一篑，止，吾止也；譬如平地，虽覆一篑，进，吾往也。”篑，求位反。覆，芳服反。

篑，土笼也。《韵书》“笼”字平声者注云“举土器，则此合平声”。《书》曰：“为山九仞，功亏一篑①。”夫子之言，盖出于此。言山成而但少一篑，其止者，吾自止耳；平地而方覆一篑，其进者，吾自往耳。盖学者自强不息，则积少成多；中道而止，则前功尽弃。其止其往，皆在我而不在人也。南轩张氏曰：“学以成德为贵也。止者，吾止也；进者，吾往也。进止系乎己，而由乎人哉！”庆源辅氏曰：“其止者，非有尼之者也，乃吾自止耳；其进者，非有趣之者也，乃吾自往耳。反观内省而自强不息，而为学之终始，盖不待外求而得之矣。”新安陈氏曰：“其往乃自强，其止乃自弃。自强者，不

---

① 为山九仞，功亏一篑：堆造九仞高的山，只差一筐土也不算成功。为山：以土堆山。仞：长度单位，通常以八尺为仞，亦有说七尺为仞。篑：盛土的竹器。

成不止；自弃者，止而必不成。《语》有三四章，纯如《诗》六义之比。此止言为山，而未尝言为学，然为学之义，见于言外。此外《松柏》、《骥力》、《苗秀》章是也①。”

○**子曰：“语之而不惰者，其回也与！”**语，去声。与，平声。

惰，懈居隘反。怠也。范氏曰：“颜子闻夫子之言，而心解力行，造七到反。次颠沛未尝违之②。如万物得时雨之润，发荣滋长，上声。何有于惰，此群弟子所不及也。”朱子曰：“‘语之而不惰’，惟于行上见得。颜子不惰，如‘得一善，则拳拳服膺而不失’，‘欲罢不能’，皆是其不惰处。”又曰：“颜子听得夫子说话，自然住不得，若他人听过了，半疑半信，若存若亡，安得不惰？”庆源辅氏曰：“心解，谓知得透彻，‘闻一知十’是也；力行，谓行得至到，‘既竭吾才’是也。”双峰饶氏曰：“惟其心解，所以力行。夫子称颜子，所以励群弟子也。”新安陈氏曰：“颜子惟明睿，故闻夫子之言而心解；惟健决，故闻夫子之言而力行。一知一行，皆不懈也。又以物得时雨比之，此意自‘如时雨化之’来，孟子《集注》谓‘孔子之于颜曾是也’，惟颜子能化于时雨，惟孔子能当其可化之时而化以时雨，发荣滋长，所谓‘则苗勃然兴之’者也。”

○**子谓颜渊，曰：“惜乎！吾见其进也，未见其止也。”**

“进”、“止”二字，说见形甸反。上章。颜子既死而孔子惜之，言其方进而未已也。朱子曰：“颜子未到那成就结果处，盖他一个规模许大；若求到成就结果处，必大段可观。”勉斋黄氏曰：“智愚贤不肖之分，惰与不惰，止与不止之间耳。知逝者如斯之意，则诚不容于止且惰矣。”【通考】朱子公迁曰：“颜渊之死，伯牛之疾，夫子皆有伤叹之辞。然于颜渊则归之于天，于伯件则归之于命，莫之为而为，莫之致而至，盖亦未如之何也。”

子曰：“苗而不秀者有矣夫！秀而不实者有矣夫！”夫，音扶。

谷之始生曰苗，吐华曰秀，成谷曰实。盖学而不至于成，有如此者，是以君子贵自勉也。朱子曰：“苗须是秀，秀须是实方成，不然，何所用？学不至实，亦何所用？此圣人勉人进学意也。”南轩张氏曰：“养苗者不失其耘耔，无逆其生理，雨露之滋，日夜之养，有始有卒，而后可以臻厥成。或舍而弗耘，或揠而助长，以至于一暴十寒，则苗而不秀，秀而不实矣，学何以异于是？有质而不学，苗而不秀者也；学而不能有诸己，秀而不实者也。”新安陈氏曰：“此章或谓孔子惜颜回，非也。此以其始学而不发达，发达而不成就者，学者不可以方苗而秀自止，当以既秀且实自勉也。”

○**子曰：“后生可畏，焉知来者之不如今也？四十、五十而无闻焉，斯亦不足畏也已。”**“焉知”之“焉”，于虔反。

孔子言后生年富力强，方来之年多，曰年富。足以积学而有待，其势可畏，安知其将来不如我之今日乎？然或不能自勉，至于老而无闻，则不足畏矣。言此以警人，使及

---

① 《松柏》、《骥力》、《苗秀》章：即《论语·子罕》：“岁寒，然后知松柏之后彫也。”《论语·宪问》：“骥不称其力，称其德也。”及本篇下章。

② 造次颠沛：仓促之间、颠沛流离之中。

时勉学也。曾子曰："五十而不以善闻，则不闻矣。"盖述此意。《大戴礼·修身篇》：曾子曰："年三十四十之间而无艺，则无艺矣；五十而不以善闻，则不闻矣；七十而未坏，虽有后过亦可以免矣。"问："后生可畏，是方进者也；四十五十而无闻，是中道而止者也?"朱子曰："然。"庆源辅氏曰："年富则进学有余日，力强则进学有余功，故足以积学而有待；年少而德业进修，则未易量而可畏；已老而实陨名销，则不足畏而可哀。《集注》谓警人使及时勉学，为尽之矣。"尹氏曰："少去声。下同。而不勉，老而无闻，则亦已矣。自少而进者，安知其不至于极乎？是可畏也。"南轩张氏曰："有至于四十五十而知好学者，如《中庸》所谓困而知、勉而行，圣人犹有望焉。若后生虽有美质，而悠悠岁月，则夫所谓四十五十者，将转盼而至，可不惧哉?"双峰饶氏曰："曰'可畏'，期望以勉励之；曰'不足畏'，绝望以警戒之。尹氏先释后二句，却转来释前二句，见勉励之意重，不成只说他不足畏了便休。"

〇子曰："法语之言，能无从乎？改之为贵。巽与之言，能无说乎？绎之为贵。说而不绎，从而不改，吾末如之何也已矣。"

法语陆氏音鱼据反。下同。者，正言之也。巽言者，婉而导之也。绎，寻其绪也。新安陈氏曰："如丝有端绪，寻求其端绪，而思虑䌷绎之也。"法言人所敬惮，故必从；然不改，则面从而已。巽言无所乖忤，五故反。故必说；音悦。下同。然不绎，则又不足以知其微意之所在也。朱子曰："如汉武帝见汲黯之直，深所敬惮，至帐中可其奏，可谓从矣，然武帝内多欲而外施仁义，岂非面从？如孟子谓好色好货，齐王岂不悦？若不知绎，则徒知古人所谓好色，不知其能使内无怨女、外无旷夫，徒知古人所谓好货，不知其能使居者有积仓、行者有裹粮也。"〇杨氏曰："法言，若孟子论行王政之类是也。巽言，若其论好去声。货好色之类是也。语之而未达，拒之而不受，犹之可也。新安陈氏曰："谓全不从不说者，此等不足责。"其或喻焉，则尚庶几平声。其能改绎矣。从且说矣，而不改绎焉，则是终不改绎也已，新安陈氏曰："既晓论，则有能改绎之机矣，而止于此，此等深可责。"虽圣人其如之何哉?"朱子曰："巽，谓巽顺与他说，都是教他做好事。重处在不改不绎，圣人谓如此等人，与他说得也不济事，故曰'吾末如之何也已'。"南轩张氏曰："法言，明义而正告之；巽言，委曲而开导之也。自非肆于恶而无忌惮者，其闻之能无面从与说意乎？然闻善，将以善其身也，苟惟暂说而不改其故，面从而不改其非，则亦何有于己哉?"庆源辅氏曰："从法语，说巽言，秉彝之性也。从而不改者，物欲坚强，而不屈就于理；说而不绎者，志气昏惰，而不反求诸心尔。学之不进，德之不修，家之不齐，国之不治，皆由是基之。若此之人，虽圣人亦莫如之何也已?"

〇子曰："主忠信，毋友不如己者，过则勿惮改。"

重平声。出而逸其半。新安陈氏曰："弟子各记所闻，有详有略。"

〇子曰："三军可夺帅也，匹夫不可夺志也。"

侯氏曰："三军之勇在人，匹夫之志在己。故帅可夺而志不可夺，如可夺，则亦不足谓之志矣。"此借上句以明下句意。南轩张氏曰："志者，中有所主也。三军虽众，其帅可夺者，资诸人故也；匹夫虽微，其志则不可夺者，存诸己故也。夫使志而可夺，则不得谓之志矣。虽然，此所谓志，谓守其道而不渝，如虞人非其招不往之类是也。若守认私意而不知徙义，则是失其所主，谓之任意则可耳，非志也。”勉斋黄氏曰：“共姜，一妇人也，而以死自誓，其志之不可夺如此①，况志于仁，志于道，可得而夺乎？”庆源辅氏曰：“以三军之勇而卫一人，宜若不可夺也，然其可夺者，勇非在我也；以匹夫而守其志，宜若可夺也，然其不可夺者，志非在外也。”“志与意不同，意是发动处，志是存主处，夫子所谓‘志士仁人，有杀身以成仁，无求生以害仁’，其可得而夺乎？如可夺，则岂足以为志哉？”洪氏曰：“志气之帅也，故以为喻。”双峰饶氏曰：“三军有千万个心，匹夫只是一心。若三军离心，则帅便被人夺了，匹夫之志在我而已，故不可夺，此是教人立志。”新安陈氏曰：“志公而意私，初守得定，故不可夺，此是志；后守不定，为人所夺，便非志矣。志摇夺于私意，只可言意耳。李密云‘舅夺母志’非也，若其志，如共姜可夺乎？”

○子曰：“衣敝缊袍，与衣狐貉者立，而不耻者，其由也与？衣，去声。缊，纡粉反。貉，胡各反。与，平声。

敝，坏也。缊，枲想里反。著展吕反。也。袍，衣有著者也，盖衣之贱者。勿轩熊氏曰：“缊，枲著，出《记·玉藻》云：‘纩为茧，缊为袍。’郑云：‘衣有著之称。纩，今之新绵；缊，今之纩及旧絮。’疏：好者为绵，恶者为絮。”朱子云：“袍，谓夹衣有绵在胎底。”赵氏曰：“枲著，则杂用枲麻以著袍也，如今麻苎筋类可置之夹袄中者。”云峰胡氏曰：“《礼韵》：‘贮’字亦作‘著’，通作‘褚’。作绪以绵装衣之谓。”狐貉，以狐貉之皮为裘，衣之贵者。子路之志如此，则能不以贫富动其心，而可以进于道矣，故夫子称之。厚斋冯氏曰：“与美衣服者并立，而此心不动，其志足以帅气而不可夺矣。乌得不与之？然特其立志之初也。”

‘不忮不求，何用不臧？’”忮，之豉反。

忮，害也。求，贪也。臧，善也。言能不忮不求，则何为不善乎？此《卫风·雄雉》之诗，孔子引之，以美子路也。吕氏曰：“贫与富交，强者必忮，弱者必求。”朱子曰：“李闳祖云：‘忮，是疾人之有；求，是耻己之无。’推明得吕氏说好。”问“强必忮，弱必求”。曰：“世人见富贵底，不是心里妒嫉他，便羡慕他。”庆源辅氏曰：“忮者，嫉人之有，而欲害之也；求者，耻己之无，而欲取之也，是皆为外物之所累者也。能于外物一无所累焉，则何往而不善哉！”

子路终身诵之。子曰：“是道也，何足以臧？”

终身诵之，则自喜其能，而不复扶又反。下同。求进于道矣，问：“子路终身诵之，此子路所以不及颜渊处，盖此便是‘愿车马衣轻裘，与朋友共，敝之而无憾’底意思，然他将来自诵，便是无那无伐善施劳底意思？”朱子曰：“所谓终身诵之，亦不是他

① 此指共姜所作《诗·鄘风·柏舟》。《毛诗序》：“〈柏舟〉，共姜自誓也，卫世子共伯早死，其妻守义，父母欲夺而嫁之，誓而弗许，故作是诗以绝之。”

矜伐，只是将这个做好底事，终身诵之要常如此，便别无长进矣。”问：“人惟中无所养，而后饥渴得以害其心也，故不能自安于贫而有慕乎彼之富，此心一动，物欲行焉，故虽可已而不已，孟子所谓‘宫室之美，妻妾之奉，所识穷乏者得我而为’之类，盖有不可胜穷之私，由是以失其本心，而忌嫉忮害生焉。否则谄曲以求之，而不自知其为卑污浅陋之甚也。子路之志，不牵乎外物之诱，夫子称之，欲以进其德，惜乎不能充此而上之，至有终身诵之之弊，不然，箪瓢陋巷之乐当与颜子同之。日用工夫，信乎不可遽已也。”曰：“然。”新安陈氏曰：“子路能如此，本可进于道，今诵所引诗，而自喜其能，则不复求进于道矣，夫子所以一扬之一抑之也。”故夫子复言此以警之。新安陈氏曰：“是道，谓不忮不求之事，何足以臧？承何用不臧之语而反之。○谢氏曰：“耻恶衣恶食，学者之大病。善心不存，盖由于此。子路之志如此，其过人远矣。然以众人而能此，则可以为善矣；子路之贤，宜不止此。而终身诵之，则非所以进于日新也，故激而进之。”庆源辅氏曰：“义理无穷，此特一事之善，若遽自以为喜，则不复求进于道，盖喜心生于自足，而怠心生于自喜，故夫子又言此以警之。”潜室陈氏曰：“子路好勇，必无忮求，自足于此而道之，故孔子因其无日新之功而进焉。”又曰：“子路于世间名利关，大界限分明处，已见得破，但其工夫粗疏，未入圣贤阃室，所以圣人常欲抑其所已能，进其所未能。”

○子曰：“岁寒，然后知松柏之后彫也。”“彫”字，当作“凋”。

范氏曰：“小人之在治去声。世，或与君子无异。惟临利害、遇事变，然后君子之所守可见也。”南轩张氏曰：“力量之浅深，平时未易见也，惟当利害艰难之际，则可见其所守者矣。人徒见其临事之能处也，而不知其所守之有素也。松柏之质坚刚矣，独于岁寒之时，而后人知其后凋耳。”庆源辅氏曰：“小人之在世，或被化而强于为善，或畏威而觊其免罪，故其迹或与君子无异也。临利害，遇事变，则强于为善者或汩于欲，而忘其勉强之心，则惟利之趋；觊于免罪者或乘其变，而以为罪之未必及已，则放僻邪侈，故其真情发露而不可掩。惟成德之君子，则素其位而行，虽造次颠沛，而未尝违也，故其所守，然后可见。”“物之受于天者独正，故不凋于岁寒；人之得于天者必周，故能不变于邪世。”胡氏曰：“小人在治世，或与君子无异者，犹春夏之交，万物青葱，虽有坚脆之不齐，然未可辨也；及事变之来，小人则随时变迁，君子则所守不易，非死生祸福可得而移，亦犹重阴沍寒，生意憔悴，而松柏独苍然不变。”厚斋冯氏曰：“岁寒，今之建丑月也，木叶无不凋，而是时松柏独不凋，则知后于众木之凋也。”新安陈氏曰：“松柏在春夏，无异众木，必经岁寒，方见其后众木而凋零，以比君子在平时无异众人，必经事变，方见其异众人而特立。后凋虽待岁寒而后可见，松柏之有心，则贯四时而有常。托物以比君子，其意深矣。此章如《诗》六义之比。”○谢氏曰：“士穷见节义，世乱识忠臣。欲学者必周于德。”新安陈氏曰：“‘士穷乃见节义’，韩退之语；‘疾风知劲草，板荡识忠臣’，唐太宗语。孟子曰：‘周于德者，邪世不能乱。’”双峰饶氏曰：“松柏至春后方易叶，故曰后凋。必有松柏之操，然后能不为岁寒所变，以比必有君子之德，然后能不为利害事变所移。临利害，遇事变，是两件。士穷见节义，以利害言；世乱识忠臣，以事变言。”

○**子曰：“知者不惑，仁者不忧，勇者不惧。”**

明足以烛理，故不惑；理足以胜私，故不忧；气足以配道义，故不惧。程子曰：“仁者不忧，乐天者也。”朱子曰：“仁者天下之公，私欲不萌，而天下之公在我，何忧之有?”胡氏曰：“公理不能胜私欲，则忧患多端，仁者至公无私，与理为一，理所当然，则贫贱夷狄患难，皆素其位而行，无往而不自得，所以不忧也。”气足以配道义，故不惧。朱子曰：“孟子说‘配义与道，无是馁也’，今有见得道理分晓，而反慑怯者，气不足也。”庆源辅氏曰：“勇，而谓气足以配道义者，配则合而有助之意，如阴配阳也。有义理之勇，有血气之勇，气本粗厉，惟配乎道义，则为道义之助，而可以言勇。所谓不惧者，非悍然不顾也。主乎义理而言，故以配乎道义明之。”此学之序也。朱子曰：“成德以仁为先，进学以知为先，此诚而明，明而诚也。《中庸》三者之序，亦为学者言。”问：“何以勇皆序在后?”曰：“末后做工夫不退转，此方是勇。”问：“知者不惑，明理便能无私否?”曰：“也有人明理而不能去私欲者，然去私欲，必先明理。无私欲，则不屈于物，故勇。惟圣人自诚而明，可以先言仁后言知，至于教人，当以知为先。”“有仁知而后有勇，然而仁知又少勇不得，虽曰‘仁能守之’，只有这勇，方能守得到头，方能接得去；若无这勇，则虽有仁知，少间亦恐会放倒了，所以《中庸》说仁知勇三者。勇本是个没紧要底物事，然仁知不是勇，则做不到头，半途而废。”问：“人之所以忧惑惧者，只是穷理不尽故如此，若穷尽天下之理，则何忧何惧之有？因其无所忧，故名之曰仁，因其无所惑，故名之曰知，因其无所惧，故名之曰勇。不知二说孰是?”曰：“仁者随所寓而安，自是不忧；知者所见明，自是不惑；勇者所守定，自是不惧。夫不忧不惑不惧，自有次第。”问：“知之明，非仁以守之则不可；仁以守之，非勇而行之亦不可。三者不可阙一，而知为先。”曰：“此说甚善，正吾人所当自力也。”庆源辅氏曰：“仁者知之体统，故论德则以仁为先；知者仁之根柢，故论学则以知为首；勇则仁知之发也，未能仁知而勇，则血气之为耳。盖学之序，不惑而后不忧，不忧而后不惧；德之序，不忧则自然不惑，不惑则自然不惧。”

○**子曰：“可与共学，未可与适道；可与适道，未可与立；可与立，未可与权。”**

可与者，言其可与共为此事也。程子曰：“可与共学，知所以求之也。可与适道，知所往也。可与立者，笃志固执而不变也。权，称去声。下同。锤直追反。也，所以称物而知轻重者也。可与权，谓能权轻重，使合义也。程子曰：“权，与‘权衡’之‘权’同。人无权衡，则不能知轻重，圣人则不以权衡而知轻重矣，圣人则是权衡也。”“有求为圣人之志，然后可与共学，而善思然后可与适道。思而有所得，则可与立；立而化之，则可与权。”朱子曰：“可与共学，有志于此；可与适道，已看见路脉；可与立，能有所立；可与权，遭事变而知其宜。此只是大纲如此说。”问：“权便是义否?”曰：“权是用那义底。”问：“中便是时措之宜否?”曰：“以义权之而后得中，义似秤，权是将这秤去称量，中是物得其平处。”“‘义’字包得经与权，经自是义，权亦是义。义当守经则守经，义当用权则用权，经是万世常道，权是不得已而用之，须是合义，如汤武放伐，伊尹放太甲，此是权，若时时用之，成甚世界?”“可与共学底，未必便可与适道，然共学须教可与适道，以下皆然。”庆源辅氏曰：“权与物钧而生衡，而铢两斤钧，皆著于衡。物加于衡之首，而权移于衡之尾，所以能知其轻重也。”新安陈氏曰：“‘权’字之得名以此，此权原器物以论理也。”○杨氏曰：“知为去声。己，则可与共学矣。学足以明善，然后可与适道。信道笃，然后可与立。知时措之宜，然后可与权。”朱子曰：“可与立，未可与权，亦是甚不得已，方说此话，然须是圣人方可与权，若以颜子之贤，恐也不敢议此。磨而不磷，涅而不缁，而今人才磨便磷，才涅便缁，如何便说权变？所谓未学行，先学走也。”“权处是道理上面，更有一重道理，如君子小人，君子固当用，小人固当去，然方当小人进用时，猝乍要用君子也未得，当其深根固蒂时，便要去他，适为所害，这里斟酌时宜，便知个缓急浅深始得。”云峰胡氏曰：“程子是专就权上说义，朱子只分经与权说义。”洪氏曰：“《易》九卦①，终于巽以行权。《易·系辞》：“履以和行，谦以制礼，复以自知，恒以一德，损以远害，益以兴利，困以寡怨，井以辨义，巽以行权。”潜室陈氏曰：“举《易》一语，见权者，圣人之终事。《易》三陈九卦，凡二十七节，道理最微，末一语方以权终之，见得不可骤语。”新安陈氏曰：“九卦谓‘履谦复恒损益困井巽’是也，详见《易·系辞下传》。”权者，圣人之大用。未能立而言权，犹人未能立而欲行，鲜上声。不仆音赴。矣。”云峰胡氏曰：“洪氏之说，上文有曰：‘可与共学，七十子是也；可与适道，游夏之徒是也；可与立，颜闵之徒是也。权即孔子是也，然则权者圣人之大用，非如文王孔子而用权，鲜有不差者矣。”程子曰：“汉儒以反经合道为权，故有权变权术之论，皆非也。权只是经也。自汉以下，无人识‘权’字。”《公羊传·桓公十一年》：“九月宋人执祭仲”“何贤乎祭仲？以为知权也”，权者何？权者，反于经，然后有善者也。”韩康伯注《系辞》云：“权反经而合道，必合乎巽顺，而后可以行权也。”程子曰：“反经合道为权，公羊唱之，何休和之。何休注《公羊传》，其实未尝反经。古人多错用‘权’字，才说权便是变诈。不知权只是经所不及者，权量轻重，使之合义，才合义，便是权也。”愚按：先儒误以此章连下文“偏其反而”为一章，故有反经合道之说。程子非之，是矣。然以孟子嫂溺援之以手之义推之，则权与经亦当有辨。朱子曰：“经与权之分，诸人说皆不合。若说权自权，经自经，不相干涉，固不可；若说事须用权，经须权而行，权只是经，则权与经又全无分别，观孔子曰‘可与立，未可与权’，孟子曰‘嫂溺援之以手’，则权与经须有异处，虽有异，而权实不离乎经也。这里所争只毫厘，伊川说‘权只是经’恐也未尽。尝记龟山云‘权者经之所不及’，这说却好，盖经者，只是存得个大经大法，正当底道理而已，若精微曲折处，固非经之所能尽也。所谓权者，于精微曲折处，曲尽其宜，以济经之所不及耳。所以说中之为贵者权，权者，即是经之要妙处也。如汉儒说反经合道，此语亦未甚病，盖事也有那反经底时节，只是不可说事事要反经，又不可说全不反经。如君令臣从，父慈子孝，此经也；若君臣父子皆如此固好，然事有必不得已处，经所行不得处，也只得反经，依旧不

① 《易》九卦：《周易·系辞传》讲了九卦，九卦是：履、谦、复、恒、损、益、困、井、巽。

离乎经耳，所以贵乎权也。孔子曰‘可与立，未可与权’，立便是经，可与立，则能守个经，有所执立矣，却说‘未可与权’。以此观之，权乃经之要妙微密处，非见道理之精密透彻纯熟者，不足以与权也。”“立，是见得那正当道理分明了，不为事物所迁惑。可与立者，能处置得常事；可与权者，能处置得变事。天下之事，有常有变，而处事之方，有经有权。当事之常而守其经，虽圣贤不外乎此，而众人亦可能；至于遭事之变而处以权，则惟大贤能不失其正。可与立未可与权，盖言其难如此。”“经有不可行处而至于用权，此权所以合经也。”“君臣父子，定位不易，事之常也；君令臣行，父传子继，道之经也。事有不幸，而至于不得尽如其常，则谓之变，而所以处之之术，不得全出于经矣，是则所谓权也。夷齐季札之徒，所以轻千乘之国，以求即乎其心之所安，宁陨其身，亡其国，而不敢失其区区之节者，亦为此也。”又曰：“经是已定之权，权是未定之经。”“权是时中，不中，则无以为权矣。”“汉儒反经之说，只缘将下文误作一章解，故其说相承曼衍，且看集义中诸说，莫不连下文，惟范氏苏氏不如此说。程子说汉儒之误固如此，要之反经合道一句，思之亦通，缘‘权’字与‘经’字对说，才是权，便是变却那个经，虽谓之反经可也。然虽是反那经，却不悖于道。虽与经不同，而道一也。经者道之常，权者道之变，道则是个体统，贯乎经与权。”“汉儒说权，是离了个经说；伊川说权，便道权只在经里面。且如周公诛管蔡，与唐太宗杀建成、元吉，其推刃于同气虽同，而所以杀之则异。盖管蔡与商遗民，谋危王室，此是得罪于天下，得罪于宗庙，不得不诛之；若太宗分明是争天下。故周公可谓之权，太宗不可谓之权。”“伊川见汉儒言反经是权，恐无忌惮者得借权以自便，因有此论。”“伊川将经做个大底物事，经包得权，此说本好，只是据圣人说‘可与立，未可与权’，须还他是两个字，经自是经，权自是权，若如伊川说，便废了‘权’字始得。权只是经之变，这便是反经，今须晓得孔子说，又晓得伊川之说方得。”“权与经固是两义，然论权而全离乎经则不是。盖权是不常用底物事，如人之热病者当用凉药，冷病者当用热药，此是常理；然有时有热病，却用热药发他热病者，有冷病，却用凉药发他冷病者，此皆是不可常用者。然须下得是方可，若有毫厘之差，便至于杀人；若用得是，便是少他不得，便是合用这个物事。既是合用，兹权也，兹所以为经也。”勉斋黄氏曰：“常者，一定之理；变者，随时之宜。遇事之常，但当守一定之理；遇事之变，则不得不移易，以适时之宜，此经权不可无变之说然也。然天下之理，惟其当然而已，当经而经，当然也；当权而权，亦当然也。权虽异于经，而以其当然，则亦只是经，此程子权只是经之说然也。有有辨之说，则经权之说始明；有程子之说，则经权之义始正。”问：“‘权’、‘经’二字，如何分别?”潜室陈氏曰：“经犹秤衡，铢两斤钧，一成画定；权即秤锤，随物低昂，以求合于铢两斤钧。”陈氏曰：“经所不及，须用权以通之，然非理明义精便差却，到用权处，亦看不出。权虽经之所不及，实与经不相悖，柳宗元谓‘权者，所以达经者也’。盖经到那里行不去，非用权不可济，如君臣定位，经也，桀纣暴横，天下视为独夫，此时君臣之义已穷，故汤武征伐以通之，所以行权。男女授受不亲，此经也，嫂溺不援，便是豺狼，故援之者，所以通乎经也。用权须是地位高方可，但非可以常行，如太宗杀建成，是不当用权而用权；王魏不死于建成而事太宗，是合守经而不守经；魏晋以下，皆于国统未绝，而欺人孤寡，托为受禅，是当守经而不守经，不当用权而用权者也。又如季札，终于固逊而不肯立，卒自乱其宗国，是于守经中见义不精者也。张柬之等，反正中宗，诛诸武而留一武三思，卒自罹惨祸，是于用权中见义不精者也。”云峰胡氏曰：“程子矫汉儒之弊，而谓‘权只是经’；朱子谓‘经与权当有辨’。无程子之说，则权变权术之说，可行于世矣；无朱子之说，则经权之辨，不复明于世矣，此其说不得不异也。先儒谓朱子每于程子之说，足其所未尽，补其所未圆，实有功于程子，愚于此亦云。”【通旨】朱氏公迁曰：“此章泛以称物之权言之，义兼小大。大而处人伦之变，小而适事变之宜，皆在其中矣。若孟子言‘执中无权’，又言‘权，然后知轻重’则各因一事而言之，只是于常道之中用权以适其宜而已。此则直谓之义可也。余如‘君子时中’、‘时措之宜‘，皆与‘权’字异名而同义。”

“唐棣之华，偏其反而。岂不尔思？室是远而。”棣，大计反。

唐棣，郁李也。朱子曰：“此《唐棣》自是一篇诗，与今《常棣》诗别。《论语》及《召南》作‘唐棣’，《尔雅》作‘棠棣’，无作‘常’者，而《小雅》‘常’字亦无唐音，《尔雅》又云‘唐棣，栘’，‘常棣，棣’，则唐棣常棣，自是两物，而夫子所引，非《小雅》之《常棣》矣。”偏，《晋书》作翩。或问：“偏之为翩?”朱子曰：“非独《晋史》为然，《角弓》之诗固有‘翩其反矣’之句矣。”然则反亦当与翻同，言华与花通。之摇动也。而，语助也。此逸诗也，于六义属兴①。去声。上两句无意义，但以起下两句之辞耳。其所谓尔，亦不知其何所指也。读“反”，为“翻”，则“远”字亦叶于圆反。汪氏曰：“《韵书》栘下注云：‘其华反向后合，《诗》云翩其反而’，据此，读如字亦可，尤与‘远’叶。”

○子曰：“未之思也，夫何远之有?”夫，音扶。

夫子借其言而反之，盖前篇“仁远乎哉”之意。○程子曰：“圣人未尝言易去声。以骄人之志，以为易，则忽心生而骄。亦未尝言难以阻人之进。以为难，则畏心生而阻。但曰未之思也，夫何远之有？此言极有涵蓄，意思去声。深远。”庆源辅氏曰：“是理之在人，以为易知乎，则精深微妙，未易可知也；以为难知乎，则其在人之理，本是不隐也。若言其易，则骄人之志，而不肯下坚苦之功；若言其难，则阻人之进，而遂生疑畏之意。‘但曰未之思也，夫何远之有’，则只是平铺地道著，无一毫助长益生之意，所以‘极有涵蓄，意思深远’。极有涵蓄者，该道体之微显，进学者之工夫，皆寓其中；意思深远者，令人涵泳之，但觉意味渊永，无有穷尽也。非圣人之言，畴克尔哉?”新安陈氏曰：“逸诗所谓‘尔思’，以思其人言；夫子所谓‘未之思’，以思此理言。理之所在，思则得之，何远之有？不思则不得，始见其远耳。何以知‘尔思’之为思其人？以‘室’字知之，但不知所谓‘尔’者指何人尔。然词意婉而平和，无亵狎态，东坡以为‘思贤之诗’，亦或然也。”

---

① 六义：《诗经·关雎序》：“故《诗》有六义焉：一曰风，二曰赋、三曰比、四曰兴、五曰雅、六曰颂。”兴，即第四义。

论语集注大全卷十

乡党第十

杨氏曰："圣人之所谓道者，不离去声。乎日用之间也。故夫子之平日，一动一静，门人皆审视而详记之。"尹氏曰："甚矣孔门诸子之嗜学也！于圣人之容色言动，无不谨书而备录之，以贻后世。今读其书，即其事，宛然如圣人之在目也。虽然，圣人岂拘拘而为之者哉？盖盛德之至，动容周旋，自中去声。乎礼耳。学者欲潜心于圣人，宜于此求焉。"程子曰："《乡党》分明画出一个圣人。"朱子曰："《乡党》一篇，自'天命之性'至'道不可须臾离'，皆在里面。许多道理，皆自圣人身上迸出来，惟圣人做得甚分晓，故门人见之熟，是以记之详。""《乡党》说圣人容色处，是以有事时观圣人；说燕居申申夭夭处，是以无事时观圣人，学者须知圣人无时无处而不然。"南轩张氏曰："此篇于夫子言语容貌衣服饮食之际，察之精矣。圣人之道，如是其高深也，茫然测度，惧夫泛而无进德之地，故即其著见之实而尽心焉。存而味之，则而象之，于此有得，则内外并进，体用不离，而其高深者可驯致矣。"庆源辅氏曰："圣人之道，无精粗，无本末，大至于平天下治国家，立经陈纪，制礼作乐，小至于容貌辞气，一动一静，皆自此广大心中流出。但愈细则愈密，愈近则愈实，故《乡党》一篇，记圣人之容貌辞色如是之详且悉者，正所以示圣学之正传，以垂教于后世也。"问："《乡党》一书尽言孔子，中间又言君子，朱子谓'君子即孔子'，何不便说孔子？"潜室陈氏曰："即孔子做底，便是众人合依底，故间称君子。圣人以身为教，故记者以教法书之。"云峰胡氏曰："《乡党》形容夫子之一动一静，可得而直遂其辞者，曰必，曰不；不可得而直遂其辞者，曰如，曰似。其皆随时变易，而无非道之所在者欤？"旧说凡一章，今分为十七节。【通考】吴氏程曰："'入太庙'系重出，不在数内。"勿轩熊氏曰："首五节记夫子至朝廷言貌，次四节记夫子衣服饮食居处，其余则夫子自一乡至一国，凡事君交友之道，容貌之变，言动之细，皆备记焉。"

孔子于乡党，恂恂如也，似不能言者。恂，相伦反。

恂恂，信实之貌。似不能言者，谦卑逊顺，不以贤知去声。先人也。乡党，父兄宗族之所在，故孔子居之，其容貌辞气如此。朱子曰："乡党不是不说，但较之宗庙朝廷，为不敢多说耳。"或问"恂恂"。曰："以《诗》《书》训诂考之，宜为信实，然亦有温恭之意。"庆源辅氏曰："似不能言者，所以形容信实之意。大凡人才信实，则言自简默，况圣人之表里如一者乎？谦卑逊顺，不以贤智先人，即温恭之意。"吴氏曰："恂恂似不能言，信实在心而讷于发言之貌。人伦之序，自近达远，由亲及疏，家之外则乡党矣。生于斯，长于斯，父兄宗族聚于斯，故夫子居之，其貌言如此。"

其在宗庙朝廷，便便言，唯谨尔。朝，直遥反。下同。便，旁连反。

便便，辩也。宗庙，礼法之所在；朝廷，政事之所出；言不可以不明辨。总言。故必详问据“入太庙，每事问”而言在太庙如此。而极言之，在朝廷如此，但谨而不放尔①。吴氏曰：“宗，尊也。尊奉之，故宗。宗庙朝廷，皆谓鲁也。”〇此一节，记孔子在乡党、宗庙、朝廷言貌之不同。胡氏曰：“在宗庙而明辨，则可以识制度文物之精微，升降揖逊之委折；在朝廷而明辨，则上之所布者不悖于理，下之所受者不被其害。”厚斋冯氏曰：“古人于言语所不能形容，辄以连绵字状之，如《诗》之咏文王曰‘穆穆亹亹，雍雍肃肃’，如见文王之德容心志也。此篇最工于形容夫子之动容周旋，睟然于言辞之表见之。”云峰胡氏曰：“此篇记夫子之容貌言动，然纪动莫先于纪言，故首一节以言先之。夫子在乡党非不言，而似不能言；在宗庙朝廷，则当言必言，而犹谨于言。言，心声也，此心信实，则讷而不发；此心谨慎，虽不讷而亦不轻发。信实谨慎，不足以言夫子之圣，而愈见夫子之所以圣。”

〇朝，与下大夫言，侃侃如也；与上大夫言，訚訚如也。侃，苦旦反。訚，鱼巾反。

此君未视朝时也。胡氏曰：“以下文‘君在’互观之，知此为君未视朝时。既视朝，则不当历位而相与言矣。”王制，诸侯上大夫卿，下大夫五人。胡氏曰：“《王制》：‘上大夫卿’，又云：‘大国三卿’，‘下大夫五人’，今合此二节，以为上大夫、下大夫之别也。上大夫曰卿，大国、次国、小国、并下大夫五人。”厚斋冯氏曰：“夫子仕鲁，自下大夫为上大夫，此当记为下大夫之时。”许氏《说文》②：后汉许慎，字叔重，著《说文》。“侃侃，刚直也。庆源辅氏曰：“侃侃，谓能守理义而无所回屈。”訚訚，和悦而诤也。”朱子曰：“下大夫位不甚尊，故言可得而直遂。上大夫前，虽有所诤，须有含蓄不尽底意，不如侃侃之发露得尽也。”“和悦，则不失事上之恭；诤，则又不失在己义理之正。”“和悦终不成一向放倒了，到合当辨处须辨，始得。”“内不失其事上之礼，而外不至于曲从，如古人用这般字，不是只说字义，须是想象这意思是如此。如‘恂恂’，皆是有此意思，方下此字；如《史记》云：‘鲁道之衰，洙泗之间，龂龂如也。’‘龂’‘訚’字同，这正见和悦而诤意思。”北溪陈氏曰：“先言和悦，后言诤。和悦者，事长顺也，诤则不诡随矣。”

君在，踧踖如也。与与如也。踧，子六反。踖，子亦反。与，平声，或如字。

君在，视朝也。踧踖，恭敬不宁之貌。与与，威仪中适之貌。南轩张氏曰：“此君在位之时，在朝在庙燕见皆然也。”胡氏曰：“中者，不至于过；适者，当其可。”庆源辅氏曰：“踧踖二字皆从足，盖心惧而立不宁也。踧踖，虽是恭敬不宁；与与，又却威仪中适，此所以为圣人也。”新安陈氏曰：“中适，得其中而且安适也。若作中节解，何不曰‘适中’乎？”〇张子曰：“与与，不忘向君也。”亦通。勉斋黄氏曰：“下大夫侃侃，接下以严；上大夫訚訚，事上以和。敬而不忘向君，忠敬之道备矣。”双峰饶氏曰：“与

① 谨而不放：谨慎而不放肆。

② 许氏说文：许慎的《说文解字》。

与，作平声读者，威仪中适之貌，言虽恭敬不宁，而威仪却皆从容中适，恭敬之中，有和意也；作如字读者，与之又与，不忘向君之意。踧踖，敬君之至也；与与，爱君之至也。敬有余而爱不足则疏，爱有余而敬不足则亵，圣人两皆具足，盖莫非中和气象。”庆源辅氏曰：“恭敬不宁如此，而意又不忘向君，亦非圣人不能也。”〇此一节，记孔子在朝廷事上接下之不同也。齐氏曰：“君未视朝，则其待同列也，或庄或和，所施各异；君既视朝，则其视君也，一于齐栗专笃而已。观诸上下之间，而其辞貌各得其当可见矣。”

〇君召使摈，色勃如也，足躩如也。摈，必刃反。躩，驱若反。

摈，主国之君所使出接宾者。勃，变色貌。躩，盘辟貌。辟，音璧，与“躄”同。盘辟，乃盘旋曲折之意。皆敬君命故也。庆源辅氏曰：“摈，人主使之接宾，此见《仪礼》。所以接宾者，尽人主之礼意，而欲宾之无违于礼也。勃如，颜色之变；躩如，容止之变。心敬于中，则容变于外，自然之符也。圣人固未尝不敬，但君命之临，则敬心愈至耳。”【通考】吴氏程曰：“盘辟，足盘桓如不能行者。”

揖所与立，左右手。衣前后，襜如也。襜，赤占反。

所与立，谓同为摈者也。摈用命数之半，如上公九命，则用五人，以次传命。《周礼·行人》：上公九介，侯伯七介，子男五介，各随其命数，宾次于大门之外。主人使摈者出而请事，卿为上摈，大夫为承摈，士为绍摈。主国之君，公则摈者五人，侯伯四人，子男三人，各用其命数之强半，下于宾以示谦也。若其传命之制，宾立于库门之外，即大门直闑西北面，介者以次立于西北东面，每介相去三丈六尺；主君出接，立于库门之外，直闑西南面，摈者以次立于君之东南西面，每摈相去亦三丈六尺；末摈与末介相对东西，亦相去三丈六尺。主君命上摈请问来故，盖虽知其来朝，不敢自许其朝已，恐其或为他事而来，所以示谦也。上摈受君命而传之承摈，迤逦传至末摈，末摈传至末介，末介以次继传，上至于宾，宾命上介复命，复以次传之摈，而达于主君，然后主君进而迎宾以入。朱子曰：“古者相见之礼，主人有摈，宾有介。宾传命于上介，上介传之次介，次介传之末介，末介传之末摈，末摈传之次摈，次摈传之上摈，上摈传之主人，然后宾主方相见。”蔡氏模曰①：“宾主各有副，宾副曰介，主副曰摈。”揖左人，则左其手；揖右人，则右其手。襜，整貌。《周礼·春官·大宗伯》【校记：“大宗伯”四库本、三鱼堂本作“大官伯”，此据弘治本及《周礼》原文改。】：以九仪之命正邦国之位。壹命受职始，见命为正吏，受职事。再命受服，受祭衣服，为上士。三命受位，受下大夫之位。四命受器，受祭器，为上大夫。五命受则，则者，法也。地未成国之名，王之下，大夫四命，出封加一等，五命，赐之以方百里、二百里之地者，方三百里以上为成国。六命受官，子男入为卿，治一官也，此王六命之卿。赐官者，使得自置其臣治家邑。七命赐国，王之卿六命，出封加一等者，就侯伯之国。八命作牧，侯伯有功德者，加命得专征伐于诸侯，为一州之牧。九命作伯。上

---

① 蔡模：字仲觉，蔡元定之孙，隐居笃学，一以圣贤为师，一时名士多师尊之。尝辑朱熹之书为《续近思录》，著有《易传集解》、《大学衍说》、《论孟集疏》、《河洛探赜》、《感兴诗注》等。学者称觉轩先生。

公有功德者，加命为二伯，得征为侯。九命者，长诸侯，为方伯。①《秋官司寇·大行人》：以九仪辨诸侯之命，等诸臣之爵，以司邦国之礼而待其宾客。九仪，谓命者五，公侯伯子男也。爵者四，孤卿大夫士也。上公之礼，执桓圭九寸，冕服九章，介九人，礼九牢，摈者五人；诸侯之礼，执信圭七寸，信音身。冕服七章，介七人，礼七牢，摈者四人；诸伯执躬圭，其他皆如诸侯之礼。诸子执谷璧五寸，冕服五章，介五人，礼五牢，摈者五人。诸男执蒲璧，其他皆如诸子之礼。朱子曰："揖左人，传命出；揖右人，传命入也。"庆源辅氏曰："左右手，如宾自南而北，则居东者在宾之右，而宾在其左，故用左手以揖宾；居西者在宾之左，而宾居其右，故用右手以揖宾。如此，然后两相向也。又曰：'襜如，言其衣之前后襜如其齐整也。'"

趋进，翼如也。

疾趋而进，张拱端好②，如鸟舒翼。庆源辅氏曰："凡人疾走，则手易散，臂易掉，今疾趋而进，而张拱端好，如鸟舒翼，所谓造次不违者是也。"

宾退，必复命曰："宾不顾矣。"

纾音舒。君敬也。朱子曰："古者宾退，主人送出门外，设两拜，宾更不顾而去。国君于列国之卿大夫亦如此。"新安陈氏曰："纾，缓也，解也。宾虽退，主君敬犹存。摈告宾去不顾，则主君之敬可缓解也。"此一节，记孔子为去声。君摈相去声。之容。问："夹谷之会，孔子相礼，恐即摈相之相？"朱子曰："相自是相，摈自是摈。相是相礼仪，摈是传道言语，故摈用命数之半，是以次传说。"勉斋黄氏曰："色勃足躩，被命之初也；揖与趋进，行礼之际也；宾退，礼毕之后也。皆天理之节文所当然。至于揖之左右，衣之前后，手之翼如，皆礼文之至末者，圣人于此，动容周旋，无不中礼，盛德之至也。"

○入公门，鞠躬如也，如不容。

鞠躬，曲身也。公门高大而，若不容，敬之至也。南轩张氏曰："入公门，则改容而不敢少肆也。"庆源辅氏曰："高大，则宜无所不容矣，今以森然之身入之，如不容焉，则心小而敬谨可知矣。"

立不中门，行不履阈。阈，于逼反。

中门，中于门也。谓当枨除庚反。闑倪结反。之间③，君出入处也。阈，门限也。礼：士大夫出入君门，由闑右，不践阈。见《记·曲礼》。谢氏曰："立中门则当尊，行履阈则不恪④。"克各反。朱子曰："枨，如今衮头相似。闑，当中碍门者，今城门有之。古人常掩左扉，人君多出在门外见人，当枨闑之间为君位。"或问"中门之说"。曰：

---

① 《周礼·春官·大宗伯》"九命作伯"注文为："上公有功德者，加命为二伯，得征五侯九伯者。郑司农云：'长诸侯为方伯。'"

② 张拱端好：双手打拱而两肘外张，姿态端正而优美。

③ 枨：门两边竖高的木柱。闑：门中间竖短的木柱。

④ 立中门则当尊，行履阈则不恪：站在门中间就挡住了尊者，走路踩门槛就不恭敬。当：同"挡"。

“疏云：‘门中有闑，两旁有枨。’中门，谓枨闑之中，然则门之左右扉各有中，所谓‘闔门左扉，立于其中’是也。”南轩张氏曰：“立不中门，避所尊也；行不履阈，行以度也。非独入公门为然，特于此记之耳。”双峰饶氏曰：“中间有闑，两旁有枨，枨是大门两旁之木，如今壁尺相似；闑，是中间两扉相合之处，又有一木常设而不动。东西两扉各有中，君出入，则皆由左，出则以东扉为左，入则以西扉为左；士大夫出入君门，则皆由右，出以闑西为右，入以闑东为右，然虽由右，亦不敢正当枨闑之中，但挨闑旁而行，盖避君出入处也。行既不敢当中，则立亦不可当中，故立不中门。”吴氏曰：“按《乡党》所记夫子之事，有常礼者，有夫子所行不与他人同者。如入太庙每事问，此夫子不与他人同者；如立不中门，行不履阈，此常理礼也。”

过位，色勃如也，足躩如也，其言似不足者。

位，君之虚位。胡氏曰：“言过，则虚可知矣。”谓门屏音丙。之间，人君宁仲言反。立之处，所谓宁也。《礼记·曲礼下》：天子当依而立。诸侯北面而见天子，曰觐；天子当宁而立，诸公东面，诸侯西面，曰朝。依状如屏风，以绛为质，高八尺，东西当户牖之间，绣为斧文也，亦曰“斧依”。《尔雅》曰门屏之间谓之宁。问：“‘过位’注云‘君之虚位，谓门屏之间’?”朱子曰：“如今人厅门之内，屏门之外，似周礼所谓外朝也。”问：“‘过位，色勃如也’，位谓门屏之间，人君宁立之处?”曰：“古今之制不同，今之朝仪，用秦制也，古者朝会，君臣皆立，故《史记》谓‘秦王一旦捐宾客而不立朝’，君立于门屏之间，屏者，乃门间萧墙也，今殿门亦设之。三公九卿以下，设位于廷中，故谓之‘三槐九棘’者，廷中有树处，公卿位当其下也。”双峰饶氏曰：“天子至尊，何以立而不坐？曰：古无坐见臣下之礼，至秦尊君卑臣，始有君坐臣立之制。”“门屏之间，谓治朝也，但天子外屏，其屏在路门外，诸侯内屏，其屏在路门内，则宁立之处，天子当在门外屏内，诸侯当在屏外门内，此为不同尔。问：‘屏制何如?’曰：‘树小墙于当门，以蔽内外也。’”君虽不在，过之必敬，不敢以虚位而慢之也。言似不足，不敢肆也。

摄齐升堂，鞠躬如也，屏气似不息者。齐，音咨。

摄，抠驱侯反。也。齐，衣下缝缝，房用反。也。【通考】吴氏程曰：“缝当音平声，谓裳下缉也。”礼：将升堂，两手抠衣，使去地尺，恐蹑尼辄反。之而倾跌音迭。失容也。屏，音丙。藏也。息，鼻息出入者也。近至尊，气容肃也。朱子曰：“摄齐者，是谓谨，恐上阶时踏着裳，有颠仆之患。”或问：“升堂摄齐，则手无所执欤?”曰：“古者君臣所执，五玉三帛，二生一死，皆以为贽而已，笏则搢之，插于腰间，用以记事而已，不执以为仪也。宇文周欲复古，乃不修贽而执笏，于是摄齐鞠躬之礼废，升堂而蹴齐者多矣。”胡氏曰：“初则身如不容，次则言似不足，又次则气似不息，君愈近则敬愈加也。至于舒气解颜，若少放矣，而踧踖余敬，久犹未忘，则圣人所以存心也可见矣。”庆源辅氏曰：“升则肃，降则舒，气之有张弛也。”“鼻息出入，人之所不能无也，但心敬则气肃，其息细微，自不觉其出入，一似不息者也。”赵氏曰①：“古者诸侯之堂七尺，尺一级，使裳之齐去地尺，则升阶不蹑之也。”“‘两手抠衣’‘去齐尺’，出《记·曲礼上》；‘气容肃’出《玉藻篇》，注云‘似不息’。”

出，降一等，逞颜色，怡怡如也。没阶趋，翼如也。复其位，踧踖如也。

陆氏曰：“趋下本无‘进’字，俗本有之，误也。”等，阶之级也。逞，放也。渐远所尊，舒气解颜。怡怡，和悦也。没阶，下尽阶也。趋，走就位也。复位踧踖，敬之余也。朱子曰：“此是到末梢又加整顿。众人末梢便撒了，圣人则始乎敬，终乎敬。”问：“何以知‘进’字为衍文？”曰：“降而尽阶，则为趋而退，不得复有‘进’字。”南轩张氏曰：“出降一等，色始舒也，没阶翼如，复其位踧踖，始终以敬也。”此一节，记孔子在朝之容。勉斋黄氏曰：“此记在朝之容，有五节。一入门，二过位，三升堂，四下阶，五复位。”云峰胡氏曰：“始入门而如不容，其敬即已可见；至其出也，既怡怡而复踧踖，则其敬愈可见。故《集注》始以为敬之至，末以为敬之余。”新安陈氏曰：“此章当玩‘入’与‘出’字。自入以至出，始终一于敬也。”

○执圭，鞠躬如也，如不胜。上如揖，下如授。勃如战色，足蹜蹜，如有循。胜，平声。蹜，色六反。

圭，诸侯命圭。聘问邻国，则使大夫执以通信。《周礼·冬官考工记》：“命圭九寸，谓之桓圭，公守之；命圭七寸，谓之信圭，侯守之；命圭七寸，谓之躬圭，伯守之。命圭者，王所命之圭也，朝觐执焉，居则守之。子守谷璧，男守蒲璧，不言之者，阙耳。”《礼·郊特牲》云：“大夫执圭而使，所以申信也。”朱子曰：“圭，自通贽见。通信之物，只是捧至君前而已，少间仍退还。”或问“命圭”。曰：“古者诸侯受封，天子授之以圭，以为瑞节。”如不胜，执主器，执轻如不克，出《记·曲礼下》。敬谨之至也。庆源辅氏曰：“一圭之重，能有几何，岂有不胜之理？但敬谨之至，容仪一似不胜者耳。”上上声。如揖，下如授，谓执圭平衡，手与心齐，高不过揖，卑不过授也②。问：“执圭‘上如揖，下如授’，既曰‘平衡’，而又有上下，莫是心与手齐，如步趋之间，其手微有上下，但高不至过揖，下不至过授否？”朱子曰：“得之。”“‘上如揖，下如授’，旧说谓‘上阶之上，下阶之下’，亦好。但此方说升堂时，其容如此，既升堂纳圭于君前，即不复执之以下，故说做下堂不得，所以只用平衡之说言之。上下，谓执圭之高低也。”厚斋冯氏曰：“太高则仰，太卑则俯，上下如此，则升降之间得其节矣。”战色，战而色惧也。吴氏曰：“临事而惧，莫过于战，故以战喻过位，使摈但言‘色勃如也’。此加‘战’字，则庄而且惧矣。”蹜蹜，举足促狭也③。如有循，《记》所谓举前曳踵，之陇反。言行不离去声。地，如缘物也。《礼·玉藻》：“执龟玉，举前曳踵，蹜蹜如也。”踵，足后跟也。略举前趾，拖曳后跟，行不离地也。朱子曰：“蹜蹜如有循，缘手中有圭，不

---

① 赵氏：赵顺孙。(清)梁章钜：《论语旁证》卷十载：“赵氏顺孙曰：‘古者诸侯之堂七尺。’”

② 高不过揖，卑不过授：高不超过作揖的高度，低也不低于交给别人时的高度。

③ 举足促狭：抬脚谨慎。

得摄齐，亦防颠仆。”

享礼，有容色。

享，献也。既聘而享，用圭璧，有庭实①，新安陈氏曰：“《记》曰‘庭实旅百，奉之以玉帛’，此云‘用圭璧’，即玉帛之玉，与上文‘执圭’不相妨，彼乃命圭也。”有容色，和也。《仪礼》曰：“发气满容。”问：“聘享之礼。”朱子曰：“正行聘礼毕，而后行享礼。聘，是以命圭通信，少间仍旧退还命圭；享，是献其圭璧琮璜，非命圭也。皮币舆马之类，皆拜跪以献，退而又以物献其卿大夫，凡三四次方毕。所献之物皆受，但少间别有物以回之。”又问“庭实”。曰：“皮币舆马，皆陈于庭，故曰‘庭实’。”问：“享礼有容色，仪礼谓发气满容，何故如此？”曰：“聘是初见时，故其意极于恭肃；既聘而享，则用圭璧以通信，有庭实以将其意，比聘时渐纾也。”

私觌，愉愉如也。

私觌，以私礼见形甸反。也。愉愉，则又和矣。朱子曰：“享礼，乃其君之信；私觌，则聘使亦有私礼物，与所聘之国君及其大臣。”“私觌，是所遣之大夫，既以君命行聘享之礼毕，却行私礼参见他国之君也。”问：“私觌见于聘礼，孔子行之，而《礼记》者以为非礼，何也？”曰：“胡氏以为《若聘》礼所记、孔子所行者，正也。当时大夫僭于邦君，于是乎有庭实旅百，如享礼然，则非匹矣，故《记》曰‘庭实旅百，何为乎诸侯之庭？’此说是也。”云峰胡氏曰：“非敬无以尽聘问之礼，非和无以通聘问之情。”新安陈氏曰：“方聘则专于敬，既聘则渐而和。”

此一节，记孔子为去声。君聘于邻国之礼也。勉斋黄氏曰：“此章言出使有三节。执圭，礼之正也，享礼则稍轻，私觌则又轻矣，故其容节之不同也如此。”晁氏曰：“孔子定公九年仕鲁，至十三年适齐，其间绝无朝音潮。聘往来之事。疑‘使摈’、‘执圭’两条，但孔子尝言其礼当如此尔。”厚斋冯氏曰：“据左氏史迁所载，恐不无轶事，是书出于门人之亲记，乌得而疑之？”双峰饶氏曰：“按《史记》，定公十四年，孔子去鲁适卫，无十三年适齐事，不知晁氏何据而云。以上数节，必夫子朝见摈聘时，弟子随从见而记之。”

○君子不以绀緅饰。绀，古暗反。緅，侧由反。

君子，谓孔子。绀，深青扬赤色，【通考】吴氏程曰：“扬赤色俗谓之带艳色。”齐侧皆反。服也。緅，绛色。三年之丧，以饰练服者。【通考】吴氏程曰：“绛，古巷反，淡红色。练，小祥服，以熟布为之。者，或作‘也’字，非。缘，俞绢、戈绢二反。”饰，领缘俞绢反。也。问：“緅以饰练服，緅，是绛色，练服，是小祥后丧服，如何用绛色为饰？”朱子曰：“便是不可晓，此个制度差异。绛，是浅红色；绀，是青赤色。扬者，浮也，如今人鸦青也。”“齐服用绛，三年之丧，既期而练，其服以緅为饰。”双峰饶氏曰：“《集注》本古注说也，然《檀弓》云‘练衣縓缘’，古注误以縓为緅，疑当阙。”新安陈氏曰：“縓，取绢切。縓是浅绛色，緅则赤多黑少之色，古注以緅当縓，殊不相似。至于

① 既聘而享，用圭璧，有庭实：去访问并献上礼物，礼物用圭璧，并陈列在大庭里。

绀近齐服，考之《注疏》，亦无明证。要之二色皆似赤非赤，其色不正，故不用为饰欤?”

红紫不以为亵服。

红紫，间去声。色不正，且近于妇人女子之服也。朱子曰：“红紫非正色，青黄赤白黑，五方之正色也。绿红碧紫骝，五方之间色也。盖以木之青，克土之黄，合青黄而成绿，为东方之间色；以金之白，克木之青，合青白而成碧，为西方之间色；以火之赤，克金之白，合赤白而成红，为南方之间色；以水之黑，克火之赤，合赤黑而成紫，为北方之间色；以土之黄，克水之黑，合黑黄而成骝，为中央之间色。”亵服，私居服也。言此则不以为朝祭之服可知。朱子曰：“自隋炀帝令百官以戎服从，一品赐紫，次朱，次青，后世遂为朝服。然唐人朝服犹着礼服。京师士人行道间，犹着衫帽，南渡后，变为白衫，后来变为紫衫，皆戎服也。”南轩张氏曰：“绀，齐服；緅，练服。不以饰，别嫌疑而重丧祭也。红紫间色，不以为亵服，无时而不居正也。”庆源辅氏曰：“朝祭之服，礼服也。”陈氏用之曰：“不以饰，则不以为服可知。不以为亵服，则不为正服可知。”齐氏曰：“后世朝祭，服绿，服绯，服紫，盖不特制度尽变于拓拔魏，而其色已失其正矣，故《集注》有微意焉。”【通考】吴氏程曰：“间色：五方正色也，赤白为红，赤黑为紫，杂以二则间矣。”

当暑，袗絺绤，必表而出之。

袗，单也。葛之精者曰絺，粗者曰绤。表而出之，谓先著陟略反。里衣，表絺绤而出之于外，欲其不见形甸反。体也。《诗》所谓“蒙彼绉絺”是也。新安陈氏曰：“《诗传》：“蒙，覆也。绉，絺之蹙蹙者。蒙，谓加絺绤于亵衣之上，所谓‘表而出之’也。见《鄘风·君子偕老篇》。”

缁衣羔裘，素衣麑裘，黄衣狐裘。麑，研奚反。

缁，黑色。羔裘，用黑羊皮。麑，鹿子，色白。狐，色黄。衣以裼先的反。裘，欲其相称。去声。朱子曰：“缁衣羔裘，乃纯用兽皮而加里衣，如今之貂裘。”觉轩蔡氏曰：“按邢氏云‘中衣外裘，皆相称也’。缁衣羔裘之上，必用布衣为裼。缁衣羔裘，是诸侯君臣日视朝之服也。素衣麑裘，视朔之服，卿大夫士亦然。受外国聘享，亦素衣麑裘。黄衣狐裘，则大蜡息民之祭服也。”胡氏曰：“古者衣裘不欲其文之著，故必加单衣以覆之，然欲其色之称，《玉藻》所谓‘羔裘缁衣以裼之’，是也。”厚斋冯氏曰：“羔裘，朝服，郑诗刺朝，晋诗刺在位，① 是也。麑裘，聘享之服，见《聘礼》；狐裘，蜡祭之服，见《郊特牲》。”新安陈氏曰：“裘之上加单衣，以袒裼见裘之美，曰‘裼’；加全衣重袭于裼衣上，以充蔽其美，曰‘袭’。故《玉藻》曰：‘裘之裼也，见美也；服之袭也，充美也。’”

亵裘长。短右袂。

长，欲其温。短右袂，所以便作事。赵氏曰：“此私家所著之裘。长之者，主温

---

① 《诗经》中《郑风》、《唐风》、《桧风》均有《羔裘》，其意不同，故有此言。

也。袂，是裘之袖，短右袂者，作事便也。”

必有寝衣，长一身有半。长，去声①。

齐侧皆反。主于敬②，不可解衣而寝，又不可著陟略反。明衣而寝，故别有寝衣，其半盖以覆敷救反。足。程子曰：“此错简，当在‘齐必有明衣，布’之下。”愚谓如此，则此条与明衣变食，既得以类相从；而亵裘狐貉，亦得以类相从矣。南轩张氏曰：“程子云‘疑上文当连齐而言’，故曰‘必有’，盖齐日不用常日之寝衣，所以致其严也。长一身有半，因是而言寝衣之制也。”新安陈氏曰：“齐寝不以衾，致严也。半以覆足，可寝不可行，专为齐之寝衣而已。”

狐貉之厚以居。

狐貉，毛深温厚，私居取其适体。厚齐冯氏曰：“《豳诗》云‘一之日于貉，取彼狐狸，为公子裘’，则从古固然。居不厌温，故取其厚者以为燕服，若出则以轻裘为便也。”

去丧，无所不佩。去，上声。

君子无故，玉不去身。觿音携。砺之属③，亦皆佩也。南轩张氏曰：“异吉凶也，佩亦有所当佩。”庆源辅氏曰：“凡佩玉所以比德，固不可舍，其他如觿砺之属，亦所当有事而不可阙者，故唯居丧则可去，去丧，则无所不佩也。”觉轩蔡氏曰：“按《玉藻》云‘古之君子，必佩玉，右徵角，左宫羽’，‘凡带必有佩玉，唯丧则否。佩玉有冲牙’，‘君子无故，玉不去身，君子于玉比德焉’。‘孔子佩象环五寸而綦组绶带’。此是明去丧则佩，但曰‘无所不佩’，则又不止于玉尔。又按《内则》，‘子事父母……左右佩用，左佩纷、帨、刀、砺、小觿、金燧，右佩玦、捍、管、遰、大觿、木燧’。觿，貌如锥，以象骨为之；砺，砻也，皆所以备尊者使令也。此是明无所不佩。但去丧之时，恐不同子事父母之时尔。纷帨，拭物之巾也。觿之大小，以解大小结。金燧可取火于日。捍，谓拾也，言可以捍弦也。管，笔彄也。遰，刀鞞也。木燧，钻火也。”

非帷裳，必杀之。杀，去声。

朝音潮。祭之服，裳用正幅如帷，要与“腰”同。有襞音壁。积④，而旁无杀所戒反。缝。房用反。其余若深衣，要半下，齐倍要，齐音咨。则无襞积而有杀缝矣。问：“襞积，恐若今裙制，近要有杀也。要半下，谓近要者狭，半于下面齐也。齐倍要，谓向下者阔，倍于上面要也。不知旁无杀缝，如何？恐是深衣之制，裳下面是裁布为之，近要者杀，从其小，以打半下之法，所以旁有杀缝也。”朱子曰：“帷裳，如今之裙是也，襞积即是摺处耳。其幅自全，安得谓近要者有杀缝邪？”庆源辅氏曰：“礼服取其方正，故裳用正幅，而人身之要为小，故于要之两旁为襞积，即今衣摺也。”双峰饶氏曰：

---

① 长：《韵会·漾韵》注：“长音仗。度长短曰长，一曰余也。”《广韵》：“多也，冗也，剩也。”

② 齐主于敬：斋戒时应态度虔敬。

③ 觿砺：解结锥与砺石。泛指古代童子所佩饰物。觿，古代解结的用具，形如锥，用骨玉制成。也用作佩饰。

④ 襞积：衣服上的褶裥。襞，折叠衣物。

“‘要半下’，取《深衣篇》‘要缝半下’之语。‘齐倍要’，取《玉藻篇》‘缝齐倍要’之语。”胡氏曰：“裳之如帷者，上衣之裳皆然，惟深衣则以布幅斜裁而易置之，下齐倍于要三之一，不为襞积。”新安陈氏曰：“深衣之裳，以布六幅斜裁为十二幅，三分之一皆在上，三分之二皆在下，要狭齐阔，要不用襞积，而防有斜裁之杀缝，惟朝祭之服，帷裳用正幅者不杀之，非帷裳而如深衣者必杀之。杀，谓要杀于齐者一半也。”【通考】吴氏程曰：“要作‘褄’，同音‘腰’。襞积，上叠衣也，积亦叠也，谓蹙其腰下而叠之也。杀谓下广上锐。缝，去声，衣会处。要半下，齐倍要，二句互相证，谓腰之狭减半于下齐，而齐之广加倍于上腰也。”仁山金氏曰：“襞者褶也，积者叠也。腰中有幅多而阔，须著褶叠竹筒以束，令狭而就身，此所谓襞积也。”

羔裘玄冠不以吊。

丧主素，吉主玄。吊必变服，所以哀死。李氏曰：“羔裘，朝服。玄冠，祭服。用之于吉，故不以吊。”南轩张氏曰：“吊必变服，称其情也。”胡氏曰：“吉凶异服，故色之黑者不以吊。”庆源辅氏曰：“诚于哀死，故内外如一也。”

吉月，必朝服而朝。

吉月，月朔也。孔子在鲁致仕时如此。李氏曰：“《周礼》云‘正月之吉’，又云‘月吉读邦法’，皆因吉礼以别凶宾军嘉尔，所谓‘月吉也’。”庆源辅氏曰：“若未致仕时，乃常礼，有不必记。”此一节，记孔子衣服之制。勉斋黄氏曰：“古人衣服不苟如此，盖衣，身之章也，轻用之，是轻其身也。后世朝祭之服，皆不如古，而士君子之服，其色其制，无一合于礼矣。”苏氏曰：“此孔氏遗书，杂记曲礼，非特孔子事也。”朱子曰：“前注君子，谓孔子，此谓非特孔子事，二义兼存，以待学者之自择。”南轩张氏曰：“程子云孔子在鲁致仕时。月朔，朝也，盖虽致其事，而犹行月朔之朝，尽为臣之恭也。”云峰胡氏曰：“此以前记夫子之容貌，此后记夫子之衣服饮食。容貌无一定之象，故以‘如’字‘似’字形容之，而‘不’字仅二见焉。衣服饮食，有一定之则，故但以‘必’字‘不’字直言之，而‘如’字仅一见焉。”新安陈氏曰：“吉月之朝，岂亦杂记曲礼乎？孟子曰‘君子之厄于陈蔡之间’，君子，亦正记孔子也。”

○齐，必有明衣，布。齐，侧皆反。

齐，必沐浴，浴竟，即著𫄧略反。明衣，所以明洁其体也，以布为之。明衣，布，浴衣，见《玉藻》注。陈氏用之曰①：“明衣，以其致精明之德；用布，以其有齐素之心。”此下脱前章“寝衣”一简。

齐，必变食，居必迁坐。

变食，谓不饮酒、不茹荤。朱子曰：“不茹荤，谓不食五辛。”“今致齐有酒，非也，但《礼》中亦有‘饮不至醉’之说。”迁坐，易常处也。南轩张氏曰：“变食迁坐，盖皆变易其常，致敬而不敢遑宁也。”庆源辅氏曰：“变食以致洁，迁坐以易常，君子致敬，无

---

① 陈氏用之：陈祥道，字用之，福州人，元祐中为太常博士，秘书省正字，所著《礼书》一百五十卷。

所不用其至也，岂简细故、一思虑而已哉?”勉斋黄氏曰：“或曰‘齐必有明衣布’，并所脱‘寝衣’一简，当属上章，‘齐必变食，居必迁坐’当在下章，则上章言衣服，下章言饮食，似有伦理，当存之。”此一节，记孔子谨齐之事。杨氏曰：“齐所以交神①，故致洁、明衣。变常变食迁坐。以尽敬②。”

〇食不厌精，脍不厌细。食，音嗣。

食，饭也。精，凿也。云峰胡氏曰：“凿，通作糳，即各反。粝米一斛，舂米九斗。牛羊与鱼之腥，聂而切之为脍③。《礼记·少仪篇》注云：“聂之为言(月加牒的右边)也，先藿叶切之，复报切之，则成脍。”《郊特牲》疏云：“先(月加牒的右边)而大脔切之，而复切之。”【校记：“而复切之”，弘治本、三鱼堂本作“而后报切之”。此据四库本改。】聂，《少仪》音之涉反，【校记：“音之涉反”四库本作“仪音之涉反”，此据弘治本、三鱼堂本改。】一音泥涉反。(月加牒的右边)，《少仪》音直辄反。《郊特牲》注：“聂本作摄，又作(月加牒的右边)，皆之涉反。”食精则能养人，脍粗则能害人。不厌，言以是为善，非谓必欲如是也。庆源辅氏曰：“以是为善，理也。必欲如是，欲也，其流则为穷口腹之欲矣。”

食饐而餲，鱼馁而肉败，不食。色恶，不食。臭恶，不食。失饪，不食。不时，不食。食饐之食，音嗣。饐，于冀反。餲，乌迈反。饪，而甚反。

饐，饭伤热湿也。餲，味变也。鱼烂曰馁。肉腐曰败。色恶臭恶，未败而色臭变也。吴氏曰：“馁自内出，败自外入。臭，气也。色恶臭恶，广言众物，物害而食，必害人，常人且谨，况圣人乎?”或问：“圣人讥耻恶食者，何也?”曰：“恶食，谓蔬食菜羹之类，以其粗菲，故曰‘恶’尔，非谓腐烂之物，不可食而食之也。”饪，烹调生熟之节也。不时，五谷不成，果实未熟之类。此数者皆足以伤人，故不食。《礼·王制》：“五谷不时，果实未熟，不粥于市。物未成不利人。”粥，音育。朱子曰：“不时不食，汉诏所谓‘穿掘萌芽郁养强熟’之类。”庆源辅氏曰：“‘食饐’以下数者之不食，不使害于身也。”

割不正，不食。不得其酱，不食。

割肉不方正者不食，造七到反。次不离去声。于正也。汉陆续之母，切肉未尝不方，断音短。葱以寸为度④，盖其质美，与此暗合也。《后汉·陆续传》：续诣洛阳诏狱。明帝时，楚王英谋反，连及太守尹兴，续时为尹兴掾，故坐就狱。续被掠考，肌肉消烂，终无异辞。母远至京师，觇候消息，狱事特急，无缘与续相闻，母但作馈食，付门卒进之。续虽见考苦毒，而辞色慷慨，未尝容易，唯对食悲泣，不能自胜。使者怪而问故。曰：“母来，不得相见，故泣耳。”使者大怒，以为狱门吏卒通传意气。续曰：

---

① 齐所以交神：斋的作用，是交往神明。齐同“斋”。

② 致洁、变常以尽敬：追求清洁、变更平素生活习惯以尽到虔敬。

③ 聂而切之为脍：按住生切为肉丝和肉片。

④ 事见《后汉书·陆续传》。

"因食饷羹，识母自调和，故知来耳，非人告也。"使者问："何以知母所作乎?"曰："母切肉，未尝不方，断葱以寸为度，是以知之。"使者问诸谒舍，停主人之舍也，续母果来，于是阴嘉之，上书说续行状。帝即赦兴等事，还里，禁锢终身，续以老病卒。食肉用酱，各有所宜，不得则不食，恶其不备也。《礼记·内则》："濡豚包苦实蓼，濡，烹煮之，以汁调和也。以苦荼包豚，杀其恶气。破开腹，实蓼其中，更缝合也。濡鸡醢酱实蓼，濡鱼卵酱实蓼，卵，郑氏读为鲲，鲲，鱼子也，以鱼子为酱。濡鳖醢酱实蓼。""鱼脍，芥酱，麋腥，醢酱。"朱子曰："酱，非今所谓酱，如《内则》中数般酱，随其所用而不同。"双峰饶氏曰："当看'其'字，'其'是指其所食物而言。酱之为品非一，饮食各有所宜，如食鱼脍，宜入芥酱，食濡鱼，用卵酱，食麋腥、濡鸡、濡鳖，用醢酱，如《内则》所云是也。古之制饮食者，使人食某物，则用某酱，必有意义，不是气味相宜，必是相制。不得之，则非特不备，食之亦必有害，故不食也。"此二者，无害于人，但不以嗜味而苟食耳。朱子曰："一言语，一动作，一饮食，都有是有非。是底便是天理，非底便是人欲，如孔子失饪不食，不时不食，割不正不食，无非天理；如口腹之人，不时也食，不正也食，失饪也食，便都是人欲，都是逆天理。"

肉虽多，不使胜食气。惟酒无量，不及乱。食，音嗣。量，去声。

食如字。以谷为主，故不使肉胜食气。朱子曰："肉虽多，不使胜食气；非特肉也，凡蔬果之类，皆不可使胜食气。"北山陈氏曰："闻之老寿者言'人得元气以生，谷气以养，肉气以辅'。肉气胜，则滞谷气；谷气胜，则滞元气；元气充行者寿。夫子不使多肉胜谷食气者，养生之理当然也。"酒以为去声。人合欢，《乐记》曰："酒食者，所以欢合也。"故不为量，但以醉为节而不及乱耳。程子曰："不及乱者，非惟不使乱志，虽血气亦不可使乱，但浃洽而已可也①。"庆源辅氏曰："酒以为人合欢，而人之饮量各不同也，故不预为之量，而以醉为节；虽以醉为节，而又不及于乱，此亦圣人从心所欲不逾矩之一端。"觉轩蔡氏曰："《集注》谓'以醉为节'，或者犹过疑其或导人于醉也，殊不知'醉'字，所以释经文之'无量'，而继之以'为节'二字，而以'不及乱'承之，正所以戒人之溺于醉也。况《诗》中如《既醉》，如《宾之初筵》，未尝不言醉，但醉甚至于乱威仪，则为失耳。所谓《集注》一字不可增减移易者，正谓此也。"胡氏曰："乱者，内昏其心志，外丧其威仪，甚则班伯所谓淫乱之源，皆在于酒是也。圣人饮无定量，亦无乱态，盖从心所欲不逾矩，是以如此。"新安陈氏曰："无量不及乱，以夫子则可，程子是以浃洽而已为限量，此学者所当法。学者当以有量，学圣人之无量，否则恐致乱矣。"

沽酒市脯不食。

沽、市，皆买也。恐不精洁，或伤人也。与不尝康子之药同意。

不撤姜食。

姜，通神明，去上声。秽恶，故不撤。《本草》云："姜味辛，微温，久服，去臭

---

① 浃洽：和谐，融洽。

气，通神明。”

不多食。

适可而止，无贪心也。庆源辅氏曰：“沽酒市脯不食，圣人卫生之严也；不撤姜食，圣人养生之周也。不多食，当食者不去，可食者不多，惟理是从，所欲不存也。”

祭于公，不宿肉。祭肉不出三日。出三日，不食之矣。

助祭于公，所得胙肉，归即颁赐。不俟经宿者，不留神惠也。家之祭肉，则不过三日，皆以分赐。盖过三日，则肉必败，而人不食之，是亵鬼神之余也。但比君所赐胙，可少缓耳。朱子曰：“若出三日，则人将不食而厌弃之，非所以敬神惠也。”南轩张氏曰：“公家之祭不宿肉，受神惠于公所，欲亟以及人也。家祭之肉，不出三日，惧其或败，而起人之亵易，非事神之道也。故或出三日，则宁不食焉。”

食不语，寝不言。

答述曰语。自言曰言。新安陈氏曰：“二字他处通用，此则有辨。”朱子曰：“食对人，寝独居，故即其事而言之。”范氏曰：“圣人存心不他，当食而食，当寝而寝，言语非其时也。”杨氏曰：“肺为气主而声出焉，寝食则气窒而不通，语言恐伤之也。”亦通。《素问·五藏生成篇》：“诸脉者皆属于目，诸髓者皆属于脑，诸筋者皆属于节，诸血者皆属于心，诸气者皆属于肺。”肺藏主气故也。新安陈氏曰：“范说主理，杨说主气，范为优，杨亦不可废。”

虽疏食菜羹，瓜祭，必齐如也。食，音嗣。

陆氏曰：“《鲁论》瓜作必。”新安陈氏曰：“‘瓜’字本《齐论》，然瓜即菜，意重，作必为是。”古人饮食，每种上声。各出少许，置之豆间之地，新安陈氏曰：“古席地而坐，置豆于地，故置祭物于豆间之地。”以祭先代始为饮食之人，不忘本也。齐，严敬貌。孔子虽薄物必祭，其祭必敬，圣人之诚也。朱子曰：“曰必祭，则明无不祭之食也；曰必齐如，则明无不敬之祭也。”〇此一节，记孔子饮食之节。勉斋黄氏曰：“饮食以养生，故欲其精，然亦能伤生，故恶其败，至于失节纵欲，无不致其谨焉。圣人一念之微，莫非天理学者，不可以不戒也。”谢氏曰：“圣人饮食如此，非极口腹之欲，盖养气体，不以伤生，当如此。然圣人之所不食，穷口腹者或反食之，欲心胜而不暇择也。”庆源辅氏曰：“养气体不以伤生，圣人饮食之正也；穷口腹以快其欲，常人饮食之流也。”

〇席不正，不坐。

谢氏曰：“圣人心安于正，故于位之不正者，虽小不处。”上声。问：“席不正不坐，此是圣人之心纯正，故日用间才有不正处，便与心不相合，心亦不安?”朱子曰：“圣人之心，无毫厘之差，谓如事当恁地做时，便硬要恁地做。”庆源辅氏曰：“形于外者，虽小不正不处，则存于中者密矣。”觉轩蔡氏曰：“此句与‘割不正不食’同。”叶少蕴曰：“席南乡北乡，以西方为上，此以方为正者也。有忧者，侧席而坐；有丧者，专席而坐，此以事为正者也。”吴氏曰：“危坐为跪，安坐为居，凡礼坐皆谓跪也。”云峰胡氏曰：“此曰‘不正不坐’，后曰‘必正席’，一席之微，亦致严于‘不’与‘必’之二字，圣人之心无不正也。”

〇乡人饮酒，杖者出，斯出矣。

杖者，老人也。六十杖于乡①，未出不敢先，既出不敢后。《礼·王制》：“五十杖于家，六十杖于乡，七十杖于国，八十杖于朝。九十者，天子欲有问焉，则就其室，以珍从。”庆源辅氏曰：“乡党尚齿，故其出，视老者以为节。”

乡人傩，朝服而立于阼阶。傩，乃多反。

傩，所以逐疫，《周礼》方相氏掌之②。《夏官》：“方相氏掌蒙熊皮，黄金四目，玄衣朱裳，执戈扬盾，方相，犹言‘放想’，如今魌头是也。帅与‘率’同。百隸，隸同。而时难，傩同。以索室驱疫。索室中疫鬼而驱逐之也。”阼阶，东阶也。傩虽古礼而近于戏，亦必朝服而临之者，无所不用其诚敬也。或曰：“恐其惊先祖五祀之神，欲其依己而安也。”问：“子孙之精神，即祖考之精神，故祖考之精神依于己。若门庭户灶之属，吾身朝夕之所出处，则鬼神亦必依己而存？”朱子曰：“一家之主，则一家之鬼神属焉；诸侯守一国，则一国之鬼神属焉；天子有天下，则天下鬼神属焉。看来为天子者，这一个神明，是多少大，如何有些子差忒得？若纵欲无度，天上许多星辰，地下许多山川，如何不变怪？”问：“乡人傩，古人此礼节目不可考，想模样亦非后世俚俗之所为者。”曰：“《后汉志》中有此，想亦近古之遗法。”厚斋冯氏曰：《礼·郊特牲》云‘乡人禓，音伤。夫子朝服立于阼，存室神也’。以其达阳气，故禓于文从示从昜；以逐疫去难，故傩于文从人从难。盖乡人之意，主于逐疫，而先王制礼不禁，因以达阳气也。禓傩，通称也。傩出于乡俗，其事几于戏矣，而俨然朝服以立于阼阶，外示其敬，而乡人亦知所止，不敢升阶以惊室神，神亦得以依己而安也。”此一节，记孔子居乡之事。

〇问人于他邦，再拜而送之。

拜送使去声。者，如亲见之，敬也。朱氏曰：“古人有此礼，遣使问人于他邦，则主人从背后拜而送之。”庆源辅氏曰：“使者，所以将我之命，往见其人，拜而送之，则如亲见其人矣，不以远而废敬也。”

康子馈药，拜而受之。曰：“丘未达，不敢尝。”

范氏曰：“凡赐食，必尝以拜。药未达则不敢尝③。受而不饮，则虚人之赐，故告之如此。然则可饮而饮，不可饮而不饮，皆在其中矣。”朱子曰：“古者赐之车，则乘以拜；赐之衣服，则服以拜；赐之饮食，则尝而拜之。盖今未达，故不敢拜而尝耳，已而达焉，则可饮而饮，不可饮而不饮，皆在其中矣。”杨氏曰：“大夫有赐，拜而受之，礼也。未达不敢尝，谨疾也。必告之，直也。”南轩张氏曰：“于此一事之间，而得三善焉。”胡氏曰：“孟子谓‘大夫有赐于士，而得受于其家’，此必拜其赐之礼也。未达者，所用之品、所疗之病，皆不知也。一有不宜，则疾生焉，圣人谨疾，不敢尝也。受之以

---

① 六十杖于乡：六十岁在乡里拄拐杖。见《礼记·王制》、《礼记·内则》等。

② 傩：古代逐除疫鬼的仪式。

③ 药未达则不敢尝：对药性不了解就不敢尝。

礼，而告之以实。”龟山杨氏曰：“君子之治心养气，接物应事，唯直而已，直则无所事矣。康子馈药，孔子既拜而受之矣，乃曰‘丘未达，不敢尝’，此疑于拂人情，然圣人慎疾，岂敢尝未达之药？既不敢尝，则直言之。”此一节，记孔子与人交之诚意。

○厩焚。子退朝，曰：“伤人乎?”不问马。

非不爱马，然恐伤人之意多，故未暇问。盖贵人贱畜，许又反。理当如此。南轩张氏曰：“仁民爱物，固有间也。方退朝始闻之时，惟恐人之伤，故未暇及于马耳。”邢氏曰：“孔子家厩也，以退朝知之。”吴氏曰：“厩焚问马，人之常情；圣人恐人救马而伤，故问人伤否而已，更不问马。记之所以示教。《杂记》、《家语》，皆载此事。《家语》云‘国厩’，恐非，国厩。则马当问，路马①则又重矣。”

○君赐食，必正席先尝之；君赐腥，必熟而荐之；君赐生，必畜之。

食恐或馂音俊。余，故不以荐②。《曲礼》曰：“馂余不祭。”正席先尝，如对君也。言先尝，则余当以颁赐矣。或问：“不正不坐，岂必赐食而从正之?”朱子曰：“席固正矣，至此又正以为礼也。《曲礼》：‘主人请入为席矣，宾既升，又跪正席。’岂先为不正之席，至此然后正之哉？盖敬慎之至耳。”双峰饶氏曰：“赐食有亲，当先以奉亲，夫子先尝时，已孤故矣。”腥，生肉。熟而荐之祖考，荣君赐也。畜许六反。之者，仁君之惠，无故不敢杀也。庆源辅氏曰：“所赐既殊，所处亦异，如鉴照形，毫厘不差，圣人之时中也。”

侍食于君，君祭，先饭。饭，扶晚反。

周礼，“王日一举，古注云：“杀牲盛馔，曰‘举’，每日一番盛馔也。”膳时战反。夫授祭，饮食必祭，授王所祭之服。品尝食，每品物皆先尝之，示无毒也。王乃食”。故侍食者，君祭，则己不祭而先饭。若为去声。君尝食然，不敢当客礼也。南轩张氏曰：“礼，‘赐之食而君客之，则命之祭，然后祭。’③今于君之祭，己则先饭，恐君之客己也。必先饭者，以食为先也。”

疾，君视之，东首，加朝服，拖绅。首，去声。拖，徒我反。

东首，以受生气也。新安陈氏曰：“天地生气，始于东方。”病卧不能著陟略反。衣束带，又不可以亵服见君，故加朝服于身，又引大带于上也。问：“疾，君视之，方东首，常时首当在那边？《礼记》自云寝常当东首矣，平时亦欲受生气，恐不独于疾时为然?”朱子曰：“常时多东首，亦有随意卧时节，如《记》云‘请席何向，请衽何趾’，这见得有随意向时节。然多时东首，故《玉藻》云‘居常当户，寝常东首’也。常寝于北牖下，君问疾，则移于南牖下。”南轩张氏曰：“虽不能兴，不忘恭也。”双峰饶氏曰：“君未视疾，容有随意所适者；但君视，则必正东首之礼。”庆源辅氏曰：“一息尚存，不敢

---

① 路马：国君之马。

② 食恐或馂余，故不以荐：熟食恐怕是君主吃剩下的，所以不用来给祖宗献祭。馂，吃后剩下的食物。

③ 语出《礼记》。《礼记·玉藻》：“若赐之食，而君客之，则命之祭，然后祭。”

废礼，况有疾而君视之乎？加朝服拖绅，盖礼之变也，亦礼之宜也，然亦必病不能支，方可如此。”

君命召，不俟驾行矣。

急趋君命，行出而驾车随之。此一节，记孔子事君之礼。

○入太庙，每事问。重平声。出。

○朋友死，无所归。曰：“于我殡。”

朋友以义合，死无所归，不得不殡。胡氏曰：“朋友，人伦之一，其死也，无父族母族妻族，无旁亲主之，是无所归也。为朋友者不任其责，则转于沟壑而已，故曰‘于我殡’。此节独记一‘曰’字，必尝有是事，人莫知所处，而夫子有是言也。古者三日而殡，三月而葬，但曰‘殡’，而不曰‘葬’，则其亲者在远，必讣告之未及故也。”吴氏曰：“殡于堂曰‘殡’，瘗于野曰‘葬’。殷人殡于两楹之间，周人殡于西阶之上，此殡盖有馆于夫子者，故死而就使殡于其馆耳。《檀弓》曰：‘宾客至，无所馆，夫子曰：生于我乎馆，死于我乎殡。’”

朋友之馈，虽车马，非祭肉，不拜。

朋友有通财之义，故虽车马之重不拜。祭肉则拜者，敬其祖考，同于己亲也。新安陈氏曰：“车马不拜，义也；祭肉必拜，礼也。”此一节，记孔子交朋友之义。云峰胡氏曰：“此节《集注》于‘义’之一字，凡三见之。朋友既以义合，当殡而殡，义也；当馈而馈，亦义也。义所当为，不可辞；义所当受，不必拜。”

○寝不尸，居不容。

尸，谓偃卧似死人也。居，居家。容，容仪。范氏曰：“寝不尸，非恶去声。其类于死也。惰慢之气不设于身体，虽舒布其四体，而亦未尝肆耳。居不容，非惰也。但不若奉祭祀、见宾客而已，申申夭夭是也。”庆源辅氏曰：“容仪，谓奉祭祀、见宾客之容貌威仪也。然居家亦自有居家之容，所谓‘申申夭夭’是也，但不若奉祭祀、见宾客之极乎庄敬耳。圣人德盛仁熟，虽寝与居，亦有常则也。”厚斋冯氏曰：“寝所以休息，易于放肆也，放肆，则气散而神不聚。居，所以自如，无事乎容仪也，为容，则体拘而气不舒。盖寝而尸，则过于肆；居而容，则过于拘：二者皆非养心之道。”

见齐衰者，虽狎，必变。见冕者与瞽者，虽亵，必以貌。

狎，谓素亲狎。亵，谓燕见①。貌，谓礼貌。余见形甸反。前篇。南轩张氏曰：“狎，谓与习熟者；亵，谓见之频数者。”洪氏曰：“虽少必作，过之必趋，谓不相识者也；虽狎必变，虽亵必以貌，谓素所亲比者也。”

凶服者式之。式负版者。

式，车前横木。有所敬，则俯而凭之。负版，持邦国图籍者。式此二者，哀有丧，重民数也。人惟万物之灵，而王者之所天也，《前汉书》：“郦食其音异。基曰：‘王者以民为天，民以食为天。天者，人资而生者也。’”故《周礼》“献民数于王，王拜受之”。

---

① 燕见：日常会见。

况其下者，敢不敬乎？《周礼·秋官》：司民，掌登万民之数。自生齿以上，皆书于版。男八月，女七月，而生齿。版，今户籍也。岁登下其死生，及三年大比，以万民之数诏司寇，司寇献其数于王，王拜受之，登于天府。

有盛馔，必变色而作。

敬主人之礼，非以其馔也。庆源辅氏曰："变色而作，谓改容而起，以致敬也。"新安陈氏曰："主敬客，故为设盛馔；客敬主，故变色而作，若不敢当也。怡然当之则为不敬，不知礼矣。"

迅雷风烈，必变。

迅，疾也。烈，猛也。必变者，所以敬天之怒。《诗》之《大雅·板篇》曰："敬天之怒。"《记》曰："若有疾风、迅雷、甚雨则必变，虽夜必兴，衣服冠而坐。"问："有终日之雷，终夜之雨，如何得常如此？"朱子曰：'固当常如此，但亦主于疾风迅雷甚雨。若平平底风雨，也不消如此。"问："当应接之际，无相妨否？"曰："有事也，只得应。"王氏曰："迅雷风烈，天之威也，天子当自察于天下，诸侯卿大夫当自察于国，士庶人当自察于身，恐惧修省，何可已哉！"此一节，记孔子容貌之变。

〇升车，必正立执绥。

绥，挽以上上声。车之索也。范氏曰："正立执绥，则心体无不正，而诚意肃恭矣。盖君子庄敬无所不在，升车则见形甸反。于此也。"庆源辅氏曰："正立则身不偏倚，执绥则不忘有事，范氏所谓'心体无不正，而诚意肃恭'者得之。"新安陈氏曰："古人乘车必立，惟老人安车则坐，妇人亦坐。"

车中，不内顾，不疾言，不亲指。

内顾，回视也。《礼》曰："顾不过毂。"三者皆失容，且惑人。问："车中不内顾一章。"朱子曰："'立视五巂，式视马尾'，盖巂是车轮一转之地，车轮高六尺，围三径一，则阔丈八，五转则正为九丈矣，立视虽远，亦不过此。"南轩张氏曰："三者非独恐其惑众也，盖以其非在车之容故耳。"觉轩蔡氏曰："《曲礼篇》：'车上不广咳，不妄指，立视五巂，式视马尾，顾不过毂'。《正义》曰：车上不广咳者，咳，声也。广，弘大，车高大也。咳似骄矜，又惊众也。不妄指者，妄，虚也。在车上无事，忽虚以手指，亦为惑众也。顾不过毂者，车毂也。转头不得过毂，过毂则掩人，私也。此三句正与此篇相合。"〇此一节，记孔子升车之容。新安陈氏曰："大夫得乘车，观瞻所系，夫子谨之，非勉而能，盖动容周旋，自中乎礼，其见于乘车者如此。"

〇色斯举矣，翔而后集。

言鸟见人之颜色不善，则飞去，回翔审视而后下止。人之见几平声。而作，审择所处，上声。亦当如此。程子曰："色斯举矣，不至悔吝，翔而后集，审择其处。"南轩张氏曰："色斯举矣，炳先见于几微也；翔而后集，从容审度而后处之也。如是则悔吝何从生乎？"然此上下，必有阙文矣。胡氏曰："上不知为何人之言，下不知为何事而发，故以为有阙文也。"

曰："山梁雌雉，时哉！时哉！"子路共之，三嗅而作。共，九用反，又居勇反。

嗅，许又反。

邢氏曰邢氏名昺，济阴人①：“梁，桥也。时哉，言雉之饮啄得其时。子路不达，以为时物而共具之，共，九用反。孔子不食，三嗅其气而起。”晁氏曰：“石经‘嗅’作戞，谓雉鸣也。”刘聘君曰：“嗅，当作狊，古阒反，鴡，古壁反。张两翅也。见形甸反。《尔雅》。”愚按：如后两说，则“共”居勇反。字当为拱执之义。然此必有阙文，不可强上声为之说。姑记所闻，以俟知者。《尔雅》释兽须属，兽曰“衅”，许靳反。兽之自奋迅动作名衅。人曰“桥”，纪小反。人之罢倦，频伸夭桥，舒展屈折名“桥”。鱼曰‘须’，鱼之鼓动两颊，类若人之欠须导其气息者名“须”。鸟曰“狊”。鸟之张两翼，狊狊然摇动者名“狊”。此皆气倦体罢，其所须若此，故题云须属也。庆源辅氏曰：“退当见几，进当思义。”西山真氏曰：“色斯举矣，去之速矣。卫灵公问陈，而孔子行；鲁受女乐，而孔子去，即此义也。翔而后集，就之迟也。伊尹俟汤三聘，而后幡然以起；大公伯夷，闻文王善养老而后出，即此义也。古人所谓三揖而进，一辞而退，虽相见会聚之间，犹谨诸此，况仕止久速之际乎？贾谊赋所谓‘凤缥缥而高逝兮，夫固自引而远去’，此即色斯举矣之意；又曰‘凤凰翔于千仞兮，览德辉而下之’，此即翔而后集之意。后世如汉穆生，以楚王戊不设醴而去；诸葛武侯，必待先主三顾而后从之，皆有得乎此者。”新安陈氏曰：“此章文义略不顺，而意亦可通。色举翔集，即谓雉也。夫子见雉如此，曰：“此山桥边之雌雉，其见几而举，详审而集，‘时哉时哉’。盖谓时当飞而飞，时当下而下，皆得其时也。子路不悟，以为时物，取雉供之。夫子不食，三嗅而起，圣人宽洪不直拒人也。雉一禽耳，去就犹得其时如此，君子之去就，何可不得其时哉？若移‘山梁雌雉’一句，冠于此章之首，则辞意似尤明云。”蔡氏曰：“士之修于身，行乎族里者，至乡党而备；立乎朝，行乎天下者，自乡党而出。此篇所系，不亦重乎？夫子万世之标准也，父兄宗族之间，君臣朋友之际，莫不曲尽其道，非屑屑于是也。盖其一理浑然而泛应曲当，人见其动容周旋，无不中礼，一言语，一容貌，一举动，无不尽其道者，当知其德盛礼恭，自不期而合也。告曾子一贯之说，与此篇相发明，学者可不思学孔子以自立于乡党哉！”【通考】董氏曰：“共者，向也。‘众星共之’，‘子路共而立’，皆向之义。嗅，依晁、刘注，盖古字如此。若以嗅为嗅食之嗅，则夫子之不食何待于嗅，此以常情料圣人也。夫子平生政在不能自隐，道大而不见容，厄于陈、蔡、宋、卫屡矣。春秋之时，非夫子之时也。文章可闻，适足以立天下之的，故于雌雉有感焉。《春秋》终于获麟，麟出非其时，《春秋》以作使麟隐其德，匿其形，又安得而获之？夫子感麟与叹雉同意，学者当参看。”临川吴氏曰：“‘山梁雌雉’当在‘色斯举矣’之上，‘三嗅而作’，当作‘叹’字，亦篆文之误也。”

---

① 邢氏：邢昺(932—1010年)，北宋经学家，字叔明，曹州济阴(今山东曹县西北)人。擢九经及第，官礼部尚书，曾为何晏《论语集解》作疏，撰《论语正义》，讨论心性命理，为理学家所采纳。所撰《尔雅义疏》及《孝经正义》，均收入《十三经注疏》。

论语集注大全卷十一

先进第十一

此篇多评弟子贤否。凡二十五章。厚斋冯氏曰："此篇多评弟子贤否，故以次于夫子言动之后。"赵氏曰："评其贤，则能者劝；评其否，则不能者勉。无非教也。然此篇称贤者，三倍于否，亦足以见贤之众矣。"【通考】勿轩熊氏曰："内二十一章言孔门弟子贤否。三章泛言人品。"胡氏曰："此篇记闵子骞言行去声。者四，而其一直称闵子，疑闵氏门人所记也。"

子曰："先进于礼乐，野人也；后进于礼乐，君子也。

先进、后进，犹言前辈后辈。野人，谓郊外之民。君子，谓贤士大夫也。程子曰："先进于礼乐，文质得宜，今反谓之质朴，而以为野人。后进之于礼乐，文过其质，今反谓之彬彬，而以为君子。盖周末文胜，故时人之言如此，不自知其过于文也。"朱子曰："礼乐只是一个礼乐，用得自不同。如升降揖逊，古人只是诚实，行许多威仪，后人便忒好看；古人只正容谨节，后人便近于巧言令色。如古乐虽不可得而见，只如诚实底人弹琴，便雍容平澹自是好听；若弄手弄脚，撰出无限不好底声音，只是繁碎耳。"问："此礼乐，还说宗庙朝廷以至州闾乡党之礼乐？"曰："也不止是这般礼乐。凡日用之间，一礼一乐，皆是礼乐，只管文胜去，如何合杀，须有个变转道理。"

如用之，则吾从先进。"

用之，谓用礼乐。孔子既述时人之言，又自言其如此，盖欲损过以就中也①。庆源辅氏曰："时俗易得逐流而徇末，圣人常欲损过以就中。圣人之所以转移时俗者，其过化存神之妙，虽未易窥测，至于损过就中之用，则有不可易者。"问："孔子'从先进'，是夫子无取于文也；然'周监于二代郁郁乎文'，夫子又从之，何耶？"潜室陈氏曰："从先进，是夫子欲复文武周公之旧，即从周也。文必以周公之旧方可从，周末文弊，已不足为文矣。从周者，三代损益之势当然；从先进者，周末文弊救之当然。并行不悖。"问："夫子用礼乐而从先进，是欲崇质耶？抑欲文质之得中耶？"双峰饶氏曰："圣人之道，无适不中。用礼乐而从先进，在当时，则为崇质；在理，则为适中。"新安陈氏曰："文武周公，监夏殷之礼而损益之，夫子称曰'郁郁乎文'，盖谓其文质得中，即彬彬之文也。此周盛时之文，即先进之所从事者。此章'从先进'之云，正是厌周末之文过其质，而欲从周盛时之文质得中，与从周之言，初不相妨，而可互相发。从周，正是欲从先进耳。"【通考】朱氏公迁曰："先进于礼乐，因论其文、矫其偏胜而言。"

---

① 损过以就中：减损过分以到达于适中。

○**子曰："从我于陈、蔡者，皆不及门也。"**从，去声。

孔子尝厄于陈、蔡之间，弟子多从之者，此时皆不在门。故孔子思之，盖不忘其相从于患难去声。之中也。

德行：颜渊，闵子骞，冉伯牛，仲弓。言语：宰我，子贡。政事：冉有，季路。文学：子游，子夏。

弟子因孔子之言，记此十人，问："何以知其为弟子所记？"朱子曰："吴氏例云'凡称名者，夫子之辞，或弟子师前相谓之辞；称字者，弟子自相谓之辞，或弟子门人之辞'。或以此章尽为夫子所言者，考之不审也。"而并目其所长，分为四科。孔子教人各因其材，于此可见。朱子曰："德者，行之本，君子以成德为行，言德，则行在其中。德行，是兼内外，贯本末，全体底物事。那三件，各是一物，见于用者也。"问："德行，不知可兼言语、政事、文学否？"曰："当就逐项上看。如颜子之德行，固可以备；若他人，固有德行，而短于才者。"问"四科之目"。曰："德行者，潜心体道，默契于中，笃志力行，不言而信者也；言语者，善为辞令者也；政事者，达于为国治民之事者也；文学者，学于《诗》、《书》、《礼》、《乐》之文，而能言其意者也。夫子教人，使各因其所长以入于道，然其序，则必以德行为先，诚以躬行实造，具体圣人。学之所贵，尤在于此，非若三者各为一事之长而已也。"勉斋黄氏曰："四科之目，因其所得而称之，举其最优者为言也。"双峰饶氏曰："圣门之教，有大纲领，有小条目。小条目，如长于政事者，与言政事；长于文学者，与言文学是也。如今人能文者，告之以作文之法；晓事者，告之以处事之法。此是各因其材，然本领不正，能文者无缘做得好文章，晓事者无缘做得好政事，又须示之以大纲领，使之治心修身，从本领上做将来。"○程子曰："四科乃从夫子于陈、蔡者尔，门人之贤者固不止此。曾子传道而不与音预。焉，故知十哲世俗论也①。"庆源辅氏曰："夫子之门，如此十人者，固高矣，然受业身通者，凡七十人，则岂独此十人可名为哲哉？故程子引曾子以为证，而断十哲为世俗之论，所以教学者，使求于圣人之门不止此十人也。"新安陈氏曰："曾子，晳之子，是时尚少，不得与陈蔡之从，故不在列。又如有若虽贤，亦以不从此行而不在列焉。"云峰胡氏曰："德行即孟子所谓'有成德者'，言语政事文学即孟子所谓'有达才者'。然孟子于成德之上，有'如时雨化之者'，《集注》所谓'颜曾是也'。于此见《论语》四科，不过门人所记；而孟子五教②，又能发门人之所未发。"【通考】仁山金氏曰："曾子传道，有若似圣人，公西赤之才胜宰我，澹台灭明之勇亚于子路，子羔之孝次于闵子，樊迟之才亚于冉有，曾点、漆雕开已见大意，子贱之政，原思之守，其他诸贤未易枚举。开元礼既拘十哲之数，其后颜子升侑而以曾子补十哲，是矣。曾子升侑而遂以子张备十哲，可

---

① 十哲：指十位或十数位德才出众者或某一方面突出的名人。这里指孔子的十个弟子：颜渊、闵子骞、冉伯牛、仲弓、宰我、子贡、冉有、季路、子游、子夏。自唐定制，从祀孔庙，列侍孔子近侧。开元时，颜渊配享，升曾参，后曾参配享，升子张。后代又增有若及宋朱熹，合称"十二哲"

② 孟子五教：见《孟子·尽心上》。

乎？景定之礼，以颜、曾、思、孟为四侑前次，议者犹以颜路、曾皙、伯鱼并在下列为未安，则亦复古之制而已。古者庙寝之制，前为堂而后为室，宗庙之祭，先室事而后堂事。而庠序之礼，先献酬而后燕礼。今二丁之祭，先用乡礼，牲币旅陈享先圣，而南面于堂，以颜、曾、思、孟侑；继用燕礼，笾豆簠簋莫先圣，而东面于室，以颜路、曾皙而下七十子左右袷食，如昭穆之例焉，斯为得之，其余从祀，虽东西夹室可也。”

○子曰：“回也非助我者也，于吾言无所不说。”说，音悦。

助我，若子夏之起予，因疑问而有以相长上声。也。颜子于圣人之言，默识心通，释“悦”字。无所疑问释“非助”字。故夫子云然，其辞若有憾焉，其实乃深喜之。○胡氏曰：“夫子之于回，岂真以助我望之。盖圣人之谦德，又以深赞颜子云尔。”庆源辅氏曰：“圣人之心，义理昭融，固不因人之问而后有所知；亦不以人之不问而遂有所疑。顾岂有待于学者之助哉？然疑而问，问而益得以发其精微。若子夏之起予，则亦不能无也。”胡氏曰：“以非助我而言，似有不足于颜子之意；谓其无所不说，则凡精凡粗，若巨若细，莫不欢然领受，而略无毫发之疑矣。”厚斋冯氏曰：“夫子固无待于助，然于事物之理，因人之疑问，而遂得以发明之，是亦助也。”新安陈氏曰：“如终日不违，语之不惰，皆无所不说之验。”

○子曰：“孝哉闵子骞！人不间于其父母昆弟之言。”间，去声。

胡氏曰：“父母兄弟称其孝友，人皆信之无异辞者，盖其孝友之实，有以积于中而著于外，故夫子叹而美之。”吴氏曰：“夫子于弟子，未尝称字，此或《集语》者之误。”勉斋黄氏曰：“父母昆弟之言，或出于私情，人无所非间于其言，是为公论，夫子所以称之。”庆源辅氏曰：“父母昆弟称其孝友者固有之矣，然或溺于爱、蔽于私，则诚否未可知也。至于人皆信之，无有间言，则诚著而德彰矣！”胡氏曰：“按《韩诗外传》：闵子早丧母，父再娶，生二子，继母独以芦花衣子骞，父觉之，欲逐其妻，子骞曰：‘母在一子寒，母去三子单，母得免逐？’其母闻之，待之均平，遂成慈母。今诵其言，蔼然恻怛之意，溢于词表，故内则有以孚其家，外则有以孚于人，自内及外，无有异词也。”云峰胡氏曰：“孔门岂独闵子为孝，而夫子独称之？他人之孝，处人伦之常；闵子之孝，处人伦之变。处变而不失其常，此夫子所以称之欤？”新安陈氏曰：“夫子惟称其孝，《集注》兼及于友者，盖友于兄弟，就昆弟之言，见其友也。《诗》曰：‘兄弟既翕，和乐且耽。’子曰：‘父母其顺矣乎。’盖孝友一理，孝者必友，不友则非孝矣。只观三子单之语，友之实可见。‘间’字不必训非，只训别异，自明白。外人称之，不异于父母兄弟之言，非孝友之实，积中著外，能如是乎？夫孝，德之本也，人之行，莫大于孝，闵子以德行称亚于颜子，宜哉！”【通旨】朱氏公迁曰：“此孝即其孚于人者而称之，见称于天下为周武之孝，见称于众人为子骞之孝，见称于宗族为士之次者之孝。德行有大小，故其孚于人者有广狭也。

○南容三复白圭，孔子以其兄之子妻之。三、妻，并去声。

《诗·大雅·抑》之篇曰：“白圭之玷，丁忝、丁念二反。尚可磨也；斯言之玷，不可为也。”南容一日三复此言，事见形甸反。《家语》，盖深有意于谨言也。《家语·弟子行篇》云："独居思仁，公言仁义，其于《诗》也，则一日三复白圭之玷，是宫绍之行也，孔子信其能仁，以为异士。"朱子曰："南容三复白圭，不是一旦读此，乃是日日读之，玩味此诗，而欲谨于言行也。"此邦有道所以不废，邦无道所以免祸，故孔子以兄子妻之。此是合《公冶长篇·子谓南容章》解之。〇范氏曰："言者行去声。下同。之表，行者言之实，未有易去声。其言而能谨于行者。南容欲谨其言如此，则必能谨其行矣。"双峰饶氏曰："表与里对，实与华对。言为表而行为里，行为实而言为华，各举其一以互见。免于刑戮，只是不以轻言妄动取祸。若当言而言，虽箕子之囚、比干之死，岂容苟免！"

〇季康子问："弟子孰为好学?"孔子对曰："有颜回者好学，不幸短命死矣！今也则亡。"

范氏曰："哀公、康子问同而对有详略者，臣之告君，不可不尽。若康子者，必待其能问乃告之，此教诲之道也。"详见《雍也篇·不迁怒章》。庆源辅氏曰："圣人一言之间，轻重之等，则有截然不可乱者。"

〇颜渊死，颜路请子之车以为之椁。

颜路，渊之父，名无繇，音由。少去声。孔子六岁，孔子始教而受学焉。椁，外棺也。请为椁，欲卖车以买椁也。

子曰："才不才，亦各言其子也。鲤也死，有棺而无椁。吾不徒行以为之椁。以吾从大夫之后，不可徒行也。"

鲤，孔子之子伯鱼去声。也，先孔子卒。言鲤之才虽不及颜渊，然已与颜路以父视之，则皆子也。孔子时已致仕，尚从大夫之列，言后，谦辞。问："以弟子之年考之，则回之死先于鲤，故有以'鲤也'为夫子之设言者，信乎?"朱子曰："以人情言之，不应如此。且王肃信《家语》最笃，而亦以此为年数之错误，今安得固守而必信之乎?"南轩张氏曰："圣人正大之情，天地之情也，鲤虽不可以并渊，然在己，则子也，无椁，则亦已矣。渊虽贤，而父之葬子也，亦称家之有无而已，又何必强为之椁乎？夫子视渊固犹子也，不得舍车于鲤，则亦不得舍车于渊矣。"厚斋冯氏曰："伯鱼闻《诗》闻《礼》，未为不才，视子渊则才不及耳。唯自言其子，故曰不才。"〇胡氏曰："孔子遇旧馆人之丧，尝脱骖以赙音附。之矣①。《礼·檀弓篇》："孔子之卫，遇旧馆人之丧，入而哭之哀，使子贡说骖音脱参。而赙之。"骓马曰骖。赙，助也，助丧用也。今乃不许颜路之请，何邪俗作耶？葬可以无椁，骖可以脱而复扶又反。求，大夫不可以徒行，命车不可以与人而鬻余六反。诸市也。《王制》曰：命服命车，不粥与'鬻'同。于市。问"命车"。朱子曰："《记礼》云：'大夫赐命车。'"且为去声。所识穷乏者得我，而勉强上声。以副其意，岂诚心与直道哉？或者以为君子行礼，视吾之有无而已。此苏氏说。夫平声。君子之用财，视义之可否，岂独视有无而已哉?"庆源辅氏曰："葬之礼，椁周于棺，宜也，

---

① 脱骖以赙之：卖掉驾车的骖马以资助他人。骖：辕马边上的马。赙：赠送财物助人治丧。《礼记·檀弓上》："孔子之卫，遇旧馆人之丧，入而哭之哀，出，使子贡说骖而赙之。"

然贫不能具，则椁亦可废。车之制，骖参于服，宜也，然欲辍而用，则骖或可脱。义之所可，则脱骖以赙旧馆人而不吝；义不可，则于颜渊之厚而不从其父为椁之请。此可见圣人处事之权衡。”

○颜渊死。子曰：“噫！天丧予！天丧予！”丧，去声。

噫，伤痛声。悼道无传，若天丧己也。勉斋黄氏曰：“颜子在，则夫子虽亡而不亡，以道存也；颜子死，则夫子虽存，道固无传，终亦必亡而已矣。故以颜子之死而为己之丧也。”新安陈氏曰：“夫子之道，赖颜子以传者也。颜子在，则道有传，孔子他日虽死而不死；颜子死，则道无传，孔子今日虽未亡而已亡。故不谓‘天丧回’，而曰‘天丧予’，良可悲矣！”洪氏曰：“孔颜一体也。‘回何敢死？’子在故也；‘天丧予’，回死故也。”云峰胡氏曰：“夫子上接文王之传，则曰‘天将丧斯文’；下失颜渊之传，则曰‘天丧予’。然则道统之绝续，皆天也。”

颜渊死，子哭之恸。从者曰：“子恸矣。”从，去声。

恸，哀过也。

曰：“有恸乎？

哀伤之至，不自知也。

非夫人之为恸而谁为！”夫，音扶。为，去声。

夫人，谓颜渊。言其死可惜，哭之宜恸，非他人之比也。胡氏曰：“痛惜之至，施当其可，皆情性之正也。”勉斋黄氏曰：“以夫子之圣而得颜渊，盖将相与讲明斯道以示天下后世，其为助大矣！不幸而短命死焉，夫子安得不兴丧予之叹，而不自知其为恸耶？”新安陈氏曰：“观不自知其恸，若过也，然哭颜渊而恸，非过也，其哀之发而中节者欤？”

○颜渊死，门人欲厚葬之，子曰：“不可。”

丧具称去声。家之有无，《礼·檀弓篇》：“子游问丧具，夫子曰：‘称家之有无。’”贫而厚葬，不循理也。故夫子止之。朱子曰：“门人，谓回之门人。”潜室陈氏曰：“丧礼固有分，亦须兼称贫富。固有分虽得为，而贫不能举礼者，故云‘称家之有无’。分不得为者，不在此限。孟子‘不得不可以为悦，无财不可以为悦’，两言最尽。”

门人厚葬之。

盖颜路听之。新安陈氏曰：“盖，疑词，以请车为椁观之，疑颜路听之也。”

子曰：“回也视予犹父也，予不得视犹子也。非我也，夫二三子也。”

叹不得如葬鲤之得宜，以责门人也。南轩张氏曰：“颜子在圣门，门人莫先焉，故于其丧，门人记夫子所以处之者甚详，仁之至，义之尽也。”勉斋黄氏曰：“门人欲厚葬，尊贤之情也；子曰不可，安贫之义也。盖不以情胜义，所谓爱人以德而不以姑息也。丧予之叹，有恸之哀，非厚于颜子也，为道也；请车却之，厚葬责之，非薄于颜子也，为道也。圣人之心，无适非道也！”庆源辅氏曰：“此与请车弗从，事异而理同。颜路请车为椁，溺于爱也；夫子不遂许之，裁以义也。夫子责门人之厚葬，蔽以理也；颜路从而听之，牵于私也。圣庸之所以分，天理人欲之间而已。”云峰胡氏曰：“无臣而为有臣，非理也，岂所以葬夫子？家贫而厚葬，非理也，岂所以葬颜子？”

〇季路问事鬼神。子曰：“未能事人，焉能事鬼？”敢问死。曰：“未知生，焉知死？”焉，于虔反。

问事鬼神，盖求所以奉祭祀之意。而死者人之所必有，不可不知，皆切问也。【通考】南轩张氏曰：“合言之，来而不测则为神，往而不返为鬼。分言之，天地山川风雷，凡气之可接者，皆曰神；祖考祠享于庙，皆曰鬼。就人物言，聚而生为神，散而死为鬼；就一身言，魂气为神，体魄为鬼。”然非诚敬足以事人，则必不能事神；非原始而知所以生，则必不能反终而知所以死。朱子曰：“反，只是推转来，谓推原于始，却折转来看其终。‘原’字‘反’字，皆就人说。反，如回头之意。”庆源辅氏曰：“死生者，气之聚散耳，倘不能推原其始，而知气聚故生，必不能反要于终，而知气散故死也。”新安陈氏曰：“深意在二‘所以’字，《易·系辞》曰：‘原始反终，故知死生之说。’”盖幽明始终，初无二理，但学之有序，不可躐等，故夫子告之如此。觉轩蔡氏曰：“夫子以‘未能’对‘焉能’，以‘未知’对‘焉知’，正欲子路循其序而不躐等也。”新安陈氏曰：“由明而幽，由始而终，则为有序；未能事人而先欲事神，未知生而先欲知死，则为躐等。”〇程子曰：“昼夜者，死生之道也。知生之道，则知死之道；《易·系辞》曰：“通乎昼夜之道而知。”朱子《本义》曰：“通，犹兼也。昼夜，即幽明、死生、鬼神之谓。”尽事人之道，则尽事鬼之道。死生人鬼，一而二，二而一者也。问：“一而二，二而一，是兼气与理言之否？”朱子曰：“有是理，则有是气；有是气，则有是理。气则二，理则一。”庆源辅氏曰：“昼夜者，气之明晦也；死生者，气之聚散也。故昼夜之道，即死生之道也。明则有晦，聚则有散，理之自然也。一而二者，人鬼死生，虽是一理，而有幽明始终之不同；二而一者，虽有幽明始终之不同，而其理则未尝有二也。”潜室陈氏曰：“死生人鬼，虽幽明之事，了不相关，然天地间不过阴阳聚散屈伸。聚则生，散则死，伸为神，屈为鬼，有聚必有散，有伸必有屈，理一而分则殊，分殊而理则一，非微昧不可究诘之事也。”或言夫子不告子路，不知此乃所以深告之也。”新安陈氏曰：“告之以所当先能、先知者，是即所以深告之。”朱子曰：“事人事鬼，以心言；知生知死，以理言。”“人且从分明处理会去。如事君亲，尽诚敬之心，即移此心以事鬼神，则祭如在，祭神如神在。人受天所赋许多道理，自然完具无欠阙。须尽得这道理，到那死时，乃知坐理已尽，亦安于死而无愧矣。”“事人，如出则事公卿，入则事父兄，事其所当事者。事鬼亦然，苟非其鬼而事之，则谄矣。”问“未知生焉知死”。曰：“气聚则生，气散则死。才说破，则人便都理会得，然须知道人生有多少道理，自禀五常之性以来，所以父子有亲，君臣有义者，须要一一尽得这生底道理，则死底道理，皆可知矣。”问：“天地之化，虽生生不穷，然而有聚必有散，有生必有死。能原始而知其聚而生，则必知其后必散而死；能知其生也得于气化之日，初无精神寄寓于太虚之中，则知其死也与气而俱散，无复更有形象尚留于冥漠之内。”曰：“死便是都散了。”“尽爱亲敬长，贵贵尊贤之道，则事鬼之心，不外乎此矣。知乾坤变化万物受命之理，则生之有死，可得而推矣。夫子之言，固所以深晓子路，然学不躐等，于此亦可见矣。”“天道流行，发育万物，人得之以有生。气之清者为气，知觉运动，阳之为也；气之浊者为质，形体，阴之为也。气曰魂，体曰魄，高诱注《淮南子》曰：‘魂者，阳之神；魄者，阴之神。’以其主乎形气，故曰‘神’。人所以生，精气聚也。人只有许多气，须有个尽时，尽则魂气归于天，形魄归于地而死矣。人将死时，热气上出，所谓‘魂升’；下体渐冷，所谓‘魄降’也。此所以有生必有死，有始必有终也。夫聚散者，气也。若理则泊在气上，初不是凝结别为一物，但人分上合当恁地便是理，不可以聚散言也。然人死，气虽终归于散，亦未便散尽，故祭祀有感格之理。先祖世次远者，气之有无不可知，然奉祭祀者，既是他子孙，毕竟只是一气，所以可感通。然已散者不复聚，释氏却谓人死为鬼，鬼复为人，如此则天地间常只是许多来来去去，更不由他造化生生，必无是理也。至伯有为厉，伊川云：‘别是一般道理。’为其人气未尽而强死，自是能为厉。如子产为之立后，使有所归，遂不为厉，亦可谓知鬼神之情状矣。”双峰饶氏曰：“未能事人，焉能事鬼？如人有个父母活在这里，尚不会奉事得，死后如何会奉事？”蔡氏曰：“事人事鬼，以所能之事言；知生知死，以所知之理言。”【通旨】朱氏公迁曰：“子路问事鬼神，举其祭礼之鬼神言。而夫子之不语者，是鬼神之妙也。”

○闵子侍侧，訚訚如也；子路，行行如也；冉有、子贡，侃侃如也。子乐。訚、侃，音义见前篇。行，胡浪反。乐，音洛。

行行，刚强之貌。子乐者，乐得英材而教育之。朱子曰：“訚訚者，外和内刚，德气深厚，所谓‘和悦而诤’者也；侃侃，则和顺不足，而刚直稍外见矣。前篇之训，固亦如此。”“‘冉有、子贡，侃侃如也’，侃侃，刚直之貌。以二子气象观之，赐之达，求之艺，皆是有才底人。大凡人有才，便自暴露，便自然有这般气象。闵子纯于孝，自然有訚訚气象。”“訚訚，是深沉底；侃侃，是发露圭角底；行行，是发露得粗底。”问：“訚訚、行行、侃侃，皆是刚正之意，如冉求平日，自是个退逊之人，如何也解有此意思？”曰：“三子皆意思大同小异。求、赐，则微见其意；子路，则全体发在外；闵子，则又全不外见。然此意思，亦自在三子者，皆有疑必问，有怀必吐，无有遮覆含糊之意。”蔡氏曰：“此章当以侍侧时为主，以观四子气象，四子皆无柔佞之失。惟和悦而诤者，得事上之宜。刚直，则施于敌己以下为宜；刚强，则施于上下皆不当矣。动容各适时中之谓礼，观四子侍师之礼，可知其得失矣。礼失其宜，则凶悔吝之象可。由之而见。子路侍夫子行行如此，于他人可知。”问：“于行行者，有何乐？”双峰饶氏曰：“‘乐’字终难说，所以《集注》以为或是‘曰’字之误。朱子释经之法，到疑处，且先就本文解，后面却说破。”

“若由也，不得其死然。”

尹氏曰：“子路刚强，有不得其死之理，故因以戒之。其后子路卒死于卫孔悝音恢。之难。”去声。《左传·哀公十五年》：卫孔圉孔文子。取太子蒯聩之姊，孔伯姬。生悝。太子自戚入，适伯姬氏，既食，孔伯姬杖戈而先，太子与五人介，被甲也，舆猳从之，猳，豚也。欲用以盟。迫孔悝于厕，强盟之。孔氏专政，故劫悝欲令逐辄。遂劫以登台。栾宁闻乱，使告季子。子路也，时为孔氏邑宰。召获奉卫侯辄来奔。季子将入，遇子羔将出。子羔，卫大夫高柴，孔子弟子，将出奔曰："门已闭矣。"季子曰："吾姑至焉。"子羔曰："弗及，言政不及己，不践其难。"季子曰："食焉，不辟避同。其难。"子羔遂出。子路入，及门。有使者出，乃入。曰："太子焉用孔悝，虽杀之，必或继之"。且曰："太子无勇，若燔台半，必舍孔叔。"太子闻之惧，下石乞、盂黡敌子路。二人太子之党。以戈击之，断缨。子路曰："君子死，冠不免。"结缨而死。洪氏曰："《汉书》引此句，上有'曰'字。"或云："上文乐字，即'曰'字之误。"朱子曰："然者，未定之辞，圣人虽谓其不得其死，使子路能变其气习，亦必有以处此。"问："由之死，疑其甚不明于大义，岂有子拒父，如是之逆而可以仕之乎？"曰："然。仲由之死也，有些没紧要，然误处不在致死之时，乃在于委质之始。""子路为人粗，于精微处多未达。其事孔悝，盖其心不以出公为非故也。何以见得他如此？如卫君待子为政，夫子欲先正名，他遂以为迂，可见他不以出公为非，故其事悝，盖自以为善而为之，而不知其为非义也。"南轩张氏曰："孔悝被劫，子路死之，若不可谓之不得其死。然其从孔悝，始择之不善，不几于不得其死乎？若比干，可谓得其死矣。然则求生害仁者，谓之不得其生可也；子路虽不得其死，与此类固不可同语矣。"新安陈氏曰："夫子初谓'由不得其死'，然只如平常说死非正命之谓，未说到不得死所处，先儒云'感慨杀身者易，从容就义者难'，此是后来处死之得失。使子路能因夫子警之，而变其粗厉之气习，使夫子之言不中，上也；若能审义而仕，以义而死，则死得其所，虽不幸中夫子之言，而无负于夫子之教，不可谓之不得其死矣。而子路终不能也，惜哉！"【通旨】朱氏公迁曰："此以气象言。余如'不违如愚'，是颜子之气象，'堂堂乎张也'，是子张之气象，与此类同，皆气象见于容貌之间者也。又《颜渊季路侍》一章，见二子之气象，见于言辞之间者如此，《子路、曾皙、冉有、公西华侍》一章，见四子气象见于言辞之间者如此。然浴沂咏归，有高明广大之气象；朋友共敝，有勇知方，有敦厚质实之气象。颜渊之气象则近于孔子之自然，冉有、公西华之气象则亚于子路之笃实者也。"

○鲁人为长府。

长府，藏去声。名。藏如字。货财曰府。为，盖改作之。

闵子骞曰："仍旧贯，如之何？何必改作？"

仍，因也。贯，事也。王氏名安石，字介甫，临川人。曰："改作，劳民伤财。在于得已，则不如仍旧贯之善。"南轩张氏曰："先儒谓长府为藏货财之府。货财之府，无故而改为，得无示人以崇利聚敛之虑乎？故闵子以为当仍旧贯，而不必改也。"庆源辅氏曰："古人改作，必不得已者也。改作府藏，意必有可已而不已者，故子骞以是讽之。"

子曰："夫人不言，言必有中。"夫，音扶。中，去声。

言不妄发，发必当去声。理①，惟有德者能之。南轩张氏曰："有中，中于理也。"双峰饶氏曰："观此章，可见闵子訚訚之气象。始言'仍旧贯，如之何'，辞气雍容，似

① 言不妄发，发必当理：话不轻易出口，出口必定合乎理。

有商量未决之意，此和悦意也；继之曰‘何必改作’，则有确乎不可易者，此诤之意也。长府之不必改作，人或能言之，夫子所以称之者，不特取其言之当理，亦喜其言之发而中节，所谓‘有德之言’也。”新安陈氏曰：“《左传·昭公二十五年》‘公居于长府’，即此长府也，改作之事，经传不载，使因闵子而止，则仁人之言，其利溥矣。闵子本不尚言语，而言必有中，惟有德者能有言也。专事言语者，其言未必雍容简当如此。”

〇子曰：“由之瑟，奚为于丘之门？”

程子曰：“言其声之不和，与己不同也。”《家语》云：“子路鼓瑟，有北鄙杀伐之声。”盖其气质刚勇，而不足于中和，故其发于声者如此。觉轩蔡氏曰：“按《说苑》：子路鼓瑟，有北鄙之声。孔子曰：‘南者，生育之乡；北者，杀伐之地。故舜造南风之声，其兴也勃然；纣为北鄙之声，其废也忽然。’《家语·辨乐解篇》‘子路鼓瑟’一段，与此小异。”

门人不敬子路。子曰：“由也升堂矣，未入于室也。”

门人以夫子之言，遂不敬子路，故夫子释之。升堂入室，喻入道之次第。言子路之学，已造七到反。乎正大高明之域，特未深入精微之奥耳，未可以一事之失而遽忽之也。南轩张氏曰：“由入室言，则升堂为未至；由宫墙之外望，则升堂大有间矣。圣人斯言，非特以言子路，亦使门人知学之有序也。”庆源辅氏曰：“子路刚明，而粗率之气未除。观其勇于行义，欲车裘共敝，及程子谓其‘达，却便是尧舜气象’，则其升堂可知；至于以正名为迂，而不知食辄之食为非义之类，是未入室之验也。”云峰胡氏曰：“正大高明，形容‘堂’字；精微之奥，形容‘室’字。精矣。未入于室，是子路已学，而未深入精微之奥；亦不入于室，是善人未学，而不能入圣人之室者也。”

〇子贡问：“师与商也孰贤？”子曰：“师也过，商也不及。”

子张才高意广，而好去声。为苟难，荀子曰：“君子行不贵苟难。”故常过中。子夏笃信谨守，而规模狭隘，故常不及。双峰饶氏曰：“观《答问交》一章，及曾子称其‘堂堂’，可见‘子张才高意广’；观令尹子文、陈文子之事，可见其‘好为苟难’；观《先传后倦章》，可见子夏能笃信圣人之教而谨守之；观‘可者与之，不可者拒之’之言，可见其‘规模狭隘’。”朱子曰：“二子合下资质是这模样，子张常要将大话盖将去，子夏便规模谨守。看《论语》中所载子张说话，及夫子告子张处，如‘多闻阙疑，多见阙殆’之类，如子张自说‘我之大贤欤，于人何所不容？我之不贤欤，人将拒我，如之何其拒人也？’此说话固是好，只是他地位未说得这般话。这是大贤以上，圣人之事，他便把来盖去，其疏旷多如此。孔子告子夏如云‘无为小人儒’，又云‘无欲速，无见小利’，如子夏自言‘可者与之，其不可者拒之’，‘小子当洒扫应对进退’之类可见。二子晚年进德，虽不可知，然子张之语，终有慷慨激扬之气，子夏终是谨守规矩也。”

曰：“然则师愈与？”与，平声。

愈，犹胜也。

子曰：“过犹不及。”

道以中庸为至。贤知去声。之过，虽若胜于愚不肖之不及，然其失中则一也。庆源辅氏曰："子贡所谓'然则师愈与'者，以才质言也；夫子所谓'过犹不及'者，以义理言也。以才质论之，则贤智之过，虽若胜于愚不肖之不及；以义理言之，则过与不及，皆为失中，而于道均为未至也。"○尹氏曰："中庸之为德也，其至矣乎！夫音扶。过与不及，均也。差之毫厘，缪以千里。故圣人之教，抑其过，引其不及，归于中道而已。"庆源辅氏曰："过不及，生乎气禀之偏，中则指义理之当然处言也。差之毫厘，即谓过与不及也。初焉毫厘过乎中，与不及乎中耳。过而不知所以自抑，则过者愈过；不及乎中，而不知所以自勉，则不及者愈不及。积之至久，则相去不啻千里矣。"新安陈氏曰："《集注》不过引《中庸》'贤知愚不肖'之说，以发明'过犹不及'之旨，非指子夏为愚不肖也。正文之意，只言过不及，均失中耳。圣人之教以下，本文未有此意，说圣人造就二子，而欲归之中道，乃此章言外意。"

○季氏富于周公，而求也为之聚敛而附益之。为，去声。

周公以王室至亲，武王之弟，成王之叔父。有大功，位冢宰，其富宜矣。季氏以诸侯之卿，而富过之，非攘夺其君、刻剥其民，何以得此？冉有为季氏宰，又为去声。之急赋税以益其富。

子曰："非吾徒也。小子鸣鼓而攻之，可也。"

非吾徒，绝之也。小子鸣鼓而攻之，使门人声其罪以责之也。圣人之恶去声。党恶而害民也如此。然师严而友亲，故已绝之，而犹使门人正之，又见其爱人之无已也。庆源辅氏曰："师道尊严，而朋友亲昵，理固然也。圣人爱人终无已，天地之心也。虽绝之而犹不忘乎爱，虽不忘乎爱，而事之当绝者又不但已，此仁之至、义之尽也。"新安陈氏曰："泛观鸣鼓攻之，似是惟罪责弃绝之耳。《集注》谓'犹使门人正救之'，于严厉之义气中，有爱厚之仁意焉。孔子之心，微朱子其孰能知哉！"

范氏曰："冉有以政事之才，施于季氏，故为不善至于如此。由其心术不明，不能反求诸身，而以仕为急故也。"新安陈氏曰："使能反身修德，则知吾身自有良贵，而不急于仕矣。"朱子曰："人最怕资质弱，若求之徒，却是自扶不起，如云'可使足民'，而反为季氏聚敛，故范氏谓其心术不明。他这所在，都不自知，他只缘以仕为急，故从季氏，见他所为如此，又拔不出一向从其恶。"问："冉求学于夫子，于门弟子中，亦可谓明达者，今乃为季氏聚敛，何耶？"曰："冉求之失，不待聚敛而后见，自其仕于季氏，则已失之矣。当是时，达官重任，皆为公族之世官，其下则尺地一民，皆非君之有，士唯不仕则已，仕则未有不仕于大夫者也。使求仕于季氏，能劝之黜其强僭而忠于公室，则素乎小贞之吉矣，今乃反为之聚敛，是使权臣愈强而公室愈不振也，故孟子以'无改于其德而赋粟倍他日'言之，盖不自知其学之未至，而以从仕为士之常，是以流靡而至此耳。"曰："然则夫子曷不于其仕季氏而责之也？"曰："圣人以不仕无义，而犹望之以小贞之吉也。"问："以季氏之富，而求也为之聚敛？"曰："不问季氏贫富。若季氏虽富，而取于民有制，亦何害？此必有非所当取而取之者，故夫子如此说。"南轩张氏曰："冉有既为季氏之臣，所当正救其非，使之由于法度。今既不能正，而又顺其所为，私门益以封殖，则公室益以衰弱，此求之所以得罪于圣门为深也。原求所以至此，盖不能如闵子见几而作，因循陵迟而不自知也。”勉斋黄氏曰：“聚敛已自不是，况季氏以诸侯之卿，而富过于周公，则本富强矣，今又聚敛以附益之，则非义之中又非义矣，圣人所以恶之深也。”厚斋冯氏曰：“按《国语》，季康子欲以田赋，使冉求访诸孔子，孔子曰‘若季氏行而法，则有周公之籍矣；若欲犯法，则苟而赋，又何访焉？’季氏卒用田赋，《左传·哀公十一年》亦载此事，所谓‘富于周公者’此也。夫季氏欲变周公之法以自富，其心犹不安于君子之论，而使冉有问之。冉有自止之，可也；不然，闻孔子之言以反命而力止之，可也；又不然，去之可也。今不惟不能谏止而不能去，反为之宣力而不辞，此夫子所以切责之也。”云峰胡氏曰：“《春秋》于为长府不书，必闵子谏止之力。于此事书曰‘用田赋’，其为冉有阿附之罪明矣。朱子以冉求之失，不徒见于聚敛而已，见于仕季氏之初，然则闵子之得，岂不在于辞费宰之初欤！”

○柴也愚，

柴，孔子弟子，姓高，字子羔。卫人。愚者，知去声。不足而厚有余。《家语》记其“足不履影①，启蛰不杀②，方长上声。不折③。执亲之丧，泣血三年，未尝见贤遍反。齿。见齿笑也。避难去声。而行，不径不窦④”。可以见其为人矣。《家语·弟子行篇》：“高柴自见孔子，出入于户，未尝越履；往来过之，足不履影。启蛰不杀，方长不折，执亲之丧，泣血三年，未尝见齿，是高柴之行也。”《致思篇》：“蒯聩之乱，季羔逃之，走郭门，守门者曰：‘彼有缺。’季羔曰：‘君子不逾。’又曰：‘彼有窦。’季羔曰：‘君子不隧。’隧，从窦出。又曰：‘于此有室。’季羔乃入焉。”朱子曰：“不径不窦，只安平无事时，可也；若当有寇盗患难，如何专守此以残其躯？此柴所以为愚。观圣人微服过宋，只守不径不窦之说不得。然子羔也是守得定，若更学到通变处尽好，正缘他学有未尽处。”“柴也是个谨厚底人，不曾见得道理，故曰愚。”

参也鲁，

鲁，钝也。程子曰：“参也竟以鲁得之。”又曰：“曾子之学，诚笃而已。圣门学者，聪明才辩，不为不多，而卒传其道，乃质鲁之人尔。故学以诚实为贵也。”尹氏曰：“曾子之才鲁，故其学也确，克角反。所以能深造七到反。乎道也。”朱子曰：“曾子鲁钝难晓，只是他不肯放过，直是捱得到透彻了方住，不似别人只略绰见得些小了便休。今一样敏底，见得容易，又不能坚守；钝底，捱得到略晓得处，便说道理止此，更不深求。惟曾子不肯放舍，若这事看未透，直是捱得到尽处，所以竟得之。”“缘他质鲁钝，不便理会得，故著工夫，遂见得透彻。若理会不得，便放下了，如何得通透？终于鲁而已。”“若是鲁钝者，却能守，其心专一；明达者，每事要入一分，半上落下，多不专一。”“曾子迟钝，直辛苦而后得之。”问：“‘参也鲁’，鲁，却似有不及之意？”曰：“鲁

---

① 足不履影：脚不踩别人的影子。

② 启蛰不杀：从惊蛰这天开始就不杀生。

③ 方长不折：正在长的树木不攀折。

④ 避难而行，不径不窦：为避难而行路，不走小道，不走墙洞。

自与不及不相似。鲁，是质朴浑厚意思，只是钝；不及底，恰似一个物事欠了些子。”庆源辅氏曰：“迟钝者，不能便明了，须用工夫方透；聪明者，所见虽快，所造则浅，方涉其藩，而自谓入其奥者多矣。曾子之资鲁钝，初若难入，而求之不敢有易心，故其诚笃，而无始终作辍之殊，所以其造反深也。”

师也辟，辟，婢亦反。

辟，便平声。辟也。谓习于容止，少诚实也。庆源辅氏曰：“子张务外，留意于容仪。”

由也喭。喭，五旦反。

喭，粗俗也。传称喭者，谓俗论也。庆源辅氏曰：“由粗俗，夫子尝以为野。”〇杨氏曰：“四者性之偏，语音御。之使知自励也。”南轩张氏曰：“愚，则专而有所不通；鲁，则质而有所不敏；辟，则文烦；喭，则气俗。此皆其气禀之偏，夫子言之，使之因所偏矫厉而扩充也。”问：“柴愚、参鲁、师辟、由喭，此乃生质之偏如此，夫子言之，所以欲四子克其偏而归于全也。然参竟得道统之传，何也？”勉斋黄氏曰：“愚者暗，辟者少诚实，喭者粗俗。若夫鲁，则质厚而已，未尝不明，未尝不诚实，未尝粗俗，比之三子已争些。况质厚者为之难，一为之，则确实下工，直用力到底，如弘毅，如易箦等处皆可见，安得不传道耶？”庆源辅氏曰：“愚者知不明，鲁者才不敏，便辟则遗其内，粗俗则略乎外。遗乎内，则诚不足；略乎外，则文饰不修。此四子情质之偏也，夫子所以言者，欲使之自觉以治其偏，而归于中耳。”厚斋冯氏曰：“柴、参近道，而柴欠疏通，参欠明敏；师、由过中，而师欠诚实，由欠精密。”双峰饶氏曰：“四者皆指其所偏，唯曾子能于偏处用工，故后来一贯之唯，至钝反成至敏。”问：“偏于钝者，如何用工？”曰：“人一己百，人十己千而已。”吴氏曰：“此章之首，脱‘子曰’二字。”甚是。或疑下章子曰，当在此章之首，而通为一章。二章语势不类，恐非。

〇子曰：“回也，其庶乎，屡空。

庶，近也，言近道也。庆源辅氏曰：“此与《易大传》其殆庶几乎同。”屡空，数音朔。至空匮也①。不以贫窭郡羽反。动心而求富，故屡至于空匮也。言其近道，又能安贫也。问：“《集注》中言‘近道又能安贫’，‘又’字似作两截，盖乐道故能安贫，而安贫所以乐道也。”朱子曰：“世间亦有质美而安贫者，皆以为知道，可乎？”“空为匮乏，其说旧矣，何晏始以为虚中受道，盖出老庄之说，胡氏尝非之，谓圣人之言未尝有是。屡而有间，是频复耳，方其不空之时，与庸人奚远哉？且下文以子贡货殖方之，尤见旧说之不可易也。”潜室陈氏曰：“箪瓢屡空，到此境界，不改其乐，是几于乐天之事，以此说颜子事理平实，与下文货殖正相反，而地位峻绝。”

赐不受命，而货殖焉，亿则屡中”。中，去声。

命，谓天命。天所赋贫富贵贱之命。货殖，货财生殖也。《史记》言：“子贡好废

---

① 数至空匮也：多次到了囊空如洗的程度。空匮：穷乏，财用不足。汉陆贾《新语·至德》：“上困于用，下饥于食……仓廪空匮，外人知之，于是为宋、陈、卫所伐。”

举，与时转货资。”注云：“废举，停贮也；与时，逐时也。物贱，则买而停贮；贵，则逐时转易货卖。”亿，意度音铎。也。言子贡不如颜子之安贫乐音洛。下同。道，新安陈氏曰：“货殖，是不如其安贫；不受命，是不如其乐道。”然其才识之明，亦能料事而多中也。程子曰：“子贡之货殖，非若后人之丰财，但此心未忘耳。然此亦子贡少去声。时事，至闻性与天道，则不为此矣。”程子曰：“货殖便生计较，才计较便是不受命，不受命者，不能顺受正命也。”叶氏曰：“或者不喻，乃谓子贡真好利者，夫樊迟学稼圃，夫子犹以为小人，岂有子贡而无一言以正之乎？”○范氏曰：“屡空者，箪食瓢饮屡绝而不改其乐也。天下之物，岂有可动其中者哉？贫富在天，而子贡以货殖为心，则是不能安受天命矣。其言而多中者，亿而已，非穷理乐天者也。庆源辅氏曰：“不受命而货殖，非乐天也；亿则屡中，非穷理也。人能乐天安命，则心与理一，自能发言中理，不待亿度。若亿而后中，虽其才识之明，亦幸而已。其曰屡中，则不中者多矣。”夫子尝曰：‘赐不幸言而中，是使赐多言也。’圣人之不贵言也如是。”《左传·定公十五年》：“邾隐公邾子益来朝，子贡观焉。邾子执玉高，其容仰；公受玉卑，其容俯。子贡曰：‘以礼观之，二君者皆有死亡焉。夫礼，死生存亡之体也，将左右周旋、进退俯仰，于是乎取之；朝祀丧戎，于是乎观之。今正月相朝，而皆不度，不合法度。心已亡矣，嘉事不体。何以能久？高仰，骄也；卑俯，替也。骄近乱，替近疾。君为主，其先亡乎？’此年公薨。哀七年，师宵掠，以邾子益来，献于亳社。夏五月壬申公薨。”仲尼曰：“赐不幸言而中，是使赐多言者也。”问：“‘回也其庶乎屡空’，大意谓颜子不以贫窭动其心，故圣人见其于道。庶几子贡不知贫富之定命，而于贫富之间，不能无留情，故圣人见其平日所讲论者，多出亿度而中。”朱子曰：“据文势也是如此。但颜子于道庶几，却不在此，圣人谓其如此，益见其好。子贡不受命，也在平日，圣人亦不因其货殖而言。”勉斋黄氏曰：“夫子之论回、赐，一则言其得道之不同，二则言其处贫富之有异，盖举两事反复言之。货殖则不如屡空，亿中则不如其庶也。”双峰饶氏曰：“此章与前章不同。前章是指气质之偏，此章是言二子造道与用心之异。‘庶乎’与‘亿则屡中’对，造道之异也；‘屡空’与‘不受命货殖’对，用心之异也。子贡好方人，故以颜子与之并言，欲其以此自厉也。”【通考】朱氏公迁曰：“‘贤哉回也’‘回也其庶乎屡空’，皆即其所能而称之。颜渊、子路、子夏、子贡皆为以理自守者，然守之近于自然者，颜子也；守之笃而其进未已者，子夏也；守之固而自许其能者，子路也；守之严而不免以己方人者，子贡也。是其所守者虽同，而其气象不同则如此。”

○子张问善人之道。子曰：“不践迹，亦不入于室。”

善人，质美而未学者也①。程子曰：“践迹，如言循途守辙。善人虽不必践旧迹而自不为恶，然亦不能人圣人之室也。”○张子曰：“善人欲仁而未志于学者也。欲仁，故虽不践成法，亦不蹈于恶，有诸己也。新安陈氏曰：“孟子曰‘有诸己之谓信’，此已是

---

① 质美而未学者也：资质美好而没有求学的人。

进信一步而说善人矣。"由不学，故无自而入圣人之室也①。"朱子曰："善人是好底资质，不必践元本子，亦不入于室。须是要学，方入圣贤之域。"问"善人之道"。曰："如所谓'虽曰未学，吾必谓之学矣'之类。"又问："如太史公赞文帝为善人意思也是？"曰："然。只为他截断只到这里，不能做向上去，所以说道不依样子也自不为恶，只是不能入圣人之室。"问："善人者，未能有诸己乎？"南轩张氏曰："不能有之，则安得善？然所谓'有诸己'者，则亦有浅深，故善人谓其不能有诸己，则不可；谓其尽夫有诸己之道，则亦未也。"庆源辅氏曰："质不美，则不可谓之善人。然质美而好学，则进进不已，虽大与圣可以循至，又不止为善人而已也。"双峰饶氏曰："上一句是善人之所以为善人，下一句是善人之所以止于善人。所以不践迹，以其天资之美也；所以不入室，不能进于圣贤之奥，以其无学问之功也。"【通考】朱氏公迁曰："自赋质而言，善人生质虽美，然必学而后可以入道也。自进德而言，善人有恒者，皆有入道之资，此其所以为可取也。"董氏彝曰："天资则一定而不可移，学力则进进而不已，有天资而无学力以充之，则终于为善人。"

〇子曰："论笃是与，君子者乎？色庄者乎？"与，如字。

言但以其言论笃实而与之，则未知其为君子者乎？为色庄者乎？言不可以言貌取人也。言指"论"字，貌指"色"字。程子曰："论笃，言之笃厚者也。取于人者，惟言之笃厚者是与，君子者乎？色庄者乎？未可知也。不可以论笃遂与之，必观其行事乃可也。"云峰胡氏曰："君子者，有德必有言，中笃实，外自然笃实；色庄者，有言不必有德，外笃实中未必笃实。"双峰饶氏曰："上言论笃，下以论笃分君子与色庄，论笃亦可谓之色庄乎？盖'色'字所该甚广，凡形于外者，皆可谓之色。经传中有专指面色言者，'色思温'是也；有该貌而言者，'巧言令色'是也；有该言貌而言者，此章'色庄'是也；有该言貌行事而言者，'色取仁'是也。"问："'色取仁'，如何见得该行事而言？"曰："居之似忠信，行之似廉洁，即所谓'色取仁'也。"

〇子路问："闻斯行诸？"子曰："有父兄在，如之何其闻斯行之？"冉有问："闻斯行诸？"子曰："闻斯行之。"公西华曰："由也问闻斯行诸，子曰'有父兄在'；求也问闻斯行诸，子曰'闻斯行之'。赤也惑，敢问。"子曰："求也退，故进之；由也兼人，故退之。"

兼人，谓胜人也。张敬夫曰："闻义固当勇为，然有父兄在，则有不可得而专者。若不禀命而行，则反伤于义矣。子路有闻，未之能行，唯恐有闻。则于所当为，不患其不能为矣；特患为之之意或过，而于所当禀命者有阙耳。若冉求之资禀失之弱，不患其不禀命也；患其于所当为者逡巡畏缩②，而为之不勇耳。圣人一进之，一退之，所以约之于义理之中，而使之无过不及之患也。"胡氏曰："勇于行者，使之有所禀命，则所行必审；行之不勇者，不专勉其行，则愈流于退缩。专勉其行者，非不禀命于父兄，禀命

① 由不学，故无自而入圣人之室也：（善人）由于不学，所以无法进入圣人之室。

② 逡巡：亦作"逡廵"。迟疑，犹豫。

自其所必能，不待教之耳。”新安陈氏曰：“由、求之问，未必同时，亦未必互问，问同答异，赤偶见而疑之，非其能问，则圣人造化二子之心谁知之哉？前《师商孰贤章》尹氏所谓‘圣人之教，抑其过，引其不及，归于中道’之说，与此章参看，正可相发明云。”

○子畏于匡，颜渊后。子曰：“吾以女为死矣。”曰：“子在，回何敢死？”女，音汝。

后，谓相失在后。何敢死，谓不赴斗而必死也。谢氏曰：“敢，非不敢之敢，乃果敢之敢。”郑氏舜举曰：“‘回何敢死’，则是死生不在匡人，而在子渊矣。盖匡人之所欲加害者，在夫子而不在子渊，故子渊之死生，得自为之也。”胡氏曰：“先王之制，民生于三，事之如一。惟其所在，则致死焉。《国语·晋语》：“栾共音恭。子曰：‘民生于三，事之如一。父生之，师教之，君食音嗣。之，非父不生，非食不长，非教不知。生之族也，族，类也。谓君之养我，师之教我，与生之恩同类也。故壹事之。唯其所在，则致死焉。在父为父，在师为师，在君为君也。报生以死，报赐以力，人之道也。’”况颜渊之于孔子，恩义兼尽，又非他人之为师弟子者而已。庆源辅氏曰：“颜渊之于孔子，蒙博约之教，得圣道之传，真所谓受罔极之恩者。恩深则义重矣【校记：四库本作“思深”，此据(元)胡炳文《四书通》以及弘治本、三鱼堂本改。】，非他人为师弟子之比。”双峰饶氏曰：“孔之于颜，教爱两极其至。义虽师生，恩犹父子，所以为恩义兼尽。”即夫子不幸而遇难，去声。回必捐生以赴之矣。捐生以赴之，幸而不死，则必上告天子、下告方伯，请讨以复雠，不但已也。夫子而在，则回何为而不爱其死，以犯匡人之锋乎？”问：“孔子不幸而遇害于匡，则颜子死之可乎？”程子曰：“今有二人，相与远行，则患难有相死之道，况回于夫子乎？”曰：“亲在则可乎？”曰：“今有二人相与搏虎，其致心悉力，义所当然也。至于危急之际，顾曰吾有亲，则舍而去之，是不义之大者也。其可否当预于未行之前，不当临难而后言也。”曰：“父母存，不许友以死，则如此义何？”曰：“有可者，远行搏虎之譬也；有不可者，如游侠之徒，以亲既亡，乃为人报仇而杀身，则乱民也。”问：“颜路在，颜子许人以死，何也？”朱子曰：“事至此，只得死，此与不许友以死之意别。不许友以死，在未遇难之前，乃可如此处，已遇难，却如此说不得。”“孔子恐颜回遇害，故曰：‘吾以汝为死矣。’颜子答曰：‘子在，回何敢死者。’谓孔子既得脱祸，吾可以不死矣。若使孔子遇害，则颜子只得以死救之也。”庆源辅氏曰：“孔子遇难，则颜子有致死之义；孔子免焉，则颜渊无致死之理。今孔子既免，而颜渊相失在后，脱有不知而死，则非义矣。故其既来，而孔子迎谓之曰‘吾以女为死矣’者，恐其误也。而颜渊遽复之曰‘子在，回何敢死’者，道其实也。其意若相反，而实相承。颜渊之于孔子，虽曰未达一间，至此等语，殆相为一矣。”赵氏曰：“死生亦大矣，云‘何敢死’，则不以死为重，而以不轻于死为重也。”潜室陈氏曰：“朋友同遇患难，有相死之义，谓各尽其扶持救卫之道，无委弃之理。若死不死，则有幸不幸存焉，非必轻死求斗谓之相死也。”吴氏曰：“‘子在，回何敢死’，则‘子不在，回何敢不死’甚明。‘子不在’，非所当言也，故言‘子在’以见意。读者第于句内增二‘不’字，而反正互观之，则瞭然矣。颜子以德行称，而善于说辞如此，岂诸子所能及哉？”【通考】朱氏公迁曰：“此见圣贤处物之义，余如孔子言杀身成仁，孟子言舍生取义，皆明处忧患之道也。”朱子曰：“孔子之言是以仁决之。孟子之言是以义决之。盖仁人不以所恶伤所好之体，义士不以所贱易所贵之宜。”

○季子然问：“仲由、冉求可谓大臣与?”与，平声。

子然，季氏子弟。自多其家得臣二子，故问之。庆源辅氏曰：“二子以圣门高弟而仕于季氏，虽视颜闵为慊，然其德望、才业固非常人比，季氏之家，其必知所尊敬矣，故子然以此自多而致问也。”

子曰：“吾以子为异之问，曾由与求之问。

异，非常也。曾，犹乃也。轻二子以抑季然也。庆源辅氏曰：“季然自多其家得臣二子而致问，则其言色之间，必有矜大之意。且大臣既非家臣所可当，而二子又不足以尽大臣之道，故特轻以抑之。”

所谓大臣者：以道事君，不可则止。

以道事君者，不从君之欲。不可则止者，必行己之志。朱子曰：“‘不可则止’，谓不合则去。”勉斋黄氏曰：“‘以道事君’，谓审出处之宜，尽责难之义，必守我之正道，而不容悦以苟顺君之私欲也。”

今由与求也，可谓具臣矣。”

具臣，谓备臣数而已。勉斋黄氏曰：“大臣者，异乎群臣而超乎其上者也；具臣者，等乎群臣而溷乎其中者也。”

曰：“然则从之者与?”与，平声。

意二子既非大臣，则从季氏之所为而已。

子曰：“弑父与君，亦不从也。”

言二子虽不足于大臣之道，然君臣之义则闻之熟矣，弑逆大故必不从之。盖深许二子以死难去声。不可夺之节，而又以阴折①季氏不臣之心也。○尹氏曰：“季氏专权僭窃，二子仕其家而不能正也，知其不可而不能止也，可谓具臣矣。是时季氏已有无君之心，故自多其得人。意其可使从己也，故曰弑父与君亦不从也，其庶乎二子可免矣。”问“孔子言由、求为具臣”。曰：“‘弑父与君，亦不从也’，由、求如是而已乎？龟山杨氏曰：‘弑父与君，言其大者。’盖小者不能不从故也。若季氏旅泰山、伐颛臾，而不能救之之事是已。”又问：“然则或许其升堂，且皆在政事之科，何也?”曰：“小事之失，亦未必皆从。但使‘弑父与君’而下，或从一事，则不得为不从；若‘弑父与君’，则决不从矣。进此一等，便为大臣，如孔明之事君是也。故孔明虽当乱世而遇庸暗之主，一毫亦不放过。”问：“仲由、冉求气质不同，恐冉求未必可保，仲由终是不屈。”朱子曰：“不要论他气质，只这君臣大义，他岂不知？圣人也是知他必可保，然死于祸难是易事，死于不可夺之节是难事。才出门去事君，这身已便不是自家底，所谓‘事君能致其身’是也。如做一郡太守，一邑之宰，一尉之任，有盗贼之虞，这不成休了？便当以死

---

① 阴折：暗暗打击。

守之，亦未为难。惟卒遇君臣大变利害之际，只争些子，这诚是难。”南轩张氏曰：“弑君父不从，何必由、求而能之？曾不知顺从之臣，始也惟利害之徇而已。履霜坚冰之不戒，驯习蹉跌，以至从人弑逆者多矣。如荀彧、刘穆之之徒，始从操、裕，岂遂欲弑逆哉？惟其渐渍顺长，而势卒至此耳。虽然，自弑逆以下，苟一事不道而苟从之，皆为失大臣事君之义，如由、求，未免乎是也。至如他人因循以陷于大恶，则由、求不至是也。”胡氏曰：“方子然欲假由、求以夸人，故夫子极言其失大臣之道。及其欲资由、求以助己，故夫子又言其有人臣之节。应答之顷，可以沮僭窃、扶纲常，真圣人之言也。”厚斋冯氏曰：“子然，季孙意如之子。意如，逐昭公者也。子然习于其父之所为，怀无君之心久矣，今得臣二子，故问夫子，盖将君鲁而以为大臣也。既抑之以具臣，及其以从之为问，故明以弑父与君不从折之。”新安陈氏曰：“弑逆非不可之大者欤？平常能不可则止者，于弑逆必不从；未能不可则止者，未可保其必不从也。由、求于君臣大义，固熟闻之，但察之恐未精耳。观由仕于出公，末为之死，求于伐颛臾，惟知为季氏子孙忧，于父子君臣之义，能精察之否乎？夫子于此，实欲折季氏之不臣，故许由、求为死节之臣耳。”

○子路使子羔为费宰。

子路为季氏宰而举之也。

子曰：“贼夫人之子。”夫，音扶。下同。

贼，害也。言子羔质美而未学，遽使治民，适以害之。厚斋冯氏曰：“成人有其兄死而不为衰者，闻子羔将为成宰遂为衰，盖子羔重厚有德，足以化民。子路以费数畔难治，所以特举之。然子羔虽重厚有德而未学，则理未明而用必窒，遽使之治数畔之邑，非所以全之也。”

子路曰：“有民人焉，有社稷焉。何必读书，然后为学？”

言治民事神，皆所以为学。

子曰：“是故恶夫佞者。”恶，去声。

治民事神，固学者事，然必学之已成，然后可仕以行其学。若初未尝学，而使之即仕以为学，其不至于慢神而虐民者几平声。希矣。子路之言，非其本意，但理屈辞穷，而取辨于口以御人耳。本前“焉用佞，御人以口给”而言。故夫子不斥其非，而特恶其佞也。朱子曰：“佞不是谄佞，是口快底人，事不问是不是，临时撰得话来也好，可见其佞。”“子路当初使子羔为费宰，意本不是如此，只大言来答，孔子故恶其佞。”○范氏曰：“古者学而后入政，未闻以政学者也。《左传·襄公三十一年》：“子产曰：‘侨闻学而后入政，未闻以政学者也。’”盖道之本在于修身，而后及于治人，其说具于方册。读而知之，然后能行。何可以不读书也？子路乃欲使子羔以政为学，失先后本末之序矣。不知其过而以口给御人，故夫子恶其佞也①。”朱子曰：“子路非谓不学而可以为政，但

① 不知其过而以口给御人，故夫子恶其佞也：不知自己的过错却靠伶牙俐齿拒绝别人批评，所以夫子讨厌他的佞。口给：口才敏捷，能言善辩。《论语·公冶长》：“御人以口给，屡憎于人。”

谓为学不必读书耳。上古未有文字之时，学者固无书可读，而中人以上，固有不待读书而自得者。但自圣贤有作，则道之载于经者详矣，虽孔子之圣，不能离是以为学也。舍是不求，而欲以政学，既失之矣，况又责之中材之人乎？然子路使子羔为宰，本意未必及此，但因夫子之言，而托此以自解耳，故夫子以为佞而恶之。”“三代以上，六经虽未具，考之《书》、《礼》，则舜之教胄子敷五典，与成周乡官乐正之法，所以教夫未成之才者，盖有道矣。三代而下，则既有书，修己治人之术，皆聚于此，学者岂可不之读而遽自用乎？苟谓不必读书，将自恃其聪明，率意妄作而无忌惮，其失不但卑陋而已。”南轩张氏曰：“子羔学未充而遽使为宰，其本不立，而置之于事物酬酢之地，故夫子有贼夫人之叹。夫民人社稷，固无非学，然学必贵于读书者，以夫多识前言往行，古之人所以蓄德者，实有赖乎是。德立于己，而后可以言无适而非学也。如子路之言，将使学者以聪明为可恃，而无敦笃潜泳之功，其甚至于废古而任意，为弊有不可胜言者，故夫子所以责之之深也。”庆源辅氏曰：“学之已成，而仕以行其学，犹恐动与静违，用与体乖，而或有失其宜者，况于初未尝学，而可遽使即仕以为学乎？”

〇**子路、曾皙、冉有、公西华侍坐**。坐，才卧反。

皙，曾参父，名点。

子曰：“以吾一日长乎尔，毋吾以也。长，上声。

言我虽年少长于女，“汝”同。然女勿以我长而难言。盖诱之尽言以观其志，而圣人和气谦德，于此亦可见矣。

居则曰：‘不吾知也！’如或知尔，则何以哉？”

言女平居，则言人不知我。如或有人知女，则女将何以为用也？东阳许氏曰：“夫子之于弟子，于其平日言行问答之间，固知其学力之所至，然其将有所待而欲为之志，则不能知也。问之者，欲知其自知之如何，使之知有未至而自厉，非独观人，亦所以教也。”

子路率尔而对曰：“千乘之国，摄乎大国之间，加之以师旅，因之以饥馑；由也为之，比及三年，可使有勇，且知方也。”夫子哂之。乘，去声。饥，音机。馑，音仅。比，必二反。下同。哂，诗忍反。

率尔，轻遽之貌。摄，管束也。二千五百人为师，五百人为旅。因，仍也。谷不熟曰饥，菜不熟曰馑。方，向也，谓向义也。民向义，则能亲其上，死其长上声。矣①。哂，微笑也。厚斋冯氏曰：“子路齿先诸子，又勇于进道，故夫子有问，必先诸子言之。其言与冉有皆以三年为断，盖古者三载考绩，要其成也。夫子亦曰‘三年有成’。”新安陈氏曰：“国介居大国间，势难为。当兵荒后，时难为。能致富强，且化民使向义，必政教兼举而后能之。子路盖以其实才展尽底蕴而言也。”

“求！尔何如？”对曰：“方六七十，如五六十，求也为之，比及三年，可使足民。如其礼乐，以俟君子。”

---

① 民向义，则能亲其上，死其长矣：百姓向义，就能亲近长上，为长上而死。

求，尔何如，孔子问也，下放此。方六七十里，小国也。如，犹或也。五六十里，则又小矣。足，富足也。俟君子，言非己所能。冉有谦退，又以子路见哂，故其辞益逊。朱子曰："子路使民，非若后世之孙吴；冉有足民，非若后世之管商。"

"赤！尔何如?"对曰："非曰能之，愿学焉。宗庙之事，如会同，端章甫，愿为小相焉。"相，去声。

公西华志于礼乐之事，嫌以君子自居。故将言己志而先为逊辞，言未能而愿学也。新安陈氏曰："求云'如其礼乐，以俟君子'，今赤若毅然欲从事于礼乐，则是以君子自居，故必先为逊辞也。"宗庙之事，谓祭祀。诸侯时见形甸反。曰会，众眺音眺。曰同①。《周礼·春官·大宗伯》："春见曰朝，夏见曰宗，秋见曰觐，冬见曰遇，时见曰会，殷见曰同。"此六礼者，以诸侯见王为文。六服之内，四方以时分来，或朝春，或宗夏，或觐秋，或遇冬，更递而遍，时见者无常期。诸侯有不顺服者，王将有征讨之事，则既朝觐，王为坛于国外，合诸侯而命事焉。《春秋传》曰："有事而会，不协而盟是也。殷，犹众也。十二岁王如不巡守，则六服尽朝，朝礼既毕，王亦为坛合诸侯，以命政焉。所命之政，如王巡守。殷见四方，四时分来，终岁以遍。时聘曰问，殷类曰视，时聘亦无常期，天子有事，乃聘之焉。境外之臣，既非朝岁，不敢渎为小礼。殷頫，谓一服朝之岁，以朝者少，诸侯乃使卿以大礼众聘焉。五服朝，在元年七年十一年。"庆源辅氏曰："《周礼》所谓'殷'，即众也；'頫'，即见也。"端，玄端服。章甫，礼冠。庆源辅氏曰："礼有玄端而冕，若《玉藻》'天子龙衮以祭，玄端'，'朝日，诸侯玄端以祭'是已；有玄端而冠，若朝玄端、夕深衣是已；有玄端而章甫，如此章端章甫是已；有玄端而委貌，若晏平仲端委立于虎门是已。郑云'端取其正'，谓士之衣袂，皆二尺二寸，而属幅广袤等也，然则玄端之服，古者君臣皆得服之。章甫，缁布冠也，夏曰'毋追音牟堆。'，商曰'章甫'，周曰'委貌'，其制相比，皆以漆布为之，盖三代常服行道之冠也。"相，赞君之礼者。言小，亦谦辞。厚斋冯氏曰："会同诸侯，朝于天子之礼也，而两君相见，亦曰会，又有同盟。当是时，诸侯朝于天子寡矣，华之言当为两君相见而设。夫摈绍，礼乐之末也，小相又摈绍之末也。二子以子路蒙哂，故其辞谦，而子华又谦于冉有也。"

"点！尔何如?"鼓瑟希，铿尔，舍瑟而作。对曰："异乎三子者之撰。"子曰："何伤乎？亦各言其志也。"曰："莫春者，春服既成。冠者五六人，童子六七人，浴乎沂，风乎舞雩，咏而归。"夫子喟然叹曰；"吾与点也！"铿，苦耕反。舍，上声。撰，士免反。莫、冠，并去声。沂，鱼依反。雩音于。

四子侍坐，以齿为序，则点当次对②。以方鼓瑟，故孔子先问求、赤而后及点也。张存中曰："《史记·仲尼弟子传》：仲由，字子路，卞人也，少孔子九岁；曾点，字皙，与子参皆侍孔子；冉求，字子有，仲弓之族也，少孔子二十九岁；公西赤，字子华，鲁人，少孔子四十二岁。按《史记》、《家语》载'曾参少孔子四十六岁'，则曾点必

---

① 诸侯时见曰会，众眺曰同：诸侯按时会见叫会，诸侯一齐会见叫同。

② 以齿为序，则点当次对：按年龄顺序，曾点应该第二个说。齿：年龄。

少孔子十余岁，合居子路之次。”希，间去声。歇也。作，起也。撰，具也。朱子曰：“曾点所见不同，方侍坐之时，见三子言志，想见有些下视他几个，作而言曰‘异乎三子者之撰’，看其意，有凤凰翔于千仞底气象。”莫春，和煦之时。春服，单袷音夹。之衣。新安陈氏曰：“单，单衣。袷，袷衣。至此时，则衣无絮也。”浴，盥音管。濯也，今上巳祓音拂。除是也①。问：“浴之为盥濯祓除。”朱子曰：“《汉志》‘三月上巳祓除，官民洁于东流水上’，而蔡邕引此为证是也。韩愈、李翱疑裸身出浴之非礼，而改浴为沿，不察此耳。”沂，水名，在鲁城南，地志以为有温泉焉，理或然也。风，乘凉也。舞雩，祭天祷雨之处，有坛墠音善。树木也②。咏，歌也。【通考】巴川阳氏格曰：“鲁秉周正朔，莫春建辰之月，《豳风》‘春日载阳’，蚕桑之时也。曾点舍瑟之对，今味其辞旨，则四时寒燠之代序，与裘葛衣服之异，宜有与时偕行、自乐之妙。沂水在鲁城南，当是时也，风和日暖，景明物熙，童冠咏归，与天地生物同一春意。若以为寅月，沂水之冻方解，雩壇之风尚寒，浴沂咏归，非其时矣。”曾点之学，盖有以见夫音扶。人欲尽处，天理流行，随处充满，无少欠阙。新安陈氏曰：“此等句，皆是就本文反复玩味，以想像曾点胸次，而于无中形容出有来。”故其动静之际，从七容反。容如此。朱子曰：“曾点都不待著气力说，只是他见得许多自然道理，流行发见，触处皆是，但举其一事而言之耳。看他‘鼓瑟希，铿尔，舍瑟而作’，从容暇豫，悠然自得处，无不是这个道理。今人读之，只做等闲说话，当时记者，亦是多少仔细。”又曰：“门人详记舍瑟事，欲见其从容不迫，洒落自在之意耳。”庆源辅氏曰：“理欲不两立，须是人欲净尽，然后天理自然流行，随事随处，不待勉强用力，自无纤毫欠缺处。然惟圣人心与理一，而后能体用兼备，自然而然。若曾皙则以天资之高，而于此有见焉耳，故《集注》著‘有以见夫’四字，便自断得曾皙所学之分量分晓，与后面程子所谓‘曾点狂者，未必能为圣人之事，而能知夫子之志’之说相应。”而其言志，则又不过即其所居之位，乐音洛。其日用之常，初无舍上声。已为去声。人之意。胡氏曰：“即其所居至之常者，莫春融和之时，沂水祓除之事，与其朋侪游泳自得，乃其分所宜为，而目前所可为也。初无舍己为人之意者，如必得国而治之，然后见其用，则在我者轻，在人者重。人必知我，则有以自见；人不我知，则将无所用于世矣。此点所以异于三子也。”而其胸次悠然，直与天地万物上下同流，各得其所之妙，隐然自见形甸反。于言外。新安陈氏曰：“‘直与’至于‘之妙’作一句。细分之，‘上下同流’，接‘天地’字，‘各得其所’，接‘万物’字。”“《集注》此一节二十二字，又是自无形容出有来，其言外之妙趣，不可以寻常解书训诂体贴之例求之，必待学力进，眼目高后，自然默会之可也。”庆源辅氏曰：

---

① 上巳：旧时节日名。汉以前以农历三月上旬巳日为“上巳”；魏晋以后，定为三月三日，不必取巳日。《后汉书·礼仪志上》：“是月上巳，官民皆絜于东流水上，曰洗濯祓除去宿垢疢为大絜。”《宋书·礼志二》引《韩诗》：“郑国之俗，三月上巳，之溱洧两水之上，招魂续魄。秉兰草，拂不祥。”祓除：除灾去邪之祭。

② 墠：供祭祀用的经清扫的场地。《礼记·祭法》：“是故王立七庙，一坛一墠。”郑玄注：“封土曰坛，除地曰墠。”

"即其所居之位，则无出位之思；乐其日用之常，则无作意之为。便见得曾点不愿乎外，无入而不自得之意。初无舍己为人之意，说得点之事实，'胸次悠然'以下数句，又形容得点之乐处。《集注》此一段凡三次改削，然后见得如此平实，学者当深味之。"视三子之规规于事为之末者①，其气象不侔矣②，故夫子叹息而深许之。而门人记其本末独加详焉，盖亦有以识此矣。朱子曰："曾点见得事事物物上，皆是天理流行。良辰美景，与几个好朋友行乐去，日用之间，莫非天理，在在处处，莫非可乐。"问："夫子何以与点也？"曰："方三子之竞言所志也，点独鼓瑟其间，漠然若无闻者；及夫子问之，然后瑟音少间，乃徐舍瑟起对焉，而悠然逊避，若终不肯见所为者；及夫子慰安之，然后不得已而言，而其志之所存，又未尝少出其位，盖澹然若将终身焉者，此夫子所以与之也。"曰："何以言其与天地万物同流各得其所也？"曰："'莫春之日'，生物畅茂之时也；'春服既成'，人体和适之候也；'冠者五六人、童子六七人'，长少有序而和也；沂水舞雩，鲁国之胜处也；既浴而风，又咏而归，乐而得其所也。夫以所居之位，而言其乐，虽若止于一身，然以心而论，则固蔼然天地生物之心，圣人对时育物之事也，夫又安有物我内外之间哉？程子以为'与圣人之志同，便是尧舜气象'者，正谓此也。"或曰："曾皙胸中无一毫事，列子驭风之事近之，然乎？"曰："圣贤之心，所以异于佛老，正以无意必固我之累，而所谓天地生物之心，对时育物之事者，未始一息之停也。若但一旷然无所倚著，而不察乎此，则亦何以异于虚无寂灭之学，而岂圣人之事哉？""这道理处处都是。事父母、交朋友，都是这道理。接宾客，是接宾客道理。动静语默，莫非道理。天地之运，春夏秋冬，莫非道理。人之一身，便是天地，只缘人为人欲隔了，自看此意思不见。如曾点却被他超然看破这意思，夫子所以喜之。""孔子与点，与圣人之志同者，盖都是自然底道理。安老、怀少、信朋友，自是天理流行，触处皆是。暑往寒来，山川流峙，父子有亲，君臣有义之类，无非这道理。如学而时习之，亦是穷此理；孝弟仁之本，亦是实此理。所以贵乎格物者，是物物上皆有此理，此圣人事，点见得到，盖事事物物莫非天理。初岂是安排得来？安排时便凑合不著，这处便有甚私意来，自是著不得私意。圣人见得只当事，曾点把作一件大事来说，他见得这天理随处发见，处处皆是天理，所以如此乐。""曾点见得道理大，所以尧舜事业优为之。视三子规规于事为之末，固有间矣。是他见得圣人气象如此，虽超乎事物之外，而实不离乎事物之中，是个无事无为底道理，却做有事有为之功业。天样大事也做得，针样小事也做得，此所谓大本，所谓忠，所谓一者是也。""曾点气象，固是从容洒落，然须见得他因甚到得如此始得，若见得此意，自然见得他做得尧舜事业处，不可以一事言也。""曾点见道无疑，心不累事，其胸次洒落，有非言语所能形容者，故虽夫子有'如或知

---

① 规规：浅陋拘泥貌。《庄子·秋水》："子乃规规然而求之以察，索之以辩，是直用管窥(kuī)天，用锥指地也，不亦小乎！"成玄英疏："规规，经营之貌也。"

② 不侔：不相等，不等同。《后汉书·荀彧传》："海内未喻其状，所受不侔其功。"侔：齐等，相当。

尔'之问，而其所对，亦未尝少出其位焉。盖若将终身于此者，而其语言气象，则固位天地育万物之事也。""曾皙不曾见他工夫，只是天资高，如夫子说'吾党之小子狂简，斐然成章，不知所以裁之'，这便是狂简。如庄列之徒，皆是他自说得恁地好，所以夫子要归裁正之。若是不裁，只管听他恁地，今日也浴沂咏归，明日也浴沂咏归，却做甚么合杀！""曾点与三子，只是争个粗细；曾点与漆凋开，只是争个生熟。曾点说得惊天动地，开较稳贴，三子在孔门，岂全不理会义理？只是较粗不如曾点之细。""为学与为治，只是一统事，他日之所用，不外乎今日之所存，三子却分作两截看了。如治军旅、治财赋、治礼乐，与凡天下之事，皆学者所当为，须先教自家身心得无欲，直得清明在躬，志气如神，则天下无不可为之事矣。""曾点以乐于今日者对，三子以期于异日者对，学者须是有三子之事业，又有曾点之襟怀，方始不偏。盖三子是就事上理会，曾点是见得大意。曾点虽见大意，又少却事上工夫；三子虽就事上学，又无曾点脱洒意思。"新安陈氏曰："曾点所言，想正对莫春之时，使非对景而言，亦无意思。又按三子所言者事功，其志实而小；点所言者理趣，其志高而大。点不及三子所行之实，三子不及点所见之高，以一时所言观之，三子规规于事为之末，而点超然于理趣之高，宜夫子独与之也。自今而论，学者必有曾点见处之高，以立其体，又有三子行处之实，以达于用，始为无弊，不然，鲜不流于狂妄矣。"【通考】仁山金氏曰："与点，所以激三子；下文之辨，所以实曾点。"

三子者出，曾皙后。曾皙曰："夫三子者之言何如？"子曰："亦各言其志也已矣。"曰："夫子何哂由也？""夫三"之"夫"，音扶。

点以子路之志，乃所优为，而夫子哂之，故请其说。

曰："为国以礼，其言不让，是故哂之。"

夫子盖许其能，特哂其不逊。朱子曰："礼者，理之显设而有节文者也。言礼，则理在其中矣。"

"唯求则非邦也与？""安见方六七十如五六十而非邦也者？"与，平声。下同。

曾点以冉求亦欲为国而不见哂，故微问之。而夫子之答无贬悲检反。辞，盖亦许之。

"唯赤则非邦也与？""宗庙会同，非诸侯而何？赤也为之小，孰能为之大？"

此亦曾皙问而夫子答也。孰能为之大，言无能出其右者，亦许之之辞。程子曰："古之学者，优柔厌饫①，有先后之序。如子路、冉有、公西赤言志如此，夫子许之。亦以此自是实事。后之学者好去声。高，如人游心千里之外，然自身却只在此。"新安陈氏曰："此条专言三子言志平实，无高远之弊。"又曰："孔子与点，盖与圣人之志同，便是尧、舜气象也。诚异三子者之撰，特行去声。有不掩焉耳，此所谓狂也。问："曾点言志，如何是有尧舜气象？"朱子曰："明道言'万物各遂其性'，此句正好看尧舜气象。且看莫春时，物态舒畅如此，曾点情思又如此，便是'各遂其性'处，尧舜之心，

---

① 优柔厌饫：悠然自得。厌饫：满足。

亦只是要万物皆如此耳。然曾点却只是见得，未必能做得尧舜事，孟子所谓‘狂士其行不掩焉者也’。”“行有不掩，非言行背驰之谓，但行不到所见处尔。曾点之学，无圣人为之依归，怕有老庄意思。也未便做老庄，只怕其流入于老庄。”“三子所志，虽皆是实，然未免局于一君一国之小，向上更进不得，若曾点所见，乃是大根大本，使推而行之，则将无所不能。虽其功用之大，如尧舜之治天下亦可为矣，盖言其所志者，大而不可量也。譬之于水，曾点之所用力者，水之源也；三子之所用力者，水之流也。用力于派分之处，则其功止于一派；用力于源，则放之四海，亦犹是也。然使点遂行其志，则恐未能掩其言，故以为狂者也。”潜室陈氏曰：“凡狂者，志高而行不副。谓其志高，故见大意而圣人与之；谓其行不副，止于见大意，终不入圣人之室。”子路等所见者小，子路只为去声。不达为国以礼道理，是以哂之。若达，却便是这气象也。”问：“程子云：‘子路只缘不达为国以礼道理，若达，便是这气象。’如公西赤、冉求二子语言之间，亦自谦逊，可谓达礼者矣，何故却无曾点气象?”朱子曰：“二子只是晓得那礼之皮肤，晓不得那礼之微妙处。若晓得礼，便须见得个‘天高地下，万物散殊，而礼制行’，‘流而不息，合同而化，而乐与焉’底自然道理矣。曾点却见得这个气象，只是他见得了便休，缘见得快，所以不把当事。他若见得了，又从头去行，那里得来。”问：“三子皆事为之末，何故子路达得便是这气象?”曰：“子路才气去得，他虽粗暴些，才理会这道理，便就这个‘比及三年，可使有勇且知方’上面，却是这个气象。求、赤二子，虽是谨细，却只是安排来底，又更是他才气小了。子路是甚么样才气?”问：“子路就使达得，却只是事为之末，如何比得这个?”曰：“若达时，事事都见得是自然底天理。理会得道理，虽事为之末，亦是理也。莫春者，春服既成，何尝不是事为来?”问：“为国不循理，则必任智力；不任智力，则循理，不能出此二途。点有见乎长育流行之体，天地万物之理，所谓自然而然者，但吾不以私意扰之，则天地顺序，而万物各得其所，此尧舜事业也。子路则以才气之胜，自以为当败坏不可支持之处而吾为之，亦能使之有成，子路诚足以任此矣。然不免有任智力之意，故志气激昂，而气象勇锐，不若曾点之闲暇平和也。”曰：“是。”“到为国以礼分上，便自理明，自然有曾点气象。”潜室陈氏曰：“为国以礼，则君君臣臣，父父子子，事各当事，物各当物，终日在天理上，此尧舜气象。”云峰胡氏曰：“以三子言之，子路未达为国以礼。求于礼乐不敢当，赤则若有志于礼乐，而所言宗庙会同，礼之末耳。”又曰：“三子皆欲得国而治之，故夫子不取。新安陈氏曰：“以夫子与点分别而言之，故云‘夫子不取’，非谓夫子真不许其得国而治之也。”曾点，狂者也，未必能为圣人之事，而能知夫子之志。故曰浴乎沂，风乎舞雩，咏而归，言乐而得其所也。孔子之志，在于老者安之，朋友信之，少去声。者怀之，使万物莫不遂其性。曾点知之，故孔子喟然叹曰吾与点也。”朱子曰：“曾点是他见得到日用之间，无非天理流行，无亏无欠，是自然如此。充其见，便是孔子‘老者安之，朋友信之，少者怀之’底意思。惟曾点便见得到这里，圣人便做得到这里。”又曰：“曾点、漆雕开，已见大意。”朱子曰：“他见得这个大纲意思，于细密处未必便理会得。如千兵万马，他只见得这个，其中队伍未必知。”“曾点见虽高，漆凋开却确实。”“点与参相反，父子间为学大不同。点天资高明，用志远大，故能先见其本，往往于事为间，有不屑用力者；参也三省，随事用力，旋旋捱去，一贯之说，必待夫子告之而后知，然一唯之后，本末兼该，体用全备。一是从下做到，一是从上见得，故传道之任，不在其父而在其子。虚实之分，学者必有以辨之。”问：“孔门英才多矣，何为不得乎此，而点独得之？回、参不必类乎点也，而又独得斯道之传，何也?”勉斋黄氏曰：“资禀高，则不局于卑；志量大，则不溺于小；见识明，则异说不能惑；趋向正，则外诱不能移。此点之学，所以人不能及也。人品不同，则学之志亦异。人为技艺之学者，有一见而超然解悟，有终日矻矻而竟无所得者，亦无怪点之独得也。若颜子，则其资禀、志量、见识、趋向，当无异乎点，而深厚沉潜淳实中正，必有过于点者，故其见虽同，而其得则异于点也。点之子参，其见不及乎皙，而其学则近于回，以其用力之笃，则遂与回等，而非点所及也。”曰：“皙之不及乎回、参，而卒未免为狂者之归，何也?”曰：“天下之理，固根于人心，而未尝不形见于事物。为学之方，固当存养乎德性，而亦不可不省察乎实行。夫是以精粗不遗，而表里相应，内外交养，动静如一，然后可以为圣学之全功也。点之志则大，质则高，识则明，趣则远，然深厚沉潜淳实中正之意有不足焉，则见高而遗卑，见大而略小，见识有余而行不足，趋向虽正而行则违，此所以不及乎回、参也。虽然，自回、参而论之，点诚有未至；自学者论之，点之所见，岂可忽哉？规规翦翦于文义之间、事为之末，而胸中无所见焉，恐未易以狂语点也。”【通考】朱氏公迁曰：“此皆即其所志而言之也。若伊尹之志，是后贤追论其志如彼，伊尹、颜渊有隐显不同，而尹之志则颜所能为，由、求、赤视颜气象差小，而所言皆其能事。”

论语集注大全卷十二

颜渊第十二

凡二十四章。【通考】勿轩熊氏曰：“此篇多记孔子弟子。与君大夫问答十章，君大夫问六章，夫子之言五章，曾子、子贡、子夏各一章。”

颜渊问仁。子曰：“克己复礼为仁。一日克己复礼，天下归仁焉。为仁由己，而由人乎哉?”

仁者，本心之全德。庆源辅氏曰：“仁义礼智，皆心之德。而仁包义礼智，故曰‘本心之全德’。”克，胜也。朱子曰：“圣人下个‘克’字，譬如相杀，定要克胜得他。”“克己亦别无巧法，如孤军卒遇强敌，只是尽力舍死向前而已。”己，谓身之私欲也。问：“己私有三：气质之偏，一也；耳目口鼻之欲，二也；人我忌克之类，三也。孰是夫子所指?”朱子曰：“三者皆在里。看下文非礼勿视听，则耳目口鼻之欲较多。”胡氏曰：“耳目口体之欲，皆因己而有，故谓之私。”复，反也。庆源辅氏曰：“反，犹归也，如行者之反归于家也。”礼者，天理之节文也。朱子曰：“所以唤做礼，而不谓之理者，有著实处。只说理，却空去了。这个礼是那天理节文，教人有准则处。所以谓之天理之节文者，此理无形影，故作此礼文，画出一个天理与人看，教有规矩，可以凭据。有君臣，便有事君底节文；有父子，便有事父底节文。其他莫不皆然。”庆源辅氏曰：“天理，即全德也。节者，其限制等级也。文者，其仪章脉理也。不曰理、而曰礼者，理虚而礼实，以其有品节文章，可以依据也。”为仁者，所以全其心之德也。盖心之全德，莫非天理，而亦不能不坏于人欲。故为仁者必有以胜私欲而复于礼，则事皆天理，而本心之德复全于我矣。勉斋黄氏曰：“心之全德，莫非天理，则言仁而礼在其中。事皆天理，而心德复全，则言礼而仁在其中。皆以天理为言，则仁即礼，礼即仁。安有复礼而非仁者哉？其曰事皆天理者，以视听言动之属乎事也。复归于礼，则事皆合乎天理矣。”云峰胡氏曰：“《集注》始言‘仁者，本心之全德’。至此则‘本心之德复全’。此一‘全’字，即是本来‘全’字，不过能复其本然者耳。”程子曰：“克己之私既尽，一归于礼，此之谓得其本心。”朱子曰：“一于礼之谓仁。只是仁在内，为人欲所蔽，如一重膜遮了。克去己私，复礼乃见仁。仁礼非是二物。”问：“克复工夫，全在‘克’字上。盖是就发动处克将去，必因有动，而后天理人欲之几始分，方知所决择而用力也。”曰：“如此，只是发动方用克。若待发动而后克，不亦晚乎？发时固用克，未发时也须致其精明，如烈火之不可犯，始得。”问：“克己复礼，如何分精粗？”曰：“若以克去己私言之，便克己是精底工夫。到礼之节文有所欠阙，便是粗者未尽。然克己又只是克去私意，若未能有细密工夫，一一入他规矩准绳之中，便未是复礼，如此则复礼却乃是精处。”“克，是克去己私。己私既克，天理自复。譬如尘垢既去，则镜自明；瓦砾既扫，则室自清。”“克己，是大做工夫；复礼，是事事皆落腔窠。克己便能复礼，步步皆合规矩准绳，非是克己之外，别有复礼工夫也。”“礼是自家本有底物，所以说个复。不是待克己了，方去复礼。克得那一分人欲去，便复得这一分天理来。克得那二分底己去，便复得这二分礼来。”“克己便要复礼。但克己而不复礼，则堕于空寂矣。然人只有天理人欲两途，不是天理，则是人欲。即无不属天理，又不属人欲底。且如立如齐，是天理，跛倚是人欲。克去跛倚，而未能如齐，即是克得未尽，却不是未能如齐之时，不系人欲也。须与立个界限，将那未能复礼时底，都把做人欲断定。”新安陈氏曰：“礼有专言者，有偏言者。恭敬辞让，偏言之礼也；复礼为仁，专言之礼也。克己复礼，则天理流行而仁在是。专言之礼，仁在其中矣。”【通考】勿斋程氏曰：“获胜其私，物欲净尽，是曰克己。善反其初，天理流行，是曰复礼。”归，犹与也。又言一日克己复礼，则天下之人皆与其仁，极言其效之甚速而至大也。新安陈氏曰：“甚速，以一日言；至大，以天下言。”朱子曰：“克己复礼，则事事皆是。天下之人，闻之见之，莫不皆与其仁也。”“天下以仁称之，非是一日便能如此。只是有此理，人称不称，固非我之所急。但言其效必至于此。”“天下皆与其仁，伊川云‘称其仁’是也。此说得实。杨氏以为皆在吾之度内，谓见吾仁之大如此，而天下皆囿于其中，说得无形影。与吕氏‘洞然八荒、皆在吾闼’同意。”觉轩蔡氏曰：“天下之大，人人皆禀受此仁。我真能克复为仁，即此仁便与天下之人都凑得著，所以天下皆以仁称之。”又言为仁由己而非他人所能预，又见其机之在我而无难也。日日克之，不以为难，则私欲净尽，天理流行，而仁不可胜平声。用矣。新安陈氏曰：“‘日日克之’以下五句，乃朱子补本文之意而究竟言之。恐人谓一日如此便了，须是日日接续用功，如日三省之日，日日克己而无少间断，机决于己而无所留难，则私欲方净尽，而天理自然流行矣。须玩味‘净’字。净尽者，无一毫不尽之谓也。”朱子曰：“今日克复，是今日事；明日克复，是明日事。克己复礼，有几多大工夫，须日日用工。”“为仁由己，这都是自用著力，使他人不著。到私欲尽后，便粹然是天地生物之心。”双峰饶氏曰：“一日之语，见于《论语》者二：一日用力于仁，指其用功之日而言也；一日克己复礼，指其成功之日而言也。何以知之？克者，战而获胜之名；复者，失而复还之谓。此皆用力而成功者。故上文以此为仁，而下文许以天下归仁，以成功之效言之也。然则欲克己而复礼者，果何所用力耶？曰：为仁由己，用力之机要也；非礼勿视、听、言、动，用力之条目也。欲收克复之功者，其亦勉诸此而已矣。”程子曰：“非礼处便是私意。既是私意，如何得仁？须是克尽己私，皆归于礼，方始是仁。”又曰：“克己复礼，则事事皆仁，故曰天下归仁。”问：“归，犹与也，谓天下皆与其仁。却载程子语天下归仁，谓事事皆仁。恰似两般。”朱子曰：“惟其事事皆仁，所以天下归仁。”“于这事做得恁地，于那事亦做得恁地，所以天下皆称其仁。若有一处做得不是，必被人看破了。”问：“克己复礼，则事事皆仁。”曰：“人能克己，则日间所行，事事皆无私意而合天理耳。”问：“一日之间，如何得事事皆仁？”曰：“一日克己复礼了，虽无一事，亦不害其为事事皆仁；虽不见一人，亦不害其为天下归仁。”谢氏曰：“克己须从性偏难克处克将去①。”云峰胡氏曰：“能克人欲之私，是理胜欲；能克性质之偏，是德胜气。《集注》克己说人欲，未曾说气质。故复引谢氏说以足之。”问：“此性是气质之性否？”朱子曰：“然，然亦无难易。凡气质之偏处，须从头克去。谢氏恐人只知得里面小小不好处气质而忘其难，故云然。”“人之气禀有偏，所见亦往往不同。如气质刚底人，则见刚处多，而处事必失之太刚；柔底人则见柔处多，而处事必失之太柔。须先就偏处克治。”“跛倚踞傲，未必尽是私意，亦有性坦率者。伊川云：虽无邪心，苟不合正理，乃妄也。亦须克去。”问：“‘颜子问仁’与‘问为邦’先后。”曰：“有克己复礼工夫，方始做得四代礼乐底事。”“克己之己，未是对人物言，只是对‘公’字说犹曰私耳。吕氏《克己铭》极口称扬，遂以为己既不立，物我并观，则天下之大，莫不皆在吾仁中。说得来恁地大，故人皆喜其快。殊不知未是如此。”问：“与叔之意，与下文克己之目，全不干涉。此只是自修之事，未说著外面在。”曰：“须是恁地思之。”“初无吝骄，作我蟊贼。只说得克己一边，却不到复礼处。”

颜渊曰：“请问其目。”子曰：“非礼勿视，非礼勿听，非礼勿言，非礼勿动。”颜渊曰：“回虽不敏，请事斯语矣。”

目，条件也。颜渊闻夫子之言，则于天理人欲之际际，谓二者界限之间。已判然

---

① 克己须从性偏难克处克将去：克己，必须从秉性偏颇难克的地方开始。

矣，故不复扶友反。有所疑问，而直请其条目也。请克己复礼之条目。非礼者，己之私也。勿者，禁止之辞。是人心之所以为主，而胜私复礼之机也。私胜，则动容周旋无不中去声。礼，而日用之间，莫非天理之流行矣。朱子曰："《说文》谓'勿'字似旗脚，此旗一麾，三军尽退。工夫只在'勿'字上。才见非礼来，便禁止之，便克去。"问："颜子地位，有甚非礼处，何待下此四勿工夫?"曰："只心术间，微有些子非礼处，也须用净尽截断了。他力量大，圣人便教他索性克去。"问非礼勿视、听、言、动。曰："目不视邪色，耳不听淫声，如此类工夫却易。视远惟明，才不远，便是不明；听德惟聪，才非德，便是不聪。如此类工夫却难。视听言动，但有些个不循道理处，便是非礼。""视听言动之间，所当为者，皆礼也；所不当为者，皆非礼也。其非礼则勿以止焉，则是克己之私而复于礼矣。其非礼而勿视听者，防其自外入而动于内也；非礼而勿言动者，谨其自内出而接于外也。内外交进，为仁之功尽矣。所以用力，其机特在勿与不勿之间而已。自是而反，则为天理；自是而流，则为人欲。自是而克念，则为圣；自是而罔念，则为狂，特毫忽之间尔。学者可不谨其所操哉?"云峰胡氏曰："此章紧要在'勿'字，故《集注》吃紧解此一字。盖心为一身之主，即将为三军之主。一身耳目口体惟心所令，犹大将之旗一麾，而三军坐作进退，惟其所令也。"新安陈氏曰："非礼者，己之私；礼者，天理之公。非礼勿视听言动，即所以克己；而所视听言动皆合礼，即所以复礼也。能如是，则日用间，莫非天理之流行，而仁在其中矣。"事，如事事之事。《书·说命篇》云："惟事事乃其有备，有备无患。"《史记·曹参传》："卿大夫以下吏及宾客，见参不事事。不事丞相之事。"新安陈氏曰："事事，上'事'字，是用力，活字；下'事'字，是死字。"请事斯语，颜子默识其理，又自知其力有以胜平声。之，故直以为己任而不疑也。朱子曰："颜子克己，如红炉上一点雪。"双峰饶氏曰："如吾与回言终日，回于吾言，无所不悦。夫子平日多与讲论，皆是博之以文。到此四勿，正是约之以礼。""颜子所克之己私，只是微过，不是显过。然显过易见，微过难见也。"程子曰："颜渊问'克己复礼'之目，子曰'非礼勿视，非礼勿听，非礼勿言，非礼勿动'，四者身之用也。由乎中而应乎外，制于外所以养其中也。朱子曰："由乎中而应乎外，乃势之自然。是推本视听言动四者，皆由中而出，泛言其理如此耳。非谓从里面做工夫也。制于外，所以养其中，方是说做工夫处。全是自外而内、自叶而根之意。"问："克己工夫，从内面做去，反说制于外，如何?"曰："制却在内。"又问："此是说仁之体，而不及用。"曰："制于外，便是用。"颜渊事斯语，所以进于圣人。进，进步几及之意。后之学圣人者，宜服膺而勿失也，因箴以自警。其《视箴》曰：'心兮本虚，应物无迹。操之有要，视为之则。庆源辅氏曰："人心出入无时，莫知其乡，何有形迹可见。然操则存，舍则亡。而操之之要，则以视为之则而已。盖人之视最在先，遇不当视者，才起一念要视他，便是非视。故当以是为操心之则。"陈氏曰："心虚灵知觉，事物才触，即动而应，无踪迹可寻捉处。"胡氏曰："心兮本虚者，体也；应物无迹者，用也。体无所室，则用无所滞。此其本然也。"叶氏曰："目者，一身之昭鉴，五行精华之所聚，于心尤切。目动则心必随，心动则目必注。心之虚灵，千变万化，欲加检防，先以视为准则。”蔽交于前，其中则迁。陈氏曰：“蔽，指物欲之私而言；中，指心之体而言，即天理之谓也。物欲之蔽接于前，则心体逐之而迁矣。”制之于外，以安其内。克己复礼，久而诚矣。’朱子曰：“人之视听言动，视最在先，为操心之准则。此两句未是不好。至蔽交于前，方有非礼而视。故制之于外以安其内，则克己而复礼也。如是工夫无间断，则久而自从容不勉矣。故曰久而诚矣。”陈氏曰：“物欲克去于外，则无以侵挠吾内而天理宁矣。”许氏曰：“制，是于天理人欲之界上，截然限断，使不正之书、非礼之色，不得以接于吾目。克己，即制之于外；复礼，即以安其内。”胡氏曰：“克己复礼者，言上文乃所以用力于此也。久而诚矣者，非礼勿视未是仁，真积力久，自然诚实，则可谓之仁也。”蔡氏曰：“始而克复，有以用吾力。久而诚，则私欲净尽，表里一贯，自无所容其力矣。”其《听箴》曰：‘人有秉彝，本乎天性。知诱物化，遂亡其正。朱子曰：“四者惟视为切，所以先言视。而视箴之说，尤重于听也。”“物至，则智足以知之而有好恶。这是自然如此。到好恶无节于内，知诱于外，方始不好去。”庆源辅氏曰：“人心所禀之常性，乃得之于天。而听其所当听，不听其所不当听者，即秉彝之性也。”胡氏曰：“不言听而言知者，听者，知之初；知者，听之后。因知而此心为之动，故以知言。其实一也。”陈氏曰：“知，指形气之感而言。物欲感而知觉萌，遂为之引去矣。化则与之相忘如一，而无彼我之间也。”卓彼先觉，知止有定。闲邪存诚，朱子曰：“防其邪妄于外，而存其实理于内也。”非礼勿听。’朱子曰：“视，是将这里底引将去，所以云以安其内；听，是听得外面来，所以云邪存诚。”“视，与看见不同；听，与闻不同。如非礼之色，若过目便过了，不可有要视之之心；非礼之声，若入耳也过了，不可有要听之之心。”问：“《视箴》何以特说心，《听箴》何以特说性？”曰：“互换说也得。然谚云‘开眼便错’，视所以就心上说。人有秉彝，本乎天性，道理本自在这里，却因杂得外面言语来诱之，听所以就性上说。”蔡氏曰：“或疑《听箴》之说，亦可移为《视箴》用。殊不知视是自内而引出外，听是自外而引入内。视为先，听次之。所以《视箴》说得尤力。”云峰胡氏曰：“眼在前，不正之色，只是前一面来，故曰‘蔽交于前，其中则迁’；耳在两傍，不正之声，左右前后皆可来，故曰‘知诱物化，遂亡其正’。目之明在外，故当制之于外，以安其内；耳之聪在内，故惟在内者，知止有定乃可尔。”其《言箴》曰：‘人心之动，因言以宣。发禁躁妄，内斯静专。庆源辅氏曰：“躁，属气；妄，属欲。不为气所动，故静；不为欲所分，故专。”陈氏曰：“外不躁，则内静；外不妄，则内专。此一篇关要处。”矧是枢机，兴戎出好，去声。吉凶荣辱，惟其所召。《书》曰：“惟口出好兴戎。”蔡氏传曰：“好，善也。戎，兵也。言发于口，则有二者之分。”陈氏曰：“门之阖辟，所系在枢；弩之张弛，所系所机。人心之动有善恶，由言以宣之，而后见于外，是亦人之枢机也。”蔡氏曰：“出好，则吉则荣；兴戎，则凶则辱。发于口者甚微，而召于彼者甚捷。可不畏哉？”伤易去声。则诞，伤烦则支，庆源辅氏曰：“易，则心不管摄，故必至于妄诞；烦，则心不精一，故必至于支离。”己肆物忤，五故反。出悖来违。非法不道，钦哉训辞！’朱子曰：“上四句是说身上最紧切处。须是不躁妄，方始静专。自家这心，自做主不成，如何去接物。下云‘矧是枢机，兴戎出好’，四句是说谨言底道理。下四句却说四项病痛。伤易则诞，伤烦则支，己肆则物忤，出悖则来违。""《言箴》说许多病痛，从头起，至'吉凶荣辱，惟其所召'，是就身上谨。'伤易则诞'，至'出悖来违'，是当谨于接物间。都说得周备。"陈氏曰："易者，轻快之谓，躁则伤于易。诞者，欺诞之谓，而易中之病也。烦者，多数之谓，妄则伤于烦。支，犹木之枝，从身之旁而迸出者，乃烦中之失也。"蔡氏曰："易则诞，由其妄而不专也；烦则支，由其躁而不静也。内不静，故己肆而物忤；内不专，故出悖而来违。"云峰胡氏曰："易，是轻言；烦，是多言；肆，是放言；悖，则纯乎不善矣。朱子以为是四项病，而诸家只解归'躁妄'二字，非矣。"其《动箴》曰：'哲人知几，平声。下同。诚之于思；志士励行，去声。守之于为。顺理则裕，从欲惟危；朱子曰："哲人志士，说两般人。哲人只于思虑间，便见得合做与不做；志士便于做出了，方见得。虽是两般，大抵顺理便安裕，从欲便危险。""思，是动之微；为，是动之著。这个是该动之精粗。盖思于内，不可不诚；为于外，不可不守。看文字须得个骨子。诸公且道《动箴》那个是紧要?"答曰："顺理则裕。"曰："要连'从欲惟危'都是。这是生死路头。"陈氏曰："结上文二者之动，虽微显不同，然循理之公，则皆无馁于中，故裕；逐人欲之私，则易陷于下，故危。"造七到反。次克念，战兢自持。庆源辅氏曰："造次克念，不息之诚也；战兢自持，敬谨之体也。"觉轩蔡氏曰："造次克念，以诚于思言，凡学者动于心，不可不存克念之诚；战兢自持，以守于为言，凡学者动于身，不可不加自持之念。"陈氏曰："虽急遽苟且之时，亦必诚之于思，则其涵养之功密矣；常恐惧戒谨、守之于为，则其操存之力笃矣。"习与性成，圣贤同归。'"觉轩蔡氏曰："圣，性之也，谓哲人；贤，习之也，谓志士。及其成功，一也，故曰同归。"新安陈氏曰："《商书》曰'兹乃不义，习与性成'。此伊尹之言，本谓习于恶而与性成者。程子引用此句，则言习于善而与性成者也。此'性'字，盖以气质之性言，与上文本乎天性之性不同。天性，乃以天地之性言也。"徽庵程氏曰："物欲之外至，禁防于视听，俾此仁之全体，湛然清明，无一毫之或蔽；私欲之内萌，消弭于言动，俾此仁之妙用，剨呼麦反。然中节，无一毫之或乖。见非视，闻非听，见闻非动，视听为动。勿视勿听，则不动矣。动兼思貌而言，《洪范》五事，备于此矣。不必以勿为心也。真氏谓勿指心而言。非礼勿视勿听，戒谨以存养也，观'制之于外，以安其内'，及'闲邪存诚'之语可见，所以防其外入而动于内也。声色之非礼，虽甚显而在外，过其外者不能入，能禁防于视听，则此仁之全体，湛然清明矣。非礼勿言勿动，谨独以研几也，观'人心之动'、'发禁躁妄'，及'诚之于思'、'守之于为'之语可见，所以谨其自内出而接于外也。念虑之非礼，虽甚微而在内，萌于内者不能自已，能警省于言动，则此仁之大用，剨然中节矣。"愚按：此章问答，乃传授心法切要之言。非至明不能察其几，非至健不能致其决①。故惟颜子得闻之，而凡学者亦不可以不勉也。程子之箴，发明亲切，学者尤宜深玩。庆源辅氏曰："非颜子之明睿，

① 非至明不能察其几，非至健不能致其决：不是极端英明就不能洞察它的微妙深奥，不是极端刚健就不能达到它要求的决断。

则虽告以克己复礼、天下归仁之说，必不能察天理人欲所由动之几，而遂请其条目；非颜子之刚健，则虽告以为仁由己与四勿之说，必不能致勇决于此，而遂以仁为己任。此夫子所以独以是告颜子，而他弟子不与焉。”张氏曰：“非至明，不能察其几，是言其致察于‘非’字；非至健，不能致其决，是言其用功于‘勿’字。”赵氏曰：“非至明，则不能察天理人欲邪正所由动之几，将有误认天理为人欲、人欲为天理，而不自觉于冥冥之中矣；非至健，则不能决天理人欲胜负所由分之势，将有玩天理而不肯进、恋人欲而不忍割，而依违于二者之间矣。”双峰饶氏曰：“视听言动四者，横渠《东铭》只云‘戏言戏动’，却是二件，《中庸》‘非礼不动’，又只是一件。详略不同，何也？盖详言之是四件，约言之只二件。所谓言行，君子之枢机是也。言，是言；视、听，也属动，是行。又约言之，都只是动。视，是目之动；听，是耳之动；言，是口之动；动，是身之动。故《中庸》只说‘非礼不动’一句。圣贤之言，有详有约。颜子是问克复之目，故以详告之。”

○仲弓问仁。子曰：“出门如见大宾，使民如承大祭。己所不欲，勿施于人。在邦无怨，在家无怨。”仲弓曰：“雍虽不敏，请事斯语矣。”

敬以持己，解“出门”、“使民”二句。恕以及物，解“不欲”、“勿施”二句。物，即人也。则私意无所容而心德全矣。新安陈氏曰：“敬以持已，则私意无所容于内；恕以及物，则私意无所容于外。于是天理流行，而心德全矣。”陈氏曰：“敬者，吾心之所主而仁之存也；恕者，吾心之所以达而仁之施也。主敬持己，行恕及物，则内外无私意而仁在是矣。”内外无怨，亦以其效言之，使以自考也。新安陈氏曰：“上章天下归仁，是以克己复礼之效言之。此章内外无怨，亦以主敬行恕之效言之。考，验也。能使内外无怨，可以验我之能敬恕。若内外尚有怨者，是我于敬恕犹有未至也。此之谓自考。”朱子曰：“己所不欲、勿施于人，紧接著那出门使民；在邦无怨、在家无怨，紧接著那己所不欲、勿施于人。直到这里，道理方透彻，似一片流水注出来，到这里方住，中间也间断不得。效验到这处，方是做得透彻、充足、饱满，极道体之全而无亏欠。内外间才有一人怨他便是未彻。便如天下归仁底，才有一个不归仁，便是有未到处。”“己所不欲，勿施于人。如富寿康宁，人之所欲；死亡贫苦，人之所恶。所欲者必以同于人，所恶者不以加于人。”“能敬能恕，则仁在其中。世有敬而不能恕底人，便只理会自守，却无温厚爱人气象。若恕而无敬，则无以行之。须先主于敬，然后能行其恕。”“圣人言语极谨密，说出门如见大宾、使民如承大祭，下面又便说己所不欲、勿施于人，都无些欠缺处。”问：“此意则体用兼备。”曰：“只是如此，自家身己上常是持守，到接物上又如此，则日用之间无少间隙，私意直是何所容？可见圣人说得极密。”问：“如以刑加人，岂人所欲？便是不恕始得。”曰：“伊川云‘恕字须兼忠字说’，忠是尽己，而后推之为恕。夫以刑加人，其人实有罪，其心亦自以为当然，故以刑加之，而非强所不欲也。其不欲被刑，乃其私心。若其真心，既以犯罪，亦自知其当刑矣。今人只为不理会忠而徒为恕，其弊只是姑息。”问：“怨有是非，如何都得他无？”曰：“此只说怨得是底。”“弟子之问多矣，独二子有请事之对，盖度其能践此言而后对。记者亦以其充此对而记之也。”庆源辅氏曰：“不敬，则私欲万端，害仁之体；不恕，则徇己遗人，泥仁之用。必敬以养之，恕以达之，则私意无可萌之时、无可著之处矣。”王氏曰：“主敬，则内有以全其心之德；行恕，则外有以推其爱之理。”云峰胡氏曰：“敬以持己，是收敛此心入来；恕以待人，是推扩此心出去。”〇程子曰：“孔子言仁，只说出门如见大宾，使民如承大祭。看其气象，便须心广体胖，动容周旋中去声。礼①。新安陈氏曰：“程子恐人认见宾承祭作勉强拘束之敬，故云然。盖欲如所谓礼之用和为贵也。”惟谨独，便是守之之法。”新安陈氏曰：“又恐人外貌如此而中心不如此，必如一念萌动，己所独知之处而致谨焉，便是持守此敬之法。”双峰饶氏曰：“心广体胖，周旋中礼，特敬之气象耳。至于用功，却在谨独上。盖人但见其出门使民耳，如见大宾、如承大祭，则人所不知而己所独知者。于此谨之，则得其用功之要。”或问：“出门使民之时，如此可也；未出门使民之时，如之何？”曰：“此俨若思时也，《曲礼》曰：“俨若思。”此静时敬也。有诸中而后见形甸反。于外。观其出门使民之时，其敬如此，则前乎此者敬可知矣。新安陈氏曰：“观其动时敬，则其静时敬可知。”非因出门使民，然后有此敬也。此程子推夫子言外之意而言之。问：“程子只说作敬，先生便说敬以持己、恕以及物。看来须如先生说方全。”朱子曰：“程子不是就经上说，是偶然摘此二句。所以只说作敬。”南轩张氏曰：“平日之涵养一于敬，则出门使民之际，皆此心也。”双峰饶氏曰：“平时固是敬谨，出门使民时尤加敬谨。此只就出门使民说起，则只是动时事。盖出门使民，是与人交接之时，于此时有敬谨之心，则交接之间，私意不存，而得以尽其推己及人之恕矣。”愚按：克己复礼，乾道也；主敬行恕，坤道也。颜、冉之学，其高下浅深，于此可见。然学者诚能从事于敬恕之间而有得焉，亦将无己之可克矣。朱子曰：“乾道奋发而有为，坤道静重而持守。观夫子告二子气象，各有所类。”“仲弓资质温粹，颜子资质刚明。颜子于仁刚健果决，如天旋地转、雷厉风行做将去。仲弓则自敛藏严谨做将去。伊川曰：‘质美者明得尽，渣滓便浑化，却与天地同体。其次惟庄敬以持养之。’颜子则明得尽者，仲弓则庄敬以持养之者也。颜子如创业之君，仲弓如守成之君。”“克复，乾道，是一服药打叠了这病；敬恕，坤道，是服药调护，渐渐消磨了这病。持敬行恕，虽不曾著力去克己复礼，然只一般，若把这个养来养去，那私意自是著不得。”问：“克己工夫，与主敬行恕如何？”曰：“克己复礼，是截然分别个天理人欲，是则行之，非则去之。敬恕，则犹是保养在这里，未能保他无人欲在。若将来保养得至，亦全是天理矣。”“克己复礼，如内修政事，外攘夷狄。出门使民，如上策莫如自治。”问：“持敬克己工夫，相资相成否乎？”曰：“做处则一。但孔子告颜子、仲弓，随他气质地位而告之耳。若不敬，则此心散漫，何以能克己？若不克己，非礼而视听言动，安能为敬？”又曰：“敬之至，固无己可克；克己之至，亦不消言敬。敬则无己可克者，是无所不敬，故不用克己。此是大敬，如‘圣敬日跻，于缉熙敬止’之敬也。”潜室陈氏曰：“颜子工夫，索性豁开云雾，便见青天，故属乾；仲弓工夫，著力淘尽泥沙，方见清泉，故属坤。此处最难认，

① 动容周旋中礼：一举一动风度姿态都合乎礼节。

须细心玩圣贤气象，便会得。”厚斋冯氏曰：“《左传》云：‘仲尼曰：古语有之。曰克己复礼，仁也，盖古有此语，唯颜子可以从事于此。又曰‘出门如宾、承事如祭，仁之则也’，亦古有此语，唯仲弓可以语之。”蔡氏曰：“以效言之，亦有不同。颜子底，便可天下归仁，其应广而速；仲弓底，只可邦家无怨，其应狭而缓。”

○司马牛问仁。

司马牛，孔子弟子，名犁，向式亮反。魋徒回反。之弟，宋人。

子曰：“仁者其言也讱。”讱，音刃。

讱，忍也，难也。仁者心存而不放，故其言若有所忍而不易去声。下同。发，盖其德之一端也。朱子曰：“仁者之人，言自然讱。在学者，即当自谨言语，以操存此心。如今人轻易言语，是他此心不在，奔驰四出，如何有仁？”“此心不放，便存得道理在此。察其言，便可知其本心之存与不存。”云峰胡氏曰：“《集注》于颜渊，则曰‘心德之全’，此则曰‘心之一端’，亦不过四勿中之一也。”夫子以牛多言而躁，故告之以此。使其于此而谨之，则所以为仁之方，不外是矣。朱子曰：“这是司马牛身上一项病，去得此病，则方好将息充养尔。”问：“仁者其言也讱，只是讷于言意思否？”曰：“讷于言而敏于行，是怕人说得多，后行不逮。其言也讱，是说持守得那心定，后说出来，自是有斟酌，恰似肚里先商量了方说底模样。今人只信口说，方说时，他心里也自不知得。”问：“圣人答司马牛其言也讱，此句通上下言否？”曰：“就他身上说，又较亲切。人谨得言语不妄发，即求仁之端。”

曰：“其言也讱，斯谓之仁已乎？”子曰：“为之难，言之得无讱乎？”

牛意仁道至大，不但如夫子之所言，故夫子又告之以此。盖心常存，故事不苟，事不苟，故其言自有不得而易者，非强上声。闭之而不出也。朱子曰：“心存，则自是不敢胡乱说话。大率说得容易底，便是他心放了，是实未尝为之也。若不敢胡乱做者，必不敢容易说，然亦是存得这心在。”庆源辅氏曰：“心存，则行自然难而不苟动，言自然讱而不苟发。此心德之自然，岂易能哉？而牛之意，则以讱其言为强闭而不出，故易视之，而以为仁道之大，不但如此而已也。”新安陈氏曰：“言仁以心存为本。心存则言不易，心存则事不苟。所以《集注》于此章，两以心存言之。”杨氏曰：“观此及下章再问之语，牛之易其言可知。”朱子曰：“仁者心常醒，见这事来，便知要做得合道理，不可轻易，便是知得为之难，故自不敢轻言。若不仁之人，心常如瞌睡相似，都不见这事理，使天来大事，便敢轻轻做一两句说了。”问：“为之难者，不谓仁之难为耶？”曰：“仁者之言无不讱，盖知事之无不难也。岂独仁之难为，而后难于言耶？且必若此，则凡事皆可易言，而独于言仁为不可易矣，岂其然乎？”○程子曰：“虽为去声。司马牛多言故及此，然圣人之言，亦止此为是。”愚谓牛之为人如此，若不告之以其病之所切，而泛以为仁之大概语音御。之，则以彼之躁，必不能深思以去上声。其病，而终无自以入德矣。故其告之如此。盖圣人之言，虽有高下大小之不同，然其切于学者之身，而皆为入德之要，则又初不异也。读者其致思焉。朱子曰：“司马牛如何做得颜子、仲弓底工夫？须是逐人理会。仁，譬之屋。克己，是大门，打透便入来。敬恕，是第二门。言讱是个小门。虽皆可通，然小门迂回得些，是随他病处说。”陈氏曰：“语牛之说，又下于雍，非秘其精义而不以语之也。以牛多言而躁，若不语以其病所切，则彼之躁必不自觉，终身为此心之累，而无由可进于仁。必使之先致谨于此，去烦而简，去躁而静，则心无所放，而言每难其出，入德次第，方可渐进，而仁可求矣。”【通考】朱氏公迁曰：“仁以学言，亦曰以用功言。告颜冉者，使之全其心之德；告子贡者，使之充其爱之理。于樊迟、子张，则兼人心事理而言之；于司马牛，则即其德之一端而言之。盖资质有不同，所以教之亦不同，而皆彻上彻下之道也，各因其人而言之也。又按：颜冉之所闻者，为仁之道；其余四子之所闻者，求仁之方。若子贡问为仁，夫子告以事贤友仁，则又为仁之资，与此不同，盖此类欲人反求诸已，彼则欲其求辅于人也。”

○司马牛问君子。子曰：“君子不忧不惧。”

向魋作乱，牛常忧惧。故夫子告之以此。厚斋冯氏曰：“内忧弟兄，外惧其祸也。”

曰：“不忧不惧，斯谓之君子已乎?”子曰：“内省不疚，夫何忧何惧?”夫，音扶。

牛之再问，犹前章之意，故复扶又反。告之以此。疚，病也。言由其平日所为无愧于心，故能内省悉井反。不疚，而自无忧惧，未可遽以为易去声。而忽之也。双峰饶氏曰：“无愧，是不疚之本。不疚，是不忧惧之本。”○晁氏曰：“不忧不惧，由乎德全而无疵。故无入而不自得，非实有忧惧而强上声。排遣之也。”朱子曰：“牛将谓是块然顽然，不必忧惧。不知夫子自说内省不疚，自然不忧惧来。”“有忧惧者，内有所慊也。自省其内而无所病，则心广体胖，何忧惧之有?”庆源辅氏曰：“不忧不惧者，疑若有之而强排遣之也。何忧何惧，则是自无忧惧耳，盖君子自然之德也。”“牛之再问虽易于言，然足以发圣人未尽之蕴。使吾德少有疵，则不免忧惧。忧惧，气象歉索也。内省不疚而何忧惧，与孟子集义生浩然之气、仰不愧俯不怍之意同。”

○司马牛忧曰：“人皆有兄弟，我独亡。”

牛有兄弟而云然者，忧其为乱而将死也。《左传·哀公十四年》：“魋入于曹以叛，民叛之。魋奔卫，遂奔齐。”问：“牛无令兄弟，何也?”朱子曰：“以传考之，桓魋欲弑宋公，而欲杀孔子，其恶著矣。而其弟子颀、子车，亦与之同恶。此牛所以忧也。”

子夏曰：“商闻之矣：

盖闻之夫子。

死生有命，富贵在天。

命禀于有生之初，非今所能移①；天莫之为而为，非我所能必，但当顺受而已。陈氏曰：“天者，命之所自出；命，则天之所赋于人者。故以理言之，谓之天；自人言之，谓之命。其实一而已。”庆源辅氏曰：“顺，谓不咈；受，谓不拒。只此二字，便是处死生富贵之要诀。”

君子敬而无失，与人恭而有礼。四海之内，皆兄弟也。君子何患乎无兄弟也?”

既安于命，又当修其在已者。故又言苟能持已以敬而不间去声。断，徒玩反。接人

---

① 命禀于有生之初，非今所能移：命，禀受于生命的开始阶段，不是现在所能改变的。

以恭而有节文，则天下之人皆爱敬之，如兄弟矣。盖子夏欲以宽牛之忧，故为是不得已之辞，读者不以辞害意可也。庆源辅氏曰："既告以安命，又勉以修身，使两尽其道。"赵氏曰："若安于命而不修己，是有命而无义，听乎天而不尽乎人矣。"双峰饶氏曰："敬在心，恭在容。敬易能，无失为难，间断则失矣。恭易能，有礼为难。有节文，是致恭又能中节；如足恭，则恭而无礼矣。"新安陈氏曰："死生富贵，惟当听其在天；恭敬礼节，则当尽其在己。敬而无失，又恭而有礼之本也。子夏皆兄弟之语有疵，《集注》下一'如'字，谓'人皆爱敬之如兄弟'，则意足而辞当矣。"○胡氏曰："子夏四海皆兄弟之言，特以广司马牛之意，意圆而语滞者也，惟圣人则无此病矣。且子夏知此而以哭子丧去声。明，《礼记·檀弓篇》："子夏丧其子而丧其明。"则以蔽于爱而昧于理，是以不能践其言尔。"朱子曰："子夏当初，只要开广司马牛之意。只不合下个'皆兄弟'字，便成无差等了。"庆源辅氏曰："观丧明事，则牛之失，乃移于商之身，而不自知也。"双峰饶氏曰："此子夏宽牛之忧，而推其原以广之也。人之兄弟，共一个父母，此固是亲。若推其原，则人又只是共一个天地大父母。自共一个父母观之，则兄弟为有限。自共一个天地观之，则并生于天地间，皆兄弟也。此意岂不甚广？然毕竟他人之兄弟，其情安能及得己之兄弟？意虽广大，语实有病。圆则活，滞则死。凡圆底便活，方底便不动。"新安陈氏曰："丧明事，与此不同。然其为忧爱之情，发不中节而过其则，则一耳。"云峰胡氏曰："《西铭》亦曰'民吾同胞'，曰'皆吾兄弟'。但自乾父坤母说来，句句是说理一而分殊。子夏曰'四海皆兄弟'，似近乎理之一。至曰'何患乎无兄弟'，则不知有分之殊矣。此《集注》所以欲读者不以辞害意也。"

○子张问明。子曰："浸润之谮，肤受之愬，不行焉。可谓明也已矣。浸润之谮，肤受之愬，不行焉，可谓远也已矣。"谮，庄荫反。愬，苏路反。

浸润，如水之浸灌滋润，渐如字，又将廉反。渍而不骤也。谮，毁人之行去声。也。肤受，谓肌肤所受，利害切身。如《易》所谓"剥床以肤，切近灾"者也。《易》剥之六四："剥床以肤。"《象》曰："切近灾也。"愬，愬己之冤也。毁人者渐渍而不骤，则听者不觉其入，而信之深矣。愬冤者急迫而切身，则听者不及致详，而发之暴矣。朱子曰："谮，是谮人，是不干己底事。才说得骤，便不能入他。须是言冷语，掉放那里，说交来不觉。愬，是愬切己底事。才说缓慢，人便不将做事。须是说得紧切，要忽然间触动他。如被人骂，便说被人打；被人打，便说被人要杀。盖不如此，不足以触动他也。"齐氏曰："水之润物，其浸以渐。故游扬以诬善者，曰'浸润之谮'。肤受芒刺，痛痒立见，故激以切己利害之言，曰'肤受之愬'。"二者难察而能察之，则可见其心之明，指可谓明。而不蔽于近指可谓远。矣。此亦必因子张之失而告之，故其辞繁而不杀，所界反。以致丁宁之意云。○杨氏曰："骤而语之，与利害不切于身者，不行焉，有不待明者能之也。故浸润之谮、肤受之愬不行，然后谓之明，而又谓之远，远则明之至也。《书》曰：'视远惟明。'"朱子曰："若事本非实，而谮者遽然极言其事，愬者泛然不切于身，则亦不足以惑人矣。故以此二者之相为反对而互言。若见其事变之不同，而明无不照也。"庆源辅氏曰："浸润肤受，皆以巧谲而行其谮愬者也。然使之不行，则非既明且远者有所不能。子张之为人，务外好高，于事必有忽略自足之病，而无深潜缜密之功。平日不过观其皮毛意象，以为有得，于人情之细密、事理之精微，则未必能察也。故夫子因其问明，而姑举二事以告之，使其反诸身而知有所戒矣。”苏氏曰：“谮愬之言，常行于偏暗而隘迫者。盖一有所闻，而忿心应之也。明且远者，虚以察之，则不旋踵而得其情矣。”双峰饶氏曰：“浸润者其来舒缓，肤受则其来急迫。一缓一急，缓则不暇觉，急则不暇详。一要觉，一要详，觉与详是两事。《集注》以‘察’字包之。因子张之失而告之，其失果在何处？盖必者料想之辞。子张是个易疑易信底人，易疑生谮，易信生愬。”郑氏舜举曰：“善形容小人之情状，无若圣人之言。凡谮愬者使其正言之，则人人皆识之矣。惟其便僻侧媚，入人以渐，虽智者或不察也。”

○子贡问政。子曰：“足食。足兵。民信之矣。”

言仓廪实而武备修，然后教化行，而民信于我，不离叛也。新安陈氏曰：“民信之矣，以效言之。民所以信之之本，则孔子未之及。所以朱子推本而以教化行言之，如‘施信于民’、‘与国人交，止于信’，皆是也。兵食既足，然后施教而化行，民斯信之矣。非谓止足食足兵，民便信之也。”

子贡曰：“必不得已而去，于斯三者何先？”曰：“去兵①。”去，上声。下同。

言食足而信孚，则无兵而守固矣。

子贡曰：“必不得已而去，于斯二者何先？”曰：“去食。自古皆有死，民无信不立。”

民无食必死，然死者人之所必不免。无信则虽生而无以自立，问：“是民自不立？是国不可立？”朱子曰：“是民自不立。民不立，则国亦不能以有立。盖有信，则相守以死；无信，则相欺相诈，而臣弃其君，子弃其父矣。”不若死之为安。朱子曰：“‘安’字极有味。”故宁死而不失信于民，使民亦宁死而不失信于我也。○程子曰：“孔门弟子善问，直穷到底。如此章者，非子贡不能问，非圣人不能答也。”庆源辅氏曰：“非于理有所见，而必欲究其精微之蕴者，不能如此问；非据理之极，而于肢𫍽肯綮之际，如烛照数计，无纤毫之疑者，不能如此答之也。”愚谓以人情而言，则兵食足而后吾之信可以孚于民。以民德而言，则信本人之所固有，非兵食所得而先也。是以为政者，当身率其民而以死守之，不以危急而可弃也。朱子曰：“此只因足食足兵而后民信，本是两项事。子贡却做三项事认了。‘信’字便是在人心不容变底。”“制田里，薄赋敛，使民有常产而不失其时，则仓廪实而足食矣。比什伍，时简教，使民有勇而知方，则戎备饬而足兵矣。有是二者，则民以信事上，而无欺诈离叛之心。所谓民信之也。”问：“兵之可去，何也？”曰：“食足而民信，则民亲其上、死其长，如子弟卫父兄，手足捍头目，可制梃以挞坚利矣。必不得已而去，则兵或可无也。”问：“食之可去，何也？”曰：“以序

---

① 去：收藏。《周礼·春官·大司乐》：“凡日月食，四镇五岳崩、大傀异灾、诸侯薨，令去乐。”孙诒让《正义》：“去、弆古今字。”《左传·昭公十九年》：“纺焉以度而去之。”孔颖达《疏》：“‘去’即藏也。”

言之，则食为先；以理言之，则信为重。盖死生常理，人所必不免者。若民无信，则失所以为民者，而无以立乎天地间。是以必有以使民宁无食以死，而不失其尊君亲上之心，则其政之所以得民心而善民俗者，可得而言矣。”南轩张氏曰：“生则有死，人之常理。至于无信，则欺诈倾夺，无复人理。是重于死也。夫食与兵固为急务，然信为之本。无信，则虽有粟而谁与食，虽有兵而谁与用哉?”勉斋黄氏曰：“夫子初答，为政之先后也。再问复告，义理之轻重也。所谓民信，至此而后民有以全其信也，非谓至是而后方施信于民也。然则教民以信，其可一日缓乎?”觉轩蔡氏曰：“五常之信，犹五行之土。民无信不立，犹物无土不生。为政固以兵食为先，而兵食亦以信而立。子贡两发必不得已之问，直穷到底，以见信之尤重于死，而不可顷刻无也。”双峰饶氏曰：“去食去兵，是处变之道。如忽然水旱之余，食有不继，猝然寇难之来，防御不及，然后可去。若为政常法，如何可使兵食不足？三者俱全，处事之常；二者可去，处事之变。盖兵食外物，容有时而可无；信是本心之德，故无时而可去。”问：“古者藏兵于农，兵非不足也。三年耕，有一年之积；九年耕，有三年之积，食非不足也。孔子谓足食足兵，岂亦后世富强之术欤?”齐氏曰：“考井田之法，周人常以其地容三百五十万四千夫，养七十五万卒。夫以无事而耕者言，卒以农隙教以备有事者。言夫无事则并隶于司徒，有事则隶于司马也。大率是以五夫养一卒，足食即所以足兵也。民信之矣，信其有养有教，使民勇且知方，而真可以敌王所忾也。忾，苦概反，怒也。‘敌王所忾’四字，出《左传》。虽曰三者，其实只是一事。天下未有食足而兵不足，食足兵足而民不信者也。子贡再问，而孔子曰去兵，非去兵也，食足而民信，则民固皆兵也。子贡三问，而孔子曰去食，苟孚于民，则虽缓急之极，而亦终不忍以饥寒去也。然则亦非去食也，甚言其不可以无恩交义结之素耳【校记“无恩”：四库本作“无思”，此据元胡炳文《四书通》、弘治本、三鱼堂本改。】。”云峰胡氏曰：“《集注》于‘信’字，先谓教化行而民信于我，不离叛也，是处常而不失信。末谓以死守之，不以危急而可弃也，是处变而不失信。”

〇棘子成曰：“君子质而已矣，何以文为?”

棘子成，卫大夫。疾时人文胜，故为此言。

子贡曰：“惜乎！夫子之说，君子也。驷不及舌。

言子成之言，乃君子之意。崇本质，是君子之意。然言出于舌，则驷马不能追之，又惜其失言也。厚斋冯氏曰：“邓析谓‘一言而非，驷马弗追；一言而急，驷马弗及’，盖出于此。”

文犹质也，质犹文也。虎豹之鞟，犹犬羊之鞟。”鞟，其郭反。

鞟，皮去上声。下同。毛者也。言文质等耳，不可相无。若必尽去其文而独存其质，则君子小人无以辨矣。庆源辅氏曰：“有质斯有文，有文须有质，不可相无。皮譬则质也，毛譬则文也。皮毛俱在，然后虎豹犬羊可辨。文质兼存，然后君子小人可明。若尽去其毛，独存其皮，譬则尽去其文，独存其质尔。如是，则虎豹犬羊之贵贱，君子小人之贤否，皆不可辨矣。”夫音扶。棘子成矫当时之弊，固失之过；而子贡矫子成之弊，又无本末轻重之差，楚宜反。胥失之矣。朱子曰：“棘子成全说质，固未尽善。子贡全说文，以矫子成，又错。若虎皮羊皮，虽除了毛，毕竟自别，事体不同。使一个君子与一个屠贩之人相对坐，并不以文见，毕竟两人好恶自别。大率固不可无文，亦当以质为本，如宁俭宁戚之意。"问："棘子成之言，与夫子之答林放何异？而子贡非之若是耶？"曰："夫子之言，权衡审察而词气和平，盖未始以文为可尽去也。若子成则词气矫激，而取舍则过中矣。其流之弊将必至于弃礼灭法，如西晋君子之为者。故子贡惜其言之失，而力正之也。"曰："何以言子贡之言有弊也？"曰："子成之说偏矣。而子贡于文质之间，又一视之而无本末轻重缓急之差焉，则又矫子成之失而过中者也。盖立言之难如此。自非圣人，孰能无所偏倚而常适其平也哉？"双峰饶氏曰："此章当作三样看。棘子成之意，欲尽去其文而独存其质。子贡之意，则以为文质相等。《集注》则谓质为本，文为末，本则重，末则轻。然尽去其文而独存其质，其流将有弃礼灭法之弊，文质相等则不分本末而无所重轻，故《集注》谓'棘子成与子贡胥失之'。"云峰胡氏曰："子成之言固失之。然子贡曰'文犹质，质犹文'，'犹'字无本末轻重之差，亦岂所以论君子？必如夫子曰'质胜文则野，文胜质则史。文质彬彬，然后君子'，斯言无弊矣。"

○哀公问于有若曰："年饥，用不足，如之何？"

称有若者，君臣之辞。用，谓国用。公意盖欲加赋以足用也。齐氏曰："称名者，庶人对君之礼。孔子尝为大夫，故止称姓。"

有若对曰："盍彻乎？"

彻，通也，均也。周制：一夫受田百亩，而与同沟共井之人通力合作，计亩均收。新安陈氏曰："以通力、均收二句，照应通也、均也之训。"大率民得其九，公取其一，故谓之彻。同沟共井之说，详见《孟子·滕文公问为国》集注下。朱子曰："彻是八家皆通力合作九百亩田，收则计亩均分，公取其一。如助，则八家各耕百亩，同出力耕公田。此助、彻之别也。"鲁自宣公税亩，又逐亩什取其一，则为什而取二矣。《春秋·宣公十五年》："初税亩。公田之法，十取其一。今又履其余亩，复十取其一，遂以为常，故曰初。"《左传》："初税亩，非礼也。谷出不过藉，以丰财也。周法民耕百亩，公田十亩，借民力而治之，故曰籍。税不过此。过此则非礼矣。"故有若请但专行彻法，欲公节用以厚民也。

曰："二，吾犹不足，如之何其彻也？"

二，即所谓什二也。公以有若不喻其旨，故言此以示加赋之意。

对曰："百姓足，君孰与不足？百姓不足，君孰与足？"

民富，则君不至独贫；民贫，则君不能独富。有若深言君民一体之意，以止公之厚敛去声。下同。为人上者所宜深念也。朱子曰："未有府库财非其财者也。百姓既足，不成坐视其君不足，亦无此理。盖有人斯有土，有土斯有财。若百姓不足，君虽厚敛亦不济事。"勉斋黄氏曰："君孰与不足，但言民既皆足矣，则君虽不足，无人与君不足者。无人与君不足，则当竭力以奉其上矣，何不足之患哉？君孰与足，言民既不足矣，则君虽独足，无人与君足者。无人与君足，则君亦安能保其足哉？"新安陈氏曰："节用，则薄取而有余。民之富，即君之富也。侈用，则尽取而不足。民既贫，君谁与守其富哉？宣公税亩后，哀公加赋，经传无闻，仁言之利溥哉。”杨氏曰：“仁政必自经界始。经界正，而后井地均、谷禄平，而军国之需皆量是以为出焉。故一彻而百度举矣，上下宁忧不足乎？以二犹不足而教之彻，疑若迂矣。然什一，天下之中正。多则桀，寡则貉①，二语见扬子《法言》。本出《孟子·白圭曰章》。不可改也。后世不究其本而惟末之图，故征敛无艺，费出无经，而上下困矣。双峰饶氏曰：“征敛无艺，则下困；费出无经，则上困。”又恶平声。知盍彻之当务而不为迂乎？问：“哀公之不足，非不足也。什取其二，不归于公室而归于三家也，虽彻而何补于哀公之不足耶？”朱子曰：“彻法行则自一夫百亩，等而上之，士大夫卿各有差等，以至于君什卿禄之制，皆可以次第而举。不惟野人之井地均，而君子之谷禄亦平矣。”庆源辅氏曰：“哀公欲加赋，惟末是图也；有若欲彻，反本之论也。以私意而观目前，则反本之论为迂，而图末者有一旦之效；以理而观于长久，则一旦之效适重后日之忧，而反本之论实经久之利也。末流之弊愈求诸末，不至于覆亡不止。古今一律耳。”郑氏舜举曰：“民之财即上之财，民之力即上之力。车乘民所出，刍粟民所供，板干力役民所为。能宽其税敛，则民得遂其生，而出力以供公上者必众，何患其不足也？不然，室家离散，田莱荒芜，上何所取以足用乎？”厚斋冯氏曰：“古者什取一以给公上，而征役城筑皆民自备，上止出令而已，故民足则君足。后世尽取而归之公上，故民虽不足而君亦未尝得足？哀公十二年、十三年皆有螽，连年用兵于邾，又有齐警，此所以年饥而用不足也。有若乃告之以彻，此儒生之常谈，而世笑之以为迂阔者也。然有国者足食以税，足兵以赋。夫鲁之兵甲已数倍于古，季孙以兵不足而欲用田赋，故夫子曰：‘有周公之典在。’鲁之税亩，已加倍于古。哀公以二犹不足，而欲加税，故有若对曰：‘盍彻乎？’是知有若之讲闻于夫子者有素也。”勿轩熊氏曰：“按《论语》有若之言凡四章：一言仁，一言礼，一言信义，皆为学之大本；一言彻法，亦为政之大经。体用具矣。”

○子张问崇德、辨惑。子曰：“主忠信，徙义，崇德也。

主忠信，则本立，徙义，则日新。问：“崇德、辨惑，何以有是目，而子张、樊迟皆以为问也？”朱子曰：“胡氏以为或古有是言，或世有是名，而圣人标出之，使诸弟子以为入道之门户也。其说得之矣。”曰：“主忠信徙义之所以为崇德，何也？”曰：“主忠信则其徙义也有地而可据，能徙义则其主忠信也有用而日新，内外本末交相培养，此德之所以日积而益高也。”“‘主忠信’，‘主’字须重看，唤做主，是要将这个做主。徙义是自家一事未合义，迁徙去那义上，见得又未甚合义，须更徙去，令都合义。主忠信，且先有本领了方徙义，恁地便德会崇。若不先主忠信即空了，徙去甚处？如何会崇？主忠信而不徙义却又固执。”“主忠信是劄脚处，徙义是进步处。渐渐进去，则德自崇矣。”“忠信是个基本，徙义又是进处。无基本，徙义不得；有基本，不徙义亦何缘得进？”南轩张氏曰：“不主忠信则无徙义之实，不能徙义则其所主者，亦有时而失其理矣。二者

① 貉：古代我国境内东北部的一个民族，文化落后，税率很低。孟子认为在中原文化先进地区实行低税率是不行的。（参看《孟子·告子》）

盖必相须，然后德之所以崇也。”陈氏曰：“主忠信则存无不诚而本以立，徙义则动无非理而行以进。互而言之：能主忠信则所徙者溥博渊泉而时出，能徙义则所主者笃实光辉而日新。此德所以日新而高，自有不容已者。”双峰饶氏曰：“本，如屋之有基；日新，如土培其基，日至于高也。忠信是德，徙义是崇。徙义者，今日所为未是，明日见得今日未是处，便徙不是处，迁入是处，愈迁愈高。”

爱之欲其生，恶之欲其死。既欲其生，又欲其死，是惑也。恶，去声。

爱恶，人之常情也。然人之生死有命，非可得而欲也。以爱恶而欲其生死，则惑矣。既欲其生，又欲其死，则惑之甚也。朱子曰：“溺于爱恶之私，而以彼之死生定分，为可以随己之所欲。且又不能自定，而一生一死，交战于胸中。虚用其力于所不能必之地，而实无所损益于彼也。可不谓之惑乎?”南轩张氏曰：“推此一端，则凡欲之而妄者，皆惑也。”问：“辨惑，何不教之以辨之之方?”双峰饶氏曰：“使知其所以惑者在此，是即所谓辨也。”齐氏曰：“崇德，属行；辨惑，属知。”新安陈氏曰：“欲人生死，意子张或有此蔽，故因言之。果能主忠信以立积德之基，徙义以为进德之地，则德日进于高明，而所见亦高明。于以辨惑，何难之有？况欲人生死，又惑之易辨者也。”

诚不以富，亦只以异。”

此《诗·小雅·我行其野》之辞也。旧说夫子引之，以明欲其生死者不能使之生死。如此《诗》所言，不足以致富而适足以取异也。程子曰：“此错简，当在第十六篇‘齐景公有马千驷’之上。因此下文亦有齐景公字而误也。”杨氏曰：“堂堂乎张也，难与并为仁矣。则非诚善补过不蔽于私者，故告之如此。”庆源辅氏曰：“诚善，主忠信之事。补过，徙义之事。不蔽于私，辨惑之事。堂堂难与并为仁，盖务外不务内者，故告以此。”

○齐景公问政于孔子。

齐景公，名杵臼。鲁昭公末年，孔子适齐。《史记·世家》①：“季平子得罪鲁昭公，昭公率师击平子。平子与孟氏叔孙氏三家，共攻昭公。昭公师败，奔于齐。齐处昭公于乾侯。鲁乱，孔子适齐，为高昭子家臣以通乎景公。”

孔子对曰：“君君，臣臣，父父，子子。”

此人道之大经，政事之根本也。南轩张氏曰：“为政以序彝伦为先。彝伦不叙，则节目虽繁，亦无以顺治矣。君君，臣臣，父父，子子，彝伦所为叙也。虽尧舜之治，亦不越乎此，贵于尽其道而已。”庆源辅氏曰：“此三纲之大者，故以为人道之经、政事之本。”是时景公失政，而大夫陈氏厚施去声。于国。《左传·昭公三年》：“晋少姜卒。少姜，齐女，晋侯嬖妾。齐侯使晏婴请继室于晋。既成昏，晏子受礼，叔向从之宴。叔向曰：‘齐其何如?’晏子曰：‘此季世也，吾弗知。不知其他。齐其为陈氏矣。公弃其民而归于陈氏。齐旧四量，音亮。豆、区、乌侯反。釜、钟，四升为豆，各自其四，以登于釜。四豆为区，区，斗六升。四区为釜。釜，六斗四升。登，成也。釜十则钟，六斛四斗。陈氏

① 《史记·世家》：即《史记·孔子世家》。

三量皆登一焉。钟乃大矣。登，加也，谓加旧量之一也。以五升为豆，四豆为区，四区为釜。以家量贷，而以公量收之。贷厚而收薄。山木如市，弗加于山。鱼盐蜃蛤，弗加于海。贾如在山海不加贵。民参其力，二入于公而衣食其一。言公重赋敛。公聚朽蠹，而三老冻馁。三老，谓上寿中寿下寿者不见养遇。国之诸市，屦贱踊贵。踊，刖足者屦也。刖足者多，故踊贵。民人疾痛而或燠于位反。休虚位反之，燠休，痛念之声，谓陈氏也。其爱之如父母，而归之如流水。欲无获民，将焉避之?'"《二十六年》："齐侯与晏子坐于路寝。公叹曰：'美哉室！其谁有此乎?'景公自知德不能久有国，故叹也。晏子曰：'敢问何谓也?'公曰：'吾以为在德。'对曰：'如君之言，其陈氏乎？陈氏虽无大德，而有施于民，豆区釜钟之数，其取之民也薄，其施之民也厚。公厚敛焉，陈氏厚施焉，民归之矣。后世若少惰，陈氏而不亡，则国其国也已。'公曰：'是可若何?'对曰：'唯礼可以已之。在礼，家施不及国，民不迁，农不移，工贾不变，守常业。士不滥，不失职。官不滔，滔，慢也。大夫不收公利。'公曰：'善哉！我不能矣。吾今而后，知礼之可以为国也。'景公又多内嬖，而不立太子。"《左传·哀公五年》："齐燕姬景公夫人。生子，不成而死。不成，未冠也。诸子鬻姒之子荼嬖，诸子，庶公子也。鬻姒，景公妾。荼，安孺子。诸大夫恐其为太子也，言于公曰：'君之齿长矣，未有太子，若之何?'公曰：'二三子间音闲。于忧虞，则有疾疢，亦姑谋乐，何忧于无君?'景公意欲立荼而未发，故以此言塞大夫请。公疾，使国惠子、名夏。高昭子名张。立荼，置群公子于莱。莱，齐东鄙邑。秋，景公卒。冬公子嘉、公子驹、公子黔奔卫。公子鉏、公子阳生来奔。皆景公子，在莱者。六年八月，陈僖子使召公子阳生而立之，是为悼公。公使朱毛迁孺子荼于骀，不至，杀诸野幕之下。"其君臣父子之间，皆失其道，故夫子告之以此。

公曰："善哉！信如君不君，臣不臣，父不父，子不子，虽有粟，吾得而食诸?"

景公善孔子之言而不能用，其后果以继嗣不定，启陈氏弑君篡国之祸。《史记·田敬仲完世家》：五世孙，田釐子乞，事齐景公为大夫。其收赋税于民，以小斗受之，其粟予民以大斗，行阴德于民，而景公弗禁。由此田氏得齐众心。本陈氏，改为田氏。宗族益强。景公太子死，后有宠姬曰芮子，生子荼。景公病，命其相国惠子、高昭子以荼为太子。景公卒，两相国高立荼，是为安孺子。而田乞不悦，欲立景公他子阳生。阳生素与乞欢，安孺子之立也，阳生奔鲁。田乞鲍牧与大夫以兵入公室，攻高昭子，杀之。惠子奔莒，安孺子奔鲁。田乞使人迎阳生至齐，遂立阳生于田乞之家，是为悼公。乃使人杀孺子荼。田乞为相，专齐政。四年，田乞卒，子恒立，是为田成子。鲍牧与悼公有隙，弑悼公。齐人共立其子壬，是为简公。田恒与监止，一作阚止。俱为左右相。田恒心害监止，监止幸于简公，权弗能去。于是田恒复修釐子之政，以大斗出贷，以小斗收。齐人歌之曰："妪乎采芑，归乎田成子。"田恒击杀监止，简公出奔。田氏之徒，遂弑简公于徐州。恒立简公之弟骜，是为平公。田恒为相，言于平公曰："德施，人之所欲，君其行之；刑罚，人之所恶，臣请行之。"行之五年，齐国之政，皆归于田恒。于是尽诛鲍晏及公族之强者，而割齐自安平以东至琅邪，自为封邑。封邑大于平公之所食。田恒卒，子襄子盘代立。襄子卒，子庄子白代立。庄子卒，子太公和立。田和迁齐康公于海上，食一城以奉其先祀。康公之十九年，田和立为齐侯，列于周室，纪元年。太公和立二年卒，子桓公午立，六年卒。子威王因齐立，二十六年自称为王，以令天下。〇杨氏曰："君之所以君，臣之所以臣，父之所以父，子之所以子，是必有道矣。景公知善夫子之言，而不知反求其所以然，盖悦而不绎者。齐之所以卒于乱也。"问："景公审能悦夫子之言而绎之，则如之何？"朱子曰："举齐政而授之夫子，则君臣父子之伦，正之有余矣。惜其不能，而齐卒于乱也。"双峰饶氏曰："就景公身上言之，则景公自不能尽君之道，致其臣陈氏厚施于国；自不能尽父之道，致内嬖之多而不立太子。故杨氏云'景公知善夫子之言，而不知反求其所以然'者，是说景公不能反之于身，以尽君父之道也。"厚斋冯氏曰："圣人之言，各当其分而万世无弊。信斯言也，谓君则君，臣则臣，父则父，子则子，可也。谓君君则臣臣，父父则子子，亦可也。"云峰胡氏曰："履霜，坚冰至。景公不能谨其几于先矣，虽善夫子之言，何益哉？"

〇**子曰："片言可以折狱者，其由也与？"**折，之舌反。与，平声。

片言，半言。折，断丁乱反。也。朱子曰："半言，辞未毕，而人已信之也。"胡氏曰："折者，析而二之也。治狱之道，两辞具备，曲直未分，溷为一区。及乎别其孰为曲、孰为直，判然两途，所谓折也。"子路忠信明决，故言出而人信服之，不待其辞之毕也。庆源辅氏曰："忠信者，折狱之本；明决者，折狱之用。徒明决而不忠信，则无以孚于平昔；徒忠信而不明决，则无以断于临时。"觉轩蔡氏曰："忠信所以立于中，明决足以照乎外。忠信则人不忍欺，明决则人不能欺。"

子路无宿诺。

宿，留也，犹宿怨之宿。急于践言，不留其诺也。记者因夫子之言而记此，以见形甸反。子路之所以取信于人者，由其养之有素也。庆源辅氏曰："片言折狱，非可以取辨于言也，所以养其言之所自发者必有其素，而人之信已在于未言之先也。"〇尹氏曰："小邾射射，音亦。小邾，大夫名。以句绎奔鲁①，句绎，音沟，亦地名。曰：'使季路要我，吾无盟矣②。'千乘去声。之国，不信其盟，而信子路之一言，其见信于人可知矣。《左传·哀公十四年》："小邾射以句绎来奔，曰：'使季路要我，吾无盟矣。'使子路，子路辞。季康子使冉有谓之曰：'千乘之国，不信其盟，而信子之一言，子何辱焉？'对曰：'鲁有事于小邾，不敢问故，死其城下可也。彼不臣而济其言，是义之也。由弗能。'"一言而折狱者，信在言前，人自信之故也。不留诺，所以全其信也。"勉斋黄氏曰："人惟忠信也，不惟可以通天下之务，而又可以释天下之疑。苟无忠信诚悫之心以莅之，则吾心胶扰昏惑，既无以察人之情伪；吾以诈御彼，彼亦以诈应之，又安能片言而服人哉？故片言折狱，而实之以无宿诺也。"

---

① 小邾射以句绎奔鲁：小邾国的大夫射以献出句绎这块地方为条件请求在鲁国避难。邾：古国名，春秋诸侯国，在今山东省邹县境。

② 使季路要我，吾无盟矣：只要子路和我盟誓，我不和鲁国盟誓。要：约言，以明晰的方式就某事作出庄严的承诺或表示某种决心。杜预《注》："子路信诚，故欲得与相要誓而不须盟。"

○子曰：“听讼，吾犹人也，必也使无讼乎！”

范氏曰：“听讼者，治其末，塞其流也。正其本，清其源，则无讼矣。”○杨氏曰：“子路片言可以折狱，而不知以礼逊为国，则未能使民无讼者也。故又记孔子之言，以见形旬反。圣人不以听讼为难，而以使民无讼为贵。南轩张氏曰：“夫人之所以至于争讼者，必有所由。而能于其本而正之，则讼可无也。记者以此承上章，有以见仲由之道为未弘也。”新安陈氏曰：“听讼者，决民之争；无讼者，躬行化民而民自不争。无讼可听，非禁之使然，默化潜孚，若使之耳。”

○子张问政。子曰：“居之无倦，行之以忠。”

居，谓存诸心。无倦，则始终如一。行，谓发于事。以忠，则表里如一。朱子曰：“居之无倦，在心上说；行之以忠，在事上说。居之无倦者，便是要此心长在做主，不放倒，便事事都应得去；行之以忠者，是事事要著实，故《集注》云‘以忠，则表里如一’，谓心里要如此，便外面也如此，事事靠实做去也。”“行，固是行其所居。居，是常常恁地提省在这里。若有顷刻放倒，便不得。”新安陈氏曰：“居，如居敬之居，存诸心，立其本也；行，如行简之行，发于事，达诸用也。”○程子曰：“子张少仁。无诚心爱民，则必倦而不尽心，故告之以此。”庆源辅氏曰：“不曰不仁，而曰少仁，正与曾子‘然而未仁’之说同。圣人不轻绝人以不仁，况子张乎？惟其少仁，故惨怛之意不足，而无诚心爱民也。”新安陈氏曰：“少仁，或谓其‘未仁’，或谓‘难与并为仁’，可见矣。政以治民，故以少仁言其政之无本，以无爱民言其政之不足于用。无诚心，其病源也。不息之谓诚。始如是，终不如是，则非不息之诚矣。不欺之谓诚。表如是，里不如是，则非不欺之诚矣。宜夫子以‘无倦’、‘以忠’药子张之病也。”双峰饶氏曰：“此论为政之心，不说为政之条目。若为政之条目，子张想已熟讲而知之矣。”陈氏用之曰：“孔子于子张兼无倦与忠而教之，若子路则教之以无倦而已。”厚斋冯氏曰：“子路勇于有行，虑其不能继也。子张多浮少实，易于始勤终怠，故竭两端而告之。”

○子曰：“博学于文，约之以礼，亦可以弗畔矣夫！”

重出。已见《雍也篇》。但彼有“君子”二字。

○子曰：“君子成人之美，不成人之恶。小人反是。”

成者，诱掖奖劝①以成其事也。云峰胡氏曰：“诱掖以迎之于未成之先，奖劝以作之于将成之际。”君子小人，所存既有厚薄之殊，而其所好又有善恶之异。故其用心不同如此。胡氏曰：“所存以心言，所好以情言。君子存心本于厚，故待人亦厚，而惟恐人之不厚；小人存心本于薄，故待人亦薄，而惟恐人之不薄也。君子之所好在于善，故己有是善，而亦欲人之趋于善；小人之所好在于恶，故己有是恶，而亦欲人之济其恶。”南轩张氏曰：“君子充其忠爱之心，于人之美，其乐之如在己也，从而扶持之，又从而劝奖之，惟欲其美之成也；于人之恶，则从而正救之，正救之不可，则哀矜之，惟患其恶之成也。若小人则以刻薄为心，幸人之有过，而疾人之胜己。非徒坐视其入于

① 诱掖奖劝：诱导、提携、奖励、劝勉。掖：扶持，搀扶。

恶，又从而济之；非徒欲其美之不成，又从而毁之。君子小人之所操存，未尝不相反也。"勉斋黄氏曰："小人成人之恶，谓迎合容养，以成其为恶之事也；不成人之美，忌克诋毁，使不得成其善也。"郑氏舜举曰："君子视人之善，犹己之善，故开导诱掖以成之；视人之恶，犹己之有疾，故规戒掩覆以止之。"

○季康子问政于孔子。孔子对曰："政者，正也。子帅以正，孰敢不正?"

范氏曰："未有己不正而能正人者。"庆源辅氏曰："政之所以得名，以其能以正己者正人也。己不能正，焉能正人哉?"新安陈氏曰："此以通行之理言，圈下以当时之事言。"○胡氏曰："鲁自中叶，中世也。政由大夫，家臣效尤，据邑背音佩。叛①，不正甚矣。故孔子以是告之，欲康子以正自克，而改三家之故②。故，谓从前所为。惜乎康子之溺于利欲而不能也。"吴氏曰："《书》曰表正万邦。上者，表也；下者，影也。表正则影正矣。政之义无切于此。《论语》记康子问政者二章，问患盗、使民各一章，夫子答之皆使之反躬自治而已。盖道理不越如是，此外更无别法也。"云峰胡氏曰："《集注》释《为政章》'政'字，实本于此。"

○季康子患盗，问于孔子。孔子对曰："苟子之不欲，虽赏之不窃。"

言子不贪欲，则虽赏民使之为盗，民亦知耻而不窃。庆源辅氏曰："上者下之倡。在上者不贪欲，则民之视之，亦知以是为贵矣。民知以不贪欲为贵，则虽赏以诱之，使为盗窃，而其心愧耻，自不肯为之矣。尚何盗之患哉? 所谓虽赏之不窃，乃假设之言，以见民之必不肯为耳。"

胡氏曰："季氏窃柄，盗鲁国柄。康子夺嫡③，民之为盗，固其所也。盍亦反其本邪? 俗作耶。孔子以不欲启之，其旨深矣。"夺嫡事见形甸反。《春秋传》。《左传·哀公三年》："季孙有疾，命正常桓子之宠臣。曰：'无死，欲付以后事，故敕令勿从己死。南孺子之子，男也，则以告而立之；南孺子，季桓子之妻，若生男，则告公而立之。女也，则肥也可。康子名杞。'季孙卒，康子即位。既葬，康子在朝。南氏生男，正常载以如朝，告曰：'夫子有遗言，命其圉臣曰"南氏生男，则以告于君与大夫而立之。"今生矣，男也，敢告。'遂奔卫。康子请退。退，辞位也。公使共刘鲁大夫。视之，则或杀之矣。乃讨之，讨杀者。召正常，正常不反。畏康子也。"厚斋冯氏曰："夫谓非其有而取之者，盗也。欲心一萌，非其有者，必将取之。嫡位可夺也，国政可专也，民独不为盗乎?"云峰胡氏曰："盗生于欲。康子，鲁之大盗也。夫子答其患盗之问，不直曰苟子之不盗，其辞婉而意深矣。上下三章当通看。不欲，正也。欲善，亦正也。使康子移其欲利之心以欲善，民岂特不为盗，而且皆为善矣。此所谓帅以正，而民无不正也。"

○季康子问政于孔子，曰："如杀无道，以就有道，何如?"孔子对曰："子为政，焉用杀? 子欲善，而民善矣。君子之德风，小人之德草。草上之风，必偃。"焉，于

① 家臣效尤，据邑背叛：家臣效法坏的榜样，占据城邑来背叛大夫。
② 欲康子以正自克，而改三家之故：希望季康子以正道自我克制，改掉季氏等三家的旧习惯。
③ 夺嫡：封建社会君位世袭，以庶子嗣位而废其嫡子者，谓之"夺嫡"。

虔反。

为政者，民所视效，何以杀为①？欲善则民善矣。上，一作尚，加也。偃，仆音赴。也。南轩张氏曰：“在上者志存于杀，则固已失长人之本矣，焉能禁止其恶乎？欲善之心纯笃，发见于政教之间，则民将率从丕变，如风之所动，其孰有不从者？然则民之所以未之从者，则吾欲善之诚不笃而已。”汪氏曰：“康子欲杀恶人，以成就善人；夫子则欲化恶人，亦为善人。意谓上之所欲者善，非特不待于杀，且化恶为善矣。《集注》以一‘则’字，代本文‘而’字，而意深切著明，最宜著眼玩味。”〇尹氏曰：“杀之为言，岂为人上之语哉？以身教者从，以言教者讼，二句见《后汉书·第五伦传》。而况于杀乎？”西山真氏曰：“民性本善。为上者以善迪之，未有不趋于善者。”厚斋冯氏曰：“康子三问，虽非必一时之语，然其意盖相属也。夫子所答，皆自其身而求之。”吴氏曰：“《书·君陈》曰：‘尔惟风，下民惟草。’风草之喻本此。康子杀心，如火始然，夫子以清冷之水沃之。有人心者，宜于此焉变矣。”

〇子张问：“士，何如斯可谓之达矣？”

达者，德孚于人②而行无不得之谓。问：“达为所行通达，何也？”朱子曰：“其在邦也，事上则获于上，治民则得乎民；其在家也，父母安其孝，兄弟悦其友。凡吾之见于行者，莫不通达而无所系碍焉，斯可谓之达矣。”

子曰：“何哉，尔所谓达者？”

子张务外，夫子盖已知其发问之意。故反诘喫吉反。之，将以发其病而药之也。

子张对曰：“在邦必闻，在家必闻。”

言名誉著闻也。

子曰：“是闻也，非达也。

闻与达相似而不同，乃诚伪之所以分，学者不可不审也。故夫子既明辨之，下文又详言之。双峰饶氏曰：“闻，是求闻于人；达，是人自信己。”

夫达也者，质直而好义，察言而观色，虑以下人。在邦必达，在家必达。夫，音扶。下同。好、下，皆去声。

内主忠信，而所行合宜，审于接物而卑以自牧③，皆自修于内，不求人知之事。然德修于己而人信之，则所行自无窒碍矣。庆源辅氏曰：“主忠信，质直也。所行合宜，好义也。此存乎中以应乎外也。审于接物，察言观色也。卑以自牧，虑以下人也。此审乎外以巽乎内也。内外交相养，而厥德修罔觉。此岂求人知者之所为哉？然德修于己而人自信之，则行于邦家者，自然无所窒碍矣。”朱子曰：“质直，只是无华伪。质，是朴实。直，是无偏曲。”“质直好义，便有触突人底意思。到得察言观色，虑以下人，便又和顺低细，不至触突人矣。虑，谓思之详审。常常如此思虑，恐有所不知觉也。圣人说

① 为政者，民所视效，何以杀为：执掌政权的人，是民众眼里的榜样，杀人干什么呢？
② 德孚于人：德行被人信任。孚：信服，信从。
③ 自牧：自我修养。《易·谦》：“谦谦君子，卑以自牧。”孔颖达疏：“恒以谦卑自养其德也。”

话都如此周遍详密。”“质与直，是两件。质，就资性上说。直，渐就事上说。到得好义，又在事上，直固是一直做去。然至于好义，则事事区处要得其宜。这一项都是详细功夫。”“察人之言，观人之色，乃是要验吾之言是与不是。今有人自任己意说将去，更不看人之意，是信受他，还不信受他。如此，则只是自高，更不能谦下于人，实去做工夫也。大抵人之为学，须是自低下做将去。才自高，便不济事。”“察言观色，只是察人言，观人色。若照管不及，未必不以辞气加人。此只做自家工夫，不要人知。既有工夫，以之事亲则得乎亲，以之事君则得乎君，以之交朋友而朋友信，虽蛮貊之邦行矣。此是在邦在家必达之理。子张只去闻处著力，圣人此语正中其膏肓。质直好义等处，专是就实；色取仁而行违，专是从虚。”双峰饶氏曰：“质直忠信底人固难得，但亦有直情径行，不去随事裁度，而所行容有不合宜处。故忠信又要合义。察言观色，虑以下人，是一件事。子张常爱居人上，故告以谦退详审之意。”

夫闻也者，色取仁而行违，居之不疑。在邦必闻，在家必闻。”行，去声。

善其颜色以取于仁，而行实背之，又自以为是而无所忌惮。此不务实而专务求名者，故虚誉虽隆而实德则病矣。朱子曰：“闻者，是个做作底，专务放出外求人知而已。如色取仁而行违，便是不务实而专务外。居之不疑，便是放出外而收敛不得，只得自担当不放退。此其所以驾虚名而无实行也。”“色取仁而行违，不惟是虚有爱怜之态。如正颜色而不近信，色厉而内荏，皆色取仁而行违也。”“色取仁而行违，居之不疑，这只是粗瞒将去，专以大意气加人。子张平日是这般人，故孔子正救其病。此章大意出不得一个是名，一个是实。吕氏谓德孚于人者必达，矫行求名者必闻。此说却好。”庆源辅氏曰：“使其色取行违，而中不安焉，则务实之心，犹未尽丧也。惟其自以为是，而无所忌惮，此见其专务于名。夫名生于实，则名亦何害？惟无实而徒有虚誉，则骄矜之意日生，而进修之力日怠矣。二者虽若相似，然所行通达者，名誉自然著闻；名誉著闻者，所行未必通达。其实有不同如此。”双峰饶氏曰：“色取仁之色，与观色之色不同。观色，专主颜色言。色取说得阔，凡发出来可见处皆是色。色者见于外，行者行于己。见于外者皆似合于仁，检点他行己处却不实，只是欺人而已。居之不疑，示人以不疑也。此乃求名之人，要人信己，故自居之不疑。若自居于疑，又谁信之？”齐氏曰：“以质对色，则一真一假；以直对违，则一顺一逆。质直者，内有余而外自见；色取仁而行违者，外若有而内实无也。”云峰胡氏曰：“闻者，病在‘取’字。凡物在外则可取。仁者，吾心之所固有。若曰可取，即是在外而不在内矣。”○程子曰：“学者须是务实，不要近名。有意近名，大本已失。更学何事？为去声。下同。名而学，则是伪也。今之学者，大抵为名。为名与为利虽清浊不同，然其利心则一也。”庆源辅氏曰：“程子务实务名之论，可谓切当。为吾之未能事亲也，故学事亲；为吾之未能事长也，故学事长；为吾之未能正心诚意也，故学正心而诚意；为吾之未能齐家治国也，故学齐家而治国。是之谓务实。务实而学，则其修为之诚、践履之功，循序而进，忽不自知其入于圣贤之域矣。欲吾之有孝名也，故勉焉以为孝；欲吾之有忠名也，故勉焉以为忠；欲吾之有廉名也，故勉焉以为廉；欲吾之有信名也，故勉焉以为信。是之谓务名。务名而学，则惟欲其名之有闻而已。所谓大本，即实理也。实理根于性、具于心，要在反求而自得。学有向外近名之意，则失之矣。为名而学，则是伪者，谓其不循实理而骛外妄求也。为名虽若清，为利虽是浊，然一有为之之意，则便是利心也。”尹氏曰：“子张之学，病在乎不务实。故孔子告之，皆笃实之事，充乎内而发乎外者也。当时门人亲受圣人之教，而差失有如此者，况后世乎？”

○樊迟从游于舞雩之下，曰：“敢问崇德、修慝、辨惑。”慝，吐得反。

胡氏曰：“‘慝’之字从心从匿，盖恶之匿于心者。修者，治而去上声。之。”新安陈氏曰：“恶之形于外者易见，匿于心者难知，乃恶之根也。”

子曰：“善哉问！

善其切于为去声。己。

先事后得，非崇德与？攻其恶，无攻人之恶，非修慝与？一朝之忿，忘其身，以及其亲，非惑与？”与，平声。

先事后得，犹言先难后获也。为所当为而不计其功，则德日积而不自知矣。庆源辅氏曰：“先难，谓先从事于其所难；后获，谓后其所得而不起计获之心也。夫为所当为，本非难事。然自学者言之，则自惰而勤，自利而义，其机生，其势矫，非勉强则有所不能，故以为难也。为其事者，固必有其功。然方其为事之始，而遽欲计其功焉，则是利心也。为利之心一萌，则其大本已失，易盈易涸，轻得轻喜，尚何德之可崇哉？故必为所当为而不计其功，则不亟不徐，循吾理行吾义而已。此所以德日积而不自知也。”朱子曰：“今人做事，未论此事当做不当做，且先计较此事有甚功效。既有计较之心，便是专为利而做，不复知事之当为矣。德者，理之得于心者也。凡人若能知所当为而无为利之心，这意思便自高远；才为些小利害，讨些小便宜，这意思便卑下了。所谓崇者，谓德自此而愈高也。”问：“先事后得，莫是因樊迟有计较功利之心，故如此告之？”曰：“此是后面道理，而今且要知先事后得，如何可以崇德。盖做合做底事，便纯是天理。才有一毫计较之心，便是人欲。若只循个天理做将去，德便自崇。才有人欲，便这里做得一两分，却那里缺了一两分，这德便消削了，知何得会崇？圣人千言万语，正要人来这里看得破。”专于治己而不责人，则己之恶无所匿矣。朱子曰：“须截了外面他人过恶，只去自检点，方能自攻其恶。若才检点他人，自家这里便疏，心便粗了。”庆源辅氏曰：“常情观人则明，自观则暗，责人则严，自责则轻。故恶常藏匿于心。才有心去攻人之恶，则于己之恶，便卤莽而不暇鉏治矣。”知一朝之忿为甚微，而祸及其亲为甚大，则有以辨惑而惩其忿矣。庆源辅氏曰：“人本无惑，惟为忿所蔽，而不知利害之所在，故惑。盖忿心之发，易突兀而横肆，苟不惩之于始，则终或至于忘身及亲。此辨惑者所以当惩其忿也。”樊迟粗亦作犻，作粗。鄙近利，故告之以此，三者皆所以救其失也。双峰饶氏曰：“近利则有计较之心，不能先事后得。鄙则吝于责己，粗则暴戾而不能忍小忿。故夫子因其病而药之。”○范氏曰：“先事后得，上义而下利也。人惟有利欲之心，故德不崇。惟不自省悉井反。己过而知人之过，故慝不修。感物而易去声。动者莫如忿，忘其身以及其亲，惑之甚者也。惑之甚者必起于细微，能辨之于早，则不至于大惑矣。故惩忿所以辨惑也①。”新安陈氏曰：“自治其恶与自惩其忿，皆崇德所当为之事，乃其目也。”问：“子张、樊迟问同答异，何也?”朱子曰：“子张矜夸不实底人，故告以收敛著实做工夫；平日喜怒必有过当，故告以欲人生死之事。樊迟以请学稼圃及夫子答问观之，是鄙俗粗暴底人。皆是随其失而告之。”

○樊迟问仁。子曰：“爱人。”问知。子曰：“知人。”上知，去声，下如字。

爱人，仁之施。知人，知去声。下文“知也”、“知者”、“言知”、“仁知”并同。之务。问：“爱人知人，是仁知之用。圣人何故但以仁知之用告樊迟，却不告以仁知之体?”朱子曰：“体与用虽是二字，本末未尝相离。用即体之所以流行者也。”

樊迟未达。

曾氏曰②：曾氏名几，字吉甫，河南人。“迟之意，盖以爱欲其周，而知有所择，故疑二者之相悖音佩。尔。”朱子曰：“爱人则无所不爱，知人则便有分别。两个意思自相反了，故疑之。”

子曰：“举直错诸枉，能使枉者直。”

举直错仓故反。枉者，知也。使枉者直，则仁矣。如此，则二者不惟不相悖而反相为用矣。朱子曰：“每常说仁知，一个是慈爱，一个是辨别，各自向一路。唯是举直错诸枉、能使枉者直，方见得仁知合一处。仁里面有知，知里面有仁。”“爱人知人，自相为用。若不论直枉，一例去爱他也不得。大抵唯先知了，方能顿放得个仁。圣人只此二句，自包上下。后来子夏所言，皆不出此两句意思。所以为圣人之言也。”双峰饶氏曰：“樊迟问仁知，是二者平说，夫子亦平答之。及再答以使枉者直一句，方是串说仁知。问夫子之言，何独归重于知？曰：虽归重在知，然此心所以举直错诸枉，依旧是从仁上发来。盖直者，此心天理之公。能举直，则是发此天理之公，是亦仁也。直枉，专指人而言。诸，众也，谓众人之枉者，即下文‘选于众’之意。”

樊迟退，见子夏。曰：“乡也吾见于夫子而问知，子曰，‘举直错诸枉，能使枉者直’，何谓也?”乡，去声。见，贤遍反。

迟以夫子之言，专为知者之事。又未达所以能使枉者直之理。未晓“能使枉者直”之兼言仁。

子夏曰：“富哉言乎！

叹其所包者广，不止言知。新安陈氏曰：“一言而该仁知，故曰富哉。”

舜有天下，选于众，举皋陶，不仁者远矣。汤有天下，选于众，举伊尹，不仁者远矣。”选，息恋反。陶，音遥。远，如字。

---

① 故惩忿所以辨惑也：所以制裁愤怒是为了辨别是非。

② 曾氏：曾几(1084—1166年)，字吉甫，自号茶山居士。赣州(今属江西)人，徙居河南洛阳。历任江西、浙西提刑、秘书少监、礼部侍郎。曾几学识渊博，勤于政事。他的学生陆游替他作《墓志铭》，称他“治经学道之余，发于文章，雅正纯粹，而诗尤工”。乾道二年卒，年八十二，谥文清。有《经说》二十卷、文集三十卷，久佚。清四库馆臣据《永乐大典》辑为《茶山集》八卷。《宋史》卷三八二有传。

伊尹，汤之相也。不仁者远，言人皆化而为仁，不见有不仁者，若其远去尔，所谓使枉者直也。子夏盖有以知夫子之兼仁知而言矣。庆源辅氏曰："子夏一闻其说，便叹圣人之言所包者富，不堕于一偏，不滞于一隅，即知人之中以见爱人之实，推乎知之用以极乎仁之功。其于仁知之体用，盖已深体而默识之矣。不然，何其言之明决精审、沛然无疑，而暗与圣人之言相发乎?"新安陈氏曰："选于众而举皋陶伊尹，此知人之知，所谓举直错枉也。不仁者皆化为仁，即爱人之仁，能使枉者直矣。夫子二语，已包子夏之意。子夏之言，益发明夫子之旨。迟问于师，又问于友，其问之弗知弗措者欤?"○程子曰："圣人之语，因人而变化。虽若有浅近者，而其包含无所不尽，观于此章可见矣。非若他人之言，语近则遗远，语远则不知近也。"双峰饶氏曰："此章爱人知人，是仁知之浅近处，包含无所不尽，则深者远者亦在其中。深远，即枉者化为直处。"尹氏曰："学者之问也，不独欲闻其说，又必欲知其方；不独欲知其方，又必欲为其事。如樊迟之问仁知也，夫子告之尽矣。樊迟未达，故又问焉，而犹未知其何以为之也。及退而问诸子夏，然后有以知之。使其未喻，则必将复扶又反。问矣。既问于师，又辨诸友，当时学者之务实也如是。"云峰胡氏曰："知人爱人，是分言知仁之用；举直错诸枉，能使枉者直，是合言知仁之相为用。盖仁包义礼知，仁之中自有知；知藏仁义礼，知之中自有仁。知仁本相为体用，故见于举错之际，知仁又自相为体用也。"【通考】朱氏公迁曰："樊迟问仁知二章，皆主乎事理而以用功言，尝闻之先君子曰，圣贤之称仁者、知者，盖有不同。自一人之心兼仁知而言，则为全体之圣，各就其一体指其仁知而言，则为成德之人。若学者之为学，则当兼致其力，以变化气质之偏以扩充全体之极也。又按，自其资禀各有所偏而言，则仁者自仁，知者自知；自其成德之浅深而言，则仁足以兼乎知，知不足以兼乎仁也。"

○子贡问友。子曰："忠告而善道之，不可则止，无自辱焉。"告，工毒反。道，去声。

友所以辅仁，故尽其心以告之，善其说以道之①。然以义合者也，故不可则止。若以数音朔。而见疏，子游曰："朋友数，斯疏矣。"则自辱矣。朱子曰："告之之意，固是忠了，须又教道得善始得。"双峰饶氏曰："忠告者，尽此心之诚。既诚矣，不能善其辞说以道之，恐其未能从。二者俱尽而彼不从，然后宜止。未能忠且善焉，而泛然告之道之，遽以彼不从而止，则是在我者犹未尽，便欲责人，非交友之道也。"齐氏曰："善道者，心平气和，语明意尽，或从容深远而有余味，或近切简当而可深思。大率欲伸己意，而闻者不忤也。似此而犹不见省，数必取疏，知进退者所不为也。然则非忠告之难，而善道之为不易尔。"勿轩熊氏曰："忠告，是心尽忠；善道，是言尽善。内外皆兼到。"

○曾子曰："君子以文会友，以友辅仁。"

---

① 友所以辅仁，故尽其心以告之，善其说以道之：交友是为了辅助仁德，所以要尽自己的心去告诉，委婉地引导。

讲学以会友，则道益明；取善以辅仁，则德日进。庆源辅氏曰："为仁由己，朋友但能辅助我以为仁而已。"觉轩蔡氏曰："以文会友，致知之方；以友辅仁，力行之事。"新安陈氏曰："人之讲学修德，皆有资于朋友。既资朋友以讲学而致其知，尤资朋友以辅仁而力于行，则学进而德亦进。朋友为吾知行之助如此，其斯所谓益友乎?"东阳许氏曰："为仁而不取友以为辅，则有孤陋寡闻之固；会友而不以文，则有群居终日、言不及义之失。"云峰胡氏曰："上章友之资于我者，不可无忠告善道之益；此则我之资于友者，赖其讲学辅仁之功。"

论语集注大全卷十三

子路第十三

凡三十章。【通考】勿轩熊氏曰："前十八章多言政，十九章以后多言学，末二章多言政。"

子路问政。子曰："先之，劳之。"劳，如字。

苏氏曰："凡民之行，去声。以身先之，则不令而行。凡民之事，以身劳之，则虽勤不怨。"朱子曰："先是率他，欲民亲其亲，必先之以孝；欲民长其长，必先之以弟。劳是为他勤劳，如循行阡陌，劝课农桑之类。"双峰饶氏曰："《集注》以'先之'为先其行，'劳之'为劳其事，是又分政之本末而言。行者政之本，孝弟忠信之类是也；事者政之本，农畋师役之类是也。行与事虽是分说，其实是政里面事。"

请益。曰："无倦。"无，古本作毋。

吴氏曰："勇者喜于有为而不能持久，故以此告之。"程子曰："子路问政，孔子既告之矣。及请益，则曰'无倦'而已。未尝复扶又反。有所告，姑使之深思也。"朱子曰："劳苦亦人之难事，故以无倦勉之。"南轩张氏曰："先之、劳之，固足以尽为政之道矣，而子路犹请益焉，则告之以无倦，使之敦笃乎是二者而已。"觉轩蔡氏曰："夫子方答以'先之，劳之'，子路遽又请益，则其勇躁之意可见。故但告以'无倦'，所以救其勇躁之失也。"双峰饶氏曰："大凡事，使人为之则易，身亲为之，则惮其难。先之，劳之，皆是不便于己底事，所以易倦，故夫子以'无倦'勉之。况子路勇者，易得始勤终怠，尤不容不告之以此。"云峰胡氏曰："子张堂堂，子路行行，皆易锐于始而怠于终，故答其问政，皆以'无倦'告之。子张少诚心，故又加之以'忠'。"

○仲弓为季氏宰，问政。子曰："先有司，赦小过，举贤才。"

有司，众职也①。宰兼众职，然事必先之于彼，而后考其成功，则己不劳而事毕举

① 众职：各个具体职能部门。

矣。朱子曰："先有司，而后纪纲立，而责有所归。凡为政，随其小大，各有有司，须先教他理会，自家方可要其成。且如钱谷之事，其出入盈缩之数，须是教他逐一自具来，自家方可考其虚实之成。"过，失误也。大者于事或有所害，不得不惩；小者赦之，则刑不滥而人心悦矣。贤，有德者。才，有能者。举而用之，则有司皆得其人而政益修矣。新安陈氏曰："黄氏饶氏云：'先有司一句，是总脑。赦小过，举贤才，皆承先有司而言。'宰，家臣之长，其为政之要，当以分任有司为先。既先有司矣，赦有司之小过，故常人可以自勉；举有司之贤才，故非常之才可以自见。推此心也，岂但为季氏宰而已？范氏以为举在位之贤才，苏氏以为举未用之贤才，须兼言，其义方备。有司中才德有余而位不足称者，固当举而进之上位；如有司之才德不称其职，则又当别举有才德者充之。如此，方说得举贤才规模阔，若专说举有司之贤才，则狭矣。"

曰："焉知贤才而举之？"曰："举尔所知。尔所不知，人其舍诸？"焉，于虔反。舍，上声。

仲弓虑无以尽知一时之贤才，故孔子告之以此。程子曰："人各亲其亲，然后不独亲其亲。新安陈氏曰："'各亲其亲'，及人'不独亲其亲'二句本出《记·礼运》。程子引以为喻，若曰人各举其所知之贤才，然后不独举其所知之贤才。"仲弓曰'焉知贤才而举之'，子曰'举尔所知，尔所不知，人其舍诸'，便见仲弓与圣人用心之大小。推此义，则一心可以兴邦，一心可以丧邦，只在公私之间尔。"朱子曰："仲弓只缘见识未极其开阔，故如此。人之心量本自大，缘私故小，蔽固之极，则可丧邦矣。""人各举其所知，则天下之事无不举矣，不患无以知天下之贤才也。兴邦丧邦，盖极言之。然必自知而后举之，则遗才多矣，未必不由此而丧邦也。程子之意，固非谓仲弓有固权市恩之意，而至于丧邦，但一蔽于小，则其害有时而至此，亦不为难矣。故极言之，以警学者用心之私也。"双峰饶氏曰："仲弓之心，不如圣人之广大。仲弓以自己聪明为聪明，故有焉知贤才之问；圣人则以天下之耳目为耳目，故说'举尔所知，尔所不知，人其舍诸？'如仲弓之言，则局于所知之有限；如圣人之言，则未尝求以尽知，自无往而不知，虽合天下之贤才，举而用之可也。"〇范氏曰："不先有司，则君行臣职矣；不赦小过，则下无全人矣；不举贤才，则百职废矣。失此三者，不可以为季氏宰，况天下乎？"庆源辅氏曰："范氏盖经筵劝讲之说，所以推广其理，以感切君心者至矣。"苏氏曰："有司既立，则责有所归，然当赦其小过，则贤才可得而举也。惟庸人与奸人，为无小过，张禹、李林甫、卢杞是也。若小过不赦，则贤者避罪不暇，而此等人出矣。"吴氏曰："仲弓、子贡、子路、冉有皆事季氏，仲弓、子贡，夫子未尝责之，子路之责，又不若冉有之甚，此可以见其优劣矣。惜乎四子不能如闵子之辞，而闵子又不若颜子之贤，而康子不得而知也。嗟乎！若渊、骞者，其孔门之超绝者乎！"

〇子路曰："卫君待子而为政，子将奚先？"

卫君，谓出公辄也。是时鲁哀公之十年，孔子自楚反乎卫。

子曰："必也正名乎！"

是时出公不父其父而祢乃礼反。其祖，新安陈氏曰："蒯聩，乃辄之父也。蒯聩欲入君卫，而辄拒之，是不父其父；父庙曰祢，辄继灵公，是祢其祖。”名实紊音问。矣①，故孔子以正名为先。谢氏曰：“正名虽为去声。卫君而言，然为政之道，皆当以此为先。”吴氏曰：“凡事皆有名，不可不正，亦不特卫辄父子为然。”齐氏曰：“祖非祢也而祢之，父非雠也而雠之，无父之人非君也，而君之名之不正孰大于是？”

子路曰：“有是哉，子之迂也！奚其正？”

迂，谓远于事情，言非今日之急务也。厚斋冯氏曰：“礼莫大于分，分莫大于名，夫子正名之论，盖不与辄也。时辄已立十二年矣，子路之所谓迂者，盖为辄也。”

子曰：“野哉由也！君子于其所不知，盖阙如也。

野，谓鄙俗。责其不能阙疑，而率尔妄对也。

名不正，则言不顺；言不顺，则事不成；

杨氏曰：“名不当其实，则言不顺。言不顺，则无以考实而事不成。”新安陈氏曰：“《集注》于‘正名’，‘名不正’，凡三以‘实’字言。前云‘名实紊’，此云‘名不当其实’，又云‘无以考其实’，盖名当其实，则名正；名实紊，则名不正。名者实之宾，实者名之主也，‘实’字于名最紧切。”问：“言与事，似不相干涉？”朱子曰：“如一人被火，急取水来救始得，却教他取火来，此便是言不顺，如何得事成？”“辄以兵拒父，以父为贼，是多少不顺？其何以为国？何以临民？”双峰饶氏曰：“夫子谓‘必也正名’，是事事皆要正名。君臣父子，固是正名中之大者，然不可专指此。大凡一事才不正名，便开口有碍，说不去了；既说不去，如何行得去？”吴氏曰：“名正言顺，即下文礼乐之本。名正，礼也；言顺，乐也。”

事不成，则礼乐不兴；礼乐不兴，则刑罚不中；刑罚不中，则民无所措手足。中，去声。

范氏曰：“事得其序之谓礼，物得其和之谓乐。事不成则无序而不和，故礼乐不兴。礼乐不兴，则施之政事皆失其道，故刑罚不中。”朱子曰：“事不成，以事言；礼乐不兴，以理言。盖事不成，则事上面都无道理了，说甚礼乐？”“大凡事须要节之以礼，和之以乐，事若不成，则礼乐无安顿处，礼乐不兴，则无序不和，如此刑罚安得不颠倒？”庆源辅氏曰：“无一事无礼乐，礼只是一个序，乐只是一个和。事成而有序，则礼乐自兴，不然则隳坏乖戾，又乌得有礼乐哉？礼乐不兴，则凡施于政事者，无非私意，率皆倒行逆施，无序而不和，所谓‘刑罚不中’。而‘民无所措手足’，亦必然之理也。”吴氏曰：“此礼乐非玉帛钟鼓之谓，事事物物得其理而后和之谓也。名不正，言不顺，则事物之间，颠倒乖戾，礼乐何由而起乎？事失其理而不和，故庆赏刑威，无一中节。独言刑罚者，赏过则滥，利及小人；刑过则淫，祸及君子。举其害之重者言之。刑罚所

---

① 是时出公不父其父而祢其祖，名实紊矣：当时卫出公辄不把父亲当作父亲而把祖父作为祢，名实紊乱。祢：父死，神主入庙后称祢。《公羊传·隐公元年》“惠公者何，隐之考也”汉何休注：“生称父，死称考，入庙称祢。”出公的父亲被祖父卫灵公废除了继承权，流亡国外。卫出公做了卫君，拒绝父亲回国。在祭祀时把祖父作为祢。

及非不善之人，则民莫知趋避之路矣，将安所置其手足乎？自名不正，推而至于民无所措手足，圣人洞烛事情、深达治体如此。”

故君子名之必可言也，言之必可行也。君子于其言，无所苟而已矣。”

程子曰：“名实相须。一事苟，则其余皆苟矣。”新安陈氏曰：“名，指名之言。实，指可行言，谓行事之实也。一事苟，谓言之苟。其余皆苟，谓事不成、礼乐不兴、刑罚不中也。夫子所谓‘名不正’以下是反说；‘名之必可言’照应前面‘名不正则言不顺’，‘言之必可行’照应前面‘言不顺则事不成’此是正说。‘言无所苟’又反说，从名正言顺来。盖于言苟且，即是名不正，言不顺，其余必无往而不苟且矣。”〇胡氏曰：“卫世子蒯苦怪反。聩五怪反。耻其母南子之淫乱，欲杀之不果而出奔。《左传·定公十四年》：卫侯为夫人南子本宋女。召宋朝，宋公子。太子蒯聩过宋野，野人歌之曰：“既定尔娄猪，求子猪也，喻南子。盍归吾艾豭。”艾，老也；豭，牡豕也。喻宋朝。太子羞之，谓戏许宜反。阳速曰：太子家臣。“从我而朝少君，少君见我，我顾，乃杀之。”速曰：“诺。”乃朝夫人。夫人见大子，大子三顾，速不进，夫人见其色，啼而走，曰：“蒯聩将杀余。”公执其手以登台。大子奔宋，尽逐其党。灵公欲立公子郢，以并反。灵公次子，郢辞。公卒，夫人立之，又辞。乃立蒯聩之子辄，以拒蒯聩。《左传·哀公二年》：“初，卫侯游于郊，子南仆郢御车，公曰：‘余无子，蒯聩奔。将立女。’对曰：‘郢不足以辱社稷，君其改图。’卫灵公卒，夫人曰：‘命公子郢为大子，君命也。’对曰：‘郢异于他子，言用意不同。且君没于吾手，若有之，郢必闻之。且亡人之子辄在。’乃立辄。晋赵鞅纳卫大子于戚。”夫音扶。蒯聩欲杀母，得罪于父，而辄据国以拒父，皆无父之人也，其不可有国也明矣。夫子为政，而以正名为先。必将具其事之本末，告诸天王，请于方伯①，命公子郢而立之。则人伦正，天理得，名正言顺而事成矣。夫子告之之详如此，而子路终不喻也。故事辄不去，卒死其难，去声。下同。徒知食焉不避其难之为义，而不知食辄之食为非义也②。”问：“胡氏说‘使孔子得政’，则是出公用之，即谋逐之，此岂近于人情？意夫子果仕卫，必以父子大伦明告出公，使自为去就，而后立郢之事可议也？”朱子曰：“此说得之，但圣人之权，亦必有非常情所可测度者。”问：“胡氏只是论孔子为政正名，合当如此。设若卫君辄用孔子，孔子既为之臣，则此说亦可通否？”曰：“圣人必不肯北面无父之人。若辄有意改过迁善，则夫子须先与断约如此做，方与他做，若辄不能然，则夫子决不为之臣矣。”“子路为人粗，于精微处多未达，合下仕卫，便不是了。孔悝即出公之党，他不以出公为非，故其事悝自以为善而为之，而不知其非义。宜其以正名为迂也。”双峰饶氏曰：“《集注》引胡氏说，盖以其辞严义正，可为万世纲常作主，使乱臣贼子知所警惧，故特著之。若真欲行此，须是孔子为卫世卿而有权力，当灵

---

① 方伯：殷周时代一方诸侯之长，后泛称地方长官。汉以来之刺史，唐之采访使、观察使，明清之布政使均称“方伯”。《礼记·王制》：“天子百里之内以共官，千里之内以为御，千里之外设方伯。”

② 徒知食焉不避其难之为义，而不知食辄之食为非义也：他只知道拿人家俸禄就要急人之难为义，而不知拿卫辄的俸禄是不义。

公初死，辄未立之时，为之则可。”【通考】朱氏公迁曰：“此见圣人救乱之本。卫辄之事两见于《论语》，‘必也正名’，是夫子正言其义，不为卫君，是因论夷齐而知夫子不与之心。大抵卫辄之事，非夫子不能正；夫子之心非子贡不能知。”

○樊迟请学稼，子曰：“吾不如老农。”请学为圃，曰：“吾不如老圃。”

种五谷曰稼，种蔬菜曰圃。朱子曰：“役智力于农圃，内不足以成己，外不足以治人，是济甚事？”新安陈氏曰：“两言‘吾不如’，虽不显辟之，已婉拒之矣。”

樊迟出。子曰：“小人哉，樊须也！

小人，谓细民，孟子所谓小人之事者也。① 新安陈氏曰：“此小人，是以位而言者；下文《集注》云‘礼义信，大人之事也’，是自此小人上推广而对言之。”南轩曰：“孟子所谓‘有大人之事，有小人之事’，正本此意。”问：“古之圣贤，若大舜伊尹，皆躬耕畎亩，习农圃事，何圣人深斥樊迟？”潜室陈氏曰：“遇此时则习此事。游圣人之门，所学者何事？”

上好礼，则民莫敢不敬；上好义，则民莫敢不服；上好信，则民莫敢不用情。夫如是，则四方之民襁负其子而至矣，焉用稼？”好，去声。夫，音扶。襁，居丈反。焉，于虔反。

礼、义、信，大人之事也。好义，则事合宜。情，诚实也。敬服用情，盖各以其类而应也。襁，织缕为之，以约小儿于背者②。庆源辅氏曰：“在己者皆尽其道，在下者各以其类应之，所谓‘正己而物正’者，非大人之德，其孰能之？”双峰饶氏曰：“居大人之位，有大人之德，四方之民，自归之而为之耕稼，岂必自耕稼哉！”杨氏曰：“樊须游圣人之门，而问稼圃，志则陋矣，辞而辟之可也。待其出而后言其非，何也？盖于其问也，自谓农圃之不如，则拒之者至矣。须之学疑不及此，而不能问，使其疑，则必问矣。不能以三隅反矣，故不复。扶又反。下同。及其既出，则惧其终不喻也，求老农老圃而学焉，则其失愈远矣。故复言之，使知前所言者二不如。意有在也。”勉斋黄氏曰：“贫而为老圃之事，亦未为过者。樊迟之志，岂亦有为许行之说者而慕之欤？故夫子以大人之事告之。”

○子曰：“诵《诗》三百，授之以政，不达；使于四方，不能专对；虽多，亦奚以为？”使，去声。

专，独也。《诗》本人情，该物理，可以验风俗之盛衰，见政治去声。之得失。其言温厚和平，长于风去声。谕。故诵之者，必达于政而能言也。问：“诵《诗》三百，何以见其必达于政？”朱子曰：“其中所载可见，如小夫贱派闾巷之门，至鄙俚之事，君子平日耳目所不曾闻见者，其情状皆可因此而知之，而圣人所以修德于己，施于事业者，莫不悉备。于其间所载之美恶，读诵而讽咏之，如是而为善，如是而为恶，吾之所以自

---

① 小人，谓细民，孟子所谓小人之事者也：小人，指普通民众，孟子所说的“小人之事”的小人。

② 襁，织缕为之，以约小儿于背者：襁，用丝线或麻线织成，把小孩拴在背上的东西。

修于身者，如是是合做底事，如是是不合做底事，待得施以治人，如是而当赏，如是而当罚，莫不备见，如何于政不达？若读《诗》而不达于政，则是不曾读也。”又问：“如何使四方必能专对？”曰：“于《诗》有得，必是于应对言语之间，委曲和平。”胡氏曰：“《诗》之作也，有邪有正，皆原于人情，其所言于事物之理莫不具载。其情合事理之正，则可以知风俗之盛，政治之得；其情背事理之正，则可以知风俗之衰，政治之失。故诵《诗》而有得，则可以达于政矣。《诗》之言，温厚则不至于薄，和平则不至于讦，长于讽谕，则人易晓，故诵《诗》而有得，则能言语。”双峰饶氏曰：“《诗》本人情，人情有好有恶，读《诗》而有得，则知人情之所好者在甚处，所恶者在甚处。得之于心，施之于政，则必能顺民之所好，而违其所恶，其政无不善矣，是之谓达。《诗》之言辞多宛曲，风谕而不直致。使者所以传君命，措辞最难。才委靡，则流于弱，而取侮于人；才刚直，则又恐激怒，而贻祸于国。若能善其辞命，婉正得体，不辱君命，非诵《诗》而有得于诗人命辞之体者不能也。春秋诸国，往来多尚辞令，故夫子并指此为读《诗》之验。”问“专对”。曰：“使有正有介，正使不能答，则介使助之；如正使自能致辞，不假众介之助，是谓能专对。达于专对，非诵《诗》时便思量要如此，诵《诗》而有得，则自然有此效验。‘以’训用，‘为’字只语助辞。”〇程子曰：“穷经将以致用也。世之诵《诗》者，果能从政而专对乎？然则其所学者，章句之末耳，此学者之大患也。”程子曰：“今人不会读书，如诵《诗》三百，授之以政不达，使于四方不能专对。既诵《诗》后，须达于政，能专对，始是读《诗》。未读《二南》时，一似面墙，到读后，便不面墙，方是有验。大抵读书只是此法。”问：“《诗》三百篇，人未有不读者也，而达于政、能专对者，何其少耶？”勉斋黄氏曰：“亦视其所以读之者何如耳。为人耶？为己耶？诵说耶？践行耶？卤莽耶？精切耶？二者之不同，而能不能判矣。验之于心，浃洽而通贯；体之于身，切实而专确，则亦奚不能之足患哉？”厚斋冯氏曰：“读书必明其理，明理必达诸用。读书不明其理，记诵之末学也；明理而不达诸用，章句之腐儒也。子删《诗》在晚年，而平日两言‘《诗》三百’，则知子之删去者无几，特厘正之，以系于风雅颂之末云耳。”云峰胡氏曰：“习温柔敦厚之教者，必能为慈祥岂弟之政，必能为温厚和平之言。要之，三百篇固多，《易》三百八十四爻，《书》五十八篇，《礼》三千三百，《春秋》二百四十二年之事，皆多也。穷经而不能致用，皆多而无益者也，举《诗》以例其余尔。”

〇子曰：“其身正，不令而行；其不正，虽令不从。”

南轩张氏曰：“从违之本不系于令，系于所以示之何如耳。”双峰饶氏曰：“身正，是身教；令，不过言教。以身教者从，以言教者讼。”

〇子曰：“鲁卫之政，兄弟也。”

鲁，周公之后。卫，康叔之后①。本兄弟之国，而是时衰乱，政亦相似，故孔子叹之。苏氏曰：“是岁鲁哀公七年，卫出公五年也。卫之政，父不父，子不子；鲁之政，

① 康叔：周武王的同母小弟弟。

君不君，臣不臣。卒之，哀公孙于邾而死于越，出公奔宋而亦死于越。其不相远如此。”

○子谓卫公子荆：“善居室。始有，曰：‘苟合矣。’少有，曰：‘苟完矣。’富有，曰：‘苟美矣。’”

公子荆，卫大夫。苟，聊且粗坐五反。略之意。合，聚也。完，备也。言其循序而有节，不以欲速尽美累其心。新安陈氏曰：“由合而完，由完而美，既见其循序渐进，而无欲速之心，而其‘合’、‘完’、‘美’，皆曰‘苟’而已；又见其所欲易足而有节，曾无尽美之心，非贤而能之乎！”○杨氏曰：“务为全美，则累物而骄吝之心生。庆源辅氏曰：“居室务为全美，是为外物所累，得之则骄心生，失之则吝心生。”公子荆皆曰苟而已，则不以外物为心，其欲易去声。足故也。”新安陈氏曰：“杨氏只于‘苟’字上，见‘有节不尽美’之意，不见‘循序、不欲速’之意，必如上文朱子之说，则该备矣。”问：“公子荆善居室也，无甚高处，圣人称善，何也？”朱子曰：“常人居室不极其华丽，则墙倾壁倒，全不理会；子荆自合而完而美，循循有序，而又皆曰‘苟’而已，初不以此累其心。在圣人德盛，此等事皆化了不足言，在公子荆能如此，故圣人称之。”问：“公子荆，夫子止称其居室之善如何？”曰：“此亦姑举其一事之善而称之，又安知其他无所长乎？”长乐陈氏曰①：“士庶之家，多循理；世禄之家，多怙侈，其势然也。荆为卫之公子，善于居室，而未始有累焉，此季札所以谓之君子也。”

○子适卫，冉有仆。

仆，御车也。

子曰：“庶矣哉！”

庶，众也。

冉有曰：“既庶矣。又何加焉？”曰：“富之。”

庶而不富，则民生不遂，故制田里，薄赋敛去声。以富之。双峰饶氏曰：“田，是所耕之田，孟子所谓‘百亩之田，勿夺其时’是也。里，是所居之地，孟子所谓‘五亩之宅，树墙下以桑’是也。田出谷粟，里出布帛，有谷粟则不饥，有布帛则不寒，二者富之之道。”

曰：“既富矣，又何加焉？”曰：“教之。”

富而不教，则近于禽兽。故必立学校，明礼义以教之。双峰饶氏曰：“制田里，薄赋敛，立学校，明礼义，各是两事相因。田里，是富之之原。不制田里，则衣食无所从出，如何可使之富？然田里虽制，而不薄赋敛，则过取于民，非藏富于民矣。学校，是教之之地，不立学校，则教化无所从施，如何可使之知礼义？然学校虽设，而不明礼义以道之，则人心无自而开明，学校亦徒设而已。所以两两相因，皆不可废。”南轩张氏曰：“庶矣则当富之，富矣则当教之。圣贤仁民之意无穷，而施之为有序也。”新安陈氏曰：“庶而不富，则民虽繁其生，而不厚其生；富而不教，则民虽厚其生，而无以养其

---

① 长乐陈氏：陈祥道。

生。庶而富，则民生厚；富而教，则民德正，此帝王作之君师之事也。后世庶而富之者已少，况富而教之者乎？"【通考】仁山金氏曰："富之实事，田耕出粟谷以养其口，里居出布帛以养其体，薄赋则省其兵役，薄敛则不多征税。教之实事，立学校，明礼义。制田则画井授田，一夫百亩以出谷粟，制里则有在田在邑五亩之宅，树之以桑，以出布帛。古者二十五家为闾而有塾，五百家为党而有庠，遂则有序，国则有学。"〇胡氏曰："天生斯民，立之司牧，而寄以三事①。庆源辅氏曰："父生，师教，君治为三事。或曰'庶、富、教'是也。"然自三代之后，能举此职者，百无一二。汉之文、明②，唐之太宗，亦云庶且富矣，西京之教无闻焉。前汉文帝都长安，是为西京。明帝尊师重傅，临雍拜老，宗戚子弟莫不受学；东汉《礼仪志》："明帝永平二年三月，上始帅群臣躬养三老五更于辟雍。三老，老人知天地人之事。五更，老人知五行更代之事者。《明帝纪》：三老，谓李躬年耆学明。五更，谓桓荣授帝《尚书》也。辟雍，天子之学名，三老五更，皆齐于大学讲堂。其日乘舆先到辟雍礼殿，御坐东厢，遣使者安车迎三老五更，安车，坐乘之车，以蒲裹轮，令老者坐而安稳也。天子迎于门屏交礼，报拜也。道自阼阶，三老升自宾阶至阶，天子揖如礼，三老升东面，三公设几，九卿正履，天子亲袒割牲，执酱而馈，执爵而酳。音胤，漱也。祝鲠在前，祝噎在后，老人食多鲠噎，故置人于前后祝之，使不鲠噎也。五更南面，三公进供，礼亦如之。明日皆诣阙谢恩，以见礼遇大尊显故也。"唐太宗大召名儒，增广生员，《唐书·儒学传》："贞观六年，诏罢周公祠，初祀周公为先圣，至此罢。更以孔子为先圣，颜氏为先师，尽召天下惇师考德以为学官。数临幸观释菜，命祭酒博士讲论经义，赐以束帛，生能通一经者得署吏。广学舍千二百区，诸生员至三千二百，自玄武屯营飞骑，皆给博士受经，能通一经者，听入贡限。四方秀艾挟策负素，坌去声。集京师，文治熠然勃兴，于是新罗、高昌、百济、吐蕃、高丽等群酋长，并遣子弟入学，鼓笥踵堂者，凡八千余人。纡侈袂，曳方履，訚訚秩秩，虽三代之盛，所未闻也。"教亦至矣，此下总说二君。然而未知所以教也。三代之教，天子公卿躬行于上，言行去声。政事皆可师法，彼二君者其能然乎？"

〇子曰："苟有用我者。期月而已可也，三年有成。"

期月，谓周一岁之月也。可者，仅辞，言纲纪布也。有成，治去声。功成也。朱子曰："圣人为政一年之间，想见已前不好底事，都革得尽。到三年便财足兵强，教行民服。圣人做时，须一切将许多不好底撤换了，方做自家底，必三年方可有成也。"南轩张氏曰："期月而大纲立，三年而治功成，然三年之所成者，即其期月所立之规模也，充之而已矣。"东阳许氏曰："期月而可，谓兴衰拨乱，纲纪粗立；三年有成，谓治定功成，治道大备。"〇尹氏曰："孔子叹当时莫能用己也，故云然。"愚按：《史记》，此盖为去声。卫灵公不能用而发。叶氏少蕴曰："因为不用己而言，又论善人王者之功。此书所记，先后初无序，亦有一时之言而并记之者，若此编是也。所谓'用我者'，非尝试

① 三事：指庶、富、教三件事。

② 文、明：汉文帝、汉明帝。

而使之也，举国委己而听之也。哀公以夫子为中都宰，一年而四方则之。夹谷之会，摄行相礼，齐人遂归鲁侵疆。及为司寇，粥羔豚弗饰贾，男女行者别于涂。每用辄效如此，况委国而听之，至于三年之久哉！”云峰胡氏曰：“夫子言‘有用我者’二，一为卫不能用，一为鲁不能用，即此亦可见鲁卫之政兄弟矣。”

子曰：“善人为邦百年，亦可以胜残去杀矣。诚哉是言也！”胜，平声。去，上声。

为邦百年，言相继而久也。胜残，化残暴之人，使不为恶也。去杀，谓民化于善，可以不用刑杀也。盖古有是言，而夫子称之。程子曰：“汉自高、惠至于文、景，黎民醇厚，几平声。致刑措，庶乎其近之矣。”问：“善人之为邦，如何可胜残去杀？”程子曰：“只是能使人不为不善。善人，不践迹，亦不入于室之人也。”问：“《集注》谓‘民化于善，可以不用刑杀’，乃圣人之事，善人未易至此。”朱子曰：“圣人比善人自是不同。绥之斯来，动之斯和，杀之不怨，利之不庸。民日迁善而不知为之者，此圣人事。善人定是未便得如此，然他做百年工夫积累到此，自是亦能使人兴于善，不陷刑辟，如文景几致刑措，岂不胜残去杀？”双峰饶氏曰：“胜残，是我之善化，足以胜其残暴；去杀，是民无极恶大罪，可以不用刑杀。惟其能胜残，所以可去杀。谓之亦可者，微寓不足之意，似有未能必其残果尽胜，杀果尽去之意，盖亦所谓‘几致刑措者’也。善人力量，其极功只到得此地位，以上更去不得。”〇尹氏曰：“胜残去杀，不为恶而已，善人之功如是。若夫圣人，则不待百年，其化亦不止此。”新安陈氏曰：“上三句说本章，下二句隐然说下章。圣人即王者。不待百年，即一世。化不止此，即仁泽浃也。”

〇子曰：“如有王者，必世而后仁。”

王者谓圣人受命而兴也。三十年为一世。《说文》：“三十年为一世。从卅而曳长之。”仁，谓教化浃即业反。也①。程子曰：“周自文武至于成王，而后礼乐兴，即其效也。”朱子曰：“自己之仁而言之，这个道理，浸灌透彻；自天下言之，举一世之人，皆是这个道理，浸灌透彻。”“所谓仁者，以其天理流行，融液洞彻，而无一物之不体也。举一世而言，固无一人之不然；即一人而言，又无一事之不然也。求之《诗》、《书》，惟成康之世足以当之。”双峰饶氏曰：“此‘仁’字，是教化浃洽，无一人不贯彻底意思，与其他‘仁’字不同。盖仁者以天地万物为一体，须渐民以仁，摩民以义，节民以礼，使其化薰蒸透彻，融液周遍，以至四海之内，无一人不归于善。如人一身之间，生意贯彻，四肢百骸，无少痿痹相似，故谓之‘仁’。且如尧舜之世，固是黎民于变，比屋可封，然苗顽犹未即工，亦是尧舜之化未贯彻处。必三苗既格，然后东渐西被朔南，暨声教无处不贯彻，方是尧舜致治之仁。”〇或问：“三年、必世，迟速不同，何也？”程子曰：“三年有成，谓法度纪纲有成而化行也。渐将廉反。民以仁，摩民以义，使之浃于肌肤，沦于骨髓，而礼乐可兴，所谓仁也。此非积久，何以能致？”南轩张氏曰：“使民皆由于仁，非仁心涵养之深。仁政薰陶之久，莫能然也，此则非善人所能及矣。”云峰

① 教化浃也：教化渗透充分。浃：浸透，融合。《淮南子·原道训》：“不浸于肌肤，不浃于骨髓，不留于心志，不滞于五藏。”

胡氏曰："胜残去杀者，如能去人之疾，而使之不至于死者也；仁则如人元气浑全，而自无疾者也。天下无一人非天理之融彻，无一处非天理之流通，故曰'仁'。"【通考】朱氏公迁曰："三年有勇、知方，是通于义者作为之效；三年而可足民，是多才能者作为之效；五年七年而为政于天下，是师文王者作为之效。皆非善人之可能也。此皆以政成迟速之效言之。"程氏复心曰："三年有成，圣人之效；百年胜残去杀，善人之效；必世而后仁，则圣效之大成。"

○子曰："苟正其身矣，于从政乎何有？不能正其身，如正人何？"

问："此章与第六章'其身正，不令而行；其身不正，虽令不从'，何异而复出之？"朱子曰："晁氏以为此章专为臣而发，理或然也。"双峰饶氏曰："从政与为政不同。为政，是人君事；从政，是大夫事。夫子此言盖为大夫而发。"

○冉子退朝。子曰："何晏也？"对曰："有政。"子曰："其事也。如有政，虽不吾以，吾其与闻之。"朝，音潮。与，去声。

冉有时为季氏宰。朝，季氏之私朝也。厚斋冯氏曰："臣见君曰'朝'，故其'廷'谓之'朝廷'。季氏专鲁之政，其臣之见季氏亦曰'朝'，僭礼之称也。"晏，晚也。政，国政。事，家事。吴氏曰："政、事，泛言之则通，别言之，则大曰政，小曰事，公朝之事曰政，私家之事曰事。"以，用也。礼：大夫虽不治事，犹得与音预，下文"当与"音同。闻国政。是时季氏专鲁，其于国政，盖有不与同列议于公朝，而独与家臣谋于私室者。故夫子为不知者而言，此与《记·檀弓下》'夫子为弗闻也者而过之'同一文势。此必季氏之家事耳。若是国政，我尝为大夫，虽不见用，犹当与闻。今既不闻，则是非国政也。语意与魏征献陵之对略相似。《唐书·魏征传》："文德皇后太宗之后。既葬，帝即苑中作层观以望昭陵，后陵。引征同升，征熟视，曰：'臣昏眊不能见。'帝指示之。征曰：'臣以为陛下望献陵，太宗母陵。昭陵则臣固见之矣。'帝泣，为毁观。"其所以正名分，扶问反。抑季氏，而教冉有之意深矣。吴氏曰："以夫子此语推之，意古者大夫虽致仕，国有大政，亦必与之共谋，盖询黄发之意。若小事，则不必然尔。冉有仕季氏，无能改于其德，故夫子因其有政之语，而深讥之，可谓微而显，婉而严矣。夫子哀公十一年冬反鲁，年六十九，明年为告老之年。《左传·哀公十二年》春，用田赋，康子使冉有问曰：'子为国老，待子而行。'盖至是不复以告矣。"

○定公问："一言而可以兴邦，有诸？"孔子对曰："言不可以若是其几也。

几，期也。《诗》曰："如几如式。"见《小雅·楚茨篇》。言一言之间，未可以如此而必期其效。《诗》几，音机。

人之言曰：'为君难，为臣不易。'易，去声。

当时有此言也。

如知为君之难也，不几乎一言而兴邦乎？"

因此言而知为君之难，则必战战兢兢，临深履薄，而无一事之敢忽。然则此言也，岂不可以必期于兴邦乎？为去声。定公言，故不及臣也。不再拈及"为臣不易"一句。

曰："一言而丧邦，有诸？"孔子对曰："言不可以若是其几也。人之言曰：'予无乐

乎为君，唯其言而莫予违也。'丧，去声。下同。乐，音洛。

言他无所乐，惟乐此耳。

如其善而莫之违也，不亦善乎？如不善而莫之违也，不几乎一言而丧邦乎？"

范氏曰："言不善而莫之违，则忠言不至于耳。君日骄而臣日谄，丑验反。未有不丧邦者也。"〇谢氏曰："知为君之难，则必敬谨以持之。惟其言而莫予违，则谗谄面谀①之人至矣。邦未必遽兴丧也，而兴丧之源分于此。然此非识微之君子，何足以知之？"胡氏曰："几，旧说或以为近，或以为微。'近'与'不几乎'之义同，与'若是其几'之'几'不协，'微'则其文义皆不可读，故不可从也。谢氏说'邦未必遽兴丧'，则似以'几'为'近'，又曰'兴丧之源分于此，非识微者不足以知之'，则又似以'几'训'微'，终取之者，岂以其大旨有所发明欤！"双峰饶氏曰："圣人说话直是平，无些子高低，谓一言便能兴邦丧邦固不可，谓一言不可以兴邦丧邦亦不可。又如'唯其言而莫予违'固不是，然'善而莫之违'犹自可。故又分两股说，一轻一重之间，斟酌剂量，不令分毫有偏。"吴氏曰："定公之问，亦可谓有意于治矣。使其能用夫子之言，兢兢业业，以媚己之人为可畏，三子之徒庶其小悛，而鲁其或兴也。惜乎女乐之事，公既欲之，而桓子又助成之，是亦'言不善而莫之违'之类，是以用夫子而不克终也。"

〇叶公问政。

音义并见形甸反。第七篇。

子曰："近者说，远者来。"说，音悦。

被其泽则悦，闻其风则来②。然必近者悦，而后远者来也。南轩张氏曰："近者乐其泽，远者慕其风，然未有泽不及于近，而能使人慕之者也。"勉斋黄氏曰："此非有意于求其说且来也。有意于求其说且来，则必有不说不来者矣。行吾之所当行，而其效如此，乃所谓政。"或谓："此章言其效，而不言其所以致之何也？"吴氏曰："叶公，楚名臣，或不待赘言，使其再问，夫子必更有说。夫子入楚，接舆辈交议之，叶公虽能问，而不能相与反复也，岂不惜夫！"新安陈氏曰："近说远来，皆政之验，非媚于民而求其说也。失人心之事不行，而所行皆不咈民心之事，近者自说矣。远者闻其风，即闻近者说之风也。"

〇子夏为莒父宰，问政。子曰："无欲速，无见小利。欲速，则不达；见小利，则大事不成。"父，音甫。

莒父，鲁邑名。欲事之速成，则急遽无序，而反不达。见小者之为利，则所就者小，而所失者大矣。南轩张氏曰："欲速，则期于成而所为必苟，故反不达。见小利，则徇目前而忘久远之谋，故反害大事。"勉斋黄氏曰："事之久速，有自然之次第；事之大小，有自然之分量。循其自然之理，而无容心可也。一有欲速、见小利之心，则私心而非正理矣，宜其不达而大事不成也。"双峰饶氏曰："见小与欲速相因，才要速成，便

---

① 谗谄面谀：进献谗言、阿谀奉承。

② 被其泽则悦，闻其风则来：受到他的恩惠就喜悦，听到他的德行就来投奔。被：同"披"。

只是见得目前小小利便处，所以急要收效。若是胸中有远大规模，自然是急不得。”○程子曰：“子张问政，子曰：‘居之无倦，行之以忠。’子夏问政，子曰：‘无欲速，无见小利。’子张常过高而未仁，子夏之病常在近小，故各以切己之事告之①。”庆源辅氏曰：“居之而易得倦，行之而不尽心，此过高而未仁之证也；欲速，见小利，此近小而不及之证也。圣人之教人，如良医之治疾，药虽不同，效则一也。”新安陈氏曰：“过于高者，药之以诚实；不及而近小者，药之以宽大。皆以切己者告之也。”胡氏明仲曰：“圣人之言，虽救子夏之失，然天下后世，皆可为法。两汉以来为政者，皆未免欲速、见小利之病也。”

○叶公语孔子曰：“吾党有直躬者，其父攘羊，而子证之。”语，去声。

直躬，直身而行者。有因而盗曰攘。

孔子曰：“吾党之直者异于是。父为子隐，子为父隐，直在其中矣。”为，去声。

父子相隐，天理人情之至也。故不求为直，而直在其中。○谢氏曰：“顺理为直。父不为子隐，子不为父隐，于理顺邪？俗作“耶”。瞽瞍杀人，舜窃负而逃，遵海滨而处。上声②。当是时，爱亲之心胜，其于直不直，何暇计哉？”问：“父子相隐之说。”朱子曰：“邢氏引《律》大功以上，得相容隐，告言父祖者入十恶，以为得此意。善乎其推言之也！诸说或本乎情，或本乎理，各有不同。今试以身处之，则所谓情者，盖可体而易见；所谓理者，近于泛而不切。然徒徇夫易见之近情，而不要之以至正之公理，则人情之或邪或正，初无准则，若之何必顺此而皆可以为直邪？苟顺其情而皆可以谓之直，则霍光之夫妇，相隐可以为直，而周公之兄弟、石碏之父子，皆咈其情而，反陷于曲矣，而可乎？”胡氏曰：“是曰是，非曰非，有谓有，无谓无。曰直，直之常也。父为子隐，子为父隐，权也。故曰‘直在其中’，非指隐以为直也。如学以自修，而‘禄在其中’，亦然。盖直躬，人之细行；父子，人之大伦。伸一己之细行，伤人道之大伦，非天理也。父子主恩，委曲以全其恩，虽不得正谓之直，然亦理所当然，顺理而行，不失其为直也。叶公徒知一偏一曲之异乎人者为高，夫子则合全体大用而观之也。夫一偏一曲之高，非不足尚，于正理一有所亏，尚何言哉？”双峰饶氏曰：“父子主恩，于理当相隐，于情亦当相隐，故以是顺天理，合人情，而直在其中。若是父子相证，则天理人情，两有所乖，何取其为直？《集注》顺理为直，是说理；爱亲之心胜，是说情。”问：“父当为子隐，而石碏莅杀子厚如何？”陈氏曰：“证父，家之私事，事主恩，故见父而不见他人；除乱，国之大事，事主义，故见君而不见其子。道理不可执一。当在父子，则父子重；当在君臣，则君臣重。为子止孝，为臣止忠，地位各不同也。”吴氏曰：“直，天理也；父子之亲，又天理之大者也。二者相碍，则屈直以伸亲，非不贵乎直

① 子张常过高而未仁，子夏之病常在近小，故各以切己之事告之：子张经常是好高骛远而没有仁德，子夏的缺点是常常注意小事，所以用与他们各人密切相关的事（即针对他们各自的缺点）告诫他们。

② 事见《孟子·尽心上》。这是设想舜作为天子，他的父亲杀了人，舜会怎么办？孟子认为舜会抛弃天子之位，背上父亲逃到无人的海边。

也，当是时，父子之情胜，而直不直固有所不知也。陈司败以隐君之恶为党，叶公以证父之恶为直，徒知直之为公，党之为私，而君臣之义，父子之亲，乃有不察。微夫子，则一偏一曲之说起，而仁义塞矣。”

○樊迟问仁。子曰：“居处恭，执事敬，与人忠。虽之夷狄，不可弃也。”

恭主容，敬主事。恭见形甸反。于外，敬主乎中。之夷狄不可弃，勉其固守而勿失也。朱子曰：“发于外者，比主于中者较大，盖必充积盛满而后发于外，然主于中者却是敬。”“敬专言，如修己以敬；只偏言，是主事。”“自诚身而言，则恭较紧；自行事而言，则敬为切。”问：“如何虽之夷狄不可弃？”曰：“道不可须臾离，可离非道，须是无间断方得，若有间断，此心便死了。在中国是这个道理，在夷狄，也只是这个道理。”勉斋黄氏曰：“居处，指幽独而言，未有事者也；执事，指应事而言，未涉乎人也；与人，指接物而言，则涉乎人矣。能恭敬而忠，则天理常行，而人欲不萌矣。又能无适而不然，则流行而无间断，仁之为道，孰外乎此？”陈氏曰：“敬工夫细密，恭气象阔大。敬意思卑屈，恭意思尊严。但恭，只是敬之见于外者；敬，只是恭之存于中者。敬与恭，不是二物，如形影然，未有内无敬而外能恭者，亦未有外能恭而内无敬者。”双峰饶氏曰：“无事时，此心无所作为，只可于容貌上著个恭；及至事来，则此心便要应事，心若不在事上，为事便卤莽，所以著个敬；至于接人，则此心须视人犹己，不可容些欺伪，所以著个忠。”“天体物而不遗，仁体事而无不在。于居处时，容貌恭肃，则仁便在居处上；于执事时，此心战兢，惟恐失之，则仁便在应事上；于与人时，能尽此而无所欺伪，则仁便在与人上。若能常常如此，虽之夷狄而不弃，此仁便无间断。”新安陈氏曰：“此与《答仲弓问仁章》当参看。彼以敬恕言，此以恭敬忠言，盖居处恭静时，敬也；执事敬动时，敬也。忠即恕之体，恕即忠之用也，一而已矣。动静恭敬，表里忠恕，又能持守而无间断，则私意何所容，而仁岂外是哉？”○程子曰：“此是彻上彻下语。圣人初无二语也，充之则睟虽醉反。面盎背；推而达之，则笃恭而天下平矣。”陈氏曰：“彻上彻下，谓凡圣皆是此理，小则樊迟可用，大则尧舜不过。”庆源辅氏曰：“圣人之言，贯彻上下，此数言，自始学至成德，皆不过如此。近而睟盎于一身，远而治平乎天下，亦不外乎此。皆是彻上彻下。”【通考】吴氏程曰：“彻上彻下，言通乎上下，自始学至成德无二致也。”程氏复心曰：“彻上彻下，是无精粗本末，只是一理。”胡氏曰：“樊迟问仁者三：此最先，‘先难’次之，‘爱人’其最后乎？”朱子曰：“胡氏说三者先后，虽无明证，看来是如此。若未尝告以恭敬忠，则所谓先难者，将何从下手乎？至于爱人，则又以其发于外者言之。”双峰饶氏曰：“即此三者，便是先难底事。至于爱人，又是从恭敬忠上发出去。”觉轩蔡氏曰：“诸子问仁，而所答各异者，因其所禀之资而发也；樊迟问仁，而所答各异者，因其所学之至而发也。圣人教人，犹化工之妙，物各付物，于此见之。”

○子贡问曰：“何如斯可谓之士矣？”子曰：“行己有耻，使于四方，不辱君命，可谓士矣。”使，去声。

此其志有所不为，而其材足以有为者也。庆源辅氏曰：“志存于隐，而才见于显，且志易肆而才难强，故常人之志患在于无所不为，而其才则患在无所能为。行己有耻，则是其志有所不为也；使不辱命，则是其才足以有为也。惟其志有所不为，然后其才足以有为也。”子贡能言，故以使事告之。盖为使之难，不独贵于能言而已。新安陈氏曰：“不独贵于能言，盖以行己有耻为本也。”朱子曰：“行己有耻，则不辱其身；使能尽职，则不辱君命。”双峰饶氏曰：“有耻，士之行；不辱命，士之能。有其行，又有其能，全才也，故可谓士。”

曰：“敢问其次。”曰：“宗族称孝焉，乡党称弟焉。”弟，去声。

此本立而材不足者，有孝弟为本立，此外无材可见。故为其次。朱子曰：“孝弟岂不是第一等人，而圣人未以为士之上者，仅能使其身无过而无益于人之国，守一夫之私行而不能广其固有之良心也。”双峰饶氏曰：“行己有耻，是事事不苟且。孝弟固是行之大者，然只是士行中之一端，而又无其能，故以为士之次。”

曰：“敢问其次。”曰：“言必信，行必果，硁硁然小人哉！抑亦可以为次矣。”行，去声。硁，苦耕反。

果，必行也。硁，小石之坚确克角反。者。小人，言其识量去声。之浅狭也。此其本末皆无足观，然亦不害其为自守也，故圣人犹有取焉，下此则市井之人，言诞行纵。不复扶又反。可为士矣。云峰胡氏曰：“须看‘本末’二字。盖士之所以为士者，行其本也，才其末也。志有所不为而才足以有为，是本末俱有可观；其次，则但取其本立；又其次，则本末皆无足取，而犹不失为自守，故曰‘下此则市井之人，不复可为士矣’。”朱子曰：“硁硁小人，亦可为士者，其识量虽浅，而非恶也。至其所守，虽规规于信果之小节，然与诞谩苟贱之人，则不可同日语矣。”厚斋冯氏曰：“言不必信，行不必果，孟子谓之大人，惟义所在而不拘执，所应者广也；言必信，行必果，夫子谓之小人，确于自守而不可转移，所成者狭也。”

曰：“今之从政者何如？”子曰：“噫！斗筲之人，何足算也。”筲，所交反。算，亦作筭，悉乱反。

今之从政者，盖如鲁三家之属。噫，心不平声。斗，量去声。名，容十升。筲，竹器，容斗二升。斗筲之人，言鄙细也。算，数上声。也。子贡之问每下，故夫子以是警之。○程子曰：“子贡之意，盖欲为皎皎之行去声。闻于人者。夫子告之，皆笃实自得之事。”问：“程子谓子贡欲为皎皎之行，是如此否？”朱子曰：“子贡平日虽有此意思，然这章却是他大段平实了。渠见行己有耻，使不辱命，不是些小事，故又问其次。凡此节次，皆是要向平实处做工夫，每问皆下，到下面问今之从政者，却问错了，圣人便与他截断。”

○子曰：“不得中行而与之，必也狂狷乎！狂者进取，狷者有所不为也。”

狷，音绢。行，道也。南轩张氏曰：“中行，谓中道上行者。”胡氏曰：“道，犹路也，故行亦道也。”狂者，志极高而行去声。下同。不掩。狷者，知未及而守有余。朱子曰：“狂者，知之过；狷者，行之过。”双峰饶氏曰：“行不掩，非全然行不顾言，如说得十分，只行得五七分，这五七分盖那十分不过耳。”盖圣人本欲得中道之人而教之，然既不可得，而徒得谨厚之人，则未必能自振拔而有为也。故不若得此狂狷之人，犹可因其志节狂者之志，狷者之节。而激厉裁抑之以进于道，非与其终于此而已也。朱子曰："谨厚者虽是好，又无益于事，故有取于狂狷者，又各堕于一偏。中道之人，有狂者之志，而所为又精密，有狷者之节，又不至过激，此极难得之人。""狷者虽非中道，然有筋骨，其志孤介，知善之可为而为之，知不善之不可为而不为，直是有节操。狂者志气激昂。圣人本欲得中道而与之，晚年磨来磨去，难得这般恰好底人。如狂狷，尚可因其有为之资，裁而归之中道。"双峰饶氏曰："或解《集注》激厉裁抑，以为激厉狷者，裁抑狂者。是不然。狂者志极高，是过处；行不掩，是不及处。狷者知未及，是不及处；守有余，是过处。二者各有过不及，于过处裁抑之，使之俯而就中，于不及处激厉之，使之跂而及中，如此则皆近道矣。""狂狷自是病处，圣人所以取之者，以狂者有进取之志，狷者不为非理之事，虽有病处，亦有好处，尚可教以中道。若徒谨厚者，只是怕事底人，虽不为恶，亦不足与为善，反不若狂狷之可取也。"新安陈氏曰："进取，进而有为，以取于善也。狂者知之过而行不及，狷者行之过而知不及，得圣人裁抑之、激厉之，使狂者力行以践之，而其见不荒，狷者致知以明之，而其守不狭，则中道庶乎可得矣。"〇孟子曰："孔子岂不欲中道哉？不可必得，故思其次也。次谓狂者。如琴张、曾皙、牧皮者，孔子之所谓狂也。其志嘐嘐然，曰：'古之人！古之人！'夷考其行而不掩焉者也。以上皆说狂者。狂者又不可得，欲得不屑不洁之士而与之，是狷也，是又其次也。"又次，谓狷者。勉斋黄氏曰："孔子之门，从游之士，皆极天下之选，夫子犹叹中行之难得，思狂狷者而与之，盖进道之难如此。狂狷虽不同，而其力量皆足以进于道者也。今持不逮之资，而悠悠以进于学，是皆夫子之所弃也。"

〇子曰："南人有言曰：'人而无恒，不可以作巫医。'善夫！"恒，胡登反。夫，音扶。

南人，南国之人。恒，常久也。巫，所以交鬼神。医，所以寄死生。故虽贱役，而犹不可以无常，孔子称其言而善之。朱子曰："'恒'字古作恆，其说象一只船两头靠岸，可见彻头彻尾。"庆源辅氏曰："无常之人，则在我者无定守矣，何所用而可？巫医虽贱役，然必有常乃可为之。盖交鬼神而无常，则鬼神之不享；治疾病而无常，则人何敢寄以死生哉！孔子称其言而善之，其所以警于人者深矣。"

"不恒其德，或承之羞。"

此《易》恒卦九三爻辞。承，进也。朱子曰："'承'如'奉承'之'承'，如人送羞辱与之也。"双峰饶氏曰："'承'字如《仪礼》'皇尸命工祝，承致多福，于尔孝孙'之'承'，言奉而进之也。"

子曰："不占而已矣。"

复扶又反。加"子曰"，以别必列反。《易》文也，其义未详。南轩张氏曰："不占，谓理之必然，不待占决而可知也。"新安陈氏曰："不占，如《易》所谓'不占有孚'，言无常取羞，不待占筮而信然矣。"杨氏曰："君子于《易》苟玩其占，平声。则知无常之取羞矣。其为无常也，盖亦不占而已矣。"意亦略通。朱子曰："'不占而已'，此只是不读书之意。"云峰胡氏曰："《易》为占筮之书，'不恒其德，或承之羞'，此恒卦九三占辞也。凡其不知不恒之患者，由平日不占而已矣。"新安陈氏曰："此章谓无恒者，虽贱役不可为，且羞辱不可免，以见人决不可以无恒也。"

〇子曰："君子和而不同，小人同而不和。"

和者，无乖戾之心。同者，有阿比毗至反。之意。南轩张氏曰："和者和于理，同者同其私。和于理则不苟同，同其私则不能和。"勉斋黄氏曰："和之与同，公私而已。公则视人犹己，何不和之有？惟理是视，何同之有？私则喜狎昵，所以常同；乐忌克，所以不和。"厚斋冯氏曰："和，如和羹，异味而相调为一也。同，如雷同，随声而无分别也。和与同近似，而公私不同，如比周、骄泰之类，夫子故辨之。"〇尹氏曰："君子尚义，故有不同。小人尚利，安得而和？"庆源辅氏曰："义有可否，故有不同；利有争夺，安得而和？"朱子曰："君子之和，乃以其同寅协恭，而无乖争忌克之意；其不同者，乃以其守正循理，而无阿谀党比之风。小人反是。此二者外相似而内实相反，乃君子小人情状之隐微，自古至今，如出一轨。如韩、富、范公，上前议论不同，或至失色，至卒未尝失和气；王、吕、章、曾、蔡氏，父子兄弟同恶相济，而其隙无不至，亦足以验圣言之不可易矣。""君子之心，是大家只理会这一个公当底道理，故常和，而不可以苟同；小人是这个私意，故虽相与阿比，然两人相聚，也便分个彼己了，故有些少利害，便至纷争而不和也。"双峰饶氏曰："《论语》中说小人有数样，'硁硁然小人哉'，是以其气量浅狭，故谓之小人；'小人哉樊须也'，是以其所务者小事，故谓之小人；'毋为小人儒'，以其所业虽正，而用心则私，此是儒者中之小人；至于'小人比而不周'，'骄而不泰'，'同而不和'，与夫'穷斯滥'、'长戚戚'之类，是指其心术全然不好底，故每每把对君子反说。"

〇子贡问曰："乡人皆好之，何如？"子曰："未可也。""乡人皆恶之，何如？"子曰："未可也。不如乡人之善者好之，其不善者恶之。"好、恶，并去声。

一乡之人，宜有公论矣，然其间亦各以类自为好恶也。故善者好之而恶如字。者不恶，则必其有苟合之行。去声。恶如字。者恶之而善者不好，则必其无可好之实。勉斋黄氏曰："不以乡人皆好皆恶而定其人之贤，必取决于善者之好，不善者之恶。盖善者循理，故所好者，如己之循理者也；不善者徇欲，故所恶者，必不如己之徇欲者也。此其所以为贤也。"庆源辅氏曰："乡人皆好，恐是同流合污之人；乡人皆恶，恐是诡世戾俗之人。故皆以为未可。惟乡人之善者，以其同乎己而好之，则有可好之实矣；不善者，以其异乎己而恶之，则无苟容之行矣。方可必其人之贤也。"西山真氏曰："必善者好之，不善者恶之，是其制行之美足以取信于君子，而立心之直又不苟同于小人，其为贤必矣。"厚斋冯氏曰："子贡方人，故所问如此。夫人自幼及长，知之悉者，莫乡人若也。好恶无异辞，则贤否宜可决矣。然乡人不能皆善，则好恶不能皆当，惟善不善各以类合，求之于此，一好一恶而贤否定矣。"双峰饶氏曰："子贡之问，以为'贤者必为乡人之所好，今乡人皆好之，还可以为贤乎？'夫子见有居之似忠信，行之似廉洁，不免媚世以取誉，故谓'乡人皆好，未可遽以为贤'。子贡又问'如此，则乡人皆恶之，还可以为贤乎?'夫子又见有幼而不逊弟，长而无述焉，为乡党所不齿者，亦岂可以乡人皆恶，而遽谓之贤乎？若乡人之善者皆好之，则以类从类，不善者皆恶之，则其志行不苟同于流俗，可以见其必为贤者而无疑也。”觉轩蔡氏曰：“‘不如乡人之善者好之，其不善者恶之’，乃夫子答子贡乡人‘皆好之’、‘皆恶之’之问耳，非谓必欲不善者恶之也。如明道先生，狡伪者献其诚，暴慢者致其恭，虽小人趋向之异，亦必以先生为君子，则不善者曷尝恶之耶?”

○子曰：“君子易事而难说也：说之不以道，不说也；及其使人也，器之。小人难事而易说也：说之虽不以道，说也；及其使人也，求备焉。”易，去声。说，音悦。

器之，谓随其材器而使之也。君子之心公而恕，公，故难说；恕，故易事。小人之心私而刻。私，故易说；刻，故难事。天理人欲之间，每相反而已矣。朱子曰：“君子无许多劳攘，故易事。小人便爱些便宜，人便从那罅缝去处奉他，故易说。”南轩张氏曰：“易事者，平恕之心也；难说者，正大之情也。其所说者，义理而已，而非说人之说己也。故说之不以道，则不说。与人为善，而取之不求备，故使人则器之。若小人，则徇于一己之私而已。故顺己则喜，而不察其非道也；胜己则忌，而惟欲责其全也。此公私之分也。”厚斋冯氏曰：“君子小人，盖指当时卿大夫之得政者而言。”双峰饶氏曰：“说不以道不说，是难说；器之，是易事。说不以道亦说，是易说；求备，是难事。”庆源辅氏曰：“君子持己之道甚严，而待人之心甚恕；小人治己之方甚宽，而责人之意甚刻。君子说人之顺理；小人说人之顺己。君子贵重人材，随才器而使之，而天下无不可用之人；小人轻视人才，故求全责备，而卒至无可用之人。”

○子曰：“君子泰而不骄，小人骄而不泰。”

君子循理，故安舒而不矜肆。小人逞欲，故反是。胡氏曰：“循理者，泰之本；逞欲者，骄之根。君子惟理是循，富贵贫贱，安于所遇，无入而不自得，故常舒泰；小人惟欲之逞，贪求苟取，意得志满，常以自夸，故常骄矜。”南轩张氏曰：“泰者，心广而体胖；骄者，志盈而气盛也。骄则何由泰？泰奚骄之有？然而能不骄矣，而未之泰者，亦有之。盖虽能制其私，而涵养未至，未免乎拘迫者也。”云峰胡氏曰：“骄与泰相似，《大学》曰：‘骄泰以失之。’《章句》谓：‘骄者矜高，泰者侈肆。’此则以泰为安舒，骄为矜肆。‘矜肆’二字，包‘矜高侈肆’四字，朱子训释之精如此。”新安倪氏曰：“此以‘泰’与‘骄’对言，则泰者骄之反，本乎循理而安舒；《大学》以泰与骄合言，则泰亦骄之类，根乎逞欲而侈肆，各随其旨观之可也。”

○子曰：“刚毅、木讷，近仁。”

程子曰：“木者，质朴。讷者，迟钝。四者，质之近乎仁者也。”杨氏曰：“刚毅则不屈于物欲，木讷则不至于外驰，故近仁。”朱子曰：“刚，是体质坚强，不软不屈。毅，却有奋发作兴气象。”“近仁之说，原圣人之意，非是教人于此体仁，乃是言如此之人，于求仁为近耳。虽有此质，正须实下求仁工夫，乃可实见近处。未能如此，即须矫揉到此地位，然后于仁为近，可下工夫。若只守却‘刚毅木讷’四字，要想象思量出仁体来，则无是理也。”勉斋黄氏曰：“刚，强劲；毅，坚忍。”胡氏曰：“刚毅则有坚强不已之意，木讷则无巧令必饰之资。故于仁为近。然非论其问学工夫，即其资禀而言也。资禀之近，若合于仁矣，未可以为仁也。盖仁虽出于天生之本，然唯上智之资气命于理，自然合于中和，而不堕于一偏。其不屈于物欲，固刚毅矣，然待人接物，未尝不温然而和顺也。其不至于外驰，固木讷矣，然威仪文辞，未尝不粲然而宣明也。若资质之美，则拘于一偏而已。大约言之，固于仁为近；由学者言之，必庶几其全体可也。"王氏曰："刚必无欲，毅必能行，木无令色，讷无巧言。"云峰胡氏曰："四者，天资之近仁者也，加以学力，则不止于近矣。"新安陈氏曰："反观之，则柔脆华辨之远于仁可知矣。"【通旨】朱氏公迁曰："仁以质之美者言之，余如'善人'、'有恒者'皆是也。然此亦是质之偏者，但于偏之中得其美者焉，视偏于恶者为不同也。若论其至极，则惟聪明睿智、生知安行者足以当之。"

〇子路问曰："何如斯可谓之士矣？"子曰："切切、偲偲、怡怡如也，可谓士矣。朋友切切、偲偲，兄弟怡怡。"

胡氏曰："切切，恳到也。偲偲，详勉也。怡怡，和悦也。皆子路所不足，故告之。又恐其混于所施，则兄弟有贼恩之祸，兄弟切偲则易贼恩。朋友有善柔之损，朋友怡怡，则失于善柔。故又别必列反。而言之。"朱子曰："切切者，教告恳恻而不扬其过；偲偲者，劝勉详尽而不强其从。二者皆有忠爱之诚，而无劲讦之害。""恳到有苦切之意，然一向如此，而无浸灌之意，又不可。须详细相勉，如此方有相亲之意。""圣人见子路有粗暴底气象，故告之以此。又恐子路一向和悦去了，又告之以朋友则切切、偲偲，兄弟则怡怡。圣人之言，是恁地密。"勉斋黄氏曰："所谓士者，陶泳于《诗》、《书》、《礼》、《易》之泽，必有温良和厚之气，此士之正也。至于发强刚毅，则亦随事而著见耳。子路负行行之气，而不能以自克，则切偲怡怡之意常少，故夫子箴之。"双峰饶氏曰："切切偲偲怡怡如也，只是一句，总言士之为士，其气象当如此，下文又分别其义。"觉轩蔡氏曰："黄氏云：'爵有五，士居其列；民有四，士为之先。谓之士者，诚可贵也。'士之为贵何哉？以其记诵之多，文辞之工耶？则由与赐优为之矣。而二子乃汲汲然以士为问，何也？至夫子所以答之者，不过于行己事君，入孝出悌，言信行果，与夫处兄弟朋友之间，又何耶？人之大伦五：父子也，君臣也，兄弟也，夫妇也，朋友之交也。舜命契为司徒，必先于敷五教。三代之学，所以明人伦，则谓之士者，舍是何急焉！后世则不然。父兄之所告诏，师友之所训诲，有司之所论选，记诵而已尔，人道之大端，不暇讲也。如是则谓之士，其果可以当此名耶？谓之可贵，未见其真可贵也！"

〇子曰："善人教民七年，亦可以即戎矣。"

教民者，教之孝悌去声。忠信之行，去声。务农讲武之法。【通考】仁山金氏曰："教，使其心志习于孝弟忠信、亲上死长之义，耳目习于金鼓车旗，身习于甲胄，手足习于弓矢干戈、坐作驰骋之节。"即，就也。戎，兵也。民知亲其上，死其长，上声。故可以即戎。双峰饶氏曰："善人，即'善人为邦'之善人，天资好善之人也。教民，不是专教之战。教之孝悌忠信，则民知尊君亲上之义；教之务农，则民知重本。足食足兵，皆即戎之本也。'亦可'者，仅可之辞。"新安陈氏曰："善人有忠爱恻怛之心，而其教民，又尽本末兼该之法。孝弟忠信，本也。务农，亦本也。讲武之法，末也。本末兼尽，且必七年而仅可即戎，兵其可易言哉！"〇程子曰："七年云者，圣人度待洛反。其时可矣。如云期月、三年、百年、一世、大国五年、小国七年之类，皆当思其作为如何乃有益。"问："善人教民七年，亦可以即戎矣，如何恰限七年？"朱子曰："如此等，他须有个分明界限。如古人谓三十年制国用，则有九年之食，至班固则推得出那三十年，果可以有九年食处，料得七年之类，亦如此。"庆源辅氏曰："圣人度其时可矣。盖致知格物之极功，不啻如烛照而数计，非臆度之谓也。"厚斋冯氏曰："古之教士，七年谓之小成。教民虽不如士之详，而七年亦教成之节也。如称期月、三年、百年、一世、大国五年、小国七年之类，是皆以其势之大小，事之难易，时之迟速而言，非臆度也。'亦可以'云者，若王者教民，不待如此之久也。善人政事不足，若能教民，则有其政矣，虽无速效，迟之七年亦可也。此言不可以不教之民战也。"双峰饶氏曰："欲论其作为，只前面说底便是。期月而纪纲布，三年而政化行，一世而教化浃洽，此是圣人作为久近之效。七年而可以即戎，比之三年而有勇知方者有间，百年而可以胜残去杀，比之必世而仁者远甚，此是善人作为久近之效。"云峰胡氏曰："教民本非为即戎而设，教之深，亦可以即戎矣！"

〇子曰："以不教民战，是谓弃之。"

以，用也。言用不教之民以战，必有败亡之祸，是弃其民也。吴氏曰："《白虎通》云：'教民者，皆里中之老而有道德者为右师，教里中之子弟以道艺孝弟行义。朝则坐于里门，弟子皆出就农，复罢亦如之。若既成岁，皆入教学，立春而就事，故无不教之民。'非谓教之战也，然其三时务农，一时讲武，则金鼓旗物之用，坐作进退之节，亦在所教矣。"南轩张氏曰："所谓教者，教之以君臣、父子、长幼之义，使皆有亲其上、死其长之心，而又教之以节制，如司马法是也。若未之教而驱之战，则是弃之死地而已矣。"厚斋冯氏曰："孟子曰'不教民而用之谓之殃民'，盖本诸此。"新安陈氏曰："此章与上章，未必一时之言，记者以类相从，乃承上章之意而反言之也。"

论语集注大全卷十四

宪问第十四

胡氏曰："此篇疑原宪所记。"赵氏曰："宪问耻，不书姓而直书名，其为自记之证，一也。他章夫子称弟子则名之，曾子、有子、冉子，门人之所记，则以子称。非其师者皆称字，如原思为之宰，亦以此称。而此书名，其为自记之证，二也。下章问"克伐怨欲不行"，不别起端而联书之，其为自记之证，三也。"勿轩熊氏曰："多记孔门出处言行。内杂论春秋人物凡四章。"凡四十七章。

宪问耻。子曰：“邦有道，谷；邦无道，谷，耻也。”

宪，原思名。谷，禄也。邦有道不能有为，邦无道不能独善，而但知食禄，皆可耻也。宪之狷介，双峰饶氏曰：“狷，是有执守；介，是有分辨。”其于邦无道谷之可耻，固知之矣；至于邦有道谷之可耻，则未必知也。故夫子因其问而并言之，以广其志，使知所以自勉，而进于有为也。朱子曰：“‘谷’之一字，有食禄之义。言有道无道，只会食禄，略无建明，岂不可深耻？”问：“宪之狷介安贫，岂不知邦有道谷之可耻？”曰：“未可知也。人到用处方见。族党称其孝弟，夫子未以为士之至行者。仅能持身于无过，而无益于人国，不足深贵也。邦有道而不能有为，只小廉曲谨，济得甚事？邦无道而受禄，固不可；有道而苟禄，亦不可也。原宪甘贫守道，其志卓然，能有不为者也。其为此问，固知邦无道而枉道得禄之为耻矣，特欲质诸夫子以言其志耳。夫子深知其然，而亦知其学之未足以有为也，则恐其或当有道之时，虽无枉道之羞，而未免于素餐之愧。故以是而并告之，使因其所已知，而推之以及其所未知者，庶乎其有以广其业，而益充其所为耳。或乃以谓夫子之意，止于无道得禄之可耻，以宪能安贫而告之。然则是徒以其已能者而渎告焉，岂所以进之于日新耶？”梅岩胡氏曰①：“《论语》中，说有道无道凡八出。泛论者三，指其人而论者五，南容、伯玉、武子、史鱼、原宪，是也。世有道，如南容之不废、武子之知、伯玉之仕、史鱼之直，可也；如欲志于谷而不能有为，不可也。”新安陈氏曰：“邦有道，贫且贱焉，耻也；邦无道，富且贵焉，耻也。《集注》云‘世治而无可行之道，世乱而无能守之节’，其意正与此章同。但彼全是平说，此亦虽是平说，然就原宪分上观之，则重在‘邦有道，谷’，微不同耳。云峰谓宪为夫子之宰，犹辞其所当得之粟，其耻于无道之谷可知。然狷介者，自守常有余，而见于事为常不足。故夫子犹告之以有道谷之可耻也。”

○“克、伐、怨、欲不行焉，可以为仁矣？”

此亦原宪以其所能而问也。克，好去声。胜。伐，自矜。怨，忿恨。欲，贪欲。庆源辅氏曰：“‘克’只训‘胜’，如‘克敌克己’之为胜敌胜己是也。然单言之，则为好胜，如‘忮克’、‘克伐’是也。伐者，伤残之意。自矜，乃所以自残也。忿，见于外；恨，藏于中。内恨外忿则怨。欲有公私，贪欲则欲之私也。”胡氏曰：“分言，则四事对举。互言，则克伐者，因己所有而生，气盈也；怨欲者，因己所无而生，气歉也。推本言之，又皆由有己而生也。”双峰饶氏曰：“克伐二者，只是一病。怨欲二者，亦只是一病。四件是两件，两件又只是一件。病根在一‘欲’字。有所欲，则贪多而求胜，遂其所欲则夸伐，不遂其所欲则忿恨。”

子曰：“可以为难矣，仁则吾不知也。”

有是四者而能制之，使不得行，可谓难矣。仁则天理浑上声。然，自无四者之累，

---

① 梅岩胡氏：胡次焱，字济鼎，婺源人。登咸淳四年第，授湖口注簿，改授池州贵池尉。后归家以易教授乡里。著有《易说》、《梅岩文集》。

不行不足以言之也。朱子曰："克伐怨欲，只是自就道理这边看得透，则那许多不待除而自去。若实是看得大底道理，要求胜做甚么？要去矜夸他人做甚么？求仁而得仁，又何怨？怨个甚么？耳目口鼻四肢之欲，惟分是安，欲个甚么？见得大处分明，这许多小小病疾，都如冰消冻释，无有痕迹矣。若只是遏在胸中不行，毕竟是有这物在里。才说无，便是合下扫去，不容他在里。譬如一株草，划去而留其根，与连其根划去，此个意思如何？而今人于身上有不好处，须是合下便划去。若只是在人面前不行，而此个根苗，常留在里便不得。""克伐怨欲不行，所以未得为仁者，如面前有一事相触，虽能遏其怒，毕竟胸中有怒在。所以未得为仁。"南轩张氏曰："克伐怨欲不行，亦可谓能制其私欲者矣，然克伐怨欲之根犹在也。若夫仁者之心，则克伐怨欲无自而萌焉。故制之于流，未若澄之于源也。"庆源辅氏曰："宪两问，夫子答之，皆是因其所已能，而进之以其所未能。"〇程子曰："人而无克、伐、怨、欲，惟仁者能之。有之而能制其情使不行，斯亦难能也，谓之仁则未也。此圣人开示之深，惜乎宪之不能再问也。"程子曰："人无克伐怨欲四者，便是仁也。只为原宪著一个不行，不免有此心，但不行也，故孔子谓可以为难。此孔子著意告原宪处，欲他有所启发。他承当不得，不能再发问也。孔门如子贡者，便能晓得圣人意。且如曰：'女以予为多学而识之欤？'对曰：'然。'便问曰：'非欤？'孔子告之曰：'非也，予一以贯之。'原宪则不能也。""若无克伐怨欲，固为仁由己，唯颜子而上乃能之。"朱子曰："明道说原宪承当不得，所以不复问。他非独是这句失问，如'邦有道谷、邦无道谷耻也'，也失问。"问："原宪也不是个气昏力弱底人，何故如此？"曰："他直是有力，看他孤洁节介，卒未易及，只是见识自如此。若子路见识较高，他问时须问到底。然教原宪去为宰从政，未必如子路、冉求之徒。若教子路、冉求做原宪许多孤介，也做不得。孟子曰'人有不为也，而后可以有为'，原宪却似只要不为，却不理会有为一节。"庆源辅氏曰："宪之所以仅能其难，固以其狷介有守。而至于不能复有所问，则亦以狷介之守痼之也。"或曰："四者不行，固不得为仁矣。然亦岂非所谓克己之事，求仁之方乎？"曰："克去上声。下同。己私以复乎礼，则私欲不留，而天理之本然者得矣。若但制而不行，则是未有拔去病根之意，而容其潜藏隐伏于胸中也。岂克己求仁之谓哉？学者察于二者之间，则其所以求仁之功，益亲切而无渗所禁反。漏矣。"朱子曰："克己，如誓不与贼俱生；克伐怨欲不行，如薄伐猃狁，至于太原，但逐出境而已。""克己者，是从根源上一刀两断，便斩绝了，更不复萌；不行底，只是禁制他不要出来，那欲为之心，未尝忘也。"双峰饶氏曰："拔去病根，有两说：一是积渐消磨，一是勇猛决去。平居庄敬涵养，此积渐消磨法也；临事省视克己，此勇猛决去法也。"胡氏曰："制其情而不行，与颜子四勿，若相似而实不同。四勿者，分辨于天理人欲之间，而一循乎天理；不行者，禁制于人欲已发之后，而不徇乎人欲。用力于初分之际者易，用力于已发之后者难。此所以虽不许其仁，而亦许其难也。苟志不胜气，则藏伏于内者勃然而出。其难也，有时而不可恃矣。"云峰胡氏曰："克伐怨，皆生于欲。仁者，纯乎天理而无欲者也。无欲，则自然无克伐怨矣。颜子私欲净尽，可以为仁；宪之力制其欲者，可以为难。"

○子曰：“士而怀居，不足以为士矣。”

居，谓意所便安处也。胡氏曰：“居，以为居室亦可。然居室一事，所该者狭。圣人既断其不足以为士，则不止思念其居室之安而已，故以为意所便安处皆是。盖不循理之安，而惟徇情之安，则趋利背义，往往有之，安得谓之士？”庆源辅氏曰：“怀吾意所便安处，便是利心。为士者正义而不谋利，若于意所便安者恋恋而不能忘，则于义之所当为者必不能知所徙矣。内则损德，外则废业，是尚足以为士哉？”云峰胡氏曰：“怀居，与小人怀土相似，与圣人安土乐天相反。安土者，随其身之所处而安，无所执著，所谓安土敦乎仁，其乐也天；怀居者，恋其身之所便以为安，有所执著，其累也人。”新安陈氏曰：“君子当安安而能迁。私意恋著，是苟安也。若是，则如辅氏所谓于义所当为必不能徙矣。”

○子曰：“邦有道，危言危行；邦无道，危行言孙。”行、孙，并去声。

危，高峻也。孙，卑顺也。陈氏曰：“高峻者，廉隅之称，非诡险也。卑顺者，加谦恭之意，非阿谀也。”尹氏曰：“君子之持身不可变也①，至于言则有时而不敢尽，以避祸也。然则为国者使士言孙，岂不殆哉②？”朱子曰：“洪氏云‘危非矫激也，直道而已；孙非阿谀也，远害而已’，吴氏云‘言孙者，亦非失其正也，特少置委曲，如夫子之对阳货、王孙贾云尔’。”南轩张氏曰：“危，高特之意。君子非固欲危其言行。介然守道，不徇于世，自世人视之，则见其高特耳。”庆源辅氏曰：“行以持身，则终无可变之理；言以应物，则或有当逊之时。”双峰饶氏曰：“行无时而不危，所谓‘国有道不变塞焉，国无道至死不变’。言有时而或逊，所谓‘国有道，其言足以兴，国无道，其默足以容’。”新安陈氏曰：“制行无时而可变，持身之道也；出言有时而不敢尽，保身之道也。”

○子曰：“有德者必有言，有言者不必有德；仁者必有勇，勇者不必有仁。”

有德者，和顺积中，英华发外。八字出《乐记》③。能言者，或便平声。佞口给而已④。仁者，心无私累，见义必为。勇者，或血气之强而已。胡氏曰：“便佞口给，无德之言也；血气之强，非仁义之勇也。”○尹氏曰：“有德者必有言，徒能言者未必有德也。仁者志必勇。志能帅气。徒能勇者未必有仁也。”问：“仁与德如何分？”双峰饶氏曰：“随所得浅深，皆可以为德，皆可见于言。仁则德之全也。心无私累，故能见义必为。德未到此田地，未必真能有勇也。”

○南宫适问于孔子曰：“羿善射，奡荡舟，俱不得其死然；禹稷躬稼，而有天下。”夫子不答，南宫适出。子曰：“君子哉若人！尚德哉若人！”适，古活反。羿，音诣。奡，五报反。荡，土浪反。

---

① 君子之持身不可变也：君子的气节是不可改变的。

② 然则为国者使士言孙，岂不殆哉：然而国家的统治者使士人说话卑顺，难道不是就要完了吗？

③ 和顺积中，英华发外：和善随顺充满在心里，英明才华表现在外面。

④ 或便佞口给而已：或许只是口齿伶俐罢了。

南宫适，即南容也。羿，有穷之君，善射，灭夏后相去声。而篡其位。其臣寒浞士角反。又杀羿而代之。奡，《春秋传》作"浇"，五吊反。浞之子也，力能陆地行舟，后为夏后少去声。康夏后相之子。所诛。《左传·襄公四年》："魏绛曰：'昔有夏之方衰也，后羿自鉏迁于穷石。因夏民以代夏政，恃其射也。不修民事而淫于原兽，用寒浞以为相。浞行媚于内，宫人。而施赂于外，愚弄其民，而虞羿于田。虞，乐也。树之诈慝以取其国家。羿归自田，家众杀而烹之。靡奔有鬲氏，靡，夏之臣。浞因羿室生浇及豷，音戏。恃其谗慝诈伪而不德于民，使浇用师灭斟灌及斟寻氏。二国，夏同姓诸侯。靡自有鬲氏，收二国之烬，遗民。以灭浞而立少康。少康灭浇，后杼灭豷。后杼，少康子。有穷遂亡。'"新安陈氏曰："羿、奡皆篡贼，而杀诛异辞者，羿当诛，然非浞所得诛也，故云杀。"禹平水土暨稷播种，身亲稼穑之事。禹受舜禅时战反。而有天下，稷之后至周武王亦有天下。适之意盖以羿、奡比当世之有权力者，而以禹、稷比孔子也①。故孔子不答。然适之言如此，可谓君子之人，而有尚德之心矣，不可以不与。故俟其出而赞美之。问："夫子不答南宫适？"朱子曰："适虽非问，然其言可取，则亦不应全然不答。疑其实有贬当世而尊夫子之意，夫子不欲承当，故不答尔。"南轩张氏曰："方是时，天下以力相高而不知贵德。南宫适之言，谓强力不可恃，而德之为尊也。夫子不答者，以其有禹稷之言，答之则是己当之也。而以其言之善，则从而美之，使学者知尚德之意也。言禹稷之德，而独称其躬稼者，举其见于行事之实也。南宫适亦知言哉！"庆源辅氏曰："适素号能谨言，而以此质于夫子，其所以闵世悼俗、尊尚圣人之意，备见于言外。夫子不答，于出而美之，可见圣人处事之密而取善之周矣。"叶氏少蕴曰："是时田恒之篡齐，六卿之分晋，三家之专鲁，孰非欲为羿与奡者？"双峰饶氏曰："此章意味极深。《集注》'权力'二字，正指三家而言。三家权力盛而有无君之心，故以羿奡比之；夫子有德而无位，故以禹稷比之。三家无君，必至于亡；夫子有德如此，异日造物必有以处之而使之得位，故微其辞以形容之。孔子以其以禹稷比己，已难答；又以羿奡比三家，愈难答。所以不答。适是孟懿子之兄，亦是三家之子孙，乃有此等见识，尤所难得。故夫子俟其出而叹美之。"新安陈氏曰："君子尚德，小人尚力。适戒羿奡，尊禹稷，是尚德不尚力也，故许以君子。"

○子曰："君子而不仁者有矣夫，未有小人而仁者也。"夫，音扶。

谢氏曰："君子志于仁矣，然毫忽之间，心不在焉，则未免为不仁也。"朱子曰："君子譬如纯白底物事，虽有一点黑，是照管不到处；小人譬如纯黑底物事，虽有两点白处，却当不得那白也。"潜室陈氏曰："君子容有不仁处，此特君子之过耳，盖千百之一二。若小人本心既丧，天理已自无有，何得更有仁在？已自顽痺如铁石，亦无醒觉之理，甚言小人之不仁也。此君子小人，指心术邪正言。君子存心虽正，犹有私意间发之时；小人本心既无，纵有隙光暂见，决不胜其虺蛇之毒。此章深惜小人之丧失本心

① 适之意盖以羿奡比当世之有权力者，而以禹稷比孔子也：南宫适的意思，是用羿、奡来比当时有权有势的人，而用禹、稷来比孔子。

也。”双峰饶氏曰：“仁，是纯乎天理而无一毫人欲之私。少有间断，便是不仁。君子之心，虽纯是天理，然或少有间断，故曰：‘不仁者有矣夫。’小人间有些天理形见，终为物欲所蔽，决不能到纯全田地，故曰：‘未有小人而仁者也。’”吴氏曰：“夫，婉辞。仁非圣人不能尽。小人中虽有天理灭未尽者，亦不得以仁称之。云然者，勉君子而惩小人也。”【通考】勿轩熊氏曰：“此《大学·诚意章》事。”

○子曰：“爱之，能勿劳乎？忠焉，能勿诲乎？”

苏氏曰：“爱而勿劳，禽犊之爱也①；《东汉·杨彪传》：彪子修，为操所杀。操见彪，问曰：“公何瘦之甚？”对曰：“愧无日磾读作密低。先见之明，犹怀老牛舐神旨反。犊之爱。”操为之改容。忠而勿诲，妇寺音莳。之忠也②。《诗·大雅·瞻卬篇》：“匪教匪诲，时惟妇寺。”刺幽王嬖褒姒，任奄人以致乱之诗。寺，奄人也。爱而知劳之，则其为爱也深矣；忠而知诲之，则其为忠也大矣。”庆源辅氏曰：“爱焉而自不能不劳以成之，忠焉而自不能不诲以益之。此天理人情之至，莫之为而为者也。观慈父之于子，忠臣之于君，则可见矣。苏氏发两‘知’字，尤有意味。盖人之私情，往往不知劳之为爱、诲之为忠，故又言以明之。”厚斋冯氏曰：“人之常情，劳之之事难从，而劳于前者逸于后，岂非爱之深者乎？诲之之语难受，而长其善以救其失，岂非忠之大者乎？”

○子曰：“为命：裨谌草创之，世叔讨论之，行人子羽修饰之，东里子产润色之。”裨，婢之反。谌，时林反。

裨谌以下四人，皆郑大夫。草，略也。创，造也，谓造为草稿也。世叔，游吉也，《春秋传》作子大叔。讨，寻究也。论，讲议也。行人，掌使去声。之官。子羽，公孙挥也。修饰，谓增损之。东里，地名，子产所居也。润色，谓加以文采也。郑国之为辞命，必更平声。此四贤之手而成，详审精密，各尽所长。是以应对诸侯，鲜上声。有败事。《左传·襄公三十一年》：“北宫文子相卫襄公以如楚，过郑，文子入聘，子羽为行人，冯简子与子大叔逆客。事毕而出，言于卫侯曰：‘郑有礼，其数世之福也。其无大国之讨乎！’子产之从政也，择能而使之；冯简子能断大事，子大叔美秀而文，貌美才秀。公孙挥能知四国之为，知诸侯所欲为。而辨于其大夫之族姓、班位、贵贱、能否，而又善为辞令。裨谌能谋，谋于野则获，得所谋也。谋于邑则否。此才性之蔽。郑国将有诸侯之事，子产乃问四国之为于子羽，且使多为辞令；与裨谌乘以适野，使谋可否；而告冯简子，使断之。事成，乃授子大叔使行之，以应对宾客，是以鲜有败事。北宫文子所谓有礼也。”孔子言此，盖善之也。朱子曰：“春秋之辞命，犹是说义理。到战国游说，则只说利害而已。”洪氏曰：“郑国能慎重其辞命，而信任于贤者如此。为天下者，辞命宜益重也，而反轻之；讨论润色，宜益众也，而独任于一官。何哉？且古之贤者，求辞命之善尔，不有其己也。故世叔讨论，而裨谌不以为歉；子产润色，而子羽不以为羞。后世

---

① 爱而勿劳，禽犊之爱：爱而不让他劳苦，这是对小鸡、小羊的爱。

② 忠而勿诲，妇寺之忠：忠而不规劝教诲，这是女子、宦官的忠。妇寺：宫中的妇女近侍，亦指宦官。

为命者反是，此辞命所以有愧于古也。”南轩张氏曰：“郑所以能自保者，亦以辞命之善。而其辞命之善，则以夫众贤之力耳。圣人称之，以见为命犹当假众贤之力，则夫事有大于是者，又可知矣。”叶氏少蕴曰：“子产献入陈之捷于晋，晋人问入陈之罪，子产对焉。士庄伯不能诘，赵文子以为辞顺而受之。子曰：‘晋为伯，郑入陈，非文辞不为功，慎辞哉！’辞命之当慎可知矣。”双峰饶氏曰：“裨谌，想是素善造谋，故使之草创；世叔，熟于典故，故使之讨论；子羽，行人之官，熟于应对，故又使之修饰。当时子产当国，事皆由之，然不自用己见，直待三子都了，却润色之。合四子之长，则全美矣。”厚斋冯氏曰：“郑以小国，介乎晋楚争夺之冲。自简公十二年，用子产为卿，又十年授之以政。子产知辞命之不善，无以交邻事大、解纷息争也。故用是三人者，草创讨论修饰之，既成，乃从而润色之。是以应对诸侯，鲜有败事。历定献襄公，凡五十年间，得免兵祸。辞命之有益于人国如此哉！”

○或问子产。子曰：“惠人也。”

子产之政，不专于宽，然其心则一以爱人为主。故孔子以为惠人，盖举其重而言也。《左传·昭公二十年》：“郑子产有疾，谓子大叔曰：‘我死，子必为政。唯有德者，能以宽服民。其次莫如猛。夫火烈，民望而畏之，故鲜死焉。水懦弱，民狎而玩之，则多死焉。故宽难。’疾数月而卒。大叔为政，不忍猛而宽。郑国多盗，取人于萑苻之泽。萑苻，音丸蒲，泽名也。于泽中劫人。大叔悔之，曰：‘吾早从夫子，不及此。’兴徒兵以攻萑苻之盗，尽杀之。及子产卒，仲尼闻之出涕，曰：‘古之遗爱也。’”朱子曰：“子产心主于宽。虽说道政尚严猛，其实乃是要用以济宽尔，所以为惠人。”胡氏曰：“子产为政，黜汰侈，崇恭俭，作封洫，铸刑书，惜币争承，皆以丰财足用，禁奸保民。其用法虽深，为政虽严，而卒归于爱，故夫子以惠人蔽之。然孟子以为‘惠而不知为政’，《礼记》以为‘能食民而不能教者’，盖先王之政之教，子产诚有所未及也。”云峰胡氏曰：“子产之惠，夫子指其心而言之。孟子所谓‘惠而不知为政’，不过以其乘舆济人之一事而言，而其爱人之心固可知矣。”

问子西。曰：“彼哉！彼哉！”

子西，楚公子申，能逊楚国，立昭王，而改纪其政，亦贤大夫也。《左传·昭公二十六年》：“楚平王卒。令尹子常欲立子西，子西，平王之长庶子。曰：‘太子壬弱，壬，昭王也。子西长而好善。立长则顺，建善则治。王顺、国治，可不务乎？’子西怒曰：‘国有外援，谓秦。不可渎也；渎，慢也。王有適嗣，不可乱也。败亲、速雠、不立壬，秦将来讨，是速召雠也。乱嗣，不祥。我受其名，恶名。赂吾以天下，吾滋不从也。楚国何为？必杀令尹！’令尹惧，乃立昭王。定公六年，吴败楚师。楚国大惕，惧亡。令尹子西喜曰：‘乃今可为矣。’言知惧而后可治。于是乎迁都于鄀，音若，地名也。而改纪其政，以定楚国。”然不能革其僭王之号，昭王欲用孔子，又沮在吕反。止之①。新安陈氏曰：“夫子非以私外之，《集注》提此见其不知人，不能为国进人才耳。”其后卒召白公以致祸乱，

① 沮止：阻止。

事见《大学或问·止至善章》内。则其为人可知矣。彼哉者，外之之辞①。吴氏曰："当时有三子西，郑驷夏、楚宜申、公子申也。驷夏未尝当国，无大可称。宜申谋乱被诛，相去又远。宜皆所不论者。独公子申与孔子同时。"

问管仲。曰："人也。夺伯氏骈邑三百，饭疏食，没齿无怨言。"

人也，犹言此人也。问："管仲曰人也，范杨皆以为尽人道，《集注》以为犹云此人也，如何?"朱子曰："古本如此说，犹《诗》所谓伊人、庄子所谓之人也。若作尽人道说，除管仲是个人，他人便都不是人？更管仲也未尽得人道。"伯氏，齐大夫。骈邑，地名。厚斋冯氏曰："骈邑三百，伯氏食邑三百家也。"齿，年也。盖桓公夺伯氏之邑以与管仲，伯氏自知己罪，而心服管仲之功，故穷约以终身而无怨言。荀卿所谓"与之书社三百，云峰胡氏曰："周礼，二十五家为社。书社，谓以社之户口书于版图者，凡三百社。"而富人莫之敢拒"者，即此事也。《荀子·仲尼篇》："齐桓公见管仲之能足以托国也，是天下之大智也，遂立以为仲父。是天下之大决也，立为仲父，而贵戚莫之敢妒也。与高国之位，而本朝之臣，莫之敢恶也。高氏，国氏，齐世卿也。与之书社三百，而富人莫之敢距也。距，敌也。言齐之富人，莫有敢敌管仲者。贵贱少长，莫不秩秩然，从桓公而贵敬之。是天下之大节也。"双峰饶氏曰："此篇凡说管仲，夫子每护之，孟子排管仲，皆是救时而然。夫子之时，人不知有王，仲尊王亦是有功，夫子所以护之。孟子之时，天下之人，皆知尊伯术而贱王道。孟子恐功利之说炽，故于桓文管晏，一切抑之。"

或问："管仲子产孰优?"曰："管仲之德，不胜其才。子产之才，不胜其德。然于圣人之学，则概乎其未有闻也。"新安陈氏曰："概，平斗斛之物。谓二人平等，皆未有闻于圣学也。"庆源辅氏曰："管仲德不胜才，子产才不胜德，皆以资质言也。故其事业，亦各随其资以为之。使其知圣贤大学之道，循序而渐进，成己以成物，则子产之徒当与颜闵同科，而仲之才当与伊吕并驾矣。"陈氏曰："二子皆无大学规模。须是有大学规模，乃为王佐才，而伊吕周召其人也。"双峰饶氏曰："子产才不及仲，然却正当过之，如有君子之道四之类是也。"【通考】朱氏公迁曰："圣贤论人有不同者，同一子产也，举其重而言曰'惠人'，数其事而称之曰'养民'也。惠即其乘舆济人之事，而言之曰惠，而不知为政。同一伯夷也，孔子以统体言而曰贤，孟子以一偏言而言圣。同一夷惠也，以一事言之曰'圣人百世之师'，以一德名之曰'圣之清、圣之和'，以一偏之敝言之曰'伯夷隘、柳下惠不恭'。"

○子曰："贫而无怨难，富而无骄易。"易，去声。

处上声。下同。贫难，处富易，人之常情。然人当勉其难，而不可忽其易也②。朱子曰："贫则无衣可著，无饭可吃，存活不得，所以无怨难。富则自有衣著，自有饭

---

① 外之之辞：瞧不起的用语。

② 然人当勉其难，而不可忽其易也：然而人处于困境时应自我勉励，处境顺利时也不可疏忽大意。

吃，但若知义理，稍能守分，便是无骄，所以易。二者其势如此。”“贫而无怨，不及贫而乐者，又胜似无谄者。敬夫说亦佳，富而无骄，不矜于外物者能之；贫而无怨，非内有所守者不能也。或谓世有处贫贱而无失，一旦处富贵则失其本心，难易之论，其不然耶？此盖未知无怨之味也。所谓处贫贱而无失者，特未见失于外耳，又乌保其中之无怨耶？盖一毫有所不平于中，皆为怨也。故贫而无谄易，贫而无怨难。无怨，则渐进于乐矣。”胡氏曰：“贫之境逆，而多不足之心；富之境顺，而多有余之意。然处不足而心无不足者，非无愧怍而真有得，则不能，故难；处有余而心未尝有余者，苟自知收敛，矜夸不萌者能之，故易。圣人因人情事势而别其难易如此，非谓但当勉其难，而易者不必言。故《集注》又申明其不可忽之意。”问：“贫而无怨，即贫而乐否？”双峰饶氏曰：“能安于义命，则能无怨。若乐则心广体胖，非意诚心正身修者不能及此。观子贡以无骄对无谄，而夫子以乐对好礼，浅深可见。”

〇**子曰：“孟公绰为赵魏老则优，不可以为滕薛大夫。”**

公绰，鲁大夫。赵魏，晋卿之家。老，家臣之长。上声。大家势重，而无诸侯之事；家老望尊，而无官守之责。优，有余也。滕薛，二国名。大夫，任国政者。滕薛国小政繁，大夫位高责重。然则公绰盖廉静寡欲，而短于才者也。新安陈氏曰：“下章‘公绰之不欲’，廉则不贪欲也，静则恬澹不躁也。惟其廉静寡欲，所以优为赵魏老。惟其短于才，所以不可为滕薛大夫。”胡氏曰：“赵魏虽晋卿，执国之政而家大如此，故势尊。为家臣之长者，苟能正己，则居其位有余矣。滕薛虽诸侯，孟子言滕绝长补短，将五十里，则其国之小可知，征伐朝聘之事，所不容已。大夫当国，非才智过人，则不足以胜其任。”双峰饶氏曰：“公绰为鲁大夫，想不称职，故圣人谓止可为赵魏老。”问：“国小如何政繁？”曰：“困于事大国，如朝聘会盟征伐贡赋之类，应接不暇。”问：“何为如此？”曰：“上无王纲，大陵小，强役弱，故至此。”〇杨氏曰：“知之弗豫，枉其才而用之，新安陈氏曰：“用违其才之所长，而纳之于其所短，是之谓枉。”则为弃人矣①。此君子所以患不知人也。言此，则孔子之用人可知矣。”南轩张氏曰：“用人之方，贵于处之得其当而已。”齐氏曰：“孔子尝曰‘君子不器’，又曰‘其使人也器之’，则公绰亦器也，而孔子器之者欤？”

〇**子路问成人。子曰：“若臧武仲之知，公绰之不欲，卞庄子之勇，冉求之艺，文之以礼乐，亦可以为成人矣。”**知，去声。

成人，犹言全人。武仲，鲁大夫，名纥。下没反。庄子，鲁卞邑大夫。言兼此四子之长，则知足以穷理，廉足以养心，勇足以力行，艺足以泛应②，而又节之以礼，和之以乐，使德成于内，而文见形甸反。乎外。则材全德备，浑上声。然不见一善成名之迹；兼四子之长而然。中正和乐，粹然无复扶又反。偏倚驳杂之蔽，新安陈氏曰：“节

---

① 知之弗豫，枉其才而用之，则为弃人矣：事前对人不了解，任用时屈才，这就是抛弃了那个人。

② 泛应：处理各种事务。

以礼，则中正而无偏倚；和以乐，则和乐而无驳杂。”而其为人也亦成矣。然“亦”之为言，非其至者，盖就子路之所可及而语音御。之也。若论其至，则非圣人之尽人道，不足以语此。新安陈氏曰：“此就‘亦’字上推夫子言外之意。”问：“四子之事。”朱子曰：“武仲，《左氏》详矣。公绰，前章外他无所见。卞庄子事见《新序》，曰：‘庄子养母，战而三北。及母死，齐伐鲁。庄子赴斗，三获甲首以献，曰：此塞三北。遂赴齐师杀十人而死。’冉求之艺，则夫子固尝称之矣。”“知而不能不欲，则无以守其知。不欲而不能勇，则无以决其为。知不欲且勇矣，而于艺不足，则于天下之事，有不能者矣。然而有是四者，而又文之以礼乐，始能取四子之所长，去四子之所短。然此圣人方以为亦可以为成人，则犹未至于践形之域也。”问：“若圣人之尽人道，则何以加此？”曰：“圣人天理浑全，不待如此逐项说矣。洪氏以为特以四子为言者，四子皆鲁人，而庄子与子路皆卞人，冉求又朋友也。其近而易知者尔。胡氏以为言卞庄子，盖以况子路尔，言有是一能，而不能兼众子之长与成于礼乐焉，则亦不足以为成人矣。”胡氏曰：“四子之长，各有所偏，故必兼四子之长。四者相资，犹未足以合乎道，又必须文之以礼乐。礼以节之，则其偏倚邪辟者去矣；乐以和之，则其乖戾矫激者消矣。此所以中正和乐，浑然粹然而至于成人矣。”双峰饶氏曰：“文以礼乐，则不好亦成好底。四件都是质，须文之以礼乐。盖节之以礼，则凡事都有节制；和之以乐，则中心和平而所发者中节。”云峰胡氏曰：“公绰之不欲只是德，而其才未备。武仲之知，卞庄子之勇，冉求之艺，只是才，而其德未全，皆有一善成名之迹。至于武仲之要君，公绰之不可为滕薛大夫，庄子轻死敌而不终于孝，冉有为季氏聚敛，皆有偏倚驳杂之蔽，非文之以礼乐，固未见其浑然粹然也。”

曰：“今之成人者何必然？见利思义，见危授命，久要不忘平生之言，亦可以为成人矣。”

复扶又反。下同。加“曰”字者，既答而复言也。授命，言不爱其生，持以与人也。久要，如字。旧约也。平生，平日也。有是忠信之实，则虽其才知去声。礼乐有所未备，亦可以为成人之次也。双峰饶氏曰：“忠，指授命；信，指久要。似遗了思义一句。盖取与不苟，亦非忠信者不能。”南轩张氏曰：“见利思义，无苟得也。见危授命，无苟避也。久要不忘平生之言，不食其言也。是虽未有过人之才，而亦敦笃忠信之人。故在今日论之，亦可以为成人。此亦思狂狷之意耳。”程子曰：“知之明，信之笃，行之果，天下之达德也。若孔子所谓成人，亦不出此三者。武仲，知也；公绰，仁也；卞庄子，勇也；冉求，艺也。须是合此四人之能，文之以礼乐，亦可以为成人矣。然而论其大成，则不止于此。若今之成人，有忠信而不及于礼乐，则又其次者也。”又曰：“臧武仲之知，非正也。若文之以礼乐，则无不正矣。”庆源辅氏曰：“此亦举武仲要君一事，以例其余耳。人之资禀虽善，然亦不能无偏。须学以成之，然后协于中正而无疵也。”又曰：“语成人之名，非圣人孰能之？孟子曰：‘惟圣人然后可以践形。’①如此方可以

---

① 语出《孟子·尽心上》。

称成人之名。”胡氏曰：“‘今之成’人以下，乃子路之言。盖不复闻斯行之之勇，而有终身诵之之固矣。”未详是否？赵氏曰：“‘何必然’三字，似以前说为疑。三者皆子路之所能，故胡氏疑其为子路之言。”胡氏曰：“此子路所已能。夫子方进子路于成人之域，岂又取其已能者而重奖之？”厚斋冯氏曰：“子路成人之问，夫子盖以子路之所知者，使之舍短集长，增益其所未至尔。非谓成人之道尽于是也。子路犹以为此古之成人之道，居今之世，有不必尽然者。谓诚能见利思义、见危授命、久要不忘平生之言，虽无礼乐，亦云可矣。是三者，盖子路之所优为，抑以自许也。唯其自许如此，故台下之役，卒以身殉，终不能明君臣之大义，以正卫国之难，则亦不足以为成人矣。行行如也，若不得其死然，则以未能文之以礼乐故也。”新安陈氏曰：“使子路能行夫子之言，始于智以知此理，终合于礼中乐和之理，岂至死于一决之勇，而不足以言义乎？胡氏以后一节为子路之言，极是。”

○子问公叔文子于公明贾曰：“信乎夫子不言、不笑、不取乎？”

公叔文子，卫大夫公孙拔也。公明姓，贾名，亦卫人。文子为人，其详不可知，然必廉静之士，故当时以三者称之。新安陈氏曰：“不言笑，见其静。不取，见其廉。”

公明贾对曰：“以告者过也。夫子时然后言，人不厌其言；乐然后笑，人不厌其笑；义然后取，人不厌其取。”子曰：“其然，岂其然乎？”

厌者，苦其多而恶去声。之之辞。事适其可，则人不厌，而不觉其有是矣。是以称之或过，而以为不言、不笑、不取也。然此言也，非礼义充溢于中，得时措之宜者不能。文子虽贤，疑未及此，但君子与人为善，不欲正言其非也。故曰“其然，微疑之。岂其然乎？”深疑之。盖疑之也。问：“夫子疑之，何也？”朱子曰：“吴氏云：文子请享灵公也，史鰌曰‘子富君贪，祸必及矣’，观此则文子之言，岂能皆当？而其取岂能皆善乎？”“惟其人不厌之，所以有不言不笑不取之称也。盖其言合节拍，所以虽言而人不厌之，虽言而实若不言也。这‘不厌’字，意正如孟子所谓‘文王之囿，方七十里，民犹以为小相似’。公叔文子，当时人称之已过；及夫子问之，而贾所言又愈甚，故夫子不信。”“不言不笑不取，似乎小，却难。若真能如此，只是一偏之行。然公明贾却说时然后言，乐然后笑，义然后取，似乎易，却说得大了。盖能如此，则是时中之行也。”南轩张氏曰：“公叔文子，意者简默重厚之士，故人称之如此。圣人质之于其门人，将以察其然也。公明贾之言则善矣，然非公叔文子之所及也。盖如贾所言，非和顺积中、发而中节者莫能。然不直谓不然，而为之疑辞曰：其然，岂其然乎？圣人辞气含洪忠厚如此。”问：“时乐义与廉静相去几何？”双峰饶氏曰：“廉静，是气质好；时乐义，是义理自学问中发出底。贾所称，非仁熟义精者不能。文子气质虽美，未必能此也。”吴氏曰：“称其主，曰夫子，意犹对蘧伯玉使者。然公明盛称文子之贤，人反得以疑之。蘧伯玉使者，但为谦辞以对，益以彰其主之美。为辞令者，亦可以观矣。”

○子曰：“臧武仲以防求为后于鲁，虽曰不要君，吾不信也。”要，平声。

防，地名，武仲所封邑也。要，有挟而求也。武仲得罪奔邾，自邾如防，使请立后而避邑。以示若不得请，则将据邑以叛，是要君也。《左传·襄公二十三年》：“季武子无適子，公弥长即公鉏。而爱悼子，欲立之。访于臧纥，臧纥为立之。季氏以公鉏为马正，家司马。孟孙恶臧孙，季孙爱之。孟庄子疾，丰点孟氏之御。谓公鉏：‘苟立羯，庄子庶子。请雠臧氏。’孟孙卒，公鉏奉羯立之。孺子秩孟孙长子。奔邾。臧孙入哭，甚哀，出，孟氏闭门，告季孙曰：‘臧氏将为乱。’季氏不信，臧孙闻之，戒为备也。孟氏将辟，婢亦反。藉除于臧氏，辟，穿藏也，于臧氏借人除葬道。臧孙使正夫隧正。助之，除于东门，甲从才用反。己而视之。孟孙又告季孙。怒，命攻臧氏，见其有甲故。臧纥斩鹿门之关以出，奔邾。臧贾臧为出在铸，二人乃宣叔娶铸国所生，与纥兄弟也。臧武仲使告臧贾，且致大蔡焉。大龟出蔡，因号大蔡。曰：‘纥不佞，失守宗祧，敢告不吊。纥之罪不及不祀，子以大蔡纳请，其可。’贾再拜受龟，使为以纳请，遂自为也。臧孙如防，使来告曰：‘纥非能害也，知不足也。言使甲从己，但虑事浅耳。非敢私请，苟守先祀，无废二勋，文仲与宣叔。敢不避邑！’乃立臧为。臧纥致防而奔齐。”〇范氏曰：“要君者无上，《孝经》语。罪之大者也。武仲之邑，受之于君。得罪出奔，则立后在君，非己所得专也。而据邑以请，由其好知并去声。而不好学也。”庆源辅氏曰：“凡人溺于智而不知学，不凿以为私，则必荡而失正。武仲二病皆有之。且意萌于中，迹著于外，虽欲欺人，而人之视己，如见其肺肝然。武仲之智而不足以知此，则亦以好智而不好学之故也。”杨氏曰：“武仲卑辞请后，其迹非要君者，而意实要之。夫子之言，亦《春秋》诛意之法也①。”和靖尹氏曰：“据邑以请立，非要君而何？如不知义者，将以武仲之存先祀为贤。故夫子正之。”双峰饶氏曰：“武仲只当请后，不当据邑。夫子不罪其请，罪其据邑也。使武仲请后果以防为言，则要君之迹彰而易见；唯不以防为言，则要君之心隐而难知。既用智以要君，又欲逃罪以欺世，此夫子之言所以为《春秋》诛意之法也。”

〇**子曰：“晋文公谲而不正，齐桓公正而不谲。”**谲，古穴反。

晋文公，名重平声。耳。齐桓公，名小白。谲，诡也。二公皆诸侯盟主，攘夷狄以尊周室者也。虽其以力假仁，心皆不正，然桓公伐楚，仗义执言，不由诡道，犹为彼善于此。《左传·僖公四年》：春，齐侯以诸侯之师侵蔡。蔡溃，蔡自北杏一与中国之会，而弃诸姬，党楚国，故齐伐楚而先事侵蔡。溃蔡者，先破楚之党也。遂伐楚。楚子使与师言曰：“君处北海，寡人处南海，唯是风马牛不相及也。牝牡相诱曰风，言虽马牛风逸亦不相及，喻地远不相干也。不虞君之涉吾地也，何故？”管仲对曰：“昔召康公命我先君大音太。公曰：‘五侯九伯，女实征之，以夹辅周室！’赐我先君履，所践履之界。东至于海，西至于河，南至于穆陵，北至于无棣。《索隐》曰：淮南有故穆陵门。无棣，在辽西孤竹。尔贡包茅不入，包，裹束也。《禹贡》荆州包匦菁茅。盖取三嵴之茅，包里匦匣盛之以贡周。王祭不共，音供。无以缩酒，祭祀必束茅而灌之以酒，为缩酒。寡人是征。昭王南征而不复昭王，成王孙，南巡狩济汉水，船坏而溺死，寡人是问。”对曰：“贡之不入，寡君之罪也，敢不供给？昭王不复，君其问诸水滨！”昭王时汉非楚境，故楚不服。师进，次于陉。楚地。夏，楚子使屈完如师。使人夫请盟。师退，次于召陵。次于召陵之地以听楚成。文公则伐卫以致楚，而阴谋以取胜，

---

① 亦《春秋》诛意之法：也是《春秋》批判处事动机的方法。诛意：犹诛心。

其谲甚矣。《左传·僖公二十七年》：楚子及诸侯围宋，宋如晋告急。狐偃曰："楚始得曹，而新昏于卫，若伐曹、卫，楚必救之，则齐、宋免矣。"前年楚申叔戍谷以逼齐。二十八年，晋侯侵曹伐卫，卫人出其君以说于晋。晋侯入曹，执曹伯，分曹卫之田，以畀宋人。楚子使子玉去宋曰："无从晋师。"子玉使宛春告于晋师曰："请复卫侯而封曹，臣亦释宋之围。"子犯曰："子玉无礼哉！君取一，以释宋围惠晋侯。臣取二，以复曹卫为己功。不可失矣。"言可伐。先轸曰："定人之谓礼，楚一言而定三国，我一言而亡之。我则无礼，何以战乎？不许楚言，是弃宋也；救而弃之，谓诸侯何？言将为诸侯所怪。楚有三施，去声。我有三怨。怨仇已多，将何以战？不如私许复曹、卫以携之，私许二国，使告绝于楚，而后复之。携，离也。执宛春以怒楚，既战而后图之。"公说，乃拘宛春于卫，且私许复曹、卫。曹卫告绝于楚。子玉怒，从晋师。栾枝使舆曳柴而伪遁，楚师驰之。原轸以中军公族，公所率之军。横击之。楚师败绩，晋师三日馆谷。馆，舍也，食楚军之谷三日。二君他事亦多类此，新安陈氏曰："上引二事以著其实，此即二事以推其余。"故夫子言此以发其隐①。庆源辅氏曰："桓公责楚以'包茅不贡'，及'昭王不复'二事，进次而不遂战，既服而与之盟。是仗义执言，不由诡道也。文公始则伐曹卫，以致楚师之救，终则复曹卫，以携二国之交。是伐卫以致楚，而阴谋以取胜也。就霸者之中，论桓文之事，则文谲而不正，桓正而不谲。若较之王者表里无疵、粹然一出于正者，固不可同年而语矣。"齐氏曰："二公之伯皆以胜楚，楚罪莫大于僭王猾夏。孔子于《春秋》书齐曰'侵蔡，蔡溃，遂伐楚'，而于晋仅书曰'及楚战于城濮'，则晋之有歉于声罪致讨也，亦已著矣。"新安陈氏曰："二公心皆不正，论其彼善于此，则桓稍优于文耳。晋文固谲，齐桓亦非纯乎正者。若粹然一出于正，其惟王道乎？"

○**子路曰："桓公杀公子纠，召忽死之，管仲不死。"曰："未仁乎？"**纠，居黝反。召，音邵。

按《春秋传》，齐襄公无道，鲍叔牙奉公子小白奔莒，音举。及无知弑襄公，管夷吾、召忽奉公子纠奔鲁。鲁人纳之，未克，而小白入，是为桓公。使鲁杀子纠而请管召，召忽死之，管仲请囚。鲍叔牙言于桓公以为相。去声。《左传·庄公八年》：齐侯使连称、管至父戍葵丘，二人，齐大夫。戍，守也。瓜时而往，及瓜而代。期音基。戍，公问不至，问，命也。请代，弗许。故谋作乱。僖公之母弟曰夷仲年，生公孙无知，有宠于僖公，衣服礼秩如適適，太子。襄公绌之。二人因之以作乱，遂弑襄公而立无知。初襄公立，无常，政令不常。鲍叔牙曰："君使民慢，乱将作矣。"奉公子小白襄公庶子。出奔莒。乱作，管夷吾、召忽奉公子纠小白庶弟。来奔。九年春，雍廪齐大夫。杀无知。夏，公伐齐，纳子纠。桓公自莒先入。秋，师及齐师战于乾时，我师败绩。鲍叔帅师来言曰："子纠，亲也，请君讨之；管、召，仇也，请受而甘心焉。"甘心，言欲快意戮杀之。乃杀子纠于生窦，鲁地。召忽死之。管仲请囚，鲍叔受之。及堂阜齐地。而税他活反。之，归而以告曰："管夷吾治于高傒，音奚，齐卿高敬仲也。言管仲治理政事之才，多于敬仲。

① 发其隐：揭露他们的内心隐秘。

使相可也。”公从之。子路疑管仲忘君事仇，忍心害理，不得为仁也①。问：“《集注》谓‘忍心害理不得为仁’，忍心之忍，是残忍之忍否?”朱子曰：“伤其恻隐之心，便是忍心。如所谓‘无求生以害仁’，害仁，便是忍心也。”庆源辅氏曰：“忘君，谓不顾纠死；事仇，谓相桓。忍心，谓心所当为而忍之使不为；害理，谓理所当然而咈之使不然。忘君事仇，即忍心害理也。”程子曰：“桓公兄而子纠弟，襄公死，则桓公当立，此以《春秋》知之。《春秋》书桓公则曰‘齐小白’，言当有齐国也。于子纠，则止曰‘纠’，不言齐，以不当有齐也，不言子，非君之嗣子也。《公》《穀》并注四家，皆书纳‘纠’。《左传》独言‘子纠’，误也。然书‘齐人取子纠杀之’者，齐大夫常与鲁盟于蔇，既纳纠以为君，又杀之，故书子，是罪鲁也。”问：“《春秋》于纠上一无‘子’字，一有‘子’字，何也?”双峰饶氏曰：“始以纳之为非，故去子以明其不当纳；终以杀之为非，故又称子，以明其不当杀。”

子曰：“桓公九合诸侯，不以兵车，管仲之力也。如其仁！如其仁！”

九，《春秋传》作“纠”，督也，古字通用。《左传·僖公二十六年》：齐孝公伐我北鄙。公使展喜犒师，曰：“昔周公、太公股肱周室，夹辅成王，成王劳之，而赐之盟，曰：‘世世子孙，无相害也！’载载书。在盟府，大师职之。职，主也。大公为大师，兼主同盟之官。桓公是以纠合诸侯，而谋其不协，弥缝其阙，而匡救其灾。昭旧制也。”不以兵车，言不假威力也。如其仁，言谁如其仁者，又再言以深许之。盖管仲虽未得为仁人，而其利泽及人，则有仁之功矣。程子曰：“管仲不死，观其九合诸侯不以兵车，乃知其仁也。若无此，则贪生惜死，虽匹夫匹妇之谅亦无也。”朱子曰：“九之为纠，展喜之词；而纠合宗族之类，亦其证也。说者不考其然，乃直以为九会诸侯。至数桓公之会不止于九，则又因不以兵车之文而为之说曰，衣裳之会九，余则兵车之会也。《公》《穀》以来，皆为是说，可谓凿矣。”“召忽之失，在辅子纠以争国，而不在于死；管仲之得，在九合之功，而不在于不死。仲之可以不死，正以小白兄而子纠弟耳。夫子特以忽之功无足称，而其死不为过；仲之不死，亦未尝害义，而其功有足褒尔。固非予仲之生，而贬忽之死也。”“‘仁’之一字，以德而言，则必心无私而事当理，乃能当之。若言其功，则推利泽及人，有恩有惠，便可称之，初不计德之如何也。”“仲之仁是粗处，至精处则颜子三月之后或违之。”“如汉高祖、唐太宗，未可谓之仁人。然战国至暴秦，其祸极矣，高祖出而平定天下；隋末残虐尤甚，太宗出而扫除，以致贞观之治。此二君，岂非仁者之功耶？仲之功，亦犹是也。”庆源辅氏曰：“仁者安仁，盖天理浑然，无一息之不存，无一物之不体。管仲之于德，其违阙者多矣，顾何足以语此？然使桓公纠合诸侯，攘夷狄，尊周室，不假威力，无所杀伤，则利泽及人，是亦仁者之功效矣。”蔡氏曰：“子路举忽之死、仲之不死，是以忽为杀身成仁，仲为未仁。夫子答以仲有仁之功如此，忽岂能如仲之仁乎？是以忽、仲比而言之，非泛许仲以仁也。下章匹夫妇之谅，亦

① 子路疑管仲忘君事仇，忍心害理，不得为仁也：子路认为管仲忘了自己的君主而侍奉仇敌，忍心危害天理，不能算得上仁。

指忽而言。”新安陈氏曰：“仁有以心术之精微言者，非大贤以上之安仁，不足以当之。有以事功之显著言者，如管仲有仁者之功，亦足以为仁矣。子路好勇，死非所难，而处死为难。故夫子不非仲无死节之义，反取仲有及人之仁，亦所以晓子路而箴之也。”

○子贡曰：“管仲非仁者与？桓公杀公子纠，不能死，又相之。”与，平声。相，去声。

子贡意不死犹可，相之则已甚矣。庆源辅氏曰：“子路勇者也，故有取于召忽之死，而以管仲之不死为未仁。子贡智者也，故以仲之不死为犹可，而以其相桓为已甚而非仁。”

子曰：“管仲相桓公，霸诸侯，一匡天下，民到于今受其赐。微管仲，吾其被发左衽矣。被，皮寄反。衽，而审反。

霸，与伯同，长上声。也。匡，正也。尊周室，攘夷狄，皆所以正天下也。微，无也。衽，衣衿也。被发左衽，夷狄之俗也。问：“令尹子文、陈文子之事，则原其心而不与其仁；至管仲，则以其功而许其仁。若有可疑者。”朱子曰：“管仲之功，自不可泯没，圣人自许其仁者之功。且圣人论人，功过自不相掩，功自还功，过自还过。所谓彼善于此，则有之矣。若以管仲比伊周，固不可同日语。若以当时大夫比之，则在所当取。当是之时，楚之势，骎骎可畏，治之少缓，则中国皆为夷狄。故曰微管仲，吾其被发左衽矣。”南轩张氏曰：“只为子路疑其未仁，子贡疑其非仁，故举其功以告之。若二子问管仲仁乎，则所以告之者异矣。”厚斋冯氏曰：“刘定公称禹之功，曰‘微禹，吾其鱼乎？吾与子弁冕端委以治民，临诸侯，禹之力也’。必推至此，然后见禹之有大功。夫子称仲之仁，至于被发左衽，则仲之功大矣。”【通旨】朱氏公迁曰：“仁以公用言，亦曰以事功言，因其所至而许之也。子路疑管仲之未仁，正在不死。夫子许其仁，则可以无死之意在其中。子贡疑管仲非仁者，虽轻在不死，而重在又相之，毕竟两有疑焉。故夫子称其功，以明相桓之有益，不责其死，以明不死之无害。是两释子贡之疑，而重许管仲之仁也。但管仲之仁未尝有本领工夫，故与圣门之仁不同。”

岂若匹夫匹妇之为谅也，自经于沟渎而莫之知也。”

谅，小信也。经，缢壹计反。也。莫之知，人不知也。《后汉书》引此文，“莫”字上有“人”字。《后汉》：应劭，字仲远。献帝时奏议曰：“昔召忽亲死子纠之难，而孔子曰‘经于沟渎，人莫之知’。”○程子曰：“桓公，兄也。子纠，弟也。前汉淮南厉王长，高帝少子也。骄恣不用汉法，文帝重自切责之。重，难也。时帝舅薄昭为将军，尊重。上令昭与厉王书谏，数之曰：“昔者周公诛管叔、放蔡叔以安周，齐桓杀其弟以反国，秦始杀两弟、迁其母以安秦。”仲私于所事，辅之以争国，非义也。桓公杀之虽过，而纠之死实当。去声。仲始与之同谋，遂与之同死，可也；知辅之争为不义，将自免以图后功，亦可也。故圣人不责其死而称其功①。若使桓弟而纠兄，管仲所辅者正，桓夺其国而杀之，则管仲之与桓，不可同世之雠也。若计其后功而与其事桓，圣人之言，无乃

---

① 圣人不责其死而称其功：圣人不责备他应该死节而不死却称赞他的功劳。

害义之甚，启万世反复不忠之乱乎？如唐之王圭、魏征，不死建成之难，去声。而从太宗，可谓害于义矣。后虽有功，何足赎哉？”《唐书·王珪传》：“建成为皇太子，授中书舍人，迁中允，礼遇良厚。太子与秦王建成弟世民也。有隙，帝高祖。责珪不能辅导，流巂州。太子已诛，太宗即秦王。召为谏议大夫。”《魏征传》：“太子引为洗马，官名。征见秦王功高，阴劝太子早为计。太子败，世民伏兵于玄武门，世民射建成，杀之。王责魏曰：‘尔阋吾兄弟，奈何？’王，即秦王。阋，间也。答曰：‘太子早从征言，不死今日之祸。’王器重也。其直，无恨意。即位，太宗即位。拜谏议大夫。”愚谓管仲有功而无罪，故圣人独称其功；王魏先有罪而后有功，辅太宗致太平。则不以相掩可也。问：“程子‘可也’、‘亦可也’二说。”朱子曰：“前说亦是可，但自勉以图功，则可之大者。”又问：“孟子‘可以死’、‘可以无死’，始见其可死，后细思之，又见其可以无死，则前之可者为不可矣？”曰：“便即是此意。”问：“仲始同纠谋，虽有可死之道，而桓兄当立，则无不可事之理。盖仲虽纠之傅，然非纠之臣，乃齐臣也。桓公当立，则桓乃吾君，所当事也。但仲之罪，乃在不能谏纠之争，而反辅纠以争耳。是其不死，殆知前之争为不义，而非求争之比也。故夫子答子路未仁之问，曰‘如其仁’，以为不死之未仁，不如九合之仁也。答子贡非仁之问，则曰岂若匹夫匹妇之为谅，自经于沟渎而莫之知。岂若云者，是以仲之不死过于死也。故尝以程子之说为正，而以召忽之死为守节，仲之不死为改过。”曰：“此论甚善。但仲之意，未必不出于求生。然其时义尚有可生之道，未至于害仁耳。”云峰胡氏曰：“‘管仲相桓公’以下，答子贡所谓‘又相之’；‘岂若匹夫’以下，答子贡所谓‘不能死’。盖死则于子纠未有君臣之分，当时未足以见其义；相则为天下正华夷之分，而天下后世，皆得以被其仁。仲盖有以处此矣。”

〇**公叔文子之臣大夫僎，与文子同升诸公。**僎，士免反。

臣，家臣。公，公朝。音潮。谓荐之与己同进为公朝之臣也。

子闻之曰：“可以为文矣。”

文者，顺理而成章之谓。谥法亦有所谓锡民爵位曰文者。见《公冶长篇·孔文子何以谓之文也章》胡氏曰：“其才德足以为大夫，而荐之为大夫，顺理也；以家臣之贱，而与之同列无慊焉，成章也。彼锡民爵位，特其迹尔。”〇洪氏曰：“家臣之贱而引之使与己并，有三善焉：知人，一也；忘己，二也；事君，三也。”庆源辅氏曰：“知人，智也；忘己，公也；事君，忠也。有是三者，则理顺章成，而粲然可观矣。安得不谓之文哉？然文王之文，举全体而言；此与孔文子之文，取一事而言。”厚斋冯氏曰：“文子卒，其子请谥，谥以贞惠文子。盖以修其班制，以与四邻交，卫国之社稷不辱，故谥以文。初不为荐其臣僎同升诸朝，而谓之文也。特夫子称其可以为文，有以见文子之不愧其谥耳。”双峰饶氏曰：“今之所谓谥法，未必果出周公，恐后人因经传所有而附会之。如锡民爵位谓之文，直无意义。夫子所称，盖谓文子所为如此，是亦无愧于文之谥矣，非指此为文也。孔文子好学下问，是以谓之文，却是正说所以为文之义。”新安陈氏曰：“说者以文子得谥之故，见诸《檀弓》。夫子闻其与家臣同升诸公，则是文子荐僎之时，非身后也。谥法，锡民爵位曰文，盖后人用孔子之意以为谥尔。此过论也。盖孔子于其既谥之后，闻其尝有此荐贤之美事，故称此一事，而谓可以无愧于文之谥耳。岂可于其人之身存，而预议其谥哉？”

○**子言卫灵公之无道也，康子曰：“夫如是，奚而不丧？”**夫，音扶。丧，去声。

丧，失位也。

孔子曰：“仲叔圉治宾客，祝鮀治宗庙，王孙贾治军旅。夫如是，奚其丧？”

仲叔圉，即孔文子也。三人皆卫臣，虽未必贤，而其才可用。灵公用之，又各当去声。其才。胡氏曰：“圉，即敏学好问者；贾，即问奥灶者；鮀，即以佞免于今世者。如圉几矣，贾之窃权、鮀之善佞，治世之罪人也。然事神治军，各有所长，而用之使各得以尽其所长耳。”郑氏舜举。曰：“子适卫者五，盖有拳拳之意焉。亦以灵公善用人，庶或可以有为尔。”双峰饶氏曰：“治宾客得其人，则朝聘往来之际，无失礼于邻国，而不至于启衅召祸；治军旅得其人，则缓急有备，而敌国不敢窥；治宗庙得其人，则笾豆静嘉，牲牷肥腯，神人胥悦，尤系属人心之本也。三者皆国之大本。故得其人，亦可以无丧。”东阳许氏曰：“夫子平日语此三人，皆所不许，而此章之言乃若此。可见圣人不以其所短，弃其所长，至公之心也。用人当以此为法，但欲当其才耳。”○尹氏曰：“卫灵公之无道宜丧也，而能用此三人，犹足以保其国，而况有道之君，能用天下之贤才者乎？《诗》曰：‘无竞维人，四方其训之。’”《诗·大雅·抑》之篇。竞，强也，言莫强于用人，则四方其以为训矣。南轩张氏曰：“以卫灵公之无道，然所用得其才，犹足以无丧。虽然，仅能维持使之勿丧而已。若身正于上，而用得其人，则孰能御焉？”

○**子曰：“其言之不怍，则为之也难。”**

大言不惭，则无必为之志，而不自度音铎。其能否矣。欲践其言，岂不难哉？南轩张氏曰：“易其言者，实必不至。若听其言而不怍，则知其为之也难矣。故古者言之不出，耻躬之不逮，而仁者之言必讱。”新安陈氏曰：“轻于言者，必不务力于行也。此必有为而言。”

○**陈成子弑简公。**

成子，齐大夫，名恒。简公，齐君，名壬。事在春秋哀公十四年。《左传》：“齐简公之在鲁也，简公，悼公阳生子壬也，时从其父奔在鲁。阚止有宠焉。及即位，使为政。陈成子惮之，骤顾诸朝。五月壬申，成子杀子我，即阚止。庚辰执公于舒州，甲午弑之。孔丘三日齐，而请伐齐三。公曰：‘鲁为齐弱久矣，子之伐之，将若之何？’对曰：‘陈恒弑其君，民之不与者半。以鲁之众，加齐之半，可克也。’公曰：‘子告季孙。’孔子辞，辞不告。退而告人曰：‘以吾从大夫之后也，故不敢不言’。”

孔子沐浴而朝，告于哀公曰：“陈恒弑其君，请讨之。”朝，音潮。

是时孔子致仕居鲁，沐浴斋侧皆反。戒以告君，重其事而不敢忽也。臣弑其君，人伦之大变，天理所不容，人人得而诛之，况邻国乎？故夫子虽已告老，而犹请哀公讨之。张子曰：“天子讨而不伐，诸侯伐而不讨。故虽汤武之举，不谓之讨，而谓之伐。陈恒弑其君，孔子请讨之。此必因周制，邻有弑逆，诸侯当不请而讨。”

公曰：“告夫三子！”夫，音扶。下“告夫”同。

三子，三家也。时政在三家，哀公不得自专，故使孔子告之。

孔子曰："以吾从大夫之后，不敢不告也。君曰'告夫三子'者。"

孔子出而自言如此。意谓弑君之贼，法所必讨。大夫谋国，义所当告。君乃不能自命三子，而使我告之邪？

之三子告，不可。孔子曰："以吾从大夫之后，不敢不告也。"

以君命往告，而三子鲁之强臣，素有无君之心，实与陈氏声势相倚，故沮在吕反。其谋。而夫子复扶又反。下同。以此应之，其所以警之者深矣。问："当是之时，鲁之兵柄分属三家。哀公虽欲从夫子之言，然不告三子则兵不可出。而孔子之意，乃不欲往告，何哉？"朱子曰："哀公诚能听孔子，以讨齐乱，则亦召夫三子，而以大义诏之耳，理明义正，虽或不从，而孰敢违之哉？今无成命，而反使孔子往而告之，则是可否之权决于三子，而不决于公也。况鲁之三家，即齐之陈氏，其不欲讨之必矣。是则不惟名义之不正，而事亦岂可得而成哉？然夫子以君命之重也，故不得已而一往焉，而冀其万一之或从也。而三子果以为不可，则复正言之，以明从违在彼，虽不敢必，而君臣大伦，所系之重，虽欲不告，而不敢以已。其所以警夫三子者亦深矣。""夫子初告时，真个欲讨陈恒。后人知圣人此言，可以警三子，非是圣人托讨成子以警三子。圣人之心不如是迂曲。"新安陈氏曰："以吾已致仕，从大夫之后，尚激于义不敢不告。则正为君卿大夫者当何如？警之在此。"〇程子曰："左氏记孔子之言曰：'陈恒弑其君，民之不予"与"同。者半。以鲁之众，加齐之半，可克也。'此非孔子之言。诚若此言，是以力不以义也。若孔子之志，必将正名其罪，上告天子，下告方伯，而率与国以讨之。至于所以胜齐者，孔子之余事也，岂计鲁人之众寡哉？当是时，天下之乱极矣，因是足以正之，周室其复兴乎？鲁之君臣，终不从之，可胜平声。惜哉！"问："程子以左氏所记，为非夫子之言。然则夫子之战，将不复计其强弱，而独以大义驱之耶？"朱子曰："程子之意，以为夫子告鲁，当明君臣之义，以见弑逆大恶，天下所不容，人人得诛之，况在邻国，而可以不讨之乎？而其为计，则必请其君，以上告天子，下告方伯，举天下之兵以诛之。以天下之兵，讨天下之贼，彼虽众强，奚以为哉？固不当区区独较齐鲁之强弱，而以天下之公义，为一国之私也。左氏所记，盖传闻之谬，以众人之腹，度圣人之心耳。""春秋之时，三纲沦矣。孔子请讨弑逆，此天下之大几也。斯事一正，三纲可整，天下事可次第举矣。沐浴而朝，敬其事以卜天意也。"胡氏曰："春秋之法，弑君之贼，人得而讨之。仲尼此举，先发后闻可也。"问："程子以为必告之天子，胡氏乃以先发后闻之说，何耶？"朱子曰："考之《春秋》，先王之时，疑必自有此法。凡弑君者，人人得而讨之，如汉所谓'天下共诛之者'。然事非一概，告与不告又在乎时义之如何。使其地近于天子而可告，事未迫遽而得以告，力之不足以敌而不得不告，则告之，而俟命以行。甚则或不俟命而遂行皆可也。使其地之相去也远，其事几之来也不可少缓，吾之力又足以制之，而乃区区焉徇请命之小节，忘逆贼之大罪，使彼得以植其根、固其党，或遂奔逸，而不可以复得，则任其事者，亦不免乎《春秋》之责矣。"云峰胡氏曰："程子所谓'上告天子者'，经也；胡氏所谓'先发后闻'者，权也。然先发后闻，谓鲁也，非谓孔子也。"厚斋冯氏曰："是年西狩获麟，《春秋》绝笔焉。而不复书陈恒之事，盖有所伤感焉。而鲁之事不可为矣。"新安陈氏曰："沐浴而朝，盖欲斋戒积诚，以感君心也。获麟，在哀公十四年之春，请讨，在是年之夏。使此请圣人得遂其志，则三纲复正，周室复兴，《春秋》可不必作矣。惟此请之不遂，此《春秋》所以不得不作也。《春秋》作而乱贼惧，虽不得扶植当世之三纲，而可以扶植万世之三纲焉。"

○子路问事君。子曰："勿欺也，而犯之。"

犯，谓犯颜谏争。去声。

范氏曰："犯非子路之所难也，而以不欺为难。故夫子教以先勿欺而后犯也。"问："子路勇于义，何难于不欺？特其烛理之不明，好强其不知以为知，是以陷于欺耳。"朱子曰："以使门人为臣一事观之，子路之好勇必胜，恐未免于欺也。"问："子路岂欺君者？莫只是勇，便解恁地否？"曰："是恁地。子路性勇，凡言于人君，要他听，或至于说得太过，则近乎欺。如唐人谏敬宗游骊山，谓骊山不可行，若行必有大祸。夫骊山固是不可行，然以为有大祸，则近于欺矣。要之虽不失为爱君，而其言则欺矣。"勉斋黄氏曰："伪言不直谓之欺，直言无隐谓之犯。欺与犯正相反也。夫子告子路之辞，推其本意，乃是一戒一劝，两面平说之辞。若反复以观，则能无欺而不能犯，则未免有回互之失；能犯矣而不能勿欺，则未免有矫饰之病。此又不可不以为戒也。"洪氏曰："忠而犯之，所谓有犯无隐；欺而犯之，是犯上也。"双峰饶氏曰："事君以不欺为本。然不欺甚难，须是平日于慎独上实下工夫，表里如一方能如此。今人自家好色好货，却谏其君勿好色好货，皆是欺君。"

○子曰："君子上达，小人下达。"

君子循天理，故日进乎高明；小人徇人欲，故日究乎污音乌。下。朱子曰："上达，是晓得透彻。到那总头处，不特知到这里，行也到这里了。""凡百事上，皆有达处。惟君子就中得个高明底道理，小人就中得个污下底道理。""君子一日长进似一日，小人一日沉沦似一日。究者，究竟之义，言究竟至于极也。初间只差些子，少间究竟将去，越差得多。今人做错一件事，说错一句话，不肯当下觉悟便改，若只管去救其失，少间救得过失越大，无不是如此。"胡氏曰："循天理，徇人欲，上达下达之原也；进高明，究污下，上达下达之效也。人心万理皆具，人欲或得以夺之，故有待于反之也。能复乎天理，而不以一毫私欲自累则高矣，不以一毫私欲自蔽则明矣。苟徇乎耳目口鼻四肢之欲，益趋于贪浊之地则污矣，益流于苟贱之域则下矣。进则升而愈崇，究则沉而愈卑。"南轩张氏曰："上达者，反本穷理也；下达者，趋末徇欲也。皆云达者，如喻义喻利，皆云喻也。"云峰胡氏曰："夫子尝曰'下学而上达'，其所谓上下者，天理人事之贯。此所谓'上达'、'下达'，天理人欲之分也。"

○子曰："古之学者为己，今之学者为人。"为，去声。

程子曰："为己，欲得之于己也。为人，欲见知于人也。"庆源辅氏曰："为己为人之学，其差只在毫厘之间。唯欲得之于己，则不必见知于人；才欲见知于人，则不必得之于己。欲得于己者，收敛笃实；欲见知于人者，轻浮浅露。"○程子曰："古之学者为己，其终至于成物。今之学者为人，其终至于丧去声。己。”问：“程子两段不同?”朱子曰：“前段是低底为人，只欲见知于人而已。后段是好底为人，却是真个要为人。然不曾先去自家身己上做得工夫，非惟为那人不得，末后连己也丧了。”愚按：圣贤论学者用心得失之际，其说多矣，然未有如此言之切而要者。于此明辨而日省悉井反。下章同。之，则庶乎其不昧于所从矣。朱子曰：“今须先正路头，明辨为己为人之别。直见得透，却旋旋下功夫，则意思自通，知识自明，践履自正，积日累月渐渐熟；若见不透，路头错了，则读书虽多，为文日工，终做事不得。”双峰饶氏曰：“此章当看‘者’字，言同此一个学，但学之者用心不同。古之学此者，其心要得之于己；今之学此者，其心要求知于人。如三年学，已自是了，但志在干禄，则非为己之学也。若如后世刑名、术数、记诵、词章之学，则所学者，与古人背驰，何必更论其用心之同异？孔子之时，世教虽衰，其学之陋，尚未至此。”新安陈氏曰：“同一‘学’也，为己为人之间，古今之不同，于此分焉。学者当审其几于用心之初可也。”

〇**蘧伯玉使人于孔子**。使，去声。下同。

蘧伯玉，卫大夫，名瑗。于眷反。孔子居卫，尝主于其家。既而反鲁，故伯玉使人来也。

孔子与之坐而问焉，曰：“夫子何为?”对曰：“夫子欲寡其过而未能也。”使者出。子曰：“使乎！使乎！”

与之坐，敬其主以及其使也。夫子，指伯玉也。言其但欲寡过而犹未能，则其省身克己，常若不及之意可见矣。云峰胡氏曰：“省身常若不及，惟恐其身之有过而常加省察也；克己常若不及，惟恐其过未改而常加克治也。”使者之言愈自卑约，而其主之贤益彰，亦可谓深知君子之心，而善于辞令者矣。故夫子再言“使乎”以重直用反。美之。按庄周称“伯玉行年五十而知四十九年之非”①。又曰：“伯玉行年六十而六十化。”《淮南子》曰：“蘧伯玉行年五十，而知四十九年非。”《庄子·则阳篇》：“蘧伯玉行年六十而六十化，未尝不始于是之，而卒诎与‘屈’同。之以非也。”朱子曰：“化，是旧事都消融，了无固滞。”双峰饶氏曰：“行年五十而知四十九年之非，非是至五十岁，顿然有悟也。化者，变化之谓。言气质变化，一年胜似一年，至于行年六十，而犹变化未已也。”盖其进德之功，老而不倦。是以践履笃实，光辉宣著。不惟使者知之，而夫子亦信之也。南轩张氏曰：“伯玉之使，其言虽谦，而意义永、事情称也。夫欲寡过而未能，非笃于进德修业者，莫知此味也。则伯玉之贤可知矣，而其使之才亦可知矣。”庆源辅氏曰：“使者不以伯玉之德著见于外者言，而以伯玉之心克治于内者告。且曰欲而未能，不独其言谦抑卑下，而又深有得于圣贤为己之学、常如不及之意。可谓知德而能言矣。”双峰饶氏曰：“欲寡其过而未能一句，意味深长。学者常存此心，乃进德之本也。”新安陈氏曰：“欲寡过则不自是，不谓已能寡过则不自是，此检身常若不及之心也，进善其有穷乎？非伯玉之贤，不能如此存心；非使者之贤，不能知伯玉此心。宜夫

---

① 见《淮南子·原道》。

子有味其言而深赏之。”吴氏曰：“《论语》中夫子俟其出而称之者二：南宫适出，伯玉使者出是也；俟其出而斥之者二：宰我出，樊迟出是也。圣人气象从容，如天地之生物，阳舒阴惨，无非教也。千载而下，犹可想见之。”【通考】朱氏公迁曰：“使者以愿学之心称伯玉，可谓知贤者矣。若公明贾以‘时然后言’以下三者称文子，则是以德行之美赞之，不几过其实乎？故夫子一信之，一疑之。”

○子曰：“不在其位，不谋其政。”

重出。已见《泰伯篇》。

○曾子曰：“君子思不出其位。”

此《艮卦》之《象辞》也。《易·艮卦》大象传辞曰：“兼山艮，君子以思不出其位。”曾子盖尝称之，记者因上章之语而类记之也。○范氏曰：“物各止其所，而天下之理得矣。故君子所思不出其位，而君臣、上下、大小，皆得其职也。”南轩张氏曰：“位非独职位。大而君臣父子，微而一事一物，当其时与其地，所思止而不越，皆不出其位也，非有主于中其能然乎？”勉斋黄氏曰：“位，身所处之地也。为君则思君道，为臣则思臣道，此位也。当食则思食，当寝则思寝，此亦位也。越所处而思，则为出其位矣。”双峰饶氏曰：“上章为谋政者言，不在其位之位，指职位而言也。此章泛言君子之所思不出其位，‘位’字比上章又说得阔。如为人子则思孝，为人臣则思，忠素富贵则思所以行富贵，素贫贱则思所以行乎贫贱，皆是也。”云峰胡氏曰：“艮，止也。思不出其位，身之所处，止其所；心之所思，亦止其所也。”【通考】朱氏公迁曰：“思以事言，余如‘不曰如之何、如之何’一章，亦主于临事之思而言也。但‘再斯可矣’，是思不可过；‘吾末如之何’，是思不可不熟。一则因文子三思而言，一则为世之率意妄行者而言。二章皆所以示戒也。”

○子曰：“君子耻其言而过其行。”行，去声。

耻者，不敢尽之意。过者，欲有余之辞。朱子曰：“过，犹《易》‘丧过乎哀’、‘用过乎俭’之过，谓力行也。”勉斋黄氏曰：“言放易，故当耻；行难尽，故当过。”胡氏曰：“或谓‘耻其言之过于行’，固通。必如《集注》释为两事，斯得夫子立言之本意。”双峰饶氏曰：“过其行与耻其言对，谓行当过于其言，如云说七分而行十分相似。”厚斋冯氏曰：“耻之者，恐其言之浮于行也；过之者，欲其行之浮于言也。”

○子曰：“君子道者三，我无能焉：仁者不忧，知者不惑，勇者不惧。”知，去声。

自责以勉人也。三句解见《子罕篇》。朱子曰：“道体无穷，圣人未尝见其有余也。亦有勉进学者之意。”

子贡曰：“夫子自道也。”

道，言也。自道，犹云谦辞。

尹氏曰：“成德以仁为先，进学以知为先。故夫子之言，其序有不同者以此。”胡氏曰：“为学之序，以智为先。若德之成，则仁又为百行之首。”觉轩蔡氏曰：“以仁为先，犹自诚而明；以智为先，犹自明而诚。自诚而明，夫子之事，故子贡以为夫子自道也。上文我无能焉，乃是谦辞。”新安陈氏曰：“觉轩解自道，与《集注》小异。未必子贡一时闻夫子之言，便以《子罕篇》语先后次序不同来比并，而答以此言也。”

○子贡方人。子曰：“赐也贤乎哉？夫我则不暇。”夫，音扶。

方，比也。乎哉，疑辞。比方人物而较其短长，虽亦穷理之事。然专务为此，则心驰于外，而所以自治者疏矣。故褒之而疑其辞，复扶又反。自贬以深抑之。○谢氏曰：“圣人责人，辞不迫切而意已独至如此。”朱子曰：“学者须思量不暇个甚么，须于自己体察方可见。”齐氏曰：“孔子之于道也，未得之则发愤忘食，既得之则乐以忘忧，而何暇于方人？”厚斋冯氏曰：“子贡自视与夫子孰贤，而能为夫子之所不暇为耶？”新安陈氏曰：“我则无暇及他人，言外之意，谓方自治也。”

○子曰：“不患人之不己知，患其不能也。”

凡章指同而文不异者，一言而重平声。出也。文小异者，屡言而各出也。此章凡四见，形甸反。而文皆有异。新安陈氏曰：“‘四见’者，《学而篇》‘不患人之不己知，患不知人也’，《里仁篇》‘不患莫己知，求为可知也’，《卫灵公篇》‘君子病无能焉，不病人之不己知也’，与此章为‘四’。”则圣人于此一事，盖屡言之，其丁宁之意亦可见矣。胡氏曰：“失于务外，为学之通患。圣人每欲其反己以自力，故不一言而已也。”云峰胡氏曰：“四见之中，《学而篇》是一意，重在知人；余三见共是一意，重在‘能’字。所以求为可知者，求诸我之能而已。”

○子曰：“不逆诈，不亿不信。抑亦先觉者，是贤乎！”

逆，未至而迎之也。亿，未见而意之也。诈，谓人欺己。不信，谓人疑己。抑，反语辞。朱子曰：“凡‘抑’字，皆略反上文之意。”言虽不逆不亿，而于人之情伪，自然先觉，乃为贤也。○杨氏曰：“君子一于诚而已，然未有诚而不明者。故虽不逆诈、不亿不信，而常先觉也。若夫不逆不亿而卒为小人所罔焉，斯亦不足观也已。”朱子曰：“逆诈，是那人不曾诈，我先揣摩，道那人必是诈我。亿不信，是那人未有不信底意，便道那人必是不信我。先觉，则分明是见那人已诈、已不信。”“人有诈不信，吾之明足以知之，是之谓先觉。彼未必诈而逆以诈待之，彼未必不信而先亿度其不信，此则不可也。”勉斋黄氏曰：“未见其事而疑其必欺，故为逆诈；未见其事而度其必不实，故为亿不信。然诈不信，虽以事见，而可以理知，故虽不逆不亿而以先觉为贤者，理明故也。”双峰饶氏曰：“不逆不亿，待物之诚也。先觉，烛理之明也。逆亿是有心，觉是无心。”冯氏曰：“逆亿，如人在室外，而料室中之虚实。先觉，如明镜照物而物无遁形，此非格物致知、洞然明知者不能也。”云峰胡氏曰：“逆亿，是以意见推之；先觉，是以义理照之。”新安陈氏曰：“逆亿者，私见之纷扰；先觉者，真见之昭彻。固不先事而预料小人之为奸，亦不临事而堕于小人之奸，其斯为诚明之君子乎？”

○微生亩谓孔子曰：“丘何为是栖栖者与？无乃为佞乎？”与，平声。

微生，姓，亩，名也。亩名呼去声。夫子而辞甚倨，居御反。盖有齿德而隐者。栖栖，依依也。为佞，言其务为口给以悦人也。

孔子曰：“非敢为佞也，疾固也。”

疾，恶去声。也。固，执一而不通也。圣人之于达尊，礼恭而言直如此，其警之亦深矣。胡氏曰："不恭，则失长幼之序；不直，则失义理之正。"庆源辅氏曰："为佞以说人者，失之不及；执一而不通者，失之过。圣人只在中道上行。微生之言，虽倨而疑；夫子之言，虽恭而决。"双峰饶氏曰："栖栖，如鸟之栖栖而不去然。亩方以退隐为高，见孔子历聘，疑其以口给取悦，殊不知圣人可仕则仕，可止则止，如天地四时之变化，岂若小丈夫之执一而不通耶？"新安陈氏曰："以夫子而尚谓其栖栖为佞，则亩之耿介固执可想矣，故夫子因而箴之。夫立身待人，自有中道。圣人万不为柔佞之不及，亦不为固执之太过也。"

〇子曰："骥不称其力，称其德也。"

骥，善马之名。德，谓调良也。胡氏曰："调者，习熟而易控御也；良者，顺服而不踶齧也。"〇尹氏曰："骥虽有力，其称在德。人有才而无德，则亦奚足尚哉？"南轩张氏曰："骥之得称，为其德，不为其力。而况于君子，岂不以尚德为贵乎？苟无其德，虽曰有才，其得谓之君子乎？"庆源辅氏曰："才与德，皆本于天。然才出于气，德根于理。二者虽不可阙一，然出于气者，固不若根于理之为粹也。"胡氏曰："骥之任重致远，非力不可。然有力者不足言，必言其调良也。故观人者，不当言其才，而当言其德。人亦不可徒恃其才，而当以德为主也。"双峰饶氏曰："骥者，良马之称。马中之骥，如人中之君子。骥非无力，然其所以得骥之名者，以德不以力；君子非无才，然其所以得君子之名者，以德不以才。"新安陈氏曰："此章与《岁寒松柏章》，皆如诗六义之比。实以木与马比君子，非专言木、马也。"

〇或曰："以德报怨，何如？"

或人所称，今见形甸反。《老子》书。德，谓恩惠也。《老子道德经·恩始章》曰："大小多少，报怨以德。图难于其易，为大于其细。"

子曰："何以报德？

言于其所怨，既以德报之矣；则人之有德于我者，又将何以报之乎？朱子曰："以德报怨，不是不好，但上面更无一件可以报德。譬如人以千金与我，我以千金酬之，便是当然。或有人盗我千金，而吾亦以千金与之，却是何理？视与千金者，更无轻重，断然是行不得也。"

以直报怨，以德报德。"

于其所怨者，爱憎取舍，上声。一以至公而无私，所谓直也。于其所德者，则必以德报之，不可忘也。〇或人之言，可谓厚矣。然以圣人之言观之，则见其出于有意之私，而怨德之报皆不得其平也。必如夫子之言，然后二者之报各得其所。然怨有不仇，新安陈氏曰："雠，仇也。怨有不必报者，不以仇待之也。"而德无不报，则又未尝不厚也。此章之言，明白简约，而其指意曲折反复，芳服反。如造化之简易易并去声。知，而微妙无穷，学者所宜详玩也。问："以德报怨，亦可谓忠且厚矣，而夫子不之许，何哉？"朱子曰："是亦私意所为，非天理之正也。夫有怨有德，人情所不能忘；而所以报之，各有所当，亦天理之不能已也。顾德有大小，皆所当报；而怨则有公私曲直之不同，故圣人教人以直报怨，以德报德。以直云者，不以私害公，不以曲胜直。当报则报，不必报则止，一观夫理之当然，而不以己之私意加焉。是则虽曰报怨，而岂害其为公平忠厚哉？然而圣人终不使人忘怨，而没其报复之名者，亦以见夫君父之仇，有不得不报者，而伸夫忠臣孝子之心耳。若或人之言，则以报怨为薄，而必矫焉以避其名。故于其所怨，而反报之以德若忠厚者，而于所德，又将何以报之？以德之上，无复可加。若但如所谓报怨者而已，则是所以报德者，仅适其平；而所以报怨者，反厚于德。且虽君父之仇，亦将有时而忘之也。是岂不反为逆人情悖天理之甚哉？"曰："君父之仇，亦有当报不当报之别乎？"曰："《周礼》有之，杀人而义者令无仇，仇之则死，此不当报者也；《春秋传》曰'父不受诛，子复仇可也'，此当报者也。当报而报，不当报而止，是即所谓直也。周公之法，孔子之言，若合符节，于此可以见圣人之心矣。"曰："然则杨氏所谓小加委曲，如庾公之斯者如何？"曰："此意善矣，而亦有所未尽也。盖天下之事，有公义，有私恩。二者常相得焉，则尽其道而不为私，可也；不幸而或至于相妨，则权轻重而处之，使公义行于上，而私恩伸于下，然后可耳。若小加委曲，而害天下之公，则亦君子所不为也。""以德报怨，于怨者厚矣，而无物可以报德，则于德者不亦薄乎？以直报怨则不然。如此人旧与吾有怨，今果贤邪，则引荐之；果不肖耶，则弃之绝之。是盖未尝有怨矣。"双峰饶氏曰："直，是直道，当报则报，不当报则不报，是之谓直。老氏之说，不问道理曲直，只是不欲与人结怨而已。以德报怨说杀了，不若以直报怨之语，中间有涵蓄，当报而报，与不当报而不报，皆在其中。学者玩味其意，触类而长，则可为处事之权衡矣。"

○**子曰："莫我知也夫！"**夫，音扶。

夫子自叹，以发子贡之问也。

子贡曰："何为其莫知子也？"子曰："不怨天，不尤人。下学而上达。知我者其天乎！"

不得于天而不怨天，不合于人而不尤人，但知下学而自然上达。此但自言其反己自修，循序渐进耳，无以甚异于人而致其知也。然深味其语意，则见其中自有人不及知而天独知之之妙。朱子曰："不怨不尤，则不责之人而责之己。下学人事，则不求之远而求之近。此固无与于人，而不骇于俗矣，人亦何自而知之也耶？及其上达而与天为一焉，则又有非人之所及者。此所以人莫之知，而天独知之也。"勉斋黄氏曰："穷通荣辱，天也；用舍予夺，人也。常人之情，置事于浅近，索理于渺茫，足以惑人之耳目，而以为能。此所以人知之也。圣人浑然天理，穷通荣辱，用舍予夺，皆理之所不能无者，顺而受之，又何怨尤之有？人事之中，便是天理，又何必舍人事而求之于渺茫哉？如是则泊然若不见其所长者。然天理流行，而圣人与之无间，如此，所以人不知而天知也。"庆源辅氏曰："己与天人，只是一理。在己者既尽，则天人无有不应者。圣人与理为一，自然无所怨尤。"盖在孔门，惟子贡之智几足以及此，故特语以发之。惜乎其犹有所未达也！朱子曰："圣门自颜曾以下，唯子贡尽晓得，圣人多是将这般话与他说。他若未晓，圣人岂肯说与？但他知得个头耳，惜乎见夫子说，便自住了。如予欲无言，予一以贯之也，只如此住了。只是不曾有默契省悟，触动他那意思处。他若有所默契，须发露出来，不但已也。如曾子闻贯语便曰唯，子贡便无这处。”○程子曰：“不怨天，不尤人，在理当如此。”又曰：“下学上达，意在言表。”又曰：“学者须守下学上达之语，乃学之要。盖凡下学人事，便是上达天理。然习而不察，则亦不能以上达矣。”问：“下学而上达者，言始也下学，而卒之上达云尔。今程子以为下学人事，便是上达天理，何耶?”朱子曰：“学者学夫人事，形而下者也。而其事之理，则固天之理也，形而上者也。学是事而通其理，即夫形而下者而得夫形而上者焉，非达天理而何哉?”问：“圣人恐不自下学中来?”曰：“不要高了圣人。高，后学者如何企及？说得圣人低，越有意思。圣人虽生知，亦未尝不学。如十五志学，每事问，便是学也。”“须是下学，方能上达。然人亦有下学而不能上达者，只缘下学得不是当。若下学得是当，未有不能上达者。圣门下学而上达，至于穷神知化，亦不过德盛仁熟而自至耳。如释氏理须顿悟，不假渐修之云，是只说上达，更不理会下学。然不理会下学，如何上达?”问：“下学只是切近处求否?”曰：“也不须拣。事到面前，便与理会。且如读书，读第一章，便与理会第一章。读第二章，亦然。今日撞著这事来，便与理会这事。明日撞著那事来，便与理会那事。万事只一理，不是拣那大底要理会，其他却不管。”问：“有一节之上达，有全体之上达否?”曰：“不是全体，只是这一件理会得透，那一件又理会得透，积累多，便会贯通，不是别有一个大底上达。又不是下学中便有上达，须是下学，方能上达。今之学者，于下学中便要求玄妙，则不可。”问：“下学上达，意在言表，是如何?”曰：“如下学只是下学，如何便会上达？自是言语形容不得。下学上达，虽是两件，理会得透，厮合只是一件。下学是事，上达是理。理在事中，事不在理外。一物之中，皆具一理。就那物中见得个理，便是上达，如大而化之之谓圣，圣而不可知之之谓神。然亦不离乎人伦日用之中，但恐人不能尽所谓学耳。果能学，安有不上达者?”“方其学时，虽圣人亦须下学。如孔子问礼问官名，未识须问，问了也须记。及到达处，虽下愚也会达，便不愚了。”“孔子当初叹无有知我者，子贡因问何为莫知子。夫子所答辞，只是解何为莫知子一句。大凡不得乎天则怨天，不得乎人则尤人。我不得乎天亦不怨天，不得乎人亦不尤人，与世都不相干涉。方其下学人事之卑，众人所共，又无奇特耸动人处；及其上达天理之妙，忽然上达去，人又捉摸不著，如何能知得我？知我者毕竟只是天理与我默契尔。以此见孔子浑是天理。”问：“子贡不曾问，孔子告之，必有深意。”曰：“《论语》中自有如此等处，如告子路知德者鲜，告曾子一以贯之，皆是一类。此是大节目，要当自得。这却是个有思量底事，要在不思量处得。当时不惟门人知夫子，别人也知道是圣人。今夫子却恁地说时，是如何？如子贡之聪明想是也大，故知圣人。但尚有知未尽处，故如此说。子贡曰：何为其莫知子也？子贡也是说他不为不知夫子，所以怪而问之。夫子便说下面三句，便与叶公问孔子于子路处相似，皆是退后一步说。不怨天，是于天无所逆；不尤人，是于人无所忤。下学，只恁地就平易去做；上达，便是做后自理会得。只这平易，便是人不能及处。如发愤忘食，乐以忘忧，看著似乎只是恁地平说，但是人自不可及。人既不能知，则只有天知者，是道理与天相契合也。”南轩张氏曰：“下学人事，而上达天理。天理初不外乎人事。知我其天，所谓天者，理而已。圣人纯乎天理，故其自言如此。"问："何谓下学上达?"潜室陈氏曰："下学人事，自然上达天理。若不下下学工夫，直欲上达，则如释氏觉之之说是也。吾儒有一分学问，则磨得一分障碍去，心里便见得一分道理。有二分学问工夫，则磨得二分障蔽去，心里便见得二分道理。从此惺惺，恁地不令走作，则心里统体光明，渣滓净尽，便是上达境界。"【通考】朱氏可传曰："不怨天，不尤人，为圣人自道之辞则可，若以此论圣人，则不可。盖不怨不尤，不足以言圣人故也。故充虞又闻于孟子，是孟子尝以此教人，而亦以此自居矣。《中庸》又以归之素位而行之君子，其所谓君子，盖通圣贤而言者也。"

○**公伯寮愬子路于季孙。子服景伯以告，曰："夫子固有惑志于公伯寮，吾力犹能肆诸市朝。"**朝，音潮。

公伯寮，鲁人。子服氏，景谥，伯字，鲁大夫子服何也。夫子，指季孙。言其有疑于寮之言也。肆，陈尸也。言欲诛寮。《周礼》注："有罪既杀，陈其尸，曰肆。"吴氏曰："市朝不过连言之。"《左传》："晋杀三郤尸诸朝，杀董安于尸诸市，贱者在市也。"胡氏曰："大夫以上于朝，士以下于市。"新安陈氏曰："愬，谗谮也。惑志，疑心也。"

子曰："道之将行也与？命也。道之将废也与？命也。公伯寮其如命何！"与，平声。

谢氏曰："虽寮之诉行，亦命也。其实寮无如之何。"愚谓言此以晓景伯，安子路，而警伯寮耳。圣人于利害之际，则不待决于命而后泰然也。朱子曰："圣人不言命。凡言命者，皆为众人言也。到无可奈何处始言命，如此章命也，是为景伯说；如曰有命，是为弥子瑕说。圣人用之则行，舍之则藏，未尝到无可奈何处，何须说命？如下一等人，不知有命；又一等人知有命，犹自去计较；中人以上，便安于命；到得圣人，便不消得言命。"问："或以命为天理，何也?"曰："命者，天理流行，付于万物之谓也。然其形而上者谓之理，形而下者谓之气。自其理之体而言之，则元亨利贞之德，具于一时，而万古不易；自其气之运而言之，则消息盈虚之变，如循环之无端，而不可穷也。万物受命于天以生，而得其理之体，故仁义礼智之德，根于心而为性。其既生也，则随其气之运，故废兴厚薄之变，唯所遇而莫逃。此章之所谓命，盖指气之所运为言。以天理释之，则于二者之分，亦不察矣。"吴氏曰："命指气而言。阴阳之气，运行不齐，治乱皆有定数，如命令然。景伯欲肆寮者，义之激也。夫子归之于命者，分之安也。疑季氏有惑志，子路遂同子羔仕卫。"齐氏曰："子路非王佐之才，家臣非卿相之位，而孔子以公伯寮之愬为关于吾道之行止，何也？鲁为公室之蠹者，莫如季氏。孔子为政于鲁，大率欲裁其僭。而勇于承令，以出藏甲堕郈费者，子路也。公伯寮愬子路，固将假以沮孔子也。故孔子不为子路祸福计，而为吾道兴废计。然子服景伯欲肆寮于市朝，而孔子以为寮如命何，盖以吾道行与不行，系于天之祐与不祐，而不系于寮之愬与不愬也。景伯尤诸人，而孔子委之天；孟氏于臧仓之沮鲁侯，亦归之天焉。"庆源辅氏曰："圣人纯是义理，义所当行则行，义所当止则止。处利害之际，唯其义而已，更不问命之如何。今此言命者，以晓景伯，警伯寮耳。"新安陈氏曰："天将使道之行，寮不能使之废。使寮之愬得行，是天未欲道之行耳。圣人不怨天，又何尤于寮哉?”【通旨】朱氏公迁曰：“孔子两言其如予何，一言其如命何，如命何是我之命在天，如予何是天之命在我。在天者不可必，在我者可必也。”

○子曰：贤者辟世，辟，去声。下同。

天下无道而隐，若伯夷太公是也。辟纣而居东，北海之滨。

其次辟地，

去乱国，适治去声。邦。如百里奚去虞之秦。

其次辟色，

礼貌衰而去。如卫灵公顾蜚雁而色不在孔子，遂去之。

其次辟言。

有违言而后去也。如卫灵问陈，而孔子遂行。

程子曰：“四者虽以大小次第言之，然非有优劣也，所遇不同耳。”问：“四者固非优劣。然贤者之处世，岂不能超然高举、见几而作，乃至发见于言色，而后辟之耶?”勉斋黄氏曰：“出处之义，自非一端，随其所遇之时，而酌其所处之宜可也。卫灵公顾蜚雁则辟色矣，问陈则辟言矣，岂夫子于此为劣乎? 此所以不可以优劣言也。”厚斋冯氏曰：“桀溺谓子路岂若从辟世之士，夫子为之怃然。至是乃贤辟世，则道不行而无仕志也。”吴氏曰：“世与地，以地势广狭言；色与言，以人事浅深言。若夫子，则辟地、辟色、辟言，而终不忍于辟世，观其论沮溺可见矣。”云峰胡氏曰：“天下为大，邦国为小。辟世辟地，是辟其国；辟色辟言，是辟其人。此程子所谓大小次第，而非以贤者之德为有优劣也。”

○子曰：“作者七人矣。”

李氏曰：“作，起也。言起而隐去者，今七人矣。不可知其谁何。必求其人以实之，则凿矣。”庆源辅氏曰：“凡书所载，有当深索者，不深索之则失之略；有不必过求者，过求之则失之凿。所谓当深索者，义理是也；所谓不必过求者，此处是也。”

○子路宿于石门。晨门曰：“奚自?”子路曰：“自孔氏。”曰：“是知其不可而为之者与?”与，平声。

石门，地名。晨门，掌晨启门，盖贤人隐于抱关者也。自，从也，问其何所从来也。胡氏曰：“晨门知世之不可而不为，故以是讥孔子。然不知圣人之视天下，无不可为之时也。”问：“圣人无不可为之时。且以人君言之，尧所以处丹朱而禅舜，舜所以处父母弟之间，与所以处商均而禅禹；以人臣言之，伊尹所以处太甲，周公所以处管蔡。可见圣人无不可为之时。”朱子曰：“然。”南轩张氏曰：“圣人非不知道之不行，而皇皇于斯世者，天地生物之心也。晨门，贤而隐于抱关，知世之不可为而遂已，而未知道之不可以已。然玩其辞意，缓而不迫，所养有过于荷蒉之果者欤?”勉斋黄氏曰：“晨门见己而不见圣人，故云然。然无孔子之圣，则宁自处于抱关耳。其言圣人则非，而自处其身则是，亦贤也已。”庆源辅氏曰：“贤者之视天下有不可为之时，才力有限也；圣人视天下无不可为之时，其道无所不可也。”

○子击磬于卫。有荷蒉而过孔氏之门者，曰："有心哉！击磬乎！"荷，去声。

磬，乐器。荷，担也。按《韵书》，负荷之荷，在上声，下可反，又去声。蒉，草器也。此荷蒉者，亦隐士也。圣人之心未尝忘天下，此人闻其磬声而知之，则亦非常人矣。问："闻磬声，如何便知夫子之心不忘天下？"朱子曰："他那人煞高，如古人于琴声中知有杀心耳。"

既而曰："鄙哉！硁硁乎！莫己知也，斯已而已矣。深则厉，浅则揭。"硁，苦耕反。莫己之己，音纪，余音以。揭，起例反。

硁硁，石声，亦专确之意。以衣涉水曰厉，摄衣涉水曰揭。此两句，《卫风·匏有苦叶》之诗也。讥孔子人不知己而不止，不能适浅深之宜。

子曰："果哉！末之难矣。"

果哉，叹其果于忘世也。末，无也。圣人心同天地，视天下犹一家，中国犹一人，不能一日忘也。故闻荷蒉之言，而叹其果于忘世。且言人之出处，上声。若但如此，则亦无所难矣。庆源辅氏曰："果于忘世，决去不反者能之，何难之有？若圣人之出处，因时卷舒，与道消息，而忧世之心，终不能已，济世之用，其出无穷。此岂荷蒉所能与哉？"双峰饶氏曰："圣人之道，有出有处，便如天地有阴有阳。荷蒉之徒，见得一边，遗了一边，所以只知独善而果于忘世矣。"新安陈氏曰："圣人之心，不能一日忘天下；亦如天地之心，不能一日忘万物。天地生物之心，不以闭塞成冬之时而息；圣人道济天下之心，不以天地闭、贤人隐之时而息也。圣人不能忘世之心，荷蒉初闻其磬声而知之。然观其'既而曰'以下之言，则非深知圣人之心者。要之果于忘世之人，岂能深知圣人所以不能忘世之心哉？"

○子张曰："《书》云：'高宗谅阴，三年不言。'何谓也？"

高宗，商王武丁也。谅阴，天子居丧之名，未详其义。问"谅阴之说"。朱子曰："孔氏曰'谅，信也；阴，默也。'邢氏释之曰'信，谓信任冢宰'，胡氏释之曰'信能默而不言也'，二家皆用孔训，而为说不同。郑氏于《礼记》又读作'谅闇'，言居倚庐，大抵古者天子居丧之名。"觉轩蔡氏曰："《丧服四制》'谅闇三年'，郑注云：'谅，古作梁。楣，谓之梁。闇，读如鹑鸽之鸽。闷，谓庐也，即倚庐之庐'。《仪礼》'剪屏柱楣'，郑氏谓'柱楣，所谓梁闇是也'。《书》云：'王宅忧谅阴。'言居丧于梁闇也。按谅阴之义，先人得于先师，晚年面命者如此。"

子曰："何必高宗，古之人皆然。君薨，百官总己以听于冢宰三年。"

言君薨，则诸侯亦然。总己，谓总摄己职。冢宰，太音泰。宰也。百官听于冢宰，故君得以三年不言也。胡氏曰："位有贵贱，而生于父母无以异者。故三年之丧，自天子达。子张非疑此也，殆以为人君三年不言，则臣下无所禀令，祸乱或由以起也。孔子告以听于冢宰，则祸乱非所忧矣。"问："胡氏云：'以听冢宰，则祸乱非所忧。'然主少国疑之际，得人如伊周霍葛则可，不幸如莽操之奸，岂不大可忧邪？"双峰饶氏曰："使嗣君刚明，而冢宰有莽操之奸，则必能易而置之。如其不能，虽不总己以听，亦何益哉？且天下之事，有常有变，圣人只论其常耳。"新安陈氏曰："居丧而冢宰摄政，则嗣君虽不言，亦无失政矣。”

○子曰：“上好礼，则民易使也。”好、易，皆去声。

谢氏曰：“礼达而分去声。定，此句出《礼运》。故民易使。”庆源辅氏曰：“达，谓达于下也。上好礼，则品节分明，而诚意退逊。故观感于下者，亦皆安己之分，听上之命而易使。”问：“礼何以使之达？”双峰饶氏曰：“官府之政，学校之教，皆所以达之。”云峰胡氏曰：“礼也者，所以辨上下而定民志也。民之志定，民之力可使也。”厚斋冯氏曰：“圣人言使民，曰上好礼，曰小人学道，使之知上下之分而乐于从命，不以势力强之也。”

○子路问君子。子曰：“修己以敬。”曰：“如斯而已乎？”曰：“修己以安人。”曰：“如斯而已乎？”曰：“修己以安百姓。修己以安百姓，尧舜其犹病诸！”

修己以敬，夫子之言至矣尽矣。而子路少之，故再以其充积之盛，自然及物者告之，无他道也。人者，对己而言。百姓，则尽乎人矣。尧舜犹病，言不可以有加于此。以抑子路，使反求诸近也。盖圣人之心无穷，世虽极治，去声。下同。然岂能必知四海之内，果无一物不得其所哉？故尧舜犹以安百姓为病。若曰吾治已足，则非所以为圣人矣。朱子曰：“‘敬’字，圣学之所以成始成终者皆由此，故曰‘修己以敬’。下面安人、安百姓，皆由于此。只缘子路问不置，故夫子复以此答之。要之只是个修己以敬，则其事皆了。”问“修己以敬”。曰：“敬者，非但是外面恭敬而已，须是要里面无一毫不直处方是。所谓敬以直内者是也。修己以敬，语虽至约，而所以齐家治国平天下之本，举积诸此。子路不喻而少其言，于是告以安人安百姓之说。盖言修己以敬，而极其至则心平气和，静虚动直，而所施为，无不自然各当其理。是以其治之所及者，群黎百姓，莫不各得其安也。是皆本于修己以敬之一言，其功效之自然及物者耳。”或问：“然则夫子之言，岂其略无大小远近之差乎？”曰：“修己以敬，贯彻上下，包举远近而统言之也。安人安百姓，则因子路之问，而以功效之及物者言也。然曰‘安人’，则修己之余而敬之至也；‘安百姓’，则修己之极而安人之尽也。是虽若有小大远近之差，然皆不离于修己以敬之一言，而非有待于扩之而后大、推之而后远也。”勉斋黄氏曰：“非谓修己以敬之外，又有充积之功也。修己以敬，而可谓君子，则是充积之盛，在其中矣。特言其功效之远，则指夫自其充积之盛者而出耳。修己以安人，犹曰修己以敬，而可以安人也；修己以安百姓，犹曰修己以敬，而可以安百姓也。子路疑修己以敬之一言，不足以尽君子。故夫子指其效验之大者而言，以见决非君子不足以当之也。”○程子曰：“君子修己以安百姓，笃恭而天下平。惟上下一于恭敬，则天地自位，万物自育，气无不和，而四灵①毕至矣。《记·礼运》：“四灵以为畜，许六反。故饮食有由也。何谓四灵？麟凤龟龙谓之四灵。”此体信达顺之道，聪明睿知去声。皆由是出，以此事天飨帝。”朱子曰：“上下一于恭敬，这却是上之人，有以感发而兴起之。信是实理，顺是和气。体信是致

---

① 四灵：指麟、凤、龟、龙四种灵畜。《礼记·礼运》：“何谓四灵？麟、凤、龟、龙谓之四灵。”孔颖达疏：“以此四兽皆有神灵，异于他物，故谓之灵。”儒家认为这四种动物在天下治平时出现，故称“灵”。

中意，达顺是致和意。言能恭敬，则能体信达顺。聪明睿知，皆由此出者，言能恭敬，自然心便开明。体信，是实体此道于身；达顺，是发而中节，推之天下而无所不通也。体信是忠，无一毫之伪；达顺是恕，无一物不得其所。聪明睿知皆由是出，是自诚而明意思。敬则自然聪明。人所以不聪不明，止缘身心惰慢，便昏塞了。敬则虚静，自然通达。”问：“上下一于恭敬，则天地自位，万物自育，四灵毕至。如此则敬之功用，又不止于安百姓矣。”双峰饶氏曰：“天地位，万物育，与安百姓，也只是一事，初无大小。若阴阳不和，五谷不熟，百姓何由而安?”新安陈氏曰：“夫子为见子路勇躁，轻视修己以敬之言，故推极其功以抑之。程子此条，亦推赞恭敬之极功，以发明夫子之意云。”东阳许氏曰：“圣人言修己以安百姓，而程子乃言上下一于恭敬。盖治道非一人所能独成，必君臣上下，皆能恭敬，然后有天地位以下之应。然下人能敬，亦在乎上之人有以感之，渐渍而成恭敬，以至于天下平。程子此段，是推极而言，以见敬之功用无穷。”【通旨】朱氏公迁曰：“此章‘敬’字是举其统体而言，亦曰专言之者。缉熙敬止，是圣学之极功；恭己笃恭，是致治之极功；修己以敬，则彻上彻下之道也。”又曰：“恭己以正南面，修己以安百姓，笃恭而天下平，皆以敬之功用言。恭己笃恭，是临民气象；恭而安，是一身气象。恭敬之心，是本心著见者，余则因其著见而充积之者。”

○原壤夷俟。子曰：“幼而不孙弟，长而无述焉，老而不死，是为贼！”以杖叩其胫。孙、弟，并去声。长，上声。叩，音口。胫，其定反。

原壤，孔子之故人。母死而歌，《记·檀弓下》：“孔子之故人，曰原壤，其母死，孔子助之木椁。原壤登木曰‘久矣，予之不托于音也’，歌曰‘狸首之斑然，执女手之卷然’。夫子为弗闻也者而过之。”盖老氏之流，自放于礼法之外者。夷，蹲踞音存据。也。双峰饶氏曰：“蹲踞，鸱鸟好蹲，故谓之蹲鸱，又或谓之鸱夷。夷，即蹲也。”俟，待也。言见孔子来而蹲踞以待之也。述，犹称也。贼者，害人之名。以其自幼至长，无一善状，而久生于世，徒足以败常乱俗，则是贼而已矣。胫，按《韵书》，形定反，《集注》云“其定反”，音小异。足骨也。孔子既责之，而因以所曳之杖，微击其胫，若使勿蹲踞然。朱子曰：“胡氏以为原壤之丧母而歌，孔子为弗闻者矣。今乃责其夷俟，何舍其重而责其轻耶？盖数其丧母而歌，则壤当绝；叩其箕踞之胫，则壤犹为故人。盛德中礼见乎周旋，此亦可见。”郑氏舜举曰：“圣人之接物，各称其情。恶之而逊其辞，外之也，遇阳货是也；恶之而斥其罪，亲之也，遇原壤是也。”新安陈氏曰：“幼壮孝弟，耆耋好礼，则久生可以仪风俗，故敬其为寿；幼壮无称，老徒傲惰，则久生适以败风俗，故名其为贼。壤良可戒哉!”

○阙党童子将命。或问之曰：“益者与?”与，平声。

阙党，党名。童子，未冠去声。者之称①。将命，谓传宾主之言。或人疑此童子学有进益，故孔子使之传命以宠异之也。

子曰：“吾见其居于位也，见其与先生并行也。非求益者也，欲速成者也。”

---

① 未冠者：没有举行冠礼的人。男子二十加冠，以表示长大成人。

礼，童子当隅坐随行。《记·檀弓》：“曾子疾，童子隅坐而执烛。”又《王制》：“父之齿随行。”孔子言吾见此童子，不循此礼。新安陈氏曰：“居位，是不循隅坐之礼。并行，是不循随行之礼。”非能求益，但欲速成尔。故使之给使令之役，观长上声。少去声。之序，习揖逊之容。盖所以抑而教之①，非宠而异之也。南轩张氏曰：“不止乎童子之所，而自进于成人之列，有躐等之意，无自卑之心，乌能以求益乎？欲速成而已。如物之生，循序而生理达焉。若欲速成，反害其生矣。故圣门之学，先之以洒扫应对进退之事，所以长爱敬之端，防傲惰之萌，而使之循序以进也。”勉斋黄氏曰：“礼之于人大矣，老者无礼，则足以为人害；少者无礼，则足以自害。夫子于原壤、童子，皆以是教之。述《论语》者，以类相从，所以著人无老少，皆不可以无礼仪也。”庆源辅氏曰：“求益，则浸长而不知；欲速，则亟进而无序。圣门之教，虽以敏行为先，而又以躐等为戒。”云峰胡氏曰：“原壤老而为贼，是从幼不逊弟来。今童子得以驯揉其气而习于礼，则庶可以免于原壤之弊也欤？”

论语集注大全卷十五

卫灵公第十五

凡四十一章。【通考】勿轩熊氏曰：“此篇多记出处，前三章文公疑为在陈一时之言，余亦多记夫子言行与门人问答之辞。”

卫灵公问陈于孔子。孔子对曰：“俎豆之事，则尝闻之矣；军旅之事，未之学也。”明日遂行。陈，去声。

陈，谓军师行音杭。【校记：音杭：四库本作“音抗”。此据（元）詹道传《四书纂笺》及弘治本、三鱼堂本改。】伍之列。俎豆，礼器。尹氏曰：“卫灵公，无道之君也，复扶又反。有志于战伐之事，故答以未学而去之。”《史记·世家》：孔子适卫，主蘧伯玉家。他日灵公问兵陈于孔子，明日与孔子语，见蜚鸿，仰视之，色不在，孔子遂行，复如陈。是岁，鲁哀公三年，孔子年六十矣。问：“灵公问陈，而夫子遽行，何也？”朱子曰：“为国以礼，战陈之事，非人君所宜问也。况灵公无道，夫子固知之矣，特以其礼际之善，庶几可与言者，是以往来于卫为日最久，而所以启告之者亦已详矣。乃于夫子之言，一无所入，至是而犹问陈焉，则其志可知矣，故对以未学而去之。然不徒曰未学而已，犹以俎豆之事告之，则夫子之去，盖亦未有必然之意也。使灵公有以发悟于心而改事焉，则夫子之行，孰谓其不可留哉？”南轩张氏曰：“夫子之在卫，灵公虽无道，然亦当侧闻夫子之所趣矣，顾乃以问陈为言，与夫子之意，可谓背驰，夫子所以答之

① 抑而教之：为抑制而教育他。

者，则以己之所学者，在此而不在彼，以其不合也，故明日而行焉。夫自春秋之时言之，诸国以强弱为胜负，军旅之事，宜在所先，而俎豆之事，疑若不急者矣，曾不知国之所以为国者，以夫天叙天秩者实维持之也。为国者志存乎典礼，则孝顺和睦之风兴，协力一心，【校记：协力一心：四库本作"叶力一心"。据（宋）张栻《癸巳〈论语〉解》弘治本、及三鱼堂本改。】尊君亲上，其强孰御焉！不然，三纲沦废，人有离心，国谁与立？军旅虽精，果何所用哉？俎豆之于礼教，犹陈之于军旅，实理之所寓而教之所由兴也。使灵公而有志乎俎豆之间，则推而达之，必有不可已也。"勉斋黄氏曰："夫子对灵公以军旅之事未之学，答孔文子以甲兵之事未之闻，及观夹谷之会，则以兵加莱人而齐侯惧，费人之乱，则命将士以伐之，而费又北，又尝曰'我战则克'。夫子岂有未学未闻者哉？特以军旅之事，非所以为训耳。然欲以俎豆之事启之，则夫子之拳拳于卫，亦可知矣。"

在陈绝粮，从者病，莫能兴。从，去声。

孔子去卫适陈。兴，起也。问："'明日遂行'，'在陈绝粮'，想见孔子都不计较，所以绝粮？"朱子曰："若计较，则不成行矣。"齐氏曰："孟子曰：'孔子厄于陈蔡之间。'考《春秋》，则其时陈服楚，蔡服吴，吴楚交战无虚岁，孔子盖为楚昭王，徘徊陈蔡，而绝粮于兵间也。"

子路愠见，曰："君子亦有穷乎？"子曰："君子固穷，小人穷斯滥矣。"见，贤遍反。

何氏曰①："滥，溢也。言君子固有穷时，不若小人穷则放溢为非。"程子曰："固穷者，固守其穷。"亦通。或问："固穷，有二义？"朱子曰："固守其穷，恐圣人一时答问之辞，未遽及此。盖子路方问'君子亦有穷乎？'答曰'君子固是有穷时，不如小人穷则滥耳'，以'固'字，答上文'亦有'字，文势乃相应。"南轩张氏曰："子路之愠，以为夫子之德之盛，疑其不当穷也，此不几于不受命乎！夫子答之之意，以为命之不齐，君子小人，皆有穷也，特君子能守，而小人失其守也。"〇愚谓圣人当行而行，无所顾虑。处上声。困而亨，《易·困卦》云："困、亨、贞。"又云："困而不失其所亨。"无所怨悔。于此可见，学者宜深味之。庆源辅氏曰："当行而行，无所顾虑，义之勇也；处困而亨，无所怨悔，义之安也。"胡氏曰："当行而行，惟理是视者，无所顾虑，不计其后也。处困而亨，身虽穷而道则通也。无所怨悔，观固穷之语可见也。学者之进退，能于是而取则焉，则不为利害所夺、穷达所移矣！"双峰饶氏曰："当行而行，无所顾虑，是说'明日遂行'；处困而亨，无所怨悔，是说'在陈绝粮'以下。顾，是顾后；虑，是虑前；怨，是怨人；悔，是自悔。""礼有大于俎豆者，夫子且自谦让，说其小者也，盖灵公以军陈为问，故夫子以礼器为对。君子，成德之人，安于贫贱，若固守其穷，似下君

---

① 何氏：何晏（约193—249年），三国魏玄学家，字平叔，南阳宛县（今河南南阳）人，汉大将军何进之孙。何晏与夏侯玄、王弼等倡导玄学，竞事清谈，遂开一时风气，为魏晋玄学的创始者之一。与王弼等祖述老、庄立论以为天地万物皆以无为本"无也者，开物成务，无往不存者也"，著有《论语集解》等。

子一等矣。”【通考】朱氏公迁曰：“圣人安土之仁，见孔子处困厄之道，若孟子言无上下之交，则明孔子罹困厄之由。‘其如予何’，是知天之智。微服过宋，是处物之义，思患豫防，正以顺乎天也。此所谓并行而不相悖也。”

〇**子曰：“赐也，女以予为多学而识之者与？”**女，音汝。识，音志。与，平声。下同。

子贡之学，多而能识矣。夫子欲其知所本也，故问以发之。新安陈氏曰：“所本，指万殊之一本处也。”

对曰：“然，非与？”

方信而忽疑，盖其积学功至，而亦将有得也。云峰胡氏曰：“《集注》于曾子曰‘夫子知其真积力久，将有所得’，以行言也；此则曰‘积学功至，亦将有得’，以知言也。曾子行而将有所得，子贡亦知而将有所得，‘亦’字是从曾子说来。”新安陈氏曰：“于能疑，见其将有得。”

曰：“非也，予一以贯之。”

说见形甸反。第四篇。然彼以行言，而此以知言也。朱子曰：“圣人也不是不理会博学多识，只圣人之所以为圣，却不在博学多识，而在一以贯之。今人博学多识，而不能至于圣者，只是无一以贯之。然不博学多识，则又无物可贯，孔子实是多学，无一事不理会过，只是于多学中，有一以贯之耳。”“曾子领会夫子一贯之旨，发出忠恕，是从源头上面流下来；子贡是从下面推上去。”“子贡寻常就知识而入道，故夫子警之曰‘予一以贯之’，盖言吾之多识，不过一理耳，但子贡多是晓得了便了，更没收杀。曾子寻常自践履入，事亲便真个行此孝，为人谋则真个忠，与朋友交则真个信，故夫子警之曰‘吾平日之所行者，皆一理耳’，惟曾子领会于片言之下，故曰‘忠恕而已矣’，以夫子之道，无出于此也。”新安陈氏曰：“彼以‘吾道’冠于‘一以贯之’之上，此自多学而识说起，而但云‘予一以贯之’，可见彼言行，此言知也。”〇谢氏曰：“圣人之道大矣，人不能遍观而尽识，如字。宜其以为多学而识之也。然圣人岂务博者哉？如天之于众形，匪物物刻而雕之也①。故曰：‘予一以贯之。’‘德輶如毛，毛犹有伦。上天之载，无声无臭。’至矣！”问：“如天之于众形，匪物物刻而凋之也。”朱子曰：“天只是一气流行，万物自生自长，自形自色，岂是妆点得如此？圣人只是一个大本大原里出，视自然明，听自然聪，色自然温，貌自然恭，在父子则为仁，在君臣则为义。从大本中流出便成许多道理，只是这个一，便贯将去。”问：“谢氏解此章，末举《中庸》引诗语，只是赞其理之妙耳？”曰：“固是，到此则无可得说了，然此须是去涵泳，只恁说过，也不济事。多学而识也，不可谓不是，故子贡先曰然，又曰非与。固有当多学而识之者，又自有一贯底道理，但多学而识之则可说，到一以贯之，则不可说矣。”陈氏曰：“此以《中庸》语证，乃形容天理自然流行之妙，无凋刻之迹，即所以结前意耳。”尹氏曰：“孔子之于曾子，不待其问而直告之以此，曾子复扶又反。深谕之曰‘唯’。若子贡则先发其疑而后

---

① 如天之于众形，匪物物刻而雕之也：就像天对于各种事物，并不是一个一个地去雕刻它们。

告之，而子贡终亦不能如曾子之唯也。二子所学之浅深，于此可见。”愚按：夫子之于子贡，屡有以发之，新安陈氏曰：“如‘莫我知也夫’，及‘予欲无言’之类。”而他人不与音预。焉。则颜曾以下诸子所学之浅深，又可见矣。或问此章之说。朱子曰：“圣人生知，不待多学，子贡以己观夫子，故以为亦多学也。夫子以一贯告之，此虽圣人之事，然因己以告子贡，使知夫学者虽不可以不多学，然亦有所谓一以贯之，然后为至耳。盖子贡之学亦博矣，然意其特于一事一物之中，各有以知其理之当然，而未能知夫万理之为一，而廓然无所不通也。圣人以此告之，使之知所谓众理者，本一理也，以是而贯通之，则天下事物之多，皆不外乎是，而无不通矣。”问：“语子贡一贯之理，谓五常百行，人伦物理，纷纭杂揉，不可名状，是可谓有万而不同者矣；然一体该摄乎万有，而万殊归乎一原，循其本而观之，则固一矣。即其用而验之，则是其本行乎事物之间，斯所谓‘一以贯之’者也。圣人生知，固不待多学而识；学者非由多学，则固无以识其全也，故必格物穷理以致其博，主敬力行以反诸约，及夫积虑既久，豁然贯通，则向之多学而得之者，始有以知其一本而无二矣。子贡致知之功已至，其于事物之间，灼然知天理之所在而不疑，特未究夫一之为妙耳。夫子当其可而问之，发其疑而告之，故能闻言而悟，不逆于心。观夫子于曾子之外，独以告子贡，则其不躐等而施者，抑可见矣。”曰：“此说亦善。”庆源辅氏曰：“子贡以通达之资，闻一知二，则其所学，固多而能识矣。然务博者多徇外，如方人、屡中之事可见，夫子每有以抑之，无非使之反求其本者。子贡至此，则真积力久，亦将有得矣，故夫子先设为疑辞以发之，俟其言以观其志，然后告之。”或问：“夫子告子贡以一贯，与曾子同，朱子谓‘告曾子以行言，告子贡以知言’。”潜室陈氏曰：“既是一贯，本不可分知行，只缘子贡以知识入道，故圣人从他明处点化他，犹自领会不去。以忠恕而明一贯，验得是行；以知识而明一贯，验得是知。一贯固不可分，但向人语处，入头各有涂辙。”袁氏曰：“曾子闻一贯之说，即唯而无疑，固已深领圣道之妙；子贡虽未能如曾子之唯，而亦未始如门人有何谓之问，是则子贡盖亦默会于言下矣。”云峰胡氏曰：“《集注》于《参乎章》引程子曰‘维天之命，於穆不已’，是以‘天’字释‘一’字；此章引谢氏曰‘天之于众形，匪物物刻而凋之也’，亦以‘天’释‘一’字。盖天之于万物，是一气之贯，圣人之于万事，是一理之贯。但彼之所谓贯者，曰‘泛应曲当，用各不同’，是以行言；此由博学而识之说来，是以知言。况曾子之笃实，能力于行，子贡明达，能求其知，所以告之者若不同，而所谓一者未尝不同也。”新安陈氏曰：“颜曾以下诸子，天资之敏，学问之进，皆无如子贡。更观其闻性与天道，及‘子张’篇末三章称孔子处，足以见矣。”

○子曰：“由！知德者鲜矣。”鲜，上声。

由，呼去声。子路之名而告之也。德，谓义理之得于己者。非己有之，不能知其意味之实也。○自第一章至此，疑皆一时之言。此章盖为去声。愠见发也。南轩张氏曰：“知德者鲜，以其践履之未至，故不能真知其味，夫子以此告子路，使之勉进于德。”庆源辅氏曰：“圣门之学，不以徒知为尚，要在实有诸己。”觉轩蔡氏曰：“夫子呼子路，告以‘知德者鲜矣’之说，谓义理有得于己，则死生祸福得丧，自不能乱其所守，所以释其愠见之惑。夫子当造次颠沛之中，所以告门人弟子者，各随其所蔽而开发，无以异于洙泗雍容讲论之素。吁，此其所以为圣人也与！”双峰饶氏曰：“夫子不曰‘知道’，而曰‘知德’，何也？德与道不同，知在行先，曰知道；知在行后，则曰知德。知在行先，则道未为我有，犹未亲切；知在行后，则此道实为我有，而知之也深。既知得这里面滋味，则外面世味，自不足以夺之，孟子曰：‘饱乎仁义，所以不愿人之膏粱之味也。’子路未能实有是德于己，所以才绝粮，便愠见。”云峰胡氏曰：“详《集注》之意，不徒重在‘知’字，而重在‘德’字。盖义理之味无穷，必实得于己，而后真知其味之实，不然，臆度之知，非真知也。夫苟真知之，区区穷达，岂足为欣戚哉！”

○**子曰：“无为而治者，其舜也与？夫何为哉，恭己正南面而已矣。”**与，平声。夫，音扶。

无为而治去声。者，圣人德盛而民化，不待其有所作为也。独称舜者，绍尧之后，而又得人以任众职，故尤不见其有为之迹也。恭己者，圣人敬德之容。既无所为，则人之所见如此而已。或问：“恭己，为圣人敬德之容，以《书》、《传》考之，舜之为治，朝觐巡狩，封山浚川，举元凯，诛四凶，非无事也，此其曰‘无为而治者’何耶？”朱子曰：“即《书》而考之，则舜之所以为治之迹，皆在摄政二十八载之间，及其践天子之位，则《书》之所载，不过命九官十二牧而已，其后无他事也。虽《书》之所记简古稀阔，然亦足以见当时之无事也。”双峰饶氏曰：“《集注》分两节，一节说圣人德盛而民化，不待其有所作为，此是众圣人之所同；一节说舜绍尧之后，又得人以任众职，故尤不见其有为之迹，此是舜之所独。称舜，与‘无忧者其惟文王乎’相似。”新安陈氏曰：“人不见其有为之迹，可得见者临御敬德之容耳，胡氏谓‘敬德之容，由外而知其内’是也。”

○**子张问行。**

犹问达之意也。

子曰：“言忠信，行笃敬，虽蛮貊之邦行矣；言不忠信，行不笃敬，虽州里行乎哉？行笃、行不之行，去声。貊，亡百反。

子张意在得行于外，故夫子反于身而言之，犹答干禄、问“达”之意也。笃，厚也。蛮，南蛮。貊，北狄。《周礼·夏官·职方氏》：“四夷、八蛮、七闽、九貉、五戎、六狄。”郑司农注：“东方曰夷，南方曰蛮，西方曰戎，北方曰貉狄。”二千五百家为州。朱子曰：“笃，有重厚深沉之意；敬而不笃，则有拘迫之患。”南轩张氏曰：“笃敬者，敦笃于敬也。言忠信，则言有物，行笃敬，则行有恒。以是而行，何往不可？”双峰饶氏曰：“凡事详审不轻发，是笃底意思；戒谨恐惧，惟恐失之，是敬底意思。笃自笃，敬自敬。”问：“言思忠，言而有信，此合忠信来言上说，如何？”曰：“忠信都训实。忠是出于心者，信是见于事者，如口里如此说，心下不如此，是不忠也；口里如此说，验之于事却不如此，是不信也。忠，是前一截事，信，是后一截事，若前一截实，后一截虚，便不可。”

立，则见其参于前也；在舆，则见其倚于衡也。夫然后行。”参，七南反。夫，音扶。

其者，指忠信笃敬而言。参，读如"毋往参焉"之参，《记·曲礼》："离坐离立，毋往参焉。离，丽也，谓两人相附丽而并坐，或并立，我毋往参之为三焉。"言与我相参也。衡，轭也。言其于忠信笃敬念念不忘，随其所在，常若有见，虽欲顷刻离去声。下同。之而不可得。然后一言一行去声。自然不离于忠信笃敬，而蛮貊可行也。朱子曰："参前倚衡，只是见得理如此，不成是有一块物事光辉辉在那里。""此谓言必欲其忠信，行必欲其笃敬，念念不忘，而有以形于心目之间耳。"问："参前倚衡，何物参倚？坐立所见，何物可见？"潜室陈氏曰："参前倚衡，不是有个外来物事，便是忠信笃敬；坐立所见，要常常目在之耳。此是学者存诚工夫，令自家实有这个道理，镇在眼前，不相离去。"郑氏舜举曰："子张务外者也，故问干禄，问行，皆以言行告之。忠信笃敬，视寡尤寡悔，浅深不侔，子张之学进矣。"新安陈氏曰："忠信笃敬，乃言行当然之理，工夫全在'忠信笃敬、念念不忘'八字上，惟念念不忘于心，而后常如有见于目。忠信笃敬，吾心此理也；州里之人，与蛮貊之人，亦皆此心此理也。尽吾之心，则通乎人心，虽远而可行；不尽吾心，则无以通乎人心，虽近而不可行矣。"

子张书诸绅。

绅，大带之垂者。书之，欲其不忘也。双峰饶氏曰："书绅，见他佩服之切。子张到晚年尽切实，如言'执德不弘'之类可见。"新安陈氏曰："书上文夫子所言于绅也。"〇程子曰："学要鞭辟音壁。近里，著直略反。己而已。【通考】仁山金氏曰："辟音阙，如行辟人之辟，谓犹前驱者以鞭栏约人，使开向一边也。"博学而笃志，切问而近思；此致知之鞭辟近里著己者。言忠信，行笃敬；立则见其参于前，在舆则见其倚于衡；此力行之鞭辟近里著己者也。即此是学。质美者明得尽，渣滓壮里反。便浑上声。化，却与天地同体①。其次惟庄敬以持养之，及其至则一也。"朱子曰："鞭辟近里，此是洛中语。辟，如驱辟一般，一处说作鞭约，是要鞭督向里去，今人皆就外面做工夫。下云'切问近思，言忠信，行笃敬'，何尝有一句说向外去？只就身上理会，便是近里著己。""天地同体处，是义理之精英。渣滓，是私意、人欲之未消灭者。人与天地本一体，只缘渣滓未去，所以有间隔；若无渣滓，便与天地同体。如克己复礼为仁，己是渣滓，复礼便是天地同体处；如曾子'不忠不信不习'，漆凋开言'吾斯之未能信'，皆是有些渣滓处，只是质美者，见得透彻，那渣滓处，便都尽化了。若未到此，须当庄敬持养，旋旋磨擦去教尽，即此是学，只争个做得彻与不彻耳。"问："窃谓'切问近思'是主于致知，'忠信笃敬'是主于力行，知与行不可偏废。而程子谓'随人资质，各用其力，而其至则一'，如是则亦有行不假于知者，未知如何？"曰："'切问忠信'，只是泛引切己底意思，非以为致知力行之分也。质美者，固是知行俱到，其次亦岂有全不知而能行者？但因持养而所知愈明耳。"胡氏曰："明得尽，渣滓化，却天资高，知之即能行之，

---

① 质美者明得尽，渣滓便浑化，却与天地同体：品质高的明白得彻底，渣滓能全部融化，从而能和天地同为一体。

而私意无所容也。庄主容，敬主心，内外交致其力，常常操守以涵养之，然后可使私意消释。程子此条，专为学者言，不主于释经也。”

○子曰：“直哉史鱼！邦有道，如矢；邦无道，如矢。”

史，官名。鱼，卫大夫，名鳝。音秋。如矢，言直也。史鱼自以不能进贤退不肖，既死犹以尸谏，新安陈氏曰：“举此一事，可见其余。”故夫子称其直。事见形甸反。《家语》。《家语·困誓篇》：“卫蘧伯玉贤，而灵公不用，弥子瑕不肖，反任之，史鱼骤谏而不从，病将卒，命其子曰：‘吾在卫朝，不能进蘧伯玉，退弥子瑕，是吾生不能正君，死无以成礼，我死，汝置尸牖下，于我毕矣。’礼，饭于牖下，小敛于户内，大敛于阼，殡于客位也。其子从之。灵公吊焉，怪而问之。其子以父言告公，公愕然失容曰：‘是寡人之过也。’于是命之殡于客位，进蘧伯玉而用之，退弥子瑕而远之。孔子闻之曰：‘古之谏者，死则已矣，未有若史鱼死而尸谏，忠感其君者也，可不谓直乎！’”

“君子哉蘧伯玉！邦有道，则仕；邦无道，则可卷而怀之。”

伯玉出处，上声。合于圣人之道，故曰君子。卷，古转反。收也。怀，藏也。如于孙林父、音甫。宁殖常职反。放弑之谋，不对而出，亦其事也。《左传·襄公十四年》：“卫献公戒孙文子、宁惠子食，皆服而朝，日旰不召，而射鸿于囿，二子从之，不释皮冠而与之言。皮冠，田猎之冠也。二子怒，孙文子如戚。孙蒯入使，公饮之酒，使太师歌《巧言》之卒章，蒯惧，告文子，文子曰：‘君忌我矣，弗先必死。’并帑于戚，而入见蘧伯玉曰：‘君之暴虐，子所知也，大惧社稷之倾覆，将若之何？’对曰：‘君制其国，臣敢奸之？虽奸之，庸知愈乎？’遂行，从近关出。公使子蟜、子伯、子皮，与孙子，盟于丘宫，孙子皆杀之。四月，公出奔齐，卫人立公孙剽，孙林父、宁殖相之。二十年，宁惠子卒。二十六年，卫献公求复，谓宁喜曰：‘苟反，政由宁氏，祭则寡人。’宁喜告蘧伯玉，伯玉曰：‘瑗不得闻君之出，敢闻其入？’遂行。五月，宁喜攻孙氏克之，杀子叔。卫侯剽也。言子叔剽无谥，故《书》曰：“宁喜弑其君剽。”言罪之在宁氏也。孙林父以戚如晋，《书》曰：“入于戚以叛。”罪孙氏也。甲午，卫侯衎复归于卫。”新安陈氏曰：“卷、怀，皆指此道而言，引此事以为证。”杨氏曰：“史鱼之直，未尽君子之道。若蘧伯玉，然后可免于乱世。若史鱼之如矢，则虽欲卷而怀之，有不可得也。”朱子曰：“直固好，然一向直，便是偏，岂得如伯玉之君子？”南轩张氏曰：“史鱼只可谓之直，能伸而不能屈，未尽君子之道。若伯玉，则能因时屈伸，故谓之君子。”胡氏曰：“直者，德之一端。君子者，成德之名。”新安陈氏曰：“史鱼之直，不以有道无道而变，治世虽可行，乱世欲卷而不可得矣！伯玉有道则仕，无道卷怀，近于夫子之‘用则行，舍则藏’，《集注》以为‘出处合于圣人之道’，盖谓此也。”

○子曰：“可与言而不与之言，失人；不可与言而与之言，失言。知者不失人，亦不失言。”知，去声。

勉斋黄氏曰：“不与之言，不知其可与言也；与之言，不知其不可与言也。故惟知者不失人，亦不失言。”新安陈氏曰：“惟知者为能知人，知其人之可与言，或不可与言。不知人，则当语而默，当默而语，非失人，则失言矣。”

〇子曰：“志士仁人，无求生以害仁，有杀身以成仁。”

志士，有志之士。仁人，则成德之人也。理当死而求生，则于其心有不安矣，是害其心之德也。当死而死，则心安而德全矣。朱子曰：“志士、仁人，所以不求生以害仁，乃其心中自有打不过处，不忍就彼以害此，所以成仁者，但以遂其良心之所安而已。”“仁只是吾心之正理，求生害仁，虽以无道得生，却是抉破吾心中之全理；杀身成仁时，吾身虽死，却得此理完全也。”“求生如何便害仁？杀身如何便成仁？只是争个安与不安而已。”问：“死生是大关节，要之工夫却不全在那一节上，学者须是于日用之间，不问事之大小，皆欲即于义理之安，然后临死生之际，庶几不差。若平常应事，义理合如此处，都放过，到临大节，未有不可夺也。”曰：“然。”胡氏曰：“当死而死，于理为是，于心始安，故谓之‘成仁’。然必曰‘志士仁人者’，有志之士，慷慨就死，成德之人，从容就死也。”郑氏舜举曰：“志士不以死生为惧，仁人则明死生之理，唯曰‘不惧’，或未免于徒死，故以志士仁人兼言之。”双峰饶氏曰：“仁人与仁为一，仁为我有矣；志士与仁犹二，但有志于为仁。仁人者，自然无求生害仁，有杀身成仁，志士亦能勉而为之。比干，是仁人；豫让、张巡，是志士。”新安陈氏曰：“志士，志于仁而勉行，不及仁人之安行，然不以生死动心而亏此仁，则一也。”〇程子曰：“实理得之于心自别。实理者，实见得是，实见得非也。古人有捐躯陨羽敏反。命者，若不实见得，恶音乌。能如此？须是实见得生不重于义，生不安于死也。故有杀身以成仁者，只是成就一个‘是’而已。”或问：“有杀身以成仁，无求生以害仁，窃谓苟所利者大，一身何足惜也？”程子曰：“但看生与仁孰重，夫子曰‘朝闻道，夕死可矣’，人莫重于生，至于舍得死，道须大段好如生也。”曰：“既死矣，敢问好处如何？”曰：“圣人只睹一个‘是’。”朱子曰：“曾见人解杀身成仁，言‘杀身者，所以全性命之理’，人当杀身时，何暇更思量我是全性命之理？只为死便是，生便不是，不过就一个是，故伊川说生不安于死，至于全其性命之理，乃是傍人看他说的话，非是其人杀身时，有此意也。”或谓：“杀身者，只是要成这仁？”曰：“若说要成这仁，却不是，只是行所当行而已。”或问此章。曰：“仁者，心之德，而万理具焉，一有不合于理，则心不能安，而害于德矣，顺此理而不违，则身虽可杀，而此心之全，此理之正，浩然充塞天地之间，夫孰得而亡之哉？”曰：“其谓杀身成仁，而不曰义，何也？曰：“仁义，体一而用殊，故君子之于事，有以仁决者，有以义决者。以仁决者，此章之言是也；以义决者，孟子谓‘欲有甚于生，恶有甚于死’是也。盖仁人不以所恶伤所好之体，义士不以所贱易所贵之宜。”南轩张氏曰：“人莫不重于其生也，君子亦何以异于人哉？然以害仁，则不敢以求生；以成仁，则杀身而不避。盖其死有重于生故也。夫仁者，人之所以生者也，苟亏其所以生者，则其生也亦何为哉？曾子所以得正而毙者，正此义也。志士，志于仁者，与仁人浅深虽有间，然是则同也。”庆源辅氏曰：“志士于此二者，勉之者也；仁人于此二者，安之者也。心与理一，理当死而以生，则咈于天理，忍于吾心，而伤害于吾仁矣。心之德，即所谓仁也。理当死而死，则吾之心顺适而无伤，吾之仁亦全而无阙矣。”潜室陈氏曰：“谓之成仁，则必如是，而后天理人伦无亏欠处，生顺死安，无可悔憾。当此境界，但见义理，而不见己身，更管甚名誉耶?"汪氏曰："程子是因夫子之言，更推出'实见'二字，谓必先能真实见得死便定是，不死便定不是，方肯甘心就死，以成就这个是，若不曾真实见得定合如此，则必不肯甘心就死矣。此又推圣人所以言此之意，以晓人也。"新安陈氏曰："志士仁人，能得实理于心，方能有实见；实见得是与非，方能杀身成仁，以成就个是，而不求生害仁，以成就个非也。"问："杀身成仁，与舍生取义何别?"曰："仁义一理耳。仁以心之全德言，义以身之大节言，成仁包得取义，取义即所以成仁。孔子就本心安适处言，故曰'成仁'，孟子就切身断制处言，故曰'取义'，其为成就一个是，则一而已，所以程子于此，谓'实见得生不重于义'，可见仁与义一理也。"【通考】朱氏公迁曰："仁兼人心事理言，亦曰泛以仁道言，'子罕言仁'是泛举其大概，若'杀身成仁'，则就死生患难而言之，'安仁利仁、君子去仁'，则就富贵贫贱而言之，此皆即其处事言，而存心在其中。此章又以仁者言，又如夫子言'而亲仁'，又言友'士之仁'，皆是指仁人而言。宰我专指爱为仁，故共蔽也愚。夫子举成德而言，则仁之中未尝无知也。"又曰："专言仁者，则成德之人也。若以仁者对智者、勇者，则又有不同，以一人之身而兼有其德，则姑就其一体，而以仁者目之也。以其人质有所似，德有所成，而称之为仁人，则因其所有而得仁者之名也。"

○子贡问为仁。子曰："工欲善其事，必先利其器。居是邦也，事其大夫之贤者，友其士之仁者。"

贤以事言，仁以德言。勉斋黄氏曰："大夫言贤，以见于行事者也；士言仁，方见于修身者也。"夫子尝谓子贡悦不若己者，故以是告之，欲其有所严惮切磋以成其德也。《家语》："孔子曰：'吾死之后，则商也日益，赐也日损。'曾子曰：'何谓也?'子曰：'商也，好与贤己者处；赐也，好与不若己者处。与善人居，如入芝兰之室，久不闻其香，则与之化矣。与不善人居，如入鲍鱼之肆，久不闻其臭，亦与之化矣。丹之所藏者赤，漆之所藏者黑，是以君子必慎其所与处焉。'"朱子曰："大夫必要事其贤者，士必要友其仁者，便是要琢磨勉励以至于仁。如欲克己而未能克己，欲复礼而未能复礼，须要更相劝勉，乃为有益。""事贤友仁，也是个入德之方。"问："事与友，孰重?"曰："友为亲切，贤只是统言，友径指仁上说。""欲为仁，而先亲仁贤，犹工欲善其事，而先利其器。欲其取诸仁贤，以成其德也。"庆源辅氏曰："事大夫之贤者，则有所观法，而起严惮之心；友其士之仁者，则有所切磋，而生勉励之意。则其所以为仁者力矣。"新安陈氏曰："严惮指事大夫之贤，切磋指友士之仁。"○程子曰："子贡问为仁，非问仁也，故孔子告之以为仁之资而已。"汪氏曰："此专挑'为'字发明之，问意重在此字，故夫子答之，只从此字发明其意也。"新安陈氏曰："资助也。"

○颜渊问为邦。

颜子王佐之才，故问治天下之道。曰为邦者，谦辞。朱子曰："颜子之问有二，一问仁，一问为邦，须从克己复礼上来，方可及为邦之事。"

子曰："行夏之时，

夏时，谓以斗柄初昏建寅之月为岁首也①。天开于子，地辟于丑，人生于寅，故斗柄建此三辰之月，皆可以为岁首。而三代迭用之，夏以寅为人正，商以丑为地正，周以子为天正也。朱子曰："邵子《皇极经世书》，以元统会，十二会为一元，一万八百年为一会，以会统运，以运统世，三十年为一世，十二世为一运，三十运为一会。初间一万八百年而天始开，又一万八百年而地始成，又一万八百年而人始生。邵子于寅上方注一'开物'字，盖初间未有物，只是气塞，及天开些子后，便有一块渣滓在其中，渐渐凝结而成也。初则溶软，后渐坚实。今山形自高而下，便如水漾沙之势，以此知必是先有天，方有地，有天地交感，方始生人物出来。邵子言'到子上，方有天，未有地；到丑上，方有地，未有人；到寅上，方有人。子丑寅，皆天地人之始，故三代建以为正。夫子以寅月人可施功，故从其时'。"【通考】吴氏程曰："西山蔡氏推邵子《经世书》，谓'造化之运，大而元会，运世小则岁月日时，其致一也。天地始终，一十二万九千六百年为一元，元统十二会，犹岁统十二月，至于会统三十运，运统十二世，亦犹月统日，日统时也。一会三十运，为三百六十世，计一万八百年。首会为子，而天开于子半，次会为丑，而地始辟，又次会开物于寅，而人始生。今当午会，为一元之中，阅数万年之后，闭物于戌，则不复有人，至亥则周十二会，以终一元，而天地混矣。终则复始，循环不穷，天地再造，又如此矣'。"然时以作事，则岁月自当以人为纪。故孔子尝曰，"吾得《夏时》焉"而说者以为谓《夏小正》之属。《记·礼运》："子曰：'我欲观夏道，是故之杞而不足证也，吾得夏时焉。'"《夏小正》，夏时书名，今存戴德注。盖取其时之正与其令之善，而于此又以告颜子也。朱子曰："阳气虽始于黄钟，而其月为建子，然犹潜于地中，而未有以见其生物之功也。历丑转寅，而三阳始备，于是协风乃至，盛德在木，而春气应焉。古之圣人，以是为生物之始，改岁之端，盖以人之所共见者言之。至商周始以征伐有天下，于是更其正朔，定为一代之制，以新天下之耳目，而有三统之说。然以言乎天，则生物之功未著，以言乎地，则改岁之义不明，而凡四时五行之序，皆不得其中正，此孔子所以考论三王之制，而必行夏之时也。""所谓行夏时者，盖由历数以来，授时之法，如《尧典》教民事者，至夏而悉备也。诸家之历，久而皆差，惟《夏小正》之书，授时为无差，故曰行夏时也。"问："《集注》'斗柄初昏，建寅之月'，何独取初昏为定?"双峰饶氏曰："天象难捉摸，只有初昏可见。日已落，星初明，于是时推测方有定；若其他时候，周流四方，无可捉摸。凡测星辰，都用初昏；测日影，却用日中。""'行'字兼令说了，古人每月有政令，观《夏小正》可见。行夏之时，不特改正朔，乃是兼每月政令行了，所以《集注》说'时之正与其令之善'，以尧历日中星鸟，以殷仲春推之，亦是夏时。想夏之前，皆用建寅之月，至汤始改以新天下之观听。"问："《春秋》书'王正月'，是以十一月为春，如何?"曰："然天时参差，自是周制，夫子不敢擅改王制。但如此书，而于对颜子发此言，则人见得合用夏时，方与天时当对，此是夫子

---

① 谓以斗柄初昏建寅之月为岁首也：指以黄昏时北斗星斗柄指向寅地的月份为元月。古人用子丑寅卯等十二辰表示方位。子为正北，午为正南，卯、酉分别在东西，寅是东北。

微意。”

乘殷之辂，辂，音路，亦作路。

商辂，木辂也。辂者，大车之名。古者以木为车而已，至商而有辂之名，盖始异其制也。周人饰以金玉，则过侈而易去声。败，不若商辂之朴素浑上声。坚而等威已辨，为质而得其中也。或问：“周辂为过侈，何也?”朱子曰：“辂者，身之所乘，足之所履，其为用也贱矣；运用震动，任重致远，其为物也劳矣；且一器而工聚焉，其为费也广矣。贱用而贵饰之则不称，物劳而华饰之则易坏，壤费广而又增费之则伤财，此周辂之所以为过侈欤!”《正义》曰：“路，大也，君之所在，以大为号。门曰路门，寝曰路寝，车曰路车。”《左氏传》曰：“大路越席，昭其俭也。”勿轩熊氏曰：“按《记·明堂位》：‘鸾车，有虞氏之辂也；钩车，夏后氏之辂也。大辂，殷辂也；乘辂，周辂也。’注曰：‘汉祭天，乘殷之辂，今谓之桑根车。’《周礼·春官》：‘巾车掌王之五辂，曰：玉辂，金辂，象辂，革辂，木辂。’注曰：‘金、玉、象，以饰诸末。革辂，鞔之以革而漆之。木辂，漆之而已。’”云峰胡氏曰：“商尚质，亦有过于质者。商之辂，则得乎质之中者也。”

服周之冕，

周冕有五，祭服之冠也。冠上有覆，敷救反。前后有旒①。音流。黄帝以来，盖已有之，而制度仪等，至周始备。何晏曰：“《世本》云：‘黄帝作冕。’《周礼》：‘弁师掌王五冕，其制盖以木为干，以布衣之，上玄下朱，取天地之色。’阮谌《三礼图》云：‘长尺六寸，广八寸，天子以下皆同。前圆后方，前垂四寸，后垂三寸。’郑云：‘天子之衮冕十二旒，鷩冕九旒，毳冕七旒，绨冕五旒，玄冕三旒，旒各十二玉。公之衮冕九旒九玉，侯伯七旒七玉，子男五旒五玉，孤三旒三玉，大夫二旒二玉，士以弁，庶人以冠。’”《周礼·春官·司服》：“王之吉服，祀昊天上帝，则服大裘而冕，祀五帝亦如之。享先王则衮冕，享先公飨射则鷩冕，祀四望山川则毳冕，祭社稷五祀则绨冕，祭群小祀则玄冕。六服同冕者，首饰尊也。大裘，羔裘也。衮冕，卷龙衣也。九章，初一曰龙，次二曰山，次三曰华虫，次四曰火，次五曰宗彝，皆画以为缋；次六曰藻，次七曰粉米，次八曰黼，次九曰黻，皆绨以为绣。则衮之衣五章，裳四章，凡九章也。鷩画以雉，谓华虫也，其衣三章，裳四章，凡七章也。毳画虎蜼，谓宗彝也，其衣三章，裳二章，凡五章也。绨刺粉米，无画也，其衣一章，裳二章，凡三章也。玄者衣无文，裳刺黻而已，是以谓之玄焉，凡冕服皆玄衣纁裳。”然其为物小，而加于众体之上，故虽华而不为靡，虽费而不及奢。夫子取之，盖亦以为文而得其中也。或问：“周冕之不为侈，何也?”朱子曰：“加之首，则体严而用约；详其制，则等辨而分明。此周冕所以虽文而不为过也。夏商之制，虽不可考，然意其必有未备者矣。”云峰胡氏曰：“周尚文，则有过于文者，周之冕，则得乎文之中者也。”

---

① 冠上有覆，前后有旒：冠上有覆盖，前后有旒。旒：同“瑬”。冕冠前后悬垂的玉串。《礼记·玉藻》：“天子玉藻，十有二旒。”帝王有十二条，臣子递减。

乐则《韶》舞。

取其尽善尽美。问："颜子问'为邦'，孔子止告之以四代之礼乐，却不及治国平天下之道，莫是此事，颜子平日讲究有素，不待夫子再言否?"朱子曰："固是如此。颜子事事了得了，只欠这些子，故圣人斟酌礼乐而告之。""颜子资禀极聪明，凡是涵养得来都易，如'闻一知十'，如'于吾言无所不说'，如'亦足以发'，如'问为邦'，一时将许多大事分付与他，是他大段了得。看问为邦，而孔子便以四代礼乐告之，想是所谓夏时、商辂、周冕、韶舞，当博我以文之时，都理会得了，唯是颜子有这本领，方做得，若无这本领，礼乐安所用哉?"新安陈氏曰："《韶》舞，以乐声兼乐容而言也。"

放郑声，远佞人。郑声淫，佞人殆。"远，去声。

放，谓禁绝之。郑声，郑国之音。佞人，卑谄辩给之人。殆，危也。云峰胡氏曰："《集注》前训'佞'字，但谓其辨给，此则先之以卑谄，盖辨给在口，卑谄在心，此所谓'巧言令色孔壬'者也。"〇程子曰："问政多矣，惟颜渊告之以此。盖三代之制，皆因时损益，及其久也，不能无弊。周衰，圣人不作，故孔子斟酌先王之礼，立万世常行之道，发此以为之兆尔。由是求之，则余皆可考也。"朱子曰："'发此为之兆'，兆犹准则也。非谓为邦之道，尽于此四者，略说四件，作一个准则，则余事，皆可依仿此而推行之耳。"云峰胡氏曰："须看'斟酌'二字。以三代正朔斟酌之，不如夏之时得其正。辂至周而过侈，斟酌之，不如从殷之为得其中。冕自黄帝已有之，至周而其制始备，斟酌之，不如从周为得其中。自尧舜汤武皆有乐，斟酌之，不如韶乐之尽善尽美。夫子姑举此四者，以例其余，皆当如此斟酌而行之也。"张子曰："礼乐，治去声。下同。之法也。放郑声，远佞人，法外意也。一日不谨，则法坏矣。虞夏君臣更平声。相饬戒，意盖如此。"又曰："法立而能守，则德可久，业可大。郑声佞人，能使人丧去声。其所守，故放远之。"或问："郑、卫之音，皆为淫奔，夫子独欲放郑，何也?"朱子曰："卫诗三十九，淫奔之诗才四之一；郑诗四十一，淫奔之诗已不啻七之五；卫犹男悦女之词，郑皆女惑男之语。卫犹多讥刺惩创之意，郑几荡然无复羞愧悔悟之萌。郑声之淫甚于卫矣！夫子独以郑声为戒，而不及卫，举重而言也。"张氏好古曰："小人之祸国家，柔恶尤可畏于刚恶。刚恶桀黠强暴，中才之主，犹畏而远之，为害犹浅。惟柔佞者，谄谀侧媚，使人喜爱亲昵，聪明之君，犹为所惑，有覆亡而终不悟者。夫子举佞人，亦以小人之尤者言也。是知有百王之大法，有万世之大戒。四代礼乐，为百王立此法也；戒以郑声佞人，为万世保此法也。"庆源辅氏曰："治道成于乐，郑声，乐之淫者，能摇荡人之性情，以坏其成，故放绝之。治道系于人才，佞人，人才之贼也，利口辨给，能变乱是非，以移夺人之心志，而丧其所守，故屏绝之。"双峰饶氏曰："法外意者，意在法之表。意，所以立此法，所以用此法，亦所以守此法。先王有不忍人之心，斯有不忍人之政，有关雎麟趾之意，然后可以行《周官》之法度，即此意也。"尹氏曰："此所谓百王不易之大法。孔子之作《春秋》，盖此意也。孔颜虽不得行之于时，然其为治之法，可得而见矣。"程子曰："举前代之善者，准此以损益之，此成法也。郑声使人淫溺，佞人使人危殆，放远之，然后可守成法。""三王之法，各是一王之法，故三代损益，文质随时之宜；若孔子所立之法，乃通万世不易之法。孔子于他处，亦不见说，独答颜回云‘行夏之时，乘殷之辂，服周之冕，乐则韶舞’，此是于四代中，举这一个法式，其详细虽不可见，而孔子但示其大法，使后人就上修之。”又曰：“郑声、佞人，最为治之害。放、远，亦人之所难。”和斋尹氏曰①：“孔子告颜子以四代礼乐，而继以放郑声、远佞人，盖此事易惑人也。”问：“伊川《春秋传序》引夫子答为邦之语，惟颜子尝闻《春秋》大法，何也?”朱子曰：“此不是孔子将《春秋》大法向颜子说。盖三代制作极备矣，孔子更不可复作，故告以四代礼乐，只是集百王不易之大法。其作《春秋》，善者则取之，恶者则诛之，要亦明圣王之大法，意亦只是如此，故伊川引之为样耳。”南轩张氏曰：“圣人监四代之事而损益之，以为百王不易之典，此其大纲也。其纲见于此，而其目则著于《春秋》。以此答颜渊，惟颜子可以与于斯也。放郑声、远佞人，以为邦之大法也，以其易溺而难防，故重言之。郑声淫、佞人殆，圣人每致戒于斯者，非圣人必待戒乎此也。于此设戒，是乃圣人之道也。放郑声、远佞人，而后四代之法度，可以兴行而无斁矣。”或问：“孔子言王道，只言礼乐，如夏时、商辂、周冕是也；孟子言王道，只言政事，如衣帛食肉、经界井地是也。意者孔子言王道之本，孟子言王道之务。”潜室陈氏曰：“孔子为学者言，止言经世之大纲；孟子为时君言，当论济时之急务。”

〇**子曰：“人无远虑，必有近忧。”**

苏氏曰：“人之所履者，容足之外，皆为无用之地，而不可废也。故虑不在千里之外，则患在几席之下矣。”程子曰：“人无远虑，必有近忧，思虑当在事外。”南轩张氏曰：“虑之不远，其忧必至，故曰近忧。《易》于履霜，即曰‘坚冰至’②，以见其忧之在近也。虑患于履霜之初，则有以弭忧矣。”觉轩蔡氏曰：“按苏氏之说，远近以地言。若远近以时言，恐亦可通。如国家立一法度，若不为长远之虑，则目前即有近忧矣。”双峰饶氏曰：“苏氏只说得地之远近，欠说时之远近，若云‘虑不及千百年之远，则患在旦夕之近矣’，意方足。”厚斋冯氏曰：“虑在事未来之先，忧在事既至之后。虑不远则备不豫，而忧近矣；虑远而备豫，则有以弭忧矣。”

〇**子曰：“已矣乎！吾未见好德如好色者也。”**好，去声。

已矣乎，叹其终不得而见也。南轩张氏曰：“世之诚于好德者鲜，夫子所以叹也。”庆源辅氏曰：“自恐其终不获见，所以警人使知自勉也。”新安陈氏曰：“‘吾未见好德如好色者也’，已见《子罕篇》，此加上三字，而警人之意愈切。”

〇**子曰：“臧文仲其窃位者与？知柳下惠之贤，而不与立也。”**者与之“与”，平声。

窃位，言不称去声。其位而有愧于心，如盗得而阴据之也。柳下惠，鲁大夫展获，字禽，食邑柳下，谥曰惠。与立，谓与之并立于朝。音潮。范氏曰：“臧文仲为政于鲁，若不知贤，是不明也；知而不举，是蔽贤也。不明之罪小，蔽贤之罪大。故孔子以为不仁，张氏存中曰：“见《公冶长篇·子产有君子之道四焉章》。”又以为窃位。”庆源辅

① 和斋尹氏：未详。或为和靖尹氏之误。和靖尹氏：尹焞。

② 语出《易·坤》。

氏曰："爵位，天之所以待人才，有才德者之所宜居也，岂一己可得而私有哉？如盗得而阴据之，则蔽贤抑能，悖天行私，而不自知其非矣。"或谓："窃人之物者，惟恐人见而夺之；窃人之位者，惟恐贤者见用而逼己。"双峰饶氏曰："恐有此等意思。窃人物者，恐人见得，便证出他来。臧文仲自居上位，亦自有所长，若与柳下惠并立，便被他形出己之短，所以蔽而不进之。"勿轩熊氏曰："公叔文子，与大夫僎同升，则称其文；臧文仲知柳下惠，而不与立，则讥其窃位。盖在上位，以荐贤为重也。"新安陈氏曰："不明者，知识之暗，不智也。蔽贤，则心术之私，不仁也。岂非偷窃职位，以为己之私有，而不复以职位为国家待贤之公器欤！文仲，鲁贤大夫，夫子不雷同而贤之，大公至正之心也。"

○子曰："躬自厚而薄责于人，则远怨矣。"远，去声。

责己厚，故身益修；责人薄，故人易从。所以人不得而怨之。朱子曰："厚，是自责得重。责了又责，积而不已之意。吕伯恭性褊急，只因病中读《论语》至'躬自厚而薄责于人'，遂一向如此宽厚和易，此可谓变化气质之法。"新安陈氏曰："此即成汤'检身若不及'，'与人不求备'之意。修己待人，当然之理也，非为求远怨而后为之远怨，乃自然之效耳。"

○子曰："不曰'如之何如之何'者，吾末如之何也已矣。"

如之何如之何者，熟思而审处之辞也。不如是而妄行，虽圣人亦无如之何矣。朱子曰："只是要再三反复思量，若率意妄行，虽圣人亦无奈他何。"双峰饶氏曰："上言'如之何'，是思而处之；下言'如之何'，是思之熟而处之审也。"

○子曰："群居终日，言不及义，好行小慧，难矣哉！"好，去声。

小慧，私智也。言不及义，则放辟'僻'同。邪侈之心滋。好行小慧①，则行险侥幸之机熟。难矣哉者，言其无以入德，而将有患害也。朱子曰："下三句，虽从第一句带下来，必群居终日而如此，尤见得下二句为乱道。言不及义，无学识之村人多如此。既言不及义，而惟止好行小慧，则其为邪恶倾险之小辈审矣，欲免于罪过，难矣哉！"或问："慧固明智之称？"曰："小慧，则不本于义理，而发于计较利欲之私耳。"南轩张氏曰："义者，天理之公；小慧，则缪巧之私而已。小慧之好，义之贼也。"双峰饶氏曰："此虽两事，其实相因。"胡氏曰："《集注》所谓'滋'，则其心日甚一日；'熟'，则其机日深一日。所以至此者，以其群居而终日如此也。言不及义，故无以入德；好行小慧，故将有患害焉。"

○子曰："君子义以为质，礼以行之，孙以出之，信以成之。君子哉！"孙，去声②。

义者制事之本，故以为质干③。而行之必有节文，出之必以退逊，成之必在诚实，

---

① 好行小慧：好耍小聪明。何晏《集解》引郑玄曰："小慧谓小小之才知。"

② 孙：通"逊"，谦顺，恭顺。郑玄注："孙，犹恭顺也。"

③ 义者制事之本，故以为质干：义，是规范事物的根本，所以作为质料和骨干。

乃君子之道也。○程子曰："义以为质，如质干然。礼行此，孙出此，信成此。此四句只是一事，以义为本。"朱子曰："义以为质，是制事先决其当否了，其间节文次第，须要皆具，此是礼以行之。然徒知尽其节文，而不能孙以出之，则亦不可。且如人知尊卑之分，须当让他，然让之之时，辞气或不能婉顺，便是不能孙以出之。信以成之者，是终始诚实，以成此一事，却非是逊以出之后，方信以成之也。""义则是合宜。义有刚决意思，然不直撞去。礼有节文度数，故用礼以行之，孙以出之，是用和为贵。义不和，用礼以行之已自和，然礼又严，故逊以出之，便从容不迫。信是朴实头做，无信则义礼逊皆是伪。"问："礼行逊出何别?"曰："行，是安排恁地行；出，是从此发出。礼而不逊，则不免矫世，以威严加人。"陈氏曰："事到面前，便断可否，此在先，是义以为质。可否既定，或从或违，所以区处须中节文，无过不及，是礼以行之。于其区处，或出辞气，须逊顺而无峻厉，方不忤人，是逊以出之。其总归须诚实，则此事之成，无欠缺可悔处，是信以成之。四者皆一套事，只于日用间验之自见。"双峰饶氏曰："当然处是义，质是个坯朴子。君子以义作个坯朴，却以礼来文这义，摆布教恁地有条理。然义有圭角，又须逊顺以出之，使之无圭角。然既如此，又恐失了义之本真，故又须信以成之，不易其当然之则。"又曰："义以为质而非礼行逊出，则质而不文；礼行逊出而不成之以信，则文胜而灭质。皆非君子之道。"云峰胡氏曰："义不可以直遂，行之、出之在礼、逊；义不可以伪为，成之在信实。然非礼逊之后，又加以信也，曰义、曰礼孙，始终一实而已矣。"又曰："'敬以直内，则义以方外①。''义以为质，则礼以行之，孙以出之，信以成之。'"朱子曰："义以为质，便是自'义以方外'处说起，若无'敬以直内'，也不知义之所在。"南轩张氏曰："义以方外，是义为用也，而此章则以义为体，盖物则森然具于秉彝之内，此义之所以为体也。必有是体而后品节生焉，故礼者所以行此者也。其行之也以逊顺，则和而不失，故逊所以出此者也。而信者又所以成此者也，盖义为体，而礼与孙所以为用，而信者又所以成终者也。信则义行乎事事物物之中，而体无不具矣。"庆源辅氏曰："敬以直内，义以方外，是从内说出外；义以为质，礼以行之，孙以出之，信以成之，是由外说入内。"胡氏曰："必敬存而后义立。义者，事之质，而敬又义之本，推而上之也。"潜室陈氏曰："敬以直内，则义乃方外，是敬为体而义为用。若以义为质，则礼行此义者也，孙出此义者也，信成此义者也，是义为体而三者为用矣。"新安陈氏曰："此章本无敬以直内意，程子又推本言之。"

○子曰："君子病无能焉，不病人之不己知也。"

南轩张氏曰："病无能者非他也，病夫履行之无其实也。"问："既谓之君子，又缘何病其无能?"双峰饶氏曰："若自以为有能，则不足以为君子，如云'君子道者三，我无能焉'；'君子之道四，丘未能一焉'，夫子岂是无能者?"

○子曰："君子疾没世而名不称焉。"

---

① 敬以直内，则义以方外：语出《易》之《文言传》。程颐引用以说明只有内心诚敬，才能表现出义。

范氏曰："君子学以为去声。己，不求人知。然没世而名不称焉，则无为善之实可知矣。"南轩张氏曰："有是实，则有是名，名者所以命其实也。终其身而无实之可名，君子疾诸，非谓求名于人也。"双峰饶氏曰："言没世者，盖棺事乃定，生前或可干名，没后却妆点不得，公论方定。非有可称之实者，必不见称于人。没后有名可称，则真有善可知。《大学》'没世不忘'亦此意。"厚斋冯氏曰："病之者病我也，疾之者疾人也。"齐氏曰："求有为善之名，固君子之所羞，终无为善之实，亦君子之所恶。故长而无述，孔子责之；四十五十而无闻，孔子叹之；没世而无称，孔子疾之。然则学者，亦可以勉矣！"

○子曰："君子求诸己，小人求诸人。"

谢氏曰："君子无不反求诸己，小人反是。此君子小人所以分也。"○杨氏曰："君子虽不病人之不己知，然亦疾没世而名不称也。虽疾没世而名不称，然所以求者，亦反诸己而已。小人求诸人，故违道干誉①，无所不至。三者文不相蒙②，而义实相足，亦记言者之意。"或问："杨氏之说似太巧？"朱子曰："虽巧而有益于学者。""以好名为戒，此固然矣，然偏持此论，将恐廉隅毁顿，其弊有甚于好名，故君子疾没世而名不称焉，而又曰'君子求诸己'，详味此言，不偏不倚，表衷该备，此其所以为圣人之言欤！学者要当如此玩心，则勿忘勿助之间，天理卓然矣."南轩张氏曰："君子无适而非求诸己，小人无适而非求诸人。求诸己，则德日进；求诸人，则欲日肆。君子小人之分，盖如此也。"胡氏曰："范氏合上二章为一意，杨氏于此又合三章为一意，文意反复，互相周备，虽非夫子立言之旨，记者取而相足也。"

○子曰："君子矜而不争，群而不党。"

庄以持己曰矜。然无乖戾之心，故不争。和以处上声。众曰群。然无阿比毗至反。之意，故不党。程子曰："君子以矜庄自持，不与人争。"龟山杨氏曰："矜者，矜庄之矜，非谓矜伐也。"朱子曰："矜是自把捉底意思，故《书》曰'不矜细行，终累大德'。"南轩张氏曰："矜庄自持，易至绝物而失于争；群居相与，易至徇物而失于党。君子非与人异也，处己严而不失于和，故矜而不争；非不与人同也，待物平而不失于公，故群而不党。"庆源辅氏曰："庄以持己，理也，然用意或过则，便至乖戾之心生，而与人争；和以处众，理也，然用意或过则，便至阿比之意起，而与人党。天理存亡，只在一息之间，夫子言君子如此，所以使学者于持己处众之际，戒谨恐惧，务尽其理，而防私意之或萌也。"新安陈氏曰："矜也忿戾，则矜而争矣。可以群，群而不流于党也。"

○子曰："君子不以言举人，不以人废言。"

南轩张氏曰："以言举人，则行不践者进矣，此固不可也。然而虽使小人言之而善，亦不害其为善者也，以人废之，则善言弃矣。故君子虽不以言举人，而亦不以人废言，公心无蔽也。"新安陈氏曰："君子不以其言之善，而遽举用其人，以人之行，多不

---

① 违道干誉：违背道义、追逐荣誉。

② 文不相蒙：文字不相同。

及言故也。亦不以其人之恶，而废其言之善，以一言之善，自不可没故也。如孔子因宰子昼寝，而听言必观行，孟子不没阳虎为富不仁之言。圣贤之心，公而无蔽，故如此。”

○子贡问曰：“有一言而可以终身行之者乎?”子曰：“其恕乎！己所不欲，勿施于人。”

推己及物，其施不穷，故可以终身行之。○尹氏曰：“学贵于知要。子贡之问，可谓知要矣。孔子告以求仁之方也。新安陈氏曰：“恕者，求仁之方，《语》曰‘能近取譬，可谓仁之方也已’，《孟子》曰‘强恕而行，求仁莫近焉’。”推而极之，虽圣人之无我，不出乎此。终身行之，不亦宜乎?”问：“言恕必兼言忠，如何此只言恕?”朱子曰：“不得忠时不成恕，独说恕时，忠在里面了。”问：“终身行之，其恕乎？絜矩之道，是恕之端否?”曰：“絜矩正是恕。”南轩张氏曰：“人之患，莫大于自私，恕者，所以克其私而扩公理也。己所不欲，勿施于人，恕之方也，是所当终身而行之者，极其至，则仁也。忠恕，体用也，独言行恕者，盖于其用力处言之。行恕，则忠可得而存矣。”庆源辅氏曰：“推己及物，即‘己所不欲，勿施于人’之恕也。非有资于人，在我施之而已，乌有穷尽。故可以终身行之，此盖指其用而言之。”又曰：“始则推己及物，终则为圣人之无我，不出乎一‘恕’字而已。终身行之，岂不为宜？此又极其效而言之。知要之说，尤为有警于学者，盖圣学以仁为先，而恕则求仁之方也。”陈氏曰：“己所不欲，勿施于人，只就一边论，其实不止勿施所不欲者，凡己所欲者，须要施于人方可。如己欲孝欲弟，人亦欲孝欲弟，必推己所欲孝欲弟者以及人，使人亦得以遂其欲孝欲弟之心，便是恕，只是推己之心流行到那物而已。恕之义甚阔大，自汉以来，‘恕’字之义不明，有谓‘善恕己量主’，范忠宣亦谓‘以恕己之心恕人’，不知‘恕’字就己上著不得。据他说‘恕’字，只似饶人的意思，恰似今人说且恕之不轻恕之意，如此，是己有过且自恕，人有过又并恕人，乃相率为不肖之归，岂推己如心之义乎!”双峰饶氏曰：“此问在未闻一贯之先，子贡多学，欲知博中之约，遂发此问。一言是一字，所以只以一‘恕’字答之。”新安陈氏曰：“视人犹己，一视同仁，此圣人之无我也，惟其略无私己，故仁之用自然如此。”【通旨】朱氏公迁曰：“此爱人之恕，余如孔子告子贡以能近取譬，告仲弓以不欲勿施，皆是此类。此所谓恕以及人为主。盖曰如爱己之心，以爱人也。《大学》之絜矩亦当以爱人之恕言之。”

○子曰：“吾之于人也，谁毁谁誉？如有所誉者，其有所试矣。誉，平声。

毁者，称人之恶而损其真。誉者，扬人之善而过其实。夫子无是也。然或有所誉者，则必尝有以试之，而知其将然矣。圣人善善之速，而无所苟如此。若其恶恶，则已缓矣。是以虽有以前知其恶，而终无所毁也。朱子曰：“毁者，人本未有十分恶，将做十分恶说他，便是毁；若只据他之恶说之，不谓之毁。如一物本完全，今打破了，便是毁；若那物元破了，不可谓之毁。誉，亦是称奖得过当。有所试者，那人虽未有十分善，我试之，知得将来如此，若毁人，则不如此也。”或问“毁誉之说”。曰：“毁者，恶未著而遽诋之；誉者，善未著而亟称之也。试者，验其将然之辞。圣人之心，光明正大，称物平施，无毫发之差，故人之善恶，称之未有少有过其实者。然以欲人之善也，故但有试而知其贤，则善虽未显，已进而誉之矣；不欲人之恶也，故恶之未著者，虽有以决知其不善，而卒未尝遽诋之也。此所以言誉而不言毁，盖非若后世所谓耻言人过而全无黑白者，但有先褒之善，而无豫诋之恶，则是圣人之心耳。"曰："若有誉而无毁，则圣人之心为有所倚矣?"曰："有誉无毁，是乃善善速，恶恶缓之意，正《书》所谓'与其杀不辜，宁失不经，罪疑惟轻，功疑惟重'，《春秋传》所谓'善善长，恶恶短'，孔子乐道人之善，恶称人之恶之意，而仁包五常，元包四德之发见证验也。圣人之心，虽至公至平，无私好恶，然此意未尝不存，是乃天地生物之心也。若以是为有倚，而以恝然无情者为至，则恐其高者入于老佛荒唐之说，而下者流于申商惨酷之科矣。"胡氏曰："毁云损其真，若叔孙武叔之毁仲尼是也；誉云过其实，孟子所谓声闻过情是也。"

斯民也，三代之所以直道而行也。"

斯民者，今此之人也。三代，夏、商、周也。直道，无私曲也。言吾之所以无所毁誉者，盖以此民，即三代之时所以善其善、恶其恶而无所私曲之民①。朱子曰："'所以'字本虚，然意味乃在此。"故我今亦不得而枉其是非之实也。新安陈氏曰："此句缴上一截'谁毁谁誉'之意。"【通考】仁山金氏曰："此间勉斋亲见朱子改讨注文，直至通宵。又谓此句难得简洁，然宜挑出直道独解而后及句意。其辞若曰'直道而行，谓善善恶恶，无所私曲也。吾之于民，所以无毁誉者，盖以此民，即三代之时所用以直道而行之民，故我今亦不得而枉其是非之实也'，似为简明。"〇尹氏曰："孔子之于人也，岂有意于毁誉之哉？其所以誉之者，盖试而知其美故也。斯民也，三代所以直道而行，岂得容私于其间哉?"朱子曰："斯民，是今此之民，即三代之时所以为善之民。圣人说一句话，便是恁地，便是从头说下来。此民便是三代时直道而行之民，我今若有所毁誉，亦不得迂曲而枉其是非之实。"南轩张氏曰："谁毁谁誉，谓吾于人初无毁誉之意也，而有所誉者，必有所试也，因其有是实而称之。春秋之时，风俗虽不美，然民无古今之异，三代所以直道而行者，亦斯民也。顺理之谓直，可毁可誉在彼，循其理而已。先王命德讨罪，亦若是也。"双峰饶氏曰："下面'民'字，即上面'人'字，但人对己而言，民对君而言。缘有'三代'字在上，故言今此之民，与三代之民一般，但三代化行俗美，好恶得其真，后世教化不明，风俗不美，直变为枉，所以有称人恶而损其真、扬人善而过其实者。吾之于人则不然，盖视今此之人，为三代直道之民，而不视之为后世枉道之民也。"云峰胡氏曰："朱子云'所以二字有味'，盖善善恶恶，无所私曲，今之民与三代之民皆然，是必有所以然者矣。"新安陈氏曰："尹氏之意，略而未明，朱子就其说而发明得精切至到耳。善善恶恶，无所私曲，乃人心天理所在，万世如一日也。三代之人心如此，今日之人心亦如此，圣人不得容私于其间也。然有先褒之善，而无豫诋之恶，善善急、恶恶缓之心，未尝不行乎其间焉。好善忠厚之心，与善善恶恶无私曲之心，并行

---

① 三代之时所以善其善、恶其恶而无所私曲之民：夏、商、周三代有善就赞扬善、有恶就责备恶而没有私心和歪曲的民众。私曲：私心和歪曲。

而不相悖也。”

○**子曰：“吾犹及史之阙文也，有马者借人乘之。今亡矣夫！”**夫，音扶。

杨氏曰：“史阙文、马借人①，此二事孔子犹及见之。今亡与“无”通。矣夫，悼时之益偷也。”愚谓此必有为去声。而言，意必偶见有此事。盖虽细故，而时变之大者可知矣。南轩张氏曰：“有马借人乘之，己虽有马不能乘，则借人乘之，史有阙文以待来者，其意亦犹是也，言始犹及见，而今则无，叹风俗之日趋于薄也。”勉斋黄氏曰：“今亡矣夫，叹古人谦厚之意，不复见也。”叶氏少蕴曰：“古者六书，皆掌于史官，班孟坚言古制书必同文，不知必阙，问诸故老，至于衰世，是非无正，人用其私，故子曰‘吾犹及史之阙文也’。‘今亡矣夫’，虽略去‘有马者借人乘之’之语，其传必有自矣。”齐氏曰：“三代无乘马者，所谓乘，如《诗》言‘乘乘鸨’，‘乘乘黄’，盖四马驾车而乘之也。借人乘之，盖有子路车马与朋友共之意。”云峰胡氏曰：“史阙文，犹不挟己所见以自是；马借人，犹不挟己所有以自私。”新安陈氏曰：“疑以传疑，物与人共，皆人心近古处，二事虽小，而人心之不古亦可见。”○胡氏曰：“此章义疑，不可强上声。解。”赵氏曰：“二事大小精粗实不相并，故又载胡氏说于后，亦阙疑之意。”

○**子曰：“巧言乱德，小不忍则乱大谋。”**

巧言，变乱是非，听之使人丧去声。其所守。小不忍，如妇人之仁、匹夫之勇皆是。或问：“妇人之仁，匹夫之勇，强弱不同，同为不忍，何也？”朱子曰：“忍之义，禁而不发之谓。妇人之仁，不能忍其爱也；匹夫之勇，不能忍其忿也。”庆源辅氏曰：“妇人之仁，失于不断；匹夫之勇，失于轻决。二者之失不同，而皆足以乱大谋，盖大谋虽断，而轻决则又失之。”云峰胡氏曰：“乱大谋，彼自乱彼之事。乱德，非唯自乱其心术，且能乱人之心术。是非有定理，而彼以是为非，以非为是，使听者失其所守，为人心之害莫大焉。妇人之仁柔恶，为无断；匹夫之勇刚恶，为强梁。”

○**子曰：“众恶之，必察焉；众好之，必察焉。”**好、恶，并去声。

杨氏曰：“惟仁者能好恶人。众好恶之而不察，则或蔽于私矣。”南轩张氏曰：“天下之善恶，有如黑白之易明者。众之好恶，固所同也，至于事若善，而其情则有害，事若不善，而其情或可取，此众人之所惑，而君子之所察也，孟子于仲子、匡章是也。”胡氏曰：“察者，详审之谓，非谓众人之好恶皆非也，特恐其或蔽于私，故加详审耳。”双峰饶氏曰：“南轩所引仲子、匡章事甚切。齐人皆以仲子为廉，孟子独能辨其不廉，此其众好必察处；匡章通国皆称其不孝，孟子独不以不孝目之，此是众恶必察处。”又曰：“众好恶固当察，然我心无私意，方能察之，若有私意，则众好恶之得其当者，我反以为非矣，所以惟仁者能好恶人也。”新安陈氏曰：“惟仁者无私心，而好恶当于理，方能为众人之衡鉴焉。”

○**子曰：“人能弘道，非道弘人。”**

---

① 史阙文、马借人：包咸《论语包氏章句》云：“古之良史于书字有疑则阙之以待知者也。”“有马不能调良，则借人乘习之。”

弘，廓苦郭反。而大之也。人外无道，人之身，即道之所寓。道外无人。道即人之所以为人之理。然人心有觉，而道体无为；故人能大其道，道不能大其人也。○张子曰："心能尽性，人能弘道也；性不知检其心，非道弘人也。"问"人能弘道"。朱子曰："道如扇，人如手，手能摇扇，扇如何摇手?"问"性不知检其心"。潜室陈氏曰："性指道，心指人。"双峰饶氏曰："此'道'字，是就自家心上说，若就道体上说，则道自际天蟠地，何待人弘?"又曰："四端甚微，扩而充之，则不可胜用，此之谓人能弘道。"四如黄氏曰："弘有二义，人之得是道于心也。方其寂然，而无一理之不备，亦无一物之不该，这是容受之弘；及感而通，无一事非是理之用，亦无一物而非是理之推，这是廓大之弘。其容受也，人心揽之，若不盈掬，而万物皆备于我，此弘之体；其廓大也，四端虽微，火然泉达，充之足以保四海，此弘之用。性分之所固有者，一一尽收入来；职分之所当为者，一一便推出去，方是弘。"【通考】勿轩熊氏曰："道之全体无所不包，惟学故能廓而大之。"

○子曰："过而不改，是谓过矣。"

过而能改，则复于无过。惟不改则其过遂成，而将不及改矣。新安陈氏曰："过而肯改，则过泯于无；过而不改，则过成而有。"

○子曰："吾尝终日不食，终夜不寝，以思，句。**无益，**句。**不如学也。"**

此为去声。思而不学者言之。盖劳心以必求，不如逊志而自得也①。李氏曰："夫子非思而不学者，特垂语以教人尔。"朱子曰："思，是硬要去做；学，是依这本子，小著心随事顺理去做。""逊志，是卑逊其志，放退一著，宽广以求之，不忒恁地迫窄，便要一思而必得。"问："圣人真个终日不食，终夜不寝，以思否?"曰："圣人也曾恁地来。圣人说发愤忘食，却是真个，惟横渠知得此意，尝言'孔子煞吃辛苦来'。"南轩张氏曰："此章非以思为无益也，以思而不学则无益耳。"云峰胡氏曰："《书·说命》'惟学逊志'一句，六经言学所从始，非特取卑逊之义。不凌节而施之谓逊，盖勉勉循循，其学有自得之益；劳心以必求，徒思而未必有得也。"

○子曰："君子谋道不谋食。耕也，馁在其中矣；学也，禄在其中矣。君子忧道不忧贫。"馁，奴罪反。

耕所以谋食，而未必得食。学所以谋道，而禄在其中。然其学也，忧不得乎道而已；非为去声。忧贫之故，而欲为是以得禄也。○尹氏曰："君子治其本而不恤其末，岂以在外者为忧乐音洛。哉?"朱子曰："'君子谋道不谋食'，是将一句统说，中又分两脚说。'耕也馁在其中，学也禄在其中'，又恐人错认此意，似教人谋道以求食，故下面又缴一句，谓君子所以为学者，所忧在道尔，非忧贫而学也。""学固不为谋禄，然未必不得禄，如耕固不求馁，然未必得食。虽是如此，然君子之心，却只见道不见禄。""凡言在其中，盖言不必在其中而在焉者矣。"问："'耕也馁在其中，学也禄在其中'两

---

① 劳心以必求，不如逊志而自得也：因为费心劳神以期望必有所获，不如放下架子而有所获得。

句，似相反。”潜室陈氏曰：“耕本谋食，却有时而馁；学非谋食，却可以得禄。”双峰饶氏曰：“首句重在‘谋’字上，末句重在‘忧’字上。谋以事言，忧以心言。忧道自然不忧贫。到不忧贫地位，也是难事，学者纵未能不忧贫也，且以此等意思存之胸中，久久自别。”云峰胡氏曰：“凡学而谋食者，只为贫富关打不透尔，果不忧贫，自不谋食。”新安陈氏曰：“谋食之食，以食禄言，与‘禄’字相关。‘耕也馁在其中’一句，自是引喻。此章夫子始终教学者以审内外之轻重也。君子惟谋学以明道，而不谋食以得禄，譬之耕本不求馁，而馁自在其中，是学本不求禄，而禄自在其中，学焉而听禄之自至可也。末又申言之，忧道以见其谋道，不忧贫以见其不谋食，忧出于心，谋见于事，忧之深，然后谋之熟，无非欲学者知内之重而外之轻耳。”

〇子曰：“知及之，仁不能守之；虽得之，必失之。知，去声。

知足以知如字。此理，而私欲间去声。下同。之，则无以有之于身矣。程子曰：“知及之，仁不能守之，无得也。”“知及之，仁不能守之，此言中人以下也，若夫真知，未有不能守者。”新安陈氏曰：“好学近乎知，力行近乎仁，学而知之明，则知及而得之矣。不能无私力行，而守之不固，虽得之，必失之也。”

知及之，仁能守之。不庄以莅之，则民不敬。

莅，临也。谓临民也。知此理而无私欲以间之，则所知者在我而不失矣。然犹有不庄者，盖气习之偏，或有厚于内而不严于外者，是以民不见其可畏而慢易去声。之。下句放上声。此。张子曰：“所谓知及之，必欲仁守之者，恐其难得必失耳。知之非艰，行之惟艰，此守所以贵乎笃也。”问：“知及之，仁不能守之，固不可。仁既能守之，而犹有不庄之戒，《集注》谓‘有气习之偏’，何耶？”潜室陈氏曰：“盖虽是有仁能持守，然当临莅之时，举动之际，此心少懈，即妄念便生，须是逐时照管，令罅缝不开，才有罅缝，便有气习之偏，此是圣贤点检身上工夫周密处。虽是本体已造醇美，犹恐节目上有疵，又须逐节照管，要令尽善尽美。”

知及之，仁能守之，庄以莅之。动之不以礼，未善也。”

动之，动民也。犹曰鼓舞而作兴之云尔。礼，谓义理之节文。朱子曰：“‘动’字不是‘感动’之‘动’，是使民底意思，谓使民去做这件事亦有礼，是使之以礼。下个‘礼’字，归在民身上。”“动之，是指民说，如搜苗狝狩，就其中教之少长有序之事，便是使之以礼，盖使他以此事，此事有礼存也。”〇愚谓学至于仁，则善有诸己而大本立矣。莅之不庄，动之不以礼，乃其气禀学问之小疵，然亦非尽善之道也。朱子曰：“固有生成底，然亦不可专主气质，盖亦有学底。”庆源辅氏曰：“不庄，气质之偏也；不以礼，学问之阙也。”故夫子历言之，使知德愈全则责愈备，不可以为小节而忽之也。朱子曰：“知及之，如《大学》‘知至’；仁守之，如‘意诚’；莅不庄，动不以礼，如所谓‘不得其正’，所谓‘敖惰而辟’之类。知及仁守，是明德工夫，下面是新民工夫。”问：“知及仁守，到仁是极了，却又要庄莅动以礼底工夫，如何？”曰：“人自有此心，纯粹不走失，而于接物治民时，少些庄严意思，自不足以使人敬，此便是未尽善处。”又问：“此是要本末工夫兼备否？”曰：“固是，但须先有知及仁守，做个根本，方好去检点其余，便无处无事不善；若根本不立，又有何可点检处?”或问：“知及仁守，为学之事也；庄莅礼动，为政之事也。然为学之事，虽未及乎为政，至于接物处家之际，亦非庄莅礼动不能为也；为政者，虽不专于为学，然非知识之明而持守之固，亦无以为临政之地矣。”“此一章，当以仁为主，所谓‘知及之’，所以求吾仁；莅之动之，所以持养吾仁者。”或问此章。曰：“大抵发明内外本末之序，极为完备，而其要以仁为重，仁能守之，则大本已立，虽临民不以庄，动民不以礼，亦其支节之小失耳。然亦不可不自警省，以求尽善而全其德也。”南轩张氏曰：“知及之，仁不能守之，则未能保之也。仁能守之，则在己者实矣，又须庄以莅之，而动之则以礼。动之以礼者，以礼教民，则民作兴也。此虽统言为政之道至此而后善，然所以成己亦一而已。”双峰饶氏曰：“此章六个‘之’字要分别。及之、守之、得之、失之，此四‘之’字，指理而言；莅之、动之，此二‘之’字，指民而言。”云峰胡氏曰：“仁者心德之全，知及仁守，而犹曰‘不庄以莅之，则民不敬’者，德之全而责之备也；知及仁守庄莅，而犹曰‘动之不以礼，为未善’者，德愈全而责愈备也。大本已立，固足以见其心德之全；小节未善，亦足以为全德之累。”

○子曰：“君子不可小知，而可大受也；小人不可大受，而可小知也。”

此言观人之法。知，我知之也。受，彼所受也。盖君子于细事未必可观，而材德足以任重；小人虽器量去声。浅狭，而未必无一长可取。朱子曰：“一事之能否，不足以尽君子之蕴，然能任天下之重而不惧，小人一才之长，亦可器使，但不可以任大事耳。”吴氏曰：“方舜之耕稼时，视之犹人也，一旦受尧之天下，若素有之。小人有立谈之间，而其材可知者，至委以国，则未有不败。”南轩张氏曰：“君子所存者大，故不可以小者测知，而可以当其大者；小人局于狭小，其长易见，故不可以任大，而可以小知之。大受，如学者之学圣人，有为者之当大任是也。事而可以小知之，小人用过其量，则败矣。”双峰饶氏曰：“君子于小事上有拙处，小人于小事上有长处，所以不可以一节观之。”或问：“君子才全德备，何为于小事上有拙处?”曰：“不可以一概论，君子亦有等降，但其大体正当，虽细微处有未尽，亦不害其为君子。”又曰：“此小人，是小有才之人，非庸常之小人。”云峰胡氏曰：“小节可以知小人，不足以知君子；大受可以许君子，不可以许小人。材之所成为器，德之所充为量。君子之所以可大受者，材与德俱大；小人之不可大受者，器与量俱小故也。”

○子曰：“民之于仁也，甚于水火。水火，吾见蹈而死者矣，未见蹈仁而死者也。”

民之于水火，所赖以生，不可一日无。其于仁也亦然。但水火外物，而仁在己。无水火，不过害人之身，而不仁则失其心。是仁有甚于水火，而尤不可以一日无也。况水火或有时而杀人，仁则未尝杀人，亦何惮而不为哉？李氏曰：“此夫子勉人为仁之语。”下章放上声。此。问：“夫子言‘吾未见蹈仁而死者也’，后又言‘志士仁人，有杀身以成仁者’。”潜室陈氏曰：“蹈仁有益无害，人何惮而不为？此勉人为善之语。若到杀身成仁处，是时不管利害，但求一个是而已。学者患不蹈仁尔，蹈仁，则心无计较之私，若义所当死而死，虽比干不害为正命。”

○子曰：“当仁不让于师。”

当仁，以仁为己任也。虽师亦无所逊，言当勇往而必为也。盖仁者，人所自有而自为之，非有争也，何逊之有？〇程子曰：“为仁在己，无所与逊。若善名为外，则不可不逊。”朱子曰：“当仁，担当之当，这‘仁’字，是指大处、难做处说。这般处，须著担当，不可说道自家做不得，是师长所做底事。”“弟子于师，每事必让而不敢先，至于仁以为己任，则当自勉而勇为，不可以有让与别人做者。其事，则颜子所谓‘舜何人也？予何人也？有为者亦若是者是已’。此与上章，皆勉人为仁之辞。上章为凡民都不知仁而惮于为之者发，此章为学者粗知仁之为美而不知勇于有为者发。”南轩张氏曰：“夫子尝曰‘有能一日用其力于仁矣乎，我未见力不足者’，又曰‘我欲仁，斯仁至矣’，又曰‘为仁由己’，于此又明不让于师之义，盖道不远人，为之在己，虽所尊敬，亦无所与让。圣人勉学者，使之用其力也。”“为仁在我，虽师不暇逊，此便是仁以为己任。”庆源辅氏曰：“逊者，礼之实也，德之善也，凡自外来者，固不可不逊，如善名是也。至于为仁在己，则何逊哉？盖非不逊也，乃无所与逊也。”云峰胡氏曰：“‘当’字大有力量，不弘者当不起，不毅者当不去。‘请事斯语’，颜子当之；‘仁为己任’，曾子当之。颜曾逊于夫子之门，未尝以当仁之事而逊于夫子也。”

〇子曰：“君子贞而不谅。”

贞，正而固也。谅，则不择是非而必于信。问：“君子不谅，可乎？”龟山杨氏曰：“惟贞固可以不谅，所谓贞者，惟义所在也。”朱子曰：“贞者，见得道理是如此，便只恁地做去，所谓‘知斯二者弗去’是也。为‘正’字说不尽，故更加‘固’字，如《易》所谓‘贞固足以干事’。若谅者，是不择是非，必要如此。故贞者是正而固守之意，谅则有固必之意焉。”南轩张氏曰：“贞则信在其中。但执小信而于义有蔽，则失其正而反害于信矣。”觉轩蔡氏曰：“谅有二训，则止训‘信’者，‘友谅’是也；有训‘必信’者，此谅是也。谅似贞而实非，故夫子特别而言之。”双峰饶氏曰：“贞者，正而固守。谅则固而未必正，言必信，行必果，而不知惟义所在者也。”厚斋冯氏曰：“历万变而不失其正者，贞也，谅则固守而不知变者也。故曰‘贞者，事之干也’，‘岂若匹夫匹妇之为谅也’。”

〇子曰：“事君，敬其事而后其食。”

后，与“后获”之“后”同。双峰饶氏曰：“此‘后’字，如‘先难后获’、‘先事后得’之‘后’。后获，谓不计其效也。盖为人臣者，但知尽其职分而已，禄非所计也，所谓‘正其谊，不谋其利’之意。”食，禄也。君子之仕也，有官守者修其职，有言责者尽其忠。皆以敬吾之事而已，不可先有求禄之心也。南轩张氏曰：“事君者，主于敬其事而已。官有尊卑，位有轻重，而敬其事之心则一也。后其食，犹后获之意，然则为贫而仕则奈何？孔子尝为委吏矣，亦曰‘会计当而已矣’，尝为乘田矣，亦曰‘牛羊茁壮长而已矣’，盖亦以敬其事为主也。若曰为贫而仕，食焉而已，遑恤其事，则失其义矣。”胡氏曰：“后其食者，盖委置之不存乎念虑之间，非才任其事，而即有得禄之心继之也。若曰先敬其事，而后有计禄之心，则义利杂揉，公私交战，其不为利心所胜者几希。”勉斋黄氏曰：“敬事后食，臣之道也；饩禀称事，君之道也。”庆源辅氏曰：“有官守者修其职，有言责者尽其忠，是皆天理之当然，而在人之所当为者也，岂可有一毫侥求觊幸之意于其先哉！”

○子曰：“有教无类。”

人性皆善，而其类有善恶之殊者，气习之染也。故君子有教，则人皆可以复如字，反也。于善，而不当复扶又反，又也。论其类之恶矣。南轩张氏曰：“人所禀之资，虽有不同，然无有善恶之类一定而不可变者。盖均是人也，原其降衷，何尝不善，故圣人有教焉，所以反之于善也。教之行，愚者可使之明，柔者可使之强，岂有气质之不可变者乎？然尧舜之子不肖，则气类又若有异，何也？盖气有可反之理，人有能反之道，而教有善反之功，其卒莫之能反者，则以其自暴自弃而已。”庆源辅氏曰：“人之性，同乎一理而已，然其品类，则有善恶之异者。何哉？盖于其始生也，已有气禀清浊之分，及其少长也，又有习染邪正之异。苟欲合其异而反其同，则在乎教耳。故君师有教化之妙，则人皆可以复其善，而自无为恶之人，岂可复论其类之恶哉！”洪氏曰：“圣人之教，如雨露之于万物，夫岂有所择哉！”

○子曰：“道不同，不相为谋。”为，去声。

不同，如善恶邪正之异。南轩张氏曰：“君子以义，小人以利，义利之所趋不同，乌能相为谋乎？”新安陈氏曰：“善恶，谓君子小人；邪正，谓吾道异端。如阴阳冰炭之相反，此不能为彼谋，彼亦不能为此谋也。”

○子曰：“辞达而已矣。”

辞，取达意而止，不以富丽为工。勉斋黄氏曰：“此为学者喜于工言辞者设，然其曰‘达而已矣’，则非通于理者，亦不能达也。圣人之言，未尝有所偏也。”胡氏曰：“富者，欲其赡也；丽者，欲其华也。”新安陈氏曰：“惟达理者，辞能达意。达意之外而过求之，非以繁多为富，则以华美为丽，正理反为所蔽，本意反以不达矣。‘达’之一字，命辞之法也，东坡与人论文，每以夫子此言为主。”

○师冕见，及阶，子曰：“阶也。”及席，子曰：“席也。”皆坐，子告之曰：“某在斯，某在斯。”见，贤遍反。

师，乐师，瞽者。胡氏曰：“《周礼》：‘乐师太师，皆以师名。磬、钟、笙、镈、韎、籥，皆曰师。’”吴氏曰：“古者，乐师皆用瞽，以其废视而听专，且令天下无废人也。”冕，名。再言某在斯，历举在坐去声。之人以诏之①。

师冕出。子张问曰：“与师言之道与？”与，平声。

圣门学者，于夫子之一言一动，无不存心省悉井反。察如此。吴氏曰：“《论语》中子张之问，比诸弟子为多。”新安陈氏曰：“不可以子张之问，作闲语看。圣人一言一动，无非教也，学者善观之，则见得皆出于圣心天理之流行者矣。”

子曰：“然。固相师之道也。”相，去声。

相，助也。古者瞽必有相，其道如此。《周礼·春官》：“大师下大夫二人，少师上

---

① 历举在坐之人以诏之：是一个个介绍在座的人。诏，告诉。

士四人，瞽矇三百人，眡音示。瞭音了，明目也。三百人，眡瞭掌太师之县，音玄，钟磬之类。凡乐事相瞽。”盖圣人于此，非作意而为之，但尽其道而已。【通考】勿轩熊氏曰：“‘道’字要重看，一事有一理，先正尝教人只看《师冕见》与《子见齐衰》二章，以为一部《论语》皆在是。此是彻上彻下之道，诸者深考而博求，庶有以得之。”○尹氏曰：“圣人处上声。己为去声。人，其心一致，无不尽其诚故也。有志于学者，求圣人之心，于斯亦可见矣。”范氏曰：“圣人不侮鳏寡，不虐无告，可见于此。推之天下，无一物不得其所矣。”南轩张氏曰：“道无往而不存，圣人之动静语默，无往而非道，盖各止于其所而已。师冕之见，及阶则告之阶，及席则告之席，既坐则历告之以在坐者，盖待瞽者之道当然耳。子张窃窥而有问焉，夫子以为固相师之道，辞则近而意亦无不尽矣。事事物物，莫不有其道。夫一日之间，起居则有起居之道，饮食则有饮食之道，见是人则有待是人之道，遇是事则有处是事之道，道不可须臾离也，夫惟天下之至诚一以贯之。道之所在，如影之随形，盖无往而非是矣。”胡氏曰：“瞽必有相，荀子所谓‘犹瞽无相’，《春秋传》所谓‘其相曰朝也’。冕之来见，适无相者，坐必作，过必趋，哀矜之念，乃圣人之素心，至此自不能已也，故代相者告之。”厚斋冯氏曰：“使瞽者若能视然，是谓相师之道，岂特与师言之道如此？”新安陈氏曰：“瞽者之来，未必无相，夫子自矜之，且敬之，故节节谨告之，有目者待无目者之诚心曲礼也。”

论语集注大全卷十六

季氏第十六

洪氏曰：“此篇或以为齐论。”凡十四章。胡氏曰：“疑为齐论，以皆称‘孔子曰’，且三友、三乐、九思等条例，与上下篇不同，然亦无他左验。”厚斋冯氏曰：“上篇首卫灵公，以识诸侯之失；此篇首季氏，以识大夫之失；下篇首阳货，以识陪臣之失也。此篇季氏而后，即记礼乐征伐、禄去公室之语，乃记者以为篇次之意。”【通考】勿轩熊氏曰：“首三章皆叹鲁也，余亦杂记夫子言行。”

季氏将伐颛臾。

颛，音专。臾，音俞。颛臾，国名。鲁附庸也。《春秋传》曰：“颛臾，风姓也，实司太皞与有济之祀。”注云：“伏羲之后，在泰山南，武阳县之东北。”

冉有、季路见于孔子曰：“季氏将有事于颛臾。”见，贤遍反。

按《左传》、《史记》，二子仕季氏不同时。此云尔者，疑子路尝从孔子自卫反鲁，再仕季氏，不久而复扶又反。之卫也。《左传·定公十二年》：“仲由为季氏宰，将堕三都。”《史记》：“定公十三年夏，孔子言于公曰：‘臣无藏甲，大夫无百雉之城。’使仲由为季氏宰，将堕三都。”《左传·哀公十一年》：“齐师伐我，季孙谓其宰冉求曰：‘若之何?’求曰：‘一子守，二子从公御诸境。’孟孺子泄帅右师，冉求帅左师，师及齐师战于郊，师入齐军，获甲首八十，齐人遁，冉有请从之，季孙弗许。”《史记·世家》：“哀公三年，孔子年六十矣，在陈。秋，季桓子病，辇而见鲁城，喟然叹曰：‘昔此国几兴矣，以吾获罪于孔子，故不兴也。’顾谓其嗣康子曰：‘我即死，若必相鲁，相鲁必召仲尼。’后数日桓子卒，康子代立，已葬，欲召仲尼。公之鱼曰：‘昔吾先君用之不终，终为诸侯笑，今又用之，不能终，是再为诸侯笑。’康子曰：‘则谁召而可?’曰：‘必召冉求。’于是召冉求。既去，明年孔子自陈迁于蔡。冉有为季氏将，与齐战于郊，克之，康子曰：‘子之于军旅，学之乎？性之乎?’冉求曰：‘学于孔子。’康子以币迎孔子，孔子归鲁。”赵氏曰：“鲁哀公十年，孔子自楚反乎卫，十一年，鲁以币召之乃归。子路从孔子反鲁，当在此时。十四年，小邾射来奔，曰：‘使季路要我，吾无盟矣。’使子路，子路辞，则子路尚在鲁也，必是此年复之卫，次年死于孔悝之难。”

孔子曰：“求！无乃尔是过与？与，平声。

冉求为去声。季氏聚敛，去声。尤用事。故夫子独责之。问：“独责求，何也?”朱子曰：“想他与谋较多，一向倒在他身上去，亦可知也。”

夫颛臾，昔者先王以为东蒙主，且在邦域之中矣，是社稷之臣也。何以伐为?”夫，音扶。

东蒙，山名。赵氏曰：“蒙山，在泰山郡蒙阴县西南，今沂州费县也。”厚斋冯氏曰：“按《禹贡》有二蒙：徐州蒙羽其艺，东蒙也；梁州蔡蒙旅平，西蒙也。”洪氏曰：“《鲁颂》曰‘奄有龟蒙，遂荒大东’，又云‘乃命鲁公，俾侯于东，锡之山川，土田附庸’，谓颛臾也。”先王封颛臾于此山之下，使主其祭，在鲁地七百里之中。问：“从孟子‘地方百里’之说，则鲁地安有七百里?”朱子曰：“七百里是《礼记》说，每疑百里如何做得侯国，又容得附庸，所谓‘锡之山川，土田附庸’，必不止百里，然此处亦难考。”【通考】仁山金氏曰：“《诗》：‘乃命鲁公，俾侯于东，锡之山川，土田附庸’，孟子谓周公封于鲁，为方百里，盖以田计也，山川、附庸不在此数。《礼记》鲁境七百里，盖通山川附庸计之也。”黄氏绍曰：“大国地方百里者，古制也。然《诗》云‘庵有龟蒙，遂荒大东，至于海邦’，则其地岂直百里而已哉！《孟子》于班爵禄之制，皆不能语其详，直计古制以为言耳。而朱子之说则本诸《戴记》所谓‘封周公以曲阜之地七百里’为说耳。《王制》成于汉儒，固未可以为据，《周礼》亦周公未成之书。大禹会诸侯玉帛万国，至商仅千七百国，则其土地并吞，非复其旧，武王革商，亦因而授之，未必能损强大之国，使之悉就古制也。诸侯之多强大，而使周公太公以百里为新造之齐鲁，则于其间其能久乎？以此推之，则二国始封，必已不止百里矣。”社稷，犹云公家。是时四分鲁国，季氏取其二，孟孙叔孙各有其一。《左传·昭公五年》：“春正月，季孙舍中军，卑公室也。罢中军，季孙称左师，孟孙称右师，叔孙氏则自以叔孙为军名。初作中军，三分公室而各有其一，各有一军家属。季氏尽征之。无所入于公。叔孙氏臣其子弟，以父兄归公。孟氏取其半焉。复以子弟之半归公。及其舍之也，四分公室，季氏择二，二子各一，皆尽征之，而贡于公。”独附庸之国尚为公臣，季氏又欲取以自益。故孔子言颛臾乃先王封国，则不可伐；在邦域之中，则不必伐；是社稷之臣，则非季氏所当伐也。此事理之至当，不易之定体，而一言尽其曲折如此，非圣人不能也。庆源辅氏曰：“不可伐而伐之，则不仁；不必伐而伐之，则不智；非所当伐而伐之，则悖礼犯义。”

冉有曰：“夫子欲之，吾二臣者皆不欲也。”

夫子，指季孙。冉有实与去声。谋，以孔子非之，故归咎于季氏。

孔子曰：“求！周任有言曰：‘陈力就列，不能者止。’危而不持，颠而不扶，则将焉用彼相矣？任，平声。焉，于虔反。相，去声。下同。

周任，古之良史。陈，布也。列，位也。相，瞽者之相也。言二子不欲则当谏，谏而不听，则当去也。朱子曰：“相，亦是赞相之义。瞽者之相，亦是如此。”双峰饶氏曰：“冉有真与谋，子路只是不能谏止。危未至于颠，故持之使不至颠；颠则既踣，须扶起之。”

且尔言过矣。虎兕出于柙，龟玉毁于椟中，是谁之过与?”兕，徐履反。柙，户甲反。椟，音独。与，平声。

兕，野牛也。赵氏曰：“兕似牛，一角，毛青，皮坚可为铠。”柙，槛也。椟，匮也。言在柙而逸，在椟而毁，典守者不得辞其过①。明二子居其位而不去，则季氏之恶，己不得不任其责也。朱子曰：“虎在山，龟玉在他处，不干典守者事；今在柙中走了，椟中毁了，便是典守者之过。”厚斋冯氏曰：“二子居其位而不去，夫子称为具臣者以此。”

冉有曰：“今夫颛臾，固而近于费。今不取，后世必为子孙忧。”夫，音扶。

固，谓城郭完固。费，音秘。季氏之私邑。此则冉求之饰辞②，然亦可见其实与季氏之谋矣③。勉斋黄氏曰：“冉有此言，但知费为季氏之邑，而为季氏子孙谋也，岂复知有鲁哉?”齐氏曰：“孔子之为司寇也，使仲由堕费，而求乃谋伐颛臾以益费，是孔子弱三家以强公室，而求反之，故孔子惟深责冉求，以为非由本意也。”

孔子曰：“求！君子疾夫舍曰欲之，而必为之辞。夫，音扶。舍，上声。

欲之，谓贪其利。梅岩胡氏曰：“求以为夫子欲之，‘吾二臣者皆不欲’，孔子从‘欲’字发明切责之。”

丘也闻有国有家者，不患寡而患不均，不患贫而患不安。盖均无贫，和无寡，安无倾。

寡，谓民少。贫，谓财乏。均，谓各得其分。去声。安，谓上下相安。季氏之欲取颛臾，患寡与贫耳。然是时季氏据国，而鲁公无民，则不均矣。君弱臣强，互生嫌隙，乞逆反。则不安矣。均则不患于贫而和，和则不患于寡而安，安则不相疑忌，而无倾覆

① 言在柙而逸，在椟而毁，典守者不得辞其过：意思是在圈栏里的（动物）跑了，在匣子里的（东西）毁了，主管看守者不可推卸自己的责任。

② 饰辞：掩饰自己过错的托词。

③ 其实与季氏之谋：他其实参与了季氏的谋划。

之患。朱子曰："不均、不和、不安，在当时有难显言者，故夫子微辞以告之，语虽略而意则详也。"双峰饶氏曰："'均无贫'以下，文理参差，与上文不相当对，何也？曰：上两句以贫与寡对说，下三句又错综说，大抵贫多起于不均，均则彼此皆足而无贫，故曰'均无贫'。不和则争，争则土地虽广，人民虽众，而心常以为寡，惟和而不争，则虽寡亦不见其为寡矣，故曰'和无寡'。倾覆生于不安，人心苟安，则祸乱不作，自无倾覆之患矣，故曰'安无倾'。均无贫而后能和，和无寡而后能安，三者又自相因。"郑氏曰："有国家者，不患民之寡，患无上下之分，而患于不均；不患财之乏，而患在失上下之心，而至于不均也。均则民志定，定则不贫；和则民志一，一则不寡。不贫不寡则安矣，安则不倾。"厚斋冯氏曰："夫子称'有国有家者'，正指鲁与季氏言之。"

夫如是，故远人不服，则修文德以来之。既来之，则安之。夫，音扶。

内治去声。修，然后远人服。有不服，则修德以来之，亦不当勤兵于远。新安陈氏曰："'夫如是'，总包括上三句，即所谓内治修也。今不均不安，既与内治修反矣，又欲兴兵黩武，则与修文德反矣。"

今由与求也，相夫子，远人不服而不能来也；邦分崩离析而不能守也。

子路虽不与音预。谋，而素不能辅之以义，亦不得为无罪，故并去声责之。远人，谓颛臾。或曰："颛臾在邦域中，如何谓之远人？"双峰饶氏曰："远人，不特远夷。《中庸》'柔远人，'在'怀诸侯'之上。夫子以萧墙对颛臾，则萧墙近，颛臾远，其为远人可知。"分崩离析，谓四分公室，家臣屡叛。《左传·定公五年》："九月，阳虎囚季桓子，及公父文伯，桓子之从父昆弟也。虎欲为乱，恐二子不从，故囚之。而逐仲梁怀。十月丁亥，杀公何藐。季氏族。己丑，盟桓子于稷门之内。鲁南城门。庚寅，大诅，逐公父歜即文伯，及泰遄，皆奔齐。八年，季寤、桓子之弟。公鉏极、桓子族子，公山不狃费宰。皆不得志于季氏，叔孙辄叔孙氏庶子。无宠于叔孙氏，叔仲志叔孙带之孙。不得志于鲁，故五人因阳虎。阳虎欲去三桓，以季寤代季氏，叔孙辄更叔孙氏，己更孟氏。十月，将享季氏于蒲圃而杀之。阳虎前驱，林楚御桓子以适孟氏。阳虎劫公与武叔以伐孟氏。公敛处父帅成人自上东门入，与阳氏战于南门之内，阳氏败。阳虎说音脱。甲如公宫，取宝玉、大弓以出，入于讙、阳关以叛。"

而谋动干戈于邦内。吾恐季孙之忧，不在颛臾，而在萧墙之内也。"

干，楯也。楯，垂尹反，兵器也，正作盾。戈，戟也。萧墙，屏音丙。也。问："萧墙。"朱子曰："据郑注云，诸侯至屏内，当有肃敬之意。未知是否？"厚斋冯氏曰："萧，肃也。臣之见君，至屏而加肃，故曰萧墙。"言不均不和，内变将作。其后哀公果欲以越伐鲁而去去声。季氏。《左传·哀公二十七年》："公患三桓之侈也，欲以诸侯去之，欲求诸侯师以逐之。三桓亦患公之妄也，故君臣多间。隙也。公欲以越伐鲁而去三桓。秋八月甲戌，公如公孙有陉氏，因孙于邾，乃遂如越。"谢氏曰："当是时，三家强，公室弱，冉求又欲伐颛臾以附益之。夫子所以深罪之，为去声。其瘠鲁以肥三家也。"洪氏曰："二子仕于季氏，凡季氏所欲为，必以告于夫子。则因夫子之言而救止者，宜亦多矣。伐颛臾之事，不见形甸反。于经传去声。其以夫子之言而止也与？"音余。豫章罗氏曰："昔季氏伐颛臾，孔子曰'吾恐季孙之忧不在颛臾，而在萧墙之内也'，其后阳虎果囚季桓子，圣人之言，不可为万世法哉！自三代而下，人主不师孔子之言，不戒季氏之事，而被萧墙之害者多矣！"厚斋冯氏曰："圣门纪录问答，多单辞只语，无文章可观，唯此章数百辞，折难抑扬，优游反复，所宜深味也。"【通考】程氏复心曰："谢说得夫子深责冉求之意，洪说见夫子虽失位而余福有以及人。"朱氏公迁曰："圣人责之之辞，见于《论语》者凡十章，如子路使门人为臣，求也为季氏聚敛，冉有、季路欲佐季氏伐颛臾，此是因其行事之失而责之；宰我之问丧，樊迟之问稼圃，此因其请问之失而责之；宰我言'使民战栗'，子路言'有是哉，子之迂'，则因其言辞之失而责之；至于子贡方人而疏于自治，冉求之画，宰予之昼寝而甘于自弃，亦皆有责之之辞。盖圣人欲人有过则改之，责之之深者，所以为爱之之至也。"

〇孔子曰："天下有道，则礼乐征伐自天子出；天下无道，则礼乐征伐自诸侯出。自诸侯出，盖十世希不失矣；自大夫出，五世希不失矣；陪臣执国命，三世希不失矣。

先王之制，诸侯不得变礼乐，专征伐。《礼·王制》："变礼易乐者为不从，不从者君流；放也。革制度衣服者为畔，畔者君讨。有功德于民者，加地进律。""诸侯赐弓矢，然后征；赐𫓧钺，然后杀。"陪臣，家臣也。吴氏曰："陪，重也。大夫于天子，家臣于诸侯，皆称陪臣。此谓家臣也。"逆理愈甚，则其失之愈速。大约世数，不过如此。厚斋冯氏曰："先王之时，五礼六乐，掌之以宗伯；九伐之法，掌之以司马。礼乐征伐之权在上，而下莫敢干也。至自诸侯出，则逆理矣。然苟可自诸侯出，则亦可自大夫出，而逆理甚矣。苟可自大夫出，则陪臣亦可执国命，而逆理愈甚矣。"双峰饶氏曰："天下无道，先从礼乐上僭起，礼乐乱，则征伐之权亦为之下移矣。礼乐之中，礼先而乐后，盖礼者道之节文，有礼则上下之分定，礼乱则便不和，不和则争，争则征伐之所从起。征，是上伐下；伐，是诸侯互相侵伐。是以治天下者，先要于礼上整顿。"吴氏曰："十世、五世、三世，言其极，大约不出此，故称'盖'以疑之。下章戒窃权者，此戒失权者。"

天下有道，则政不在大夫。

言不得专政。庆源辅氏曰："天下有道，诸侯既不得变礼乐、专征伐，则大夫亦岂得而专国政哉！"

天下有道，则庶人不议。"

上无失政，则下无私议。非箝其廉反。其口使不敢言也。庆源辅氏曰："下无私议，此有道之极致大验。使下尚有窃议者，则上之人于道犹有慊。必至于庶人自然不议，方为有道之极。"

此章通论天下之势。南轩张氏曰："礼乐征伐，天子之事也。天下有道，则礼乐征伐自天子出矣。盖天子得其道，则权纲在己，而在下莫敢干之也。所谓'自天子出'者，天子亦岂敢以己意可专而以私意加于其间哉？亦曰奉天理而已矣，此之谓得其道。若上失其道，则纲维解纽，而诸侯得以窃乘之，礼乐征伐，将专行而莫顾矣。若诸侯可以窃之于天子，则大夫亦可以窃之于诸侯，而陪臣亦可以窃之于大夫矣，其理之逆，必至于此也。所以有十世、五世、三世之异者，尹氏谓'于理愈逆，则其亡愈近'是也。天下有道，则政不在大夫者，政出于一也；庶人不议者，民志定于下，而无所私议也。”止斋陈氏曰：“此章备春秋之终始。礼乐征伐自天子出，是春秋以前时节；自诸侯出，隐桓庄闵之春秋也；自大夫出，僖文宣成之春秋也；陪臣执国命，襄昭定哀之春秋也。”新安陈氏曰：“此章自有道及于无道，末又因无道而及于有道，其欲维持名分，挽今而返之古欤?”

○孔子曰：“禄之去公室，五世矣；政逮于大夫，四世矣；故夫三桓之子孙，微矣。”夫，音扶。

鲁自文公薨，公子遂杀子赤，立宣公，而君失其政。《左传·文公十八年》：文公二妃，敬嬴生宣公。敬嬴嬖，而私事襄仲。公子遂。襄仲欲立之，叔仲惠伯。不可。仲见于齐侯而请之。齐侯新立，而欲亲鲁，许之。冬十月，仲杀恶及视，恶，太子。视，其母弟。而立宣公。夫人姜氏归于齐，哭而过市，曰：‘天乎！仲为不道，杀適立庶。’市人皆哭。”新安倪氏曰：“《春秋》是年书‘冬十月子卒’。《公羊传》曰‘子卒者，孰谓？谓子赤也。何以不日？隐之也。何隐尔？弑也。’是‘子卒’之书，左氏以为恶，公羊以为赤，《集注》曰‘子赤’，本《公羊传》也。”历成、襄、昭、定，凡五公。逮，及也。自季武子始专国政，历悼、平、桓子，凡四世，而为家臣阳虎所执。张存中曰：“见前章《集注》‘家臣屡叛’下。”三桓，三家，皆桓公之后。此以前章之说推之，而知其当然也。○此章专论鲁事，疑与前章皆定公时语。双峰饶氏曰：“此章大意，正接前章‘自大夫出’一条而言。”苏氏曰：“礼乐征伐自诸侯出，宜诸侯之强也，而鲁以失政。陈氏曰：“鲁虽无桓文之霸，然征伐亦不无，按《春秋》可见。凡兴兵非奉王命，及请命而擅兴者，皆谓之征伐。自诸侯出，鲁岂得为无僭者?”政逮于大夫，宜大夫之强也，而三桓以微。何也？强生于安，安生于上下之分扶问反。定。今诸侯大夫皆陵其上，则无以令其下矣。故皆不久而失之也。”或问：“田恒、三晋，何以不失?”朱子曰：“孔子之言，常理也，如《书》言‘惠迪吉，从逆凶’，《易》言‘积善余庆，不善余殃’者也。气数舛戾，则当然而不然者多矣，孰得而齐之？况田恒、三晋，传世亦皆不过五六。胡氏又以后世篡夺之迹考之，如莽、懿、高欢、杨坚、五胡十国、南朝四姓、五代八氏，皆得之非道，或止其身，或子孙四五传而极矣。唯晋祚差永，而史谓元帝牛姓，犹吕政之绍嬴。以此论之，常理未尝不验也。天定胜人，其此之谓欤!”南轩张氏曰：“斯言发于鲁定之世，盖鲁自宣公赖襄仲而立，而三家始盛，专制鲁国之赋，而禄去公室矣。又一世而政悉移于大夫，自成公而下，为国君者，拱手听命而已。孔子于禄去公室，政在大夫，而知三桓子孙之必微，以理之顺逆、势之陵犯而知之也。夫三家视其君而起不夺不厌之心，则夫陪臣视之，亦何惮而不萌此心乎？方三家专公室之禄。而窃鲁国之政，本其私意，欲以利其子孙，而岂知子孙之微实兆于此哉!”庆源辅氏曰：“此二章想只是一时之言。分章者以前章通论天下之势，后章论鲁事，故于其中加‘孔子曰’三字而析为二章尔。”厚斋冯氏曰：“昭公之乱，乐祁曰‘鲁君必出’。政在季氏三世矣，鲁之丧政四公矣，以此知当时智者已有此论，夫子故述之。”洪氏曰：“前言十世、五世，理也；今言五世、四世者，实也。非其有而有者，必失；不宜大而大者，必微。”

○孔子曰："益者三友，损者三友。友直，友谅，友多闻，益矣。友便辟，友善柔，友便佞，损矣。"便，平声。辟，婢亦反。

友直，则闻其过。友谅，信也。则进于诚。友多闻，则进于明。胡氏曰："直者，责善而无所回互；谅者，固执而无所更易；多闻者，有所参订而不胶偏见。《集注》言友之之益，所谓闻过，则真有所闻；所谓进于诚明，则犹有待于进也。盖友谅与多闻，未即至于诚明，而诚明可由是而入耳。"便，习熟也。便辟，谓习于威仪而不直。胡氏曰："便，顺适也，字书云安也。顺适且安，故云'习熟也'。便辟，书注以为足恭是也。"善柔，谓工于媚悦而不谅。便佞，谓习于口语，而无闻见之实。三者损益，正相反也。双峰饶氏曰："与直者友，则有过必闻；与谅者友，则信实相示；与多闻者友，则多识前言往行，知识日广。三者虽常情所敬惮，然友之却有益。便辟者，威仪习熟；善柔者，每事阿顺；便佞者，语言可听。三者皆常情所狎悦，而友之却有损。举三者为劝，又举三者为戒。"○尹氏曰："自天子至于庶人，未有不须友以成者。而其损益有如是者，可不谨哉？"或问："三友之说，尽于《集注》之说而已矣？"朱子曰："是亦释其文之正意云尔。若推而言之，则是三者之于人，皆有熏陶渐渍之益焉，皆有严惮畏谨之益焉，皆有兴起慕效之益焉，不但如彼之所言而已也。"曰："损者之友，其相反奈何？"曰："便辟，则无责善之诚矣；善柔，则无固守之节矣；便佞，则无贯通之实矣。"南轩张氏曰："友者，所以辅成己德者。直者有过必闻，谅者忠信相与，多闻者知识可广，是三者友之，则使人常怀进修而不敢自足，得不曰益乎！便辟、便佞，谓便于辟与佞者；善柔，谓善为柔者。辟则容止足恭，柔则每事卑屈，佞则巧言为悦，是三者友之，则使人日趋于骄惰焉，得不曰损乎！自天子至于庶人，皆当谨乎此也！"吴氏曰："益者增其所未能，损者坏其所本有，友道损益，岂止于三？夫子盖略言之，从是推之，皆可求也，三乐亦然。"

○孔子曰："益者三乐，损者三乐。乐节礼乐，乐道人之善，乐多贤友，益矣。乐骄乐，乐佚游，乐宴乐，损矣。"乐，五教反。礼乐之乐，音岳。"骄乐"、"宴乐"之"乐"，音洛。

节，谓辨其制度声容之节。新安陈氏曰："礼之制度，乐之声容。"骄乐，则侈肆而不知节①。佚游，则惰慢而恶乌故反。闻善②。宴乐，则淫溺而狎小人。三者损益，亦相反也。朱子曰："三乐，惟宴乐最可畏，所谓'宴安鸩毒'是也。三者如骄乐，只是放恣侈靡最害事。到得宴乐，便是狎近小人，疏远君子。"或问"三者之为益"。曰："君子之于礼乐也，讲明不置，则存之熟；是非不谬，则守之正。存之熟则内有以养其庄敬和乐之实，守之正则外有以善其威仪节奏之文，与夫道人善而悦慕勉强之意新，多贤友而直谅多闻之士集，乐是三者而不已焉，虽欲不收其放心以进于善，亦不可得矣，其为益岂不大哉！"曰："损者之相反奈何？"曰："骄乐，则不敬不和矣；佚游，则忌人之善矣；

① 侈肆而不知节：奢侈放肆而不知道节制。
② 惰慢而恶闻善：懒惰傲慢并且厌恶良言相劝。

宴乐，则惮亲胜己矣。”南轩张氏曰：“乐节礼乐，则足以养中和之德；乐道人之善，则足以扩忠恕之心；乐多贤友，则足以赖辅成之功，是乌得不日益乎！乐骄乐，则长傲；乐佚游，则志荒；乐宴乐，则志溺，是乌得不日损乎！损益之原，存于敬肆而已。”勉斋黄氏曰：“节礼乐者，欲其循规蹈矩而不敢纵肆也；道人善者，志于为善以成其身也；多贤友者，乐于取友以自规正也。骄乐者，恃气以凌物，则不复循规蹈矩矣；佚游者，怠惰而自适，则不复志于为善矣；宴乐者，多欲以求安，则不复望人之规正矣。此其所以相反也。”双峰饶氏曰：“节礼乐三句，都是天理一边；骄乐三句，都是人欲一边。心向天理上，则德日进而有益；心向人欲上，则德日退而有损。”“节礼乐，只是谨之于毫厘之际，不教他过，亦不教他不及。”“骄乐，是奢侈，如峻宇凋墙之类；佚游，如从流上下，博奕田猎之类；宴乐，如饮食声色之类。”吴氏曰：“骄乐，以骄为乐；宴乐，以宴为乐。宴，合食也，《易象》曰‘君子以饮食宴乐’，饮食宴乐之合于礼者何可废？但不可以是为乐而荒淫耳。”尹氏曰：“君子之于好并去声。乐，可不谨哉?”觉轩蔡氏曰：“三友，损益之资于外者；三乐，损益之发于中者也。”

○孔子曰：“侍于君子有三愆：言未及之而言谓之躁，言及之而不言谓之隐，未见颜色而言谓之瞽。”

君子，有德位之通称。胡氏曰：“‘不亦君子乎’，专以德言；‘无君子莫治野人’，专以位言。此章君子兼德位而言。”愆，过也。瞽，无目，不能察言观色。○尹氏曰：“时然后言①，则无三者之过矣。”朱子曰：“圣人此言，只是戒人言语以时，不可妄发。”南轩张氏曰：“言而当其可，非养之有素者不能然也。不然，鲜不蹈此三愆者矣。”勉斋黄氏曰：“言有及未及者，或数人侍坐，长者当先言，不言则及少者；或君子先有问，则承问者当先对，不以少长拘也。既有及未及，而又有未见颜色者，虽及之而言，亦须观长者颜色，或意他在，或有不乐，则亦未审言也。”汪氏曰：“‘时然后言’，断尽此章。可与言否，各有其时，时未可言而遽言，是躁急而不逊；时可以言而不言，是隐匿而不发。不躁不隐，时可以言，而或所与言者意不在是，则亦非可言之时也。不察而强聒之，非惟不入其耳，或反贻其怒矣，谓之瞽可也。”云峰胡氏曰：“言贵乎时中。躁者先时而过乎中，隐者后时而不及乎中，瞽者冥然不知所谓中者也。”

○孔子曰：“君子有三戒：少之时，血气未定，戒之在色；及其壮也，血气方刚，戒之在斗；及其老也，血气既衰，戒之在得。”

血气，形之所待以生者，血阴而气阳也。厚斋冯氏曰：“血禀于阴，行于脉之内而为荣；气禀于阳，行于脉之外而为卫。”得，贪得也。随时知戒，以理胜之，则不为血气所使也。○范氏曰：“圣人同于人者血气也，异于人者志气也。血气有时而衰，志气则无时而衰也。少未定、壮而刚、老而衰者，血气也。戒于色、戒于斗、戒于得者，志气也。君子养其志气，故不为血气所动，是以年弥高而德弥邵也②。”朱子曰：“人之血

---

① 时然后言：该说的时候再说。时，适时，合于时宜。即选择合适的时机。

② 邵：通“劭”，美好。《孔丛子·居卫》：“伋徒患德之不邵，不病毛鬓之不茂也。”

气固有强弱，然而志气则无时而衰，苟常持得这志，纵血气衰极，也不由他。”又曰：“到老而不屈者，此是志气。血气虽有盛衰，君子常当随其偏处警戒，勿为血气所役也。人之血气衰时，则义心亦从而衰。夫子三戒，正为血气而言。”又曰：“气只是一个气，便浩然之气也，只是这个气，但只是以道义充养起来，及养得浩然，却又能配义与道也。”南轩张氏曰：“人有血气，身役于血气，有始终盛衰之不同，则其所役亦随而异。夫血气未定，则动而好色；血气方刚，则锐而好斗；血气既衰，则歉而志得。凡民皆然，为其所役者也。于此而知戒，则义理存；义理存，则不为其所役矣。此学者所当警惧而不忘者也。”勉斋黄氏曰：“三者自少至老，皆所当戒。然三者之好，又各随其血气，而有最甚者焉，故各指其最甚者，而使之深戒也。血气未定，不能胜人，而志气尚锐，岁月尚长，亦未急于贪得，故惟色为可戒，盖男女之欲，惟年少为最甚者也。血气既刚，则涉历既深，而贪得之念尚如未定之日，惟其刚强有足恃者，故惟斗为可戒。血气既衰，则色与斗之念，皆无足逞者，而日暮途远，忧戚百集，故于得为可戒也。”庆源辅氏曰：“人之血气未定，则常动而易流，方刚则勇锐而好胜，既衰则收敛而多贪，此血气之变也。常动而易流，则戒色；勇锐而好胜，则戒斗；收敛而多贪，则戒得，此志气之常也。常者为主，而使变者不得肆焉，此圣贤之学，而君子终身之务也。”双峰饶氏曰：“魂者气之灵，魄者血之灵，心是魂魄之合。气属天，血属地，心属人，人者天地之心。心是血气之主，能持其志，则血气皆听命于心；不能持其志，则心反听命于血气。”新安陈氏曰：“三戒，皆随时而就众人所易犯者言也。朱子欲以理胜气，则不为血气所使；范氏欲以志帅气，则不为血气所动。意不相远，志亦定向于理而已。”新安倪氏曰：“‘年弥高，德弥邵’，出扬雄《法言》。邵，亦高也。”

○孔子曰：“君子有三畏：畏天命，畏大人，畏圣人之言。

畏者，严惮之意也。天命者，天所赋之正理也。知其可畏，则其戒谨恐惧，自有不能已者。而付畀之重①，可以不失矣。大人圣言，皆天命所当畏。知畏天命，则不得不畏之矣。程子曰：“畏圣人之言，则可以进德。”朱子曰：“大人不止有位者，是指有位有齿有德之大人。”“‘畏天命’三字好，自理会得道理，便谨去做不敢违，便是畏之也。如非礼勿视听言动，与夫戒谨恐惧，皆所以畏天命。”“要紧须是知得天命，即是天理，若不先知这道理，自是懵然，何由知其可畏？才知得，便自不容不畏。”

小人不知天命而不畏也，狎大人，侮圣人之言。”

侮，戏玩也。不知天命，故不识义理，而无所忌惮如此。○尹氏曰：“三畏者，修己之诚当然也。汪氏曰：“尹氏此说，所以别夫众人懔迫于利害之畏也。”小人不务修身诚己，则何畏之有？”南轩张氏曰：“畏天命，奉顺而不敢逆也；畏大人，尊严而不敢易也；畏圣人之言，佩服而惟恐违也。然而是三言，主于畏天命，盖其畏大人、畏圣人之言，亦以其知天命之可畏而已。小人不知天命之所存，是以冥行而莫之畏。不畏天命，

① 付畀：授予，交给。《书·康王之诰》：“用端命于上帝，皇天用训厥道，付畀四方。”孔《传》：“大天用顺其道，付与四方之国王天下。”

则其狎大人、侮圣人之言，亦无所不至矣。大人，德与位之通称也。”“孟子谓‘说大人则藐之’，与斯言有以异乎？孟子之言，谓当正义以告之，不当为其势位所动耳，若夫尊严之分，则固未尝不存也，言各有所指耳。”赵氏曰：“大人，有德位者之称，是天命之所存。圣人之言，谓方册之所载，是天命之所发也。”厚斋冯氏曰：“此以上五章，皆三事，皆规诲之辞，非必一时之言，记者以类相从耳。”新安陈氏曰：“三畏本平说，上一节本无‘知’字意，然以‘小人不知天命’推之，则见得君子所以畏天命者，以其知天命也，故《集注》于上一节，亦两以‘知’字言之。欲知天命者，可不格物以致其知？欲畏天命者，可不诚意以正其心哉？”【通旨】朱氏公迁曰：“命以理言，自其命之于人者而言也。顾之则无间断，圣人之事也；畏之则无怠慢，君子之事也。”

○孔子曰：“生而知之者，上也；学而知之者，次也；困而学之，又其次也；困而不学，民斯为下矣。”

困，谓有所不通。言人之气质不同，大约有此四等。○杨氏曰：“生知、学知以至困学，虽其质不同，然及其知之一也。故君子惟学之为贵。困而不学，然后为下。”朱子曰：“生知者，尧舜孔子也；学知者，禹稷颜回也。困者，行有不得之谓。知其困而学焉，以增益其不能，此困而学之之事也，亦以卑矣。然能从事于斯，则其成犹不在善人君子之后。不能从事于斯，则靡然流于下愚而不知返。均之困耳，而二者相去之间，如是之远，学与不学之异耳。”或问“气质四等之说”。曰：“人之生也，气质之禀，清明纯粹，绝无渣滓，则于天地之性，无所间隔，而凡义理之当然，有不待学而了然于胸中者，所谓‘生而知之’，圣人也。其不及此者，则以昏明清浊、正偏纯驳之多少胜负为差。其或得于清明纯粹，而不能无少渣滓者，则虽未免乎少有间隔，而其间易达，其碍易通，故于其所未通者，必知学以通之，而其学也，则亦无不通矣，所谓‘学而知之’，大贤也。或得于昏浊偏驳之多，而不能无少清明纯粹者，则必其窒塞不通，然后知学，其学又未必无不通也，所谓‘困而学之’，众人也。至于昏浊偏驳之甚，而无复少有清明纯粹之气，则虽有不通，而懵然莫觉以为当然，终不知学以求其通也，此则下民而已矣。”南轩张氏曰：“困学虽在二者下，然而至则一者，以其性之本善故尔。困而不学，是自暴自弃，则为下愚矣。”又曰：“《中庸》言及其知之则一者，言其终所至之同也。此有三等之分者，言其始所进之异也。”庆源辅氏曰：“人之气质不同，然及其知之则一者，盖以人性之本善故耳。是以君子唯学之为贵，学则昏浊者可使清明，偏驳者可使纯粹。惟其昏浊之甚，自暴自弃，而不自知有学焉，此则所谓下愚之民也。”“凡心思智虑，行止动作，有所窒塞而不得通，则困之谓也。”双峰饶氏曰：“生知、学知、困知，属天质；学不学，属人事。盖以气质言之，只有三等，若民斯为下，则全是人事不尽，盖困是穷而不通之意，四面都窒塞行不去了，却愤悱奋发转来为学，如此尚可以勉进于中上，若又困而不学，则打入下等去，更无可出时矣，此圣人勉人务学处。”云峰胡氏曰：“以生知为上，则学知者为中，困知者为下矣。而圣人不以品之下者遽绝之，但曰‘困而不学，民斯为下’，盖困而学，犹可以进于上，困而不学，遂为下而无复上之望矣。”

○孔子曰：“君子有九思：视思明，听思聪，色思温，貌思恭，言思忠，事思敬，

疑思问，忿思难，见得思义。”难，去声。

视无所蔽，则明无不见。听无所壅，则聪无不闻。色，见形甸反。于面者。貌，举身而言。思问，则疑不蓄。思难，则忿必惩。思义，则得不苟。朱子曰：“视不为恶色所蔽为明，听不为奸人所欺为聪。若视听糊涂、是非不辨，则下面诸事，于当思处，皆不知所以思矣。有为气质所壅蔽，有为私欲所壅蔽，有为谗邪所壅蔽，若思明思聪，便须去其壅蔽。”新安倪氏曰：“视外明而听内明，蔽是蔽于外，壅是壅于内，故《集注》于视之明，以无所蔽言，于听之聪，以无所壅言也。”〇程子曰：“九思各专其一。”朱子曰：“九思不是杂然而思，当这一件上，思这一件。”问：“各专其一，是主一之义？”曰：“然。”云峰胡氏曰：“事思敬，九思之一。九思各专其一，则皆主乎敬者也。”谢氏曰：“未至于从七恭反。容中去声。道，无时而不自省悉井反。察也。虽有不存焉者寡矣，此之谓思诚。”朱子曰：“视听如何要得他聪明，如有物必有则。只一个物，自家各有个道理，况耳目之聪明得之于天，本来自合如此，只为私欲蔽惑，而失其理。圣人教人做工夫，内外夹持，积累成熟，便会无些子渗漏。”又云：“忿思难，如一朝之忿，忘其身及其亲，此不思难之故也。”问：“人当随事而思，若无事而思，则是妄想？”曰：“若闲时不思量义理，则临事而思已无及；若只块然守自家个躯壳，直道有事方思，闲时却莫思量，这却甚易。只守此一句足矣，何用事事须先理会。何故《中庸》却不先说笃行之，却先说博学之、审问之、慎思之、明辨之？《大学》何故不先便说正心、诚意，却先说致知，是如何？”南轩张氏曰：“九思，当乎此则思乎此，天理所由扩，而人欲所由遏也。然是九者，要当养之于未发之前，而持之于方发之际，不然，但欲察之于流而收之于暂，则但见其纷扰而无力矣。”勉斋黄氏曰：“九思固各专其一，然随其所当思而思焉，则亦泛然而无统矣。苟能以敬义为主，戒惧谨独，而无顷刻之失，然后为能随其所当思而思矣。”双峰饶氏曰：“九者之目有次第，视听色貌言，是就自身说；事疑忿得，是就事上说。一身之间，视听向前，其次则有色貌，又其次言出于口，又其次见之行事。视与听对，色与貌对，言与事对，疑与忿对，得又是就事上说。三者之中，疑思问属知，忿思难、见得思义属行。”齐氏曰：“孔子曰‘吾尝终日不食，终夜不寝，以思，无益’，而今乃有九思，彼为思而不学者言，此为不思者而言也。”新安陈氏曰：“君子苟未至于不思而得，当随时随处而各致其思，则处己待人，应事接物，无不各中其则矣，岂但九者而已哉！”冯氏谓：“九者，日用常行之要是也。”

〇孔子曰：“见善如不及，见不善如探汤。吾见其人矣，吾闻其语矣。探，吐南反。

真知善恶并去声。而诚好恶之，颜、曾、闵、冉之徒，盖能之矣。语，盖古语也。庆源辅氏曰：“见善如不及，则表里皆好，而无一念之不好，不患其不为之矣。见不善如探汤，则表里皆恶，而无一念之不恶，不患其或为之矣。此唯知至意诚者能之，故颜曾冉闵之徒，足以当之。”

隐居以求其志，行义以达其道。吾闻其语矣，未见其人也。”

求其志，守其所达之道也。达其道，行其所求之志也。南轩张氏曰：“其退也，所以安其义之所安，而其进也，所以推其道于天下，盖其所达之道，即其所求之志也。”新安陈氏曰：“闻其语，可见四句皆古语也。”盖惟伊尹、太公之流，可以当之①。当时若颜子，亦庶乎此。然隐而未见，形甸反。又不幸而蚤②死，故夫子云然。朱子曰：“行义以达其道，所行之义，即所达之道也。未行则蕴诸中，行则见诸事也。”问：“《集注》谓‘伊尹太公之流，可以当之’，颜子所造所得，二贤恐无以过之，而云‘亦庶乎此’，下语轻重抑扬处，疑若于颜子少贬者，若云‘古之人有行之者，伊尹太公之流是也。若颜子可以当之矣，然隐而未见，又不幸蚤死，故夫子言然’，不知可否？”曰：“当时正以事言，非论其德之浅深也。然语意之间，诚有如所论者。”问：“行义以达其道，莫是所行合义否？”曰：“志是守所达之道，道是行所求之志，隐居以求之，使其道充足。行义，是得时得位而行其所当为，臣之事君，行其所当为而已。行所当为，以达其所求之志。”又问：“如孔明可以当此否？”曰：“也是。如伊尹耕于有莘之野，而乐尧舜之道，是隐居以求志。及幡然而起，使是君为尧舜之君，使是民为尧舜之民，是行义以达其道。”曰：“如漆凋开之未能自信，莫是求其志否？”曰：“所以未能信者，但以求其志，未说行义以达其道。”新安陈氏曰：“惟伊尹太公可以当之者，方其耕莘钓渭，则隐居求志也；及遇汤文而大用，则行义达道也。穷达无意，体用相须，当时如颜子之用则行、舍则藏，亦庶几乎此。然夫子虽许颜子以此，而颜子未用，且不寿，则于行义达道，未见颜子之如此也，朱子尝谓‘以其事言，非以其德之浅深言’，是也。前一节，真知善恶而诚好恶之者，此知至意诚之事，方笃信自修，未达于用也；后一节，求志以守所达之道，达道以行所求之志者，则身修而推以齐治平之事，体用全而为大人矣。此夫子所以有见与未见之分耳。”

○齐景公有马千驷，死之日，民无德而称焉。伯夷叔齐饿于首阳之下，民到于今称之。

驷，四马也。胡氏曰：“一车之用，两服两骖也。”首阳，山名。胡氏曰：“在河东蒲坂县。”新安陈氏曰：“富贵而无善可称，身死而名随灭；贫贱而有善可称，世远而名愈芳。是名之称不称，初不系于富贵贫贱也。”

其斯之谓与？与，平声。

胡氏曰：“程子以为第十二篇错简‘诚不以富，亦只以异’，当在此章之首。今详文势，似当在此句之上。言人之所称，不在于富，而在于异也。”愚谓此说近是，而章首当有“孔子曰”字，盖阙文耳。大抵此书后十篇多阙误。厚斋冯氏曰：“夫人必有异于流俗而后称之，君子所以疾没世而名不称也。以千驷之马，较首阳之饿夫，贫富贵贱，盖不侔矣，而后世称之者，乃在此而不在彼也，君子之于斯世，其可自同于流俗哉！”叶氏少蕴曰：“伯夷叔齐，同隐首阳，而孟子不言叔齐者，制行立教以示天下为之始者，伯夷也，叔齐则从之而已。孟子论教之所始，故独与伯夷；夫子论行之所异，故兼称叔

---

① 可以当之：可以符合这个评价，即达到了“隐居以求其志，行义以达其道”的境界。

② 蚤：通“早”。

齐也。”

〇陈亢问于伯鱼曰：“子亦有异闻乎?”亢，音刚。

亢以私意窥圣人，疑必阴厚其子。

对曰：“未也。尝独立，鲤趋而过庭。曰：‘学《诗》乎?’对曰：‘未也。’‘不学《诗》，无以言。’鲤退而学诗。

事理通达，而心气和平，故能言。庆源辅氏曰：“诗本人情，该物理，故学之者，事理通达；其为教温柔敦厚，使人不绞不讦，故学之者，心气和平。事理通达，则无昏塞之患；心气和平，则无躁急之失，此其所以能言。”新安陈氏曰：“诵《诗三百》，而使能专对，亦学《诗》能言之验。”【通考】勿轩熊氏曰：“《兴观群怨》、《召南》二章，皆言学《诗》之法，自吾之一身以至处事接物，大而民彝世教之重，小而鸟兽草木之微，于《诗》备矣。皆格物所当知也。”

他日又独立，鲤趋而过庭。曰：‘学礼乎?’对曰：‘未也。’‘不学礼，无以立。’鲤退而学礼。

品节详明，而德性坚定，故能立。庆源辅氏曰：“礼有三千三百之目，其序截然而不可乱，故学之者，品节详明；其为教恭俭庄敬，使人不淫不慑，故学之者，德性坚定。品节详明，则义精而莫之惑；德性坚定，则守固而莫之摇，此其所以能立。”新安陈氏曰：“夫子尝曰‘立于礼’，又学礼能立之证。”

闻斯二者。”

当独立之时，所闻不过如此，其无异闻可知。

陈亢退而喜曰：“问一得三，闻《诗》，闻礼，又闻君子之远其子也。”远，去声。

尹氏曰：“孔子之教其子，无异于门人，故陈亢以为远其子。”程子曰：“圣人之教，未尝私厚其子，学《诗》学《礼》，止可告之若此，学必待其自肯。”朱子曰：“陈亢实以私己之心窥孔子，故有此问，及其闻伯鱼之说，而又以孔子为远其子，则以其私意之未忘，而以为圣人故推其子而远之也。殊不知圣人曷尝有是心哉，但其教人之法，不过如此，而自世人之私厚其子者观之，则亦可以有警云尔。”南轩张氏曰：“圣人竭两端之教，于亲疏贤愚，无以异也。其告门人固尝曰‘兴于诗，立于礼’，而此语伯鱼必先之以学《诗》，次之以学礼，学之序固当然也。‘不学诗，无以言’，易其心而后能言也；‘不学礼，无以立’，谨其节而后有立也。陈亢初疑伯鱼之有异闻，及闻斯言，乃亦夫子之所以教门人者，故有远其子之言，谓不私其子也。味伯鱼答陈亢之辞气，亦可见其薰陶之所得矣。”潜室陈氏曰：“《诗》能兴起人心，礼可固人肌肤之会，筋骸之束，于初学为最近，故圣人以此为学者门户。”问：“陈亢谓圣人远其子，未免以私意窥圣人。”曰：“古者易子而教之，父子之间不责善，乃天理如此，非私意也。”问：“伯鱼圣人之子，陈亢意其有异闻，及止闻诗礼之训，乃知圣人远其子。愚意伯鱼之资禀稍劣，故圣人止以是告也，使其有曾颜之资，亦当以曾颜者告之矣。若一以远其子，则是有心于为公也，圣人然乎哉?”曰：“父子主恩，义方之训，只说到这处。若伯鱼天资颖悟，即饮食起居，无非教也。天何言哉？四时行焉，百物生焉。圣人何隐乎尔？曾颜可至，伯鱼亦可至，自是日用不知耳。”新安陈氏曰：“得三，谓闻《诗》，闻礼，与远其子为三也。夫子固不私其子，亦何尝远其子？当其可而教之，教子与教门人一耳。兴《诗》立礼，《诗》、《礼》雅言，与此之闻《诗》闻礼，平日教门人如此，教子亦不过如此，陋哉亢之见也！味伯鱼答亢之辞气，雍容详密，亦可见濡染熏陶之所得矣，惜其不寿而不至大成就耳！”【通考】董氏彝曰：“《论语》言学文、学《诗》、学《礼》、学道，所学何先？文者，载道之器也，学文、学《诗》、学《礼》，则学道在其中。文者，《诗》、《书》六艺也。洒扫应对即精义入神，故学文则道在其中。道者，事物当然之理也。学《诗》则事理通达而心气和平，学礼则品节详明而德性坚固，此圣人所以启伯鱼之学也。夫天下之事，莫不有理，莫不载于《诗》、《书》六艺之中，然理一也，而学之之序则不可紊也。故圣人于弟子之职，则教之‘行有余力而学文’，于伯鱼之过庭则教之以学《诗》、礼，此圣人之言各有攸当也。”

○邦君之妻，君称之曰夫人，夫人自称曰小童；邦人称之曰君夫人，称诸异邦曰寡小君；异邦人称之亦曰君夫人。

寡，寡德，谦辞。○吴氏曰：“凡语中所载如此类者，不知何谓。或古有之，或夫子尝言之，不可考也。”南轩张氏曰：“此正名之意也。春秋时以妾母为夫人者多矣，甚则以妾为夫人，如鲁惠、晋平之为者。名实之乖，一至于此。正其名，所以责其实也。”觉轩蔡氏曰：“按《记·曲礼篇》曰：‘天子之妃曰后，诸侯曰夫人，大夫曰孺人，士曰妇人，庶人曰妻。公侯有夫人，有世妇，有妻，有妾。夫人自称于天子曰老妇，自称于诸侯曰寡小君，自称于其君曰小童，自世妇以下自称曰婢子。’孔氏《正义》曰：此一节，论天子以下，妃妾称谓之法。诸侯曰夫人者，夫人之名，唯诸侯得称。诸侯以敌体一人，正者为夫人。畿内诸侯之妻，其助祭献蚕，得接见天子，故自称曰老妇。其自称于诸侯曰寡小君者，诸侯相飨，夫人亦出，故得自称也。君之妻曰小君而云寡者，从君谦也。自称于其君曰小童者，与夫言自谦，若未成人言，无知也。当夫子时，诸侯僭天子，大夫僭诸侯，家臣僭大夫，非一日矣，以至婢妾，亦僭夫人，然正名定分，当自诸侯始，故夫子有志于古礼而尝言之。记者附见于《卫灵公》之篇末，岂因南子而发欤？观此则知君臣夫妇之经，不可以不正，君臣夫妇之伦正，则名实称矣。”陈氏用之曰：“国君理阳道，而出命正人于其外，故谓之君；夫人理阴德，而出命正人于其内，故亦谓之君。《易》曰‘其君之袂’，《诗》曰‘我以为君’，《礼》称‘女君’，《春秋》书‘小君’是也。”厚斋冯氏曰：“是时嫡妾不正，称号不审，必夫子尝言古礼如此，故记之。”

论语集注大全卷十七

阳货第十七

凡二十六章。【通考】勿轩熊氏曰：“言陪臣专政者三，春秋之变至此极矣。内三章言性，余皆谓学修身之事，儆戒严切之辞为多。”

阳货欲见孔子，孔子不见，归孔子豚。孔子时其亡也，而往拜之，遇诸途。归，如字，一作馈。

阳货，季氏家臣，名虎。尝囚季桓子而专国政。《左传·定公五年》：“季平子卒。既葬，阳虎囚季桓子。”欲令平声。孔子来见己，而孔子不往。叶氏少蕴曰：“虎与南子异。南子，君夫人，可以见。而货可以不见也。”货以礼，大夫有赐于士，不得受于其家，则往拜其门。故瞰苦滥反。孔子之亡而归之豚，欲令孔子来拜而见之也①。朱子曰：“货之归豚，盖以大夫自处。”

谓孔子曰：“来！予与尔言。”曰：“怀其宝而迷其邦，可谓仁乎？”曰：“不可。”“好从事而亟失时，可谓知乎？”曰：“不可。”“日月逝矣，岁不我与。”孔子曰：“诺。吾将仕矣。”好、亟、知，并去声。

怀宝迷邦，谓怀藏道德，不救国之迷乱。亟，数音朔。也。失时，谓不及事几平声。之会。将者，且然而未必之辞。新安陈氏曰：“‘将’之一字，其辞活，其意婉，不轻绝之，亦未尝轻许之。圣人之远小人，所以不恶而严也。”货语皆讥孔子而讽使速仕。孔子固未尝如此，而亦非不欲仕也，但不仕于货耳。故直据理答之，不复扶又反。与辩，若不谕其意者。庆源辅氏曰：“君子未尝不欲仕。曰‘吾将仕矣’，此所谓据理而答之也。不复与辩者，不与辩己固未尝如此，亦非不欲仕，直不可仕于货之意也。盖阳虎虽暴戾，然其与夫子言，亦未尝悖违乎理也。曰怀宝，则贵之矣。曰亟失时，则惜之矣。曰仁，曰知，则亦尝闻其说，而非懵然全不晓矣。此固圣人盛德之容仪有以感之，故夫子亦据直理答之。若夫圣人之心事，则非虎之可知而可语也。”〇阳货之欲见孔子，虽其善意，然不过欲使助己为乱耳。庆源辅氏曰：“观怀宝失时之语，有爱敬圣人之心、知其为善意，然意欲其助己耳。”故孔子不见者，义也。其往拜者，礼也。必时其亡而往者，欲其称去声。也。遇诸途而不避者，不终绝也。随问而对者，理之直也。对而不辩者，言之孙去声。而亦无所诎与“屈”同。也。新安陈氏曰：“言逊则易诎。惟圣人能逊言而无所诎。”问：“阳货瞰亡，此不足责。孔子亦瞰亡，不几于不诚乎？”朱子曰：“非不诚也。彼以瞰亡来，我亦以瞰亡往，一来一往，礼甚相称。但孔子不幸遇诸涂耳。”吴氏曰：“小人行事，君子岂得效之？非谓礼尚往来，欲其相称。不往不可，往拜则堕小人之计。故权衡如此。”又曰：“不见，正也。往拜，权也。随问而答，辞顺礼恭，在此无诎，而在彼亦无所忤也。货，天资小人，术既狡深，语皆机警，而夫子雍容应之，曲尽其道，货终无所施其奸也。非圣人而能若是乎？”庆源辅氏曰：“圣人之事，虽纵横曲折、千条万绪，然无非义理之当然。不自往见者，义也。其往拜者，礼也。不终绝者，仁也。随问而答，对而不辩者，知也。四者一出于诚信也。只此一事而五性具焉，夫然后见圣人之全德。”杨氏曰：“扬雄谓孔子于阳货也，敬所不敬，为诎身以信与

---

① 意思是：礼制规定，大夫对士有所赏赐，士不能在家里接受，要登门回访。阳货当孔子不在家时送了一头小猪，阳虎想让孔子来回访他。

"伸"同。道。非知孔子者。扬子《法言》:"或问:'圣人有诎乎?'曰:'有。'曰:'焉诎乎?'曰:'仲尼于南子,所不欲见也;于阳虎,所不欲敬也。见所不见,敬所不敬,不诎如何?'或曰:'卫灵公问陈,则何以不诎?'曰:'诎身将以信道也。如诎道而信身,虽天下不可为也。'"盖道外无身,身外无道。身诎矣而可以信道,吾未之信如字。也。"朱子曰:"虎是恶人,本不可见。孔子乃见之,亦近于诎身。却不知圣人是礼合去见他,不为诎。到与他说话时,只把一两字答他,辞气温厚而不自失,非圣人断不能如此。"或问此章之说。曰:"观夫子所以告微生亩,与夫辩长沮桀溺之语,则圣人之自言,未尝不正其理而明辨之也。至于告阳货,则随其所问,应答如响,而略无自明之意。则亦是阳货之暴有不足告,而姑孙辞以答之。然味其旨,则亦无非义理之正,与其中心之实然者。则是初未尝诎也。胡张之说善矣。"胡氏曰:"扬氏谓孔子于阳货,为诎身以信道。雄之意,盖以身与道为二物也。是以其自为也,黾勉莽贤之间,而拟《论语》、《周易》以自附于夫子。岂不谬哉?"南轩张氏曰:"'阳货见孔子'一节,不只是逊辞答他,道亦在其中。怀其宝而迷其邦,固不可谓之仁,我却不是迷其邦。好从事而亟失时,固不可谓之知,我却不是亟失时。日月逝矣,岁不我与,我又却不是不仕,只是我仕时,却与你别。圣人之言,本末备具。"勉斋黄氏曰:"'日月逝矣,岁不我与',盖谓夫子既老,可以有为之日月已过矣。岁运而往,其去甚速,岂复与我而为我少缓乎?是亦讽使速仕也。"问:"阳货欲见孔子,孔子不见。至于公山弗扰以费畔,召,子欲往。夫阳货与此人,皆一时叛臣。孔子不见阳货,而欲见此人,何也?"潜室陈氏曰:"圣人道大德宏,无可无不可。虽是恶人,苟其一时意向之善,交际之诚,圣人无不与者。阳货则见之之意不实,交际之礼不诚,故孔子不欲见之。孟子曰:'苟善其礼际,斯君子受之矣'。"云峰胡氏曰:"此一事耳,而见圣人一言一动,无非时中之妙。阳货欲见孔子而遽见之,非中也。既有馈而不往拜之,非中也。不时其亡则中小人之计,非中也。不幸遇诸涂而又避之,则绝小人之甚,非中也。理之直者,其辞易至于不逊,非中也。辞之逊而或有所诎,非中也。圣人不徇物,而亦不苟异;不绝物,而亦不苟同。愈雍容不迫,而愈刚直不屈。此其所以为时中之妙也。"

〇子曰:"性相近也,习相远也。"

此所谓性,兼气质而言者也。气质之性,固有美恶之不同矣。【通考】勿斋程氏曰:"禀于天者,有清有浊,有善有恶,是之谓气。受于人者,或明或昏,或粹或杂,是之谓质。清浊者,气中之气;美恶者,气中之质;昏明者,质中之气;粹杂者,质中之质。清者明,浊者昏,美者粹,恶者杂。道之所在,明者知之,昏者不知也;粹者能之,杂者不能也。"朱子曰:"气自是气,质自是质。"魏了翁云:"天气而地质。"然以其初而言,则皆不甚相远也。但习于善则善,习于恶则恶,于是始相远耳。〇程子曰:"此言气质之性。非言性之本也。若言其本,则性即是理,理无不善,孟子之言性善是也。何相近之有哉?"朱子曰:"性相近,是气质之性。若本然之性,则一般无相近。""性,是天赋予人,只一同;气质所禀,却自有厚薄。人有厚于仁而薄于义,余于礼而不足于智,便自气质上来。""先有天理了,却有个气。气积于质而性具焉。""质并气而言，则是形质之质。若生质，则是资质之质。”“天命之性，若无气质，却无安顿处。如一勺之水，非有物盛之，则水无归著。”“禀得木气多，则少刚强；禀得金气多，则少慈祥。推之皆然。”“孔子言性，杂乎气质言之。故不曰同，而曰相近。盖以为不能无善恶之殊，但未至如所习之远耳。”“天命之谓性，则通天下一性耳，何相近之有？言相近者，是指气质之性而言。孟子所谓犬牛人性之殊者，亦指此而言也。”南轩张氏曰：“原性之理，无有不善，人物所同也。论性之存乎气质，则人禀天地之精、五行之秀，固与禽兽草木异。然就人之中，不无清浊厚薄之不同，而实亦未尝不相近也。不相近，则不得为人之类矣。而人贤不肖之相去，或相倍蓰，或相什百，或相千万者，则因其清浊厚薄之不同，习于不善而日远耳。习者，积习而致也。善学者，克其气质之偏，以复其天性之本，而其近者亦可得而一矣。”庆源辅氏曰：“性之本，谓不兼乎气质而言之者也。既不兼乎气质，则纯以理言耳。理则天地人物，一而已矣，何相近之可言哉？”双峰饶氏曰：“此章程子专以为气质之性，朱子以为兼气质而言。‘兼’字尤精，盖谓之相近，则是未免有些不同处，不可指为本然之性。然其所以相近者，正以本然之性，寓在气质之中。虽随气质而各为一性，而其本然者常为之主，故气质虽殊，而性终不甚相远也。此是以本然之性，兼气质而言之，非专主气质而言也。”问：“如何见得性相近？”曰：“如恻隐羞恶，人皆有之。然有恻隐多于羞恶者，亦有羞恶多于恻隐者。虽不尽同，亦不甚相远，故曰相近。”吴氏曰：“习与性成，言性习始此。中人上下之质，相去本不甚远。唯习于善，则日造乎高明；习于恶，则日沦乎污下。以是而相远耳。上知，生知安行，何事于习？下愚习于恶则有之，习于善则无矣。上知下愚，相去远矣，又岂待习而然哉？”云峰胡氏曰：“伊尹曰‘习与性成’，是专主气质而言。习如此，性之成也遂如此，所以言性在习之后。夫子曰‘性相近，习相远’，是兼气质而言。性如此，而习则未必皆如此，所以言性在习之先。若论天命之性，则纯粹至善，一而已矣，不可以相近言。此所谓性者，兼气质而言也。天命之性，不离乎气质之性，其初犹未甚相远。盖天命之性，犹未漓也。赤子之生，无有五方，其声一也，性之相近也如之。长则言语不通，饮食不同，有至死莫能相为者，习之相远也如之。”新安陈氏曰：“人有此形，则有此心。有此心，则禀受此理。性者，心中所禀受之理也。才说‘性’字，则已寓于气质中矣。非气质，则性安所寓乎？性善，以天地之性言，非天地之性悬空不著乎气质而自为一物也；就气质中指出天地本然赋予之理，不杂乎气质而言之耳。然天地之性，虽不杂乎气质，亦不离乎气质。孟子之言性善，指其不杂乎气质者言之也，乃是纯言天地之性也。孔子之言性相近，以其不离乎气质者言之也，乃是兼言气质之性也。兼云者，言本然之性，夹带言气质之性也。朱子有云‘孔子杂乎气质言之’，杂，即兼也。辅氏饶氏，推《集注》兼气质而言之说，终欠透彻。不得已而发此云。”

○**子曰：“唯上知与下愚不移。”**知，去声。

此承上章而言。人之气质相近之中，又有美恶一定，而非习之所能移者。庆源辅氏曰：“二章相承，此必一时之言。”○程子曰：“人性本善，有不可移者何也？语其性则皆善也，语其才则有下愚之不移。新安陈氏曰：“程子此言‘才’字，与孟子言天之降才不同。孟子以理言，程子以气言也。”所谓下愚有二焉：自暴自弃也。人苟以善自治，则无不可移，虽昏愚之至，皆可渐子廉反。磨而进也。惟自暴者拒之以不信，自弃者绝之以不为，朱子曰：“拒之以不信，只是说没这道理。绝之以不为，是知有这道理，自割断了不肯做。自暴者，有强悍意，刚恶之所为；自弃者，有懦弱意；柔恶之所为也。”虽圣人与居，不能化而入也，仲尼之所谓下愚也。然其质非必昏且愚也，往往强戾而才力有过人者，商辛是也。《史记》：“帝乙之子辛，即帝纣，资辨捷疾，闻见甚敏，材力过人，手格勐兽。”新安陈氏曰：“如商纣强足以拒谏，智足以饰非，固非懵然昏愚。往往为戾气所蔽锢，而不可与入于善耳。”圣人以其自绝于善，谓之下愚，然考其归则诚愚也。”朱子曰：“性相近，是通善恶智愚说。上智下愚，是就中摘出悬绝者说。”问：“《集注》谓‘气质相近之中，又有一定而不可易者’，复举程子无不可移之说，似不合？”曰：“且看孔子说底，却自有不移底人，如尧舜不可为桀纣，桀纣不可使为尧舜之类。程子却又推其说。须知其异而不害其为同。”“习与性成，而至于相远，则固有不移之理。然人性本善，虽至恶之人，一日而能从善，则为一日之善人。岂有终不可移之理？”“以圣言观之，则曰‘不移而已’，不曰‘不可移也’。以程子之言考之，则以其不肯移而后不可移耳。盖圣人之言，本但以气质之禀而言其品第，未及乎不肯不可之辨也。程子之言，则以禀赋甚异而不肯移，非以其禀赋之异而不可移也。”问：“程子谓语其才，则有下愚之不移，与孟子‘非天之降才尔殊’如何？”曰：“孟子说，与程子小异。孟子专以发于性者言之，故以为才无不善。程子兼指其禀于气者言之，则人之才，固有昏明强弱之不同矣。以事理考之，则程子为密。盖才禀于气，气清则才清，气浊则才浊。如后稷自幼而岐嶷，越椒自幼而恶，是气禀如此。孟子谓尽得才之善，固是好。必竟气禀有善恶不同，后人看不出，所以引惹得许多善恶，混等说来。自濂溪《太极图》，始说阴阳五行之变不齐。二程始因其说，推出气质之性来。”双峰饶氏曰：“善底性，不肯移而为恶；恶底性，不肯移而为善。肯不肯虽属心，其所以肯不肯者，才实为之也。”又曰：“性相近，是说性；上知下愚，是说才。善恶，性也；知愚，才也。性虽相近，而才之等级不齐，有相去甚悬绝者。才既悬绝，则性亦非习之所能移矣。”吴氏曰：“下愚，以质言；自暴自弃，以人事言。质虽可移而自不移者，暴弃之谓也。”【通考】黄氏绍曰：“上智与下愚不移，此以生禀论。以学问言之，愚者知择善，则亦有时而通，此学问之所以能变化气质也。愚者岂真不可移哉？人自不肯移耳。”或曰：“此与上章当合为一，‘子曰’二字，盖衍文耳。”

○子之武城，闻弦歌之声。

弦，琴瑟也。时子游为武城宰①，以礼乐为教，故邑人皆弦歌也。

夫子莞尔而笑，曰：“割鸡焉用牛刀？”莞，华版反。焉，于虔反。

莞尔，小笑貌，盖喜之也。因言其治小邑，何必用此大道也。

子游对曰：“昔者偃也闻诸夫子曰：‘君子学道则爱人，小人学道则易使也。’”易，

① 武城：鲁国城邑，在今山东费城西南。

去声。

君子小人，以位言之。子游所称，盖夫子之常言。言君子小人，皆不可以不学。故武城虽小，亦必教以礼乐。朱子曰："君子学道，是晓得那己欲立而立人、己欲达而达人底道理，方能爱人。小人学道，不过晓得那孝弟忠信而已，故易使也。"双峰饶氏曰："君子小人，以位言。方其学时，君子小人犹未分也。后来入仕者，则用此道以爱人；在闾阎畎亩间者亦自知义，所以易使。"

子曰："二三子！偃之言是也。前言戏之耳。"

嘉子游之笃信，又以解门人之惑也。○治有大小，而其治之必用礼乐，则其为道一也。但众人多不能用，而子游独行之。故夫子骤闻而深喜之，因反其言以戏之。而子游以正对，故复扶又反。是其言，而自实其戏也。朱子曰："礼乐之用，通乎上下。一身有一身之礼乐，一家有一家之礼乐，一邑有一邑之礼乐，以至推之天下，则有天下之礼乐。亦随其大小而致其用焉，不必其功大名显而后施之也。"南轩张氏曰："莞尔而笑者，闻弦歌而喜也。割鸡焉用牛刀者，谓其治小以大也。君子学道，则有以养其仁心，故爱人；小人学道，则亦和顺以服事其上，故易使。夫子闻子游之语，恐学者疑于前言，以寡国小民为可忽也，故告二三子以子游之言为是，而谓前言为戏之。辞气抑扬之间，岂弟和平，无非教也。"勉斋黄氏曰："弦歌，弦且歌也。合乐曰歌。人声、丝声，皆堂上之乐也。教以弦歌，而谓之学道者，使人人习于和平中正之音，以养其心，而所歌之诗，又皆温柔敦厚、合乎礼义，则自然皆趋于人所当行之道，乃所谓学道也。君子在上者能学道，则知抚乎下矣；小人在下者能学道，则知顺乎上矣。上抚乎下，下顺乎上，安有不治者乎？"庆源辅氏曰："治之用礼乐，如饥之必用食，渴之必用饮。岂谓小邑寡民而可以无礼乐为哉？舍礼乐，则必将专于刑罚，而民无措其手足矣。岂圣学之所尚邪？"厚斋冯氏曰："古之学者，春诵夏弦，盖御琴瑟歌咏讽诵之耳。城以武名，乃岩险用武之地，以《左传》考之可见。夫习俗尚武，子游乃能以道化其民，使习于《礼》、《乐》，变甲胄之俗为弦歌之声。此夫子所以喜之，而以戏言发实语也。"双峰饶氏曰："弦歌，如何见得是学道？又弦歌是乐，《集注》如何添'礼'字说？古者教人，春秋教以礼乐，冬夏教以《诗》、《书》。才教便兼《诗》、《书》礼乐，不应只教以弦歌。春习乐，夏习《诗》，秋习礼，冬习《书》，皆因时以为教。春夏，阳气发达之时，声属阳，故教以《诗》、《乐》。想夫子过武城，是春、夏时也，闻弦歌，便知其以《礼》、《乐》为教。学《诗》、《书》、《礼》、《乐》，即是学道。"勿轩熊氏曰："子游宰武城之事凡两见。一以人才为重，一以道化为先，皆见其知本。"云峰胡氏曰："所谓道者，仁义礼乐而已。以礼乐为教，故上焉教此者，知有抚下之仁；下焉学此者，知有事上之义。"

○公山弗扰以费畔，召，子欲往。

弗扰，季氏宰。与阳货共执桓子，据邑以叛。叛与"畔"同。厚斋冯氏曰："公山，氏；弗扰，名。一云不狃，字子践，费邑宰也。与阳虎共执桓子。虎败出奔，弗扰据邑以叛。"《左传》定公五年，事见《季氏篇》，首章《集注》"家臣屡叛"下。十二年，仲由为季氏宰，将堕三都。叔孙氏堕郈，季氏将堕费。公山不狃、叔孙辄，帅费人袭鲁。公与三子入季氏之宫，登武子之台。费人攻之弗克，入及公侧。仲尼命申句须乐颀下伐之。费人北，国人追之，败诸姑蔑。

子路不说，曰："末之也已，何必公山氏之之也。"说，音悦。

末，无也。言道既不行，无所往矣，何必公山氏之往乎？

子曰："夫召我者而岂徒哉？如有用我者，吾其为东周乎？"夫，音扶。

岂徒哉，言必用我也。为东周，言兴周道于东方。谓东鲁。邢氏曰："如有用我者，我则兴周道于东方。其使鲁为东周乎？"〇程子曰："圣人以天下无不可有为之人，亦无不可改过之人，故欲往。然而终不往者，知其必不能改故也。"程子曰："公山弗扰以费叛，不以召叛臣逆党，而召孔子，则其志欲迁善悔过，而未知其术耳。使孔子而不欲往，是沮人为善也。何足以为孔子？""公山召我而岂徒哉，是孔子意他虽叛而召我，其心不徒然。往而教之迁善，使不叛则已。此则于义实有可往之理，而孔子亦有实知其不能改而不往者。佛肸召亦然。"朱子曰："夫子云'吾其为东周乎'，兴东周之治也。孔子之志，在乎东周，然苟有用我者，亦视天命如何耳。圣人胸中，自有处置，非可执定本以议之也。""诸家皆言不为东周，《集注》却言'兴周道于东方'，何也？"曰："这是古注如此说。'其'字，'乎'字，只是闲字。只是有用我，便也要做些小事，何处是有不为东周底意？这处与'二十年之后，吴其为沼乎'，辞语一般，亦何必要如此翻转？文字须宽看，子细玩味，方见得圣人语言。"问："弗扰果能用夫子，夫子果往从之，亦不过劝得他改过自新、舍逆从顺而已。亦如何便兴得周道？"曰："圣人自不可测。改过，不过臣顺季氏而已。此只是常法，圣人须别有措置。"苏氏曰："孔子之不助畔人，天下之所知也。畔而召孔子，其志必不在于恶矣。故孔子因其有善心而收之，使不自绝而已。弗扰之不能为东周，亦明矣。然而用孔子，则有可以为东周之道。故子欲往者，以其有是道也。卒不往者，知其必不能也。"庆源辅氏曰："鲁在周之东，故云尔。盖圣人无小成苟就之事，如获用焉，不兴周道以继文武，不已也。"双峰饶氏曰："当时子路更欠一问，如何可为东周？夫子必告以为之之道。如问'卫君待子而为政，子将奚先'，夫子便告以正名。今圣人不曾说出，难为臆度。"云峰胡氏曰："门人岂有不说于夫子者？而子路不说者二。岂知夫子之于南子，其辞不见者，义也；不得已而见，亦有可见之礼也。夫子之于公山弗扰，其欲往者，仁也；而卒不往者，盖有知人之知也。圣人一动一静，莫非适乎时中，而子路未之知也。然非子路之疑，则圣人之心，又孰得而知之乎？"

〇子张问仁于孔子。孔子曰："能行五者于天下，为仁矣。"请问之。曰："恭、宽、信、敏、惠。恭则不侮，宽则得众，信则人任焉，敏则有功，惠则足以使人。"

行是五者，则心存而理得矣。于天下，言无适而不然，犹所谓虽之夷狄不可弃者。五者之目，盖因子张所不足而言耳。任，倚仗也，又言其效如此。问："'敏'字于求仁工夫，似不甚切？"朱子曰："不敏则便有怠忽。才怠忽，便心不存而间断多，便是不仁。""任，是堪倚靠，是能为人担当事也。"勉斋黄氏曰："行五者则心存理得，何也？曰：心主乎五者，则无非僻之杂，而心之德常存；以五者施之事，则无悖谬之失，而事之理常得。'又言其效'，通指'不侮'至'使人'，五者欲其以是验之。如答颜、冉问仁，亦以归仁、无怨之效言也。"庆源辅氏曰："五者，皆心所具之理，而仁之发也。恭则仁之著，宽则仁之量，信则仁之实，敏则仁之力，惠则仁之泽。能行此五者，则心存理得，而仁不外是也。然是心一有间断之时，则亡矣；是理一有亏阙之处，则失矣。故其行是五者，必自一家一国，以至于天下，无适而不然。然后其心公平，其理周遍，而仁之体用备矣。夫仁道无不该，乃万善之纲领也。今特以此五者言之，故以为因子张所不足而言。堂堂乎张，疑其不足于恭；爱欲生，恶欲死，疑其不足于宽；问行而告以忠信，疑其不足于信；问政而告以无倦，疑其不足于敏；色取仁而行违，疑其不足于惠也。"〇张敬夫曰："能行此五者于天下，则其心公平而周遍可知矣，然恭其本与？"音余。庆源辅氏曰："所谓其心公平而周遍者，非体仁之深者，不知此味也。所谓恭其本与者，所以指示学者尤切。盖恭则此心收敛，不至于放纵。此心收敛不放纵，则夫宽信敏惠，自有所不能已者。"胡氏曰："五常百行，何莫非仁，而独以是言，故疑其为子张之所不足也。语恭其本者，四者皆以事言，而恭则切于身也。并及其效者，欲其因是而验之。"双峰饶氏曰："朱子以心存理得为仁，是指能行五者而言；南轩以公平周遍为仁，是兼行于天下而言。二者互相备，必心存理得，始能公平周遍。"又曰："南轩于五者，以恭为主，亦与胡氏释《千乘之国章》、谓五者以敬为主同意。恭敬则心存，心存然后理得，故能行下四者。"云峰胡氏曰："子张平日问达问行，其志欲得行于彼也。故夫子因其问仁，而告之以能行乎此者也。能行此五者则心存而理得，能行之于天下，则其心公平而溥遍矣。"李氏曰："此章与六言、六蔽、五美、四恶之类，皆与前后文体大不相似。"朱子曰："六言、六蔽、五美等语，虽其意是，然皆不与圣人常时言语一样。《家语》此样话亦多。大抵《论语》后数篇，间不类以前诸篇。"厚斋冯氏曰："孔门问仁，无称问仁于孔子者。抑此其齐论欤？"

〇**佛肸召，子欲往。**佛，音弼。肸，许密反。

佛肸，晋大夫赵氏之中牟宰也。中牟，赵氏邑。

子路曰："昔者由也闻诸夫子曰：'亲于其身为不善者，君子不入也。'佛肸以中牟畔，子之往也，如之何！"

子路恐佛肸之浼污也。夫子，故问此以止夫子之行。亲，犹自也。不入，不入其党也。庆源辅氏曰："所谓'亲于其身为不善而君子不入'者，正恐其污己也。此固子路之所知也。至于人之不善，不能浼圣人，则非子路之所能知也。故引此为问，欲以止夫子之行耳。""圣人道大德弘，所过者化，人之不善，一经圣人照临之，则大者革心、小者革面之不暇，何至有浼于圣人？若夫昏顽之至，不可以常理化者，则圣人又自有以处之。在上则或若尧舜之待三苗，在下则若夫子之待阳货、公山、佛肸，亦岂能浼于圣人哉？"

子曰："然。有是言也。不曰坚乎，磨而不磷；不曰白乎，涅而不缁。磷，力刃反。涅，乃结反。

磷，薄也。涅，染皂物。齐氏曰："涅，水中黑土，今江东皂泥。"言人之不善，不能浼己。杨氏曰：“磨不磷，涅不缁，而后无可无不可。坚白不足，而欲自试于磨涅，其不磷缁也者，几乎声。希。”问：“公山之召，子路不悦。夫子虽以东周之意谕之，子路意似有所未安也。故于佛肸之召，又举所闻以为问。其自信不苟如此。学者未至圣人地位，且当以子路为法，庶乎不失其身。不可以圣人体道之权藉口，恐有学步邯郸之患也?”朱子曰：“得之。”南轩张氏曰：“子路之说，在子路则当然。盖子路以己处圣人，而未能以圣人观圣人也。”庆源辅氏曰：“磨不磷，涅不缁，而后无可无不可者，圣人之事也。坚白不足，而欲自试于磨涅，则后世不度德、不量力，轻举妄动，始欲自附于圣人，而终则陷其身于不义之流也。”新安倪氏曰：“杨氏谓‘坚白不足’以下，非夫子所言之本意，乃为子路辈言也。”

吾岂匏瓜也哉？焉能系而不食？”焉，于虔反。

匏，瓠音互。也。匏瓜系于一处而不能饮食，人则不如是也。朱子曰：“不食，谓不求食，非谓不可食也。今俗犹言无口匏，亦此意。”勉斋黄氏曰：“匏瓜系而不食，盖言匏瓜蠢然一物，系则不能动，不食则无所知。吾乃人类，在天地间，能动作，有思虑，自当见之于用而有益于人，岂微物之比哉？世之奔走以糊其口于四方者，往往借是言以自况，失圣人之旨矣。此不可以不辩。”【通考】仁山金氏曰：“此二句盖当时方言俗语，夫子引之，犹今俗云：‘我不是匏子，我足能行，而口能食者。’以此语意推之，则夫子从佛肸之召，而其操纵久速之机则在我，盖春秋之初，诸侯专恣，习以为常，春秋之末，大夫专制，又习以为常，故当时以二子欲张公室为大罪。夫圣人在上，则可以治诸侯大夫，圣人在下，则何自而为之哉？此公善佛肸之叛大夫，夫子所以不然之也。其可与有为，则圣人自是为之必自有道，使其不可与有为，则圣人仕止久速，其权在我，彼何足以强之，又岂拘之哉？反此皆圣人有为之微机，在不言之表者。”〇张敬夫曰：“子路昔者之所闻，君子守身之常法。夫子今日之所言，圣人体道之大权也。然夫子于公山、佛肸之召皆欲往者，以天下无不可变之人，无不可为之事也。其卒不往者，知其人之终不可变而事之终不可为耳。一则生物之仁，一则知人之知也。”程子曰：“佛肸召子，必不徒然，其往义也。然不往者，度其不足与有为也。”朱子曰：“公山弗扰、佛肸召而欲往者，乃圣人虚明应物之心，答其善意，自然而发。终不往者，以其为恶已甚，义不复可往也。此乃圣人体用不偏，道并行而不相悖处。然两条告子路不同者，即其所疑而喻之耳。子路于公山氏，疑夫子之不必往，故夫子言可往之理；于佛肸，恐其浼夫子也，故夫子告以不能浼己之意。”“夫子于佛肸之召，但谓其不能浼我而已；于公山氏之召，却真个要去做。”问：“佛肸、弗扰之召，孔子欲往，此意如何?”曰：“此是一时善意，圣人之心，适与之契，所以欲往。然更思之，则不往矣。盖二人暂时有尊贤向善之诚心，故感得圣人有欲往之意。然违道叛逆，终不能改，故圣人亦终不往也。譬如云阴，忽略开霁，有些光明，又被重阴遮蔽了。”问：“阳货欲见，却终不许他?”曰：“货全无善意，来时便已不好了，故亦不能略感圣人。”庆源辅氏曰：“自圣人言之，则固无不可为之时，亦无不可为之事，无不可教之人。然其所遇，则有不可必者。天未欲平治天下，则在时者，有不可为也；上之人不我用，则在事者，有不可为也；诲之谆谆，听之藐藐，则在人者，有不可教也。”

○**子曰：“由也，女闻六言六蔽矣乎？”对曰：“未也。”**女，音汝。下同。

蔽，遮掩也。胡氏曰：“如为物遮掩，仅得其一偏，而不见其全体也。”庆源辅氏曰：“谓各随其意之所向，以遮掩其正理。”

“居！吾语女。语，去声。

礼：君子问更平声。端，则起而对。出《记·曲礼》。故孔子谕子路，使还坐而告之。

好仁不好学，其蔽也愚；好知不好学，其蔽也荡；好信不好学，其蔽也贼；好直不好学，其蔽也绞；好勇不好学，其蔽也乱；好刚不好学，其蔽也狂。”好、知，并去声。

六言皆美德，然徒好之而不学以明其理，则各有所蔽。愚，若可陷可罔之类。荡，谓穷高极广而无所止。贼，谓伤害于物。朱子曰：“固执必信而不好学，必至于贼害物，如证父攘羊便是。”双峰饶氏曰：“信而不明理，则不度事理之可否，而欲必践其言。如此者，必至于害事。如尾生之信，是自贼其身者也。”勇者，刚之发。刚者，勇之体。朱子曰：“勇只是敢为，刚有坚强之意。”庆源辅氏曰：“人之资禀得于阴阳者，惟有刚有柔。勇则刚之发出者也。”双峰饶氏曰：“刚属质，体也；勇属气，用也。”狂，躁率也。庆源辅氏曰：“此与狂狷之狂不同，躁率则近乎刚恶也，故特释之。”双峰饶氏曰：“躁率，轻举妄动之意。”程子曰：“六言六蔽，正与‘恭而无礼则劳’、‘宽而栗、刚而无虐’之义同。盖好仁而不好学，乃所以愚。非能仁而愚，徒好而不知学，乃愚。”南轩张氏曰：“学所以明善也。不知学，则徒慕其名而莫知善之所以为善矣。好仁不好学之蔽，如欲力行自守以为仁，而不知学以明之，则其所行所守，未免于私意，适足以为愚而已。至于好知不好学，则用其聪明，而不知约之所在，故其蔽荡。好信不好学，则守其小谅，而不知义之所存，故其蔽贼。好直不好学，则务径情而不知含蓄，故其蔽绞。绞者，讦而已。好勇不好学，则犯难而不知止，故其蔽乱。好刚不好学，则务胜而不知反，故其蔽狂。是六者本为达德善行，而不好学，则非所以为德行，而反以自蔽。学，如行大道，日辟而通也；不学，如守暗室，终室而蔽矣。”问：“蔽之为义，何也？”勉斋黄氏曰：“《集注》以为遮掩，言有所不见之谓也。学所以明理者。学，谓效之师友之言行，求之方册之纪载，皆学也。所以学，欲观夫理之所当然者而效法之也。仁知信直勇刚，皆美德也。又必学以明其理，何哉？六者，德之大目耳。轻重浅深，当施不当施之间，其理固多端也。今但见其大目而好之，不务学以究其理之曲折，则见其一而蔽其一，未有不流于一偏者也。仁主于爱，偏则不分轻重贤否而流于愚。知，知人所难知，偏则穷高极远而流于荡。信而偏，则执一不通而流于贼。直而偏，则迫切不舒而流于绞。勇则直径而乱，刚则坚守而强。是皆得其大目而不学，有所蔽以至于此也。”觉轩蔡氏曰：“此皆不明理而惑于所似故也。格物以致其知，则其蔽彻矣。”○范氏曰：“子路勇于为善，其失之者，未能好学以明之也，故告之以此。曰勇、曰刚、曰信、曰直，又皆所以救其偏也。”庆源辅氏曰：“范氏就子路身上，发明尤切。子路好勇，且有何必读书之说，其失正在于未能好学以明善也。刚勇直信，皆其气禀之偏，故特告之。”陈用之曰：“信直勇刚，子路之所好也。先之以仁知，使之知所好也。或曰，此子路初见夫子之时。”【通考】朱氏公迁曰：“夫子言‘勇而无礼则乱’，又言‘好勇不好学，其蔽也乱’，是又可见理义、血气之几在此，非学以明之，礼以节之，则理义之勇，亦流而为血气之勇也。若卞庄子之勇，而文之以礼乐，则血气又可使为理义之归矣。”

子曰：小子！何莫学夫《诗》？夫，音扶。

小子，弟子也。厚斋冯氏曰：“何莫云者，谓弟子何为而莫之学也。”

《诗》，可以兴，

感发志意。朱子曰：“读《诗》，见不美者，令人羞恶；见其美者，令人兴起。须是反复读，使《诗》与心相乳，人自然有感发处。”

可以观，

考见得失。勉斋黄氏曰：“兴群怨，皆指学《诗》者而言。观则似指《诗》而言，谓可考诗人之得失也。然以为观己之得失，亦可通。下文既有多识，为以此识彼，则此观为观己。然后四语，皆一意也。”新安陈氏曰：“观《诗》所美所刺者之得失，亦因可以考见我之得失。兼此二意，方为尽。”

可以群，

和而不流。新安陈氏曰：“和以处众，曰群。和而不流，故可以处众。若和而流，则失于雷同，非处众之道矣。”

可以怨。

怨而不怒。庆源辅氏曰：“当怨不怨，则失之疏；怨而怒，则又失之过。程子所谓《小弁》、《击鼓》，皆怨而各当乎理者是也。”

迩之事父，远之事君。

人伦之道，《诗》无不备，新安陈氏曰：“如《关雎》言夫妇，《棠棣》言兄弟，《伐木》言朋友之类。二者举重而言。”新安陈氏曰：“父子君臣，人伦中之大者。”

多识于鸟兽草木之名。”

其绪余又足以资多识。〇学《诗》之法，此章尽之。读是经者，所宜尽心也。庆源辅氏曰：“《论语》之论及《诗》者多矣，而惟此章为备。学者苟于此尽心焉，则有以感发其志意，而为善不懈；有以考见其得失，而于事无惑；和而不流，以处群居之常；怨而不怒，以处人情之变；孝父忠君，而人伦之大者无愧；博物洽闻，而一物之小者不遗。《诗》之为益，不既多乎？”

〇子谓伯鱼曰：“女为《周南》、《召南》矣乎？人而不为《周南》、《召南》，其犹正墙面而立也与？”女，音汝。与，平声。

为，犹学也。厚斋冯氏曰：“为，如‘高叟为诗’之为。”《周南》、《召实照反。南》，《诗》首篇名。所言皆修身齐家之事。庆源辅氏曰：“二南，见文王齐家之化，于修身疑未之及。盖身者家之本，圣人之化，未有不本于身者。文王之化，自内及外，则修身之事，固在其中矣。”正墙面而立，言即其至近之地，而一物无所见，一步不可行。程子曰：“二南，人伦之本，王化之基。苟不为之，则无所自入。古之学者，必兴于诗。不学《诗》，无以言，故‘犹正墙面而立’。”朱子曰：“不知所以修身齐家，则不待出门，便已动不得了。所以谓之正墙面者，谓其至近之地，亦行不得故也。”问：“不知修身齐家，则自然推不去，是一步不可行。如何是一物无所见？”曰：“自一身一家，已自都理会不得，况其远者乎？此可见知与行相须之义。《周南》之诗，言文王后妃，闺门之化；《召南》之诗，言诸侯之国夫人、大夫妻，被文王后妃之化而成德之事。盖文王治岐，而化行于江汉之域，自北而南，故其乐章以南名之。用之乡人，用之邦国，以教天下后世诚意正心修身齐家之道，盖《诗》之正风也。”厚斋冯氏曰：“此疑在伯鱼过庭之后，已告之学《诗》，恐其未必践言，而复告之也。”新安陈氏曰：“《诗》有二南，犹易有乾坤。学《诗》自此入，而修齐治平之道，皆自此出。诚学《诗》先务也。孔子过庭之传，既以学《诗》居学《礼》之先，此又以二南为学《诗》之先。所以丁宁其子者，岂有他说哉？”新安倪氏曰：“《书·周官》曰‘不学墙面’，孔子取譬本此。”【通考】朱氏公迁曰：“‘女为《周南》、《召南》’与‘小子何莫学夫《诗》’，‘诵《诗》三百’，皆明穷经致用之道。”

○子曰：“礼云礼云，玉帛云乎哉？乐云乐云，钟鼓云乎哉？”

敬而将之以玉帛，则为礼；将，如“币之未将”之“将”。和而发之以钟鼓，则为乐。发，如英华发外之发。遗其本而专事其末，则岂礼乐之谓哉？胡氏曰：“玉帛，五玉三帛，礼文之重者也。钟，金声，鼓，革声，乐器之大者也。非玉帛无以为礼，非钟鼓无以为乐。然礼乐有本有末。玉帛钟鼓，末也。礼之本在于敬，假玉帛以将之；乐之本在于和，假钟鼓以发之。周末文灭其质，但以玉帛钟鼓为礼乐耳。”南轩张氏曰：“玉帛，固可以行礼也；钟鼓，固可以为乐也。谓玉帛钟鼓，为非礼乐则不可。然礼乐岂止乎玉帛钟鼓之间哉？得其本，则玉帛钟鼓，莫非吾情文之所寓。不然，特虚器而已。所谓本者，反之吾身而求之，则知其不远也。”庆源辅氏曰：“敬者，在中之礼，礼之本也。玉帛，则礼之器，所以将吾敬而播之于外者也，礼之末也。和者，在中之乐，乐之本也。钟鼓，则乐之器，所以发吾和而播之于外者也，乐之末也。本末具举，内外兼备，夫然后可谓礼乐之全。苟为专务其本而不事于末，固为不可。至于徒事其末而反遗其本，则又岂所谓礼乐者哉？云乎哉者，犹言此不得谓之礼乐也。”○程子曰：“礼只是一个序，乐只是一个和。只此两字，含蓄多少义理。天下无一物无礼乐。且如置此两椅，一不正，便是无序。无序便乖，乖便不和。又如盗贼至为不道，然亦有礼乐。盖必有总属，必相听顺，乃能为盗。不然，则叛乱无统，不能一日相聚而为盗也。礼乐无处无之，学者须要识得。”胡氏曰：“程子欲人知礼乐之理，无所不在。学者记其语，杂以方言。至于盗贼亦有礼乐，姑借近且粗者以明之，非真所谓礼乐也。‘序’、‘和’二字尤亲切，又见礼为乐之本。”庆源辅氏曰：“礼乐之本，虽细微之事，凶恶之人，一皆有之，不特玉帛钟鼓之间。要之只是个序与和底道理。人能识得此个礼乐，则知天下无一物无礼乐，随处受用。然其实不出‘序’与‘和’二字。”赵氏曰：“朱子以敬与和言，是就心上说；程子以序与和言，是就事上说。二说相须，其义始备。”双峰饶氏曰：“二说相须，其义始备。如《人而不仁、如礼何章》，《集注》举季氏人心亡矣，亦是就人心上说；举程子失正理，则无序而不和，亦是就事理上说。”厚斋冯氏曰：“复曰云者，谓人所常言也。乎哉，疑而反之之辞。谓礼乐之所云者，止云玉帛钟鼓而已哉？盖礼者天地之序，乐者天地之和。玉帛有等差，所以明其序；钟鼓有声音，所以发其和。是时礼乐废坏，皆僭窃其文，而不知其本。诸侯僭天子，大夫僭诸侯，则无序矣；征伐相寻，国异政，家殊俗，则不和矣。夫子之言，亦必有为而发也。"

〇子曰："色厉而内荏，譬诸小人，其犹穿窬之盗也与?"荏，而审反。与，平声。

厉，威严也。荏，柔弱也。小人，细民也。穿，穿壁。窬，逾墙。言其无实盗名，而常畏人知也。朱子曰："不直心而私意如此，便是穿窬之类。"又曰："里面是如此，外面却不如此。外面恁地，里面却不恁地。"问："色厉而内荏，何以比之穿窬?"曰："为他意只在要瞒人，故其心常怕人知，如做贼然。"勉斋黄氏曰："穿窬，内怀为盗之实，而外饰非盗之状以欺人。故以譬夫内本柔弱，而外为严厉以欺人者也。"双峰饶氏曰："色，不止颜色，凡形见于外者皆是，如前篇以论笃为色庄是也。外示庄厉，而内实柔弱。譬如穿窬之人，日间显显处与平人无异，而夜间幽暗处则为盗。"王氏回曰①："此有为之言。曰譬诸小人，则指当时之大人也。"云峰胡氏曰："《易·泰卦》，以内健外顺为君子之道；否卦，以内柔外刚为小人之道。此则厉者，外为刚之容；荏者，内蕴柔之恶者也。"

〇子曰："乡原，德之贼也。"

乡者，鄙俗之意。原，与"愿"同。《荀子》原悫，《注》读作愿是也。《荀子·正论篇》："上端诚，则下原悫矣。谓在上者能端庄诚实，则下知谨愿而纯悫也。"乡原，乡人之愿者也。盖其同流合污以媚于世，故在乡人之中，独以愿称。勉斋黄氏曰："既以乡为一乡，又以为鄙俗者，乡之得名，本以鄙俗为言也，故曰：'我犹未免为乡人也。'亦犹都鄙之称，都之为言美也，鄙之为言俗也。然则乡者亦鄙俗之类欤？其称原人而必加之以乡者，以见其鄙俗，非公论之所在，故是非错谬，而称之以为原也。"夫子以其似德非德，而反乱乎德，故以为德之贼而深恶乌故反。之。详见形甸反。《孟子》末篇。朱子曰："乡原者，为他做得好，便人皆称之，而不知其有无穷之祸。如五代冯道者，此真乡原也。""乡原，最是孟子说得数句好，曰：'生斯世也，为斯世也，善斯可矣。'此是乡原本情。""乡原无甚见识，其所谓原，亦未必真愿，乃卑陋而随俗之人耳。苏氏谓其近似中庸而非也，故曰德之贼。孟子曰'一乡皆称原人，无所往而不为原人'，与中庸相近，必与狂狷相远。狂者进取，狷者有所不为，乡原者未尝进取而无所不为者也。狂狷与中庸相远，而孔子取其志之强，可以引而至于道也。乡原与中庸相近，而夫子恶之，恶其安于陋而不可与有为也。"勉斋黄氏曰："德者，务合乎理者也。乡原求媚于世，则不必皆合乎理，而委曲迁就，似乎理而实非理，使人之为善者，莫知乎理之正。是天下之正德，反为乡原所害也。如廉洁，理之正也。乡原不以为廉洁以异俗，故亦同乎流俗，而外为说以自盖，使人视之似廉洁。然实非廉洁，而反以害廉洁之正也。故贪

---

① 王氏回：王回，字深父，福州侯官人。惇行孝友，造次必稽孔孟所为。举进士中第，为卫真簿，称病自免。王回经术粹深，与王安石、曾巩深交。有文集二十卷。

夫不足以害夫廉，似廉非廉者乃所以害夫廉也。此夫子所以深恶之也。”双峰饶氏曰：“一乡有君子，有小人。乡原都要他说好。同流合污，是要媚小人；似忠信，似廉洁，是要媚君子。所以人人道他好。人见以此得名，都去学他，最败风俗，故曰德之贼。上章言盗，盗犹畏人之知；此章言贼，则肆行无忌矣。”新安陈氏曰：“真非不足以惑人，惟似是而非者，最易以惑人。故夫子以为德之贼。”

〇子曰：“道听而途说，德之弃也。”

虽闻善言，不为己有，是自弃其德也。〇王氏曰：“君子多识如字。前言往行去声。以畜勑六反。其德，新安倪氏曰：“此《易》大畜卦，大象传辞。引以论此甚切。盖此章所指，正与《易》之说反。”道听途说，则弃之矣。”朱子曰：“此二章，‘贼’字‘弃’字，说得重而有力。盖乡原只知偷合苟容，似是而非，而人皆称之，故曰德之贼；道听途说者，才听来便说了，更不能蓄，既不能有之于心，不能行之于身，是弃其德也，故曰德之弃。”南轩张氏曰：“闻善者存而体之，则其德蓄聚。若徒以资口说而已，则于德何有哉？”勉斋黄氏曰：“观此则轻浮浅露者，真不足以为学也。”胡氏曰：“德之弃，与上章德之贼，文势相类。彼以似德而乱德，故云德之贼；此可以进德而不进，故云德之弃。”郑氏曰：“无所得而窃其名，故曰贼；有所闻而不蓄诸己，故曰弃。”或曰：“上章言德之贼，此章言德之弃，语意似相承。”双峰饶氏曰：“是如此。但两个‘德’字，来历亦自不同。上章所谓德，是得之于天者；此章所谓德，是得之于人者。有所闻于人，而不能蓄之以为己有，是弃其所得于人者；乡原之人，似德而非德，以人伪乱天理，是害其所得于天者也。所得于天，即仁义礼智之谓。”新安陈氏曰：“人之闻善，蕴蓄于不言之表者，其德固；浅露于轻言之际者，其德弃矣。”【通旨】朱氏公迁曰：“德谓行道有得于心者，以其反对而言之。德之弃，此‘德’字是即人心之德而言之；德之贼，此‘德’字是指有德之人而言之。此类最难辨，以其语势相同，而义略不同也。如‘尊德乐义，斯可嚣嚣’，是即人心之德而言；‘尊德乐道，不如是不足与有为’，是指有德之人而言。推而观之可见。”

〇子曰：“鄙夫可与事君也与哉？与，平声。

鄙夫，庸恶陋劣之称。庆源辅氏曰：“庸，谓凡常；恶，只是恶；陋，谓猥琐；劣，谓昏弱。四者皆鄙也。”

其未得之也，患得之；既得之，患失之。

何氏曰：“患得之，谓患不能得之。”胡氏曰：“患得之，语急而文省耳。”新安陈氏曰：“得，谓得富贵权利。”

苟患失之，无所不至矣。”

小则吮徂兖反。痈舐神祇反，以舌取物也。痔，直理反。大则弑父与君，皆生于患失而已。《庄子·列御寇篇》：“秦王有病，召医。破痈溃痤者，得车一乘；痈痤，皆疽之属也。痤，徂和反。舐痔者，得车五乘。所治愈下，得车愈多。子岂舐其痔邪？何得车之多也？”《前汉·佞幸传》：“文帝常病痈，邓通常为上嗽山角反。吮之。上不乐，从容问曰：‘天下谁最爱我者乎？’通曰：‘宜莫若太子。’太子入问疾，上使太子齰痈，齰，仕客反，嚣也，嚣出其脓血。太子齰痈而色难之。已而闻通常为上齰之，太子惭，繇是深恨通。”云峰胡氏曰：“吮痈舐痔，是柔恶；弑父与君，是刚恶。故《集注》不特曰庸陋劣，而且以‘恶’之一字加之。”〇胡氏曰：“许昌靳居觐反。裁之有言曰①：‘士之品大概有三：志于道德者，功名不足以累其心；志于功名者，富贵不足以累其心；新安陈氏曰：“功名，功业声名也。今俗人认贵仕为功名，非矣。”志于富贵而已者，则亦无所不至矣。’志于富贵，即孔子所谓鄙夫也。”南轩张氏曰：“自古乱臣贼子，其初岂敢遽萌篡弑之心？惟患失也，蹉跎至此，履霜坚冰，驯致其道也。然则计利自便之萌，是乃弑父与君之原也。”庆源辅氏曰：“此解‘无所不至矣’一句甚当。夫患得患失，则惟利欲是徇，而不复顾理义之所在矣，其可与之事君也哉？然其患得也，则求以得之而已，虽行险徼幸，乘间抵罅，则其恶犹有止也。至于患失，则无不至矣：小则吮痈舐痔，不惜身命；大则弑父与君，祸及国家。”“志于道德，则功名不必外求而得。其或终无所成，则亦全吾道德而已矣，在我亦何所损哉？若夫志于功名，则其心已是谋利计功。幸而得之则已矣，不然则行险徼幸，枉尺直寻，殆将不能免。志于富贵，则患得患失，终必至于无所不至矣。其为庸恶陋劣之态，亦可想而见也。”胡氏曰：“靳氏三品之说，本非此章正意，然能推见鄙夫之所以若此。志于道德，圣贤之徒也；志于功名，豪杰之士也；志于富贵，即鄙夫也。圣贤非不事功名也，可为则为，不得为则不为，不害于道德也。豪杰非恶富贵也，视功名为重，则富贵为轻也。鄙夫，则富贵之外，他无所志，故得失之患，其害至此。”厚斋冯氏曰：“孟子曰‘鄙夫宽’②，谓所见隘陋也。所见隘陋之人，知有富贵而已。小用之则败事，大用之则误国，岂容一日得志也哉？”齐氏曰：“古之君子，未得之，则求之性分之所固有；既得之，则安于职分之所当然。舜木居鹿游，若将终身，则得不足以动其心；牛羊仓廪，若固有之，则亦何失之虑？学者以孔子之言，观鄙夫之如彼；以孟子之言，观圣人之如此，亦可以知所鉴矣。”

〇子曰：“古者民有三疾，今也或是之亡也。

气失其平则为疾，故气禀之偏者亦谓之疾。庆源辅氏曰：“气禀之偏，亦谓之疾，此以德言之也。人身之气，当平和而安宁；一失其平，则为疾矣。人之德，气禀得中，则为善；一失之偏，则亦为疾矣。”陈用之曰：“人之阴阳节适则平，偏倚则疾。性之有疾，犹身之有疾也。”昔所谓疾，今亦亡与无通。之，伤俗之益衰也。厚斋冯氏曰：“或是之亡，不敢为决然之辞，恐尚亦有之。”

古之狂也肆，今之狂也荡；古之矜也廉，今之矜也忿戾；古之愚也直，今之愚也诈而已矣。”

狂者，志愿太高。肆，谓不拘小节。荡则逾大闲矣。《礼义》为大闲。矜者，持守太严。如“不矜细行”之“矜”，非“矜夸”之“矜”。廉，谓棱角陗与“峭”同。厉。忿戾则至于争矣。厚斋冯氏曰：“君子矜而不争。矜而忿戾，小人也。”愚者，暗昧不明。直，

---

① 靳裁之：宋代颍川郡人，少闻伊洛程氏之学，精通儒家学说，胡安国之师。

② “鄙夫宽”：语见《孟子·万章下》。

谓径行自遂。诈则挟私妄作矣。范氏曰："末世滋伪①。岂惟贤者不如古哉？民性之蔽，亦与古人异矣。"朱子曰："廉，是侧边廉隅。这只是那分处。所谓廉者，为是分得那义利去处。譬如物之侧棱，两下分去。"问："智则能诈，愚者无智巧，何故能诈？"曰："如狂而不直、侗而不愿之类。"南轩张氏曰："疾生乎气禀之偏。狂而肆者，过于进为也；矜而廉者，廉隅露见也；愚而直者，直情径行也。此虽偏而为疾，然犹为疾之常。至于狂而放，则流而为荡；矜而争，则溢而为忿戾；愚而衒直，则变而为诈。是盖世衰俗弊，则习益远故也。言疾，则固为偏；而今也并与古之疾而亡之，则益甚矣。古者三疾，学则可瘳也；至于今之疾，悖理乱常之甚，盖难反矣。然困而能学，亦圣人之所不弃也。"问："古者民有三疾，今也或是之亡也。晦翁谓气禀之偏者，谓之疾，而取范氏末世滋伪，岂贤者不如古，民性之蔽，亦与古异。窃谓时固有古今，而气禀之性，亦有古今之异欤？"潜室陈氏曰："气数有淳漓，故生物有厚薄。只正春时生得物如何，迨春末生物便别。后世生圣贤，既与古不同；即生暗蔽愚人，亦欲如古不得。"双峰饶氏曰："语中说古今处，皆是叹今之不如古。狂肆矜廉愚直，是气质之偏，所谓疾也。肆变而荡，廉变而忿戾，直变而诈，是习俗所染，乃习与性成而为恶，不止于疾矣。"云峰胡氏曰："气禀之性，适乎中则无疾。凡过与不及，皆疾也。狂者知之过，矜者行之过，愚者不能知而径行，不及者也。故古者皆以为疾。"新安陈氏曰："古之疾，已是气质之偏。今并与古之疾而无之，盖已流于私欲之伪，去古益远，而复乎善益难矣。夫子所以伤之欤？"

○子曰："巧言令色，鲜矣仁。"

重平声。出。

○子曰："恶紫之夺朱也，恶郑声之乱雅乐也，恶利口之覆邦家者。"恶，去声。覆，芳服反。

朱，正色。紫，间去声。色。新安陈氏曰："朱，南方赤之正色。合黑赤而成紫，北方之间色。"雅，正也。利口，捷给。覆，倾败也。○范氏曰："天下之理，正而胜者常少，不正而胜者常多，圣人所以恶之也。利口之人，以是为非，以非为是，以贤为不肖，以不肖为贤。人君苟悦而信之，则国家之覆也不难矣。"朱子曰："紫近黑色，过了那朱。既为紫，便变做朱不得，便是夺了朱。雅乐平澹，郑便过而为淫哇。盖过了雅，便是乱雅。邦家力势也甚大，然被利口之人说一两句，便有倾覆之虑。岂不可畏哉？""不正底物事，自常易得胜那正底物事。且如以朱染紫，一染了便退不得。朱却不能变得紫也。"南轩张氏曰："以其似是而非，有以惑人之观听，是以圣人恶之。利口所以覆邦家者，盖变其事实，使是非邪正率皆紊乱，邦家之所由倾覆也。"勉斋黄氏曰："是非善恶，最相反也。圣人不之恶者，以人心自有正理，而正不正之相反易辩也。【校记："易辨"，四库本作"易辩"，此据弘治本、三鱼堂本改。】惟夫似是而实非，似善而实恶，则人心疑惑，而足以乱正。此孔子所以恶乡原而又及乎此也。"庆源辅氏曰："气数难得

① 末世滋伪：世道衰败，虚伪滋长。

相值，时节难得常好，故邪正相乘之际，而正常屈于邪。疑似之间，每恶其杂乱而致详焉。此亦赞天地之一端也。”双峰饶氏曰：“紫以间色乱正色，以其能悦人之目也。郑卫之乐，以淫声乱正声，以其能悦人之耳也。故圣人恶之。后世果卒为二者所胜。古人玄衣朱裳，今之朝服，直以紫为上。至于常服，亦皆衣紫。所奏之乐，莫非郑卫淫哇之音。人心好恶之失其正如此，况于听言之际，安得不为利口者所惑邪?”汪氏曰：“辨朱紫以目，辨雅郑以耳，具耳目者能之，犹未为甚难。惟利口之覆邦家，则当辨之以心。人主之心，常为所惑而不能辨。故范氏备述其态以晓人。苟非自正其心，辨之岂不难哉?”云峰胡氏曰：“前篇以佞人对郑声言，此又以利口对郑声言。《集注》释‘佞’字曰辨给也，释‘利口’曰捷给也。捷则颠倒是非于片言之顷，使人悦而信之，有不暇于致详者，视佞为尤甚。故覆亡之祸立见，有甚于殆焉者矣。”

○子曰：“予欲无言。”

学者多以言语观圣人，而不察其天理流行之实，有不待言而著者。是以徒得其言，而不得其所以言，故夫子发此以警之。庆源辅氏曰：“此亦有两意。一是天理流行之实，凡动静语默皆是，初不待言而著。学者惟不察乎此，而但以言语观圣人，是以徒得其言，而不得其所以言。故夫子发此以警之。一是以言而教人，固圣人之本心。因言以进道，亦学者之当务。但学者心粗气暴，其于圣人之言，领略之意常多，体察之意常少。是以徒得其言，而不得其所以言。故夫子发此以警之。”

子贡曰：“子如不言，则小子何述焉?”

子贡正以言语观圣人者，故疑而问之。庆源辅氏曰：“此语必在‘未闻性与天道’之前。”

子曰：“天何言哉? 四时行焉，百物生焉，天何言哉?”

四时行，百物生，莫非天理发见形甸反。流行之实，不待言而可见。圣人一动一静，莫非妙道精义之发，亦天而已，岂待言而显哉? 庆源辅氏曰：“百物生，是天理之发见也；四时行，是天理之流行也。发见，则自其初而言之；流行，则并举其终也。妙道，言其体；精义，言其用。夫子但言天之理，更不及己之事，则天人一贯，而天即己、己即天矣。此所以谓圣人之言也。”新安陈氏曰：“辅氏即《集注》‘天理发见流行之实’而强分之，以‘发见’为百物生，‘流行’为四时行。下句虽是，上句实非。发见流行，不必分言也。一阴一阳之谓道，阴阳非道，所以一阴一阳者为道。道，形而上者也，无形之可见也。阴阳，形而下者也，即道之发见于有形者也。四时之气流行，而为春暖夏热，秋凉冬寒，非发见而何? 若以四时行、百物生之序言之，必四时之气流行，而后百物之品发生。云行雨施，方品物流形；乾道变化，方各正性命。岂有先言百物生而后言四时行之理哉? 辅氏过于密察，反成病败，愚不可以不辨。”此亦开示子贡之切，惜乎其终不喻也。新安陈氏曰：“无曾子之唯，亦无领会之言，见其未喻。”○程子曰：“孔子之道，譬如日星之明，犹患门人未能尽晓，故曰‘予欲无言’。若颜子则便默识，如字。其它则未免疑问，故曰‘小子何述’。”又曰：“‘天何言哉，四时行焉，百物生焉’，则可谓至明白矣。”愚按：此与前篇无隐之意相发，学者详之。朱子曰：“此语子贡闻之而未喻，故有疑问。到后来自云夫子之文章，可得而闻也，夫子之言性与天道，不可得而闻也，方是契此旨处。颜曾则不待疑问。若子贡以下，又不知所疑矣。”问：“《子欲无言》一章，恐是言有所不能尽，故欲无言否?”曰：“不是如此，只是不消得说。盖以都撒出来了，如四时行焉，百物生焉，天又更说个甚底？若是言不能尽，便是有未尽处。圣人言处也尽，做处也尽，动容周旋无不尽。惟其无不尽，所以不消得说。”问：“四时行、百物生，皆天命之流行，其理甚著，不待言而后明。圣人之道，亦犹是也。行止语默，无非道者，不为言之有无而损益也。有言乃不得已，为学者发尔。”曰：“甚善。”问：“‘四时行、百物生’两句，自为体用。盖阴阳之理，运行不息，故万物各遂其生。圣人之心，纯亦不已，故动容周旋，自然中礼?”曰：“是此意。”问：“夫子以子贡专求之言语之间，故告之予欲无言以发之。子贡未能无疑，故曰天何言哉，四时行焉，百物生焉。盖欲其察之践履事为之实也。程子谓犹患门人未能尽晓，故曰予欲无言。夫恐其不能尽晓，当更告之，而曰欲无言，何也？或云《子欲无言》一章，实兼无隐乎尔之义。盖四时行、百物生，所谓无隐也。程子盖推明夫子启发子贡之意，欲其求之于践履事为之实者。未知是否?”曰：“恐人不能尽晓，而反欲无言，疑得甚好。更熟玩之，当自见得分明也。”新安陈氏曰：“韬仲之问，文公使更熟玩之。窃谓圣道明如日星，门人犹未能尽晓者，以其徒求之言语之间，而不知动作语默，无非圣道之形见。此所以圣道虽明，而其见滞于言语间，不能尽晓也。苟谓恐其不能尽晓，当更告之。圣人方病学者徒求之言语，而又益详于言语，言语愈详，知识愈滞，未能尽晓者，何由而晓邪？使能不徒求之言语，而必察圣人之一动一静，莫非妙道精义之发，则能知圣人之动静无非理，必悟圣人之语默无非教也。”南轩张氏曰：“四时行、百物生者，天道之流行无息也。天虽不言，而何隐哉？圣人动静语默之间，无非至理之所在。再曰天何言哉，所以发之者深矣。”觉轩蔡氏曰：“《集注》以此章与前篇无隐之意相发。盖四时行、百物生，莫非天理发见流行之实，正所以发夫子之无隐也。学者玩此而有得焉，不惟见圣人一动一静，纯乎天理之妙，不待言而显；便当反之于践履事为之实，俛焉孳孳，庶几有得乎希圣希天之事。更玩四时行、百物生，尤见其体用一原，阴阳之理运行不息而万物各遂其生之妙，圣人亦天而已。”双峰饶氏曰：“予欲无言，圣人是要人就他躬行处体认，莫只于他言语上求。盖就躬行处体认，便件件把作实事看；若只就言语上求，只将作空言看了，无益于得也。此与《吾无隐乎尔章》大同小异。那是说行处无非至理，别无深晦底道理；此是说行处都是实理，不必于吾言语上求。”厚斋冯氏曰：“夫子示子贡以一贯之学，此又示以无言之天，卒于闻性与天道。子贡之学，可谓日进无疆者矣。”云峰胡氏曰：“《集注》‘妙道精义之发’，妙道，其体也，天理之浑然者也；精义，其用也，天理之粲然者也。朱子《感兴》末篇，始曰：‘玄天幽且默，仲尼欲无言。万物各生遂，德容自清温。’末曰：‘曰予昧前训，坐此枝叶繁。发愤永刊落，奇功收一原。’三复是诗，朱子之学，晚年造诣深矣。学者宜致思焉。”新安倪氏曰：“按以妙道、精义分体用，盖因辅氏之说而申明之；举《感兴》末篇，则因蔡氏之说而详言之也。蔡氏说此章，尝谓先师于《感兴》卒章，特发其义而收奇功于一原，其所以勉学者深矣。但此能述之，尤为详明。万物各生遂，接‘玄天幽且默’而言；德容自清温，接仲尼欲无言而言。即动静无非教之意也。又按，徽庵程氏尝提掇‘欲’之一字而讲之，曰：‘先圣虽欲无言，而未得以无言也。不以无言期诸子，而独以无言期子贡，何哉?’高于子贡者，自能忘言以会道。与回言终日而无所不说，不必示之以无言也。下于子贡者，方将因言以求道。但教之以不知言无以知人，言及之而不言谓之隐，可与言而不与之言失人，未可示之以无言也。惟天资学力，贤如子贡，而犹以言语观圣人，不得不示之以无言耳。此说就子贡身上发明甚切，谨附于此。"【通旨】朱氏公迁曰："天以理言，在天之天也，於穆不已，与无声无臭，是指其本体，言圣人之德与之相配者如此。四时行，百物生，是即其功化言，圣人之教与之相似者如此。‘穆’之一字，即是天何言，即是无声无臭，形容天道之妙，皆有为而发也。"又曰："在天之天，天人相对，质诸鬼神而无疑，知天也，其所知者亦在天之天也。"

○孺悲欲见孔子，孔子辞以疾。将命者出户，取瑟而歌。使之闻之。

孺悲，鲁人，尝学士丧礼于孔子。《记·杂记》："恤由之丧，鲁哀公使孺悲之孔子，学士丧礼。《士丧礼》于是乎书。"当是时必有以得罪者。故辞以疾，而又使知其非疾，以警教之也。庆源辅氏曰："圣人之门，来者不拒。傥非有故，未有却之者。然其所以得罪之故，不可知矣。辞之以疾者，义不当见也。歌瑟使闻者，仁不容绝也。夫子于此，仁义并行而不悖。然其爱人之心，则终无已也。"程子曰："此孟子所谓不屑之教诲，所以深教之也。"南轩张氏曰："孺悲之不见，疑在弃绝之域矣。取瑟而歌，使将命者闻之，是亦教诲之，而终不弃也。圣人之仁，天地生物之心欤?"胡氏曰："圣人无疾而托以疾，则虽庸人，亦能自省其所以见绝之由。是不屑之教诲也。"郑氏曰："于绝之之中，不忘教之之意。圣人之心，如天地之不弃物也。仁矣哉!"

○宰我问："三年之丧，期已久矣。期，音基。下同。

期，周年也。

君子三年不为礼，礼必坏；三年不为乐，乐必崩。

恐居丧不习而崩坏也。庆源辅氏曰："此述宰我之意也。然礼乐自事亲从兄而出，不能三年之丧，则礼乐之本䙴矣。宰我虑其崩坏，而急之于玉帛钟鼓之间，则亦不知务甚矣。"

旧谷既没，新谷既升，钻燧改火，期可已矣。"

钻，祖官反。没，尽也。升，登也。燧，取火之木也。改火，春取榆柳之火，夏取枣杏之火，夏季取桑柘之火，秋取柞楢音昨由。之火，冬取槐檀之火，亦一年而周也。《周礼·夏官》：司爟，古焕反。掌行火之政令，四时变国火以救时疾。行，犹用也。变，犹易也。邹子曰：春取榆柳之火，夏取枣杏之火，季夏取桑柘之火，秋取柞楢之火，冬取槐檀之火。季夏出火，民咸从之。季秋内火，民亦如之。已，止也。言期年则天运一周，时物皆变，丧至此可止也。问："四时取火，何为季夏又取一番?"朱子曰："土旺于未，故再取之。"庆源辅氏曰："时物固皆变矣。吾心哀怛之实，自有不能已者，则不可因彼而变也。"双峰饶氏曰："四时取火之木不同。榆柳，木之青者，故春取之。枣杏，木之赤者，故夏取之。桑柘黄，柞楢白，槐檀黑，各随其时之方色取之。盖五行之中，各有五行。火有五色，亦如金有五金之类。古人作事，件件顺天时，况水火乃天地间妙用，尤不可不顺其性。水失其性，则为水灾。火失其性，则为火灾。旱暵疾疫皆是。因时改火，以达其气，亦赞化育之一事也。故周礼，司爟掌四时，变国火，以救民疾。后世都不理会，如何得阴阳和、万物育?”尹氏曰：“短丧之说，下愚且耻言之。宰我亲学圣人之门，而以是为问者，有所疑于心而不敢强上声。焉尔。”庆源辅氏曰：“尹氏说固忠厚，然宰我之失终在。但其致问之时，犹出于情实。较之后世匿情行诈而口不相副者，则犹为无隐耳。”

子曰：“食夫稻，衣夫锦，于女安乎?”曰：“安。”夫，音扶。下同。衣，去声。女，音汝。下同。

礼。父母之丧：既殡，食粥、粗衰。音催。既葬，疏平声。食、音嗣。水饮①，受以成布。朱子曰：“成布，是稍细成布，初来未成布也。八十缕为一升，古尺一幅，只阔二尺二寸。算成斩衰三升，如今漆布一般，所以为未成布。”期音期。而小祥②，始食菜果，练冠縓取绢反。缘、去声。朱子曰：“縓，今浅绛色。小祥以縓为缘，一入为縓。礼有四入之说，亦是渐渐加深色耳。”要平声。绖音迭。不除③，无食稻衣锦之理。夫子欲宰我反求诸心，自得其所以不忍者。故问之以此，而宰我不察也。《记·间传》：“父母之丧，既殡，食粥。未殡之前，勺水不入口。既殡，则三日矣，方食粥。朝一溢米，二十两为一溢，以为粥。莫音暮。一溢米。齐衰之丧，疏食水饮，不食菜果。大功之丧，不食醯酱。可以食菜果矣。小功、缌麻，不饮醴酒。可以食醯酱矣。父母之丧，既虞、卒哭，疏食水饮，可以不食粥矣。不食菜果；期而小祥，期而服练，谓之小祥。食菜果；又期而大祥，再期而服缟，谓之大祥。食醯酱，中月而禫，大感反。禫而饮醴酒。醴酒味薄，故得饮之。始饮酒者，先饮醴酒，始食肉者，先食乾肉。”

“女安则为之！夫君子之居丧，食旨不甘，闻乐不乐，居处不安，故不为也。今女安，则为之!”乐，上如字，下音洛。

此夫子之言也。旨，亦甘也。旨，美也。初言女安则为之，绝之之辞。又发其不忍之端，以警其不察。新安陈氏曰：“四‘不’字，皆是发其不忍之端。”而再言女安则为之以深责之。厚斋冯氏曰：“夫子之门，子夏、子张既除丧而见，予之琴，和之，而或和或不和；弹之，而或成声或不成声。一则曰，先王制礼，不敢过也。一则曰，先王制礼，不敢不至焉。其于三年之丧如此。宰我与二子相处久矣，岂不习闻其概，而安于食稻衣锦也？夫鲁庄公之丧，既葬，不入库门【校记：《礼记·檀弓下》作“既葬，而绖不入库门”。】，士大夫既卒哭，麻不入。然则三年之丧不行久矣。至是而夫子举行之。宰

---

① 疏食、水饮：吃简单的饭，饮水。

② 小祥：古时父母丧后周年的祭名。《仪礼·士虞礼》：“期而小祥。”郑玄注：“小祥，祭名。祥，吉也。”朞，周年。

③ 练冠縓缘、要绖不除：可以戴白色的帽子，衣服可以用浅红色的布镶边，但腰间的孝带不除去。縓缘：浅红色的边。要绖：缚在腰间的麻带，古丧礼服制之一。

我，门人高流也。日闻至论，而犹以期为安，况斯世乎？其后，滕世子欲行三年丧，父兄百官皆不欲。然则三年之丧，独行于孔孟之门，而朝廷未尝行也。甚至以日易月，无复听于冢宰三年不言之制。而三年之丧，迄今行之天下者，宰我一问之力也。”

宰我出。子曰：“予之不仁也！子生三年，然后免于父母之怀。夫三年之丧，天下之通丧也。予也有三年之爱于其父母乎？”

宰我既出，夫子惧其真以为可安而遂行之，故深探他覃反。其本而斥之。言由其不仁，故爱亲之薄如此也。新安陈氏曰：“不安于食稻衣锦者，由其不忍也。不忍之心，仁也。安则忍，忍则不仁矣。”怀，抱也。又言君子所以不忍于亲，而丧必三年之故。使之闻之，或能反求而终得其本心也。新安陈氏曰：“予发短丧之问，又以食稻衣锦为安，是殆已失其本心矣。今夫子拳拳之意，犹冀其反求而终得其本心也。本心，即爱亲之仁心。”○范氏曰：“丧虽止于三年，然贤者之情则无穷也。特以圣人为之中制而不敢过，故必俯而就之。非以三年之丧，为足以报其亲也。《记·三年问》：“君子三年之丧，二十五月而毕，若驷之过隙，然而遂之，是无穷也。故先王为之中制。”《檀弓》：“子思曰：‘先王之制礼，过之者，俯而就之；不至焉者，跂而及之。故君子执亲之丧，水浆不入口者三日，杖而后能起。’”所谓三年然后免于父母之怀，特以责宰我之无恩，欲其有以跂而及之尔①。”问：“宰我游圣人之门而有短丧之问，不类学者气象。诸家之说，或谓至亲以期断，而宰我欲质其所知，有疑而不敢隐，所以为宰我，盖欲文其过也。窃以为宰我在圣门，虽列于言语之科，然哀公问社，而有使民战栗之对；方昼而寝，夫子有朽木粪土之讥。观其地位如此，则宜有短丧之问也。”朱子曰：“短丧固是不仁，然其不隐，不害为忠信。此一事而兼有得失，得失又有重轻。”“圣人寻常，未尝轻许人以仁，亦未尝绝人以不仁。今言予之不仁，乃予之良心死了也。”或问：“此章之说，有谓宰我之问，盖闻礼家至亲期断之言，故以质之夫子，非自执丧而欲断之也，如何？”曰：“此盖以宰我为圣人之徒，不应问此，而欲为之文其过也。其意则忠且厚矣。然三年之丧，生于人心，非由外至，而礼家固亦已有加隆之说矣。设使宰我实闻期断之说，而不能察其是非，尽其曲折，则其爱亲之薄，亦可知矣。虽不自断其丧，然其情亦何以异邪？”曰：“又有以宰予为不察理，不知仁，而不知爱亲之道者，信乎？”曰：“是其意若曰：予非不爱亲也，特不察理，而不知其道也；非不仁也，特不知仁也。是亦为之文其过之言耳。然人子有三年之爱于父母，盖心之不能已者，而非有难明之理也。是其存焉则为仁，失之则为不仁，其间盖不容发。而其存不存，又不待于知之而后能勉也，亦系于吾心之厚薄如何耳。宰我食稻衣锦，自以为安，则其无爱亲之心可见，而夫子所以斥之者亦明矣。说者乃与曲为之讳，而少减其不仁不孝之罪。是以其说徒为辞费，而不足以掩其实也。”曰：“或谓宰我非不知短丧之为薄，直以有疑，故不敢自隐于夫子。只此无隐，便是圣人作处，如何？”曰：“言宰我之心虽薄，而其不敢自隐者，犹

① 特以责宰我之无恩，欲其有以跂而及之尔：只是责备宰我的忘恩，希望他有可能努力去这样做。跂而及：犹企及。

有圣门气象，可也。谓之无隐，而直以圣人作处许之，则又激于世俗矫情饰诈之私，而不自知其言之过矣。然此章正意在于问丧，而丧之主于哀者，又非自外而至。今不论此，而摘其旁文琐细之说，以为已死之人，文不可赎之过，亦何益哉?”曰：“或谓夫子之言女安则为之，为不与人为伪者，信乎?”曰：“是因无隐之说，而又失之之甚也。夫圣人固不与人为伪矣，然不曰不肖者跂而及之乎？其曰安则为之者，乃深责而痛绝之之辞也。岂使之真以为安，而遂为之也哉？若如其言，则圣人之所以垂世立教者，初无一定之则，直徇世俗情意之厚薄，使人自以为礼，而不虑夫坏法乱纪之原，自我始也。”南轩张氏曰：“人子之致哀于其亲，盖其心之不可以已者。先王以礼为之，而断之以三年，是谓天之则也。宰我论丧礼而欲止乎期，夫子反复告之以女安则为之。夫其食旨不甘，闻乐不乐，居处不安，果何哉？以其有所不忍于心故也。宰我闻夫子斯言而出，其必有以恻于中矣。”庆源辅氏曰：“子生三年然后免于父母之怀，此君子所以不忍于亲，而丧必三年之故。自天子达于庶人，而为天下之通丧也。至于使之闻之，或能反求而终得其本心，则圣人之仁也。始也，问之以食稻衣锦于女安乎？所以使宰我反求诸心，自得其所以不忍。及宰我不察，则又言君子居丧之礼，皆出于自然，以发其不忍于亲，而丧必三年之故。使之闻之，尚庶几其能反求而得其本心，不至于终迷而不反也。然则圣人之心所以爱人无已者，于此亦可得而见矣。范氏发明非以三年之丧为足以报其亲之说，尤为忠厚。所谓丧三年以为极，亡则弗之忘矣者是也。至于圣人既于此为之中制，则贤者必当俯而就，不肖者必当跂而及。夫如是，然后其说始圆，而宰我之失、夫子之意，始皆坦然明白矣。”厚斋冯氏曰：“宰我之所惜者，礼乐也。夫子之所以责者，仁也。仁，人心而爱之理也。孩提之童，生而无不知爱其亲者，故仁之实，事亲是也。礼所以节文之，乐所以乐之。岂有不仁而能行礼乐者乎？抑闻之圣人未尝面折人以其过，其于门人宰我、樊迟之失，皆于其既出而言之，使之有闻焉而改。其长善救失、待人接物忠厚盖如此。”

〇子曰：“饱食终日，无所用心，难矣哉！不有博弈者乎，为之犹贤乎已。”

博，局戏也。弈，围棋也。鲁斋王氏曰：“博，《说文》作簙，局戏也，六著十二棋也。古乌曹作簙。《说文》弈从廾，言竦两手而执之。围棋谓之弈。”已，止也。李氏曰：“圣人非教人博弈也，所以甚言无所用心之不可尔。”朱子曰：“心若有用，则心有所主。只看如今才读书，则心便主于读书；才写字，则心便主于写字。若是悠悠荡荡，未有不入于邪僻者。”“此非启博弈之端，乃假此以甚彼之辞。”南轩张氏曰：“饱食而无所用心，则放越而莫知其极，凡恶之所由生也。博弈虽不足道，然方其为之，意专乎此，比之放越而莫知其极者，犹为愈焉。此章大抵言无所用心，则长恶为可畏耳。”或问：“伊川尝教人静坐。若无所用心，只静坐可否?”双峰饶氏曰：“静坐时须主敬，即是心有所用。若不主敬，亦静坐不得。心是活底物，若无所用，则放僻邪侈，无不为已。圣人说难矣哉，所该甚广。”

〇子路曰：“君子尚勇乎?”子曰：“君子义以为上。君子有勇而无义为乱，小人有勇而无义为盗。”

尚，上之也。君子为乱，小人为盗，皆以位而言者也。尹氏曰：“义以为尚，则其勇也大矣。子路好去声。勇，故夫子以此救其失也。”胡氏曰：“疑此子路初见孔子时问答也。”朱子曰：“子路之勇，夫子屡箴诲之，是其勇多有未是处。若知勇于义为大勇，则不如此矣。又其勇有见得到处，便行将去。如事孔悝一事，却是见不到。盖不以出公之立为非，观其谓正名为迂，斯可见矣。”又曰：“若是勇于义，必不仕季氏。”“此章言君子者有三。其上二者，以德言也。其对小人者，则以位言耳。”南轩张氏曰：“徒知勇之务，至于犯义者有之。尚义，则义所当为，勇固在其中矣。”庆源辅氏曰：“尚义而勇，义理之勇也；勇而无义，血气之勇也。为血气所使，而不以义理制之，则其为害随所居而为大小。故在上，则逆理而为乱；在下，则肆欲而为盗。味子路之言，有自负其勇之意，而疑圣门或不以勇为尚也。若后来进德高，必不复以此为问矣。”

○子贡曰：“君子亦有恶乎？”子曰：“有恶：恶称人之恶者，恶居下流而讪上者，恶勇而无礼者，恶果敢而窒者。”恶，去声。下同。惟“恶者”之“恶”如字。讪，所谏反。

讪，谤毁也。窒，不通也。称人恶，则无仁厚之意。下讪上，则无忠敬之心。勇无礼，则为乱。果而窒，则妄作。故夫子恶之。朱子曰：“勇，是以气加人，故易至于无礼。果敢，是率然敢为。盖果敢而不窒，则所为之事，必当于理；窒而不果敢，则于理虽不通，然亦未敢轻为。惟果敢而窒者，则不论是非而率然妄作，此圣人所以恶之也。”问：“果敢与勇相类，如何分别？”双峰饶氏曰：“果敢，即前章之刚。果敢属性质，勇属血气。果敢者，有学以开明之，则不窒；勇者，有礼以节文之，则不暴。”

曰：“赐也亦有恶乎？”“恶徼以为知者，恶不孙以为勇者，恶讦以为直者。”徼，古尧反。知、孙，并去声。讦，居谒反。

恶徼以下，子贡之言也。徼，伺察也。讦，谓攻发人之阴私。○杨氏曰：“仁者无不爱，则君子疑若无恶矣。子贡之有是心也，故问焉以质其是非。”侯氏曰：“圣贤之所恶如此，所谓唯仁者能恶人也。”朱子曰：“夫子所恶以戒人，子贡所恶以自警。”南轩张氏曰：“君子者，惟其爱人，故恶称人之恶者，为其薄也；惟其顺德，故恶居下流而讪上者，为其逆也；惟其循礼，故恶勇而无礼者，为其陵犯也；惟其达义，故恶果敢而窒者，为其冥行也。此恶不善之公心，亦天下之通义也。以子贡之有问，恐其专以恶人为心，则反有害，故又从而叩之。子贡之恶，恶其近似而害于知勇与直者也。子贡恶乎此，则所以检身者抑可知矣。”庆源辅氏曰：“杨氏说得子贡所以发问之意出，侯氏说得圣贤不能无恶当于理之意明。然夫子因子贡之问，而又以赐也亦有恶乎发之，使之得以尽其说。又见圣人气象从容，诚意审密，有以尽人之情如此。”郑氏曰：“子贡虽方人，亦不从事于徼讦也，疑与子路之问同时，故问答虽切子贡方人之病，而亦有讽子路之勇者。称恶讪上，警子贡也；徼讦，子贡自警也。至于勇而果敢，则为子路而发。夫圣贤之所恶如此，唯仁者能恶人，夫子以之；恶不仁者，其为仁矣，子贡有焉。”云峰胡氏曰：“圣贤之所恶，若有不同。然子贡所谓徼讦者，因夫子所谓称人之恶与讪上者而推之也；所谓不孙者，因夫子所谓无礼与窒者而言之也。”

○子曰：“唯女子与小人为难养也，近之则不孙，远之则怨。”近、孙、远，并去声。

此小人，亦谓仆隶下人也。问："何以知其为仆隶下人?"朱子曰："若为恶之小人，则君子远之，唯恐不严，怨亦非所恤矣。"君子之于臣妾，庄以莅之，慈以畜许六反。之①，则无二者之患矣。南轩张氏曰："女子阴质，小人阴类，其所望于人者常深，故难养。知其难养如此，则当思所以待之之道。其惟和而有制与夫不恶而严乎?"庆源辅氏曰："此等虽有难养之情，君子则有善养之道。庄以莅之，则礼有以消其不孙之心；慈以畜之，则仁有以弭其易怨之意。庄慈，其不近不远之中道乎?"

○子曰："年四十而见恶焉，其终也已。"恶，去声。

四十，成德之时。见恶于人，则止于此而已，勉人及时迁善改过也。苏氏曰："此亦有为去声。下同。而言②，不知其为谁也。"问："此章圣人立言之意，固是勉人及时进德。然乡人之善者好之，其不善者恶之。苟有特立独行之士，不徇流俗，众必群嘲共骂，何为而不见恶? 学者亦不可不知也，未知是否?"朱子曰："见恶，亦谓有可恶之实，而得罪于能恶人者，非不善者恶之之谓也。"南轩张氏曰："此又甚于四十无闻者。有恶可恶，又下于无善可闻也。"吴氏曰："终，止也。其终也已，哀其不复有进也。"厚斋冯氏曰："人之血气，三十而壮，四十而定。过此，则神日衰怠，少能精进。故古人以四十为成德之时，无闻、见恶，皆以是为断也。盖世有晚而知道者，焉得而绝之? 故知其为有为之言。"双峰饶氏曰："古人多说四十，如四十不惑、四十不动心、四十五十无闻之类。盖至是血气盛极将衰之年，于此无成，则亦已矣。后生不可不痛自警省也。"

论语集注大全卷十八

微子第十八

此篇多记圣贤之出处，上声。凡十一章。【通考】勿轩熊氏曰："孔子出处凡二章，则圣人之时也。三仁夷齐，孔子皆称以仁，楚狂接舆、沮溺荷蓧之徒，虽不足以知圣人，亦不失为辟世之贤者。师挚八士，亦取而附其后，衰世之志也。"

微子去之，箕子为之奴，比干谏而死。

微、箕，二国名。子，爵也。微子，纣庶兄。箕子、比干，纣诸父。伯叔父也。微子见纣无道，去之以存宗祀③。箕子、比干皆谏，纣杀比干，囚箕子以为奴，箕子因佯

① 庄以莅之，慈以畜之：庄重地面对他们，慈爱地养活他们。

② 有为而言：有感而发。有为：有所为，有缘故。

③ 去之以存宗祀：离开了纣王以保持宗庙祭祀不要断绝。

音羊。狂而受辱。《史记·宋世家》：微子者，殷帝乙之首子，而纣之庶兄也。纣既立，不明，淫乱于政，微子数谏不听，度终不可谏，遂亡。箕子者，纣亲戚也，纣始为象箸，箕子叹曰："彼为象箸，必为玉杯，为玉杯，则必思远方珍怪之物而御之矣，舆马宫室之渐，自此始不可振也。"纣淫泆，箕子谏不听，乃被发佯狂而为奴。王子比干者，亦纣之亲戚也，见箕子谏不听而为奴，则曰："君有过而不以死争，则百姓何辜?"乃直言谏纣。纣怒曰："吾闻圣人心有七窍，信有诸乎?"乃遂杀比干，刳视其心。微子曰："父子有骨肉，而臣主以义属，故父有过，三谏不听，则随而号之；人臣三谏不听，则其义可以去矣。"于是遂行。周武王伐纣克殷，微子乃持其祭器造军门，于是武王乃释微子，复其位如故。

孔子曰："殷有三仁焉。"

三人之行去声。不同，而同出于至诚恻怛当葛反。之意，故不咈乎爱之理，而有以全其心之德也。杨氏曰："此三人者，各得其本心，故同谓之仁。"问："微子之去，欲存宗祀，比干之死，欲纣改行，可见其至诚恻怛处，不知箕子至诚恻怛何以见?"朱子曰："箕子比干，都是一样心。箕子偶然不衔著纣之怒，不杀他，然见比干恁地死，若更死谏，无益于国，徒使君有杀谏臣之名，他处此最难。微子去却易，比干一向谏死，又却索性，箕子在半上落下，最是难处，被他紧系在那里，不免佯狂，所以《易》中特说'箕子之明夷'①，可见其难处，故曰'利艰贞，晦其明也。内难而能正其志，箕子以之'，他外虽狂，心则定也。"《或问》："按殷纪，微子先去，比干乃谏而死，然后箕子佯狂为奴，为纣所囚。盖微子帝乙元子，当以先王宗祀为重，义当早去，又决知纣之不可谏也，故遂去之，而不以为嫌。比干少师，义当力谏，虽知其不可谏，而不可已也，故遂以谏死而不以为悔。箕子见比干之死，则知己之不可谏，且不忍复死以累其上也，见微子之去，则知己之不必去，且不忍复去以背其君也，故佯狂为奴，而不以为辱。此可见三仁之所为，易地皆然。或以为箕子天畀九畴未传而不敢死，则其为说迂矣。同谓之仁者，以其皆无私而各当理也。无私，故得心之体而无违；当理，故得心之用而不失，此所以全心之德，而同谓之仁欤！《史记》三子之事，与夫子此言，先后不同者，史所书者事之实，此以事之难易为先后耳。"张氏庭坚曰②："死者非沽名，生者非惧祸，而引身以求去者，非要利以忘君。仁之所存，义之所主，其去就死生，不在于一身，而在于天下国家也。"勉斋黄氏曰："《或问》言仁与《集注》不同者，先师言仁之义，则固以心之德、爱之理为主矣，言人之所以至于仁，则以为无私心而皆当理也。《或问》之言，指三子之所以至于仁而言也，《集注》之言，正指仁之义而言也，然其曰'不咈乎爱之理而有以全其心之德'，曰全，曰不咈，则《或问》之意，亦在其中矣，读者默而识之可也。"庆源辅氏曰："爱之理，分言之仁也；心之德，专言之仁也。不咈乎爱之

---

① 语出《易·明夷》。

② 张氏庭坚：张庭坚，字才叔。宋广安人，元祐进士，官右正言。出为京东转运判官，改知汝州，又改通判陈州。卒赠直徽猷阁，谥忠愍。著有《书义》。《宋史》有传。

理，指恻怛而言；有以全其心之德，指至诚而言也。”厚斋冯氏曰：“三人者不特为国大臣，又有亲属之爱存焉。使为大臣而已也，以道事君，不可则止，惟其有亲属之爱，宗祀存亡，实同休戚，故或死或去或囚而不辞，是以谓之仁。”双峰饶氏曰：“前三句，门人因孔子殷有三仁一句，却记上三事为提头。然当时所记，必有次序。当箕子未奴、比干未死时，微子已有去志，《书》曰‘我其发出狂，吾家耄逊于荒’，箕子又勉其去曰：‘诏王子出迪，王子弗出，我乃颠隮。’则微子之去，在先无疑。其次箕子之奴、比干之死，虽未知孰先孰后，窃意箕子之谏必在先，是时纣尚能容，止囚奴之而已。及比干继之，则忿嫉已甚，故竟杀之。三人之行虽不同，皆非有所为而为之也。《或问》据《史记·殷纪》，以为箕子之奴，在比干既死之后，次序与此不同，疑当以《论语》为正。”又曰：“《集注》于《伯夷叔齐求仁得仁章》曰‘合乎天理之正，即乎人心之安’，于此则云‘不咈乎爱之理’，此处便有差等。盖‘合’字‘即’字，是顺说，不咈，则似有所咈而实无所咈。且如微子是纣之兄，箕子、比干是纣之诸父，皆同姓之亲，今或去或奴或谏死，皆似伤乎爱之理，然其本心，只是爱君忧国，皆有至诚恻怛之意，故曰‘不咈乎爱之理’。《中庸》称舜曰‘大德必得其名’，至武王只说‘不失天下之显名’，盖武王杀纣，似乎失名，其实不失。”云峰胡氏曰：“至诚恻怛，盖谓三仁爱君忧国，皆非有所为而为也。一有所为而为之，则虽有恻怛之意，而非出于至诚矣。至诚者，仁之存；恻怛者，仁之发。《集注》特下‘不咈’二字，盖自上文‘不同’字生来。三子之行不同，其迹似相违，以去者为仁，则不去者似咈乎仁矣，以死者为仁，则不死者似咈乎仁矣，惟其皆有至诚恻怛之意，则其去就死生虽不同，而皆不咈乎爱之理，即所以全其心之德也。”

○柳下惠为士师，三黜。人曰：“子未可以去乎?”曰：“直道而事人，焉往而不三黜？枉道而事人，何必去父母之邦。”三，去声。焉，于虔反。

士师，狱官。鲁斋王氏曰：“舜命皋陶‘汝作士’，士之名始见于刑官。《周礼》秋官司寇之属，有士师之职。刑官曰士，其长曰师，故士师之下，有乡士、遂士、县士、方士、讶士，皆掌狱词者。”黜，退也。柳下惠三黜不去，而其辞气雍容如此，可谓和矣。然其不能枉道之意，则有确乎其不可拔者。是则所谓必以其道，而不自失焉者也。○胡氏曰：“此必有孔子断丁乱反。之之言而亡之矣。”问：“柳下惠三黜，虽可以见其必以其道而不失焉者，然亦便有个不恭底意思，故记者以孔子两事序于其后。观孔子之事，则知下惠之事亦未得为中道。”朱子曰：“也是如此，惟是孟子说得好，曰：‘圣人之行，或远或近，或去或不去，归洁其身而已矣。’下惠之行，虽不比圣人合于中道，然而归洁其身则有余矣。”问：“柳下惠三黜而不去，其言若曰：‘苟以直道事人，虽适他国，终未免三黜，若肯枉道事人，自不至三黜，又何必去父母之邦?’观其意，盖自信其直道而行，不以三黜为辱也，此其所以为和而介欤！若徒知其不去之为和，而不知其所以三黜者之为有守，未足以议柳下惠也，未知是否?”曰：“得之。”或问：“柳下惠仕而屡黜，黜而复仕，至于三黜而又不去焉，何也?”曰：“进不隐贤，必以其道，不以三公易其介，所以屡黜而至于三。降志辱身，援而止之而止，虽袒裼裸裎于我侧，不以为浼，所以黜而复仕，既三黜而遂不去也。”或曰：“惠知直道之必黜而不去，然则其将枉道以事人乎?”曰:“不然也。惠之意若曰:‘我但能枉道事人,则固不必去鲁而适他国矣。’其言泛然若无所指,盖和者之气象如此,而其道则固自信其不能枉道而事人矣。是以三黜之后,虽不屑去,然亦意其遂不复仕,故孔子列之于逸民之目。”南轩张氏曰:“柳下惠仕则仕,黜则黜,而未尝枉其道也,若枉道,则害于和之理矣!至于孔子,道不行,父母之邦,可以去而亦去,虽周行天下而未尝苟仕也,则与下惠异矣。此篇记柳下惠于三仁之后,以明其趋之一。下文又详著孔子之事,以见圣人之为至矣。如楚狂耦耕荷蓧之徒,则陷于一偏而不足以知圣人者;夷齐之下,虽各得其道而未尽其至者。终之以孔子之无可无不可,盖于是无以加矣,此孟子集大成之意也。”勉斋黄氏曰:“列二章于篇首,以见古人出处不同,亦各有义,然后著孔子之事,以见圣人之出处也。”洪氏曰:“是时三家渐已用事,其于狱必有以私意行之者,禽不曲法以徇之,所以三黜也。然悦佞而恶直者,天下皆是,何必去哉!”双峰饶氏曰:“柳下惠谓‘直道事人,焉往而不三黜?’是欺天下无一君之可事,无一国之可往,此便是他不恭处。若夫子则历聘侯国,何尝以天下为无可有为之人?但惠辞气雍容不迫,而不枉道之意,自在其中,此所以为圣之和也。胡泳尝云:蚳蛙辞灵邱而请士师。士师,在邑宰之下,官小可知。惠三为之,不卑小官可见。三黜,亦想因谏诤刑罚不中而然。”新安陈氏曰:“直道难容,虽他国皆然;枉道易合,虽吾国亦可。言终不能枉道以求合,则姑守道而不去也。其三黜不去,虽见其和,而不能枉道,则不失其介,可谓‘和而不流,强哉矫’者矣!”

〇齐景公待孔子,曰:“若季氏则吾不能,以季、孟之间待之。”曰:“吾老矣,不能用也。”孔子行。

鲁三卿,季氏最贵,孟氏为下卿。孔子去之,事见形甸反。《世家》。《史记·孔子世家》:齐景公复问政于孔子,曰:“政在节财。”景公说,音悦。将欲以尼谿田封孔子,晏婴进曰:“夫儒者滑稽而不可轨法;《索隐》曰:滑,谓乱也。稽,同也。以言辩捷之人,言非若是,言是若非,能乱同异也,言儒者滑稽而不为法度也。倨傲自顺,不可以为下;崇丧遂哀,破产厚葬,不可以为俗;游说乞贷,不可以为国。自大贤之息,周室既衰,礼乐缺有间。《索隐》曰:息者,生也,言上古大贤生则有礼乐,至周室微而始缺有间也。今孔子盛容繁饰,登降之礼,趋详之节,累世不能殚其学,当年不能究其礼。君欲用之以移齐俗,非所以先细民也。”后景公敬见孔子,不问其礼。异日,景公止孔子曰:“奉子以季氏,吾不能,以季、孟之间待之。”齐大夫欲害孔子,孔子闻之,景公曰:“吾老矣,弗能用也。”孔子遂行,反乎鲁。然此言必非面语音御。孔子,盖自以告其臣,而孔子闻之尔。〇程子曰:“季氏强臣,君待之之礼极隆,然非所以待孔子也。以季、孟之间待之,则礼亦至矣。然复扶又反。曰‘吾老矣,不能用也’,故孔子去之。盖不系待之轻重,特以不用而去尔①。”庆源辅氏曰:“景公之言虽实,而失于率易。圣人德盛道尊,见者必加敬而尽礼,况景公素知圣人者,必不敢以是言而面渎之。所谓自以告其臣,而孔子闻

① 盖不系待之轻重,特以不用而去尔:因为不在于待遇的高低,只是因为不能被任用而离开了。

之之说当矣。”赵氏曰：“苟以利心观，则必以为圣人之去，有系乎待之轻重也，故程子特释之。”厚斋冯氏曰：“此与其臣议所以处子之辞。子，鲁人也，故议以鲁君所以待三卿者待之。是时诸侯之贤，而国势富强者，宜莫如齐之景公，此子之所以愿仕焉者也。晏平仲得政已三世矣，景公至鲁，与子语而说之，其后子不得志于鲁，遂之齐。景公数问政而说，婴之所深忌也，所以欲害子而进间言也。方责效于期月之间，而婴乃谓累世不能殚其学，此景公所以谓吾老而不可俟也。”新安陈氏曰：“景公初欲用孔子，盖本心之暂明；终不能用，乃蔽于私意之昏弱。终于乱亡，宜矣。”

〇**齐人归女乐，季桓子受之。三日不朝，孔子行。**归，如字，或作馈。朝，音潮。

季桓子，鲁大夫，名斯。按《史记》，定公十四年，孔子为鲁司寇，摄行相去声。事。齐人惧，归女乐以沮在吕反。之。《史记·世家》：定公以孔子为中都宰，一年，四方皆则之，由中都宰为司空，由司空为大司寇。定公十四年，孔子年五十六，由大司寇摄行相事，于是诛鲁大夫乱政者少正卯。与闻国政三月，粥羔豚者弗饰贾，男女行者别于途，途不拾遗。四方之客至乎邑者不求有司，有司常供其职，客求而有在也。皆予之以归。齐人闻而惧曰：“孔子为政必霸，霸则吾地近焉，我为之先并矣，盍致地焉?”犁鉏曰：‘请先尝沮之，沮之不可，则致地，庸迟乎?”于是选齐国中女子好者八十人，皆衣文衣而舞《康乐》，文马三十驷，遗鲁君，陈女乐文马于鲁城南高门外。季桓子微服往观再三，将受，乃语鲁君为周道游，观终日【校记：《史记·孔子世家》作“往观终日”。】，怠于政事。子路曰：“夫子可以行矣。”孔子曰：“鲁今且郊，如致膰于大夫，则吾犹可止。”桓子卒受齐女乐，三日不听政；郊，又不致膰俎于大夫。孔子遂行。尹氏曰：“受女乐而怠于政事如此，其简贤弃礼，不足与有为，可知矣。新安陈氏曰：“于用孔子之时而如此，简贤也；三日不朝，弃礼也。”夫子所以行也，所谓见几平声。而作，不俟终日者与?”音余。此引《易·系辞》之语。问：“《史记》载‘鲁今且郊，如致膰于大夫，则吾可以止’，设若致膰，则夫子果止否?”朱子曰：“也须去，只是不若此之速，必别讨一事故去。且如致膰，亦不是大段失礼处，圣人但因此且求去尔。”“孔子于受女乐之后而遂行，若言之似显君相之过，不言则己为苟去，故因膰肉不至而行，则吾之去国，以其不致膰为得罪于君耳。”南轩张氏曰：“去谗远色，贱货而贵德，所以劝贤也。今好色而忘敬贤之心，则道之不行可见矣，是以去之。”吴氏曰：“夫子尝适齐矣，已不能用，及反而仕鲁，又沮人用之。怠己而忌人，愚不肖之通患也。桓子受制阳货四五年，几不免死，一旦得脱虎口，而与夫子从事，此其发愤自强之日也。而境顺于前，心即骄逸，夫子方欲辅桓子以有为，而桓子所为若是，固不得不行也。孟子曰：‘孔子于季桓子，见行可之仕。’此曰：‘季桓子不朝，孔子行。’其仕其行，皆以桓子，而定公徒拥虚名于其上也，悲夫!”双峰饶氏曰：“鲁受女乐，夫子已有去志，若遽然便去，非惟显君之过，且中齐人之计，适然鲁郊又不致膰肉，故因此微过，遂不税冕而行。齐人归女乐，只说个‘归’字，毕竟是归其女乐于鲁，君相皆有之，不是专献于桓子。三日不朝，亦是君臣皆不朝，缘当时辞受之权尽出于季氏，想是他既自受，又为定公受之。”又曰：“女乐亦说得不一：一说陈女乐于城南，季桓子君臣共往观之，三日不朝；一说召女乐而受之，三日不朝。这两说不同，然无可考订处，未详孰是。”新安陈氏曰：“萃淫声美色而为一者，女乐也，为国家祸，其有甚于此哉！”范氏曰：“此篇记仁贤之出处，上声。而折中以圣人之行，去声。所以明中庸之道也。”庆源辅氏曰：“仁谓三人，贤谓柳下惠及下章逸民之类。夫子于齐鲁非不欲仕，亦未尝必于仕，但可仕则仕，可止则止，此所以为中庸之道也。接舆以下，则未免于偏而过之矣。”

○楚狂接舆歌而过孔子曰：“凤兮！凤兮！何德之衰？往者不可谏，来者犹可追。已而，已而！今之从政者殆而！”

接舆，楚人，佯狂辟世。邢氏曰：“接舆姓陆，名通，昭王时佯狂不仕，时人谓之楚狂。”夫子时将适楚，故接舆歌而过其车前也。凤有道则见，形甸反。无道则隐，庆源辅氏曰：“凤，灵物也。有道则见，无道则隐，凤固然也。至于无道而不隐，则凤之德衰矣。然以此论君子守身之常法则可，至于圣人体道之大权，则又不可以比例论也。”双峰饶氏曰：“凤世治则生，乱则不生，即是有道则见，无道则隐之义。盖麟凤皆不是有种之物，惟圣王在上，天地泰和，所以元气之会钟为麟凤，如鹳生鹤、马生龙驹之类。”接舆以比孔子，而讥其不能隐为德衰也①。来者可追，言及今尚可隐去。已，止也。而，语助辞。殆，危也。接舆盖知尊孔子而趋不同者也②。庆源辅氏曰：“观接舆之言，既比之以凤，而又疑其衰，既幸其或止，而又虑其殆，语意殷勤谆复，是诚知尊圣人者矣！然其所趋，则在于绝人逃世以远害全身而已。其与圣人之心，盖不啻如冰炭白黑之不同也。”胡氏曰：“趋不同者，接舆有避世之心而无救世之志，有坚持之操而无变通之学也。”

孔子下，欲与之言。趋而辟之，不得与之言。辟，去声。

孔子下车，盖欲告之以出处上声。之意。接舆自以为是，故不欲闻而避之也。问：“楚狂接舆等，伊川谓‘荷蓧稍高’。”朱子曰：“以其尚可告语，若接舆，则全不可晓。”问：“当乱世，必如孔子之才可以救世，而后可以出，其他亦何必出？”曰：“亦不必如此执定。君子之仕，行其义也，亦不可一向灭迹山林。然仕而道不行，则当去耳。”南轩张氏曰：“接舆之意，盖欲夫子隐居以避世耳。观其知凤德之衰，且辞气舒畅不迫，其为人天资亦高矣。故夫子意其可以告语，而欲与之言。其趋而避，盖匿其声迹而已。”

○长沮、桀溺耦而耕，孔子过之，使子路问津焉。沮，七余反。溺，乃历反。

二人，隐者。耦，并耕也。时孔子自楚反乎蔡。津，济渡处。吴氏曰：“接舆书楚，故沮溺、丈人不复书楚，盖皆楚人。”双峰饶氏曰：“两耜同队而耕，谓之耦耕。”

长沮曰：“夫执舆者为谁？”子路曰：“为孔丘。”曰：“是鲁孔丘与？”曰：“是也。”

---

① 接舆以比孔子，而讥其不能隐为德衰也：接舆以凤凰来比喻孔子，而且讥讽他不能隐居是“德衰”。

② 接舆盖知尊孔子而趋不同者也：接舆大概是个知道尊崇孔子而志趣不同的人。

曰："是知津矣。"夫，音扶。与，平声。

执舆，执辔在车也。盖本子路御而执辔，今下问津，故夫子代之也。知津，言数音朔。周流，自知津处①。

问于桀溺，桀溺曰："子为谁？"曰："为仲由。"曰："是鲁孔丘之徒与？"对曰："然。"曰："滔滔者天下皆是也，而谁以易之？且而与其从辟人之士也，岂若从辟世之士哉？"耰而不辍。徒与之与，平声。滔，吐刀反。辟，去声。耰，音忧。

滔滔，流而不反之意。以，犹与也。言天下皆乱，将谁与变易之？而，汝也。辟人，谓孔子。辟世，桀溺自谓。耰，覆敷救反。种上声。也。新安倪氏曰："《韵会》注，布种后以耰摩田，使土开处复合以覆种。"亦不告以津处。南轩张氏曰："谓当世滔滔一律，谁肯以夫子之道易己所为，言其徒劳耳！"庆源辅氏曰："桀溺以夫子为辟人，而天下皆滔滔不反，则世人无一不可避者，故绝人逃世以为洁，而自谓其能避世。"双峰饶氏曰："言举世趋于不善，今虽欲易之，无可与为善之人也。"

子路行以告。夫子怃然曰："鸟兽不可与同群，吾非斯人之徒与而谁与？天下有道，丘不与易也。"怃，音武。与，如字。

怃然，犹怅然，惜其不喻己意也。言所当与同群者，斯人而已，岂可绝人逃世以为洁哉？天下若已平治，去声。则我无用变易之。正为去声。天下无道，故欲以道易之耳。程子曰："桀溺言天下衰乱，无道者滔滔皆是也，孔子虽欲行其教，而谁可以化而易之？孔子言如使天下有道，我则无所治，不与易之也。今所以周流四方，为时无道故也。"庆源辅氏曰："天之生圣贤，欲其平治天下者，理之常也。其或虽生圣贤，而未欲平治天下者，理之变也。然既曰圣贤，则必以天地之常者为心，而其所以平治天下之道，又备尽于己，举而措之，易乱为治，易危为安，固必有自然之应，而天果未欲平治天下也，则亦安于理而已。若天下既已平治，则亦何用圣人以易之哉！"新安陈氏曰："沮溺以贤人自守之心，而量圣人济世之心，宜其不足以知圣人也！"○程子曰："圣人不敢有忘天下之心，故其言如此也。"张子曰："圣人之仁，不以无道必天下而弃之也。"朱子曰："说圣人无忧世之心，固不可，谓圣人视一世未治，常恁地戚戚忧愁，无聊过日，亦非也。但要出做不得，又且放下其忧世之心。要出仕者，圣人爱物之仁，至于天命未至，亦无如之何？"云峰胡氏曰："圣人不敢有忘天下之心，则沮溺忘天下者也。圣人之仁，不以无道必天下而弃之，则沮溺弃天下者也。仁者以天地万物为一体，民胞物与，何忍忘之？又何忍弃之？于此见沮溺之为忍，圣人之为仁沮，溺之为过，圣人之为中欤！"【通考】程氏复心曰："程子发出圣人之心，张子又发出圣人之心，全是个仁，这是说出他骨髓处。"

○子路从而后，遇丈人，以杖荷蓧。子路问曰："子见夫子乎？"丈人曰："四体不勤，五谷不分。孰为夫子？"植其杖而芸。蓧，徒吊反。植，音值。

丈人，亦隐者。蓧，竹器。分，辨也。五谷不分，犹言不辨菽麦尔，《左传·成公

---

① 言数周流，自知津处：意思是孔子到处奔波周游列国，自己知道渡口的位置。

十八年》：晋栾书、中行偃使程滑弑厉公，使荀罃、士鲂逆周子于京师而立之，悼公周也。生十四年矣。周子有兄无慧，不能辨菽麦，故不可立。菽，大豆也。豆麦殊形易别，故以为痴者之候。不慧，盖世所谓白痴。责其不事农业而从师远游也。植，立之也。芸，去上声。草也。

子路拱而立。

知其隐者，敬之也。

止子路宿，杀鸡为黍而食之，见其二子焉。明日，子路行以告。子曰："隐者也。"使子路反见之。至则行矣。食，音嗣。见，贤遍反。

孔子使子路反见之，盖欲告之以君臣之义。而丈人意子路必将复来，故先去之以灭其迹①，亦接舆之意也。

子路曰："不仕无义。长幼之节，不可废也；君臣之义，如之何其废之？欲洁其身，而乱大伦。君子之仕也，行其义也。道之不行，已知之矣。"长，上声。

子路述夫子之意如此。庆源辅氏曰："夫子所以使子路反见之，岂徒然哉？必有以也。而丈人绝人逃世，藐然不复知有君臣之义，则夫子之欲告之，宜莫先于此也。观子路所述夫子之意，固可见矣。"赵氏曰："子路所言，虽未可即以为夫子之语，然使之反见，则必授以见之之意矣，故知其述夫子之意无疑也。"盖丈人之接子路甚倨，居御反。而子路益恭，庆源辅氏曰："此亦子路学力之所至。"丈人因见其二子焉。则于长幼之节，固知其不可废矣，故因其所明以晓之。伦，序也。人之大伦有五：父子有亲，君臣有义，夫妇有别，长幼有序，朋友有信是也。新安陈氏曰："大伦备于五者，此所谓洁身而乱大伦，只是说废君臣之大伦。"仕所以行君臣之义，故虽知道之不行而不可废。然谓之义，则事之可否，身之去就，亦自有不可苟者。是以虽不洁身以乱伦，亦非忘义以殉禄也。新安陈氏曰："洁身乱伦，沮溺丈人之侍过乎中庸者也；忘义徇禄，苟仕饕富贵之徒不及乎中庸者也。"福州有国初时写本②，"路"下有"反子"二字，新安陈氏曰："朱子尝为福之同安簿，意必自见此写本也。"以此为子路反而夫子言之也。未知是否？问："《集注》云'仕所以行义'，末云'亦非忘义以徇禄'，似是两意。"朱子曰："只是一意。才说义，便是总去就都说，道合则从，不合则去，即是此义。惟是出仕方见得，不仕便无了这义。圣人忧世之心，固是急欲得君行道，到灵公问陈遂行，景公不能用又行，桓子受女乐又行，无一而非义。"或问："道之不行矣，而徒仕可乎？"曰："仕所以行义也，义则有可不可矣。义合而从，则道固不患于不行；不合而去，则道虽不行，而义亦未尝废也。是以君子虽知道之不行，而未尝不仕，然亦未尝怀私徇禄，而苟于仕也。由此观之，道义之未尝相离亦可见矣。""君子之仕也，行其义也，义便有进退去就在里，如丈人直是截断只见一边。"南轩张氏曰："丈人见二子，是长幼之节不可得而废

---

① 而丈人意子路必将复来，故先去之以灭其迹：而那位丈人估计子路一定会再来，所以就先离开以隐藏自己的行迹。

② 国初：宋代开国之初。

也。既不可废，则夫君臣之义，又乌得而废之乎？彼盖欲洁其身，而不知乱伦之害于人道为大也。君子之仕，岂为他哉？行吾义而已！道之不行，君子岂不知乎？而汲汲于斯世者，固有不可以已者也！”庆源辅氏曰：“丈人之接子路虽倨，而子路益恭，丈人因见其二子，盖因子路之敬长，有以感发其心，而知长幼之节不可废耳。夫长幼之节、君臣之义，皆天叙之典，人之所不能无也。丈人知长幼之节不可废，而不知君臣之义不可废，是其心必有所蔽，故一得一失，或明或暗，而不自知其然也。圣人于此，因其所明而晓之。”“君臣之义，虽本乎天，而具乎我者也。道虽存乎我，而其行止则系乎天者也。具乎我者不可废，而系乎天者则非敢必也，故孔子虽卒老于行，而终不敢深藏固闭以自洁而废君臣之义。然义之为言，宜也，既曰义，则事便有可否，身便有去就，可则就之，否则去之，固有截然不可移易者，故圣人之法，君子之行，既不可以洁身而乱伦，如隐者之为，亦不可以忘义而徇禄，如世俗之仕者也。”双峰饶氏曰：“前章说天下有道不与易，可见圣人救世之仁；此章说君臣之伦不可废，可见圣人出仕之义。”问：“行其义与道之不行，道义如何分？”曰：“只一般。道指全体言，义指一事言。如父子亲，君臣义，至朋友信，总言皆道也。圣人之道，行于天下，则人人共由此道。如义，只是君臣有义一件而已。然道必遇贤君而后行，义则是我自家行底。孔子虽知当时道之不行，而自家却不可不行其义。”〇范氏曰：“隐者为高，故往而不反。仕者为通，故溺而不止①。不与鸟兽同群，则决性命之情以饕音叨。富贵②。《庄子·骈拇篇》：“不仁之人，决性命之情而饕富贵。”决，破坏也。贪财曰饕。双峰饶氏曰：“为，是作为之为。隐者，专要做那高尚底事，所以甘于长往而不返。仕者，专要做那通达底事，所以溺于下流而不止也。为高者绝物忘世，为通者患得患失，二者皆非中道。决，如决水坏了堤防，便走了水。性原于命，发为情，皆天理发见出来者，所以谓之性命之情。若心贪溺于富贵，必坏了性，所发为四端之情，如决去水之堤防，如何留得水住？”此二者皆惑也，是以依乎中庸者为难。惟圣人不废君臣之义，不洁身以乱伦。而必以其正，不忘义而徇禄。所以或出或处去声。而终不离去声。于道也。”道即中庸之道。问：“接舆歌而过孔子，盖欲以讽切孔子，孔子欲与言之，则趋而避之。孔子使子路问津于长沮、桀溺，固将有以发之，而二人不答所问，傲然有非笑孔子之意。至于荷蓧丈人，知子路之贤，则止子路宿，杀鸡为黍而食之，见其二子焉，其亲之厚之如此。孔子使子路反见之，则先去而不愿见矣。数子者，若谓其无德而隐，则佯狂耕耘以避乱世，澹然不以富贵利达动其心，而确然自信不移，若有所得者；若谓其无故而隐，则危邦浊世，道既不行，亦未见其必可以仕也。特其道止于归洁其身，而不知圣人所谓‘仕止久速’者。知所谓无可者矣，而未知所谓无不可者也。故其规模气象，不若圣人之正大，若以索隐行怪视之，愚意未知是否？”朱子曰：“无道而隐，如蘧伯玉、柳下惠可也，被发佯狂，则行怪矣。沮溺荷蓧，亦非中行之士也。”勉斋黄氏曰：“列接舆以下三章于‘孔子行’之

---

① 仕者为通，故溺而不止：出仕的是通达，所以陷进去就不能自拔。

② 饕：极贪婪。《庄子·骈拇》：“不仁之人，决性命之情，而饕富贵。”

后，以明夫子虽不合而去，然亦未尝恝然忘世，所以为圣人之出处也。然即三章读之，见此四子者，律以圣人之中道，则诚不为无病。然味其言，观其容止，以想见其为人，其清风高节，犹使人起敬起慕。彼于圣人犹有所不满于心如此，则其视世之贪利禄而不知止者，不啻若犬彘耳，是岂非当世之贤而特立者欤！以子路之行行，而拱立丈人之侧，若子弟然，岂非其真可敬故欤！尝谓若四人者，惟夫子然后可以议其不合于中道，未至夫子者，未可以妄议也。贪禄嗜利之徒，求以自便其私，亦借四子而诋之，欲以见其不可不仕，多见其不知量也。”双峰饶氏曰：“勉斋此段发《集注》之未发。四子皆贤人，他才见世乱，便以避世为高，是甚次第？但孔子之意，则又谓当此世，若人人如此避世，天下谁与治者？故不得不行其义。勉斋又尝云：‘在今日救世之道，正当扶起沮溺等人。’此真名言。”云峰胡氏曰：“接舆、沮溺、丈人章，首冠以‘楚狂’二字，皆楚之狂者也。狂者，志行之过。《集注》此篇之末谓夫子于此四人有‘惓惓接引之意’，在陈之叹，盖亦如此。然鲁之狂士，何幸而得在圣人陶冶之中？楚之狂者，又何不幸而自弃于圣人造化之外也哉？”

〇逸民：伯夷、叔齐、虞仲、夷逸、朱张、柳下惠、少连。少，去声。下同。

逸，遗逸。民者，无位之称。虞仲，即仲雍，与泰伯同窜荆蛮者①。夷逸、朱张，不见形甸反。下同。经传。去声。少连，东夷人。

子曰：“不降其志，不辱其身，伯夷、叔齐与！”与，平声。

新安陈氏曰：“非其君不事，不降志可见；不立恶人之朝，不辱身可见。”

谓：“柳下惠、少连，降志辱身矣。言中伦，行中虑，其斯而已矣。”中，去声。下同。

柳下惠事见上。李氏曰：“惠不辞小官，降志也；不羞污君，辱身也。”伦，义理之次第也。虑，思虑也。中虑，言有意义合人心。少连事不可考。然《记》称其“善居丧，三日不怠，三月不解，居隘反。期悲哀，三年忧”。《记·杂记下》：“孔子曰：‘少连、大连善居丧，三日不怠，三月不解，期悲哀，三年忧，东夷之子也！”言其生于夷狄，而知礼也。则行之中虑，亦可见矣。庆源辅氏曰：“虑对伦而言。伦，是义理之次第，则虑亦人之正思虑也。中伦，谓所言合伦理；中虑，谓所行当人心。人心，乃人之公心，即义理所在也。或以为中我之思虑者，误矣。”双峰饶氏曰：“降志辱身，行似卑污，但其言中伦，行中虑，异乎他人之降志辱身，所可取者如此而已矣！使不中伦虑，则降志辱身，便不好了。”

谓：“虞仲、夷逸，隐居放言。身中清，废中权。

仲雍居吴，断音短。发文身，裸力果反。以为饰。《左传·哀公七年》：“子贡曰：‘太伯端委以治周礼，仲雍嗣之，断发文身，裸以为饰。’”隐居独善，合乎道之清。放言自废，合乎道之权②。庆源辅氏曰：“仲雍退处句吴，以独善其身，所以合乎道之清。

---

① 与泰伯同窜荆蛮者：与泰伯一起逃到荆蛮地区的。

② 放言自废，合乎道之权：放肆直言，自我废弃，合乎道的权变。

清，即伯夷之清也。放言自示其不可用，所以合乎道之权。放言虽无所考，然观其断发文身之为，则放言自废固宜有之。”双峰饶氏曰：“中清、中权，是合道理底清权，故《集注》皆以合道释之。”

我则异于是，无可无不可。”

孟子曰：“孔子可以仕则仕，可以止则止，可以久则久，可以速则速。”所谓无可无不可也。南轩张氏曰：“无可者，不以可为主也；无不可者，不以不可为主也。夫子之心，当可则可，当不可则不可，其曰无者，言其不存乎心也。若夷齐之心，则未免有不可；下惠、少连，则未免有可也。”致堂胡氏曰：“‘无可无不可’，以五字成文，当浑全以会其意，不当分析以求其义。设有人焉，绝世离俗，无一可者，有是理乎？行之而善，亦孤介一隅之士耳。设有人焉，和光同尘，无一不可者，有是理乎？行之而善，亦委随苟合之人耳。圣人无可而无不可，则非固也；圣人无不可而无可，则非流也。言之如平常，行之实未易。圣人从容中道，无所偏倚，德盛仁熟，自然发诸言语者如此。”双峰饶氏曰：“方其事未定之时，则此心无可无不可；及其事已断之后，则有可有不可矣。”○谢氏曰：“七人隐遁不污则同，其立心造行去声。则异①。伯夷、叔齐，天子不得臣，诸侯不得友，盖已遁世离去声。群矣，下圣人一等，此其最高与！音余。双峰饶氏：“曰夷齐遁世离群，与沮溺之徒不同。逊国而逃，父子兄弟之伦厚矣，其谏伐而饿，君臣之伦厚矣，此便见他不是全然忘世底人。”柳下惠、少连，虽降志而不枉己，虽辱身而不求合，其心有不屑也。故言能中伦，行能中虑。虞仲、夷逸隐居放言，则言不合先王之法者多矣。然清而不污也，权而适宜也，与方外之士害义伤教而乱大伦者殊科。是以均谓之逸民。”庆源辅氏曰：“遁世离群，出《乾卦·文言》。伯夷惟于清之一德极于圣耳，他固有未尽也，故曰下圣人一等，然视数子之制行，则固为高矣！隐居则非君子庸行，然身中乎清而不污。然不污而已，去伯夷之清，则有径庭矣。故言虽不合先王之法，然自废则中乎权而得宜。权而得宜，则权不失正也。方外之士，盖指接舆、沮溺、丈人之徒。然此两言，实出《庄子》所谓‘游方之外，不可拘于礼法也’，故其弊必至于害君臣之义，伤先王之教，而贼乱人之大伦也。”尹氏曰：“七人各守其一节，而孔子则无可无不可，此所以常适其可，而异于逸民之徒也。”新安倪氏曰：“常适其可，如《学记》‘当其可之谓时’之‘可’，谓合乎理之当然也。”扬雄曰：“观乎圣人则见贤人。是以孟子语夷、惠，亦必以孔子断丁乱反。之。”南轩张氏曰：“七人者皆为逸民，而制行则异，亦有深浅，固不同也。不降其志，不辱其身，其清之至与！下惠少连，虽立于恶人之朝，未免乎降志辱身，然道则未尝枉也，故言不失于伦理，而行不违其思虑，此所谓‘由由然与之俱而不自失’者也。至于虞仲夷逸，则又其次也。放言谓其言放而不拘也，异乎中伦者矣，然而其持身亦合于清者之所为，而其退而废也，亦非索隐行怪之为，有合于权，为可取也。若夫孔子之无可无不可，则异乎七子者之撰矣。”【通旨】朱

---

① 七人隐遁不污则同，其立心造行则异：七人隐遁不和世俗同流合污是相同的，但他们的行为和动机却不一样。

氏公迁曰："泰伯、仲雍，俱是以天下让，而夫子称之，有轻重不同。盖泰伯乃大王长子，确然当有国者，而见几明决，用意忠厚。当其挟仲雍俱逃之时，仲雍未必能及此，只从其兄所为耳，况其不去，大王亦岂舍季历乎？"

〇**大师挚适齐，**大，音泰。

大师，鲁乐官之长。上声。挚，其名也。

亚饭干适楚，三饭缭适蔡，四饭缺适秦。饭，扶晚反。缭，音了。

亚饭以下①，以乐侑食之官②。《周礼·春官·大司乐》："王大食三宥，皆令奏钟鼓。注：大食，朔日与月半，以乐侑食时也。侑，劝也。"干、缭、缺，皆名也。朱子曰："《白虎通》曰：'王者平旦食，昼食，晡食，暮食，凡四饭，诸侯三饭，大夫再饭。'故鲁之师官，自亚饭以下，盖三饭也。"齐氏曰："鲁诸侯，故止三饭，然不言一饭，岂周公锡天子乐而鲁僭之，孔子正乐而去其一邪？记者起数以亚，其仍乐之旧，以见其昔之僭邪？"厚斋冯氏曰："天子诸侯，皆以乐侑食，每食乐章各异，各有乐师。"

鼓方叔入于河，

鼓，击鼓者。方叔，名。河，河内。

播鼗武入于汉，鼗，徒刀反。

播，摇也。鼗，小鼓。两旁有耳，持其柄而摇之，则旁耳还自击。武，名也。汉，汉中。

少师阳、击磬襄入于海。少，去声。

少师，乐官之佐。阳、襄，二人名。襄即孔子所从学琴者。海，海岛也。《史记·世家》："孔子学鼓琴师襄子，十日不进，师襄子曰：'可以益矣。'孔子曰：'丘已习其曲矣，未得其数也。'有间，曰：'已习其数，可以益矣。'孔子曰：'丘未得其志也。'有间，曰：'已习其志，可以益矣。'孔子曰：'丘未得其为人也。'有间曰：'有所穆然深思焉，有所怡然高望而远志焉。'曰：'丘得其为人，黯然而黑，颀然而长，眼如望羊，望羊，视也。如王四国，非文王其孰能为此也？'师襄子避席再拜曰：'师盖云《文王操》也。'"〇此记贤人之隐遁以附前章，然未必夫子之言也。末章放此。张子曰："周衰乐废，夫子自卫反鲁，一尝治之。其后伶人贱工识乐之正。及鲁益衰，三桓僭妄，自大师以下，皆知散之四方，逾河蹈海以去乱。圣人俄顷之助，功化如此③。如有用我，期月而可。岂虚语哉？"勉斋黄氏曰："列此于逸民之后，以叹鲁之末世，决不可以复仕也。"庆源辅氏曰："自太师而下，皆伤时之衰，礼乐僭妄，去而辟乱者，故以记逸民之后。"潜室陈氏曰："上失其道，下擅其权，大义不明，正论不行，则礼乐不可作。今也鲁既衰矣，三家强僭，王纲为之扫地，生民且涂炭矣，若是，固可以作礼乐乎？夫既不可以

---

① 亚饭：古代天子诸侯用饭都得奏乐，所以乐官有"亚饭"、"三饭"、"四饭"之称。这些人究竟是何时人，已经无法确定。

② 以乐侑食之官：为国君吃饭而奏乐的乐官。

③ 圣人俄顷之助，功化如此：圣人只稍微帮助了一下，教化的功效就如此明显。

作礼乐，则太师以下诸官，尚可以举其职乎？夫既不可以举其职，安得不散之四方，逾河蹈海以去乱乎？”双峰饶氏曰：“贤者仕于伶官，已是衰世之事，到夫子时，伶官亦不可仕，想是时，专尚淫哇之乐，正乐不行，是以皆散之四方。”汪氏曰：“记此篇者，先齐归女乐，后此章，不无微意。盖鲁之君臣，惑溺于女乐，乐官失职，尽无所用矣！奔逃骇散，无一人留，乐工皆去，乐音绝矣！夫子初心，欲定礼乐以示来世，而乃废绝如此。此章所记，虽若泛及，其实深有感也夫。”新安陈氏曰：“鲁末乐崩，贤人而隐于乐官者，皆散之四方，鲁之衰微可知矣！夫子自卫反鲁而正乐，故师挚之始，有洋洋盈耳之盛，彼一时也。及其末年而乐衰，故自师挚之去，诸贤皆有望望洁身之高，此一时也。诸贤之去，固见鲁政衰微之极，然诸贤知出处之义而能去，亦见夫子道化之功也。”

○周公谓鲁公曰：“君子不施其亲，不使大臣怨乎不以。故旧无大故，则不弃也。无求备于一人。”

施，陆氏本作“弛”，诗纸反。福本同。○鲁公，周公子伯禽也。弛，遗弃也。以，用也。大臣非其人则去上声。之，在其位则不可不用。大故，谓恶逆。李氏曰：“四者皆君子之事，忠厚之至也。”胡氏曰：“不弛其亲，亲亲也。不使大臣怨乎不以，任贤也。故旧无大故不弃，敬故也。无求备于一人，用才也。亲亲而不违，任贤而不贰，敬故而不忘，用才而不苛，皆忠厚之意。”○胡氏曰：“此伯禽受封之国，周公训戒之辞。鲁人传诵，久而不忘也。其或夫子尝与门弟子言之欤？”勉斋黄氏曰：“列此于乐工之后，以叹周之盛世，其待亲贤如此，则岂有乐工相率而去也哉！”双峰饶氏曰：“前章逾河蹈海，是鲁末世事，此章是鲁初立国时，其待亲贤也如此忠厚，末后却使乐工不能安其身，岂不可叹！”云峰胡氏曰：“周家以忠厚立国，周公告鲁公，字字皆是忠厚之意。使此意无尽，则太师以下，何为而去哉？门人记述相次，固有意也。”

○周有八士：伯达、伯适、仲突、仲忽、叔夜、叔夏、季随、季騧。騧，乌瓜反。

或曰“成王时人”，或曰“宣王时人”。盖一母四乳而生八子也，然不可考矣。乳音孺。《说文》：“人及鸟生子曰乳，兽曰产。”胡氏曰：“谓母孕乳而二人也。古者以伯仲叔季为长少之次，如仲孙、叔孙之类，今重复命名，故意其四乳也。”双峰饶氏曰：“四乳皆双生，固为异事；八子皆贤，尤异事也。故孔子称之，可见周时气数之盛。”○张子曰：“记善人之多也。”新安陈氏曰：“记鲁末贤人之隐遁，而终以周盛时贤人之众多，其有伤今思古之心乎？”愚按：此篇孔子于三仁、逸民、师挚、八士，既皆称赞而品列之；于接舆、沮、溺、丈人，又每有惓惓音权。① 接引之意。皆衰世之志也，其所感者深矣。在陈之叹，盖亦如此。三仁则无间去声。然矣，其余数君子者，亦皆一世之高士。若使得闻圣人之道，以裁其所过而勉其所不及②，则其所立，岂止于此而已哉？新安陈氏曰：“所过，谓离人以为高；所不及，谓不能成物以见于用。”勉斋黄氏曰：“此

① 惓惓：恳切的样子。

② 裁其所过而勉其所不及：去掉自己身上过分的、努力于自身所不及的。裁：剪裁，去掉。

篇多记仁贤之出处，列于《论语》将终之篇，盖亦叹夫子之道不行，以明其出处之义也。其次第先后，亦有可言者。君子之用于世，其或去或不去，莫不有义焉，三仁、柳下惠是也。孔子于齐鲁，知其不可仕而遂行者，义也；知其不可仕也，而犹往来屑屑以救斯世，接舆、沮溺、荷蓧丈人，未免有疑焉者，亦义也。列逸民之目，而断之以无可无不可，所以见夫子出处之义也。至于乐工相率而去之，则又以明夫决不可以有为也。称周公之言，以见古之亲亲而尊贤，敬故而器使，一出于仁厚之意，则安有望望而去之者哉？此周之人才所以盛。而举一姓八士以终之，所以伤今思古，而叹夫子之道穷也。”

论语集注大全卷十九

子张第十九

此篇皆记弟子之言，而子夏为多，子贡次之。勉斋黄氏曰：“此篇所记，不过五人，曰子张、子夏、子游、曾子、子贡，皆孔门之高弟，盖《论语》一书，记孔门师弟子之答问，于其篇帙将终，而特次门人高弟之所言，自为一篇，亦以其学识有足以明孔子之道也。”新安陈氏曰：“所记五人，子张二章，子夏十一章，子游二章，曾子四章，子贡六章。”【通考】勿轩熊氏曰：“记言者，以子张一篇，次于《微子》之后，亦见孔子之道不行而不无望于及门之士也。最后三章皆当时轻毁夫子之言，子贡亦可谓知德之深而行道之切矣。”盖孔门自颜子以下，颖悟莫若子贡；自曾子以下，笃实无若子夏。故特记之详焉。庆源辅氏曰：“颖悟、笃实，皆以资质言，二子资质次于颜曾，颜曾学力，有非二子所能及者。颜之颖悟，知之固彻，行之又至；曾之笃实，行之固至，知之又彻。子贡则颖悟于知而不足于行；子夏则笃实于行而不足于知焉。”胡氏曰：“以颜子之明睿，则颖悟不足言；以曾子之纯诚，则笃实不足言。故但以称子贡子夏也。”凡二十五章。

子张曰：“士见危致命，见得思义，祭思敬，丧思哀，其可已矣。”

致命，谓委致其命，犹言授命也。四者立身之大节，一有不至，则余无足观。故言士能如此，则庶乎其可矣。朱子曰：“致命，犹送这命与他，不复为我之有。”或问“其可已矣”与前篇“可也”之说。曰：“可则同，然曰可也，则其语抑；曰其可已矣，则其语扬。”勉斋黄氏曰：“大节固所当尽，然断之以‘其可已矣’，则似失之太快，而不类圣人之言，《集注》以为庶乎其可，则固恶其言之太快矣。”潜室陈氏曰：“士者一男子之事，古人说士处多如此，不要将君子小人杂看，只此等事岂易？非奇男子不能。子张语，病在末梢一句。”西山真氏曰：“义敬哀皆言思，致命独不言思者，死生之际，惟义是徇，有不待思而决也。”新安陈氏曰：“见危致命者，处变而决之于一旦也；思义敬哀者，处常而思之于平时也。平时能思此三者而行之，则其人好义谨厚，已养之有素矣。

一旦临大变故，庶能于当死而必死焉，否则临财利而苟得，临丧祭而苟且，何望其临变故而能死哉！”【通考】朱氏公迁曰：“此总论为学，而专以行言。”饶氏曰：“子夏是拣许多大底说，子张是拣许多难底说。子夏之言有弊，先儒论之已详。子张言‘其可已矣’，而朱子以‘庶乎其可’少抑之，微意亦可见也。”

○**子张曰：“执德不弘，信道不笃，焉能为有？焉能为亡？”**焉，于虔反。亡，读作无。下同。

有所得而守之太狭，则德孤；有所闻而信之不笃，则道废。庆源辅氏曰：“德孤，言不能兼有众德，而孑然固守一节者也。德得诸已，而居之不弘，则轻喜、易足，有一善则自以为天下莫己若矣！道有所闻而信之不笃，则亦或作或辍，锐始怠终，终亦必亡而已矣！”焉能为有无，犹言不足为轻重。朱子曰：“弘，是广大之意。若信道不笃，则容受太广，后随人走作，反不能守正理；信道笃而不弘，则是确信其一说，而或至于不通，故须著并说。弘笃，犹言弘毅相似。”“有此人，亦不当得是有；无此人，亦不当得是无。言皆不足为轻重。”“弘之为宽广，以人之量言也。人所以体道者存乎德，所以执德者存乎量，量有大小之不同，故人所以执德，有弘有不弘也。非其量之大，则所以执德者，孰能宽广而不迫哉？信道之贵乎坚确者，此以人之志言也。人所以进德者由乎道，而所以信道者存乎志，志有强弱之不同，故人所以信道者，有笃有不笃也。非其志之强，则所以信道者，孰能坚确而不移哉？观此二言，为学之道，信非褊心狭量、质薄气弱者所能及也。”问：“执德不弘。”“言其不广也。才狭隘，则容受不得，故才有片善必自矜，见人之善必不喜，人告之以过亦不受。从狭隘上生万般病痛。”问：“如何是执德不弘的样子？”曰：“子贡若只执贫而无谄，富而无骄之德，而不闻夫子乐与好礼之说，子路若只执不耻缊袍之德，而不闻夫子何足以臧之说，则其志皆未免止于此，盖义理无穷，心体无限。”双峰饶氏曰：“执德弘者器局大，信道笃者志操坚，如此方是世间一个卓然底人。若执德既不能弘，信道又不能笃，这般人，虽有之，亦不足以为当世重，无之，亦不足以为当世轻，如此说方透。”厚斋冯氏曰：“观此二章，皆躬行切己之论，则知子张之学，异于前日矣。”

○**子夏之门人问交于子张。子张曰：“子夏云何？”对曰：“子夏曰：‘可者与之，其不可者拒之。’”子张曰：“异乎吾所闻：君子尊贤而容众，嘉善而矜不能。我之大贤与，于人何所不容？我之不贤与，人将拒我，如之何其拒人也？”**“贤与”之“与”，平声。

子夏之言迫狭，子张讥之是也。但其所言亦有过高之病。盖大贤虽无所不容，然大故亦所当绝；不贤固不可以拒人，然损友①亦所当远。学者不可不察。和靖尹氏曰：“子张所言，泛交之道也；子夏所言，择交之道也。泛交而不能择，取祸之道也。”朱子曰：“泛交而不择，取祸之道，子张之言泛交，亦未尝不择，盖初无拒人之心，但其间自有亲疏厚薄尔，和靖非以子张为不择也。”“初学大略当如子夏之言，然于其不可者，但亦疏之而已，拒之则害交际之道。成德大略当如子张之说，然于有大故者，亦不得而

---

① 损友：见《论语·季氏》第四章所说的“损者三友”。

不绝也，以此处之，其庶几乎!”庆源辅氏曰：“‘可者与之’，言美矣，若曰‘不可者拒之’，则伤亟过中，而害义理之正矣。迫则不宽，狭则不广，必如《集注》，大故亦所当绝，损友亦所当远之说，然后得义之中，无掠虚务高之意，而有切于学者为己之资。”齐氏曰：“拒则太迫，何所不容则几于无别。”云峰胡氏曰：“子张‘容’字‘矜’字，是破子夏一‘拒’字。然论交之道，不必拒而拒之，其交也不广，当拒而不拒，其交也不正。必如《集注》之言，则尽乎交之道矣。”勉斋黄氏曰：“以上三章，子张之言，皆有过高之病。一章以致命思义祭敬丧哀为高，故有‘其可已矣’之言，则其于察理必有所不周；二章以执德弘信道笃为高，故有‘焉能为有亡’之言，则其于待人必有所太薄；三章以能容人为高，故有‘不拒人’之言，则其于善恶必有所不察。夫子尝称其过，曾子尝称其难能，又称其堂堂，则是其资禀趋向，未免有过高之病也。”

○**子夏曰：“虽小道，必有可观者焉；致远恐泥，是以君子不为也。”**泥，去声。

小道，如农圃医卜①之属。泥，不通也。

杨氏曰：“百家众技，犹耳目鼻口，皆有所明而不能相通②。《庄子·天下篇》曰：“天下大乱，贤圣不明，道法不一，天下多得一察焉以自好，譬如耳目鼻口，皆有所明，不能相通，犹百家众技也皆有所长，时有所用。虽然，不该不遍，一曲之士也。”非无可观也，致远则泥矣，故君子不为也。”朱子曰：“小者，对大之名。正心修身以治人，道之大者也；专一家之业而治于人，道之小者也，然皆用于世而不可无者。其始固皆圣人之作，而各有一事一物之理焉，是以必有可观。然能于此，或不能于彼，而不可以通于君子之大道也。”勉斋黄氏曰：“农圃医卜，施之目前浅近，不为无益，然求如圣人之道无所不通，则不可也。小道，安知非指杨墨佛老之类邪？曰小道，合圣人之道而小者也；异端，违圣人之道而异者也。小者犹可以施之近，异端不可以顷刻施也。彼之无父无君，又何待致远而后不通哉!”新安陈氏曰：“大道愈远而愈通，小道致远而不通，是以君子于大道尽心焉，而于小道不屑用其心也。”

○**子夏曰：“日知其所亡，月无忘其所能，可谓好学也已矣。”**亡，读作无。好，去声。

亡，无也。谓己之所未有。○尹氏曰：“好学者日新而不失③。”程子曰：“日知其所亡，月无忘其所能，此可以为人师法矣，非谓此可以为人师道。”朱子曰：“日知其所亡，便是一日之间，知所未知；月无忘其所能，便是长远在这里。”“知其所亡，无忘所能，检校之意。”问：“月无忘其所能，还是温故否?”曰：“此章与温故知新意却不同。温故知新，是温故之中，而得新底道理，此却是因知新而带得温故，渐渐温习，如得一善，则拳拳服膺而弗失之矣。子路有闻，未之能行，惟恐有闻，若是如此，则子路只做

---

① 农圃医卜：农学、医学、占卜。

② 百家众技，犹耳目鼻口，皆有所明而不能相通：诸子百家和各种技艺，就像耳目口鼻，都能职守某一方面却不能相互贯通。

③ 日新而不失：天天进步，却不丢失已经学到的。

得一件事。”乐庵李氏曰①：“日知其所亡者，凡欲学而未至者也；月无忘其所能者，已学而得之者也。君子教人，于其所未学，则切切然日以为念，于其所已学，则一月之间，须常自省也。如此，则学安得不进！”南轩张氏曰：“致其知而不舍，故其知日新；保其有而不违，故其有常存。此之谓好学。”勉斋黄氏曰：“求之敏，则能日新；守之笃，则能不失。进学之道，无以复加于此矣。”汪氏曰：“此章当与《时习章》参看。此以每日每月言，《时习》以时时言，朱子有云‘而今学者，今日得知过，几日又忘了，便是不长在此做工夫，如何会到一月后记得’，由此论之，学者诚不可不时习也！能从事于子夏之言，而加以时习之功，其庶几乎！”云峰胡氏曰：“日者月之积，月无忘其所能，惟恐失其日新之所积者也。”新安陈氏曰：“为学当日有所进，而知其所未得，又能月有所守，而不忘其所已得。知其所亡，则识愈长而日新；保其所有，则得愈坚而不失。既日新，而且不失，非好学能如是乎！”

○子夏曰：“博学而笃志，切问而近思，仁在其中矣。”

四者皆学问思辨之事耳，未及乎力行而为仁也。然从事于此，则心不外驰，而所存自熟，故曰仁在其中矣。朱子曰：“此全未是说仁处，方是寻讨个求仁门路，当从此去，渐见效。在其中，谓有此理耳。”又曰：“此四事，只是为学工夫，未是为仁，必如夫子所以语颜冉者，乃正言为仁耳。然人能博学而笃志，切问而近思，则心不放逸，天理可存，故曰‘仁在其中’。”问：“博学与近思，亦不相妨否?”曰：“博学，是都要理会过；近思，是注心著力处。博学，是个大规模；近思，是渐进工夫。如明明德于天下，是大规模，其中格物、致知、诚意、正心、修身、齐家等，便是次序。”问：“笃志，未说到行处否?”曰：“笃志，只是至诚，切以求之，不是理会不得又掉了。若只管泛泛底外面去博学，更无恳切之志，便成放不知求底心，便成顽麻不仁。惟笃志，又切问近思，便有归宿处，这心便不泛滥走作，仁便在其中。”问：“‘仁在其中矣’，如何谓之仁?”曰：“非是便为仁，大抵如圣人说‘在其中矣’之辞，‘禄在其中’，‘直在其中’意，曰言行寡尤悔，非所以干禄，而禄在其中；父子相为隐，非所以为直，而直在其中。博学而笃志，切问而近思，非所以为仁，然学者用力于此，仁在其中矣。”勉斋黄氏曰：“《集注》初本，谓‘心不外驰，而事皆有益’，盖以博笃切近为心不外驰，学志问思为事皆有益。夫以学志问思为有益于事，乃是有所求而得之，不可以为求此而得彼也。后乃以‘所存自熟’易之，则专主于心之所存而言。人惟无所用其心，则其心放逸而不收，学之博，则此心常有所系著，而不放逸矣；人惟所志苟简而不坚也，则其心泛滥而不一，志之笃，则此心常有定向而不泛滥矣。问不切，思不近，则其所用心，皆在吾身之外矣；切问近思，则皆求其在己者，而无复外驰之患矣。人能尽此四者，则虽学问思辨之事，而自有得夫操存涵养之效，所以谓仁在其中矣。”潜室陈氏曰：“心存则仁便存，

---

① 乐庵李氏：李衡，字彦平，江都人，登进士第，授吴江主簿。召入为监察御史，历司封郎中，知温、婺、台三州，加直秘阁。后定居昆山，结茅别墅，聚书万卷，号曰乐庵，卒年七十九。《宋史》有传。

心便唤做仁固不可，但离了心外，更何处求仁?”胡氏曰：“力行固所以为仁，然学问思辨，皆所以求为仁之方。心存乎学问思辨，则虽未见于行，而已不外驰矣。心不外驰，则所存自熟，是乃力行之本，故曰‘仁在其中矣’。”西山真氏曰：“切问，谓以切己之事问于人也；近思，谓不驰心高远，就其切近者而思之也。外焉问于人，内焉思于心，皆先其切近者，则一语有一语之益，一事有一事之功，不比泛然驰骛于外，而初无补于身心也。”云峰胡氏曰：“《中庸》以学问思辨为智之事，此章所谓学问思，未及乎为仁也，而曰‘仁在其中’者，仁人之心也。心存于内则为仁，驰于外则非仁矣，惟学之博而志之笃，问之切而思之近，则心不驰于外矣。不驰于外，则存于中者自熟矣。夫仁亦在乎熟之而已矣，熟之者，力行而为仁也。自熟云者，未及乎力行，而仁自在其中也。”○程子曰：“博学而笃志，切问而近思，何以言仁在其中矣？学者要思得之。了此，便是彻上彻下之道。”问：“程子谓彻上彻下底道理。”朱子曰：“于是四者，也见得个仁底道理，便是彻上彻下之道也。”“彻上彻下，是这个道理，深说浅说都效此。”云峰胡氏曰：“彻上彻下，《集注》两述程子之言。《樊迟问仁章》曰‘彻上彻下’，‘初无二语’，此则曰‘了此，便是彻上彻下之道’。彼所言者仁也。言仁是彻下，言睟面盎背、笃恭而天下平，是彻上。此章未及力行为仁之事，学问思是彻下，仁在其中是彻上。”新安陈氏曰：“程子欲人思而得之，乃引而不发；朱子谓‘从事于此，则心不外驰，而所存自熟’，尽发以示人矣。”又曰：“学不博则不能守约，志不笃则不能力行①。切问近思在己者，则仁在其中矣。”庆源辅氏曰：“必先尽乎博，然后有以得其约而守之，不然，则寡闻浅见，将何以识其约？必先立其志，则自然住不得，须著去力行，不然，则若有若亡，何能见于行？所谓切与近，只是在己之事。”又曰：“近思者以类而推。”朱子曰：“以类而推，只是傍易晓底挨将去，如亲亲，便推类去仁民，仁民，便推类去爱物。如这一件事，理会得透了，又因这件事推去，理会那一件事，只管恁地挨将去，只管见易，不见其难。前面远处，只管近，如第一级，便要跳到第三级，举步阔了，便费力，只见难，只见远。”或问：“此章以为心不外驰，而事皆有益者，何也?”曰：“程伯子之言，心不外驰之谓也；叔子之言，事皆有益之谓也。心不外驰，则仁之体无不存；事皆有益，则仁之用无不得矣。”曰：“如子之言，凡言在其中者，皆为求此而得彼之辞，则此四者，亦不为求仁之事耶?”曰：“四者之效，虽卒归于得仁，而其言则讲学之事，初非有求仁之意也。圣贤之言求仁，必本于实践，而非空言之所可与。然于讲学之间，能如子夏之云，则于吾之心，有所制而不放，于事之理，有所当而不差矣。志于讲学，而可以为仁，亦何害其为求此而得彼哉!”曰：“然则视听言动之必以礼，居处执事之必以恭且敬，与人之必以忠，亦其理之所当为，而非有求仁之意也，则亦可以为求比而得彼乎?”曰：“吾固尝言之矣。彼以践履之实事告，此以讲习为言，而非本有求仁之心也，盖亦不得而同矣。”苏氏曰：“博学而志不笃，则大而无成；泛问远思，则劳而无功。”双

① 学不博则不能守约，志不笃则不能力行：学问不渊博就不能久处贫困，志向不笃实就不能努力实行。

峰饶氏曰："'志'字要粘上面学字说，切问亦须从近处思量起，则可见端的，方不流于虚远。以序求之，则博学在先，自是一类，笃志切问近思在后，自是一类。学博矣，而志不笃，问不切，思不近，则泛滥而不著已，如何可至于仁？"新安陈氏曰："博学先提其纲，笃志、切问、近思，是分其目，盖就所博学者而志之笃、问之切、思之近也。学不博，固失之狭隘，志不笃，问不切，思不近，则又失之泛滥，亦徒博耳。"

○子夏曰："百工居肆以成其事，君子学以致其道。"

肆，谓官府造作之处。致，极也。工不居肆，则迁于异物而业不精①。君子不学，则夺于外诱而志不笃。新安陈氏曰："此重在居肆与学。"尹氏曰："学所以致其道也。百工居肆，必务成其事。君子之于学，可不知所务哉？"新安陈氏曰："此重在成事与致道。"愚按：二说相须，其义始备。朱子曰："百工居肆，方能做得事成；君子学，方可以致其道。然居肆亦有不能成其事，如坐打哄过日底；学亦有不能致其道，如学小道，与中道而废之类。故后说云居肆必须务成其事，学必须务致其道，故必二说相须而义始备。"庆源辅氏曰："由朱子之说，则见君子之欲致道，不可不由于学；由尹氏之说，则君子之学，必当务致乎道。夫欲致道而不由学，则心志为外物所迁诱而不能专一，固不足以致其道；然学而不足以致道，则其所学者，又不过口耳之习耳。欲致其道，则必由学，既曰由学，则必务致道，然后为君子之事也。"胡氏曰："前说则重在居肆与为学，后说则重在成事与致道，一主于用功，一主于立志。然知所以用功而志不立，不可也；知所以立志而功不精，亦不可也。故二说相须而备，非如他章存两说之比也。"云峰胡氏曰："工必居肆，则耳目之所接者在此，心思之所为者在此，而其事即成于此，君子之居于学也亦然。《集注》二说相须，然前说尤重，盖居肆而不务成其事者有之矣，未有不居肆而能成其事者也，学而不知所务者有之矣，未有不学而能致其道者也。"新安陈氏曰："前说是子夏本意，观二'以'字可见，后说是发子夏余意，而于警戒学者尤切。"

○子夏曰："小人之过也必文。"文，去声。

文，饰之也。【通考】程氏复心曰："平声是自然之文，去声是着意去文饰，死活各自不同。"小人惮于改过，而不惮于自欺，故必文以重其过②。南轩张氏曰："有过则改之而已，小人耻过而惮改，故必文。文，谓饰非以自欺。"勉斋黄氏曰："有过，过也，惮改而文以为欺，又增益其过也，故曰'重其过'。"胡氏曰："惮于改过，而不惮于自欺者，以改悔为难，而自昧其本然之善心，反不以为难。重其过者，始焉不能审思，而遂与理悖，过矣，而又饰之以为欺，是再过也。"云峰胡氏曰："此章当与后章子贡所谓'君子之过也'参看。盖君子有过，幸人知之，非惟不敢自欺，亦不欺人，故其过也，

① 工不居肆，则迁于异物而业不精：工匠不住在作坊里，就可能见异思迁以致技艺不精。肆，作坊，店铺，市集。

② 小人惮于改过，而不惮于自欺，故必文以重其过：小人害怕改正错误，却不怕自欺欺人，所以一定掩饰从而使自己的过错更加严重。

卒改而为善；小人之过，惟恐人知之，不惟欺人，徒以自欺，其过也，卒流而为恶。”

○子夏曰：“君子有三变：望之俨然，即之也温，听其言也厉。”

俨然者，貌之庄。温者，色之和。厉者，辞之确。程子曰：“他人俨然则不温，温则不厉，惟孔子全之。”谢氏曰：“此非有意于变，盖并行而不相悖也，如良玉温润而栗然。”《记·聘义》：“昔者君子比德于玉焉。温润而泽，仁也；缜密以栗，知也。”南轩张氏曰：“望之俨然，敬而重也；即之也温，和而厚也；听其言也厉，约而法也。夫其望之俨然，若不可得而亲也，及其即之，则温焉；即之也温，若可得而亲也，而听其言，则厉焉。其为三变，岂君子之强为之哉？礼乐无斯须而去身，故其成就发见如此。”勉斋黄氏曰：“俨者，手恭而足重；温者，心平而气和；厉者，义精而辞确。”双峰饶氏曰：“圣人本无三变，但自他人观之，则远望是一般，近就之是一般，听其言又是一般，似乎有三变耳。”问：“厉，只当训‘严’，而云‘确’何也？”曰：“厉也有严意，但曰严，恐人认做勐烈。确者，是是非非，确乎不易之义，形容严厉最切。”新安陈氏曰：“俨然而温，刚中有柔也；温而厉，柔中有刚也。刚柔不偏，阴阳合德，惟夫子有之。人见其然，以为三变，圣人自然而然，岂有意于变也！”【通考】勿轩熊氏曰：“圣门之学，自庄敬入。”程氏复心曰：“谢氏发明得‘变’字分晓，所以足程子之说，谓‘非有意于变’一语，正说得圣人气象出。”

○子夏曰：“君子信而后劳其民，未信则以为厉己也；信而后谏，未信则以为谤己也。”

信，谓诚意恻怛而人信之也。厉，犹病也。事上使下，皆必诚意交孚，而后可以有为。南轩张氏曰：“信在使民谏君之先，若使民而民以为厉己，谏君而君以为谤己，是在我孚信未笃而已。”庆源辅氏曰：“信，谓上下交孚，己虽有信，而人或未之信，犹未可谓之信也。若上下未交孚，则君之劳民所以安其生也，而反以为厉己也；臣之谏君所以成其德也，而反以为谤己也。如汤武之使民，则可谓信而后劳之矣；如伊傅之告君，则可为信而后谏之矣。”双峰饶氏曰：“诚意恻怛，是说人所以信之之由。恻怛属爱，大抵君之于民，臣之于君，皆当以爱为主。君爱其民，惟恐其有劳，民平日已信之，一旦不得已而劳之，亦何所怨？臣爱其君，惟恐其有过，君平日已信之，一旦不得已而谏之，亦何所嫌？我以诚意恻怛感，彼必以诚意孚，又安有以为厉谤者乎！”【通考】朱氏公迁曰：“信以心言，亦曰交孚之信，余如‘民信之矣’，‘朋友有信’之类，皆是指其秉彝之德而言，为固有之信。即其言动之间而言，为以实之信；自其彼此相与而言，为交孚之信。二者之义本自相随，但其语意各有所主耳。”

○子夏曰：“大德不逾闲，小德出入可也。”

大德、小德，犹言大节、小节。闲，阑也，所以止物之出入。言人能先立乎其大者，则小节虽或未尽合理，亦无害也。朱子曰：“子夏之言，谓大节既是了，小小处虽未尽善，亦不妨。然小处放过，只是力做不彻，不当道是可也。”问：“伊川谓‘小德，如援溺之事’，如何？”曰：“援溺事，却是大处，嫂溺不援是豺狼，这处是当做，更有甚么出入！如汤武征伐，三分天下有其二，都将做可以出入，恁地都是大处，非圣人不能为，岂得谓之小德？乃是道之权也。”勉斋黄氏曰：“子夏此语，信有病矣！然大德小德，皆不逾者，上也；大德尽善，而小德未纯者，乃其次也。若夫拘拘于小廉曲谨，而临大节则颠倒错乱者，无足观也矣！子夏之言，岂有激而云乎？此又学者不可不察。”胡氏曰：“《书》以细行对大德而言，细行即小德。大节小节，盖以其所关有大小也。父子君臣等之大伦，大德所在也；一动静、一语默，与凡应对进退之文，小德所在也。观人之道，取大端而略小失，犹可也；若立心自处，但曰谨其大者，而小节不必致意，则将并其大者失之矣。”庆源辅氏曰：“道理无空缺处，亦无间断时，一有空缺间断，便是欠少了，是以君子之学，战战兢兢，无时无处不然，岂有大小久近之间邪？子夏笃实次于曾子，而有小德出入可也之论，此其所以不及曾子欤！”双峰饶氏曰：“此章用之观人则可，用之律己则不可。但观人不可责备，且只看他大节，大节既立，而小小节目或有出入，亦未可琐屑议之。若律己之道，又与观人不同，虽一毫亦不可放过，微有背理，便成欠缺，如何听他出入得！”〇吴氏曰：“此章之言，不能无弊。学者详之。”朱子曰：“大节既定，小节有差，亦所不免，然吴氏谓此章不能无弊，学者正不可以此自恕，一以小差为无害，则于大节必将有枉寻而直尺者矣！”新安陈氏曰：“《书》曰‘不矜细行，终累大德，毕公懋德，克勤小物，越小大德，小子惟一’，以此律之，此章之言，信不能无弊也。”

〇子游曰：“子夏之门人小子，当洒扫、应对、进退，则可矣。抑末也，本之则无。如之何？”洒，色卖反。扫，素报反。

子游讥子夏弟子，于威仪容节之间则可矣。然此小学之末耳，推其本，如《大学》正心诚意之事，则无有。云峰胡氏曰：“《集注》推子游之言本末者如此，然小学、大学，时节可分先后，不可分本末也。”

子夏闻之曰：“噫！言游过矣！君子之道，孰先传焉？孰后倦焉？譬诸草木，区以别矣。君子之道，焉可诬也？有始有卒者，其惟圣人乎！”别，必列反。焉，于虔反。

倦，如诲人不倦之倦。区，犹类也。厚斋冯氏曰：“区，邱域也。别，分也。古者以园圃毓草木，盖植艺之事，各分区域，艺一区毕，复艺一区，不相凌躐。”言君子之道，非以其末为先而传之，非以其本为后而倦教。但学者所至，自有浅深，此二句补足上下文意。如草木之有大小，其类固有别矣。若不量其浅深，不问其生熟，而概以高且远者强上声。而语音御。之，此三句又补足上下文意。则是诬之而已。君子之道，岂可如此？若夫始终本末一以贯之，则惟圣人为然，岂可责之门人小子乎？朱子曰：“非以洒扫应对为先而传之，非以性命天道为后而倦焉，但道理自有先后之殊，不可诬人以其所未至，惟圣人然后有始有卒，一以贯之，无次第之可言耳。须知理则一致，而其教不可缺，其序不可紊，惟其理之一致，是以其教不可缺，其序不可紊也。”“子夏对子游之语，以为譬之草木，区以别矣，何尝如此侊侗来？惟密察于区别之中，见其本无二致者，然后上达之事，亦在其中矣！虽至于尧舜孔子之圣，其自处常只在下学处也。上达处，不可著工夫，更无依泊处，日用动静语默，无非下学，圣人几曾离此来？今动不动，便先说个本末精粗无二致，此说大误。”问“有始有卒”。曰：“此不是说圣人教人事，乃是圣人分上事，惟圣人道头便知尾，下学便上达，不是自始做到终，乃是合下便始终皆备，若教学者，则须循其序也。”〇程子曰：“君子教人有序，先传以小者近者，而后教以大者远者。非先传以近小，而后不教以远大也。”朱子曰：“理无大小而无不在，是以教人者，不可以不由其序而有所遗。子游不知理之无大小，则以洒扫应对为末而无本；不知教人之有序，故于门人小子，而欲直教之精义入神之事。”“若不观明道说君子教人有序四五句，也无缘看得出。”云峰胡氏曰：“此第一条说教人有序，是发子夏之意；后第二至第五条说理无二致，是矫子游之偏也。”又曰：“洒扫应对，便是形而上者，理无大小故也。故君子只在谨独。”朱子曰：“不能谨独，只管理会大处，小小底事，便照管不到。理无大小，小处大处都是理，小处不到，理便不周匝。”“洒扫应对，所以习夫形而下之事也；精义入神，所以究夫形而上之理也。此其事之大小，固不同矣，然以理言，则未尝有大小之间而无不在也。程子之言，意盖如此，但方举洒扫应对之一端，未及乎精义入神之云者，而通以理无大小结之。惟理无大小，故君子之学，不可不由其序，以尽乎小者近者，而后可以进夫大者远者耳！故曰其要‘只在谨独’，此甚言小者之不可忽也。其曰‘便是’云者，亦曰不离乎是尔，非即以此为形而上者也。”“理无大小，无乎不在，本末精粗，皆要从头做去，不可拣择，此所谓教人有序也，非是谓洒扫应对，便是精义入神，更不用做其他事也。”“洒扫应对，是事，所以洒扫应对，是理，事即理，理即事，道散在万事。那个不是？若事上有毫发蹉过，则理上便有间断欠缺，故君子直是不放过，只在谨独，但不知无事时当如何耳！谨独须贯动静做工夫始得。”勉斋黄氏曰：“形而上，谓超乎事物之表，专指事物之理言也。洒扫应对，事虽至粗，其所以然者，便是至精之理。其曰理无大小者，非以洒扫应对为小，形而上者为大也，盖不但至大之事，方有形而上之理，虽至小之事，亦有之，故曰‘理无大小’也。”又曰：“圣人之道，更无精粗。从洒扫应对，与精义入神贯通只一理。虽洒扫应对，只看所以然如何。”朱子曰：“此言‘洒扫应对’，与‘精义入神’是一样道理。洒扫应对，必有所以然；精义入神，亦有所以然。其曰‘贯通只一理’，言二者之理只一般，非谓洒扫应对，便是精义入神。固是精义入神，有形而上之理，而洒扫应对，亦有形而上之理。”“洒扫应对，精义入神，事有大小，而理无精粗。事有大小，故其教有等而不躐；理无精粗，故惟其所在，而皆不可不用其极也。”“须是就事上理会道理，非事何以识理？洒扫应对，末也；精义入神，本也。不可说这个是末，不足理会，只理会那本，这便不得；又不可说这末便是本，但学其末，则本便在此也。”勉斋黄氏曰：“精究义理，极其微妙，以至于入神，神者，理之妙而不可测者也。所精之义，至于入神，义理之至精者。程子引《易》中此语，与洒扫应对对言。洒扫应对所以然者，即至精之义也。”又曰：“凡物有本末，不可分本末为两段事。洒扫应对是其然，必有所以然。”朱子曰：“治心修身是本，洒扫应对是末，皆其然之事，至于所以然，则理也。理无精粗本末，皆是一贯。”或问“其然”“所以然”之说。曰：“洒扫应对之事，其然也，形而下者也；洒扫应对之理，所以然也，形而上者也。自形而下者而言，则洒扫应对之与精义入神，本末精粗，不可同日而语矣；自夫形而上者言之，则未尝以其事之不同，而有余于此，不足于彼也。”曰：“其曰物有本末，而本末不可分者，何也？”曰：“有本末者，其然之事也；不可分者，以其所以然之理也。”勉斋黄氏曰：“然，犹云如此也。其如此者，洒扫应对之节文；所以如此者，谓有此理，而后其节文之著见者如此也。”云峰胡氏曰：“按朱子谓‘有本末者事也，不可分者，其所以然之理也’，饶氏却谓‘已然者为末，所以然者为本’，盖朱子解程子之言，以本末为事，而不可分为两段事者是理，饶氏解程子之言，以末为事而本为理，不可不辨也。”【通考】吴氏程曰：“‘本末’二字，惟以大小言之，后三条乃伊川语，本条上句以事言，下句以理言。”又曰：“自洒扫应对上，便可到圣人事。”问：“圣人事是甚么样子？”朱子曰：“如云‘下学而上达’，当其下学，便上达天理是也。”勉斋黄氏曰：“洒扫应对虽至小，亦由天理之全体，而著见于事物之节文。圣人之所以为圣人者，初不外乎此理，特其事事物物，皆由此理，而不勉不思，从容自中耳！”云峰胡氏曰：“程子此四条，皆所以破子游‘抑末也，本之则无’七字。”【通考】吴氏程曰：“即此洒扫应对一节，能下学上达，斯造一节之极，非以圣人全体。”愚按：程子第一条，说此章文意，最为详尽。其后四条，皆以明精粗本末。其分虽殊，而理则一。学者当循序而渐进，不可厌末而求本。盖与第一条之意，实相表里。非谓末即是本，但学其末而本便在此也。朱子曰：“孔门除曾子外，只有子夏守得规矩定，故教门人皆先洒扫应对进退，所以孟子说‘孟施舍似曾子，北宫黝似子夏’。”“事有大小，理却无大小，不问大事小事，合当理会处，便用与他理会。不可说个是粗底事不理会，只理会那精底；又不可说洒扫应对，便是精义入神。洒扫应对，只是粗底，精义入神，自是精底，然道理却一般，须是从粗底小底理会起，方渐而至于精者大者。或曰‘洒扫应对，非道之全体，只是道中之一节目，合起来便是道之全体，【校记：此句三鱼堂本作“只是道中之一节，自合起来”，此据四库本、弘治本。】非大底是全体，小底不是全体也’。”勉斋黄氏曰：“所引程子四段，首言理无大小，以见事有大小，而理则一也；次言道无精粗，以见学有精粗而道则一也；又次言是其然，必有所以然，所以发明上二段所以无大小无精粗之意；又次言便可到圣人事，则亦以其所以然而无大小精粗者为之也。亦足以见其编次之意至精而不苟矣！”庆源辅氏曰：“穷理之至，知言之极，则学者所得之浅深，不啻白黑之易见，故如草木之有大有小，其类各不同，而无不昭然在吾之目中，然后循其次第等级而教之。若夫先传后倦，则君子无是心也，但时其可而已。至于言之未知，知之未至，不察学者浅深生熟之异，而一概以子游之所谓本者，强而聒之，则学者漫而听之，实不知其味，勉而行之，终不得其方，则是诬之而已，君子教人之道岂有诬之之理？”双峰饶氏曰：“子游以正心诚意为本，洒扫应对为末；子夏谓小子且当教以洒扫应对，及入大学，却教以诚意正心。就二说观之，子游欲人于根本上做来，则末底自然中节，施教无序，把大小学滚作一事，非也。子夏之说，自合圣人之教，但只言事而不及理，则小学大学，分为两截，而无以贯通之。至程子方以理为本，事为末，谓‘事有小大精粗，而理无小大精粗’，小子未能穷理谨独，且把洒扫应对，以维持其心，虽学至粗至小之事，而至精至大之理寓焉。年寖长，识既开，却教之穷理以致其知，谨独以诚其意，前日之习洒扫应对者，即为精义入神之地，今日之精义入神，实不离乎洒扫应对之中也。程朱所论本末不同，朱子以大学之正心诚意为本，程子以理之所以然为本。朱子是以子游之意而推之。”云峰胡氏曰：“学者之病有二，谓末不当理会，只当理会本者，不知理之一也；谓末即是本，但学其末，而本便在此者，不知分之殊也。朱子正虑学者差认程子之意，故有是说。赵氏除去‘非谓’二字，却谓学其末，而本便在此者，理贯于万事，不以事之近小而理有不该，则误矣。饶氏谓‘小学未能穷理慎独，且把洒扫应对以维持其心，年寖长，却慎独以诚其意’，盖以《大学·诚意章》方有慎独工夫。然程子第二条云‘君子只在谨独’，盖程朱二子之意，政谓小学是至微之事，慎独正要慎其微。若从念虑之微说，小学洒扫在长者之前能谨，长者不在前不能谨，便是不能慎独。饶氏此语，切恐有误后学，不可不辨。”新安陈氏曰：“程子此处说谨独，与《大学》、《中庸》之谨独小异，此只是谨小事，无人所不知己所独知之意。饶氏所云谨独以诚其意，与程子此语不相妨，非以解程语也。”【通考】仁山金氏曰：“程子此章发明圣贤阃奥，《集注》‘先后’指本末深浅言，程子‘先后’，指教者次第言，前一条释子夏正意，四条辨子游本末之说，明子夏始卒之意。”程氏复心曰：“程子一条明君子之教，后四条明圣人之道。君子之教，有本末先后，圣人之道，本末精粗则一也。如此观之，则实相表里者可见。”黄氏绍曰：“本末、始终、先后各义无不同，而《大学》、《论语》所指则异。物有本末，指明道新民事，有终有始，指知止能得，而谓本始所先，末终所后。子游以洒扫应对为末，穷理尽性、正心诚意为本，而所谓先后，所谓始卒，不出此二者，此其所以为不同。”

○子夏曰：“仕而优则学，学而优则仕。”

优，有余力也。新安陈氏曰：“行有余力，余力，犹言暇日是也。”仕与学理同而事异，故当其事者，必先有以尽其事，而后可及其余。庆源辅氏曰：“仕所以行其学，而学所以基其仕，故曰理同。然仕则以陈力就列、致君泽民为事，学则以诵诗读书、格物致知为事，故曰事异。”胡氏曰：“仕与学理同者，皆所当然也；事异者，有治己治人之别也。学以为仕之本，仕以见学之用，特治己治人之异耳。以理言，则学其本也；以事言，则当其事者，随所主而为之缓急，必先尽心于所主之事，有暇日则及其余，非有所轻重于其间也。”新安陈氏曰：“仕者先尽仕之事，有余力，则益及于学；学者先尽学之事，有余力，则始及于仕。”然仕而学，则所以资其仕者益深；学而仕，则所以验其学者益广。问：“仕优而不学，则无以进德，学优而不仕，则无以及物。仕优而不学，固无足议者，学优而不仕，亦非圣人之中道也，故二者皆非也。仕优不学，如原伯鲁之不说学是也；学优不仕，如荷蓧丈人之流是也。子夏之言，似为时而发，其言虽反复相因，而各有所指。或以为仕而有余则又学，学而有余则又仕，如此，则其序当云‘学而优则仕，仕而优则学’。今反之，则知非相因之辞也。”朱子曰：“旧亦尝疑两句次序颠倒，今云各有所指，甚佳。”南轩张氏曰：“大学之道，在明明德，在新民，成己成物之无二致也。古之人学以终其身，故仕优则学，学优则仕，其从容暇裕如此，终始于学而无穷已也。”潜室陈氏曰：“学是讲此道理，仕是行此道理。学有余暇，则可入仕，仕有余暇，又当讲学。主学而言，则仕为余用，主仕而言，则学有余功，互相发也。”庆源辅氏曰：“仕而优则学，为已仕者言也，谓仕有余力，则不可以不学，不学，则无知新之益以资其仕。学而优则仕为，未仕者言也，谓学有余力，则不可以不仕，不仕，则无行道之功以验其学。是终始事。”云峰胡氏曰：“圣贤之言，固自有因上句而生下句者，如夫子本言‘晋文公谲而不正’，因而曰‘齐桓公正而不谲’，若独言下句，则齐桓岂‘正而不谲’者哉？此亦因当时有仕优而不学者，故以下句意足之，独言下句，则学之优，固自有可仕不可仕者矣。”新安陈氏曰：“学以明其理者，体也；仕以行其事者，用也。体者用之本，用者体之验。仕有余力而不学，则将徇己蠹人，是有无体之用；学有余力而不仕，则将爱身忘世，是有无用之体矣。子夏为见当世，多有仕而不学者，观孔子以今之从政者为斗筲之徒，则可想见，故首以仕优而学警世人。夫已仕者，尚不可以不学，则未仕者，必学优而后始可以仕，盖可知矣。下句人所易知，上句人所易忽，故以人所易忽者先言之。”

〇子游曰：“丧致乎哀而止。”

致极其哀，不尚文饰也。杨氏曰：“‘丧，与其易也宁戚’，不若礼不足而哀有余之意。”愚按：“而止”二字，亦微有过于高远而简略细微之弊。学者详之。南轩张氏曰：“丧主乎哀，致者，自尽之谓，若毁生灭性，则是过乎哀者也。”勉斋黄氏曰：“观《游夏论学章》胡氏所谓‘子游脱略小物者’，则宜其言之出乎此，终亦足以见孔门高弟，重本务实之意可法也。”庆源辅氏曰：“子游有简忽礼文之意，要之丧固贵于哀，而礼之节文，亦不可废，故曰‘直情而径行，戎狄之道也’，立言之难，盖如此。”双峰饶氏曰：“子游平日，却自考究丧礼，不是废礼而专事哀戚之人，考之《礼记》可见，其意怕人事末忘本，姑为之抑扬耳。”

〇子游曰：“吾友张也，为难能也。然而未仁。”

子张行去声。过高，而少诚实恻怛之意。双峰饶氏曰：“行过高，解‘难能’；少诚实恻怛，解‘未仁’。无诚实，则不能全心之德；无恻怛，则不能全爱之理。”赵氏曰：“不诚实，则无真切之意；不恻怛，则无隐痛之情。子张务外好高，故于此四字，皆有所不足。”新安陈氏曰：“行仁，惟务内平实者能之，子张务外好高，此其所以未仁也。”

〇曾子曰：“堂堂乎张也，难与并为仁矣。”

堂堂，容貌之盛。言其务外自高，不可辅而为仁，亦不能有以辅人之仁也。新安陈氏曰：“堂堂，以貌言，难能，以才言，皆自高之意。并，犹共也。”范氏曰：“子张外有余而内不足，故门人皆不与其为仁。子曰：‘刚、毅、木、讷近仁。’宁外不足而内有余，庶可以为仁矣。”程子曰：“子张既除丧而见，予之琴，和之而和，弹之而成声，作曰‘先王制礼，不敢不至焉’，推此言之，子张过于薄，故难与并为仁矣。”南轩张氏曰：“仁必深潜缜密，亲切笃至，而后可以进，故如愚之颜，圣人许其不违仁，而堂堂之张，曾子以为难与并为仁也。”勉斋黄氏曰：“以上两章，皆言子张之难为仁，既足以见子张好高之病，又有以见仁之为德根于人心，惟求之至近而修其在内者，为足以至之。今也尚难能之行，饰堂堂之容，则其去仁远矣。孔门以求仁为先，而所言如此，可谓知为仁之方也已。”庆源辅氏曰：“务外好高，则于己无体认密察之功，人不可辅之为仁，于人无切偲观感之助，己亦不能辅人之仁也。”

○曾子曰：“吾闻诸夫子：人未有自致者也，必也亲丧乎！”

致，尽其极也。盖人之真情所不能自已者。新安陈氏曰：“真情，乃爱敬之人心，天理所发见者。”○尹氏曰：“亲丧固所自尽也，孟子语。于此不用其诚，恶乎用其诚。”《礼记·檀弓》曰：“自吾母而不得吾情，吾恶乎用吾情。”恶，音乌。南轩张氏曰：“人于他事未能自尽，于亲丧其可不自尽乎！若于此不能自尽，则何事能尽？若于此能自尽，则于其他，亦推是心而已。”胡氏曰：“上智之资，于理所当然者，固不待勉强，而皆极其至。中人以下，则罕能之，惟父母之丧，哀痛惨怛，盖其真情之不能自已者。圣人指以示人，使之自识其良心，非专为丧礼发也。”双峰饶氏曰：“‘乎’字有感动人底意思。事亲莫大于死生之际，人之所当自尽者也，人当如此，而犹有不能如此，此圣人所以寓微意而感动之。若不看圣人微意所在，只说个人人能如此自尽，则圣人之发此言似乎无味。”

○曾子曰：“吾闻诸夫子：孟庄子之孝也，其他可能也；其不改父之臣，与父之政，是难能也。”

孟庄子，鲁大夫，名速。其父献子，名蔑。献子有贤德，而庄子能用其臣，守其政。故其它孝行去声。虽有可称，而皆不若此事之为难。朱子曰：“人固有用父之臣者，然稍拂他私意，便自容不得；亦有行父之政者，于私欲稍有不便处，自行不得。古今似此者甚多，如唐太宗，为高宗择许多人，如长孙无忌、褚遂良之徒，高宗因立武昭仪事，便不能用。又季文子相三君，无衣帛之妾，无食粟之马，到季武子便不如此，便是不能行父之政。以此知孟庄子，岂不为难能！”“献子历相君五十年，鲁人谓之社稷之臣，则其臣必贤，其政必善矣！庄子年少嗣立，又与季孙宿同朝，宿父文子忠于公室，宿不能守而改之，庄子乃独能不改父之臣，与父之政，而终身焉，是孔子之所谓难也。”南轩张氏曰：“以为难能，特曰‘为之不易’云耳。盖父之臣与父之政诚善矣，固当奉而笃之，若不幸而悖于理害于事，则当察而更之，是乃致其诚爱于亲也。孟庄子之所以终不改者，意者其事虽未为尽善，亦不至于悖理害事之甚，故有取其不忍于改也。”双峰饶氏曰：“夫子以庄子之不改父臣父政为孝，见得‘三年无改于父之道’，正是不改其父道之善处。”云峰胡氏曰：“二章皆曰‘吾闻诸夫子’，饶氏以为曾子尊其所闻如此，尹和靖作《论语》解，所谓‘愚闻之师曰亦如此’，愚谓朱子得于延平者亦然。”

○孟氏使阳肤为士师，问于曾子。曾子曰：“上失其道，民散久矣。如得其情，则哀矜而勿喜。”

阳肤，曾子弟子。民散，谓情义乖离，不相维系。谢氏曰：“民之散也，以使之无道，教之无素①。故其犯法也，非迫于不得已，则陷于不知也。故得其情，则哀矜而勿喜②。”朱子曰：“生业不厚，教化不修，内无尊君亲上之心，外无仰事俯育之赖，是以

---

① 民之散也，以使之无道，教之无素：民心离散，因为役使他们无道，教育他们不经常。

② 故得其情，则哀矜而勿喜：所以即使弄清了他们（犯法）的案情，也应该哀怜而不应该高兴。

恩疏义薄，不相维系，而日有离散之心。"南轩张氏曰："先王之于民，所以养之教之者，无所不用其极，故民心亲附其上，服习而不违，如是而犹有不率焉，而后刑罚加之，盖未尝不致哀矜恻怛也。若夫后世，礼义衰微，所以养之教之者，皆荡而不存矣。上之人未尝心乎民也，故民心亦涣散而不相属，以陷于罪戾，而蹈于刑戮，此所谓上失其道，民散久矣。方是时，任士师之职者，狱讼之际，其可以得情为喜乎？盖当深省所以使民至于此极者，以极其哀矜之意焉可也。能存此心，则有以仁乎斯民矣。"勉斋黄氏曰："得情而喜，则太刻之意，或溢于法之外；得情而矜，则不忍之意，常行于法之中。仁人之言盖如此。"庆源辅氏曰："民之犯罪有二，迫于不得已，则使之无其道故也；陷于不自知，则教之无其素故也。后世治狱之官，每患不得其情，苟得其情，则喜矣，岂知哀矜而勿喜之味哉！且人喜则意逸，逸则心放，放则哀矜之意不萌，其于断狱剖讼之际，必至于过中失入，有不自知者。唯能反思夫民情之所以然，则哀矜之意生，而喜心忘矣。详味曾子之言，至诚恻怛，而体恤周尽如此。呜呼，仁哉！"云峰胡氏曰："《集注》'情义乖离，不相维系'八字，释'散'字。情相维系不忍离，义相维系不可离，上之人，何忍使之离而至于犯法也哉？《虞书》曰：'钦哉！钦哉！惟刑之恤哉！''钦恤'是形容帝尧好生之心，'钦'则自然有哀矜之心，'恤'则自然无喜之意。"新安陈氏曰："后世之民犯刑多，上失其道之所致，未必皆其民之罪。刑狱固在得其情，而不可喜得其情。欲得其情，固在于悉其聪明，而哀矜勿喜，尤在于致其忠爱欤？"

○子贡曰："纣之不善，不如是之甚也。是以君子恶居下流，天下之恶皆归焉。"恶居之恶，去声。

下流，地形卑下之处，众流之所归。喻人身有污贱之实，亦恶名之所聚也。子贡言此，欲人常自警省，悉井反。不可一置其身于不善之地。非谓纣本无罪，而虚被恶名也①。南轩张氏曰："纣不道极矣，其始亦未至若是之甚，惟其为不善，而天下之恶皆归之，日累月成以至贯盈，岂不犹川泽居下，而众水归之乎？"双峰饶氏曰："子贡非为纣分疏，其意在下两句。"厚斋冯氏曰："纣名辛，字受。纣，谥也。后世定谥，谓'残义损善曰纣'。"

○子贡曰："君子之过也，如日月之食焉：过也，人皆见之；更也，人皆仰之。"更，平声。

南轩张氏曰："人皆见之者，君子不文饰掩蔽其过，日月之食，旋而复矣，无损其明也，故君子改过不吝，而德愈光焉。"勉斋黄氏曰："过也明白而无掩覆，故人皆见；更也莹彻而无瑕疵，故人皆仰。"双峰饶氏曰："君子无掩覆之意，有过则人之所共知，既改又脱然更无惹绊。"或问："君子如何独能用心如此？"曰："君子所以能如此者，只是纯乎天理之公，而无人欲之私。若此心犹有分毫私累在人欲上，便做君子事不得。"新安陈氏曰："君子不讳过，故方过而人见，速改过，故无过而人仰，如日月虽或不免于食，而明还何损于明？若小人，则讳过而掩匿，不改过而固吝，益重其过而愈暗愈甚

① 非谓纣本无罪，而虚被恶名也：不是说纣王本来没有罪而是说他空背了许多恶名。

矣，岂有日月明白莹彻之气象哉！”

○卫公孙朝问于子贡曰：“仲尼焉学？”朝，音潮。焉，于虔反。

公孙朝，卫大夫。

子贡曰：“文武之道，未坠于地，在人。贤者识其大者，不贤者识其小者，莫不有文武之道焉。夫子焉不学？而亦何常师之有？”识，音志。下“焉”字，于虔反。

文武之道，谓文王、武王之谟训功烈①，与凡周之礼乐文章皆是也。在人，言人有能记之者。识，记也。朱子曰：“文武之道，只指先王之礼乐刑政教化文章而已，若论道体，则不容如此立言矣。未坠地，只是说未坠落于地而犹在人耳。大者，是礼之大纲领；小者，是零碎条目。孔子虽生知，然何尝不学？亦何所不师？然则能无不学无不师者，是乃圣人所以为生知也。”“在人之人，正指老聃、苌弘、郯子、师襄之俦耳。若入太庙而每事问焉，则庙之祝史，亦其一师也。”问：“仲尼祖述尧舜，宪章文武，如何子贡不说尧舜之道，只说文武之道？”双峰饶氏曰：“尧舜远，文武近，子贡是就其近者而言。要之道非文武之所得专，文武之道，即尧舜之道，尧舜之道，即文武之道。”“不贤者，只指众人而言，不是不好底人。”新安陈氏曰：“焉学，问何所从学；焉不学，谓何所不从学。此论夫子之学，而专言文武之道者，盖列圣道统，传在文武，而文武之道统，传在孔子故也。文武之道，无往不在，夫子于文武之道，无往不学，惟善是主，初无常师，此所以备斯文之大全，集列圣之大成欤！”

○叔孙武叔语大夫于朝，曰：“子贡贤于仲尼。”语，去声。朝，音潮。

武叔，鲁大夫，名州仇。朱子曰：“子贡贤于仲尼，圣人固自难知，如子贡在当时，想是大段明辨果断，通晓事务，歆动得人，孔子自谓‘达不如赐’。”叶氏少蕴曰：“子贡晚见用于鲁，惧吴之强大，晓宰嚭而舍卫侯伐齐之谋，诘陈成子而反其侵地，鲁人贤之，此武叔所谓‘贤于仲尼’者也。”

子服景伯以告子贡。子贡曰：“譬之宫墙，赐之墙也及肩，窥见室家之好。

墙卑室浅。朱子曰：“古人宫外只是墙，无今人廊屋。”

夫子之墙数仞，不得其门而入，不见宗庙之美，百官之富。

七尺曰仞。不入其门，则不见其中之所有，言墙高而宫广也。

得其门者或寡矣。夫子之云，不亦宜乎！”

此夫子，指武叔。或问：“夫子之墙数仞，不得其门而入，夫子之道高远，故不得其门而入也？”朱子曰：“不然。颜子得入，故能仰之弥高，钻之弥坚，至于在前在后，如有所立卓尔；曾子得入，故能言‘夫子之道忠恕’；子贡得入，故能言‘性与天道不可得闻，文章可得而闻’。他人自不能入耳，非高远也，七十子之徒，几人入得？譬如与两人说话，一人理会得，一人理会不得，会得者便是入得，会不得者便是入不得。且孔子之教众人，与教颜子何异？颜子自入得，众人自入不得，多少分明。”双峰饶氏曰：“圣人之道，虽曰难入，然其入亦自有方，且如仰弥高、钻弥坚，此是数仞难入处。夫

---

① 谟训功烈：谋划、训诫、功勋。

子循循善诱，博我以文，约我以礼，这便是从入之门，学者须从此门路入，方有所见。”新安陈氏曰：“贤人之道，卑浅易见，圣人之道，高深难知，此子贡以墙室取譬之意也。要之，观乎贤人，则见圣人。使叔孙果知子贡之所以为子贡，则亦必略知孔子之所以为孔子，岂至为此言哉？叔孙非特不知孔子，亦不知子贡也。”

○叔孙武叔毁仲尼。子贡曰：“无以为也，仲尼不可毁也。他人之贤者，丘陵也，犹可逾也；仲尼，日月也，无得而逾焉。人虽欲自绝，其何伤于日月乎？多见其不知量也！”量，去声。

无以为，犹言无用为此。土高曰丘，大阜曰陵。日月，逾其至高。自绝，谓以谤毁自绝于孔子。南轩张氏曰：“子贡善喻，如宫墙日月之喻者，可谓切矣！夫丘陵固可逾，太山虽高，然犹有可逾之理，至于日月之行天，则孰得而逾之哉！人之议日月者，初何损于日月之明，徒为自绝于日月而已矣！”胡氏曰：“圣人之心，如化工之生物，未尝不欲物物而生之也，彼倾者覆之，物自倾而不得受化工之生也。圣人未尝有绝人之心，彼毁谤者自绝于圣人耳。”多，与只同，适也。不知量，谓不自知其分扶问反。量也。厚斋冯氏曰：“量，谓斛斗升合，小大不同也。”新安陈氏曰：“圣人有圣人之分量，贤人有贤人之分量，愚人有愚人之分量。州仇不自知其庸愚之分量，宜其不足以知圣人之分量也！孔子之道，如日月行天，万古常明，虽有州仇之毁，何损于明？子贡以何伤日月晓譬之，可谓智足以知圣人，而譬之深矣！”

○陈子禽谓子贡曰：“子为恭也，仲尼岂贤于子乎？”

为恭，谓为恭敬推吐雷反。逊其师也。

子贡曰：“君子一言以为知，一言以为不知，言不可不慎也。知，去声。

责子禽不谨言。勉斋黄氏曰：“一言善为知，一言不善为不知，知不知系于一言，不可不谨。”

夫子之不可及也，犹天之不可阶而升也。

阶，梯也。大可为也，化不可为也，故曰不可阶而升。新安陈氏曰：“孟子曰：‘大而化之之谓圣’，由善信美而至于大，乃思勉之所可及，故曰可为，犹可蹑阶梯而升也。至于化，则非思勉之所可及，故曰不可为，非可蹑阶梯而升矣。朱子以此发明孔子所以如‘天之不可阶而升’之实处，然后子贡取譬之意显然矣。”

夫子之得邦家者，所谓立之斯立，道之斯行，绥之斯来，动之斯和。其生也荣，其死也哀，如之何其可及也。”道，去声。

立之，谓植其生也。道，引也，谓教之也。行，从也。绥，安也。来，归附也。动，谓鼓舞之也。和，所谓於音乌。变时雍。《书·尧典》曰：“克明峻德，以亲九族。九族既睦，平章百姓。百姓昭明，协和万邦。黎民于变时雍。”变，变恶为善也。时，是也。雍，和也。言其感应之妙，神速如此。荣，谓莫不尊亲。哀，则如丧考妣。程子曰：“此圣人之神化，上下与天地同流者也。”【通考】仁山金氏曰：“不可及，言圣德之本高妙；得邦家，言德之用神速。立之、道之、绥之、动之，圣人感之之妙；斯立、斯行、斯来、斯和，此天下应之之速。”○谢氏曰：“观子贡称圣人语，乃知晚年进德，盖极于高远也。夫子之得邦家者，其鼓舞群动，捷于桴鼓影响①。新安倪氏曰：“《礼记》‘土鼓蕢桴’，音浮。《左传·成公二年》：‘右援枹而鼓，”枹，鼓槌，音浮，本作桴。《汉书》“枹鼓之枹”音桴，风无反。则此“桴”字不音“桴”，若音桴者，乃乘桴浮海之“桴”，桴也。【校记：三鱼堂本作注文。四库本、弘治本作注中注。】人虽见其变化，而莫窥其所以变化也。盖不离去声。于圣，而有不可知者存焉，此殆难以思勉及也。”问“立之谓植其生”。朱子曰：“五亩之宅，树之以桑，百亩之田，勿夺其时，便是。”问“动谓鼓舞之”。曰：“劳之来之，又从而振德之。振德便是鼓舞，使之欢喜踊跃，迁善改过而不自知，如《书》之‘俾予从欲以治，惟动丕应徯志’皆是动之斯和意思。”“此言德盛仁熟，本领深厚，才做出便是恁地。”“生荣死哀，子贡言夫子得邦家时，其效如此，范氏所谓‘生则天下歌诵，死则如丧考妣’者是也欤！”南轩张氏曰：“立之斯立，道之斯行，绥之斯来，动之斯和者，不疾而速，不行而至，惟天下至神，感无不通也。”勉斋黄氏曰：“立之，谓制其田里。道，谓道之以德。绥，谓抚安之，立之固也。动，谓鼓舞之，道之深也。立之、道之、绥之、动之，皆圣人政化之施；斯立、斯行、斯来、斯和，皆天下感动之速。”或曰：“子贡知足以知圣人，今乃不言其德，而称其得邦家之效。何也?”曰：“天之德不可形容，即其生物而见其造化之妙；圣人之德不可形容，即其感人而见其神化之速。天下之理，实大则声宏，本深则末茂，感动之浅深迟速，未有不视其德之所至者。圣人道全德备，高明博厚，则其感于物者如此，因其感于物以反观圣人之德，岂不晓然而易见哉?”厚斋冯氏曰：“圣门诸子，平日单辞数语，形容夫子，平澹涵蓄，莫窥其际，唯孟子所引宰我、子贡、有若之推尊夫子，与此子贡三章之言，盖激于世之不知者，乃始极口称之，而‘夫子之得邦家’，尤见其神化之妙也。”云峰胡氏曰：“此章《集注》，当与首篇‘子禽问于子贡’通看。前谓圣人过化存神之妙，未易窥测，此则引程子曰‘圣人神化上下，与天地同流’，然则圣人过化存神之妙，子贡于是始知之矣。前引谢氏曰：‘子贡亦可谓善观圣人矣，亦可谓善言德行矣。’今引谢氏曰：‘观子贡称圣人语，乃知晚年进德盖，极于高远也。’然则前不过谓子贡亦善观圣人，今则可谓真知圣人矣。读《集注》者当看其前后相应处，便可见晚年进德处。且子禽之问凡三，始则疑夫子求闻政，次疑夫子之私其子，今则疑子贡贤于夫子，所见者每降益下。此篇子贡之称夫子亦三，始则喻之以数仞之墙，次则喻之以日月，今则喻之以天之不可阶而升，其所见每进而益高。若以为皆孔子弟子也，其所见抑何霄壤之邈如是哉？其死也哀，而子贡哀慕之心，倍于父母，至庐墓者凡六年之久，则其晚年所得于夫子者盖益深矣。”新安陈氏曰：“此章前言夫子之不可及，以其德之化不可为者言也。夫子不幸而不得时、不得位，故其德之化，虽妙于吾身，而其神化之用，不见于天下，使得时得位，则其神化之功用，真有与天地同流者，终言‘如之何其可及’，以其神化之不可测者言也。夫子之道犹天，然天固有目者所共睹，天之所以为天，则非知天者不能知也，必子贡之知，始足以知此。彼陈亢者，其不足以及此，宜哉！”【通考】程氏复心曰：“谢氏既足以发明子贡之所

---

① 捷于桴鼓影响：比立竿见影、击鼓有声还迅速。桴(fú)鼓：鼓槌与鼓。比喻相当迅速。

谓，而又有以深探夫圣人动化之妙，则其所见盖已极于高远，学者宜熟玩而深思也。”

论语集注大全卷二十

尧曰第二十

凡三章。

尧曰：“咨！尔舜！天之历数在尔躬。允执其中。四海困穷，天禄永终。”

此尧命舜，而禅时战反。以帝位之辞。咨，嗟叹声。历数，帝王相继之次第，犹岁时气节之先后也。允，信也。中者，无过不及之名。四海之人困穷，则君禄亦永绝矣，戒之也。朱子曰：“帝王相承，其次第之数，若历之岁月日时，亦有先后之序，然圣人所以知其序之属于此人，亦以其人之德知之，非若谶纬之说，姓名见于图箓而为言也。圣贤言‘中’有二义，大本云者，喜怒哀乐未发之时之理，其气象如此也；时中云者，理之在事，而无过不及之地也。此曰‘允执其中’，盖以其在事者而言，若天下之大本，则不可得而执矣。且圣人之道，时行时止，夫岂专以块然不动者为是而守之哉！伊川云：允执其中，中怎么执得？识得则事事物物上，皆天然有个中在那上，不待人安排，安排著则不中矣。”南轩张氏曰：“以其德当天心，故知天之历数在其躬。允执其中，事事物物皆有中，天理之所存也，惟其心无依倚，则能执其中而不失，此所谓时中也。君之所为安荣者，以民故也。天之视听，自我民视听，若四海困穷，则天禄亦永终矣！圣人之相授，凡以天人之际而已。”双峰饶氏曰：“或以‘守’字解‘执’字，守与执不同，执是执其要，事事物物，各自有中，凡举一物，便要执定那要处，如执扇须执柄相似。如‘择乎中庸而不能期月守’，方是守，便易得死杀了，执者，随事随物而执其中，不死杀。”新安倪氏曰：“按，执云者，非执一定之理，盖于事物上，酌其中而执以用之，《中庸》谓‘舜用其中’，即用其所执之中也。”

舜亦以命禹。

舜后逊位于禹，亦以此辞命之。今见形甸反。于《虞书·大禹谟》，比此加详。朱子曰：“中，只是个恰好的道理；允，是真个执得。尧当时告舜，只说这一句，后来舜告禹，又添得‘人心惟危，道心惟微，惟精惟一’三句，说得又较仔细。这三句，是‘允执厥中’以前事，是舜教禹做工夫处，人心惟危，道心惟微，须是惟精惟一，方能允执厥中。尧当时告舜，只说一句，舜已晓得那个了，所以不复更说。舜告禹时，便是怕禹尚未晓得，故恁地说。《论语》后面说‘谨权量、审法度、修废官、举逸民’之类，皆是恰好当做底事，这便是尧舜禹汤文武治天下，只是这个道理。圣门所说，也只是这个。虽是随他所闻所记，说得不同，然却只是一个道理。如屋相似，进来处虽不同，入到里面只是共这个屋。大概此篇所载，便是尧、舜、禹、汤、文、武相传治天下之法，虽其纤悉不止此，然大要却不出此，大要于此可见。”云峰胡氏曰：“天下之大，运之在心，此心之用，稍有过不及，即非中矣。非中则四海将至困穷，而天禄亦永终矣。授命之际，天禄方于此乎始也，而即以永终言之，为戒深矣！”新安陈氏曰：“天禄永终，与天之历数在尔躬相照应。允执其中，告以保天禄之本也，四海困穷，不能允执其中之验，所以致天禄之永终也。舜之授禹，谨述此四句，不易一字，但辞加详，而理益明，意益尽耳！舜之授禹，具载于《书》。尧之授舜，微弟子记之于此，则三圣人以一中相授受之渊源，其孰从而知之哉！”

曰：“予小子履①，敢用玄牡，敢昭告于皇皇后帝：有罪不敢赦。帝臣不蔽，简在帝心。朕躬有罪，无以万方；万方有罪，罪在朕躬。”

此引《商书·汤诰》之辞。盖汤既放桀而告诸侯也。与《书》文大同小异。曰上当有“汤”字。履，盖汤名。《疏》世本云：“汤名天乙。”孔安国云：“至为王，改名履。”用玄牡，夏尚黑，未变其礼也。《记·檀弓上》：“夏后氏尚黑，大事敛用昏，大事谓丧事。戎事乘骊，戎，兵也。马黑色曰骊。牲用玄。殷人尚白，大事敛用日中，戎事乘翰，翰，白色马也。牲用白。周人尚赤，大事敛用日出，戎事乘騵，牲用骍。”简，阅也。言桀有罪，己不敢赦。而天下贤人，皆上帝之臣，己不敢蔽。简在帝心，惟帝所命。此述其初请命而伐桀之辞也②。又言君有罪非民所致，民有罪实君所为，见其厚于责己薄于责人之意。此其告诸侯之辞也。朱子曰：“简，阅也。善与罪，天皆知之，如天点检数过，尔之有善，也在帝心，我之有恶，也在帝心。”南轩张氏曰：“有罪不敢赦，谓桀得罪于天，不敢稽天命而不讨。然凡天下之人，莫非帝之臣，其善恶不可蔽也，则何敢专？顾帝所眷命何如耳！己有罪，则不敢以及万方，万方有罪，则归之于己，此其自列以听天命之辞。公天下之心如此，然则其有天下也，亦何与于己哉！”双峰饶氏曰：“汤述其告天之辞，以告诸侯。”

周有大赉，善人是富。赉，来代反。

此以下述武王事。赉，予也。“予”通作“与”。武王克商，大赉于四海。见形甸反。《周书·武成篇》。此言其所富者，皆善人也。《诗》序云“赉所以锡予善人”，《诗·周颂》：“《赉》，大封于庙也。赉，予也，言所以锡予善人也。”盖本于此。双峰饶氏曰：“纣为天下逋逃主，所用皆是恶人，故武王伐商之初，便把善人是富，做个打头第一件事。大赉是锡予普及四海，其中善人，则锡予又自加厚，《洪范》曰‘凡厥正人，既富方谷’，正人既得其富，则其为善也笃，故不容以泛然锡赉施之也。”

“虽有周亲，不如仁人。百姓有过，在予一人。”

此《周书·太誓》之辞。孔氏曰：孔氏名安国，西汉曲阜人。“周，至也。言纣至亲虽多，不如周家之多仁人。”问：“虽有周亲，注纣之至亲虽多。他众叛亲离，那里有至

① 予小子履：“予小子”和“予一人”都是上古帝王的自我称呼。《史记》殷本纪中记载汤名天乙，甲骨卜辞作“大乙”，相传汤又名履。

② 此述其初请命而伐桀之辞也：这里叙述的是商汤起初向上帝请示去讨伐夏桀的话。

亲?”朱子曰：“纣之至亲岂不多？唯其众叛亲离，所以不济事，故《书》谓‘纣有亿兆夷人’，离心离德是也。”南轩张氏曰：“周有大赉，惟善人之是富，虽有周至亲，不如仁贤，如周公虽至亲，亦以尊贤之义为重也。百姓有过，在予一人，是武王公天下之心，与成汤无以异也。此所载帝王之事，孔子之所常言，门人列于末章，所以见前圣后圣之心，若合符节。其不得时位而在下，则夫子之道；其得时位而在上，则帝王之业。”厚斋冯氏曰：“微子去之，箕子为之奴，比干谏而死，虽纣至亲，不获用也。予小子既获仁人，祇承上帝，盖武王有乱臣十人，皆为用也。奉天讨罪，以罪己为本，故曰禹汤罪己，其兴也勃焉！”

谨权量，审法度，修废官，四方之政行焉。

权，称去声。锤直垂反。也。量，去声。斗斛也。古注引《汉·律历志》云：“权者，铢两斤钧石也，所以称物平施，知轻重也。本起黄钟之重，一龠容千二百黍，重十二铢。两之为两，二十四铢为两。十六两为斤，三十斤为钧，四钧为石，五权谨矣。量者，龠合升斗斛也，所以量多少也。本起于黄钟之龠，用度数审其容，以子谷秬黍中者千有二百实其龠。合龠为合，十合为升，十升为斗，十斗为斛，五量嘉矣。”又云：“度者，分寸尺丈引也，所以度长短也。本起黄钟之长，以子谷秬黍中者一黍之广为一分，十分为寸，十寸为尺，十尺为丈，十丈为引，而五度审矣。”而此不言度者从可知也。法度，礼乐制度皆是也。

兴灭国，继绝世，举逸民，天下之民归心焉。

兴灭继绝，谓封黄帝、尧、舜、夏、商之后。举逸民，谓释箕子之囚，复商容之位。三者皆人心之所欲也。《礼记》：“武王克殷反商，未及下车而封黄帝之后于蓟，封帝尧之后于祝，封帝舜之后于陈，下车而封夏后氏之后于杞，封殷之后于宋，封王子比干之墓，释箕子之囚，使之行商容而复其位，庶民弛政，庶士倍禄。”朱子曰：“兴灭国，继绝世，举逸民，此圣人之大赏；兼弱攻昧，取乱侮亡，此圣人之大罚。”双峰饶氏曰：“谨权量，是平其在官之权衡斗斛，使无过取于民。关石和钧，王府则有，固是要通乎官民，然民间权量关系尚浅，最是官府与民交涉，便易得加增取盈。当今苗斛皆然，当纣之时，必是取民过制，所以武王于此不容不谨。审法度，是审度可否因革之宜，是底因之，不是底革之，即此便是审处。修废官，亦只是因其见在之官，而废者从头改去。兴、灭、继、绝，只是一事，黄帝、尧、舜、禹、汤，皆有功德于民，合当他子孙有国，如何不继其绝后！得逸民，是有德而隐者，亦合当教他有禄，民心皆欲得其如此，而我则兴之继之举之，此其所以归心。”

所重：民、食、丧、祭。

《武成》曰①：“重民五教，惟食丧祭。”节斋蔡氏曰：“五教，君臣、父子、夫妇、兄弟、长幼；五典之教也，食以养生，丧以送死，祭以追远。五教、三事，所以立人纪而厚风俗，圣人之所甚重焉者。”双峰饶氏曰：“‘周有大赉’以下，夫子零碎收拾，或举

---

① 《武成》：《尚书·武成篇》。

其辞，或述其事，凑成武王一段事实。”

宽则得众，信则民任焉，敏则有功，公则说。说，音悦。

此于武王之事无所见，恐或泛言帝王之道也。云峰胡氏曰：“帝王之道，不能外一‘中’字，尧舜以禅让为中，汤武以征伐为中，泛言之则曰宽，曰信，曰敏，曰公，约言之曰中而已。”新安陈氏曰：“宽者柔之中，敏者刚之中，信者中之实，公者中之体也。”〇杨氏曰：“《论语》之书，皆圣人微言，而其徒传守之，以明斯道者也。故于终篇，具载尧舜咨命之言，汤武誓师之意，与夫施诸政事者。以明圣学之所传者，一于是而已。所以著明二十篇之大旨也。《孟子》于终篇，亦历叙尧、舜、汤、文、孔子相承之次，皆此意也。”朱子曰：“此篇夫子诵述前圣之言，弟子类记于此。”“此篇多阙文，当各本其所出而解之，有不可通者，阙之可也。‘谨权量’以下，皆武王事，当自‘周有大赉’以下至‘公则说’为一章，盖兴灭国、继绝世、举逸民，当时皆有其事。”勉斋黄氏曰：“《论语》末篇，历叙尧舜禹汤武王相传之道，而先之以执中，得其要矣！其下泛及赏善罚恶，责己恕人，大纲小纪，本数末度，无不俱举。盖帝王之道，初无精粗，凡事之合天理，当人心者，是其所以为道也。所谓执中，正以其事事物物，无适而非中耳，岂虚空无据而可谓之中乎！”双峰饶氏曰：“通论此章，尧舜禹是说相传之理，汤是说他心事，武王又是兼政事而言。三说固无不同，然累圣相承，只是一‘中’字。前面说理处，是中道流传之源，下面亦无一不是执中之实。”云峰胡氏曰：“前篇之末，言夫子之得邦家者，其用必如此，此篇之首，则述叙自古帝王之用固如此，以见圣学之所传者，无非有体有用之学，而凡《论语》二十篇之大旨，皆不外此也。《孟子》篇终即此意，但孟子闻知见知者，知其道也，是从知上说，此则从行道上说。行无不本于知，知即所以行，固无异也。”

〇子张问于孔子曰：“何如斯可以从政矣？”子曰：“尊五美，屏四恶，斯可以从政矣。”子张曰：“何谓五美？”子曰：“君子惠而不费，劳而不怨，欲而不贪，泰而不骄，威而不猛。”子张曰：“何谓惠而不费？”子曰：“因民之所利而利之，斯不亦惠而不费乎？择可劳而劳之，又谁怨？欲仁而得仁，又焉贪？君子无众寡，无小大，无敢慢，斯不亦泰而不骄乎？君子正其衣冠，尊其瞻视，俨然人望而畏之，斯不亦威而不猛乎？”费，芳味反。焉，于虔反。新安倪氏曰：“按《韵书》，‘屏’字上声者，注云蔽也，去声者，注云除也。屏四恶之屏当去声读，而旧音丙。”

朱子曰：“谢氏云：以府库之财与人，则惠而费矣，又安得人人而给之？惟因四时之和，因原隰之利，因五方之财，以阜物，以厚生，使民不饥不寒，何费之有？劳人以力所不堪，则不免于怨，择可劳而劳之，以佚道使民，惟喜康共，不常厥邑可也，其究安宅，百堵皆作可也，如此，则又何怨之有？”问：“欲仁得仁又焉贪，如何？”曰：“仁是我所固有，而我得之，何贪之有？若是外物，欲之则为贪，此正与‘当仁不让于师’同意。”曰：“于问政及之，何也？”曰：“治己治人，其理一也。”胡氏曰：“在人上者，人欲为多不能窒之，则其贪无时而已，惟反是心以欲仁，则求诸己而必得，何物足以累其心？夫何贪？泰者，安舒自得之谓，近于骄。然君子心一于敬，不以彼之众寡小大而贰其心，则其自处未尝不安，何骄之有?”南轩张氏曰：“正衣冠，尊瞻视，临之以庄也，持身严，故人望而自畏之，而非以威加人也，故威而不勐。若有使人畏己之心，则勐而反害于威矣！惠不费，劳不怨，施于人者也；欲不贪，泰不骄，威不勐，存于己者也。为政内外始终之道，亦云备矣，然欲仁其本欤!”

子张曰：“何谓四恶?”子曰：“不教而杀谓之虐；不戒视成谓之暴；慢令致期谓之贼；犹之与人也，出纳之吝，谓之有司。”出，去声。

虐，谓残酷不仁。暴，谓卒仓没反。遽无渐①。致期，刻期也②。贼者，切害之意③。缓于前而急于后，以误其民，而必刑之，是贼害之也。犹之，犹言均之也。均之以物与人，而于其出纳之际，乃或吝而不果。则是有司之事，而非为政之体。所与虽多，人亦不怀其惠矣。项羽使人，有功当封，刻印刓，吾官反。忍弗能予，通作“与”④。卒以取败，亦其验也。《通鉴》：“汉高祖元年，韩信问汉王曰：‘今争权天下，岂非项王耶?’王曰：‘然。’曰：‘大王自料勇悍仁强，孰与项王?’汉王良久曰：‘不如也。’信曰：‘信亦以为大王不如也，然臣尝事之，请言其为人。项王喑音。哑乌故反。叱昌力反。咤，竹驾反。《汉书》作意乌猝差。千人皆废，然不能任其贤将，此特匹夫之勇耳！项王见人，恭敬慈爱，言语呕呕。凶于反，悦言也，《汉书》作姁，音同。人有疾病，泣涕分饮食，至使人有功当封爵者，刻印刓，缺。忍弗能予，此所谓妇人之仁也。’”朱子曰：“犹之均之也，如言一等是如此，史家多有此般字。此‘吝’字，说得来又广，只是戒人迟疑不决，若当赏便用赏，迟疑之间，涩缩靳惜，便误事机。如李绛劝宪宗速赏魏博将士，谓‘若待其来请而后赏之，则恩不归上矣!’政是此意。若是有司出纳之间，吝惜不敢自专，却是本职当然，人君为政大体，却不可如此，当与，便果决与之。”问“四恶之说”。曰：“虐也，暴也，贼也，谢氏得之。有司之说，杨氏为当。谢曰：‘古者以五戒先，后刑罚，所以警昏愚，惩怠慢也。戒之既至，然后可以责成矣，不先戒之，彼且乌知先后缓急之所在？遽以视成，不亦暴乎？今严者欲其不犯，聚众以誓之，垂象以晓之，读法以谕之，上自慢其令，而欲下之严，其可得乎？如是而致期焉，期而不至则罪之，是罔民也。’杨曰：‘非其义也，一介不以予人而不为吝，义在可与，而惟出纳之吝，在有司则为善，在为上则为恶，天下之事，亦惟当其可而已。’”问：“犹之与人也，出纳之吝，何以在四恶之数?”曰：“此一恶，比上三恶似轻，然亦极害事，盖此人乃是个多猜嫌疑虑之人，赏不赏、罚不罚，疑吝不决，正如唐德宗是也。”南轩张氏曰：“虐、暴、贼，皆不仁者之为也；出纳之吝，不知者之为也。”勉斋黄氏曰：“惠易费，劳易怨，欲易贪，泰易骄，威易勐，今至于不犯人情之所易，则美之至者也。杀不可也，甚则不教而杀；视成不可也，甚则不教而视成；致期不可也，甚则慢令而致期；吝

---

① 卒遽无渐：仓促急迫而没有逐渐发展。

② 刻期：限期。

③ 切害：陷害。

④ 刻印刓，忍弗能予：刻好了印，却拿在手里不肯给。刓：通“玩”，摩挲。《史记·郦生陆贾列传》：“项王有倍约之名……为人刻印，刓而不能授；攻城得赂，积而不能赏。”

不可也，甚则与人而亦吝：今至于犯人情之所已甚，则恶之至者也。此一尊一屏，圣人之所以深戒之也。”双峰饶氏曰：“要行一事，须预先告戒，使遵承而后可，若不先告戒之，猝然要责他成就，岂不是暴？慢令于先，一时却去紧他，是误而贼之也。当与而吝，易失人心，也是恶。上三者，是急迫之恶，下一件，是悠缓之恶。”云峰胡氏曰：“四恶虐为甚，暴次之，贼又次之，刚恶也。吝如有司不能专决，柔恶也。盖‘吝’之一字，在有司不便谓之恶，从政而谓之有司，则恶矣，故特注项羽以吝取败之事，以示为政不知大体者之戒。”〇尹氏曰：“告问政者多矣，未有如此之备者也。故记之以继帝王之治，则夫子之为政可知也。”赵氏曰：“孔子论为政之方，莫详于此，故门人取以附前章之后。夫子之为政，盖与帝王若合符节。”云峰胡氏曰：“问政见于《论语》者，齐景公、叶公各一，季康子凡二，仲弓、子路、子张、子夏各一，夫子答之未有如此章之详者。盖惠未有不费，劳未有不怨，欲则易贪，泰则易骄，威则易勐，今皆不然，所以为美也。虐之而不知教，暴之而不知戒，贼之而不知令，吝之而不知与，为民父母者，奚忍如是哉！此所以为恶也。”

〇子曰：“不知命，无以为君子也。

程子曰：“知命者，知有命而信之也。人不知命，则见害必避，见利必趋，何以为君子？”朱子曰：“此与五十知天命不同。知天命，谓知其理之所自来，此不知命，是说死生寿夭贫富贵贱之命，今人开口亦解说一饮一啄，自有分定，及遇小小利害，便生趋避计较之心。古人刀锯在前，鼎镬在后，视之如无者，只缘见道理，都不见那刀锯鼎镬。”“《论语》首云：‘人不知而不愠，不亦君子乎？’终云‘无以为君子也’，此深有意。盖学者所以学为君子，若不知命，则做君子不成。”胡氏曰：“一定而不可易者，命也，人不知命，常求其所不可得，避其所不可免，斯所以徒丧所守而为小人也。”庆源辅氏曰：“此命指气而言，谓贫贱富贵，穷通得丧，一定不可易者，必知此而信之，始见利不苟就，见害不苟避，故全得我之义理，所以为君子。”云峰胡氏曰：“程子释‘朝闻道’，谓知而信者为难，此亦谓知而信之者，知而不信，知之犹未至也。知之犹未至，则凡见利必趋，见害必避，皆小人之为也。欲为君子，得乎？首篇‘不亦君子乎’，是已到君子地位，此曰‘无以为君子也’，是方做君子根脚。”

不知礼，无以立也。

不知礼，则耳目无所加，手足无所措。云峰胡氏曰：“《集注》十字是形容‘无以立’三字。耳目无所加，是懵然不知有可立之地；手足无所措，是茫然卒无可立之地。”

不知言，无以知人也。”

言之得失，可以知人之邪正。庆源辅氏曰：“言，心声也。因言之得失，可以知人之邪正，惟格物穷理之君子能之。”云峰胡氏曰：“孟子知言之谓盖本于此，但《集注》释孟子知言则曰‘凡天下之言，识其是非得失之所以然’，而此不过曰‘无以知人之邪正’，此为学者言，彼则孟子自言也。于此亦见《集注》之精。”〇尹氏曰：“知斯三者，则君子之事备矣。南轩张氏曰：“此所论命，谓穷达得丧之有命也，不知命，则将徼幸而苟求，何以为君子乎？知命则志定，然后其所当为者可得而为矣！礼者，所以检身也，不知礼，则视听言动无所持守，其将何以立乎？知礼，则有践履之实矣！知言，如吉人之辞寡，躁人之辞多之类，不知言，则无以知其实情之所存，其将何以知人乎？故知言，则取友不差矣！此三者，学者之所宜先切要之务也，必以是为本而后学可进，不然，虽务于穷高极远而终无所益。门人以此终《论语》之书，岂无旨哉！”勉斋黄氏曰：“知命，知其在天者；知礼，知其在己者；知言，知其在人者。知天，则利害不能动乎外，而后可以修诸己；知礼，则义理有以养乎内，而后可以察诸人。知天而不知己，未必能安乎天；知己而不知人，未必能益乎己。”庆源辅氏曰：“知命，则在我者有定见；知礼，则在我者有定守；知言，则在人者无遁情。知斯三者，则内足成己之德，外足尽人之情，故君子之事备。”云峰胡氏曰：“学始于致知，终于治国平天下。前篇之末，与此篇前二章，皆说治国平天下，圣学之终事。此章复提起三‘知’字，是圣学之始事。知斯三者而为君子，则圣学之体立，遇时而用之，则圣学之用行。弟子记此以终一书，不无意矣！”弟子记此以终篇，得无意乎？学者少去声。而读之，老而不知一言为可用，不几平声。于侮圣言者乎？夫子之罪人也，可不念哉？”觉轩蔡氏曰：“《论语》首章末以君子言，末章首以君子言，圣人教人，期至于君子而已。详味两章语意，实相表里，学者其合而观之。”新安陈氏曰：“《论语》一书，夫子以君子教人者多矣。首末两章，皆以君子言之，记者之深意。夫子尝自谓不怨天，不尤人。人不知而不愠，不尤人也，知命则不怨天，且乐天矣。学者其深玩潜心焉！”

《中国科举文化通志》书目

历代制举史料汇编

历代律赋校注

七史选举志校注

唐代试律试策校注

八股文总论八种

游戏八股文集成

翰林掌故五种

贡举志五种（上）

贡举志五种（下）

明代科举与文学编年（上）

明代科举与文学编年（中）

明代科举与文学编年（下）

明代状元史料汇编（上）

明代状元史料汇编（下）

四书大全校注（上）

四书大全校注（下）

钦定四书文校注

《游艺塾文规》正续编

钦定学政全书校注

《清实录》科举史料汇编

梁章钜科举文献二种校注

二十世纪科举研究论文选编

《礼部韵略》与宋代科举

科举废止前后的晚清社会与文学

《儒林外史》的现代误读

游戏八股文研究

元明科举与文学考论

明代八股文选家考论

唐代科举与试赋